Cydymaith
i Lenyddiaeth Cymru

Cydymaith
i Lenyddiaeth Cymru

Casglwyd a golygwyd gan
MEIC STEPHENS

Argraffiad newydd

GWASG PRIFYSGOL CYMRU
CAERDYDD
1997

Mae cofnod catalogio'r gyfrol hon ar gael gan y Llyfrgell Brydeinig.

ISBN 0–7083–1382–5 Ail argraffiad
(ISBN 0–7083–0915–1 Argraffiad cyntaf)

Cyhoeddir y llyfr hwn gyda chymorth ariannol Cyngor Celfyddydau Cymru.

Cysodwyd yng Ngwasg Prifysgol Cymru, Caerdydd
Argraffwyd yn Lloegr gan Bath Press

RHAGAIR Y GOLYGYDD

BWRIEDIR i'r llyfr hwn fod yn gyflwyniad cyffredinol ac yn arweiniad hwylus i un o'r llenyddiaethau hynaf yn Ewrop. Y mae'n rhychwantu'r cyfnod o'r chweched ganrif, pan ganai'r beirdd Aneirin a Thaliesin yn yr Hen Ogledd, hyd heddiw. Ymysg campau ceinaf llenyddiaeth Gymraeg, iaith hanesyddol Cymru, y mae'r cerddi mawl a marwnad a gysylltir â'r tywysogion annibynnol, y rhyddiaith o'r Oesoedd Canol a elwir *Y Mabinogion*, ffrwyth awen lachar yr athrylithgar Ddafydd ap Gwilym, y gweithiau ysgolheigaidd a gynhyrchwyd gan Ddyneiddwyr y Dadeni, emynau grymus y Diwygiad Methodistaidd ac, yn oes Fictoria, cynnyrch y diwylliant a gynhaliwyd gan y werin bobl dan nawdd yr Eisteddfod. Yn ystod yr ugeinfed ganrif y mae'r traddodiad hir a chyfoethog hwn wedi parhau yn y Gymraeg tra, yn Saesneg, y mae corff o waith wedi datblygu sydd, fel yn achos y llenyddiaeth hŷn, yn deillio nid yn unig o ymdeimlad o genedlgarwch ond hefyd o ddiddordeb ehangach yn y byd modern.

Ymdrinnir yma â'r holl agweddau hyn ar dreftadaeth lenyddol Cymru, a llawer yn rhagor yn ogystal, dan un wyddor a chyda chyfundrefn o groesgyfeiriadau a ddyfeisiwyd i fod o gymorth i'r darllenydd, boed lleygwr neu fyfyriwr, sy'n tramwyo tir a all fod yn anghyfarwydd. Llenorion a ysgrifennodd yn y Gymraeg yw'r rhan fwyaf o'r awduron, ond cynhwysir hefyd ddetholiad o'r Cymry hynny a ysgrifennodd yn Saesneg, yn Lladin ac, mewn o leiaf dwy enghraifft, mewn tafodieithoedd o'r Ffrangeg Normanaidd. Ar wahân i driniaeth o'r beirdd, awduron straeon byrion, ysgrifwyr, nofelwyr, dramodwyr, emynwyr ac eraill y mae eu gwaith yn ffurfio corff llenyddiaeth Cymru, ceir cofnodau yma ar rai o'r hynafiaethwyr, geiriadurwyr, almanacwyr, baledwyr, ysgolheigion, haneswyr, newyddiadurwyr, golygyddion, cyfieithwyr, beirniaid a llenorion ar amryfal bynciau megis topograffeg, crefydd, athroniaeth a gwleidyddiaeth, sydd wedi gwneud eu cyfraniad arwyddocaol eu hunain.

Fel golygydd, yr oeddwn yn ymwybodol o'r cychwyn y byddai'r llyfr hwn yn dod â nifer o awduron i sylw cynulleidfa ehangach nad oedd cyn hyn yn gyfarwydd â'u gwaith, ac yr wyf felly wedi sicrhau bod manylion bywgraffyddol a llyfryddol yn cael blaenoriaeth dros drafodaeth feirniadol. Y mae'r ffaith bod awdur wedi ei gynnwys yn ddigon, fel rheol, i awgrymu rhinweddau llenyddol, oni cheir datganiad i'r gwrthwyneb, er fy mod wedi ceisio osgoi rhoi'r argraff bod ein holl frain yn canu fel eosiaid. Er mai arwyddocâd y gwrthrych oedd at ei gilydd yn pennu hyd y cofnod, yr oedd nifer o ystyriaethau megis hyd bywyd awdur a swm a sylwedd ei waith yn ei gwneud yn anodd glynu'n gaeth wrth y canllaw. Bwriad rhai cofnodau yw ennyn yn hytrach na bodloni chwilfrydedd y darllenydd, tra gall eraill ddadlennu agweddau newydd ar bynciau a oedd yn gyfarwydd eisoes.

Cynrychiolir pob cyfnod yn hanes Cymru a gwnaed ymdrech teg i sicrhau cydbwysedd yn y detholiad. Yn achos awduron o Gymry a ysgrifennai neu sy'n ysgrifennu yn Saesneg, nad oes rhestr ganonaidd ohonynt yn bodoli, yr oedd tuedd ar fy rhan i beidio â bod mor llym wrth ddethol, gan na roddir sylw i lawer ohonynt mewn cyfeirweithiau eraill. Yn achos beirdd Cymraeg y mae eu gwaith ar gael mewn llawysgrifau neu gyfnodolion yn unig, bu mwy o ddethol byth. Dichon, hefyd, fod y llyfr braidd yn llym ar rai beirdd o'r bedwaredd ganrif ar bymtheg a ysgrifennai, fel rheol ar gyfer eisteddfodau, gerddi y mae eu hyd yn ymddangos bellach yn fwy trawiadol na'u hansawdd. Y mae hyn yn wir i raddau parthed awduron Saesneg na ellir dweud iddynt ddangos yn eu gwaith unrhyw ymwybyddiaeth o hanes, tirwedd neu bobl y wlad hon, er iddynt gael eu geni yng Nghymru neu drigo yma. Ar y llaw arall, yr oedd cynnwys cofnodau ar rai o'r awduron cwbl Seisnig hynny fel Matthew Arnold, George Borrow, Alexander Cordell, Gerard Manley Hopkins, Francis Kilvert a Thomas Love Peacock, y mae eu gwaith wedi rhoi sylw i Gymru ac i'r Cymry, fel petai'n gydnaws â diben y llyfr. Yn achos awduron byw, y mae cymaint ohonynt ac y mae'r farn gyfoes mor betrus yn eu cylch fel mai gwell, efallai, fuasai eu gwrthod i gyd; serch hynny, penderfynu dethol a wnaed, ni waeth pa mor dramgwyddus fyddai hynny mewn rhai achosion. Ni chynhwyswyd unrhyw awdur a aned ar ôl 1965, dyddiad terfyn angenrheidiol ond anffodus gan ei fod yn eithrio rhai pobl iau a ddechreuodd ennill enwau llenyddol yn ystod y deng mlynedd diwethaf; cadwyd y cofnodau ar y rhan fwyaf o'r llenorion iau mor fyr ag yr oedd modd.

Y dosbarth mawr nesaf yw'r un sy'n cynnwys cofnodau ar gerdd dafod, y ffurfiau llenyddol, motiffau, llawysgrifau, cyfnodolion, cyfresi, blodeugerddi, nofelau a chasgliadau o ysgrifau, straeon byrion a cherddi. Cyfyngwyd y cofnodau ar ffurfiau llenyddol sy'n gyffredin i'r rhan fwyaf o lenyddiaethau Ewrop i'r rhai hynny, fel y cofiant a'r arwrgerdd, y gellir canfod ynddynt ddimensiwn nodweddiadol Gymreig. Yr oedd penderfynu pa lyfrau unigol y dylid rhoi cofnod ar wahân iddynt yn fater arbennig o ddyrys. Mewn rhai achosion yr oedd fel petai'n fwy addas ymdrin â hwy dan y cofnod ar yr awdur; enghraifft amlwg yw *Dail Pren*, yr unig lyfr a gyhoeddwyd gan Waldo Williams, a gynhwyswyd o fewn y cofnod ar y bardd mawr hwnnw. Rhoddwyd cofnodau ar wahân i nifer bychan o gerddi enwog, ac felly hefyd i nifer cynrychiadol o'r caneuon gwerin a'r emynau mwyaf poblogaidd, er na fydd y detholiad yn bodloni'r darllenydd y mae ei ddiddordeb yn un cerddorol yn bennaf. Deuir o hyd i rai cymeriadau a llefydd ffuglennol trwy groesgyfeirio at lyfrau neu awduron, ond y mae llawer o'r rhai a ddaw o'r drysorfa o fythau, chwedlau a llên gwerin Cymru yn ymddangos yma yn eu hawl eu hunain.

Er mai llenyddiaeth sydd wrth graidd y llyfr hwn, y mae'n llawer mwy na rhestr o enwau awduron a'u gweithiau, gan y rhydd ystyriaeth hefyd i ddylanwad hanes a chymdeithas ar lenyddiaeth Cymru, ac y mae ei rychwant hanesyddol yn ehangach o dipyn na'i gwmpas llenyddol. Cynhwysir cronoleg o hanes Cymru ar ddiwedd y llyfr ac felly nid oes angen ymhelaethu. Digon yw dweud y bydd y darllenydd yn cael yma, er na thaflwyd y rhwyd mor eang yn hyn o beth, gofnodau ar nifer sylweddol o seintiau, brenhinoedd, tywysogion, uchelwyr, noddwyr, dyngarwyr, merthyron, cenedlgarwyr, tirfeddianwyr, dihirod, milwyr, pregethwyr, diwygwyr, diwydianwyr, gwleidyddion, cyhoeddwyr, paentwyr, cerddorion, mabolgampwyr a gwŷr a gwragedd hynod – cwmni brith sy'n rhannu â'n llenorion le diymwad yn yr etifeddiaeth Gymreig. Y brif egwyddor wrth ddethol fu nid yn gymaint y dylai'r ffigurau hanesyddol hyn fod yn ddiddorol ynddynt eu hunain (er bod hynny fel arfer yn wir) ond bod disgwyl i brif ffeithiau eu bywydau, ni waeth pa mor hysbys neu anadnabyddus ydynt, ddyfnhau dealltwriaeth y darllenydd o'r cyfeiriadau llenyddol atynt; cyfyngir y cofnodau hyn i'r meirw. Y mae'r ystyriaeth hon yn un bwysig i'w chofio wrth i'r darllenwyr ganfod yr hyn a fydd yn ymddangos iddynt hwy yn fwlch. Dylent uwchlaw popeth gofio mai cydymaith i *lenyddiaeth* yw'r llyfr hwn ac nad yw ei amcanion yr un â rhai bywgraffiadur cyffredinol. Am yr un rheswm cynhwyswyd cofnodau ar ddigwyddiadau hanesyddol a ffug-hanesyddol, ar adeiladau â chysylltiadau diwylliannol yn ogystal â hen diriogaethau Cymru, yn arbennig os gellid dweud iddynt fwydo dychymyg y Cymry neu fod iddynt arwyddocâd sy'n gofyn am nodyn esboniadol. Y mae cynnwys cofnodau ar arwyddluniau cenedlaethol, arferion gwerin, cymdeithasau, sefydliadau a mudiadau, yn cwblhau ymgais y llyfr hwn i daflu goleuni, detholus y mae'n wir, ar gefndir cymdeithasol llenyddiaeth y wlad.

Ymddangosodd yr argraffiadau cyntaf o'r llyfr hwn yn 1986. Cyhoeddwyd y fersiwn Cymraeg, *Cydymaith i Lenyddiaeth Cymru*, gan Wasg Prifysgol Cymru, a'r fersiwn Saesneg,

The Oxford Companion to the Literature of Wales, gan Wasg Prifysgol Rhydychen; cafwyd argraffiadau diwygiedig o'r ddwy gyfrol yn 1992. Derbyniodd y gwaith groeso brwd gan ddarllenwyr ac adolygwyr, ac yn fuan iawn enillodd y cyfeirlyfrau hyn le sicr ar silffoedd llengarwyr Cymru a thu hwnt. Cyhoeddir yr argraffiadau newydd, wedi eu diweddaru (hyd at Fedi 1997 yn achos y *Cydymaith*) a'u diwygio'n drylwyr, gan Wasg Prifysgol Cymru, mewn ymgais i gadw'r gwaith mewn print ar gyfer darllenwyr heddiw.

Disgrifir y trefniadau ar gyfer comisiynu, gweinyddu, golygu a llwio'r *Cydymaith* trwy'r wasg rhwng 1978 ac 1986 yn fanwl yn y rhagair i'r argraffiad cyntaf. Ond dylid amlinellu'r ffeithiau pwysicaf yma hefyd. Comisiynwyd y gwaith yn 1978 ar gais Yr Academi Gymreig, cymdeithas genedlaethol awduron Cymru. Cadeirydd cyntaf y Bwrdd yr ymddiriedwyd iddo'r cyfrifoldeb am oruchwylio'r cynllun oedd yr Athro Gwyn Jones a olynwyd, er iddo barhau'n aelod wedi hynny, gan y Dr R. Brinley Jones yn niwedd 1985. Yr aelodau eraill o'r Bwrdd oedd y Dr Roland Mathias, y Dr R. Geraint Gruffydd, Mr Sam Adams, y Dr Pennar Davies a Mr Harri Webb (a oedd piau'r syniad yn y lle cyntaf); cynrychiolid yr Academi gan y Dr G. O. Jones a'r cyhoeddwyr gan Mrs Dorothy Eagle a'r Athro Ceri W. Lewis. Yn ystod yr wyth mlynedd o baratoi'r gwaith cafwyd nawdd gan Gyngor Celfyddydau Cymru a chyhoeddwyd y llyfrau â chymhorthdal gan Gyngor Celfyddydau Prydain Fawr. Derbyniais innau'r olygyddiaeth fel rhan ychwanegol o'm cyfrifoldebau fel Cyfarwyddwr Llenyddiaeth Cyngor Celfyddydau Cymru; cefais gymorth golygyddol gan Mrs Nan Griffiths ac, yn eu tro, Mrs Christine James a Miss Anne L. Howells. Darllenwyd cofnodau'r argraffiadau cyntaf gan nifer o arbenigwyr: y Dr Thomas Parry, y Dr Roland Mathias, Mr Dafydd Glyn Jones, yr Athro J. E. Caerwyn Williams, y Dr Kenneth O. Morgan, y Dr Glyn Jones, yr Athro A. O. H. Jarman, y Dr John Gwynfor Jones, yr Athro Brynley F. Roberts, yr Athro Bedwyr Lewis Jones, yr Athro Gwyn Thomas, y Dr Derec Llwyd Morgan, Mrs Branwen Jarvis, y Dr Gruffydd Aled Williams a'r Dr R. Brinley Jones.

Ar ôl cwblhau tasg mor gymhleth dros gynifer o flynyddoedd, gwaith cymharol syml (ond un a olygai lawn cymaint o ymroddiad) fu paratoi'r argraffiad newydd hwn. Tra'n glynu wrth yr egwyddorion a ddefnyddiwyd ar gyfer yr argraffiad cyntaf o ran dethol ac ymdriniaeth, bu gennyf dair prif amcan fel golygydd: cywiro nifer o wallau ffeithiol yr oedd darllenwyr ac adolygwyr wedi sylwi arnynt; diweddaru rhai cofnodau, yn enwedig yr wybodaeth lyfryddol; ac ychwanegu cofnodau newydd ar bynciau perthnasol. Bellach y mae yn y llyfr ryw 3,300 o gofnodau, a 415 ohonynt, ar awduron yn bennaf, wedi eu hychwanegu y tro yma. Cynyddodd nifer y cyfranwyr o 222 i 323. Lle bynnag y bu modd, gofynnwyd i gyfranwyr wirio'r cofnodau a ysgrifennwyd ganddynt ar gyfer yr argraffiad cyntaf; lle nad oedd hynny'n bosibl, anfonwyd cofnodau at gyfranwyr newydd ac, o ganlyniad, bu cryn ddiwygio ar rai ac ailysgrifennwyd eraill yn gyfan gwbl; dyna paham nad oedd yn ymarferol nodi enwau'r cyfranwyr wrth droed y cofnodau, fel y bwriedid wrth gychwyn ar y gwaith. Yr wyf yn ddiolchgar i'r holl gyfranwyr am eu cydweithrediad hynaws. Un nodwedd newydd yw rhestr o enillwyr y Gadair, y Goron a'r Fedal Ryddiaith yn yr Eisteddfod Genedlaethol, a gynhwysir fel atodiad.

Unwaith eto hoffwn gofnodi enwau'r rhai hynny a wasanaethodd ar Fwrdd y *Cydymaith* yn ystod y tair blynedd y bu'r argraffiad hwn ar y gweill, sef yr Athro M. Wynn Thomas, yr Athro Dafydd Johnston, y Dr Sioned Davies a Mrs Sally Roberts Jones; Cadeirydd y Bwrdd oedd Mr Ned Thomas, Cyfarwyddwr Gwasg Prifysgol Cymru. Er i'r Bwrdd weithredu â llaw ysgafn iawn, fel y gwnaeth ei ragflaenydd, gan ganiatáu penrhyddid i mi fel golygydd yn ystod pob cam o'r gwaith, yr wyf yn dra diolchgar am bob cymorth a chyngor. Cafwyd hefyd wasanaeth gweinyddol Ruth Dennis-Jones, yr oedd ei sgiliau golygyddol arbenigol yn gymorth mawr i mi. Gweinyddwyd y cynllun unwaith yn rhagor o dan nawdd Cyngor Celfyddydau Cymru.

Yn olaf, mawr obeithiaf y bydd darllenwyr sy'n canfod gwallau yn yr argraffiad newydd hwn yn ysgrifennu ataf yng Ngwasg Prifysgol Cymru, a hynny cyn i'w gymar Saesneg ymddangos yn ystod hydref 1998. Go brin y byddaf, ymhen rhyw ddeuddeng mlynedd arall, yn golygu trydydd argraffiad o'r *Cydymaith*, ond gallaf eu sicrhau y cedwir eu hawgrymiadau am gofnodau newydd ar ffeil hyd nes yr eir ati i ymgymryd â'r gwaith hwnnw.

MEIC STEPHENS
Yr Eglwys Newydd, Caerdydd
Medi 1997

CYFARWYDDYD I'R DARLLENYDD

RHESTRIR y cofnodau yn ôl trefn yr wyddor Gymraeg, air wrth air, er y dylid sylwi y gwahaniaethir rhwng llythrennau Cymraeg a Saesneg; er enghraifft, daw y cofnod ar Thomas Charles ymhlith y rhai sy'n dechrau â'r llythyren C ond ceir hyd i'r Chwyldro Diwydiannol o dan Ch.

Ymddengys awduron o gyfnodau cynharaf, y ffurfiwyd eu henwau trwy ddilyn yr egwyddor batronymig, fel hyn **DAFYDD AB EDMWND**. Daw enwau sy'n defnyddio'r 'ab' o flaen y rhai ag 'ap' yn nhrefn y geiriau. Argreffir enwau awduron o'r cyfnod modern, lle y bônt yn benawdau, mewn prif lythrennau duon, gyda'r cyfenw yn dod gyntaf, er enghraifft **ROBERTS, KATE** neu **AP GWILYM, GWYNN**. Yr hoffter Cymreig o lysenwau, ffugenwau, enwau barddol, enwau anwes a ffurfiau eraill sy'n cyfrif am y nifer uchel o groesgyfeiriadau un llinell. Gwêl y darllenydd, felly, mai dyma'r ffordd i ddod o hyd i lawer o awduron, er enghraifft **Iolo Morganwg**, gweler WILLIAMS, EDWARD (1747–1826).

Argreffir teitlau gweithiau llenyddol mewn llythrennau du, italig, er enghraifft *Cysgod y Cryman*, a'r un modd teitlau papurau newydd a chylchgronau. Nid ystyriwyd y fannod wrth benderfynu ar drefn y cofnodau, er enghraifft *Gwyliedydd, Y*. Ar wahân i deitlau llyfrau a chyfnodolion, pan fônt yn benawdau, dilynwyd arferion orgraff gyfoes fel arfer, a hynny hefyd gyda dyfyniadau o'r Gymraeg a'r Saesneg.

Y mae pennawd pob cofnod arall mewn llythrennau du, rhufeinig, er enghraifft **Englyn**, **Gwaseila** a **Harlech**. Defnyddir yr un arddull ar gyfer personau hanesyddol, ar wahân i awduron, er enghraifft **Bevan, Aneurin** ac **Owain Glyndŵr**. Rhestrir y cyfryw bobl o dan eu henwau cywir lle y bo'r rheini'n hysbys, ac ymddengys unrhyw enwau eraill fel croesgyfeiriadau un llinell. Ymddengys enwau o ffuglen neu chwedloniaeth o dan elfen gyntaf yr enw, er enghraifft **Polly Garter** a Lleu Llawgyffes. Rhestrir pobl â'r union un enw yn gronolegol. Yn achos pobl sydd â mwy nag un enw cyntaf, fel arfer dim ond yr enw neu yr enwau yr adwaenir hwy wrthynt a ymddengys yma. Wrth greu penawdau'r cofnodau defnyddiwyd yr arfer o wrthdroi trefn geiriau mor anfynych â phosibl, ond mewn rhai achosion, er enghraifft **Caer, Brwydr**, yr oedd hyn yn anochel.

Y mae seren * yn dynodi *quod videm*, a golyga hyn fod cofnod unigol ar gael ar gyfer y pwnc a nodwyd felly. Teg yw nodi y treiglir cytseiniaid dechreuol yn unol â gofynion gramadeg Cymraeg ac felly os ceir seren o flaen ffurf dreigledig dylid chwilio am y cofnod o dan y ffurf gysefin. Yn yr un modd dylid sylwi hefyd y treiglir, yn ôl galw rheolau gramadeg, gytseiniaid dechreuol enwau personol sydd yn y dull patronymig, ac eithrio rhai o'r rheini sy'n dechrau â G, er enghraifft 'gan Ddafydd ap Gwilym' ond 'i Guto'r Glyn'; ni threiglir enwau personol y cyfnod modern ar wahân i rai ffugenwau ac ati, megis Twm o'r Nant. Eto ceir hyd i bob cofnod o dan y ffurf gysefin. Ni threiglir teitlau llyfrau na chylchgronau, boed gofnodau ai peidio.

Ni fwriedir i'r llyfryddiaeth a ymddengys ar ddiwedd llawer o'r cofnodau fod yn gyflawn. Cyfeirio y mae, yn hytrach, at ffynonellau a rydd drafodaeth fwy trylwyr ar y pwnc. Dylai'r sawl sy'n ceisio mwy nag a roddir yma ymgynghori â *Llyfryddiaeth Llenyddiaeth Gymraeg* (Cyf. I, gol. Thomas Parry a Merfyn Morgan, 1976; Cyf. II, gol. Gareth O. Watts, 1993), ac ar gyfer llenydd-iaeth Eingl-Gymreig gweler John Harris, *A Bibliographical Guide to Twenty-four Modern Anglo-Welsh Writers* (1994) a Meic Stephens, *A Select Bibliography of Literature in Twentieth-Century Wales* (1995).

Dibynnwyd ar *Rhestr o Enwau Lleoedd* (gol. Elwyn Davies, 1957) ar gyfer sillafu enwau lleoedd. Defnyddiwyd enwau hen siroedd Cymru, sef y rhai a fu mewn bodolaeth rhwng 1284 ac ad-drefnu llywodraeth leol yn 1974, yn hytrach na'r enwau sydd mewn bodolaeth er 1996, gan fod y rheini yn rhy newydd i fod wedi magu unrhyw arwyddocâd sy'n berthnasol i ddiben y llyfr hwn.

BYRFODDAU

A.	Almaeneg	gol.	golygwyd gan, golygydd
arg.	argraffiad	Henff.	swydd Henffordd
Brych.	sir Frycheiniog	Ll.	Lladin
c.	*circa* (tua)	LlB	Llyfrgell Brydeinig
C.	Cymraeg	LlGC	Llyfrgell Genedlaethol Cymru
Caerf.	sir Gaerfyrddin	llsgr.(au)	llawysgrif(au)
Caern.	sir Gaernarfon	llyth.	llythrennol
CC	cyn Crist	m.	marw
Cer.	sir Geredigion	Maesd.	sir Faesyfed
cf.	*confer* (cymharer)	Meir.	sir Feirionnydd
cyf.	cyfrol	Môn	sir Fôn
cyfd.	cyfieithiad, cyfieithwyd gan	Morg.	sir Forgannwg
d.d.	dim dyddiad	Myn.	sir Fynwy
Dinb.	sir Ddinbych	OC	oed Crist
et al.	*et alii* (ac eraill)	Penf.	sir Benfro
fl.	*floruit* (blodeuodd)	rhif.	rhifyn
Ff.	Ffrangeg	S.	Saesneg
Ffl.	sir y Fflint	St.	Sant
g.	ganed	t.	tudalen
gan.	ganrif	Tfn.	sir Drefaldwyn
gen.	genidol	UDA	Unol Daleithiau America

CYFRANWYR

Jane Aaron
Sam Adams
Siôn Aled
Myrddin ap Dafydd
Hedd ap Emlyn
Gwynn ap Gwilym
Iolo ap Gwynn
Elin ap Hywel
Cary Archard
Glyn M. Ashton †

Simon Baker
Douglas A. Bassett
Angela Bennett
Gareth A. Bevan
Tony Bianchi
D. J. Bowen
Geraint Bowen
Rachel Bromwich
Tony Brown
M. T. Burdett-Jones

David Callard
A. D. Carr
Glenda Carr
Harold Carter
Idris Cox †
Peter Crossley-Holland
Tony Curtis

Marged Dafydd
Don Dale-Jones
Iestyn Daniel
Wayne David
B. L. Davies
Basil Davies
Brian Davies
Cennard Davies
Ceri Davies
D. Keith Davies
Damian Walford Davies
Gareth Alban Davies
Gwyn Davies

Hazel Walford Davies
Helen Davies
James A. Davies
John Davies
John Williams Davies
Lyn Davies
Pennar Davies †
Philip Wyn Davies
Sioned Davies
W. Beynon Davies †
W. Dyfrig Davies
Walford Davies
Wendy Davies
Moira Dearnley
Barbara Dennis
Armel Diverres

Aled Eames †
Marion Eames
D. Gareth Edwards
D. Islwyn Edwards
Huw Meirion Edwards
Hywel Teifi Edwards
Jane Edwards
Keri Edwards
Siân A. Edwards
W. J. Edwards
Islwyn Ffowc Elis
Mari Ellis
John Emyr
Huw Ethall
D. Ellis Evans
D. Simon Evans
Dylan Foster Evans
Eifion Evans
Emrys Evans
G. G. Evans †
Gwynfor Evans
J. Wynne Evans
Lindsay Evans
Meredydd Evans
R. Alun Evans
R. Wallis Evans

Rebecca Evans

Peter Finch
Hywel Francis
Michael Franklin
Ann Ffrancon

Raymond Garlick
Delyth George
Eirwyn George
W. R. P. George
Noel Gibbard
Katie Gramich
Miranda Aldhouse Green
David Griffith
W. P. Griffith
Bruce Griffiths
Gwyn Griffiths
J. Gwyn Griffiths
Llion Griffiths
Nan Griffiths
Ralph A. Griffiths
Robert Griffiths
T. Elwyn Griffiths
T. Gwynfor Griffiths
R. Geraint Gruffydd
Arfon Gwilym
Robin Gwyndaf

Meic Haines
John Harris
Andrew Hawke
Marged Haycock
Elissa Henken
Greg Hill
Rhisiart Hincks
Graeme Holmes
Jeremy Hooker
David Howell
Anne L. Howells
Brian Howells
Glyn Tegai Hughes
J. Elwyn Hughes

Kathryn Hughes
Mathonwy Hughes
Belinda Humfrey
T. G. Hunter
Daniel Huws
Eleri Huws
Gwilym Huws
Richard Huws

Dafydd Ifans
Rhiannon Ifans
Carolyn Iorwerth
Dylan Iorwerth

Allan James
Christine James
E. Wyn James
A. O. H. Jarman
Eldra Jarman
Branwen Jarvis
Dafydd Jenkins
David Jenkins
Elfyn Jenkins†
Geraint H. Jenkins
Nigel Jenkins
Dafydd Johnston
Aled Jones
Bedwyr Lewis Jones†
Bobi Jones
Bryn Jones
Dafydd Glyn Jones
Derwyn Jones
Derwyn Morris Jones
Dewi Morris Jones
E. D. Jones†
Emrys Jones
G. O. Jones
Glyn Jones†
Gwawr Jones
Gwerfyl Pierce Jones
Gwilym R. Jones†
Gwyn Jones
Gwyn Erfyl Jones
Harri Pritchard Jones
Hugh D. Jones
Huw Jones

Huw Ceiriog Jones
Ieuan Gwynedd Jones
J. Graham Jones
John Gwynfor Jones
Llewelyn Jones
Llion Elis Jones
Nerys A. Jones
Philip H. Jones
R. Brinley Jones
R. Gerallt Jones
R. Merfyn Jones
R. Tudur Jones
Richard L. Jones
Roger Stephens Jones
Rhiannon Davies Jones
Sally Roberts Jones
Tecwyn Vaughan Jones
Tegwyn Jones
W. J. Jones
Watcyn Jones
William Jones
William D. Jones

A. Cynfael Lake
Nicholas le Mesurier
Aneirin Lewis†
Ceri W. Lewis
D. Geraint Lewis
Peter Elfed Lewis
William Gwyn Lewis
Peredur Lynch

D. Myrddin Lloyd†
D. Tecwyn Lloyd†
Nesta Lloyd
Thomas Lloyd
Alan Llwyd
Rheinallt Llwyd
Alun Llywelyn-Williams†

R. W. McDonald
D. F. Marks
Roland Mathias
Luned Meredith
D. Parry M. Michael†
Dillwyn Miles

E. G. Millward
Donald Moore
D. Densil Morgan
Derec Llwyd Morgan
Gerald Morgan
Kenneth O. Morgan
Prys Morgan
T. J. Morgan†
Brian Morris

Christopher W. Newman
W. Rhys Nicholas†

John Ormond†
John Osmond
Ann Parry Owen
D. Huw Owen
Gerallt Lloyd Owen
Goronwy Prys Owen
Goronwy Wyn Owen
Morfydd E. Owen
Trefor M. Owen
B. G. Owens

Thomas Parry†
John Pikoulis
Richard Poole
Nia Powell
W. Eifion Powell
Cecil J. Price†
Emyr Price
Huw Pryce
A. G. Prys-Jones†
Dewi Z. Phillips
Douglas Phillips
Richard Phillips†

Helen Ramage†
D. Ben Rees
Ioan Bowen Rees
Elinor Wyn Reynolds
Brinley Richards†
W. Leslie Richards†
Brynley F. Roberts
D. Hywel E. Roberts
Gomer M. Roberts†

Hywel D. Roberts†
J. Kimberley Roberts
Owen D. Roberts
R. O. Roberts
W. M. Rogers
Jenny Rowland
Dafydd Rowlands
Eurys Rowlands
John Rowlands
Gilbert Ruddock

Erwain Haf Rheinallt
Francesca Rhydderch
Robert Rhys

D. Roy Saer
Elfyn Scourfield
David Smith
J. Beverley Smith
Peter Stead
Elan Closs Stephens
Meic Stephens
Catrin Stevens

Anna-Marie Taylor
Brynmor Thomas

D. O. Thomas
Graham Thomas
Gwyn Thomas
Isaac Thomas
M. Wynn Thomas
Mair Elvet Thomas
Ned Thomas
Patrick Thomas
Peter Wynn Thomas
R. George Thomas
R. L. Thomson
David A. Thorne
S. Minwel Tibbott
Megan Hughes Tomos
David Trotter
Geraint Tudur

Huw Walters
Iolo Walters
Meurig Walters†
J. P. Ward
Gareth O. Watts
Harri Webb†
Dafydd Wyn Wiliam
Urien Wiliam
Gerwyn Wiliams

Cathrin Lloyd Williams
Cynwil Williams
Gareth W. Williams
Glanmor Williams
Glyn Williams
Gruffydd Aled Williams
Gwyn A. Williams†
Harri Williams†
Huw Williams
Ifan Wyn Williams†
Ioan Williams
Iwan Llwyd Williams
J. E. Caerwyn Williams
J. Gwynn Williams
John Roberts Williams
Menna Lloyd Williams
Merryn Williams
Patricia Williams
R. Bryn Williams†
Rita Williams
Roger Jones Williams
T. Arfon Williams
Trefor Williams
W. D. Williams†
Linda Wyn

A

'A oes heddwch?', gwaedd yr Archdderwydd yn seremonïau ★Gorsedd Beirdd Ynys Prydain a ddyfeisiwyd gan Edward ★Williams (Iolo Morganwg). Pan ymetyb y dorf i drydedd waedd yr Archdderwydd trwy floeddio 'Heddwch!', gweinir y Cleddyf Mawr, ac y mae hyn 'yn arwydd honnaid mai gwŷr wrth Heddwch a Thangnef yw Beirdd Ynys Prydain'.

AARON, RICHARD ITHAMAR (1901–87), awdur ar bynciau athronyddol. Brodor o Flaendulais, Morg., oedd ac fe'i haddysgwyd yng Ngholeg Oriel, Rhydychen. O 1932 hyd 1969 bu'n Athro Athroniaeth yng Ngholeg Prifysgol Cymru, Aberystwyth. Bu'n Is-gadeirydd ★Coleg Harlech, yn Llywydd *The Mind Association* ac yn Gadeirydd Cyngor Cymru. Y mae ei gyhoeddiadau'n cynnwys *The Nature of Knowing* (1930), *Hanes Athroniaeth* (1932), *John Locke* (1937), *The Theory of Universals* (1952) a *Knowing and the Function of Reason* (1971). O 1938 hyd 1966 bu'n olygydd y cylchgrawn ★*Efrydiau Athronyddol*; cyhoeddwyd rhifyn arbennig (cyf. XXXII, 1969) i'w anrhydeddu ar achlysur ei ymddeoliad.

Ab Ithel, gweler WILLIAMS, JOHN (1811–62).

Abel Hughes, cymeriad yn nofel Daniel ★Owen, ★*Rhys Lewis* (1885). Siopwr a chynrychiolydd yr hen deip o flaenor Methodist yw Abel Hughes; ato ef yn Siop y Gornel yr aeth Rhys Lewis yn brentis, ac fe'i seiliwyd yn ôl pob tebyg ar Angel Jones, y blaenor y bu Daniel Owen yn brentis iddo yn Yr Wyddgrug. Ceir cymeriadau o gefndir ac argyhoeddiad tebyg iddo yng ngweithiau cynnar y nofelydd – William Thomas yn *Cymeriadau Methodistaidd* a Benjamin Prŷs yn *Y ★Dreflan* – ond yng nghymeriad Abel Hughes lluniodd y nofelydd bortread llawnach a mwy arwyddocaol o gynrychiolydd argyhoeddiadau a safonau sy'n cael eu disodli gan ffasiynau'r oes newydd. Y mae sylwedd profiadol ac unplygrwydd buchedd Abel Hughes yn cyferbynnu'n drawiadol ag ysgafnder gwacsaw y to newydd o flaenoriaid a masnachwyr ac yn awgrymu beirniadaeth ar eu hymddygiad rhagrithiol hwy. Cyflwynir ei ddoniau fel cynghorwr ysbrydol yn fwyaf arbennig yn y bennod 'Y meistr a'r gwas', pan yw'n dadansoddi tywyllwch ysbrydol Rhys Lewis. Cyfeirir ato yn *Enoc Huws* fel yr un a holodd y rhagrithiwr Richard Trefor yn anarferol o galed pan geisiai hwnnw ymaelodi â'r ★seiat.

Aber Alaw, gweler o dan BRANWEN.

Aber Henfelen, gweler o dan GWALES.

Aberbechan, plasty ym mhlwyf Llanllwchaearn, Tfn., cartref i deulu a fu'n amlwg yn nhraddodiad nawdd y sir. Noddwyd beirdd gan Morys ab Owain (m. 1568) a'i dad o'i flaen, ond noddwr mwyaf nodedig yr aelwyd oedd ei fab Rhys, a ychwanegodd yn sylweddol at y plas a'i draddodiadau. Bu'r beirdd ★Huw Arwystli a Syr Ieuan o Garno (*fl.* 1530–70) yn ymryson am nawdd Aberbechan; parhawyd y traddodiad yn anrhydeddus gan Thomas, yr etifedd nesaf, a chan ei ferch yntau sef Gwen (m. 1639), gwraig Syr Rhisiart Prys (m. 1651) o ★Gogerddan.

Aberconwy, mynachlog yn perthyn i'r ★Sistersiaid a sefydlwyd yn 1186, yn gangen i ★Ystrad Fflur. Fe'i lleolwyd gyntaf yn Rhedynog Felen, ym mhlwyf Llanwnda, tair milltir i'r de-orllewin o Gaernarfon, cyn symudodd y cwfent i Aberconwy, ar lan orllewinol afon Conwy, yn 1192. Derbyniodd y tŷ sawl rhodd o dir gan dywysogion ★Gwynedd, ac yn eu plith y mae'n bur debyg fod ★Rhodri ab Owain Gwynedd yn noddwr cynnar pwysig. Cadarnhawyd y rhoddion hyn, ynghyd â breintiau eraill, gan ★Lywelyn ap Iorwerth (Llywelyn Fawr) yn 1199. Claddwyd Llywelyn a'i feibion Gruffudd a Dafydd yn y fynachlog, a bu symud corff Gruffudd o Lundain, gweithred a ganiataodd Harri III ar gais yr abad, yn achlysur canu awdl ★Dafydd Benfras yn coffáu'r tri gyda'i gilydd. Arddelodd yr abadau, bob un yn ei dro, ddyheadau gwleidyddol tywysogion y drydedd ganrif ar ddeg, gan fynd ar negesau diplomatig ar eu rhan a'u gwasanaethu drwy amryw ddulliau eraill. Ar ôl cyflawni goresgyniad Cymru yn 1283, pan sefydlodd Edward I ei lys yn Aberconwy a dechrau codi castell a bwrdeistref, symudwyd y cwfent i Faenan, chwe milltir ar hyd afon Conwy ac ar y lan ddwyreiniol, gan gwbl-hau'r trefniadau y flwyddyn ganlynol. Erys cofrestr fer o'r fynachlog yn cynnwys siarteri, rhestr o eiddo'r fynachlog a chronicl.

Amlygir cysylltiad y beirdd â'r fynachlog erbyn diwedd yr Oesoedd Canol. Cyfeiriodd ★Ieuan Deulwyn a ★Thudur Aled gywyddau gofyn at ★Ddafydd Llwyd, abad Aberconwy. O tua 1490 hyd 1513 yr abad oedd Dafydd ab Owain, gŵr a fu'n abad ★Ystrad Marchell ac Ystrad-fflur cyn ei ddyrchafu'n Esgob ★Llanelwy. Canodd lliaws o feirdd iddo, yn eu plith Wiliam Egwad,

Rhys Pennardd (*fl.* 1480), ★Lewys Môn, ★Tudur Aled ac ★Owain ap Llywelyn ab y Moel. Clodforant ei dduwioldeb a'i ★berchentyaeth uchelwrol. Pwysleisiant ei achau o deulu Dolobran, ym Mhowys, ei ddysg fawr a gafodd o Rydychen, ei gyfraniad tuag at atgyweirio'r abaty a'i gefnogaeth ymarferol i achos Harri Tudur (gweler o dan TUDUR). Canwyd deunaw o gerddi iddo yn ystod ei yrfa lewyrchus ym Maenan ond ni cheir marwnad iddo, er i Dudur Aled ganu mawl i'w olynydd Sieffre Cyffin (*c.*1513–*c.*1527), ac yr oedd Sieffre Johns (*c.*1528–*c.*1536) yn un o'r abadau y bu ★Huw Llwyd yn gofyn ychen ganddynt. Diddymwyd yr abaty yn 1536.

Ceir rhagor o fanylion yn Rhys W. Hays, *The History of the Abbey of Aberconwy* (1936); Glanmor Williams, *The Welsh Church from Conquest to Reformation* (1960) a'r erthyglau gan C. A. Gresham yn *Archaeologia Cambrensis* (cyf. XCIV, 1939) a *Bwletin* y Bwrdd Gwybodau Celtaidd (cyf. XXX, 1982–83).

Aberconwy, Brwydr (1194), buddugoliaeth bwysig i ★Lywelyn ap Iorwerth (Llywelyn Fawr) yn ei ymdrech lwyddianus i ennill grym milwrol yng Ngwynedd. Gyda chefnogaeth ei gefndyr, Gruffudd a Maredudd ap Cynan, trechodd fyddin ei ewythr, ★Dafydd ab Owain Gwynedd, ar aber afon Conwy. Erbyn 1202 Llywelyn oedd unig arweinydd Gwynedd o Ddyfrdwy i Ddyfi. Enynnodd ei orchest yn 1194 edmygedd y Gogynfeirdd, ★Cynddelw Brydydd Mawr a ★Llywarch ap Llywelyn (Prydydd y Moch).

Aberconwy, Cytundeb (1277), a arwyddwyd gan Edward I a ★Llywelyn ap Gruffudd ar ôl llwyddiant milwrol byddin Lloegr yn ystod y Rhyfel Cyntaf dros Annibyniaeth (gweler o dan RHYFELOEDD ANNIBYN-IAETH CYMRU). Cadwodd Llywelyn ei deitl, Tywysog Cymru, ond pum arglwydd Cymreig yn unig a oedd i dalu gwrogaeth iddo. Yr oedd gofyn iddo ryddhau ei frawd hŷn ★Owain Goch ap Gruffudd, y condemniwyd ei garchariad maith gan y bardd ★Hywel Foel ap Griffri ap Pwyll Wyddel. Rhoddwyd i'w frawd arall, Dafydd, gantrefi ★Rhufoniog a Dyffryn Clwyd yn y ★Berfedd-wlad rhwng Conwy a Dyfrdwy, a dau gantref arall, ★Rhos a ★Thegeingl, yng ngofal Reginald de Grey, Ustus Caer. Collodd Llywelyn y tiroedd a roddwyd iddo yng Nghytundeb ★Trefaldwyn (1267). Arweiniodd amwysedd Cytundeb Aberconwy at ymrafael pellach a chyfrannodd hynny at ddechrau'r Ail Ryfel dros Annibyniaeth (1282–83).

Ceir manylion pellach yn J. E. Lloyd, *A History of Wales* (1911); J. Conway Davies (gol.), *The Welsh Assize Roll 1277–1284* (1940) ac yn J. Beverley Smith, *Llywelyn ap Gruffudd, Tywysog Cymru* (1986).

Abercuawg, enw cynnar, fe gredir, ar aber afon Dulas sy'n llifo i Ddyfi ryw ddwy filltir i'r dwyrain o Fachynlleth, Tfn. Digwydd y cyfeiriad cynharaf ato yn 'Claf Abercuawg', dilyniant o englynion sy'n gysylltiedig â ★'Canu Llywarch Hen', lle cwyna gŵr claf

am na all fynd i ryfel a sonia am y cogau yn Abercuawg. Defnyddiodd Edward ★Thomas gyfieithiad o'r gerdd wrth fynegi ei ymateb i 'hudoliaeth Cymru' yn *Beautiful Wales* (1905), a seiliodd R. S. ★Thomas ei ddarlith *Abercuawg* (1977) ar y gerdd a'r lle wrth geisio diffinio hanfod Cymru.

Aberdarcy, gweler o dan *That Uncertain Feeling* (1955).

Aber-fan, pentref ger Merthyr Tudful, Morg. Ar 21 Hydref 1966 llithrodd rhan o domen lo i'r cwm gan ddinistrio tai a chladdu Ysgol Pant-glas. Lladdwyd 116 o blant ac wyth ar hugain o oedolion yn y trychineb.

Aberffraw, pentref yn ne-orllewin Môn. Yn Ail Gainc ★*Pedair Cainc y Mabinogi*, yno y cynhelir gwledd briodas ★Matholwch a ★Branwen. Aberffraw oedd safle prif lys Tywysogion ★Gwynedd yn yr Oesoedd Canol. Ar ôl 1230 dechreuodd ★Llywelyn ap Iorwerth (Llywelyn Fawr) ddefnyddio'r teitl Tywysog Aberffraw ac Arg-lwydd Eryri. Gelwir ★Llywelyn ap Gruffudd, Tywysog annibynnol olaf Cymru, yn 'frenin, dderwin ddôr, Aberffraw' yn y farwnad enwog iddo gan ★Ruffudd ab yr Ynad Coch.

Abergele, Merthyron, dau aelod o'r grŵp cudd ★Mudiad Amddiffyn Cymru, sef William Alwyn Jones a George Francis Taylor o Abergele, Dinb., a laddwyd yn ddamweiniol pan daniodd y defnyddiau ffrwydrol yr oeddynt yn eu cludo ar 1 Gorffennaf 1969, diwrnod arwisgiad Tywysog Cymru. Coffawyd eu marwolaeth gan nifer o feirdd, yn eu plith Euros ★Bowen a Bobi Jones (Robert Maynard ★Jones). Erbyn hyn y mae eu beddau yn gyrchfan i genedlaetholwyr eithafol a chynhelir seremoni flynyddol yno.

Aberglasne, gweler o dan GRONGAR HILL (1726).

Abergwili, preswylfa Esgobion ★Tyddewi, ger Caerfyrddin. Adeiladwyd palas yn Nhyddewi, Penf., ar orchymyn Henry Gower, yr Esgob rhwng 1328 ac 1347, ond ducpwyd y plwm o'i do gan William Barlow, a fu'n Esgob o 1536 hyd 1548, er mwyn cael arian at briodasau ei ferched. Ceisiodd symud yr esgobaeth i Gaerfyrddin ond y palas yn Abergwili yn unig a gwblhawyd. Gan nad oedd pob Esgob yn Gymro, na hyd yn oed yn gefnogol i draddodiadau llenyddol Cymraeg, bylchog fu'r nawdd a estynnwyd i'r beirdd ond gydag esgobyddiaeth Richard ★Davies (1501?–81) dechreuwyd ar gyfnod o noddi hael a chyson. Yr oedd y bardd Gruffudd ab Ieuan ap Llywelyn Fychan yn gefnder i fam yr esgob. Myn traddodiad fod ★Gruffudd Hiraethog yn athro barddol iddo ac felly yr oedd ganddo ddiddordebau llenyddol yn ogystal â chrefyddol. Dechreuwyd ar y gwaith o gyfieithu'r Testament Newydd o dan ei oruchwyliaeth ef yn Abergwili. Erys corff o ganu gan feirdd a mân uchelwyr yn canmol nawdd Richard Davies, ac yn tystio fod Abergwili yn ganolfan dysg a diwylliant. Er bod rhai o'i olynwyr wedi parhau'r arfer o noddi beirdd, ni bu'r un llewyrch ar y croeso ar ôl blynyddoedd cynnar yr ail ganrif ar bymtheg.

Ceir manylion pellach yng nghyfrolau Glanmor Williams, *Bywyd ac Amserau'r Esgob Richard Davies* (1953), *Welsh Reformation Essays* (1967) a *Grym Tafodau Tân* (1984).

Aberlleiniog, Brwydr (1094), gweler o dan GELLAN (11eg–12fed gan.).

Aberpergwm, plasty ym mhlwyf Nedd Uchaf, Morg., a fu'n nodedig am ei nawdd i feirdd ac am ei gasgliad o lawysgrifau. Hon oedd aelwyd amlycaf y traddodiad nawdd yn y sir a chadwyd corff o ganu i bedair cenhedlaeth o benteuluoedd. Rhys ap Siancyn (*fl.* 1430–50) oedd y noddwr hysbys cyntaf, ond ei ŵyr Rhys yn ddiamau oedd yr un mwyaf nodedig. *Iorwerth Fynglwyd yw'r bardd a gysylltir yn fwyaf arbennig ag Aberpergwm.

Yn y ddeunawfed ganrif yr oedd y plasty yn gartref i Rees Williams (m. 1812); credir mai ef oedd yr olaf yng Nghymru i gyflogi bardd teulu, sef Dafydd *Nicolas. Yr oedd ei ferch, Maria Jane Williams (Llinos; 1795–1873), yn gantores adnabyddus ac yn gasglwr caneuon gwerin. Tybir i'r fersiwn o *Brut y Tywysogyon a adwaenir fel *Brut Aberpergwm* gael ei lunio gan Edward *Williams (Iolo Morganwg) o destun a gopïwyd yn 1764 gan Thomas Richards o lawysgrif a oedd yn eiddo i George Williams, aelod o'r teulu. Ynddo cofnodir digwyddiadau o'r flwyddyn 660 hyd at 1196 ac fe'i cyhoeddwyd yn *The Myvyrian Archaiology of Wales* (1801) ar draul Owen *Jones (Owain Myfyr).

Aberteifi, castell a adeiladwyd ar orchymyn Roger de Montgomery, Iarll Amwythig, pan feddiannodd Geredigion yn 1093; bu teuluoedd Cymreig a Normanaidd yn ymryson amdano yn ystod hanner cyntaf y ddeuddegfed ganrif. Codwyd ail gastell ar orchymyn Gilbert Fitz Richard de Clare yn 1110.

Ailadeiladwyd y castell mewn carreg a morter gan wŷr *Rhys ap Gruffudd (Yr Arglwydd Rhys) wedi iddo gipio'r castell yn 1165; yno y bu'n llywyddu ar gyfarfod o feirdd a cherddorion y cyfeirir ato fel yr eisteddfod gyntaf. Yn *Brut y Tywysogyon dywedir i'r eisteddfod gael ei chyhoeddi flwyddyn ymlaen llaw trwy Gymru, Lloegr, yr Alban ac Iwerddon, ac i ddwy gadair gael eu cynnig yn wobrau. Telynor yr Arglwydd a orfu, ond gwŷr Gwynedd oedd pencampwyr *Cerdd Dafod.

Estynnwyd croeso yn y castell i'r Archesgob Baldwin a *Gerald de Barri (Gerallt Gymro) yn ystod eu taith trwy Gymru yn 1188. Gwerthwyd y castell, a ddisgrifiwyd yn y *Brut* fel 'clo a chadwedigaeth holl Gymru', i Frenin Lloegr yn 1199 ond cipiwyd ef gan *Lywelyn ap

Iorwerth (Llywelyn Fawr) yn 1215 ac eto yn 1231. Ynddo y lleolwyd gweinyddiaeth y sir newydd wedi 1277. Yn ystod yr Oesoedd Canol diweddar gosodwyd Aberteifi mewn safle israddol i *Gaerfyrddin ar gyfer gweinyddu tiroedd y Goron yn neheudir Cymru. Cyfansoddodd *Dafydd Nanmor awdl foliant i Ddafydd ap Thomas ap Dafydd, cwnstabl castell Aberteifi a chefnogwr achos yr Iorciaid yn Rhyfeloedd y Rhosynnau. Ymosodwyd ar y castell gan fyddin y Senedd yn y *Rhyfel Cartref.

Am fanylion pellach gweler yr erthygl ar hanes cynnar Ceredigion a sir Gaerfyrddin gan J. G. Edwards yn *The English Historical Review* (cyf. XXXI, 1916); gweler hefyd J. E. Lloyd, *The Story of Ceredigion 400–1277* (1937) a'r erthygl gan D. J. C. King ar gestyll Ceredigion yn *Ceredigion* (cyf. III, 1956).

Aberthged, gweler BLODEUGED.

'Aberystwyth', emyn-dôn adnabyddus a gyfansoddwyd gan Joseph *Parry yn 1877. Ceir nifer o storïau ynglŷn ag amgylchiadau ei chyfansoddi ond go brin y gellir rhoi coel arnynt. Ymddangosodd gyntaf yn *Ail Lyfr Tonau ac Emynau* (gol. Stephen a Jones, 1879) ar gyfer y geiriau 'Beth sydd imi yn y byd?' gan Morgan *Rhys, a byth er hynny fe'i cynhwyswyd mewn llawer casgliad o emynau yng Nghymru a gwledydd eraill. Cenir y geiriau Saesneg '*Jesu, Lover of my Soul'*, gan Charles Wesley, ar y dôn hon yn aml.

Aberystwyth Studies, cyfnodolyn yr ymddangosodd pedwar rhifyn ar ddeg ohono yn ysbeidiol rhwng 1912 ac 1936. Y bwriad gwreiddiol oedd cynhyrchu 'cyhoeddiad blynyddol yn cynnwys cyfraniadau i ddysg – yn arbennig yn y Dyniaethau – a wnaethpwyd gan aelodau a chyn-aelodau y Coleg' (Coleg Prifysgol Cymru, Aberystwyth). Llwyddwyd yn yr amcan hwn i raddau helaeth: o ryw gant o erthyglau, dwsin yn unig sydd ar bynciau gwyddonol. Fodd bynnag, prin yw'r erthyglau sy'n ymwneud â Chymru, a Saesneg bron yn ddieithriad yw'r iaith. Uchafbwynt y cyhoeddiad oedd y ddegfed gyfrol (1928) a neilltuwyd yn rhifyn dathlu milflwyddiant *Hywel Dda; ceir ynddo gyfraniadau pwysig i astudiaethau *Cyfraith Hywel gan ysgolheigion megis J. E. *Lloyd, T. H. *Parry-Williams a Timothy *Lewis.

Ablett, Noah (1883–1935), arweinydd y glowyr. Fe'i ganed yng Nghwm Rhondda, a daeth i amlygrwydd pan berswadiodd *Ffederasiwn Glowyr De Cymru i drosglwyddo ei ysgoloriaethau o Goleg Ruskin, Rhydychen, i'r Coleg Llafur Canolog. Dysgodd y Coleg athrawiaeth Farcsaidd i genhedlaeth o arweinyddion, yn eu plith Aneurin *Bevan, James *Griffiths a Lewis *Jones (1897–1939). Yr oedd Ablett yn un o grŵp bach a ysgrifennodd *The Miners' Next Step* (1912) a bu'n bennaf cyfrifol am ledaenu athrawiaeth Syndicalaidd y pamffledyn hwnnw a oedd yn hollol wahanol i safbwynt cymodlon y to hŷn o arweinyddion, megis William *Abraham (Mabon).

Abraham, William (Mabon; 1842–1922), cynrychiolydd y glowyr, Aelod Seneddol dros y *Rhondda a Llywydd cyntaf *Ffederasiwn Glowyr De Cymru. Brodor o Gwmafan, Morg., ydoedd, a dechreuodd ei yrfa seneddol yn 1885, yn Radical gyda'r Rhyddfrydwyr nes i'r Blaid Lafur ddod yn blaid annibynnol yn 1906. Yr oedd yn eisteddfodwr brwd, yn ŵr cydnerth a chanddo lais tenor treiddgar; hoffai arwain y gynulleidfa wrth iddi ganu emynau Cymraeg. Yr oedd yn gefnogol i'r iaith Gymraeg hefyd ac yr oedd ymhlith y rhai a sefydlodd *Gymdeithas yr Iaith Gymraeg (1885). Ar un achlysur enwog, yn 1892, mentrodd siarad Cymraeg yn Nhŷ'r Cyffredin ond chwarddodd rhai o'r aelodau ac ar hynny dywedodd yntau wrthynt mai adrodd Gweddi'r Arglwydd yr ydoedd. Er mwyn cwtogi cynnyrch a sefydlogi cyflogau ni weithiai'r glowyr ar ddydd Llun cyntaf y mis yn ystod y 1890au a galwyd y dydd hwnnw yn 'Ddiwrnod Mabon'. Tua diwedd ei yrfa cyhuddwyd Abraham yn fynych o '*Lib-Labbery*' gan genhedlaeth newydd o Sosialwyr mwy eithafol ym maes glo de Cymru, ond yn gyffredinol fe'i hedmygid fel arweinydd y glowyr.

Ceir hanes ei fywyd a'i waith yn E. W. Evans, *Mabon, a Study in Trade Union Leadership* (1959).

ABSE, DANNIE (1923–), bardd, dramodydd a nofelydd. Cafodd ei eni a'i fagu yng Nghaerdydd a bu'n efrydydd yn Ysgol Feddygaeth Cymru cyn symud yn 1943 i Lundain, lle y parhaodd i astudio meddygaeth yng Ngholeg y Brenin ac Ysbyty Westminster. Wedi graddio'n feddyg trwyddedig yn 1950, cadwodd gysylltiad agos â'i gartref, er mai yn Llundain y bu'n byw. Yr oedd yn gweithio mewn clinig anhwylderau'r frest.

Y mae digwyddiadau gwleidyddol a chymdeithasol y 1930au yn ganolog i waith Dannie Abse. Pan oedd yn fachgen ysgol, trafodai *Sosialaeth â'i frawd Leo a ddaeth wedyn yn Aelod Seneddol y Blaid Lafur dros Bont-y-pŵl, a daeth dan ddylanwad y Rhyfel Cartref yn Sbaen. Daeth hefyd yn ymwybodol o syniadau newydd ym myd seicoleg trwy ymgomio â brawd arall a ddaeth yn ddiweddarach yn seiciatregydd. Yn ei nofel gyntaf a'r fwyaf poblogaidd, sef *Ash on a Young Man's Sleeve* (1954), ceir disgrifiadau dadlennol o'i fagwraeth yng Nghaerdydd, ansawdd chwerw-felys bywyd teulu o Iddewon a bydoedd real a dychmygol plentyn. Yn *Some Corner of an English Field* (1956) tyn ar ei brofiadau yn yr Awyrlu i ddisgrifio Lloegr ddi-liw, ddiramant wedi'r Ail Ryfel Byd, yn mynd ar gyfeiliorn, ei hen arferion yn dirywio a'i chymdeithas yn dadfeilio. Y mae O. *Jones, O. Jones* (1970) yn dilyn anturiaethau lliwgar myfyriwr meddygol yn Llundain.

Fel bardd y mae Dannie Abse yn fwyaf adnabyddus,

ac y mae yn aml yn darllen ei waith yn gyhoeddus. Cyhoeddodd un gyfrol ar ddeg o farddoniaeth: *After Every Green Thing* (1948), *Walking Under Water* (1952), *Tenants of the House* (1957), *Poems, Golders Green* (1962), *A Small Desperation* (1968), *Funland* (1973), *Way Out in the Centre* (1981), *Ask the Bloody Horse* (1986), *Remembrance of Crimes Past* (1990), *On the Evening Road* (1994) a *Welsh Retrospective* (1997); ymddangosodd ei *Selected Poems* yn 1970 a'i *White Coat, Purple Coat: Collected Poems 1948–88* yn 1989.

Craidd ei waith yw ei ymwybyddiaeth o'r annisgwyl a'r od; cred fod tueddiadau'r ugeinfed ganrif tuag at unffurfiaeth yn rhai peryglus, a chydymdeimla â'r rhai sydd wedi gwrthod cydymffurfio ac â'r rhai sydd wedi dioddef o ganlyniad i gydymffurfio'r mwyafrif. Y mae'r tyndra a welir yn y rhan fwyaf o'i waith yn adwaith i'w berthynas â dau leiafrif, y Cymry a'r Iddewon. Er mai bardd telynegol ydyw yn bennaf, y mae damhegion yn ffurfio rhan nodweddiadol o'i waith ac yn caniatáu iddo ymdrin â materion dyfnach na rhai personol yn unig. Bardd trosgynnol ydyw, yn cael ei flino gan frithgof alawon a lleisiau na ellir eu clywed yn glir. Er y gellir ei gymharu â Philip Larkin yn ei bruddglwyf, nid yw byth mor sinicaidd nac mor hunanfaldodus â'r bardd hwnnw. Datblygodd ymdeimlad cryfach o'i Iddewaeth dros y blynyddoedd a chyfansoddodd nifer o gerddi a grybwyllai droseddau'r Natsïaid. Dywediad adnabyddus o'i eiddo yw, '*Auschwitz made me more of a Jew than Moses ever did*'.

Cafodd Dannie Abse rai llwyddiannau yn Llundain fel dramodydd, ac argraffwyd nifer o'i ddramâu: *Fire in Heaven* (1956), *The Eccentric* (1961), *Three Questor Plays* (1967), *The Dogs of Pavlov* (1972) a *Pythagoras* (1979) – y rhan fwyaf ohonynt yn trafod yn arbrofol ddilemâu'r ugeinfed ganrif. Yn fwy diweddar ailargraffwyd tair drama o'i eiddo yn *The View from Row G: Three Plays* (1990) gyda chyflwyniad gan James A. *Davies.

Cyhoeddwyd detholiad o'i waith llenyddol achlysurol, gan gynnwys stori fer, dyddiadur a drama un-act, yn y gyfrol *Miscellany One* (1981) ac y mae *Journals from the Antheap* (1988) yn gasgliad o'i gyfraniadau i'r *Hampstead and Highgate Express*. Casgliad o'i waith rhwng 1983 ac 1993 yw *Intermittent Journals*. Cyhoeddwyd tri gwaith bywgraffyddol gan y llenor hwn sy'n defnyddio ac yn ailysgrifennu hanes ei fywyd yn gyson, sef *A Poet in the Family* (1974), *A Strong Dose of Myself* (1983) a *There Was a Young Man from Cardiff* (1991). Y mae hefyd wedi golygu nifer o flodeugerddi, gan gynnwys *Wales in Verse* (1983), *Doctors and Patients* (1984), *Voices from the Gallery* gyda'i wraig Joan (1986), *The Hutchinson Book of Post-war British Poets* (1989) a *Twentieth Century Anglo-Welsh Poetry* (1997).

Ceir ymdriniaeth feirniadol yn *The Poetry of Dannie Abse* (gol. Joseph Cohen, 1983) ac yn y gyfrol ar y bardd gan Tony Curtis yn y gyfres *Writers of Wales* (1985); gweler hefyd yr erthyglau gan Roland Mathias yn *The Anglo-Welsh Review* (cyf. XIV, rhif.

38, 1967) a chan John Pikoulis yn *Poetry Wales* (cyf. XIII, rhif. 2, 1977). Y mae'r llyfryn *Under the Influence of (The Gwyn Jones Lecture*, 1984) yn cynnwys rhagor o fanylion bywgraffyddol am y bardd. Gweler hefyd gyfweliad y bardd â J. P. Ward a'r drafodaeth ar ei ddramâu gan James A. Davies yn *The New Welsh Review* (rhif. 6, cyf. II, Hydref 1989).

Ac Eto Nid Myfi (1976), drama gan John Gwilym *Jones. Daw'r teitl o'r gerdd 'Dryswch' gan T. H. *Parry-Williams:

Mae amryw byd ohonom yn fy nghlai.
Myfi ŷnt oll,—ac eto nid myfi.

Yr awgrym felly yw fod rhai elfennau hunangofiannol yn y gwaith, ond na ddylid ei ddehongli fel hunangofiant llythrennol yr awdur. Colyn y ddrama yw fod Alis yn gwrthod priodi Huw, y prif gymeriad, er ei bod yn disgwyl ei blentyn. Y rheswm a rydd dros hynny yw 'Am mai chi ydach chi'. Olrheinir y dylanwadau a wnaeth Huw yr hyn ydyw. Dilynir cynllun episodig, gyda nifer o fân olygfeydd yn dangos Huw yn blentyn, yn laslanc, ac yn fachgen ifanc. Dangosir ef yn ei ymwneud â'i rieni, ei nain, ei gyfaill pennaf a'i gariad, Alis. Fe'i portreedir fel person hynod sensitif a theimladwy, yn gyson ymwybodol o ddeuoliaeth bywyd, o'i ing a'i wefr. Yr un thema sylfaenol sydd i'r ddrama hon ag i holl waith John Gwilym Jones, sef mai bod caeth yw Dyn, wedi'i greu gan ei etifeddeg a'i amgylchedd a bod rhaid iddo ddysgu goddef a dygymod â hyn.

Academi Gymreig, Yr, cymdeithas genedlaethol awduron Cymru. Fe'i sefydlwyd yn 1959 gan nifer o awduron Cymraeg ar sail sgyrsiau rhwng Bobi Jones (Robert Maynard *Jones) a Waldo *Williams. Dewiswyd yr ansoddair 'Cymreig' (yn hytrach na 'Cymraeg') er mwyn caniatáu cynnwys yn ddiweddarach, yn 1968, awduron Saesneg eu hiaith. Crëwyd yr Adran Saesneg yn y flwyddyn honno drwy symbyliad Meic *Stephens, a thrwy gydweithrediad ag aelodau'r *Guild of Welsh Writers*. Cadeiryddion cyntaf yr Academi oedd Iorwerth *Peate (1959–63), T. J. *Morgan (1963–66) a J. E. Caerwyn *Williams (1966–75). Cadeirydd cyntaf yr Adran Saesneg oedd Glyn *Jones (1968–73), ac olynwyd ef gan Roland *Mathias (1973–78), G. O. *Jones (1978–81), Sam *Adams (1981–84), Tony *Curtis (1984–87), Gillian *Clarke (1987–93) a Sally Roberts *Jones (1993–). Er 1975, cadeiriwyd yr Adran Gymraeg gan R. M. *Jones (1975–78), Alun *Llywelyn-Williams, R. Gerallt *Jones (1982–87), R. Geraint *Gruffydd (1987–90), Gwenlyn *Parry (1990–91), Harri Pritchard *Jones (1991–96) a Nesta Wyn *Jones (1996–).

Amcanion y gymdeithas yw hyrwyddo llenyddiaeth yng Nghymru a cheisio cynnal ei safonau trwy ddarparu fforwm i awduron. Yn 1997 yr oedd aelodaeth etholedig o 88 ar yr ochr Gymraeg, a 195 ar yr ochr Saesneg. Derbyn y rhan fwyaf o'i chyllid oddi wrth *Gyngor Celfyddydau Cymru, ond bu'n annibynnol yn

gyfansoddiadol er 1978; y mae ei swyddfeydd yng Nghaerdydd. Ymysg y cyhoeddiadau a noddir gan yr Adran Gymraeg y mae geiriadur Saesneg-Cymraeg, *Geiriadur yr Academi* (1995), cyfieithiadau i'r Gymraeg o lenyddiaeth dramor gyfoes, cyfres o glasuron Cymraeg a'r cylchgrawn llenyddol *Taliesin*. Lluniwyd y *Cydymaith* yn wreiddiol ar ran yr Adran Saesneg, sydd hefyd yn trefnu gweithgareddau o natur lenyddol, yn cynnwys gweithdai, cystadlaethau, cynhadledd flynyddol a darlleniadau cyhoeddus.

Ceir manylion am sefydlu'r Academi Gymreig yn erthygl D. Gwenallt Jones yn *Taliesin* (cyf. I, 1961) a'r ddarlith gan Bobi Jones yn y gyfrol *Dathlu* (gol. R. Gerallt Jones, 1985); disgrifir cyfarfod agoriadol yr Adran Saesneg gan Meic Stephens yn *Poetry Wales* (cyf. IV, rhif. 2, Gaeaf, 1968).

Academïau Anghydffurfiol, Yr, sefydliadau addysgol a oedd yn fawr eu dylanwad yng Nghymru megis yn Lloegr yn yr ail ganrif ar bymtheg a'r ddeunawfed ganrif. Ceisient yn bennaf ddarparu addysg i ddynion ieuainc a oedd â'u bryd ar y weinidogaeth ac y gwaherddid iddynt le ym Mhrifysgolion Rhydychen a Chaer-grawnt o achos eu hargyhoeddiadau Anghydffurfiol (gweler o dan ANGHYDFFURFIAETH). Yr academi gyntaf, a'r hynaf yng Nghymru o'r holl Academïau Anghydffurfiol ag iddynt hanes ddi-dor hyd at yr ugeinfed ganrif, oedd yr un a sefydlwyd gan Samuel *Jones ym Mrynllywarch, Morg., rywbryd cyn 1672. Newidiwyd ei lleoliad yn fynych. Yn Llwyn-llwyd, Brych., o dan Vavasor Griffiths (m. 1741) yn 1735, cafodd ei huno ag ysgol a sefydlwyd gan Rys Prydderch ac a barhawyd gan David Price (*fl.* 1700–42). Ymhlith y rhai a fu'n astudio dan Price neu Griffiths, neu'r ddau, yr oedd Howel *Harris, William *Williams (Pantycelyn) a Richard *Price yr athronydd.

Cartrefodd yr academi wedyn yng Nghaerfyrddin lle yr oedd Thomas *Charles a David *Williams ymhlith ei hefrydwyr. O ganlyniad i anghydfod diwinyddol daeth rhwyg yn 1757. Noddid y sefydliad yng Nghaerfyrddin gan y Bwrdd Presbyteraidd ond wedyn sefydlwyd academi arall a gynorthwyid gan y Bwrdd Cynulleidfaol ac a symudwyd o'r naill sir i'r llall yn y parthau gororol cyn cael cartref yn Aberhonddu yn 1839. Ymhlith y rhai a fu mewn cysylltiad â'r ddau draddodiad hyn, fel athrawon neu fyfyrwyr, yr oedd Thomas Morgan (1720–99), Josiah Rees (1744–1804), Benjamin Davies (1739?–1817), David *Davis o Gastellhywel, Edward Williams (1750–1813), George *Lewis, Michael Jones (1787–1853), Michael D. *Jones, Samuel *Roberts (1767–1834), John Roberts (1804–84) a William *Williams o'r Wern (1781–1840). Sefydlodd y *Bedyddwyr eu hacademïau eu hunain – yn Nhrosnant (1734–61), ac wedyn yn Y Fenni (1807) o dan Micah Thomas (1778–1853), ac yn Hwlffordd (1839). O 1839 ymlaen priodol fyddai eu galw yn 'golegau diwinyddol' yn hytrach nag academïau.

Rhoes yr academïau weinidogion i'r Anghydffurfwyr

a barchai wybodaeth yn ogystal ag ymroddiad ysbrydol, ac i ryw fesur arloesent fath o addysg a oedd yn fwy modern na'r hyn a ddarperid yn y dyddiau hynny ym Mhrifysgolion Rhydychen a Chaer-grawnt. Cyfrannai athrawon fel Edward Williams a Micah Thomas yn sylweddol at y mudiad a addasodd Galfiniaeth mewn modd a fynnai ddiogelu cyfrifoldeb dynol a hyrwyddo gwellhad cymdeithasol.

Ceir rhagor o wybodaeth am yr Academïau Anghydffurfiol yn yr erthygl gan H. P. Roberts yn *Nhrafodion* Anrhydeddus Gymdeithas y Cymmrodorion (1928–29), yn G. Dyfnallt Owen, *Ysgolion a Cholegau yr Annibynwyr* (1939), R. Tudur Jones, *Hanes Annibynwyr Cymru* (1966), D. Eirug Davies, *Hoff Ddysgedig Nyth* (1976) a T. M. Bassett, *Bedyddwyr Cymru* (1977).

Ace, Maggie (g. 1854) a **Jessie** (g.1861), merched gofalwr y goleudy yn y Mwmbwls, pentref glan y môr ger Abertawe. Yno ar 27 Ionawr 1883 drylliwyd llong Almaenig, y *Prinz Adalbert*, ac achubodd y chwiorydd aelod o griw y bad achub rhag boddi trwy gerdded i mewn i'r môr stormus a defnyddio eu sgarffiau i'w dynnu i'r lan. Dathlwyd eu dewrder mewn baled gyffrous, ond anghywir, gan Clement Scott (1841–1904), 'The Women of Mumbles Head'; cydiodd hon yn nychymyg y cyhoedd ar unwaith a daeth yn ddarn poblogaidd i'w adrodd mewn ysgolion a chyngherddau ysgafn.

Ceir y faled a manylion pellach yn llyfr Carl Smith, *The Men of the Mumbles Head* (1977) a P. H. Rees, *Gower Shipwrecks* (1978).

Aceniad y Brifodl. Gall llinell gynganeddol orffen yn acennog neu'n ddiacen ymhob uned fydryddol gaeth ac eithrio yn esgyll Englyn Unodl Union (gweler ENGLYN), cwpled cyntaf Englyn Crwca ac Englyn Cyrch, a chwpled o *Gywydd Deuair Hirion* a Byrion. Yn yr eithriadau hyn rhaid i'r naill linell orffen yn acennog a'r llall yn ddiacen yn y drefn a fynner.

Acid Drop, The, gweler WILLIAMS, THOMAS MARCHANT (1845–1914).

Ackerman, John, gweler JONES, JOHN ACKERMAN (1934–).

Acre of Land, An (1952), ail gyfrol o farddoniaeth R. S. *Thomas, sy'n cynnwys un ar ddeg ar hugain o gerddi a ysgrifennwyd ganddo rhwng 1946 a 1951 tra oedd yn rheithor Manafon, Tfn. Ffoadur o Wlad Pwyl oedd y cyhoeddwr, Marcele Karczewski, a gyhoeddodd yn ogystal The *Minister* (1953) gan yr un awdur. Wedi adolygiad brwdfrydig gan Alan Pryce-Jones ar radio BBC gwerthwyd pob copi o'r argraffiad cyntaf ac ymddangosodd ail argraffiad yn ystod yr un flwyddyn. Y mae'r gyfrol yn cynnwys cerddi adnabyddus megis 'Depopulation of the Hills', 'Cynddylan on a Tractor' a 'Death of a Peasant'; nid adargraffwyd chwech o'r cerddi.

Achau. Dros ganrifoedd lawer y beirdd oedd prif geidwaid yr achau. Dywed Gerallt Gymro (*Gerald de Barri) yn ei *Descriptio Kambriae* fod y beirdd, y datgeiniaid a'r areithwyr wedi cadw achau'r tywysogion, yn eu 'hen lyfrau awduredig'. O gyfnod *Taliesin nod y beirdd oedd anrhydeddu eu noddwyr trwy bwysleisio eu tras hynafol ac urddasol, eu hatgoffa o'u hynafiaid a rhoi patrwm o'r ymddygiad a ddisgwyliai'r gymdeithas ganddynt hwy. Yr achau hynaf yw rhai'r llinachau brenhinol a lywodraethai yng Nghymru annibynnol a'r *Hen Ogledd. Ar Golofn Eliseg, llechfaen o'r nawfed ganrif ger abaty *Glynegwestl, y ceir yr argysgrif hynaf: y mae'n olrhain ach y teulu a reolai ym *Mhowys o *Gyngen, ŵyr yr Eliseg hwnnw, hyd at ryw 'Britu' y dywedir ei fod yn fab i *Wrtheyrn o ferch *Macsen Wledig.

Y casgliad dogfennol pwysicaf o achau brenhinol cynnar yw'r un a geir yn Llawysgrif Harleian 3859, a ysgrifennwyd tua 1100 ond sydd yn tarddu o lawysgrif hŷn o ganol y ddegfed ganrif. Y mae'n amlwg i'r ddogfen wreiddiol honno gael ei llunio er mwyn dangos ach Owain, fab *Hywel Dda, drwy amryw linachau sy'n cynnwys boncyffion brenhinol *Gwynedd, *Dyfed, *Powys ac Ystrad Clud, gydag amryw ddarnau o linachau bratiog neu gyfochrog. Casgliadau pwysig eraill yw'r un yn Llawysgrif Coleg Iesu 20 (14eg gan.) a *Bonedd Gwŷr y Gogledd* yn Llawysgrif Peniarth 45 (diwedd y 13eg gan.). Y mae'r olaf yn fath o ddogfen gyfeiriadol i Dywysogion yr Hen Ogledd a hanoedd o'r naill neu'r llall o ddau foncyff brenhinol, sef disgynyddion *Coel Hen neu Ddyfnwal Hen. Y mae cynnwys y tri chasgliad sylfaenol hyn yn gorgyffwrdd, er bod ychydig o anghysonderau rhyngddynt: ymddengys i ffynhonnell gyffredin testunau Harleian a Choleg Iesu gael ei llunio yn y nawfed ganrif yn ystod teyrnasiad *Rhodri Mawr. Yn sicr, trosglwyddwyd yr achau ar lafar am ganrifoedd cyn iddynt gael eu hysgrifennu ar femrwn, a chredir eu bod yn ddibynadwy mewn mannau mor bell yn ôl â'r bumed ganrif. Cyn y cyfnod hwnnw y mae'r ffin rhwng hanes a chwedloniaeth yn ansicr. Enghreifftiau o'r elfen chwedlonol neu fyth-olegol ynddynt yw tarddiad rhai o'r prif linachau, gan gynnwys llinach frenhinol Gwynedd o'r 'duw tadol' *Beli Mawr a tharddiadau eraill o Facsen Wledig ac *Elen Luyddog.

Y mae'r achau yn yr *Historia Brittonum am y tro cyntaf yn hawlio bod y Brythoniaid yn ddisgynyddion i *Brutus, ŵyr Aeneas, ac ânt hyd at Adda. Y mae'r casgliadau cynnar yn cynnwys hefyd achau'r saint o Gymru a'r Hen Ogledd: ceir amryw fersiynau o'r ddogfen *Bonedd y Saint* sydd yn olrhain disgyniad tadau Cristnogaeth yng Nghymru – dogfen a wnaethpwyd gan eglwyswyr yn ystod y ddeuddegfed ganrif. Hawlir ynddi i'r saint darddu o linachau brenhinol, yn fynych iawn o hil *Cunedda, a dywedir ei fod yn hynafiad i *Ddewi Sant, o hil Macsen Wledig ac o hil *Brychan

Brycheiniog. Dywedir i'r olaf fod yn dad, o'i dair gwraig, i ddeg ar hugain (neu yn fwy traddodiadol pedwar ar hugain) o feibion a merched sanctaidd, ac y mae hon yn enghraifft o'r elfen chwedlonol sydd mor amlwg yn yr achau cynnar hyn.

Ar ôl marwolaeth *Llywelyn ap Gruffudd yn 1282, parhawyd i gopïo'r hen achau ac fe'u cedwid yng nghof y bobl; ymffrostiai amryw o'r uchelwyr a'r boneddigion yn eu tras o linachau brenhinol. Ar wahân i'w fri cynhenid, yr oedd cyfrif cywir o ddisgyniad, gyda'r cymhlethdod o berthnasau teuluol, yn anhepgor dan *Gyfraith Hywel er mwyn penderfynu dyletswydd i dalu sarhäed a galanas, a hefyd oherwydd trefniant *gavelkind a wnâi holl feibion gŵr yn etifeddion iddo yn ôl y gyfraith. Cedwid disgyniad drwy wragedd yn Achau'r Mamau ac yr oedd y rheini weithiau'n bwysig am eu bod o bosibl yn mynd yn ôl at ryw linach frenhinol.

Ar ôl 1282 daeth achyddiaeth (ac i ryw raddau herodraeth hefyd) yn rhan bwysicach ym marddoniaeth y cywyddwyr, gan ddechrau gydag *Iolo Goch a olrheiniodd mewn cywydd ddisgyniad *Owain Glyn-dŵr dros amryw genedlaethau; gwelir enghreifftiau hefyd ym marddoniaeth *Guto'r Glyn. Dywedir mai'r cyfnod o 1450 hyd 1600 – sef y cyfnod ar ôl esgyniad y *Tuduriaid – oedd Oes Aur achyddiaeth Gymreig. Bu dau fardd yn arbennig o enwog am eu gwaith ymchwil i'r hen achau ac am y nifer ohonynt a gasglwyd ac a gopïwyd ganddynt. Yr oedd *Gutun Owain yn aelod blaenllaw o'r Comisiwn y gofynnwyd iddo gofnodi ach Gymreig y Brenin Harri VII, a gwnaeth hynny hyd at Brutus, gan dynnu i mewn y mwyafrif o linachau brenhinol Cymru a nodwyd yn Heraldic Visitations Lewys *Dwnn. Yn ei lawysgrifau ef ceir cnewyllyn y dosbarth 'Pum Llwyth Brenhinol' a 'Phymtheg Llwyth-au Gwynedd'. Ysgrifennodd *Gruffudd Hiraethog nifer o lawysgrifau achyddol; gyda'i ddisgyblion *Wiliam Llŷn, Wiliam *Cynwal, *Simwnt Fychan ac eraill, ffurfiodd ysgol o achyddwyr o feirdd a oedd yn weithgar hyd at ddiwedd yr unfed ganrif ar bymtheg. Gwnaeth-pwyd Lewys Dwnn, disgybl i Wiliam Llŷn, yn Is-herodr dros Gymru a sylfaenwyd ei lyfr enwog i raddau helaeth ar waith beirdd-achyddwyr yr unfed ganrif ar bymtheg.

Ar ddiwedd y ganrif honno gwawriodd cyfnod newydd: trosglwyddwyd astudiaeth a chadwraeth ach-yddiaeth Gymreig i ddwylo'r boneddigion dysgedig megis George *Owen o'r Henllys, Rhys *Meurig, Robert *Vaughan o'r Hengwrt a John *Jones, Gelli-lyfdy. Yr oeddynt oll yn ddynion a ysgogid gan barch dwfn tuag at waith eu rhagflaenwyr barddol ac yr oeddynt wedi ymgysegru i astudio a chadw corff cyfan o ddysg eu gwlad, a deallent yn iawn y rhan a chwaraeid yn hwnnw gan achyddiaeth.

Y gweithiau mwyaf dibynadwy yw rhai P. C. Bartrum, Early Welsh Genealogical Tracts (1966), Welsh Genealogies AD 1300–1400 (1974) a Welsh Genealogies AD 1400–1500 (1983); gweler hefyd Francis Jones, 'An Approach to Welsh Genealogies' yn Nhrafodion Anrhydeddus Gymdeithas y Cymmrodorion (1948) a D. P. Kirby, 'British Dynastic History in the Pre-Viking Period', Bwletin y Bwrdd Gwybodau Celtaidd (cyf. XXVII, 1976) sy'n gwahaniaethu rhwng achau a rhestri teyrnasol.

ADAMS, DAVID (1845–1923), awdur diwinyddol a brodor o Dal-y-bont, Cer. Wedi tymor fel ysgolfeistr bu'n weinidog gyda'r Annibynwyr yn Hawen a Bryn-gwenith, Cer., ym Methesda, Caern., ac yn Lerpwl. Yn Hawen daeth dan lach Caradoc Evans (David *Evans), gŵr ifanc a oedd yr un mor geidwadol mewn materion crefyddol ag yr oedd mewn materion eraill. Yn 1908 cyhoeddodd ddau lyfr, sef Yr Ysgol Sabbothol: Llawlyfr Ymarferol i'r Athrawon, ac Esboniad ar yr Epistol at y Galatiaid. Yng Nghymru Adams oedd prif ladmerydd y Ddiwinyddiaeth Newydd a gychwynnodd yn yr Almaen. Cyhoeddodd Paul yng Ngoleuni'r Iesu (1897) ac Yr Eglwys a Gwareiddiad Diweddar (1914). Yr oedd amryw yn wrthwynebwyr ffyrnig i'r *Rhyddfrydiaeth a'r Foderniaeth Ddiwinyddol a goleddid ganddo.

Ysgrifennwyd cofiant i David Adams gan E. Keri Evans a W. Pari Huws (1924); gweler hefyd yr erthygl gan W. Eifion Powell yn Y Traethodydd (Gorff., 1979).

ADAMS, SAM (1934–   ), bardd, beirniad a golyg-ydd. Fe'i ganed yn Y Gilfach-goch, Morg., a'i addysgu yng Ngholeg Prifysgol Cymru, Aberystwyth. Bu'n Ddarlithydd Saesneg yng Ngholeg Addysg Caerllion hyd ei benodiad yn Arolygydd Ysgolion ei Mawrhydi yn 1974. Ymunodd â bwrdd golygyddol *Poetry Wales yn 1970, ac ef oedd y golygydd o 1973 hyd 1975, yn olynydd i Meic *Stephens. Ymhlith y blodeugerddi a olygodd y mae The Shining Pyramid (gyda Roland *Mathias, 1970) a Ten Anglo-Welsh Poets (1974); gyda Gwilym Rees *Hughes golygydd Triskel One (1971) a Triskel Two (1973), casgliadau o ysgrifau ar lenyddiaeth *Eingl-Gymreig. Cyfrannodd gyfrol o gerddi, The Boy Inside (1973), i gyfres y Triskel Poets a chyfrolau ar Geraint *Goodwin a Roland Mathias i'r gyfres *Writers of Wales (1975, 1995). Cyhoeddwyd ail gasgliad o'i gerddi, Journeying, yn 1994.

Adar Llwch Gwin, adar chwedlonol sy'n cyfateb, y mae'n debyg, i griffins yn Saesneg. Sonnir amdanynt mewn ymryson (a gofnodir yn Llsgr. Mostyn 146) a drefnwyd rhwng Drudwas ap Tryffin ac *Arthur. Yr oedd gan Ddrudwas dri o'r adar hyn ac fe'u gorch-mynnodd i ladd yr ymladdwr cyntaf i gyrraedd maes y gad. Rhwystrwyd Arthur rhag mynd i'r maes gan chwaer ei elyn ac felly Drudwas oedd y cyntaf i gyrraedd a chael ei ddarnio gan ei adar ei hun. Yng ngwaith y cywyddwyr defnyddir yr ymadrodd i olygu 'hebog' neu 'walch' a hefyd yn drosiad am filwr dewr a nerthol.

Aderyn Corff, rhagarwydd o farwolaeth ar ffurf

aderyn, megis tylluan, llwyd y baw neu robin goch, yn taro ar ffenestr neu ddrws. Rhoddir yr enw hefyd ar berson sydd bob amser yn dwyn newyddion drwg neu'n proffwydo'r gwaethaf. Gweler hefyd CANNWYLL GORFF a CYHYRAETH.

Adfer, mudiad cenedlaethol a sefydlwyd gan Emyr Llewelyn yn 1971; tyfodd allan o rengoedd *Cymdeithas yr Iaith Gymraeg. Ei nod oedd unieithrwydd, yn enwedig yn yr ardaloedd hynny yr ystyrir eu bod yn rhan o'r Fro Gymraeg.

Ceir manylion pellach yn Emyr Llewelyn, *Adfer a'r Fro Gymraeg* (1976).

Adolygydd, Yr, cylchgrawn chwarterol. Cyhoeddwyd tri rhifyn ar ddeg ohono rhwng 1850 ac 1853. Cychwynnwyd ef gan yr Annibynwyr (gweler o dan ANNIBYNIAETH) yn ne Cymru gyda'r amcan o osod 'crefydd goruwch llawenydd pennaf y Cymry'. Er nad yw eu henwau'n ymddangos wrth y cylchgrawn, ei olygydd cyntaf oedd Evan *Jones (Ieuan Gwynedd), ac fe'i dilynwyd gan William *Williams (Caledfryn); nid enwir y cyfranwyr ychwaith. Ceir ynddo erthyglau sylweddol ar bynciau crefyddol, gwleidyddol, gwyddonol ac ar amaethu a mwyngloddio, ynghyd â nifer o gerddi hirion.

Ceir manylion pellach yn Huw Walters, 'Yr Adolygydd' a'r 'Beimiad': Eu Cynnwys a'u Cyfranwyr (1996).

Adwant, Gwant a **Rhagwant**, termau a ddefnyddir mewn *Cerdd Dafod am raniadau'r llinell gyntaf mewn *Toddaid Byr. Digwydd y rhagwant ar y bumed sillaf, y gwant o flaen y gair neu'r geiriau cyrch, a'r adwant yn niwedd y cyrch (sef diwedd y llinell).

ADDA FRAS (1240?–1320?), bardd y priodolwyd iddo ddaroganau (gweler DAROGAN), eithr heb sicrwydd pa ddarnau yw ei waith. Fe'i cysylltir ag Is Conwy a dywedir iddo gael ei gladdu yn abaty Maenan (gweler o dan ABERCONWY).

ADDA O FRYNBUGA (1352?–1430), croniclydd. Trwy ffafr Edward Mortimer, Iarll y Mers a gawsai arglwyddiaeth Brynbuga, cafodd astudio'r gyfraith yn Rhydychen a bu'n athro yn ei faes yno. Bu'n gwasanaethu yn llysoedd cyfraith Archesgob Caergaint ac yr oedd ymhlith y rhai a holai Walter *Brute yn 1390. Derbyniodd nodded yn Rhufain gan y Pabau Boniffas IX ac Innosent VII, ond gwrthododd Harri IV â rhoi Esgobaeth Henffordd iddo a threuliodd ddwy flynedd yn ŵr cyfraith yn Ffrainc a Fflandrys. Er ei fod mewn cysylltiad â chynghreiriaid *Owain Glyndŵr, ymgadwai rhag perygl ac wedi dychwelyd i Gymru yn 1408 aeth yn gaplan yn Y Trallwng dan nawdd Edward Charlton, Arglwydd Powys. Ysgrifennodd gronicl gwerthfawr o ddigwyddiadau ei oes, *Chronicon Adae de Usk*, sy'n cynnwys peth o hanes gwrthryfel Owain Glyndŵr. Ar sgrîn y gangell yn Eglwys Fair, Brynbuga, y mae stribyn efydd ac arno arysgrif mewn Cymraeg Canol y credir iddo goffáu Adda.

Golygwyd y cronicl gan E. Maunde Thompson, *Chronicon Adae de Usk* (ail arg., 1904) a chyhoeddwyd argraffiad adlun yn 1990; am fanylion pellach gweler yr erthygl gan W. Llewelyn Williams yn *Y Cymmrodor* (cyf. XXXI, 1921), Glanmor Williams, *The Welsh Church from Conquest to Reformation* (1962) ac R. R. Davies, *The Revolt of Owain Glyndŵr* (1995).

Addaon fab Taliesin, a enwir yn y Trioedd, yn *'Englynion y Clyweit' ac yn *Breuddwyd Rhonabwy; dywedir mai ef oedd 'y gwas ieuanc cymhennaf a doethaf a wneir yn yr Ynys hon'.

Aedd Mawr, tad Prydain a sylfaenydd chwedlonol Ynys *Prydain; enw arall ar y Brytaniaid neu'r Cymry oedd 'hil Aedd Mawr'.

Aeddan ap Gafran, gweler o dan TRI DIWAIR DEULU.

Aeddon, gweler o dan ECHRYS YNYS (c.1050–1100).

Aelod dros Gymru, Yr, gweler RENDEL, STUART (1834–1913) a RICHARD, HENRY (1812–88).

Afallach, mab *Beli Mawr, yn ôl yr achau brenhinol. Myn traddodiad ei fod yn dad i *Fodron, mam *Owain ab Urien. Ynys Afallach oedd yr enw gwreiddiol a roddid ar y wlad ddelfrydol y cludwyd *Arthur iddi i wella o'i glwyfau; ffurf ddiweddarach yw *Ynys Afallon.

'Afallennau, Yr', cyfres o benillion *darogan a dadogid ar *Fyrddin; ceir y testun hynaf ohonynt yn *Llyfr Du Caerfyrddin (c.1250). Y mae deg o benillion yn nhestun y Llyfr Du ac un ar bymtheg mewn testun a gadwyd yn Llawysgrif Peniarth 3 (c.1300), ond yn The Myvyrian Archaiology of Wales (ail arg. 1870) a The Literature of the Kymry (1849) gan Thomas *Stephens, argraffwyd testunau o lawysgrifau diweddarach yn cynnwys dau ar hugain a thri ar hugain o benillion. Egyr pob pennill â'r fformiwla 'Afallen beren' a cheir ymhob pennill, fel rheol, rhwng chwech a deuddeg o linellau odledig yn cynnwys pedwar curiad a naw neu ddeg neu un ar ddeg o sillafau ymhob un.

Y mae'r penillion yn ymwneud â dau fater hollol wahanol, sef yr hen chwedl Gymreig am Fyrddin, y gŵr gwyllt a ffoes o frwydr Arfderydd yn y flwyddyn OC 573 a mynd i fyw yn y goedwig, a daroganau a briodolid iddo yn proffwydo methiannau a llwyddiannau'r Cymry yn eu brwydrau yn erbyn eu gelynion. Y ddawn i broffwydo a roddwyd i Fyrddin yn ei wylltineb yw'r elfen sy'n cysylltu'r ddwy haen yn y penillion â'i gilydd. Llefara Myrddin yn y person cyntaf ym mhob pennill ac wrth annerch yr afallen sy'n ei gynnal â'i ffrwythau pêr, priodola iddi gyneddfau hynod megis y gallu i'w guddio rhag ei erlidwyr, *Rhydderch Hael a'i wŷr. Honna iddo fod yn filwr eurdorchog ym mrwydr Arfderydd, ond wedi cwymp ei 'arglwydd *Gwenddolau' yn y frwydr honno bu am hanner can mlynedd yn dioddef 'haint a hoed am gylch Coed Celyddon'. Dywed hefyd ei fod yn euog o ladd mab Gwenddydd (sef ei chwaer yn ôl testunau eraill), a chwyna na ddaw hi i ymweld ag ef.

Nid yw'r holl gyfeiriadau at y chwedl yn eglur ond y mae'n ddiau mai yn y penillion hyn y ceir cnewyllyn hynaf chwedl Myrddin. Awgrymwyd y gallant fod cyn hyned â'r nawfed neu'r ddegfed ganrif. Y mae'r daroganau yn 'Yr Afallennau' yn ddiweddarach ac yn ymwneud â chyfnod y Normaniaid: cyfeiria'r pennill cyntaf yn y *Llyfr Du*, er enghraifft, at frwydr yn nyffryn Machafwy yn Elfael a ymladdwyd ar 12 Awst 1198 ac mewn penillion eraill honnir y bydd Cynan (*Cynan Meiriadog) a *Chadwaladr yn dychwelyd i arwain y Cymry.

Gwelir manylion pellach yn A. O. H. Jarman, *Llyfr Du Caerfyrddin* (1982), '*The Welsh Myrddin Poems*' yn *Arthurian Literature in the Middle Ages, a Collaborative History* (gol. R. S. Loomis, 1959) a '*The Merlin Legend and the Welsh Tradition of Prophecy*' gan A. O. H. Jarman yn *The Arthur of the Welsh* (gol. R. Bromwich, A. O. H. Jarman a Brynley F. Roberts, 1991).

Afallon, gweler YNYS AFALLON.

Afan, cantref ym *Morgannwg. Ar ôl cwymp teyrnas Morgannwg fe'i daliwyd gan ddisgynyddion Morgan ap Caradog, ŵyr *Iestyn ap Gwrgant, Brenin olaf Morgannwg; daeth yn ddiweddarach yn ganolbwynt y gwrthsafiad yn erbyn y Norman. Mabwysiadodd Lleision ap Morgan Fychan y cyfenw de Avene ond pan fu farw ei ŵyr Thomas tua 1350 trosglwyddwyd Afan i arglwyddiaeth Morgannwg. Rhwng 1974 a 1996 Afan oedd enw swyddogol dosbarth mwyaf dwyreiniol sir Gorllewin Morgannwg.

AFAN FERDDIG ('Afan y Bardd Bach', efallai'n derm anwesol; 7fed gan.?), bardd a gofiwyd gan y *Gogynfeirdd fel un o'r *Cynfeirdd. Yn ôl un o'r Trioedd ef oedd bardd *Cadwallon ap Cadfan o *Wynedd ac y mae'n bosibl mai ef oedd awdur y gerdd *'Moliant Cadwallon'. Gweler hefyd BERDDIG.

Afanc, Yr, anghenfil chwedlonol a ymgartrefai mewn llynnoedd. Yn y Trioedd ceir cynhorthwy *Hu Gadarn i'w lusgo o Lyn Llion rhag i'r llyn orlifo eilwaith; fe'i llusgir o Lyn yr Afanc, Caern., gan yr *Ychen Bannog. Yn rhamant *Peredur* (gweler o dan TAIR RHAMANT) teifl yr Afanc saethau gwenwynig at bwy bynnag a gais ddod i mewn i'w ogof. Gall fod y chwedlau hyn yn tarddu o gof gwerin am lifogydd a achoswyd pan dorrodd argaeau a ffurfiwyd gan y llostlydan.

Afarwy, mab Lludd, Brenin Prydain, yn ôl yr *Historia Regum Britanniae* gan *Sieffre o Fynwy, lle y defnyddir Androgeus yn ffurf ar yr enw. Pan fu farw ei dad nid oedd Afarwy yn ddigon hen i'w ddilyn i'r orsedd ac felly gwnaed *Caswallon, brawd Lludd, yn frenin yn ei le. Cododd anghydfod rhwng yr ewythr a'i nai pan laddwyd Hirelgas fab Caswallon gan Guhelyn fab Afarwy. Oherwydd hyn bu brwydr a chafodd Afarwy gefnogaeth Iwl Cesar a chyda'i gilydd gorchfygasant fyddin Caswallon. Rhyddhawyd Caswallon gan Afarwy ac aeth ef wedyn gyda'i gyfaill Cesar i Rufain. Dichon mai'r cymeriad hanesyddol Mandubracius y sonnir amdano yn *De Bello Gallico* Cesar sydd wrth wraidd y ffurf Afarwy.

'After the Funeral', marwnad a luniwyd gan Dylan *Thomas yn 1938 er cof am Ann Jones, chwaer ei fam. Bu hi farw yn 1933 ac yr oedd ffurf gyntaf y gerdd y pryd hynny yn wahanol iawn ei naws a'i safbwynt. Bu Ann Jones a'i gŵr yn ffermio *Fern Hill, ger Llan-gain, Caerf., ac yr oedd y bardd wedi mwynhau gwyliau yno yn ystod ei blentyndod. Ond yn wahanol i'r cerddi diweddarach a glodforai le arbennig, moli person sydd yma ac ymateb dwfn i'r diwylliant a'r gymdeithas Gymraeg a gynrychiolid gan Ann Jones. I'r bardd arwyddion marwaidd yw elfennau traddodiadol y parlwr Cymreig megis y llwynog wedi'i stwffio a'r rhedynen mewn pot, a rhoddant argraff hollol anghywir o'r haelioni parod a oedd ynghudd y tu ôl i erwindeb ei fodryb. Y mae'r gerdd yn nodweddiadol o farddoniaeth *Eingl-Gymreig o ran ei hymateb deublyg: y chwilio am berthynas gariadlawn y tu hwnt i'r duedd naturiol i wawdlunio arferion a seremonïau'r gymdeithas y mae'r bardd yn perthyn iddi ond nad yw'n rhan ohoni.

Anghydffurfiaeth neu **Ymneilltuaeth**, safle Cristnogion sy'n dewis peidio â chydymffurfio ag athrawiaeth ac arferion Eglwys Sefydledig. Defnyddir y gair gan amlaf ym Mhrydain ar gyfer safbwynt mudiadau a ffurfiwyd yn gynnar wedi'r Diwygiad Protestannaidd, megis *Annibyniaeth a'r *Bedyddwyr, yn ddiweddarach y *Methodistiaid (*Calfinaidd a *Wesleaidd), ac ymhlith y rhai llai uniongred, yr *Undodiaid a'r *Crynwyr. Y mae Anghydffurfwyr yn olrhain eu hachau ysbrydol i'r Eglwys Fore, ond daeth Anghydffurfiaeth fodern i'r golwg yn sgîl y Diwygiad Protestannaidd. O ganlyniad i'r rhyddid newydd i chwilio'r *Beibl, ni allai pawb dderbyn cyfaddawd eglwysig Elisabeth I, a ddewisodd am resymau gwleidyddol droedio llwybr canol rhwng *Catholigiaeth Rufeinig a *Phiwritaniaeth. Ceisiai'r Piwritaniaid cynnar sicrhau bod athrawiaeth a gwasanaethau Eglwys Loegr yn ymbellhau oddi wrth Rufain, ond yn raddol daeth yr Ymwahanwyr i'r amlwg, pobl a oedd yn argyhoeddedig bod diwygio pellach o fewn yr Eglwys yn amhosibl. Cynyddwyd eu niferoedd pan geisiodd Archesgob Laud ddod â'r Eglwys yn agosach at Rufain, ac er mai oddi wrth y Presbyteriaid y daeth y brif her grefyddol (a hwythau'n awyddus i gadw rhai dolenni cyswllt rhwng yr Eglwys a'r Wladwriaeth), Annibynwyr Cromwell·a orfu yn y *Rhyfeloedd Cartref. Yr oedd yr Eglwys a grewyd dan y Gymanwlad yn Biwritanaidd ei hanfod, ond yr oedd yn bur oddefgar parthed athrawiaeth. Pan adferwyd y Frenhiniaeth yn 1660 diswyddwyd llawer gweinidog Piwritanaidd ac ymneilltuodd rhyw bedair mil o weinidogion yr Eglwys yn sgîl Deddf Unffurfiaeth (1662). Bu cryn erlid arnynt hyd Ddeddf y Goddefiad (1689) a ganiataodd iddynt ryddid i addoli yn ôl eu cred, er iddi adael beichiau eraill arnynt.

Y Cymro cyntaf i goleddu syniadau Ymneilltuol oedd John *Penry, a ferthyrwyd yn 1593, ond ni sefydlwyd yr achos cyntaf yng Nghymru, eglwys unedig o Annibynwyr a Bedyddwyr yn Llanfaches, Myn., tan 1639 – er na ddylid anghofio safle 'Anghydffurfiol' yr *Eglwys Geltaidd. Yn y ddeunawfed ganrif bu dylanwadau Methodistiaeth a chyfres o adfywiadau ysbrydol yn gyfrifol nid yn unig am ddau enwad Anghydffurfiol arall ond hefyd am fywhau'r hen 'Sentars'. Erbyn 1851 perthynai saith allan o bob deg o addoldai yng Nghymru i'r Ymneilltuwyr (o'i gymharu â phump allan o bob deg yn Lloegr), a threiddiodd dylanwad Anghydffurfiaeth trwy gyfrwng y capel i bob rhan o fywyd Cymru. Ar ôl y Rhyfel Byd Cyntaf gwelwyd yn eglur fod y dylanwad hwn yn dechrau cilio, ac adlewyrchwyd y duedd hon gan rai awduron *Eingl-Gymreig megis Caradoc Evans (David *Evans) a Rhys *Davies. Erbyn heddiw bu gostyngiad sylweddol iawn yng nghyfanswm aelodaeth a mynychwyr gwasanaethau'r capeli.

Ymhell ar ôl oes aur Ymneilltuaeth yn ystod hanner cyntaf y bedwaredd ganrif ar bymtheg, parhaodd ei hynni ysbrydol a'i phwyslais ar uniondeb 'cymeriad' yr unigolyn i ddylanwadu'n drwm ar foesoldeb preifat, cymdeithasol a gwleidyddol. Mynegwyd yr elfennau hyn yn y 'Gydwybod Ymneilltuol', yn y frwydr dros gydraddoldeb crefyddol ac addysgol, mewn gweithgarwch cenhadol, ac yn y mudiad *Dirwest. Fe'u hamlygwyd hefyd yn yr ymdeimlad cynyddol yn y bedwaredd ganrif ar bymtheg fod gan Anghydffurfiaeth, ynghyd â *Radicaliaeth, gyfrifoldeb gwleidyddol i arwain y Cymry, ac y gellid cyflawni'r swyddogaeth hon trwy gefnogi *Rhyddfrydiaeth.

Ni ellir dechrau deall hanes llenyddiaeth fodern yng Nghymru heb roi sylw priodol i gyfraniad a dylanwad Anghydffurfiaeth, a'r adwaith yn ei herbyn. Cynhyrchodd swmp enfawr o lenyddiaeth, gan gynnwys esboniadau beiblaidd, pregethau, cofiannau (sy'n darlunio'r 'cymeriad' Anghydffurfiol i'r dim), llyfrau athrawiaethol a dadleuol, geiriaduron a mynegeiriau Ysgrythurol, cylchgronau, gweithiau hanes, barddoniaeth (yn enwedig emynau), nofelau moeswersol, a chyfieithiadau o lyfrau Ymneilltuwyr Saesneg. Trwy'r capeli, yn enwedig trwy'r *Ysgol Sul, y dysgwyd y Cymry i ddarllen; yno hefyd y daethant yn gyfarwydd â phatrymau clasurol iaith y Beibl

a dwyster profiadol yr emyn, a gadawyd eu hôl ar ymwybyddiaeth ysbrydol a mynegiant llenyddol cenedlaethau lawer. Y mae'n wir fod gorwelion llenyddol Anghydffurfiaeth yn gul ac iddi wgu ar y *nofel, yr *anterliwt, y *ddrama, a'r *eisteddfod am hir amser, ac y mae'n wir iddi gynhyrchu digon o farddoniaeth sâl. Ond rhaid cydnabod hefyd i Anghydffurfiaeth esgor ar lenorion o'r safon uchaf, megis Morgan *Llwyd, Charles *Edwards, William *Williams (Pantycelyn), Ann *Griffiths, Thomas *Jones o Ddinbych, Islwyn (William *Thomas), Daniel *Owen a Gwenallt (David James *Jones), a chafodd ddylanwad nid bychan ar rai awduron a ysgrifennai yn Saesneg, megis Glyn *Jones, Emyr *Humphreys a Roland *Mathias. Mudiad ysbrydol ydoedd yn ei hanfod, ond bu hefyd yn gyfrifol am greu a chynnal cenedl lafar, lengar a chreadigol, a hyn oll trwy gyfrwng y Gymraeg.

Heblaw hanes yr enwadau Anghydffurfiol, gweler *Dylanwad Ymneilltuaeth ar Fywyd y Genedl* (gol. James Evans, 1913), T. Rees, *History of Protestant Nonconformity in Wales* (1861), R. I. Parry, *Ymneilltuaeth* (1962) ac R. M. Jones, *Llên Cymru a Chrefydd* (1977).

Angylion Mons, gweler o dan SAETHWYR AGINCOURT.

Ail Ryfel Byd, Yr Adwaith Llenyddol i'r. Gan Alun *Llywelyn-Williams yn Gymraeg ac Alun *Lewis yn Saesneg y cafwyd dau o'r cyfraniadau mwyaf arhosol yn y maes hwn a hynny o safbwynt milwyr a brofodd y rhyfel drostynt eu hunain. Cafwyd gan R. Meirion *Roberts yng ngherddi *Plant y Llawr* (1946) olwg caplan ar y rhyfel. Llais unigryw un a gafodd flas ar ei brofiadau milwrol a glywir yn *'Rwyf Innau'n Filwr Bychan* (1943), dyddlyfr 'Pte. P.', sef Caradog *Prichard. Er bod yr ymateb cyhoeddus o blaid y rhyfel yn amlycach nag yn ystod y *Rhyfel Byd Cyntaf, fe'i gwrthwynebwyd gan leiafrif llafar, yn eu plith cenedlaetholwyr fel A. O. H. *Jarman a John Griffith *Williams. Yn ei golofn newyddion 'Cwrs y Byd' yn *Y Faner* (gweler BANER AC AMSERAU CYMRU), cyfansoddodd Saunders *Lewis gorff o erthyglau a ystyrir ymhlith y cyfraniadau gloywaf i newyddiaduraeth Gymreig yn ystod y ganrif hon. Fel dramodydd, ysgrifennodd ddrama lwyfan uchelgeisiol, *Brad* (1958), a seiliwyd ar y *putsch* aflwyddiannus yn erbyn Hitler yn 1944. Effaith y rhyfel ar aelwyd Gymreig yw thema John Gwilym *Jones yntau yn ei ddrama *Lle Mynno'r Gwynt* (1958), thema y cyffyrddodd â hi gyntaf yn *Diofal yw Dim* (1942). Ac yntau'n genedlaetholwr a heddychwr, cynhyrfwyd Waldo *Williams i gyfansoddi rhai o'i gerddi mwyaf nerthol a nodedig yn ystod y rhyfel, ac yn nwy gyfrol *Caniadau'r Dyddiau Du* (d.d.), a gyhoeddwyd yng nghyfres 'Pamffledi Heddychwyr Cymru', casglodd Gwilym R. *Jones ynghyd antholeg o gerddi gan amryw feirdd a wrthwynebai'r rhyfel.

Cofnodwyd eu hanesion rhyfel gan lenorion fel Glyn Evans yn *Coron ar Fotwm* (1960) a Selyf *Roberts yn *Tocyn Dwyffordd* (1984), a seiliwyd nofelau fel *Ym

Mhoethder y Tywod (1960) Hydwedd *Boyer ac *Y Gelyn Mewnol* (1946) Melville *Richards ar brofiadau milwrol eu hawduron. O safbwynt bachgen bach ar ei brifiant ym Mhen Llŷn yr ysgrifennwyd *Gwared y Gwirion* (1966), straeon byrion R. Gerallt *Jones, a cheir rhai cyfeiriadau at ysbïwyr a faciwîs; dyna hefyd gefndir drama deledu Rhydderch *Jones, *Gwenoliaid* (1986). Y byd oedd ohoni drannoeth y rhyfel a ddarlunnir yn nofel gyntaf Islwyn Ffowc *Elis, a dichon fod arwyddocâd i'r ffaith mai un o gymeriadau mwyaf rhinweddol *Cysgod y Cryman* (1953) ac *Yn ôl i Leifior* (1956) yw'r cyn-garcharor rhyfel Karl Weismann ac mai un o'r rhai mwyaf atgas yw'r Sais imperialaidd Paul Rushmere. Er bod cyfrolau fel *Cyllell yn y Pridd* (1974) Ifor Wyn *Williams, *Meibion Annwfn* (1980) Ifan Parri, ac *Aeth Deugain Mlynedd Heibio* (1985) Geraint Dyfnallt *Owen, wedi gweld golau dydd yn ystod y chwarter canrif diwethaf, nid ysgrifennwyd eto'r nofel Gymraeg ddiffiniol am y rhyfel ac ni chafwyd dim sydd mor arwyddocaol ag *Open Secrets* (1988), nofel Emyr *Humphreys am yr Ail Ryfel Byd a'r bumed ran yn saga Amy Parry.

Ar y cymhariaeth rhwng Alun Llywelyn-Williams ac Alun Lewis, gweler M. Wynn Thomas, 'Y Ddau Alun' yn *Taliesin* (cyf. LXIV, 1988). Gweler hefyd Dewi Eirug Davies, *Protest a Thystiolaeth* (1993) ar agweddau ar y dystiolaeth Gristnogol yn yr Ail Ryfel Byd. Crynhowyd ymatebion beirdd Cymru i'r rhyfel ym mlodeugerdd Alan Llwyd ac Elwyn Edwards, *Gwaedd y Lleiddiad* (1995), tra cofnodwyd gwahanol argraffiadau merched Cymru yn *Parachutes and Petticoats* (gol. Leigh Verrill-Rhys a Deirdre Beddoe, 1992).

Alafon, gweler OWEN, OWEN GRIFFITH (1847–1916).

Alan Fyrgan, gweler o dan TRI DIWAIR DEULU.

Alba Landa, gweler TŶ GWYN.

Alban Hefin, gweler o dan GŴYL IFAN.

Albanactus, gweler o dan CAMBER.

Albion, gweler o dan HISTORIA REGUM BRITANNIAE (*c*.1136).

ALED, SIÔN (1957–), bardd a aned ym Mangor, Caern., awdur dwy gyfrol o farddoniaeth, sef *Dagrau Rhew* (1978) a *Cortynnau* (1988). Enillodd *Goron yr *Eisteddfod Genedlaethol yn 1981.

ALEXANDER, EWART (1931–), dramodydd a aned yng Nghwmgïedd ger Ystradgynlais, Brych., lle y mae'n trigo o hyd, ac a addysgwyd yng Ngholeg Prifysgol, Abertawe. Bu'n athro ond bellach treulia ei holl amser yn ysgrifennu ac er ei fod yn Gymro Cymraeg, Saesneg yw cyfrwng ei waith. Y mae'n awdur dros ddeugain o ddramâu llwyfan, radio a theledu.

Anodd yw asesu ei gyfraniad i'r ddrama oherwydd na chyhoeddwyd ei ddramâu llwyfan gorau, *Buzz Buzz Critch Critch* (1969), *The Rose-tinted Pelicans* (1972) a *White Plains* (1976). Dewiswyd un o'i ddramâu teledu, *Omri's Burning* (1968), ar gyfer yr Archifau Ffilm Cenedlaethol.

Cyhoeddwyd ysgrif hunangofiannol gan Ewart Alexander yn y gyfrol *Artists in Wales* (gol. Meic Stephens, 1973).

Alfred Pomeroy-Jones, y pedwerydd morwr a foddodd, yn *Under Milk Wood* (1954) gan Dylan *Thomas; gofyn ef i *Captain Cat, '*Who milks the cows in Maesgwyn?*'

ALIS (*fl.* 1545), prydyddes, merch *Gruffudd ab Ieuan ap Llywelyn Fychan, gŵr bonheddig o brydydd o Leweni Fychan, Dinb. Ychydig o'i gwaith a gadwyd ond y mae'n cynnwys cyfresi o englynion ar y math o ŵr a fynnai, un arall ar ail briodas ei thad, ac un cywydd cymod. Y mae'n debyg mai chwaer iddi oedd *Catrin (*fl.* 1545) a gyfansoddodd awdl i Dduw a'r byd.

All Things Betray Thee (1949), nofel hanesyddol gan Gwyn *Thomas (1913–81) am aflonyddwch diwydiannol ym Moonlea, tref ddychmygol yn ne Cymru yn y bedwaredd ganrif ar bymtheg. Y mae rhai o'r digwyddiadau'n adrodd hanes y terfysg ym *Merthyr Tudful yn 1831 a chrogi Dic Penderyn (Richard Lewis). Cymerwyd teitl y llyfr o linell yng ngherdd Francis Thompson, '*The Hound of Heaven*' (1893), sef '*All things betray thee, who betrayest Me*'. Y mae John Simon Adams, yr arwr, yn trefnu i'r gweithwyr orymdeithio mewn protest yn erbyn cau'r ffwrneisi; ymosodir ar y dynion gan filwyr yr Arglwydd Plimmon, ceisia Adams ddianc, ond fe'i delir a'i ddedfrydu i'w grogi. Y mae'r nofel radicalaidd hon ymhlith gweithiau mwyaf llwyddiannus yr awdur; trafodir yr un thema yn ei ddrama, *Jackie the Jumper* (1963).

ALLAN, LAURENCE (1954–), dramodydd a aned ym Mhontypridd, Morg. Y mae ei bryder tanbaid, dynol a weithiau ffyrnig ynghylch trybini pobl gyffredin yn amlwg yn llawer o'i waith. Uwchlaw popeth, mynega'r diymadferthedd a brofir gan y sawl sy'n ei gael ei hun ynghlwm wrth newidiadau economaidd a gwleidyddol sydd y tu hwnt i'w reolaeth. Er bod y byd a gyflwyna'n aml yn llwm, nodweddir ei ddramâu hefyd gan hiwmor tywyll a deifiol a chan glust fain garedig i Saesneg idiomatig de Cymru.

Yn *Over the Wall and Back Again* (1985), ei ddrama gyntaf i'r cwmni *Made in Wales*, y mae'n ymdrin â chysylltiadau personol sydd dan bwysau yn ystod Streic y Glowyr 1984/85, yn arbennig yn achos merched yr effeithiodd yr anghydfod arnynt. Y mae'r ddrama bwerus *A Blow to Bute Street* (1988) yn portreadu hynt personol henwr tywyll ei groen o Gaerdydd sy'n dianc o gartref nyrsio i ailymweld â Butetown, lle y bu unwaith yn byw, a chanfod ardal ddienaid a drawsffurfiwyd gan ailddatblygu trefol. Ymchwilir ymhellach i ffawd pobl fel trigolion hŷn Caerdydd a drowyd yn 'sbwriel ddoe' yn *The Best Years of Our Lives* (1990), drama sy'n darlunio'r cyn-ardaloedd glofaol ddeng mlynedd wedi'r streic, ardaloedd a drawsffurfiwyd bellach yn barciau thema. Drama gymuned yw *The Valley of the Kings* (1991) am Bontypridd ('tref heb hanes ond ag uffern o orffennol') gyda chast o dros gant. I Theatr Hijinx yr ysgrifennodd *On the Road Again*, comedi hynod â rôl ganolog i actor anabl; *Stairway to Heaven*, hanes dwys a phicarésg am beilot awyrennau rhyfel yn dychwelyd at ei ffrindiau ar ffurf *genie*; a *Dangerous Acquaintances* (1997), ffantasi gerddorol gothig yn cynnwys tair Marianne Faithfull a dilynwr penwan. Ysgrifennodd Allan ddramâu radio hefyd, gan gynnwys *There's Only One Siswe Bansi*, *I Was a Teenage Playboy* a *Cries Across the Tracks* i BBC Radio 4. Ymddangosodd ei ddrama deledu gyntaf, *Rainbow Chaser*, yn 1995, ac ysgrifennodd *Cradle to Grave* (1997), am y dinistrio ar y Gwasanaeth Iechyd Cenedlaethol, i Goleg Cerdd a Drama Cymru.

ALLCHIN, ARTHUR MACDONALD (1930–), diwinydd a llenor a aned yn West Acton, Llundain, ac a dreuliodd ei fachgendod yn Ealing. Fe'i haddysgwyd yn Ysgol Fonedd Westminster a Choleg Eglwys Grist, Rhydychen, lle'r astudiodd Hanes, ac yng Ngholeg Diwinyddiaeth Cuddesdon, lle y graddiodd mewn Diwinyddiaeth, a'i ordeinio gan Eglwys Loegr yn 1956. O 1960 hyd 1968 yr oedd ar staff Pusey House, Rhydychen, ac yn 1991 fe'i penodwyd yn Gyfarwyddwr Canolfan St. Theosevia yn yr un ddinas. Ymddeolodd yn 1995 ac ymgartrefu ym Mangor.

Dechreuodd ymddiddori mewn llenyddiaeth Gymraeg yn ystod gwyliau seiclo yng Nghymru yn 1961, ac yn fuan wedyn, trwy ei gyfeillgarwch â'r Athro H. A. Hodges o Brifysgol Reading, dechreuodd ddarllen emynau Ann *Griffiths a William *Williams (Pantycelyn); cyhoeddwyd ei fonograff ar Ann Griffiths yn y gyfres *Writers of Wales* yn 1976. Yn sgîl anogaeth Aneirin Talfan *Davies i ddarllen llenyddiaeth Gymraeg yn ehangach, aeth ymlaen i astudio gwaith Saunders *Lewis, Euros *Bowen, Waldo *Williams, Bobi *Jones a Gwyn *Thomas, pob un ohonynt yn fardd yn y traddodiad Cristnogol Cymraeg. Ceir cyfeiriadau niferus at y llenorion hyn yng ngweithiau diwinyddol A. M. Allchin: *The World is a Wedding* (1978), *The Joy of All Creation* (1978), *The Kingdom of Love and Knowledge* (1979), *The Dynamic of Tradition* (1981) a *Participation in God* (1988). Yn *Praise Above All* (1991) archwiliodd thema mawl yn y traddodiad barddol Cymraeg o'r nawfed ganrif hyd heddiw, gan ei drafod yn ei gyd-destun Ewropeaidd.

ALLEN, GRAHAM (1938–), bardd, awdur straeon byrion a dramodydd. Fe'i ganed yn Abertawe a'i

addysgu ym Mhrifysgolion Cymru a Chaer-grawnt. Bu'n athro am gyfnod yn Northumberland cyn mynd yn ddarlithydd yn y Saesneg, yn gyntaf yng Ngholeg Addysg Clifton, Nottingham, ac yna yng *Ngholeg Harlech, lle y bu hefyd yn Is-warden; symudodd yn ôl i Abertawe i ymddeol. Cychwynnodd ei yrfa lenyddol fel bardd, ond un casgliad yn unig a gyhoeddwyd ganddo, sef *Out of the Dark* (1974); yn fwy diweddar, y mae wedi troi at ryddiaith. Y mae barddoniaeth Graham Allen yn dibynnu'n drwm ar ei gefndir yng Nghwm Tawe yn ei flynyddoedd cynnar, ac yn rhan o'r traddodiad *Eingl-Gymreig o gydymdeimlad â'r gymuned ac â'r cymeriadau sy'n ei chreu. Yn ei straeon byrion mwy diweddar, fodd bynnag, er mai'r un ardal sy'n gefndir iddynt, ymdrinnir â byd drylliog de Cymru ôl-ddiwydiannol.

ALLEN, JOHN ROMILLY (1847–1907), archaeolegydd a aned yn Llundain i deulu a hanoedd o sir Benfro. Wedi iddo ymuno â'r *Cambrian Archaeological Association* yn 1875, rhoes y gorau i'w yrfa fel peiriannydd i fod yn archaeolegydd ac ymroes i'r maes hwnnw am weddill ei oes. Daeth yn olygydd y cylchgrawn *Archaeologia Cambrensis* yn 1891 a *The Reliquary* ddwy flynedd yn ddiweddarach. Yn ogystal â chydweithio â Syr John *Rhŷs ar astudiaeth o feini arysgrifedig cynnar Cymru, cyhoeddodd nifer o lyfrau, yn eu plith *Early Christian Symbolism in Great Britain and Ireland* (*The Rhind Lectures*, 1887), *The Monumental History of the Early British Church* (1889) a *Celtic Art in Pagan and Christian Times* (1904).

Almanac, cyhoeddiad rhad ar ffurf llyfryn clawr papur. Ymhlith y cynnwys byddai calendr y flwyddyn gyfredol, darogan y tywydd, astroleg, hysbysebion ffeiriau, gwyliau a llyfrau newydd. Yr oedd hefyd yn gyhoeddiad llenyddol ac ymddangosai ynddo *garolau a *dyrïau ar donau Seisnig a Chymreig, *englynion, *cywyddau ac *awdlau, yn ogystal â rheolau *Cerdd Dafod.

Almanac Thomas *Jones (1648–1713) oedd y cyntaf i'w gyhoeddi yn Gymraeg, yn 1681. Wedi i'r llywodraeth beidio ag adnewyddu'r Ddeddf Drwyddedu a gyfyngai argraffu i ddinasoedd arbennig (1689), argraffodd ei almanaciau yn Amwythig a pharhaodd y dref honno yn brif ganolfan i'r almanacwyr Cymraeg tan 1793 o leiaf. Ymhlith y gwŷr hyn yr oedd John Rogers (m. 1738), Siôn Rhydderch (John *Roderick), Evan Davies (Philomath; *fl.* 1720–50), John Prys (Philomath; 1739?–86?), Gwilym Howell (1705–75) a Cain Jones (*fl.* 1738?–95). Yr almanac cyntaf i'w gyhoeddi yng Nghymru oedd un Siôn Rhydderch (1733); fe'i dilynwyd gan rai Mathew Williams (1732–1819), a llu o rai eraill.

Bu'r almanacwyr hefyd yn cynnal eisteddfodau: trefnwyd y gyntaf gan Thomas Jones ym Machynlleth yn 1701; cynhaliwyd eraill yn Llandegla yn 1719, yn Nolgellau yn 1734, yn Y Cymer yn 1735 ac yn Y Bala yn 1738. Cynhelid hwy mewn tafarnau; ni ddyfernid na thlws na gwobr, ond arferai'r beirdd yfed iechyd da yr enillydd.

Ni ddylid bychanu pwysigrwydd yr almanaciau, oherwydd buont yn gyfrwng gwybodaeth y werin mewn oes ofergoelus ac anwybodus. Buont hefyd yn fodd i adfer traddodiad llenyddol a edwinodd ar ôl Eisteddfodau *Caerwys (1523, 1567), gan roddi i feirdd y cyfnod, nad oedd ganddynt fawr o ddysg, y cyfle i adennill rhan o'u hetifeddiaeth lenyddol goll.

Ceir manylion pellach am eisteddfodau'r almanacwyr yn erthygl Bob Owen yn Y Genedl Gymreig (7 Ion.–8 Ebrill, 1929), ac yng nghyfrol Hywel Teifi Edwards, Yr Eisteddfod (1976) a Geraint H. Jenkins, Thomas Jones yr Almanaciwr (1980); gweler hefyd y bennod ar Thomas Jones gan Geraint H. Jenkins yn Welsh Society and Nationhood (gol. R. R. Davies et al., 1984).

Alone to the Alone, The (1947), nofel ddoniol gan Gwyn *Thomas (1913–81) a leolir mewn cwm diwydiannol yn ne Cymru yn ystod y *Dirwasgiad rhwng y ddau Ryfel Byd. Ceir ynddi bedwar grŵp o gymeriadau: Rollo, tocynnwr-bws Ffasgaidd a'i deulu; Eurona a Morris, ei thad di-waith; Shadrach Sims, perchennog cadwyn o siopau; a phedwar glŵr ifanc di-waith sy'n ceisio hyrwyddo bywyd carwriaethol Eurona. Y mae'r nofel yn arbennig oherwydd y llif o ddoniolwch sydd mor nodweddiadol o'r awdur.

Alun, gweler BLACKWELL, JOHN (1797–1841).

Alun Cilie, gweler JONES, ALUN JEREMIAH (1897– 1975).

'Alun Mabon', bugeilgerdd fuddugol John Ceiriog *Hughes yn Eisteddfod Genedlaethol 1861, a gyhoeddwyd yn Oriau'r Bore (1862) o dan y teitl 'Bugeilgan Delynegol neu Gantawd o Alawon Cenedlaethol Cymru'. Amaethwr yw'r arwr, Alun Mabon, a disgrifir hanes syml ei garwriaeth a'i fywyd priodasol. Ceir ynddi dair ar hugain o ganeuon a thri 'adroddawd' ac y mae nifer ohonynt yn boblogaidd hyd heddiw, megis 'Cân yr Arad Goch', 'Bugail Aberdyfi' ac yn arbennig 'Aros Mae'r Mynyddau Mawr', un o delynegion gorau'r iaith. Portreedir y briodas Fictoraidd ddelfrydol a chyflwynir darlun rhinweddol a gweddus er mwyn ceisio gwrthbrofi cyhuddiadau'r *Llyfrau Gleision (1847) am anfoesoldeb y Cymry.

Alys Rhonwen, gweler RHONWEN.

Alltud Eifion, gweler JONES, ROBERT ISAAC (1815– 1905).

Alltudion Duon, Llu Du, Paganiaid Duon, gweler LLYCHLYNWYR, CYRCHOEDD Y.

Amaethon, un o blant *Dôn, duw amaethyddiaeth yn

y traddodiad Cymreig. Yn chwedl *Culhwch ac Olwen un o'r *anoethau a esyd Ysbaddaden Bencawr ar Gulhwch yw sicrhau gwasanaeth Amaethon i amaethu'r tir er mwyn darparu bwyd a diod ar gyfer neithior Olwen.

AMBROSE, WILLIAM (Emrys; 1813–73), bardd. Brodor o Fangor, Caern., ydoedd; treuliodd y rhan helaethaf o'i oes yn weinidog gyda'r Annibynwyr ym Mhorthmadog, Caern., a daeth yn ffigur cyhoeddus dylanwadol. Yn ogystal â golygu'r cylchgrawn Y *Dysgedydd, bu'n prydyddu ac yn eisteddfota. Ni ddyfarnwyd gwobr i'w awdl 'Y Greadigaeth' yn yr eisteddfod a gynhaliwyd yn Aberffraw yn 1849: anghytunodd dau o'r beirniaid (y ddau yn Eglwyswyr) â thrydydd beirniad, Eben Fardd (Ebenezer *Thomas), a dyfarnu'r gadair i Nicander (Morris *Williams), ficer Amlwch, ac o ganlyniad achoswyd un o ddadleuon llenyddol mwyaf chwerw y bedwaredd ganrif ar bymtheg. Wedi'i farw cyhoeddwyd tair cyfrol o'i waith: Gweithiau y Parch. W. Ambrose (1875), Gweithiau Rhyddieithol y Parch. William Ambrose (1876) a Ceinion Emrys (1876); golygwyd y ddau olaf gan William *Rees (Gwilym Hiraethog). Nid oes fawr o fri bellach ar Emrys fel bardd, er y gallai fod yn awenydd wrth ganu'n syml, fel yn 'Y Blodeuyn Olaf'. Ei fai mawr oedd credu, fel y rhan fwyaf o'i gyfoeswyr, fod rhodres yn fawredd. Ceir cyfrol o gerddi gan Emrys yng *Nghyfres y Fil (1916).

Ambrosius, gweler EMRYS WLEDIG (fl. 430 neu 475).

Amgueddfa Diwydiant a Môr Cymru, Yr, rhan o *Amgueddfa Genedlaethol Cymru, a agorwyd ym Mae Caerdydd yn 1977. Datblygiad ydyw o'r Adran Ddiwydiant yn yr Amgueddfa Genedlaethol, a'r Curadur cyntaf oedd D. Morgan Rees (1977–79), wedi'i olynu gan J. Geraint *Jenkins (1979–87); y pennaeth er 1987 yw Stuart Owen-Jones. Y mae llawer o'r eitemau yn yr arddangosfa o faint sylweddol ac wedi'u lleoli mewn adran awyr agored, ac yn eu plith y mae replica sy'n gweithio o'r peiriant locomotif a adeiladwyd gan Richard *Trevithick. Cyflwyna'r Amgueddfa, fel cymhares i'r *Amgueddfa Werin, hanes diwydiannol Cymru er y *Chwyldro Diwydiannol mewn dull effeithiol iawn.

Amgueddfa Genedlaethol Cymru, sefydliad y rhoddwyd iddo Siarter Brenhinol yn 1907 (a siarter newydd yn 1990). Agorwyd yr orielau cyntaf ym Mharc Cathays, Caerdydd, yn 1922 ac yna agorwyd yr estyniad diweddaraf i'r adeilad yn 1993. Fe'i hariannwyd gan y Llywodraeth, gyda staff o dros bum cant a gwariant ariannol blynyddol o tua £11 miliwn. Dibynna ei chyfraniad i ysgolheictod ar bum adran guradurol, sef Archaeoleg a Niwmismateg, Celf, Botaneg, Daeareg a

Swoleg. Cyflwynir gwybodaeth ar ffurf boblogaidd trwy gyhoeddiadau, arddangosfeydd, darlithoedd cyhoeddus a gweithgareddau ar gyfer plant. Diau mai'r gweithiau mwyaf adnabyddus yn yr Adran Gelf yw'r darluniau, o Ffrainc gan mwyaf, a roddywd yn anrheg gan Gwendoline a Margaret Davies, wyresau David *Davies o Landinam, yn 1951 ac 1963. Gwnaeth yr Amgueddfa, mewn cydweithrediad â'r Awdurdodau Addysg Lleol, waith arloesol ym myd addysg trwy ei gwasanaeth i ysgolion uwchradd yng Nghymru. Y Cyfarwyddwr cyntaf oedd W. Evans Hoyle (1908–24); dilynwyd ef gan R. E. Mortimer Wheeler (1924–26), Syr Cyril F. Fox (1926–48), D. Dilwyn John (1948–68), Gwyn O. *Jones (1968–77), Douglas A. Bassett (1977–85), David W. Dykes (1985–89) ac _Alistair Wilson (1989–93); penodwyd Colin Ford yn 1993. Y mae *Amgueddfa Werin Cymru ac *Amgueddfa Diwydiant a Môr Cymru yn rhannau annatod o'r Amgueddfa Genedlaethol, fel y mae'r pum amgueddfa fechan ac arbenigol mewn rhannau eraill o'r wlad.

Er mwyn adlewyrchu ehangder diddordebau'r sefydliad, newidiwyd ei enw yn 1995 at ddibenion corfforaethol, i Amgueddfeydd ac Orielau Cenedlaethol Cymru. Ceir gwybodaeth lawn am hanes yr Amgueddfa yn yr erthyglau 'The Making of a National Museum' gan D. A. Bassett yn *Nhrafodion* Anrhydeddus Gymdeithas y Cymmrodorion (1982–84, 1992) ac mewn rhifyn arbennig ('Wales in Miniature') o *Amgueddfa*, cylchgrawn yr Amgueddfa (Hydref 1993); gweler hefyd y catalog o gyhoeddiadau (1993).

Amgueddfa Werin Cymru, rhan o *Amgueddfa Genedlaethol Cymru. Fe'i hagorwyd yn 1948 yng nghastell Sain Ffagan, ger Caerdydd, adeilad a oedd yn rhodd oddi wrth drydydd Iarll Plymouth. Y Curadur cyntaf oedd Iorwerth C. *Peate a fu cyn hynny yn Geidwad Bywyd Gwerin yr Amgueddfa Genedlaethol; olynwyd ef gan Trefor M. Owen (1971–87), J. Geraint *Jenkins (1987–91) ac Eurwyn Wiliam yn 1991; y pennaeth er 1996 yw John Williams Davies. Trefnwyd y sefydliad ar fodel amgueddfeydd gwerin pwysicaf Scandinafia, a dechreuwyd ailgodi enghreifftiau o adeiladau traddodiadol ar dir y castell yn 1951. Diben yr Amgueddfa Werin yw cofnodi ac astudio diwylliant Cymru, gan gynnwys crefftau, pensaernïaeth, dillad, amaethyddiaeth, llên gwerin a thafodieithoedd o'r unfed ganrif ar bymtheg hyd heddiw. Gweler hefyd AMGUEDDFA DIWYDIANT A MÔR CYMRU.

AMIS, KINGSLEY, (1922–95), gweler o dan EVANS COUNTRY (1962), OLD DEVILS (1986) a THAT UNCERTAIN FEELING (1955).

Amlyn ac Amig, Cymdeithas, chwedl a fu'n boblogaidd iawn yn yr Oesoedd Canol; digwydd mewn rhyw ffurf neu'i gilydd ym mhob gwlad yn Ewrop bron, o'r Eidal i Wlad yr Iâ. Genir dau gyfaill yr un diwrnod ac (yn ôl rhai fersiynau) bedyddir hwy yr un pryd gan y Pab yn

Rhufain. Deuant yn farchogion yn llys y brenin (neu'r dug), lle y maent yn boblogaidd iawn gan bawb, ac eithrio'r Prif Stiward. Pan gyll Amlyn ei galon i ferch ei arglwydd dadlennir eu serch i'w thad gan y Stiward cenfigennus. Rhaid i Amlyn amddiffyn ei anrhydedd ei hun a diweirdeb y ferch trwy ymladd â'r Prif Stiward, ond oherwydd y gred ganoloesol na all dyn euog ennill gornest o'r fath, cynigia Amig ymladd yn ei le ac y mae'n fuddugol. Â Amlyn i lys Amig a chysga gyda gwraig ei gyfaill, ond rhydd gleddyf noeth rhyngddynt. Ymhen ysbaid â Amig yn glaf o'r gwahanglwyf a gyrrir ef o'i gartref gan ei wraig ond caiff groeso yn llys Amlyn. Un noson dywed angel wrth Amig y gellir ei wella trwy ei olchi yng ngwaed plant Amlyn. Gymaint yw cariad Amlyn tuag ato nes iddo aberthu ei feibion er mwyn i'w gyfaill gael byw. Yna, yn wyrthiol, adferir y plant. Y mae'r ddau gyfaill yn marw yr un diwrnod a chleddir hwy ill dau yn yr un eglwys. Yn ôl rhai fersiynau, ânt gyda Siarlymaen i ymladd ar faes y gad a chleddir hwy mewn dwy eglwys ym Mortara. Drannoeth, trwy wyrth, y mae'r ddau gorff gyda'i gilydd yn yr un bedd. Tybir mai paganaidd oedd ffurf gynharaf y chwedl ond iddi gael ei Christioneiddio i ogoneddu'r ddwy eglwys ym Mortara ar ffordd y pererinion i Rufain.

Gellir rhannu testunau'r chwedl yn ddau ddosbarth – y rhamantaidd a'r hagiograffig, rhaniad sy'n gyfleus ond heb fod yn hollol gywir, gan fod elfennau Cristnogol yn y fersiynau rhamantaidd ac elfennau paganaidd yn y rhai hagiograffig. Cerdd Ladin a gyfansoddwyd tua 1090 gan fynach o Fleury, Radulphus Tortarius yw'r fersiwn hynaf o'r chwedl sydd ar glawr, a pherthyn i'r dosbarth rhamantaidd. Ffynhonnell yr holl fersiynau hagiograffig yw chwedl ryddiaith Ladin a berthyn i'r ddeuddegfed ganrif, sef *Vita Sanctorum Amici et Amelii*. Addasiad o hon yw'r testun Cymraeg a gynhwysir yn *Llyfr Coch Hergest*, ac fe'i golygwyd gan J. Gwenogvryn *Evans dan y teitl *Kymdeithas Amlyn ac Amic* (1909). Y mae'r iaith a'r orgraff yn awgrymu ei fod yn perthyn i ddechrau'r bedwaredd ganrif ar ddeg.

Y mae'r chwedl yn sail i ddrama fydryddol ar gyfer y radio gan Saunders *Lewis, sef *Amlyn ac Amig* (1940). Y mae'r syniad y gall iachawdwriaeth dyn (yn ogystal â'i anrhydedd) ddibynnu ar weithred sy'n ymddangos yn afresymol, ac yn wir yn atgas, yn un a ymaflodd yn nychymyg Saunders Lewis a chaiff fynegiant grymus yn hon, y gyntaf o bosibl o'i ddramâu mawr.

Ceir manylion pellach yn Patricia Williams, *Kedymdeithas Amlyn ac Amic* (1982) a 'Ffynonellau tybiedig Chwedl Amlyn ac Amic', *Ysgrifau Beirniadol XV* (gol. J. E. Caerwyn Williams, 1988).

Amnon, gweler JONES, REES (1797–1844).

Amoret, enw a ddefnyddiwyd gan Henry *Vaughan i gyfeirio at ei gariad. Yn ei *Poems, with the tenth Satyre of Iuvenal Englished* (1646) cynhwysodd o leiaf bum cerdd i'w Amoret, ei wraig gyntaf yn ôl pob tebyg, sef

Catherine Wise o Neuadd Gylsdon, Coleshill, swydd Warwick. O *Castara* (1634) William Habington y benthyciodd ddull ei deitlau a'i benderfyniad gwrth-Betrarchaidd i foli ei ddyweddi yn hytrach na rhyw wraig o foesau rhydd; dywed Vaughan fod '*some predestin'd sympathie*' rhyngddo ef ac Amoret.

Amserau, Yr, newyddiadur a sefydlwyd gan William *Rees (Gwilym Hiraethog) a John Jones (1790–1855) yn 1843. Pythefnosol ydoedd ac yr oedd yn gryf o blaid hawliau *Anghydffurfiaeth a *Radicaliaeth. Daeth yn boblogaidd pan ddechreuodd Rees gyhoeddi *'Llythyrau 'Rhen Ffermwr' ar ei dudalennau. O ganlyniad i'r cynnydd yn y cylchrediad cafodd John Lloyd, cyngyhoeddwr *Cronicl yr Oes*, ei gyflogi i fod yn gyfrifol am gynhyrchu'r *Amserau* ac yn 1848 prynwyd y papur gan ei deulu. Penodwyd John *Roberts (Ieuan Gwyllt) yn olygydd yn lle Rees yn 1852. Cwympodd y cylchrediad yn sylweddol oherwydd i'r papur gefnogi Rwsia yn ystod Rhyfel y Crimea a chythruddwyd teimladau darllenwyr lawer gan ymosodiadau ffiaidd ar y cynolygydd. Methodd *Yr Amserau* ag adennill y tir a gollwyd i'r wythnosolion newydd a sefydlwyd ar ôl diddymu'r dreth ar bapurau newydd yn 1855. Ar ddechrau Hydref 1859 fe'i prynwyd gan Thomas *Gee a'i uno â'i bapur *Baner Cymru* i greu *Baner ac Amserau Cymru*, neu *Y Faner*, fel y'i galwyd yn ddiweddarach.

Anarawd ap Rhodri (m. 916), mab hynaf *Rhodri Mawr. Teyrnasai ar Fôn a rhan o *Wynedd ar ôl marwolaeth ei dad, a llwyddodd, mewn brwydr ar lannau Conwy yn 881, i ddial ar wŷr Mersia am orchfygu Rhodri. Yn ôl *Asser, tyngodd lw o ffyddlondeb i Alfred o Wessex a chyda chymorth y Saeson yn 895 anrheithiodd *Geredigion ac *Ystrad Tywi, tiroedd ei frawd Cadell. Yr oedd Tywysogion Gwynedd yn ddisgynyddion i Anarawd, a rhai'r *Deheubarth i Gadell.

Anathémata, The (1952), yr ail arwrgerdd gan David *Jones. Y mae iddi wyth rhan â theitlau iddynt, naw darluniad a rhagair hir gan yr awdur. Y mae'n gerdd ddefosiynol ac yn goffa'r un pryd, yn dathlu'r dirgelion Cristnogol ac yn dwyn i gof wneuthuriad Prydain, yn ddaearegol ac yn ddiwylliannol. Llong yw'r prif symbol ynddi, llong mordaith y Gwaredwr a hefyd y mordeithiau hynny sydd, er y cyfnod cynhanesyddol, wedi dod â dylanwadau i ddiwylliant yr ynysoedd hyn. Tynnir ei defnyddiau yn bennaf o'r gweddillion Celtaidd, Rhufeinig a Thiwtonaidd sy'n sylfaen i'r cysyniad o Lundain a Chymru, ac o lenyddiaeth Saesneg. Y mae angen llawer o droednodiadau i egluro'r *'Mater Prydain' hwn, ond y mae'r anawsterau a gydnabyddir gan is-deitl y gerdd, '*fragments of an attempted writing*', ynghlwm wrth yr argyfwng modern parthed dilysrwydd sacrament a symbol sy'n cael ei

wynebu yn *The Anathémata*. Yn ei chyfuniad o farddoniaeth a rhyddiaith cyrhaedda gyfoeth geiriol a hyblygrwydd rhythmig sy'n uwch nag a geir yn *In Parenthesis* (1937) hyd yn oed. O'i holl waith teimlai David Jones mai'r gerdd hon oedd 'yr un o wir bwys', a chred W. H. Auden mai hi yw'r gerdd hir orau a ysgrifennwyd yn Saesneg yn yr ugeinfed ganrif.

Ceir ymdriniaeth fanwl ar y gerdd yn *A Commentary on the Anathémata of David Jones* (1977) gan René Hague ac yn *The Song of Deeds* (1982) gan Neil Corcoran.

'Anatiomaros' (1925), cerdd gynganeddol o linellau pedwar curiad di-odl gan T. Gwynn *Jones. Disgrifia ddefodau a arferir gan Blant y Cedyrn, llwyth sy'n trigo yng Ngwernyfed, wrth iddynt ddychwelyd o'r *hafod i'r hendre ar ddechrau'r hydref. Ymgasglant o gwmpas hen dderwen o dan arweiniad henuriaid, doethion a derwyddon y llwyth, er mwyn gwrando ar eu hathro, yr hynafgwr Anatiomaros ('Eneidfawr'), yn adrodd hanes gwrhydri eu hynafiaid. Ymdorcha'r glasfwg o'r allor, dawnsia'r bobl ifainc o gwmpas y dderwen, a chymer y gwyryfon dihalog ffagl o dân o aelwyd i aelwyd i ailgynnau arnynt 'anniflan dân y duwiau' a'u glanhau o bob drwg a haint. Drannoeth gwelir bod Anatiomaros yn farw wrth yr allor. Gosodir ei gorff i orwedd mewn cwch a gerfiwyd ar ffurf alarch, rhoddir golosg o dân ar yr elor, a llithra'n araf i lawr yr afon tuag at y môr a'r machlud. Y mae'n gerdd ddisgrifiadol gyfoethog ac yn fynegiant arbennig o ymateb y bardd i werth traddodiadau ac arferion cenedl.

Ceir ymdriniaeth feirniadol o'r gerdd yn erthygl Annie Owen a Stephen J. Williams yn *Yr Athro* (1934), a chan H. Meurig Evans yn *Barn* (rhif. 13, 1963); gweler hefyd yr ysgrif gan Wenna Williams yn *Ysgrifau Beirniadol IV* (gol. J. E. Caerwyn Williams, 1969).

Andronicus, gweler JONES, JOHN WILLIAM (1842–95).

ANEIRIN neu **NEIRIN** (*fl*. ail hanner y 6ed gan.), un o'r *Cynfeirdd enwog. Dywedir yn yr *Historia Brittonum* (*c*.830) ei fod, ynghyd â *Thaliesin, yn fardd o fri yn yr *Hen Ogledd; iddo ef y priodolwyd cyfansoddi 'Y *Gododdin'. Fe'i coffawyd yn y Trioedd fel 'Aneirin Gwawdrydd Mechdeyrn Beirdd'.

Anglia Transwallina (llyth. 'Lloegr tu hwnt i Gymru'), term a ddefnyddiwyd i ddisgrifio sir Benfro am y tro cyntaf tua diwedd yr unfed ganrif ar bymtheg gan yr hynafiaethydd o Sais, William Camden. Dywedodd yr hanesydd George *Owen yn *The Description of Penbrockshire* (1603) mai'r ymadrodd arferol am ddeheudir y sir oedd 'Lloegr Fach tu hwnt i Gymru' oherwydd bod y rhan honno o'r sir wedi ei gwladychu gan grwpiau o Fflemingiaid ac o Saeson yn bur fuan wedi *Goresgyniad y Norman. Y mae rhai llenorion diweddarach wedi pwysleisio'r gwahaniaeth rhwng yr ardaloedd Cymraeg ar ochr ogleddol y *landsker* (y ffin sy'n rhedeg o ardal Niwgwl i Dalacharn, Caerf.) a'r rhannau deheuol, Saesneg eu hiaith. Gellir tramgwyddo os defnyddir yr ymadrodd i awgrymu nad yw'r trigolion presennol yn Gymry.

Anglicaniaeth, system athrawiaethol yn dyddio o deyrnasiad Elisabeth I ac yn cynrychioli'r ffordd ganol rhwng athrawiaethau Rhufain a Genefa. Y mae ei ffurfreolau, sydd yn parhau yn sylweddol fel ag yr oeddynt, a'i Llyfr Gweddi Gyffredin yn perthyn i'r un cyfnod. Lluniwyd seiliau Anglicaniaeth o dystiolaeth Ysgrythurol ac o awdurdod Eglwysig a oedd yn tarddu o bedair canrif gyntaf yr Eglwys; soniodd yr Esgob Richard *Davies yn ei *Epistol at y Cembru* ar flaen Testament Newydd 1567 am burdeb yr Eglwys Fore. Dwy athrawiaeth sylfaenol Anglicaniaeth yw sacramentau'r bedydd a'r Cymun Sanctaidd. Oes aur Anglicaniaeth yn Lloegr oedd yr ail ganrif ar bymtheg; dirywiodd rywfaint yn y ddeunawfed ganrif yn wyneb cynnydd dysg seciwlar.

Drwy gydol yr ail ganrif ar bymtheg bu offeiriaid a lleygwyr yr Eglwys megis Robert *Holland, Rowland *Vaughan (*c.*1587–1667) a John *Davies (*c.*1567–1644) yn brysur yn ysgrifennu llyfrau Cymraeg. Cyfieithiadau oeddynt gan mwyaf o weithiau duwioldeb a dysg, a gwelir offeiriaid yr Eglwys megis Ellis *Wynne, Edward *Samuel a Theophilus *Evans ymhlith meistri mawr rhyddiaith Gymraeg y ddeunawfed ganrif. Ceid, fodd bynnag, enghreifftiau lu o luosogaeth, absenoliaeth ac anllythrennedd ymhlith y weinidogaeth ac am hyn y cwynodd Erasmus *Saunders yn 1721.

Dechrau'r bedwaredd ganrif ar bymtheg oedd cyfnod gwaelaf dylanwad yr Eglwys, a hithau'n gysylltiedig yng Nghymru â'r tirfeddianwyr, y Toriaid a'r elfen Saesneg. Y cefndir dieithr hwn a fu'n gyfrifol am lwyddiant cynnar *Methodistiaeth yng Nghymru. Er hyn, rhoddwyd gwasanaeth gwiw i'r diwylliant Cymraeg gan yr *Hen Bersoniaid Llengar, ac yr oeddynt hwy ymhlith y rhai a gynorthwyodd i adfer yr *Eisteddfod Genedlaethol a sefydliadau eraill.

Yn ystod y bedwaredd ganrif ar bymtheg hefyd gwelwyd ymgiprys rhwng *Mudiad Rhydychen a'r Mudiad Efengylaidd – y cyntaf yn ceisio ail-lunio Anglicaniaeth mewn gwedd Gatholig a'r ail yn rhoi pwyslais ar brofiad tröedigaeth, Athrawiaeth yr Iawn a lle canolog yr Ysgrythurau. Ymhlith y llenorion Cymraeg a ddaeth o dan ddylanwad Mudiad Rhydychen yr oedd Morris *Williams (Nicander) a John *Williams (Ab Ithel).

Datgysylltwyd yr Eglwys yng Nghymru gan Ddeddf 1914 a chrewyd talaith ar wahân y tu mewn i'r cymundeb Anglicanaidd yn 1920 (gweler o dan DATGYS-YLLTIAD). Y mae Euros *Bowen ac R. S. *Thomas ymhlith y llenorion a fu'n offeiriaid yr Eglwys yng Nghymru, ac yr oedd Aneirin Talfan *Davies yn un o'i lleygwyr mwyaf nodedig.

Gwelir manylion pellach yn *A History of the Church in Wales*

(gol. David Walker, 1976) a *The Oxford Dictionary of the Christian Church* (gol. F. L. Cross, 1978).

Anglo-Welsh Review, The, cylchgrawn a enwyd gynt yn *Dock Leaves* ac a sefydlwyd yn 1949 gan gylch llenyddol bychan yn Noc Penfro. Yr oedd Raymond *Garlick, ei olygydd cyntaf, a Roland *Mathias, y golygydd o 1961 hyd 1976, yn aelodau blaenllaw o'r grŵp. Newidiwyd y teitl yn 1957, bedair blynedd wedi i'r golygydd symud i Flaenau Ffestiniog, Meir. Yr oedd y cylchgrawn hwn – yr unig gylchgrawn llenyddol Saesneg yng Nghymru ar y pryd – yn anelu, o dan olygyddiaeth Raymond Garlick, at gau'r bwlch rhwng llenorion Cymraeg ac Eingl-Gymreig. O'r dechrau cyhoeddodd gyfieithiadau ac erthyglau yn ymdrin â llenyddiaeth Gymraeg, ynghyd â cherddi, storïau ac adolygiadau.

Ni newidiwyd y polisi golygyddol ar ôl i Raymond Garlick symud i'r Iseldiroedd yn 1960, ond penderfynodd Roland Mathias, a oedd bellach yn byw yn Lloegr a chanddo lai o gysylltiadau â llenorion Cymraeg, ei ddatblygu'n gylchgrawn i'r celfyddydau trwy gyhoeddi astudiaethau am gyfansoddwyr ac arlunwyr Cymreig, yn ogystal ag erthyglau ysgolheigaidd am agweddau ar lenyddiaeth Eingl-Gymreig nad oeddynt wedi derbyn llawer o sylw beirniadol hyd hynny. Nid oedd iddo unrhyw ymrwymiad gwleidyddol arbennig ond ei nod oedd cryfhau ymlyniad llenorion a darllenwyr Saesneg yng Nghymru wrth eu hetifeddiaeth genedlaethol. Yr oedd y cylchgrawn yn adlewyrchu diddordeb proffesiynol y golygydd mewn hanes, yn enwedig yn yr adran adolygiadau lle y ceisiodd ddarparu fforwm yn ymdrin â llyfrau am bob agwedd ar fywyd Cymru a chan awduron Cymreig. Yr oedd erthyglau, adolygiadau ac ysgrifau golygyddol Roland Mathias ei hun yn awdurdodol ac yn eang eu meysydd.

Erbyn 1976, pan ymddiswyddodd ef o'r olygyddiaeth er mwyn canolbwyntio ar lenydda, yr oedd *The Anglo-Welsh Review* wedi ymddangos yn ddi-dor yn hwy nag unrhyw gylchgrawn llenyddol Saesneg arall ym Mhrydain, ac eithrio *Outposts*. Ar ôl hynny ymddangosodd deirgwaith y flwyddyn dan olygyddiaeth Gillian *Clarke, mewn cydweithrediad ar wahanol brydiau â Tony Bianchi, John *Davies (1944–) a Greg Hill; daeth yr olaf yn olygydd yn 1984 a, chyda chymorth Huw *Jones, arhosodd nes cyhoeddi rhifyn olaf y cylchgrawn (rhif. 88) yn 1988. Nis cyhoeddwyd eto, ar ôl i *Gyngor Celfyddydau Cymru, wrth arolygu ei bolisi ar gyfer cylchgronau, benderfynu yn erbyn adnewyddu ei gymhorthdal. Cyhoeddwyd y cylchgrawn gan *Five Arches Press* (H. G. Walters Cyf.), Dinbych-y-pysgod, yr argraffydd o'i ddyddiau cynnar.

Disgrifir blynyddoedd cynnar *Dock Leaves* gan Raymond Garlick yn *Planet* (rhif. 9, Rhag. 1971/Ion. 1972) ac yn *The New Welsh Review* (rhif. 34, cyf. IX, Hydref 1996).

Angry Summer, The (1943), 'cerdd am 1926' gan Idris

*Davies. Ceir ynddi hanner cant o adrannau byrion, heb deitlau; daethpwyd i adnabod rhai ohonynt wrth eu llinellau cyntaf, er enghraifft, '*Send out your homing pigeons, Dai*'. Cofnodir hanes y *Streic Gyffredinol o'r cyfnod gobeithiol cynnar hyd at warth yr ymddarostwng. Canolbwyntir yn bennaf ar sefyllfa'r bobl gyffredin, yn arbennig y merched, ond hefyd ar Dai, y glöwr di-waith nodweddiadol, a chyflwynir rhai o olygfeydd y cyfnod, megis crwydro'r mynyddoedd, yr ystafell-ddarllen, y bandiau pres, y rhandiroedd, y gymanfa ganu, gwibdaith i lan y môr, yn ogystal â gwedd wleidyddol lom yr argyfwng. Gwelir cydymdeimlad y bardd â'i bobl ei hun, megis yn *Gwalia Deserta* (1938), a'i ofid angerddol ynghylch y caledi a'r dioddefaint. Oherwydd hyn canmolodd T. S. Eliot gerddi Idris Davies, wrth olygu ei *Selected Poems* yn 1953, fel a ganlyn: '*They are the best poetic document I know about a particular epoch in a particular place, and I think that they really have a claim to permanence*'.

Ceir ysgrif ar strwythur y gerdd gan Roger Stephens Jones yn *Planet* (rhif. 37/38, Mai 1977). Gweler hefyd Anthony Conran, *The Cost of Strangeness* (1982) a'r rhagair gan yr un beirniad mewn argraffiad newydd (1993); cynhwysir y gerdd, ynghyd â nodiadau, yn Dafydd Johnston (gol.), *The Complete Poems of Idris Davies* (1994).

Anifeiliaid, Adar a Choed Sanctaidd, nodwedd ar y grefydd Geltaidd baganaidd a amlygwyd yn nelwau cynnar Prydain a'r cyfandir mewn ffurf söomorffig. Ymddengys mai'r anifeiliaid a addolid yn bennaf oedd y tarw, y baedd, y ceffyl a'r carw, ond ceir darluniadau o'r maharen, y ci a'r sarff hefyd. Ymhlith yr anifeiliaid dwyfol ceir *Epona* (y dduwies-geffyl), *Moccus* (y baedd dwyfol) a *Deiotarus* (y tarw dwyfol). Ceir cerfiadau o ffurfiau dynol gyda phennau, cyrn a chlustiau anifeiliaid: *Cernunnos* (y duw â chyrn), sy'n ymddangos fel 'arglwydd yr anifeiliaid' ar Bair Gundestrup, yw'r mwyaf adnabyddus o'r rhain. Cadwyd olion diddorol o'r holl elfennau söomorffig hyn yn llenyddiaeth frodorol Cymru ac Iwerddon; ailymddengys *Cernunnos* (y duwfugail) fel y Bugail Mawr yn chwedlau *Culhwch ac Olwen* a hefyd *Owain* (gweler o dan TAIR RHAMANT); *Rhiannon* a Macha yw cymheiriaid Cymreig a Gwyddelig y dduwies-geffyl *Epona*. Ceir traddodiadau am hela baedd gwyllt anferth yn y ddwy wlad: yng Nghymru bod dynol wedi'i drawsffurfio yw'r *Twrch Trwyth* (y baedd Troit yn y *Mirabilia Britanniae*) a cheir hanes mytholegol hela hwch hud yn nhriawd y *Tri Gwrddfeichiad*. Ceir enghreifftiau lu yn y ddwy lenyddiaeth o drawsffurfio dynion yn anifeiliaid ac adar, tra ymddengys motiff yr anifeiliaid cydanedig yn y ceffylau a gysylltir â genedigaethau'r arwyr Cú Chulainn a *Phryderi*. Y mae'r geiriau am 'geffyl', 'helgi', 'arth' (a hefyd am 'flaidd' yn y Gymraeg) yn elfennau cyffredin mewn enwau personol, ac y mae'r gwaharddiad ar Cú Chulainn rhag bwyta cig ci yn ein hatgoffa o'r elfen 'ci' yn ei enw.

Yr oedd adar sanctaidd yn nodwedd o'r symboliaeth baganaidd Geltaidd yn llenyddiaeth gynnar Cymru ac Iwerddon. Fe'u dylunnir yn eiconograffeg y Cyfandir gyda manylder trawiadol: yr alarch, y gigfran, yr eryr, y dylluan a'r crëyr sy'n ymddangos fynychaf. Yn y llenyddiaethau, perthyn i'r alarch gysyniadau o gariad a harddwch, ond cysylltir y gigfran â rhyfel ac anfadwaith ac y mae'n gennad dinistr. Yr oedd *Badhbh* ('cigfran') yn enw ar y dduwies-ryfel Wyddelig, ac yr oedd *Branhes Owain* (boed yn rhyfelwyr neu'n adar) yn gefnogwyr i'r arwr hwn ar faes y gad. Ni wyddys rhywogaeth yr Adar Rhiannon enwog ond y mae adar hud o'r fath yn nodwedd sy'n ymddangos dro ar ôl tro yn yr Arallfyd Celtaidd (*Annwn*). Yr oedd eu canu rhyfeddol yn gallu boddi tristwch a pheri cwsg yn y sawl a wrandawai arnynt. Yr oedd duwiau a duwiesau yn gallu mabwysiadu ffurf aderyn yn ôl yr angen, a phan oeddynt wedi'u trawsffurfio felly fe'u cysylltid â chadwynau aur neu arian. Y mae doethineb, darogan ac oedran mawr bob amser wedi cael eu cysylltu ag adar. Dywedir i'r *Derwyddon broffwydo'r dyfodol yn ôl eu hehediad, ac yng Nghymru yr oedd tylluan ac aderyn ymhlith yr *Anifeiliaid Hynaf.

Yr oedd mawrygu coed sanctaidd hefyd yn nodwedd yn y grefydd Geltaidd baganaidd. Credir i'r dderwen gael ei hystyried yn arbennig o sanctaidd gan y Derwyddon. Cedwir cof am goed sanctaidd arbennig megis yr onnen, yr ywen a'r dderwen yn y traddodiad Gwyddelig cynnar, a cheir enwau lleoedd sy'n tystio i seremonïau urddo llwythol gael eu cynnal oddi tanynt. Olion sy'n goroesi yn y Gymraeg hwyrach yw 'afallen beren' (coeden afalau melys) yng Nghoed Celyddon (gweler o dan AFALLENNAU) a gysylltir â *Myrddin mewn cerdd gynnar, a 'Derwen Myrddin' yng Nghaerfyrddin, a chredid y byddai parhad bodolaeth y dderwen yn diogelu'r dref. Ceir enwau personol Gwyddelig cynnar yn golygu 'Mab Celynnen' a 'Mab Onnen' a cheir cyfatebiaeth yn y Gymraeg yn Gwyddien (*Guidgen*) a Gwernen (*Geuerngen*). Efallai bod y ddelweddaeth o fyd y coed sy'n nodweddiadol o'r canu mawl Gwyddeleg a Gaeleg o'r amseroedd cynharaf yn adlais pell o addoli coed yn y cyfnod paganaidd. Ceir yr un math o ddelweddaeth hefyd yn y Gymraeg, ond yn ddiweddarach, yn y cywyddau hynny sy'n portreadu teulu fel coeden yn ymledu a'r plant fel canghennau. Gweler hefyd STORÏAU GWERIN.

Ceir manylion pellach yn Edward Anwyl, *Celtic Religion in Pre-Christian Times* (1906), M. L. Sjoestedt (cyfd. Myles Dillon), *Gods and Heroes of the Celts* (1949), Anne Ross, *Pagan Celtic Britain* (1967) a Proinsias Mac Cana, *Celtic Mythology* (1970).

Anifeiliaid Hynaf, Yr, chwedl gydwladol sydd â'i tharddiad mae'n debyg yn yr India; digwydd y fersiwn mwyaf adnabyddus ohoni yn y Gymraeg yn chwedl *Culhwch ac Olwen*. Yr anifeiliaid yw Mwyalchen Cilgwri, Carw Rhedynfre, Tylluan Cwm Cawlwyd, Eryr

Gwernabwy, Eog Llyn Llyw a Llyffant Cors Fochno. Prif nodwedd y chwedl yw'r ymgais am wybodaeth arbennig drwy holi anifail hŷn na'r un blaenorol, ynghylch *Mabon fab Modron, hyd oni ddeuir o hyd i'r anifail hynaf. Cyfeiria'r cywyddwyr at yr anifeiliaid, a chadwyd enwau'r adar yn un o'r Trioedd, sef Tri Hynaif Byd.

Ann of Swansea, gweler HATTON, ANN JULIA (1764–1838).

Anna Beynon, gweler o dan DAVIES, DAVID (1817–88).

Annales Cambriae, yr enw a roddwyd ar dair set o flwyddgofnodion a olygwyd gan John *Williams (Ab Ithel) ac a gyhoeddwyd yng *Nghyfres y Rolls* yn 1860. Ceisiodd y golygydd lunio un testun ohonynt gan ddangos darlleniadau amrywiol ar waelod y ddalen, ond er gwaethaf y tebygrwydd sydd rhyngddynt (sy'n codi o'r ffaith fod iddynt ffynonellau cyffredin), tri chyfansoddiad gwahanol ydynt a rhaid eu trafod ar wahân er mwyn olrhain eu datblygiad dros gyfnod o amser mewn gwahanol ganolfannau.

Ysgrifennwyd testun A (Harleian 3859 yn y Llyfrgell Brydeinig) tuag 1100 ac y mae'n cynnwys *annales* o'r flwyddyn 445 hyd 954; lluniwyd y cronicl tua 954 ar sail cofnodion a gedwid yn *Nhyddewi. Ysgrifennwyd B, sef *annales* ar ddail dechreuol *Breviate Domesday Book* Abaty *Nedd a gedwir bellach yn y Swyddfa Gofnodion Cyhoeddus, tua diwedd y drydedd ganrif ar ddeg. Agorir gyda hanes chwe oes y byd; daw hanes Prydain i mewn gydag adroddiad o gyrch Iwl Cesar. Ymdebyga i A hyd 954, a pharhad ar sail cofnodion Tyddewi a geir hyd 1202. Ychwanegwyd at y testun estynedig hwn gan groniclydd yn *Ystrad-fflur a dynnodd ar *annales* ei fynachlog ei hun, y *Tŷ-gwyn a *Chwm-hir i ddwyn yr hanes hyd 1263. Y mae'r cofnodion hyn rhwng 1189 ac 1263 yn genedlaethol Gymreig eu hymagwedd sy'n wrthgyferbyniad amlwg â naws Seisnig rhan olaf y cronicl hyd 1286 ac a seilir ar ddefnyddiau Seisnig a gyfunwyd â'r gweddill yn Abaty Nedd, mae'n debyg. O Ddyddewi y tardd C, *annales* Cotton Domitian I (yn y Llyfrgell Brydeinig) a ysgrifennwyd yn 1288. *Annales* Tyddewi hyd 1202 yw'r sail ond bod y rhan gyntaf wedi'i hailwampio i gynnwys deunydd o *Historia Regum Britanniae* *Sieffre o Fynwy, a pharheir y cofnodion hyd at gyfnod y copïydd ei hun. Darganfuwyd y pedwerydd cronicl (1190–1260), sef *Cronica de Wallia*, yn yr ugeinfed ganrif yn llyfrgell Eglwys Gadeiriol Caerwysg. Perthyn i'r drydedd ganrif ar ddeg ac y mae'n debyg i B mewn mannau; ymddengys mai o'r Tŷ-gwyn y tardd.

Cynrychiola'r *Annales* hyn ffurf ar ddeunydd crai'r cronicl Lladin coll a droswyd yn *Brut y Tywysogyon*. Gyda'i gilydd tystiant i egni gweithgarwch hanesiol yn Lladin a Chymraeg yn nhai *Sistersaidd Cymru yn y

ddeuddegfed ganrif a thrwy gydol y drydedd ganrif ar ddeg, a'r rhain yw rhai o brif ddogfennau hanes Cymru yn yr Oesoedd Canol.

Ceir manylion pellach yn Kathleen Hughes, '*The Welsh Latin Chronicles: Annales Cambriae and related texts*' (Darlith Goffa Syr John Rhŷs, yn *Nhrafodion* yr Academi Brydeinig, 1973).

Annibyniaeth, math o drefn eglwys sy'n pwysleisio rhyddid y gynulleidfa leol a gwirfoddolrwydd personau sy'n ymgynnull yn enw Crist. Defnyddir y geiriau 'cynulleidfaoliaeth' ac 'eglwys gynnull' wrth sôn am agweddau ar yr egwyddor, ac 'Annibynia Fawr' yn lled gellweirus wrth gyfeirio at Annibynwyr Cymru. Sonnir am 'annibendod' yr Annibynwyr yn amlach efallai gan Annibynwyr nag eraill. Gwêl amddiffynwyr yr egwyddor dystiolaeth ei bod yn elfen gref ym mywyd yr Eglwys yn Oes yr Apostolion. Bu'n elfen anochel hefyd mewn ambell garfan a fynnai ymwrthod ag awdurdod cyrff eglwysig mwy canoledig ymhob oes. Ar ddechreuad Annibyniaeth, fel mudiad a ymwrthodai ag awdurdod Eglwys Loegr, gellir olrhain dylanwad Radicalaidd y Diwygiad Protestannaidd a dysgeidiaeth Calfin am y weinidogaeth a disgyblaeth eglwysig.

Anrhydeddir y Piwritan John *Penry gan Annibynwyr Cymru ac eraill er mai ym misoedd olaf ei fywyd yr oedd yn Ymwahanwr. Yn 1639 sefydlwyd Eglwys Annibynnol Llanfaches, Myn., gan William *Wroth, William *Erbery a Walter *Cradock gyda chymorth Henry Jessey ar batrwm Annibyniaeth 'Lloegr Newydd'. Tua'r un pryd yr oedd mudiad llai trefnus yn cyffroi ardal Olchon ar ffin swydd Henffordd. Yn y dechreuadau Cymreig hyn bu rhai'n gwrthod ac eraill yn derbyn bedydd babanod. Sefydlwyd y *Bedyddwyr fel mudiad ar wahân yng Nghymru yn 1649. Dan ergydion erledigaeth newidiodd tymherfryd yr Annibynwyr a daeth rhai i'w galw'n 'Sentars Sychion', ond gyda'r Diwygiad Efengylaidd cododd sêl newydd yn y ddeunawfed ganrif. Y mae Annibyniaeth Saesneg i'w chael bellach yn yr Eglwys Unedig Diwygiedig ac Annibyniaeth Gymraeg yn Undeb yr Annibynwyr Cymraeg.

Yr oedd yr Annibynwyr yn flaenllaw yn natblygiad *Radicaliaeth Cymru ac yn brysurach na'r rhelyw yng ngweithgareddau'r *Eisteddfod Genedlaethol. Byddai rhestr o ddiwinyddion, beirdd-bregethwyr a chyfranwyr i gyfnodolion Cymraeg yn cynnwys nifer da o Annibynwyr. Os cymherir yr enwadau (er nad oes y fath beth â llenyddiaeth greadigol sydd yn enwadol ac er na fyddai ambell Annibynnwr yn cydnabod ei fod yn perthyn i 'enwad'), diau y cydnabyddir arbenigrwydd mawreddog llenorion y Methodistiaid Calfinaidd o William *Williams (Pantycelyn) ymlaen, ond gellir dadlau bod gwŷr llên o gefndir Annibynnol yn fwy amrywiol ac yn fwy amryddawn, megis Gwilym Hiraethog (William *Rees), Elfed (Howell Elvet *Lewis) a W. J. *Gruffydd. Gwelir dylanwad Annibyniaeth ar rai llenorion eraill megis Pennar *Davies, Glyn *Jones, Emyr *Humphreys a Roland *Mathias.

Ceir manylion pellach yn J. Morgan Jones *et al., Hanes ac Eguyddorion Annibynwyr Cymru* (1939), G. F. Nuttall, *Visible Saints* (1957) ac R. Tudur Jones, *Congregationalism in England* (1962), *Hanes Annibynwyr Cymru* (1966) ac *Yr Undeb: Hanes Undeb yr Annibynwyr Cymraeg 1872–1972* (1975).

Annwn neu **Annwfn**, enw Cymraeg am yr Arallfyd Celtaidd. Yng Nghymru, fel ym mytholeg Iwerddon, yr oedd yr Arallfyd yn bodoli mewn dwy ffurf wahanol, naill ai fel ynys neu ynysoedd rywle ym moroedd y gorllewin (gweler o dan YNYS AFALLON), neu yr oedd wedi ei leoli o dan y ddaear mewn *sidh* neu dwmpath *Tylwyth Teg. Eglurodd Ifor *Williams yr enw fel cyfuniad o ddwy elfen, sef '*dwfn*' (byd) a'r rhagddodiad '*an*' yn golygu 'yn'. Y mae'r gerdd *'Preiddiau Annwfn' yn cyfeirio at ymosodiad dros y môr a wnaeth *Arthur ar nifer o gaerau, ac enw un ohonynt yw Caer Siddi. Eto, y mae'r syniad o Annwfn fel lle tanddaearol ac nid fel lle dros y môr yn digwydd yn amlach yn yr hen ganu, megis mewn cerdd yn *Llyfr Taliesin* sy'n cymharu 'yn annwfyn is elfydd [y byd]' ag 'yn awyr uch elfydd'. Felly dywed *Dafydd ap Gwilym wrth sôn am ffau'r llwynog, 'Nid hawdd imi ddilid hwn/ a'i dy annedd hyd annwn'. Mewn cerdd arall, dywed fod yr Haf yn cilio i Annwfn, pan ddaw'r Gaeaf. Mewn chwedlau Gwyddeleg a Chymraeg y mae trigolion yr Arallfyd, mewn rhai storïau, wedi cael eu portreadu yn rhyfela yn erbyn ei gilydd, fel y mae *Arawn a Hafgan ym Mabinogi *Pwyll. Dim ond trwy ymyrraeth arwr meidrol, sef Pwyll ei hun, y gellir rhoi terfyn ar yr ymryson (*cf.* y chwedl Wyddeleg 'Claf-wely Cú Chulainn'). Nid yw'r Arallfyd Celtaidd byth yn cynrychioli cartref y meirw, ond yn hytrach y mae'n lle o lawenydd tragwyddol a hapusrwydd. Eithr o dan ddylanwad Cristnogaeth defnyddiwyd yr enw Annwn am Uffern yn y Gymraeg, a gelwid trigolion y lle yn ddemoniaid. Y mae hyn yn esbonio'r llên gwerin sy'n gysylltiedig â *Gwyn ap Nudd, brenin chwedlonol y Tylwyth Teg, a'i fytheiaid uffernol sinistr sy'n hela eneidiau'r meirw, a'u cyfarth yn arwydd o angau. Disgrifiodd Ellis *Wynne Annwn yn ei *Gweledigaetheu y Bardd Cwsc* (1703), fel 'Ufferneitha, cartre'r Cythreuliaid'.

Ceir manylion pellach yn John Rhŷs, *Celtic Folklore* (1901), Ifor Williams, *Pedeir Keinc y Mabinogi* (1930), T. Gwynn Jones, *Welsh Folklore and Folk Custom* (1979) a Marged Haycock, ''Preiddeu Annwn' and the Figure of Taliesin', *Studia Celtica* (cyf. XVIII–XIX, 1983–84).

Anoethau, y tasgau rhyfeddol o anodd a osodwyd ar *Gulhwch gan Ysbaddaden Bencawr, ac yr oedd yn rhaid iddo eu cyflawni cyn ennill Olwen. Yn yr hanes sy'n adrodd sut y cyflawnodd yr arwr yr anoethau ceir enghreifftiau o nifer o fotiffau cydwladol poblogaidd ac adnabyddus megis yr Anifail Diolchgar, yr *Anifeiliaid Hynaf a'r Cynorthwywyr Rhyfeddol.

Anrheithio Uffern, thema gyffredin yn llenyddiaeth yr Oesoedd Canol. Tarddai o Efengyl Apocryffal Nicodemus, sy'n disgrifio Crist yn disgyn i Uffern i ryddhau eneidiau'r Cyfiawn. Ceir enghreifftiau niferus a disgrifiadau lu o Ddydd y Farn ac erchyllterau Uffern yng ngwaith y *Gogynfeirdd. Gweler hefyd ANNWN.

Anterliwt, math o ddrama fydryddol, gan amlaf ar fesur *triban neu *garol, a chwaraeid mewn ffair a thafarn i ddiddanu'r werin. Yr oedd y Cymry yn gyfarwydd â'r gair anterliwt (S. *interlude*) mor gynnar â'r unfed ganrif ar bymtheg a'r ail ganrif ar bymtheg, ond perthyn i'r ddeunawfed ganrif y mae bron y cyfan o'r pedwar a deugain sydd wedi goroesi. Priodolir rhyw wyth ohonynt i Thomas *Edwards (Twm o'r Nant), yr enwocaf o'r anterliwtwyr, a rhyw wyth arall i Elis *Roberts. Anterliwtwyr eraill oedd William Roberts (*fl.* 1745), Richard Parry, Huw *Jones (m. 1782), Siôn *Cadwaladr, Lodwig Williams a Jonathan *Hughes. Yn yr anterliwtiau ymosodid ar anghyfiawnderau cymdeithasol ac anfoesoldeb yr oes a dramateiddiwyd storïau adnabyddus. Y mae rhai'n cynnwys caneuon a pharodïau o'r hen draddodiad barddol. Mewn amryw o'r anterliwtiau ceid cryn dipyn o'r hyn a ystyrid mewn oes ddiweddarach yn anweddus, mewn gair a gweithred, a dyna un rheswm am elyniaeth crefyddwyr tuag atynt; arferent hefyd ymosod ar dirfeddianwyr, cyfreithwyr a chlerigwyr esgeulus. Y mae'r cymeriadau yn personoli rhinweddau a digwydd rhai cymeriadau'n gyson, megis y Ffŵl a'r Cybydd.

Ceir manylion pellach yn Glyn M. Ashton, *Hunangofiant a Llythyrau Twm o'r Nant* (1948), yr erthygl gan T. J. Rhys Jones yn *Gwŷr Llên y Ddeunawfed Ganrif* (gol. Dyfnallt Morgan, 1966), a'r erthygl gan G. G. Evans yn *Taliesin* (cyf. LI, 1985).

'Anthem Tywysog Cymru' (1862), cân adnabyddus. Cyfansoddodd Brinley Richards (1819–85) yr alaw, a J. Ceiriog *Hughes y geiriau sy'n dechrau 'Ar D'wysog Gwlad y Bryniau', ac ysgrifennwyd y geiriau Saesneg '*Among our Ancient Mountains*' gan G. Linley. Fe'i canwyd yn gyhoeddus am y tro cyntaf yn Chwefror 1863 gan Sims Reeves, y tenor, ac yn ddiweddarach yn yr un flwyddyn fe'i canwyd ar ddydd priodas Tywysog Cymru. Y mae'r alaw yn dra adnabyddus o hyd, bron nad yw'n ystrydeb a pharodïwyd y geiriau droeon.

Anthropos, gweler ROWLAND, ROBERT DAVID (1853?–1944).

ANWYL, EDWARD (1866–1914), ysgolhaig Celt-aidd. Fe'i ganed yng Nghaer a chafodd ei addysgu yng Ngholegau Oriel a Mansfield, Rhydychen, lle'r oedd yn un o sefydlwyr *Cymdeithas Dafydd ap Gwilym. Fe'i penodwyd yn Athro Cymraeg yng Ngholeg Prifysgol Cymru, Aberystwyth, yn 1892, ac yn 1905 yn Athro Ieitheg Gymharol hefyd, ond bu farw cyn dechrau ar ei waith fel Prifathro cyntaf Coleg Hyfforddi Mynwy, Caerllion.

Cyhoeddodd *A Welsh Grammar for Schools* (1897–99), gwaith pur bwysig yn ei ddydd, *Celtic Religion in Pre-Christian Times* (1906), adargraffiad o destun *The Poetry of the Gogynfeirdd from the Myvyrian Archaiology of Wales* (1909) gyda rhagymadrodd byr ond defnyddiol, *Llyfr y Proffwyd Hosea* (1911), ynghyd â llawer iawn o erthyglau ar lenyddiaeth gynnar Cymru ac ar grefydd a chwedloniaeth Geltaidd. Yr oedd yn flaenllaw ym mywyd diwylliannol Cymru, ac fe'i hurddwyd yn farchog yn 1911.

Brawd iddo oedd **John Bodvan Anwyl** (1875–1949), awdur *Englynion* (1933) a rhai llyfrau rhyddiaith. Golygodd adargraffiadau o *Drych y Prif Oesoedd* (1716) a *★Gweledigaetheu y Bardd Cwsc* (1703) ac amryw argraffiadau o eiriadur William ★Spurrell; ef oedd ysgrifennydd cynllun ★*Geiriadur Prifysgol Cymru* o 1921 nes iddo ymddeol yn 1935.

Ysgrifennwyd cofiant i Edward Anwyl gan Llywelyn C. Huws (1972); gweler hefyd yr erthygl gan Brynley F. Roberts yn *Nhrafodion* Anrhydeddus Gymdeithas y Cymmrodorion (1968).

AP DAFYDD, MYRDDIN (1956–), bardd, awdur, dramodydd a chyhoeddwr, brodor o Lanrwst, Dinb., a mab i Dafydd ★Parri. Addysgwyd ef yng Ngholeg Prifysgol Cymru, Aberystwyth. Ymhlith ei lyfrau ar amrywiaeth o bynciau, y mae *Straeon ac Arwyr Gwerin yr Alban* (1991), *Straeon ac Arwyr Gwerin yr Alpau* (1993), a *Straeon ac Arwyr Gwerin Catalunya* (1991) ar y cyd ag Esyllt Lawrence. Cyhoeddodd gryn hanner dwsin o ddramâu byrion yn ogystal, fel *Gormod o Stiw* (1982) ac *Y Sosban* (1982). Er mor amrywiol yw ei ddiddordebau fel awdur a golygydd, â barddoniaeth y cysylltir ef yn bennaf. Enillodd ★Gadair yr ★Eisteddfod Genedlaethol yn 1990, a chyhoeddwyd cyfrol o'i gerddi, *Cadw Gŵyl*, yn 1991. Yn gyfoes ei themâu ac yn fywiog-afieithus yn ei arddull gynganeddol, cred y dylid poblogeiddio barddoniaeth a chwilio'n barhaol am gynulleidfa newydd ac ehangach iddi. I'r diben hwnnw y cyhoeddwyd ganddo werslyfr ar y cynganeddion, *Clywed Cynghanedd* (1994), a oedd yn ffrwyth cyfres radio, a dwy gyfrol, *Cywyddau Cyhoeddus* (1994, 1996), a olygwyd ganddo, yr un gyntaf ar y cyd ag Iwan Llwyd (Iwan Llwyd ★Williams). Y mae bro a phobl yn bwysig iddo fel bardd, ac y mae'n un o'r beirdd hynny sydd wedi ymestyn ffiniau thematig y canu caeth. Yn wir, bron na ellid dweud ei fod yn un o aelodau mwyaf blaenllaw mudiad sy'n credu mai rhywbeth i'w berfformio'n fyw yw barddoniaeth, ac y dylai'r canu caeth ymdrin â phynciau cyfoes mewn modd sionc a dealladwy. Golygodd dri chasgliad o gerddi i blant, *Briwsion yn y Clustiau* (1994), *Nadolig, Nadolig* (1995) a *Mul Bach ar Gefn ei Geffyl* (1995), ac yn 1996 cyhoeddodd ddwy gyfrol o'i farddoniaeth ef ei hun i blant, *Cnoc y Dorth* ac *Y Llew go Lew*. Y mae hefyd yn gyd-olygydd y cylchgrawn *Llafar Gwlad*, gyda John

Owen Hughes, er Rhagfyr 1984. Y mae'n cyhoeddi ei lyfrau gyda'i wasg ei hun, Gwasg Carreg Gwalch, a sefydlwyd ganddo yn 1980, gan gyhoeddi dramâu i gwmnïau amatur a llyfrau lleol yn bennaf yn ystod y blynyddoedd cynnar. Yn 1983, dechreuodd y wasg gyhoeddi'r cylchgrawn *Llafar Gwlad* ac arbenigodd fwyfwy ar gyhoeddiadau llên gwerin. Y mae hunangofiannau a chyfrolau teyrnged yn nodwedd o'r wasg ac y mae cyfres o nofelau i ddysgwyr, *Cyfres Broydd Cymru*, cyfres o nofelau rhamant a barddoniaeth gyfoes yn ychwanegiadau diweddar at ei rhaglen gyhoeddi. Cyhoeddir hefyd nifer o deitlau Saesneg o ddiddordeb Cymreig ym meysydd hanes, llên gwerin, mynydda, diwydiant a gwleidyddiaeth. Rhwng 1983 ac 1993 lleolwyd y wasg mewn hen dai amaethyddol yng Nghapel Garmon, Dyffryn Conwy, ond symudodd yn ôl i dref Llanrwst yn 1993.

AP GLYN, IFOR (1961–), bardd a aned ac a fagwyd yn Llundain. Addysgwyd ef yng Ngholeg y Brifysgol, Caerdydd, ond y mae bellach yn byw yng Nghaernarfon ac yn gweithio yn y diwydiant teledu. Bu'n ymwneud cryn dipyn â'r diwylliant ieuenctid Cymraeg, a chymerodd ran flaenllaw yn y teithiau barddol a arweiniodd at gyhoeddi'r cyfrolau *Fel yr Hed y Frân* (1986), *Cicio Ciwcymbars* (1988), *Dal Clêr* (1993) a *Bol a Chyfri Banc* (1995). Bardd-berfformiwr ydyw yn ei hanfod a daw ei gerddi'n fyw mewn cyflwyniad cyhoeddus. Cyhoeddodd *Holl Garthion Pen Cymro Ynghyd* (1991) yn ★*Cyfres Beirdd Answyddogol* y ★Lolfa. Er y gall y mynegiant ymddangos ar adegau'n ffwrdd-â-hi ac amrwd, y mae'n berchen ar ddychymyg seicedelig a llawn hiwmor, fel a ddatgelir gan ambell deitl ('Ciwcymbars Wolverhampton') neu linell agoriadol ('Mae englynion fatha sgampi'), a cheir yn amryw o'i gerddi sylwebaeth gymdeithasegol dreiddgar ac weithiau ddwyster annisgwyl.

AP GWILYM, GWYNN (1950–), bardd a aned ym Mangor, Caern., a'i fagu ym Machynlleth, Tfn. Wedi ei addysgu yng Nghloeg Prifysgol Gogledd Cymru, Bangor, ac yng Ngholeg Prifysgol Iwerddon yn Gaillimh (Galway), bu'n darlithio yn yr Adran Hen Wyddeleg a Gwyddeleg Canol yn Corcaigh (Corc) o 1975 hyd 1977. Bu'n Ysgrifennydd Adran Gymraeg yr ★Academi Gymreig wedyn am gyfnod byr ac yn 1982 aeth i Neuadd Wycliffe yn Rhydychen yn fyfyriwr. Wedi graddio yno yn 1984 mewn Diwinyddiaeth, urddwyd ef gan yr Eglwys yng Nghymru a'i benodi yn gurad Porthmadog. Erbyn hyn, ef yw rheithor Mallwyd gyda Chemais gyda Llanymawddwy gyda Darowen gyda Llanbryn-mair, Tfn., ac er 1987 bu hefyd yn darlithio mewn Hebraeg a'r Hen Destament yn y Coleg Diwinyddol Unedig yn Aberystwyth. Bu'n Gadeirydd ★Cymdeithas Cerdd Dafod o 1982 hyd 1988. Enillodd ★Gadair yr ★Eisteddfod Genedlaethol yn 1986 a chyhoeddodd dair cyfrol o gerddi, *Y Winllan Werdd* (1977), *Gwales* (1983) ac *Yr Ymyl Aur* (1997), y nofel *Da o Dduy Ynys* (1979), a chyfieithiad o rai o *Storïau Pádraig Pearse* (1980). Golygodd *Y Flodeugerdd Delynegion* (1979), casgliad o ysgrifau llenyddol Saunders *Lewis, *Meistri a'u Crefft* (1981), a chyfrol o ysgrifau beirniadol ar waith T. Gwynn *Jones yn *Cyfres y Meistri* (1982). Cydolygodd gydag Alan *Llwyd *Blodeugerdd o Farddoniaeth Gymraeg yr Ugeinfed Ganrif* (1987) a chydolygodd y cylchgrawn *Barn* o 1979 hyd 1981.

AP HYWEL, ELIN (1962–), bardd. Ganed ym Mae Colwyn, Dinb., ond, a hithau'n ferch i weinidog gyda'r Annibynwyr, mynychodd ysgolion yn Llundain, y Barri, Morg., Caerdydd a Wrecsam, Dinb.; graddiodd mewn Cymraeg a Gwyddeleg o Goleg Prifysgol Cymru, Aberystwyth, yn 1984. Daeth i amlygrwydd fel awdur ifanc cyffrous a disgybledig pan enillodd Fedal Lenyddiaeth Eisteddfod Genedlaethol yr *Urdd yn 1980 â'r gyfrol *Cyfaddawdu*, casgliad o gerddi a rhyddiaith. Cyfrannodd gyfrol o gerddi, *Pethau Brau* (1982), i *Cyfres Beirdd Answyddogol* y *Lolfa, cynnyrch awen ramantaidd, ddiberthyn a rydd fynegiant i beth o'r *angst* arddegol a leisiwyd hefyd yn *Plant Gadara* (1975), cyfrol gan un arall o blant y mans a fagwyd, yn rhannol, yn ardal y ffin, sef Siôn *Eirian. Yn rhinwedd ei swydd ar y pryd golygodd gasgliad o storïau byrion gan ferched Cymreig, *Luminous and Forlorn* (1994), ar ran gwasg *Honno.

Ap Talfan, Aneirin, gweler DAVIES, ANEIRIN TALFAN (1909–80).

Ap Vychan, gweler THOMAS, ROBERT (1809–80).

Apostol Heddwch, gweler RICHARD, HENRY (1812–88).

Apostol Rhyddid, gweler PRICE, RICHARD (1723–91).

Apostol Sir Gaerfyrddin, gweler HUGHES, STEPHEN (1622–88).

APPERLEY, CHARLES JAMES (Nimrod; 1779–1843), ysgrifennwr am chwaraeon, a aned ym Mhlas Gronow ger Wrecsam, Dinb., ac a addysgwyd yn Rugby. Wedi gwasanaethu yng nghatrawd Syr Watkin Williams Wynn, yr *Ancient British Light Dragoons*, yn Iwerddon, priododd â merch o deulu *Wynne o Beniarth yn 1801 a daeth yn dirfeddiannwr yn Lloegr. Yn 1813, wedi gwario ei gyfoeth, dychwelodd i Gymru i fod yn oruchwyliwr ystad ei frawd yng nghyfraith, gan ymgartrefu yn Llanbeblig, ger Caernarfon.

Ni fyddai 'bonheddwr' y pryd hwnnw yn meddwl am ysgrifennu ar gyfer papur chwaraeon, ond yn 1822, dan

y ffugenw Nimrod, dechreuodd gyfrannu'n gyson i *The Sporting Magazine*; derbyniodd gyflog teilwng a gre o feirch hela yn dâl oherwydd i gylchrediad y cylchgrawn dreblu bron ar unwaith. Ond yn 1830, a'r cylchgrawn bellach mewn trafferthion ac yntau mewn dyledion cynyddol, gorfu iddo ffoi i Calais; gwellodd ei sefyllfa ariannol pan ddaeth yn aelod o staff *The Sporting Review*. Cafodd gydnabyddiaeth lenyddol yn 1835 pan ofynnodd J. G. Lockhart iddo gyfrannu erthyglau i *The Quarterly Review*, ac ymddangosodd y rhain ar ffurf llyfr yn 1837. Yr oedd yn farchogwr da ac yn bencampwr amryddawn a meddai ar ysgolheictod anghyffredin. Lluniodd Apperley ddeg llyfr, y pwysicaf o'r rhain yw *Nimrod's Hunting Tours* (1835), *Memoirs of the Life of John Mytton* (1837), *The Life of a Sportsman* (1842) a *Hunting Reminiscences* (1843).

Ceir manylion pellach yn ei hunangofiant, *My Life and Times* (gol. E. D. Cuming, 1927); gweler hefyd E. W. Bovill, *The England of Nimrod and Surtees* (1959).

Aprice, Hugh, gweler PRICE, HUGH (1495?–1574).

'Ar Hyd y Nos', alaw telyn boblogaidd a gyhoeddwyd am y tro cyntaf gan Edward *Jones (Bardd y Brenin) yn *Musical and Poetical Relicks of the Welsh Bards* (1784). Geiriau John Ceiriog *Hughes, 'Holl amrantau'r sêr ddywedant', a gysylltir fynychaf â'r alaw yng Nghymru.

Arallfyd, Yr, gweler ANNWN.

Arawn, Brenin *Annwn yng Nghhainc Gyntaf *Pedair Cainc y Mabinogi*. Dengys *Pwyll Pendefig Dyfed anghwrteisi tuag ato trwy lithio ei helgwn ei hun ar garw a laddwyd gan gŵn Arawn. Er mwyn rhoi cyfle i Bwyll wneud iawn am yr anghwrteisi, cytunir i'r ddau gyfnewid lle, a phryd a gwedd, am flwyddyn, ac ar ei diwedd y mae Pwyll yn ymladd â Hafgan, gelyn i Arawn yn Annwn, ac yn ei drechu. Wedi dychwelyd i'w deyrnas dargenfydd Arawn, wrth ymddiddan â'i wraig yn y gwely, nad yw Pwyll wedi cyfathrachu'n gorfforol â hi yn ystod y flwyddyn, er nad oedd hi wedi sylweddoli nad ei gŵr ydoedd. Ar sail y 'cywirdeb' hwn, a chymwynas Pwyll ag Arawn wrth drechu ei elyn, pery cyfeillgarwch rhwng y ddau frenin. Nid ymddengys Arawn mewn unrhyw ffynhonnell arall, ond y mae chwedl draddodiadol yn cyfeirio at lecyn lle y clywir llais yn dweud, 'Hir yw'r dydd a hir yw'r nos, a hir yw aros Arawn'.

Arberth, man yn Nyfed lle, yn ôl Cainc Gyntaf a Thrydedd Gainc *Pedair Cainc y Mabinogi*, yr oedd prif lys *Pwyll. Gerllaw yr oedd Gorsedd Arberth, un o'r bryncynnau lle, yn ôl traddodiad Celtaidd, y ceid cysylltiad rhwng y byd hwn ac *Annwn. Pa arglwydd neu bendefig bynnag a eisteddai arno, naill ai fe ddioddefai archoll neu fe welai ryfeddod. Wrth eistedd yno gwelodd Pwyll *Riannon yn marchogaeth heibio.

Pan ddychwelodd *Pryderi a *Manawydan o'r ymgyrch yn Iwerddon daethant yn y diwedd i Arberth, lle yr arlwywyd gwledd ar eu cyfer gan Riannon a Chigfa, ac yna wedi i'r pedwar eistedd ar Orsedd Arberth, disgynnodd yr hud ar Ddyfed a gadael y llys yn wag ac anghyfannedd. Yn Arberth yr erys canolbwynt yr hanes hyd ddiwedd y Drydedd Gainc.

Arbor Vitae, gweler SIÔN O GYMRU (m. c.1285).

Arcade, cylchgrawn pythefnosol a ddechreuwyd ym mis Hydref 1980 gan grŵp a oedd yn cynnwys John *Osmond yn olygydd, a Ned Thomas (Edward Morley *Thomas), David *Smith, Robin Reeves a Nigel *Jenkins yn aelodau o'r bwrdd golygyddol. Rhoddwyd cyfrifoldeb dros y celfyddydau, gwleidyddiaeth, addysg, chwaraeon, ac agweddau eraill ar fywyd Cymru i nifer o gynorthwywyr. Nid oedd cyfraniad llenyddol y cylchgrawn hwn yn nodedig, ond ymddangosodd gweithiau rhai awduron newydd am y tro cyntaf ar ei dudalennau. Yr oedd ynddo hefyd sylwadaeth fwyiog ar y byd cyhoeddi a llenyddol. Er gwaethaf y bwriad i ehangu ei gylchrediad, methodd y cylchgrawn â chadw ei ddarllenwyr ar ôl y cyfnod dechreuol, ataliwyd cymhorthdal *Cyngor Celfyddydau Cymru ac o ganlyniad bu'n rhaid dirwyn y cylchgrawn i ben wedi ei bedwerydd rhifyn ar ddeg ar hugain, ym Mawrth 1982.

Archaeologia Britannica (cyf. 1, **Glossography**, 1707), yr unig ran a gyhoeddwyd o arolwg anferth o ieithyddiaeth, hynafiaethau, llên gwerin, astudiaethau natur a daeareg y gwledydd Celtaidd, a arfaethwyd gan Edward *Lhuyd. Y mae'r gyfrol yn cynnwys *Comparative Etymology or Remarks on the Alteration of Languages: A Comparative Vocabulary of the original Languages of Britain and Ireland*, wedi'i threfnu yn ôl yr wyddor wrth y cyfystyron Lladin, cyfieithiad gan Moses *Williams o ramadeg a geirfa Lydaweg gan Julien Maunoir, rhestr wedi'i threfnu yn ôl yr wyddor o *Some Welsh Words Omitted in Dr. Davies's Dictionary*, *A Cornish Grammar* (sydd hefyd yn cynnwys rhestr o *Some Obsolete or less known Welsh Words*), catalog o lawysgrifau Cymraeg, *British Etymologicon* gan David Parry (1682?–1714), Is-geidwad Lhuyd yn Amgueddfa Ashmole, *A Brief Introduction to the Irish or Ancient Scottish Languages*, *An Irish–English Dictionary*, ac *A Catalogue of Irish Manuscripts*.

Dyma'r gwaith pwysig cyntaf mewn ieithyddiaeth Geltaidd. Y mae bron pob un o'r adrannau hyn ymhlith y cyntaf o'u bath, yn Saesneg o leiaf, ac y mae'r Gramadeg Cernyweg, yn enwedig, yn un o'r ffynonellau pwysicaf o wybodaeth am Gernyweg Diweddar. Yr oedd dull Lhuyd yn ei adran ar *Comparative Etymology*, lle y cymharai ffurfiau cytras er ceisio 'correspondencies' yn tarddu o 'alteration of languages', yn rhag-weld i raddau helaeth iawn ddulliau Ieithyddiaeth Gymharol y bedwaredd ganrif ar bymtheg.

Archaeologia Cambrensis, gweler o dan CAMBRIAN ARCHAEOLOGICAL ASSOCIATION.

Archfardd Cocysaidd Tywysogol, gweler EVANS, JOHN (1825–88).

Ardaloedd Arbennig, rhannau o Brydain y ddeddfwyd yn ystod y *Dirwasgiad economaidd rhwng y ddau Ryfel Byd eu bod yn ardaloedd o'r fath, mewn ymdrech i'w gwarchod rhag dirywiad pellach. Wedi rhoi'r statws hwn i ran o faes glo de Cymru yn Rhagfyr 1934, ceisiodd y Llywodraeth ddod ag amrywiaeth o ddiwydiannau newydd i'r ardal, fel y rhai a sefydlwyd ar y stad ddiwydiannol yn Nhrefforest ger Pontypridd, Morg., ac ym melin-stribed Richard Thomas a'i gwmni a agorwyd yng Nglynebwy, Myn.

Ardudwy, cantref sy'n ymestyn o Laslyn i Fawddach, a oedd yn ffurfio, ynghyd ag *Eifionydd, deyrnas *Dunoding. Egyr chwedl *Branwen yn *Pedair Cainc y Mabinogi â disgrifiad o lys Bendigeidfran (*Bran) yn Harlech yn Ardudwy.

Areithiau Pros, Yr, a ddisgrifiwyd gan D. Gwenallt *Jones yn ei argraffiad (1934) fel gwersi cywion beirdd yn ymgydnabod â'r iaith, ymarferiadau rhethregol a *declamationes* nofisiaid yn ysgolion y beirdd. Gellir gwahaniaethu rhwng y tair araith gyntaf yn argraffiad Gwenallt, sef *Araith Wgon*, *Araith Iolo Goch* a *Breuddwyd Gruffydd ab Adda ap Dafydd* ar y naill law, a'r Casbethau a'r Dewisbethau a'r Areithiau eraill, sy'n aml yn cael eu tadogi ar feirdd y bedwaredd ganrif ar ddeg megis *Iolo Goch, *Dafydd ap Gwilym a *Llywelyn Goch ap Meurig Hen ar y llaw arall. Awgrymwyd bod y tair araith a enwyd yn ymdebygu i chwedlau gwerin ond eu bod hefyd yn defnyddio technegau a fformiwlâu sy'n adeiladu ar elfennau arddull a geir yn y chwedlau llenyddol cynharach, yn arbennig *Culhwch ac Olwen.

Arfon, cantref ar y tir sy'n wynebu ynys Môn; hwn oedd calon teyrnas *Gwynedd. O 1894 hyd 1974 Arfon oedd enw un o ddosbarthiadau gwledig sir Gaernarfon; o 1974 hyd 1996 yr oedd yn enw un o ddosbarthiadau sir Gwynedd.

Arglwydd Herbert o Cherbury, Yr, gweler HERBERT, EDWARD (1583–1648).

Arglwydd Rhys, Yr, gweler RHYS AP GRUFFUDD (1132–97).

Arglwyddes Llanofer, gweler HALL, AUGUSTA WADDINGTON (1802–96).

'Argoed', cerdd gynganeddol o linellau pedwar curiad di-odl mewn pedwar caniad gan T. Gwynn *Jones, a ysgrifennwyd yn 1926–27. Yn ôl y bardd, darn anhygyrch o wlad Gâl oedd Argoed lle y cartrefai Plant Arofan gan fyw, fel eu tadau, wrth hela a bugeilio, a pharchu eu hen hanes, eu dewrion a'u doethion. Ond yn nirgel ddistawrwydd y fforest ni sylweddolant fod Gâl eisoes wedi'i threchu gan ei gelyn, Rhufain, fod bri ei dinasoedd wedi darfod a bod ei heniaith a'i thraddodiadau yn cael eu difa gan orthrwm yr estroniaid. Un nos â bardd i lys yn ninas Alesia ac yno cân gerdd yn ei famiaith, eithr ofer ei ddawn – nid oes yno mwyach neb yn deall ei iaith nac yn gwerthfawrogi ei gamp. Ei unig dâl yw gwên ei gyd-genedl daeogaidd a'u Lladin di-raen bratiog. Teimla iddo gael ei waradwyddo yn lle'i anrhydeddu, a phan glyw grechwen chwerthin y taeogion, cerdda allan i'r niwl oer. Maes o law hawlia'r gelyn dreth gan wŷr Argoed, a theirgwaith fe'i gwrthodir; dewisant roi'r fforest ar dân a llosgi pawb yn hytrach nag ildio i'r gelyn – fel nad oes yno ond anialwch, 'rhyw wast o ludw lle bu fforest lydan'.

Ceir ymdriniaeth feirniadol â'r gerdd mewn erthygl gan E. Prosser Rhys yn *Baner ac Amserau Cymru* (31 Ion. 1928) a chan H. Meurig Evans yn *Barn* (rhif. 14, 1963).

Argoed Llwyfain, maes brwydr; cofnodwyd yr hanes mewn *awdl o waith *Taliesin. Gorchfygodd Urien ap Cynfarch (*Urien Rheged) a'i fab Owain (*Owain ab Urien) ymosodwr a lysenwid Fflamddwyn. Awgrymir bod safle'r frwydr yn nyffryn afon Eden yn Cumbria, a oedd y tu mewn i ffiniau teyrnas Urien, sef Rheged.

Argraffu a Chyhoeddi. Cyhoeddwyd y llyfr Cymraeg cyntaf, *Yn y lhyvyr hwnn, gan Syr John *Price, Aberhonddu, ym 1546, bron i ganrif ar ôl dyfeisio argraffu. Hyd 1660 cyfyngwyd argraffu llyfrau yn Lloegr a Chymru i Lundain, Rhydychen a Chaer-grawnt, ac yn ystod y cyfnod hwn ni chyhoeddwyd mwy na thua chant o lyfrau yn yr iaith Gymraeg. Yn ystod oes Elisabeth I gwaharddwyd Catholigion rhag cyhoeddi dim yn y ddwy wlad ac am hynny bu'n rhaid i Forys *Clynnog argraffu ei gyfrol *Athravaeth Gristnogavl* ym Milan yn 1568. Am yr un rheswm argraffwyd rhan gyntaf *Y Drych Cristianogawl* gan Robert *Gwyn yn ystod gaeaf 1586/87 ar wasg gudd mewn ogof yn Rhiwledyn ger Llandudno, Caern. Ceir tystiolaeth fod o leiaf un wasg anghyfreithlon arall a weithiwyd gan Gatholigion yn nhŷ Siôn Dafydd *Rhys yn Aberhonddu. Yn 1567 cyhoeddwyd cyfieithiadau William *Salesbury (gyda chymorth Richard *Davies a Thomas Huet) o'r Testament Newydd a'r Llyfr Gweddi Gyffredin, ac ym 1588 cyhoeddwyd cyfieithiad cyflawn William *Morgan o'r *Beibl.

Yn 1695 llaeswyd y gyfraith ynglŷn â thrwyddedu argraffu, ac ar unwaith symudodd Thomas *Jones (1648?–1713) ei wasg o Lundain i Amwythig, ac oherwydd ei fod hefyd yn ddosbarthwr llyfrau llwyddiannus iawn, cychwynnodd gyfnod newydd yn hanes y fasnach lyfrau yng Nghymru. Tua 1674 cafodd Thomas Gouge, offeiriad cefnog o Lundain, gefnogaeth Stephen *Hughes a Charles *Edwards i ffurfio cymdeithas a enwid Yr *Ymddiriedolaeth Gymreig gyda'r bwriad o sicrhau llenyddiaeth grefyddol a rhad i'r werin. Yna, yn 1699, trwy ddylanwad Syr John *Phillipps a Syr Humphrey *Mackworth a chyda chymorth Moses *Williams a Griffith *Jones, estynnodd y *Gymdeithas er Taenu Gwybodaeth Gristnogol (*SPCK) ei gweithgarwch i Gymru. Tua chant ac wyth o lyfrau Cymraeg (crefyddol gan mwyaf o lawer) a gyhoeddwyd rhwng 1546 ac 1660, ond yn ystod y blynyddoedd rhwng 1660 ac 1729, wedi Adferiad y Frenhiniaeth, gwelwyd cynnydd sylweddol i tua 545 o deitlau. Prif rwystrau'r farchnad lyfrau Cymraeg oedd diffyg nawdd a phrinder cyfleusterau dosbarthu. Ceisiodd ysgolheigion, megis Moses Williams, yn ofer gael cefnogaeth ariannol ddigonol i gyhoeddi hen destunau Cymraeg, a phan oedd Dafydd Jones o Drefriw ar fin cyhoeddi ei ddetholiad pwysig o farddoniaeth, a alwod *Blodeu-gerdd Cymry* (1759) bu'n rhaid iddo'n gyntaf grwydro Cymru i hel tanysgrifiadau. Bu llwyddiant Thomas Jones yn sbardun i eraill ac am yn agos i ddeng mlynedd a thrigain Amwythig oedd canolfan y fasnach lyfrau Cymraeg, ac i raddau llai, rhai o drefi eraill y Gororau megis Caer, Croesoswallt, Henffordd a Bryste. Bu'n rhaid aros hyd 1718 cyn gweld codi'r wasg argraffu gyfreithlon gyntaf yng Nghymru gan Isaac *Carter ym mhentre Atpar, ger Castell-newydd Emlyn, Cer. Ymhen saith mlynedd symudodd Carter i Gaerfyrddin lle'r oedd Nicholas Thomas eisoes yn rhedeg swyddfa argraffu. Yn raddol sefydlwyd gweisg eraill mewn nifer o drefi marchnad drwy'r wlad ond ar y cyfan digon amrwd oedd crefftwaith llawer ohonynt.

Yn ystod y bedwaredd ganrif ar bymtheg, yn bennaf oherwydd twf *Anghydffurfiaeth a llwyddiant mudiad yr *Ysgolion Sul, bu galw cynyddol am lyfrau, cylchgronau ac wythnosolion Cymraeg, a gellir ystyried y cyfnod rhwng 1850 a 1890 yn oes aur cyhoeddi yng Nghymru. Peth arall a symbylodd hyn oedd i'r *Chwyldro Diwydiannol ddenu cymunedau sylweddol o Gymry uniaith a darllengar o'r ardaloedd gwledig i gymoedd Morgannwg a Gwent, gyda'r canlyniad bod galw am ffrwd gref a chyson o lyfrau ar amrywiol destunau ond yn bennaf ar grefydd, llenyddiaeth, hanes a cherddoriaeth. Cyhoeddwr mwyaf y ganrif oedd Thomas *Gee, ond llawn cyn bwysiced oedd Cwmni Hughes a'i Fab (gweler o dan HUGHES, RICHARD, 1794–1871), ac ar droad y ganrif gwnaed cyfraniad unigryw gan Owen M. *Edwards. Yn wir, yr oedd y farchnad lyfrau Cymraeg yn ystod y cyfnod hwn yn ddigon llewyrchus i ennyn diddordeb rhai o gyhoeddwyr blaenaf Lloegr a'r Alban.

Erbyn diwedd y bedwaredd ganrif ar bymtheg, fodd bynnag, gostyngodd nifer y teitlau Cymraeg a gyhoeddwyd i tua chant y flwyddyn, ac arhosodd o gwmpas y nifer yma hyd tua 1935. Ar wahân i Wasg breifat Gregynog (gweler o dan GWASG GREGYNOG), yr unig fenter lwyddiannus ym myd cyhoeddi llyfrau Cymraeg yn y blynyddoedd rhwng y ddau Ryfel Byd oedd eiddo E. Prosser *Rhys a gynhaliodd y Clwb Llyfrau Cymraeg yn llwyddiannus rhwng 1937 ac 1952. Er gwaethaf prinder papur a defnyddiau darllen poblogaidd, gwnaed ymdrech gadarn gan nifer o gwmnïau yn ystod y 1940au i gyhoeddi cyfresi o lyfrynnau megis *Llyfrau'r Dryw – y mwyaf adnabyddus ohonynt. Erbyn 1950, fodd bynnag, yr oedd y sefyllfa'n argyfyngus gan fod nifer y llyfrau newydd a gyhoeddid wedi disgyn i tua hanner cant y flwyddyn. O'r herwydd gwasgwyd ar y Swyddfa Gartref i benodi pwyllgor i ystyried y sefyllfa. Ymhen dwy flynedd (1952) argymhellodd Pwyllgor Ready sefydlu Cronfa Llyfrau Cymraeg a'i hincwm i ddod yn rhannol o arian llywodraeth leol ac yn rhannol o arian y llywodraeth ganol. Felly y cychwynnwyd trefn grantiau'r Llywodraeth i gyhoeddi llyfrau Cymraeg sydd wedi parhau ar raddfa gynyddol hyd heddiw. Yn 1951 yr oedd Llyfrgellydd Ceredigion, Alun R. *Edwards, eisoes wedi darbwyllo'i Gyngor Sir i wario £2,000 y flwyddyn 'i noddi sgrifennu, darlunio, a chyhoeddi llyfrau Cymraeg i blant'. Yn fuan denodd y cynllun hwn gefnogaeth saith o'r siroedd Cymreig, ac yn 1968 fe'i mabwysiadwyd gan *Gyd-bwyllgor Addysg Cymru.

Y garreg filltir bwysicaf yn hanes y fasnach lyfrau er yr Ail Ryfel Byd, fodd bynnag, oedd sefydlu'r Cyngor Llyfrau Cymraeg (*Cyngor Llyfrau Cymru nes ymlaen) yn 1961; datblygodd y corff hwnnw yn ystod y 1970au yn wreiddiol drwy gymorth grantiau oddi wrth *Gyngor Celfyddydau Cymru. Y mae'r arian cyhoeddus a geir (yn arbennig y grantiau a ddaw o'r *Swyddfa Gymreig) ac a weinyddir gan Gyngor Llyfrau Cymru wedi rhoi bywyd newydd i adran o'r diwylliant Cymraeg a oedd ar fin darfod. Y mae nifer y teitlau Cymraeg wedi cynyddu'n gyson o 109 yn 1963 i 572 yn 1996 – y nifer mwyaf a gyhoeddir mewn unrhyw iaith leiafrifol (heblaw Catalaneg) yng ngorllewin Ewrop. Er mai argraffiadau cymharol fach (rhywle o gwmpas mil o gopïau) a gyhoeddir o lyfrau Cymraeg, eto i gyd y mae'r gwaith dylunio ac argraffu yn uwch ei safon nag y bu erioed, ac at hynny ceir llawer iawn mwy o amrywiaeth teitlau. Fodd bynnag, llyfrau plant yw cyfran helaeth o'r llyfrau Cymraeg a gyhoeddir, ac oherwydd costau uchel argraffu lliw y mae'r rhan fwyaf o'r rhain yn gyfieithiadau o'r Saesneg. Y tebygrwydd yw y bydd cyhoeddi amlgyfrwng yn dilyn yr un patrwm oherwydd y buddsoddiad cychwynnol sylweddol y mae ei angen – ac y mae hyn i gyd yn codi'r cwestiwn a oes perygl hybu'r iaith heb hybu'r diwylliant.

Gwelodd y deng mlynedd ar hugain diwethaf nifer o ddatblygiadau technolegol – y peiriant argraffu offset-litho a nes ymlaen sustemau cysodi ar gyfrifiaduron – a alluogodd gyhoeddwyr bychain newydd i godi yn y Gymru Gymraeg ac a esgorodd hefyd ar doreth o

*bapurau bro. Ac nid oedd dosbarthu ar lefel genedlaethol yn broblem gan fod faniau'r Cyngor Llyfrau yn mynd yn wythnosol i bob cornel o Gymru o'r ganolfan yn Aberystwyth.

Mewn egwyddor, y mae cynulleidfa lawer ehangach ar gael ar gyfer y llyfrau hynny a gyhoeddir yng Nghymru yn y Saesneg; ond y gwir yw nad yw'r rhain yn ei chael yn hawdd eu sefydlu eu hunain yn y farchnad Brydeinig. Y mae grantiau ar gael gan Gyngor Celfyddydau Cymru tuag at gyhoeddi llyfrau llenyddol yn y Saesneg fel yn y Gymraeg ac y mae'r farchnad dwristiaeth yn caniatáu cyhoeddi nifer o deitlau yn fasnachol, ond hyd yma ni fu gan unrhyw gyhoeddwr masnachol Cymreig ddigon o adnoddau i wneud argraff wirioneddol ar y farchnad lyfrau Saesneg y tu allan i Gymru.

Ceir manylion pellach yn Ifano Jones, *A History of Printing and Printers in Wales to 1810* (1925), R. Geraint Gruffydd, *Argraffwyr Cyntaf Cymru* (1972), Geraint H. Jenkins, *Literature, Religion and Society in Wales 1600–1730* (1978), Alun R. Edwards, *Yr Hedyn Mustard* (1980) a *Gwarchod y Gwreiddiau – Cyfrol Goffa Alun R. Edwards* (gol. Rheinallt Llwyd, 1996). Gweler hefyd adroddiad Cyngor Cymru a Mynwy, *Yr Iaith Gymraeg Heddiw* (1963), adroddiad Cyngor yr Iaith Gymraeg, *Cyhoeddi yn yr Iaith Gymraeg* (1978), *Y Fasnach Lyfrau yng Nghymru* (1988), Adroddiadau Blynyddol Cyngor Llyfrau Cymru, ac amryw ysgrifau perthnasol yng nghylchgrawn masnachol y Cyngor Llyfrau, *Llais Llyfrau/Book News from Wales.*

Arian Rhaw, gweler o dan OFFRWM.

Arianrhod, chwaer i *Wydion a mam *Lleu Llawgyffes ym Mhedwaredd Gainc *Pedair Cainc y Mabinogi. Wrth gyfarch *Math cyfeiria Gwydion ati fel 'Arianrhod ferch Ddôn, dy nith, ferch dy chwaer'; yn ôl un o'r Trioedd ei thad oedd *Beli. Wedi treisio Goewin gan Gilfaethwy, gofyn Math i Wydion ei gynghori pa forwyn a gâi i'w dilyn yn swydd troedog. Enwa Gwydion Arianrhod a phan ofyn Math iddi a yw'n forwyn etyb hithau, 'Ni wn i amgen na'm bod'. Ond penderfyna Math roi prawf ar ei morwyndod gan beri iddi gamu dros hudlath, a genir iddi ddau fab, *Dylan Ail Ton a Lleu Llawgyffes (fel y galwyd ef yn ddiweddarach). Megir Lleu gan Wydion a phan â'r ddau i ymweld ag Arianrhod yn ei chaer, y mae hi'n tyngu na chaiff y bachgen enw nac arfau, onis rhoir ganddi hi, na gwraig byth. Trwy gyfrwng ystrywiau, yn ogystal â hud a lledrith, llwydda Gwydion i beri iddi enwi'r mab a'i wisgo ag arfau, ac ymuna Math â Gwydion i lunio gwraig iddo o flodau, sef *Blodeuwedd. Nid enwir Arianrhod wedyn a phrin yw'r cyfeiriadau ati y tu allan i'r Mabinogi. Yng ngherdd 'Cadair Cyrridfen' yn *Llyfr Taliesin sylwir ar ei harddwch a chyfeirir at 'garchar Arianrhod' mewn testunau diweddarach. Mewn cywydd gan *Lewys Môn dywedir na byddai Math fab Mathonwy fyw hebddi, ac yn ôl cyfeiriad mewn cywydd gan *Dudur Aled gwylid ei chaethiwed hi gan ei gŵr a'i thad a'i mam. Y mae'n debyg, felly, fod gynt fersiynau gwahanol ar ei hanes i'r hyn a geir yn y Mabinogi.

Gwelir manylion pellach yn W. J. Gruffydd, *Math vab Mathonwy* (1928), Ifor Williams, *Pedeir Keinc y Mabinogi* (1964) a Rachel Bromwich, *Trioedd Ynys Prydein* (3ydd arg., 1998).

Arloeswr, Yr, cylchgrawn a gyhoeddwyd ym Mangor rhwng 1957 ac 1960. Ymddangosodd wyth rhifyn ohono; golygyddion a chwe chyntaf oedd R. Gerallt *Jones a Bedwyr Lewis *Jones, ond Bedwyr Lewis Jones yn unig a olygodd y ddau olaf. Er i'r celfyddydau gweledol, cerddoriaeth a'r theatr gael sylw ynddo, prif ddiddordeb y cylchgrawn oedd llenyddiaeth, ac un o'i amcanion oedd gosod llwyfan ar gyfer beirdd newydd megis Gwyn *Thomas (1936–   ) a Bobi Jones (Robert Maynard *Jones). Yr oedd y rhan fwyaf o'r rhifynnau yn cynnwys cyfweliad â llenor adnabyddus ac enghraifft o'i waith nas cyhoeddwyd, ac yn y modd hwn ymddangosodd mewn print benodau cyntaf nofelau (sydd eto heb eu cyhoeddi) gan John Gwilym *Jones a Kate *Roberts. Er ei fyrhoedledd, cyflawnodd y cylchgrawn hwn waith gwerthfawr yn y cyfnod rhwng diwedd *Y *Llenor* a sefydlu *Taliesin* (1961).

Arllechwedd, cantref yn ymestyn o Ogwen i Gonwy; yn y canol safai Abergwyngregyn, un o hoff drigfannau Tywysogion *Gwynedd.

'Armes Dydd Brawd', proffwydoliaeth ynghylch Dydd y Farn y ceir y testun cynharaf ohono yn *Llyfr Taliesin.

'Armes Prydein', cerdd yn *Llyfr Taliesin, ac o blith y *daroganau cynnar yr un fwyaf estynedig a dealladwy. Y mae neges wleidyddol y gerdd yn glir: ei thema gynhaliol yw dyhead taer y Cymry i fwrw'r Saeson ar ffo o Ynys Prydain gan ailfeddiannu unbennaeth Frythonig y deyrnas benbaladr, 'o Fanaw Gododdin hyd Lydaw, o Ddyfed hyd Thanet', a hyn oll gyda chymorth eu cefnderwyr Celtaidd yng Nghernyw, Iwerddon, Llydaw a'r *Hen Ogledd a chyda chydweithrediad Llychlynwyr Dulyn.

Achlysur lleisio'r fyth bwerus hon oedd ffyniant ymosodol Wessex dan ei brenin Athelstan a etifeddodd y deyrnas yn 924 a chyrraedd anterth ei nerth pan orchfygodd fyddinoedd Gwŷr Llychlyn, yr Alban a Phrydain ym mrwydr Brunanburh (937). Mynegir chwerwder drwy'r gerdd oherwydd y trethi a godwyd gan y mechteyrn. Os y trethi a osodwyd gan Athelstan, Brenin Wessex, ar y Tywysogion Cymreig yng Nghyngor Henffordd (*c.*926–30) a olygir, yna mae'n debyg i'r gerdd gael ei chyfansoddi yn fuan ar ôl y cyfarfod hwnnw a'r briw yn dal i losgi.

Y mae'r ffaith fod y bardd yn hyddysg yng ngwleidyddiaeth y cyfnod ac yn gyfarwydd â thraddodiadau dysgedig o'r math a geir yn yr *Historia Brittonum

(*c.*829–30) yn lledawgrymu ei fod yn fynach neu'n glerigwr ac yn Ddeheuwr. Dywed y bydd i'r Brythoniaid ennill y dydd trwy eiriolaeth *Dewi a'r saint yn ogystal â thrwy gymorth yr arwyr traddodiadol Cynan (*Cynan Meiriadog) a *Chadwaladr. Os un o ddeiliaid *Hywel Dda oedd y bardd, gall fod yn llefaru dros garfan yn y deyrnas a wrthwynebai'n ffyrnig bolisi Hywel o gymodi â'r Saeson.

Y mae testun y gerdd ynghyd â nodiadau llawn yn *Armes Prydein* (gol. Ifor Williams, 1955); gweler hefyd fersiwn Saesneg (gol. Rachel Bromwich, 1972). Ar y dyddio, gweler David N. Dumville, 'Brittany and Armes Prydein Vawr', *Études Celtiques* (cyf. xx, 1983).

ARNOLD, MATTHEW (1822–88), bardd o Sais a beirniad; yr oedd yn fab i Thomas Arnold, prifathro Ysgol Rugby. Cafodd ei addysgu yn ysgol ei dad ac yng Ngholeg Balliol, Rhydychen, ac fe'i hetholwyd yn Gymrawd yng Ngholeg Oriel yn 1845. Ar wahân i ddeng mlynedd fel Athro Barddoniaeth yn Rhydychen (1857–67), treuliodd ei yrfa, o 1851, fel Arolygwr Ysgolion, ac yn y swydd honno enillodd enw arbennig iddo'i hun fel addysgwr a beirniad digymrodedd ar fywyd cymdeithasol, crefyddol a gwleidyddol Lloegr yn oes Fictoria. Ymhlith ei gerddi enwocaf y mae 'Tristram and Iseult' (1852), 'The Scholar Gypsy' (1853), 'Sohrab and Rustum' (1853) a 'Dover Beach' (1867), ond rhoddodd y gorau i farddoni pan oedd yn bump a deugain oed er mwyn gweithio ym maes beirniadaeth lenyddol a chymdeithasol. Yr oedd afledneisrwydd ei oes yn atgas ganddo, ond credai y gallai diwylliant, yr hwn a welai fel rhywbeth diddosbarth a byd-eang, achub cymdeithas rhag y fateroliaeth a oedd yn bygwth ei dinistrio. Gwelir ei waith disgleiriaf yn y cyfrolau *Culture and Anarchy* (1869) a *Friendship's Garland* (1871), ond y mae ei *Essays in Criticism* (1865) a'i *Literature and Dogma* (1875) hwythau ymhlith ei weithiau pwysicaf.

Y mae Matthew Arnold yn berthnasol i Gymru ar bwys ei ddarlithoedd 'Lectures on Celtic Literature' a draddododd yn Rhydychen yn 1865 a'r flwyddyn ganlynol yn rhinwedd ei swydd fel Athro Barddoniaeth. Cyhoeddwyd hwy gyntaf yn y *Cornhill Magazine* yn 1866, ac yna ar ffurf llyfr yn 1867 a'u hailargraffu yn 1891. Ni allai Arnold ddarllen yr un o'r ieithoedd Celtaidd, ond gwnaeth astudiaeth fanwl o'r testunau llenyddol a oedd ar gael iddo. Dibynnai'n drwm ar gerddi Ossian (1760) gan James Macpherson, ac yr oedd wedi astudio'r cyfieithiadau Ffrangeg o waith Hersart de la *Villemarqué, ac yn arbennig ei *Barzaz Breiz* (1839) a *Les Bardes Bretons du sixième siècle* (1850), yn ogystal â *Mabinogion* (1849) Charlotte *Guest, gwaith Thomas *Stephens, *Literature of the Kymry* (1849), a gwaith Eugène O'Curry, *Manuscript Materials of Ancient Irish History* (1861). Ar sail yr astudiaethau hyn daliai Arnold fod tair nodwedd sylfaenol yn perthyn i lenyddiaeth gynnar Cymru, Iwerddon, Llydaw a'r Alban, sef 'yr hud

Celtaidd', 'y felan Geltaidd', a dawn arddull. Credai nad oedd y gallu i gynllunio ar raddfa eang yn rhan o allu'r Celtiaid, ond meddent ar ddawn a welir ar ei pherffeithiaf mewn unedau bychain o farddoniaeth, mewn llawysgrifau cain ac mewn meini cerfiedig. Er bod llawer o ddadlau wedi bod ynglŷn â daliadau Arnold wedi'i ddydd, dyfynnir a thrafodir ei ddiffiniadau hyd heddiw, yn aml gan ysgolheigion sy'n meddu ar wybodaeth ddwysach ac ehangach o lên gynnar y Celtiaid nag a oedd ar gael iddo ef. Gyda'i gyfaill Ernest *Renan, y gŵr y cafodd ei waith *Essai sur la Poésie des Races Celtiques* (1859) ddylanwad arno, yr oedd Arnold yn arloeswr ym maes astudiaeth gymharol o'r llenyddiaethau Celtaidd.

Yn anffodus, y mae'r *Lectures* yn cynnwys rhai pethau llai derbyniol. Y mae'r arddull yn wasgaredig ac ar adegau braidd yn amherthnasol ac y mae ymgais yr awdur i rannu llenyddiaeth Lloegr yn ei haenau Celtaidd, Normanaidd a Thiwtonaidd yn gwbl ddamcaniaethol ar y gorau. Y mae ei haeriadau hyderus ynglŷn â nodweddion cenedlaethol yn debyg o daro'r darllenydd fel rhywbeth go amheus heddiw. Hefyd, beirniadwyd Arnold am ganolbwyntio ei sylw ar gampweithiau canoloesol cynnar yn y Gymraeg a'r Wyddeleg tra mynegai, yr un pryd, elyniaeth yn erbyn parhad y traddodiadau hyn yn ieithoedd Celtaidd byw ei ddydd. Y mae neges rymusaf y *Lectures* yn deillio o'i gred ddiffuant ac angerddol y dylai Lloegr ddangos parch a chydymdeimlad tuag at draddodiadau diwylliannol amrywiol ei chymdogion Celtaidd, a thrwy hynny osgoi camddealltwriaeth ac anghyfiawnder ar bob ochr. Yn rhyfedd iawn, prin yw ei ganmoliaeth i'r *Eisteddfod, a dywed, 'os oes gan Gymro unrhyw beth o bwys i'w ddweud, y mae'n rhaid iddo ei ddweud yn Saesneg'. Ond er mwyn tegwch rhaid ystyried Arnold yng nghyddestun ei gyfnod ei hun – ni allai rag-weld y datblygiadau enfawr yn ymwybyddiaeth ddiwylliannol a gwleidyddol y gwledydd Celtaidd a ddigwyddodd yn y ganrif wedi'i farw. Rhoddodd y *Lectures* i astudiaethau'r ieithoedd Celtaidd a'i llenyddiaethau yr urddas hwnnw a ddaw yn sgîl disgyblaeth academaidd, a thrwy eu dylanwad uniongyrchol sefydlwyd Cadair Gelteg yng Ngholeg Iesu, Rhydychen, yn 1877. Yr athro cyntaf oedd John *Rhŷs, a oedd yn aelod o'r gynulleidfa gyntaf a wrandawodd ar y darlithoedd. Yr oeddynt hefyd yn gymorth i sefydlu Cadeiriau mewn Cymraeg ac Astudiaethau Celtaidd ym *Mhrifysgol Cymru.

Ceir trafodaethau pellach yn A. Nutt (gol.), *Arnold's Lectures on Celtic Literature* (1910), R. H. Super (gol.), *Matthew Arnold's Lectures and Essays in Criticism* (1962), F. J. W. Harding, 'Matthew Arnold and Wales' yn *Nhrafodion* Anrhydeddus Gymdeithas y Cymmrodorion (1963), a Rachel Bromwich, *Matthew Arnold and Celtic Literature: A Retrospect 1865–1965* (*The O'Donnell Lecture*, Rhydychen, 1965).

Arofan, llwyth, gweler o dan ARGOED (1927).

AROFAN (7fed gan.), bardd y tywysog *Selyf ap

Cynan Garwyn o Bowys, yn ôl un o'r Trioedd. Cyfeirir ato ef ac at *Afan Ferddig gyda'i gilydd mewn cerdd o waith *Cynddelw Brydydd Mawr a geir yn *Cyfres Beirdd y Tywysogion VI* (gol. Nerys Ann Jones ac Ann Parry Owen, 1995).

Arthur (diwedd y 5ed gan.–dechrau'r 6ed gan.), pennaeth neu arweinydd milwrol ar y Brytaniaid a dyfodd erbyn yr Oesoedd Canol yng nghof gwlad ac yn nychymyg cyfarwyddiaid a llenorion yn ganolbwynt i liaws o chwedlau a rhamantau. Tenau yw'r dystiolaeth hanesyddol amdano, er bod digon ohoni o bosibl i gyfiawnhau credu yn ei fodolaeth. Gellir olrhain tarddiad ei enw o'r ffurf Ladin *Artorius* a damcaniaethwyd ei fod yn perthyn i deulu a geisiodd gynnal a pharhau'r traddodiadau milwrol Rhufeinig yn ne Prydain yn y bumed ganrif. Nid yw ei enw yn digwydd yng ngwaith *Gildas, *De Excidio Britanniae*, a gyfansoddwyd yn ôl pob tebyg ychydig cyn OC 547, er bod yr awdur hwnnw yn cyfeirio at fuddugoliaeth fawr a enillodd y Brytaniaid dros y Saeson tua'r flwyddyn 519, ym mrwydr Mynydd Baddon. Y dyb gyffredinol mewn oesoedd diweddarach oedd mai Arthur oedd yr arweinydd buddugoliaethus yn y frwydr honno, a bod oes euraid ei deyrnasiad wedi ei dilyn hi. Yn yr *Annales Cambriae*, cronicl y credir bod ei gynnwys yn ddibynadwy ac yn tarddu o ffynonellau cynnar, cofnodir brwydr Baddon ar gyfer y flwyddyn 516 ac ychwanegir bod Arthur wedi dwyn Croes Ein Harglwydd Iesu Grist yno ar ei ysgwyddau am dri diwrnod a thair noson ac mai'r Brytaniaid a fu'n fuddugoliaethus. Dichon fod arwyddion o ddechreuad saga eglwysig i'w gweld yn y manylion hyn, ond ar gyfer y flwyddyn 537 dyry'r *Annales* gofnod byr am 'frwydr *Camlan lle y cwympodd Arthur a Medrawd' (*Medrod). Y mae'n bosibl mai dyma'r mwyaf dilys o'r cofnodion Arthuraidd cynnar, a sylwir nad yw'r geiriad yn rhoi awgrym ai gelynion i'w gilydd ai peidio oedd y ddau a enwir.

Yn yr *Historia Brittonum* a gyfansoddwyd yn gynnar yn y nawfed ganrif, gan ddefnyddio ffynonellau cynharach, cyfeirir at Arthur fel 'tywysog cadau' (*dux bellorum*) a dywedir iddo ymladd deuddeg brwydr fuddugoliaethus yn erbyn y Saeson. Yr olaf ohonynt oedd brwydr Mynydd Baddon, ond gan fod enwau amryw o'r brwydrau yn odli (Dulas/Basas, Celyddon/Gwynnion/Lleon/Baddon) y mae lle i gredu eu bod yn tarddu o gân gynnar am frwydrau Arthur, a bod eu gwerth o ganlyniad yn amheus fel tystiolaeth hanesyddol. Ceir cadarnhad posibl iddo fel ffigur hanesyddol, er hynny, yn y ffaith bod cofnodion yn digwydd am bedwar brenin o'r enw Arthur yn y chweched a'r seithfed ganrif, un yn Nyfed a'r tri arall yn yr Alban. Y tebyg yw fod gennym yma enghreifftiau o adlewyrchu bri person gwirioneddol a ffynnai beth amser yn gynharach. Er hyn rhaid cydnabod nad yw Arthur yn ymddangos yn yr achau cynnar. Deil rhai, ar sail cyfeiriadau o darddiad gogleddol ato, ei fod i'w restru ymhlith 'Gwŷr y Gogledd', eithr myn eraill ei fod yn perthyn i gefndir mwy Rhufeinig yn ne Lloegr a bod safle brwydr Baddon i'w ganfod yn un o'r amryw fannau o'r enw *Badbury* a geir yn y rhanbarth hwnnw.

O droi at gyfeiriadau llenyddol at Arthur ceir bod y ddwy gerdd gynnar, 'Y *Gododdin' a 'Marwnad Cynddylan', yn ei enwi fel patrwm o ddewrder a ffyrnigrwydd. Pe byddai sicrwydd bod y testunau o'r cerddi hyn yn union fel yr oeddynt yn y seithfed ganrif byddai'r cyfeiriadau yn dystiolaeth hanesyddol o'r radd flaenaf, ond yn anffodus nid felly y mae. Mewn nifer o gerddi a gadwyd yn *Llyfr Du Caerfyrddin (c.1250) a *Llyfr Taliesin (c.1275) ceir cyfeiriadau at Arthur sy'n dangos iddo ddatblygu yn nghof gwlad yn arwr llên gwerin ac yn ffigur chwedlonol erbyn y cyfnod 900–1100 pryd, yn ôl pob tebyg, y cyfansoddwyd y cerddi hyn. Dygir ef i gysylltiad â *Geraint, brenin ar Ddyfnaint dri chwarter canrif yn ddiweddarach nag oes Arthur ei hun, mewn cyfres o englynion sy'n ei ddisgrifio fel 'ymherodr, llywiwr brwydr'. Mewn cerdd a elwir 'Pa ŵr yw y porthor?' y mae Arthur yn cyrraedd porth caer ac yn ceisio mynediad iddo ef ei hun ac i'w fintai o ddilynwyr, sy'n cynnwys *Cai, *Bedwyr, *Manawydan fab Llŷr a *Mabon fab Modron. Yma yr ydym yn y byd rhyfeddol a ddarlunnir yn chwedl *Culhwch ac Olwen a rhoir traean y gerdd i ddisgrifiad o gampau Cai. Yn y gerdd *'Preiddiau Annwfn' y mae Arthur wedi treiddio i fyd y Mabinogi: ynddi ceir ef yn arwain ymgyrch dros fôr yn ei long *Prydwen yn erbyn *Annwn neu Gaer Siddi, yr Arallfyd Celtaidd, er mwyn dwyn oddi yno'r prif drysor, sef pair Pen Annwn. Mewn englyn unigol yng nghyfres *'Englynion y Beddau' cydir y cof am Arthur wrth y traddodiad am y Mab *Darogan, a honnir na ddeuir o hyd i'w fedd hyd Ddydd y Farn. Dyry cerdd grefyddol, *'Ymddiddan Arthur a'r Eryr', sy'n ddiweddarach o ychydig na'r lleill a nodwyd (c.1150?), ddarlun digon cyntefig o Arthur, gan ei ddisgrifio fel 'pen cadoedd Cernyw' ac fel brenin hanner paganaidd a fynnai 'ymryson â Duw'.

Mewn rhyddiaith Gymraeg y prif gyfansoddiad Arthuraidd yw Culhwch ac Olwen, sef y chwedl Arthuraidd hynaf mewn unrhyw iaith, a gellir ei dyddio yn ei ffurf bresennol tua 1100. Ynddi ceir Arthur yn llywyddu yn ei lys yng Nghelli-wig yng Nghernyw ar fyd cyfareddol o hud a lledrith a'i rym yn estyn dros dde Cymru, de Iwerddon, Llydaw, Gwlad yr Haf, Dyfnaint a Chernyw. Daw Culhwch i'w lys i geisio cymorth yn yr ymchwil am Olwen, ferch Ysbaddaden Bencawr. Cynorthwyir ef gan Arthur a'i wŷr ac uchafbwynt y stori yw'r hanes am hela'r *Twrch Trwyth. Ceir rhai cyfeiriadau at Arthur yn tarddu o draddodiad Cymreig cynnar yn y Trioedd hefyd, ond yn 1136 cyflwynodd *Sieffre o Fynwy yn ei waith Lladin *Historia Regum Britanniae ddarlun tra gwahanol ohono i'r byd. Yno symudwyd ei lys o Gelli-wig i Gaerllion-ar-Wysg a

darlunnir ef fel ymherodr ffiwdal canoloesol a orch-fygodd fyddinoedd Rhufain ond a gwympodd oblegid brad Medrawd. Sieffre, yn yr Historia ac mewn gwaith arall o'i eiddo, *Vita Merlini, oedd y cyntaf i ddweud fod Arthur, ar ôl cwympo yng Nghamlan, wedi cael ei gludo i *Ynys Afallon i iacháu ei glwyfau. Yng nghyfaddasiad Ffrangeg Normanaidd Wace o Historia Sieffre, Roman de Brut (1155), y soniwyd gyntaf am y Ford Gron.

Daeth portread Sieffre o Arthur yn adnabyddus yng Nghymru trwy gyfrwng y cyfieithiadau o'i waith a elwid *Brut y Brenhinedd. Yn y rhamantau Owain, Historia Peredur a Geraint fab Erbin (gweler o dan TAIR RHAMANT), sy'n ateb i weithiau Chrétien de Troyes, Yvain, Perceval ac Erec, ymddengys Arthur eto fel brenin rhwysgfawr yn cadw ei lys yng Nghaerllion a gellir canfod dylanwad Historia Sieffre yma. Ond ffigur yn y cefndir yw Arthur yn y rhamantau hyn ac y mae'r chwedlau a adroddir ynddynt am anturiaethau rhai o wŷr ei lys yn tarddu o ffynonellau cwbl annibynnol ar Sieffre. Y mae i Arthur le gweddol amlwg hefyd yn y chwedl ddychanol *Breuddwyd Rhonabwy, lle y cysylltir ef â Chernyw ac y gweir iddo chwarae *gwyddbwyll yn erbyn *Owain ab Urien ac i'w wŷr ymladd â brain Owain. Yn rhai o *Fucheddau'r Saint a gyfansoddwyd yn Lladin i saint yr *Eglwys Geltaidd, sef yn arbennig eiddo *Cadog, *Padarn, *Carannog a Gildas, ceir dar-lun o Arthur sy'n wahanol iawn i'r un arwrol arferol. Yn y rhain y mae'r awduron yn edrych arno trwy lygaid eglwysig a darluniant ef yn deyrn lleol, balch a ffôl ac yn ormeswr ar y saint. Ond yn ddieithriad, trwy ymyrraeth ddwyfol, perir iddo edifarhau am ei gamweddau ac estyn ei nawdd i'r Eglwys.

Nid oes yn rhaid yma olrhain gyrfa Arthur mewn llenyddiaeth y tu hwnt i derfynau Cymru. Yng nghyfnod y *Dadeni bu llawer o ddadlau ynghylch dilysrwydd portread Sieffre ohono, a Saeson fel yr hynafiaethydd Leland yn ei Assertio inclytissimi Arturii Regis Britanniae (1544) yn ogystal â Chymry megis Syr John *Price yn ei Historiae Brytannicae Defensio (1573) yn amddiffyn yr Historia Regum Britanniae yn erbyn ymosodiadau'r hanesydd Polydore Vergil yn ei Anglica Historia (1534). Rhoes Theophilus *Evans le anrhydeddus i Arthur yn Drych y Prif Oesoedd (1740), er ei fod yn gwrthod rhai 'hen chwedlau gwneuthur' amdano megis hanes y cleddyf yn y maen ac nid yw'n honni iddo orchfygu lliaws o deyrnasoedd eraill fel y gwna Sieffre. Yn ystod y bedwaredd ganrif ar bymtheg datblygodd diddordeb rhamantus eang a newydd yn Arthur ac amlygwyd hwn yn Gymraeg yn awdl T. Gwynn *Jones, *'Ymadawiad Arthur' (1902), cerdd sy'n rhoddi mynegiant i rai o ddelfrydau oes y bardd ei hun mewn ieithwedd hynafol a gwisg ganoloesol.

Ceir arolwg ar holl faes llenyddiaeth Arthuraidd yn R. S. Loomis (gol.), Arthurian Literature in the Middle Ages, a Collaborative History (1959); am y defnydd Cymreig gweler Thomas Jones,

'Datblygiadau Cynnar Chwedl Arthur' ym *Muletin* y Bwrdd Gwybodau Celtaidd (1958). Casglwyd y dyfyniadau Lladin perthnasol gan E. K. Chambers yn ei *Arthur of Britain* (1966); gweler hefyd *Arthur's Britain* (1971) gan Leslie Alcock a *The Age of Arthur* (1973) gan John Morris. Adolygwyd yr holl faes yn *The Arthur of the Welsh* (gol. R. Bromwich, A. O. H. Jarman a Brynley F. Roberts, 1991).

Arvonius, gweler ROBERTS, THOMAS (1765/6–1841).

Arwest Glan Geirionydd, gweler o dan ROBERTS, WILLIAM JOHN (1828–1904).

Arwrgerdd, cerdd hir, storïol, sydd y rhan amlaf yn adrodd anturiaethau arwr. Ni ddefnyddiwyd y ffurf yng nghyfnod y Dadeni Dysg yng Nghymru, a Gruffydd *Robert oedd yr unig lenor Cymraeg a draethodd ar y pwnc. Yn y ddeunawfed ganrif credai rhai o'r beirdd fod peth o waith y *Cynfeirdd a'r *Gogynfeirdd yn ganu epigol. Uchelgais Goronwy *Owen am gyfnod oedd ysgrifennu arwrgerdd genedlaethol, eithr y cyfan a wnaeth oedd trafod y problemau technegol yn ei lythyrau a llunio ymarferiad ar arddull epig, sef *'Cywydd y Farn Fawr'. Bu beirdd eraill yn trosi Homer a Milton i'r Gymraeg. Rhoddwyd hwb i fri Milton pan ymddangosodd cyfieithiad rhyfedd William *Owen Pughe, *Coll Gwynfa* (1819), ac ymgais eglurach John *Evans (I. D. Ffraid) yn 1865. Dylanwadodd arddull Goronwy Owen ar awdlau arwrol hanner cyntaf y bedwaredd ganrif ar bymtheg ond dadleuai rhai beirniaid fod y mesurau caeth yn rhwystro'r beirdd rhag cynhyrchu gwir arwrgerddi.

Dechreuodd oes aur yr arwrgerdd yng Nghymru yn 1850 pan enillwyd *Cadair Eisteddfod Rhuddlan gan Evan *Evans (Ieuan Glan Geirionydd) am ei bryddest 'Yr Adgyfodiad', a dyfarnwyd awdl William *Williams (Caledfryn) yn ail; pryddest Miltonaidd Ebenezer *Thomas (Eben Fardd), serch hynny, oedd y gerdd bwysicaf yn y gystadleuaeth. Wedi hyn, ffrydiodd yr arwrgerddi o'r wasg a mynnai cannoedd o feirdd eisteddfodol ymhonni'n Fyrsil neu'n Milton y genedl, gan ganu cerddi maith, 'aruchel', yn y mesurau rhydd, ar destunau beiblaidd a hanesyddol, heb sôn am arwyr y cyfnod megis T. E. *Ellis. Dychanwyd yr epig ar ddiwedd y ganrif gan John *Morris-Jones ond gwedd ar yr un traddodiad oedd pryddest gan William *Williams (Crwys), 'Gwerin Cymru' (1911), a chynigiwyd gwobr yr *Eisteddfod Genedlaethol am arwrgerdd mor ddiweddar â 1930.

Ceir ymdriniaeth ar yr epig yn Gymraeg mewn erthygl gan Derwyn Jones yn *Gwŷr Llên y Bedwaredd Ganrif ar Bymtheg* (gol. Dyfnallt Morgan, 1968); gweler hefyd E. G. Millward, 'Geni'r Epig Gymraeg' yn *Llên Cymru* (cyf. IV, 1957) a'r erthygl gan Saunders Lewis yn *Meistri a'u Crefft* (gol. Gwynn ap Gwilym, 1981).

Arwystli, cantref yn cynnwys rhannau uchaf dyffryn Hafren. Yr anghydfod rhwng llywodraethwyr *Gwyn-

edd a *Phowys parthed y tiroedd hyn oedd un o'r ffactorau a fu'n fodd i waethygu'r berthynas rhwng *Llywelyn ap Gruffudd a Choron Lloegr yn y blynyddoedd o 1277 hyd 1282.

Ash on a Young Man's Sleeve (1954), nofel hunan-gofiannol gan Dannie *Abse. Ynddi adroddir hanes llencyndod bachgen o Iddew yng Nghaerdydd yn ystod y 1930au gyda theimladrwydd telynegol a hiwmor. Y cefndir yw *Sosialaeth yn ne Cymru a thwf Ffasgiaeth, sydd ymhell oddi wrth y storïwr ar y dechrau ond yna daw i gyffyrddiad agos ag ef pan leddir ei gyfaill mewn cyrch-awyr. Y mae'r llyfr yn diweddu ar nodyn o ddadrithiad. Cymer ei deitl a addasiad o linell yng ngherdd T. S. Eliot, '*Little Gidding*':

> Ash on an old man's sleeve
> Is all the ash burnt roses leave.
> Dust in the air suspended
> Marks the place where a story ended.

ASHTON, CHARLES (1848–99), llyfryddwr a hanesydd llenyddiaeth. Fe'i ganed yn Llawr-y-glyn, Tfn., yn blentyn anghyfreithlon. Ychydig addysg a gafodd ac yn ddeuddeg oed dechreuodd weithio yng ngwaith plwm Dylife. Wedi llawer o anawsterau ymunodd â'r heddlu a gwasanaethodd ym Meirionnydd, yn olaf yn Ninas Mawddwy. Cyhoeddodd nifer o weithiau ar bynciau hanesyddol a llenyddol; y pwysicaf efallai oedd *Hanes Llenyddiaeth Gymreig o 1651 hyd 1850* (1893). Tua diwedd ei oes dioddefai o afiechyd meddwl, ac eto parhaodd i weithio'n ddygn ar ei *Lyfryddiaeth y 19fed Ganrif* y cyhoeddwyd un gyfrol ohono yn 1908. Cyhoeddodd hefyd astudiaeth o fywyd ac amserau'r Esgob William *Morgan (1891) a golygodd waith *Iolo Goch (1896). Tanseiliwyd peth o waith Ashton gan ymchwilwyr diweddarach, ond gwnaeth gyfraniad sylweddol i astudiaethau llyfryddiaethol Cymreig.

Ceir rhagor o fanylion yn yr erthygl gan Glyn M. Ashton yn *Y Genhinen* (cyf. X, rhif. 3, 1960).

ASHTON, GLYN MILLS (Wil Cwch Angau; 1910–91), ysgolhaig, beirniad a dychanwr. Fe'i ganed yn Y Barri, Morg., a'i addysgu yng Ngholeg y Brifysgol, Caerdydd; bu'n athro'r Gymraeg yng Ngholeg Illtud Sant, Caerdydd, am dros ugain mlynedd, yna bu'n Geidwad Llyfrgell Salisbury, Coleg y Brifysgol, Caerdydd. Yr oedd yn awdur nifer o lyfrau ysgafn crafog gan gynnwys *Tipyn o Annwyd* (1960), *Y Pendefig Pygddu* (1961), *Doctor! Doctor!* (1964), *Canmol dy Wlad* (1966) ac *Angau yn y Crochan* (1969), a gyhoeddwyd o dan ei ffugenw; golygodd hefyd *Hunangofiant a Llythyrau Twm o'r Nant* (1948), *Drych yr Amseroedd* (1958), a dwy gyfrol yn y gyfres o ysgrifau hunangofiannol, *Atgofion* (1972).

ASPDEN, BRYAN (1933–   ), bardd. Fe'i ganed yn Blackburn, swydd Gaerhirfryn, a'i addysgu ym

Mhrifysgol Durham. Symudodd i Gymru yn 1965 a bellach y mae'n byw yng Nghonwy, Caern., lle y mae'n gweithio i lywodraeth leol. Dysgodd Gymraeg a defnyddio'r iaith yn gyfrwng i'w farddoniaeth. Enillodd Gystadleuaeth Beirdd Newydd *Cyngor Celfyddydau Cymru am ei gasgliad o gerddi, *News of the Changes* (1984). Ymddangosodd ei gerddi diweddarach o dan y teitl *Blind Man's Meal* (1988).

Asser (m. 909), ysgolhaig, esgob a chynghorwr i Alfred Fawr, Brenin Wessex. Treuliodd ei febyd yng nghlas *Tyddewi lle perthynai i dylwyth yr Esgob Nobis ac wedyn daeth yn bennaeth yno ac ennill bri fel ysgolhaig. Fe'i gwahoddwyd i wasanaethu Alfred gan rannu ei amser rhwng Tyddewi a llys y Brenin ac yr oedd yn enghraifft gynnar o Gymro'n cael gyrfa yn Lloegr; daeth Alfred yn fwyfwy dibynnol ar ei farn. Fe'i gwnaed yn Esgob Sherborne ychydig cyn i'r Brenin farw yn 901. Priodolir i Asser (er bod rhai'n amau ai ef yw'r awdur) y cymysgedd anorffen o gronicl ac atgofion personol am deyrnasiad Alfred a elwir *Annales rerum gestarum Alfredi Magni*.

Ceir rhagor o fanylion yn yr erthygl gan D. P. Kirby, '*Asser and his life of King Alfred*' yn *Studia Celtica* (cyf. VI, 1971). Golygwyd *The Life of King Alfred* gan W. H. Stevenson yn 1904; cafwyd cyfieithiad Cymraeg gan J. O. Jones, *O Lygad y Ffynnon* (1899), a fersiwn Saesneg gan L. C. Jane yn 1926. Y cyfieithiad diweddaraf o'r *Fuchedd* ac o destunau eraill perthnasol yw Simon Keynes a Michael Lapedge, *Alfred the Great* (1984).

Association for Welsh Writing in English, gweler CYMDEITHAS LLÊN SAESNEG CYMRU.

'**Asyn a fu farw, Yr**', baled boblogaidd iawn a anfarwolwyd gan Bob Roberts (Robert *Roberts, 1870–1951), Tai'r-Felin; nid oes sicrwydd ynglŷn ag awduriaeth y geiriau na'r alaw. Y mae ffug alaru y gerdd yn debyg i'r hyn a geir yn 'Y *Mochyn Du', ac er mai 'wrth gario glo i Fflint' y bu farw'r asyn, yr oedd y faled lawn mor adnabyddus mewn rhannau o dde Cymru ag yr oedd yn y gogledd.

Attila Rees, heddwas yn *Under Milk Wood* (1954) gan Dylan *Thomas; ceidw ei helmed o dan ei wely.

Aubrey, William (**The Great Civilian**; *c*.1529–95), cyfreithiwr a aned yng Nghantref, ger Aberhonddu. Astudiodd y gyfraith yn Rhydychen, gan ennill ei ddoethuriaeth yn 1554, a daeth yn Gymrawd o Goleg Iesu a Choleg yr Holl Eneidiau, ac yn bennaeth *New Inn Hall*. Penododd y Frenhines Mari ef yn Ddarllenydd yn y Gyfraith Sifil, a chafodd swyddi Meistr y Siawnsri (*c*.1555), Meistr y Deisyfion (1590), Adfocad yn Llys yr 'Arches' a Barnwr y Gwrandawiad yn Llys Caer-gaint (*c*.1592). Dechreuodd ymhél â materion gwleidyddol pan oedd yn ŵr ifanc, ac ef oedd y Barnwr Adfocad yng nghyrch milwrol Iarll Penfro i Ffrainc (1557); yr oedd hefyd yn aelod o gomisiwn yr Archesgob Parker a

ddyfarnodd fod priodas Iarll Hertford a'r Arglwyddes Catherine Grey yn anghyfreithlon (1562).

Fel gwrth-Biwritan ac arbenigwr ar faterion cyfreithiol o bob math – yr oedd ymhlith y rhai a gondemniodd ei berthynas pell, John *Penry, yn 1593 – chwaraeodd ran bwysig yn y gwaith o ddiwygio'r llysoedd eglwysig yn archesgobaeth Caer-gaint, a daeth yn gyd-weinydd (1577) ac wedyn yn unig Ficer-Cyffredinol (1582) yr archesgobaeth pan ddiswyddwyd yr Archesgob Grindal a hefyd ar ôl penodi Whitgift. Bu'n gynghorwr i nifer o gyrff, a bu'n allweddol ar ôl 1590 pan geisiodd Burghley a'r Cyfrin Gyngor ei gymorth, fel Meistr y Deisyfion, ar nifer o faterion cyfansoddiadol anodd. Prynodd Aubrey dir yng Nghymru, a derbyn anrhegion o dir: dywedir bod ganddo incwm o £2,500 y flwyddyn pan fu farw – swm aruthrol yn yr oes honno.

Dysgodd ei orwyr, **John Aubrey** (1626–97), Sais drwy enedigaeth a magwraeth, yr hyn a wyddai am Gymru trwy ei ymweliadau â'r wlad pan oedd yn ceisio, yn ofer, ei ran o etifeddiaeth y '*Great Civilian*'. Cofir amdano ef yn bennaf am ei *Brief Lives* (1813), llyfr sy'n nodedig am ei bortreadau o'i gyfoedion, yn eu plith rai o drigolion swydd Henffordd a Brycheiniog. Oherwydd ei ddiddordeb yn ei dras Gymreig ysgrifennodd *Interpretations of Villare Anglicanum* 'er anrhydedd i Gymru', ond nis cyhoeddwyd. Ef oedd y cyntaf i archwilio Avebury a chysylltu'r *Derwyddon â Chôr y Cewri; enwir yr '*aubrey-holes*' yno ar ei ôl.

Gellir gweld manylion pellach yn argraffiad newydd *Brief Lives* (gol. Richard Barber, 1975) a *History of Brecknock* (1805) gan Theophilus Jones; gweler hefyd *John Aubrey and the Realm of Learning* (1975) gan Michael Hunter.

Autobiography of a Super-Tramp, The (1908), gan W. H. *Davies. Er na ellir dibynnu ar ei ffeithiau, rhydd adroddiad lliwgar o hanes bywyd cynnar yr awdur. Lleolir y ddwy bennod gyntaf yn ei dref enedigol, sef Casnewydd, Myn.; â wedyn i Loegr, yr UDA a Chanada. Mewn dull sydd weithiau yn ddwys a thro arall yn ddoniol, cyflwynir anturiaethau'r awdur ymhlith gweithwyr cyffredin y ddwy ochr i Fôr Iwerydd, yn eu plith Brum, New Haven Baldy, Australian Red, Three-Fingered Jack a Scotty Bill. Disgrifir sut y collodd yr awdur ei droed wrth geisio neidio ar drên-nwyddau yn yr Amerig yn 1899. Gwnaeth ragair canmoliaethus G. B. Shaw lawer i ddod â bri llenyddol i Davies. Siomedig oedd ei ymdrechion diweddarach i gloddio'r un chwarel yn *Beggars* (1909), *The True Traveller* (1912) a *Later Days* (1925), ond y mae'r olaf yn fwy diddorol oherwydd ei berthynas â Rupert Brooke, Joseph Conrad, Walter de la Mare, Ralph Hodgson, John Masefield a llenorion Saesneg eraill a gyflwynwyd iddo gan Edward *Thomas.

Ceir trafodaeth ar y llyfr yn yr erthygl gan Lawrence Normand, '*Autobiography for a Change*', yn *The New Welsh Review* (rhif. 10, cyf. III, Haf 1990).

Awdl, cerdd hir ar y mesurau caeth. Yr un gair yw 'awdl' ac 'odl', ac y mae'n ymddangos mai hanfod awdl yw ei bod yn unodl, fel yn 'Y *Gododdin', er enghraifft. Yn gyffelyb, cerdd unodl o ryw ugain i ddeugain o linellau yw awdl i'r *Gogynfeirdd, ac weithiau cysylltir tair neu bedair o'r rhain i wneud un gerdd hir. Y mesurau cyffredin oedd cyhydedd nawban, cyhydedd hir, toddaid a byr-a-thoddaid, gan gloi gydag englyn ambell dro. Erbyn cyfnod *Beirdd yr Uchelwyr yr oedd patrwm arbennig wedi sefydlogi: cysylltid nifer o englynion â chyrch-gymeriad, yna ychwanegid rhyw fesur arall, fel gwawdodyn neu rupunt neu hir-a-thoddaid, y cwbl yn unodl, a chyrch-gymeriad rhwng diwedd y gerdd a'i dechrau. Byddai'r holl gerdd rhwng trigain a chant o linellau. Canodd *Dafydd Nanmor a *Gwilym Tew a Lewys Morgannwg (*Llywelyn ap Rhisiart) awdl enghreifftiol bob un, sef awdl yn cynnwys pob un o'r *Pedwar Mesur ar Hugain, ond rhyw orchest oedd hynny.

Erbyn dechrau'r ddeunawfed ganrif daethpwyd i synio y dylai awdl gynnwys yr holl fesurau, a cheir chwech o awdlau felly yng Ngramadeg Siôn Rhydderch (John *Roderick) a gyhoeddwyd yn 1728. Dyna hefyd oedd awdlau eisteddfod gyntaf y *Gwyneddigion (Y Bala, 1789), ond perswadiwyd y beirdd i wneud ar lai o fesurau. O ganlyniad cerdd ar ryw bedwar neu bump o fesurau yw pob un o'r cannoedd o awdlau a luniwyd yn y bedwaredd ganrif ar bymtheg, ond y mae rhai ohonynt yn feithion iawn. Y mae awdlau a ysgrifennwyd er 1900 yn fyrrach, a'r mesurau wedi eu trefnu'n well. Ysgrifennwyd 'Eryri' T. H. *Parry-Williams (1915) i gyd ar un mesur, sef yr hir-a-thoddaid. Un bardd cyfoes yn unig a lwyddodd i ganu awdl yn null Beirdd yr Uchelwyr, sef Geraint *Bowen ym 'Moliant i'r Amaethwr' (1946). Caed rhai pethau newydd iawn, fel Cynan (Albert *Evans-Jones) yn defnyddio'r mesur tri-thrawiad yn 'I'r Duw nid adweinir' (1924) a Gwyndaf (Evan Gwyndaf *Evans) yn cynganeddu vers libre yn 'Magdalen' (1935). Ers dwy ganrif prin fod neb wedi cyfansoddi awdl ond ar gyfer cystadleuaeth mewn eisteddfod, ond cafwyd nifer o awdlau gwych yn y modd hwn, megis (yn ogystal â'r rhai a enwyd eisoes) 'Yr Haf' (1910) gan R. Williams *Parry, 'Min y Môr' (1921) gan Robert John *Rowlands (Meuryn), 'Y Glöwr' (1950) gan Gwilym R. *Tilsley ac 'Y Cynhaeaf' (1966) gan Richard Lewis *Jones (Dic Jones). Gweler hefyd CADAIR.

Ceir mwy o fanylion yn y gyfrol *Awdlau Cadeiriol Detholedig 1926–50* (gol. Thomas Parry, 1953).

Awdl-Bryddest, cerdd hir yn cynnwys mesurau caeth a mesurau rhydd. Gofynnid am gerdd felly yn rhai o eisteddfodau chwarter olaf· y bedwaredd ganrif ar bymtheg, ond ni ddaeth erioed yn boblogaidd.

Awdl-Gywydd, un o'r *Pedwar Mesur ar Hugain, uned fydryddol o ddwy linell saith sillaf yr un diweddu'n ddi-odl ond wedi'u clymu ynghyd ag odl gyrch. Yr oedd y mesur yn boblogaidd gan y *Glêr yn unig yn wreiddiol, ond ymroes y penceirddiaid i'w gynganeddu a'i ddefnyddio fynychaf ym mesurau cynganeddol yr *Englyn Cyrch a'r *Cyrch a Chwta. Eithr daliwyd i ddefnyddio'r Awdl-gywydd ddigynghanedd am ganrifoedd, yn enwedig mewn canu gwerinol, mewn *Cwndidau a *Hen Benillion telyn.

Awenydd, term â dau ystyr: gellir ei ddefnyddio am fardd, gŵr sy'n meddu 'awen' neu ysbrydoliaeth farddol, neu gall ddynodi yr ysbrydoliaeth ei hunan neu'r ddawn farddol. Dyry *Gerald de Barri (Gerallt Gymro) ddisgrifiad byw o 'awenyddion', sef daroganwyr, yn ei *Descriptio Kambriae* (1193), ac yn *Llyfr Coch Hergest* disgrifir y bardd *Aneirin fel 'awenydd'. Defnyddia Iolo Morganwg (Edward *Williams) y gair am ddisgybl barddol yn ei lawysgrifau. Mewn nifer o orseddau, megis yn Eisteddfod Llannerch-y-medd 1835 ac Aberffraw 1849, 'awenydd' oedd y gair a ddefnyddiwyd am fardd. Cyhoeddodd mab Iolo, Taliesin *Williams, gyfrol o gerddi beirdd Morgannwg a'i galw *Awenyddion Morganwg*. Defnyddir y gair o hyd i olygu bardd.

B

BACHELLERY, ÉDOUARD (1907–88), ysgolhaig Celtaidd, a aned yn Ffrainc. Graddiodd yn Sbaeneg yn y Sorbonne yn 1938 ond yr oedd yn ymddiddori hefyd yn yr ieithoedd Celtaidd fel disgybl i Joseph *Vendryes. Yn 1941 cafodd ei ethol yn Gyfarwyddwr Astudiaethau Celtaidd yn yr *École des Hautes Études*. Ef oedd golygydd y cylchgrawn *Études Celtiques* o 1948, pan ailym-ddangosodd ar ôl y rhyfel, hyd 1977. Y mae ei astudiaeth o waith *Gutun Owain *L'Œuvre Poétique de Gutun Owain* (2 gyf., 1950, 1951), gyda rhagymadrodd, nodiadau manwl a chyfieithiad Ffrangeg o bob cerdd, yn gyfraniad pwysig i astudiaethau ar y cywyddwyr. Ef, gyda P.-Y. Lambert, a barhaodd y geiriadur Hen Wyddeleg y dechreuodd Vendryes ei gyhoeddi'n rhannau yn 1959.

Gweler teyrnged J. E. Caerwyn Williams yn *Studia Celtica* (cyf. XXIV/XXV, 1989/90).

Bacon, Anthony (1718–86), masnachwr-haearn o Sais, a gafodd, ar brydles yn 1765, ddarn o dir a oedd yn gyfoethog mewn haearn a glo yng Nghwm Taf ger Merthyr Tudful, Morg. Ef oedd perchennog gweith-feydd Cyfarthfa a Plymouth, a chafodd brydles gwaith haearn Hirwaun yn 1780. Yn ystod Rhyfel Annibyn-iaeth yr Amerig (1775–83) gwnaeth elw enfawr trwy gyflenwi archebion Llywodraeth Prydain am haearn ar gyfer gynnau a phelenni magnelau. Ef a fu'n bennaf gyfrifol am ddatblygu Merthyr Tudful, a oedd cyn hynny yn bentref, a daeth y dref yn brif ganolfan toddi haearn a chanddi boblogaeth uwch na'r un dref arall yng Nghymru.

Gweler L. B. Namier, '*Anthony Bacon: an 18th century merchant*', *Journal of Economic and Business History* (Tach. 1929) a Michael Atkinson a Colin Baber, *The Growth and Decline of the South Wales Iron Industry, 1760–1880* (1987).

Bachegraig, tŷ yn Nhremeirchion, Ffl., a adeiladwyd yn 1567 i Syr Rhisiart Clwch (m. 1570), ail ŵr *Catrin o Ferain. Hwn oedd y tŷ cyntaf yng Nghymru i'w adeiladu â phriddfeini ac fe'i codwyd mor gyflym nes y tybid mai gwaith y *Diafol ydoedd; onid oedd gan yr adeiladwyr ddigon o ddefnyddiau, byddai cyflenwad newydd yn eu haros bob bore ger nant a elwir hyd heddiw yn Nant y Cythraul. Yn ôl traddodiad lleol arferai Syr Rhisiart astudio'r sêr a chymuno â'r Diafol mewn ystafell yn nhaflod y tŷ; un noson darganfu ei wraig hwy a dihangodd y Diafol drwy'r mur a'i feistr yn ei freichiau. Dymchwelwyd y tŷ ar ddechrau'r bedwaredd ganrif ar bymtheg ar orchymyn ei berchen-ogion newydd, Hester Lynch *Piozzi a'i phriod.

Bachymbyd, plasty ym mhlwyf Llanynys, ger Rhuthun, Dinb., cartref i un o ganghennau teulu *Salbriaid Lleweni, a fu'n amlwg yn nhraddodiad nawdd y sir yn ystod yr unfed ganrif ar bymtheg. Sefydlwyd y gangen gan Pyrs Salbri o Fachymbyd drwy ei briodas ag aeres Ieuan ap Hywel ap Rhys o'r *Rug, Meir., a bu cysylltiad clòs rhwng y traddodiad nawdd ym Machymbyd a'r canu ym mhrif gartref y teulu.

BADDY, THOMAS (m. 1729), cyfieithydd ac emyn-ydd, un o weinidogion yr Ymneilltuwyr cynnar; bu'n bugeilio'r Annibynwyr yn Ninbych o 1693 hyd ddiwedd ei oes. Cyhoeddodd gyfieithiad o waith Thomas Doolittle, *Pasc y Christion* (1703), a throsiad mydryddol o emynau, *Caniad Solomon* (1725). Ychydig o'i waith a ddaeth yn boblogaidd ond fe'i cofir oherwydd ei fod yn un o'r emynwyr Ymneilltuol cyntaf yng Nghymru.

Baddon, Brwydr (*c*.519), gweler o dan ARTHUR (diwedd y 5ed gan. – dechrau'r 6ed gan.).

Baglan (6ed gan.), sant a ddaeth o Lydaw yn llanc ifanc i gael ei addysgu gan *Illtud yn *Llanilltud Fawr, Morg. Dywedir iddo gynhesu ei athro drwy gario tân yn ei fantell; rhoes Illtud ffon rinweddol iddo a'i bagl o bres, a dyna sut y cafodd ei enw. Cynghorwyd ef i ddilyn y ffon nes iddi ei arwain at goeden yn dwyn tri math o ffrwyth, ac yno yr oedd i adeiladu eglwys ac i fyw am weddill ei oes. Pan gyrhaeddodd Baglan y goeden, gwelai genfaint o foch yn pori oddi tani, haid o wenyn ar ei boncyff, a haid o frain wedi nythu ar ei brig; bu'r creaduriaid hyn yn gwmni iddo fyth wedyn. Coffeir y sant yn yr enw Baglan, ardal yn Aberafan, Morg.

Baich Drain, Y, symbol o wae. Yn ôl y traddodiad y mae'r Dyn yn y Lleuad yn cario baich o ddrain neu o wiail yn gosb hyd dragwyddoldeb am iddo eu hel ar y Sul. Ceir y ddelwedd mewn cywyddau cymod, marw-nad a serch a gyfansoddwyd yng nghyfnod *Beirdd yr Uchelwyr.

Bailey, Crawshay (1789–1872), meistr gweithfeydd haearn o Nant-y-glo, Myn., nai i Richard *Crawshay o Gyfarthfa, Merthyr Tudful, Morg. Cofir amdano oherwydd 'Cosher Bailey's Engine', cân ddienw a chanddi benillion di-rif, a genir ar yr alaw 'Y *Mochyn Du' gyda'r gytgan: 'Did you ever see (deirgwaith) such a funny thing before?' Defnyddid yr haearn a gynhyrchai gweithfeydd Crawshay Bailey i adeiladu rheilffyrdd. Bu'n cynrychioli Trefynwy fel Aelod Seneddol Torïaidd o 1852 hyd 1868.

Baker, Augustine, gweler BAKER, DAVID (1575–1641).

Baker, Charles, gweler LEWIS, DAVID (1617–79).

BAKER, DAVID (Augustine Baker; 1575–1641), ysgolhaig a chyfriniwr, a aned yn Y Fenni, Myn., i rieni a oedd mewn gwirionedd yn Gatholigion ond a gydymffurfiai yn gyhoeddus. Yn ddeuddeg oed fe'i hanfonwyd i Ysbyty Crist i wella ei Saesneg, iaith nas siaredid yn gyffredinol yn ei dref enedigol yn y cyfnod hwnnw, a thair blynedd yn ddiweddarach aeth i Broadgate Hall (Coleg Penfro bellach), Rhydychen. Cwblhaodd ei astudiaethau yn Clifford's Inn a'r Deml Fewnol. Ysgytiwyd bywyd digrefydd y gŵr ifanc gan dröedigaeth grefyddol yn 1600, a thair blynedd yn ddiweddarach fe'i derbyniwyd i'r Eglwys Gatholig. Cafodd ei ddenu gan y bywyd crefyddol ac ymunodd â chymdeithas Cassinese Benedictaidd Sant Justinian yn Padua yn 1605, a rhoddwyd yr enw Augustine arno. Ordeiniwyd ef yn offeiriad yn Reims yn 1613. Treuliodd lawer o'i amser yn Lloegr a Chymru gan ddychwelyd yn aml i'r Fenni ac arwain llu o'i berthnasau a'i gymdogion at y ffydd Gatholig. Treuliodd gyfnod byr yn Douai ac yna aeth yn gyfarwyddwr ysbrydol i gymdeithas o leianod Benedictaidd yn Cambrai yn 1624.

Bu Baker farw o'r pla, a gadawodd nifer o ysgrifau heb eu cyhoeddi ar hanes eglwysig a chyfraith Lloegr, ynghyd â llawer o gyfrolau o weithiau cyfriniol a diwinyddol, a chyhoeddwyd dyfyniadau ohonynt yn Douai o dan y teitl Sancta Sophia (1657). Parhaodd y gwaith hwn yn rhan o'r bywyd Benedictaidd hyd ddiwedd y bedwaredd ganrif ar bymtheg, megis y gwnaeth ei rigymau Saesneg a Lladin a ymgorfforai athrawiaeth grefyddol a moesol. Ysgrifennodd hefyd lawer o hanes y Benedictiaid yn Lloegr a goladwyd gan ei gyfaill John *Jones (Leander). Y mae ei Holy Practices (1657) a Confessions (1922), ynghyd â'i hunangofiant (a ysgrifennwyd yn 1637–38), yn cwblhau'r rhestr o weithiau Baker, ar wahân i'r llawysgrifau. Cyhoeddwyd ei fuchedd gan ei gyfaill, Leander Prichard, yn 1643, a lluniwyd dwy fuchedd oddi ar hynny. Fe'i disgrifiwyd gan William Llewelyn *Williams fel 'y Catholig o Gymro olaf i chwarae rhan flaenllaw yn hanes Catholigiaeth yn Lloegr'.

Ceir manylion pellach yn R. Baker Gabb, Families of Baker and Baker Gabb (1903), Joseph Bradney, The History of Monmouthshire (1904), ac erthygl gan Frances Meredith i nodi pedwar canmlwyddiant geni Baker yn The Anglo-Welsh Review (cyf. xxv, rhif 55, 1975); gweler hefyd E. G. Jones, Cymru a'r Hen Ffydd (1951).

Baled, cerdd hanesiol, gan amlaf ar bwnc cyfoes, a luniwyd i'w chanu. Fe'u cyhoeddid ar ffurf pamffledyn a'u gwerthu gan bedleriaid, eu hawduron yn aml, yn y ffeiriau. Ar geinciau poblogaidd Seisnig y cyfansoddwyd y rhan fwyaf o'r baledi Cymraeg, ond ceir enghreifftiau niferus ar fesurau'r *Triban a'r Tri Thrawiad, ac amryw o'r rhai cynnar wedi'u cywreinio gan *gynghanedd. Lluniodd Huw *Morys ac Edward *Morris gerddi ar ffurf baledi yn ystod yr ail ganrif ar bymtheg. Ffynnai baledwyr yn Nyffrynnoedd Clwyd, Dyfrdwy a Chonwy yn y ddeunawfed ganrif ac argraffwyd eu caneuon yn Amwythig, Caer a Threfriw. Yr enwocaf o faledwyr y cyfnod hwnnw ydoedd Elis *Roberts, Huw *Jones o Langwm, Dafydd Jones (David *Jones, 1703–85) o Drefriw, Owen Griffith o Lanystumdwy a Thwm o'r Nant (Thomas *Edwards). Yn y bedwaredd ganrif ar bymtheg daeth y faled i fri yn ardaloedd diwydiannol y de, er bod llawer mwy wedi'u llunio yn y Gymraeg nag yn Saesneg. Dafydd *Jones (Dewi Dywyll neu Deio'r Cantwr), Abel *Jones (Bardd Crwst), Owain *Griffith (Ywain Meirion neu Owain Gospiol), Richard *Williams (Dic Dywyll neu Fardd Gwagedd) a Levi *Gibbon oedd prif faledwyr y cyfnod.

Nod yr awduron oedd darparu difyrrwch yn seiliedig ar chwedlau gwerin ac ar ddigwyddiadau cyfoes. Canwyd cerddi am serch, eraill ar bynciau crefyddol, yn arbennig moesoldeb a *Dirwest, ond disgrifiai'r rhan fwyaf lofruddiaethau, trychinebau diwydiannol a llongddrylliadau. Ni pherthyn baledi I. D. *Hooson na rhai Cynan (Albert *Evans-Jones) i'r traddodiad gwerinol hwn, ond y mae eu hieithwedd yn nodweddiadol o adfywiad llenyddol y faled yn yr ugeinfed ganrif.

Ceir ymdriniaeth ar y faled yn Gymraeg, ynghyd ag enghreifftiau, yng nghyfrol Thomas Parry, Baledi'r Ddeunawfed Ganrif (1935); gweler hefyd Ben Bowen Thomas, Baledi Morgannwg (1951) a Drych y Baledwr (1958), John Humphreys Davies, A Bibliography of Welsh Ballads printed in the Eighteenth Century (1909), Hen Faledi'r Ffair (gol. Tegwyn Jones, 1971), a Dafydd Owen, I Fyd y Faled (1986).

Ballad of the Mari Lwyd (1941), y gyfrol gyntaf o gerddi a gyhoeddwyd gan Vernon *Watkins. Er nad yw'r casgliad hwn yn cynnal yn gyson yr un safon uchel ag a wna ei waith diweddarach, y mae'n cynnwys cerddi sy'n amlygu'r modd y datblygodd meddylfryd y bardd o fan cychwyn ei 'alar'. Egyr gyda cherdd a gamddeellir yn aml, cerdd sydd, o bosibl, yn y pen draw yn annealladwy, sef 'The Collier'. Cerddi cynnar eraill sy'n haeddu lle mewn unrhyw ddetholiad o waith Vernon Watkins yw 'Prime Colours', 'Griefs of the Sea', 'Sycamore', 'Portrait of a Friend' (cerdd gynnar yn y dilyniant hir yn ymwneud â'i berthynas â Dylan *Thomas), 'A Prayer against Time', 'Thames Forest' a 'Stone Footing'.

Wrth wrando ar ddarlleniad radio am ddefod y *Fari Lwyd o bentref genedigol ei dad, sef Ffynnon Taf, Morg., ar Nos Galan 1938 y cafodd y syniad am y faled ei hun a gorffennodd y gerdd (sy'n chwe chan llinell o hyd) yn ystod y gaeaf canlynol. Y mae'r bardd yn cysylltu'r ddefod â'r 'crac' mewn amser wrth i'r naill flwyddyn ildio i'r llall, a gwna'r Meirw yn llawer mwy amryddawn a chyfrwys na'r Byw. Ni chânt fynediad i Dŷ'r Byw, gan fod chwant ac arswyd ei drigolion yn rhy gryf, a dyma gondemniad cynnil y bardd ar y byd modern materol a digrefydd: y mae yna dduw oddi allan, ond nid oes Duw oddi mewn.

Ceir yr ymdriniaeth lawnaf o'r gerdd a'r ddefod gan Dora Polk yn *Vernon Watkins and the Spring of Vision* (1977).

BALLINGER, JOHN (1860–1933), llyfrgellydd cyntaf *Llyfrgell Genedlaethol Cymru. Fe'i ganed ym Mhontnewynydd, Myn.; collodd ei rieni pan oedd yn blentyn a gadawodd Ysgol Canton, Caerdydd, pan oedd yn bedair ar ddeg oed. Cafodd waith yn gynorthwywr yn Llyfrgell Dinas Caerdydd yn 1875 a dod yn Brif Lyfrgellydd yno yn 1885. Yr oedd ganddo egni anhygoel a'r ddawn i weinyddu, ac yr oedd yn llyfrgellydd blaengar. Safodd o'r neilltu yn y ddadl ffyrnig ynglŷn â lleoliad Llyfrgell Genedlaethol Cymru, ac o ganlyniad ef yn unig a ystyriwyd yn 1908 ar gyfer swydd y Llyfrgellydd. Bu mynych ffraeo rhyngddo ef a'i staff yn y blynyddoedd cynnar, ond yr oedd Ballinger yn ddigymrodedd ac yn fuan iawn yr oedd y sefydliad newydd dan ei reolaeth.

Rhoddai fri mawr ar dechneg llyfrgellyddiaeth a chyhoeddodd erthyglau niferus ar y pwnc. Ymddiddorai mewn llyfryddiaeth Gymreig ac ef ac Ifano *Jones a fu'n gyfrifol am y catalog gwerthfawr o Lyfrau Cymreig Llyfrgell Rydd Caerdydd (1898) a *The Bible in Wales* (1906). Golygodd argraffiadau newydd o *Rhann o Psalmau Dafydd Broffwyd* (1603), *Basilikon Doron* (1604), *Y Llyfr Plygain* (1612), *Yr Ymarfer o Dduwioldeb* (1630) a *History of the Gwydir Family* (1770). Ef hefyd oedd awdur *Gleanings from a Printer's File* (1928) a 'Katheryn of Berain' (yn *Y Cymmrodor*, cyf. XI). Anfoddhaol yw ei waith fel golygydd y testunau Cymraeg, gan mai prin grap oedd ganddo ar y Gymraeg.

Bu Ballinger yn ysgrifennydd *Cymdeithas Llên Cymru, yn olygydd y Gymdeithas Lyfryddol Gymreig, ac yn Gadeirydd Bwrdd *Gwasg Prifysgol Cymru. Yn 1922 fe'i hanrhydeddwyd â llywyddiaeth Cymdeithas Llyfrgellwyr Prydain Fawr ac fel teyrnged i'w wasanaeth helaeth a diflino i'r Gymdeithas fe'i hurddwyd yn farchog yn 1930. Derbyniodd fedal Anrhydeddus Gymdeithas y *Cymmrodorion yn 1932 am ei gyfraniad i'r astudiaeth o lenyddiaeth, llyfryddiaeth a llyfrgellyddiaeth Cymru.

Ceir manylion pellach yn W. Ll. Davies, *The National Library of Wales* (1937).

Banbury, Brwydr (1469), lle y gorchfygwyd William

*Herbert o Raglan, Iarll Penfro, Iorcydd o fri, a lle y lladdwyd llawer o Gymry; cafodd y frwydr hon ymateb brwd gan feirdd Cymraeg. Rhybuddiwyd yr Iarll i beidio ag ymddiried yn y Saeson mewn *cywydd a gyfansoddwyd gan *Guto'r Glyn yn Rhaglan, a chyflwynodd y bardd ddisgrifiad manwl o'r frwydr yn ei farwnad i Herbert. Yn ei farwnad i *Domas ap Rhosier Fychan o Hergest, ŵyr *Dafydd Gam, cyfeiriodd *Lewys Glyn Cothi (Llywelyn y Glyn) at alar ei weddw a phenderfyniad ei dri mab i dalu'r pwyth yn ôl. Ym marn y beirdd yr oedd llwyddiant yr Iorciaid ym mrwydr Barnet (1471), pan laddwyd Iarll Warwick, yn ddial haeddiannol am drychineb Banbury. Er gwaethaf eu cysylltiadau personol y mae gwaith rhai o'r beirdd Cymraeg yn amlygu eu difaterwch tuag at ffactorau gwleidyddol Rhyfeloedd y Rhosynnau. Er enghraifft, galwodd *Dafydd Llwyd o Fathafarn, a oedd yn Iorcydd, ar i Harri *Tudur ddial marw'r Herbertiaid yn Banbury, er ei fod ar yr ochr arall; yr oedd cenedligrwydd y Cymry yn bwysicach iddo ef na'r pleidiau y buont yn ymladd drostynt.

Banc y Ddafad Ddu a **Banc yr Eidion Du**, gweler o dan PORTHMYN.

Bancroft, William John (1870–1959), chwaraewr *rygbi a chwaraeodd dros Gymru yn safle'r cefnwr dair ar ddeg ar hugain o weithiau rhwng 1890 ac 1901. Bu'n gapten ar Gymru ddeuddeg gwaith ac ef oedd y Cymro cyntaf i gael ei gynnwys mewn tîm a enillodd y Goron Driphlyg ddwywaith. Yr oedd Billy Bancroft yn feiddgar, yn gyfrwys ac yn enwog am ei rediadau mentrus a'i gicio godidog.

Bandiau Jaz neu **Bandiau Gazooka**, agwedd gomig ar ddiwylliant poblogaidd llewyrchus cymoedd diwydiannol de-ddwyrain Cymru rhwng y ddau Ryfel Byd. Daethant i'w hanterth yn ystod haf 1926, blwyddyn y *Streic Gyffredinol, yn ardaloedd *Rhondda, Cynon a Thaf. Ymddangosai nifer o grwpiau cân actol awyragored o lowyr di-waith wedi'u coluro'n gelfydd a'u gwisgo'n lliwgar, ac yn arddel enwau fel y *Gelli Toreadors*, *Treharris Indians* a'r *Cwmparc Gondoliers*. Offeryn syml oedd y *gazooka*, ar ffurf helgorn a chyda sŵn unigryw undonog, sŵn y gellid ei gynhyrchu gan unrhyw un a fedrai hymian tôn orymdeithiol i mewn iddo. Fe'u dirmygid gan aelodau parchus ffurfiau mwy traddodiadol ar ddiwylliant. Ond yn ogystal â chynnig adloniant difyr ar gyfnod o galedi ym mlynyddoedd y *Dirwasgiad, cyfrannent fel y cyfrannai'r clybiau chwaraeon a chymdeithasau corawl ac operatig at godi calon ac atgyfnerthu gwerthoedd cymunedol eu hardaloedd, ar adeg pan oedd dyfodol yr ardaloedd hynny yn y fantol. Cynhelir traddodiad y bandiau gan y '*majorettes*' a welir yn gorymdeithio ar ddiwrnodau gŵyl mewn rhannau o dde Cymru hyd heddiw. Ond yr oedd y bandiau jaz, yn eu bri, yn hollol unigryw, ac yn gynnyrch cyfuniad arbennig o amgylchiadau hynod. Sonnir amdanynt yn nrama radio Gwyn *Thomas (1913–81), *Gazooka* (a ddarlledwyd yn 1952), ac yn ei gasgliad o storïau byrion sy'n dwyn yr un teitl (1957). Ymdrinnir â hwy yng nghyd-destun un ardal arbennig gan Huw Williams yn *Merthyr Historian* (cyf. III, 1980).

Bando, math o chwarae, tebyg i hoci neu *hurley*, a oedd yn boblogaidd ledled Cymru hyd tua diwedd y bedwaredd ganrif ar bymtheg. Sonnir am John *Elias, y pregethwr, yn chwarae bando, a hefyd David *Lloyd George pan oedd yn fachgen yn Llanystumdwy, Caern. Bu bri arbennig ar y chwarae ym Mro Morgannwg, lle'r arferai plwyfi a phentrefi gystadlu â'i gilydd. Anfarwolwyd 'Bechgyn Bando Margam' mewn baled o'r un enw. Nid oedd rheolau pendant i'r chwarae; amrywiai'r drefn o blwyf i blwyf ac weithiau gosodid y rheolau ar y pryd. Chwaraeid ar faes gwastad, megis traethau, a'r nod oedd gyrru pêl fechan o bren rhwng y ddau farc a ddynodai'r gôl ar y naill ben a'r llall i'r maes. Bando y gelwid y pren â blaen crwca a ddefnyddid i daro'r bêl; byddai'r ddau dîm, a oedd weithiau yn cynnwys cynifer â deg aelod ar hugain yr un, yn gwisgo rhubanau yn lliw eu carfan. Cafwyd ambell adfywiad lleol ar y chwarae yn ystod y ganrif hon yng nghymoedd diwydiannol Morgannwg.

Ceir disgrifiad o'r chwarae gan Charles Redwood yn *Vale of Glamorgan* (1839) a hefyd gan Henry Lewis (gol.) yn *Morgannwg Matthews Ewenni* (1953); gweler hefyd G. J. Williams, 'Glamorgan Customs in the Eighteenth Century' yn *Gwerin* (cyf. I, 1956–57) a Howard Lloyd, 'Tri o Hen Chwaraeon Cymru' yn *Nhrafodion Anrhydeddus Gymdeithas y Cymmrodorion* (1960).

Baner ac Amserau Cymru, papur newydd a elwid hefyd *Y Faner*; fe'i lansiwyd yn 1859 pan unodd Thomas *Gee Yr *Amserau ag wythnosolyn arall, *Baner Cymru*. Golygydd cyntaf y cyhoeddiad newydd oedd William *Rees (Gwilym Hiraethog), a chafodd gymorth John Hughes a Thomas Jones (Glan Alun); Thomas Gee a fu'n arwain o'r dechrau gan gymryd yr awenau i'w ddwylo ei hun yn gynnar. O dan olygyddiaeth Gwilym Hiraethog bu'r papur yn ddylanwad grymus ar fywyd crefyddol, gwleidyddol a llenyddol Cymru trwy gydol ail hanner y bedwaredd ganrif ar bymtheg. Yr oedd yn amlwg yn Rhyddfrydol ei agwedd, gan amddiffyn *Anghydffurfiaeth yn erbyn yr Eglwys Sefydledig, a bu'r papur yn gefn i'r werin mewn achosion Radicalaidd fel *Dirwest a *Phwnc y Tir. Rhoddwyd sylw i faterion llenyddol a diwylliannol yn ei golofnau a chafwyd adolygiadau ar lyfrau Saesneg yn rheolaidd. Erbyn marwolaeth Thomas Gee yn 1898, yn ôl y papur yr oedd ganddo tua 15,000 o ddarllenwyr (er y credir i'r cylchrediad fod tua 3,000 o gopïau); yn sicr, yr oedd yn uwch ei fri nag unrhyw bapur Cymraeg arall yn ei ddydd.

Dirywiodd y papur yn ystod ugain mlynedd cyntaf yr ugeinfed ganrif, ond bu gwelliant yn 1923 pan benodwyd E. Prosser *Rhys yn olygydd, swydd y bu ynddi tan ei farw yn 1945. Prynodd Kate *Roberts a'i gŵr y cwmni cyhoeddi, Gwasg Gee, yn 1935, ac ymddangosodd llawer o erthyglau ac adolygiadau'r awdures yn *Y Faner* wedyn. Yn ystod yr Ail Ryfel Byd, bu darllen brwd ar y papur, yn bennaf oherwydd y golofn *Cwrs y Byd*, lle y mynegodd Saunders *Lewis ei adwaith i faterion y byd cyfoes. Wedi'r rhyfel, a Gwilym R. *Jones yn olygydd, newidiodd y papur ei berchennog ddwywaith ac yn 1958 fe'i prynwyd gan Wasg y Sir, Y Bala. Yn ystod y 1960au a'r 1970au, dirywiodd y cylchrediad ac yr oedd y papur mewn perygl nes, yn 1977, gyda chymhorthdal oddi wrth *Gyngor Celfyddydau Cymru, newidiwyd y diwyg i ffurf cylchgrawn wythnosol. Gyda chylchrediad o tua thair mil, parhaodd *Y Faner* i chwarae rhan bwysig yng Nghymru fel un o'r ddau wythnosolyn Cymraeg. Amcenid at gydbwysedd rhwng newyddion ac erthyglau mwy amrywiol, ac yr oedd y papur yn fforwm i bob agwedd ar y farn gyhoeddus. Eithr daliai i fynegi'r agwedd Radicalaidd fel y gwnaeth y papur yn nydd Thomas Gee, pan oedd mor dderbyniol gan gymaint o ddarllenwyr. Wedi hynny golygyddion y papur oedd Geraint *Bowen (Mawrth 1977–Rhag. 1978), Jennie Eirian *Davies (Ion. 1979–Mai 1982), Emyr Price (1983–86) a Hafina *Clwyd (1986–92). Bygythiwyd bodolaeth y papur ar ôl i *Gyngor Celfyddydau Cymru, yn sgîl arolwg o'i nawdd i gyfnodolion, benderfynu yn erbyn adnewyddu ei grant. Y prif reswm am hyn oedd methiant y cyhoeddwr, sef Gwasg y Sir, a oedd yn argraffu'r papur hefyd, i wrdd â cheisiadau Cyngor Celfyddydau Cymru am wybodaeth ariannol. Prynwyd y papur gan Luned Meredith (sydd yn berchen ar y teitl o hyd) a wnaeth ymdrech i'w achub, ond bu rhaid ei ddirwyn i ben yn 1992.

Ceir manylion pellach yn T. Gwynn Jones, *Cofiant Thomas Gee* (1913) a Gwilym R. Jones, *Rhodd Enbyd* (1983); gweler hefyd y llythyr gan Charles Charman yn *Y Faner* (13 Rhag. 1985) a'r erthygl gan Philip Henry Jones yn *Y Casglwr* (Mawrth 1986).

Bangor, eglwys gadeiriol ac esgobaeth yn sir Gaernarfon. Defnyddid y gair 'bangor' yn wreiddiol i ddynodi'r clawdd gwiail o amgylch mynachlog. Adweinid y safle hon yn yr Oesoedd Canol fel Bangor Fawr yn Arfon er mwyn gwahaniaethu rhyngddi a Bangor Iscoed, Ffl., a Bangor Teifi, Cer. *Deiniol, yn ôl traddodiad, a sylfaenodd y fynachlog ym Mangor, ac yn ôl yr *Annales Cambriae dyddiad ei farwolaeth oedd 584. Mewn rhai o lawysgrifau dull Gwynedd o'r cyfreithiau Cymraeg (*Cyfraith Hywel Dda) dywedir bod 'clas Bangor' a Chlynnog Fawr yn warantwyr i 'Freintiau Gwŷr Arfon'. Anrheithiwyd yr eglwys gan y Daniaid yn 1073. Dechreuwyd ar yr adeilad presennol yn amser *Gruffudd ap Cynan, a chladdwyd ef, fel ei fab Owain Gwynedd (*Owain ap Gruffudd), yn agos i'r brif allor.

Disgrifid Bangor fel 'bangeibr oleuad' gan *Walchmai ap Meilyr yn ei farwnad i *Fadog ap Maredudd (m. 1160). Molwyd nifer o esgobion a chanoniaid Bangor gan y beirdd, yn eu plith Madog ap Iorwerth (Matthew o Degeingl; esgob, 1328–57) gan Goronwy Gyriog a Hywel ap Goronwy (deon, 1371) gan *Dafydd ap Gwilym sy'n disgrifio'r eglwys fel 'tŷ geirwgalch, teg ei organ', ac yn sôn am ferch yn 'gwrando salm . . . yng nghôr Deinioel Bangor'. Ceryddwyd Anian Sais (esgob, 1309?–28) gan Iorwerth Beli am noddi cerddorion ar draul y beirdd. Cyfeiria Dafydd *Trefor yn ei gywydd i Ddeiniol at Thomas Skevington (esgob, 1509–33), a dalodd am ailadeiladu corff yr eglwys ac ychwanegu tŵr ati.

Bangor Is-coed, gweler o dan CAER, BRWYDR (c.615).

Bangu, cloch fechan a gedwid ar un cyfnod yn yr eglwys yn y Glasgwm, Maesd.; dywedir iddo gael ei dwyn yno gan ychen hud yn anrheg oddi wrth *Ddewi Sant. Yn ôl traddodiad lleol, aeth gwraig â hi i dref Rhaeadr gan gredu y byddai ei gŵr a garcharwyd yn y castell yn cael ei ryddhau wrth iddi ei chanu, ond cymerwyd y crair gan y gwarchodlu a throwyd y wraig ymaith. Y noson honno llosgwyd y dref yn ulw, ar wahân i'r mur lle rhoddwyd y gloch. Adroddir yr hanes gan *Gerald de Barri (Gerallt Gymro) yn ei *Descriptio Kambriae (1193).

'Banks of Wye, The' (1811), cerdd hir mewn pedwar llyfr gan yr awdur o Sais Robert Bloomfield (1766–1823), gweithiwr amaethyddol, crydd ac awdur *The Farmer's Boy* (1800). Disgrifia *The Banks of Wye* daith mewn cwch yn 1807 o'r Rhosan ar Wy i Gaer-went, Myn., ac ar gefn ceffyl o Raglan i Aberhonddu, ac yn ôl drwy'r Gelli Gandryll a Henffordd. Yn ôl yr awdur y mae'r gerdd 'yn cyfleu iaith a theimlad dyn nad oedd erioed o'r blaen wedi gweld gwlad fynyddig'. Wrth ddringo Pen-y-fâl a gweld Blorens a'r Ysgyryd Fach dywed, 'Yr Alpau yw'r rhain i mi!' – ymateb cyffredin ymhlith ymwelwyr o Saeson â Chymru ar ddechrau'r bedwaredd ganrif ar bymtheg. Y mae'r pedair cerdd wedi eu mewnosod: 'The Gleaner's Song' (ger Bicknor), 'The Maid of Landoga' (Llandogo), 'Morris of Persfield' (Piercefield) a 'Mary's Grave' (Y Gelli Gandryll).

Bara Lawr (Ll. *Porphyra umbilicalis*), gwymon bwytadwy a dyfir ar draethau creigiog de Cymru i'r gorllewin o Abertawe. Canolfan y fasnach sy'n ei gasglu, ynghyd â chocos, yw pentref Pen-clawdd. Berwir y planhigyn ar ôl ei olchi, ac yna ei falu a'i gymysgu â blawd ceirch nes ei fod yn drwm ac yn ddu ac yn gryf ei arogl. Wedi'i ffrio, ystyrir y bwyd traddodiadol hwn yn un o ddanteithion Cymru; fe'i gelwir yn 'gafiâr Cymreig'. Gweler hefyd WELSH RABBIT.

'Barbra Miltwn, Marwnad', y farwnad ymddiddan a

gyfansoddodd Huw *Morys ar farwolaeth gwraig Richard Middleton o'r Plas Newydd, Llansilin, Dinb., a fu farw o'r frech wen yn 1695 yn dair ar hugain mlwydd oed. Cyfeiriodd George *Borrow at y gerdd hon fel 'the sweetest song of its kind ever written'. Ond canodd Morys ddwy gerdd arall ar yr un achlysur, sef cywydd confensiynol a gofnodai alar teulu Barbra a'r gymdogaeth gyfan ac a dynnai ar holl nodweddion y cywyddau marwnad traddodiadol; y drydedd gerdd oedd 'Cerdd alarnad am y ferch o'r Plas Newydd yn Llansilin ar "Heavy heart"' sy'n mynegi galar personol Morys a hynny yn y person cyntaf. Arbenigrwydd y farwnad ymddiddan yw ei bod yn defnyddio ystrydeb y *serenade*, sef ymddiddan rhwng merch ifanc, a oedd dan glo yn ei hystafell wely neu yn ei bedd, a'i chariad a safai o dan y bargod neu ar lan y bedd, ond rhydd y gerdd hon dro newydd i'r confensiwn trwy beri i'r wraig gynghori ei gŵr gweddw a'i alluogi i wynebu ei golled.

Ceir trafodaeth helaethach gan Nesta Lloyd yn 'Cerddi Huw Morys i Barbra Miltwn', *Ysgrifau Beirniadol XXI* (gol. J. E. Caerwyn Williams, 1996).

Bard, term Saesneg a fenthyciwyd o'r Gymraeg, ond daeth dan ddylanwad y llenorion clasurol ac fe'i mabwysiadwyd i fod yn gyfystyr â 'bardd'. Cyfeiria'r awdur Lladin, Lucan, at *bardi* Gâl a Phrydain a deil Cesar mai dosbarth o blith y *Derwyddon oeddynt. Yng ngeiriadur William *Owen Pughe (1826), rhoddir '*priest*' a '*philosopher*' yn gyfystyr â '*bard*'. Creodd y diddordeb hynafiaethol ar ddechrau'r ddeunawfed ganrif ddelwedd megis a geir yng ngherdd Thomas Gray, 'The Bard' (1757), y cydnabyddir bellach ei fod yn hollol estron i'r traddodiad Cymraeg. Cedwir y gair yn ffurf Saesneg *Gorsedd Beirdd Ynys Prydain sef *The Gorsedd of Bards of the Isle of Britain*, creadigaeth Iolo Morganwg (Edward *Williams). Aeth ef â'i ddelfrydiaeth o'r bardd i eithafion, yn rhannol dan ddylanwad Goronwy *Owen ac Evan *Evans (Ieuan Brydydd Hir) ac yn rhannol oherwydd ei fod yn dioddef o baranoia a fynnai fod y bardd, a oedd hefyd yn ei dyb ef yn dderwydd, ysgolhaig a hanesydd, yn hollol ganolog yn hanes a llenyddiaeth Cymru. Anaml y defnyddir y gair heddiw fel enw i olygu 'bardd', ond fe'i ceir mewn ambell erthygl newyddiadurol ffug-fawreddog. Gweler hefyd CYFLAFAN Y BEIRDD.

Bard of Snowdon, The, gweler LLWYD, RICHARD (1752–1835).

Bardd a'r Cerddor, Y (1863), llawlyfr gan John Ceiriog *Hughes, sy'n cynnwys cynghorion i feirdd ynglŷn ag ysgrifennu caneuon a geiriau i gerddoriaeth, hanesion traddodiadol a rhestr o alawon Cymreig. Ceir hefyd adran yn cynnwys apologia dros chwerthin, a rhai caneuon dychanol dan enw Syr Meurig Grynswth, ffugenw'r awdur. Dengys y llyfr, a fwriadwyd ar gyfer cynulleidfa oes Fictoria ac a adlewyrcha chwaeth y cyfnod, gyfrinach llwyddiant Ceiriog fel bardd poblogaidd. Rhoddwyd y teitl hefyd i gomedi (1895) gan Robert Arthur *Griffith (Elphin).

Bardd Bach, Y (Rhys Fardd; *fl.* 1460–80), gweler o dan CWTA CYFARWYDD (*c.*1425–*c.*1456).

Bardd Bol Clawdd, Bardd Pen Pastwn, Bardd y Blawd, Bardd Ysbaddad, gweler BARDD TALCEN SLIP.

Bardd Cocos, Y, gweler EVANS, JOHN (1827–88).

Bardd Coch o Fôn, Y, gweler HUGHES, HUGH neu HUW AP HUW (1693–1776).

Bardd Crwst, Y, gweler JONES, ABEL (1829–1901).

BARDD CWSG, Y (12fed–13eg gan.?), bardd brud na wyddys dim o'i hanes ar wahân i'r ffaith bod ei frudiau yn dangos cryn gasineb tuag at y Saeson. Gweler hefyd GWELEDIGAETHAU Y BARDD CWSC (1703).

Bardd Cwsg (Rhys Fardd; *fl.* 1460–80), gweler o dan CWTA CYFARWYDD (*c.*1425–*c.*1456).

BARDD GLAS, Y (*c.*1350?), bardd brud na wyddys dim amdano. Ceir cyfeiriadau ato yng ngwaith beirdd diweddarach megis *Dafydd Llwyd ap Llywelyn ap Gruffudd a *Dafydd Gorlech.

Bardd Gwagedd, gweler WILLIAMS, RICHARD (*c.*1805– *c.*1865).

Bardd Gwlad, term a ddefnyddir yn aml am fardd a gafodd ychydig neu ddim addysg uwchradd. Fel arfer, y mae ei waith yn canmol ei gynefin ei hun ac yn dathlu'r bywyd cymdeithasol yno. Y mae'r bardd gwlad fel rheol yn feistr ar y mesurau traddodiadol a'r *cynghanedd, ac y mae'n cyflawni ei weithgarwch cymdeithasol trwy gofnodi achlysuron fel genedigaethau, priodasau a marwolaethau, a thrwy ddisgrifio digwyddiadau ym mywyd y gymdogaeth. O ganlyniad i dwf papurau newydd lleol ac eisteddfodau yn y bedwaredd ganrif ar bymtheg, gwelodd y beirdd gwlad eu gweithiau mewn print, a thorrwyd llawer o'u henglynion ar gerrig beddau. Heddiw, cyfranna'r beirdd hyn benillion i *bapurau bro, ac y maent yn cystadlu â'i gilydd yn eu hardaloedd. Bu rhai broydd, fel Ffair Rhos a Llangrannog, Cer., Mynytho, Caern., a Phenllyn, Meir., yn adnabyddus am nifer y beirdd gwlad a fu'n byw ynddynt. Y rhai enwocaf, efallai, yw'r beirdd hynny a gysylltir â theulu'r *Cilie. Y mae Dic Jones (Richard Lewis *Jones), er enghraifft, yn fardd sy'n cymryd ei alwedigaeth fel bardd gwlad yng nghymdeithas ei

gynefin o ddifrif er bod ganddo enw cenedlaethol fel crefftwr medrus. Gweler hefyd TALWRN Y BEIRDD.

Gwelir gweithiau rhai beirdd gwlad cyfoes yn y gyfres *Pigion Talwrn y Beirdd 1–8* (gol. Gerallt Lloyd Owen 1981, 1984, 1986, 1988, 1990, 1992, 1994, 1996), ac mewn blodeugerddi bro megis *Englynion Môn* (gol. Dewi Jones, Edward Jones, 1983), *Blodeugerdd Penllyn* (gol. Elwyn Edwards, 1983), *Blodeugerdd Llŷn* (gol. Moses Glyn Jones, 1984) a *Blodeugerdd Bro Ddyfi* (gol. Cyril Jones, 1985). Casgliadau yw'r cyfrolau *Llais y Meini* (gol. G. T. Roberts, 1979) ac *Englynion Beddau Ceredigion* (gol. M. Euronwy James, 1983) o englynion a geir ar gerrig beddau. Ceir ysgrif ar y bardd gwlad yn dwyn y teitl *The Folk Poets* gan W. Rhys Nicholas yn y gyfres *Writers of Wales* (1978).

Bardd Nantglyn, gweler DAVIES, ROBERT (1769–1835).

Bardd Newydd, Y, yr enw a roddir ar ysgol o feirdd a ddaeth i fri yn yr *Eisteddfod Genedlaethol yn ystod y blynyddoedd o 1890 hyd 1901. Ymhlith ei haelodau blaenllaw yr oedd Iolo Carnarvon (John John *Roberts) a Ben *Davies; yr oedd Gwili (John *Jenkins) a Ben *Bowen hefyd yn gysylltiedig â hi. Adwaith ydoedd yn erbyn arwynebolrwydd J. Ceiriog *Hughes a chanu disgrifiadol yr *awdlau eisteddfodol. Gweinidogion Anghydffurfiol oedd y beirdd newydd, gan mwyaf, a choleddent syniadau cyffelyb am swyddogaeth barddoniaeth. Crefydd oedd eu prif ddiddordeb, a phregethu'r Gair, a chredent mai â'r Gwirionedd yr oedd a wnelai'r bardd yn hytrach nag â phrydferthwch allanol. Edmygent gerdd Lewis *Edwards, 'Cysgod a Sylwedd', a gwaith Islwyn (William *Thomas), ac ystyrient y rhan fwyaf o'r farddoniaeth gyfoes yn ddiffygiol mewn dwyster meddwl. Nid oedd ffurf barddoniaeth yn bwysig iddynt, a chredent nad oedd y mesurau caeth yn medru mynegi meddyliau mawrion; cenadwri ac aruchledd y cynnwys oedd yn bwysig. Yn anffodus, yr oedd cenadwri'r Bardd Newydd gan amlaf ymhell o fod yn eglur, ac yr oedd ei waith yn hirwyntog ac yn llawn rhethreg wag a chwestiynau anatebadwy am amcan bywyd a'r cyfanfyd.

Yr oedd adwaith yn anochel. Gwnaeth Robert Arthur *Griffith (Elphin) gyff gwawd o'r cynnyrch mewn dwy ysgrif ddeifiol yn *Y *Geninen* a'i gondemnio am ei niwlogrwydd a'i ddiffyg awen, tra rhoes John *Morris-Jones amgenach ddiffiniad o swydd y bardd yn *Y *Traethodydd* ar ôl Eisteddfod Genedlaethol 1902. Ceisiodd Gwili ei ateb mewn ysgrifau i'r *Geninen* ar 'Swydd y Beirniad' a 'Barddoniaeth! Beth Yw?' ond wedi troad y ganrif daeth un o'r cyfnodau mwyaf trychinebus yn hanes barddoniaeth Gymraeg i ben.

Y mae pennod ar y Bardd Newydd gan Alun Llywelyn-Williams yn *Gwŷr Llên y Bedwaredd Ganrif ar Bymtheg* (gol. Dyfnallt Morgan, 1968); gweler hefyd yr erthygl gan D. Tecwyn Lloyd yn *Ysgrifau Beirniadol III* (gol. J. E. Caerwyn Williams, 1967), cyfraniad Thomas Parry yn *Gwili: Cofiant a Phregethau* (1937) a'i erthygl yn *Y Traethodydd* (1939).

Bardd Rhyddid, gweler WILLIAMS, EDWARD (1747– 1826).

Bardd Talcen Slip, ymadrodd a fathwyd tua chanol y bedwaredd ganrif ar bymtheg gan Dalhaiarn (John *Jones) i ddisgrifio cyfansoddwr rhigymau disylwedd diffygiol eu mynegiant a'u saernïaeth. Dywed Robert Griffith (1847–1911) yn ei *Llyfr Cerdd Dannau* (1893) i Dalhaiarn godi'r enw o bennill gan Huwcyn y Cowper yn disgrifio murddun yn Llanddoged, Dinb. Cyfystyron eraill yw Bardd Bol Clawdd, Bardd Cocos, Bardd Pen Pastwn, Bardd y Blawd, Bardd Ysbyddad a Chrach Fardd.

Bardd Teulu, gweler o dan Cyfundrefn y Beirdd.

Bardd y Brenin, gweler Jones, Edward (1752–1824).

Bardd yr Haf, gweler Parry, Robert Williams (1884–1956).

Barddas (llyth. 'dysg neu lên y beirdd'; 2 gyf., 1862, 1874), casgliad o ddefnyddiau ar bynciau defosiynol a moesol, a godwyd gan John *Williams (Ab Ithel) o lawysgrifau Iolo Morganwg (Edward *Williams) a'u tadogodd ar yr hen feirdd a'r *Derwyddon. Cafodd y llyfrau gryn ddylanwad ar lawer o feirdd Cymraeg ar ddiwedd y bedwaredd ganrif ar bymtheg a bu'n gyfrwng i ledaenu'r dwymyn dderwyddol. Y mae'r enw hefyd yn deitl i gylchgrawn *Cymdeithas Cerdd Dafod.

Barddoniadur Cymmreig, Y (2 gyf., 1855, 1857), gan William *Williams (Creuddynfab). Yn y cyfrolau hyn aeth yr awdur i'r afael â Chaledfryn (William *Williams) gan ymwrthod â'i safonau newydd-glasurol a dadlau dros farddoniaeth heb ei chaethiwo gan ofynion synnwyr cyffredin a gramadeg mecanyddol. Dadleuodd dros hawl bardd i ddefnyddio 'iaith ffigurol' a dyrchafodd yr elfennau Rhamantaidd mewn llên – aruchledd, pathos, crebwyll a dychymyg – ar draul rheswm a chymedroldeb. Dan ddylanwad meddylfryd athronyddol yr Ysgol Albanaidd, gobeithiai lunio beirniadaeth lenyddol newydd, seicolegol ei gogwydd, yn unol ag 'egwyddor, sylfaenedig ar ddeddfau y meddwl, a ddengys pa beth yw barddoniaeth yn ei natur . . .' Er na lwyddodd, y mae'r *Barddoniadur* yn bwysig i'r sawl a gais ddeall y cefndir beirniadol sydd i'r *awrgerdd, y *bryddest a'r *delyneg yn ail hanner y bedwaredd ganrif ar bymtheg. Yn ôl Saunders *Lewis, hwn oedd 'un o'r ychydig bethau pwysig mewn beirniadaeth Gymraeg rhwng Goronwy *Owen ac Emrys ap Iwan' (Robert Ambrose *Jones).

Ceir ymdriniaethau â'r *Barddoniadur* gan Huw Llewelyn Williams, *Safonau Beirniadu Barddoniaeth yng Nghymru yn y Bedwaredd Ganrif ar Bymtheg* (d.d.), a chan Hywel Teifi Edwards yn *Gŵyr Llên y Bedwaredd Ganrif ar Bymtheg* (gol. Dyfnallt Morgan, 1968).

Bardhoniaeth neu Brydydhiaeth (1593), traethawd elfennol gan William *Midleton (Gwilym Ganoldref) ar gelfyddyd barddoniaeth Gymraeg ar gyfer y bonheddwr diwylliedig. Yr oedd Siôn Dafydd *Rhys eisoes wedi darparu ar gyfer y bardd hyfforddedig a'r ysgolhaig, ac elwodd Midleton ar ei waith. Cyfyngodd ei sylw i'r *Pedwar Mesur ar Hugain, a thechnegau megis *cymeriad, *odl a'r *gynghanedd. Dengys ddiddordeb yr amatur yn y pwnc, yn ôl ffasiwn y dyneiddwyr. Ymddangosodd y gwaith, gyda rhai newidiadau, ar ddiwedd *Flores Poetarum Britannicorum* (gol. Dafydd Lewys, 1710).

Atgynhyrchwyd yr argraffiad cyntaf yn 1930 gyda rhagymadrodd Griffith John Williams ac atodiadau o awdlau, cywyddau a mân ddarnau o waith Midleton.

Barn, misolyn a sefydlwyd yn 1962 ac a gyhoeddwyd gan *Lyfrau'r Dryw (Christopher Davies Cyf. yn ddiweddarach), Llandybïe ac Abertawe. Emlyn Evans, goruchwyliwr Llyfrau'r Dryw ar y pryd, oedd y golygydd cyntaf, ac ef a sefydlodd y cylchgrawn i fod yn un o brif gyfnodolion materion cyfoes. O'r dechrau cyhoeddwyd erthyglau ar y celfyddydau, gwleidyddiaeth, darlledu, addysg a chrefydd yn ogystal â cherddi, ysgrifau a storïau byrion ac adolygiadau o lyfrau. Ail olygydd y cylchgrawn oedd Aneirin Talfan *Davies ac olynwyd ef gan Alwyn D. *Rees, a'i llywiodd drwy ei gyfnod mwyaf nodedig – un o'r cyfnodau mwyaf cyffrous a chyfoethog yn hanes unrhyw gylchgrawn Cymraeg. Yn ystod blynyddoedd ei olygyddiaeth ef yr oedd *Cymdeithas yr Iaith Gymraeg ar ei mwyaf gweithgar, yr oedd *Plaid Cymru yn cymryd camau etholiadol breision, a bu amryw ymgyrchoedd dros yr iaith mewn addysg a gweinyddiaeth gyhoeddus ac ym myd y gyfraith. Daeth y cylchgrawn yn offeryn y mudiad cenedlaethol Cymreig, a heriai gyfraith gwlad gan alw am ddiwygiadau yn nannedd arafwch ac ystyfnigrwydd y Llywodraeth ac awdurdodau eraill. Yn ei ysgrifau golygyddol dangosai Alwyn Rees feddwl dadansoddol llym, diwylliant eang ac arddull ffraeth, fywiog a dychanol. Parhaodd i gynhyrfu'r dyfroedd diwylliannol a gwleidyddol yn y modd hwn hyd ei farwolaeth yn Rhagfyr 1974. Cydnabyddir yn gyffredinol fod llwyddiant yr ymgyrchwyr dros yr iaith Gymraeg tua diwedd y 1960au a dechrau'r 1970au i'w briodoli yn rhannol i'r dadleuon a gyflwynwyd ar ddudalennau *Barn*, y rhan fwyaf ohonynt gan y golygydd.

Dilynwyd Gwyn Erfyl (Gwyn Erfyl *Jones), a fu'n olygydd o Fai 1975 hyd Fawrth 1979, gan fwrdd golygyddol a oedd yn cynnwys Gwynn *ap Gwilym ac Alan *Llwyd. Penodwyd Rhydwen *Williams yn olygydd yn 1981. Gyda chymorth rhai academïwyr ifainc dychwelodd Robert Rhys ar ôl Awst 1986 i safbwynt mwy dadansoddol wleidyddol; ehangodd hefyd y cynnwys yn ymwneud â'r celfyddydau gweledol. Menna Baines oedd golygydd y cylchgrawn rhwng 1991 ac Awst 1996, pan olynwyd hi gan Simon Brooks.

BARNIE, JOHN (1941–), bardd, beirniad a golygydd a aned yn Y Fenni, Myn., ac a addysgwyd yno ac ym Mhrifysgol Birmingham. O 1969 hyd 1982 darlithiodd ar Saesneg a Llenyddiaeth America ym Mhrifysgol Copenhagen, a thra'n byw yn Nenmarc dechreuodd ddysgu Cymraeg. Wedi dychwelyd i Gymru, bu'n byw gyda'i wraig a hanai o Ddenmarc, yn gyntaf yn y Fenni, ac yna yn Aberystwyth, lle y daeth yn olygydd cynorthwyol *Planet* pan atgyfodwyd y cyfnodolyn hwnnw yn 1985; yn 1992 daeth yn olygydd y cylchgrawn. Er nad ysgrifau golygyddol mohonynt fel y cyfryw, cyfrannodd ei erthyglau i *Planet* ar faterion llenyddol, diwylliannol a gwleidyddol, sylwebaeth finiog a gwybodus dros y blynyddoedd ar gyflwr Cymru yn niwedd yr ugeinfed ganrif.

Dechreuodd gyrfa John Barnie fel awdur ag astudiaeth hanesyddol, *War in Medieval Society 1327–1399* (1974); dilynwyd hynny gan bedair cyfrol o gerddi cynnil, cryno, sef *Borderlands* (1984), *Lightning Country* (1987), *Clay* (1989) a *Heroes* (1996). Yn ei gasgliad o ysgrifau ac adolygiadau, *The King of Ashes* (1989), ceir adran ar felanganu, diddordeb a ddeilliai o flynyddoedd llencyndod yr awdur; cyhoeddwyd *Y Felan a Finnau*, astudiaeth hwy o gerddoriaeth Affricanaidd–Americanaidd, yn 1992. Er nad yw barddoniaeth John Barnie yn amlwg arbrofol – o leiaf o ran techneg – y mae wedi arbrofi'n effeithiol iawn â ffurf, yn arbennig yn *The Confirmation* (1992) a *The City* (1993), sy'n cyfuno rhyddiaith a barddoniaeth, yn y cyntaf i ymestyn a dyfnhau'r thema ganolog o daith o ddeyrnas diniweidrwydd, ac yn yr ail i gynnig sylwebaeth ar y ddynoliaeth yn ninas anhysbys y teitl.

Am fanylion pellach gweler yr erthygl gan Clare Morgan, '*John Barnie: Rebel with Several Causes*', yn *The New Welsh Review* (cyf. III, rhif 1, Haf 1990).

Baron Hill, gweler o dan teulu BULKELEY.

BARRINGTON, DAINES (1727–1800), hynafiaethydd. Sais ydoedd a mab i John Shute, Is-iarll cyntaf Barrington. O tua 1757 bu'n farnwr cylchdaith Meirion, Caernarfon a Môn (y Sesiwn Fawr), swydd a ddaliodd am dros ugain mlynedd. Yn ystod ei ymweliadau mynych â gogledd Cymru, daeth yn hyddysg iawn yn 'hynafiaethau Prydain'. Ef a gyhoeddodd gyntaf waith Syr John *Wynn, *History of the Gwydir Family* (1770), a gynhwyswyd yn ddiweddarach yn ei *Miscellanies* (1781), ac ef hefyd a fu'n gyfrwng i ddod â gwaith Ieuan Brydydd Hir (Evan *Evans) ar lenyddiaeth gynnar Cymru i sylw Thomas Gray a Samuel Johnson.

Ceir manylion pellach yn W. R. Williams, *History of the Great Sessions in Wales together with the Lives of the Welsh Judges* (1899).

Barti Ddu, gweler ROBERTS, BARTHOLOMEW (1682?–1722).

BARTRUM, PETER CLEMENT (1907–),

achyddwr, a aned yn Hampstead, Llundain, a'i addysgu yng Ngholeg y Frenhines, Rhydychen. Sais ydyw a fu'n feteorolegydd gyda'r Gwasanaeth Trefedigaethol rhwng 1932 ac 1955. Dysgodd ddarllen y Gymraeg wrth astudio llawysgrifau'r achau Cymreig a'r chwedlau a gysylltir ag *Arthur a'r Oesoedd Tywyll ym Mhrydain. Yn ogystal â chyfraniadau niferus i gyfnodolion Cymreig, cyhoeddodd *Early Welsh Genealogical Tracts* (1966), *Welsh Genealogies AD 300–1400* (1974) a *Welsh Genealogies AD 1400–1500* (1983).

BAYLY, LEWIS (m. 1631), awdur gweithiau defosiynol ac Esgob Bangor. Credir mai brodor o Gaerfyrddin ydoedd. Cafodd ei benodi'n Esgob Bangor yn 1616, a heriodd rym Syr John *Wynn o Wydir, y lleygwr mwyaf dylanwadol yn ei esgobaeth, ond wedyn daeth yn un o'i gyfeillion pennaf gan gefnogi mab Syr John pan ymgeisiodd hwnnw fel Aelod Seneddol dros sir Gaernarfon. Bu ei lyfr, *The Practice of Piety* (1611), yn hynod boblogaidd a chafwyd un argraffiad ar ddeg a thrigain ohono erbyn 1792; cyfieithwyd ef i'r Gymraeg gan Rowland *Vaughan o Gaer-gai dan y teitl *Yr Ymarfer o Dduwioldeb* (1630). Cafodd mab Bayly, Thomas (1608–c.1657), yrfa fel Protestant a Phabydd, ac yr oedd yn awdur llu o lyfrau gan gynnwys *Herba Parietis* (1650). Etifeddodd ŵyr Lewis Bayly, Edward Bayly, stad Plas Newydd, Môn, a'i ŵyr ef, Henry Bayly (1744–1812), a gymerodd enw ac arfau Paget (y nawfed Barwn), oedd tad Ardalydd cyntaf Môn.

Am fanylion pellach gweler yr erthygl gan J. Gwynfor Jones, '*Bishop Lewis Bayly and the Wynns of Gwydir, 1616–27*' yn *Cylchgrawn Hanes Cymru* (cyf. VI, rhif. 4, 1973).

BBC Cymru, Darlith Flynyddol, cyfres a ddechreuwyd yn 1938 ac a ddarlledwyd ar y radio (gyda bwlch yn ystod y blynyddoedd 1940 hyd 1950) hyd heddiw. Fe'i traddodir yn Gymraeg ac yn Saesneg bob yn ail, a thrafodwyd nifer o bynciau sy'n berthnasol i lenyddiaeth Gymraeg ac Eingl-Gymreig megis *Ceiriog* (1939) gan W. J. *Gruffydd, *Henry Vaughan* (1953) gan Edward Williamson, *Ymhel â Phrydyddu* (1958) gan T. H. *Parry-Williams, *Iolo Morganwg* (1963) gan Griffith John *Williams, *David Jones, Artist and Writer* (1965) gan Harman Grisewood, *Y Llenor a'i Gymdeithas* (1966) gan Alun *Llywelyn-Williams, *Being and Belonging* (1977) gan Gwyn *Jones ac *Y Beibl a droes i'w bobl draw* (1988) gan R. Geraint Gruffydd. Y mae darlithoedd eraill yn ymwneud ag agweddau crefyddol, gwleidyddol, gwyddonol a chelfyddydol ar fywyd Cymru. Bu darlith 1962, sef *Tynged yr Iaith* gan Saunders *Lewis, yn symbyliad i greu *Cymdeithas yr Iaith Gymraeg.

BEAGAN, GLENDA (1948–), bardd ac awdur straeon byrion. Fe'i ganed yn Rhuddlan, Dinb., a'i haddysgu yn Ysgol Ramadeg Llanelwy. Astudiodd gyda'r Brifysgol Agored cyn cofrestru'n fyfyriwr aeddfed yng Ngholeg Prifysgol Cymru, Aberystwyth. Ar ôl ennill gradd M.A. mewn Ysgrifennu Creadigol ym Mhrifysgol Caerhirfryn y mae bellach wedi dychwelyd i Ruddlan lle y mae'n cynnal gweithdai ysgrifennu creadigol. Y mae gwreiddiau ei straeon byrion a'i cherddi yn ddwfn yn ei chefndir Cymreig ac y mae i'w cherddi'n arbennig synnwyr cryf o le a hanes. Yn llawer o'r cerddi yn *Vixen* (1996) adlewyrchir tirluniau arbennig, yn enwedig yn ardal ei chartref yn sir Ddinbych. Cyfuna ei cherddi awyrgylch o hydeimledd a synwyrusrwydd cynnes, sydd weithiau'n ein hatgoffa am waith Gillian *Clarke, â moelni sy'n rhoi i'w myfyrdodau ar dduwiesau Celtaidd a thirluniau mytholegol awch sy'n iachus o fodern. Y mae ei straeon byrion hefyd yn egr a llawn cyfeiriadau. Yn *The Medlar Tree* (1992) a *Changes and Dreams* (1996), defnyddia fonolog, naratif trydydd person a deialog (sy'n un o'i chryfderau neilltuol) i greu byd sy'n llwyddo'n ddiymdrech i gwmpasu pob math o bobl, o fenywod glanhau i ferched bach. Er nad yng Nghymru y gosodir pob un o'i storïau, y mae ei rhyddiaith, fel ei cherddi, yn gyforiog o hydeimledd penodol Gymreig.

BEALE, ANNE (1816–1900), nofelydd o Saesnes, a fu'n byw am flynyddoedd yn Llandeilo, Caerf. Ymhlith ei nofelau a leolwyd yn gyfan gwbl neu yn rhannol yng Nghymru y mae *The Baronet's Family* (1852), *Simplicity and Fascination* (1855), *Gladys the Reaper* (1860), *Country Courtships* (1869), *The Pennant Family* (1876), *Rose Mervyn of Whitelake* (1879), *The Queen o' the May* (1882?) ac *Old Gwen* (1860); cyhoeddodd yn ogystal gyfrol o gerddi, *Poems* (1842). Ei gwaith pwysicaf yw *The Vale of the Towey* (1844) a ailgyhoeddwyd fel *Traits and Stories of the Welsh Peasantry* (1849). Hanes Saesnes yn ymgartrefu yng Nghymru ydyw, ond y mae'n rhannol yn gasgliad o storïau byrion embryonig. Gan fod iddynt un lleoliad a'u bod yn ffurfio un hanesyn, gellir ystyried eu bod, yn y cyd-destun Cymreig, yn gam pwysig yn natblygiad y *nofel Saesneg.

Gweler yr erthygl gan Moira Dearnley, 'I Came Hither, a Stranger', yn *The New Welsh Review* (rhif. 4, cyf. i, Gwanwyn 1989).

Beau Nash, gweler NASH, RICHARD (1674–1761).

BEBB, WILLIAM AMBROSE (1894–1955), awdur a hanesydd. Fe'i ganed yn Ngoginan, Cer., a'i addysgu yn Ngholeg Prifysgol Cymru, Aberystwyth; ymunodd â staff Adran Hanes y Coleg Normal, Bangor, yn 1925, gan ddod yn ddiweddarach yn Bennaeth yr Adran. Yn ystod y pedair blynedd a dreuliodd ym Mharis yn fyfyriwr ac yn ddarlithydd yn y Sorbonne daeth dan ddylanwad Charles Maurras a'r *Action Française*, a daeth yn edmygydd mawr o Ffrainc a'i diwylliant. Cyhoeddodd ei fyfyrdodau ar wareiddiad Ewrop yn y gyfrol *Crwydro'r Cyfandir* (1936). Daeth i adnabod Llydaw yn

dda, ac yn ei dri llyfr, *Llydaw* (1929), *Dyddlyfr Pythefnos* (1939) a *Pererindodau* (1941), rhydd adroddiad o'i gysylltiadau â'r mudiad cenedlaethol yn y wlad honno. Ysgrifennodd gyfres o bum llyfr ar hanes Cymru; *Ein Hen, Hen Hanes* (1932), *Llywodraeth y Cestyll* (1934), *Machlud y Mynachlogydd* (1937), *Cyfnod y Tuduriaid* (1939) a *Machlud yr Oesoedd Canol* (1950). Gyda Saunders *Lewis a Griffith John *Williams sefydlodd Y Mudiad Cymreig yn 1924, a ddatblygodd i fod yn Blaid Genedlaethol Cymru (*Plaid Cymru) flwyddyn yn ddiweddarach, ac yr oedd in un o'i chefnogwyr mwyaf diwyd hyd yr Ail Ryfel Byd. Tua diwedd ei oes, fodd bynnag, oerodd ei sêl wleidyddol a rhoddai bwyslais cynyddol ar egwyddorion Cristnogol, fel y dengys ei lyfr olaf, *Yr Argyfwng* (1955).

Ceir trafodaeth o gredo wleidyddol Ambrose Bebb gan Gareth Miles mewn pennod yn *Adnabod Deg* (gol. Derec Llwyd Morgan, 1977) ac mewn erthygl gan yr un awdur yn *Planet* (rhif. 37/38, 1977) a chan D. Hywel Davies, *The Welsh Nationalist Party 1925–1945* (1983). Paratowyd llyfryddiaeth o'i waith gan Rhidian Griffiths (1982). Gweler hefyd y llyfryn darluniadol a olygwyd gan Lowri Williams yn y gyfres *Bro a Bywyd* (1995) a *Lloffion o Ddyddiaduron Ambrose Bebb 1920–1926* (gol. Robin Humphreys, 1996).

Beca, Helyntion, cyffro cymdeithasol sylweddol a ddigwyddodd yng ngorllewin Cymru yn ystod ail chwarter y bedwaredd ganrif ar bymtheg. Ymosododd terfysgwyr ar y tollbyrth oherwydd bod eu nifer wedi cynyddu o dan y gwahanol ymddiriedolaethau ffyrdd a sefydlwyd tua diwedd y ganrif flaenorol. Ffermwyr a gythruddwyd gan gostau uchel y tollau wrth iddynt gludo calch a ddechreuodd yr ymgyrch, ond yn ddiweddarach ffurniigwyd yr ymrafael gan lu o werin-bobl a ddioddefasai anghyfiawnder a thrais. Yn Yr Efail-wen, ger y ffin rhwng sir Benfro a sir Gaerfyrddin, y bu'r ymosodiad cyntaf ar 13 Mai 1839, a daeth cyfnod cyntaf yr helynt i ben pan ddinistriwyd tollborth Heol Dŵr, Caerfyrddin, dri diwrnod ar ddeg yn ddiweddarach. Bu terfysgoedd gwaeth yng ngaeaf 1842, ac erbyn hydref y flwyddyn ganlynol yr oedd tollbyrth wedi eu dinistrio yn nhair sir de-orllewin Cymru, a hefyd yn siroedd Maesyfed, Brycheiniog a Morgannwg. Ysbrydolwyd yr ymgyrchwyr gan adnod yn Llyfr Genesis 24:60: 'A hwy a fendithiasant Rebeca, ac a ddywedasant wrthi . . . etifedded dy had borth ei gaseion.' Yr oedd gan bob mintai ei Rebeca, yr arweinydd am y tro, gŵr wedi ei wisgo yn aml fel menyw; er bod rhai enwau yn wybyddus, ni lwyddwyd i brofi bod un arweinydd i'r ymgyrchoedd yn eu crynswth.

Achos sylfaenol y protest oedd y chwalfa a oedd yn digwydd mewn cymdeithas draddodiadol oherwydd cynnydd rhy gyflym yn y boblogaeth a gorthrwm economi ariannol a hynny mewn bro a chanddo drefn wleidyddol a gweinyddol lygredig. Er mai ar y tollbyrth yr ymosodwyd y rhan amlaf, anelwyd hefyd at y tlotai newydd, ynadon amhoblogaidd, y rhai oedd yn mynnu degymau afresymol, a'r rhai oedd yn adeiladu coredau ar yr afonydd – arwyddion oll o drefn ormesol. Restiwyd rhyw ddyrnaid o'r terfysgwyr, ond oherwydd y gefnogaeth eang oedd iddynt anfynych iawn y ceid digon o dystiolaeth i'w cael yn euog. O ganlyniad i Gomisiwn Ymchwil sefydlwyd byrddau ffyrdd i gymryd trosodd yr holl ymddiriedolaethau yn chwech o siroedd deheudir Cymru, a gostyngwyd a symleiddiwyd y tollau. Ystyrir Helyntion Beca fel enghraifft drawiadol o weithred dorfol a'r unig wrthryfel llwyddiannus er dyddiau'r *Rhyfel Cartref (1642–48). Denodd yr helyntion sylw'r *Times* a chyhoeddodd fanylion gwerthfawr am gyflwr cymdeithasol de-orllewin Cymru mewn cyfnod tyngedfennol yn ei hanes. Gweler hefyd REES, THOMAS.

Y gweithiau safonol ar y pwnc yw David Williams, *The Rebecca Riots: a study in Agrarian Discontent* (1955), a droswyd i'r Gymraeg gan Beryl Thomas o dan y teitl *Helyntion Beca* (1974), a D. J. V. Jones, *Rebecca's Children* (1989); gweler hefyd Pat Molloy, *And they blessed Rebecca* (1983).

BEDDOE, DEIRDRE (1942–   ), awdur, hanesydd a darlledydd, yn arbenigo mewn hanes merched Cymru a Phrydain y bedwaredd ganrif ar bymtheg a'r ugeinfed ganrif. Ganed hi yn Y Barri, Morg., a'i haddysgu yng Ngholeg y Brifysgol, Aberystwyth. Bu'n dysgu yn Ysgol Ramadeg y Merched, Weston-super-mare o 1968 hyd 1970 a dychwelodd i'r Barri i ddarlithio mewn Hanes yng Ngholeg Addysg Morgannwg; yn 1975, cyfunodd y coleg hwn â Choleg Politechneg Cymru a ddaeth yn *Brifysgol Morgannwg yn 1992. Bu'n darlithio mewn Hanes a Hanes Celf yn ystod y cyfnod hwn, ac yn 1994, fe'i penodwyd i Gadair Hanes Menywod, y gyntaf ym Mhrydain. Yn ei gwaith ymchwil arloesol a'i gwaith ysgrifennu ailasesir profiad menywod o fewn traddodiad hanes Cymru. *Welsh Convict Women: A Study of Women Transported from Wales to Australia 1787–1852* (1979) oedd y gyfrol gyntaf mewn cyfnod newydd o ysgrifennu ymroddedig i hanes menywod yng Nghymru. Y mae'r gyfrol *Discovering Women's History: A Practical Manual* (1983) yn annog ymchwil yn y maes hwn a ddiystyrwyd yn y gorffennol, ac yn cynnig canllawiau ar gyfer hel gwybodaeth a thystiolaeth. Trwy ei llyfrau a thrwy ei darllediadau radio a theledu, daeth ag astudiaeth academaidd o hanes menywod i sylw cynulleidfa eang. Ymhlith ei gweithiau eraill y mae *Bywyd Cymdeithasol yng Nghymru yn yr Ail Ganrif ar Bymtheg* (addaswyd i'r Gymraeg gan D. Gwynant Evans, 1975), *Back to Home and Duty: Women in Britain Between the Wars 1918–1939* (1989) a *Parachutes and Petticoats: Welsh Women Writing on the Second World War* (1992) a gydolygodd â Leigh Verrill-Rhys.

Bedloe, William (1650–80), troseddwr a aned yng Nghas-gwent, Myn., lleidr, twyllwr a hysbyswr a ddefnyddiodd ei ddychymyg a'i huodledd yn ystod

Cynllwyn Pabyddol 1678 i ladd ar offeiriad Pabyddol.

BEDO AEDDREN (*fl.* 1500), bardd. Gall mai brodor o Lanfor, Meir., ydoedd ond iddo gymryd ei enw oddi wrth Aeddren ger Llangwm, Dinb. Priodolir dros ddeugain o gerddi iddo a bron y cyfan ohonynt yn gywyddau ar themâu traddodiadol, er y tadogir llawer o'r rhain ar fwy nag un bardd arall hefyd, ac yn enwedig ar *Fedo Brwynllys. Themâu clefyd serch sydd amlycaf ganddo. Weithiau, ceir hefyd elfen fras a chwrs, ac ymwrthod â'r gariadferch a'i gwawdio.

Cyhoeddwyd cyfrol o ganeuon serch Bedo Aeddren, ynghyd â gwaith Bedo Brwynllys a Bedo Phylip Bach, yn *Cywyddau Serch y Tri Bedo* (gol. Patrick Donovan, 1982).

BEDO BRWYNLLYS (*fl.* 1460), bardd o Frycheiniog na wyddys nemor ddim o'i hanes. Cadwyd amryw o'i gywyddau serch, a rhai cywyddau ac awdlau crefyddol, mawl a marwnad, gan gynnwys un i Syr Richard Herbert o Golbrwg yn 1469. Ceir ganddo hefyd gywyddau dychan i *Ieuan Deulwyn a Hywel Dafi (*Hywel ap Dafydd ap Ieuan ap Rhys). Y mae'n bosibl mai'r un yw'r bardd hwn â *Bedo Phylip Bach, oherwydd hanoedd y ddau o'r un ardal a chanent tua'r un cyfnod, ond nid oes dystiolaeth bendant i brofi hynny.

Ceir ei gerddi yn *Cywyddau Serch y Tri Bedo* (gol. Patrick Donovan, 1982).

BEDO HAFESB (*fl.* 1567–85), bardd a brodor o Drefaldwyn a ddaliai swydd sersiant yn Y Drenewydd; ychydig a wyddys amdano a chyfansoddwyd y rhan fwyaf o'r ychydig o'i gywyddau sydd ar gael i foneddigion Powys, megis moliant i Siôn Games o'r Drenewydd. Canodd rai cywyddau dychan a bu'n ymryson ag *Ieuan Tew Ieuaf. Bernir iddo fod yn fardd o fri yn ei ddydd gan iddo gael ei urddo'n ddisgybl pencerddaidd yn ail Eisteddfod *Caerwys (1567).

Gweler D. Davies, 'Graddedigion Ail Eisteddfod Caerwys, 1567', *Bwletin* y Bwrdd Gwybodau Celtaidd (cyf. XXIV, 1972).

BEDO PHYLIP BACH (*fl.* 1480), bardd a brodor o sir Frycheiniog; efallai mai'r un person ydyw â *Bedo Brwynllys ond nid oes dystiolaeth bendant i brofi hynny. Priodolir tuag un cywydd ar ddeg iddo a cheir rhai ohonynt yn *Cywyddau Serch y Tri Bedo* (gol. Patrick Donovan, 1982).

Bedwen Haf, symbol ffrwythlonedd. Torrid bedwen yn gynnar ar fore *Calanmai a'i chludo i fan canolog a'i haddurno ar gyfer dathlu'r ŵyl a gysylltid â dechrau'r haf. Ceir cyfeiriad cynnar at yr arfer hwn yn Llanidloes, Tfn., mewn cywydd gan *Ruffudd ab Adda ap Dafydd. Gwaharddwyd 'codi'r fedwen' yn 1644 ond gyda'r Adferiad ailgydiodd yr arfer yn enwedig yng ngogledd-ddwyrain Cymru ar ffurf y 'gangen haf' a gludid o gwmpas y fro gan barti o ddawnswyr. Ym Morgannwg a Gwent cysylltid y fedwen haf neu'r pawl haf â *Gŵyl Ifan ac â'r *daplas; arferid ceisio dwyn bedwen y naill bentref gan y llall fel y disgrifir gan William Thomas (1717–95), y dyddiadurwr o Sain Ffagan, Morg. Parhaodd y traddodiad mewn bri ar Galanmai yn Ninbych-y-pysgod, Penf., hyd at ganol y bedwaredd ganrif ar bymtheg ond ar wahân i ambell gais i'w hadfer y mae wedi edwino o'r tir. Gweler hefyd CAROLAU HAF.

Ceir manylion pellach yn Trefor M. Owen, *Welsh Folk Customs* (1959).

'**Bedwenni, Y**', tri phennill yn *Llyfr Du Caerfyrddin* a leolir yno yn union o flaen y gyfres a adwaenir fel 'Yr *Afallennau'. Priodolid hwy i *Fyrddin yn yr Oesoedd Canol ond ni chyfeirient yn benodol at y chwedl amdano. Ar ddechrau'r tri phennill honnir mai 'Gwyn ei byd y fedwen' yn Nyffryn Gwy, ym Mhumlumon ac yng ngwarthaf Dinwythwy. Cyfeiria'r penillion hefyd at frwydro yn Ardudwy, yn Nygannwy ac yn Edrywy, at 'Ffrainc yn llurigogion', at 'fynaich yn fynych yn farchogion', ac at godi pontydd ar Daf, ar Dafwy ac 'am ddwylan Gwy'. Gorffennir trwy ddarogan dyddiau gwell yn 'amser Cadwaladr'; tybir bod y broffwydoliaeth yn cyfeirio at *Gadwaladr Fendigaid.

Ceir manylion pellach yn M. E. Griffiths, *Early Vaticination in Welsh* (1937) ac A. O. H. Jarman, *Llyfr Du Caerfyrddin* (1982).

Bedwyr fab Pedrawg, arwr chwedlonol, yr ail o wŷr llys *Arthur yn chwedl *Culhwch ac Olwen. Yn ôl yr hanes y mae'n bwrw gwaywffon at Ysbaddaden Bencawr, yn cynorthwyo *Cai i ryddhau *Mabon fab Modron o'i garchar ac i gnithio barf *Dillus Farfog, ac yn hela'r *Twrch Trwyth. Dywedid yr âi gyda Chai ar unrhyw ymgyrch neu neges, ac mai ef oedd y dyn harddaf yn yr Ynys hon ar wahân i Arthur a Drych Ail Cibddar. Er mai un llaw oedd ganddo, ni thynnai tri milwr waed yn gynt na Bedwyr. O flaen porth *Wrnach Gawr disgrifir pen ei waywffon yn dygyrchu'r gwaed oddi ar y gwynt, cyn dychwelyd i'w baladr. Yn y gerdd 'Pa ŵr yw y porthor?' (10fed/11fed gan.) molir ei ddoniau a dywedir ei fod yn lladd ei elynion fesul cant. Yn *Historia Regum Britanniae cynorthwya Arthur i ymladd â'r cawr ym Mynydd Mihangel.

Ceir manylion pellach yn Rachel Bromwich, *Trioedd Ynys Prydein* (3ydd arg., 1998).

Bedyddwyr, enw ar garfan o'r Eglwys Gristnogol sy'n credu y dylid bedyddio, trwy drochi mewn dŵr, y rhai a fedr broffesu ffydd bersonol yn Iesu Grist fel Arglwydd a Gwaredwr, ac un o'r enwadau Anghydffurfiol mwyaf yn y byd. Daliant mai bedyddio oedd arfer yr Eglwys Fore ac adferwyd ef gan Anabaptistiaid y Cyfandir yn sgîl twf *Protestaniaeth. Ffurfiwyd yr eglwys Fedyddiedig gyntaf yn Lloegr yn 1612.

Gallasai fod Bedyddwyr yn Olchon, ar ffiniau swydd Henffordd, yn 1633 ac ymhlith yr aelodau yn Llanfaches, Myn., yr eglwys Ymneilltuol gyntaf yng Nghymru (1639). Gwyddys bod rhai yn eglwys Llanigon, Brych., a ffurfiwyd yn ystod y Werinlywodraeth gan deulu Watkins o Benyrwrlodd. Bedyddiwyd Vavasor *Powell yn 1655 ond John *Miles, sefydlydd eglwys Llanilltud Gŵyr, Morg., yn 1649, oedd yn bennaf gyfrifol am sefydlu achos y Bedyddwyr yng Nghymru. Rhoddodd yr Adfywiad *Methodistaidd hwb ychwanegol i'r achos ac erbyn y 1770au cychwynnwyd ar genhadaeth i ogledd Cymru. Amcangyfrifir bod gan Bedyddwyr naw mil o aelodau yng Nghymru yn 1800 a thros gan mil ar ddiwedd y bedwaredd ganrif ar bymtheg. Dengys *Cyfrifiad Crefyddol 1851 mai'r Bedyddwyr oedd y trydydd o ran nifer eu capeli o'r enwadau Ymneilltuol yng Nghymru.

Caeth-gymunol oedd y Bedyddwyr Cymreig. Dim ond rhai bedyddiedig a gâi fod yn aelodau o'u heglwysi cynnull, sef eglwysi y deuai addolwyr atynt o bell ac a symudai weithiau o le i le er mwyn diwallu anghenion yr addolwyr. Amlygwyd gogwydd at gyfundrefn fwy canolog, fodd bynnag, trwy gyfrwng Cymanfa, ac yn 1866 ffurfiwyd Undeb y Bedyddwyr. Newidiodd eu diwinyddiaeth hefyd: cydag ambell eithriad, Calfinaidd fu Bedyddwyr Cymru o'r cychwyn, ond erbyn diwedd y ddeunawfed ganrif troesai rhai at *Undodiaeth ac yn ystod hanner olaf y bedwaredd ganrif ar bymtheg rhoddwyd pwyslais cynyddol ar feirniadaeth Feiblaidd. Daeth tuedd radicalaidd i'r amlwg megis ym mhregethau Morgan John *Rhys a hyn, er yn llai chwyldroadol, oedd wrth wraidd cefnogaeth ddiweddarach yr enwad i *Ryddfrydiaeth wleidyddol.

Diwinyddol yw natur cynnyrch llenyddol y Bedyddwyr yn bennaf, ond y mae i rai o'u gweithiau le pwysig yn hanes llenyddiaeth Gymraeg. Y mae llyfr Joshua Thomas, *Hanes y Bedyddwyr* (1778), a chyfrolau James Spinther *James, *Hanes y Bedyddwyr yng Nghymru* (1892–1907), yn weithiau nodedig yn nhwf hanesyddiaeth, ac y mae lle pwysig i Y *Cylchgrawn Cynmraeg, Y *Greal a *Seren Gomer yn hanes y cyfnodolyn Cymraeg. Ar y cyfan, eilradd yw cyfraniad y Bedyddwyr i emynyddiaeth o'i gymharu ag enwadau eraill; dichon mai Benjamin *Francis a Joseph *Harris (Gomer) oedd eu hemynwyr gorau, er na ddylid anghofio'r cyn-Fethodistiaid John *Dafydd, Morgan *Dafydd a Dafydd *Wiliam. Ymhlith y Bedyddwyr a oedd hefyd yn llenorion gellir enwi Titus *Lewis, Christmas *Evans, Robert *Ellis (Cynddelw), John *Jones (Mathetes), William Roberts (Nefydd; 1813–72), John *Jenkins (Gwili) a Ben *Bowen.

Y gwaith safonol ar yr enwad, heblaw y cyfrolau a nodwyd, yw T. M. Bassett, *Bedyddwyr Cymru* (1977); gweler hefyd *Trafodion Cymdeithas Hanes Bedyddwyr Cymru*.

Beibl, Y. Y darnau o'r Ysgrythurau a welir yn llenyddiaeth grefyddol Gymraeg yr Oesoedd Canol yw'r enghreifftiau cynharaf o gyfieithiadau o'r Beibl. Nid cyfieithiadau ydynt o'r gwreiddiol Hebraeg a Groeg ond o'r fersiwn Lladin a adwaenir fel y Fwlgat, ac nid yw eu rhif na'u maint yn fawr. Ceir Genesis 1:1-2:2; 2:21-3 yn *Y Bibyl Ynghymraec* (c.1350-1400), cyfieithiad rhyddiaith dienw o *Promptuarium Bibliae* gan Petrus Pictaviensis; wyth ar hugain o Salmau ynghyd ag ychydig adnodau o'r Testament Newydd a'r Apocryffa yn *Gwassanaeth Meir* (c.1400); Gweddi'r Arglwydd, y Gwynfydau, Agoriad Efengyl Ioan, y Deg Gorchymyn a rhyw gant a hanner o adnodau o'r Hen Destament a'r Testament Newydd yn amrywiol draethodynnau *Llyfr Ancr Llanddewi Brefi*; Mathew 26:1-28:7 yn *Y Groglith*; a rhai damhegion ac adnodau o'r Testament Newydd yn *Y Seint Greal*. Nid yw'n debyg i'r un o'r darnau gael ei ddefnyddio yn llith. Unig Ysgrythurau'r Eglwys Ladin yng Nghymru, fel yng Ngorllewin Ewrop yn gyffredinol, oedd rhai y Fwlgat Lladin.

Gyda'r Dadeni Dysg a'r Diwygiad Protestannaidd bu cryn newid. Ailddarganfuwyd ac argraffwyd testunau gwreiddiol y Beibl, cyhoeddwyd cyfres o gyfieithiadau Lladin newydd ohonynt a throswyd y Beibl cyfan i nifer o ieithoedd Gorllewin Ewrop. Yr oedd gan Gymru, yn ffodus, wŷr digonol eu cymwysterau i sicrhau iddi hithau fersiwn cyfiaith o'r Ysgrythurau, a'r blaenaf o'r rhain oedd William *Salesbury. Cyhoeddwyd ei gyfieithiad o Epistolau ac Efengylau a Llyfr Gweddi Gyffredin dan y teitl *Kynniver llith a ban* (1551). Egwyddorion cyffredinol ei gyfieithu oedd ffyddlondeb i'r gwreiddiol heb fod yn gaeth i'w union eiriad, urddas ymadrodd a enillir trwy arfer iaith hynafol a Lladinaidd ac amrywiaeth mynegiant. Grymuso a thynnu sylw at y ddwy olaf o'r egwyddorion hyn yw amcan hynodrwydd orgraff Salesbury.

Oherwydd y cyfyngiadau a osododd y *Ddeddf Uno (1536) ar y Gymraeg, ni ellid defnyddio *Kynniver llith a ban* yn y llannau, a bu'n rhaid aros saith mlynedd ar hugain cyn y llwyddwyd i berswadio'r Senedd i awdurdodi cyfieithiad Cymraeg o'r Beibl cyfan. Ymddangosodd y Llyfr Gweddi a'r Testament Newydd Cymraeg yn 1567. Salesbury oedd cyfieithydd y Llyfr Gweddi, gan gynnwys y Sallwyr, ac ef hefyd a gyfieithodd holl lyfrau'r Testament Newydd ar wahân i 1 Timotheus, Hebreaid, Iago ac 1 a 2 Pedr, a gyfieithwyd gan yr Esgob Richard *Davies, a'r Datguddiad, a gyfieithwyd gan Thomas Huet (m. 1541). Eglurdeb oedd nod Huet, a mentrodd drosi i dafodiaith Dyfed. Ceidw Salesbury wrth yr egwyddorion cyfieithu a'r dyfeisiadau llenyddol a welir yn *Kynniver llith a ban*, ond ei fod bellach, dan ddylanwad Beibl Genefa, yn rhoi mwy o bwys ar ffyddlondeb llythrennol. Ffyddlondeb hefyd yw nod Davies, ond ni cheir ganddo nemor ddim o addurniadau llenyddol Salesbury. Gŵr y *Dadeni oedd Salesbury ond Protestant cenhadol oedd yr Esgob, a'r gwahaniaeth hwn, y mae'n bur debyg, oedd yr achos iddynt fethu â mynd yn eu blaenau a chwblhau'r cyfieithiad o'r Beibl cyfan.

Cwblhawyd y gwaith a ddechreuwyd gan Salesbury a Davies gan William *Morgan a Beibl Cymraeg 1588 yw'r garreg sylfaen y seiliwyd llenyddiaeth fodern Gymraeg arni. Rhagoriaethau arbennig Morgan fel cyfieithydd oedd trin testunau gwreiddiol yr Ysgrythurau yn ddeheuig ac ysgolheigaidd, dileu'r ffurfiau hynafol a chwithig a ddefnyddiodd Salesbury a chyflwyno'r Gymraeg mewn diwyg deallus, sensitif, cyfoes a chyson, a'i ddoniau dihafal fel llenor a'i galluogodd i ymgorffori yn ei gyfieithiad gadernid, cywirdeb, purdeb a mawredd iaith glasurol y beirdd. Yr oedd ei gamp yn fwy tyngedfennol fyth am iddo'i chyflawni ar adeg pan oedd *Cyfundrefn y Beirdd, a fu hyd yn hyn yn warcheidwad yr iaith lenyddol, eisoes yn dirywio.

Argraffiad diwygiedig a ysbrydolwyd gan yr argraffiad awdurdodedig Seisnig yn 1611 oedd *Y Bibl Cyssegr-lan* (1620). Bellach yr oedd copïau o Feibl William Morgan wedi prinhau a theimlid bod angen diwygio'r iaith, yn arbennig oherwydd iddo gadw ormod at yr idiom Hebraeg. Yr Esgob Richard *Parry o Lanelwy a fu'n gyfrifol am y fersiwn diwygiedig. Yn anffodus, ysgrifennodd lythyr cyflwyniad i'r Brenin Iago I mewn dull digon ymffrostgar ac anysgolheigaidd: dywed iddo gadw peth o gyfieithiad Morgan ond newidiodd gymaint mewn mannau fel ei fod yn anodd penderfynu pwy oedd wedi cyfieithu'r gwaith. Nid yw'n cydnabod unrhyw gynorthwywyr yn y gwaith ond, yn ôl tystiolaeth y beirdd, ei frawd-yng-nghyfraith, y Dr. John *Davies o Fallwyd, un o ysgolheigion mwyaf ei gyfnod, a gyflawnodd y rhan fwyaf o'r gwaith o ddiwygio a safoni'r iaith.

Adargraffiad o Feibl 1620 yw Beibl 1630 a'i unig hynodrwydd yw ei faint. Fe'i gelwid y Beibl Bach neu'r Beibl Coron (oherwydd ei bris) ac fe'i cyhoeddwyd gan nifer o Gymry cefnog yn Llundain, yn eu plith Syr Thomas *Middleton a Rowland *Heilyn. Hwn oedd y Beibl teuluaidd cyntaf, a chyhoeddwyd, yn yr un rhwymiad, y Llyfr Gweddi Gyffredin ynghyd â'r Salmau a *Salmau Cân Edmwnd *Prys.

Yn ystod y ganrif hon a'r un flaenorol, gwnaed llawer ymdrech i gyfieithu a chyhoeddi darnau o'r Beibl i'r Gymraeg. Yn ogystal, buwyd yn safoni a diweddaru orgraff cyfieithiad 1588/1620, a chyhoeddwyd y Testament Newydd diwygiedig yn 1936, y Beibl yn 1955, a'r Apocryffa yn 1959. Yn gynnar yn 1961, fodd bynnag, gwahoddodd Cyngor Eglwysi Cymru yr Eglwysi a berthynai iddo i sefydlu cyd-bwyllgor er mwyn paratoi trosiad newydd o'r Beibl cyflawn i'r Gymraeg. Ymunodd cynrychiolwyr o'r Eglwys yng Nghymru, yr Eglwys Gatholig Rufeinig a'r Eglwysi Anghydffurfiol yn y gorchwyl o gyfieithu ar y cyd, a phenodwyd Panel Llenyddol hefyd i ofalu am iaith ac arddull y cyfieithiad Cymraeg. Cyhoeddwyd y Testament Newydd yn 1975, a Llyfr y Salmau yn 1979. Bwriad y cyd-bwyllgor o'r cychwyn oedd dathlu pedwarcanmlwyddiant cyfieithu'r Beibl yn 1588 trwy gyhoeddi'r Beibl Newydd

Cymraeg. Yn 1988, felly, cyhoeddodd Cymdeithas y Beibl ddau argraffiad ohono: y naill yn cynnwys yr Apocryffa, a'r llall hebddo. Nid oedd yn amcan gan y cyfieithwyr i'r fersiwn newydd ddisodli Beibl William Morgan ond yn hytrach i ddefnyddio'r ddau fersiwn yn gyfochrog â'i gilydd. Disgwylir yn ffyddiog y bydd Beibl 1588/1620 yn parhau fel trysor llenyddol dihafal; ac yn wir, deil yn annwyl iawn yng nghof a chalon llawer o'r genedl o hyd. Amcan y Beibl Newydd Cymraeg, chwedl ei gyfieithwyr, yw 'rhoi i'r darllenydd fwy o oleuni heb iddo golli rhin mynegiant yr hen gyfieithiad'.

Ceir manylion pellach yn Charles Ashton, *Bywyd ac Amserau'r Esgob William Morgan* (1891); John Ballinger, *The Bible in Wales* (1906); W. J. Gruffydd, *Llenyddiaeth Cymru: Rhyddiaith o 1540 hyd 1660* (1926); Thomas Parry, *Hanes Llenyddiaeth Gymraeg hyd 1900* (1944); Glanmor Williams, *Bywyd ac Amserau yr Esgob Richard Davies* (1953); Geraint Bowen (gol.), *Y Traddodiad Rhyddiaith* (1970), Isaac Thomas, *Y Testament Newydd Cymraeg, 1551–1620* (1976) ac *Yr Hen Destament Cymraeg, 1551–1620* (1988); R. G. Gruffydd (gol.), *Y Gair ar Waith* (1988); Prys Morgan, *Beibl i Gymru* (1985); *Y Beibl Cymraeg Newydd* (1988); a Glanmor Williams, *The Welsh and their Religion* (1991).

Beibl Bach neu **Beibl Coron**, gweler o dan BEIBL.

Beirdd Coleg, term difriol ar lenorion y dadeni llenyddol ar ddechrau'r ugeinfed ganrif. Defnyddir yr ymadrodd i gyfeirio yn arbennig at ddisgyblion John *Morris-Jones a ddangosai ôl hyfforddiant prifysgol yn eu hiaith a'u harddull ac yn eu dyhead i estyn terfynau profiad a gorwelion barddoniaeth Gymraeg. Condemnid eu gwaith yn hallt gan rai beirniaid a honnai gynrychioli'r werin hunanddiwylliedig.

Beirdd y Niwl, term a ddefnyddiwyd i ddisgrifio rhai beirdd megis T. Gwynn *Jones a W. J. *Gruffydd ac yn arbennig eu dilynwyr yn ystod degau cynnar yr ugeinfed ganrif, oherwydd iddynt ddefnyddio'r geiriau 'niwl' a 'tharth' mor aml i gyfleu dirgelion dychmygol.

Ysgrifennodd Alun Llywelyn-Williams astudiaeth o waith y beirdd hyn dan y teitl *Y Nos, y Niwl a'r Ynys* (1960).

Beirdd y Tywysogion, gweler GOGYNFEIRDD.

Beirdd yr Uchelwyr. Daethant i'r amlwg wedi cwymp *Llywelyn ap Gruffudd yn 1282. Ar ôl ei farwolaeth ef daeth diwedd ar nawdd y beirdd o du'r Tywysogion, ond parhawyd y traddodiad nawdd gan yr uchelwyr a hawliodd yn awr gyfran o'r grym gweinyddol a fu'n eiddo i'r Tywysogion. O tua 1330 ymlaen, am dair canrif neu fwy, ffynnodd dosbarth newydd o feirdd dan nawdd y teuluoedd tirfeddiannol hyn. Yr oedd llawer o gynnyrch y beirdd (y mae gweithiau tua chant a hanner ohonynt wedi goroesi) yn ymwneud â moli'r noddwr, ei dras, ei wraig, ei dŷ, ei aelwyd a'i haelioni. Y *cywydd oedd y ffurf arferol, er bod yr *awdl hefyd yn boblogaidd. Un o'r cywyddau mwyaf trawiadol yw disgrifiad *Iolo Goch o Sycharth, cartref *Owain Glyndŵr. Fel arfer, noddwyd beirdd gorau gan y teuluoedd uchaf eu statws. Deuai llawer o'r beirdd o'r un dosbarth cymdeithasol â'r teuluoedd a folent, ac yr oeddynt yn gynefin â gwychder bwydydd, gwin, dillad a phensaernïaeth, yr hyn a ddisgrifient mor ffrwd. Yr oedd eu cerddi, a ganwyd yn aml i gyfeiliant y delyn, yn gymdeithasol eu naws, yn dechnegol ddysgedig, ac wedi eu gwreiddio yn y grefydd Gristnogol. Yr oedd y cywydd gofyn, megis y cywydd o fawl i'r rhoddwr, yn nodweddiadol o'u celfyddyd. Perthynai'r beirdd hyn i gyfundrefn broffesiynol, ac adolygwyd rheolau eu celfyddyd o dro i dro fel yn Ystatud *Gruffudd ap Cynan. Ymhlith y goreuon o'r beirdd hyn yr oedd Iolo Goch, *Dafydd ap Gwilym, *Siôn Cent, *Gutun Owain, *Guto'r Glyn, *Dafydd Nanmor, *Lewys Glyn Cothi, *Dafydd ab Edmwnd, *Tudur Aled, *Gruffudd Hiraethog, Lewys Morgannwg (*Llywelyn ap Rhisiart), *Wiliam Llŷn a *Simwnt Fychan.

Am ragor o fanylion gweler D. J. Bowen, *Barddoniaeth yr Uchelwyr* (1957); y mae'r un awdur hefyd wedi cyhoeddi erthyglau pwysig yn *Nhrafodion Anrhydeddus Gymdeithas y Cymmrodorion* (1970), yn *Ysgrifau Beirniadol VII* (gol. J. E. Caerwyn Williams, 1971) ac yn *Llên Cymru* (cyf. IX, 1966–67). Ceir trafodaeth bellach yn Saunders Lewis, *Braslun o Hanes Llenyddiaeth Gymraeg* (1945), a Gwyn Thomas, *Y Traddodiad Barddol* (1976); gweler hefyd yr ysgrif gan R. M. Jones yn *Ysgrifau Beirniadol VII* (gol. J. E. Caerwyn Williams, 1974), a bennod gan Rachel Bromwich yn *A Guide to Welsh Literature* (cyf. II, gol. A. O. H. Jarman a Gwilym Rees Hughes, 1979) a'r erthygl gan Eurys Rowlands yn *Llên Cymru* (cyf. II, 1952–53). Gweler hefyd *Beirdd yr Uchelwyr a'r Gymdeithas yng Nghymru c.1536–1640* (1997) gan J. Gwynfor Jones.

Beirniad, Y, misolyn y cyhoeddwyd dau rifyn a phedwar ugain ohono rhwng 1859 ac 1879. Fe'i golygwyd gan John Davies (1823–74) o Aberaman a William Roberts (1828–72) o Goleg Coffa Aberhonddu ac wedi eu marwolaeth hwy, gan John Bowen Jones (1829–1905). Ceir yn y cylchgrawn erthyglau ar faterion megis crefydd, hanes, llenyddiaeth, daeareg, ffiseg ac amaethyddiaeth, a beirniadaeth lem ar Babyddiaeth, *Mudiad Rhydychen a'r Dreth Eglwys; cefnogai hefyd addysg a rhyddfraint i ferched, a gwrthwynebai gosbi drwy ddienyddio. Yr oedd y rhan fwyaf o'i gyfranwyr yn ddienw, ond ynghyd â'r *Traethodydd a'r *Adolygydd, yr oedd hwn yn un o'r cylchgronau Cymraeg mwyaf dysgedig a dylanwadol yn y bedwaredd ganrif ar bymtheg. Gweler hefyd y cofnod nesaf.

Ceir manylion pellach yn Huw Walters *'Yr Adolygydd' a'r 'Beimiad': Eu Cynnwys a'u Cyfranwyr* (1996).

Beirniad, Y, cylchgrawn chwarterol o dan olygyddiaeth John *Morris-Jones, a gyhoeddwyd yn rheolaidd o 1911 hyd 1917, ond yn fwy ysbeidiol wedi hynny hyd at y rhifyn olaf yn 1920. Dan nawdd Cymdeithasau Cymraeg tri Choleg *Prifysgol Cymru y sefydlwyd y cylchgrawn, a'i gamp yn y pen draw oedd cadarnhau'r diwygio ar safonau iaith a llên a gysylltir yn bennaf â gyrfa'r golygydd. Y mae enw John Morris-Jones, wrth reswm, yn britho'r cylchgrawn, yn enwedig y rhifynnau cynnar, gyda'i adolygiadau, a'i erthyglau ar yr orgraff ac ar wallau iaith, a'i nodiadau ar darddiad *Gorsedd Beirdd Ynys Prydain. Nid llai toreithiog ei gynnyrch mo'i gynfyfyriwr Ifor *Williams, yntau â'r un math o ddeunydd, gan gynnwys rhagflas o'i lafur safonol ar 'Y *Gododdin' yn *Llyfr Aneirin*. Ymhlith ysgolheigion disglair eraill a gyfrannodd ffrwyth eu hymchwil yr oedd J. E. *Lloyd ac R. T. *Jenkins. Rhoddwyd lle i lenorion creadigol a chyhoeddwyd clasuron o gerddi megis *'Madog' gan T. Gwynn *Jones ac *'Ynys yr Hud' gan W. J. *Gruffydd, yn ogystal â thoreth o waith gwreiddiol gan ddisgyblion y ddysg newydd megis R. Dewi *Williams, E. Tegla *Davies, J. J. *Williams, R. G. *Berry, R. Williams *Parry a T. H. *Parry-Williams. Ni chyfyngodd y golygydd faes y cylchgrawn i bynciau llenyddol ac ieithyddol a chroesawai gyfraniadau ar unrhyw bwnc o ddiddordeb cenedlaethol; daeth Y Beirniad yn un o gylchgronau Cymraeg mwyaf dylanwadol ei gyfnod. Gweler hefyd y cofnod blaenorol.

Bela, Belene neu **Penloi**, gweler PENELOPE.

Beli Mawr, fab Manogan a brenin y Brytaniaid yng nghyfnod Iŵl Cesar, yn ôl yr *Historia Brittonum*. Dichon mai cymeriad mytholegol ydoedd: aeth y traddodiadau sy'n gysylltiedig ag ef ar goll ond enwir ef ar ddechrau *Cyfranc Lludd a Llefelys* ac yn *Llyfr Taliesin*. Yn *Breuddwyd Macsen* dywedir bod *Macsen Wledig wedi 'goresgyn yr ynys ar Feli fab Manogan', ond nid oes sail i'r honiad hwn. Dengys yr *achau cynnar fod teuluoedd amlwg yng Nghymru a'r *Hen Ogledd, megis eiddo *Cunedda a *Choel Hen, yn honni iddynt ddisgyn o Feli Mawr.

BELL, HAROLD IDRIS (1879–1967), cyfieithydd. Fe'i ganed yn Epworth, Lincs.; Cymraes oedd ei fam. Addysgwyd ef yng Ngholeg Oriel, Rhydychen, ac astudiodd wedyn mewn prifysgolion yn yr Almaen a Ffrainc. Penodwyd ef i staff yr Amgueddfa Brydeinig yn 1903 a daliodd swydd Ceidwad Llawysgrifau a Llyfrgellydd Egerton o 1929 hyd nes iddo ymddeol yn 1944; gadawodd Lundain a mynd i fyw i Aberystwyth ddwy flynedd yn ddiweddarach. Cafodd yrfa ddisglair a gwnaeth ei waith pwysicaf ym maes papyroleg ac ysgolheictod clasurol a chydnabuwyd hyn gan nifer o brifysgolion, gan gynnwys *Prifysgol Cymru, drwy gyflwyno graddau anrhydeddus iddo. Fe'i hurddwyd yn farchog yn 1946 a derbyniodd Fedal Anrhydeddus Gymdeithas y *Cymmrodorion am ei wasanaeth i lenyddiaeth Gymraeg.

Ar ôl iddo ddysgu Cymraeg dechreuodd gyfrannu erthyglau beirniadol a chyfieithiadau o farddoniaeth

Gymraeg i gylchgronau megis The *Welsh Outlook, *Wales a The *Nationalist. Yn ddiweddarach cyhoeddodd ddwy gyfrol o'i gyfieithiadau, Poems from the Welsh (1913) a Welsh Poems of the Twentieth Century in English Verse (1925), a chyfrannodd ei dad, Charles Christopher Bell, iddynt hefyd. Yna cyhoeddwyd The Development of Welsh Poetry (1936), arolwg byr o gyfnod y *Gogynfeirdd hyd at yr ugeinfed ganrif, a Dafydd ap Gwilym: Fifty Poems (1942), gyda'i fab David Bell (1916–59) yn gyd-gyfieithydd i'r gyfrol olaf. Ymysg ei gyhoeddiadau eraill yr oedd Thoughts on Translation (1943, wedi ei ailargraffu o Drafodion Anrhydeddus Gymdeithas y Cymmrodorion, 1941) a The Nature of Poetry as conceived by the Welsh Bards (The Taylorian Lecture, 1955). Ef hefyd oedd cyfieithydd Hanes Llenyddiaeth Gymraeg hyd 1900 (1945) gan Thomas *Parry a gyhoeddwyd dan y teitl A History of Welsh Literature (1955), ac ysgrifennodd atodiad iddo ar yr ugeinfed ganrif. Cyhoeddwyd amryw o'i ysgrifau o dan y teitl The Crisis of our Time (1954).

Fel cyfieithydd barddoniaeth Gymraeg ymfodlonai ar 'swyddogaeth ostyngedig y lladmerydd', yn ôl ei eiriau ef ei hun, ac ystyrir ef yn bwysig yn bennaf am ei ysgolheictod. Fel yn achos llawer o'i ragflaenwyr, megis Edmund O. *Jones ac Alfred Perceval Graves (gweler o dan WELSH POETRY OLD AND NEW), ymddengys ei gyfieithiadau o farddoniaeth Gymraeg braidd yn flodeuog a hynafol heddiw o'u cymharu â gwaith diweddarach Gwyn *Williams, Anthony *Conran a Joseph P. *Clancy, ond am chwarter canrif nid oedd dim i'w gymharu â hwy.

Ceir erthygl goffa gan C. H. Roberts yn Nhrafodion yr Academi Brydeinig (1967).

Bendigeidfran, gweler BRÂN.

Bendith y Mamau, gweler o dan MAM-DDUWIESAU.

BENDON, CHRIS (1950–), bardd a aned yn Leeds, swydd Efrog, ac a addysgwyd yng Ngholeg Prifysgol Dewi Sant, Llanbedr Pont Steffan, lle y bu'n astudio Saesneg. Bu'n byw yng Nghymru er 1977, ac ym maes llenyddiaeth y gweithiodd yn bennaf ers hynny, fel awdur a darllenydd ei waith ei hun. Cyhoeddwyd oddeutu tri ar ddeg o bamffledi a llyfrau o'i eiddo, ac y mae rhychwant ei themâu a'i ddulliau'n eang; mewn diptych a gyhoeddwyd yn 1990, gosodir eironi Scottish Gothic yn erbyn deunydd mwy personol Ridings Writings, tra bod Perspective Lessons, Virtual Lines (1992) yn ymwneud â chelf a hanes fel profiad Ewropeaidd. Y mae Jewry (1995) yn seiliedig ar swydd Efrog ei ieuenctid. Er mai'r gerdd ar y tudalen yw ei brif gyfrwng, y mae hefyd wedi troi at ddrama yn Crossover (1996), drama fydryddol yn ymdrin â ffiniau, yn ddiwylliannol, cymdeithasol a phersonol. Yn Constructions (1991) ac A Dyfed Quartet (1992) yr ymdrinnir lawnaf â'i brofiadau Cymreig. Ysgrifenna fel mewn-fudwr, ond fel un sy'n ymwybodol o densiynau'r gymdeithas newydd yr ymunodd â hi ac sy'n awyddus i ddod yn rhan ohoni. Ac eto, er ei fod yn ysgrifennu am y tensiynau economaidd a diwylliannol hyn, ac am sefyllfaoedd emosiynol anodd (a all, serch hynny, fod yn rhannol yn fygydau i siarad trwyddynt, yn hytrach na datganiadau personol), y mae eironi ei ddull ac egni a ffresni ei ddelweddau'n arbed y farddoniaeth rhag unrhyw awgrym o feddalwch neu gyffredinedd.

Benlli Gawr, cymeriad y ceir nifer o gyfeiriadau ato ym marddoniaeth y *Gogynfeirdd. Edrydd yr *Historia Brittonum ei hanes, gan ei bortreadu fel tywysog creulon ym *Mhowys; llosgwyd ei lys gan dân o'r nef, yn gosb am ormesu Germanus Sant (*Garmon). Dichon i'r traddodiad hwn gael ei ddrysu â thraddodiad *Gwrtheyrn; dywedir iddo yntau ddioddef yr un dynged am yr un rheswm.

BENNETT, AGNES MARIA (m. 1808), nofelydd. Ni wyddys ym mha flwyddyn nac ym mha le y'i ganed ond mae'n debyg mai Anna Maria Evans o Ferthyr Tudful, Morg., ydoedd a briododd â chrwynwr o Aberhonddu. Digon tlodaidd oedd ei blynyddoedd cyntaf ond daeth yn oruchwyliwr tloty yn Llundain. Yno cyhoeddodd saith nofel boblogaidd, gan gynnwys *Anna, or Memoirs of a Welch Heiress* (1785), *Juvenile Indiscretions* (1786), *Ellen, Countess of Castle Howell* (1794) a *The Beggar Girl and her Benefactors* (1794).
Am ragor o fanylion gweler erthygl Francesca Rhydderch yn *Welsh Writing in English* (cyf. III, gol. Tony Brown, 1997).

BENNETT, RICHARD (1860–1937), hanesydd a aned yn yr Hendre, Llanbryn-mair, Tfn. Bu'n ffermio hyd 1914, pryd yr ymddeolodd oherwydd byddardod a mynd i fyw i Fangor, Caern., ac wedyn i Gaerswŷs, Tfn. Ei brif ddiddordeb oedd hanes ei fro ac ymchwiliodd i maes mewn dull proffesiynol. Paratôdd astudiaeth ar ymweliadau Howel *Harris â sir Drefaldwyn a'i waith pwysicaf yw *Blynyddoedd Cyntaf Methodistiaeth* (1909), astudiaeth drylwyr o fywyd Harris hyd 1738 a gyfieithwyd gan Gomer M. *Roberts dan y teitl *The Early Life of Howell Harris* (1962); y mae *Methodistiaeth Trefaldwyn Uchaf* (1929) gan yr un awdur yn barhad o'r gwaith hwnnw. Ysgrifennodd Bennett hefyd dri llyfryn, *Methodistiaeth Trefeglwys* (1933), *Methodistiaeth y Cemaes* (1934) ac *Early Calvinistic Methodism in Caersws* (1938). Yr oedd yn enghraifft wych o hanesydd lleol a'i haddysgodd ei hun a gwneud cyfraniad gwerthfawr i'w ardal.

BERDDIG (11eg gan.), bardd a oedd, yn ôl *Llyfr Domesday*, yn berchennog tiroedd rhydd yng Ngwent yn rhinwedd ei swydd fel *joculator regis* ('cellweiriwr y brenin') i *Ruffudd ap Llywelyn. Gweler hefyd AFAN FERDDIG.

Bere, Y, castell ar safle strategol ger *Cadair Idris, Meir.; y mae'n gwarchod ffin ddeheuol *Gwynedd. Fe'i hadeiladwyd, mae'n debyg, ar orchymyn *Llywelyn ap Iorwerth (Llywelyn Fawr) ar ddechrau'r drydedd ganrif ar ddeg ac fe'i hatgyfnerthwyd gan ei ŵyr, *Llywelyn ap Gruffudd. Wedi ei farwolaeth ef yn yr ail *Ryfel dros Annibyniaeth (1282–83) gwnaethpwyd castell Y Bere yn ganolfan i wrthwynebiad *Dafydd ap Gruffudd, ei frawd. Yn gynnar yn haf 1283 gosodwyd y castell dan warchae ac fe'i hildiwyd i fyddin Lloegr. Atgyweiriwyd y castell ac yn 1285 sefydlwyd bwrdeistref gerllaw. Ymosodwyd arno eto gan filwyr Cymreig yn ystod y *Gwrthryfel Cymreig (1294–95) ond llwyddodd y Saeson i'w ailfeddiannu. Efallai iddo gael ei ddefnyddio yn ystod Rhyfel y Rhosynnau, oherwydd bu *Lewys Glyn Cothi (Llywelyn y Glyn) yn moli Dafydd Gough a'i defnyddiodd yn ganolfan ei ymgyrch yn erbyn ei elynion.

BERGAM, Y (?14eg gan.), bardd brud y cadwyd nifer o'i gerddi mewn llawysgrifau; efallai mai gŵr o *Faelor ydoedd.

BERRY, ROBERT GRIFFITH (1869–1945), llenor a dramodydd o Lanrwst, Dinb. Fe'i haddysgwyd yng Ngholeg Prifysgol Gogledd Cymru, Bangor, ac yna yng Ngholeg Bala-Bangor, a threuliodd ei oes yn weinidog gyda'r Annibynwyr yng Ngwaelod-y-garth, Morg. Ysgrifennodd ddramâu i amaturiaid eu perfformio yn festri'r capel; yr oedd amryw ohonynt o ansawdd lenyddol dda, yn eu mysg, *Ar y Groesffordd* (1914), *Noson o Farrug* (1915), *Asgre Lân* (1916), *Y Ddraenen Wen* (1922), *Dwywaith yn Blentyn* (1924) ac *Yr Hen Anian* (1929). Y mae elfen gref o ddychan a pharodi ynddynt, fel sydd yn ei gyfrol o storïau byrion, *Y Llawr Dyrnu* (1930).
Y mae erthygl amdano gan T. J. Morgan yn *Ysgrifau Beirniadol I* (gol. J. E. Caerwyn Williams, 1965); gweler hefyd erthygl T. Robin Chapman yn *Taliesin* (cyf. XLIV, Gorff., 1982), Ifor Rees (gol.), *Ar Glawr* (1983), a'r cofiant gan Huw Ethall (1985).

BERRY, RON (1920–97), nofelydd a aned ym Mlaen-cwm, *Rhondda Fawr, Morg., ac a oedd yn byw yn Nhreherbert. Gadawodd yr ysgol yn bedair ar ddeg oed, a gweithio fel glöwr hyd yr Ail Ryfel Byd pan wasanaethodd yn y fyddin a'r llynges fasnach. Ar ôl treulio blwyddyn yng *Ngholeg Harlech (1954–55) dechreuodd ysgrifennu nofelau. Cyhoeddodd chwech ohonynt: *Hunters and Hunted* (1960), *Travelling Loaded* (1963), *The Full-Time Amateur* (1966), *Flame and Slag* (1968), *So Long, Hector Bebb* (1970) a *This Bygone* (1996). Ysgrifennodd hefyd storïau byrion (nas casglwyd ynghyd eto) a dramâu radio a theledu. Y mae Rhondda ei ieuenctid yn wahanol iawn i gymdeithas Rhys *Davies neu Gwyn *Thomas (1913–81): y mae'n llewyrchus a'r bobl yn fwy soffistigedig a hedonistaidd, ac yn ymwneud llai â chrefydd a gwleidyddiaeth; fe'u gosodir mewn sefyllfaoedd comedi a'r rheini o natur rywiol yn aml.

Ceir trafodaeth ar nofelau Ron Berry gan John Pikoulis yn *The New Welsh Review* (rhif. 34, cyf. IX, Hydref 1996); gweler hefyd y deyrnged gan Dai Smith yn *Planet* (rhif. 125, Hyd./Tach. 1997)

Berth-lwyd, plasty ger Llanidloes, Tfn., a fu'n gyrchfan nodedig i feirdd. Cadwyd corff sylweddol o ganu i'r teulu. Noddwr hysbys cyntaf yr aelwyd, a'r un pwysicaf, oedd Dafydd Llwyd ap Siencyn (m. 1587), gŵr diwylliedig a'i nawdd i'r beirdd yn gymesur â'i statws a'i ddylanwad o fewn ei sir. Prin yw'r canu i'w fab Siencyn Llwyd (m. 1627) ond parhawyd y traddodiad gan ei ddau ŵyr, Olifir ac Edward, hyd ganol yr ail ganrif ar bymtheg.

Bessi o Lansantffraid, gweler o dan DIC SIÔN DAFYDD.

Bessie Bighead, bugail gwartheg *Salt Lake Farm* yn *Under Milk Wood* (1954) gan Dylan *Thomas; gesyd lygaid-y-dydd ar fedd Gomer Owen, '*who kissed her once when she wasn't looking and never kissed her again although she was looking all the time*'.

Best of Friends, The (1978), nofel gan Emyr *Humphreys sy'n dilyn *Flesh and Blood* (1974) yn ôl trefn amseryddol y stori yng nghyfres Amy Parry. Â Amy ac Enid i'r brifysgol; y mae Amy yn flaenllaw yn adwaith y Cenedlaetholwyr tuag at y Seisnigo a welant o'u cwmpas. Yn ddiweddarach fe'i perthynas rhwng Enid a John Cilydd More, cyfreithiwr ifanc sydd hefyd yn fardd, a daw Amy yn gyfeillgar â Val Gwyn, arweinydd y myfyrwyr sy'n llawn delfrydau. Ond y mae Val yn marw o'r dicáu ac ar ôl gadael y brifysgol daw Amy i grafangau Pen Lewis, Comiwnydd a gŵr parod i weld ei gyfle; y mae Enid hithau'n marw. Yn y rhan hon, â Amy ar gyfeiliorn: y mae delfrydau a gweledigaethau cymdeithasol pobl eraill a fu'n ei chynnal wedi diflannu (dull arall i gael y gorau ar wragedd yw Comiwnyddiaeth), a theimla'n wag a diamcan.

Beti Jones y Ceunant, y fam a oedd wedi hen flino ar wneud gwahanol fwydydd i'w phum plentyn ar hugain, ac a ddysgodd wers iddynt un amser swper drwy baratoi eu dewis fwydydd, eu cymysgu i gyd mewn padell ac yna sefyll uwch eu pennau gyda choes pric uwd nes eu bod wedi bwyta'r gybolfa. Daeth yr hanesyn, a ddisgrifir gan Hugh *Evans yn *Cwm Eithin* (1931), yn rhybudd i blant am genedlaethau wedyn.

BETTS, CLIVE (1943-), newyddiadurwr. Fe'i ganed yn Hedge End, ger Southampton, a'i addysgu yng Ngholeg Prifysgol Cymru, Aberystwyth, lle'r astudiodd Ddaearyddiaeth a Gwleidyddiaeth Ryngwladol. Ymun-

odd â staff y *South Wales Echo* yn 1965, gan symud yn ddiweddarach i'r *Western Mail*. Bu'n ohebydd Materion Cymreig y papur hwnnw er 1982, gan ennill enw fel sylwebydd treiddgar, os dadleuol weithiau, ar faterion gwleidyddol a diwylliannol. Dysgodd Gymraeg ac y mae ganddo ddiddordeb arbennig yng ngwaith cyrff cyhoeddus sydd â chyfrifoldeb dros yr iaith. Yr oedd ei lyfr *Culture in Crisis* (1976) yn un o'r cyntaf i gymhwyso disgyblaeth ieithyddiaeth gymdeithasol at drafodaeth o'r Gymraeg mewn bywyd cyhoeddus. Cyhoeddodd hefyd *A Oedd Heddwch?* (1978) y ddau yn ymwneud ag ymweliadau'r *Eisteddfod Genedlaethol a'r brifddinas. Yn fwy diweddar cyfrannodd ysgrif i'r gyfres *Changing Wales: The Political Conundrum* (1993), sy'n dadansoddi cyflwr y pleidiau gwleidyddol yng Nghymru.

Beuno (5ed-6ed gan.), sant a gysylltir yn bennaf â Chlynnog Fawr, Caern., er y ceir tystiolaeth i'w gwlt mewn amryw fannau yng ngogledd Cymru, yn fwyaf arbennig ym Môn a Llŷn. Digwydd ei enw yn y gogledd yn amlach nag eiddo un o'r seintiau eraill a dichon fod ei genhadaeth yno yn debyg i un *Dewi Sant yn y de; dydd ei ŵyl yw 21 Ebrill. Digwydd y copi cynharaf o Fuchedd Beuno yn *Llyfr Ancr Llanddewibrefi*; fersiwn Cymraeg a geir yma, yn seiliedig mae'n debyg ar wreiddiol Lladin a gollwyd. Ynddi dywedir iddo gael ei eni ar lan Hafren ym *Mhowys, ei addysgu yng Nghaerwent, a'i fod yn perthyn i deulu brenhinol *Morgannwg. Gadawodd ef a'i ddisgyblion Bowys er mwyn dianc rhag gormes y goresgynwyr Seisnig a mynd i *Wynedd lle'r enillodd y Brenin *Cadfan i'r ffydd Gristnogol. Honnir i'r sant gyflawni llawer o wyrthiau, hyd yn oed ar ôl ei farw; dywedir iddo adfer *Gwenffrewi a Digiwg i fywyd ar ôl i dreiswyr dorri eu pennau. Adferid iechyd plant a phobl fethedig drwy ymolchi yn Ffynnon Beuno a'u gadael dros nos ar ei feddrod; parhaodd y gred hon hyd y bedwaredd ganrif ar bymtheg.

Edrydd chwedl draddodiadol am y modd yr achubwyd llyfr pregethau Beuno o'r môr gan ylfinir. Dywedir i'r llyfr pregethau syrthio i'r dŵr wrth i'r sant gerdded dros draethau Afon Menai wedi iddo fod yn pregethu ym Môn. Pan gyrhaeddodd ei gell yng Nghlynnog Fawr, yr oedd y llyfr yno yn ddiogel yng ngofal gylfinir. Gweddïodd y sant ar i Dduw amddiffyn yr aderyn a dyna paham, yn ôl yr hanes, y mae mor anodd darganfod wyau'r gylfinir gan fod eu lliw yn gweddu mor berffaith i liwiau'r gweundir a'r corsydd o'u cwmpas.

Bevan, Aneurin (1897-1960), gwleidydd a oedd yn Aelod Seneddol Llafur dros Lynebwy, Myn., o 1929 hyd 1960. Yn Nhredegar y cafodd ei fagu, yn awyrgylch y capel a'r eisteddfod, a chafodd ei enwi ar ôl Aneurin Fardd (Aneurin Jones; 1822-1904) ond yr oedd yn ŵr a ddatblygodd berthynas ddeublyg â'i wlad enedigol. Bu'n gweithio fel glöwr a daeth o dan ddylanwad Syndicaliaeth, ond nis darbwyllwyd yn llwyr erioed gan athroniaeth 'gweithredu uniongyrchol' a gwasanaethodd yn greadigol mewn llywodraeth leol gydol y 1920au. Cadarnhawyd ei farn gan y gorchfygu ar y glowyr yn y *Streic Gyffredinol a'r cloi allan yn 1926, ac yn 1929 ceisiodd ennill sedd yn San Steffan. Yn y 1930au daeth yn enwog am ei arabedd deifiol a'i wleidyddiaeth adain chwith angerddol. Ef oedd golygydd (1942–45) y *Tribune*, cylchgrawn yr adain chwith Brydeinig, ac awdur *In Place of Fear* (1952). Penodwyd ef yn Weinidog Iechyd yn 1945 a daeth yn weinyddwr creadigol gan sefydlu'r Gwasanaeth Iechyd Cenedlaethol, a ystyrir gan lawer yn gofeb iddo, ond pan ymddiswyddodd o'r Cabinet yn 1951 cyhuddwyd ef o geisio creu cythrwfl. O edrych yn ôl fe'i gwelir fel y dehonglwr disgleiriaf o *Sosialaeth ddemocrataidd a gynhyrchodd Cymru erioed.

Ysgrifennwyd ei gofiant gan Michael Foot (2 gyf., 1962 ac 1973); gweler hefyd Jennie Lee, *My Life with Nye* (1980) ac Aneurin Bevan, 'The Claim of Wales – a statement' yn *Wales* (Gwanwyn, 1947). Gweler hefyd John Campbell, *Nye Bevan and the Mirage of Socialism* (1987) a Dai Smith, *Aneurin Bevan and the World of South Wales* (1993).

Bevan, Bridget (1698–1779), gweler o dan JONES, GRIFFITH (1683–1761).

BEVAN, HUGH (1911–79), beirniad llenyddol a aned yn Saron, Caerf., yn fab i löwr. Yr oedd yn Uwchddarlithydd yn Adran y Gymraeg, Coleg y Brifysgol Abertawe, a chyhoeddodd ddwy gyfrol o feirniadaeth lenyddol, *Morgan Llwyd y Llenor* (1954) a *Dychymyg Islwyn* (1965), a hunangofiant, *Morwr Cefn Gwlad* (1971). Casglwyd ei erthyglau llenyddol ynghyd yn y gyfrol *Beirniadaeth Lenyddol* (gol. Brynley F. Roberts, 1982).

Cyhoeddodd Gwyn Thomas astudiaeth o'i waith yn *Nhrafodion Anrhydeddus Gymdeithas y Cymmrodorion* (1993).

Bevin Boys, enw a roddywd yn 1944 ar y gwŷr ifainc a ddaeth trwy orfodaeth i weithio yn y diwydiant glo i gwrdd â phrinder glowyr; hefyd, ar y rhai a wirfoddolodd. Fe'u henwyd ar ôl y Gweinidog Llafur, Ernest Bevin. Daeth amryw i Gymru i'r gwahanol feysydd glo, ac er mai bychan fu eu cyfraniad economaidd a'u dylanwad cymdeithasol, cyfranasant at ledaenu dealltwriaeth o'r diwydiant a'r cymunedau glofaol; hefyd, dysgasant rywbeth am Gymru ei hun. Ymhlith y Cymry a oedd yn *Bevin Boys*, daeth y rhai yr oedd eu cartref yng nghefn gwlad Cymru â bywyd newydd i'r diwylliant ar encil yn yr ardaloedd a oedd wedi eu Seisnigo, a gwnaeth rhai o'r cynlowyr hyn gyfraniad yn ddiweddarach i fywyd diwylliannol Cymru; yn eu plith yr oedd T. Gwynfor

Griffith, Athro Eidaleg, cyfieithydd Boccaccio i'r Gymraeg, awdurdod ar Mazzini yng Nghymru ac awdur y *novella*, *Dau Ben y Daith* (1995); W. Powys Thomas, actor gyda chwmni drama Maes-yr-haf yng Nghwm Rhondda ac wedyn yr *Old Vic*, a chyfarwyddwr cyntaf *The Theatre School of Canada*; hefyd T. Glynne *Davies, Gareth Alban *Davies (a ysgrifennodd am ei brofiadau) a W. Ceri *Lewis.

Ceir rhagor o wybodaeth yn Warwick Taylor, *The Forgotten Conscript: a History of the Bevin Boy* (1995).

BEYNON, ROBERT (1881–1953), pregethwr, bardd ac ysgrifwr. Fe'i ganed ym Mhontyberem, Caerf., ac aeth o ysgol y pentref, yn 1898, i'r Gwynfryn at Watcyn Wyn. Wedi tymor ym Mhontypridd, aeth i'r Coleg yng Nghaerdydd yn 1902, ac ar ôl graddio a threulio blwyddyn yn Nhrefeca gorffennodd ei gyfnod fel myfyriwr yng Ngholeg Diwinyddol Aberystwyth. Am ddwy a deugain o flynyddoedd bu'n weinidog Carmel (M.C.), Abercrâf, Morg., ac yr oedd iddo enw ledled Cymru fel pregethwr pert ei ymadrodd a mawr ei argyhoeddiad. Yn 1922 enillodd *Goron yr *Eisteddfod Genedlaethol â'i bryddest 'Y Tannau Coll', ac yn 1931 cyhoeddodd *Dydd Calan ac Ysgrifau Eraill*. Yr oedd ganddo ddawn lenyddol heb os, ond rhoes ei fryd ar bregethu.

Ceir mwy o fanylion yn rhifyn coffa *Y Drysorfa* (Gorff. 1953).

BEYNON, TOM (1886–1961), hanesydd a aned ger Cydweli, Caerf. Aeth i Goleg y Bala ac fe'i hordeiniwyd yn weinidog yn 1916; bu'n gwasanaethu ym Mlaengwynfi (1917–33) a ger Aberystwyth (1933–51). Yr oedd yn ddarlithydd poblogaidd ac yn chwilotwr i hanes *Methodistiaeth Galfinaidd Cymru, a bu'n olygydd cylchgrawn hanes ei enwad. Yn ogystal â chyhoeddi llu o erthyglau golygodd lythyrau Howel *Harris mewn tair cyfrol: *Howell Harris, Reformer and Soldier* (1958), *Howell Harris's Visits to London* (1960) a *Howell Harris's Visits to Pembrokeshire* (1966). Cyhoeddodd hefyd ddwy gyfrol o atgofion a hanes am ei fro enedigol, *Allt Cunedda* (1935) a *Cunsêl a Chefn Sidan* (1946), y ddwy wedi'u hysgrifennu mewn arddull fywiog.

Bidden to the Feast (1938), nofel gan Jack *Jones am fywyd y dosbarth gweithiol ym Merthyr Tudful, Morg., rhwng 1865 a 1900. Rhoddir llawer o wybodaeth fanwl am gyflwr cymdeithasol y dref a'r modd y daeth yn ganolfan ddiwydiannol, ond prif thema'r nofel yw tynged teulu Rhys Davies, y glöwr. Ymfuda dau fab i America, daw un arall yn berchen llongau yng Nghaerdydd a daw un ferch yn gantores opera lwyddiannus. Megan, y ferch ddibriod, sy'n tyfu i fod yn benteulu.

BIDGOOD, RUTH (1922–), bardd a aned ym

Mlaendulais, ger Castell-nedd, Morg. Aeth i'r ysgol ym Mhort Talbot lle y bu ei thad yn ficer. Ar ôl graddio mewn Saesneg yn Rhydychen bu'n gweithio gyda Gwasanaethau Merched y Llynges Frenhinol yn Alexandria, ac wedi hynny gyda *Chambers Encyclopaedia* yn Llundain. Dechreuodd ysgrifennu pan ddychwelodd i Gymru yn y 1960au, ac ymgartrefu yn Abergwesyn ger Llanwrtyd, Brych. Yn ogystal â lliaws o erthyglau ar hanes Brycheiniog a Maesyfed cyhoeddodd bum cyfrol o farddoniaeth sy'n ymdrin â phobl, tirlun a thymhorau canolbarth Cymru: *The Given Time* (1972), *Not Without Homage* (1975), *The Print of Miracle* (1978), *Kindred* (1986) a *The Fluent Moment* (1996). Ymddangosodd detholiad o'i cherddi dan y teitl *Lighting Candles* yn 1982, ac fel *Selected Poems* yn 1992.

Y mae canolbarth Cymru Ruth Bidgood yn 'deyrnas oer o gorsydd duon a chreigiau', a nodweddir gan eira, meini hir, planigfeydd pîn, hen fwyngloddiau ac adfeilion ffermydd. Mewn cerddi pwysig fel '*Hawthorn at Digiff*' ac '*All Souls*' y mae'n ail-greu bywydau diflanedig pobl ddinod, yn ffermwyr a gweision, ac weithiau'n defnyddio eu geiriau eu hunain, tra bod 'Cae Newydd' yn seiliedig ar ei gwaith fel 'cofiadur lleol'. Myn fod yn anffasiynol, gan aros oddi allan i'r *élite* metropolitanaidd, a gwrthoda ymddangos mewn blodeugerddi o waith merched yn unig. Fe'i hystyrir fel rheol yn fardd natur yn nhraddodiad Wordsworth ac Edward Thomas, ond y mae a wnelo ei gwaith â thirluniau emosiynol yn ogystal. Y mae grŵp o gerddi o'r 1970au – '*Stateless*', '*Confrontation*', '*Boy in a Train*', '*Acquaintance*' – yn ddrych o gyflyrau meddwl llwm a brawychus. Ac eto, gwêl farddoniaeth fel grym cadarnhaol a all ein gwarchod rhag tywyllwch. Dylanwad cryf arall yw Henry *Vaughan, gyda'i ddelweddau tywyll/golau. Y mae Ruth Bidgood yn gwadu'n bendant bod gwahanfur rhyngddi â bywyd yr ugeinfed ganrif oherwydd ei bod yn ysgrifennu am gymunedau bychain anghysbell: 'Nid dianc oddi wrth y byd fu fy mwriad erioed wrth ddod yma . . . hwn *yw* r byd'.

Trafodir ei gwaith mewn cyfweliad ag Angela Morton yn *The New Welsh Review* (rhif. 10, cyf. III, Haf 1990); gweler hefyd Merryn Williams, '*The Poetry of Ruth Bidgood*', yn *Poetry Wales* (cyf. XXVIII, rhif. 3, 1993) ac A. M. Allchin, '*The Mystery that Complements Precision*', yn *Logos* (rhif. 4, 5 a 6, 1993).

BIELSKI, ALISON PROSSER (1925–   ), bardd. Fe'i ganed yng Nghasnewydd, Myn.; bu'n gweithio fel ysgrifenyddes gyda gwahanol gwmnïau diwydiannol a chyda'r Groes Goch yng Nghaerdydd. Ymhlith ei chasgliadau o gerddi ceir *Twentieth Century Flood* (1964), *Across the Burning Sand* (1970), *Monograpoems* (1971), *Eve* (1973), *Mermaid Poems* (1974), *The Lovetree* (1974), *Seth* (1980), *Night Sequence* (1981) ac *Eagles* (1983). Gwelir dylanwad mytholeg a llên gwerin Cymreig ar lawer o'i gwaith a chafodd peth ohono, sy'n arbrofol ac yn cyfuno geiriau â delweddau graffig, ei arddangos yng

Nghymru ac mewn gwledydd tramor. Cyhoeddodd hefyd nifer o lyfrynnau ar hanes lleol, yn eu plith *Flower Legends of Wales* (1974), *Tales and Traditions of Tenby* (1981) a *The Story of St. Mellons* (1985). O 1969 hyd 1974 bu, gyda Sally Roberts (yn ddiweddarach Sally Roberts *Jones), yn gyd-ysgrifennydd Adran Saesneg yr *Academi Gymreig.

BINGLEY, WILLIAM (1774–1823), gweler o dan TOUR ROUND NORTH WALES (1800).

Biwmares, castell ar fin Afon Menai a adeiladwyd trwy orchymyn Edward I ger porthladd Llan-faes, Môn, rhwng 1295 ac 1298, ar ôl y *Gwrthryfel Cymreig a arweiniwyd gan Fadog ap Llywelyn, pan laddwyd Siryf Môn, Syr Roger Pulesdon. Dinistriwyd tref Llan-faes yn y gwrthryfel, a chwblhawyd y dadfeilio pan ddefnyddiwyd cerrig y tai i adeiladu Niwbwrch, a gorfodi'r bwrdeistrefwyr Cymreig i symud yno. Defnyddiwyd y castell fel carchar yn ystod y bedwaredd ganrif ar ddeg, ac fe'i cipiwyd gan y Cymry yn ystod gwrthryfel *Owain Glyndŵr, Bu'r castell yn nwylo teulu *Bulkeley wedi hyn, ond fe'i meddiannwyd gan y fyddin Seneddol yn 1646. *Lewys Glyn Cothi (Llywelyn y Glyn) a *Lewys Môn oedd y beirdd a ganodd farwnadau i Joan, merch William Bulkeley, a gwraig Huw Lewis, Presaeddfed. Cynhaliwyd eisteddfod ym muarth y castell yn 1832. Bu Castell Biwmares yn nwylo teulu Bulkeley tan 1925.

Ceir rhagor o fanylion gan A. D. Carr, *Medieval Anglesey* (1982); A. J. Taylor, *The Welsh Castles of Edward I* (1986) a *Beaumaris Castle* (1988), ac yn Frances Lynch, *Gwynedd: A Guide to Ancient and Historic Wales* (1995).

Black Domain, gweler o dan SCOTCH CATTLE.

Black Parade (1935), nofel gan Jack *Jones wedi ei lleoli ym Merthyr Tudful, Morg. Dechreua tua 1880, ymdrinnir â phedair cenhedlaeth teulu o lowyr, gan ddiweddu yn y 1930au cynnar. Adlewyrchir rhai o brif ddigwyddiadau'r cyfnod hwn yn y nofel, megis Rhyfeloedd De Affrig (1880–81, 1899–1902), Diwygiad 1904–05 (gweler o dan ROBERTS, EVAN), Tanchwa *Senghennydd (1913) a *Streic Gyffredinol 1926. Ceir symud cyffrous ac oriel o gymeriadau lliwgar megis Harry yr ymladdwr, Steppwr y diddanwr tŷ-tafarn, Davies M.A. yr adroddwr, a Saran, cymeriad a seiliwyd ar fam yr awdur.

Black Venus, The (1944), nofel gan Rhys *Davies wedi ei lleoli o gwmpas ac ym mhentref dychmygol Ayron yng Ngheredigion. Ffantasi yw'r nofel a seiliwyd ar yr arfer o *garu yn y gwely, a hi yw nofel fwyaf adnabyddus Davies, er nad ei nofel orau o bell ffordd. Diolch i'w phlot bywiog, y ffaith iddi gael ei chyhoeddi yn ystod y rhyfel, ac awydd di-ben-draw darllenwyr Prydain am hanesion rhywiol gwladaidd, dyma unig lyfr poblogaidd Davies.

Dylid ei ddarllen er diddanwch yn hytrach na dirnadaeth seicolegol neu sylwebaeth gymdeithasegol.

BLACKMORE, RICHARD DODDRIDGE
(1825–1900), nofelydd a aned yn Longworth, swydd Rhydychen, ond a dreuliodd ran helaeth o'i blentyndod yng Nghwrt Notais, Morg. Fe'i hyfforddwyd yn gyfreithiwr, ond oherwydd afiechyd, ac oherwydd iddo dderbyn cymynrodd oddi wrth ei ewyrth, ficer Castell-nedd, ymgymerodd â llenydda.

Gŵyr y rhan fwyaf o ddarllenwyr am R. D. Blackmore fel awdur yr enwog *Lorna Doone* (1869), ond ysgrifennodd bedair ar ddeg o nofelau eraill, wedi eu lleoli mewn ardaloedd yn Lloegr a Chymru, yn ogystal ag amryw gyfrolau o gerddi a chyfrol o straeon byrion. Y mae ei gysylltiadau Cymreig yn amlwg yn ei nofelau cynharaf, *Clara Vaughan* (1864) a *Cradock Nowell* (1866), a hyd yn oed *Lorna Doone*, ond deuant fwyaf i'r amlwg yn *The Maid of Sker* (1872), ei waith gorau o bosibl. Er iddi gael ei lleoli ym Morgannwg, ni cheir unrhyw gyfeiriad yn y nofel hon at y chwedl draddodiadol am Elizabeth *Williams (Y Ferch o Sger). Ynddi ceir portread cyflawn a gwladgarol o fywyd Cymreig yn ystod rhan olaf y ddeunawfed ganrif. Ymhlith llyfrau eraill Blackmore y mae *Alice Lorraine* (1875), *Cripps the Carrier* (1876), *Christowell* (1882), *Springhaven* (1887) a *Tales from the Telling House* (1896). Storïwr ydoedd yn bennaf oll ac yn ei waith, yn enwedig yn y nofelau cynnar, ceir egni a ffraethineb.

Ysgrifennwyd cofiannau i R. D. Blackmore gan Q. G. Burris (1930), W. H. Dunn (1956) a K. Budd (1960); gweler hefyd erthygl gan Sally Jones yn *The Anglo-Welsh Review* (cyf. xxv, rhif. 55, 1975).

BLACKWELL, JOHN (Alun; 1797–1841), bardd a
aned ger Yr Wyddgrug, Ffl. Ni chafodd lawer o addysg ffurfiol pan oedd yn blentyn, ac wedi ei brentisio i grydd, dilynodd esiampl ei feistr a dechrau ymddiddori mewn llenyddiaeth Gymraeg a Saesneg. Dug ei gerddi ef i sylw bonheddwyr a chlerigwyr yr ardal a ffurfiwyd cronfa i roi addysg iddo, dan Thomas Richards (1785–1855) o Aberriw, ac aeth i Goleg Iesu, Rhyd-ychen, yn 1824. Yn yr Eisteddfod a gynhaliwyd yn Ninbych yn 1828, gwobrwywyd ei gerdd fwyaf adnabyddus, 'Marwnad yr Esgob Heber'. Fe'i hurddwyd yn gurad yn Nhreffynnon yn 1829 a phedair blynedd yn ddiweddarach fe'i dyrchafwyd yn rheithor Manordeifi, Penf., lle yr arhosodd hyd ddiwedd ei oes.

Nid yw canu caeth Alun, er yn gywir a dirodres, i'w gymharu â'i delyneigion hyfryd, sy'n dangos dylanwad Saesneg. Fe'i cofir yn arbennig am 'Doli', 'Cân Gwraig y Pysgotwr' ac 'Abaty Tintern'. Ni chyhoeddwyd cyfrol o'i gerddi yn ystod ei oes ond golygwyd *Ceinion Alun* (1851) gan Griffith Edwards (Gutyn Padarn; 1812–93) ddeng mlynedd wedi ei farw. Cyhoeddwyd nifer o lythyrau Blackwell, yn Gymraeg ac yn Saesneg, yn y gyfrol hon; adlewyrchant oes hamddenol pan oedd llythyru'n gelfyddyd gymdeithasol.

Ceir manylion pellach yn y detholiad o gerddi Alun a olygwyd gan Isaac Foulkes yn 1879 a chan Owen M. Edwards yng *Nghyfres y Fil* (1909); gweler hefyd erthygl gan D. Gwenallt Jones yn *Llên Cymru* (1951).

'Blaenwern', yr unig emyn-dôn adnabyddus a gyfansoddwyd gan William Penfro Rowlands (1860–1937); ymddangosodd gyntaf yn y casgliad *Cân a Moliant* (gol. H. Haydn Jones, 1916). Yn ddiweddarach daeth yn boblogaidd yn Lloegr, lle y cenir hi i'r geiriau '*Love divine, all loves excelling*' gan Charles Wesley.

Blanchland, gweler TŶ GWYN.

BLEDRI AP CYDIFOR
(*fl.* yn gynnar yn y 12fed gan.), pendefig, cyfieithydd a *chyfarwydd. Tybir mai ef a ledaenodd y chwedlau Cymreig i'r Norman a thrwyddo i lenyddiaeth Ewrop. Yng nghyffiniau Caer-fyrddin yr oedd ei gartref, ac er ei fod yn ymhyfrydu yn nhreftadaeth ddiwylliannol Cymru yr oedd mewn perthynas gyfeillgar â'r Normaniaid cyfagos. Yn 1116, pryd y gwrthryfelodd rhai Cymry, rhoddwyd i Fledri ofal castell Robert Courtemayn. Medrai Gymraeg a Ffrangeg, ac fe'i disgrifir fel '*latemeri*' ('lladmerydd' neu 'gyfieithydd') mewn dogfennau sy'n cofnodi ei nawdd i Briordy *Caerfyrddin.

Ceir ei enw Bledericus Walensis mewn dogfen gyfreithiol yn 1130, a thybir mai ef yw'r Bledhericus y dywed *Gerald de Barri (Gerallt Gymro) ei fod yn feistr enwog ar ramant ac a fuasai farw ychydig cyn ei ddyddiau ef. Defnyddiwyd ffurf arall ei enw, Bleherus, mewn cyfeiriad at gipio merch Bledri gan frodyr o Bencader. Tybir mai ef yw'r Bleheris a fuasai'n awdur ffurf gynnar ar stori Peredur, yn ôl gosodiad yn yr ail barhad o'r *Conte de Graal*. Sonia *Thomas, awdur *Tristan*, am Breri fel yr unig wir awdurdod ar y chwedl honno. Gellir tybio mai Bledri yw hwn ac efallai iddo lunio'i stori ar ffurf ysgrifenedig. Os felly, Bledri ap Cydifor oedd y gŵr a roddodd i'r byd o stôr gyfoethog chwedloniaeth Cymru ddwy o'r storïau enwocaf oll, sef stori *Trystan ac Esyllt a stori'r cais am y *Greal Sanctaidd.

Am fanylion pellach gweler C. Bullock-Davies, *Professional Interpreters and the Matter of Britain* (1966).

Bleddyn ap Cynfyn (*fl.* 1064–75), Brenin *Gwynedd a *Phowys. Dywedir iddo ddiwygio *Cyfraith Hywel ac fe'i cofiwyd fel brenin da. Hanoedd teulu brenhinol Powys ohono ac un o'i feibion oedd *Cadwgan ap Bleddyn.

BLEDDYN DDU
(*fl. c.*1330–85), bardd o Fôn. Tebyg mai'r un person ydyw â Bleddyn Ddu Was y Cwd y priodolir cerddi iddo mewn llawysgrifau diweddarach ac mai trwy yta â chwd yn ddyn ifanc y cafodd ei lysenw.

O'i gerddi a gadwyd ceir chwe *awdl yn null y *Gogynfeirdd a naw *englyn amrywiol. Y mae pump o'r awdlau yn grefyddol ac un (dryll i bob golwg) yn farwnad i'r uchelwr Goronwy ap Tudur Hen o Drecastell (m. 1331). Cywrain iawn ydynt o ran eu crefft allanol ond llac eu gwead ac aneglur eu mynegiant. Efallai mai'r mwyaf cofiadwy yw'r rhai sy'n corffori elfennau storïol, sef awdl i Dduw a Mair lle y disgrifir pum llawenydd Mair, ac awdl i Iesu lle yr adroddir am gwymp dyn a'r diafol. Serch, natur, ond yn bennaf oll dychan coeglyd a bras yw mater yr englynion, sy'n glerwrol eu naws. Yn eu plith ceir ateb ymryson ganddo i fardd o *Iâl o'r enw Conyn Coch sy'n edliw iddo am ddod o Fôn i Iâl i chwilota am ŷd gyda'i gwd yn lle aros gartref. Fel yr awdlau, ni pherthyn i'r englynion unrhyw hynodrwydd llenyddol mawr, a chwithig yn fynych yw'r mynegiant. Serch hynny, rhoddant gipolwg byw iawn ac uniongyrchol ar rai o agweddau mwy distadl a diarffordd bywyd y cyfnod. Mwy diddorol, efallai, yw'r darlun sy'n ymffurfio ohono mewn cyfeiriadau gan ei gyfoeswyr – Conyn Coch, *Hywel Ystorm, *Dafydd ap Gwilym a *Gruffudd Gryg – fel cymeriad anwaraidd ac afluniaidd, crwydryn dibaid a bardd diarhebol o wael. Er ei ddisgrifio'i hun yn brifardd, eto ymddengys mai byw o'r llaw i'r genau fu llawer o'i hynt wrth glera, a thebyg mai diffyg gwir ddawn oedd y rheswm am hynny.

Gwelir R. Iestyn Daniel (gol.), *Gwaith Bleddyn Ddu* (1994).

BLEDDYN FARDD (*fl.* 1258–84), un o Feirdd y Tywysogion. Canodd farwnadau ar gwymp Tywysogion *Gwynedd, cyfansoddodd awdlau a chadwynau o englynion ar farwolaeth *Llywelyn ap Gruffudd, *Owain Goch ap Gruffudd a *Dafydd ap Gruffudd, meibion Gruffudd ap Llywelyn. Ei awdl fwyaf yw ei farwnad i Lywelyn ap Gruffudd yn 1282, cerdd wahanol iawn i'r un orchestol gan *Ruffudd ab yr Ynad Coch sy'n rhoddi'r mynegiant dwysaf o lwyr anobaith yn yr iaith. Apêl am 'bwyll' sydd gan Fleddyn, 'A bortho gofid, bid bwyllocaf'. Myn i Lywelyn, '[na] garai ffo i'r ffordd nesaf', gael ei ladd drosom. Cymhara dynged Llywelyn â Phriaf; arwyddocâd hyn oedd fod y Cymry yn credu bod eu cenedl yn tarddu o Gaer Droea – nid diwedd yn unig oedd cwymp y ddinas honno ond hefyd ddechreuad. Cyfansoddodd Bleddyn farwnad i *Ddafydd Benfras a oedd, yn ôl pob tebyg, yn athro barddol iddo a hefyd ddarnau yn null confensiynol ei ddydd i fân dywysogion ac uchelwyr ym Môn, Dyffryn Tywi, Edeirnion a mannau eraill. Y mae ei arddull yn uniongyrchol a chymharol syml, ac yn hollol wahanol i lawer o waith y *Gogynfeirdd cynharach. Teimlir tristwch colledion ei gyfnod trwy ei holl waith.

Golygwyd gwaith Bleddyn Fardd gan Rhian M. Andrews a Catherine McKenna yn *Gwaith Bleddyn Fardd a beirdd eraill ail hanner y drydedd ganrif ar ddeg* (*Cyfres Beirdd y Tywysogion VII*, 1996) a dadansoddwyd ei gynganeddion gan Rhian M. Andrews yn *Studia Celtica* (cyf. XXVIII, 1994).

Blegywryd, gweler o dan CYFRAITH HYWEL.

Bleiddud neu **Bladud** (*fl.* 9fed gan.), mab Rhun fab Lleon; dywedir iddo ddilyn ei dad yn Frenin Gogledd Prydain. Yn ôl yr *Historia Regum Britanniae* gan *Sieffre o Fynwy, adeiladwyd Caer Faddon ar ei orchymyn ef. Bu'n astudio dewiniaeth, yn ôl yr hanes, ond syrthiodd i'w farwolaeth wrth geisio ehedeg.

Blodau Dyfed (1824), blodeugerdd a olygwyd gan John Howell (Ioan ab Hywel, Ioan Glandyfroedd; 1774–1830) ar ôl Eisteddfod Caerfyrddin 1819. Eglwyswr adnabyddus oedd y golygydd a chyflwynodd ei gasgliad i Thomas Beynon (1744–1833), Archddiacon Aberteifi, a llywydd Cymdeithas Cymreigyddion Caerfyrddin. Gwaith beirdd o Eglwyswyr o'r de a geir yma, yn eu plith Ieuan Brydydd Hir (Evan *Evans), Elieser *Williams, Daniel Ddu o Geredigion (Daniel Evans; 1792–1846), Iaco ab Dewi (James *Davies), Edward *Richard a Ioan Siengcin (John *Jenkin). Arwyddocâd y llyfr yw mai dyma'r ymdrech gyntaf i gasglu ynghyd gynnyrch beirdd ardal arbennig.

Blodeuged, gynt **Aberthged**, ysgub o ŷd wedi ei chordeddu â blodau gwylltion, a gynigir i'r Archdderwydd gan ferch ifanc yn seremonïau *Gorsedd Beirdd Ynys Prydain. Tua diwedd y bedwaredd ganrif ar bymtheg y dechreuwyd ar yr arferiad. Symbol ydyw, ynghyd â'r Ddawns Flodau, o ddymuniad ieuenctid Cymru i gynnig blagur eu doniau i'r *Eisteddfod Genedlaethol.

Blodeugerdd o'r Ddeunawfed Ganrif (1936), llyfr a olygwyd gan Gwenallt (David James *Jones) gyda'r bwriad o roddi i ddarllenwyr 'olwg ehangach ar farddoniaeth glasurol y ddeunawfed ganrif nag a geir yn gyffredin, wrth ystyried Goronwy *Owen yn unig'. Ymhlith y beirdd a gynrychiolir y mae Hugh *Hughes (Huw ap Huw), Lewis *Morris, Edward *Richard, Goronwy Owen, Ieuan Brydydd Hir (Evan *Evans) ac Iolo Morganwg (Edward *Williams). Yn y pedwerydd argraffiad (1947) penderfynodd y golygydd hepgor rhai cerddi a chynnwys yn eu lle waith beirdd eraill megis Owen *Gruffydd, Edward *Samuel, Rhys *Jones a Thomas *Jones, Dinbych.

Blodeuwedd, gwraig hardd ac anffyddlon *Lleu Llawgyffes yn *Pedair Cainc y Mabinogi. Wedi i *Arianrhod dyngu tynged yn erbyn Lleu, sef na châi wraig 'o'r genedl ysydd ar y ddaear yrawr hon', llunnir gwraig iddo o'r blodau gan *Wydion a *Math fab Mathonwy. Nid oes sicrwydd ai Blodeu-wedd, ai Blodeu-fedd ('Brenhines y Blodau'), ai Blodeu-edd ('Blodau'), oedd y ffurf wreiddiol ar ei henw, ond y cyntaf o'r rhain a arddelir yn gyffredin.

Un diwrnod pan yw Lleu oddi cartref, daw Gronw

Pebr, arglwydd Penllyn, i'r llys. Syrth ef a Blodeuwedd mewn cariad a threuliant y noson gyda'i gilydd; y maent yn cynllwynio i ladd ei gŵr. Nid yw Lleu yn marw, fodd bynnag, ond try'n eryr, a meddianna Gronw ei lys. Yn ddiweddarach dychwel Lleu i Ardudwy, pryd y ffy Blodeuwedd a'i morynion dros afon Gynfael, ond fe'u goddiweddir gan Wydion sy'n ei throi'n dylluan. Y mae'n gorchymyn iddi beidio byth â dangos ei hwyneb liw dydd a'i thynged yw bod yn elyn parhaol i'r holl adar. Am y rheswm hwn, fel yr eglura'r *cyfarwydd, gelwir y dylluan byth wedyn yn Flodeuwedd.

Drwy'r chwedl bwerus hon ymdriniodd Saunders *Lewis, yn ei ddrama *Blodeuwedd* (1948), â themâu megis natur traddodiad, perygl serch rhywiol dilyffethair a chyfyngiadau gwyddoniaeth. Y mae Gronw a Blodeuwedd, er mor wahanol ydynt i'w gilydd, ymhlith ei gymeriadau mwyaf cofiadwy.

Gwelir manylion pellach yn W. J. Gruffydd, *Math vab Mathonwy* (1928) ac Ifor Williams, *Pedeir Keinc y Mabinogi* (1964); ceir trafodaeth ar ddrama Saunders Lewis gan Dafydd Glyn Jones yn *Ysgrifau Beirniadol VII* (gol. J. E. Caerwyn Williams, 1971).

Blodwen (1878), yr opera Gymraeg gyntaf, gyda'r gerddoriaeth gan Joseph *Parry a'r libreto gan Richard *Davies (Mynyddog). Perfformiwyd hi gyntaf dan arweiniad Parry yn Aberystwyth yn 1878, a llwyfannwyd y gwaith yn Aberdâr y flwyddyn ganlynol. Lleolwyd yr opera yng Nghymru yn y bedwaredd ganrif ar ddeg. Daeth yn boblogaidd gyda chymdeithasau corawl ac erbyn 1896 perfformiwyd hi dros bum cant o weithiau. Clywyd hi yn achlysurol hyd y 1930au cynnar, ond erbyn heddiw rhannau'n unig o'r gwaith, megis y deuawdau 'Hywel a Blodwen' ac 'Mae Cymru'n barod' sy'n adnabyddus. Dathlwyd canmlwyddiant yr opera trwy roi perfformiad cyngerdd o'r fersiwn cerddorfaol llawn yng Ngŵyl Gerdd Menai yn 1978.

BLOOMFIELD, ROBERT (1766–1823), gweler o dan Banks of Wye (1811).

Blotyn Du, Y, stori werin gydwladol yn seiliedig ar fotiff rhieni sy'n llofruddio eu mab eu hunain mewn anwybodaeth. Yng Nghymru cysylltir y stori, yn bennaf, ag etifedd Cae'r Bwla, Llanerfyl, Tfn., a ddychwelodd adref wedi blynyddoedd o deithio'r byd ac a gafodd ei ysbeilio a'i lofruddio gan ei rieni a'i hadnabu ef, ond yn rhy hwyr, pan sylwasant ar flotyn du ar ei fraich. Drwy gyfrwng baled, 'Y Blotyn Du', y dechrau'r ail ganrif ar bymtheg, y poblogeiddiwyd y stori, a seiliwyd hi ar y faled Saesneg *'Newes from Perin in Cornwall'*.

Blue Bed, The (1937), cyfrol gyntaf Glyn *Jones o storïau byrion. Daeth ag amlygrwydd iddo oherwydd ei naws delynegol a nodweddai'r gwaith a'i ofal arbennig wrth ddethol geiriau. Weithiau aberthir eglurder storïol

er mwyn creu awyrgylch ond cynysgaeddir y deunydd â dimensiwn newydd. Y mae'r stori am chwyldro a dry'n fethiant, *'I was born in the Ystrad Valley'*, yn hawlio bron hanner y llyfr. Y storïau mwyaf cofiadwy yw'r rhai sy'n ymdrin â'r goruwchnaturiol-ddigrif, megis *'Wil Thomas'* ac *'Eben Isaac'*, ond amherir ar ambell stori gan ormod o symboliaeth.

Gweler yr erthygl gan Tony Brown yn *Fire Green as Grass* (gol. Belinda Humfrey, 1995).

BLWCHFARDD (*fl.* 6ed gan.), bardd a enwir yn yr *Historia Brittonum* yn un o'r beirdd Brythonig a flodeuai yn yr *Hen Ogledd; nid oes dim o'i waith wedi goroesi.

BOADEN, JAMES (1762–1839), gweler o dan Cambro-Britons (1798).

Boadicea, gweler Boudicca (y gan. 1af).

Bob Tai'r Felin, gweler Roberts, Robert (1870–1951).

Bob Lewis, gweler Mari a Bob Lewis

Bodeon, plasty ym mhlwyf Llangadwaladr, Môn, cartref i gangen o deulu Presaeddfed a gyfrannodd yn hael i'r traddodiad noddi beirdd ar yr ynys. Mab i Lywelyn ap Hwlcyn (m. 1466), sef Meurig (m. c.1489), oedd noddwr hysbys cyntaf Bodeon; ymsefydlodd ei frodyr ym *Modychen a'r *Chwaen Wen. Cadwyd y traddodiad ym Modeon gan bum cenhedlaeth wedi amser Meurig, tan ar ôl 1638.

Bodfel, plasty ym mhlwyf Llannor, Caern., a fu'n gartref i deulu nodedig o noddwyr beirdd. Huw Bodfel (m. 1605) oedd un o'r noddwyr pennaf ond parhawyd y traddodiad hyd at gyfnod ei ŵyr, pan ddechreuodd y teulu golli ei gyfoeth.

Bodidris, cartref teulu'r Llwydiaid ym mhlwyf Llandegla, Dinb., a chyrchfan bwysig i feirdd yn y sir. Daeth y teulu i fri a chyfoeth oherwydd ei ymlyniad gwleidyddol wrth y *Tuduriaid a thrwy briodasau tua diwedd y bymthegfed ganrif. Daeth yn ddylanwadol ac estynnodd nawdd i feirdd, gan gynnwys *Tudur Aled, bron yn ddi-fwlch hyd yr ail ganrif ar bymtheg, pryd y bu Lewys *Dwnn a Tomos *Prys, Plas Iolyn yn canu clodydd Syr John Lloyd (m. 1606).

Bodleian, Llawysgrif 572 (10fed gan.), llawysgrif Ladin gyfansawdd yn awr yn Llyfrgell Bodley, Rhydychen. Fe'i galwyd yn *Codex Oxoniensis posterior* gan Zeuss yn ei *Grammatica Celtica* ac oddi ar hynny adwaenir hi'n gyffredin wrth yr enw hwnnw, wedi'i dalfyrru'n fynych yn *Ox.2*. Ceir ynddi y *Missa S. Germani*, traethawd ar yr Offeren, *Llyfr Tobit*, dau epistol o waith Awstin Sant, ymddiddanion Lladin a gweddïau Eingl-Sacsonaidd. Y mae tarddell y gwaith yn anhysbys ond y mae cysylltiadau pendant rhwng amryw adrannau ohoni a Chernyw. Yn yr adran lle y cynhwyswyd cyfres o ymddiddanion ceir glosau pwysig, rhai rhwng y llinellau a rhai wedi'u hymgorffori yn y testun. Honnwyd yn ôl rhai awdurdodau fod y rhain yn Hen Gymraeg, ac yn Hen Gernyweg yn ôl eraill. Yn hyn ceir i raddau arwydd o'r anhawster a gyfyd wrth geisio gwahaniaethu rhwng y ddwy iaith mewn cyfnod cynnar. Dichon mai Cymraeg yw'r rhan fwyaf o'r glosau hyn yn wreiddiol gydag ambell arwydd o ymyrraeth neu gymysgu Cernyweg; dylid eu galw yn rhai cymysgryw Cymraeg-Cernyweg. Adlewyrchir yn ei chrynswth, gyda'r defnydd helaeth a wneir ynddi o ysgrifen Garolingaidd o ganol y ddegfed ganrif, naws amgylchfyd ynysig cyffredinol (Cymreig–Cernywaidd–Seisnig), gydag arwyddion arbennig o glir o gysylltiadau â Chernyw.

Gweler M. Lapidge, 'Latin Learning in Dark Age Wales', Trafodion Seithfed Gyngres Ryngwladol Astudiaethau Celtaidd (gol. D. Ellis Evans et al., 1986).

Bodwrda, plasty ym mhlwyf Aberdaron, Caern., a chartref i deulu amlwg o noddwyr beirdd dros bedair cenhedlaeth yn yr unfed ganrif ar bymtheg. Y mae cyfnod bri y nawdd, sef ail hanner yr unfed ganrif ar bymtheg – cyfnod Huw a Siôn Wyn (fl. 1585) ei fab, y ddau ohonynt yn feirdd, a Huw ei fab yntau (m. 1622) – yn cyfateb i gyfnod dylanwad gwleidyddol y teulu. Cynhaliwyd y traddodiad yn ei anterth i'r ail ganrif ar bymtheg gan Siôn Bodwrda (m. 1648?) ac yr oedd ei frawd, *Wiliam Bodwrda, yn gopïwr llawysgrifau. Huw Bodwrda (m. 1694), ŵyr Siôn, oedd y noddwr olaf.

BODWRDA, GRUFFYDD (c.1578–1649), englyn-wr, mab Siôn Wyn ap Huw o *Fodwrda, Aberdaron, a'i wraig Siân Thomas, merch Coed Helen, Caernarfon. Ymsefydlodd yn Nhre-graig (neu Drefgraig), Llangwnn-nadl. Gwyddys hyn o dystiolaeth ei ewyllys, dyddiedig 11 Mehefin 1649, a chywydd marwnad a ganwyd iddo gan *Watcyn Clywedog, yn dilyn ei farwolaeth ar 25 Awst yr un flwyddyn.

Yn y gyfrol Cynfeirdd Lleyn 1500–1800 cyhoeddodd John *Jones (Myrddin Fardd) bedwar tudalen o'i englynion. Codwyd hwy i gyd, ac eithrio un, o lawysgrif Cwrtmawr 25 sydd yn llaw ei nai, Wiliam *Bodwrda. Ymhlith yr englynion hyn y mae rhai sy'n dwyn teitlau Lladin, gan gynnwys englyn dwyieithog (Lladin a Chymraeg) ac *englyn arall sy'n gais i gyfieithu darn o waith y bardd Clasurol, Martial. Y mae un o'r englynion yn trafod y galwadau cyson a oedd ar blaid Siarl I yng ngogledd Cymru yn Rhagfyr 1643, i gyflenwi cig eidion, mwtwn a dillad i'r milwyr a oedd yn dychwelyd o Iwerddon. Englyn diddorol arall a geir yn llawysgrif (Bangor) Gwyneddon 19, yw'r 'Englyn Disgwyliad am y Beirdd', lle'r enwir pump o feirdd diwedd y traddodiad

mawl a ddisgwylid i alw yng nghartref y bardd ar un o'u teithiau clera adeg y Gwyliau.

Dywedir wrthym yn y cywydd marwnad iddo briodi deirgwaith, sef â Chatrin Llwyd, Mari Gwyn a Grâs Gruffydd. Fe'i goroeswyd gan yr olaf o'r tair a oedd yn aelod o deulu Brynnodol. Gwasanaethodd yn grwner yn ddirprwy siryf yn sir Gaernarfon yn 1625–26. Bu farw'n ddietifedd a chafodd ei gladdu ym mynwent Llangwnnadl.

Gweler Dafydd Ifans, 'Gruffydd Bodwrda (c.1578–1649) – Englynwr', Trafodion Cymdeithas Hanes Sir Gaernarfon (cyf. XXXVIII, 1977).

BODWRDA, WILIAM (1593–1660), copïydd llawysgrifau o Blas *Bodwrda, Aberdaron, Caern., ail fab, ac un o dri ar ddeg o blant, Huw Gwyn Bodwrda ac Elsbeth o'r Berth-ddu, Dyffryn Conwy. Yr oedd ei gartref yn gyrchfan i'r beirdd a thalodd Syr Thomas *Wiliems ymweliad â'r plas yn 1602. Ni wyddys i ba ysgol yr aeth Wiliam ond ymunodd â Hart Hall, Rhydychen, yn 1609 gan raddio'n faglor yn 1612. Yn 1614 ymunodd â Choleg Ieuan Sant, Caer-grawnt, lle yr oedd brawd ei fam, Owen Gwyn, yn Feistr. Enillodd M.A. yn 1616 a'i ethol yn gymrawd y coleg a chafodd ei ordeinio yn 1621 gan ennill B.D. yn 1623. Bu'n Uwch Drysorydd y coleg rhwng 1635 a 1638 pryd y codwyd llyfrgell newydd trwy haelioni'r Archesgob John Williams o Gochwillan, ewythr trwy briodas a gŵr y bu Wiliam yn gaplan personol iddo.

Daeth tro ar fyd yn ystod y Rhyfel Cartref. Atafaelwyd eiddo ac ysgymunwyd swyddogion y Coleg yn 1644, flwyddyn wedi i Gaer-grawnt syrthio i feddiant Cromwell. Dychwelodd Wiliam i Gymru a bu'n rheithor Aberdaron rhwng 1651 a 1659. Rhwng 1644 a'i farwolaeth yn 1660, treuliodd lawer o'i amser yn copïo llawysgrifau o farddoniaeth a rhyddiaith Gymraeg. Ymwelai'n gyson â'r Penrhyn i aros gyda'i chwaer Gwen a'i gŵr, Syr Gruffydd Williams, un o gyffelyb anian. Yn ei ewyllys (a brofwyd yn Llundain ar 9 Awst 1660) rhestrir wyth o lawysgrifau ffolio wrth y llythrennau A–H. Gellir olrhain chwech ohonynt o sylwi ar fynegai'r copïydd yn llawysgrif Llanfair & Brynodol 2 (BL 14966, Mostyn 145 a Llanstephan 122–25). Goroesodd tair ar hugain o'i lawysgrifau gwyddys am ddwy lawysgrif ffolio arall sydd wedi diflannu.

Y mae Bodwrda yn enghraifft berffaith o Gymro a gymhwysodd ddelfrydau dyneiddiol at wasanaeth dysg a diwylliant Cymru. Diogelwyd corff o lenyddiaeth ganddo sy'n cynnig arolwg o'r traddodiad barddol cynharach ac sydd hefyd yn storfa o ganu a gwybodaeth am hanes cymdeithasol Llŷn ac Eifionydd yn hanner cyntaf yr ail ganrif ar bymtheg.

Gweler R. Geraint Gruffydd, 'Llawysgrifau Wiliam Bodwrda o Aberdaron (a briodolwyd i John Price o Fellteyrn)', Cylchgrawn Llyfrgell Genedlaethol Cymru (cyf. VIII, 1954), a Dafydd Ifans,

'Wiliam Bodwrda (1593–1660)', *Cylchgrawn* Llyfrgell Genedlaethol Cymru (cyf. XIX, 1975–76).

Bodychen, plasty ym mhlwyf Bodwrog, Môn, un o'r cartrefi amlycaf yn yr ynys yn y traddodiad o estyn nawdd i feirdd. Noddwr amlwg oedd Rhys ap Llywelyn (m. *c*.1503/04), a gyflogodd *Lewys Môn yn fardd teulu iddo. Cynhaliwyd y traddodiad yn anrhydeddus gan ei fab Siôn Wyn (m. 1559) ac am dair cenhedlaeth arall hyd farwolaeth Siôn Bodychen yn 1639. Canodd *Gruffudd Hiraethog, *Siôn Brwynog, Wiliam *Cynwal ac eraill ar aelwyd Bodychen.

Bonds of Attachment (1991), y seithfed nofel, a'r olaf, yn y gyfres gan Emyr *Humphreys am Amy Parry, a'r unig un ohonynt a ysgrifennwyd ar ffurf ymson. Yn wir, ceir dwy ymson ynddi, y naill gan Beredur a'r llall gan ei dad, John Cilydd. Wrth i Beredur chwilio am y gwir reswm pam y gwnaethai ei dad amdano'i hun, y mae'n dod o hyd i ddyddiaduron yn cychwyn yng nghyfnod y Rhyfel Byd Cyntaf, pan oedd John Cilydd yn filwr ifanc. Cred Peredur mai anffyddlondeb ei fam, Amy, a'r ffordd y dirmygai hi y diwylliant Cymraeg, a barodd i'w dad – bardd niwrotig, aneffeithlon – ei ladd ei hun. Drwy elwa ar wahanol fathau o naratif (gan gynnwys llên gyffes, stori gyffro wleidyddol, drama ddial a rhamant ymchwil), llwydda'r nofelydd i gwmpasu amryw fyd o brofiadau personol, cymdeithasol, gwleidyddol, diwylliannol a hanesyddol. Ymhellach, drwy gyfosod hanes dau gymeriad sy'n byw mewn dau gyfnod gwahanol, llwydda Emyr Humphreys i awgrymu bod peth tebygrwydd dadlennol rhwng y naill gyfnod a'r llall, sef rhwng terfysg a thrais y Rhyfel Mawr a'r ymgyrchoedd treisgar a'r gwrthdystiadau di-drais yn erbyn arwisgiad Tywysog Cymru a drefnwyd gan Gymry ifainc ar ddiwedd y 1960au. Y mae Wenna, cariad Peredur, yng nghanol y berw hwnnw, ac ar ôl iddi gael ei lladd gan ffrwydriad caiff ef olwg newydd ar bethau, yn rhannol am iddo ddarganfod ar yr un pryd fod iddo ef ei hun, yn ddiarwybod iddo, ei ran ym marwolaeth ei dad. Yn sgil hynny, meithrinir perthynas wahanol rhyngddo ef a'i fam Amy, Arglwyddes Brangor. Bellach y mae hi'n hen ac ar ei gwely angau, ac yn yr olygfa amwys sy'n diweddu'r nofel, ac yn cloi'r gyfres, gwelir y fam a'r mab yn ceisio cymodi â'i gilydd wedi'r cyfan.

Book of Wales, A (1953), casgliad o ryddiaith a barddoniaeth a olygwyd gan D. Myrddin *Lloyd a'i wraig E. M. Lloyd, ar gyfer cyfres Collins, *National Anthologies*. Yr oedd yn cynnwys, mewn cyfieithiad, ddetholiad amrywiol o lenyddiaeth Gymraeg o bob cyfnod, o lenyddiaeth *Eingl-Gymreig, ac o ysgrifennu am Gymru a'r Cymry, mewn trefn destunol. Yr oedd yn gampwaith o gasgliad, wedi ei ddarlunio'n helaeth, yn rhesymol ei bris, a'r unig lyfr o'i fath ar y pryd; bu'n boblogaidd iawn a chyhoeddwyd nifer o argraffiadau

dros gyfnod o fwy na phum mlynedd ar hugain. Defnyddiwyd yr un teitl gan Meic *Stephens ar gyfer blodeugerdd a olygwyd ganddo yn 1987.

BOORE, WALTER HUGH (1904–88), awdur. Brodor o Gaerdydd, fe'i haddysgwyd yn y ddinas a daeth yn gyd-berchennog a rheolwr-gyfarwyddwr ar gwmni cynhyrchu yn Birmingham, cyn ymroi'n llwyr i lenydda ac ymgartrefu yn Y Cei Newydd, Cer. Cyhoeddodd ddwy gyfrol o farddoniaeth, *Winter Seas* (1953) ac *Eternity is Swift* (1958), a saith nofel, *The Valley and the Shadow* (1963), *Flower after Rain* (1964), *A Window in High Terrace* (1966), *The Old Hand* (1966), *Cry on the Wind* (1968), *Riot of Riches* (1969) a *Ship to Shore* (1970), a chasgliad o storïau byrion, *The Odyssey of Dai Lewis* (1983); lleolwyd y rhan fwyaf o'r rhain yng Nghymru. Cyhoeddodd hefyd waith athronyddol, *First Light: a Study in Belief* (1973). Cyfieithwyd *The Valley and the Shadow* i'r Gymraeg gan Mary Jones dan y teitl *Cysgod yn y Dyffryn* (1978).

Y mae ei fab, **Roger Boore** (1938–), yn berchennog Gwasg y Dref Wen, ac yn awdur cyfrol o storïau byrion, *Ymerodraeth y Cymry* (1973), a nifer o lyfrau Cymraeg i blant, gan gynnwys *Y Bachgen Gwyllt* (1995). Ysgrifennodd hefyd yr astudiaeth *Llenyddiaeth Plant mewn Ieithoedd Lleiafrifol* (1978).

Bord Gron Ceridwen, cylch o lenorion dienw. Dynion oeddynt a honnai eu bod yn ferched ac a ochrodd gyda charfan newydd o feirdd megis T. Gwynn *Jones, W. J. *Gruffydd ac R. Silyn *Roberts yn erbyn cefnogwyr cenhedlaeth hŷn, Dyfed (Evan *Rees) a Phedrog (John Owen *Williams), o 1910 hyd 1912. Dechreuodd y ddadl yn fuan ar ôl i erthygl ymddangos yn *Y *Brython* (25 Awst, 1910) yn dwyn y teitl 'Y beirdd newydd yn beirniadu'r hen', lle y codwyd tri chwestiwn: hynafiaeth *Gorsedd Beirdd Ynys Prydain, gwerth barddoniaeth John *Morris-Jones (yr ymosodwyd arni gan T. Marchant *Williams yn *The *Nationalist*) a safonau llenyddol y newydd-ddyfodiaid; yr olaf a ddaeth yn brif destun y gynnen. Cynhaliwyd yr ymryson, a oedd yn bennod bwysig yn yr adfywiad llenyddol Cymraeg ar ddechrau'r ugeinfed ganrif, yn *Y Brython* hyd Dachwedd 1912 a pharhaodd yn ysbeidiol wedi hynny. Y rhai a gychwynnodd y trafod a'r dadlau oedd carfan ddienw arall a gefnogai'r mudiad newydd ac a'u galwai eu hunain 'Y Macwyaid'; yn eu plith yr oedd E. Tegla *Davies (Y Macwy Hir), Ifor *Williams (Macwy'r Llwyn), R. Williams *Parry (Macwy'r Tes), W. Hughes *Jones ac o dan y ffugenw Oxoniensis, T. H. *Parry-Williams.

Ceir manylion pellach yn yr erthygl gan y golygydd yn *Ysgrifau Beirniadol IX* (gol. J. E. Caerwyn Williams, 1976).

Border Country (1960), y gyntaf mewn cyfres o dair nofel gan Raymond *Williams. Y mae Matthew Price,

darlithydd prifysgol yn Llundain a phrif gymeriad y
nofel, yn dychwelyd i bentref ei febyd ar y Gororau er
mwyn ymweld â'i dad, gweithiwr rheilffordd, sydd ar ei
wely angau. Canolbwyntia'r stori ar atgofion mebyd
Matthew, yn arbennig ar y *Streic Gyffredinol yn 1926
a'r canlyniad eironig pan lwyddodd un gweithiwr
rheilffordd mentrus, Morgan Rosser, i ddod yn gyfan-
werthwr bwyd, bychan ond llwyddiannus. Gwrthoda
Matthew swydd a gynigir iddo gan Rosser yn ei ffatri
newydd. Y mae'r llyfr yn arbennig oherwydd ei arddull
dyner a'i bortread o fywyd gwledig yn ystod y
blynyddoedd rhwng y ddau Ryfel Byd.

Cefndir yr ail nofel yn y gyfres, *Second Generation*
(1964), yw dinas prifysgol lle y mae hefyd ffatri geir
enfawr. Swyddog undeb yw Harold Owen ac athrawes
sy'n coleddu daliadau politicaidd radical yw Kate ei
wraig. Y mae Peter eu mab yn fyfyriwr yn y brifysgol a'i
diwtor yno yw Robert Lane, dyn o gydwybod rydd-
frydol sydd braidd yn aneffeithiol. Er bod y nofel hon yn
llai llwyddiannus na'r ddwy arall yn y gyfres, y mae iddi
gymeriadau a digwyddiadau o ddiddordeb mawr ac
agwedd ymholgar iawn.

Dechreuwyd ysgrifennu'r drydedd nofel, *The Fight for
Manod* (1979), yn fuan ar ôl y ddwy gyntaf, ond
rhoddwyd hi o'r neilltu am flynyddoedd; y mae'n
uchafbwynt grymus i'r gyfres o dair gan ei bod yn dod
â'r prif gymeriadau at ei gilydd ac yn nyddu'n ofalus
ddrama a chynllwyn. Y mae Matthew bellach yn ganol
oed yn y 1970au, a phenodir ef gan Whitehall i
archwilio'r posibilrwydd o gynllunio Tref Newydd yng
Nghanolbarth Cymru. Peter Owen yw ei gynorthwy-
ydd a Robert Lane, sydd erbyn hyn yn was sifil, yw ei
arolygydd. Yn raddol wrth i Matthew ymchwilio i'r
cynllun, gwelir canlyniadau pellgyrhaeddol i'r dichell a'r
cynllwynio sydd ar waith.

BORROW, GEORGE (1803–81), llenor o Sais a
aned yn East Dereham, Norfolk, yn fab i swyddog
recriwtio. Fe'i haddysgwyd yng Nghaeredin yn bennaf a
phan oedd yn ddwy ar bymtheg oed cafodd ei brentisio i
gyfreithiwr yn Norwich. Bu ei astudiaethau ieithyddol
gyda William Taylor, cyfaill Robert Southey, yn
gyfrwng i ddangos ei allu ieithyddol arbennig, ac erbyn
1826 cyhoeddasai ddau gyfieithiad, *Faustus* (o'r
Almaeneg gan von Klinger) a *Romantic Ballads* (o'r
Ddaneg). Yr oedd ei lyfr *Targum* (1835) yn cynnwys
cyfieithiadau o gynifer â deg iaith ar hugain. Anogwyd
ef gan Taylor i ystyried gyrfa lenyddol ac wedi
marwolaeth ei dad symudodd Borrow i Lundain, ond
bu'n rhaid iddo ennill ei fywoliaeth trwy wneud gwaith
ysgrifenyddol llafurus i Syr Richard Phillips. Er mwyn
dianc rhag yr undonedd, dechreuodd deithio, ledled
Prydain i ddechrau ac yna mewn mannau eraill yn
Ewrop.

Bu ei brofiadau fel *colporteur* yn Sbaen yn fodd i ennyn
ynddo ymdeimlad gwrth-Babyddol ffyrnig ond buont

hefyd yn ysbrydoliaeth iddo ysgrifennu *The Bible in
Spain* (1843), ei lwyddiant llenyddol cyntaf, er bod ei
Gypsies in Spain (1841), testun o ddiddordeb llai
cyffredinol o bosibl, wedi ymddangos cyn hynny. Erbyn
hyn yr oedd Borrow wedi priodi gweddw oedd biau
ystad yn Oulton Broad, Suffolk, a chaniataodd i'w
gyfeillion o blith y sipsiwn wersylla yno. Erbyn hyn yr
oedd yn enwog fel llenor ac ysgrifennodd ddau lyfr
ychwanegol, *Lavengro* (1851) a *Romany Rye* (1857). Nid
hanes ei deithiau oedd y rhain yn gymaint â modd i
ddelfrydu ffordd o fyw a oedd yn gwbl groes i'r un
a goleddid gan y Sefydliad cyfoes. Trwy ganmol cwrw
a phaffio, a phwysleisio corff cryf a gallu corfforol a
thrwy ymgyfarwyddo â'r sipsiwn a beirniadu ysgrif-
ennu glastwraidd Lytton a Disraeli, daeth yn enwog
fel archoffeiriad afledneisrwydd. Yn ddiweddarach,
oherwydd ei frwdfrydedd dros y traddodiad gwrywaidd
a'i ddirmyg o lol ffug-foneddigaidd, collodd gyfran
helaeth o'i ddarllenwyr ac ni fu ei weithiau diwedd-
arach, o *Wild Wales* (1862) ymlaen, yn boblogaidd
iawn, ac anwybyddodd y beirniaid ei lyfr esoterig
Romano-Lavo-Lil (1874). Nid oedd yn edifar, serch
hynny; parhaodd yn isel-Eglwyswr ac yn wrth-
Babyddol, ac yn yfwr cwrw, a bu'n deithiwr brwd tra
parhaodd ei iechyd. Ei ddefnydd mwyaf anghyffredin o'i
allu ieithyddol, y mae'n debyg, oedd dysgu'r iaith
Manchu mewn amser byr. Amlygwyd ei ddiddordeb
yn y Gymraeg, a enynnwyd trwy ei sgyrsiau gyda
gwastrawd o Gymro Cymraeg yn Norwich flynyddoedd
maith cyn hynny, yn ei gyfieithiad o *Gweledigaethau
y Bardd Cwsc* (1703) gan Ellis *Wynne, o dan y teitl
The Sleeping Bard . . . from the Cambrian-British (1860).
Golygwyd detholiad o'i gyfieithiadau o'r Gymraeg yn
Welsh Poems and Ballads (1915) gan Ernest *Rhys, a'i
ryddiaith ar hanes a llenyddiaeth Cymru gan Herbert G.
Wright yn *Celtic Bards, Chiefs and Kings* (1928).

Cyhoeddwyd cofiannau i'r llenor gan M. D. Armstrong (1950),
B. Vesey-Fitzgerald (1953) ac R. R. Myers (1966); gweler
hefyd David Williams, *A World of his Own: the Double Life of
George Borrow* (1982) a Michael Collie, *George Borrow, Eccentric*
(1982); M. Collie ac A. Fraser, *George Borrow, A Bibliographical
Study* (1984); *George Borrow in Wales, Trafodion* Cynhadledd
George Borrow 1989 (gol. G. Fenwick, 1990) ac Ann M.
Ridler, *George Borrow as a Linguist: Images and Contexts* (1996).

BOSSE-GRIFFITHS, KATE (1910–), nofelydd
ac ysgolhaig a aned yn Wittenburg (Lutherstadt), yr
Almaen. Bu'n astudio'r Clasuron ac Eifftoleg cyn
cychwyn ar yrfa nodedig mewn prifysgolion ac
amgueddfeydd yn yr Almaen, Lloegr a Chymru. Yn
1994 ymddeolodd o'i gwaith fel Curadur Anrhydeddus
Amgueddfa Wellcome, Abertawe, ond y mae'n dal
i weithredu fel Cynghorydd yno ac fel Ceidwad
Archaeoleg yn Amgueddfa Dinas Abertawe. Cyhoedd-
odd ddwy nofel, *Anesmwyth Hoen* (1941) ac *Mae'r Galon
wrth y Llyw* (1957), a dau gasgliad o storïau byrion, *Fy
Chwaer Efa* (1944) a *Cariadau* (1995), sy'n nodedig yn

bennaf am eu bod yn trafod materion rhywiol yn hollol agored. Mynegir peth o athroniaeth wleidyddol *Cylch Cadwgan (y mae'n briod â J. Gwyn *Griffiths) yn ei llyfrau ffeithiol, *Mudiadau Heddwch yn yr Almaen* (1943), *Bwlch yn y Llen Haearn* (1951), ei llyfr taith *Trem ar Rwsia a Berlin* (1962) a *Tywysennau o'r Aifft* (1970). Ceir astudiaeth o ddewiniaeth yn ei llyfr *Byd y Dyn Hysbys* (1977).

Bosworth, Brwydr, a ymladdwyd ger Market Bosworth, swydd Gaerlŷr, ar 22 Awst 1485 oedd y frwydr a ddaeth â'r ymgiprys (Rhyfel y Rhosynnau) rhwng llinach y Lancastriaid a llinach y Iorciaid am goron Lloegr i ben. Yn y frwydr hon y gorchfygwyd y brenin Iorcaidd, Rhisiart III gan yr ymhonnwr, Harri Tudur (gweler o dan TUDURIAID), Iarll Richmond a nai'r brenin Lancastraidd, Harri VI (m. 1471). Ystyrir y frwydr yn ddigwyddiad arwyddocaol yn hanes gwleidyddol Lloegr ac yn hanes y berthynas rhwng Cymru a Lloegr.

Daeth cyfle Harri Tudur pan gipiodd Rhisiart III yr orsedd oddi wrth ei nai, Edward V, yn 1483. Aeth Harri, a fu'n alltud yn Llydaw ers 1471, ati i gynllunio sut i ennill y goron: cynullodd alltudion o Loegr, yn arbennig ar ôl gwrthryfel Dug Buckingham yn erbyn y Brenin Rhisiart (Hyd. 1483); cynllwyniodd â'i fam, Margaret, Iarlles Richmond; ceisiodd ddenu Iorciaid anfodlon trwy addo priodi nith Rhisiart III, Elisabeth o Efrog; a cheisiodd gymorth Brenin Ffrainc, Charles VIII. Aeth ymgais i ymuno â gwrthryfel Buckingham i'r gwellt, a gwasgarwyd llongau Harri gan stormydd. Ond yn 1485, casglodd fyddin o Ffrancod (tua 3,500), Albanwyr yn Ffrainc (tua 1,000) a'i gyfeillion alltud (tua 400), a hwyliodd o Harfleur ar 1 Awst mewn fflyd a roddwyd iddo at ei wasanaeth gan Charles VIII. Glaniodd ar 7 Awst, yn ôl pob tebyg ym Mae Mill, ger Dale, sir Benfro, yn nhiriogaeth flaenorol ei ewythr Siasbar Tudur, Iarll Penfro a fu'n gyd-alltud ag ef. Gan osgoi de Cymru, a oedd i raddau helaeth yn nwylo cefnogwyr Rhisiart III, gorymdeithiodd Harri i'r gogledd-ddwyrain i sir Geredigion, a oedd yn dal yn deyrngar i dŷ Lancastr. Apeliodd ar dirfeddianwyr o Gymry ac eraill ar hyd y ffordd, a rhagwelai gymorth o ogledd Cymru a swydd Gaer, lle yr oedd teulu Stanley mewn grym (yr oedd yr Arglwydd Stanley'n briod â mam Harri). Cyrhaeddodd Fachynlleth erbyn 14 Awst, ond nid yw'n sicr faint o gymorth yr oedd wedi ei ddenu hyd y dyddiad hwnnw, er gwaethaf yr hiraeth a leisiai'r beirdd am weld uchelwyr a hanoedd yn rhannol o dras Gymreig, fel Harri a Siasbar, yn dychwelyd. Ymddengys i'r Arglwydd Powys ganiatáu rhwydd hynt iddo trwy ei diroedd, ac erbyn iddo gyrraedd cyrion Amwythig yr oedd wedi darbwyllo Rhys Fawr ap Maredudd o sir Gaernarfon i ymuno ag ef, yn ogystal â Rhys ap Thomas o sir Gaerfyrddin, yr addawyd iddo awdurdod helaeth yng Nghymru petai cyrch Harri'n

llwyddiannus; cyrhaeddodd Cymry eraill o ogledd Cymru, lle yr oedd tylwyth Harri yn niferus, a lle yr oedd ei lystad, Stanley, yn bwerus. Ni wyddys yn union beth oedd maint ei fyddin pan groesodd y ffin i Loegr; Ffrancwyr yn bennaf oedd ei chnewyllyn o hyd, ond ymunodd sawl carfan o siroedd gororau Lloegr â hi cyn iddi gyrraedd Stafford ar 19 Awst.

Yr oedd Rhisiart III yn Nottingham pan glywodd ar 11 Awst fod Harri wedi glanio yn sir Benfro. Rhoddodd wŷs i'w gefnogwyr, yn arbennig o'r gogledd, ceisiodd gymell teulu Stanley i barhau'n deyrngar (trwy gymryd mab yr Arglwydd Stanley yn wystl), a gorymdeithiodd i gwrdd â Harri wrth iddo deithio tua Llundain. Cyfarfu'r ddwy ochr ar wastatir Redmoor, i'r gorllewin o Gaerlŷr, ar 22 Awst; yr unig adroddiad clir ar y frwydr yw un yr Eidalwr, Polydore Vergil, a gyrhaeddodd Loegr yn 1502 ond a gafodd gyfle i siarad â Harri VII ac eraill a gymerodd ran yn y frwydr. Daw'r hanes am ran nifer o unigolion yn y frwydr – gan gynnwys Rhys ap Thomas a Rhys Fawr – o adroddiadau a liwiwyd gan draddodiad a phleidgarwch. Byddin Harri oedd y lleiaf o'r ddwy ond y fwyaf penderfynol hefyd o bosibl. Pan sylweddolodd Rhisiart na allai ddibynnu ar yr Arglwydd Stanley, lansiodd ymosodiad dewr yn erbyn llu Harri ei hun a fyddai'n 'diweddu naill ai ryfel neu fywyd' (Vergil). Ymyriad Syr William Stanley a achubodd y dydd i Harri a lladdwyd Rhisiart; ffodd llawer o'i ddynion a chafodd eraill eu dal neu eu lladd. Taflwyd corff y brenin yn noeth ar gefn ceffyl ac aed ag ef i Gaerlŷr i'w gladdu. Ategir yr hanes am adfer ei goron o lwyn drain a'i gosod ar ben Harri gan y defnydd o'r goron a'r llwyn drain yn arwyddlun i'r Tuduriaid ar ôl y frwydr. Ystyriai rhai o feirdd Cymru frwydr Bosworth yn fuddugoliaeth i'r 'Mab Darogan', er bod eu gwaith diweddarach yn awgrymu dadrithiad pan ddaeth yn eglur na wireddwyd y disgwyliadau a'r addewidion honedig a wnaed yn 1483–85.

Er nad oedd fawr o wahaniaeth rhwng egwyddorion ac arferion llywodraeth Harri VII yng Nghymru ac yn Lloegr, yng Nghymru dibynnai'n drwm ar ei ewythr Siasbar, cyngor ei fab ifanc (a alwyd yn arwyddocaol yn Arthur yn nhraddodiad Arthuraidd Cymru a Lloegr), ac ar ei berthnasau, teulu Stanley. Yr oedd lle arbennig yr un pryd ar ei galon, ac yn ei lywodraeth yng Nghymru, i Rys ap Thomas, a urddwyd yn farchog ar ôl y frwydr. Yr oedd hyn, ynghyd â phresenoldeb Cymry teyrngar eraill yn ei lys, yn rhoi'r argraff am y Cymry 'y gellir yn awr . . . ddweud iddynt adfer eu hannibyniaeth eu hunain' (fel y sylwodd ymwelydd o Fenis yn 1497/98).

Am fanylion pellach gweler R. A. Griffiths ac R. S. Thomas, *The Making of the Tudor Dynasty* (1985); M. J. Bennett, *The Battle of Bosworth* (1985); G. A. Williams, 'The Bardic Road to Bosworth: A Welsh View of Henry Tudor' yn *Nhrafodion Anrhydeddus Gymdeithas y Cymmrodorion* (1986); P. J. Foss, *The Field of Redemore* (1990); ac R. A. Griffiths, *Sir Rhys ap Thomas: A Study in the Wars of the Roses and Early Tudor Politics* (1993).

Botryddan, plasty ar y ffin rhwng plwyf Rhuddlan a Diserth, Ffl., a phrif aelwyd teulu'r Conwyaid, teulu estron yn wreiddiol ond sydd ag iddo le anrhydeddus yn y traddodiad nawdd, yn arbennig o 1475 ymlaen. Yr oedd *Tudur Aled gyda'r cyntaf i ganu ar yr aelwyd hon yng nghyfnod penteuluaeth Siôn Aer Ifanc (1457?–1523/24) a chynhaliwyd y traddodiad am bum cenhedlaeth, hyd farw Siôn Conwy yn 1641. Bu canghennau eraill o'r teulu yn noddi'r beirdd, yn arbennig felly yn Sychdyn ac yn Llaneurgain.

Boudicca neu **Boadicea** neu **Buddug** (y gan. 1af), Brenhines yr Iceni, llwyth a drigai yn ardal East Anglia fodern. Wedi marwolaeth ei gŵr Prasutagas tua OC 59, cafodd Catus y Procurator Rhufeinig llygredig gyfle i anrheithio'r Iceni. Yn OC 61, wedi i Boudicca gael ei fflangellu a'i dwy ferch eu treisio, cododd a llwyth i ddial ar y Rhufeiniaid. Llwyddasant i orchfygu y IXfed Lleng, i ddifrodi Colchester (Camelodunum), y brifddinas Rufeinig, a phorthladd Llundain (Londinium), yn ogystal â goresgyn St. Albans (Verulamium), prifddinas y *Catuvellauni. Yr oedd y llywodraethwr Rhufeinig, Suetonius Paulinus, a oedd wrthi yn ymosod ar Ynys Môn, yn rhy hwyr i achub Londinium ond wrth ddychwelyd disgwyliodd am luoedd Boudicca rywle yng Nghanolbarth Lloegr. Yno, er bod yr Iceni yn y mwyafrif o ddeg i un, oherwydd eu diffyg trefn a'u hysbail afrosgo, fe'u gorchfygwyd gan y Rhufeiniaid disgybledig. Ffoes Boudicca, bengoch a mawr o gorff, adref i farw cyn i Paulinus ddechrau anrheithio tiriogaeth ei llwyth.

Gwelir manylion pellach yn Ian Andrews, *Boudicca's Revolt* (1972), G. Webster, *Boudicca: The British Revolt against Rome* (1978) a Charles Kightly, *Folk Heroes of Britain* (1982).

BOWEN, BEN (1878–1903), bardd o Dreorci, Rhondda, Morg. Dechreuodd weithio yn y lofa yn ddeuddeng mlwydd oed a dywedir ei fod erbyn hynny yn englynwr medrus. Bum mlynedd yn ddiweddarach enillodd gadair yn yr eisteddfod a gynhaliwyd ym Mhenrhiw-ceibr. Astudiodd yn Academi Pontypridd ac yna yng Ngholeg y Brifysgol, Caerdydd, lle y meistrolodd yr ieithoedd clasurol a'r Almaeneg. Daeth yn ail i J. T. *Jôb gyda'i bryddest faith i William *Williams (Pantycelyn) yn Eisteddfod Genedlaethol 1900. Wedi cyfnod o afiechyd, hwyliodd yn 1901 i Dde Affrig i geisio gwellhad; yr oedd cronfa gyhoeddus wedi'i threfnu iddo. Dychwelodd yn 1902, ond creodd ei erthyglau ar ddiwinyddiaeth gryn gynnwrf oherwydd eu hanuniongrededd, ac fe'i diarddelwyd gan ei gapel, Moriah, Pentre. Gwaethygodd ei iechyd a bu farw cyn cyflawni ei addewid cynnar fel bardd.

Fe'i cyplysir fel arfer ag ysgol y *Bardd Newydd ac y mae tueddiadau gorathronyddol yr ysgol honno'n amharu rywfaint ar werth ei waith. Er iddo gyhoeddi un gyfrol o'i gerddi yn ystod ei oes, *Durtur y Deffro* (1897),

ei frawd, David Bowen (Myfyr Hefin), a fu'n gyfrifol am baratoi ei lyfrau eraill ar gyfer y wasg, a hynny ar ôl i Ben Bowen farw. Yn eu mysg y mae *Rhyddiaith Ben Bowen* (1909), *Blagur Awen Ben Bowen* (1915), *Ben Bowen yn Neheudir Affrica* (1928) a *Ben Bowen i'r Ifanc* (1928).

Ceir manylion pellach yng nghyfrol David Bowen, *Cofiant a Barddoniaeth Ben Bowen* (1904); gweler hefyd y bennod gan Cennard Davies yn *Cwm Rhondda* (gol. Hywel Teifi Edwards, 1995).

BOWEN, DAVID JAMES (1925–), ysgolhaig. Brodor o'r Dinas, Penf., fe'i haddysgwyd yng Ngholeg Prifysgol Cymru, Aberystwyth, ac ymunodd ag Adran y Gymraeg yno yn 1953, a dyrchafwyd ef i gadair bersonol yn 1980; ymddeolodd yn 1988. Ef yw prif hanesydd barddoniaeth Gymraeg y cyfnod rhwng y bedwaredd ganrif ar ddeg a'r unfed ganrif ar bymtheg. Ysgrifenodd yn arbennig ar ddau o feirdd mawr y cyfnod hwnnw, sef *Dafydd ap Gwilym a *Gruffudd Hiraethog, mewn cyfres sylweddol o erthyglau, a hynny yw ei brif gyfraniad i ysgolheictod Cymraeg. Cyhoeddodd hefyd *Barddoniaeth yr Uchelwyr* (1957), *Gruffudd Hiraethog a'i Oes* (1958), a'i argraffiad safonol *Gwaith Gruffudd Hiraethog* (1990).

Gweler teyrnged i D. J. Bowen gan Bobi Jones yn *Barddas*, (Mawrth 1988).

BOWEN, EDWARD ERNEST (1836–1901), bardd. Fe'i ganed ger Cas-gwent, Myn., lle yr oedd ei dad yn gurad. Daeth yn ysgolfeistr yn Harrow yn 1859 a threuliodd weddill ei yrfa yn yr ysgol honno. Ef yw awdur Cân Ysgol Harrow, 'Forty Years On', a ysgrifennodd yn 1872, ac fe'i cyhoeddwyd yn ei unig lyfr, *Harrow Songs and Other Verses* (1886).

BOWEN, EMRYS GEORGE (1900–83), daearyddwr a aned yng Nghaerfyrddin. Llanwodd Gadair Gregynog mewn Daearyddiaeth ac Anthropoleg yng Ngholeg Prifysgol Cymru, Aberystwyth, o 1946 hyd ei ymddeoliad yn 1968. Ei brif ddiddordeb oedd Daearyddiaeth Hanesyddol a'i lyfr cyntaf oedd *Wales, A Study in Geography and History* (1941). Arweiniodd ei ymroddiad i astudio anheddau at waith trylwyr ar *Oes y Seintiau, gwaith a gynrychiolir orau gan ei ddau lyfr, *The Settlements of the Celtic Saints in Wales* (1954) a *Saints, Seaways and Settlements* (1969). Datblygwyd yr un thema o ran gofod ac amser yn *Britain and the Western Seaways* (1972); ysgrifennodd hefyd hanes bywyd *Dewi Sant (1981). Yr oedd yn ysgolhaig amryddawn ac eang ei ddiddordebau ac yr oedd ei gyhoeddiadau'n cynnwys agweddau ar ddaearyddiaeth, archaeoleg, hanes (yn enwedig hanes cynnar yr Oesoedd Tywyll), diwylliant a chymdeithas Cymru.

Daethpwyd â nifer o'i weithiau byrrach ynghyd yn *Geography, Culture and Habitat* (gol. H. Carter a W. K. D. Davies, 1976) i ddathlu ei ben blwydd yn bymtheg a thrigain oed; y mae'n cynnwys braslun o yrfa amryddysg E. G. Bowen, a gwerth-fawrogiad o'i waith a llyfryddiaeth gyflawn hyd 1975.

BOWEN, EUROS (1904–88), bardd a aned yn Nhreorci, Rhondda, Morg., yn fab i weinidog Anghydffurfiol; y mae Geraint *Bowen yn frawd iddo.

Yr oedd â'i fryd ar y weinidogaeth gyda'r Annibynwyr a chafodd addysg yn y Coleg Presbyteraidd, Caerfyrddin, yng Ngholegau Prifysgol Cymru, Aberystwyth ac Abertawe, ac yng Ngholegau Mansfield a'r Santes Catrin yn Rhydychen, ond gorffennodd ei addysg yng Ngholeg Dewi Sant, Llanbedr Pont Steffan, cyn mynd i wasanaethu fel offeiriad plwyf gyda'r Eglwys yng Nghymru. Wedi curadaeth yn Wrecsam, Dinb., fe'i gwnaed yn rheithor Llangywair a Llanuwchllyn ger Y Bala, Meir.; ymgartrefodd yn Wrecsam ar ôl ymddeol yn 1973.

Dechreuodd farddoni o ddifrif yn ystod gaeaf 1947, ac yn yr un cyfnod sefydlodd y cylchgrawn, Y *Fflam. Enillodd *Goron yr Eisteddfod Genedlaethol y flwyddyn ganlynol â'i *bryddest, 'O'r Dwyrain', ar *cynghanedd gyflawn mewn llinellau anghyfunyd o bedwar curiad, ac yn 1950 â phryddest arall mewn cynghanedd gyflawn, a'r llinellau ynddi'n amrywio aceniad llinell sylfaenol o bedwar curiad, 'Difodiant'. Yn 1963 methodd ei awdl 'Genesis' ag ennill y *Gadair am ei bod yn rhy ddyrys i ddau o'r beirniaid, gan ennill iddo'r enw o fod yn 'fardd tywyll'. Wedi hynny bu'n hynod doreithiog, gan gyhoeddi y cyfrolau canlynol: Cerddi (1958), Cerddi Rhydd (1961), Myfyrion (1963), Cylch o Gerddi (1970), Achlysuron (1970), Elfennau (1972), Cynullion (1976), O'r Corn Aur (1977), Amrywion (1980), Dan Groes y Deau (1980), Masg Minos (1981), Gwynt yn y Canghennau (1982), O Bridd i Bridd (1983), Goleuni'r Eithin (1986), Buarth Bywyd (1986), Oes y Medwsa (1987), Lleidr Tân (1989) a Dathlu Bywyd (1990); cyhoeddwyd Detholion yn 1984. Cyfieithodd o'r iaith Roeg ddwy ddrama Soffocles am Oidipos, sef Oidipos Frenin (1972) ac Oidipos yn Colonos (1979), clasur diwinyddol Athanasius ar Ymgnawdoliad y Gair (1977) a hefyd Electra (1984). O'r Lladin cyfieithodd Fugeilgerddi Fyrsil (1975), ac o'r Ffrangeg ddetholion o waith y Symbolwyr, Beirdd Simbolaidd Ffrainc (1980).

Bu Euros Bowen yn arbrofwr bwriadus o'r dechrau o ran mydr a'i ddefnydd o eiriau, ac yn hyn o beth, ac yn ei ymdrechion i briodi'r cynghanedd â dulliau newydd o fynegiant, gwelodd lawer ef yn etifedd i T. Gwynn *Jones. Ond yr oedd ganddo gredo fwy sefydlog nag ef a chyda'i wybodaeth o'r ieithoedd clasurol a modern yr oedd yn agored i ddylanwadau o gyfeiriad llenyddiaethau a chelfyddydau eraill. Y mae nifer o'r darnau yn Cerddi ar ffurf rhyw uned fydryddol a elwir ganddo yn 'ugeined', ei ddyfais ef ei hunan. Yn Cerddi Rhydd (1961) y mae'n diosg hyd yn oed y llinell ac yn traethu'n rhythmig mewn paragraffau. Fodd bynnag, nid ymgydnabod o fwriad â'r goruwchnaturiol a wna wrth

farddoni. Y mae'r dweud iddo'n arwyddion effeithlon o ystyron creadigol, hynny yw, gwneud yn effeithlon yr ystyr y mae delweddiaeth yn arwydd ohoni. Am hynny yr oedd yn ei arddel ei hun yn fardd Sacramentaidd yn hytrach na bardd Symbolaidd. Yn Myfyrion (1963) y mae'r rhythm yn ymgodymu'n effeithiol â'r hen fesurau cynganeddol, ac yn Cylch o Gerddi (1970) defnyddir hyd yn oed ddyfeisiau teipograffig. Y mesurau rhydd yw'r prif gyfrwng yn y cyfrolau diweddarach ac i rai darllenwyr y maent yn haws eu deall, ond arhosai atyniad y cynghanedd i'r bardd hunanymwybodol hwn. Y mae'r cyfrolau O'r Corn Aur, Dan Groes y Deau a Masg Minos yn cofnodi argraffiadau o ymweliadau'r bardd ag Asia Leiaf, Istanbwl, Awstralia a Chreta.

O'r dechrau ymwrthododd â thraddodiad 'barddoniaeth ffotograffig' a'r arfer o ddefnyddio delweddau fel addurnwaith yn unig yn hytrach nag fel gwir gyfrwng mynegiant. Er gwaethaf ei gysylltiadau â *Chylch Cadwgan, daeth i deimlo na ddylai barddoniaeth fod yn gyfrwng i draethu syniadau ac na ddylid bychanu beirdd sydd yn telynegu am fyd natur. Yn groes i'r duedd o ddyrchafu'r bardd yn broffwyd neu'n ddysgawdwr, daliai'r egwyddor mai rhyw fath o offeiriad oedd. Ar y llaw arall, ni lwyddai bob tro i guddio ei argyhoeddiadau Cristnogol, ac ni ellid dweud ei fod yn ymhyfrydu mewn natur er ei mwyn ei hun. Trysorfa delweddau oedd natur iddo, er bod ei ddull o 'ddelweddu'r meddwl' yn peri tywyllwch i rai.

Am restr gyflawn o'i weithiau gweler Geraint Bowen 'Llyfryddiaeth Euros Bowen (1904–1988)' yn Ysgrifau Beirniadol XXI (gol. J. E. Caerwyn Williams, 1996). Ceir gwerth-fawrogiad beirniadol o waith y bardd yn Barddoniaeth Euros Bowen (1977) gan Alan Llwyd; adweithiodd y bardd i'r astudiaeth hon gyda gonestrwydd nodweddiadol yn ei gyfrol Trin Cerddi (1978). Cyhoeddodd ddetholiad o'i gerddi gyda chyfieithiadau Saesneg yn y gyfrol Poems (1974). Y mae ysgrif ar y bardd gan R. Gerallt Jones yn Ansawdd y Seiliau (1972); gweler hefyd gyfweliad â'r bardd yn y cylchgrawn Mabon (gol. Gwyn Thomas, 1969), erthygl gan Dafydd Elis Thomas yn Poetry Wales (cyf. v, rhif. 3, Gwanwyn, 1970), erthygl Gwyn Thomas yn Dyrnaid o Awduron Cyfoes (gol. D. Ben Rees, 1975) a nodyn ar y bardd gan John Rowlands yn Profiles (1980); gweler hefyd yr erthyglau gan Geraint Bowen am ei frawd yn Taliesin (cyf. LXIII, 1988 a chyf. LXIX, 1990) ac Euros Bowen: Bardd-Offeiriad, Cynthia a Saunders Davies (1993).

BOWEN, GERAINT (1915–), bardd, beirniad a golygydd a aned yn Llanelli, Caerf.; y mae'n frawd i Euros *Bowen. Fe'i haddysgwyd yng Ngholeg y Brifysgol, Caerdydd, a daeth yn athro ysgol ac wedyn yn Arolygydd Ysgolion ei Mawrhydi. Yn Eisteddfod Genedlaethol 1946 enillodd y *Gadair am ei *awdl, 'Moliant i'r Amaethwr', cerdd hynod grefftus sy'n dangos meistrolaeth ar y mesurau caeth. Ef yw golygydd nifer o gyfrolau o feirniadaeth lenyddol, yn eu plith Y Traddodiad Rhyddiaith (1970), Y Traddodiad Rhyddiaith yn yr Oesau Canol (1974), Y Traddodiad Rhyddiaith yn yr Ugeinfed Ganrif (1976), Ysgrifennu Creadigol (1972) ac Y

Gwareiddiad Celtaidd (1986). Bu'n olygydd *Y Faner* (*Baner ac Amserau Cymru*) o 1977 hyd 1978 a bu'n Archdderwydd o 1979 hyd 1981. Cafodd yr enw o fod yn Genedlaetholwr di-dderbyn-wyneb a digymrodedd. Ymhlith ei gyhoeddiadau eraill y mae mynegai i *Gerdd Dafod* John *Morris-Jones (1947), yn ogystal â *Gwssanaeth y Gwŷr Newydd* (1970), *Atlas Meirionnydd* (1973), *Bwyd Llwy o Badell Awen* (1977), *Golwg ar Orsedd y Beirdd* (1992), *O Groth y Ddaear* (1993), *Bro a Bywyd: W. J. Gruffydd* (1994) ac *Y Drych Kristnogawl* (1996); a chyda'i wraig, Zonia Bowen, *Hanes Gorsedd y Beirdd* (1992). Ceir detholiad o'i gerddi yn y gyfrol *Cerddi* (1984).

BOYCE, MAX (1943–   ), canwr gwerin a aned yng Nglyn-nedd, Morg., lle y bu'n gweithio fel glöwr, a lle y mae'n byw o hyd. Daeth i amlygrwydd yn lleol yn ystod y 1970au cynnar gyda'i ganeuon a'i faledi am fyd *rygbi, y pwll glo a chymoedd diwydiannol de Cymru yn gyffredinol. Y mae ei enwogrwydd fel un o ddiddanwyr mwyaf poblogaidd Cymru yn deillio nid yn unig o'i recordiau niferus, a'i bersonoliaeth ar y teledu, ond hefyd o'i frwdfrydedd dros rygbi, sy'n ymboethi'n amlwg pan fo Cymru yn chwarae yn erbyn Lloegr. Y mae rhai beirniaid yn ei weld fel digriflun o fath arbennig o Gymro, sef 'ffŵl rygbi', ond y mae'r feirniadaeth hon yn rhy lym o lawer. Fel Cymro Cymraeg a gwladgarwr, y mae Max Boyce yn nodweddiadol o ffenomen ddiwylliannol y dylid ei dadansoddi. Ceir yn ei ganeuon gorau, fel '*The Pontypool Front Row*', '*Duw, it's Hard*', '*Hymns and Arias*', '*The Devil's Marking Me*' a '*Rhondda Grey*', megis yng ngherddi Idris *Davies (a genir ganddo weithiau), y deunydd arbennig hwnnw sy'n nodweddu'r gân werin fodern. Y mae rhai o'i ganeuon eraill yn ddoniol iawn, er bod ychydig ohonynt yn or-deimladol. Cenir llawer o'i ganeuon yn aml, yn enwedig ymhlith y bobl hynny y daeth Max Boyce yn drwbadŵr eu cynefin a'u profiad.

BOYER, HYDWEDD (1912–70), nofelydd a aned yn Yr Allt-wen, Pontardawe, Morg. Teithiodd yn helaeth fel cartograffydd gyda'r fyddin adeg yr Ail Ryfel Byd. Cyhoeddodd dair nofel, *Ym Mhoethder y Tywod* (1960), *Pryfed ar Wydr* (1965) a *Ffarwel Ha'* (1974), yn ogystal â dwy gyfrol i blant, *Anturiaethwyr y Ganrif Hon* (1963) ac *I'r Ynysoedd* (1967).

Bracchis, yr enw ar y caffis Eidalaidd a geid yng nghymoedd de Cymru o tua 1880 ymlaen. Daeth Giacomo, y Bracchi a roddodd ei enw iddynt, i Gymru oddeutu 1881 ac fe'i dilynwyd gan dros fil o ymfudwyr eraill, bron y cyfan ohonynt o dref ac ardal Bardi yng ngogledd yr Eidal. Yn ôl y traddodiad, daeth yr Eidalwyr i Gymru oherwydd i newyddion am gyfoeth cymoedd y glo eu cyrraedd ar y llongau a hwyliai i Genoa i gyfnewid llwythi o lo am lwythi o goed-pwll, er nad oes tystiolaeth

ddiogel o hynny. Gwerthai'r mewnfudwyr cyntaf hufen iâ o stondinau llaw yn yr haf, a sglodion yn y gaeaf, a chysylltir enwau fel Sidoli a Fulgoni hyd heddiw â chynhyrchu hufen iâ. Yna dechreuasant agor caffis, yn gwerthu melysion, sigarennau, diodydd poeth, byrbrydau a hufen iâ. Yr oedd y mudiad *Dirwest yn gryf ar y pryd, a'r 'bracchis' yn fannau cyfarfod mwy derbyniol na'r tafarndai. Erbyn 1938, yr oedd ymhell dros 300 o'r caffis Eidalaidd hyn, y mwyafrif ohonynt yng nghymoedd glo Morgannwg, a'r crynhoad dwysaf wedyn yn sir Fynwy. Daeth enwau'r perchenogion yn gyfystyr ag arlwyo poblogaidd a da: Conti, Moruzzi, Ferrari, Berni, Rabaiotti, Rossi a dwsin neu ragor o rai eraill; gwnaeth y genhedlaeth iau hithau ei chyfraniad unigryw ond gwahanol i ddiwylliant de Cymru, trwy gyfrwng ffigurau fel yr artist David Carpanini, yr actor Victor Spinetti a'r newyddiadurwr Mario Basini.

Y llyfr safonol ar hanes yr ymfudwyr o Bardi yw *Lime, Lemon and Sarsaparilla* (1991) gan Colin Hughes, tra bod *A Boy from Bardi* (1994) gan Les Servini yn adrodd yr hanes o safbwynt y mewnfudwyr, gan gynnwys hanes eu caethiwo fel estronelynion yn ystod yr Ail Ryfel Byd. Ceir eu hanes hefyd yn nofel John Parker, *The Alien Land* (1961), ac ymddangosant yn aml yn straeon Gwyn *Thomas (1913–81).

Brackenbury, Augustus (m. 1874), gweler o dan RHYFEL Y SAIS BACH (1820–26).

Brad (1958), 'trasiedi hanesyddol' gan Saunders *Lewis. Seiliwyd y ddrama ar ddigwyddiadau yn Ffrainc yn ystod cynllwyn swyddogion y Fyddin Almaenig i ladd Hitler (20 Gorff., 1944). Y mae Kaisar von Hofacker, Protestant sydd yn argyhoeddedig fod Hitler yn offeryn yn llaw'r Diafol a bod gwareiddiad Ewrop ar fin cael ei draflyncu gan oresgyniad Comiwnyddol o'r Dwyrain, yn ceisio perswadio von Kluge, Prif Gadfridog yr Almaenwyr yn y Gorllewin, i ymuno â'r cynllwynwyr a threfnu cadoediad gyda'r Cynghreiriaid fel y gallant gyrraedd Berlin o flaen y Fyddin Goch. Y mae'r cynllwyn yn methu, a throsglwydda von Kluge, a oedd â dyled bersonol i Hitler, y cynllwynwyr i ddwylo'r Gestapo. Y mae Else, meistres von Hofacker, yn ceisio ei arbed drwy ei rhoi ei hun i un o swyddogion y Gestapo, ond y mae von Hofacker yn ei cheryddu'n chwerw am fradychu eu cariad, a thrwy hynny gyfannu'r cylch bradwrus, ac â ef yn ddewr i'w angau dychrynllyd. Amcan Saunders Lewis yn y ddrama hon yw dangos sut y gall unigolyn ddylanwadu ar gwrs hanes drwy weithredu neu drwy beidio â gweithredu ac nad yw'r ffaith fod achos yn anobeithiol yn rheswm dros beidio â glynu wrtho.

Ceir trafodaeth ar rinweddau'r ddrama a'r cefndir hanesyddol yn erthyglau Dafydd Glyn Jones yn *Barn* (rhif. 68, 1968), Prys Morgan yn *Ysgrifau Beirniadol V* (gol. J. E. Caerwyn Williams, 1970), Branwen Jarvis yn *Taliesin* (cyf. XL, 1980) ac Aled Gruffudd Jones yn *Taliesin* (cyf. LXVII, 1989).

Brad y Cyllyll Hirion, digwyddiad chwedlonol a

adroddwyd gyntaf yn *Historia Brittonum gan ychwanegu at waith *Gildas y stori am *Wrtheyrn, arweinydd y Brythoniaid, a'i serch at *Ronwen, ferch Hengist, arweinydd y Sacsoniaid. Disgrifiwyd sut y gwahoddodd y Sacsoniaid Wrtheyrn ac arweinwyr y Brythoniaid i wledd, ac yna, ar arwydd penodedig, 'Nemet eour Saxes!' ('Gafaelwch yn eich cyllyll!'), yn lladd tri chant o'r Brythoniaid â'u cyllyll hirion. Wedi'r lladd nid oedd dewis gan Wrtheyrn ond ildio'r cyfan o ddeheudir Prydain. Un arglwydd Brythonaidd yn unig a fu fyw wedi'r gyflafan, sef Eidol, Iarll Caerloyw. Ychwanegodd *Sieffre o Fynwy dipyn at y chwedlau a rhoddwyd bywyd newydd iddynt yn y ddeunawfed ganrif gan haneswyr megis Theophilus *Evans. Fe'u darluniwyd gan arlunwyr rhamantaidd megis Henry Fuseli ac Angelica Kauffmann yn y 1770au. Yr oedd y stori gymaint ar led nes ei bod yn bosibl yn 1854 i R. J. *Derfel ddychanu'r *Llyfrau Gleision fel 'Brad y Llyfrau Gleision', gan wybod yn sicr fod pawb yn deall y cyfeiriad. Dylid nodi bod stori'r Cyllyll Hirion yn adnabyddus yn Yr Almaen hefyd lle y ceir chwedl debyg yng nghronicl Widukind am y Sacsoniaid cynnar, a lle yn 1934 y galwyd y cynllwyn yn erbyn Hitler a arweiniwyd gan Roehm yn 'Nos y Cyllyll Hirion'.

Ceir manylion pellach yn yr erthygl gan Prys Morgan, 'From Long Knives to Blue Books', yn Welsh Society and Nationhood (gol. R. R. Davies, Ralph A. Griffiths, Ieuan Gwynedd Jones a Kenneth O. Morgan, 1984).

Brad y Llyfrau Gleision, gweler o dan LLYFRAU GLEISION (1847).

BRADFORD, SIÔN neu **JOHN** (1706–85), bardd o Fetws, *Tir Iarll, Morg.; yr oedd yn aelod o gylch bychan o wŷr llên ym Mlaenau Morgannwg ar ddechrau'r ddeunawfed ganrif. Gwëydd, pannwr a lliwydd ydoedd, a hanoedd o deulu a ddaethai i Gymru o Bradford-on-Avon yn hanner cyntaf yr ail ganrif ar bymtheg. Astudiodd y traddodiadau barddol Cymraeg yn ei ieuenctid a dechrau casglu llawysgrifau. Nid yw ei weithiau barddonol ef ei hun yn bwysig, ond yr oedd Iolo Morganwg (Edward *Williams) yn un o'i ddisgyblion a chysylltodd ef enw Siôn â'r gyfundrefn orseddol, dderwyddol a oedd, yn ôl Iolo, yn rhan o hanes Tir Iarll, gan honni mai yn llawysgrifau Bradford y cafodd lawer o'r deunydd; gwelwyd yn ddiweddarach mai ffrwyth dychymyg Iolo ydoedd y cyfan.

Ceir manylion pellach yn G. J. Williams, Traddodiad Llenyddol Morgannwg (1948) a Ceri W. Lewis, 'The Literary History of Glamorgan from 1550 to 1770' yn Glamorgan County History (cyf. IV, gol. Glanmor Williams, 1974).

BRADLEY, ARTHUR GRANVILLE (1850–1943), hanesydd ac awdur llyfrau taith. Fe'i haddysgwyd ym Marlborough a Choleg y Drindod, Caer-grawnt. Dechreuodd ar ei yrfa lenyddol yn gymharol hwyr a chyhoeddwyd ei lyfr annibynnol cyntaf, The Life of Wolfe, yn 1885. Cymerai ddiddordeb arbennig yn hanes Gogledd America, yn arbennig Canada, ac â'r pwnc hwn yr ymdriniodd yn un ar ddeg o'i bedwar llyfr ar ddeg ar hugain. Cymru oedd ei ddiddordeb arbennig arall, ac ysgrifennodd saith o lyfrau bywiog a llawn gwybodaeth amdani, gan gynnwys Owen Glyndwr (1901), Highways and Byways of North Wales (1898), Highways and Byways of South Wales (1903) a The Romance of Wales (1929), y llyfr olaf a gyhoeddwyd ganddo.

BRADNEY, JOSEPH ALFRED (1859–1933), hanesydd o sir Fynwy, Sais y cydnabuwyd ei gyfraniad i fywyd cyhoeddus Cymru, gan gynnwys ei wasanaeth i *Lyfrgell Genedlaethol Cymru ac *Amgueddfa Genedlaethol Cymru, pan urddwyd ef yn farchog yn 1924. Ymhlith ei gyhoeddiadau yr oedd The Diary of Walter Powell (1907), Acts of the Bishop of Llandaff (1908), Llyfr Baglan (1910) ac A Dissertation on Three Books (1923). Dysgodd Gymraeg ac ysgrifennodd gerddi yn Lladin, a chyhoeddwyd Carmina Jocosa (1916) a Carmen (1923), ond yn ddi-os ei waith pwysicaf oedd hanes ei sir fawysiedig, The History of Monmouthshire (1904, 1932), y cyhoeddwyd dwy ran yn unig ohono.

Braint Hir (dechrau'r 7fed gan.), nai i *Gadwallon ap Cadfan, Brenin Gogledd Cymru. Yn ôl *Brut y Brenhinedd ochrodd gyda'i ewythr i wrthwynebu cais Edwin, Brenin Brynaich, i rannu brenhiniaeth Prydain. Ar ôl hyn daeth rhyfel a cheisiodd y ddau ddianc i Lydaw ond bu llongddrylliad a thaflwyd hwy ar ynys Garnareia. Cymaint fu gofid Cadwallon fel na fedrodd fwyta nac yfed dim am dri diwrnod. O'r diwedd daeth blys helgig arno ond methodd Braint â lladd dim. Yn ei gyfyng gyngor, torrodd Braint ddarn o'i forddwyd ei hun, ac wedi i'r Brenin ei fwyta adferwyd ei iechyd.

Braint Teilo, darn o Hen Gymraeg neu Gymraeg Canol Cynnar yn Llyfr Llandaf (gweler o dan LLANDAF) sy'n sôn am fraint eglwys *Teilo, sef y breintiau a roddwyd i'r eglwys honno gan frenhinoedd *Morgannwg a'i hawliau wyneb yn wyneb â chyfraith ac awdurdod y wladwriaeth leyg. Ceir dwy ran i'r darn, a'r gynharaf yw'r ail, sy'n perthyn i'r cyfnod rhwng 950 ac 1090. Ceir ynddi enghraifft ysgrifenedig o'r syniad o fraint a geir, nid yn unig yn y cyfreithiau Cymreig, ond mewn hen farddoniaeth hefyd. Perthyn y rhan gyntaf (c.1110–29) i'r cyfnod Normanaidd a chynrychiola adwaith a gymuned yn Llandaf i ddatblygiadau gwleidyddol cynnar yn y ddeuddegfed ganrif a'r bygythiad i rym ac elw ac annibyniaeth yr Eglwys.

Ceir trafodaeth ar y darn gan Wendy Davies ym Mwletin y Bwrdd Gwybodau Celtaidd (cyf. XXVI, 1975).

Brân neu **Bendigeidfran fab Llŷr**, cawr a ddisgrifir yn *Pedair Cainc y Mabinogi yn 'frenin coronog ar yr ynys hon'. Yr oedd yn gawraidd ei faint, ac wrth groesi'r môr i Iwerddon i ddial cam ei chwaer *Branwen cerddai trwy'r môr wrth ochr ei longau. Gorweddodd ar draws afon Llinon fel pont i'w fyddin groesi, a hyn sy'n egluro'r ymadrodd adnabyddus, 'A fo ben bid bont'. Wedi'r lladdfa yn Iwerddon daeth y seithwyr â phen Brân i'r Gwynfryn yn Llundain i'w gladdu, wedi iddynt dreulio blynyddoedd yn gwledda yn Harlech ac ar ynys *Gwales.

Awgrymwyd mai ffurf led-ddynol ar un o hen dduwiau'r Celtiaid oedd Brân. Edrydd chwedl Hen Wyddeleg yn dwyn y teitl 'Mordaith Brân', am y Brenin Brân yn mordwyo o Iwerddon i Ynysoedd y Dedwydd. Y mae'n bosibl uniaethu'r ddau Frân â'i gilydd, neu o leiaf gall fod elfennau o'r chwedl Wyddeleg wedi mynd i wneuthuriad Ail Gainc y Mabinogi. Ceir tuedd gref yn y chwedl Wyddeleg i Gristioneiddio'r hen ddefnydd paganaidd, a gall mai dyma darddiad yr ansoddair Bendigaid a gysylltid â Brân yng Nghymru. Cred y mwyafrif o ysgolheigion mai'r traddodiadau Cymraeg am Frân yw tarddle Bron, sef y Brenin Bysgotwr yn rhamantau Ffrangeg yr Oesoedd Canol.

Ceir cyfeiriadau pellach yn Rachel Bromwich, *Trioedd Ynys Prydein* (1961); gweler hefyd P. Mac Cana, *Branwen Daughter of Llŷr* (1958).

Brangwyn, Frank (1867–1956), arlunydd a aned yn Bruges o rieni Cymreig. Dechreuodd ar ei yrfa yng ngweithdai William Morris a daeth yn enwog fel arlunydd tirluniau mawrion a golygfeydd o fyd mytholeg a hanes. Y mae Paneli'r Ymerodraeth Brydeinig a gomisiynwyd yn 1925 ac sydd i'w gweld yn Neuadd y Ddinas, Abertawe, yn enghraifft nodweddiadol o'i waith.

Branwen, ferch *Llŷr a gwraig *Matholwch, Brenin Iwerddon yn *Pedair Cainc y Mabinogi. Yn ystod blwyddyn gyntaf ei theyrnasiad genir mab iddi, a elwir Gwern, ond wedyn fe'i cosbir oblegid y sarhad a dderbyniasai'r Gwyddyl yng Nghymru. Fe'i gorfodir i weithio yn y gegin, ond wedi tair blynedd o'r sarhad hwn anfona neges at ei brawd drwy gymorth drudwy dof. Daw *Brân, ei brawd, i Iwerddon gyda'i fyddin i ddial ei cham, a metha ei hymdrechion i gymodi'r ddwy ochr a'u rhwystro rhag difetha ei gilydd. Ar ôl eu trechu yn y frwydr, saith yn unig o'r Cymry sy'n dychwelyd o Iwerddon, a Branwen gyda hwy. Glaniant yn Aber Alaw ym Môn, rhy'r Frenhines ochenaid fawr a datgan bod dwy ynys wedi'u diffeithio o'i hachos hi; tyrr ei chalon a chleddir hi mewn bedd petryal ar lan afon Alaw.

Y mae stori Branwen yn destun drama deledu gan Saunders *Lewis, a ddarlledwyd gyntaf yn 1971 ac a gyhoeddwyd yn y gyfrol *Dramâu'r Parlwr* (1975). Nid ailadrodd stori'r Mabinogi sydd yma, ond archwiliad o hedonistiaeth nihilistaidd *Efnysien a'i ganlyniadau sy'n

traflyncu hyd yn oed Branwen er gwaethaf ei hagweddau mwy cyfrifol hi. Y mae'r awdur yn trafod y dehongliad hwn mewn ysgrif yn *Ysgrifau Beirniadol V* (gol. J. E. Caerwyn Williams, 1970).

Ceir manylion pellach yn P. Mac Cana, *Branwen Daughter of Llŷr* (1958), Derick S. Thomson, *Branwen Verch Lyr* (1961) a Rachel Bromwich, *Trioedd Ynys Prydein* (3ydd arg., 1998).

Braslun o Hanes Llenyddiaeth Gymraeg, cyfres o fonograffau a arfaethwyd gan Saunders *Lewis. Y gyntaf yn unig a gyhoeddwyd (1932, adargraffiad 1986) ac y mae'n trafod y pwnc hyd 1535, er y gellir tybio bod sylwedd y gweddill wedi eu corffori mewn amryw weithiau eraill gan yr awdur. Y mae ynddo benodau ar *Daliesin, y *Gogynfeirdd, *Beirdd yr Uchelwyr, *Dafydd ap Gwilym, 'Ysgol Rhydychen' (*Siôn Cent ac eraill) a'r 'Ganrif Fawr' (1435–1535). Y maent yn hynod am eu hymgais i leoli llenyddiaeth Gymraeg yr Oesoedd Canol, ac yn enwedig barddoniaeth yr Oesoedd Canol diweddar, yn deg o fewn cyd-destun y meddylfryd Ewropeaidd fel yr oedd hwnnw'n tyfu a datblygu. Erbyn hyn ymwrthodwyd i raddau pell (er nad yn hollol) â damcaniaethau'r ddwy bennod gyntaf, megis yr ymgais i ddisgrifio *'Canu Llywarch Hen' fel ymarferion dosbarth yn un o ysgolion y beirdd, neu'r ymgais i gysylltu barddoniaeth y Gogynfeirdd â 'barddoniaeth bur' y Symbolwyr Ffrengig; ond y mae pwyslais y pedair pennod olaf ar yr elfennau neo-Blatonig a neo-Aristotelaidd yn syniadaeth y cyfnod am farddoniaeth, wedi dod i raddau yn rhan o uniongrededd hanes llenyddiaeth Gymraeg. Y mae'r llyfr yn llawn o ganfyddiadau newydd a threiddgar ac fe'i hysgrifennwyd mewn arddull tra disglair. Gweler hefyd MEISTRI'R CANRIFOEDD (1973).

Brawd neu Gyfaill Diwair, Y, motiff adnabyddus mewn llên gwerin. Â gŵr i chwilio am ei efaill a chan fod y ddau mor debyg i'w gilydd o ran pryd a gwedd ni all neb, hyd yn oed gwraig ei frawd, wahaniaethu rhyngddynt. Serch hynny, sicrha ddiweirdeb ei chwaer yng nghyfraith trwy osod cleddyf noeth rhyngddynt yn y gwely. Ceir y thema hon yn y chwedl *Amlyn ac Amig ac yn *Ystori Alexander a Lodwig, a cheir ffurf amrywiol arni yn chwedl *Pwyll, Pendefig Dyfed.

Am chwedl Alexander a Lodwig, gweler Thomas Jones a J. E. Caerwyn Williams, 'Ystori Alexander a Lodwig', *Studia Celtica*, (cyf. X–XI, 1975–76).

Brawd Eliodorus, Y, gweler ELIDYR.

Brawd Llwyd, Y, mynach o urdd Sant Ffransis sy'n ymddangos mewn *traethodl gan *Ddafydd ap Gwilym ac sy'n beio'r bardd wrth iddo ddod i gyffesu ei feiau, gan ddweud bod Dafydd yn ymgolli i garu merched a chanu eu mawl. Etyb Dafydd, wedi iddo gael ei gynghori i weddïo er lles ei enaid, mewn sgwrs hir amddiffynnol, gan ddweud nad yw Duw ei hun mor llym â'r Brawd, fod digon o amser i bopeth a bod ei fath ef o farddoniaeth, megis gweithiau Dafydd y Salmydd gynt, lawn mor angenrheidiol i bobl feidrol â gweddïau ac emynau.

Bregeth, Y. Un o'r cyfryngau pwysicaf i hyrwyddo a diogelu'r iaith fu'r bregeth Gymraeg, a gosodwyd pwysigrwydd mawr ar y cyfrwng. Bu'n allweddol yn nhwf a datblygiad yr enwadau Ymneilltuol yn arbennig, a hefyd mewn magu chwaeth at wyddorau eraill, fel athroniaeth, diwinyddiaeth, gwleidyddiaeth a llenyddiaeth. Trefnwyd cyfarfodydd lle yr oedd y bregeth yn rhan hanfodol o'r gwasanaeth, ar Sul a noson waith, a pharatowyd miloedd o bregethau mewn blwyddyn, rhai yn wych, fel yr eiddo Emrys ap Iwan (Robert Ambrose *Jones), eraill yn wachul, fel rhai Richard Jones, Llwyngwril. Datblygodd pentrefi a threfi bychain yn ganolfannau pregethu: Llangeitho yng nghyfnod Daniel *Rowland, Llan-gan yng nghyfnod David Jones, ond bu mannau eraill am genedlaethau, fel Pwllheli i wlad Llŷn, Y Bala ar gyfer *Edeirnion a Phenllyn, a Chaernarfon yng nghyfnod y Pafiliwn a Lerpwl yng nghyfnod y neuadd fawr a elwid yn *Sun Hall*. Cynhyrchodd y pregethau hyn iaith safonol, iaith y gellid ei deall yn y gogledd a'r de, a chafodd hyn ddylanwad mawr ar y bobl gyffredin ac ar arweinwyr y werin. Cydnabu aml un a ddaeth yn ffigwr cyhoeddus ei ddyled i'r bregeth Gymraeg.

Gellir dosrannu y bregeth, gan gofio bod gwahaniaeth sylfaenol rhwng y bregeth lafaredig a'r bregeth brintiedig, i ddeg dosbarth. 1) Pregethau athrawiaethol: gwelir y math hwn o bregethau o waddol Thomas *Charles o'r Bala, Dr. John Hughes, (1827–93) a'r Dr. John Williams, Brynsiencyn; ciliodd y rhain. 2) Pregethau addysgiadol: y mae'r rhain i'w canfod ym mhregethau gwŷr dysgedig pob enwad; goleuant ein deall, gan ein hyfforddi yn yr Ysgrythurau. 3) Pregethau darluniadol, defosiynol: Elfed (Howell Elvet *Lewis) yw'r enghraifft orau; y mae ei bregethau, yn arbennig y gyfrol *Planu Coed* (1894), fel telynegion rhyddieithol. 4) Pregethau athronyddol: ceir digon o'r rhain, o bregethau David *Adams, Lerpwl, i rai J. R. *Jones, Abertawe. 5) Pregethau diwygiadol: pregethau sy'n gwbl feiblaidd, yn rhoi pwys mawr ar weithrediadau'r Ysbryd Glân; ceir enghraifft deg ym mhregethau'r Eglwyswr David Howell (Llawdden, 1831–1903). 6) Pregethau dathliadol: dyma bregethau sy'n dibynnu ar y ddawn i lefaru, yn tanio'r dychymyg gyda'r cyflwyniad yn hytrach na'r hyn a welwn yn brintiedig; i'r dosbarth hwn y perthyn rhai o gewri pennaf y pulpud Cymraeg. 7) Pregethau barddonllyd: ceir y rhain yn bennaf ymhlith pregethau'r bardd-bregethwr. 8) Pregethau eciwmenaidd: cafwyd enghraifft dda o'r math hwn o bregeth yn y gyfrol *Ffolineb Pregethu* (1967) o dan olygyddiaeth Dewi Eirug *Davies. 9) Pregethau cymdeithasol: pregethau sy'n pwysleisio ran amlaf ffordd

tangnefedd ac yn trafod problemau'r dydd. 10) Pregethau efengylaidd: y mae rhai o'r rhain yn cyflwyno diwinyddiaeth Arminaidd, eraill yr agwedd Galfinaidd.

Er yr holl lafur anhygoel, y gwir yw fod pob enwad yng Nghymru yn ei chael yn anodd cyflwyno'r efengyl Gristnogol ac oherwydd y rhwystredigaeth, anghofiwyd am y grefft o baratoi pregethau i raddau helaeth. Gofidiai Henry *Rees yn 1864: 'sothach y pregethau sydd yn cael y sylw mwyaf, swn ac arabedd y pregethwr sydd yn difyrru y bobl, ac nid y gwirionedd'. Y mae'r un gofid i'w ganfod heddiw, ond fe glywir o hyd, o dro i dro, y bregeth Gymraeg ar ei gorau.

Ceir rhagor o fanylion yn Trebor Lloyd Evans, *Damhegion y Deyrnas* (1949); J. R. Jones, *Ac Onide* (1975); Simon B. Jones ac E. Lewis Evans (gol.), *Ffordd Tangnefedd* (1943); R. Tudur Jones, *Yr Undeb: Hanes Undeb yr Annibynwyr Cymraeg 1872–1972* (1975); Owen Thomas, *Cofiant y Parchedig John Jones, Talsarn* (1874); D. Ben Rees, *Pregethu a Phregethwyr* (1996); a John Owen (gol.), *Pregethau y diweddar Barch. John Williams, D.D.* (1992).

Brenin a'r Esgob, Y, stori werin gydwladol ar thema llanc di-ddysg yn trechu'r dysgedig. Gorchmynna brenin i esgob neu offeiriad ateb nifer o gwestiynau arbennig neu golli ei fywyd. Yn ddiarwybod i'r brenin atebir y cwestiynau gan frawd yr esgob, bugail neu was fel arfer, ac achubir ei fywyd. Amrywia'r cymeriadau o wlad i wlad (yn Lloegr gwelir y thema yn y faled '*King John and the Abbot of Canterbury*'), ond yr hyn sy'n gyffredin i bob fersiwn yw'r cwestiynau ar ffurf *posau, a'r atebion craff; er enghraifft, yr ateb i'r cwestiwn 'Beth yw pwysau'r lleuad?' yw 'Pwys, oherwydd bod ynddi bedwar chwarter'. Yn y fersiwn mwyaf poblogaidd yng Nghymru anfonir un o ddau frawd sydd â'i fryd ar fynd yn offeiriad at esgob a phan ofynnir iddo, 'Beth yw fy meddwl i?', etyb 'Meddwl mai fy mrawd ydw i'. Mewn rhai fersiynau gofynnir y cwestiynau a'u hateb ar ffurf arwyddion llaw. Un ddamcaniaeth yw i'r stori darddu o Israel mor gynnar, efallai, â'r seithfed ganrif ac iddi ddod i Ewrop gyda Milwyr y Groes.

Am wybodaeth bellach gweler Robin Gwyndaf, '*The King and the Abbot* . . .' yn *Medel* (cyf. III, 1986).

BRERETON, JANE (Melissa; 1685–1740), bardd. Fe'i ganed ger Yr Wyddgrug, Ffl., a phriododd y dramodydd o Sais Thomas Brereton yn 1711 gan symud i Wrecsam, Dinb., ar ôl ei farwolaeth yn 1722. O dan ei ffugenw, cyfrannodd gerddi i *The Gentleman's Magazine*. Cyhoeddwyd cyfrol o'i gwaith ar ôl ei marw o dan y teitl *Poems on Several Occasions* (1744).

Breuddwyd, motiff cydwladol mewn llên gwerin; ceir amrywiadau niferus arno megis breuddwydion yn ymwneud â chariad, anturiaethau, proffwydoliaethau a chwrs y byd. Un ffurf gyffredin yw'r breuddwyd lle y gwêl dyn ferch ddieithr yn ei gwsg, cyll ei galon iddi a chwilia'n ddyfal amdani nes ei chael, megis yn y chwedl am *Facsen Wledig. Ceir fersiwn llai rhamantus yn *Breuddwyd Rhonabwy a digwydd enghraifft o'r breuddwyd proffwydol yn chwedl *Amlyn ac Amig. Ni chyfyngir thema'r breuddwyd i destunau rhyddiaith, fodd bynnag; fe'i defnyddir gan *Ddafydd ap Gwilym hefyd, er enghraifft, mewn cywydd i'r cloc sy'n ei ddeffro o freuddwyd rhamantus amdano'i hun yng nghwmni merch dlos, ac mewn cerdd arall gwêl ei hun yn hela ewig 'uwch y llennyrch' a haid o 'fytheiaid a hynt yn ei hôl'. Parhaodd barddoniaeth breuddwyd fel ffurf lenyddol hyd at ganu rhydd yr unfed ganrif ar bymtheg a'r themâu oedd breuddwyd lle y gwelir cariad, dadl, anturiaethau a chwrs y byd. *Gweledigaetheu y Bardd Cwsc (1703) gan Ellis *Wynne yw'r gwaith mwyaf adnabyddus lle yr ymgorfforir y thema hon.

Breuddwyd Maxen, gweler MACSEN WLEDIG.

Breuddwyd Pabydd wrth ei Ewyllys (1890au cynnar), cyfres o ysgrifau gan Emrys ap Iwan (Robert Ambrose *Jones) a gyhoeddwyd gyntaf yn y cylchgrawn Y *Geninen. Y mae'r teitl yn adlais o'r ymadrodd 'breuddwyd gwrach wrth ei hewyllys'. Breuddwydio a wna'r awdur ei fod yn gwrando ar ddarlith, 'Achos Cwymp Protestaniaeth yng Nghymru', gan y Tad Iesuaidd Morgan yn y flwyddyn 2012. Y mae Cymru erbyn hynny wedi troi'n ôl at *Gatholigiaeth Rufeinig, ac y mae'r eglwys honno yn ymboeni mwy am yr iaith Gymraeg nag y mae'r enwadau Anghydffurfiol; ffynna'r iaith, adferir hunan-barch y Cymry a lledir eu gorwelion. Y bwriad y tu ôl i ormodiaith yr ysgrifau oedd dwysbigo'r Cymry mewn materion yn ymwneud â Chymru a'i hiaith ac y maent ymhlith ysgrifau mwyaf ymosodol yr awdur. Ailgyhoeddwyd yr ysgrifau yn y gyfres *Llyfrau'r Ford Gron (1931).

Breuddwyd Pawl Ebostol, gwaith crefyddol (ceir y testun cynharaf yn Llsgr. Peniarth 3, c.1300). Cynrychiola'r testunau dri chyfieithiad rhyddiaith gwahanol, dienw o Visio Sancti Pauli, gwaith apocryffaidd anhysbys ei awduriaeth sy'n tarddu o ganrifoedd cynnar Cristnogaeth am yr hyn a welodd St. Pawl pan gipiwyd ef i fyny i'r drydedd nef (2 Cor. 12:2-3); yr oedd yn boblogaidd iawn yng Nghymru'r cyfnod.

Breuddwyd Rhonabwy, chwedl Arthuraidd frodorol. Cedwir yr unig gopi canoloesol ohoni yn *Llyfr Coch Hergest. Cynigiwyd nifer o ddyddiadau ar gyfer ei chyfansoddi yn ymestyn o ganol y ddeuddegfed ganrif hyd at ddiwedd y drydedd ganrif ar ddeg. Lleolwyd y chwedl ym *Mhowys yng nghanol teyrnasiad *Madog ap Maredudd. Wrth chwilio am frawd y Tywysog, treulia Rhonabwy noson yn nhŷ tlawd a budr Heilyn Goch mab Cadwgan ab Iddon. Tra cysga Rhonabwy breuddwydia iddo gael ei gipio i wersyll *Arthur ar ynys yn afon Hafren. Y mae'r stori'n gymhleth a'r arddull yn

addurnedig ac yn cynnwys nifer o olygfeydd digyswllt a chymeriadau o gyfnodau gwahanol yn hanes Cymru. Yn ogystal ceir cryn ddychan ar gymdeithas ac ar lenyddiaeth Arthuraidd trwy wrthgyferbynnu cewri'r gorffennol â dynion bychain oes yr awdur. Y mae'r stori yn hynod oherwydd ei bod yn defnyddio motiff y *breuddwyd yn fframwaith i stori am y tro cyntaf mewn llenyddiaeth Gymraeg. Ceir yr un motiff yn hanes *Brutus yn *Brut y Brenhinedd ac yn llyfr Geoffrey Keating ar hanes Iwerddon, Forus Feasna Érenn (1900).

Golygwyd y testun gyda nodiadau gan Melville Richards (1948); gweler hefyd yr erthygl gan Dafydd Glyn Jones yn Y Traddodiad Rhyddiaith yn yr Oesau Canol (gol. Geraint Bowen, 1974), C. Lloyd-Morgan, 'Breuddwyd Rhonabwy and Later Arthurian Literature' yn The Arthur of the Welsh (gol. R. Bromwich et al., 1991) a llyfr Sioned Davies, Crefft y Cyfarwydd (1995).

Breuiary of Britayne, The (1575), gweler o dan COMMENTARIOLI DESCRIPTIONIS BRITANNICAE FRAGMENTUM (1572).

'Briodas, Y', pryddest gan Caradog *Prichard a enillodd iddo'r *Goron yn yr Eisteddfod Genedlaethol yn 1927. Cyfres ydyw o delynegion dramatig yn cael eu llefaru gan bum cymeriad – y wraig, y mynydd, yr afon, yr ywen a'r ysbryd. Y mae'r wraig yn weddw ond yn dal i deimlo'r cwlwm annatod rhyngddi hi a'i gŵr marw. Yn y rhan gyntaf tynga lw o ffyddlondeb iddo, ac yn y rhan olaf, ymhen tuag ugain mlynedd, y mae'n dawnsio'n orffwyll gan dybio iddo ddychwelyd i'w hailbriodi. Yn y bryddest 'Penyd', sy'n fath o ddilyniant i'r 'Briodas', y mae'r wraig mewn gwallgofdy. Y mae'n amlwg fod y pryddestau hyn, fel llawer o waith Caradog Prichard, yn seiliedig ar hanes ei fam ef ei hun, ac yn fwy dirdynnol o'r herwydd.

Y mae ysgrif ar y gerdd gan Saunders Lewis yn Meistri a'u Crefft (gol. Gwynn ap Gwilym, 1981); gweler hefyd erthygl Dafydd Glyn Jones yn Dyrnaid o Awduron Cyfoes (gol. D. Ben Rees, 1975).

Briog (c.440-c.530), sant a fu'n llafurio mewn mwy nag un o'r tiriogaethau Celtaidd. Ceir hefyd y ffurf Briomaglus ar ei enw. Fe'i haddysgwyd ym Mharis gan Garmon (nid y sant a ddaeth i Brydain yn ail chwarter y 5ed gan.), a threuliodd ei oes yn rhannol yng Nghymru ac yn rhannol yng Nghernyw a Llydaw; fe'i coffeir yno mewn nifer o enwau lleoedd, megis Sant Brieg. Lluniwyd ei Fuchedd gyntaf yn yr unfed ganrif ar ddeg gan wŷr eglwysig o Angers, lle bu ei weddillion o'r nawfed ganrif hyd y *Chwyldro Ffrengig (1789). Ar gyfrif ei fawr haelioni, ef yw nawddsant gwneuthurwyr codau a'i ddydd gŵyl yw 1 Mai.

Britannia (1586), llyfr gan y llenor o Sais William Camden (1551-1623) am ei daith trwy Brydain i chwilio am olion Rhufeinig. Cyhoeddwyd chwe argraffiad yn

Lladin yn ystod oes yr awdur a chyfieithwyd y chweched un i'r Saesneg gan Philemon Holland yn 1610. Dysgodd Camden Gymraeg a dengys sut y rhannwyd Prydain rhwng y llwythau Celtaidd, fel y nodir hwy gan ddaearyddwyr y cyfnod clasurol; yr oedd tri llwyth yng Nghymru, y *Silwriaid, y *Demetae a'r *Ordoficiaid. Tynnodd beth o'i ddeunydd o waith Leland. Wrth gyfeirio at Gymru yn yr Oesoedd Canol ei brif ffynonellau oedd *Gerald de Barri (Gerallt Gymro) a William o Malmesbury, ond caiff wybodaeth ddiweddarach o waith haneswyr llai adnabyddus; er enghraifft, daw hanes y ffrwgwd rhwng *Owain Glyndŵr a *Dafydd Gam o waith Robert *Vaughan o Hengwrt. *Britannia* oedd y prif awdurdod o'i fath am ddau can mlynedd. Bu dau argraffiad diwygiedig gydag ychwanegiadau helaeth, y naill gan Edmund Gibson (1695), a'r llall (1789), sydd braidd yn geidwadol, gan yr awdur topograffig Richard Gough a gafodd gymorth Thomas *Pennant yn yr adran ar Gymru.

Cyhoeddwyd copi cywir o argraffiad (1695) Edmund Gibson o *Britannia* yn 1971 â rhagymadrodd gan Stuart Piggott; adargraffwyd y rhannau hynny o'r gwaith sy'n ymwneud â Chymru dan olygyddiaeth Gwyn Walters (1984). Gweler hefyd W. Rockett, 'The Structural Plan of Camden's Britannia', yn *The Sixteenth Century Journal* (1995); W. Rockett, 'Historical Topography and British History in Camden's Britannia', yn *Renaissance and Reformation* (1990).

British Martial, The, gweler OWEN, JOHN (1564?–1628?).

Broch yng Nghod, gêm a ddisgrifir gyntaf yn y testun canoloesol *Pedair Cainc y Mabinogi*. Yn y Gainc Gyntaf, clymir Gwawl fab Clud mewn sach hudol yng ngwledd briodasol *Pwyll a *Rhiannon. Daw gwŷr Pwyll i'r neuadd a tharo'r god â throed a ffon gan gymryd arnynt mai broch sydd ynddi. Chwedl onomastig (gweler o dan LLÊN ONOMASTIG) sydd yma, yn esbonio tarddiad gêm a chwaraewyd, mewn amryfal ffurfiau, hyd at y ganrif hon. Ymddengys mai'r elfen ganolog yn y chwarae oedd dynwared baetio broch.

Gweler Ifor Williams, *Pedeir Keinc y Mabinogi* (1930). Trafodir fersiynau diweddar ar y gêm gan D. Parry-Jones yn *Welsh Children's Games and Pastimes* (1964).

Brodorddyn neu **Bredwardine**, pentref a chastell yn swydd Henffordd ar y ffin â'r hen sir Faesyfed; yr oedd yn gartref i wahanol ganghennau o deulu'r Fychaniaid dros gyfnod o dair canrif. Adeiladwyd y castell ar gais Gwallter Sais a briododd aeres Syr Walter Bredwardine gan ychwanegu at fri a chyfoeth ei deulu trwy ennill ffafr Edward III. Yng nghyfnod ei ŵyr Roger *Vaughan, y credir iddo farw ar faes Agincourt (1415), yr oedd Brodorddyn yn gyrchfan i feirdd. Trwy ei briodas â Gwladus, ferch *Dafydd Gam, sefydlwyd dwy is-gangen arall o'r teulu sy'n bwysig yn hanes y traddodiad o estyn nawdd i feirdd, sef teulu *Hergest a Thretŵr. Derbyn-

iodd beirdd nawdd ym Mrodorddyn am dair cenhedlaeth arall a phan symudodd y brif gainc i *Ddwnrhefn, Morg., parhawyd y traddodiad yno. Cadwyd peth canu hefyd i'r gangen a gymerodd ei lle ym Mrodorddyn, sef cangen Vaughan *Porthamal. Claddwyd Francis *Kilvert, y dyddiadurwr, a fu'n ficer Brodorddyn am ddwy flynedd olaf ei oes, yn y fynwent yno.

Brodyr Duon, Y, urdd o frodyr cardod a sefydlwyd gan Sant Dominig o Gastilla yn 1215. Fe'u gelwid yn Frodyr Duon oherwydd eu bod yn gwisgo mantell ddu dros bais wen, a hefyd yn Urdd y Pregethwyr. Pwysleisient ufudd-dod, tlodi a diweirdeb a rhoesant werth mawr ar bregethu. Crwydrent ledled y wlad yn pregethu yn y trefi, daethant yn enwog am ysgolheictod diwinyddol a dyrchafwyd nifer ohonynt yn esgobion. Sefydlwyd pum brodordy yng Nghymru: Caerdydd (*c*.1242), Hwlffordd (*c*.1246), *Bangor (*c*.1251), Rhuddlan (*c*.1258) ac Aberhonddu (*c*.1269). Prin yw'r olion materol, ond cadwyd rhai meini coffa o dŷ Bangor, ac y mae capel yr Urdd yn Aberhonddu yn aros mewn ffurf adferedig yng Ngholeg Crist. Bu'r Dominicaniaid yn weithgar yng ngwasanaeth adferedig *Llywelyn ap Gruffudd (Y Llyw Olaf) cyn rhyfel 1277, ond wedyn trosglwyddwyd eu teyrngarwch i Edward I. Dominicaniad oedd Anian, Esgob *Llanelwy (1269–93), amddiffynnydd egnïol ei esgobaeth yn erbyn yr hyn a deimlai oedd ymyrraeth Llywelyn yn ei breintiau. Yn ystod hanner cyntaf y bedwaredd ganrif ar ddeg yr oedd y Brawd Du *Thomas Wallensis yn enwog fel ysgolhaig a phregethwr. Beirniadwyd y Brodyr yn llym yng ngherddi *Dafydd ap Gwilym a *Madog Benfras. Awgrymwyd mai brawd o'r Urdd oedd awdur y gwaith rhyddiaith o'r Oesoedd Canol a elwir *Ymborth yr Enaid (rhan o waith a elwir *Cysegrlan Fuchedd*). Ddiwedd yr Oesoedd Canol canwyd cerddi i brior a chrog Rhuddlan a chrog Bangor. Diddymwyd pum brodordy Cymru yn 1538.

Am fanylion pellach gweler R. C. Easterling, 'The Friars in Wales', *Archaeologia Cambrensis* (1914); G. Williams, *The Welsh Church from Conquest to Reformation* (1962); R. I. Daniel, *Ymborth yr Enaid* (1995).

Brodyr Gwynion, Y, gweler SISTERSIAID.

Brodyr Llwydion, Y, urdd o frodyr cardod, a adnabyddid hefyd fel Urdd Sant Ffransis, y Brodyr Lleiaf a'r Brodyr Troednoeth, a sefydlwyd yn gynnar yn y drydedd ganrif ar ddeg gan Sant Ffransis o Assisi. Pwysleisiai eu rheolau, a drefnwyd yn 1209 a'u hadolygu yn eu ffurf ddiwygiedig yn 1223, ufudd-dod, tlodi a diweirdeb, ynghyd â phregethu a gofal dros y cleifion. Ffynnodd yr Urdd yn rhyfeddol yn y drydedd ganrif ar ddeg a sefydlwyd tri brodordy yng Nghymru: yn Llan-faes, Môn, yn 1237, *Caerfyrddin erbyn 1282, a Chaerdydd erbyn 1284. Yn ôl *Brut y Tywysogyon, pan fu farw *Siwan, gwraig *Llywelyn ap Iorwerth, yn 1237 fe'i claddwyd ar lan Afon Menai ym Môn mewn man lle y sefydlodd ei gŵr wedyn fynachlog i'r Brodyr Troednoeth. Pan fu farw Elinor, gwraig *Llywelyn ap Gruffudd (Y Llyw Olaf), yn rhoi genedigaeth i Gwenllian yn 1282, cafodd hithau ei hebrwng i Lanfaes. Awgrymwyd mai brawd o'r Urdd oedd y bardd *Madog ap Gwallter. Ddechrau'r bedwaredd ganrif ar ddeg yr oedd Siôn Gwent, Rhosier o Gonwy a Laurence Wallensis ymhlith yr ysgolheigion Ffransisgaidd disglair. Bu gwrthdaro ffyrnig rhwng y Brodyr a'r offeiriaid plwyf ynglŷn â hawliau pregethu, cardota ac eiddo materol. Enynnodd y Brodyr gryn feirniadaeth, ac fe'u dychanwyd gan *Ddafydd ap Gwilym ac *Iolo Goch. Er bod eu safleoedd yn hysbys ac wedi eu cofnodi, prin yw'r olion o'r tai a godwyd yng Nghymru, ac nid yw'n debyg eu bod yn helaeth nac yn arbennig o addurniedig. Ond canodd William Egwad glodydd brodordy Caerfyrddin, ac ymhyfrydodd Lewis Morgannwg (*Llywelyn ap Rhisiart) yng ngheinder y grog yn Llan-faes. Diddymwyd tri brodordy Cymru yn 1538.

Ceir manylion pellach yn A. G. Little, *Studies in English Franciscan History* (1917); J. Moorman, *A History of the Franciscan Order from its Origins to the Year 1517* (1968); G. Williams, *The Welsh Church from Conquest to Reformation* (1962).

Brogynin, gweler o dan DAFYDD AP GWILYM (*fl.* 1320–70).

Brogyntyn neu **Porkington**, fel y Seisnigwyd yr enw yng nghyfnod y *Tuduriaid nes ei adfer yn y bedwaredd ganrif ar bymtheg. Plasty a chnewyllyn ystad fechan ym mhlwyf Selatyn ger Croesoswallt ydyw, a oedd i dyfu trwy briodasau ag aeresau dros y canrifoedd i fod yn un o ystadau mawr gogledd Cymru. Daeth Brogyntyn yn brif ganolfan ystadau'r teulu gyda phriodas Syr William Maurice, aer Clenennau, ag aeres John Wyn Lacon o Frogyntyn a Llanddyn yn yr unfed ganrif ar bymtheg. Ciliodd y cyfenw Maurice gyda phriodas eu haeres â John Owen, Bodsilin, a rhoi ffordd i ddilyniant o Oweniaid dros wyth cenhedlaeth. Gyda phriodasau William Owen ag aeres ystad Anwyliaid y Parc yn 1648 ac un ei fab, Syr Robert Owen, ag aeres ystadau'r Glyn, Talsarnau, ac Ystumcegid, Llanfihangel-y-Pennant, ychwanegwyd yn sylweddol at gyfoeth y teulu. Erbyn hyn, Glyn, Talsarnau, yw cartref y teulu yng Nghymru. Daeth yr Oweniaid i ben gyda phriodas aeres ag Owen Ormsby yn 1777. Yn 1815 priododd eu merch a'u haeres â William Gore. Mabwysiadodd ef y cyfenw Ormsby-Gore a mab y briodas hon oedd yr Arglwydd Harlech cyntaf.

Nid tiroedd yn unig a enillwyd, ond casgliad gwerthfawr o lyfrau, llawysgrifau a dogfennau sydd yn awr, ac eithrio rhai o'r llyfrau argraffedig, yn y *Llyfrgell Genedlaethol. Yn 1934 rhoes y trydydd Arglwydd Harlech ddetholiad helaeth o'r llawysgrifau Cymraeg ac o'r llawysgrifau eraill a ddisgrifwyd gan A. J. Horwood yn ail adroddiad Comisiwn Llawysgrifau Hanesyddol (1871), ar adnau yn Llyfrgell Genedlaethol Cymru. Ychwanegodd y pedwerydd Arglwydd Harlech lawysgrifau eraill a dogfennau tirol yr ystadau ac yn 1945, gyda chydsyniad ei fab, y pumed Arglwydd, a fu farw yn 1985, troes yr adnau yn rhodd yn achos y llawysgrifau Cymraeg a'r dogfennau o ddiddordeb Cymreig. Erys y rhan fwyaf o'r llawysgrifau nad oes iddynt gysylltiad arbennig Gymreig ar adnau. Adlewyrchir diddordeb gwahanol genedlaethau o'r teulu yn llenyddiaeth a diwylliant Cymru yn y casgliadau gwerthfawr hyn.

Daw'r cysylltiadau teuluol i'r golwg mewn erthygl ddiddorol gan y pedwerydd Arglwydd Harlech ar brif drysorau argraffedig llyfrgell Brogyntyn a'u ffynonellau yn *Nghylchgrawn* Llyfrgell Genedlaethol Cymru (cyf. v, 1948). Ceir manylion am gynnwys y llawysgrifau Cymraeg a Chymreig mewn cyfres o erthyglau gan E. D. Jones (cyf. v–VIII, 1948–53) yn yr un cylchgrawn.

BROMWICH, RACHEL (1915–), ysgolhaig a aned yn Brighton, ac a fagwyd yn Yr Aifft nes ei bod yn ddeg oed ac yna yn Cumbria. Ar ôl graddio mewn Saesneg ym Mhrifysgol Caer-grawnt yn 1938, bu'n astudio Cymraeg ym Mangor dan Syr Ifor *Williams a Gwyddeleg ym Mhrifysgol y Frenhines, Belfast. Dychwelodd i Gaer-grawnt yn ddarlithydd yn 1945 ac yn 1973 fe'i dyrchafwyd yn Ddarllenydd yn yr Ieithoedd Celtaidd a'u Llenyddiaethau. Ymddeolodd yn 1976 ac y mae hi'n byw bellach yn Aberystwyth.

Ei phrif waith oedd golygu testun o *Trioedd Ynys Prydein* (1961, 1978, 1998); y mae'r llyfr hwn yn eiriadur meistrolgar o gymeriadau chwedlonol y traddodiad Cymraeg. Y mae wedi cyhoeddi astudiaethau pwysig eraill ar agweddau ar lenyddiaeth Gymraeg gynnar, gan gynnwys gwreiddiau Celtaidd y Chwedl Arthuraidd, golygiadau o *Culhwch ac Olwen* gyda D. Simon Evans (1988, 1992, 1997), gwaith *Dafydd ap Gwilym, chwedl *Trystan ac Esyllt a dehongliad Matthew *Arnold o lenyddiaethau'r Celt. Yn ei holl waith cyfuna ddiddordeb eang yn hanes a diwylliant y gwledydd Celtaidd ag adnabyddiaeth drylwyr, gariadus o destunau llenyddiaeth Gymraeg. Cafwyd cryn ganmoliaeth i'w hargraffiad dwyieithog o gerddi Dafydd ap Gwilym (1982).

Ceir rhestr o'i chyhoeddiadau yn *Ysgrifau Beirniadol XIII* (gol. J. E. Caerwyn Williams, 1985), a gyhoeddwyd yn deyrnged iddi.

Bron, Y Brenin Bysgotwr, gweler o dan BRÂN.

Bron yr Erw, Brwydr (1075), a ymladdwyd ger Clynnog Fawr yn Arfon rhwng byddinoedd *Gruffudd ap Cynan a *Thrahaearn ap Caradog. Er gwaethaf dewrder gwŷr Gruffudd, collodd y dydd a bu'n rhaid iddo ffoi i Iwerddon. Coffeir y frwydr dros ganrif yn ddiweddarach yng nghanu *Cynddelw Brydydd Mawr a *Llywarch ap Llywelyn (Prydydd y Moch) wrth foli *Llywelyn ap Iorwerth am adfer teyrnas ei hendaid i'w nerth.

BROOKS, JEREMY CLIVE MEIKLE (1926–94), nofelydd a dramodydd a aned yn Southampton a'i addysgu yn Llandudno, Caern.; ymgartrefodd yn Llanfrothen, Meir., yn 1952. Yr oedd yn awdur toreithiog a ysgrifennodd ar gyfer y llwyfan, y radio, y teledu a'r sinema; addasodd nifer o ddramâu o'r Rwseg ar gyfer y llwyfan Seisnig a bu'n gweithio fel newyddiadurwr, yn fwyaf diweddar i'r *Sunday Times*. Ymunodd â'r *Royal Shakespeare Company* yn rheolwr llenyddol yn 1962 a bu'n gynghorydd sgriptiau i'r cwmni er 1969. Cyhoeddodd bedair nofel a thair nofel fer: lleolir dwy, sef *Jampot Smith* (1960) ac *I'll Fight You* (1962), yn Llandudno; dychan wedi'i seilio yn rhannol ar Bortmeirion (creadigaeth Clough *Williams-Ellis) yw *The Water Carnival* (1957) a dameg ar heddychiaeth yw *Henry's War* (1962), sydd hefyd yn rhannol wedi'i lleoli yng ngogledd Cymru. Casgliad o storïau yw *Doing the Voices* (1985). Un o'i weithiau olaf, ar y cyd ag Adrian Mitchell, oedd drama â chaneuon (1982) a seiliwyd ar stori Dylan *Thomas, 'A Child's Christmas in Wales'.

'**Brosêliâwnd**', cerdd ddi-odl mewn *cynghanedd a gyfansoddodd T. Gwynn *Jones yn 1922. Yn ôl traddodiad Llydewig, crud dewiniaeth oedd Fforest Brociliande (Brecilien) a uniaethir â Fforest Paimpont, rhwng Roazhon (Rennes) a Plöermel. Yno yn y fforest, yr oedd Ffynnon Barenton a chynysgaeddwyd *Myrddin â gallu dewinol oherwydd iddo yfed o'i dyfroedd. Yng ngherdd T. Gwynn Jones crwydra Myrddin hyd oni ddaw i 'froydd hud ei hiraethus freuddwydion' gan ddeffro ynddo ei 'nwyd anfarwol . . . am harddwch'. Wrth iddo wylio'r golygfeydd gwêl hen goedwig sy'n ei wahodd 'i droi o'i ing i ddyfnder ei hangof'. Mentra, a chael bod hud y goedwig yn well na hwyl anniddig a gloywon neuaddau a'r byd aflonydd ofer. Dychwel i'r goedwig ac fe'i carcherir gan dawelwch dibryder y fforest. Y mae'r gerdd yn fynegiant gwych o agosatrwydd cyfriniol y bardd â Natur ac yn gondemniad ar gyflwr niwrotig gwareiddiad Ewrop yn ystod y blynyddoedd yn dilyn y Rhyfel Byd Cyntaf.

Trafodir y gerdd gan Wenna Williams yn *Ysgrifau Beirniadol VII* (gol. J. E. Caerwyn Williams, 1972).

BROUGHTON, RHODA (1840–1920), nofelydd a aned ger Dinbych ond a fagwyd yn Broughton, swydd Stafford, lle y rhoddwyd bywoliaeth y teulu i'w thad. Digon diddigwydd fu ei bywyd. Yn 1864 symudodd i fyw at ei chwaer briod yn Euarth Uchaf, ger Rhuthun, Dinb., ac yno yr ysgrifennodd ei gweithiau cynnar. Yn 1878 aeth oddi yno i Rydychen ac enillodd le arbennig yn y gymdeithas leol yn rhinwedd ei bywiogrwydd a'i

ffraethineb. Symudodd i Richmond yn 1890 ond dychwelodd i Headington Hill, Rhydychen, bedair blynedd yn ddiweddarach a threulio gweddill ei hoes yno.

Daeth i amlygrwydd pan gyhoeddwyd ei nofel *Cometh up as a Flower* (1867), gyda'i beiddgarwch, ei theimladau agored, ei deialog ffres a'i hiwmor gwatwarus, nodweddion a ddaeth hyd yn oed yn fwy amlwg yn *Not Wisely But Too Well* (1867); ni ddaeth y math hwn o fynegiant rhydd yn gyffredin hyd ddiwedd y ganrif. O'r llu o lyfrau a ddilynodd y rhain, *Good-Bye, Sweetheart* (1872), *Nancy* (1873), *Joan* (1876), *Doctor Cupid* (1886), *Foes-in-Law* (1900) ac *A Waif's Progress* (1905) yw'r goreuon efallai. Yr oedd ei harddull ddi-dderbynwyneb yn cuddio daliadau ceidwadol ac yn ei galluogi i ddychanu llawer o'r hyn a ystyrid yn ffasiynol ac yn newydd. Yr oedd yr un mor boblogaidd yn ei dydd â Mrs Henry Wood neu Wilkie Collins, ac enwyd Mount Rhoda yn yr Antarctig ar ei hôl hi; yr oedd yn llenor o safon nad yw'n haeddu cael ei hanwybyddu.

Ceir manylion pellach yn y rhagymadrodd gan Fionn O'Toole i'r adargraffiad clawr papur o *Cometh up as a Flower* a *Not Wisely But Too Well* (1993).

Brut Aberpergwm, gweler o dan ABERPERGWM.

Brut Gruffudd ab Arthur, Brut Tysilio, Brut y Brytaniaid, gweler o dan BRUT Y BRENHINEDD (13eg–15fed gan.).

Brut Ieuan Brechfa, gweler o dan BRUT Y TYWYSOGYON.

Brut y Brenhinedd (13eg–15fed gan.), teitl a roddir ar yr amryw destunau Cymraeg Canol a Chymraeg Diweddar Cynnar sy'n deillio o *Historia Regum Britanniae* *Sieffre o Fynwy (1136). Y mae dros drigain o'r cyfieithiadau a'r cyfaddasiadau hyn, a adweinir hefyd dan benawdau megis *Brut y Brytaniaid* a *Chronicl y Brenhinoedd*.

Perthyn y cyfieithiadau cynharaf i'r drydedd ganrif ar ddeg, ond y mae rhai yn dyddio o'r bedwaredd ganrif ar ddeg a'r bymthegfed ganrif. At ei gilydd, tybir bod rhyw chwech neu saith o fersiynau, rhai'n annibynnol ar ei gilydd ac eraill yn gyfuniadau o ddau neu dri o fersiynau, rhai'n cyfateb yn bur agos i'r Lladin, eraill yn gyfansoddiadau sy'n cwtogi neu'n ychwanegu deunydd newydd. Erbyn diwedd yr ail ganrif ar bymtheg a'r ddeunawfed ganrif tyfasai cred fod rhai o'r fersiynau Cymraeg yn cynrychioli'r 'hen lyfr' yr honnai Sieffre ei fod 'yn brif ffynhonnell yr *Historia*, ond ni ddaeth hwnnw i'r golwg a thybir nad oes sail i'w honiad. Cyfeiriai ysgolheigion gynt at y testunau a oedd yn gyfieithiadau o Ladin Sieffre fel 'testunau hirion', ac at y rhai symlach a moelach a gynrychiolai yn eu barn hwy wreiddiol Sieffre fel 'testunau byrion'. Ond pan gyhoeddwyd y *Myvyrian Archaiology of Wales* (1801) arferwyd y term *Brut Gruffudd ab Arthur* (Cymreigiad o Galfridus Arthurus) ar gyfer y naill, a galw'r llall *Brut*

Tysilio gan adleisio'r farn mai ★Tysilio oedd awdur y gwreiddiol. Mewn gwirionedd cyfuniad diweddar o ryw bump o lawysgrifau yw *Brut Gruffudd ab Arthur*, a dau gyfieithiad cynharach wedi'u rhoi at ei gilydd erbyn y bymthegfed ganrif yw *Brut Tysilio*.

Golygwyd detholiad o un fersiwn o *Brut y Brenhinedd* gan Brynley F. Roberts (1971); golygwyd testun cyflawn fersiwn arall gan Henry Lewis (1942); gweler hefyd erthyglau Brynley F. Roberts yn *Y Traddodiad Rhyddiaith yn yr Oesau Canol* (gol. Geraint Bowen, 1974), *Studia Celtica* (cyf. XII/XIII, 1977–78) a *Brut Tysilio* (1980).

Brut y Tywysogyon, prif orchest hanesyddiaeth Cymru annibynnol. Fe'i ceir mewn dau fersiwn sy'n gyfieithiadau o destun Lladin coll, *Cronica Principum Wallie*, a luniwyd yn barhad i ★*Historia Regum Britanniae* ★Sieffre o Fynwy. Dechreua'r *Brut* gyda marwolaeth ★Cadwaladr Fendigaid yn 682 a diweddu gyda marwolaeth ★Llywelyn ap Gruffudd yn 1282, ac fe'i seiliwyd ar *annales* a gedwid gan eglwyswyr a mynaich ers yr wythfed ganrif. Cwta a diaddurn oedd y rheini ond cyfansoddwyd y *Cronica Principum Wallie* mewn arddull gain a dry'n rhethregol ar brydiau. Glynodd yr awdur wrth ffeithiau hanesyddol, ond fe'u corfforwyd mewn creadigaeth lenyddol. Ni wyddys i sicrwydd ym mha le y'i lluniwyd ond tybir mai yn ★Ystrad-fflur y gwnaed y gwaith a bod un o leiaf o'r cyfieithiadau i'r Gymraeg yn tarddu o'r un fynachlog. Credir i'r fersiwn o'r cronicl a adwaenir fel *Brut Ieuan Brechfa* gael ei seilio ar gopi a wnaethpwyd gan Rys Thomas (1720?–90), argraffydd yn Y Bont-faen, Morg.

Golygwyd testun *Brut y Tywysogyon* gan Thomas Jones (1941, 1952, 1955). Ceir ymdriniaeth ar y testun yn narlith Thomas Jones, *Brut y Tywysogyon* (1953) a'r erthygl '*Historical Writing in Medieval Welsh*' yn *Scottish Studies* (cyf. XII, 1968); gweler hefyd Brynley F. Roberts, '*Testunau Hanes Cymraeg Canol*' yn *Y Traddodiad Rhyddiaith yn yr Oesau Canol* (gol. Geraint Bowen, 1974), Kathleen Hughes, *Celtic Britain in the Middle Ages* (1980) a J. B. Smith, *Yr Ymwybod â Hanes yng Nghymru'r Oesoedd Canol* (1992).

Brute, Gwallter neu **Walter Brut** (*fl.* 1390–1402), lleygwr a goleddai athrawiaethau sy'n dangos dylanwad John Wyclif a'r Lolardiaid, ond sy'n mynegi gobeithion hollol Gymreig ac yn mynd ymhellach i gyfeiriad argyhoeddiad gwaelodol ★Protestaniaeth. Bu'n rhaid iddo sefyll ei brawf o flaen Siôn Trefnant, Esgob Henffordd, yn 1391 ac amddiffynnodd ei hun trwy ddatgan awdurdod Crist a'r Ysgrythurau, tystiolaethu i ragoriaeth yr Efengyl ar y Ddeddf a datgan ei gred mewn cyfiawnhad drwy ffydd. Ymfalchïa ei fod yn Gristion o blith y Brytaniaid, pobl a gawsai'r fraint o dderbyn y Gristionogaeth yn wreiddiol nid o Rufain ond o'r Dwyrain. Condemnia ariangarwch ac anniweirdeb offeiriaid a holl ofergoel y maddeuebau a mentra uniaethu'r Pab â'r Anghrist a'i gyhuddo o hyrwyddo rhyfeloedd yn groes i ewyllys Crist. Haera fod Duw yn

arfaethu, trwy nerth y Cymry, ddymchwel yr Anghrist, syniad sy'n cyfuno apocalyptiaeth Feiblaidd â ★darogan y beirdd Cymraeg. O ganlyniad i'w dystiolaeth cafodd Brute ei ryddhau gan yr Esgob heb iddo orfod datgyffesu'n llwyr.

Ceir manylion pellach yn W. W. Capes (gol.), *Registrum Johannis Trefnant* (1916) a Glanmor Williams, *The Welsh Church from Conquest to Reformation* (1962).

Brutus, sylfaenydd chwedlonol hil y Brytaniaid. Yn ôl ★*Historia Regum Britanniae* yr oedd yn fab i Silvius mab Ascanius. Daroganwyd y byddai'n peri marwolaeth ei rieni ac wedi iddo ladd ei dad mewn damwain hela, fe'i halltudiwyd o'r Eidal. Yng ngwlad Groeg daeth yn adnabyddus fel milwr, priododd Ignoge a daeth yn arweinydd gwŷr Caer Droea. Ar Ynys Leogetia breuddwydiodd yn nheml Diana y byddai'n darganfod gwlad newydd y tu draw i'r lle y machludai'r haul a gwireddwyd y breuddwyd pan laniodd ef a'i wŷr yn Totnes ym Mhrydain. Ar ôl gorchfygu'r cawr Gogmagog, adeiladodd brifddinas iddo'i hun a chyflwyno corff o gyfraith i'w wlad a enwyd yn ★Brydain ar ei ôl ef. Golygai'r gair 'brut' yn wreiddiol, 'hanes Brutus', ond yn ddiweddarach daeth i olygu cronicl hanes Prydain.

Brutus, gweler OWEN, DAVID (1795–1866).

Brwes, bwyd traddodiadol yn cynnwys tafell drwchus o fara ceirch wedi'i malu a'i mwydo mewn cawl cig. Ychwanegir tafell arall ato cyn ei fwyta. Yr oedd yn gyffredin yn ardaloedd gwledig gogledd Cymru ac fe'i paratoid ar gyfer brecwast gweision ffermydd. Gweler hefyd LLYMRU a SIOT.

BRYAN, ROBERT (1858–1920), bardd a aned yn Llanarmon-yn-Iâl, Dinb. Addysgwyd ef yn y Coleg Normal, Bangor, Coleg Prifysgol Cymru, Aberystwyth, ac yn Rhydychen. Yr oedd yn ŵr diwylliedig, yn llenor ac yn gerddor. Cyhoeddodd *Odlau Cân* (1901), telynegion yn frith o holiadau rhethregol. Cyfansoddodd gryn lawer o gerddoriaeth a golygodd ddau ddetholiad dan y teitl *Alawon y Celt*. Bu am gyfnodau yn yr Aifft ac ysgrifennodd am y wlad i gylchgronau Owen M. ★Edwards, yn arbennig *Y* ★*Llenor* (1895). Cyhoeddwyd ei ail gyfrol, *Tua'r Wawr* (1921), ar ôl ei farw.

Brychan (5ed gan.), sant a brenin. Amhendant yw'r rhan fwyaf o'r hyn a dybir amdano ac y mae'n rhaid bod cymysgu rhwng mwy nag un gŵr o'r un enw. Diau fod peth sylwedd i ddau draddodiad, sef ei fod o dras Wyddelig a'i fod yn gysylltiedig â ★Brycheiniog. Y mae'r ddau yn gytûn â'r dystiolaeth fod sefydliadau Gwyddelig ym mlaen Cwm-nedd, ger Ystradfellte, yn y cyfnod hwn. Dywedir ei fod yn fab i Farchell, ferch Tewdrig, brenin Garthmadrun a aeth i Iwerddon ac a briododd ag Anlach, fab Coronac, tywysog o Wyddel, ac yno y ganed ei phlentyn. Dychwelasant i Gymru ac olynodd Brychan ei dad fel brenin Garthmadrun, a newidiwyd yr enw wedyn i Frycheiniog. Yn ôl y traddodiad, cenhedlodd bedwar ar hugain o blant, y rhan fwyaf ohonynt yn seintiau. Cyfrifir hwy yn un o dri llwyth seintiau Cymru; y ddau arall yw teuluoedd *Cunedda a Chaw. Y mae lleoliad eglwysi sy'n dwyn enw Brychan a'i ddisgynyddion yn awgrymu mudiad cenhadol yn hanfod o Frycheiniog yn y bumed a'r chweched ganrif a ymledodd ar hyd rhai o'r hen ffyrdd Rhufeinig. Dydd ei ŵyl yw 5 Ebrill.

Brychan, gweler DAVIES, JOHN (1784?–1864).

Brycheiniog, teyrnas a'i chanol yn Nyffryn Wysg, a sefydlwyd yn ôl traddodiad gan *Frychan, pennaeth o dras Wyddelig. Ymddengys mai ei lys oedd y crannog ar *Lyn Safaddan, a adwaenid gan awdur Cronicl yr Eingl-Saeson fel Breccanmere. Daeth llinach Brychan i ben tua 940 pan unwyd Brycheiniog â *Deheubarth. Goresgynnwyd y wlad yn 1093 gan y Norman, Bernard o Neufmarché, y gŵr a sefydlodd ei bencadlys yn Aberhonddu. Daliwyd arglwyddiaeth Brycheiniog, un o'r helaethaf a'r cyfoethocaf yn y Mers, gan ddisgyn-yddion Bernard hyd 1521.

Bryfdir, gweler JONES, HUMPHREY (1867–1947).

'Bryn Calfaria', emyn-dôn boblogaidd gan William Owen (1813–93), o'r Prysgol, Caern., a ymddangosodd gyntaf ar gyfer y geiriau 'Gwaed y Groes' gan William *Williams (Pantycelyn) yng nghasgliad Owen, *Y Perl Cerddorol* (1852). Dywedir i'r dôn gael ei chyfansoddi pan oedd ar y ffordd i'w waith yn Chwarel Dorothea ac iddo ei hysgrifennu ar ddarn o lechen. Y mae trefniant Daniel *Protheroe o'r dôn ar gyfer lleisiau meibion o dan y teitl '*Laudamus*' yn un grymus iawn.

Bryn-celli-ddu, siambr-gladdu ger Llanfair Pwllgwyn-gyll, Môn; gyda Barclodiad y Gawres ger Aberffraw, y mae hon yn un o ddwy o olion pwysicaf yr Oes Bres yng Nghymru.

Bryn Derwin, Brwydr (1255), a ymladdwyd ar y ffin rhwng *Arfon ac *Eifionydd, ac a sefydlodd awdurdod *Llywelyn ap Gruffudd dros *Wynedd i'r gorllewin o afon Conwy. Wedi marwolaeth *Dafydd ap Llywelyn yn 1246, rhannodd Owain a Llywelyn, meibion *Gruffudd ap Llywelyn, y deyrnas, a'r trefniant hwn a gadarnhawyd gan Harri III yng Nghytundeb Woodstock (1247). Erbyn 1253 yr oedd trydydd brawd, Dafydd ap Gruffudd, yn hawlio ei gyfran. Cafodd gefnogaeth Brenin Lloegr a'i frawd hynaf, Owain, a symudodd ef gyntaf mewn ymgais i orfodi Llywelyn i ildio i Ddafydd. Ond Llywelyn a gafodd y fuddugoliaeth ym Mryn Derwin. Gorchfygwyd a charcharwyd Dafydd

ac Owain ond rhyddhawyd Dafydd yn 1256. Wrth orchfygu ei frodyr adferodd Llywelyn Wynedd i'w chyfanrwydd, megis y bu dan *Lywelyn ap Iorwerth (Llywelyn Fawr) ac Owain Gwynedd (*Owain ap Gruffudd). Ar sail ei feistrolaeth ar Wynedd aeth Llywelyn rhagddo i sefydlu goruchafiaeth dros Bowys a Deheubarth a adlewyrchid yn yr ystil 'Tywysog Cymru'. Am ragor o fanylion gweler J. B. Smith, *Llywelyn ap Gruffudd, Tywysog Cymru* (1986).

Bryn Glas, Brwydr, gweler PYLLALAI, BRWYDR (1402).

Bryn Mawr, gweler o dan ELLIS, ROWLAND (1650–1731).

Brynach neu **Byrnach** (diwedd y 5ed gan. a dechrau'r 6ed gan.), sant a adweinir hefyd fel Brynach Wyddel, a diau ei fod fel *Brychan o dras Wyddelig; y mae'n debyg eu bod yn perthyn i'w gilydd trwy briodas. Lluniwyd Buchedd Brynach yn y ddeuddegfed ganrif ac ymddengys mai brodor o Gemaes yng ngogledd Penfro ydoedd. Aeth ar bererindod i Rufain a threulio rhai blynyddoedd yn Llydaw, ond dychwelodd i Gymru ac ymsefydlu yn Nanhyfer gan fyw bywyd meudwyaidd llym. Gwelir olion cwlt Brynach yn yr ardal hon, ond ceir yr enw Llanfrynach ym Mrycheiniog a Morgan-nwg, a Llanfyrnach ym Mhenfro. Dywedir bod y gog, pan gyrhaedda Gymru, yn canu ei chân gyntaf ar groes ym mynwent Nanhyfer, sef Croes Fyrnach, a hynny ar ddydd gŵyl y sant, 7 Ebrill.

Brynaich a Deifr, gwŷr Bernicia a Deira, dwy deyrnas o Eingl a unwyd gan Ethelfrith yn 604 i ffurfio Northumbria; hwy oedd gelynion y *Gododdin yn amser *Aneirin, ond yn fersiwn cynharaf y gerdd ni cheir ond 'gwŷr Deifr' yn enw ar y gelyn. Ystyr 'Deifr' neu 'Deor' oedd swydd Efrog, a safodd 'Brynaich' am Northumbria a Durham. Erbyn cyfnod y *Gogynfeirdd (12fed–14eg gan.) defnyddid y ddau enw i ddynodi'r Saeson yn ddiwahân a chawn *Ruffudd ap Maredudd ap Dafydd yn sôn am ddinas Caer ei bod yn y 'deifrdir eithaf'. Er bod y ddwy frenhiniaeth wedi darfod erbyn cyfnod *Dafydd Benfras sonia mai 'Brynaich a dreisyn dros *Glawdd Offa' yn ei oes yntau. Ffordd ydoedd o gyfleu mai'r un ornest a oedd gan y Cymry o hyd yn erbyn yr un hen elyn, hyd yn oed pan mai ystyr 'y gelyn' oedd brenhinoedd y Normaniaid. Gweler ymhellach Ifor Williams '*Wales and the North*' yn *The Beginnings of Welsh Poetry* (1972); D. N. Dumville, '*The Origins of Northumbria; some Aspects of the British Background*' yn S. Bassett (gol.), *The Origins of the Anglo-Saxon Kingdoms* (1989); a D. M. Lloyd, '*The Poets of the Princes*' yn A. J. Roderick (gol.), *Wales Through the Ages* (cyf. I, 1959).

Brynfab, gweler WILLIAMS, THOMAS (1848–1927).

Brython, Y, newyddiadur wythnosol a sefydlwyd yn

1906 gan Hugh *Evans ar gyfer *Cymry Lerpwl, ond a ledaenodd ei gylchrediad dros Gymru gyfan. John Herbert Jones (J. H.; 1860–1934) oedd y golygydd cyntaf, gŵr a wnaeth lawer er sicrhau llwyddiant y papur, ac ymhlith ei gyfranwyr yr oedd rhai o lenorion amlycaf y dydd. Fe'i holynwyd yn 1931 gan Gwilym R. *Jones, gŵr a roes naws fwy gwleidyddol i'r papur ac a barhaodd yn olygydd nes i'r papur ddirwyn i ben yn 1939. Ceir manylion am y cylchgrawn cynharach yn dwyn yr un teitl (1858–63) o dan Jones, Robert Isaac (1815–1905).

Brython, Cymdeithas y, gweler o dan Jones, Michael Daniel (1822–98).

BRYTHON SISILAIDD, Y (*fl.* 410), dyn ieuanc (nas enwir) o Brydain ond yn byw yn Sisili. Ysgrifennodd, wedi ergyd cipio Rhufain gan y Gothiaid yn 410, rai llithiau beiddgar yn dwyn y teitl *De Divitiis* ar ran plaid radicalaidd ymhlith cefnogwyr Pelagius (*Morgan). Y mae'r gwaith hwn yn traethu syniadau 'sosialaidd' dros osod pawb, o ran eiddo, ar yr un gwastad. Defnyddia'r ebychair '*Tolle divitem*' ('I lawr â'r goludog').

Buchedd Garmon (1937), gweler o dan Garmon (*c.*378– 448).

Bucheddau'r Saint, corff sylweddol o lenyddiaeth o'r Oesoedd Canol yn Lladin a Chymraeg. Eu diben oedd hyrwyddo buddiannau'r eglwys a gysylltid ag enw'r sant hwnnw. Ysgrifennwyd pob un yn gyntaf yn Lladin, gryn amser wedi dyddiau'r sant ei hun. Rhyw gnewyllyn annelwig o'r gwir a erys mewn Buchedd, a'i chynnwys yn bennaf yw hanesion yr ystyriai'r awdur eu bod yn addas i'w bwrpas. Y sant yw'r arwr, fe'i cysylltir â phob digwyddiad o bwys, a nodwedd amlwg yn y gweithiau yw diffyg dyfeisgarwch; ceir yr un themâu o hyd ac o hyd, a phriodolir yr un rhinweddau i'r gwrthrych. Tra bo cenhedliad, genedigaeth a phlentyndod y sant gwrywaidd yn rhan bwysig o'i fywgraffiad, dechreua buchedd y santes â'i llencyndod, wrth iddi gysegru ei gwyryfdod i Grist. Gwrthdaro rhywiol yw'r brif elfen yn ei hanes hi, ac yn aml fe'i gorfodir i ffoi rhag priodas neu drais, megis yn hanes *Gwenfrewi a *Melangell.

O'r Buchedd hynny a luniwyd i saint cyffredinol yr Eglwys cyfieithwyd rhai, megis eiddo Catrin, Marged, Mair Madlen, Martha a Mair o'r Aifft, i'r Gymraeg yn ail hanner y ddeuddegfed ganrif. Seilir testunau Cymraeg diweddarach eraill ar waith Jacobus de Voragine, y *Legenda Aurea*, sy'n perthyn i tua chanol y drydedd ganrif ar ddeg. Y Fuchedd gynharaf i sant a chanddo gysylltiad â Chymru yw Buchedd Samson; lluniwyd y rhan fwyaf yn y ddeuddegfed ganrif ac y mae'r gweithiau hyn yn rhan o'r gweithgarwch llenyddol a ddaeth yn sgîl cyffro'r cyfnod.

Y ddwy bwysicaf yw Buchedd Dewi (*Dewi Sant) gan

*Rygyfarch, mab Esgob Tyddewi, a Buchedd *Cadog gan Lifris o *Lancarfan, mab yr Esgob Herewald. Ceir casgliad o Fucheddau yn perthyn i'r ddeuddegfed ganrif yn llawysgrif *Cotton Vespasian* Axiv (*c.*1200) a luniwyd gan fynaich un ai o Aberhonddu neu o Drefynwy. Cynhwyswyd ynddo Fucheddau *Gwynllyw, Cadog, *Illtud, *Teilo, Dewi, *Dyfrig, *Brynach, *Padarn, Clydog, *Cybi, Tatheus a *Charannog; ceir Bucheddau *Gwenffrewi a *Chollen mewn llawysgrifau eraill. Ceir Buchedd *Beuno, ynghyd â fersiwn Cymraeg Buchedd Dewi, yn *Llyfr Ancr Llanddewibrefi*, llawysgrif o destunau crefyddol sy'n perthyn i tua chanol y bedwaredd ganrif ar ddeg. Er mai yn Lladin y cyfansoddwyd Bucheddau'r Saint (hyd yn oed rhai y saint Cymreig), yn ddiweddarach troswyd rhai ohonynt i'r Gymraeg; daeth eu cynnwys yn wybyddus i'r beirdd fel y tystia eu mynych gyfeiriadau atynt. Gweler hefyd Oes y Seintiau.

Yr astudiaethau mwyaf dibynadwy ar Fucheddau'r Saint yw rhai S. Baring-Gould a John Fisher, *The Lives of the British Saints* (1907), E. G. Bowen, *The Settlements of the Celtic Saints in Wales* (1954) a *Saints, Seaways and Settlements* (1969), a G. H. Doble, *Lives of the Welsh Saints* (gol. D. Simon Evans, 1971). Gweler hefyd y bennod gan D. Simon Evans yn *Y Traddodiad Rhyddiaith yn yr Oesau Canol* (gol. Geraint Bowen, 1974) a'r erthygl gan J. E. Caerwyn Williams, 'Bucheddau'r Saint' ym *Mwletin* y Bwrdd Gwybodau Celtaidd (cyf. xi, 1944) ac E. R. Henken, *Traditions of the Welsh Saints* (1987).

Buddug, gweler Boudicca (y gan. 1af), a Prichard, Catherine Jane (1842–1909).

Buddugoliaeth Alleluia, gweler o dan Garmon (*c.*378–448).

Buellt, cantref ar lannau deheuol afon Wysg, a gysylltid yn diriogaethol â chwmwd *Gwrtheyrnion yn neheubarth *Powys, lle'r oedd y pendefigion yn honni bod yn ddisgynyddion i *Wrtheyrn. Goresgynnwyd Buellt tua'r flwyddyn 1095 gan Philip de Breos ond daeth yn ôl o dan reolaeth Gymreig yn 1229 wedi priodas *Dafydd ap Llywelyn ag Isabella de Breos. Fe'i cipiwyd a'i drosglwyddo i Goron Lloegr yn 1241, ond yn ddiweddarach daeth yn rhan o eiddo teulu Mortimer, Ieirll y Mers. Arweiniodd ymgyrch *Llywelyn ap Gruffudd ym Muellt at ei farwolaeth yng Nghilmeri yn 1282. Gweler hefyd Ogof Llywelyn.

Bugail Mawr, Y, gweler o dan Anifeiliaid, Adar a Choed Sanctaidd.

'Builth', emyn-dôn rymus a phoblogaidd gan David Jenkins (1848–1915), a gyfansoddwyd, yn ôl pob tebyg, yn 1890. Ymddangosodd o dan y teitl '*Buallt*' yn *Y Salmydd* (1892) ac yn ddiweddarach o dan y teitl '*Builth*' yng nghyfrol y cyfansoddwyr, *Tunes, Chants, and Anthems with Supplement* (1893). Cysylltir y dôn fel arfer ag emyn David *Charles, 'Rhagluniaeth fawr y nef'.

Bulkeley neu **Bwclai** neu **Bwlclai**, teulu o sir Gaer a sefydlodd ym *Miwmares, Môn, cyn 1450. Sefydlodd un gangen, drwy briodas, ym mwrdeistref Conwy a chryfhau ei gafael ar diroedd yng nghwmwd *Arllechwedd Isaf gerllaw. O ganlyniad i fasnachu a'r gallu i drin busnes a chysylltiadau priodasol â theuluoedd Penrhyn a Bolde (Conwy), creodd teulu Bulkeley ystadau mawr ym Môn a sir Gaernarfon mewn cyfnod pan ddechreuodd ystadau ymddangos yng Nghymru'n gyffredinol. Yr aelod mwyaf blaenllaw oedd Syr Rhisiart Bulkeley III, pennaeth y teulu o 1572 hyd at 1621, a sylfaenydd Baron Hill, ger Biwmares, prif blasty'r teulu, yn 1618. Bu aelodau'r teulu'n amlwg mewn materion cyhoeddus, yn arbennig yn y Senedd hyd at farwolaeth y seithfed Is-iarll, yr olaf, yn 1822.

Ceir disgrifiad o fywyd yng nghwmwd Talybolion gan William Bulkeley (1691–1760), ysgweier Brynddu yn Llanfechell, Môn, aelod o gangen iau y teulu. Defnyddiwyd ei ddyddiadur (ar gyfer 1734–43 ac 1747–60) gan Barbara *Dew Roberts dan y teitl *Mr Bulkeley and the Pirate* (1936).

Ceir manylion pellach yn A. D. Carr, *Medieval Anglesey* (1982), E. G. Jones, 'History of the Bulkeley Family' (NLW MS. 9080E)', *Trafodion* Cymdeithas Hynafiaethwyr a Naturiaethwyr Môn (1948) a D. C. Jones, 'The Bulkeleys of Beaumaris, 1440–1547', *Trafodion* Cymdeithas Hynafiaethwyr a Naturiaethwyr Môn (1961).

Bunyan Cymru, gweler SHADRACH, AZARIAH (1774–1844).

Burgess, Thomas (1756–1837), Esgob *Tyddewi o 1803 hyd 1825. Sais ydoedd, ond magodd ddiddordeb dwfn yn nhraddodiad eglwysig a llenyddol Cymru. Cymerodd ran, gydag Iolo Morganwg (Edward *Williams), yn yr Eisteddfod a gynhaliwyd yng Nghaerfyrddin yn 1819 ac ef oedd sefydlydd Coleg Dewi Sant yn Llanbedr Pont Steffan yn 1822.

BURTON, PHILIP (1904–95), athro, cyfarwyddwr, nofelydd a beirniad a aned yn Aberpennar, Morg.. Graddiodd o Goleg y Brifysgol, Caerdydd â gradd anrhydedd dwbl mewn Mathemateg a Hanes a dechrau ar yrfa fel athro. Yr oedd yn frwd dros lenyddiaeth a'r theatr a dechreuodd ddysgu'r pynciau hynny ym Mhort Talbot lle y cyfarfu â'i ddisgybl mwyaf enwog, sef Richard *Burton. Yn ddiweddarach gweithiodd i'r BBC yng Nghaerdydd ac yn Llundain, gan gomisiynu addasiadau dramatig o lawer o weithiau Rhys *Davies, ac o 'Return Journey' Dylan *Thomas. Yn 1954 ymfudodd i America lle y sefydlodd yr *American Musical and Dramatic Academy* yn Efrog Newydd y bu'n bennaeth arni hyd ei ymddeoliad; gweithiodd hefyd fel cyfarwyddwr ar ei liwt ei hun ar Broadway. Ar ôl ymddeol i Key West, Florida, treuliodd y rhan fwyaf o'i amser yn llenydda a darlithio. Ysgrifennodd ddau gofiant, *Early Doors: My Life and the Theatre* (1969), a

Richard and Philip: The Burtons (1992). Ceir ei syniadau ar Shakespeare yn *The Sole Voice* (1970) ac mewn nofel am fywyd Shakespeare, *You, My Brother* (1973), a enillodd glod beirniaid ar y naill ochr a'r llall i Fôr Iwerydd.

Burton, Richard (1925–84), actor a aned ym Mhontrhyd-y-fen, ger Port Talbot, Morg., i deulu o lowyr o'r enw Jenkins. Yn ddiweddarach mabwysiadodd gyfenw Philip *Burton, athro a daniodd ei nwyd am y llwyfan. Cafodd ei gyfle cyntaf fel actor pan oedd yn ddeunaw oed yn *The *Druid's Rest*, drama gan Emlyn *Williams. Astudiodd Saesneg am gyfnod byr yng Ngholeg Exeter, Rhydychen, cyn dechrau ar yrfa a'i harweiniodd i amlygrwydd rhyngwladol ym myd y theatr a'r ffilm. Fel actor meddai ar ddeallusrwydd, presenoldeb corfforol grymus, a llais eglur a enillodd glod iddo mewn rhannau arwrol a thrasig, yn arbennig yn nramâu Shakespeare. Rhoddwyd cryn sylw ar y cyfryngau i'w bum priodas, yn arbennig i'w briodas â'r actores Elizabeth Taylor (a fu'n briod ag ef ddwywaith), a hefyd i'w fuchedd liwgar. Ond o ganol y 1970au peryglid ei yrfa gan alcoholiaeth ac ymddangosai fel petai wedi colli ei ffordd, a'i addewid mawr heb gyrraedd ei lawn dwf. Yr oedd yn medru'r Gymraeg, yn hael i achosion gwladgarol ac yn boblogaidd yn ei wlad enedigol, ac er gwaethaf ei fywyd moethus yn America a'r Swistir, ni chollodd ei gysylltiad â Phont-rhyd-y-fen trwy gydol ei oes.

Ceir manylion pellach yn y cofiannau i Richard Burton gan Paul Ferris (1981, 1984) a Fergus Cashin (1982). Gweler hefyd Melvyn Bragg, *Rich* (1988) a Peter Stead, *Richard Burton, So Much, So Little* (1991).

BUSH, DUNCAN (1946–), bardd, nofelydd, awdur straeon byrion a dramodydd a aned yng Nghaerdydd a'i addysgu ym Mhrifysgol Warwick a Choleg Wadham, Rhydychen. Ef gyda Nigel *Jenkins a Tony *Curtis a enillodd gystadleuaeth Beirdd Ifainc *Cyngor Celfyddydau Cymru yn 1974. Cyhoeddodd chwe chyfrol o farddoniaeth ers hynny, sef *Nostos* (1980), *Aquarium* (1983), *Salt* (1985), *Black Faces, Red Mouths* (1986), *Masks* (1994) a *The Hook* (1997). Ei nofelau yw *The Genre of Silence* (1988), sef cyfuniad o gronicl, barddoniaeth a bywgraffiad sy'n disgrifio bywyd Victor Bal, bardd dychmygol o Rwsia yn y 1930au, a'r erlid a fu arno; a *Glass Shot* (1991), astudiaeth gymhleth o wrywdod a osodir yn ne Cymru yn ystod streic y glowyr yn 1984–85. Ymddangosodd ei straeon byrion mewn nifer o gasgliadau, gan gynnwys y *Penguin Book of Welsh Short Stories* (1993). Addaswyd drama lwyfan o'i eiddo, *Sailing to America*, ar gyfer y teledu yn 1992. Y mae gwaith Duncan Bush yn nodedig oherwydd y ffordd y mae'n archwilio grymoedd a digwyddiadau gwleidyddol trwy gyfrwng eu heffaith ar fywydau unigol.

Ceir manylion pellach yn y rhifyn arbennig o *Poetry Wales* (cyf. XXVIII, rhif. 1, 1992).

Bush, Percy (1879–1955), chwaraewr *rygbi a chwaraeodd dros Gymru wyth gwaith rhwng 1905 a 1910 mewn gyrfa sy'n nodedig am athrylith ysbeidiol yn hytrach na gallu cyson. Teithiodd yn Seland Newydd yn 1904 a chwaraeodd yn erbyn y Crysau Duon yn y gêm enwog ar Barc yr Arfau, Caerdydd, yn 1905, a daeth y rheini i ofni ei ymosodiadau crefftus.

Butcher Beynon, cymeriad yn *Under Milk Wood* (1954) gan Dylan *Thomas; hoffai ddychryn ei wraig trwy gymryd arno ei fod yn gwerthu cig cathod a chorgwn.

Bute, Teulu, 'creawdwyr Caerdydd fodern'. Yr oeddynt yn disgyn o Robert II o'r Alban ac wedi ymsefydlu fel tirfeddianwyr ar Ynys Bute yn y bedwaredd ganrif ar ddeg. Yn 1766 priododd Arglwydd Mountstuart (1744–1814), mab trydydd Iarll Bute, Prif Weinidog Siôr III, â Charlotte Windsor, aeres Arglwydd Windsor, perchennog ystad Castell *Caerdydd ym Morgannwg a ddaethai i fodolaeth trwy grantiau oddi wrth y Goron i hynafiad Arglwydd Windsor, sef William Herbert, Iarll Penfro, yn yr unfed ganrif ar bymtheg. Dechreuodd Mountstuart, a ddaeth yn Ardalydd cyntaf Bute yn 1796, adnewyddu Castell Caerdydd, ond ni chwaraeodd ran bwysig ym mywyd Morgannwg. Olynwyd ef gan ei ŵyr, John Crichton Stuart (1793–1848), gŵr a oedd â pherchen nid yn unig ar ystadau Bute a Chaerdydd, ond hefyd ar ystad Luton Hoo yn swydd Bedford a thiroedd yn swydd Durham yn ogystal ag eiddo helaeth tad ei fam, Iarll Dumfries. Bu'r ail Ardalydd yn ddiflino ei ymdrechion i ddatblygu ei ystadau ac ehangu eu grym. Yr oedd ganddo ddylanwad cryf iawn ar weinyddiaeth a gwleidyddiaeth Morgannwg ac yr oedd Corfforaeth Caerdydd o dan ei awdurdod; cefnogai amryw elusennau a bu iddo ran flaenllaw yn y gwaith o sefydlu heddlu Morgannwg. Yr oedd yn berchen ar lawer iawn o dir a oedd yn gyfoethog mewn mwynau a chafodd ei bolisi ynghylch caniatáu prydlesi i weithio'r mwynau ddylanwad ar batrwm a chyflymdra agor maes glo de Cymru. Fel landlord y gweithfeydd haearn mawr yn Nowlais bu mewn gwrthdaro aml â'i ddenant, Syr John *Guest, ac achoswyd cryn bryder gan ansicrwydd ynghylch adnewyddu prydles a ddaeth i ben yn 1848. Yr oedd yn berchen ar lawer o'r tir yr adeiladwyd Caerdydd arno ac yr oedd yn rhannol gyfrifol am sefydlu'r brydles o gan mlynedd namyn un fel prif ddull tirddeiliadaeth yn ne Cymru trefol. Yn 1830 sicrhaodd Ddeddf Seneddol a roes iddo awdurdod i adeiladu doc yng Nghaerdydd ar ei draul ei hun. Fe'i hagorwyd yn 1839, y cyntaf o gyfres o ddociau a adeiladwyd gan deulu Bute; bu'r fenter hon yn gymorth mawr i Gaerdydd ddatblygu i fod yn borthladd allforio glo pwysicaf y byd.

Yr oedd y trydydd Ardalydd (1847–1900), Pabydd o argyhoeddiad ac arwr nofel Disraeli, *Lothair* (1870), yn ddyn cyfoethog iawn. Aeth ati i adnewyddu Castell Caerdydd mewn modd goreuwych ac ailadeiladu *Castell Coch. Yn 1869 sefydlwyd y *Western Mail gan ei asiantiaid. Yn ystod ardalyddiaeth ei fab, y pedwerydd Ardalydd (1881–1947), trosglwyddwyd Dociau Bute i ofal cwmni'r *Great Western Railway*, gwladolwyd adnoddau mwynol y teulu a gwerthwyd y prydlesi trefol. Cyflwynodd y pumed Ardalydd (1907–56) Gastell Caerdydd a'i barc i ddinas Caerdydd yn 1947.

Ceir hanes teulu Bute yn llawn yn *Cardiff and the Marquesses of Bute* (1981) gan John Davies.

Butler, Teulu, gweler o dan DWNRHEFN.

Butler, Eleanor (1745?–1829) a **Ponsonby, Sarah** (1755–1831), 'The Ladies of Llangollen', dwy ferch ecsentrig o uchel dras Wyddelig. Ar ôl rhedeg i ffwrdd gyda'i gilydd er mwyn osgoi confensiynau bywyd parchus yn Iwerddon, gwnaethant eu cartref gyda'u morwyn ffyddlon Mary Carryll ym Mhlas Newydd, Llangollen, Dinb., bwthyn a drowyd mewn dull gothig yn dŷ trawiadol, du a gwyn, sydd bellach yn denu twristiaid. Am gyfnod o bron hanner canrif wedi iddynt gyrraedd yn 1780 daeth y lle yn gyrchfan i lawer o ymwelwyr enwog, gan gynnwys Wellington, Burke, Castlereagh, Shelley, Byron a Scott. Cyflawnodd y mwyafrif ddymuniad eu lletywragedd drwy adael teyrnged ar eu holau, rhywbeth cywrain pe bai modd neu wedi ei gerfio o dderw. Gwnaeth Wordsworth a gynigiodd soned yn 1824, y camgymeriad o gyfeirio at y tŷ fel 'low-roofed cott', ac nis gwahoddwyd wedyn. Treuliodd y boneddigesau eu bywyd yn y Plas yn garddio, darllen, ysgrifennu, sgwrsio, chwarae backgammon a thra-arglwyddiaethu ar fywyd Llangollen, nad oedd yn ddim ond pentref yn y cyfnod hwnnw. Yn anffodus, er ehanged ydoedd cylch eu hadnabyddiaeth, digon anniddorol yw eu dyddlyfrau.

Ysgrifennwyd cofiant dychmygol iddynt, *The Chase of the Wild Goose* (1936), gan Mary Gordon a hi a gomisiynodd y gofeb i'r Boneddigesau yn eglwys y plwyf, St. Collen, ond y gwaith a berchir fwyaf yw *The Ladies of Llangollen: A Study in Romantic Friendship* (1971) gan Elizabeth Mavor; gweler hefyd *Life with the Ladies of Llangollen* (gol. Elizabeth Mavor, 1984).

Buttercup Field, The (1945), casgliad cyntaf Gwyn *Jones o storïau byrion, sy'n cynnwys ambell un a gyhoeddwyd yn wreiddiol tua diwedd y 1930au. Er bod straeon ysgafnfryd a thelynegol yn eu plith ac o leiaf un, 'Shacki Thomas', sydd wedi'i lleoli yn y cymoedd diwydiannol, yn ymdrin â chariad priodasol gyda chydymdeimlad a dealltwriaeth, y mae mwyafrif y straeon cain hyn yn ymwneud â pherthynas angerddol tri-pherson. Y mae dial a thrais yn elfennau cyffredin ynddynt, ac yn aml gwrthgyferbynnir hyn â chefndir gwledig.

Button, Syr Thomas (m. 1634), fforiwr a llyngesydd o Lwyneliddon ym Morgannwg, ac aelod o deulu yr oedd eu cartref unwaith yn sefyll ar safle'r tŷ a elwir yn Dyffryn heddiw. Yn 1612 arweiniodd gyrch i chwilio am Henry Hudson ac ymgais i ddod o hyd i lwybr gogledd-orllewinol i Asia, ac fe'i hurddwyd yn farchog gan Iago I am hynny. Am weddill ei yrfa hir yn y llynges gwasanaethodd fel Llyngesydd ar longau'r Brenin ar arfordir Iwerddon, ac ymgartrefodd yng Nghaerdydd.

Bwa Bach, Y, gweler o dan MORFUDD.

Bwci Bo, bwgan plant a ddefnyddir i'w dychryn rhag camymddwyn ac a enwir yn fynych mewn rhigymau a chwedlau gwerin. Digwydd mewn ffurfiau eraill megis Bwci Bol, Bo Lol a Bolelo. Gweler hefyd FRÂN WEN, JAC Y LANTERN a LADI WEN.

Bwrdd Gwybodau Celtaidd, Y, a sefydlwyd gan *Brifysgol Cymru yn 1919, ac un o ganlyniadau Adroddiad Comisiwn Brenhinol ar Addysg Brifysgol yng Nghymru (1918). Er nad oedd y Comisiwn yn ddibris o'r gwaith ieithyddol campus a wnaed eisoes gobeithid y byddai'r Bwrdd yn hybu'n ogystal astudiaethau ehangach, yn ymdrin â bywyd, meddwl a diwylliant y genedl Gymreig, a thrwy hynny'n ffrwythloni'r addysg a ddarperid yn yr ysgolion uwchradd a'r colegau. Ffurfiwyd ar unwaith dri Phwyllgor o'r Bwrdd, sef Iaith a Llên, Hanes a Chyfraith, Archaeoleg a Chelfyddyd, a'r pedwerydd yn 1969, sef Pwyllgor Gwyddor Cymdeithas.

Dyletswyddau'r Bwrdd yw hyrwyddo a chyfundrefnu'r Gwybodau Celtaidd yng Nghymru, cyflogi ymchwilwyr, cyhoeddi ffrwyth ymchwil yn rheolaidd ac adrodd yn flynyddol i Gyngor y Brifysgol, prif ffynhonnell ariannol y Bwrdd. Penodir y rhan fwyaf o'i aelodau o staff academaidd Colegau'r Brifysgol. Ymhlith cyhoeddiadau niferus y Bwrdd y mae llyfrau ar archaeoleg, testunau pwysig yn Gymraeg ar gyfer coleg ac ysgol, cyfrolau trwchus o ffynonellau hanes Cymru, llyfryddiaethau a monograffau ysgolheigaidd, a'r cylchgronau *Studia Celtica, *Cylchgrawn Hanes Cymru, *Llên Cymru a Contemporary Wales. Cyfunwyd Bwletin y Bwrdd Gwybodau Celtaidd, y cychwynnwyd ei gyhoeddi yn 1921, â Studia Celtica yn 1994. Ymhlith prif brosiectau'r Bwrdd y mae Atlas Cenedlaethol Cymru (1981–89) a *Geiriadur Prifysgol Cymru (1950–).

Gellir priodoli mesur helaeth o'r cynnydd mewn Astudiaethau Celtaidd yng Nghymru er 1920 i weithgarwch y Bwrdd. Megis *Gwasg Prifysgol Cymru sy'n cyhoeddi ar ei ran, y mae'n enghraifft ragorol o gydweithredu rhyng-golegol oddi mewn i'r Brifysgol.

Bwrdd yr Iaith Gymraeg, sefydlwyd yn 1993 o dan Ddeddf yr Iaith Gymraeg 1993. Ei brif swyddogaeth yn ôl y Ddeddf yw 'hyrwyddo a hwyluso defnyddio'r iaith Gymraeg'. Yn ogystal â hyn, y mae gan y Bwrdd y swyddogaethau craidd canlynol: cynghori a dylanwadu

ar faterion sy'n ymwneud â'r iaith Gymraeg; ysgogi a goruchwylio'r broses o baratoi a gweithredu cynlluniau iaith; rhoi grantiau ar gyfer hyrwyddo a hwyluso defnyddio'r iaith; cadw gorolwg strategol dros addysg Gymraeg. Hefyd, y mae disgwyl i'r Bwrdd ymgymryd ag unrhyw ddyletswyddau y mae Ysgrifennydd Gwladol Cymru yn eu cynnig iddo. O 1 Ebrill 1997 ymlaen, y mae'r Bwrdd wedi derbyn cyfrifoldeb dros roi grantiau i *Urdd Gobaith Cymru, *Eisteddfod Genedlaethol Cymru a Mudiad Ysgolion Meithrin a thros roi grantiau i gyhoeddwyr a weinyddir gan *Gyngor Llyfrau Cymru, a thros roi grantiau i gefnogi addysg ddwyieithog, gan gynnwys y gwasanaeth Athrawon Bro.

Penodir aelodau'r Bwrdd (hyd at bymtheg, gan gynnwys Cadeirydd) gan Ysgrifennydd Gwladol Cymru. Wrth wneud hyn, y mae'n rhaid i'r Ysgrifennydd Gwladol sicrhau bod yr aelodau yn adlewyrchu'r gwahanol raddau y defnyddir y Gymraeg gan y rhai sy'n byw yng Nghymru, ac amrediad buddiannau'r personau y bydd y Bwrdd yn cynnig cyngor iddynt. Yr Arglwydd Elis-Thomas o Nant Conwy oedd Cadeirydd cyntaf y Bwrdd ac fe'i penodwyd am ail dymor yn 1996. Yn ogystal, penodwyd un aelod ar ddeg i'r Bwrdd yn Rhagfyr 1996. Ariennir y Bwrdd drwy grant o'r *Swyddfa Gymreig; cyfanswm y cyllid a ddyrannwyd yn 1997/98 oedd £5,712,000. John Walter Jones yw'r Prif Weithredwr.

Bwytawr Pechod, person tlawd a thruenus a fyddai gynt, am dâl bychan, yn bwyta pryd o fwyd hallt (teisen neu ddarn o fara, fel arfer) wedi'i osod ar arch neu gorff y marw. Y gred oedd y byddai'r Bwytawr Pechod drwy'r weithred hon yn cymryd arno holl bechodau'r ymadawedig. Yn ôl tystiolaeth lafar o ardal Betws Garmon, Caern., yr arfer oedd rhoi teisen, tebyg i deisen gri, mor boeth â phosibl ar y corff. Wedi i'r deisen lwyr oeri, fe'i gosodid ar garreg a elwid 'y garreg bechod', mewn man coediog yn agos i Bompren Gwredog, a deuai dyn gwyllt yr olwg yno i'w bwyta. Ceir cyfeiriad at arferion tebyg mewn rhai gwledydd eraill, gan gynnwys yr Alban, ac fe'u cymharwyd gan ysgolheigion megis Syr James Frazer i'r gred mewn 'bwch dihangol' yn y gyfraith Iddewig (Lef.16:21–22). Cafwyd y cyfeiriad cyntaf at y Bwytawr Pechod yng Nghymru a'r Gororau gan John Aubrey yn ei lawysgrif, 'Remaines of Gentilisme and Judaisme' (1686/87). Ychydig yw'r cyfeiriadau penodol at yr arfer yng Nghymru wedi hynny, ac ymddengys iddo ddod i ben yn llwyr erbyn tua hanner cyntaf y bedwaredd ganrif ar bymtheg.

Ceir disgrifiad byw o'r arfer yn nofel H. Elwyn Thomas (Elwyn), Ifor Owain, nofel am Gymru yn amser Cromwell (1911). Y 'Bwytawr Pechod' hefyd yw un o'r prif gymeriadau yn nofel Mary Webb, Precious Bane (1924), a 'The Sin Eater' yw teitl stori fer (wedi'i lleoli yng Nghymru) gan Margaret Atwood yn Dancing Girls (1982). Am gyfeiriadau pellach, gweler erthygl Huw Walters, 'Y Bwytawr Pechod yng Nghwmaman' yn Y Genhinen (cyf. XXVIII, 1978).

Byddin Cymru Rydd neu **Free Wales Army**, grŵp o Genedlaetholwyr ifainc, efallai heb fod dros ryw ugain o ran nifer; y mwyaf amlwg yn eu plith oedd Julian 'Cayo' Evans. Denodd eu gwisgoedd, driliau, arfau a'u honiadau anhygoel am gryfder eu mudiad sylw rhai newyddiadurwyr Seisnig llai egwyddorol yn ystod y cyfnod 1965 hyd 1969. Daethpwyd ag achos llys yn erbyn naw ohonynt: ar 1 Gorffennaf 1969, diwrnod arwisgo Tywysog Cymru, dedfrydwyd chwech ohonynt gan gynnwys Evans i garchar am berthyn i fudiad lled-filitaraidd. Gweler hefyd MEIBION GLYNDŴR a MUDIAD AMDDIFFYN CYMRU.

Byddin Ymreolaeth Cymru, gweler o dan JONES, HUGH ROBERT (1894–1930).

Byr-a-thoddaid, un o'r *Pedwar Mesur ar Hugain, uned fydryddol yn cynnwys y nifer a fynner o *Gyhydeddau Byr (wyth sillaf) yn diweddu'n acennog neu ddiacen wedi'u gosod rhwng pâr o *Doddeidiau Byr. Ni chaniateir dodi dau Doddaid ynghyd.

Byw sy'n Cysgu, Y (1956), nofel gan Kate *Roberts. Cymerasai Lora Ffennig ei phriodas yn ganiataol a syfrdenir hi o ddarganfod bod ei gŵr wedi'i gadael a dianc gyda rhyw Mrs Amred. Dechreua ddeffro'n raddol a dod i'w hadnabod ei hun a'i pherthynas â phobl eraill. Cynhwysa'r nofel rannau o'i dyddiadur, sy'n dangos bod y llyfr yn perthyn yn agos i *Stryd y Glep (1949), ac fel honno, gorffennir ar nodyn lled-obeithiol.

Ceir ymdriniaeth feirniadol â'r nofel mewn ysgrif gan John Gwilym Jones yn *Cyfrol Deyrnged Kate Roberts* (gol. Bobi Jones, 1969). Cyhoeddwyd cyfieithiad gan Ll. Wyn Griffith, *The Living Sleep* (1978).

Bywyd a Marwolaeth Theomemphus (1764), cerdd hir (tua chwe mil o linellau) gan William *Williams (Pantycelyn). Cân ddramatig yw dewis ddisgrifiad yr awdur ohoni ac y mae ynddi dros ddau ddwsin o gymeriadau i gyd. Amcan y bardd oedd adrodd hanes pererindod ysbrydol un o dröedigion y Diwygiad Methodistaidd neu, fel yr honnai ef, unrhyw wir Gristion. Dangosir Theomemphus yn ŵr ifanc yn pechu'n rhyfygus, yn cael ei argyhoeddi o'i bechod, yn profi maddeuant, yn gwrthgilio (pan demtir ef i briodi Philomela), yn cael ei adfer ac yn parhau'n ffyddlon hyd y diwedd drwy orthrymderau o bob math. Y mae'r cynllun yn ysblennydd o uchelgeisiol ac y mae yn y gerdd amryw ddarnau sy'n deilwng o'r cynllun, ond at ei gilydd nid oedd gan Bantycelyn y synnwyr crefft a'i galluogai i gynnal safon uchel gyson mewn cerdd cyn hired â hon.

Ceir ymdriniaethau beirniadol gan W. J. Gruffydd yn *Y Llenor* (1922), T. Williams yn *Y Traethodydd* (1959), D. Gwenallt Jones yn *Gwŷr Llên y Ddeunawfed Ganrif* (gol. Dyfnallt Morgan, 1966) ac R. M. Jones ym mhenodau perthnasol ei gyfrolau *Llên Cymru a Chrefydd* (1977) a *Cyfriniaeth Gymraeg* (1994). Gweler hefyd Eifion Evans, *Pursued by God* (1996).

C

Cacamwri, cymeriad comig yn chwedl *Culhwch ac Olwen*. Dengys y fath frwdfrydedd wrth ddyrnu mewn ysgubor â ffust haearn nes malurio'r trawstiau. Bu bron iddo foddi yn afon Hafren wrth hela'r *Twrch Trwyth; tynnwys ef o'r afon a bu fyw i gynorthwyo *Arthur yn ei gyrch yn erbyn y *Widdon Orddu.

Cad Goddau, gweler o dan Tair Ofergad.

Cadair, gwobr draddodiadol a gyflwynir i feirdd; yr oedd yr arfer eisoes yn hen yn oes *Hywel Dda. Tystia *Cyfraith Hywel y neilltuid cadair ar gyfer y Pencerdd yn neuadd y Tywysog, ac yr enillid yr hawl i eistedd arni trwy ymryson barddol. Arwyddid yr un statws ymhlith *Beirdd yr Uchelwyr trwy fedal arian ar lun cadair a wisgid ar yr ysgwydd chwith. Dywed y llawysgrifau yr enillwyd cadeiriau arian yn Eisteddfod *Caerfyrddin a gynhaliwyd tua 1451 ac yn Eisteddfodau *Caerwys yn 1523 ac 1567. Ni pharhaodd yr arfer yn eisteddfodau'r tafarnau a gynhaliwyd yn y ddeunawfed ganrif ac yn yr eisteddfodau taleithiol ar ddechrau'r bedwaredd ganrif ar bymtheg medal yn aml oedd yr unig wobr, er bod llun o gadair wedi'i hysgythru arni weithiau.

Y mae'n wir bod Gwallter Mechain (Walter *Davies) wedi cael rhodd o gadair dderw yng nghyfarfod y Cyfeillion Awenyddgar a gynhaliwyd yn nhŷ Ioan Ceri 10 Ionawr 1821 fel cydnabyddiaeth o'i lwyddiant yn ennill tlws arian ac arno ddelwedd o gadair yng nghystadleuaeth yr *awdl yn Eisteddfod Caerfyrddin 1819, ond ni fennodd hyn ar yr arferiad eisteddfodol o gyflwyno tlysau a'r un ddelwedd o gadair arnynt a barhaodd tan ganol y 1880au. Torrwyd ar yr arferiad unwaith, sef Eisteddfod Caer, 1866. Yn ychwanegol at y wobr ariannol, cadair dderw oedd y wobr o 1885 ymlaen, ac eithrio cyfnod yr Ail Ryfel Byd. Bellach seremoni'r Gadair, a gynhelir dan ofal *Gorsedd Beirdd Ynys Prydain, yw'r digwyddiad mwyaf trawiadol ym mhasiantri'r *Eisteddfod Genedlaethol. Ymhlith y beirdd a enillodd y Gadair ddwywaith yn ystod yr ugeinfed ganrif gellir enwi T. Gwynn *Jones (1902, 1909), T. H. *Parry-Williams (1912, 1915), Gwenallt (David James *Jones, 1926, 1931), a'r beirdd iau Alan *Llwyd (1973, 1976), Gerallt Lloyd *Owen (1975, 1982), Donald *Evans (1977, 1980) ac Idris *Reynolds (1989, 1992). Ataliwyd y wobr, sydd yn cynnwys gwobr ariannol, ar ddeg achlysur er 1900 oherwydd nad oedd ymgeisydd teilwng, y tro diwethaf yn 1979. Gweler hefyd yr Atodiad.

Am fwy o fanylion gweler Geraint a Zonia Bowen, *Hanes Gorsedd y Beirdd* (1991).

Cadair Ddu Penbedw, gweler o dan Evans, Ellis Humphrey (1887–1917).

Cadair Idris, ardal fynyddig rhwng Mawddach a Dysynni a gafodd ei henwi efallai ar ôl cawr; dynoda'r ffin rhwng hen deyrnasoedd *Gwynedd a *Phowys. Dywedir y byddai unrhyw un a dreuliai noson ar y copa ar ei ben ei hun yn dod i lawr yn wallgof, yn ddall neu wedi'i gynysgaeddu â doniau barddonol. Lledaenwyd y traddodiad lleol ymhellach gan Felicia *Hemans yn ei cherdd 'The Rocks of Cader Idris', a gyhoeddwyd yn ei *Welsh Melodies* (1832). Cyfansoddwyd yr alaw 'Cader Idris' gan John Parry (Bardd Alaw; 1776–1851) yn 1804; enw arall arni yw 'Jenny Jones'.

Cadfael, Nofelau, cyfres o storïau ditectif canoloesol, a ysgrifennwyd gan Ellis Peters a'u gosod yng nghyfnod teyrnasiad y Brenin Steffan. Y ffigur canolog yw'r Brawd Cadfael, un o filwyr y Groes a droes yn fynach, y mae ei synnwyr cyffredin, ei wybodaeth am berlysiau a'i ddealltwriaeth o'r gymdeithas Gymreig yn ei helpu i ddatrys nifer o lofruddiaethau yn ei gartref, Abaty Amwythig, ac yng nghyffiniau'r abaty.

Ellis Peters oedd llysenw Edith Pargeter (1913–95), a oedd eisoes yn adnabyddus am ei nofelau am hanes Cymru a'i storïau ditectif modern pan gyhoeddodd ei nofel gyntaf am Cadfael, *A Morbid Taste for Bones*, yn 1977. Cydiodd Cadfael a chefndir y Gororau yn nychymyg y cyhoedd a dilynwyd y llyfr cyntaf gan bedair ar bymtheg o nofelau eraill, gan gynnwys *The Devil's Novice* (1983), *The Potter's Field* (1989), a'r nofel olaf, *Brother Cadfael's Penance* (1994). Gwerthodd y gyfres ledled y byd gan roi cychwyn i lif o nofelau dirgelwch hanesyddol wedi eu gosod mewn gwahanol gyfnodau o Hen Rufain i Loegr y Tuduriaid. Digwyddodd hynny hefyd gyda nofelau hanesyddol eraill Edith Pargeter; ysbrydolodd trioleg *The Heaven Tree* yn arbennig nifer o ramantau hanesyddol wedi eu gosod ar y Gororau, er mai anaml yr oedd yr ysgrifennu na'r ymchwil cystal â'r model. Arweiniodd diddordeb yng Nghadfael a'i gefndir at gyhoeddi *Cadfael Country* (1990), arweinlyfr i dwristiaid, a *The Cadfael Companion* (1994), ac addaswyd nifer o'r nofelau yn ffilmiau teledu sylweddol.

Ceir bywgraffiad gan Margaret Lewis, *Edith Pargeter: Ellis Peters* (1994) yn y gyfres *Border Lines*; gweler hefyd Moelwyn

Merchant, 'A noble, confounding edifice', yn The New Welsh Review (rhif. 16, cyf. IV, Gwanwyn 1992).

Cadfan (canol y 6ed gan.), sant; dywedir ei fod yn fab i Gwen Teirbron, merch Emyr Llydaw. Croesodd i Gymru o Lydaw a'i fryd ar genhadu ac efallai mai yn Nhywyn, Meir., yr oedd ei sefydliad cyntaf. Y mae carreg goffa yno ac arni ddwy arysgrif o'r wythfed ganrif, yr enghraifft gynharaf sydd ar gael o Hen Gymraeg. Lledodd ei gwlt hyd Langadfan ym Mhowys a chredid y gallai dyfroedd ffynnon a gysegrwyd iddo iacháu clefydau. Cysylltir enw Cadfan ag Ynys *Enlli ond ni wyddys ai yno neu yn Nhywyn y claddwyd ef. Dydd ei ŵyl yw 1 Tachwedd.

Cadi Haf, un o'r cymeriadau traddodiadol a gymerai ran yn yr hwyl a oedd yn gysylltiedig â *Chalan Mai yng ngogledd-ddwyrain Cymru pan gludid Cangen Haf (ffurf ar y *Fedwen Haf) o gwmpas yr ardal gan ddawnswyr. Casglai'r Cadi arian mewn lletwad wrth i'r dawnswyr berfformio, a difyrrai'r gynulleidfa â'i ddigrifwch. Fe'i gelwid weithiau yn Hen Gadi. Dyn a'i wyneb wedi ei bardduo ydoedd y rhan amlaf a gwisgai got dyn a phais merch, enghraifft o'r cymeriad hanner-benyw hanner-gwryw a geir yn y fath ddefodau drwy Ewrop. Disgrifir yr arferiad gan Trefor M. Owen yn Welsh Folk Customs (1959); gweler hefyd erthygl yr un awdur yn Gwerin (cyf. III, 1961).

Cadog (canol y 5ed gan.), sant, un o arweinwyr crefyddol pwysicaf ei gyfnod. Lluniwyd Buchedd iddo gan Lifris yn gynnar yn y ddeuddegfed ganrif a diwygiwyd hi ychydig yn ddiweddarach gan *Garadog o Lancarfan. Dywedir mai tad Cadog oedd *Gwynllyw, Tywysog Gwynllŵg, a'i fam oedd Gwladus, merch *Brychan. Adroddir iddo gael ei gludo ar gwmwl i Beneventana yng ngogledd yr Eidal, lle y gwnaed ef yn esgob, ac iddo gael ei ladd yno wrth ganu'r offeren; cyflawnwyd llawer o wyrthiau ar ôl ei farw. Yn ogystal â'r eglwysi hynny sy'n dwyn enw'r sant yn ne-ddwyrain Cymru, megis y rhai yng Ngelli-gaer a Chaerllion, Myn., y mae rhai a gysegrwyd iddo hefyd ym Môn, Cernyw, Llydaw a'r Alban. Yr oedd y fynachlog a sefydlwyd gan Gadog yn *Llancarfan ym Mro Morgannwg yn enwog fel canolfan dysg, ond y rhai mwyaf adnabyddus yw Llangadog, Caerf., a Llangatwg, Brych.

Cadrawd, gweler EVANS, THOMAS CHRISTOPHER (1846–1918).

Cadriaith, cymeriad yn y chwedl *Breuddwyd Rhonabwy. Dywedir nad oedd ym Mhrydain ŵr cadarnach ei gyngor nag ef, er ei ieuenged. Pan ddaw beirdd i ddatgan cerdd i *Arthur nid oes neb sy'n deall y gerdd ond Cadriaith, 'eithr y gwyddid ei bod yn foliant i Arthur'. Ar ei gyngor ef y telir y beirdd. Golyga ei enw

'un gwych neu rymus ei iaith' ac o bosibl bwriadwyd i'r digwyddiad fod yn ddychan ar dywyllwch gwaith rhai o'r *Gogynfeirdd.

Cadvan, gweler DAVIES, JOHN CADVAN (1846–1923).

Cadwaladr (m. 664), tywysog, mab i *Gadwallon ap Cadfan, Brenin Gwynedd; ei farwolaeth yn Rhufain yw man cychwyn yr hanes yn *Brut y Tywysogyon. Adroddir yn y Trioedd iddo gael ei ladd gan Golyddan Fardd. Ychydig a wyddys amdano ar wahân i'r ffaith y cyfeirir ato ef a Chynan (*Cynan Meiriadog) yn y cerddi *darogan fel yr un a ddaw i achub y Cymry rhag y Saeson. Gŵr mwyn a hael ydoedd a bu ei deyrnasiad yn dawel. Hawliai Harri VII ei fod yn ddisgynnydd iddo a chludwyd y *Ddraig Goch ym mrwydr *Bosworth yn 1485 yn y gred mai hi oedd baner Cadwaladr. Efallai mai'r un person oedd y tywysog, a elwir weithiau yn Gadwaladr Fendigaid, â'r sant a goffeir yn Llangadwaladr, Môn, a lleoedd eraill yng ngogledd-ddwyrain a de-ddwyrain Cymru.

CADWALADR CESAIL (fl. c.1610–25), bardd a gysylltir â'r Gesail Gyfarch, Penmorfa, Caern., yn bennaf oherwydd ei enw; gwyddys hefyd iddo ganu cywydd marwnad i Elis Wyn o'r Gesail Gyfarch yn 1624. Canodd y rhan fwyaf o'i gerddi, tua hanner cant ohonynt, i uchelwyr Llŷn ac Eifionydd, gan gynnwys teuluoedd *Porthamal, *Bodwrda ac Ystumllyn, ond canodd hefyd i aelodau o deuluoedd eraill heb fod nepell, gan gynnwys Gwydir a'r Berth-ddu. Mwy diddorol yw ei gerddi i aelodau o raddau eraill cymdeithas, megis *englynion i'r teiliwr, ac yn arbennig i gyd-aelodau o'r frawdoliaeth farddol a cherddorol, megis *cywydd i ddiolch am bais gan Robert Peilin, un o delynorion Iago I, englyn yr un i'r bardd Richard *Hughes o Gefn Llanfair, un arall o weision y Brenin James, a Rhisiart Phylip, un o *Phylipiaid Ardudwy, a thri englyn i'r bardd *Ieuan Tew Ieuanc; canodd englyn hefyd i bibyddion yn siambr gŵr bonheddig a dau i grythor.

Cadwaladr, Betsi, gweler DAVIES, ELIZABETH (1789–1860).

CADWALADR, DILYS (1902–79), bardd ac awdur storïau byrion; o'r Ffôr, Caern., ydoedd. Yn ystod y 1940au bu'n byw ar Ynys *Enlli, yn ffermio ac yn athrawes yn yr ysgol yno. Gweithiodd fel athrawes yn Llundain am flynyddoedd a cheir disgrifiad o'r cyfnod hwnnw yn ei bywyd ac o'i pherthynas â'r bardd Dewi Emrys (David Emrys *James) mewn cyfres o erthyglau hunangofiannol yn Y *Cymro. Ar ôl y rhyfel priododd ag Isalmaenwr, Leo Scheltinga. Cyhoeddodd un gyfrol yn unig o storïau (1936) ond ceir enghreifftiau o'i gwaith yn Y *Llenor a chyfieithiadau Saesneg yn llyfr G. K. Chesteron, Miscellany of Prose 1900–34 (1935).

Cofir amdani fel y ferch gyntaf i ennill y *Goron yn yr Eisteddfod Genedlaethol (1953) gyda'i phryddest, 'Y Llen'.

Ceir manylion pellach amdani yn *Merch yr Oriau Mawr* (gol. Eigra Lewis Roberts, 1982), sy'n cynnwys hefyd bedair o'i storïau byrion a nifer o'i cherddi; ceir ysgrif hunangofiannol yn *Atgofion* (cyf. II, 1972).

CADWALADR, RHYS (*fl.* 1666–90), bardd, curad

Llanfairfechan, Caern. Priodolir iddo dros hanner cant o gerddi, caeth a rhydd, gan gynnwys pedwar cywydd sy'n gyfieithiadau o weithiau Lladin a oedd yn boblogaidd yn Lloegr yn yr ail ganrif ar bymtheg, sef dau ddarn gan Horas (*Epode* 2 ac *Odes* I.22), darn *Thyestes* (ll.392–403) gan Seneca a dernyn 30 gan Petronius. Nid cyfieithiadau slafaidd mo'r rhain ond trosiadau sy'n mynd i ysbryd y darn nes creu cerdd newydd. Perthynai Cadwaladr i'r cylch o feirdd a noddid gan Thomas Mostyn yng Ngloddaith a chanodd gerddi iddo ef a'i wraig yn ogystal â cherddi i feirdd eraill y cylch, Siôn Dafydd Laes (John *Davies, m. 1694), Siôn Edward a Morris Parry. Yn ei ddiniweidrwydd yn 1689 canodd farwnad Thomas *Jones (1648–1713) yr Almanaciwr pan oedd y gwrthrych yn dal yn fyw.

CADWALADR, SIÔN neu JOHN KADWALADR (*fl.* 1760), baledwr ac anterliwtiwr

Brodor o Lanycil, Meir., ydoedd a alltudiwyd yn ifanc i'r Amerig am saith mlynedd yn gosb am ladrata hanner coron. Wedi dychwelyd i Gymru dechreuodd anterliwtia ac erys dwy enghraifft o'i waith mewn llawysgrif, *Einion a Gwenllian* (*c.*1756) a *Gaulove a Clarinda* (*c.*1756–62). Cyhoeddwyd y drydedd, *Brenin Dafydd a Gwraig Urias* (*c.*1765), a ysgrifennodd gyda Huw *Jones (m. 1782) o Langwm, yng Nghaer. Y maent yn fwy bywiog na'r mwyafrif o anterliwtiau ei gyfoeswyr ac mor ffraeth â'r goreuon.

Cadwallon ap Cadfan (m. 633), Brenin Gwynedd a'r unig frenin Brytanaidd i oresgyn y frenhinlin Seisnig

Edwin o Northumbria, concwerwr teyrnas Frytanaidd Elfed, a arweiniodd gyrch Seisnig ar Gymru. Ymunodd Cadwallon â Phenda, Brenin Mersia baganaidd, a lladdwyd Edwin mewn brwydr ym Meigen (Hatfield Chase, swydd Efrog, mae'n debyg) ger Doncaster yn 632. Hwn oedd y tro cyntaf sydd wedi'i gofnodi i arweinwyr Brytanaidd a Seisnig ymuno â'i gilydd. Syrthiodd teyrnas Northumbria, buddugoliaeth y cyfeirir ati fel Brwydr Meigen, ac am gyfnod byr bu'n fodd i godi gobeithion y Brytaniaid y gellid achub yr Ynys o grafangau'r goresgynwyr Ellmynig. Er hynny, methodd Cadwallon ag elwa ar ei oruchafiaeth ac yn 634 lladdwyd ef ger Hexham (Cantscaul neu Hefenfelth) gan luoedd Oswald, Brenin Northumbria, cyn iddo gael cyfle i gryfhau ei safle fel concwerwr y Saeson. Mewn canrifoedd diweddarach cymherid unrhyw arweinydd Cymreig â Chadwallon. Gweler hefyd MOLIANT CADWALLON.

Cadwedigaeth yr Iaith Gymraeg (1808), astudiaeth fer o ramadeg a chystrawen y Gymraeg gan William *Owen Pughe

Cyhoeddwyd hwn yn gyntaf yn orgraff ffansïol yr awdur ei hun ac yr oedd yn ddi-werth oherwydd ei fod yn annarllenadwy. Er hyn, tybiodd Thomas *Charles Y Bala fod rhinwedd yn ei gynnwys a threfnodd i gyhoeddi argraffiad newydd yr un flwyddyn; daeth y gwaith yn werslyfr poblogaidd mewn *Ysgolion Sul. Seiliwyd y gwaith ar lyfr Saesneg Owen Pughe, *A Grammar of the Welsh Language*, ond rhoddwyd enghreifftiau mwy cyfarwydd yn lle'r dyfyniadau niferus o farddoniaeth gynnar a oedd yn y llyfr hwnnw. Ymddengys y gwaith yn ddieithr i'r darllenydd heddiw ac y mae'r ffurfiau'n hollol anghywir.

Cadwgan ap Bleddyn (m. 1111), tywysog ac ail fab *Bleddyn ap Cynfyn o *Bowys

a fu'n ymladd am flynyddoedd lawer yn erbyn Rhys ap Tewdwr o *Ddeheubarth. Priododd cyn dechrau ymosod ar y Normaniaid â merch ei gymydog, Picot de Sai, Arglwydd Clun, a bu'n amlwg yn yr ymgyrchoedd Cymreig yn ystod teyrnasiad William Rufus, gan gynorthwyo *Gruffudd ap Cynan i amddiffyn Môn ym mrwydr Coed Yspwys (1094) a ffoi gydag ef i Iwerddon bedair blynedd yn ddiweddarach. Dychwelodd yn 1099 ac adferwyd iddo ei dreftadaeth ym Mhowys a Cheredigion. Blinwyd ei flynyddoedd olaf gan wrthdaro ffyrnig ymhlith ei deulu a lladdwyd Cadwgan ger Y Trallwng gan ei nai Madog ap Rhirid tra oedd yn paratoi i adeiladu castell yno.

Gweler J. E. Lloyd, *A History of Wales from the Earliest Times to the Edwardian Conquest* (3ydd arg., 1939).

CADWGAN O FANGOR (m. 1241), abad ac esgob

Mab i Gymraes ac offeiriad o dras Wyddelig a bregethai'n huawdl yn y Gymraeg ydoedd. Ymunodd â'r Urdd *Sistersaidd a daeth yn abad *Ystrad-fflur ac wedyn y *Tŷ-gwyn. Trwy gydsyniad *Llywelyn ap Iorwerth (Llywelyn Fawr) fe'i cysegrwyd yn Esgob Bangor yn 1215. Dywed *Gerald de Barri (Gerallt Gymro) yn *Speculum Ecclesiae*, nid heb falais, i Gadwgan lwyddo trwy ei uchelgais a'i gyfrwystra. Yn ystod newyn yn 1234 sicrhaodd ŷd i'w bobl gystuddiedig a dwy flynedd yn ddiweddarach ymneilltuodd i Abaty Dour, Henff., lle y ceryddwyd ef am esgeuluso'r ddisgyblaeth. O'i weithiau diwinyddol erys tri darn byr: *De modo confitendi, Tractatus* ar adnod o'r Salmau a'i *Orationes*, ac adlewyrcha'r arddull a'r cytseinedd yn ei weithiau ddylanwad y traddodiad barddol Cymraeg.

Cadwr, un o gynghreiriaid milwrol *Arthur a elwir yn '*dux Cornubie*' ('Iarll Cernyw') gan *Sieffre o Fynwy yn *Historia Regum Britanniae*

Yno cofnodir (heb sail

hanesyddol) iddo fynegi llawenydd pan eilw Rhufain ar y Brenin i ymostwng oherwydd rhydd hyn gyfle i'r Brytaniaid gefnu ar fywyd esmwyth y llys yng *Nghaerllion ac ymroi unwaith eto i feithrin y rhinweddau milwrol. Magwyd *Gwenhwyfar, gwraig Arthur, ganddo ef a'i fab Custennin a etifeddodd goron teyrnas Ynys Prydain wedi cwymp y Brenin yng *Nghamlan (c.539). Ymddengys yr Iarll hefyd yn chwedl *Breuddwyd Rhonabwy, lle yr ymhelaethir ychydig ar yr hanes hwn.

Cadwyn, enw diweddar ar *Cyngogion.

Cadwynfyr, uned fydryddol o bedair llinell wyth sillaf gynganeddol gydag odl gyrch yn yr ail a'r bedwaredd linell a'r ail a'r bedwaredd linell yn cynnal y brifodl. Mynnodd *Dafydd ab Edmwnd yn Eisteddfod *Caerfyrddin (c.1451) y dylai ymgeisydd am radd Pencerdd lunio Cadwynfyr gyda phob cymal yn cynganeddu'n groes, a olygai ailadrodd yr un cytseiniaid bedair gwaith o fewn un llinell, ac y dylai'r llinellau odli bob yn ail.

Cae Niwl, Y, sy'n gwarchod, yn rhamant *Geraint ac Enid* (gweler o dan TAIR RHAMANT), gae y cynhelir chwaraeon lledrithiol ynddo. Nid oes neb a fentrodd i mewn wedi dychwelyd oddi yno byth ond myn Geraint fynd at y Cae Niwl. Unwaith y mae yno gwêl ben wedi ei osod ar bob polyn heblaw dau, o gwmpas y cae. Y tu hwnt i'r cae, wrth fynedfa pabell wych, y mae pren afalau gyda chorn canu mawr yn crogi arno a morwyn hardd yn eistedd ar gadair aur. Eistedd Geraint wrth ei hochr ac ar unwaith daw'r marchog biau'r gadair i'w herio. Y maent yn ymladd, ac y mae Geraint yn fuddugoliaethus a rhoddir iddo ei ddymuniad, sef cael gwared â'r Cae Niwl a'r hud a'r lledrith sy'n gysylltiedig ag ef: seinia'r corn ac ar y llef gyntaf diflanna'r niwl. Drannoeth dychwel Geraint i'w lys gydag Enid a theyrnasu'n llwyddiannus o hynny allan.

Caeo, cwmwd yn y *Cantref Mawr a chadarnle amddiffyniad Tywysogion *Deheubarth yn erbyn ymdreiddiad y Normaniaid.

Caer, Brwydr (c.615), lle'r enillodd y Brenin Aethelfrith o Northumbria fuddugoliaeth dros *Selyf ap Cynan Garwyn, Brenin *Powys. Cyn y frwydr, yn ôl Beda, lladdwyd tua deuddeg cant o fynaich Bangor Is-coed, a galwyd hyn yn ddiweddarach yn Gyflafan y Saint. Ar ôl y frwydr hon dechreuwyd ynysu Brythoniaid Cymru oddi wrth eu cyd-wladwyr yn yr *Hen Ogledd.

Caer Dathl, gweler o dan MATH FAB MATHONWY.

Caer Siddi, gweler o dan ANNWN.

Caerdydd, castell ac amddiffynfa Normanaidd gynnar a godwyd ar orchymyn Robert fitz Hamon, Iarll Caerloyw, ar safle Rufeinig yn niwedd yr unfed ganrif ar ddeg. Fe'i hadeiladwyd ar ffurf castell mwnt a beili fe'i hailgodwyd yn y ddeuddegfed ganrif mewn meini; daeth yn brif ganolfan arglwyddiaeth ffiwdal *Morgannwg. Meddiannwyd y castell gan nifer o deuluoedd Normanaidd yn yr Oesoedd Canol megis de Clare, Despenser a Beauchamp. Ymosododd Ifor Bach (*Ifor ap Cadifor) arno yn 1158, Llywelyn Bren (*Llywelyn ap Gruffudd; m. 1317) yn 1316 ac *Owain Glyndŵr yn 1403. Fe'i helaethwyd yn ystod y bymthegfed ganrif gan Richard Beauchamp, Iarll Warwick, y gŵr a archodd ychwanegu'r tŵr wythonglog tua 1425. Yn 1766 daeth y castell yn ganolfan i ystad teulu *Bute ac ailadeiladwyd rhannau ohono dan gyfarwyddyd yr Ardalydd cyntaf yn 1796. Yn y bedwaredd ganrif ar bymtheg adferwyd Tŵr y Cloc a'r adain orllewinol ar gynllun y pensaer William Burges (1827–81), gŵr a ychwanegodd ystafelloedd newydd a'u harddurno â cherfiadau cyfoethog a nenfydau bwaog. Cyflwynwyd y castell a'r gerddi i Ddinas Caerdydd yn rhodd gan deulu Bute yn 1947.

Am fanylion pellach gweler William Rees, *Cardiff, a History of the City* (ail arg., 1969), S. Williams (gol.), *South Glamorgan: a County History* (1975) a C. Glenn, *The Lords of Cardiff Castle* (1976).

Caerfallwch, gweler EDWARDS, THOMAS (1779–1858).

Caerfyrddin, castell a adeiladwyd ar orchymyn Harri I cyn 1109; safai ar safle strategol uwchlaw afon Tywi. Ymosodwyd arno dros gyfnod o gan mlynedd gan wrthryfelwyr Cymreig a llwyddasant ar brydiau i'w losgi a'i gipio ond daeth yn brif gaer filwrol y Saeson yn ne-orllewin Cymru yn y drydedd ganrif ar ddeg. Er i fyddin *Owain Glyndŵr feddiannu'r castell yn 1403, ac eto yn 1405, y castell oedd canolfan weinyddol de Cymru ar ddiwedd yr Oesoedd Canol a chyfrannodd at dwf y fwrdeistref.

Cynhaliwyd eisteddfod yn y castell tua 1451 o dan nawdd *Gruffudd ap Nicolas o *Ddinefwr, y cynulliad cyntaf i'w gynnal yng nghyfnod *Beirdd yr Uchelwyr. Cafwyd y dyddiad hwn i'r eisteddfod o un o lawysgrifau Iolo Morganwg (Edward *Williams), ond nid yw'n ddibynadwy; efallai iddi gael ei chynnal wedi i'r castell gael ei atgyweirio yn 1452–55. Cymerwyd rhan gan feirdd a cherddorion, y beirniad oedd Gruffudd ap Nicolas, ac enillwyd *cadair arian fechan gan *Ddafydd ab Edmwnd, a ddiwygiodd yn ddiweddarach y *Pedwar Mesur ar Hugain.

Adeiladodd ŵyr Gruffudd ap Nicolas, Syr Rhys ap Thomas (1449–1525), yntau o Ddinefwr, 'le newydd' i tu fewn i'r castell yn fuan wedi 1485 a chanodd *Lewys Glyn Cothi (Llywelyn y Glyn), Lewys Morgannwg (*Llywelyn ap Rhisiart) a *Thudur Aled ei foliant. Cipiwyd y castell ddwywaith gan fyddin y Senedd yn y *Rhyfel Cartref ac ni ddefnyddiwyd y castell wedi

hynny. Ers diwedd y ddeunawfed ganrif bu carchar ar y
safle ac yn 1974 daeth yn gartref i swyddfeydd yr
awdurdod lleol.

Ceir manylion pellach yn erthygl J. G. Edwards ar hanes cynnar
sir Gaerfyrddin a sir Aberteifi yn *The English Historical Review*
(cyf. xxxi, 1916); gweler hefyd J. E. Lloyd (gol.), *A History of
Carmarthenshire* (1935, 1939); pennod gan R. A. Griffiths yn
Boroughs of Mediaeval Wales (gol. R. A. Griffiths, 1978); T. A.
James, *Carmarthen: An Archaeological and Topographical Survey*
(1980), ac yn Sian Rees, *Dyfed, A Guide to Ancient and Historic
Wales* (1992). Ceir manylion am Eisteddfod Caerfyrddin yng
nghyfrol Hywel Teifi Edwards, *Yr Eisteddfod* (1971), ac mewn
erthygl gan D. J. Bowen yn *Barn* (rhif. 142, 1974).

Caerfyrddin, brodordy, a sefydlwyd gan y Ffransis-
iaid, neu'r Brodyr Llwydion, erbyn 1282. Ym mis
Mehefin y flwyddyn honno lladdwyd William de
Valence yr ieuengaf mewn brwydr â lluoedd y Cymry
ger Llandeilo Fawr a chladdwyd ei gorff yn y brodordy.
Gwyddys bod llawysgrif o waith Robert Grosseteste
(Llsgrf. Bodley, Rhydychen, 36) wedi ei chadw yno.
Gwyddai prydyddion yr Oesoedd Canol diweddar yn
dda am y tŷ. Canodd William Egwad ei glodydd, gan
grybwyll beddrod Edmwnd Tudur a gawsai ei
adnewyddu gan Rys ap Thomas (1449–1525) mewn
marmor. Claddwyd Rhys ei hun yno, a symud ei gorff i
eglwys Sant Pedr wedyn, ac fe roed *Tudur Aled, ac
efallai *Rhys Nanmor, i orwedd yn y fangre. Yn 1530,
yn ystod ei ymweliad herodrol â deheudir Cymru,
gwnaeth William Fellow ddisgrifiad gwerthfawr o'r
arfau yn y brodordy, ac y mae hwn ar gael yn y Coleg
Arfau. Diddymwyd y tŷ yn 1538.

Caerfyrddin, priordy, a sefydlwyd drwy gyfryngiad
Bernard, esgob Tyddewi (1115–48). Eisoes rhoesai
Harri I eglwys Sant Pedr a hen glas Llandeulyddog i
fynachlog Battle, a sefydlwyd priordy fel cangen i'r fyn-
achlog. Cafodd Bernard berswâd ar y brenin i dros-
glwyddo'r priordy iddo ef, gan wneud iawn i fynaich
Battle, a chyn 1135 ailsefydlwyd y cwfent yn briordy i'r
canoniaid Awstinaidd a'i gysegru i Sant Ieuan Efengyl-
ydd. Safai'r eglwys a'r adeiladau yn ymyl eglwys
Llandeulyddog. Cyfansoddodd *Simon, canon yn y
priordy yn y drydedd ganrif ar ddeg, gerdd grefyddol hir
mewn Ffrangeg *Eingl-Normanaidd ar rinweddau
penyd. Priodolwyd *Llyfr Du Caerfyrddin, llawysgrif sy'n
cynnwys testun gwerthfawr o gerddi Cymraeg, i'r
priordy, ac y mae'n sicr fod y llawysgrif yn eiddo'r
priordy ar ddiwedd yr Oesoedd Canol. Y mae'n bosibl
fod nifer o lawysgrifau, sydd ar gael o hyd, a oedd yn
eiddo llyfrgell priordy Llanddewi Hoddnant Secunda,
Caerloyw, yn yr Oesoedd Canol diweddar wedi deillio
o dŷ Caerfyrddin. Yr oedd gan y priordy gysylltiadau
Cymraeg cryf yn gynnar yn y drydedd ganrif ar ddeg,
ond y mae'r rhain yn llai amlwg yn nes ymlaen yn y
ganrif, ac yn ystod gwrthdrawiadau'r blynyddoedd
hynny difrodwyd adeiladau'r tŷ. Ceir tystiolaeth i

gysylltiadau llenyddol y priordy erbyn diwedd yr
Oesoedd Canol, yn arbennig ym moliant *Lewys Glyn
Cothi i'r prior rhwng 1458 ac 1463, Morgan ab Owain
ab Einion neu Morgan Winter, lle y mae'n sylwi ar sawl
un o nodweddion pensaernïol eglwys y priordy. Fe'i
diddymwyd yn 1536.

Caerffili, castell a adeiladwyd ar safle hen gaer Rufeinig
ar orchymyn Gilbert de Clare, gŵr grymus ac Arglwydd
Morgannwg, tua 1271, er mwyn amddiffyn ei dalaith
rhag ymosodiad *Llywelyn ap Gruffudd (Y Llyw Olaf).
Hon yw'r gaer fwyaf a adeiladwyd yng Nghymru a'r
ail fwyaf yng ngwledydd Prydain ar ôl Windsor.
Amddiffynnid y castell gan gyfundrefn o gylchoedd o
dir a dŵr a'i gwnaeth, fel *Biwmares, yn un o'r
amddiffynfeydd Normanaidd cryfaf. Ymosodwyd ar y
castell gan y Cymry yn ystod gwrthryfel *Llywelyn ap
Gruffudd (Llywelyn Bren) yn 1316 a chan farwniaid
gwrthryfelgar yn 1321, ac eto yn ystod gwrthryfel
*Owain Glyndŵr. Lewis ap Richard, aelod o un o
deuluoedd mwyaf blaengar arglwyddiaeth *Senghen-
nydd, oedd Cwnstabl Caerffili ar ddechrau'r unfed
ganrif ar bymtheg, a molir ei haelioni gan y bardd Rhys
Brychan (c.1500). Yr oedd ei fab, Edward Lewis, yn
byw yn Y *Fan, ger Caerffili, a oedd yn adfail pan
ymwelodd John Leland â'r ardal yn 1536. Y mae'r castell
yn nodedig am ei dŵr gwyredig, pedwar ugain
troedfedd o uchder ond yn gwyro tair troedfedd ar
ddeg. Maluriwyd y tŵr a'i adael felly yn ystod y
*Rhyfeloedd Cartref. Dechreuwyd ar y gwaith o glirio'r
tai a safai o dan furiau'r castell gan y trydydd Ardalydd
*Bute yn niwedd y bedwaredd ganrif ar bymtheg.

Ceir manylion pellach yn William Rees, *Caerphilly Castle, a
History and Description* (1937); H. P. Richards, *A History of
Caerphilly* (1975); D. F. Renn, *Caerphilly Castle* (1989) ac yn
Elizabeth Whittle, *Glamorgan and Gwent, A Guide to Ancient and
Historic Wales* (1992).

Caerhun, Llawysgrifau, gweler o dan MAURICE, HUGH
(1755?–1825).

Caeriw, castell a adeiladwyd yn negawd olaf yr unfed
ganrif ar ddeg ac yn ystod cyfnod cynnar *Goresgyniad
y Norman ar orllewin Cymru. Bu ym meddiant Gerald
de Windsor, ceidwad castell *Penfro a thad-cu *Gerald
de Barri (Gerallt Gymro). Fe'i hailadeiladwyd yn y
drydedd ganrif ar ddeg a'i adnewyddu tua diwedd y
bymthegfed ganrif pan ddaeth yn gartref mawreddog i
Syr Rhys ap Thomas (1449–1525), Siambrlen ac Ustus
De Cymru, noddwr enwog i'r beirdd. Daeth Caeriw
felly yn y cyfnod hwn yn un o ganolfannau pwysig y
bywyd llenyddol Cymraeg. Canodd ei fardd llys, *Rhys
Nanmor, foliant iddo, megis y gwnaeth *Tudur Aled,
*Lewys Môn, Ieuan Brechfa a Lewys Morgannwg
(*Llywelyn ap Rhisiart). Cynhaliodd Syr Rhys dwrna-
maint mawr yno yn 1507 i ddathlu'r ffaith iddo gael ei

dderbyn i Urdd y Gardys ac yr oedd teuluoedd blaenllaw Cymru yn bresennol yno. Ailadeiladwyd y castell am y tro olaf pan roddwyd ef i Syr John *Perrot, un o wleidyddion Elisabeth ac Arglwydd Ddirprwy Iwerddon. Caer frenhinol oedd Caeriw yn wreiddiol yn y *Rhyfel Cartref ond ildiodd i fyddin y Senedd yn Ebrill 1645. Y cyhuddiad ei fod wedi camddefnyddio cyllid y castell i dalu ei filwyr a barodd i John *Poyer ochri gyda'r Brenin a thrwy hynny gychwyn yr Ail Ryfel Cartref.

Ceir manylion pellach yn W. G. Spurrell, *The History of Carew* (1921); erthygl gan R. F. Walker, yn *Archaeologia Cambrensis* (1956); E. Llwyd Williams, *Crwydro Sir Benfro* (cyf. I, 1958) ac yn Sian Rees, *Dyfed, A Guide to Ancient and Historic Wales* (1992).

Caerllion ar Wysg, safle caer Rufeinig, sef Isca, a godwyd tua OC 75 gan Julius Frontinus ger aber afon Wysg. Yn ei *Historia Regum Britanniae* gesyd *Sieffre o Fynwy lys *Arthur yno ac yno hefyd, o dan ei ddylanwad ef, y lleolir ef yn y rhamantau *Peredur, Owain* a *Geraint* (gweler o dan TAIR RHAMANT). Yn y traddodiad brodorol Cymraeg, fodd bynnag, fel y dengys chwedl *Culhwch ac Olwen, *Gelli-wig yng Nghernyw oedd mangre'r llys. Tua diwedd y ddeuddegfed ganrif tystia *Gerald de Barri (Gerallt Gymro) fod hen furiau Rhufeinig yn dal i sefyll yng Nghaerllion a dichon mai eu gweld hwy a awgrymodd y lleoliad i Sieffre, a oedd yn frodor o'r ardal honno. Yn *Brut y Brenhinedd, lle y ceir disgrifiad o goroni Arthur, dywedir bod Caerllion yn 'ail ddinas a gyffelybid i Rufain o deced ei thai ac amled ei chyfoeth o aur ac arian a maint ei syberwyd'. Rhestrir y lle ymhlith yr wyth ar hugain o ddinasoedd Prydain ar ddiwedd *Historia Brittonum ac yn chwedl *Macsen Wledig honnir bod y gaer wedi'i hadeiladu yr un pryd â *Chaerfyrddin; y mae'n amlwg bod yr honiad olaf yn anghywir.

Caernarfon, castell a adeiladwyd ar orchymyn yr Iarll Hugh o Gaer ar safle yn rheoli mynediad de-orllewinol afon Menai ac nid nepell o gaer gynorthwyol Segontium. Wedi i'r Normaniaid gilio o ogledd-orllewin Cymru yn nechrau'r ddeuddegfed ganrif, defnyddiwyd y castell yna gartref gan Dywysogion *Gwynedd. Cysylltir Caernarfon â'r hanesion am *Elen Luyddog yn chwedl *Macsen Wledig ac â *Branwen yn *Pedair Cainc y Mabinogi.

Wedi cwymp y Dywysogaeth ffiwdal yn 1282–83, adeiladodd Edward I gastell newydd a ffurfiai, gyda'r fwrdeistref newydd gyfagos, ganolfan weinyddol Caernarfon a thiroedd y Goron yng ngogledd orllewin Cymru. Rhwng 1283 ac 1327 gwariwyd swm o ryw £27,000 ar y castell yn unig: hon felly oedd y ddrutaf o holl gaerau brenhinol Edward, yn costio tua hanner cymaint eto â *Chonwy. Gwnaethpwyd difrod helaeth iddi yn ystod y *Gwrthryfel Cymreig (1294–95) ond er gwaethaf dau warchae yn 1401 a 1403 methodd byddin *Owain Glyndŵr â chipio'r castell a'r fwrdeistref. Er iddynt gael eu gwahardd rhag prynu eiddo yn y drefgarsiwn, llwyddodd nifer o Gymry i ymsefydlu yno erbyn y bymthegfed ganrif. Cyferbynnir y castell yn anffafriol â phlas y Penrhyn yng nghywydd *Rhys Goch Eryri i lys Gwilym ap Gruffudd o'r Penrhyn a chanodd *Tudur Penllyn foliant William Gruffudd, Henadur Caernarfon yn 1468 a Siambrlen Gogledd Cymru yn 1483. Daliwyd y castell gan y Brenhinwyr yn ystod y *Rhyfel Cartref Cyntaf, ond fe'i cipiwyd gan Mytton yn 1646. Ddwy flynedd yn ddiweddarach, yn yr Ail Ryfel Cartref, bu'r Seneddwyr yn llwyddiannus yn gwrthsefyll ymosodiad y Brenhinwyr. Cynhaliwyd Eisteddfod 1821 yn y castell dan nawdd Cymdeithas Cymmrodorion Gwynedd.

Y tu allan i'r castell heddiw saif cofgolofn David *Lloyd George, a oedd yn dal swydd Cwnstabl Castell Caernarfon. Tu fewn i furiau'r castell ar 1 Gorffennaf 1969, arwisgwyd Charles, mab hynaf y Frenhines Elisabeth II, yn Dywysog Cymru, lleoliad ac iddo arwyddocâd gwleidyddol yng ngolwg llawer, gan gynnwys beirdd. Gerllaw, ond y tu allan i furiau'r castell, saif cofeb i *Lywelyn ap Gruffudd, Tywysog Olaf Cymru Annibynnol, a godwyd gan Gyngor Sir Gwynedd yn 1982, saith can mlynedd ar ôl ei farwolaeth.

Ceir manylion pellach gan Alun Llywelyn-Williams yn *Crwydro Arfon* (1959); y bennod gan K. Williams-Jones yn *Boroughs of Mediaeval Wales* (gol. R. A. Griffiths, 1978); A. J. Taylor, *The Welsh Castles of Edward I* (1986) a *Caernarfon Castle* (1993), ac yn Frances Lynch, *Gwynedd, A Guide to Ancient and Historic Wales* (1995); gweler hefyd adroddiad a gyhoeddwyd gan y Weinyddiaeth Weithfeydd yn 1953.

Caernarvon Herald (1831), papur newydd wythnosol a ymddangosodd gyntaf fel *Caernarvon Herald and North Wales Advertiser*, teitl a newidiwyd yn 1837 i *Caernarvon and Denbigh Herald and North and South Wales Independent*. James Rees oedd ei gyhoeddwr hyd 1871 ac ymhlith ei olygyddion yr oedd William Powers Smith, John Evans Jones, Alfred Austin a Daniel Rees. Bu'r papur newydd yn eiddo i Tom Jones yn y 1940au ac ei farwolaeth ef yn 1953 daeth i feddiant ei fab, John Morus Jones. Ei olygydd nes iddo ymddeol yn 1983 oedd y bardd John Tudor *Jones (John Eilian).

Caerwys, Eisteddfodau (1523 a 1567), dau gynulliad o feirdd ac eraill a oedd â diddordeb mewn *Cerdd Dafod; nid eisteddfodau yn yr ystyr fodern oeddynt, ond yn hytrach cynadleddau a gynullwyd i bennu rheolau ynglŷn â Cherdd Dafod a *Cherdd Dant ac i roi trefn ar y beirdd a'r cerddorion. Eu diben oedd gwarchod statws y beirdd proffesiynol yn y gymdeithas a chael gwared o grwydriaid a chardotwyr. Y mae'n debyg iddynt gael eu cynnal dan nawdd teulu *Mostyn o sir y Fflint, a'r penteuluoedd oedd Rhisiart ap Howel ab Ieuan Fychan yn 1523 a Wiliam Mostyn yn 1567. Cynhaliwyd yr

Eisteddfod gyntaf ar 2 Gorffennaf 1523 'trwy bersonol gyngor Gruffudd ab Ieuan ap Llywelyn Fychan a *Thudur Aled . . . er gwneuthur ordr a llywodraeth ar wŷr wrth gerdd ac ar eu celfyddyd wrth eiriau Ystatud *Gruffudd ap Cynan . . .', yn ôl y Rôl. Hon oedd yr eisteddfod y cysylltir y ddogfen ffug-hynafol Ystadud Gruffudd ap Cynan â hi. Er bod yr Ystatud yn nodi y dylid cynnal yr Eisteddfodau bob tair blynedd, ni chynhaliwyd yr ail hyd 1567. Hon oedd yr olaf o'i bath a chyda hi daeth hen *Gyfundrefn y Beirdd i ben; pan atgyfodwyd yr *Eisteddfod yn y ddeunawfed ganrif yr oedd yn sefydliad tra gwahanol.

Ceir ymdriniaeth lawn gan Gwyn Thomas yn *Eisteddfodau Caerwys* (1968); gweler hefyd Hywel Teifi Edwards, *Yr Eisteddfod* (1971).

Cafall, gweler o dan MIRABILIA BRITANNIAE.

Cafflogion, cwmwd yng nghantref *Llŷn a adwaenir hefyd fel Afloegion; dywedir iddo gael ei enwi ar ôl Abloyc, un o feibion *Cunedda.

Cai fab Cynyr, cymeriad yn chwedl *Culhwch ac Olwen, yr amlycaf o wŷr llys *Arthur yn eu cais am Olwen. Ymgymer â'r dasg gyntaf ar arch Ysbaddaden Bencawr, sef sicrhau cleddyf *Wrnach a llwydda i dorri pen y cawr ymaith. Gyda *Bedwyr eistedd ar ysgwydd Eog Llyn Llyw gan fordwyo i fyny afon Hafren i Gaerloyw, lle y cedwid *Mabon fab Modron yn garcharor. Gwna gynllyfan o farf *Dillus Farfog ar gyfer y ci hela Drudwyn, ond oherwydd iddo daro'r cawr ac yntau'n cysgu, cân Arthur englyn yn bwrw amheuaeth ar ei wrhydri, ac felly digia Cai a gwrthod bod o gymorth pellach i Arthur. Dwywaith yn y chwedl rhestrir rhai o briodoleddau Cai. Er enghraifft, gall fod heb gysgu neu gall ddal ei anadl am naw diwrnod a naw nos, ni all yr un meddyg iacháu'r clwyf a bair â'i gleddyf, gall dyfu cyn daled â'r pren uchaf, a chymaint yw ei wres cynhenid fel yr erys beth bynnag a ddeil yn ei law yn sych, er trymed y glaw, a gall wneud unrhyw faich a gluda yn anweledig. Yr oedd y rhain ymysg cyneddfau nodweddiadol arwr Celtaidd a phriodolir hwy hefyd i Cú Chulainn yn sagâu Iwerddon. Ymddengys Cai hefyd yn y gerdd 'Pa wr yw y Porthor?' (10fed neu'r 11fed gan.), sy'n perthyn i'r un byd â chwedl Culhwch ac Olwen, yn Y *Tair Rhamant a *Breuddwyd Rhonabwy. Arhosodd yn ffigur amlwg mewn chwedloniaeth Arthuraidd ac adwaenir ef yn llenyddiaeth Saesneg a Ffrangeg fel Keu, Kay neu ffurfiau eraill ar ei enw.

Calan Gaeaf, dechrau'r gaeaf yn y calendr Celtaidd, gŵyl (1 Tach.) a gysylltid â'r meirw. Yr oedd y noson flaenorol, Nos Galan Gaeaf, yn un o'r tair pan ddynesai byd yr ysbrydion at fyd y byw nes dileu'r ffin rhwng y ddau. Dyma'r noson pan welid y *Ladi Wen a'r *Hwch Ddu Gwta. Deil traddodiadau eraill y gellid gweld pawb a oedd yn mynd i farw yn ystod y flwyddyn ganlynol drwy edrych drwy dwll clo eglwys y plwyf am hanner nos, a pharai hau llin ar groesffordd ganol nos i'r cariadfab ymddangos. Yr oedd yn arfer hefyd i gynnau coelcerth ar Nos Galan Gaeaf, ond erbyn y bedwaredd ganrif ar bymtheg cysylltwyd yr arfer hwn â noson tân gwyllt (5 Tach.) pan goffeid methiant cynllwyn Guto Ffowc. Ychwanegodd y newid yn y calendr a ddigwyddodd yn 1752 (pan 'gollwyd' un diwrnod ar ddeg o'r cyfrif) at y dryswch a chynhelid llawer ffair ar yr hen ddyddiad. Cadwyd y pwyslais hynafol ar y meirw pan wnaed Gŵyl yr Holl Saint (1 Tach.) yn ŵyl eglwysig yn y seithfed ganrif, a dathlu Gŵyl yr Holl Eneidiau drannoeth. Yng ngogledd Cymru dyma adeg 'hel bwyd cennad y meirw' neu 'hel solod', sef casglu rhoddion i dalu am weddïau dros eneidiau'r meirw yn y Purdan. Erbyn y bedwaredd ganrif ar bymtheg collwyd llawer o'r cysylltiadau crefyddol a daeth yr ŵyl yn gyfle i *waseila.

Ceir manylion pellach yn Trefor M. Owen, *Welsh Folk Customs* (1959).

Calan Mai, dechrau'r haf yn y calendr Celtaidd. Dechreuai'r ŵyl ar y noson flaenorol (30 Ebrill), un o'r tair ysbrydnos pan grwydrai ysbrydion drwy'r wlad; fel ar Nos *Galan Gaeaf, credid y gellid proffwydo'r dyfodol drwy ddewiniaeth. Yr oedd yn arferiad i gynnau coelcerthi ond diflanasant erbyn hanner cyntaf y bedwaredd ganrif ar bymtheg. Cysylltid Calan Mai yn fwy na dim â serch, yr awyr agored a thyfiant natur, themâu a adlewyrchir yng ngwaith *Dafydd ap Gwilym. Cludid blodau a changhennau i addurno tai a pherthynai dawnsio haf, lle y cymerai'r *Cadi Haf ran mor amlwg, i'r cyfnod hwn; datblygiad cymharol newydd oedd y carolau haf a gysylltid â'r dydd. Yn y bôn, paganaidd a seciwlar fu arwyddocâd Calan Mai erioed, er gwaethaf ymgais yr Eglwys i'w gysylltu â Sant Philip a Sant Iago. Yr oedd felly yn ddigon priodol i'w fabwysiadu yn Ŵyl Lafur ar y Cyfandir yn ystod y bedwaredd ganrif ar bymtheg.

Ceir hanes dathlu Calan Mai yng Nghymru yn T. Gwynn Jones, *Welsh Folklore and Folk-Custom* (1930), Alwyn a Brinley Rees, *Celtic Heritage* (1961) a Trefor M. Owen, *Welsh Folk Customs* (1959).

CALE, JOHN (1942–), cyfansoddwr, awdur geiriau caneuon a cherddor, a aned yn y Garnant, Caerf., yn fab i lŵr ac athrawes. Fel plentyn, ystyrid bod ganddo ddawn hynod ar y piano ac aeth ymlaen o Ysgol Ramadeg Dyffryn Aman a Cherddorfa Ieuenctid Cymru i Goleg Goldsmith, Llundain, lle y datblygodd ei ddiddordeb mewn cerddoriaeth *avant-garde*. Dan anogaeth Aaron Copland a John Cage, aeth i Efrog Newydd yn 1963, ac yno y mae wedi byw ers hynny. Gyda'r canwr-gyfansoddwr Lou Reed, a chefnogaeth Andy Warhol, yr oedd yn 1965 yn un o sylfaenwyr y *Velvet Underground*, grŵp roc yr oedd eu perfformiadau byw drwg-enwog, ynghyd â'u dau albwm pwysig, *The Velvet Underground and Nico* a *White Light/White Heat*, yn rhagflaenu mor gynnar â 1967 y rhan fwyaf o'r arddulliau – *art rock*, blaengar, pync, *new wave* – a oedd i fod ar flaen y gad gerddorol am y ddau ddegawd nesaf. Gadawodd Cale y band yn 1969 i ddilyn gyrfa unigol, gan gyfansoddi cerddoriaeth glasurol, traciau sain i ffilmiau a pheth o gerddoriaeth roc fwyaf amrywiol a thrawiadol ein cyfnod, o'r rhamantaidd a'r melodaidd *Paris 1919* (1973) i *Music for a New Society* (1982) a'i hansawdd oeraidd hardd. Y mae telynegion Cale yn tystio i'w synnwyr llenyddol ymroddedig, sy'n effro i Foderniaeth yr ugeinfed ganrif yn ogystal â'i gefndir Cymreig. Y mae ei *Words for the Dying* (1989) yn cynnwys trefniannau cerddorfaol o bedair cerdd gan Dylan *Thomas.

Ceir portread o John Cale yn erthygl Nigel Jenkins, 'The Scars of Imagination', yn *Planet* (rhif. 79, Chwef./Mawrth 1990).

Caledfryn, gweler WILLIAMS, WILLIAM (1801–69).

Caledfwlch, cleddyf y Brenin *Arthur. Rhestrir ef yn chwedl *Culhwch ac Olwen fel un o brif drysorau'r Brenin ac fe'i defnyddir gan Lenlleawg Wyddel i ladd *Diwrnach Wyddel a'i wŷr. Yn y fersiynau Cymraeg o *Historia Regum Britanniae *Sieffre o Fynwy cyfeirir at 'Galedfwlch y cleddyf gorau . . . a wnaethoeddid yn Ynys *Afallach' a disgrifir Arthur yn ei ddefnyddio i ymladd yn erbyn y cawr ym Mynydd Mihangel yn Llydaw. Yn yr Wyddeleg rhoddir yr enw *Caladbolg* ar gleddyf melltennog, sy'n awgrymu bod y ffurf Gymraeg naill ai'n fenthyciad ac addasiad o'r Wyddeleg neu'n cytras ag ef. Y ffurf a ddefnyddir gan Sieffre yw *Caliburnus*, a dyma darddiad y Saesneg *Excalibur*.

Calennig, rhodd fechan a gyflwynid ar fore Dydd Calan. Mewn rhai ardaloedd yn ne-orllewin Cymru cludid o dŷ i dŷ afal neu oren wedi'i addurno â chelyn a thywysennau ceirch a'i osod ar dair coes bren. Cyfeirir at y traddodiad yn y cywyddau ac yr oedd arfer tebyg yn Lloegr, ond perthyn y rhan fwyaf o'r dystiolaeth Gymreig i'r bedwaredd ganrif ar bymtheg. Erbyn hynny cysylltid yr arfer â phlant yn unig, yn enwedig plant y tlodion: adroddent *rigymau wrth y drws a dosberthid afalau neu geiniogau newydd iddynt ar y ddealltwriaeth mai hyd ganol dydd yn unig y gallent gasglu'r rhoddion. Y mae nifer o'r rhigymau a gysylltir â'r calennig wedi goroesi ac fel rheol rhigymau oeddynt yn dymuno'n dda i'r teulu ar gyfer y flwyddyn a oedd i ddod a gofyn am rodd o arian neu fara a chaws; cyfeirir hefyd at yr oerfel. Amrywiad arall ar yr arferiad oedd cludo 'dŵr newy'' mewn ffiol a'i daenellu ar holl aelodau'r teulu.

Gwelir manylion pellach yn Trefor M. Owen, *Welsh Folk Customs* (1959).

Calfiniaeth, sef dysgeidiaeth Jean Calvin (1509–64) er

nad arddelid hi ganddo fel y mae, oblegid daliai ef na ddysgai ddim nad oedd yn yr Ysgrythurau ac oblegid ei bod wedi dod i gynnwys rhai elfennau dieithr iddo ef. Yn ôl Calfin, gwybodaeth uchaf dyn, gwybodaeth o Dduw ydyw, ac nid ydyw i'w chael oddieithr yn yr Ysgrythurau a adweinir gan dystiolaeth yr Ysbryd Glân yng nghalon y darllenydd crediniol fel Gair Duw. Dysg yr Ysgrythurau fod Duw'n dda ac mai ef yw ffynhonnell ac unig ffynhonnell daioni. Prif ddyletswydd dyn yw gogoneddu Duw drwy ufuddhau i'w ewyllys ef. Yn y dechrau yr oedd dyn yntau'n dda ac yn gallu ufuddhau i'r ewyllys honno, ond yng nghwymp Adda collodd ef ei ddaioni a'i allu i ddaioni. O'r herwydd y mae'n llwyr lygredig a dihaeddiant. O'r stad hon o ddiymadferthedd ac anobaith achubir rhai – nid pawb – gan waith Crist. Talodd ef gosb y rhai y bu farw drostynt, ond y mae pridwerth Crist yn weithred ddigymell ar ran Duw ac yn tarddu'n unig o'i gariad. Hyd yn oed felly, y mae'r cwbl a wnaeth Crist yn ofer onis meddiennir yn bersonol gan ddyn ond ni ddaw'r meddiant hwnnw ond trwy'r Ysbryd Glân sy'n gweithio pan, fel, a lle y mynno, i greu edifeirwch a ffydd sydd yn ddolen gyswllt fywydol rhwng Crist a'r credadun. Bywyd y cyswllt hwn, dyna yw iachawdwriaeth, ond iachawdwriaeth er mwyn cyfiawnder ydyw, a'r prawf yw fod dyn yn gwneud gweithredoedd sydd wrth fodd Duw. Cyfiawnheir dyn nid heb weithredoedd ac eto nid trwy weithredoedd. Y safon y bernir ef wrthi yw Deddf Duw fel y mae yn yr Ysgrythurau, nid fel prawf o iachawdwriaeth ond fel mynegiant o ewyllys Duw, yr ewyllys y bydd y dyn sydd eisoes yn achubedig yn ceisio ufuddhau iddi. Gan fod dyn ynddo'i hun yn llwyr lygredig a chan na all wneud dim i fod yn gadwedig, y mae'n dilyn mai Duw sy'n dewis rhai i'w hachub a rhai i'w colli, dewis drwy etholedigaeth. I Galfin, athrawiaeth gysurlawn oedd hon; i'r sawl a gredai eu bod ymhlith yr etholedig rai, yr oedd sail i gredu er eu diwerthedd eu bod yn gydweithwyr â Duw a sail i wynebu pob gwrthwynebiad. Crynhoir Calfiniaeth i raddau yng nghanonau Synod Dort (1618/19) sy'n datgan llwyr lygredigaeth dyn; etholedigaeth ddiamod; iawn cyfyngedig, h.y. iawn i rai, nid i bawb; ni ellir gwrthsefyll Gras Duw; ni all y sawl y rhoddwyd y gras hwnnw iddo beidio â bod yn gadwedig. Uchel-Galfinydd yw'r sawl sy'n derbyn y datganiadau hyn yn llythrennol ac yn ehangu arnynt, er enghraifft, yn credu na allai'r iawn brynu neb ond yr etholedig.

Gellir rhannu'r Eglwysi Protestannaidd yn fras fel rhai sy'n dilyn Luther ac fel rhai sy'n dilyn Calfin. Nid oes amau na fu Calfiniaeth yn rym dylanwadol iawn hyd at drothwy'r byd modern ac na pheidiodd ei dylanwad hyd yn oed heddiw. Honnwyd ei bod wedi hybu astudiaeth o'r gwyddorau ar y naill law a chyfalafiaeth ar y llaw arall ond dylanwadau anuniongyrchol fu'r rhain. Ni ellir dechrau deall meddwl Cymru yn y bedwaredd ganrif ar bymtheg heb wybod rhywbeth am Galfiniaeth a'i ffrae ag Arminiaeth.

Ar ryw olwg, yr oedd Calfiniaeth yn adfer yr Awstiniaeth a oedd yn bwyslais mor bendant yng *Nghatholigiaeth yr Oesoedd Canol yng Nghymru. Cydnabyddai ewyllys Duw yn y canol yn hytrach nag ewyllys dyn. Yr oedd y ddadl ddiweddarach rhwng Calfiniaeth ac Arminiaeth yn adleisio felly yr hen wrthdrawiad a fu rhwng Awstiniaeth a Phelagiaeth (gweler PELAGIUS) – ac a geid yn hanes *Dewi a'r seintiau Cymreig ac yn *Buchedd *Garmon* Saunders *Lewis. Ar ffurf Galfinaidd yn bennaf y daeth Protestaniaeth i Loegr, ac ymlaen i Gymru. Heblaw'r Eglwys Anglicanaidd, Calfinaidd oedd osgo 'swyddogol' yr *Annibynwyr, y *Bedyddwyr a'r Presbyteriaid fel ei gilydd. Y Piwritaniaid Cymreig (megis Morgan *Llwyd) a'r *Methodistiaid Calfinaidd (megis William *Williams, Pantycelyn) yw'r math o bobl fwyaf ymwybodol a hyrwyddai athrawiaethau gras, fel y gelwid hwy, yng Nghymru. Yn y term 'Methodistiaid Calfinaidd', y mae'r gair 'Methodistiaid' fel arfer yn rhoi pwyslais ar y serchiadau a'r fuchedd ymarferol tra bo'r gair 'Calfinaidd' yn rhoi pwyslais ar y ddysgeidiaeth athrawiaethol. Pwysig cofio, serch hynny, fod Calfiniaeth o'r dechrau yn mawrygu'r serchiadau, y deall a'r ewyllys gyda'i gilydd.

O gyfieithwyr y *Beibl ymlaen hyd ddiwedd ail hanner y bedwaredd ganrif ar bymtheg yr oedd y mwyafrif o lenorion Cymraeg yn Galfinaidd. Diddorol sylwi, gan ddechrau gyda'r Gwenallt (D. Gwenallt *Jones) diweddar, fel y ceid o'r newydd gynrychiolaeth annisgwyl gryf o Galfiniaid yn Adrannau Cymraeg y Brifysgol yn yr ugeinfed ganrif: R. Geraint *Gruffydd, R. M. *Jones, Robert Owen Jones, Robert Rhys, E. Wyn James a Christine James, megis y tu allan i'r adrannau hynny wrth gwrs gydag R. Tudur *Jones ac eraill. Enillwyd y *Fedal Ryddiaith yn yr Eisteddfod Genedlaethol gan ddau arall, sef Emyr *Roberts a Dafydd *Ifans, a'r *Goron gan ddau, sef Siôn *Aled ac Einir *Jones. Golygwyd casgliad o gerddi gan Galfiniaid gan John Emyr, *O Gylch y Gair* (1987). Gweler hefyd METHODISTIAETH.

Y mae'r llyfrau ar Galfiniaeth yn aneirif. Cymeradwyir S. Kristemaker, *Calvinism, Its History, Principles and Perspectives* (1966). Am Galfiniaeth yng Nghymru gweler Owen Thomas, *Cofiant y Parchedig John Jones Talsarn* (1874) a Jonathan Jones, *Cofiant y Parch. Thomas Jones, Dinbych* (1897). Golygiad safonol gweithiau Calfin yw H. W. Baum, E. Cunilz, E. Reuss, P. Lobstein, A. Erichson, *Corpus Reformatorum* (cyf. XXIX–LXXVII, Brunswick, 1863–1900). Gweler hefyd R. M. Jones, *Llên Cymru a Chrefydd* (1977).

'*Calon Lân*', emyn-dôn a gyfansoddwyd gan John Hughes (1872–1914), Glandŵr, Abertawe. Fe'i cynhwyswyd yn *Seren yr Ysgol Sul* (1899) ac yn ddiweddarach mewn llu o raglenni *cymanfa ganu. Daeth yn boblogaidd iawn yn ystod y diwygiad crefyddol a arweiniwyd gan Evan *Roberts yn 1904. Cysylltir y dôn â'r geiriau 'Nid wy'n gofyn bywyd moethus' gan Daniel *James (Gwyrosydd) ac fe'i cenir ar bob math o achlysur.

Camber, un o dri mab *Brutus. Gyda'i frodyr Locrinus ac Albanactus ef oedd un o sefydlwyr eponymaidd tair gwlad Ynys Prydain, yn ôl *Sieffre o Fynwy. Wedi marw Brutus rhannwyd y deyrnas yn dair rhan: i Locrinus rhoddwyd y tir a alwyd o'i enw Loegria, i Camber y rhoddwyd Cambria, ac Albania a ddaeth yn rhan y trydydd mab Albanactus. Onomastig yw'r enwau hyn, i egluro enwau Lloegr, Cymru a'r Alban. Ni ddywedir fawr ddim am Camber ac Albanactus yn yr *Historia Regum Britanniae*, ond trwy Locrinus y mae Sieffre yn olrhain tras Brenhinoedd Prydain. Er i Locrinus ymserchu yn Estrildis, merch alltud Brenin yr Alban, a chenhedlu plentyn arni, gorfodwyd ef i briodi Gwendolen merch Corineus. Eu mab oedd Maddan, a lywodraethodd ar ôl i Locrinus gael ei lofruddio gan ei wraig am iddo ddychwelyd at Estrildis. Gweler hefyd CYMRU, DOLFORWYN a WALES.

Cambrensis, cylchgrawn chwarterol a lansiwyd yn Ionawr 1988 ac a olygir gan Arthur Smith o'i gartref yng Nghorneli, Morg. Canolbwyntia'r cylchgrawn ar storïau byrion, er ei fod yn ddiweddar wedi dechrau cynnwys adolygiadau ar lyfrau ac eitemau ar ysgrifennu storïau byrion, yn ogystal â gwybodaeth ymarferol am faterion o ddiddordeb i lenorion megis rhestri o lyfrau newydd, manylion am gystadlaethau a digwyddiadau llenyddol. Llafur cariad fu'r cylchgrawn erioed i'w olygydd/cyhoeddwr, ac y tu ôl i'w ymddangosiad disglein y mae proffesiynoldeb sy'n sichrau ei fodolaeth. Ond pwysigrwydd arbennig y cylchgrawn o safbwynt llenyddiaeth Gymreig yw'r ffordd y rhydd lwyfan i amrywiaeth rhyfeddol o lenorion, o ffigurau hirsefydlog fel Herbert *Williams, Alan *Perry neu Alison *Bielski, trwy enwau mwy newydd fel Penny *Windsor, Phil Carradice, Lewis Davies a Lloyd Rees i'r ysgrifennu 'amatur' cyfoes gorau. Cymharol brin fu'r cyfryngau y gallai awduron newydd y stori fer yn y deng mlynedd ar hugain diwethaf eu defnyddio i ymgyrraedd at safle ffigurau clasurol fel Rhys *Davies, Glyn *Jones neu Dylan *Thomas. Y mae rhai wedi llwyddo i wneud hynny trwy gyfrwng y twf mewn *llên menywod, a bu traddodiad y cymoedd yn llwybr defnyddiol i eraill, ond y mae *Cambrensis*, trwy osgoi stereoteipiau o bob math, wedi agor y drws i lawer rhagor y mae eu gwaith yn aml bellach yn dechrau ymddangos mewn llyfrau.

Cambria, gweler o dan CYMRU a RHYS, MORGAN JOHN (1760–1804).

Cambrian, The, y newyddiadur wythnosol cyntaf i'w gyhoeddi yng Nghymru. Fe'i sefydlwyd yn 1804, er mwyn hyrwyddo twf masnachol Abertawe, gan George Haynes ac L. W. Dillwyn, ac fe'i cyhoeddwyd gan Thomas Jenkins hyd 1822. Fe'i gwerthwyd i'r *Cambrian Newspaper Company* yn 1891 a'i gorffori yn *The Herald of Wales* yn 1930.

Cambrian Archaeological Association, The, cymdeithas a sefydlwyd yn 1846 er hyrwyddo astudio a diogelu henebion Cymru. Ei hyrwyddwyr oedd Henry Longueville Jones a John *Williams (Ab Ithel); hwy oedd ei hysgrifenyddion cyntaf a golygyddion ei chylchgrawn, *Archaeologia Cambrensis*, a lansiwyd y flwyddyn flaenorol. O'r dechrau, cynhaliodd y Gymdeithas ei chyfarfodydd blynyddol mewn canolfannau o ddiddordeb hynafiaethol yng Nghymru ac mewn gwledydd eraill. Adlewyrcha ei chylchgrawn, Saesneg ei iaith, gwmpawd eang ei diddordebau, a chynnwys wybodaeth werthfawr ar lawysgrifau, achyddiaeth, herodraeth, enwau lleoedd, llên gwerin a llenyddiaeth Cymru, yn ogystal ag adroddiadau ar gloddiadau niferus y gymdeithas. Gweler hefyd y cofnod nesaf.

Ceir manylion pellach yng nghyfrol canmlwyddiant y gymdeithas, sef *A Hundred Years of Welsh Archaeology 1846–1946* (1946).

Cambrian Institute, The (1853–64), sefydliad a adwaenid yn wreiddiol fel **The Historic Institute of Wales**, a sefydlwyd yn 1853 gan John *Williams (Ab Ithel) mewn ymgais i ymwahanu oddi wrth y *Cambrian Archaeological Association*. Amcanion y sefydliad oedd 'hyrwyddo llenyddiaeth Geltaidd a Chymraeg a hybu'r celfyddydau a'r gwyddorau', ond ni chynhelid cyfarfodydd, ac eithrio gan gangen Llundain. Rhwng 1854 a 1864 cyhoeddai'r sefydliad y *Cambrian Journal* o dan olygyddiaeth Ab Ithel, chwarterolyn a oedd i fod yn 'gyhoeddiad o natur wir genedlaethol a neilltuwyd nid yn unig ar gyfer darlunio'n llên hynafol ond hefyd ar gyfer datblygu adnoddau naturiol y wlad a hyrwyddo'r celfyddydau a'r gwyddorau hynny sydd yn dylanwadu ar ddyletswyddau bywyd teuluaidd neu gymdeithasol ac yn hybu'i cysur a'i ddedwyddwch'. Yr oedd yn y cylchgrawn ysgrifau ar ieitheg, daearyddiaeth leol, hanes, botaneg, cerddoriaeth a hanes llenyddiaeth, yn ogystal â cherddi, adolygiadau a newyddion. Ymhlith y cyfranwyr yr oedd Eben Fardd (Ebenezer *Thomas), Thomas *Stephens, William *Owen Pughe a D. Silvan *Evans. Ab Ithel oedd ei olygydd hyd ei farwolaeth yn 1862, gŵr a lyncodd yn anfeirniadol ffantasïau Iolo Morganwg (Edward *Williams) ac yr oedd hynny yn amharu ar werth y cylchgrawn. Fe'i dirwynwyd i ben oherwydd y lleihad yn aelodaeth y gymdeithas a difaterwch y darllenwyr.

Cambrian Quarterly Magazine and Celtic Repertory, The, cylchgrawn a gyhoeddwyd yn Llundain rhwng 1829 a 1833; ei sylfaenydd oedd Rice Pryce Buckley Williams ac ef oedd ei olygydd cyntaf. Er mai Saesneg oedd iaith y rhan fwyaf o'i gynnwys, amcan y cylchgrawn oedd cadw 'llên frodorol i'r oesoedd a ddêl', ac ennill 'y rhai heb chwilfrydedd a difater i ddiddordeb yng Nghymru'. Yr oedd ynddo ddarnau a gyfieithwyd o lenyddiaeth Gymraeg Cynnar a Chymraeg Canol, ac

erthyglau ar bynciau hanesyddol, daearyddol a bywgraffyddol; er gwaethaf ei ogwydd hynafiaethol, cyhoeddodd yn ogystal ychydig o farddoniaeth ac adolygiadau o lyfrau ar bynciau Celtaidd yn ogystal ag adroddiadau am 'London and Provincial News'. Ymhlith y cyfranwyr i'r cylchgrawn hwn yr oedd William *Owen Pughe, Walter *Davies (Gwallter Mechain) a Samuel Rush *Meyrick.

Cambrian Register, The, cyfnodolyn y cyhoeddwyd tair cyfrol ohono o dan olygyddiaeth William *Owen Pughe yn 1795, 1796 ac 1818. Yn y rhagymadrodd i'r gyfrol gyntaf disgrifia'r golygydd y deunydd gwerthfawr a oedd ynghudd yn yr hen lawysgrifau a thraddodiadau llafar Cymru, gan ychwanegu mai prif bwrpas ei gylchgrawn oedd 'archwilio'r ystorfa guddiedig hon, a dod â'r hyn a ystyrir yn brinnaf ac yn werthfawrocaf i'r golwg'. Cyhoeddodd ddetholiadau o lenyddiaeth Gymraeg Cynnar a Chymraeg Canol ynghyd â chyfieithiadau Saesneg, ac erthyglau ar bynciau bywgraffyddol, daearyddol a hanesyddol. Cyhoeddodd Pughe hefyd ychydig o ohebiaeth Lewis *Morris, John *Davies o Fallwyd, Edward *Lhuyd ac Edward *Williams (Iolo Morganwg), yn ogystal ag adolygiadau o lyfrau, cerddi a newyddion. Fe'i cyhoeddwyd yn bennaf o dan nawdd Cymdeithas y *Gwyneddigion ac ymhlith y cyfranwyr yr oedd Walter *Davies (Gwallter Mechain) a David *Samwell. Oherwydd natur ei gynnwys, fodd bynnag, ei bris, a'r ffaith mai yn Saesneg yr ysgrifennwyd ef, yr oedd y cylchgrawn hwn y tu hwnt i gyrraedd y rhan fwyaf o'r Cymry ac yn ôl y golygydd 'diffyg cefnogaeth' oedd y prif reswm dros ei ddirwyn i ben.

Cambrian Shakespeare, The, gweler EDWARDS, THOMAS (1738–1810).

Cambrian Visitor, The, gweler o dan WARING, ELIJAH (*c.*1788–1857).

Cambriol, gweler o dan VAUGHAN, WILLIAM (1575–1641).

Cambro-Briton and General Celtic Repository, The, cylchgrawn a gyhoeddwyd yn Llundain gan ei sylfaenydd a'i olygydd, John Humffreys *Parry. Ei fwriad gwreiddiol oedd cyhoeddi pythefnosolyn 'a neilltuwyd yn gyfangwbl i fuddiannau Cymru'. Dechreuodd y cylchgrawn, fodd bynnag, yn fisolyn ym Medi 1819 a pharhau felly, gydag un bwlch rhwng Gorffennaf a Hydref 1821, hyd nes gorffen cyhoeddi ym Mehefin 1822. Y pryd hwnnw anfonodd Parry gylchlythyr chwerw at 'Olygyddion y Papurau Taleithiol' yn lladd ar ddifaterwch ei gyd-wladwyr tuag at lenyddiaeth eu gwlad. Yr oedd y cylchgrawn yn ddrych o ddiddordebau hynafiaethol ei olygydd: ceir ynddo erthyglau ar y Trioedd, yr iaith Gymraeg, doethineb *Catwg Ddoeth, diarhebion Cymraeg, cerddoriaeth Gymreig ac yn y blaen, ond ychydig iawn o waith creadigol gwreiddiol a ymddangosodd ynddo, a dim o werth parhaol. Cyhoeddwyd cyfieithiadau Saesneg o gerddi Cymraeg a Saesneg oedd iaith yr erthyglau i gyd, er bod llawer o'r rhain yn mynegi cefnogaeth i'r Gymraeg a hynny yn aml mewn modd pendant iawn. Yr unig elfennau cyfoes ynddo oedd adolygiadau, ymgais gan y golygydd i gyflwyno gwyddor Gymraeg ddiwygiedig, a chyfres o dan y pennawd 'Cymru' a oedd yn sôn yn bennaf am Eisteddfodau a chyfarfodydd cymdeithasau Cymreig. Yr oedd arddull y golygydd a llawer o'r cyfranwyr yn bedantig ac yn amleiriog. Er gwaethaf eu hynodrwydd, neu efallai o'r herwydd, erys tair cyfrol y cylchgrawn hwn o ddiddordeb i fyfyrwyr y cyfnod.

Cambro-Britons, The (1798), drama hanesyddol gan y llenor o Sais, James Boaden (1762–1839). Fe'i seiliwyd ar ryfeloedd *Llywelyn ap Gruffudd (Y Llyw Olaf) yn erbyn Edward I. Y mae'n nodedig oherwydd ymgais yr awdur i gyflwyno Llywelyn, nid fel gwrthryfelwr yn erbyn Brenin Lloegr ond fel 'gwladgarwr mawr . . . sy'n ceisio cynnal annibyniaeth ei wlad', ac am y dull ffafriol o briodoli i nifer o'r cymeriadau rinweddau a omeddwyd i'r Cymry am gyfnod hir mewn llenyddiaeth Saesneg megis gwroldeb, ffyddlondeb ac anrhydedd.

CAMDEN, WILLIAM (1551–1623), gweler o dan Britannia (1586).

Camlan, Brwydr (c.539), lle yn ôl *Annales Cambriae y lladdwyd *Arthur a *Medrod (Medrawd). Fe'i lleolwyd gan rai yn Camelford yng Nghernyw, gan eraill yng Ngwlad yr Haf, gan Malory ger Caersallog a chan ysgolheigion mwy diweddar yn Camboglanna, y gaer a elwir yn awr yn Birdoswald ar Fur Hadrian. I'r beirdd Cymraeg cynnar daeth y gair Camlan yn gyfystyr â lladdfa waedlyd neu ofer, a daeth y gair 'cadgamlan' i olygu tyrfa yn troi'n ddi-drefn. Gweler hefyd Tair Ofergad.

'Cân yr Henwr', gweler o dan Canu Llywarch Hen (9fed neu 10fed gan.).

CANAWAY, WILLIAM HAMILTON (William Hamilton; 1925–88), nofelydd. Fe'i ganed yn Altrincham, swydd Gaer, i deulu ac iddo gefndir Cymreig a chafodd ei addysgu yng Ngholeg Prifysgol Gogledd Cymru, Bangor. Bu'n ddarlithydd mewn colegau technegol yn Lloegr hyd 1964 pan ymgartrefodd yn Neiniolen, Caern., ond yn 1976 symudodd i fyw yn swydd Derby. O'i bedair nofel ar ddeg, y fwyaf adnabyddus yw *Sammy Going South* (1961), a wnaed yn ffilm, er bod yn well gan y rhai a ddarllenodd ei holl gynnyrch rai o'i weithiau eraill, megis *The Ring-Givers* (1958), *The Seal* (1959), *The Hunter and the Horns* (1962),

Crows in a Green Tree (1965), *The Grey Seas of Jutland* (1966), *The Mules of Borgo San Marco* (1967), *Harry Doing Good* (1973) a *The Glory of the Sea* (1974). Thema gyffredin yn y nofelau hyn yw rhyw gais, helfa neu brawf mewn perthynas â'r prif gymeriad sydd fel arfer yn ddyn cyffredin a brofir gan amgylchiadau anghyffredin, erchyll weithiau. Y mae, yn ogystal, awgrym o anturiaeth ysbrydol yng ngwaith yr awdur hwn a dyna paham y gellir ei ystyried yn fwy nag awdur storïau cyffrous. Lleolir nifer o'i nofelau yng Nghymru: hanes bachgen yn cael ei fagu yn ardal y chwareli llechi yng Nghaernarfon yw *My Feet upon a Rock* (1963). Yr un cefndir sydd i *A Declaration of Independence* (1971), lle y mae hen wraig yng nghartref ei merch yn Los Angeles yn bwrw golwg yn ôl dros ei bywyd yng ngogledd Cymru tua diwedd y bedwaredd ganrif ar bymtheg. W. H. Canaway oedd awdur y ddrama ar gyfer y sinema, *The Ipcress File* (1965).

Caniadau Cymru (2 gyf., 1897), blodeugerdd a olygwyd gan William Lewis Jones (1866–1922) gyda nodiadau gan Ifor *Williams; hwn yw'r casgliad mwyaf boddhaol a wnaed yn y bedwaredd ganrif ar bymtheg o'r canu rhydd o tua 1450 hyd gyfnod John Ceiriog *Hughes. Athro'r Saesneg yng Ngholeg Prifysgol Gogledd Cymru, Bangor, oedd y golygydd, ond yr oedd ganddo hefyd wybodaeth eang o lên Cymru. Ymgais ydoedd i efelychu *Golden Treasury* (1861) Palgrave ac fe'i bwriadwyd ar gyfer ysgolion a cholegau yn bennaf, ond rhydd bleser i'r darllenydd cyffredin o hyd. Y pwysicaf ymhlith y beirdd y ceir eu gwaith yma yw Edward *Morris, Huw *Morys, Edward *Richard, Thomas *Edwards (Twm o'r Nant), Robert *Davies (Bardd Nantglyn), David *Thomas (Dafydd Ddu Eryri), John *Blackwell (Alun) ac Evan *Evans (Ieuan Glan Geirionydd) yn y gyfrol gyntaf, ac yn yr ail, William Ellis *Jones (Cawrdaf), Ebenezer *Thomas (Eben Fardd), William *Williams (Caledfryn), John *Jones (Talhaiarn), Evan *Jones (Ieuan Gwynedd), Owen Wynne *Jones (Glasynys), William *Thomas (Islwyn), Richard *Davies (Mynyddog) a John Ceiriog Hughes (Ceiriog).

Caniadau y rhai sydd ar y Môr o Wydr (1761/62), y pedwerydd casgliad o emynau William *Williams (Pantycelyn) a gyfansoddwyd pan oedd yr emynydd ar anterth ei allu; y mae'n cynnwys rhai o'i emynau gorau. Y mae amryw o'i emynau ar fesurau a oedd yn newydd i Williams a phwysleisiant natur brofiad y Cristion. Bu'r llyfr yn fodd i gynnau Diwygiad 1762 a arweiniwyd gan Daniel *Rowland o Langeitho.

Canlyn Arthur (1938, adarg. 1985), cyfrol o ysgrifau gwleidyddol gan Saunders *Lewis; cyhoeddwyd y cwbl heblaw'r olaf, ar Swyddogaeth Celfyddyd, am y tro cyntaf yn Y Ddraig Goch (1926–36), papur newydd *Plaid Cymru. Gosodant allan yn eglur ac yn gofiadwy

athroniaeth wleidyddol yr awdur, y gellid ei disgrifio'n fras fel dosbarthiadaeth Gatholig, yn groes i Gyfalafiaeth *laissez-faire* ar y naill law ac i ✱Farcsiaeth ar y llaw arall. Y mae'r llyfr yn cynnwys ysgrifau sydd yn ymwneud â materion economaidd, yr iaith Gymraeg, y Tân yn Llŷn (gweler o dan PENYBERTH) a thriawd o wleidyddion tra gwahanol i'w gilydd: H. R.✱Jones, David ✱Lloyd George a Thomas Masaryk. Cymerwyd y teitl o araith gan ✱Gai yn ✱*Breuddwyd Rhonabwy*: 'Pwy bynnag a fynno ganlyn Arthur, bid heno yng Nghernyw gydag ef. Ac ar nis mynno, bid yn erbyn Arthur'.

Cannwyll Gorff, rhaghysbyseb o farwolaeth ar ffurf golau. Dywedir yr ymddangosai mewn tŷ ychydig cyn i rywun farw a theithiai'n araf ar hyd y ffordd y byddai'r cynhebrwng yn y man yn ei dilyn i'r fynwent, lle y diffoddai. Credid y gallai cyffwrdd â hi beri marwolaeth. Gweler hefyd ADERYN CORFF, CŴN ANNWFN a CYHYRAETH.

Canoniaid Awstinaidd, urdd grefyddol (a adnabyddid fel y Canoniaid Duon) a sefydlwyd yn yr unfed ganrif ar ddeg, gan fabwysiadu Rheol Sant Bened. Yn ne Cymru sefydlwyd priordai yn Llanddewi Nant Hodni erbyn 1103, ✱Caerfyrddin erbyn 1135 fan pellaf, Hwlffordd erbyn 1200, a Chas-gwent erbyn 1271. Caniatawyd i briordai'r Urdd ymgymryd â chyfrifoldeb dros blwyfi, ac yng Nghaerfyrddin er enghraifft ymddiriedwyd iddynt eglwys Sant Pedr a hen glas Llandeulyddog. Yng ngogledd Cymru, erbyn y drydedd ganrif ar ddeg, diwygiwyd clasau ✱Penmon, ✱Enlli a Beddgelert i ffurfio priordai Awstinaidd, gan barhau i ddarparu ar gyfer anghenion ysbrydol y plwyfi. Ymhlith aelodau priordy Llanddewi (a adnabyddid fel Llanddewi Prima i wahaniaethu rhwng y sefydliad cyntaf a'i changen yng Nghaerloyw), tŷ y mae nifer o'i lawysgrifau yn aros, gellir rhestru sawl gŵr o allu a dysg. Yn eu plith y mae Robert de Bethune, Wiliam o Wycombe, Clement, ac awdur anadnabyddus hanes y tŷ a geir yn llawysgrif BL, Cotton Julius D.X. Yr oedd Simon, aelod o gymuned Caerfyrddin, yn awdur pregeth fydryddol ar rinweddau penyd a gyfansoddwyd mewn ✱Eingl-Normaneg. Yn gam neu'n gymwys, priodolwyd y llawysgrif Gymraeg o'r drydedd ganrif ar ddeg, ✱*Llyfr Du Caerfyrddin*, i briordy Caerfyrddin. Erbyn yr Oesoedd Canol diweddar gellir dangos bod llawer o enwau Cymraeg ymhlith aelodau priordai de Cymru, a'u bod yn y mwyafrif yn nhai'r gogledd. Cyfarchodd y beirdd benaethiaid nifer o'r tai, yn eu plith Morgan ab Owain, prior Caerfyrddin, a fu'n destun awdl foliant o waith ✱Lewys Glyn Cothi. Diddymwyd priordai'r Urdd yng Nghymru rhwng 1536 a 1539.

Am fanylion pellach gweler J. C. Dickinson, *The Origin of the Austin Canons and their Introduction into England* (1950); F. G. Cowley, *The Monastic Order in South Wales 1066–1349* (1977); a'r erthygl gan C. N. Johns yn *Nhrafodion* Cymdeithas Hanes Sir Gaernarfon, (cyf. XXI, 1960).

Cantref, uned weinyddol a thiriogaethol yn yr Oesoedd Canol yng Nghymru, a oedd yn cynnwys, yn ddamcaniaethol, gant o drefi. Prin yw'r wybodaeth sicr ynglŷn â ffiniau'r cantrefi cyn y drydedd ganrif ar ddeg, ond y mae'n rhesymol casglu bod gwreiddiau uned y cantref yn gyfoes â tharddiad yr hen freniniaethau Cymraeg. Llyncwyd rhai o'r breniniaethau cynnar, megis ✱Rhos yn y ✱Berfeddwlad, gan wledydd ehangach, ac wedi iddynt golli eu statws, cawsant eu hystyried yn gantrefi. Gall patrwm y cantrefi gynrychioli gweddillion rhwydwaith o wladwriaethau bychain a allai fod wedi'u creu yn y cyfnod wedi cwymp yr Ymerodraeth Rufeinig. Ers yr unfed ganrif ar ddeg, rhennid y cantrefi yn gymydau. Mewn rhai ardaloedd yng Nghymru, ✱Ceredigion er enghraifft, daeth y cwmwd ei hun yn uned llywodraeth leol, a chollwyd hyd yn oed enwau'r hen gantrefi. Mewn ardaloedd fel Bro Morgannwg, lle'r ymsefydlodd y Normaniaid yn gynnar ac yn gryf, amharwyd ar yr unedau gweinyddol hŷn gan drefniant y maenorau, ac felly ansicr iawn yw'r wybodaeth ynglŷn â ffiniau cantrefi a chymydau. Rhannwyd yn hwndrydau siroedd Môn, Caernarfon, Meirionnydd, Aberteifi a Chaerfyrddin, a sefydlwyd o ganlyniad i goncwest Edward I yng Nghymru, fel y gwnaethpwyd â'r siroedd eraill a sefydlwyd gan y ✱Ddeddf Uno yn 1536. Yr oedd yr unedau hyn, ar y cyfan, wedi'u seilio ar y cantrefi, ond weithiau y mae eu henwau a'u ffiniau yn wahanol iawn i'r hen batrwm.

Ceir manylion pellach yn J. E. Lloyd, *A History of Wales* (1911), William Rees, *An Historical Atlas of Wales* (1951) a Melville Richards, *Welsh Administrative and Territorial Units* (1969).

Cantref Bychan, cantref rhwng ✱Brycheiniog ac afon Tywi. O tua 1116 ymlaen ymdrechodd y Normaniaid i reoli'r cantref o'u castell yn Llanymddyfri, ond o 1162 hyd 1277 daliwyd y diriogaeth gan y sawl a reolai ✱Ddeheubarth. Wedi hyn, crewyd arglwyddiaeth Llanymddyfri o'i ddau gwmwd gogleddol ac aeth y cwmwd deheuol yn eiddo i Ddugiaeth Lancaster. Castell ✱Carreg Cennen oedd prif ganolfan y Cymry yn y Cantref Bychan.

Cantref Gwarthaf, cantref a oedd yn cynnwys y rhan fwyaf o ddwyrain Dyfed, sef wyth cwmwd. O'i fewn yr oedd yr Hendy-gwyn ar Daf (✱Tŷ-gwyn), lle a gysylltir yn draddodiadol â llunio ✱Cyfraith Hywel.

Cantref Mawr, cantref a leolwyd i'r gogledd o afon Tywi, ac yn cynnwys saith cwmwd. Ynddo yr oedd ✱Dinefwr, llys traddodiadol rheolwyr ✱Deheubarth. Y cantref hwn oedd canolfan ymgyrch y Cymry i adennill goruchafiaeth yn Neheubarth dan arweiniad ✱Rhys ap Gruffudd (Yr Arglwydd Rhys), ond difeddiannwyd ei ddisgynyddion yn 1277 pan ddaeth y diriogaeth yn rhan o sir Gaerfyrddin.

Cantre'r Gwaelod, tir ✱Gwyddno Garanhir a foddwyd, yn ôl y chwedl, o dan yr hyn sydd bellach yn

Fae Ceredigion. Tybir bod y gred draddodiadol â'i gwreiddiau mewn cof gwerin o'r cyfnod rhwng yr Oes Neolithig a'r Oes Haearn pryd yr oedd y môr rhwng Cymru ac Iwerddon yn dal i godi, ond perthyn y ffurf gynharaf ar y chwedl i'r drydedd ganrif ar ddeg, ac fe'i ceir mewn cyfres o englynion yn *Llyfr Du Caerfyrddin. Lledaenwyd y stori drwy gyfrwng cerdd T. J. Ll. *Prichard, 'The Land Beneath the Sea', a'r gân *'Clychau Aberdyfi'. Gelwid y tir yn Faes Gwyddno a dywedir iddo gael ei foddi pan esgeulusodd morwyn-ffynnon o'r enw Mererid ei dyletswyddau. Yn ôl fersiwn diweddarach o'r chwedl, sydd ar gael ers tua thri chan mlynedd (y mae perthynas rhyngddi â straeon cyffelyb yn yr Iseldiroedd) yr oedd un ar bymtheg o ddinasoedd hardd yng ngwlad Gwyddno ac fe'u hamddiffynnid rhag y môr gan forgloddiau a llifddorau. Seithenyn feddw, ceidwad y llifddorau, a oedd yn gyfrifol am adael i mewn y dyfroedd mawr a foddodd bob un o'r trigolion namyn y brenin ei hun. Dywedir y gellir clywed clychau eglwys Cantre'r Gwaelod yn canu o dan y tonnau ar nosweithiau tawel.

Cysylltir traddodiadau tebyg â rhannau eraill o arfordir Cymru, megis Tyno Helyg, Caern., a lleoedd mewn gwledydd eraill megis Llydaw; ysbrydolwyd Debussy i gyfansoddi 'La Cathédrale Engloutie' gan chwedl Ker Ys. Gweler hefyd MISFORTUNES OF ELPHIN (1829).

Ymdrinnir â'r chwedl yn John Rhŷs, Celtic Folklore (cyf. I a II, 1901) ac F. J. North, Sunken Cities (1957); gweler hefyd yr erthygl gan Rachel Bromwich, 'Cantre'r Gwaelod and Ker-Is', yn The Early Cultures of North-west Europe (gol. Cyril Fox a Bruce Dickens, 1950).

Cantscaul, Brwydr (633), gweler o dan CADWALLON AP CADFAN (m. 633).

Canthrig Bwt, cawres y dywedir ei bod yn bwyta plant. Yn ôl traddodiad lleol, trigai o dan gromlech ger Bwlch Llanberis, Caern., ac un dydd fe'i denwyd allan a thorrwyd ei phen â bwyell.

Canu Corawl. Fel gweithgaredd nodweddiadol Gymreig yr oedd yn ei anterth rhwng 1870 ac 1920. A'i wreiddiau mewn traddodiad o greu cerddoriaeth boblogaidd y gellir ei olrhain yn ôl am ganrifoedd, fe'i crëwyd yn y ffurf gyfarwydd a ddethlir yn nofelau a straeon byrion Jack *Jones, Gwyn *Thomas (1913–81) ac Islwyn *Williams o fwrw at ei gilydd Anghydffurfiaeth, *Dirwest, y mudiad tonic-solffa a thwf diwydiannol. Ffynnai gweithgaredd corawl anghystadleuol yn lleol mewn perfformiadau defodol o gantatas ac oratorios mewn cyngherddau a gynhelid gan gorau capeli yn bennaf ledled Cymru ddiwedd y bedwaredd ganrif ar bymtheg. Daeth yn offeryn hunaniaeth ranbarthol ar achlysuron megis Gŵyl Caerdydd a gynhaliwyd bob tair blynedd rhwng 1892 a 1910, Gŵyl Sir Drefaldwyn rhwng y ddau ryfel dan nawdd Sir Walford *Davies, a

Gŵyl y Tri Chwm yn Aberpennar (1930–39). Ond yr ymgiprys ffyrnig a'r angerdd a grëwyd gan gystadlu rhanbarthol a chenedlaethol yn arbennig a roddodd i ganu corawl Cymru yr egni cynulliadol a oedd yn nod amgen iddo hyd at yr Ail Ryfel Byd.

Syfrdanwyd cynulleidfaodd gan y cadernid tôn a grëwyd gan Undeb Corawl De Cymru o Aberdâr, wrth i'r côr o 456 aelod ennill ddwywaith yn olynol yn y Palas Crisial, yn 1872 ac 1873, dan arweiniad Griffith Rhys Jones (Caradog), gof a drodd yn berchennog gwesty. Y buddugoliaethau hyn a ddarbwyllodd y Cymry eu hunain eu bod, mewn canu corawl, yn meddu ar briodwedd genedlaethol neilltuol a gwerthfawr. Cysylltid corau yn wreiddiol â sefydliadau penodol, y capel yn bennaf ond, yn achos corau meibion, y gweithle; deuai eu haelodau i gyd o'r dosbarth gweithiol a chaent eu magu yn sŵn yr ysgol gân a'r *gymanfa ganu. Oherwydd cyfathrebu gwell a lledu rhwydwaith eisteddfodau lleol a chenedlaethol, daeth yr hyn a ddechreuasai fel cymorth i addoli yn ffynhonnell adloniant, yn fynegiant o hunaniaeth cymuned ac yn ffocws i gymwynasgarwch lleol. O'r 1890au byddai tyrfaoedd enfawr yn mynychu pafiliwn yr *Eisteddfod Genedlaethol yn gyson ar gyfer cystadlaethau hirddisgwyliedig rhwng pencampwyr corawl Rhymni, Caernarfon, y Rhondda, Ffestiniog a Dowlais a byddai'r arweinwyr, pobl fel y Dan Davies tanllyd o Ferthyr, yn amddiffyn yn rymus yr arddull gorawl nodweddiadol Gymreig o liwio lleisiol hwyliog, gorbwysleisio deinameg a symudiad rhythmig cryf yn erbyn beirniaid (rhai ohonynt fel arfer yn Saeson) y gallai eu gwawd tuag at yr hyn a ystyrient yn ddiffyg lledneisrwydd cerddorol ennyn dadl gyhoeddus hyd yn oed yn y 1930au.

Dirywiodd y traddodiad corawl hwn, y lladdfa emosiynol a feithrinwyd gan Anghydffurfiaeth dan arweiniad cerddorion amatur carismataidd, pobl a oedd yn aml heb gymwysterau ffurfiol ond a drwythwyd yn yr anthem a'r corws. Wedi'r rhyfel daeth newidiadau cymdeithasol ac economaidd i danseilio sylfaen cymunedol y traddodiad. Disodlwyd y corau cymysg enfawr gan grwpiau gŵyl, ieuenctid a siambr, sy'n llai, yn seciwlar ac arnynt fwy o sglein technegol. O ran arddull a repertoire, y corau meibion yn unig sy'n glynu'n ffyddlon wrth y traddodiad corawl Cymreig bellach.

Am ragor o fanylion gweler yr erthyglau gan John H. Davies yn Rhondda Past and Future (1975), G. P Ambrose yn Glamorgan Historian (cyf. IX, 1980) ac yn fwy cyffredinol Gareth H. Lewis yn Welsh Music (cyf. V, 1976-77); hefyd Hywel Teifi Edwards, Gŵyl Gwalia (1980), erthygl Rhidian Griffiths yn Cof Cenedl (cyf. VII, 1993) a'r penodau perthnasol yn Cyfres y Cymoedd (gol. Hywel Teifi Edwards, 1993–).

Canu Gŵyl Fair, traddodiad gwerin. Yr oedd chwe gŵyl yn y Calendr Eglwysig a oedd yn gysylltiedig â'r Forwyn Fair, ond ar un yn unig ohonynt, sef Gŵyl Fair Forwyn Ddechrau'r Gwanwyn neu Ŵyl Fair y Canhwyllau (2 Chwef.) y ceid yr arfer o ganu gwirod (gweler o dan GWASEILA) a oedd mor boblogaidd yn y ddeunawfed ganrif. Dathlu puredigaeth Mair oedd amcan yr Ŵyl Eglwysig ond yng Nghymru impiwyd yr Ŵyl Gristnogol ar un hŷn o lawer a gysylltid â dechrau'r gwanwyn yn y flwyddyn Geltaidd. Y ffaith hon sy'n egluro'r pwyslais a geir mor aml yng Nghanu Gŵyl Fair ar ddymuno ffyniant y cnydau a'r anifeiliaid yn y flwyddyn sydd i ddod. Arferid ymryson ar gân wrth y drws gan gyfeirio at y tywydd oer y tu allan, y croeso ar yr aelwyd, y ddiod, ac at y merched y tu mewn a'r gobaith y ceid cusan. Awgrymwyd mai adlais yw'r manylyn olaf o'r hen ymrafael rhwng y ddau ryw yn nhermau'r 'Olin' (holly) ac 'Ifin' (ivy). Yng ngogledd-orllewin Cymru cenid 'carol cadair' wedi i'r cantorion gael dod i'r tŷ a gosodid merch ifanc mewn cadair a phlentyn ifanc ar ei glin i gynrychioli Mair a'r baban Iesu. Arferid hefyd ganu carol diolch cyn i'r ymwelwyr ymadael. Ar geinciau ag enwau Saesneg iddynt y cenid rhai o'r carolau a gysylltid â'r Ŵyl.

Cofnodwyd llawer o enghreifftiau o ganu Gŵyl Fair Môn gan Richard Morris (gweler o dan MORRISIAID) yn y ddeunawfed ganrif ac fe'u golygwyd gan T. H. *Parry-Williams yn Llawysgrif Richard Morris o Gerddi (1931). Cynhwysir yn y casgliad pwysig hwn nifer o ganeuon cynyddol a gorchestol a oedd yn rhan o'r ymryson wrth y drws ar Noswyl Fair.

Gwelir manylion pellach mewn erthygl gan Trefor M. Owen yn Nhrafodion Cymdeithas Hanes Sir Gaernarfon (1964); gweler hefyd Rhiannon Ifans, Sêrs a Rybana (1983).

'**Canu Heledd**' (9fed/10fed gan.), un o'r cyfresi hwyaf a mwyaf unedig o'r englynion saga. Y prif gymeriad a'r un sy'n adrodd y chwedl yw Heledd, aelod olaf teulu brenhinol *Powys. Y mae'n galaru oherwydd colli ei chartref, dinistr y wlad o'i hamgylch, a marwolaeth ei brodyr, yn arbennig y Brenin Cynddylan, a deyrnasai yn gynnar yn y seithfed ganrif. Y mae'r bardd fel petai wedi defnyddio'r rhith-gof o'r gorffennol hanesyddol i fyfyrio ar ddioddefaint cyfoes Powys yn y nawfed neu'r ddegfed ganrif. Y mae'n debygol fod y naratif a gollwyd yn fwy cymhleth na'r hyn y gellir ei ddeall o'r englynion a gadwyd; er enghraifft, y mae'n debyg fod rheswm pam y mae Heledd yn ei beio ei hun am gwymp llys Cynddylan. Y mae'r cylch, fodd bynnag, yn ddigon clir i ganiatáu gwerthfawrogi'r farddoniaeth sy'n angerddol emosiynol, drasig a chywrain.

Efallai fod dewis Heledd fel adroddwraig hefyd wedi ei benderfynu, yn isymwybodol o bosibl, gan fyth Celtaidd hynafol a bersonolai'r tir ar ffurf duwies (gweler o dan SOFRANIAETH). Gellir cymharu galarnadau Heledd â myfyrdodau eraill ar y thema hon lle y mae colli'r brenin yn dod â diffeithwch i'r tir a thlodi i'r dduwies. Y mae'r elfen thematig hon o ddiflaniad teyrnas a dinistr diwylliant yn parhau'n amserol, a chafwyd nifer o addasiadau Cymraeg cyfoes o gerdd ganolog y gyfres, 'Stafell Cynddylan'.

Golygir y testun, ynglŷn â thrafodaeth a nodiadau, gan Ifor Williams, Canu Llywarch Hen (1935), a Jenny Rowland, Early Welsh Saga Poetry (1990). Ceir fersiwn creadigol o'r chwedl gan gynnwys y farddoniaeth wreiddiol yn The Story of Heledd (Glyn Jones a T. J. Morgan, gol. Jenny Rowland, 1994).

Canu i'r Ychen, arfer gwerin a barhaodd yng Nghymru hyd at ail hanner y bedwaredd ganrif ar bymtheg. Byddai'r cathreiniwr yn galw'r ychen wrth gerdded o flaen y wedd yn y dull traddodiadol. Dywedid na weithient o gwbl heb i'r cathreiniwr ganu ac yn aml enwid yr ychen yn y caneuon. Yr oedd y traddodiad yn gryf iawn ym Morgannwg lle y casglwyd llu o *dribannau yn cyfeirio at yr aredig; yr enwocaf ohonynt yw 'O Mari, Mari, cwyn'.

Ceir manylion pellach yn Ffransis G. Payne, Yr Aradr Gymreig (1975) a Tegwyn Jones, Tribannau Morgannwg (1976); gweler hefyd yr erthygl gan Meredydd Evans a Phyllis Kinney yn Nhrafodion Anrhydeddus Gymdeithas y Cymmrodorion (1988).

Canu Llofft Stabl, arfer gwerin a flodeuodd yng ngogledd a gorllewin Cymru yn ystod y ddeunawfed ganrif a'r bedwaredd ganrif ar bymtheg. Yr oedd yn arfer i'r gweision dibriod gysgu yn y llofft uwchben y stabl yn hytrach nag yn y tŷ fferm ei hun. Er gwaethaf yr oerni yn ystod y gaeaf, gwerthfawrogai'r gweision yr annibyniaeth a gynigid gan y drefn hon a oedd yn caniatáu iddynt ddiddanu eu hunain a'u cyfeillion o fferndai eraill heb oruchwyliaeth eu cyflogwyr. Yr oedd y caneuon a genid yn debycach i'r rheini a genid mewn tafarn a ffair nag i'r hyn a geid yn y capel a'r ysgol, ond mynegent wahanol emosiynau gan adlewyrchu digwyddiadau o bell ac agos. Cenid baledi ac adroddid penillion i gyfeiliant y sturmant a'r acordion. Fel *shimli, yr oedd y llofft stabl yn gyfrwng trosglwyddo llên gwerin o'r naill do i'r llall ymhlith yr ieuenctid.

Ceir detholiad o ganeuon llofft stabl o benrhyn Llŷn ynghyd â'r testun yng nghyfres Diwylliant Gwerin Cymru (1980) a gyhoeddwyd gan Amgueddfa Werin Cymru.

'**Canu Llywarch Hen**', cyfres o englynion am hen ŵr a'i feibion a gyfansoddwyd yn y nawfed neu'r ddegfed ganrif. Dangosodd Ifor *Williams nad Llywarch a'u cyfansoddodd, fel y tybid gynt, ond mai cerddi amdano ydynt. Y mae'r ymddiddan a'r ymryson yn dramateiddio uchafbwyntiau emosiynol mewn saga, er nad yw'r hanes ei hun wedi goroesi. Efallai fod y cerddi wedi'u cyfuno â rhyddiaith i adrodd stori gysylltiol, fel y credai Syr Ifor, neu eu bod yn darlunio rhai digwyddiadau tra'n dibynnu ar wybodaeth gyffredinol o gynulleidfa o'r stori gyfan. Y mae'n annhebyg fod y cerddi sydd wedi goroesi wedi dod o un saga farddoniaeth-ryddiaith gan eu bod yn amrywio cryn dipyn o ran arddull a dyddiad, ond y mae adnabyddiaeth o'u cefndir hanesiol yn hanfodol i'w deall.

Calon y cylch yw'r portread o Lywarch Hen fel hen

ŵr blin yng 'Nghân yr Henwr', cerdd nodedig iawn sy'n portreadu hen ŵr yn myfyrio ar henaint a chaledi. Y mae ei fywyd yn bur wahanol i gyfnod ei ieuenctid pan oedd yn llawen, yn fentrus ac yn olygus. Bellach, fodd bynnag, 'Wyf cefngrwm, wyf trwm, wyf truan'. Ers talwm câi groeso a chwmnïaeth, ond bellach ei unig gydymaith yw ei fagl bren. Y mae'n ymwybodol o dynged anorfod, uniaetha ei hun â deilen a chwythir i bob cyfeiriad gan y gwynt, 'Gwae hi o'i thynged. Hi hen, eleni ganed'.

Oherwydd awydd yr hen ŵr am ogoniant y mae'n gofyn gormod gan ei bedwar mab ar hugain a lleddir hwy ar faes y gad. Gwelir ei wawdio nodweddiadol mewn cerdd i Faen ac yn llawnach mewn ymddiddan â'i unig fab a oroesodd, sef Gwên. Gyda marwolaeth Gwên sylweddola beth y mae wedi'i wneud, a mynega ei dristwch mewn galarnad ddwys iddo. Perthyn naws hynafiaethol yn bennaf i'r amrywiol benillion i feibion eraill; enwir hwy a'u beddau, a sonia cerdd arall am daith Llywarch i'r Hen Ogledd i ofyn am gymorth ei gefnder, *Urien Rheged. Gweler hefyd ENGLYNION GERAINT.

Golygir y farddoniaeth, ynglŷn â thrafodaeth a nodiadau, gan Ifor Williams, *Canu Llywarch Hen* (1935), Eurys Rolant, *Llywarch Hen a'i Feibion* (1984) a Jenny Rowland, *Early Welsh Saga Poetry* (1990). Ceir cyfieithiadau i'r Saesneg yn *The Poems of Llywarch Hen* (Patrick K. Ford, 1974) ac *Early Welsh Saga Poetry*. Am y ddamcaniaeth am ryddiaith goll y saga gweler Jenny Rowland, '*The prose setting of the early Welsh englynion chwedlonol*', yn *Ériu* (cyf. XXXVI, 1985), a'r fersiwn gan T. J. Morgan ac Ifor Williams, *The Saga of Llywarch the Old* (1955). Hefyd gweler Patrick Sims-Williams, '*The Provenance of the Llywarch Hen Poems: the Case of Llan-gors, Brycheiniog*', yn *Cambrian Medieval Celtic Studies* (cyf. XXVI, 1993), Ifor Williams, '*The Poems of Llywarch Hen*', wedi'i ailgyhoeddi yn *The Beginnings of Welsh Poetry* (gol. Rachel Bromwich, 1972), a Gwyn Thomas, '*Cân yr Henwr*', yn *Astudiaethau ar yr Hengerdd* (gol. Rachel Bromwich ac R. Brinley Jones, 1978).

Canu Maswedd, math o farddoniaeth sy'n sôn yn agored am ryw, gan ddefnyddio ieithwedd a ystyrir yn anweddus fel arfer. Ceir ambell elfen anllad ym marddoniaeth Gymraeg pob cyfnod, ond yn yr Oesoedd Canol diweddar y daeth y canu maswedd yn boblogaidd, efallai fel adwaith yn erbyn delfrydau parchus *serch cwrtais. 'Cywydd y Gal' gan *Ddafydd ap Gwilym yw'r gerdd gynharaf o'r math hwn sydd wedi goroesi, ond fe ddichon i'r *glêr ganu pethau cyffelyb cyn hynny. Bu beirdd amatur megis *Dafydd Llwyd ap Llywelyn ap Gruffudd o Fathafarn, *Ieuan Gethin ap Ieuan ap Lleision, a Syr *Dafydd Llwyd Ysgolhaig yn flaenllaw yn y maes hwn, ond fe geir cerddi masweddus gan feirdd proffesiynol hefyd, megis Hywel Dafi (*Hywel ap Dafydd ab Ieuan ap Rhys) a *Thudur Penllyn. Y mae celfyddyd y cerddi hyn yn uchel ei safon, felly, ac fe ddefnyddir *genres* a motiffau adnabyddus, fel y *cywydd gofyn a'r *llatai. Yr oedd maswedd hefyd yn elfen yng nghanu *dychan y beirdd,

fel yn yr ymryson rhwng *Guto'r Glyn a *Dafydd ab Edmwnd yn dychanu aelodau rhywiol ei gilydd.

Fel diddanwch ysgafn ar gyfer uchelwyr y bwriedid y cerddi hyn, mae'n debyg, ond fe welir elfennau mwy difrifol ynddynt o ystyried yr agweddau rhagfarnllyd tuag at ferched a gyfleir. Mewn cerddi cyngor ar sut i drin merched, fel cywydd *Ding Moel, y gwelir hyn gliriaf. Y mae gan ferch ystrydebol y cerddi hyn chwantau rhywiol cryf iawn, ond y mae hefyd yn eu cuddio'n dwyllodrus, ac yn y modd hwn cyfiawnheid y defnydd o drais rhywiol gan ddynion. Y mae'n amlwg mai ffantasi gwrywaidd yw'r darlun hwn o'r ferch, ond fe geir lleisiau merched gwirioneddol yn y canu maswedd hefyd. *Gwerful Mechain yw'r unig ferch adnabyddus a gyfansoddodd gerddi o'r fath, ond fe ddichon fod ambell un o'r cerddi dienw yn waith merched yn ogystal. Bu Gwerful yn cyfnewid penillion anllad â Dafydd Llwyd o Fathafarn, ac mewn cerddi fel 'Cywydd y Cedor' y mae'n dathlu corff y ferch a'i rhywioldeb ei hun mewn modd herfeiddiol iawn.

Ar ôl yr Oesoedd Canol parhaodd y canu maswedd yng ngwaith beirdd dysgedig fel cylch y *Morrisiaid yn y ddeunawfed ganrif, ac fe gafwyd canu coch dienw gan rai o feirdd mawr yr ugeinfed ganrif. Y mae'r *canu llofft stabl yn cynrychioli ffrwd fwy gwerinol o ganu maswedd, ond traddodiad llafar oedd hwnnw'n bennaf, ac ychydig iawn a gadwyd ar glawr.

Ceir detholiad yn Dafydd Johnston (gol.), *Canu Maswedd yr Oesoedd Canol* (1991), a thrafodaeth bellach yn D. R. Johnston, '*The Erotic Poetry of the Cywyddwyr*' yn *Cambridge Medieval Celtic Studies* (cyf. XXII, 1991).

Canu Pop. Gellir olrhain gwreiddiau canu pop Cymraeg i ymddangosiadau cyntaf Dafydd *Iwan ar raglen *Y Dydd* (TWW) yn 1965. Y mae'n deg dweud bod dwy ffynhonnell, sef grwpiau ac unigolion a oedd yn deillio o'r traddodiad *noson lawen – Triawd y Coleg, Hogiau'r Wyddfa, Hogiau Llandygái, Tony ac Aloma a Ryan *Davies ymysg eraill – a grwpiau ac unigolion a oedd yn deillio o draddodiad mwy Eingl-Americanaidd – Meic *Stevens, Y Bara Menyn, Y Tebot Piws a'r Blew. Tyfodd y sîn gyda'r mudiad iaith, a sefydlwyd cwmni recordiau Sain yn 1969. Wedi ei sylfaenu gan Dafydd Iwan a Huw Jones, ond yn dewis rhyddhau record gan Meic Stevens fel un o'i recordiau cyntaf, daeth Sain â dwy ffrwd y canu cyfoes at ei gilydd. Yn ystod y 1960au cafwyd rhaglenni teledu poblogaidd fel *Hob y Deri Dando* a *Disg a Dawn* ar y BBC a *Sêr* ar HTV, ond efallai mai un o'r rhaglenni mwyaf dylanwadol oedd *Helo, Sut 'da chi*, rhaglen recordiau Hywel Gwynfryn ar fore Sadwrn ar y radio. Edward H. Dafis oedd y grŵp roc poblogaidd cyntaf yn y 1970au, ond yr oedd grwpiau eraill fel Hergest, Brân ac Ac Eraill hefyd yn rhyddhau recordiau'n rheolaidd, a daeth unigolion o'u plith, fel John Gwyn, Delwyn Siôn, Geraint Davies, Derec Brown, Tecwyn Ifan ac Iestyn Garlick yn ddylanwadol mewn sawl maes. Ganol y 1970au bu cyngherddau enfawr Twrw Tanllyd, ym mhafiliynau Corwen a Phontrhydfendigaid ac yn yr *Eisteddfod Genedlaethol, yn boblogaidd iawn. Yn ddiweddarach yn y 1970au a'r 1980au cynnar, yr oedd nosweithiau gwobrwyo Sgrech yn dyst i boblogrwydd grwpiau fel y Trwynau Coch a Geraint *Jarman ar ei newydd wedd. Olynwyd y cylchgrawn poblogaidd *Sgrech* gan *Sothach*, a oedd yn ffrwyth diwylliant roc byrlymus ardal Bethesda a Dyffryn Ogwen, cartref grwpiau fel Maffia Mr Huws, Y Jecsyn Ffeif a Celt. Y mae Geraint Jarman yn enghraifft o'r bont a ddatblygodd rhwng canu roc a barddoniaeth gyfoes. Y mae unigolion fel Steve *Eaves, Ifor *ap Glyn ac Iwan Llwyd (Iwan Llwyd *Williams) yn enghreifftiau pellach. Cyfrannodd nifer o'r unigolion hyn i deithiau barddoniaeth gyfoes, megis *Fel yr Hed y Frân, Cicio Ciwcymbars* a *Bol a Chyfri Banc*, a chyhoeddwyd cyfrolau o gerddi a chaneuon yn eu sgîl. Yn *Y Trên Olaf Adref* (gol. Steve Eaves, 1984) ceir detholiad o eiriau caneuon pop gan gantorion mor amrywiol â Rhiannon Tomos, Meic Stevens, Ail Symudiad a Delwyn Siôn. Yn y 1990au gwelwyd roc-gwerin yn tyfu'n boblogaidd trwy grwpiau ac unigolion fel Bob Delyn (Twm *Morys) a'r Ebillion, Siân James a'r Moniars. Er llwyddiant y gyfres *Fideo Naw* ar S4C, edwino a fu hanes roc Cymraeg gyda dyfodiad y Sianel. Dros y cyfnod, datblygodd canu roc a phop a ffurfiau celfyddydol cysylltiol yn brif ffurf mynegiant y Cymry Cymraeg ifainc. Sefydlwyd cwmnïau recordiau newydd fel Angst, Fflach ac Anrhefn a heriodd fonopoli Sain, a chafwyd cenhedlaeth newydd o grwpiau fel y Waw Ffactor, Ffa Coffi Pawb, Y Cyrff a Jess, yn ogystal â grwpiau dawns fel Llwybr Llaethog a Tŷ Gwydr. Ond heb ymrwymiad i ddarllediad'r cynnyrch hwn ar y sianel, diry,wiodd cynulleidfaoedd cynhenid, yn arbennig ar gyfer grwpiau ifainc, newydd, arbrofol. Yn y 1990au, yn gynyddol, dewisai grwpiau ifainc ganu drwy gyfrwng y Saesneg i gynyddu eu cynulleidfaoedd, ac y mae llwyddiant grwpiau o Gymru fel Catatonia, Gorky's Zygotic Mynci a'r Super Furry Animals yn y farchnad Seisnig yn ffrwyth uniongyrchol datblygiad y diwylliant roc ymhlith y Cymry ifainc o'r 1960au ymlaen.

Am ragor o fanylion gweler *Wyt Ti'n Cofio? - Chwarter Canrif o Frwydr yr Iaith* (gol. Gwilym Tudur, 1989), *Y Trên Olaf Adref* (gol. Steve Eaves, 1984), *Tu Chwith* (cyf. IV, 1996); gweler hefyd yr erthyglau gan Iwan Llwyd a Damian Walford Davies yn *Taliesin* (cyf. XC, 1995).

Canu Rhydd, term a ddefnyddir i wahaniaethu rhwng canu cynganeddol, a adwaenir wrth y term 'canu caeth', a chanu digynghanedd. Y mae'r term 'canu caeth' fel arfer yn golygu barddoniaeth wedi'i llunio drwy gyfrwng y mesurau cynganeddol traddodiadol, a'r term 'canu rhydd' yn golygu canu digynghanedd ar fesurau na chysylltir mohonynt â *Cherdd Dafod. Y *gynghanedd yw prif nodwedd 'canu caeth', a symudiad mydryddol neu rithmig llinell, yn ôl patrymau rheolaidd o acennu,

yw egwyddor sylfaenol 'canu rhydd'. Erbyn heddiw y mae 'canu rhydd' yn golygu unrhyw fath o ganu di-gynghanedd.

'Canu y Byd Bychan', cerdd sy'n dilyn yn union ar ôl ei chymar *'Canu y Byd Mawr' yn *Llyfr Taliesin*. Ceir ynddi (mewn dwy ar hugain o linellau byr) gipolwg ar broblem a boenai feddylwyr yr Oesoedd Canol cynnar a'r rhai fel Beda a ysgrifennodd esboniadau ar Genesis: sut y delir y Byd rhag syrthio o'i le yn y gofod? Cyfansoddwyd y gerdd ar ffurf cyfres o gwestiynau a anelwyd at 'feirdd y byd'. Ar y diwedd, datgenir mai trwy 'rad yr Ysbryd [Glân]' y cynhelir y byd ac mai'r Pedwar Efengylydd, yn ffigurol, yw ei gynheiliaid. Y mae'r gerdd o ddiddordeb yn bennaf am ei bod yn tystio i gysylltiad rhwng y farddoniaeth frodorol ac elfennau poblogaidd y ddysg eglwysig.

Ceir golygiad ac aralleiriad yn Marged Haycock, *Blodeugerdd Barddas o Ganu Crefyddol Cynnar* (1994), a thrafodaeth fanylach yn 'Taliesin's "Lesser Song of the World"', yn *Ysgrifau a Cherddi Cyflwynedig i Daniel Huws* (gol. Tegwyn Jones ac E. B. Fryde, 1994).

'Canu y Byd Mawr', cerdd yn *Llyfr Taliesin* lle y gwelir rhai syniadau cosmograffyddol a etifeddwyd o'r byd clasurol ac a gylchredai'n eang yn yr Oesoedd Canol cynnar, sef pum rhaniad y byd, rhaniadau triphlyg yr eigion a'r tir, y saith ffurfafen a'u planedau. Llai cyffredin yw'r syniad fod dyn yn meddu ar saith synnwyr yn hytrach na'r pum synnwyr traddodiadol. Saith, nid pedair, elfen sydd yng nghyfansoddiad y byd a chyfansoddiad dyn yntau – yr hwn a ystyrid yn feicrocosm o'r byd. Megis ei chymar, *'Canu y Byd Bychan', dengys sut y defnyddid dysg Ladin gydwladol yn y farddoniaeth frodorol; yn yr achos hwn y mae'r ddysg yn fodd i chwyddo ymffrost y ffug-*Daliesin.

Ceir golygiad ac aralleiriad yn Marged Haycock, *Blodeugerdd Barddas o Ganu Crefyddol Cynnar* (1994).

'Canu y Gwynt', cerdd o ryw drigain llinell fer yn *Llyfr Taliesin*; ailgylchwyd y gerdd yn ddiweddarach yn *Hanes Taliesin*. Dechrau yn null *pos, 'Dychymyg pwy yw', a mynd ymlaen i roi darlun bywiog o'r 'creadur cadarn/heb gig, heb asgwrn'. Er bod y gerdd yn ymdebygu i bosau Lladin, Hen Saesneg a Norseg, ni ddarganfuwyd ffynhonnell uniongyrchol iddi. Y mae'n bosibl ei bod yn fan cychwyn i 'Cywydd y Gwynt' *Dafydd ap Gwilym gan fod ambell air ac ymadrodd yn cyfateb, ond fe all fod y ddwy fel ei gilydd yn tynnu ar draddodiad cyffredin. Fe'i hamserir yn fras i ddiwedd cyfnod y *Cynfeirdd; dyma'r unig enghraifft gynnar yn y Gymraeg o bos llenyddol estynedig.

Ceir y testun yn J. Gwenogvryn Evans, *Facsimile and Text of the Book of Taliesin*. Gweler hefyd rai sylwadau gan John Morris-Jones, 'Taliesin', *Y Cymmrodor* (cyf. XXVIII, 1918) a Huw M. Edwards, *Dafydd ap Gwilym: Influences and Analogues* (1996).

Canwyll y Cymru (1658–81), casgliad o benillion didactig gan Rys *Prichard, ficer Llanymddyfri, Caerf., a gyhoeddwyd yn gyntaf mewn gwahanol rannau gan Stephen *Hughes, gweinidog Piwritanaidd a gollasai ei fywoliaeth, a rhoddwyd y teitl hwn iddo yn argraffiad 1681. Adlewyrcha'r penillion hyn ddylanwad y *Beibl, y *Llyfr Gweddi Gyffredin a'r *cwndidau Protestannaidd a bu'n boblogaidd iawn am dros ddau gan mlynedd. Ceir yn eu plith gerddi Nadolig a Beiblaidd ynghyd â homilïau a phenillion moesol a theuluaidd. Credir i'r ficer gyfansoddi'r rhan fwyaf ohonynt rhwng 1615 ac 1635. Er eu bod weithiau'n ddiafael, y mae rhyw swyn i'r cerddi hyn. Amcan yr awdur oedd ymgorffori bywyd gwledig o fewn fframwaith ac erthyglau ffydd yr Eglwys Sefydledig a phwysleisiai mai'r modd i foddio Duw oedd trwy weithio'n galed, anrhydeddu'r Brenin ac ufuddhau i awdurdod.

Golygwyd y testun gan R. Rees ac W. Sanders, *Y Seren Foreu neu Ganwyll y Cymry* (1841). Gweler hefyd D. G. Jones, *Y Ficer Prichard a 'Canwyll y Cymry'* (1946), N. Lloyd (gol.), *Cerddi'r Ficer* (1994), S. N. Richards, *Y Ficer Prichard* (1994), J. G. Jones, 'Y Ficer Prichard (1579–1644): Ei Gefndir a'i Gyfraniad i'w Gymdeithas', *Y Traethodydd* (Hydref 1994) ac R. Brinley Jones, *A Lanterne to their Feete* (1994).

Cap Coch (1730–1820), llofrudd a gadwai dafarn y New Inn rhwng Merthyr Mawr a Phen-y-bont ar Ogwr, Morg. Ni ddarganfuwyd ei droseddau hyd at oddeutu pedwar ugain mlynedd wedi iddo farw pan ganfuwyd yn adfeilion y dafarn a'r caeau gerllaw nifer o weddillion dynol wedi'u claddu. Ni wyddys enw iawn y tafarnwr, ond dywedir iddo gael ei lysenw oherwydd y cap coch a wisgai bob amser yn arwydd o'i gefnogaeth i'r *Chwyldro Ffrengig (1789).

Capel Celyn, gweler o dan TRYWERYN.

Capel-y-ffin, treflan yn nyffryn Honddu, Brych., lle y ceisiodd y Tad Ignatius (1837–1908) adfywio mynachaeth Fenedictaidd yn Eglwys Loegr trwy sefydlu mynachlog yn 1870. Prynwyd yr adeilad gan y cerflunydd Eric Gill (1882–1940) yn 1924 a bu'n byw yno am nifer o flynyddoedd mewn cymuned o artistiaid a chrefftwyr a gynhwysai David *Jones am gyfnod.

Captain Cat, morwr dall yn *Under Milk Wood* (1954) gan Dylan *Thomas sy'n breuddwydio am ei gydforwyr a foddodd. Y mae'n adnabod trigolion Llaregyb wrth eu lleisiau ac felly y mae'n rhannu swyddogaeth y Llais Cyntaf a'r Ail Lais.

Capten Trefor, gweler o dan ENOC HUWS (1891).

Caradawg neu **Caradog**, gweler CARATACUS (y gan. 1af).

Caradog fab Brân, y gŵr a osodwyd, yn ôl Ail Gainc

Pedair Cainc y Mabinogi, yn bennaeth ar y Saith Gŵr a adawyd gan Fendigeidfran (*Brân) i warchod Ynys Prydain pan aeth ar yr ymgyrch i Iwerddon. Pan ddaeth *Caswallon fab Beli, gan wisgo llen hud a'i gwnâi'n anweledig, a lladd y chwech arall, bu farw Caradog o arswyd. Nid oes tystiolaeth gynnar i'r gred draddodiadol mai'r un ydoedd â *Charatacus, arweinydd y Brytaniaid yn y ganrif gyntaf.

Caradog Freichfras, un o arwyr y Cylch Arthuraidd. Ymddengys mewn chwedlau a rhamantau Ffrangeg canoloesol fel y *Lai du Cor*, *Le Manteau Mautaillié* a'r *Livre de Caradoc*. Yn y gweithiau hyn digwydd ei enw mewn ffurfiau fel y Ffrangeg *Karadues Briebraz* a'r Llydaweg *Karadoc Brech Bras*; wrth yr ansoddair *Briebraz* golygid 'byrfraich', a dengys hyn gymysgu rhwng yr ansoddair Cymraeg 'bras' a'r enw Ffrangeg *bras* ('braich').

Diau fod Caradog o darddiad Cymreig a chyfeirir ato mewn ffynonellau Cymraeg, ond cyfeirir ato yn llawer amlach mewn deunydd chwedlonol yn y Ffrangeg. Yn un o'r Trioedd gelwir ef yn fab Llŷr Merini a dywedir iddo fwrw rhagorol rwym serch ar *Degau Eurfron ferch Nudd Llawhael, Frenin Gogledd Prydain. Yn ôl un arall o'r Trioedd yr oedd yn un o Dri Chadfarchog Ynys Prydain ac enw ei farch oedd Lluagor. Fe'i disgrifir yn *Breuddwyd Rhonabwy* fel gŵr balch telediw, huawdl ac eofn ei ymadrodd, ac yn 'ben cynghorwr a chefnder i *Arthur'. Ym Muchedd *Collen dywedir iddo frifo ei fraich ym mrwydr Hiraddug ac ym Muchedd *Padarn cofnodir traddodiad sy'n ei gysylltu ag ymsefydliad y Brytaniaid yn Llydaw. Ceir chwedlau Ffrangeg am berthynas Caradog â Thegau, eithr ni chadwyd fersiynau Cymraeg ohonynt, ond dengys cyfeiriadau mewn cywyddau eu bod yn hysbys yng Nghymru.

Ceir manylion pellach yn Rachel Bromwich, *Trioedd Ynys Prydein* (3ydd arg., 1998).

CARADOG O LANCARFAN (*fl.* 1135), awdur nifer o *Fucheddau Saint. Seilir yr ychydig sy'n hysbys amdano ar ddau gyfeiriad, un ar ddiwedd *Historia Regum Britanniae* gan *Sieffre o Fynwy a'r llall yn ei waith ei hun.

Dywed Sieffre ei fod yn gadael Brenhinoedd y Cymry yn bwnc i Garadog o Lancarfan, fel y gedy Frenhinoedd y Saeson i William o Malmesbury a Henry o Huntingdon, a chyfeiriodd at Garadog fel '*contemporare meo*'. Nid yw union arwyddocâd yr ymadrodd hwn yn eglur, ond dichon yr awgryma raid o agosatrwydd rhwng Sieffre a Charadog a'u bod ill dau â diddordeb yn yr un maes, sef hanes cynnar Cymru.

Gwelir yr ail gyfeiriad at Garadog mewn cwpled Lladin ar derfyn Buchedd Sant *Cadog, a olygodd ef o fersiwn enwocach Lifris. Y mae'r llinellau hyn, sy'n priodoli'r gwaith i Garadog, yn dystiolaeth i'w weithgarwch er anrhydedd sefydlydd *Llancarfan. Digwydd yr un llinellau a'r un tadogi ar *Nancarbanesis . . . Caratoci* ar derfyn Buchedd *Gildas. Ceidw'r Lladin y ffurf hŷn a chywirach ar enw'r lle, Nant Carfan, a droes yn Llancarfan trwy gydweddiad, eithr heb dreiglad. Un o ffynonellau Buchedd Gildas oedd hanes Sant Cadog, a dangosir cryn barch ato ef a dysg ei dŷ, fel y disgwylid gan awdur a arddelai deyrngarwch i fynachlog a sefydlwyd ganddo. Ond prif ddiben Buchedd Gildas oedd ei hawlio ef i fynachlog Ynys Wydrin (Glaston-bury); efallai bod Caradog yn un o'r amryw awduron a ymdrechai i ddyrchafu bri'r tŷ hwnnw ac i ddangos ei bwysigrwydd yn hanes cynnar Cristnogaeth Prydain.

Tybir bod Caradog yn awdur rhai Bucheddau eraill, gan gynnwys rhai Cyngar ac *Illtud, a'i fod yn fuchedd-wr proffesiynol. Awgrymwyd hefyd mai ef oedd awdur *Llyfr Llandaf* (gweler o dan LLANDAF) a *Brut y Tywysog-yon*, sy'n dechrau yn yr union fan lle y diwedda *Historia* Sieffre, ac sy'n cynnwys y deunydd a adawodd Sieffre i'w 'gyfoeswr'. Er hyn, y cyntaf i dadogi'r *Brut* ar Garadog oedd David *Powel yn ei fersiwn Saesneg o'r gwaith, *The History of Wales . . . written originally in British by Caradog of Lhancarvan* (1584), honiad na all fod yn gywir gan mai cronicl o amryw ganolfannau a chyfnodau yw'r *Brut* ac ysgrifennwyd ef nid yn y 'Frythoneg' eithr yn Lladin.

Ceir manylion pellach yn yr erthygl gan J. S. P. Tatlock yn *Speculum* (cyf. XIII, 1938) a honno gan Christopher Brooke yn N. K. Chadwick (gol.), *Studies in the Early British Church* (1958).

Caradogion, Y, cangen o Gymdeithas y *Gwyn-eddigion. Yr oedd iddi aelodau di-Gymraeg yn ogystal â Chymry Cymraeg a chyfarfyddai'n wythnosol yn ystod y 1790au i ddadlau yn Saesneg yn y Bull's Head, tafarn yn Walbrook, Llundain. Y Crindy oedd llysenw *Cym-ry Llundain arno a dyma eu hoff gyrchfan yn y cyfnod hwnnw. Yn y cyffro a achoswyd gan y *Chwyldro Ffrengig yn 1789, drwgdybid bod rhai o aelodau'r Gymdeithas yn anogol i wrthryfel a chipiwyd ei llyfrau.

Carannog (canol y 6ed gan.), sant a goffeir mewn amryw fannau yng Nghymru, yn Iwerddon, yn ne-orllewin Lloegr ac yn Llydaw. Tybir ei fod yn frodor o'r ardal a adwaenid yn ddiweddarach fel *Ceredigion a chysylltir ef â Llangrannog. Lluniwyd Buchedd fer i Garannog yn y ddeuddegfed ganrif, fe ddichon, gan Lifris, awdur Buchedd *Cadog. Efallai ei fod yn fab i Geredig fab *Cunedda a byddai felly yn ewythr i *Ddewi Sant. Dydd ei ŵyl yw 16 Mai.

Caratacus neu **Caradawg** neu **Caradog** (y gan. 1af), mab Cunobelinus (Cynfelin y traddodiad Cymreig a Cymbeline yn nramâu Shakespeare), Brenin y *Catu-vellauni. Wedi i'r fyddin Rufeinig o dan arweiniad Aulus Plautius drechu ei bobl ym Mrwydr Medway (OC 43), ffoes ef, gŵr a oedd yn nodedig am ei wydnwch mewn brwydrau, i dde-ddwyrain Cymru at y *Silwr-iaid, er mwyn osgoi'r brad a fwriedid ar ei gyfer, yn ôl

pob tebyg, gan y Trinovantes, llwyth y llwyddasai ei dad i'w darostwng. Wedi'r flwyddyn OC 47, pan sefydlodd y Rhufeiniaid linell o geyrydd a elwid y *Fosse Way*, mentrodd Caradog ei chroesi mewn cyfres o gyrchoedd, gan ddarostwng â thân ac â chleddyf osgordd-luoedd Rhufeinig a thiroedd y Dobunni a oedd eisoes wedi'u gorchfygu. Fe'i llesteiriwyd, er hynny, rhag gweithredu ymhellach pan sefydlwyd caer newydd Kingsholm (Caerloyw), a tharfodd hynny ar ei gynlluniau i gysylltu ei luoedd ei hun â lluoedd yr *Ordovices yng ngogledd Cymru. Wedi brwydr ddygn ar fynydd yng nghanol-barth Cymru (y mae'n debyg nad oes unrhyw gysylltiad â'r nifer o fynyddoedd a elwir heddiw yn Gaer Caradog), ffoes at Cartimandua, Brenhines llwyth y Brigantes. A hithau wedi talu ernes i'r Rhufeiniaid i warantu ymddygiad da ar ran ei llwyth, trosglwyddodd ef i ddwylo'i elynion. Cludwyd ef mewn cadwynau i Rufain ond llwyddodd Caradog i osgoi marwolaeth anwar a chyhoeddus pan heriodd yr Ymerawdwr Claudius i ganiatáu iddo fyw yn ddinesydd rhydd yn y ddinas ar yr amod ei fod yn peidio â dianc. Cadwodd y ddwy ochr at eu gair. Er mai brodor o dde-ddwyrain Lloegr oedd Caradog, ystyrid ef gan y Cymry fel y cynharaf o'u harwyr.

Ceir manylion pellach yn S. C. Stanford, *The Archaeology of the Welsh Marches* (1980), Graham Webster, *Rome against Caratacus: the Roman Campaigns in Britain AD 48-58* (1981) a Charles Kightly, *Folk Heroes of Britain* (1982).

Carcharor Mawr, Y, gweler o dan MODRON.

Cardi, llysenw ar frodor o'r hen sir Aberteifi. Defnyddir y gair weithiau, yn fwy cyffredinol, i ddisgrifio person crintachlyd. Y mae'n debyg i drigolion sir Aberteifi gael yr enw o fod yn gynnil oherwydd i lawer o ffermwyr y bryniau lwyddo mewn busnes a daeth rhai ohonynt yn werthwyr llaeth cyfoethog yn Llundain. Y mae llawer o straeon digrif am gybydd-dod tybiedig y Cardi, ond nid oes atgasedd yn y llysenw, oherwydd fe'i defnyddir yn aml gan y Cardi ei hun gyda balchder. Gweler hefyd y cofnod nesaf.

Cardi, Y, cylchgrawn a gyhoeddwyd gyntaf gan Gymdeithas Ceredigion yn 1966. Bu Donald *Evans, Dafydd *Jones (1907-91), Dic Jones (Richard Lewis *Jones) a *Roy Stephens ymhlith y golygyddion; y golygydd presennol yw Elsie Reynolds. Â Cheredigion y mae a wnelo'r cynnwys a bu'n llwyfan i farddoniaeth a rhyddiaith gan lenorion amlwg sy'n gysylltiedig â'r hen sir. Neilltuwyd chwe rhifyn yn gyfrolau teyrnged i Gwenallt (David James *Jones). Dafydd *Jones (Isfoel), T. E. *Nicholas, T. J. *Thomas (Sarnicol), E. Prosser *Rhys ac Alun *Jones (Alun Cilie).

Carmarthen Journal, The (1810), papur newydd hynaf Cymru sy'n cael ei gyhoeddi o hyd. Fe'i sefydlwyd gan nifer o Whigiaid a mân foneddigion ond newidiodd i fod yn Doriaidd yn y 1820au gan ochri gyda'r Eglwys Sefydledig. Sefydlwyd y papur newydd Rhyddfrydol *The *Welshman* yn 1832 i wrthweithio ei ddylanwad, a bu helyntion rhyngddynt. Daeth y *Journal* wedyn yn fwy lleol ei naws ac yn fwy poblogaidd yn sgîl ei golofnau Cymraeg a'r sylw a roddwyd i farddoniaeth. Ymhlith ei olygyddion yr oedd D. Archard Williams, Henry a Lewis Giles, H. Tobit Evans ac Emlyn Thomas. Erbyn y 1980au newyddion tref a sir Gaerfyrddin yn unig a geid ynddo.

Carnelian (Coslett Coslett; 1834–1910), gweler o dan CLIC Y BONT.

Carnhuanawc, gweler PRICE, THOMAS (1787–1848).

Carnwennan, gweler o dan WIDDON ORDDU.

Carnwyllion, cwmwd ar lan dde afon Llwchwr. Cysylltwyd y lle â *Chydweli, ac yn nechrau'r ddeuddegfed ganrif daeth yn rhan ddwyreiniol yr arglwyddiaeth Normanaidd honno.

Carol, cerdd i'w chanu. O'r ail ganrif ar bymtheg ymlaen cyfansoddwyd carolau Cymraeg mewn patrwm cynganeddol cymhleth, gyda'r mesur yn acennu'n rheolaidd. Canu gwyliol a thymhorol oedd amryw enghreifftiau, yn gysylltiedig â'r Ystwyll, Gŵyl Fair (gweler CANU GŴYL FAIR), y *Pasg a *Chalan Mai, ond nid oeddynt oll yn Gristnogol eu tarddiad. Perthynai 'carol wirod', 'carol dan bared', neu 'garol yn drws' i draddodiad y *gwaseila paganaidd. Pan ddarfu'r canu hwn yn ystod y ddeunawfed ganrif, cyfyngwyd y term 'carol' i ddynodi canu gwyliol yr addoldai ac erbyn y bedwaredd ganrif ar bymtheg cyfeiriai bron yn gyfan gwbl at ganeuon y *Nadolig. Gweler hefyd CWNDID.
Ceir manylion pellach mewn erthygl gan David Jenkins, 'Carolau Haf a Nadolig', yn *Llên Cymru* (cyf. II, 1952–53).

Carolau Haf, carolau a genid yn gynnar ar fore *Calan Mai a thrwy gydol y mis. Crefyddol oedd eu naws a chyfeirient yn aml at ddigwyddiadau'r flwyddyn a aethai heibio ac at y ffrwythlondeb a ddisgwylid yn ystod yr haf canlynol drwy haelioni Duw. Ceir disgrifiadau cynnil a thelynegol o brydferthwch natur wedi'u gwau ar fesurau cymhleth ceiniciau'r canu haf, fel y'i gwelir yng ngwaith meistri megis Huw *Morys. Rhoddwyd pwyslais arbennig ar y canu crefyddol hwn gan awdurdodau'r Eglwys yn yr ail ganrif ar bymtheg er mwyn gwrthweithio tueddiadau seciwlar a phaganaidd Calan Mai.

Carr, Glyn, gweler STYLES, FRANK SHOWELL (1908–).

Carreg Cennen, castell a godwyd ar graig uwchben afon Cennen ger Llandeilo, Caerf. Cipiwyd yr hen gaer a fu ym meddiant yr Arglwydd Rhys o Ddinefwr

(*Rhys ap Gruffudd) a'i ddisgynyddion yn y ddeuddegfed ganrif a'r drydedd ganrif ar ddeg gan fyddin y Brenin yn ystod y *Rhyfel Cyntaf dros Annibyniaeth (1276–77). Llwyddodd y Cymry i'w adennill am gyfnod byr yn ystod Rhyfel 1282–83 ond rhoddwyd y castell wedyn i John Giffard ac fe'i hailadeiladwyd ar ei orchymyn ef. Achoswyd difrod helaeth yn ystod gwrthryfel *Owain Glyndŵr pan fu'r castell o dan warchae, ac yn ystod Rhyfeloedd y Rhosynnau. Wedi i *Ruffudd ap Nicolas o Ddinefwr atgyfnerthu'r adeiladau, ildiodd y garsiwn i Syr Richard Herbert o Raglan. Rhoddwyd y castell gan Harri VII i Syr Rhys ap Thomas (1449–1525) o Ddinefwr ac yn ddiweddarach bu ym meddiant teuluoedd Vaughan a Cawdor, teuluoedd y Gelli Aur.
Ceir manylion pellach yn J. E. Lloyd (gol.), *A History of Carmarthenshire* (1935, 1939), J. M. Lewis, *Carreg Cennen Castle* (1990) ac yn Sian Rees, *Dyfed, A Guide to Ancient and Historic Wales* (1992).

CARTER, DANIEL (*fl.* 1840–*c.*1863), bardd, yr oedd o bosibl yn frodor o swydd Henffordd. Honnai iddo deithio'n helaeth yn Ewrop cyn ymsefydlu fel Meistr Ysgol Ramadeg Rhaeadr, Maesd. Ysgrifennodd ei gerdd hir ddisgrifiadol Saesneg, 'Rhaiadr Gwy' (1863) yn 1840 pan oedd yn byw yn y dref honno; fe'i cyhoeddwyd wedi iddo fynd yn ddall ac yn llesg. Seiliwyd hi ar '*The Farmer's Boy*' (1800) gan Robert Bloomfield; y mae ei thechneg yn ddigon cadarn a'i dull ymadrodd yn bendant hynafiaethol, ac y mae'r bardd yn clodfori ei gyfeillion personol. Ysgrifennodd Carter chwe gwaith arall, y cyfan ohonynt yn ddiddyddiad; *The Legend of Devil's Bridge* a *The Rose of Pont Vathew* yw'r rhai mwyaf nodedig.

Carter, Isaac (m. 1741), argraffydd. Ei wasg ef, a sefydlwyd yn 1718 yn Atpar (Trerhedyn), ym mhlwyf Llandyfrïog, Castellnewydd Emlyn, Caerf., oedd yr argraffwasg barhaol gyntaf a sefydlwyd yng Nghymru. Dechreuodd trwy argraffu baled Alban Thomas, 'Cân o Senn i'w hen Feistr Tobacco' (1718), ac aeth rhagddo i gynhyrchu tri gwaith mwy sylweddol, sef *Eglurhad o Gatechism Byrraf y Gymanfa* (1719), *Dwysfawr Rym Buchedd Grefyddol* (1722) ac *Y Christion Cyffredin* (1724). Trosglwyddwyd yr argraffwasg tua 1725 i Gaerfyrddin lle y parhaodd Carter i argraffu llyfrau o natur grefyddol.

Cartrefi Cymru (1896), cyfrol o ysgrifau gan Owen M. *Edwards a ymddangosodd gyntaf (gydag un eithriad), yn y cylchgrawn *Cymru rhwng 1891 a 1895. Disgrifir ymweliadau'r awdur â chartrefi nifer o Gymry enwog, sef Dolwar-fach (Ann *Griffiths), Tŷ-coch (Robert *Thomas, Ap Vychan), Y Gerddi Bluog (Edmwnd *Prys), Pantycelyn (William *Williams), Bryn Tynoriad (Evan *Jones, Ieuan Gwynedd), Trefeca (Howel *Harris), Caer Gai (Rowland *Vaughan), Cefn-brith

(John *Penry), Y Lasynys (Elis *Wynne), Tŷ'r Ficer (Rhys *Prichard), Y Garreg-wen (David *Owen) a *Thyddewi (*Dewi Sant). Fel llawer o waith yr awdur, lluniwyd yr ysgrifau gyda'r bwriad penodol o ysgogi diddordeb ymysg y werin yn hanes a daearyddiaeth Cymru. Bu'n hynod boblogaidd a phery'n ddarllenadwy iawn o hyd, yn arbennig oherwydd ei ramantiaeth hanesyddol a'i hoffter o natur.

Cyfieithwyd y llyfr i'r Saesneg gan T. E. Jones, *Homes of Wales* (1931).

Caru yn y Gwely, arfer ymhlith y werin Gymreig a dynnodd sylw aml i deithiwr o Sais yn y ddeunawfed a'r bedwaredd ganrif ar bymtheg. Ni chaniateid i forwyn ddefnyddio'r parlwr, ond yn achlysurol câi ei chariad ymweld â hi yn ei hystafell. Fel rheol disgwylid i'r pâr ddiosg eu hesgidiau a threulio'r oriau o dywyllwch yn sgwrsio a gorwedd ar y gwely yn hytrach nag ynddo – yn aml yr unig ddodrefn yn yr ystafell. Daeth yr arferiad, a adwaenir mewn gwledydd eraill fel *bundling*, dan lach y capeli yn y bedwaredd ganrif ar bymtheg, a cheisiwyd ei ddileu. Gweler hefyd BLACK VENUS (1944).

Disgrifir yr arferiad gan Alwyn D. Rees yn *Life in a Welsh Countryside* (1950; arg. newydd, 1996) a chan Catrin Stevens yn *Arferion Caru* (1977) a *Welsh Courting Customs* (1993).

Carw Coch (William Williams; 1808–72), gweler o dan CYMREIGYDDION Y CARW COCH.

Carw Rhedynfre, gweler o dan ANIFEILIAID HYNAF.

Caseg Broadsheets, The, gweler o dan CHAMBERLAIN, BRENDA (1912–71).

Caseg Fedi, y tusw olaf o ŷd i'w adael yn y cae. Yr oedd gynt yn arfer yng ngorllewin Cymru i'r gweision fferm gystadlu yn erbyn ei gilydd trwy daflu eu crymanau mewn ymdrech i dorri'r tusw. Wedyn fe'i cludid gan y medelwr llwyddiannus i'r tŷ lle y byddai'r merched yn barod i daflu dŵr drosto, a rhoddid iddo'r lle anrhydeddus yn ystod gwledd y medi. Yr oedd yr arfer yn adnabyddus trwy Ewrop a chynrychiolai, mae'n debyg, y gred hynafol fod nerth tyfiant natur yn llechu yn nhusw olaf y cynhaeaf.

Am fanylion pellach gweler Trefor M. Owen, *Welsh Folk Customs* (1959) a'r erthygl gan T. Llew Jones yn *Taliesin* (cyf. XXXVII, 1978).

Casglwr, Y, gweler o dan CYMDEITHAS BOB OWEN.

Cas-gwent, un o arglwyddiaethau'r Mers, a enwyd fel arfer yn **Strigoil**, llygriad o Ystrad Cul efallai. Yr oedd William fitz Osbern, Iarll Henffordd, erbyn ei farwolaeth yn 1071, wedi adeiladu castell ar aber afon Gwy yng Ngwent Is Coed, castell a ddaeth yn ganolbwynt i arglwyddiaeth Strigoil. Tuag 1115 rhoddodd Harri I yr arglwyddiaeth i Walter fitz Richard de Clare, ac o deulu Clare, yn ei thro, aeth i ddwylo teuluoedd Marshall, Bigod, Plantagenet a Mowbray. Yn 1465 daeth Strigoil i feddiant William Herbert o *Raglan. Amddiffynnwyd hawliau ei orwyr Henry Somerset, Iarll Caerwrangon, fel un o Arglwyddi'r Mers mewn cymal yn y *Ddeddf Uno yn 1536.

Casnewydd, Gwrthryfel (1839), gweler o dan SIARTIAETH.

CASNODYN (*fl*.1320–40), y bardd cynharaf o Forgannwg y cadwyd ei waith. Ei awdl farwnad i Fadog Fychan o'r Goetref, Llangynwyd, stiward *Tir Iarll, yw'r gerdd foliant gyntaf i frodor o'r ardal honno. Ceir tystiolaeth, serch hynny, mewn cerddi gan *Hywel Ystorm, mai o *Gilfái, yn ymyl Abertawe, yr hanoedd y bardd, a geill mai Gruffudd oedd ei enw iawn. Y mae ganddo gyfeiriadau cynnar at Wyndodeg a Gwenhwyseg gyfoes, ond y mae'r darnau a gadwyd o'i waith yn gyfan gwbl yn iaith hynafol y *Gogynfeirdd. Mewn cerdd i Ieuan ap Gruffudd o Geredigion dywed mai ganddo ef y dysgodd lunio 'cerdd berffaith', yn wahanol i 'sothachiaith' beirdd mewn ardaloedd eraill. Mewn oes o newid cyflym glynai Casnodyn wrth yr hen safonau ac edmygai'r hen uchelwr o Gymro nad oedd ganddo ddim Saesneg. Ond er gwaethaf ei arddull a'i eirfa hynafol yr oedd yn symud cam ymlaen yn natblygiad *cynghanedd.

Amrywia ei destunau o glod i ferch a marwnadau i noddwyr yng Ngheredigion a Morgannwg i gyfres o ddeuddeg awdl unodl yr un i'r Drindod. Digwydd ei linell fwyaf adnabyddus mewn awdl i Gwenllian, merch Cynan ap Maredudd a gwraig Syr Gruffudd Llwyd a ddaliai swydd uchel yng ngogledd Cymru yn ystod teyrnasiad Edward I ac Edward II: 'Main firain riain gain Gymräeg'. Ymgyfyd i'w anterth nid yn gymaint yn ei ddisgrifio erchyll o boenau uffern ag mewn darnau o ddefosiwn dwys wedi'i gyflwyno gyda holl addurn ei gelfyddyd. Yma eto tystia yn erbyn 'gorwacter y glêr'. Ni fynnai'r cynheilydd ysgolheigaidd a cheidwadol hwn gael ei ystyried yn un ohonynt hwy.

Castell Coch, castell a adeiladwyd yn 1872 yn ôl cynlluniau William Burges (1827–81) i drydydd Ardalydd *Bute. Saif mewn coedwig uwchben Tongwynlais, i'r gogledd o Gaerdydd, ar safle caer a adeiladwyd gan Gilbert de Clare, Arglwydd Morgannwg, yn y drydedd ganrif ar ddeg. Y mae'n rhysedd o adeilad yn arddull ramantaidd oes Fictoria, gyda thyrau conigol, pont gadi a phorthcwlis sy'n gweithio, ac ystafelloedd addurnedig. Yr oedd castell arall ar y safle yn yr Oesoedd Canol a oedd yn eiddo Ifor Bach (*Ifor ap Cadifor). Dywedir bod ei drysor wedi'i gladdu mewn cell a warchodir gan dri eryr, ar ben twnnel yn arwain o gastell *Caerdydd. Gweler hefyd POWIS.

Caswallon fab Beli, cymeriad yn Ail a Thrydedd Gainc *Pedair Cainc y Mabinogi*; dywedir ei fod wedi goresgyn Ynys y Cedyrn tra oedd *Brân (Bendigeidfran) yn Iwerddon a'i fod yn frenin coronog yn Llundain. Daw ar draws y saith gŵr a adawyd i warchod yr Ynys; gwisgai len hud, a'i gwnâi'n anweledig ac y mae'n lladd chwech ohonynt, ond yn arbed y seithfed, *Caradog fab Brân, am ei fod yn fab i'w gefnder. Er hyn, y mae Caradog yn marw o fraw wrth weld y cleddyf yn lladd ei gyfeillion. Ar ddechrau'r Drydedd Gainc cyfeiria *Manawydan at Gaswallon fel ei gefnder, eithr dywed ei bod yn drist ganddo weld neb yn lle Bendigeidfran ei frawd ac na allai fod yn llawen yn rhannu'r un tŷ. Yn ddiweddarach, â *Pryderi i Rydychen i hebrwng ei wrogaeth i Gaswallon.

Y mae'n debygol fod yr enw Caswallon yn diogelu atgof am Cassivellaunus, brenin y *Catuvellauni ac arweinydd y Brytaniaid yn erbyn Cesar yn OC 47. Ni roddir iddo gysylltiadau Rhufeinig yn y Mabinogi, ond yn ôl Triawd y Tri Chyfor aeth 'drwy fôr yn ôl y Cesariaid'; yn ôl Trioedd eraill yr oedd yn un o'r Tri Serchog. Y tu ôl i'r cyfeiriadau hyn rhaid bod stori goll am Gaswallon, Fflur a Chesar. Ymddengys fod y traddodiadau am Gaswallon yn hanfod o gorff eang iawn o hanesion, a gedwir, mewn darnau gwasgaredig yn unig, am deyrnasiad *Beli Mawr a'i feibion dros Brydain.

Ceir manylion pellach yn W. J. Gruffydd, *Rhiannon* (1953), Ifor Williams, *Pedeir Keinc y Mabinogi* (1930) a Rachel Bromwich, *Trioedd Ynys Prydein* (3ydd arg., 1998).

Catraeth, Brwydr, gweler o dan GODODDIN (*c*.600).

CATRIN (*fl.* 1545), bardd, merch *Gruffudd ab Ieuan ap Llywelyn Fychan, o deulu yn Nyffryn Clwyd, Dinb., a ymddiddorai mewn *Cerdd Dafod. Ceir ar glawr gryn swm o waith ei thad, a chwaer iddi, mae'n debyg, oedd *Alis, y cadwyd ychydig o'i gwaith. Dwy gerdd yn unig o eiddo Catrin a gadwyd, sef awdl i Dduw a'r Byd a chyfres o ugain englyn i Grist. Tadogir y cerddi hyn weithiau ar Gatrin arall, merch Gruffudd ap Hywel, gwrthrych y cofnod nesaf.

CATRIN (*fl.* 1555), bardd, merch Gruffudd ap Hywel, o Landdaniel-fab, Môn. Cyfansoddodd gerddi yn y mesurau caeth, gan gynnwys cyfres o englynion i Dduw ac i haf oer 1555: goroesodd y rhain mewn llawysgrif. Tadogir arni hi weithiau ddwy gerdd gan Gatrin, ferch Gruffudd ab Ieuan ap Llywelyn Fychan, gwrthrych y cofnod blaenorol.

Catrin o Ferain (1534/5–91), boneddiges a berthynai trwy linach gwaed a thrwy briodas i nifer o deuluoedd blaenllaw gogledd Cymru; ffurfiai ei hamryw ddisgynyddion we gymhleth o gysylltiadau teuluol a dyna pam y gelwir hi yn 'Fam Cymru'. Yr oedd Catrin yn wyres i fab gordderch Harri'r VII ac yn berchennog cartref teulu'r *Tuduriaid ym Mhenmynydd, Môn. Priododd bedair gwaith; ei gŵr cyntaf oedd Siôn *Salsbri (m. 1566) o Leweni, Dinb.; ei hail ŵr oedd Syr Rhisiart Clwch (m. 1570) o Ddinbych, marsiandïwr llwyddiannus a ddygodd Gatrin gydag ef yn sgîl ei swydd i Antwerp, Hamburg a Sbaen; drwy ei thrydedd briodas â Maurice Wynn (m. 1580) daeth Catrin yn llysfam i Syr Siôn *Wynn o Wydir; ei phedwerydd gŵr oedd Edward Thelwall (m. 1610) o Blas-y-ward, Dinb. Honnodd Thomas *Pennant fod Maurice Wynn wedi cynnig ei phriodi wrth iddo ei hebrwng adref o angladd Siôn Salsbri ond gwrthododd hi cf am ei bod eisoes wedi ei dyweddïo i Syr Rhisiart Clwch, wrth iddi fynd i'r eglwys ar ei fraich ef, ond addawodd y gallai ddibynnu ar gael bod yn drydydd gŵr iddi. Y mae Pennant yn cofnodi'r traddodiad fod Catrin yn y llun enwog gan Lucas de Heere yn gwisgo loced lle y cadwai gudyn o wallt Syr Rhisiart Clwch. Cafodd blant o'i thri gŵr cyntaf a phriododd ei phlant a'i llysblant drwyddynt draw. Ym mhriodasau Catrin adlewyrchir tueddiad i wyro oddi wrth Babyddiaeth tuag at Brotestaniaeth er i Tomos Salsbri, ei mab hynaf o'i phriodas gyntaf, barhau yn Babydd a chael ei ddienyddio oherwydd ei ran yng *Nghynllwyn Babington (1586). Ymhlith y beirdd a'i molodd yr oedd Wiliam *Cynwal a'i cyfarchodd: 'Catrin wych, wawr ddistrych wedd/Cain ei llun, cannwyll Wynedd'.

Ceir manylion pellach mewn erthygl ar Gatrin gan John Ballinger yn *Y Cymmrodor* (cyf. XL, 1929); gweler hefyd rai ar Syr Rhisiart Clwch yn *Nhrafodion Cymdeithas Hanes Sir Ddinbych* (cyf. XIX, 1970; cyf. XX, 1971) gan Robin Gwyndaf. Ysgrifennwyd nofelau wedi'u seilio ar fywyd y wraig hynod hon gan R. Cyril Hughes, sef *Catrin o Ferain* (1975), *Dinas Ddihenydd* (1976) sy'n adrodd ei hanes yn Antwerp, a *Castell Cyfaddawd* (1984).

Catuvellauni, Y, llwyth Celtaidd y mae awduron Rhufeinig yn nodi iddynt drigo yn rhannau helaeth o dde-ddwyrain Prydain i'r gogledd o afon Tafwys cyn ac yn ystod y cyfnod Rhufeinig. Yn gynharach yn y ganrif gyntaf OC, daeth yn llwyth pwerus iawn gan dresmasu ar diroedd llwythau cyfagos, fel y Dobunni, y Cantiaci a'r Atrebates, a goresgynnodd diroedd y Trinovantes (yn yr Essex fodern), ynghyd â'u prifddinas, Camulodunum (Caer Colun neu Colchester).

Iwl Cesar oedd y cyntaf i gofnodi presenoldeb ffurflywodraeth dra-arglwyddiaethol yn iseldir Prydain: ar ei ail ymgyrch i Brydain, yn 54 CC, wynebodd Cesar arweinydd nerthol o'r enw Cassivellaunus, y bu bron iddo'i orchfygu. Ond gadawodd Cesar Brydain mewn heddwch i bob golwg, wedi gosod treth a rhybudd i beidio â cham-drin y Trinovantes.

Yn dilyn cyfnod Cesar, ceir tystiolaeth o ffynonellau hanesyddol ac archaeolegol i hanes y Catuvellauni. Codwyd canolfannau caerog mawr ganddynt, fel Verulamium a Camulodunum, a chorfflosgwyd eu meirw uchel-dras mewn beddau addurnedig. Awgryma dosbarthiad y darnau arian a fathwyd gan wahanol arweinwyr ymhle y rheolai'r Catuvellauni: Tasciovanus fu'n arwain y llwyth rhwng tua 20 CC ac OC 10, ac ar ei arian ef geilw ei hun yn *rigonus* (rhi neu frenin). Yr arweinydd mwyaf nerthol tan OC 40–41 oedd mab Tasciovanus, Cunobelin (Cymbeline Shakespeare). Geilw'r awdur Rhufeinig Suetonius ef yn *Rex Britanniorum* (Brenin y Brythoniaid). Yr oedd Cunobelin yn gyfeillgar tuag at Rufain, a mewnforiodd lwythi o nwyddau moethus, gwin yn arbennig. Awgryma arian Cunobelin iddo ddefnyddio hen brifddinas y Trinovantes, Camulodunum, safle ardderchog ar gyfer masnach ar draws Môr Udd, fel un o'i ganolfannau brenhinol.

Wedi marwolaeth Cunobelin bu brwydr am oruchafiaeth rhwng ei dri mab Togodumnus, *Caratacus ac Adminius; alltudiwyd yr olaf gan ei frodyr ac apeliodd i Rufain; yr un pryd, dadorseddwyd Verica, arweinydd yr Atrebates a gofynnodd hwnnw hefyd i Rufain am gymorth. Y sefyllfa wleidyddol ansefydlog hon oedd, yn rhannol o leiaf, yn gyfrifol am ymosodiad y Rhufeiniaid ar Brydain yn OC 43.

Tyfodd Verulamium a Camulodunum yn drefi Rhufeinig ffyniannus. Ond ychydig a glywir am y Catuvellauni o ffynonellau hanesyddol ar ôl y ganrif gyntaf OC. Serch hynny, ceir arysgrifau sy'n tystio i barhad pobl a oedd yn dal i feddwl amdanynt eu hunain fel Catuvellauni hyd at y bedwaredd ganrif OC.

Am fanylion pellach gweler Keith Branigan, *The Catuvellauni*, (1985), Barry Cunliffe, *Iron Age Britain* (1995) a Peter Salway, *The Oxford Illustrated History of Roman Britain* (1993).

Catwg Ddoeth, un o ffugiadau Iolo Morganwg (Edward *Williams). Yr oedd Iolo yn gwybod am y traethawd Cymraeg Canol o'r enw *Cynghoreu Catwn*, sef cynghorion tad i'w fab a gyfieithwyd o waith Lladin, y *Dionysii Catonis Disticha de Moribus ad Filium*. Cysylltodd Iolo yr awdur, a elwid Cadw neu Cadwn neu Catwn, â nawddsant Llangatwg, Morg., a lluniodd gorff enfawr o 'ddoethineb' a'i briodoli i Gatwg Ddoeth a'i gyhoeddi yn nhrydedd gyfrol *The Myvyrian Archaiology* (1807).

Gweler y drafodaeth awdurdodol gan G. J. Williams yn *Iolo Morganwg. Y Gyfrol Gyntaf* (1956).

Cath Palug, gweler o dan TRI GWRDDFEICHIAD.

Catheiniog, cwmwd yn y *Cantref Mawr gyda'i ganolfan yn Y Dryslwyn.

Cathl, hen air o dras Geltaidd am gân neu gerdd. Fe'i defnyddir yn aml yn deitl i gerdd, er enghraifft 'Cathl i'r Eos', gan John *Blackwell (Alun) a 'Cathl y Gair Mwys' gan Peter Lewis (diwedd y 17eg gan.). Defnyddid gynt y geiriau 'cathlwr', 'cathlydd' a 'chathlfardd' am brydydd.

Catholigiaeth Rufeinig, sef y rhan honno o'r Eglwys Gristnogol sy'n derbyn uchafiaeth Esgob Rhufain (y Pab) ac yn ystyried aberth yr Offeren yn ganolbwynt ei haddoliad. Dyma draddodiad llywodraethol Cristnogaeth Gymreig hyd at yr unfed ganrif ar bymtheg, er amharu arno rhwng diwedd y chweched ganrif a chanol yr wythfed gan anghytuno ynglŷn â'r Pasg a materion eraill. Y mae'r llenyddiaeth Gymraeg gynharaf, er yn tarddu o ethos arwrol, yn adlewyrchu daliadau'r traddodiad hwn yn eglur ddigon. Erbyn yr Oesoedd Canol y mae llawer o lenyddiaeth y Cymry yn benodol grefyddol a'r rhan fwyaf o'r gweddill yn rhagdybio'n ddigamsyniol gredoau Catholigiaeth. Gellir enwi *Einion ap Gwalchmai, *Madog ap Gwallter a *Siôn Cent fel tri bardd crefyddol nodedig, ac awdur dienw'r testun *Cysegrlan Fuchedd* fel y mwyaf diddorol o'r ysgrifenwyr rhyddiaith. Gyda dyfodiad *Protestaniaeth yn ei ffurf Anglicanaidd, anghyfreithlonwyd Catholigiaeth Rufeinig, ond hyd at Gynllwyn Titus Oates (1678–81) bu gwrthsefyll dewr ymhlith y Catholigion, a bu i'w gwrthsafiad beth ffrwyth llenyddol (gweler o dan GWRTH-DDIWYGIAD). Gwan oedd sefyllfa Catholigiaeth drwy gydol y ddeunawfed ganrif, er bod grwpiau bychain yn glynu'n gyndyn wrth yr Hen Ffydd, yn y gogledd-ddwyrain a'r de-ddwyrain yn fwyaf arbennig. Llenor Catholig mwyaf nodedig y ganrif oedd Dewi Powell (Dewi Nantbrân) o'r Fenni, aelod o Urdd Sant Ffransis ac awdur tri llyfr Cymraeg.

Yn ystod y bedwaredd ganrif ar bymtheg, ac yn enwedig o tuag 1850 ymlaen, bu ymfudo helaeth o Iwerddon i ardaloedd diwydiannol Cymru, ac o ganlyniad ymadfywiodd Catholigiaeth. Yn 1850 fe sefydlwyd dwy esgobaeth Gymreig (er eu bod bryd hynny â rhannau o Loegr ynghlwm wrthynt); erbyn hyn y mae tair, sef Archesgobaeth Caerdydd ac Esgobaethau Mynwy a Wrecsam. Ochr yn ochr â'r Gatholigiaeth werinol hon cafwyd tröedigion mwy bonheddig, a ddenid yn bennaf gan hen hanes y Ffydd, megis H. W. Lloyd a J. Y. W. (Chevalier) Lloyd: er gwaethaf ei dlodi dygn iddynt hwy y perthyn William Owen ('Y Pab') yr hytrach nag i fewnfudwyr y gaib a'r rhaw o Iwerddon. Treuliodd Gerard Manley *Hopkins dair blynedd yn Nhremeirchion yn y 1870au, ac er na chafodd fawr o effaith ar Gymru cafodd Cymru a'i llenyddiaeth effaith chwyldroadol arno ef.

Saunders *Lewis yw llenor Catholig mwyaf Cymru yn yr ugeinfed ganrif, a thrwy ei ddawn lenyddol ddigymar yn ogystal â'i Gatholigiaeth ddofn, cyflwynodd yr Hen Ffydd o'r newydd i'w gyd-wladwyr a cheisio ganddynt ei hystyried o ddifrif am y tro cyntaf ers pedair canrif. Ffurfiodd gymdeithas o'r enw Y Cylch Catholig a gyhoeddodd y cylchgronau *Efrydiau Catholig Ysgrifau Catholig* a'r *Cylchgrawn Catholig*. Perthyna amryw lenorion galluog i'r Cylch, a swcrid ef gan urddasolion eglwysig megis yr Archesgob Michael McGrath, y Canon John Barrett Davies a'r Esgob Daniel Mullins.

Am ragor o fanylion gweler Donald Attwater, *The Catholi*

Church in Modern Wales (1935), Emyr Gwynne Jones, *Cymru a'r Hen Ffydd* (1951), Glanmor Williams, *The Welsh Church from Conquest to Reformation* (1962), Roland Mathias, *Whitsun Riot* (1963), Siân Victory, *The Celtic Church in Wales* (1977) a *The Early Church in Wales and the West* (gol. N. Edwards ac A. Lane, 1992).

Cau'r Mynyddoedd, nodwedd amlwg o dirlun Cymru er y cyfnod modern cynnar. Weithiau yn yr Oesoedd Canol amgylchynid meysydd agored a'u hisrannu dros dro â chlwydi pren ond yr oedd y wlad ar y cyfan yn agored. Plannwyd gwrychoedd o ganlyniad i wladychiad Eingl-Normanaidd: crewyd caeau amgaeedig bychain o amgylch canolfannau maenorol, parciau hela a therfynwyd ffermydd rhydd mawrion gan gloddiau.

Yn ystod yr unfed ganrif ar bymtheg a dechrau'r ail ganrif ar bymtheg, fodd bynnag, bu bonedd Cymru yn ddiwyd yn ymestyn eu stadau a lle'r oedd yn bosibl yr oeddynt yn creu 'caeau' neu feysydd gwrychedig. Anogent eu tenantiaid a ddaliai stribedi o dir-ar-chwâl mewn caeau agored i greu daliadau cryno trwy gau eu tiroedd, ond gwaith hir oedd hyn a pharhaodd am ganrifoedd mewn rhai siroedd. Oherwydd pwysau poblogaeth gynyddol ar adnoddau'r tir lluniwyd yn aml dyddynnod o dir gwag. Fel arfer trwyddedwyd y rhain gan yr awdurdodau maenorol ac mewn llawer ardal datblygodd yr arfer o godi 'tŷ unnos'. Yn ôl yr arferiad hwn, byddai gan y sawl a godai dyddyn ar gytir dros nos, fel y byddai mwg yn dod o'i gorn erbyn y bore, hawl i fyw ynddo ac i ffermio ychydig o'r tir o'i gwmpas. Erbyn dechrau rhyfeloedd y *Chwyldro Ffrengig (1789) yr oedd y rhan fwyaf o'r wlad, ar wahân i dir agored yr ucheldir, wedi'i hamgylchynu a'i gwrychu. Erbyn y blynyddoedd rhwng 1793 ac 1815 yr oedd y rhain hefyd wedi'u perchenogi a'u hisrannu â'r waliau cerrig sy'n rhan mor amlwg o dirlun Cymru heddiw. Achosodd yr amgylchynu diweddar galedi mawr i'r dosbarthiadau tlotaf gan iddynt golli hawliau torri mawn a phori; disgrifir eu dioddefaint yn fyw yng nghyfrol Hugh *Evans, *Cwm Eithin* (1931). Gweler hefyd PLA DU.

Ceir manylion pellach yn Ivor Bowen, *The Great Enclosures of Common Lands in Wales* (1914).

CAVE, JANE (*fl.* 1700–96), bardd a aned yn Aberhonddu, Brych.; yr oedd yn ferch i dollydd o swydd Dorset a gafodd dröedigaeth dan weinidogaeth Howel *Harris tra oedd yn gweithio yn Nhalgarth. Cyhoeddwyd ei *Poems on Various Subjects, Entertaining, Elegiac and Religious* (1783) gyntaf yng Nghaer-wynt yn ystod blwyddyn ei phriodas â thollydd arall, Thomas Winscom. Bu'n byw yn ddiweddarach ym Mryste lle y denodd pedwerydd argraffiad ei llyfr yn 1794 oddeutu dwy fil o danysgrifwyr amlwg. Ond hepgorwyd amryw o'i cherddi ar bynciau Cymreig, gan gynnwys un ar farwolaeth Harris. Dychwelodd i Gymru maes o law lle y bu farw yng Nghasnewydd, Myn.

Trafodir Jane Cave gan Roland Mathias yn ei erthygl, '*Poets of Breconshire*', *Brycheiniog* (cyf. XIX, 1980–81). Am asesiad beirniadol o'i gwaith, gweler Catherine Messem, '*Irreconcilable tensions: Gender, Class and the Welsh Question in the Poetry of Jane Cave (c.1754–1813)*', yn *Welsh Writing in English* (cyf. II, gol. Tony Brown, 1996).

Caw o Brydyn, gweler o dan TAIR GWELYGORDD SAINT YNYS PRYDAIN a WIDDON ORDDU.

Cawr Gilfach Fargoed, ffigur mewn chwedl werin sy'n adrodd sut y tarfwyd ar ddedwyddwch *Tylwyth Teg Cwm Rhymni yn sir Fynwy gan gawr rheibus. Yn y diwedd gyrrodd Tylluan Pen-coed Fawr saeth drwy galon y cawr pan oedd yn caru gyda gwrach o dan goeden afalau. Llosgwyd corff y cawr gan y Tylwyth Teg ac aeth y ddaear o'i amgylch ar dân, a dyna sut y darganfuwyd glo yn y cwm. Dywedir bod y tylluanod yn dal i ganu ym Mhen-coed Fawr ar noson olau leuad er mwyn dathlu marwolaeth y cawr.

Cawrdaf, gweler JONES, WILLIAM ELLIS (1795–1848).

Cecil, teulu, Ieirll ac Ardalyddion Exeter a Salisbury, prif linach gweinyddol Lloegr yn ystod teyrnasiadau Elisabeth I ac Iago I. Ymddengys mai'r aelod cyntaf o'r teulu i fod â chysylltiad â Chymru oedd Robert Sitsyllt, un o ddilynwyr Robert fitz Hamo, concwerwr Normanaidd Morgannwg. Trwy briodas, daeth Sitsyllt yn berchennog Alltyrynys, Henff., a saif ar lan afon Mynwy yn *Ewias. Yn y bymthegfed ganrif, priododd ei ddisgynnydd, Richard, y cyntaf i sillafu'i enw fel Cecil, i lwyth Fychaniaid Brycheiniog. Bu llinach hŷn y Ceciliaid yn preswylio yn Alltyrynys tan iddo ddarfod amdano yn 1598. Ymsefydlodd un o feibion Richard, sef David (m. 1541) yn swydd Lincoln lle y penodwyd ef yn stiward nifer o faenorau'r Goron. William Cecil, Barwn Burghley (1520–98), ŵyr Richard, oedd Prif Ysgrifennydd Gwladol ac Arglwydd Drysorydd Elisabeth I, ac ef oedd yn gyfrifol am adeiladu plasty ardderchog Burghley ger Stamford, swydd Lincoln. Dyrchafwyd ei fab hynaf, Thomas (1542–1623), yn Iarll Caerwysg yn 1605. Darfu i'w ail fab, Robert (1563–1612) olynu ei dad fel prif weinyddwr y deyrnas; fe'i dyrchafwyd yn Iarll Caersallog yn 1605 a chododd balas enfawr Hatfield House, swydd Hertford. Nid oedd gan Robert Cecil fawr o ddiddordeb yng Nghymru, ond y mae'n debyg mai ei dad, a ymfalchïai'n fawr yn ei dras Gymreig, oedd yn gyfrifol am y driniaeth gydymdeimladol a dderbyniwyd gan Gymru yn ystod teyrnasiad Elisabeth I. Ymddiswyddodd ei ddisgynnydd pell, yr Arglwydd Robert Cecil, trydydd mab trydydd Ardalydd Salisbury, o lywodraeth *Lloyd George yn 1918 fel protest yn erbyn *Datgysylltu'r Eglwys Anglicanaidd yng Nghymru.

Cedewain, cwmwd ym *Mhowys rhwng y Rhiw ac

afon Hafren. Ynddo y mae *Dolforwyn, castell a adeiladwyd gan *Lywelyn ap Gruffudd yn 1273. Rhoddwyd y cwmwd i Roger Mortimer gan Edward I yn 1279.

Cefnamwlch, plasty ym mhlwyf Tudweiliog, Caern., a chartref teulu'r Gruffuddiaid a fu'n enwog am ei nawdd i feirdd am ddeg cenhedlaeth hyd ddiwedd yr ail ganrif ar bymtheg. Y noddwr mwyaf nodedig oedd Siôn Gruffudd (m. 1585) a chanodd nifer fawr o feirdd iddo.

Cefnllanfair, plasty ym mhlwyf Llanbedrog, Caern., a fu'n gyrchfan amlwg i feirdd a lle'r estynnwyd nawdd am bum cenhedlaeth yn ystod yr unfed ganrif ar bymtheg a'r ail ganrif ar bymtheg. Huw ap Rhisiart ap Dafydd (m. 1590) oedd y penteulu cyntaf i groesawu'r beirdd. Parhawyd yr arfer gan ei fab, Gruffudd Huws, a chan Huw, ei fab yntau, a cheir peth canu i'w disgynyddion hwythau ar ddechrau'r ddeunawfed ganrif. Mab Huw ap Rhisiart oedd Richard *Hughes (m. 1618), milwr a swyddog yn llys y Frenhines Elisabeth. Canodd nifer o gerddi serch afieithus ar fesurau digynghanedd a chynhwyswyd rhai ohonynt gan T. H. *Parry-Williams yn y gyfrol *Canu Rhydd Cynnar* (1932).

Cefn-llys, plasty, a fu ar un cyfnod yn gastell, yn y plwyf o'r un enw yn sir Faesyfed, a safle buddugoliaeth *Llywelyn ap Gruffudd dros Rosier Mortimer. Erbyn y bymthegfed ganrif daeth y plasty yn gyrchfan i feirdd. Ieuan ap Phylip (*fl.* 1450) oedd y noddwr amlycaf a *Lewys Glyn Cothi (Llywelyn y Glyn) a ganodd yn fwyaf cofiadwy ar yr aelwyd.

Ceffyl Pren, Y, arfer gwerin, lle y byddai dyn a gyhuddid o drosedd, neu ddelw ohono, yn cael ei gario ar bolyn neu ysgol er mwyn ei ddilorni'n gyhoeddus. Dichon i'r arfer ddeillio o farchogaeth yr 'hobi-hors' mewn chwaraeon hynafol ac yn aml iawn cysylltid arwyddocâd ffalig ystum y troseddwr â godineb. Digwyddai'r chwarae hwn fel arfer ar ôl iddi dywyllu a byddai'r dyrfa yn pardduo eu hwynebau. Gwisgai'r dynion ddillad merched, cynhelid treialon ffug ac wrth ddilyn yr orymdaith arferid curo drymiau a saethu gynnau. Yr oedd yr arfer mewn bodolaeth cyn Helyntion *Beca a deilliodd dull yr ymosodiadau ar dollbyrth yng ngorllewin Cymru o'r hen arfer hwn. Ceir disgrifiad o'r arferiad yn Lloegr, dan yr enw 'The Skimmington' (neu 'the skimmity ride'), gan Thomas Hardy yn *The Mayor of Casterbridge* (1886).

Ceir manylion pellach yn David Williams, *The Rebecca Riots* (1955).

Ceilys, gêm a chwaraeid ar lain gwyrdd yn yr awyr agored yn ogystal ag ar ali fowlio bwrpasol. Hanfod y chwarae yw gyrru disg pren wedi ei ymylu â haearn, neu yn ddiweddarach bêl bren, at nifer o geilys neu sgitls gyda'r bwriad o daro cynifer ag y bo modd. Erbyn yr

Oesoedd Canol, er gwaethaf nifer o ymdrechion i'w gwahardd, yr oedd y gêm yn gyffredin ac yn boblogaidd ymhlith gwerin Cymru. Yn ystod y bedwaredd ganrif ar bymtheg gwaharddwyd y chwarae gan nifer o feinciau ynadon lleol i geisio atal y betio trwm a oedd yn rhan anochel o'r difyrrwch.

Ceingaled, gweler o dan GWALCHMAI FAB GWYAR a TRIOEDD Y MEIRCH.

Ceinion Llenyddiaeth Gymreig (1876), blodeugerdd mewn pedair cyfrol dan olygyddiaeth Owen *Jones (Meudwy Môn). Y mae'n cynnwys detholion o weithiau *Dafydd ap Gwilym, *Siôn Cent a *Beirdd yr Uchelwyr, a beirdd mwy diweddar fel David *Owen (Dewi Wyn) ac Ebenezer *Thomas (Eben Fardd) yn ogystal â rhai o chwedlau'r Oesoedd Canol a'r clasuron rhyddiaith fel Y *Ffydd Ddi-Ffuant a *Gweledigaetheu y Bardd Cwsc. Cymysgfa hollol ddidrefn yw'r casgliad ac yn cynnwys yn ychwanegol 'darnau detholedig o gyfansoddiadau rhai o'r awdwyr Seisnig, wedi eu cyfieithu yn fwriadol i'r gwaith hwn'.

Ceinmeirch, cwmwd yng nghantref *Rhufoniog i'r gorllewin o afon Clwyd; daeth yn rhan o Uchelarglwyddiaeth Dinbych yn 1282.

Ceiriog, gweler HUGHES, JOHN CEIRIOG (1832–87).

Celt, gweler HUMPHREYS, EDWARD MORGAN (1882–1955).

Celt, Y (1878), papur newydd wythnosol a ymddangosodd gyntaf dan olygyddiaeth Samuel *Roberts, Llanbryn-mair. Hanes digon helbulus a fu i'r papur a chyhoeddwyd ef mewn gwahanol fannau yng Nghymru, gan gynnwys Caernarfon (1879–81), Bangor (1882–94), Aberafan (1894–95) a Llanelli (1896–1900). Yn 1903 cyhoeddwyd y rhifyn cyntaf o'r *Celt Newydd* ac fe'i hunwyd ag Y *Tyst dair blynedd yn ddiweddarach. Yr Annibynwyr a'i noddai ac fe'i cefnogid yn wreiddiol gan ddilynwyr Michael D. *Jones mewn gwrthwynebiad i Y *Tyst a'r Dydd. Bu Evan Pan *Jones, D. Stephen Davies, William (Keinion) Thomas a D. Silyn Evans yn olygyddion arno. Bu mwy nag un storm, yn enwedig yn ystod tymor golygyddiaeth Pan Jones pan fu pwnc y tir, landlordiaeth a hunanlywodraeth i Iwerddon yn bynciau llosg ar dudalennau'r papur, a gwysiwyd y golygydd am athrod fwy nag unwaith.

Celtiaid, Y, corff o bobloedd a oedd, pan oedd eu gwareiddiad ar ei anterth, ymhlith y bobloedd mwyaf diwylliedig a dylanwadol yn hanes Ewrop. Y mae eu tarddiad yn perthyn i gyfnod cyn-ddogfennol, felly ni ellir olrhain eu datblygiad cynharaf ond trwy ddulliau archaeolegol. Hyd yn oed wedyn ni ellir defnyddio tystiolaeth y rhaw gyda sicrwydd ond pan fo deunydd o natur Geltaidd bendant yn bodoli. Gyda chryn ansicrwydd y gellir ystyried unrhyw weddillion o strata gynt fel rhywbeth Celtaidd neu gyn-Geltaidd. Serch hynny, oherwydd bod enwau lleoedd yn mynd yn ôl i gyfnodau cynharach o gryn dipyn na chyfnodau'r dogfennau lle yr ymddangosant, gellir defnyddio tystiolaeth onomastig er mwyn profi bodolaeth y Celtiaid mewn mannau lle nad oes brofion derbyniol eraill. Er enghraifft, cyfeiriai dogfen sy'n perthyn i'r chweched ganrif CC ond sydd bellach ar goll, sef *y Massiliote Periplus*, at Iwerddon a Phrydain fel *Iernē* ac *Albion*, tystiolaeth fod Celtiaid yn yr ynysoedd hyn ymhell cyn dyddiad y ddogfen honno. Yn yr un modd, y mae enwau ar lwythau Iberaidd, fel *Celtae* a *Celtiberi* yn awgrymu bod y bobl hyn yn eu hadnabod eu hunain fel pobl a oedd yn rhan o gyfangorff Celtaidd enfawr.

Ychydig a wyddys i sicrwydd am fewnfudiadau cynharaf y Celtiaid, er bod gan archaeolegwyr ac ieithyddwyr ddamcaniaethau sy'n newid o dro i dro. Gellir gwahaniaethu'r Celtiaid am y tro cyntaf efallai yn Hallstatt, sef rhan uchaf Salzkammergut yn Awstria: yno o tua'r wythfed ganrif CC ymlaen, gwnaeth eu defnydd o haearn eu gwareiddiad yn gyfoethog a llwyddasant i ledaenu eu masnach i lawer cyfeiriad, yn arbennig i Etruria a Groeg. Y mae'r ffaith fod sidan o Tseina wedi ei ddarganfod ym meddau'r cyfnod yn awgrymu eu bod wedi mentro yn bellach. Cymerodd y Celtiaid ran yn anrheithio Rhufain yn 387 CC ac yn yr ymosodiad ar wlad Groeg ar ddiwedd y bedwaredd ganrif CC, a sefydlasant drefedigaethau yn Anatolia a lleoedd pellennig eraill.

Tra oedd diwylliant Hallstatt yn cynhyrchu cyfoeth, datblygodd ffordd o fyw newydd a mwy addurniadol o bosibl ymhellach tua'r gorllewin, a nodweddir gan y deunydd offrwm a ddarganfuwyd yn La Tène, ger glannau uchaf Llyn Neuchâtel yn y wlad a elwir y Swistir heddiw. Yr oedd crefftwyr Celtaidd, o dan nawdd tywysogion neu benaethiaid cyfoethog, wedi datblygu'r dechneg er mwyn gwneud nifer mawr o bethau. Curwyd a bwriwyd aur, arian, efydd a haearn yn ffurfiau a oedd yn cyfuno harddwch a defnyddioldeb a pherffeithiwyd y dulliau o wneud gwydr, enamel a chrochenwaith a gwaith mewn pren a gwlân. Y Celtiaid oedd y crefftwyr mwyaf dychmygus yn Ewrop yn y cyfnod hwn a chafodd eu celfyddyd, sy'n cyferbynnu'n rymus â realaeth a chydbwysedd ffurfiol a Groegiaid a'r Rhufeiniaid, ddylanwad pwysig ar gysyniadau artistig hyd at yr amser presennol. Ar gyfer y dogfennau yr ystyrir eu bod yn angenrheidiol ym myd masnach a chalendrau, defnyddiid llythrennau a rhifau Groegaidd a Rhufeinig. Cedwid cyfreithiau a dogmâu crefydd yn ôl traddodiad ar gof, er mwyn eu cuddio rhag llygaid bydol.

O dystiolaeth yr Oes Haearn, materol ac ysgrifenedig, gellir dod i wybod cryn dipyn am fywyd pob dydd y Celtiaid, yn arbennig eu gwyliau a'u hympryd, eu ffermio a'u rhyfeloedd, eu masnach, eu heconomi mewnol, eu crefydd a'u cyfreithiau. Y mae'r olaf yn arddangos tebygrwydd trawiadol i'r cyfreithiau Sansgrit. Cymdeithas uchelwrol oedd y gymdeithas Geltaidd, wedi'i threfnu'n dair haen: yr offeiriad a gyfunai arweiniad crefyddol a seciwlar, yr uchelwr, a'r gŵr rhydd. Gallai aelod o'r drydedd haen ei ddyrchafu ei hun i statws pe deuai yn ddigon cyfoethog a grymus. Ni ddylid casglu nad oedd caethweision brodorol, ond dichon fod y gwas, er yn dlawd, yn rhydd o ran ystyriaethau cymdeithasol ac yn cael ei amddiffyn gan y gyfraith.

Y mae darlun eglurach bellach yn datblygu o ddechreuadau'r ieithoedd Celtaidd yn yr hen fyd ac yn y teyrnasoedd Celtaidd newydd yn yr Oesoedd Canol cynnar. Cafwyd ffurfiau o'r iaith Gelteg o'r bedwaredd i'r drydedd ganrif CC yn yr Hen Âl, Celtiberia ac ardal llynnoedd gogledd yr Eidal, er bod yr iaith Gelteg yn ymestyn ymhell y tu hwnt i'r ardaloedd hyn yng Nghanolbarth a Dwyrain Ewrop ac i mewn i Asia Leiaf. Boddwyd yr ieithoedd Celtaidd a'u tafodieithoedd yn y man gan ieithoedd eraill ar gyfandir Ewrop. Gall fod Llydaweg yn eithriad, os oes gwirionedd yn yr honiad ei bod yn adlewyrchu peth o'r Hen Gelteg. Y mae Celteg yr Ynysoedd yn dangos toriad pwysig rhwng mamiaith Gwyddeleg, Gaeleg yr Alban a Manaweg ar y naill law, a mamiaith Cymraeg, Cernyweg a Llydaweg ar y llaw arall; yr enwau ar y ddwy famiaith hyn fel arfer yw Goideleg a Brythoneg.

Yn wleidyddol, credir bod y llwythau Celtaidd hyn wedi ffurfio uniad llac ac wedi llywodraethu ar ran helaeth o Ewrop, gan gynnwys y tiroedd a adwaenir heddiw fel Ffrainc, yr Almaen i'r gorllewin o afon Rhein, canolbarth a de Sbaen, y Swistir, gogledd yr Eidal, yr arfordir Adriatig, Bohemia a Dyffryn Donaw, efallai hyd at y Môr Du, nes i'r Rhufeiniaid ymosod i'r gogledd o'r Alpau yn gynnar yn yr ail ganrif CC. I'r gogledd a'r gorllewin yr oedd y llwythau Germanig, hwythau o darddiad Indo-Ewropeaidd. Y mae'r farn am hanes diweddarach y Celtiaid wedi amrywio'n fawr yn yr hanner can mlynedd diwethaf, yn enwedig ynglŷn â'r broblem o ddyddio dyfodiad diwylliant y Celtiaid i Brydain ac Iwerddon. Ymddengys bellach nad oedd y *Beaker Folk* a groesodd i'r ynysoedd hyn cyn ac ar ôl 1900 CC yn Geltaidd mewn unrhyw ffordd. Y mae llawer o'r dadleuon diweddar yn hawlio bod diwylliant y Celtiaid wedi cyrraedd Prydain ac Iwerddon trwy broses gynyddol yn ystod y mileniwm cyntaf CC. Ymddengys i don o arteffactau yn cynrychioli diwylliant La Tène, gyrraedd cyn 200 CC, sef y dyddiad a awgrymwyd yn y gorffennol. Dyddir beddau-cart a chreiriau eraill yn nwyrain swydd Efrog i'r bumed ganrif CC. Y mae tystiolaeth am symudiadau a newidiadau cymdeithasol yn nyffryn Marne yng ngogledd-ddwyrain Ffrainc yn cadarnhau lledaeniad y 'diwylliant Arras' hwn. Y mae'n debygol hefyd fod y *Catuvellauni ymhellach tua'r de (o bosibl, yr un â'r Catalauni o Marne) wedi ymfudo i Brydain mewn ymfudiad cyffelyb. Awgryma eu tactegau ymladd mewn cerbydau rhyfel a'u harfer o ymbaentio mewn lliwur glas a ddisgrifir gan Iwl Cesar, eu bod efallai wedi gadael y Cyfandir cyn i haneswyr clasurol milwr-iaeth Rhufain wybod amdanynt.

Y mae tystiolaeth faterol i bresenoldeb y diwylliant Hallstatt a oedd yn dylanwadu ar ororau Cymru, wedi ei huniaethu yn ystod y degawdau diweddar. Dilynwyd adeiladau petryal, a oedd yn perthyn i tua'r seithfed ganrif CC, gan rai sgwâr tua 470 CC yn Croft Ambrey, Henff., Ffridd Faldwyn, Tfn., a Moel Hiraddug, Ffl. Y mae hyn oll yn awgrymu bod dwy don o ddylanwadau diwylliannol o'r gorllewin i afon Gwy a oedd yn symud ymlaen ar hyd yr hyn sydd bellach yn ororau Cymru. Ni symudodd y *Silwriaid a ddaeth yr un ffordd tua 200 CC (er efallai iddynt ddod trwy Gernyw) fawr hyd gyfnodau mwy hanesyddol. Nid oedd fawr o wahaniaeth rhwng eu diwylliant materol hwy yn ôl pob golwg ac eiddo'r Dobunni, i'r dwyrain o afon Hafren. Y mae tystiolaeth ddogfennol ynglŷn â'r mewnfudiad Celtaidd olaf cyn dyfodiad y Rhufeiniaid. Dywed Iwl Cesar fod y Belgae, rhan o grŵp o lwythau yr arhosodd dwy ran o dair ohono ar y Cyfandir ger aber afon Rhein, wedi bod ym Mhrydain am tua deugain mlynedd pan laniodd ef yma yn 55 CC. Ymsefydlodd y bobl hyn yn y de-ddwyrain a'r de, gan wthio'r Catuvellauni tua'r gogledd wrth iddynt gyrraedd. Eithr gan mlynedd yn ddiweddarach yr oeddynt wedi datblygu agwedd ofalus a oedd yn gefnogol i'r Rhufeiniaid. Y mae llawer o'r wybodaeth sydd gennym ynglŷn â lleoliad y llwythau Celtaidd ym Mhrydain yn dibynnu ar weithiau'r daearyddwr Eifft-aidd Ptolemy yn yr ail ganrif. Gweler hefyd GORESGYN-IAD RHUFEINIG.

Am fanylion pellach gweler L. Alcock, *Economy, Society and Warfare among the Britons and Saxons* (1987); G. Bowen (gol.), *Y Gwareiddiad Celtaidd* (1985); J. Collis, *Oppida, Earliest Towns* (1962); M. MacNeill, *The Festival of Lughnasa* (1962); R. a V. Megaw, *Celtic Art* (1989); S. Moscati, B. Raftery *et al.*, *The Celts* (1991); A. Ross, *Pagan Celtic Britain* (1967, 1992); H. D. Rankin, *Celts and the Classical World* (1987); a Miranda J. Green (gol.), *The Celtic World* (1995).

Celtic Anthology, A (1927), casgliad o gerddi o Iwerdd-on, yr Alban a Chymru, a olygwyd gan Grace Rhys. Ceir cyfieithiadau o gerddi Cymraeg o bob cyfnod, y rhan fwyaf ohonynt wedi'u paratoi gan Ernest *Rhys, gŵr y golygydd, ac H. Idris *Bell. Cynrychiolir y cyfnod cyfoes ym marddoniaeth Gymraeg gan T. Gwynn *Jones, Eifion Wyn (Eliseus *Williams) ac R. Williams *Parry, ymhlith eraill. O blith y cyfranwyr *Eingl-Gymreig cyhoeddwyd cerddi gan George *Herbert, Henry *Vaughan, Felicia *Hemans, Wil Ifan (William *Evans), Huw Menai (Huw Owen *Williams), A. G. *Prys-Jones, W. H. *Davies a Richard *Hughes. Megis *Lyra Celtica* (1896), nod y flodeugerdd oedd cyflwyno

barddoniaeth y gwledydd Celtaidd i'r darllenydd o Sais ac yr oedd i raddau helaeth yn gynnyrch y *'Gyfnos Celtaidd' ar ddiwedd y bedwaredd ganrif ar bymtheg. O anghenraid cyfyngwyd dewis y golygydd i'r cyfieithiadau Saesneg a oedd ar gael ar y pryd. Yr oedd llawer o'r rhain yn ddiffygiol ac yn llawn ffurfiau hynafol ac felly y mae'r gyfrol bellach o ddiddordeb yn bennaf i fyfyrwyr y cyfnod.

Celtic Davies, gweler DAVIES, EDWARD (1756–1831).

Celtic Miscellany, A (1951), cyfrol o gyfieithiadau gan Kenneth Hurlstone *Jackson. Cynrychiolir ynddi lenyddiaeth y chwe gwlad Geltaidd, yn rhyddiaith a barddoniaeth, o bob cyfnod hyd y bedwaredd ganrif ar bymtheg. Rhoddir mwy o le i lenyddiaeth Gymraeg na Gwyddeleg na llenyddiaeth Gaeleg, Llydaweg, Cern-yweg a Manaweg. Gwaith y golygydd yw'r cyfieith-iadau oll ac y mae'r rhan fwyaf ohonynt yn fersiynau rhyddiaith mewn Saesneg syml ond cain. Ei nod oedd bod yn 'fanwl a chywir ond nid yn slafaidd': llwydda i osgoi'r aralleirio blodeuog a oedd mewn bri yn y bedwaredd ganrif ar bymtheg. Yn wahanol i gasgliadau cynharach fel *Lyra Celtica* (1896) ac *A *Celtic Anthology* (1927), a dueddai i ddibynnu ar gyfieithiadau a oedd ar gael eisoes, cynnwys y gyfrol nifer mawr o gerddi a detholiadau rhyddiaith nas cyfieithwyd i'r Saesneg o'r blaen, gan ysgolhaig a oedd yn gyfarwydd â'r chwe iaith Geltaidd. Trafodir yn ei ragair y camsyniadau a goleddid gan *'Gyfnos Celtaidd' y bedwaredd ganrif ar bymtheg a diwedda'r cyfieithydd fel hyn: '*In fact, the Celtic literatures are about as little given to mysticism and sentimentality as it is possible to be; their most outstanding characteristic is rather their astonishing power of imagination.*' Gellir ystyried y gyfrol hon fel yr ymgais ysgolheigaidd gyntaf i gyfieithu'r lenyddiaethau'r Celtiaid i Saesneg cyfoes.

Celtic Twilight, The, gweler CYFNOS CELTAIDD.

Celli-wig, yng Nghernyw, llys *Arthur yn chwedl *Culhwch ac Olwen, lle y dychwelai ar ôl ei ymgyrch-oedd mawrion, megis y rhai yn erbyn Ysgithrwyn Ben Beidd a'r *Twrch Trwyth. *Sieffre o Fynwy yn ei *Historia Regum Britanniae a honnodd mai yng *Nghaerllion-ar-Wysg yr oedd llys Arthur. Ni wyddys ymhle yr oedd safle Celli-wig ond awgrymwyd Calling-ton, Gweek Wood ger Helston, Calliwith ger Bodmin a Kelly ger Egloshayle.

Ceir rhagor o fanylion yn O. J. Padel, '*Some South-Western Sites with Arthurian Associations*' yn *The Arthur of the Welsh* (gol. R. Bromwich, A. O. H. Jarman a Brynley F. Roberts, 1991).

Cemais, cantref yn *Nyfed rhwng afonydd Teifi a Gwaun. Fe'i goresgynnwyd gan Robert Fitzmartin tua 1115 a pharhaodd ym meddiant ei ddisgynyddion nes iddo gael ei werthu i William, tad George *Owen,

Henllys, yn 1543. Ceir yr un enw ar gantref ym Môn, sy'n cynnwys cymydau Talybolion a Thwrcelyn.

Cenedlaetholdeb, term sy'n dynodi sbectrwm eang o gredoau a syniadau, ac a fu'n un o'r grymoedd cadarnaf wrth lunio'r byd modern. O'i ddiffinio'n llac, gall olygu ymdeimlad cynnes tuag at iaith, tir, hanes, llenyddiaeth a chelfyddyd cenedl arbennig, sef y sentiment a elwir yn aml yn Genedlaetholdeb Diwylliannol. O'i ddiffinio'n fwy cyfyng, y mae'n dynodi'r ddamcaniaeth wleidyddol sy'n dadlau y dylai pob cenedl fod yn wladwriaeth, a bod cymuned genedlaethol hyfyw yn angenrheidiol i gyflawni dyheadau unigolion. Cyfeiria Cenedlaetholdeb yn yr ystyr hwn at fudiad sy'n meddu ar gorff pendant o syniadau, ac sy'n anelu at gadw, neu at weithio tuag at hunanlywodraeth, i grŵp sy'n synio ei fod yn meddu, neu yn alluog i gael nodweddion cenedl. Y mae'n ddamcaniaeth a ddatblygodd yn sgîl y *Chwyldro Ffrengig (1789), ac a ddehonglwyd fel adwaith amddi-ffynnol grwpiau ethnig yn wyneb argyfwng cymdeith-asol neu ddeallusol, yn arbennig pan wyneba'r carfanau hynny gyfnod o newidiadau cyflym a thensiwn o ganlyniad i broses moderneiddio. Defnyddiwyd y gair 'nationalism' yn Saesneg am y tro cyntaf yn 1844, a'r gair 'cenedlaetholdeb' yn Gymraeg am y tro cyntaf yn 1858.

Y mae i wladgarwch neu'r cysyniad o genedligrwydd hanes hir ymhlith y Cymry. Y mae'r enw 'Cymry' (o'r Frythoneg, *Combrogi*, 'cyd-wladwyr') a fabwysiadwyd yn y chweched ganrif, yn awgrymu ymwybyddiaeth gynnar fod y Cymry i'w gilydd yn rhywbeth gwahanol i'r hyn yr oeddynt i bobl eraill. Gwelir balchder yr hil yn y gerdd *'Armes Prydain', ac y mae disgrifiad *Gerald de Barri (Gerallt Gymro) o'r Cymry yn rhoi inni ddi-sgrifiad hynod o hanfodion cenedl. Y mae'r cyfreithiau a gysylltir ag enw *Hywel Dda yn nodwedd holl bwysig yn ymwybyddiaeth y Cymry o'u harbenigrwydd yn yr Oesoedd Canol cynnar, a gellir canfod yr un ym-wybyddiaeth fel cymhelliad gwleidyddol yng ngyrfa-oedd *Llywelyn ap Iorwerth a *Llywelyn ap Gruffudd (y Llyw Olaf) fel gwladweinyddion. Gwladgarwch mwy cyffredinol o lawer a gynheuodd fflamau gwrthryfel *Owain Glyndŵr, ac a esgorodd ar egni gweithgaredd-au diwylliannol y dyneiddwyr Cymraeg yn yr unfed ganrif ar bymtheg.

Ni ellir ystyried Cenedlaetholdeb yn yr ystyr gyfyng fel grym arwyddocaol yng Nghymru hyd ail hanner y bedwaredd ganrif ar bymtheg, pan hyrwyddwyd Cenedlaetholdeb Cymreig yn frwd, yn arbennig gan Michael D. *Jones a Robert Ambrose *Jones (Emrys ap Iwan), a hynny o dan ddylanwad y digwyddiadau yn Iwerddon a syniadau Cenedlaetholwyr y Cyfandir. Rhwng 1886 a 1896, bu aelodau *Cymru Fydd yn ym-gyrchu dros fesur o hunanlywodraeth i Gymru. Erbyn diwedd y bedwaredd ganrif ar bymtheg cydiodd y ddelfryd o Gymru rydd, a oedd yn ymwybodol o ogon-iant ei gorffennol diwylliannol, yn nychymyg deallusion

ifainc fel T. E. *Ellis, Owen M. *Edwards, J. Edward *Lloyd a John *Morris-Jones, a bu'n ysbrydoliaeth i lawer o huotledd angerddol David *Lloyd George pan oedd yn ifanc. Y brwdfrydedd Cenedlaethol hwn a esgorodd ar sefydliadau fel *Prifysgol Cymru, *Llyfrgell Genedlaethol Cymru ac *Amgueddfa Genedlaethol Cymru.

Bu Cenedlaetholdeb yn ffactor grymus ym mywyd Cymru yn ystod yr ugeinfed ganrif, ond ni fu'n rym mor gryf ymhlith y Cymry ag y bu ymhlith y Gwyddelod a rhai o bobloedd dwyrain Ewrop. Er i hunanlywodraeth i Gymru gael ei chymell yn achlysurol gan y Blaid Ryddfrydol a'r Blaid Lafur, bu'n rhaid aros hyd 1925, a sefydlu *Plaid Cymru, cyn i Genedlaetholdeb Cymreig gael mynegiant gwleidyddol pendant. Er i'r term 'Cenedlaetholwr' gael ei ddefnyddio mewn ystyr llac iawn yn nechrau'r ugeinfed ganrif yng Nghymru, fe'i defnyddiwyd i ddisgrifio gweithgareddau ac aelodau Plaid Cymru yn unig wedi 1925. Ceisiodd Saunders *Lewis, Llywydd y Blaid o 1926 hyd 1939, gyflwyno dysgeidiaeth o Genedlaetholdeb cadarn i Gymru, a roddai'r lle amlycaf blaenllaw i'r polisi o ddiogelu cymunedau Cymraeg eu hiaith. Yn y blynyddoedd rhwng y ddau Ryfel Byd denodd Plaid Cymru y mwyafrif o'r llenorion Cymraeg yn oygstal â deallusion eraill, ond methodd ennill teyrngarwch trwch y boblogaeth. Ar ôl y Rhyfel rhoes heibio rai o syniadau mwyaf llym Saunders Lewis ac o dan arweinyddiaeth Gwynfor *Evans (y Llywydd, 1945–81), daeth rhyw-faint o lwyddiant i'r Blaid mewn etholiadau. Yn ystod y twf mewn ymdeimlad cenedlatholgar yn y 1960au a'r 1970au (a amlygwyd yn fwyaf arbennig ym muddugol-iaeth Gwynfor Evans yn is-etholiad Caerfyrddin, 1966) daeth nifer o fudiadau Cenedlaethol eraill i'w amlwg, a'r mwyaf bywiog ohonynt yw *Cymdeithas yr Iaith Gymraeg.

Ceir astudiaethau ar Genedlaetholdeb Cymru yn *Seiliau Hanesyddol Cenedlaetholdeb Cymru* (gol. D. Myrddin Lloyd, 1950), Reginald Coupland, *Welsh and Scottish Nationalism* (1954), y bennod gan Ioan Rhys (Ioan Bowen Rees) yn *Celtic Nationalism* (1968), Gwynfor Evans, *Aros Mae* (1971), R. Tudur Jones, *The Desire of Nations* (1974), Alan Butt Philip, *The Welsh Question: Nationalism in Welsh Politics 1945–70* (1975), Michael Hechter, *Internal Colonialism: the Celtic Fringe in British National Development 1536–1966* (1975), Gwynfor Evans, *Bywyd Cymro* (1982), Heini Gruffudd, *Achub Cymru* (1983), a'r ddwy gyfrol a olygwyd gan John Osmond, *The National Question Again* (1985) ac *A Parliament for Wales* (1994); gweler hefyd David L. Adamson, *Class, Ideology and the Nation: a Theory of Welsh Nationalism* (1991).

Cenhinen (Ll. *Allium Porrum*), llysieuyn a fabwys-iadwyd gan y Cymry yn arwyddlun cenedlaethol. Y mae'r arfer o wisgo'r genhinen ar Ddydd Gŵyl Dewi (1 Mawrth) yn dal mewn bri gan y Cymry fel arwydd o'u gwladgarwch. Cysylltir y lliwiau gwyrdd a gwyn â Thywysogion Cymru ac yr oeddynt yn fath o ffurfwisg filwrol gyntefig yn y bedwaredd ganrif ar ddeg. Gwisgir y genhinen yn fathodyn-cap gan Gatrawd Frenhinol Cymru o hyd a bwyteir hi gan y milwr ieuengaf mewn seremoni arbennig ar Ddydd Gŵyl Dewi. Ceir cyfeiriad cynnar at y genhinen fel arwyddlun cenedlaethol yn Llyfr Cyfrifon y Dywysoges Mari Tudur (1536/37), ac yn ei ddrama King Henry V cyfeiria Shakespeare at yr arfer o wisgo'r genhinen fel 'ancient tradition'. Sylwa Fluellen fod Henry yn gwisgo'r genhinen ar Ddydd Gŵyl Dewi ac etyb y Brenin, 'I wear it for a memorable honour, for I am Welsh, you know, good countryman'. Gwisgid y genhinen yn y llys mor ddiweddar â'r ddeunawfed ganrif ac awgrymwyd bod Eglwys Loegr wedi hybu'r arfer er mwyn dileu'r cof am yr Eglwys Geltaidd gynnar. Ond pryd a pham yn union y dechreuwyd gwisgo'r genhinen ar 1 Mawrth ni wyddys.

Yn ôl y traddodiad y ceir cyfeiriad ato mewn cerdd gan y bardd Saesneg Michael Drayton, cysylltwyd y genhinen â *Dewi Sant oherwydd iddo orchymyn i'w filwyr ei gwisgo ar eu helmau pan oeddynt yn ymladd brwydr yn erbyn y Sacsoniaid paganaidd mewn cae yn llawn cennin. Dywedir hefyd i luoedd *Cadwallon ap Cadfan ei gwisgo ym mrwydr Meigen yn 633. Mwy tebygol o lawer, fodd bynnag, yw iddi gael ei mabwysiadu oherwydd y pwysigrwydd mawr a roddwyd i'r genhinen ar hyd y canrifoedd. Bu cawl cennin yn rhan ganolog o fywyd y Cymry, yn arbennig yn ystod cyfnod y Grawys, ac ar achlysuron cymdeithasol; yr oedd iddi hefyd werth meddyginiaethol amlwg. Yn llawysgrifau *Meddygon Myddfai cyfeirir at y defnydd a wneir ohoni i arbed gwaedu, i wella briwiau, i asio esgyrn, ac i gynorthwyo gwragedd 'a fynno gael plant'. Tyfodd y genhinen hefyd yn arwydd o burdeb ac anfarwoldeb, yn gyfrwng i ragbroffwydo'r dyfodol ac yn fodd i arbed rhag mellt. Credid bod rhwbio'r corff â'r llysieuyn yn diogelu milwyr mewn brwydr, yr oedd ei thyfu yn yr ardd yn beth lwcus a chredid bod ei gwisgo yn cadw draw ysbrydion drwg. Arferai merched ieuanc ar Nos *Galan Gaeaf osod cenhinen lân o'r ardd o dan eu gobennydd cyn mynd i gysgu, gan gredu y gwelent wedyn ysbryd eu darpar ŵyr. Gweler hefyd y cofnod nesaf.

Ceir manylion pellach yn Arthur Hughes, 'The Welsh National Emblem: Leek or Daffodil' yn Y Cymmrodor (cyf. XXVI, 1916).

Cenhinen Bedr (Ll. Narcissus pseudonarcissus), un o flodau amlycaf y gwanwyn yng Nghymru; hwn, ynghyd â'r *genhinen a'r *Ddraig Goch, yw un o'r symbolau cenedlaethol. Bu cryn ddadlau pa un ai'r genhinen ynteu'r Genhinen Bedr a ddylai gael ei harddangos ar Ddydd Gŵyl Dewi (1 Mawrth). Y mae'r dystiolaeth gynharaf o blaid y genhinen ond yn ystod y bedwaredd ganrif ar bymtheg daeth yn fwy cyffredin i wisgo'r Genhinen Bedr, yn enwedig ymhlith y merched. Rhoddwyd bri ar y blodyn gan David *Lloyd George a fyddai'n ei wisgo ar ddydd y nawddsant. Ef hefyd a barodd i'r blodyn gael ei ddefnyddio, yn hytrach na'r genhinen, yn y seremonïau a gynhaliwyd i arwisgo

Tywysog Cymru yng Nghaernarfon yn 1911, ac ar ddogfennau swyddogol a oedd yn ymwneud â Chymru. Yn Gymraeg ceir nifer o enwau ar y blodyn, megis Lili Mawrth, Lili'r Grawys, Lili Bengam, Lili Felen, Blodyn mis Mawrth, Croeso'r Gwanwyn, Cennin y Gwinwydd, Twm Dili, Blodau Gwyddau Bach, Gwayw'r Brenin, Blodau Dewi a Chennin Dewi.

Am wybodaeth bellach gweler Arthur Hughes, 'The Welsh National Emblem: Leek or Daffodil', yn Y Cymmrodor, (cyf. XXVI, 1916).

Cerdd Dafod, y grefft o brydyddu. Hen ystyr y gair 'cerdd' oedd crefft neu gelfyddyd. Gydag amser daethpwyd i arfer y term Cerdd Dafod i ddynodi barddoniaeth ar y mesurau traddodiadol. John *Morris-Jones oedd y gŵr cyntaf i ddosbarthu rheolau'r grefft, yn ei lyfr Cerdd Dafod (1925). Gweler hefyd CERDD DANT, CYMDEITHAS CERDD DAFOD, CYNGHANEDD a PEDWAR MESUR AR HUGAIN.

Ceir trafodaeth ar y gelfyddyd heddiw yn Alan Llwyd (gol.), Trafod Cerdd Dafod y Dydd (1984).

Cerdd Dant, celfyddyd y cerddor o'i gwahaniaethu oddi wrth gelfyddyd y bardd, sef *Cerdd Dafod. Ceir tystiolaeth yn llawysgrifau'r Oesoedd Canol fod beirdd Cymru yn datgan eu gwaith i gyfeiliant cerddorol, ond nid oes manylion sut yr arferent wneud hynny. Heddiw canu cyfalaw i ganc a chwaraeir ar y delyn yw Cerdd Dant. Cenir barddoniaeth gaeth a rhydd yn y dull hwn. Sefydlwyd Cymdeithas Cerdd Dant yn 1934, a deil i hyrwyddo'r gelfyddyd.

Ceir manylion pellach yn llyfrau Aled Lloyd Davies, sef Cerdd Dant, Llawlyfr Gosod (1983) a Hud a Hanes Cerdd Dannau (1984).

Cerddi, cyfres o flodeugerddi gan feirdd Cymraeg cyfoes a gyhoeddwyd yn flynyddol rhwng 1969 ac 1975 ac wedi hynny bob yn ail â'i chymar Saesneg, Poems, hyd 1979, pan ddaeth y gyfres i ben. Ei diben oedd cyflwyno detholiad o'r farddoniaeth a gyhoeddwyd gan y rhan fwyaf o feirdd Cymraeg y cyfnod ac yr oedd yn adolygiad buddiol o waith y flwyddyn. Ymhlith y beirdd a'r beirniaid a fu yn ei olygu yr oedd Gwilym Rees *Hughes ac Islwyn Jones (1969), James *Nicholas (1971), James Eirian *Davies (1972), Derec Llwyd *Morgan (1975) a T. Llew *Jones (1979). Achosodd yr olaf beth anghytundeb drwy gyfyngu ei ddewis yn bennaf i gerddi yn y mesurau traddodiadol a chadw allan o Cerddi '79 yr hyn a ystyrid ganddo ef yn farddoniaeth dywyll. Ymhlith golygyddion Poems yr oedd John Stuart *Williams (1969), Jeremy *Hooker (1971), John Ackerman *Jones (1972) a Glyn *Jones (1976).

Cerddoriaeth Werin, cerddoriaeth draddodiadol gymunedol gan awduron anhysbys sy'n tystio i brofiadau cyffredin bywyd y Cymry yng nghyd-destunau bob dydd gwaith a hamdden (yn y caeau, gartref ac mewn cynulliadau hwyliog). Bu naill ai'n lleisiol (gyda geiriau) neu'n offerynnol (gyda dawns). Ar lafar y trosglwyddwyd y gân werin, ei dysgu yn hytrach na'i haddysgu, a'i chyflwyno'n anffurfiol; nid oes iddi ffurf 'sefydlog', a bydd yn amrywio yn ôl yr ardal, y canwr a'r achlysur. Y mae'n wahanol felly i gerddoriaeth gelfyddydol a cherddoriaeth grefyddol, ond y mae wedi rhyngweithio â hwy, a gellir olrhain llawer o emyn-donau a salm-donau i alawon gwerin.

Diflannodd llawer o gerddoriaeth werin Cymru dan wg *Piwritaniaeth, ac o ganlyniad i'r newid ffordd o fyw dros y ddau gan mlynedd diwethaf. Nid yn aml y ceir cerddoriaeth werin mewn cyd-destunau traddodiadol heddiw, ac y mae llawer o'r canu'n gyfarwydd trwy gyfrwng 'trefniadau' argraffiedig gyda chyfeiliant harmonig wedi'i gyfansoddi ar gyfer perfformiadau mewn cyngherddau neu ddefnydd addysgiadol.

Er y bedwaredd ganrif ar bymtheg, pan gyhoeddodd Maria Jane Williams (gweler o dan ABERPERGWM) ei chasgliad pwysig o alawon gwerin, aed ati'n fwyfwy trefnus i'w casglu. Rhwng 1909 ac 1977 cyhoeddwyd deunydd o lawysgrifau ac o'r traddodiad llafar yng nghylchgrawn Cymdeithas Alawon Gwerin Cymru. Yn 1957 gwnaed recordiadau maes gan *Amgueddfa Werin Cymru a gyhoeddodd drawsysgrifiadau a recordiadau dethol a rhoi hwb, trwy ailgyhoeddi deunydd dilys, i adfywiad alawon gwerin. Er 1978 bu'r Gymdeithas yn cyhoeddi cylchgrawn, sef Canu Gwerin (Folk Song).

Y mae testunau'r caneuon yn amrywio; y mae a wnelont â gwyliau'r flwyddyn (caneuon yn deillio o draddodiadau paganaidd – y Calan Celtaidd, *Hela'r Dryw, *Gwaseila); galwedigaethau, bugeiliol yn bennaf (godro, cyfrif geifr, nyddu, gwehyddu); amaethyddol weithiau (gyrru'r ychen); diwydiannol, er nad yn aml (gweithio glo); defodau newid byd (geni, priodi, marw); hyfforddi (gemau-canu plant, caneuon moesol a 'thrioedd'); a chaneuon amser hamdden am lawer agwedd ar y cyflwr dynol (hiwmor, dychan, serch, hiraeth, breuddwydion, moli broydd, ffarwelio). Y mae'r geiriau fel rheol yn syml a'r ffurfiau'n fyr, pedair llinell yn unig yn aml, a'r penillion wedi eu gosod yn stroffigol ar alawon syml yn y ffurfiau AABA ac ABBA yn bennaf.

Cenir caneuon gwerin yn ddigyfeiliant, fel rheol gan unawdydd, er bod rhai â rhannau i ddau ganwr (caneuon deialog), unawd a chytgan, neu gytgan yn unig. Gydag eithriadau prin, y mae iddynt fydr syml ei rythm a mesur rheolaidd. Y mae'r ymadroddion yn fyr a'r diweddebau deusill yn adlewyrchu acen oben y rhan fwyaf o eiriau Cymraeg. Y mae i'w graddfeydd (sy'n aml yn foddaidd) saith, chwech neu bum traw (yn aml ar ffurf bumnodyn). Y mae'r cwmpas melodaidd yn aml yn gyfyng (pumed, chweched), a'r symud cyfwng fel rheol gam wrth gam. Y mae nodweddion arbennig i alawon gwerin Cymru, rai ohonynt yn hynafol, er eu bod yn

amlygu rhai dylanwadau Seisnig a llai o ddylanwad Gwyddelig. Ceir rhyw gymaint o amrywio o ardal i ardal, yn arbennig rhwng gogledd a de (cf. ymysg disgynyddion ymfudwyr i *Batagonia yn y bedwaredd ganrif ar bymtheg). Y mae tarddiad lled-broffesiynol i'r rhan fwyaf o *faledi a *charolau, a charolau'r traddodiad paganaidd yn unig sy'n ganeuon gwerin mewn gwirionedd.

Y mae dawnsio traddodiadol yn cynnwys gwir ddawnsio gwerin a dawns gymdeithasol. Prin yw'r enghreifftiau a oroesodd, megis dawns-ganu *Calan Mai, *Cadi Ha' ac, ymhlith y dawnsiau cymdeithasol, Rîl Llanofer. Hyd y ddeunawfed ganrif yr oedd yr offerynnau a ddefnyddid i gyfeilio i ddawnsio'n cynnwys *pibgorn, *crwth, neu ffidl, er y defnyddid y *delyn fwy soffistigedig ar gyfer dawnsio cymdeithasol, ac 'addasiadau' ar gyfer yr offeryn hwnnw oedd y tonau-dawns a argraffwyd yn y casgliadau cynnar. Y mae Cymdeithas Dawnsio Gwerin Cymru wedi meithrin adfywiad.

Y casgliad argraffiedig pwysig cyntaf o ganeuon gwerin Cymru oedd Ancient National Airs of Gwent and Morgannwg (1844, ffacsim. 1988) gan Maria Jane Williams. Ymddengys y rhan fwyaf o alawon gwerin Cymru yn y ddwy gyfres a gyhoeddwyd gan Gymdeithas Alawon Gwerin Cymru: Cylchgrawn Cymdeithas Alawon Gwerin Cymru (Journal of the Welsh Folk Song Society) (20 rhifyn, gol. J. Lloyd Williams, 1909–48; W. S. Gwynn Williams, 1951–71; D. Roy Saer, 1977) a Canu Gwerin (Folk Song) (yn flynyddol er 1978, gol. D. Roy Saer ac o 1990 Rhidian Griffiths a Rhiannon Ifans). Ceir casgliadau pwysig eraill gan D. Roy Saer, Caneuon Llafar Gwlad (Songs from Oral Tradition) (2 gyf., 1974, 1994); Phyllis Kinney a Meredydd Evans, Canu'r Cymry (Welsh Folk Songs) (2 gyf., 1984, 1987) a Hen Alawon (Carolau a Cherddi) (1993). Ceir trafodaethau dadansoddol yn W. S. Gwynn Williams, Welsh National Music and Dance (1932) a Peter Crossley-Holland, 'Folk Music: Welsh' yn Grove's Dictionary of Music and Musicians (5ed arg., 1954) a 'Wales' yn The New Grove Dictionary of Music (1980). Paratowyd llyfryddiaeth helaeth o gasgliadau gan Wyn Thomas yn ei Traditional Music in Wales (1982). Cyhoeddwyd Dawns yn flynyddol gan Gymdeithas Dawnsio Gwerin Cymru er 1960/61.

Cerddor, gweler o dan CYFUNDREFN Y BEIRDD.

Cerddwriaeth, gweler CERDD DAFOD.

Ceredigion, hen deyrnas a sefydlwyd yn ôl y traddodiad gan Geretic, un o feibion tybiedig *Cunedda. Sefydlodd Seisyll ap Clydog, Brenin Ceredigion, frenhiniaeth Seisyllwg tua 730, trwy ychwanegu Ystrad Tywi at ei deyrnas. Ychwanegodd *Hywel Dda *Ddyfed a *Brycheiniog at y deyrnas i greu brenhiniaeth *Deheubarth. Ymosodwyd ar Geredigion yn 1093 gan y Norman, Roger de Montgomery, a orchmynnodd adeiladu castell *Aberteifi ar aber afon Teifi. Wedi cwymp teulu Montgomery yn 1102, daeth Ceredigion i feddiant Cadwgan ap Bleddyn o Bowys, ond o ganlyniad i weithgaredd ysgeler ei fab, Owain, daeth o dan reolaeth Gilbert fitz Richard o deulu Clare. Fe'i cipiwyd gan Owain ap Gruffudd o Wynedd yn 1136 a dychwelodd i feddiant rheolwyr Deheubarth yn 1165. O 1241 adnabuwyd bwrdeistref Aberteifi, ynghyd â rhan o gwmwd Is Coed – a fu ar adegau ym meddiant coron Lloegr o 1200 ymlaen – fel sir Aberteifi. Erbyn 1287, yr oedd y sir wedi ehangu i gynnwys y cwbl o Geredigion. Yn 1974 trodd sir Aberteifi yn ddosbarth Ceredigion, un o chwe dosbarth sir Dyfed. Adfeddiannodd Ceredigion statws sir yn 1996.

Ceri, cwmwd ym *Mhowys i'r de o afon Hafren. Yn 1176 hawliodd *Gerald de Barri (Gerallt Gymro), yn llwyddiannus, ei fod yn rhan o esgobaeth *Tyddewi. Ceisiodd Hubert de Burgh ddwyn y cwmwd o dan awdurdod castell *Trefaldwyn, ymgais a rwystrwyd gan ymgyrchoedd *Llywelyn ap Iorwerth yn 1228. Cipiwyd y cwmwd gan Edward I yn 1276, a daeth yn rhan o etifeddiaeth teulu Mortimer.

Ceridwen, gweler o dan Taliesin (*fl.* 6ed gan.).

Ceridwen Peris, gweler Jones, Alice Gray (1852–1943).

Cewydd ap Caw (6ed gan.), sant a oedd yn gysylltiedig â'r goel y byddai'n bwrw ar y deugain niwrnod canlynol pe glawiai ar ddydd ei ŵyl, 1 Gorffennaf; fe'i gelwid hefyd yn Gewydd y Glaw. Yn ne Cymru y bu'r traddodiad cryfaf oherwydd cysylltir ei enw ag eglwysi yn Llangewydd, Morg., ac yn Aberedw a Diserth, Maesd. Cyfeiria *Lewys Glyn Cothi (Llywelyn y Glyn) at Gewydd mewn marwnad i Forgan ap Dafydd Gam. Yn ddiweddarach uniaethwyd ofergoel Cewydd ag un debyg Sant Swithin, y cedwir ei ŵyl ar 15 Gorffennaf.

CHADWICK, NORA KERSHAW (1891–1972), ysgolhaig Celtaidd a aned yn Great Lever ger Bolton, swydd Gaerhirfryn, yn ferch i ddiwydiannwr cotwm. Ar ôl astudio yng Ngholeg Newnham, Caer-grawnt, bu'n Ddarlithydd mewn Saesneg ym Mhrifysgol Sant Andrew, ond ymddiswyddodd yn 1919 a dychwelyd i Gaer-grawnt gan ymroddi i astudio llenyddiaethau German-aidd cynnar. Yn 1950 penodwyd hi i ddarlithyddiaeth arbennig yng Nghaer-grawnt ar Hanes a Diwylliant Cynnar Prydain. Llenyddiaethau Hen Saesneg a Norseg a Rwsieg oedd ei diddordeb cyntaf a chyhoeddodd lyfrau ar y meysydd hyn. Yna cydweithiodd â'i gŵr H. M. Chadwick i gynhyrchu *The Growth of Literature* (3 cyf., 1932, 1936, 1940), ymgais nodedig i ddiffinio'r nodweddion a oedd yn gyffredin i lenyddiaethau cynnar mewn gwahanol ieithoedd.

Ar ôl hyn canolbwyntiodd ar hanes a llenyddiaeth gwledydd Prydain, yn arbennig y gwledydd Celtaidd, rhwng adeg y Rhufeiniaid a'r Normaniaid. Yn y maes hwn y gwnaeth ei chyfraniad pwysicaf mewn cyfrolau megis *Poetry and Letters in Early Christian Gaul* (1955) ac yn ei hastudiaethau o fywyd diwylliannol Cymru yn yr Oesoedd Canol cynnar. Golygodd a chyfrannodd i nifer o lyfrau megis *Studies in Early British History* (1954), *Studies in the Early British Church* (1958) a *Celt and Saxon* (1963). Yn ei blynyddoedd olaf ysgrifennodd nifer o lyfrau mwy poblogaidd eu naws ar bynciau Celtaidd, cynnwys *The Celts* (1970) ac ar y cyd â Myles Dillon, *The Celtic Realms* (1967).

Ceir manylion pellach yn yr ysgrif goffa gan Morfydd E. Owen yn *Studia Celtica* (cyf. VIII/IX, 1973–74); gweler hefyd J. Henderson, *A Published List of the Writings of H. M. and N. K. Chadwick* (1971), a'r erthygl goffa gan Kenneth Jackson yn *Nhrafodion* yr Academi Brydeinig (cyf. LVIII, 1972).

CHAMBERLAIN, BRENDA (1912–71), llenor ac arlunydd. Fe'i ganed ym Mangor, Caern., ac fe'i haddysgwyd yno yn breifat. Yn 1931 aeth i Lundain i'w hyfforddi yn ysgolion yr Academi Frenhinol. Bum mlynedd yn ddiweddarach, ar ôl priodi â John Petts, artist o grefftwr, aeth i fyw i Lanllechid, ger Bethesda, Caern. Yn ystod yr Ail Ryfel Byd rhoes y gorau dros dro i'w pheintio er mwyn barddoni, a gweithiodd, gyda'i gŵr, ar gynhyrchu cyfres o chwe thaflen, *The Caseg Broadsheets*, sy'n cynnwys cerddi gan Dylan *Thomas, Alun *Lewis, Lynette *Roberts a hi ei hun yn ogystal â chyfieithiadau o'r Hengerdd gan H. Idris *Bell. Adroddir hanes y fenter hon yn y gyfrol *Alun Lewis and the Making of the Caseg Broadsheets* (1969), sydd hefyd yn cynnwys llythyrau oddi wrth y bardd. Yn 1946, a'i phriodas ar ben, aeth ar ymweliad â'r Almaen ac arhosodd gyda Karl von Laer, y cyfaill y cyflwynodd iddo ei chasgliad cyntaf o gerddi, *The Green Heart* (1958). Y flwyddyn ganlynol aeth i fyw ar Ynys *Enlli ac arhosodd yno hyd 1961, yn ysgrifennu ac yn peintio eto, gan ddefnyddio trigolion yr ynys yn fodelau. Yn 1961 symudodd i Ydra, un o ynysoedd Groeg, profiad a ddisgrifir mewn dyddlyfr, *A Rope of Vines* (1965), nes i *coup* y cadfridogion yn 1967 ddymchwel democratiaeth yng Ngroeg. Dychwelodd i Fangor yn isel ei hysbryd ac wedi'i llethu â phroblemau ariannol, ac yno y bu farw.

Casgliad o delynegion gan mwyaf yw *The Green Heart*, lawer ohonynt yn ymwneud â bywyd ymhlith trigolion y mynydd-dir a physgotwyr, ynghyd â chylch o gerddi serch gyda chefndir Almaenig; ymddengys rhai hefyd yn *Poems with Drawings* (1969). *Tide Race* (1962), efallai, yw ei gwaith pwysicaf a cheir ynddo ddarlun mewn rhyddiaith o galedi a chynyrfiadau ei bywyd ar Enlli. Y mae'r ymwybyddiaeth barhaus o'r môr a gwleidyddiaeth cymuned fechan, ei hofergoel a'i thyndra, ei hiechyd corfforol a meddyliol, yn cael eu trin gyda bywiogrwydd sy'n 'agos i farddoniaeth' ac 'yn hunllefus'. Yn ei hunig nofel, *The Water Castle* (1964), sef dyddlyfr chwe wythnos am serch ac anghytgord yn yr Almaen wedi'r rhyfel, ymddengys iddi dynnu ar brofiadau ei hymweliad â'r wlad honno yn 1946.

Ceir ysgrif hunangofiannol gan Brenda Chamberlain yn *Artists in Wales* (gol. Meic Stephens, 1971), pennod ar ei gwaith llenyddol yn *The Cost of Strangeness* (1982) gan Anthony Conran, ymdriniaeth â'i gwaith gan Kate Holman, Anne Price-Owen a Jonah Jones yn *The New Welsh Review* (rhif. 2, cyf. 1, Hydref 1988) a llyfryn Oriel Gelf Mostyn, *Island Artist* (1988); gweler hefyd yr ysgrif gan Kate Holman yn y gyfres *Writers of Wales* (1997).

Change of Heart, A (1951), trydedd nofel Emyr *Humphreys a'r gyntaf i amlygu ei gysyniad o 'Nofel Brotestannaidd', sy'n ceisio archwilio'r modd y trosglwyddir 'daioni' o fewn cymdeithas a chynnydd moesol ac eneidiol. Er hyn, nid yw Howell Morris, sy'n Athro Adran Saesneg mewn Coleg Prifysgol yng Nghymru, yn 'ddyn da' drwyddo draw: y mae'n methu bywiogi na diffinio'r 'daioni' y mae ef yn ei gynrychioli a'i unig ofal yw lles ei gyn-fyfyriwr a'i gyn-frawd yng nghyfraith Frank Davies sydd, yn seicolegol, yn cymryd lle ei wraig, sydd bellach wedi marw. Y mae'r diweddglo, a 'dihangfa' eironig Howell o'r brifysgol, yn cadarnhau mai cyfyng yw ei ddaioni ac ni ddarbwyllir ei feirniaid; Frank yw ei unig fuddugoliaeth.

Changing Wales, cyfres o draethodau polemig ar agweddau ar fywyd yng Nghymru gyfoes a gyhoeddwyd gan Wasg Gomer o dan olygyddiaeth Meic *Stephens. Bwriadwyd i'r gyfres fod yn llwyfan i syniadau radicalaidd, ac fe'i lansiwyd yn 1992 gyda chyhoeddi traethawd R. S. *Thomas, *Cymru or Wales?* Yr oedd pedwar ar ddeg o deitlau wedi eu cyhoeddi erbyn 1997, pan ddaeth y gyfres i ben. Y maent yn cynnwys *The Aesthetics of Relevance* (1992) gan Peter *Lord, ysgrif feirniadol ar ddiwylliant gweledol Cymru; *The Democratic Challenge* gan John *Osmond, dadl o blaid creu Senedd i Gymru; *Language Regained* (1993) gan Bobi Jones (Robert Maynard *Jones), ar ddysgu Cymraeg i oedolion; *A Postcard Home* (1993) gan Robert *Minhinnick, ar dwristiaeth yng Nghymru; *The Princeship of Wales* (1995) gan Jan *Morris; a *Stage Welsh* (1996) gan David Adams, ar y theatr yng Nghymru.

CHAPPELL, EDGAR LEYSHON (1879–1949), gwas sifil ac awdur. Brodor o Ystalyfera, Morg., yr oedd yn arbenigwr ar broblemau tai a diwydiant yn ne Cymru. Yn ogystal â golygu *The *Welsh Outlook*, cyhoeddodd nifer o erthyglau a phamffledi yn ymdrin â materion cymdeithasol, yn eu plith *The Government of Wales* (1943) a *Wake Up, Wales!* (1943). O'i weithiau ar hanes lleol, *Old Whitchurch* (1945) yw'r un mwyaf gwerthfawr.

CHARLES, DAVID (1762–1834), emynydd a aned yn Llanfihangel Abercywyn, Caerf., yn frawd i Thomas *Charles. Ychydig o addysg ffurfiol a gafodd a phrentisiwyd ef yn wneuthurwr rhaffau mewn ffatri yng Nghaerfyrddin y daeth yn ddiweddarach yn berchennog arni. Cafodd dröedigaeth tuag 1777 yn sgil darllen pregethau

Ralph Erskine a dechreuodd bregethu yn 1807. Fe'i hordeiniwyd yn weinidog gyda'r Methodistiaid Calfinaidd yn 1811. Nid oedd yn bregethwr ac iddo apêl boblogaidd ond ar gyfrif ei graffter diwinyddol a'i ymresymu cadarn ac eglur fe'i cyfrifir bellach yn un o bregethwyr mwyaf ei ddydd. Cyhoeddwyd casgliadau o'i bregethau yn 1840 ac 1860 a chyfieithiad Saesneg o rai ohonynt yn 1846. Yr oedd yn un o'r rhai a fu'n gyfrifol am lunio Cyfansoddiad a Chyffes Ffydd (1823) y Methodistiaid Calfinaidd. Cynrychiola ei bedwar emyn ar hugain un o uchelfannau emynyddiaeth Gymraeg. Yr enwocaf ohonynt yw 'O fryniau Caersalem ceir gweled', 'Rhagluniaeth fawr y nef', 'O! Iesu mawr, rho'th anian bur' a'r cyfieithiad 'Diolch i Ti, yr Hollalluog Dduw'.

Ordeiniwyd ei fab, yntau'n **David Charles** (1803–80), yn 1851, a daeth yn arweinydd blaenllaw gyda'r Methodistiaid. Bu'n golygu misolyn bychan, *Yr Addysgydd*, yn 1823 ac ef oedd prif olygydd y casgliad o emynau at wasanaeth Methodistiaid y de yn 1841. Cyfansoddodd a throsodd nifer o emynau ac y mae rhai mewn bri o hyd, megis 'Mor beraidd i'r credadun gwan', 'O! Salem, fy annwyl gartrefle' a 'Tydi wyt deilwng o fy nghân'.

Golygwyd casgliad cyflawn o emynau'r tad a'r mab gan Goronwy Prys Owen dan y teitl *Ffrydiau Gorfoledd* (1977).

CHARLES, EDWARD (Siamas Gwynedd; 1757–1828), llenor dadleugar a aned yng Nghlocaenog, Dinb. Aeth i Lundain yn ddyn ifanc ac ymuno â Chymdeithas y *Gwyneddigion. Copïodd lawer o hen lawysgrifau Cymraeg dros Owain Myfyr (Owen *Jones) a chadwodd yn ofalus bob llythyr a dderbynnid ganddo ef a chan ei gyfeillion; y mae'r rheini heddiw'n ffynhonnell llawer o wybodaeth am *Gymry Llundain ei gyfnod. Yn 1796 yn *Y *Geirgrawn*, cylchgrawn a gyhoeddwyd yn Nhreffynnon, ymosododd ar *Seren tan Gwmwl* ei gyfaill, Jac Glan-y-gors (John *Jones), ac yn *Cylch-grawn Cynmraeg Morgan John *Rhys ymosododd yn ffyrnig ar *Fethodistiaeth ac felly hefyd yn *Epistolau Cymraeg at y Cymry* (1797). Atebwyd y llyfr hwnnw gan Thomas *Roberts, Llwyn'rhudol, o dan y ffugenw Arvonius yn *Amddiffyniad i'r Methodistiaid* (1806).

CHARLES, THOMAS (1755–1814), arweinydd yr ail genhedlaeth o Fethodistiaid Cymreig. Fe'i ganed yn Llanfihangel Abercywyn, Caerf., yn frawd i David *Charles yr emynydd, ac fe'i haddysgwyd yn Llanddowror, Caerf., a Rhydychen. Bu'n gwasanaethu Eglwys Loegr yng Ngwlad yr Haf am bum mlynedd cyn priodi â Sally Jones o'r Bala ac ymsefydlu yn y dref honno yn 1783. Ymunodd â'r Methodistiaid y flwyddyn ganlynol, cysegrodd weddill ei oes i waith yr enwad a daeth yn un o'i harweinwyr pwysicaf.

O'i lafur addysgol gyda'r Methodistiaid y tarddodd ei gynnyrch llenyddol. Yr oedd yn argyhoeddedig o bwysigrwydd y catecism a dechreuodd trwy gyhoeddi

Crynodeb o Egwyddorion Crefydd, neu Gatecism Byrr i Blant ac Eraill i'w Ddysgu (1789); diwygiwyd y llyfr hwn a'i gyhoeddi dan y teitl *Catecism Byr* (1799) a'i gyfieithu fel *A Short Evangelical Catechism* (1801). Dilynwyd ef gan *Hyfforddwr yn Egwyddorion y Grefydd Gristnogol* (1807), ffrwyth ugain mlynedd o weithgarwch ymysg plant, ac sy'n fynegiant eglur o'i ddiwinyddiaeth. Daeth Charles i'r amlwg fel dadleuydd yng nghanol berw'r diwygiad gyda'i *Welsh Methodists Vindicated* (1802; fersiwn Cymraeg gan Henry Hughes, 1892), sef ei ateb i ymosodiadau dienw a ysgrifenasid o safbwynt yr Eglwys Esgobol. Ei brif waith gwreiddiol yw *Y *Geiriadur Ysgrythyrawl* (4 cyf., 1805, 1808, 1810, 1811). Cyflwynodd hwn wybodaeth newydd i'r Cymry ym meysydd hanes a daearyddiaeth gwledydd y Beibl, a chyflwynodd hefyd ymdriniaethau diwinyddol caboledig.

Y dasg fwyaf yr ymgymerodd Charles â hi fel golygydd oedd paratoi testun Beibl Cymraeg cyntaf y Gymdeithas Feiblau a bu ganddo ef gymaint rhan yn ei sefydlu. Gofynnwyd iddo weithio ar Feiblau y *Gymdeithas er Taenu Gwybodaeth Gristnogol (1749, 1799), ond heb ymyrryd â'r orgraff. Dechreuodd ar y gwaith hwn yn 1804 a chafodd gymorth Robert *Jones, Rhos-lan, a Thomas *Jones, Dinbych. Wedi i'r Testament Newydd ymddangos yn 1806 gallai Charles ddweud amdano ei fod yn rhagori ar bopeth arall a gyhoeddwyd yn y Gymraeg, honiad sy'n mesur ei siom yn 1807 pan ymddangosodd y Beibl heb Farnwyr 8 o ganlyniad i esgeulustod ar ran y darllenydd-proflenni, William *Owen Pughe. Cymwynas olygyddol olaf Charles oedd Beibl 1814, un o'r argraffiadau mwyaf cywir, a oedd yn ffrwyth deng mlynedd o astudio manwl yr holl argraffiadau blaenorol.

Y cyntaf i ysgrifennu cofiant i Thomas Charles oedd ei gyfaill Thomas Jones o Ddinbych (1816). Yr astudiaeth safonol o Charles yw *The Life of the Rev. Thomas Charles, B.A., of Bala* (3 cyf., 1908) gan D. E. Jenkins. Am astudiaethau diweddar gweler ysgrif R. Tudur Jones, 'Diwylliant Thomas Charles o'r Bala' yn *Ysgrifau Beirniadol IV* (gol. J. E. Caerwyn Williams, 1969) a *Thomas Charles o'r Bala, Gwas y Gair a Chyfaill Cenedl* (1979) gan yr un awdur.

Charles y Telynor (*fl.* canol y 18fed gan.), telynor o blwyf Llanycil, Meir., y dywedid ei fod yn gwatwar yr Anghydffurfwyr cynnar. Deil traddodiad iddo werthu ei enaid i'r *Diafol drwy roi bara'r cymun i gŵn. Dywedir iddo foddi ar ei ffordd adref un noson wrth groesi Llyn Tegid, wedi iddo fod yn canu'r delyn ym mhlasty'r Fachddeiliog, ac i gwmwl o fwg godi uwchben yr union fan lle y trengodd.

CHATWIN, BRUCE (1940–89), gweler o dan *On the Black Hill* (1982).

Cherry Owen, y meddwyn hapus sy'n byw gyda'i wraig addolgar yn Donkey Lane, yn *Under Milk Wood* gan Dylan *Thomas.

CHILTON, IRMA (1930–90), awdures llyfrau plant a aned ym Mhengelli, Morg.; fe'i haddysgwyd yng Ngholeg y Brifysgol Abertawe, ac yna aeth yn athrawes. Yr oedd yn ysgrifennu yn y Gymraeg a'r Saesneg ac ysgrifennodd lyfrau i blant o bob oedran, o *Yr Iâr Goch* (1980), storïau i'w darllen i blant yr ysgol feithrin, i *Y Llong* (1979), nofel i bobl ifainc a enillodd Wobr Tir na n-Óg am y llyfr Cymraeg gorau yn 1980. Ymhlith ei llyfrau Saesneg y mae *Flash* (1981) a *The Prize* (1983) a enillodd Wobr Tir na n-Óg am y llyfr Saesneg gorau yn 1984. Cafwyd amrywiaeth themâu yn ei nofelau o'r hen Aifft i deithio trwy amser, thema a oedd i'w chanfod mewn sawl llyfr o'i heiddo megis *The Time Button* (1970). Cyhoeddwyd casgliad o'i storïau byrion yn 1978; ysgrifennodd hefyd ar gyfer pobl mewn oed, sef *Cusanau* (1968) a *Rhwng Cwsg ac Effro* (1975), a chasgliad arall o storïau byrion, *Y Cwlwm Gwaed* (1981).

CHOTZEN, THEODOOR MAX (1901–45), ysgolhaig Celtaidd. Fe'i ganed i rieni Iddewig o'r Iseldiroedd a oedd wedi ymfudo o Siecoslofacia yn 1887, ac addysgwyd ef yn Leyden ac Utrecht dan A. G. van Hamel. Cafodd ei benodi yn Llyfrgellydd i lyfrgell y Llys Cyfiawnder Cydwladol yn Yr Hâg yn 1929 a dechreuodd addysgu ym Mhrifysgol Amsterdam yn 1931. Troesai'n Gatholig yn y 1930au gan gymryd yr enw Thomas. Gwasanaethodd ym myddin yr Iseldiroedd ar ddechrau'r Ail Ryfel Byd. Pan drechwyd ei wlad dychwelodd i'w efrydiau ysgolheigaidd ond, ac yntau'n gwrthod gwadu ei dras Iddewig, gweithiai gyda'r Mudiad Gwrthsafiad. Yn 1945 cymerwyd ef i'r ddalfa gan yr Almaenwyr a bu farw yn y carchar.

Gweithiodd Chotzen yn bennaf ar farddoniaeth Gymraeg ddiwedd yr Oesoedd Canol a'r berthynas rhyngddi a phrydyddiaeth y Cyfandir. Y mae ei draethawd doethuriaeth, *Recherches sur la Poésie de Dafydd ap Gwilym* (1927), yn archwilio'r nodweddion cyffredin rhwng gwaith Dafydd a chanu'r trwbadwriaid a'r *clerici vagantes* a natur y gyfathrach a'i gwnâi yn bosibl i'r dylanwadau hyn dreiddio i Gymru; yn ail ran y gyfrol ymdrinia'n fanwl â themâu canu Dafydd. Er bod Chotzen yn gwneud ei ymchwil cyn i Thomas *Parry gyhoeddi testun gwaith Dafydd, erys yr astudiaeth hon yn drafodaeth werthfawr ar gyd-destun Ewropeaidd cywyddau'r bedwaredd ganrif ar ddeg a'r bymthegfed ganrif. Wedi i'r llyfr ymddangos cafwyd nifer o erthyglau gan Chotzen yn yr un maes, megis 'Débats goliardiques en gallois' a 'La querelle des femmes au Pays de Galles'. Cyhoeddodd yn ogystal nifer o destunau eraill mewn Cymraeg Diweddar Cynnar a dadansoddiad o destunau Cymraeg gwaith *Sieffre o Fynwy ac erthyglau ar y cysylltiadau rhwng Cymru a'r Iseldiroedd.

Ceir manylion pellach yn yr ysgrif goffa gan Joseph Vendryes yn *Études Celtiques* (cyf. v, 1950–51), ac yn y gwerthfawrogiad gan Maartje Draak yn *Welsh and Breton Studies in memory of Th. M. Th. Chotzen* (1995); gweler hefyd y bywgraffiad gan Lauran Toorians a Kees Veelenturf (1993).

Christopher Davies Cyf., gweler o dan LLYFRAU'R DRYW.

CHURCHEY, WALTER (1747–1805), bardd a brodor o Aberhonddu, Brych.; cyfreithiwr ydoedd wrth ei alwedigaeth. Yr oedd yn gyfaill i John Wesley ac yn un o bileri cyntaf *Methodistiaeth Wesleaidd yn Aberhonddu. Ysgrifennodd lu o gerddi crefyddol, yn cynnwys cerdd epig o dan y teitl 'The Life of Joseph'; cyhoeddodd nifer o gyfrolau a'r mwyaf nodedig yn eu plith yw Poems and Imitations (1789) ac An Apology by W. Churchey for his Public Appearance as a Poet (1805).

CHURCHYARD, THOMAS (c.1520–1604), gweler o dan WORTHINES OF WALES (1587).

CIAN, bardd. Fe'i rhestrir yn yr *Historia Brittonum yn un o'r beirdd a flodeuai yn y chweched ganrif. Ychwanegwyd y priod-ddull 'Gueinth Guaut' (recte 'Guenith Guaut') at ei enw sef, yn ôl pob tebyg, 'gwenith y gân'. Crybwyllir ei enw mewn cerdd yn *Llyfr Taliesin, ond ni chadwyd dim o'i waith.

Cibwr, cwmwd mwyaf deheuol cantref *Senghennydd, yw'r diriogaeth rhwng afonydd Taf a Rhymni sydd i'r de o Fynydd Caerffili. Cynrychiola felly leoliad y rhan fwyaf o ddinas Caerdydd. Awgrymwyd y dylid adnabod Cymraeg Caerdydd fel Cibwreg.

Cigfa, gweler o dan PRYDERI.

Cilfái, rhan o gwmwd Nedd a orweddai ar ochr ddwyreiniol aber afon Tawe. Cyplyswyd ef â *Gŵyr, pan adeiladwyd castell Abertawe, mae'n debyg, i ffurfio arglwyddiaeth Gŵyr a Chilfái.

Cilgerran, castell ar y ffin rhwng sir Benfro a sir Aberteifi. Fe'i hadeiladwyd ar lecyn uwchben afon Teifi ar orchymyn naill ai Roger de Montgomery (c.1093) neu Gilbert fitz Richard de Clare (c.1100). Y mae'n bosibl mai o'r gaer hon y dygwyd *Nest, gwraig Gerald de Windsor, gan *Owain ap Cadwgan yn 1109. Cymerwyd y castell gan *Rys ap Gruffudd (Yr Arglwydd Rhys) yn 1165. Yn ôl y traddodiad, tra oedd Harri II yn aros gyda Rhys yng Nghilgerran, proffwydodd bardd y darganfyddid gweddillion *Arthur a'i frenhines yn Ynys Wydrin. Cipiwyd y castell gan filwyr William Marshall, Iarll Penfro, yn 1204, a chan wŷr *Llywelyn ap Iorwerth (Llywelyn Fawr) yn 1215. Rhoddodd ef Gilgerran i Faelgwn, mab Rhys, y flwyddyn ganlynol. Bu'r castell yn wag er tuag 1223, ond ei berchennog yn ystod y bymthegfed ganrif oedd William *Herbert, Iarll Penfro. Bu Benjamin Heath *Malkin, Richard *Fenton a John *Blackwell (Alun) yn ymweld â'r castell a gwnaeth Turner ddarlun ohono. Ceir manylion pellach yn J. R. Phillips, History of Cilgerran

(1867); J. B. Hilling, Cilgerran Castle (1992) ac yn Sian Rees, Dyfed, A Guide to Ancient and Historic Wales (1992).

Cilie, Teulu'r neu **Bois y Cilie**, teulu o feirdd a fagwyd ar fferm Y Cilie, ger Llangrannog, Cer. Yr oedd y tad, **Jeremiah Jones** (1855–1902), a fu'n of cyn troi'n ffermwr, yn *fardd gwlad poblogaidd ac yn yr efail ym Mlaencelyn y ganwyd ei wyth plentyn cyntaf iddo ef a'i wraig Mary, a'r pedwar arall yn Y Cilie. O'r saith brawd yr oedd chwech yn ymryson barddoni â'i gilydd er yn gynnar. Daeth yr hynaf, **Fred Jones** (1877–1948), yn weinidog amlwg gyda'r Annibynwyr ac yn un o sylfaenwyr *Plaid Cymru; ef oedd tad Gerallt *Jones. Yr ail blentyn oedd Marged, mam Fred *Williams. Y pedwerydd oedd Dafydd *Jones (Isfoel) a'r pumed oedd **John Jones (Tydu**; 1883–1968) a ymfudodd i Ganada yn ŵr ifanc; cerfiwyd cwpled Saesneg o'i eiddo ef ar Fwa Coffa'r Tŵr Heddwch yn Ottawa. Esther, y seithfed plentyn, oedd mam John (Jac) Alun *Jones, a'r degfed oedd **Evan George Jones (Sioronwy**; 1892–1953), yntau'n fardd ac yn dad i Tydfor *Jones. Simon Bartholomeus *Jones oedd yr unfed plentyn ar ddeg ac Alun Jeremiah *Jones (Alun Cilie) oedd yr olaf o'r deuddeg. Parhaodd dylanwad llenyddol aelwyd eithriadol Y Cilie hyd yr ail ar drydedd genhedlaeth.

Ceir detholiad o waith ysgafn y brodyr yn Awen Ysgafn y Cilie (gol. Gerallt Jones, 1976) a siart ach a'r teulu yn Cerddi Pentalar (gol. T. Llew Jones, 1976); gweler hefyd yr erthygl gan Gerallt Jones yn Deri o'n Daear Ni (gol. D. J. Goronwy Evans, 1984).

Cilmeri, gweler o dan LLYWELYN AP GRUFFUDD (m. 1282).

Citadel, The (1937), nofel gan A. J. Cronin (1896–1981), yn adrodd hanes Dr. Andrew Manson, Albanwr ifanc sy'n dechrau ei yrfa yn nhref Blaenelly yng nghymoedd y de. Seiliodd Cronin ran fawr o'r nofel ar ei brofiadau ei hun fel arolygwr meddygol yn y pyllau glo yn ne Cymru yn ystod y *Dirwasgiad, ac y mae'n creu darlun gwybodus o'r ardal, er nad yw'r ymdriniaeth â'r Cynllun Cymorth Meddygol dychmygol a gynhelir gan weithwyr yn Aberalaw, sy'n rhagflaenydd i'r Gwasanaeth Iechyd Cenedlaethol, yn rhy frwdfrydig. Gwnaed ffilm o The Citadel yn 1938, a lwyddodd, er bod y portread yn un mwy dilys na *How Green Was My Valley, i sefydlu'r darlun stereoteip o'r cymoedd glofaol ymhell a tu hwnt i Gymru.

CLANCY, JOSEPH PATRICK (1928–), bardd a chyfieithydd. Fe'i ganed yn Ninas Efrog Newydd i deulu a hanai o Ffrainc ac Iwerddon, a daeth yn Ddarlithydd yn Saesneg yng Ngholeg Marymount Manhattan yn y ddinas honno yn 1948, ac yn Athro yno maes o law; ar hyn o bryd y mae'n Athro Emeritws mewn Llenyddiaeth Saesneg a Chelfyddydau'r Theatr. Enynnwyd ei ddiddordeb mewn llenyddiaeth Gymraeg ar ôl darllen *An Introduction to Welsh Poetry* (1953) gan Gwyn *Williams. Ar ôl cyhoeddi cyfieithiad o *The Odes and Epodes of Horace* (1960), treuliodd nifer o flynyddoedd yn meistroli'r Gymraeg a dau gyfnod hir yng Nghymru tra oedd yn paratoi ei gyfrol gyntaf o gyfieithiadau o'r Gymraeg, *Medieval Welsh Lyrics* (1965). Dilynwyd y gyfrol feistrolgar hon, wedi ymweliadau pellach â Chymru, â chymar iddi, sef *The Earliest Welsh Poetry* (1970), a chan *Twentieth Century Welsh Poems* (1982); sichraodd y tair cyfrol hyn ei enw yn un o'r cyfieithwyr mwyaf llwyddiannus barddoniaeth Gymraeg i'r Saesneg. Fe'u dilynwyd gan gyfieithiadau o waith Gwyn *Thomas (1936–), *Living a Life* (1982), a Bobi Jones (Robert Maynard *Jones), *Selected Poems* (1987), a chyfres o bedair cyfrol, *The Plays of Saunders *Lewis* (1985–86). Er bod cyfieithiadau cynharach Joseph Clancy yn amhrisiadwy, bu ei waith mwy diweddar, os rhywbeth, hyd yn oed yn bwysicach o safbwynt dwyn gwaith rhai o awduron pwysicaf llenyddiaeth Gymraeg gyfoes o fewn cyrraedd i'r gynulleidfa ehangaf posibl. Yn 1990 penderfynodd ymgartrefu yn Aberystwyth, lle y mae'n dal i gynhyrchu cyfieithiadau, gan gynnwys *Saunders Lewis: Selected Poems* (1993) a *The World of Kate *Roberts* (1991).

Yn ogystal â'i waith fel cyfieithydd, y mae Joseph Clancy wedi cyhoeddi tri chasgliad o'i gerddi ei hun, *The Significance of Flesh* (1980; arg. mwy, 1984), *Here and There: Poems 1984–1993* (1994) a *Where There's Love* (1995); y mae *Pendragon* (1971) yn llyfr i blant hŷn am y Brenin Arthur. Cydweithiodd ef a'i wraig Gerrie (sy'n fardd ei hun ac yn llenor i blant) ar nofel ddirgelwch ganoloesol, *Death is a Pilgrim* (1993).

CLANVOW, JOHN (1341–91), bardd. Perthynai i deulu a fu'n amlwg ym mywyd gwleidyddol siroedd y Gororau ac a ddisgynnai o Hywel ap Meurig, un o gefnogwyr Edward I ac Arglwyddi'r Mers. Yr oedd gan feibion Hywel ap Meurig, sef Rhys a Philip ap Hywel, gryn dipyn o rym gweinyddol o dan Edward II. Eu nai hwy, Philip de Clanvow, a fabwysiadodd yr enw a ddaeth yn enw'r teulu wedyn. Cafodd y teulu diroedd yn yr argwlyddiaethau a ffurfiodd, yn ddiweddarach, rannau o sir Faesyfed, sir Frycheiniog a sir Henffordd, yn eu plith ystad *Hergest.

Cafodd Syr John Clanvow, a oedd yn ŵyr i Philip de Clanvow, yrfa yng ngwasanaeth Richard II, a bu farw pan oedd ar waith diplomatyddol yng Nghaergystennin. Iddo ef y priodolir y gerdd '*The Cuckoo and the Nightingale*', neu a bod yn gywirach o ran teitl, '*The Boke of Cupid, God of Love*', y tybid unwaith ei bod yn waith i Chaucer. Y mae'r gerdd hon, a luniwyd ar ddull gweledigaeth mewn breuddwyd, yn sôn am y gwcw yn dilorni serch ac am yr eos yn ei ganmol. Nid oes sicrwydd a oedd Clanvow yn medru'r Gymraeg ond nid oes dadl am ei linach Gymreig. Felly gellir edrych arno fel cynoeswr i *Ieuan ap Hywel Swrdwal – dywedir

weithiau mai ef oedd y Cymro cyntaf i brydyddu yn Saesneg – a hynny gan mlynedd bron o'i flaen. Adlewyrchir ei gysylltiad â'r Lolardiaid mewn ysgrif grefyddol a gedwir yn llyfrgell Coleg y Brifysgol, Rhydychen.

Ceir manylion pellach yn V. J. Scattergood (gol.), *The Works of Sir John Clanvowe* (1975), K. B. McFarlane, *Lancastrian Kings and Lollard Knights* (1972), a'r erthygl gan J. Beverley Smith, '*Edward I and the Allegiance of Wales*' yn *Cylchgrawn Hanes Cymru* (cyf. VIII, 1976).

CLARK, GEORGE THOMAS (1809–98), hynafiaethydd o Sais. Peiriannydd ydoedd wrth ei alwedigaeth a weithiai o dan Brunel ar y *Great Western Railway*, ac a gyhoeddodd deithlyfr arni. O 1852 hyd 1897 bu'n rheolwr y gwaith haearn yn Nowlais, ger Merthyr Tudful, Morg., a chymerodd ran amlwg yn y bywyd cyhoeddus yno. Bu'n gymorth i sefydlu'r gymdeithas a elwid yn ddiweddarach y Sefydliad Archaeolegol Brenhinol ac yr oedd yn aelod gweithgar o'r *Cambrian Archaeological Association*, am y rhan fwyaf o'i oes. Casglwyd ei astudiaethau o gestyll Cymreig yn y gyfrol *Medieval Military Architecture* (1884) ac yr oedd ei chwe chyfrol o siarteri Morgannwg, *Cartae et Alia Munimenta quae ad Dominium de Glamorganicia pertinent . . .* (1910) yn sail i'w *Land of Morgan* (1883). Cyhoeddodd hefyd gyfrol o achau Morgannwg, *Limbus Patrum Morganiae et Glamorganiae* (1886), sy'n nodweddiadol o'i holl waith yn ei fanylder trylwyr.

CLARKE, GILLIAN (1937–), bardd. Fe'i ganed yng Nghaerdydd ond i deulu a'i wreiddiau ar y ddwy ochr yn ddwfn yng nghefn gwlad Cymru. Astudiodd Saesneg yng Ngholeg y Brifysgol, Caerdydd, a gweithio gyda'r BBC yn Llundain cyn dychwelyd i'w dinas enedigol yn 1960. Ers blynyddoedd lawer bu'n llenor, yn ddarlledydd ac yn athrawes ysgrifennu creadigol ac y mae'n byw yn ardal Gymreig a Chymraeg Talgarreg yn Nyfed. Daeth yn olygydd cynorthwyol *The *Anglo-Welsh Review* yn 1971 a bu'n olygydd y cylchgrawn hwnnw rhwng 1976 a 1984. Cyhoeddwyd ei cherddi gyntaf gan Meic *Stephens yn *Poetry Wales* yn 1970 ac, fel rhan o gyfres y *Triskel Poets*, yn y pamffled, *Snow on the Mountain* (1971). Ers hynny cafwyd casgliadau o'i cherddi yn *The Sundial* (1978), *Letter from a Far Country* (1982), *Letting in the Rumour* (1989) a *The King of Britain's Daughter* (1993). Ymddangosodd cyfrol o'i *Selected Poems* yn 1985.

Y mae gwaith Gillian Clarke yn delynegol, yn aml yn eironig, ac yn ymwneud â natur, tirlun, teulu, mytholeg a chwedloniaeth Cymru, ac â'i hymdeimlad ei hunan o fenyweidd-dra. Y mae llawer o'i cherddi'n nodedig oherwydd y ffordd y mae'n uniaethu ei phrofiadau biolegol ac emosiynol â natur, gan roi yn fynych lais benywaidd arbennig i'w gwaith, llais a ysbrydolodd ferched eraill sy'n barddoni yng Nghymru, ond sydd weithiau â thinc o hanfodaeth fiolegol simplistig. Y mae

'*Letter from a Far Country*' yn gerdd brotest bwysig, er i rai beirniaid ei chael braidd yn geidwadol ei ffeministiaeth, sy'n dathlu rolau traddodiadol menywod, ond ar yr un pryd yn cydnabod eu cyfyngiadau. Er na chaiff y tensiynau rhwng y ddau safbwynt hyn eu datrys yn llwyddiannus, efallai oherwydd ei theyrngarwch i gryfderau diwylliant traddodiadol Cymru, yn ei natur ymchwilgar y mae cryfder y gerdd hir hon, gyda'i newid pwyslais, ei naratif llinellol drylliog, ei chysylltiadau cynyddol a'i delweddau dolennog. Cerdd am ei chyndeidiau yw'r '*Cofiant*' ac y mae'n wrthbwynt i'r '*Letter from a Far Country*' cynharach, er y manteisia'r bardd ynddi ar y cyfle i nodi'n ffraeth mai hi, yn y genhedlaeth bresennol, yw'r unig ferch a grybwyllwyd mewn dros ugain cenhedlaeth.

Yn aml y mae Gillian Clarke, sy'n fardd sythweledol, ar ei gorau pan fo'n ysgrifennu mewn symbolau sy'n rhoi dilysrwydd i ddyfnder emosiynol ei thestunau, tra'n gwarchod eu cymhlethdod. Y mae hyn yn arbennig o wir am lawer o'i cherddi byr. Er bod ei gwaith fel cyfanwaith yn gadarnhaol, rhydd synnwyr cryf o amser a marwoldeb dinc bruddglwyfus iddo weithiau, ac felly hefyd y chwilota am gysylltiadau rhwng y gorffennol a'r presennol, y traddodiadol a'r cyfoes. Yn aml ysgrifenna ar y ffin rhwng y naill a'r llall, gan gloddio ymhlith atgofion teuluol a chymunedol am ei thestunau, yn arbennig yn ei cherddi hwy. Yn *The King of Britain's Daughter*, a seiliwyd ar hanes *Branwen yn y *Mabinogion a hanes teuluol a gysylltia'r chwedl â fferm y teulu, cyfunir y personol â'r hanesyddol-gymdeithasol, â myth ac â chynddelw. Gan osgoi polemeg llawer o waith Saesneg llenorion Cymru yn y 1960au, y mae barddoniaeth Gillian Clarke yn gyforiog o'i hargyhoeddiadau tanbaid am Gymru. Defnyddia lawer o nodweddion barddoniaeth Gymraeg, fel y llinell seithsill a *chynghanedd; weithiau defnyddia eiriau Cymraeg; ac addasa ffurfiau Cymraeg megis y *cofiant.

Ceir manylion pellach yng nghyfweliad Gillian Clarke yn *Common Ground: Poets in a Welsh Landscape* (gol. Susan Butler, 1985) ac yn ei chyfraniad, '*Beginning with Bendigeidfran*', i *Our Sisters' Land* (gol. Jane Aaron et al, 1994); Jeremy Hooker, *The Presence of the Past: Essays on Modern British and American Poetry* (1987); Linden Peach, '*Incoming Tides: The Poetry of Gillian Clarke*', *The New Welsh Review* (rhif. 1, cyf. 1, Haf 1988) ac *Ancestral Lines: Culture and Identity in the Work of Six Contemporary Poets* (1993); K. E. Smith, '*The Poetry of Gillian Clarke*' yn *Poetry in the British Isles: Non-Metropolitan Perspectives*, (gol. Hans-Werner Ludwig a Lothar Fietz, 1995); a Kenneth R. Smith, '*A Vision of the Future?*' yn *Poetry Wales* (cyf. xxiv, rhif. 3, 1988). Cyhoeddwyd cyfrol deyrnged i Gillian Clarke, *Trying the Line* (gol. Menna Elfyn), yn 1997.

Clasuriaeth, term sy'n aml yn golygu ymlyniad, mewn llenyddiaeth a chelfyddydau eraill, wrth ganonau a phatrymau cydnabyddedig o gyfansoddi, a'r rheidrwydd o gysylltu gweledigaeth a mynegiant yr artist â safonau gorchestweithiau clodwiw y gorffennol, yn arbennig clasuron Groeg a Rhufain. Ysgogwyd y diddordebau hyn gan y *Dadeni Dysg yn yr Eidal. Yn ddiweddarach, yn Ffrainc ac yna'r Almaen, cyfrannodd Clasuriaeth at bwysleisio trefnusrwydd, eglurder, rhesymolrwydd a ffraethineb, ond gyda'r Adfywiad Rhamantaidd teimlai rhai fod ei dylanwad yn llesteiriol.

Cyrhaeddodd Clasuriaeth (neu Neo-glasuriaeth) Lloegr ei hanterth yn 'yr Oes Awgwstaidd', a dylanwadodd ar feirdd Cymraeg fel Goronwy *Owen a Ieuan Fardd (Evan *Evans, 1731–88) yn y ddeunawfed ganrif, ond gydag un gwahaniaeth pwysig: yn eu gwaith hwy cyfunwyd diddordeb yn llenyddiaeth yr hen fyd ag ymgais i adfywio'r traddodiad barddol Cymraeg. Daethpwyd i ystyried y traddodiad hwn yn enghraifft arbennig o nerthol o Glasuriaeth frodorol estynedig yng nghrefft y prydydd, dehongliad sy'n ddyledus i waith esboniadol John *Morris-Jones ac i dreiddgarwch beirniadol Saunders *Lewis. Yr oedd y Glasuriaeth farddol hon yn fwy dyledus i waddol syniadau Platon ac Awstin nag i Aristoteles a Horas, ac yr oedd ynghlwm wrth batrwm cymdeithasol bywyd diwylliannol Cymru yn yr Oesoedd Canol.

Ar Glasuriaeth a Chymru, gweler Saunders Lewis, *A School of Welsh Augustans* (1924), *Williams Pantycelyn* (1927) a *Braslun o Hanes Llenyddiaeth Gymraeg* (1932); gweler hefyd Ceri Davies, *Welsh Literature and the Classical Tradition* (1995).

Clawdd Offa, gwrthglawdd sy'n ymestyn, gyda rhai bylchau, o afon Gwy yn ardal Trefynwy hyd yn agos at Brestatyn, Ffl. Fe'i hadeiladwyd yn yr wythfed ganrif, mae'n debyg, ar orchymyn y Brenin Offa o Mersia fel ffin y cytunwyd arni rhwng ei diriogaeth ef a'r Cymry. Er nad yw'r clawdd bellach yn cydredeg â'r ffin rhwng Cymru a Lloegr, defnyddir y term yn aml yn yr ystyr honno.

CLEMENT O LANDDEWI NANT HODNI neu **O GAERLOYW** (m. 1190?), prior a diwinydd. Cafodd ei addysgu yn Prima Llanddewi Nant Hodni ac fe'i gwnaed yn brior y *Canoniaid Awstinaidd yno yn 1150. Defnyddiwyd ei esboniadau ysgrythurol a diwinyddol yn helaeth, yn arbennig ei waith ar yr Efengylau, *Concordia Quattuor Evangelistarum*.

Clêr, gair ag iddo ddau ystyr: gall ddynodi beirdd yn gyffredinol neu ddosbarth israddol o feirdd. Fe'i defnyddiwyd yn yr ystyr cyntaf gan *Iolo Goch gyfeirio at deulu Penmynydd, Môn, ac felly *Dafydd ap Gwilym wrth ddisgrifio un o'i gyfeillion bonheddig. Y mae'r ferf 'clera' yn cyfleu gorchwyl cwbl gymeradwy ac anrhydeddus, sef gwaith y beirdd yn ymweld â thai'r uchelwyr i ganu mawl a derbyn tâl (gweler o dan Cyfundrefn y Beirdd). Y mae *Guto'r Glyn, yn y bymthegfed ganrif, yn sôn am glera Môn a Gwynedd a Gwent.

Yr ystyr arall yw dosbarth israddol o feirdd, gan gynnwys, mwy na thebyg, gantorion a diddanwyr eraill. Wrth amddiffyn ei hawl fel bardd cydnabyddedig i dderbyn rhoddion gan y boneddigion am ei gerddi, y mae *Gruffudd Llwyd yn bendant iawn: 'Nid un o glêr ofer wyf'. Yr ystyr hwn sydd i'r tarddair 'clerwr' hefyd. Dywedir yng Ngramadeg *Einion Offeiriad fod tri math o fardd, sef clerwr, teuluwr a phrydydd.

Disgrifir gwaith y clerwr fel goganu ac anghlodfori a gwneuthur cywilydd a gwaradwydd. Ac ymhellach, 'Ni ellir dosbarth ar glerwriaeth, canys cerdd annosbarthus yw, ac am hynny nac ymyrred prydydd ynddi'. Yn Statud *Gruffudd ap Cynan, y ddogfen a gysylltid ag Eisteddfod gyntaf *Caerwys (1523), dywedir fel hyn: 'Ar y clerwr y perthyn dynwared, ymsennu, ymwaradwyddo, ymserthu ac ymddyfalu; a hynny ar gerdd chwithig ddigrif, i beri chwerthin'. Unwaith bob tair blynedd yr oedd ef i fynd i glera, a hynny at ddynion cyffredin, nid at yr uchelwyr. Y mae'n amheus iawn a oedd gwir ystyr neu arwyddocâd i osodiadau fel hyn.

Clic y Bont, cylch o feirdd a cherddorion a gysylltir ag ardal Pontypridd, Morg. Yn eu plith yr oedd Evan *Davies (Myfyr Morganwg), William *Thomas (Glanffrwd), Thomas Essile Davies (Dewi Wyn o Esyllt; 1820–91), David Evans (Dewi Haran; 1812–25), Coslett Coslett (Carnelian; 1834–1910) a Thomas *Williams (Brynfab). Nid oedd yr un o'r rhain yn fardd mawr, ond yr oedd eu cylch yn nodweddiadol o'r ysgolion barddol a flodeuai yn ne-ddwyrain y Cymru ddiwydiannol yn ystod y bedwaredd ganrif ar bymtheg.

Clogyrnach, un o'r *Pedwar Mesur ar Hugain, sef cyfuniad o gwpled o *Gyhydedd Fer a Thraeanog a'r llinell chwe sillaf yn odli â'r Gyhydedd Fer, a'i *gorffwysfa yn odli â dau gymal cyntaf y traeanog. Gelwir ef hefyd yn Byr-a-Thraeanog.

Clwb Awen a Chân, cymdeithas a sefydlwyd yng Nghaernarfon yn 1908. Ymhlith y sylfaenwyr yr oedd T. Gwynn *Jones, E. Morgan *Humphreys ac O. Llewelyn *Owain. Cynyddodd nifer yr aelodau i dros bedwar cant ond dibynnai ei lwyddiant i raddau helaeth iawn ar ddawn R. D. *Rowland (Anthropos), y Llywydd: pan gollodd ef ei iechyd edwinodd y clwb a daeth i ben yn 1932.

Ceir manylion pellach yn llyfr O. Llew Owain, *Anthropos a Chlwb Awen a Chân* (1946).

Clwch, Rhisiart (m. 1570), gweler o dan BACHEGRAIG a CATRIN O FERAIN (1534/5–91).

CLWYD, HAFINA (1936–   ), awdur, darlledwr, golygydd a cholofnydd. Ganed hi yng Ngwyddelwern, Meir., a'i haddysgu yng Ngholeg Normal, Bangor. Bu'n athrawes yn Llundain o 1957 hyd ddiwedd 1979. Yn ystod y cyfnod hwn, cymerodd ran amlwg ym mywyd *Cymry Llundain. Yn ddyddiadurwraig frwd, disgrifiodd y cyfnod yn fanwl yn y darnau a gynhwyswyd yn

Buwch ar y Lein (1987), a hefyd yn *Clychau yn y Glaw* (1973), casgliad o ysgrifau. Yn ystod y cyfnod hwn cyfrannodd golofn wythnosol, 'Llythyr Llundain', i'r *Faner* (gweler BANER AC AMSERAU CYMRU). Dychwelodd i Gymru yn gynnar yn y 1980au ac ymgartrefu yn Rhuthun, ac wedi cyfnod byr fel athrawes ran-amser yn Ysgol Maes Garmon, Yr Wyddgrug, fe'i penodwyd yn Is-olygydd *Y Faner* yn 1985, ac yna yn Olygydd yn 1986; hi oedd Golygydd olaf *Y Faner*. Bu'n golygu *papur bro ardal Rhuthun, *Y Bedol*, o 1981 hyd 1989. Y mae'n feirniad radio i'r *Cymro er 1992 ac yn golofnydd cyson i'r *Western Mail er 1990. Y mae ei dull agored o fynegi ei barn yn llafar ac yn ysgrifenedig, a'i brwdfrydedd yn gofnodi'n fanwl ddigwyddiadau ym myd llenyddol 'y Pethe', yn ei gwneud yn sylwebydd gwerthfawr o fywyd traddodiadol y Cymry diwylliedig. Ei chyfrol gyntaf oedd *Shwrwd* (1967), casgliad o ysgrifau a ddaeth yn ail yng nghystadleuaeth y *Fedal Ryddiaith yn 1965. Casgliadau eraill o'i hysgrifau yw *Defaid yn Chwerthin* (1980) a *Perfedd Hen Nain Llywelyn* (1985). Y mae gweithiau eraill sy'n adlewyrchu ei diddordebau personol yn cynnwys *Cwis a Phos* (1984), cwisiau ar gyfer cymdeithasau, ac *Welsh Family History: a Guide to Research* (1993) a gydolygwyd ganddi. Daeth yn ail eto am y Fedal Ryddiaith gyda'i gwaith hunangofiannol, *Merch Morfydd* (1987). Ceir detholiad o'i herthyglau a gyhoeddwyd yn *The Western Mail* yn y gyfrol *Clust y Wenci* (1997).

Clwydfardd, gweler GRIFFITH, DAVID (1800–94).

Clych Atgof (1906), cyfrol o ysgrifau hunangofiannol gan Owen M. *Edwards. Ymddangosodd rhannau ohoni yn y cylchgrawn *Cymru a chyhoeddwyd y gwaith fel llyfr yn y gyfres *Llyfrau Ab Owen. Y mae'n cynnwys, gan mwyaf, atgofion yr awdur o'i blentyndod a'i lencyndod, yn enwedig y blynyddoedd pan oedd yn ddisgybl mewn Ysgol Eglwys (a oedd yn atgas ganddo) yn Llanuwchllyn, Meir., a'i gyfnod yn fyfyriwr yng Ngholeg Prifysgol Cymru, Aberystwyth, ac yng Ngholeg Balliol, Rhydychen. Ond y mae'r gwaith yn cynnwys hefyd bortreadau cofiadwy o'i dad, ac yn fwy cyffredinol, o'r gymdeithas Ymneilltuol Gymraeg y magwyd ef ynddi. Y mae hanfod arddull rhyddiaith Owen M. Edwards, sydd mor gyfoethog ei briod-ddulliau a'i agosatrwydd cyfareddol, yn iaith ei gartref, ac yn y cyswllt hwn cafodd yr ysgrifau hyn ddylanwad pwysig ar weithiau llenorion diweddarach fel E. Morgan *Humphreys, R. T. *Jenkins a W. J. *Gruffydd. Ymddangosodd ail argraffiad o'r gyfrol yng *Nghyfres Gwerin Cymru* (gol. Ifan ab Owen Edwards, 1921) a golygodd Ifor *Williams argraffiad cyfyngedig ar gyfer *Gwasg Gregynog yn 1935.

Gwelir trafodaeth ar rinweddau'r llyfr yn y bennod ar Owen M. Edwards gan Saunders Lewis yn *Triwyr Penllyn* (d.d.), yn erthygl D. Tecwyn Lloyd yn *Barn* (rhif. 101–104, 1971) ac yn yr ysgrif gan R. Gerallt Jones yn *Ansawdd y Seiliau* (1972); gweler hefyd Hazel Davies, *O. M. Edwards* (1988).

Clychau Aberdyfi', cân werin a gyhoeddwyd am y tro cyntaf mewn casgliad Cymreig gan Maria Jane Williams (gweler o dan ABERPERGWM) yn *Ancient National Airs of Gwent and Morgannwg* (1844), gyda'r geiriau, 'Os wyt ti'n fy ngharu i'. Gan fod yr alaw wedi ymddangos mewn ambell gasgliad Seisnig cyn 1844 tybiwyd, yn gyfeiliornus, ei bod o darddiad Seisnig a thadogwyd hi ar Charles Dibdin. Deil rhai mai teitl gwreiddiol y gân oedd 'Clychau Abertawe'. Weithiau cysylltir y gân â'r chwedl am *Gantre'r Gwaelod oherwydd ei bod yn sôn am glychau'n canu dan y dŵr. Hawlir hefyd ambell dro fod 'Clychau' yn nheitl y gân yn gamddehongliad o *Belles*', a chan fod Aberdyfi ym Meirionnydd, mai cyfeiriad sydd yma at 'forynion glân' y sir honno.

Clydach Vale Lock-out, The', baled ddienw ar y dôn *Just before the battle, Mother*', a gyfansoddwyd gan löwr di-waith yng Nghlydach, yn y Rhondda, yn ystod y cload allan a ddechreuwyd yno yn Awst 1921.

CLYNNOG, MORYS (1525–80/81), ffoadur Catholig ac awdur a hanoedd o Lŷn neu Eifionydd, Caern. Cafodd ei addysg yn y gyfraith yng Ngholeg Eglwys Crist, Rhydychen. Treuliodd flynyddoedd ar y Cyfandir yn alltud yn ystod teyrnasiad y Brenin Protestannaidd, Edward VI, yn aelod o lysgenhadaeth y Cardinal Reginald Pole yn Louvain, Fflandrys. Yn ystod y cyfnod hwn cafodd gyfle i astudio'r gyfraith ymhellach ym Mhrifysgol Louvain. Yr oedd Pole yn ceisio'n ddyfal ddarbwyllo'r Ymherodr Siarl i adfer Lloegr i'r Ffydd Gatholig drwy rym arfau, a phrif swyddogaeth y llysgenhadaeth hon oedd hyrwyddo'r ffordd i hynny. Bu farw Edward yn 1553 a gorseddwyd ei chwaer, y Babyddes Mari. Ni fentrodd Pole ddod ar gyfyl y seremoni goroni, ond danfonodd Morys Clynnog a Thomas Goldwell (Esgob Llanelwy wedyn) i'w gynrychioli. Pan ddychwelodd Pole i Loegr cafodd ei gysegru'n Archesgob Caer-gaint, a phenododd yntau Morys Clynnog yn ganghellor ei lys ym Mhlas Lambeth ac yn ysgrifennydd preifat iddo. Ar ôl Gwrthryfel y Gorllewin (1554) bu rhaid i Clynnog fyw yn Padua fel cydymaith i Edward Courtenay, Iarll Dyfnaint, arweinydd y gwrthryfel. Bu farw Mari a'r Cardinal Pole yn 1558. Yn ystod chwe blynedd ei theyrnasiad, cyflwynwyd i Forys Clynnog amryw o fywoliaethau, er enghraifft Llanengan yn Llŷn, Catcombe yn Ynys Wyth, Corwen ac Orpington, ac fe'i dyrchafwyd yn ddeon Sussex a Croydon ac yn ganon Eglwys Gadeiriol Efrog. Ar 19 Hydref 1558 cafodd Clynnog ei enwebu'n Esgob Bangor. Mis yn ddiweddarach yr oedd ar y ffordd i Rufain i dderbyn bendith y Pab ar ei benodiad pryd y clywodd am farw Mari. Arhosodd ar y Cyfandir ac eithrio am un ymweliad yn aelod o gomisiwn a benodwyd i wybod union bolisi crefyddol Elisabeth. Ni fodlonwyd y comisiwn, a chafodd Morys Clynnog drwydded i adael y wlad, ac ymsefydlodd yn Louvain a dod yn rhannol gyfrifol am y Catholigion alltud yno.

Erbyn 1563 roedd Clynnog wedi symud i Rufain a'i benodi'n gwstos Ysbyty'r Pererinion yno. Yn 1575 penderfynwyd troi'r Ysbyty yn Goleg, *Seminarium Anglicum*, ac yn ddiweddarach penodwyd Clynnog yn bennaeth arno, penodiad a oedd yn annerbyniol i'r nifer cynyddol o fyfyrwyr o Saeson yn y coleg a oedd yn ei gyhuddo o ffafrio'r Cymry. Arweiniodd hyn i anghydfod cynyddol, a phan ddechreuodd yr uwchoffeiriadaeth Babaidd a'r Iesuwyr fynegi eu hanfodlonrwydd â'r ffordd yr oedd Clynnog yn gwrthod cadw at yr amodau a oedd yn mynnu bod myfyrwyr yn dychwelyd i genhadu, ymddiswyddodd Clynnog. Yn 1580 ymadawodd â Rhufain, teithio i Rouen yn Ffrainc a dal llong am Sbaen. Aeth y llong i drafferth a suddo, a boddodd Morys Clynnog.

Cyhoeddodd Clynnog gatecism Cymraeg byr o dan y teitl *Athravaeth Gristnogavl* (1568), a lywiwyd drwy'r wasg ym Milan gan ei gyfaill Gruffydd *Robert. Addasiad ydoedd o gatecism a luniwyd gan y Sbaenwyr, Ioannes Polanco (m. 1574), ysgrifennydd cyntaf *Cymdeithas yr Iesu. Dosbarthwyd y gyfrol Gymraeg yng Nghymru ond un copi yn unig a gadwyd ac y mae hwnnw yn Llyfrgell Newberry, Chicago.

Ceir manylion pellach mewn erthygl gan T. J. Hopkin a Geraint Bowen yng *Nghylchgrawn* Llyfrgell Genedlaethol Cymru (cyf. XIV, 1965) ac un arall gan Geraint Bowen yn *Nhrafodion Cymdeithas Hanes Sir Gaernarfon* (cyf. XXVII, 1966).

Clywch y Beirdd, cynllun a lansiwyd gan *Gyngor Celfyddydau Cymru yn 1970; cafodd Meic *Stephens y syniad yn ystod ymweliad â Ffriesland. Bob wythnos dros gyfnod o bedair blynedd recordiai bardd un o'i gerddi a gellid ei chlywed dros y ffôn. Dyma'r antur gyntaf o'i bath yng ngwledydd Prydain; parodd gryn ddiddordeb a gwnaethpwyd cannoedd o alwadau bob wythnos. O 1975 hyd 1979 gweinyddid y cynllun gan Gymdeithas Celfyddydau De Ddwyrain Cymru.

Cnapan, gêm a oedd yn boblogaidd yn ne-orllewin Cymru hyd ganol y bedwaredd ganrif ar bymtheg. Arferid ei chwarae ar y Suliau ac ar wyliau, rhwng dynion o wahanol blwyfi. Yr amcan oedd ceisio cael pêl fechan i'r gôl ym mhlwyf y tîm gwrthwynebol; weithiau porth yr eglwys oedd y gôl. Nid oedd rheolau ac fe'i chwaraeid ar droed neu ar gefn march ac fel rheol achosai'r gêm gythrwfl a thywallt gwaed. Ceir disgrifiad bywiog o'r arfer yn ystod yr unfed ganrif ar bymtheg yn *The Description of Penbrockshire* (1603) gan George *Owen. Gweler hefyd BANDO.

Ceir hanes y chwarae yn llyfryn Brian John, *The Ancient Game of Cnapan* (1989).

Cocosfardd y De, gweler JONES, ELIAS *(fl.* 1897).

Coch Bach y Bala, gweler JONES, JOHN (1854–1913).

Codex Oxoniensis Posterior, gweler BODLEIAN, LLAW-YSGRIF 572 (10fed gan.).

Coed Glyn Cynon, coedwig o dderw a bedw a lanwai Gwm Cynon o Benderyn i Abercynon yn yr unfed ganrif ar bymtheg. Torrwyd y coed gan ddiwydianwyr o Loegr er mwyn cael golosg ar gyfer toddi haearn, cyn darganfod glo. Cyfansoddwyd galarnad chwerw i'r coed gan fardd cyfoes ond anhysbys.

Coed Yspwys, Brwydr (1094), gweler o dan CADWGAN AP BLEDDYN (m. 1111).

Coel Hen (dechrau'r 5ed gan.), hendad neu hynafiad nifer o freninlinellau o 'Wŷr y Gogledd' a gofnodir yn yr ach *Bonedd Gwŷr y Gogledd* ac yn yr achau yn llawysgrif Harleian 3859. Ymysg disgynyddion Coel yr oedd *Urien Rheged, *Llywarch Hen a *Gwenddolau, arwyr traddodiadol a lywodraethodd yn yr *Hen Ogledd yn ystod y chweched ganrif. Ar sail yr achau hyn fe dynnwyd y casgliad i Goel Hen fod yn llywodraethwr blaenaf dros deyrnas eang iawn yng ngogledd-orllewin Lloegr a de'r Alban yn gynnar yn y bumed ganrif. Awgrymwyd iddo ymosod ar y Pictiaid tua'r gogledd i'w deyrnas. Yn yr *achau dwg Coel y tadenw, neu gyfenw ychwanegol efallai, *Guotepauc* (<*Votepācos*, 'amddiffynnwr, gwarchedwr'), ac yn y *Gododdin* ceir llinell sy'n cyfeirio at *meibion Godebog, gwerin enwir*, sef 'meibion Godebog, byddin ddrwg' – neu, o bosibl, 'byddin ffyddlon'. Credid erstalwm y cedwid enw Coel Hen yn yr enw *Kyle* yn swydd Argyll yn yr Alban, lle y darganfyddir yn gyfagos grugyn mewn lle a enwir *Coylton* y credid iddi gofnodi bedd Coel, ond erbyn hyn ystyrir y coffa hwn yn amheus. Rhaid peidio â chysylltu enw Coel Hen ag *Old King Cole* – gŵr a gofnodid yn y rhestr o enwau dychmygol brenhinoedd Ynys Prydain a geir yn y *Historia Regum Britanniae* gan *Sieffre o Fynwy, ac a gysylltir ganddo â thref Colchester.

Gweler P. C. Bartrum, *Early Welsh Genealogical Tracts* (1966) ac *A Welsh Classical Dictionary* (1993); K. H. Jackson, '*The Britons in Southern Scotland*' yn *Antiquity* (cyf. XXIX, 1955); Ifor Williams, '*Wales and the North*' yn *The Beginnings of Welsh Poetry* (1972); W. J. Watson, *History of the Celtic Place-Names of Scotland* (1926); ac A. O. H. Jarman, *Aneirin: Y Gododdin* (1988).

Coelbren y Beirdd, gwyddor ffug a luniwyd gan Edward *Williams (Iolo Morganwg) a'i phriodoli i'r Hen Gymry. Sail ei llythrennau oedd yr arwydd gyfrin / | \ ; defnyddid hwy ar ddarnau o bren pedair ochrog a gosodid hwy mewn ffrâm yn y fath fodd fel y gellid troi pob pren i ddarllen y pedair ochr. Yr enw ar y 'llyfr' hwn oedd peithynen. Defnyddid yr wyddor yn gyson ar gadeiriau eisteddfodol, yn arbennig mewn perthynas â *Gorsedd Beirdd Ynys Prydain.

Coetio, gêm a chwaraeir yn yr awyr agored trwy daflu coetan, sef disg fflat o haearn, o bellter penodol a darged, sef pegyn pren neu haearn wedi ei blannu mewn clai. Chwaraeid gêm debyg yng nghyfnod y Rhufeiniaid ac yr oedd yn boblogaidd iawn yn yr Oesoedd Canol pryd y gwaharddwyd hi mewn nifer o statudau brenhinol oherwydd iddi ddenu gweision a phrentisiaid oddi wrth ymarferion cydag arfau mewn cyfnod cythryblus. Chwaraeir y gêm o hyd yng Nghymru ac fe'i hyrwyddir ar lefel leol a rhyngwladol gan y Bwrdd Coetio Cymreig. Gweler hefyd CEILYS.

Am ragor o fanylion gweler A. Baker, *The History of Quoits in Wales* (1949).

Coety, is-arglwyddiaeth o arglwyddiaeth Morgannwg lle'r oedd teulu Turberville wedi ymsefydlu erbyn dechrau'r ddeuddegfed ganrif. Rheolaeth unbenaethol Pain de Turberville dros Forgannwg wedi marwolaeth Gilbert de Clare yn 1314 a fu achos gwrthryfel *Llywelyn ap Gruffudd (Llywelyn Bren) yn 1316.

Cofiant, Y. Ni chafwyd cofiannau Cymraeg ar ffurf lenyddol hyd y bedwaredd ganrif ar bymtheg os n chynhwysir testunau canoloesol megis *Bucheddau'r Saint a *Historia *Gruffudd ap Cynan*. Y cyntaf, a gy hoeddwyd yn 1816, oedd *Cofiant* Thomas *Charles o' Bala a gyfieithwyd o'r Saesneg gan Thomas *Jones Dinbych, ac a oedd yn cynnwys hunangofiant yr awdu hyd ei briodas yn 1783. Yn yr un cyfnod cyhoeddwy *Hunangofiant* Twm o'r Nant (Thomas *Edwards) ac u Thomas Jones ei hun, y naill yn ffres a difyr a'r llall y drymaidd ddwys. Ar ôl y rhain ymarllwysodd o'r gweis, Cymraeg ar hyd y ganrif rai cannoedd o gofiannau, ' rhan fwyaf i bregethwyr mawr a bach. Y pwysicaf a sawl cyfrif yw'r *Cofiant* maith i John *Jones, Tal-y-sarn gan Owen *Thomas, sy'n ymdrin â phregethu diwinyddiaeth Cymru yn ogystal â chynnig portread fywyd y pregethwr.

Datblygodd y gweithiau hyn ffurf bur bendant: wed adrodd hanes y gwrthrych, clodforir ei rinweddau fe Cristion a gweinidog, a chloir gyda detholiad o bregethau a'i lythyrau efallai, a diweddu â theyrngeda cyfeillion a cherdd goffa. Clodfori'r gwrthrych yn an feirniadol a wneid gan amlaf, gan bwysleisio ymyrraet. Rhagluniaeth ddwyfol yn nhroeon ei yrfa. Wfftiod David *Owen (Brutus) at yr holl 'ffwlbri cofiantol' na oedd ond 'sothach penbylaidd', ac ysgrifennod gofiannau bwrlésg i gymeriadau dychmygol; y mwya adnabyddus yw *Wil Brydydd y Coed (1863–65), on ysgrifennodd gofiannau difrifol hefyd i John *Elias Christmas *Evans.

Yn yr ugeinfed ganrif, fodd bynnag, daeth y cofian yn ffurf lenyddol gain yn y Gymraeg, er mai'n anfynyc y bu hynny. Yn gynnar yn y ganrif cafwyd dau gofian pwysig, sef rhai T. Gwynn *Jones i Emrys ap Iwa (Robert Ambrose *Jones; 1912) a Thomas *Gee (1913) ac ymhlith y gorau o gofiannau'r ganrif hon, cofian anorffenedig Owen M. *Edwards gan W. J. *Gruffydd (1937). Ymysg y diweddaraf y mae cyfrol T. Robin Chapman ar W. J. *Gruffydd (1993), a chyfrol Bedwyr Lewis *Jones (gol. Gwyn *Thomas) ar R. Williams *Parry (1997), mewn cyfres newydd o gofiannau llenyddol dan y teitl *Dawn Dweud*. O ganol yr ugeinfed ganrif ymlaen amlhaodd hunangofiannau gan lenorion amlwg, gan gynnwys rhai W. J. Gruffydd, E. Tegla *Davies, D. J. *Williams, Kate *Roberts, R. T. *Jenkins, Caradog *Prichard ac Alun *Llywelyn-Williams. Er y 1950au daeth cyfrolau o atgofion yn boblogaidd a daeth ambell un yn glasur. Ymddangosodd cyfrolau nodedig hefyd yn *Cyfres y Cewri*, gan gynnwys rhai gan John Gwilym *Jones, Gwynfor *Evans, Dic Jones (Richard Lewis *Jones) ac Alan *Llwyd.

Ymhlith awduron Eingl-Gymreig yr ugeinfed ganrif a luniodd eu hunangofiant y mae Dannie *Abse, W. H. *Davies, Llewelyn Wyn *Griffith, Glyn *Jones, Jack *Jones, Goronwy *Rees, Emlyn *Williams a Gwyn *Williams.

Ceir trafodaeth ar y cofiant fel ffurf lenyddol yn y penodau gan Emyr Gwynne Jones yn *Gwŷr Llên y Bedwaredd Ganrif ar Bymtheg* (gol. Dyfnallt Morgan, 1968), gan Alun Llywelyn-Williams yn *Ysgrifennu Creadigol* (gol. Geraint Bowen, 1972), gan Saunders Lewis yn *Meistri'r Canrifoedd* (gol. R. Geraint Gruffydd, 1973), gan Bedwyr Lewis Jones yn *Y Traddodiad Rhyddiaith yn yr Ugeinfed Ganrif* (gol. Geraint Bowen, 1976) a chan John Gwilym Jones yn *Swyddogaeth Beirniadaeth* (1977).

Cofion Cymru, gweler o dan UNDEB CYMRU FYDD.

Cofiwn, grŵp gwladgarol wedi ymroi i'r gwaith o gofio digwyddiadau ac arwyr o arwyddocâd cenedlaethol. Ffurfiwyd y grŵp yn 1977. Ei arwydd oedd deilen eiddew a bu'n flaenllaw ymhlith y rhai a drefnodd goffáu seithfed canmlwyddiant marwolaeth *Llywelyn ap Gruffudd, Tywysog olaf Cymru annibynnol, yn 1982.

Coffin, Walter (1784–1867), arloesydd glofeydd a brodor o Ben-y-bont ar Ogwr, Morg. Prynodd fferm Dinas Rhondda yn 1807 ac agor yno lefel lo gyntaf y *Rhondda. Yn ddiweddarach daeth yn gyfarwyddwr Rheilffordd Dyffryn Taf a bu'n Aelod Seneddol Rhyddfrydol dros Gaerdydd rhwng 1852 ac 1857.

Coke, Thomas (1747–1814), efengylydd. Fe'i ganed yn Aberhonddu, Brych., yn fab i ffryllydd a'i addysgu yng Ngholeg Crist yno. Yn Awst 1763 clywodd John Wesley yn pregethu yn ei dref enedigol a chafodd dröedigaeth. Graddiodd yng Ngholeg Iesu, Rhydychen, yn 1768 ac fe'i hordeiniwyd yn offeiriad yn 1777. Collodd ei swydd fel curad yn South Petherton, Gwlad yr Haf, oherwydd ei ymlyniad at *Fethodistiaeth. Wedyn daeth yn efengylwr Methodistaidd pybyr, yn drefnydd yr achos, yn un o gynorthwywyr pwysicaf Wesley ac yn arolygwr Eglwys Fethodistaidd Esgobol

America. Oherwydd ei ddiddordeb mewn efengylu dros y môr ef oedd 'tad' y genhadaeth Fethodistaidd dramor. Yr oedd ar ei ffordd i'r India i sefydlu canolfan genhadol yno pan fu farw. Ef oedd y Cymro amlycaf o Weslead ymhlith yr ail genhedlaeth o ddiwygwyr. Yr oedd yn ymwybodol fod ei achos o dan anfantais yng Nghymru oherwydd prinder cenhadwyr Cymraeg eu hiaith. Yn 1880 perswadiodd y Gynhadledd Fethodistaidd i anfon dau bregethwr i Ruthun ac o ganlyniad bu cryn dwf yn yr achos Wesleaidd yng ngogledd-ddwyrain Cymru.

Coleg Harlech, coleg preswyl annibynnol ar gyfer myfyrwyr hŷn, yn Harlech, Meir., a sefydlwyd ar argymhelliad Thomas *Jones (1870–1955) yn 1927. Yr oedd yn ffrwyth ei ymrwymiad i achos addysg i oedolion a'i gred y byddai'n cynhyrchu cenhedlaeth newydd o arweinwyr yng Nghymru, wedi eu tynnu o blith y dosbarth gweithiol. Arwyddair y coleg yw 'A fo ben bid bont' (gweler o dan BRÂN). Warden cyntaf y Coleg o 1927 hyd 1946 oedd Ben Bowen Thomas (1899–1977). Bu'r awduron T. Rowland *Hughes, D. Tecwyn *Lloyd, Gwyn Erfyl *Jones, Richard *Poole a Graham *Allen yn aelodau o'i staff dysgu ac y mae Bryn *Griffiths, Ron *Berry a Gloria *Evans Davies ymhlith ei gynfyfyrwyr. Heddiw y mae lle ar gyfer rhyw gant a hanner o fyfyrwyr yno, y maent i gyd yn dilyn cwrs blwyddyn Diploma Prifysgol Cymru a'r rhan fwyaf ohonynt yn mynd ymlaen i dderbyn addysg brifysgol; am y rheswm hwn gelwir ef yn 'Goleg yr Ail Gyfle' ar lafar gwlad.

Ceir manylion pellach gan Eirene White, *Thomas Jones, Founder of Coleg Harlech* (1978), E. L. Ellis, *T. J.: A Life of Dr Thomas Jones, CH* (1992) a Peter Stead, *Coleg Harlech, the First Fifty Years* (1977). Cyhoeddwyd detholiad o gerddi a rhyddiaith gan lenorion a fu'n gysylltiedig â'r Coleg yn y gyfrol *A Harlech Anthology* (gol. R. Wallis Evans, John Selwyn Davies a Graham Allen, 1976).

COLES, GLADYS MARY (1942–), bardd a chofiannydd a aned yn Lerpwl; hanoedd teulu ei mam o sir Gaernarfon, a derbyniodd ei haddysg yn Llandudno ac ym Mhrifysgol Lerpwl. Gweithiodd wedyn fel ymchwilydd ym Mhrifysgol Llundain, yn ysgrifennu brasluniau cofiannol ar gyfer *The House of Commons 1558–1603* (1981), a daeth wedyn yn awdures lawn-amser a darlithydd ar ei liwt ei hun, gan weithio fel tiwtor mewn Ysgrifennu Creadigol ym Mhrifysgol Lerpwl a Phrifysgol John Moores, Lerpwl. Bu hefyd yn weithgar ym maes ehangach gweithdai awduron, ac y mae'n aelod o fwrdd canolfan ysgrifennu Tŷ Newydd (gweler o dan YMDDIRIEDOLAETH TALIESIN). Y mae'n berchen ar wasg gyhoeddi o'r enw *Headland Publications*, sy'n arbenigo mewn barddoniaeth. Fel cofiannydd a beirniad, y mae Gladys Mary Coles wedi canolbwyntio ar yr awdures o'r Gororau, Mary Webb, gan olygu dau gasgliad, *Collected Prose and Poems of Mary Webb* (1977) a *Selected Poems of Mary Webb* (1981, 1987), yn ogystal â dau gofiant, yr astudiaeth arloesol *The Flower of Light* (1978) a *Mary Webb* (1990, 1996) yn y gyfres *Borderlines*. Hi yw Llywydd Cymdeithas Mary Webb. Cyhoeddwyd wyth casgliad o'i barddoniaeth ei hun, gan gynnwys *Liverpool Folio* (1984), *Leafburners* (1986) a *The Glass Island* (1992). Y mae hanes ac ymdeimlad o leoliad yn ganolog i'w barddoniaeth, ac y mae hi bob amser yn ymwybodol o'r palimpsest o orffennol a phresennol sy'n orchudd dros y cefn gwlad yn ei gwaith. Y mae'n ymwybodol, hefyd, o'r bobl a fu yno'n byw ac yn aml yn siarad drwyddynt, a dengys ei gwaith eglurder meddwl a manylder y mae eu heffaith bron yn fetaffisegol. Bu hefyd yn olygydd sawl blodeugerdd, gan gynnwys casgliad o gerddi glannau Mersi, *Both Sides of the River* (1993), a *The Poet's View: Poems for Paintings* (1996).

Coll ap Collfrewi, gweler o dan TRI GWRDDFEICHIAD.

Collen (tua diwedd y 6ed gan.), sant; dydd ei ŵyl yw 21 Mai. Yn ôl ei Fuchedd, a gedwir mewn dwy lawysgrif o'r unfed ganrif ar bymtheg, ei fam oedd Ethni Wyddeles, merch arglwydd Gwyddelig o'r enw Matholwch. Tebyg mai Llangollen oedd ei brif sefydliad ac i'w gwlt ledu oddi yno dros gwmwd Nanheudwy a Rhiwabon, a chyn belled â Chernyw a Llydaw.

COLLINS, WILLIAM JOHN TOWNSEND (Dromio; 1868–1958), newyddiadurwr, hanesydd lleol a bardd, a aned yn Stratford-upon-Avon ac a ymsefydlodd yng Nghasnewydd, Myn., wedi iddo ymuno â staff y *South Wales Argus* pan lansiwyd ef yn 1892; bu'n olygydd y papur hwnnw o 1917 nes iddo ymddeol yn 1939. Yr oedd yn adnabyddus am ei adroddiadau gwybodus o gemau *rygbi, a ysgrifennai dan ei ffugenw, a chyhoeddodd lyfr ar y pwnc, *Rugby Recollections* (1948). Bu'n amlwg yn mywyd cyhoeddus Casnewydd, Myn., a chyhoeddodd ei lyfrau a'i bamffledi yn y dref; yn eu plith y mae dwy gyfrol o fywgraffiadau, *Monmouthshire Writers* (1945, 1948), hanes bywyd yr ysgythrwr Fred Richards, *Artist-Venturer* (1948), a llyfrau am hanes y seiri rhyddion yn y sir. Cyhoeddodd sawl cyfrol o delynegion yn ogystal â cherddi cyfoes a doniol am faterion lleol, yn eu plith *West Ward Rhymes* (1898), *In Gold and Purple* (1931), *Autumn Sunshine* (1934) a *Pilgrimage* (1944). Er mor ddisylwedd yw ei gerddi digrif y maent yn llawer mwy bywiog a diddorol na thelynegrwydd rhydd ei waith arall. Ysgrifennodd hefyd ddwy gyfrol denau o ryddiaith ddychmygus yn null ffug-ganoloesol y rhamantau rhyddiaith ar ddiwedd oes Fictoria, *Tales from the New Mabinogion* (1923) a *The Romance of the Echoing Wood* (1937).

Comiwnyddiaeth, gweler MARCSIAETH.

Commentarioli Descriptionis Britannicae Fragmentum (llyth. 'Darn o draethawd byr yn disgrifio Prydain'; 1572), traethawd Lladin gan Humphrey *Llwyd a gyf-lwynwyd, ynghyd â map o Gymru a dau fap o Gymru a Lloegr, i'w gyfaill Abraham Ortelius, y cartograffydd enwog o Antwerp, yn 1568. Ynddo ceir nodiadau ar hanes Prydain ac fel yn y *De Mona Druidium Insulâ*, a oedd hefyd wedi anfon at Ortelius yn gynharach yr un flwyddyn, yr oedd yn ymosod ar haneswyr megis William o Newburgh, Boethius a Polydore Vergil am anwybyddu dehongliad *Sieffre o Fynwy o hanes cynnar Prydain. Cyhoeddwyd y gwaith yn Cologne a'i gyflwyno i Ortelius. Teitl y cyfieithiad Saesneg gan Thomas Twyne oedd *The Breuiary of Britayne* (1575). Cynhwyswyd map o Gymru ac un o'r ddau fap yn dangos Cymru a Lloegr mewn atodiad i atlas Ortelius, *Theatrum Orbis Terrarum* (1573). Yr oedd Humphrey Llwyd yn ysgolhaig a hynafiaethydd gwiw yng nghyfnod y *Dadeni a'i amcan oedd ceisio amddiffyn y syniad traddodiadol am hanes Prydain. Yn y gwaith, yr ymgais gyntaf i gasglu *chorographia* i Brydain, ymosododd ar Polydore Vergil, amddiffynnodd fyth Sieffre am gefndir gogoneddus yr hil Brydeinig, a mynegodd yn bendant ei gred ym mhurdeb apostolaidd yr Eglwys Brydeinig gynnar. Gweler hefyd MYTH HIL Y BRYTANIAID.

Gweler C. Davies, *Latin Writers of the Renaissance* (1981), R. G. Gruffydd, 'Humphrey Llwyd: Dyneiddiwr', *Efrydiau Athronyddol* (cyf. XXXIII, 1970) ac I. M. Williams, 'Ysgolheictod Hanesyddol yr Unfed Ganrif ar Bymtheg', *Llên Cymru* (cyf. II, 1952–53).

'*Computus, Y*', darn yn cynnwys tair llinell ar hugain o ryddiaith Hen Gymraeg (Llsgr. Prif. Caer-grawnt, Add. 4543). Ni wyddys o ble y tarddodd ond ymddengys ei fod yn perthyn i *De Temporum Ratione* Beda lle y trafodir dulliau ar gyfer cofnodi cwrs y lleuad o gylch arwyddion y Sidydd. Y mae rhyw esboniwr, ac yntau'n ysgrifennu yn y Gymraeg, yn ceisio egluro'r anawsterau tybiedig yn y ddau dabl gwahanol a ddywedasai Beda iddo eu llunio er mwyn disgrifio cwrs y lleuad (yr *Annalis Libellus* a'r *Pagina Regularis*) a hynny ar gyfer trefnu calendr. Ansicr yw dyddiad y darn hwn, ond ar sail y dystiolaeth balaeograffaidd ac ar gyfryf y cynnwys a pheth tystiolaeth amgylchiadol betrus arall, priodolwyd ef i ddechrau'r ddegfed ganrif. Y mae'r *Computus* yn ddernyn o ryddiaith Hen Gymraeg anghyffredin o bwysig oherwydd ei fod yn dangos y modd y defnyddiwyd yr iaith yn ymarferol effeithiol ar gyfer trafod pynciau technegol cymhleth a dyrys. Y mae'r dystiolaeth ieithyddol a gadwyd yn y darn hwn yn werthfawr dros ben, yn arbennig o'i ddefnyddio ynghyd â ffynonellau eraill.

Gweler Ifor Williams, *Bwletin* Bwrdd Gwybodau Celtaidd (cyf. IV, 1927), a John Armstrong, *Proceedings of the Harvard Celtic Colloquium* (cyf. II, 1982).

CONDRY, WILLIAM MORETON (1918–   ), naturiaethwr ac awdur, a aned yn Birmingham. Yn awr wedi ymddeol, treuliodd y rhan fwyaf o'i oes yng Nghymru, yn warden ar warchodfa i adar gwylltion. Y mae ei lyfrau niferus ar fyd natur yn cynnwys y gwaith safonol yn y gyfres *New Naturalist* gan Collins, sef *Snowdonia National Park* (1966), yn ogystal ag *Exploring Wales* (1970), *The World of a Mountain* (1977) a *The Natural History of Wales* (1981). Cesglir ei gyfraniadau er 1957 i'r golofn 'Country Diary' yn y *Guardian* yn *A Welsh Country Diary* (1993); cyhoeddwyd hunangofiant, *Wildlife, My Life*, yn 1995, a *Welsh Country Essays* yn 1996.

Gweler hefyd fywgraffiad byr gan Jon Gower yn *The New Welsh Review* (rhif. 25, cyf. VII, Haf 1994).

CONRAN, ANTHONY (1931–), bardd, cyfieithydd a beirniad, a aned yn India lle'r oedd ei dad yn beiriannydd rheilffordd. Dychwelodd i Gymru er mwyn ei iechyd ac fe'i magwyd gan ei daid a'i nain ym Mae Colwyn a graddiodd mewn Saesneg ac Athroniaeth o Goleg Prifysgol Gogledd Cymru, Bangor. Yn 1957 daeth yn Gymrawd Ymchwil a Thiwtor yn yr Adran Saesneg ym Mangor, swydd yr ymddeolodd ohoni yn 1982.

Dechreuodd ysgrifennu barddoniaeth pan oedd yn fyfyriwr; trodd marwolaeth Dylan *Thomas ei sylw at farddoniaeth Eingl-Gymreig ac yn yr un cyfnod yr oedd darganfod barddoniaeth Gymraeg, yn arbennig beirdd yr Oesoedd Canol, yng nghyfieithiadau Gwyn *Williams yn 'ddatguddiad' iddo. Tra bo darganfod barddoniaeth Gymraeg wedi dylanwadu ar ei farddoniaeth gynnar ef ei hun (*Formal Poems*, 1960), fel cyfieithydd *The Penguin Book of Welsh Verse* (1967, a helaethwyd a'i ailargraffu fel *Welsh Verse*, 1986) y daeth yn adnabyddus yn gyntaf. Nod y gyfrol hon, a oedd yn garreg filltir, oedd gwneud y Cymry di-Gymraeg, yn arbennig y llenorion, yn ymwybodol o'u traddodiad ac ailganoli eu hymdeimlad o hunaniaeth genedlaethol. Yn *The Peacemakers* (1997) cyfieithodd ddetholiad o gerddi *Waldo Williams. Y mae gweithgarwch Tony Conran fel cyfieithydd yn y pen draw yn rhan annatod o'i waith creadigol ef ei hun fel bardd. Ym myd disglair barddoniaeth Gymraeg yr Oesoedd Canol canfu ddiwylliant lle nad oedd y bardd yn ffigur estron, ymylol, ond yn hytrach yng nghanol y gymuned yn rhoi llais i'w gwerthoedd. I Tony Conran, swyddogaeth hanfodol y bardd o hyd yw creu cydlyniad diwylliannol a chymunedolrwydd: ysgrifennwyd llawer o'i gerddi yn wreiddiol yn anrhegion i'w gyfeillion. Y mae'n wastad wedi beirniadu barddoniaeth nad yw ond yn fynegiant o deimladau preifat y bardd, i'w marchnata fel nwydd. Y mae'r traddodiad barddol Cymreig, felly, yn rhoi iddo fyth grymus o drefn, adeiledd a hunaniaeth genedlaethol i herio'r gymdeithas gyfoes. Y mae'r myth hefyd yn sail i'w Foderniaeth, a welir ar ei hamlycaf mewn gwaith diweddar fel *Castles* (1993) a'r gerdd wych 'Elegy for the Welsh Dead in the Falkland Islands, 1982' (er bod Rhamantiaeth Graves wedi bod yn ddylanwad cynnar). Y mae ei eclectigiaeth Fodernaidd yn cwmpasu gwybodaeth ddofn am faledi a llên gwerin yn ogystal â deunydd traddodiadol Cymraeg. Ei gasgliadau mwyaf sylweddol yw *Spirit Level* (1974), *Life Fund* (1979), *Blodeuwedd* (1988), *All Hallows: Symphony in 3 Movements* (1995) a *Visions & Praying Mantids* (1997), casgliad o ysgrifau am ei waith ei hun. Ymddangosodd casgliad cyflawn ei gerddi yn *Poems 1951–67* yn 1974.

Gwelir ei allu i ddefnyddio deunydd traddodiadol Gymreig i ymdrin â chymhlethdodau cymdeithasol a gwleidyddol y byd modern hefyd yn ei ddrama rymus arbrofol *Branwen* (a berfformiwyd yn 1989), tra bo ei gyfrolau o ysgrifau beirniadol ar farddoniaeth Eingl-Gymreig, *The Cost of Strangeness* (1982) a *Frontiers in Anglo-Welsh Poetry* (1997), yn astudiaethau allweddol. Yn y pen draw dylid ystyried gwaith Tony Conran yn y gwahanol *genres* fel cyfanwaith ac fel agweddau ar weledigaeth wleidyddol finiog wrthgyfalafol a gwrthimperialaidd.

Y mae ysgrif hunangofiannol gan Anthony Conran yn y gyfrol *Artists in Wales* (gol. Meic Stephens, 1973). Am drafodaeth feirniadol ar ei waith, gweler *Thirteen Ways of Looking at Tony Conran* (gol. Nigel Jenkins, 1995), sy'n cynnwys hefyd lyfryddiaeth eang. Gweler hefyd y cyfweliadau a roddwyd i Ian Gregson yn *The New Welsh Review* (rhif. 3, cyf. I, Gaeaf 1988) a Greg Hill yn *Materion Dwyieithog* (cyf. III, 1991).

Consêt neu **Cysêt**, benthyciad o'r Saesneg 'conceit' a'i ystyr yw 'ffansi'. Yng nghyfnod y Frenhines Elisabeth I daeth y gair i ddynodi'r math o arddull ffansïol flodeuog a nodweddai delynegion serch beirdd y llys a beirdd Cymraeg, megis Richard *Hughes (m. 1618), Richard Parry a Huw *Morys. Ceir y gair hefyd mewn enwau ceinciau poblogaidd y cyfansoddwyd llawer o gerddi gwerinol Cymraeg arnynt, er enghraifft 'Consêt y Siri' a 'Consêt yr Arglwyddes Owen'.

Conwy, castell a adeiladwyd ar orchymyn Edward I wedi ei lwyddiant milwrol yn yr ail *Ryfel dros Annibyniaeth (1282–83). Saif ar hen safle mynachlog y *Sistersiaid a symudwyd o *Aberconwy i Faenan er mwyn gwneud lle iddo. Yn ystod y *Gwrthryfel Cymreig (1294–95) bu Brenin Lloegr dan warchae yn y castell ac yr oedd gorchest y brodyr Gwilym a Rhys ap Tudur yn cipio Conwy yn 1401 yn un o ddigwyddiadau arwyddocaol yng ngwrthryfel *Owain Glyndŵr. Ymosodwyd ar y castell a'r fwrdeistref yn ystod Rhyfeloedd y Rhosynnau. John Williams, Archesgob Caer Efrog, brodor o Gonwy, fu'n amddiffyn Conwy dros y Brenin yn y *Rhyfeloedd Cartref ond wedi dadl gyda'r cadlywydd brenhinol, Syr John Owen (1600–66) o Glenennau, rhoddodd gefnogaeth i fyddin y Senedd gipio'r castell. Datgymalwyd y castell yn 1665.

Ceir manylion pellach yn R. Williams, *History and Antiquities of the Town of Aberconwy* (1835); Alun Llywelyn-Williams, *Crwydro Arfon* (1959); A. J. Taylor, *The Welsh Castles of Edward I* (1986) a *Conway Castle and Town Walls* (1990), ac yn Frances Lynch, *Gwynedd, A Guide to Ancient and Historic Wales* (1995).

CONWY, SIÔN (m. 1606), cyfieithydd, mab Siôn

Conwy II, disgynnydd o deulu o'r enw hwnnw a ymsefydlodd yng ngorllewin sir y Fflint yn ddiweddar yn y drydedd ganrif ar ddeg ac a sefydlwyd ymhen amser ym *Motryddan ger Rhuddlan, Ffl. Cyfieithodd ddau draethawd i'r Gymraeg, sef *Klod Kerdd Dafod a'i Dechryad* (1609), cyfieithiad o *Apologia Musices* (1588) gan John Case, a *Definiad i Hennadirion* (*c*.1593), cyfieithiad o *A Summons for Sleepers* (1589), gwaith gwrth-Biwritanaidd gan Leonard Wright. Nid ydynt yn hollol gywir fel cyfieithiadau ac y mae'n bosibl iddo geisio efelychu Syr John Conway, perthynas iddo a oedd yn awdur tair cyfrol grefyddol. Canodd nifer o feirdd iddo, gan gynnwys *Siôn Tudur a *Simwnt Fychan, ac yr oedd yn un o'r rhai a arwyddodd ddeiseb o blaid cynnal eisteddfod arall yn 1594.

Gweler E. P. Roberts, '*Seven John Conways*', *Cyhoeddiadau Cymdeithas Hanes Sir y Fflint* (cyf. XVIII, 1960) a G. Jones, 'Siôn Conwy III a'i Waith', *Bwletin y Bwrdd Gwybodau Celtaidd* (cyf. XXII, 1966.).

Cook, Arthur James (1884–1931), arweinydd y glowyr. Fe'i ganed yng Ngwlad yr Haf ac aeth i weithio mewn pwll glo yng Nghwm *Rhondda yn 1903. Chwaraeodd ran amlwg yn *Streic Gyffredinol 1926 fel Ysgrifennydd Cyffredinol Ffederasiwn Glowyr Prydain Fawr. Daeth y rhigwm a ddyfeisiwyd ganddo – '*Not a penny off the pay, not a second on the day*' – yn slogan i'r glowyr ledled Prydain. Yr oedd ymhlith y rhai a ysgrifennodd y pamffledyn *The Miners' Next Step* (1912), a symbylwyd gan Noah *Ablett.

COOMBES, BERT LEWIS (1894–1974), awdur a aned ar fferm fechan yn Madley, Henff. Aeth i weithio yn löwr yn Resolfen, Morg., yn ddeunaw oed a phriodi â merch o'r ardal, dysgu Cymraeg a threulio gweddill ei oes yno.

Canmolwyd ei lyfr cyntaf, *These Poor Hands: the autobiography of a miner working in south Wales* (1939), gan lawer o feirniaid Seisnig, yn eu plith J. B. Priestley a Cyril Connolly. Ystyrir ef ymhlith y portreadau mwyaf byw a chywir o'i fath. Hanes bywyd y glöwr ydyw a disgrifia yn syml ac yn effeithiol yr amodau caled a ddioddefai ef a'i gyd-weithwyr, a'r brawdgarwch a deimlent wrth wynebu tlodi, newyn, perygl ac angau. Y mae'r llyfr hefyd yn ymdrin â phrofiadau'r awdur tra oedd yn ddi-waith yn ystod y cloi-allan a streic 1921 ac 1926, pan ddysgodd ei hun i ganu'r ffidil, hyfforddi i fod yn ŵr ambiwlans, dod yn weithgar gyda *Ffederasiwn Glowyr De Cymru a dechrau ysgrifennu.

Dan anogaeth John Lehmann, y cyflwynodd yr hun-angofiant iddo, cyhoeddodd nifer o ysgrifau a straeon byrion yn *Penguin New Writing* a chylchgronau eraill rhwng 1937 a 1942. Daeth â thri llyfr arall allan, sef *I am a Miner* (1939), *Those Clouded Hills* (1944) a'r llyfr dogfennol *Miners' Day* (1945). Y mae pob un o'i lyfrau yn gyson o ran thema, athroniaeth, arddull a gonestr-wydd; fe'u hysgrifennwyd heb sentimentaleiddiwch ond gyda chydymdeimlad dwys â bywyd glöwr, ei galedi a'i hiwmor. Oherwydd llwyddiant ei lyfrau daeth Coombes yn ddarlledwr cyson ar sut y dylid ad-drefnu cymdeithas ar ôl yr Ail Ryfel Byd. Cyhoeddodd ei *Plan for Britain* yn y cylchgrawn *Picture Post* yn 1945, ond parhaodd i weithio dan y ddaear fel o'r blaen. Fe'i siomwyd nad oedd cynllun y Llywodraeth Lafur i wladoli'r diwydiant glo yn 1947 wedi llwyddo i beri'r newidiadau y bu ef yn eu hannog. Diflannodd o fywyd cyhoeddus yn ystod y 1950au a bu farw ychydig cyn ailgyhoeddi *These Poor Hands* yn 1974.

Ceir manylion pellach yn erthygl David Smith yn *The Anglo-Welsh Review* (cyf. XXIV, rhif. 53, 1974) ac yn un Beata Lipman yn *Planet* (rhif. 23, 1974).

Cor y Cewri, gweler o dan DERWYDDON.

Coraniaid, gweler o dan CYFRANC LLUDD A LLEFELYS (*c*.1200) a TAIR GORMES.

Cordell, Alexander, gweler GRABER, GEORGE ALEXANDER (1914–97).

Corfan, yr uned acennu mewn llinell fydryddol. Gellir cael sillaf ddiacen a sillaf acennog: 'Nid am fod brigyn briw ar goeden ir'; a'r gwrthwyneb: 'ar ryw noswaith ym fy ngwely'. Gellir cael dwy sillaf ddiacen ac un acennog: 'Cilia'r haul draw dros ael bryniau hael Arfon'; a'r sillaf acennog yn gyntaf: 'Gwnewch imi feddrod wrth ffrydlif y mynydd'; a sillaf ddiacen o boptu'r un acennog: 'Wyf heno fy hunan ar fin Morfa Rhuddlan'.

Corgi, ci bach â choesau byrion, un o'r bridiau sy'n gynhenid i Gymru. Fe'i defnyddid am ganrifoedd fel ci i warchod tŷ ac i weithio, yn arbennig er mwyn gyrru gwartheg. Y mae cyfeiriadau at y corgi yn *Llyfr Coch Hergest* a gelwid ef yn ddiweddarach yn '*cur-dog*'. Cydnabyddid dau frid gan y *Kennel Club* yn 1934, sef Corgi Sir Benfro â'i gynffon cwta, a Chorgi Sir Aberteifi sy'n fwy o faint ac yn berchen ar gynffon hir. Y mae gan y ddau fath flew garw, o liw melyn a gwyn, ac y maent yn barod iawn i gyfarth.

Corineus, pennaeth chwedlonol yr ail fintai o wŷr Caer Droea y cyfarfu *Brutus â hwy i'r tu draw i Golofnau Hercules. Fe'i disgrifir yn *Historia Regum Britanniae* fel gŵr hynaws, dewr a'r gorau ei gyngor o blith y gwŷr, ac yr oedd yn enwog am ei allu i ladd cewri. Pan gynigiwyd iddo unrhyw ran o Brydain, dewisodd Gernyw, a enwyd ar ei ôl, oherwydd bod cymaint o gewri yn y rhan honno o'r Ynys.

Corn Hirlas, Y, symbol o'r gwin a estynnir fel croeso i'r Archdderwydd yn seremonïau *Gorsedd Beirdd Ynys Prydain gan ferch ifanc ar ran yr ardal lle y cynhelir yr *Eisteddfod Genedlaethol. Gweler hefyd BLOD-EUGED.

Corn is Green, The, comedi dair-act gan Emlyn *Williams, a gynhyrchwyd am y tro cyntaf yn Llundain, ar 24 Medi 1938. Hon yw drama fwyaf llwyddiannus yr awdur. Fe'i seilir ar ei brofiad ef ei hun yn Ysgol Sir Treffynnon ac ar ei berthynas â'i athrawes, Sarah Grace Cooke. Disgrifir sut y daw Morgan Evans, glöwr ifanc, yn ysgolor yn Rhydychen dan hyfforddiant Miss Moffat, Saesnes ddysgedig, ac y mae'n astudiaeth dreiddgar o'r pwysau emosiynol a'r dicithrio a achosir gan allu academaidd bachgen o'r dosbarth gweithiol. Gwrthryfela Morgan yn erbyn oerni ei athrawes a chwilia am gysur gyda'r sopen Bessie Watty. Cymhellir ef gan foesoldeb greddfol neu gonfensiynol i briodi Bessie pan sylweddola ei bod yn feichiog, a bwriada roi'r gorau i'w ysgoloriaeth, ond fe'i darbwyllir gan gariad anhunanol Miss Moffat sy'n cynnig mabwysiadu'r plentyn. Lleolir y ddrama yng Nglan Sarno, pentref dychmygol, a hwn yw portread dramatig cyntaf yr awdur o gymdeithas wledig Gymraeg a reolir gan sgweier o Sais. Fe'i seilir ar ei bentref genedigol, sef Glanyrafon, Ffl.

Coron, un o'r gwobrau traddodiadol a ddyfernir i feirdd yn yr *Eisteddfod Genedlaethol. Yng Nghyfarfod y Beirdd yn Eisteddfod Caerfyrddin 1867 gwnaed datganiad fod yr *awdl a'r *bryddest i fod yn ogyfuwch mewn anrhydedd o hynny ymlaen ac y dylid rhoi coron yn wobr am y bryddest orau (cerdd ar y mesurau rhydd). Gweithredwyd yn unol â'r argymhelliad yn eisteddfod leol Treffynnon yn 1869, ond nid felly yn yr Eisteddfodau Cenedlaethol tan ganol yr 1880au. Ynddynt daliwyd at yr arfer o gyflwyno tlws i'r buddugwr yng nghystadleuaeth y bryddest. Daeth tro ar fyd yn 1886 yn Eisteddfod Genedlaethol Caernarfon, pryd y pwrcaswyd coron arian arbennig i'w chyflwyno i'r bardd buddugol. Parhaodd yr arfer hwn hyd heddiw ac y mae seremoni'r Goron, dan ofal *Gorsedd Beirdd Ynys Prydain, wedi dod yn un o uchelfannau pasiantri'r Eisteddfod Genedlaethol.

Ymhlith y beirdd a enillodd y Goron fwy nag unwaith yn ystod yr ugeinfed ganrif y mae T. H. *Parry-Williams (1912, 1915), Cynan (Albert *Evans-Jones; 1921, 1923, 1931), Caradog *Prichard (1927, 1928, 1929), Rhydwen *Williams (1946, 1964), Euros *Bowen (1948, 1950), Dafydd *Rowlands (1969, 1972), Bryan Martin *Davies (1970, 1971), Alan *Llwyd (1973, 1976), Donald *Evans (1977, 1980), John Roderick *Rees (1984, 1985) a T. James *Jones (1986, 1988). Ataliwyd y Goron (sydd yn cynnwys gwobr ariannol) ar bum achlysur er 1900 gan nad oedd ymgeisydd teilwng. Gweler hefyd yr Atodiad.

Coron Prydain, gweler o dan DAROGAN.

Cors Fochno, cors eang rhwng Aberystwyth a Thre Taliesin, Cer., y credid unwaith ei bod yn gartref i'r Hen Wrach. Yr oedd hon dros saith troedfedd o daldra ac ymddangosai ar nosweithiau niwlog a chwythu ar bobl yn eu tai, gan achosi'r cryd. Efallai mai llosgi mawn oedd yn peri'r afiechyd; darfu pan ddechreuwyd llosgi glo yn yr ardal.

Corsygedol, plasty ym mhlwyf Llandwywe-is-y-graig, Meir., a chyrchfan nodedig i feirdd am yn agos i dair canrif a hanner. Cadwyd canu i Ruffudd Fychan ap Gruffudd ab Einion (m. c.1483) ond tybir bod yr arfer wedi dechrau cyn hynny. Daw'r canu yn fwy toreithiog yn amser ei ŵyr Rhys Fychan a'i wraig Gwen a'u mab Rhisiart Fychan (m. 1584) a'i fab yntau Gruffudd (m. 1616). Noddwyd beirdd yn gyson am dair cenhedlaeth arall. Trwy briodas cyplyswyd y teulu â theulu *Nannau a chynhaliwyd y traddodiad ar yr aelwyd yn ei rymuster gan y teulu bron hyd ddiwedd y ddeunawfed ganrif. Yr aelod mwyaf adnabyddus o'r teulu yw William Vaughan (1707–75), Aelod Seneddol dros sir Feirionnydd am flynyddoedd, llywydd Anrhydeddus Gymdeithas y *Cymmrodorion yn Llundain, a chyfaill y *Morrisiaid.

Cory, teulu blaenllaw o berchnogion glofeydd a chludwyr glo ym Morgannwg yn y bedwaredd ganrif ar bymtheg. Brodor o Ddyfnaint oedd Richard Cory I (1799–1882) a sefydlodd fusnes prynu a gwerthu llongau yn Nociau Caerdydd ym 1842. Yn 1856, mewn menter ar y cyd â'i feibion John (1828–1910) a Richard Cory II (1830–1914), sefydlodd gwmni Richard Cory a'i Feibion, masnachwyr, perchnogion llongau ac allforwyr glo. Ailenwyd y cwmni Y Brodyr Cory a'u Cwmni wedi ymddeoliad Richard Cory I yn 1859, a hwn oedd y cwmni mwyaf yn y byd a ddarparai gyflenwadau o lo ar gyfer llongau, a sefydlodd tua phedwar ugain o orsafoedd llwytho glo ar lwybrau masnach rhyngwladol. Datblygodd cwmni Cory yn berchnogion nifer o lofeydd yng nghymoedd *Rhondda, Ogwr, Nedd a Chynon.

Yr oedd John Cory yn un o brif hyrwyddwyr cynllun Doc y Barri ac yn hynod weithgar gyda'r Blaid Ryddfrydol yn y sir; dywedir iddo gyfrannu £50,000 y flwyddyn tuag at elusennau a oedd â chysylltiad agos â *Dirwest, addysg ac *Anghydffurfiaeth. Codwyd cerflun ohono ym Mharc Cathays, Caerdydd, yn 1905. Cododd anghydfod rhwng y brodyr ynglŷn â phwnc ymreolaeth i Iwerddon. Oherwydd ei Brotestaniaeth anhyblyg – yr oedd yn hael ei nawdd i Fyddin yr Iachawdwriaeth – ni chredai Richard fod gan gynlluniau Gladstone unrhyw rinweddau. Rhodd o eiddo'r brodyr i ddinas Caerdydd oedd Neuadd Cory a fu unwaith yn ganolfan boblogaidd ar gyfer cynnal cyfarfodydd. Clifford John Cory (m. 1941), ail fab John Cory, oedd llywydd Cymdeithas Perchnogion Glo Mynwy a De Cymru yn 1906, a'i fab ieuengaf, Reginald Cory (m. 1934), a fu'n gyfrifol am osod y gerddi gwych yn y Dyffryn, cartref y teulu ym Mro Morgannwg.

Nid oes hanes llawn teulu Cory ond ceir cyfeiriadau yn A. H. John a Glanmor Williams (gol.), *Glamorgan County History* (cyf. v, 1980); gweler hefyd L. J. Williams, '*Capitalists and Coalowners*' yn *Glamorgan County History* (cyf. VI, 1988) a *Dictionary of Business Biography* (gol. D. Jeremy, 5 cyf., 1984–86).

'*Cosher Bailey's Engine*', gweler o dan BAILEY, CRAWSHAY (1789–1872).

COSLETT, COSLETT (Carnelian; 1834–1910), gweler o dan CLIC Y BONT.

Covertside, Naunton, gweler DAVIES, NAUNTON WINGFIELD (1852–1925).

Cowper, Y, gweler ROBERTS, ELIS (m. 1789).

COX, LEONARD (*fl.* 1524–72), gramadegydd a rhetoregwr. Fe'i ganed yn Nhrefynwy ac wedi ennill graddau yn Rhydychen a Chaer-grawnt aeth yn ysgolfeistr Ysgol Ramadeg Reading. Bu'n cadw ysgol yng Nghaerllion, Myn., am gyfnod ac yn 1572 daeth yn ysgolfeistr Ysgol Ramadeg Coventry. Yr oedd yn gyfaill i Erasmus a Melanchthon, a theithiodd yn eang ar gyfandir Ewrop. Cyhoeddodd Cox *The Art and Crafte of Rhethoryke* (1524) a *Commentaries upon Will. Lily's Construction of the Eight Parts of Speech* (1540). Ymhlith ei gyfieithiadau y mae fersiwn Saesneg o *Paraphrase of the Epistle to Titus* (1549) gan Erasmus.

COXE, WILLIAM (1747–1828), archddiacon a hanesydd, a aned yn Llundain, ac addysgwyd yn Eton a Choleg y Brenin, Caer-grawnt. Er iddo gael ei ordeinio'n ddiacon, rhoes y gorau i'w guradaeth gyntaf i fynd yn diwtor teithiol i feibion Dug Marlborough ac Iarll Penfro, yn eu tro, ac erbyn 1794 yr oedd wedi bod yn y Swistir, Rwsia a Hwngari. Fe'i dyrchafwyd i fywoliaeth Kingston-on-Thames yn 1786 a dechreuodd ar gyfnod mwy sefydlog pan gyflwynwyd Bemerton, Wilts., i'w ofal gan Iarll Penfro; ni symudodd oddi yno wedyn.

Ei brif ddiddordeb oedd cyhoeddi adroddiadau o'i deithiau a gweithio ar bapurau teuluol ei noddwyr pendefigaidd. Ei gyfaill a'i noddwr Syr Richard Colt Hoare o Stourhead – cyfieithydd Gerallt Gymro (*Gerald de Barri) a noddwr Richard *Llwyd ymhlith eraill – a'i perswadiodd i fynd gydag ef ar daith i sir Fynwy yn Hydref 1798. Ymddangosodd tri a thrigain o ddarluniau o waith Hoare yn *Tour* Coxe a pherswadiodd Hoare ef i ddychwelyd ddwywaith i sir Fynwy yn ystod 1799 i gyfweld â nifer di-rif o foneddigion ac ymhelaethu ar ei nodiadau. Dywed yr awdur iddo dreulio pum mis yn y sir a theithio tua mil a hanner o filltiroedd. Y mae'r gyfrol a ddeilliodd o'i daith, *An Historical Tour of Monmouthshire* (1801), er nad yw'n hanes cyflawn o'r sir ac er bod yr arddull yn hamddenol, yn fwy llawn a

gwerthfawr, o ystyried ei gyfyngiad cymdeithasol, na'r rhan fwyaf o adroddiadau teithwyr eraill yng Nghymru ar ddiwedd y ddeunawfed ganrif, ac o'r herwydd y mae'n ffynhonnell hanesyddol werthfawr.

Ceir manylion pellach yn M. W. Thompson (gol.), *The Journeys of Sir Richard Colt Hoare 1793–1810* (1983).

Crach Fardd, gweler BARDD TALCEN SLIP.

Cradock, Walter (1610?–59), Piwritan, pregethwr a brodor o Langwm, Myn. Sir Fynwy oedd prif faes ei weinidogaeth, er iddo deithio yn helaeth iawn, a gŵr o'r un sir, William *Wroth, oedd un o'r dylanwadau pennaf ar ei fywyd. Bu Cradock yn gurad i William *Erbery yn Eglwys Fair, Caerdydd, nes y gorfodwyd ef i symud i Wrecsam oherwydd ei dueddiadau Piwritanaidd. Yr oedd yn bresennol yn eglwys Wroth yn Llanfaches pan ffurfiwyd yr achos Annibynnol cyntaf yn 1639. Gwrthododd ddarllen *Llyfr y Chwaraeon* (1633) o'r pulpud, fel y disgwylid i weinidogion Piwritanaidd ei wneud ar orchymyn y Brenin er mwyn dysgu'r bobl sut i gadw'r Saboth, gan y caniatâi'r gwaith hwnnw rai chwaraeon ar y Sul. Wedi crwydro i Wrecsam, Amwythig, Llundain a Brampton Bryan, dychwelodd i'w sir enedigol. Yr oedd yn bregethwr teithiol, yn un o brif gefnogwyr Cromwell yng Nghymru a hefyd yn un o'r Profwyr o dan *Ddeddf Taenu'r Efengyl (1650). Mynegodd frwdfrydedd yr efengylydd yn ei bregethau, sy'n nodedig am eu hiaith seml a'u delweddau cartrefol. Golygwyd ei bregethau, gan gynnwys '*The saints fulnesse of joy in their fellowship with God*' a bregethodd Cradock i Dŷ'r Cyffredin yng Ngorffennaf 1646, gan Thomas *Charles a Philip Oliver yn 1799.

Craig, David, gweler TUCKER, JAMES (1929–   ).

Craigfryn, gweler HUGHES, ISAAC (1852–1928).

Cranogwen, gweler REES, SARAH JANE (1839–1916).

Crawshay, teulu o Gyfarthfa, Merthyr Tudful, Morg., y mwyaf blaenllaw o gewri'r diwydiant haearn yn ne Cymru. Yn ŵr o gefndir amaethyddol yn swydd Efrog, prynodd Richard Crawshay (1739–1810) siâr yng ngwaith haearn Anthony *Bacon yng Nghyfarthfa yn 1786 ac yn fuan wedyn daeth yn unig berchennog y gweithfeydd; erbyn 1800 hwy oedd y mwyaf o'u bath yn y byd. Ef oedd prif hyrwyddwr Cwmni Camlas Morgannwg, a gysylltodd Ferthyr a Chaerdydd yn 1794, ac un o'r diwydianwyr cyntaf i adael swm o dros filiwn o bunnau.

Ychydig o amser a dreuliodd ei fab, William Crawshay I (1764–1834), ym Merthyr: pwysicach iddo ef, pan nad oedd yn cweryla â'i dad neu'i fab, oedd cadw llygad ar y busnes gwerthu haearn oedd gan Gwmni Haearn Cyfarthfa yn Llundain. Ond yr oedd William

Crawshay II (1788–1867) yn un o gewri'r diwydiant haearn. Daeth yn Rheolwr Cyfarthfa yn 1813 ac ef a fu'n gyfrifol am godi Castell Cyfarthfa, adeilad ysblennydd ffug-Gothig, yn 1825. Yr oedd yn gweld ei hun fel Radical, felly profiad adwythig iddo fu Terfysgoedd *Merthyr yn 1831. Yn ystod ei gyfnod fel rheolwr ehangwyd Cyfarthfa ac er bod Dowlais, prif gystadleuydd gwaith Cyfarthfa yn yr ymryson diwydiannol, yn fwy hyblyg wrth addasu ar gyfer newid technolegol, ef oedd un o'r cyntaf o blith rheolwyr gweithfeydd haearn i wir sylweddoli yr elw a gynrychiolid gan y fasnach lo. Datblygodd hefyd waith haearn y teulu yn Hirwaun a phrynodd weithfeydd eraill yn Nhrefforest ac yn Fforest y Ddena. Wedi iddo brynu Caversham Park, swydd Rhydychen, llacio yn raddol a wnaeth ei gysylltiadau â Merthyr. Gadawodd Gyfarthfa i'w fab Robert Thompson Crawshay (1817–79), gŵr a gofir yn bennaf oherwydd y garreg goffa sydd iddo ym mynwent Y Faenor, ger Merthyr, yn dwyn yr arysgrif 'God forgive me'.

Parhaodd meibion Robert yn rheolwyr ar waith Cyfarthfa nes i'r busnes gael ei lyncu gan gwmni *Guest, Keen a Nettlefold yn 1902. Yr oedd perthynas agos rhwng teulu Crawshay a theulu Bailey o Nant-y-glo a Glan-wysg, a hefyd â theulu Hall o Hensol a Llanofer. Yr oedd disgynyddion teulu Crawshay, yn enwedig y Capten Geoffrey Crawshay (1892–1954) a Syr William Crawshay (1920–97), yn nodedig ym mywyd cymdeithasol a diwydiannol Cymru yn ystod yr ugeinfed ganrif. Ceir manylion pellach yn John P. Addis, The Crawshay Dynasty (1957) a Margaret Stewart Taylor, The Crawshays of Cyfarthfa Castle (1967).

CRAWSHAY-WILLIAMS, ELIOT (1879–1962), bardd a nofelydd, ŵyr i Robert Thompson Crawshay (gweler o dan deulu CRAWSHAY). Fe'i haddysgwyd yn Eton a Choleg y Drindod, Rhydychen, ac wedyn dechreuodd ar yrfa mewn swyddi ysgrifenyddol gyda Winston Churchill a David *Lloyd George. O 1910 i 1913 ef oedd yr Aelod Seneddol Rhyddfrydol dros Gaerlŷr. Ar ôl y Rhyfel Byd Cyntaf, dychwelodd i hen gartref y teulu, Coedymwstwr, Pen-y-bont ar Ogwr, Morg. Ymhlith ei lyfrau niferus y mae'r cyfrolau o gerddi Songs on Service (1917), The Gutter and the Stars (1918), No one wants Poetry (1938), Barrage (1944) a Flak (1944). Ceir cefndir Cymreig i'r nofelau Speckled Virtue (1940), The Wolf from the West (1947) a Rough Passage (1950). Ymhlith ei ddramâu y mae Five Grand Guignol Plays (1924). Ysgrifennodd yn ogystal ddwy gyfrol o hunangofiant, Leaves from an Officer's Notebook (1918) a Simple Story (1935).

Crécy, Brwydr (26 Awst, 1346), un o'r brwydrau pwysicaf yn y Rhyfel Can Mlynedd (1337–1459) rhwng Lloegr a Ffrainc. Yr oedd gan y Saeson, o dan arweiniad Edward II a'r Tywysog Du, fyddin raenus ac effeithiol;

gwasanaethodd llawer o Gymry yn rhengoedd y milwyr traed ac yr oeddynt yn bencampwyr ar ddefnyddio'r bwa hir. Buont yn gwasanaethu'r Goron yn Fflandrys (1297) a Falkirk (1298), a gellid eu hadnabod oherwydd eu cotiau gwyrdd a gwyn; dywedir mai dyma'r tro cyntaf i filwyr gael eu gwisgo yn unffurf. Yr oedd tua phum mil o Gymry yn y frwydr ac wedi iddynt groesi afon Seine cyfarfu'r fyddin â lluoedd ffiwdal y Ffrancwyr ar fryn ger Crécy. Eu harweinwyr oedd Rhys ap Gruffudd a *Hywel ap Gruffudd (Syr Hywel y Fwyall), ac urddwyd y ddau ar faes y gad ar ôl i'r Ffrancwyr gael eu trechu. Canodd *Iolo Goch gywydd i Edward III i ddathlu'r fuddugoliaeth.

Am fanylion pellach gweler D. L. Evans, 'Some notes on the history of the principality in the time of the Black Prince' yn Nhrafodion Anrhydeddus Gymdeithas y Cymmrodorion (1925–26), A. D. Carr, Cymru a'r Rhyfel Canmlynedd (1987) a chan yr un awdur, 'Welshmen in the Hundred Years War', yn Cylchgrawn Hanes Cymru (cyf. IV, 1968).

Creiddylad ferch Lludd Llaweraint, 'y forwyn fwyaf ei mawredd a fu yn nhair Ynys Prydain a'i thair rhagynys', yn ôl chwedl *Culhwch ac Olwen. Ceir ymrafael yn ei chylch rhwng Gwythyr ap Greidawl a *Gwyn ap Nudd. Ymyrrodd *Arthur a dyfarnodd eu bod i ymladd amdani bob dydd *Calan Mai hyd Ddydd y Farn a'r buddugwr ar y dydd hwnnw a fyddai yn ei chael. Dehonglwyd yr ymrafael fel chwedl ar yr ymgiprys rhwng haf a gaeaf.

Creu'r Siroedd (1284, 1536, 1542, 1972, 1996). Wedi buddugoliaeth Edward I dros *Lywelyn ap Gruffudd (Y Llyw Olaf) rhannwyd cyfran o hen diriogaeth y Tywysog yn siroedd, sef Môn, Caernarfon a Meirionnydd, gan Statud Cymru (1284). Yn y de-orllewin crewyd siroedd Aberteifi a Chaerfyrddin o dir a fu ym meddiant y Brenin am ddeugain mlynedd. Nid oedd y Fflint, er yn ddibynnol ar iarllaeth frenhinol Caer o safbwynt cyfreithiol, yn rhan o'r iarllaeth ac ati hi yr ychwanegwyd *Maelor Saesneg, eiddo'r Frenhines, er ei fod ar wahân i Fflint yn ddaearyddol, a'r rhan ddwyreiniol yn rhan o wastadedd Caer. Felly yr oedd gogledd Cymru i gyd, ar wahân i'r arglwyddiaethau yn y *Berfeddwlad a gogledd hen deyrnas *Powys, ym meddiant Coron Lloegr o 1284 ymlaen.

O ganlyniad i Ddeddf Uno 1536 trefnwyd tiriogaeth y Mers yn siroedd. Ychwanegwyd Mawddwy at sir Feirionnydd, estynnwyd tiriogaeth Aberteifi a Chaerfyrddin a rhoddwyd statws sirol i arglwyddiaethau brenhinol Penfro a Morgannwg ac ychwanegwyd arglwyddiaethau eraill atynt. Crewyd pum sir arall, tair yn y de (Brycheiniog, Maesyfed a Mynwy) a dwy yn y gogledd (Dinbych a Threfaldwyn) nes cyrraedd cyfanswm o ddeuddeg sir. Cynhwysid y Fflint yn 1536 fel un o'r siroedd ac iddi'r hawl i benodi Ynadon Heddwch ac o ganlyniad i Ddeddf 1542 yr oedd y Fflint, ynghyd â Dinbych a Threfaldwyn, yn un o'r pedair cylchdaith yn Llys y Sesiwn Fawr. Trefnwyd bod sir newydd Mynwy yn atebol i lysoedd Westminster yn hytrach nag i'r Sesiwn Fawr, er ei bod o safbwynt eglwysig yn rhan o esgobaeth *Llandaf. Y gwahaniad hwn a barodd ddefnyddio'r ymadrodd 'Cymru a Sir Fynwy' mewn llawer o Ddeddfau'r Senedd diweddarach. Ni ellir ond dyfalu'r rheswm dros y penderfyniad hwn; os y bwriad oedd creu 'dwsin crwn', yna yr oedd y Fflint yn llawer mwy afreolaidd. Tybiai George *Owen fod sir Fynwy wedi ei gadael allan o drefn y Sesiwn Fawr am ei bod yn nes at Westminster na'r siroedd eraill. Tybia eraill mai cyfoeth bonedd y sir a'u traddodiad o fod yn arweinwyr ar faes y gad sy'n esbonio'r drefn.

Rhoes Deddf Uno 1536 i siroedd yn Lloegr rannau tra Chymreig o'r Mers. Aeth Croesoswallt a'r cyffiniau yn rhan o sir Amwythig, a darn mawr o dir i'r dwyrain o ran uchaf afon Tefeidiad i swydd Henffordd; hynny fu tynged *Erging hefyd, er bod ynddi blwyfi a oedd yn rhan o esgobaeth *Tyddewi. Gwobr sir Fynwy am ei harwahanrwydd oedd cael yr hawl i ethol dau aelod sirol i'r Senedd. Un oedd gan bob sir arall, a bwrdais o bob tref sirol, ac eithrio Meirionnydd, gan fod ei thref sirol, Harlech, yn rhy dlawd i fforddio aelod. Nid oedd y nifer cynrychioliadol hwn ond yn hanner y nifer a roddwyd i siroedd yn Lloegr, cydnabyddiaeth, mae'n debyg, o dlodi Cymru yn hytrach nag anghyfiawnder gwleidyddol. Yr oedd y gost o fynd i Lundain fel aelod seneddol yn sylweddol, ac ni allai'r 'mountain squires' ei fforddio. Talwyd aelodau seneddol o Gymru mewn cyfnod pan oedd yr arfer o'u talu ar drai yn Lloegr. Wedi 1543 dechreuwyd cyfundrefn o fwrdeistrefi cyfrannol, fel bod bwrdais a etholwyd i'r Senedd yn cael cymhorthdal i'w gynnal oddi wrth drefi bwrdais eraill yn ogystal â'i dref sirol ei hun.

Cwtogodd Deddf 1972 y nifer o siroedd yng Nghymru o dair ar ddeg i wyth gan y tybiwyd bod unedau gweinyddol mawr yn rhatach i'w gweinyddu. Cyfunwyd Môn, Caernarfon a Meirionnydd yn y sir newydd, Gwynedd; Dinbych a Fflint yn Glwyd; Brycheiniog, Maesyfed a Threfaldwyn yn Bowys, ac Aberteifi, Penfro a Chaerfyrddin yn Ddyfed. Aeth sir Fynwy, gyda ffiniau rywfaint yn wahanol, yn Went, a rhannwyd Morgannwg yn dair, sef Gorllewin Morgannwg, Morgannwg Ganol a De Morgannwg. Yn 1996 dilewyd yr wyth sir, a sefydlwyd yn eu lle ddau ar hugain o awdurdodau unedol.

Creuddyn, cwmwd yng nghantref *Rhos, sef y penrhyn lle y saif tref Llandudno, Caern. Y mae'n debyg mai'r gaer *Negannwy oedd canolfan rheolwyr hen frenhiniaeth Rhos. Gwahanwyd Creuddyn oddi wrth weddill Rhos yn 1284 a'i wneud yn rhan o sir Gaernarfon, er mwyn cryfhau gafael y Goron ar ymylon castell *Conwy. Rhoddwyd yr un enw i'r cwmwd mwyaf deheuol o gantref *Penweddig yng Ngheredigion.

Creuddynfab, gweler WILLIAMS, WILLIAM (1814–69).

Crindy, Y, gweler o dan CARADOGION.

Croes Rywiog, term technegol am y cynganeddion Croes Cytbwys Acennog a Chytbwys Ddiacen. Gellir newid trefn dau hanner llinell o *Gynghanedd Groes Rywiog heb amharu ar batrwm nac ar gywirdeb y gynghanedd, er enghraifft 'Wedi trawster/daw tristwch' neu 'Daw tristwch/wedi trawster'.

Croeslusg, llinell o *gynghanedd sy'n gyfuniad o'r Gynghanedd Groes a'r Gynghanedd Lusg, er enghraifft, 'Nid oes dyn/un destunion'.

Crogen, Brwydr (1165), a ymladdwyd yn Nyffryn Ceiriog rhwng lluoedd *Owain ap Gruffudd (Owain Gwynedd) a Harri II, pan gafodd y Cymry fuddugoliaeth fawr. Coffeir y gyflafan yn enwau nifer o leoedd yn yr ardal, megis ffermydd Crogen Iddon, Plas Crogen a Melin Crogen. Dywedir i gyrff milwyr a meirch gael eu claddu mewn cae ar fferm o'r enw Crogen Wladus yn Adwy'r Beddau ac na ddylid ei aredig, rhag i'w hesgyrn ddod i'r wyneb.

Cronica de Wallia (llyth. 'Cronicl Cymru'), testun hanesyddol yn Lladin yn cynnwys defnyddiau yn dyddio rhwng 1190 a 1260, ond â bylchau niferus. Fe'i lluniwyd dan bwysau gwleidyddol a fu'n gyfrwng i ddylanwadu ar safbwynt y croniclydd a'r detholiad a wnaeth o'i ddefnyddiau. Diddordeb arbennig y testun yw ei fod, o ran defnydd ac arddull, yn perthyn yn agos at y testun Lladin coll a fu'n sail i *Brut y Tywysogyon. Efallai iddo gael ei lunio ym mynachlog Hendy-gwyn ar Daf (gweler o dan TŶ-GWYN). Gweler hefyd ANNALES CAMBRIAE.

Ceir manylion pellach yn Thomas Jones, '*Cronica de Wallia and other Documents from Exeter Cathedral MS 3514*, ym *Mwletin y Bwrdd Gwybodau Celtaidd* (cyf. XII, 1946–48), J. Beverley Smith, 'The "*Cronica de Wallia*" and the Dynasty of Dinefwr' ym *Mwletin y Bwrdd Gwybodau Celtaidd* (cyf. XX, 1962–64), a Kathleen Hughes, 'The Welsh Latin Chronicles: Annales Cambriae and related Texts', yn *Nhrafodion* yr Academi Brydeinig (cyf. LIX, 1973).

Cronica Principum Wallie, gweler BRUT Y TYWYSOGYON.

Cronical Glyndŵr (c.1422), cronicl ar ffurf cofnodion blynyddol yn rhoi hanes gwrthryfel *Owain Glyndŵr o'i ddechrau yn 1400 nes i'r arweinydd ddiflannu yn 1415. Yn ei ffurf gynharaf, a geir yn un o lawysgrifau *Gruffudd Hiraethog, rhan o gronicl hwy ydyw, sy'n ymestyn o laniad *Brutus hyd farw Harri V a choroni'i fab bychan yn 1422, a thebyg mai'n lled fuan wedi'r cofnod hwnnw y lluniwyd ef. Ceir copi o'r adran sy'n ymwneud â hanes Owain mewn dwy lawysgrif arall, un ohonynt yn tarddu o lyfr gan Lewys Morgannwg

(*Llywelyn ap Rhisiart); fe'i cynhwyswyd mewn cronoleg boblogaidd arall, 'Blwyddyn o eisiau deucant', yn un o lyfrau *Wiliam Llŷn. Nid oes dim gwerth i'r croniclau hwy hyn, ond y mae'r adran ar y gwrthryfel yn bwysig am mai yma y ceir y cofnod cyntaf o farn y Cymry am Owain Glyndŵr, a hynny yn y genhedlaeth nesaf un. Brawddeg olaf y *Cronicl* yw 'Aeth Owain i guddle ar ddydd Sant Mathew yn y Cynhaeaf, ac wedi hynny, ni wyddys mangre ei guddfan. Dyweder gan lawer y bu farw; ond deil y daroganwyr ei fod yn fyw'.

Ceir copi o'r testun, trosiad Saesneg a thrafodaeth arno gan J. E. Lloyd yn *Owen Glendower* (1931).

Cronicl Cymru, papur newydd wythnosol a sefydlwyd gan J. K. Douglas yn Amwythig yn 1866. Penodwyd John Davies (Gwyneddon; 1832–1904) yn olygydd arno am y ddwy flynedd gyntaf. Er mai fel newyddiadur annibynnol y sefydlwyd *Cronicl Cymru*, pleidiodd achos y Ceidwadwyr yn Etholiad 1868 a bu'n gefnogol i'r blaid honno nes iddo gael ei ddirwyn i ben yn 1872. Golygydd arall ar y cylchgrawn oedd Morris *Williams (Nicander) ac ymhlith ei gyfranwyr mwyaf cyson yr oedd John *Williams (Ab Ithel), Owen Wynne *Jones (Glasynys) a Richard Parry (Gwalchmai; 1803–97).

Crwth, offeryn cerddorol traddodiadol yn perthyn i deulu'r *lyre*, ond a chwaraeir â bwa. Yng nghyfnod *Beirdd yr Uchelwyr, hwn oedd yr unig offeryn, ar wahân i'r *delyn, a gydnabyddid o fewn cyfundrefn swyddogol cerddorion y plastai Cymreig. Sonnir am y crwth yng *Nghyfraith Hywel Dda a pharhaodd mewn bri yng Nghymru hyd y ddeunawfed ganrif nes ei oddiweddyd gan y ffidil. Dywedodd Daines *Barrington wrth y Gymdeithas Hynafiaethol yn 1770 fod y crythor Cymraeg olaf yn fyw ym Môn ar y pryd ond nad oedd olynydd iddo. I'r ddeunawfed ganrif y perthyn y tair enghraifft gynharaf a erys heddiw; ynddynt ceir lle i chwe thant, a dau o'r rheini i'w gosod gyda'i gilydd, ar oledd, wrth ochr y byseddfwrdd yn hytrach nag uwch ei wyneb. Gweler hefyd PIBGORN.

Ceir manylion pellach yn Otto Anderson, *The Bowed-Harp* (1930) ac A. O. H. Jarman, 'Telyn a Chrwth' yn *Llên Cymru* (cyf. VI, 1960–61) a ailgyhoeddwyd yn Wyn Thomas, *Cerdd a Chân* (1982).

Crwys, gweler WILLIAMS, WILLIAM (1875–1968).

Crynhoad, Y, cylchgrawn poblogaidd a seiliwyd ar lun a delw *The Reader's Digest*. Fe'i sefydlwyd gan Iorwerth Jones, a oedd ar y pryd yn weinidog gyda'r Annibynwyr yn Ystalyfera, ac fe'i cyhoeddwyd gan Wasg y Brython yn Lerpwl. Daeth y rhifyn cyntaf o'r wasg ym mis Hydref 1949, ac ymddangosodd yn ddaufisol hyd fis Awst 1950, ac yna'n chwarterol rhwng 1951 a 1955. Cyhoeddwyd cyfanswm o 22 o rifynnau. Ei fwriad oedd cyflwyno pytiau byrion o'r wasg gyfnodol a newydd-

iadurol Gymraeg, cyfieithiadau o eitemau o'r wasg gyfnodol Saesneg, straeon ac anecdotau, a rhai sgyrsiau a ddarlledwyd gan y BBC. Ceisiai adlewyrchu amrywiaeth o'r bywyd Cymraeg, ond ni chynhwysai fawr ddim ar wleidyddiaeth na phynciau dadleuol. Penodwyd R. Leonard Hugh, Abertawe, yn gydolygydd i'r cylchgrawn yn niwedd 1951, ond Dewi ac Olwen Samuel, Glynebwy, a fu'n gyfrifol am y pedwar rhifyn olaf. Golygai'r costau cynyddol a'r gostyngiad yn rhif ei dderbynwyr na allai Gwasg y Brython ei gynnal, a daeth yr arbrawf diddorol hwn i ben ym mis Ionawr 1955.

Crynwriaeth, term sy'n golygu daliadau ac arferion y Crynwyr a elwir – yn fwy ffurfiol – yn Gymdeithas Grefyddol y Cyfeillion. Glasenw oedd 'Crynwyr' a roddwyd iddynt am eu bod yn crynu wrth addoli neu'n annog eraill i grynu gerbron Duw. Sylfaenwyd y mudiad yn Lloegr gan George Fox a ddechreuodd bregethu yn 1647, ond i raddau helaeth yr oedd yn ganlyniad i'r Antinomiaeth a darddodd o bwyslais y Diwygiad Protestannaidd ar gyfiawnhad trwy ffydd a thystiolaeth fewnol yr Ysbryd. I'r Crynwyr yr oedd y Golau Oddi Mewn, rhyw oleuo ysbrydol, yn awdurdod anhepgor. Yr oedd 'Plant y Goleuni' a 'Chyfeillion Gwirionedd' yn enwau cynnar ar rai minteioedd o Grynwyr. Arweiniodd eu cred at ymwrthod ag allanolion wrth addoli a golygai hyn adeiladau cysegredig, litwrgi, gweinidogaethau ordeiniedig a hyd yn oed 'lythyren' yr Ysgrythur. Ymddengys i wedd radicalaidd *Piwritaniaeth y Cymry baratoi'r ffordd i laedaeniad Crynwriaeth yn eu plith. Un o ddisgyblion cyntaf Fox oedd y Bedyddiwr Rice Jones yn ardal Nottingham, a *John ap John, a fuasai'n ddisgybl i Morgan *Llwyd, a arloesodd y cenhadu Cymraeg. Ym Meirion a Maldwyn derbyniwyd dysgeidiaeth y Cyfeillion gan rai a fuasai dan ddylanwad Llwyd a Vavasor *Powell. Ymhlith y dychweledigion nodedig yr oedd Richard *Davies o'r Cloddiau Cochion, Charles Lloyd a Thomas Lloyd (gweler o dan deulu LLOYD), Rowland *Ellis ac Ellis Puw (1656–1718). Yr oedd rhai o'r rhain yn y cwmni niferus o Grynwyr Cymreig a aeth dan erledigaeth i sefydlu gwladfa yn y Byd Newydd yn unol â chynllun William Penn (a hawliai dras Gymreig). Y bwriad cyntaf oedd rhoi'r enw Cymru Newydd ar y diriogaeth a dyfodd yn dalaith Pennsylvania, ond er i Thomas Lloyd fod yn Ddirprwy Lywodraethwr i Penn hyd 1693, darfu'r gobaith am gymuned Gymraeg yno. Hynt a helynt y Crynwyr Cymreig hyn yw cefndir rhai o nofelau Marion *Eames.

Wedi'r ymfudo, edwinodd Crynwriaeth Gymraeg yng Nghymru, ond parhaodd rhai cymdeithasau Saesneg, yn enwedig yng Nghaerdydd, Abertawe, Castell-nedd a Llanfihangel Pont-y-moel. Yng Nghymru fel yn Lloegr llwyddodd Crynwyr yn aml ym myd arian a diwydiant. Sefydlwyd cwmni bancio Lloyds gan ddisgynnydd i Charles Lloyd, Dolobran. Ymgartrefodd meistri haearn dylanwadol o blith y Crynwyr yng Nghastell-nedd. Sylfaenodd un ohonynt, sef Joseph Tregelles *Price, y Gymdeithas Heddwch yn Llundain. Bu ei nai Elijah *Waring yn noddwr i Iolo Morganwg (Edward *Williams) ac ysgrifennodd fywgraffiad ohono. O achos eu hymroddiadau dyngarol a heddychol daeth y Cyfeillion i gydweithredu ag eraill o gyffelyb fryd, megis y bardd Waldo *Williams a droes at y Crynwyr. Sefydlodd y Gymdeithas ganolfan addysg ym Maes-yr-haf, Trealaw, Rhondda, a gwerthfawr oedd gwasanaeth George M. Ll. *Davies yno ac ym Mryn-mawr; bu'n gefn hefyd i Tom Nefyn (Thomas Nefyn *Williams), yr oedd ei gynulleidfa ymwahanol ef yn Llain-y-delyn dan nawdd y Crynwyr.

Ceir manylion pellach yn J. M. Rees, *History of the Quakers in Wales* (1925), Richard Jones, *Crynwyr Bore Cymru* (1931), H. Barbour, *The Quakers in Puritan England* (1964) a Harold Loukes, *The Quaker Contribution* (1965); gweler hefyd Geraint H. Jenkins, 'Quaker and Anti-Quaker Literature in Welsh from the Restoration to Methodism' yn *Cylchgrawn Hanes Cymru* (cyf. VII, rhif. 4, 1975).

Cuhelyn, gweler o dan AFARWY.

CUHELYN FARDD (*fl.* yn gynnar yn y 12fed gan.), bardd, mab Gwynfardd Dyfed a thad Gwrwared Gerdd Gemell, cyndad i *Ddafydd ap Gwilym. Y mae'n debyg fod y ffaith y ceir enwau'r tri bardd hyn gyda'i gilydd ymysg hynafiaid cynharaf Dafydd ap Gwilym yn awgrymu ei fod yn disgyn o linach a oedd yn feirdd ac yn noddwyr beirdd. Yn *Llyfr Du Caerfyrddin ceir awdl foliant i Guhelyn. Mewn oes ddiweddarach y mae George *Owen o'r Henllys yn cofnodi chwedl sy'n ei bortreadu fel daroganwr a chyfarwydd yn ogystal â bardd.

Gweler 'Awdl Fawl i Guhelyn Fardd' yn *Gwaith Meilyr Brydydd a'i ddisgynyddion* (gol. J. E. Caerwyn Williams *et al.*, 1994) a Francis Jones, 'Family Tales from Dyfed', yn *Nhrafodion* Anrhydeddus Gymdeithas y Cymmrodorion (1955).

CULE, CYRIL PRICHARD (1902–   ), cyfieithydd a llenor a aned yn Nhrelech, Myn. Ar ôl treulio'r cyfnod 1909–19 yn Seland Newydd a graddio yng Nghaerdydd, bu'n dysgu Saesneg yn Libanus, Paris a Madrid. Fel prifathro Cambria House, Caerllion (1936–38), gofalodd am blant alltudion Basgaidd yn ystod Rhyfel Cartref Sbaen. Bu'n athro ieithoedd yn Llundain, Treffynnon a Manceinion nes ymddeol yn 1968. Cyhoeddodd lyfr teithio, *Cymro ar Gruydr* (1941); y nofel *Gweld y Byd* (1945); y cyfieithiadau canlynol – *Y Cocwallt Dychmygol* (1950: o *Le Cocu Imaginaire* gan Molière), *Pris ar ei Ben* (1971: o nofel antur Jean-Louis Cotte, *La Mise à Prix*), *Floris: Rhamant ac Antur* (1972: o nofel hanesyddol Jacqueline Monsigny, *Floris, le Cavalier de Petersbourg*), a *Trafalgar* (1980: o'r nofel yn Sbaeneg gan Benito Pérez Galdós); *English idioms as they are used* (1967) a *Cymraeg Idiomatig: priod-ddulliau byw* (1971). Gwobrwywyd ei *Detholiad o Farddoniaeth Ffrainc yn y XIX ganrif* yn Eisteddfod Genedlaethol 1972.

Culhwch ac Olwen, y fwyaf cyntefig a'r hynaf y mae'n debyg o'r chwedlau yng nghasgliad y *Mabinogion a gadwyd yn *Llyfr Gwyn Rhydderch a *Llyfr Coch Hergest. Credir i'r chwedl gael ei hysgrifennu yn niwedd yr unfed ganrif ar ddeg neu ddechrau'r ddeuddegfed ganrif. Y mae'n rhagflaenu, o bosibl gymaint â chanrif, y cerddi Ffrangeg y mae'r Brenin *Arthur chwedlonol a'i frenhines Gwenhwyfar/Guinevere yn ganolbwynt ynddynt i gynulliad niferus o arwyr, yr aeth yr enwocaf ohonynt – Gwalchmai/Gauvain, Peredur/Perceval, Owain/Yvain ac yn y blaen – allan ar gyrchoedd unigol, ac y tyfodd rhamantau eraill o'u cwmpas hwythau yn eu tro.

Yn *Culhwch ac Olwen* darlunnir yr arwr ifanc yn gadael ei gartref o ganlyniad i felltith ei lysfam anfad: gan iddo wrthod priodi ei merch ei hun, deddfodd honno na châi Culhwch fyth wraig ac eithrio Olwen, ferch y cawr ffyrnig Ysbaddaden Bencawr. Cynghorir Culhwch gan ei dad, Cilydd, i geisio cymorth y Brenin Arthur i ennill Olwen; clywn yma am y tro cyntaf fod y Brenin Arthur yn gefnder i'r arwr. Cydymffurfia'r stori sy'n dilyn yn fras â'r stori werin ryngwladol a elwir 'Chwech yn mynd trwy'r Byd' neu 'Merch y Cawr'. Ond rhydd y cyddestun Arthuraidd a roddwyd i'r stori werin yn ei ffurf Gymraeg iddi ffrâmwaith unigryw o gysylltiadau cwbl Gymreig, sy'n rhydd o ddylanwadau Normanaidd-Ffrengig. Y 'Chwe Chynorthwyydd' a enwir gan y chwedl hon ac sydd eu hangen yn ôl y fformiwla ryngwladol i helpu'r arwr i ennill ei briodferch yw *Cai, *Bedwyr, *Gwalchmai fab Gwyar, Cynddylig y tywysydd, *Gwrhyr Gwalstawd Ieithoedd a *Menw'r dewin. Daw'r enwau hyn o restr hirfaith o bron dau gant a thrigain o enwau arwyr hysbys ac anhysbys, sydd yn ôl y chwedl yn bresennol yn llys Arthur. Y mae perthynas o fath rhwng y rhestr a cherdd yn *Llyfr Du Caerfyrddin, lle y disgrifir *Glewlwyd Gafaelfawr fel ceidwad caer elyniaethus y mae Arthur yn ceisio mynediad iddi iddo'i hun a'i ddynion. Enwa Arthur rai ohonynt ac y mae llond dwrn o'r enwau dieithr hyn yn cyfateb i enwau a roddir yn *Culhwch yn y rhestr o aelodau llys Arthur. Yn y chwedl, fodd bynnag, porthor Arthur ei hun yw Glewlwyd, yn hytrach na gwarcheidwad caer elyniaethus y gerdd. Casglwyd enwau aelodau llys Arthur yn *Culhwch o amrywiaeth eang o ffynonellau hysbys ac anhysbys: digwydd oddeutu deg ar hugain yn *Trioedd Ynys Prydein a daw eraill o achresi a rhestri brenhinoedd, o chwedlau seciwlar ac eglwysig ac, yn ôl pob tebyg, hefyd o draddodiadau llafar nas cofnodwyd yn unman arall.

Gyda chymorth ei Chwe Chynorthwyydd llwydda Culhwch yn y pen draw i gyrraedd Llys y Cawr, lle y datgelir diben eu hymweliad wrth Ysbaddaden. Wedi ymgais aflwyddiannus i ladd Culhwch, cyflwyna'r Cawr ail restr hirfaith iddo ef a'i osgordd, sy'n enwi oddeutu deugain o rwystrau neu dasgau – a elwir yn *anoethau – y mae'n rhaid eu cyflawni cyn y caiff yr arwr Olwen yn wraig iddo. Edrydd gweddill y chwedl hanes cyflawni rhestr dalfyredig o'r tasgau hyn, pob un yn ei thro gan un o Gynorthwywyr penodol yr arwr. Y mae'r hanesion hyn am gyflawni'r tasgau yn cynnwys cymysgedd o fythau hynafol, megis ymryson y *Gwyn ap Nudd mythaidd am Greiddylad (brwydr sydd i'w hailadrodd bob mis Mai hyd ddydd y Farn), fersiynau o chwedlau gwerin rhyngwladol yr *'Anifeiliaid Hynaf' a'r 'Morgrug Diolchgar', ac adleisiau sydd fel petaent yn dod o haen hynafol iawn o draddodiad Arthuraidd ar ynysoedd Prydain ynglŷn â rhyddhau carcharorion gan Arthur, ei ornest â gwrach yn yr Alban, a'r hanes enwog amdano'n ymlid y *Twrch Trwyth ar draws rhan helaeth o dde Cymru (a gofnodir ynghynt ymhlith campau Arthur yn yr *Historia Brittonum). Prin yw'r sôn fod i Gulhwch ei hun unrhyw ran arwyddocaol yn yr anturiaethau hyn – onid ydym i dybio bod yr arwr (yn ddienw) yn bresennol gyda'i wahanol Gynorthwywyr yn ystod cyflawni'r gwahanol gampau. Ond ar ddiwedd y chwedl Culhwch ei hun sy'n lladd Ysbaddaden Bencawr gan lwyddo o'r diwedd i ennill Olwen yn wraig iddo.

Golygwyd y chwedl gan R. Bromwich a D. S. Evans, *Culhwch and Olwen: An Edition and Study of the Oldest Arthurian Tale* (1992) a *Culhwch ac Olwen* (1997). Gweler hefyd B. F. Roberts yn *The Arthur of the Welsh* (gol. R. Bromwich, A. O. H. Jarman, a B. F. Roberts, 1991); yr erthyglau gan I. Ll. Foster, '*Culhwch and Olwen and Rhonabwy's Dream*' yn *The Arthurian Legend in the Middle Ages* (gol. R. S. Loomis, 1959) a '*Culhwch ac Olwen*' yn *Y Traddodiad Rhyddiaith yn yr Oesau Canol* (gol. Geraint Bowen, 1974); K. H. Jackson, *The International Popular Tale and Early Welsh Tradition* (1961). Ceir cyfieithiadau i'r Saesneg yn Gwyn Jones a Thomas Jones, *The Mabinogion* (1949), Jeffrey Gantz, *The Mabinogion* (1976); hefyd John Coe a Simon Young, *The Celtic Sources for the Arthurian Legend* (1995) sy'n cynnwys y testun Cymraeg o *Llyfr Coch Hergest*.

CULPITT, DAVID HENRY (1909–82), bardd.

Fe'i ganed yng Nghefneithin, Caerf., a'i addysgu yn ysgol y pentref. Yn bedair ar ddeg oed aeth dan ddaear ond oherwydd afiechyd daeth o'r pwll a threulio gweddill ei oes yn hel siwrin. Ar hyd y blynyddoedd bu'n mynychu dosbarthiadau nos heb ball ar ei frwdfrydedd. Ymserchodd yn y diwylliant eisteddfodol, enillodd gannoedd o wobrau am *delynegion, *sonedau a *baledi, ac yr oedd wrth ei fodd yn ysgrifennu darnau adrodd i blant. Yr oedd ganddo serch y *bardd gwlad diledryw at fyd natur a'i gynefin yng Nghwm Gwendraeth fel y dengys ei gyfrolau: *Heulwen tan Gwmwl* (1961), *Dyrnaid o Siprys* (1968), *O'r Gadair Freichiau* (1976) ac *Awelon Hydref* (1979). Yn 1970 cyd-olygodd gasgliad o gerddi coffa i D. J. *Williams, *Y Cawr o Rydcymerau*.

Cumbria, gweler o dan HEN OGLEDD.

Cunedda (*fl.* 400 neu 450), un o benaethiaid tylwyth y *Gododdin, a ddaeth, yn ôl yr *Historia Brittonum, tua'r de er mwyn ymlid y Gwyddyl o'r lle a elwir bellach yn Gymru. Ceir cryn ddadlau ynglŷn â'r union ddyddiad y mudodd Cunedda a phwy a'i hawdurdododd ac y mae rhai ysgolheigion o'r farn ei fod yn ffigur chwedlonol.

Cred rhai i'r gorchymyn ddod o gyfeiriad y cadfridog Rhufeinig, Stilicho, a fu'n ceisio ailsefydlu awdurdod Rhufain ym Mhrydain yn y degawd cyn 400. Y gred fwy diweddar yw i Gunedda gael ei ddwyn i'r de tua 450 ar wŷs *Gwrtheyrn. Meddai tad a thaid Cunedda enwau Rhufeinig; awgryma hyn, ynghyd â'r achau diweddarach (credir mai ei orwyr oedd *Maelgwn Gwynedd) ddyddiad yn ystod canol y bumed ganrif.

Dywedir i wyth mab Cunedda, a ddaeth gyda'u tad, sefydlu iddynt eu hunain deyrnasoedd yng Nghymru (e.e. Ceredig yng *Ngheredigion), a bu llawer o olrhain achau yn ôl hyd atynt. Y mae'n fwy tebygol, fodd bynnag, mai chwedl onomastig sydd yna, sef bod enwau'r meibion yn tarddu o enwau'r ardaloedd, er enghraifft Rhufon o Rufoniog, Edern o Edeirnion, ac yn y blaen, a'r unig deyrnle credadwy yw'r un â'i lys yn *Aberffraw, ac yn nyddiau Maelgwn, yn *Negannwy.

Y mae dyfodiad Cunedda bellach yn cael ei dderbyn gan y rhan fwyaf o haneswyr, ond nid pawb, a dichon mai ei ddyfodiad sy'n esbonio'r cyswllt â 'Gwŷr y Gogledd' a throsglwyddo i Gymru ganu *Aneirin ac efallai hefyd *Daliesin wedi gorlethiad y Brythoniaid yn nheyrnasoedd yr *Hen Ogledd.

Ceir manylion pellach yn M. P. Charlesworth, *The Lost Province* (Darlithoedd Gregynog, 1948, 1949) a Rachel Bromwich, *Trioedd Ynys Prydein* (3ydd arg., 1998).

Curig (canol y 6ed gan.), sant y gellir ei gysylltu â lleoedd megis Llangurig, Tfn., a Chapel Curig, Caern. Amheus ac amhendant yw'r hyn a wyddys amdano oherwydd cymysgwyd rhyngddo a Cyriacus, y plentyn o Asia Leiaf a laddwyd gyda'i fam Julitta (Ilid) adeg erledigaeth Diocletian tua 304. Cymysgwyd hwy yn sgîl polisi'r Normaniaid o ddisodli'r hen seintiau brodorol a rhoi rhai eraill o darddiad Rhufeinig yn eu lle. Cyfeirir at Gurig yn fynych gan y beirdd; fe'i galwant yn Gurig Lwyd, ac weithiau yn Gurig Farchog.

Curly Bevan, y pumed morwr a foddodd, yn *Under Milk Wood* (1954) gan Dylan *Thomas; cyfeddyf i *Captain Cat '*it was me who pawned the ormolu clock*'.

CURTIS, TONY (1946–), bardd a aned yng Nghaerfyrddin ac a addysgwyd yng Ngholeg y Brifysgol Abertawe, a Choleg Goddard, Vermont. Ceir rhai o'i gerddi cynnar, ynghyd â rhai Nigel *Jenkins a Duncan *Bush, yn *Three Young Anglo-Welsh Poets* (1974). Ers hynny cyhoeddodd saith cyfrol o farddoniaeth, *Album* (1974), *Preparations* (1980), *Letting Go* (1983), *Selected Poems 1970–85* (1986), *The Last Candles* (1989), *Taken for Pearls* (1993) a *War Voices* (1995), a chasgliad o gerddi rhyddiaith a storïau byrion, *Out of the Dark Wood* (1977). Ysgrifenna am bynciau bob dydd – yn arbennig am deulu a lle – mewn llais pwyllog, tosturiol ond cadarn. Daeth ei waith hefyd i ymwneud fwyfwy â'r profiad o ryfel. Y mae hefyd yn awdur monograff ar Dannie

*Abse yn y gyfres *Writers of Wales* (1985) ynghyd â *How to Study Modern Poetry* (1991), a golygodd flodeugerddi gan gynnwys *The Poetry of Pembrokeshire* (1989), *The Poetry of Snowdonia* (1989), *Love from Wales* (gyda Siân *James, 1991) a *Coal: an Anthology of Mining* (1997), a phedwar casgliad o ysgrifau: *Wales: The Imagined Nation* (1986), *The Art of Seamus Heaney* (1994), *How Poets Work* (1996) a *Welsh Painters Talking* (1997). Enillodd y Wobr Farddoniaeth Genedlaethol yn 1984 a Gwobr Dylan Thomas yn 1993 ac yn 1994 fe'i gwnaed yn Athro Barddoniaeth ym *Mhrifysgol Morgannwg. Rhwng 1984 a 1988 ef oedd Cadeirydd adran Saesneg yr *Academi Gymreig.

Am fanylion pellach gweler y cyfweliad ac erthyglau ar waith Tony Curtis yn *The New Welsh Review* (rhif. 8, cyf. II, Gwanwyn 1990); gweler hefyd Mercer Simpson, 'Tony Curtis: Frontiersman among Anglo-Welsh Poets', yn *Poetry Wales* (cyf. XX, rhif. 3, 1985), y cyfweliad a roes y bardd i Katie Gramich yn *Llais Llyfrau* (Hydref 1995) a'r bennod ar ei waith gan Tony Conran yn *Frontiers in Anglo-Welsh Poetry* (1997).

Curwen, Y, gweler o dan LLANBADARN FAWR.

Custennin, mab Constans ac Elen, merch *Coel. Yn ôl *Brut Dingestow*, olynodd ei dad fel Brenin Prydain a chyda chymorth y Rhufeiniaid gorchfygodd *Facsen a chael ei dderbyn gan yr Ymerawdwr yn Rhufain. Yn *Historia Regum Britanniae* ceir y ffurf *Constantinus* ar ei enw, ac yn ôl *Sieffre o Fynwy, Custennin Fendigaid ydoedd, sef ffigur chwedlonol a seilid ar Gustennin, a ddaeth o Lydaw i reoli Prydain wedi ymadawiad y Rhufeiniaid, ac a oedd hefyd yn dad i *Uthr Pendragon, ac yn daid i *Arthur. O safbwynt hanesyddol, y mae'r straeon hyn yn ddryswch llwyr. Yr oedd yn wir ddau Constantine, tad a mab. Y cyntaf oedd Constantius, cadfridog Rhufeinig a ailorchfygodd Prydain yn OC 296 gan guro Carausius a'i olynydd Allectus. Dyma'r achos, efallai, dros y gymysgfa ynglŷn â Macsen, a oedd yn llywodraethwr rhyw ganrif yn ddiweddarach; daeth Constantinus wedyn yn Ymerawdwr. Yr ail oedd Constantine, a wnaethpwyd yn Ymerawdwr yn syth ar ôl marwolaeth ei dad yn Efrog yn 306. Tyfodd y diddordeb Cymreig yn y ddau ŵr hyn yn rhinwedd y ffaith y credid i Helena, a briododd Constantius, ddarganfod y Groes yng Nghaersalem. Ei mab oedd yr Ymerawdwr Cristnogol cyntaf, gan lywodraethu yn Rhufain a Chaergystennin. Yr oedd yn bosibl rhoi dimensiwn Prydeinig i'r ffeithiau hyn pan honnid yn ddiweddarach fod Helena yn ferch i'r ffigur chwedlonol, Coel o Colchester.

Ceir manylion pellach yn *History of the Kings of Britain* Sieffre o Fynwy (cyfd. L. Thorpe, 1966), *Brut Dingestow* (gol. H. Lewis, 1975), R. Bromwich, *Trioedd Ynys Prydein* (3ydd arg., 1998) a P. C. Bartrum, *A Welsh Classical Dictionary* (1993); gweler hefyd Charles Kightly, *Folk Heroes of Britain* (1982).

Cwm Glo (1935), drama gan J. Kitchener *Davies.

Rhoes ysgytwad i'r cynulleidfaoedd a'i gwelodd am y tro cyntaf oherwydd ei hymdriniaeth agored ag ymddygiad rhywiol a'i darlun realistig o fywyd y dosbarth gweithiol. Caiff Dai Dafis, glöwr diog a hunanol, ei ddiswyddo gan oruchwyliwr y pwll, Morgan Lewis. Myn Dai arian gan Lewis am ei fod yn blysio Marged, merch y glöwr. Uchelgais Marged yw cerdded strydoedd Caerdydd fel putain ac y mae hi'n denu Idris, cariad Bet sy'n chwaer i Morgan Lewis. Yn yr act olaf, daw holl gyfrinachau'r dryswch hwn i'r wyneb, a syrthia Dai yn farw wedi iddo gael ei daro gan Lewis. Bwriad yr awdur oedd dangos argyfwng materol a moesol cymoedd diwydiannol de Cymru yn ystod yn 1930au. Y mae *Cwm Glo* yn garreg filltir yn natblygiad y *ddrama Gymraeg ac y mae ynddi rai golygfeydd cofiadwy.

Ceir ymdriniaeth â'r ddrama gan Manon Rhys, 'Atgyfodi *Cwm Glo*, Kitchener Davies', yn *Cwm Rhondda* (gol. Hywel Teifi Edwards, 1995); gweler hefyd ysgrif Ioan Williams ar Kitchener Davies yn y gyfres *Llên y Llenor* (1984).

Cwm-hir, mynachlog Sistersaidd a sefydlwyd ym Maelienydd, fel cangen o'r Tŷ-gwyn, trwy nodded Cadwallon ap Madog yn 1176. Sicrhaodd y mynaich hefyd gefnogaeth teulu Mortimer a fu'n ymgiprys â'r tywysogion am oruchafiaeth ym Maelienydd dros ran helaeth o'r ddeuddegfed ganrif, gwrthdaro sy'n cael ei adlewyrchu yng ngwaith *Cynddelw Brydydd Mawr. Ceir tystiolaeth i nodded yr arglwyddi yn siarter Roger Mortimer yn 1199, yn dilyn cyfnod o derfysg enbyd. Cynlluniodd y mynaich eglwys helaeth iawn ond ni chafodd ei chwblhau ar y raddfa a arfaethid yn wreiddiol. Gwelwyd gwrthdaro yn y fro yn fynych yn y drydedd ganrif ar ddeg yn codi o'r ymrafael rhwng llinach Mortimer a thywysogion Gwynedd, a phrofwyd teyrngarwch y mynaich. Ond gellir gweld i'r fynachlog lynu wrth y teyrngarwch a adlewyrchir, er enghraifft, yn llythyr yr abadau Sistersaidd at y Pab Gregori X yn 1274 yn datgan eu hyder yn *Llywelyn ap Gruffudd (Y Llyw Olaf). Y mae bron yn sicr bod corff dryfliedig Llywelyn wedi ei gladdu yng Nghwm-hir yn Rhagfyr 1282. Daeth anawsterau economaidd yn yr Oesoedd Canol diweddar, a difrod a wnaed yn ystod gwrthryfel *Owain Glyndŵr, i amharu ar fywyd y gymuned grefyddol fechan. Pan ddiddymwyd y fynachlog yn 1536 nid oedd yno ond tri mynach y côr.

Wedi'r diddymu, aeth y tir i ddwylo John Turner ac yn yr ail ganrif ar bymtheg i feddiant teulu Fowler. Cyfeirir ato yn y rhigwm a briodolir i Gomisiynwr a anfonwyd i'r fro i gasglu dirwyon yn ystod cyfnod y Werinlywodraeth:

> *Radnorsheer, poor Radnorsheer,*
> *Never a park and never a deer,*
> *Never a squire of five hundred a year*
> *But Richard Fowler of Abbey Cwmhir.*

Ceir manylion pellach yn Glanmor Williams, *The Welsh Church from Conquest to Reformation* (1962), F. G. Cowley, *The Monastic*

Order in South Wales 1066–1349 (1977) a D. H. Williams, *The Welsh Cistercians* (1984).

'Cwm Rhondda', emyn-dôn boblogaidd gan John Hughes (1873–1932), Llanilltud Faerdref, Morg. Cyfansoddwyd y dôn ar gyfer Cymanfa Ganu'r *Bedyddwyr ym Mhontypridd yn 1905. Ei theitl gwreiddiol oedd 'Rhondda' a dywedir iddi gael ei chanu mewn mwy na phum mil o gymanfaoedd canu yn ystod oes y cyfansoddwr. Fe'i cynhwyswyd mewn nifer o gasgliadau o emynau nid yn unig yng Nghymru, lle y cenir hi fel arfer ar y geiriau 'Wele'n sefyll rhwng y myrtwydd' gan Ann *Griffiths, ond hefyd yn Lloegr lle y gosodir hi ar y geiriau '*Guide me, O Thou great Jehovah*' gan William *Williams (Pantycelyn).

Cwm-sgwt, llysenw ar unrhyw ardal ddi-raen, yn arbennig ym Morgannwg. Yn ôl William *Thomas (Glanffrwd) yn *Plwyf Llanwynno* (1888), cyfeiriai yn wreiddiol at y tir o amgylch Pwllhywel, fferm rhwng Pontypridd ac Ynys-y-bŵl, a orweithiwyd ac a anrheithiwyd gan ymchwilwyr glo. Fe'i defnyddir weithiau am le diffaith neu anghysbell. Gweler hefyd DAI LOSSIN.

Cwmardy (1937), y gyntaf o ddwy nofel a gyhoeddwyd gan Lewis *Jones; y llall oedd *We Live* (1939). Disgrifir ynddynt fywyd mewn cymuned lofaol yn y Rhondda yn nechrau'r ugeinfed ganrif. Y prif gymeriadau yw Len Roberts a'i rieni, Big Jim a Siân neu Shane. Â Len i weithio dan ddaear ond ei brif swyddogaeth yw gweithredu fel llefarydd ar ran y glowyr yn ystod cyfnod o gythrwfl diwydiannol. Y mae ei huotledd yn gwrthgyferbynnu'n gryf â'i swildod, a chaiff ergyd drom ei hun ar ddechrau'r nofel gyda marwolaeth ei chwaer, Jane, ar enedigaeth plentyn. Rhennir y sylw felly rhwng golygfeydd sydd ar y naill law'n disgrifio'n ganmoladwy o gywir y streiciau, y ffrwydradau yn y pwll glo a'r gwrthdaro â milwyr neu reolwyr, ac ar y llall seicoleg Len a'i gariad Mary (ei wraig yn ddiweddarach), sy'n seiliedig ar eu penderfyniad ill dau i ymatal rhag perthynas rywiol. Â Len yn fwyfwy amheus o werth gweithredu, ac fe'i tynnir yn fwy digymell at hunanymholiad ac at ymchwil am harddwch. Gwelir felly mai rhan o'r pris y mae'n rhaid iddo'i dalu am beidio â dilyn bywyd y dychymyg yw ei ymwneud â gwleidyddiaeth, cyfaddawd y ceir cyfatebiaeth drawiadol iddo ym mywyd yr awdur ei hun. Yn ei ragymadrodd, dywed i'r llyfr gael ei ysbrydoli gan Arthur *Horner, arweinydd y glowyr, ond swyddogaeth isradd yn unig yw'r dramateiddio hanes ar gyfer cynulleidfa ehangach. Y mae'r arwyddion hyn o ymwadu yn arwain at gyfaddef i'r llyfr gael ei ysgrifennu'n frysiog rhwng cyfnodau o weithgaredd gwleidyddol.

Wrth i'r nofel fynd rhagddi, cynydda'r gwrthdaro rhwng Len a'i dad, y mae ei wrywdod, boed fel dyn,

carwr neu filwr, yn gwrthgyferbynnu'n daer â gwrywdod ei fab; maes o law, y mae Jim yr arweinydd yn bwrw Len i'r cysgod, yn union fel y mae Mary'n rhagori arno fel cynhyrfwr. Ceir rhagflas o'r datblygiadau hyn yng nghyfeillgarwch Len â thad Mary, Ezra Jones, arweinydd undeb â llafur â thuedd fewnddrychol a ddatblyga'n ail dad iddo. Gwelwn mai ychydig iawn y dibynna Len ar ei fam, sy'n llawer llai pwysig iddo nag yw Jane.

Cafodd yr ymateb beirniadol i'r llyfr ei lywio gan y ffaith iddo gael ei ddarllen fel nofel wleidyddol. Y mae'r tensiynau rhwng ei ymrwymiadau gwleidyddol a dychmygus yn datgelu'r gwir gymhlethdod sydd ynddo. Arddelai Lewis Jones werthoedd dyngar a brotestiai yn erbyn amodau bywyd y pwll â dicter ffrwynedig, ond aeth ymlaen i ystyried y gost i'r glowyr eu hunain o goleddu amddiffynoldeb mor enbyd. Yn Len gwelwn ymddangosiad yr arwr clwyfus – ffigur cynddelwaidd sydd o bwysigrwydd canolog i lenyddiaeth Cymru yn Saesneg yn yr ugeinfed ganrif.

Ceir trafodaeth ar y thema hon gan John Pikoulis yn *Narlith Gwyn Jones 1994* a gyhoeddwyd yn *The New Welsh Review* (rhif. 26, cyf. VII, Hydref 1994).

Cwmdonkin, ardal yn Uplands, Abertawe. Disgrifiodd Dylan *Thomas ei hun yn gryno unwaith fel 'The Rimbaud of Cwmdonkin Drive', gan iddo gael ei eni yn rhif 5, a chwarae'n blentyn ym Mharc Cwmdonkin gerllaw, sy'n gefndir i'w gerdd '*The Hunchback in the Park*'.

Cwmni Theatr Cymru, gweler o dan DRAMA.

Cŵn Annwfn, rhagarwydd o farwolaeth; dywedir y gellid eu gweld neu eu clywed gan deithwyr ar nosweithiau gwyntog. Y goel oedd eu bod yn dod drwy'r awyr o'r Arallfyd (gweler o dan ANNWN) i hela eneidiau y byw. Yr oeddynt yn ddychryn i gŵn cyffredin a dyna paham fod ci yn udo yn y nos yn rhagarwydd o farwolaeth. Disgrifiwyd hwy fel cŵn bychain llwytgoch ac arweinid hwy weithiau gan berson pencorniog, wynebddu, efallai *Gwyn ap Nudd, Brenin Annwfn. Gelwid hwy ar adegau yn Gŵn Cyrff, Cŵn Wybr, Cŵn Toili a Chŵn Bendith y Mamau. Gweler hefyd ADERYN CORFF, CANNWYLL GORFF a CYHYRAETH.

Cŵn Coch Morfa, drychiolaethau y dywedir iddynt redeg trwy strydoedd Aberafan, Morg., y noson cyn tanchwa yng nglofa Morfa ar 10 Mawrth 1890. Ymhlith rhagarwyddion eraill o'r trychineb yr oedd persawr rhosod, *cannwyll gorff, ysbrydion glowyr meirw a cheffylau gwynion yn tynnu tramiau. Arhosodd bron hanner gweithwyr y bore gartref mewn ofn, ac yn hwyrach yn y dydd collodd saith a phedwar ugain o lowyr eu bywydau yn y trychineb.

Cwndid, math o *garol a oedd yn boblogaidd gyda

beirdd crwydrol ym Morgannwg a Gwent rhwng yr unfed ganrif ar bymtheg a dechrau'r ddeunawfed ganrif. Fe'i cyfansoddwyd ar fesurau digynghanedd y *glêr, megis yr *awdl-gywydd, y *cywydd deuair hirion a'r *triban (englyn unodl cyrch). Deillia'r gair o'r Saesneg *condut* (Ll. *conductus*) a olygai fath o anthem a genid wrth i'r offeiriad orymdeithio at yr allor. Cenid cwndidau crefyddol adeg gwyliau eglwysig a bwriedid iddynt roddi hyfforddiant moesol, ac i'r pwrpas hwn mydryddid damhegion o'r *Beibl. Gellir enwi fel enghreifftiau o gwndidwyr *Lywelyn Siôn, Edward *Dafydd o Fargam, Edward *Evan o Ben-y-fai a Lewis *Hopkin.

Golygwyd casgliad gan L. J. H. James a T. C. Evans o dan y teitl *Hen Gwndidau, Carolau a Chywyddau* (1910); gweler hefyd y ddwy erthygl gan Glanmor Williams yn *Grym Tafodau Tân* (1984).

Cwnsyllt neu **Coleshill**, cwmwd yng nghantref *Tegeingl ar hyd aber afon Dyfrdwy. Bu Harri II yn ffodus i osgoi ymosodiad arno gan *Owain ap Gruffudd (Owain Gwynedd) yng nghoedwig Cwnsyllt yn 1157.

Cwrtmawr, Llawysgrifau, gweler o dan DAVIES, JOHN HUMPHREYS (1871–1926).

Cwrw Bach, cyfarfod a gynhelid er mwyn codi arian drwy werthu cwrw a phice. Fe'i gwaharddwyd gan ddeddf yn 1534 oherwydd fod tueddiad i'w gamddefnyddio. Weithiau, er mwyn osgoi'r gyfraith, gwerthid y pice am grocbris a rhoi'r cwrw am ddim. Yr oedd canu a dawnsio yn rhan o'r difyrrwch. Fe'i cynhelid mewn tŷ ac yr oedd yr arferiad yn boblogaidd ymhlith pobl ifainc, yn enwedig cariadon. Cynhelid cyfarfod yn aml er mwyn cynorthwyo cymydog a fu'n wael neu a gafodd ddamwain. Ffurf arall ar yr un arferiad oedd y bastai a gynhelid mewn tafarn yng Nghwm Tawe yn ystod y bedwaredd ganrif ar bymtheg. Yn ddiweddarach yr oedd yn arfer mewn rhai mannau i gynnal te parti i'r un pwrpas.

Cwrwgl neu **Corwgl** neu **Corwg**, math o gwch bychan, petryalog bron, heb gêl; gorchuddid ei ffrâm o fasgedwaith â chrwyn yn wreiddiol ond yn ddiweddarach â chynfas neu liain a irwyd â phyg. Gerallt Gymro (*Gerald de Barri) a roes y disgrifiad clir cynharaf o gwrwgl, ond cafwyd sôn am gychod cyffelyb iddo yn 'Y *Gododdin'. Yn gynharach, cafwyd sôn am gorwgl môr, cyffelyb i'r *curragh* Gwyddelig yng ngweithiau Pliny a Chesar. Fe'i defnyddid gynt ar afonydd drwy Ynysoedd Prydain, ond erbyn heddiw cyfyngir ei ddefnydd ar gyfer pysgota eogiaid i afonydd Teifi, Tywi a Thaf yn unig.

Cwta Cyfarwydd, Y, cyfrol unigryw o ddaroganau, sef Llawysgrif Peniarth 50 a gedwir yn y *Llyfrgell Genedlaethol. Cymysgedd o farddoniaeth a rhyddiaith mewn Cymraeg, Lladin a Saesneg a geir yn y gyfrol a llawer o'r

cynnwys yn ganu brud neu'n broffwydol ei natur (gweler o dan DAROGAN). Ceir dyddiadau yn y proffwydoliaethau rhwng 1425 a 1456 sydd, yn ogystal â thystiolaeth dwylo'r llawysgrif, yn awgrymu ei bod yn perthyn i hanner cyntaf y bymthegfed ganrif. Y mae'r dystiolaeth honno, yn ei thro, yn tueddu i wrthbrofi'r haeriad a wneir ar ddechrau'r llawysgrif ei bod yn llaw *Gwilym Tew. Y mae'n fwy tebygol iddi gael ei hysgrifennu gan ŵr o'r enw Dafydd a oedd, o bosibl, yn fynach yn Abaty *Nedd. Cynhwysir llawer o waith gwrth-Seisnig y brudiwr Rhys Fardd (Y Bardd Bach o Ystumllwynarth; *fl.* 1460–80) yn y gyfrol. Dywedir i'r llawysgrif fod yn eiddo ar un adeg i Syr Thomas Morgan o Riw'rperrai, Myn.

Disgrifir y llawysgrifau gan J. Gwenogvryn Evans yn *Report on Manuscripts in the Welsh Language* (cyf. I, rhan 2, 1899).

Cwyntyn, gweler PWNCO.

Cybi, (*fl.* canol y 6ed gan.), sant a fu byw yng Nghymru a Chernyw. Y mae ar gael ddau fersiwn o'i Fuchedd a luniwyd yn y ddeuddegfed ganrif. Tybir mai mab i uchelwr o Gernyw ydoedd, ond yn ôl yr achau Selyf, fab *Geraint fab Erbin, oedd ei dad. Ei brif ganolfan oedd Caergybi ym Môn, a barhaodd mewn bri fel eglwys golegol drwy'r Oesoedd Canol, ond fe'i coffeir hefyd mewn enwau lleoedd eraill megis Llangybi, Caern., lle y credid y gallai ffynnon ger yr eglwys wella afiechydon.

Ceir manylion pellach mewn erthygl gan A. D. Carr yn *Gwŷr Môn* (gol. Bedwyr Lewis Jones, 1979).

Cybi o Eifion, gweler THOMAS, EBENEZER (1802–63).

Cyd-bwyllgor Addysg Cymru, corff a sefydlwyd gan y Llywodraeth Brydeinig yn 1948 i gynrychioli pob un o awdurdodau addysg Cymru. Yn 1949 daeth yn gyfrifol am yr arholiadau a oedd cyn hynny dan nawdd y Bwrdd Canol Cymreig, a byth er hynny y mae'r Cyd-bwyllgor wedi gweithredu fel bwrdd arholiadol ar bob lefel, gan gynnwys arholiadau trwy gyfrwng yr iaith Gymraeg. Yn Ebrill 1996, oherwydd newid statudol, sefydlwyd y Cyd-bwyllgor yn gwmni a gyfyngir gan warant ac a reolir gan awdurdodau addysg Cymru. Y mae i'r Cyd-bwyllgor swyddogaeth ddiwylliannol bwysig oherwydd y mae hefyd yn trefnu cyhoeddi llyfrau Cymraeg i blant. Y mae'n gyfrifol am ddau gynllun i hyrwyddo cyhoeddi llyfrau, y naill ar gyfer llyfrau darllen a'r llall ar gyfer gwerslyfrau. Rhoddir cymorth i'r ddau gynllun gan yr awdurdodau addysg a sicrha hyn werthiant i ryw ddeugain o deitlau bob blwyddyn. Y mae'r gwaith o baratoi gwerslyfrau Cymraeg wedi cynyddu'n sylweddol o achos cymorth ariannol grantiau a drefnwyd gan Ddeddf Addysg 1980.

Cydweli, castell barwnol ar fryn serth uwchlaw aber afon Gwendraeth Fach, Caerf., a adeiladwyd ar orchymyn yr Esgob Roger o Salisbury, un o weinidogion Harri I. Mewn brwydr a ymladdwyd ar Faes Gwenllian, i'r gogledd o'r castell, yn 1136, trechwyd a lladdwyd *Gwenllian, ferch *Gruffudd ap Cynan ac arweinydd byddin o Gymry, gan Maurice de Londres, olynydd yr Esgob Roger. Arhosodd yr Archesgob Baldwin a *Gerald de Barri (Gerallt Gymro) dros nos yn y castell yn 1188. Meddiannwyd y castell am gyfnodau gan fab Gwenllian, *Rhys ap Gruffudd (Yr Arglwydd Rhys) o Ddinefwr a'i ddisgynyddion tua diwedd y ddeuddegfed ganrif a dechrau'r drydedd ganrif ar ddeg, ac fe'i llosgwyd gan *Lywelyn ap Iorwerth (Llywelyn Fawr) yn 1231. Ond fe'i hailadeiladwyd mewn carreg ar ddiwedd y drydedd ganrif ar ddeg a dechrau'r bedwaredd ganrif ar ddeg. Ni lwyddodd byddin *Owain Glyndŵr i gipio'r castell yn 1403, er gwaethaf y ffaith mai Henry Dwn, stiward Cydweli a ffigur blaenllaw yn yr ardal, oedd un o arweinwyr y gwrthryfel. Cyfeiriodd *Lewys Glyn Cothi at Owain, mab *Gruffudd ap Nicolas o Ddinefwr, yn llywodraethwr y castell yn y bymthegfed ganrif. Rhoddwyd ef i Syr Rhys ap Thomas o Ddinefwr ac wedyn bu ym meddiant teulu Cawdor o'r Gelli-aur. Bu'r beirdd *Ieuan Deulwyn ac *Ieuan Tew Ieuanc yn trigo yng nghyffiniau'r castell.

Ceir manylion pellach yn D. D. Jones, *A History of Kidwelly* (1908), J. E. Lloyd (gol.), *A History of Carmarthenshire* (1935, 1939), J. R. Kenyon, *Kidwelly Castle* (1990) a Sian Rees, *Dyfed, A Guide to Ancient and Historic Wales* (1992).

Cyfaill yr Aelwyd, misolyn a sefydlwyd yn 1881; bu dan olygyddiaeth Beriah Gwynfe *Evans hyd 1894 pan beidiwyd â'i gyhoeddi. Cyhoeddai farddoniaeth, adolygiadau ac erthyglau ar gerddoriaeth a gwyddoniaeth, llenyddiaeth, hynafiaethau ac ar bynciau'r dydd. Tybir mai hwn a fu yn fodel i Owen M. *Edwards pan lansiodd *Cymru yn 1891.

Cyfarthfa, gweler o dan CRAWSHAY.

Cyfarwydd, yr enw a roddid yn y gymdeithas Gymreig yn yr Oesoedd Canol ar y storïwr. Enw un yn unig sy'n hysbys, sef *Bledri ap Cydifor. Dangosir crefft neu ddawn y Cyfarwydd ar ei orau yn *Pedair Cainc y Mabinogi* ac yn y Gainc olaf disgrifir ei waith fel hyn: 'A'r nos honno, didanu y llys a wnaeth ar ymdidaneu digrif a chyuarwydyt, yny oed hoff gan paub o'r llys'. Cyflawnai'r Cyfarwydd, yn ei berthynas â'i noddwr, swyddogaeth Pencerdd a Bardd Teulu ond ni ddefnyddiai fydr ond ar adegau neilltuol. Yn y cylchoedd saga, er enghraifft, defnyddir mesur yr *englyn ar gyfer ymson neu ymddiddan, ond rhyddiaith wrth adrodd stori neu ddisgrifio. Er ei holl ddoniau, i haen is y perthynai yng *Nghyfundrefn y Beirdd a gwahaniaethid rhwng y beirdd, y cyfrifid ef yn eu mysg, a'r Penceirddiaid. Dibynnai ar ddefnydd y tu allan i'w ddychymyg ei hun, deunydd o gasgliadau cyfarwyddiaid eraill

neu o ffynonellau ysgrifenedig. Yr oedd ar y Cyfarwydd llwyddiannus angen cof aruthrol, cryfder corff eithriadol a synnwyr dramatig sicr.

Ceir manylion pellach yn yr erthygl gan Patrick Ford, 'The Poet as Cyfarwydd in Early Welsh Tradition' yn *Studia Celtica* (cyf. X/XI, 1975–76); gweler hefyd Sioned Davies, *Crefft y Cyfarwydd* (1995).

Cyfatebiaeth Ddigytsain neu Lafarog, term a ddefnyddir i ddisgrifio natur y *gynghanedd mewn llinell lle y mae'r gyfatebiaeth o dan y prif acenion yn ddigytsain neu'n llafarog, er enghraifft 'Llawn beiau/oll yw'n bywyd'.

Cyfeiliog, cwmwd ym *Mhowys, yn nyffryn afon Dyfi. Gyda'r ymrannu a ddigwyddodd yn ei deyrnas wedi marwolaeth *Madog ap Maredudd yn 1160, daeth y cwmwd i feddiant nai i Fadog, sef Owain Cyfeiliog (*Owain ap Gruffudd ap Maredudd), un o'r mwyaf dawnus o'r *Gogynfeirdd.

Cyfenwau. Hyd at newidiadau cymdeithasol mawr yr unfed ganrif ar bymtheg nid oedd gan y Cymry gyfenwau sefydlog, ond dechreuwyd eu defnyddio o ganlyniad i newidiadau yng ngweinyddiad y wlad wedi pasio *Deddf Uno (1536). Hyd hynny defnyddiai'r Cymry y dull patronymig ac felly byddai Gruffudd, mab Llywelyn, er enghraifft, yn dwyn yr enw Gruffudd ap Llywelyn; enw ei fab yntau, Rhys, fyddai Rhys ap Gruffudd, ac yn y blaen. Byddai'r ail elfen yn yr enw felly yn newid gyda'r genhedlaeth; byrfodd o'r gair mab oedd 'ap' (neu 'ab' o flaen llafariad neu 'i' gytsain). Diddymwyd y dull hwn, ar gyfer dibenion gweinyddol o leiaf, fel y datblygodd grym y Seisnigo drwy'r wlad. Yn y lle cyntaf, Seisnigeiddiwyd enwau bedydd Cymraeg a dilornwyd hen enwau megis Meilir, Llywarch a Gwalchmai, ac yn eu lle daeth enwau Beiblaidd neu frenhinol megis John, David, Richard a Henry. Ar ben hynny, bu'n rhaid i'r Cymry fabwysiadu'r drefn o gael cyfenw sefydlog i'w drosglwyddo o genhedlaeth i genhedlaeth, megis yn Lloegr. Byddai enw dyn pan brofai ymyrraeth swyddogol neu weinyddol am y tro cyntaf yn cael ei newid o Rhisiart ab Ifan, er enghraifft, i Richard Jones neu Evans neu Bevan; daeth Siôn ap Dafydd yn John Davies. Wedyn disgwylid iddo roi ei gyfenw newydd i'w deulu ac i'w ddisgynyddion. Yr hen ddull Saesneg o newid enw priod i gyfenw oedd trwy ychwanegu -s, ac felly deuai John yn Jones a Wiliam yn Williams. Yr union gyfnod pan gyfyngwyd ar enwau bedydd oedd yr adeg pan fabwysiadodd y Cymry gyfenwau sefydlog o ganlyniad galwyd llawer o deuluoedd yn Evans, Jones, Davies, Thomas, Rees, Roberts ac yn y blaen. Newid arall a oedd ychydig yn fwy Cymreig ei ddull nag ychwanegu yr -s Saesneg oedd cadw llythyren olaf y gair 'ap' neu 'ab'. Felly deuai ap Rhys, ap Hywel ac ab Owen yn Price, Powell a

Bowen. Ffordd arall o ennill cyfenw ymysg uchelwyr y gogledd yn yr unfed ganrif ar bymtheg oedd defnyddio enw'r cartref neu'r ardal o gwmpas, fel *Bodfel, *Bodwrda, Bryncir, Coetmor, Madryn, Saethon. Ychydig ohonynt a oroesodd megis *Glyn(llifon), *Mostyn, *Nannau (Nanney) ac *Iâl (Yale). Dull arall o enwi yng Nghymru oedd ychwanegu ansoddair at yr enw, fel Dafydd Llwyd; trwy broses Seisnigo daeth yr enw hwn yn David Lloyd. Daeth y cyfenw Vaughan o'r ansoddair Fychan a ychwanegid at enw'r mab a ddaliai'r un enw a'i dad. Tarddai'r cyfenwau cyffredin megis Hughes a Lewis o'r ffurfiau Hywel neu Huw a Llywelyn neu Lewys. Yr oedd y Cymry hefyd yn hoff o ddefnyddio enwau anwes neu fachigol megis Guto neu Gutyn am Gruffudd a Bedo am Maredudd; dyma'r ffurfiau a esgorodd ar y cyfenwau Gittoes, Gittins a Beddoes. Seisnigeiddiwyd yr enw Iorwerth i Yorath, ond credid yn gyffredin mai'r un ydoedd ag Edward, a hyn sy'n esbonio poblogrwydd y cyfenw Edwards yng Nghymru. Tua'r un pryd ag y dechreuwyd y broses hon bu'r Diwygiad Protestannaidd yn gyfrifol am gyflwyno enwau o'r Hen Destament ac o ganlyniad defnyddiodd llawer o deuluoedd gyfenwau fel Samuel, Levi, Isaac ac Abraham.

Prinder cyfenwau gwir Gymraeg er y ddeunawfed ganrif yw un o'r rhesymau dros ddefnyddio enw eu cynefin ar lawer o enwogion, megis William *Williams (Pantycelyn). Esgorodd hefyd ar yr arferiad athrylithgar yng Nghymru o fathu llysenwau, ac yn arbennig yn y bedwaredd ganrif ar bymtheg, o ddefnyddio enwau barddol fel Ieuan Glan Geirionydd (Evan *Evans): felly y gellid gwahaniaethu rhwng gwŷr ac iddynt yr un enw. Yr oedd Owen M. *Edwards yn un o'r cyntaf i ddychwelyd at yr hen ddull a rhoes yr enw Ifan ab Owen *Edwards ar ei fab yn 1895. Er yr Ail Ryfel Byd, gwelir tuedd amlwg ymhlith Cymry ifainc, am resymau gwladgarol yn bennaf, i newid eu henwau trwy ddeddf gwlad naill ai i'r sillafu Cymraeg gwreiddiol (e.e. Gruffudd am Griffiths) neu yn ôl yr egwyddor batronymig neu drwy ollwng y cyfenw Saesneg yn gyfan gwbl, er enghraifft ymhlith actorion cyfoes sy'n defnyddio enwau llwyfan megis Elliw Haf a Gwyn Elfyn. Y mae rhagor, beth bynnag, yn defnyddio'r 'ap' neu 'ab', heb newid eu henwau yn swyddogol, ac y mae llawer yn cadw'r ail elfen dros nifer o genedlaethau fel petai'n gyfenw. Nid yw'r anaddasrwydd o enwi merched yn y dull hwn wedi bod yn faen tramgwydd i lawer o rieni: prin iawn yw'r defnydd o 'ferch' (neu 'ach').
Ceir manylion pellach yn T. J. Morgan a Prys Morgan, *Welsh Surnames* (1985).

Cyfieithiadau. Cyfieithiadau yw'r mwyafrif o'r testunau rhyddiaith Cymraeg sydd wedi'u cadw o'r cyfnod canol. Y mae hyn i'w ddisgwyl oherwydd ar wahân i'r ddysg draddodiadol ('cyfarwyddyd', gweler CYFARWYDD), rhyngwladol oedd pob dysg a Lladin oedd

ei hiaith. Ehangwyd rhychwant ac amrywiaeth dysg Ladin yn y cyffro diwylliannol a elwir Dadeni'r Ddeuddegfed Ganrif, ac yn sgîl y Pedwerydd Cyngor Lateraidd a alwyd gan y Pab Innosent III yn 1215 i wella safon addysg clerigwyr ac i adeiladu plwyfolion yn y ffydd, rhoddwyd hwb nerthol i bob agwedd ar hyfforddiant ac addysg eglwysig. Profodd Cymru o rym y ddau gynnwrf hyn yn uniongyrchol a lluniwyd rhai gweithiau Lladin nodedig gan Gymry, ond llawer amlycach yw'r corff helaeth o gyfieithiadau a gynhyrchwyd yn y drydedd ganrif ar ddeg a'r ganrif wedyn. Testunau crefyddol yw crynswth y cyfieithiadau hyn, yn weithiau athrawiaethol, hyfforddiadol a defosiynol, yn ddarnau o'r Ysgrythur a chredoau, gweledigaethau uffern, *bucheddau saint, efengylau apocryffaidd ac yn y blaen. Y mae rhai o'r traethodau hyfforddiadol yn gymharol syml a sgematig wrth iddynt gynnig addysg yn elfennau'r ffydd i leygwyr ac ymdriniant â phynciau megis 'pa fodd y dylai dyn gredu i Dduw a chadw'r dengair deddf', ymgadw rhag y saith pechod marwol, ymroi i'r saith rhinwedd a gwneud saith weithred y drugaredd' neu 'fel y dylai dyn gyffesu', a chynigir trosiadau o hanfodion megis y Pader, yr *Ave*, Deg Gorchymyn a Chredo'r Apostolion a llawer restr hyfforddiadol arall. Y mae eraill yn fwy uchelgeisiol ac wedi'u paratoi ar gyfer lleygwyr a chlerigwyr uwch eu cyraeddiadau, e.e. trafodaethau diwinyddol ar y Pader ('o ddull Hu Sant') ac ar agoriad efengyl Ioan (*In principio*) a thraethodau cynhwysfawr sy'n egluro prif bynciau'r ffydd a'r bywyd crefyddol megis *Hystoria Lucidar* a *Penityas*. Cyfieithwyd nifer o weddïau ac un gwasanaeth cyflawn, *Gwassanaeth Meir*, ond mwy poblogaidd oedd testunau storïol megis y *Pader* a gweledigaethau, e.e. *Breuddwyd Pawl Ebostol, Purdan Padrig, Ysbryd Gwidw a'r Prior*, ac efengylau apocryffaidd e.e. *Ystoria Addaf*, *Efengyl Nicodemus*, *Ystorya Adaf ac Eva ei Wreic, Fel y cafodd Elen y Grog, Y modd yr aeth Mair i'r Nef*. Yr oedd defosiwn y saint yn boblogaidd a chafwyd cyfieithiadau o fuchedd *Dewi a buchedd *Beuno ynghyd â chyfresi o wyrthiau saint eraill a bucheddau saint estron. Ond yr oedd dysg a diwylliant Lladin Cymru'n lletach na byd yr eglwys. Yn oygstal â chyfieithiadau o weithiau daearyddol poblogaidd a ddisgrifiai ryfeddodau gwledydd pellennig megis *Delw y Byd*, *Hystoria Gwlat Ieuan Vendigeit* a *Ffordd y Brawd Odrig*, cafwyd nifer o gyfieithiadau o lyfrau hanes, yn arbennig brutiau *Sieffre o Fynwy, *Brut y Tywysogyon, *Ystorya Dared* a Historia *Gruffudd ap Cynan*.

I ail hanner y drydedd ganrif ar ddeg ac i'r bedwaredd ganrif ar ddeg y perthyn y rhan fwyaf o'r cyfieithiadau hyn ond parhawyd y gwaith o gyfieithu i'r bymthegfed ganrif gyda thestunau megis *Chwedlau Odo a Cymdeithas *Amlyn ac Amig*. Yn wir, ni cheir odid ddim rhyddiaith Gymraeg wreiddiol yn y canrifoedd hyn a hyd y *Dadeni Dysg*. Y mae'r mwyafrif ohonynt yn ddienw ond awgryma'r dystiolaeth sydd ar gael mai clerigwyr oeddynt, e.e. *Gruffudd Bola, *Madog ap Selyf (efallai) a 'Syr' Dafydd Fychan o Forgannwg (cyfieithydd *Ffordd y Brawd Odrig*), yn gweithio dan nawdd ac ar ddymuniad uchelwyr megis Gruffudd ap Maredudd a'i chwaer Efa neu Hopcyn ap Tomas a'i frawd Rhys o Ynystawe. Cadwyd y testunau mewn llyfrau llawysgrif pwysig a wnaed yn y mynachlogydd ac yn nes ymlaen yn nhai uchelwyr, e.e. *Llyfr Ancr Llanddewibrefi*, *Llyfr Gwyn Rhydderch*, *Llyfr Coch Hergest* a nifer o rai eraill.

Os Lladin oedd iaith dysg a chrefydd, daeth Ffrangeg ac *Eingl-Normaneg yn iaith cymdeithas a difyrrwch. Yr oedd cryn dipyn o Ffrangeg yn llysoedd a phlastai Cymru, yn enwedig yn y de, a mynnai uchelwyr, fel eu cymheiriaid yn Lloegr, gael y llenyddiaeth newydd boblogaidd hon yn eu hiaith eu hunain. Troswyd *Cronicl Turpin*, sylfaen hanes y brenin Siarlymaen, o'r Lladin i'r Gymraeg gan Fadog ap Selyf i Ruffudd ap Maredudd ddiwedd y drydedd ganrif ar ddeg, ac ychwanegwyd ato yn raddol yn ystod y ganrif nesaf fersiynau Cymraeg o rai o'r cerddi Ffrangeg a oedd yn adrodd y chwedl yn llawn. *Cân Rolant* yw'r bwysicaf ohonynt ac eraill yw *Rhamant Otfel* a *Pererindod Siarlymaen*, y cyfan yn gyfarwydd wrth yr enw *Ystorya de Carolo Magno. Chanson de geste* ddifyr arall a gyfieithwyd yw *Ystorya Bown o Hamtwn*, ac yn y bedwaredd ganrif ar ddeg daeth rhai o'r rhamantau Arthuraidd Ffrangeg i fri yn y Gymraeg – *Y Seint Greal* (cyfuniad o *La queste del Saint Graal* a *Perlesvaus*), a hanes geni Arthur (o'r *Prose Merlin*); gweler CHWEDLAU'R GREAL. I'r un cyfnod ac i'r un math o noddwr y perthyn y cyfieithiad Cymraeg o *Bestiaire d'amour* Richart de Fornival.

Y mae i'r cyfieithiadau le pwysig yn hanes rhyddiaith y Gymraeg. At ei gilydd y maent yn drosiadau pur agos a chywir ac y mae dieithrwch arddull y cyfieithiadau o'r Lladin yn dwyn urddas ffurfiol newydd i gyweiriau'r iaith yn ogystal â chreu geirfa newydd ar gyfer cysyniadau diwinyddol ac athrawiaethol. Nid yw safon cyfieithu'r testunau Ffrangeg mor gyson gywir ac yma gwelir y cyfieithwyr yn addasu'r deunydd ar gyfer cynulleidfa o Gymry gan ystwytho strwythur naratif a gwreiddiol i'w dwyn yn nes at ddulliau brodorol o adrodd stori a hynny mewn arddull sy'n amlwg yn nhraddodiad y chwedlau cynhenid Cymraeg. Y mae effeithiolrwydd y cyfieithu wedi peri i rai gredu bod hyfforddiant mewn cyfieithu ar gael i glerigwyr a bod modd canfod 'ysgol' o gyfieithwyr ar waith gan mor debyg eu dulliau, ond nid oes unrhyw dystiolaeth bendant i gadarnhau'r dyb hon. Parhaodd yr arfer o gyfieithu testunau crefyddol a hanesyddol Lladin, Ffrangeg a Saesneg (weithiau o lyfrau print) ac o ddiweddaru rhai o'r cyfieithiadau a oedd eisoes ar gael rhwng y bymthegfed a'r ail ganrif ar bymtheg, yn arbennig, ond nid yn unig, ym Morgannwg, e.e. *Disgrifiad o Ynys Prydain*, Y *Marchog Crwydrad, Dives a Phawper*, *Gesta Romanorum*, darn o'r *Festivalis*, cyfieithiadau gan *Huw Pennant (*fl.* 1465–1514) o fucheddau saint o'r *Legenda Aurea*, a rhannau o'r Testament Newydd. Yr oedd iaith ac arddull y trosiadau hyn yn nes

at Gymraeg Canol a'r iaith lafar ac ni chawsant odid ddim dylanwad ar gyfieithwyr newydd y Dadeni Dysg a'r Diwygiad Protestannaidd yng Nghymru. Ond parhaodd cyfieithu yn elfen bwysig mewn llenyddiaeth Gymraeg a bu'n fodd i ddwyn datblygiadau tramor i sylw beirdd, nofelwyr ac ysgrifenwyr storïau byrion yn arbennig, yn ystod y ddwy ganrif ddiwethaf.

Ar y testunau hyn gweler penodau gan Morfydd Owen yn *A Guide to Welsh Literature* (cyf. I a II, 1976, 1979); J. E. C. Williams, 'Rhyddiaith grefyddol Cymraeg Canol' a Stephen J. Williams, 'Rhai cyfieithiadau' yn *Y Traddodiad Rhyddiaith yn yr Oesau Canol* (gol. Geraint Bowen, 1974); Ceridwen Lloyd-Morgan, 'Rhai agweddau ar gyfieithu yn yr Oesoedd Canol', *Ysgrifau Beirniadol XIII* (gol. J. E. Caerwyn Williams, 1985) a *'French texts, Welsh translators'* yn *The Medieval Translator* (gol. R. Ellis, 1989); G. J. Williams, *Traddodiad Llenyddol Morgannwg* (1948). Y mae rhestri gwerthfawr o gyfieithiadau i'r Gymraeg o ieithoedd ar wahân i'r Saesneg yn *Cylchgrawn Cymdeithas Lyfryddol Cymru*, (cyf. IV, V, VI, X, 1935, 1940, 1948, 1970).

Cyflafan y Beirdd, chwedl draddodiadol a geir yn llyfr Thomas Carte, *History of England* (1747–55). Credir iddi darddu o'r chwedlau Cymraeg am losgi llyfrau Cymraeg yn Llundain; dryswyd y stori hon â'r honiad i'r beirdd hwythau gael eu gwahardd. Dywedir i Edward I roi gorchymyn i ladd y beirdd Cymraeg, a oedd yn ddosbarth dylanwadol iawn, ar ôl iddo oresgyn a wlad yn 1282. Dichon mai gorbwyso'r ffaith fod brenhinoedd Lloegr yn yr Oesoedd Canol wedi trwyddedu beirdd Cymraeg oherwydd yr anghydfod a barasant gan eu *darogan. Daeth y stori yn enwog ar ôl cyhoeddi cerdd Thomas Gray, 'The Bard' (1757); ynddi y mae'r bardd olaf i oroesi'r gyflafan yn melltithio brenin Lloegr ac yn proffwydo trychineb i'w ddisgynyddion, cyflawni darogan *Taliesin a dyfodiad teyrnasiad y *Tuduriaid. Daeth Gray o hyd i'r stori yn llyfr Carte ac fe'i hysbrydolwyd gan ganu'r telynor dall John *Parry, ond ni chredodd fod y stori yn llythrennol wir. Ceir hanes y gyflafan hefyd yn llyfr Syr John *Wynn, *The History of the Gwydir family* (1770), lle y ceisia esbonio paham nad oedd bardd teulu gan ei hynafiaid yn Eifionydd; credir i Carte seilio ei lyfr ar y llawysgrif hon. Bu'r testun yn boblogaidd gan lenorion y tu allan i Gymru, er enghraifft y bardd Hwngaraidd János Árány (1817–82): ei gerdd 'A Walesi Bárdok' yw un o'r cerddi enwocaf yn yr iaith Magyar ac ynddi y mae Edward I yn ymddangos fel ymerawdwr o Habsburg yn mynd mewn i ddwyrain Ewrop. Ymhlith yr arlunwyr a ddefnyddiodd y gyflafan fel testun arlunio yr oedd Paul Sandby, Philip de Loutherbourg, Fuseli, John Martin a Thomas *Jones, Pencerrig.

Ceir manylion pellach yn F. I. McCarthy, *'The Bard of Thomas Gray and its importance and use by painters'* yng *Nghylchgrawn Llyfrgell Genedlaethol Cymru* (cyf. XIV, 1965), A. Johnston, *Thomas Gray and the Bard* (1960) a Prys Morgan, *'From a Death to a View: the hunt for the Welsh past in the Romantic period'* yn *The Invention of Tradition* (gol. Eric Hobsbawn a Terence Ranger, 1983); gweler hefyd yr erthyglau gan Neville Masterman yn *The Welsh Review* (cyf. VII, rhif. 1, Gwanwyn 1948), Meic Stephens yn *Taliesin* (cyf. LXXIII, 1991) a Gwyneth Lewis yn *Planet* (rhif. 105, 1994).

Cyflafan y Derwyddon, gweler o dan DERWYDDON, MONA ANTIQUA RESTAURATA (1723) ac ORDOFICIAID.

Cyflafan y Saint, gweler o dan CAER, BRWYDR (*c*.615).

Cyfnos Celtaidd, Y. Yn wreiddiol, *The Celtic Twilight* oedd teitl casgliad o chwedlau a hanesion gwerin gan W. B. Yeats (1893; 1902) ond daeth yn ddiweddarach yn derm cyffredinol, eironig yn aml, am y mudiad mewn llenyddiaeth Saesneg yn y 1890au ac wedi troad y ganrif o ysgrifennu Eingl-Wyddelig yn bennaf ond gyda chyfraniadau o'r Alban a Chymru. Yn Iwerddon, gwelodd y cyfnod hwn chwalu gobeithion gwleidyddol yn dilyn cwymp Parnell tra y crëwyd yng Nghymru amgylchedd cwbl wahanol yn sgîl esgyniad *Lloyd George. Er gwaethaf honiad O. M. *Edwards, yn rhifyn cyntaf ei gyfnodolyn *Wales* (1894), fod y deffroad llenyddol cenedlaethol bellach yn ymestyn i'r ardaloedd o'r wlad a oedd yn Saesneg eu hiaith, a haeriadau annelwig gan rai a oedd yn awyddus i ddod o hyd i unrhyw dystiolaeth o ddadeni Celtaidd yn hytrach na Gwyddelig yn unig, yr unig ffigur Cymreig credadwy oedd Ernest *Rhys. Yr oedd gan Yeats feddwl mawr o'i gyfieithiadau o benillion Cymraeg ac ymddangosodd ei gerddi gwreiddiol am y tro cyntaf yn y 1890au. Canmolwyd y rhain yn fawr iawn gan Fiona Macleod (William Sharp, ymgorfforiad o rai o agweddau mwy eithafol y mudiad). Mor ddiweddar â 1924, cysylltwyd yr awdur gan Elfed (Howell Elvet *Lewis), yr Arch-dderwydd ar y pryd, mewn rhagair i lyfr Rhys, *Readings in Welsh Literature*, â'r 'Cyfnos Celtaidd hudol'. Y mae cerddi Lionel Johnson, cyd-aelod ynghyd â Rhys a Yeats o'r *Rhymers' Club*, yn cynnwys rhai Cymreig iawn eu themâu a'u hymdeimlad, ond trosglwyddodd ei deimladau gwladgarol yn ddiweddarach i Iwerddon pan drodd at Gatholigiaeth.

Yn ei ysgrif '*The Celtic Element in Literature*' (1898), y mae Yeats, er ei fod yn ymwneud yn bennaf â deunydd Gwyddelig, yn cyfeirio at *Lywarch Hen a'r *Mabinog-ion. Anghytuna â phwyslais Matthew *Arnold ar y cyferbyniad rhwng y Celt a'r Tiwton gan fynnu bod mytholeg Geltaidd yn ganolog i lenyddiaeth Ewrop oherwydd ei chysylltiad â'r dychymyg cyntefig; gallai symbolau cofiadwy felly fod ar gael ar gyfer y ganrif nesaf. Yn newyddiaduraeth lenyddol y cyfnod, serch hynny, collwyd gwahaniaethau o'r fath mewn cyffredinoli anfferniadol ynglŷn â 'hud' a 'phruddglwyf Celtaidd neu trwy fynnu tras Gymreig i feirdd mor gyfan gwbl Seisnig â Milton a Keats. Cafodd hyd yn oed George *Borrow, nad yw'n ymhonni'n ddim ond Sacson trwy gydol *Wild Wales, ei ail-greu'n Gelt ar sail lled-gyswllt teuluol â Chernyw, yn fwyaf arbennig gan Theodore Watts-Dunton y cafodd ei nofel ef ei hun,

Aylwin (1898), lwyddiant poblogaidd aruthrol. Rhaid priodoli llawer o'r llwyddiant hwn i'w ddewis o arwres Gymreig a lleoliad rhamantaidd gwyllt yn Eryri y mae'n amlwg iddo apelio at chwaeth gyfoes. Yn *Beautiful Wales* (1905), y mae Edward Thomas yn gwawdio ffasiwn 'y carwyr Celtaidd' tra'n cyfaddef na lwyddodd ef ei hun i lwyr osgoi eu dylanwad.

Y mae'r dychanu cryfaf a mwyaf cyson ar y mudiad i'w weld yng ngweithiau James Joyce, ac yn arbennig yn adran y '*Cyclops*' yn *Ulysses* (1922). Mabwysiadodd awd-uron modern eraill, yn arbennig D. H. Lawrence yn *St. Mawr* (1924) a mannau eraill, fyth y grym ysbrydol cyntefig Celtaidd at eu dibenion symbolaidd eu hunain. Am fanylion pellach gweler H. Jackson, *The Eighteen Nineties* (1913), J. K. Roberts, *Ernest Rhys* (1983), K. Brown, *Rethinking Lawrence* (1990) ac R. Welch (gol.), *W. B. Yeats: Writings on Irish Folklore, Legend and Myth* (1993).

'**Cyfoesi Myrddin a Gwenddydd**', cerdd hir ar ffurf ymddiddan a gadwyd mewn llawysgrif (Peniarth 3, *c*.1300) a hefyd yn *Llyfr Coch Hergest. Gwenddydd sy'n holi ei brawd *Myrddin ac yntau'n ei hateb fesul englyn; byrdwn ei atebion yw proffwydo enwau bren-hinoedd Cymru a Lloegr a rhagfynegi goruchafiaeth y Cymry o dan *Gadwaladr. Y mae'r gerdd hefyd yn cynnwys cyfeiriadau at frenhinoedd yr *Hen Ogledd, megis *Rhydderch Hen a *Gwenddolau, ac at frwydr Arfderydd pryd y collodd Myrddin ei bwyll.

Cyfraith Hywel, yr enw traddodiadol ar gyfreithiau brodorol Cymru, a gedwir mewn tua phedwar ugain o lawysgrifau Cymraeg a Lladin sy'n amrywio o ran oed-ran rhwng canol y drydedd ganrif ar ddeg a'r ddeunaw-fed ganrif. Yn ôl y traddodiad, lluniwyd Cyfraith Hywel mewn cynhadledd fawr a gynhaliwyd yn y *Tŷ-gwyn (sef Hendy-gwyn, Caerf.) o dan awdurdod *Hywel Dda. Yn y llyfrau cyfraith eu hunain y ceir y dystiolaeth gynharaf am y gynhadledd hon, ond ni ellir derbyn yr holl fanylion a roddant amdani. Ni wyddom bellach union natur gweithgarwch cyfreithiol Hywel Dda – os bu iddo ymwneud â hwy o gwbl – ac yn sicr nid yw'r un o'r llawysgrifau sydd ar glawr yn gopi o unrhyw ddogfen a luniwyd yn y Tŷ-gwyn nac ychwaith yn cynnwys y gyfraith yn union fel yr oedd yn y ddegfed ganrif. Derbynnir bod ynddynt, fodd bynnag, gnewyllyn o ddeunydd a allai fod wedi'i gynnull yn oes Hywel Dda. Er i Gyfraith Hywel, fel pob cyfraith fyw, orfod newid ac ymaddasu gyda threigl amser, parhaodd yn gyfraith weithredol yng Nghymru a'r Gororau ar ôl y Goresgyn-iad Edwardaidd, ac mewn rhai ardaloedd o leiaf fe barhaodd mewn grym hyd *Ddeddfau Uno Harri VIII. Gweinyddid y cyfreithiau mewn llysoedd barn ar hyd a lled y wlad, dan farnwyr proffesiynol, hyfforddedig yng *Ngwynedd a *Phowys, a rhai amatur yn y de, system a barhaodd (gyda mân newidiadau) hyd 1536.

Perthyn tua hanner y testunau cyfraith a oroesodd i'r

cyfnod cyn 1536 a gellir eu cyferbynnu â thestunau storïol y cyfnod ar ddau bwynt sylfaenol. Yn gyntaf, cadwyd cymaint â dengwaith mwy o gopïau o'r gyfraith nag o gopïau o'n prif chwedlau. Yn ail, lle y mae'r testunau storïol fel arfer yn gopïau syml (yn uniongyrchol neu'n anuniongyrchol) y naill o'r llall, y mae bron pob llyfr cyfraith a ysgrifennwyd cyn canol yr unfed ganrif ar bymtheg yn unigryw o ran union natur ei gynnwys. Y mae'r rheswm dros y gwahaniaethau hyn yn ddeublyg. Nid datganiadau brenhinol, statig oedd Cyfraith Hywel, ond cyfundrefn organig a ddatblygai drwy'r canrifoedd yn ôl gofynion gwleidyddol a chymdeithasol. Lladmeryddion y gyfraith, nid copïwyr 'pur', a gynhyrchai'r llyfrau hyn. Llyfrau-gwaith y cyfreithwyr oedd y rhan fwyaf o'r llawysgrifau cyfraith sydd wedi goroesi, ac fe'u defnyddid bob dydd yn y llysoedd barn. Fel y newidiodd y gyfraith i ateb galwadau'r oes, felly y newidiwyd ac yr addaswyd y llyfrau: ad-drefnwyd eu cynnwys ac ychwanegwyd deunydd newydd gan hepgor deunydd a fernid yn ddi-werth.

Gorwedd patrwm o dan yr holl amrywiadau testunol a gellir adnabod tri dosbarth o destunau Cymraeg. Aneurin *Owen oedd y cyntaf i dynnu sylw at fodolaeth y dosbarthau hyn (er bod ei ddosraniad yn rhannol ddyledus i waith William *Maurice). Galwodd Owen hwy yn 'ddull Gwynedd', 'dull Dyfed' a 'dull Gwent' gan feddwl eu bod yn cynrychioli amrywiadau daearyddol ar Gyfraith Hywel. Sylweddolwyd bellach fod y gwahaniaethau rhwng y tri grŵp i'w priodoli'n bennaf i gyfnod yn hytrach na lleoliad eu datblygiad a chyfeirir atynt yn awr yn ôl enwau'r cyfreithwyr a grybwyllir ynddynt, er na chredir mai awduron y dulliau oedd y gwŷr hyn. Yn llawysgrifau Cyfnerth ('dull Gwent') y ceir y mynegiant mwyaf cyntefig ar Gyfraith Hywel; dengys llawysgrifau Blegywryd ('dull Dyfed') ôl dylanwad eglwysig; ac y mae cyfraith 'glasurol' llawysgrifau Iorwerth ('dull Gwynedd') yn adlewyrchu'r awyrgylch gyfreithiol a chymdeithasol ffafriol a grewyd yng Ngwynedd yn nyddiau *Llywelyn ap Iorwerth (Llywelyn Fawr).

Egyr bron pob llyfr cyfraith gyda rhaglith yn adrodd hanes cynhadledd y Tŷ-gwyn. Dilynir hyn fel arfer gan Gyfreithiau'r Llys, adran sy'n rhestru swyddogion llys y brenin – distain, offeiriad, bardd llys, meddyg ac yn y blaen – gan nodi eu hawliau a'u breintiau arbennig. Wedyn daw cyfres o adrannau ar bynciau amrywiol a phob un â'i diddordeb a'i harbenigrwydd ei hun, nid yn unig o safbwynt cyfreithiol ond hefyd fel ffynhonnell hanesyddol a chymdeithasol. Ceir llawer o wybodaeth gyfreithiol 'bur' yn ymwneud â thystion, contract, tyngu llw a rheolau etifeddu. Ond ceir hefyd restrau o'r offer a ddefnyddid yn y tŷ ac wrth aredig a physgota; ceir tystiolaeth am ddosbarthiad daearyddol gwahanol fathau o goed, am arferion hela, am gadw gwenyn ac am lawer agwedd ar y bywyd amaethyddol; a cheir tystiolaeth wych am natur cymdeithas Cymru'r Oesoedd Canol.

Ymhlith yr adrannau mwyaf diddorol o'r safbwynt hwn yw'r un sy'n trafod 'Galanas' sydd, gyda'r adrannau ar 'Tân' a 'Lledrad', yn ffurfio egin cyfraith drosedd. Ystyr 'galanas' yw 'lladdedigaeth' a hefyd 'y pris a roddwyd ar fywyd dyn ac a delid i'w genedl (sef ei deulu o fewn ffiniau penodedig) gan aelodau cenedl y sawl a'i lladdodd'. Egyr yr adran trwy restru'r naw modd y gall person fod yn affeithwr; wedyn ceir rheolau ynghylch rhannu wrth dalu a derbyn tâl galanas gan y genedl a gwerth galanas gwahanol aelodau'r gymdeithas. Y mae'r cysyniad o genedl yn hanfodol i gyfraith galanas ac yn adlewyrchu un o nodweddion cymdeithasol y cyfnod, sef bod cyswllt gwaed yn bwysig iawn gan fod gweithredoedd yr unigolyn yn effeithio ar gynifer o'i berthnasau.

Y mae'r llyfrau cyfraith yn amhrisiadwy wrth ddehongli cyfeiriadau yn llenyddiaeth y cyfnod a fyddai fel arall yn bur dywyll. Y mae'r ffaith mai'r genedl hyd y drydedd – neu weithiau'r bedwaredd – ach a roddai merch mewn priodas yn rhoi arwyddocâd newydd i ddigofaint *Efnysien pan roddwyd ei chwaer *Branwen yn wraig i *Fatholwch yn Ail Gainc *Pedair Cainc y Mabinogi, ac yn egluro'r cyfeiriad dychanol at y pedwar hendad a'r pedair henfam y dywedid y byddai'n rhaid cael eu caniatâd ar gyfer priodas *Culhwch ac Olwen. Eto yn yr Ail Gainc, rhoddir i Fatholwch yn iawndal am anffurfio ei feirch gan Efnysien 'glawr cymaint â'i wyneb', cyfeiriad a fyddai'n astrus oni bai bod y llyfrau cyfraith yn rhestru peth felly yn rhan o'r hyn a delid i frenin a sarhawyd. Y mae stori *Manawydan yn dal llygoden a fu'n dwyn ŷd yn y Drydedd Gainc yn magu dimensiwn newydd o'i hystyried yng nghyd-destun cyfraith lledrad a Thriawd y Tri Lleidyr Crogadwy.

Yn wir, y mae llenyddiaeth Gymraeg Canol yn frith o eiriau technegol cyfreithiol y mae'n rhaid troi at y testunau cyfraith i'w deall yn iawn. Dywed Saunders *Lewis fod y Cyfreithiau Cymreig yn un o binaclau gwareiddiad yr Oesoedd Canol yn Ewrop, a hynny nid yn unig oherwydd y corff o gyfraith sydd ynddynt ond hefyd oherwydd eu bod yn gampwaith llenyddol a ddylanwadodd yn uniongyrchol ar ffurf ac arddull rhyddiaith Gymraeg. Un o ogoniannau'r Gymraeg yw geirfa dechnegol y Cyfreithiau, yn enwedig ei chyfoeth o enwau haniaethol, ac asir y cyfoeth hwn yn y llyfrau cyfraith eu hunain â diffinio a rhesymu meistrolgar, gwyddonol sydd yn dyst i ystwythder a chyflawnder datblygedig cystrawen y Gymraeg yn y cyfnod canol.

Ceir astudiaeth o'r Cyfreithiau gan J. E. Lloyd, *Hywel Dda 928–1928* (1928); J. Goronwy Edwards, *Hywel Dda and the Welsh Lawbooks* (1929); rhifyn arbennig *Cylchgrawn Hanes Cymru* (1963); Dafydd Jenkins, *Cyfraith Hywel* (1970), *Hywel Dda and the Law of Medieval Wales* (1985) a *The Law of Hywel Dda* (1986); gweler hefyd y ddwy bennod gan Morfydd E. Owen yn *Y Traddodiad Rhyddiaith yn yr Oesau Canol* (gol. Geraint Bowen, 1974) a T. M. Charles-Edwards, *The Welsh Laws* (*Writers of Wales*, 1989).

Cyfran, gweler GAVELKIND.

Cyfranc Lludd a Llefelys, y byrraf o'r pedair chwedl frodorol a geir yn y *Mabinogion*. Fe'i ceir yn gyfan yn *Llyfr Coch Hergest* a chadwyd ei dechrau yn *Llyfr Gwyn Rhydderch*. Yn gynnar yn y drydedd ganrif ar ddeg rhoddwyd ffurf ohoni yn ychwanegiad at hanes Lludd yng nghyfieithiad Cymraeg *Historia Regum Britanniae* *Sieffre o Fynwy. Y rhagarweiniad ym mhob copi yw hanes Sieffre am Ludd, Brenin Prydain yn union cyn dyfodiad Iwl Cesar i'r Ynys. Yr oedd y chwedl felly ar lafar neu ar lyfr yn ei ffurf bresennol tua 1200; awgryma rhai cyfeiriadau mewn barddoniaeth ei bod ychydig yn hŷn. Defnydd y stori yw *Tair Gormes Ynys Prydain: y Coraniaid, pobl estron a allai glywed pob gair a yngenid yn yr awyr agored fel na ellid cynllwyn yn eu herbyn; diasbad (gwaedd) bob nos *Calan Mai a barai anffrwythlondeb i ddyn, anifail a thir; a cholled anesboniadwy pob bwyd a gesglid ar gyfer gwledd heblaw'r hyn a fwyteid y nos gyntaf. Aeth Lludd i ymgynghori â'i frawd Llefelys, a gawsai goron Ffrainc drwy briodas, a chael cyngor ganddo. Ar ôl dyfod adref, manteisiodd ar hyfforddiant ei frawd i drechu pob un o'r gormesoedd a theyrnasu wedyn yn llwyddiannus.

Dehonglwyd y chwedl fel fersiwn mwy poblogaidd o un o'r Trioedd hanesyddol sy'n enwi gorchfygwyr Prydain, ond bod ffigurau llên gwerin wedi disodli'r rhai ffug-hanesyddol. Disgrifir y pryfed (neu ddreigiau) gwyn a choch; symbol yw eu hymladd yn yr ail gyfran o'r chwedl o'r gynnen rhwng y Brythoniaid a'r Saeson, ac fe'i ceir hefyd yn *Historia Brittonum* yn gynnar yn y nawfed ganrif, a gellir canfod y chwedl Gymraeg y tu ôl i'r Lladin. O ran arddull a thechneg y mae'r Gyfranc yn debyg iawn i *Pedair Cainc y Mabinogi* ond heb fod yn enghraifft nodedig o gelfyddyd y *Cyfarwydd. Y mae'n debyg felly i chwedl a gylchredai ar lafar gael ei chofnodi gan rywun nad oedd yn Gyfarwydd wrth ei swydd, er mwyn ychwanegu at yr ychydig wybodaeth am Ludd a geir yn *Historia* Sieffre.

Golygwyd y testun gan Ifor Williams (1910) a chan Brynley F. Roberts (1976); ceir manylion pellach yn A. O. H. Jarman a Gwilym Rees Hughes (gol.), *A Guide to Welsh Literature* (cyf. I, 1976) ac yn Sioned Davies, *Crefft y Cyfarwydd* (1995).

Cyfres Beirdd Answyddogol y Lolfa, cyfres a lansiwyd gan dŷ cyhoeddi'r *Lolfa yn 1976; erbyn 1996 yr oedd ynddi bump ar hugain o deitlau. Perchennog y wasg ei hun, Robat *Gruffudd, oedd awdur *Trên y Chwyldro* (1976), cyfrol gyntaf y gyfres, ac yn nodweddiadol o lawer o gynnyrch cynnar ei wasg, cerddi diamwys ymrwymedig a gwrthsefydliadol, amharchus a dychanol, oedd amryw ohonynt; at hynny, rhoddwyd mwy o bwys ar drosglwyddo neges gyfoes a pherthnasol nac ar sicrhau gwedd raenus a gorffenedig i'r cyfansoddiadau. Bu cyfrolau main y gyfres, a ddyluniwyd yn ddychmygus bob amser, yn wrthbwynt o'r cychwyn cyntaf i farddoniaeth fwy confensiynol y dydd. Er bod amryw brydyddion a chanddynt ymrwymiad i wleid-

yddiaeth y chwith ac ymgyrchoedd *Cymdeithas yr Iaith Gymraeg wedi cyfrannu i'r gyfres, yn eu plith Heini *Gruffudd, Gwyn Edwards, Cen Llwyd, Steve *Eaves ac Alun Llwyd, ymddengys iddi esblygu i goleddu'r arwyddair rhyddfrydig 'vive la différence' a bu'n noddfa i amryw leisiau anghonfensiynol, arbrofol ac ymylol. Rhoddodd lwyfan hefyd i sawl bardd benywaidd fel Carmel *Gahan, Elin *ap Hywel, Lleucu Morgan, Lona Mari Walters, Elin Llwyd Morgan a Mererid Puw Davies. Derbyniodd nifer o gyfrolau'r gyfres grant gan *Gyngor Llyfrau Cymru, ond parodd deunydd thematig dadleuol neu fynegiant 'ansafonol' ambell deitl iddo wrthdaro â ffynonellau nawdd cyhoeddus; serch hynny, llwyddodd y wasg fythol ddyfeisgar hon i droi unrhyw awgrym o sensoriaeth, boed foesol neu ieithyddol, i'w melin ei hun a dwyn sylw at ei chynnyrch yn y fargen. Enillodd ei phlwyf yn fuan iawn fel cyfres radicalaidd, ond gyda beirdd mor sylweddol â'r ddau brifardd coronog, Siôn *Aled ac Iwan Llwyd (Iwan Llwyd *Williams), wedi cyhoeddi cyfrolau o'i mewn, aeth yn fwyfwy anodd pennu'r ffin rhwng y 'swyddogol' a'r 'answyddogol'. Serch hynny, ac er mor anwastad yn aml fu safon gyffredinol y gyfres, ni fethodd erioed â gwneud barddoniaeth Gymraeg yn bwnc trafod cyfoes. Yn hynny o beth nid oes dwywaith na fu ei chyfraniad yn un adeiladol, a byddai unrhyw arolwg o farddoniaeth Gymraeg yn ystod chwarter olaf yr ugeinfed ganrif yn anghyflawn pe'i diystyrai.

Gweler erthygl Gerwyn Wiliams, 'Darlunio'r Tirlun Cyflawn: Amlinellu Cyd-destun ar gyfer Cyfres Beirdd Answyddogol y Lolfa', yn *Sglefrio ar Eiriau* (gol. John Rowlands, 1992).

Cyfres Crwydro Cymru, cyfres o lyfrau taith a lansiwyd gan y cyhoeddwr *Llyfrau'r Dryw yn 1952. Y mae pob un o'r deunaw cyfrol yn ymdrin â thopograffi, hanes a diwylliant un o hen siroedd Cymru, neu rannau ohonynt. Ymhlith yr awduron yr oedd T. I. *Ellis, Aneirin Talfan *Davies, Frank Price *Jones, Alun *Llywelyn-Williams, Gomer M. *Roberts, Ffransis G. *Payne a Bobi Jones (Robert Maynard *Jones). Estynnwyd cylch y gyfres i gynnwys cyfrolau ar *Batagonia, Llundain, Cernyw, Ynysoedd Pellaf Heledd a Llydaw. Y mae'r gyfres o ansawdd lenyddol uchel ar y cyfan.

Cyfres Gŵyl Dewi, cyfres o lyfrynnau, gan mwyaf yn gofiannau o enwogion Cymru, a gyhoeddir yn flynyddol gan *Wasg Prifysgol Cymru o 1928 (gyda bwlch yn ystod y Rhyfel Byd) hyd 1989. Traethawd ar *Hywel Dda gan J. E. *Lloyd oedd y cyntaf, a dilynwyd ef gan fonograffau ar *Ddafydd ap Gwilym (1935), Daniel *Owen (1936), Goronwy *Owen (1951), John *Morris-Jones (1958), *Sieffre o Fynwy (1966), William *Salesbury (1967), William *Williams, Pantycelyn (1969), Edward *Lhuyd (1971) a William *Morgan (1988), ymhlith eraill. Y mae'r gyfres hefyd yn cynnwys ymdriniaeth ar bynciau megis y *Beibl

Cymraeg (1938), Helyntion *Beca (1961), y Wladfa ym *Mhatagonia (1965), Eisteddfodau *Caerwys (1968) a hanes y *delyn yng Nghymru (1980). Yr oedd y gyfres yn ddeniadol ei diwyg gyda thestun dwyieithog, a'r llyfrau yn rhad eu pris; bwriedid hwy gan mwyaf ar gyfer ysgolion ond yr oeddynt hefyd yn denu'r darllenydd cyffredin.

Cyhoeddwyd rhestr lawn o un a deugain o deitlau hyd 1980 yn Y Casglwr (Mawrth, 1980), cylchgrawn Cymdeithas Bob Owen.

Cyfres Pobun, cyfres o bedair cyfrol ar bymtheg sy'n gwyntyllu'n bennaf faterion cymdeithasol, diwydiannol a diwylliannol Cymru a'r byd yn y 1940au, a gyhoeddwyd gan Hugh Evans a'i Feibion (Gwasg y Brython) rhwng 1944 a 1945 o dan olygyddiaeth E. Tegla *Davies. Ymhlith y teitlau sydd o ddiddordeb llenyddol ceir Y Wasg Gymraeg gan E. Morgan *Humphreys, Llenyddiaeth Gymraeg 1900–1945 gan Thomas *Parry, Y Ddrama gan Elsbeth Evans ac Y Bardd yn ei Weithdy a olygwyd gan T. H. *Parry-Williams.

Cyfres y Brifysgol a'r Werin, cyfres o dair cyfrol ar hugain a gyhoeddwyd gan Wasg Prifysgol Cymru rhwng 1928 a 1949. Bwriedid y gyfres, a oedd wedi ei phatrymu ar yr Home University Library, yn bennaf ar gyfer dosbarthiadau addysg i oedolion; seiliwyd sawl cyfrol ar gyrsiau o ddarlithiau a draddodwyd i ddosbarthiadau o'r fath. Manteisiodd awduron y cyfrolau mwyaf llwyddiannus ar y cyfle i draethu eu barn, gan gynnig dadansoddiadau trawiadol yn hytrach na gwerslyfrau. Pery sawl cyfrol yn dderbyniol, yn arbennig Hanes Cymru yn y Ddeunawfed Ganrif (1928) a Hanes Cymru yn y Bedwaredd Ganrif ar Bymtheg (1933) gan R. T. *Jenkins, Datblygiad yr Iaith Gymraeg (1946) gan Henry *Lewis a *Braslun o Hanes Llenyddiaeth Gymraeg (1932) gan Saunders *Lewis.

Ceir rhestr o'r teitlau yn Y Casglwr (Mawrth 1981), cylchgrawn Cymdeithas Bob Owen.

Cyfres y Fil, cyfres o lyfrau a gyhoeddwyd gan Owen M. *Edwards rhwng 1901 a 1916. Ymddangosodd dwy gyfrol ar bymtheg ar hugain (gan gynnwys geiriadur Cymraeg a ymddangosodd yn 1905) a'r rhan fwyaf ohonynt wedi eu neilltuo i fywyd a gwaith awdur unigol megis *Dafydd ap Gwilym (1901), Islwyn (William *Thomas, 1903), Ann *Griffiths (1905), Iolo Morganwg (Edward *Williams, 1913) ac *Iolo Goch (1915). Llyfrau bychain, ac iddynt gloriau glas tywyll, oeddynt; fe'u prisiwyd yn rhad, ond ychydig iawn ohonynt a gafodd y mil o danysgrifwyr y cyfeirir atynt yn nheitl y gyfres ac yr apeliai'r golygydd amdanynt yn ei gylchgrawn *Cymru. Soniwyd am gyhoeddi cyfres debyg yn Saesneg ac un arall yn Gymraeg ar bynciau hanesyddol, ond nid ymddangosodd y rhain, oherwydd diffyg ymateb, mae'n debyg. Gweler hefyd LLYFRAU AB OWEN.

Ceir rhestr o deitlau Cyfres y Fil yn Y Casglwr (Mawrth, 1977), cylchgrawn Cymdeithas Bob Owen.

Cyfres y Werin, cyfres o lyfrau dan olygyddiaeth Ifor Leslie Evans a Henry *Lewis a gyhoeddwyd gan Y Cwmni Cyhoeddi Addysgol, Caerdydd, yn ystod y blynyddoedd rhwng 1920 a 1927, a chan Wasg Prifysgol Cymru o 1950 hyd 1954. Cychwynnodd gyda Blodeuglwm o Englynion (1920), a olygwyd gan W. J. *Gruffydd, ond y bwriad oedd cyflwyno detholiadau o glasuron estron mewn cyfeithiad Cymraeg. Ymhlith y pedwar teitl ar ddeg a gyhoeddwyd hyd at 1927 ceir gweithiau Ibsen, Maupassant, Daudet, Gogol, Molière, Descartes, Goethe, Schiller a Luther. Parhaodd y polisi hwn pan ailgychwynnwyd y gyfres gan Wasg Prifysgol Cymru yn 1950: cyfieithiadau o waith Sophocles, La Fontaine, Boccaccio, Keller a Balzac oedd y pump a gyhoeddwyd cyn i'r gyfres gael ei dirwyn i ben yn 1954.

Ceir rhestr o'r teitlau yn Y Casglwr (Nadolig, 1980), cylchgrawn Cymdeithas Bob Owen.

Cyfrifiad Crefyddol (1851), yr unig gyfrifiad swyddogol o leoedd o addoliad cyhoeddus a'r nifer a'u mynychai a wnaed erioed yn Lloegr a Chymru. Yr oedd yn rhan o'r cyfrifiad deng-mlynedd a gwnaethpwyd y rhifo ar y Sul olaf ym Mawrth 1851. O ganlyniad dangoswyd bod Cymru yn wlad llawer mwy 'crefyddol' na Lloegr, gan fod modd dehongli'r ffigurau i awgrymu bod o leiaf dau o bob tri o drigolion Cymru, y tu allan i'r canolfannau trefol newydd, yn mynychu lle o addoliad. Yr oedd 898,442 o seddau mewn 3,883 o leoedd o addoliad ar gyfer poblogaeth o 1,188,914.

Amrywiai'r ddarpariaeth o ardal i ardal, o ddigonedd yn Hwlffordd (*Bedyddwyr) a Thregaron (Methodistiaid Calfinaidd) at brinder cymharol ym Merthyr Tudful lle nad oedd *Anghydffurfiaeth eto wedi cyrraedd mewn grym. Dros y wlad yn gyfan yr oedd rhyw dri chwarter o'r mynychwyr yn mynd i gapeli Anghydffurfiol, ond Eglwys Loegr oedd yr enwad unigol cryfaf yn ardaloedd Wrecsam, Trefaldwyn, Casgwent, Trefynwy, Y Gelli, Aberhonddu a Phenfro, bob un ohonynt yn agos i'r ffin â Lloegr, neu'n ardaloedd a fu dan ddylanwad yr iaith Saesneg am gyfnod hir. Yng ngogledd Cymru, yn enwedig yn y gogledd-orllewin, y Methodistiaid Calfinaidd oedd y garfan fwyaf niferus o lawer, ond nid felly yn ne Cymru, ac eithrio Ceredigion cyn belled i'r de â Thregaron ac Aberaeron. Y Bedyddwyr oedd yr enwad unigol cryfaf yn Aberteifi, Hwlffordd, Llanelli, Y Fenni, Pont-y-pŵl a Chasnewydd, a'r *Annibynwyr oedd gryfaf yng Nghastellnewydd Emlyn, Llanbedr Pont Steffan, Arberth, Llandeilo-fawr, Llanymddyfri, Llanfair-ym-Muallt, Crucywel, Pen-y-bont ar Ogwr, Castell-nedd ac Abertawe. Yr oedd *Methodistiaeth Wesleaidd yn gryf yng ngogledd Cymru, canlyniad yr ymgyrch a lansiwyd yn 1800. Tueddai'r Eglwyswyr i addoli yn y bore ond yr oedd gwasanaethau'r hwyr yn eithriadol o boblogaidd ymhlith yr Anghydffurfwyr, a llawer o'r mynychwyr yn ddiau yn 'wrandawyr' yn hytrach nag yn aelodau. A llawer o Anghydffurfwyr yn mynychu mwy nag un gwasanaeth ar y Sul, diau i lawer ohonynt gael eu cyfrif ddwywaith os nad tair gwaith – awgrym o'r amwysedd sy'n perthyn i ystadegau'r Cyfrifiad.

Bron ar unwaith daeth y Cyfrifiad yn elfen allweddol yn yr anghydfod rhwng Anghydffurfiaeth ac *Anglicaniaeth. Gwnaethpwyd defnydd effeithiol ohono gan amddiffynwyr Anghydffurfiaeth megis Henry *Richard a'r *Liberation Society yn yr ymgyrch dros *Ddatgysylltu'r Eglwys.

Ceir manylion pellach yn Ieuan Gwynedd Jones, The Religious Census of 1851 (2 gyf., 1976, 1981); gweler hefyd E. T. Davies, Religion and Society in the Nineteenth Century (1981) a'r bennod sy'n dwyn y teitl 'Crefydda mewn Llan a Chapel' yn Grym Tafodau Tân (1984) gan Glanmor Williams.

Cyfriniaeth, y profiad mewn gweddi a myfyrdod o agosrwydd Duw neu hyd yn oed o undod â Duw, a'r ymchwil am y fath brofiad. Fe'i ceir mewn llawer o grefyddau a chymerodd amryw ffurfiau ymhlith Cristnogion. Y mae'r math o gyfriniaeth sy'n pwysleisio'r uwchfodaeth ddwyfol yn tarddu o'r Pseudo-Dionysius (c.OC 500) a fyn ei hebrwng ar hyd ffordd yr anwybod a goleuni'r tywyllwch Dwyfol. Cafodd y Grist-gyfriniaeth a geir yn Anselm a Bernard o Glairvaux ddylanwad ar Cysegrlan Fuchedd, sef traethodyn canoloesol ar fuchedd sanctaidd ac, mae'n debyg, ar gymhwyso *Chwedlau'r Greal at ddibenion crefydd.

Y mae gwrtheb y goleuni-tywyllwch yn un o'r dylanwadau ar gyfriniaeth Henry *Vaughan. Pantheistaidd yw'r eiddo Thomas Traherne, er bod awgrym o Neo-Blatoniaeth. Y mae David *Baker yn enghraifft gymedrol o'r mudiad yng nghyfriniaeth Eglwys Rufain a arweiniodd at y Dawelyddiaeth ddadleuol; a gwyddai ef am Nos Dywyll yr Enaid a soniai am oblygiadau moesegol cariad Crist. Ffrwythlonwyd ysbrydolrwydd Piwritanaidd Morgan *Llwyd gan feddylwaith Böhme. Yn nuwioldeb arbennig Ann *Griffiths unwyd delweddiaeth Feiblaidd, angerdd Methodistaidd a chyfriniaeth a'i ganoli yn yr Ymgnawdoliad, rhywbeth gwahanol felly i Grist-gyfriniaeth gynnes William *Williams (Pantycelyn). Yr oedd Natur-gyfriniaeth yn un o'r agweddau ar y profiad Rhamantaidd a lliwiwyd hiraeth arallfydol William *Thomas (Islwyn) ganddi.

Ceir manylion pellach yn J. Dyfnallt Owen, Neges Cyfriniaeth Morgan Llwyd (1925), T. Hywel Hughes, The Philosophical Basis of Mysticism (1937), F. C. Happold, Mysticism (1964), J. R. Jones, Ac Onide (1970) a Pennar Davies, Y Brenin Alltud (1974); gweler hefyd R. M. Jones, Cyfriniaeth Gymraeg (1994).

Cyfundrefn y Beirdd. Nid unigolion yn llefaru ar eu pennau eu huain oedd y beirdd Cymraeg yn yr hen amser. O'r cychwyn cyntaf fe'u cysylltid â brenin neu dywysog, fel yr oedd *Taliesin yn fardd i *Urien Rheged. Y mae'n fwy na thebyg eu bod yn ddosbarth cydnabyddedig, ac iddo'i amodau ei hun, o fewn y gymdeithas Gymreig. Yn ôl y llyfrau cyfraith (*Cyfraith Hywel) yr oedd y Bardd Teulu yn un o'r Pedwar Swyddog ar Hugain yn Llys y Brenin. Yr oedd hefyd fath o fardd a elwid Pencerdd, ond swyddog gwladol oedd ef, nid un o swyddogion y llys, er bod iddo gadair yn y llys, ac yr oedd ei statws yn uwch nag eiddo'r Bardd Teulu. Crybwyllir trydydd math o feirdd hefyd, sef y Cerddorion (Ll. joculatores). Yr oedd y rhain o dan reolaeth y Pencerdd a'u gwaith oedd difyrru trwy gellwair a goganu. Anodd barnu at ba gyfnod yn union y cyfeiria'r disgrifiadau yn y llyfrau cyfraith – gallai fod unrhyw bryd rhwng canol y ddegfed ganrif a diwedd y ddeuddegfed – ac ni wyddys i ba raddau y mae'r hyn a ddywedir yn cyfateb i'r hyn a ddigwyddai mewn gwirionedd.

Erbyn Oes y Tywysogion (11eg–14eg gan.) y mae'n haws deall beth oedd y drefn oherwydd bod swm helaeth o farddoniaeth ar gael, ac y mae tri datblygiad yn amlwg. Yn gyntaf, nid oedd yr hen ddosbarthiad ar y beirdd yn dal mwyach. Canodd *Cynddelw Brydydd Mawr ddwy farwnad i *Fadog ap Maredudd, Tywysog Powys, y naill ar ffurf *awdl a'r llall ar ffurf *englynion, ac awgrymwyd ei fod yn cyflawni swyddogaeth Pencerdd wrth ganu'r awdl a swyddogaeth Bardd Teulu wrth ganu'r englynion. Yn ail, gallai bardd ymgysylltu â mwy nag un llys. Dechreuodd Cynddelw fel bardd llys Madog ap Maredudd ac wedi ei farw ef canodd i Ririd Flaidd (fl. 1160). Dyma'r dosbarth, sef yr Uchelwyr, y bu'n rhaid i'r beirdd ddibynnu arnynt ar ôl marwolaeth *Llywelyn ap Gruffudd yn 1282, pan gollasant nawdd tywysog a chydnabyddiaeth cyfraith gwlad, a phan ddaeth clera (gweler CLÊR) yn fater o raid yn hytrach nag o ddewis.

Yr oedd dau fath o ddyn yn ymhel â phrydyddu o'r bedwaredd ganrif ar ddeg ymlaen. Un oedd y bardd wrth ei broffes, yn dibynnu ar nawdd boneddigion am ei fywoliaeth (disgrifir *Wiliam Llŷn yng nghofnod ei gladdu yng Nghroesoswallt yn 1580 fel bardus), y llall oedd rhai o'r Uchelwyr eu hunain, fel *Dafydd ap Gwilym a *Dafydd ab Edmwnd ac aml un arall. Eu prif orchwyl oedd canu cerddi mawl a marwnad, cerddi gofyn a diolch, cerddi serch o ran difyrrwch, cerddi crefyddol a cherddi ymryson. Erbyn ail hanner yr unfed ganrif ar bymtheg yr oedd rhai beirdd yn enwog fel herodron, yn olrhain achau'r uchelwyr ac yn disgrifio'u harfau.

Yr oedd yn naturiol i bawb a oedd yn ymarfer â'r grefft farddol eu hystyried eu hunain yn fath o gymdeithas gorfforedig a magu'r agwedd meddwl a gysylltir â gild neu undeb. Rhoddent bwys ar wybod hanfodion eu crefft, y mesurau a'r cynganeddion, a chorff o wybodaeth arall, megis gramadeg, hen eiriau'r iaith, hanes y genedl a hen chwedlau. Fel gyda phob crefft, gan athro, ar dafod leferydd, y dysgid rheolau. Pan fernid bod disgybl yn barod, rhoid iddo dystysgrif neu drwydded, a chaniatâd i ymweld â'r Uchelwyr a chanu eu mawl a derbyn rhodd am ei waith. Y mae ar gael o hyd y drwydded a gafodd *Gruffudd Hiraethog fel disgybl penceirddiaid yn 1545, wedi ei harwyddo gan ei athro, Lewys Morgannwg (*Llywelyn ap Rhisiart) a dau ŵr bonheddig. Y mae trwydded pencerdd *Simwnt Fychan a roed iddo yn 1567 hefyd ar gael.

Ond ceir mewn ysgrifen beth o'r hyn a ddysgid i'r beirdd, fel yn y 'Gramadeg' a luniwyd gan *Einion Offeiriad yn y bedwaredd ganrif ar ddeg. Yn hwnnw ceir cyfarwyddyd ar yr iaith, ar y mesurau (ond nid ar y cynganeddion) ac ar sut i lunio cerddi mawl. Gwaith cyffelyb, ond helaethach, yn y ganrif ddilynol, oedd *Pum Llyfr Cerddwriaeth* Simwnt Fychan. Arfer y beirdd oedd cadw eu crefft yn gyfrinach rhag pawb ond ambell uchelwr neu ŵr eglwysig a fyddai'n ymddiddori ynddi, ac ni wnaethant ddim defnydd o'r wasg argraffu i ledaenu eu dysg na'u cerddi; dyna gŵyn fawr Siôn Dafydd *Rhys a dyneiddwyr eraill yn eu herbyn yn yr unfed ganrif ar bymtheg.

Er gwaethaf ceidwadaeth y beirdd a chaethiwed y rheolau yr oedd datblygu'n bosibl. Yn ystod cyfnod *Beirdd yr Uchelwyr, rhwng tua 1350 a 1550, bu newid yng nghrefft y *cywydd. Gwelir yn glir y gwahaniaeth rhwng gwaith *Iolo Goch a gwaith *Dafydd Nanmor, ac y mae nodau arddull bersonol ar gerddi *Guto'r Glyn a *Thudur Aled.

Amcan y Gyfundrefn Farddol oedd gwarchod urddas y grefft a hyrwyddo rhagoriaeth, a thrwy hynny ddiogelu ffyniant y beirdd eu hunain trwy rwystro i rai anghelfydd fynd i bwyso ar y wlad trwy glera. Dyna pam y bu'r caethiwo ar y mesurau yn Eisteddfod *Caerfyrddin tua 1450, a dyna oedd yr amcan yn y ddwy Eisteddfod a gynhaliwyd yng *Nghaerwys yn 1523 a 1567. Yn y ddogfen a gysylltid â'r gyntaf o'r rhain a elwid yn Statud *Gruffudd ap Cynan (er nad oedd a wnelo hi ddim â'r tywysog hwnnw) ceir rheolau ynglŷn â pherthynas athro a disgybl, graddau'r disgyblion, amodau clera, y taliadau am gerddi, a hyd yn oed ymddygiad y beirdd ar deithiau clera. Prin fod yr holl reolau hyn yn cael eu cadw, a mwy na thebyg mai trefniant delfrydol a welir yn y Statud, yn hytrach na'r arfer ar y pryd. Ond yr oedd trefn a rheol yn bwysig er mwyn gwahaniaethu'n glir rhwng beirdd ar deithiau clera a'r crwydriaid a oedd yn osgoi gwaith ac yn cardota, peth a oedd yn anghyfreithlon a phryd hwnnw.

Gwnaed cais gan nifer o foneddigion yn 1594 am gomisiwn i gynnal Eisteddfod debyg i rai Caerwys, ond ni ddaeth dim o'r peth. Yr oedd y Gyfundrefn Farddol yn gwanychu, a'r angen am amddiffyn hawliau'r beirdd proffesiynol yn mynd yn llai. Er i'r beirdd barhau i ganu ac i dderbyn nawdd yn achlysurol yn yr ail ganrif ar bymtheg, ychydig iawn, os neb, oedd yn llwyddo i gael moddion cynhaliaeth trwy brydyddu. Dywedir am Siôn

Dafydd Laes (John *Davies) ei fod yn 'fardd teulu' yn *Nannau, a chanodd fawl i deuluoedd uchelwrol yn Arfon a Meirionnydd. Canodd Owen *Gruffudd o Lanystumdwy i deuluoedd ei ardal a chael rhoddion am wneud, ond nid ar hynny y dibynnai am ei damaid, oherwydd gwehydd oedd wrth ei alwedigaeth. Erbyn hynny yr oedd Cyfundrefn y Beirdd fel sefydliad cymdeithasol wedi hen ddarfod. Gweler hefyd GRAMADEGAU'R PENCEIRDDIAID.

Ceir manylion pellach yn T. Gwynn Jones, '*Bardism and Romance*' yn *Nhrafodion* Anrhydeddus Gymdeithas y Cymmrodorion (1913–14), G. J. Williams ac E. J. Jones, *Gramadegau'r Penceirddiaid* (1934), Thomas Parry, 'Statud Gruffydd ap Cynan' ym *Mwletin* y Bwrdd Gwybodau Celtaidd (cyf. v, 1930) a Gwyn Thomas, *Eisteddfodau Caerwys* yn y gyfres *Gŵyl Dewi* (1968).

Cyngen (m. 855), mab Cadell, Brenin *Powys. Fe'i cofir am iddo godi, ar lecyn gerllaw lle yr adeiladwyd *Glynegwestl yn ddiweddarach, gofeb i'w hen daid Elise a ddisgrifiodd fel achubwr Powys rhag y Saeson. Y mae'r arysgrif ar y groes, a adwaenir fel Piler Eliseg (camgymeriad yr engrafwr oedd yr 'g'), bellach bron yn anneilladwy, gan i'r garreg gael ei difrodi yn ystod y *Rhyfel Cartref a'i hailasio yn 1779, ond cofnodwyd hi'n gyflawn gan Edward *Lhuyd yn 1696. Diweddodd Cyngen ei ddyddiau yn Rhufain, y tywysog cyntaf y gwyddys iddo fynd ar bererindod ar ôl ymostyngiad Cymru i awdurdod y Pab, a chydag ef daeth teyrnas hynafol Powys i ben, a throsglwyddwyd y rhanbarth i *Rodri Mawr.

Cynghanedd, cyfundrefn fanwl a chywrain o gyfatebiaeth seiniau y tu mewn i linell o farddoniaeth. Yn ei ffurf gyntefig fe'i clywir yng nghanu *Aneirin a *Thaliesin, ond mewn cyfnod diweddarach ym marddoniaeth swyddogol ddefodol y llysoedd ymsefydlogodd rheolau'r grefft ac ychydig o newid a fu arnynt hyd heddiw. Y mae'r gynghanedd yn anhepgor ym mesurau caeth *Cerdd Dafod ac fe'i defnyddir yn effeithiol o bryd i'w gilydd mewn canu rhydd hefyd. Y mae'n dibynnu ar gyfatebiaeth gytseiniol neu ar odl fewnol neu ar gyfuniad o'r ddwy. Ceir pedwar math arni.

1. *Cynghanedd Draws*. Yn hon y mae'r llinell yn ymrannu'n ddwy oddeutu *gorffwysfa, gyda'r ddwy ran yn dwyn prif acen. Atebir cytseiniaid y rhan gyntaf yn yr un drefn ac yn yr un berthynas i'r acen, ond erys cytsain neu fwy ar ôl yr orffwysfa heb ei hateb. Caniateir hefyd beidio ag ateb un *n* ('wreiddgoll') cyn dechrau'r gyfres gytseiniol gyntaf. Ceir tri phatrwm fel arfer:

   i) *Cynghanedd Draws Gytbwys Acennog*
     Gwelais lóng / ar y glas lí
     g   l s l- / (r) gl s l-

   ii) *Cynghanedd Draws Gytbwys Ddiacen*
     Y llýnnaū / gwyrddion llónỳdd
     ll n - / (g rdd n) ll-n-

   iii) *Cynghanedd Draws Anghytbwys Ddisgynedig*
     Cur hen yŵ / pob cur néwỳdd
     c r   n- / (p b) c r n - -

2. *Cynghanedd Groes.* Yr unig wahaniaeth rhwng hon
â'r Gynghanedd Draws yw nad oes cytseiniaid ar ôl
yr orffwysfa heb eu hateb, ond caniateir ynddi un *n*
('ganolgoll') yn ogystal ag un *n* wreiddgoll. Ceir yr un tri
phatrwm fel arfer.

i) *Cynghanedd Groes Gytbwys Acennog*
    Rhoed i'r bédd / Waredwr býd
    rh   d r b - /   r d r b -

ii) *Cynghanedd Groes Gytbwys Ddiacen*
    Teg édrých / tuag ádrĕf
    t g -dr - / t g -dr -

iii) *Cynghanedd Groes Anghytbwys Ddisgynedig*
     Ddoe yn dírf / heddiw'n dárfŏd
     dd   n d-rf / dd   n d-rf-

Ceir ffurf fwy cymhleth ar gynghanedd groes, sef y *Groes
o Gyswllt* lle y mae'r ddwy ran yn gorgyffwrdd, gyda'r ail
gyfres o gytseiniaid yn dechrau cyn yr orffwysfa.

   Merthyri Maẃrth / ar y maés
   m rth r m -rth / r m-

Yn y Draws a'r Groes ceir pedwerydd patrwm, un
Anghytbwys Ddyrchafedig, nas defnyddir ond yng nghyrch
ac ail linell ★englyn.

          . . . —sýrthiŏdd /
                 s-rth- /
       Yn sẃrth . . .
       n) s -rth

Gellir *Cynghanedd Drychben* yn y Draws a'r Groes Angh-
ytbwys Ddisgynedig pan yw'r gair unsill acennog
cyn yr orffwysfa yn diweddu gyda chyfuniad o
gytseiniaid y mae'n rhaid wrth lafariad ymwthiol ynddo
i'w lefaru.

   Y dyn crúpl / er doe'n crópiăn
   d n cr-pʉl / (r)d   n cr-p-

3. *Cynghanedd Sain.* Yn hon y mae'r llinell yn ym-
rannu'n dair fel arfer, y rhan gyntaf a'r ail yn odli, a'r ail
a'r drydedd yn ateb cytseiniaid ei gilydd yn null y Draws
a'r Groes. Ceir pedwar patrwm iddi.

i) *Cynghanedd Sain Gytbwys Acennog*
    Segurdod / yw clód / y clédd
       cl- /   cl -

ii) *Cynghanedd Sain Gytbwys Ddiacen*
    Bydd / y dólўdd / yn déilĭo
    d-l- / (n) d- l-

iii) *Cynghanedd Sain Anghytbwys Ddisgynedig*
     Pob bryn / a llýn / yn llónўdd
     ll-n/   (n) ll-n-

iv) *Cynghanedd Sain Anghytbwys Ddyrchafedig*
    Cawod / wylánŏd / ar lí
    l-(n)- / (r) l-

Yn ogystal ceir *Cynghanedd Sain Gadwynog* lle y mae'r
llinell yn ymrannu'n bedair, y rhan gyntaf yn odli gyda'r
drydedd, a'r ail a'r bedwaredd yn ateb cytseiniaid ei gilydd.

   Nodau / glóyw / fodrwyau / glân
   gl -   gl -

4. *Cynghanedd Lusg.* Yn hon rhaid i'r sill olaf fod yn
ddiacen. Y mae'r sill olaf ond un, y *goben*, yn odli gyda
gair a ddigwydd yn gynharach yn y llinell. Gall yr odl
gyntaf honno fod yn acennog neu beidio.

   Aeth yr háf i ae*afu*
   Mae'n áe*ă*f yn yr h*afo*d

Caniateir *Cynghanedd Lusg Wyrdro* pan yw'r deuseiniaid
ai ac *au* yn ffurfio'r odl gyntaf. Odlir y rheini yn y goben
gyda *ei* ac *eu*:

   Mwyaf *bai* chwilio be*iau*
   Nid *aur* yw a oreurwyd

Gellir hefyd *Odlau Cudd* yn y Lusg a'r Sain.

   Esgor *mae* llid ar or*mes*
   Nid *â dy* gári*ă*d o góf
          g-r- /   g-

Ceir manylion pellach yn *Cerdd Dafod* (1925) gan John Morris-
Jones, *Odl a Chynghanedd* (1938) gan J. J. Evans, *Anghenion y
Gynghanedd* (1973) gan Alan Llwyd, *Buyd Llwy o Badell Awen*
(1977) gan Geraint Bowen a *Clywed Cynghanedd* (1994) gan
Myrddin ap Dafydd; gweler hefyd *A Guide to Welsh Literature*
(cyf. II, gol. A. O. H. Jarman a Gwilym Rees Hughes, 1979) a'r
rhagymadrodd gan Rachel Bromwich i'w chyfrol, *Dafydd ap
Gwilym: Poems* (1982).

Cynghrair Celtaidd, gweler o dan CYNGRES
GELTAIDD.

Cyngogion, cadwyn o englynion lle y mae'r odlau yn
newid o'r naill ★englyn i'r llall ond lle y mae cyrch-
gymeriad yn cyplysu un englyn wrth y llall a'r diwedd
yn cyrchu i'r dechrau. Ceir enghraifft gynnar a briodolir
i 'Elaeth' yn ★*Llyfr Du Caerfyrddin*.

Cyngor Celfyddydau Cymru, corff annibynnol a
sefydlwyd yn Ebrill 1994 fel prif gyfrwng y llywodraeth
i noddi'r celfyddydau yng Nghymru; y mae'n parhau
gwaith Cyngor y Celfyddydau (1967–94) a weithredai
yng Nghymru fel un o bwyllgorau ffurfiol Cyngor
Celfyddydau Prydain Fawr. Cadeiryddion y corff blaen-
orol oedd Gwyn ★Jones, Syr William Crawshay, Ardal-
yddes Môn, Syr Hywel Evans a Mathew Prichard, a'i
Gyfarwyddwyr oedd Aneurin M. Thomas a Thomas
Arfon Owen. Cadeirydd y corff newydd yw Syr Richard
Lloyd Jones a'i Brif Weithredwr yw Emyr Jenkins. Pan
sefydlwyd y Cyngor newydd diddymwyd tair
Cymdeithas Ranbarthol y Celfyddydau ac etifeddwyd eu
swyddogaethau i raddau helaeth gan swyddfeydd rhan-
barthol y Cyngor ym Mangor, Caerfyrddin, Cwmbrân
a'r Wyddgrug; erys y pencadlys yng Nghaerdydd.
Cafodd yr Adran Ffilm ei dirwyn i ben yr un pryd (daeth
cnewyllyn yr adran yn Gyngor Ffilm Cymru) ac aeth
Siop Lyfrau ac Oriel Gelf Oriel yng Nghaerdydd yn
eiddo i Lyfrfa Ei Mawrhydi (HMSO) ac wedyn i grŵp
masnachol preifat; erys cytundeb rhwng y Cyngor ac
Oriel i ddarparu gwasanaeth llyfrau Cymraeg a Chym-
reig. Yn ychwanegol at yr adrannau a oedd yn weddill (a
elwid bellach yn unedau), sef Celfyddyd, Crefft, Dawns,

Drama, Llenyddiaeth a Cherddoriaeth, ychwanegwyd elfen newydd, sef yr Uned Loteri, sy'n dosbarthu arian y Loteri Cenedlaethol; disgwylir y bydd £17 miliwn i'w dosbarthu yn 1997/98. Y mae'r cymhorthdal a dderbynia'r Cyngor gan y Swyddfa Gymreig wedi dyblu dros y deng mlynedd diwethaf i dros £14 miliwn yn 1997–98, ac fe'i dosberthir gan y gwahanol unedau ar argymhelliad eu Pwyllgorau neu eu Byrddau. Daeth swyddogaeth y Cyngor fel noddwr parhaus a'i waith yn cynyddu cynulleidfaoedd y celfyddydau yn fwyfwy pwysig yn sgîl ad-drefnu llywodraeth leol yng Nghymru yn Ebrill 1996, gan fod partneriaeth o'r math a fodolai rhwng y Cyngor â'r wyth cyngor sir blaenorol yn anos ei sicrhau â'r ddau awdurdod unedol ar hugain.

Bu gan yr Adran Lenyddiaeth ddau Gyfarwyddwr: Meic *Stephens (1967–90), a oedd yn gyfrifol am greu ei pholisïau, ac o 1991 Tony Bianchi, a ddaeth yn Uwch Swyddog Llenyddiaeth yn 1997. Gwasanaethodd llenorion, beirniaid a golygyddion lawer fel aelodau cyfetholedig o'r Pwyllgor (neu'r Bwrdd) Llenyddiaeth dan gadeiryddiaeth T. J. *Morgan, Glyn Tegai *Hughes, Roland *Mathias, Prys *Morgan, Walford *Davies, M. Wynn *Thomas, Gwyn *Thomas (1936–) a Dafydd *Johnston. Ymysg derbynwyr y cymorthdaliadau a argymhellwyd gan y Bwrdd Llenyddiaeth y mae *Cyngor Llyfrau Cymru, yr *Academi Gymreig, *Ymddiriedolaeth Taliesin, y prif gyhoeddwyr a deg cylchgrawn; cynigir hefyd grantiau cynhyrchu i lenyddiaeth plant, a gwobrau ac ysgoloriaethau. Rhoddir nifer mawr o grantiau llai trwy'r swyddfeydd rhanbarthol i gefnogi *papurau bro, cylchoedd llenyddol a phreswylfeydd i lenorion. Daeth y cyfundrefn adrannol i ben yn 1997 yn sgîl ad-drefnu gweinyddol y Cyngor. Diddymwyd yr adrannau arbenigol a chreu'r rhai newydd canlynol: Datblygu Ffurfiau Celfyddydol, Datblygu Hygyrchedd, Adran y Loteri, Cynllunio a Materion Cyhoeddus, a Chyllid ac Adnoddau.

Am adroddiadau ar waith y Cyngor, gweler Meic Stephens (gol.), *Y Celfyddydau yng Nghymru 1950–75* (1979); ceir disgrifiad o'i gefnogaeth i lenyddiaeth yn ystod cyfnod Meic Stephens fel Cyfarwyddwr Llenyddiaeth ym mhennod R. Brinley Jones yn Rheinallt Llwyd (gol.), *Gwarchod y Gwreiddiau* (1996).

Cyngor Henffordd (c.926–30), gweler o dan ARMES PRYDEIN.

Cyngor Llyfrau Cymru (gynt **Cyngor Llyfrau Cymraeg**), corff cyhoeddus a sefydlwyd yn 1961 trwy gydweithrediad Undeb y Cymdeithasau Llyfrau Cymraeg a nifer o awdurdodau lleol, er hybu cynhyrchu a marchnata deunydd darllen yn y Gymraeg ar gyfer oedolion. Dechreuodd trwy gynnig grantiau i awduron, ymgymryd â chynlluniau cyhoeddi i lyfrgelloedd yn unig, sefydlu cynllun tocynnau llyfrau Cymraeg, a thrwy ddatblygu canolfan ddosbarthu llyfrau mewn cydweithrediad â'r cyhoeddwyr. Erbyn heddiw, y mae wedi

ehangu ei ddyletswyddau i gwmpasu holl agweddau'r byd cyhoeddi yng Nghymru yn y Gymraeg a'r Saesneg.

Bu sawl carreg filltir o bwys yn hanes y Cyngor Llyfrau. Yn y 1970au cytunodd *Cyngor Celfyddydau Cymru i greu pedair Adran yn cynnig gwasanaethau canolog i awduron, cyhoeddwyr a llyfrwerthwyr ym meysydd golygu, dylunio, cyhoeddusrwydd a marchnata. Yn 1979 cafodd y Cyngor gyfrifoldeb dros rannu grant y Llywodraeth ar gyfer cyhoeddiadau yn yr iaith Gymraeg (cyfanswm o £600,000 yn 1996/97), grant a sianelir trwy *Fwrdd yr Iaith Gymraeg o Ebrill 1997. Ymgorfforwyd Canolfan Llenyddiaeth Plant Cymru yn rhan o'r Cyngor Llyfrau yn 1990.

Yn 1990 dechreuodd y broses o drosglwyddo'r prif gyfrifoldeb am ariannu'r Cyngor Llyfrau o Gyngor Celfyddydau Cymru i'r *Swyddfa Gymreig ac y mae'r Cyngor er 1996 yn cael ei ariannu o ddwy brif ffynhonnell, sef y Swyddfa Gymreig a'r awdurdodau lleol. Cyfarwyddwr cyntaf y Cyngor Llyfrau oedd Alun Creunant Davies (1965–87). Fe'i holynwyd gan Gwerfyl Pierce Jones (1987–). Lleolir swyddfeydd y Cyngor yng Nghastell Brychan, Aberystwyth, a'r Ganolfan Ddosbarthu yn Llanbadarn ar gyffiniau'r dref. Y mae'r Cyngor yn cyhoeddi nifer o gatalogau a dau gylchgrawn: *Llais Llyfrau/Books in Wales* a *Sbondonics*, cylchgrawn y Clwb Llyfrau i blant. Gweler hefyd ARGRAFFU A CHYHOEDDI.

Disgrifir hanes cynnar y Cyngor Llyfrau Cymraeg gan Alun R. Edwards yn ei hunangofiant, *Yr Hedyn Mwstard* (1980) ac yn y gyfrol *Gwarchod y Gwreiddiau*, gol. Rheinallt Llwyd (1996). Ceir manylion pellach am waith y Cyngor yn ei Adroddiadau Blynyddol.

Cyngor yr Iaith Gymraeg, gweler o dan SWYDDFA GYMREIG.

Cyngres Geltaidd, cymdeithas sy'n ceisio hyrwyddo ieithoedd, diwylliannau a delfrydau cenedlaethol pobl y chwe gwlad Geltaidd. Yn yr ŵyl Wyddelig *Feis Ceoil* yn Belfast yn 1898 y sefydlwyd y Gymdeithas Geltaidd, ac yn yr Eisteddfod Genedlaethol yng Nghaerdydd yn 1899 gwnaed trefniadau pellach i gynnal ei Chyngres Ban-Geltaidd gyntaf yn Nulyn y flwyddyn ddilynol er y gohiriwyd y Gyngres tan 1901. Fe'i cynhaliwyd yng Nghaernarfon yn 1904 ac yng Nghaeredin yn 1907. Ailsefydlwyd y gymdeithas yn 1917 gan E. T. *John a'i hailenwi'n Gyngres Geltaidd. Rhwng y ddau Ryfel Byd cynhaliwyd cyfarfodydd ymhob gwlad Geltaidd ac eithrio Cernyw ac wedi 1947 cynhaliwyd hwy'n rheolaidd ym mhob un o'r chwe gwlad. Y mae'r gymdeithas yn anwleidyddol ac ni ddylid cymysgu rhyngddi a'r Undeb Celtaidd a sefydlwyd yn ddiweddarach yn fforwm i'r mudiadau cenedlaethol ac sy'n cyhoeddi'r cylchgrawn *Carn*, nac ychwaith â'r Gyngres Astudiaethau Celtaidd Ryngwladol sy'n hybu astudiaethau academaidd.

Cyhydedd, term a arferir mewn *Cerdd Dafod am hyd llinell o gerdd. Fe'i gwelir mewn enwau amryw fesurau, megis cyhydedd fer (llinellau wyth sillaf unodl) a chyhydedd nawban (llinellau naw sillaf unodl).

Cyhyraeth, rhagarwydd o farwolaeth ar ffurf sŵn dolefus, cynhyrfus yn y nos. Credid gan rai, yn arbennig yn Nyffryn Tywi, mai cwynfan y sawl a oedd i farw ydoedd; fe'i cysylltid gan eraill â *Gwrach y Rhibyn. Ceir disgrifiad manwl o'r goel yn Edmund *Jones, *A Relation of Apparitions in Wales* (1767). Gweler hefyd ADERYN CORFF, CANNWYLL GORFF a CŴN ANNWFN.

Cylch Cadwgan, grŵp o lenorion a gyfarfyddai ar aelwyd J. Gwyn *Griffiths a'i wraig Kate *Bosse-Griffiths yn ystod yr Ail Ryfel Byd, ac a enwyd ar ôl eu tŷ yn y Pentre, Cwm *Rhondda. Rhannent ddelfrydau heddychlon a chenedlaethol a diddordebau esthetaidd. Ymhlith yr aelodau yr oedd D. R. Griffiths a Gwilym Griffiths (brodyr J. Gwyn Griffiths), yn ogystal â Pennar *Davies, Rosemarie Wolff, Rhydwen *Williams, Gareth Alban *Davies a'r cerddor John Hughes. Arbenigrwydd y grŵp oedd eu bod yn trafod datblygiadau cyfoes yn llenyddiaeth Ewrop gan ddadlau o blaid rhyddhau llenyddiaeth Gymraeg o'r hyn a ystyrient yn hualau *Piwritaniaeth. Ymhlith y cyhoeddiadau a adlewyrchai nodweddion y grŵp y mae *Cerddi Cadwgan* (1953), nofel gan Pennar Davies, *Meibion Darogan* (1968), nofel gan Rhydwen Williams, *Adar y Gwanwyn* (1972), y cylchgrawn *Y *Fflam*, ac *I Ganol y Frwydr* (1970) gan J. Gwyn Griffiths.

Ceir manylion pellach yn yr erthygl gan Rhydwen Williams yn *Barddas* (rhif. 60, Chwefror, 1982).

Cylch y Rhosyn Gwyn, gweler o dan JACOBITIAETH.

Cylch-grawn Cynmraeg neu Drysorfa Gwybodaeth, Y, chwarterolyn yr ymddangosodd pum rhifyn ohono yn 1793 ac 1794. Y golygydd oedd Morgan John *Rhys ond nid enwir ef na'r cyfranwyr eraill. Ymhlith y rhai y gellid eu hadnabod yr oedd Edward *Charles ac G. Owain o Veirion (William *Owen Pughe). Crefyddol oedd natur llawer iawn o gynnwys y cylchgrawn, ond ceid barddoniaeth, gwybodaeth fywgraffyddol ac adolygiadau ynddo hefyd. Daeth yn fwy seciwlar pan ddechreuodd gyhoeddi erthyglau ar gyflwr carchardai, y *Chwyldro Ffrengig (1789), caethwasiaeth a chwedl *Madoc. Argreffir peth deunydd yn y rhifynnau cyntaf yn 'orgraff newydd' Pughe fel rhan o'i ymgyrch i ddisodli'r llythrennau dwbl gan symbolau eraill.

Cylchrawn Hanes Cymru, cyfnodolyn academaidd a ymddangosodd gyntaf yn 1960 dan olygyddiaeth Glanmor *Williams; fe'i cyhoeddir gan *Wasg Prifysgol Cymru o dan nawdd Pwyllgor Hanes a Chyfraith y

*Bwrdd Gwybodau Celtaidd. Hwn, bellach, yw'r unig gyfnodolyn ysgolheigaidd o bwys sy'n rhoi sylw i hanes Cymru yn ei holl agweddau – canoloesol a modern, gwleidyddol, cymdeithasol, economaidd, crefyddol, ieithyddol a chymdeithasegol. Cafwyd rhifynnau arbennig ar *Gyfraith Hywel (1963), ar yrfa David *Williams (1967) a Hanes y Mudiad Llafur yng Nghymru (1973). Cyhoeddwyd rhifyn arbennig i ddathlu ei ben blwydd yn un ar hugain oed ym Mehefin 1981 (cyf. x, rhif. 3). Y mae'r cylchgrawn hwn, sy'n cymharu'n ffafriol â'i gymheiriaid yn Lloegr, Iwerddon a'r Alban, wedi chwarae rhan hanfodol yn yr adfywiad a fu mewn astudio hanes Cymru yn ystod y blynyddoedd diwethaf. Er 1965 fe'i golygir gan Kenneth O. *Morgan a fu cyn hynny yn olygydd cynorthwyol arno. Yr is-olygydd dros yr un cyfnod fu Ralph A. *Griffiths.

Cymanfa Ganu, un o wasanaethau crefyddol *Anghydffurfiaeth yng Nghymru. Cynhaliwyd gwasanaethau canu emynau o 1830 ymlaen ond cynhaliwyd hwy yn fwy rheolaidd trwy ddylanwad John *Roberts (Ieuan Gwyllt): arweiniodd ef gyfarfod cofiadwy yn Aberdâr, Morg., yn 1859. Datblygodd y mudiad ar seiliau enwadol gan elwa'n fawr ar gynnydd nodedig y defnydd o'r sol-ffa ymhlith y Cymry. Ar y dechrau yr oedd y canu cynulleidfaol yn ddisgybledig ond aeth yn fwyfwy rhwydd-deimladus ac amharwyd arno gan ymdrechu am effeithiau anaddas. Bu bri mawr ar gymanfaoedd, a chynhelir hwy o hyd er bod y brwdfrydedd wedi lleihau. Ar yr arweinydd yn aml y dibynna natur yr ŵyl: ef sy'n penderfynu ai addoliad yn bennaf ai math arbennig o gydganu hwyliog ydyw.

Gweler R. D. Griffith, *Hanes Canu Cynulleidfaol Cymru* (1948) ac R. T. Jones, *Ffydd ac Argyfwng Cenedl* (cyf. I, 1981).

Cymdeithas Bob Owen, cymdeithas i lyfrgarwyr a sefydlwyd yn 1976 ac a enwyd ar ôl yr achyddwr a'r casglwr llyfrau, Robert *Owen (1885–1962) o Groesor, Meir. Ei gweithgarwch pennaf yw cyhoeddi *Y Casglwr*, cylchgrawn o dan olygyddiaeth John Roberts *Williams hyd 1995 ac wedyn Richard H. Lewis. Y mae'r cynnwys yn ymwneud â hanes a chasglu deunydd argraffedig o bob math. Llwyddodd y Gymdeithas i hybu diddordeb ei haelodau mewn prynu llyfrau ail-law a gwnaeth lawer i fywiogi'r farchnad yng Nghymru. Y mae ei chylchgrawn yn gyfrwng amhrisiadwy i roi gwybodaeth i gasglwr llyfrau.

Cymdeithas Cerdd Dafod, cymdeithas a sefydlwyd yn 1976 gan feirdd â'u diddordeb pennaf ym marddoniaeth y mesurau caeth. Y mae ei rhaglen yn cynnwys cystadlaethau, ysgolion penwythnos a chyfarfodydd yn yr *Eisteddfod Genedlaethol, ac yno llwyddodd i amddiffyn rheolau hynafol *Cerdd Dafod rhag y rhai a ffriai newidiadau. Y mae'r Gymdeithas hefyd yn cyhoeddi llyfrau a chylchgrawn misol, *Barddas*, ac ymddangosodd y rhifyn cyntaf ohono yn Hydref 1976 dan olygyddiaeth Alan *Llwyd a Gerallt Lloyd *Owen. Cafodd y Gymdeithas ei swyddog llawn-amser cyntaf yn 1983 pan benododd Alan Llwyd i'r swydd.

Cymdeithas Cymru Newydd, cymdeithas o lenorion a gynlluniwyd gan Pennar *Davies a Keidrych *Rhys yn gynnar yn 1939, a elwid yn Saesneg yn **The New Wales Society**. Ei bwriad oedd '*to substitute energy and responsibility for the dilettantism and provincialism of Welsh life and literature*', a hynny trwy ddod ag awduron y ddwy iaith yng Nghymru at ei gilydd ei trafod cwestiynau llenyddol a chymdeithasol y dydd. Ysgrifennodd Keidrych Rhys, '*Let us do our best to make Wales a less dead place, less of an intellectual desert, so that it will be possible for our writers and artists to work at home.*' Parhawyd y drafodaeth yn bennaf yn y newyddiaduron *Baner ac Amserau Cymru* a'r *Western Mail*, a'r cylchgronau *Wales* a *Tir Newydd*. Ymhlith yr awduron a fynegodd eu bwriad i ymuno â'r Gymdeithas yr oedd Jack *Jones, Emlyn *Williams, Idris *Davies, Dylan *Thomas, Waldo *Williams, Emyr *Humphreys ac Alun *Lewis. Lluniwyd maniffesto ond dechreuodd yr Ail Ryfel Byd cyn y gellid ei ddwyn o'r wasg; gwasgarwyd y rhan fwyaf o'r llenorion iau a rhoddwyd heibio bob bwriad i sefydlu'r gymdeithas. Ni fu ymgais wedi hyn i sefydlu cymdeithas i lenorion yng Nghymru nes y sefydlwyd Yr *Academi Gymreig yn 1959.

Ceir manylion am Gymdeithas Cymru Newydd yn yr erthygl gan Meic Stephens yn *Poetry Wales* (cyf. IV, rhif. 2, 1968).

Cymdeithas Dafydd ap Gwilym, cymdeithas a sefydlwyd gan fyfyrwyr o Gymru yng Ngholegau Prifysgol Rhydychen yn 1886. John *Rhŷs oedd ei Llywydd cyntaf ac ymhlith ei haelodau cynharaf yr oedd Owen M. *Edwards, John *Morris-Jones, Edward *Anwyl a J. Puleston *Jones; o'r herwydd disgrifiwyd y gymdeithas gan Thomas *Parry yn 'feithrinfa cewri'. Byddai'r aelodau yn cyfarfod ynghyd yn anffurfiol yn eu hystafelloedd i drafod materion Cymreig ac yr oedd ganddynt ddiddordeb arbennig yn yr angen i ddiwygio *orgraff y Gymraeg. Ceisient ysgrifennu eu rhyddiaith eu hunain mewn arddull a sylfaenwyd ar y clasuron Cymraeg a'r iaith lafar. Dilornwyd eu gwaith ar y dechrau a'i alw yn 'Gymraeg Rhydychen', ond cafodd dderbyniad ehangach yn ddiweddarach fel rhan hanfodol o'r adfywiad yn llenyddiaeth Gymraeg tua throad y ganrif. Y mae'r gymdeithas wedi parhau hyd heddiw. Rhestrir ei aelodau o 1886 hyd 1994 yng nghylchgrawn y Gymdeithas, sef *Yr Aradr* (rhif. 5, 1993–94).

Ceir manylion pellach yn yr erthygl ar y Gymdeithas gan J. E. Caerwyn Williams yn *Astudiaethau Amrywiol* (gol. Thomas Jones, 1968) ac yn *Y Traethodydd* (Hyd. 1983). Gweler hefyd *Cofio'r Dafydd* (gol. D. Ellis Evans ac R. Brinley Jones, 1987).

Cymdeithas Emynau Cymru, cymdeithas a sefydl-

wyd yn 1967 er hyrwyddo diddordeb ymhob agwedd ar emynyddiaeth Gymraeg. Cynhelir Ysgol Undydd yn flynyddol a thraddodir Darlith Flynyddol yn yr *Eisteddfod Genedlaethol. Cyhoeddir honno, ynghyd ag amrywiaeth eang o ddefnyddiau eraill, ym *Bwletin* y Gymdeithas (gol. Gomer M. *Roberts, 1966–77; E. Wyn James, 1978–).

Cymdeithas er Taenu Gwybodaeth Gristnogol, cymdeithas a sefydlwyd yn Llundain yn 1699. Yr oedd iddi ddau fwriad, sef taenu'r Efengyl drwy wledydd tramor a sefydlu ysgolion elusennol yng Nghymru a Lloegr. Prif ysgogydd y mudiad oedd y Dr Thomas Bray (1656–1730), brodor o gyffiniau'r Trallwng, Tfn. Ymhlith y pedwar lleygwr a oedd gydag ef yn cychwyn y mudiad yr oedd Syr Humphrey *Mackworth o Gastell-nedd a Syr John Philipps o Gastell Pictwn, Penf. (gweler o dan PHILIPPS). O'r cychwyn cyntaf yr oedd gan y Gymdeithas gysylltiadau agos â Chymru ac yr oedd y dynion hyn yn ymwybodol iawn eu bod yn parhau gwaith Thomas Gouge a'r *Ymddiriedolaeth Gymreig. Er hynny, yn wahanol i'r corff hwnnw, cyfyngwyd y Gymdeithas i aelodau'r Eglwys Sefydledig.

Ym mlynyddoedd cyntaf y ddeunawfed ganrif y bu fwyaf brwdfrydig a gweithgar a dosbarthodd y Gymdeithas filoedd o lyfrau defosiynol a phamffledi yn Gymraeg a Saesneg, naill ai am ddim neu am bris rhad, a hefyd noddodd ddau argraffiad o'r Beibl Cymraeg. Ond pwysicach na dim oedd y gwaith o sefydlu ysgolion elusennol: cyn 1739 sefydlwyd pymtheg a phedwar ugain ohonynt, yn ogystal â naw ar hugain o ysgolion eraill a noddwyd yn breifat. Ar wahân i Syr John Philipps, noddwyr enwocaf y Gymdeithas yng Nghymru oedd y Dr John Jones, Deon Bangor, ac Edmund Meyricke, trysorydd *Tyddewi. Gyda'u cefnogaeth ariannol talodd y Gymdeithas gyflogau'r athrawon, prynodd lyfrau, a thalodd am fwyd a dillad i rai o'r plant tlotaf. Prif amcan yr ysgolion, a gynhelid yn yr eglwysi, oedd dysgu darllen ac ysgrifennu i'r bechgyn a dysgu gwnïo a gwau i'r merched. Dysgwyd y catecism ac egwyddorion yr Eglwys am o leiaf dau ddiwrnod yr wythnos hefyd. Curadiaid oedd yr ysgolfeistri gan amlaf a hwyrach mai'r athro enwocaf oedd Griffith *Jones, Llanddowror. Wedi marw'r Frenhines Anne yn 1714 bu gostyngiad yn nifer yr ysgolion ac ni cheir sôn am agor yr un ysgol wedi 1727. Felly am gyfnod byr yn unig y bu ysgolion y Gymdeithas yn llewyrchus, ac ni chafodd gyfle i wneud cyfraniad mwy sylweddol i ddatblygiad addysg yng Nghymru.

Ceir hanes llawn y Gymdeithas yn R. T. Jenkins, *Hanes Cymru yn y Ddeunawfed Ganrif* (1928), M. G. Jones, *The Charity School Movement* (1938), David Williams, *Modern Wales* (1950), Mary Clement, *The S.P.C.K. and Wales* (1954), Idris Jones, *Modern Welsh History* (1960) a Jac L. Williams a Gwilym Rees Hughes (gol.), *The History of Education in Wales* (1978).

Cymdeithas Llên Cymru, grŵp o chwe llyfrgarwr, a

John *Ballinger a John Humphreys *Davies yn amlwg yn eu plith, a ddaeth ynghyd yn 1900 gyda'r nod o gyhoeddi llyfrau Cymraeg mewn argraffiadau cain, cyfyngedig. Yn ystod y pymtheg mlynedd canlynol cyhoeddwyd mewn tair cyfres, a elwid *Y Gyfres Las, Y Gyfres Goch* ac *Y Gyfres Felen,* gyfanswm o naw llyfr, gan gynnwys *Carolau gan Richard Hughes* (1900), *Hen Gerddi Gwleidyddol 1588–1660* (1901), *Casgliad o Hen Ganiadau Serch* (1902), *Casgliad o Hanes-gerddi Cymraeg* (1903), *Caniadau yn y mesurau rhyddion* (1905) a *Gwaith Morgan Rhys* (1910).

Cymdeithas Llên Saesneg Cymru, cymdeithas a ddeilliodd o gyfarfod a gynhaliwyd yn Abertawe yn 1984, pan ymgasglodd darlithwyr o bump o sefydliadau cyfansoddol Prifysgol Cymru (Aberystwyth, Bangor, Caerdydd, Llanbedr Pont Steffan ac Abertawe) a sefydlu'r *University of Wales Association for the Study of Welsh Writing in English*; etholwyd John *Pikoulis yn Gadeirydd ac M. Wynn *Thomas yn Ysgrifennydd. Prif amcan y Gymdeithas yw hybu astudiaeth academaidd o lên Saesneg Cymru. Yn unol â'r amcan hwn, cynhelir cynhadledd flynyddol (a fynychir gan athrawon ysgol a llengarwyr o bob math, yn ogystal â darlithwyr prifysgol), ac y mae'r gymdeithas wedi cychwyn cyfres bwysig o gyhoeddiadau academaidd (sy'n cynnwys adargraffiadau o destunau allweddol, casgliadau o astudiaethau beirniadol, a gweithiau cyfan gan awduron o bwys) fel rhan o'i hymgyrch i sicrhau sylw amgenach i'r llenyddiaeth hon yng Nghymru a thu hwnt i'r ffin. Yn 1988 cydweithredodd y Gymdeithas â'r *Academi Gymreig er mwyn cychwyn y cylchgrawn The *New Welsh Review,* ac yn 1995 cyhoeddwyd cyfrol gyntaf *Welsh Writing in English: a Yearbook of Critical Essays,* blwyddlyfr o ysgrifau beirniadol dan olal Tony Brown. Mabwysiadwyd y teitl newydd, *Universities of Wales Association for the Study of Welsh Writing in English,* yn 1993, oherwydd i *Brifysgol Morgannwg ymuno yn y fenter. Hefyd, nodwyd cyfraniad gwerthfawr colegau megis Coleg y Drindod, Caerfyrddin. Ar yr un pryd gwnaed ymdrech i sicrhau seiliau ariannol cadarnach i'r Gymdeithas (sy'n dal i orfod byw ar ei bwyd ei hun) drwy ethol Trysorydd, sef James A. *Davies. A'r Gymdeithas yn tyfu o nerth i nerth, bu'n rhaid ei haildrefnu eto fyth yn 1996, pryd y mabwysiadwyd y teitl newydd, *Association for Welsh Writing in English.*

Cymdeithas Rhingylliaid y Môr, gweler o dan JACOBITIAETH.

Cymdeithas y Cyfeillion, gweler o dan CRYNWRIAETH.

Cymdeithas y Cymod, gweler o dan DAVIES, GEORGE MAITLAND LLOYD (1880–1949).

Cymdeithas y Tair G, gweler GYMDEITHAS GENEDLAETHOL GYMRAEG.

Cymdeithas yr Iaith Gymraeg, a adwaenir yn Saesneg wrth y teitl **The Society for the Utilization of the Welsh Language,** a sefydlwyd yn 1885 yn Eisteddfod Genedlaethol Aberdâr. Ymhlith ei harweinyddion yr oedd Dan Isaac *Davies, Isambard Owen (1850–1927) a Henry *Richard. Y gymdeithas hon oedd y gyntaf i wrthwynebu polisi'r Llywodraeth o orfodi defnyddio'r Saesneg yn unig yn ysgolion Cymru trwy gydol ail hanner y bedwaredd ganrif ar bymtheg. Aeth rhagddi i ymgyrchu'n llwyddiannus nes ennill i'r Gymraeg le fel pwnc ac fel cyfrwng dysgu yn y cwrs addysg yng Nghymru. Gweler hefyd y cofnod nesaf.

Ceir manylion pellach yn yr erthygl gan Robin Okey, 'The First Welsh Language Society' yn *Planet* (rhif. 58, Awst/Medi 1986).

Cymdeithas yr Iaith Gymraeg. Fe'i sefydlwyd yn 1962, yn bennaf o ganlyniad i rywstredigaeth ymhlith Cenedlaetholwyr ifainc wedi i *Blaid Cymru fethu â gwneud cynnydd etholiadol na medru amddiffyn buddiannau Cymru yn effeithiol (fel yn achos *Tryweryn) ond hefyd yn ymateb i'r ddarlith *Tynged yr Iaith gan Saunders *Lewis. O dan lywyddiaeth Huw T. *Edwards, lansiodd y Gymdeithas ei hymgyrch gyntaf ar Bont Trefechan, Aberystwyth, ar 23 Chwefror 1963 pan gaeodd tua deugain o aelodau ifainc y fynedfa i'r dref mewn ymdrech i dynnu sylw'r cyhoedd at statws israddol y Gymraeg drwy dorri'r gyfraith yn fwriadol a mynnu gwysion dwyieithog.

Treuliwyd y tair blynedd canlynol yn llythyru ag awdurdodau lleol a chyrff y Llywodraeth megis Swyddfa'r Post a'r Cofrestrydd Cyffredinol. Yr oedd yr Adroddiad, *Status Cyfreithiol yr Iaith Gymraeg* (1965), yn argymell dilysrwydd cyfartal i'r Gymraeg a'r Saesneg o fewn y gyfraith, ac yr oedd ymhlith ffrwyth cyntaf ymgyrch y Gymdeithas. Yna mabwysiadwyd polisi o anufudd-dod sifil di-drais, er mwyn rhoi darpariaethau Deddf yr Iaith Gymraeg 1967 i'r prawf, a dirwywyd a charcharwyd llawer o'r aelodau yn ystod y cyfnod hwn. Rhoddwyd sylfaen feddyliol newydd i weithgareddau'r Gymdeithas gan yr athronydd J. R. *Jones a chefnogaeth foesol gan Alwyn D. *Rees yn ei ysgrifau golygyddol yn y cylchgrawn *Barn ac apêl ehangach trwy gyfrwng caneuon Dafydd *Iwan.

O 1968 ymlaen yr oedd cynnydd yn yr agwedd filwriaethus, yn arbennig felly cyn arwisgiad Tywysog Cymru yng Nghorffennaf 1969, a phan ddilewyd â phaent arwyddion ffyrdd Saesneg mewn llawer rhan o'r wlad. Trwy gydol y 1970au, gydag aelodaeth o bobl ifainc gan mwyaf, ond hefyd gyda chefnogaeth llawer o siaradwyr Cymraeg hŷn, gan gynnwys nifer o lenorion amlwg, parhaodd y Gymdeithas i bwyso am ddarpariaeth teledu digonol yn y Gymraeg, a'r aelodau a oedd yn gweithredu'n uniongyrchol yn erbyn eiddo awdurdodau darlledu yn mentro cael eu herlyn a'u carcharu. Un o amcanion y Gymdeithas oedd gweld sefydlu pedwaredd sianel deledu Gymraeg a chafwyd llwyddiant pan sefydlwyd Sianel Pedwar Cymru (S4C) ym mis Tachwedd 1982. Ehangwyd y maes yn ystod y blynyddoedd diwethaf gan ymledu i feysydd eraill megis cynllunio ac addysg, a ystyrir yn hanfodol er mwyn parhad yr *iaith Gymraeg. Gweler hefyd y cofnod blaenorol.

Y mae'r Gymdeithas yn cyhoeddi cylchlythyr bywiog, Tafod y Ddraig, ac o bryd i'w gilydd faniffesto (gweler Planet, rhif. 26/27, 1974/75). Ceir manylion pellach yn y bennod gan Cynog Davies yn The Welsh Language Today (gol. Meic Stephens, 1973), a chan yr un awdur, Cymdeithaseg Iaith a'r Gymraeg (1979) a Meumlifiad, Iaith a Chymdeithas (1979). Golygwyd hanes y Gymdeithas o 1963 hyd 1976 gan Aled Eurig yn Tân a Daniwyd (1976) ac ysgrifennodd Gwilym Tudur hanes darluniadol o chwarter canrif cyntaf y Gymdeithas, Wyt Ti'n Cofio? (1989); gweler hefyd yr erthygl gan Colin H. Williams, 'Non-violence and the development of the Welsh Language Society 1962–c.1974' yn Cylchgrawn Hanes Cymru (cyf. VIII, rhif. 4, 1977) a Maniffesto y Gymdeithas (1992).

Cymdeithas yr Iesu, cymdeithas a sefydlwyd yn 1534 gan Ignatius Loyola ac a dderbyniwyd gan y Pab Pawl III yn 1540. Prif genhadaeth yr Iesuwyr oedd gwrthweithio honiadau'r Diwygiad Protestannaidd, a hynny drwy ddysgu a chyhoeddi. Yn yr ail ganrif ar bymtheg y buont fwyaf gweithgar yng Nghymru, er mai cyfieithiad – yn ôl pob tebyg – oedd Athravaeth Gristnogavl (1568) Morys *Clynnog o De Doctrina Christiana Ioannes Polanco (1517–74), ysgrifennydd cyffredinol cyntaf y Gymdeithas. Yn 1578 penodwyd Clynnog yn Rheithor y Coleg Seisnig yn Rhufain ac fe'i cynorthwywyd gan dri aelod o'r Gymdeithas: haerwyd bod Clynnog yn ffafrio ei gyd-wladwyr a gorfodwyd iddo ymddeol yn 1579. Yn fuan wedyn, aeth y Coleg i ddwylo'r Iesuwyr. Gymaint oedd yr atgasedd tuag at y Gymdeithas ymhlith nifer o Gymry a oedd â'u bryd ar yr offeiriadaeth fel nad ymunodd unrhyw Gymro o allu arbennig yn ystod y cyfnod 1579 i 1610 ar wahân i Robert *Jones. Ond ni fu gweithiau'r Iesuwyr heb eu dylanwad. Cyfieithodd John *Davies, Mallwyd, fersiwn Protestannaidd o waith yr Iesüwr Robert Parsons o dan y teitl Llyfr y Resolusion (1632). Cyfieithodd Richard Vaughan, Bodeiliog, waith Robert Bellarmino, Dichiarazione piu copiosa della dottrina Cristiana (1598) dan y teitl Eglurhad helaeth-lawn o'r Athrawaeth Gristnogawl (1618). Efallai mai'r Tad John Salisbury a drefnodd argraffu'r gwaith yn y wasg ddirgel o eiddo'r Iesuwyr yn St. Omer.

Y Tad Salisbury a sefydlodd bencadlys yr Iesuwyr yng Nghymru yn Y Cwm, plwyf Llanrhyddol, ar ffin sir Fynwy. Sefydlwyd coleg yno, Coleg St. Xavier, ac yr oedd Cymry Cymraeg ymhlith yr aelodau. Un ohonynt oedd y Tad John Hughes (1615–86), mab Hugh *Owen, a'r hwn a argraffodd gyfieithiad ei dad o Imitatio Thomas à Kempis, ac a oedd ei hun yn awdur Allwydd neu Agoriad Paradwys i'r Cymry (1670) a gyhoeddwyd yn Liège. Yn 1678 darganfu'r Esgob Croft o Henffordd gasgliad mawr o lyfrau gan Iesuwyr dysgedig yno ac yn

y flwyddyn ganlynol merthyrwyd dau Iesüwr, Philip *Evans a David *Lewis, oherwydd eu ffydd.

Ceir manylion pellach am yr Iesuwyr yng Nghymru mewn erthygl gan Geraint Bowen yn Y Faner (29 Awst 1951) a cheir cyfeiriadau pwysig ym mhennod Geraint Bowen, 'Roman Catholic Prose and its Background', yn A Guide to Welsh Literature c.1530–1700 (cyf. III, gol. R. Geraint Gruffydd, 1997). Gweler hefyd Emyr Gwynne Jones, Cymru a'r Hen Ffydd (1951) a Roland Mathias, Whitsun Riot (1963).

Cymdeithasau Amaethyddol. Lluniwyd y rhain yng Nghymru ar gynllun sirol yng nghanol y ddeunawfed ganrif er mwyn hybu defnyddio cnydau newydd. Cyflwynwyd gwobrau am blannu coed, am yr anifeiliaid gorau, am waith rhagorol ym myd crefftau gwledig, am gynnal ffyrdd ac am ymddygiad da gweision a morynion ffermydd. Yr oedd Lewis *Morris, a oedd wedi darllen gwaith clasurol Jethro Tull, The Horse Hoing Husbandry (1733), ymhlith y Cymry goleuedig a gefnogai ffurfio'r cymdeithasau. Y gymdeithas gyntaf, un o'r cynharaf yng ngwledydd Prydain, oedd un Brycheiniog a sefydlwyd yn 1755 gan Howel *Harris ac eraill, yn bennaf o dan nawdd Charles Powell o Gastell Madoc. Dilynwyd hi gan rai cyffelyb ym Morgannwg (1772) a Cheredigion (1784) nes bod, erbyn 1815, gymdeithasau yn y rhan fwyaf o Gymru, a thrwy'r sianel hon y daeth y Chwyldro Amaethyddol i gefn gwlad.

Cymdeithasau Cyfeillgar. Eu prif bwrpas oedd rhoi cymorth ariannol i'w haelodau yn ystod cyfnodau o salwch. Yr oeddynt wedi'u sefydlu'n eang trwy Gymru, fel yn Lloegr, erbyn diwedd y ddeunawfed ganrif. Rhoddwyd yr enw 'sick clubs' neu 'benefit clubs' arnynt hefyd. Y rhai cyntaf i'w sefydlu yng Nghymru oedd Wrexham Neighbourly Society (1744), yr Old Club yn Nhreffynnon (1751), Cymdeithas Sgubor y Coed, sir Aberteifi (1760), Clwb Llangollen (1763) a Chymdeithas Esgair y Mwyn, sir Aberteifi (1765). Sefydlodd Thomas *Johnes yr Hafod Friendly Society yn 1798. Un o'r cymdeithasau pwysicaf, ar raddfa sirol, oedd The Anglesey Druidical Society (1772–84) a sefydlwyd gan ysweiniaid ac offeiriaid. Defnyddiodd y gymdeithas hon arian i wobrwyo dewrder ar y môr, i gynorthwyo ysbytai lleol ac i dalu am brentisiaeth plant y tlodion.

Yn ystod eu blynyddoedd cynnar drwgdybid rhai cymdeithasau o noddi undebwyr ac oherwydd y dull cyfrinachol y cynhelid eu cyfarfodydd, fel arfer gwaharddwyd y Methodistiaid rhag ymuno â'r fath gymdeithasau. Erbyn canol y bedwaredd ganrif ar bymtheg, fodd bynnag, yr oedd y cymdeithasau hyn yn cynyddu trwy Gymru. Mewn ardaloedd gwledig yr oedd yn gyffredin cael tua chant o aelodau yn perthyn i un gyfrinfa ond yr oedd yr aelodaeth yn y cymoedd diwydiannol yn gymaint â thair mil ar adegau. Yn ogystal â chynnal cyfarfodydd misol trefnid gorymdeithiau blynyddol a gwisgid regalia arbennig gan yr aelodau wrth iddynt orymdeithio i le o addoliad. Ymhlith yr aelodau blaenllaw yng Nghymru yr oedd John *Davies (Brychan), a olygyodd fersiwn Cymraeg o'r *Oddfellows' Magazine*, John Jones (Ioan Emlyn), William Thomas (Gwilym Mai), T. E. Watkins (Eiddil Ifor), William Williams (Carw Coch), a J. R. Morgan (Lleurwg).

Dechreuodd y cymdeithasau hyn ymffurfio yn urddau yn gynnar yn y bedwaredd ganrif ar bymtheg. Y rhai cyntaf i ymsefydlu yng Nghymru oedd Urdd Annibynnol yr Odyddion, Urdd Hynafol y Coedwigwyr, Urdd Deyrngarol Hynafol y Bugeiliaid ac Urdd Hynafol y Derwyddon. Yr unig urdd gynhenid i Gymru oedd Urdd Ddyngarol y Gwir Iforiaid, a sefydlwyd yn Wrecsam yn 1836 ac a enwyd ar ôl Ifor Hael (*Ifor ap Llywelyn); ychwanegodd hon at fwriadau arferol y gymdeithas yr ymgais i hyrwyddo datblygiad yr iaith Gymraeg a'i diwylliant. Nod urddau eraill, fel Urdd Annibynnol y Rechabiaid ac Urdd Annibynnol y Temlwyr Da, oedd hyrwyddo'r mudiad *Dirwest. Daeth llawer o'r urddau llai pwysig i ben yn ystod y ganrif hon, ond ymhlith y rhai sy'n bod o hyd y mae'r un fwyaf diweddar a sefydlwyd yng Nghymru, Teyrngar Urdd y Mŵs, a ddechreuwyd yn y 1920au.

Ceir manylion pellach yn P. H. J. H. Gosden, *The Friendly Societies in England, 1815–1875* (1960) a *Self Help, Voluntary Associations in Nineteenth-century Britain* (1973). Gweler hefyd yr erthygl ar yr Iforiaid gan B. G. Owens yn *Ceredigion* (cyf. III, 1956–59), a hefyd yr un gan Elfyn Scourfield ar yr Iforiaid a'r Odyddion yn *The Carmarthenshire Antiquary* (cyf. VII, 1971).

Cymeriad, term technegol am gyfatebiaeth sain neu synnwyr ar ddechrau llinellau cynganeddol. Ceir pedwar math:

1. Llythrennol (dechrau pob llinell o'r uned fydryddol â'r un gytsain neu â llafariad):
   Doe gwelais ddyn lednais lân
   Deg o liw, dygwyl Ieuan.

2. Cynganeddol (cynganeddau'r geiriau cyntaf yn y llinellau):
   Honno a gaiff ei hannerch;
   Heinus wyf heno o'i serch.

3. Cyfochrog (odli'r geiriau cyntaf yn ddwbl):
   Mannau mwyn am win a medd
   Tannau miwsig, tôn maswedd.

4. Synhwyrol (gosod geiriau allweddol brawddeg mewn llinellau gwahanol, megis gosod y ferf yn y llinell gyntaf a'r gwrthrych yn yr ail):
   Duw a farno o'r diwedd
   Barn iawn rhof a gwawn 'i gwedd.

Cymhortha, math o dreth neu deyrnged a hawliwyd gan arglwydd yn yr Oesoedd Canol. Weithiau cyflwynid gwartheg yn dâl ond yn ddiweddarach telid mewn arian. Dirywiodd yr arfer yn ffordd hwylus ond amhoblogaidd o godi trethi, a daeth yn ormes. Ceisiwyd yn aflwyddiannus ei gwahardd o ganol y bedwaredd ganrif ar ddeg ymlaen, ond y mae'n amlwg i'r arfer barhau mewn bri yn ystod yr unfed ganrif ar bymtheg pryd y cysylltwyd hi yn aml â'r *Cwrw Bach. Defnyddir yr enw hefyd i gyfeirio at yr arfer o gydweithredu cymdogol ar gyfnodau prysur megis cneifio, cynaeafu a dyrnu.

Cymmrodorion, Anrhydeddus Gymdeithas y, cymdeithas ddiwylliannol a gwladgarol a sefydlwyd gan Richard Morris (gweler o dan MORRISIAID) yn 1751. Ei nod oedd dwyn *Cymry Llundain at ei gilydd mewn 'undeb a brawdgarwch' a chefnogi Cymdeithas yr *Hen Frythoniaid; ei frawd Lewis *Morris a luniodd ei hamcanion uchelgeisiol ac eang. Ychydig a gyflawnodd fel corff, ond cefnogodd ymdrechion llenorion yng Nghymru, ac edrychir arni yn ystod cyfnod cyntaf ei hanes (1751–87) fel prif amlygiad ffurfiol diwylliant Cymru. Yn ystod yr ail gyfnod (1820–43) adferwyd y Gymdeithas yn bennaf o ganlyniad i ymdrechion yr *Hen Bersoniaid Llengar i sicrhau goruchwylio yr eisteddfodau taleithiol a drefnwyd gan y cymdeithasau taleithiol. Ychydig o gydweithrediad a gafwyd; bu anghytundeb rhwng y Cymmrodorion a'r cymdeithasau ar faterion cyllid, a chyhuddai'r offeiriaid llengar Gymry Llundain o Seisnigeiddio'r eisteddfodau a'u troi yn adloniant cerddorol rhwysgfawr. Bu peth cyhoeddi gan y Cymmrodorion yn ystod y cyfnod hwn a rhoddid medalau yn wobrau am farddoniaeth ac am draethodau Cymraeg; gwobrwywyd hefyd fechgyn a oedd yn ddisgyblion yn *ysgolion gramadeg Cymru.

Y trydydd cyfnod, o 1873 hyd heddiw, yw'r cyfnod pwysicaf yn hanes y Gymdeithas; unwaith eto adferwyd hi, y tro hwn gyda'r nod o gyfarwyddo a chydgysylltu ymdrechion y Cymry ym myd addysg a diwygiadau cymdeithasol, a noddi'r celfyddydau ac ysgolheictod. Drwy ymdrechion y Cymmrodorion ffurfiwyd Cymdeithas yr *Eisteddfod Genedlaethol i sicrhau cynnal yr ŵyl yn flynyddol. Symbylodd hefyd ddatblygiadau ym myd addysg megis y *Ddeddf Addysg Ganolradd (1889) a sefydlu *Prifysgol Cymru (1893). Ond o'r cychwyn, gwaith arbennig y Gymdeithas fu hyrwyddo a chyhoeddi astudiaethau ysgolheigaidd. Cyhoeddodd y cylchgrawn *Y Cymmrodor* o 1877 hyd 1951, *Y Cymmrodorion Record Series* o 1889 ymlaen, y *Bywgraffiadur Cymreig hyd 1940* (1953), a'r *Trafodion* sy'n ymddangos yn flynyddol. Cyflwynir Medal y Gymdeithas i Gymry a roddodd wasanaeth arbennig ym meysydd llenyddol, celfyddydol a gwyddonol.

Ceir manylion pellach yn R. T. Jenkins a Helen Ramage, *A History of the Honourable Society of Cymmrodorion and of the Gwyneddigion and Cymreigyddion Societies, 1751–1951* (1951).

Cymraeg Byw, ffurf ar Gymraeg y bwriadwyd iddi fod yn fodel i Gymraeg llafar safonol i'r Cymro Cymraeg a'r dysgwr fel ei gilydd. Ysgogwyd yr ymgais i gytuno ar ddull llenyddol o ddynodi'r iaith lafar safonol trwy Ddarlith Flynyddol *BBC Cymru a draddodwyd gan Ifor *Williams yn 1960. Bu dau ganlyniad i'w anogaeth ef i ddysgu mwy o ffurfiau llafar i blant ysgol. Yn gyntaf gwnaed ymchwil yng Nghyfadran Addysg Coleg Prifysgol Cymru, Aberystwyth: *Cymraeg i Oedolion*, (1963) oedd y model arbrofol cyntaf; sefydlwyd yng Nghyfadran Addysg Coleg y Brifysgol Abertawe bwyllgor a gyhoeddodd ei argymhellion yn y llyfryn *Cymraeg Byw* (1964). Bu croeso brwd i'r ffurf newydd gan athrawon a oedd yn ymwneud yn feunyddiol â'r gwaith ymarferol o gyflwyno ail iaith, ond cafwyd dadl hefyd gan rai a bleidiai aros yn ddigymrodedd gyda'r iaith lenyddol yn unig a chan eraill a bleidiai ddefnyddio mwy o ffurfiau tafodieithol. Ar y cyfan y ffordd ganol a orfu. Cafodd y parodrwydd i lafareiddio'r Gymraeg (ond yn gymedrol ac yn geidwadol) gryn effaith ar dynnu deialog mewn storïau ac mewn dramâu yn nes at yr hyn sy'n gynefin ledled Cymru fel ffurf lafar gymharol gyffredinol.

Ceir manylion pellach mewn tri rhifyn o'r llyfryn *Cymraeg Byw* (1964, 1967, 1970) a *Cymraeg Cyfoes* (1975); gweler hefyd yr erthyglau gan G. J. Williams, 'Yr Iaith Lafar a Llenyddiaeth' yn *Taliesin* (cyf. XV, 1967), Ceinwen H. Thomas, 'Y Tafodieithegydd a Chymreig Cyfoes' yn *Llên Cymru* (cyf. XIII, rhif. 1 a 2, 1974/79) a chan R. M. Jones yn *Y Traethodydd a Barddas* (1985). *Ffurfiau Ysgrifenedig Cymraeg Llafar* (1991) yw'r model diweddaraf.

Cymreigyddion, Y, y fwyaf gwerinol a bohemaidd o gymdeithasau *Cymry Llundain yn niwedd y ddeunawfed ganrif a hanner cyntaf y bedwaredd ganrif ar bymtheg; sefydlwyd hi yn 1794 fel cymdeithas ddadleu. Ei phrif amcan oedd coleddu'r iaith a chymdeithasu, ond gan fod John *Jones (Jac Glan-y-gors) a Thomas *Roberts ymhlith ei sylfaenwyr, a'r ddau yn bamffledwyr Radicalaidd, cafodd ddiwygiad gwleidyddol a chymdeithasol le amlwg yn y dadleuon wythnosol. Yn ei blynyddoedd olaf cefnodd y Cymreigyddion ar hwyl a miri wrth i Anghydffurfiaeth ddenu trwch Cymry Llundain. Parhaodd y diddordeb ym muddiannau Cymru ond daeth gweithgareddau'r gymdeithas i ben yn 1855.

Ceir disgrifiad o'r gymdeithas yn R. T. Jenkins a Helen Ramage, *A History of the Honourable Society of Cymmrodorion and of the Gwyneddigion and Cymreigyddion Societies, 1751–1951* (1951).

Cymreigyddion y Carw Coch, cymdeithas lenyddol a sefydlwyd gan William Williams (Carw Coch; 1808–72) yn ei dafarndy, Y Carw Coch, yn Nhrecynon, Morg. Yn wreiddiol yr oedd yn gymdeithas o Ryddymofynwyr a chymerodd enw barddol ei sylfaenydd yn 1841 pan gynhaliwyd ei heisteddfod gyntaf. Bu'r gymdeithas mewn bri am nifer o flynyddoedd ac ymddangosodd detholiad o gerddi a rhyddiaith gan rai o'i haelodau yn y gyfrol *Gardd Aberdâr* (1854).

Cymreigyddion y Fenni, cymdeithas ddiwylliannol a sefydlwyd yn 1833 gan wladgarwyr o ardal Y Fenni, Myn. Ar y dechrau yr oedd yn debyg i lawer o gymdeithasau eraill a elwid yn *Gymreigyddion, ond yn gynnar yn ei hanes dechreuodd gynnal eisteddfodau; cynhaliwyd deg ohonynt a daethant yn ddigwyddiadau pwysig yng nghalendr y flwyddyn ddiwylliannol Gymraeg. Yr aelodau amlycaf oedd Thomas *Price (Carnhuanawc) a'r Arglwyddes Llanofer (Augusta *Hall). Y gweithiau mwyaf nodedig a gynhyrchwyd yng nghystadlaethau'r gymdeithas oedd traethawd Thomas *Stephens a gyhoeddwyd yn ddiweddarach o dan y teitl *The Literature of the Kymry* (1849), a'r gyfrol *Ancient National Airs of Gwent and Morgannwg* (1844) gan Maria Jane Williams (gweler o dan ABERPERGWM). Sefydlwyd y *Welsh Manuscripts Society* yn 1837 gan rai o aelodau'r Gymdeithas a daeth dirprwyaeth o Lydawiaid dan arweiniad Hersart de la *Villemarqué i eisteddfod 1838. Noddwyd yr eisteddfodau hyn gan gyfeillion yr Arglwyddes Llanofer a mynychwyd hwy gan ymwelwyr o wledydd tramor a chrewyd cryn afiaith ynddynt. Ond yn sydyn iawn, ar 14 Ionawr 1854, heb unrhyw reswm, daeth y Gymdeithas i ben.

Ceir yr hanes yn *Afiaith yng Ngwent* (1979) gan Mair Elvet Thomas.

Cymro, Y, papur newydd wythnosol a gyhoeddwyd gyntaf yn 1932 o dan olygyddiaeth John Eilian (John Tudor *Jones). Fe'i cyhoeddwyd gan Gwmni Woodall Minshall Thomas Cyfyngedig (yn ymgorffori Hughes a'i Fab), yng Ngwasg y Dywysogaeth, Wrecsam, a Gwasg Caxton, Croesoswallt. Bwriad Rowland Thomas, y perchennog, oedd sefydlu papur Cymraeg a fyddai'n 'dyfod â Chymru at ei gilydd er mwyn meithrin un farn Gymraeg ar y prif bethau a berthyn inni'. Ymhlith ei olygyddion yr oedd Einion Evans, J. R. Lloyd Hughes ac Edwin Williams (cyd-olygyddion, 1939–45), John Roberts *Williams (1945–62), Glyn Griffiths (1962–64), Gwyn Jones (1964–66) a Dewi Llion Griffiths (1996–88); penodwyd John Glyn Evans yn olygydd yn 1988. Cyhoeddir y papur heddiw gan Gwmni Papurau Newydd Gogledd Cymru Cyfyngedig. Symudodd y Cwmni ei brif swyddfa i Barc Busnes Yr Wyddgrug yn 1987 ac yno bellach y cyhoeddir ac yr argreffir *Y Cymro*. Deil i chwarae rhan bwysig fel newyddiadur wythnosol o ddiddordeb cyffredinol, gan adlewyrchu pob agwedd ar fywyd yng Nghymru.

Cymro Gwyllt, gweler JONES, RICHARD (1772–1833).

Cymru, enw'r wlad. Sillafiad cymharol fodern yw hwn sy'n dyddio o'r unfed ganrif ar bymtheg o'r gair 'Cymry' sydd lawer iawn yn hŷn ac a gyfyngir erbyn heddiw i olygu'r bobl. Am ganrifoedd maith wedi dyfodiad y Sacsoniaid meddyliai'r Cymry amdanynt eu hunain fel 'Y Gwir Frythoniaid' ac mai eu genedigaeth-fraint hwy oedd Prydain Fawr. Eto i gyd rhaid bod y gair 'Cymro' yn dod o gyfnod cynnar iawn yn ei hanes, gan fod yr un enw i'w gael ar y Cumbriaid, Cymry'r *Hen Ogledd, a wahanwyd oddi wrth y Cymry gan fuddugoliaeth y Sacsoniaid ym Mrwydr *Caer (c.615). Y mae'n debyg mai'r enghreifftiau cynharaf o'r termau 'Kymro' a 'Kymry' (wedi eu sillafu fel hyn) yw'r rhai a welir yn y gerdd *'Armes Prydein' (c.930); tardd yr enwau hyn o'r gair Celtaidd 'combrogos', sef 'cyd-wladwr'. Tuag 1136 rhoes *Sieffre o Fynwy rym i'r chwedl mai *Camber a roes ei enw i'r wlad a sefydlodd, sef Cymru, fel y rhoes *Brutus ei enw i Britannia neu Brydain. Rhoddwyd bri i ffurf Ladin ar Gymru, Cambria, gan ysgolheigion clasurol yn ystod cyfnod y *Dadeni Dysg er iddi gael ei defnyddio gan *Gerald de Barri (Gerallt Gymro neu Giraldus Cambrensis). Ond er ail hanner y bedwaredd ganrif ar bymtheg tueddir i anghofio'r ffurf 'Cambrian' yn Saesneg, a'i ʳdisodli gan 'Welsh', er bod 'Cymric' wedi dod yn eithaf cyffredin am beth amser tua diwedd y bedwaredd ganrif ar bymtheg. Gweler hefyd PRYDAIN a WALES.

Cymru, cylchgrawn misol a sefydlwyd i ymdrin â hanes, llenyddiaeth, caneuon, celf ac addysg Cymru, a adwaenid fel Y Cymru Coch oherwydd lliw ei glawr. Ymddangosodd y rhifyn cyntaf yn Awst 1891 o dan olygyddiaeth Owen M. *Edwards a pharhaodd ef i'w olygu hyd ei farw yn 1920; wedi hynny (Gorff. 1920– Meh. 1927), fe'i golygwyd gan ei fab, Ifan ab Owen *Edwards.

Arwyddair y cylchgrawn oedd 'I godi'r hen wlad yn ei hôl', a cheisiai wneud hynny trwy drwytho'r Cymry yn eu hanes a'u diwylliant cenedlaethol, gan roddi pwyslais arbennig ar ei harwyr a'i llenorion. Rhan o'i apêl oedd agosatrwydd y golygydd, a atebai lythyrau darllenwyr ar dudalennau Cymru mewn dull difyr, a rhannai ei fwynhad o harddwch Cymru trwy gyhoeddi darluniau, ffotograffau a mapiau. Ysgogwyd llenorion yn y gobaith y cyhoeddid eu gwaith yn Cymru, a gwelwyd gwaith cynnar beirdd fel Eifion Wyn (Eliseus *Williams), W. J. *Gruffydd a T. Gwynn *Jones ynddo. Tystiodd llenorion eraill fel John Puleston *Jones, R. T. *Jenkins ac E. Tegla *Davies i'r cylchgrawn gael dylanwad trwm ar feddwl yr ifainc yn ystod deng mlynedd ar hugain golygyddiaeth Owen M. Edwards. Gellir dadlau mai ei ateb ef i fethiant mudiad *Cymru Fydd oedd cyhoeddi Cymru.

Paratowyd mynegai i gynnwys y cylchgrawn gan William Phillips (1971).

Cymru Fydd, mudiad a sefydlwyd gan *Gymry Llundain yn 1886 ar lun Young Ireland. Ymhlith aelodau mwyaf blaenllaw y mudiad hwn (a elwir **Young Wales** yn Saesneg), yr oedd J. E. *Lloyd, Owen M. *Edwards a T. E. *Ellis; Beriah Gwynfe *Evans oedd ei ysgrifennydd o 1895, ac Alfred Thomas (1840–1927, Arglwydd

Pontypridd yn ddiweddarach) oedd ei Lywydd. Yr oedd hunanlywodraeth (gweler o dan HOME RULE) yn ganolog i'w raglen ac am gyfnod fe'i bwriadwyd gan Michael D. *Jones ac eraill i gymryd lle y Blaid Ryddfrydol a dod yn Blaid Genedlaethol annibynnol. Rhwystrwyd y datblygiad hwn yn 1892, fodd bynnag, pan dderbyniodd T. E. Ellis swydd yn llywodraeth Gladstone. Dechreuodd y mudiad golli poblogrwydd rhwng 1894 ac 1896 pan geisiodd David *Lloyd George, a siomwyd wedi iddo fethu ag ennill cefnogaeth y llywodraeth ar fater *Datgysylltu'r Eglwys a materion Cymreig eraill, gymryd gafael yn awenau Cymru Fydd a'i uno ag Undebau Rhyddfrydol De a Gogledd Cymru. Mewn cyfarfod cythryblus yng Nghasnewydd, Myn., yn Ionawr 1896, gorchfygwyd gan fwyafrif llethol gynnig Elfed (Howell Elvet *Lewis) y dylid uno'r ddau fudiad. I raddau helaeth yr oedd hyn yn ganlyniad ymraniadau rhwng cynrychiolwyr yr ardaloedd Saesneg o gwmpas Casnewydd, Caerdydd, Y Barri ac Abertawe a gweddill Cymru. Ond yr oedd hefyd yn ganlyniad ymraniadau ymhlith Rhyddfrydwyr o Gymru a oedd, ar ôl ugain mlynedd o lwyddiant o fewn system wleidyddol Prydain Fawr, mewn gwirionedd yn ddifater ynghylch yr achos cenedlaethol yng Nghymru, ar wahân i faterion crefyddol. Darfu am Gymru Fydd yn fuan wedyn. Gweler hefyd y cofnod nesaf.

Ceir manylion pellach yn William George, Cymru Fydd: Hanes y Mudiad Cenedlaethol Cyntaf (1945), K. O. Morgan, Rebirth of a Nation: Wales 1880–1980 (1981) a'r erthygl gan Emyr W. Williams, 'Tom Ellis a Mudiad Cymru Fydd' yn Taliesin (cyf. LIX, Mai 1987).

Cymru Fydd (1967), trasiedi mewn tair act gan Saunders *Lewis. Y mae Dewi, mab i weinidog, sydd wedi troi'n lleidr, yn dianc o'r carchar ond yn cael ei berswadio gan ei gariad Bet, Cymraes gadarn, i'w ildio'i hun i'r heddlu yn gyfnewid am gael treulio noson gyda hi yn ei gwely. Fore trannoeth, fodd bynnag, y mae'n ei gwawdio am ei delfrydiaeth naïf ac yn ei ladd ei hun trwy ei daflu ei hun o ben y tŷ. Y mae Dewi wedi gwrthod Cristnogaeth a Chymru fel canolbwyntiau i'w fywyd, a sylweddola na ellir cyflawni addewidion Comiwnyddiaeth mewn oes niwclear, ac felly ceisiodd greu ystyr i'w fywyd drwy herio cymdeithas, ac yn y diwedd, yn baradocsaidd, drwy ei ladd ei hun. Ef yw Cymru Fydd oni enir o'r uniad rhyngddo ef a Bet blentyn o amgenach sylwedd. Y mae'r ddrama'n hynod am ei chymeriadau hydeiml ac aeddfed. Er ei bod yn drasiedi ddiarbed, fe'i rhestrir gan yr awdur gyda dwy ddrama arall sy'n perthyn i'r 1960au, Excelsior (perfformiwyd yn 1962, cyhoeddwyd yn 1980) a Problemau Prifysgol (1968), dwy ddrama ysgafnfryd yn dychanu bywyd gwleidyddol ac academaidd Cymru. Gweler hefyd y cofnod blaenorol.

Cymry Lerpwl, alltudion o Gymru a fu'n flaenllaw

yng ngweithgareddau Cymraeg y bedwaredd ganrif ar bymtheg a dechrau'r ugeinfed ganrif. Ymsefydlodd llawer o deuluoedd o ogledd Cymru yn y ddinas a'r ardaloedd cyfagos, yn enwedig ym Mhenbedw. Denwyd hwy yn bennaf gan waith a masnach yn y diwydiant cotwm a'r diwydiant adeiladu llongau, yn ogystal â diwydiannau eraill. Adeiladwyd rhannau o'r ddinas trwy eu gweithgarwch hwy ac yr oedd yr elfen Gymraeg yn y boblogaeth mor arbennig fel y cyfeirid yn gellweirus at Lerpwl weithiau fel 'prifddinas gogledd Cymru'. Datblygodd dosbarth canol, Cymraeg ei iaith, a gynhaliodd weithgarwch diwylliannol eang ei rychwant, gan ffurfio ei sefydliadau a chynhyrchu ei arweinwyr ei hun o amgylch canolfannau'r capeli Ymneilltuol a sefydlwyd i'w wasanaethu. Cymry Lerpwl a gyhoeddodd y llyfr emynau Cymraeg cyntaf, *Grawnsyppiau Canaan* (1795) a hwy a ddechreuodd y Mudiad *Dirwest, a gafodd gymaint o ddylanwad ar Gymru. Daeth y ddinas yn ganolfan gyhoeddi yn y Gymraeg o dan arweiniad dynion fel Gwilym Hiraethog (William *Rees), Isaac *Foulkes (Llyfrbryf) a Hugh *Evans. Sefydlwyd Cymdeithas Gymraeg yn Lerpwl yn 1884; yn yr un flwyddyn cynhaliwyd yr *Eisteddfod Genedlaethol yno ac eto yn 1900 a 1929. Cynhelir eisteddfod yn flynyddol hyd heddiw ar Lannau Merswy.

Ni chynhyrchodd y gymdeithas hon lawer o lenorion a aned ac a fagwyd yn y ddinas, ar wahân i'r eithriadau disglair, Saunders *Lewis, a ddaeth o ddeulu dosbarth canol, a Gweneth *Lilly. Y nofel bwysicaf am fywyd Cymreig Lerpwl yw *I Hela Cnau* (1978) gan Marion *Eames. Ym Mhenbedw y ganed hi a bu'n byw yno am bedair blynedd yn ystod ei phlentyndod. Cefndir y nofel yw'r 1860au a llwydda'r gwaith i adlewyrchu yn rhyfeddol awyrgylch a manylion y lle a'r cyfnod. Gwelir yn arbennig ddilema nifer o Gymry Cymraeg sy'n colli eu gwreiddiau mewn cymdeithas estron. Adlewyrchir priod-ddulliau Saesneg hynod trigolion Lerpwl, boed o dras Gymreig neu Wyddelig, yn nramâu Alun *Owen. Nid oes gan Brifysgol Lerpwl Adran Gelteg bellach – caewyd yr Adran yn ystod y 1970au – ond am flynyddoedd lawer gwnaeth yr Adran gyfraniad pwysig i ysgolheictod Cymraeg. Ymhlith ei chyfarwyddwyr yr oedd J. Glyn *Davies, Idris *Foster, Melville *Richards a D. Simon *Evans. Parheir y traddodiad cyhoeddi yn y Gymraeg yn Lerpwl heddiw gan Gyhoeddiadau Modern Cymreig, cwmni o dan gyfarwyddyd D. Ben *Rees, brodor o Geredigion a gweinidog gyda'r Methodistiaid Calfinaidd yn y ddinas. Y mae gan Gymry Lerpwl eu papur eu hunain, *Yr Angor*, ac enillodd un o'r cyfranwyr cyson, Gwilym Meredydd *Jones, y *Fedal Ryddiaith yn yr Eisteddfod Genedlaethol yn 1982 gyda chasgliad o straeon byrion. Gweler hefyd CYMRY LLUNDAIN.

Ceir manylion pellach yn y nofel gan Eleazar Roberts, *Owen Rees* (1899), J. R. Jones, *The Welsh Builder on Merseyside* (1946), J. Hughes Morris, *Hanes Methodistiaeth Lerpwl* (2 gyf., 1929,

1932), D. Ben Rees (gol.), *Pregethwr y Bobl: Bywyd a Gwaith Dr. Owen Thomas* (1979), *Cymry Lerpwl a'u Crefydd Fethodistaidd Galfinaidd Gymraeg* (1984) a *Cymry Lerpwl a'r Cyffiniau* (1997); gweler hefyd erthyglau gan Griffith Ellis yn *Y Geninen* (1898), Owen Hughes yn *Y Drysorfa* (1910) a David Adams yn *Y Geninen* (1916), a D. Ben Rees yn *Dathlu a Detholiad* (1995).

Cymry Llundain, yr hynaf a'r fwyaf o'r holl gymunedau o alltudion o Gymru. Denwyd hwy i'r ddinas yn ystod yr Oesoedd Canol yn gyntaf fel milwyr, gweinyddwyr, cyfreithwyr a masnachwyr. Wedi dyfodiad Harri *Tudur i orsedd Lloegr yn 1485, ymsefydlodd nifer o uchelwyr Cymreig yn y llys ac yn y ddinas. Yr oedd yr ymfudo o Gymru i gynyddu'n barhaol dros y ddwy ganrif nesaf ac erbyn canol y ddeunawfed ganrif yr oedd Llundain wedi datblygu'n Fecca i lenorion a hynafiaethwyr o Gymru. Ymhlith y cymdeithasau gwladgarol pwysicaf a fu'n flaenllaw yn adennyn diddordeb mewn hanes a diwylliant Cymru yr oedd Anrhydeddus Gymdeithas y *Cymmrodorion a Chymdeithas y *Gwyneddigion, a sefydlwyd yn Llundain y naill yn 1751 a'r llall yn 1770. Yr oedd y ddinas yn ganolfan y byd cyhoeddi Cymraeg a denodd lawer o Gymry enwocaf y dydd, gan gynnwys Richard Morris (gweler o dan MORRISIAID) o Lanfihangel-tre'r-Beirdd, Goronwy *Owen, Owen *Jones (Owain Myfyr), Edward *Williams (Iolo Morganwg) a William *Owen Pughe. I Iolo yr oedd Llundain yn ganol yr hen fyd Brythonig ac yno y dewisodd gynnal cyfarfod cyntaf *Gorsedd Beirdd Ynys Prydain.

Ond erbyn diwedd y ddeunawfed ganrif yr oedd y 'byd' Cymreig hwn, a oedd yn drwm dan ddylanwad sefydliadau Llundain, wedi colli cysylltiad â Chymru i raddau helaeth. Yr oedd sawr gogledd Cymru a'r Eglwys yn drwm arno (ymwelydd annodweddiadol oedd Iolo), yr oedd yn amddiffyn traddodiad hynafiaethol y Gymru hanesyddol, a cheisio ei egluro, yn Saesneg, i brifddinas ddi-hid. Arwyddocâd ei ddwyieithrwydd a'i hymroddiad i hynafiaethau Cymru oedd y dylid cadw'r gogoniant hwn, yn bennaf oherwydd ei fod yn perthyn i'r gorffennol. Ni olygai hyn fawr ddim i Gymry newydd y Diwygiad Methodistaidd, a gafodd addysg Gymraeg o'r Beibl, ac na wyddent fawr ddim arall. Yn wir, ar yr union gyfnod pryd yr oedd y Cymry alltud hyn yn synio am Lundain fel prifddinas Cymru, yr oedd y Cymry ifainc newydd yn troi ymaith ac yn edrych i mewn ar y gymdeithas Anghydffurfiol a grewyd gan yr Ysgolion Cylchynol, yr *Ysgol Sul, a brwdfrydedd cenhedlaeth newydd o bregethwyr. Nodweddid degawdau cynnar y bedwaredd ganrif ar bymtheg gan ryw fath o anghydfod, ond erbyn 1850 cyrhaeddodd nifer helaeth o ymfudwyr o Gymru, o siroedd gwledig gorboblog gorllewin Cymru yn enwedig o Geredigion, i Lundain, a dechreuodd cymdeithas Cymry Llundain unwaith eto adlewyrchu yn fwy clòs amrywiaeth hanfod yr henwlad.

Yr oedd, ers tro byd, nifer dda o *borthmyn yn byw

dros dro yn y brifddinas, er mwyn mynychu ffeiriau, a bellach, gwelwyd nifer o werthwyr llaeth yn ymuno â hwynt, yn awyddus i achub y blaen mewn masnach y gwyddent gryn dipyn amdani. Hefyd, aeth llawer o ddilledwyr yno, ac y mae eu siopau, erbyn heddiw, wedi datblygu yn fasnachdai dillad gyda'r enwocaf yn y wlad. Yn yr 1880au yr oedd bron i chwe chant o werthwyr llaeth o Gymru yn y ddinas. Y mae'n bur debyg mai'r mewnlifiad hwn o bobl o orllewin Cymru, a oedd wedi profi tlodi dygn, a newidiodd holl gydbwysedd cymdeithas Cymry Llundain ac a roddodd gychwyn i'r straeon am gybydd-dod y *Cardi, sy'n adlewyrchu peth casineb cymdeithasol, yn ogystal â chydnabod caledi bywyd cefn gwlad.

Yn raddol, yn ystod y bedwaredd ganrif ar bymtheg, disodlwyd bywyd y dafarn ymhlith Cymry Llundain gan barchusrwydd Anghydffurfiol a oedd yn fwy nodweddiadol o Gymru ei hun erbyn hyn, a'r elfen bwysicaf oedd capeli a adeiladwyd yn y ddinas gan bob enwad. Megis ymhlith *Cymry Lerpwl, Cymraeg oedd cyfrwng bywyd crefyddol Cymry Llundain, a siaredid yr iaith gan lawer ar eu haelwydydd, ond iaith llwyddiant masnachol a chymdeithasol oedd Saesneg o anghenraid. Yr oedd yr ymfudwyr niferus o tua diwedd y bedwaredd ganrif ar bymtheg yn ymddiddori llai yng ngorffennol Cymru na wyddent fawr amdani, ac yn ymboeni llawer mwy am dlodi a safle difreintiedig Cymru eu cyfnod hwy. O ganlyniad, bu Cymdeithas y Cymmrodorion yn sbardun pwysig i greu sefydliadau megis *Prifysgol Cymru, y *Llyfrgell Genedlaethol a'r *Amgueddfa Genedlaethol. Gwasgodd y Gymdeithas dros ad-drefnu addysg uwchradd yng Nghymru a bu'n allweddol wrth sefydlu *Cymdeithas yr Iaith Gymraeg yn 1885. Cynhelid yr *Eisteddfod Genedlaethol yn Llundain yn 1887 ac eto yn 1909.

Achosodd y *Dirwasgiad rhwng y ddau Ryfel Byd ymfudiad enfawr o Gymry i Loegr, am resymau pur debyg i'r rhai a welwyd yn y bedwaredd ganrif ar bymtheg. Athrawon oedd llawer o'r Cymry hyn, ond gweithwyr diwydiannol oedd y mwyafrif, yn chwilio am waith: bu'n rhaid i ferched hefyd ymadael â Chymru i weini mewn tai a gwestai. Yr oedd y rhan fwyaf o'r bobl hyn wedi'u gorfodi i adael y de-ddwyrain diwydiannol dirwasgedig ac o ganlyniad daeth Cymdeithas Cymry Llundain yn sylweddol llai Cymraeg ei hiaith. Denwyd niferoedd helaeth o bobl ifainc i wrando ar bregethau rhai fel Elfed (Howell Elvet *Lewis) ac wedyn ymgasglu yn Hyde Park Corner ac Oxford Street, ond daeth hyn i ben ar ddechrau'r Ail Ryfel Byd.

Byth er hynny y mae Cymdeithas Cymry Llundain yn llai clòs ei gwead. Deil ymfudo o Gymru, ond ar raddfa lai: amcangyfrifir bod tua chan mil o bobl a aned yng Nghymru yn byw yn Llundain heddiw. Ni wyddys faint o'r bobl hyn sy'n medru'r Gymraeg, gan nad yw'r Cyfrifiad yn nodi nifer y siaradwyr Cymraeg sy'n byw y tu allan i Gymru. Bu gostyngiad sydyn yn aelodaeth y capeli er 1945 ac y mae rhai cynulleidfaoedd wedi'u

chwalu. Y mae llawer o ymfudwyr o Gymru yn ystod y blynyddoedd diweddar hyn heb gysylltu ag unrhyw un o sefydliadau Cymry Llundain ac wedi ymgolli ym mywyd y ddinas. Erys Cymdeithas Cymry Llundain a Chlwb Rygbi Cymry Llundain, fodd bynnag, yn ganolfannau i lawer ac y mae ysgol gynradd Gymraeg yn Willesden Green, lle y mae'r iaith Gymraeg yn gyfrwng y dysgu. Y mae Cymdeithas y Cymmrodorion yn dal i gynyrchioli agweddau mwy ysgolheigaidd ar ddiwylliant Cymraeg.

Yn ystod y 1930au a'r 1940au bu nifer o lenorion o Gymru yn byw yn Llundain am gyfnodau, yn eu plith Dylan *Thomas, Idris *Davies, Aneirin Talfan *Davies, a Caradoc Evans (David *Evans), ond ychydig megis Rhys *Davies, Keidrych *Rhys, Ll. Wyn *Griffith a Caradog *Prichard, a ymgartrefodd yn barhaol yno. Un o'r canolfannau a fynychid gan lenorion Cymraeg oedd Siop Lyfrau y Brodyr Griffiths yn Cecil Court ger Heol Charing Cross. Yn fwy diweddar, yn y 1960au, ffurfiodd grŵp o awduron gangen o'r Guild of Welsh Writers: yn eu plith yr oedd Bryn *Griffiths, John *Tripp, Sally Roberts *Jones a Tom *Earley, ond y mae'r rhan fwyaf ohonynt wedi dychwelyd i Gymru. Deil Llundain i ddenu llawer o Gymry, yn enwedig ym myd y gyfraith, meddygaeth, llywodraeth, dysgu a darlledu, ac y mae llawer o Gymry amlwg yn dal i fyw yno am resymau proffesiynol. Ond bellach nid yw Cymdeithas Cymry Llundain mewn unrhyw fodd yn crynhoi nag yn rhoi arweiniad i ddyheadau Cymru. Er y 1960au y mae'r cyfleoedd gyrfa yng Nghymru, datblygu sefydliadau Cymreig a dyfodiad y *Swyddfa Gymreig wedi cyfuno i leihau'r ymfudo o Gymru, ac wedi creu prifddinas mewn gwirionedd yng Nghaerdydd.

Ceir manylion pellach yn R. T. Jenkins a Helen Ramage, *History of the Honourable Society of Cymmrodorion and of the Gwyneddigion and Cymreigyddion Societies, 1751–1951* (1951), Glanmor Williams, 'The Welsh in Tudor England' yn *Religion, Language and Nationality in Wales* (1979), Emrys Jones, 'The Welsh in London in the 17th and 18th Centuries' yn *Cylchgrawn Hanes Cymru* (cyf. x, rhif. 4, 1981) a 'The Welsh in London in the Nineteenth Century', yn *Cambria* (cyf. XII, rhif. 1, 1985); gweler hefyd Tudor David, 'The Rise and Fall of the London Welsh', yn *Planet* (rhif. 85, Chwef./Mawrth 1991).

Cymry Tramor, gweler YMFUDO O GYMRU.

Cyn Oeri'r Gwaed (1952), cyfrol o ysgrifau gan Islwyn Ffowc *Elis a enillodd y *Fedal Ryddiaith iddo yn Eisteddfod Genedlaethol 1951. Y mae iddi ragair gan T. J. *Morgan sy'n disgrifio themâu'r ysgrifau fel 'yr hanfodau, y pethau sy'n wir ac yn wirebol; y munudau arhosol; yr hiraethau cynhenid; y pethau sydd fel y delweddau platonaidd', a dywed i'r awdur ymdrin â hwy fel profiadau a sylweddau diriaethol, ac nid fel 'athrawiaethau barfog'. Ar wahân i synwyrusrwydd dwys a chynnil ei sylwadaeth, gorwedd arbenigrwydd y gyfrol yng nghyfoeth yr arddull lefn a diymdrech a ddatblygwyd yn ddiweddarach yn nofelau'r awdur.

Am drafodaeth ar rinweddau'r llyfr gweler yr ysgrif gan Gwyn Thomas yn *Ysgrifau Beirniadol VII* (gol. J. E. Caerwyn Williams, 1972).

Cynaethwy, gweler o dan ECHRYS YNYS (*c*.1050– 1100).

Cynan, gweler EVANS-JONES, ALBERT (1895–1970).

Cynan Garwyn (*fl*. ail hanner y 6ed ganrif), mab Brochfael Ysgithrog, a thad *Selyf ap Cynan a laddwyd ym Mrwydr *Caer (*c*.615). Y mae *Llyfr Taliesin* yn cynnwys *awdl gryno (50 llinell fer) o fawl i'w haeliom a'i allu milwrol. Darlunnir y rhinweddau hyn mewn dwy gyfres, y naill yn sôn am y rhoddion a dderbyniasai'r bardd ganddo, a'r llall yn rhestru'r brwydrau a ymladdodd ym mhedwar ban Cymru (ac efallai yng Nghernyw hefyd) yn erbyn ei gyd-Frython. Barnai Ifor *Williams mai enghraifft o waith *Taliesin ifanc ydoedd, ond simsan yw sail y priodoli hwn, fel y nododd Saunders *Lewis. Awgrymwyd hefyd fod olrhain ach Cynan i Gadell yn anachroniaeth, ac os gwir hynny fod y gerdd i'w gosod yn y nawfed ganrif os nad yn ddiweddarach. Serch hynny, nid yw iaith ac arddull y gerdd yn anghyson â dyddiad cynnar. Trawiadol yw'r enghreifftiau niferus o orgraff Hen Gymraeg (e.e. *tegyrned* = 'tey¨ rnedd'), ond nid yw'r rhain yn torri'r ddadl.
Gweler Ifor Williams, *Canu Taliesin* (1960); a hefyd *The Poems of Taliesin* (fersiwn Saesneg gan J. E. Caerwyn Williams, 1968) sy'n cynnwys trafodaeth fanwl. Lleisiwyd amheuon am y dyddiad gan David N. Dumville, '*Sub-Roman Britain: history and legend*', yn *History* (Cyfres Newydd, cyf. LXII, 1977).

Cynan Meiriadog, un o sefydlwyr traddodiadol Llydaw. Yn ôl y chwedl am *Facsen Wledig, brawd *Elen Luyddog a mab Eudaf ydoedd. Ef a fu'n bennaf gyfrifol am oresgyn Gâl a hyd yn oed Rhufain dros ei frawd yng nghyfraith, yr Ymherodr Macsen, ac yn wobr am ei wasanaeth rhoddwyd iddo Armorica (Brytaen Fechan). Chwedl ydyw sy'n ddatblygiad, mae'n ymddangos, o draddodiad hŷn fod Macsen wedi arwain ei fyddinoedd o Brydain i'r cyfandir 'heb ddychwelyd mwy', traddodiad a adleisir mewn ffynonellau Llydewig. Er mwyn cadw purdeb iaith ei bobl alltud, torrodd Cynan dafodau'r gwragedd, ac felly cafwyd yr enw newydd Llydaw ('lled-taw'). Yn fersiwn *Sieffre o Fynwy o'r chwedl, nai Octavius (Eudaf) yw *Conanus Meriadocus* (gan Sieffre a'r brutiau y ceir yr epithet) ac felly y mae'n gefnder i wraig Macsen, Elen. O'r dras Lydewig hon y disgyn *Arthur. Enwir Cynan ynghyd â *Chadwaladr o Wynedd yn arwr y darogenir ei ddychweliad i adfer braint ac urddas llywodraeth Ynys Prydain i'r Cymry ryw ddydd. Nid eglurir pwy yw'r Cynan hwn yn *'Armes Prydein', ond gan ei fod yn dychwelyd 'dros y môr' yn y *Vita Merlini* y tebyg yw mai'r Cynan Llydewig a ddynodir, yn arwydd felly o undod y Cymry a'r Llydawyr.

Ceir manylion pellach yn N. K. Chadwick, *Early Brittany* (1969), Léon Fleuriot, *Les Origines de la Bretagne* (1980), Caroline Brett yn *Cambridge Medieval Celtic Studies* (cyf. XVIII, 1989) a Rachel Bromwich, *Trioedd Ynys Prydein* (3ydd arg., 1998).

Cynddelw, gweler ELLIS, ROBERT (1812–75).

CYNDDELW BRYDYDD MAWR (*fl*. 1155–95), y pwysicaf a'r mwyaf toreithiog o feirdd llys ei ganrif. Fe'i gelwid yn 'fawr' ac yn 'gawr' yn gynnar yn ei yrfa, a hynny gan wrthwynebydd iddo am gadair farddol, *Madog ap Maredudd; felly nid am ragoriaeth ci waith y cafodd yr enw i ddechrau. Y tebyg yw ei hanfod o *Bowys. Yn ei ganu cynharaf ceir cipolwg ar firi llys Madog ap Maredudd tua diwedd ei oes ac yna ganeuon dwys ar ffurf *awdl ac *englyn sy'n galaru chwalu Powys unedig trwy farw Madog a lladd ei fab Llywelyn, y bu Cynddelw yn fardd llys iddo. Parhaodd ar hyd ei oes i ganu i arweinwyr Powys ranedig – Iorwerth Goch, Owain Fychan ac *Owain ap Gruffudd ap Maredudd (Owain Cyfeiliog) – i Efa ferch Madog ac i'w gŵr Cadwallawn ap Madog ab Idnerth o Faelienydd, ac yn ddiweddarach i Gwenwynwyn, ac i foneddigion llai, megis Rhirid Flaidd. Canodd hefyd fawl i brif eglwys Powys, ym Meifod, sef ei awdl i *Dysilio, a cherddi eraill i 'Freiniau' gwŷr Powys a'r Gwelygorddau.

Ond nid i Bowys yn unig y canodd Cynddelw: ef oedd y bardd cyntaf y gwyddys iddo gyfarch arweinwyr y Tair Talaith yn eu tro. Cyfansoddodd gyfres o awdlau clod, marwnad helaeth iawn i *Owain ap Gruffudd (Owain Fawr) a cherdd hir i'w fab *Hywel ab Owain Gwynedd, a ganmolir fel milwr, Tywysog a noddwr beirdd, ac nid am ei awen ddisglair ei hun. Yn hwyr yn ei yrfa canodd gyfres o awdlau coeth iawn i'r Arglwydd Rhys (*Rhys ap Gruffudd), gan erfyn, mewn cwpled yn mynegi'r berthynas draddodiadol rhwng bardd a noddwr, am adfer y cyfeillgarwch a fu rhyngddynt: 'Ti hebof nid hebu [llefaru] oedd tau, mi hebod ni hebaf finnau'. Ymhlith cerddi personol Cynddelw y mae cyfres o awdlau i Dduw, marwysgafn a chân serch fer lle y sonnir (ymhell cyn oes *Dafydd ap Gwilym) am Gwen, yn cyrchu 'gwely Eiddig'. Mewn cywair tra gwahanol ceir tri englyn marwnadol dwys a thyner ar ôl ei fab Dygynnelw, a laddwyd mewn brwydr, ac yntau'r tad bellach 'yn ddelw boenedig'. Darn a briodolwyd iddo gam yw'r gyfres hir o englynion, sef 'Cylch Llywelyn', sy'n olrhain gyrfa *Llywelyn ap Iorwerth (Llywelyn Fawr).

Sonia'r gramadegwyr am fesur *clogyrnach fel 'dull Cynddelw' ac y mae'r beirdd yn y ddwy ganrif ddilynol yn ei gydnabod ymhlith y pennaf o feirdd am ganu moliant tywysogion. Y mae'n drwm dan ddylanwad awdlau *Taliesin ac *Aneirin, ond ar y llaw arall ceir gan y Powyswr hwn lawer adlais o draddodiad englynol y dalaith honno. Yn amlycach na'r *Gogynfeirdd yn gyffredin, fe'i gwelwn yn cyfuno elfennau o'r ddau draddodiad, ac yn llunio cerddi oedd yn fwy syml a thelynegol ac yn orchestwaith crefftus. Mynega erchyllterau rhyfel yn ddifloesgni, 'Gwelais wedi cad coludd ar ddrain', ac ni phalla wrth fynegi swyddogaeth draddodiadol y tywysogion, sef bod yn 'arw wrth arw', 'glew wrth lew', ond eto 'gŵyl wrth ŵyl'. Yr oedd Cynddelw'n falch iawn o'i feistrolaeth tros ei gelfyddyd farddol: mewn llys yn y de, a'i groeso'n ansicr, cyhoedda, 'gosteg feirdd, bardd a glywch'. Ac yn ei rieingerdd i Efa, sonia am ferched y llys yn crynhoi am y 'ffenestri gwydr' wrth iddo fynd heibio.

Golygwyd gwaith Cynddelw gan Nerys Ann Jones ac Ann Parry Owen yn *Cyfres Beirdd y Tywysogion* (cyf. III a IV, 1991, 1995).

'Cynddilig' (1935), cerdd gan T. Gwynn *Jones a gyhoeddwyd gyntaf dan y ffugenw Rhufawn yn y cylchgrawn *Yr *Efrydydd*; fe'i cyhoeddwyd wedyn yn *Y *Dwymyn* (1944). Y prif gymeriad yn y gerdd yw Cynddilig, un o feibion Llywarch Hen (gweler o dan CANU LLYWARCH HEN), a ddirmygir gan ei dad oherwydd ei natur heddychlon. Wrth grwydro ar draws gwlad a anrheithiwyd gan ryfel caiff hyd i ddau gorff – Gwên, yr olaf o'i frodyr, a chorff un o filwyr y Mers. Tyn ddagr o gorff Gwên a'i drywanu yng nghalon ei elyn, ond gwêl mor ofer ddielw oedd ei ddialedd yntau: wedi claddu'r cyrff cwyd garnedd o gerrig er cof am ei frawd a'i elyn. Diwedda'r gerdd gyda Chynddilig yn cael ei ladd gan wŷr y Mers wedi iddo geisio achub un o'u caethweision. Yn rhy hwyr y mae Llywarch yn adnabod ei fab.

Ym marn y bardd, hon oedd ei gerdd fwyaf. Adlewyrcha ymateb y bardd i gyflwr y byd yn y 1930au, blynyddoedd yr anrhaith a'r anobaith, ac y mae'n brotest daer yn erbyn rhyfel a'r ofn ohono a oedd yn orthrwm ar bob gŵr gwâr. Yn fwy cyffredinol, y mae'n ddadansoddiad o gymhellion dynion perffaith ac amherffaith, trwy gydol hanes, ac yn gerdd ag iddi rym arbennig.

Ceir ymdriniaeth feirniadol ar y gerdd hon yn erthygl John Rowlands yn *Y Traethodydd* (cyf. CXXVI, 1971).

Cynddylan (*fl.* yn gynnar yn y 7fed gan.), gweler o dan CANU HELEDD (9fed/10fed gan.).

Cynfeirdd, Y. Hyd yn gymharol ddiweddar rhoid yr enw hwn ar feirdd y chweched ganrif yn unig, y rhai a enwir yn yr *Historia Brittonum, sef *Talhaearn, *Aneirin, *Taliesin, *Blwchfardd a *Chian; o'r rhain, dim ond gwaith Aneirin a Thaliesin sydd ar gael heddiw. Tybid bod bwlch rhwng y rhain a'r *Gogynfeirdd cynnar yn y ddeuddegfed ganrif, ond y mae ysgolheictod diweddar wedi gwneud llawer i gau'r bwlch. Gwyddom enwau rhai beirdd a oedd yn canu yn y cyfnod hwn, *Afan Ferddig, *Arofan, *Dygynnelw a Meigan, ond aeth eu gwaith hwythau ar goll. Ond llwyddwyd i ddehongli rhai cerddi dienw, fel cerdd fawl i *Gadwallon ap Cadfan, Brenin Gwynedd, a laddwyd mewn brwydr ger Hexham yn 633, marwnad i Gynddylan, Brenin Powys, a fu farw tua 660, a'r gerdd *'Edmyg Dinbych', a gyfansoddwyd yn y nawfed ganrif. Cerdd arbennig iawn yw *'Armes Prydein', oherwydd ei hysbryd gwlatgar Cymreig, a'i galw am gynghrair i yrru'r Saeson o'r wlad; cyfansoddwyd hi tua 930. Ond yr hyn a geir yn helaethaf yn yr Hengerdd yw cerddi yn ymwneud â chwedlau, ac o'r rhain y mwyaf adnabyddus yw'r chwedlau sy'n perthyn i gylchoedd *'Canu Llywarch Hen' a *'Canu Heledd' (nawfed neu ddegfed ganrif), a'r rheini a briodolir i Daliesin a *Myrddin. Chwedlau sydd y tu cefn i *'Englynion y Beddau' hefyd, y rhai sy'n nodi mannau claddu arwyr enwog. Yn *Llyfr Du Caerfyrddin a *Llyfr Coch Hergest ceir corff helaeth o farddoniaeth am natur, *gwirebau, *darogan a chrefydd sydd, lawer ohoni, yn perthyn i oes y Cynfeirdd, ond yn ddienw.

Cyfieithwyd detholiad o farddoniaeth y Cynfeirdd i'r Saesneg gan Joseph P. Clancy, *The Earliest Welsh Poetry* (1970), a thrafodir eu gwaith gan A. O. H. Jarman mewn cyfrol yn y gyfres *Writers of Wales* (1981) a phennod yn *A Guide to Welsh Literature* (cyf. I, gol. A. O. H. Jarman a Gwilym Rees Hughes, 1976); gweler hefyd ysgrif gan Ifor Williams yn *The Beginnings of Welsh Poetry* (gol. Rachel Bromwich, 1972), y bennod gan Gwyn Thomas yn *Y Traddodiad Barddol* (1976) a'r gyfrol *Astudiaethau ar yr Hengerdd* (gol. Rachael Bromwich ac R. Brinley Jones, 1978). Cyhoeddwyd diweddariadau o rai darnau o hen farddoniaeth Gymraeg yn *Yr Aelwyd Hon* (gol. Gwyn Thomas, 1970). Trafodwyd y deunydd englynol gan Jenny Rowland, *Early Welsh Saga Poetry: A Study and Edition of the Englynion* (1990), a'r deunydd crefyddol gan Marged Haycock, *Blodeugerdd Barddas o Ganu Crefyddol Cynnar* (1994).

CYNFRIG AP DAFYDD GOCH (*fl.* canol y 15fed gan.), cywyddwr. Yn y llawysgrifau cadwyd dau gywydd mawl o'i waith i Wiliam Gruffudd, 'y Siambrlen hen' o'r Penrhyn, Llandygái, Caern., cywydd marwnad i Lywelyn ap Ieuan o Eiriannell, Môn, a chywydd yn gofyn paun a pheunes. Nid ef a ganodd y cywydd i Dudur ap Iorwerth Sais a briodolir iddo weithiau, a rhaid amau ai ef oedd y Cynfrig Goch y priodolir cywydd serch iddo. Y mae cryn raen ar y cywyddau o'i waith a gadwyd: fe'i gwelir yn cynnal delwedd yn fedrus a cheir *dyfalu cywrain yn y cywydd gofyn.

Cynhyrfwr, Y, gweler REES, DAVID (1801–69).

Cynllaith, cwmwd ym *Mhowys a leolwyd yn nyffryn afon Ceiriog. Wedi gorchfygiad rheolwyr Powys Fadog yn 1282, daeth yn rhan o arglwyddiaeth Chirk (*Swydd y Waun) ond llwyddodd llinach Powys Fadog i gadw rhan o'r cwmwd yn ei feddiant. Y rhan hon, sef Cynllaith Owain, a'i chanolfan yn Sycharth, oedd prif dreftadaeth *Owain Glyndŵr, a defnyddiwyd yr enw Cynllaith yr Iarll ar y gweddill.

Cynllwyn Babington (1586), cynllwyn Pabyddol i lofruddio Elisabeth I ac adfer Mari Frenhines yr Alban i'r orsedd. Ymysg y Cymry â chysylltiad ag ef yr oedd dau yswain ifanc o sir Ddinbych, sef Thomas Salusbury (gweler o dan SALBRIAID) o Lewenni ac Edward Jones o Blas Cadwgan, a dienyddiwyd y ddau pan ddaeth y cynllwyn i'r amlwg. Yr oedd effaith arwyddocaol i'r cynllwyn yng Nghymru gan iddo ddychryn llawer o'r uchelwyr a'u darbwyllo o'r diwedd i roi'r gorau i'w hymlyniad wrth yr hen ffydd.

'*Cyntefin Ceinaf Amser*', cyfres o englynion yn *Llyfr Du Caerfyrddin*. Dechreua gyda disgrifiad o'r gwanwyn gyda'r adar yn canu, y llwyni yn las a'r amaethwyr yn aredig eu caeau, ond y mae'n gorffen ar nodyn o dristwch pan glyw y bardd gân undonog y gog. Awgrymodd Ifor *Williams fod ailadrodd *aw* (sy'n golygu 'ble?' mewn Hen Gymraeg), yn atgoffa'r bardd o'i geraint a oedd wedi marw: y mae fel petai'r gog yn gofyn, 'Ble maen nhw?' neu 'I ble maen nhw wedi mynd?' Ar ddiwedd y gân, try'r bardd at grefydd a gweddïa y caiff hyd i borth rhiedd (porth gogoniant) a bod yn ddedwydd gerbron gorsedd Crist.

Ceir manylion pellach yn yr ysgrif gan R. Geraint Gruffydd yn *Ysgrifau Beirniadol IV* (gol. J. E. Caerwyn Williams, 1969) ac yn Marged Haycock, *Blodeugerdd Barddas o Ganu Crefyddol Cynnar* (1994).

CYNWAL, RICHARD neu **RHISIART** (m. 1634), bardd a hanoedd o Gapel Garmon, Dinb.; yr oedd yn cydoesi â *Phylipiaid Ardudwy a pherthynai i'w cylch llenyddol. Cadarnheir ei statws fel bardd teulu *Rhiwedog ger Y Bala gan yr ymryson barddol rhyngddo ef a Rhisiart Phylip. Canodd awdl foliant i Siôn Llwyd o Riwedog a Tomos *Prys o Blas Iolyn yn ogystal â marwnadau i Ddafydd Llwyd o'r Henblas a Lewis Gwyn o'r Dolau-gwyn.

CYNWAL, WILIAM (m. 1587/88), bardd a brodor o Ysbyty Ifan, Dinb. Honnwyd mai Ty'n-y-berth neu Ddôl Gynwal oedd enw ei gartref, ond dengys un o'i lawysgrifau mai yng Ngherrigellgwm y trigai yn 1567. Bu'n ddisgybl i *Ruffudd Hiraethog, enillodd radd disgybl pencerddaidd yn ail Eisteddfod *Caerwys yn 1567 a graddiodd yn Bencerdd mewn *neithior wedi hynny. Dechreuodd *glera o ddifrif yn 1564 ac am weddill ei oes crwydrodd yn helaeth yng ngogledd Cymru gan ganu i foneddigion a gwŷr eglwysig.

Dengys ei lawysgrifau, sy'n cynnwys deunydd achyddol a herodrol ynghyd â chopïau o'r gramadeg barddol ac o'r brutiau, fod Cynwal yn hyddysg yn holl ganghennau'r ddysg farddol draddodiadol. Fel ei athro, achyddiaeth a herodraeth oedd y pynciau yr ymserchai fwyaf ynddynt: canmolwyd ef am ei wybodaeth yn y meysydd hyn gan ei gyfoeswr *Huw Llŷn. Am ei ymryson hir ag Edmwnd *Prys y cofir Cynwal yn bennaf, ond rhan fechan iawn o'i gynnyrch barddol oedd cywyddau'r ymryson. Cadwyd bron i dri chant o

gywyddau, hanner cant a phump o awdlau, yn agos i bum cant o englynion a dwy gerdd rydd o'i waith. Cerddi i noddwyr yw'r mwyafrif o'i gywyddau a'i awdlau, yn gerddi mawl a marwnad, gofyn a diolch, ond ceir yn eu plith hefyd nifer o gerddi serch, moesol a chrefyddol. Bardd trwyadl geidwadol y canu mawl oedd Cynwal. At ei gilydd, argraff o undonedd a geir o ddarllen ei gerddi: yn ei gerddi mawl a marwnad tueddai i ganu wrth batrwm, ac yr oedd mydryddu achau, weithiau am gwpledi lawer, yn nodwedd amlwg ar ei waith. Fe'i gwelir ar ei orau yn ei gerddi crefyddol a nodweddir gan ysbryd defosiynol dwys a diffuant. Er na cheir yng nghanu Cynwal ddillynder ac egni meddyliol *Beirdd yr Uchelwyr ar eu gorau, perthyn iddo bwysigrwydd hanesyddol fel gwrthwynebydd Edmwnd Prys ac fel un o gynheiliaid mwyaf dygn y traddodiad barddol yn ystod ail hanner yr unfed ganrif ar bymtheg.

Ceir manylion am yr ymryson rhwng Wiliam Cynwal ac Edmwnd Prys yn y gweithiau a restrwyd dan y cofnod ar Ymryson Barddol; gweler hefyd erthygl Enid P. Roberts yn *Nhrafodion* Cymdeithas Hanes Sir Ddinbych (cyf. XII, 1963), Rhiannon Williams yn *Llên Cymru* (cyf. VIII, 1965) a G. P. Jones ac R. L. Jones yn *Llên Cymru* (cyf. XI, 1971).

Cyrch, term a arferir mewn *Cerdd Dafod am y geiriau a ddilyna'r brifodl yn llinell gyntaf paladr *Englyn Unodl neu Doddaid.

Cyrch a Chwta, un o'r *Pedwar Mesur ar Hugain lle y cyfunir chwe llinell seithsill ac *Awdl-Gywydd gyda'r un brifodl.

Cysegrlan Fuchedd, gweler YMBORTH YR ENAID.

Cysgod y Cryman (1953), nofel gyntaf Islwyn Ffowc *Elis. Yr oedd yn garreg filltir yn hanes y *nofel Gymraeg. Yn rhinwedd cyfoesedd y stori, naturioldeb yr arddull, ei hapêl uniongyrchol at y synhwyrau a'i bwyslais ar yr ymateb i fyd natur, llwyddodd y nofelydd i ennill corff brwd o ddarllenwyr, yn arbennig ymysg yr ifainc, a groesawodd ei newydd-deb a'i ffresni. Canolir y nofel ar fferm Lleifior, rywle yn nhiriogaeth foethus mwynder Maldwyn, ac yr oedd gwrthryfel y genhedlaeth ifanc yn erbyn sefydlogrwydd araf y traddodiad gwledig yn rhan bwysig o'i hapêl. Fe'i dilynir gan *Yn ôl i Leifior* (1956) lle y mae'r mab, Harri Vaughan, yn arweinydd y gymuned gydweithredol sy'n rhedeg y fferm. Ar y dechrau nid oes ganddo ffydd grefyddol ond un o themâu'r nofel yw ei bererindod eneidiol i gyfeiriad argyhoeddiad Cristnogol. Edau arall yn y stori yw helyntion chwaer Harri, sef Greta; y mae ei phriodas â Paul Rushmere yn anhapus. Wrth ymwrthod â'i safonau a'i ragfarnu y mae'n ymnerthu fel Cymraes ac yn troi yn genedlaetholreg; ond wedi i'w gŵr farw mewn damwain ffordd gadewir hi â theimlad o euogrwydd. Yn y diwedd unir hi â'i chariadlanc, yr Almaenwr mwyn, Karl.

Gweler trafodaeth feirniadol John Rowlands yn *Ysgrifau ar y Nofel* (1992).

Cytundeb Caerloyw (1240), gweler o dan DAFYDD AP LLYWELYN (m. 1246).

Cytundeb Caerwrangon (1218), gweler o dan LLYWELYN AP IORWERTH (1173–1240).

Cytundeb Triphlyg, Y, (1405), gweler o dan OWAIN GLYNDŴR (*c*.1354–*c*.1416).

Cywydd, un o brif unedau mydryddol *Cerdd Dafod. Yng Ngramadeg *Einion Offeiriad (14eg gan.) dywedir bod pedwar math, sef *Awdl-Gywydd, Cywydd Deuair Hirion, Cywydd Deuair Fyrion a Chywydd Llosgyrnog. Elfennau'r Awdl-Gywydd yw dwy linell o saith sillaf yr un, a diwedd y gyntaf yn odli â *gorffwysfa'r ail, a diwedd y llinell honno yw'r brifodl. Prin yw'r cerddi ar y mesur hwn. Defnyddir y term Cywydd heddiw i olygu'r uned boblogaidd Cywydd Deuair Hirion, sef dwy linell saith sillaf cynganeddol, odledig, y naill brifodl yn acennog a'r llall yn ddiacen yn y drefn a fynner. Ni chaniateir *Cynghanedd Lusg yn yr ail linell. Pedair sillaf sydd mewn llinell o Gywydd Deuair Fyrion a dyna'r unig wahaniaeth rhwng y ddau fesur; nis defnyddir yn aml. Ni ddefnyddir y Cywydd Llosgyrnog yn aml ychwaith, sef uned o ddwy i bedair llinell wyth sillaf ynghyd ag un llinell saith sillaf (llosgwrn), ei gorffwysfa yn odli â phrifodl y llinell flaenorol a'i diwedd yn cynnal prifodl y clymiad o unedau. Y Cywydd Deuair Hirion yw hoff fesur *Beirdd yr Uchelwyr, a chynhyrchwyd miloedd lawer o gerddi arno. Y mae beirdd diweddar yn dal i ganu arno a cheir cystadl-euaeth yn yr *Êisteddfod Genedlaethol fel rheol, ac y mae'n digwydd fel un o fesurau awdl y *Gadair.

Ceir detholiad o gywyddau yn y gyfrol *Y Flodeugerdd o Gywyddau* (gol. Donald Evans, 1981); gweler hefyd yr ysgrif gan Eurys Rowlands yn *Ysgrifau Beirniadol II* (gol. J. E. Caerwyn Williams, 1966).

'*Cywydd y Farn Fawr*', un o gywyddau cynharaf ac enwocaf Goronwy *Owen a luniwyd ganddo yn Donnington yng ngwanwyn 1752. Yr oedd y pwnc un poblogaidd gan feirdd Saesneg, ond dywed yr awdur ei hun mai 'claf o'r cryd oeddwn y pryd y dechreuais y Cywydd, ac hyd yr wyf yn cofio, meddwl am farw a wnaeth i mi ddewis y fath destun'. Fel y sylwodd Lewis *Morris, yr oedd y gerdd yn rhy fer i'w hystyried yn *arwrgerdd ond yr oedd ei phwnc a'i harddull yn arwrol; dylanwadodd ar lawer o feirdd diweddarach yn eu hymgais i lunio cerdd epig yn Gymraeg.

'*Cywydd y Gof*' (1851), cerdd gan William *Rees (Gwilym Hiraethog). Nid cywydd cyflawn mohono ond deuddeg ar hugain o linellau ar fesur cywydd o'r awdl faith ar 'Heddwch' a enillodd *Gadair yn Eisteddfod Freiniol Madog, 1851. Y mae'n dechrau â'r cwpled 'Chwythu'i dân chwibanu/Ei fyw dôn wna y gof du'. Darlunia'r gof yn troi hen gleddyf yn swch aradr 'I arddu'r ddaear iraidd/A thŷ o hon wenith a haidd'. Rhinwedd y darn yw ei symlrwydd sionc, sy'n annisgwyl yn yr awdl faith, ryddieithol hon; ac eithrio'r emynau, dyma'r unig ddarn o brydyddiaeth Hiraethog a gofir heddiw.

Cywyddwyr, gweler o dan BEIRDD YR UCHELWYR.

Ch

Chwaen Wen, plasty ym mhlwyf Llantrisaint, Môn, cartref cangen o deulu enwog Presaeddfed, lle y cynhaliwyd traddodiad y teulu o noddi beirdd. Siôn Lewys (c.1528–73/74) oedd noddwr hysbys cyntaf y cartref a bu Wiliam *Cynwal ymhlith y beirdd a ymwelai â'r llys yn gyson. Ymddiddorai etifedd Siôn, Wiliam (1553–1630/31), yntau mewn barddoniaeth ac efallai mewn cerddoriaeth. Wedi iddo farw parhawyd y traddodiad gan ganghennau eraill o'r teulu yn y sir.

Chwalfa (1946), nofel gan T. Rowland *Hughes a'i waith gorau efallai. Ei chefndir yw Streic Fawr Bethesda (gweler o dan PENRHYN, Y CLOAD-ALLAN) a'r chwalfa gymdeithasol a ddigwyddodd yn ei sgîl, yn arbennig yn hanes teulu Edward Ifans. Â Idris y mab i dde Cymru i gael gwaith, try Dan at newyddiaduraeth ac at y ddiod, â Llew i'r môr ac y mae'r ieuengaf, Gwyn, yn marw ar ôl cael ei guro a'i daflu i'r afon gan fab un o'r 'bradwyr'. Loes fwyaf y tad yw fod ei fab-yng-ghyfraith, Ifor, yn un o'r bradwyr, sef y chwarelwyr hynny a ddychwelodd i'w gwaith yn y chwarel er gwaethaf safiad yr Undeb. Nofel am ddioddefaint yw hon ac am ddygnwch di-ildio yr ychydig ffyddlon sy'n dal yn driw i'w hegwyddorion er gwaethaf pob caledi.

Cyfieithwyd y nofel gan Richard Ruck o dan y teitl *Out of their Night* (1954). Ceir ymdriniaeth ar gefndir y nofel yn erthyglau E. Hywel Owen yn *Lleufer* (cyf. XIII, rhif. 4; cyf. XIV, rhif. 3; cyf. XIX, rhif. 2); gweler hefyd erthyglau gan Eurys Rolant yn *Y Genhinen* (Hydref 1966) a chan T. Emrys Parry yn *Barn* (rhif. 36–40, Hyd. 1965–Awst 1966). Ceir hefyd yn *The North Wales Quarrymen 1874–1922* (1982) gan R. Merfyn Jones bortread o gefndir cymdeithasol y nofel. Yn yr argraffiad newydd o'r nofel a gyhoeddwyd yn 1993, ceir cyflwyniad hwylus gan John Rowlands.

Chwarae Crown, gêm a oedd yn hynod boblogaidd ymysg gweision fferm yng Nghymru tua diwedd y bedwaredd ganrif ar bymtheg a dechrau'r ugeinfed ganrif; cyfetyb i'r gêm *Nine Men's Morris*. Gêm fwrdd ydyw ac fe'i chwaraeir trwy symud cownterau dros dri sgwâr o faintioli gwahanol er mwyn ceisio cipio cownterau'r gwrthwynebydd. Gweler hefyd GWYDDBWYLL a STOL GANDDO.

Chwarae Pêl, gêm a oedd yn boblogaidd iawn yng nghymoedd diwydiannol Morgannwg hyd at ddechrau'r ugeinfed ganrif. Ymdebygai'r gêm i'r chwarae *fives* neu i sboncen a chwaraeid ar gwrt ac iddo dair wal. Cedwir enghraifft o gwrt ym mhentref Nelson, Morg.

Datblygiad yw'r gêm o'r hen arfer o daro pêl yn erbyn mur yr eglwys ar y Suliau a'r gwyliau, gyda dau neu bedwar yn chwarae. Cynhelid y gêm ar lefel hanner proffesiynol, y pencampwyr yn ennill codau arian a'r gwylwyr yn betio ar y canlyniad.

Am fwy o wybodaeth gweler Tecwyn Vaughan Jones, 'Handball and Fives' yn *Medel* (cyf. I, 1985), a H. J. Jones, *Nelson Handball Court: History of the Court and its Players, 1860–1940* (1994).

Chwedlau Cymru, Dylanwad ar Lenyddiaeth Saesneg. Deilliodd yn wreiddiol o ymlediad chwim deunydd *Arthuraidd yn Ewrop yn dilyn dyfodiad y Normaniaid i Gymru c.1100. Sbardunwyd yr effaith gychwynnol hon gan lyfr *Sieffre o Fynwy, *Historia Regum Britanniae (c.1136), y cynhyrchwyd fersiwn Saesneg ohono gan Layamon c.1189–99. Fe'i dilynwyd gan nifer o gerddi Arthuraidd Saesneg, gan gynnwys y gerdd nodedig o'r bedwaredd ganrif ar ddeg, *Sir Gawaine and the Green Knight*, un o gampweithiau llenyddiaeth Saesneg ganoloesol; erbyn i Syr Thomas Malory ysgrifennu ei fersiwn rhyddiaith, *Le Morte D'Arthur* (c.1470), yr oedd y traddodiad Arthuraidd i raddau helaeth wedi disodli chwedlau brodorol am arwyr Seisnig megis Bevis o Hampton (gweler YSTORYA BOWN DE HAMTWN). Yr oedd llyfr Malory yn un o'r rhai cyntaf i ymddangos mewn print, a bu hyn yn gymorth i sefydlu ei fersiwn ef fel y chwedl Arthuraidd swyddogol, yn ffynhonnell ailadrodd di-ben-draw. Yn y cyfamser, yr oedd y traddodiadau ynglŷn â *Myrddin a'r Greal (*Chwedlau'r Greal), a oedd yn wreiddiol ar wahân, hefyd wedi dod yn rhan o'r deunydd Arthuraidd; er bod yr angen i addasu arwr carismataidd y chwedl Gymreig at ofynion cymdeithas a gwleidyddiaeth Eingl-Normanaidd wedi creu rhywbeth nad oedd bellach yn nodweddiadol Gymreig, yr oedd y stori'n dal yn gyforiog o is-themâu Celtaidd.

Parhaodd y broses hon o addasu. Defnyddiwyd Arthur fel prif ffigur gan Spenser yn ei arwrgerdd, *The Faerie Queene* (1590), mewn alegori ar deyrnasiad Elisabeth I, yn union fel y defnyddiodd Tennyson, flynyddoedd wedyn, y Ford Gron yn batrwm moesol i Loegr oes Fictoria. Ystyriwyd y traddodiad Arthuraidd gan Milton fel thema ar gyfer arwrgerdd, ond fe'i gwrthododd; cynhyrchodd Dryden opera, ac ychwanegodd Thomas Love Peacock, gan dynnu'n fwy uniongyrchol ar ffynonellau Cymreig, hiwmor ynghyd â chwedl *Taliesin at y tryblith yn *The *Misfortunes of

Elphin (1829). Gallodd Tennyson hefyd ddefnyddio ffynonellau Cymraeg gwreiddiol ar gyfer *The Idylls of the King* (1842–85) trwy gyfrwng cyfieithiad y Fonesig Charlotte *Guest o'r *Mabinogion (1838–49).

Y mae ffug-chwedlau Cymru hefyd wedi dylanwadu ar lenyddiaeth Saesneg, yn enwedig yn ystod cyfnod yr Adfywiad Rhamantaidd, a oedd yn cyd-daro â thwf yn y diddordeb mewn hynafiaethau Cymreig. Yr enghraifft fwyaf adnabyddus yw 'The Bard' (1757), cerdd Thomas Gray ar *gyflafan y beirdd dan Edward I, a ysbrydolodd yn ei thro yr arwrgerdd Hwngaraidd genedlaethol, *A Walesi Bárdok*, ond y mae chwedl Madog (*Madog ab Owain Gwynedd) a darganfod America hefyd wedi denu nifer o awduron, yn arbennig Southey, y gwelodd ei arwrgerdd *Madog* olau dydd yn 1805.

Gwaith William Morris serch hynny a ysgogodd fwyaf ar lenorion yr ugeinfed ganrif, gyda'i ddylanwad ar awduron fel J. R. R. Tolkien a C. S. Lewis, a thrwyddynt ar y lliaws o weithiau ffuglen seiliedig ar chwedlau Celtaidd o 1960 ymlaen, tuedd a hyrwyddwyd ymhellach gan lyfr gramadeg mytholeg farddonol Robert Graves, *The White Goddess* (1948). Daeth cymeriadau'r *Mabinogion*, *Blodeuwedd a *Branwen yn arbennig, i apelio at awduron llyfrau plant; y mae nofel Alan Garner, *The Owl Service* (1967), yn enghraifft drawiadol o'r ffurf hon.

***Chwedlau Odo** (diwedd y 14eg gan.), cyfieithiad (Llanstephan Llsgr. 4) o destun Lladin a elwir yn *Narraciones* neu *Parabole Sancti* gan Odo o Cheriton (m. 1247). Casgliad yw hwnnw o bregethau Lladin a gwblhawyd yn 1219, ac ynddo liaws o chwedlau neu *exempla*; ceir copïau yn Lloegr, Ffrainc, Sbaen a'r Eidal. Y mae storïau Odo yn wahanol i'r rhan fwyaf o'u bath oherwydd bod y cymeriadau i gyd yn anifeiliaid. Cafodd ei ddefnydd crai, yn ôl Ifor *Williams a olygodd y testun yn 1926, yn *Chwedlau Esop, Ceinciau'r Roman de Renard* a'r *Bwystoriau*.

***Chwedlau'r Greal**, cylch arbennig o gerddi a rhamantau Ffrengig, wedi eu symbylu yn y lle cyntaf gan gerdd *Perceval* neu *Li Conte del Graal* o waith Chrétien de Troyes, bardd o'r ddeuddegfed ganrif a adawodd ei waith yn anorffen wrth farw. Pedwar o feirdd a gyfansoddodd ychwanegiadau at gerdd Chrétien: dau yn unig o'r rheini a lwyddodd i ddod â'r gerdd i ryw fath o ddiweddglo. Dywed Chrétien i'w noddwr y Cownt Philip o Fflandrys orchymyn iddo gyfansoddi ei gerdd ar sail rhyw lyfr arbennig a gynhwysai hanes y *Graal*, ac a roddwyd ganddo i Chrétien. Yr oedd y Cownt Philip yn enwog am ei dduwioldeb; bu farw yn 1191 pan aeth ar y Drydedd Groesgad. Y mae'n bosibl i'r ffeithiau hyn esbonio cefndir duwiol, Cristnogol a chyfriniaethol a ddarganfyddir yng ngherdd Chrétien, ac i ryw raddau ym mhob un o ramantau'r Greal diweddarach, gan gynnwys y fersiwn Cymraeg ar y chwedl, sef *Historia Peredur fab Efrawg* (gweler o dan TAIR RHAMANT).

Y mae fersiynau'r chwedl i gyd yn dechrau trwy ddisgrifio plentyndod y bachgen Perceval (Peredur) a'i fagwraeth unig gan ei fam weddw mewn fforest anial, er mwyn iddo dyfu mewn oed yn gwbl anwybodus o arfau a rhyfeloedd, am fod y pethau hynny wedi achosi marwolaeth ei gŵr a'i meibion eraill. Datguddir ymddygiad amrwd ac anaeddfed y mab mewn cyfres o ddigwyddiadau sy'n ei hebrwng i gydymdeithas â marchogion *Arthur, a hyd at lys y brenin hwnnw, ac yn nes ymlaen i anturiaethau sy'n cyrraedd eu hanterth yn ei ymweliad â Chastell y Greal. Yn y lle rhyfedd hwnnw, gwêl ddirgelwch Gorymdaith y Greal. (Diffinnir *graal* fel '*a wide capacious dish or platter*' ac yn gyffredinol y mae'n dynodi dysgl yn cynnwys bwyd o ryw fath.) Dygir y Greal i mewn i neuadd y castell gan ferch brydferth a ragflaenir gan lanc sy'n dwyn gwaywffon wen sy'n diferu gwaed, a llanciau eraill yn dwyn *candelabra*. Er na ry Chrétien unrhyw esboniad o gwbl ar yr orymdaith ryfedd honno, na'r tro hwn nac yn nes ymlaen, eglurwyd gan ysgolheigion y buasai symboliaeth y Greal yn weddol amlwg i gynulleidfa ganoloesol, fel darluniad o garegl Swper Olaf Crist, a'r waywffon yn symbol o waywffon o glwyfodd Longinus Grist â hi. Yr oedd swildod ac anaeddfedrwydd y bachgen wedi achosi ei fethiant i ofyn y cwestiwn tyngedfennol ynglŷn â'r Greal a'r waywffon, sef 'I bwy y gwasanaetha'r Greal?' Ar y cwestiwn hwn dibynna adferiad Ceidwad y Greal (y 'Brenin Pysgotwr') i'w iechyd, yn ogystal ag adferiad ei deyrnas i'w ffrwythlondeb. Dengys Chrétien y methiant hwn fel tystiolaeth ychwanegol o anaeddfedrwydd Perceval a'i ddiffyg cariad Cristnogol, a ddangoswyd eisoes yn ei greulondeb wrth adael ei fam pan drechwyd hi dan faich o alar wrth i'w fab adael ei gartref. Y mae'n debyg bod methiant Chrétien i roi unrhyw esboniad ar ystyr Gorymdaith y Greal yn fwriadol ganddo: nid esbonnir hyn gan y ffaith fod ei waith yn anorffenedig. Y mae'n debycach iddo ystyried bod rhyw ystyr hud, annirnadwy yn perthyn i'r Greal. Y mae'n debyg, hefyd, i'r fframwaith Arthuraidd yr oedd Chrétien eisoes wedi cynysgaeddu ei gerddi ag ef, ynghýd â'i ymwybod am y sylfaen o fytholeg Geltaidd a oedd yn perthyn i'r byd Arthuraidd fel y cyfryw, awgrymu iddo fodolaeth symboliaeth baganaidd a chyn-Gristnogol y tu ôl i Orymdaith y Greal.

Y pwysicaf o'r rhamantau hir mewn rhyddiaith yw'r *Perlesvaus* a'r *Queste del Saint Greal*. Cyfieithwyd y ddwy i'r Gymraeg yn y drydedd ganrif ar ddeg, ac fe'u ceir yn yr un llawysgrif (sef Peniarth 11) o'r ganrif wedyn. Golygwyd testun cyfieithiad o'r *Queste* gan Thomas *Jones (1910–72) fel *Y Keis*, ac fe'i cyhoeddwyd yn 1992 fel y rhan gyntaf o *Ystoryaeu y Seint Greal*; y mae'r cyfieithiad o'r ail ran (sef cyfieithiad o'r *Perlesvaus*) yn aros i'w gyhoeddi.

Y mae'r ysgolheigion Alfred Nutt a Syr John *Rhŷs wedi cydnabod erstalwm fod sylfaen *Chwedlau'r Greal* yn

Geltaidd yn y bôn. Cydnabu'r ysgolheigion hyn ac eraill fod rhyw gysylltiad anfanwl rhwng enwau *Brân (neu Fendigeidfran) o *Pedair Cainc y Mabinogi, yr hwn 'a frathwyd yn ei droed gan wenwynwayw', a'r Brenin Pysgotwr (a elwid yntau 'Bron' mewn rhai fersiynau o chwedl y Greal, ac a oedd yntau wedi'i anafu trwy'r morddwyd. Cymharwyd hefyd y *pair dadeni yn chwedl *Branwen â'r Greal. Awgryma'r cyd-ddibyniad rhwng iechyd y Brenin Pysgotwr ac iechyd ei wlad ryw gysylltiad â thema'r 'Tir Diffaith' – thema sy'n ymddangos droeon mewn llenyddiaeth gynnar yn yr Wyddeleg yn ogystal ag yn y Gymraeg. Gellid cymharu'r Greal hefyd â'r crochanau niferus a chanddynt alluoedd ailfywiogi yn ogystal â'r gallu i gynhyrchu bwyd, y ceir enghreifftiau llu ohonynt yn llenyddiaethau cynnar y ddwy iaith Geltaidd. Gwelir enghreifftiau o'r rheini egluraf yn y testun *Tri Thlws ar Ddeg Ynys Prydain, sy'n rhestr o dalismanau lledrithiol (nifer ohonynt yn cynhyrchu bwyd) a gysylltir ag enwau'r arwyr cynnar traddodiadol. Cyfeirir at rai o'r tlysau rhyfedd hyn yn aml yng ngherddi'r cywyddwyr, a rhestrir amryw ohonynt hefyd yn chwedl *Culhwch ac Olwen ymysg yr *anoethau yr oedd yn rhaid i'r arwr eu cyflawni: y mae'n amlwg felly yr edrychid arnynt fel trysorau o darddiad hen a lledrithiol.

Y mae'n rhaid cymharu cerdd Chrétien Li Conte del Graal â'r chwedl Gymraeg gyfatebol iddi, sef Historia Peredur fab Efrawg. Ni cheir y graal fel y cyfryw yma o gwbl, ond yn ei le ddysgl a phen wedi'i dorri arni. Y mae'n amhosibl profi bod chwedl Peredur yn gynharach na'r gerdd Ffrengig, gan fod llawysgrifau cerdd Chrétien yn hanfod o ran gyntaf y drydedd ganrif ar ddeg, ac felly y maent yn hŷn o ryw ganrif na thestun cyntaf Peredur: y mae'n annhebyg, felly, i chwedl Peredur fod yn ffynhonnell cerdd Chrétien, er bod y ddau fersiwn yn amlwg yn perthyn yn agos iawn i'w gilydd. Enwir Perceval bob tro gan Chrétien yn Perceval li Gallois (sef 'y Cymro') a chydnabyddir yn gyffredinol mai'r enw Peredur yw'r ffurf hynaf a chywiraf o enw'r arwr hwn – y mae'n enw sydd ar gael yn Y *Gododdin a hefyd yn yr *Annales Cambriae. Nid oes amheuaeth i'r un stori fod yn sylfaen i'r ddwy chwedl fel ei gilydd, a phan ganfyddir gwahaniaethau bach rhyngddynt nid oes anhawster canfod hanesyn tebyg yn un o'r fersiynau cyfatebol yn Saesneg, Almaeneg neu Ffrangeg o chwedl y Greal (gan gynnwys y rhai ag ychwanegiadau at waith Chrétien). Dengys y fersiynau hyn i gyd fod hanes Peredur/Perceval yn enwog ac yn adnabyddus yn y ddeuddegfed a'r drydedd ganrif ar ddeg, ym Mhrydain ag ar y Cyfandir, a'i fod ar gael mewn ffurfiau gwahanol, naill ai ar lafar neu'n ysgrifenedig. Y mae'n debyg mai pwnc gwreiddiol hanes Peredur/Perceval oedd hanes am ddyletswydd yr arwr i ddial marwolaeth ei dad a'i berthnasau eraill, ac i adennill ei ddiriogaeth goll, ond ceir gorchudd Cristnogol ar bob un o'r ffurfiau o'r chwedl sydd wedi ei throsglwyddo atom dros y canrifoedd. Y

mae'n amlwg i ryw ffurf Gristnogol o'r chwedl danseilio rhamant Gymraeg Peredur, naill ai fersiwn Chrétien de Troyes ei hun neu fersiwn rhyw ragflaenydd iddo a oedd yn weddol debyg i'w fersiwn ef.

Gweler ymhellach R. S. Loomis (gol.), The Arthurian Legend in the Middle Ages (1959) sy'n cynnwys erthyglau gan nifer o ysgolheigion ar bob un o ramantau'r Greal; R. S. Loomis, The Grail; From Celtic Myth to Christian Symbol (1963); D. D. R. Owen, Chrétien de Troyes; Arthurian Romances: A New Translation (1987); R. Bromwich 'Chwedl'r Greal', Llên Cymru (cyf. VIII, 1964); Glenys Goetinck, Peredur; A Study of Welsh Tradition in the Grail Legends (1975); E. Rowland, 'Tri Thlws ar Ddeg Ynys Prydain', Llên Cymru (cyf. v, 1958), y mae testun, cyfieithiad a nodiadau ar hwnnw ar gael hefyd yn Atodiad V i R. Bromwich, Trioedd Ynys Prydein (3ydd. arg., 1998); Thomas Jones, Ystoryaeu Seint Greal; Rhan 1, Y Keis (1992).

Chwedleu Seith Doethon Rufein, casgliad o chwedlau sydd yn dangos sut yr arbedwyd mab yr Ymerawdwr o afael ei *Lysfam Eiddigeddus. Priodolir y fersiwn cynharaf yn y Gymraeg i Lywelyn Offeiriad a thybir iddo gael ei lunio ganddo ynghanol y bedwaredd ganrif ar ddeg. Nid cyfieithiad mohono oherwydd ceir dwy chwedl nas ceir yn y fersiynau eraill a nodweddir yr arddull gan ystrydebau chwedlau brodorol y Gymraeg. Ceir darnau sydd yn adleisio rhannau o chwedlau *Culhwch ac Olwen, Owain (gweler o dan TAIR RHAMANT) a Breuddwyd *Macsen. Ceir fersiwn diweddarach a gynhyrchwyd yn ôl pob tebyg ym Morgannwg ac a gedwir yn llawysgrifau *Llywelyn Siôn, copïydd y gwelir *Ystori Alexander a Lodwig yn ei gasgliad hefyd. Cyhoeddwyd y chwedlau dan olygyddiaeth Henry Lewis yn 1925.

Chwyldro Diwydiannol, Y, term a ddefnyddir i ddisgrifio cyfres o newidiadau cymhleth a ddaeth i'r amlwg ym Mhrydain yn negawdau olaf y ddeunawfed ganrif. Er bod cyfnodau o gynnydd cyflym mewn diwydiant a thechnoleg wedi digwydd mewn gwledydd eraill ac ar adegau eraill, ystyrir y newidiadau a ddigwyddodd ym Mhrydain rhwng 1750 ac 1800 yn chwyldroadol am iddynt roi ar droed, trwy newidiadau technolegol a chymdeithasol diddiwedd, broses o dyfiant diwydiannol hunangynhaliol. O ganlyniad, disodlwyd amaethyddiaeth fel prif sylfaen gwaith a chyfoeth, a newidiwyd yr hen batrwm o gynhyrchu yn y cartref i gynnyrch y ffatri. Atgyfnerthwyd y pŵer a oedd ar gael i ddiwydiant trwy ddatblygu ffynonellau newydd o ynni, a daeth y gweithiwr trefol yn fwyafrif amlwg ym mhoblogaeth Prydain.

Yng Nghymru, daeth y patrwm o dyfiant hunangynhaliol i'r amlwg yn y diwydiant haearn yng ngogledd sir Forgannwg a sir Fynwy yn ystod y rhyfeloedd yn erbyn Ffrainc (1793–1815). Erbyn diwedd y ddeunawfed ganrif, yr oedd cynhyrchu diwydiannol hefyd yn newid cymunedau yn ardal Treffynnon, Ffl., ardal Wrecsam, Dinb., Amlwch, Môn, Llanelli, Caerf., ac

Abertawe, Morg. Yn y cyfnod hwnnw bu twf economaidd ym mhob rhan o Gymru, bron, ac nid oedd yn eglur o gwbl yn 1800 ym mha froydd y byddai prif ganolfannau diwydiannol y wlad yn datblygu. Oherwydd datblygiad yr agerbeiriant a ddibynnai ar lo, a'r angen am gyflenwad helaeth o lo i doddi'r mwynau metel, crynodwyd y diwydiannau trymion fwyfwy yn y meysydd glo. O ganlyniad, gellir dweud bod rhannau o ogledd-orllewin a chanolbarth Cymru wedi profi Chwyldro Diwydiannol a fethodd. Ni fu gan Gymru fawr o ran mewn cynhyrchu nwyddau traul, ac ni fu ganddi odid ddim rhan yn y diwydiant cotwm, arloeswr cyfundrefn y ffatri. Cyfyngwyd y gwaith bron yn llwyr i gynhyrchu adnoddau cyfalaf, metelau, glo, ac ar raddfa lai, lechi. Achosodd y ddibyniaeth hon ar ddiwydiannau trymion broblemau difrifol pan gollodd Prydain ei goruchafiaeth fel cynhyrchydd adnoddau cyfalaf yn y blynyddoedd wedi'r Rhyfel Byd Cyntaf. Ar ddechrau'r Chwyldro Diwydiannol, copr oedd y pwysicaf o'r metelau a gynhyrchwyd, ond o 1790 hyd at 1850, dominyddwyd economi ddiwydiannol Cymru gan weithfeydd haearn anferth Merthyr Tudful, lle, erbyn 1830, y cynhyrchwyd tua deugain y cant o holl haearn bwrw Prydain, a hanner ei hallforion haearn. Yr oedd yn ardal a fuasai cyn hynny fwy neu lai yn anghyfannedd, felly nid oedd seiliau dinesig i'r cymunedau diwydiannol a gododd yno. Penderfynwyd ar siâp yr aneddiadau gan gymoedd culion mynydd-dir sir Forgannwg a sir Fynwy ac, felly, crewyd cymunedau diwydiannol a oedd yn meddu ar nodweddion unigryw.

Ar ôl 1850 disodlwyd y diwydiant haearn gan y diwydiant glo fel prif weithgarwch y Gymru ddiwydiannol, ac erbyn diwedd y bedwaredd ganrif ar bymtheg maes glo de Cymru oedd y ganolfan allforio glo bwysicaf yn y byd, gan gyflenwi'r ffynhonnell ynni a fu'n ganolog i drafnidiaeth a gweithgarwch diwydiannol dros gyfran helaeth o'r byd. Erbyn 1850 traean o boblogaeth Cymru yn unig a gyflogid gan amaethyddiaeth. Gellir haeru felly fod y Chwyldro Diwydiannol wedi ennill y dydd erbyn hynny. Ar yr un pryd, gan mai newid diddiwedd oedd un o nodweddion amlycaf y chwyldro hwnnw, amhosibl fyddai pennu dyddiad terfynol i'w benllanw.

O'r 2.6 miliwn o bobl a drigai yng Nghymru yn 1921, yr oedd 1.15 miliwn yn byw yn y maes glo, 650,000 yn nhrefi arfordir sir Forgannwg a sir Fynwy, ac 800,000 yng ngweddill Cymru. Hyd ddiwedd y bedwaredd ganrif ar bymtheg deuai'r mwyafrif o'r ymfudwyr i'r maes glo o ardaloedd gwledig gorllewin a chanolbarth Cymru, a darfu i'r llif hwn o bobl i gymoedd sir Forgannwg a sir Fynwy gryfhau Cymreictod y cymunedau a ddatblygasai yno. Rhwng 1881 a 1911, fodd bynnag, denodd y ddwy sir gryn dipyn mwy o ymfudwyr o Loegr nag o siroedd eraill Cymru. O ganlyniad, yn 1917 nododd awduron y *Report on Industrial Unrest* fod y brodorion wedi dangos, mewn

llawer dull a modd, y gallu i osod eu nodweddion hwy eu hunain ar newydd-ddyfodiaid a hynny hyd at ryw bymtheg neu ugain mlynedd ynghynt; yn fwy diweddar nid oedd y broses o gymathu wedi medru cyd-fynd â'r nifer gynyddol o fewnfudwyr. Ar y llaw arall, gellir dadlau bod y Chwyldro Diwydiannol wedi bod yn waredigaeth yn hytrach na bygythiad i'r diwylliant cynhenid Cymreig gan iddo roi gwaith yng Nghymru i'r gwarged a ymfudai o gefn gwlad Cymraeg ei iaith. O ganlyniad llwyddodd Cymru i osgoi'r trychinebau a brofodd Iwerddon yn ystod y bedwaredd ganrif ar bymtheg a datblygodd y diwylliant Cymraeg mewn amgylchedd trefol, newydd. Yr oedd rhai nodweddion o ddiwylliant Cymraeg y bedwaredd ganrif ar bymtheg, *Anghydffurfiaeth y dosbarth gweithiol, er enghraifft, neu gorau meibion, neu dwf cylchgronau a phapurau newydd, yn dibynnu ar fodolaeth ardaloedd poblog ac iddynt fesur o gyfoeth, canlyniad i'r Chwyldro Diwydiannol.

Yr oedd cymunedau diwydiannol cynnar Cymru, gyda'r prinder o gyfleusterau trefol, a'r bobl dan reolaeth ddilyffethair y diwydianwyr, yn lleoedd terfysglyd iawn. Yn hanner cyntaf y bedwaredd ganrif ar bymtheg gwelwyd aml i gythrwfl nodedig yn y Gymru ddiwydiannol, gan gynnwys gweithgarwch y *Scotch Cattle (1820–35), Gwrthryfel *Merthyr yn 1831, Gwrthryfel Casnewydd yn 1839 (gweler o dan SIARTIAETH), a llawer anghydfod diwydiannol arall. Yn ystod ail hanner y ganrif, fodd bynnag, o ganlyniad i'r cynnydd mewn cyflogaeth, twf sefydliadau hunangymorth, a chynnydd democratiaeth, daeth mwy o gyfle i weithredu yn wleidyddol cyfreithlon. Ffurfiwyd cynghrair rhwng y dosbarth canol a'r dosbarth gweithiol, a seliwyd gan Anghydffurfiaeth ac a gafodd fynegiant drwy gyfrwng y Blaid Ryddfrydol. Yr oedd y cynghrair hwn yn dadfeilio yn nechrau'r ugeinfed ganrif pryd, cydag ymlediad syniadau Sosialaidd a Syndicalaidd, a thwf y Blaid Lafur Annibynnol, daeth brawdoliaeth gweithwyr yn ddelfryd holl bwysig yn y Gymru ddiwydiannol. Ar drothwy'r Rhyfel Byd Cyntaf yr oedd maes glo de Cymru yn un o'r ardaloedd mwyaf cythryblus ym Mhrydain, ac ar ei ôl y Rhyfel ffurfiai cynrychiolwyr seneddol y maes glo garfan Lafur gryfaf y deyrnas, ac yr oedd *Ffederasiwn Glowyr De Cymru yn un o fudiadau mwyaf blaengar *Sosialaeth Prydain.

Newidiodd y Chwyldro Diwydiannol fywyd Cymru yn llwyr, nid yn unig yn yr ardaloedd hynny a ddiwydiannwyd yn helaeth, ond hefyd yng nghefn gwlad. Yn wir, gellir honni bod cyfradd priodi yn ardaloedd mwyaf anghysbell Ceredigion yn cydredeg â chyfnewidiadau ym mhris glo. Rhoddodd y Chwyldro Diwydiannol fodolaeth i ffaith ganolog hanes diweddar Cymru, sef creu cymuned maes glo'r de. Y mae'r broses o Seisnigeiddio'r Gymru ddiwydiannol yn yr ugeinfed ganrif wedi cydredeg â thwf diwylliant ymwybodol Gymreig sy'n Saesneg o ran iaith, ac y mae mwyafrif gweithiau'r llenorion *Eingl-Gymreig wedi eu hysbrydoli gan brofiad trigolion y maes glo. Gweler hefyd DIRWASGIAD.

Ceir manylion pellach yn J. F. Rees, *Studies in Welsh History* (1947), A. H. John, *The Industrial Development of South Wales, 1750–1850* (1950), A. H. Dodd, *The Industrial Revolution in North Wales* (1971), A. H. John a Glanmor Williams (gol.), *Glamorgan County History* (cyf. v, 1980) a John Williams, *Was Wales Industrialised?* (1995).

Chwyldro Ffrengig, Y (1789). Denwyd Cymry yn Llundain ganddo cyn teimlo ei effaith yng Nghymru ei hun. Yr oedd dechrau'r Chwyldro'n destun llawenydd i Richard *Price, David *Williams (1738–1816) a David Jones ('*Welsh Freeholder*'), ac addaswyd ateb Tom Paine i Burke yn *The Rights of Man* (1791–92) ar gyfer darllenwyr Cymraeg gan John *Jones (Jac Glan-y-gors). Fel eraill, denwyd Owen *Jones (Owain Myfyr) gan y rhydd-frydoliaeth newydd ond fe'i dadrithiwyd gan erchyllterau 1792–94. Dilynwyd egwyddorion y Chwyldro gan ei ddisgyblion yng Nghymru gyda phwyslais amrywiol. *Undodwyr oedd Edward *Williams (Iolo Morganwg), a'i disgrifiodd ei hun unwaith fel 'Bardd Rhyddid', a

Thomas *Evans (Tomos Glyn Cothi) a garcharwyd am arddel syniadau democrataidd. Ceisiodd Morgan John *Rhys hyrwyddo'r Beibl yn Ffrainc y Chwyldro a bu ei gyfaill a'i gyd-Fedyddiwr William Richards yn pledio achos y Chwyldro hyd yn oed ar ôl Teyrnasiad Braw. Cyhoeddodd David Davies, golygydd y cylchgrawn byrhoedlog *Y *Geirgrawn*, fersiwn Cymraeg o 'La Marseillaise'. Bu David *Davis, Castellhywel, yn lledaenu syniadau rhyddfrydol, a dadleuodd William *Jones (Gwilym Cadfan), a fu'n drwm dan ddylanwad Voltaire, dros sefydlu gwladfa Gymreig yn Kentucky. Gellir dadlau, fel y gwnaeth R. T. *Jenkins, i'r Chwyldro, oherwydd ei gieidd-dra a'r adwaith yn ei erbyn, yn arbennig yn ystod y Rhyfeloedd Napoleonaidd a'i dilynodd, wneud mwy i lesteirio *Radicaliaeth Gymreig yn y bedwaredd ganrif ar bymtheg nag i'w hysgogi, ond bu ei ddylanwad ymledol diweddarach yn gyfrwng i annog delfrydau egalitaraidd a dyngarol yng Nghymru fel mewn mannau eraill. Bu'r Chwyldro yn sbardun i *Ramantiaeth mewn rhai llenyddiaethau, ond ni ellir honni hynny am ei ddylanwad cynnar ac uniongyrchol ar lenyddiaeth Gymraeg, ac eithrio efallai yn achos unigryw Iolo Morganwg. Gweler hefyd JACOBINIAETH.

D

Dadeni, Y, adfywiad mewn celfyddyd, llenyddiaeth a dysg, yn deillio o ddirnadaeth newydd o draddodiad clasurol Groeg a Rhufain, a'i ysgogi'n arbennig gan y bardd Eidalaidd Petrarca (1304–74). Trawsffurfiwyd diwylliant Ewrop gan effeithiau'r Dadeni, o ganol y bedwaredd ganrif ar ddeg yn yr Eidal hyd at ddechrau'r ail ganrif ar bymtheg yng Nghymru a Lloegr. Hwyluswyd lledaeniad y Dadeni yn fawr gan y datblygiadau mewn *argraffu. Addaswyd bellach y farn, a fu unwaith yn boblogaidd, fod y Dadeni yn dynodi diwedd pendant yr Oesoedd Canol. Mwy priodol yw ei ystyried fel uchafbwynt nifer o adnewyddiadau cynharach mewn dysg glasurol, yn arbennig yn ystod y cyfnod Carolingaidd ac yn y ddeuddegfed ganrif.

Defnyddir y gair 'dyneiddiaeth' yn benodol am agweddau addysgol a llenyddol y Dadeni. Bu'r awydd i ddychwelyd *ad fontes*, at ffynonellau clasurol meddwl a llên Ewrop, yn ysbrydoliaeth i chwilio eiddgar am hen lawysgrifau ac i astudio ysgolheigaidd ar yr ieithoedd Groeg a Lladin ac ar destunau a ysgrifennwyd ynddynt. Hoeliwyd sylw llawer o'r dyneiddwyr ar bosibiliadau cymhwyso safonau clasurol at yr ieithoedd brodorol. Yng ngogledd Ewrop cyplyswyd y gweithgareddau ysgolheigaidd hyn yn aml â materion yn ymwneud â dadleuon diwinyddol ac ag esboniadaeth feiblaidd. Y mwyaf nodedig o'r 'dyneiddwyr Cristnogol' oedd yr ysgolhaig o Iseldirwr, Desiderius Erasmus (*c.*1469–1536). Yr oedd iddo ef ran bwysig yng nghyflwyno delfrydau'r Dadeni i Brifysgolion Rhydychen a Chaergrawnt. Yn y naill neu'r llall o'r ddwy brifysgol, neu yn Ysbytai'r Frawdlys, y daeth y rhan fwyaf o awduron dyneiddiol Cymru i gyswllt â dysg y Dadeni. Dychwelodd llawer ohonynt i Gymru a chymhwyso'u gweledigaeth newydd at ddysg frodorol eu gwlad. Aeth rhai Pabyddion nodedig o'u plith yn alltudion i'r Eidal, yn sgîl Deddf Goruchafiaeth 1559.

Daeth rhai o ddyneiddwyr Cymru, fel John *Owen a William *Vaughan, i fri fel awduron Lladin neu Saesneg, y tu hwnt i'r cyd-destun Cymreig. Cyfunodd eraill eu dysg ddyneiddiol â'u hymrwymiad i ysgolheictod Cymraeg a Chymreig. Nid un unig bu John *Price yn gyfrifol am gyhoeddi'r llyfr printiedig cyntaf yn y Gymraeg (1546) ond hefyd ysgrifennodd, erbyn y rhai a ddilornai *Historia Regum Britanniae *Sieffre o Fynwy, waith gofalus yn Lladin, *Historiae Brytannicae Defensio* (1573), a gyhoeddwyd wedi ei farw. Bu diddordeb cyffelyb yn y traddodiad Sieffreaidd yn ysgogiad i ysgolheigion fel Humphrey *Llwyd a David

*Powel. Maes pwysig arall i'r dyneiddwyr Cymreig oedd eu hastudiaethau ar ramadeg a geiriaduraeth y Gymraeg; y mae cyfraniadau William *Salesbury, Gruffydd *Robert, Siôn Dafydd *Rhys, Thomas *Wiliems, Henry Salesbury a John *Davies o Fallwyd, i gyd yn rhai nodedig iawn. Aflwyddiannus ydoedd ymdrechion llawer o'r dyneiddwyr i berswadio'r beirdd proffesiynol Cymraeg i fod yn fwy parod i dderbyn dylanwadau'r Dadeni. Yr ymryson barddol rhwng Wiliam *Cynwal ac Edmwnd *Prys sy'n rhoi'r mynegiant mwyaf estynedig i'r tensiwn rhwng hen a newydd mewn cyd-destun Cymraeg. Ym maes cyfieithu'r *Beibl a gweithiau crefyddol eraill y cyflawnwyd prif orchestion ysgolheictod y Dadeni yng Nghymru. Er mor gyfyngedig ydoedd dyneiddiaeth Gymraeg a Chymreig mewn cyfeiriadau eraill, nid oes amheuaeth nad enillodd gwaith Richard *Davies, William *Salesbury, William *Morgan, Edmwnd *Prys, Richard *Parry a John *Davies (*c.*1567–1644) statws un o ieithoedd dysg y Dadeni i'r Gymraeg.

Ar ddylanwad y Dadeni ar ddiwylliant Ewrop, gweler John Hale, *The Civilization of Europe in the Renaissance* (1993). Ar y Dadeni a Chymru, gweler Heledd Hayes, *Cymru a'r Dadeni* (1987); R. Geraint Gruffydd, 'The Renaissance and Welsh Literature', yn G. Williams ac R. O. Jones (gol.), *The Celts and the Renaissance: Tradition and Innovation* (1990); a Ceri Davies, *Welsh Literature and the Classical Tradition* (1995).

'Dadl y Corff a'r Enaid', cerdd ddi-deitl o ryw 160 llinell fer ar glawr yn *Llyfr Du Caerfyrddin*. Tybir iddi gael ei chyfansoddi yn y ddeuddegfed neu'r drydedd ganrif ar ddeg. Y mae'n cynnwys rhagarweiniad byr ynghyd â thair araith, dwy gan yr Enaid, ac un gan y Corff. Y mae'r Enaid yn edliw i'r Corff ei hoffter o foethau a'i drachwant cnawdol gan ddweud iddo esgeuluso'i ddyletswyddau crefyddol. Ymesgusoda'r Corff drwy honni mai 'llai oedd fy nrwg na'm da'; cyn iddo gael ei ieuo â'r Enaid, meddai, yr oedd yn greadur rhydd, yn adlewyrchu afiaith a 'saith llafanad' y crëwyd ef ohonynt. Pump yn unig o'r elfennau hyn a enwir, sef tân, daear, gwynt, niwl a blodau. Yn ail araith yr Enaid, canolbwyntir ar y Pethau Olaf. Ceisir cymodi rywfaint â'r Corff: wedi'r cwbl, bydd gofyn iddynt gael eu hailuno ar Ddydd y Farn.

Golygwyd y testun gan M. Haycock, *Blodeugerdd Barddas o Ganu Crefyddol Cynnar* (1994), lle y trafodir analogau a ffynonellau posibl. Rhestrir y testunau barddoniaeth diweddarach gan R. M. Jones, 'Ymryson ac Ymddiddan Corff ac Enaid', yn *Ysgrifau Beirniadol V* (gol. J. E. Caerwyn Williams, 1970); ac ymdrinnir a'r fersiynau rhyddiaith gan J. E. Caerwyn Williams, 'Ymryson ac Ymddidan y Corff a'r Enaid', yng *Nghylchgrawn Llyfrgell Genedlaethol Cymru* (cyf. IV, 1946).

Dafis Castellhywel, gweler DAVIS, DAVID (1745–1827).

DAFYDD AB EDMWND (*fl.* 1450–97), bardd a hanoedd o Hanmer ym *Maelor Saesneg, Ffl., lle yr oedd yn berchen Yr *Owredd a thiroedd eraill; y mae'n debyg iddo fyw hefyd ym Mhwllgwepra yn Llaneurgain, bro ei fam. Perthynai i'r un llinach â theulu uchelwrol yr Hanmeriaid: disgynnai o Syr Thomas de Macclesfield, swyddog dan Edward I a ymsefydlodd yng ngogledd-ddwyrain Cymru. Dywedai Dafydd mai Maredudd ap Rhys oedd ei athro barddol ac ef yn ei dro oedd athro barddol *Gutun Owain a *Thudur Aled. Cyfansoddodd y ddau fardd farwnad iddo; disgrifiwyd ef gan Gutun Owain fel 'pencerdd a feddai'r holl gelfyddyd' a dywed Tudur Aled ei fod yn 'ewythr o waed' iddo.

Yr oedd Dafydd ab Edmwnd yn ffigur tra phwysig yn y traddodiad barddol. Iddo ef y dyfarnwyd y gadair arian yn yr eisteddfod a gynhaliwyd yng *Nghaerfyrddin oddeutu canol y bymthegfed ganrif ac ef a fu'n gyfrifol am y newidiadau a wnaed yng nghyfundrefn y *Pedwar Mesur ar Hugain. Yn lle'r *englyn o'r hen ganiad a'r englyn milwr, cynhwysodd ddau fesur anodd odiaeth o'i ddyfais ei hun, sef gorchest beirdd a *chadwynfyr. Parodd hefyd gaethiwo rhai o'r mesurau eraill. Deddfodd fod y mesurau *cywydd bellach i'w canu ar *gynghanedd gyflawn a chaethiwodd y rhupunt byr, rhupunt hir a'r tawddgyrch cadwynog drwy ddeddfu eu bod i'w canu gyda rhagodlau dwbl. Gwaharddwyd dwy ffurf gyntefig ar y gynghanedd, y gynghanedd bengoll a'r gynghanedd fraidd gyffwrdd. Ymgorfforwyd y newidiadau hyn, a adlewyrchai feddylfryd bardd a ymhyfrydai mewn canu'n gywrain a gorchestol, mewn copïau o'r gramadeg barddol a wnaed gan ei ddisgybl, Gutun Owain, a fu gydag ef yng Nghaerfyrddin. Cynhwyswyd ynddo hefyd gyfieithiad newydd o'r *Dwned Lladin, gwaith athro Gutun, mae'n debyg.

Oherwydd natur gaethiwus ei ddiwygiadau bu Dafydd ab Edmwnd dan lach rhai beirniaid yn y cyfnod modern: yn ôl Syr John *Morris-Jones, er enghraifft, yr oedd ei ddau fesur newydd mor astrus fel eu bod 'yn esgor ar ffiloreg yn lle barddoniaeth'. Rhaid cofio, fodd bynnag, fod ymorchestu technegol ymwybodol yn rhan annatod o gelfyddyd penceirddiaid y bymthegfed ganrif. Pwrpas y cyfarfod yng Nghaerfyrddin oedd gwarchod breintiau a statws y beirdd hyfforddedig. O gaethiwo'r mesurau fe'i gwneid yn anos i ennill graddau barddol a chyfyngu ar nifer y beirdd a gystadleuai am nawdd.

Er na dderbyniwyd ad-drefniant Dafydd ab Edmwnd gan bawb o'i gyfoeswyr (canodd *Dafydd Nanmor a *Gwilym Tew, er enghraifft, awdlau enghreifftiol ar

yr hen Bedwar Mesur ar Hugain), fe'i cydnabuwyd yn gyffredinol ymhen amser ac ystyriai ysgolheigion Cymraeg yr unfed ganrif ar bymtheg a'r ail ganrif ar bymtheg iddo gychwyn cyfnod newydd yn hanes *Cerdd Dafod. Ad-drefniant Dafydd ab Edmwnd o'r mesurau oedd yr olaf o'u bath: nid ymyrrwyd â'r mesurau yn eisteddfodau *Caerwys a gynhaliwyd yn 1523 ac 1567. Yn wir, cydnabuwyd awdurdod Dafydd ab Edmwnd yn yr *Eisteddfod Genedlaethol yn y ganrif hon: rhwng 1938 ac 1964 am *awdl ar 'y nifer a fynner o Bedwar Mesur ar Hugain Dafydd ab Edmwnd' y gofynnid.

Bardd serch ydoedd yn bennaf: cerddi serch yw ymron deuparth ei gywyddau a dewisodd yr un themâu ag a geir yng nghywyddau *Dafydd ap Gwilym – dioddefaint a rhwystredigaeth y carwr, casineb tuag at y *Gŵr Eiddig, canu ar ddull y serenâd a'i ymhyfrydu yn y lloches yn y llwyn. Ond y mae cerddi Dafydd ab Edmwnd yn llawer mwy clasurol eu naws ac yn darllen fel ymarferion cywrain o fewn confensiwn, gweithiau o gelfyddyd ymwybodol heb fod ynddynt ddim o'r angerdd gwirioneddol sy'n islais yng ngwaith ei ragflaenydd. Gwahaniaeth arall yw'r sylw a rydd i ddisgrifio'r ferch yn fanwl megis ei gywyddau i wallt ei gariad, cerddi sy'n nodedig am brydferthwch synhwyrus eu dyfalu. Y mae llawer o'i gerddi serch yn gampweithiau gorchestol yn cynnwys *cymeriad llythrennol a defnydd helaeth o gymeriad cynganeddol: gwir, efallai, yw sylw Saunders *Lewis, 'Y cywydd, nid y ferch, oedd ei wir gariad ef'.

Uchelwr ydoedd, ac ni ddibynnai ar ei ganu am ei gynhaliaeth; cymharol ychydig o gerddi mawl, marwnad a gofyn a geir gan Ddafydd ab Edmwnd. Canodd awdlau a chywyddau i Rys Wyn ap Llywelyn o Fotfordd ym Môn, yn eu plith gywydd yn ei annog i beidio â phriodi Saesnes. Canodd hefyd nifer o gywyddau crefyddol a chywydd dychan i *Guto'r Glyn. Y mae dau o'i gywyddau marwnad ymhlith ei gerddi mwyaf nodedig, sef marwnad *Siôn Eos, un o gywyddau gorau'r iaith, ond odid, a marwnad *Dafydd ab Ieuan o *Lwydiarth, Môn. Cadwyd llawer o ganu Dafydd ab Edmwnd mewn llawysgrifau a chyhoeddwyd cyfran helaeth ohono mewn casgliad a olygwyd gan Thomas Roberts yn 1914.

Ceir ymdriniaeth â gwaith y bardd yn y rhagymadrodd i'r gyfrol *Gramadegau'r Penceirddiaid* (1934) gan G. J. Williams ac E. J. Jones; gweler hefyd yr erthygl gan D. J. Bowen ar Ddafydd ab Edmwnd ac Eisteddfod Caerfyrddin yn *Barn* (Awst, 1974), a'r ysgrif gan Saunders Lewis yn *Meistri a'u Crefft* (gol. Gwynn ap Gwilym, 1981).

Dafydd ab Ieuan (m. *c.*1450), uchelwr o *Lwydiarth, Môn, a fu farw o glwyfau a dderbyniodd mewn ysgarmes rhwng y bwrdeisiaid Seisnig a Chymry'r dref, sef 'Y Ffrae Ddu yn y Bewmares'. Ychydig cyn iddo farw bu farw ei wraig Angharad hithau, efallai o ganlyniad i glywed am gyfyngder ei gŵr. Darlunia *Dafydd ab Edmwnd, a gyfansoddodd farwnad enwog iddo, y gŵr marw fel dyledwr a ddyfynnwyd at Dduw. Disgrifia'r angladd yn nhŷ'r Brodyr yn Llan-faes; dymunir llawenydd nefol i'r ddau ac ymgysura'r bardd y bydd eu mab Gwilym a'i wraig yn parhau'r traddodiad croesawgar yn Llwydiarth.

Dafydd ab Owain Gwynedd (m. 1203), un o feibion *Owain ap Gruffudd (Owain Gwynedd) a'i ail wraig Cristin. Gyda'i frawd *Rhodri trechodd a lladdodd *Hywel ab Owain Gwynedd, olynydd dewisol eu tad, ym mrwydr Pentraeth yn 1170; ceir disgrifiad byw o hyn yn nhrydydd caniad y gerdd *'Madog' (1918) gan T. Gwynn *Jones. Erbyn 1174 yr oedd *Gwynedd gyfan yn ei feddiant. Yr oedd ar delerau cyfeillgar â Harri II a phriododd ei hanner-chwaer, Emma o Anjou; hon oedd y briodas gyntaf rhwng teuluoedd brenhinol Cymreig a Seisnig. Ar ôl 1175 rhannwyd Gwynedd rhwng y brodyr, er y mae'n debyg mai Dafydd a etifeddodd y frenhiniaeth. Llywodraethodd ogledd Cymru i'r dwyrain o Gonwy o'i lys yn *Rhuddlan, lle y croesawodd yr Archesgob Baldwin a *Gerald de Barri (Gerallt Gymro) yn 1188. Ymosodwyd arno gan ei nai *Llywelyn ap Iorwerth (Llywelyn Fawr) yn 1194 a threuliodd weddill ei oes yn Ellesmere, sir Amwythig, a Halesowen, sir Gaerwrangon, lle y rhoddwyd tiroedd iddo. Gweler hefyd PERYF AP CEDIFOR WYDDEL (fl. 1170).

Dafydd ap Gruffudd (m. 1283), brawd iau i *Lywelyn ap Gruffudd; ef, am rai misoedd, oedd Tywysog olaf Cymru o linach *Gwynedd. Bu'n gyson elyniaethus i'w frawd, gan godi yn ei erbyn yn 1255, ymuno â Harri III yn 1263, cynllwynio i'w ladd yn 1274 ac ymuno yng nghyrch Edward I arno yn 1277. Priodolai Llywelyn ei amharodrwydd i dalu teyrnged i Frenin Lloegr, a arweiniodd at ei ddarostyngiad yn 1277, i'r ffaith fod Edward yn rhoi lloches i Ddafydd ap Gruffudd a Gruffudd ap Gwenwynwyn, ei elynion. Dechreuodd rhyfel 1282, a arweiniodd at farwolaeth Llywelyn a chwymp ei Dywysogaeth, pan ymosododd Dafydd ar gastell *Penarlâg, ac yntau bellach yn anfodlon ar y gwobrau a roddodd Edward iddo. Wedi marwolaeth Llywelyn yn Rhagfyr 1282, cymerodd Dafydd iddo'i hun y teitl Tywysog Cymru ac arweiniodd y gwrthsafiad Cymreig hyd nes ei ddal ym mis Mehefin 1283. Dienyddiwyd ef fel bradwr i Goron Lloegr yn Amwythig y mis Hydref canlynol.

Ceir manylion pellach yn Ralph Maud, 'David, the last Prince', yn *Nhrafodion* Anrhydeddus Gymdeithas y Cymmrodorion (1968).

DAFYDD AP GWILYM (fl. 1315/20–1350/70), bardd disgleiriaf Cymru yn yr Oesoedd Canol, onid ym mhob cyfnod. Yn ystod y ganrif o helbulon gwleidyddol a chymdeithasol a ddaeth yn sgîl marwolaeth *Llywelyn ap Gruffudd a cholli annibyniaeth, daeth Dafydd ap Gwilym â newidiadau mewn iaith, mydr a thestun barddoniaeth a ehangodd orwelion *Cerdd Dafod

mewn modd chwyldroadol. Llwyddodd i gymathu yn wreiddiol a beiddgar yr hen draddodiad barddol Cymraeg ag elfennau *Serch Cwrtais cyfandirol. Yn y modd hwn tynnwyd barddoniaeth Cymru, am gyfnod, i brif ffrwd llenyddiaeth Ewrop.

Tybir i Ddafydd gael ei eni ym Mrogynin ym mhlwyf *Llanbadarn Fawr, ychydig filltiroedd i'r gogledd o Aberystwyth, ac iddo gael ei gladdu ym mynachlog *Ystrad-fflur; nodir y ddau le â cherrig coffa (ond gweler y cofnod ar TALYLLYCHAU). Hanoedd ei deulu o Gemaes, Penf., ac ymhlith ei hynafiaid yr oedd amryw o uchelwyr a ddaliai swyddi dan Goron Lloegr yn neddwyrain Cymru. Olrheiniodd ei ach i ryw 'Gwynfardd Dyfed' chwedlonol a'i fab *Cuhelyn Fardd – enwau sy'n ein denu i gredu bod Dafydd o bosibl wedi etifeddu hen draddodiad o farddoni gan feirdd amhroffesiynol na chyfyngwyd arnynt gan reolau caeth y beirdd swyddogol ynglŷn â dull, defnydd a mydr eu cyfansoddiadau.

Cyfunwyd y ddwy alwedigaeth – barddoniaeth a gweinyddiaeth – ym mherson ewythr Dafydd, sef Llywelyn ap Gwilym (m. 1346?), Cwnstabl Castellnewydd Emlyn, a dywedir iddo dyngu llw ffyddlondeb i'r Tywysog Du yn 1343. Yn y ddwy awdl a gyflwynodd Dafydd i'w ewythr cydnebydd ei ddyled i'w ddysg, disgrifia ef fel 'prydydd' ac 'ieithydd' ac fel un a wybu 'bob meistrolrwydd'. Go brin, fodd bynnag, y cyfyngid yr addysg a dderbyniodd gan athro mor amlwg ei safle cymdeithasol â'i ewythr i'r grefft farddonol gynhenid yn unig. Byddai'n sicr o fod wedi cynnwys yn ogystal ymwybyddiaeth o ddylanwadau diwylliannol Eingl-Normanaidd a ddeuai o'r tu draw i'r ffin, gan gynnwys ffurfiau estron poblogaidd megis yr alba, y pastourelle a'r serenade, a gweithiau llenyddol megis Le Roman de la Rose; ceir atseiniau o'r rhain i gyd yn ei farddoniaeth. Gyda hwy hefyd, mae'n debyg, y daeth gwybodaeth sylweddol o'r Ffrangeg. Y mae cyfoeth geirfa farddonol Dafydd i'w briodoli i raddau i'r ffaith y gallai dynnu nid yn unig ar wybodaeth eang o iaith Cerdd Dafod y canrifoedd blaenorol, ond hefyd ar eiriau benthyg o darddiad Ffrangeg, geiriau a ymdreiddiai yn eu lliaws i'r Gymraeg yn ystod y bedwaredd ganrif ar ddeg ac a ddefnyddid ganddo fynychaf mewn dull trosiadol. Dangosai Dafydd ap Gwilym gelfyddyd ryfeddol yn y modd y chwaraeai ar ystyron gwahanol a chymhleth ei eirfa, gan ddefnyddio yn aml eiriau mwys gyda dau ystyr.

Serch yw testun cerddi enwocaf Dafydd, sef ei helyntion serch ei hun, gan mai Dafydd yw'r prif gymeriad yn y rhan fwyaf o'i gerddi. Wrth ei ddisgrifio'i hun fel 'dyn Ofydd' cydnebydd ei deyrngarwch i'r bardd Lladin a dderbyniwyd fel y prif awdurdod o holl faterion serch yn yr Oesoedd Canol. Yn nhraddodiad y fabliau cyfandirol, y mae Dafydd yn ffoi oddi wrth y *Gŵr Eiddig, sef gŵr drwgdybus a chenfigennus ei gariad, megis yn 'Y Cwt Gwyddau', neu'n cael ei drechu gan gyfres o rwystrau annisgwyl megis yn *'Trafferth mewn Tafarn'. Ond mwy nodweddiadol yw iddo osod digwyddiadau ei stori serch yn yr awyr agored, mewn awyrgylch delfrydol yn y coed, lle y dychmyga'i hun yn adeiladu rhyw 'ddeildy' i'w lochesu gyda'i *Forfudd neu *Ddyddgu neu ryw ferch arall, er mwyn iddynt ddianc gyda'i gilydd i'r wlad fel cuddfan oddi wrth gyfyngiadau cymdeithas gonfensiynol.

Ond yn aml iawn y cefndir coediog ei hun, ynghyd â'i drigolion cynhenid, sef yr anifeiliaid a'r adar, yw ei destun mewn gwirionedd. Gwêl Dafydd y fronfraith, yr eos a'r ehedydd fel beirdd ac offeiriaid Natur ei hun, gan fod bardd ac aderyn fel ei gilydd yn canu mawl i'r Creawdwr am ryfeddodau ei fydysawd. Yn aml iawn dychmygir aderyn neu ryw greadur arall yn cael ei yrru gan y bardd yn *llatai, neu negesydd serch, at ei gariad; yn un o gerddi enwocaf Dafydd, y Gwynt ei hun a yrrir ar y fath neges wedi ei bersonoli yn nodweddiadol iawn fel creadur byw. Yr oedd themâu o'r fath yn hollol newydd ym marddoniaeth Cymru ac o dro i dro ysbrydolwyd Dafydd ganddynt i binaclau dychymyg y tu hwnt i unrhyw beth y byddid yn ei ddisgwyl mewn cerddi ysgafn serch a'i helyntion.

Prin y bu ffurf fydryddol ei ganu yn llai chwyldroadol – cwpledau'r *cywydd newydd sbon, gyda *chynghanedd gyflawn. Cywyddau Dafydd a oedd yn gyfrifol, i raddau helaeth, am boblogrwydd cynyddol y cywydd dros y canrifoedd canlynol, er ei bod yn bosibl nad Dafydd oedd yn gyfrifol am ddyfeisio'r ffurf. Datblygodd ei ddewis fydr i fod yn gyfrwng arbennig o ystwyth, a'i symudiad yn newid i gyflawni'i amcan ar y pryd, drwy ddyfeisiau megis *sangiad a *dyfalu. O dro i dro llwyddodd hyd yn oed i dynnu darnau o ymgom dafodieithol awgrymog i'w batrwm mydryddol astrus, megis yn ei alba, 'Ymgom y Wawr', neu ei ymryson dychmygol â'r *Brawd Llwyd. Nid yw ei gywyddau i'r hwy na deg llinell ar hugain neu drigain llinell yn gyffredinol; prin iawn yw'r enghreifftiau sy'n hwy. Nid esgeulusodd hen fesurau'r *awdl drwy gydol ei yrfa a dangosai feistrolaeth mor sicr ar y rhain ag a ddangosai ar y cywydd trwy gyfansoddi ynddynt gerddi mawl a marwnad, dychangerdd difrïol yn y dull traddodiadol, a llond dwrn o gerddi duwiol diffuant.

Ychydig iawn a wyddom am yrfa Dafydd, ar wahân i'r manylion y gellir eu casglu o'i farddoniaeth. Disgrifia'i hun fel aelod o'r *glêr, enw sy'n cyfateb i'r clerici vagantes neu 'ysgolheigion crwydrad' gwledydd eraill: y mae'n bosibl iddo gael ei hyfforddi ar gyfer urddau isaf eglwysig ryw bryd yn ystod ei fywyd. Ymddengys i Ddafydd deithio yn eang iawn i bob cwr o Gymru a'i fod yn llawn mor gyfarwydd â lleoedd yng Ngwynedd – eglwys gadeiriol *Bangor a'r bwrdeistrefi yng Nghaernarfon a Rhosyr ym Môn – ag yr oedd â lleoedd o gwmpas bro ei febyd yn Nyfed a Morgannwg. Nid oes unrhyw dystiolaeth bendant iddo erioed deithio y tu allan i Gymru. Y mae'n amlwg ei fod yn adnabod

beirdd eraill a oedd yn gyfoeswyr iddo, sef *Madog Benfras, *Gruffudd ab Adda ap Dafydd a *Gruffudd Gryg, a chyfnewidiodd â'r olaf gywyddau ymryson ar destun dilysrwydd neu annilysrwydd y newidiadau a wnaethai Dafydd yn ei gerddi dan ddylanwadau estron. Ceir casgliad o saith cerdd, yn awdlau a chywyddau, a gyflwynwyd i Ifor Hael (*Ifor ap Llywelyn), Basaleg, Myn. Er bod Ifor yn amlwg yn noddwr hael i'r bardd, cerddi agos-atoch rhwng cyfeillion mynwesol yw'r rhain, ond y mae iddynt ddiddordeb arbennig am eu bod yn dangos sut y trosglwyddwyd syniadau traddodiadol y canu mawl i ffurf newydd y cywydd.

Y casgliad safonol o waith y bardd yw'r un a olygwyd gan Thomas Parry, Gwaith Dafydd ap Gwilym (1952); gweler hefyd Alan Llwyd (gol.), 50 o Gywyddau Dafydd ap Gwilym (1980). Ceir cyfieithiadau Saesneg o'r cerddi gan Joseph P. Clancy yn Medieval Welsh Lyrics (1965), gan Anthony Conran yn The Penguin Book of Welsh Verse (1967), Rachel Bromwich, Dafydd ap Gwilym: A selection of Poems (1982), a Richard Loomis, Dafydd ap Gwilym: the Poems, Translation and Commentary (1982). Ceir trafodaethau cyffredinol yn rhifyn arbennig Poetry Wales (cyf. VIII, rhif. 4, 1973), ysgrif ar y bardd gan Rachel Bromwich yn y gyfres Writers of Wales (1974), a chan yr un awdur, Aspects of the Poetry of Dafydd ap Gwilym (1986); R. G. Gruffydd, Dafydd ap Gwilym (Llên y Llenor, 1987); Helen Fulton, Dafydd ap Gwilym and the European Context (1989); J. Rowlands (gol.), Dafydd ap Gwilym a Chanu Serch yr Oesau Canol (1975); gweler hefyd Gwyn Thomas, Y Traddodiad Barddol (1976), A. O. H. Jarman a Gwilym Rees Hughes (gol.), A Guide to Welsh Literature (cyf. II, 1979), rhifyn arbennig Y Traethodydd (Ebrill 1978) a H. M. Edwards, Dafydd ap Gwilym: Influences and Analogues (1996). Yn Dafydd ap Gwilym: Apocrypha (1996) y mae H. Fulton yn golygu detholiad o gerddi a briodolwyd erstalwm i'r bardd, ond a wrthodwyd gan Thomas Parry o'i olygiad o waith safonol Dafydd ap Gwilym.

Dafydd ap Llywelyn (m. 1246), Tywysog *Gwynedd o 1240 hyd diwedd ei oes. Er mai ail fab ydoedd i *Lywelyn ap Iorwerth (Llywelyn Fawr), ef oedd yr olynydd dewisol a sicrhau ei olyniaeth ddiamheuol ef oedd un o brif amcanion diplomyddol ei dad. Dietifeddwyd ei frawd hŷn, Gruffudd, ac achosodd hyn rwyg rhwng y brodyr. Fe'i gorfodwyd gan y Brenin Harri III i roi'r gorau i'r holl enillion a roddwyd i'w dad yng Nghytundeb Caerloyw (1240). Yn 1244 ceisiodd ddod yn ddeiliad y Pab, a phe bai wedi llwyddo, byddai Dafydd wedi bod yn hollol annibynnol ar Goron Lloegr. Tua'r cyfnod hwn defnyddiodd Dafydd ap Llywelyn y teitl Tywysog Cymru ar o leiaf un achlysur. Anffawd Dafydd oedd natur personol goruchafiaeth ei dad; ni chafwyd fframwaith sefydliadol i'w chynnal. Ymdrechai, serch hynny, i amddiffyn cyfanrwydd Gwynedd yn wyneb penderfyniad Harri III i estyn rheolaeth frenhinol dros Gymru a llwyddodd ei nai *Llywelyn ap Gruffudd (Y Llyw Olaf) i greu tywysogaeth Gymreig yn y diwedd.

Ceir manylion pellach yn Michael Richter, 'Dafydd ap Llywelyn, the first Prince of Wales' yn Cylchgrawn Hanes Cymru (cyf. v, rhif. 3, 1971).

DAFYDD AP SIANCYN AP DAFYDD AB Y CRACH (*fl.* ail hanner y 15fed gan.), bardd o Nanconwy, Caern., a gefnogai'r Lancastriaid ac a fu'n herwr yn llochesu yng Ngharreg-y-gwalch, Llanrwst, yn ystod teyrnasiad Edward IV. Priodolir wyth englyn iddo, amryw ohonynt ar themâu moesol, ond fe'i cofir yn bennaf fel gwrthrych cywydd nodedig gan *Dudur Penllyn, portread digymar o fywyd anturus yr herwr. Canodd Ieuan ap Gruffudd Leiaf hefyd i Ddafydd a'i wŷr, 'adar o greim ar dir Grwst'. Prin mai ef oedd y Dafydd ap Siancyn a ganodd dri chywydd i uchel-wyr o gyffiniau Croesoswallt yn yr unfed ganrif ar bymtheg.

DAFYDD ALAW (*fl.* 1546–67), bardd a raddiodd yn Ddisgybl Ysbâs yn ail Eisteddfod *Caerwys (1567); erbyn y flwyddyn honno gellir tybied ei fod yn gymharol oedrannus. Ychydig iawn o'i ganu a gadwyd ac y mae'r rhan fwyaf ohono yn ganu i noddwyr ac uchelwyr Môn megis Syr Rowland Felfil, Cwnstabl Biwmares, Wiliam Bwclai o Langefni, a theulu *Myfyrian.

Dafydd Bach ap Madog Wladaidd, gweler o dan Sypyn Cyfeiliog (*fl.* diwedd y 14edd gan.).

DAFYDD BENFRAS (*fl.* *c.*1220–58), bardd llys yng nghyfnod anterth *Llywelyn ap Iorwerth a gorchestion ei ŵyr, *Llywelyn ap Gruffudd. Y brif ffynhonnell fywgraffyddol yw'r farwnad gan *Fleddyn Fardd, lle y dywedir ei fod yn unig fab i Lywarch (efallai y bardd *Llywarch ap Llywelyn), ac iddo gael ei ladd mewn brwydr y tu allan i *Wynedd a'i gladdu yn Llangadog yn Nyfed. Yn ei ganu i Lywelyn ap Iorwerth, sy'n bur amrywiol, ymffrostia Dafydd yn ei lwyddiant milwrol, fel y gwna yn ei awdl hir sy'n moli Duw. Disgrifia gyrch Uffern a molir Llywelyn am anrheithio'r Saeson. Gwasgai marwolaeth Llywelyn a'i feibion yn drwm ar ei feddwl fel y gwelir o dri englyn myfyriol lle y gwelir yr hen ddaear fel sugngors yn tynnu'r gwŷr gorau iddi hi ei hun. Gwelodd gynnydd Llywelyn ap Gruffudd ond yn ffodus ni oroesodd i weld ei drechu yn 1282. Yr oedd yn fardd llys ac yn filwr, yng nghanol pethau trwy flynyddoedd argyfyngus a chythryblus, a fedrai fynegi'n gain a myfyrgar droeon ffawd ei genedl a'i harweinwyr.

Golygwyd ei waith gan N. G. Costigan (Bosco) yn *Gwaith Dafydd Benfras ac eraill o feirdd hanner cyntaf y drydedd ganrif ar ddeg* (*Cyfres Beirdd y Tywysogion* VI, 1995).

DAFYDD BENWYN (*fl.* ail hanner y 16eg gan.), bardd ac un o'r ffigurau amlycaf yn hanes llên Morgannwg. Tybir mai brodor o Langeinwyr yn *Nhir Iarll ydoedd, a'i athrawon barddol oedd Rhisiart Iorwerth (Rhisiart Fynglwyd; *fl.* 1510–70) a Lewys Morgannwg (*Llywelyn ap Rhisiart). Ef oedd y bardd mwyaf cynhyrchiol a theithiodd yn fwy eang na neb o feirdd y dalaith a chanodd gerddi i'r rhan fwyaf o uchelwyr Gwent a Morgannwg; yr oedd yn nodweddiadol o fardd yn byw wrth ei grefft. Er iddo gael hyfforddiant gan athrawon dawnus ac ymgyfarwyddo â gwaith y Penceirddiaid, siomedig a chyffredin iawn yw'r cerddi a ganwyd ganddo o ran cynnwys a mynegiant. O gymharu ei awdlau a'i gywyddau â gwaith Lewys Morgannwg neu *Iorwerth Fynglwyd, gwelir yn glir y dirywiad a fu yn y gelfyddyd farddol ym Morgannwg erbyn diwedd yr unfed ganrif ar bymtheg. Ceir eithriadau, megis ei gywydd yn gofyn am farch gan Risiart Thomas ap Gruffudd Goch o *Ynysarwed yng Nglyn-nedd, a'r marwnadau i Leision ap Rhys o Lansawel ac i Domas Lewys o Faglan. Ond y mae i gerddi Dafydd werth ychwanegol, fodd bynnag, am eu bod yn cynnwys gwybodaeth werthfawr am achau teuluoedd de-ddwyrain Cymru, ynghyd â ffurfiau Cymraeg ar nifer o enwau lleoedd nas gwelir yng nghofnodion swyddogol Lladin y cyfnod.

Cyhoeddwyd detholiad bychan o waith y bardd gan J. Kyrle Fletcher, *The Gwentian Poems of Dafydd Benwyn* (1909); ceir llawer o gyfeiriadau at Ddafydd Benwyn yn G. J. Williams, *Traddodiad Llenyddol Morgannwg* (1948) a Ceri W. Lewis, 'The Literary History of Glamorgan from 1550 to 1770' yn *Glamorgan County History* (cyf. IV, gol. Glanmor Williams, 1974).

DAFYDD DDU ATHRO O HIRADDUG (*fl.* hanner cyntaf y 14eg gan.), bardd ac ysgolhaig, o bosibl yn urddau St. Dominic. Dengys ei epithet mai yn ardal Moel Hiraddug yn *Nhegeingl, Ffl., yr oedd ei gartref. Yn ôl John *Davies, Mallwyd, ef oedd archddiacon Diserth a'r un a fu'n gyfrifol am y cyfieithiad o'r Lladin o'r *Gwassanaeth Meir. Priodolodd Thomas *Wiliems, Trefriw, fersiwn o'r *Gramadeg Barddol iddo. Y mae hyn yn amheus ac yn dibynnu bron yn gyfan gwbl ar awdurdod y ddau ysgolhaig a enwir uchod. Yn yr adran o'r Gramadeg Barddol sy'n ymdrin â'r *Pedwar Mesur ar Hugain, yn fersiwn *Llyfr Coch Hergest, priodolir i *Einion Offeiriad (y gŵr y cysylltir ei enw fel arfer â'r gwaith o lunio'r Gramadeg) dri mesur newydd. Datgan fersiwn Peniarth 20, fodd bynnag, mai Dafydd Ddu a ddyfeisiodd yr un tri mesur. Diffynnydd un o'r mesurau hyn, yr *Hir-a-Thoddaid, yn y *Gwassanaeth Meir* i gyfieithu'r emyn 'Ave Maris Stella'. Erys yr ansicrwydd felly am awduriaeth y ddau waith; o bosibl Dafydd Ddu a gyfaddasodd destun o'r Gramadeg a luniwyd yn wreiddiol gan Einion Offeiriad. Fersiwn Peniarth 20 oedd yr un a ddilynwyd gan lawer o gyfaddaswyr y Gramadeg yn yr unfed ganrif ar bymtheg ac y mae'n debyg mai dyna'r eglurhad pam yr ystyrid mai Dafydd Ddu yn hytrach nag Einion Offeiriad oedd y prif awdurdod ar y grefft farddol. Priodolir awdl grefyddol i Ddafydd Ddu yn y *Myvyrian Archaiology* (1801).

Ceir hefyd yn ei enw ef gywydd yn ymgorffori'r Deg Gorchymyn ac ef o bosibl yw awdur *paternoster* ar ffurf cywydd. Awgryma'r dewis o fesur mai ar gyfer cynull-eidfa annysgedig y bwriadai Dafydd Ddu ei addasiadau athrawiaethol. Gweler hefyd Edern Dafod Aur.

Ceir manylion pellach yn G. J. Williams ac E. J. Jones,

Gramadegau'r Penceirddiaid (1934), G. J. Williams, Traddodiad Llenyddol Morgannwg (1948), Brynley F. Roberts (gol.), Gwassanaeth Meir (1961), Glanmor Williams, The Welsh Church from Conquest to Reformation (1962); Saunders Lewis, Gramadegau'r Penceirddiaid (Darlith Goffa G. J. Williams, 1967); ac erthyglau R. G. Gruffydd yn Llên Cymru (cyf. XVIII, 1995) ac yn Nhrafodion yr Academi Brydeinig (cyf. LXXXV, 1995). Cyhoeddwyd testun ei gerddi o dan olygyddiaeth R. Geraint Gruffydd a Rhiannon Ifans yn 1997.

Dafydd Ddu Eryri, gweler THOMAS, DAVID (1759–1822).

Dafydd Ddu Feddyg, gweler SAMWELL, DAVID (1751–98).

Dafydd Gam (m. 1415), milwr a elwid felly oherwydd ei fod yn llygatgroes neu'n unllygeidiog; fe'i ganed o gyff Einion Sais o Ben-pont, ger Aberhonddu, Brych. Cafodd gyfle i wasanaethu'r Brenin oherwydd bod Harri IV yn Arglwydd Brycheiniog yn sgîl ei briodas ag aeres teulu Bohun, a'i fri fel milwr ym mhlaid y Brenin oedd un o'r prif resymau dros fethiant ★Owain Glyndŵr i ennill teyrngarwch rannau o dde-ddwyrain Cymru. Yn ôl traddodiad ceisiodd Dafydd yn 1404 lofruddio Glyndŵr. Yn 1410 (neu o bosibl yn ddiweddarach), syrthiodd Dafydd i ddwylo Glyndŵr a thalwyd pridwerth amdano gan Senesgal Aberhonddu. Ym mrwydr Agincourt (1415) ef oedd un o'r rheini a laddwyd ar ochr y Saeson, ond yn ôl traddodiad yr oedd wedi achub bywyd y Brenin a chael ei urddo'n farchog ar y maes. Enwir ef yn Henry V (c.1600) gan Shakespeare fel un o'r meirw, ond 'yswain' ydyw yn unig. Cymerodd ei ddisgynyddion gwrywaidd yr enw Games, sydd o hyd i'w gael yn nyffryn Wysg, a thrwy briodas ei ferch Gwladus â Syr ★Wiliam ap Tomas o Raglan, yr oedd yn gyndad i'r holl Herbertiaid, gan gynnwys Ieirll Penfro, a hefyd yn gyndad i Ddugiaid Beaufort ac Ardalyddion Bute.

DAFYDD GORLECH (fl. c.1466–90), bardd. Ni wyddys fawr ddim amdano, ond awgryma ei enw gysylltiad ag afon Gorlech ac efallai â phentref Abergorlech ym mhlwyf Llansawel, Caerf. Ceir rhyw ddau ddwsin o gywyddau brud yn dwyn ei enw yn y llawysgrifau, ond priodolir tua hanner y rheini i feirdd eraill megis ★Dafydd Llwyd o Fathafarn, a dim ond saith a dderbynnir fel gwaith dilys Dafydd Gorlech bellach. Yn ôl ei gywyddau dibynnai gryn dipyn ar yr hen lyfrau ★darogan am ei ddeunydd a cheir ganddo nifer o gyfeiriadau at y beirdd brud traddodiadol megis ★Myrddin, ★Taliesin a'r ★Bardd Glas.
Gweler Gwaith Dafydd Gorlech (gol. Erwain Haf Rheinallt, 1997).

Dafydd Ionawr, gweler RICHARD, DAVID (1751– 1827).

DAFYDD LLWYD (1558–1619), yr ail fardd a enwir fel un a ganai 'ar ei fwyd ei hun' ym Môn. Trigai yn yr Henblas, plwyf Llangristiolus, gyda Chatrin ★Owen ei wraig; yr oedd hithau'n fardd, neu o leiaf priodolir iddi gyfres o englynion cyngor i'w mab hynaf Siôn, pan aeth yn fyfyriwr i Rydychen. Priodolir pedair ar ddeg o gerddi i Ddafydd Llwyd, englynion gan mwyaf, ond y mae'n bosibl y gellid priodoli un gyfres os nad dwy i ★Wiliam Llŷn. Canodd gywyddau marwnad i aelodau o deulu ei wraig, sef Oweniaid Penmynydd, ond ei gerdd orau a'r un fwyaf diddorol yw ei ★gywydd marwnad tyner i Gatrin a ddioddefodd yn enbyd cyn marw, yn ôl y cywydd. Yn y farwnad ceir y bardd yn ymddiddan â'i wraig farw yn y bedd a hithau'n ei gysuro. Yr oedd Catrin Owen yn un o ferched ★Tuduriaid Penmynydd ond ni phwysleisir y cysylltiad â hynafiaid y teulu brenhinol o gwbl gan Ddafydd Llwyd. Canolbwyntia, yn hytrach, ar ei berthynas ef â'i wraig. Ystyrid Dafydd Llwyd yn ŵr tra dysgedig yn ei ddydd: yr oedd yn ŵr gradd o Rydychen a dywedir ei fod yn medru wyth o ieithoedd.

DAFYDD LLWYD AP LLYWELYN AP GRUFFUDD (c.1395–1486), gŵr bonheddig a bardd o Fathafarn, ym mhlwyf Llanwrin, Tfn. Canodd ychydig o gerddi mawl a marwnad a nifer bach o gerddi serch. Y mae ei gywydd i Dydecho, nawddsant rhai o eglwysi Mawddwy, yn nodedig oherwydd na cheir y traddodiadau am y sant yn unman arall. Bu'n ymryson yn gellweirus â ★Llywelyn ap Gutun ynghylch yr arfer o glera (gweler o dan CLÊR), y naill yn cyhuddo'r llall o fegera'n ddigywilydd. Ond fel awdurdod ar y ★daroganau ac fel awdur cerddi brud yr oedd yn enwog – y mae tua deugain o'r cerddi hyn ar ei enw. Y maent yn llawn o ymosodiadau gwrth-Seisnig ac o ★ddarogan am ddyfodiad gwaredwr y Cymry. Yn unol ag arfer y daroganwyr cyfeirir at wŷr adnabyddus yr oes dan enwau anifeiliaid ac adar, ac y mae'r cyfan yn fynych yn bur astrus. Er eu bod yn werthfawr oherwydd y cyfeiriadau at ddigwyddiadau hanesyddol y cyfnod, nid oes iddynt ysbrydoliaeth. Trwy gydol Rhyfel y Rhosynnau bu Dafydd Llwyd yn bleidiol i ochr y Lancastriaid. Y mae traddodiad fod Harri ★Tudur wedi cysgu noson ym Mathafarn ar ei ffordd i frwydr ★Bosworth yn 1485.
Ceir manylion pellach yn y cyfrolau Gwaith Dafydd Llwyd o Fathafarn (gol. W. Leslie Richards, 1964) a Dafydd Llwyd o Fathafarn (1981) gan Enid P. Roberts.

DAFYDD LLWYD MATHEW neu **MATHAU** (fl. 1601–29), prydydd a chlerwr, brodor o Gilpyll, Llangeitho, Cer. Canodd i noddwyr yng ngogledd Penfro. Cyfansoddodd awdl i wraig William ★Owen o Henllys, Cemais, marwnad i wraig George ★Owen ac un arall i William Warin o Dre-wern, cywydd i William Bowen o Bontgynon, ac englynion i Siors Wiliam Griffith o Benybenglog a Thomas ap Risiart o Farloes. Priodolir iddo hefyd folawdau i deuluoedd yng ngogledd Cymru a Morgannwg, a chredir bod rhai o'i gyfansoddiadau yn ei law ef ei hun yn Llawysgrif Llanstephan 38.

DAFYDD LLWYD YSGOLHAIG, SYR (*fl.* c.1550–70), bardd; dengys y teitl 'Syr' ei fod yn offeiriad heb radd prifysgol fel ei dad o'i flaen, Syr Gruffudd Dafydd ab Owain. Yn ôl un ffynhonnell, gŵr o sir Frycheiniog ydoedd, ond y mae tystiolaeth o leiaf un o'i gerddi yn ei gysylltu â gororau sir Gaerfyrddin. Ceir y dyddiad 1551 wrth ei gerddi mewn ambell lawysgrif, ond bu fyw i weld y newidiadau crefyddol yn ystod oes Elisabeth I, pan ganodd *englynion o hiraeth am yr hen ffydd. Priodolir rhyw ugain o *gywyddau ac englynion iddo, a'r mwyafrif yn gerddi digrif a masweddus, gan gynnwys cywydd i'w bwrs, adroddiad manwl o'i gampau rhywiol, a chywydd macaronig ar ffurf sgwrs anweddus â Saesnes ym marchnad tref Holbeach yn swydd Lincoln. Yr oedd yn fardd ffraeth a beiddgar, a chan ei fod yn canu ar ei fwyd ei hun yr oedd ei waith yn dra gwahanol i eiddo beirdd proffesiynol y cyfnod.

Ceir un o'i gywyddau yn *Canu Maswedd yr Oesoedd Canol* (gol. Dafydd Johnston, 1991); gweler hefyd *Trafodion* Anrhydeddus Gymdeithas y Cymmrodorion (1941).

Dafydd Morganwg, gweler JONES, DAVID WATKIN (1832–1905).

DAFYDD NANCONWY (*fl.* 1637), bardd a oedd yn fab i fardd, sef Tomas Dafydd o Bwllycrochan, Llechwedd Isa, Dyffryn Conwy, Dinb.; canai i'r un teuluoedd â Thomos *Prys o Blas Iolyn. Fel yntau, rhoddai ymadroddion Saesneg yn ei ganeuon ysgafn. Y mae marwnad Dafydd i Wiliam Myddelton (m. 1637) o Waenynog yn nhraddodiad y cywyddwyr.

DAFYDD NANMOR (*fl.* 1450–90), un o'r pwysicaf o *Feirdd yr Uchelwyr; brodor o Nanmor, Caern., ydoedd. Dywed iddo gael ei alltudio o Wynedd gan reithgor oherwydd ei 'gerddau' i Wen o'r Ddôl; ffoes i'r de, lle y treuliodd weddill ei oes. Y mae ei gerddi i deulu Rhys ap Maredudd o'r Tywyn (Cer.) ymhlith ei rai gorau ond molodd hefyd ar awdl a chywydd Edmwnt a Siasbar *Tudur, gan gofio am eu tras Gymreig. Yn y cerddi rhethregol hyn ceir nodyn brudiol o'r math a hwylusodd y ffordd at frwydr *Bosworth (1485). Awdl adnabyddus ganddo yw'r un i Syr Dafydd ap Tomas, offeiriad y Faenor a Chwnstabl Aberteifi. Lluniodd hefyd nifer o gerddi crefyddol. Yr oedd, mae'n debyg, yn gwybod Lladin ac ymhyfrydai mewn gorchestion barddol, gan lunio awdl enghreifftiol a mydryddu rhai o syniadau'r oes ynglŷn â seryddiaeth, arwyddion tywydd a meddyginiaethau llysieuol. Ymddengys mai ef a ysgrifennodd Lawysgrif *Peniarth 52, sy'n cynnwys cerddi ganddo ef a *Dafydd ap Gwilym. Yn ôl Saunders *Lewis, bardd athronyddol ydoedd yn bennaf ac yn

wahanol i Ddafydd ap Gwilym yr oedd yn well ganddo fywyd diwylliedig llysoedd pendefigion a'u moethau a'u ceinderau. Nid byd natur oedd prif ffynhonnell ei ysbrydoliaeth ac o fyd gwareiddiad sefydlog dynion y tynnai ei brif gymariaethau. Ceir enghraifft wych o'i ddarlunio manwl o adeilad yn ei gywydd i *Ystrad-fflur. Iddo ef anrhydedd mwyaf ac olaf pennaeth gwlad oedd cael ei gladdu rhwng muriau'r 'tŷ' hwn. Geilw Saunders Lewis ef yn fardd *perchentyaeth, yn fardd teulu mewn ystyr dyfnach nag a roddwyd i'r ymadrodd hwn erioed. Y mae ansawdd sagrafennaidd i'r bywyd gwâr a folir ganddo; daw gwledd yn gymundeb a pherchentyaeth yn offeiriadaeth, a cheidwad bywyd gwâr oedd pob penteulu. Gwelir ei athroniaeth gymdeithasol yn arbennig yng Nghanu'r Tywyn, lle y myfyria ar hynt y teulu pendefigaidd yno dros genedlaethau a'i swyddogaeth yn y gymdeithas, gan foli'r geidwadaeth arbennig hon fel hanfod gwareiddiad.

Er pwysiced dehongliad Saunders Lewis o Ddafydd Nanmor fel bardd clasurol a gynrychiolai'r 'Esthetig Cymreig', dylid cofio bod yn ei waith hefyd adleisiau clir o ysbryd mwy cyntefig a ffyrnig yr hen ganu arwrol. Cerdd ddiweddar yn ei hanes yw ei gywydd 'athronyddol' aeddfetaf i Rys ap Rhydderch o'r Tywyn, fel yr awdl i Syr Dafydd ap Tomas hithau. Ceir ymhyfrydu tebyg mewn bywyd llys yng nghanu Dafydd ap Gwilym i Ifor Hael (*Ifor ap Llywelyn). Cydymffurfiai'r uchelwyr â'r safonau a ddisgwylid gan y gymdeithas gyfoes; agwedd bwysig yma yw'r pwyslais a rydd Dafydd Nanmor ar dir. Yr oedd yn fwy dyledus i fyd natur nag a nododd Saunders Lewis, er enghraifft yn y cywydd i wallt Llio ac yn y defnydd o'r dderwen fel trosiad. Gwelir yng ngwaith Dafydd Nanmor gymaint o feistrolaeth a oedd gan y cywyddwyr mwyaf ar eu cyfrwng erbyn ail hanner y bymthegfed ganrif; a mae rhai o'i gwpledi agoriadol yn arbennig drawiadol. Er mai patrwm sefydlog y cyfnod sydd i'w awdlau, cyfrannodd yn sylweddol at ddatblygiad y ffurf yn ei ddydd drwy gyflwyno iddi y symylrwydd a'r uniongyrchedd a'r crynoder sy'n nodweddu ei gywyddau, gan lwyddo bob amser i godi'n uwch na chonfensiwn llenyddol a allasai fod wedi ei lesteirio.

Gweler *The Poetical Works of Dafydd Nanmor* (gol. Thomas Roberts ac Ifor Williams, 1923), *Dafydd Nanmor* (Gilbert E. Ruddock, 1992), yr ysgrif ar y bardd gan Saunders Lewis yn *Meistri'r Canrifoedd* (gol. R. Geraint Gruffydd, 1973) a'r bennod gan D. Myrddin Lloyd yn *A Guide to Welsh Literature* (gol. A. O. H. Jarman a Gwilym Rees Hughes, 1979); gweler hefyd yr erthygl gan Gilbert E. Ruddock yn *Ysgrifau Beirniadol XVIII* (gol. J. E. Caerwyn Williams, 1992).

DAFYDD Y COED (*fl.* yn ddiweddar yn y 14eg gan.), un o'r to olaf o'r *Gogynfeirdd. Brodor o Ddeheubarth ydoedd ac mewn cerdd ddychan fe'i cysylltir â Llanymddyfri. Canai foliant Hopcyn ap Tomas o *Gilfái, ger Abertawe, ac aelodau o deuluoedd yn Uwch-Aeron a *Gogerddan yng Ngheredigion. Yn

ei ddychan i Raeadr Gwy ceir ganddo seiniau sy'n dynwared sŵn dŵr yn cwympo. Yn ei gerdd i Hopcyn ap Tomas rhoddir cip o'i lyfrgell lle y ceid copïau o'r *Lucidarius*, y *Greal* a'r *Annales*, ymhlith gweithiau eraill.

Dafydd y Garreg Wen, gweler OWEN, DAFYDD (1711/12–41).

DAFYDD, EDWARD (*c.*1600–1678?), bardd, a'r enwocaf o feirdd Morgannwg yn yr ail ganrif ar bymtheg a'r bardd proffesiynol olaf o bwys yn y rhanbarth. Brodor o Fargam ydoedd a chanai i'r rhan fwyaf o deuluoedd uchelwrol Morgannwg gan gynnwys y Mawnseliaid a drigai yn yr un plwyf, ond teithiai hefyd a tu allan i'w sir enedigol. Y tebyg yw mai ef yw un o'r ddau Edward David (*sic*) a gladdwyd ym Margam yn 1678. Canai gerddi mawl a marwnadau traddodiadol a gellir honni ei fod yn cyrraedd yr un safonau â'i ragflaenwyr megis *Dafydd Benwyn a *Llywelyn Siôn, a oedd o bosibl yn athro iddo, pan ganai ar ei orau. Ond ni chanfyddir yng ngwaith Edward Dafydd gynildeb grymus beirdd mawr y bymthegfed ganrif na'r hen feistrolaeth ar yr iaith lenyddol. Yn ôl Iolo Morganwg (Edward *Williams), Edward Dafydd a roesai drefn ar Ddosbarth Morgannwg o fesurau *Cerdd Dafod fel y gwelir ef yn *Cyfrinach Beirdd Ynys Prydain* (1829); gweler o dan PEDWAR MESUR AR HUGAIN. Haerai Iolo hefyd fod Edward Dafydd yn un o'r Penceirddiaid pan gadarnhawyd y dosbarth hwn mewn Gorsedd yn Y Bewpyr, Morg., yn 1681, ond ffrwyth dychymyg Iolo yw'r cyfan, ac yn wir tadogodd Iolo rai o'i gyfansoddiadau gorau ef ei hun ar y bardd hwn.

Ceir manylion pellach yn G. J. Williams, *Traddodiad Llenyddol Morgannwg* (1948) a Ceri W. Lewis, 'The Literary History of Glamorgan from 1550 to 1770' yn *Glamorgan County History* (cyf. IV, gol. Glanmor Williams, 1974).

DAFYDD, EDWARD (**Edward Bach**; *fl.* dechrau'r 17eg gan.), bardd a oedd yn frodor o Drefddyn, Myn., yn ôl Gwilym *Puw. Ef, ond odid, oedd yr Edward David, '*yeoman*', a bresentiwyd am Reciwsantiaeth ym mis Gorffennaf 1607. Y mae naws Gatholig i nifer o'i gerddi, sydd fel arfer yn y mesurau rhydd. Ni lwyddodd i feistroli *Cerdd Dafod yn llwyr. O'i gerddi caeth, y bwysicaf yw 'Awdl Wrthryfelgar' a gyfansoddwyd yn ôl pob tebyg ar drothwy gwrthryfel Iarll Essex yn 1601, ac sy'n galw ar Gatholigion Cymru i wrthryfela yn erbyn y Protestaniaid.

DAFYDD, JOHN (1727–83) a **MORGAN** (m. 1762), emynwyr a brodyr, cryddion wrth eu galwedigaeth, yn byw yn Y Bedw, Caeo, Caerf. Bu John yn cynghorwr gyda'r Methodistiaid am gyfnod, ond gwyddys eu bod ill dau yn aelodau o eglwys Fedyddiol Bethel, Caeo, ac yn mynychu'r oedfeuon ym Mwlch-y-rhiw. Trigai John yn ddiweddarach yn Nhirybedw, ym mhlwyf Cil-y-cwm, a Morgan ym Melin Aberbranddu. Cynhwysodd William

*Williams (Pantycelyn) bump o emynau John a naw o emynau Morgan yn ei gyfrol *Aleluia* (1747). Cenir emyn John Dafydd, 'Newyddion braf a ddaeth i'n bro', ac emyn Morgan Dafydd, 'Yr Iesu'n ddi-lai', gan gynulleidfaoedd heddiw.

DAFYDD, MARGED (**Meg Elis**; 1950–), awdur a aned yn Aberystwyth, Cer., yn ferch i T. I. *Ellis, a'i haddysgu yng Ngholeg Prifysgol Gogledd Cymru, Bangor. Fe'i penodwyd yn is-olygydd *Y Faner* (*Baner ac Amserau Cymru*) yn 1982 ac er 1987 y mae'n gyfieithydd, erbyn hyn i Gyngor Sir Gwynedd. Cyhoeddodd gyfrol o gerddi, *Cysylltiadau* (1973), nofel, *I'r Gad* (1975), a chyfrol o straeon byrion, *Carchar* (1978); seiliwyd y ddwy olaf ar ei phrofiadau personol fel aelod blaenllaw o *Gymdeithas yr Iaith Gymraeg. Enillodd y *Fedal Ryddiaith yn yr Eisteddfod Genedlaethol yn 1985 â'i nofel *Cyn Daw'r Gaeaf*, a ysgrifennwyd ar ffurf dyddiadur gwrthdystiadau menywod dros heddwch yng Nghomin Greenham.

DAFYDD, MEURIG (1510?–95), bardd proffesiynol o bonheddwr o Lanisien, Caerdydd, a oedd yn ffigur pwysig ym mywyd llenyddol *Morgannwg yn ystod ail hanner yr unfed ganrif ar bymtheg. Ni cheir cofnod pendant o'i achau ond tybir iddo briodi Joan Mathau, wyres Syr Cristor Mathau o Landaf. Byddai'n ymweld â'r rhan fwyaf o deuluoedd bonheddig Gwent a Morgannwg, yn arbennig Lewisiaid Rhiw'r-perrai a'r *Fan, ger Caerffili. I'r cyfnod rhwng 1580 ac 1593, yn ôl pob tebyg, y perthyn y rhan fwyaf o'i farddoniaeth a groniclir yn ei law ei hun (Llsgr. Llanover B5). Gyda eithriadau prin, megis rhannau o'i gywydd i Aberafan, y mae ei gynnyrch barddonol yn amddifad o grefft a gweledigaeth Penceirddiaid mawr y bymthegfed ganrif, ac felly anaml iawn y copïwyd cywyddau Meurig. Y mae ei waith o ddiddordeb i'r hanesydd yn bennaf, oherwydd ei fod, megis gwaith *Dafydd Benwyn, yn rhoi gwybodaeth am enwau lleoedd a hen deuluoedd y sir.

Ceir manylion pellach yn G. J. Williams, *Traddodiad Llenyddol Morgannwg* (1948) a Ceri W. Lewis, 'The Literary History of Glamorgan from 1550 to 1770' yn *Glamorgan County History* (cyf. IV, gol. Glanmor Williams, 1974).

DAFYDD, MORGAN (m. 1762), gweler o dan DAFYDD, JOHN (1727–83).

DAFYDD, THOMAS (*fl.* 1765–92), emynydd a marwnadwr o Lanegwad, Caerf. Cyhoeddodd bum casgliad bychan o emynau dan y teitl *Taith y Pererin* rhwng 1765 ac 1776, a chwe arall rhwng 1777 ac 1784. Er bod ei lyfrynnau bellach yn eitemau casglyddion, ni chenir ei emynau heddiw.

Dai, gweler o dan ANGRY SUMMER (1943), GWALIA DESERTA (1938) ac IN PARENTHESIS (1937).

Dai Bread, pobydd yn *Under Milk Wood* (1954) gan Dylan *Thomas, sydd â dwy wraig, un yn fawr a rhadlon a'r llall yn fenyw-dweud-ffortiwn dywyll a choegwych; fe'i cerir gan y ddwy.

Dai Lossin, cymeriad a grëwyd gan y cartwnydd D. Gwilym John yn y *South Wales Football Echo* yn 1919. Fel capten Clwb Pêl-droed *Cwm-sgwt, arweiniai dîm a oedd yn cynnwys Ianto Full Pelt, Dai Small Coal a Billy Bara Chaws. Yr oedd Dai yn adnabyddus am ei sylwadau tafodieithol ar fyd chwaraeon yng Nghymru yn ystod y blynyddoedd rhwng y ddau Ryfel Byd. Bellach fe'i cofir pan roddir yr enw Dai Lossin ar berson direidus neu ar walch hoffus.

Dai'r Cantwr, gweler DAVIES, DAVID (1812–74).

Dail Pren (1956), gweler o dan WILLIAMS, WALDO (1904–70).

Dalar Hir, Y (1648), gwrthdaro rhwng milwyr y Cadfridog Brenhinol Syr John Owen o Glenennau a'r Cyrnol George Twisleton, Rheolwr Dinbych, ar diroedd gwastad ger Afon Menai rhwng Llandygái ac Aber, Caern. Digwyddodd yn gynnar yn ystod yr Ail *Ryfel Cartref pan oedd Owen yn gwarchae castell *Caernarfon (a oedd yn nwylo'r Senedd) yn y gobaith y gallai ei adfer i'r Goron a dechrau gwrthryfel o blaid y Brenin yng ngogledd Cymru. Fe'i gorfodwyd i encilio tua Bangor oherwydd ymosodiadau lluoedd y Cadfridog Thomas Mytton a oedd yn amddiffyn y castell. Cymerwyd ef i'r ddalfa ac yn ddiweddarach fe'i ducpwyd i Lundain ar gyhuddiad o fradwriaeth.

Am fanylion pellach gweler yr erthygl gan A. H. Dodd, 'Caernarvonshire in the Civil War' yn Nhrafodion Cymdeithas Hanes Sir Gaernarfon (1953) ac N. Tucker, North Wales in the Civil War (1958) a'i Royalist Major-General Sir John Owen of Clenennau (1963).

DALE-JONES, DON (1935–), beirniad a golygydd a aned yn Rhuthun, Dinb., a'i addysgu yn Kettering, yng Ngholeg y Frenhines, Caer-grawnt, lle'r astudiodd Saesneg, ac ym Mhrifysgol Nottingham. O 1959 hyd 1962 dysgodd Saesneg yn gyntaf yn swydd Nottingham, yna yn Ysgol Ramadeg y Rhyl; o 1965 bu'n Ddarlithydd ac yna'n Uwch-ddarlithydd yn Adran Saesneg Coleg y Drindod, Caerfyrddin. Yn 1979 daeth yn Swyddog Rhanbarthol Cymru y Gymdeithas Genedlaethol i Athrawon mewn Addysg Bellach ac Uwch, ond bu'n rhaid iddo ymddeol yn gynnar oherwydd salwch. Y mae Don Dale-Jones yn un o'r grŵp ymroddedig hwnnw o ladmeryddion a chroniclwyr llenyddiaeth *Eingl-Gymreig a ddaeth i'r amlwg o 1965 ymlaen. Bu ei gyfraniad yn werthfawr gan iddo ymchwilio ac ysgrifennu am awduron nad oeddynt, er eu cydnabod yn ffigurau pwysig, wedi cael sylw mawr gan feirniaid

a bywgraffyddion yng Nghymru. Ysgrifennodd dri thraethawd i'r gyfres *Writers of Wales, ar Emlyn *Williams (1979), A. G. *Prys-Jones (1992) a Raymond *Garlick (1996), ac y mae wedi golygu The Collected Poems of T. Harri Jones (gyda Julian Croft, 1977) a The Collected Poems of A. G. Prys-Jones (1988). Cydolygodd hefyd, gyda Randal Jenkins, ddwy flodeugerdd o farddoniaeth Eingl-Gymreig: Twelve Modern Anglo-Welsh Poets (1975) a Wales Today: a Collection of Poems and Pictures for Children (1976). Bu hefyd yn adolygydd toreithiog, yn arbennig o nodedig am ystod ei ddiddordebau a'i farn ddiduedd.

Dame Venedotia, gweler o dan HUGHES, HUGH (1790–1863).

Dame Wales, gweler HEN GYMRAES.

Dancing Williams, y cyntaf o'r morwyr a foddodd, yn *Under Milk Wood (1954) gan Dylan *Thomas; gofyn ef i *Captain Cat, 'How's it above?'

Daniel, gweler JONES, FRANK PRICE (1920–75).

DANIEL AP LLOSGWRN MEW (*fl.* 1170–1200), bardd llys y cadwyd o'i waith awdl-farwnad i *Owain ap Gruffudd (Owain Gwynedd) ac yn ôl *Llyfr Coch Hergest (ond nid yn ôl *Llawysgrif Hendregadredd) gyfres o englynion marwnadol i'w ŵyr, Gruffudd ap Cynan ab Owain Gwynedd. Y mae camp ar yr awdl nid yn unig fel mynegiant o golli noddwr i'r bardd, ond hefyd oherwydd ei bod yn amlygu argyfwng ac ansicrwydd y wlad o golli cadernid Owain. Megis *Gruffudd ab yr Ynad Coch dros ganrif yn ddiweddarach, gymaint yw ei ofid fel na faliai pe boddid y tir gan y 'llanw o fôr a llif o fynydd'; ceir enghraifft nodedig o Ditaniaeth pan dry at y Creawdwr a barodd y trychineb, 'A mi bei gallwn ymgerydd â Duw ydd oedd im ddefnydd'.

Golygwyd yr awdl gan Morfydd E. Owen yn Gwaith Llywelyn Fardd I ac Eraill (gol. K. A. Bramley et al., 1994). Derbyniwyd y gyfres englynion fel gwaith *Llywarch ap Llywelyn 'Prydydd y Moch' yn Cyfres Beirdd y Tywysogion V, ac fe'i golygywd gan Elin M. Jones (1991).

Daniel Ddu o Geredigion (**Daniel Evans**; 1792–1846), gweler o dan BLODAU DYFED (1824).

Daniel y Pant, gweler THOMAS, DANIEL (1851–1930).

DANIEL, GLYN EDMUND (**Dilwyn Rees**; 1914–86), archaeolegydd a llenor. Fe'i ganed yn Llanbedr Felffre, Penf., a'i fagu yn Llanilltud Fawr, Morg., lle yr oedd ei dad yn ysgolfeistr, a chafodd ei addysg yng Ngholeg y Brifysgol, Caerdydd, a Choleg Ieuan Sant, Caer-grawnt. Cafodd yrfa academaidd ddisglair ac enillodd gydnabyddiaeth ryngwladol fel archaeolegydd. Yn ystod y 1950au yr oedd yn boblogeiddiwr adnabyddus o'i bwnc ar radio a theledu, yn arbennig fel un a gymerai ran yn y rhaglen *Animal, Vegetable, Mineral?* Y mae ei lu o weithiau ar gyn-hanes yn cynnwys *The Megalith Builders of Western Europe* (1958), *The Hungry Archaeologist in France* (1963) a *The First Civilisations* (1968); golygydd hefyd gyda Idris Ll. *Foster *Prehistoric and Early Wales* (1965). Dan ei ffugenw Dilwyn Rees cyhoeddodd nofel dditectif, *The Cambridge Murders* (1945), a dilynwyd hi gan un arall yn yr un *genre*, *Welcome Death* (1954). Ym mlwyddyn ei ymddeoliad o Gadair Archaeoleg Disney yng Nghaer-grawnt, cyhoeddodd *A Short History of Archaeology* (1981), y ganfed gyfrol yn y gyfres *Ancient People and Places* y bu ef yn olygydd cyffredinol arni; ymddangosodd casgliad o ysgrifau er anrhydedd iddo, *Antiquity and Man* (gol. John D. Evans, Barry Cunliffe a Colin Renfrew), yn ystod yr un flwyddyn â chasgliad o'i atgofion, *Some Small Harvest*, yn 1986.

DANIEL, JOHN EDWARD (1902–62), diwinydd a gwleidydd. Ganwyd ef ym Mangor, Caern., ac fe'i haddysgwyd yng Ngholeg Iesu, Rhydychen, lle yr enillodd dair gradd dosbarth cyntaf. Yn dair ar hugain oed fe'i penodwyd yn Gymrawd Coleg Bala-Bangor, coleg diwinyddol yr Annibynwyr, ac ymhen blwyddyn dilynodd y Prifathro Thomas Rees yng nghadair Athroniaeth Gristnogol ac Athroniaeth Crefydd. Yr oedd a wnelo tröedigaeth ei wraig Catherine at yr Eglwys Gatholig â'r ffaith na ddaeth J. E. Daniel yn Brifathro'r Coleg. Ymadawodd â'r Coleg yn 1946 pan benodwyd ef yn arolygydd ysgolion. Cafodd ei ladd mewn damwain modur.

Yn hyfryd o ddiymhongar, J. E. Daniel oedd y disgleiriaf, ond odid, o ddiwinyddion Cymreig y ganrif hon. Efe oedd y pennaf o feirniaid moderniaeth ddiwinyddol, a phrif gyflwynydd Cymreig meddwl y Karl Barth ifanc, er nad oedd yn anfeirniadol. Cyflwynwyd ei feddwl diwinyddol mewn rhyw ddwsin o ysgrifau, yn *Yr *Efrydydd* a'r *Dysgedydd* yn bennaf. Ei unig gyfrol diwinyddol oedd *Dysgeidiaeth yr Apostol Paul* (1933). Dim ond un gyfrol fach wleidyddol a ysgrifennodd, sef *Welsh Nationalism: What It Stands For* (1937), ond cyhoeddwyd dros gant o'i ysgrifau gwleidyddol. Bu'n Is-lywydd Plaid Genedlaethol Cymru (gweler PLAID CYMRU) o 1930 hyd 1939, a dilynodd Saunders *Lewis fel Llywydd o 1939 hyd 1943; bu'n Llywydd gweithredol pan oedd Saunders Lewis yng ngharchar Wormwood Scrubs. Amlygodd allu anghyffredin wrth amddiffyn bywyd Cymru yn ystod pedair blynedd argyfyngus o ryfel.

Dan y teitl *Torri'r Seiliau Sicr* y cyhoeddwyd detholiad o ysgrifau J. E. Daniel yn 1993 o dan olygyddiaeth D. Densil Morgan.

Darian, Y, gweler TARIAN Y GWEITHIWR.

Darogan. Dichon mai ym myd hud a lledrith y tardd y gred y gellir rhagweld digwyddiadau'r dyfodol. Un o'r enghreifftiau cynharaf o farddoniaeth ddarogan yn y Gymraeg yw'r gerdd *'Armes Prydein'* (*c*.930), sy'n proffwydo y bydd Cynan (*Cynan Meiriadog) a *Chadwaladr yn atgyfodi hen ogoniant y Brythoniaid ac yn gyrru'r Saeson i'r môr. Enghreifftiau eraill yw'r cerddi a elwir 'Yr *Afallennau', 'Hoianau' a 'Gwasgargerdd Myrddin yn y Bedd'. Cadwyd nifer o ddaroganau yn *Historia Brittonum ac yn *Historia Regum Britanniae *Sieffre o Fynwy, a thadogir eraill, yn ffug, ar *Fyrddin a *Thaliesin. Yn ystod y drydedd ganrif ar ddeg a'r bedwaredd ganrif ar ddeg lluniwyd llawer o gerddi brud gan feirdd megis *Adda Fras, Y *Bergam a Rhys Fardd (*fl*. 1460–80) a cheir nifer o broffwydoliaethau rhyddiaith anhysbys yn y Gymraeg a'r Lladin. Yr un yw hanfod y brudio bob tro: bydd y Cymry yn adennill sofraniaeth dros Ynys Prydain o dan arweiniad meseia, sef y Mab Darogan – *Arthur ydyw weithiau, neu ryw arwr cenedlaethol arall – a gorchfygir y Saeson unwaith ac am byth.

Cyrhaeddodd y traddodiad ei benllanw yn ystod Rhyfel y Rhosynnau yng ngweithiau beirdd megis *Lewys Glyn Cothi (Llywelyn y Glyn) a *Dafydd Llwyd ap Llywelyn ap Gruffudd o Fathafarn. Soniodd am William *Herbert, ac wedyn Owain Tudur (gweler o dan y TUDURIAID), fel gwaredwr y Cymry. Cymerwyd rhai o'r symbolau a gynrychiolai'r arwr, y genedl, ei gymdeithion a'i elynion, o waith Sieffre o Fynwy, a rhai eraill o faes herodraeth. Anifeiliaid neu adar oeddynt gan amlaf – y frân i Rys ap Thomas, yr ych i Siasbar Tudur, y wennol i Owain Tudur, y wadd i Risiart III, yr arth i Iarll Warwick, ac yn y blaen – ac yr oedd amrywiaeth o drosiadau i gynrychioli gorchfygu'r Saeson. Beirdd eraill a luniodd farddoniaeth frud oedd *Dafydd Gorlech, *Gruffudd ap Dafydd Fychan a *Robin Ddu ap Siencyn Bledrydd. Syniwyd bod yr holl ddarogan wedi ei gwireddu ym Mrwydr *Bosworth (1485), pan esgynnodd Harri Tudur i Orsedd Lloegr: yr oedd Cymro wedi ennill Coron Prydain ac yr oedd hynny'n cael ei ddehongli fel gwawr newydd i ryddid cenedlaethol y Cymry.

Ceir manylion pellach yn M. E. Griffiths, *Early Vaticination in Welsh with English Parallels* (1937), Glanmor Williams, 'Proffwydoliaeth, prydyddiaeth a pholitics yr oesoedd canol' yn *Taliesin* (cyf. XVI, 1968), y bennod gan R. Wallis Evans yn *A Guide to Welsh Literature* (cyf. II, gol. A. O. H. Jarman a Gwilym Rees Hughes, 1979) a '*The bardic road to Bosworth* – a Welsh view of Henry Tudor' gan G. A. Williams yn Nhrafodion Anrhydeddus Gymdeithas y Cymmrodorion (1986).

Datganoli, term yn yr ystyr gwleidyddol sy'n dynodi'r broses o drosglwyddo grym o'r canol i'r ymylon. Defnyddid y term yn ystod y 1970au mewn perthynas â bwriad Llywodraeth Prydain i greu Cynulliadau Etholedig yng Nghymru a'r Alban. Yn bennaf o ganlyniad i gynnydd yn y cefnogaeth i *Blaid Cymru a Phlaid Genedlaethol yr Alban, ond hefyd oherwydd barn nifer sylweddol o aelodau'r Blaid Lafur a'r Blaid

Ryddfrydol, sefydlodd y Llywodraeth Gomisiwn Brenhinol ar y Cyfansoddiad yn 1968. Cyhoeddodd ei ganlyniadau yn 1973 mewn dogfen a enwyd, ar ôl y Cadeirydd, yr Arglwydd Kilbrandon, yn *Adroddiad Kilbrandon*. Derbyniwyd egwyddor gyffredinol Datganoli gan y Llywodraeth a nodwyd bwriadau manwl yn y papurau trafod a enwyd *Datganoli a Democratiaeth* (1974) ac *Ein Democratiaeth yn Newid: Datganoli i Gymru a'r Alban* (1975; atodiad, 1976). Wedi trafodaeth hir ar gymhlethdodau'r mater, datguddiwyd cynlluniau'r Llywodraeth yn llawn yn Neddf Cymru a'r Alban, deddf a gynigiai Gynulliad deddfwriaethol i'r Alban a Chynulliad gweithredol i Gymru. Bu gwrthwynebiad cryf yn erbyn y mesur yn Nhŷ'r Cyffredin o du aelodau o'r ddwy ochr a gynrychiolai etholaethau yn Lloegr ac yn y pen draw gorchfygwyd y mesur ar gynnig amserlen. Cyflwynwyd dau fesur ar wahân wedyn a daeth yr un ar gyfer Cymru yn gyfraith yn Neddf Cymru (1978).

Trosglwyddai'r mesur hwn rai cyfrifoldebau llywodraethol o Lundain i Gaerdydd, gan greu haen arall o weinyddiaeth ar ffurf Cynulliad etholedig gyda grym cyfyngedig. Dangosodd hyn natur rhwyg y gymdeithas yng Nghymru, lle y bu dadlau brwd yn parhau am dros flwyddyn. Yr oedd pob un o'r pleidiau gwleidyddol yng Nghymru, ac eithrio'r Blaid Geidwadol a fu'n draddodiadol dros lywodraeth ganolog, yn swyddogol o blaid egwyddor Datganoli. Fodd bynnag, yr oedd gwrthwynebiad i fwriadau'r Llywodraeth ar ran rhai Aelodau Seneddol Cymreig yn y Blaid Lafur, yn arbennig rhai a gynrychiolai etholaethau yn yr ardaloedd diwydiannol yn ne-ddwyrain Cymru, fel Leo Abse, yr Aelod dros Bont-y-pŵl (Torfaen bellach), a Neil Kinnock, yr Aelod dros Fedwellte (Islwyn bellach). Mewn gwrthryfel yn erbyn eu plaid eu hunain (a chyda chymorth rhai aelodau Llafur a Cheidwadol o etholaethau yn Lloegr), arweiniodd yr aelodau hyn ymgyrch yn San Steffan ac yng Nghymru yn erbyn bwriadau Datganoli, gan lwyddo i wneud gweithredu'r Ddeddf yn ddibynnol ar ganlyniad refferendwm, gydag o leiaf deugain y cant o'r etholwyr yn pleidleisio o blaid y bwriad. Nid oedd safon y ddadl gyhoeddus a ddilynodd yn uchel a pheth hawdd i wrthwynebwyr y Cynulliad oedd dangos gwendidau ac amwysedd y Ddeddf, yn gymaint felly, fel y daeth yr etholwyr yn ansicr a chymysglyd eu meddyliau. Ymhlith y grwpiau a'r unigolion a oedd o blaid y Cynulliad oedd Cyngor y Gyngres Lafur a'r mwyafrif o lenorion enwocaf Cymru a arwyddodd lythyr agored a gyhoeddwyd yn The *Anglo-Welsh Review* (rhif. 64, 1979). Er eu bod yn swyddogol dros Ddatganoli, llugoer oedd agwedd y pleidiau politicaidd mawr tuag at y Ddeddf ac ystyriai Plaid Cymru y cynigion yn syrthio'n fyr o'r hyn yr oedd gwir angen amdano yng Nghymru.

Daeth y ddadl i ben ar Ddydd Gŵyl Dewi, 1 Mawrth 1979, pan gynhaliwyd y bleidlais. Cyfanswm y pleidleiswyr oedd 1,199,378 o bobl (tua 58 y cant o'r

etholwyr posibl). Yr oedd 243,048 o blaid a 956,330 yn erbyn bwriadau'r Llywodraeth. Yn Yr Alban yr oedd mwyafrif bach o blaid, ond nid oedd y canlyniad yn ddigon i gwrdd â'r amodau a wnaethpwyd. Diddymwyd Deddfau Cymru a'r Alban gan y Llywodraeth Geidwadol a ddaeth i rym ym mis Mai 1979.

Bu darostyngiad y cynigion dros Ddatganoli yn ddadl gref dros ddiffyg eiddgarwch yng Nghymru dros fesur bychan o ymreolaeth, o leiaf yn y ffurf y cynigid yr hunanlywodraeth honno. Yr oedd mor amlwg yn 1979 ag y bu yn ystod methiant *Cymru Fydd yn 1896. Un o nodweddion amlwg y ddwy ddadl oedd y diffyg cydymdeimlad rhwng y boblogaeth yn yr ardaloedd gwledig, Cymraeg eu hiaith yng ngogledd a gorllewin Cymru, a'r boblogaeth yn yr ardaloedd Saesneg eu hiaith yn y de-ddwyrain diwydiannol. Ond hyd yn oed mewn sir Gymraeg ei hiaith, fel Gwynedd, lle y pleidleisiodd y ganran fwyaf o blaid, gwelwyd mwyafrif o ddau i un yn erbyn y cynnig dros Ddatganoli. Yr oedd canlyniad y refferendwm felly yn ymddangos fel diwedd cyfnod yng ngwleidyddiaeth genedlaethol Gymreig, yn hytrach nag fel dechreuad symudiad newydd tuag at ymreolaeth. Wedi hyn, yn erbyn cefndir o argyfwng economaidd a diweithdra uchel, cafwyd cyfnod o ailfeddwl gan y rhai hynny a oedd yn gysylltiedig â bywyd cymdeithasol a diwylliannol Cymru. Daeth yr angen am Gynulliad etholedig i Gymru yn rhan o strategaeth yr Ymgyrch dros Gynulliad (Senedd yn ddiweddarach) i Gymru a ffurfiwyd gan aelodau o bob plaid yn y 1990au cynnar pan ddaeth yn rhan, unwaith eto, o bolisi'r Blaid Lafur.

A'r Blaid Lafur mewn grym unwaith eto ar ôl yr Etholiad Cyffredinol a gynhaliwyd ar 1 Mai 1997, daeth ei chynnig newydd am Gynulliad gerbron etholwyr Cymru mewn refferendwm ar 18 Medi yn yr un flwyddyn. Y tro hwn, er gwaethaf gwrthwynebiad rhai o'i haelodau ei hun, gan gynnwys nifer o'i Haelodau Seneddol, llwyddodd y blaid mewn ymgyrch ar y cyd â Phlaid Cymru a'r Democratiaid Rhyddfrydol i ennill mwyafrif bychan: pleidleisiodd 559,419 (50.3%) o blaid y cynnig a 552,698 (49.7%) yn ei erbyn. Yr oedd Yr Alban, ar 11 Medi 1997, wedi pleidleisio yn gryfach o blaid y Senedd a gynigiwyd yn y wlad honno: 1,775,045 (74.29%) o blaid a 614,400 (25.71%) yn ei erbyn. Bu'r ddau ganlyniad hyn, meddai lladmeryddion y Llywodraeth Lafur, yn rhan flaenllaw o'i pholisi arfaethedig i ddiwygio cyfundrefn gyfansoddiadol y Deyrnas Unedig, ac yn Yr Alban ac yng Nghymru fel ei gilydd, gwelwyd y bleidlais o blaid mesur o Ddatganoli yn garreg filltir o bwys mawr yn eu hanes. Gweler hefyd HOME RULE ac YMGYRCH DROS SENEDD I GYMRU.

Ceir disgrifiadau manwl sy'n ymwneud â'r dadleuon dros Ddatganoli yng Nghymru yn Harry Calvert (gol.), *Devolution* (1975), John Osmond, *The Centralist Enemy* (1974) a *Creative Conflict* (1977), Vernon Bogdanor, *Devolution* (1979), Kenneth O. Morgan, *Rebirth of a Nation: Wales 1880–1980* (1981), The

Welsh Veto (gol. David Foulkes, J. Barry Jones ac R. A. Wilford, 1983), a John Osmond (gol.), *The National Question Again* (1985) ac *A Parliament for Wales* (1994).

Datgeiniad, bardd israddol yn yr Oesoedd Canol. Gallai ganu *telyn neu *grwth a datgan cerddi beirdd eraill i gyfeiliant cerddoriaeth, nei ganu cerdd i gyfeiliant curiadau ffon yn unig. Disgwylid i ddatgeiniad fedru darllen Cymraeg, gwybod yr wyth rhan ymadrodd, y sillafau, y cynganeddion (*cynghanedd) a phrif ffurfiau *Cerdd Dafod. Gwasanaethai'r prydydd a disgwylid iddo ei wella'i hun trwy ymgyfarwyddo â chrefft ei feistr.

Datgysylltu'r Eglwys Anglicanaidd yng Nghymru, pwnc a barodd ddadlau gwleidyddol a chrefyddol chwerw yn ystod ail hanner y bedwaredd ganrif ar bymtheg. Ychydig fu'r galw amdano gan Radicaliaid ac Anghydffurfwyr (*Anghydffurfiaeth) Gymru cyn 1840 ond bu sefydlu'r *Liberation Society yn 1844 yn garreg filltir. Erbyn yr 1860au yr oedd yr holl eglwysi Anghydffurfiol, gan gynnwys y Methodistiaid Calfinaidd, wedi ymrwymo i ddatgysylltu'r Eglwys oddi wrth y Wladwriaeth. Yr oedd Thomas *Gee a Henry *Richard ymhlith y rhai mwyaf brwdfrydig o blaid y diwygio.

Daeth yr achos gerbron Tŷ'r Cyffredin yn 1870 pan enillodd cais C. J. Watkin Williams, yr Aelod dros fwrdeistrefi sir Ddinbych, saith pleidlais a deugain yn unig; ymosodai Gladstone ei hun arno gan wadu fod unrhyw debygrwydd rhwng Cymru ac Iwerddon, lle'r oedd yr Eglwys newydd gael ei datgysylltu. Cynyddodd y galw, fodd bynnag, a chael ei danio gan *Ryfel y Degwm yn yr 1880au diweddar. Cefnogwyd mesurau dros Ddatgysylltu yn y Tŷ yn 1886, 1891 ac 1892, ac yr oedd y Blaid Ryddfrydol, bellach, wedi ymrwymo i ddatgysylltu a Gladstone wedi newid ei feddwl. Yn 1894 cyflwynodd y Llywodraeth Ryddfrydol Fesur Datgysylltu yng Nghymru ar berswâd gwŷr ifainc y seddau cefn megis David *Lloyd George. Aeth y mesur trwy'i ail ddarlleniad yn 1895. Dilynwyd hynny gan ddeng mlynedd o lywodraeth Doriaidd ac ni wnaethpwyd unrhyw gynnydd, ond yr oedd y Weinyddiaeth Ryddfrydol a etholwyd yn 1906 gyda Lloyd George yn y Cabinet yn dal wedi ymrwymo i ddatgysylltu'r Eglwys yng Nghymru. Ar ôl adroddiad Comisiwn Brenhinol ar yr Eglwysi yng Nghymru a oedd yn nodi bod mwyafrif o dri Anghydffurfiwr i bob Anglicanwr, aeth Datgysylltu trwy'r Tŷ yn 1912 a'r flwyddyn ganlynol. Disgrifiwyd y mesur gan F. E. Smith fel '*one which has shocked the conscience of every Christian community in Europe*' – ffwlbri a ysgogodd G. K. Chesterton i gyfansoddi ei gerdd ddychanol '*Antichrist, or the Reunion of Christendom*' sy'n gorffen gyda'r geiriau, '*Chuck it, Smith*'. Yn 1914, dan nawdd Deddf y Senedd, llwyddodd y mesur i osgoi feto Tŷ'r Arglwyddi a dod yn ddeddf gwlad. Er i'r mater gael ei ohirio yn ystod y Rhyfel Byd Cyntaf, yr oedd Lloyd George, wedi iddo ddod yn Brif Weinidog, yn

benderfynol o ddwyn y maen i'r wal a lleddfu ychydig ar amodau'r dadwaddoli. Ar ôl trwsio ychydig ar fesur cyfaddawdu ar ddadwaddoli daeth Datgysylltu yng Nghymru i rym ym Mehefin 1920 a chrëwyd Talaith Eglwysig newydd Cymru gyda chymhorthdal o filiwm o bunnau gan y Trysorlys yn gefn iddi ac A. G. Edwards yn Archesgob cyntaf Cymru. Ychydig o sôn a fu am Ddatgysylltu wedi hynny a throsglwyddwyd yr incwm o eiddo seciwlar yr Eglwys Anglicanaidd i'r Cynghorau Sir. Gweler hefyd ANGLICANIAETH.

Trafodir Datgysylltu gan Kenneth O. Morgan yn *Wales in British Politics 1868–1922* (1963), *Rebirth of a Nation: Wales 1880–1980* (1981) a *Modern Wales: Politics, Places and People* (1995); gweler hefyd E. T. Davies, *Religion in the Industrial Revolution in South Wales* (1965), Philip Bell, *Irish and Welsh Disestablishment* (1969) a David Walker (gol.), *A History of the Church in Wales* (1976).

Daugleddau, cantref yn *Nyfed a leolwyd rhwng y ddwy afon Cleddau. Ymsefydlodd y Flemingiaid yno yn gynnar yn y ddeuddegfed ganrif. Gweler hefyd ANGLIA TRANSWALLINA.

DAVID, TUDOR (1921–), newyddiadurwr a golygydd. Ganwyd yn Y Barri, Morg., a chafodd ei addysg yn ysgol ramadeg y dref ac ym Mhrifysgol Manceinion. Wedi cyfnod yn y lluoedd awyr yn ystod y rhyfel a rhai blynyddoedd yn y gwasanaeth gyrfaoedd, daeth yn newyddiadurwr llawn-amser ac ymhen amser yn olygydd *The Teacher* a'r cylchgrawn *Education*. Er iddo dreulio ei oes y tu allan i Gymru, ni chollodd gysylltiad â realiti ei wlad, a bu'n ddolen gyswllt bwysig rhwng *Cymry Llundain a Chymru. Cafodd Cymru fwy na'i siâr arferol o sylw ganddo yn ei waith broffesiynol, a chyhoeddodd erthyglau yn yr iaith Gymraeg o bryd i'w gilydd – peth digon anarferol yn y wasg yn Llundain. Bu'n amlwg hefyd ym mywyd Cymry Llundain, ond heb unrhyw arlliw o sentimentaliaeth y Cymro oddi-cartref. Fel golygydd y *London Welshman* o 1960 hyd 1973 cynigiodd lwyfan i feirdd *Eingl-Gymreig ar adeg pan oedd mawr eu hangen. Yr oedd ymhlith y rhai a sefydlodd y Guild of Welsh Writers, a phan unwyd y corff hwnnw ag adran Saesneg yr *Academi Gymreig, bu'n un o aelodau cynnar y gymdeithas honno. Cyfrannodd dros y blynyddoedd i'r cylchgronau Eingl-Gymreig o ddyddiau *Dock Leaves* (*The *Anglo-Welsh Review*) a *Wales wedi'r rhyfel hyd at *Planet, y bu'n aelod o'i fwrdd golygyddol am flynyddoedd.

Davies Aberpennar, gweler DAVIES, PENNAR (1911–96).

DAVIES, ALUN TALFAN (1913–), golygydd. Fe'i ganed yng Ngorseinon, Morg., a'i addysgu yn Ysgol Ramadeg Tre-gŵyr, ac yna aeth i astudio'r gyfraith yng Ngholeg y Brifysgol, Aberystwyth, a Choleg Gonville a Caius, Caer-grawnt. Galwyd ef i'r Bar yn Grays Inn yn

1939, ac aeth ymlaen i ddilyn gyrfa nodedig yn y gyfraith a gwasanaeth cyhoeddus, yn y pen draw fel Cofnodydd a Barnwr. Cadeiriodd nifer o fyrddau a chomisiynau a bu'n ymgeisydd Seneddol Rhyddfrydol bedair gwaith mewn etholaethau Cymreig. Bu'n Llywydd Llys yr Eisteddfod Genedlaethol (1978–80), ac yn un o gyfarwyddwyr HTV o 1967 hyd 1983 (ef oedd Is-gadeirydd y Bwrdd Cymreig rhwng 1978 ac 1983). O 1940 hyd 1952 gweithiodd gyda'i frawd, Aneirin Talfan *Davies, ar olygu a chyhoeddi *Llyfrau'r Dryw*, cyfres o ddeugain a phedwar o lyfrynnau a oedd yn fodd i gyflwyno rhai o awduron modern mwyaf adnabyddus Cymru i gynulleidfa newydd. Mabwysiadwyd yr enw Llyfrau'r Dryw wedyn yn enw i'r cwmni cyhoeddi a sefydlwyd gan y ddau frawd; daeth y cwmni'n adnabyddus yn ddiweddarach fel Christopher Davies Cyf. ac yr oedd yn un o'r prif gyhoeddwyr yng Nghymru tan ddiwedd y 1970au, yn cyhoeddi llyfrau yn Gymraeg a Saesneg ynghyd â'r cylchgronau *Barn a *Poetry Wales. Y mae'r cwmni'n dal i gyhoeddi, ond ar raddfa lai ac yn bennaf y tu allan i faes llenyddiaeth.

DAVIES, ANDREW (1936–), nofelydd ac awdur sgriptiau a aned yng Nghaerdydd a'i addysgu yn Ysgol Ramadeg yr Eglwys Newydd a Choleg y Brifysgol, Llundain. Daeth wedyn yn athro mewn ysgolion yn Llundain, cyn dod yn ddarlithydd, yn gyntaf yng Ngholeg Addysg Coventry (1963–71) ac yna ym Mhrifysgol Warwig (1971–87).

Er cyhoeddi ei waith mor gynnar â 1965 (pan gyfrannodd gerdd, '*Portrait of the Artist as a Welshman*', i'r flodeugerdd *Young Commonwealth Poets '65*), ni ddechreuodd ei yrfa fel nofelydd ac awdur sgriptiau o ddifrif tan ryw bymtheng mlynedd yn ddiweddarach, pan enillodd *Conrad's War* (1978), nofel ffantasi ddoniol i blant, wobr y *Guardian* am ffuglen i blant. Yr oedd yr un mor llwyddiannus gyda *Marmalade and Rufus* (1980) a'r pum cyfrol o straeon Marmalade Atkins a ddilynodd, tra cafodd *Poonan's Pets* (1990), a ysgrifennwyd ar y cyd ganddo ef a'i wraig, ei osod ar y rhestr fer ar gyfer Wobr Smarties. Y mae braidd yn eironig iddo gael cryn lwyddiant fel awdur llyfrau i blant gan fod ei waith arall wedi ennyn sylwadau am ei elfennau erotig. Ymddangosodd ei nofel gyntaf i oedolion, *A Very Peculiar Practice*, yn 1986, a dilynwyd hi gan *The New Frontier* (1987), *Getting Hurt* (1989), *Dirty Faxes* (1990) a *B. Monkey* (1992).

Addaswyd llyfrau Marmalade Atkins yn llwyddiannus ar gyfer y teledu, ond y mae Andrew Davies hyd yn oed yn fwy adnabyddus am ei addasiadau ei hun o waith nofelwyr eraill. Cafodd ei lwyddiant mawr cyntaf yn 1979, gyda *To Serve Them All My Days* gan R. F. Delderfield, saga deuluol wedi ei lleoli rhwng y ddau ryfel byd, ac yn gyferbyniad amlwg i ddychan gwleidyddol *House of Cards* (1990) a'r ddau ddilyniant i'r gyfres honno a addaswyd o nofelau Michael Dobbs. *House of*

Cards a sicrhaodd enw i Andrew Davies fel awdur sgriptiau sy'n ymdrin â'r testunau gwreiddiol â chryn ryddid ac (yn ddiweddarach) sy'n edrych ar y clasuron trwy lygad hollol fodern, nodwedd a amlygwyd eto yn ei addasiadau o nofel Jane Austen, *Pride and Prejudice*, yn 1995 ac o *Moll Flanders* gan Daniel Defoe yn 1996. Y mae Andrew Davies yn awdur cynhyrchiol, ac yn ogystal ag addasu nifer helaeth o gyfresi o lyfrau awduron eraill, y mae hefyd wedi ysgrifennu fersiwn deledu o'i nofel ei hun, *A Very Peculiar Practice*; darlledwyd y gyfres hon, sydd wedi ei seilio ar bractis meddygol prifysgol, yn 1986–87 a daeth ei chomedi ddu yn llwyddiant cwlt. Yr oedd *Filipina Dreamgirls* (1991) yn ddrama deledu wreiddiol, a ysgrifennwyd ar gyfer BBC Cymru, a daeth yr addasiad o nofel Kingsley Amis *The *Old Devils, a leolwyd yn Abertawe, hefyd ag ef yn ôl i Gymru, er bod yr anghydfod a enynnwyd y tro hwn yn deillio lawn cymaint o nofel Amis ag o fersiwn teledu Andrew Davies. Cynhyrchwyd hefyd ddwy ddrama lwyfan o'i eiddo, *Rose* (1981) a *Prin* (1990).

DAVIES, ANEIRIN TALFAN (Aneirin ap Talfan; 1909–80), beirniad llenyddol, bardd a darlledwr. Fe'i ganed yn Felindre, Henllan, Caerf., yn fab i weinidog gyda'r Methodistiaid Calfinaidd, a chafodd ei addysg uwchradd yn Ysgol Ramadeg Tre-gŵyr wedi i'r teulu symud i Orseinon, Morg., yn 1911. Gadawodd yr ysgol yn bedair ar ddeg oed i fod yn brentis fferyllydd. Ysgogwyd ei ddiddordeb mewn diwinyddiaeth a llenyddiaeth tra bu'n gweithio yn Llundain, yn arbennig dan ddylanwad capel Cymraeg y Methodistiaid Calfinaidd yn Charing Cross. Yn y cyfnod hwnnw sefydlodd y cylchgrawn *Heddiw. Dychwelodd i Abertawe yn 1938, ond dair blynedd yn ddiweddarach dinistriwyd ei siop fferyllydd gan fomiau'r Almaen ac aeth yn ôl i Lundain a dechrau ar yrfa newydd fel darlledwr. Ar ddiwedd y rhyfel ymunodd â staff y BBC yng Nghaerdydd a dod yn Bennaeth Rhaglenni BBC Cymru yn 1966. Yr oedd bellach wedi ymaelodi yn yr Eglwys yng Nghymru ac yn rhinwedd ei lenydda, ei bregethu a'i waith ar bwyllgorau daeth yn un o'i lleygwyr blaenaf.

Yr oedd yn awdur nifer helaeth o lyfrau beirniadol eang eu gorwelion, rhai ohonynt yn ymdrin â llenyddiaeth Saesneg. Yn eu plith yr oedd *Eliot, Pwshcin, Poe* (1942) ac *Yr Alltud* (1944), astudiaeth o James Joyce, *Y Tir Diffaith* (1946), *Sylwadau* (1957), astudiaeth o'r bregeth yn y traddodiad Cristnogol, *Pregethau a Phregethu'r Eglwys* (1957), *Astudio Byd* (1967), *Yr Etifeddiaeth Dda* (1967) a *Gyda Gwawr y Bore* (1970). At hyn bu'n olygydd ar nifer o gasgliadau, fel *Munudau Gyda'r Beirdd* (1954) ac *Englynion a Chywyddau* (1958), a chyfrol o feirniadaeth lenyddol, *Gwŷr Llên* (1948). Ymhlith ei lyfrau beirniadol yn Saesneg gellir enwi *Dylan: Druid of the Broken Body* (1964) a *David Jones: Letters to a Friend* (1979). Cyfrannodd eiriau i gyfansoddiadau cerddorol Arwel *Hughes.

Gyda'i frawd, Alun Talfan *Davies, sefydlodd gwmni cyhoeddi *Llyfrau'r Dryw (a adwaenir bellach fel Christopher Davies), a chyfrannodd lyfrau taith nodedig ar sir Gaerfyrddin a Bro Morgannwg i *Gyfres Crwydro Cymru y wasg honno. Yr oedd yn fardd yn y wers rydd a chyhoeddodd ddwy gyfrol, Y Ddau Lais (gyda W. H. *Reese, 1937) a Diannerch Erchwyn (1976). Gŵr eang ei ddiwylliant ydoedd, teimladwy ei naws, ac un yr oedd ei feddwl yn aml yn troi i gyfeiriad diwinyddiaeth a syniadaeth gyfriniol. Nid y lleiaf o'i gyfraniadau lu i fywyd Cymru oedd ei nawdd helaeth i lenorion Cymraeg a Saesneg yn ystod ei gyfnod gyda'r BBC.

Am fanylion pellach gweler yr astudiaeth ddarluniedig o'i fywyd a'i waith yn y gyfres Bro a Bywyd (gol. Ifor Rees, 1992); gweler hefyd yr erthygl gan Dafydd Jenkins yn Taliesin (cyf. LXXVIII/LXXIX, 1992–93).

DAVIES, BEN (1864–1937), bardd a aned yng Nghwmllynfell, Caerf. Bu'n weinidog gyda'r Annibynwyr yn Ystalyfera, Morg., o 1891 hyd 1926. Canodd bryddestau meithion, crefyddol ac athronyddol eu naws yn null y *Bardd Newydd ac enillodd y *Gadair yn Eisteddfod Genedlaethol 1896.

DAVIES, BRYAN MARTIN (1933–   ), bardd. Fe'i ganed ym Mrynaman, Caerf., a'i addysgu yng Ngholeg Prifysgol Cymru, Aberystwyth; bu'n athro Cymraeg yng Ngholeg Chweched Dosbarth Iâl, Clwyd, hyd nes iddo ymddeol yn 1985. Cyhoeddodd bum cyfrol o'i gerddi, sef Darluniau ar Gynfas (1970), Y Golau Caeth (1972), Deuoliaethau (1976), Lleoedd (1984) a Pan Oedd y Nos yn Wenfflam (1988), ac enillodd *Goron yr Eisteddfod Genedlaethol yn 1970 ac 1971. Ymhlith y gweithiau a gyfieithodd i'r Gymraeg gellir enwi Nadolig Plentyn yng Nghymru (1978) gan Dylan *Thomas a Prolog Chwedlau Caer-gaint (1983) gan Chaucer. Y mae hefyd yn awdur astudiaeth feirniadol o waith Watcyn Wyn (Watkin Hezekiah *Williams), Rwy'n gweld o bell (1980), a nofel, Gardag (1988).

Trafodir gwaith y bardd gan Dafydd Johnston yn Cwm Aman (gol. Hywel Teifi Edwards, 1996).

DAVIES, CERI (1946–   ), ysgolhaig a hanesydd llenyddol. Ganed ef yn Y Betws, Rhydaman, Caerf., a'i addysgu yng Ngholeg y Brifysgol, Caerdydd, a Choleg Iesu, Rhydychen. Bu'n Gymrawd Trefloyne yng Ngholeg Prifysgol Cymru, Aberystwyth, ac yn Ddarlithydd yn y Clasuron yng Ngholeg y Brifysgol, Caerdydd. Er 1988 yn mewn swydd debyg yn Abertawe a'i ddyrchafu yn Uwch-ddarlithydd yn 1991. Ei brif feysydd ymchwil yw llenyddiaeth Ladin y *Dadeni Dysg a'r traddodiad Clasurol yng Nghymru. Yn 1980 cyhoeddodd Rhagymadroddion a Chyflwyniadau Lladin, 1551–1632, ac yn 1981 Latin Writers of the Renaissance yn y gyfres *Writers of Wales. Bu'n un o is-olygyddion a chyfrannwr i'r Geiriadur Lladin–Cymraeg (1979) ac yn

un o Banel y Testament Newydd a'r Apocryffa ar gyfer y Beibl Cymraeg Newydd (1988). Cymerodd holl rychwant llên Gymraeg yn faes yn ei lyfr Welsh Literature and the Classical Tradition (1995), gan drafod cynnwys ac arddull â barn dreiddgar.

Davies, Clara Novello (1861–1943), côr-feistres. Fe'i ganed yng Nghaerdydd a chafodd ei henwi ar ôl y gantores Eidalaidd enwog Clara Anastasia Novello (1818–1908). Bu ar ymweliad â Ffair y Byd yn Chicago yn 1893, gyda'i chôr, ac aeth ar daith trwy UDA yn yr un flwyddyn. Perfformiodd yn Arddangosfa Paris yn 1900 ac yr oedd yn hynod boblogaidd ledled Cymru, yn enwedig yn ystod y Rhyfel Byd Cyntaf pan gynhaliodd gyngherddau i godi arian i'r lluoedd arfog. Yr oedd ganddi un mab, Ivor Novello (David Ivor *Davies), ac ysgrifennodd hunangofiant yn dwyn y teitl, The Life I Have Loved (1940).

Davies, Dan Isaac (1839–87), athro a gwladgarwr. Fe'i ganed yn Llanymddyfri, Caerf., a daeth yn brifathro Ysgol y Comin (Ysgol Stryd y Felin), yn Aberdâr, Morg., yn 1858. Yno, yn groes i dueddiadau arferol y cyfnod, bu'n arloesi er defnyddio'r Gymraeg yn yr ystafell ddosbarth drwy annog ei gynorthwywyr i siarad yr iaith â'u disgyblion. Wedi ei benodi'n Arolygydd Ysgolion yn 1868, bu'n ymgyrchu dros ddysgu'r Gymraeg yn helaethach. Cafodd ryw gymaint o lwydd-iant pan fabwysiadwyd ei argymhellion i'r Ddirprwyaeth Frenhinol ar Addysg Elfennol yng Nghymru (1886). Ef hefyd, yn 1885, oedd un o sylfaenwyr *Cymdeithas yr Iaith Gymraeg. Ysgrifennodd gyfres ddylanwadol o erthyglau a gyhoeddwyd dan y teitl Tair Miliwn o Gymry Dwyieithawg mewn Can Mlynedd yn 1885.

Ceir manylion pellach yn yr erthygl gan Ifano Jones, 'Dan Isaac Davies and the Bilingual Movement' yn Welsh Political and Educational Leaders in the Victorian Era (gol. J. Vyrnwy Morgan, 1908) ac yn llyfr J. Elwyn Hughes, Arloeswr Dwyieithedd (1984).

DAVIES, DANIEL JOHN (1885–1969), bardd. Fe'i ganed ger Crymych, Penf., a chafodd ei addysg yng Ngholeg y Brifysgol, Caerdydd, a Choleg Coffa, Aberhonddu; bu'n weinidog Capel Als, un o gapeli'r Annibynwyr, Llanelli, o 1916 hyd 1958. Yr oedd yn heddychwr pybyr ynghanol y Rhyfel Byd Cyntaf, Llywydd Undeb yr Annibynwyr Cymraeg (1957–58) ac yn un o olygyddion Y Caniedydd (1960). Lluniodd gywyddau graenus, enillodd *Gadair Eisteddfod Gen-edlaethol 1932 a chyhoeddodd un gyfrol, Cywyddau a Chaniadau Eraill (1968).

Davies, David (Dai'r Cantwr; 1812–74), terfysgydd a chrwydryn a aned ger Llancarfan, Morg. Bu'n gweithio fel labrwr, ond gallai hefyd bregethu a chanu. Gyda John *Jones (Shoni Sgubor-fawr), chwaraeodd ran flaenllaw yn y gwaith o ddinistrio'r tollbyrth yn ystod Helyntion

*Beca ac am hyn fe'i dedfrydwyd yn 1843 i ugain mlynedd o alltudiaeth yn Van Diemen's Land. Dengys ei 'Gân Hiraethlon' am olygfeydd ei ieuenctid ei fod yn gyfarwydd â'r mesurau caeth. Cafodd bardwn yn 1854 a dychwelyd i Gymru a byw fel crwydryn; llosgwyd ef i farwolaeth pan aeth yr ysgubor lle yr oedd yn cysgu ar dân.

DAVIES, DAVID (Dewi Emlyn; 1817–88), llenor, brodor o Genarth, Caerf., a ymfudodd i UDA yn 1852 ac a ddaeth yn adnabyddus yno fel bardd. *Llythyrau Anna Beynon* (1870) yw ei waith pwysicaf. Cyfrol ydyw o lythyrau honedig merch ifanc o Gymraes at ei chwaer yn America rhwng 1719 ac 1727, ac ynddynt disgrifir y bywyd gwledig gyda'i arferion a'i ofergolion ac adleisiau dadleuon diwinyddol. Cyhoeddwyd hwy gyntaf yn *Yr Haul*, fel rhai dilys; pan gyhoeddwyd hwy mewn llyfr darganfuwyd mai dychmygol oeddynt a thueddodd y dadlau am gywirdeb y ffeithiau hanesyddol anwybyddu eu gwerth llenyddol. Ailgyhoeddwyd *Llythyrau Anna Beynon* yn 1976.

Davies, David (Top Sawyer; 1818–90), diwydiannwr a dyngarwr a aned yn Llandinam, Tfn. Yr hynaf o ddeg o blant, i raddau helaeth iawn fe'i haddysgodd ei hun. Yn un ar ddeg oed yr oedd yn gweithio'n llawnamser ym mhwll-llifio ei dad ac yn ddiweddarach dechreuodd ffermio. Ei nod yn ddieithriad oedd gwella ei amgylchiadau a dechreuodd ar ei yrfa fel contractiwr yn 1846 pan gomisiynwyd ef i osod sylfeini pont dros afon Hafren yn ei bentref genedigol. Aeth ymlaen i adeiladu rheilffyrdd, rhai ohonynt ar y cyd â Thomas Savin. Yn 1864 torrodd byllau glo'r Parc a'r Maendy yn y *Rhondda Fawr, ac ychwanegodd lofeydd eraill at y rhain, a elwid pyllau *Ocean Merthyr*, gan ffurfio cwmni newydd, yr *Ocean Coal Company*, yn 1887. Creodd borthladd newydd i allforio cynnyrch ei byllau yn Y Barri a oedd yn bentref di-nod cyn hynny. Daeth yn ŵr cyfoethog iawn a dechreuodd gymryd rhan ym mywyd cyhoeddus ei wlad, a chafodd ei ethol yn Aelod Seneddol Rhyddfrydol dros Fwrdeistrefi Aberteifi. Fodd bynnag, nid anghofiodd ei gefndir gwledig, na'i ddigrifwch hwyliog, ac ar ystod ei flynyddoedd diweddarach yr oedd yn hoff o sôn am ei allu fel llifiwr pan oedd yn '*top sawyer*', hynny yw y gŵr a weithiai yn y safle uchaf wrth lifio, ac felly yn osgoi y llwch lli. Yr oedd yn hael tuag at achosion crefyddol ac addysgol ac yn Fethodist Calfinaidd o argyhoeddiad, a choleddai syniadau piwritanaidd am ddiod feddwol a chadwraeth y Saboth. Am un mlynedd ar ddeg, bu'n Drysorydd Coleg *Prifysgol Cymru, Aberystwyth, coleg cyntaf Prifysgol Cymru, a'i gyfraniadau hael ef a arweiniodd at agor y 'Coleg ger y Lli' yn 1872. Ei ŵyr, yr Arglwydd Davies cyntaf, a gychwynnodd y cylchgrawn *The *Welsh Outlook* yn 1914, gan barhau i dalu amdano hyd 1927. Trigai ei wyresau, Gwendoline a Margaret Davies, yng

*Ngregynog, ger Y Drenewydd, Tfn., a hwy oedd noddwyr *Gwasg Gregynog.

Ysgrifennwyd cofiant David Davies gan Goronwy Jones (1913) a chan Ivor Thomas, *Top Sawyer* (1938); gweler hefyd Herbert Williams, *Davies the Ocean* (1991).

DAVIES, DAVID (1849–1926), awdur. Fe'i ganed yn Rhydargaeau, Caerf.; pan oedd yn naw mlwydd oed symudodd gyda'i deulu i Drefforest, ger Pontypridd, Morg., ac yno yn ddiweddarach daeth yn athro-ddisgybl mewn Ysgol Genedlaethol. Wedi iddo golli ei swydd am wrthod mynychu gwasanaethau Anglicanaidd, daeth yn wrthwynebwr chwyrn i'r Eglwys Sefydledig yng Nghymru ac ymunodd â'r *Bedyddwyr. Yr oedd yn gyfaill i'r pregethwr Saesneg C. H. Spurgeon; bu'n weinidog mewn nifer o eglwysi yn Lloegr cyn dychwelyd i Gymru yn 1908 yn weinidog i Benarth, Morg. Cyhoeddodd dri llyfr gyda'r bwriad o 'gyflwyno darlun o fywyd gwerinol fel y bu am genedlaethau ym mherfeddwlad Cymru', sef *Echoes from the Welsh Hills* (1883), *John Vaughan and his Friends* (1897) a *Reminiscences of my Country and People* (1925), yn ogystal ag astudiaeth o Vavasor *Powell (1896).

DAVIES, DAVID IVOR (Ivor Novello; 1893–1951), cyfansoddwr, actiwr a dramodydd a aned yng Nghaerdydd yn fab i'r gantores Clara Novello *Davies; cafodd ei addysg yn Ysgol Coleg Magdalen, Rhydychen. Cyhoeddodd ei gân gyntaf pan oedd yn bymtheg oed a daeth yn enwog yn ystod y Rhyfel Byd Cyntaf fel awdur y dôn 'Keep the Homes Fires Burning'; ysgrifennwyd y geiriau gan Lena G. Ford. Am weddill ei oes mwynhaodd lwyddiant didor, bron, fel un o'r dynion mwyaf amryddawn yn y theatr ar y pryd. Ymhlith ei ddramâu (heb gerddoriaeth) y mae *The Truth Game* (1928), *A Symphony in Two Flats* (1929), *Party* (1932) a *Proscenium* (1933). Ond ei lwyddiant mwyaf oedd y comedïau cerdd *Glamorous Night* (1935), *Careless Rapture* (1936), *The Dancing Years* (1939), *Perchance to Dream* (1945) a *King's Rhapsody* (1949); Christopher Hassall a ysgrifennodd eiriau'r caneuon ar gyfer pob un o'r rhain. Er ei fod yn actio yn ei ddramâu cerddorol, ni fedrai ganu ac ni cheisiodd wneud hynny ar lwyfan.

Ymhlith y llyfrau ar fywyd a gwaith Ivor Novello gellir argymell y canlynol: W. Macqueen Pope, *Ivor, the Story of an Achievement* (1954), Richard Rose, *Perchance to Dream: the World of Ivor Novello* (1974), Peter Noble, *Ivor Novello, Man of the Theatre* (1975) a Sandy Wilson, *Ivor* (1975). Seiliwyd y nofel *The Painted King* (1954) gan Rhys Davies ar yrfa Ivor Novello.

DAVIES, DAVID JACOB (1916–74), bardd, storïwr a darlledwr a aned yn Llandysul, Cer. Bu'n weinidog gyda'r Undodiaid yn Aberystwyth, Aberdâr ac Alltyblaca, Cer. Disgleiriodd fel digrifwr ar lwyfan ac yn y cyfryngau a hefyd mewn llyfrau ysgafn o storïau, gan ddechrau gyda *Plwm Pwdin* (1950). Ar wastad mwy difrifol, bu'n olygydd cylchgrawn yr Undodiaid, *Yr Ymofynnydd*, am flynyddoedd lawer. Bu'n awdur dros ddwy fil o sgriptiau radio, yn enwedig y cyfresi drama *Teulu Tŷ Coch* a *Teulu'r Mans* a'r portreadau o Gwilym Marles (William *Thomas; 1834–79) a Dewi Emrys (David Emrys *James). Casgliad o storïau byrion bywiog yw ei lyfr *Dyddiau Main* (1967). Ei lyfr gorau yw ei ddetholiad o gerddi, *Y Mynydd Teimladwy* (1970); y prif nodyn yma yw tristwch hiraethus o golli ei fab ifanc Amlyn a mynegir ei alar gyda symledd dwys.

Am ragor o fanylion gweler J. Eric Jones (gol.), *Dyn Bach o'r Wlad* (1984).

DAVIES, DAVID JAMES (1893–1956), meddyliwr gwleidyddol. Fe'i ganed ger Carmel, Caerf. Ymunodd â'i dad yn y lofa leol yn ddeuddeg oed, ond yn 1912 ymfudodd i UDA lle y bu'n gweithio fel ymchwilydd am fwynau gwerthfawr, paffiwr proffesiynol a pheiriannydd ar long. Rhyddhawyd ef o'r llynges yn 1919, dychwelodd i Gymru a daeth yn weithgar yn y Blaid Lafur yn ardal Rhydaman. Ar ymweliad â Denmarc, fodd bynnag, daeth dan ddylanwad egwyddorion cydweithredol Mudiad Ysgolion Uwchradd Gwerin ac ymunodd â *Phlaid Cymru yn fuan wedi iddi gael ei sefydlu yn 1925. Cymerodd ddoethuriaeth mewn economeg amaethyddol yng Ngholeg Prifysgol Cymru, Aberystwyth, ac ymgartrefodd gyda'i wraig Noëlle ym Mhantybeiliau ger Gilwern, Brych., lle y buont yn cynnal ysgol i'r di-waith yn 1934 a'r flwyddyn ganlynol. Ysgrifennodd nifer o bamffledi ar bynciau economaidd ac athronyddol, a seiliodd Plaid Cymru ei pholisïau cynnar ar rai o'r rhain; cynhaliodd ymgyrch ddiflino yn y wasg i geisio cael cydnabyddiaeth swyddogol fod Mynwy yn rhan o Gymru. Ei lyfr pwysicaf oedd *Economic History of South Wales* (1933). Golygwyd detholiad o'i waith gan Ceinwen Thomas yn y gyfrol *Towards Welsh Freedom* (1958).

Gwelir manylion pellach yn y bennod ar D. J. Davies gan Ceinwen Thomas yn *Adnabod Deg* (gol. Derec Llwyd Morgan, 1977). Ceir hanes cyfraniad D. J. Davies i athroniaeth gynnar Plaid Cymru yn D. Hywel Davies, *The Welsh Nationalist Party 1925–1945* (1983).

DAVIES, DAVID THOMAS (1876–1962), dramodydd a aned yn Nant-y-moel, Morg., ond a fagwyd yn Ystrad Rhondda. Graddiodd yn y Gymraeg yng Ngholeg Prifysgol Cymru, Aberystwyth, coleg a oedd wedi chwarae rhan flaengar yn natblygiad y *ddrama er 1879, a lle y bu D. T. Davies yn gyfaill agos i J. O. *Francis. Cyn ymuno â'r Ffiwsilwyr Cymreig a gwasanaethu yn y Rhyfel Byd Cyntaf, treuliodd gyfnod yn Llundain, ac yno ymddiddorodd yn fawr yn y realaeth gymdeithasol a nodweddai'r ddrama newydd Ibsenaidd. Ceir enghreifftiau o'r arddull hon ar y pryd yng ngwaith Shaw ac yng nghynyrchiadau Granville Barker yn Theatr y Royal Court. Yn sgîl y dylanwadau

hyn, agorodd D. T. Davies bennod newydd yn hanes y ddrama yng Nghymru pan lwyfannwyd *Ble Ma Fa?* (1913) ac *Ephraim Harris* (1914). Ar ôl y rhyfel fe'i penodwyd yn arolygwr ysgolion, ac ymgartrefodd ym Mhontypridd. Yno ysgrifennodd gyfres o ddramâu a berfformiwyd gan gwmnïau amatur mewn capeli a neuaddau'r gweithwyr ar hyd cwm *Rhondda, lle'r oedd diddordeb eithriadol yn y ddrama bryd hynny. Ar ôl ymddeol, symudodd i fyw yn gyntaf i Borth-cawl (1936) ac yna i Abertawe (1954).

Adweithiodd D. T. Davies yn erbyn yr iaith rwysgfawr, anystwyth a arferid yn nramâu pasiant ffug-hanesyddol ddiwedd y bedwaredd ganrif ar bymtheg. Ymuniaethodd â llenorion ifainc, gwrthryfelgar megis W. J. *Gruffydd ac R. G. *Berry, a rhannodd eu hagwedd feirniadol, herfeiddiol hwy tuag at y sefydliad Anghydffurfiol. Gwelir hynny'n eglur yn ei ddrama 'gegin' un-act, *Ble Ma Fa?*, a ysgrifennwyd yn nhafodiaith cwm Rhondda. (Efallai bod cyfeiriad yn y teitl at Job 14:10.) Y mae'r ddrama'n portreadu'r tyndra oddi fewn i'r gymdeithas gapelgar drwy ganolbwyntio ar y ddadl rhwng blaenor adweithiol a gweinidog ifanc blaengar ynghylch yr ymateb Cristnogol priodol i farwolaeth anghrediniwr a fuasai'n ŵr i un o ffyddloniaid selog y capel. Ymdrinnir â gwrthdaro tebyg rhwng yr hen fyd a'r byd newydd yn *Ephraim Harris*, drama lle y dengys D. T. Davies ei fod yn etifedd teilwng i Daniel *Owen a'i fod yn gyfoeswr Caradoc Evans (David *Evans) a John Galsworthy. Y mae *Ephraim Harris* yn ymwneud â rhagrith grefyddol yn wyneb tramgwydd rhywiol, testun Ibsenaidd sy'n cael ei drin gyda dwyster trasig tan y diweddglo hapus, cwbl anghymarus. Noddwr pwysicaf y ddrama gymdeithasol newydd, herfeiddiol, hon oedd yr Arglwydd Howard de Walden (Thomas Evelyn *Scott-Ellis), ac yn 1913 rhannwyd ei wobr ef am ddrama rhwng D. T. Davies ac R. G. Berry. Eithr ymateb cymysg a roddid i'r fath ddrama gan y cyhoedd, ac wedi'r rhyfel trodd D. T. Davies i ysgrifennu dramâu llai dadleuol (a llai addawol), megis comedïau cymdeithasol (*Y Pwyllgor*, a orffennwyd cyn y rhyfel ond a gyhoeddwyd yn 1920), *Ffrois*, 1920, *Pelenni Pitar*, 1925), a moeswersi modern (*Y Dieithryn*, a orffennwyd cyn y rhyfel ond a gyhoeddwyd yn 1922, a *Gwerthoedd*, 1936). Yn *Branwen Ferch Llŷr* (1921) arbrofodd â chyfaddasiad deallusol modern o hen chwedl, arbrawf a berffeithiwyd yn ddiweddarach gan Saunders *Lewis yn *Blodeuwedd*. Y mae *Troi'r Tir* (1926) a *Toriad Dydd* (1932) yn ymwneud â nychdod diwylliant Cymraeg y Rhondda yn sgîl goruchafiaeth gymdeithasol y Saesneg.

Y mae'r diffyg sylw a roddwyd i waith D. T. Davies gan haneswyr Saesneg y Rhondda ac awduron Cymraeg fel ei gilydd yn un o ganlyniadau trist y cyfnewidiadau cymdeithasol a diwylliannol a gofnodwyd ganddo yn ei ddramâu. Ychydig bach iawn o sylw a roddwyd hyd yn hyn i'w gyfraniad grymus ef i ddatblygiad y ddrama fodern yng Nghymru, ac i'r dadeni llenyddol yn y Gymraeg ar gychwyn yr ugeinfed ganrif. Anwybyddwyd, hefyd, y rhan allweddol a chwaraewyd ganddo yn ym-drech y dramodwyr 'newydd', rhwng 1910 ac 1920, i ddod â Chymru wyneb yn wyneb â delwedd onest, ansentimental ohoni hi ei hun.

Ceir trafodaeth lawn ar fywyd a gwaith D. T. Davies gan Menna Davies yn *Cwm Rhondda* (gol. Hywel Teifi Edwards, 1995), a gosodir ef yng nghyd-destun hanes y ddrama Gymraeg yn O. Llew Owain, *Hanes y Ddrama yng Nghymru, 1850–1943* (1948). Trafodir gwaith D. T. Davies hefyd yn Hywel Teifi Edwards, *Codi'r Hen Wlad Yn Ei Hôl* (1989), yng nghyfrol arall yr un awdur, *Arwr Glew Erwau'r Glo* (1994), ac yn M. Wynn Thomas, *Internal Difference: Twentieth-Century Writing in Wales* (1992).

DAVIES, DEWI EIRUG (1922–97), diwinydd a llenor. Brodor o Gwmllynfell, Morg., ydoedd ac fe'i haddysgwyd yng Ngholeg Prifysgol Cymru, Aberystwyth, y Coleg Presbyteraidd, Caerfyrddin a Phrifysgol Llundain. Bu'n weinidog yn San Clêr, Llundain (Radnor Walk), Llanbryn-mair a Threforys; yna bu'n athro diwinyddol yn y Coleg Coffa, Abertawe, ac yn Brifathro'r un coleg yn Aberystwyth. Ei dad oedd T. Eirug *Davies.

Yr oedd yn awdur toreithiog, a ffrwyth ei lafur diwinyddol yw ei *Arweiniad i Athrawiaeth Gristionogol* (1969). Cyn hynny, yn annisgwyl braidd, cyhoeddodd lyfr ysgafnach, *Blas Virginia, 1961–62* (1964), cronicl difyr o flwyddyn sabothol. Mewn rhai llyfrau bu'n olygydd i efrydiau gan awduron amrywiol: *Ffolineb Pregethu: Cyfrol o Bregethau* (1967); *Gwinllan a Roddwyd* (1972); *Cyfrol Deyrnged i Pennar Davies* (1981), ond bod y llyfr hwn yn cynnwys teyrnged nodedig gan y golygydd. Ei waith diwinyddol pwysicaf yw *Diwinyddiaeth yng Nghymru, 1927–1977* (1984), addasiad o'i draethawd Ph.D., ond cyfyngir y trafod i weithiau Cymraeg. Safbwynt radicalaidd oedd gan yr awdur, ac ar ddiwedd y gyfrol y mae'n canmol eschatoleg ddi-uffern R. S. Rogers yn ei lyfr *Athrawiaeth y Diwedd* (1934); eto y mae'n cyfleu safbwyntiau eraill yn ofalus wrthrychol. Ceir arlliw o'i brofiad personol yn *Hoff Ddysgedig Nyth* (1976), sy'n mesur cyfraniad Coleg Presbyteraidd Caerfyrddin i fywyd Cymru.

Ond ehangach yw diddordeb ei ddwy gyfrol sy'n dadansoddi natur a maint y gwrthwynebiad a gafwyd yng Nghymru i ryfeloedd mawr y ganrif: *Byddin y Brenin* (1988) a *Protest a Thystiolaeth* (1993). Yr oedd y gwrth-wynebiad cydwybodol dipyn yn amlycach yn yr Ail Ryfel Byd, a'i seiliau'n fwy amrywiol. Er mai'r sail Gristnogol sy'n cael y prif sylw yn y llyfrau hyn, nodir bod amryw wedi cyplysu heddychiaeth a chenedlaetholdeb yn eu gwrthodiad, a bod rhai, fel A. O. H. *Jarman, wedi sefyll ar dir cenedlaethol yn unig. O bryd i'w gilydd codir y llen ar ddiffyg undod yr Eglwys ar fater rhyfel, a'r darlun ffyddlon hwn yw un o ragoriaethau'r ddwy gyfrol hyn. Dadansoddiad manwl hanesyddol a geir felly yn amryw o'i weithiau. Ond yr oedd yn feistr hefyd ar y dull byr a bachog, fel y gwelir yn ei lyfr *Chwyldro Duw a Homilïau Eraill* (1995), lle y ceir saith deg o bregethau byrion.

Gweler erthyglau W. Eifion Powell yn *Y Traethodydd* (Ebrill 1995) a Denzil Ieuan John yn *Cristion* (Chwef. 1996), a'r deyrnged gan R. Tudur Jones yn *Taliesin* (cyf. IC, 1997).

DAVIES, DUDLEY GARNET (1891–1981), bardd. Fe'i ganed yn Abertawe a'i addysgu yng Ngholeg Llanymddyfri a Choleg y Frenhines, Rhydychen. Gan nad oedd yn ddigon iach i fod yn filwr ymunodd yn 1916 â Gwasanaeth Sifil yr India a chododd i fod yn Farnwr Sesiynau yn Bengal. Oherwydd afiechyd bu'n rhaid iddo ymddiswyddo yn 1928 ac ar ôl blwyddyn yng Ngholeg Diwinyddol Wells cafodd ei ordeinio, ac wedi dwy guradiaeth aeth yn rheithor i swydd Hertford ac wedyn i Rydychen. Fe'i hadwaenir orau am ei gerdd 'Carmarthenshire' a gyfansoddwyd yn yr India yn 1920 a gynhwyswyd yn y flodeugerdd *They Look at Wales* (1941). Cyhoeddodd ddwy gyfrol o gerddi, *Poems, Calcutta* (1925) a *Boatrace* (1971).

DAVIES, EBENEZER THOMAS (1903–92), hanes-ydd. Fe'i ganed ym Mhontycymer, Morg., a'i addysgu yng Ngholeg y Brifysgol, Caerdydd. Bu'n athro mewn ysgolion yn Nyffryn Garw ac yng Nghaerdydd o 1928 hyd 1936 pan ordeiniwyd ef yn offeiriad gyda'r Eglwys yng Nghymru, a bu'n gwasanaethu mewn plwyfi ym Mynwy nes iddo ymddeol. Ymhlith ei weithiau cyhoeddedig ceir *The Political Ideas of Richard Hooker* (1946), *History of the Parish of Mathern* (1950), *An Ecclesiastical History of Monmouthshire* (1953), *Monmouth-shire Schools and Education to 1870* (1957), *Religion in the Industrial Revolution in South Wales* (1965) a *Religion and Society in Wales in the Nineteenth Century* (1981).

DAVIES, EDMUND COEDFRYN (1905–27), bardd a aned yn Llansteffan, Caerf., ac a weithiodd yn ddiweddarach fel clerc mewn banc. Cyhoeddodd ddwy gyfrol o farddoniaeth gonfensiynol, sef *Woodland Breezes* (1924) a *Passion Flowers* (1927); bu farw cyn iddo ddod i'w lawn dwf fel bardd.

DAVIES, EDWARD (**Celtic Davies**; 1756–1831), llenor a hynafiaethydd, a aned ym mhlwyf Llanfaredd, Maesd. Ar ôl treulio blwyddyn yn Ysgol Ramadeg Aberhonddu aeth yn ysgolfeistr a churad, ac yn 1805 fe'i penodwyd yn rheithor Llandeilo Ferwallt, Morg., ac yno yr arhosodd hyd ddiwedd ei oes. Cyhoeddodd ddwy gyfrol o farddoniaeth, sef *Aphtharte, the Genius of Britain* (1784) a *Vacunalia* (1788), nofel dan y teitl *Eliza Powell: or Trials of Sensibility* (1795) a thraethawd ar ddilysrwydd Ossian yn 1825. Rhwng 1779 ac 1783 ysgrifennodd dair drama bum-act, dwy gomedi, *The Gold Mine* a *The Guardian*, a thrasiedi, *Owen, or the Fatal Clemency*. Cafodd ei lysenwi o ganlyniad i'w ddwy gyfrol ar bynciau Cymreig a Cheltaidd, *Celtic Researches* (1804) a *The Mythology and Rites of the British Druids* (1809).

Yr oedd yn weithiwr diwyd ac yn gasglwr llawysgrifau,

y defnyddiwyd rhai ohonynt gan olygyddion *The Myvyrian Archaiology* (1801–07), ond nid oedd yn rhugl ei Gymraeg ac nid oedd ganddo'r cymwysterau i ddehongli'r hen farddoniaeth a garai gymaint. Ar y llaw arall, er ei fod yn credu yn y *Derwyddon, yr oedd ymhlith y cyntaf i amau honiadau Iolo Morganwg (Edward *Williams) ynghylch *Gorsedd Beirdd Ynys Prydain.

Ceir manylion pellach amdano yng nghofiant W. J. Rees yn y *Cambrian Quarterly Magazine* (1831) ac yn yr erthygl gan Frank R. Lewis yn *Nhrafodion* Cymdeithas Sir Faesyfed (1965); gweler hefyd erthygl G. R. Orrin yn *Gower* (1980).

DAVIES, EDWARD TEGLA (Tegla; 1880–1967), llenor a aned yn Llandegla-yn-Iâl, Dinb., yn fab i chwarelwr. Ar ôl saith mlynedd yn ddisgybl-athro aeth i Goleg Didsbury, Manceinion, a bu'n weinidog gyda'r Wesleaid am weddill ei oes. Yr oedd yn gyfaill agos i T. Gwynn *Jones, Ifor *Williams a gwŷr llên eraill; bu'n olygydd ar *Y Winllan* (1920–28) ac *Yr *Efrydydd* (1931–35), yn ogystal â *Chyfres Pobun*.

Ymddangosodd y rhan fwyaf o'i waith yn gyfresi mewn cyfnodolion cyn eu cyhoeddi'n llyfrau. Ei gyfrol gyntaf oedd *Hunangofiant Tomi* (1912), a dilynwyd hi gan gyfrolau doniol eraill am fechgyn megis *Nedw* (1922), ffantasi ofod, *Rhys Llwyd y Lleuad* (1925) ac *Y Doctor Bach* (1930). Amlygwyd dawn ffantasi Tegla gyntaf yn *Tir y Dyneddon* (1921), ond y mae i'w gweld hefyd, yn aeddfedu'n raddol, yn *Hen Ffrindiau* (1927), stori am gymeriadau'r hwiangerddi Cymraeg yn ceisio ymryddhau o gaethiwed oesol eu penillion, ac yn *Stori Sam* (1938). Beirniadwyd y ffantasïau hyn am fod moeswersi'r pregethwr yn rhy amlwg ynddynt ond gellir eu mwynhau am eu dyfeisgarwch cyfoethog yn unig. Yn ei unig nofel hir, *Gŵr Pen y Bryn* (1923), disgrifir tröedigaeth ffermwr cefnog yn ystod *Rhyfel y Degwm yn yr 1880au. Casglwyd ei storïau byrion yn y gyfrol *Y Llwybr Arain* (1934) ac er i ddwy ohonynt, 'Yr Epaddyn Rhyfedd' a 'Samuel Jones yr Hendre yn Diolch am ei Gynhaeaf', gael eu dilorni gan feirniaid Cymraeg am eu 'hathronyddu sentimental', cawsant dderbyniad da mewn cyfieithiadau Saesneg.

Rhwng 1946 ac 1953 ysgrifennodd golofn wythnosol i'r *Herald Cymraeg*. Yn ddiweddarach cyhoeddwyd detholion o'r ysgrifau hyn sy'n cynnwys dychan deifiol ar fywyd Cymru, toreth o eglurebau medrus y pregethwr creadigol, a pheth o'i ryddiaith orau yn *Rhyfedd o Fyd* (1950), *Y Foel Faen* (1951) ac *Ar Ddisberod* (1954). Ysgrifennodd hefyd lyfrau addysgol i blant a chyhoeddodd ddetholion o'i bregethau a'i sgyrsiau radio, megis *Yr Hen Gwpan Cymun* (1961), sydd oll yn amlygu ei feddwl llym a'i ddychymyg toreithiog. Ymddangosodd ei hunangofiant dan y teitl *Gyda'r Blynyddoedd* (1952).

Ceir manylion pellach yng nghofiant Tegla gan Huw Ethall (1980). Golygwyd cyfrol deyrnged iddo, *Edward Tegla Davies, Llenor a Phroffwyd* (1956), gan Islwyn Ffowc Elis, a ysgrifennwyd hefyd astudiaeth o'i waith, *Dirgelwch Tegla* (1977). Gweler hefyd

yr astudiaeth feirniadol gan Pennar Davies yn y gyfres *Writers of Wales* (1983), yr ysgrif gan Dyddgu Owen yn *Dewiniaid Difyr* (gol. Mairwen a Gwynn Jones, 1983) a'r erthygl gan John Rowlands yn *Taliesin* (cyf. LXXVI, Mawrth 1992).

Davies, Edwin (1859–1919), cyhoeddwr. Fe'i ganed ger Y Trallwng, Tfn., ond fe'i magwyd yn Aberhonddu; prentisiwyd ef i argraffydd yn y dref honno ac wedyn daeth yn berchen ar ei fusnes ei hun yno. Deillia ei gyfraniad i lenyddiaeth Cymru o'i gariad at hanes sirol, yn enwedig hanes Brycheiniog a Maesyfed, a chasglodd a diogelodd stôr enfawr o ddeunydd ar y pwnc. Ymhlith y gweithiau a olygwyd ac a ailgyhoeddwyd ganddo yr oedd *A History of the County of Brecknock* gan Theophilus *Jones, *The History and Antiquities of the County of Cardigan* gan Samuel Rush *Meyrick, *A Historical Tour through Pembrokeshire* gan Richard *Fenton, *An Historical Tour of Monmouthshire* gan William *Coxe ac *A General History of the County of Radnor* (1905) a gasglodd, gan mwyaf, o lawysgrifau Jonathan Williams (1752?–1829).

Davies, Eic, gweler DAVIES, ISAAC.

Davies neu Cadwaladr, Elizabeth (Betsi Cadwaladr; 1789–1860), nyrs. Fe'i ganed yn Llanycil ger Y Bala, Meir., yn ferch i bregethwr; pan oedd yn bedair ar ddeg oed gadawodd ei chartref. Treuliodd flynyddoedd lawer fel morwyn, gan deithio lledled y byd gyda'i chyflogwyr a mynychu'r theatr, ei phrif ddiddordeb, ac eto'n glynu'n dynn wrth ei chrefydd. Yn ôl cofiant iddi gan Jane *Williams (Ysgafell), a gyhoeddwyd yn 1857, cyrhaeddodd ei bywyd mentrus ei ben llanw yn 1854 pan gynigiodd ei hun i fod yn nyrs yn y Crimea a hithau yn drigain a phump oed, a bu'n gweithio yno gyda Florence Nightingale. Enwyd y gymdeithas i nyrsus Cymraeg, a sefydlwyd yn 1970, ar ei hôl hi.

Ceir manylion pellach yn y monograff ar Betsi Cadwaladr gan Meirion Jones yn y gyfres *Gŵyl Dewi* (1960). Cyhoeddwyd argraffiad newydd o'r cofiant, gyda rhagymadrodd gan Deirdre Beddoe, yn 1987.

DAVIES, ELWYN (1912–94), bardd. Brodor o Gaerdydd ydoedd; bu'n newyddiadurwr ac yna yn athro yn Noc Penfro, ond yn 1957 ymunodd â staff Ysgol Ryngwladol y Crynwyr yn yr Iseldiroedd, lle y treuliodd weddill ei oes. Cyhoeddodd ddwy gyfrol o farddoniaeth, *Words across the Water* (1970) ac *A Lifting of Eyes* (1974), a chyfrol o atgofion, *Mild Majesty* (1987).

DAVIES, EMYR (1878–1950), prifardd a aned ym mhlwyf Llannor, Caern. Enillodd *Goron yr Eisteddfod Genedlaethol ddwywaith: yn 1906 am ei bryddest, 'Branwen ferch Llŷr', ac yn 1908 am 'Owain Glyndŵr'. Cyhoeddwyd cyfrol o'i gerddi o dan y teitl *Llwyn Hudol* (1907).

Davies, Evan (**Eta Delta**; 1794–1855), gweler o dan DIRWEST.

DAVIES, EVAN (**Myfyr Morganwg**; 1801–88), archdderwydd a brodor o Bontypridd, Morg. Gwneuthurwr clociau ydoedd wrth ei alwedigaeth. Yr oedd yn drwm dan ddylanwad 'haint derwyddol' ei gyfnod a hawliodd iddo dderbyn swydd 'Archdderwydd Beirdd Ynys Prydain' wedi marw Taliesin *Williams yn 1847. O tuag 1853 dechreuodd gynnal defodau ffuggrefyddol wrth y Maen Chwyf ar gytir Pontypridd a ddaeth yn ddiweddarach yn ganolbwynt i gystadlaethau llenyddol. Credai mai ffurf Iddewig ar Dderwyddiaeth oedd Cristnogaeth, ac amlygodd ei ddamcaniaethau rhyfedd mewn sawl llyfr ar y pwnc hwn gan gynnwys *Gogoniant Hynafol y Cymry* (1865) a *Hynafiaeth Aruthrol* (1875).

DAVIES, GARETH ALBAN (1926–), bardd ac ysgolhaig. Fe'i ganed yn Nhonpentre, y Rhondda; bu'n gysylltiedig â'r grŵp a adwaenid fel *Cylch Cadwgan. Gweithiodd fel un o'r *Bevin Boys yn y diwydiant glo rhwng 1944 ac 1947 ac wedyn cafodd ei addysg yng Ngholeg y Frenhines, Rhydychen. Fe'i penodwyd i Gadair Adran Sbaeneg Prifysgol Leeds yn 1975. Ar ôl ymddeol yn 1986 dychwelodd i fyw yng Nghymru, gan ymgartrefu yn Llangwyryfon, ger Aberystwyth. Yn ogystal â'i gyfraniadau i astudiaethau Sbaenaidd cyhoeddodd dair cyfrol o gerddi, *Baled Lewsyn a'r Môr* (1964), *Trigain* (1986) a *Galar y Culfor* (1992); dau ddyddiadur, *Dyddiadur America* (1967) a *Dyddiadur Australia* (1986); a chasgliad o ysgrifau am y Wladfa Gymreig ym *Mhatagonia, sef *Tan Tro Nesaf* (1976). Golygodd hefyd a chyfrannodd i'r gyfrol o ysgrifau beirniadol *Y Llenor yn Ewrop* (1976); gyda'i wraig Caryl cyfieithodd i'r Gymraeg *La Symphonie Pastorale* (1919) gan Gide o dan y teitl *Y Deillion* (1965). Ers iddo ymddeol y mae wedi ysgrifennu'n helaeth am y cyfieithydd cynnar, David Rowland, a'i gyfieithiad o *The Pleasant History of Lazarillo de Tormes* (1586). Y mae hefyd wedi golygu cyfrol o farddoniaeth Sbaeneg wedi'i throsi i'r Gymraeg, sef *Y Ffynnon sy'n Ffrydio* (1990), a chyfrol goffa am John Henry *Jones, *Cardi o Fôn* (1991).

Davies, George Maitland Lloyd (1880–1949), heddychwr a aned yn Lerpwl, yn ŵyr i John *Jones, Tal-y-sarn. Ar ôl gweithio gyda Banc Lerpwl a'r Ymddiriedolaeth Cynllunio Trefi a Thai Cymru, aeth yn weithiwr amser llawn di-dâl i Gymdeithas y Cymod yn 1914. Carcharwyd ef droeon oherwydd ei wrthwynebiad i'r Rhyfel Byd Cyntaf ac i orfodaeth filwrol. Bu'n weithgar yn y blynyddoedd yn union ar ôl y Rhyfel fel cyfryngwr mewn sefyllfaoedd o wrthdaro, yn enwedig wrth geisio cael cyd-ddealltwriaeth rhwng David *Lloyd George a De Valera. Yn 1923 fe'i hetholwyd yn Aelod Seneddol dros Brifysgol Cymru fel

Heddychwr Cristnogol ac ymunodd â'r garfan Lafur yn y Senedd; yr oedd ei ethol yn brawf o anfodlonrwydd cynyddol ar y Blaid Ryddfrydol ymhlith deallusion Cymru. Wedi colli ei sedd y flwyddyn ganlynol, fe'i hordeiniwyd yn weinidog gyda'r Methodistiaid Calfinaidd yn 1926. Trwy'r 1930au bu George M. Ll. Davies yn weithgar ymhlith dynion di-waith y maes glo, a symudodd i Faes-yr-haf, sef sefydliad y Crynwyr yn y *Rhondda, yn 1932. Ysgrifennodd yn helaeth ar faterion yn ymwneud â heddwch rhyngwladol ac yn *Pererindod Heddwch* (1945) a *Pilgrimage of Peace* (1950) ceir hanes ei genhadaeth.

Ceir manylion pellach yn llyfr E. H. Griffiths, *Heddychwr Mawr Cymru, George M. Ll. Davies* (1968) a'r erthygl gan yr un awdur yn y gyfrol *Herio'r Byd* (gol. D. Ben Rees, 1980).

Davies, Gloria Evans, gweler EVANS DAVIES, GLORIA (1932–).

DAVIES, GRIFFITH (**Gwyndaf**; 1868–1962), *bardd gwlad a aned ym Mhenllyn, Meir, ac a dreuliodd ei oes ym mhlwyf Llanuwchllyn, Meir. Y *gynghanedd oedd ei briod gyfrwng, a chyhoeddwyd un gyfrol o'i eiddo, *Awen Gwyndaf Llanuwchllyn* (1966), dan olygyddiaeth James *Nicholas. Bu'n athro barddol i sawl bardd yng nghylch Penllyn.

Davies, Gwilym (1879–1955), hyrwyddwr dealltwriaeth ryngwladol ac arloeswr mudiadau heddwch poblogaidd, a aned ym Medlinog, Morg. O 1908 hyd 1922 bu'n weinidog gyda'r *Bedyddwyr, ond â'i fryd ar gymhwyso egwyddorion Cristnogol i gwestiynau cymdeithasol, daeth yn flaenllaw yn Ysgol Cymru'r Gwasanaeth Cymdeithasol. Bu'n Gyfarwyddwr Mygedol Undeb Cynghrair y Cenhedloedd yng Nghymru 1922 hyd 1945 a mynychodd bob Cymanfa Gyffredinol Cynghrair y Cenhedloedd yn Genefa rhwng 1923 ac 1938; cyhoeddodd yn doreithiog ar faterion y Cynghrair yn y wasg yng Nghymru. Seiliwyd cyfansoddiad UNESCO ar ei gynlluniau drafft ar gyfer cydweithrediad rhyngwladol mewn addysg. Cynhyrfwyd ef gan botensial radio ac ef, yn 1922, a ddechreuodd Neges Ewyllys Da Plant Cymru; yn ddiweddarach, ymgymerodd *Urdd Gobaith Cymru â'r gwaith. Yn ei anerchiad ef ar Ddydd Gŵyl Dewi 1923 y clywyd darlledu Cymraeg llafar am y tro cyntaf erioed. Denodd ei erthyglau, a gyhoeddwyd yn Y *Traethodydd yn 1942, yn hawlio bod *Plaid Cymru wedi'i hysbrydoli gan yr asgell dde yn Ffrainc, ymateb grymus gan Saunders *Lewis.

DAVIES, IDRIS (1905–53), bardd. Fe'i ganed yn Rhymni, Myn. Cymraeg oedd iaith y cartref a dysgodd Saesneg yn yr ysgol elfennol leol. Yn ddiweddarach darllenodd yn eang yn y Gymraeg ac ysgrifennodd ryw ychydig yn yr iaith. Gadawodd yr ysgol yn bedair ar ddeg oed i fod yn löwr yn y pwll lle y gweithiai ei dad fel prif *'winder-man'*. Cyflwynwyd ef gan gyd-löwr i waith Shelley a sylweddolodd yn sydyn y gallai barddoniaeth fod yn berthnasol i wleidyddiaeth a goleuo achosion *Sosialaeth ac urddas dyn. Yn gynnar yn 1926 collodd fys mewn damwain yn y lofa a phrin yr oedd wedi ailddechrau gweithio pan orfodwyd ef, oherwydd streic hir y glowyr a chau'r pwll wedi hynny, i feddwl am ffyrdd eraill o ennill ei fywoliaeth. Wedi dilyn cwrs addysg trwy'r post, llwyddodd yn yr arholiad ac aeth i astudio yng Ngholeg Loughborough a Phrifysgol Nottingham a dod yn athro trwyddedig. Yn 1932 dechreuodd ddysgu mewn ysgol gynradd yn nwyrain Llundain. Darllenai'n eiddgar, yn enwedig farddoniaeth; daeth i gysylltiad yn fuan â grŵp o lenorion Cymreig a fynychai siop lyfrau y brodyr Griffiths ger y Charing Cross Road.

Cyhoeddwyd ychydig o'i gerddi mewn papurau newydd a chylchgronau di-nod yn y 1930au cynnar, ond daeth i'r amlwg fel bardd yn yr un cyfnod â chyhoeddi cylchgrawn *Wales Keidrych *Rhys, a daeth yn gyfrannwr cyson iddo. Gyda'i gyfrol gyntaf, *Gwalia Deserta* (1938), a'i thema o anialwch de Cymru ddiwydiannol yn ystod y 1920au a'r *Dirwasgiad, mynegodd deimladau ei genhedlaeth. Ar doriad yr Ail Ryfel Byd, aeth gyda'i ddisgyblion i Pytchley, swydd Northampton, lle y bu'n myfyrio yn ei ddyddlyfr uwchben themâu ar gyfer cerdd hir. Y canlyniad oedd The *Angry Summer* (1943). Bu'n rhaid iddo symud wedyn, oherwydd y rhyfel, i ysgolion yn swydd Hertford, Llandysul, Cer., a Threherbert yn y *Rhondda lle y cwblhaodd ei drydydd llyfr, *Tonypandy and Other Poems* (1945), casgliad mwy amrywiol wedi ei grynhoi o ddeng mlynedd o ysgrifennu. Ar ôl nifer o geisiadau aflwyddiannus cafodd swydd fel athro yng nghwm Rhymni yn 1947, a dychwelodd adref, ond yn 1951 darganfuwyd ei fod yn dioddef o'r canser. Cyhoeddwyd ei gyfrol olaf, *Selected Poems*, ychydig cyn iddo farw.

Pwysleisiodd beirniadaeth gynnar ddiffuantrwydd Idris Davies ond condemniwyd cwmpas cyfyng ei waith a'i gyffredinedd ar brydiau. Erbyn hyn, fodd bynnag, y mae'n glir fod y cyfyngu yn fwriadol er mwyn rhoi gwell canolbwynt a grym i'w thema ddewisedig a chydnabyddir ei fod yn fardd o gryn soffistigeiddrwydd. Yn y ddau ddilyniant sy'n ffurffio cnewyllyn ei waith ceir cyfosodiad cynnil o hiwmor sych a dicter moesol angerddol. Er bod nifer o ddarnau wedi dod yn adnabyddus, yn ddiweddar yn unig y cydnabuwyd *Gwalia Deserta* a The Angry Summer fel cerddi dramatig, hir, unedig.

Golygwyd The Collected Poems (1972) gan Islwyn Jenkins a gyfrannodd draethawd ar y bardd i'r gyfres Writers of Wales (1972) a hefyd astudiaeth o'i waith, Idris Davies, Poet of Rhymney (1986); gweler hefyd yr ysgrif ar y bardd gan Stephen Wade yn The Anglo-Welsh Review (cyf. XXIV, rhif. 53, 1974), y rhifyn arbennig o Poetry Wales (cyf. XVI, rhif. 4, 1981) a neilltuwyd i'w waith, a'r ysgrif ar y bardd gan Anthony Conran yn The Cost of Strangeness (1982). Ymddangosodd The Complete Poems of Idris Davies (gol. Dafydd Johnston) yn 1994. Ceir rhestr lawn o gyhoeddiadau Idris Davies yn John Harris, *A Bibliographical Guide to Twenty-four Modern Anglo-Welsh Writers* (1994).

**DAVIES, IRIS (Iris Gower; 1939–), nofelydd. Fe'i ganed yn Abertawe a'i haddysgu yng Ngholeg Celf y dref. Dechreuodd ar ei gyrfa lenyddol trwy ysgrifennu erthyglau a straeon byrion i gylchgronau merched. Yr oedd ei dwy nofel gyntaf, *Tudor Tapestry* (1974) a *Bride of the Thirteenth Summer* (1975), yn cydweddu â'r ffasiwn ar y pryd o ysgrifennu nofelau hanesyddol ysgafn am gyfnod y *Tuduriaid, ond yn ei dau lyfr nesaf, *The Copper Cloud* (1976) a *Return to Tip Row* (1977), y defnyddiodd gyntaf gefndir diwydiannol Abertawe'r bedwaredd ganrif ar bymtheg a dechrau'r ugeinfed ganrif a oedd i ddod yn nod amgen ei gwaith. Pan ddarfu'r ffasiwn Tuduraidd, trodd Iris Davies at ysgrifennu am fannau a chymeriadau mwy ecsotig, ond *Copper Kingdom* (1983), a gyfunai ramant y llyfrau cynharach ag ymchwil drylwyr i hanes Abertawe (dan glogyn ysgafn yr enw *Sweyn's Eye*) a'i gwnaeth yn un o'r awduron mwyaf poblogaidd yn rhyngwladol, bellach dan yr enw Iris Gower. Hyd yma y mae wedi cyhoeddi rhyw bum nofel ar hugain, y rhai diweddaraf mewn cyfresi cysylltiedig megis gweddill y gyfres *Sweyn's Eye: Proud Mary* (1984), *Spinners' Wharf* (1985), *Morgan's Woman* (1986), *Fiddler's Ferry* (1987) a *Black Gold* (1988), neu gyfres Cordwainer sy'n dechrau â *The Shoemaker's Daughter* (1991). Er bod ei llyfrau diweddaraf yn perthyn i *genre* y saga deuluol, y maent iddynt fwy o sylwedd na'r rhelyw o nofelau o'r math hwnnw, ac enillodd eu manylder hanesyddol a'u cymeriadau benywaidd cryf le iddynt ar feysydd llafur ysgolion.

DAVIES, ISAAC a adwaenir fel EIC (1909–93), darlledwr arloesol a dramodydd; yr oedd yn frodor o'r Gwrhyd, Cwm Tawe. Fe'i diswyddwyd gan Bwyllgor Addysg Dinas Caerdydd am iddo fod yn wrthwynebydd cydwybodol ar dir *cenedlaetholdeb yn ystod yr Ail Ryfel Byd ond wedi cyfnod yn Ysgol Ramadeg Mynwent y Crynwyr, derbyniodd swydd athro Cymraeg yn Ysgol Ramadeg Pontardawe. Cyn hynny, yr oedd wedi dechrau cyfansoddi a chynhyrchu dramâu i blant. Daliodd ati i wneud hynny ym Mhontardawe gan lwyddo yn gyson yn Eisteddfodau'r *Urdd. Yn ei gartref yng Ngwauncaegurwen sefydlodd Gwmni'r Gwter Fawr; cyfansoddodd ddramâu ar ei gyfer, actiodd a chynhyrchodd, a datblygodd hwn i fod yn un o wmnïau amatur gorau Cymru. Ei gariad mawr arall oedd chwaraeon, a hynny drwy'r Gymraeg. Darlledai ar y radio a daeth yn un o'r lleisiau mwyaf cyfarwydd, yn enwog am ei hiwmor, ac yn dafodiaith a'i huodledd. Bathodd eiriau a thermau i lenwi bylchau a thorrodd dir newydd i'r iaith yn myd darlledu poblogaidd. Gwelai gyfle hefyd yn ei ddramâu i wneud mwy nag ateb y galw am 'rwpeth newydd w i'r plant yn yr Aelwyd 'co'. Boed ddrama gyffrous fel Nos Calan Gaeaf (1950) neu gomedi fel Y Tu Hwnt i'r Llenni (1954) neu ffars i blant fel Doctor

Iŵ-Hŵ (1966), cynhwysai ddeialog ystwyth lafar, gan roi llwyfan i *dafodiaith ond heb iddi golli urddas.

Ceir rhagor o fanylion yn y gyfrol deyrnged a olygwyd gan Myrddin ap Dafydd (1995).

DAVIES, JAMES (Iaco ab Dewi; 1648–1722), copïydd a chasglydd llawysgrifau. Fe'i ganed yn Llandysul, Cer.; bu am gyfnod yn aelod gyda'r Annibynwyr ym Mhencader a bu'n byw yn *Mhenllyn, Meir., ond yn Llanllawddog, Caerf., y treuliodd y rhan helaethaf o'i oes. Ymddengys ei fod yn ennill ei fywoliaeth yn bennaf trwy gopïo llawysgrifau ac y mae dylanwad Edward *Lhuyd yn amlwg arno. Yn eu tro daeth cylch o gopïwyr, megis William Bona o Lanpumsaint, David Richards o Lanegwad a Ben *Simon o Abergwili, o dan ei ddylanwad. Y mae llawysgrifau Iaco ab Dewi yn nodedig am natur feirniadol eu testunau, a'r prawf gorau o bwysigrwydd ei waith yw iddo gadw (e.e. yn Llanstephan 133) nifer mawr o gerddi nad oes copi arall ohonynt. Cynorthwyodd Stephen *Hughes i gasglu penillion Rhys *Prichard, a bu'n casglu hen benillion ar lafar. Digon di-nod yw ei gerddi ef ei hun, ond y maent yn taflu goleuni ar dlodi a phrudd-der ei fywyd.

Ceir manylion pellach yn *Iaco ab Dewi* (1953) gan Garfield H. Hughes.

DAVIES, JAMES ATTERBURY (1939–), golygydd a beirniad, a aned yn Llandeilo, Caerf., ond a fagwyd ym Mhont-y-pŵl, ac a aeth i Ysgol Ramadeg Gorllewin Sir Fynwy. Ar ôl cyfnod o wasanaeth milwrol yn yr Awyrlu, astudiodd Saesneg yng Ngholeg Prifysgol Abertawe, a graddio yn 1965. Cafodd ysgoloriaeth i ymchwilio i fywyd a gwaith John Forster, un o wŷr llên cyfnod Fictoria, ac enillodd ddoethuriaeth yn 1969. Yn 1967 daeth yn aelod o staff Adran y Saesneg, Coleg Prifysgol Abertawe, ac yn 1990 fe'i dyrchafwyd yn Uwch-ddarlithydd.

Yn sgîl cyhoeddi *John Forster: A Literary Life* (1983) a *The Textual Life of Dickens's Characters* (1989), datblygodd James A. Davies yn ysgolhaig sydd yn arbenigo yn llenyddiaeth cyfnod Fictoria. Ar yr un pryd, gwnaeth gyfraniad i dwf astudiaeth academaidd o lên Saesneg Cymru, yn arbennig fel aelod o *Gymdeithas Llên Saesneg Cymru. Yn dilyn cyhoeddi detholiad o ddramâu Dannie *Abse, *The View from Row G* (1990), cafwyd ei astudiaeth o waith Leslie *Norris (1994) yn y gyfres *Writers of Wales*, a'i ddetholion o lên Saesneg Cymru, *The Heart of Wales* (1994). Daeth i ddiddordeb yng ngweithiau Dylan *Thomas i'r amlwg yn y gyfrol *Dylan Thomas's Places* (1987), a'i frwdfrydedd am gysylltiadau llenyddol Abertawe yn ei flodeugerdd, *A Swansea Anthology* (1996).

DAVIES, JAMES CONWAY (1891–1971), hanesydd a phalaeograffydd; fe'i ganed yn Llanelli, Caerf., a'i addysgu yng Ngholegau'r Brifysgol yng Nghaerdydd ac

Aberystwyth, a Choleg Emanuel, Caer-grawnt. Fe'i cyflogwyd dros dro yn ystod yr Ail Ryfel Byd yn *Llyfrgell Genedlaethol Cymru yn Archifydd Cyngor Sir Fynwy. Ef yn anad neb a sefydlodd Swyddfa Cofysgrifau'r Sir a chyhoeddodd ddau adroddiad ar yr archifau hynny. Fe'i penodwyd yn Ddarllenydd mewn Palaeograffeg a Diplomateg ym Mhrifysgol Durham yn 1948 ac yn Geidwad Llawysgrifau yn Eglwys Gadeiriol Durham. Ef oedd golygydd cyntaf *Cylchgrawn Cymdeithas Hanes yr Eglwys yng Nghymru* a chyhoeddodd lawer ar themâu canoloesol. Dengys ei waith ei wybodaeth drylwyr o'r cofnodion swyddogol. Ymhlith y pwysicaf o'i gyhoeddiadau ceir *The Baronial Opposition to Edward II* (1918), ymchwil ysgolheigaidd i gynllwyn gwleidyddol; *The Welsh Assize Roll, 1277–1282* (1940), dadansoddiad manwl o agweddau cyfreithiol a gweinyddol y cyfnod tyngedfennol cyn marw *Llywelyn ap Gruffudd (Y Llyw Olaf); *Episcopal Acts and Cognate Documents relating to Welsh Dioceses, 1066–1272* (2 gyf., 1946, 1948), a chyda E. A. Lewis, *Records of the Court of Augmentations relating to Wales and Monmouthshire* (1954).

DAVIES, JAMES EIRIAN (1918–), bardd. Brodor o Nantgaredig, Caerf., ydyw. Bu'n weinidog gyda'r Methodistiaid Calfinaidd ar hyd ei oes cyn ymddeol i fyw yn Llangynnwr, Caerf. Y mae'n awdur pum cyfrol o farddoniaeth, sef *Awen y Wawr* (1947), *Cân Galed* (1974), *Cyfrol o Gerddi* (1985), *Darnau Difyr* (1989), *Awen yr Hwyr* (1991) ac *At Eich Gwasanaeth* (1993). O 1978 hyd 1982 yr oedd yn ddirprwy i'w wraig, Jennie Eirian *Davies, golygydd *Y Faner* (*Baner ac Amserau Cymru*). Un o'i feibion yw'r llenor Siôn *Eirian.

Trafodir gwaith y bardd mewn cyfweliad ag Alun R. Jones yn *Yr Aradr* (rhif. 6, 1995).

DAVIES, JAMES KITCHENER (1902–52), bardd a dramodydd. Magwyd ef ar dyddyn ger Cors Caron, Cer., a'i addysgu yn Ysgol Sir Tregaron ac yng Ngholeg Prifysgol Cymru, Aberystwyth. Yn 1926 ymsefydlodd yng nghwm *Rhondda ac yno y treuliodd weddill ei oes yn athro Cymraeg yn ysgolion y cwm ac yn weithiwr diflino dros achos *Plaid Cymru.

Daeth i fri fel dramodydd yn yr *Eisteddfod Genedlaethol yn 1934 gyda'i ddrama dair-act *Cwm Glo* (1935) sy'n ymdrin â rhai o ganlyniadau cymdeithasol echrydus y *Dirwasgiad yng nghymoedd de Cymru. Cydnabu'r beirniaid ddawn yr awdur, ond barnent fod y ddrama'n anaddas i'w pherfformio oherwydd ei moesoldeb amheus, ac ataliwyd y wobr. Bu cyffro mawr ar y pryd a phan gyhoeddwyd y ddrama a'i pherfformio'n llwyddiannus wedyn yn Abertawe ac yna ar hyd a lled y de, parhaodd y dadlau ynglŷn â hi yn y wasg Saesneg a Chymraeg.

Ar wahân i *Cwm Glo*, dwy brif orchest Kitchener Davies yw ei ddrama fydryddol *Meini Gwagedd* (1945) a wobrwywyd yn Eisteddfod Genedlaethol 1944, ac yn bennaf oll efallai ei bryddest, ★'Sŵn y Gwynt sy'n Chwythu' (1953), a ddarlledwyd gan y BBC a'r bardd ar ei wely angau. Cerdd ymholiadol, hunangofiannol yw hon ac ystyrir hi yn un o'r pryddestau grymusaf a gyfansoddwyd yn yr ugeinfed ganrif.

Golygodd ei weddw Mair I. Davies gasgliad gwerthfawr o'i brif gerddi a dramâu, sef *Gwaith James Kitchener Davies* (1980). Ceir manylion pellach yn y nodyn gan John Rowlands yn *Profiles* (1980) ac yn rhifyn arbennig *Poetry Wales* (Gaeaf, 1982) a neilltuwyd i drafod gwaith Kitchener Davies; gweler hefyd yr erthygl gan Alun Llywelyn-Williams yn *Lleufer* (cyf. IX, 1953) a'r astudiaeth gan Ioan Williams yn y gyfres *Llên y Llenor* (1984).

DAVIES, JENNIE EIRIAN (1925–82), newydd-iadurwraig, a golygydd *Y Faner* (★*Baner ac Amserau Cymru*) o 1979 hyd ei marwolaeth. Ganed hi yn Llan-pumsaint, Caerf., a chafodd ei haddysg yng Ngholeg Prifysgol Cymru, Aberystwyth. Ym mywyd gwleidyddol Cymru rhoddodd ei holl egni a'i gallu fel ymgeisydd ★Plaid Cymru yn etholaeth sir Gaerfyrddin rhwng 1955 ac 1957, gan fraenaru'r tir ar gyfer buddugoliaeth Gwynfor ★Evans yn 1966. Yn ei hymroddiad diflino i Gymru a'r Gymraeg, yr oedd yn cyfuno tanbeidrwydd personoliaeth, angerdd, argyhoeddiad a dawn ddadan-soddol. O dan ei golygyddiaeth, bu'r *Faner* yn fforwm golau i wyntoedd croesion y 1970au. Gallodd gloriannu'n gytbwys nid yn unig y bygythiadau a'r pwerau amlwg ond hefyd rai sefydliadau ac unigolion a oedd yn agos iawn at ei chalon. Ei brwydr barhaol oedd ceisio tocio delfryd i derfynau'r posibl a'r credadwy. Er dyfned ei ★chenedlaetholdeb a'i hegwyddorion Cristnogol, yr oedd un drwm ei lach ar bob dogma; ni chredai fod consensws yn gyfystyr â chyfaddawd. Yn y diwedd fe gostiodd hynny'n ddrud iawn iddi. Yr oedd yn briod â'r bardd James Eirian ★Davies.

Am ragor o fanylion gweler *Cofio* (gol. Aeres Evans, 1983), y gyfrol deyrnged a olygwyd gan Gwyn Erfyl (1985), a *Consyrn am y Genedl* (gol. Olive Jones, 1995).

DAVIES, JOHN (1565?–1618), bardd ac athro ysgrifennu. Yr oedd ei rieni yn Gymry ac yn byw yn Henffordd, o fewn pedair milltir i ffin yr hen deyrnas Gymreig, ★Erging. Yr oedd yn enwog yn ei ddydd fel 'the Welsh poet' ac yn ei gerdd 'Cambria' yn y gyfrol *Microcosmos* (1603), dywed ei fod am siarad 'dros Gymru' â Henry Stuart, etifedd Iago I a Thywysog newydd Cymru. Yn y gerdd hon, gyda'i naws ban-Geltaidd, cyflwynir yr un ddadl dros hawliau hynafol Cymru (trwy ★Brutus o Gaer Droea, ★Arthur a'r ★Tuduriaid) ag a geir gan lenorion megis Morris ★Kyffin a James ★Howell. Yr oedd yn un o dri brawd, ill tri yn athrawon ysgrifennu, a gweithiodd yn Rhydychen, yn bennaf yng Ngholeg Magdalen, ond erbyn 1609 fe'i cyflogid yn Stryd y Fflyd, Llundain. Ymhlith ei ddisgyblion yr oedd plant Iarll Northumberland a Henry, Tywysog Cymru;

yr oedd hyn yn deyrnged i'w allu o gofio ei fod yn Babydd a bod y Tywysog yn ganolbwynt casineb y Piwritaniaid yn erbyn polisïau'r Brenin.

Cyhoeddodd John Davies o Henffordd, fel y gelwir ef weithiau, nifer o gyfrolau o farddoniaeth yn ystod ei oes, yn eu plith *Humour's Heav'n on Earth* (1609) a gyflwynir i blant Iarll Northumberland, *The Scourge of Folly* (1611) sy'n cynnwys cerddi i Bacon a John ★Owen yr epigramydd, a *The Muses Teares for the losse of their Hope* (1613) er cof am ei ddisgybl brenhinol. Ni ellir dyddio argraffiad cyntaf ei lyfr *The Writing-Schoolmaster* or *The Anatomy of Fair Writing* i sicrwydd ond cafwyd argraffiadau diweddarach yn 1633, 1663 ac 1669.

Cyhoeddwyd *Complete Works* John Davies, cyfrol o'i farddoniaeth amleiriog, gan Alexander B. Grosart yn 1878 a cheir beirniadaeth ar ei weithiau gan H. E. G. Rope yn *The Anglo-Welsh Review* (rhif. 28, 1961).

DAVIES, JOHN (c.1567–1644), un o bennaf ysgol-heigion Cymru yng nghyfnod diweddar y ★Dadeni Dysg. Fe'i ganed yn Llanferres, Dinb., a graddiodd yng Ngholeg Iesu, Rhydychen, yn 1594. Y mae'n debyg iddo fod mewn cysylltiad agos â William ★Morgan pan oedd yn Esgob Llandaf rhwng 1595 ac 1601: yn ei ragair i'w *Ramadeg* (1621) dywed Davies iddo fod yn gynorth-wyydd annheilwng i gyfieithwyr y ★Beibl i'r Gymraeg. Fe'i penodwyd yn rheithor Mallwyd, Meir., yn 1604; ychwanegwyd rheithoriaeth Llanymawddwy, Meir., at ei fywoliaeth yn 1614, ac fe'i penodwyd yn brebendari Llanefydd, Dinb., dair blynedd yn ddiweddarach.

Credir mai Dr John Davies, Mallwyd, fel yr adwaenir ef, a wnaeth y rhan fwyaf o'r gwaith o ddiwygio iaith y Beibl ar gyfer cyhoeddi'r argraffiad newydd yn 1620; y mae'n bosibl hefyd mai ef a ddiwygiodd iaith argraffiad 1621 o'r Llyfr Gweddi Gyffredin. Yn yr un flwyddyn cyhoeddodd ei Ramadeg Cymraeg yn Lladin, *Antiquae Linguae Britannicae . . . Rudimenta*, ac yn 1632 ym-ddangosodd ei eiriadur Cymraeg–Lladin a thalfyriad o eiriadur Lladin–Cymraeg Thomas ★Wiliems o Drefriw, sef *Dictionarium Duplex*. Cyhoeddodd hefyd *Llyfr y Resolusion* (1632), sef cyfieithiad o waith yr Iesuwr, Robert Parsons, *The First Book of the Christian Exercise appertayning to Resolution*. Ei nod oedd cyflwyno gwir-ioneddau Cristnogol i'w blwyfolion. Golygodd Y Llyfr Plygain a'r Catechisme (1633) ac wedi ei farw ymddang-osodd Yr Articulau (1664) a'r ★Flores Poetarum Britanni-corum (1710), sef detholiadau o waith y beirdd. Bu'n ddiwyd yn casglu a chopïo llawysgrifau ac yr oedd ei lafur yn cofnodi a diogelu geirfa'r beirdd wedi gosod sylfeini ar gyfer astudiaeth wyddonol o'r iaith Gymraeg.

Ceir manylion pellach yn yr erthygl gan Rh. Ff. Roberts, 'Dr. John Davies o Fallwyd' yn *Llên Cymru* (cyf. II, 1952), y bennod gan R. Geraint Gruffydd, 'Richard Parry a John Davies' yn *Y Traddodiad Rhyddiaith* (gol. Geraint Bowen, 1970) ac yn Ceri Davies, *Rhagymadroddion a Chyflwyniadau Lladin 1551–1632*

(1980) a'i *Latin Writers of the Renaissance* yn y gyfres *Writers of Wales* (1981).

DAVIES, JOHN (1627–93), cyfieithydd, brodor o Gydweli, Caerf., a addysgwyd yng Ngholeg Iesu, Rhydychen, ac yng Ngholeg Ieuan Sant, Caer-grawnt. Wedi byw yn Ffrainc am beth amser a meistroli Ffrangeg, dychwelodd i Lundain tuag 1652 a derbyn comisiwn gan gyhoeddwyr yn Llundain i gyfieithu o'r Ffrangeg i'r Saesneg tua deuddeg ar hugain o lyfrau. Priodolir iddo *Treatise against the Principles of Descartes* (1654) ac *A History of the Civil Wars of Great Britain and Ireland* (1661), a thybir mai ef a olygodd *Enchiridion* (1686), gwaith cyfaill iddo, Henry Turberville.

DAVIES, JOHN (Siôn Dafydd Laes neu Las; *c*.1665–95), bardd a chopïydd. Ganed ef yn Llanuwch-llyn, Meir., efallai yn Y Pandy. Y mae'n bosibl iddo dderbyn peth addysg farddol gan frawd ei fam, Edward Rolant, yn ogystal â chan Edward *Morris, Perthi-llwydion. Derbyniodd nawdd amryw o deuluoedd sir Feirionnydd, yn arbennig, ond cysylltir ei enw'n fwyaf penodol â theuluoedd *Nannau, Meir., a Gloddaith yn sir Gaernarfon. Rhwng 1683 ac 1686 ymddengys iddo dreulio'r rhan fwyaf o'i amser yng Ngloddaith yn copïo llawysgrifau i Thomas *Mostyn. Yr oedd Gloddaith ar y pryd yn gyrchfan cylch o feirdd gan gynnwys Syr *Rhys Cadwaladr, person Llanfairfechan, Morris Parry, person Llaneilian yn Rhos, 'un o'r prydyddion gorau yn ei amser' ym marn Siôn Dafydd Laes, a Siôn Edward, clochydd Llaneilian. Canwyd amryw o gerddi gan y cylch hwn i'w gilydd a cheir llawer o dynnu coes llenyddol; teflir cyhuddiadau carlamus o feddwdod ac anfoesoldeb gan bawb at ei gilydd. Erbyn 1687 yr oedd Siôn Dafydd Laes yn ôl yn sir Feirionnydd ac yn canu'n bennaf i deulu Nannau; er iddo glera (gweler o dan CLÊR) a chanu i deuluoedd eraill, fel bardd Nannau y cofir amdano, a'r olaf o'r tylwyth hwnnw, yn ôl y traddodiad. Pan fu farw Edward Morris yn 1689, canodd gywydd marwnad a chyfres o englynion iddo. Fel y dengys ei lysenw, ac fel yr arddelai ef yn hapus ddigon, yr oedd yn enwog am ei feddwdod. Priodolir dros gant ac ugain o gerddi iddo gan gynnwys carolau hyfryd. Canwyd marwnad ddiddorol iddo gan Robert Wynne, lle y gelwir ef yn 'ben bardd'; lleolir ef yn gadarn yn llinach y prifeirdd o *Daliesin *Myrddin, trwy *Ddafydd ap Gwilym, *Tudur Aled, *Wiliam Llŷn, *Siôn Tudur a'u tebyg hyd at ei gyfoeswr, Edward Morris.

Davies, John (1772–1855), gweler o dan HUGHES, JOHN (1775–1854).

DAVIES, JOHN (Brychan; 1784?–1864), un o nyth-aid o feirdd hunanddiwylliedig Gwent a Morgannwg. Brodor o Lanwrthwl, Brych., ydoedd, a symudodd i Dredegar, Myn., i weithio fel glöwr a throi'n

llyfrwerthwr a chyhoeddwr; daeth yn arweinydd y *Cymdeithasau Cyfeillgar yng Nghymru. Golygodd flodeugerddi o weithiau ei gyd-eisteddfodwyr, *Llais Awen Gwent a Morgannwg* (1824), *Y Gog* (1825), *Y Llinos* (1827) ac *Y Fwyalchen* (1835). Yr oedd Brychan ymhlith y rhai a dderbyniwyd gan Iolo Morganwg (Edward *Williams) i *Orsedd Beirdd Ynys Prydain yn 1819.

DAVIES, JOHN (Ossian Gwent; 1839–92), bardd. Fe'i ganed yn Aberteifi ond symudodd ei rieni i gwm Rhymni pan oedd ef yn ifanc, ac yno dysgodd grefft saer coed. Cyhoeddodd ddwy gyfrol o farddoniaeth, *Caniadau* (1873) a *Blodau Gwent* (1898), ac yr oedd yn well bardd na'r rhai oedd yn fwy amlwg yn ei gyfnod.

DAVIES, JOHN (1938–), hanesydd. Ganed ef yn Llwynypia, Rhondda, ond symudodd i Fwlch-llan, Cer., yn saith oed. Fe'i haddysgwyd yng Ngholeg y Brifysgol, Caerdydd, a Choleg y Drindod, Caer-grawnt, cyn mynd yn aelod o staff Adran Hanes Coleg Prifysgol Abertawe (1963–73) ac Adran Hanes Cymru, Coleg Prifysgol Cymru, Aberystwyth (1973–90). Fel Warden cyntaf Neuadd Breswyl Gymraeg Pantycelyn yn Aber-ystwyth (1974–90) bu'n ddylanwad ar lu o fyfyrwyr y Coleg.

Ei gampwaith yw'r gyfrol *Hanes Cymru* (1990) sy'n garreg filltir mewn hanesyddiaeth Gymreig. Cafwyd gan haneswyr eraill astudiaethau disglair o gyfnodau arben-nig, a chafwyd hefyd ddadansoddiadau cyffrous a dadleuol am hanes y genedl o wahanol safbwyntiau ideolegol. Y mae *Hanes Cymru* yn cwmpasu'r cyfan, gan gyfuno ysgolheictod manwl a chytbwys, cydymdeimlad eang, ac arddull ddifyr a darllenadwy. Dengys yr enghreifftiau a'r cymariaethau diarffordd yr un rhychwant rhyfeddol o wybodaeth a diddordebau ag a greodd chwedl o gwmpas yr awdur fel sgwrsiwr cymdeithasol ac ar y cyfryngau.

Comisiynwyd *Hanes Cymru* gan y cyhoeddwr Allen Lane, a'i adargraffu yn 1992 fel y *Penguin* Cymraeg cyntaf erioed. Flwyddyn yn ddiweddarach cyhoeddwyd cyfieithiad Saesneg gan yr awdur ei hun, sef *A History of Wales* (1993). Mewn cyfnod pan oedd nifer o haneswyr Cymraeg eu hiaith yn dewis ysgrifennu eu prif weithiau yn Saesneg, sicrhaodd John Davies statws a pharch i hanesyddiaeth Gymraeg, fel y gweddai i un a fu'n ysgrifennydd cyntaf *Cymdeithas yr Iaith Gymraeg yn 1962. Llawn mor nodweddiadol oedd y parodrwydd wedyn i gyfieithu i'r Saesneg, yn arbennig ar gyfer Cymry Saesneg eu hiaith.

Yn 1990 symudodd i Gaerdydd, maes ei ymchwil gynnar a gyhoeddwyd yn y gyfrol *Cardiff and the Marquesses of Bute* (1981). I'r cyfnod diweddar yng Nghaerdydd y perthyn *Broadcasting and the BBC in Wales* (1994), ffrwyth ymchwil helaeth i archifau'r Gorffor-aeth, a hefyd *The Making of Wales* (1996).

DAVIES, JOHN (1944–), bardd a aned yng

Nghymer Afan, Morg., a'i addysgu yng Ngholeg Prifysgol Cymru, Aberystwyth. Y mae'n athro ym Mhrestatyn, Ffl., ac y mae wedi cyhoeddi saith cyfrol o gerddi, sef *Strangers* (1974), *Spring in a Small Town* (1979), *At the Edge of Town* (1981), *The Silence in the Park* (1982), *The Visitor's Book* (1985), *Flight Patterns* (1991) a *Dirt Roads* (1997). Canmolwyd ei gerddi am eu manyldeb, eu tynerwch telynegol, eu rhuddin ystyrlawn a'u gwytnwch deallusol. Y mae a wnelo ei waith i raddau helaeth â'r 'tensiwn rhwng gwreiddiau a rhyddid' a, fwyfwy, â phrofiad y bardd o America. Y mae John Davies hefyd wedi golygu tair blodeugerdd. *The Green Bridge* (1988), *The Valleys* (gyda Mike *Jenkins, 1984) a *The Street and the Stars* (gyda Melvyn Jones, 1986).

Am fanylion pellach gweler yr erthyglau gan Peter Smith yn *Poetry Wales* (cyf. XXIV, rhif. 4, 1989), gan Andrew Thomas yn *The New Welsh Review* (rhif. 12, cyf. III, Gwanwyn 1991) a chan Richard Poole yn *Poetry Wales* (cyf. XXI, rhif. 1, 1995).

DAVIES, JOHN BREESE (1893–1940), awdur a cherddor a aned yn Ninas Mawddwy, Meir., a pherchennog siop yn ôl ei alwedigaeth. Daeth yn olygydd *Allwedd y Tannau*, cyfnodolyn y Gymdeithas Cerdd *Dant ac yr oedd yn gyfrifol, yn yr *Eisteddfod Genedlaethol a gynhaliwyd ym Machynlleth yn 1937, am sefydlu cystadleuaeth y *Fedal Ryddiaith. Wedi ei farwolaeth gynamserol golygwyd casgliad o'i ysgrifau gan Iorwerth C. *Peate, *Ysgrifau* (1949).

DAVIES, JOHN CADVAN (Cadvan; 1846–1923), emynydd a gweinidog gyda'r Methodistiaid Wesleaidd, a aned yn Llangadfan, Tfn. Bu'n amlwg yn eisteddfodau'r cyfnod fel cystadleuydd, beirniad ac yn 1923 fel Archdderwydd. Cyhoeddodd *Caneuon Cadvan* (4 cyf., 1878, 1883, 1893 ac 1894), *Dydd Coroniad* (1894) ac *Atgof a Phrofiad*, hunangofiant a ymddangosodd yn *Yr *Eurgrawn* (1917).

DAVIES, JOHN GLYN (1870–1953), bardd ac ysgolhaig a aned yn Lerpwl, yn ŵyr i John *Jones, Tal-y-sarn, ac yn frawd i George Maitland Lloyd *Davies. Am bron i ddeng mlynedd ac yntau'n Llyfrgellydd Coleg Prifysgol Cymru, Aberystwyth, bu'n ymgyrchu dros sefydlu *Llyfrgell Genedlaethol Cymru yn Aberystwyth cyn mynd yn ddarlithydd cynorthwyol i Kuno Meyer yn Adran Geltaidd Prifysgol Lerpwl yn 1907; bu'n bennaeth ar yr Adran honno o 1920 tan 1936. Y mae ei gyhoeddiadau'n cynnwys *Welsh Metrics* (1911), *Yr Ymhonwyr* (1922), cyfieithiad o un o ddramâu Ibsen, a chyfrol o farddoniaeth, *Cerddi Edern* (1955); cyfrannodd hefyd astudiaeth o hanes y sipsiwn Cymreig. Yr oedd un gymeriad lliwgar nad ofnai anuniongrededd syniadau ond fe'i cofir yn bennaf heddiw fel awdur caneuon poblogaidd i blant, sef *Cerddi Huw Puw* (1923), *Cerddi Robin Goch* (1935) a *Cerddi Portinllaen* (1936). Gweler hefyd FFLAT HUW PUW.

Cyhoeddodd ei weddw Hettie Glyn Davies gofiant J. Glyn Davies yn 1965.

DAVIES, JOHN HUMPHREYS (1871–1926), ysgolhaig a llyfryddwr a aned yng Nghwrtmawr, Llangeitho, Cer., ac a addysgwyd yng Ngholeg Prifysgol Cymru, Aberystwyth, ac yng Ngholeg Lincoln, Rhydychen. Ymddiddorodd yn gynnar ym mywyd cyhoeddus Cymru a daliodd nifer o swyddi dylanwadol. Penodwyd ef yn Gofrestrydd Coleg Prifysgol Cymru, Aberystwyth, yn 1905 ac yn Brifathro yn 1919. Ei brif gyhoeddiadau, ar wahân i lu o erthyglau mewn cyfnodolion, yw *Rhai o Hen Ddewiniaid Cymru* (1901), *A Bibliography of Welsh Ballads* (1909–11), *The Morris Letters* (2 gyf., 1907, 1909) a *The Letters of Goronwy Owen* (1924). Yr oedd yn chwilotwr ac ysgolhaig wrth reddf ac yr oedd ei wybodaeth o lenyddiaeth Gymraeg a ysgogwyd gan ei gyfeillgarwch ag Owen M. *Edwards a T. E. *Ellis yn eang. Cyflwynodd y cyfan o'i gasgliad o lyfrau a llawysgrifau helaeth a gwerthfawr a adwaenir fel Llawysgrifau Cwrtmawr i *Lyfrgell Genedlaethol Cymru. Yr oedd yn un o sylfaenwyr Cymdeithas Lyfryddol Cymru ac yn olygydd cylchgrawn y gymdeithas yn 1910. Bu hefyd yn gyd-olygydd *Cylchgrawn Cymdeithas Hanes y Methodistiaid Calfinaidd* yn 1916.

Ceir manylion pellach yn y cofiant i John Humphreys Davies gan T. I. Ellis (1963).

DAVIES, JONATHAN CEREDIG (1859–1932), llenor. Fe'i ganed yn Llangunllo, Cer.; teithiodd yn helaeth a chyhoeddodd lyfrau am ei ymweliadau â *Phatagonia, sef *Darlith ar Batagonia* (1891), *Patagonia: a Description of the Country* (1892) ac *Adventures in the Land of Giants: a Patagonia Tale* (1892). Ysgrifennodd hefyd *Folk-lore of West and Mid-Wales* (1911), *Welsh and Oriental Languages* (1927) a chyfrol o atgofion, *Life, Travels and Reminiscences* (1927).

DAVIES, LEWIS (1863–1951), awdur llyfrau i blant; brodor o Hirwaun ger Aberdâr, Morg., yr oedd yn athro ysgol wrth ei alwedigaeth, a bu'n ysgolfeistr yn Y Cymer o 1886 hyd 1925. Yr oedd yn awdur pedair nofel antur i bobl ifainc, sef *Lewsyn yr Heliwr* (1922), *Daff Owen* (1924), *Wat Emwnt* (1928) ac *Y Geilwad Bach* (1929). Lleolir pob un yn ardaloedd diwydiannol y ffin rhwng sir Frycheiniog a sir Forgannwg ar ddiwedd y ddeunawfed ganrif neu ddechrau'r bedwaredd ganrif ar bymtheg, a cheir darlun byw o'r gymdeithas honno a chaledi bywyd. Ymhob un gedy'r prif gymeriad ei 'filltir sgwâr' a chael cyfres o anturiaethau mewn gwlad neu wledydd pellennig cyn dychwelyd i Gymru. Lluniodd Lewis Davies hefyd gyfrol o storïau rhamantus wedi eu seilio ar ddigwyddiadau yn hanes Cymru, *Bargodion Hanes* (1924).

DAVIES, MYLES (1662–1715?), dadleuydd crefyddol ac awdur. Fe'i ganed ym mhlwyf Chwitffordd, Ffl., a'i hyfforddi yng Ngholeg Seisnig yr Iesuwyr, Rhufain, lle'r urddwyd ef yn offeiriad yn 1688, ond wedi iddo ddychwelyd i Gymru, troes at Brotestaniaeth a cheir disgrifiad o'i drŏedigaeth yn ei lyfr *The Recantation of Mr Pollett, a Roman Priest* (1705). Teitl ei brif waith yw *Athenae Britannicae* (6 chyf., 1716); ynddo ceisiodd gofnodi a gwrthbrofi propaganda pamffledi a thraethodau Pabyddol, yn bennaf trwy ddyfynnu'n helaeth o draethodau Protestannaidd. O ganlyniad y mae'r gwaith yn ffynhonnell werthfawr ar gyfer llunio llyfryddiaeth o'r math hwn o lenyddiaeth yn y cyfnod hwnnw. Y mae'r gwaith hefyd yn cynnwys drama Ladin, *Pallas Anglicana*, mewn barddoniaeth a rhyddiaith, ac y mae i'r ddrama hon fwy o werth llenyddol na gweddill ei waith.

Ceir manylion pellach yn yr erthygl gan R. George Thomas yn *Nhrafodion* Anrhydeddus Gymdeithas y Cymmrodorion (1963).

DAVIES, NAUNTON WINGFIELD (Naunton Covertside; 1852–1925), nofelydd a dramodydd; fe'i ganed yng Nghasnewydd, Myn., i deulu o'r *Rhondda.

Yr oedd yn feddyg wrth ei alwedigaeth a bu'n byw am flynyddoedd maith yn Llantrisant, Morg. Cyhoeddodd dair nofel: *The King's Guide* (1901), *The Reverend Jack* (d.d.) a *The Secret of a Hollow Tree* (d.d.), y tair wedi eu lleoli yn ne Cymru. Ond cofir ef yn bennaf am y rhan a chwaraeodd ef yn hyrwyddo'r mudiad *drama amatur yng Nghymru yn ystod degawdau cyntaf yr ugeinfed ganrif ac fel dramodydd. Cyhoeddwyd wyth o'i ddramâu: *The Village Wizard* (1913), *The Arrogance of Power* (1920), *The Conversion* (1920), *The Epidemic* (1920), *The Great Experiment* (d.d.), *The Human Factor* (1920), *The Schemer* (1920) a *The Second Son* (1920); lleolwyd y cyfan ym Morgannwg.

DAVIES, OLIVER (1881–1960), bardd; fe'i ganed yn Greenwich, swydd Gaint, yn fab i Gymro Cymraeg a oedd yn adeiladydd o Lechryd, Cer. Ymunodd â gwasanaeth y carcharau yn 1901 a gweithiodd ar staff clerigol yn Dartmoor ac yna mewn nifer o garcharau eraill yn Lloegr. Cyhoeddodd bum cyfrol o gerddi, *Between Time Poems* (1909), *Songs at Random* (1912), *Dartmoor Prison Lyrics* (1915), *Songs and Signs* (1920) a *Plain Song* (1949). Er nad yw ei gerddi yn dreiddgar, y mae ynddynt ddawn delynegol sydd yn eu codi uwchlaw cyffredinedd y rhan fwyaf o'r gweithiau creadigol yn Saesneg a ddeilliodd o Gymru yn ystod dau ddegawd cyntaf yr ugeinfed ganrif.

DAVIES, PENNAR (Davies Aberpennar; 1911–96), bardd, nofelydd ac ysgolhaig. Fe'i ganed yn Aberpennar, Morg., yn fab i lowr. Yr oedd y ddwy ochr i'w deulu yn hanu o Benfro, ei fam o'r rhan ddeheuol a'i dad yn Gymro Cymraeg o ardal y Preselau, ond Saesneg oedd iaith y cartref. Cafodd yrfa academaidd ddisglair yng Ngholeg y Brifysgol, Caerdydd, a graddiodd mewn Lladin (1932) a Saesneg (1933), ac yna astudiodd yng

Ngholegau Balliol a Mansfield yn Rhydychen, a Phrifysgol Yale. Bu'n weinidog yng Nghaerdydd o 1943 ac yna yn Athro yng Ngholegau Bala-Bangor ac Aberhonddu. Yn 1952 fe'i penodwyd yn Brifathro Coleg Coffa, Aberhonddu, a pharhaodd yn y swydd honno (pan symudwyd y coleg i Abertawe) hyd ei ymddeoliad yn 1981. Priododd â ffoadures o'r Almaen yn 1943; un o'u meibion yw'r bardd Meirion *Pennar.

Bu Pennar Davies yn barddoni yn Saesneg ar y dechrau, dan yr enw Davies Aberpennar, ond rhoes y gorau i'r ffugenw yn 1948 pan ddechreuodd lenydda yn Gymraeg. Daeth yn adnabyddus i ddarllenwyr Cymraeg yn y 1940au fel aelod o *Gylch Cadwgan a chyhoeddwyd nifer o'i gerddi yng nghyfrol y Cylch, *Cerddi Cadwgan* (1953). Cyhoeddodd bum cyfrol o'i gerddi wedi hynny, sef *Cinio'r Cythraul* (1946), *Naw Wfft* (1957), *Yr Efrydd o Lyn Cynon* (1961), *Y Tlws yn y Lotws* (1971) a *Llef* (1987); y maent oll yn cynnwys caneuon serch tyner a chynlluniedig, a cherddi crefyddol sy'n gyforiog o ddelweddaeth synhwyrus.

Y mae nifer o'i gyfrolau o ryddiaith greadigol yn anghyffredin yn eu cyfuniad o symbolaeth fytholegol a thynerwch personol. Y gyntaf ohonynt oedd *Cudd fy Meiau* (1957), dyddiadur ysbrydol sy'n llawn hunanymchwiliad digymrodedd, ond wrth weithio'i ffordd o'r nofel *Anadl o'r Uchelder* (1958), astudiaeth o seicoleg diwygiwr crefyddol, trwy'r gyfrol o storïau byrion, *Caregl Nwyf* (1966), i'w ail nofel, *Meibion Darogan* (1968), symudodd fwyfwy i dir mwy amwys a symbolaidd ei natur, a brodwaith o fytholeg yn cydymweu ag arwynebedd pethau. Yr aeddfetaf o'r llyfrau hyn yw *Mabinogi Mwys* (1979), lle y mae'r awdur yn edrych yn ddwys ar broblemau priodasol gŵr ifanc yng nghyddestun problemau Cymru gyfoes. Y mae *Gwas i Gwaredwr* (1991) yn cwblhau'r triawd o nofelau sy'n delio â chrefydd ddiwygiadol trwy ddilyn bywyd ac amserau ffigur cyfoes Crist-debyg.

Yr oedd Pennar Davies yn Gristion hunanymchwilgar a myfyrgar ac yn awdur nifer o lyfrau diwinyddol ysgolheigaidd fel *Y Brenin Alltud* (1974), lle y mae astudiaethau o berson Crist yn pwysleisio ei ddaioni ymarferol, a *Rhwng Chwedl a Chredo* (1966), sy'n dilyn trywydd meddwl crefyddol Cymru yn y cyfnodau cynnar. Cyhoeddwyd ei gyfrol o straeon *Llais y Durtur* yn 1985. Nodwedd amlycaf Pennar Davies fel llenor creadigol efallai oedd yr angerdd tawel a chyfriniol, sy'n grefyddol ond personol, agos-atoch hefyd, ac sy'n goleuo ac yn cynnal ei ryddiaith a'i fydryddiaeth fel ei gilydd.

Ceir cipolwg ar ei ddiwylliant eang, ei ddysg a'i ddoniau llenyddol ynghyd â hanes ei gyhoeddiadau lluosog yn *Pennar Davies: Cyfrol Deyrnged* (1981) a olygwyd gan Dewi Eurig Davies. Ceir ysgrif hunangofiannol gan Pennar Davies yn y gyfrol *Artists in Wales* (gol. Meic Stephens, 1971) ac ysgrif ar y llenor gan J. Gwyn Griffiths yn *Triskel Two* (gol. Sam Adams a Gwilym Rees Hughes, 1973); gweler hefyd y monograff gan Gareth Alban Davies yn *Dymaid o Awduron Cyfoes* (gol. D. Ben

Rees, 1975), yr ysgrif gan Siân Megan yn *Ysgrifau Beirniadol IX* (gol. J. E. Caerwyn Williams, 1976), John Rowlands, *Ysgrifau ar y Nofel* (1992) a'r deyrnged gan J. Gwyn Griffiths yn *Taliesin* (cyf. XCVII, 1997).

DAVIES, RICHARD (1501?–81), esgob a chyfieithydd. Fe'i haddysgwyd yn Rhydychen ac yno daeth o dan ddylanwad y diwygwyr. Bu yno hyd 1536 o leiaf ac yna rhwng 1555 ac 1558 aeth yn alltud dros grefydd i Frankfurt. Dychwelodd ar ddyrchafiad Elisabeth a gwnaethpwyd ef yn Esgob *Llanelwy ac yn 1561 yn Esgob *Tyddewi.

Gyda'i gyfaill William *Salesbury perswadiodd Richard Davies y Senedd i basio Deddf 1563 yn gorchymyn cyfieithu'r *Beibl a'r Llyfr Gweddi Gyffredin i'r Gymraeg. Er mwyn hyrwyddo'r cyfieithu gwahoddodd Salesbury i'w blas yn *Abergwili, er yr ymddengys yn sicr nad yr esgob ei hun a gyfieithodd a Llyfr Gweddi. Richard Davies, fodd bynnag, a gyfieithodd Epistolau 1 Timotheus, yr Hebreaid, Iago ac 1 a 2 Pedr ar gyfer Testament Newydd 1567. Ymddengys ei iaith a'i arddull yn rhwyddach a llyfnach yn yr epistolau hyn nag eiddo Salesbury yng ngweddill y Testament. Davies hefyd a luniodd yr *Epistol at y Cembru* (1567) a ragflaenodd y Testament ac a gafodd y fath ddylanwad ar hanesyddiaeth Cymru. Bwriadai'r ddau gyfieithu'r Hen Destament ond ni wnaethant, oherwydd eu bod wedi cweryla parthed ystyr un gair, chwedl Syr John *Wynn. Gadawodd Davies ddarnau o'i gyfieithiadau cynharach yn llawysgrifau Gwysane (gweler o dan LLANNERCH). Cyfieithodd hefyd y llyfrau rhwng Josua a Samuel 2 ar gyfer 'Beibl yr Esgobion' (1568) ar gais Matthew Parker, ond nid oes camp arbennig arno.

Ymddengys fod Richard Davies yn aelod o grŵp o Biwritaniaid cymedrol a cheir olion o'r gweithgarwch hwn yn *The Shepheardes Calender* (1579) gan Edmund Spenser. Yn Abergwili cadwai lys hael ar gyfer offeiriaid, beirdd, llenorion a gwŷr diwylliedig eraill. Bu'n esgob da yn Nhyddewi, gan frwydro yn erbyn difaterwch crefyddol ac amddiffyn ei esgobaeth yn erbyn lleygwyr trachwantus; bu hefyd yn aelod effeithiol o Dŷ'r Arglwyddi, Cyngor y Gororau a chyrff gweinyddol eraill.

Cyhoeddwyd bywgraffiadau ohono gan D. R. Thomas (1902) a Glanmor Williams (1953). Gweler hefyd Isaac Thomas, *Y Testament Newydd Cymraeg, 1551–1620* (1976) ac *Yr Hen Destament Cymraeg, 1551–1620* (1988).

DAVIES, RICHARD (1635–1708), Crynwr o Gloddiau Cochion, Tfn. Er iddo gael ei garcharu a'i ddirwyo oherwydd ei ddaliadau crefyddol, yr oedd yn ei gartref groeso bob amser i'r Cyfeillion ac aeth gyda *John ap John ar ei genhadaeth gyntaf i dde Cymru. Bu ganddo hefyd gysylltiad â theulu *Lloyd, Dolobran, yn ystod ei garchariad. Ystyrir ei hunangofiant, *An Account of the Convincement, Exercises, Services and Travels of that*

Ancient Servant of the Lord, Richard Davies (1710), yn glasur ymhlith gweithiau'r Crynwyr.

DAVIES, RICHARD (Mynyddog; 1833–77), bardd a aned yn Llanbryn-mair, Tfn. Yr oedd yn adnabyddus fel arweinydd eisteddfodau a datgeiniad. Cyhoeddodd dair cyfrol o gerddi, sef *Caneuon Mynyddog* (1866), *Yr Ail Gynnig* (1870) ac *Y Trydydd Cynnig* (1877); ymddangosodd yr olaf, *Pedwerydd Llyfr Mynyddog* (1882), ar ôl ei farw. Cyfansoddodd benillion ar geinciau poblogaidd Seisnig; darnau syml, canadwy ydynt, yn sôn am lawenydd a helbul bywyd y bobl, am ffolineb coegfalchder ac am wrthuni rhagrith. Ychydig o werth parhaol sydd iddynt, ond cenir un o hyd, sef 'Gwnewch Bopeth yn Gymraeg'. Cofir amdano hefyd am iddo gydweithio â Joseph *Parry i lunio'r opera *Blodwen.

Ysgrifennwyd cofiant i Mynyddog gan T. R. Roberts (1909).

DAVIES, ROBERT (Bardd Nantglyn; 1769–1835), bardd. Fe'i ganed yn Nantglyn, Dinb.; prentisiwyd ef yn deiliwr a daeth yn adnabyddus am ei gerddi digrif. Cyhoeddodd gasgliad o garolau ac englynion, *Cnewyllyn mewn Gwisg* (1798), a detholiad o'i waith yn *Diliau Barddas* (1827). Ei linell enwocaf oll yw 'Beibl i bawb o bobl y byd' sy'n rhan o'i awdl ar farwolaeth Siôr III, er iddi gael ei phriodoli weithiau i Robert *Williams (1744–1815). Enillodd wobr y *Gwyneddigon yn Eisteddfod Caerwys yn 1798 gyda'i awdl, 'Cariad i'n Gwlad', cyn symud i Lundain yn 1800. Gwnaed ef yn fardd swyddogol y Gymdeithas yn 1801 ac yn ysgrifennydd iddi y flwyddyn ganlynol ond dychwelodd i Nantglyn at ei deulu yn 1804. Ef oedd un o dri beirniad yn Eisteddfod Dinbych 1819 pan gollfarnwyd awdl Dewi Wyn o Eifion (David *Owen), 'Elusengarwch', a chychwyn ffrwgwd. Cafodd ei ramadeg, *Ieithiadur neu Ramadeg Cymraeg* (1808), ddylanwad dwfn ar feirdd ar hyd y ganrif ac aeth i bum argraffiad erbyn 1848.

DAVIES, ROBERT REES (1938–), hanesydd a aned yn Llandderfel, Meir., a'i addysgu yng Ngholeg Prifysgol Llundain a Choleg Merton, Rhydychen. Rhwng 1963 ac 1973 bu'n Ddarlithydd yng Ngholeg Prifysgol Llundain ac fe'i penodwyd yn Athro Hanes yng Ngholeg Prifysgol Cymru, Aberystwyth, yn 1976. Yn ogystal â chyfrannu i gylchgronau, y mae wedi cyhoeddi *Lordship and Society in the March of Wales 1282–1400* (1978), *Conquest, Coexistence and Change: Wales 1063–1415* (1987, argr. clawr meddal, *The Age of Conquest*, 1991), *Domination and Conquest: the Experience of Ireland, Scotland and Wales 1100–1300* (1990) a *The Revolt of Owain Glyn Dŵr* (1996). Penodwyd ef yn Athro Hanes yr Oesoedd Canol ym Mhrifysgol Rhydychen yn 1995.

Davies, Ryan (1937–77), digrifwr. Fe'i ganed yng

Nglanaman, Caerf., a'i addysgu yn y Coleg Normal, Bangor, ac Ysgol Ganolog Drama Llundain. Bu'n athro mewn ysgol gynradd yn Croydon o 1960 hyd 1966, yna arwyddodd gytundeb â BBC Cymru a daeth yn boblogaidd iawn fel canwr, actor a digrifwr ar y llwyfan ac ar y teledu. Un o'i dalentau lu oedd y gallu i ddynwared, a defnyddio ei wynepryd hynod yn effeithiol dros ben. Efallai mai ei berfformiadau mwyaf cofiadwy oedd y rhai a welwyd yn y gyfres deledu Fo a Fe, lle y chwaraeai ran Twm Twm y Cymro cyffredin o dde Cymru. Bu ei farwolaeth, pan oedd ar ei wyliau yn Buffalo, Efrog Newydd, yn ergyd drom i Gymru pan gollodd y wlad un o'i ddigrifwyr mwyaf athrylithgar.

Ceir manylion pellach yn Rhydderch Jones, Cofiant Ryan (1970) a Ryan (1980); cyhoeddwyd detholiad o ganeuon Ryan yn 1983.

DAVIES, RHYS (1901–78), nofelydd ac awdur storïau byrion a aned yng Nghwm Clydach yn y *Rhondda, yn fab i siopwr y pentref. Bu'n ddisgybl yn Ysgol Ganolradd y Porth ac yn ei ugeiniau cynnar aeth i fyw i Lundain, ac yno daeth yn llenor amser-llawn. Ymddangosodd ei dri llyfr cyntaf, gan gynnwys The *Withered Root, yn 1927; treuliodd y flwyddyn ganlynol yn Ffrainc ac yno daeth yn gyfeillgar â D. H. Lawrence, ffigwr-cwlt i'r ieuanc ar y pryd. Ac eithrio un cyfnod yn ystod yr Ail Ryfel Byd, cynhaliodd ei hun bron yn gyfan gwbl trwy ysgrifennu nofelau a storïau byrion, heb hyd yn oed ymgymryd â darlithio na newyddiaduraeth lenyddol.

Ymbaratôdd Rhys Davies, a oedd yn ddi-goleg, ar gyfer gyrfa lenyddol trwy astudio'r clasuron Saesneg ac Ewropeaidd, yn arbennig meistri Ffrengig y stori fer a Chekhov, a alwai 'fy nuw'. Gellir gweld hefyd ddylanwad Caradoc Evans (David *Evans) a D. H. Lawrence ar ei waith cynharaf. Hanes cariad dosbarthcanol Edgar Roberts tuag at Edith Stevens a geir yn Rings on Her Fingers (1930), un o'r merched awdurdodol hynny sy'n ymddangos mewn gwahanol ffurfiau yn nofelau Davies. Blodwen Evans a'i phuteindy crand yng Nghaerdydd yw testun Count Your Blessings (1932). Yn The Red Hills (1932) ceir hanes Iorwerth, un o 'artistiaid' Davies a pherchennog pwll glo bychan, a'i gariad tuag at Ceinwen sydd braidd yn feddiannol ac at Virginia sy'n llawer mwy boddhaol. Ffurfia ei dair nofel nesaf, Honey and Bread (1935), A Time to Laugh (1937) a *Jubilee Blues (1939), driawd llac yn ymwneud â hanes cwm diwydiannol yn ne Cymru gan ddiweddu â *Dirwasgiad y 1930au. Hanes llofruddiaeth wedi ei leoli yn y Cymru wledig yw Tomorrow to Fresh Woods (1941) a thyn yn helaeth ar ei brofiad ei hun, gan mai bachgen artistig yw'r arwr, mab i siopwr mewn cwm diwydiannol. Nofel fwyaf adnabyddus Rhys Davies o bosibl yw The *Black Venus (1944). Portreadau o Gymry enwog yn byw yn Llundain a geir mewn dwy nofel ddiweddarach: The Painted King (1954) a seiliwyd ar yrfa Ivor Novello

(David Ivor *Davies), ac enw'r bardd ifanc talentog a bohemaidd sy'n ymddangos yn The Perishable Quality (1957) yw, nid Dylan *Thomas, ond Iolo Hancock. Ymhlith ei nofelau eraill y mae The Dark Daughters (1947), Marianne (1951), Girl Waiting in the Shade (1960) a Nobody Answered the Bell (1971).

Ysgrifennodd Rhys Davies nifer o storïau byrion a'u testunau yr un mor amrywiol â'i nofelau. Ar y cyfan rhain yw'r rhan fwyaf llwyddiannus o'i gynnyrch sylweddol (sy'n rhy faith i'w restru'n llawn yma). Ceir ei storïau yn The Things Men Do (1936), The Trip to London (1946), Boy with a Trumpet (1949), The Darling of Her Heart (1958), The Chosen One (1967) a'i Collected Stories (1955). Nid yw rhai o'r darluniau o'r gymdeithas Gymreig a grëir ganddo yn ei nofelau yn taro deuddeg bob tro efallai i'r rhai sy'n adnabod y gymdeithas honno yn dda. Ond y mae llai o bwyslais ar gymdeithaseg yn ei storïau byrion a mwy ar emosiynau a pherthynas nifer gyfyngedig o gymeriadau mewn sefyllfa unigol; rhai o blith ei lwyddiannau lu yn y maes hwn yw 'Canute', 'Nightgown', 'The Benefit Concert', 'Revelation', 'Weep not my Wanton' a 'Resurrection'. Ni ddylanwadwyd arno gan frwdfrydedd efengylu ei feistr cynnar, D. H. Lawrence, ac aeth Rhys Davies â'r stori Eingl-Gymreig i'w heithaf o ran gwrthrychedd. Gyda'i ddigrifwch, ei ddyfeisgarwch, ei sylw i fanylion arwyddocaol, a'i allu i greu sefyllfaoedd dramatig, y mae'r goreuon o storïau hollol gaboledig Rhys Davies yn hynod ddifyr a boddhaol.

Ysgrifennodd Rhys Davies hefyd ddrama, No Escape (1955), yr ysgrifau topograffig My Wales (1937) a The Story of Wales (1943), a hunangofiant, Print of a Hare's Foot (1969). Ymddangosodd ei nofel, Ram with Red Horns, yn 1996, a chyhoeddwyd ei Collected Stories mewn tair cyfrol o dan olygyddiaeth Meic *Stephens yn 1996 ac 1977. Sefydlwyd Ymddiriedolaeth Rhys Davies gan Meic Stephens yn 1990 gyda'r amcan o hyrwyddo llenyddiaeth gan Gymry yn Saesneg.

Cyfrannodd David Rees ysgrif ar Rhys Davies, ynghyd â llyfryddiaeth, i'r gyfres Writers of Wales (1975): gweler hefyd fraslun beirniadol gan R. L. Mégroz (1932) a G. F. Adam, Three Contemporary Anglo-Welsh Novelists (1948), a'r erthygl gan D. A. Callard yn Dictionary of Literary Biography: British Short Fiction Writers 1945–1980 (1994). Gweler hefyd yr erthyglau gan J. Lawrence Mitchell yn Planet (rhif. 70, Awst/Medi 1988) ac yn Fire Green as Grass (gol. Belinda Humfrey, 1995), ac un arall gan D. A. Callard yn Planet (rhif. 89, Hyd./Tach. 1991). Ceir rhestr lawn o gyhoeddiadau Rhys Davies yn John Harris, A Bibliographical Guide to Twenty-four Modern Anglo-Welsh Writers (1994).

DAVIES, THOMAS EIRUG (1892–1951), bardd a llenor a aned yng Ngwernogle, Caerf. Addysgwyd ef yng Ngholeg Prifysgol Gogledd Cymru, Bangor, a Choleg Bala-Bangor. Bu'n weinidog gyda'r Annibynwyr yng Nghwmllynfell (1919–26) a Llanbedr Pont Steffan (1927–51). Bu'n cystadlu lawer yn yr *Eisteddfod Genedlaethol rhwng 1920 ac 1934 a chipiodd wobrau'r faled, rhieingerdd, telyneg a'r soned.

Enillodd y *Goron yn yr Eisteddfod Genedlaethol yn 1932 am ei bryddest 'A Ddioddefws a Orfu' ac yn 1934 am ei bryddest 'Y Gorwel'. Yn 1931 cafodd y wobr gan Syr John Edward *Lloyd am ei draethawd ar Gwilym Hiraethog. Bu'n golygu Y *Dysgedydd o 1943 tan ei farw yn 1951. Ar ôl ei farw casglwyd ei atgofion am y cyfnod cyn 1914 a detholiad o'i waith prydyddol a'u cyhoeddi yn 1966 o dan y teitlau Yr Hen Gwm a Cerddi Eirug gan ei fab Alun Eirug Davies. Un o'i feibion oedd Dewi Eirug *Davies.

DAVIES, THOMAS ESSILE (Dewi Wyn o Esyllt; 1820–91), gweler o dan CLIC Y BONT.

DAVIES, THOMAS GLYNNE (1926–88), bardd a nofelydd. Fe'i ganed yn Llanrwst, Dinb., a chafodd ei addysg yn yr ysgol ramadeg yno; gweithiodd wedyn mewn labordy. Yn ystod yr Ail Ryfel Byd bu'n gweithio mewn pwll glo yn Oakdale, Myn. Yn 1949, wedi gwasanaethu yn y fyddin ac mewn ffatri, trodd at waith newyddiadurol, gan weithio fel gohebydd i'r Cambrian News, Y *Cymro a'r South Wales Evening Post. Ymunodd â'r BBC yn 1957 fel gohebydd newyddion a daeth yn gynhyrchydd rhaglenni radio, gan ddatblygu'n ddarlledwr dawnus, gyda'i ffraethineb parod a'i ddull anffurfiol. Cyflawnodd ei addewid fel bardd pan enillodd *Goron yr Eisteddfod Genedlaethol yn 1951 gyda'r bryddest 'Adfeilion' a dderbyniodd gryn glod. Rhyw hiraeth brathog yw prif nodwedd ei ddau gasgliad o gerddi, Llwybrau Pridd (1961) a Hedydd yn yr Haul (1969). Ei waith mwyaf uchelgeisiol yw ei nofel Marged (1974); hon yw un o'r nofelau mwyaf sylweddol a gyhoeddwyd yng Nghymru er 1950 ac ynddi dilyna hanes teulu o Lanrwst dros gyfnod o ganrif. Cyhoeddodd hefyd gyfrol o storïau byrion, Cân Serch (1954), a nofel arall, Haf Creulon (1960).

Ceir ysgrif hunangofiannol gan T. Glynne Davies yn y gyfrol Artists in Wales (gol. Meic Stephens, 1977); gweler hefyd y cyfweliad a roddodd i'r cylchgrawn Mabon (gol. Gwyn Thomas, 1972), y monograff gan Philip Wyn Jones yn Dyrnaid o Awduron Cyfoes (gol. D. Ben Rees, 1975), yr erthygl gan John Rowlands ar Marged yng Ysgrifau Beirniadol XI (gol. J. E. Caerwyn Williams, 1979) a'r nodyn gan yr un awdur yn Profiles (1980). Gweler hefyd yr erthygl gan Bethan Mair Hughes yn Taliesin (cyf. LXXII, 1990–91).

DAVIES, TOM (1941–), nofelydd a newyddiadurwr a aned ym Mhontypridd, Morg., ac a fagwyd yng Nghaerdydd. Astudiodd Athroniaeth yng Ngholeg y Brifysgol, Caerdydd, cyn gweithio fel newyddiadurwr gyda'r *Western Mail, y Sunday Times, y Sunday Telegraph a'r Observer, lle yr ysgrifennai ddyddiadur dan yr enw Pendennis. Y mae bellach yn byw ym Mhenarth, ger Caerdydd.

Y mae wedi ysgrifennu pum nofel; y gyntaf oedd Electric Harvest (1984). Seiliwyd One Winter of the Holy Spirit (1985) ar Ddiwygiad 1905 a'r rhan a chwaraewyd

gan Evan *Roberts; disgrifiad o fywyd yng nghymoedd de Cymru yw Black Sunlight (1986), o gyfnod trychineb Aber-fan yn 1966 hyd at streic y glowyr yn 1984, ac fe'i hysgrifennwyd ag awch gan gynnwys disgrifiadau rhywiol diamwys. Yn Fire in the Bay (1989) lleolir y stori am gantores yn ardal dociau Caerdydd. Y mae I, Conker (1994) yn archwiliad o Gymru trwy'r oesoedd, ei phroblemau cymdeithasol, moesol ac ysbrydol, o safbwynt ei hangel gwarcheidiol. Ysgrifennodd hefyd bum cyfrol o newyddiaduraeth ddiwinyddol: Merlyn the Magician and the Pacific Coast Highway (1982), Stained-Glass Hours (1985), a enillodd wobr Winifred Mary Stanford am y llyfr gorau ar thema grefyddol, The Man of Lawlessness (1989), Landscapes of Glory (1996) a The Celtic Heart (1997). Y mae'r rhain yn aml yn defnyddio ffurf y llyfr taith neu'r bererindod i archwilio problemau ysbrydol a chymdeithasol.

Yn One Winter of the Holy Spirit a Black Sunlight cyfuna Tom Davies ffuglen a hanes yn null Jack *Jones ac Alexander Cordell (George Alexander *Graber). Ond yn ei waith mwy diweddar, seciwlariaeth gynyddol y byd modern, o safbwynt Cristion ffwndamentalaidd, sy'n mynd â'i fryd. Y mae Tom Davies yn awdur hynod ddarllenadwy a dengys barodrwydd uchelgeisiol prin i wynebu materion cyfoes pwysig. Y mae tuedd i'w waith, serch hynny, fod yn rhy amlwg ddidactig ac nid yw ei arddull benderfynol boblogaidd yn wastad yn gyfrwng delfrydol iddo.

Davies, Walford (1869–1941), cerddor. Fe'i ganed yng Nghroesoswallt, swydd Amwythig, ac astudiodd yn y Coleg Cerdd Brenhinol. Cafodd yrfa ddisglair fel organydd ac arweinydd ac yna derbyniodd ddwy swydd sef Cyfarwyddwr Cerdd Prifysgol Cymru ac Athro Cerdd Coleg y Brifysgol, Aberystwyth, yn 1919. Gadawodd Gymru yn 1926. Urddwyd ef yn farchog yn 1922 a phan fu farw Syr Edward Elgar yn 1934 penodwyd ef yn Master of the King's Musick. Perfformiwyd amryw o'i gyfansoddiadau yng Ngŵyl y Tri Chôr a chysylltir ef hefyd â cherddoriaeth yng *Ngregynog. Daeth yn adnabyddus trwy gyfrwng ei sgyrsiau a'i raglenni recordiau ar y radio.

Ceir hanes y cysylltiad rhwng Walford Davies a Gregynog yn The Spiritual Pilgrims (1964) gan Ian Parrott.

DAVIES, WALFORD (1940–), beirniad llenyddol a golygydd; fe'i ganed ym Mhontyberem, Caerf., a'i addysgu yng Ngholeg Keble, Rhydychen. Bu'n Ddarlithydd mewn Saesneg yng Ngholeg Prifysgol Cymru, Aberystwyth, ac yn Uwch-ddarlithydd yng Ngholeg y Santes Anne, Rhydychen; bu'n Gyfarwyddwr Adran Efrydiau Allanol Coleg Prifysgol Cymru, Aberystwyth, er 1976. O 1983 hyd 1986 ef oedd Cadeirydd Pwyllgor Llenyddiaeth *Cyngor y Celfyddydau. Cyfrannodd ysgrif ar Dylan *Thomas i'r gyfres *Writers of Wales (1972); golygodd ryddiaith gynnar Thomas (1971), cyfrol o ysgrifau beirniadol ar ei waith (1972) a detholiad o'i gerddi (1974), yn ogystal â detholiadau o farddoniaeth Wordsworth (1975), Gerard Manley *Hopkins (1979) a Thomas Hardy (1982). Dyfarnwyd cadair bersonol mewn Llenyddiaeth Saesneg iddo gan Brifysgol Cymru yn 1985. Golygodd *Collected Poems 1934–53* Dylan Thomas (gyda Ralph Maud, 1988), a chasgliad o'i gerddi a'i ryddiaith, *The Loud Hill of Wales* (1991), ynghyd â'r argraffiad safonol o *Under Milk Wood* yn 1995 (eto gyda Ralph Maud); ef hefyd a ysgrifennodd y gyfrol ar Dylan Thomas yn y gyfres *Open Guides to Literature* (1986). Walford Davies yw prif gynghorydd llenyddol y cyhoeddwyr J. M. Dent, gyda chyfrifoldeb arbennig dros gyfres *Everyman*.

DAVIES, WALTER (Gwallter Mechain; 1761–1849), bardd, golygydd a hynafiaethydd a aned yn Llanfechain, Tfn. Er na chafodd fanteision addysg ymhyfrydai yn blentyn yng nghwmni'r beirdd gwlad (*bardd gwlad) a chyfansoddodd garolau *plygain yn y dull traddodiadol. Addysgwyd ef yn ddiweddarach yn Neuadd Sant Alban, Rhydychen, ac ordeiniwyd ef yn 1795; bu'n ficer Manafon, Tfn., o 1807 hyd 1837, a Llanrhaeadr-ym-Mochnant o hynny hyd ei farw. Ar gais y Bwrdd Amaethyddiaeth gwnaeth arolwg tra gwerthfawr o gyflwr economaidd gogledd Cymru (1810) ac arolwg cyffelyb ar y de (1815) pan gydweithiai ag Iolo Morganwg (Edward *Williams).

Ei gyfraniad pwysicaf i fywyd llenyddol Cymru oedd fel golygydd ac fel beirniad yn yr eisteddfodau taleithiol lle yr hyrwyddai safonau llenyddol Goronwy *Owen. Yr oedd yn un o sylfaenwyr y cylchgrawn *Y *Gwyliedydd (1822–38) cyhoeddodd *Eos Ceiriog* (1820–23) a oedd yn cynnwys gweithiau Huw *Morris a gododd o lawysgrifau Richard Foulkes gan mwyaf, a *Salmau Dafydd* (1827) gan William *Midleton. Yr oedd yn gyd-olygydd gyda Tegid (John *Jones) ar weithiau *Lewys Glyn Cothi (1837) a chynorthwyodd Samuel Lewis i baratoi ei ddwy gyfrol o *Topographical Dictionary of Wales* (1833). Cyhoeddwyd ei ysgrifau gwerthfawr ar hanes nifer o blwyfi yng nghylchgronau Saesneg *Cymry Llundain. Erys llawer o'i waith mewn llawysgrif, gan gynnwys ei ddyddiaduron tywydd a'r llythyrau rhyngddo ef ac eraill o'r *Hen Bersoniaid Llengar. Yn ei awdl 'Cwymp Llywelyn' (1821) y digwydd ei englyn enwog sy'n dechrau 'Y nos dywell yn distewi'.

Golygwyd gwaith Gwallter Mechain gan D. Silvan Evans (1868); ceir manylion am ei fywyd a'i waith yn Bedwyr Lewis Jones, *Yr Hen Bersoniaid Llengar* (1963) a Glenda Carr, *William Owen Pughe* (1983).

DAVIES, WALTER HAYDN (1903–84), llenor. Fe'i ganed ym Medlinog, Morg., a gadawodd yr ysgol yn dair ar ddeg oed i fynd i weithio yn y lofa leol. Wedi iddo fynychu dosbarthiadau nos, cymerodd raddau mewn economeg yng Ngholeg y Brifysgol, Caerdydd, a

dod yn athro mewn gwahanol ysgolion yn ne Cymru ac yn y diwedd yn Brifathro Ysgol Ramadeg Dechnegol y Bargoed yn 1953. Cyhoeddodd dair cyfrol o hunangofiant, sef *The Right Place, The Right Time* (1972), *Ups and Downs* (1975) a *The Blithe Ones* (1980). Cyflwyna'r llyfrau hyn ddarlun byw, doniol a chywir o fywyd mewn cymdeithas lofaol ym mlynyddoedd cynnar yr ugeinfed ganrif ac y mae'n cynnwys llawer o wybodaeth werthfawr am ganeuon a diwylliant gwerin de Cymru ddiwydiannol.

Davies, Wilfred Mitford (1895–1966), arlunydd llyfrau i blant; fe'i ganed ym Mhorthaethwy, Môn, a'i fagu yn Star, ger Llanfair Pwllgwyngyll. Wedi gwasanaethu yn y Rhyfel Byd Cyntaf, cafodd hyfforddiant yn Ysgol Gelf Lerpwl ac yna bu'n gweithio fel arlunydd masnachol yn y ddinas honno. Dychwelodd i Gymru yn 1922 a gwahoddodd Ifan ab Owen *Edwards ef i ddarlunio'r cylchgrawn *Cymru'r Plant* a thrwy hynny ddechrau ei gysylltiad ag *Urdd Gobaith Cymru a barhaodd am dros ddeugain mlynedd. Fel arlunydd llyfrau i blant cynhyrchodd waith a oedd yn hyfrydwch i'r darllenwyr ifainc ac a edmygir yn gyffredinol heddiw.

Davies, William (m. 1593), merthyr Catholig a oedd yn frodor o Groes-yn-Eirias, ger Llandrillo-yn-Rhos, Dinb. Aeth yn offeiriad yn 1585 ac am ran o'r flwyddyn ganlynol bu'n byw yn ogof Rhiwledyn yn y Creuddyn, Caern., lle y gweithiai gydag eraill ar argraffu *Y Drych Cristianogawl* (gweler o dan GWYN, ROBERT), sef y llyfr cyntaf a argraffwyd yng Nghymru. Fe'i restiwyd yn 1592 a threuliodd flwyddyn yn y carchar ym Miwmares ac yno cyfansoddodd garol. Gwrthododd ddatgyffesu na cheisio dianc a dienyddiwyd ef ar 27 Gorffennaf 1593.

DAVIES, WILLIAM (Gwilym Teilo; 1831–92) bardd a hanesydd lleol. Fe'i ganed ger Llandeilo Fawr Caerf. Yr oedd yn eisteddfodwr brwd a enillodd wobrau llenyddol mewn eisteddfodau. Ei weithiau cyhoeddedig pwysicaf yw *Llandilo-Vawr and its Neighbourhood* (1858) a'r *Traethawd ar Caio a'i Hynafiaethau* (1862), a'i gerdd orau yw 'Hen Goed y Benlan Fawr' Ni chyhoeddwyd ei waith gorau, sef traethawd a 'Lenyddiaeth y Cymry' a fwriedid fel parhad o waith Thomas *Stephens, *The Literature of the Kymry* (1849) Casglwyd ei farddoniaeth wedi iddo farw gan P. H Griffiths, *Gweithiau Gwilym Teilo* (1927).

DAVIES, WILLIAM HENRY (1871–1940), bardd Fe'i ganed yng Nghasnewydd, Myn., yn fab i weithiwr haearn a fu farw pan oedd yr awdur yn blentyn Mabwysiadwyd ef gan rieni ei dad yn fuan wedi ai briodas ei fam a magwyd ef mewn tafarn yn ardal dociau lle yr oedd ei daid, hen gapten llong, wedi ymddeol. Addysgwyd ef mewn ysgolion elfennol lleol datblygodd ei gariad at farddoniaeth Saesneg a'r Beibl

Wedi gadael yr ysgol prentisiwyd ef yn gerfiwr fframau-lluniau a thrwy'r gwaith hwn daeth i werthfawrogi celf. Bywiogodd ei ddiddordeb mewn natur pan ddechreuodd gerdded yng nghefn gwlad Gwent ac fe'i hanogwyd gan ei ffrindiau i ehangu ar ei ddarllen ac i ddyfalbarhau gyda'i ymdrechion cynnar i gyfansoddi.

Yn 1893, gyda blaendal o'r incwm wythnosol bychan a dderbyniodd fel cymynrodd o ewyllys ei fam-gu, cychwynnodd am America. Wedi methu â chael gwaith parhaol yno trodd yn grwydryn, yn cardota a chael gwaith ar ffermydd ambell dro a threulio'r gaeaf mewn carchardai. Dychwelodd i Gasnewydd yn 1898 ac afradodd yno ac yn Llundain y rhan fwyaf o'r incwm o'i ran o ystad ei fam-gu, cyn cychwyn am y Klondyke. Yn Ontario, ym Mawrth 1899, ar ei ffordd i chwilio am aur, malwyd ei droed dde pan syrthiodd o dan drên wrth iddo geisio teithio am ddim arno a thorrwyd ymaith ei goes islaw y pen-glin.

Fe'i taniwyd ag uchelgais i wneud enw iddo'i hun yn y byd llenyddol a phenderfynodd ymsefydlu yn Llundain gan ymroi yn ddiflino i astudio ac ysgrifennu, er gwaethaf caledi parhaol a llawer o siomedigaethau. O'r diwedd cyhoeddwyd ei gyfrol gyntaf, *The Soul's Destroyer and other Poems* (1905), ar ei draul ei hun. Yr oedd yn ddogfen gymdeithasol i bob pwrpas ac nid oedd yn llwyddiannus ar y dechrau, ond yn dilyn cyd-nabyddiaeth o ddalentau'r awdur gan George Bernard Shaw cafodd adolygiad yn *The Daily Mail* a dyma fan cychwyn gyrfa Davies fel bardd. Yn yr un flwyddyn daeth yn gyfaill i Edward ★Thomas a roddodd gartref iddo mewn bwthyn yr oedd yn ei rentu ger Elses Farm, Sevenoaks. Derbyniodd ei ail lyfr, *New Poems* (1906), sef casgliad anwastad sy'n rhoi'r cipolwg cyntaf ar ei ddull aeddfed, adolygiadau ffafriol ond fawr ddim arall. Ar y llaw arall, yr oedd *The ★Autobiography of a Super-Tramp* (1908), a ysgrifennodd ar awgrym Edward Thomas ac a ddiwygiwyd o dan ei gyfarwyddyd, yn llwyddiant ar unwaith, a gwerthodd yn gyson.

Gwnaeth W. H. Davies ei enw fel bardd pan gyhoeddwyd *Nature Poems and Others* (1908), casgliad o farddoniaeth pur gynnil ond effeithiol yn rhinwedd ei symlrwydd a'i ffurfiau telynegol, byr. Yr oedd ychydig yn fwy cefnog oherwydd ei enillion llenyddol ac yn haf 1909 symudodd i fyw i lety yn Sevenoaks. Yno parhaodd ei gynnyrch sylweddol o ryddiaith a barddoniaeth a oedd yn cynnwys *Beggars* (1909), parhad o'i *Autobiography*, a chyfrol arall o farddoniaeth, *Farewell to Poesy* (1910). Er mwyn ceisio ennill arian ac amser i'w alluogi i ymroi i farddoni rhoes gynnig ar nofel, ond nid oes llawer i'w gymeradwyo yn *A Weak Woman* (1911). Y mae *Songs of Joy* (1911) ymhlith ei lyfrau barddoniaeth gorau ac y mae'n cynnwys rhai o'i delynegion mwyaf adnabyddus, gan gynnwys '*Leisure*' a gynhwysir yn aml mewn blodeugerddi. Yn 1911 hefyd dyfarnwyd iddo bensiwn Rhestr Sifil, yn bennaf trwy ymdrechion Edward Thomas. Talwyd teyrnged iddo fel bardd pan gynhwyswyd detholiadau o'i

delynegion ym mhob un o'r pum cyfrol o *Georgian Poetry*; cyhoeddwyd y cyntaf ohonynt yn 1912.

Yn fuan ar ôl cyhoeddi *Foliage: Various Poems* (1913), symudodd i Lundain lle yr ehangodd ei gylch o gydnabod ymysg llenorion ac artistiaid. Er na fu wedyn mor gynhyrchiol ag y bu yn ystod ei gyfnod yn Seven-oaks, parhaodd i gyhoeddi cyfrolau o farddoniaeth, yn flynyddol bron, gan gynnwys gwahanol argraffiadau, ac ambell waith cyhoeddai weithiau o ryddiaith, yn eu plith *Later Days* (1925), cyfrol arall o atgofion, a nofel aflwyddiannus arall, *Dancing Mad* (1927). Daeth ei briodas â Helen Payne yn 1923 â bodlonrwydd i'w fywyd a phwyslais newydd i'w waith: yn y cerddi ysgrifennodd wedyn, rhoddir bron cymaint o bwyslais ar y thema o gariad priodasol ag ar hyfrydwch natur. Ar y cychwyn bu ef a'i wraig yn byw yn East Grinstead, ond tua diwedd y 1920au gwnaethant eu cartref yn Nails-worth, swydd Gaerloyw.

Yr oedd W. H. Davies wedi mwynhau, o'r cychwyn bron, fesur boddhaol o gydnabyddiaeth ymysg ei gyd-awduron a'r cyhoedd yn gyffredinol; daeth cydnabydd-iaeth swyddogol ar ffurf Doethuriaeth Er Anrhydedd gan Brifysgol Cymru yn 1929. Yr oedd yn ymwybodol iawn o'i safle a'i swyddogaeth fel bardd, yr oedd yn artist hunanymwybodol, a chanolbwyntiodd ar fwriadol ar y cyffredin, ac yn hollol groes i dueddiadau deallusol barddoniaeth y 1920au a'r 1930au, yr oedd yn osgoi cymhlethdod. Y mae peth o'i waith yn ymwneud ag anghyfiawnder cymdeithasol, caledi a phoen, ond y mae'r mwyafrif llethol o'r 636 darn yn *The Poems of W. H. Davies* (1940), a gyhoeddwyd ychydig cyn ei farwolaeth, yn datgan pleser syml mewn agweddau o fyd natur a chwmnïaeth ddynol. Er na pherthyn iddynt lymder deallusol, y mae swyn cofiadwy, naturiol i'w delynegion gorau, ac fe'u canmolwyd yn haeddiannol am eu symlrwydd a'u ffurf. Golygwyd cyfrol o *Selected Poems* W. H. Davies gan Jonathan Barker a'i chyhoeddi yn 1985.

Cyhoeddwyd astudiaeth o'i waith yn *W. H. Davies: A Critical Biography* (1963) gan Richard Stonesifer a chyfrannodd L. W. Hockey ysgrif arno i'r gyfres *Writers of Wales* (1971); gweler hefyd y rhifyn arbennig o *Poetry Wales* (cyf. XVII, rhif. 2, 1983) a neilltuwyd i ymdriniaeth â gwaith y bardd, a'r nofel hunangofiannol, *Young Emma* (1980). Ceir rhestr lawn o gyhoeddiadau W. H. Davies yn John Harris, *A Bibliographical Guide to Twenty-four Modern Anglo-Welsh Writers* (1994).

DAVIS, DAVID (Dafis Castellhywel; 1745–1827), ysgolfeistr a bardd, a aned yn Llangybi, Cer., ac a addysgwyd yn Ysgol y Coleg a'r Academi, Caerfyrddin, yr 'hoff ddysgedig nyth' y canodd iddo mewn triban o ffarwél. Yno daeth o dan ddylanwad y Prifathro Jenkin Jenkins a oedd yn Ariad o ran daliadau, ac er na choleddodd Davis ★Undodiaeth ei hunan, datganodd yn gyhoeddus ei gydymdeimlad â Joseph Priestley yn 1770. Adlewyrchir hefyd syniadau Richard ★Price ym mhrydyddiaeth Davis a chefnogai achos y ★Chwyldro Ffrengig yn 1789. Agorodd ei ysgol enwog yng

Nghastellhywel, Cer., tuag 1782 a chafodd nifer o wŷr blaenllaw sylfaen glasurol gadarn i'w haddysg yno. Uchafbwynt ei farddoniaeth yw rhai o'i englynion i adfeilion Plas Ffynnon Bedr, Llanbedr Pont Steffan, Cer., hen gartref Herbert *Lloyd.

Cyfieithodd beth o waith William Cowper, Alexander Pope ac Isaac Watts i'r Gymraeg, yn ogystal ag 'Elegy written in a Country Churchyard' gan Thomas Gray. Casglwyd ei waith prydyddol yn y gyfrol Telyn Dewi (1824).

Dawns y Blodau, gweler o dan BLODEUGED.

De Excidio Britanniae (llyth. 'Dinistr Prydain'; c.540), gwaith Lladin a briodolir i *Gildas. Ei amcan oedd annog yr arweinwyr Brythonaidd i wella eu buchedd drwy ddwyn i gof bechodau eu cyndeidiau yn ogystal â'u beirniadu, yn null proffwydi'r Hen Destament, am eu drygioni yn y presennol. Yn rhan gyntaf y De Excidio adroddir hanes Prydain o dan reolaeth Rhufain ac yna fethiant y Brythoniaid i amddiffyn yr ynys wedi ymadawiad y Rhufeiniaid rhag goresgyniadau'r Eingl-Sacsoniaid, Pictiaid a Gwyddelod. Dyfynnir llythyr y Brythoniaid at Agitius (Aëtius) i geisio cymorth Rhufeinig (c.446–54). Yng ngweddill y gwaith coll-fernir brenhinoedd ac eglwyswyr cyfoes y Brythoniaid yn hallt am eu hanfoesoldeb yn ystod y cyfnod o heddwch a ddilynodd y fuddugoliaeth fawr ym Mynydd Baddon. Enwir pum brenin neu 'ormeswr', sef Constantinus (Dyfnaint a Chernyw), Aurelius Caninus, Vortipor (Dyfed), Cuneglasus (Rhos yng Ngwynedd Is Conwy?) a'r gwaethaf ohonynt i gyd, Maglocunus (*Maelgwn Gwynedd). Diwedda'r De Excidio drwy ymosod ar lygredd a bydolrwydd yr esgobion a'r offeiriaid a ymgreiniai i'r gormeswyr gan esgeuluso eu dyletswyddau bugeiliol i'r tlodion.

Cyfieithiwyd y gwaith i'r Saesneg gan Hugh Williams (1901) a Michael Winterbottom (1978), ac i'r Gymraeg gan J. O. Jones yn y gyfrol O Lygad y Ffynnon (1899).

DEARNLEY, MOIRA (1942–), beirniad a nofel-ydd, a aned yn Abertawe a'i haddysgu yng Ngholeg Prifysgol Abertawe a Phrifysgol Bryste. Bu'n dal Cymrodoriaeth Prifysgol Cymru ac yn Gymrodor ar Ymweliad hefyd ym Mhrifysgol Manceinion, tra oedd yn ysgrifennu ei llyfr cyntaf, The Poetry of Christopher Smart (1968). Yna treuliodd rai blynyddoedd yn sir Benfro, yn gweithio fel athrawes addysg arbennig ac yn ymchwilio i ddatblygiad iaith plant ifainc, cyn symud i swydd Efrog, lle y bu'n athrawes Saesneg. Yn 1973 cyhoeddodd nofel, That Watery Glass, sydd – trwy gyfrwng yr arwres Gwendoline Vivyan a'i lleoliad mewn prifysgol – yn archwilio'r symud o'r consyrn traddodiadol Gymreig honedig â'r deall a moesoldeb rhywiol i werthoedd mwy llac y 1960au. Fe'i dilynwyd yn 1981 gan Icarus, casgliad o dair stori fer a oedd, fel y nofel, yn archwilio'r cyflwr

dynol o fod ar eich pen eich hun. Y mae hefyd wedi cyfrannu traethawd ar Margiad Evans (Peggy Eileen *Whistler) i'r gyfres *Writers of Wales (1982). Yn ddiweddar dychwelodd i fyw i dde-ddwyrain Cymru, a bu'n ymchwilio i fywyd a gwaith awduron Cymreig o ddiwedd y ddeunawfed ganrif a'r bedwaredd ganrif ar bymtheg, yn arbennig merched megis Anne *Beale a Ann Julia *Hatton (Ann of Swansea).

Death Bell, The (1954), y drydedd gyfrol o farddoniaeth gan Vernon *Watkins. Y mae'n cynnwys nifer o gerddi megis 'Music of Colours: the Blossom Scattered', 'Taliesin in Gower', 'The Turning of the Stars', 'The Heron', 'Woodpecker and Lyre Bird', 'The Dead Shag' a 'The Shell', sydd ymhlith ei waith gorau, ac y mae eraill megis 'Niobe', 'Climbing above the Cave' a'r rhan fwyaf o'i naw baled (nifer ohonynt yn gyfansoddiadau cynnar) – yn arbennig 'Ballad of the Rough Sea' – yn bwysig er mwyn deall tarddiad yr egni barddonol a ddeilliodd o'r tristwch a'r gofid meddwl y bu Watkins yn ei ddioddef yn ŵr ifanc. Nid yw athroniaeth cerddi fel 'Pledges to Darkness' ac 'Art and the Ravens', sy'n honni bod yr awen yn gyfrwng anfarwoldeb, mor dderbyniol, er cystal eu crefft. Marwnad i'w dad yw'r gerdd sy'n rhoi ei henw i'r gyfrol, a hon yw un o'r darnau mwyaf tywyll a lleiaf effeithiol yn y llyfr.

Deaths and Entrances (1946), y bedwaredd gyfrol o farddoniaeth gan Dylan *Thomas. Ei chnewyllyn yw saith cerdd sy'n ymateb i'r profiad o fyw yn Llundain yn ystod y cyrchoedd bomio. Fe'u nodweddir gan ymdeimlad o egni parhaol bywyd, a molir y grym hwnnw mewn termau elfennol, rhywiol a chrefyddol (ond nid o angenrheidrwydd Gristnogol), fel y dengys teitlau'r cerddi eu hunain, megis 'A Refusal to Mourn the Death, by Fire, of a Child in London' a 'Ceremony after a Fire Raid'. Yn erbyn y cefndir hwn o'r profiad o ryfel saif dwy o gerddi mwyaf adnabyddus Thomas, sef 'Poem in October' a *'Fern Hill', cerddi sy'n gyfrwng i'r oedolyn ail-fyw ei blentyndod yn nhermau byd natur a barddoniaeth bro. Mewn adwaith yn erbyn ysgytiad moesol rhyfel, efallai, gwelir yn y cerddi hyn gychwyn thema – natur diniweidrwydd, yn cael ei drafod mewn idiom wledig – a oedd i ddod yn amlwg iawn yng ngherddi ei gyfrol nesaf, In Country Sleep (1952), ac yn *Under Milk Wood. Mewn cerddi eraill mynegir, yn uniongyrchol a thrwy awgrym, brofiad a thyndra priodas y bardd. Trwy'r gyfrol gyfan amlygir meistrolaeth Dylan Thomas ar amrywiaeth cynyddol o ffurfiau barddonol, patrymau odl a hyd llinellau, a chadarnhaodd y symud graddol oddi wrth y duedd at undonedd rhythm a welir weithiau yn ei farddoniaeth gynnar. Cyhoeddwyd y llyfr mewn argraffiad cain gan *Wasg Gregynog yn 1984 gyda rhagymadrodd gan Walford *Davies.

Decline and Fall (1928), nofel gyntaf yr awdur Saesneg Evelyn Waugh (1903–66), y mae ei phrif gymeriad, Sais ifanc o'r enw Paul Pennyfeather, yn ymgymryd â swydd ddysgu mewn ysgol breifat fechan iawn ar arfordir gogledd Cymru. Y mae a wnelo'r nofel yn bennaf â dychanu twyll a seithugrwydd bywyd ffasiynol ond y mae hefyd yn gofiadwy oherwydd ei phortread o brifathro ecsentrig Llanabba Castle, Dr Augustus Fagan, a'i staff erchyll, a ddefnyddiwyd gan Waugh i fynegi peth o'i atgasedd at y Cymry.

Deddf Addysg Ganolraddol (1889), a roddodd hawl i gynghorau sir Cymru (gan gynnwys Myn.) i godi treth o hanner ceiniog er mwyn datblygu system addysg uwchradd, gan ddarparu swm cyfatebol o arian o goffrau'r Llywodraeth. Eiddo Stuart *Rendel, diwydiannwr o Sais a ddaethai'n Aelod Seneddol Rhyddfrydol dros sir Drefaldwyn yn 1880, yw'r clod pennaf am i'r cynnig radicalaidd hwn gael ei dderbyn; nid oedd y wladwriaeth Brydeinig cyn hynny wedi ymboeni am addysg uwchradd. Erbyn 1902, pan fabwysiadwyd yn Lloegr y cyfundrefn a roddasid ar waith yng Nghymru tair blynedd ar ddeg ynghynt, yr oedd cyfanswm o 95 o ysgolion canolraddol yn darparu ar gyfer 8,000 o ddisgyblion wedi eu sefydlu. Aeth y gwaith o gydlynu'r ysgolion hyn trwy gyfrwng arholiadau ac arolygon i gorff newydd, Bwrdd Addysg Canolog Cymru a grëwyd yn 1896, ac a fu'n rheoli addysg uwchradd yng Nghymru am yr hanner can mlynedd nesaf.

Deddf y Pyllau (1842), yr unig 'ddeddf ffatri' i gael dylanwad o bwys ar amodau diwydiannol yng Nghymru yn ystod y bedwaredd ganrif ar bymtheg; gwaharddodd gyflogi merched a bechgyn dan ddeg oed (codwyd yr oedran i ddeuddeg yn 1860) dan ddaear. Gan i'r Ddeddf gael ei phasio cyn datblygu'r diwydiant glo yng nghymoedd y *Rhondda, ni fu'r math yma o gam-drin erioed yn wybyddus yno, er iddo barhau mewn ardaloedd mwy anghysbell.

Deddf Taenu'r Efengyl yng Nghymru (1650). Dirprwywyd awdurdod grefyddol llywodraeth Cromwell yng Nghymru i'r Cyrnol Thomas Harrison a saith deg o gomisiynwyr eraill o ganlyniad i'r ddeddf hon. Ymhlith y Cymry mwyaf amlwg yr oedd y Cyrnol Philip *Jones, Llangyfelach, Cyrnol John *Jones (1597?–1660) a Syr Erasmus *Philipps o Bictwn. Eu tasg oedd arholi gweinidogion crefyddol, a phe ystyrid hynny yn angenrheidiol, eu diarddel o'u bywoliaeth. Ymhlith achosion diswyddo yr oedd amlblwyfiaeth, methu â phregethu yn Gymraeg, defnyddio'r Llyfr Gweddi Gyffredin a gwarth eu bywyd preifat. Erbyn i'r Ddeddf ddarfod yn 1653 diarddelwyd cyfanswm o 278 o beriglorion yn y modd hwn. Enwebai'r Ddeddf hefyd bump ar hugain o Gymeradwywyr i benodi olynyddion i'r gweinidogion a ddiswyddwyd ac ymhlith y dynion 'duwiol a phoenus' hyn yr oedd Oliver Thomas, Walter *Cradock, Jenkin *Jones, John *Miles, Morgan *Llwyd

a Vavasor *Powell. Yn ôl y Ddeddf yr oedd ysgolion rhad i'w darparu ar gyfer bechgyn a merched ac yng Nghymru sefydlwyd tua thrigain o'r cyfryw ysgolion, mewn ardaloedd a oedd, yn bennaf, yn Biwritanaidd.

Deddfau Diwygio, Y (1832, 1867, 1884, 1918), pedwar mesur deddfwriaethol a fwriadwyd i rannu'r Aelodau Seneddol yn fwy cyfartal a diwygio'r etholfraint.

Yn ôl y gyntaf, a basiwyd yn 1832, diddymwyd llu o etholiadau bychain llwgr gan roi aelodau ychwanegol, neu'n wir aelodau am y tro cyntaf lle yr oedd y boblogaeth wedi cynyddu. Yng Nghymru cafodd siroedd Caerfyrddin, Morgannwg a Dinbych un aelod ychwanegol a rhoddwyd un i Ferthyr Tudful (lle y bu Terfysgoedd *Merthyr y flwyddyn flaenorol). Rhannwyd etholaeth fwrdeistrefol Morgannwg yn ddwy gyda Chaerdydd ac Abertawe yn ganolfannau iddynt. Bellach cynrychiolid Cymru gan ddeuddeg Aelod Seneddol ar hugain. Serch hynny, nid aeth diwygio'r etholfraint yn bell iawn ac ni wnaeth y Ddeddf fawr ddim i dorri crib y tirfeddianwyr yn y siroedd.

Ychydig iawn o wahaniaeth a wnaeth Ddeddf 1867 i nifer yr etholiadau yng Nghymru ond cafodd Merthyr Tudful aelod ychwanegol eto. Bu'r newid mwyaf yn yr hawlfraint etholiadol: yn y bwrdeistrefi rhoddwyd y bleidlais i bob gŵr a oedd yn dal tŷ o werth ardrethol o ddeg punt y flwyddyn ac yn y siroedd i'r rheini a chanddynt dŷ o werth deuddeg punt. Yn yr etholiad a gynhaliwyd y flwyddyn ganlynol etholwyd tri Anghydffurfiwr, sef Henry *Richard, Richard Davies ac E. M. Richards, i gynrychioli etholaethau yng Nghymru. Cafodd y Rhyddfrydwyr un sedd ar hugain a'r Toriaid ddeuddeg. Oherwydd dial y tirfeddianwyr ar y rhai a oedd wedi pleidleisio yn erbyn y Toriaid collodd amryw eu ffermydd a gwnaeth hyn i Henry Richard ac eraill frwydro nes pasio'r Ddeddf Tugel yn 1872.

Pasiwyd y drydedd Ddeddf yn 1884 a daeth llawer o newid yn etholaethau Cymru yn ei sgîl. Diddymwyd etholaethau bwrdeistrefol Biwmares, Aberhonddu, Aberteifi, Hwlffordd a Maesyfed a throsglwyddwyd yr etholfraint i'r siroedd. Cafodd Abertawe a Mynwy aelod ychwanegol, a rhannwyd Dinbych yn ddwy etholaeth o un aelod yr un. Cynyddodd cynrychiolaeth sirol Morgannwg o ddau i bump, sef De, Dwyrain, Gorllewin a Chanol Morgannwg, a'r Rhondda. Yr oedd gan bob trethdalwr gwryw yr hawl i bleidleisio os oedd yn Brydeiniwr, yn ei iawn bwyll, dros un ar hugain oed a heb fod yn arglwydd nac yn droseddwr. Ar ôl etholiad 1885 pedair yn unig o'r pedair sedd ar ddeg ar hugain a gadwodd y Toriaid yng Nghymru. Dyma'r ddeddf a dorrodd grib y tirfeddianwyr, gan agor y drws i *Ryddfrydiaeth ac i ethol aelodau megis T. E. *Ellis yn 1886 a David *Lloyd George yn 1890. O dan delerau Deddf 1918 cafodd gwragedd Cymru, megis gwragedd Prydain, a oedd dros ddeg ar hugain oed, yr hawl i fwrw pleidlais; cafwyd hefyd un sedd ym *Mhrifysgol Cymru.

Ceir manylion pellach yn David Williams, *Modern Wales* (1950) a K. O. Morgan, *Wales in British Politics 1868–1922* (1963).

Deddfau Penyd, Y (1401–02), cyfres o ddeddfau gormesol yn erbyn y Cymry y cytunwyd arnynt gan y Senedd yn union wedi dechrau gwrthryfel *Owain Glyndŵr. Deddfwyd hefyd yn erbyn y beirdd; fe'u disgrifid hwy fel y rhai a groesawodd ymddangosiad seren gynffon yn 1402 fel arwydd o ryddid i'r Cymry, yn '*wasters, rhymers, minstrels and other vagabonds*'. Gwelwyd dylanwad mawr y beirdd, a edrychai ar Owain Glyndŵr fel y Mab Darogan (gweler o dan DAROGAN), yn ystod y gwrthryfel. Yn ei lythyrau yn ceisio cymorth Brenin yr Alban ac arglwyddi Iwerddon yr oedd Glyndŵr yn ymwybodol o'r darogan y deuai rhyddid cenedlaethol trwy gymorth gwledydd Celtaidd eraill. Yr oedd yr hen hawl i diroedd yng ngorllewin Lloegr yn rhan hanfodol o'r traddodiad darogan, ac yn egluro trefniadau tiriogethau y Cytundeb Tridarn (1405) a Pholisi *Pennal (1406).

Deddfau Uno, Y (1536 ac 1543), dwy ddeddf Seneddol a gydiodd Gymru'n wleidyddol wrth Loegr. Yr oedd Harri VIII yn benderfynol o ddiddymu ei briodas â'i wraig, Catrin o Aragon, a dileodd rym y Pab o fewn ei diriogaethau. Gyda chymorth Thomas Cromwell, ei brif weinyddwr, a thrwy gyfrwng Senedd y Diwygiad (1529–36), creodd deyrnas sofran annibynnol newydd gydag ef ei hun yn ben ar yr Eglwys a'r Wladwriaeth. Er mwyn cryfhau gafael y Brenin ar Gymru a'r Mers penderfynodd Cromwell, a oedd yn ymwybodol o'r anhrefn a fuasai yn y Gororau, ddiddymu arglwyddiaethau'r Mers a'u huno, ynghyd â'r *Dywysogaeth, â Lloegr.

Yn ganlyniad i'r ddwy Ddeddf rhoddwyd cydraddoldeb i'r Cymry a statws swyddogol i gyfraith Lloegr yng Nghymru. Dilewyd pob rhwystr cyfreithiol a masnachol a oedd wedi llesteirio'r gyfathrach rhwng y Cymry a'r Saeson yn y gorffennol. Crëwyd pum sir newydd yn y Gororau a chafodd y Cymry gynrychiolaeth Seneddol. Sefydlwyd cyfundrefn o lysoedd uwch, y Sesiynau Mawr, a rhoddwyd awdurdod statudol i'r Cyngor yn y Gororau. Cyfeiriodd rhaglith Deddf 1536 at yr iaith Gymraeg (am y tro cyntaf mewn unrhyw ddeddf) fel y canlyn: '*the people of the same dominion have and do daily use a speche nothing like ne consonaunt to the naturall mother tonge used within this Realme*'. Yna cyhoeddwyd y bwriad '*utterly to extirpe alle and singular the sinister usages and customs*' a berthynai i Gymru ac a oedd yn wahanol i Loegr. Er mwyn sicrhau unffurfiaeth lwyr, deddfwyd mai Saesneg fyddai iaith y gyfraith a gweinyddiaeth drwy Gymru ac na châi unrhyw Gymro uniaith swydd gyhoeddus. Er y gellir dadlau nad yw'r Deddfau yn benodol yn gwahardd yr iaith Gymraeg, y mae'n amlwg y bwriedid trosglwyddo'r grym llywodraethol i ofal lleiafrif, tua phump y cant o'r

boblogaeth, a fedrai siarad Saesneg. Ni chyfeiriodd y beirdd yn uniongyrchol at y Deddfau hyn ond dangosir yn eu mawl nad oeddynt yn gwrthwynebu'r swyddi a'r grym tirol a enillodd eu noddwyr.

Ymdrinnir â'r Deddfau yn fwy manwl yn W. O. Williams, *Tudor Gwynedd* (1958), J. G. Edwards, *The Principality of Wales* (1972), G. H. Jenkins, *Hanes Cymru yn y Cyfnod Modern Cynnar* (1983) a G. Williams, *Wales and the Act of Union* (1991) a 'Haneswyr a'r Deddfau Uno', yn G. H. Jenkins (gol.), *Cof Cenedl: Ysgrifau ar Hanes Cymru* (cyf. x, 1995); gweler hefyd W. Ogwen Williams, '*The Survival of the Welsh Language after the Union of England and Wales: the first phase, 1536–1642*' yn *Cylchgrawn Hanes Cymru* (cyf. II, rhif. 1, 1964) a P. R. Roberts, '*The Act of Union in Welsh History*' yn *Nhrafodion Anrhydeddus Gymdeithas y Cymmrodorion* (1972–73).

DEE, JOHN (1527–1608), mathemategydd, seryddwr, athronydd, swynwr, daearyddwr, hynafiaethydd, propagandydd ac ysbïwr; ef oedd *magus* ei oes. Fe'i ganed ym Mortlake, Surrey, i dad o Byllalai, Maesd., a honnai ei fod yn ddisgynnydd i *Rodri Mawr, ac yn gefnder i Blanche *Parry. Ymunodd â Choleg Ieuan Sant, Caergrawnt, yn 1542; bedair blynedd yn ddiweddarach daeth yn Gymrawd Coleg y Drindod a oedd newydd ei sefydlu, ond gan ei fod yn anfodlon ar y ffaith fod prifysgolion Lloegr ar ei hôl hi mewn mathemateg a gwyddoniaeth, gadawodd Gaer-grawnt yn 1548 ac yn 1550 yr oedd yn darlithio ym Mharis, lle y cafodd dderbyniad brwd. Ymsefydlodd yn llys Edward VI flwyddyn yn ddiweddarach ond bu o fewn trwch blewyn i gael ei erlid yn ystod teyrnasiad Mari I. Daeth yn ymgynghorwr i Elisabeth I ar faterion gwladol, gan gynnwys diwygio'r calendr.

Yn 1576 bu Dee yn gweithio ar gyfres o *Deitlau*, sydd bellach ar goll, a oedd yn gosod allan ei gysyniad o Ymerodraeth Brydeinig. Honnai'r *Teitlau*, a seiliwyd ar waith William Lambard, y brodyr Zeno o Fenis a mapiau o'r pegynau gan ei gyfaill Gerard Mercator, fod *Arthur wedi gorchfygu nid yn unig Sgandinafia a'r Arctig ond hefyd ynysoedd mor bell i'r gorllewin â rhyw Estotiland dybiedig (Newfoundland, o bosibl). Yr oedd Dee yn anfodlon ar gronoleg Mercator (yn ôl Siôn Dafydd *Rhys) ac yn ei *Title-Royal* a gyflwynodd i'r Frenhines yn 1580 cadarnhaodd ei honiadau ynghylch Arthur trwy ddod â hanes *Madog ab Owain Gwynedd i hemisffer y gogledd. Ni wyddys beth oedd barn y Frenhines am hyn, ond yn achlysurol iawn y câi Dee nawdd brenhinol. Amharwyd ar ei enw da yn y blynyddoedd ar ôl 1582 gan ei adroddiadau yn honni iddo ymgyfathrachu ag ysbrydion (profwyd bod ei bartner, Edward Kelley, yn dwyllwr). Cafodd wahoddiad dirgel i Wlad Pŵyl yn 1584 a bu i ffwrdd o Brydain hyd 1589. Yn 1596 cafodd Wardeniaeth Coleg Crist, Manceinion.

Erys traethodau Dee, lliaws ohonynt, mewn llawysgrif ond cyhoeddwyd ei weithiau ar hieroglyffau ar dir mawr Ewrop yn ystod ei oes a chyhoeddwyd ei ddyddiadur yn Lloegr yn ddiweddarach o lawer. Ei weithiau mwyaf hygyrch yw ei helaethiad o waith Robert *Recorde, *The Ground of Artes* (1561), ei 'Rhagair Mathemategol' i gyfieithiad Saesneg Henry Billingsley o *Euclid* (1570) a *Memorials pertayning to the Perfect Arte of Navigation* (1577).

Ceir manylion pellach yn Richard Deacon, *John Dee* (1968), Peter J. French, *John Dee: the World of an Elizabethan Magus* (1972) ac O. E. Roberts, *Dr. John Dee* (1980); gweler hefyd Gwyn A. Williams, *The Welsh in their History* (1982).

Defnyddiolaeth, y ddysgeidiaeth mai lles Dyn yw hapusrwydd ac y dylid cyfeirio ei ymddygiad at sicrhau hapusrwydd mwyaf y nifer mwyaf. Cyfundrefnwyd yr egwyddor yn Lloegr gan Jeremy Bentham, James Mill a John Stuart Mill; cymhlethodd yr olaf yr athrawiaeth yn ddirfawr trwy ddweud y dylid mesur gwerth yr hapusrwydd wrth ei ansawdd yn ogystal â'i faint. Cysylltwyd Defnyddiolaeth â'r awydd am Gynnydd ac â *Radicaliaeth wleidyddol yn ystod y bedwaredd ganrif ar bymtheg. Gwrthdystiwyd yn erbyn yr athrawiaeth gan rai a deimlai ei bod yn hyrwyddo materoldeb ac unffurfiaeth beiriannol. Tueddai hefyd i ddibrisio lleiafrifoedd ac yng Nghymru i hybu'r ymagwedd a ystyriai'r iaith Gymraeg yn gymharol ddibwys neu hyd yn oed yn rhwystr i lwyddiant yn y byd. Gellir dadlau bod gwŷr fel Hugh *Owen a Kilsby Jones (James Rhys *Jones) yn ceisio meithrin rhyw barchusrwydd ac effeithiolrwydd dosbarth-canol Seisnig yn hytrach na chyfoethogi diwylliant arbennig Cymru. Gan ddechrau gyda Robert *Owen a oedd yn gyfaill i Bentham, esgorodd y mudiad defnyddiolaidd ar *Sosialaeth, cred wleidyddol a fynnai newid y drefn yn fwy ysgytiol nag a ddychmygwyd gan yr hen Radicaliaid, gan gynnwys y cysyniad o'r Wladwriaeth Les.

Defynnog, gweler JAMES, DAVID (1865–1928).

Deffrobani, gweler o dan GWLAD YR HAF a HU GADARN.

Deffynniad Ffydd Eglwys Loegr (1594), cyfieithiad Cymraeg gan Morris *Kyffin o'r amddiffyniad cyntaf o ddysgeidiaeth Anglicanaidd, *Apologia Ecclesiae Anglicanae* (1562) gan yr Esgob John Jewel. Bwriad Kyffin oedd gwneud cymwynas ag iaith yn ogystal ag â chrefydd Cymru. Prin iawn oedd llyfrau Cymraeg, ac yn ei ragymadrodd dadleuodd am frwd dros gyhoeddi llyfrau Cymraeg a chollfarnu'r rhai a'i gwrthwynebai. Cydnabyddir ef fel un o feistri cynnar rhyddiaith Gymraeg. Amcanai at ysgrifennu'n llyfn, naturiol a darllenadwy, ac er ei fod yn llithro yma ac acw, llwyddodd yn rhyfeddol o dda. Er i'w lyfr ymddangos ar ôl Beibl William *Morgan (1588) ac er iddo ganmol Morgan a dwrdio William *Salesbury, nid oes cymaint o ôl safoni yn ôl arddull y Beibl ar ei waith ag y buasid wedi disgwyl.

Ceir argraffiad rhagorol o'i waith gan W. P. Williams (1908) a thrafodaeth arno gan W. J. Gruffydd yn *Llenyddiaeth Cymru* (1926).

Degannwy, safle traddodiadol llys *Maelgwn Gwynedd ger Conwy, Caern. Adeiladwyd castell yno gan Robert o Ruddlan yn yr unfed ganrif ar ddeg ac fe'i lladdwyd yno gan *Ruffudd ap Cynan. Yn yr *Oianau* yn *Llyfr Du Caerfyrddin* cyfeirir at 'gwneuthur dyganhwy dinas degin' er mwyn gwrthsefyll yr ymosodiad ar ogledd Cymru gan y Brenin John yn 1211. Cipiwyd y castell gan y Cymry a'r Saeson ar nifer o achlysuron ac fe'i hailadeiladwyd gan y Brenin Harri III yn 1245; dioddefodd byddin Seisnig, a wersyllodd yno yn y flwyddyn honno, galedi dychrynllyd. Fe'i dymchwelwyd wedyn gan *Lywelyn ap Gruffudd (Y Llyw Olaf).

Deheubarth, brenhiniaeth a sefydlwyd yn ystod teyrnasiad *Hywel Dda pan gyfunwyd *Ystrad Tywi, *Ceredigion a *Dyfed, gan ddwyn tiriogaeth de-orllewin Cymru rhwng afonydd Teifi a Thawe o dan awdurdod llinach frenhinol a oedd i'w rheoli, er nad yn ddi-fwlch, hyd nes y lladdwyd Rhys ap Tewdwr yn 1093. Estynnodd arglwyddi Normanaidd eu gallu dros y diriogaeth ond yn 1136, wedi marw'r Brenin Harri I, rhoes Gruffudd ap Rhys (m. 1136), gychwyn i ymgyrch a fu'n fodd yn y pen draw i adfer y deyrnas. Ni lwyddwyd i ddisodli'r Normaniaid o Ddyfed yn llwyr na'u halltudio o'u harglwyddiaethau yn nhueddau deheuol Ystrad Tywi, ond daeth gweddill y dalaith honno, sef y *Cantref Mawr, y *Cantref Bychan a Cheredigion, yn deyrnas gref o dan awdurdod yr ieuangaf o feibion Gruffudd ap Rhys, *Rhys ap Gruffudd, a adnabuwyd fel Yr Arglwydd Rhys.

Cyfrifid Deheubarth, ynghyd â *Gwynedd a *Phowys, yn un o dair brenhiniaeth Cymru'r ddeuddegfed ganrif. Fe'i llywodraethid o Ddinefwr a restrid gydag *Aberffraw a *Mathrafal yn un o dri phriflys Cymru. I'r cyfnod hwn y perthyn y dystiolaeth hanesyddol sicraf i fri Deheubarth wrth i Rys ap Gruffudd gadarnhau gorchest wleidyddol ei linach a sefydlu perthynas â Brenin Lloegr, Harri II, a gydnabu awdurdod y Cymro dros yr arglwyddiaeth eang. Adlewyrchid cadernid Deheubarth o dan lywodraeth Rhys ap Gruffudd yng nghanu'r prydyddion *Cynddelw Brydydd Mawr a *Gwynfardd Brycheiniog. Arwydd o sefydlogrwydd y frenhiniaeth yw'r nawdd a estynnodd Rhys i fynachlogydd y *Sistersiaid yn y *Tŷ Gwyn ac *Ystradfflur a'r Premonstratensiaid yn *Nhalyllychau. Y mae'n ddiamau hefyd i wŷr cyfraith Deheubarth yn ystod ei deyrnasiad adael eu hôl ar y llyfrau cyfraith pwysig, yn Lladin a Chymraeg, sydd wedi eu cadw o gyfnodau diweddarach. Ceir enghraifft nodedig o ddiwylliant llenyddol Deheubarth yn y gân Ladin a gyfansoddwyd adeg marwolaeth Rhys ap Gruffudd yn 1197.

Tua diwedd teyrnasiad Rhys cododd gwrthdaro

ymhlith ei feibion ynglŷn â phwy a ddylai etifeddu'r dreftadaeth. Gwrthwynebwyd olyniaeth yr etifedd dewisedig, Gruffudd ap Rhys (m. 1201), gan ei hanner brawd Maelgwn ap Rhys (m. 1236) ac ymunodd eraill o'u carennydd yn yr ymgiprys. Sut bynnag, ni lwyddodd yr un ohonynt i sicrhau goruchafiaeth lwyr ac yn y pen draw cytunwyd i rannu treftadaeth Deheubarth ymhlith meibion ac wyrion Rhys ap Gruffudd. Gwnaethpwyd y gyfran tir gerbron *Llywelyn ap Iorwerth (Llywelyn Fawr) yn 1216, achlysur sy'n adlewyrchu'r ffaith i Dywysog Gwynedd sefydlu awdurdod a fu'n gynsail i'r gallu llwyrach a sicrhaodd *Llywelyn ap Gruffudd yn Neheubarth ymhen y rhawg. Rhoddir cryn sylw i hynt yr arglwyddi a rhannau Deheubarth yn *Brut y Tywysogyon. Canwyd i'r llinach gan brydyddion megis *Phylip Brydydd, Y *Prydydd Bychan, *Llywarch ap Llywelyn (Prydydd y Moch) a *Bleddyn Fardd.

Estynnodd Llywelyn ap Gruffudd ei awdurdod dros Ddeheubarth am ugain mlynedd, ond ysigwyd ei rym yn rhyfel 1277 wrth i Edward I sicrhau ei afael ar y dalaith. Gydag eithriad unigol Rhys ap Maredudd, cododd arglwyddi Deheubarth i gefnogi Llywelyn ap Gruffudd yn 1282. Elwodd Rhys ap Maredudd ar eu haflwydd hwy, ond ymhen pum mlynedd cododd yntau mewn gwrthryfel a lwyddodd i ddifodi awdurdod llinach Deheubarth yn llwyr ac yn derfynol. Wrth sefydlu tywysogaeth De Cymru creodd Edward I uned weinyddol o diriogaeth a oedd yn gyffelyb i eiddo Rhys ap Gruffudd.

Ceir manylion pellach yn J. E. Lloyd, *A History of Wales* (1911), Wendy Davies, *Wales in the Early Middle Ages* (1982), R. R. Davies, *Conquest, Coexistence and Change: Wales 1066–1415* (1987), J. B. Smith, *Llywelyn ap Gruffudd, Tywysog Cymru* (1987) ac R. A. Griffiths, *The Principality of Wales in the later Middle Ages* (cyf. I, 1972).

Deian a Loli (1927), nofel gan Kate *Roberts; stori am blant ydyw, yn hytrach nag ar gyfer plant. Y mae dau gymeriad y teitl, mab a merch, yn efeilliaid, ond er eu bod yn glòs y maent ill dau yn meddu ar bersonoliaeth unigryw. Darlunnir hwy a'u datblygiad emosiynol hyd adeg gadael yr ysgol elfennol. Dilyniant i'r nofel yw *Laura Jones* (1930).

Ceir drafodaeth ar y nofel gan Geraint Wyn Jones yn *Taliesin* (cyf. LXXIII, 1991).

Deiniol (canol y 6ed. gan.), sant a sefydlydd cyntaf *Bangor yn Arfon; diau fod a wnelo ef hefyd â Bangor Is-coed tua'r dwyrain. Hon, ym marn Beda, oedd y fynachlog bwysicaf ymhlith y Brythoniaid cyn iddi gael ei difetha ym mrwydr *Caer (c.615). Yn ôl yr achau yr oedd Deiniol o'r un llinach ag *Urien Rheged. Y mae'n rhaid mai i ogledd-orllewin Cymru, i Wynedd yn arbennig, y perthynai, ond coffeir ef mewn eglwysi yn y gorllewin a'r de. Daethpwyd i'w ystyried fel Esgob cyntaf Bangor a chylch ei gwlt yn y gogledd-orllewin yn fras a ffurfiodd derfynau esgobaeth Bangor o'r cyfnod

Normanaidd ymlaen. Yn ôl *Liber Landavensis* (gweler o dan LLANDAF), *Dyfrig a'i hurddodd yn esgob ac fe'i cysylltir â Dyfrig hefyd ym Muchedd *Dewi Sant. Yn ôl *Gerald de Barri (Gerallt Gymro) yr oedd yn un o'r saint a gladdesid ar Ynys *Enlli. Cyfeirir ato'n fynych gan y beirdd, yn eu plith *Dafydd ap Gwilym. Dydd gŵyl Deiniol yw 11 Medi.

DEIO AB IEUAN DU (*fl.* 1450–80), bardd o blwyf Llangynfelyn, Cer. Byddai'n clera yng Ngheredigion, Meirionnydd, sir Ddinbych a Morgannwg. Y mae tri o'i gywyddau yn rhai pur drawiadol: un i gymodi Gruffudd Fychan o *Gorsygedol a Rhys ap Maredudd o'r Tywyn, un arall i gyfarch Maredudd ap Llywelyn o Enau'r-glyn wedi iddo ddianc yn fyw pan ddrylliwyd llong yn cludo gwin yn aber afon Dyfi a boddi saith o'r deg gŵr oedd ar y bwrdd, a chywydd arall i ddiolch am darw coch a gafodd y bardd yn rhodd gan Siôn ap Rhys o Lyn-nedd. Yn y cywydd hwnnw y digwydd y llinell adnabyddus, 'Y ddraig goch ddyry cychwyn', a ddangosir, ynghyd â'r *Ddraig Goch, ar yr arwyddlun brenhinol.

Cyhoeddwyd ei gerddi yn y gyfrol *Gwaith Deio ab Ieuan Du a Gwilym ab Ieuan Hen* (gol. A. Eleri Davies, 1992).

Deio'r Cantwr, gweler JONES, DAFYDD (1803–68).

Delfryd Arwrol, Y. Hwn yw'r cysyniad mewn llenyddiaeth Gymraeg sy'n adlewyrchu safonau'r gymdeithas Brydeinig yn y cyfnod wedi i'r Rhufeiniaid ymadael â'r ynysoedd hyn (c.450–c.600), pan reolwyd y gymdeithas gan ddosbarth milwrol cryf. Y rhinweddau a werthfawrogid fwyaf yn yr arweinwyr oedd gwrhydri a haelioni. Yr oedd y pennaeth yn disgwyl cefnogaeth gan y llwyth, a hyd angau, gan ei filwyr. 'Y *Gododdin' yw'r unig enghraifft glasurol o'r delfryd arwrol yn Gymraeg. Er nad yw'n gân epig hanesiol, ond yn hytrach cyfuniad o ganu mawl a chanu marwnad, y mae'n arwrol ei naws. Er bod y 'Gwŷr a aeth Gatraeth' yn methu yn eu hymdrech i orchfygu'r gelyn, y mae'r ffaith eu bod yn dymuno marw'n orfoleddus yn anad dim byd arall yn sicrhau anfarwoldeb iddynt. Gwelir agwedd wahanol ar y delfryd arwrol ym marddoniaeth *Taliesin, *Canu Llywarch Hen a gweithiau'r *Gogynfeirdd.

Am fanylion pellach gweler Nora Chadwick, *The British Heroic Age: the Welsh and the Men of the North* (1976).

Delta, gweler o dan GWYDDONYDD.

Delw y Byd (c.1250), traethawd ar ddaearyddiaeth y byd, sydd i'w gael yn rhai o lawysgrifau'r Oesoedd Canol (y cynharaf yw Peniarth 17). Cynrychiolir ganddynt fwy nag un cyfieithiad darniog o'r rhan gyntaf o waith Lladin a elwir *Imago Mundi* gan Honorius Augustodunensis, ac a ysgrifennwyd, fe dybir, tuag 1122. Iddo ef hefyd y priodolir yr *Elucidarium*, sydd i'w gael dan y teitl *Hystoria Lucidar* yn *Llyfr Ancr Llanddewibrefi.

Golygwyd *Delw y Byd* gan Henry Lewis a P. Diverres yn 1928.

'Delyn Aur, Y', emyn-dôn o darddiad ansicr a genir fel arfer ar y geiriau 'Dechrau canu, dechrau canmol' gan William *Williams (Pantycelyn). Er iddi gael ei disgrifio fel 'tôn Gymreig' yn y rhan fwyaf o lyfrau emynau, nis cynhwysir yn un o'r casgliadau cynnar ac fe'i cyhoeddwyd gyntaf yn *Ail Lyfr Tonau ac Emynau* (gol. Stephen a Jones, 1879). Yn ei *Welsh Church Tune and Chant Book* (1859), cyfeiria Thomas Jones ati fel tôn o *'trashy character'*. Teg casglu o'r cyfeiriad hwn fod y dôn yn cael ei chanu yn ystod *Diwygiad Crefyddol 1859. Trefnwyd hi ar gyfer lleisiau meibion gan David Pughe Evans (1866–97) a hi yw un o hoff alawon corau meibion Cymru.

Demetae, Y, un o bum prif lwyth Cymru cyn, ac yn ystod, dyfodiad y Rhufeiniaid a restrir gan y daearyddwr Ptolemy (*fl.* 2ail gan.). Trigent yn y de-orllewin rhwng afonydd Teifi a Thywi. Ni wyddys llawer am eu hanes cynnar ac ymddengys iddynt dderbyn dyfodiad y Rhufeiniaid heb fawr o wrthwynebiad. Nid oes ond ychydig o olion caerau Rhufeinig yn yr ardal (*cf.* tiriogaeth y *Silwriaid). Ymddengys fod y newid heddychlon o fod yn bentref cyn-Rufeinig o dai crwn yn Walesland Rath, Penf., i fod yn un adeilad sgwâr gyda chrochenwaith Rhufeinig, yn awgrymu bod bywyd bugeiliol sefydlog yn yr ardal. Y mae'n debyg mai gwarchod y môr oedd pwrpas y gaer Rufeinig fawr, Maridunum (Caerfyrddin), a adeiladwyd o gwmpas OC 57, yn hytrach na thra-arglwyddiaethu dros y Demetae. Erbyn yr ail ganrif ymddengys i Maridunum gael ei chydnabod fel *civitas* neu brifddinas y Demetae. Nid oedd eraill o'r caerau Rhufeinig arall – dwy ohonynt yng Nghastell Flemish ar y ffordd o Faenclochog i Dyddewi ac yng Nghwmbrwyn sydd yn nyffryn Taf i'r de o Landdowror – yn ddim amgen na gorsafoedd arwyddion bychain a sefydlwyd yn gynnar yn yr ail ganrif. Y mae'r un a enwir Luentinum gan Ptolemy yn bwysicach: cysylltir hi fel arfer â mwyngloddiau aur Dolaucothi, ger Pumsaint, Caerf. Y mae'n debyg y cloddiwyd am aur yno ar raddfa fach gan y Demetae cyn dyfodiad y Rhufeiniaid, ond datblygwyd y gweithiau fel monopoli gwladwriaethol yng nghyfnod yr Ymerodraeth.

Y mae agwedd heddychlon y Demetae yn codi problem arall. Tua diwedd y bedwaredd ganrif OC credir i'r Deisi, llwyth o afon Blackwater yn ne Iwerddon, ymsefydlu yn nhiriogaeth y Demetae a'u goresgyn. Nid yw'r epig Wyddelig *Bwrw allan y Deisi*, sy'n disgrifio symudiad y llwyth dan arweiniad y brenin Eochaid Allmuir, yn ddim ond chwedl onomastig (gweler LLÊN ONOMASTIG) annibynadwy. Y mae'n debycach fod y pennaeth a'i osgordd wedi eu gosod yno gan y Rhufeiniaid er mwyn cadw ymfudwyr Gwyddelig eraill allan o dde-orllewin Cymru. Cedwir rhestr o frenhinoedd Gwyddelig y Demetae mewn llawysgrifau Gwyddelig a Chymraeg. Cynhwysir ynddynt frenin o'r chweched

ganrif, Voteporix (Gwrthefyr neu *Protector*, sef y teitl Rhufeinig am gynghreiriad), yr hwn a ddilornir gan *Gildas. Y mae'n arwyddocaol fod *Dewi Sant, a fagwyd yn Hen Fynyw, yng Ngheredigion, wedi ymsefydlu yn eithafoedd pellaf y penrhyn, a dywedir ei fod wedi cwrdd â chryn anawsterau o du'r Gwyddelod yno. Oherwydd bod y Demetae mor niferus sicrhawyd bod yr iaith Gymraeg yn gorchfygu'r Wyddeleg. Peidiodd yr hen gerrig nadd yn yr ardal, a oedd yn dangos o'r chweched ganrif arysgrifau yn *Ogam a Lladin, â dangos Ogam erbyn y ddegfed ganrif – datblygiad a adlewyrchai o bosibl ddiflaniad o'r llinach o frenhinoedd Gwyddelig gyda marwolaeth Llywarch yn 892, a hefyd traflynciad tiriogaeth y Demetae gan *Hywel Dda.

Ceir manylion pellach yn Barry Cunliffe, *Iron Age Communities in Britain* (1974) a V. E. Nash-Williams, *The Roman Frontier in Wales* (1954).

Deorham neu **Dyrham, Brwydr** (577), un o'r brwydrau allweddol a ymladdwyd ger Caerfaddon yn y gwrthdaro enbyd a fu rhwng y Brythoniaid a'r Sacsoniaid. Yr oedd buddugoliaeth yr ymosodwyr, dan arweiniad Cuthwine a Ceawlin, yn gam pwysig yn y gwahanu a ddigwyddodd rhwng y Cymry a'u cymrodyr yn ne-ddwyrain Prydain: gorchfygwyd dyffryn Hafren ynghyd â threfi Caerloyw, Caergeri a Chaerfaddon, a thorrwyd cysylltiadau tir rhwng Cymru a Dyfnaint a Chernyw.

Derfel Gadarn (6ed gan.), sant a fu yn ôl y traddodiad yn filwr ym mrwydr Camlan (*c.*539). Yn Llandderfel, Meir., yr oedd delw bren enwog ohono ar gefn march ac yn dal ffon. Dinistriwyd y ddelw yn 1538 ar orchymyn Thomas Cromwell er mwyn dileu parch y werin tuag ati ac yna defnyddiwyd y pren i logi un o'r brodyr Ffransisgaidd a ddienyddiwyd yn Smithfield. Yn ddiweddarach codwyd ceffyl pren ar gopa Bryn Derfel fel cofadail i'r traddodiadau a berthynai i'r sant.

DERFEL, ROBERT JONES (1824–1905), awdur Radicalaidd a aned ger Llandderfel, Meir. Mabwysiadodd yr enw *Derfel yn gyfenw wedi iddo symud i Fanceinion, lle y bu'n drafaeliwr masnachol am ran helaethaf ei fywyd. Bu'n bregethwr cynorthwyol gyda'r *Bedyddwyr, gan gyfrannu erthyglau i gylchronau enwadol ond yn nes ymlaen daeth o dan ddylanwadau Sosialaidd ac agnostig. Awgrymodd mewn llythyr yn *Y Cymro* yn 1903 y dylid mabwysiadu Robert *Owen yn nawddsant cenedlaethol yn lle *Dewi Sant. Y mae ei ddrama *Brad y Llyfrau Gleision* (1854) a'i gyfrol *Traethodau ac Areithiau* (1864) yn dangos ei sêl wladgarol. Yr oedd yn llais cryf dros *Radicaliaeth ac yr oedd yn dal i ysgrifennu erthyglau ar droad y ganrif yn ceisio cysoni â'i gilydd Gristnogaeth, *Sosialaeth a *Chenedlaetholdeb mewn cyd-destun Cymreig.

Golygwyd detholiad o ryddiaith R. J. Derfel gan D. Gwenallt Jones (1945).

Derwyddon, urdd o athronwyr-offeiriaid, tebyg i Frahminiaid India; yr oedd eu bodolaeth ar gyfandir Ewrop ac yn Galatia, Asia Leiaf, yn hysbys i awduron clasurol o'r ail ganrif cyn Crist. Deillia'r wybodaeth amdanynt gan mwyaf o'r hanes llawn a manwl a geir gan Iwl Cesar yn *De Bello Gallico* (VI) am swyddogaethau, statws a breintiau Derwyddon Gâl. Dywed ef fod ganddynt awdurdod dros addoli a'u bod yn aberthu (yn cynnwys aberthau dynol), yn tra-awdurdodi ar bob mater cyfreithiol a deddfwriaethol, ac yn addysgu'r bonedd ifanc ynghyd â'r ymgeiswyr i'w hurdd. O ran statws, y mae Cesar yn eu cymharu â'r *equites* neu'r marchogion. Yr oeddynt yn cyflawni eu swyddogaeth gyfreithiol mewn cyfarfod blynyddol yn nhiriogaeth y Carnutiaid, sef canol Gâl. Yr oedd gan un yn eu mysg awdurdod terfynol dros y lleill, a hynny am ei oes. Nid oedd y Derwyddon yn talu trethi, nac yn mynd i ryfel. Dysg lafar a gyflwynid yn eu hysgolion ac yr oedd gofyn i'w disgyblion ddysgu ar gof nifer fawr o benillion a threulio hyd at ugain mlynedd yn astudio. Yr oedd y ddysg hon yn ymwneud â seryddiaeth a'r gwyddorau naturiol. Cyfrifent amser mewn nosweithiau yn hytrach na mewn dyddiau a chredent nad yw eneidiau yn marw ond yn cael eu haileni ar ffurf wahanol. Canolfan wreiddiol y ddysg Dderwyddol oedd Prydain a dyma lle y deuai myfyrwyr o arbenigwyr i'w hastudio.

Ceir tystiolaeth i astudiaethau gwyddonol a seryddol y Derwyddon ar ffurf calendr nodedig, ond drylliedig, ar bres a ddarganfuwyd yn Coligny ac a gedwir yn awr yn Lyon, sy'n dyddio o ddiwedd y ganrif gyntaf cyn Crist, ychydig ar ôl Cesar. Dyma'r enghraifft hynaf o ysgrifen helaeth mewn iaith Geltaidd: rhydd enwau'r misoedd, a'u nodi fel rhai *Mat* ('da', h.y. 'ffafriol') neu *Anm* (talfyriad o *Anmat* sef 'anffafriol') – geiriau sy'n parhau yn y Gymraeg yn y Trioedd hynny sy'n rhestru digwyddiadau arbennig fel *mad* ('ffodus') ac *anfad* ('anffodus'). Credir, fodd bynnag, nad yw hanes Cesar wedi ei seilio ar brofiad personol ond ar hanesion ysgrifenwyr cynharach yn bennaf, yn arbennig un gan yr hanesydd Groegaidd Posidonius a gollwyd bellach. Nid yw hanes Cesar yn cynrychioli statws cyfoes y Derwyddon yng Ngâl, ond y sefyllfa ganrif neu fwy ynghynt ar uchafbwynt awdurdod y Derwyddon, yn ystod cyfnod annibyniaeth Gâl.

Sonia Cesar am y Derwyddon fel yr unig ddosbarth dysgedig ymysg y Galiaid, ond mae ei led-gyfoedion, Strabo a Didorus Siculus, yn gwahaniaethu rhwng tair urdd ddysgedig – y *druides* (athronwyr a diwinyddwyr), y *vates* neu *manteis* (daroganwyr a phroffwydi) a'r *bardi* a oedd yn feirdd mawl. Y mae'n arwyddocaol fod tystiolaeth bendant fod y categori triphlyg hwn o urddau dysgedig i'w gael rai canrifoedd wedyn yn Iwerddon ac yr oedd ffynonellau canoloesol cynnar yn cynrychioli *disjecta membra* traddodiad o hynafiaeth gynhanesyddol. Yma eto ceir tri dosbarth o Dderwyddon, *druidh, filidh* (yn llythrennol 'proffwydi') a beirdd, *baird*, a oedd yn

feirdd mawl. Ni ellir profi cysylltiad rhwng yr urddau hyn a'r rhai a fodolai yng Ngâl ac nid yw Iwerddon yn cael ei henwi yn unman yn yr hanesion clasurol am y Derwyddon. Er hynny, y mae'r gyfatebiaeth gyffredinol yn drawiadol: yn y ddwy wlad y mae'n anodd gwahaniaethu'n bendant rhwng y ddau ddosbarth cyntaf ac erbyn y seithfed ganrif yr oedd *filidh* yn Iwerddon i bob pwrpas wedi ymgymryd â swyddogaethau a breintiau'r Derwyddon, oherwydd gwrthwynebiad y Derwyddon i Gristnogaeth. Yn wahanol i'r Derwyddon llwyddodd y *filidh* i ymaddasu i'r grefydd newydd ac yn eu swyddogaeth fel beirdd swyddogol yr oedd iddynt safle awdurdodol a dylanwadol, nes i'r gyfundrefn ddiwylliannol frodorol Wyddelig ddod i ben yn yr ail ganrif ar bymtheg.

Y mae'r *druidh* (unigol *drui*) Gwyddeleg yn gytras â'r Lladin *druides* neu *druidae*. Esboniwyd y gair hwn fel un a darddodd o'r cyfansawdd Galeg (di-dyst) *dru-vid*. Y mae'r ail elfen yn gytras â'r gwreiddyn Indo-Ewropeg *wid* ('gwybod') a gadwyd yn y ffurf Gymraeg. Esboniadau eraill ar yr elfen gyntaf yw ei bod yn cynrychioli rhagddodiad eithaf yn golygu 'y rhai sydd â gwybodaeth fawr iawn', neu ei bod yn perthyn i'r gair Groegaidd *drus*, *derw* Cymraeg, *daire* Gwyddeleg ('y rhai sy'n gyfarwydd â'r derw'). Cynigiwyd yr ystyr olaf hwn yn gyntaf gan Pliny a ddywedodd fod y derwyddon yn ystyried bod coedwigoedd derw yn sanctaidd: byddai hynny yn cydymffurfio yn sicr â hoffter y Celtiaid o goed sanctaidd. Daeth y cytras Cymraeg *dryw* (-*on*) – nas cymysger â 'dryw' (S. *wren*) – i'w gyfystyru â *druid* yn y ddeunawfed ganrif, ond mewn dau le yn unig yn **Llyfr Taliesin* y digwydd ynghynt a'r ystyr yn amheus y ddau dro. Fodd bynnag, defnyddir *derwydd* (lle y mae'r gwreiddiau *wid* wedi ei gyfuno â dau ragddodiad), gydag arwyddocâd proffwydol, yn **'Armes Prydein'*, 'Cad ⸱ Goddeu' a cherddi eraill yn *Llyfr Taliesin*. Yn 1632 cyfieithodd John **Davies*, Mallwyd, *derwyddon* fel *druides*, *sapientes*, *vates*, gan ffafrio'r tarddiad 'derw'.

Yr hanes mwyaf trawiadol am Dderwyddon ym Mhrydain a geir o ffynonellau clasurol yw disgrifiad Tacitus (*Annals*, XIV) o Dderwyddon Môn yn y flwyddyn OC 61 yn sefyll yn rhengoedd ac yn melltithio milwyr Suetonius a oedd wedi ymgynnull ar ochr arall afon Menai. Yn ôl Tacitus, lladdwyd y Derwyddon wedyn a dinistriwyd eu coedwigoedd sanctaidd ar yr ynys. Nid yw'n bosibl penderfynu am ba hyd y parhaodd yr urdd dderwyddol ym Mhrydain nac ychwaith yn Iwerddon, ond cynnwys **Bucheddau'r Seintiau Celtaidd adleisiau o'r gwrthdrawiadau anochel a fu rhyngddynt a'r Derwyddon. Defnyddiwyd y gair Lladin *magi* yn y ffynonellau hyn i ddynodi 'derwydd' – er iddo gael ei ddefnyddio yn aml mewn ystyr eang ac amwys i olygu dewiniaid a swynwyr yn gyffredinol. Y mae awgrym arwyddocaol o barhad derwyddiaeth hyd yr Oesoedd Tywyll ym Mhrydain i'w gael yn y bennod yn yr **Historia Brittonum*, lle y mae nerthoedd proffwydol *magi*

*Gwrtheyrn yn cael eu gwrthbrofi gan yr Ambrosius ifanc (*Myrddin neu 'Merlin' *Sieffre o Fynwy).

Pa mor hynafol bynnag yw gwreiddiau Derwyddiaeth ym Mhrydain, ni ellir gorbwysleisio nad oes unrhyw dystiolaeth archaeolegol na llenyddol ddilys i gysylltu'r Derwyddon â Chôr y Cewri (*Stonehenge*): awgrymwyd hyn yn gyntaf yn yr ail ganrif ar bymtheg gan yr hynafiaethwyr John Aubrey (gweler o dan AUBREY, WILLIAM) a William Stukely. Gellir gwrthod hefyd unrhyw gysylltiad rhwng seremonïau *Gorsedd Beirdd Ynys Prydain a thraddodiadau derwyddol hynafol, gan iddynt gael eu creu gan Iolo Morganwg (Edward *Williams); dechreuwyd datblygu y rheini am y tro cyntaf yn yr Orsedd a alwyd ynghyd ganddo ar Fryn y Briallu, Llundain, ym Mehefin 1792. Iolo a fu'n bennaf gyfrifol am ledaenu '*druidomania*' yn y bedwaredd ganrif ar bymtheg.

Ceir trafodaeth bellach ar y Derwyddon yn T. D. Kendrick, *The Druids* (1927), A. L. Owen, *The Famous Druids* (1962), Nora K. Chadwick, *The Druids* (1966; arg. new., 1997), Stuart Piggott, *The Druids* (1968) ac Anne Ross, *Pagan Celtic Britain* (1967, 1992).

Deryn Mawr, Y, gweler JONES, GRUFFYDD (*fl.* 1880).

'Deryn Pur, Y', cân werin a gyhoeddwyd am y tro cyntaf gan Maria Jane Williams (gweler o dan ABER-PERGWM) yn *Ancient National Airs of Gwent and Morgannwg* (1844), ar gyfer dau bennill o'r gerdd 'Y deryn pur a'r adain las', a briodolir yn draddodiadol i Ddafydd *Nicolas.

Descriptio Kambriae (llyth. 'Disgrifiad o Gymru'; 1193; 1215), gan *Gerald de Barri (Gerallt Gymro); megis yr *Itinerarium Kambriae* (1191), yr oedd hwn yn ffrwyth taith yr awdur trwy Gymru yn 1188 gyda'r Archesgob Baldwin. Yr oedd y gwaith cyntaf yn adlewyrchu profiadau a meddyliau'r daith yn uniongyrchol ond myfyrdod ar natur Cymru a'i thrigolion sydd yn yr ail. Cyfansoddiad ffurfiol ydyw mewn dwy ran wrthgyferbyniol, y naill yn disgrifio rhinweddau'r bobl, y llall eu diffygion. Eu diwylliant, eu dewrder a'u hyfdra, eu craffter a'u ffraethineb, eu harferion buddiol, eu croeso a'u parch at fonedd yw'r cryfderau, ond llesteirir eu lles gan eu twyll a'u hanonestrwydd, eu diffyg parch at ffiniau a llwon, ac arferion ffôl megis y dull o etifeddu tir a gosod plant ar faeth. Fel yr *Itinerarium* y mae'r *Disgrifiad* yn dra gwerthfawr i'r hanesydd cymdeithasol (er bod rhaid ei ddefnyddio'n ofalus) a llwydda i ddadlennu ychwaneg ar ymagweddau Gerallt ei hun a hynny mewn cyfansoddiad ymwybodol lenyddol. Diwedda'r llyfr â chynghorion Gerallt i'r Saeson ac i'r Cymry ar sut i gael y gorau o'r naill a'r llall. Amwys yw agwedd Gerallt, ond ni all fod yn gwbl amhleidiol ac y mae'r llyfr yn cloi gyda datganiad o ffydd yng nghyfiawnder achos y Cymry a phroffwydoliaeth yr *Hen Ŵr o Bencader.

Description of Wales (1584), gwaith gan Humphrey *Llwyd. Yr oedd yr awdur wedi cyfieithu i Saesneg *Brut y Tywysogyon o fersiwn coll a oedd yn gyfuniad o'r tri fersiwn sydd ar gael. Diweddodd y *Brut* yn 1270 ond ychwanegodd Llwyd atodiad hyd at 1295 a defnyddiodd wybodaeth bellach gan Mathew Paris, Nicholas Trivet a *Sieffre o Fynwy ymhlith ffynonellau eraill. Ysgrifennwyd y *Cronica Walliae* yn 1559 a'r adran gyntaf ohono oedd *Description of Wales* a luniwyd yn wreiddiol yn Lladin gan Syr John *Price o Aberhonddu ond a gyfieithwyd gan Lwyd. Cynhwysodd wybodaeth am bob tywysog neu reolwr Cymreig o *Gadwaladr (diwedd y 7fed gan.) hyd at Fadog ap Llywelyn (diwedd y 13eg gan.). Llwyd oedd y cyntaf i gyfeirio at chwedl *Madog ab Owain Gwynedd ac ef a gyflwynodd y ddadl lawn gyntaf ar ddamcaniaeth yr Eglwys Brydeinig gynnar. Yn rhinwedd ei safle fel ysgolhaig a hynafiaethydd dyneiddiol, amcan Humphrey Llwyd oedd darparu gwybodaeth am hanes Cymru'r Oesoedd Canol, ei boblogeiddio a gwarchod ei draddodiadau mwyaf gwerthfawr. Bu'r gwaith yn boblogaidd mewn llawysgrif; ar gais Syr Henry Sidney, Llywydd y Cyngor yn y Gororau, fe'i paratowyd ar gyfer y wasg, gyda chywiriadau ac ychwanegiadau, gan David *Powel o Riwabon dan y teitl *The Historie of Cambria* (1584).

Gweler Ieuan M. Williams, 'Ysgolheictod Hanesyddol yr Unfed Ganrif ar Bymtheg', *Llên Cymru*, (cyf. II, 1952–53).

Deugain Merthyr Lloegr a Chymru, grŵp cynrychioliadol o Babyddion a ferthyrwyd rhwng 1535 ac 1679. Dewiswyd hwynt o ddau gant o ferthyron a wynfydwyd gan Babau cynharach. Fe'u canoneiddiwyd gan Bawl VI ar 25 Hydref 1970. Y mae'r deugain yn cynnwys chwe Chymro a ddienyddiwyd un ai fel offeiriaid, neu am wrthod derbyn llw Goruchafiaeth, sef Philip *Evans, Richard *Gwyn, John *Jones (1559–98), David *Lewis (1617–79), John *Lloyd (1630?–79) a John *Roberts (1576–1610). Y mae cerdd hir Raymond *Garlick, '*Acclamation*', a gyhoeddwyd yn ei gyfrol *A Sense of Time* (1972), yn clodfori eu merthyrdod ac yn datgan yr arwyddocâd yng Nghymru gyfoes; felly hefyd cerdd Waldo *Williams, 'Wedi'r Canrifoedd Mudan'.

Am fanylion pellach gweler T. P. Ellis, *The Catholic Martyrs of Wales* (1933), C. Tigar, *The Forty Martyrs of England and Wales* (1961) a D. Aneurin Thomas, *The Welsh Elizabethan Catholic Martyrs* (1971).

DEW ROBERTS, BARBARA (1885?–1963), hanesydd a nofelydd a aned yn Elizabeth Mary Dew Roberts (neu Roberts Dew) ym Mhlas Dinam, ger Caernarfon. Yr oedd bob amser yn anfodlon sôn am ei hoedran a'i hanes personol. Fe'i magwyd gan ei modryb a'i haddysgu yng Ngholeg y Merched, Cheltenham; cafodd waith yn y Morlys ac yn Salonika yn ystod y Rhyfel Byd Cyntaf. Gwnaeth gyfran o'i hysgrifennu yn Neuadd Tryfan, Rhostryfan, Caern., a oedd yn eiddo iddi, ond treuliodd ei blynyddoedd olaf yn lletya yn Llanfaglan. O 1932 cyhoeddodd erthyglau hanesyddol, am sir Fôn yn bennaf, yn The *Welsh Outlook. Cyhoeddodd Mr Bulkeley and the Pirate (1936), wedi ei seilio ar ddyddiadur William *Bulkeley o'r Brynddu, Môn, ac ysgrifennodd Mitre and Musket (1938), bywgraffiad John Williams, Archesgob Efrog o dan Siarl I. Troes at ffuglen a chyhoeddodd y nofelau hanesyddol Still Glides the Stream (1940), Some Trees Stand (1945), The Island Feud (1947) a The Charlie Trees (1951), a leolwyd yng ngogledd Cymru.

Dewi Dywyll, gweler JONES, DAFYDD (1803–68).

Dewi Emlyn, gweler DAVIES, DAVID (1817–88).

Dewi Emrys, gweler JAMES, DAVID EMRYS (1881–1952).

Dewi Haran (David Evans; 1812–85), gweler o dan CLIC Y BONT.

Dewi Havhesp, gweler ROBERTS, DAVID (1831–84).

Dewi Hefin, gweler THOMAS, DAVID (1828–1909).

Dewi Medi, gweler JONES, DAFYDD (1803–68).

Dewi Sant (6ed gan.), nawddsant Cymru. Digon prin yw'r wybodaeth ddilys am ei fywyd. Dichon mai 589 oedd blwyddyn ei farw, dyna'r dyddiad a roddir gan *Rygyfarch, a luniodd Fuchedd yn Lladin iddo tua diwedd yr unfed ganrif ar ddeg. Er bod rhai cyfeiriadau at Ddewi cyn hyn, y mae'r rhan fwyaf o'r hyn a gredir amdano yn seiliedig ar y Fuchedd hon. Yno dywedir mai *Non oedd ei fam ac mai Sant mab Ceredig, Brenin *Ceredigion, oedd ei dad. Addysgwyd ef i ddechrau yn Hen Fynyw (i'r de o Aberaeron) ac yna gan Paulinus, efallai yn Llanddeusant. Aeth ar bererindod dros rannau o dde Cymru a gorllewin Lloegr, pryd y dywedir iddo sefydlu canolfannau crefyddol o bwys megis Ynys Wydrin a Croyland. Ymsefydlodd yng Nglyn Rhosyn (Ll. Vallis Rosina, *Tyddewi) ar ôl trechu pennaeth Gwyddelig o'r enw Boia, a cheir disgrifiad manwl o reol buchedd a llymder y bywyd yno. Aeth gyda *Theilo a *Phadarn ar bererindod i Gaersalem, lle y cysegrwyd ef yn archesgob. Priodolir llu o wyrthiau iddo; ei orchest fwyaf oedd pregethu mewn Senedd yn Llanddewibrefi a chododd y tir oddi tano fel y clywid ef gan bawb. Wedi hyn fe'i gwnaed yn archesgob, a chyhoeddi bod ei ddinas yn fetropolis yr holl wlad. Dylid cofio bod Rhygyfarch yn fab i *Sulien, Archesgob Tyddewi, a diben y Fuchedd oedd dangos rhagoriaeth Dewi, er mwyn ceisio amddiffyn annibyniaeth Tyddewi rhag awdurdod Caer-gaint a'r Normaniaid. Apêl ar 'hanes' ydoedd, er mai prin y gellir rhoi coel ar yr hanes a geir

ynddi. Yn ddiweddarach cynhyrchwyd mwy nag un fersiwn o'r Fuchedd Ladin. Ceir un gan *Gerald de Barri (Gerallt Gymro) a rywbryd yn ystod hanner cyntaf y bedwaredd ganrif ar ddeg lluniwyd fersiwn Cymraeg talfyredig ohoni gan awdur dienw, sef Ancr Llanddewibrefi (gweler LLYFR ANCR LLANDDEWIBREFI).

Ar ôl y ddeuddegfed ganrif aeth bri Dewi ar gynnydd drwy dde Cymru i Iwerddon ac i Lydaw. Ceir mwy nag un cyfeiriad ato mewn ffynonellau Gwyddelig o'r wythfed i'r nawfed ganrif, a hefyd yn y rhannau hynny o Gymru megis Dyfed lle nad oedd dylanwad Rhufain yn drwm a lle y siaredid yr iaith Wyddeleg ac y cadwyd cysylltiad ag Iwerddon yn ystod oes Dewi. Mewn llythyr at y Pab a ysgrifennwyd rhwng 1124 ac 1130, mynnodd canonwyr Tyddewi fod Dewi yn archesgob a gysegrwyd gan ei ragflaenydd *Dyfrig (Dubricius). Felly hefyd y dywed *Sieffre o Fynwy a Gerald de Barri, gan nodi mai yng Nghaerllion-ar-Wysg yr oedd eisteddfa'r archesgobaeth yn wreiddiol. Daeth Tyddewi yn gyrchfan boblogaidd i bererinion, yn enwedig wedi i Ddewi gael ei gydnabod yn swyddogol fel sant yn yr Eglwys Babyddol gan y Pab Callixtus yn 1120. Yn 1398 gorchmynnodd yr Archesgob Arundel gadw ei ŵyl ym mhob eglwys yn nhalaith Caer-gaint. Eisoes yr oedd awdur y gerdd *'Armes Prydein' (c.930) wedi cyfeirio ato fel sant ac arweinydd y Cymry, ond o'r ddeuddegfed ganrif ymlaen cafodd sylw amlycach gan y beirdd, gan gynnwys *Gwynfardd Brycheiniog, *Dafydd Llwyd ap Llywelyn, *Iolo Goch, Ieuan ap Rhydderch, *Lewys Glyn Cothi (Llywelyn y Glyn) a Rhisiart ap Rhys. Darfu am ŵyl Dewi fel gŵyl grefyddol yn sgîl y Diwygiad Protestannaidd yn yr unfed ganrif ar bymtheg, eithr yn ddiweddarach, o'r ddeunawfed ganrif hyd heddiw, bu cryn ddathlu ar ddydd ei eni, neu efallai ei farw (1 Mawrth), fel gŵyl genedlaethol y Cymry gan gymdeithasau gwladgarol a diwylliadol, ac yn ysgolion Cymru.

Golygwyd Buched Dewi (1959) gan D. Simon Evans, hefyd gan yr un awdur, The Welsh Life of St David (1988), a chyhoeddwyd astudiaeth ddwyieithog o fuchedd y sant gan E. G. Bowen (1982, 1983): gweler hefyd y bennod 'The Tradition of St. David in Wales' gan Glanmor Williams yn Religion, Language and Nationality in Wales (1979).

Dewi Teifi, gweler MORGAN, DEWI (1887–1971).

Dewi Wyn o Eifion, gweler OWEN, DAVID (1784–1841).

Dewi Wyn o Esyllt (Thomas Essile Davies; 1820–91), gweler o dan CLIC Y BONT.

Dewiniaeth, gweler o dan DYN HYSBYS.

Dewisland, gweler PEBIDIOG.

Dewisol Ganiadau yr Oes Hon (1759), casgliad o gerddi

a olygwyd gan Huw *Jones (m. 1782), Llangwm. Y mae dwy ran i'r llyfr, y naill yn cynnwys awdlau, cywyddau ac englynion, a'r llall yn cynnwys cerddi a charolau. Yn y rhan gyntaf ceir darnau o waith William Wynn, Llangynhafal, Goronwy *Owen, Ieuan Fardd (Evan *Evans), Rhys *Jones o'r Blaenau, Edward Jones, Bodfari, Edward *Samuel a Hugh Hughes o Fôn – Eglwyswyr oll. Yn yr ail ran ceir caneuon gan y golygydd a'r beirdd gwlad Elis *Roberts y Cowper, Jonathan *Hughes, Daniel a Thomas Jones, Rhiwabon, Hugh Jones, Parc, Hugh Thomas a Thomas Edwards. Y mae mwy o amrywiaeth yn y llyfr hwn nag yng nghasgliad arall y golygydd, Diddanwch Teuluaidd (1763), a redodd i bedwar argraffiad erbyn 1827.

Dewma, gweler LLANTARNAM.

Diafol, Y, testun chwedlau a thraddodiadau niferus yn llên gwerin Cymru, a'r mwyafrif ohonynt yn adlewyrchu brwydr oesol Dyn rhwng y Da a'r Drwg. Ceir sôn am y Diafol yn ymyrryd ag adeiladau a chlychau eglwysi ac â'r gwasanaethau, neu yn ceisio rhwystro adeiladu eglwysi ond yn cael ei drechu gan yr offeiriad. Oherwydd bod offeiriad ym mynd i mewn i eglwys trwy'r drws deheuol gelwid y drws ar y mur gogleddol y dihangai'r Diafol drwyddo yn Ddrws y Diafol a gadewid ef yn agored yn ystod gwasanaethau er mwyn rhoi rhwydd hynt i Ddrygioni. Cleddid y rhai a gyflawnodd hunanladdiad, drwgweithredwyr a babanod heb eu bedyddio yn y fynwent ar yr ochr ogleddol.

Dywedir i nifer o bontydd, megis Pont y Gŵr Drwg, Pontarfynach, Cer., gael eu hadeiladu ganddo a'r gred oedd mai ganddo ef yr oedd yr hawl ar enaid y person neu'r anifail cyntaf i groesi pont newydd. Yr oedd ganddo'r gallu hefyd i gludo pobl drwy'r awyr gyda chanlyniadau echrydus, fel y disgrifiwyd yn fyw iawn yng ngherdd Talhaiarn (John *Jones, 1810–69), 'Sôn am Ysbrydion', sy'n addasiad o 'Tam O'Shanter' (1790) gan Robert Burns. Ystyrid y personau hynny a allai godi a darostwng cythreuliaid yn bobl a oedd wedi gwerthu eu henaid i'r Diafol. Bu dewiniaid yn ymryson ag ef ac yn ei drechu, fel arfer. Ceir traddodiad hefyd i'r bardd *Siôn Cent fod yn un o'r rhai a fu'n ymryson â'r Diafol.

Yn y bedwaredd ganrif ar bymtheg dywedid bod chwarae cardiau a theithio ar y Saboth yn denu'r Diafol, y rhan amlaf yn rhith gŵr bonheddig â thraed gafr neu geffyl ganddo. Fe'i gwelid weithiau ar ffurf bugail corniog, wynebddu yn arwain cnud o gŵn, neu fel hwch ddu a elwid yn *Hwch Ddu Gwta. Arferid dulliau arbennig gan wŷr eglwysig, y *dyn hysbys ac eraill i ddiddymu galluoedd y Diafol. Yr enwau mwyaf cyffredin ar y Diafol yn Gymraeg oedd Y Diawl, Y Cythraul, Yr Hen Fachgen, Yr Hen Law, Yr Hen Nic, Y Giaffar, Lliwsiffer a'r Andras.

Am fanylion pellach gweler Elias Owen, Welsh Folk-lore (1896) a T. Gwynn Jones, Welsh Folklore and Folk-Custom (1930).

Diarhebion, dywediadau bachog sy'n corffori cred gyffredinol neu *wireb. Bu'r beirdd Cymraeg yn eu bathu neu'n cynnwys rhai adnabyddus yn eu gwaith er cyfnod y *Cynfeirdd. Mewn rhai o lawysgrifau'r Oesoedd Canol megis *Llyfr Coch Hergest cafwyd casgliadau o ddiarhebion a gysylltir ag enw yr Hen Gyrys (neu 'Bach Buddugre') o *Iâl o'r ddeuddegfed ganrif, na wyddys dim amdano. Bu amryw o ysgolheigion yng nghyfnod y *Dadeni Dysg, megis *Gruffudd Hiraethog, yn casglu diarhebion a chyhoeddwyd ei gasgliad yn llyfr William *Salesbury, *Oll Synnwyr Pen Kembero y Gyd (1547); casglodd Thomas *Wiliems o Drefriw fwy na thair mil o ddiarhebion gan ddilyn esiampl Erasmus. Ar ddiwedd y ddeunawfed ganrif ffugiodd Iolo Morganwg (Edward *Williams) gannoedd o ddywediadau a ymdebygai i ddiarhebion a'u rhoi i Owain Myfyr (Owen *Jones) i'w cynnwys yn y Myvyrian Archaiology (1801). Parhaodd yr arfer o gasglu diarhebion drwy gydol y bedwaredd ganrif ar bymtheg a hyd heddiw.

Un o'r casgliadau mwyaf gwerthfawr yw Gemmau Doethineb (1714) gan Rhys Prydderch (c.1620–99); ymhlith y casgliadau modern y gorau yw rhai William Hay (1955) a J. J. Evans (1965). Ceir trafodaeth ar y genre yn y bennod gan R. M. Jones yn Seiliau Beirniadaeth (cyf. IV, 1988).

Dic Aberdaron, gweler JONES, RICHARD ROBERT (1780–1843).

Dic Dywyll, gweler WILLIAMS, RICHARD (c.1805– c.1865).

Dic Penderyn (**Richard Lewis**; 1808–31), gweler o dan MERTHYR, GWRTHRYFEL (1831).

Dic Siôn Dafydd, cymeriad mewn cerdd ddychanol o'r un enw gan John *Jones (Jac Glan-y-gors, 1766–1821). Gwerinwr anllythrennog yw Dic sy'n llwyddo fel dilledydd yn Llundain, ond cymer arno ei fod wedi anghofio ei Gymraeg a gwrthyd siarad yr iaith â'i fam. Ond y mae ei falchder a'i anonestrwydd yn peri iddo dorri a gorfodir ef i ddychwelyd i Gymru mewn tlodi a gwaradwydd. Cefnder i Dic yw Parri Bach ac un o'r un math yw Bessi o Lansantffraid, Cymraes benchwiban sy'n mynd yn ysglyfaeth i ffasiynau Llundain. Bu'r gerdd am Dic yn boblogaidd trwy gydol y bedwaredd ganrif ar bymtheg ac esgorodd ar gerddi tebyg megis baled Abel *Jones (Y Bardd Crwst); yn yr ugeinfed ganrif bu'n destun epigram adnabyddus gan Sarnicol (Thomas Jacob *Thomas). Rhoddir yr enw Dic Siôn Dafydd ar Gymro sy'n gwrthod arddel ei iaith a'i Gymreictod (cf. Shauneen y Gwyddyl).

Dic Tryfan, gweler WILLIAMS, RICHARD HUGHES (1878?–1919).

Dici Bach Dwl, gweler o dan FRANCIS, JOHN OSWALD (1882–1956).

Diddymu'r Mynachlogydd, a ddechreuwyd gan Harri VIII yn 1536. Bu'r mynachlogydd Normanaidd yng Nghymru yn sefydliadau crefyddol, economaidd a diwylliannol pwysig yn yr Oesoedd Canol. Canai nifer o'r beirdd i'r tai crefyddol ac i abadau unigol. Ynddynt, yn y drydedd ganrif ar ddeg, copïwyd a thrysorwyd rhai o brif lawysgrifau llenyddol y genedl a chyfrifwyd y tai *Sistersiaidd ymhlith y mwyaf blaenllaw a phoblogaidd yng Nghymru. O tua chanol y bedwaredd ganrif ar ddeg ymlaen, fodd bynnag, collasant lawer o'u pwysigrwydd, yn bennaf oherwydd effeithiau'r *Pla Du a ddifygion yn yr Eglwys Babyddol yn gyffredinol. Dechreuwyd gosod rhai o'u tiroedd ar les i dirfeddianwyr cefnog, lleihaodd nifer y mynaich, dirywiodd eu lletygarwch a'u nawdd, a gwanhaodd eu sêl grefyddol a diwylliannol. Ar drothwy'r Diwygiad Protestannaidd yr oedd eu dylanwad wedi edwino a phan benderfynodd Harri VIII dorri cysylltiad â Rhufain a chreu gwladwriaeth sofran ganolog ac ef yn ben arni, y sefydliadau yr ystyriai ef oedd yn rhwystr iddo oedd y cyntaf i gael eu diddymu. Anfonwyd comisiynwyr i archwilio cyflwr y mynachlogydd a ffurfiwyd y *Valor Ecclesiasticus*, sef adroddiad manwl o werth y mynachdai hyn. Yn 1536 caewyd y rhai lleiaf ac yn eu plith wyth a deugain o dai tlawd a diymadferth yng Nghymru. Aeth y tiroedd i ddwylo'r Goron ac ymhen amser fe'u gwerthwyd neu gosodwyd hwy ar les i foneddigion lleol.

Ceir manylion pellach yn Ambrose Bebb, *Machlud y Mynachlogydd* (1937) a Glanmor Williams, 'The Dissolution of the Monasteries in Glamorgan' yn *Welsh Reformation Essays* (1967).

'Diffaith Aelwyd Rheged', rhan o gyfres o englynion yn *Canu Llywarch Hen* sy'n gysylltiedig ag *Urien Rheged. Yn y ddwy ran gyntaf, 'Pen Urien' a 'Celain Urien', y mae Llywarch yn galaru am farwolaeth Urien, ei gefnder. Gorwedd ei gorff ar faes y gad, ond tyr Llywarch ei ben, rhag iddo gael ei amharchu, mae'n debyg. Marwnad yw'r drydedd ran, *Diffaith Aelwyd Rheged*, nid i Urien yn unig ond i'w lys hefyd. Y mae'r cyferbyniad rhwng y gogoniant a fu a'r difrod presennol yn fwy na mynegiant o hiraeth am orffennol gorfoleddus. Mewn oes pan oedd y neuadd yn amddiffynfa ac yn symbol o ffyniant yr oedd ei chwymp yn arwydd gweledig o ddinistr y gymdeithas.

DING MOEL (*fl.* 15fed gan.), bardd; diau mai llysenw yw hwn, ond ni wyddys ei enw iawn. Gallai 'Ding' fod yn fenthyciad o'r Saesneg '*thing*', a ddefnyddid mewn ystyr anweddus. Ond nid annichon hefyd mai benthyciad o'r Wyddeleg '*ding*' (lletem) sydd yma, eto'n drosiad rhywiol. Un gerdd sydd wrth ei enw, ac nid erys ond un copi ohoni, yn llawysgrif Peniarth 57 o ddiwedd y bymthegfed ganrif. *Cywydd ydyw sy'n cynghori cyfaill o'r enw Cynwrig ab Ednyfed ynghylch y ffordd orau o ennill serch merch o'r enw Gwenonwy Llwyd o gwmwd *Dinmael yn sir Ddinbych. Argymhellir

cymryd y ferch drwy drais yn hytrach na'i charu'n gwrtais, cyngor sy'n nodweddiadol o ragfarnau gwrthfenywaidd y cyfnod.

Ceir testun golygedig o'r gerdd, ynghyd â chyfieithiad Saesneg, yn *Canu Maswedd yr Oesoedd Canol* (gol. Dafydd Johnston, 1991).

Dillus Farfog, cymeriad yn chwedl *Culhwch ac Olwen. Un o'r *anoethau a esyd Ysbaddaden Bencawr i Gulhwch yw llunio cynllyfan o'i farf er mwyn dal Drudwyn, cenau Graid mab Eri, wrth hela'r *Twrch Trwyth. Dywed y cawr na fydd y cynllyfan yn dda i ddim oni thynnir y blew o farf Dillus tra bo ef yn dal yn fyw. Gwelir Dillus gan *Gai a *Bedwyr o gopa Pumlumon yn rhostio baedd gwyllt a sylwa Cai mai dyna'r 'rhyswr mwyaf a ochelodd *Arthur erioed'. Gadawant iddo fwyta ei wala nes syrthio i gysgu ac yna gwnânt dwll oddi tano, gwthiant ef iddo a tharo 'ergyd anfeidrol ei maint arno', yna cnithiant ei farf yn llwyr â chyllellbrennau cyn ei ladd. Llunia Cai gynllyfan o'r farf a'i rhoi yn llaw Arthur yng *Nghelli-wig, ond y mae Arthur yn canu englyn sy'n bwrw amheuaeth ar ddewrder Cai a surodd y berthynas rhwng y ddau byth wedyn.

DILLWYN, AMY ELIZABETH (1845–1935), nofelydd a aned yn Abertawe, ac a dreuliodd y rhan fwyaf o'i hoes yno, gan arloesi cyfranogiad merched ym mywyd diwydiannol a chyhoeddus Cymru. Wedi i'w thad farw yn 1892 hi a reolai Dillwyn Spelter Works ac oherwydd ei dull o fyw a'i daliadau cafodd yr enw o fod yn rhyfedd. Yr oedd yn feirniad llenyddol o gryn bwys a bu ei hadolygiad ar *Treasure Island* (1883) yn y *Spectator* yn fodd i ddadlennu talent Robert Louis Stevenson. Lleolir *The Rebecca Rioter* (1880), ei nofel gyntaf, a'r orau efallai, yn ardal Abertawe. Y mae ei nofelau diweddarach, *Chloe Arguelle* (1881), *A Burglary* (1883), *Jill* (1884), *Jill and Jack* (1887) a *Maggie Steele's Diary* (1892), yn ymwneud â chymdeithas gyfoes; y mae'r elfen Gymreig yn llai amlwg ynddynt, ond y maent yn dangos annibyniaeth barn yr awdur.

Ceir manylion pellach yn David Painting, *Amy Dillwyn* (1987).

Dinas Basing, mynachlog yn *Nhegeingl (sir y Fflint wedyn), a sefydlwyd gan Ranulf II, Iarll Caer, yn 1131–32 o dan nawdd Urdd Savigny yn wreiddiol ond a ddaeth yn dŷ yn perthyn i'r *Sistersiaid yn 1147. Yn ystod y drydedd ganrif ar ddeg fe'i noddwyd gan dywysogion *Gwynedd ac Edward I. Awgrymwyd mai yn Ninas Basing yr ysgrifennwyd *Llyfr Aneirin* (gweler o dan GODODDIN) ond ni ellir cyfiawnhau'r awgrym. Y mae'n bosibl mai yn y fynachlog yr ysgrifennwyd *Llyfr Du Basing* sy'n cynnwys *Ystorya Dared, fersiwn o *Historia Regum Britanniae, a thestun o *Frenhinedd y Saesson. Y mae rhan o'r testun mewn llaw o'r bedwaredd ganrif ar ddeg, a rhan mewn llaw o'r bymthegfed ganrif, a dywed Robert *Vaughan mai llaw *Gutun Owain oedd y llaw ddiweddar. Megis *Tudur

Aled a *Siôn ap Hywel ap Llywelyn Fychan bu Gutun yn canu mawl i'r abad Tomas ap Dafydd Pennant (*c.*1480–*c.*1515/22). Y mae Tudur Aled, sy'n canmol y gwaith adeiladu a wnaeth yr abad yn y fynachlog a'i haelioni i'r beirdd, yn disgrifio Dinas Basing fel lloches o fewn golwg i'r dyfroedd a harddwch y wlad. Brawd i'r abad hwn oedd *Huw Pennant, bardd ac offeiriad, a chyfieithydd y *Legenda Aurea* (Buchedd Santes Ursula) i'r Gymraeg. Adfeddodd yr abaty ffynnon y Santes *Gwenffrewi yn Nhrefynnon, Ffl., a chanodd *Iolo Goch, Ieuan Fardd (Evan *Evans), Tudur Aled a Siôn ap Hywel i rin y ffynnon iachusol.

Gellir cael manylion pellach yn erthyglau E. Owen yn *The Flintshire Historical Society Journal* (cyf. VII, 1920) a chan A. Jones yn *Essays Presented to James Tait* (gol. J. G. Edwards, V. H. Galbraith ac E. F. Jacob, 1933); Thomas Jones, *Brenhinedd y Saesson* (1971); A. J. Taylor, *Basingwerk Abbey* (1971); ac erthygl gan David H. Williams yn *Citeaux* (cyf. XXXII, 1981).

Dinas Brân, castell yng nghwmwd *Iâl, Dinb., uwchben afon Dyfrdwy a thref Llangollen. Cysylltir y gaer a safai yno â Chadell, Brenin *Powys ar ddechrau'r nawfed ganrif; yn ddiweddarach bu ym meddiant *Madog ap Maredudd a'i ddisgynyddion, arglwyddi Powys Fadog. Cipiwyd y castell, a adeiladwyd mae'n debyg ar orchymyn Gruffudd ap Madog (m. 1269), gan *Ddafydd ap Gruffudd yn 1282 ond yn yr un flwyddyn, ailfeddiannwyd ef gan fyddin y Saeson a rhoddwyd ef, yn ogystal â chantrefi *Maelor a Iâl, i John de Warenne, Iarll Surrey a ffurfiwyd arglwyddiaeth newydd. Aeth Dinas Brân mewn amser yn adfeilion. Yn ôl traddodiad bu merch ifanc hardd o'r enw Myfanwy yn byw yn y castell yn y bedwaredd ganrif ar ddeg a'i chariad hi tuag at y bardd Hywel ab Einion yw testun y gerdd *'Myfanwy Fychan' gan John Ceiriog *Hughes. Chwery'r castell ran amlwg ym mhenodau cyntaf nofel John Cowper *Powys, *Owen Glendower* (1940).

Dinbych, castell a adeiladwyd ar orchymyn Henry de Lacy, Iarll Lincoln, wedi iddo dderbyn yr arglwyddiaeth yn 1282. Rhwystrwyd y gwaith o adeiladu'r castell a muriau'r fwrdeistref cyfagos gan ymosodiadau yn ystod y *Gwrthryfel Cymreig yn 1294. Yn ystod Rhyfeloedd y Rhosynnau, Dinbych a'i harglwyddiaeth oedd un o brif gadarnleoedd yr Iorciaid yng Nghymru. Ymladdwyd am ei feddiant gan Siasbar *Tudur a William, Arglwydd Herbert o Raglan. Ymhlith aelodau teuluoedd lleol amlwg a gysylltir â'r castell yr oedd Roger *Salusbury o Leweni, a benodwyd yn gwnstabl a phorthor y castell yn 1506. Canwyd ei foliant ef gan *Dudur Aled a *Lewys Môn. Rhoddwyd Dinbych yn 1563 i Robert Dudley, Iarll Caerlŷr, a adeiladodd eglwys newydd gerllaw gyda'r bwriad iddi fod yn eglwys gadeiriol gogledd-ddwyrain Cymru. Yn y *Rhyfeloedd Cartref bu William Salesbury o'r *Rug yn amddiffyn Dinbych dros y Brenin. Cipiwyd y castell yn

Hydref 1646 gan fyddin y Senedd wedi gwarchae a barhaodd am chwe mis. Aeth castell Dinbych yn adfeilion wedi Adferiad Siarl II yn 1660. *The Survey of the Honour of Denbigh*, a luniwyd yn 1334 ac a gyhoeddwyd dan olygyddiaeth P. Vinogredoff ac F. Morgan yn 1914, yw'r ddogfen unigol bwysicaf ar strwythur cymdeithas y Mers.

Ceir manylion pellach yn yr erthygl gan W. J. Hemp yn *Y Cymmrodor* (cyf. XXXVI, 1925), Frank Price Jones, *Crwydro Gorllewin Dinbych* (1969), y bennod gan D. Huw Owen yn *Boroughs of Mediaeval Wales* (gol. R. A. Griffiths, 1978), A. J. Taylor, *The Welsh Castles of Edward I* (1986), L. A. S. Butler, *Denbigh Castle* (1990) a Helen Burnham, *Clwyd and Powys, A Guide to Ancient and Historic Wales* (1995).

Dinefwr, castell, un o'r tair prif ganolfan frenhinol yng Nghymru, a oedd yn eiddo i frenhinoedd *Deheubarth. Saif ar safle strategol ar fryn uwchben afon Tywi, ger Llandeilo, Caerf. Dyma gartref *Rhys ap Gruffudd (Yr Arglwydd Rhys) yn y ddeuddegfed ganrif a'i ddisgynyddion yn ddiweddarach. Ildiwyd y castell i luoedd Lloegr yn ystod y *Rhyfel Cyntaf dros Annibyniaeth Cymru (1276–77) gan Rys Wyndod; methodd y Cymry â'i ad-ennill er iddynt ei roddi dan warchae yn 1282, nac yn 1403 yn ystod gwrthryfel *Owain Glyndŵr. Addaswyd rhan o'r castell yn blasty yn y bymthegfed ganrif a defnyddiwyd hwn fel cartref gan Ruffudd ap Nicolas, Dirprwy Ustus a Dirprwy Siambrlen Tywysogaeth De Cymru, a chan ei ŵyr Syr Rhys ap Thomas (1449–1515). Noddwyd beirdd gan y ddau a chysylltir hwy hefyd â chastell *Caerfyrddin. Dinistriwyd rhan o Ddinefwr gan dân yn y ddeunawfed ganrif ac ar ôl hyn trigai teulu Dinefwr mewn tŷ modern cyfagos.

Ceir manylion pellach yn J. E. Lloyd (gol.), *A History of Carmarthenshire* (1935, 1939) a Sian Rees, *Dyfed, A Guide to Ancient and Historic Wales* (1992).

Dinmael, cwmwd yng nghantref *Penllyn yn nyffryn afon Alwen; daeth yn rhan o arglwyddiaeth Dinbych yn 1282.

'Dinystr Jerusalem', awdl gan Eben Fardd (Ebenezer *Thomas). Y mae yn llinach *'Cywydd y Farn Fawr' gan Goronwy *Owen a dengys ddylanwad Dewi Wyn o Eifion (David *Owen), athro barddol y prydydd ifanc, ynghyd â'r canu topograffaidd Saesneg. Rhennir y gerdd yn dair rhan: disgrifir Caersalem cyn y gwarchae gan y Rhufeiniaid yn OC 70, y ddinas yn ystod y gwarchae ac wedi'i dinistr. Seiliwyd yr awdl ar yr hanes a geir yn *Holl Waith Flavius Josephus, yr hanesydd Iueddewig* (1819), cyfieithiad Hugh *Jones, Maesglasau, o waith Flavius Josephus, yr hanesydd Iddewig. Er bod ieithwedd William *Owen Pughe yn andwyo mynegiant y gerdd, hon yw'r awdl ddisgrifiadol orau a ganwyd yn y bedwaredd ganrif ar bymtheg.

Dirwasgiad, Y, term a ddefnyddir i ddisgrifio'r

methiant economaidd, y trueni cymdeithasol a'r anes-
mwythder gwleidyddol oedd yn bod yn y blynyddoedd
rhwng y ddau Ryfel Byd. Darfu am hen ddiwydiannau
trymion a sefydlwyd ym Mhrydain yn ystod y *Chwyl-
dro Diwydiannol, ac yng Nghymru daeth pall ar y
diwydiannau metalegol a'r diwydiant glo ac i bob pwrpas
caewyd y porthladdoedd allforio ar hyd arfordir de
Cymru. Cwympodd nifer y gweithwyr glo o 270,000 yn
1920 i 128,000 yn 1939. Amddifadwyd Cymru o'i
phoblogaeth a ymfudodd i weithio yn y canolfannau
diwydiannol newydd yn Lloegr; yr oedd cyfanswm y
lleihad (trwy ymfudo a diffyg cynyddu naturiol) bron yn
hanner miliwn. Gostyngodd safonau byw, effeithiodd
diffyg maeth ar iechyd mwy nag un genhedlaeth ac aeth
diweithdra yn uwch yn ne Cymru nag yn unman arall
ym Mhrydain. Bu llawer o weithgarwch gwleidyddol
egnïol a rhoed cyfle i'r diwygiadau cymdeithasol a
argymhellid gan y Blaid Lafur suddo'n ddwfn i enaid
llawer o'r Cymry a chael eu cydnabod fel yr unig
ddulliau ymarferol i gael cyfiawnder yn y dyfodol.

Ymhlith y beirdd yr adlewyrchir yn eu gwaith ethos
de Cymru yn ystod y Dirwasgiad gellir enwi Gwenallt
(David James *Jones), J. Kitchener *Davies ac Idris
*Davies; ysgrifennwyd nifer o nofelau megis rhai Gwyn
*Thomas (1913–81) a Lewis *Jones am y cyfnod.
Gweler hefyd BANDIAU JAZ, GORYMDEITHIAU NEWYN a
STREIC GYFFREDINOL.

Ceir manylion pellach yn D. H. Aldcroft, The Inter-War
Economy: Britain 1919–1939 (1970), W. Branson ac M. Heine-
mann, Britain in the 1930s (1971), J. Stevenson a C. Cook, The
Slump: Society and Politics during the Depression (1977) a Stephen
Constantine, Social Conditions in Britain 1918–1939 (1983).

Dirwest. Yn ei ystyr cyffredinol golyga hunan-
ddisgyblaeth yn erbyn gormodaeth ond mewn ystyr
neilltuol golyga yr ymarfer o bwyll gyda golwg ar
ddiodydd alcoholig, ac y mae'n gyfystyr i lawer ag
ymgadw'n llwyr rhag y fath ddiodydd. Tyfodd y
Mudiad Dirwest yn ddeunawfed ganrif a'r bedwaredd
ganrif ar bymtheg, yn enwedig yn UDA ac yn Lloegr,
mewn adwaith i gyflyrau cymdeithasol lle y gwelwyd
cyswllt rhwng meddwdod, tlodi a throsedd. Yng
Nghymru dywedir mai Evan Davies (Eta Delta; 1794–
1855), gweinidog gyda'r Annibynwyr, oedd y cyntaf i
bleidio llwyrymwrthodiad yn gyhoeddus.

Enillodd y mudiad dir yng Nghymru yn ystod hanner
cyntaf y bedwaredd ganrif ar bymtheg, er gwaethaf
gwrthwynebiad gwŷr megis John *Jones (Talhaiarn).
Sefydlwyd ar sail ddirwestol gyfeillachau, *Cymdeith-
asau Cyfeillgar, ysbytai a gwestai, a'r *Gobeithlu i blant.
Ysgrifennwyd emynau dirwestol; 'I bob un sy'n
ffyddlon' gan Henry Lloyd (Ap Hefin; 1870–1946) yw'r
mwyaf adnabyddus. Ysgrifennwyd rhai nofelau Cym-
raeg cynnar i draethu neges ddirwestol, megis Llywelyn
Parri (1855) gan Llew Llwyfo (Lewis William *Lewis),
Jeffrey Jarman (1855) gan Gruffudd Rhisiart (Richard

Roberts; 1810–83) ac Arthur Llwyd y Felin (1879) gan
John *Thomas (1821–92). Cyfieithiad o nofel ddirwest
Americanaidd, Ten Nights in a Barroom (1854) gan
Timothy Shay Arthur oedd cynnig llenyddol cyntaf
Daniel *Owen.

Llwyddodd Sabathyddiaeth a sêl ddirwestol i sicrhau,
yn 1881, Ddeddf Cau Tafarnau ar y Sul yng Nghymru,
yr enghraifft gyntaf o ddeddfwriaeth arbennig i Gymru;
cynhwyswyd sir Fynwy yn y ddeddf yn 1921. Am y
pedwar ugain mlynedd nesaf bu Cymru gyfan yn 'sych',
neu fel y ceir yng ngeiriau'r gân, 'Cosher Bailey's Engine'
(gweler o dan BAILEY, CRAWSHAY), 'if you wanted drink on
Sunday, you had to wait till Monday'. Yn 1960 daeth y
Ddeddf Drwyddedu a roes i'r siroedd yr hawl i agor neu
i gau tafarnau ar y Sul, ar sail pleidlais ranbarthol i'w
chynnal bob saith mlynedd. Colli tir a wnaeth achos
cau'r tafarnau a byth er hynny gwelwyd colli mwy a
mwy mewn pleidleisio lleol a gynhaliwyd yn 1968,
1975, 1983 ac 1989, nes o'r diwedd colli'r tir yn llwyr
yn 1996. Nid oes yr un ardal bellach lle y caeir tafarnau
ar y Sul.

Ceir manylion pellach yn llyfr W. R. Lambert, Drink and
Sobriety in Victorian Wales (1983) ac erthygl yr un awdur, 'The
Welsh Sunday Closing Act, 1881' yn Cylchgrawn Hanes Cymru
(cyf. VI, rhif. 2, 1972); gweler hefyd H. Carter a J. S. Thomas,
'The Referendum on the Sunday Opening of Licensed Premises in
Wales as a Criterion of a Culture Region' yn Regional Studies (cyf.
III, 1969).

Diwrnach Wyddel, perchennog pair yn Iwerddon
yn chwedl *Culhwch ac Olwen. Myn Ysbaddaden
Bencawr, tad Olwen, fod yn rhaid sicrhau'r pair i ferwi'r
bwyd ar gyfer ei westeion yn neithior ei ferch. Y mae
*Arthur yn anfon at Odgar fab Aedd, Brenin Iwerddon,
i geisio ei gymorth, ond gwrthyd Diwrnach roddi'r pair
iddo, er i Odgar erchi iddo wneud hynny. Wedi ail
ymdrech cymerir ef oddi arno a lleddir ef a dychwel
Arthur i Gymru gyda'r pair yn llawn o drysor Iwerddon.
Diau mai un o'r Peiriau Llawnder sy'n gyffredin yn
llenyddiaeth Iwerddon oedd hwn; gellir ei gyfochri
hefyd â'r peiriau yn Ail Gainc *Pedair Cainc y Mabinogi
a'r gerdd *'Preiddiau Annwfn'.

Diwygiad 1859, mudiad o weithgarwch ysbrydol
arbennig a gafodd ddylanwad ar bob enwad crefydd-
ol yng Nghymru. Dechreuodd yr adfywiad gyda
Humphrey Rowland Jones yn ei bentref genedigol,
Tre'r-ddôl, Cer., ac fe'i harweiniwyd gan y pregethwr
Methodistaidd Dafydd Morgan o Ysbyty Ystwyth yn yr
un sir. Prif nodweddion y Diwygiad oedd pregethu
nerthol, lliaws o gyfarfodydd gweddi, dylifiad mawr i'r
capeli ac ymwybod cyffredinol a digymell mewn
materion ysbrydol. Gwanychodd y Diwygiad ar ôl
1860, ond amcangyfrifir bod dros ugain mil o aelodau
wedi eu hychwanegu at y capeli, gan roi symbyliad
newydd i gymdeithasau Beiblaidd, cenhadol a *Dir-
westol. Dylanwadodd yn ddirfawr ar agweddau moesol

a dyrchafodd ymwybod cenhedlaeth gyfan â llenyddiaeth ac addysg.

Ceir hanes y Diwygiad yn J. J. Morgan, *Hanes Dafydd Morgan Ysbyty a Diwygiad '59* (1906) a *The '59 Revival in Wales*, Evan Isaac, *Humphrey Jones a Diwygiad 1859* (1930), J. Edwin Orr, *The Second Evangelical Awakening in Britain* (1949), Eifion Evans, *When He is Come* (1959), *Humphrey Jones a Diwygiad 1859* (1981) a *Two Welsh Revivalists: Humphrey Jones, Dafydd Morgan and the 1859 Revival in Wales* (1985), a Thomas Phillips, *The Welsh Revival: its Origin and Development* (1860, adarg. 1989).

Diwygio Tirddaliadaeth, gweler PWNC Y TIR.

Diwygiwr, Y, misolyn a sefydlwyd ac a gyhoeddwyd gan David *Rees, Llanelli, yn bennaf i wasanaethu Annibynwyr de Cymru. Ymddangosodd y rhifyn cyntaf ym mis Awst 1835 a Rees fu'r golygydd hyd fis Rhagfyr 1865. Er mai cylchgrawn crefyddol ydoedd yn bennaf, rhoes sylw manwl i bynciau'r dydd a materion gwleidyddol yn enwedig, a daeth i'r amlwg fel cyhoeddiad radicalaidd, gwrth-Doriaidd a gwrth-Eglwysig. Mabwysiadodd ei olygydd eiriau Daniel O'Connell, 'Cynhyrfer! Cynhyrfer! Cynhyrfer!', yn 1838, ac er iddo gefnogi'r Siartwyr (*Siartiaeth) a chydymdeimlo â *Beca, fe'u cynghorodd i ymgadw rhag dulliau trais. Gwrthwynebodd orfodi crefydd trwy ddeddf gwlad a chododd ei lef yn erbyn cysylltiad yr Eglwys â'r Wladwriaeth. Hyn a'i gwnaeth yn un o hoff dargedau David *Owen (Brutus), golygydd Yr *Haul, misolyn yr Eglwys Sefydledig, a bu brwydro cyson rhyngddynt ar ddudalennau'r ddau gylchgrawn am gyfnod o ddeng mlynedd ar hugain. Ni bu'r un llewyrch ar Y Diwygiwr ar ôl cyfnod David Rees, ond parhaodd i ymddangos yn fisol tan fis Rhagfyr 1911 pan gorfforwyd ef yn Y *Dysgedydd. Bu John Ossian Davies, R. Gwylfa Roberts a Watkin Hezekiah *Williams (Watcyn Wyn) yn ei olygu wedyn ar wahanol adegau.

Dock Leaves, gweler ANGLO-WELSH REVIEW.

Doctor Coch, Y, gweler PRYS, ELIS (1512?–94?).

DODD, ARTHUR HERBERT (1891–1975), hanesydd; brodor o Wrecsam, Dinb., ydoedd. Fe'i haddysgwyd yn y Coleg Newydd, Rhydychen, a chafodd ei benodi yn Ddarlithydd mewn Hanes yng Ngholeg Prifysgol Gogledd Cymru, Bangor, yn 1919; dilynodd Syr John Edward *Lloyd yn Athro yn 1920. Yr oedd dull ei addysgu yn Adrannau Hanes ac Efrydiau Allanol, ynghyd â'i gyhoeddiadau, yn hynod am eu bywiogrwydd ac ogystal â'u hysgolheictod dwfn. Y mae'r bennod a gyfrannodd i *A History of Wrexham* (1957), cyfrol a olygodd, a'i *A History of Caernarvonshire* (1968), yn dyst i'w ddiddordeb byw mewn hanes trefol a rhanbarthol. Cydnabyddir cyfrol gynharach, *The Industrial Revolution in North Wales* (1933), yn gampwaith o ysgolheictod arloesol. Y mae ei bapurau niferus mewn

gwahanol gylchgronau, yn arbennig ar wleidyddiaeth cyfnod y Stiwartiaid a'r *Rhyfel Cartref, yn nodedig am eu hysgolheictod a'u persbectif hanesyddol. Fe'u cynhyrchodd cyn cyhoeddi *Studies in Stuart Wales* (1952), sef ei brif astudiaeth o gymdeithas a gweinyddiaeth yng Nghymru yn yr ail ganrif ar bymtheg. Ef a ailddehonglodd y ganrif honno a rhoi iddi arwyddocâd nas gwelwyd cyn hynny yn natblygiad cymdeithasol Cymru. Ehangodd rychwant ei ysgrifennu gyda chyhoeddi *The Growth of Responsible Government* (1956) a *Life in Elizabethan England* (1961). Ceir crynhoad buddiol o'i waith yn y gyfrol *A Short History of Wales* (1977) a gyhoeddwyd wedi iddo farw.

Ceir manylion pellach yn y deyrnged i A. H. Dodd gan J. Gwynn Williams yn *Cylchgrawn Hanes Cymru* (cyf. VIII, rhif. 1, 1976).

Dogfeiliog, cwmwd yng nghantref Dyffryn Clwyd. Yn ôl traddodiad enwyd y cwmwd ar ôl Docmail, un o feibion tybiedig *Cunedda.

Dolau-gwyn, plasty ym mhlwyf Tywyn, Meir., cartref teulu a oedd yn noddi beirdd. Yn eu plith yr oedd Rhisiart Phylip a Siôn Phylip o Ardudwy (gweler o dan PHYLIPIAID ARDUDWY). Lewis Gwynn (m. 1630), un o ddisgynyddion teulu Ynysmaengwyn, a'i cododd, ac ef oedd prif noddwr y cartref.

Dolbadarn, castell a adeiladwyd ar gyfer Tywysogion *Gwynedd ar graig uwchlaw Llyn Padarn, Caern., ar ochr ogleddol Bwlch Llanberis, yn gwarchod yr hen ffordd o Gaernarfon i ben uchaf Dyffryn Conwy. Fe'i defnyddiwyd gan y Tywysogion fel canolfan strategol a chartref brenhinol yn y drydedd ganrif ar ddeg. Wedi sefydlu *Llywelyn ap Gruffudd (Y Llyw Olaf) yn unig reolwr Gwynedd yn 1255, credir iddo garcharu ei frawd Owain yn Nolbadarn am tuag ugain mlynedd a chythruddwyd rhai o'r beirdd cyfoes gan ei garchariad hir. Cipiwyd Dolbadarn gan fyddin y Brenin tua diwedd yr Ail *Ryfel dros Annibyniaeth (1282–83). Datgymalwyd y castell a defnyddiwyd y coed ar gyfer adeiladu castell newydd Edward yng *Nghaernarfon.

Ceir manylion pellach yn yr hanes ar gastell Dolbadarn gan C. A. Ralegh-Radford (1948); L. R. Avent, *Cestyll Tywysogion Cymru* (1983) a *Dolwyddelan Castle, Dolbadarn Castle* (1988); P. Joyner, *Dolbadarn, Studies on a Theme* (1990) a *Catalog, Castell Dolbadarn Castle* (1990); a Frances Lynch, *Gwynedd, A Guide to Ancient and Historic Wales* (1995).

Dolforwyn, castell a gwelir ei adfeilion yn ymyl pentref Aber-miwl, Tfn. Cysylltir ef mewn traddodiad lleol â'r chwedl a rydd esboniad ar enw afon Hafren. Dywedir i Locrinus, mab hynaf *Brutus ymserchu yn Estrildis, a chafodd ferch arni. Yn ei heiddigedd, taflodd ei wraig, Gwendolen, y plentyn i'r afon o lecyn a elwir hyd heddiw Dolforwyn. O'r dydd hwnnw enwyd yr afon ar ôl y ferch, Sabrina (C. Hafren; S. Severn). Defnyddiwyd y chwedl hon, a geid gan *Sieffre o Fynwy, gan y bardd Milton yn ei gerdd ddramatig *Comus* (1634), lle y disgrifir Sabrina fel duwies diweirdeb. Adeiladwyd castell Dolforwyn mewn gwirionedd ar orchymyn *Llywelyn ap Gruffudd (Y Llyw Olaf) yn 1273.

Dolwar-fach, gweler o dan GRIFFITHS, ANN (1776– 1805).

Dolwyddelan, castell ym mlaenau dyffryn Lledr yn sir Gaernarfon. Adeiladwyd ef naill ai ar orchymyn *Owain ap Gruffudd (Owain Gwynedd), neu ar orchymyn ei fab Iorwerth Drwyndwn. Yn ôl y traddodiad, ganed mab yr olaf, *Llywelyn ap Iorwerth (Llywelyn Fawr), yn y castell hwnnw, a safai, mae'n debyg, ar fryncyn creigiog i'r de o'r amddiffynfa bresennol. Codwyd y gorthwr carreg deulawr sydd i'w weld heddiw rywbryd rhwng 1210 ac 1240 gan Lywelyn ap Iorwerth. Yr oedd y safle hwn yn bwysig i'r Cymry am ei fod yn gwarchod y ffordd i fyny dyffrynnoedd Conwy a Lledr ac ymlaen at Fwlch Gorddinan (*Crimea Pass*) a drosodd i Feirionnydd. Yn ystod yr ail *Ryfel dros Annibyniaeth Cymru ymosododd byddin Edward I ar y castell ac ar 18 Ionawr 1283, wedi gwarchae byr, bu'n rhaid ildio'r castell. Yr oedd hon yn golled enbyd i'r Cymry oherwydd cysylltiadau Dolwyddelan â Llywelyn Fawr, ac oherwydd iddi roi i Frenin Lloegr reolaeth ar lan orllewinol afon Conwy a'r dyffrynnoedd a arweiniai i mewn i *Eryri.

Ceir manylion pellach gan L. R. Avent, *Cestyll Tywysogion Cymru* (1983) a *Dolwyddelan Castle, Dolbadarn Castle* (1988) gan yr un awdur.

Dominicaniaid, gweler BRODYR DUON.

Dôn, enw Cymraeg y dduwies Geltaidd Danu a goffeir hefyd yn enw afon Donau (Danube). Yn Iwerddon ei thylwyth oedd y *Tuatha Dé Danann*. Rhoir lle amlwg ym Mhedwaredd Gainc *Pedair Cainc y Mabinogi i'w meibion *Gwydion a Gilfaethwy, a'i merch *Arianrhod. Meibion eraill iddi oedd Gofannon ac *Amaethon, a brawd iddi oedd *Math fab Mathonwy.

Don Ciceto, gweler o dan DWYMYN (1944).

Dorcas, cymdeithas o'r chwiorydd mewn eglwys. Arferent wnïo dillad ar gyfer y tlodion yn y bedwaredd ganrif ar bymtheg a pharhaodd y gymdeithas hyd yr ugeinfed ganrif. Cymerwyd yr enw o'r Beibl (Actau 9:36) lle y dywedir bod Dorcas (Tabitha) 'yn llawn o weithredoedd da ac elusennau'. Yng ngherdd W. J. *Gruffydd, 'Gwladys Rhys', y mae'r Dorcas yn rhan o'r undonedd capelol sy'n faich ar enaid merch y gweinidog.

Dosbarth Morgannwg, gweler o dan PEDWAR ANSAWDD AR HUGAIN.

Drafod, Y (1891), papur newydd y Wladfa Gymreig ym *Mhatagonia. Fe'i sefydlwyd yn 1891 gan Lewis *Jones, un o'r arloeswyr, a chyhoeddwyd ef yn wythnosol hyd 1961. Ymhlith ei olygyddion yr oedd Lewis Jones, Eluned *Morgan, W. H. Hughes a Richard Nichols. Cymraeg oedd iaith y papur ar y cychwyn, ond bu cynnydd yn y defnydd o'r Saesneg a'r Sbaeneg wedi'r Rhyfel Byd Cyntaf. Trodd yn bapur pythefnosol ar ddechrau'r 1960au, ac erbyn hyn fe'i cyhoeddir yn achlysurol dan olygyddiaeth Irma Hughes de Jones. Y mae'r papur yn ffynhonnell ddihysbydd i'r sawl a fyn astudio hanes y Wladfa.

Dragon, The, a enwyd hefyd *Y Ddraig*, cylchgrawn Coleg Prifysgol Cymru, Aberystwyth. Fe'i sefydlwyd yn 1878 a staff y Coleg a fu'n gyfrifol dros y cylchgrawn hyd 1903; Saesneg oedd iaith y rhan fwyaf o'r cyfraniadau hyd ddiwedd y 1930au pan roddwyd iddo deitl dwyieithog. Cynyddodd y gyfran Gymraeg yn sylweddol wedyn, hyd 1965, pan lansiwyd y cylchgrawn Cymraeg, *Y Ddraig*. Cyfrannodd T. H. *Parry-Williams a T. Gwynn *Jones i rifynnau cynnar *The Dragon* ac ymysg ei olygyddion yr oedd Iorwerth C. *Peate ac Waldo *Williams. O blith y myfyrwyr a gynhyrchodd waith mwy sylweddol yn ddiweddarach, yr oedd J. O. *Francis, Alun *Lewis, Gwyn Erfyl *Jones, Bryan Martin *Davies a Gwynne *Williams. Dathlwyd Gŵyl Cymru 1958 trwy gynhyrchu rhifyn arbennig yn cynnwys barddoniaeth a storïau gan awduron Eingl-Gymreig adnabyddus, yn eu plith Roland *Mathias, Gwyn *Thomas (1913–81) a Gwyn *Jones.

Dragon Has Two Tongues, The (1968), llyfr gan Glyn *Jones; hwn yw'r astudiaeth gyntaf ar y 'don gyntaf' o ysgrifennu *Eingl-Gymreig yn yr ugeinfed ganrif. Egyr gyda disgrifiad o gefndir teuluol yr awdur ei hun, sy'n darlunio yn glir ei farn am lenorion eraill, ac â yn ei flaen i ganfod, trwy astudio'r newid patrwm iaith yn ystod blynyddoedd ei ieuenctid, fod llenor Eingl-Gymreig yn debygol o ymddangos pan fo 'teulu radical, anghydffurfiol, Cymraeg yn dechrau siarad Saesneg'. Y mae'n diymhongar ddiarddel agweddau mwy aruchel beirniadu llenyddol, ac yn cynnig pennod ragarweiniol sy'n ymdrin ag ysgrifennu barddoniaeth a rhyddiaith. Yn rhagddo i drafod y llenorion a adnabu: Caradoc Evans (David *Evans), Huw Menai (Huw Owen *Williams), Idris *Davies, Jack *Jones, Keidrych *Rhys, Dylan *Thomas a Gwyn *Thomas (1913–81); y mae'r cyfan sydd ganddo i'w adrodd am y llenorion hyn yn ddadlennol ac o barhaol bwys.

Draig Glas, gweler o dan PERFIDIOUS WELSHMAN (1910).

Draig Goch, symbol herodrol Cymru, a gyflwynir ar y faner genedlaethol ac a ddisgrifir fel hyn: '*perfesse argent*

and vert a dragon passant gules'. Gwelir y cyfeiriadau
cynharaf at y Ddraig Goch yn cynrychioli'r Brythoniaid
neu'r Cymry yn *Historia Brittonum*, lle y mae *Emrys
Wledig (Ambrosius) yn esbonio dirgelwch caer
*Gwrtheyrn sy'n syrthio o hyd; hefyd yn *Cyfranc Lludd
a Llefelys*, mewn fersiwn o'r un chwedl gan *Sieffre o
Fynwy, ac yng nghywyddau brud yr Oesoedd Canol.
Yn ôl y traddodiad cludai *Arthur faner ac arni Ddraig
Goch wedi i'w dad *Uthr Bendragon weld draig yn yr
awyr yn darogan y byddai'n frenin. Y mae'n debyg
mai'r llengoedd Rhufeinig a'i cyflwynodd i Brydain.
Defnyddiwyd y Ddraig yn aml gan feirdd Cymru
mewn cymariaethau i foli dewrder eu harweinwyr.
Cyfeiriodd *Meilyr Brydydd at *Ruffudd ap Cynan
fel 'draig Gwynedd'. Galwodd Prydydd y Moch (*Lly-
warch ap Llywelyn) Lywelyn ap Iorwerth (Llywelyn
Fawr) yn 'bendragon' a disgrifiodd *Gruffudd ab Yr
Ynad Coch *Lywelyn ap Gruffudd ('Y Llyw Olaf') fel
'Pen dragon, pen draig oedd arnaw'. Gorymdeithiodd
byddin *Owain Glyndŵr, mae'n debyg, o dan faner yn
cynnwys draig aur ar gefndir gwyn yn ystod yr
ymosodiad ar gastell *Caernarfon yn 1401. Daeth y
symbol (yn ei ffurf *rampant*) yn fwy poblogaidd rhwng
1485 ac 1603 fel rhan o arfbais teulu'r *Tuduriaid, lle y
cynrychiolai dras y teulu o *Gadwaladr Fendigaid, ac
felly eu hawl i arglwyddiaeth dros Brydain, eithr
dilewyd hi o'r arfbais frenhinol ar orchymyn Iago I a
rhoddwyd uncorn yn ei lle.
Ailymddangosodd y Ddraig Goch fel arwyddlun
brenhinol Cymru yn 1807. Wedi hynny, gwelwyd
y Ddraig yn aml yn arwyddluniau cymdeithasau
gwladgarol yng Nghymru ac yn raddol daeth y Ddraig i
gystadlu â'r tair pluen estrys fel symbol o *Dywysogaeth
Cymru. Cafodd ei chydnabod yn swyddogol gan y
Frenhines yn 1959 ar awgrym *Gorsedd Beirdd Ynys
Prydain. Defnyddir y Ddraig Goch yn gyson yn awr yn
faner genedlaethol: fe'i gwelir yn cyhwfan ar ben
adeiladau cyhoeddus a phreifat trwy Gymru benbaladr.
Y mae'r arwyddair, 'Y Ddraig Goch ddyry cychwyn', a
ychwanegwyd at yr arwyddlun brenhinol yn 1953, yn
dod o gerdd gan *Deio ab Ieuan Du, sef cywydd gofyn
am darw gan Siôn ap Rhys o Lyn-nedd. Gweler hefyd
DDRAIG GOCH.

Drama. Tuedda haneswyr a beirniaid y ddrama i synied
am ddatblygiad traddodiad theatrig llawn yng Nghymru
fel pe bai'n gyfystyr â drama yng Nghymru yn yr
ugeinfed ganrif, ac y mae peth gwir yn y farn gyffredinol
honno. Serch hynny, yr oedd defodau dramatig gwerin a
gŵyl a pheth traddodiad llenyddol yn cyd-fodoli yng
Nghymru'r Oesoedd Canol. Y mae defod y *Fari Lwyd
ym Morgannwg ar nos Galan yn enghraifft o'r diwylliant
corfforol hŷn, a nodweddid gan fud-chwarae. Daw'r
enghraifft gyntaf o'r traddodiad llenyddol o ail hanner y
bymthegfed ganrif yng ngogledd-ddwyrain Cymru. Y
mae'r ddwy ddrama firagl a oroesodd, Y *Tri Brenin o

Gwlen ac Y Dioddefaint a'r Atgyfodiad, y naill yn ddrama
am Herod a'r llall am Ddioddefaint Crist, yn debyg i
elfennau o'r Cylchoedd Canoloesol yn Lloegr. Ni cheir
cofnod uniongyrchol iddynt gael eu llwyfannu er bod
tystiolaeth o fodolaeth chwaraewyr teithiol; ond nid
oedd yng Nghymru ddinasoedd mawr nac Urddau trefol
i lwyfannu Cylchoedd cymhleth fel rhai Caer, a thybir
mai dramâu byrion unigol yw'r rhain yn hytrach na rhan
o Gylch mwy. Perthyn drama arall, Ymddiddan y Corff a'r
Enaid, i draddodiad y moes-chwaraeon, ac y mae'n
ymwneud â disgwyl am Farwolaeth a gwneud iawn am
bechod, fel y ddrama Saesneg gyfatebol, Everyman.
Yng Nghymru ni ddigwyddodd y blodeuo yn y theatr
a gafwyd yn Lloegr Shakespeare, efallai oherwydd y
diffyg trefi mawr. Yn yr unfed ganrif ar bymtheg hefyd
gwelwyd *Cyfundrefn y Beirdd yn dadfeilio'n rhannol
wrth i'r uchelwyr drosglwyddo eu teyrngarwch i Lys y
*Tuduriaid ac wrth i noddi ac ymarfer y celfyddydau yng
Nghymru ddirywio'n raddol. Chwarae *anterliwtiau fu'r
ffurf fwyaf poblogaidd ar ddrama yng Nghymru tan
ddiwedd y ddeunawfed ganrif. Fel yn Lloegr, ildiodd y
moes-chwaraeon eu lle i'w cyfyrder, yr anterliwt, ac aeth
y cynnwys yn gymdeithasol a dychanol yn hytrach na
chrefyddol. Yng Nghymru, nis disodlwyd gan theatrau
dan do a thraddodiad mwy llenyddol. Yr unig ddrama
lenyddol a oroesodd yw addasiad gan awdur anhysbys o
gerddi gan Henryson a Chaucer, *Troelus a Chresyd
(c.1600). Dyma'r unig gofadail dramatig i ddiddordeb y
*Dadeni mewn themâu Clasurol a fwydai waith y
dyneiddwyr mawr yng Nghymru.
Yng ngwaith Twm o'r Nant (Thomas *Edwards) y
gwelir traddodiad yr anterliwt yn ei holl ogoniant.
Daeth ef yn ffefryn cynulleidfaoedd gwerinol y ffeiriau
oherwydd ei barodïo ar gonfensiwn traddodiadol y
farwnad, ei odlau, ei egni rhythmig, ei gap ffŵl a'i ffalws
a'i gondemnio ar dirfeddianwyr a chlerigwyr. Y mae ei
fethodoleg a'i gynnwys yn ei gysylltu â'r Commedia
dell'arte ac ag archddeipiau comig y ddrama o gyfnodau'r
Groegwyr a'r Rhufeiniaid hyd at Molière. Er gwaethaf
ei ymwybyddiaeth gymdeithasol a'i boblogrwydd,
edwino a wna traddodiadau'r *'Hen Gymru Lawen' dan
ddylanwad *Methodistiaeth yn y bedwaredd ganrif ar
bymtheg. Taflodd Twm o'r Nant hyd yn oed ei gap ffŵl
i'r afon yn Ro-wen ger Conwy ar ôl ei dröedigaeth –
gweithred addas o ddramatig! Am gyfnod, yr unig
weithgarwch dramatig oedd arddull bregethwrol
ddramatig a'r ymddiddanion ar *Ddirwest.
Erbyn y 1870au yr oedd diddordeb mewn ffurf mwy
seciwlar ar ddrama ar gynnydd, yn gysylltiedig â thwf
mewn ymwybyddiaeth genedlaethol. Tuedda dramâu o'r
cyfnod hwn i efelychu ffurf Shakespearaidd a dilyn thema
arwrol fel yn Owain Glyndŵr Beriah Gwynfe
*Evans. Ond parhau i ennyn adwaith chwyrn a wnâi
ymddangosiad y ddrama embryonaidd hon mewn
cylchoedd *Anghydffurfiol: yn 1887 anogodd Sasiwn y
Methodistiaid yng Ngorwen y capeli i edrych ar

weithgarwch dramatig fel perthynas agos i gamblo a mathau eraill ar anfoesoldeb. Rhoddwyd peth parchus-rwydd i'r ddrama gan David *Lloyd George yn *Eisteddfod Genedlaethol Bangor yn 1902 pan alwodd am nawdd i'r ddrama Gymraeg, ac am wobr flynyddol. Yr oedd y ddrama Gymraeg i gael ei pharchuso rywfaint yn y capeli gydag addasiadau o waith Daniel *Owen a, maes o law, gyda chywair moesol a chymdeithasol (gwrth-landlordaidd) cryf y dramodwyr newydd. Yn eironig ddigon, yr awduron hyn oedd beirniaid llymaf traddodiad capelyddol a oedd, yn eu barn hwy, wedi colli ei weledigaeth Fethodistaidd wreiddiol a dod i ddibynnu ar lythyren y gyfraith yn hytrach nag adnabyddiaeth o'r Gair.

Y mae hanes hir i'r theatr Saesneg ei hiaith yng Nghymru, gan ddechrau â pherfformio i gynulleidfa ffair, ac yna i gynulleidfaoedd llai mewn tafarnau a neuaddau trefi ac yn y diwedd mewn theatrau. Ymhlith y rhai a ddiddannodd gynulleidfaoedd Cymreig â dramâu o'r *repertoire* clasurol Seisnig yr oedd cwmnïau Kemble (gweler o dan KEMBLE, CHARLES), Kean, Macready, Knowles ac Andrew Cherry. Er mai traddodiad a fewnforiwyd oedd hwn, yr oedd yn werthfawr o safbwynt sefydlu safon uchel o grefft ddramatig. O 1875 hyd 1925, datblygodd y theatr yn Saesneg yn gyflym yng Nghymru. Erbyn 1912 yr oedd pedair ar ddeg ar hugain o theatrau a llawer rhagor o neuaddau yn meddu ar drwyddedau dramatig. Yn bwysicach, yr oedd dramodwyr Eingl-Gymreig fel J. O. *Francis a Richard *Hughes (1900–76) yn ymddangos ac yn datblygu llais newydd. Yn anffodus, ni allai'r theatrau hyn gystadlu â'r galw am y '*talking pictures*' a chaeodd y mwyafrif eu drysau neu droi'n sinemâu yn y 1930au.

Ymddangosodd naturioliaeth y bedwaredd ganrif ar bymtheg yng Nghymru yr un pryd yn Gymraeg ac yn Saesneg. Yr oedd dramodwyr cyntaf Cymru yn yr ugeinfed ganrif ar y cyfan yn wŷr gradd, a ddarllenasai neu a welsai gyfieithiadau William Archer o waith Ibsen ac a oedd wedi eu hysbrydoli gan waith yr *Abbey Theatre* yn Iwerddon. Yn eu plith yr oedd W. J. *Gruffydd, J. O. Francis, Idwal *Jones (1895–1937) a J. Kitchener *Davies. Bu nawdd Thomas Evelyn *Scott-Ellis (yr Arglwydd Howard de Walden) yn gymorth i ddramodwyr a chyfarwyddwyr; ef a dalodd am sefydlu'r Cwmni Theatr dwyieithog newydd ym Mhlas Newydd, Llangollen, yn y 1930au. Y mae beirniaid yn cyfeirio at ddrama yng Nghymru yn y blynyddoedd rhwng y rhyfeloedd fel gweithgarwch amaturaidd yn ei hanfod, ond noda John Ellis *Williams bum cant o gwmnïau a ffynnai ym mhob rhan o Gymru gan ddarparu ail fywoliaeth i lawer o chwarelwyr a glowyr. Daeth yr Oes Aur hon i ben gyda'r Ail Ryfel Byd (y rhyfel yn yr awyr a'r angen am lwyrddüwch oedd yn rhwystr ymarferol) a chyda dyfodiad teledu yn y 1950au. Yn baradocsaidd, dyfodiad yr erfyn torfol arall, y radio, a helpodd Saunders *Lewis i oroesi fel artist: ar gyfer y radio y comisiynwyd *Buchedd* *Garmon tra oedd Lewis yn Wormwood Scrubs.

Ildiodd traddodiad amaturaidd y theatr yng Nghymru ei le i broffesiynoldeb newydd yn y 1950au a'r 1960au. Yn y Gymraeg, daeth Saunders Lewis yn rym diwylliannol a gwleidyddol o bwys, a dyfeisiodd iaith farddonol debyg i iaith Eliot a Fry ac ysgrifennu dramâu lle y gorfodir y cymeriadau i wynebu dewisiadau moesol argyfyngus ac enbyd. Arbrofodd John Gwilym *Jones â ffurfiau i gyfleu tensiynau'r bywyd teuluol a daeth Gwenlyn *Parry o hyd i lwyfannu gweledol a symbolaidd newydd. Yn Saesneg yr oedd gwaith Emlyn *Williams, Gwyn *Thomas (1913–81) ac Alun *Richards yn cael ei berfformio mewn theatrau yn Lloegr. Yr un pryd, yr oedd actorion dawnus o Gymru yn gwneud enw iddynt eu hunain ar lwyfannau Llundain ac yn rhyngwladol ar ffilm: y maent yn cynnwys Richard *Burton, Donald Houston, Rachel Roberts, Hugh Griffiths a Siân Phillips.

Yn 1965 ffurfiwyd y *Welsh Theatre Company* i ddod â dramâu ac actorion o'r fath gerbron cynulleidfaoedd Cymru; sefydlwyd y Cwmni Theatr Cymru cyfatebol dan Wilbert Lloyd Roberts. Yn sgîl y datblygiad hwn bu modd i actorion Cymraeg fel John Ogwen, Elisabeth Miles a Gaynor Morgan Rees actio'n broffesiynol fel galwedigaeth lawn-amser am y tro cyntaf. Ffactor pwysig yn natblygiad y cwmnïau hyn oedd cefnogaeth ariannol *Cyngor Celfyddydau Cymru. Dan nawdd y *St. David's Theatre Trust*, bu trafod helaeth hefyd ar egwyddorion sefydlu adeilad ar gyfer Theatr Genedlaethol, ond methu a wnaeth yr ymgyrch. Yn lle hynny, tyfodd rhwydwaith o ganolfannau celfyddydau ym Mangor, Clwyd, Aberystwyth a Chaerdydd, gyda nawdd ar y cyd gan *Brifysgol Cymru, awdurdodau lleol a Chyngor y Celfyddydau. Cynigiodd y rhain ateb arall i broblemau theatr deithiol yng Nghymru a chyfrannu at ddatblygu crefft yr awdur wrth ddarparu proffesiynoldeb newydd o ran llwyfannu a goleuo dramâu.

Yn y 1980au daeth Cwmni Theatr Cymru i ben o ganlyniad i gamweinyddu ariannol a dyhead ymysg y proffesiynau actio a chyfarwyddo i ymrannu'n weithgarwch llai, mwy cymunedol, yn hytrach na theatr genedlaethol fwy monolithig. Arloesodd Cwmni Bara Caws, a sefydlwyd yn 1979, gyda theatr ddyfeisiedig, yn null rifiw. Sefydlodd Brith Gof enw am ddelweddau corfforol symbolaidd. Y tu allan i'r theatr ddyfeisiedig yr oedd Siôn *Eirian a Meic *Povey yn ysgrifennu dramâu ac iddynt gynnwys heriol. Wrth i S4C ddenu llenorion ac actorion prif-ffrwd i greu dramâu teuluol, yr oedd y theatr Gymraeg fel petai'n mynd yn fwy arbenigol a chyfyng ei ffocws. Yr oedd y theatr Saesneg, ar y llaw arall, yn mynd yn fwy ehangol ac ymwybodol o'r sefydliad. Gydol y 1980au enillodd Theatr Clwyd enw am actio a chyfarwyddo, gan lwyfannu rhai o'i chynyrchiadau yn y West End, ond clasurol neu fodern oedd y dramâu yn hytrach nag Eingl-Gymreig. Y mae Ed *Thomas, ar y llaw arall, a'i gwmni, Y Cwmni, yn cynnig llais newydd a heriol i'r theatr Gymreig yn

Saesneg. Yn y 1990au, codwyd mater adeilad a chwmni Theatr Genedlaethol gan Michael Bogdanov. Wrth inni symud tua diwedd yr ugeinfed ganrif, y mae'r dadleuon ynglŷn â'r diffiniad o 'genedlaethol' a'r hyn yw theatr mor berthnasol ag erioed.

Am fanylion pellach gweler Olive E. Hart, *The Drama in Modern Wales 1905–28* (1928), O. Llew Owain, *Hanes y Ddrama yng Nghymru 1850–1943* (1948) a Cecil Price, *The English Theatre in Wales* (1948) a *The Professional Theatre in Wales* (1984). Gweler hefyd y penodau ar Ddrama gan Elan Closs Stephens yn *The Arts in Wales 1950–75*, (gol. Meic Stephens, 1979) ac yn *A Guide to Welsh Literature* (cyf. VI, gol. Dafydd Johnston, 1997). Am drafodaeth ar y theatr gyfoes yng Nghymru gweler David Adams, *Stage Welsh* yn y gyfres *Changing Wales* (1996) a *Staging Wales: Welsh Theatre 1979–1997* (gol. Anna-Marie Taylor, 1997).

Dramâu'r Byd, cyfres o ddramâu a droswyd i'r Gymraeg o ieithoedd eraill; fe'i cyhoeddir gan *Wasg Prifysgol Cymru ar ran *Cyngor Celfyddydau Cymru. Lansiwyd y gyfres yn 1969 dan y teitl *Y Ddrama yn Ewrop*, a'r ddrama gyntaf i ymddangos oedd *Diwéddgan*, cyfieithiad gan Gwyn *Thomas (1936–), golygydd y gyfres, o ddrama Samuel Beckett, *Fin de Partie* (1957). Er hynny ymddangosodd dwy gyfrol ar bymtheg, yn cynnwys dramâu gan Sophocles, Terence, Molière, Chekhov, Anouilh, Lorca, Camus, Sartre, Ionesco, Dürrenmatt, Weiss, Genet a Strindberg. Ymhlith y rhai a fu'n trosi'r dramâu y mae Saunders *Lewis, Euros *Bowen, R. Bryn *Williams, John Gwilym *Jones, Prys *Morgan a John *Rowlands.

DRAYTON, MICHAEL (1563–1631), gweler o dan POLYOLBION (1622).

Dream of Jake Hopkins, The (1954), drama gerdd ar gyfer y radio gan Glyn *Jones, a theitl ail gyfrol o farddoniaeth gan yr un awdur, a gomisiynwyd gan Aneirin Talfan *Davies ac a ddarlledwyd yn 1953. Y mae Jake, athro canol-oed y gwrthodir dyrchafiad iddo gan brifathro ymffrostgar, hunanbwysig, yn ysglyfaeth i falais ei gyd-weithwyr ac yn ymwybodol iawn o'i fethiant ei hun; dihanga i gysur melys atgofion ei blentyndod a'i lencyndod. Gellir derbyn bod y 'gerdd-radio', sy'n gofiadwy am ei champ dechnegol a'r lluniau manwl o ddisgyblion a chyd-weithwyr Jake, megis ei nofel *The Learning Lark* (1960), yn tynnu ar brofiad yr awdur fel athro. Yn y gyfrol hon hefyd ceir y gerdd 'Merthyr', a chyfieithiad o dri o gywyddau *Dafydd ap Gwilym.

Dref Wen, Y, lle a folir mewn cerdd yn *'Canu Heledd'. Yn y pum pennill galara'r bardd fod rhyfela cyson yn torri ar draws arferion amaethyddol tangnefeddus y lle, a bod tywallt gwaed yn fwy cyffredin bellach na'r hen arferion oesol. Rhoddodd y *Gogynfeirdd yr enw 'y dref wen' ar Whittington yn swydd Amwythig,

ond camgyfieithiad yw hyn o'r enw Saesneg, sy'n golygu '*Hwita's town*', ac nid '*white town*'. Gall mai disgrifiadol yw'r enw yn '*Canu Heledd*' ac nad yw'n cyfeirio at le arbennig.

Dreflan, ei Phobl a'i Phethau, Y (1881), nofel gyntaf Daniel *Owen, a gyhoeddwyd yn rhannau misol yn *Y *Drysorfa* rhwng 1879 ac 1880. Portread ydyw o dref fechan debyg i'r Wyddgrug, Ffl., a phobl y seiat yw ei phrif gymeriadau. Bwriad yr awdur, yn ddiau, oedd gwneud a gweinidog newydd, Noah Rees, yn brif gymeriad, ond meddiannwyd y llwyfan gan gymeriadau mwy diddorol ac ymrannodd y brif stori'n nifer o is-storïau nes colli undod nofel. Y mae dychan yr awdur yn ddeifiol, yn enwedig ar ei enwad ei hun. Ac eithrio'r hen Benjamin Prŷs unplyg, gwŷr busnes rhagrithiol yw blaenoriaid yr eglwys. 'Cofiwch yr arwyddair: "*Appearance, appearance*"', yw anogaeth Mr Smart, y pen-blaenor, i'r gweinidog newydd. Yr oedd y ddeuol-iaeth mewn dyn, yr ymddangosiad a'r sylwedd, i fod yn un o brif themâu Daniel Owen, ac astudir hi mewn amryw o gymeriadau'r nofel, megis Mr Bevan, y dihiryn Jeremiah Jenkins, Sharp Rogers, a hyd yn oed John Aelod Jones druan. Y cymeriad mwyaf cofiadwy, fodd bynnag, yw'r cymwynaswr hoffus Peter Pugh. Ei chymeriadaeth a'i deialog dalentog sy'n gwneud *Y Dreflan*, er gwaethaf ei gwendidau, yn waith o bwys yn hanes y *nofel Gymraeg.

Ceir trafodaeth ar rinweddau'r nofel yn Saunders Lewis, *Daniel Owen* (1936), D. Gwenallt Jones, 'Nofelau Cylchgronol Daniel Owen' yn *Llên Cymru* (cyf. IV, 1956–57) a J. Gwilym Jones, *Daniel Owen: Astudiaeth Feirniadol* (1970).

DRESSEL, JON (1934–), bardd Americanaidd. Fe'i ganed yn St. Louis, Missouri, UDA, yn ŵyr i ymfudwyr o Lanelli, Caerf., ac addysgwyd ef ym Mhrifysgol Washington yn St. Louis. O 1958 hyd 1967 bu'n rhedeg busnes llaeth a bwydydd o eiddo'i deulu, yn ogystal ag ysgrifennu i bapurau newydd yn y dref honno. Wedi cyfnod yn Athro Saesneg yng Ngholeg Webster, St. Louis, bu'n Gyfarwyddwr Rhaglen Astudiaethau Americanaidd yng Ngholeg y Drindod, Caerfyrddin, o 1976 tan 1995. Cyhoeddodd gyfrol o farddoniaeth, *Hard Love and a Country* (1977) yn y gyfres *Triskel Poets*, a chyda T. James *Jones ddilyniant o gerddi, *Cerddi Ianws* (1979) a ddyfarnwyd yn deilwng o *Goron yr Eisteddfod Genedlaethol yn 1979 ond nas gwobrwywyd oherwydd ei gyd-awduraeth. Ymddangosodd trydydd casgliad, *Out of Wales*, yn 1985 a'i bedwerydd, *The Road to Shiloh*, yn 1994. Cynnwys y casgliad hwnnw gerdd naratif hir ac ar sail y gerdd hon dyfarnwyd doethuriaeth mewn astudiaethau Americanaidd i'r awdur gan Brifysgol St. Louis yn 1993. Yn y llyfr, cymherir sefyllfa Cymru â De'r Unol Daleithiau.

Gweler Tony Conran, '*The Referendum and the poetry of Jon Dressel*', yn *Frontiers in Anglo-Welsh Poetry* (1997).

Driscoll, James (**Peerless Jim**; 1880–1925), paffiwr a aned yng Nghaerdydd o dras Wyddelig ac a enillodd gampwriaeth y byd yn yr adran ysgafn yn 1909. Seilir y nofel *Peerless Jim* (1984) gan Alexander Cordell (George Alexander *Graber) ar ei fywyd a'i amserau.

Dromio, gweler COLLINS, WILLIAM JOHN TOWNSEND (1868–1952).

Drudwas ap Tryffin, gweler o dan ADAR LLWCH GWIN.

Druid's Rest, The (1944), drama gan Emlyn *Williams a leolir mewn pentref dychmygol o'r enw Tan-y-Maes; dyma'r portread dramatig mwyaf manwl gan yr awdur o'i bentref genedigol, Glanyrafon, Ffl. Cyflwynir ynddi ddetholiad o gymeriadau nodweddiadol: y sgweiar, Arglwydd Ffynnon; Sarah Jane Jehovah, efengylwraig; Issmal Hughes South America, crwydryn barddol; a Zachariah Plismon. Seiliwyd cymeriad y tafarnwr, Job Edwards ar dad Emlyn Williams. Tommos Edwards yw'r arwr, bachgen direidus, dychmygus, darllengar sydd wedi ei gadw rhag ei lyfrau oherwydd eu bod yn cyniwair yn ei feddwl ffantasïau am y bobl leol. Llwydda i ddial ar ei deulu trwy eu darbwyllo mai ymwelydd oedd yn gyfrifol am nifer o lofruddiaethau.

Drws y Society Profiad (1777), llyfr bychan a gyhoeddodd William *Williams (Pantycelyn) dan y teitl *Templum Experientiae Apertum; neu ddrws y society profiad wedi ei agor o Led y Pen . . . Mewn saith dialog. Ar ddull o Ymdiddan rhwng Theophilus ac Eusebius.* Yr oedd yn ffrwyth blynyddoedd o brofiad o gadw seiadau; y mae'n eu hamddiffyn ar dir Ysgrythurol ac ymarferol, ac yn pwysleisio pwysigrwydd cael stiwardiaid cymwys i'w harwain. Manylir wedyn ar dechneg cadw *seiat gan gynnwys materion megis sut y dylid ymdrin â hen aelodau a disgyblaeth eglwysig. Y mae'r cyfan yn gyforiog o ysbrydolrwydd dwfn a synnwyr cyffredin cryf ac wedi'i fynegi mewn arddull neilltuol o hyblyg a chroyw. Cafwyd cyfieithiad Saesneg, *The Experience-Meeting*, gan Bethan Lloyd-Jones (1973).

Drych, Y (1851), papur newydd Cymry America (gweler o dan YMFUDO O GYMRU). Fe'i sefydlwyd yn Efrog Newydd gan John Morgan Jones, brodor o Lanidloes, Tfn., yn 1851, a'r flwyddyn ganlynol penodwyd John Williams Jones o Lanaelhaearn, Caern., yn olygydd. Rhwng 1855 ac 1858 cyfunwyd Y *Gwyliedydd a'r Drych gan ffurfio'r Drych a'r Gwyliedydd. Fe'i prynwyd gan ei olygydd ac fe'i symudwyd i Utica yn 1860 a phrynwyd ef yn ddiweddarach gan John Mather Jones, a datblygodd i fod yn brif newyddiadur Cymry Gogledd America. Ymhlith ei olygyddion yr oedd Dafydd Rhys Williams (Index; 1851–1931), Thomas Morris (Gwyneddfardd), John C. Roberts a'i fab Arthur M.

Roberts. Cymraeg oedd iaith *Y Drych* hyd ddechrau'r 1930au. Daeth yn newyddiadur misol yn Ionawr 1940. Fe'i prynwyd gan Horace Breece Powell yn 1962 ac fe'i symudwyd o Utica i Milwaukee, Wisconsin. Fe'i cyhoeddir bellach yn St. Paul, Minnesota, dan olygyddiaeth Mary Morris Mergenthal.

Drych Barddonol (1839), cyfrol o feirniadaeth lenyddol gan William *Williams (Caledfryn). Ynddi trafodir pynciau megis natur barddoniaeth, barddoniaeth yr Ysgrythurau, *cynghanedd a'r *Pedwar Mesur ar Hugain, cyfansoddwyr emynau, y *canu rhydd, gwallau a chyfraniad yr *Eisteddfod i farddoniaeth. Ceir yn ogystal dair beirniadaeth eisteddfod ac awdl fuddugol yr awdur, 'Drylliad y *Rothesay Castle'. Ystyrid ef yn llyfr o bwys yn ei ddydd a cheir ynddo lawer o sylwadau deallus, o gofio cyflwr ysgolheictod y cyfnod. Rhoddir pwys ar yr hyn a ystyriai Caledfryn yn hanfodion barddoniaeth, sef mesur, cywirdeb iaith a synnwyr da.

Drych Cristianogawl, Y, gweler o dan GWYN, ROBERT (c.1540/50–1592/1604).

Drych yr Amseroedd (1820), mynegiant o hanes y Diwygiad Methodistaidd, yn arbennig yn sir Gaernarfon, gan Robert *Jones, Rhos-lan (1745–1829). Casglwyd y deunydd yn bennaf o ymwneud personol yr awdur â dwy genhedlaeth o arweinwyr y Methodistiaid dros gyfnod o hanner canrif; yr oedd ei wraig yn wyres i'r gŵr a ddenodd Howel *Harris gyntaf i'r sir. Ysgrifennwyd y cyfan gydag argyhoeddiadau Methodist cydwybodol, mewn iaith aruchel sy'n cyfuno bywiogrwydd llafar *Eifionydd ac urddas Cymraeg y *Beibl.

Drysorfa, Y, cylchgrawn misol y *Methodistiaid Calfinaidd. Ni ddylid cymysgu rhyngddo a'r cylchgrawn Methodistaidd cyntaf, sef *Trysorfa Ysprydol* a gyhoeddwyd yn achlysurol rhwng 1799 ac 1827. Fe'i sefydlwyd yng Nghymdeithasfa Caernarfon ym mis Medi 1830 ac ymddangosodd y rhifyn cyntaf o wasg John *Parry yng Nghaerllion ym mis Ionawr 1830. Ef hefyd oedd ei olygydd a'i gyhoeddwr hyd ei farw yn 1846. Fe'i cyhoeddwyd yn swyddfa Thomas Thomas, Caerllion, o 1846 hyd 1851, ac yna gan Peter Maelor Evans yn Nhreffynnon tan 1898. Llyfrfa'r Cyfundeb yng Nghaernarfon fu'n gyfrifol am ei gyhoeddi wedyn. Fe'i bwriadwyd i ddechrau ar gyfer gweinidogion, pregethwyr ac arweinwyr yr enwad, a chynnwys lawer o ddeunydd diwinyddol ac athrawiaethol yn ei flynyddoedd cynnar. Cyhoeddwyd ynddo esboniadau ar feysydd llafur dosbarthiadau'r *Ysgolion Sul, cofnodion y Cymdeithasfaoedd, adroddiadau o weithrediadau'r cyfarfodydd misol ac, o 1864, adroddiadau o weithrediadau'r Gymanfa Gyffredinol. Cynhwysai newyddion cartref a thramor yn ogystal, colofn farddol, a thonau, bywgraffiadau a hanesion am y maes cenhadol. Yn ddiweddarach daeth 'ffugchwedlau' a nofelau cyfres yn dderbyniol, ac yn *Y Drysorfa* yr ymddangosodd *Y *Dreflan, ei Phobl a'i Phethau* a *Rhys Lewis* gan Daniel *Owen am y tro cyntaf. Bu iddo nifer o olygyddion dros y blynyddoedd a Roger *Edwards, Evan *Rees (Dyfed), J. G. Moelwyn *Hughes a William *Morris ymhlith yr amlycaf ohonynt. Unwyd *Y Drysorfa* a'r *Dysgedydd*, misolyn yr Annibynwyr, yn 1968 i ffurfio cylchgrawn cydenwadol newydd yn dwyn y teitl *Porfeydd*.

Drystan ap Tallwch, gweler o dan TRI GWRDD-FEICHIAD a TRYSTAN AC ESYLLT.

Dubricius, gweler DYFRIG (5ed gan.).

Ductor Nuptiarum (1777), llyfr bychan gan William *Williams (Pantycelyn). Rhydd ei deitl hirfaith syniad o'i ffurf a'i gynnwys: *Ductor Nuptiarum: neu, Gyfar-wyddwr Priodas. Mewn Dull o Ymddiddan rhwng Martha Pseudogam, a Mary Eugamus, Ill dwyoedd ar y cyntaf yn proffesu Duwioldeb, ond y naill wedi gwrthgilio, yn priodi ar ol y Cnawd; a'r llall yn dal at Rym Duwioldeb, yn priodi yn Ofn yr Arglwydd. Yn dri Ymddiddan (Dialogue). Y Cyntaf, Am Ddull Carwriaeth, a Phriodas lygredig Martha, a'i Bywyd anhappus ar ol Llaw. Yr Ail, Am Garwriaeth a Phriodas nefol Mary, a'i Bywyd cariadus a chysurus hithau ar ol Llaw. Yr Olaf yn cynnwys Cyngor Mary i Martha i foddio ei Gŵr, a thrwy hynny wneud ei Phriodas yn fwy dedwydd a chyttunol, ac o bosibl ei ennill ef i'r Ffydd.* At ba un y chwanegwyd *Ymddiddan rhwng Efangelus a Phamphila, Ynghylch y Perygl o briodi yn rhai digred.* Fe'i hysgogwyd gan ofal Williams dros les ysbrydol dychweledigion y seiadau (*seiat). Y mae'r gwaith yn hynod am ei ymdriniaeth realistig â rhyw a phriodas, o fewn fframwaith eglur dysgeidiaeth y Testament Newydd ar y pwnc, ac yn yr arddull gwelir cyfuniad trawiadol o'r urddasol a'r cartrefol. Gweler hefyd MONICA (1930).

Dug y Brytaniaid (Ll. *Dux Britanniarum*), y teitl a roddid yng nghyfnod y Rhufeiniaid (3edd–4edd gan. OC) i gadlywydd byddin dwy is-dalaith Prydain uchaf, gan gynnwys Cymru; ei gyfrifoldeb oedd amddiffyn y wlad rhag goresgynwyr o Iwerddon a'r Alban. Ei gymar ym Mhrydain isaf oedd 'Iarll yr Arfordir Sacsonaidd' a wynebai'r Saeson ac ymosodwyr eraill ar arfordir y de-ddwyrain.

Dunoding, cantref yng *Ngwynedd yn cynnwys cymydau *Ardudwy ac *Eifionydd; dywedir i'r cantref gael ei enwi ar ôl Dunaut, un o feibion tybiedig *Cunedda.

Dwarf, The, gweler MORGAN, THOMAS (1604–79).

Dwned, traethawd ar ramadeg a astudid gan y beirdd

Cymraeg yn oes *Beirdd yr Uchelwyr, ac efallai cyn hynny. Disgrifiad o'r iaith Ladin ydyw, wedi ei led-gymhwyso i'r Gymraeg. Daeth y gair dwned o'r Saesneg *donet*, a hwnnw yn ei dro o enw Donatus, gramadegydd Lladin o'r bedwaredd ganrif, a'i waith ef oedd sylfaen llawer o'r dwnedau Cymraeg. Erbyn y ddeunawfed ganrif yr oedd y gair 'dwned' wedi magu'r ystyr o sŵn a baldorddi.

Dwnn, Gruffudd (*c.*1500–*c.*1570), noddwr o Ystrad Merthyr, ger Cydweli, Caerf. Bu'n copïo ac yn casglu llawysgrifau ac ar un adeg bu'n berchen ar *Lawysgrif Hendregadredd a rhan o gasgliad *Peniarth. Ymhlith y beirdd a gyflwynodd gerddi iddo yr oedd Harri ap Rhys ap Gwilym, Thomas Fychan, *Wiliam Llŷn, *Huw Llŷn, *Gruffudd Hiraethog ac *Owain Gwynedd.

DWNN, LEWYS (Lewys ap Rhys ab Owain; *fl.* 1568–1616), bardd ac achydwr o Fetws Cedewain, Tfn. Oddi wrth ei fam y cymerodd yr enw Dwnn; yr oedd hi yn un o ddisgynyddion Dafydd Dwnn (Donne) o Gydweli, Caerf., a ffôdd i Bowys wedi llofruddiaeth maer y dref honno. Bu Lewys yn ddisgybl barddol i *Wiliam Llŷn a *Hywel ap Mathew. Erys dwy gyfrol sylweddol o'i farddoniaeth yn ei law glogyrnog ei hun, yn cynnwys englynion, cywyddau ac awdlau i noddwyr dros Gymru gyfan. Digon diawen yw ei waith ond y mae'n gyforiog o achau; yn wir, cofir amdano fel achydwr yn hytrach nag fel bardd. Ar gyfrif ei waith yn casglu achau a pheisarfau Cymreig a'i wybodaeth o'r iaith Gymraeg rhoddwyd iddo batent dirprwyaeth dros daleithiau Cymru yn 1586. Daeth ein ddirprwy-herodr cydnabyddedig, ac wedi i'r ddirprwyaeth ddod i ben parhaodd i gasglu yn ôl safonau Coleg y Herodron. Erys dwy gyfrol o'r achau a gasglodd, yn ei law ei hun, heblaw achau unigol, un yn *Llyfrgell Genedlaethol Cymru (Peniarth 268, Gwynedd) a'r llall yn y Llyfr-gell Brydeinig (Egerton 2585, Dyfed). Cyhoeddwyd y rhain, a chopïau o lyfrau eraill Dwnn, ar ran y *Welsh Manuscripts Society yn 1846 gan William Rees o dan olygyddiaeth Samuel Rush *Meyrick o dan y teitl *Heraldic Visitations*.

Canodd ei fab, **James Dwnn** (*c.*1570–*c.*1660), nifer o gerddi caeth yn y dull traddodiadol i aelodau o deuluoedd ym Maldwyn, Ceredigion a Meirionnydd, yn bennaf, ac fe'u cedwir mewn amryw gasgliadau, yn arbennig yn *Llyfr James Dwnn* (Llsgr. Llanstephan 53) yn Llyfrgell Genedlaethol Cymru. Cafodd oes faith a dengys ei ganu barhad traddodiad barddol o gyfnod Elisabeth I hyd at ddyddiau Oliver Cromwell. Fodd bynnag, ar wahân i gyfres o englynion ar losgi Mathafarn gan y Seneddwyr yn 1644, ychydig iawn o gyfeirio a geir yn ei gerddi at derfysgoedd y cyfnod.

Dwnrhefn, castell ger Saint-y-brid, Morg. Fe'i hadeiladwyd ar orchymyn teulu de Londres yn y cyfnod

Normanaidd cynnar ac fe'i hestynnwyd wedyn gan y Botelers (Bwtleriaid) a drigodd yno o flynyddoedd olaf yr unfed ganrif ar ddeg hyd at y bedwaredd ganrif ar ddeg. Daeth y llinach i ben trwy briodas etifeddes y teulu a Syr Richard Fychan o *Frodorddyn a Thretŵr, Brych., a pharhaodd Dwnrhefn ym meddiant y Fychaniaid hyd at 1642 pan brynwyd ef gan John Wyndham o Clearwell, Caerloyw. Ei ddisgynnydd ef, Thomas Wyndham, Aelod Seneddol Morgannwg o 1789 hyd 1814, a adferodd y castell yn gynnar yn y bedwaredd ganrif ar bymtheg. Pery traddodiad ynglŷn â'r dryllio llongau a gysylltwyd â'r olaf o'r Fychaniaid ac a fu'n thema i'r faled boblogaidd 'Brad Dynrafon' gan David Pughe Evans (1866–97). Fe'i datgymalwyd yn ystod y 1960au.

Ceir manylion pellach yn W. H. W. Quin, *Dunraven Castle* (1926).

Dwymyn, Y (1944), cyfrol o gerddi gan T. Gwynn *Jones. Wedi iddo feirniadu'r awdlau i 'Ogof Arthur' yng nghystadleuaeth y *Gadair yn Eisteddfod Genedlaethol Castell-nedd yn 1934, difyrrodd y bardd ei hun trwy gyfansoddi cerdd ddychan mewn *vers libre* wedi'i chynganeddu ar yr un testun, a'i chyhoeddi dan y ffugenw Don Ciceto yn y cylchgrawn *Yr *Efrydydd*. Fe'i gogleisiwyd gan ymateb rhai beirniaid ac aeth ati yn ystod y flwyddyn ddilynol i gyfansoddi un gerdd bob mis a'u cyhoeddi yn yr un cylchgrawn yn 1934 ac 1935 dan y ffugenw Rhufawn. Bu cryn ddyfalu pwy oedd y bardd: barnai rhai mai un ifanc ydoedd oherwydd newydd-deb y canu a'r cynnwys, a daliai eraill fod y feistrolaeth ar fynegiant a'r aeddfedrwydd crefftus yn awgrymu hen feistr profiadol. Yn lle'r mythau Celtaidd a gaed yn *Caniadau* (1934), dewisodd T. Gwynn Jones themâu cyfoes i'r mwyafrif o'r cerddi hyn. Twymyn casineb a llid anwar-gyntefig a oedd yn addoli grym yn hytrach na phwyll ac uniondeb – dyna thema waelodol cerddi megis 'Y Saig', 'Y Dadannudd', 'Ofn', *'Cynddilig', 'Dynoliaeth', 'Y Duwiau' a 'Dirgelwch'.

Ceir ymdriniaeth ar y casgliad yn *Barddoniaeth T. Gwynn Jones* (1972) gan Derec Llwyd Morgan, ac yn *Cofiant T. Gwynn Jones* (1973) gan David Jenkins. Ailgyhoeddwyd *Y Dwymyn* gyda rhagair gan Arthur ap Gwynn yn 1972.

Dwynwen (5ed gan.), merch *Brychan a chwaer Cain, hi yw nawddsant cariadon yng Nghymru; dydd ei gŵyl yw 25 Ionawr. Adroddir hanesyn hynod gan Iolo Morganwg (Edward *Williams) yn egluro sut y daeth yn nawddsant. Yr oedd mewn cariad â llanc o'r enw Maelon ond sorrodd ef oherwydd iddi hi wrthod ildio i'w ddeisyfiadau rhywiol, ac er ei bod yn ei garu, gweddïodd ar i Dduw ei rhyddhau o'i hymrwymiad. Ymddangosodd Ef iddi yn ei chwsg a chynnig iddi 'ddiod beraidd'; ar hynny oerodd ei chariad a phan roddwyd yr un ddiod i Maelon, fe'i trowyd yn iâ. Yna rhoddwyd tri dymuniad i Ddwynwen: dymunodd

ddadrewi Maelon, cael bod yn santes cariadon Cymru a byw yn ddi-briod. Fe'i cysylltir â Môn yn bennaf, lle coffeir ei henw yn Llanddwyn a Phorthddwyn, ond hefyd â Morgannwg. Y mae Ffynnon Dwynwen (neu Ffynnon Fair) yn agos i eglwys Llanddwyn; ynddi ceid pysgod y dywedir iddynt ddynodi (drwy eu symudiadau) ffawd a thynged y rhai claf o gariad a âi ati.

Dychan. Nid oedd gan yr hen feirdd traddodiadol fawr o olwg ar ddychan, neu ogan ac anair. Y mae'r amheuaeth yn hen iawn, a cheir tystiolaeth fod dychan, ymysg a *Celtiaid ac yn llenyddiaeth gynnar Cymru ac Iwerddon, yn perthyn yn agos i felltith. Yn wir, credid y gellid anafu rhywun, neu hyd yn oed ei ladd trwy ei ddychanu. Condemnid dychan fel y ffurf fwyaf israddol o gyfansoddi yn hen *Ramadegau'r Pencerddiaid, ac fe'i cysylltid â'r isaf o'r beirdd a'r gofeirdd. Y mae'r enghreifftiau cynharaf o ddychan, gan *Ogynfeirdd diweddar fel *Hywel Ystorm (neu Ystoryn) a *Rhys Meigen yn awgrym o beth oedd syniad beirdd y bedwaredd ganrif ar ddeg o ddychan. Y mae'n gyfansoddiad wedi ei fwriadu i greu argraff eithriadol o ddiflas ac ysglyfaethus o berson; fe'i cyflwynir ef (a'i deulu yn aml) gan eu cysylltu â budreddi a thrwy fwrw sen rhywiol arno. Y mae awdl *Dafydd ap Gwilym i Rys Meigen yn enghraifft arall o ddychan o'r fath: y traddodiad yw i Rys syrthio'n farw o glywed yr awdl yn cael ei datgan.

Ceir dychan yn aml mewn *ymrysonau barddol, a daeth yn arfer eithaf cyffredin erbyn yr ail ganrif ar bymtheg i ddychanu'r eirchiad pan fyddai bardd yn cyfansoddi cerdd ofyn ar ei ran. Y mae cryn dipyn o ddychanu'r *Gŵr Eiddig hefyd, sef gŵr cariad y bardd, ym marddoniaeth yr Oesoedd Canol. Y mae peth tystiolaeth y gallai dychanu fod yn rhyw fath o chwarae ymhlith yr hen feirdd ar brydiau, a byddai un bardd yn cael ei roi mewn cilfach a'i wneud yn gyff gwawd; yna câi yntau ei gyfle i dalu'r pwyth yn ôl.

Un o'r gweithiau dychanol enwocaf yn y Gymraeg yw *Gweledigaetheu y Bardd Cwsc (1703) gan Ellis *Wynne. Ceir darnau o ddychan mewn amryw weithiau na ellir eu galw, yn eu crynswth, yn weithiau dychanol – megis yn rhai o lythyrau'r *Morrisiaid, neu yn rhai o nofelau Daniel *Owen. Yn y ganrif ddiwethaf, un o'r gweithiau dychanol mwyaf llwyddiannus, a hwyliog, oedd *Wil Brydydd y Coed gan Brutus (David *Owen). Y mae Emrys ap Iwan (Robert Ambrose *Jones) yntau'n gallu bod yn grafog ddychanol pan fo galw.

Yn yr ugeinfed ganrif fe geir darnau dychanol yma ac acw: y mae gan Saunders *Lewis a Gwyn *Thomas, er enghraifft, rai cerddi cyrhaeddgar. Y mae'r gerdd ddychan wedi bod yn destun cystadleuaeth mewn sawl eisteddfod, ond tueddir i ganu i'r un math o destunau diniwed dro ar ôl tro, megis *Gorsedd y Beirdd, a phobl bwysig. Y mae ambell gylchgrawn 'rag' myfyrwyr prifysgol wedi anelu at fod mor ysglyfaethus â dychan y Gogynfeirdd diweddar, ond y mae'n debyg mai *Lol* (gweler o dan LOLFA), a gyhoeddir bellach adeg yr *Eisteddfod Genedlaethol, yw'r cyhoeddiad dychanol enwocaf un. Yn ôl pob golwg y mae'r cyhoeddiad yn gymysgedd o wirionedd a chelwydd a dau beth arall, sef ymdrech i dynnu sylw at anghyfiawnderau gwir neu honedig, a chyfle i rai dienw dalu'r pwyth i rai nad ydynt yn eu hoffi.

Dydd, Y (1868), papur newydd a sefydlwyd gan Samuel *Roberts, Llanbryn-mair, yn fuan wedi iddo ddychwelyd o America, ac a gyhoeddwyd gan William Hughes, Dolgellau; cynorthwywyd Samuel Roberts yn ei olygyddiaeth gan Richard *Davies (Mynyddog). Yn 1871 unwyd y papur â'r *Tyst Cymreig a'i enw oedd *Y Tyst a'r Dydd*. Ni pharhaodd y trefniant hwn yn hir: symudwyd *Y Tyst a'r Dydd* i Ferthyr Tudful yn 1872 a pharhawyd i gyhoeddi *Y Dydd* o dan ei enw gwreiddiol yn Nolgellau hyd 1891, a pheidiwyd â'i gyhoeddi am tua blwyddyn. Er nad oedd cysylltiad swyddogol rhwng *Y Dydd* a'r Annibynwyr, ymhlith yr enwad hwnnw y cylchredai fwyaf. Bu William Hughes yn ei gyhoeddi hyd 1910, a'i ddau fab wedyn. Yn 1954 unwyd ef â'r *Corwen Chronicle* gan ffurfio *Y Dydd a'r Corwen Chronicle*. Dychwelwyd i'r hen drefn o'i gyhoeddi fel *Y Dydd*, eto yn Nolgellau, ym mis Ionawr 1992.

Dyddgu, y ferch brydferth, ddu ei gwallt, y canwyd iddi naw o gywyddau gan *Ddafydd ap Gwilym; merch ydoedd i Ieuan ap Gruffudd ap Llywelyn, a chanddo gartref yn Nhywyn, Cer., a disgynnydd Tewdwr Mawr ap Cadell. Yr oedd Dyddgu yn gwbl wahanol i *Forfudd: yr oedd yn fonheddig, yn wyryfol, yn oeraidd ac ni lwyddodd y bardd i'w hennill.

DYER, JOHN (1699–1757), bardd a phaentiwr a aned yn Llanfynydd, Caerf., yn ail fab i gyfreithiwr a oedd yn berchen ar Blas Llangathen. Yn 1714 symudodd y teulu i Aberglasne, y tŷ a gysylltir ag enw'r bardd. Addysgwyd ef yn Ysgol Sant Steffan ond dihangodd oddi yno; bwriadwyd iddo fod yn gyfreithiwr, ond ar farwolaeth ei dad aeth i Lundain a'i brentisio ei hun i'r paentiwr Jonathan Richardson. Yn 1724 aeth i baentio i'r Eidal a thra oedd yno cyfansoddodd '*The Ruins of Rome*' ac ail-ysgrifennodd y gerdd *'Grongar Hill'*. Ar ôl peintio gwahanol leoedd yn y Gororau am flwyddyn neu ddwy bu'n ffermio yn swydd Henffordd ac yna yn Higham-on-the-Hill, swydd Gaerlŷr. Ymsefydlodd yno a phriodi, cyhoeddodd '*The Ruins of Rome*' (1740) a chael ei urddo'n rheithor Catthorpe, swydd Gaerlŷr, lle y ffermiai dir yr eglwys. Rhoddodd y gorau i'r gwaith yr oedd wedi ei wneud ar fap masnachol o Brydain a dechreuodd ar ei gerdd hwyaf, '*The Fleece*', yn 1743; wedi llawer tro ar fyd cyhoeddwyd hi mewn pedair cyfrol yn 1757. Yn y cyfamser dychwelodd at ei fap masnachol a thrwy ddylanwad ei gyfeillion derbyniodd fywoliaeth Belchford a Coningsby, swydd Lincoln.

Er na werthfawrogwyd y bardd hwn yn gyflawn hyd hynny, clodforwyd ef gan Wordsworth am ei ddychymyg a phurdeb ei arddull, ac ystyriai mai ef oedd y bardd gorau (o ran y cyneddfau hyn beth bynnag) ers Milton. Yr oedd yn gymeriad deniadol a geisiai ychwanegu at les y bobl a meithrin tawelwch yr enaid, fel yr argymhellai mewn ffordd mor syml yn '*Grongar Hill*'.

Ymddangosodd cofiant i John Dyer gan Ralph M. Williams yn 1956 a chyfrannodd Belinda Humfrey astudiaeth ar y bardd i'r gyfres *Writers of Wales* (1980). Ailgyhoeddwyd detholiad o gerddi Dyer, wedi'u dewis gan Edward Thomas, yn 1989.

Dyfalu, y ddefod o gyffelybu ffansïol drwy ddefnyddio troadau tebygrwydd, megis trosiad, personoliad ac arallenwad. Ystyrid amlhau trosiadau yn orchest gan y cywyddwyr, yn enwedig mewn cywyddau gofyn. Ceir enghraifft yn nisgrifiad *Dafydd ap Gwilym o'r sêr.

Dyfed, rhan o orllewin Cymru lle y lleolwyd y Gyntaf a'r Drydedd Gainc o *Pedair Cainc y Mabinogi*. Yr oedd *Pwyll, Pendefig Dyfed, yn arglwydd ar saith cantref Dyfed, sef *Cemais, *Pebidiog, *Rhos, *Penfro, *Daugleddau, *Emlyn a'r *Cantref Gwarthaf; ac atega sylw *Manawydan 'nad oedd saith cantref gwell na hwy', y farn mai gŵr o Ddyfed oedd awdur terfynol y *Mabinogi*. Weithiau defnyddir y ffurf Ladin *Demetia* i olygu tiriogaeth ehangach na'r saith cantref; honna'r Gainc Gyntaf fod *Pryderi wedi goresgyn tri chantref *Ystrad Tywi a phedwar cantref *Ceredigion, ac yn y Bedwaredd Gainc ychwanegir saith cantref *Morgannwg at ei deyrnas. Y mae'n debyg fod poblogaeth Oedelaidd sylweddol yn byw yn Nyfed yn y canrifoedd cynnar ac y mae lle i gredu bod tras a chysylltiadau Gwyddelig i lawer o themâu storïol y *Pedair Cainc*. Olrheiniai hen linach frenhinol Dyfed, a barhaodd hyd y ddegfed ganrif, ei hachau yn ôl at lwyth y Deisi yr honnid iddynt fudo yno o Iwerddon yn y drydedd ganrif. Ei chynrychiolydd olaf oedd Llywarch ap Hyfaidd, a fu farw tua'r flwyddyn 904, ac wedi hynny daeth Dyfed yn rhan o deyrnas *Deheubarth. Bu'r sir Dyfed (Penf., Caerf. a Cher.), a luniwyd yn 1974 ac a ddiddymwyd yn 1996, yn ehangach na'r hen deyrnas.

Dyfed, gweler REES, EVAN (1850–1923).

Dyfnallt, gweler OWEN, JOHN DYFNALLT (1873–1956).

Dyfr, un o Dair Rhiain Ardderchog Llys *Arthur; y ddwy arall oedd Enid ferch Yniwl a *Thegau Eurfron. Yr oedd yn boblogaidd iawn gan y cywyddwyr fel safon o brydferthwch, yn enwedig oherwydd ei gwallt aur; awgrymir yn y Trioedd mai *Glewlwyd Gafaelfawr oedd ei chariad.

Dyfrig (Ll. *Dubricius*; ail hanner y 5ed gan.), sant ac un o'r arweinwyr crefyddol cynharaf a phwysicaf yng Nghymru. Fe'i cysylltir yn arbennig â'r de-ddwyrain ac â de-orllewin swydd Henffordd. Ym Muchedd Samson (dechrau'r 7fed gan.) cyfeirir ato fel esgob a'i gysylltu â Llanilltud Fawr ac Ynys *Bŷr. Lluniwyd tair Buchedd iddo yn y ddeuddegfed ganrif, y gynharaf yw'r un sydd yn Llyfr *Llandaf. Dywedir ei fod yn fab i Efrddyl, ferch Peibio, brenin *Erging. Tybir iddo gael ei eni ym Matle (Madley, ger Henffordd) a gwyrthiol oedd amgylchiadau ei eni. Pan ddeallodd ei thad fod Efrddyl yn feichiog, ceisiodd ei lladd, ond fe'i hiachawyd yntau o'r dolur oedd arno gan gyffyrddiad llaw y baban Dyfrig. Tyfodd hwnnw yn enwog am ei ddoethineb a sefydlodd fynachlog yn Hennlann (Hentland on Wye), lle y bu'n dysgu disgyblion, cyn symud i'w fro enedigol, Mochros (Moccas). Yn hen a methedig, enciliodd i *Enlli a chladdwyd ef ar yr ynys, ond yn 1120 symudwyd ei weddillion i Landaf.

Adlais o bropaganda'r cyfnod a geir yn y Fuchedd. Ceir ynddi y traddodiadau a oedd mewn bri ar adeg ei chyfansoddi a'i diben oedd dangos hynafiaeth a rhagoriaeth Llandaf a'i hawl ar eglwysi a oedd, erbyn hynny, yn perthyn i esgobaeth Henffordd. Honnir mai Dyfrig oedd yr esgob cyntaf i Llandaf, ei fod yn archesgob ar Dde Prydain ac mai ef a urddodd *Ddeiniol ym Mangor. Dywed canonwyr *Tyddewi, mewn llythyr at y Pab a ysgrifennwyd rhwng 1124 ac 1130, i Ddyfrig urddo *Dewi Sant yn Archesgob a'i fod yn rhagflaenydd iddo yn y swydd honno. Disgrifir Dyfrig fel archesgob hefyd gan *Sieffre o Fynwy, Benedict o Gaerloyw a *Gerald de Barri (Gerallt Gymro), ac ef, yn ôl Sieffre, a goronodd *Arthur yng *Nghaerllion ar Wysg. Gwneir Dyfrig yn isradd i Ddewi ym Muchedd Dewi; ef a Deiniol a anfonwyd i geisio gan hwnnw ddod i Senedd Frefi. Go brin fod sail i'r traddodiad sy'n cysylltu Dyfrig â Garmon o Auxerre. Ymhlith yr eglwysi sy'n dwyn ei enw y mae Gwenddwr, Brych., a Porlock, Gwlad yr Haf; fe'i cysylltir â lleoedd ym Mhenfro a Gŵyr. Ond diau mai i Erging y perthynai'n wreiddiol, ardal lle'r oedd Cristnogaeth wedi gwreiddio cyn diwedd y cyfnod Rhufeinig.

DYGYNNELW (6ed gan.), bardd. Fe'i henwir yn un o'r Trioedd fel bardd *Owain ab Urien; rhoddodd *Cynddelw Brydydd Mawr yr un enw i'w fab a goffawyd ganddo mewn marwnad.

Gweler Gwaith Cynddelw Brydydd Mawr I (gol. Nerys Ann Jones ac Ann Parry Owen, 1992).

Dylan Ail Ton, mab i *Arianrhod ym Mhedwaredd Gainc *Pedair Cainc y Mabinogi. Ganed ef wedi i'w fam gamu dros hudlath *Gwydion. Yn union ar ôl ei fedyddio cyrchodd y môr a chafodd anian y môr; 'cystal y nofiai â'r pysg gorau . . . ac ni thorrodd ton dano erioed'. Lladdwyd ef gan ergyd a fwriodd ei ewythr, Gofannon fab Dôn. Cyfeirir at Ddylan mewn amryw

hen gerddi chwedlonol yn *Llyfr Taliesin ac y mae un o'r cerddi yn farwnad iddo; mewn un man digwydd ei enw fel Dylan Ail Môr. Ystyr 'Ail' mewn enwau o'r math hwn yw 'mab' neu 'etifedd'. O bosibl y tu ôl i'r cyfeiriadau hyn yr oedd chwedl annibynnol am un o dduwiau'r môr a ymgysylltodd â'r traddodiadau am Leu a Phlant Dôn. Credir mai'r bardd Dylan *Thomas oedd y cyntaf i dderbyn yr enw yn y cyfnod modern.

Gweler yr erthygl gan Marged Haycock, 'Dylan Ail Ton', yn Ysgrifau Beirniadol XII (gol. J. E. Caerwyn Williams, 1985).

DYMENT, CLIFFORD (1914–70), bardd. Er iddo gael ei eni yn Alfreton, swydd Derby, a byw am y rhan fwyaf o'i oes yn Lloegr, treuliodd nifer o flynyddoedd hapus yng Nghaerllion, Myn., ac ystyriai ei hun bob amser yn Gymro. Disgrifir ei flynyddoedd cynnar a'i ymdeimlad o berthyn i Gymru yn ei hunangofiant The Railway Game (1962) ac yn y gerdd 'Derbyshire Born, Monmouthshire is My Home' a gyhoeddwyd yn y chweched o'i saith cyfrol o gerddi, Experiences and Places (1955). Gadawodd yr ysgol yn un ar bymtheg oed a chafodd nifer o swyddi digon cyffredin yn Loughborough a Llundain. Yn ystod yr Ail Ryfel Byd bu'n paratoi ffilmiau dogfen a daeth yn gyfeillgar â Dylan *Thomas. Bu'n cyd-fyw â Marcella Salzer, yr actores o Fienna am dros ddeng mlynedd ar hugain, a chyflwynodd ei Collected Poems (1970) iddi. Ar ôl iddi farw yn 1968 aeth yn fwy meudwyaidd nag erioed, gan ymbellhau oddi wrth ei gyfeillion; nid oedd yn rhan o fywyd llenyddol Llundain bellach, ond yr oedd yn benderfynol o beidio â dilyn yr un alwedigaeth ond bod yn fardd. Yr oedd ei gerddi cynnar, a gyhoeddwyd yn ystod y 1930au, yn anffasiynol o ddiaddurn ond yn gywrain eu saernïaeth. Adlewyrchai ei holl waith fyd personol iawn a ymddangosai fel petai dan sêl aerdynn ac a gyflwynir gan mwyaf drwy ddelweddau a symbolau o fyd natur, megis yn y cyfrolau First Day (1935) a Straight or Curly? (1937). Ceir tystiolaeth mewn llawer man yn ei hunangofiant megis yn ei gerddi, fod i'w fywyd, yng ngeiriau ei gyfaill, y llenor o Wyddel, Robert Greacen, 'lawer o boen a siom, ond hefyd ei funudau o lawenydd a chyflawniad'.

Dyn Hysbys, Y, yr enw mwyaf cyffredin yng Nghymru am ddewin; enwau eraill oedd consuriwr a swynwr. Fe'i ceid mewn sawl ardal a dywedir iddo feddu ar allu i ddadreibio drwy ddad-wneud y drwg a achoswyd gan *wrachod ac eraill. Yr oedd tri math o Ddyn Hysbys: gwŷr eglwysig megis Edmwnd *Prys a Walter *Davies (Gwallter Mechain); gwŷr hyddysg mewn meddygaeth a'r gelfyddyd ddu ac a ddysgodd eu crefft o lyfrau, yr enwocaf ohonynt hwy oedd John a Henry *Harries, Cwrtycadno, Caerf.; a'r rheini a etifeddodd eu gallu drwy berthyn i deuluoedd, megis Dynion Hysbys Llangurig, Tfn.

Ystyrid y Dyn Hysbys fel person a oedd yn gwybod yr

anwybod ac yn gallu gwneud yr anhysbys yn hysbys, yn arbennig digwyddiadau yn y dyfodol yn ymwneud â chariad a marwolaeth, credoau ynghylch *Calan Mai, *Gwyl Ifan a Nos *Galan Gaeaf pan dybid bod byd yr ysbrydion yn dod yn nes at fyd y byw, ac y gellid erfyn am eu cymorth i broffwydo'r dyfodol. Er ei fod yn manteisio ar anwybodaeth a chred pobl ym mhwerau'r goruwchnaturiol, cyflawnai swyddogaeth arbennig, ac weithiau gwerthfawr, yn y gymdeithas. Ei brif weithgarwch oedd gwella a diogelu pobl ac anifeiliaid. Er mwyn diogelu anifeiliaid ysgrifennai swyn arbennig ar bapur a'i osod, fel arfer, mewn potel. Gweddi neu fendith oedd y swyn mewn cymysgedd blêr o Saesneg a Lladin, ynghyd â'r abracadabra ac arwyddion y sidydd. Cuddid y botel yn yr adeilad lle y cedwid yr anifeiliaid a rhybuddid y perchennog i beidio ag agor y corcyn, gan y credid bod yr ysbryd drwg a flinai'r anifeiliaid wedi'i gau am byth yn y botel. Ceir sawl enghraifft o'r swynion hyn ar gadw yn *Amgueddfa Werin Cymru a *Llyfrgell Genedlaethol Cymru.

Ceir manylion pellach yn J. H. Davies, *Rhai o Hen Ddewiniaid Cymru* (1901), T. Gwynn Jones, *Welsh Folklore and Folk-Custom* (1930), Kate Bosse-Griffiths, *Byd y Dyn Hysbys* (1977) ac erthyglau Robin Gwyndaf, 'Dirgel Fyd y Dewin' yn *Barn* (rhif. 176 ac 177, 1977).

'**Dyrfa, Y**', pryddest arobryn Cynan (Albert *Evans-Jones) yng nghystadleuaeth y *Goron yn Eisteddfod Genedlaethol 1931. Edrydd hanes John Roberts, ŵyr i John John *Roberts (Iolo Carnarvon), a chwaraeodd rygbi dros Gymru ar dri achlysur ar ddeg rhwng 1927 ac 1929. Cyfleir brwdfrydedd afieithus y dorf ac angerdd ecstatig y chwaraewr wrth iddo brofi'r 'un foment lachar, pan yw clai'n/Anfarwol megis Duw'. Dengys y gerdd wedyn sut y sianelir yr angerdd hwn i wasanaeth Duw mewn gwaith cenhadu yn Tsieina. Gwelir yn y bryddest ddawn Cynan fel baledwr a dramodydd. Y

mae'n debyg mai'r gerdd Saesneg, '*The Rugger Match*' gan J. C. Squire, a awgrymodd y thema iddo.

Dyri, cerdd ar fesur rhydd, gyda'r llinellau'n acennu'n rheolaidd a chyffyrddiadau cynganeddol neu *gynghanedd gyflawn. Rhestrwyd y ddyri gan Iolo Morganwg (Edward *Williams) yn un o'r *Pedwar Ansawdd ar Hugain ar *Gerdd Dafod.

Dysgedydd, Y, cylchgrawn a sefydlwyd gan bwyllgor o weinidogion yr Annibynwyr yn Ninbych yn 1821 i wasanaethu cynulleidfaoedd yr enwad yng Nghymru. Ymddangosodd rhifyn prawf ym mis Tachwedd 1821, ac fe'i cyhoeddwyd yn fisol wedyn o fis Ionawr 1822 hyd fis Gorffennaf 1959 pan droes yn gylchgrawn daufisol. Fe'i golygwyd am y deng mlynedd ar hugain cyntaf gan Cadwaladr Jones ('Yr Hen Olygydd'), Dolgellau, ac yn ystod cyfnod ei olygyddiaeth ef y daeth y cyhoeddiad yn faes dadlau ac ymryson ar bynciau diwinyddol ac athrawiaethol. Er nad oedd Y Dysgedydd mor agored wleidyddol â'r *Diwygiwr, misolyn yr enwad yn y de, plediodd ryddid gwleidyddol a chrefyddol yn ogystal â dadlau tros ryddid i'r caethion a diddymu treth yr ŷd. Bu rhai o weinidogion a phregethwyr amlycaf yr Annibynwyr yn ei olygu o bryd i'w gilydd, megis William *Rees (Gwilym Hiraethog), William *Ambrose (Emrys), Evan Herber Evans, Howell Elvet *Lewis (Elfed), John James *Williams a T. Eirug *Davies. Unwyd Y Dysgedydd â'r Annibynwr (un o fisolion eraill yr enwad a sefydlwyd yn 1857) yn 1865, a chorfforwyd Y *Diwygiwr ynddo pan ddaeth gyrfa'r cylchgrawn hwnnw i ben yn 1911. Fe'i hargraffwyd ac fe'i cyhoeddwyd yn Nolgellau tan 1932 pan ddaeth yn eiddo i Undeb yr Annibynwyr Cymraeg. Unodd â'r *Drysorfa, misolyn yr eglwys Bresbyteraidd, yn 1968 i ffurfio cylchgrawn cydenwadol newydd yn dwyn y teitl Porfeydd.

Dd

Ddraig Goch, Y, cylchgrawn misol a sefydlwyd yn 1926 yn dilyn cychwyniad Plaid Genedlaethol Cymru (*Plaid Cymru wedi 1943) ym Mhwllheli yn 1925. Hugh Robert *Jones, Deiniolen, oedd gwir sefydlydd y mudiad a'r cylchgrawn. Y mae'r rhifyn cyntaf (Mehefin 1926) yn ei enwi ef fel y cyhoeddwr; Swyddfa'r *Faner* (eiddo E. Prosser *Rhys) yn Aberystwyth oedd yr argraffwyr, ac awdur yr ysgrif arweiniol ar amcanion y papur oedd W. Ambrose *Bebb. Yr oedd ysgrifau eraill gan Saunders *Lewis ac Iorwerth C. *Peate, a cherdd gan J. Dyfnallt *Owen. Yn yr ail rifyn cafwyd ysgrif gan D. J. *Williams (Abergwaun) ar 'Anfarwoldeb Cenedl', a nodir mai amcan y blaid newydd oedd 'cael Cymru Gymreig' ac mai'r cynllun oedd 'gweithio yng Nghymru yn unig, yn arbennig drwy'r awdurdodau lleol'. Sonnir yn y pedwerydd rhifyn am 'y Golygyddion' ond heb enwi neb. Ymddengys mai Saunders Lewis oedd awdur 'Nodiadau'r Mis'; ac ar ôl rhannu'r cychwyn golygyddol gydag Ambrose Bebb bu ef yn olygydd y papur o 1926 hyd 1939: gorchest yn wir, o gofio mai hwn oedd y cyfnodolyn gwleidyddol cyntaf i'w gyhoeddi yn yr iaith Gymraeg. Yn 1926 hefyd cafodd Saunders Lewis ei ethol yn Llywydd y mudiad wedi i Lewis *Valentine, y Llywydd cyntaf, ymddeol o'r swydd. Byddai'r papur misol, o dan arweiniad Saunders Lewis, yn trafod llawer pwynt o bolisi. Diffinio'r nod gwleidyddol oedd un anghenraid: ymwadu â'r syniad o annibyniaeth lwyr, ond galw am ryddid rhesymol, gan ei ddiffinio fel Statws Dominiwn o fewn y Gymanwlad. Ar faterion mewnol bu galw am gydweithrediad economaidd, yn neilltuol drwy ysgrifau D. J. *Davies a'i briod Noelle, yn fwyaf arbennig yn *The Welsh Nationalist* (*The Welsh Nation* wedi hynny), y cymar-bapur misol a sefydlwyd yn 1932.

Cyhoeddwyd detholiad nodedig o erthyglau Saunders Lewis yn y papur hŷn yn ei lyfr *Canlyn Arthur* (1938).

Yn 1939 etholwyd Gwynfor *Evans yn Llywydd Plaid Cymru ac wedi hynny bu golygyddion amrywiol yn gofalu am *Y Ddraig Goch*. Yn ystod yr Ail Ryfel Byd bu J. E. *Daniel yn y swydd (1939–41) ac yna A. O. H. *Jarman (1941–48). 'Cymru'n Newtral' a 'Tros Gymru a Heddwch' oedd safbwynt y papur. Golygyddion wedi hyn oedd J. Gwyn *Griffiths (1948–52), Islwyn Ffowc *Elis a Huw Jones (1952–54), D. Eirwyn Morgan (1954–59), R. E. *Jones (1959–61), Roy A. *Lewis (1961–63), ac R. Tudur *Jones (1963–74). Wedyn bu Eurig Wyn wrth y llyw, ac yn 1980–82 bu Cynog Dafis yn arwain bwrdd golygyddol gyda Philip Davies, Aled Eirug, Ioan *Williams, Hywel James, Carmel *Gahan, Beti Jones a Tudur Jones. Ar ôl 1982 dim ond yn ysbeidiol yr ymddangosodd y cylchgrawn.

Arddelwyd safon lenyddol uchel drwy gydol ei fodolaeth. Yn y cyfnod mwyaf llewyrchus byddai Kate *Roberts a D. J. Williams yn cyfrannu'n fynych; felly hefyd y bardd R. Williams *Parry. Yn naturiol, rhoddwyd sylw mawr i'r brwydrau etholiadol, yn enwedig Etholiad y Brifysgol yn 1943 a'r etholiadau brwd a roddodd seddau seneddol i Gwynfor Evans, Dafydd Elis Thomas, Dafydd Wigley, Ieuan Wyn Jones, Cynog Dafis ac Elfyn Llwyd. Brwydrau pwysig eraill a ddilynwyd yn fanwl oedd achos yr Ysgol Fomio ym *Mhenyberth, boddi *Tryweryn, a'r ymgyrch lwyddiannus i sicrhau sianel deledu Gymraeg. Daeth y cylchgrawn ymhen amser i leisio'r alwad am 'le yn Ewrop' yn gyfochrog ag ymreolaeth. Gweler hefyd DRAIG GOCH.

Am ragor o fanylion gweler J. E. Jones, *Tros Gymru* (1970); Gerald Morgan yn *Cymru'n Deffro* (gol. John Davies, 1981); D. Hywel Davies, *The Welsh Nationalist Party, 1925–1945* (1983), a Dafydd Williams, *The Story of Plaid Cymru* (1990).

E

EAMES, ALED (1921–96), arbenigwr ar hanes y môr, a aned yn Llandudno, Caern., ac a addysgwyd yng Ngholeg Prifysgol Gogledd Cymru, Bangor. Bu'n gwasanaethu yn y Llynges yn ystod yr Ail Ryfel Byd a bu'n Gynrychiolydd y Cyngor Prydeinig yng Ngogledd Cymru am ddwy flynedd cyn mynd yn athro. Yn 1955 fe'i penodwyd yn Ddarlithydd mewn Addysg yn ei hen goleg a chadwodd y swydd honno nes iddo ymddeol yn 1982. Ymhlith ei gyhoeddiadau y mae *Ships and Seamen of Anglesey* (1973), *Porthmadog Ships* (ar y cyd ag Emrys Hughes, 1975), *Llongau a Llongwyr Gwynedd* (1976), *Letters from America* (ar y cyd â Lewis Lloyd a Bryn Parry, 1975), *Ships and Seamen of Gwynedd* (1976), *Meistri'r Moroedd* (1978), *O Bwllheli i Ben-draw'r Byd* (1979), *Morwyr Môn Gan Mlynedd yn Ôl* (1979), *Shipmaster* (1980), *Rescue, the Story of the Moelfre Lifeboats* (1980), *Machlud Hwyliau'r Cymry/The Twilight of Welsh Sail* (1984), *Gwraig y Capten* (1984), *Ventures in Sail* (1987), *Heb Long wrth y Cei* (1989), *Shrouded Quays* (1989), *Y Fordaith Bell* (1992) a *Pobl Môr y Port* (1993). Y mae'r llyfrau hyn oll yn ymwneud ag amrywiol agweddau ar hanes morol Cymru, maes y gwnaeth Aled Eames gyfraniad o bwys ynddo.

EAMES, MARION (1921–), nofelydd. Fe'i ganed i rieni Cymraeg ym Mhenbedw, Glannau Mersi, ond cafodd ei magu yn Nolgellau, Meir., ac aeth i'r ysgol yno. Bu'n llyfrgellydd, yn drefnydd rhanbarthol *Plaid Cymru a hefyd yn olygydd papur lleol, *Y Dydd*, cyn mynd i astudio'r piano a'r delyn yn Ysgol y Guildhall, Llundain. Yn 1955 priododd â newyddiadurwr, Griffith Williams, a dychwelyd i Gymru yn gynhyrchydd radio gyda BBC Cymru; bu yn y swydd honno hyd nes iddi ymddeol yn 1980. Nofelau hanesyddol oedd ei gweithiau cyntaf, sef *Y Stafell Ddirgel* (1969) ac *Y Rhandir Mwyn* (1972), yn adrodd hanes Rowland *Ellis y Crynwr, uchelwr o Feirion, ei ymfudo i Pennsylvania a chreu'r *Rhandir Cymreig yno; teledwyd y ddwy nofel hon fel dramâu cyfres gan BBC Cymru. Y mae ei thrydedd nofel, *I Hela Cnau* (1978), yn olrhain ymfudo o fath gwahanol, sef o ogledd Cymru i Benbedw, a disgrifia fywyd *Cymry Lerpwl. Cefndir *Y Gaeaf Sydd Unig* (1982) yw cyfnod *Llywelyn ap Gruffudd (Y Llyw Olaf). Yn y pedair nofel hyn gwnaeth Marion Eames ddefnydd helaeth o'i hadnabyddiaeth o leoedd penodol a chyfnodau hanesyddol, a thrwy hynny llwyddodd i greu argraff fyw a real o gyfnod hanesyddol arall mewn man arbennig. Gosodwyd y nofel nesaf, *Seren Gaeth*

(1985), yn ystod y 1950au; y mae'n ymdrin â phriodas anghymarus rhwng gŵr academaidd a merch dalentog sy'n astudio cerddoriaeth. Cyfoes yw ei nofel ddiweddaraf, *Y Ferch Dawel* (1992), am un a fabwysiadwyd yn blentyn yn mynd i chwilio am ei mam naturiol; ffilmiwyd hon gan Ffilmiau Llifon ar gyfer S4C. Y mae ganddi hefyd gyfrol Saesneg wedi'i seilio ar gyfres o ddarlithoedd Cymdeithas Addysg y Gweithwyr a roddwyd ganddi i'r di-Gymraeg ar hanes llenyddiaeth Cymru, sef *A Private Language?* (1997). Cyhoeddodd hefyd nofelau i blant: *Sionyn a Siarli* (1978), *Huw a'r Adar Aur* (1987) ac *Y Tir Tywyll* (1990). Trwy ymchwil ofalus a'i dawn i gyfleu traethiad a deialog y mae ganddi le yn rheng flaenaf nofelwyr cyfoes Cymraeg.

Cyfieithwyd y tair nofel gyntaf i'r Saesneg dan y teitlau *The Secret Room* (1975), *Fair Wilderness* (1976) a *The Golden Road* (1990). Ceir ymdriniaeth ar ei gwaith yn y cyfweliad yn *Barn* (rhif. 122, 1972).

EARLE, JEAN (1909–), bardd a aned ym Mryste ond a fagwyd yn y Rhondda; bu'n byw mewn gwahanol rannau o Gymru, yn Abergwili, Caerf., tan 1988, pan symudodd i fyw yn Amwythig. Cyhoeddodd bedair cyfrol o gerddi, *A Trial of Strength* (1980), *The Intent Look* (1984), *Visiting Light* (1987) a *The Sun in the West* (1995); cyhoeddwyd cyfrol o'i *Selected and New Poems* yn 1990.

Trafodir ei gwaith mewn erthygl gan Diane Davies, 'The Voice and Vision of Jean Earle', yn *Poetry Wales* (cyf. XXIV, rhif. 2, 1988).

EARLEY, TOM (1911–), bardd a brodor o Aberpennar, Morg.; treuliodd y rhan fwyaf o'i oes yn Llundain, yn athro Saesneg. Y mae'n heddychwr ac yn anarchydd, a chyhoeddodd bedair cyfrol o gerddi, sef *Welshman in Bloomsbury* (1966), *The Sad Mountain* (1970), *Rebel's Progress* (1979) ac *All These Trees are Mine* (1992). Y maent oll yn amlygu ei ddaliadau gwleidyddol a'i ddiddordeb ym mywyd Cymru.

Eastaway, Edward, gweler THOMAS, EDWARD (1878–1917).

EAVES, STEVE (1952–), bardd a chanwr. Brodor o Stoke-on-Trent, bu'n labro am flynyddoedd mewn ffatrïoedd ac ar feysydd adeiladu cyn mynd i Goleg Prifysgol Dewi Sant, Llanbedr Pont Steffan, lle y graddiodd yn 1977 mewn Cymraeg a Ffrangeg. Y mae bellach yn byw yn Rhiwlas ger Bangor, ac yn gweithio fel cyfieithydd i'r Cyngor Sir. Bu'n weithgar gyda *Chymdeithas yr Iaith Gymraeg a Mudiad Sosialaidd Gweriniaethol Cymru, a disgrifia'i hun fel 'sosialydd chwyldroadol o argyhoeddiad'. Cyhoeddodd ddwy gyfrol o gerddi, sef *Noethni* (1983) a *Jazz yn y Nos* (1986), un o'r cyfrolau mwyaf cofiadwy yng *Nghyfres Beirdd Answyddogol y *Lolfa. Cymerodd ran hefyd mewn teithiau barddol fel *Fel yr Hed y Frân* (1986) a *Cicio Ciwcymbars* (1988), a chyhoeddodd amryw gasetiau a chryno-ddisgiau gyda'i grŵp, Steve Eaves a'i Driawd; un aelod o'r criw yw'r bardd Iwan *Llwyd. Ymhlith ei gyhoeddiadau cerddorol y mae *¡Viva la revolucion Galesa!* (1984), *Cyfalaf a Chyfaddawd* (1985), *Tir Neb* (1990) a *Plant Pobl Eraill* (1990), trac sain ar gyfer drama Mair Gruffydd *Io, To a'r Turci* (1990) a berfformiwyd gan Theatr Bara Caws. A dylanwad canu'r felan a miwsig jazz yn amlwg yn ei ganeuon, creodd yn ei berfformiadau sŵn unigryw gyda'r cyfuniad o lais egr, caled a melodïau hiraethus, lleddf. Efallai mai ei gasgliad mwyaf gorffenedig o ganeuon yw *Croendenau* (1992), caneuon meddylgar a llawn dynoliaeth sydd, fel ei gerddi, yn deillio o brofiadau beunyddiol a diriaethol cymeriadau gwerinol a chyffredin a hynny'n aml mewn lleoliad trefol. Mewn cerddi fel 'Boi'r Lori Laeth', 'Noswyl Nadolig ym Maesgeirchen' a 'Wil Cwac Cwac yn Soho', llwydda i gonsurio barddoniaeth ddwys a thyner gyda geirfa a sefyllfaoedd ymddangosiadol anfarddonol. Rhyddhawyd ei gasgliad diweddaraf o ganeuon, *Y Canol Llonydd Distaw*, yn 1996.

Gweler erthygl Menna Baines, 'Triawd, Band a Bardd', yn *Barn* (rhif. 400, 1996).

Eben Fardd, gweler THOMAS, EBENEZER (1802–63).

'Echrys Ynys' (llyth. 'Niwed i ynys'; *c.*1050–1100), geiriau agoriadol marwnad yn *Llyfr Taliesin i bennaeth ym Môn o'r enw Aeddon (neu Gynaethwy). Nid yw'r holl gyfeiriadau ynddi'n eglur ond ymddengys fod y bardd yn cwyno oherwydd bod ei arglwydd rywbryd wedi dyfod â phedair o ferched yn gaethion i'w lys ar ôl cyrch yng ngwlad Gwydion, hynny yw *Arfon neu *Eryri. Cwyna'r bardd oherwydd bod y pedair hyn bellach wedi meddiannu'r llys ac na roddir iddo'r parch a'r nawdd a dderbyniai gynt.

Ceir ymdriniaeth â'r farwnad yn Ifor Williams, 'An Early Anglesey Poem', yn *The Beginnings of Welsh Poetry* (gol. R. Bromwich, 1972).

Edeirnion, cwmwd yng nghantref *Penllyn yn nyffryn Dyfrdwy. Yn ôl y traddodiad, enwyd y cwmwd ar ôl Etern, un o feibion tybiedig *Cunedda. Er mai cydnabod rheolwyr *Powys oedd traddodiad y cwmwd, fe'i tynnwyd i mewn i gylch *Gwynedd gan *Owain ap Gruffudd (Owain Gwynedd), er mawr ofid i *Gynddelw Brydydd Mawr. Daeth yn rhan o sir Feirionnydd yn 1284, er i linach Powys Fadog gadw ei

gafael ar Lyndyfrdwy, lle y cododd *Owain Glyndŵr mewn gwrthryfel yn 1400. Yn 1974 daeth Edeirnion, a fuasai'n ddosbarth gwledig oddi ar 1894, yn rhan o ddosbarth Glyndŵr yn sir Clwyd.

EDELMAN, MAURICE (1911–75), gwleidydd ac awdur. Fe'i ganed yng Nghaerdydd a'i addysgu yn y ddinas a Choleg y Drindod, Caer-grawnt, lle y darllenodd Ieithoedd Modern. Yn ystod yr Ail Ryfel Byd bu'n ohebydd yng Ngogledd Affrica a Ffrainc. Bu'n Aelod Seneddol Llafur dros Orllewin Coventry o 1945 hyd 1950, a thros Ogledd Orllewin Coventry o 1950 hyd ddiwedd ei oes. Yn ystod ei yrfa bu'n gennad i Gynulliad Ymgynghorol Cyngor Ewrop (1949–51), yn Is-gadeirydd y Cyngor Prydeinig (1951–57) ac yn Gadeirydd Grŵp Sosialaidd Undeb Gorllewin Ewrop (1968–70).

Cefndir seneddol sydd i'r rhan fwyaf o'i nofelau ac y maent gan mwyaf yn ymwneud â'r bywyd gwleidyddol Prydeinig. Yn eu plith y mae *A Trial of Love* (1951), *Who Goes Home* (1953), a leolir yn rhannol mewn etholaeth Gymreig, *A Dream of Treason* (1955), *The Happy Ones* (1957), *A Call on Kuprin* (1959), *The Minister* (1961), *The Fratricides* (1963), *The Prime Minister's Daughter* (1964), *Shark Island* (1967), *All on a Summer's Night* (1969) a *Disraeli in Love* (1972). Ymhlith y pynciau a drafodir yn y nofelau hyn y mae dadfeilio'r trefedigaethau ac ymddangosiad taleithiau newydd yn Affrica ac India'r Gorllewin, grym y wasg, straeon enllibus yn ymwneud â bywyd gwleidyddol, a chyfuno cwmnïau mawrion. Dull ei nofelau yw cyfochri cymhlethdod materion dadleuol cyhoeddus ac anghenion preifat megis chwant rhywiol gwleidyddion am ferched sydd y rhan amlaf yn hardd, yn ddeallus, yn gyfoethog ac weithiau yn niwrotig. Ysgrifennodd Maurice Edelman hefyd ddramâu ar gyfer y teledu ac amryw weithiau ffeithiol, gan gynnwys astudiaeth o'r Bedwaredd Weriniaeth yn Ffrainc, cofiant David Ben-Gurion a hanes gwleidyddol y *Daily Mirror*.

EDERN DAFOD AUR (13eg gan.?), credir mai gramadegydd cynnar ydoedd, a phriodolodd Iolo Morganwg (Edward *Williams) iddo ramadeg a gysylltir yn gywir ag *Einion Offeiriad a *Dafydd Ddu Athro o Hiraddug. Nid oes sail o gwbl i'r honiad hwn er i John *Williams (Ab Ithel) gyhoeddi testun o'r Gramadeg dan y teitl *Dosparth Edeyrn Dafod Aur* yn 1856.

Edern fab Nudd, cymeriad yn rhamant *Geraint fab Erbin, lle yr adroddir am ei gorrach yn sarhau *Gwenhwyfar, gwraig *Arthur, trwy chwipio ei morwyn. Y mae Geraint yn dilyn Edern hyd dref Caerdyf (Caerdydd) ac yno yn ei drechu wrth ymryson am gudyll mewn twrneimant. Gyrrir ef i lys Arthur i wneud iawn am y sarhad i Wenhwyfar. Caiff drugaredd gan y brenin a gorchmynnir i Forgan Tud, pen meddygon, ei iacháu o'i glwyfau. Yn ddiweddarach caniatâ Geraint i Edern ymuno â'r fintai sy'n ei hebrwng i lys Erbin.

EDMUNDS, MARY ANNE (1813–58), dyddiadurwraig a bardd. Fe'i ganed yn Mary Anne Jones yng Nghaerfyrddin. Yn 1847, ar ôl dilyn cwrs yng Ngholeg Hyfforddi Cymdeithas yr Ysgolion Brytanaidd a Thramor yn Llundain, penodwyd hi yn ysgolfeistres yn ysgol y Gymdeithas yn Rhuthun. Aeth oddi yno i Fangor yn 1849, i gychwyn Ysgol Frytanaidd y Garth, ond ymddiswyddodd o'i gwaith wedi iddi briodi â John Edmunds, prifathro Ysgol y Bechgyn ym Mangor, yn 1850. Ar ôl ei marwolaeth cyhoeddodd ei gŵr a'i brawd gofiant ohoni yn cynnwys detholiad helaeth o'i dyddiaduron a nifer o'i cherddi. Y teitl a roddwyd ar ei chofiant oedd *Yr Athrawes o Ddifrif*, ac yn ôl y Parchedig Lewis *Edwards, awdur 'rhagdraeth' y gyfrol, yr oedd bywyd Mary Anne Edmunds o bwys fel esiampl i'w chwiorydd o'r hyn y gallai menyw grefyddol ac ymroddgar ei wneud i godi enw da merched Cymru ar ôl y sarhad a dywalltwyd arnynt gan Adroddiad y *Llyfrau Gleision (1847). Credai Mary Anne Edmunds ei hun yn gryf yng nghyfartaledd y ddau ryw: yn ôl ei gŵr, 'byddai yn haws ei hargyhoeddi fod goleuni y lleuad yn rhagori ar eiddo yr haul, na pheri iddi gredu fod cyneddfau y rhyw fenywaidd yn wannach mewn un gradd na'r eiddo y rhyw arall'. Y mae'r amryw enghreifftiau o'i gwaith ysgrifenedig a gawn yn y cofiant o ddiddordeb fel mynegiant o deimladau a phrofiadau nodweddiadol merched ei dydd. Cadwodd ddyddiadur yn ddyfal o'i harddegau ymlaen; crefydd, marwolaeth cyfeillion, a'i hiselder ysbryd hithau yw ei phrif themâu. Er mai Cymraeg yw iaith y dyddiaduron, yr oedd yn prydyddu yn Saesneg, gan amlaf; ystrydebol ar y cyfan yw ei cherddi.

Ceir manylion pellach yn J. W. Jones a J. Edmunds (gol.), *Yr Athrawes o Ddifrif: sef, Lloffion o Hanes Bywyd a Marwolaeth Mrs Edmunds, Bangor . . .* (1859).

'Edmyg Dinbych' (tua diwedd y 9fed gan. o bosibl), awdl yn *Llyfr Taliesin* sy'n cyfuno moliant swynol i gaer Dinbych-y-pysgod ag elfen o farwnad yn coffáu Bleiddudd, arglwydd y gaer. Y mae iddi saith caniad ar fesur y *cyhydedd nawban, ac wythfed caniad (a geir hefyd yn *Llyfr Du Caerfyrddin) a gyfeiria at wŷr Gwynedd a brwydr yng Nghefn Llech Faelwy; ymddengys mai ychwanegiad ydyw'r darn olaf hwn. Efallai mai ar gyfer gwledd nos Galan y cyfansoddwyd y gerdd. Sonnir am freintiau arbennig y bardd llys, ac am 'ysgrifen Brydain' ('gwaith neu weithiau ysgrifenedig am Brydain' neu 'o Brydain') a ystyrir yn brif wrthrych gofal yng 'nghell' (llyfrgell, efallai) y gaer ei hun, neu ynteu mewn canolfan eglwysig gyfagos, megis Penalun.

Ceir golygiad a chyfieithiad gan Ifor Williams yn *The Beginnings of Welsh Poetry* (gol. Rachel Bromwich, 1972); gweler hefyd R. Geraint Gruffydd, 'The Early Court Poetry of South West Wales', yn *Studia Celtica*, (cyf. XIV/XV, 1979/80).

Ednyfed Fychan ap Cynwrig (m. 1246), distain *Gwynedd o 1215 hyd ddiwedd ei oes, a phrif gynghorwr a chennad *Llywelyn ap Iorwerth (Llywelyn Fawr) a'i fab *Dafydd ap Llywelyn. Rhoddwyd iddo diroedd helaeth gan Dywysogion Gwynedd ac yr oedd ei feibion yn dilyn yn yr olyniaeth, dau ohonynt yn eu tro yn ddisteiniaid i Lywelyn ap Gruffudd. Ar ôl 1282 bu ei ddisgynyddion yn gelfydd wrth ddod i delerau da â Choron Lloegr: yr oeddynt ymhlith hynafiaid rhai o dirfeddianwyr amlycaf gogledd Cymru, gan gynnwys teulu'r *Tuduriaid o Blas Penmynydd.

EDWARD AP ROGER (m. 1587), bardd ac achyddwr, o Fodylling, Dinb., un o deulu'r Eutuniaid a ddaliai dir yn yr ardal, ac awdur llyfr achau cynhwysfawr a manwl a welir ymhlith Llawysgrifau *Peniarth. Ychydig o'i farddoniaeth a gadwyd ar wahân i gyfres o englynion a gyfansoddwyd ganddo ym mlwyddyn ei farw a rhai eraill ar destunau megis cybydd-dod a byrred oes dyn.

Edward Bach, gweler DAFYDD, EDWARD (c.1600–78?).

EDWARD HUW O BENLLYN (fl. 1570–90), bardd a brodor o Frynllysg ym mhlwyf Llanfor ym *Mhenllyn, Meir., yn ôl pob tebyg. Fe'i graddiwyd yn Ddisgybl Ysbas yn ail Eisteddfod *Caerwys yn 1567. Y mae'r rhan fwyaf o'i waith yn ganu mawl i deuluoedd *Bodidris, y Foelas, Lleweni, *Rhiwedog, *Rhiwlas a'r Werclys.

EDWARD MAELOR (fl. 1567–1603), bardd a chrythor o gylch Wrecsam, Dinb. Yr oedd yn ŵyr i Edward Sire, yntau'n fardd a chrythor yn ogystal â phencerdd telyn (cadarnhawyd ei radd yn Eisteddfod *Caerwys 1523) a bu peth cymysgu rhwng gwaith y ddau. Cyfyngodd ei gylch clera i ardal Wrecsam yn bennaf, ac y mae'n bosibl ei fod yn Babydd, neu fod ganddo gydymdeimlad â'r Hen Ffydd. Priodolir rhyw ugain o gywyddau a thros ddeugain o englynion iddo, ond nid oedd ymhlith y mwyaf crefftus o feirdd a phrif werth ei gerddi erbyn heddiw yw'r dystiolaeth gymdeithasol a geir ynddynt, yn arbennig am drai nawdd yn y cyfnod.

Ceir testun o'i gerddi a thrafodaeth ar ei fywyd a'i waith yn Huw Ceiriog Jones, *Gwaith Huw Ceiriog ac Edward Maelor* (1990).

EDWARD URIEN (fl. c.1580–1614), bardd y dywedir mewn un llawysgrif iddo hanu o Ddyffryn Ardudwy, ond y cyfeirir ato mewn llawysgrif arall fel un o blwyfolion Dr. John *Davies, Mallwyd. Gan iddo ganu cywydd i John Davies cyn i hwnnw ennill ei ddoethuriaeth, a chyn iddo ddod yn destun moliant beirdd eraill, tebyg mai gŵr o Faldwyn ydoedd. Tueddir i ategu hyn gan gywydd personol ei naws 'i alw Ifan Tudur Owen o Fallwyd a'i briod yn ôl o Wolverhampton'. Ychydig iawn sy'n hysbys am ei fywyd personol. Canwyd cywydd marwnad iddo gan *Siôn Cain, ac o hwnnw gellir casglu iddo farw'n gymharol ieuanc ac yn ddibriod. *Rhys Cain, tad ei farwnadwr, oedd ei athro barddol. Goroesoedd 37 o'i gerddi, yn awdlau, cywyddau ac englynion, a'r rhan fwyaf ohonynt yn dilyn y patrwm arferol o foli a marwnadu noddwyr bonheddig. Ar wahân i'r cywydd uchod i Ifan Tudur Owen, gellir cyfeirio at ei gywydd i gysuro gwraig ddall sydd rywfaint allan o'r cyffredin o ran cynnwys, a'i gywydd mawl i'r Brenin Iago I a'i fab Harri. Cân i'r ddau yn y modd yr arferid canu i'r *Tuduriaid gan feirdd cynharach, ffaith sy'n ategu'r farn i'r Stiwardiaid elwa ar y teyrngarwch Cymreig i'w rhagflaenwyr ar yr orsedd. Am ei gerddi i gyd ni ellir dweud mwy na'u bod yn draddodiadol a chrefftus, a'u bod yn ddrych i'r hyn a oedd yn ddiddanwch i'r gŵr bonheddig a ddaliai i noddi'r beirdd yng nghyfnod dirywiad y gyfundrefn nawdd. Anaml y bydd gwaith Edward Urien yn gofiadwy o'i ran ei hun, a phrin yw'r darnau sy'n swyno'r darllenydd. Dysgodd ei grefft farddol yn dda, a hynny yn fwy na'i awen sy'n nodweddu ei waith.

Ceir rhagor o fanylion yn yr erthygl gan Tegwyn Jones yn *Llên Cymru* (cyf. IX, rhif. 3 a 4, 1967).

EDWARD, JANE (*fl.* 1816), emynydd. Yn Y Bala, Meir., yn 1816 cyhoeddwyd gan R. Saunderson gyfrol fechan yn dwyn y teitl *Ychydig Hymnau, a gyfansoddwyd ar amrywiol achosion*, o waith merch, sef Jane Edward: ymddengys ei henw ar flaenddalen y gyfrol. Y mae'r digwyddiad o ddiddordeb gan mai dyma'r tro cyntaf, hyd y gwyddys, i lyfr gael ei gyhoeddi yn yr iaith Gymraeg dan enw merch. Diymhongar iawn yw Jane Edward wrth gyflwyno'i gwaith i'r cyhoedd. Meddai, mewn rhagarweiniad byr, 'am y Penillion yma, y mae arnaf lawer o ddigalondid i'w rhoddi allan, wrth feddwl am fy ngwaeledd ynddynt, ac ym mhob peth arall. – Ond wrth gael fy nghymmell, weithiau gan fy mrodyr, ac weithiau gan fy nghydwybod fy hun, rhag fy mod wedi derbyn talent ac yn ei chuddio yn y ddaear, yr wyf yn eu rhoddi allan fel y maent.' Diymhongar yw yn ei cherddi a'i chrefydd hefyd: gofidia yn aml ynghylch ei hannheilyngdod i dderbyn moddion gras, a sicrha ei darllenydd ei bod yn teithio trwy fywyd 'megis ar fy asyn', yn 'rhodio'n agos iawn i'r llawr'. Serch hynny, llwydda yn ei chyfrol i roi mynegiant i amryw o brofiadau nodweddiadol merched ei hoes. Y mae ganddi, er enghraifft, emyn personol a theimladwy iawn am y boen o golli plentyn a'r ymdrech i ddal i gredu yn naioni Duw yn wyneb y fath brofedigaeth: 'Cym'raist blentyn o fy mynwes,/ Rho im' fendith yn ei le,' erfynia ar ei Duw. Er y gellid meddwl y byddai emyn o'r fath yn boblogaidd mewn oes pan oedd ystadegau marwolaeth babanod a phlant yn uchel iawn, eto ni chafwyd argraffiad arall o lyfr bach Jane Edward, a llithrodd ei henw yn ôl i'r dinodedd y mae fel petai bron yn ei ddeisyfu.

Edwards, Alun Roderick (1919–86), llyfrgellydd a hyrwyddwr y fasnach llyfrau Cymraeg. Fe'i ganed yn Llanio, Cer., a'i addysgu yn Ysgol Sir Tregaron. Ymunodd â staff *Llyfrgell Genedlaethol Cymru yn ddeunaw oed a threuliodd y blynyddoedd 1941–45 gyda'r gwasanaeth tân yn ne Cymru, yn bennaf fel trefnydd grwpiau trafod. Ar ddiwedd y rhyfel dilynodd gwrs llyfrgellyddiaeth yng Ngholeg Technegol Manceinion ac yn 1947 ymunodd â staff Llyfrgell Ceredigion gan ddod yn Llyfrgellydd Sir yn 1950. Fe'i penodwyd yn Llyfrgellydd Sir Dyfed yn 1974, swydd y bu ynddi hyd ei ymddeoliad yn 1980. Dros gyfnod o ddeng mlynedd ar hugain ef oedd llyfrgellydd cyhoeddus amlycaf a mwyaf arloesol ei genhedlaeth a'r unig Gymro a etholwyd ar Bwyllgor Bourdillon a gyhoeddodd *Standards of Public Library Service in England and Wales* (1961). Sefydlodd yn ei sir enedigol wasanaeth llyfrgell o'r radd flaenaf gan greu rhwydwaith o lyfrgelloedd teithiol i wasanaethu pentrefi, ysgolion a chartrefi diarffordd. Datblygodd hefyd raglen o weithgareddau diwylliannol unigryw ar gyfer plant, pobl ifainc ac oedolion. Ef a fu'n bennaf gyfrifol am sefydlu Coleg Llyfrgellwyr Cymru yn Llanbadarn Fawr yn 1964.

Yr oedd cyfraniad Alun R. Edwards i fasnach llyfrau Cymraeg yr un mor nodedig. O 1950 ymlaen aeth ati, gyda chefnogaeth Pwyllgor Addysg Ceredigion, i ehangu'r ddarpariaeth o lyfrau Cymraeg i blant trwy drefnu cystadlaethau a meithrin darpar awduron. Daeth cynlluniau Ceredigion yn batrwm i weddill siroedd Cymru ac yn rhan o raglen *Cyd-bwyllgor Addysg Cymru mewn amser. Bu'n gyfrifol am sefydlu Cymdeithas Lyfrau Ceredigion i gyhoeddi gweithiau awduron lleol ac anogodd siroedd eraill Cymru i ffurfio cymdeithasau llyfrau, ac undeb y cymdeithasau hyn yn y pen draw a fu'n gyfrwng i sefydlu'r Cyngor Llyfrau Cymraeg (*Cyngor Llyfrau Cymru) yn 1961. Gwelodd bwysigrwydd teledu yn y frwydr i warchod y diwylliant Cymraeg ac yr oedd yn un o gyfarwyddwyr cyntaf Teledu Harlech; bu'n weithgar hefyd gyda'r Cyngor Ysgolion Sul a Chymdeithas y Cymod. Cyhoeddodd ddwy gyfrol, sef *O Am Aros yn Norwy* (1964) ac *Yr Hedyn Mwstard* (1980).

Am ragor o fanylion gweler Rheinallt Llwyd (gol.), *Gwarchod y Gwreiddiau* (1996).

EDWARDS, ARTHUR TRYSTAN (1884–1973), awdur a aned ym Merthyr Tudful, Morg., ac a addysgwyd yng Ngholeg Clifton a Choleg Hertford, Rhydychen. Yr oedd yn arloeswr ym myd cynllunio dinesig ac ysgrifennodd nifer o lyfrau ar athroniaeth celf ac amrywiol bynciau pensaernïol eraill, yn eu plith *The Things which are Seen* (1921), *Good and Bad Manners in Architecture* (1924), *A Hundred New Towns for Britain* (1935) a *Towards Tomorrow's Architecture* (1968). Ceir hanes ei brofiad o fod yn forwr yn *Three Rows of Tape* (1929). Wedi iddo ymddeol i'w dref enedigol cyhoeddodd astudiaeth o'r rhanbarth, *Merthyr Tydfil,*

Rhondda and the Valleys (1958). Y mae ei hunangofiant, *Second Best Boy* (1970), yn ffraeth ac yn dweud sut y bu iddo ddod i amlygrwydd yn ei broffesiwn ar ôl gorchfygu nam ar ei leferydd.

EDWARDS, CHARLES (1628–91?), llenor a golygydd; fe'i ganed yn Rhyd-y-groes, Llansilin, Dinb., i deulu cefnog. Er iddo lunio hunangofiant byr tua diwedd ei oes 'to leave some Account of my Ways', ni chofnododd fanylion am droeon ei yrfa cyn iddo gael ei ethol yn Glerc y Beibl yng Ngholeg yr Holl Eneidiau, Rhydychen, yn 1644. Ar ôl eu buddugoliaeth yn y *Rhyfel Cartref Cyntaf (Rhydychen oedd pencadlys y Brenhinwyr), anfonodd y Seneddwyr ymwelwyr i'r Colegau i ofyn i'r aelodau a oeddynt yn barod i ymostwng i awdurdod y Senedd; ateb anfoddhaol a gawsant gan Edwards, ac fe'i bwriwyd o'r Coleg. Ond rhaid ei fod wedi ymostwng iddynt yn ddiweddarach, canys yn Hydref 1648 cafodd ysgoloriaeth yng Ngholeg Iesu a graddiodd y flwyddyn ganlynol. Ni wyddys beth a barodd iddo fwrw'i goelbren gyda'r Piwritaniaid, ond yn 1650 fe'i penodwyd yn bregethwr teithiol.

Pan ddaeth tymor *Deddf Taenu'r Efengyl yng Nghymru i ben, rhoddwyd iddo fywoliaeth segur a bras Llanrhaeadr-ym-Mochnant, Dinb. Yn ôl ei dystiolaeth ei hun, pregethodd a chateceisiodd yn gydwybodol yn y plwyf hwnnw ond yr oedd llawer yn elyniaethus iddo, ac y mae amgylchiadau ei ymadawiad â'r plwyf tua 1659 yn dywyll. Cymerodd lw o deyrngarwch i'r Brenin newydd, Siarl II, yn 1660, er bod ei ymlyniad wrth y Piwritaniaid yn hysbys o hyd, oblegid dioddefodd gryn erlid am weddill ei ddyddiau. Yn 1666 rhuthrodd gwŷr arfog i'w dŷ gan ddychryn un o'i blant hyd at angau, a chymryd Edwards ymaith i'r carchar. Trowyd ei deulu yn ei erbyn, 'and my Wife importuned me to part with her and live asunder'. Treuliodd lawer o'i amser yn ystod yr ugain mlynedd nesaf yn Rhydychen a Llundain, ac ni wyddys ym mha le yn union y cartrefai yng Nghymru a'r Gororau; er hynny, y mae sôn amdano'n pregethu gyda'r Anghydffurfwyr yng nghyffiniau Croesoswallt yn 1672. Yn 1686, blwyddyn claddu ei wraig, cymerodd fferm yn y cyffiniau hynny, lle y dioddefodd gamwri pellach ac yn 1690 sonnir amdano fel 'ejected minister'. Ni wyddom ddim o'i hanes ar ôl 1 Gorffennaf 1691, sef dyddiad diwedd ei hunangofiant.

Cyhoeddodd Edwards ei lyfr cyntaf, Y *Ffydd Ddi-ffuant* (1667), yn Rhydychen; cyhoeddodd ail argraffiad helaethach ohono yn 1671, a thrydydd argraffiad yn 1677 dan y teitl llawnach Y *Ffydd Ddiffuant, sef, Hanes y Ffydd Gristianogol, a'i Rhinwedd, a'r trydydd argraffiad hwn a ddaeth yn un o glasuron y Gymraeg. Cyhoeddodd hefyd *Hebraismorum Cambro-Britannicorum Specimen* (1676) a chyfieithiadau o ddetholion o weithiau tadau Lladin yr Eglwys yn *Fatherly Instructions* (1686). Ymhlith y llyfrau a olygodd gellir enwi *Dad-seiniad Meibion y Daran* (1671), sef adargraffiad o *Deffynniad Ffydd Eglwys

Loegr (1594), ynghyd ag *Epistol at y Cembru* (1567) Richard *Davies (1501?– 81). Drwy ei waith llenyddol daeth Edwards i gysylltiad â Thomas Gouge a Stephen *Hughes, ac o 1675 tan ganol y 1680au bu'n brysur yn golygu, cyfieithu, ac yn arolygu argraffu llyfrau'r *Ymddiriedolaeth Gymreig. Ymhlith y llyfrau y cysylltir ef â hwy yr oedd argraffiad o *Ymarfer o Dduwioldeb, Prifannau y Grefydd Gristianogawl* (1675) a'r *Llwybr Hyffordd i'r Nefoedd* (1682). Ei gyhoeddiad olaf oedd ei hunangofiant, *An Afflicted Man's Testimony concerning his Troubles* (1691); fel yr awgryma'r teitl, yr oedd arwyddion o baranoia ynddo. Gwnaeth Edwards gyfraniad nodedig i waith yr Ymddiriedolaeth Gymreig gan gynorthwyo i gyflenwi anghenion ysbrydol cenedl y byddai'n dda ganddo petai 'mor fywiog, ac mor wresog yn y grefydd Gristnogol ac y fu rhai o'r hen deidiau ni gynt'. Ond ei gyfraniad pennaf, heb os, yw Y *Ffydd Ddi-ffuant*, llyfr nad oedd yn 1667 yn fawr mwy na thalfyriad dieneiniad o *Acts and Monuments* John Foxe ond a dyfodd erbyn argraffiad 1677 i fod yn llyfr ac iddo'i gynllun gwych ei hun. Yn y rhannau hanesiol trafodir hanes y ffydd Gristnogol, yna'i hanes yng Nghymru, ac yn y rhan olaf, 'Rhinwedd y Ffydd', disgrifir 'trefn sancteiddiad y Cristion trwy ras'. Y mae'r gwaith hefyd yn odidog o ran ei arddull ac yn gyforiog o ffigurau ymadrodd disglair a datguddiol, yn arbennig yn ei drosiadau.

Ceir y drafodaeth orau ar fywyd Charles Edwards yn rhagymadrodd G. J. Williams i'r argraffiad o Y *Ffydd Ddi-ffuant* (1936); ceir astudiaethau hefyd gan Saunders Lewis yn *Ysgrifau Dydd Mercher* (1945), a chan Derec Llwyd Morgan yn *Ysgrifau Beirniadol IV* (gol. J. E. Caerwyn Williams, 1969) ac yn Y *Traddodiad Rhyddiaith* (gol. Geraint Bowen, 1970); gweler hefyd fonograff Derec Llwyd Morgan yn y gyfres *Llên y Llenor* (1994).

EDWARDS, DAVID MIALL (1873–1941), diwinydd a llenor a aned yn Llanfyllin, Tfn., ac a addysgwyd yng Ngholeg Bala-Bangor a Choleg Mansfield, Rhydychen. Bu'n weinidog gyda'r Annibynwyr ym Mlaenau Ffestiniog ac Aberhonddu, cyn dod yn Athro Diwinyddiaeth ac Athroniaeth Crefydd yn y Coleg Coffa, Aberhonddu, swydd a ddaliodd o 1909 hyd at ei ymddeoliad yn 1934. Yr oedd yn awdur crefyddol cynhyrchiol: ysgrifennai'n gyson i brif gylchgronau'r cyfnod, bu'n olygydd Y *Dysgedydd* (1916–18) ac ef oedd golygydd cyntaf Yr *Efrydydd* (1920–28). Ymddiddorai'n arbennig yn y cysylltiad rhwng crefydd a diwinyddiaeth, a choleddai'r pwyslais Rhyddfrydol mewn diwinyddiaeth. Ysgrifennai mewn Cymraeg a Saesneg a meddai ar arddull lenyddol rwydd. Ei lyfrau pwysicaf oedd *Crefydd a Bywyd* (1915), *Crist a Gwareiddiad* (1921), *Iaith a Diwylliant Cenedl* (1927), *Bannau'r Ffydd* (1929), *Crefydd a Diwylliant* (1934) a'i ddau waith Saesneg, *The Philosophy of Religion* (1923) a *Christianity and Philosophy* (1932).

Ceir manylion pellach yn *Athrawon ac Annibynwyr* (gol. Pennar Davies, 1971) ac yn yr erthygl gan T. Robin Chapman yn Y *Traethodydd* (Hydref, 1982).

EDWARDS, DIC (1952–   ), dramodydd a aned yng Nghaerdydd ac a addysgwyd yng Ngholeg Prifysgol Dewi Sant, Llanbedr Pont Steffan a Choleg y Brifysgol, Caerdydd. Y mae'n athro hyfforddedig a bellach yn gweithio fel tiwtor ysgrifennu, ar ôl gweithio mewn amryfal swyddi er mwyn ei gynnal ei hun fel dramodydd. O *Late City Echo* (1981) ymlaen, y mae wedi ysgrifennu'n gyson i gwmnïau theatr gan gynnwys y *Made in Wales Stage Company*, Theatr Spectacle a Theatr Powys. Perfformiwyd ei ddramâu hefyd mewn canolfannau repertori ledled Prydain. Y mae'n awdur cynhyrchiol ag arddull rethregol neilltuol, a'i waith yn ymdrin â syniadau cymhleth ac yn aml yn ddigyfaddawd o ran iaith a phwnc. Gwersyll carcharorion rhyfel o Loegr yw cefndir *Long to Rain Over Us* (1987); y mae *Looking for the World* (1986) yn trafod systemau gwleidyddol trwy gyfrwng ymweliad gan Sosialydd o Gaerdydd â Gwlad Groeg dan reolaeth y *Junta*; ac y mae *Casanova Undone* (1992) yn bortread o Gasanova blêr sy'n heneiddio. Dengys ei waith mwy diweddar, a gafodd ganmoliaeth uchel gan Edward Bond, ddyhead i ymbellhau oddi wrth ffurf naturiolaidd, yn ogystal â diddordeb cynyddol yn yr hyn y mae'r awdur yn ei alw'n 'deithiau epig' mewnol. Ymgais feiddgar yw'r ddrama ryfeddol *Wittgenstein's Daughter* (1993) i drin a thrafod ffurf ddramatig. Teithia merch yr athronydd i Gaer-grawnt i olrhain ei hachau ac yno y mae'n cwrdd ag ysbryd ei thad (a gedwir mewn cwpwrdd) a'i gyngariad ef, paffiwr sydd bellach yn gan mlwydd oed. Astudiaeth dywyll o werinwyr canoloesol a ddifeddiannwyd yw *Regan (In the Great Society)* (1991), a ddengys ddealltwriaeth hyderus a chyffrous o bosibiliadau theatraidd, fel y gwna *Lola Brecht* (1994) o etifeddiaeth hanesyddol canol Ewrop ac *Utah Blue* (1995) o'r llofrudd Americanaidd Gary Gilmore. Cynhyrchwyd peth o waith gorau Dic Edwards ar gyfer theatr mewn addysg. Y mae hefyd wedi sgriptio *librettos* ar gyfer gŵyl opera Broomhill yn swydd Gaint, gan gynnwys ail gynhyrchiad llwyddiannus o *The Beggar's Opera* gan Gay yn 1993; ysgrifennodd hefyd bantomeim amgen, *Mother Hubbard* (1991), a dirwasgiad America'n gefndir iddo. Er gwaethaf (neu efallai oherwydd) ei hyblygrwydd, y mae Edwards wedi cael llai o gydnabyddiaeth nag sy'n ddyledus iddo. Nid yw'n hawdd lleoli ei waith heriol, rhethregol bron, o fewn unrhyw fowld 'Eingl-Gymreig' ac, fel awduron eraill uchelgeisiol megis Howard Barker a Caryl Churchill, gall herio ac aflonyddu.

Am fanylion pellach gweler 'Theatre as Forum' yn *The New Welsh Review* (rhif. 31, cyf. VII, Gaeaf 1995/96); a Dic Edwards, *Three Plays* (1992) a *Wittgenstein's Daughter* (1993).

EDWARDS, DOROTHY (1903–34), llenor, merch i athro yn Nyffryn Ogwr, Morg., a addysgwyd yn Ysgol Howell, Llandaf, a Choleg y Brifysgol, Caerdydd. Yr oedd yn hyddysg yn llenyddiaeth llawer iaith ac yn gantores ddawnus yn y Rwsieg, yr Almaeneg a'r

Eidaleg; treuliodd beth amser yn Fienna, Fflorens a Llundain ond yr oedd ei chartref parhaol yng Nghaerdydd. Casgliad o ddeg o storïau byrion oedd ei llyfr cyntaf, *Rhapsody* (1927). Fe'u hysgrifennwyd yn ddeheuig ac y maent yn llawn eironi cynnil. Y mae ei hunig nofel, *Winter Sonata* (1928), yn dwyn gwaith Turgenev a Chekhov i gof, ac fe'i hystyrid gan y beirniaid Saesneg yn un o lyfrau gorau'r flwyddyn. Y mae'r ddwy gyfrol yn gynnyrch llenor a oedd yn dreiddgar ac a fedrai greu awyrgylch, ond ni chafodd fyw yn ddigon hir i ddatblygu ei doniau. Yr oedd yn ddiwylliedig ac yn swil ac nid ymdoddodd i gymdeithas werinol de Cymru y 1920au, er y disgrifid hi gan y rhai a'i hadwaenai orau fel Sosialydd a Chenedlaetholwraig Gymreig. Ffigur unig ydoedd ymhlith ysgrifenwyr Eingl-Gymreig ei dydd. Bu farw trwy hunanladdiad. Ailgyhoeddwyd *Rhapsody* a *Winter Sonata* yng nghyfres *Virago Modern Classics*, gyda rhagarweiniad newydd gan Elaine *Morgan (1986).

Ceir manylion pellach yn yr erthyglau gan S. Beryl Jones yn The Welsh Review (cyf. VII, rhif. 3, 1948), a chan Luned Meredith yn Planet (rhif. 55, Chwef./Mawrth 1986) a'r bennod gan Katie Gramich yn DiFfinio Dwy Lenyddiaeth Cymru (gol. M. Wynn Thomas, 1995); gweler hefyd yr erthygl gan Christopher Meredith yn Planet (rhif. 107, 1994).

EDWARDS, ELWYN (1943–   ), bardd a golygydd a aned yn Y Fron-goch, Meir. Y mae'n olygydd sawl cyfrol: *Blodeugerdd Penllyn* (1983), *Yr Awen Lawen: Blodeugerdd Barddas o Gerddi Ysgafn a Doniol* (1989) a *Cadwn y Mur: Blodeugerdd Barddas o Ganu Gwladgarol* (1990). Cyhoeddodd dair cyfrol ar y cyd ag Alan *Llwyd, dwy yn flodeugerddi, *Gwaedd y Bechgyn: Blodeugerdd Barddas o Gerddi'r Rhyfel Mawr 1914–1918* (1989) a *Gwaedd y Lleiddiad: Blodeugerdd Barddas o Gerddi'r Ail Ryfel Byd 1939–1945* (1995), a'r llall yn gofiant, sef *Y Bardd a Gollwyd: Cofiant David Ellis* (1992). Enillodd *Gadair yr *Eisteddfod Genedlaethol yn 1988. Cyhoeddwyd ei gyfrol o gerddi, *Aelwyd Gwlad*, yn 1997.

EDWARDS, FANNY (1876–1959), nofelydd, storïwraig a bardd a dramodydd i blant. Ganwyd hi ym Mhenrhyndeudraeth, Meir., a'i haddysgu yn ysgol y pentref; cafodd yrfa hir wedi hynny fel athrawes yn yr un ysgol. Dechreuodd ysgrifennu storïau byrion er mwyn diddanu plant ei dosbarth, ac ysbardunwyd hi i'w cyhoeddi gan O. M. *Edwards, wedi iddo yntau sylwi ar ei gwaith yn ystod un o'i ymweliadau swyddogol â'r ysgol. O 1902 ymlaen cyhoeddodd liaws o storïau yn *Cymru'r Plant*, gan gynnwys dwy stori gyfres, *Cit a Dros y Gamfa*; cyhoeddwyd y ddwy fel nofelau byrion wedi hynny, y naill yn 1908 a'r llall yn 1926. Ymddangosodd ei storïau, ei barddoniaeth a'i dadleuon dramatig hefyd yn *Cymru, Y *Gymraes, a chyfnodolion eraill y dydd. Casglwyd y deunydd hyn a'i gyhoeddi'n ysbeidiol yn llyfrynnau bychain rhwng 1925 ac 1951. Cyhoeddodd yn ogystal nifer o ddramâu un-act i blant, a storïau unigol i'w gwerthu fel pamffledi er budd Undeb *Dirwest Merched Gogledd Cymru, achos a oedd yn agos iawn at ei chalon. Yn 1951 cyflwynwyd iddi wobr goffa Syr O. M. Edwards yn Eisteddfod Genedlaethol Llanrwst, fel cydnabyddiaeth o'i chyfraniad i lenyddiaeth plant Cymru. *Cit* yw'r mwyaf sylweddol o'i chyhoeddiadau, a'r mwyaf hoffus hefyd. Nofel wedi ei hysgrifennu yn y person cyntaf ydyw, am brofiadau a phrofedigaethau merch amddifad; darlunnir cymeriadau'r nofel â naturioldeb a hiwmor, a heb ryw ormod o foesoli na meddalwch teimladol. Mewn teyrnged i'w gwaith, y mae Kate *Roberts yn canmol Cymreigrwydd dilychwin arddull Fanny Edwards a bywiogrwydd iaith ei chymeriadau. Bu Fanny Edwards yn ddylanwad ar ddychymyg a dawn greadigol y Kate Roberts ifanc, a phetai ond am hyn, y mae'n awdures i'w chofio.

Ceir manylion pellach yn Kate Roberts, *Erthyglau ac Ysgrifau Llenyddol* (gol. David Jenkins, 1978).

EDWARDS, FRANCIS (1852–1927), cyfieithydd. Fe'i ganed yn Llangollen, Dinb., a bu'n Aelod Seneddol Rhyddfrydol dros sir Faesyfed o 1892 hyd 1918; fe'i dyrchafwyd yn farwn yn 1907. Ei unig gyfraniad llenyddol oedd ei *Translations from the Welsh* (1913), cyfrol o gerddi Cymraeg a argraffwyd ochr yn ochr â chyfieithiad Saesneg. Y mae'r llyfr hwn yn bwysig yn hanes cyfieithu barddoniaeth Gymraeg i'r Saesneg gan fod Edwards wedi dewis cyfieithu cerddi, nid o draddodiad mawreddog yr Oesoedd Canol, ond yn hytrach o waith ei gyfoeswyr a'i ragflaenwyr uniongyrchol, megis Ceiriog (J. Ceiriog *Hughes), Eifion Wyn (Eliscus *Williams), Elfed (Howell Elvet *Lewis) a John *Morris-Jones. Trwy wneud hyn, cyfrannodd mewn ffordd nodedig i'r broses o roi barddoniaeth Gymraeg o fewn cyrraedd darllenwyr Saesneg, er nad yw ei gyfieithiadau telynegol a rhamantaidd yn boddio chwaeth y darllenydd cyfoes.

EDWARDS, HENRY WILLIAM JOHN (1910–91), awdur a aned i deulu Cymreig yn Llundain, ac a ddaeth i fyw i Gymru yn bedair ar bymtheg oed. Ymgartrefodd yn Nhrealaw, y Rhondda, cartref ei wraig, yn 1947 a gweithio fel gohebydd, ac yn y man fel cyfrifydd. Ystyriai ei hun yn Dori yn ystyr wreiddiol yr ail ganrif ar bymtheg, ac ochrodd gyda Franco yn erbyn y Weriniaeth yn ystod y Rhyfel Cartref yn Sbaen. Crynwyr oedd ei deulu ond derbyniwyd ef i'r Eglwys Babyddol yn 1942 tra oedd yn gwasanaethu yn y fyddin. Ar ôl Fatican II daeth yn fwyfwy beirniadol o'r Eglwys, ochrai gyda'r garfan draddodiadol, gan amddiffyn yr offeren Ladin ac ymosod ar bob tuedd ryddfrydig mewn cyfraniadau i gylchgronau megis *Christian Order*, *Yr *Haul* ac *Y Llan*. Yn ei lyfrau sy'n ymwneud â phynciau Cymreig cefnogodd wahanol fudiadau Cenedlaethol

eithafol. Ymhlith cyhoeddiadau H. W. J. Edwards y mae astudiaeth o Disraeli, *The Radical Tory* (1937), llyfr am Gwm Rhondda, *The Good Patch* (1938), *Young England* (1939) a *Sons of the Romans: the Tory as Nationalist* (1977).

EDWARDS, HILMA LLOYD (1959–), awdur plant; fe'i ganed a'i magu y Bontnewydd, Caern., a'i haddysgu yng Ngholeg y Brifysgol Abertawe. Cyfnod cyffrous y Rhufeiniaid, y Celtiaid a'r hen Eifftiaid yw cefndir nifer o'i nofelau. Yn 1986 yr oedd yn fuddugol yng nghystadleuaeth comisiwn yr *Eisteddfod Genedlaethol am y nofel *Myrddin yr Ail*. Y mae'n awdur un ar ddeg o nofelau i blant a phobl ifainc: *Y Llwybr Disglair* (1982), *Dyddiadur Nant y Wrach* (1987), *Cipio'r Cerddor* (1988), *Pysgodyn Cochyn Bach* (1988), *Gwarchod yr Ynys* (1989), *Gwyliau Cochyn Bach* (1990), *Mab yr Haul* (1990), *Myrddin yr Ail* (1991), *Warrior Priests* (1992), *Gwibdaith Gron* (1993) ac *Y Mabin-od-i* (1995).

EDWARDS, HUW LLOYD (1916–75), dramodydd. Fe'i ganed ym Mhenisa'r-waun, Deiniolen, Caern., a'i addysgu yng Ngholeg Dewi Sant, Llanbedr Pont Steffan, a Choleg Mihangel, Llandaf. Yr oedd â'i fryd ar fynd i'r offeiriadaeth Anglicanaidd, ond ei swydd gyntaf oedd ystadegydd gyda chwmni olew. Penderfynodd fod yn athro ysgol a chymerodd gwrs yng Ngholeg Gaddesden, Berkhamsted, ac wedi pymtheng mlynedd fel athro Saesneg yn Ysgol Dyffryn Nantlle, Caern., fe'i penodwyd yn Ddarlithydd yn yr Adran Ddrama yn y Coleg Normal, Bangor.

Difyrrwch yn unig oedd ei nod yn ei gomedïau cynnar, *Llwyn Brain* (1956), *Yr Orffiws* (1956), *Y Gŵr Drwg* (1957) ac *Y Felin Wynt*, ond daeth awgrym o'i ddiddordebau moesegol a dyngarol i'r amlwg yn y ddrama fer *Noson o Lety* (1955) ac yn arbennig yn *Ar Ddu a Gwyn* (1963), drama am ragfarn hiliol yn Ne Affrica. Yn *Cyfyng Cyngor* (1958) troes at bwnc crefyddol a dan ddylanwad Pirandello try'r cymeriadau yn y diwedd ar eu hawdur. Gwelir yr un tueddiad dysgeidiol ac alegoriol yn *Y Gŵr o Gath-Heffer* (1961), hanes Jona, ac *Y Gŵr o Wlad Us* (1961), hanes Job. Mynegir gwrthdystiad cymdeithasol yn *Pros Kairon* (1967), yn *Y Llyffantod* (1973) sy'n cymryd awgrym o Aristophanes ond yn trafod bywyd gwleidyddol Cymru, ac yn *Y Lefiathan*, a gyhoeddwyd yn 1977 wedi marwolaeth yr awdur, lle y mae symbol o Lyfr Jona yn herio ein byd modern.

Y mae nodyn ar waith Huw Lloyd Edwards gan John Rowlands yn *Profiles* (1980); gweler hefyd J. Ellis Williams, *Tri Dramaydd Cyfoes* (1961) ac ysgrif William R. Lewis yn *Taliesin* (cyf. LXI, 1988).

Edwards, Huw Thomas (1892–1970), undebwr amlwg a ffigur cyhoeddus. Yr oedd ei yrfa wleidyddol yn cynnwys chwe blynedd (1959–65) yn aelod o *Blaid

Cymru ac yn Llywydd *Cymdeithas yr Iaith Gymraeg. Yr oedd yn gyn-chwarelwr a bu'n berchennog *Baner ac Amserau Cymru am gyfnod. Cyhoeddodd Huw T. Edwards ddwy gyfrol hunangofiannol, Tros y Tresi (1956) a Troi'r Drol (1963), a chyfieithwyd y ddwy yn Hewn from the Rock (1967), yn ogystal ag It was My Privilege (1962), hanes undebaeth lafur yng Ngogledd Cymru. Cyhoeddwyd cyfrol o'i gerddi, Tros F'Ysgwydd, yn 1959, a chyfrannodd hefyd gerddi i'r gyfrol Ar y Cyd (1962) gyda Mathonwy *Hughes, Gwilym R. *Jones a Rhydwen *Williams.

Trafodir daliadau gwladgarol Huw T. Edwards gan Gwyn Jenkins yn Cof Cenedl XII (gol. Geraint H. Jenkins, 1997).

EDWARDS, HYWEL TEIFI (1934–), beirniad a hanesydd llên. Fe'i ganed yn Llanddewi Aber-arth, Cer., a'i addysgu yng Ngholeg Prifysgol Cymru, Aberystwyth; yn 1965 fe'i gwnaed yn Diwtor mewn Llenyddiaeth Gymraeg yn Adran Efrydiau Allanol Coleg y Brifysgol Abertawe ac yn 1989 yn Athro'r Gymraeg; ymddeolodd yn 1995. Y mae'n awdur dau lyfr ar hanes yr *Eisteddfod, sef Yr Eisteddfod 1176–1976 (1976) a Gŵyl Gwalia: Yr Eisteddfod yn Oes Aur Victoria 1858–1868 (1980), a'r ddau ohonynt yn ddifyr ac yn ysgolheigaidd ar yr un pryd. Dilynwyd y llyfrau hyn gan eraill sydd wedi cadarnhau ei enw fel hanesydd a beirniad nodedig iawn ar ddiwylliant Cymru yn oes Fictoria: Ceiriog (1987), Codi'r Hen Wlad yn ei Hôl (1989), monograff ar yr *Eisteddfod yn y gyfres *Writers of Wales (1989), Eisteddfod Ffair y Byd, Chicago 1893 (1990), ac Arwr Glew Erwau'r Glo (1994); y mae'r olaf yn astudiaeth o'r ddelwedd o'r glöwr mewn llenyddiaeth Gymraeg o 1850 hyd 1950. Hywel Teifi Edwards, sy'n ddarlledydd cyson ar destunau llenyddol, yw golygydd Cyfres y Cymoedd hefyd, sy'n cynnwys cyfrolau ar Gwm Tawe (1993), Cymoedd Nedd a Dulais (1994), Cwm *Rhondda (1995), Cwm Aman (1996) a Cwm Cynon (1997). Yn yr holl lyfrau hyn, a wnaeth gyfraniad sylweddol iawn i astudiaeth o ddiwylliant trefol Cymru yn ystod y ganrif a hanner ddiwethaf, y clywir arddull ddysgedig, finiog a ffraeth yr awdur yn huotlaf.

Edwards, Ifan ab Owen (1895–1970), gwladgarwr a sylfaenydd *Urdd Gobaith Cymru a aned yn Llanuwchllyn, Meir., yn fab i Owen M. *Edwards; fe'i haddysgwyd yng Ngholeg Prifysgol Cymru, Aberystwyth, lle y darllenodd Hanes. Wedi gwasan-aethu yn y lluoedd arfog yn ystod y Rhyfel Byd Cyntaf, aeth yn athro ysgol i Ddolgellau, gan ymuno â staff Adran Allanol Coleg Aberystwyth yn ddiweddarach. Yr oedd yn olygydd Cymru'r Plant pan gyhoeddodd ei gynllun i ffurfio mudiad i ieuenctid Cymru yn rhifyn Ionawr 1922. Sefydlwyd Urdd Gobaith Cymru yn ystod y flwyddyn honno, a threuliodd weddill ei oes yn hyrwyddo ei amcanion. Ymhlith y mentrau eraill y cysylltir ei enw â hwy yr oedd agor yr ysgol gynradd

Gymraeg gyntaf yn Aberystwyth yn 1939. Fe'i hurdd-wyd yn farchog yn 1947.

Ceir hanes ei fywyd a'i waith gan Norah Isaac yn y gyfres Gŵyl Dewi (1972) a cheir ysgrif yn Cymwynaswyr y Gymraeg (1978) gan Morgan D. Jones; gweler hefyd yr ysgrif a gyhoeddwyd gan Urdd Gobaith Cymru, Cofio Syr Ifan (1970).

EDWARDS, JANE (1938–), nofelydd ac awdur storïau byrion. Fe'i magwyd yn Niwbwrch, Môn, ac astudiodd yn y Coleg Normal, Bangor, cyn mynd yn athrawes. Storïau serch oedd ei nofelau cyntaf, Dechrau Gofidiau (1962) a Byd o Gysgodion (1964), a llwyddai modernrwydd y cyflwyniad i ddenu darllenwyr ieuainc. Yn Bara Seguryd (1969) archwiliodd siomiannau gwragedd wedi iddynt briodi a swbwrbia yw cefndir yr hanes. Wedi iddi ddarganfod y maes yr oedd ganddi ddawn arbennig i'w drin, sef maes realistiaeth seicolegol, aeth rhagddi i'w archwilio mewn nofel ac iddi ym-gyrchoedd *Cymdeithas yr Iaith Gymraeg yn gefndir, sef Epil Cam (1972). Troes i ymdrin â phlentyndod yn storïau byrion y gyfrol Tyfu (1973). Yn Dros Fryniau Bro Afallon (1976) ymgydiodd unwaith eto yn i harchwiliad o'r berthynas rhwng pobl mewn oed. Y mae ei nofel Miriam (1977) yn adrodd sut y mae ail briodas gŵr gweddw yn effeithio ar y ferch a aned o'r briodas gyntaf, tra darlunnir yn Hon, debygem, ydoedd Gwlad yr Haf-ddydd (1980) y dadrithio sy'n digwydd mewn bywyd priodasol, a rhwystredigaethau seicolegol yr ysgaredig, y weddw a'r ddibriod. Yn Cadno Rhos-y-Ffin (1984) ceir portread o fywyd dwy genhedlaeth – y canol-oed dadrithiedig a'r ifanc afieithus ond anniddig. Gwraig ganol-oed yw prif gymeriad Y Bwthyn Cu (1987), ond y tro hwn y mae'n cael cyfle i ailymweld â'i hieuenctid penrhydd yn ystod y 1960au wrth encilio i fwthyn anghysbell. Glaslencyndod yw pwnc y storïau yn Blind Dêt (1989), sy'n fath o ddilyniant i Tyfu: addasiad o'r gyfrol hon oedd y ffilm Gwynfyd (1992). Ymchwil merch ar drothwy aeddfedrwydd i ddarganfod cyfrinach ei thad yw'r nofel ddiweddaraf, Pant yn y Gwely (1993). Y mae Jane Edwards yn briod â Derec Llwyd *Morgan; y mae'n ddarlledydd mynych ac y mae wedi ysgrifennu llawer ar gyfer y radio a'r teledu, gan gynnwys addasiad radio o Sioned (Winnie *Parry). Ystyrir hi, ynghyd ag Eigra Lewis *Roberts, ymhlith y nofelwyr o ferched mwyaf nodedig sy'n ysgrifennu heddiw yn Gymraeg.

Ceir manylion pellach yn nodyn John Rowlands yn Profiles (1980) a'r erthygl gan Jennie Eirian Davies ar y nofel Miriam yn Taliesin (cyf. XXXV, 1978); ceir bywgraffiad byr o Jane Edwards yn Portreadau'r Faner (gol. Marged Pritchard, cyf. III, 1976). Gweler hefyd y monograff gan Mihangel Morgan yn y gyfres Llên y Llenor (1996).

EDWARDS, JENKIN MORGAN (1903–78), bardd, a brodor o Lanrhystud, Cer., a addysgwyd yng Ngholeg y Drindod, Caerfyrddin. Aeth yn athro yn y lle cyntaf i Lanbadarn, Aberystwyth, ac yna yn 1935 i'r Barri,

Morg., lle y bu'n gweithio am weddill ei oes. Cyhoeddodd naw cyfrol o farddoniaeth: *Cerddi'r Bore* (1924), *Y Tir Pell* (1933), *Cerddi'r Plant Lleiaf* (1936), *Cerddi Pum Mlynedd* (1938), *Peiriannau* (1947), *Cerddi'r Daith* (1954), *Cerddi Hamdden* (1962), *Cerddi'r Fro* (1970) a *Cerddi Ddoe a Heddiw* (1975). Y tri phrif ddylanwad ar ei ganu oedd y bardd o Wlad Belg, Emile Verhaeren, yr Americanwr Robert Frost ac R. Williams *Parry. Lluniodd gerddi gwerinol eu naws, a'u gwreiddiau yn y bywyd gwledig, traddodiadol, a defnyddia dechneg y *bardd gwlad, ond hefyd myfyria'n wyddonol a dadansoddol ar y gwrthdaro rhwng gwerthoedd ysbrydol a materol a mynega ei bryder ynghylch dylanwad diwydiant a thechnoleg ar y bywyd gwerinol. Yr oedd yn arloesydd *vers libre* yn y Gymraeg. Enillodd J. M. Edwards *Goron yr *Eisteddfod Genedlaethol yn 1937, 1941 ac 1944 a chyhoeddodd gyfrol o ysgrifau, *Y Crefftwyr* (1976); ymddangosodd *Y Casgliad Cyflawn* yn 1980.

Ceir manylion pellach yn yr erthygl gan R. M. Jones yn *Barn* (rhif. 50, 1966) a llyfr yr un awdur, sef *Llenyddiaeth Gymraeg 1936–1972* (1975); gweler hefyd rifyn arbennig *Barddas* (rhif. 24, Tachwedd 1978).

EDWARDS, JOHN GORONWY (1891–1976), hanesydd a aned ym Manceinion i rieni Cymraeg; dychwelodd i Bentre Helygain, Ffl., pan oedd yn ifanc iawn. Fe'i haddysgwyd yn Ysgol Ramadeg Treffynnon ac yng Ngholeg Iesu, Rhydychen, a daeth yn Gymrawd a Thiwtor yn ei hen Goleg. Yn 1948 fe'i penodwyd yn Gyfarwyddwr Sefydliad Ymchwil Hanesyddol ac yn Athro Hanes ym Mhrifysgol Llundain.

Dyfnhawyd ei ddiddordeb yn hanes Cymru'r Oesoedd Canol gan ddwy gyfrol Syr John Edward *Lloyd ar hanes Cymru cyn 1282. Y mae *Calendar of Ancient Correspondence* (1935), sef ei gasgliad o lythyrau gweinyddol a gwleidyddol o ddechrau'r drydedd ganrif ar ddeg ymlaen, yn dra gwerthfawr. Yn ei ragarweiniad i *Littere Wallie* (1940), sef gohebiaeth Tywysogion *Gwynedd yn y ganrif honno, astudiodd y Dywysogaeth yn ystod y drydedd ganrif ar ddeg o safbwynt cyfansoddiadol. Ychwanegiadau pellach i'r thema honno ydoedd ei *Raleigh Lecture* (1956) ar gyfansoddiad y Mers Cymreig a'i *Principality of Wales, 1267–1967* (1969). Ysgrifennodd hefyd ar y cyfreithiau Cymraeg ac ar betisiynau Seneddol yn Lloegr yn y bedwaredd ganrif ar ddeg. Fe'i perchid fel ysgolhaig o'r hen ysgol; bu'n Llywydd y Gymdeithas Hanes Frenhinol (1961–64) ac am flynyddoedd lawer bu'n olygydd yr *English Historical Review*, *The Bulletin of the Institute of Historical Research* a chyhoeddiadau Cymdeithas Hanes Sir y Fflint.

Ceir manylion pellach yn y deyrnged i J. Goronwy Edwards gan J. B. Smith yn *Cylchgrawn Hanes Cymru* (cyf. VIII, rhif. 4, 1977).

EDWARDS, JOHN HUGH (1869–1945), cofian-nydd ac awdur. Fe'i ganed yn Aberystwyth, Cer.; bu'n Aelod Seneddol Rhyddfrydol dros Forgannwg Ganol o 1910 hyd 1922 ac yn ddiweddarach yn gynrychiolydd etholaeth Accrington. O 1895 hyd 1904 bu'n olygydd *Young Wales*, cylchgrawn a gyhoeddwyd dan aden *Cymru Fydd. Cyhoeddodd dri chofiant i David *Lloyd George, sef *From Village Green to Downing Street* (1908), *A Life of David Lloyd George, with a short history of the Welsh People* (4 cyf., 1913), a *David Lloyd George, the Man and the Statesman* (2 gyf., 1929). Golygodd a chyhoeddodd y cylchgrawn *Wales* o 1911 hyd 1914; am flynyddoedd maith bu'n gyfrannwr cyson i bapurau newydd Saesneg, yn arbennig *The British Weekly* a *The Empire News*. Treuliodd y rhan olaf o'i oes yn Hindhead, Surrey, lle y bu'n weithgar gyda'r Cyngor Eglwysi Rhyddion ac yn gweithio ar lyfr ar hanes Cymru nas cyhoeddwyd.

EDWARDS, LEWIS (1809–87), traethodydd a diwinydd, a aned ym Mhwllcenawon, Pen-llwyn, Cer. Yn 1827 cafodd ei gydnabod fel pregethwr ymhlith y Methodistiaid Calfinaidd ac wedyn aeth i Lundain i astudio yn y coleg a ddaeth yn ddiweddarach yn Brifysgol Llundain. Wedi ysbaid fel pregethwr ac ysgolfeistr yn Nhalacharn, Caerf., aeth i astudio ym Mhrifysgol Caeredin lle y cafodd Thomas Chalmers a John Wilson (Christopher North) ddylanwad mawr arno. Yn 1836 priododd ag wyres i Thomas *Charles ac ymsefydlu yn Y Bala lle, gyda'i frawd yng nghyfraith David Charles (1812–78), y sefydlodd ysgol i baratoi disgyblion i fod yn weinidogion y Methodistiaid Calfinaidd ac a arddelwyd yn 1839 i fod yn athrofa i'r Corff. Gwnaeth lawer i godi safonau addysgol y weinidogaeth ac o ran addysg yn gyffredinol cyflwynodd i'r genedl ehangder a dyfnder diwylliannol newydd. Yn ei enwad ei hun ffafriai ffurflywodraeth drefnedig Bresbyteraidd ei phatrwm gyda chyllid canolog a gweinidogaeth gynlluniedig. Cymeradwyai ddatblygu eglwysi Saesneg hefyd yng Nghymru ac yn hyn o beth cynrychiolai dueddiad a heriwyd yn rymus gan Emrys ap Iwan (Robert Ambrose *Jones).

Mawr oedd ei barch a'i gamp fel pregethwr, ond sylweddolai werth y gair printiedig hefyd. Sefydlodd, gyda Roger *Edwards, *Y *Traethodydd* yn 1843. Casglwyd ei brif gyfraniadau llenyddol yn y gyfrol *Traethodau Llenyddol* (c.1865) lle y ceir ymdriniaethau urddasol a deallus ar lenorion o wledydd eraill megis Homer, Shakespeare, Milton, Kant a Goethe ac o Gymru, William *Salesbury, Morgan *Llwyd, Daniel *Rowland, Thomas *Charles ac Eben Fardd (Ebenezer *Thomas) yn ogystal ag ar bynciau crefyddol a chymdeithasol ac addysgol. Dengys rywfaint o ysbryd ymfoddhaus ei gyfnod ond bu'n ddigon call i wawdio'r ffolineb o alw Twm o'r Nant (Thomas *Edwards) 'The Cambrian Shakespeare'. Y mae ail gyfrol, *Traethodau Duwinyddol* (c.1872), yn cynnwys gweithiau hir ar

Athrawiaeth yr Iawn a Chysondeb y Ffydd a thrafod-aethau ar bynciau Beiblaidd a chyflwr a chyfle'r eglwysi. Un o'i egwyddorion sylfaenol yw fod 'yr iawn farn ar bob pwnc yn cynnwys dau wirionedd gwrthgyferbyniol'.

Yn y ddwy gyfrol swmpus hyn ac yn ei lyfr Hanes Duwinyddiaeth (1889) lleddfwyd i gryn fesur ar dreftadaeth Calfiniaeth Efengylaidd y Diwygiad Methodistaidd yng Nghymru gan fudiadau dyneiddiol a Rhamantaidd Ewrop. Cafodd ei ganmol am hyn ond, mewn rhai cylchoedd erbyn heddiw, ei ddifrïo.

Ceir manylion pellach yn Trebor Ll. Evans, Lewis Edwards: Ei Fywyd a'i Waith (1967); gweler hefyd J. Vyrnwy Morgan, Welsh Religious Leaders in the Victorian Era (1905).

EDWARDS, OWEN MORGAN (1858–1920), golygydd, llenor ac addysgwr, a aned yng Nghoed-y-pry, Llanuwchllyn, Meir. Dechreuodd ei addysg yn ysgol eglwys y pentref, a ddisgrifir yn ei ysgrifau *Clych Atgof (1906), ac yng Ngholeg Prifysgol Cymru, Aberystwyth. Wedi astudio am flwyddyn ym Mhrifysgol Glasgow aeth yn fyfyriwr i Goleg Balliol yn 1884 lle y cafodd yrfa nodedig o ddisglair yn yr Ysgol Hanes Modern. Treuliodd y deng mis nesaf yn crwydro'r Iseldiroedd, y Swistir, yr Eidal a'r Almaen a hanes y teithiau hyn yw cynnwys ei lyfrau cyntaf, sef Tro yn yr Eidal (1889) ac O'r Bala i Geneva (1889). Yn 1889 fe'i penodwyd yn Gymrawd a Thiwtor Hanes yng Ngholeg Lincoln, Rhydychen, lle yr arhosodd nes iddo gael ei benodi yn Brif Arolygydd Ysgolion y Bwrdd Addysg yng Nghymru. O'r cyfnod hwnnw hyd ddiwedd ei oes trigai yn Llanuwchllyn mewn tŷ o'r enw Neuadd Wen, trosiad o Whitehall, pencadlys y Bwrdd Addysg yn Llundain.

Tra oedd yn Rhydychen, cymerodd ran flaenllaw, ynghyd â gwŷr megis John *Morris-Jones, Edward *Anwyl, D. Lleufer Thomas a J. Puleston *Jones, yn y gwaith o sefydlu *Cymdeithas Dafydd ap Gwilym a fu i raddau helaeth yn fan cychwyn ysgolheictod ac adfywiad llenyddol Cymraeg ar ddechrau'r ugeinfed ganrif. O 1888 ymlaen ymroes i gyhoeddi llyfrau a chylchgronau Cymraeg poblogaidd, yn arbennig cyfresi megis *Cyfres y Fil a Llyfrau Ab Owen, i'r Cymry hynny na wyddent nemor ddim am hanes eu gwlad. Aeth ati hefyd i ysgrifennu llyfrau hanes Cymru, megis Hanes Cymru (1895, 1899), *Cartrefi Cymru (1896), Wales (1901), A Short History of Wales (1906), Ystraeon o Hanes Cymru (1894), a llu o erthyglau. Gwnaeth Owen M. Edwards gyfraniad cyffelyb i un Thomas *Gee fel golygydd a chyhoeddwr cylchgronau. Dechreuodd ar y gwaith yn y maes hwn drwy gydolygu *Cymru Fydd (1889–91), sefydlodd ei fisolyn ei hun, *Cymru (1891–1920), a'r un mwyaf dylanwadol, Cymru'r Plant (1891–1920), a werthai ar ei anterth yn 1900 tua deuddeng mil o gopïau. Fodd bynnag, methiant fu ei gylchgrawn Saesneg *Wales ar gyfer y Cymry di-

Gymraeg a gyhoeddwyd am dair blynedd yn unig, o 1894 hyd 1897, ac felly hefyd ei gylchgrawn chwarterol, Y *Llenor (1895–98) a Heddyw (1897–98), misolyn yn ymdrin â materion cyfoes Cymru. Yn ogystal â'r holl waith anferth hwn, ysgrifennodd lyfrau i blant, yn eu plith Llyfr Del (1906), Llyfr Nest (1913) a Hwiangerddi (1911); at hyn, cychwynnodd gymdeithas arbennig i blant o'r enw Urdd y Delyn yn 1896. Hon oedd rhagflaenydd *Urdd Gobaith Cymru a sefydlwyd yn ddiweddarach gan ei fab Ifan ab Owen *Edwards.

Yr oedd dylanwad Owen M. Edwards ar y gyfundrefn addysg yng Nghymru yn sylweddol ac yn barhaol. Cyn ei amser ef yr oedd holl addysg Cymru yn gwbl Saesneg (ar wahân i'r un a gyfrennid gan yr *Ysgol Sul). Pwysai'n gyson am roi addysg Gymraeg i blant yn yr ysgolion a'u dysgu i fod yn ffyddlon i draddodiadau eu gwlad. Yn ei gylchgronau dysgodd i fwy nag un genhedlaeth adnabod clasuron llên Cymru o bob cyfnod. Yr oedd ef ei hun yn arloeswr mewn ysgrifennu Cymraeg naturiol a darllenadwy. Er mai ei arwyddair oedd 'I godi'r hen wlad yn ei hôl', nid oedd ganddo nemor ddim diddordeb mewn gwleidyddiaeth, ac ni cheisiodd gael ei ailethol ar ôl treulio blwyddyn (1899–1900) yn Aelod Seneddol dros ei sir enedigol. Credir gan rai i'w ddylanwad ef beri fod *Cenedlaetholdeb diweddarach Cymru wedi gorbwysleisio'r wedd ddiwylliannol ar bethau Cymreig ar draul esgeuluso datblygu polisïau economaidd a gwleidyddol ymarferol. Ond yn sicr, cytunir yn gyffredinol ei fod ef ymhlith y rhai a osododd seiliau cenedlaethol yng Nghymru yn ystod yr ugeinfed ganrif.

Ceir astudiaethau ar waith O. M. Edwards yn Owen Morgan Edwards (1937) gan W. J. Gruffydd a Bywyd a Gwaith Owen Morgan Edwards (1958) gan Gwilym Arthur Jones; gweler hefyd Hazel Walford Davies, O. M. Edwards (1988), O. M. Edwards yn y gyfres Bro a Bywyd (1988) a Llythyrau Syr O. M. Edwards ac Elin Edwards 1887–1920 (1991).

EDWARDS, ROGER (1811–86), awdur a golygydd a aned yn Y Bala, Meir., ac a fagwyd yn Nolgellau. Fe'i hordeiniwyd gyda'r Methodistiaid Calfinaidd yn 1842 a daeth yn un o wŷr amlycaf ei gyfundeb. Cyhoeddwyd ei lyfr emynau Y Salmydd Cymreig (1840), a gynhwysai yn agos i chwe chant o emynau, yn wyneb casgliad a wnaethpwyd gan Robert *Jones, Rhos-lan, Grawnsyppiau Canaan (1795), a oedd wedi bod ar gael ers blynyddoedd. Fe'i penodwyd yn gyd-olygydd Y *Drysorfa yn 1847 a bu'n olygydd ar ei ben ei hun o 1853 hyd ei farw; cyhoeddwyd ei nofel Y Tri Brawd ynddi hi yn gyntaf. Yr oedd â'i fryd ar ladd rhagfarn y Methodistiaid yn erbyn nofelau a gwahoddodd Daniel *Owen i gyfrannu i'r cylchgrawn, lle'r ymddangosodd Y *Dreflan. Dywed Isaac *Foulkes, bywgraffydd y nofelydd, mai 'y mwyaf ei ddylanwad ar Daniel Owen yn llenyddol, moesol a chrefyddol oedd y Parch. Roger Edwards'.

Ymhlith cylchgronau eraill a olygwyd gan Edwards

yr oedd *Y Pregethwr* (1841–42) ac *Y Dyddiadur Methodistaidd* (1843–86). Cyhoeddodd hefyd gasgliad o farddoniaeth, *Caneuon* (1855). Ond ei brif gyfraniad oedd sefydlu gyda Lewis *Edwards y cylchgrawn *Y *Traethodydd* yn 1845. O dan olygyddiaeth Owen *Jones (Meudwy Môn) a Roger Edwards enynnodd ddicter rhai fel John *Elias, a gynrychiolai agwedd draddodiadol a cheidwadol Methodistiaeth Galfinaidd, ond bu'n waith arloesol yn paratoi'r ffordd ar gyfer *Rhyddfrydiaeth Gwilym Hiraethog (William *Rees) a Thomas *Gee.

Ceir manylion pellach yn *Cofiant y Parch. Roger Edwards* (1908) gan T. M. Jones; gweler hefyd astudiaeth J. E. Caerwyn Williams yn *Cylchgrawn Hanes y Methodistiaid Calfinaidd* (1980).

EDWARDS, SONIA (1961–), nofelydd a storïwraig a aned yng Nghemaes, Môn. Fe'i haddysgwyd yng Ngholeg Prifysgol Gogledd Cymru, Bangor, lle y graddiodd yn y Gymraeg. Ar ôl hyfforddi fel athrawes, bu'n dysgu mewn gwahanol ysgolion uwchradd cyn cael ei phenodi i swydd yn Ysgol Gyfun Llangefni. Enillodd fedal ryddiaith Eisteddfod Môn yn 1992, ac yn dilyn y llwyddiant hwnnw cyhoeddodd ddwy gyfrol o straeon byrion, *Glas Ydi'r Nefoedd* (1993) a *Glöynnod* (1995), a dwy nofel, *Cysgu ar Eithin* (1994) a *Llen dros yr Haul* (1997). Fe'i hystyrir yn awdur ifanc toreithiog sy'n prysur ennill ei phlwyf fel nofelydd a storïwraig grefftus a phoblogaidd.

EDWARDS, THOMAS (Twm o'r Nant; 1739–1810), anterliwtiwr. Fe'i ganed ym Mhenporchell Isaf, Llanefydd, Dinb., i deulu pur dlawd. Cafodd ei fagu yn Nant Isaf, Henllan, ac fe'i hadwaenid wrth ei lysenw wedi hynny. Ychydig o wythnosau o ysgol a gafodd ond yno darganfu'r pleser o ddarllen. Wedyn, fel ei dad o'i flaen, aeth yn was fferm. Cyflwynwyd ef i'r traddodiad barddol gan ei ffrindiau yn ystod eu horiau hamdden, a dechreuodd lunio ac actio mewn *anterliwtiau. Wedi iddo briodi yn 1763, dechreuodd ennill ei fywoliaeth yn Ninbych fel cariwr coed, ond parhaodd i lenydda a chanlyn anterliwt pan oedd gwaith yn brin. Ffoes o afael y gyfraith i dde Cymru am gyfnod oherwydd ei ddyledion, a bu ei deulu'n cadw tafarn a gofalu am dollborth yn Llandeilo, Caerf. Yn ystod ei henaint, daeth yn gyfeillgar â Thomas *Charles, yr hwn a'i hedmygai'n fawr. Yn ogystal â hunangofiant a gyhoeddwyd yn 1805, ysgrifennodd Twm o'r Nant nifer o ganeuon, y rhan fwyaf ohonynt yn dal mewn llawysgrif. Yr oedd y caneuon hyn yn gymysgedd o'r duwiol a'r anllad. Cyhoeddwyd llawer ohonynt mewn llyfrynnau a'u canu gan faledwyr mewn ffeiriau a marchnadoedd. Cyhoeddwyd casgliad sylweddol ohonynt yn *Gardd o Gerddi* yn 1790.

Fel lluniwr anterliwtiau y cofir am Dwm o'r Nant heddiw. Ymhlith y gweithiau hyn, y canlynol yw'r pwysicaf: *Y Farddoneg Fabilonaidd* (1768), *Cyfoeth a Thlodi* (1768), *Tri Chydymaith Dyn* (1769), *Pedair Colofn Gwladwriaeth* (1786), *Pleser a Gofid* (1787), *Tri Chryfion Byd* (1789) a *Bannau y Byd* (1808); daethpwyd o hyd i un arall, sef *Cybydd-dod ac Oferedd* (1870) mewn llawysgrif wedi ei farw. Y mae'r anterliwtiau cynnar yn llawn maswedd ac yn ysgafnach eu tôn a'u deunydd na'i waith diweddarach, sy'n adlewyrchu deallusrwydd miniog, dychymyg toreithiog a haenau o fyfyrdod dwys. Y mae ei feistrolaeth rymus ar y Gymraeg a difrifoldeb a doniolwch ei bersonoliaeth wedi sicrhau iddo le fel un o ffigurau pwysicaf y *ddrama yng Nghymru rhwng yr Oesoedd Canol a'r ugeinfed ganrif. O ganlyniad i ddolio traddodiad y ddrama Gymraeg yn ystod y cyfnod hwnnw fe'i canmolwyd yn ormodol, a'i alw yn 'Cambrian Shakespeare'. Serch hynny, y mae'n haeddu cael ei gofio fel awdur a oedd yn ddigon eofn i ymosod ar anghyfiawnderau ei ddydd mewn iaith ddeniadol o gyhyrog.

Ceir detholiad o weithiau Twm o'r Nant yng *Nghyhyfres y Fil* (2 gyf., 1909 a 1910); golygwyd ei hunangofiant a'i lythyrau gan Glyn Ashton yn 1948. Ceir trafodaethau ar ei waith yn y monograff gan Wyn Griffith yn y gyfres *Gŵyl Dewi* (1953), yn ysgrif Kate Roberts yn *Gŵyr Llên y Ddeunawfed Ganrif* (gol. Dyfnallt Morgan, 1966), a'r un gan Saunders Lewis yn *Meistri'r Canrifoedd* (gol. R. Geraint Gruffydd, 1973).

EDWARDS, THOMAS (Caerfallwch; 1779–1858), geiriadurwr a aned yng Nghaerfallwch, Llaneurgain, Ffl. Fe'i prentisiwyd yn gyfrwywr yn Yr Wyddgrug; addysgodd ei hun a symud i Lundain yn 1803 i weithio yn glerc. Daeth yn ddisgybl slafaidd i William *Owen Pughe a chyhoeddodd restrau o eiriau Cymraeg newydd i gyfateb i eirfa Saesneg mewn diwydiant, masnach a'r gwyddorau. Er nad oedd y cyfan o'i awgrymiadau yn dderbyniol, cyfoethogodd yr iaith drwy fathu geiriau megis 'pwyllgor' 'buddsoddi', 'cyngerdd', 'hirgrwn' a 'nwy'. Cyhoeddodd *Analysis of Welsh Orthography* (1845) ac ailgyhoeddwyd ef dan y teitl *Geirlyfr Saesoneg a Chymraeg* (1850). Ceir peth gwybodaeth am ei blentyndod yn ei gerdd 'Adgovion' ond diawen yw ei brydyddiaeth.

Ceir manylion pellach yn yr erthygl gan Elwyn L. Jones yn *Taliesin* (cyf. XXII, 1971).

Edwards, Thomas (Yr Hwntw Mawr; m. 1813), llofrudd a grogwyd yn Nolgellau, Meir., am ladd Mary Jones, morwyn fferm Penrhyn Isa, ger Penrhyndeudraeth. Aeth i'r tŷ i ddwyn arian, ond pan ddarganfu'r forwyn ef ymosododd yn giaidd arni a brawychwyd yr ardal. Er mai'r Hwntw Mawr oedd yr enw a roddwyd arno, tybir mai gŵr o'r Gororau ydoedd a ddaeth i weithio i William Alexander *Madocks pan adeiladwyd y Cob, ger Porthmadog, Caern.

Edwards, William (1719–89), saer maen a gweinidog gyda'r Annibynwyr yn Y Groes-wen, Eglwysilan, Morg. 'Adeiladydd i'r Ddeufyd', medd ei feddargraff a chofir amdano yn bennaf fel cynllunydd y Bont Newydd (a elwir bellach yr Hen Bont) dros afon Taf ym Mhontypridd, Morg. Fe'i hadeiladwyd ganddo – i'r Arglwydd Windsor, diwydiannwr lleol – wedi pedair ymgais yn ystod y cyfnod rhwng 1746 a 1756. Ar y dechrau enw'r dref a dyfodd o gwmpas y bont, sef Pontypridd, oedd Newbridge. Ystyrid bod y bont yn wyrth o adeiladwaith ac edmygid ei bwa gosgeiddig (tua 140 troedfedd) gan ymwelwyr â de Cymru a chan artistiaid megis Richard *Wilson a baentiodd 'The Great Bridge over the Taaffe' o fewn deng mlynedd wedi iddi gael ei chwblhau.

Ysgrifennwyd cofiant i William Edwards gan H. P. Richards (1983).

EDWARDS, WILLIAM (Gwilym Callestr, Wil Ysgeifiog; 1790–1855), bardd a aned yng Nghaerwys, Ffl. Saer melin ydoedd wrth ei grefft, a bardd pur dda ar ei orau. Cafodd wobr am awdl yn yr eisteddfod a gynhaliwyd ym Miwmares yn 1832. Byddai'n yfed i ormodedd ac yr oedd amhariad ar ei feddwl. Yng ngwallgofdy Dinbych y bu farw. Cyhoeddwyd casgliad o'i gerddi ef ei hun ac eraill o dan y teitl Cell Callestr (1815).

EDWARDS, WILLIAM THOMAS (Gwilym Deudraeth; 1863–1940), englynwr, a aned yng Nghaernarfon ac a fagwyd ym Mhenrhyndeudraeth, Meir. Bu'n gweithio yn chwarel lechi Oakeley, Blaenau Ffestiniog, ac yna ar reilffordd Ffestiniog. Fe'i cofir yn bennaf am ei englynion bachog a welir yn y cyfrolau o'i waith, Chydig ar Gof a Chadw (1926) ac Yr Awen Barod (1943).

EDWART AP RAFF (fl. 1557–1606), bardd. Yr oedd yn fab i Raff ap Robert o *Fachymbyd, Dinb. Erys tua dau gant a hanner o'i gywyddau mewn llawysgrifau, llawer ohonynt i uchelwyr Dyffryn Clwyd ac ardaloedd eraill yng ngogledd Cymru, megis teuluoedd *Salsbri, Thelwall, Goodman a *Myddleton. Canodd farwnadau i *Siôn Tudur a *Simwnt Fychan yn ogystal ag englynion a chywyddau o natur grefyddol; yn un ohonynt y mae'n dwyn i gof ei brofiad yn y gwarchae ar St. Quentin yn 1557.

EDWART URIEN (c.1580–1614), bardd a aned o bosibl yn Ninas Mawddwy ac a drigai ym mhlwyf Mallwyd. Ei athro barddol oedd *Rhys Cain a chanodd i deuluoedd dyffryn Dyfi ac Ardudwy. Erys, mewn llawysgrifau, dair awdl, deuddeg ar hugain o gywyddau a dau englyn o'i waith.

Efangelus a Pamphila, gweler o dan DUCTOR NUPTIARUM (1777).

Efengyl Nicodemus, testun crefyddol. Ceir y copi cynharaf ohono yn Llawysgrif Peniarth 5 (c.1350) a cheir o leiaf dau gyfieithiad Cymraeg gwahanol ohono. Cyfieithiad ydyw o Evangelium Nicodemi, efengyl apocryffaidd sy'n gyfuniad o Acta Pilati, sef hanes croeshoeliad ac atgyfodiad Crist, a Descensus Christi ad Inferos, Ei ddisgyniad i Uffern.

Efengyliaeth, dehongliad o'r ffydd Gristnogol sy'n derbyn anffaeledigrwydd yr Ysgrythur, athrawiaethau gras, ac yn pwysleisio bod yn rhaid i Gristion gael ei 'aileni'. Y tu mewn i'r Eglwys Anglicanaidd yng Nghymru yn y bedwaredd ganrif ar bymtheg cyferbynnid y blaid Sagrafennol â'r blaid Efengylaidd gan awduron megis John Williams, William Howells, John Hughes a David Howell (Llawdden). Parhad oedd y pwyslais Efengylaidd hwn o'r hyn a geid yn y ddeunawfed ganrif y tu mewn i'r Eglwys Sefydledig gan Daniel *Rowland, Howel *Harris a William *Williams (Pantycelyn) ac yr oedd eu cred hwy yn barhad o safiad Piwritaniaid megis Vavasor *Powell, Walter *Cradock a Morgan *Llwyd.

Gellid defnyddio'r term am rai carfannau cynharach, hyd yn oed rhai megis y *Sistersiaid a'r Seintiau Celtaidd, a geid yn hanes yr Eglwys Gatholig yn yr Oesoedd Canol. Y mae'r gair Methodistiaid yn y term Methodistiaid Calfinaidd (gweler METHODISTIAETH a CALFINIAETH) yn ymwneud â'r un pwyslais ac yn cyfeirio at y wedd brofiadol ar gymeriad yr enwad hwn a dorrodd i ffwrdd o'r Eglwys Sefydledig yn hanner cyntaf y bedwaredd ganrif ar bymtheg. Cyfeirir weithiau at rai o'r enwadau Anghydffurfiol a fywiocawyd yng nghyfnod y Diwygiad Methodistaidd, megis yr Annibynwyr (*Annibyniaeth) a'r *Bedyddwyr, fel enwadau Efengylaidd. Ymhlith yr adfywiadau Efengylaidd pwysicaf yng Nghymru yw'r rhai a gysylltir â David Morgan (1859; gweler DIWYGIAD 1859), Richard Owen (1882–83) ac Evan *Roberts (1904–05). Mewn llenyddiaeth gwelir ffrwyth a brwdfrydedd Efengylaidd yng Nghymru yn y nifer ac yn yr amrywiaeth o lyfrau crefyddol a gyhoeddwyd yn y bedwaredd ganrif ar bymtheg ac yn natur y farddoniaeth.

Tyfodd Mudiad Efengylaidd Cymru o'r Cylchgrawn Efengylaidd a sefydlwyd yn 1948. Ymhlith y llenorion y dylanwadwyd arnynt gan eu Hefengyliaeth gellir nodi Bobi Jones (Robert Maynard *Jones), R. Tudur *Jones, Robert Geraint *Gruffydd, Dafydd *Ifans, Einir *Jones, John *Emyr a D. Martyn *Lloyd-Jones.

Ceir manylion pellach yn E. Wyn James (gol.), Cwmwl o Dystion (1977), Derec Llwyd Morgan, Y Diwygiad Mawr (1981), R. Tudur Jones, Ffydd ac Argyfwng Cenedl (2 gyf., 1981, 1982) ac Eifion Evans, Fire in the Thatch (1996).

Efnysien, cymeriad yn Ail Gainc *Pedair Cainc y Mabinogi a gyflwynir ar ddechrau'r chwedl fel brawd i Nisien a hanner brawd i Fendigeidfran (*Brân) a *Manawydan; cynhyrfwr ydyw ac un hawdd ei darfu.

Wedi i Frân gytuno i roi *Branwen yn wraig i *Fatholwch, Brenin Iwerddon, daw Efnysien i greu anghydfod trwy anffurfio meirch y Gwyddyl oherwydd iddi gael ei rhoi heb ei ganiatâd ef. Y mae hyn yn peri sarhad ar Franwen, a chanlyniad hyn yn ddiweddarach yw ymgyrch y Cymry yn Iwerddon. Pan ymddengys fod ymdrech y Gwyddyl i dawelu'r Cymry'n llwyddo, y mae'n cydio yng Ngwern, fab Branwen a Matholwch, a'i fwrw i'r tân, gan beri gwrthdaro rhwng y ddwy ochr. Yn ystod yr ymladd sy'n dilyn cyflawna Efnysien un weithred anhunanol sef dryllio'r *Pair Dadeni sy'n adfywio celaneddau'r Gwyddyl, ond y mae'n ei ddinistrio ei hun wrth wneud hynny. Awgrymwyd bod Efnysien wedi ei seilio ar Bricriu Nemthenga yn y chwedl Wyddeleg *Fled Bricrenn*, eithr nid yw'r gyfatebiaeth yn un fanwl.

Efrydiau Athronyddol, cylchgrawn blynyddol a gyhoeddir gan *Wasg Prifysgol Cymru ar ran Adran Athronyddol Urdd Graddedigion Prifysgol Cymru ac a gychwynnwyd yn 1938 dan olygyddiaeth Richard I. *Aaron a fu'n olygydd arno hyd at 1966. Olynwyd ef gan T. A. Roberts hyd at 1986, ac er 1987 cydolygyddion y cylchgrawn yw John Daniel a W. L. Gealy. Ymdrinia â chwmpas eang o bynciau athronyddol a chynnwys adolygiadau ar lyfrau. Cyhoeddwyd detholiad o erthyglau o'r cylchgrawn yn ymdrin â hanes meddwl yng Nghymru yn y gyfrol *Y Meddwl Cymreig* (gol. W. J. Rees, 1995).

Efrydydd, Yr, cylchgrawn a gyhoeddwyd dan nawdd Mudiad Cristnogol Myfyrwyr Prydain Fawr ac Iwerddon, ac Urdd y Deyrnas. Sefydlwyd Urdd y Deyrnas gyda'r amcan o hyrwyddo heddychiaeth a lledaenu egwyddorion Cristnogol yn fuan wedi cyflafan y Rhyfel Mawr, a galwai ar yr ifainc i greu Cymru newydd a daear newydd. Cyhoeddwyd *Yr Efrydydd* fel cylchgrawn chwarterol fis Hydref 1920 hyd fis Mehefin 1924, a hynny dan olygyddiaeth D. Miall *Edwards. Cyhoeddwyd ail gyfres yn fisol rhwng mis Hydref 1924 a mis Medi 1935, yn rhannol dan olygyddiaeth John Morgan Jones o Goleg Bala-Bangor ac E. Tegla *Davies. Ymddangosodd y drydedd gyfres yn chwarterol rhwng Hydref 1935 a Haf 1948 dan oruchwyliaeth bwrdd golygyddol, ac yna'r bedwaredd gyfres rhwng Ionawr 1950 a Thachwedd 1955 gyda Gwenan Jones ac R. Tudur *Jones ymhlith ei olygyddion. Yn gylchgrawn cydenwadol, galwai am fwy o ddealltwriaeth rhwng y gwahanol adrannau o'r eglwys, yn enwedig rhwng yr Eglwys Sefydledig a'r Ymneilltuwyr. Ceisiai ddeall ystyr y ffydd Gristnogol a'i chymhwyso at holl anghenion y byd, ac fel rhan o'r swyddogaeth hon yr hyrwyddodd *Yr Efrydydd* ymchwil i achosion ac effeithiau'r *Dirwasgiad yng nghymoedd de Cymru. Gwnaed ymgais i ailddechrau'r cylchgrawn yn 1989, ond un rhifyn yn unig a gyhoeddwyd.

Eglvryn Phraethineb, sebh Dosparth ar Retoreg (1595), llawlyfr gan Henry *Perri ar Retoreg, un o'r saith gelfyddyd freiniol a ddysgid yn ysgolion yr Oesoedd Canol. Er iddo ddefnyddio traethawd William *Salesbury (1552), ymhelaethodd lawer arno. Y mae llawer o'r enghreifftiau a rydd yn deillio o'r farddoniaeth draddodiadol ond dylid dehongli'r gwaith yng nghefndir ehangach ysgolheictod y *Dadeni yn Lloegr yn ystod y cyfnod hwnnw. Amcan Perri oedd cynhyrchu yn Gymraeg yr hyn a gyflawnwyd eisoes yn Saesneg a dylanwadodd ysgolheigion Seisnig yn fawr iawn arno. Argraffwyd y gwaith gan John Dantes yn Llundain ar gost Syr John Salusbury (gweler o dan SALBRIAID), ac iddo ef y cyflwynwyd y llyfr.

Cyhoeddwyd ailargraffiad o'r gwaith gan Owain Myfyr (Owen Jones) a William Owen Pughe yn 1807 a chyhoeddwyd adargraffiad o argraffiad 1595, gyda rhagymadrodd gan G. J. Williams, yn 1930.

Eglwys Bresbyteraidd Cymru, gweler o dan METHODISTIAETH.

Eglwys Geltaidd, Yr, y cymdeithasau Cristnogol ymhlith pobl Geltaidd Prydain ac Iwerddon a barhaodd o'r bedwaredd ganrif hyd tua diwedd yr wythfed ganrif. Adroddir bod cynrychiolwyr o Brydain yng Nghyngor Arles (314) a Rimini (359). Diau fod y ffydd Gristnogol wedi gwreiddio ym Mhrydain yn ystod y cyfnod Rhufeinig, cyn y flwyddyn 410, ac eto yr oedd cenhadon yn parhau i geisio ennill y trigolion yn y bumed a'r chweched ganrif. Aeth *Patrick i Iwerddon o orllewin Prydain yn y bumed ganrif a bu cryn weithgarwch cenhadol yng Nghymru yn ystod y cyfnod hwnnw, ac oherwydd hynny fe'i gelwir yn *Oes y Seintiau. Aeth Columba i Iwerddon yn 563 ac ymsefydlu yn Iona ac oddi yno, tua'r flwyddyn 635, daeth Aidan i Northumbria ac ymsefydlu yn Lindisfarne. I ogledd a gorllewin Prydain ac i Iwerddon, felly, y perthynai'r Eglwys Geltaidd. O'r parthau hyn yn eu tro, ac o Iwerddon yn arbennig, bu cenhadu o'r seithfed ganrif ymlaen, tua'r gogledd mor bell ag Ynys yr Iâ, tua'r de i'r Swistir a'r Eidal a thua'r dwyrain cyn belled â Kiev. Pan ddaeth Awstin i Brydain o Rufain yn 597, amharod fu'r Brythoniaid i gydnabod ei awdurdod, gan fod yr Eglwys Geltaidd wedi magu rhai nodweddion y buont yn ceisio eu cadw am ddwy ganrif wedi hyn.

Mynachaeth oedd y system a fabwysiadwyd gan yr Eglwys Geltaidd a gweddai i drefn y llwyth yn hytrach na'r dref a'r ddinas; pennaeth y fynachlog oedd yr abad. Gallai awdurdod a dylanwad y fynachlog ymestyn dros nifer o sefydliadau eraill mewn gwahanol fannau, a oedd wedi eu sefydlu ganddi. Ni rwystrid gwŷr eglwysig rhag priodi a chodi teuluoedd ac felly gallai safle ac urddas ddisgyn o dad i fab.

Ychydig a wyddys am ddulliau a chredoau'r Eglwys Geltaidd ar wahân i'r hyn y gellir ei gasglu o weithiau awduron megis Patrick, *Gildas, Beda a *Nennius, o *Fucheddau'r Saint ac o gerddi a chroniclau a thraddodiadau mwy diweddar. Ymddengys i heresi *Pelagius, a roddai werth ar ran yr unigolyn mewn achubiaeth, ddylanwadu rywfaint ar y Celtiaid ar hyd yr amser. Rhoddid pwys ar asetigrwydd a dirwest ac yn ystod y seithfed a'r wythfed ganrif tyfodd mudiad meudwyol a brwd, yn arbennig yn Iwerddon. Rhoddid pwys hefyd ar yr Ysgrythur, ond ychydig o ôl dylanwad y Tadau Cynnar a welir. Dibynnid ar fersiynau cynnar Hen Ladin yn fwy nag ar y Fwlgat. Y prif wahaniaeth rhyngddi a'r Eglwys Rufeinig oedd y dull o bennu dyddiad y Pasg ac o eillio corun y gwŷr eglwysig. Yr oedd y gwahaniaethau at ei gilydd yn arwydd o amharodrwydd y Celtiaid i gydnabod awdurdod Rhufain a datblygwyd y nodweddion arbenigol hyn yn ystod y cyfnod pan wahanwyd hwy oddi wrth weddill Ewrop gan ymgyrchoedd y barbariaid.

Ni bu'r Eglwys Geltaidd erioed yn gyfundrefn ar wahân ac ni bu iddi awdurdod canolog. Diau mai hyn a barodd iddi yn y diwedd ymdoddi a dod yn rhan o Eglwys Rufain. Yn ystod y seithfed a'r wythfed ganrif de Iwerddon oedd y cyntaf i gydymffurfio, tua 632, wedyn Northumbria ar ôl Cyngor Whitby 664, gogledd Iwerddon tua 695 a'r Alban tua 717, er i rai Cristnogion yno gadw eu hannibyniaeth tan ail chwarter y ddeuddegfed ganrif. Cydymffurfiodd Celtiaid Cernyw, Dyfnaint a Gwlad yr Haf tua 768 ac ildiodd y Cymry dan *Elfodd, Esgob Bangor, tua'r flwyddyn 777. Ond yng Nghymru yn gyffredinol cadwodd yr Eglwys ei chymeriad priod, yn enwedig mewn canolfannau megis *Llanbadarn a *Thyddewi, hyd ddiwedd yr unfed ganrif ar ddeg.

Gwelir manylion pellach yn H. Williams, *Christianity in Early Britain* (1912), L. Gougaud, *Christianity in Celtic Lands* (1932), Nora K. Chadwick, *The Age of Saints in the Early Celtic Church* (1961) a Charles Thomas, *Britain and Ireland in Early Christian Times* (1971); gweler hefyd Oliver Davies, *Celtic Christianity* (1996).

Egryn, tŷ ym mhlwyf Llanaber, Meir., a chartref, yn yr unfed ganrif ar bymtheg, i Wiliam ap Tudur, a glodforwyd am ei nawdd hael gan Wiliam *Cynwal, *Lewis Menai a Siôn Phylip (gweler o dan PHYLIPIAID ARDUDWY). Priododd un o feibion Wiliam, Huw, â Gwen, merch Rhisiart Fychan, *Corsygedol; canodd *Edwart Urien a *Siôn Cain farwnadau iddi. Yno hefyd y magwyd William *Owen Pughe ar ôl i'w deulu symud i'r tŷ tua 1766.

Englyn. Dichon mai ystyr gwreiddiol y gair yw 'cwlwm mydryddol' neu 'bennill'. Ymhlith y *Pedwar Mesur ar Hugain ceir sawl math ar englyn a gellir eu holrhain yn ôl i'r nawfed ganrif o leiaf, ond yr un y daethpwyd i'w ddefnyddio'n helaeth yn y ddeuddegfed ganrif yw'r un mwyaf poblogaidd o ddigon heddiw, sef

yr englyn unodl union. Cyfuniad ydyw o *Doddaid Byr a chwpled *Cywydd Deuair Hirion. Mewn englyn gelwir y naill yn 'baladr' a'r llall yn 'esgyll'. Ysgrifennir y paladr yn ddwy linell, deg sill yn y gyntaf a chwech yn yr ail. Daw'r gwant sy'n dynodi'r brifodl ar ôl y seithfed, yr wythfed neu'r nawfed sill yn y llinell gyntaf. Y mae gweddill y llinell, y 'gair cyrch', yn cynganeddu â rhan gyntaf yr ail linell, gan adael rhan olaf yr ail linell yn ddigynghanedd neu yn 'bengoll'. Fodd bynnag, os *Cynghanedd Sain a ddefnyddir y mae'n ymestyn at ddiwedd yr ail linell fel arfer. Bron yn ddieithriad bellach y mae diwedd yr ail linell yn gorffen yn ddiacen, ond gall prifodl y llinell gyntaf cyn y gwant fod yn acennog neu beidio. Cwpled unodl o linellau saith sill yw'r esgyll, y naill brifodl yn acennog a'r llall yn ddiacen. Gellir unrhyw gynghanedd a fynner yn llinellau'r englyn, ond ni chaniateir Cynghanedd Lusg yn yr ail linell na'r bedwaredd.

Gall yr englyn fod yn bennill mewn cyfres, er enghraifft mewn *cadwyn englynion lle'r ailadroddir diwedd un englyn ar ddechrau'r englyn dilynol a dechrau'r gadwyn hithau ar ei diwedd (gweler o dan CYNGOGION), neu mewn cerdd hwy, megis *awdl dyweder, ond gall fod hefyd yn gerdd hunangynhaliol annibynnol, a hynny a barodd gymharu'r englyn ag epigram a Groegiaid ac â *haiku a *tanka y Siapaneaid. Yn ddyrchafol neu yn ddychanol ei ddiben, yn uniongyrchol neu yn ddelweddol ei fodd, yn drist neu yn ysgafn chwareus ei naws, dyry cywreinrwydd a chynildeb ei ffurf iddo rym nodedig. Fe'i defnyddir mewn ymryson chwareus, i gyfarch ar achlysuron llon, ac yn arbennig i goffáu'r meirw. Englyn delweddol yn coffáu mab a thad yw'r enghraifft hon gan Tegidon (John Phillips, 1810–77):

> Yr eiddilaf i'r ddeilen—a syrthiai
> Yn swrth i'r ddaearen;
> Yna y gwynt, hyrddwynt hen
> Ergydiai ar y goeden.

Ceir trafodaeth bellach yn *Ynglŷn â Chrefft Englyna* (gol. T. Arfon Williams, 1981) ac mewn ysgrif gan R. M. Jones yn *Ysgrifau Beirniadol XII* (gol. J. E. Caerwyn Williams, 1982); blodeugerddi gorau yw *Y Flodeugerdd Englynion* (gol. Alan Llwyd, 1978) a *Blodeugerdd Barddas o Englynion Cyfoes* (gol. Tudur Dylan Jones, 1993) a cheir detholiad o englynion chwareus yn *Y Flodeugerdd o Englynion Ysgafn* (gol. Huw Ceiriog, 1981).

'Englynion Dydd Brawd', cyfres o englynion sy'n disgrifio arwyddion y disgwylir eu canfod yn y pymtheng niwrnod cyn Dydd Barn. Yr oedd yr wybodaeth am yr arwyddion hyn yn gyffredin iawn yn ystod yr Oesoedd Canol a chredid iddynt gael eu rhestru mewn llyfr coll gan Sierôm, *Annales Hebraeorum*. Ceir y cerddi Cymraeg yn *Llyfr Gwyn Rhydderch* a *Llyfr Coch Hergest* ac fe'u cyhoeddwyd yn y gyfrol *Hen Gerddi Crefyddol* (gol. Henry Lewis, 1931).

'*Englynion Eiry Mynydd*', cyfres o englynion gwirebol, pob un yn dechrau â'r ymadrodd 'Eiry mynydd'; fe'u ceir yn *Llyfr Coch Hergest* a llawysgrifau eraill. Ceir un ar bymtheg ar hugain o englynion yn y testun hynaf, ond ychwanegwyd atynt mewn testunau diweddarach megis yr un yn y *Myvyrian Archaiology of Wales* (1801). Ar ddechrau pob englyn ceir yn ddieithriad gyfeiriadau at fyd natur, megis 'gwyn pob tu', 'hydd ar naid', 'pysg yn llyn' a 'gochwiban gwynt uwch blaen onn'. Fe'u dilynir gan osodiadau gwirebol neu ddiarhebol, megis 'ni ddaw da o drachysgu', 'nid ymgêl drwg yn lle y bo', 'celfyddyd, celed ei arfaeth', 'lle ni bo dysg ni bydd dawn' a 'bas dwfr myn yd lefair'. Gweler hefyd GWIREB.

Ceir manylion pellach yn Kenneth H. Jackson, *Early Welsh Gnomic Poems* (1935) a *Studies in Early Celtic Nature Poetry* (1935).

'*Englynion Geraint*', cerdd yn cynnwys chwech ar hugain o wahanol fathau o englynion a gadwyd yn *Llyfr Du Caerfyrddin* a *Llyfr Coch Hergest*. Fe'i cyfansoddwyd cyn 1100 ac o bosibl mor gynnar â 900. Moliant ydyw i *Geraint fab Erbin, brenin yn Nyfnaint yn niwedd y chweched ganrif ac arwr y rhamant ganoloesol, *Geraint ac Enid*. Y mae'n cynnwys disgrifiad o frwydr Llongborth (o bosibl Longport) a honnir bod *Arthur yn bresennol yno. Anachroniaeth yw hynny, gan fod Arthur yn perthyn i gyfnod cynharach, ond y mae'r cyfeiriad ato yn enghraifft gynnar o duedd y traddodiadau Arthuraidd i ddenu atynt gymeriadau o gyfnodau a chylchoedd storïol gwahanol. Awgrymwyd bod yr englynion yn weddill mydryddol chwedl o'r un math ag a oedd yn sail neu'n gefndir i'r englynion yn *'Canu Llywarch Hen'.

Ceir ymdriniaeth â'r gerdd gan Brynley F. Roberts, 'Rhai Cerddi Ymddiddan – Geraint fab Erbin' yn *Astudiaethau ar yr Hengerdd* (gol. R. Bromwich ac R. Brinley Jones, 1978), A. O. H. Jarman, *Llyfr Du Caerfyrddin* (1982) a Jenny Rowland, *Early Welsh Saga Poetry* (1990).

'*Englynion y Beddau*', casgliadau o gerddi yn enwi beddau arwyr. Ceir y casgliad cynharaf a helaethaf yn *Llyfr Du Caerfyrddin*, goroesodd cyfres arall mewn copïau diweddar yn unig, a cheir rhai ar wasgar yn aml wedi eu gosod yng nghanol gweithiau eraill. Y mae'r prif gasgliad yn dyddio yn ôl pob tebyg o'r nawfed neu'r ddegfed ganrif, ond y mae'n fath o farddoniaeth y gellid yn hawdd ychwanegu ati. Cyfuna englynion y beddau lên enwau-lleoedd â rhestri o arwyr mewn dull nod-weddiadol Geltaidd. Mewn rhai, coffáu'r arwr sydd bwysicaf ac amwys yw lleoliad y bedd. Ymddengys mai mannau claddu hynafol megis carneddi neu gromlechi yw llawer o'r safleoedd y gellir eu hadnabod ac yn yr enghreifftiau hyn y prif ddiddordeb yw esbonio'r gweddillion dyrys hyn o'r gorffennol. Er gwaethaf eu swyddogaeth hynafiaethol, naws telynegol a marwnadol sydd i'r casgliad yn gyffredinol, gyda chyferbyniad

rhwng nerth yr arwr pan oedd yn fyw a'r bedd diffaith, unig.

Casglwyd a chyfieithwyd y penillion gan Thomas Jones yn *Nhrafodion yr Academi Brydeinig* (cyf. LIII, 1967).

'*Englynion y Bidiau*', cyfres o englynion a gadwyd yn *Llyfr Coch Hergest* a llawysgrifau eraill. Dechreuir pob englyn â'r ffurf orchmynnol trydydd unigol 'bid', sydd yma'n golygu 'yw', 'y mae', 'y mae o'i hanfod', neu 'y mae o raid'. Gwirebol yw'r cynnwys gan mwyaf, megis 'Bid goch crib ceiliog', 'Bid amlwg marchog' a 'Bid grafangog iâr', ond ceir hefyd ambell gyffyrddiad diarhebol megis 'Cyfaill blaidd bugail diog'. Gweler hefyd GWIREB.

Ceir manylion pellach yn Kenneth H. Jackson, *Early Welsh Gnomic Poems* (1935) a *Studies in Early Celtic Nature Poetry* (1935).

'*Englynion y Clyweit*', y mwyaf gwreiddiol o'r holl gerddi gwirebol Cymraeg. Cnewyllyn pob un yw gosodiad diarhebol neu wirebol yn y drydedd linell a briodolir yng ngweddill y pennill i arwr enwog neu sant gyda'r fformiwla agoriadol digyfnewid, 'A glyweist ti a gant . . . ?' Dewisir yr arwr y priodolir y gosodiad iddo ar sail yr odl-air, er bod y bardd weithiau'n methu â meddwl am enw personol a phriodolir y wireb i anifail. Y mae'r cerddi, felly, yn ddi-werth fel tystiolaeth am y rhai a enwyd, ond dangosant gysylltiad rhwng llenyddiaeth ddiarhebol a'r llên hynafiaethol a ddiogelwyd ac a feithrinwyd gan y beirdd. Gweler hefyd GWIREB.

Golygwyd y cerddi gan T. H. Parry-Williams ac Ifor Williams ym *Mwletin* y Bwrdd Gwybodau Celtaidd (cyf. III, 1927); gweler hefyd Kenneth H. Jackson, *Early Welsh Gnomic Poems* (1935).

'*Englynion y Misoedd*', cerdd wirebol a gedwir mewn llawer o lawysgrifau canoloesol diweddar a rhai modern cynnar. Egyr pob pennill gyda disgrifiad byr o un o fisoedd y flwyddyn a chynnwys y gweddill ddywediadau gwirebol a diarhebol digyswllt. Dull a oedd yn boblogaidd gyda chynulleidfaoedd yr Oesoedd Canol yw hwn ac y mae'n dwyn i gof weithiau eraill ar ddiwedd y cyfnod hwnnw sy'n rhoi ffurf fydryddol i restrau fel y Deg Gorchymyn a'r Saith Pechod Marwol. Arferid priodoli'r gerdd i fardd nodedig o'r gorffennol megis *Aneirin, *Myrddin neu *Daliesin, arwydd pellach o'u poblogrwydd. Gweler hefyd GWIREB.

Golygodd Kenneth H. Jackson y gerdd yn *Early Welsh Gnomic Poems* (1935).

Ehangwen, gweler o dan GWLYDDYN SAER.

Ehedydd Iâl, gweler JONES, WILLIAM (1815–99).

Eiddilig Gor, corrach, un o Dri Lledrithiog Ynys Prydain, a fedrai, yn ôl y Trioedd, gymryd arno unrhyw ffurf a fynnai i osgoi cael ei ddal.

Eifion Wyn, gweler WILLIAMS, ELISEUS (1867–1926).

Eifionydd, cwmwd yng *Ngwynedd yn ymestyn o Bwllheli hyd at gyffiniau Porthmadog, sef hen frenhiniaeth *Dunoding. Y mae'n enwog am y nifer mawr o feirdd a aned neu a fu'n byw y tu mewn i'w ffiniau. Y mae'r rhain yn cynnwys Robert *Williams (Robert ap Gwilym Ddu), David *Owen (Dewi Wyn o Eifion), Ebenezer *Thomas (Eben Fardd), John *Thomas (Siôn Wyn o Eifion), Eliseus *Williams (Eifion Wyn) a William *Jones (1896–1961). Coffeir rhai o'r beirdd hyn yng Nghapel y Beirdd yn ardal Yr Ynys. Ymhlith y llenorion eraill a gysylltir ag Eifionydd y mae Robert *Jones, Rhos-lan, a John *Jones (Myrddin Fardd). Y mae un o gerddi enwocaf R. Williams *Parry, sef 'Eifionydd', yn cyfeirio at lonyddwch yr ardal, ac yn enwedig Y *Lôn Goed.

Am hanes cysylltiadau llenyddol a diwylliannol y cwmwd gweler Gruffudd Parry, *Crwydro Llŷn ac Eifionydd* (1960).

Eifionydd, gweler THOMAS, JOHN (1848–1922).

Eigr, ferch Amlawdd Wledig, y wraig decaf ym Mhrydain yn ôl *Brut y Brenhinoedd. Gwrloes, Iarll Cernyw, oedd ei gŵr ond ymserchodd *Uthr Pendragon ynddi. Pan weddnewidiwyd Uthr gan y dewin *Myrddin i rith Gwrloes, llwyddodd i gysgu gyda Eigr; y canlyniad oedd geni iddynt fab, *Arthur. Wedi marwolaeth ei gŵr, daeth Eigr (a adwaenir yn Saesneg fel Igraine) yn wraig i Uthr.

Eingl-Gymreig, term llenyddol am lenor a aned yng Nghymru neu sydd â chysylltiad â Chymru ond am amryw o resymau sy'n ysgrifennu yn Saesneg ac nid yn y Gymraeg; y mae'r term hefyd yn disgrifio gwaith llenor o'r fath ac yn wir, y *genre* yn gyffredinol. Defnyddiwyd y term gyntaf mewn cysylltiadau llenyddol gan H. Idris *Bell yn 1922 ond ymddengys nas derbyniwyd gan bawb, gan i Lewis Davies gyfrannu erthygl i The *Welsh Outlook yn 1926 ar 'The Anglo-Cymric School of Poets'. Daeth y term yn fwy derbyniol tua diwedd y 1930au gydag ymddangosiad y ddau gylchgrawn *Wales a The *Welsh Review.

Bellach, er bod y term yn cydnabod bodolaeth llenyddiaeth yn yr iaith Gymraeg, y mae wedi colli peth ystyr gan ei fod yn dynodi maes mor eang. Am y rheswm hwn fe'i defnyddir gan rai beirniaid i ddynodi'r llenorion hynny sy'n ysgrifennu am y traddodiad a'r diwylliant Cymreig yn Saesneg, boed am yr iaith Gymraeg neu am draddodiadau llenyddol neu hanesyddol Cymru. Y mae'r cyfyngu hwn ar ystyr y term yn creu cylch mwy hunanymwybodol o 'Eingl-Gymreictod' mewn perthynas â'r awduron eu hunain a'u gweithiau. Felly tyfodd ystyr mwy arbenigol i'r term. Yn y Gymru ddi-Gymraeg defnyddir y term fel disgrifiad mwy eang am darddiad gwaith llenyddol yn yr iaith Saesneg.

Nid yw'r term wrth fodd amryw lenorion cyfoes sy'n ysgrifennu yn Saesneg, gan gynnwys Emyr *Humphreys. Teimlant ei fod yn gamarweiniol oherwydd ei fod yn awgrymu gwaed cymysg (*cf. Anglo-Irish* neu *Anglo-Indian*), ond hyd yn hyn, ni chafwyd term cyfleus arall yn ei le. Nid yw'r ansoddair 'Welsh', er y gellir ei ddefnyddio am berson (sy'n sicr o fod yn Gymro, oblegid nid oes y fath greadur â'r *Anglo-Welshman* yn bod), yn gwbl foddhaol i ddisgrifio gwaith a luniwyd yn Saesneg. Nid yw'r anhawster hwn yn codi yn yr iaith Gymraeg, oherwydd ceir dwy ffurf – 'Cymreig' (fel yn yr *Academi Gymreig) sy'n disgrifio rhywbeth sy'n ymwneud â Chymru fel gwlad a 'Chymraeg' sy'n disgrifio rhywbeth sy'n ymwneud â'r iaith Gymraeg.

Bu cryn drafod ynglŷn â'r defnydd o'r term Eingl-Gymreig mewn cylchgronau llenyddol, hyd at syrffed. Erbyn hyn ni ddefnyddir y term gan lawer o lenorion; eu dewis hwy, a dewis *Cymdeithas Llên Saesneg Cymru, yw cyfeirio at '*Welsh Writing in English*'. Y mae rhai awduron sy'n ysgrifennu yn Gymraeg wedi dangos mwy o gydymdeimlad nag eraill tuag at y Cymry di-Gymraeg ar y cwestiwn hwn. Yn eu plith y mae Waldo *Williams, Ioan Bowen *Rees, John Gwilym *Jones, D. Tecwyn *Lloyd, Jac L. *Williams, Aneirin Talfan *Davies a Bobi Jones (R. M. *Jones); cyhoeddodd yr olaf erthygl fywiog ar y pwnc yn y cylchgrawn *Planet (rhif. 16, 1973).

Y cyhoeddiadau pwysicaf ar y pwnc yw pamffled Saunders Lewis, *Is there an Anglo-Welsh Literature?* (1939), darlithiau Gwyn Jones, *The First Forty Years* (1957) a *Being and Belonging* (1977), llyfr Glyn Jones, *The Dragon has Two Tongues* (1968), traethawd Raymond Garlick yn y gyfres *Writers of Wales*, sef *An Introduction to Anglo-Welsh Literature* (1970), a rhagair Roland Mathias i'r casgliad *Green Horse* (gol. Meic Stephens a Peter Finch, 1978) a, chyda Raymond Garlick, ei ragair i'r casgliad *Anglo-Welsh Poetry 1480–1980* (1984). Ceir crynodebau defnyddiol yn y cofnod gan Mercer Simpson yn y *Bloomsbury Guide to English Literature* (gol. Marion Wynne-Davies, 1989) ac yn erthygl Tony Conran, 'Anglo-Welsh Revisited', yn *Planet* (rhif. 108, 1994–95).

Eingl-Normaneg, a elwir hefyd yn Eingl-Ffrangeg neu (yn llai cywir) yn Ffrangeg Normanaidd, oedd y math o Ffrangeg a ddaeth i Loegr yn sgîl Goresgyniad Normanaidd 1066 (gweler GORESGYNIAD CYMRU GAN Y NORMANIAID); lledaenodd i weddill Ynysoedd Prydain wrth i'r Normaniaid eu hunain ymestyn eu rheolaeth ymhellach na Lloegr. Yr oedd llenorion Eingl-Normanaidd yn flaenllaw ym myd ysgrifennu creadigol mewn Ffrangeg, efallai oherwydd eu cyswllt â'r diwylliant Eingl-Sacsonaidd, lle'r oedd ysgrifennu yn yr iaith frodorol yn hen arfer. Ond prin yw'r llenyddiaeth ddychmygus mewn Eingl-Normaneg a gyfansoddwyd yng Nghymru, nac yn wir mewn unrhyw fan ac eithrio Lloegr. Yr unig weithiau hysbys o Gymru yw: rhamantau Hue de Rotelande (*Huw o Ruddlan) a ysgrifennai'n wreiddiol ac yn aml yn ffraeth; ac, yn llai pendant, waith edifeiriol a homiletig Simon de Kernerthin (*Simon o Gaerfyrddin) sydd, rhaid cyfaddef, yn llai deniadol a lled brudd. Nid oes amheuaeth, serch hynny, i Eingl-Normaneg gael cryn effaith ar Gymru mewn ffyrdd eraill. Hon, wrth gwrs, oedd iaith y goresgynwyr uchelwrol, ond yr oedd hefyd, fel ffurf ar Ffrangeg yr Oesoedd Canol, yn cynrychioli'r iaith uchaf ei bri yn ddiwylliannol mewn rhannau helaeth o orllewin Ewrop yr Oesoedd Canol. Gwelwyd ei dylanwad yng Nghymru mewn tair prif ffurf: mewn dogfennau gweinyddol anllenyddol; mewn cyfieithiadau, i Gymraeg Canol, o destunau Ffrangeg neu Eingl-Normaneg; ac (yn fwy astrus) fel ffynhonnell gyfoethog o eiriau benthyg i'r Gymraeg yn ystod yr Oesoedd Canol. Y mae'n sicr i Eingl-Normaneg gael ei defnyddio gryn dipyn fel iaith dogfennau yng Nghymru'r Oesoedd Canol, ac er mai cynnyrch gwladychiad y Saeson oedd llawer o'r cofnodion a oroesodd, a bod cyfran helaeth ohonynt yn ddogfennau mewnol a gylchredai ymysg cynrychiolwyr yr awdurdodau Eingl-Normanaidd yn unig, cyfansoddwyd rhai ohonynt (hyd y gallwn ddweud) gan Gymry. Y mae rhychwant daearyddol y dogfennau a oroesodd yn drawiadol; fe'u ceir yn y gogledd a'r gorllewin pell yn ogystal ag yn yr ardaloedd a wladychwyd yn fwy dwys yn ne Cymru, y Gororau, neu drefi arfordir y gogledd. Y mae bodolaeth dogfennau o'r math yn arwain at rai cwestiynau na ellir eu datrys yn llwyr ynglŷn â gwybodaeth o'r iaith ac awduriaeth y cyfieithiadau i'r Gymraeg ac ohoni yn yr ardaloedd mwyaf anghysbell lle y darganfuwyd hwy. Trwy gyfrwng cyfieithiadau llenyddol, yr oedd themâu a deunydd y byd llenyddol Eingl-Normanaidd a Ffrangeg (yr oedd i lawer ohonynt wreiddiau Celtaidd neu o leiaf gysylltiadau Celtaidd) ar gael yng Nghymru. Y mae testunau o'r fath yn cynnwys y *Chanson de Roland*, llawer o'r rhamantau Arthuraidd, a'r arwrgerdd *Boeve de Haumtoun* (gweler YSTORYA BOWN DE HAMTWN). Pwnc arall sy'n gysylltiedig ond yn llai clir yw dylanwad traddodiadau llenyddol Ffrangeg ar awduron megis *Dafydd ap Gwilym. Rhagdybia hynny wybodaeth o'r Ffrangeg gan lenorion o'r fath, a'r tebygolrwydd yw mai'r Ffrangeg ar ei gwedd Eingl-Normanaidd fyddai honno. Ac yn olaf, ceir problem y geiriau benthyg – sy'n broblem oherwydd mai anodd yw gwybod ai o Eingl-Normaneg, neu o Ffrangeg cyfandirol, neu o Saesneg Canol (yr oedd geirfa Eingl-Normaneg yn treiddio iddi hithau fwyfwy) y daw'r geiriau Cymraeg dan sylw.

Am fanylion pellach gweler D. A. Trotter, 'L'anglo-français au Pays de Galles: une enquête préliminaire', yn Revue de linguistique romane (cyf. LVIII, 1994).

Einion, Yr, gweler WELSH ANVIL.

EINION AP GWALCHMAI (*fl.* 1203–23), un o'r drydedd genhedlaeth o linach o feirdd a drigai ym Môn. Ei daid oedd *Meilyr Brydydd a'i dad oedd *Gwalchmai ap Meilyr; yr oedd *Meilyr ap Gwalchmai yn frawd

iddo, ac efallai hefyd *Elidir Sais. Yn ogystal â bod yn fardd, yr oedd Einion hefyd yn ŵr cyfraith – ynad llys yn ôl pob tebyg – a fu yng ngwasanaeth *Llywelyn ap Iorwerth (Llywelyn Fawr). Geill mai ei fab a'i ŵyr oedd Einion Fychan a Dafydd ab Einion Fychan a fu'n wasanaethwyr amlwg iawn i linach *Aberffraw. Cadwyd o waith Einion farwnad dirion iawn i Nest, ferch Hywel, o Dywyn, Meir., awdl fer i Lywelyn ap Iorwerth, a thair awdl i Dduw. Yr oedd yn feistr ar y llinell unigol effeithiol, a cheir mwy o ddwyster telynegol ganddo na chan amryw o'r beirdd llys. Yn ei ganu crefyddol mynega ei syrffed ar 'wasanaeth y penaethau' a'i gasineb at ryfeloedd, a chenfigenna at 'fyneich fyw eglwyseu'. Clodforai fedd a gwledd, yr haf 'hirwyn', meirch a chwaraeon, ond addfwynach oll ganddo yw canmol ei Dduw o waelod calon.

Einion yw'r unig fardd o'i oes a ddaeth yn gymeriad llên gwerin. Dywedir iddo unwaith neidio hanner can troedfedd ym mhresenoldeb ei gariad; yn ôl traddodiad arall, dywedir iddo ddychwelyd o bererindod faith ac i'w wraig ei adnabod wrth iddo ganu'r delyn a dangos iddi naill hanner y fodrwy briodas y gadawsai'r hanner arall gyda hi.

Golygwyd ei waith gan J. E. Caerwyn Williams a Peredur I. Lynch yn Gwaith Meilyr Brydydd a'i Ddisgynyddion (1994) a thrafodir ei ganu crefyddol gan Catherine A. McKenna yn The Medieval Welsh Religious Lyric (1991).

EINION AP GWGON (*fl.* 1215), bardd. Y mae'n bosibl ei fod yn fab i Wgon Brydydd, ond ni chredir mai'r un ydyw ag *Einion Wan. Un awdl yn unig a gadwyd o'i waith, sef molawd hir a gorfoleddus i *Lywelyn ap Iorwerth (Llywelyn Fawr) yn ei anterth. Clodfora orchestion milwrol y Tywysog o ardal Dyffryn Tanad a *Chlawdd Offa i Gaerfyrddin ac Aberteifi, a disgrifia'r Saeson yn cilio o'i flaen. Fe'i gosodir yn olyniaeth arwyr yr *Hen Ogledd, megis *Rhydderch a *Rhun ap Maelgwn Gwynedd, a gŵr iddo ef yw Einion, megis y bu Gwgon Brydydd i Iorwerth Drwyndwn, tad y Tywysog.

Golygir ei waith gan R. Geraint Gruffydd yn Gwaith Dafydd Benfras ac eraill (gol. N. G. Costigan et al, 1995).

EINION AP MADOG AP RHAHAWD (*fl.* 1237), bardd. Un awdl fer o'i eiddo yn unig a gadwyd. Y mae hon o ddiddordeb hanesyddol yn bennaf: cerdd foliant ydyw i *Ruffudd ap Llywelyn, ac fe'i cyfansoddwyd wedi ei ryddhau o gaethiwed yn 1234, a chyn ei ailgarcharu yn 1239. Yn ystod y blynyddoedd hyn rheolai Gruffudd tros Lŷn a rhan o *Bowys ac awgrymir yn y gerdd ei fod yn arglwydd ar *Eifionydd yn ogystal. Fe'i canmolir gan Einion am ei wrhydri yn erbyn y 'ffreinc' (y Normaniaid), ac am na chaed 'o'i ardal na thâl na thwng'.

Golygir ei waith gan G. A. Williams yn Gwaith Dafydd Benfras ac eraill (gol. N. G. Costigan et al., 1995).

EINION OFFEIRIAD (*fl. c.*1330), clerigwr y priodolwyd iddo ramadeg barddol (gweler o dan GRAMADEGAU'R PENCEIRDDIAID) am y tro cyntaf yn yr ail ganrif ar bymtheg gan Thomas *Wiliems a'i galwodd yn 'Einion Offeiriad o Wynedd'. Nid oes yn y testunau eu hunain gyfeiriad at Einion fel awdur y gwaith ond dywedir iddo lunio tri o'r mesurau a gynhwysir ynddo. Deillia'r testunau o hanner cyntaf y bedwaredd ganrif ar ddeg. Ceir cyfeiriadau at ŵr neu wŷr o'r enw Einion Offeiriad yng Ngwynedd a Cheredigion ond awgryma'r dystiolaeth mai yng Ngheredigion y lluniwyd y gramadeg. Ymddengys yn debyg iddo gael ei gyfansoddi yn nauddegau'r bedwaredd ganrif ar ddeg.

Cyfaddasiad o'r gramadegau Lladin a briodolir i Donatus a Priscianus yw'r gramadeg, ac y mae'n ymdrin â llythrennau, y sillafau, y rhannau ymadrodd, ac yn fyr, â chystrawen, mydryddiaeth (ond nid *cynghanedd), y *Pedwar Mesur ar Hugain, gan gynnwys tri o wneuthuriad Einion ei hun, a'r beiau gwaharddedig. Nid gosodiad awdurdodol o ganonau sefydlog *Cerdd Dafod yw'r gwaith, ond yn hytrach gymeradwyaeth o ffurfiau newydd a mynegiant o safbwynt personol yr awdur. Daeth yn ddogfen bwysig yn natblygiad mydryddiaeth ac estheteg. Rhan o arbenigrwydd y gwaith yw'r ymdriniaeth â 'pha ffurf y moler pob peth' sy'n dilyn y disgrifiad o'r mesurau a'r beiau. Priodolir i Einion Offeiriad ei hun y drafodaeth gynharaf y gwyddys amdani o egwyddorion mydryddol ac athronyddol Cerdd Dafod, yn ogystal â datganiad pendant o'i swyddogaeth gymdeithasol, yng nghyfnod y Penceirddiaid. Gweler hefyd DAFYDD DDU ATHRO ac EDERN DAFOD AUR.

Ceir manylion pellach yn y bennod gan Ceri Lewis yn *A Guide to Welsh Literature* (gol. A. O. H. Jarman a Gwilym Rees Hughes, 1979); gweler hefyd erthygl Thomas Parry, 'The Welsh Metrical Treatise attributed to Einion Offeiriad' yn Nhrafodion yr Academi Brydeinig (cyf. XLVII 1961), erthygl J. Beverley Smith ym *Mwletin* y Bwrdd Gwybodau Celtaidd (cyf. XX, 1966) ac un arall gan Rachel Bromwich yn *Ysgrifau Beimiadol X* (gol. J. E. Caerwyn Williams, 1977). Ceir trafodaeth bellach gan Saunders Lewis, *Gramadegau'r Penceirddiaid* (1967); R. Bromwich yn *Aspects of the Poetry of Dafydd ap Gwilym* (1986); A. T. E. Matonis yn *Celtic Language, Celtic Culture* (gol. A. T. Matonis a D. F. Melia, 1990); ac R. Geraint Gruffydd yn *Llên Cymru* (cyf. XVIII, 1995) ac yn Nhrafodion yr Academi Brydeinig. (cyf. LXXXV, 1995). Cyhoeddwyd testun o'i gerddi o dan olygyddiaeth R. Geraint Gruffydd a Rhiannon Ifans yn 1997.

EINION WAN (*fl.* 1200–45), bardd llys a ganai yn hanner cyntaf y drydedd ganrif ar ddeg. Goroesodd chwe chadwyn o englynion o'i waith, yn eu plith farwnad i Fadog ap Gruffudd Maelor a fu farw yn 1236, a cherddi i *Lywelyn ap Iorwerth (Llywelyn Fawr) a'i feibion, Dafydd a Gruffudd.

Golygwyd ei waith gan Peredur I. Lynch yn y gyfrol *Gwaith Dafydd Benfras ac Eraill* (gol. N. G. Costigan *et al.*, 1995).

EIRIAN, SIÔN (1954–), bardd, nofelydd a dramodydd a faged yn Hirwaun, Morg., Brynaman, Caerf., a'r Wyddgrug, Ffl., yn fab i James a Jennie Eirian *Davies. Graddiodd mewn Cymraeg ac Athroniaeth yng Ngholeg Prifysgol Cymru, Aberystwyth, a daeth i amlygrwydd cenedlaethol gyntaf pan enillodd goron Eisteddfod Genedlaethol yr *Urdd yn 1971. Cyhoeddodd gasgliad o gerddi, *Plant Gadara*, yn 1975, ac ef oedd bardd y *Goron yn Eisteddfod Genedlaethol 1978. Er i un o'r beirniaid bryd hynny ddarogan dyfodol llachar iddo fel bardd ar sail 'Profiadau Llencyndod', un o ddilyniannau Eisteddfod mwyaf cynhyrfus a chofiadwy chwarter olaf yr ugeinfed ganrif, achlysurol fu ei gynnyrch barddol fyth oddi ar hynny. Flwyddyn yn ddiweddarach cyhoeddwyd *Bob yn y Ddinas*, nofel fer am fywyd ofer gweithiwr dur di-waith sy'n mudo o Glwyd i Gaerdydd, ac oddi ar hynny bu'n ennill ei fywoliaeth yn ysgrifennu ar gyfer y llwyfan, y radio a'r teledu, yn Gymraeg a Saesneg. Rhwng 1979 ac 1985 bu'n olygydd sgriptiau gyda'r BBC lle y bu'n gweithio ar y gyfres boblogaidd *Pobol y Cwm, ac yna'n ysgrifennwr ar ei liwt ei hun. Ymhlith ei gyfraniadau mwyaf nodedig ar gyfer y sgrîn fach y mae'r ddrama deledu *Marwolaeth yr Asyn o Fflint* (1983), y gyfres dditectif *Bowen a'i Bartner* (1984–88), a'r ffilmiau *Noson yr Heliwr* gyda Lyn Ebenezer (1991) a *Gadael Lenin* gydag Endaf Emlyn (1993). Tair o'i ddramâu llwyfan yw *Wastad ar y Tu Fas* (1986), *Elvis, Y Blew a Fi* (1988) ac *Epa yn y Parlwr Cefn* (1994). Nodweddir ei waith gan ei gefndir trefol a dinesig, ei naws gosmopolitan, ei archwiliad o dir ffiniol, boed ieithyddol neu ddiwylliannol, daearyddol neu foesol, a'i bynciau dadleuol a heriol fel gwrywgydiaeth, cyffuriau, hunanladdiad a phuteindra.

Am ymdriniaethau â rhai o'i gerddi gweler Gwyn Thomas, *Dadansoddi 14* (1984) a Gerwyn Wiliams yn *Taliesin* (cyf. LXXXVIII, Gaeaf 1994). Ceir adolygiad ar *Bob yn y Ddinas* gan John Rowlands yn *Y Faner* (10 Awst 1979) a chyfweliad gyda Siôn Eirian yn *Barddas* (rhif. 22, Medi 1978) a *Barn* (rhif. 307, Awst 1988).

Eirthio, sbort lle yr arferid gyrru cŵn ar arth a glymwyd wrth stanc, weithiau wedi ei mygydu. Medrai'r gwylwyr fetio ar berfformiad y ci yn gwrthsefyll dicter yr arth. Arweinid yr arth ar hyd y wlad gan ei gofalwr ac fe'i dangosid mewn man cyfleus ymhob tref i hysbysebu gornest. Deuai rhai o drigolion yr ardal â'u cŵn i'r gyflafan, eraill i fetio, ond y mwyafrif i wylio'r digwyddiad. Rhoddwyd nawdd brenhinol i'r sbort yn oes y *Tuduriaid pan sefydlwyd swydd Rheolwr yr Eirth er mwyn hyrwyddo'r arfer. Gwaharddwyd baetio anifeiliaid trwy ddeddf gwlad yn 1835.

Eirwyn Pontshân, gweler JONES, EIRWYN (1922–94).

Eisteddfod, gair a ddefnyddiwyd yn wreiddiol am gasgliad neu gynhadledd o bobl, yna o feirdd, ond a ddaeth i ddynodi gŵyl sy'n cynnwys nid yn unig elfen lenyddol, ond hefyd weithgareddau diwylliannol o fathau eraill, yn aml wedi'u trefnu fel cystadlaethau. Gellir olrhain y traddodiad yn sicr i'r bymthegfed ganrif ac efallai i achlysur a gynhaliwyd dan nawdd *Rhys ap Gruffudd (Yr Arglwydd Rhys) yn *Aberteifi yn 1176. Casgliad o feirdd oedd yr eisteddfod gynnar a berthynai i *Gyfundrefn y Beirdd. Ei gwaith pennaf oedd trefnu gweithgareddau'r alwedigaeth farddol trwy sefydlu rheolau mydryddol a thrwy roi trwyddedau i'r beirdd hynny a lwyddasai i gyflawni gofynion y gwahanol raddau ac felly diogelu'r safonau. Cynhaliwyd y bwysicaf o'r eisteddfodau hyn yng *Nghaerfyrddin tua 1451 ac yng *Nghaerwys yn 1523 a 1567.

Wedi hyn, dirywiodd yr arferiad, ond yn ystod y ddeunawfed ganrif, byddai beirdd yn dal i gyfarfod mewn tafarnau, i ddadlau ac i'w diddanu eu hunain drwy farddoni; yr oedd rhai o'r cyfarfodydd hyn yn gysylltiedig â'r *Almanac. Yn y cyfnod hwn o ddirywiad, dyfeisiwyd cyfundrefn dderwyddol newydd, sef *Gorsedd Beirdd Ynys Prydain, gan Iolo Morganwg (Edward *Williams). Adnewyddwyd yr eisteddfod, ar raddfa daleithiol, yn ystod y bedwaredd ganrif ar bymtheg gan Gymdeithasau'r *Cymreigyddion a'r *Hen Bersoniaid Llengar. Daeth y mudiad i'w uchafbwynt yn y 1860au, pan ffurfiwyd Cymdeithas yr Eisteddfod Genedlaethol o dan nawdd Anrhydeddus Gymdeithas y *Cymmrodorion. Yr *Eisteddfod Genedlaethol erbyn hyn yw'r ŵyl bwysicaf o'i math hwn ond y mae nifer o eisteddfodau taleithiol fel Eisteddfodau Powys, Aberteifi, Môn a Phontrhydfendigaid yn gwneud cyfraniad pwysig i ddiwylliant Cymru trwy gystadlaethau a pherfformiadau, ac y mae llawer o drefi a phentrefi unigol yn dal i drefnu eu heisteddfodau lleol eu hunain. Cyrff craill sy'n trefnu eisteddfodau yw *Urdd Gobaith Cymru ac Undeb Cenedlaethol y Glowyr. Gweler hefyd LLANGOLLEN.

Ceir manylion pellach yn Idris Foster (gol.), *Twf yr Eisteddfod* (1968) a Hywel Teifi Edwards, *Yr Eisteddfod* (1976), *Gŵyl Gwalia: Yr Eisteddfod yn Oes Aur Victoria 1858–1868* (1980) a'i ysgrif yn y gyfres *Writers of Wales* (1989).

Eisteddfod Genedlaethol, Yr, prif ŵyl ddiwylliannol y Cymry. Cynhelir yr Eisteddfod yn flynyddol yn ystod yr wythnos lawn gyntaf yn Awst, ac amrywia'r lleoliad bob yn ail flwyddyn rhwng gogledd a de Cymru. Wedi cyfnod o ddirywiad yn ystod y ddeunawfed ganrif, pan nad oedd yr *eisteddfod yn ddim amgen nag ymrysonau ymhlith beirdd a gyfarfyddai mewn tafarnau, diwygiwyd yr eisteddfod o 1789 ymlaen o dan ddylanwad Cymdeithas y *Gwyneddigion. Bu'n rhaid aros hyd 1860, fodd bynnag, cyn i'r syniad o sefydlu gŵyl genedlaethol gael ei derbyn yn gyffredinol a digwyddodd hynny mewn eisteddfod yn Ninbych. Cynhaliwyd yr Eisteddfod Genedlaethol gyntaf yn Aberdâr, Morg., y flwyddyn ganlynol. Trefnwyd gŵyl debyg bob blwyddyn wedyn hyd 1868, pan ddarfu'r gyfres hon oherwydd argyfwng

ariannol. Yr oedd yr eisteddfodau a gynhaliwyd yng ngogledd Cymru yn y 1870au yn genedlaethol mewn enw yn unig. Yn 1880 llwyddodd Hugh *Owen (1804–81) i sefydlu Cymdeithas yr Eisteddfod Genedlaethol ac o dan nawdd y gymdeithas hon cynhaliwyd eisteddfod ym Merthyr Tudful yn 1881. Byth er hynny cynhaliwyd Eisteddfod Genedlaethol yn flynyddol, ac eithrio 1914 ac 1940 o achos y rhyfeloedd; darlledwyd 'eisteddfod radio' gan y BBC yn 1940.

Nid oedd y berthynas rhwng Cymdeithas yr Eisteddfod Genedlaethol a *Gorsedd Beirdd Ynys Prydain yn un esmwyth iawn ar y dechrau, ond yn 1937 cytunodd y ddau gorff i greu Cyngor yr Eisteddfod Genedlaethol. Cafwyd cyfansoddiad newydd yn 1952 a sefydlodd hwnnw Lys yr Eisteddfod Genedlathol fel corff llywodraethol. Deuir yn aelod o'r Llys trwy danysgrifiad, neu drwy aelodaeth o'r Orsedd. Daeth y Cyngor yn awr yn gorff gweithredol trwy ei bwyllgorau arbenigol. Yn 1959 penodwyd dau Drefnydd llawn amser, a Chyfarwyddwr llawn amser â swyddfa yng Nghaerdydd yn 1978. Wynebir y costau o drefnu'r Eisteddfod trwy grantiau oddi wrth lywodraeth leol a'r llywodraeth ganolog, ac oddi wrth ddiwydiant a'r awdurdodau darlledu, hefyd trwy gyfraniadau o'r ardal lle y cynhelir yr Eisteddfod. Y mae paratoi'r safle (tua deg erw a thrigain yn aml) a chodi'r prif bafiliwn (sy'n rhoi lle i bum mil o bobl) yn elfen bwysig yng ngwariant blynyddol yr Eisteddfod, sef tua dwy filiwn o bunnau, ond ystyrir bod y manteision o gynnal Eisteddfod grwydrol yn fwy na'r manteision o drefnu safle ganolog arhosol. Arferai'r defnydd mynych o'r iaith Saesneg yng ngweithgareddau'r Eisteddfod Genedlaethol fod yn bwnc llosg, a barhaodd hyd yn oed wedi 1937, pan sefydlwyd yr iaith Gymraeg fel yr iaith swyddogol. Yr oedd yr iaith Saesneg i'w chlywed o'r llwyfan hyd at y 1950au. Pwysleisiodd y cyfansoddiad newydd yn 1952 mai iaith swyddogol yr Eisteddfod Genedlaethol yw'r Gymraeg. Y mae'r Rheol Gymraeg wedi sicrhau hanfod yr Ŵyl fel sefydliad unigryw i hybu iaith a diwylliant Cymru. Er bod rhai awdurdodau lleol yn y rhannau Saesneg o Gymru wedi gwrthod eu cyfraniad ariannol ar gorn y rheol hon, derbynnir y rheol yn gyffredinol. Yn 1967, er enghraifft, arwyddodd nifer o lenorion *Eingl-Gymreig ddeiseb yn galw ar y Llys i gadw at y rheol hon.

Gan fod yr Eisteddfod yn denu tua chan mil a hanner o ymwelwyr bob blwyddyn, daeth yr Ŵyl yn ganolfan i bawb sy'n dangos diddordeb yn niwylliant Cymru. Calon yr Ŵyl yw'r prif bafiliwn lle y cynhelir y cystadlaethau cerddorol a'r cyngherddau, a seremonïau Gorsedd Beirdd Ynys Prydain, gan gynnwys y *Gadair, y *Goron a'r *Fedal Ryddiaith. Ond ar gyrion maes yr Eisteddfod ceir ugeiniau o stondinau llai lle y cynrychiolir amrywiaeth mawr o gymdeithasau, sefydliadau a chwmnïau masnachol. Y mae gan drefnwyr y celfyddydau gweledol, crefftau, cerddoriaeth a'r theatr eu pebyll eu hunain, a'r ganolfan i lenorion yw'r Babell Lên, lle y cynhelir darlithoedd ac ymrysonau barddol. Y mae wythnos yr Eisteddfod Genedlaethol yn ddyddiad pwysig yng nghalendr cyhoeddwyr Cymru, a phrynir a darllenir yn eiddgar y gyfrol flynyddol, *Cyfansoddiadau a Beirniadaethau*, sy'n cynnwys y cyfansoddiadau arobryn. Er bod yr Eisteddfod Genedlaethol wedi cynhyrchu gweithiau o bwys parhaol yn yr ugeinfed ganrif, cydnabyddir yn gyffredinol nad yw'r cynnyrch mewn un flwyddyn neilltuol bob amser o'r safon uchaf. Ar yr un pryd ni ellir barnu'r Ŵyl yn ôl nifer y campweithiau a gynhyrchir ynddi, ond yn hytrach, dylid ystyried y cyfle a rydd i'r eisteddfodwr i gyfoethogi ei werthfawrogiad o lenyddiaeth, naill ai fel awdur, neu fel darllenwr. Yn hyn o beth, fel mewn agweddau eraill, y mae'r Eisteddfod Genedlaethol yn Ŵyl fawr boblogaidd sy'n cyfuno'r gorau o draddodiadau proffesiynol ac amatur Cymru. Gweler hefyd yr Atodiad.

Nid yw hanes cyflawn yr Eisteddfod Genedlaethol wedi ei lunio eto, ond y mae'r hyn a ganlyn ymhlith y disgrifiadau pwysicaf o'i datblygiad: R. T. Jenkins, *Hanes Cymdeithas yr Eisteddfod Genedlaethol* yn *Nhrafodion* Anrhydeddus Gymdeithas y Cymmrodorion (1933–35), Idris Foster (gol.), *Twf yr Eisteddfod* (1968), Hywel Teifi Edwards, *Yr Eisteddfod* (1976) a *Gŵyl Gwalia: Yr Eisteddfod yn Oes Aur Victoria 1858–1868* (1980), a Dilwyn Miles, *The Royal National Eisteddfod of Wales* (1978); gweler hefyd y gyfres *Eisteddfota* (3 cyf. 1978, 1979, 1980) lle y ceir disgrifiadau personol o arwyddocâd yr Eisteddfod i unigolion arbennig. Ceir rhestr o erthyglau yn ymwneud â'r Eisteddfod a Gorsedd Beirdd Ynys Prydain yn Thomas Parry a Merfyn Morgan (gol.), *Llyfryddiaeth Llenyddiaeth Gymraeg* (1976).

Eisteddfodau Caerwys, gweler CAERWYS.

Eisteddfodau'r Tafarnau, gweler o dan ALMANAC.

Elen Luyddog (4edd gan.), arwres Breuddwyd *Macsen Wledig, un o'r ddwy chwedl hanesyddol yn Y *Mabinogion. Fe ellir, yn sicr bron, ddal mai Magnus Maximus oedd Macsen, arweinydd lluoedd Rhufeinig ym Mhrydain a adawodd y wlad yn OC 383 er mwyn ceisio trawsfeddiannu'r Ymerodraeth. Yn y *Breuddwyd* y mae Macsen eisoes yn Ymerawdwr pan wêl ef Elen mewn breuddwyd, ond nid yw hyn ond dychymyg rhamantus yr awdur. Yn ôl traddodiad, merch i Eudaf, pennaeth Brythonig a reolai Segontium (Caernarfon), oedd Elen, ac efallai i Maximus ei phriodi cyn iddo ymadael â Phrydain gyda hi yn ogystal â'i dau frawd, Cynan a Gadeon sydd, yn ôl y *Breuddwyd*, yn gorchfygu Rhufain. Y mae'r rhan hon o'r chwedl yn fwy credadwy ar ôl darganfod un yn y *Notitia Dignitatum* (OC 429) wybodaeth am gatrawd o'r enw *Segontientes* a fu'n gwasanaethu yn Illyricum. Disgrifir un o frodyr Elen, sef *Cynan Meiriadog, yn y *Breuddwyd*, yn ymsefydlu ar dir mawr Ewrop wedi iddo orffen ei wasanaeth i'r Ymerawdwr ac y mae ymchwil diweddar yn awgrymu iddo ymgartrefu yn Nantes. Felly, awgrymir bod Elen

yn wraig, ar sail hanesyddol, i Maximus, er na wyddys dim am ei thynged ar ôl trechu ei gŵr yn 388.

Y mae'r honiad i Elen fod yn gyfrifol am symbylu adeiladu ffyrdd o un gaer Rufeinig i'r llall dros ynysoedd Prydain yn honiad onomastig amlwg. Fe'i haerwyd ar sail y darnau o'r ffordd yng Ngheredigion, sir Gaernarfon, sir Feirionnydd a sir Frycheiniog a elwid yn Sarn Helen. Cododd awgrym yn y ddeuddegfed ganrif a'r drydedd ar ddeg fod Elen o Segontium yr un â'r Santes Helena, mam *Cystennin, Ymerawdwr Rhufain (m. 337) a ddyrchafwyd yn Ymerawdwr yng Nghaerefrog yn 306. Dywedwyd bod y Santes Helena yn ferch i'r Brenin *Coel (yr enwyd Colchester ar ei ôl), ond dichon ei bod o gefndir tlawd ac yn frodor o Asia Leiaf. Honnir iddi ddarganfod y Wir Groes yng Nghaersalem. Mewn gwirionedd, yr oedd yr Helen hon, na fu hi erioed ym Mhrydain, yn perthyn i genhedlaeth a oedd yn hŷn na chenhedlaeth Elen Luyddog.

Am drafodaeth ar y dryswch hwn gweler Charles Kightly, *Folk Heroes of Britain* (1982) a Rachel Bromwich, *Trioedd Ynys Prydein* (3ydd arg., 1998).

Elen Egryn, gweler EVANS, ELIN (1807–76).

Elerydd, gweler GRUFFYDD, WILLIAM JOHN (1916–   ).

Elfael, cantref yn ne *Powys, i'r gogledd-ddwyrain o afon Gwy. Ei lywodraethwyr oedd disgynyddion Elstan Glodrydd a oedd, yn ôl y traddodiad, yn dad i'r pumed o Lwythau Brenhinol Cymru. Yn 1276 daeth y cantref i feddiant Ralph Tony ac o'i ddisgynyddion ef daeth i feddiant Ieirll Warwig. Yr oedd canolfan y cantref yn Llanbedr Castell Paun, un o gaerau pwysicaf y Mers.

Elfed, cwmwd yng *Nghantref Gwarthaf yn Nyfed a gyplyswyd yn y drydedd ganrif ar ddeg â chymydau Derllys a *Gwidigada; ffurfiai ran ganolog o'r ardal a ddaeth yn ddiweddarach yn sir Gaerfyrddin. Elfed hefyd yw'r ffurf Gymraeg ar Elmet, teyrnas Frytanaidd gynnar a leolwyd ar fynyddoedd y Penwynion (S. *Pennines*).

Elfed, gweler LEWIS, HOWELL ELVET (1860–1953).

Elfodd (m. 809), prif Esgob *Gwynedd, yn ôl y cofnod am ei farwolaeth yn *Annales Cambriae*; tybir ei fod yn aelod o'r clas yng Nghaergybi. Amheus yw'r dystiolaeth iddo gael ei ethol yn Esgob Bangor yn 755. Yr oedd *Nennius yn ei edmygu a rhoes arweiniad pwysig i Gristnogaeth yng Nghymru trwy dderbyn y dull Rhufeinig o ddyddio'r *Pasg, fel y gwnaethpwyd eisoes gan ganghennau eraill o'r *Eglwys Geltaidd.

ELFYN, MENNA (1951–   ), bardd a dramodydd. Ganwyd hi ym Mhontardawe, Morg., a chafodd ei haddysg yno ac yng Nghaerfyrddin ac yn ddiweddarach yng Ngholeg y Brifysgol Abertawe, lle yr astudiodd y

Gymraeg. Bu'n athrawes ysgol am gyfnod ac wedyn yn diwtor iaith, ysgrifennu creadigol ac astudiaethau menywod. Yn aelod blaengar o *Gymdeithas yr Iaith Gymraeg, yn heddychwraig ac yn ffeminist o fri, bu'n ymgyrchu'n gyson dros ei daliadau. Adlewyrchir ei hymrwymiadau ideolegol yn ei gwaith fel bardd a dramodydd. Ei chasgliad cyntaf o gerddi oedd *Mwyara* (1976) lle'r oedd ei delweddu trawiadol a'i harddull synhwyrus eisoes yn amlwg. Enillodd ei chyfrol nesaf, *Stafelloedd Aros* (1977) y wobr am gasgliad o gerddi yn *Eisteddfod Genedlaethol 1977. Dengys y cyfrolau dilynol, sef *Tro'r Haul Arno* (1982) a *Mynd Lawr i'r Nefoedd* (1985), y bardd yn magu ei llais unigryw, tyner a chryf. Y mae ei cherddi yn bersonol ac yn ymgodymu â phroblemau'r byd sydd ohoni; i'r bardd y mae achosion cyfoes *yn* faterion personol, fel y gwelir yn netholiad o'i gwaith, *Aderyn Bach Mewn Llaw* (1990). Cyhoeddodd hefyd lyfr i blant, *Madfall ar y Mur* (1993), a bu'n olygydd i gyfrolau o gerddi gan ferched, sef *Hel Dail Gwyrdd* (1985) ac *O'r Iawn Ryw* (1992), a chasgliad o ysgrifau am Gillian *Clarke, *Trying the Line* (1997). Yn adnabyddus fel perfformwraig o'i gwaith ei hun, bu'n gysylltiedig â'r teithiau barddol llwyddiannus *Fel yr Hed y Frân* (1985), *Cicio Ciwcymbyrs* (1988) a *Dal Clêr* (1993). Dengys y rhain, yn ogystal â'i chyfrolau dwyieithog *Eucalyptus* (1995) a *Cell Angel* (1996), ei bod yn awyddus i boblogeiddio barddoniaeth ac i gyrraedd cynulleidfa eang. Gwelir hyn hefyd yn y ffaith ei bod wedi ysgrifennu dramâu, megis *Madog* (1989), *Trefen Teyrnas Wâr* (1990), *Y Forwyn Goch* (1992) a *Melltith y Mamau* (1995). Amlygir yn y rhain ei pharodrwydd i arbrofi o ran arddull a chyfrwng ac, yn ogystal, ei thuedd i addasu myth a hanes er mwyn creu testun perthnasol i'r byd cyfoes.
Am fanylion pellach gweler yr erthygl gan Jon Gower yn *The New Welsh Review* (rhif. 36, cyf. IX/X, 1997).

Elfynydd, gweler KENWARD, JAMES (fl. 1834–68).

Elffin ap Gwyddno, cymeriad y cyfeirir ato'n aml mewn canu sy'n gysylltiedig â chwedl *Taliesin. Fe'i darlunnir fel mab afradus yn gwastraffu cyfoeth ei dad *Gwyddno Garanhir, yn llys *Maelgwn Gwynedd yn *Negannwy. Fel y prinha adnoddau Gwyddno penderfyna roi cyfle i'w fab wella ei ystad trwy ganiatáu iddo'r tyniad o bysgod a geir yng Nghored Gwyddno ar ddydd Calan Mai, pryd yr arfera'r ddalfa fod yn werth canpunt. Ar yr achlysur hwn, fodd bynnag, ni ddelir yr un pysgodyn ond ceir y plentyn Taliesin mewn cawell. Â Elffin ag ef adref i lys ei dad a'i feithrin nes ei fod yn dair ar ddeg oed, ac o'r dydd y darganfuwyd y plentyn cynydda cyfoeth Elffin yn feunyddiol. Yn ddiweddarach fe'i carcherir yn llys Maelgwn am iddo frolio am ddiweirdeb ei wraig a honni bod ganddo fardd gartref a ragorai ar holl feirdd y Brenin. Trwy gyngor Taliesin rhwystrir cynllwyn gan Faelgwn i ddifwyno enw da gwraig Elffin ac â Taliesin i'r llys hefyd, lle y gorchfyga'r holl feirdd

eraill. Rhyddheir Elffin a chyda chymorth Taliesin y mae ei farch yn ennill ras yn erbyn meirch y Brenin. Yn y fan lle y gorffennodd y ras cyfarwydda Taliesin Elffin i gloddio'r ddaear. Yno ceir pair yn llawn o aur; 'Dyma', ebe Taliesin wrth Elffin, 'fy nhâl i ti am fy achub o'r gored a'm meithrin o'r dydd hwnnw hyd heddiw.'
Ceir rhagor o fanylion yn Patrick K. Ford, *Ystoria Taliesin* (1992).

Eli Jenkins, gweinidog yn *Under Milk Wood* (1954) gan Dylan *Thomas. Cymeriad syml, hoffus ydyw ac y mae bywyd yn ei eiriau ef yn *'green-leaved sermon on the innocence of men'*. Fe'i symbylir gan *Polly Garter benchwiban yn canu'n drist am ei llu cariadon, i ddatgan, *'Praise the Lord! We are a musical nation.'* Ef yw bardd Llaregyb a'i swyddogaeth bob bore a hwyr yw sefyll wrth ddrws mans Bethesda ac adrodd ei gerddi, emynau a phenillion braidd yn hen ffasiwn ac yn llawn o deimlad tyner; yn eu plith y mae *'Sunset Poem'* gyda'r llinellau adnabyddus:

> We are not wholly bad or good
> Who live our lives under Milk Wood,
> And Thou, I know, wilt be the first
> To see our best side, not our worst.

ELIAS, JOHN (1774–1841), gweinidog gyda'r Methodistiaid Calfinaidd a aned yn y Crymllwyn-bach, ger Pwllheli, Caern., ond a gysylltir fynychaf â Môn, lle y trigai o 1799 ymlaen. Dechreuodd bregethu ddydd Nadolig 1794 a daeth yn fuan yn un o bregethwyr mwyaf nerthol a phoblogaidd ei ddydd. Fe'i hordeiniwyd yn 1811. Dilynodd Thomas *Charles yn brif arweinydd y Methodistiaid yn y gogledd, a bu iddo ran amlwg yn y gwaith o lunio Cyffes Ffydd (1823) a Gweithred Gyfansoddiadol (1826) yr enwad. Cyhoeddodd nifer o lyfrau ar faterion crefyddol, cyfrannai i gylchgronau megis Y *Drysorfa, ac yr oedd yn llythyrwr nodedig. Ei gyfrol bwysicaf oedd *Golygiad Ysgrythyrol ar Gyfiawnhad Pechadur* (1821). Ef yw awdur yr emyn adnabyddus 'Ai am fy meiau i'.
Bu'n briod ddwywaith. Y mae ei wraig gyntaf, Elizabeth Broadhead, yn gymeriad amlwg yn nofel Saunders *Lewis, *Merch Gwern Hywel* (1964), a'i ail wraig, gweddw Syr John Bulkeley, Presaeddfed, yw'r Ann yn ei ddrama, *Dwy Briodas Ann* (1973). Yr oedd William Roberts (1784–1864), Amlwch – priod 'merch Gwern Hywel' a hendaid Saunders Lewis – yn gyfyrder i Elias.
Yn ŵr eang ei ddylanwad, bu Elias yn gyfrwng newidiadau cymdeithasol pellgyrhaeddol er gwaethaf ei geidwadaeth wleidyddol. Yr oedd yn arweinydd awdurdodol, a lysenwyd gan ei feirniaid yn 'Bab o Fôn'. Er yn eiddigeddus dros uniongrededd Galfinaidd, cofleidiodd am ychydig syniadau cyfeiliornus ynghylch helaethrwydd Iawn Crist, ac y mae i'w wrthdrawiad â Thomas *Jones (1756–1820), Dinbych, ar y mater hwn le pwysig yn *Merch Gwern Hywel*.

Cyhoeddwyd ei hunangofiant dan olygyddiaeth Goronwy P. Owen yn 1974. Y cyflwyniadau gorau i'w feddwl a'i waith yw *John Elias: Pregethwr a Phendefig* (1975) a *John Elias: Prince Amongst Preachers* (1975) gan R. Tudur Jones. Gweler hefyd *John Elias a'i Oes* (1911) gan William Pritchard, *Cofiant John Jones, Talsarn* (1874) gan Owen Thomas, *John Elias: Life, Letters and Essays* (1973) gan Edward Morgan, ac erthygl Goronwy P. Owen, 'John Elias y Llythyrwr', *Cylchgrawn Hanes* Cymdeithas Hanes y Methodistiaid Calfinaidd (rhif. 14/15, 1990/91).

ELIAS, JOHN ROOSE (Y Thesbiad; 1819–81), bardd a beirniad llenyddol. Fe'i ganed ym Mryn-du, Môn, yn nai i John *Elias. Bu'n gweithio i fasnachwyr o Lerpwl a Manceinion ond o 1856 ymlaen yr oedd ganddo ei fusnes ei hun ym Mhentraeth. Cyhoeddodd lawer o erthyglau yn Gymraeg ac yn Saesneg ar bynciau llenyddol, gwleidyddol a chymdeithasol, gan arddangos cynneddf feirniadol dreiddgar. Ysgrifennodd hefyd lawer o farddoniaeth yn y ddwy iaith, ond detholiad bychan ohonynt a gyhoeddwyd dan y teitl *Llais o'r Ogof* (1877).

ELIDIR SAIS (*fl.* 1195–1246), un o feirdd llys *Gwynedd, a mab efallai i *Walchmai ap Meilyr. Dechreuodd Elidir ganu mewn cyfnod o ymraniadau yng Ngwynedd, a cheir cyfeiriadau yn ei waith sy'n awgrymu ei fod wedi ymdeimlo'n ddwys ynghylch hynny. Marwnadodd *Rodri ab Owain Gwynedd, a chanodd gerdd fawl i *Ddafydd ab Owain Gwynedd. Cymhara'r modd y diarddelwyd Dafydd o'i diroedd gan *Lywelyn ap Iorwerth â thrais Caersalem gan Saladin, ac y mae'n bosibl fod Elidir ei hun wedi dilyn Dafydd i Loegr pan ymneilltuodd y tywysog i'w faenorau yn Elsmere a Halesowen yn 1198; efallai mai oherwydd hynny y rhoddwyd iddo'r epithet 'Sais'. Dichon hefyd fod a wnelo enciliad tybiedig Elidir â'r gerdd ddadolwch a luniwyd ganddo'n ddiweddarach i *Lywelyn ap Iorwerth. Tra anostyngedig yw cywair rhan gyntaf y gerdd honno: 'ystyrych pan dreisych dros ffin' yw siars y bardd i Lywelyn. Yn ei gerddi crefyddol dengys Elidir wybodaeth o'r Ysgrythurau ac mewn awdl i'r Grawys myfyria'n ddwys am ddigwyddiadau wythnos y Pasg; dengys hefyd y pwyslais defosiynol newydd a nodweddai ei gyfnod.

Golygwyd ei waith gan J. E. Caerwyn Williams a Peredur I. Lynch yn *Gwaith Meilyr Brydydd a'i Ddisgynyddion* (1994), a thrafodir ei ganu crefyddol gan Catherine A. McKenna yn *The Medieval Welsh Religious Lyric* (1991).

Elidir Sais, gweler JONES, WILLIAM HUGHES (1885–1951).

Elidyr, cymeriad mewn chwedl werin a gofnodwyd gan *Gerald de Barri (Gerallt Gymro neu Giraldus Cambrensis). Er mwyn osgoi mynd i'r ysgol y mae'r bachgen yn ymguddio o dan dorlan afon ac yn cael ei arwain gan ddau o ddyneddon i wlad yn llawn o chwar-

aeon a moethau. Ar gais ei fam y mae'n dychwelyd i'r wlad ac yn dwyn pêl aur, ond ar y ffordd adref y mae'n ei gollwng ac ni chafodd fyth ddychwelyd i wlad y *Tylwyth Teg. Ymhen blynyddoedd aeth yn offeiriad ac fel y Brawd Eliodorus dywedir iddo adrodd ei hanes rhyfedd wrth ewythr Gerallt, Dewi II, Esgob *Tyddewi.

Elis o'r Nant, gweler PIERCE, ELLIS (1841–1912).

Elis Wyn o Wyrfai, gweler ROBERTS, ELLIS (1827–95).

Elis y Cowper, gweler ROBERTS, ELIS (m. 1789).

ELIS, ISLWYN FFOWC (1924–), nofelydd. Fe'i ganed yn Wrecsam, Dinb., ond fe'i magwyd yn fab fferm yn Nyffryn Ceiriog, a'i addysgu yng Ngholeg Prifysgol Gogledd Cymru, Bangor. Bu'n weinidog gyda'r Methodistiaid Calfinaidd yn Llanfair Caereinion, Tfn., ac yn Niwbwrch, Môn. Yn 1956 gadawodd y weinidogaeth a mynd i fyw i Fangor i fod yn awdur a chynhyrchydd gyda'r BBC. Yn 1963 aeth yn Ddarlithydd yn y Gymraeg i Goleg y Drindod, Caerfyrddin. O 1968 hyd 1971, bu'n olygydd a chyfieithydd gyda'r Cyngor Llyfrau Cymraeg (*Cyngor Llyfrau Cymru), yna dychwelodd i Wrecsam i fod yn awdur amser-llawn unwaith yn rhagor am bedair blynedd. Fe'i penodwyd yn Ddarlithydd yn y Gymraeg yng Ngholeg Prifysgol Dewi Sant, Llanbedr Pont Steffan, yn 1975 ac yn Ddarllenydd yn 1984. Ymddeolodd yn 1988 a derbyniodd y radd D.Litt. er anrhydedd gan Brifysgol Cymru yn 1993.

Daeth Islwyn Ffowc Elis i amlygrwydd pan enillodd *Fedal Ryddiaith Eisteddfod Genedlaethol 1951 am y gyfrol o ysgrifau, *Cyn Oeri'r Gwaed* (1952). O'r cyfnod hwn, yn wyneb llawer o anawsterau nid lleiaf yn eu mysg ei benderfyniad i gefnu ar y weinidogaeth a'i ymdrechion dygn i ennill ei fywoliaeth fel llenor, gosododd sylfeini'r *nofel gyfoes yn Gymraeg, gan fraenaru'r tir ar gyfer y nofelwyr eraill a'i dilynodd yn y 1960au a'r 1970au. Yn *Cysgod y Cryman* (1953) dangosodd y medrai ychwanegu at ei feistrolaeth ar deithi'r iaith y ddawn i gynllunio stori afaelgar a chynhyrfus a'r gallu i greu cymeriadau byw mewn nofel a chyda'r llyfr hwnnw denodd gynulleidfa ifanc newydd a brwd i'r nofel Gymraeg. Gyda'i ail nofel, *Ffenestri Tua'r Gwyll* (1955), aeth i fyd mwy dieithr celfyddyd gain, gyda'i bortread beiddgar o ferch gefnog a noddai lenorion, a'r gymuned a dyfodd o'i chwmpas. Ond nid oedd y nofel hon mor boblogaidd, a dychwelodd at ei lwyddiant cyntaf yn ei drydedd nofel, *Yn ôl i Leifior* (1956). Erbyn hyn, yr oedd yn cyhoeddi nofel bron bob blwyddyn: *Wythnos yng Nghymru Fydd* (1957), archwiliad i bosibiliadau'r dyfodol, *Blas y Cynfyd* (1958), astudiaeth o'r tyndra oesol rhwng gwlad a thref, a *Tabyrddau'r Babongo* (1961), comedi ddychanol wedi ei lleoli yn Affrica. Yna, am rai blynyddoedd, bu tawelwch cyn iddo gyhoeddi tair nofel arall: sef *Y Blaned Dirion* (1968), *Y Gromlech yn yr Haidd* (1971) ac *Eira Mawr* (1972), drama am y Diwygiad Methodistaidd, *Harris* (1973), a chasgliad o storïau byrion, *Marwydos* (1974). Addaswyd fersiynau estynedig o'r nofelau am Leifior ar gyfer y teledu a'u darlledu ar S4C yn y 1990au cynnar. Yn 1988, cyhoeddwyd cyfrol o'i ganeuon ysgafn, maes y bu'n gynhyrchiol iawn ynddo yn ystod ei ieuenctid. Yn 1991 cyhoeddwyd ei lyfr cyntaf i blant, *Mil ac Un o Nosau Arabia*.

Cred rhai beirniaid fod ymdrech uniongyrchol a diflino Islwyn Ffowc Elis i sicrhau rhagor o ddarllenwyr i lyfrau Cymraeg, ac i boblogeiddio ei lyfrau er mwyn gwneud hynny, wedi cyfyngu ar werth llenyddol ei waith. Serch hynny, a chan gyfaddef bod yr angen i gynnal tyndra mewn stori weithiau'n gormesu ar gynildeb cymeriadaeth yn ei lyfrau, cytunir yn ddigamsyniol ei fod wedi llwyddo i lusgo'r nofel Gymraeg i'r ugeinfed ganrif, a'i fod wedi agor y maes i lenorion eraill yn y broses.

Ceir ysgrif hunangofiannol gan Islwyn Ffowc Elis yn y gyfrol *Artists in Wales* (gol. Meic Stephens, 1971); gweler hefyd gyfweliad a roddodd i'r cylchgrawn *Mabon* (gol. Gwyn Thomas, 1973), y nodyn gan John Rowlands yn *Profiles* (1980), yr ysgrif gan Delyth George yn y gyfres *Llên y Llenor* (1990) a *Dylanwadau* (gol. Eleri Hopcyn, 1995).

Elis, Meg, gweler DAFYDD, MARGED (1950–   ).

Eliseg, gweler o dan ACHAU a CYNGEN (m. 855).

Ellis, Alice Thomas, gweler HAYCRAFT, ANNA (1932–   ).

ELLIS, DAVID (1736–95), offeiriad ac ysgolhaig a aned ym mhlwyf Dolgellau, Meir., ac a addysgwyd yn Rhydychen. Bu'n gurad mewn nifer o blwyfi yng ngogledd Cymru am y rhan fwyaf o'i oes ond cafodd ei ordeinio'n Berson Llanberis flwyddyn cyn iddo farw. Cyfieithodd o'r Saesneg, *Gwybodaeth ac Ymarfer o'r Grefydd Gristionogol*, Thomas Wilson (1774); *Llawlyfr o weddïau ar achosion cyffredin*, James Merrick (1774); a *Histori yr Iesu Sanctaidd*, William Smith (1776). Ond gwnaeth ei gyfraniad pwysicaf i ysgolheictod Cymraeg trwy gopïo llawer o lawysgrifau a gedwir bellach yn *Llyfrgell Genedlaethol Cymru, Llyfrgell Prifysgol Cymru, Bangor, a Llyfrgell Ganolog Caerdydd, yn eu plith gopi o *Mona Antiqua Restaurata* gan Henry *Rowlands.

ELLIS, DAVID (1893–1918?), bardd, o fferm Penyfed, ardal Tŷ Nant, Llangwm, Dinb. Yr oedd yn gefnder cyfan i Elena Puw *Morgan, y nofelwraig. Addysgwyd David Ellis yng Ngholeg Prifysgol Gogledd Cymru, Bangor, rhwng 1910 ac 1913, ac un o'i gyfoedion yno oedd Kate *Roberts a oedd hefyd yn un o'i gyfeillion pennaf. Enillodd goron yr Eisteddfod

Ryng-golegol yn 1913. Ar ôl cyfnodau fel athro yn Ninmael, Llangollen, Bae Colwyn a Morpeth yn Northumberland, ymunodd ar ddechrau 1916 â'r Corfflu Meddygol ac aeth yn gyfeillgar iawn â Lewis *Valentine ac Albert *Evans-Jones (Cynan) yn ystod ei gyfnod yn y fyddin. Anfonwyd David Ellis i wasanaethu ar gleifion yn Salonica a'i chyffiniau yng Ngwlad Groeg, ac un diwrnod ym Mehefin 1918, diflannodd o'r gwersyll ac ni ddaethpwyd o hyd iddo erioed. Bardd ifanc dawnus ar ei dwf oedd David Ellis pan gollwyd ef, a gadawodd ar ei ôl awdlau a chywyddau, englynion a thelynegion. Stori ryfedd David Ellis a ysbrydolodd Cynan i lunio'i nofelig, *Ffarwel Weledig* (1946).

Ceir manylion pellach yn Alan Llwyd ac Elwyn Edwards, *Y Bardd a Gollwyd: Cofiant David Ellis* (1992).

ELLIS, ROBERT (Cynddelw; 1812–75), bardd a golygydd a aned ger Pen-y-bont-fawr, Tfn. Dechreuodd bregethu yn 1834 ac yn ddiweddarach bu'n weinidog gyda'r *Bedyddwyr. Ymhlith y gweithiau a olygodd yr oedd ail argraffiad *Gorchestion Beirdd Cymru o gasgliad Rhys *Jones (1864), *Geiriadur y Bardd* (d.d.) a *Barddoniaeth Dafydd ap Gwilym* (d.d.). Cyhoeddodd *Tafol y Beirdd* (1853) lle y mae'n trafod y *Pedwar Mesur ar Hugain, *Manion Hynafiaethol* (1873) o'i waith ei hun a chofiannau i'w athro John Williams (1806–56) a Dr Ellis Evans (1786–1864) o Gefn-mawr. Casglwyd ei gerddi a'u cyhoeddi wedi ei farw o dan y teitl *Barddoniaeth Cynddelw* (1877); ei gerdd fwyaf adnabyddus yw 'Cywydd y Berwyn'. Yr oedd yn gyfrannwr cyson i wasg ei enwad, a bu'n olygydd ar y cylchgronau *Y Tyst Apostolaidd* (1845–50) ac *Y *Tyst* (1851), ac ef a ofalai am golofn farddol *Y *Greal a *Seren Gomer o 1852 hyd ddiwedd ei oes.

Ceir manylion pellach yng nghofiant Robert Ellis gan David Williams (1935).

Ellis, Rowland (1650–1731), arweinydd y Crynwyr, o Fryn Mawr ger Dolgellau, Meir. Gorfu iddo hwylio i'r Amerig oherwydd erledigaeth ac wedi iddo lanio yno yn 1686 ymunodd â gwladychfa William Penn. Yr oedd yn ŵr diwylliedig a daeth yn ffigur blaenllaw yn y gymdeithas ac yn gynrychiolydd dros Philadelphia yng nghorff llywodraethol y drefedigaeth. Cyfieithodd i'r Saesneg waith cyd-Grynwr Ellis Pugh, sef *Annerch i'r Cymry* (1721), dan y teitl *A Salutation to the Britains* (1727). Cedwir enw ei hen gartref yn enw'r coleg adnabyddus i ferched ym Mhennsylvania, sef Bryn Mawr. Seilir y nofel *Y Stafell Ddirgel* (1969) a'i dilynydd *Y Rhandir Mwyn* (1972) gan Marion *Eames ar fywyd Rowland Ellis. Gweler hefyd RHANDIR GYMREIG.

Ellis, Thomas Edward (1859–99), gwleidydd a aned yng Nghefnddwysarn ger Y Bala, Meir., yn fab fferm. Cafodd addysg anarferol o helaeth i Anghydffurfiwr o Gymro yn y cyfnod hwnnw a oedd yn cynnwys deng mlynedd yng Ngholeg Prifysgol Cymru, Aberystwyth, a Choleg Newydd, Rhydychen, lle y graddiodd mewn Hanes. Yn 1886 fe'i hetholwyd yn Aelod Seneddol dros Feirion fel Rhyddfrydwr a oedd yn ffyddlon i Gladstone, ac ar bwys anerchiad etholiadol digamsyniol bleidiol i Ymreolaeth i Gymru (gweler o dan HOME RULE). Daeth yn seneddwr craff a hynod ddiwyd a gwnaeth lawer ar dir ymarferol i hyrwyddo achosion Cymreig, yn enwedig addysg, *Datgysylltu'r Eglwys ac achos diwygio tirddaliadaeth (*Pwnc y Tir). Wedi iddo fod yn brif gyfrwng sefydlu'r Comisiwn Brenhinol ar Dir yng Nghymru ef efallai oedd y tyst mwyaf effeithiol gerbron y corff hwnnw. Yr oedd ynddo haen hefyd o ddelfrydiaeth ar batrwm Mazzini, ac am gyfnod, ymdeimlad dwfn o hunaniaeth Geltaidd. Chwaraeodd ran flaenllaw pan sefydlwyd mudiad *Cymru Fydd yn 1886; ond wedi iddo, yn betrusgar ddigon, dderbyn swydd fel Ail Chwip yn 1892, a Phrif Chwip yn 1894, atgyfnerthwyd ei ddylanwad seneddol ar draul ei apêl Radicalaidd. Ar wyliau yn yr Aifft yn 1890 trawyd ef gan y teiffoid ac arweiniodd hynny at afiechyd cyson a waethygwyd gan orweithio.

Yr oedd Tom Ellis yn ŵr diwylliedig (golygodd gyfrol o weithiau Morgan *Llwyd), a glynodd yn glòs wrth ei wreiddiau yn y cefn gwlad Ymneilltuol. Swynodd werin Cymru cydag anwyldeb ei bersonoliaeth a daeth yn brif symbol dyheadau'r Cymro – yn addysgol, yn enwedig, yn ddiwylliannol ac i wahanol raddau yn wleidyddol – a thrwy ei farwolaeth gynnar fe'i canoneiddiwyd yn arweinydd coll Cymru oes Fictoria.

Cyhoeddwyd *Speeches and Addresses* T. E. Ellis yn 1912 a chaed gan ei fab, T. I. Ellis, fywgraffiad yn Gymraeg (2 gyf., 1944, 1948); gweler hefyd Neville Masterman, *The Forerunner: the Dilemmas of Tom Ellis* (1972), erthygl Frank Price Jones yn *Nhrafodion Anrhydeddus Gymdeithas y Cymmrodorion* (1960) a adargraffwyd yn ei *Radicaliaeth a'r Werin Gymreig yn y Bedwaredd Ganrif ar Bymtheg* (1977), a'r gyfrol ddwyieithog gan Wyn Jones, *Thomas Edward Ellis 1859–1899* (1986).

ELLIS, THOMAS IORWERTH (1889–1970), awdur a aned yn Llundain, yn fab i Thomas Edward *Ellis; cafodd ei addysg yng Ngholeg Prifysgol Cymru, Aberystwyth, a Choleg Iesu, Rhydychen. Bu'n Ddarlithydd yn y Clasuron ym Mhrifysgol Cymru ac am flynyddoedd yn Brifathro Ysgol y Sir, Y Rhyl, Ffl. Cyfrannodd yn helaeth i gylchgronau Cymru ac ysgrifennodd chwe chyfrol yn y gyfres *Crwydro Cymru* (1953–59), ynghyd â chofiant i'w dad (2 gyf., 1944, 1948), llu o bamffledi ar bynciau diwylliannol a gwleidyddol a chyfrol o ysgrifau, *Ym Mêr fy Esgyrn* (1955). Diau y buasai cyfraniad llenyddol T. I. Ellis yn helaethach oni bai am ei ymroddiad i'r sefydliadau y bu'n gwasanaethu ar eu pwyllgorau, gan gynnwys *Prifysgol Cymru, y *Llyfrgell Genedlaethol a'r Eglwys yng Nghymru. Ond ei gyfraniad pwysicaf oedd ei wasanaeth diflino yn ysgrifennydd *Undeb Cymru Fydd o 1941 hyd 1967. Y mae'r awdur Marged *Dafydd yn ferch iddo.

ELLIS, THOMAS PETER (1873–1936), hanesydd, brodor o Wrecsam, Dinb., a addysgwyd yng Ngholeg Lincoln, Rhydychen, lle y darllenodd y Gyfraith. Bu'n swyddog cyfreithiol yng ngwasanaeth gwladol India a daeth yn farnwr yn y Punjab. Dychwelodd i Gymru yn 1921, trodd yn Babydd a thrigo ger Dolgellau a dechrau astudio a chyhoeddi llyfrau ar gyfraith Cymru'r Oesoedd Canol, yn eu plith *Welsh Tribal Law and Custom in the Middle Ages* (2 gyf., 1926), a ystyrir hyd heddiw'n werthfawr yn rhinwedd ei ymdriniaeth lawn â'r pwnc. O bwys mawr hefyd yw ei *The First Extent of Bromfield and Yale* (1924), copi a rhagarweiniad i arolwg tir a wnaed o'r ardaloedd hynny yn 1315, *The Catholic Martyrs of Wales, 1535–1680* (1933) a *The Welsh Benedictines of the Terror* (1936).

Elmet, gweler ELFED.

Elphin, gweler GRIFFITH, ROBERT ARTHUR (1860–1936).

Emlyn, un o saith cantref *Dyfed. Cipiwyd y fro gan Gerald de Windsor, castellydd Penfro, tua 1105. Adferwyd y cantref i reolaeth y Cymry gan *Rys ap Gruffudd (Yr Arglwydd Rhys), ond syrthiodd hanner gorllewinol y cantref (Emlyn Is Cuch), a chastell *Cilgerran, i ddwylo Ieirll Penfro yn 1204. Adeiladwyd y castell newydd yn Emlyn gan Faredudd, ŵyr Rhys ap Gruffudd, yn Emlyn Uwch Cuch yn 1240. Daeth Uwch Cuch yn rhan o sir Gaerfyrddin wedi gwrthryfel Rhys ap Maredudd yn 1287, a daeth Is Cuch yn rhan o sir Benfro yn 1536.

'Emmanuel' (2 gyf., 1861, 1867), cerdd yn y mesur moel gan William *Rees (Gwilym Hiraethog), yn cynnwys tua dwy fil ar hugain o linellau; hi yw'r gerdd feithaf yn Gymraeg. Yn y rhan gyntaf y mae deuddeg caniad yn ymdrin â Duwdod ac Annuwiaeth, y Greadigaeth, Gwrthryfel Satan a Chwymp Dyn, ac yn yr ail, deuddeg arall yn adrodd nifer o weledigaethau damhegol. Ymgais ydoedd i ganu *Arwrgerdd Gristnogol yn null Milton, breuddwyd beirdd Cymraeg er y ddeunawfed ganrif. Fodd bynnag, nid anghytunodd yr un beirniad hyd yn hyn â Thomas *Parry nad oes 'yn holl feithder anial y gwaith odid un rhinwedd lenyddol'.

Emral, plasty ym *Maelor Saesneg, Ffl., a chartref teulu'r Pilstyniaid, a estynnodd nawdd i feirdd a sir. Hanoedd y teulu hwn o Syr Rhosier Pilstwn a gafodd dir gan Edward 1 cyn 1283, a'i orwyr Rhisiart (c.1350) oedd y cyntaf hyd y gwyddys i noddi yn Emral. Cadwyd canu gan nifer o feirdd y cyfnod megis *Guto'r Glyn, *Gutun Owain a *Lewys Glyn Cothi (Llywelyn y Glyn) i'w orwyr Rosier, ac erys tystiolaeth fod pedair cenhedlaeth yn olynol wedi parhau i noddi beirdd wedi hynny, hyd 1587.

Emrys, gweler AMBROSE, WILLIAM (1813–73).

Emrys ap Iwan, gweler JONES, ROBERT AMBROSE (1848–1906).

Emrys Wledig neu Ambrosius (*fl.* 430 neu 475), cadfridog Brythonig a ffigur hanesyddol sicrach nag unrhyw Frython arall o'i ddydd, ac eithrio *Gwrtheyrn. Nid yw *Gildas yn ei *De Excidio Britanniae yn enwi'r un arweinydd arall a ymladdodd yn erbyn y goresgynwyr Seisnig. Dichon, fodd bynnag, fod dau ŵr o'r enw, tad a mab, efallai. Yr oedd yr Ambrosius hŷn yn wrthwynebydd i Wrtheyrn yn y degawd wedi 430, ac arweiniodd yr Ambrosius iau (Ambrosius Aurelianus) ymgyrch o Frythoniaid yn erbyn y goresgynwyr. Cyfeiria Gildas at yr ymgyrch hon fel un a barodd lwyddiant brwydr Mynydd Baddon. Os gellir derbyn y flwyddyn 519 fel y dyddiad mwyaf tebygol i'r frwydr hon, gellir dal bod ymgyrch Emrys, efallai, wedi dechrau yn 475 neu 480. Y mae hanes Gildas yn ansicr, fodd bynnag, oherwydd ymddengys ei fod yn ysgrifennu am y tad, neu'r Ambrosius hŷn, ond bod ei gronoleg yn cyfeirio at yr un iau.

Diau mai'r Ambrosius hŷn yw'r un y cyfeirir ato yn yr hanes diweddarach, *Historia Brittonum. Yn y testun hwn y mae Gwrtheyrn, wedi iddo ymneilltuo i ffiniau ei deyrnas, yn ceisio sefydlu caer newydd yng *Ngwynedd, ond rhwystrir ef, dro ar ôl tro, oherwydd bod seiliau'r gaer yn dymchwel. Y mae ei wŷr doeth yn ei gynghori y bydd yn rhaid iddo arllwys gwaed bachgen 'heb dad ganddo' dros y seiliau, cyn y gellir adeiladu'r gaer. Deuir o hyd i fachgen felly yn chwarae pêl yng Nghaerfyrddin a phan gyrchir ef o flaen y brenin Gwrtheyrn, dywed wrth hwnnw mai Ambrosius yw ei enw, sef 'Embresguletic' yn y Frythoneg a bod ei dad yn gonswl Rhufeinig. Y mae'r bachgen yn drysu'r doethion â'i ddoethineb, a datguddir ganddo fod llyn o dan seiliau'r gaer lle y mae dwy ddraig yn llechu – un goch ac un wen – a bod eu symudiadau hwy yn achosi cwymp y seiliau yng nghaer Gwrtheyrn. Y mae'r *ddraig goch yn symbol o'r Brythoniaid brodorol a'r ddraig wen yn symbol o'r goresgynwyr Sacsonaidd. Wedi dod o hyd iddynt disgrifir ymladdfa rhwng y ddwy ddraig a'r ddraig goch sy'n fuddugoliaethus yn y diwedd.

Wrth sylweddoli, wedi gweld yr elfennau lledrithiol yn y chwedl, fod dwy chwedl wedi'u cyfuno yma, geilw *Sieffre o Fynwy y bachgen Ambrosius Merlin (*Myrddin) a pheri iddo ddarogan mai'r ddraig goch a fyddai yn fuddugol yn y diwedd, er y byddai'r ddraig goch a'r ddraig wen yn ymladd am ganrifoedd. Yn y chwedl *Cyfranc Lludd a Llefelys y mae cyfeiriad at sgrech ofnadwy a glywir bob noson *Calan Mai. Dywedir mai sgrech y ddraig frodorol ydyw wrth iddi ymladd yn erbyn draig y goresgynwyr. Y mae Lludd, ar gyngor ei frawd, yn dal y ddwy ddraig, ac yn eu cuddio

mewn cist faen yn Ninas Emrys. Ceir tystiolaeth archaeolegol fod llyn o'r math sydd yn y chwedl wedi bodoli yn y man hwn yng Ngwynedd; ac y mae'r chwedl o bosibl wedi tyfu'n onomastig (*llên onomastig) o'r ffaith honno. Gweler hefyd TRI MATGUDD.

Ceir manylion pellach yn Leslie Alcock, *Arthur's Britain* (1971), John Morris, *The Age of Arthur* (1973) ac A. H. A. Hogg, *Hill-Forts of Britain* (1975).

Emyn, cân o fawl i Dduw i'w chanu gan gynulleidfa. Nid oes yr un emyn Cymraeg yn hŷn na'r ddeuddegfed ganrif gan mai Lladin oedd y canu yn yr eglwysi y pryd hwnnw. Yr emyn cynharaf yn y Gymraeg yw 'Gogonedauc argluit, hanpich guell', cerdd yn *Llyfr Du Caerfyrddin; golygodd Marged Haycock dair ar ddeg ar hugain o'r cerddi crefyddol cynharaf yn ei *Blodeugerdd Barddas o Ganu Crefyddol Cynnar* (1994). Cynhwyswyd amryw ganeuon crefyddol yn *Cyfres Beirdd y Tywysogion* (1991–96). Y mae'r emynau yn *Gwassanaeth Meir* yn fwy caboledig na'r salmau, oherwydd cynrychiolant y traddodiad caeth, uchelwrol, ond dylanwad y traddodiad rhydd, gwerinol sydd ar y salmau. Gwelir yr un naws eglwysig-glasurol yn yr ymgais i fydryddu'r salmau gan William *Midleton (1603) ac yn neilltuol yng ngwaith Edmwnd *Prys (1621). Gwaith yr olaf, ynghyd â chanu moeswersol Rhys *Prichard yn *Canwyll y Cymru (1646), yw barddoniaeth grefyddol fwyaf nodedig yr ail ganrif ar bymtheg ac eithrio telynegion Morgan *Llwyd. Clasurol eglwysig eto yw emyn Ellis *Wynne, 'Myfi yw'r Atgyfodiad Mawr'. Gwnaeth Ymneilltuwyr cynnar ei oes emynau o gyfieithiadau o'r Saesneg neu'n aralleiriad o'r Ysgrythurau; yn eu plith ceid Thomas *Baddy, James Owen (1654–1706), Dafydd Lewis, John Prichard Prys (*fl.* 1704–21), John Evans a Lewis Thomas.

Cymharol anarbennig oedd emynau Cymru hyd y cyfnod hwnnw. Ond o 1744 ymlaen cafwyd gwaith emynwyr megis Morgan *Rhys, Dafydd *William, Thomas *William, John *Thomas (1730–1804?) a John *Williams o Sain Tathan, a'r gorau oll William *Williams (Pantycelyn), beirdd yn priodi diwinyddiaeth â phrofiad gyda chwaeth a medr. Yn y bedwaredd ganrif ar bymtheg symudodd grym y symudiad emynyddol hwn i *Wynedd a *Phowys gyda chyhoeddi gwaith Edward *Jones, Maes-y-plwm, Eben Fardd (Ebenezer *Thomas), Robert ap Gwilym Ddu (Robert *Williams), Pedr Fardd (Peter *Jones), Ieuan Glan Geirionydd (Evan *Evans), Gwilym Hiraethog (William *Rees) ac Ehedydd Iâl (William *Jones). I raddau collwyd peth o newydd-deb y profiad yn yr ymfudo, gan ymgywreinio dan ddylanwad y traddodiad carolaidd. Ond tystia Ann *Griffiths ac eraill fod y profiad yn dal yn real a'r meddwl yn gadarn o hyd. Ar ddiwedd y bedwaredd ganrif ar bymtheg teneuwyd y deall a'r ymwybod o bechod yn ogystal â'r ias o iachawdwriaeth. Dichon mai'r emynwyr olaf i ddal adlais o'r hen dinc oedd Elfed (Howell Elvet *Lewis), Watcyn

Wyn (Watkin Hezekiah *Williams), Nantlais (William Nantlais *Williams) a J. T. *Jôb.

Ceir trafodaeth ar yr emyn Cymraeg fel llenyddiaeth yn Saunders Lewis, *Williams Pantycelyn* (1927), Gomer M. Roberts, *Y Pêr Ganiedydd* (1958), John Thickens, *Emynau a'u Hawduriaid* (1961), Bobi Jones, *Pedwar Emynydd* (1970) a John Gwilym Jones yn *Swyddogaeth Beirniadaeth* (1977), yn ogystal ag R. M. Jones, *Cyfriniaeth Gymraeg* (1994). Lluniwyd llyfryddiaeth o emynyddiaeth Gymraeg gan H. Turner Evans (1977).

EMYR, JOHN (1950–   ), nofelydd a beirniad, a aned yn Llanwnda, Caern., a'i addysgu yng Ngholeg Prifysgol Cymru, Aberystwyth; bu'n Bennaeth Adran Gymraeg Ysgol Friars, Bangor, rhwng 1984 ac 1987 cyn symud i Ganolfan Astudiaethau Iaith, Llangefni, Môn, yn olygydd cyffredinol hyd 1996. Erbyn hyn y mae'n gweithio ar ei liwt ei hun fel golygydd a chyfieithydd. Y mae wedi cyhoeddi astudiaeth feirniadol o waith Kate *Roberts, *Enaid Clwyfus* (1976), dwy nofel, *Terfysg Haf* (1979) a *Prifio* (1986), a chyfrol o storïau byrion, *Mynydd Gwaith* (1984). Golygodd waith Lewis *Valentine, *Dyddiadur Milwr* (1988) a chyfrannodd astudiaeth feirniadol o Bobi Jones (Robert Maynard *Jones) i'r gyfres *Writers of Wales* (1991).

ENDERBIE, PERCY (1601?–70?), hanesydd. Sais ydoedd a briododd â merch o deulu'r *Morganiaid o Lantarnam, Myn.; trigodd yng Nghymru am flynyddoedd lawer, dysgodd Gymraeg ac edmygai hanes y genedl. Bwriadai i'w brif waith, *Cambria Triumphans* (1661), a ysgrifennwyd yn Llantarnam, ddangos ach Gymreig teulu brenhinol Stuart.

'Eneth gadd ei Gwrthod, Yr', enghraifft o'r *canu llofft stabal a fu'n boblogaidd yn niwedd y bedwaredd ganrif ar bymtheg a dechrau'r ugeinfed ganrif. Ysgrifennwyd y geiriau gan John Jones (Llew o'r Wern) a chyfeiriant at hanes trist Jane Williams, Ty'n-y-caeau, Cynwyd, Meir., a'i boddodd ei hun yn 1868, yn dair ar hugain oed, wedi i'w chariad ei gadael. Nid alaw telyn Gymreig, fel y tybir yn aml, yw'r dôn; fe'i hadwaenir yn Lloegr fel '*There's love among the roses*'.

Enfys, Yr, gweler o dan UNDEB Y CYMRY A'R BYD.

Englefield, gweler TEGEINGL.

Enid, gweler o dan GERAINT FAB ERBIN.

Enlli, ynys fechan tua dwy filltir o ben draw penrhyn Llŷn, Caern., lle y sefydlwyd mynachlog yn y chweched ganrif. Erbyn y drydedd ganrif ar ddeg diwygiwyd y gymuned i fod yn briordy yn perthyn i'r *Canoniaid Awstinaidd, ac y mae rhai olion o'r eglwys, ynghyd â dwy garreg goffa gynnar, yn aros. Dywedid mai Cadfan a Lleuddad oedd yr abadau cyntaf, ac fe'u crybwyllir fel ceidwaid Enlli gan *Lywelyn Fardd (c.1150). Deil

traddodiad fod ugain mil o saint, yn eu plith *Beuno, *Dyfrig a *Phadarn, wedi'u claddu ar yr ynys sanctaidd. Molwyd hwy gan *Lewys Glyn Cothi a *Hywel ap Rheinallt, ymhlith eraill. Yn ystod yr Oesoedd Canol datblygodd Enlli yn gyrchfan i bererinion. Disgrifir y daith beryglus i'r ynys mewn cerdd gan Rys Llwyd. Bu eraill, megis Llywelyn ap Gutun ap Ieuan Lydan ar ddiwedd y bymthegfed ganrif, yn ceisio lletygarwch yr abad, ond er siom iddynt yr oedd 'heb roi'n rhad un rhodd', a beirniadodd *Deio ab Ieuan yr abad Madog ap Madog am mai bara, caws a llaeth enwyn yn unig a gafodd ganddo.

Diddymwyd yr abaty tua 1537, eithr deil rhin y fan i ysbrydoli beirdd fel T. Gwynn *Jones, R. S. *Thomas, R. Gerallt *Jones a Harri *Webb. Ymhlith y llenorion a fu'n byw yno gellir crybwyll Dilys *Cadwaladr a fu'n athrawes yno, Brenda *Chamberlain a Christine *Evans. Love Pritchard oedd 'brenin' olaf Enlli; fe'i hetholwyd gan yr ynyswyr i ddeddfu mewn anghydfod ond gadawodd ef a'i deulu yr ynys yn 1926. Y mae'r ynys, a ddynodwyd yn ardal o harddwch naturiol arbennig, yn Warchodfa Natur Genedlaethol ac yn lloches i adar.

Ceir manylion pellach yng nghyfrol Glanmor Williams, *The Welsh Church from Conquest to Reformation* (1962); G. Hartwell Jones, *Celtic Britain and the Pilgrim Movement* (1912); yr erthygl gan C. N. Johns, yn *Nhrafodion* Cymdeithas Hanes Sir Gaernarfon (cyf. XXI, 1960); *Inventory of Ancient Monuments in Caernarvonshire* (cyf. III, 1964); ac R. Gerallt Jones a Christopher J. Arnold (gol.), *Enlli* (1996).

Enoc Huws (1891), trydedd nofel Daniel *Owen, a gyhoeddwyd gyntaf yn gyfres wythnosol yn Y *Cymro yn 1890 ac 1891. Magwyd Enoc, plentyn siawns, mewn tloty a daw yn siopwr llwyddiannus. Edrydd y gomedi hon hanes ei garwriaeth ddiobaith, ei drafferthion rhyfedd gyda'i howsgipar a pherswâd Capten Trefor arno i fuddsoddi'i arian yng nghloddfa blwm wag Pwll-y-gwynt. Y Capten yw un o gymeriadau mwyaf yr awdur: cawr o dwyllwr sy'n aberthu pawb a phopeth, gan gynnwys ei deulu, i foddio'i wanc am elw a safle. Dirgelwch canolog y nofel yw 'Pwy yw tad Enoc?' Datgelir ar y diwedd mai Capten Trefor ydyw a bod Susi, merch y Capten y mae Enoc mewn cariad â hi, yn hanner chwaer iddo. Pur ddigynllun yw'r nofel; wedi'i can tudalen meistraidd cyntaf â'r stori ar chwâl mewn penodau o chwedleua amherthnasol, ond diddorol, nes i'r awdur gydglymu'r llinynnau disberod ar y diwedd. Rhagrith yw prif gocyn hitio'r nofel ac y mae dychan ac eironi'r awdur wedi datblygu'n gelfydd finiog.

Cyhoeddwyd trosiad Saesneg anfoddhaol gan Claude Vivian tua 1895 ac argraffiad talfyredig mewn orgraff ddiweddar, a olygwyd gan T. Gwynn Jones, yn 1939. Ceir ymdriniaeth feirniadol â'r nofel yn yr ysgrif gan John Gwilym Jones yn *Swyddogaeth Beirniadaeth* (1977), ac un arall gan Dafydd Glyn Jones yn *Ysgrifau Beirniadol III* (gol. J. E. Caerwyn Williams, 1967); gweler hefyd yr erthygl gan T. J. Morgan yn *Y Llenor* (1948) a'r cyfrolau yn ymwneud â'r nofelydd yn *Cyfres y Meistri* (gol. Urien Wiliam, 1983).

Enwau Ynys Prydain, traethodyn byr sy'n ffurfio is-adran yn y fersiwn o *Trioedd Ynys Prydain* a welir yn *Llyfr Gwyn Rhydderch* a *Llyfr Coch Hergest*; ymddengys hefyd mewn fersiwn helaethach mewn rhai llawysgrifau diweddarach. Egyr gyda'r geiriau 'Cyntaf enw a fu ar yr Ynys Hon, cyn no'i chael no'i chyfanaddu: Clas *Myrddin. Ac wedi ei chael a'i chyfanaddu Y Fêl Ynys. Ac wedi ei goresgyn o Brydein mab *Aedd Mawr y dodwyd arni Ynys Brydein.' Achosir nifer o broblemau gan y cyfeiriad hwn at dri ymsefydliad cynnar yn yr Ynys. Ymddengys iddo ddeillio o draddodiad ffug-ddysgedig am gyfres o oresgyniadau ar Brydain – ceir traddodiad cyfatebol yn 'Llyfr y Goresgyniadau' yn Iwerddon – ond y mae'n hŷn o lawer na *Sieffre o Fynwy. Cadarnheir y gred hon i ryw raddau gan y ffaith fod yr enwau Prydein ac Aedd Mawr yn ymddangos mewn rhai rhestrau o lywodraethwyr cynhanesyddol *Prydain. Y mae'n bosibl felly fod Sieffre o Fynwy wedi celu'r hanes hŷn er mwyn rhoi blaenoriaeth i'r traddodiad arall o wladychu gan *Frutus a'r ffoaduriaid o Gaer Droea yr ymhelaethodd arno yn ei *Historia Regum Britanniae*. Yr oedd y Vel Ynys (Ynys y Mêl), yn ffugenw poblogaidd gan y beirdd ar Brydain, ond ni oroesodd unrhyw beth i esbonio cysylltiad Myrddin â'r hanes am wladychu.

Daearyddol yw'r eitemau sy'n dilyn yn y traethodyn: y mae gan Brydain dair ynys gyfagos (sef Môn, Manaw ac Wyth), pedwar ar ddeg ar hugain o Brif Borth-laddoedd, tair ar ddeg ar hugain o Brif Ddinasoedd, a phedwar ar ddeg ar hugain o Brif Ryfeddodau. Rhoddir hyd yr Ynys (900 milltir) o Benrhyn Blathaon (man anhysbys yn yr Alban) i Benrhyn Penwaedd (Penwith Point) yng Nghernyw, a'i lled (500 milltir) o Grigyll ym Môn (afon â'i haber ger Rhosneigr) i Soram (Sarre) yng Nghaint. Dywedir wedyn y dylid bod Coron a thair Coronig ynddi. Gwisgir y Goron yn Llundain ac un Goronig ym Mhenrhyn Rhionedd yn y gogledd (anhysbys), yr ail yn *Aberffraw, a'r drydedd yng Nghernyw. Y mae tair archesgobaeth, un ym Mynyw (*Tyddewi); yr ail yng Nghaint, a'r drydedd yng Nghaer Efrog. Ar ôl hyn ceir rhestrau o Ddinasoedd a Rhyfeddodau Prydain yn rhai o'r llawysgrifau, a hynny mewn ffurf sy'n ymhelaethiad o restrau tebyg a geir yng ngwaith *Gildas ac yn yr *Historia Brittonum*.

Ceir enghreifftiau eraill o'r holl fanylion daearyddol hyn mewn mannau eraill mewn llenyddiaeth Gymraeg gynnar ac ymddengys eu bod yn deillio o gorff o ddysg hynafol, ffug-ddysgedig a dderbyniwyd yn gyffredinol. Cyfeirir at Dair Teyrnas Ynys Prydain (Cernyw, Cymru a'r Gogledd, mae'n debyg) a'i Thair Ynys Gyfagos yn chwedl *Culhwch ac Olwen, a chrybwyllir yr ynysoedd cyfagos yn yr *Historia Brittonum* ac mewn mannau eraill. Yn ôl Gildas, rhif Dinasoedd Prydain yw wyth ar hugain, a cheir eu henwau mewn orgraff Hen Gymraeg yn yr *Historia Brittonum*. Erys olion y rhaniad triphlyg o Brydain ac o fesuriadau'r ynys yn *Historia Regum*

Britanniae Sieffre o Fynwy hyd yn oed, ac y mae'n bosibl iddo gael ei wybodaeth o'r traethodyn hwn. Eisoes hyrwyddwyd Mynyw (Tyddewi) mewn rhai mannau yn y ddegfed ganrif i fod yn brif eglwys yng Nghymru, er na ddaeth statws archesgobol Tyddewi yn bwnc dadl wleidyddol hyd y ddeuddegfed ganrif. Yn anad dim, y mae'r cysyniad fod Prydain yn deyrnas frenhinol, unedig, gytûn, a'r Brythoniaid yn iawn berchnogion arni (er eu gorchfygu dros dro gan oresgynwyr estron) yn un sy'n parhau trwy lenyddiaeth Gymraeg yr Oesoedd Canol, mewn rhyddiaith a barddoniaeth, ac a ailadroddir mewn gwahanol ffyrdd yn *Trioedd Ynys Prydain* ac mewn mannau eraill. Y syniad fod brenhiniaeth yr ynys wedi'i chanoli yn Llundain sy'n gyfrifol am y disgrifiad o Fendigeidfran (*Brân) yn *Pedair Cainc y Mabinogi* 'wedi ei arwisgo â Choron Llundain' a hefyd am restrau hir Sieffre o Fynwy o Frenhinoedd Prydain yn ymestyn yn ôl i'r cynhanes pellaf.

Gellir gweld y testun yn *The Mabinogion from the Red Book of Hergest* (gol. John Rhŷs a J. G. Evans, 1887) ac o'r *Llyfr Gwyn* yn *Y Cymmrodor* (cyf. VII, 1888); gweler hefyd Rachel Bromwich, *Trioedd Ynys Prydein* (3ydd arg., 1998) a Brynley F. Roberts, 'Geoffrey of Monmouth and Welsh Historical Tradition' yn *Nottingham Mediaeval Studies* (cyf. XX, 1976).

Eog Llyn Llyw, gweler o dan ANIFEILIAID HYNAF.

Eos Ceiriog, gweler MORYS, HUW (1622–1709).

Eos Ewias, gweler PARRY, JAMES RHYS (c.1570–1625?).

Eos Gwynfa neu **Eos y Mynydd**, gweler WILLIAMS, THOMAS (c.1769–1848).

Epic of Hades, The (1877), cerdd hir gan Syr Lewis *Morris, a'r mwyaf adnabyddus o'i weithiau. Fe'i hysgrifennwyd yn bennaf wrth i Morris deithio i'w waith fel cyfreithiwr ar drenau tanddaearol Llundain. Er ei bod yn disgrifio ymweliad â'r is-fyd clasurol, nid epig yn yr ystyr draddodiadol mohoni, ond yn hytrach gyfres o benodau lle y mae cymeriadau fel Tantalus yn adrodd eu hanesion, gan roddi cyfle i'r bardd ychwanegu sylwadau moesegol addas. Fe'i cyfansoddwyd mewn mesur di-odl a gwelir dylanwad meistr cydnabyddedig yr awdur, Tennyson, arni, a chyfunir gallu technegol ag awyrgylch o ddyrchafiad moesol. Nid oes bywiogrwydd arbennig yn y gwaith, er y gellir dweud bod pryd-ferthwch tyner yn nodweddu rhai rhannau. Cyhoeddwyd o leiaf un ar hugain o argraffiadau yn ystod oes yr awdur.

Epistol at y Cembru (1567), llythyr rhagarweiniol yng nghyfieithiad Cymraeg y Testament Newydd (1567) lle'r apeliodd Richard *Davies at falchder gwladgarol ei gyd-Gymry yn hanes eu crefydd. Ceisiodd ddangos iddynt fod dechreuadau apostolaidd i'w Cristnogaeth, gan iddi gael ei dwyn iddynt gyntaf gan Joseff o Arimathea. Honnodd nad oeddynt yn ddyledus o gwbl i'r Babaeth ac i'w Ffydd gael ei chadw am ganrifoedd yn rhydd rhag unrhyw lygredd gan Rufain, wedi ei seilio'n gadarn ar fersiwn Cymraeg cynnar o'r Ysgrythurau. Cymeradwyai Davies gyfieithiad newydd adeg y Diwygiad yn frwd fel 'ail flodeuad yr efengyl' yn eu mysg.

Ceir ymdriniaethau diweddar ar y llythyr hir-ddylanwadol hwn gan Saunders Lewis yn *Efrydiau Catholig* (cyf. II, 1947) a Glanmor Williams, *Yr Esgob Richard Davies* (1953) a *Welsh Reformation Essays* (1967).

Epistolae Ho-Elianae (llyth. 'Llythyrau cynefin'; 1645), llyfr gan James *Howell a'r gyfrol gyntaf yn hanes llenyddiaeth Saesneg o lythyrau a gyfeiriwyd at unigolion ond a fwriadwyd at eu cyhoeddi. Amheuwyd dilysrwydd y llythyrau droeon, gan ei bod yn amlwg fod llawer o'u dyddiadau yn gwbl anghywir. Fodd bynnag, y mae sylwebaeth fanwl y llythyrau cynharaf, yn enwedig, yn ei gwneud yn annhebyg iawn eu bod yn ffuglen *post hoc*. Y mae'n debyg mai'r esboniad yw i bapurau Howell gael eu hatafaelu pan anfonwyd ef i Garchar y Fflyd yn 1642 ac mai copïau o'r llythyrau hynny a ysgrifennwyd cyn 1622 yn unig a ddychwelwyd iddo. Ni roddwyd dyddiadau ar y llythyrau hyd argraffiad 1650 a bu Howell, a'u golygodd ar frys, yn ddiofal; y mae'n bosibl iddo geisio ailysgrifennu o'i gof rai o'r llythyrau y collwyd ei gopïau ohonynt.

Beth bynnag am ddilysrwydd y llyfr, y mae'n hynod fywiog: torrir ar draws y llif o ysgrifennu aruchel a ffansïol yn aml gan ddoethineb bydol, jôciau diniwed a straeon hynod. Yr oedd Howell yn ŵr hyddysg ac yn enghraifft gynnar o'r newyddiadurwr o safon. Gwelir ar ei ysgrifau, neu ei ffuglythyrau ar hanes yr ieithoedd a'i ddadansoddi ar wahanol grefyddau, ddylanwad gweithiau megis *Enquiries Touching the Diversity of Languages* (1614) gan Edward Brerewood ac *Europae Speculum* (1638) gan Syr Edwin Sandys. Un o'r pethau mwyaf rhyfedd a gynhwysir yn y gyfrol yw adroddiad Howell o ddefodaeth hirfaith ei ddefosiynau personol. Treuliodd ei fywyd yn Llundain ac mewn gwledydd tramor ac ni wyddai ddim am Gymru ond yr hyn a gofiai o ddyddiau ei ieuenctid. Er hyn parhaodd yn ffyddlon i'r Gymraeg ac ef yn y llythyrau hyn yw dehonglwr olaf fersiwn oes y *Tuduriaid o *Mater Prydain*. Gellir yn hawdd ddeall poblogrwydd y gyfrol (yr oedd deg argraffiad erbyn 1737): y mae'n ddihafal fel compendiwm o wybodaeth a theimladau a oedd ar led mewn cylchoedd gwrth-Biwritanaidd yn y degawdau cyn y *Rhyfeloedd Cartref.

Yr argraffiad gorau yw'r un a olygwyd gan Joseph Jacobs, *Epistolae Ho-Elianae, The Familiar Letters of James Howell* (2 gyf., 1890, 1892).

Eples (1951), cyfrol o farddoniaeth gan David James

*Jones (Gwenallt). Y mae'n llawn o ddisgrifiadau cignoeth a realistig neu o ddelweddau trawiadol a gwreiddiol a thardd rhai ohonynt o brofiad y bardd o gyni ardaloedd diwydiannol Cymru yn ystod y *Dirwasgiad. Un o'r cerddi mwyaf adnabyddus yw 'Y Meirwon', sy'n ymgais i olrhain rhai o'i atgofion mwyaf pwerus o'r cyfnod hwn, tra bo eraill yn mynegi ei ddadrithiad ynglŷn â *Marcsiaeth neu yn portreadu'r bywyd gwledig. Ymysg y rhai mwyaf arwyddocaol y mae 'Y Draenog', 'Dyn' a 'Narcisws' sy'n dehongli natur afiechyd y Dyn Cyfoes, ac eraill megis 'Yr Eglwys', 'Amser' ac 'Y Calendr' sy'n cynnig meddyginiaeth, neu eples, y Ffydd Gristnogol.

Erbery, William (1604–54), un o bedwar pregethwr mawr y genhedlaeth gyntaf o Biwritaniaid (*Piwritaniaeth) yng Nghymru, a aned yn ardal Y Rhath, ger Caerdydd. Bu'n ficer ar eglwysi Mair ac Ieuan Fedyddiwr yn y dref hyd nes iddo gael ei orfodi i ymddiswyddo gan Lys yr Uchel Gomisiwn yn 1635. Bu'n gaplan yng nghatrawd Skippon yn ystod y *Rhyfel Cartref, cymerodd ran yn y dadleuon milwrol a ddilynodd y rhyfel a phregethodd ym Morgannwg o dan *Ddeddf Taenu'r Efengyl yng Nghymru (1650), ond yn 1653 bu'n rhaid iddo ymddangos gerbron Pwyllgor y Gweinidogion Ysbeiliedig i ateb am ei heresïau. Yr oedd yn gyfrinydd o'r un feddylfryd â Jacob Böhme ond troes yn gecrus yn ystod ei flynyddoedd olaf. Ystyriai Morgan *Llwyd ef yn athro iddo a phan oedd Walter *Cradock yn gurad yng Nghaerdydd dylanwadwyd arno gan Erbery. Yn *Catholick Communion Defended* (1684) y mae Richard Baxter yn cyhuddo Vavasor *Powell, Cradock, Llwyd ac Erbery o Antinomiaeth. Ond yn *A Winding-Sheet for Mr. Baxter's Dead* (1685) amddiffynnir y tri a enwir gyntaf gan awdur anhysbys; cydnabyddir bod Erbery yn dioddef gan fympwyon, gan ychwanegu bod ei afiechyd yn ei ben nid yn ei galon, dedfryd ddigon teg fel y gwelir wrth ddarllen ei waith diweddarach. Cynhwysir holl waith Erbery ac eithrio *Apocrypha* (1652) yn *The Testimony of William Erbery left upon Record for the Saints of Succeeding Ages* (1658).

Ceir manylion pellach yn Thomas Rees, *History of Protestant Nonconformity in Wales* (1861), T. Richards, *The Puritan Movement in Wales, 1639 to 1653* (1920) a Geoffrey F. Nuttall, *The Welsh Saints 1640–1660* (1957).

Erddig, gweler o dan YORKE, PHILIP (1743–1804).

Erging neu **Archenfield**, yr ardal rhwng afonydd Mynwy (S. *Monnow*) a Gwy sydd bellach wedi ei chynnwys y tu mewn i hen sir Henffordd. Yr oedd yr ardal yn un o wledydd y cyfnod cynnar yng Nghymru a dichon i'r enw ddod o'r dreflan Rufeinig Ariconium. Yr oedd Erging yn ganolfan cwlt *Dyfrig (Dubricius) ac y mae'n bosibl iddo ef fod yn Esgob Ariconium; ef oedd y cynharaf o Seintiau'r *Eglwys Geltaidd. Nid oes tystiolaeth o *Glawdd Offa yn yr ardal, mae'n debyg oherwydd y goedwig drwchus sydd yno ac oherwydd y ffin naturiol sy'n dilyn tro llydan dwyreiniol afon Gwy. Yr oedd y ffin ieithyddol, a fu'n cydredeg â'r afon, lle y mae Llangystennin (S. *Welsh Bicknor*) yn wynebu English Bicknor ar draws y dŵr, yn symud wedyn i'r gogledd-orllewin, ar hyd yr ucheldir o Bencraig a Llangarren i Gomin Gorsty a Clehonger, gan ddod o fewn pedair milltir i Henffordd, ac yn ailffinio ag afon Gwy ger Bridge Sollers. Oddi yno rhed darn o Glawdd Offa tua'r gogledd. Nid yw'n afresymol edrych ar yr ymwthiad dwyreiniol mawr hwn fel ffin y *Silwriaid, yn arbennig gan fod y trefedigaethau Seisnig i'r gorllewin wedi eu Cymreigeiddio drachefn o'r wythfed ganrif ymlaen. Y mae'r disgrifiad o gymdeithaseg Erging yn y *Domesday Book* (1086) yn awgrymu bodolaeth cymuned gwbl Gymreig. Y mae goroesiad cyfran (*gavelkind*) yno, er i'r *Deddfau Uno (1536 a 1542) ei wahardd, yn dangos bod y gymuned yn un geidwadol ei naws. Bu'r ardal yn hynod ar lawer cyfrif (er enghraifft yn neheurwydd ei saethyddion, ac ym mharhad y Gymraeg yno) a bu Erging yn ffyddlon hefyd i *Gatholigiaeth Rufeinig hyd at ganol yr ail ganrif ar bymtheg. Wedi oes Urban, Esgob Llandaf (1107–33), aeth yr ardal yn rhan o esgobaeth Henffordd, ond bu'r Reciwsantiaid (gweler o dan GWRTH-DDIWYGIAD) yn chwarae Llandaf yn erbyn Henffordd yn nyffryn Mynwy gyda llwyddiant mawr. Parhaodd yr iaith Gymraeg yn Erging tan ymhell wedi 1700.

Ceir manylion pellach yn John Duncumb, *Collections towards the History and Antiquities of the County of Hereford* (4 cyf., 1804–92), a hefyd *Hundred of Wormelow* (1912) gan John Hobson Matthews.

'*Erof Greulon*' (llyth. 'Herod greulon'), darn pymtheg llinell o gerdd a geir yn *Llyfr Taliesin* am y Brenin Herod (Erof). Fel a oedd yn gyffredin yn yr Oesoedd Canol, cymysgir rhwng Herod Fawr a Herod Antipas, y Tetrarch. Sonnir amdano'n 'bratáu Iesu' ac am 'y ddaear yn crynu', yn ogystal ag am 'y diefyl' yn dyfod i dŷ Herod i'w gyrchu 'hyd yng ngwaelod Uffern'.

Eryr Gwernabwy, gweler o dan ANIFEILIAID HYNAF.

'*Eryr Pengwern*', cerdd yn perthyn i gylch *Canu Heledd. Ynddi disgrifia Heledd yr aderyn ysglyfaethus yn ysgrechian wrth fwyta cyrff y milwyr marw, ac yn eu plith gorff ei brawd Cynddylan; mewn man arall gelwir Pengwern yn llys Cynddylan. Yn ei *Itinerarium* a'i *Descriptio Kambriae* dywed *Gerald de Barri (Gerallt Gymro) fod Pengwern gynt yn un o'r tri phrif lys yng Nghymru ac yn ei uniaethu ag Amwythig; serch hynny, nid oes dystiolaeth archaeolegol i fodolaeth aneddfeydd yn yr ardal cyn diwedd y cyfnod Sacsonaidd. Y mae'n debyg mai yn swydd Amwythig yr oedd Pengwern, ond ni lwyddwyd i ddarganfod yr union fan. Efallai ei fod yn

agos i'r gaer Din Gwrygon (S. The Wrekin) ger Wroxeter, y bedwaredd dref o ran maint yng nghyfnod y Rhufeiniaid, a oedd yn nhiriogaeth y Cornovii, y llwyth y tybir bod Cynddylan yn perthyn iddo.

Ceir ymdriniaeth ar safle Pengwern yn John Morris, *The Age of Arthur* (1973) ac S. C. Stanford, *The Archaeology of the Welsh Marches* (1980); gweler hefyd erthygl Melville Richards, 'The Lichfield Gospels' yng Nghylchgrawn Llyfrgell Genedlaethol Cymru (cyf. XVIII, 1973).

Eryri, ardal fynyddig yng ngogledd-orllewin Cymru a oedd yn rhan bwysig o deyrnas *Gwynedd yn yr Oesoedd Canol. Ei mynydd uchaf yw'r Wyddfa (3,560 troed., 1,085m.), hwn hefyd yw mynydd uchaf Cymru. Mabwysiadwyd y teitl *Princeps Northwallie et Dominus Snowdonia* ('Tywysog Gwynedd ac Arglwydd Eryri') gan *Lywelyn ap Iorwerth (Llywelyn Fawr) yn 1230 a defnyddiwyd teitl cyffelyb gan ei ŵyr *Llywelyn ap Gruffudd (Y Llyw Olaf) yn 1258. Goroesodd yr enw hyd yn oed ar ôl colli annibyniaeth Cymru ac fe'i defnyddir o hyd ynghyd â'r ffurf Saesneg, Snowdonia, yn enw ar y Parc Cenedlaethol. Gweler hefyd ERYROD ERYRI a RHITA GAWR.

Ceir manylion pellach yn yr erthygl gan Ifor Williams ym *Mwletin* Bwrdd Gwybodau Celtaidd (cyf. IV, 1939) ac un J. E. Lloyd, 'The Mountains in History and Legend', yn R. C. Carr a G. A. Lister (gol.), *The Mountains of Snowdonia* (1925).

Eryrod Eryri, yn ôl y traddodiad Cymreig credid bod yr adar hyn yn rhagfynegi heddwch neu ryfel. Pan godent yn uchel yn yr awyr credid bod buddugoliaeth ar fin dod, ond os oeddynt yn hedfan yn isel, gan ddolefain, yr oeddynt yn arwydd o ddinistr y Cymry. Mabwysiadwyd eryr gwyn *Eryri (a ddyfeisiwyd gan Harri *Webb) yn symbol gan fudiadau cudd megis *Byddin Cymru Rydd a *Mudiad Amddiffyn Cymru, ac fe'i gwelir ynghyd â sloganau ar furiau trwy Gymru benbaladr.

Esgair Oerfel, gweler o dan TWRCH TRWYTH.

Esther (1960), drama mewn tair act gan Saunders *Lewis, wedi'i seilio ar stori Esther yn yr Hen Destament a'r Apocryffa. Dygir perswâd ar Iddewes, gwraig Ahasferus brenin Persia, gan ei hewythr Mordecai, i fentro ennyn llid marwol ei gŵr drwy eiriol dros yr Iddewon a gondemniwyd i farw drwy orchymyn ei Brif Weinidog drygionus, Haman. Y mae'r cynllun yn llwyddo, dileir y gorchymyn, crogir Haman, sicrheir dyfodol yr Iddewon – a chan hynny ddyfodol Cristnogaeth. Myfyrdod yw'r ddrama ar safle canolog yr Iddewon yn hanes y byd, a chan hynny y mae'n ddadl yn erbyn gwrth-Semitiaeth; archwilir hefyd natur gwleidyddiaeth a swyddogaeth elfennau megis y parodrwydd i achub cyfle, amharodrwydd i dost_urio a dewrder dall mewn gwleidyddiaeth. Elfen arall yn y ddrama yw'r ymwybod cryf â hawliau a grym serch erotig. Yn yr un gyfrol cyhoeddwyd libreto fer yn null Molière, *Serch yw'r Doctor*, a ddisgrifiwyd gan yr awdur fel palinod, oherwydd ei hagwedd gadarnhaol, er nad ansinigaidd, tuag at serch rhywiol fel rhagflaenydd i briodas. Troswyd *Esther* i'r Saesneg gan Joseph *Clancy a'i chyhoeddi dan yr un teitl yn 1985.

Ceir ymdriniaeth â rhagoriaethau'r ddrama mewn erthyglau gan Bruce Griffiths yn *Ffenics* (1963), gan Gerald Morgan yn *Barn* (rhif. 41, 1966) a chan David Lyn yn *Barn* (rhif. 195/199, 1979).

Esyllt Fynwen (llyth. 'Wen ei gwddf') ac **Esyllt Fyngul** (llyth. 'Main ei gwddf'), gwragedd llys *Arthur yn chwedl *Culhwch ac Olwen. Yn ôl y Trioedd yr oedd y gyntaf yn ferch i Gulfanawyd Prydain ac yn un o Dair Anniwair Wraig Ynys Prydain. Awgrymwyd mai cellwair oedd dychmygu dwy Esyllt (megis y tair *Gwenhwyfar), ond gall egluro tarddiad y ddwy wraig o'r un enw yn y rhamantau Ffrangeg am *Drystan ac Esyllt.

Esyllt Wyn, gweler JONES, MARY OLIVER (1858–93).

Eta Delta (**Evan Davies**; 1794–1855), gweler o dan DIRWEST.

Études Celtiques (llyth. 'Astudiaethau Celtaidd'), cylchgrawn a sefydlwyd yn 1936 i lanw'r bwlch a adawyd gan *Revue Celtique*. Joseph *Vendryes, athro yn y Sorbonne, a fu'n cynorthwyo gyda'r *Revue*, oedd y golygydd cyntaf. Iaith a llenyddiaeth oedd prif ddiddordebau'r cylchgrawn i gychwyn ond yn ddiweddarach cyhoeddwyd amryw bapurau pwysig ynddo ar archaeoleg. Edouard *Bachellery oedd y golygydd hyd 1977 ac olynwyd ef gan Venceslas Kruta.

ETHERIDGE, KEN (1911–81), bardd, dramodydd ac artist. Fe'i ganed yn Rhydaman, Caerf., a'i addysgu yng Ngholeg Celf Abertawe a Choleg a Brifysgol, Caerdydd, lle y bu'n astudio Saesneg. Fe'i penodwyd yn athro celf yn Ysgol Ramadeg y Frenhines Elisabeth, Caerfyrddin, yn 1947. O 1935 bu'n gynhyrchydd gyda'r *Cymric Players*, Rhydaman, ac ysgrifennodd nifer o ddramâu yn Gymraeg a Saesneg, yn eu plith *Underground* (1937), *The Lamp* (1938) a *Birds of Rhiannon* (1941). Cyhoeddodd hefyd ddwy gyfrol o gerddi, *Songs of Courage* (1940) a *Poems of a Decade* (1958), yn ogystal â hanes y *wisg Gymreig, dau lawlyfr ar wisgoedd a chynllunio ar gyfer y llwyfan, a chyfrol o'i *Collected Drawings* (1970).

Eugenius Philalethes, gweler VAUGHAN, THOMAS (1621–66).

Eurgrawn Wesleyaidd, Yr, cylchgrawn enwadol y Methodistiaid Wesleaidd yng Nghymru, a gyhoeddwyd

gyntaf yn 1809 dan olygyddiaeth John Bryan (1770–1856). Ymhlith ei olynwyr yr oedd William *Rowlands (Gwilym Lleyn), John Hughes (Glanystwyth), D. Tecwyn Evans a Gwilym R. *Tilsley. Amcan gwreiddiol y cylchgrawn oedd addysgu'r aelodau yn eu hathrawiaethau a'u trefn eglwysig, a rhoes bwyslais mawr ar weithgareddau'r Wesleiaid yn Lloegr. Aeth yn llai enwadol ac yn fwy Cymreig erbyn diwedd y ganrif, a hyrwyddwyd y datblygiad hwn gan D. Tecwyn Evans a'i gwnaeth yn gylchgrawn mwy cyffredinol lenyddol a chenedlaethol ei apêl. Newidiwyd teitl y cylchgrawn i *Yr Eurgrawn* yn 1933 pryd y gollyngwyd yr ansoddair 'Wesleaidd' o enw'r Cyfundeb, ac fe'i hunwyd â'r cylchgrawn cydenwadol *Cristion* yn 1983.

EVAN, EDWARD (1716/17–98), bardd a gweinidog Presbyteraidd. Fe'i ganed yn Llwytgoed, ger Aberdâr, Morg., yn fab i wëydd a thyddynnwr. Ar ôl gweithio am rai blynyddoedd fel gwëydd, fe'i prentisiwyd, pan oedd yn dair ar hugain, fel saer coed a gwydrwr dan Lewis *Hopkin yn Hendre Ifan Goch, Llandyfodwg, Morg., ond yn ddiweddarach aeth yn ffermwr ac yn weinidog Presbyteraidd. Cyhoeddodd ddau waith rhyddiaith yn ystod ei fywyd: *Gwersi i Blant a Dynjon jeuaingc, Mewn Dau Gatecism* (1757), cyfieithiad Cymraeg o un o holwyddoregau Samuel Bourn; a *Golwg ar Gynheddfau Gwasanaeth, ac Anrhydedd Gwasanaethwyr Crist* (1775), pregeth a draddodwyd yn un o'r cyfarfodydd Presbyteraidd. Cyhoeddodd hefyd yn 1767, ar y cyd gyda Lewis Hopkin, gyfieithiad Cymraeg ar y mesur cywydd o Lyfr Ecclesiastes. Ar ôl iddo farw, cyhoeddwyd rhyw gymaint o'i farddoniaeth ym Merthyr Tudful o dan y teitl *Caniadau Moesol a Duwiol* (1804). Bu'r gwaith hwn mor boblogaidd nes i dri argraffiad pellach ymddangos o dan y teitl *Afalau'r Awen* (1816, 1837 a 1874). Tueddai i fod yn radicalaidd yn ei ddaliadau gwleidyddol. Efe, ond odid, oedd y ffigur mwyaf rhamantus ymhlith 'gramadegyddion' Morgannwg ac, yn sicr, y mwyaf adnabyddus ohonynt, yn enwedig ar ôl i Edward *Williams (Iolo Morganwg) honni yn 1789 mai hwy ill dau oedd yr unig wir ddisgynyddion a oedd wedi goroesi o'r 'Ancient British Bards'.

Am fanylion pellach gweler G. J. Williams, *Traddodiad Llenyddol Morgannwg* (1948); R. T. Jenkins, 'Bardd a'i Gefndir (Edward Ifan o'r Ton Coch)', yn *Nhrafodion Anrhydeddus Gymdeithas y Cymmrodorion* (1946–47); a Ceri W. Lewis, 'The Literary History of Glamorgan from 1550 to 1770', yn *Glamorgan County History* (cyf. IV, 1974).

EVANS, ALED LEWIS (1961–), bardd, athro wrth ei alwedigaeth, a aned ym Machynlleth, Tfn., ac a addysgwyd yng Ngholeg Prifysgol Gogledd Cymru, Bangor. Cyhoeddodd bedair cyfrol o farddoniaeth, sef *Treffin* (1984), *Sibrydion* (1986), *Tonnau* (1989) a *Sglefrfyrddio* (1994). Cyhoeddwyd hefyd ddetholiad o'i gerddi wedi eu cyfieithu i Saesneg, *Wavelengths* (1995). Fel bardd, y mae ei waith yn llawn sensitifrwydd, ac yn amlygu cydymdeimlad â phobl, ac y mae'n aml yn myfyrio ar sefyllfa neu ddigwyddiad cyffredin, gan chwilio am arwyddocâd ehangach i'r sefyllfaoedd neu'r digwyddiadau hynny. Y mae Aled Lewis Evans hefyd yn awdur casgliad o straeon byrion, *Ga i Ddam o Awyr Las Heddiw* (1991), un nofel, *Rhwng Dau Lanw Medi* (1994), a chyfrol am Fro Maelor yn y gyfres *Broydd Cymru* (1996).

Evans, Arise, gweler EVANS, RHYS neu RICE (*c.*1607–wedi 1660).

EVANS, BERIAH GWYNFE (1848–1927), newyddiadurwr ac awdur a aned yn Nant-y-glo, Myn. Bu'n athro ysgol yng Ngwynfe, Caerf., ac yno, yn 1881, y cychwynnodd y cylchgrawn *Cyfaill yr Aelwyd, a'i gwnaeth yn adnabyddus. Yn 1887 aeth yn newyddiadurwr a bu'n olygydd nifer o bapurau newydd, yn bennaf yng Nghaernarfon. Yr oedd yn Genedlaetholwr rhamantus brwd; bu'n ysgrifennydd mudiad *Cymru Fydd ac yn ysgrifennydd cyntaf *Cymdeithas yr Iaith Gymraeg (1885). Ysgrifennodd nifer o lyfrau, gan gynnwys *The Life Romance of Lloyd George* (d.d.); cyhoeddwyd fersiwn Cymraeg yn Utica, Efrog Newydd, a chyfieithiad Ffrangeg hefyd. Ei lyfr difyrraf yw *Dafydd Dafis* (1898), sy'n honni bod yn argraffiadau Cymro o fywyd Llundain a hynt gwleidyddion ifainc o Gymru yn y Senedd. Ysgrifennodd hefyd amryw o ddramâu ar bynciau hanesyddol, ond ychydig o gamp sydd arnynt.

Y mae ysgrif ar Beriah Gwynfe Evans gan E. Morgan Humphreys yn *Gwŷr Enwog Gynt* (cyf. II, 1953) a thrafodir ei ddramâu gan John Gwilym Jones yn y gyfrol *Swyddogaeth Beimiadaeth* (1977).

EVANS, BERNARD (1926–91), llenor. Fe'i ganwyd yng Ngharwe, Caerf., a'i addysgu yn Ysgol Ramadeg y Gwendraeth ac yng Ngholeg y Brifysgol, Caerdydd. Ar ôl cyfnodau yn athro yn Aberdâr ac yng Nghaerdydd ymunodd â'r BBC yn gynhyrchydd rhaglenni addysg ac estyniad o'i waith beunyddiol oedd y nofelau a ysgrifennodd ar gyfer pobl ifainc, *Trysor Ynys Tudwal* (1969), *Y Gwas Cyflog* (1971), *Cyrch Ednyfed* (1977), *Terfysg* (1987) a *Gwersyll ar y Mynydd* (1989). Lluniodd ddramâu a chyhoeddodd gerddi a storïau byrion mewn cylchgronau ond ei gyfraniad pwysicaf yw'r ddwy gyfrol sy'n cynnig dehongliad llenyddol o'r gymdeithas y magwyd ef ynddi. Ni ddyfarnwyd *Medal Ryddiaith Eisteddfod Genedlaethol Cwm Rhymni (1990) i'w gyfrol *Glaw Tyfiant* am i'r beirniaid farnu nad oedd yn ateb gofynion y gystadleuaeth trwy gadw'n glòs at ffurf y *stori fer, er mai hi oedd cyfrol orau'r gystadleuaeth. Yn y gyfrol hon gwelir dawn delynegol i gonsurio ysbryd amser a lle, ac i ail-greu'n arwyddocaol a chytbwys. Ceir afiaith mabinogaidd yn rhai o'r storïau, parodrwydd i drafod cyd-destun gwleidyddol ac i wynebu dagrau pethau mewn eraill. Ar ôl marw'r awdur y cyhoeddwyd

Y Meini'n Siarad (1992). Yma cyfunir elfennau o ffuglen, hanes lleol a hunangofiant mewn ymgais ingol i ddygymod â dirywiad a diflaniad cymdeithas a oedd yn annwyl gan yr awdur. Yn y ddwy gyfrol symudir yn anniddig gyffrous rhwng ffurfiau llenyddol confensiynol, a thrwyddynt rhoes i'w bentref a'i gwm le anrhydeddus ar fap llenyddol ei genedl.

Evans, Caradoc, gweler EVANS, DAVID (1878–1945).

EVANS, CHRISTINE (1943–), bardd a aned yn swydd Efrog a'i haddysgu ym Mhrifysgol Exeter. Ganed ei thad ym Mhwllheli, Caern., ac yn 1967 symudodd hithau i Lŷn, i ddysgu Saesneg yno, ac ym Mhen Llŷn y bu'n byw byth er hynny. Y mae wedi cyhoeddi pedair cyfrol o farddoniaeth: *Looking Inland* (1983), *Falling Back* (1986), *Cometary Phases* (1989) ac *Island of Dark Horses* (1995), portread o *Enlli ddoe a heddiw. Yn ystod misoedd yr haf bydd yn byw ar Ynys Enlli gyda'i gŵr, pysgotwr a cheidwad goleudy, a gall ysgrifennu am y gymdeithas yno – ac mewn rhannau eraill o Lŷn – â chydymdeimlad a dirnadaeth un o'r trigolion yn hytrach na rhamantiaeth ymwelydd. Golygodd hefyd *The Blue Man and other stories from Wales* (1995), casgliad o straeon i'w defnyddio gan ysgolion. Cyhoeddwyd ei chasgliad, *Old Enough and Other Stories*, yn 1997.

Un gerdd hir yw ei hail lyfr, *Falling Back*, ynglŷn ag ymdrechion menyw i ddod i delerau â marwolaeth ei gŵr, bugail yng ngogledd Cymru; y mae hefyd yn astudiaeth o fywyd hynafiaid benywaidd y bardd a'i chyfoeswyr trefol. Parheir â'r themâu hyn yn *Cometary Phases*, yn enwedig safle merched mewn cymdeithas. Grŵp o gerddi hynod a ysgrifennwyd yn oriau mân y bore yw cnewyllyn y llyfr hwn ac fe'u disgrifiwyd fel '*the work of a gifted insomniac*'. Y mae rhai eraill fel y gerdd bwerus '*Whole Dream*' yn ymdrin â byd anifeiliaid. Yn ei chasgliad diweddaraf, *Island of Dark Horses*, llydda â'i llygaid craff a'i hymateb sensitif i dirwedd, y môr a bywydau gweithwyr cyffredin, i gyfleu awyrgylch unigryw Enlli mewn ffordd mor effeithiol nes yr ystyrir hi, ynghyd â Brenda *Chamberlain, fel yr awdures bwysicaf i gael ei hysbrydoli gan hanes a bywyd presennol yr ynys.

Trafodir gwaith Christine Evans gan Anne Stevenson yn *Poetry Wales* (cyf. XXV, rhif. 2, 1989) ac ystyrir ei cherddi hirion gan Linden Peach yn *Poetry Wales* (cyf. XXVII, rhif. 1, 1991).

EVANS, CHRISTMAS (1776–1838), pregethwr ac emynydd. Fe'i ganed ar ddydd Nadolig ym mhlwyf Llandysul, Cer., yn fab i grydd; ni chafodd ysgol. Ymunodd â chapel Llwynrhydowen a dysgodd ddarllen, ac wedyn aeth i ysgol David *Dafis, Castellhywel. Ymunodd â'r *Bedyddwyr yn 1788 ac aeth i Lŷn, Caern., yn bregethwr teithiol; ymgartrefodd yn Llangefni, Môn, yn 1791, a bu yno am bymtheng mlynedd ar hugain yn gweinidogaethu i'r holl sir. Daeth yn enwog fel pregethwr oherwydd ei ddull dramatig a'i gymariaethau o fyd diwydiant a gwyddoniaeth. Cyhoeddodd nifer o lyfrynnau diwinyddol a gwerthai hwy er mwyn ychwanegu at ei gyflog pitw, a chyfansoddodd nifer o emynau adnabyddus, yn eu plith 'Dwy fflam ar ben Calfaria' a ''Rhwn sy'n gyrru'r mellt i hedeg'.

Ysgrifennwyd cofiannau Saesneg Christmas Evans gan E. P. Hood (1881) a B. A. Ramsbottom (1985) a golygwyd ei alegorïau gan Hugh Bevan (1950); y mae cofiannau Cymraeg gan J. T. Jones (1938) a D. Densil Morgan (1991).

EVANS, DANIEL (Daniel Ddu o Geredigion; 1792–1846), gweler o dan BLODAU DYFED (1824).

EVANS, DANIEL SILVAN (1818–1903), geiriadurwr a bardd. Fe'i ganed yn Llannarth, Cer., a'i addysgu yn Neuadd-lwyd a Choleg Aberhonddu am gyfnod byr. Wedi treulio pum mlynedd yn athro ysgol ymunodd â'r Eglwys Sefydledig, ac yn 1846 aeth yn fyfyriwr i Goleg Dewi Sant, Llanbedr Pont Steffan. Fe'i hordeiniwyd yn 1849 a bu'n gwasanaethu mewn nifer o blwyfi yn y gogledd; diweddod ei oes yn rheithor Llanwrin, Tfn. Bu'n Ddarlithydd yn y Gymraeg yng Ngholeg Prifysgol Cymru, Aberystwyth, o 1875 hyd 1883.

Cyhoeddodd bedair cyfrol o gerddi, yn cynnwys *Telynegion* (1846) – yr enghraifft gyntaf o'r gair *telyneg – ond nid oes llawer o raen ar ei farddoniaeth. Ef oedd yn gyfrifol, i raddau helaeth, am *Emyniadur yr Eglwys yng Nghymru* (gol. D. L. Lloyd, 1897). Golygodd adargraffiadau o rai o'r clasuron Cymraeg ac ef oedd golygydd y cylchgrawn Y *Brython o 1858 hyd 1860 ac *Archaeologia Cambrensis* o 1872 hyd 1875. Ef a gyfieithodd *Lyfr Du Caerfyrddin, Llyfr Aneirin a barddoniaeth *Llyfr Coch Hergest ar gyfer The *Four Ancient Books of Wales (1868) gan W. F. Skene. Golygodd lu o destunau megis Y *Bardd Cwsc (1853) a *Gwirionedd y Grefydd Gristnogol* (1854), cyfrannodd nifer o erthyglau i'r *Gwyddoniadur Cymreig* a llyfr ar orgraff yr iaith Gymraeg, *Llythyraeth yr Iaith Gymraeg* (1856), nas derbynnir bellach. Golygodd hefyd farddoniaeth a llythyrau Ieuan Fardd (Evan *Evans; 1876) a *Llyfryddiaeth y Cymry* (1869) gan Gwilym Lleyn (William *Rowlands), dau waith a fu'n dra defnyddiol trwy'r blynyddoedd ac sy'n parhau felly.

Ond fel geiriadurwr y cofir am Silvan Evans. Yr oedd eisoes wedi dechrau llunio Geiriadur Saesneg–Cymraeg pan ddaeth i gysylltiad ag ysgolheigion ifainc megis John *Rhŷs a John Gwenogvryn *Evans, a bu hyn yn fodd iddo ymwrthod â syniadau rhyfedd William *Owen Pughe. Ei uchelgais mawr oedd llunio geiriadur o'r iaith Gymraeg cyffelyb i'r *Oxford English Dictionary*. Wedi blynyddoedd maith o gasglu deunydd ac astudio, dechreuwyd cyhoeddi'r gwaith mewn rhannau (1887, 1888, 1893, 1896 ac, wedi ei farw, 1906). Ni chwblhawyd y gwaith (y mae'n gorffen gyda'r gair 'enyd'); yr oedd yn orchwyl uchelgeisiol iawn, ac yn ormod efallai i

un dyn, ac yr oedd gan Silvan Evans ormod o heyrn yn y tân i roi ei holl amser iddo, ond y mae'r hyn a gyhoeddwyd yn profi bod ganddo gryn ddawn eiriadurol.

Ceir ymdriniaeth â D. Silvan Evans, yr ysgolhaig, mewn ysgrif yn *Cymwynaswyr y Gymraeg* (1978) gan Morgan D. Jones a'r erthygl gan Thomas Parry yn *Nhrafodion* Anrhydeddus Gymdeithas y Cymmrodorion (1981).

EVANS, DANIEL SIMON (1921–), ysgolhaig. Fe'i ganed yn Llanfynydd, Caer., a chafodd ei addysgu yng Ngholeg y Brifysgol Abertawe, Coleg Diwinyddol Unedig Aberystwyth a Choleg Iesu, Rhydychen; y mae'n frawd i D. Ellis *Evans. Bu'n Athro'r Gymraeg yng Ngholeg y Brifysgol, Dulyn, a Phennaeth Adran Astudiaethau Celtaidd ym Mhrifysgol Lerpwl; fe'i penodwyd yn Athro'r Gymraeg yng Ngholeg Prifysgol Dewi Sant, Llanbedr Pont Steffan, yn 1974 a bu'n Gyfarwyddwr Mygedol y Ganolfan Ymchwil a Dysg yno rhwng 1988 a 1994.

Dechreuodd ei yrfa trwy gyhoeddi erthyglau ar wahanol weddau ar gystrawen Cymraeg Canol ym *Mwletin* y *Bwrdd Gwybodau Celtaidd a *Studia Celtica. Yn ei gyfrol *Gramadeg Cymraeg Canol* (1951) ymgymerodd â disgrifio seiniau, ffurfiant a chystrawen yr iaith a helaethwyd y gwaith hwn yn y fersiwn Saesneg ohono, *A Grammar of Middle Welsh* (1964). Yn 'Iaith y Gododdin', sef y drydedd bennod yn *Astudiaethau ar yr Hengerdd* (gol. R. Bromwich ac R. Brinley Jones, 1978), trafododd rai o ffurfiau'r iaith yn ei chyfnod cynnar, gan roi sylw hefyd i broblem hynafiaeth 'Y *Gododdin'. Golygodd destunau Cymraeg Canol yn ei ddwy gyfrol *Buched Dewi* (1959) a *Historia Gruffudd vab Kenan* (1977). Amlygodd ei ddiddordeb yn y *Bucheddau fel ffurf lenyddol yn ei bennod 'Y Bucheddau' a gyhoeddwyd yn Y *Traddodiad Rhyddiaith yn yr Oesau Canol* (gol. Geraint Bowen, 1974) ac yn ei waith yn golygu *Lives of the Welsh Saints* gan G. H. Doble yn 1971. Yn 'Rhyddiaith Anchwedlonol yn yr Oesoedd Canol' a gyhoeddwyd yn *Llên Cymru* (cyf. II, 1971), bwriodd ei olwg yn ddeongliadol ar gorff cyfan o ryddiaith ganoloesol, ac yn 'Aneirin – Bardd Cristnogol?' a gyhoeddwyd yn *Ysgrifau Beirniadol X* (gol. J. E. Caerwyn Williams, 1977), trafododd wedd ar yr Hen Ganu Cymraeg mewn dull cyffelyb. Traddododd Ddarlith Goffa G. J. Williams yn 1980, *Llafar a Llyfr yn yr Hen Gyfnod*, a gyhoeddwyd yn 1982. Cyhoeddodd hefyd *Medieval Religious Literature* yn y gyfres *Writers of Wales (1986), The Welsh Life of St. David (1988), Culhwch ac Olwen (gyda Rachel Bromwich, 1988, ail arg. 1997; fersiwn Saesneg, 1992) ac A Medieval Prince of Wales: the Life of Gruffudd ap Cynan (1990).

Ceir llyfryddiaeth o'i gyhoeddiadau yn *Ysgrifau Beirniadol XVI* (gol. J. E. Caerwyn Williams, 1990).

EVANS, DAVID (Dewi Haran; 1812–85), gweler o dan CLIC Y BONT.

EVANS, DAVID (**Caradoc Evans**; (1878–1945), llenor a aned ym Mhant-y-croi, Llanfihangel-ar-arth, Caerf. Ar ôl marwolaeth gynnar ei dad, a oedd yn arwerthwr, symudodd ei fam a'i phum plentyn i Lanlas Uchaf, Rhydlewis, Cer. Y mae'r manylion am ei febyd yn dywyll neu wedi'u camliwio, ond nid oedd yn gyfnod hapus. Yn 1893 fe'i prentisiwyd gyda dilledydd yng Nghaerfyrddin ac wedyn bu'n gweini mewn siopiau yn Y Barri, Caerdydd a Llundain, cyfnod y soniai amdano ag atgasedd. Yn Llundain mynychodd ddosbarthiadau nos i ddysgu llenydda yn Saesneg, cyhoeddodd storïau byrion dan yr enw D. Evans-Emmott ac wedi magu hyder cafodd waith yn newyddiadurwr yn 1906. Daeth yn olygydd y cylchgrawn *Ideas* yn 1915 a bu'n gweithredu fel golygydd *Cassells' Weekly* a *T. P.'s Weekly* o 1923 hyd 1929.

Daeth ei gasgliad cyntaf o storïau byrion, *My People* (1915), ag ef i amlygrwydd ar unwaith. Ymddangosodd dwy gyfrol arall yn fuan wedyn: *Capel Sion* (1916), yn dilyn yr un themâu tywyll o awch, trachwant a chrefydd lwgr yng ngorllewin Cymru, a *My Neighbours* (1919), sy'n gorliwio gwendidau *Cymry Llundain y tro hwn. Dewisodd barhau i gystwyo'r Cymry drwy gyfrwng drama niweidiol a milain, 'a play of Welsh life in three acts', dan y teitl *Taffy* (1923).

Yn 1933, ar ôl i'w wraig gyntaf ei ysgaru y flwyddyn flaenorol, priododd â Marguerite Hélène, awdures gynhyrchiol nofelau rhamantus i ferched dan ei henw priodasol cyntaf Countess Barcynska a than ei ffugenw, Oliver Sandys. Ar ddiwedd y 1930au buont yn ymwneud â mentrau theatrig yng Nghymru ac yn Lloegr. Ar ddechrau'r rhyfel yn 1939 aethant i fyw i Aberystwyth, gan gartrefu, yn y man, yn New Cross, Cer; yno y mae ei fedd, ym mynwent Capel Horeb.

Yn gynnar yn y 1930au wedi ysbaid hesb, ar wahân i newyddiadura ac ymdrechion diflino i feithrin y ddelwedd o fod yn gasddyn pennaf Cymru, dechreuodd Caradoc Evans ar gyfnod newydd o lenydda. Yn gyntaf daeth pedair nofel: *Nothing to Pay* (1930), *Wasps* (1933) – ceir dau fersiwn o hon, un yn cynnwys portread enllibus o'r nofelydd Edith *Nepean a ataliwyd cyn ei chyhoeddi – *This Way to Heaven* (1934), a'r nofel 'beryglus a phornograffig' sydd yn hytrach yn glawstroffobig a beichus, *Kitty Shore's Magic Cake* a gyhoeddwyd dan y teitl *Mother's Marvel* (1949). Cyhoeddodd hefyd gyfrol o storïau byrion, *Pilgrims in a Foreign Land* (1942), nofel fer orffurfiol, *Morgan Bible* (1943), a'i gasgliad olaf o storïau byrion, *The Earth Gives All and Takes All* (1946) a gyhoeddwyd wedi iddo farw. Golygwyd ei *Journal* byr a chymharol hynaws ar gyfer y blynyddoedd 1939 hyd 1944, gan ei weddw ar gyfer *The *Welsh Review* (Mehefin a Medi, 1945).

Nofelau gorau Caradoc Evans, er nad oeddynt yn gyfrwng da i'w weledigaeth wyrdroëdig gyfyng a'i arddull a ddaethai'n fwyfwy cryptig, oedd *Nothing to Pay*, astudiaeth dywyll o ragrith ac ariangarwch wedi'i

gosod yng nghefndir aflan y fasnach ddillad a adnabu yn ystod ei gyfnod yn gweini mewn siopau dillad, a *Morgan Bible*, gormodiaith ddigrif ond gwyrdroëdig a gywesgir yn dynn gan ei arddull epigramatig, wirebol. Dengys y straeon byrion diweddaraf iddo ysgafnhau ar y naws os nad bob amser ar yr arddull, fel petai awen yr awdur mor flinedig â'r darllenydd.

Er gwaethaf y safbwyntiau gwrthgyferbyniol a fynegir amdano, neu efallai o'u herwydd, rhaid cydnabod bod Caradoc Evans ymhlith Cymry hynotaf ei oes. Goreuon ei straeon byrion yw ei gyfraniad parhaol i lenyddiaeth. Erys hefyd yr enw a wnaeth iddo'i hun oherwydd ei ymosodiadau cyfeiliornus ar sawl agwedd a goleddir o'r 'ffordd Gymreig o fyw', o *Anghydffurfiaeth a'r *Eisteddfod i onestrwydd a deallusrwydd y werin bobl. Dibynna ei statws parhaol ar ei esiampl, neu fel y dywed rhai, ei rybudd, fel sylfaenydd llenyddiaeth *Eingl-Gymreig fodern.

Ceir rhestr lawn o weithiau gan Caradoc Evans ac amdano yn John Harris, *A Bibliographical Guide to Twenty-Four Modern Anglo-Welsh Writers* (1994). Y mae'r bywgraffiad, *Caradoc Evans* (1946), gan Oliver Sandys yn gyfuniad o ffeithiau a damcaniaethau rhamantaidd, er ei fod yn awgrymu'r gwirioneddau annifyr ynglŷn â bywyd Evans wedi cyfnod Stryd y Fflyd. Ceir arolwg dibynadwy o holl yrfa Evans yn *Fury Never Leaves Us: A Miscellany of Caradoc Evans* (1995), a olygwyd gan John Harris a gynhyrchodd hefyd argraffiadau ynghyd â sylwadau o *My People* (1987), *Nothing to Pay* (1989) a *Selected Stories* (1993). Gweler hefyd Trevor L. Williams yn y gyfres *Writers of Wales* (1970), y bennod gan Glyn Jones yn *The Dragon Has Two Tongues* (1968) a thraethawd Gwyn Jones, 'A Mighty Man in Sion: Caradoc Evans, 1878–1945', yn ei *Background to Dylan Thomas and Other Explorations* (1992).

EVANS, DAVID ELLIS (1930–), ysgolhaig. Fe'i ganed, fel ei frawd D. Simon *Evans, yn Llanfynydd, Caerf., a chafodd ei addysg yng Ngholeg Prifysgol Cymru, Aberystwyth, Coleg y Brifysgol Abertawe a Choleg Iesu, Rhydychen. Bu'n Athro'r Gymraeg yng Ngholeg y Brifysgol Abertawe o 1974 hyd 1978, ac yna'n Athro Celteg ac yn Gymrawd yng Ngholeg Iesu, Rhydychen, nes iddo ymddeol yn 1996. Ei brif ddiddordeb yw'r diwylliant Celtaidd cynnar drwy Ewrop a'i berthynas arbennig â'r byd clasurol, hanes yr ieithoedd Celtaidd a llenyddiaeth gynnar Cymru ac Iwerddon. Ef yw awdur y gyfrol safonol *Gaulish Personal Names, a Study of Some Continental Celtic Formations* (1967), a chyhoeddodd lu o erthyglau wedi hynny ar gyfer cylchgronau ysgolheigaidd. Teitl ei ddarlith agoriadol yng Ngholeg y Brifysgol Abertawe oedd *Gorchest y Celtiaid yn yr Hen Fyd* (1975). Ei gyfraniad i'r gyfrol *Astudiaethau ar yr Hengerdd* (gol. R. Bromwich ac R. Brinley Jones, 1978) oedd 'Rhagarweiniad i Astudiaethau o fydryddiaeth Y Gododdin'. Bu'n olygydd Adran Iaith a Llên *Bwletin* y *Bwrdd Gwybodau Celtaidd o 1973 hyd 1993 ac yn brif olygydd *Studia Celtica* yn 1994 ac 1995; golygodd hefyd *Cofiant Agricola* (1975).

EVANS, DAVID EMRYS (1891–1966), ysgolhaig a chyfieithydd a aned yng Nghlydach, Morg., a'i addysgu yng Ngholeg Prifysgol Gogledd Cymru, Bangor, a Choleg Iesu, Rhydychen. Bu'n Athro'r Clasuron yng Ngholeg y Brifysgol Abertawe o 1921 hyd 1927 ac yna penodwyd ef yn Brifathro Coleg Prifysgol Gogledd Cymru, Bangor; yno y bu nes iddo ymddeol yn 1958. Yn ogystal â *Crefydd a Chymdeithas* (1933) a *The University of Wales, a Historical Sketch* (1953), cyhoeddodd nifer o gyfieithiadau o weithiau Platon, yn eu plith *Amddiffyniad Socrates* (1936), *Phaedon* (1938), *Ewthaffron: Criton* (1943), *Gorgias* (1946) ac *Y Wladwriaeth* (1956). Yr oedd gan Syr Emrys feistrolaeth lwyr ar y Gymraeg a thuedd weithiau i'w hysgrifennu'n hen ffasiwn o goeth, peth a oedd yn gweddu i natur y deunydd.

EVANS, DAVID GWYN (1914–95), bardd, gweinidog wrth ei alwedigaeth, a aned ym mhentref Tegryn, Llanfyrnach, Penf. Cyhoeddodd un gyfrol o farddoniaeth, *Caniadau'r Dryw* (1990). Yr oedd yn frawd i Tomi *Evans.

EVANS, DONALD (1940–   ), bardd. Fe'i ganed yn Esgair Onwy Fawr, fferm ar Fanc Siôn Cwilt, Cer., ac ar ôl graddio yng Ngholeg Prifysgol Cymru, Aberystwyth, bu'n athro yn y sir honno hyd nes iddo, yn 1991, ymddeol yn gynnar er mwyn cael mwy o amser i ysgrifennu gartref yn Nhalgarreg. Efelychodd gamp T. H. *Parry-Williams ac Alan *Llwyd drwy ennill y *Gadair a'r *Goron yn yr Eisteddfod Genedlaethol yn 1977 ac 1980. Cyhoeddodd un gyfrol ar ddeg o gerddi, sef *Egin* (1976), *Haidd* (1977), *Grawn* (1979), *Eden* (1981), *Gwenoliaid* (1982), *Machlud Canrif* (1983), *Eisiau Byw* (1984), *Cread Crist* (1986), *O'r Bannau Duon* (1987), *Iasau* (1988) ac *Wrth Reddf* (1994). Ymddangosodd cyfieithiadau i'r Saesneg o rai o'i gerddi yn *Seren Poets 2* (1990) a *Modern Poetry in Translation* (1995). Bu'n cyfrannu colofn i'r cylchgrawn *Barddas a bu'n Olygydd Barddoniaeth y cylchgrawn *Barn o 1989 hyd 1991. Yn y gyfres *Writers of Wales cyfrannodd astudiaeth o fywyd a gwaith *Rhydwen Williams (1991). Ef hefyd a olygodd y flodeugerdd englynion *Parsel Persain* (1976) ac *Y Flodeugerdd o Gywyddau* (1981). Yn fardd toreithiog ei awen, y mae ei feistrolaeth ar fesurau a moddau *Cerdd Dafod yn llwyr ac y mae ei waith yn adlewyrchu'r adfywiad a fu yn y canu caeth dros yr ugain mlynedd hyn. Cyhoeddodd gyfrol o atgofion, *Asgwrn Cefn*, yn 1997.

Ceir y bardd ei hun yn olrhain ei bererindod ysbrydol yn *Barddas* (rhif. 140/41, 1988/89) ac y mae Heledd Stephens, yn ei hastudiaeth estynedig o'i waith yn *Barddas* (rhif. 147/48, 149 a 150, 1989), yn cynnig llyfryddiaeth ddetholol.

Evans, Edgar (1876–1912), fforiwr a aned yn Rhosili, Gŵyr, Morg. Aeth ar ddau ymgyrch Capten Scott i'r Antarctig a'r ail ohonynt yn gadael Caerdydd ar fwrdd y *Terra Nova* yn 1910. Canmolwyd Is-swyddog Evans gan Scott fel '*A giant worker with a really remarkable headpiece*', ac oherwydd ei nerth a'i siriioldeb dewiswyd ef yn un o'r pump a wnaeth yr ymgyrch derfynol i Begwn y Deau. Bu farw wrth ddychwelyd, fodd bynnag, ac fe'i claddwyd wrth droed Rhewlif Beardmore yn 'y bedd mwyaf unig ar y ddaear', chwedl Harri *Webb. Ar ei gofeb yn eglwys Rhosili gwelir y geiriau, '*To strive, to seek, to find and not to yield*', sef dyfyniad o'r gerdd '*Ulysses*' (1842) gan Tennyson.

Ysgrifennwyd cofiant byr, *Swansea's Antarctic Explorer*, gan G. C. Gregor (1995).

EVANS, EINION (1926–   ), bardd: fe'i ganed ym Mostyn, Ffl., yn fab i löwr ac yn frawd i T. Wilson *Evans; bu'n gweithio fel glöwr cyn mynd yn llyfrgellydd a chroniclodd ei brofiadau yn y lofa yn *Trichwarter Coliar* (1991), y cyhoeddwyd cyfieithiad Saesneg ohono, *Nearly a Miner* (1994). Bardd aml ei gadeiriau ydyw, cynganeddwr rhugl a dychanwr miniog; enillodd nifer o wobrau eisteddfodol a chyhoeddodd bedair cyfrol o'i waith, *Cerddi* (1969), *Cerddi'r Parlwr* (1978), *Cerddi'r Ynys* (1987) a *Gwreichion Gras* (1993). Golygodd hefyd *Blodeugerdd y Glannau* (1989). Ef a enillodd y *Gadair yn yr Eisteddfod Genedlaethol yn 1983 am ei awdl 'Ynys'. Ynddi mynega ei ing a'i alar oherwydd marwolaeth ei ferch Ennis *Evans, llenor addawol iawn, yn naw ar hugain oed.

EVANS, ELIN (**Elen Egryn**; 1807–76), bardd. Fe'i ganwyd yn Llanegryn, Meir., yn ferch i brifathro ysgol y pentref. O'i phlentyndod dysgwyd hi i farddoni gan ei thad, a hyfforddwyd hi hefyd gan Gwilym Cawrdaf (William Ellis *Jones) yng nghrefft y *cynghanedd. Bu'n cadw ysgol i ferched yn Llanegryn am ychydig, ac yna'n trigo am rai blynyddoedd yn Lerpwl, ond dychwelodd i'w bro enedigol cyn 1850. Yn y flwyddyn honno cyhoeddwyd cyfrol o'i cherddi, sef *Telyn Egryn: neu gyfansoddiadau awenyddol Miss Ellin Evans (Elen Egryn) o Lanegryn*. Yn *Y *Gymraes* (1850) hysbysebwyd y gyfrol hon gan y golygydd, Ieuan Gwynedd (Evan *Jones) fel y llyfr cyntaf yn y Gymraeg gan ferch, ac, er bod rhai casgliadau o emynau gan ferched wedi ymddangos cyn 1850, y mae'n wir bod cyhoeddi *Telyn Egryn* yn drobwynt pwysig yn hanes *llên menywod, petai'n unig oherwydd y sylw cyfryngol a dderbyniodd. I Ieuan Gwynedd a'i debyg yr oedd Elen Egryn yn brawf o'r ffaith fod honiadau Adroddiad y *Llyfrau Gleision (1847) ynghylch barbariaeth anwaraidd merched Cymru yn anwiredd: dyma Gymraes a amlygai yn ei chanu gymaint o allu, o ddawn awenyddol, ac o ledneisrwydd boneddigaidd ag unrhyw Saesnes o'r cyfnod, a gobeithiai Ieuan Gwynedd a golygydd *Telyn Egryn*, sef Gwilym Hiraethog (William *Rees), y byddai lliaws o ferched Cymru yn cael eu hysbarduno gan gyhoeddiad y llyfr i efelychu camp Elen Egryn. Cynnwys ei chyfrol englynion a cherddi yn y mesurau rhyddion, rhai ohonynt yn drawiadol wreiddiol;

yn y gerdd 'Ochenaid', er enghraifft, y mae'r bardd yn cyfarch ei ochenaid ei hun fel llais sy'n dyst mwy cywir i'w sefyllfa emosiynol na'i hymddygiad arwynebol a'i geiriau. Er i nifer o gerddi ychwanegol o'i heiddo ymddangos yng nghylchgronau'r cyfnod, ni chyhoeddodd Elen Egryn gyfrol arall ar ôl 1850, ond mewn traethawd bywgraffiadol arni y mae Ceridwen Lloyd-Morgan yn awgrymu mai Elen hefyd oedd awdur llyfryn bychan dienw a gyhoeddwyd yn Nolgellau yn gynharach yn y ganrif, sef *Ychydig o hymnau o waith geneth 13 oed perthynol i Ysgol Sabbathol yr Ymneilliduwyr yn Llanegryn* (*c.*1820).

Ceir manylion pellach yn William Davies, *Hanes Plwyf Llanegryn* (1948) a Ceridwen Lloyd-Morgan, 'Elin a'i Thelyn: Carreg Filltir yn Hanes Llenyddiaeth y Ferch' yn *Barn* (rhif. 314, 1989).

EVANS, ELLIS HUMPHREY (Hedd Wyn; 1887–1917), bardd. Fe'i ganed ger Trawsfynydd, Meir. Ar ôl gadael yr ysgol bu gartref yn cynorthwyo ei dad ar fferm Yr Ysgwrn. Barddoniaeth oedd ei bethau ac o'i lencyndod bu'n cystadlu'n gyson mewn eisteddfodau. Yn nechrau 1917 ymunodd â 15fed Fataliwn y Ffiwsilwyr Cymreig, a hwyliodd i Ffrainc ym mis Mehefin y flwyddyn honno; fe'i lladdwyd ym Mrwydr Pilken Ridge ar 31 Gorffennaf. Yn Eisteddfod Genedlaethol Penbedw y mis Medi canlynol dyfarnwyd y *Gadair i'w awdl ef, ond pan gyhoeddodd yr Archdderwydd fod y bardd wedi ei ladd ar faes y gad, gorchuddiwyd y gadair ag amwisg ddu, er mawr alar i'r dorf.

Cyhoeddwyd casgliad o'i gerddi wedi'i olygu gan J. J. *Williams dan y teitl *Cerddi'r Bugail* yn 1918. Y mae'r awdl a enillodd iddo Gadair Ddu Penbedw, 'Yr Arwr', yn uniaethu y myth am Prometheus â symboliaeth Gristnogol ac yn arddangos dylanwad *The Revolt of Islam* Shelley, a honno a dyrnaid o delynegion yw ei gerddi gorau. Er cof am Hedd Wyn yr ysgrifennodd R. Williams *Parry yr englynion enwog sydd yn dechrau gyda'r geiriau, 'Y bardd trwm dan bridd tramor'. Dadorchuddiwyd cerflun pres yn portreadu Hedd Wyn fel bugail yn Nhrawsfynydd yn 1923.

Gwnaethpwyd ffilm o stori Hedd Wyn yn 1992. Sgriptiwyd *Hedd Wyn* gan Alan *Llwyd a'i chyfarwyddo gan Paul Turner. Enillodd glwstwr o wobrau rhyngwladol, gan gynnwys Drama Unigol Orau 1992 y Gymdeithas Deledu Frenhinol, ac fe'i henwebwyd am Wobr Oscar yn 1993, yn y categori Ffilm Dramor.

Ysgrifennwyd cofiant i Hedd Wyn gan William Morris (1969); gweler hefyd yr ysgrif gan Derwyn Jones yn y gyfrol *Ysgrifau Beirniadol VI* (gol. J. E. Caerwyn Williams, 1971) a'r erthyglau gan Bethan Phillips, 'A Fine Day's Work', yn *Planet* (rhif. 72, Rhag. 1988/Ion. 1989) a chan Alan Llwyd yn *Poetry Wales* (cyf. XXVIII, rhif. 2, 1992). Cyhoeddwyd *Gwae Fi Fy Myw: Cofiant Hedd Wyn* gan Alan Llwyd yn 1991, ac ef a olygodd y trydydd argraffiad o *Cerddi'r Bugail* (1994).

EVANS, ENNIS (1953–82), bardd, storïwraig a

nofelydd a aned yn Llanelwy a'i magu yn Nhreffynnon, Ffl.; merch ydoedd i Einion *Evans. Fe'i haddysgwyd yng Ngholeg Prifysgol Gogledd Cymru, Bangor, lle y graddiodd yn y Gymraeg. Cychwynnodd ar yrfa fel athrawes yn Ysgol Castell Alun, ger Yr Wyddgrug, ac yna dechrau ymchwilio i waith Daniel *Owen. Enillodd lu o wobrau am straeon byrion mewn amryw o eisteddfodau, gan gynnwys yr *Eisteddfod Genedlaethol yn 1980. Enillodd Fedal Ryddiaith Eisteddfod Pontrhydfendigaid am ei nofel *Y Gri Unig* (1975) a chyhoeddodd gyfrol o straeon byrion, *Pruddiaith* (1981).

EVANS, EVAN (Ieuan Fardd, Ieuan Brydydd Hir; 1731–88), bardd ac ysgolhaig a aned ym mhlwyf Lledrod, Cer. Fe'i haddysgwyd gan Edward *Richard yn Ysgol Ystradmeurig a bu yng Ngholeg Merton, Rhydychen (1751–54). Urddwyd ef yn offeiriad yn 1755 a bu am ddwy flynedd ym Manafon, Tfn.; bwriodd yr ugain mlynedd nesaf yn gurad mewn plwyfi yng Nghymru a Lloegr. Yn ystod deng mlynedd olaf ei oes trigai yng Nghynhawdref, cartref ei fam, yn cael ei gynnal gan gyfraniadau cyfeillion ac yn ystod ei flynyddoedd olaf gan Paul *Panton a roddodd bensiwn iddo yn gyfnewid am ei gasgliad o lawysgrifau. Y mae bywyd crwydrol Ieuan Fardd yng ngwasanaeth Eglwys Loegr yn arwydd o'r croestynnu a oedd yn anochel bron ym mywyd gŵr a fynnai ymroi o ddifrif i hyrwyddo dysg Gymraeg yn y cyfnod hwnnw. Ni chafodd ddyrchafiad a rhoddwyd y bai ar ei duedd i feddwi gormod, ond dylid cofio hefyd iddo ddigio rhai a allai fod o gymorth iddo oherwydd ei feirniadu llym ar agwedd Seisnig esgobion Cymru y cyfnod, yr 'Esgyb-Eingl' fel y galwai hwy'n ddirmygus mewn traethawd hir.

Lewis *Morris o Fôn, a ymgartrefodd yng Ngheredigion yn 1746, a osododd Ieuan ar ben y ffordd i fod yn fardd, ac o dan ei gyfarwyddyd ef dysgodd sut i gopïo hen lawysgrifau a meistroli'r mesurau caeth. Ar ei anogaeth ef, treuliodd Ieuan dri mis yn Rhydychen yn copïo hen farddoniaeth Gymraeg o *Llyfr Coch Hergest yn Llyfrgell Coleg Iesu. Er mai ei awydd i ragori fel bardd (a'i genfigen tuag at Goronwy *Owen) a'i symbylodd i wneud hyn, y canlyniad fu iddo ganolbwyntio ei egni ar ysgolheictod. Dychwelodd i ogledd Cymru a bu'n byw yno rhwng 1758 ac 1766, a darganfu nifer o hen destunau pwysig, megis 'Y *Gododdin' a gwaith *Taliesin. Ei lyfr *Some Specimens of the Poetry of the Ancient Welsh Bards* (1764) oedd y detholiad helaeth cyntaf o farddoniaeth gynnar Gymraeg i gael ei gyhoeddi, a dug enwogrwydd parhaol iddo. Bodlonodd hefyd awydd hynafiaethwyr Lloegr am wybodaeth ynghylch llenyddiaeth Gymraeg a darparodd ddeunydd newydd ar gyfer arweinwyr y mudiad Celtaidd yn Lloegr ddiwedd y ddeunawfed ganrif. Ar gais Daines *Barrington, Thomas Gray a Thomas Percy, dechreuodd Ieuan gyfieithu a'r Barnwr Barrington a dalodd holl gostau cyhoeddi'r llyfr. Am weddill ei yrfa helbulus, copïo ac astudio'r llawysgrifau fu ei hyfrydwch. Ysywaeth, ni chafodd gefnogaeth, ond gwnaethpwyd defnydd o'i adysgrifau, heb eu cydnabod, gan olygyddion diweddarach y *Myvyrian Archaiology* (1801).

Daliai i farddoni, cywyddau cyfarch yn bennaf i rai o'i noddwyr a'i gyfeillion, a rhwng 1751 ac 1756 canodd nifer o awdlau a chywyddau megis 'Teifi' neu 'Hiraeth y Bardd am ei Wlad', a gyfansoddodd tra oedd yn gurad anhapus yng Nghaint. Cyhoeddodd hefyd *Rhybudd Cyfr-drist i'r Diofal a'r Difraw* (1773), anerchiad byr a phregeth, a chasgliad o bregethau a gyfieithwyd o'r Saesneg (2 gyf., 1776). Ymgais yw ei gerdd Saesneg '*The Love of our Country*' (1772) i ennyn balchder y Cymry dysgedig yn eu hetifeddiaeth trwy amddiffyn eu hanes rhag ensyniadau awduron Saesneg. Yr oedd yn englynwr diwyd: ei ddarn enwocaf yw'r gadwyn, 'Llys Ifor Hael', a gyfansoddodd ar ymweliad ag adfeilion llys *Ifor ap Llywelyn ym Masaleg, Myn., yng nghwmni Iolo Morganwg (Edward *Williams) yn 1779.

Cyhoeddwyd casgliad o'i weithiau yn 1876 gan Daniel Silvan Evans a golygwyd detholiad o'i waith gan Owen M. Edwards yn *Cyfres y Fil* (1912). Yn y gyfrol *The Correspondence of Thomas Percy and Evan Evans* (gol. Aneirin Lewis, 1957) ceir hefyd hanes ei fywyd yn gryno yn y rhagymadrodd a llawer o wybodaeth am ei gyflawniadau ysgolheigaidd yn y nodiadau. Casglwyd pedair ysgrif bwysig gan Aneirin Lewis ynghyd yn *Dysg a Dawn: cyfrol goffa Aneirin Lewis* (gol. W. Alun Mathias ac E. Wyn James, 1992), a chyhoeddwyd astudiaeth o'i waith llenyddol gan Gerald Morgan yn y gyfres *Llên y Llenor* (1988). Ceir portread bywiog o Ieuan yn Emyr Humphreys, *The Taliesin Tradition* (1983). Gweler hefyd Geraint H. Jenkins, *The Foundations of Modern Wales: Wales 1642–1780* (1987).

EVANS, EVAN (Ieuan Glan Geirionydd; 1795–1855), bardd a aned yn Nhrefriw, Caern., yn fab i rieni a oedd ymhlith sefydlwyr *Methodistiaeth Galfinaidd yn yr ardal. Fe'i haddysgwyd yn Ysgol Rad Llanrwst, lle y cafodd hyfforddiant mewn cerddoriaeth, ac ar ôl cyfnod byr o weithio ar fferm ei dad aeth i gadw ysgol yn Nhal-y-bont, Caern., yn 1816. Bu'n trigo wedyn yng Nghaer ac yn gweithio fel cyfieithydd ac is-olygydd y cylchgrawn misol *Goleuad Gwynedd*. Yn y cyfnod hwn dechreuodd ennill gwobrau mewn eisteddfodau ac anogwyd ef i fynd yn offeiriad yn Eglwys Loegr. Urddwyd ef yn 1826 a bu'n gurad ym mhlwyfi Esgobaeth Caer nes iddo ymddeol yn 1852 a dychwelyd i'w bentref genedigol.

Ieuan Glan Geirionydd oedd bardd Cymraeg mwyaf amryddawn y bedwaredd ganrif ar bymtheg. Er bod rhai o'i awdlau, megis 'Gwledd Belsassar' (1828), yn nhraddodiad Goronwy *Owen, amharwyd ar eu hiaith gan syniadau William *Owen Pughe, ond y mae ei gywydd 'Y Bedd' (1821) yn un o orchestion pennaf y cyfnod yn y mesurau caeth. Eithr ochri gyda phleidwyr y mesurau rhydd a wnâi Ieuan ac yn Eisteddfod Rhuddlan (1850), pan roddwyd dewis i'r beirdd, ef a

enillodd y gadair â'i bryddest 'Yr Adgyfodiad'. O hynny ymlaen, gosodwyd cystadleuaeth ar awdl ac ar bryddest mewn eisteddfodau nes penderfynu yn Eisteddfod Caerfyrddin (1867) roi cadair am awdl a choron am bryddest, a'r ddwy gerdd i fod yn 'ogyfuwch mewn anrhydedd'. Ond yn y mesurau rhydd y ceir ei waith gorau a chyfrifir ef ac Alun (John *Blackwell) yn arloeswyr y mudiad telynegol yn y Gymraeg. Rhoddodd wybodaeth o ganu traddodiadol Cymraeg, ynghyd â'i ddawn gerddorol, sicrwydd arddull i'w ganu, sy'n amlygu eglurder iaith, ystwythder ac urddas ymadrodd a mydr llyfn melodaidd. Efelychodd y penillion telyn traddodiadol yn wych mewn cerddi megis 'Caniad y Gog i Arfon'. Y mae ei ddwy delyneg fwyaf adnabyddus, 'Ysgoldy Rhad Llanrwst' a 'Glan Geirionydd', yn ddatblygiad newydd ac yn ymhyfrydu mewn atgofion plentyndod a chymundeb â natur. Hawliodd Saunders *Lewis fod Ieuan yn ei gerddi rhydd yn wir glasurol ac yn olyniaeth Goronwy Owen, am mai ynddynt hwy y ceir gofal am ffurf ac iaith. I Lewis y maent yn cynnwys ysbryd ac athroniaeth amlycaf y traddodiad clasurol yn y Gymraeg, sef Stoiciaeth. Coronir awen ddisgybledig Ieuan gan ei emynau, sy'n cynnwys 'Ar lan Iorddonen ddofn' ac 'Mor ddedwydd yw y rhai trwy ffydd', sydd ymhlith y goreuon yn y Gymraeg.

Golygwyd casgliad o weithiau Ieuan, ynghyd â nodiadau bywgraffyddol, gan Richard Parry (Gwalchmai) yn 1862; golygwyd detholiad gan Owen M. Edwards yn *Cyfres y Fil* (1908) a chan Saunders Lewis (1931). Gweler hefyd yr erthyglau gan G. Gerallt Davies yn *Nhrafodion* Cymdeithas Hanes Sir Gaernarfon (1963), D. Eifion Evans yn *Yr Haul* (1947) a T. Hevin Williams yn *Y Traethodydd* (1930).

EVANS, EVAN EYNON (1904–89), dramodydd a aned yn Nelson, Morg. Bu'n gweithio fel gyrrwr bysiau am flynyddoedd lawer gan wneud ei gartref yng Nghaerffili lle yr oedd yn un o sefydlwyr Cwmni Drama Tonyfelin. Ysgrifennodd ddrama ddoniol dair-act bob blwyddyn ar gyfer y cwmni, gan gynnwys *Affairs of Bryngolau* (1950) a *Bless This House* (1954). Trowyd ei ddrama fwyaf adnabyddus a'r un a'i sefydlodd yn ddramodydd proffesiynol, *Wishing Well* (1946), yn ffilm yn ddiweddarach, *The Happiness of Three Women*, a'r awdur yn chwarae un o'r prif rannau. Cyhoeddodd hefyd gyfrol o straeon byrion, *Prize Onions* (1951). Er nad oedd Eynon Evans yn llenor dwfn, yr oedd ganddo lygad craff i weld yr elfennau anghydnaws ym mywyd de Cymru, a chryn allu yng nghrefft y llwyfan. Awdur bro yn yr ystyr gyfyng oedd, ond bu ei lwyddiant ar lwyfannau Llundain a'i ddiddordeb yn y *ddrama yng Nghymru yn ysgogiad i lenorion eraill.

EVANS, EVAN GWYNDAF (1913–86), bardd a aned yn Llanfachreth, Meir. Pan oedd yn fyfyriwr yng Ngholeg y Brifysgol, Aberystwyth, enillodd Gadair Eisteddfod Ryng-golegol yn 1934 am ei awdl 'Deidre'r

Gofidiau', yr arbrawf llwyddiannus cyntaf i ysgrifennu *vers libre* mewn *cynghanedd. Y flwyddyn ganlynol enillodd y *Gadair yn yr *Eisteddfod Genedlaethol am ei awdl 'Magdalen' a luniwyd ar yr un patrwm. Bu'n weinidog yn Llanelli (1938–57) ac yn athro ysgol yn Llanymddyfri (1952–57), a daeth yn bennaeth Adran Addysg Grefyddol Ysgol Bryn'refail yn 1957. Yr oedd yn ganwr penillion o fri. Bu'n Archdderwydd o 1966 hyd 1968 ac yn olynydd Cynan (Albert *Evans-Jones) yn Gofiadur *Gorsedd Beirdd Ynys Prydain yn 1970. Ychydig iawn o farddoniaeth a gyhoeddodd wedi disgleirdeb cynnar y 1930au, scf un gyfrol yn unig, *Magdalen a Cherddi Eraill* (1962), ond cyfrannodd gerddi i nifer o gylchgronau Cymraeg.

EVANS, EVAN KERI (1860–1941), cofiannydd a aned ym Mhontceri, ger Castellnewydd Emlyn, Caerf. Fe'i prentisiwyd yn saer coed cyn iddo fynd i Goleg y Presbyteriaid yng Nghaerfyrddin; graddiodd yn y Clasuron ac Athroniaeth ym Mhrifysgol Glasgow yn 1888. Cafodd yrfa ddisglair fel Athro Athroniaeth yng Ngholeg Prifysgol Gogledd Cymru, Bangor, ac yn ei hen Goleg. Dylanwadodd Diwygiad 1904–05, a arweiniwyd gan Evan *Roberts, yn drwm arno; ymddiswyddodd o'i gadair yn 1907 er mwyn ymroi i waith bugeiliol. Cyhoeddodd gofiannau i'w frawd D. Emlyn Evans (1919) ac i Joseph *Parry (1921) a David *Adams (1924). Ond efallai mai ei waith mwyaf nodedig oedd ei hunangofiant, *Fy Mhererindod Ysbrydol* (1938), sy'n rhoi hanes ei gredo ef ei hun.

Evans, Evan Vincent (1851–1934), gwladgarwr. Fe'i ganed ym mhlwyf Llangelynnin, Meir. Er mai ychydig o addysg ffurfiol a gafodd, aeth i Lundain yn 1872 a daeth yn gyfrifydd llwyddiannus iawn. Daeth yn ohebydd seneddol i'r *Manchester Guardian*, *Baner ac Amserau Cymru* a phapurau newydd eraill. Yn 1881 fe'i penodwyd yn ysgrifennydd i Gymdeithas yr *Eisteddfod Genedlaethol ac yn olygydd *Trafodion* Anrhydeddus Gymdeithas y *Cymmrodorion bum mlynedd yn ddiweddarach. Bu'n olygydd hefyd ar y cylchgrawn *Y Cymmrodor*, a chyfres dogfennau hanesyddol y Cymmrodorion, at ei gilydd tua chant o gyfrolau. Defnyddiai'r cymdeithasau *Cymry Llundain yr oedd yn swyddog iddynt er mwyn hyrwyddo pob math o achosion Cymreig a diwylliannol, ac yr oedd yn gyfaill oes i David *Lloyd George. Fe'i hurddwyd yn farchog yn 1909.

Y mae pennod ar E. Vincent Evans yn *Pedwar Eisteddfotur* 1949) gan Daniel Williams; gweler hefyd erthygl E. Morgan Humphreys yn *Gwŷr Enwog Gynt* (cyf. I, 1950).

EVANS, FREDERIC (**Michael Gareth Llewelyn**; 1888–1958), nofelydd a aned yn Llangynwyd, Morg., yn fab i T. C. *Evans (Cadrawd). Fe'i haddysgwyd yng Ngholeg y Drindod, Caerfyrddin, a Choleg Santes Catrin, Caer-grawnt, a gwasanaethodd fel is-gyrnol yn ystod y Rhyfel Byd Cyntaf. O 1923 hyd 1928 bu'n Arolygydd Ysgolion yng Ngorllewin Morgannwg, ac yna daeth yn Gyfarwyddwr Addysg yn Erith, swydd Gaint. Ar wahân i ddramâu a llyfrau i blant, ysgrifennodd bum nofel, sef *Sand in the Glass* (1943), *Angharad's Isle* (1944), *The Aleppo Merchant* (1945), *White Wheat* (1947) a *To Fame Unknown* (1949). Y maent ar y cyfan yn hunangofiannol, weithiau yn amlwg ddidactig, ac yn ymdrin â bywyd yng nghymoedd diwydiannol Morgannwg yn ystod degawdau cyntaf yr ugeinfed ganrif. Y mwyaf boddhaol efallai yw *White Wheat* a seiliwyd ar hanes Wil Hopcyn a'r Ferch o Gefn Ydfa (Ann *Maddocks), chwedl a gwnaeth tad yr awdur lawer i'w hybu yn ei *History of the Parish of Llangynwyd* (1887). Ysgrifennodd Frederic Evans hanes ei fro enedigol, *Tir Iarll* (1912).

EVANS, GEORGE EWART (1909–88), awdur a hanesydd llafar a aned yn Abercynon, Morg., ac a addysgwyd yng Ngholeg y Brifysgol, Caerdydd, lle yr astudiodd y Clasuron. Dechreuodd ar ei yrfa fel athro yn swydd Gaer-grawnt yn 1934 ac yn yr Ail Ryfel Byd gwasanaethodd gyda'r llu awyr. Er 1948 bu'n llenor llawn-amser, darlithydd a darlledwr ac ar ôl ymgartrefu yn East Anglia dechreuodd gyhoeddi cyfres o lyfrau ar draddodiadau llafar yr ardal honno – cyfres a edmygir yn fawr gan ysgolheigion a'r rhai sy'n caru cefn gwlad. Ymhlith y llyfrau a ysgrifennodd y mae *Ask the Fellows Who Cut the Hay* (1956), *The Horse in the Furrow* (1960), *The Pattern Under the Plough* (1966), *The Farm and the Village* (1969), *Where Beards Wag All* (1970), *The Leaping Hare* (gyda David Thomson, 1972), *The Days that We Have Seen* (1975), *From Mouths of Men* (1976) a *Horse Power and Magic* (1979). Yn ei lyfr olaf, *Spoken History* (1987), y mae'n adolygu a chrynhoi ei agwedd neilltuol ef at dystiolaeth lafar a'i pherthynas â diwylliant materol a chwedloniaeth. Bu'n ofid mawr i garedigion y traddodiad llafar yng Nghymru na allai George Ewart Evans, a oedd yn Gymro Cymraeg, wneud dros ei wlad ei hun yr hyn a wnaeth dros East Anglia mewn nifer o lyfrau rhagorol.

Yr oedd hefyd yn fardd, nofelydd ac yn awdur straeon byrion a lleolir nifer o'i storïau yng Nghymru. Hunangofiannol i raddau helaeth yw'r nofel fer, *The Voices of the Children* (1947), am deulu o wyth o fechgyn a merched, plant groser, mewn cwm diwydiannol yn ne Cymru yn ystod blynyddoedd cynnar y ganrif hon. Nid oes llawer o gynllun iddi ac y mae'r ymdriniaeth yn episodaidd, ond y mae iddi anwyldeb a swyn, yn enwedig ym mhortread yr adroddwr sy'n gymeriad sensitif ac addfwyn. Dychwelodd yr awdur at yr un cyfnod yn ei fywyd yn y gyfrol o hunangofiant, *The Strength of the Hills* (1983). Cwm glofaol yn ne Cymru yw'r lleoliad yn y gyfrol *Let Dogs Delight* (1975), sy'n amlygu eto y dilysrwydd a ddaw o wybodaeth drylwyr, dealltwriaeth a hoffter cynnes o'r bobl y ganwyd ac y magwyd yr awdur yn eu plith. Ymysg ei lyfrau eraill cyhoeddodd stori am ddrwgweithredwr ar gyfer pobl ifainc, *The Fitton Four-Poster* (1952), a chyfres o straeon byrion a leolir yn Suffolk yw *Acky* (1973). George Ewart Evans a olygodd y flodeugerdd, *Welsh Short Stories* (1959). Detholiad o'i ysgrifau ar hanes llafar yw *The Crooked Scythe* (1993) a olygwyd gan ei fab yng nghyfraith, yr arlunydd David Gentleman.

Ceir astudiaeth o George Ewart Evans fel llenor a hanesydd llafar gan Gareth Williams yn y gyfres *Writers of Wales* (1991); gweler hefyd erthyglau gan Alun Howkins yn *Oral History* (Hydref 1994), gan Rheinallt Llwyd yn *Barn* (rhif. 309, 1988) a chan Gareth Williams yn *Y Traethodydd* (Gorff. 1997).

EVANS, GWYNFIL (Arthur Gwynne, Barry Western; 1898–1938), awdur straeon i fechgyn, a aned ym Mhorthmadog, Caern., lle'r oedd ei dad yn weinidog gyda'r Wesleaid, i deulu a oedd yn perthyn i George Eliot (*née* Mary Ann Evans). Yn 1924 tra oedd yn gweithio fel gohebydd papur newydd yn yr Aifft, dechreuodd Evans lunio straeon am Sexton Blake (y cymeriad a grewyd gan Harry Blythe, ffugenw Harold Meredith) a chyn bo hir daeth yn boblogaidd fel awdur straeon i bobl ifainc. Ymddangosodd ei straeon, yn agos i gant ohonynt i gyd, yn gyfres mewn cylchgronau megis *Union Jack*, *The Sexton Blake Library*, *Detective Weekly*, *Champion* a *Boy's Realm*. Ymhlith y cymeriadau a greodd yr oedd Splash Page, Mr Mist, Ruff Hanson, Julius Jones a'r *League of Onion Men*. Cyhoeddodd ddwy nofel ar hugain, ac o'u plith *Hercules Esquire* (1930) oedd y fwyaf llwyddiannus o safbwynt gwerthiant. Seiliwyd y rhan fwyaf ohonynt ar ei straeon am Sexton Blake (gydag enwau'r prif gymeriadau wedi'u newid am resymau hawlfraint); y maent yn cynnwys *His Majesty the Crook* (1935), *The Riddle of the Red Dragon* (1935) a *The Mysterious Miss Death* (1937). Gyda'i bersonoliaeth fywiog, daeth Gwyn Evans yn gymeriad chwedlonol yn ystod ei oes ei hun: dywedyd ar un adeg nad oedd yr un cymeriad yn ei lyfrau mor hynod ag ef ei hun.

EVANS, GWYNFOR (1912–), gwleidydd a hanesydd. Fe'i ganed yn Y Barri, Morg., a'i addysgu yng Ngholeg Prifysgol Cymru, Aberystwyth, a Choleg Ieuan Sant, Rhydychen. Fe'i hyfforddwyd yn gyfreithiwr, ond aeth yn arddwr masnachol ac ymgartrefu yn Llangadog, Caerf. Bu'n Llywydd *Plaid Cymru o 1945 hyd 1981 ac ef oedd ei Haelod Seneddol cyntaf, yn cynrychioli etholaeth Caerfyrddin, yn 1966. Wedi colli'r sedd yn 1970, fe'i hadenillodd a'i dal o 1974 hyd 1979. Bu iddo ran flaenllaw yn natblygiad Plaid Cymru yn rym gwleidyddol a rhan allweddol ym mhob menter dros *Genedlaetholdeb byth ers yr Ail Ryfel Byd. Y mae ei ddylanwad yn parhau ym mywyd cyhoeddus Cymru ac y mae'n uchel ei barch, hyd yn oed ymhlith ei wrthwynebwyr gwleidyddol. Yn ystod yr ymgyrch yn y

1970au dros greu pedwaredd sianel deledu a fyddai'n darlledu yn Gymraeg (gweler o dan RADIO A THELEDU) cyhoeddodd Gwynfor Evans ei fwriad i ymprydio hyd angau pe bai angen, oni chyflawnai'r Llywodraeth ei hymrwymiad i ddarparu'r fath wasanaeth.

Y mae'n bamffledwr ac erthyglwr gwleidyddol toreithiog a wedi amlygu ei gred yn egwyddorion *Heddychiaeth a Chenedlaetholdeb yn ei weithiau niferus sy'n cynnwys *Cenedlaetholdeb Di-Drais* (1973) a *Heddychiaeth Gristnogol yng Nghymru* (1986). Ymhlith ei lyfrau ar bynciau gwleidyddol y mae *Rhagom i Ryddid* (1964), *Wales Can Win* (1973), *A National Future for Wales* (1975) a *Diwedd Prydeindod* (1981), sy'n ddadansoddiad llym o Brydeinrwydd y Cymry. Pwysleisia hanes a diwylliant y genedl yn ei gyfrol *Aros Mae* (1971) a gyfieithwyd i'r Saesneg dan y teitl *Land of My Fathers* (1974). Fel hanesydd cymer ei le yn olyniaeth llenorion megis Theophilus *Evans ac Owen M. *Edwards trwy fanteisio ar waith ysgolheigion mwy arbenigol, ac wrth geisio meithrin yn y Cymry falchder yng ngogoniant eu hanes a'u llên.

Cyhoeddwyd astudiaeth ar waith a meddylfryd Gwynfor Evans gan Pennar Davies yn 1976; ymddangosodd cyfrol o hunangofiant yn *Cyfres y Cewri* yn dwyn y teitl *Bywyd Cymro* (gol. Manon Rhys, 1982) a chyfieithwyd y gyfrol i'r Saesneg gan Meic Stephens, *For the Sake of Wales* (1996).

EVANS, HAROLD MEURIG (1911–), geiriadurwr a aned yn Yr Hendy, Caerf., ac a addysgwyd yng Ngholeg Prifysgol Cymru, Aberystwyth. Wedi gweithio am flwyddyn yn *Llyfrgell Genedlaethol Cymru, aeth yn athro ysgol gan ddiweddu ei yrfa yn Bennaeth yr Adran Gymraeg yn Ysgol Gyfun Dyffryn Aman. Yn ogystal â golygu'r flodeugerdd *Cerdd Diweddar Cymru* (1962), cyhoeddodd *Y Geiriadur Newydd* (1953), *Y Geiriadur Bach* (1959), *Llwybrau'r Iaith* (1961), *Cymraeg Heddiw* (4 cyf., 1965–69), *Sgyrsiau Cymraeg Byw* (1966), *Rhodio gyda'r Gymraeg* (1978), *Mabinogi Heddiw* (1979), *Geiriadur Lluniau Y Plant* (cyfd 1980), *Sylfeini'r Gymraeg* (1981) a *Darllen a Gweda* (1971). Ei gyfraniad pwysicaf oedd *Y Geiriadur Mawr* (1958), ar y cyd â W. O. Thomas, ac *Y Geiriadur Cymraeg Cyfoes* (1981).

EVANS, HOWELL THOMAS (1877–1950), hanesydd a aned yng Nghwmbwrla ger Abertawe; fe' haddysgwyd yng Ngholeg Prifysgol Cymru, Aberystwyth, a Choleg Ieuan Sant, Caer-grawnt. Rhwng 1907 ac 1917 bu'n athro yn Ysgol Uwchradd y Bechgyn, Caerdydd, ac yna fe'i penodwyd yn Brifathro'r Ysgol Sir yn Aberaeron, Cer. Cyhoeddodd nifer o lyfrau ar hanes Cymru a defnyddiwyd rhai ohonynt, yn eu cyfnod, i baratoi plant ar gyfer arholiadau. Yn eu plith mae *A History of England and Wales* (1909), *The Making of Modern Wales* (1912), *The Age of Expansion* (1933) *Modern Wales* (1934) a *Mediaeval Wales* (1935). E gyfraniad pwysicaf, fodd bynnag, yw *Wales and the Wars of the Roses* (1915), sydd, er ei wendidau, yn parhau i fod yn waith defnyddiol ar hanes milwrol a gwleidyddol Cymru yn y bymthegfed ganrif.

Ysgrifennwyd cofiant H. T. Evans, *Portrait of a Pioneer* (1982), gan ei fab, Lyn Evans.

EVANS, HUGH (1854–1934), awdur a chyhoeddwr. Fe'i ganed yng Nghwm Main, plwyf Llangwm, Dinb., ac ychydig iawn o ysgol a gafodd cyn mynd i weithio ar ffermydd yr ardal. Yn 1875 aeth i Lerpwl ac yno yn 1897 sefydlodd wasg argraffu sef Gwasg y Brython. Cychwynnodd y newyddiadur wythnosol Y **Brython* yn 1906 ac Y **Beirniad* yn 1911. Ymysg llyfrau o waith Hugh Evans ei hun yr oedd *Camau'r Cysegr* (1926), *Hogyn y Bwthyn Bach To Gwellt* (1935) ac Y *Tylwyth Teg* (1935). Ond y gwaith a ddaeth ag ef i amlygrwydd oedd *Cwm Eithin* (1931, cyf.). *Gorse Glen*, 1948), trysorfa o wybodaeth am grefftau a'r bywyd gwledig gynt, a ystyrir bellach yn glasur bychan.

Ceir manylion pellach yn erthygl Richard Huws yn *Dewiniaid Difyr* (gol. Mairwen a Gwynn Jones, 1983).

Evans, John (1770–99), gwneuthurwr mapiau a fforiwr a aned yn Waunfawr, Caern. Fe'i cymhellwyd gan Iolo Morganwg (Edward **Williams) i fynd yn gydymaith iddo ar daith i'r Amerig i chwilio am yr Indiaid Cymreig, y tybid eu bod yn ddisgynyddion i **Fadog ab Owain Gwynedd. Aeth rhagddo ar ei ben ei hun a chyrraedd Baltimore yn Hydref 1792. Bum mis yn ddiweddarach cychwynnodd, ar droed, tua'r Gorllewin ac wedi llawer tro ar fyd, cyrhaeddodd St. Louis a'i garcharu yno gan y Llywodraethwr Sbaenaidd. Ar ôl ei ryddhau cafodd swydd yn 1795 yn gynorthwywr i'r Albanwr James MacKay ar daith a drefnwyd gan Gwmni'r Missouri Sbaenaidd (a sefydlwyd gan ddyn o waed cymysg o'r enw Jacques Clamorgan) i sefydlu amddiffynfeydd ar hyd afon Missouri ac agor ffordd i'r Môr Tawel. Gan fod yn rhaid i MacKay aros i dawelu'r Omahäiaid a chan fod adnoddau'n brin, anfonodd Evans o'i flaen yn Ionawr 1796 ac – er i Evans orfod dianc rhag y Sioux – llwyddodd o'r diwedd i gyrraedd y Mandaniaid (sef yr Indiaid Cymreig honedig yr oedd yn chwilio amdanynt) ac arhosodd gyda hwy yn Dakota trwy'r gaeaf. Yr oedd ei ddylanwad ar y llwyth yn foddion i rwystro'r Prydeinwyr a chynrychiolwyr Cwmni Bae Hudson rhag ceisio masnachu â hwy. Ef oedd y cyntaf i fapio afon Missouri ddwy fil o filltiroedd y tu hwnt i'r man lle yr ymuna ag afon Mississippi ond, yng Ngorffennaf 1797, gorfu iddo ddychwelyd i St. Louis. Mynega Morgan John **Rhys y farn mai cwta a 'braidd yn gloff' oedd ei adroddiad terfynol yn dweud nad y Mandaniaid oedd yr Indiaid Cymreig. Bu farw John Evans yn ddi-waith ac yn isel ei ysbryd yn New Orleans, yn naw ar hugain mlwydd oed.

Ceir manylion pellach yn yr erthygl gan David Williams yn *Nhrafodion* Anrhydeddus Gymdeithas y Cymmrodorion (1948), ac yn Gwyn A. Williams, *The Search for Beulah Land* (1980).

EVANS, JOHN (**I. D. Ffraid**, **Adda Jones**; 1814–75), cyfieithydd a geiriadurwr a aned yn Llansantffraid Glan Conwy, Dinb. Gŵr busnes ydoedd a oedd hefyd yn weinidog ordeiniedig gyda'r Methodistiaid Calfinaidd (er na fu'n fugail ar eglwys). Golygodd a bu rhan ganddo yn ysgrifennu *Difyrwch Bechgyn Glanau Conway* (1855). Cyhoeddodd *Geiriadur Saesneg–Cymraeg* (1847), gyda 'geirlyfr llysieuol', a *Pennau Teuluol a'r Ysgol Sabothol* (1870). Ei gampwaith oedd *Coll Gwynfa* (1865), cyfieithiad o *Paradise Lost* (1667) gan Milton. Bu'n oruchwyliwr gyda Chymdeithas Rhyddhad Crefydd ac ef oedd awdur cyfres o tua phum cant o 'Lythyrau Adda Jones' a ymddangosodd yn **Baner ac Amserau Cymru* (Ion. 1869–Rhag. 1874); cyfieithodd hefyd *Bywyd Turpin Leidr* (1835).

EVANS, JOHN (**Y Bardd Cocos**; 1826–88), rhigymwr o Borthaethwy, Môn, a heliai ei damaid yn gwerthu cocos a chasglu peiswyn. Daeth yn adnabyddus am ddoniolwch anfwriadol ei benillion lle yr anwybyddai'r ystyr er mwyn yr odl. Fe'i hurddwyd gan ei edmygwyr direidus yn 'Archfardd Cocysaidd Tywysogol' a'i arwisgo mewn côt fawr dew laes a het â choron o fwclis amryliw o'i hamgylch ac ymddangosai'n rheolaidd yn yr **Eisteddfod Genedlaethol yn y ddiwyg hon. Arferai ddweud nad oedd yn gwybod ym mha flwyddyn y ganed ef ond ei fod yn bur sicr mai John Evans oedd ei enw gan iddo glywed ei fam yn ei alw wrth yr enw hwnnw droeon. Ymhyfrydai gymaint yn ei rigymau nes y gobeithiai gael priodi y Frenhines Fictoria ac anogai rhai o'i gydnabod ef gan ateb ei gynigion â llythyrau a ysgrifennwyd ganddynt hwy. Ni chafodd ysgol erioed a chredai fod rhai o feirdd ei gyfnod wedi cael gormod. Arferai cefnogwyr mwy caredig argraffu enghreifftiau o'i waith yn daflenni, er mwyn iddo eu gwerthu mewn ffeiriau. Ysbrydolwyd un o'i benillion mwyaf adnabyddus gan y llewod cerfiedig ar Bont Britannia sy'n cysylltu ynys Môn â'r tir mawr:

> Pedwar llew tew
> Heb ddim blew,
> Dau 'rochr yma
> A dau 'rochor drew.

Yr oedd eraill tebyg iddo yng Nghymru megis Anellydd (Arthur Simon Jones) o Abergwili ac Elias **Jones (Cocosfardd y De), ond y Bardd Cocos oedd y mwyaf athrylithgar ddiniwed ohonynt. Cyhoeddwyd detholiad o'i gynhyrchion yn 1879, ac un arall gyda rhagarweiniad gan Thomas Roberts (Alaw Ceris) yn 1923. Daeth 'cocosfardd', 'cocoswaith' a 'cocosaidd' yn dermau am y math hwn o farddoni.

EVANS, JOHN GWENOGVRYN (1852–1930),

palaeograffydd a golygydd. Fe'i ganed ym mhlwyf Llanybydder, Caerf., ond symudodd y teulu i Lanwennog, Cer., yn fuan wedyn ac yno y magwyd ef. Fe'i haddysgwyd yn y Coleg Presbyteraidd yng Nghaerfyrddin ac ordeiniwyd ef yn weinidog Undodaidd eglwys Parcyfelfed, Caerf., yn 1876. Wedi cyfnod o salwch astudiodd yng Ngholeg Owens, Manceinion, ac yna aeth i Rydychen lle y bu'n mynychu dosbarthiadau John *Rhŷs, cyswllt a roes gyfeiriad newydd i'w yrfa academaidd.

Dechreuodd baratoi argraffiadau diplomatig o rai o brif lawysgrifau Cymraeg yr Oesoedd Canol a chyhoeddwyd y gyfrol gyntaf mewn cyfres dan y teitl *Old Welsh Texts*, sef *The Text of the Mabinogion from the Red Book of Hergest*, yn 1887. Fel y cyfan o'i waith y mae'n werthfawr oherwydd cywirdeb manwl ei ddarlleniadau. Amcanai gyfleu trwy gyfrwng teipograffeg fanylion y llawysgrif a gosodai bwys ar ffurf a maint llythrennau. Dilynwyd hwn gan argraffiadau o *Llyfr Du Caerfyrddin* (1906), *Llyfr Llandaf* (1893), *Mabinogion Llyfr Gwyn Rhydderch* (1907), *Brutiau'r Llyfr Coch* (1890), *Llyfr Aneirin* (1900), *Llyfr Taliesin* (1910) a barddoniaeth y *Llyfr Coch* (1911). Cyhoeddwyd nifer o ffacsimiliau hefyd. Y mae'r golygiadau hyn yn gywirach na dim a geid o'u blaen ac yn gerrig milltir hefyd yn hanes argraffu yng Nghymru. Tua diwedd ei yrfa, fodd bynnag, yr oedd J. Gwenogvryn Evans yn anfodlon aros yn gopïydd llawysgrifau yn unig a rhoes gynnig ar olygu testunau a'u cyfieithu. Yn anffodus, yr oedd braidd yn orbarod i 'gywiro' a newid darlleniadau er mwyn cynnal damcaniaeth ac anysgolheigaidd yw ei waith ar ganu *Aneirin a *Thaliesin.

Yn 1894 fe'i penodwyd yn Arolygwr Llawysgrifau Cymraeg dros y Comisiwn Llawysgrifau Hanesyddol. Rhwng 1898 ac 1910 paratoes saith adroddiad yn rhestru cynnwys tuag wyth cant a deg a thrigain o lawysgrifau Cymraeg a rhoi cynnig ar eu disgrifio a'u dyddio. Er bod angen adolygu'r dyddiadau yng ngoleuni ysgolheictod diweddar, y mae'r wybodaeth a geir yma yn enfawr a'r awgrymiadau a wneir ynghylch llawiau a tharddiadau yn werthfawr o hyd; yr adroddiadau hyn yw man cychwyn pob astudiaeth o lenyddiaeth Gymraeg lawysgrifol. Cymwynas hynod bwysig arall, ond llai cyhoeddus, oedd ei ran allweddol yn y trafodaethau a arweiniodd at gael casgliad Llawysgrifau *Peniarth i'r *Llyfrgell Genedlaethol.

EVANS, JOHN ROBERTS (1914–82), nofelydd a dramodydd. Fe'i ganed yn Llanbedr Pont Steffan, Cer., a'i addysgu yng Ngholeg y Drindod, Caerfyrddin. Bu'n athro yn Llundain tan 1947 pan ddychwelodd i Gymru ar ei benodi yn brifathro ysgol gynradd ym Mhen-uwch, Cer. O 1954 hyd nes iddo ymddeol yn 1976 yr oedd yn brifathro ysgol y pentref yn Llanilar yn ei sir enedigol a chyda'r lle hwnnw y cysylltir ef yn bennaf. Cyhoeddodd nifer o ddramâu, yn cynnwys *Broc Môr* (1956), *Chwe*

Drama Fuddugol (1960), *Ar Ymyl y Dibyn* (1965), *Cath mewn Cŵd* a *Brawd am Byth* (1981). Ond cyfraniad mwyaf J. R. Evans oedd fel nofelydd ac awdur storïau byrion. Ymhlith ei waith gorau ceir *Ar Drothwy'r Nos* (1962), *Y Delfrydwr* (1968), *Yn Dawel gyda'r Nos* (1970) ac *Y Cwm Cul* (1980). Casglwyd ei storïau byrion yn y cyfrolau *Diwrnod Poeth* (1963), *Lleisiau yn y Niwl* (1974) a *Blynyddoedd Coll* (1980). Adlewyrchir, yn ei waith, lawer o'i brofiad yn y llynges yn ystod yr Ail Ryfel Byd.

Evans, Margaret (**Marged vch Ifan**; 1695–1801?), gwraig o gymeriad Amasonaidd, o Benllyn ger Llyn Padarn, Llanberis, Caern. Cofnoda Thomas *Pennant yn ei *Tours of Wales* (1778–81) sut y galwodd yn ei chartref a'r siom a gafodd o ddeall nad oedd hi yno. Sonia am rai o'r hanesion a adroddid amdani yn yr ardal honno. Hi, meddai, oedd yr heliwr, y saethwr a'r pysgotwr gorau yn yr ardal; yr oedd hefyd yn ymgodymwr gorchestol, gof, adeiladydd cychod, gwneuthurwr telynau a gallai ganu'r ffidil yn fedrus. 'At length,' â Pennant yn ei flaen, 'she gave her hand to the most effeminate of her admirers, as if predetermined to maintain the superiority which nature had bestowed on her.'

Ceir pennod ar Marged vch Ifan yn llyfr Eigra Lewis Roberts, *Siwgwr a Sbeis* (1975).

Evans, Margiad, gweler WHISTLER, PEGGY EILEEN (1909–58).

EVANS, MEREDYDD (1919–), athronydd, cerddor, a llenor. Ganed ef yn Llanegryn, Meir., ond fe'i maged yn Nhanygrisiau, Meir. Gadawodd yr ysgol yn bedair ar ddeg oed i weithio mewn siop ym Mlaenau Ffestiniog. Yn un ar hugain oed aeth yn fyfyriwr athroniaeth i Goleg Prifysgol Gogledd Cymru, Bangor. Yn 1955 enillodd ddoethuriaeth Prifysgol Princeton, a bu'n ddarlithydd am bum mlynedd ym Mhrifysgol Boston yn ystod y pumdegau. Rhwng 1960 ac 1963 bu'n Diwtor Addysg Oedolion yng Ngholeg Prifysgol Gogledd Cymru, a rhwng 1963 ac 1973 yn Bennaeth Adran Adloniant Ysgafn BBC Cymru ac yn gyfrifol am nifer o raglenni llwyddiannus a phoblogaidd fel *Lloffa*, *Fo a Fe* a *Ryan a Ronnie*. Yn 1973 fe'i penodwyd yn Diwtor yn Adran Efrydiau Allanol Coleg y Brifysgol, Caerdydd, lle y bu tan ei ymddeoliad yn 1985.

Ac yntau'n aelod o Driawd y Coleg ym Mangor, daeth i amlygrwydd fel cyfansoddwr caneuon hwyliog ac fel lleisydd. Cyhoeddodd *Caneuon Noson Lawen Neuadd y Penrhyn, Bangor; Cyfrol I* a *Cyfrol II* (1949). Ymddiddorodd gydol ei oes mewn canu gwerin o bob math. Yn 1954, cyhoeddodd ei record hirfaith gyntaf yn UDA, a recordiodd dair arall yng Nghymru yn ddiweddarach. Bu ef a'i wraig, **Phyllis Kinney** (1922–), cantores broffesiynol o Michigan, yn cydweithio'n agos dros gyfnod hir yn olrhain llawer o hanes canu gwerin Cymru, a chyhoeddwyd ffrwyth eu hymchwil mewn nifer o lyfrau a chyfnodolion: *Caneuon Chwarae I* (1972); *Caneuon Chwarae II* (1974); *Caneuon Gwerin i Blant* (1981); *Canu'r Cymry* (1984); *Canu'r Cymry II* (1987); a *Hen Alawon, Carolau a Cherddi – Casgliad John Owen, Dwyran* (1993). Ar ôl dychwelyd i Gymru, daeth Merêd (fel yr adwaenir ef) i amlygrwydd fel beirniad a darlithydd. Golygodd *Gŵr Wrth Grefft: Cyfrol Deyrnged i J. Ellis ★Williams* (1974) ac *Y Meddwl Cyfoes* (1984). Cyhoeddodd astudiaeth o Hume (1984), ac fe'i cyfrifir yn un o athronwyr praffaf y Gymru gyfoes.

O ganol y 1970au ymlaen, bu'n gynyddol weithredol mewn ymgyrchoedd gwleidyddol o blaid hawliau'r Gymraeg. Bu'n areithio'n rymus o lwyfannau eisteddfodol, yn gohebu'n bersonol ac yn y wasg, ac yn arwain gwrthdystiadau cyhoeddus ar bynciau fel darlledu, y mewnlifiad, a Deddf Iaith newydd.

Am fwy o wybodaeth gweler *Merêd – Detholiad o Ysgrifau* (gol. Ann Ffrancon a Geraint H. Jenkins, 1995).

EVANS, PAUL (1945–91), bardd a aned yng Nghaerdydd a'i addysgu yng Ngholeg Llanymddyfri a Phrifysgol Sussex, lle'r astudiodd Saesneg. Yn 1965 sefydlodd gylchgrawn, *Eleventh Finger*, a ddenodd gyfraniadau gan nifer o feirdd ifainc ei ddydd, o wledydd Prydain ac America. Treuliodd y rhan fwyaf o'i fywyd fel oedolyn yn ne Lloegr ac yn Brighton yn arbennig, ond yr oedd ganddo gysylltiadau trwy deulu ei wraig â'r ardal o gwmpas Dolgellau ac yr oedd yn gyfarwydd â thraddodiad llenyddol Cymru. Cyhoeddodd dair cyfrol ar ddeg o farddoniaeth, gan ddechrau â *True Grit* (1970); y mae ei waith gorau, y dylanwadwyd ar lawer ohono gan y mudiad 'delwedd ddofn' mewn barddoniaeth Americanaidd, i'w weld yn *February* (1971), *The Manual for the Perfect Organisation of Tourneys* (1979) a *Sweet Lucy* (1983). Wedi ei farwolaeth mewn damwain ddringo ar Grib-y-ddysgl yn Eryri, golygodd ei gyfeillion Paul Bailey a Lee Harwood *The Empty Hill: memories and praises of Paul Evans* (1992).

Evans, Philip (1645–79), merthyr Pabyddol. Brodor o sir Fynwy ydoedd. Ymunodd â'r Iesuwyr yn 1665 ac wedi'i ordeinio'n offeiriad ddeng mlynedd yn ddiweddarach fe'i hanfonwyd i genhadaeth yr urdd yn ne Cymru. Yn ystod y cythrwfl a achoswyd gan honiadau Titus Oates ynglŷn â'r Cynllwyn Pabyddol yn 1678, cafodd Evans ei restio a'i garcharu yng Nghastell Caerdydd gyda'i gyd-ferthyr John ★Lloyd (1630?–79). Dywedir mai'r unig bobl a oedd yn fodlon honni eu bod wedi ei weld yn gweinyddu fel offeiriad oedd gwraig dlawd a chorrach; yr oeddynt ill dau wedi cael eu talu i roi tystiolaeth yn ei erbyn. Yn ôl baled gyfoes mynegodd Evans ei lawenydd wrth glywed ei fod wedi ei ddedfrydu i farwolaeth trwy ganu i'w gyfeiliant ei hun ar y delyn, ac ar ddiwrnod ei ddienyddiad dywedir iddo, wrth ddringo'r ysgol i'r crocbren, ddweud y geiriau,

'Yn wir, dyma'r pulpud gorau i ddyn bregethu ohono'. Fe'i canoneiddiwyd gan y Pab Pawl VI yn 1970, yn un o ★Ddeugain Merthyr Lloegr a Chymru.

EVANS, RAY (1923–), awdur rhyddiaith a aned yn Llanybydder, Caerf., a'i haddysgu yng Ngholeg Prifysgol Cymru, Aberystwyth. Bu'n athrawes Gymraeg am nifer o flynyddoedd mewn ysgolion yng Nghaerdydd, lle y mae'n dal i fyw. Y mae ei nofel, *Y Llyffant* (1986), a enillodd iddi ★Fedal Ryddiaith yr Eisteddfod Genedlaethol, wedi ei seilio ar ei phlentyndod ei hun. Cyhoeddodd hefyd ddau lyfr i blant, *Cynffon Anti Meg* (1988) a *Daw Bola'n Gefen* (1990); cyfieithwyd yr olaf dan y teitl *Elwyn's Mysterious Funeral* (1992).

Evans, Rhys neu **Rice** (**Arise Evans**; *c.*1607–wedi 1660), dewin a daroganwr. Newidiwyd ei flaenenw'n Arise pan oedd yn brentis i deiliwr yn Wrecsam, Dinb., ac wedyn cymhwysai iddo ei hun bob adnod yn y cyfiethiad Saesneg o'r Beibl a oedd yn cynnwys y gair hwn. Cafodd freuddwydion a gweledigaethau, aeth i Lundain yn 1629 a cheisiodd rybuddio Siarl I o'i berygl ond anwybyddwyd ef, ac yn nyddiau Cromwell rhagfynegodd Adferiad y Frenhiniaeth. Un o'i gampau mwyaf gwrthun oedd ei ymgais i wella tyfiant ffyngaidd ar ei drwyn drwy ei rwbio ar law Siarl II. Ymhlith ei gyhoeddiadau y mae gwaith dan y teitl *Narration of the Life, Calling and Visions of Arise Evans* (1653).

Ceir manylion pellach yn erthygl Christopher Hill, '*Arise Evans: Welshman in London*', yn *Change and Continuity in Seventeenth-Century England* (1974).

EVANS, STUART (1934–94), bardd a nofelydd. Fe'i ganed yn Abertawe a'i fagu yn Ystalyfera, Morg. Astudiodd Saesneg yn Rhydychen, gwasanaethodd yn y llynges, ac yna bu'n ddarlithydd yng Ngholeg Technegol Uwch Brunel. O ganol y 1960au bu'n gweithio i'r BBC yn Llundain yn gynhyrchydd radio yn yr Adran Ysgolion.

Tra oedd yn fyfyriwr yn Rhydychen enillodd Stuart Evans Wobr Newdigate am ei gerdd hir, *Elegy for the Death of a Clown* (1955), ac fe'i dilynwyd gan *Imaginary Gardens with Real Toads* (1972), a chan ei gasgliad sylweddol cyntaf o farddoniaeth, *The Function of the Fool* (1977). Nodweddir ei waith barddonol mwyaf sylweddol gan answadd ddeallusol a gwelir dylanwad y bardd Americanaidd Wallace Stevens ar ei waith.

Ond fel nofelydd y daeth yn enwog yn ystod y 1970au a'r 1980au, gan gyhoeddi wyth nofel hir, cymhleth eu techneg, sydd yn tueddu i fod yn fwy athronyddol nag sy'n arferol mewn ffuglen fodern Saesneg. Y mae ei ddiddordeb mewn archwilio prosesau storïol yn amlwg yn ei nofel gyntaf, *Meritocrats* (1974), lle y cyflwyna nifer o safbwyntiau, bob un â'i arddull a'i dechneg arbennig ei hun. Y mae ffurf ac adeiledd *The Caves of Alienation* (1977) yn fwy cymhleth hyd yn oed, oherwydd cyflwynir y prif gymeriad, llenor o Gymro o'r enw Michael Caradock, drwy gyfrwng nifer o ffynonellau, megis samplau o'i waith ei hun, adolygiadau, cofiannau, astudiaethau beirniadol a chyfweliadau. Ar wahân i *The Gardens of the Casino* (1976), y mae nofelau eraill Stuart Evans, *Centres of Ritual* (1978), *Occupational Debris* (1979), *Temporary Hearths* (1982), *Houses on the Site* (1984) a *Seasonal Tribal Feasts* (1987), yn rhan o bumawd storïol uchelgeisiol dan y teitl *The Windmill Hill Sequence*.

EVANS, THOMAS neu **THOMAS AB IFAN** (*fl*. 1580–1633), bardd a chopïydd llawysgrifau o Hendreforfudd ger Corwen, Meir. Priodolir rhyw 450 o gerddi iddo, y rhan fwyaf yn englynion, ond canodd ar y mesurau caeth poblogaidd eraill ac ar y mesurau rhyddion yn ogystal. Un o'i nodweddion oedd rhoi dyddiadau wrth ei gerddi wrth eu copïo. Yr oedd yn grefftwr gyda'i ddwylo a chanodd gerddi i grefftwyr eraill fel gofaint, seiri maen a choed, i drychinebau naturiol fel tywydd garw ac i anturiaethau a nodweddion rhywiol pobl gyffredin yn ogystal ag i uchelwyr ei fro. Ei athro barddol oedd *Simwnt Fychan, ei ewythr, gwrthrych ei gerdd orau.

EVANS, THOMAS (Tomos Glyn Cothi; 1764–1833), gweinidog a llenor a aned yng Nghapel Sant Silyn, Gwernogle, Caerf. Dysgodd grefft gwehydd, daeth o dan ddylanwad rhyddfeddylwyr megis David *Davis, Castellhywel, a Dr Joseph Priestley, ac wedi iddo gofleidio *Undodiaeth fe'i gelwid yn 'Priestley Bach' ar lafar gwlad. Tua 1794 bu'n weinidog Tŷ Cwrdd Cwm Cothi, y capel Undodaidd cyntaf a adeiladwyd yng Nghymru. Pleidiai egwyddorion y *Chwyldro Ffrengig (1789), ac o'r herwydd bu yng Ngharchar Caerfyrddin am ddwy flynedd o 1802 hyd 1804. Yn 1811, galwyd ef i fugeilio cynulleidfa'r Hen Dŷ Cwrdd, Aberdâr, Morg., ac yno y bu hyd ei farw. Yr oedd yn awdur toreithiog ac yn fardd medrus yn y mesurau caeth a rhydd ac yn aelod o'r Orsedd a gynhaliwyd ar Fynydd y Garth, ger Caerdydd, yn 1797. Ei *Amddiffyniad o Bennadwriaeth y Tad* (1792) oedd y bregeth Undodaidd gyntaf i'w chyhoeddi yn Gymraeg. Cyhoeddodd gasgliad o emynau (1811) at wasanaeth yr Undodiaid a nifer o bamffledau yn datgan ei syniadau crefyddol, gwleidyddol a chymdeithasol. Ei gyhoeddiad, *Y Drysorfa Gymysgedig* (3 rhif., 1795), oedd un o'r ymdrechion cynharaf i sefydlu cyfnodolyn Cymraeg.

Ceir manylion pellach mewn erthyglau gan Irene George yng *Nghylchgrawn* Cymdeithas Lyfryddol Cymru (cyf. IV, 1932), D. Jacob Davies yn *Yr Ymofynnydd* (1964), D. Elwyn Davies yn *Yr Ymofynnydd* (1964) a'r astudiaeth gan Geraint Dyfnallt Owen (1964).

EVANS, THOMAS (Telynog; 1840–65), bardd. Fe'i ganwyd yn fab i saer llongau yn Aberteifi a bu'n gweithio ar longau ei hunan pan oedd yn fachgen ifanc,

ond rhoes y gorau iddi a mynd i weithio i'r maes glo yng nghylch Aberdâr. Daeth yn rhan o fwrlwm llenyddol yr ardal gan ennill mewn eisteddfodau lleol a gwneud enw iddo'i hun fel bardd addawol. Flwyddyn ar ôl ei farw ifanc cyhoeddwyd *Barddoniaeth Telynog* (1866), cyfrol a gynhwysai ysgrif fywgraffyddol gan Howel Williams a detholiad o waith y bardd a olygwyd gan Dafydd Morganwg (David Watkin *Jones). Yn ei farddoniaeth defnyddiodd ffurfiau poblogaidd ei gyfnod, yn eu plith y *bryddest, y rhieingerdd a'r *delyneg, a chanai hefyd yn y mesurau caeth. Ceir cyffyrddiadau effeithiol yn ei delynegion, er nad ydynt byth yn rhydd o rai o effeithiau andwyol ffasiynau arddull ei gyfnod. Cyfansoddodd nifer o ganeuon digrif yn ogystal, a gwelir rhai o'r rheini, megis 'A glywsoch chi fod Abertawy wedi suddo?', fydryddu hwyliog a dychanu afieithus.

EVANS, THOMAS CHRISTOPHER (Cadrawd; 1846–1918), hynafiaethydd a chasglydd llên gwerin. Fe'i ganed yn Llangynwyd, Morg., yn fab i glerc y plwyf. Cymerodd gwraig y ficer, Mary Pendrill Llewelyn (1811–74), ddiddordeb mawr ynddo pan oedd yn ifanc ac yn ddiweddarach (1894) bu yntau'n amddiffyn y stori a daenwyd ganddi hi am y Ferch o Gefn Ydfa (Ann *Maddocks). Gof ydoedd wrth ei alwedigaeth a gwnaeth gasgliad gwerthfawr o hen ddodrefn ac offer fferm. Ysgrifennodd yn doreithiog ar hanes lleol i gylchgronau megis *Cyfaill yr Aelwyd, *Cymru (gol. O. M. Edwards) a phapurau Saesneg Caerdydd; yn ogystal golygodd (gyda L. J. Hopkin Jones) *Hen Gwndidau* (1910), cyfrol o hen gerddi crefyddol, a detholiad o waith Iolo Morganwg (Edward *Williams) yn *Cyfres y Fil* (1913). Ond ei gyfrol *The History of the Parish of Llangynwyd* (1887) oedd ei waith mwyaf gwerthfawr. Un o'i feibion oedd Frederic *Evans a ysgrifennai dan y ffugenw Michael Gareth Llewelyn.

Ceir manylion pellach yn Brynley F. Roberts, *Cadrawd, Arloeswr Llên Gwerin* (1997).

EVANS, TOMI (1905–82), bardd a aned ym mhentref Tegfryn, Llanfyrnach, Penf. Bu'n gweithio fel chwarelwr am flynyddoedd, ac wedyn aeth i weithio i gwmni o adeiladwyr. Enillodd *Gadair yr *Eisteddfod Genedlaethol yn 1970, a chyhoeddwyd un gyfrol o'i farddoniaeth, *Y Twrch Trwyth a Cherddi Eraill* (1983), cyfrol sy'n arddangos ei fedrusrwydd mawr fel bardd cynganeddol. Brawd iddo oedd David Gwyn *Evans.

EVANS, TREBOR LLOYD (1909–79), awdur a aned ger Y Bala, Meir., ac a addysgwyd yng Ngholeg Bala-Bangor a Choleg Prifysgol Gogledd Cymru, Bangor. Bu'n weinidog gyda'r Annibynwyr ym Mheny-groes, Caern., a Threforys, Morg., a dod yn Ysgrifennydd Undeb yr Annibynwyr yn 1964. Awdur llyfrau ar bynciau crefyddol ydoedd yn bennaf, sef *Damhegion y Deyrnas* (1949), *Detholiad o Adroddiadau* (1950), *Ail-*

ddetholiad o Adroddiadau (1952), Cymeriadau'r Beibl (2 gyf., 1955 a 1958), Gwyrthiau Galilea (1960), Pris ein Rhyddid (1961), Gwerth Cristnogol yr Iaith Gymraeg (1967), Y Cathedral Anghydffurfiol Cymraeg (1972), Chwilio'r Ysgrythurau (1973), O Ddydd i Ddydd (1977) a Bore a Hwyr: Gweddïau Personol (cyfd. 1978). Ymhlith ei lyfrau ar bynciau llenyddol y mae Diddordebau Llwyd o'r Bryn (1966) a Lewis Edwards, ei Fywyd a'i Waith (1967). Dyfarnwyd iddo radd M.A. am y gwaith hwn ynghyd â Gwobr Goffa Ellis Griffith. Cyhoeddodd hefyd drosiad i'r Gymraeg o Pilgrim's Progress for Boys and Girls gan R. G. Martin, sef Taith y Pererin (1962), a rhannau o Ddyddiadur Francis *Kilvert dan y teitl Cymru Kilvert (1973).

EVANS, TUDOR WILSON (1928–   ), nofelydd o Bictwn, ger Ffynnongroyw, Ffl.; y mae'n frawd i Einion *Evans. Yr oedd yn lowr cyn mynd i'r Coleg Normal, Bangor, ac yna bu'n athro yn Ysgol Uwchradd Prestatyn, Ffl. Ymhlith ei nofelau gorau y mae Rhwng Cyfnos a Gwawr (1964), Nos yr Enaid (1965), Trais y Caldu Mawr (1968), Iwan Tudur (1969), Ar Gae'r Brêc (1971), Ha' Bach Mihangel (1972), Yr Ynys (1975), Melinau'r Meddwl (1975) a Gilfach Lamorna (1977). Enillodd T. Wilson Evans y *Fedal Ryddiaith yn yr Eisteddfod Genedlaethol yn 1983 am ei nofel fer, Y Pabi Coch (1983).

EVANS, THEOPHILUS (1693–1767), hanesydd a aned ger Castellnewydd Emlyn, Cer., yn ŵyr i'r Brenhinwr Evan Griffith Evans, y 'Captain Tory' o fyddin Siarl I a garcharwyd gan Cromwell yn Aberteifi. Ni wyddys ym mha le y cafodd ei addysg ffurfiol ond dichon iddo ddysgu llawer am hanes a llenyddiaeth yng nghwmni dysgedigion megis Samuel *Williams, a drigai ym mro ei febyd. Fe'i hurddwyd yn offeiriad yn 1718, a gwasanaethodd Eglwys Loegr yn sir Frycheiniog am weddill ei oes ac eithrio'r cyfnod rhwng 1722 ac 1728 pan ddaliodd fywoliaeth Llandyfrïog, Cer. Dechreuodd ei yrfa yn gurad o dan Moses *Williams yn Nefynnog a Llanlleonfel (1717–22); cafodd reithoriaeth Llanynys gyda Llanddulas (1728–38) ac yna symudodd i fywoliaeth Llangamarch (1740–43) a ddaliai ynghyd â Llanwrtyd Abergwesyn, lle y bu William *Williams (Pantycelyn) yn gurad iddo. Gan mor elyniaethus oedd Evans tuag at y Methodistiaid, wrthododd gefnogi ymgais Williams i gael llawn urddau ac ymddiswyddodd yntau. Tua'r un cyfnod gwnaethpwyd ef yn gaplan teulu i Marmaduke Gwynne, Garth, Llanllywenfel, cefnogwr Howel *Harris, a'r hwn a ddaeth yn ddiweddarach yn dad yng nghyfraith i Charles Wesley. Yn 1739 derbyniodd Evans fywoliaeth Llan-faes, Aberhonddu, ond nid ymddiswyddodd o Langamarch hyd 1763, pan roddwyd yr ofalaeth i'w fab yng nghyfraith Hugh Jones, tad Theophilus *Jones, awdur A History of Brecknockshire (1805, 1809).

Crefydd yw'r elfen bwysicaf ym mhob un o lyfrau Theophilus Evans a gwelir nodweddion y meddwl Anglicanaidd yn drwm yn y rhan fwyaf ohonynt. Ond ceisiai hefyd roddi bri ar hen draddodiadau Cymru ac awdurdod yr Eglwys Sefydledig. Cyfieithodd Galwedigaeth Ddifrifol i'r Crynwyr i'w gwahawdd hwy ddychwelyd i Gristnogaeth (1715) yn union ar ôl cyfieithu Cydwybod y Cyfaill Gorau ar y Ddaear, a dau waith yn ymwneud ag addoliad a defosiwn, Prydferthwch Sancteiddrwydd yn y Weddi Gyffredin (1722), a Pwyll y Pader; neu Eglurhad ar Weddi'r Arglwydd (1733). Ymhlith ei gyhoeddiadau eraill ceir rhai pregethau o'i eiddo ei hun, Drych y Dyn Maleisus (1747?) a Pregeth yn Dangos beth yw Natur ac Anian y Pechod yn erbyn Yr Ysbryd Glan (1760). Gwelir ei ddirmyg o'r Methodistiaid yn ei gyfieithiad o Lythyr-Addysc Esgob Llundain (1740) ac yn A History of Modern Enthusiasm (1752), llyfr sy'n trafod ynfydrwydd y sectau cyfeiliornus a godasai er y Diwygiad Protestannaidd.

Buasai Evans wrth ei fodd yng nghwmni Anglicaniaid oes Elisabeth, oherwydd cymerodd haneswyr ac ysgolheigion y cyfnod hwnnw – Camden, Powel, Ussher – a'u disgynyddion ysbrydol (Stillingfleet a Cave yn enwedig) yn batrwm i'w brif waith, sef Drych y Prif Oesoedd (1716, ail arg. gydag ychwanegiadau, 1740). Y mae hwnnw yn adroddiad rhagfarnllyd ond difyr o hanes cynnar Cymru; ystyrir ef yn un o glasuron rhyddiaith Gymraeg yn rhinwedd rhywiogrwydd yr arddull. Ynddo hefyd cyflwynir, am y tro cyntaf ers dwy ganrif, olwg ar Gymru fel gwlad sydd ar wahân i Loegr, ac iddi ei hanes ei hun.

Ceir manylion pellach yn David Thomas (gol.), Drych y Prif Oesoedd (1955), Garfield H. Hughes, Theophilus Evans a Drych y Prif Oesoedd (1963). Gweler hefyd erthyglau gan R. T. Jenkins yn Yr Apêl at Hanes (1930), John Gwilym Jones yn Ysgrifau Beirniadol IV (gol. J. E. Caerwyn Williams, 1969), Bedwyr Lewis Jones yn Y Traddodiad Rhyddiaith (ed. Geraint Bowen, 1970), D. Ellis Evans yn Y Traethodydd (1973) a Geraint H. Jenkins, Theophilus Evans (1693–1767): y dyn, ei deulu, a'i oes (1993).

EVANS, WILLIAM (Wil Ifan; 1883–1968), bardd a aned yn Llanwinio, Caerf. Addysgwyd ef yng Ngholeg Prifysgol Gogledd Cymru, Bangor, a Choleg Mansfield, Rhydychen, cyn iddo ddod yn weinidog gyda'r Annibynwyr Saesneg. Yr oedd yn awdur toreithiog yn y Gymraeg a'r Saesneg ac enillodd y *Goron yn yr Eisteddfod Genedlaethol deirgwaith (1913, 1917 ac 1925); bu'n Archdderwydd o 1947 hyd 1950. Ysgrifennodd nifer o ddramâu a chyfrannai ysgrifau'n gyson i'r wasg. Cyhoeddwyd dau gasgliad o'i ysgrifau dan y teitlau Y Filltir Deg (1954) a Colofnau Wil Ifan (1962). Ond fel bardd y cofir ef yn bennaf. Ymysg ei gyfrolau o gerddi y mae Dros y Nyth (1913), Dail Iorwg (1919), Plant y Babell (1922), O Ddydd i Ddydd (1927), Darnau Adrodd (1932), Y Winllan Las (1936), Darnau Newydd (1944), Unwaith Eto (1946), Difyr a Dwys (1960) a Haul a Glaw (d.d.). Telynegwr swynol ydoedd yn anad dim a chyplysir ei enw'n aml ag eiddo'i gyfaill Crwys (William Crwys *Williams). Ymhlith ei gyfrolau Saesneg y mae *A Quire of Rhymes* (1943), *Where I Belong* (1946) a *Here and There* (1953). Cyhoeddwyd detholiad o'i gerddi Cymraeg o dan y teitl *Bro fy Mebyd* (gol. Derwyn Jones) yn 1996.

EVANS, WILLIAM DOWNING (Leon; 1811–97), bardd a brodor o Gaerllion, Myn. Enillai ei fywoliaeth fel Clerc i'r Gwarcheidwaid ac yn ddiweddarach fel Cofrestrydd Genedigaethau a Marwolaethau yng Nghasnewydd. Cyhoeddodd dair cyfrol o gerddi, sef *A Tale of a Winter's Night* (1838), *The Gwyddonwyson Wreath* (1853), sef marwnad i David Rhys Stephen (Gwyddonwyson; 1807–52), a *Lyra Silurum* (1867).

EVANS, WILLIAM REES (1910–91), bardd a chyfansoddwr caneuon. Ganed ym mhlwyf Mynachlogddu, Penf., ac fe'i haddysgwyd yn Ysgol Ramadeg Aberteifi a Choleg Prifysgol Gogledd Cymru, Bangor. Bu'n athro yn Ysgol Gynradd Abergwaun ac yn Brifathro Ysgol Bwlch-y-groes, Penf. (1938–59) ac Ysgol Gymraeg Sant Ffransis, Y Barri (1959–61). Wedi cyfnod o bum mlynedd yn Ddarlithydd yng Ngholeg Addysg y Barri dychwelodd i sir Benfro yn 1966 i fod yn Drefnydd Iaith ac Arolygwr Ysgolion.

Daeth W. R. Evans yn adnabyddus drwy Gymru gyfan fel arweinydd parti noson lawen Bois y Frenni, a ffurfiwyd yn wreiddiol gyda'r bwriad o godi calonnau cynulleidfaoedd y cyngherddau yn ystod dyddiau tywyll yr Ail Ryfel Byd. W. R. a gyfansoddai'r geiriau ar gyfer yr alawon hefyd, a chyhoeddwyd y caneuon mewn dwy gyfrol, *Pennill a Thonc* (1940) a *Hwyl a Sbri* (1942). Ceir darlun byw o'i yrfa yn ei hunangofiant *Fi yw Hwn* (1980), cyfrol sy'n fwrlwm o hiwmor drwyddi draw. Cyhoeddodd hefyd lyfryn yn dwyn y teitl *Hiwmor* (1979). Ond nid digrifwr yn unig mohono. Yr oedd yn fardd medrus yn y mesurau caeth a rhydd, ac y mae nodyn o ddwyster a thristwch yn perthyn i'w farddoniaeth orau. *Awen y Moelydd* (1983) yw teitl ei gasgliad o gerddi. Ef oedd un o brif hyrwyddwyr tafodiaith gogledd sir Benfro, a chyhoeddodd gyfrol amrywiol ei chynnwys, *Cawl Shir Bemro* (1986), yn nhafodiaith ei sir enedigol. Ei gampweithiau oedd ei ddwy gomedi gerdd, *Cilwch rhag Olwen* a *Dafydd a Goliath*; perfformiwyd y naill adeg Eisteddfod Genedlaethol Hwlffordd (1972) a'r llall adeg Eisteddfod Genedlaethol Aberteifi (1976). Cyfansoddiadau alegorïaidd ydynt yn ymdrin â nifer o faterion cyfoes mewn dull hwyliog a gogleisiol. Codwyd cofeb iddo yn ymyl Glynsaethmaen, lle y maged ef, yn 1996.

Evans Country, The (1962), cyfres o chwe cherdd gan yr awdur Saesneg Kingsley Amis (1922–95). Lleolir y portreadau doniol hyn, fel ei nofel *That Uncertain Feeling* (1955), yn Abertawe a'r cyffiniau, a'u prif gymeriad yw'r rhagrithiol a'r anllad Dai Evans, ond y mae'r cwestiwn '*What about you?*' ar ddiwedd y gerdd gyntaf a'r olaf yn annog y darllenydd i beidio â'i gollfarnu'n rhy llym. Cynhwyswyd y cerddi, a gyflwynwyd i '*the Patrons and Staff of the Newton Inn, Mumbles*', yng nghasgliad Amis, *A Look Around the Estate* (1967).

EVANS DAVIES, GLORIA (1932–), bardd. Fe'i ganed ym Maesteg, Morg. Gadawodd yr ysgol yn bedair ar ddeg oed ac y mae wedi treulio'r rhan fwyaf o'i hoes yn sir Frycheiniog a sir Gaerfyrddin. Cyhoeddodd ddwy gyfrol o gerddi, *Words – for Blodwen* (1962) a *Her Name like the Hours* (1974).

Evans-Emmott, D., gweler EVANS, DAVID (1878–1945).

EVANS-JONES, ALBERT (Cynan; 1895–1970), bardd, dramodydd ac eisteddfodwr. Yr oedd yn frodor o Bwllheli, Caern., ac addysgwyd ef yng Ngholeg Prifysgol Gogledd Cymru, Bangor. Bu'n filwr yn y Rhyfel Byd Cyntaf ac yna yn gaplan, gan gymryd rhan yn y cyrch ym Macedonia. Yn ystod y 1920au bu'n weinidog gyda'r Methodistiaid Calfinaidd ym Mhenmaen-mawr, ond yn 1931 fe'i penodwyd yn Diwtor yn Adran Efrydiau Allanol ei hen Goleg ac yno y bu hyd ei ymddeoliad.

Enillodd *Goron yr Eisteddfod Genedlaethol deirgwaith am ei bryddestau *'Mab a Bwythyn' (1921), 'Yr Ynys Unig' (1923) ac 'Y *Dyrfa' (1931); ac enillodd y *Gadair am yr awdl, 'I'r Duw nid Adweinir' yn 1924. Bu'n Archdderwydd ddwywaith (1950–54, 1963–66) ac yn Llywydd Llys yr Eisteddfod (1967–70). Chwaraeodd ran flaenllaw yng ngweinyddiaeth yr *Eisteddfod Genedlaethol a *Gorsedd Beirdd Ynys Prydain, gweithgareddau a amlygai ei bersonoliaeth gyhoeddus liwgar a dramatig. Gwnaeth lawer iawn i ddiwygio seremonïau'r Orsedd.

Daliodd rhai o'i gerddi ddychymyg y cyhoedd ar unwaith, oherwydd eu swyngyfaredd telynegol a'u natur ddramatig. Ymysg ei gerddi rhyfel, telynegion a baledi y mae rhai o gerddi mwyaf poblogaidd yr ugeinfed ganrif. Cyhoeddodd ddwy gyfrol o gerddi, *Telyn y Nos* (1921) a *Caniadau* (1927); ymddangosodd *Cerddi Cynan* yn 1959. Yr oedd ganddo hefyd ddiddordeb ysol yn y theatr fel perfformiwr ac awdur; lluniodd nifer o basiannau, cyfaddasodd ddramâu gan John Masefield a Norman Nicholson ymhlith eraill, a chyfansoddodd ddramâu ei hun, *Hywel Harris* (1932) ac *Absalom fy Mab* (1957). Ei unig nofel oedd *Ffarwel Weledig* (1946). Urddwyd ef yn farchog yn 1969 am ei wasanaeth i fywyd diwylliannol Cymru.

Cyfrannodd Dafydd Owen ddraethawd ar Cynan yn y gyfres *Writers of Wales* (1979); gweler hefyd rifyn coffa y cylchgrawn *Llwyfan* (rhif. 5, 1971), yr erthygl ar farddoniaeth Cynan gan Alun Llywelyn-Williams yn *Poetry Wales* (cyf. IX, rhif. 1, 1973), darlith gan Bedwyr Lewis Jones, 'Cynan: y Llanc o Dref Pwllheli' (1981), hanes darluniadol o'i fywyd yn y gyfres *Bro a Bywyd* (gol. Ifor Rees, 1982) a'r gyfrol i goffáu canmlwyddiant geni Cynan, *Dŵr o Ffynnon Felin Fach* (gol. Ifor Rees, 1995).

Evans the Death, trefnwr angladdau yn *Under Milk Wood* (1954) gan Dylan *Thomas, sy'n ei chael yn anodd rhwystro ei galon rhag llamu pan ddaw'r gwanwyn i Laregyb.

Eve of St. John, The (1921), drama gyntaf Saunders *Lewis a'r unig un a ysgrifennodd yn Saesneg. Comedi ydyw wedi'i lleoli yn hanner cyntaf y bedwaredd ganrif ar bymtheg. Ei harwres yw Megan Morris sy'n gwysio'r diafol i ymddangos iddi ar noson *Ŵyl Ifan yn rhith y dyn y byddai'n ei briodi, yn ôl yr hen goel werin. Gwna hyn er mwyn osgoi priodi'r cymydog cefnog ond gwanllyd y mae ei mam wedi'i fwriadu ar ei chyfer. Ysywaeth, ymddengys hen grwydryn ar y foment dyngedfennol, ond y mae Megan am lynu at ei dewis nes i'r crwydryn ddatgelu ei fod eisoes yn briod. Er mai prif ddiddordeb y ddrama yw ymgais Lewis i lunio idiom ddramatig Eingl-Gymreig hafal i eiddo Synge yn Iwerddon, y mae hefyd yn cyffwrdd ag amryw themâu a fyddai'n ailymddangos yn ei ddramâu aeddfed. Barnodd y dramodydd mai methiant fu ei ymgais ac wedi hynny ymgyfyngodd i'r Gymraeg yn ei ddramâu.

Gweler yr erthygl gan Bruce Griffiths yn *Welsh Writing in English* (cyf. III, gol. Tony Brown, 1997).

Ewias, cwmwd a gynhwysai nifer o ddyffrynnoedd y Mynyddoedd Du. Yr oedd dwyrain Ewias (Ewias Harold), a oedd erbyn yr unfed ganrif ar ddeg yn rhan o swydd Henffordd, yn eiddo i Harold, mab yr Iarll Ralph o Henffordd. Cipiwyd gorllewin Ewias (Ewias Lacy) oddi ar deyrnas *Gwent gan deulu Lacy, ond aeth i ddwylo teulu Mortimer trwy briodas yn 1292. Aeth y rhan fwyaf o Ewias Lacy yn rhan o swydd Henffordd yn 1536, er bod yr iaith Gymraeg yn fyw yno tan y bedwaredd ganrif ar bymtheg. Cynhwyswyd stripyn cul o dir, gan gynnwys dyffryn Ewias a phriordy Llanddewi Nant Hodni, yn sir Fynwy.

Excalibur, gweler o dan CALEDFWLCH.

F

Faenor, Y, tŷ yn Aberriw, Tfn., a adeiladwyd ar gyfer Edward ap Hywel ab Ieuan Llwyd tua chanol y bymthegfed ganrif ac a ddisgrifir gan *Guto'r Glyn. Yr oedd *Gwilym ab Ieuan Hen ac *Owain ap Llywelyn ab y Moel ymhlith y beirdd a groesawyd yno. Codwyd y tŷ presennol ar safle'r hen dŷ yn yr ail ganrif ar bymtheg.

Fall of Cambria, The (1808), cerdd gan Joseph Cottle (1770–1853), y llyfrwerthwr o Fryste a oedd yn gyfaill i Coleridge a Robert Southey. Rhennir yr epig bywiog hwn am *Lywelyn ap Gruffudd, Tywysog olaf Cymru annibynnol, yn bum llyfr ar hugain ac y mae'n cynnwys bron tair mil ar ddeg o linellau, ond gwyra oddi wrth ffeithiau hanesyddol mewn sawl rhan. Pwysleisia'r awdur ei farn bersonol ynglŷn â chymhellion moesol Edward I wrth orchfygu Cymru, sef 'uno Cymru a Lloegr yn un frawdoliaeth fawr'; ond priodola i gymeriad Llywelyn ddygnwch ac urddas wrth amddiffyn ei wlad, nad ydynt yn israddol i gymhellion Brenin Lloegr.

Fan, Y, plasty ger Caerffili, Morg., a adeiladwyd ar gyfer Edward Lewis tuag 1548; yr oedd yn gyrchfan i feirdd yn ystod yr unfed ganrif ar bymtheg a hanner cyntaf yr ail ganrif ar bymtheg. Parhawyd â'r traddodiad gan ei fab Thomas (m. 1593) a'i fab yntau, Edward (1560–1628). Nodweddir hanes y teulu hwn gan lwyddiant materol a groniclir yn y canu gan y beirdd, yn enwedig *Dafydd Benwyn, y bardd a ganodd ran fwyaf cofiadwy i'r teulu yng nghyfnod Thomas Lewis. Yr oedd Lewisiaid y Fan, ynghyd â theulu *Bulkeley o Fiwmares a theulu *Morgan Tredegyr, ymhlith teuluoedd bonheddig cyfoethocaf Cymru.

Far Off Things (1922), cyfrol hunangofiannol gan Arthur Machen (Arthur *Jones). Fe'i cyhoeddwyd gyntaf o dan y teitl '*The Confessions of a Literary Man*' yn yr *Evening News* yn ystod 1915. Adlewyrchir ynddi bersonoliaeth Machen ond nid yw'n ceisio cyflwyno ffeithiau cronolegol. Ysgrifenna'n atgofus i'w fodloni ei hun a dychwel yn aml i Went ei febyd gan ail-greu 'argraffiadau o ryfeddod ac arswyd a dirgelwch' drwy gyfrwng myfyrdod. Y mae dilyniant i'r llyfr, sef *Things Far and Near* (1923), ond nid oes iddo rinweddau ei ragflaenydd; amherir ar ei undod gan grwydriadau gorffaith a thorrir ar draws rhediad y stori oherwydd bod Machen yn gwrthod sôn am ei wraig gyntaf a'i marwolaeth boenus.

Farr, Tommy (1913–86), bocsiwr pwysau trwm o Flaenclydach, ger Tonypandy, Morg. Yr oedd yn un o wyth o blant. Gwyddel o Gorc oedd ei dad. Bu farw ei fam yn ddeuddeg ar hugain oed ac yn fuan wedyn trawyd ei dad gan y parlys. Cafodd Farr ei ornest gyntaf pan oedd yn ddeuddeg oed a'i ornest olaf pan oedd yn ddeugain. Cyn bod yn un ar bymtheg, cawsai ddwy ornest ar bymtheg a naw o'r rheini'n parhau am ragor na deg rownd. Yn wyneb diweithdra echrydus a'i anhapusrwydd yn y pwll glo cafodd ei annog gan Joby Churchill, y cyfrwywr lleol un-goes a gŵr arbennig o hirben, i ennill ei fywoliaeth orau y gallai yn y sgwâr bocsio. Joby Churchill oedd ei ymgynghorydd a'i reolwr answyddogol ymhob rhyw argyfwng. Y cam cyntaf oedd ymuno â bwth bocsio Joe Gess yn Nhylorstown. Yno y dysgodd ei grefft, ac i Farr, crefft a ddysgid yn un mor drylwyr â phob crefft arall oedd bocsio. Nid oedd yn ergydiwr llethol ond yr oedd yn focsiwr meddylgar, yn wydn o ran corff a meddwl a'i ên yn solet a dibynadwy. Blwyddyn fawr Tommy Farr oedd 1937 pan ddaeth yn Bencampwr Pwysau Trwm Prydain a'r Ymerodraeth, curo Max Baer a Walter Neusel a herio Joe Louis yn Efrog Newydd am Bencampwriaeth y Byd. Ni churodd Farr mo Louis ond ymladdodd yn ddygn ac yn ddigon llwyddiannus ar brydiau i siglo'r 'Brown Bomber' a oedd yn ei anterth bryd hynny. Aeth ei eiriau ar y radio yn syth ar ôl yr ornest yn rhan o chwedloniaeth bocsio: '*Hello, Tonypandy . . . I done my best*'. Ar ôl ysbaid o ddeng mlynedd a sawl llanastr ariannol, dychwelodd Farr i'r sgwâr yn 1951. Enillodd naw o'i dair gornest ar ddeg cyn colli ym mis Mawrth 1953 i Don Cockell a rhoi'r gorau iddi'n ddeugain oed ar ôl cael chwe ugain o ornestau.

Ceir rhagor o fanylion yn ei hunangofiant, *Thus Farr* (1989).

FASTIDIUS (*fl.* 411), esgob Prydeinig y priodolir iddo gan yr hanesydd Gennadius waith ar y fuchedd Gristnogol, *De Vita Christiana*. Uniaethir y gwaith hwn yn aml â dogfen Belagiaidd o dan yr un teitl a gadwyd trwy amryfusedd ymhlith gweithiau Awstin o Hipo. Epistol i gynghori gweddw ieuanc ydyw. Wrth geryddu cyfoethogion a mynnu tegwch â'r tlawd adleisia'r llef am gyfiawnder cymdeithasol a glywir mewn gweithiau sy'n deillio o'r garfan radicalaidd ymhlith dilynwyr *Pelagius. Er hyn, y mae'n llai ymosodol nag ebychiadau'r *Brython Sisilaidd.

FAUSTUS O RIEZ (*c.*408–*c.*490), abad, esgob a

diwinydd lled-Belagiaidd. Wedi i'w fam fynd ag ef o Brydain i Âl, aeth yn fynach yn Lérins ac yn 433 fe'i gwnaed yn abad yno. Fe'i dewiswyd tua 459 i fod yn Esgob Rhegium (Riez) ym Mhrofens; gwrthwynebai'r ymagwedd Ariaidd at Grist ac ymwrthodai â'r rhagarfaethyddiaeth Awstinaidd. Yn ei lyfr *De Gratia Dei* (*c*.472) cydnebydd drosglwyddiad pechod Adda i'w hiliogaeth ond myn ddatgan rhyddid ewyllys dyn fel amod angenrheidiol i dderbyn gras Duw ac i gydweithio ag ef. Yr oedd Faustus mewn cysylltiad â Christnogaeth Prydain ac ymwelwyd ag ef ddwywaith gan gyd-Frython o'r enw Brythoneg Riocatus a aeth â rhai o lyfrau'r esgob i Brydain. Cadwyd nifer o bregethau Faustus wedi'u priodoli'n anghywir i rywun arall.

Fedal Ryddiaith, Y, gweler MEDAL RYDDIAITH.

FELTON, RONALD OLIVER (Ronald Welch; 1909–82), awdur llyfrau i blant a aned ym Mhort Talbot, Morg., ac addysgwyd yno ac ym Mhrifysgol Caergrawnt. Athro ysgol ydoedd a bu'n dysgu hanes mewn ysgolion yn Lloegr, gan ddiweddu ei yrfa yn Brifathro Ysgol Ramadeg Okehampton, Dyfnaint. Yn ystod yr Ail Ryfel Byd gwasanaethodd gyda'r Gatrawd Gymreig a chymerodd ei ffugenw o'r cysylltiad hwn. Un llyfr yn unig, *The Story of Sker House* (1954), a gyhoeddodd o dan ei enw ei hun. O dan yr enw Ronald Welch ysgrifennodd *The Gauntlet* (1951), stori a leolir yng nghastell *Carreg Cennen ac o'i gwmpas yn y bedwaredd ganrif ar ddeg, a *Knight Crusader* (1954), y gyntaf mewn cyfres o nofelau am deulu Carey o Lansteffan, a leolir yn rhannol ym Mhalesteina yn y ddeuddegfed ganrif. Hanes milwrol oedd ei ddiddordeb arbennig a brwydrau ac arfogaeth sydd wrth wraidd pob un o'i storïau. Yn y gyfres am deulu Carey ceir *For the King* (1961), *The Hawk* (1967), *Tank Commander* (1972) ac *Ensign Carey* (1976). Y mae cefndir neu gymeriadau Cymreig ym mhob un o'r rhain, a lleolir dwy nofel annibynnol, *Sun of York* (1970) a *The Galleon* (1971), yn ardal enedigol yr awdur, rhwng Abertawe a Chynffig.

Fellten, Y, papur newydd wythnosol a gyhoeddwyd gan Rees Lewis, argraffydd ym Merthyr Tudful, Morg., rhwng 1868 ac 1876. Yr oedd yn Radicalaidd ei agwedd ac yr oedd iddo gylchrediad eang yng nghymoedd diwydiannol de Cymru. Ymhlith ei gyfranwyr yr oedd Thomas Essile Davies (Dewi Wyn o Essyllt). Ossian Davies a David Watkin *Jones (Dafydd Morganwg), a chyhoeddwyd erthyglau Beriah Gwynfe *Evans ar ei dudalennau.

Fenni, Y, arglwyddiaeth yn cynnwys rhan orllewinol Gwent Uwch Coed. Erbyn dechrau'r ddeuddegfed ganrif, yr oedd ym meddiant Miles o Gaerloyw. Trwy briodas, aeth i ddwylo *William de Braose (Bwgan y Fenni), ac yna yn ei thro i feddiant teuluoedd Cantilupe,

Hastings, Beauchamp a Nevill. Y mae llinach arglwyddi Nevill y Fenni yn dal mewn bodolaeth.

FENTON, RICHARD (1747–1821), awdur topograffig a bardd, brodor o Dyddewi, Penf.; cyfreithiwr ydoedd ond llenyddol oedd ei ddiddordebau. Ysgrifennodd *A Tour in Quest of Genealogy* (1811) a *Memoirs of an Old Wig* (1815), dau lyfr yn llawn o straeon difyr a ffraeth a gyhoeddwyd yn ddienw. Tra bu'n byw yn Llundain daeth yn gyfeillgar â William *Owen Pughe ac yr oedd yn aelod o Gymdeithas y *Gwyneddigion ac Anrhydeddus Gymdeithas y *Cymmrodorion. Cofir amdano'n bennaf fel awdur *A Historical Tour through Pembrokeshire* (1810) a *Tours in Wales 1804–13* (1917), a olygwyd gan John Fisher o lawysgrifau Fenton. Yr oedd hefyd yn awdur cyfrol o farddoniaeth, *Poems* (1773), a ailargraffwyd mewn dwy gyfrol yn 1790.

'Ferch o Blwyf Penderyn, Y', baled a fu'n boblogaidd iawn yn y bedwaredd ganrif ar bymtheg ac a genir o hyd. Fersiwn o'r alaw 'Callyn serchus' a gyhoeddwyd gan Maria Jane Williams (Llinos; 1795–1873) yn ei *Ancient National Airs of Gwent and Morgannwg* (1844) yw'r gerddoriaeth. Cyfeiria'r geiriau at helynt rhwng dau deulu ym mhlwyf Penderyn, Morg. Y mae'r llanc yn aelod o'r naill deulu a'i gariad yn aelod o'r llall ac felly rhaid iddynt wahanu am byth.

Ferch o Gefn Ydfa, Y, gweler MADDOCKS, ANN (1704–27).

Ferch o'r Sger, Y, gweler WILLIAMS, ELIZABETH (*c*.1747–76).

'Fern Hill' (1945), cerdd fwyaf adnabyddus Dylan *Thomas, o bosibl. Ailgrea ym myd y dychymyg brofiadau'r bardd yn blentyn ar ei wyliau ar fferm o'r un enw ger Llan-gain, Caerf., sef cartref ei fodryb, Ann Jones (1863–1933), y wraig yr ysgrifennodd *'After the Funeral'* er cof amdani. Llwydda'r gerdd i gyfuno dwy lefel o ymwybyddiaeth: atgof am y plentyn yn ymgolli'n llwyr yn yr hyn a oedd i'w weld a'i glywed yno, a hefyd yr oedolyn sydd bellach wrthi'n cofio ac yn sylweddoli bod profiadau o'r fath ar drugaredd amser. Nid chwilio am ddihangfa mewn hiraeth na gofidio syml am golled yw effaith gyflawn y gerdd: yn egni awchus yr ail-greu ymgorfforir diolchgarwch am realiti'r profiad a gorfoleddir yn ffaith ei fod ar gael o hyd yn y cof a thrwy gyfrwng celfyddyd. Crea'r iaith effeithiau gweledol yn null Chagall sy'n awgrymu byd o symud, o ryfeddod ac o undod. Yn '*Fern Hill*' y mae llifeiriant rhwydd y naws a'r iaith yn cuddio patrymau o seiniau, o hyd llinell a chymal, ac o ddelweddau, ynghyd â phosibiliadau cystrawennol amryfal o fewn un grŵp o eiriau, a luniwyd gyda'r gofal mwyaf. Heb roi'r argraff o odli, er enghraifft, ceir mewn gwirionedd batrwm cyson o debygrwydd sain rhwng y llinellau. Yr oedd dros ddau gant o daflenni gwaith o'r gerdd ac y mae'r crefftwaith cywrain sydd ynddi yn nodweddiadol o waith diweddarach y bardd. Ceir cyferbyniad diddorol â'r moli gweledigaethol hwn yn yr ymdriniaeth gomic-realistig o'r un fferm, o dan yr enw Gorsehill, yn 'The Peaches', stori agoriadol y gyfrol hunangofiannol, *Portrait of the Artist as a Young Dog (1940).

Ferrar, Robert (m. 1555), merthyr Protestannaidd. Sais ydoedd a'i gysegriad ef yn Esgob *Tyddewi yn 1548 oedd y cyntaf i ddilyn trefn y gwasanaeth Saesneg. Pan ddaeth Mari i'r orsedd fe'i carcharwyd am heresi a chan iddo wrthod datgyffesu fe'i llosgwyd ar sgwâr marchnad Caerfyrddin. Cynhwysodd y bardd o Sais Ted Hughes gerdd ar ferthyrdod yr Esgob Ferrar yn ei gyfrol The Hawk in the Rain (1957). Gweler hefyd NICHOLL, WILLIAM (m. 1558) a WHITE, RAWLINS (c.1485–1555).

FERRIS, PAUL (1929–   ), nofelydd. Fe'i ganed yn Abertawe. Dechreuodd ei yrfa yn 1949 gyda'r South Wales Evening Post, ond er 1953 bu'n awdur a newyddiadurwr amser llawn, yn byw yn Llundain ac yn ysgrifennu'n gyson i'r Observer ac ar gyfer y teledu. Y mae'n awdur deuddeg nofel: A Changed Man (1958), Then We Fall (1960), A Family Affair (1963), The Destroyer (1965), The Dam (1970), Very Personal Problems (1973), The Cure (1974), The Detective (1976), Talk to me about England (1979), A Distant Country (1983), Children of Dust (1988) a The Divining Heart (1995). Hanes ymgais Cenedlaetholwyr i ffrwydro cronfa ddŵr sy'n cael ei hadeiladu i gyflenwi dŵr i ddinas yn Lloegr sydd yn The Dam; y mae eraill yn ymwneud ag ymateb Cymro alltud i *Genedlaetholdeb yng Nghymru. Daeth i fri llawn cymaint am ei lyfrau ymchwilgar ag am ei nofelau. Ymhlith y rhain ceir The City (1960), The Church of England (1962), The Doctors (1965), The Nameless (1966), Men and Money (1968), The House of Northcliffe (1971), The New Militants (1972), a chofiannau i'r actor Richard *Burton (1981, 1984), Huw Wheldon (1990) a Caitlin Thomas (1993), gweddw'r bardd Dylan *Thomas, ynghyd â Sex and the British: a 20th Century History (1993). Cyflwyna ei lyfr am Dylan Thomas (1977), sy'n gofiant safonol ac uchel ei barch, ynghyd â'i argraffiad o'i lythyrau (1985), olwg ffres a pheth gwybodaeth newydd ar fywyd y bardd, yn arbennig ei gefndir teuluol a'i flynyddoedd cynnar yn Abertawe.

Ficer Prichard, Y, gweler PRICHARD, RHYS (1579–1644).

FINCH, PETER (1947–   ), bardd, awdur storïau byrion a pherfformiwr. Fe'i ganed yng Nghaerdydd a'i addysgu yng Ngholeg Technoleg Morgannwg, Trefforest. Er 1973 y mae'n rheolwr Siop Lyfrau Oriel yng Nghaerdydd. Y mae'n awdur mwy nag ugain casgliad o

farddoniaeth, yn cynnwys The End of the Vision (1971), Connecting Tubes (1980), Some Music and a Little War (1984), Selected Poems (1987), Poems for Ghosts (1991), Useful (1997) ac Antibodies (1997); cyfrol o storïau byrion, Between 35 and 42 (1982); a sawl cyhoeddiad arall, yn enwedig Visual Texts 1970–1980 (1981), How to Publish Your Poetry (1991) a The Poetry Business (1994). Ef a sefydlodd y cylchgrawn *Second Aeon yn 1966 a bu'n olygydd arno nes ei ddirwyn i ben yn 1974. Golygodd hefyd ddwy flodeugerdd, Typewriter Poems (1972) a *Green Horse (gyda Meic *Stephens, 1978). Y mae llawer o'i waith yn arbrofol ac yn ymwneud â chyflwyniad, addasiad a gwaith tâp ac y mae wedi arddangos ei destunau gweledol yng Nghymru ac mewn gwledydd eraill.

Ceir rhagor o fanylion yng nghyfweliad David Lloyd â Peter Finch yn Poetry Wales (cyf. XXVIII, rhif. 3, 1993) ac yn erthygl Claire Powell 'The Art of Noise: Peter Finch Sounds off' yn Welsh Writing in English (cyf. II, 1996).

FINNEMORE, JOHN (m. 1928), awdur y credir ei fod yn frodor o East Anglia, a benodwyd yn athro yn ysgol Talgarreg ar y Mynydd Bach, Cer., yn 1891; cafodd ei wraig swydd fel athrawes wnïo yno. Yr oedd Finnemore yn dal i fod yno dair blynedd ar ddeg yn ddiweddarach. Dywedir iddo ddychwelyd i East Anglia ond iddo hiraethu cymaint am y Mynydd Bach nes iddo gynnig am ei hen swydd ac yno y bu am ail dymor; bu wedyn yn ffermio yn Llanilar. Yr oedd yn un o awduron llyfrau bechgyn mwyaf poblogaidd ei gyfnod ac ysgrifennodd lawer o lyfrau ac iddynt gefndir Cymreig, yn eu plith The Custom of the Country (1898) a The Red Men of the Dusk (1899). Ysgrifennodd hefyd The Story of England and Wales (1913) a chyda'i wraig yn gyd-awdur, Stories from a Welsh Hillside (1928). Yr oedd yn gwbl annodweddiadol o'i gyfnod a'i alwedigaeth: ysgrifennodd cyn 1905 nifer o werslyfrau ar gyfer ysgolion Cymru.

FIRBANK, THOMAS (1910–   ), awdur o Ganada a ysgrifennodd I Bought a Mountain (1940), sef hanes ei fywyd yn Nyffryn Mymbyr, ar fferm ddefaid ger Capel Curig, Caern., yn ystod y 1930au, a'i ymdrech ef a'i wraig Esme i lwyddo yn wyneb llu o anffodion ac enbydrwydd. Ef oedd un o'r rhai cyntaf i ysgrifennu am ymdrechion newydd-ddyfodiaid i amaethu yng Nghymru a daeth ei hanesion am y mynyddoedd, y tywydd, y defaid a'i gymdogion yn boblogaidd iawn gyda Saeson a Chymry. Tynnodd ar yr un profiadau wrth ysgrifennu'r nofel Bride to the Mountain (1940) a disgrifia yn ei lyfr Country of Memorable Honour (1953) siwrnai a wnaeth trwy Gymru yn yr un dull â George *Borrow. Cyhoeddodd Firbank hefyd lyfr yn adrodd ei hanes yn yr Ail Ryfel Byd, I Bought a Star (1951).

FISHER, CATHERINE (1957–   ), bardd ac awdur

llyfrau plant, a aned yng Nghasnewydd, Myn., a'i haddysgu yng Ngholeg Addysg Bellach Gwent. Bu'n gweithio fel archaeolegydd ac athrawes yn ei thref enedigol. Ei chasgliadau cyntaf o gerddi oedd *Immrama* (1988) a *The Unexplored Ocean* (1994); y mae i'r ddau gasgliad ansawdd bywiog llawysgrif ddarluniadol o'r Oesoedd Canol: ymhyfrydant ym manylion bodolaeth, yn lliw ac annhebygolrwydd hanes, ac yn y caledi sy'n nodweddiadol o Gristnogaeth Geltaidd. Yn 1989 enillodd Wobr Farddoniaeth Ryngwladol Caerdydd, ac y mae wedi cyfrannu gwaith i nifer mawr o gyfrolau. Er iddi ennill ei lle fel bardd, y mae hefyd wedi dod yn awdur llyfrau plant nodedig. Y nofel gyntaf a gyhoeddwyd ganddi oedd *The Conjuror's Game* (1990), ffantasi fodern wedi ei seilio ar y *Mabinogion, a osodwyd ar y rhestr fer am Wobr Smarties. Ers hynny, cyhoeddodd chwe theitl arall, gan gynnwys *The Snow Walker's Son* (1993), a osodwyd ar restr fer y *Mind-Boggling Book Award* yn 1994, *The Hare and Other Stories* (1994), yr enillodd y stori-deitl y wobr gyntaf mewn cystadleuaeth gan Gyngor y Celfyddydau, a *The Candle Man* (1994), a enillodd Wobr Tir na n-Óg yn 1995. Yn ffuglen Catherine Fisher ceir yr un ymhyfrydu mewn ffantasi, myth a lliwiau ag a geir yn ei barddoniaeth ond y mae ei ffuglen, fel ei barddoniaeth, wedi ei hangori bob amser mewn sefyllfa real, ac yn cynnwys stori gref.

FISHER, GEORGE (1909–70), dramodydd. Fe'i ganed ym Margod, Morg., a'i addysgu yng Ngholeg y Brifysgol, Caerdydd; yn 1931 fe'i penodwyd yn athro mathemateg yn Ysgol Sir Llangefni, Môn. Dysgodd Gymraeg tra oedd yn gwasanaethu yn y llynges yn ystod yr Ail Ryfel Byd. Cyhoeddwyd tair o'i ddramâu byrion: *Y Lleoedd Pell*, *Y Blaidd-Ddyn* ac *Awena* (y tair ohonynt heb ddyddiad) a drama fydryddol, *Y Ferch a'r Dewin* (1958). Trwy ei ymdrechion ef yr agorwyd Theatr Fach Llangefni yn 1955, ac o dan ei ddylanwad ef daeth yn fagwrfa i do nodedig o actorion a thechnegwyr llwyfan. Yr oedd yn gynhyrchydd gwreiddiol a hynod sensitif a bu ei waith yn gyfraniad sylweddol i dwf y *ddrama yng Nghymru.

Ceir rhagor o fanlynion am ei fywyd a'i waith yn llyfryn Llewelyn Jones (1983).

Fitt, Mary, gweler FREEMAN, KATHLEEN (1897–1959).

FITZGERALD, JOHN (1927–), bardd a aned yn Llwydlo, swydd Amwythig, i rieni Gwyddelig. Dysgodd Gymraeg dan gyfarwyddyd Saunders *Lewis yn Aberystwyth ac wedi ei urddo'n offeiriad yn y Eglwys Babyddol, dychwelodd i fyw yng Nghymru yn 1956. Bu'n Ddarlithydd yn Adran Athroniaeth Coleg Prifysgol Cymru, Aberystwyth o 1970 hyd 1993. Y mae'n awdur cyfrol o gerddi, *Caduyn Cenedl* (1969); golygodd (gyda J. I. Daniel) y gyfrol *Ysgrifau Athronyddol ar Grefydd* (1982) a chyfieithodd *Moeseg Nicomachaidd Aristoteles* (1997) i'r Gymraeg.

Fitzwarine, Fulk (m. *c*.1256), herwr a berthynai i deulu o farwniaid ar y Gororau, a fu'n arglwyddi Whittington, swydd Amwythig, am un genhedlaeth ar ddeg rhwng 1150 a 1470. Y Brenin John a'i gwnaeth yn herwr ac ystyrid ef yn ôl traddodiad lleol ar y ddwy ochr o'r Goror yn ffigur rhamantus yn gwneud campau tebyg i rai Robin Hood. Tyfodd cyfoeth o lên gwerin o amgylch ei enw. Lluniwyd cerdd *Eingl-Normaneg, sydd ar goll bellach, am ei yrfa, yn niwedd y drydedd ganrif ar ddeg. Y gerdd hon oedd sylfaen 'hanes' rhyddiaith mewn Ffrangeg a luniwyd yn nechrau'r bedwaredd ganrif ar ddeg, sef *Fouke le fitz Warin*. Y mae un copi ar gael heddiw. Benthyciwyd enw'r arwr o enw ei gyn-dad, Warin de Metz (m. 1170), sef Arglwydd cyntaf Whittington. Dengys y gwaith wybodaeth fanwl am ogledd Cymru a'r Mers, a chyfeirir ynddo at ryfeloedd ar y Gororau yn erbyn Tywysogion *Powys, gan gynnwys Owain Cyfeiliog (*Owain ap Gruffudd ap Maredudd). Gwyddys fod Fulk Fitzwarine wedi bod yn gyfaill i *Lywelyn ap Iorwerth (Llywelyn Fawr), ac wedyn yn elyn iddo. Ymddengys fod ganddo gysylltiadau hefyd â Chaerdydd a Morgannwg, gan ei fod yn ymddangos fel Ffowc Ffitswarren mewn chwedl a gyhoeddwyd gan Isaac *Foulkes yn ei gyfrol *Cymru Fu* (1862–64), ond ni wyddys tarddle'r fersiwn hwnnw. Nid oes cyfieithiad Cymraeg o'r stori, ond cyfeirir at Syr Ffwg gan amryw o feirdd Cymru, megis *Dafydd ap Gwilym ac *Iolo Goch, fel gŵr o ddewrder arbennig.

Ceir manylion pellach yn J. Lloyd-Jones, *Geirfa Barddoniaeth Gynnar Gymraeg* (1931–63), Jessie Crosland, *Medieval French Literature*, M. D. Legge, *Anglo-Norman Literature and its Background* (1963), A. Robson, *Fouke le Fitz Warin* (1975), yr erthyglau gan Rachel Bromwich yn *Ysgrifau Beirniadol XII* (gol. J. E. Caerwyn Williams, 1982) a chan G. Aled Williams ym *Mwletin y Bwrdd Gwybodau Celtaidd* (cyf. XXVI, 1974).

Flame-Bearers of Welsh History (1905), hanes Cymru, a fu'n boblogaidd ac yn ddylanwadol. Fe'i bwriadwyd gan ei awdur, Robert Scourfield *Mills (Arthur Owen Vaughan neu Owen Rhoscomyl) yn werslyfr i ysgolion, a cheir ynddo ragair gan John *Rhŷs a Kuno Meyer. Ei nod oedd dileu'r rhagfarn, wir neu dybieidig, yn erbyn hanes Cymru trwy bwysleisio gogoniannau a digwyddiadau dramatig y genedl o'r cyfnod cynharaf hyd at Frwydr *Bosworth (1485). Yr is-deitl yw *The Sons of Cunedda* ac er bod y llyfr yn amlygu gweledigaeth, beirniadwyd ei ormodiaith a'i ddiffyg manylder gan haneswyr academaidd. Am gan mlynedd cyn cyhoeddi'r gyfrol hon nod y llyfrau ar hanes Cymru oedd cadw ac amddiffyn, ond y mae'r llyfr hwn yn llawn balchder, yn ymosodol ac nid yw'n ymesgusodi mai llyfr Saesneg, gwladgarol Gymreig ydyw, gan awdur poblogaidd. Bu'n gymorth i greu'r cyffro hwnnw a oedd yn nodweddu blynyddoedd cynnar David *Lloyd George yn y Cabinet.

Flesh and Blood (1974), nofel gan Emyr *Humphreys

a'r gyntaf, yn amseryddol, mewn cyfres o saith am Amy Parry, gyda *Bonds of Attachment* (1991) yn olaf. Arweinir y darllenydd yn ôl i gynefin yr awdur yng ngogledd Cymru lle y mae'r ffiniau rhwng y ddwy iaith yn ansicr a Chymreictod yn sigledig. Megir Amy (Arglwyddes Brangor yn ddiweddarach) yng nghartref ei hewythr a'i modryb mewn tlodi enbyd. Â i'r Ysgol Sir ac yno, trwy ei chyfeillgarwch ag Enid, merch o deulu dosbarth canol sy'n tueddu at *Genedlaetholdeb, y mae Amy yn datblygu ac yn ymbaratoi i fynd i'r Brifysgol. Nid yw'r nofel yn cuddio culni a hunanoldeb gwrywaidd Lucas Parry, ewythr Amy. Cynrychiola ef wendidau'r traddodiad Anghydffurfiol; yn ei fyd ef nid oedd ond gwaith caled a thlodi i ferched. Er gwaethaf manteision addysg a chyfeillgarwch delfrydol, nid yw Amy yn llwyddo i ddianc oddi wrth ddylanwadau ei phlentyndod, fel y dengys y nofelau diweddarach, a gwelir mai arian, cysur, a statws y byd Seisnig yw'r pethau sy'n ei denu fwyaf.

FLETCHER, HARRY LUTF VERNE (John Hereford, John Garden; 1902–74), nofelydd ac awdur topograffig. Fe'i ganed yn Christchurch, Hants., ond cafodd ei dad ei benodi'n athro yn Amroth, Penf., yn 1902 ac fe'i magwyd yno. Addysgwyd ef yn yr Ysgol Sir, Arberth, a Choleg Goldsmith, Llundain. Bu'n athro am y rhan fwyaf o'i yrfa gan drigo yn Llandrindod, Maesd. Cyhoeddodd dan ei enw ei hun y nofelau *The Woman's House* (1943), *Miss Agatha* (1943), *Forest Inn* (1946), *The Devil has the Best Tunes* (1947), *The Whip and the Tongue* (1949), *The Rising Sun* (1951) a *The Storm* (1954); ymddangosodd *Shepherd's Tump* (1947), *The May Fair* (1948), *Hay Harvest* (1949) ac *A Day to Remember* (1950) o dan yr enw John Hereford, a *Six to Ten* (1947), *All on a Summer's Day* (1949) a *Murder isn't Private* (1950) o dan yr enw John Garden. Lleolir y rhan fwyaf o nofelau H. L. V. Fletcher yng ngororau Cymru; nofelau iasoer ydynt gan mwyaf heb unrhyw honiadau llenyddol. Ysgrifennodd yn ogystal nifer o lyfrau daearyddol, yn eu plith dau deithlyfr yn y gyfres *Queen's Wales* a'r rhain efallai yw ei waith gorau.

Flores Poetarum Britannicorum (llyth. 'Blodeugerdd o feirdd Prydeinig'; 1710), casgliad o ddyfyniadau o farddoniaeth Gymraeg a luniwyd gan John *Davies, Mallwyd, pan oedd yn paratoi ei *Dictionarium Duplex* (1632). Daeth y llawysgrif yn ddiweddarach i feddiant Dafydd Lewys (m. 1727), ficer Llanllawddog, Caerf., ac ychwanegodd ati a'i chyhoeddi yn Amwythig, ynghyd ag ail argraffiad o *Bardhoniaeth* (1593) gan William *Midleton, sef llyfr ar grefft *Cerdd Dafod.

Fluellen, gweler o dan CENHINEN a WILLIAMS, ROGER (1540?–95).

Fluellyn, gweler o dan PERFIDIOUS WELSHMAN (1910).

For the Honour of Wales (1619), *anti-masque* gan y bardd a'r dramodydd Saesneg Ben Jonson (1573?–1637), lle y diddenir y gynulleidfa gan y prif gymeriadau, sef Griffith, Jenkin ac Evan, â molawd i'w gwlad ar bennill a chân.

Ford Gron, Y, gweler o dan ARTHUR (diwedd y 5ed gan.–ddechrau'r 6ed gan.).

Ford Gron, Y, cylchgrawn misol a gyhoeddwyd gan wasg Hughes a'i Fab, Wrecsam, rhwng 1930 a 1935 o dan olygyddiaeth J. Tudor *Jones (John Eilian) ac yn ddiweddarach Meredydd J. Roberts, ac a fwriadwyd yn bennaf i fod yn gylchgrawn poblogaidd ar gyfer y Cymry ar wasgar. Yr oedd ynddo farddoniaeth, storïau byrion, erthyglau ar bynciau llenyddol ac ieithyddol, ar ffasiwn a theithio, ar arlunio, yr *Eisteddfod a Chymry enwog. Cyfrannodd llawer o brif lenorion y 1930au i'r cylchgrawn, gan gynnwys Waldo *Williams, R. Williams *Parry, W. Ambrose *Bebb, E. Prosser *Rhys, Caradog *Prichard a T. I. *Ellis.

FOSTER, IDRIS (1911–84), ysgolhaig a brodor o Fethesda, Caern. Fe'i haddysgwyd yng Ngholeg Prifysgol Gogledd Cymru, Bangor, a bu'n astudio wedyn yn Nulyn ac yn Bonn. Ar ôl cyfnod yn dysgu ym Mhrifysgol Lerpwl fe'i penodwyd yn Athro'r Gelteg ym Mhrifysgol Rhydychen yn 1947 a daliodd y Gadair hyd ei ymddeoliad yn 1978. Ei brif faes ymchwil o'r cychwyn fu chwedl *Culhwch ac Olwen ac ar ôl iddo farw golygwyd a chwblhawyd ei waith ar y testun gan Rachel *Bromwich a D. Simon *Evans; fe'i cyhoeddwyd yn Gymraeg yn 1988 ac yn Saesneg yn 1992. Ysgrifennodd hefyd ar gyfnod a chefndir yr Hen Ganu Cymraeg megis yn y gyfrol a olygwyd ganddo ef a Glyn E. *Daniel, *Prehistoric and Early Wales* (1965), ei erthygl ar '*Wales and Northern Britain*' yn *Archaeologia Cambrensis* (1969) ac un arall yn dwyn y teitl 'Rhai Sylwadau ar yr Hengerdd' yn *Ysgrifau Beirniadol V* (gol. J. E. Caerwyn Williams, 1970). Ymdriniodd â gwahanol weddau ar ryddiaith Gymraeg yr Oesoedd Canol yn ei gyfraniad i *Y Traddodiad Rhyddiaith* (gol. Geraint Bowen, 1970) ac â Chulhwch ac Olwen yn *Y Traddodiad Rhyddiaith yn yr Oesau Canol* (gol. Geraint Bowen, 1974); ysgrifennodd ddwy erthygl yn *Arthurian Literature in the Middle Ages* (gol. R. S. Loomis, 1959). Cafwyd ganddo hefyd ymdriniaeth drwyadl â chynnwys un o'r llawysgrifau crefyddol Cymraeg yn *The Book of the Anchorite* (Darlith Syr John Rhŷs; *Trafodion yr Academi Brydeinig*, cyf. XXXVI, 1949–50).

O 1954 hyd 1977 bu'n olygydd ar *Drafodion Anrhydeddus Gymdeithas y *Cymmrodorion a chyda Leslie Alcock bu'n gyd-olygydd y gyfrol *Culture and Environment* (1963). Un o'i brif gymwynasau ag ysgolheigion y Gymraeg fu sefydlu ac arwain Cylch yr Hengerdd, a gyfarfu yn gyson yng Ngholeg Iesu, Rhydychen, o 1972 hyd 1978. Cyflwynodd aelodau o'r Cylch y gyfrol *Astudiaethau ar yr Hengerdd/Studies in Old Welsh Poetry* (gol. Rachel Bromwich ac R. Brinley Jones, 1978) iddo ar ei ymddeoliad. Cafodd ei urddo'n farchog yn 1977.

Fothergill, teulu o feistri gweithfeydd haearn yn Sirhywi, Pont-hir a Thredegar, Myn., ac yn Abernant, ger Aberdâr, Morg. Cafodd y Richard Fothergill cyntaf (1758–1821), brodor o Cumberland, ei ddenu i dde Cymru gan adnoddau mwyn yr ardal. Daeth yn bartner yn Sirhywi yn 1794 ac ymunodd â Samuel *Homfray yn Nhredegar yn 1800. Cafodd dri mab, Richard (1789–1851), Thomas (1791–1858) a Rowland (1794–1871), a fu'n rheolwyr gweithfeydd y teulu. Daeth yr olaf a enwyd yn brif gyfarwyddwr gweithfeydd haearn Llwytgoed, ger Aberdâr, yn 1846. Bu mab hynaf yr ail Richard Fothergill, Richard arall (1822–1903), yn arolygu'r ehangu mawr yn Aber-nant yn y 1850au a'r 1860au, a daeth gweithfeydd Plymouth a Phenydarren ger Merthyr Tudful i'w ddwylo yn 1862. Gyda Henry *Richard fe'i hetholwyd yn un o'r ddau Aelod Seneddol dros Ferthyr ac Aberdâr yn 1868, ond dirywiodd ei gwmnïau wedi dyfodiad proses Bessemer, ac fe'u caewyd yn ystod y 1870au.

FOULKES, ISAAC (Llyfrbryf; 1836–1904), cyhoeddwr, newyddiadurwr a llenor a aned yn Llanfwrog, Dinb.; argraffydd ydoedd ac yn 1862 sefydlodd ei wasg ei hun. Y gweithiau pwysig cyntaf a gyhoeddodd oedd y casgliad o lên gwerin, *Cymru Fu* (1862–64) ac *Enwogion Cymru* (1807), sef y geiriadur bywgraffyddol gorau yn y Gymraeg am lawer blwyddyn. Golygodd rai gweithiau ysgolheigaidd, megis *Barddoniaeth Dafydd ap Gwilym* (ail arg., 1873), *The Royal Tribes of Wales* (1887) gan Philip *Yorke a *The Cefn Coch Manuscripts* (gol. John Fisher, 1899) yn ogystal â chyhoeddi *Cyfres y Ceinion* a *Chyfres y Clasuron Cymreig* a oedd yn cynnwys gwaith beirdd cyfoes. Ymhlith ei weithiau ei hun yr oedd cofiannau gwerthfawr i J. Ceiriog *Hughes (1887) a Daniel *Owen (1903). Golygodd hefyd farddoniaeth a llythyrau Goronwy *Owen a gweithiau Twm o'r Nant (Thomas *Edwards). Ychydig o werth llenyddol sydd i'w nofelau sy'n cynnwys *Rheinallt ap Gruffudd* (1874) ac *Y Ddau Efell* (1875). Gwnaeth gyfraniad gwerthfawr fodd bynnag fel golygydd ac fel cyhoeddwr y papur newydd a oedd yn rhagflaenydd Y *Cymro, a gwnaeth fwy na'r un golygydd arall yn ei gyfnod i ennyn diddordeb y Cymro cyffredin yn llenyddiaeth ei wlad.

Four Ancient Books of Wales, The (2 gyf., 1868), llyfr a olygwyd gan William Forbes Skene (1809–92). Y mae'n cynnwys barddoniaeth (ynghyd â chyfieithiadau Saesneg) wedi eu tynnu o bedair llawysgrif, sef *Llyfr Taliesin, *Llyfr Du Caerfyrddin, *Llyfr Coch Hergest a *Llyfr Aneirin* (gweler o dan GODODDIN) ynghyd ag englynion y *Juvencus a rhai o'r Trioedd. Ceir yn y gyfrol gyntaf drafodaeth ar lenyddiaeth Gymraeg gynnar gyda phwyslais arbennig ar gynnwys ieithyddol a hanesyddol y testun; honnai'r golygydd fod rhai cerddi yn hanesyddol ac eraill yn fytholegol neu ddaroganol a cheir y testunau Cymraeg a'r nodiadau yn yr ail gyfrol. Yn ôl safonau heddiw nid yw'n llyfr y gellir ei ddefnyddio'n hyderus oblegid ceir erbyn hyn destunau dibynadwy a throsiadau mwy cywir. Ond hyd nes y cafwyd argraffiadau J. Gwenogvryn *Evans a gwaith golygyddol a geiriadurol diweddar, gwaith Skene oedd yr unig gynnig ar destun a chyfieithiad ac yr oedd yn gam pwysig ymlaen ym maes hanes llenyddiaeth Gymraeg. Er mai cyfreithiwr ac Albanwr oedd Skene, cawsai hyfforddiant ieithegol ac yr oedd wedi golygu nifer o destunau cynnar yr Alban. Ymddengys mai gwaith Daniel Silvan *Evans yw llawer o'r cyfieithiadau o'r Gymraeg yn y llyfr hwn.

Fox in the Attic, The (1961), cyfrol gyntaf nofel hanesyddol anorffenedig Richard *Hughes, *The Human Predicament*. Disgrifia gyfnod o dair wythnos ar ddiwedd 1923 a chanolbwyntia ar Putsh München ar 9 Tachwedd yr un flwyddyn. Archwilia'n fanwl, gyda chryn eironi, y gagendor rhwng ymwybyddiaeth wleidyddol a diwylliannol y dosbarth-uwch ym Mhrydain ac yn Bavaria. Plethir y dychmygol a'r hanesyddol yn gelfydd a daw Hitler i'r amlwg fel y prif 'lwynog'. Cafodd y nofel ganmoliaeth uchel pan gyhoeddwyd hi ac fe'i cymharwyd â *War and Peace* (1864–69) gan Tolstoi.

Er bod Augustine Penry-Herbert, y prif gymeriad, yn rhannu â'r awdur flwyddyn ei eni ac yn mynd trwy rai o brofiadau ei grëwr, maentumiai Hughes bob amser nad oedd y llyfr yn hunangofiannol. Gan nad oedd raid iddo ymgodymu â'r dasg flinderus o ennill ei fywoliaeth, ac na allai oherwydd ei addysg a'i bersonoliaeth roi ffydd ddigwestiwn yng ngwerthoedd traddodiadol ei ddosbarth, y mae Augustine yn ymgorfforiad o ansicrwydd moesol a meddyliol ei genhedlaeth. Cwynodd rhai beirniaid ei fod yn or-oddefgar ac y mae'n wir fod y wedd hon ar ei bersonoliaeth yn galluogi'r awdur yn fynych i bwysleisio gwahaniaethau hiliol a diwylliannol. I raddau helaeth, fodd bynnag, Augustine yw'r dyn dianghenraid a geir yn llenyddiaeth Rwsia a'r unig ganlyniad i'w deithiau anniddig drwy Ewrop, Affrica ac America yw ei wneud yn ymwybodol o'r amrywiaeth dryslyd o safbwyntiau moesol sydd yn y byd.

Ar ddiwedd yr ail gyfrol, *The Wooden Shepherdess* (1973), nid yw Augustine ronyn fwy ymrwymedig i na gyrfa na pherson arall nag yr oedd ar ddechrau *The Fox in the Attic*. Cwblhaodd Hughes ddeudeg pennod o'r drydedd gyfrol ac, erbyn hyn, cynhwysir y rhain mewn argraffiadau o *The Wooden Shepherdess*. Ailymddengys Hitler, a myfyria Augustine ynglŷn â phriodi Nora, merch sy'n gweithio mewn ffatri ac yn dod o Slaughterhouse Yard.

Trafodir y gyfres yn *Richard Hughes – Novelist* (1986) gan Richard Poole, *The Art of Richard Hughes* (1993) gan Paul Morgan, *Richard Hughes* (1973) gan Peter Thomas, ac yn *The English Novel of History and Society 1940–1980* (1984) gan Patrick Swinden.

Frân Wen, Y, aderyn y cyfeirir ato'n aml yn Gymraeg, yn ddireidus, fel arfer, er mwyn osgoi datgelu ffynhonnell gwybodaeth; fe'i defnyddir hefyd fel bwgan i ddychryn plant.

FRANCIS, BENJAMIN (1734–99), bardd ac emynydd a aned ger Castellnewydd Emlyn, Caerf. Plentyn amddifad ydoedd ac fe'i magwyd yn Abertawe a'i addysgu yn Academi'r Bedyddwyr ym Mryste. Er iddo fod yn weinidog yn Lloegr am y rhan fwyaf o'i oes, cadwodd gysylltiad â Chymru, gan bregethu ac ysgrifennu yn Gymraeg. Cenir llawer o'i emynau o'i gasgliad *Aleluia* o hyd ac ymddangosodd nifer o'i emynau Saesneg yn netholiad John Rippon (1787). Cyhoeddodd rai caneuon hir Saesneg hefyd, megis *The Conflagration* (1770) a *The Association* (1790), yn ogystal â dwy ddychangerdd ar ddadleuon ynghylch bedydd.

FRANCIS, HYWEL (1946–), hanesydd. Fe'i ganed yn Onllwyn yng Nghwm Dulais, Morg., a'i addysgu yng Ngholeg y Brifysgol, Abertawe, lle y graddiodd mewn hanes yn 1968. Enillodd radd Ph.D. yn 1978 gyda thraethawd ar Gymru a Rhyfel Cartref Sbaen; fel mab i'r arweinydd undeb llafur, Dai Francis, yr oedd ganddo ddiddordeb naturiol yn hanes y gweithwyr, a dechreuodd ar ei yrfa fel Cynorthwyydd Gweinyddol i Gyngres yr Undebau Llafur (1971–72). Yna treuliodd ddwy flynedd fel Uwch Swyddog Ymchwil ar Brosiect Ymchwil Maes Glo De Cymru, cyn ymuno â'r Adran Efrydiau Allanol yn Abertawe yn 1974. Yn yr adran honno (Adran Addysg Barhaus Oedolion erbyn hyn) y bu'n gweithio ers hynny, yn Diwtor, Cyfarwyddwr a bellach yn Athro, gan gymryd diddordeb byw mewn addysg oedolion. Hywel Francis yw cyd-awdur *The Fed: a history of the South Wales Miners in the Twentieth Century* (1980) a *Miners Against Fascism: Wales and the Spanish Civil War* (1984), gyda David *Smith yn y ddau achos; y mae hefyd wedi golygu *Adult Education in Changing Industrial Regions* (1989, gyda P. Alheit) a chyhoeddi *Communities and Their Universities: the Challenge of Lifelong Learning* (1996, gyda J. Elliott, R. Humphreys a D. Istance) a *The Story of Tower* (1997). Ond caiff ei adnabod yn bennaf efallai am sefydlu Llyfrgell Glowyr De Cymru ac Archif Maes Glo De Cymru (1973) a Phrifysgol Gymuned y Cymoedd (1993), y cyfan yng nghylch Abertawe.

FRANCIS, JOHN OSWALD (1882–1956), dramodydd a aned ym Merthyr Tudful, Morg. Wedi ei addysgu yng Ngholeg Prifysgol Cymru, Aberystwyth, ymunodd

â'r Gwasanaeth Sifil yn Llundain, ond cadwodd gysylltiad clòs â Chymru lle y cyhoeddwyd ac y perfformiwyd ei waith. Llwyfanwyd ei ddrama *Mrs Howells Intervenes* (a ailenwyd yn ddiweddarach *The Bakehouse*) yn Llundain yn 1912. Wedyn daeth *Change*, drama a seiliwyd ar streic gweithwyr y rheilffordd yn Llanelli yn 1911, ac a enillodd iddo wobr a roddwyd gan yr Arglwydd Howard de Walden (Thomas Evelyn *Scott-Ellis) am ddrama 'addas i gwmni cenedlaethol'. Cymerai J. O. Francis gryn ddiddordeb mewn gwleidyddiaeth Ryddfrydol yn ei ddyddiau cynnar ac ysgrifennodd y ddrama *Cross Currents: a play of Welsh politics* (1923). Ond nid oherwydd yr elfen hon o realaeth gymdeithasol y cofir ei waith. Ei waith mwyaf adnabyddus yw ei gomedi wledig un-act, *The Poacher* (1914). Defnyddiodd y cymeriadau, yn arbennig Dici Bach Dwl, mewn dramâu diweddarach fel *The Little Dark People* (1922) a *Birds of a Feather* (1927), comedïau gwledig a amlygodd wybodaeth sicr o'r cefndir. Fel dramâu, y mae'r gweithiau hyn yn ddifyr, ond nid oes ynddynt y dimensiwn hwnnw a allasai fod wedi'i wneud yn ddramodydd o bwys. Yr oedd rhesymau pendant am hyn. Fel y dywed Francis ei hun yn ei gasgliad o ysgrifau *The Legend of the Welsh* (1924), dadrithiwyd ef gan wleidyddiaeth, ac er i fudiad Theatr Genedlaethol Gymreig barhau ar ôl y Rhyfel Byd Cyntaf, daeth yn llai effeithiol ac yn llai abl i gynhyrchu gweithiau o bwys. Yr oedd ei gomedïau un-act yn arbennig o addas i gwmnïau amatur, gan fod eu hiwmor yn dderbyniol y tu allan i Gymru. Felly, y maent yn dal i oroesi yn y theatr ac, i raddau, mewn print.

Trafodir cyfraniad J. O. Francis gan M. Wynn Thomas ym mhennod gyntaf *Internal Difference* (1992).

FRASER, MAXWELL (1902–80), gweler o dan PHILLIPS, EDGAR (1889–1962).

FREEMAN, KATHLEEN (Mary Fitt; 1897–1959), ysgolhaig clasurol a nofelydd a aned yng Nghaerdydd ac a benodwyd yn Ddarlithydd mewn Groeg yng Ngholeg y Brifysgol yno yn 1918. Ei gwaith cyntaf oedd *The Work and Life of Solon* (1926); yna daeth *The Intruder and Other Stories* (1926) a thair nofel. Nid ymddangosodd dim o 1929 hyd doriad yr Ail Ryfel Byd ond yna yn ystod y cyfnod y bu'n darlithio i'r Weinyddiaeth Hysbysrwydd cafodd amser ac ysbrydoliaeth i ailddechrau. Wedi hyn ysgrifennodd lyfrau a ysbrydolwyd gan y rhyfel, yn eu plith *Voices of Freedom* (1943) a *What They Said at the Time: A Survey of the Causes of the Second World War* (1945). Yn 1946 troes yn awdur amser-llawn. Parhaodd i ysgrifennu llyfrau ar bynciau clasurol megis *Greek City-States* (1950) a *God, Man and the State: Greek Concepts* (1952) o dan ei henw ei hun, ond rhwng 1940 a'i marwolaeth cyhoeddodd o leiaf un ar hugain o nofelau ditectif o dan yr enw Mary Fitt. Dyma'r rhai mwyaf nodedig: *Death and Mary Dazill*

(1941), *Clues to Christabel* (1944), *Pity for Pamela* (1950), *Death and the Shortest Day* (1952), *The Nightwatchman's Friend* (1953), *Love from Elizabeth* (1954), *Sweet Poison* (1956), *The Late Uncle Max* (1957) a *Case for the Defence* (1958.

Fro Gymraeg, Y, gweler o dan ADFER.

Fron-goch, pentref ger Y Bala, Meir.; adeiladodd y sgweier lleol, R. J. Lloyd Price, Rhiwlas, ddistyllty yno yn 1889 er mwyn gwneud wisgi Cymreig. Llwyddodd y fenter am rai blynyddoedd, er gwaethaf gwrthwynebiad y capeli, ond ni oroesodd y Rhyfel Byd Cyntaf. Wedi Gwrthryfel y Pasg 1916, defnyddiwyd yr adeiladau fel gwersyll carchar i Weriniaethwyr Gwyddelig, gan gynnwys Michael Collins.

Frost, John (1785–1877), gweler o dan SIARTIAETH.

FRY, ROSALIE KINGSMILL (1911–94?), awdures llyfrau i blant a aned yn Vancouver, Canada, ac a addysgwyd yn Abertawe ac Ysgol Ganolog Celf, Llundain. Bu'n Swyddog Codau yng Ngwasanaeth Llyngesol Brenhinol y Menywod yn ystod yr Ail Ryfel byd ac ymgartrefodd wedyn ger Abertawe. Y mae tair nofel ganddi a leolir yng Nghymru: llyfr antur ysgafn, *The Riddle of the Figurehead* (1963), *The Echo Song* (1962) sy'n rhoi darlun cywir a gwreiddiol o gymdeithas led-ddiwydiannol, a *Promise of the Rainbow* (1967), sef stori ac iddi gefndir crefyddol sy'n argyhoeddi'r darllenydd ond heb fod yn sych-dduwiol.

Frythones, Y (1879–91), cylchgrawn i ferched o dan olygyddiaeth Cranogwen (Sarah Jane *Rees). Cymysgfa ryfedd oedd y misolyn hwn o storïau didactig, barddoniaeth deimladol ac ysgrifau cynghorol, oll yn cyfleu darlun ystrydebol Fictoraidd o'r ferch, yn ogystal ag erthyglau gwir flaengar yn dadlau yn erbyn gormes menywod ac yn cyflwyno i'w darllenwyr wybodaeth am fudiadau ffeminyddol yr oes. Y mae 'Monica' yn ei hysgrif 'Merched a'u Gwaith' (Chwefror, 1881), er enghraifft, a 'Mair Maelor' yn ei chyfres o erthyglau ar ferched a gwleidyddiaeth (Mawrth, Ebrill, Mai, 1889), yn taro nodyn radical iawn o blaid rhyddfreinio merched. Ond ceir hefyd yn nhudalennau'r *Frythones* beth wmbredd o ddeunydd sy'n adlewyrchu'r cysyniad ystrydebol mai 'angel yr aelwyd' oedd y ferch ddelfrydol, a'i holl adnoddau wedi'u cysegru at les ei gŵr a'i theulu. Serch hynny, yr oedd bodolaeth cylchgrawn wedi ei olygu am y tro cyntaf gan wraig yn gam sylfaenol ymlaen yng nghyswllt *llên menywod yng Nghymru, ac yn wahanol i Ieuan Gwynedd (Evan *Jones), golygydd Y *Gymraes (1850–51), llwyddodd Cranogwen i ddenu fel cyfranwyr nifer helaeth o fenywod na chyhoeddwyd eu gwaith o'r blaen. Yr oedd ei hamryw gyfraniadau hithau i'r cylchgrawn yn

ychwanegu tipyn at ei boblogrwydd hefyd, yn enwedig efallai ei cholofn fisol 'Cwestiynau ac Atebion', sy'n ffraeth, yn frathog, yn llawn synnwyr cyffredin, ac yn dangos yn amlwg nad oedd golygydd Y *Frythones* o'r farn mai unig swyddogaeth y ferch oedd cadw tŷ, beth bynnag oedd barn rhai o'i chyfranwyr.

Ceir manylion pellach yn D. G. Jones, *Cofiant Cranogwen* (d.d.), R. Tudur Jones, 'Daearu'r Angylion: Sylwadaeth ar ferched mewn llenyddiaeth, 1860–1900' yn *Ysgrifau Beirniadol XI* (gol. J. E. Caerwyn Williams, 1979), ac yn Siân Rhiannon Williams, 'Y Frythones: Portread Cyfnodolion Merched y Bedwaredd Ganrif ar Bymtheg o Gymraes yn ei Oes', yn *Llafur* (cyf. IV, 1984).

FURNIVAL, CHRISTINE (1931–), bardd a dramodydd, a aned yn Llundain i rieni a oedd yn rhannol o dras Gymreig. Cafodd ei magu yn swydd Gaerloyw a'i haddysgu yng Nghaer-grawnt ac o 1973 i 1983 ymgartrefodd ger Llanymddyfri, Caerf. Y mae wedi cyhoeddi pedair cyfrol o farddoniaeth, sef *A Bare-Fisted Catch* (1968), *Prince of Sapphires* (1976), *The Animals to Orpheus* (1977) a *Towards Praising* (1978). Ymhlith ei dramâu radio y mae *The Flame you Gave me* (1971), *Not Like Home* (1975) a *Hen's Treck* (1978); ysgrifennodd hefyd ddrama-lwyfan am Sarah *Jacob, *The Starving of Sarah* (1980). Cafodd ei ddrama *The Bare Bone* ei llwyfannu yn 1985 a'i chyfeithiad o *Mela*, drama gan y llenor Eidaleg Dacia Maraini, ei pherfformio yn 1992.

Fychan, Gruffudd (*fl.* 1417–47), bonheddwr o Gegid-fa, Tfn., a oedd yn un o'r rhai a gymerodd Syr John Oldcastle i'r ddalfa ym Mroniarth, lle yr oedd yn 1417 yn ymguddio fel Lolard â phris ar ei ben. Bu wedyn yn ymladd yn Ffrainc ac yn ôl cywydd moliant a ganwyd iddo gan *Lywelyn ap Moel y Pantri fe'i hurddwyd yn farchog mewn tref y tu hwnt i Rouen tua 1440. Oherwydd iddo ladd ei feistr, Syr Christopher Talbot, twrnameintwr enwocaf ei ddydd, mewn twrnameint yng nghastell Cawres yn 1443, fe'i hamddifadwyd o nawdd y gyfraith ac aeth yn wylliad. Llwyddodd i osgoi cael ei ddal nes iddo, ym mis Gorffennaf 1447, dderbyn gwahoddiad i'r Castell Coch ym Mhowys, ac yno y dienyddiwyd ef. Canodd *Lewys Glyn Cothi (Llywelyn y Glyn) a *Dafydd Llwyd ap Llywelyn ap Gruffudd gywyddau marwnad iddo.

FYCHAN neu VAUGHAN, WILIAM (m. 1633), uchelwr a bardd. Etifeddodd *Gorsygedol, Meir., ar farwolaeth ei dad Griffith Vaughan yn 1616 ac etifeddodd hefyd ddiddordeb ei dad mewn adeiladu. Wedi priodi ag Ann Vaughan, Talhenbont, Llan-ystumdwy, Caern., ailadeiladodd Vaughan y tŷ hwnnw yn 1607; yn 1620 cwblhaodd waith ei dad trwy ychwanegu'r sgrîn sy'n gwahanu capel Corsygedol oddi wrth gorff eglwys Llanddwywe, ac yn 1630 cododd y gatws sydd o flaen Corsygedol. Ef hefyd a roes y gofeb farmor i goffáu ei rieni ar fur y capel yn 1616, er na chredir bellach mai Inigo *Jones a'i cynlluniodd. Cyflawnodd ei ddyletswydd uchelwrol trwy weithredu fel Uchel Siryf sir Gaernarfon yn 1613 ac 1632 a noddi ysgol yn Harlech, yn ôl Gruffudd Phylip (gweler o dan PHYLIPIAID ARDUDWY).

Ymddiddorai mewn llenyddiaeth Gymraeg a Saesneg. Yr oedd yn ffrind i'r dramodydd Ben Jonson a roes gasgliad o'i weithiau yn anrheg iddo a bu'n llythyru â James *Howell fel y dengys ei lythyr yn *Epistolae Ho-Elianae. Priodolir deg o gerddi iddo yn y Mynegai Cyfrifiadurol o Farddoniaeth Gymraeg (1996) ond y mae'n amlwg bod o leiaf dau fardd wedi eu cymysgu gan fod dyddiadau'r cerddi hynny'n ymestyn o ddiwedd yr unfed ganrif ar bymtheg hyd ganol y ddeunawfed ganrif. Ei gerdd fwyaf diddorol yw marwnad ei frawd yng nghyfraith, John Hookes, o deulu amlwg Hookes neu Hwgs, Conwy, cywydd a briodolir hefyd i Risiart Phylip (gweler o dan PHYLIPIAID ARDUDWY) a Syr Rhys *Cadwaladr, ond nid oes amheuaeth nad Vaughan oedd yr awdur. Yr oedd Hwgs yn briod â Margaret, chwaer Vaughan; yn y cywydd ceir ymddiddan rhwng y bardd a'r marw ynghylch hela, ei brif ddifyrrwch pan oedd yn fyw.

FYNES-CLINTON, OSBERT HENRY (1869–1941), ysgolhaig, mab rheithor Barlow Moor ger Didsbury, Manceinion, a gŵr gradd o Rydychen. Bu'n Athro Ffrangeg yng Ngholeg Prifysgol Gogledd Cymru, Bangor, o 1904 nes iddo ymddeol yn 1937. Y mae ei *The Welsh Vocabulary of the Bangor District* (1913) yn waith gorchestol ac yn batrwm o sut y dylid astudio tafodiaith unrhyw ranbarth yn wyddonol.

Ff

Ffair Gaeaf (1937), trydydd casgliad Kate *Roberts o storïau byrion. Ynddynt ceir nifer o gymeriadau sy'n ymdrechu yn erbyn tlodi, megis yn 'Y Cwilt' a'r 'Taliad Olaf', ac yn erbyn creulondeb amgylchiadau cymdeithasol, megis yn 'Plant'. Ceir chwerwder anesgor weithiau megis yn 'Dwy Storm', ac ymdeimlad o rym ffawd, megis yn 'Y Condemniedig'. Ond adlewyrchir dygnwch hefyd a dyfalbarhad di-ildio, ac weithiau awch am anghofio'r trueni, megis yn y stori deitl. Lleolwyd tair o'r storïau, 'Buddugoliaeth Alaw Jim', 'Diwrnod i'r Brenin' a 'Gorymdaith' yng nghymoedd diwydiannol de Cymru adeg y *Dirwasgiad.

'Ffarwél i Blwy' Llangower', cân werin. Ceir nifer o amrywiadau arni, gan gynnwys 'Ffarwél i Aberystwyth', ac eraill sy'n awgrymu y cenid hi gan filwyr a morwyr wrth gefnu ar eu cartrefi. Nodwyd y ffurf fwyaf adnabyddus, a'r geiriau 'Ffarwél i Blwy' Llangower, a'r Bala dirion deg' gan Lewis Davies *Jones (Llew Tegid), a'i clywodd yn cael ei chanu yn Llanuwchllyn, Meir.; ef hefyd a ychwanegodd ddau bennill o'i eiddo ei hun at y pennill cyntaf traddodiadol.

'Ffarwél Ned Puw', alaw werin sy'n gysylltiedig â chwedl onomastig am bibydd, cornor a chrythor a ddenwyd i'r Ogof Ddu, ger CriciETH, Caern., gan sŵn miwsig hyfryd. Nis gwelwyd byth wedyn, ond fe'i clywid yn canu alawon a alwyd wedi hynny yn 'Ffarwél Dic y Pibydd' a 'Ffarwel Ned Puw'. Gelwir yr ogof weithiau yn Ogof y Crythor Du a'r mannau lle y clywyd lleisiau'r tri cherddor yn Fraich y Bib, Braich y Cornor, a Thyddyn y Crythor. Yr alaw yn unig a gysylltir â Thwll yr Ogof, Llanymynech, Tfn., mewn fersiwn arall ar yr un chwedl.

Ffarwel Weledig (1763–69), pumed casgliad William *Williams (Pantycelyn) o emynau; ei deitl cyflawn yw *Ffarwel Weledig, Groesaw Anweledig Bethau*. Y mae pedwar a phedwar ugain o emynau yn y rhan gyntaf a phump a phedwar ugain yr un yn y ddwy ran olaf; yn y casgliad hwn eto gwelir cryn arbrofi â mesurau ac y mae rhagymadrodd arbennig o werthfawr i ail ran 1766. Ymffurfia amryw o'r emynau yn ddilyniannau cyflawn ac y mae awen Williams ar ei headdfetaf ynddynt.

Ffederasiwn Glowyr De Cymru, undeb a sefydlwyd yn 1898 o ganlyniad i brinder gwaith yn y maes glo yn y flwyddyn honno ac fel ymgais, wedi blynyddoedd o anfodlonrwydd, i greu undod newydd rhwng y gweithwyr yn y diwydiant. Erbyn 1899, pan aeth yn rhan o Ffederasiwn Glowyr Prydain Fawr, yr oedd ganddo dros gan mil o aelodau, ond wedyn nid oedd yn hawdd medru trefnu ei gorff o weithwyr. Y Llywydd cyntaf oedd William *Abraham (Mabon), gyda William Brace yn Is-lywydd a Tom Richards yn Ysgrifennydd Cyffredinol (1899–1931). Erbyn 1914, oherwydd eu polisïau Rhyddfrydol-Llafur, yr oedd Abraham a Brace wedi colli cefnogaeth yr aelodau iau, mwy ymosodol a gefnogai'r Blaid Lafur Annibynnol. Mynnent hefyd ragor o ganoli yn Ffederasiwn Glowyr De Cymru a mwy o allu i'r aelodau gael penderfynu ynghylch polisïau. Bu cryn ddadlau dros undebaeth ddiwydiannol a democrateiddio'r Fed, fel y'i gelwid, yn gyffredinol yn ne Cymru, trwy flynyddoedd terfysglyd y 1920au. Fodd bynnag, ni ddaeth ad-drefniant tan 1934, o ganlyniad i fethiant *Streic Gyffredinol 1926. Syrthiodd yr aelodaeth i lai na hanner y nifer o'r gweithwyr yn y diwydiant. O dan lywyddiaeth dynion iau fel James *Griffiths ac wedyn Arthur L. *Horner (1936–47), adenillodd y *Fed* ei aelodaeth erbyn 1939 a daeth yn sbardun i fudiadau gwleidyddol a chymdeithasol yng Nghymru tan ddiwedd yr Ail Ryfel Byd. Yn 1944 fe'i hunwyd â Changen De Cymru o Undeb Cenedlaethol y Glowyr a oedd newydd ei sefydlu, ond cadwodd ei annibyniaeth a'i osgo blaengar tan y 1970au.

Ysgrifennwyd hanes yr undeb gan David Smith a Hywel Francis yn *The Fed* (1980).

Ffestivalis, Y (1575–1600), gwaith crefyddol a gyfieithwyd o rannau o *Liber Festialis* (dechrau'r 15fed gan.) gan John Mirk, prior mynachlog Lilleshall yn swydd Amwythig. Casgliad ydyw o homiliau ar gyfer Suliau a Gwyliau'r flwyddyn. Fe'i paratowyd ar gyfer offeiriaid plwyf a dengys yn ei ystwythder a'i naturioldeb ôl iaith lafar y cyfnod.

Cyhoeddwyd y testun gyda rhagymadrodd gan Henry Lewis fel atodiad i *Drafodion Anrhydeddus Gymdeithas y Cymmrodorion* (1923–24).

Fflam, Y, cylchgrawn llenyddol. Cyhoeddwyd un rhifyn ar ddeg rhwng 1946 a 1952 o dan olygyddiaeth Euros *Bowen, gyda chymorth Davies Aberpennar (Pennar *Davies) a J. Gwyn *Griffiths. Fe'i cychwynnwyd yn rhannol yn ymateb i'r hyn a ystyriai'r golygyddion yn safbwynt adweithiol W. J. *Gruffydd a'i gylchgrawn Y *Llenor, ond ei fwriad yn bennaf oedd creu llwyfan newydd i lenorion ifainc. Arwyddair y cylchgrawn oedd 'Dynoldeb a Chymreictod', ac yr oedd fflam y teitl yn cynrychioli 'golau, gwres a glendid'. Cyhoeddwyd cerddi, storïau, erthyglau ac adolygiadau, gan ddilyn arweiniad *Tir Newydd*, cyn yr Ail Ryfel Byd, a chreu anghydfod weithiau oherwydd elfennau cythruddol a phropagandaidd ei gynnwys. Yr oedd llawer o lenorion mwyaf blaengar y dydd ymhlith ei gyfranwyr, megis Rhydwen *Williams, J. Eirian *Davies, D. Tecwyn *Lloyd, Gareth Alban *Davies a Bobi Jones (Robert Maynard *Jones); yr oedd hefyd sawl cyfraniad Cymraeg gan R. S. *Thomas.

Fflamddwyn, gweler o dan Argoed Llwyfein, Brwydr (diwedd y 6ed gan.).

'**Fflat Huw Puw**', sianti-fôr a ddaeth yn boblogaidd wedi iddi gael ei chyhoeddi gan J. Glyn *Davies gyda'r geiriau agoriadol 'Mae swn ym Mhortinllaen', yn *Cerddi Huw Puw* (1923). Nid llestr dychmygol mo'r 'Fflat' y cyfeirir ato yn y gân, ond yn hytrach lestr a adeiladwyd yn Frodsham, sir Gaer, yn 1799, a'i gofrestru yng Nghaernarfon ar 4 Awst 1848. Cyhoeddwyd yr alaw gyntaf gan John Parry (Bardd Alaw) o dan yr enw 'Y dydd cyntaf o Awst' yn *The Welsh Harper* (ail gyf., 1848). Seiliwyd y penillion ar rigwm y byddai hen gapteiniaid Llŷn yn arfer ei ganu, 'Fflat Huw Puw yn rowlio, Dafydd Jones yn rhiffio'.

Fflint, Y, castell a adeiladwyd ar orchymyn Edward I yn ystod y *Rhyfel Cyntaf dros Annibyniaeth (1276–77). Ymosodwyd ar y fwrdeistref gerllaw gan filwyr Cymreig yn 1282. Yn 1399 cyrhaeddodd Rhisiart II Y Fflint ar ôl iddo ddychwelyd o Iwerddon ac yno bu'n disgwyl dyfodiad Harri Bolingbroke, golygfa a gyflwynir gan Shakespeare yn ei ddrama. Yn y bymthegfed ganrif yr oedd y bardd *Tudur Penllyn, mae'n debyg, mewn neithior yn Y Fflint ac oherwydd ymateb siomedig y gwesteion, ymosododd yn llym ar y dref a'i thrigolion Seisnig. Bu'r castell ym meddiant cefnogwyr y Brenin a'r Senedd yn ystod y *Rhyfel Cartref ond wedi i fyddin y Senedd lwyddo i gipio'r Fflint, fe'i datgymalwyd.

Ceir manylion pellach yn C. R. Williams, *The History of Flintshire* (1961), A. J. Taylor, *The Welsh Castles of Edward I* (1986), Helen Burnham, *Clwyd and Powys, A Guide to Ancient and Historic Wales* (1995) a D. F. Renn and R. Avent, *Flint Castle and Ewloe Castle* (1995).

Ffon Wen, gwialen o gollen wedi ei dirisglo a anfonid yn ddienw at gariadfab neu gariadferch a wrthodwyd, a hynny ar ddiwrnod priodas ei hen gariad; weithiau clymid rhuban du a rhigymau amdani. Parhaodd yr arfer greulon mewn bri yn Nhrefaldwyn hyd at y 1920au.

Ffordd y Brawd Odrig (*c*.1450–1500), cyfieithiad o waith Lladin *Itinerarium Fratris Odorici* a wnaethpwyd gan offeiriad, Dafydd Fychan o Forgannwg, ar gais Rhys ap Thomos, brawd i Hopcyn ap Tomos. Hanes ydyw am deithiau Odoric, Brawd Llwyd, o'r Eidal drwy Asia yn gynnar yn y bedwaredd ganrif ar ddeg.

Golygwyd y testun gyda rhagymadrodd a nodiadau gan Stephen J. Williams (1929).

Ffordd yng Nghymru, Y (1933), llyfr hanes i blant gan R. T. *Jenkins. Y mae'n adrodd hanes Cymru drwy olrhain datblygiad ei ffyrdd o lwybrau pen mynydd y Brythoniaid hyd at briffyrdd llawr gwlad y cyfnod modern. Ceir penodau ar adeiladwyr a defnyddwyr y ffyrdd: y Rhufeiniaid, y milwr a'r bardd, y pererinion, y brodyr, y *Porthmyn a theithwyr enwog megis *Gerald de Barri (Gerallt Gymro), Howel *Harris a Thomas *Pennant. Er bod pennod neu ddwy yn tueddu i fod yn gatalog o enwau lleoedd, y mae'r athro disglair, â'i gymariaethau pert a'i sylwadau gogleisiol, yn tynnu darluniau cofiadwy o ddechrau'r llyfr i'w ddiwedd, a chydnabyddir bellach ei fod yn glasur bychan.

FFOULKES, ANNE neu **ANNIE** (1877–1962), golygydd a aned yn Llanrug, Caern. Addysgwyd hi yn Ysgol Dr. Williams, Dolgellau, Meir., ac yna yn Ffrainc am flwyddyn yn 1896–97. Pan ddychwelodd i Gymru, aeth yn athrawes yn Ysgol Sir Tregaron, Cer., hyd 1904, ac yna yng Ngholeg Penrhos, Bae Colwyn, Dinb. Yn 1908 symudodd i fod yn athrawes Ffrangeg yn Y Barri, Morg., ac yno y bu'n dysgu hyd 1920. Penodwyd hi yn 1918 i Fwrdd Penodiadau *Prifysgol Cymru. Perthynai i gylch diwylliannol bywiog iawn yn Y Barri yng nghyfnod y Rhyfel Byd Cyntaf, cylch a gynhwysai bobl megis R. Silyn *Roberts ac R. Williams *Parry. O'r cylch hwnnw y tarddodd y misolyn The *Welsh Outlook. Golygodd Annie Ffoulkes y flodeugerdd ddylanwadol o delynegion a sonedau, *Telyn y Dydd* (1918), yr oedd nifer o'r cerddi hynny wedi ymddangos gyntaf yn *The Welsh Outlook*. Yr oedd ei thad, Edward Ffoulkes, Llanberis, yn un o arloeswyr y soned yn Gymraeg. Bu ef yn gyfaill agos i R. Williams Parry a luniodd soned er cof amdano pan fu farw yn 1917. Ni wyddys llawer am hanes Annie Ffoulkes ar ôl 1920, ond bu farw yng Nghaernarfon. Ceir casgliad o'i phapurau yn llyfrgell Prifysgol Cymru, Bangor.

Ffrae Ddu Biwmares, gweler o dan Dafydd ab Ieuan (m. *c*.1450).

Ffraid, I. D., gweler Evans, John (1814–75).

Ffransisiaid, gweler Brodyr Llwydion.

Ffydd Ddi-ffuant, Y (1667), clasur rhyddiaith gan Charles *Edwards. Nid oedd yr argraffiad cyntaf namyn braslun tenau o hanes y Ffydd Gristnogol yn y byd; i'r ail a gyhoeddwyd yn 1671 ychwanegwyd adran ar Hanes y

Ffydd ymhlith y Cymry ac yng nghanol hon ceir talfyriad o *De Excidio Britanniae *Gildas. Rhoddodd yr adran newydd ddiben arbennig i'r gwaith, sef cyflwyno i'r Cymry olwg ar eu hanes eu hunain, o safbwynt awdur a rannai ei athroniaeth hanes gyda phroffwydi'r Hen Destament. Cynhwysodd y gwaith hefyd adran ar Sicrwydd y Ffydd, sef nifer o 'brofion' o wirionedd Cristnogaeth. Yn y trydydd argraffiad a ymddangosodd yn 1677 datblygwyd yr adran hon yn astudiaeth o'r Ffydd ym mywyd yr unigolyn ac yn yr argraffiad hwn y gwelir gogoniant yr awdur fel llenor.

Ceir manylion pellach mewn erthyglau gan Derec Llwyd Morgan yn *Ysgrifau Beirniadol IV* (gol. J. E. Caerwyn Williams, 1969) ac yn *Y Traddodiad Rhyddiaith* (gol. Geraint Bowen, 1978), ac yn ei fonograff yng nghyfres *Llên y Llenor* (1994).

Gweler hefyd Saunders Lewis yn *Meistri'r Canrifoedd* (gol. R. Geraint Gruffydd, 1973) ac R. M. Jones yn ei *Llên Cymru a Chrefydd* (1977).

Ffynnon Elian, ffynnon ym mhlwyf Llandrillo-yn-Rhos, Dinb.; dywedir iddi darddu pan weddïodd y sant am ddŵr i'w yfed. Daeth yn enwog trwy Gymru yn y bedwaredd ganrif ar bymtheg fel ffynnon felltithio: ysgrifennid enw'r sawl a felltithid ar bapur neu lechen a'i daflu i'r dŵr, a rhaid oedd i'r person a felltithiwyd dalu am gael tynnu ei enw o'r ffynnon. Rhoddwyd terfyn ar yr arfer pan garcharwyd gŵr lleol o'r enw John Evans (m. 1854) am dderbyn arian trwy dwyll. Sonnir yn yr ardal hyd heddiw am rym y ffynnon hon.

G

Gadair, Y, gweler CADAIR.

Gafr, anifail a welir o hyd yn ei gyflwr gwyllt ym mynyddoedd *Eryri ac a ystyrir gan rai yn symbol Cymreig. Defnyddiodd Thomas *Pennant fugail geifr yn cario *pibgorn ar wyneb-ddalen ei lyfr *Tours in Wales* (1778, 1781) ac yr oedd gan Arglwyddes Llanofer (Augusta *Hall) afr wyllt fel un o'i chreaduriaid herodrol. Defnyddir y creadur yn aml mewn cartwnau am Gymru a'r Cymry, weithiau mewn modd anllad, yn enwedig pan oedd David *Lloyd George yn ei anterth. Mabwysiadwyd geifr gwynion yn fasgot gan rai o'r catrodau Cymreig, megis y Ffiwsilwyr Brenhinol Cymreig. Gweler hefyd CENHINEN, CENHINEN PEDR a DRAIG GOCH.

GAHAN, CARMEL (1954–), bardd a aned yn Corc yn Iwerddon ac a addysgwyd yng Ngholeg y Brifysgol, Dulyn. Dysgodd Gymraeg pan briododd â Meirion *Pennar. Rhwng 1990 ac 1996 hi oedd Pennaeth Cynyrchiadau Teliesyn, y cwmni teledu annibynnol yng Nghaerdydd, a bellach hi yw Prif Weithredwr Memory Palace, cwmni amlgyfrwng sy'n cynhyrchu deunydd CD-ROM yn Gymraeg. Cyhoeddwyd ei hunig gasgliad o gerddi, *Lodes Fach Neis*, yn *Cyfres Beirdd Answyddogol* y *Lolfa yn 1981. Yn eu hidiomau llafar a'u rhywioldeb digyfaddawd yr oedd y cerddi hyn yn torri tir newydd a chawsant ddylanwad ar waith merched eraill a farddonai yn Gymraeg, yn arbennig Elin Llwyd *Morgan ac Elinor Wyn *Reynolds.

Gair Cyrch, y gair neu'r geiriau a osodir yn niwedd llinell acennog neu ddiacen o ddeg sillaf, megis yn llinell gyntaf paladr *englyn. Gallant wneud tair sillaf, er enghraifft, 'Tlws eu tw', liaws tawel—*gemau teg*'; dwy sillaf, er enghraifft, 'Digonwyd fi gan degannau—*y byd*'; a hefyd un sillaf, er enghraifft, 'Clywais deg eurllais wedi gorllwyn—*nos*'. Ceir cyfatebiaeth gytseiniol rhwng y Gair Cyrch a rhan gyntaf ail linell y paladr gan ffurfio *Cynghanedd Groes neu Draws Bengoll. Goddefir Proest yn y gyfatebiaeth yma. Ceir hefyd enghreifftiau lawer o Gynghanedd Sain Gyflawn a diwedd y Gair Cyrch yn rhoi odl gyntaf y gynghanedd. Mewn toddaid y mae'r Gair Cyrch yn odli â *gorffwysfa'r llinell sy'n dilyn.

Gair Llanw, unrhyw air neu ymadrodd mewn *Cerdd Dafod nad oes a wnelo naill ai o ran ystyr neu'n gystrawennol â gweddill y cyd-destun, a'i unig ddiben yw cwblhau'r *gynghanedd.

Galanas, gweler o dan CYFRAITH HYWEL.

GALLIE, MENNA (1920–90), nofelydd a aned yn Ystradgynlais, Brych. Bu'n athrawes Saesneg a theithiodd yn helaeth yn Ewrop a Gogledd America. Trigai yng Nghasnewydd-bach, Penf., wedi ymddeoliad ei gŵr o Gadair Gwyddor Wleidyddol ym Mhrifysgol Caer-grawnt. Y mae ei nofel gyntaf, *Strike for a Kingdom* (1959), yn ymdrin â *Streic Gyffredinol 1926; y mae ei hail, *Man's Desiring* (1960), a leolir yn rhannol yn Lloegr ac yn rhannol yng Nghymru, yn tynnu ar ei gwybodaeth o fywyd prifysgol, a dychwel *The Small Mine* (1962) i ardal ddiwydiannol yn ne Cymru. Yr oedd ganddi arddull afieithus a dawn gomig ddyfeisgar, ond er ei bod yn ddigrif, ni ellir ei galw'n awdur comig gan fod comedi wedi ei gweu â difrifoldeb a phathos, sef o ganlyniad ceir cymysgedd o'r chwerw a'r melys. Yn ei dwy nofel ddiweddarach, *Travels with a Duchess* (1968) a *You're Welcome to Ulster!* (1970), torrodd dir newydd; yn yr ail, tynn ddarluniau o fywyd yng Ngogledd Iwerddon a'r cythrwfl yn y gymdeithas yno tua diwedd y 1960au. Ysgrifennodd Menna Gallie hefyd storïau byrion a chyfieithodd *Un Nos Ola Leuad* (1960), nofel Caradog *Prichard, o dan y teitl *Full Moon* (1973).

Ceir rhagor o fanylion yn yr erthyglau gan Angela Fish yn *The New Welsh Review* (rhif. 18, cyf. v, Hydref 1992) a chan Aled Rhys Wiliam, 'Nofelydd y Cymoedd Glo', yn *Barn* (rhif. 378/79, 1994); gweler hefyd y rhagymadrodd gan Angela V. John i'r adargraffiad o *Travels with a Duchess* (1996).

GAMBOLD, WILLIAM (1672–1728), gramadegydd a aned yn Aberteifi. Fe'i haddysgwyd yn Rhydychen lle yr oedd yn gyfaill i Edward *Lhuyd; bu'n rheithor ac athro ysgol yng Nghas-mael a Llanychâr, Penf. O 1707 hyd 1722 bu'n gweithio'n ddygn yn llunio geiriadur Cymraeg ond methodd â chasglu digon o arian i'w gyhoeddi; cedwir y llawysgrif yn *Llyfrgell Genedlaethol Cymru. Ei *Grammar of the Welsh Language* (1727) oedd ymhlith y llyfrau Saesneg cyntaf i gael eu hargraffu yng Nghymru. Mab i William Gambold oedd yr esgob Morafaidd, John Gambold (1711–71).

Garden, John, gweler FLETCHER, HARRY LUTF VERNE (1902–74).

GARLICK, RAYMOND (1926–), bardd a beirniad Sais a aned yn Llundain ydyw, ond pan oedd yn fachgen ysgol aeth i fyw i Landudno, Caern., lle yr oedd ei nain a'i daid eisoes wedi ymgartrefu. Dechreuodd ddysgu Cymraeg tra oedd yn fyfyriwr yn astudio Saesneg yng Ngholeg Prifysgol Gogledd Cymru, Bangor, a throdd yn Babydd. Yn 1949 aeth yn athro i Ddoc Penfro, Penf., ac yno sefydlodd y cylchgrawn *Dock Leaves* (*The *Anglo-Welsh Review* yn ddiweddarach), ac ef oedd ei olygydd cyntaf. Yn ddiweddarach symudodd i Flaenau Ffestiniog, Meir., a'i gymydog yno oedd John Cowper *Powys. Yn ystod y 1950au cyhoeddodd ddwy gyfrol o gerddi, *Poems from the Mountain-House* (1950) a *The Welsh-Speaking Sea* (1954), a cherdd-radio hir, *Blaenau Observed* (1957). Gadawodd Gymru yn 1961 i ymuno â staff Ysgol Ryngwladol yn yr Iseldiroedd. Fel golygydd a beirniad gwnaeth gyfraniad pwysig i'r astudiaeth o lenyddiaeth Eingl-Gymreig, gan ddadlau mewn nifer o draethodau – yn fwyaf nodedig *An Introduction to Anglo-Welsh Literature* (1970) yn y gyfres *Writers of Wales* – fod traddodiad o ysgrifennu Saesneg gan Gymry yn bod er diwedd y bymthegfed ganrif ac y dylid rhoi cydnabyddiaeth ehangach iddo, yn enwedig yn ysgolion Cymru. Golygodd, gyda Roland *Mathias, y flodeugerdd *Anglo-Welsh Poetry 1480–1980* (1984).

Dychwelodd Raymond Garlick i Gymru yn 1967 a chymryd swydd yng Ngholeg y Drindod, Caerfyrddin; daeth yn Brif Ddarlithydd mewn Llenyddiaeth Eingl-Gymreig a Chyfarwyddwr Astudiaethau Cymreig yno. Er 1967 cyhoeddodd driawd o gasgliadau o gerddi, *A Sense of Europe* (1968), *A Sense of Time* (1972) ac *Incense* (1976). Gwelir undod y tair cyfrol nid yn unig yn ffurf i cerddi (sydd yn aml wedi eu cynllunio'n fanwl-gain) ond hefyd yn eu themâu cyffredin. Ynddynt gwêl Gymru, ei wlad trwy fabwysiad, fel rhan annatod o wareiddiad Ewrop; y mae'n canu i bobl yn nhraddodiad mawl barddoniaeth Gymraeg; ymboena yn angerddol am gyfiawnder a heddwch a hyn a symbylodd ei gysylltiad â *Chymdeithas yr Iaith Gymraeg. Myfyria ar iaith, yn enwedig yr iaith Saesneg fel un o ieithoedd Cymru drwyadl ddwyieithog. Cyhoeddwyd ei *Collected Poems 1946–86* yn 1987 a chyfrol o gerddi newydd, *Travel Notes*, yn 1992.

Ceir ysgrif hunangofiannol gan Raymond Garlick yn y gyfrol *Artists in Wales* (gol. Meic Stephens, 1973) a thrafodir ei waith gan Anthony Conran yn *The Cost of Strangeness* (1982) ac yn *Frontiers in Anglo-Welsh Poetry* (1997); gweler hefyd y nodyn ar y bardd gan Glyn Jones yn *Profiles* (1980), yr erthygl gan John Hill yn *The Anglo-Welsh Review* (cyf. xxi, rhif. 47, 1972), yr erthygl gan Tony Bianchi yn *Planet* (rhif. 40, Tach., 1977), a'r cyfweliad yn *Poetry Wales* (cyf. xxvi, rhif. 3, 1991). Y mae Don Dale-Jones wedi cyfrannu monograff ar Raymond Garlick i'r gyfres *Writers of Wales* (1996).

Garmon neu **Germanus** (c.378–448), swyddog gwladol a milwrol o gryn ddylanwad yng Ngâl ac yn etholwyd yn Esgob Auxerre yn 418. Y mae tystiolaeth iddo ymweld â Phrydain yn 429 gyda Lupus (Bleiddian), Esgob Troyes, gyda'r bwriad o ddifodi Pelagiaeth, a dywedir iddo ailymweld â'r ynys yn 447. Yn ôl Buchedd Germanus, a luniwyd tua 480, arweiniodd y Brythoniaid Cristnogol i fuddugoliaeth dros eu gelynion paganaidd trwy eu cymell i weiddi 'Haleliwia!' ym mrwydr Maes Garmon yn y flwyddyn 430. Y mae'n debyg fod i'w weithgareddau ym Mhrydain arwyddocâd gwleidyddol yn ogystal â diwinyddol. Yr oedd Prydain wedi llithro o afael Rhufain, ac, yn ogystal ag ymosodiadau'r Saeson, y Pictiaid a'r Gwyddyl, fe'i rhwygwyd, o bosibl, gan ymrafael rhwng Brythoniaid ailgyfodol a chynrychiolwyr y *civitates*. Haerir weithiau fod eglwysi megis Llanarmon-yn-Iâl, Llanarmon Dyffryn Ceiriog a Llanarmon Mynydd Mawr wedi'u cyflwyno iddo.

Y mae Saunders *Lewis yn ei ddrama *Buchedd Garmon* (1937) yn portreadu'r esgob fel amddiffynnydd gwareiddiad Cristnogol ac yn awgrymu bod ei safiad yn berthnasol i gyflwr Cymru yn y 1930au. Ysgrifennodd y ddrama, ar gyfer y radio, tra oedd yn aros i sefyll ei brawf am yr eildro o ganlyniad i'r tân ym *Mhenyberth. Erbyn darllediad cyntaf y ddrama (2 Mawrth 1937) yr oedd yn y carchar. Y mae rhai rhannau o'r ddrama, yn arbennig yr un sy'n dechrau 'Gwinllan a roddwyd i'm gofal yw Cymru fy ngwlad', ymhlith y darnau mwyaf adnabyddus yn y Gymraeg.

Ceir rhagor o fanylion ym Muchedd Garmon gan Constantius o Lyon (c.480) a ddefnyddiwyd gan Beda yn ei *Historia Ecclesiastica* (731); gweler hefyd Hugh Williams, *Christianity in Early Britain* (1912) a Charles Thomas, *Christianity in Roman Britain* (1981).

Garn, Y, castell rhwng Hwlffordd a Thyddewi, Penf., a adeiladwyd yn y drydedd ganrif ar ddeg ar orchymyn Adam de la Roche. Yn ôl traddodiad lleol dewisodd ei adeiladu ar ben craig uchel oherwydd i wrach broffwydo y byddai Adam farw cyn diwedd y flwyddyn drwy gael ei frathu gan neidr. Caeodd ei hun yn y castell, ond ar y noson olaf cyn dirwyn y flwyddyn i ben daeth gwiber i mewn i'w ystafell mewn basged o goed tân. Brathwyd ef a bu farw.

Garthewin, Theatr, un o theatrau bychain mwyaf dylanwadol Cymru, a ffynnai rhwng 1937 ac 1969. Yn 1937, trodd R. O. F. *Wynne o Garthewin, Llanfairtalhaearn, Dinb., ysgubor o'r ddeunawfed ganrif ar ei ystad yn theatr i roi cartref i Theatr Genedlaethol Cymru a ffurfiwyd gan yr Arglwydd Howard de Walden (Thomas Evelyn *Scott-Ellis). Y digwyddiad cyntaf i'w gynnal yno, ym mis Rhagfyr 1937, oedd dathliad o Offeren y Nadolig am hanner nos, traddodiad a barhaodd yn ddi-dor am yr ugain mlynedd nesaf.

Caewyd y theatr yn ystod blynyddoedd y rhyfel ac ailagorodd yn 1945. Yn 1947 ffurfiwyd cwmni theatr, Chwaryddion Garthewin, gyda Morris Jones o Fae Colwyn yn gyfarwyddwr. Perfformiwyd *Amlyn ac Amig* Saunders *Lewis yng Ngarthewin yn 1948, a chwblhaodd Lewis ei ddrama *Blodeuwedd* ar gyfer perfformiad gan y cwmni yn 1949. Cynhaliwyd y gyntaf o'r gwyliau drama enwog yn 1950 pan berfformiwyd *Eisteddfod Bodran* Saunders Lewis, a ysgrifennwyd yn benodol ar gyfer y cwmni ac ar gyfer cynulleidfa ddethol Garthewin. Collodd y dramodydd ei ffydd yn y cwmni a'i gyfarwyddwr ar ôl y cynhyrchiad yn 1952 o'i ffars anodd *Gan Bwyll*, ond ddwy flynedd yn ddiweddarach, caniataodd iddynt gyflwyno'r perfformiad llwyfan cyntaf o *Siwan* gyda John Gwilym *Jones yn cyfarwyddo.

Bu'r theatr, a alwyd yn aml yn 'Glyndebourne Cymru' a 'Malvern Cymru', yn feithrinfa a maes hyfforddi gwerthfawr i actorion, cyfarwyddwyr, cyfieithwyr a dramodwyr. Yma y perfformiwyd sawl un o ddramâu Huw Lloyd *Edwards gyntaf, ac yma eto y llwyfannwyd cyfieithiadau enwog J. T. Jones o ddramâu Shakespeare yn ystod y gwyliau a gynhelid bob yn eilflwydd. Byddai rhaglen y theatr hefyd yn cynnwys cyfieithiadau i'r Gymraeg o ddramâu Ewropeaidd. Er y byddai'r gwyliau drama a naws aristocrataidd Garthewin yn denu nifer o arbenigwyr o Loegr i ddarlithio yn y parlwr o gyfnod y Rhaglywiaeth, yr oedd yr awyrgylch yn ddiogel Gymreig, yn arbennig gan fod yr arddwest a gynhelid gan y Wynneiaid er budd *Plaid Cymru yn y 1950au yn rhan annatod o raglen yr ŵyl.

Yn y 1960au, arweiniodd nifer o ffactorau, gan gynnwys diddordeb o'r newydd mewn sefydlu Theatr Genedlaethol broffesiynol i Gymru, at ddirywiad ym mhoblogrwydd Theatr Garthewin ac ar ôl 1968 nid oedd cynnal y gwyliau drama bellach yn ymarferol. Yng ngwanwyn 1969, caewyd y theatr; gwerthwyd y tŷ i Sais yn 1996.

Yn ei hanterth, bu Theatr Garthewin yn ffocws i ffigurau amlwg bywyd diwylliannol Cymru. Ffenomen unigryw ydoedd a welodd Babyddiaeth Gymreig, *Cenedlaetholdeb Cymreig a'r iaith Gymraeg yn dod at ei gilydd i ddatblygu a meithrin y theatr Gymraeg. Am dros ugain mlynedd, chwaraeodd y theatr a'i chwmni, dan gyfarwyddyd Morris Jones, ran hanfodol yn hanes y theatr yng Nghymru. Gweler hefyd DRAMA.

Am astudiaeth fanwl, gweler Hazel Walford Davies, *Saunders Lewis a Theatr Garthewin* (1995); gweler hefyd R. O. F. Wynne, *The Garthewin Little Theatre*, yn *Dock Leaves* (Gwanwyn, 1953).

Garthmadrun, gweler o dan BRYCHAN (5ed gan.) a BRYCHEINIOG.

Gavelkind, dull o gymynnu tir ac eiddo trwy eu rhannu'n gyfartal rhwng meibion a pherchennog. Yr oedd yn gyffredin mewn rhai ardaloedd yn Lloegr yn ystod yr Oesoedd Canol a defnyddiwyd y term gan gyfreithwyr y cyfnod yn Lloegr i ddisgrifio arfer cyffelyb yng Nghymru lle y'i gelwid yn Gyfran. Effaith anochel yr arferiad dros nifer o genedlaethau oedd fod yr unedau o dir yn mynd yn llai, er bod y broses hon yn cael ei llareiddio i raddau trwy sefydlu rhai o'r etifeddion ar yr hyn a fu'n dir comin cyn hynny. Serch hynny, tuedd

gyffredinol *gavelkind* oedd tanseilio sefydlogrwydd cymdeithas. Gwaharddwyd yr hen ddull hwn o etifeddu, a oedd wedi marw mewn rhai mannau o Gymru, gan *Ddeddf Uno 1536, a daeth dull cyntafanedigaeth yn ei le, sef etifeddu gan y mab hynaf yn unig. Ni waharddwyd *gavelkind* yn Lloegr (yr oedd, yn wir, yn arfer cyffredin yng Nghaint) ac oherwydd hynny, parhaodd yr arfer yn *Erging a oedd, gan mwyaf, yn rhan o swydd Henffordd ar ôl yr Uno.

Ceir manylion pellach yn T. Jones Pierce, *Medieval Welsh Society* (1972).

Gawain, gweler GWALCHMAI FAB GWYAR.

Gee, Thomas (1815–98), cyhoeddwr a golygydd a aned yn Ninbych. Fe'i prentisiwyd pan oedd yn bedair ar ddeg oed yn argraffdy ei dad; treuliodd ddwy flynedd yn dysgu'r grefft yn Llundain cyn dychwelyd i ymuno â busnes ei dad yn 1838. O 1845 hyd ei farwolaeth bu'n gyfrifol am ddatblygu Gwasg Gee i fod yn sefydliad o bwys cenedlaethol. Yn ystod y cyfnod hwn, oes aur cyhoeddi yng Nghymru, llifodd nifer enfawr o gylchgronau, papurau newydd, geiriaduron, gramadegau, llyfrau, barddoniaeth, casgliadau o emynau, pregethau a gweithiau diwinyddol o'i wasg. Ar yr un pryd llwyddodd i feithrin cysylltiadau personol ag arweinwyr gwleidyddol a chrefyddol y cyfnod gan sicrhau bod ei ddylanwad i'w deimlo ym mhob cwr o fywyd cyhoeddus Cymru. Yr oedd yn Fethodist pybyr, pregethai yn rheolaidd a chefnogai'r *Ysgol Sul. Ymhlith y cyhoeddiadau mwyaf nodedig a gynhyrchwyd gan Wasg Gee gellir nodi'r cylchgrawn *Y *Traethodydd*, *Y *Gwyddoniadur Cymreig* a'r papur newydd *Baner ac Amserau Cymru*. Ymhlith y prif bynciau yr ymladdodd Thomas Gee o'u plaid yn ei bapur newydd, a oedd yn Rhyddfrydol a Radicalaidd ei ogwydd, yr oedd addysg anenwadol ar gyfer Anghydffurfwyr, ehangu'r bleidlais etholiadol a *datgysylltu a dadwaddoli'r Eglwys Sefydledig yng Nghymru. Er na fu byw i weld ffrwyth llawer o'i ymgyrchoedd, llwyddodd i wneud y pynciau hyn yn rhai llosg yng ngwleidyddiaeth Cymru. Ni chyffyrddodd ei *Radicaliaeth ag ardaloedd diwydiannol de Cymru.

Ar ôl marwolaeth Thomas Gee, cymerodd ei fab, John Howel Gee, ofal o'r busnes hyd 1903, ac arhosodd ym meddiant y teulu hyd 1914. Wedi hynny cafwyd nifer o berchenogion, yn eu plith Is-iarlles Rhondda, y brodyr Berry (yr Arglwydd Camrose a'r Arglwydd Kemsley yn ddiweddarach) a'r llenor Kate *Roberts a barhaodd, gyda'i gŵr Morris Williams, i gyhoeddi llyfrau o ansawdd lenyddol dda, traddodiad a barhaodd hyd heddiw o dan oruchwyliaeth Emlyn Evans.

Ceir manylion pellach yn y cofiant i Thomas Gee gan T. Gwynn Jones (2 gyf., 1913) a'r pamffled gan Emyr Price (1977).

Geirgrawn, Y, cylchgrawn y cyhoeddwyd naw rhifyn

ohono yn 1796 gan David Davies (m. 1807) o Dreffynnon, Ffl. Honnai mai ei amcan oedd 'lledu Gwybodaeth, Uniondeb, Cariad, a Heddwch, trwy Gymru'. Cefnogai *Radicaliaeth ac ochrai gyda'r gwladfawyr yng Ngwrthryfel America a chefnogai egwyddorion y *Chwyldro Ffrengig (1789); mewn un rhifyn cyhoeddwyd cyfieithiad Cymraeg o 'La Marseillaise'. Achoswyd cryn gyffro pan gyhoeddodd y cylchgrawn Seren Tan Gwmwl gan Jac Glan-y-gors (John *Jones).

Geiriadur Prifysgol Cymru, geiriadur hanesyddol safonol cyntaf yr iaith Gymraeg. Yn 1921 dechreuodd J. Bodvan Anwyl (gweler o dan ANWYL, EDWARD) ar ei waith yn *Llyfrgell Genedlaethol Cymru fel arolygydd y cynllun i gasglu a threfnu defnyddiau ar gyfer y gwaith hwn dan nawdd y *Bwrdd Gwybodau Celtaidd. Cyhoeddwyd y rhan gyntaf yn 1950, wedi penodi tîm bychan o olygyddion dan arweiniad R. J. *Thomas, darllenydd ar y staff eisoes, a fu'n olygydd hyd nes iddo ymddeol yn 1975, pryd y penodwyd Gareth A. Bevan i'r swydd. Erbyn haf 1997 yr oedd saith a deugain o rannau wedi eu cyhoeddi, mor bell â'r gair *rhadus*.

Sylfaen y gwaith yw casgliad o ddwy filiwn a rhagor o slipiau dyfyniadau, wedi eu gwneud gan staff y Geiriadur, nifer bychan o ddarllenwyr cyflogedig, a mintai fawr o weithwyr gwirfoddol. Y mae'r gweithiau a ddarllenwyd yn cynnwys llawer o lawysgrifau anghyhoeddedig, bron y cwbl o'r llyfrau a argraffwyd cyn 1800, y rhan fwyaf o'r argraffiadau ysgolheigaidd cyhoeddedig a'r traethodau gradd perthnasol, ynghyd â detholiad helaeth a gofalus o gyhoeddiadau o bob math o'r bedwaredd ganrif ar bymtheg a'r ugeinfed ganrif. Yn ogystal, y mae'r golygyddion bellach yn gallu manteisio ar gorpws o destunau ar lein, a thestun y Geiriadur ei hunan gyda'r pwysicaf ohonynt.

Er y gellir ei gymharu'n fras â'r Oxford English Dictionary, y mae Geiriadur Prifysgol Cymru'n llawer mwy cryno, ffaith sy'n cuddio maint y gwaith a fu ynglŷn ag ef. Argreffir cyfartaledd llawer llai o'i gasgliad dyfyniadau fel enghreifftiau, gan na ddyfynnir fawr ddim o ffynonellau'r bedwaredd ganrif ar bymtheg a'r ugeinfed ganrif. Yn wahanol i eiriadur Rhydychen, dyfynnir yn helaeth o lawysgrifau anghyhoeddedig, a thra bo'r geiriadur hwnnw'n eiriadur uniaith Saesneg, ceisia Geiriadur Prifysgol Cymru wasanaethu fel geiriadur dwyieithog Cymraeg-Saesneg yn ogystal ag fel un uniaith Cymraeg.

Geiriadur yr Academi: The Welsh Academy English-Welsh Dictionary (1995). Fe'i paratowyd gan Bruce *Griffiths (golygydd) a Dafydd Glyn *Jones (golygydd cyswllt) dros gyfnod o ryw ugain mlynedd dan nawdd Yr *Academi Gymreig ac â chymorth ariannol *Cyngor Celfyddydau Cymru a chyrff eraill, ac fe'i cyhoeddir gan *Wasg Prifysgol Cymru. Dyma'r geiriadur cyflawnaf o'i

fath; y mae'n cynnwys nid yn unig y geiriau Cymraeg cyffredin i Gymru gyfan eithr hefyd eiriau ei thafodieithoedd; nid yn unig gyfieithiadau o idiomau Saesneg eithr hefyd gyfieithiadau Saesneg o briod idiomau'r iaith; nid yn unig eiriau wedi eu bathu eisoes eithr hefyd eiriau wedi eu bathu o'r newydd, ac ar ben hyn oll ddisgrifiad manwl o forffoleg yr *iaith Gymraeg. Disodla eiriaduron John *Walters, D. Silvan *Evans a J. Bodvan Anwyl (gweler o dan ANWYL, EDWARD) drwy fod yn fwy cyfoes ac yn fwy cyflawn.

Geiriadur Ysgrythyrawl (4 cyf., 1801–11), geiriadur o hanes, diwinyddiaeth ac athroniaeth y Beibl a beirniadaeth Ysgrythurol gan Thomas *Charles a fwriadwyd i ddysgu dychweledigion y Diwygiad Methodistaidd. Amlygir ysgolheictod yr awdur yn ei ddyfyniadau lu o'r clasuron ac o brif awduron Cristnogol yr oesoedd, ac yn ei feistrolaeth ar ieithoedd ac esboniadaeth y Beibl. Yn hyn o beth ehangodd y Geiriadur orwelion deallusol a diwylliannol y Cymry. Y mae'r llyfr yn nodedig am ei ymdriniaeth gynnes ond cytbwys â themâu'r Beibl a'i esboniad eglur o ddarnau dyrys. Cyflwyna ffeithiau gwyddonol, meddygol, daearyddol a hanesyddol, o fewn fframwaith cynhwysfawr Calfinaidd sy'n gweld yr holl fyd dan benarglwyddiaeth y Duw byw. Yr oedd dylanwad y llyfr hwn ar feddwl ac agwedd cenedl gyfan yn aruthrol: yr oedd yn un o'r llyfrau mwyaf poblogaidd a gyhoeddwyd yn y Gymraeg ac yn un o brif orchestion *Methodistiaeth Gymraeg yn y bedwaredd ganrif ar bymtheg.

Gelert, hoff gi hela *Llywelyn ap Iorwerth (Llywelyn Fawr). Yn ôl y chwedl sy'n gysylltiedig â phentref Beddgelert, Caern., dychwelodd y Tywysog o'r helfa a darganfod yr anifail yn waed drosto. Gan dybio ei fod wedi lladd ei fab bychan, fe'i lladdodd yn y fan ond sylweddolodd yn ddiweddarach fod y ci wedi lladd blaidd rheibus. Ceir fersiwn cynnar o'r stori yn *Chwedlau Saith Ddoethion Rhufain. Nid oedd sôn amdani yn y pentref cyn 1784 gan mai David Prichard, perchennog y dafarn leol, y Royal Goat, a'i dyfeisiodd. Seiliwyd y gromlech yr honnai iddi fod yn fedd y ci, yn ogystal â'r gerdd adnabyddus gan W. R. Spencer y cyfansoddodd Joseph Haydn gerddoriaeth iddi, ar fanylion gan Prichard. Y mae'n fwy tebyg mai'r eglurhad ar enw'r pentref yw fod yno, yn y chweched ganrif, briordy wedi ei gysegru i enw Celert.

GELLAN (m. 1904), gŵr a ddisgrifir fel 'telynyaur penkerd' a oedd gyda lluoedd *Gruffudd ap Cynan ym mrwydr Aberlleiniog (1094), Môn, lle y lladdwyd ef. Tybir, felly, ei fod yn fardd teulu i Ruffudd ac efallai mai Gwyddel ydoedd.

Gweler D. S. Evans, Historia Gruffud vab Kenan (1977).

Genedl Gymreig, Y (1877–1937), papur newydd

wythnosol Radicalaidd a sefydlwyd gan Hugh Pugh, Evan Jones, John Davies (Gwyneddon) a W. Cadwaladr Davies yng Nghaernarfon. Wedi 1892 daeth yn fwy gwleidyddol ei naws a bu nifer o brif ffigurau'r wasg newyddiadurol ymhlith ei olygyddion, gwŷr megis John Owen Jones (Ap Ffarmwr), Beriah Gwynfe *Evans, John *Thomas (Eifionydd), E. Morgan *Humphreys ac O. Llew *Owain. Yn 1937 unwyd y papur â'r *Herald Cymraeg.

Geninen, Y, cylchgrawn chwarterol a sefydlwyd yn 1884 ac a olygwyd gan John *Thomas (Eifionydd) rhwng y dyddiad hwnnw ac 1928. Bwriad y cylchgrawn oedd bod yn gyfrwng i gyhoeddi cynhyrchion eisteddfodol ond yr oedd yn ddigon annibynnol i ddenu cyfraniadau gan lenorion blaenllaw hefyd. Ailddechreuwyd ei gyhoeddi yn 1951 gan Wasg Gomer o dan y teitl Y Genhinen a'i olygu gan R. J. *Rowlands (Meuryn) ac S. B. *Jones tan 1963. Wedyn fe'i golygwyd gan W. Rhys *Nicholas ac Emlyn Evans nes ei ddirwyn i ben yn 1980. Parhaodd i adlewyrchu diwylliant llenyddol traddodiadol gwledig Cymru ac ar yr un pryd, daeth yn un o gylchgronau Cymraeg bywiocaf ei gyfnod.

George, David Lloyd, gweler LLOYD GEORGE, DAVID (1863–1945).

GEORGE, EIRWYN (1936–), bardd, a aned yn ardal Tufton, Penf. Y mae'n awdur dwy gyfrol o farddoniaeth, O'r Moelwyn i'r Preselau (1975) ar y cyd â T. R. Jones, a Llynnoedd a Cherddi Eraill (1996). Enillodd *Goron yr *Eisteddfod Genedlaethol ddwywaith, yn 1982 ac 1993, ac ef yw golygydd Blodeugerdd y Preselau (1995).

GEORGE, WILLIAM RICHARD PHILIP (1912–), bardd a chofiannydd, a chyfreithiwr; brodor o Gricieth, Caern., ydyw. Cyhoeddodd bum cyfrol o farddoniaeth, sef Dwyfor a Cherddi Eraill (1948), Cerddi'r Neraig (1968), Grawn Medi (1974), Tân (1979) a Dringo'r Ysgol (1989). Enillodd y *Goron yn Eisteddfod Genedlaethol 1974; bu'n Archdderwydd o 1990 hyd 1993. Golygodd gasgliad o lythyrau Eluned *Morgan, Gyfaill Hoff (1972), ac ysgrifennodd ddramâu i'w darlledu. Y mae'n nai i David *Lloyd George a chyhoeddodd W. R. P. George ddau lyfr am ei ewythr, The Making of Lloyd George (1976) a Lloyd George, Backbencher (1983). Astudiaeth o gefndir teuluol a chymdeithasol Lloyd George a'i yrfa hyd at 1905 sydd yn y ddau.

Geraint fab Erbin (g. c.580), arwr y rhamant Arthuraidd Geraint ac Enid; yr oedd yn berson hanesyddol ac yn gysylltiedig â Dyfnaint. Yn *Llyfr Coch Hergest ceir cyfres o englynion iddo ac yn un ohonynt fe'i dygir i gysylltiad ag *Arthur. Anachroniaeth yw hynny, gan fod Arthur yn perthyn i gyfnod ddwy neu dair cenhedlaeth yn

gynharach, ond y mae'n enghraifft gynnar o'r duedd i ddwyn arwyr o wahanol gyfnodau i mewn i'r cylch Arthuraidd. Yn ôl y rhamant yr oedd Erbin (tad Geraint) yn ewythr i Arthur, a Geraint yn gefnder iddo. Ymddengys Geraint yn gyntaf yn un o'r gwŷr ifainc yn llys Arthur ac adroddir hanes amdano'n trechu *Edern fab Nudd er mwyn dial sarhad a wnaethai'r marchog hwnnw i *Wenhwyfar, gwraig Arthur. Yna y mae'n priodi Enid, ferch *Yniwl Iarll, ond yn rhoddi triniaeth arw iddi wedi i'w gymdeithion gwyno ei fod yn rhoddi gormod o sylw i'w wraig a rhy ychydig iddynt hwy. Wedi iddo etifeddu ei iarllaeth, cymodir ef ac Enid a fu'n ffyddlon iddo er gwaethaf ei amheuon ef ei bod yn anffyddlon.

Yn y gerdd Ffrangeg gan Chrétien de Troyes sy'n cyfateb i'r rhamant Gymraeg, sef Erec et Enide, ffurf a derddir o'r Llydaweg, Guerec, yw enw'r arwr. Bernir mai arwr mewn chwedl Lydewig ydoedd a bod awdur y fersiwn Cymraeg wedi newid ei enw i Geraint. Ceir llu o gyfeiriadau at harddwch Enid yng ngwaith y *Gogynfeirdd a'r cywyddwyr, ond go brin fod ei henw yn hysbys cyn ysgrifennu'r rhamant a'i chymar Ffrengig, lle y gelwir hi'n Enide. Efallai mai camsillafu neu gamddealltwriaeth o enw'r ardal Bro Wened, yn Llydaw, yw'r enw. Gweler hefyd TAIR RHAMANT.

GERALD DE BARRI (Giraldus Cambrensis, Gerallt Gymro; c. 1146–1223), un o'r llenorion Lladin mwyaf a godwyd yng Nghymru. Fe'i ganed ym Maenorbŷr, Penf., yn fab i William de Barri ac Angharad ferch Gerald de Windsor a'i wraig *Nest. Symudasai teulu de Barri o Forgannwg, yr oeddynt wedi meddiannu rhan ohoni yn ystod *Goresgyniad Cymru gan y Normaniaid, ac ymsefydlu ym Mhenfro. Bu Gerald de Windsor yn geidwad castell Penfro a chryfhawyd ei safle pan briododd Nest, ferch Rhys ap Tewdwr, Tywysog *Deheubarth. Yr oedd plant Gerald a Nest, a adwaenir weithiau fel y Geralltiaid, yn arglwyddi eglwysig a seciwlar nerthol. Ynghyd â phlant eraill Nest, ei meibion gan Harri I a Stephen, ceidwad castell *Aberteifi, arddelent berthynas â theulu *Rhys ap Gruffudd (Yr Arglwydd Rhys) hefyd. I'r safle breiniol hwn y ganed Gerald de Barri, yn fab arglwydd Maenorbŷr, nai Esgob *Tyddewi, ac un a ymfalchïai yn ei dras gymysg.

Fe'i haddysgwyd yn ysgol eglwys Sant Pedr yng Nghaerloyw ac ym Mharis lle y bu tan tuag 1175, a diau mai yno yr enillodd y feistrolaeth ar arddull Ladin sy'n nodweddu ei waith, a'r adnabyddiaeth lwyr o weithiau'r 'awdurdodau' sy'n elfen mor amlwg yn ei ddysg eang. Wedi dychwelyd i Gymru fe'i penodwyd gan ei ewythr i nifer o fywoliaethau a chyn bo hir yn rhinwedd ei swydd fel Archddiacon Brycheiniog yr oedd yn ddiwygiwr eglwysig egnïol. Fe'i henwebwyd yn Esgob Tyddewi yn 1176 pan fu farw ei ewythr, ond dychwelodd i Baris wedi i'w enw gael ei wrthod gan y

Brenin. Bu'n athro'r gyfraith yn Ffrainc am ryw dair blynedd cyn dychwelyd unwaith eto i Brydain. Tra oedd yr Esgob Peter de Leia'n benben â'i gabidwl, Gerallt oedd gweinyddwr yr esgobaeth ac am tua deng mlynedd (1184–94) bu'n glerc brenhinol yn llys Harri II. Teithiodd lawer ac yr oedd ei gynnyrch llenyddol yn deillio o'i deithiau, yn enwedig pan fu'n cyd-deithio â'r Archesbgob Baldwin trwy Gymru yn 1188 a phan fu'n gydymaith i'r Tywysog John ar ei ymweliad ag Iwerddon yn 1185. Ei bedwar llyfr cyntaf yw *Expugnatio Hibernica* ('Concwest Iwerddon'), *Topographia Hibernica* ('Topograffeg Iwerddon'), *Itinerarium Kambriae* ('Hanes y daith trwy Gymru') a *Descriptio Kambriae* ('Disgrifiad o Gymru').

Tuag 1194 ymadawodd â gwasanaeth y Brenin unwaith eto er mwyn astudio yn Lincoln, ond torrwyd ar ddedwyddwch y blynyddoedd hyn yn 1198 pan enwebwyd ef yr eildro yn Esgob Tyddewi a'i wrthod unwaith eto gan Archesgob Caer-gaint a'r Brenin. Erbyn hyn yr oedd Gerallt wedi'i argyhoeddi o gyfiawnder ei achos ac o hawl Tyddewi i'w hen safle yn eglwys archesgobaethol; am y pum mlynedd nesaf bu'n dadlau achos ei eglwys a'i hawl ef i'w gysegru'n Esgob (neu'n Archesgob) gerbron y Pab, gan ymweld â Rhufain deirgwaith. Dangosodd y Pab ddiddordeb yn y dystiolaeth hanesyddol (lawer ohoni wedi'i chrynhoi gan Bernard, un o gynesgobion Tyddewi), ond dyfarnwyd yn erbyn Gerallt: collodd gefnogaeth cabidwl Tyddewi, er bod y Tywysogion Cymreig o'i blaid, a chysegrwyd Geoffrey de Henlaw yn Esgob Tyddewi yn 1203. Hyd ddiwedd ei oes honnai Gerallt mai ei ymagwedd Gymreig ac ofn yr effaith a roddai ei ethol a wleidyddiaeth genedlaethol yng Nghymru oedd prif achos ei wrthod. Ond nid yr agwedd genedlaethol oedd gwedd bwysicaf y ddadl, oblegid yr oedd yn yr ymgyrch elfennau diwygiadol na allai'r Goron eu derbyn ac ni allai Caer-gaint dderbyn her i'w hawdurdod. Diau fod sêl eglwysig Gerallt yn gymaint o rwystr â'i Gymreigrwydd. Beth bynnag oedd y rhesymau, wedi'r siom, treuliodd weddill ei fywyd yn ysgrifennu ac yn golygu fersiynau newydd o'i lyfrau.

Ar wahân i ychydig o *Fucheddau Saint ffurfia cynnyrch llenyddol Gerallt bedwar dosbarth. Rhoes hanes ei frwydr am fraint Tyddewi yn ei hunangofiant *De Rebius a se Gestis* (1208) ac yn *De Jure et Statu Menevensis Ecclesiae* (1218), cyfrolau sy'n nodedig am fywiogrwydd eu hadrodd a'u synnwyr dramatig. Y mae'r trydydd llyfr, *De Invectionibus* (1216), yn fwy dogfennol. Trafodaethau mwy athronyddol eu naws sydd yn *De Principis Instructione* (1218), llyfr ar faterion megis nodweddion y Tywysog delfrydol a hanes manwl eglurebol teyrnasiad Harri II. Mewn ymgais i fynegi'i siom a'i ddicter at anffyddlondeb nai iddo, ysgrifennodd draethawd ar anniolchgarwch ac egwyddorion addysg, sef *Speculum Duorum* (1216). Yn y *Gemma Ecclesiastica* (1197) a'r *Speculum Ecclesiae* (1220) amlygir y diwygiwr

eglwysig, yn drwm ei lach ar anfoesoldeb a glythineb mynachod ac ar anwybodaeth a diffyg dysg offeiriaid plwyf. Er nodweddu'r gweithiau hyn gan ehangder dysg, meistrolaeth ar arddull a'r gallu i lunio hanesyn byw, gweithiau mwyaf nodedig Gerallt yw ei lyfrau ar Iwerddon a Chymru. Clodfora ei dylwyth, a bortreedir yn arwyr y Goresgyniad Normanaidd, yn *Expugnatio Hibernica* (1188) a dengys ei ddawn fel hanesydd gan osod trefn ar ffeithiau a llunio naratif sy'n llawn o bortreadau cofiadwy. Yn *Topographia Hibernica* (1188) rhydd ddisgrifiad o Iwerddon a'i phobl sy'n gymysgfa hyfryd o sylwi manwl, realistig ac o goelion cwbl ddisail. Y ddau lyfr ar Gymru, *Itinerarium Kambriae* a *Descriptio Kambriae* yw'r pwysicaf o'i gyfansoddiadau, a'r rhain, ar gyfrif eu cynnwys a brwdfrydedd yr ysgrifennu, sy'n apelio fwyaf at ddarllenwyr heddiw. Yma, megis yn y gweithiau hunangofiannol, amlygir personoliaeth hynaws yr awdur – y cwmnïwr difyr, y sgwrsiwr hunandybus, y sylwebydd ofergoelus a'r diwygiwr dysgedig.

Paratowyd fersiwn Cymraeg o'r ddau lyfr hyn gan Thomas Jones o dan y teitlau *Hanes y Daith trwy Gymru a'r Disgrifiad o Gymru* (1938), a cheir llyfr dwyieithog gan yr un awdur yng nghyfres *Gŵyl Dewi* (1947). Paratowyd cyfieithiadau Saesneg gan Syr Richard Colt Hoare (1806, ailargraffwyd yn *Everyman's Library* yn 1908 ac ailgyhoeddwyd yn 1976) a chan Lewis Thorpe (1978). Cyfieithwyd y gweithiau hunangofiannol gan H. E. Butler, *The Autobiography of Giraldus Cambrensis* (1937). Gweler arolwg o lenyddiaeth ar Gerallt gan Eileen A. Williams yng *Nghylchgrawn* Llyfrgell Genedlaethol Cymru (1961). Gweler hefyd Michael Richter, *Giraldus Cambrensis and the Growth of the Welsh Nation* (1972), y traethawd ar Gerallt gan Brynley F. Roberts yn y gyfres *Writers of Wales* (1982) a Robert Bartlett, *Gerald of Wales* (1982).

Gerallt Gymro, gweler GERALD DE BARRI (c.1146–1223).

Gesta Romanorum (llyth. 'Gweithredoedd y Rhufeiniaid'), casgliad o chwedlau amrywiol a fu'n boblogaidd iawn yn yr Oesoedd Canol. Yn ei ffurf wreiddiol cynhwysai chwedlau yn yr iaith Ladin a ddetholwyd o ddamhegion dwyreiniol, moeswersi'r mynaich, ystorïau clasurol, hanesion brudwyr, traddodiadau poblogaidd a ffynonellau eraill y byddai'n anodd os nad amhosibl erbyn hyn eu holrhain. Amcan a gwaith oedd llunio cyfrol o chwedlau difyr ynghyd â moeswersi er mwyn i offeiriaid y cyfnod gael eu defnyddio yn eu pregethau. Yn ddiweddarach fe'u troswyd i nifer o ieithoedd brodorol Ewrop gan gynnwys y Gymraeg a gellir ystyried y gwaith bellach yn rhan o'r traddodiad rhyddiaith grefyddol yng Nghymru, er nad yw'n gyfansoddiad gwreiddiol. Yn ei ffurf gyflawn cynhwysai'r testun Cymraeg dair a deugain o chwedlau, sy'n cyfateb yn union ac yn digwydd yn yr un drefn â'r rhai a geir yn llawysgrif Eingl-Ladin Harleian 5369 ac yn ferswin Saesneg Canol Wynkyn de Worde a argraffwyd rywdro rhwng 1510 ac 1515. Y mae'r tair chwedl gyntaf a rhan o'r bedwaredd ar goll; mae'r olaf hefyd yn anghyflawn.

Ceir y casgliad yn llaw Llywelyn Siôn mewn un llawysgrif yn unig, sef LlGC 13076 B neu Lanofer B 18, sydd wedi ei dyddio i 1600 ond y mae arwyddion bod y chwedlau wedi eu copïo o lawysgrif hŷn. Serch hynny, y mae'n annhebygol ei bod yn llawer cynharach nag 1580. Amhosibl bellach yw gwybod pwy a gyfieithodd y *Gesta* i'r Gymraeg ond y tebyg yw mai mynach neu offeiriad o Forgannwg a wnaeth y gwaith a barnu yn ôl natur crefyddol y casgliad a'r ffaith nad oedd beirdd y cyfnod yn hyddysg iawn yn Saesneg heb sôn am Ladin. Pwy bynnag oedd y cyfiethydd nid oedd yn gaeth i'w gynsail ac y mae'r gwaith yn fwy o aralleiriad nag o gyfieithiad llythrennol. Yr un yw'r orgraff ag a welir yn *Ystori Alexander a Lodwig* a chyfunir yn y gwaith gystrawen a morffoleg Cymraeg Canol ynghyd â thafodiaith frodorol y cyfieithydd.

Byddai gogwydd Babyddol y testun yn ei amddifadu o nawdd yr Eglwys a theuluoedd Protestannaidd llengar. Efallai mai dyna paham y cadwyd y chwedlau hyn, a fu mor boblogaidd yn yr Oesoedd Canol ac a geir mewn nifer helaeth o lawysgrifau yn Lloegr ac ar gyfandir Ewrop, mewn un llawysgrif yn unig yng Nghymru ac nad argraffwyd fersiwn Cymraeg ohonynt erioed.

Am fanylion pellach gweler Kate E. P. Williams, '*Gesta Romanorum: An Annotated Edition of the Welsh Version of the Text taken from MS NLW 13076 B, namely Llanover B 18*' (thesis anghyhoeddedig, Prifysgol Manceinion, 1995).

GIBBON, LEVI (1814–70), baledwr. Brodor o sir Gaerfyrddin ydoedd, a drawyd yn ddall yn bump ar hugain oed, ac a grwydrai ffeiriau de Cymru gyda'i ferched. Y mae pymtheg ar hugain o'i faledi ar gael, y rhan fwyaf ohonynt yn ymwneud â digwyddiadau cymdeithasol megis dyfodiad y rheilffordd, ond y mae rhai eraill yn disgrifio'i brofiadau carwriaethol a chrefyddol, a hynny mewn ffordd ddigon di-chwaeth yn aml.

GILDAS (*c*.495–*c*.570), mynach Brythonig ac awdur Lladin. Yn ôl Buchedd a ysgrifennwyd amdano gan fynach Llydewig yn y nawfed ganrif, fe'i ganed yn Arecluta (glannau afon Clud yn yr Alban) a sefydlodd fynachlog Ruys ger Vannes (Gwened), Llydaw. Amheuwyd cysylltiadau Llydewig Gildas gan rai ysgolheigion ond coffeir symudiadau ei dylwyth mewn enwau lleoedd yng Nghymru, Cernyw a Llydaw. Gyda *Dewi Sant, Samson a Paul (yn ôl *Vita* Paul a ysgrifennwyd yn 884) fe'i haddysgwyd yn ysgol *Illtud. Y mae'n enwog am y traethiad proffwydol chwerw, *De Excidio Britanniae*. Ymddengys ei fod yn cynrychioli traddodiad Cristnogaeth Rufeinig–Brydeinig a ystyriai fod buddugoliaeth y Brythoniaid ym mrwydr Baddon wedi'i thanseilio oherwydd fod llywodraeth y wlad wedi ei chipio gan arweinwyr milwrol; yr oedd rhai o'r rheini, megis *Maelgwn Gwynedd, wedi ceisio cymryd arnynt eu hunain ymarweddiad brenhiniaeth Frythonig. Rhoddodd ei bolemig hwb i'r mudiad mynachaidd

oherwydd caniatâi i 'ddynion da' ymneilltuo o'r gymdeithas lwgr a bortreadwyd gan Gildas. Ymddengys i'w Ladin lliwgar a dyfeisgar – iddo ef '*nostra lingua*' oedd Lladin – arloesi math o arddull a gyrhaeddodd eithafbwynt o hynodrwydd yn y Llên *Hisperig.

Ceir manylion pellach yn Hugh Williams (gol.), *Gildae De Excidio Britanniae* (2. gyf., 1899–1901) a'r cyfieithiad gan A. W. Wade-Evans, *Coll Prydain* (1950); gweler hefyd Leslie Alcock, *Arthur's Britain* (1971), *The Ruin of Britain* (gol. Michael Winterbottom, 1978), J. R. Morris, *The Age of Arthur* (1973), Charles Thomas, *Christianity in Roman Britain* (1981) a *Gildas: New Approaches* (gol. M. Lapidge a David N. Dumville, 1984).

Gilfaethwy fab Dôn, gweler o dan MATH FAB MATHONWY.

GILPIN, WILLIAM (1724–1804), gweler o dan OBSERVATIONS ON THE RIVER WYE (1782).

Giraldus Cambrensis, gweler GERALD DE BARRI (*c*.1146–1223).

Glan Sarno, gweler o dan CORN IS GREEN (1938).

Glanffrwd, gweler THOMAS, WILLIAM (1843–90).

Glaslyn, gweler OWEN, RICHARD JONES (1831–1909).

Glasynys, gweler JONES, OWEN WYNNE (1828–70).

Glewlwyd Gafaelfawr, prif borthor llys *Arthur. Yn chwedl *Culhwch ac Olwen dywedir ei fod yn borthor i Arthur bob Dydd Calan, ond yn ôl y rhamant *Owain* (gweler o dan TAIR RHAMANT) ei ddyletswyddau yw derbyn gwesteion gydol y flwyddyn a mynegi moes a defod y llys iddynt. Gwrthyd ganiatâd i Gulhwch fynd i mewn i'r neuadd am fod y wledd wedi dechrau, ond egyr y porth iddo ar orchymyn Arthur. Yn y gerdd 'Pa ŵr yw y Porthor?' yn *Llyfr Du Caerfyrddin* ymddengys Glewlwyd nid fel porthor Arthur ond mewn llys arall, a dangosir y Brenin, ar ben mintai o ddilynwyr, yn ceisio cael mynediad iddo. Damcaniaethwyd bod yma olion fersiwn cynharach o'r chwedl am *Gai yn ceisio mynediad i lys *Wrnach Gawr. Yn Araith *Iolo Goch, Glewlwyd Gafaelfawr yw 'y gŵr a ddyrchafodd y pair i lawr oddi ar y tân yn ei unllaw . . . a chig llen saith ychen ynddo'.

Gloch, Y, gweler o dan RHEDEGYDD.

Glosau Rhydychen, nifer o nodiadau a wnaed gan Gymry ar destun Lladin, rhwng llinellau neu ar ymyl y ddalen, yn ystod cyfnod Hen Gymraeg (8fed–11fed gan.) pan oedd yr wybodaeth o'r Lladin yn dirywio. Cadwyd pedwar casgliad o'r glosau hyn, dau yn Rhydychen a dau yng Nghaer-grawnt. Yn Rhydychen ceir llawysgrif Ladin gymysg o ran ei chynnwys (Llsgr.

Auct. F4 32, c.820); adwaenir hi hefyd fel *Oxoniensis Prior* (Ox. 1) ac un arall a adwaenir fel *Oxoniensis Posterior* (Ox. 2 Llsgr. Bodleian 572). Cafodd y glosau hyn gryn sylw gan ysgolheigion megis Ifor *Williams, Henry *Lewis a Kenneth H. *Jackson oblegid pwysigrwydd eu tystiolaeth i hanes cynnar yr iaith Gymraeg.

Ceir manylion pellach yn Kenneth H. Jackson, *Language and History in Early Britain* (1953) a D. Simon Evans, *Llafar a Llyfr yn yr Hen Gyfnod* (1982).

Glyn, teulu, gweler o dan GLYNLLIFON.

Glyn Rhosyn, gweler o dan DEWI SANT (6ed gan.).

Glyn-y-groes, gweler Glynegwestl.

Glyndyfrdwy, arglwyddiaeth y tu mewn i gwmwd *Edeirnion. Yn 1283 yr oedd ym meddiant Gruffudd Fychan o dras arglwyddi Powys Fadog. Yno, yng Nglyndyfrdwy y cododd ei orwyr, *Owain Glyndŵr, faner wrthryfel ar 16 Medi 1400.

Glynegwestl, mynachlog a sefydlwyd yn 1201 gan Urdd y *Sistersiaid fel cangen o *Ystrad Marchell a thrwy nawdd *Madog ap Gruffudd (m. 1236), Tywysog Powys Fadog. Saif ar lan afon Eglwyseg yng nghwmwd *Iâl. Yr enw Lladin arno oedd **Valle Crucis**, a cheir y ffurfiau Cymraeg, Glynegwestl, Llanegwestl, Glyn-y-groes a Phant y Groes Hen yn ogystal. Claddwyd Madog ap Gruffudd ac aelodau o'i linach yn y fynachlog, ac y mae'r meini coffa o'r cyfnod ar ôl y goresgyniad yn dangos bod y cysylltiad rhwng y fynachlog a lleygwyr Powys Fadog wedi parhau. Y mae'n bur debyg bod y cysylltiad hwn yn cael ei adlewyrchu mewn dwy lawysgrif a ysgrifennwyd yng Nglynegwestl yn hanner cyntaf y bedwaredd ganrif ar ddeg (LlGC Peniarth 20 a LlB Cotton Cleopatra BV). Rhyngddynt y maent yn diogelu cyfres werthfawr o destunau hanesyddol, *Y Bibyl Ynghymraec* (*Promptuarium Biblae*), *Ystorya Dared* (*Dares Phrygius*), *Brut y Brenhinedd*, *Brut y Tywysogyon*, gyda pharhad o 1282 i 1332, a *Brenhinedd y Saesson*, ynghyd â thestun o *Ramadeg y Pencerddiaid. Yr oedd Siôn ap Rhisiart, a fu'n abad o tuag 1450 hyd tuag 1480, yn aelod o deulu'r Treforiaid ac yn ewythr i'r bardd *Gutun Owain. Crisielir y berthynas arbennig rhwng yr abad a'r bardd yn nhair awdl fawr, dau gywydd mawr, cywydd gofyn march a marwnad Gutun i'w noddwr. Canodd *Dafydd ab Edmwnd gywydd mawl, a chanodd bardd anhysbys i ofyn march, ac yr oedd Rhys o Garno a *Guto'r Glyn ymhlith y beirdd a fu'n ymryson ynglŷn â rhinweddau ei lys. Pwysleisia'r cerddi hyn oll lawenydd a hyfrydwch y llys yng Nglynegwestl. Canodd Gutun Owain wyth cerdd i abad arall, sef Dafydd ap Ieuan ap Iorwerth (c.1480–1500) a fu yn ei dro yn noddwr hael, a chyfansoddodd *Tudur Aled gerdd ar ran yr abad. Guto'r Glyn, fodd bynnag, oedd 'prydydd Arglwydd

Ddafydd dda' a cheir un ar ddeg o gerddi ganddo i'r abad; yn eu plith ceir cywydd i ofyn am fenthyg *Llyfr y Greal*. Yn ôl ei gywydd 'Cysur Henaint', ymddengys i Guto dreulio'i flynyddoedd olaf, yn hen ac yn ddall, yn y fynachlog dan nawdd yr abad. Daeth Dafydd ab Ieuan yn ddiweddarach yn Esgob *Llanelwy (1503–27). Fe'i holynwyd gan Siôn ap Dafydd Llwyd (c.1503–c.1527) a bu *Lewys Môn, Tudur Aled, Gruffudd ab Ieuan ap Llywelyn Fychan a Dafydd Gowper yn canu ei glod yntau. Yn ôl y traddodiad, yma y bu farw Lewys Môn yn 1527. Yr oedd yr abad Robert Salbri (c.1528–35) yn un o'r rhai y bu'r bardd *Huw Llwyd yn gofyn ychen ganddynt. Fe'i disodlwyd fodd bynnag gan Lleision Tomas, abad *Nedd, ac fe'i cyhuddwyd o fathu arian ac o fod yn lleidr pen ffordd; fe'i daliwyd yn ddiweddarach a'i garcharu yn y Tŵr yn Llundain. Diddymwyd yr abaty yn 1536 a chanodd *Owain Gwynedd englyn i'r fynachlog gandryll gan honni mai arwydd o farn Duw ar bechodau'r mynaich oedd ei dinistr.

Yn ôl hanesyn a gofnodir gan Elis *Gruffydd, y croniclwr, abad Glynegwestl a gyfarfu ag *Owain Glyndŵr pan oedd yn cerdded ar hyd mynyddoedd y Berwyn un bore. 'Yr wyt wedi codi yn gynnar', meddai'r Glyndŵr, a chafodd yr ateb, 'Na, ti sydd wedi codi yn gynnar, ganrif o flaen dy oes'.

Ceir manylion pellach yn G. Vernon Price, *Valle Crucis Abbey* (1952), Glanmor Williams, *The Welsh Church from Conquest to Reformation* (1962), Derrick Pratt, *The Dissolution of Valle Crucis Abbey* (1982), D. H. Williams, *The Welsh Cistercians* (1984) a D. H. Evans, *Valle Crucis Abbey* (1995).

Glynllifon, plasty ger Llandwrog, Caern., a chartref teulu Glyn. Yr oedd y teulu yn nodweddiadol o'r bonedd newydd a gymerodd fantais o'r newidiadau gwleidyddol a chymdeithasol a ddilynodd esgyniad Harri *Tudur yn 1485. Llwyddodd Wiliam, mab hynaf Iemwnt Llwyd ap Robert, i wrthsefyll holl groeswyntoedd crefyddol a gwleidyddol y blynyddoedd rhwng 1540 ac 1590 heb golli ei awdurdod yn Arfon. Yr oedd teulu Glynllifon, yn wahanol i rai o uchelwyr y cyfnod, yn cyfuno eu hymlyniad i'r drefn newydd â diddordeb byw yn y traddodiad barddol. Yr oedd Wiliam yn fardd ac ymhlith ei gerddi erys cywydd marwnad teimladwy i'w wraig gyntaf, Catrin Mostyn. Bu'n ustus yn yr ymryson barddol rhwng Edmwnd *Prys a Wiliam *Cynwal ac yr oedd yn un o Ddirprwywyr Ail Eisteddfod *Caerwys yn 1567. Wedi ei farwolaeth yn 1594, etifeddwyd Glynllifon gan Domas Glyn a fu'n siryf Môn yn 1584 ac 1601. Yr oedd yntau'n barddoni ac yn gyfaill i Domas *Prys, Plas Iolyn; y mae'n un o'r rhai a enwir gan Domos Prys yn ei gywydd marwnad i 'lawer o gymdeithion da'. Aer Tomas Glyn oedd Wiliam, a wasanaethodd yn Iwerddon ac a urddwyd yn farchog yn Nulyn yn 1606. Ei fab hynaf, Tomas, oedd perchennog yr ystad yn ystod y *Rhyfel Cartref a newidiodd ei ymlyniad o'r Goron i'r

Seneddwyr yn 1646. Ni pharhaodd noddi ar aelwyd Glynllifon wedi marwolaeth Wiliam Glyn yn 1648 a daeth y cyfenw Glyn i ben wedi marw Siôn, mab Tomas Glyn, yn 1666, gan mai ei ddwy ferch a'i holynodd. Yn ddiweddarach aeth y tŷ i feddiant teulu Wynn o Foduan.

Ceir hanes datblygu'r ystad yn yr erthygl gan Glyn Roberts yn *Nhrafodion* Cymdeithas Hanes Sir Gaernarfon (1948).

Glynne-Jones, William, gweler JONES, WILLIAM GLYN (1907–77).

Glynrhondda, cwmwd yng nghantref Penychen ym Morgannwg, a ddaliwyd wedi dyfodiad y Normaniaid gan linach Cadwallon ap Caradog, ŵyr *Iestyn ap Gwrgant, Brenin olaf *Morgannwg. Wedi 'ail oresgyniad' Morgannwg ganol y drydedd ganrif ar ddeg daeth yr ardal yn uniongyrchol o dan reolaeth teulu Clare. Yr oedd ffiniau'r cwmwd yn cydredeg â phlwyf Ystradyfodwg, sef, yn fras, ffiniau cyn-fwrdeistref y *Rhondda. Tybir mai'r syniad am y Rhondda fel 'cynffon' Morgannwg sy'n gyfrifol am y llysenw Gwŷr y Gloran, yr enw a roddir i'r teuluoedd hynny a chanddynt hynafiaid a drigai yno cyn y *Chwyldro Diwydiannol.

Glywysing, gwlad rhwng afonydd Tawe ac Wysg, a enwyd, yn ôl y traddodiad, ar ôl y Brenin Glywys. Ystyrir weithiau fod Glywysing yn gyfystyr â Morgannwg, ond yr oedd yr hen frenhiniaeth honno yn cynnwys *Gwent hefyd.

Gobeithlu, Y, cyfieithiad o'r teitl Saesneg *Band of Hope*, sef cymdeithas *Ddirwest i blant a phobl ifanc. Ffurfiwyd y *Band of Hope Union* yn Lloegr yn 1855 ac yr oedd yr aelodaeth wedi cynyddu i dros dair miliwn erbyn 1930; sefydlwyd y *Boy's Own Paper* yn 1892. Ffurfiwyd canghennau yng Nghymru o dan nawdd y capeli Anghydffurfiol, ond ar ôl yr Ail Ryfel Byd collasant lawer o'r pwyslais gwreiddiol gan ddod yn debycach i fudiadau ieuenctid eraill, er iddynt gadw'r cysylltiadau crefyddol.

'Gododdin, Y', cyfres o awdlau byrion a briodolir i'r Cynfardd *Aneirin. Y maent yn coffáu arwriaeth llwyth y Gododdin a'u cynghreiriaid a laddwyd mewn ymosodiad trychinebus ar safle strategol Catraeth (Catterick, swydd Efrog) tua'r flwyddyn 600. Estynnai tiriogaeth y llwyth, Manaw Gododdin, ar hyd arfordir Moryd Forth a'i brifddinas mewn lle a enwid 'Din Eidyn', o bosibl Caeredin. Yr oedd Catraeth ar y ffin orllewinol rhwng brenhiniaeth yr Eingl, sef Bernicia a Deira, nad oeddynt y pryd hwnnw wedi eu huno, a gallasai ymosodiad y Gododdin ar y safle hwn fod wedi eu rhwystro rhag gwneud hynny.

Teithiodd byddin y Gododdin i'r de (dros gant a

hanner o filltiroedd) er mwyn cyrraedd Catraeth, ond fe'i dinistriwyd yn gyfan gwbl gan mor niferus oedd byddin y gelyn. Ceir gosodiadau anghyson yn y gerdd ynglŷn â nifer y gwŷr a ddihangodd o faes y gad – ai undyn ai triwyr – ynghyd â'r bardd ei hun a fu fyw i goffáu'r hanes. Enw arweinydd y Brythoniaid oedd Mynyddawg Mwynfawr. Yr oedd ganddo osgordd neu 'deulu' o dri chant o filwyr dethol, rhai ohonynt wedi dod o'r teyrnasoedd Brythonig eraill er mwyn ymuno â'i lu; yn eu plith yr oedd cwmni bychan o *Wynedd, arwr o deyrnas Elmet o gwmpas Leeds (teyrnas a orchfygwyd gan y goresgynwyr yn fuan wedi hynny) ac un arall o wlad bell Dyfnaint yn y de-orllewin. Yr oedd y pendefigion hyn oll yn farchogion; ni roddir nifer y milwyr cyffredin a'u dilynodd ar draed. Cawsai'r osgordd wledd hael gan Fynyddawg a barhaodd am flwyddyn gron cyn iddynt gychwyn ac awgryma hyn fod Mynyddawg wedi cynllunio'i ymgyrch yn ofalus dros gyfnod hir. Dyma gyfanswm y wybodaeth a gawn o'r gerdd ei hun ynglŷn ag amgylchiadau'r cyrch i Gatraeth. Ni cheir cyfeiriad at y frwydr hon mewn unrhyw ffynhonnell annibynnol ac nid oes modd cysylltu'r ymgyrch â'r un o frwydrau gwybyddus y chweched neu'r seithfed ganrif. Cipiwyd Caeredin gan yr Eingl yn 638 a rhydd y digwyddiad hwn *terminus ad quem*, ond yr oedd Ifor *Williams yn dadlau bod brwydr Catraeth wedi digwydd beth amser cyn hynny: ystyria mai'r deng mlynedd rhwng 590 a 600 yw'r adeg debycaf i'r frwydr.

Cerdd yn cynnwys 1,480 o linellau ydyw ac y mae'n arwrol yn yr ystyr ei bod yn canolbwyntio ar ddiddordebau a rhinweddau pendefigaeth arwrol a dreuliai lawer o'i hamser yn ymladd. Canmolir yr arwyr am eu ffyrnigrwydd ar faes y gad ac am eu haelioni gartref yn y llys (yn arbennig eu haelioni i feirdd) ar gyfnodau o heddwch. Bod yn deilwng o fawl y beirdd yw nod pennaf pob milwr: dirmygir llwfrdra yn anad dim. Croesewir marwolaeth ar faes y gad os enillir drwy hynny enwogrwydd anfarwol. Ffyddlondeb pob milwr i'w dywysog yw'r rhinwedd bwysicaf: y mae'r gerdd yn datgan hyn wrth ddweud i osgordd Mynyddawg 'dalu (eu) medd' – oll yn fodlon aberthu eu bywydau er mwyn yr arweinydd a'u cynhaliasai. Cenir awdl farwnad unigol i ryw bedwar ugain o arwyr gan ganmol pob un wrth ei enw, a'r awgrym yw fod y bardd yn adnabod pob un. Ambell waith cenir awdl i alaru am osgordd gyfan. Dengys yr iaith, y mydr a thechneg y gerdd ei bod yn dilyn traddodiad hir o ganu mawl yn yr iaith Frythoneg, sef ffurf arbennig o'r Hen Gymraeg a siaredid yn Cumbria ac yn ardaloedd deheuol yr Alban.

Cedwir 'Y Gododdin' mewn un llawysgrif yn unig, sef *Llyfr Aneirin* (Llsgr. Caerdydd I) a ddyddir tuag 1265. Ond y mae'r testun hwn yn anghyflawn; torrwyd amryw o ddudalennau ymaith ar ei ddiwedd. Yn y llawysgrif hon fel y ceir hi heddiw y mae dau fersiwn annibynnol o'r gerdd a elwir testun A a thestun B, ill dau mewn orgraff wahanol er yn gyfoes. Llaw B yw'r hynaf o'r ddau a cheidw nifer o nodweddion sy'n profi i'r gerdd gael ei chopïo o gynsail mewn Hen Gymraeg a ysgrifennwyd rhwng diwedd yr wythfed ganrif a'r unfed ganrif ar ddeg. Y mae Llaw A hefyd yn gopi o gynsail gynharach er nad yw mor gynnar â chynsail B. Ychwanega A bedair *gorchan i'r gerdd: marwnadau estynedig yw'r rhain gan mwyaf, i arwyr a enwyd eisoes yn y gerdd. Cytunir yn gyffredinol ar sail y dystiolaeth hon i'r Gododdin gael ei throsglwyddo ar lafar yn unig dros gyfnod hir cyn iddi gael ei hysgrifennu ar femrwn am y tro cyntaf. Yn ystod yr amser hwnnw fe'i newidiwyd yn sylweddol: ychwanegwyd ambell awdl ati a dryswyd trefn yr awdlau yn y gerdd wreiddiol. Cadarnha'r dystiolaeth hon o'r trosglwyddo llafar yn y cyfnod cynnar farn Ifor Williams ei bod yn gerdd hynafol iawn ond yn y pen draw dibynna'r ddadl dros hynafiaeth y gerdd ar dystiolaeth hanesyddol yn hytrach nag ieithyddol, gan nad oes modd olrhain testun 'Y Gododdin' i gyfnod cynharach na'r adeg y rhoddwyd hi ar glawr am y tro cyntaf; ni allai hyn fod wedi digwydd lawer cyn y nawfed ganrif. Ers yn agos i ddau gant o flynyddoedd bu ysgolheigion yn dadlau a all 'Y Gododdin' fod, mewn gwirionedd, yn gyfansoddiad o waith y bardd Aneirin. Y mae'n amlwg i amryw o ychwanegiadau amherthnasol (sef dyfyniadau o gerddi gwahanol cwbl annibynnol) gael eu gwthio i'r testun ac y mae'n bur debyg y ceir yn y testun ychwanegiadau eraill nad ydynt mor amlwg, nes ei gwneud yn amhosibl hawlio gyda sicrwydd fod unrhyw linell arbennig yn perthyn i gnewyllyn gwreiddiol y gerdd. Ond teg fyddai dweud bod ysgolheigion yn gyffredinol yn cytuno i'r cnewyllyn hwnnw gael ei gyfansoddi yn fuan iawn ar ôl y digwyddiad y mae'n ei goffáu, sef brwydr a ymladdwyd yng Nghatraeth tua'r flwyddyn 600.

Golygwyd *Y Gododdin* gyda thrafodaeth ragarweiniol gan Ifor Williams, *Canu Aneirin* (1938). Atgynhyrchwyd ffacsimili o'r *Gododdin* o waith J. Gwenogvryn Evans, ynghyd â hanes a thrafodaeth, gan Daniel Huws (1989). Y mae cyfieithiad Kenneth H. Jackson, *The Gododdin: the Oldest Scottish Poem* (1969), yn crynhoi trafodaeth Ifor Williams gan ychwanegu dadleuon pellach yn cefnogi dilysrwydd y gerdd. Yn *Aneirin: Y Gododdin* (1988) cyhoeddwyd A. O. H. Jarman destun *Y Gododdin* mewn orgraff gyfoes, gyda chyfieithiad Saesneg gyferbyn, rhagymadrodd, nodiadau a geirfa. Gweler hefyd y bennod gan Ifor Williams yn *The Beginnings of Welsh Poetry* (gol. R. Bromwich, 1972) a'r casgliad o erthyglau yn *Astudiaethau ar yr Hengerdd: Studies in Old Welsh Poetry* (gol. R. Bromwich ac R. Brinley Jones, 1978). Yn John Thomas Koch, *The Gododdin of Aneirin: Text and Context from Dark-Age North Britain* (1997), ceir testun adluniedig a chyfieithiad newydd, ynghyd â damcaniaethau newydd ynglŷn â dyddiad y canu a'r frwydr.

Goeden Bechod, Y

llwyn o ddrain ger Nefyn, Caern., mewn man lle yr honnir i lawer o bobl gael profiad goruwchnaturiol, megis gweld drychiolaeth o geffylau a choets; fel arfer fe'u hystyrir yn rhagarwydd o farwolaeth.

Goeden Eirin, Y

(1946), cyfrol o chwe stori fer gan John Gwilym *Jones. Er bod coeden y teitl yn bod, ac yn tyfu, ym mhlwyf Llandwrog, Caern., nid yw'r storïau wedi eu lleoli mewn unrhyw ardal benodol. Yr oedd y gyfrol yn garreg filltir yn hanes datblygiad y *stori fer Gymraeg, gan fod dylanwad techneg llif-yr-ymwybod arnynt. Y mae'r stori gyntaf, er enghraifft, yn dadlennu meddyliau saith o gymeriadau mewn gwasanaeth priodas. Yr oedd yr awdur yn ymwybodol ei fod yn torri tir newydd yn y Gymraeg ac y byddai'r storïau'n creu penbleth i rai darllenwyr, a lluniodd y stori olaf yn ei casgliad, 'Cerrig y Rhyd', fel *apologia* dros ei ddull. Dywed un o'r cymeriadau ei bod hi 'wedi hen flino ar y straeon yma heb gynllun ynddynt' ac â un arall ati i adrodd stori o'r fath, ond un sy'n egluro ac yn cyfiawnhau y dull hwnnw o ysgrifennu.

Ceir ymdriniaeth feirniadol â'r llyfr mewn erthygl gan Derec Llwyd Morgan yn y gyfrol deyrnged i John Gwilym Jones (gol. Gwyn Thomas, 1974).

Goewin ferch Pebin

gweler o dan MATH FAB MATHONWY.

Gofannon fab Dôn

gweler o dan DYLAN AIL TON.

Goferu

term technegol i ddynodi'r math o frawddegau (Ffr. *enjambement*) sy'n anwybyddu terfynau naturiol unedau mydryddol megis rhedeg brawddeg ymhellach na diwedd un cwpled o *gywydd i'r cwpled sy'n dilyn.

Gogerddan

plasty ym mhlwyf Trefeurig, Cer., a lle amlwg iddo yn nhraddodiad nawdd y sir. Yr oedd noddwr hysbys cyntaf y cartref, sef Dafydd Llwyd ap Dafydd ap Rhydderch, yn ŵyr i *Rydderch ab Ieuan Llwyd o Lyn Aeron ac yr oedd *Dafydd ap Gwilym ymhlith y beirdd a noddwyd ganddo ef. Parhaodd y teulu i estyn nawdd am chwe chenhedlaeth arall a chynhelid yr arfer gan ganghennau eraill y teulu. Syr Rhisiart Pryse (m. 1651) oedd y noddwr olaf. Er cynnal y traddodiad cyhyd, ni ellir dweud bod unrhyw ganu cofiadwy wedi goroesi. Yr oedd teulu Pryse, fodd bynnag, yn fwy diddorol na'r farddoniaeth a gyfansoddwyd iddynt; yn yr ail ganrif ar bymtheg parasant gythrwfl ymhlith mwyngloddwyr plwm Cwmsymlog ac yn y ddeunawfed ganrif yr oeddynt yn gefnogwyr amlwg i achos *Jacobitiaeth. Bellach y mae Gogerddan yn gartref i'r Sefydliad Ymchwil Porfeydd a'r Amgylchedd.

Trafodir hanes y plasty yn ystod y cyfnod 1800–1960 mewn erthygl gan Richard J. Colyer yn *Cylchgrawn Hanes Cymru* (cyf. IX, rhif. 4, 1979).

Gogynfeirdd

term a ddefnyddir fwy neu lai'n gyfystyr â Beirdd y Tywysogion i ddynodi'r beirdd hynny a flodeuai rhwng hanner cyntaf y ddeuddegfed ganrif ac ail hanner y bedwaredd ganrif ar ddeg, ond heb

gynnwys y beirdd hynny a oedd yn defnyddio'r
*cywydd. Y cynharaf oedd *Meilyr a ganodd farwnad
*Gruffudd ap Cynan yn 1137. Y beirdd mwyaf yn eu
mysg oedd *Cynddelw Brydydd Mawr, *Llywarch ap
Llywelyn, *Dafydd Benfras a *Bleddyn Fardd. Parhaodd
yr arddull a'r math o ganu a gysylltir â'r beirdd hyn am
flynyddoedd ar ôl marwolaeth *Llywelyn ap Gruffudd
ac felly gellir uniaethu'r term â dull o gyfansoddi
barddoniaeth ond cyfyngir y term Beirdd y Tywysogion
i'r rhai a fu'n gwasanaethu'r Tywysogion hyd 1282.

Beirdd proffesiynol oedd y Gogynfeirdd a ad-
lewyrchai eu dysg mewn ieithwedd hynafol a ffurfiau
cywrain. Canwyd llawer am orchestion milwrol eu
noddwyr ac yr oedd y cerddi'n cofnodi ar dro ddis-
grifiadau cignoeth o faes y gad. Gwnaed cryn ddefnydd
o ormodiaith ganddynt a cheid nifer o enwau cyfan-
sawdd a ffurfiau hynafol. Defnyddient hefyd gystrawen
astrus a oedd yn gwneud eu gwaith yn anodd i'w ddeall
hyd yn oed gan eu cyfoeswyr. Mesurau'r Gogynfeirdd
oedd y gwahanol fesurau *awdl, gyda chadwyn o
*englynion weithiau. Gwelir yr addurn ar eu llinellau yn
graddol ddatblygu o'r cyflythreniad syml yng ngwaith y
cynharaf ohonynt hyd y *gynghanedd reolaidd yn y rhai
diweddaraf. Yr un nodweddion iaith ac arddull a welir
yn awdlau'r cywyddwyr cynnar, megis *Dafydd ap
Gwilym ac *Iolo Goch.

Ceir trafodaeth gyffredinol ar y Gogynfeirdd mewn pennod gan
Ceri Lewis yn *A Guide to Welsh Literature* (cyf. I, gol. A. O. H.
Jarman a G. R. Hughes, 1976), *Rhai Agweddau ar Ddysg y
Gogynfeirdd* (1976) gan D. Myrddin Lloyd, pennod gan Gwyn
Thomas yn ei lyfr *Y Traddodiad Barddol* (1976) a'r gyfrol gan
J. E. Caerwyn Williams yn y gyfres *Writers of Wales*, *The Poets
of the Welsh Princes* (1978); gweler hefyd yr erthygl gan
D. Myrddin Lloyd, 'Some Metrical Features in Gogynfeirdd Poetry'
yn *Studia Celtica* (cyf. III, 1968) a'r rhai gan J. E. Caerwyn
Williams yn *Llên Cymru* (cyf. XIII, rhif. 1–2, 1974–79) a *Studia
Celtica* (24/25, 1989–90). Bellach cyhoeddwyd holl weithiau
Beirdd y Tywysogion mewn saith cyfrol fawrhydig *Cyfres
Beirdd y Tywysogion* (1991–96), dan olygyddiaeth gyffredinol
R. Geraint Gruffydd, un o brif uchafbwyntiau ysgolheictod
Cymraeg yr ugeinfed ganrif.

Gohebiaethau Syr Meurig Grynswth, dychanwaith gan
John Ceiriog *Hughes a ymddangosodd gyntaf yn y
cylchgrawn *Yr Arweinydd* (1856–58), *Y Punch Cymraeg*
(1858) ac yn ddiweddarach yng nghyfrol yr awdur,
Oriau'r Hwyr (1860). Y mae'n hollol annodweddiadol
o gyfnod Victoria yn ei ddigrifwch ac y mae'r gwaith
yn gwneud ymdrech lew cyn cyfnod Daniel *Owen
i geisio cyfreithloni chwerthin a ffuglen. Y fwyaf
cofiadwy o anturiaethau Syr Meurig yw ei daith i'r lleuad
yng nghwmni Bywbothfardd, Arthur, Rhys Grythor a
Siorti y gath. Yno, yn ddigon pell o Gymru, y mae'n
ddigon dewr i ddychanu'r sefydliadau parchus Cymreig,
yn enwedig yr *Eisteddfod. Un o'r darnau mwyaf digrif
yw hwnnw sy'n sôn am y peiriant bwrw *cynghanedd.

Gohebydd, Y, gweler GRIFFITH, JOHN (1821–77).

Goleuad, Y, papur newydd y Methodistiaid Calfinaidd a
sefydlwyd fel menter breifat yn 1869. Ei olygydd cyntaf
oedd John Davies (Gwyneddon) ac fe'i holynwyd gan
John *Roberts (Ieuan Gwyllt) ac eraill. Adlewyrchai
ddiddordebau ei enwad o'r cychwyn cyntaf ac fe'i
prynwyd gan y Cyfundeb yn 1911. Bu E. Morgan
*Humphreys, T. E. Jones, T. Lloyd Jones, G. Wynne
*Griffith, Harri Parri ac Elfed ap Nefydd Roberts
ymhlith ei olygyddion. Yn ogystal â chyflwyno
newyddion yn ymwneud â'r Cyfundeb, ymdrechai
hefyd i hyrwyddo *Dirwest a chreu barn Radicalaidd
ymhlith y Methodistiaid Calfinaidd. Bellach nid yw'n
darparu newyddion tramor a chenedlaethol, a chanol-
bwyntia ar faterion lleol ac enwadol, ond erys o hyd yn
gyfnodolyn o sylwedd ac yn fawr ei barch.

Golwg, cylchgrawn wythnosol a sefydlwyd yn Llanbedr
Pont Steffan yn ystod haf 1988. Y nod, yn ôl y golygydd
gwreiddiol, Dylan Iorwerth, oedd rhoi delwedd fodern
a chyffrous ar newyddiaduraeth Gymraeg gan ddelio â
materion cyfoes mewn fformat broffesiynol a deniadol.
Yr oedd bwriad hefyd i gyrraedd cynulleidfa iau ac i
bontio rhwng gwahanol ddiwylliannau Cymru. Cafodd
ei sefydlu ar ôl i *Gyngor Celfyddydau Cymru
ddiddymu ei grant i'r *Faner* (*Baner ac Amserau Cymru*) a
hysbysebu trwydded am gylchgrawn arall. Yr oedd
nawdd y Cyngor i *Golwg* yn mynd yn benodol at
gynnwys celfyddydol a llenyddol ac nid yw'r cwmni'n
dosbarthu elw.

Er bod tri golygydd gwahanol wedi bod yn ystod naw
mlynedd cyntaf y cylchgrawn, y mae ei gynnwys wedi
bod yn gymharol gyson: triniaeth gyfoes o newyddion a
materion y dydd, gyda phwyslais ar luniau trawiadol;
adrannau ar adloniant a ffordd o fyw, a thalp helaeth o
gelfyddydau, gan gynnwys llenyddiaeth yn y ddwy iaith.
Y mae'r cylchgrawn wedi anelu at iaith newyddiadurol
sy'n fwy ystwyth nag iaith lenyddol draddodiadol. Bu
nifer o ddatblygiadau yn ystod y blynyddoedd cynnar, gan
gynnwys defnydd o liw llawn ar y clawr a'r tudalennau
canol a chyhoeddi atodiad misol ar gyfer pobl ifainc. Gyda
chylchrediad ar gyfartaledd o tua 3,500 o gopïau erbyn
canol y 1990au, yr oedd arolygon barn a holiaduron
marchnad yn dangos ei fod yn cyrraedd darllenwyr
newydd i'r Gymraeg. Bu'r cylchgrawn yn enillydd cyson
yng ngwobrau British Telecom i'r wasg Gymreig, yn
erbyn cyhoeddiadau Saesneg, a chafodd cyfranwyr iddo
eu gwneud yn Newyddiadurwyr y Flwyddyn ddwywaith
yn hanner cyntaf y 1990au. Ar ôl cael pecyn o nawdd
cyhoeddus i'w lansio a helpu ei gynnal tros y tair blynedd
cyntaf, y mae dibyniaeth y cylchgrawn ar arian cyhoeddus
wedi mynd yn llai a'r cwmni wedi datblygu gweithgaredd
masnachol i gyfrannu tuag at ei gostau. Yn 1996,
dechreuodd cwmni Golwg gyhoeddi cylchgrawn i blant
dan saith oed, *WCW a'i Ffrindiau*.

'Golwg ar Deyrnas Crist' (1756), cerdd hir (tua 5,500 o

linellau) gan William *Williams (Pantycelyn); fe'i diwygiwyd a'i hailgyhoeddi yn 1764 o dan y teitl *Golwg ar Deyrnas Crist, neu Grist yn bob Peth, ac ymhob Peth*. Tynnodd y gerdd, sydd ag wyth adran neu bennod iddi, yn helaeth ar ddisgrifiadau o'r greadigaeth mewn gweithiau gwyddonol poblogaidd megis *Physico-theology* (1713) ac *Astro-theology* (1715) William Derham. Amharwyd arni oherwydd i'r awdur ddewis mesur anaddas o dair sill ar ddeg y llinell a chan ddiffyg hunanddisgyblaeth, ond y mae'n bwysig fel ymgais i gyfansoddi *arwrgerdd grefyddol yn Gymraeg ac y mae'n deilwng i'w gosod ochr yn ochr â'r rhai a luniwyd mewn ieithoedd eraill dan ddylanwad y Dadeni Dysg yn Ewrop.

Ceir ymdriniaeth ar rinweddau'r gerdd yn yr erthyglau gan D. Gwenallt Jones yn *Gwŷr Llên y Ddeunawfed Ganrif* (gol. Dyfnallt Morgan, 1966), Saunders Lewis yn *Meistri'r Canrifoedd* (gol. R. Geraint Gruffydd, 1973) a Roger Stephens Jones yn *Ysgrifau Beimiadol XI* (gol. J. E. Caerwyn Williams, 1979).

Golyddan (John Robert Pryse; 1840–62), gweler o dan PRYSE, ROBERT JOHN (1807–89).

Golyddan Fardd, gweler o dan CADWALADR (m. 664).

Gomer, gweler HARRIS, JOSEPH (1773–1825).

Gone to Earth (1917), nofel gan yr awdur Saesneg, Mary Webb (1881–1927). Ganed Mary Gladys Meredith yn Leighton, swydd Amwythig, i dad a hanoedd o linach Gymreig a mam a hanoedd o deulu Albanaidd. Priododd yn 1912 ac fel Mary Webb ysgrifennodd nofelau yn cynnwys *The Golden Arrow* (1916), *The House in Dormer Forest* (1920) a *Precious Bane* (1924). Fe'u lleolir yn bennaf yn y rhannau hynny o'i sir enedigol sydd ar bwys y ffin â Chymru a Chymry yw nifer o'u cymeriadau; y mae'r cyfan yn defnyddio llên gwerin a thirwedd swydd Amwythig. Hanes Hazel Woodus yw *Gone to Earth*, ei gwaith enwocaf. Merch i sipsi o Gymro yw Hazel na all benderfynu rhwng dau ddyn: Edward Marston, y gweinidog Anghydffurfiol, y mae ei diniweidrwydd ysbrydol yn ei ddenu ac sy'n ei phriodi ond nad yw'n cyflawni'r briodas, a Jack Reddin, y sgweier a'r heliwr llwynogod brwnt sy'n ei hymlid yn rhywiol – Heliwr Du didostur y chwedlau lleol. Y mae Hazel yn marw yn ôl defod wrth geisio achub ei llwynog dof rhag bytheiaid y sgweier; ceir adlais yn nheitl y nofel o gri'r helwyr pan fydd llwynog yn llochesu yn ei wâl.

Goodman, Gabriel (1528–1601), Deon Westminster ac un o gymwynaswyr Rhuthun. Ac yntau'n glerigwr llwyddodd mewn modd deheuig i oroesi newidiadau crefyddol yr unfed ganrif ar bymtheg. Yr oedd ganddo gysylltiad â theulu *Cecil a chynrychiolai ddolen gyswllt rhwng Cymru a llys Elisabeth I. Ymfalchïai yn Rhuth-

un, ei dref enedigol ac yno yn 1590 sefydlodd Ysbyty Crist, sefydliad elusennol i'r tlawd, gan ychwanegu ysgol ramadeg at ei sefydliad yn 1595. Bu ganddo ran ym Meibl Saesneg 1568 (Beibl yr Esgobion) a rhoddodd gymorth i William *Morgan gyda chyhoeddi Beibl Cymraeg 1588.

GOODWIN, GERAINT (1903–41), awdur straeon byrion a nofelydd a aned yn Y Drenewydd, Tfn., yn fab i ŵr amlwg yn y dref. Bu farw ei dad pan oedd yn wyth mlwydd oed ac ailbriododd ei fam â siopwr lleol. Wedi gadael Ysgol y Sir, Tywyn, aeth yn brentis ar y *Montgomeryshire Express*, ond symudodd i Stryd y Fflyd yn ddiweddarach ac yno gwnaeth argraff fel gohebydd. Er mai estyniad ar ei newyddiaduraeth oedd ei lyfr cyntaf, *Conversations with George Moore* (1929), cafodd dderbyniad da. Yr un flwyddyn, wedi iddo ddarganfod ei fod yn dioddef o'r darfodedigaeth, cafodd driniaeth mewn sanatoriwm ac aeth dros y môr am gyfnod i ymgryfhau. Yr oedd y profiadau hyn, ynghyd â rhai eraill, yn sail i'w ail lyfr, *Call Back Yesterday* (1935). Wedi iddo dderbyn cytundeb am ddau lyfr arall gan ei gyhoeddwr rhoes y gorau i'w newyddiaduraeth er mwyn canolbwyntio ar lenydda. Symudodd, gyda'i wraig a'i ferch, o Lundain i Dagnell, swydd Hertford, ac yno, dan anogaeth ei gynghorwr Edward Garnett, dechreuodd ymelwa'n greadigol ar y bobl a'r tirlun a adwaenai orau.

Cynnyrch cyntaf yr agwedd newydd hon oedd *The *Heyday in the Blood* (1936), nofel a dderbyniwyd yn llawen gan y beirniaid, a dyma ei waith enwocaf. Wedi hynny daeth cyfrol o storïau byrion, *The White Farm* (1937) a *Watch for the Morning* (1938), ei nofel fwyaf uchelgeisiol. Lleolir y llyfrau hyn oll ar y Gororau, ardal a garai, ac y maent oll yn archwilio themâu cyffelyb ac yn ail-greu cymeriadau tebyg. Cyferbynnir yn aml y dref dlodaidd a'i ffatrïoedd (Newtown-Moreton) â thirlun gwledig o ddolydd a bryniau, a thynnir gwahaniaeth rhwng gwragedd nwydus cryfion a dynion gwan, eiddil o gorff, rhwng yr etifeddiaeth Gymreig werthfawr wedi'i gwreiddio'n ddwfn a'r diwylliant arwynebol Seisnig, diwerth. Tynasai Geraint Goodwin yn nes at ei wreiddiau Cymreig yn ei ysgrifennu ac o'r diwedd penderfynodd ddychwelyd i Gymru. Yn 1938 symudodd y teulu i fwthyn yng Nghorris Uchaf, Meir., lle y ganed ei ail blentyn y flwyddyn ganlynol; yno yr ysgrifennodd Goodwin ei nofel olaf, *Come Michaelmas* (1939). Gwaethygodd ei iechyd, fodd bynnag, a threuliodd yn agos i flwyddyn mewn sanatoriwm yn Nhalgarth. Er nad oedd wedi adfer ei iechyd mynnodd adael y lle a ymuno â'i deulu yn eu cartref newydd yn nhref Trefaldwyn ac yno y bu farw.

Cyfieithwyd dwy o nofelau Geraint Goodwin i'r Gymraeg gan Mair Closs Roberts, *The Heyday in the Blood* o dan y teitl *Burlwm yn y Gwaed* (1976) a *Watch for the Morning* o dan y teitl *Hyfryd Fore* (1981). Golygwyd *The Collected Stories of Geraint*

Goodwin gan Sam Adams a Roland Mathias (1976). Cyfrannodd Sam Adams draethawd ar Goodwin i'r gyfres *Writers of Wales* (1975); gweler hefyd y llythyrau rhwng Geraint Goodwin ac Edward Garnett a gyhoeddwyd yn *The Anglo-Welsh Review* (cyf. XXII, rhif 49 a 50, 1973); a hefyd nodyn gan Glyn Jones yn *Profiles* (1980). Ceir rhestr lawn o gyhoeddiadau Geraint Goodwin yn John Harris, *A Bibliographical Guide to Twenty-four Modern Anglo-Welsh Writers* (1994).

Gorau fab Custennin, mab i Gustennin ap Mynwyedig, bugail Ysbaddaden Bencawr yn chwedl *Culhwch ac Olwen*. Oherwydd bod y cawr wedi lladd tri brawd ar hugain iddo fe'i cuddir ef mewn cist gan ei fam er mwyn ceisio ei achub rhag yr un dynged. Cymer ran yn y dasg o sicrhau cleddyf *Wrnach a rhoddir yr enw Gorau arno er clod am ei wrhydri. Cynorthwya hefyd i hela'r *Twrch Trwyth. Ef ar ddiwedd y chwedl sy'n torri pen Ysbaddaden. Gall yr anturiaethau fod yn olion mabinogi Gorau, sy'n adrodd sut y bu iddo ddial angau ei frodyr. Enwir ef yn *Breuddwyd Rhonabwy ac yn rhamant *Geraint ac Enid, ac yn ôl un Triawd dywedir iddo ryddhau *Arthur, ei gefnder, o dri charchar. Gall mai llygriad yw'r enw Gorau o'r ffurf Corneu a gysylltir â'r enw Custennin mewn rhai fersiynau o ach frenhinol Dyfnaint.

Gorchan (llyth. 'cân' neu 'caniad'), math o gerdd sydd yn hwy o dipyn nag awdlau cryno 'Y *Gododdin'; atodwyd pedair enghraifft i lawysgrif A o *Lyfr Aneirin*. Y mae'r gyntaf, 'Gorchan Tudfwlch', yn coffáu Tudfwlch fab Cilydd, arwr a grybwyllir droeon yn 'Y Gododdin': yr oedd yn un o wŷr *Gwynedd a ymunodd â gosgordd Mynyddawg Mwynfawr ym mrwydr Catraeth. Y mae'r ail, 'Gorchan Cynfelyn', hefyd yn ymwneud ag arwr o Wynedd, sef Cynfelyn fab Tegfan. Eithr y gerdd dywyllaf oll yw'r drydedd, 'Gorchan Maeldderw', galarnad am ryfelwr o'r un enw. Y mae'r bedwaredd, 'Gorchan Adebon', yn hollol wahanol gan nad oes iddi unrhyw gysylltiad amlwg â brwydr Catraeth; diarhebion a gwirebau sydd ynddi. Gall fod cynnwys y bedwaredd gerdd yn y llawysgrif yn awgrymu sut y cafwyd y tadogi ar *Aneirin, gan i'w enw ef gael ei gysylltu â barddoniaeth rwysgfawr o'r unfed ganrif ar bymtheg ymlaen, ond efallai iddo gael ei gynnwys ar ddamwain.

Ymdrinnir â'r cerddi tywyll hyn a chyfieithwyd rhai ohonynt gan Kenneth H. Jackson yn *The Gododdin: the Oldest Scottish Poem* (1969); ceir y testunau yn *Canu Aneirin* (gol. Ifor Williams, 1970).

Gorchest Beirdd, gweler o dan PEDWAR MESUR AR HUGAIN.

Gorchestion Beirdd Cymru (1773), blodeugerdd a gasglwyd gan Rhys *Jones o'r Blaenau, Llanfachreth, Meir., un o'r casgliadau pwysicaf erioed o farddoniaeth Gymraeg. Ffrwyth ei ddiddordeb dwfn a deallus mewn *Cerdd Dafod ydyw'r casgliad hwn a argraffwyd yn

Amwythig gan Stafford Prys. Gellir maddau i'r casglwr am briodoli *'Englynion y Misoedd' i *Aneirin ac am y llu gwallau argraffu: nid oedd cyfle iddo weld pob llawysgrif a chymharu'r gwahanol ddarlleniadau â'i gilydd i gael y testun gorau. Er gwaethaf hyn, hwn oedd y casgliad safonol am fwy na chanrif ac ni chafwyd ei gyffelyb am gyfnod hir. Cyflwynai waith y cywyddwyr clasurol o *Ddafydd ap Gwilym hyd *Wiliam Llŷn. Yn y rhagair mynega Jones ei hyder ynglŷn â dyfodol iaith Gymraeg, gan ddatgan ei farn fod 'Helicon yn ddihysbydd'. Ymhlith y tanysgrifwyr yr oedd Samuel Johnson, Iolo Morganwg (Edward *Williams) a Hester Lynch *Piozzi. Golygwyd ail argraffiad gan Robert *Ellis (Cynddelw) yn 1864. Ysgrifennodd R. Williams *Parry gerdd ysgafn yn dweud ei fod yn teimlo'n falchach o enwau'r gwerinwyr a fu'n berchen ar ei gopi ef o'r llyfr ac a dorrodd eu henwau arno nag o gampweithiau'r enwogion.

'Gorddodau, Y', cyfres o benillion darogan, a phob pennill yn dechrau â'r ymadrodd 'Orddod fron gorfod', a geir gan mwyaf yn Llawysgrif Peniarth 50. Priodolir hwy i *Daliesin ond yn y *Myvyrian Archaiology of Wales* (1801) ceir testun gwahanol a briodolir i *Fyrddin. Cyfeiria'r ddarogan at 'yrddwas gwrawl' a 'gyfyd o gudd . . . i ddifa Lloegrwys'.

Goresgyniad Cymru gan y Normaniaid. Wedi ei fuddugoliaeth yn Hastings yn 1066, yr oedd William y Concwerwr yn ymwybodol iawn o broblemau gororau Cymru. Felly sefydlodd dri o'i gadfridogion pwysicaf i wylio'r Cymry: William fitz Osbern yn Henffordd, Roger de Montgomery yn Amwythig a Hugh o Avranches yng Nghaer. Arafwyd yr ymdreiddiad i'r de-orllewin gan farwolaeth fitz Osbern yn Normandi yn 1071 a chyda dyfodiad arweinydd o Gymro y gallai William gynghreirio ag ef, sef Rhys ap Tewdwr, pallodd pob ymgyrch ddifrifol am bron i bum mlynedd ar hugain. Gwnaethpwyd yr ymdreiddiad cyntaf i mewn i Gymru felly gan deulu Montgomery a symudodd ymlaen i'r de-orllewin trwy *Aberteifi i *Benfro, lle y codwyd castell yn 1092. Wedi hynny ac yn arbennig ar ôl i Rys ap Tewdwr gael ei ladd mewn brwydr yn 1093, sefydlodd nifer o Normaniaid eu harglwyddiaethau un ne Cymru. Yr oedd yr Arglwyddi Mers hyn, er eu bod yn dal eu tiroedd gan y Brenin, yn fwy annibynnol nag Iarll Caer (a reolai yn unig Iarllaeth Freindaledig a oedd ar ôl), a dyna paham y parhaodd *Gwynedd cyhyd o dan lywodraeth tywysog Cymreig annibynnol. Erbyn 1135 yr oedd arglwyddiaethau'r Gororau a'r arfordir deheuol wedi'u sefydlu'n gadarn; codasid cestyll hefyd – *Casgwent oedd y cyntaf. Yn ardaloedd ffrwythlon yr iseldir sefydlwyd maenorau yn ôl y drefn ffiwdalaidd ac yno crëwyd Saesonaethau. Yn yr ucheldir, sut bynnag, parhaodd y bywyd Cymreig a chafwyd yno frodoraethau, lle y trigai'r brodorion yn ôl eu harferion a'u cyfreithiau hwy eu hunain, gan dalu gwrogaeth flynyddol i'r arglwydd a chydnabod ei awdurdod.

Yn ystod y ddwy ganrif gyntaf wedi i'r Normaniaid ymsefydlu yng Nghymru, newidiai eu perthynas â'r Cymry yn ôl y sefyllfa wleidyddol ar y pryd. Ond yn raddol sefydlwyd perthynas gymdeithasol a diwylliannol trwy ddefnyddio lladmeryddion mewn llysoedd Normanaidd a Chymreig a hefyd trwy drefnu priodasau. Yn y ddeuddegfed ganrif daeth y Normaniaid yn gyfarwydd â themâu, cymeriadau a chwedlau'r traddodiad ystoriöl Cymreig. Cyflwynwyd *Arthur, a oedd yn ffigur canolog, mewn cyd-destun Normanaidd gan *Sieffre o Fynwy yn ei *Historia Regum Brittaniae (1136); seiliwyd ei bortread o lys Arthur a'i farchogion ar ddelfrydau cyfoes *sifalri. Dichon fod yr ymwybyddiaeth Normanaidd o'r traddodiad brodorol hwn yn esbonio'r tebygrwydd rhwng y chwedlau Cymraeg am *Owain, *Geraint a Pheredur (gweler o dan TAIR RHAMANT) a'r rhamantau Hen Ffrangeg gan Chrétien de Troyes. Am gyfnod hir cyn i gysylltiad y Normaniaid â'r gymdeithas Gymraeg ddod yn eglur, galwodd *Gerald de Barri (Gerallt Gymro) ei hun yn Cambrensis, ond nid am resymau gwladgarol efallai, ac ymddiddorai yn y byd eglwysig Cymraeg. Gyda threigliad amser cafodd teuluoedd o dras Normanaidd ddylanwad ar Gymru (er na ddisgynnent bob tro o linach yr arglwyddi pwysicaf gan mai ychydig iawn o'r rheini a oroesai beth bynnag) ac yr oedd rhai megis teuluoedd Aubrey, Walbeoff, Turberville, Havard, Delahay, Devereux a Scudamore ymhlith y rhai mwyaf blaenllaw. O deulu Devereux daeth yr Iarll Essex a wrthryfelodd yn erbyn y Frenhines Elisabeth I, ac o deulu Scudamore daeth un o gapteiniaid gorau *Owain Glyndŵr.

Ceir manylion pellach yn J. E. Lloyd, *A History of Wales from the earliest times to the Edwardian Conquest* (ail arg., 1912). D. Walker, *The Norman Conquerors* (1977) ac R. R. Davies, *Conquest, Coexistence and Change: Wales 1063–1415* (1987).

Goresgyniad Olaf Prydain, gweler o dan NICHOLAS, JEMIMA (fl. 1797).

Gorffwysfa, gair sy'n cyfateb i *caesura*, term technegol am raniad mewn llinell o farddoniaeth gaeth neu rydd. Y mae llinell o *Gynghanedd Groes neu Draws yn ymrannu'n ddwy ac mewn llinellau seithsill ni all yr orffwysfa fod yn nes i'r diwedd na'r bedwaredd os yw'r cynghanedd yn gytbwys, na'r drydedd os yw'n ddisgynedig. Y mae llinell o Gynghanedd Sain yn ymrannu'n dair a gall yr orffwysfa gyntaf (yr odl gyntaf) ddigwydd wedi'r sillaf gyntaf, yr ail, y drydedd neu'r bedwaredd, a'r ail orffwysfa (yr ail odl) wedi'r sillaf olaf ond un (y goben), wedi'r drydedd sillaf o'r diwedd neu'r bedwaredd sillaf o'r diwedd. Mewn llinell seithsill o Gynghanedd Lusg gall yr orffwysfa (yr odl gyntaf) ddigwydd yn syth ar ôl y gair cyntaf (os yw'n unsill ac yn acennog), neu ar ôl y sillaf acennog neu ddiacen a ddaw'n ail, yn drydedd, yn bedwaredd neu'n bumed yn y llinell. Mewn llinell ddegsill o Gynghanedd Groes neu Draws gall yr orffwysfa ddigwydd chwe, pum neu bedair sillaf o ddiwedd y llinell.

Gorhoffedd, cerdd ymffrostgar. Gallai 'hoffedd' gynt olygu 'ymffrost' neu 'hoffter', a 'gorhoffedd' olygu 'tra ymffrost' neu 'tra hoffter'. Dwy gerdd sy'n dwyn y teitl 'gorhoffedd' ymhlith gwaith y *Gogynfeirdd, y naill gan *Walchmai ap Meilyr a'r llall gan *Hywel ab Owain Gwynedd. Awgryma Ieuan ap Rhydderch yn ei 'Gywydd y Fost' ei fod wrth ei ganu ar ddiwedd gwledd yn dynwared cerdd Hywel, ac oherwydd cynnwys honno a cherdd Gwalchmai a'r dywediad, 'Hanner y wledd, hoffedd yw', rhesymol tybio mai cerdd ymffrost oedd 'gorhoffedd' i'w chanu ar ddiwedd gwledd, ac i'w chymharu â *gabs* Ffrangeg. O gofio'r ystyr bosibl '(cerdd) tra hoffter', dichon fod y 'gorhoffedd' yn dwyn peth o ddelw caneuon megis 'add(f)wynau *Taliesin'.

Gormodd Odlau, un o feiau gwaharddedig *Cerdd Dafod. Fe'i ceir mewn llinell lle y bydd gair acennog ynddi yn odli â'i phrifodl.

Goron, Y, gweler CORON.

Goronva Camlann, gweler WILLIAMS, ROWLAND (1817–70).

Goronwy Ddu o Fôn, gweler OWEN, GORONWY (1723–69).

Gorsedd Beirdd Ynys Prydain, cymdeithas o feirdd, cerddorion a chynrychiolwyr eraill o ddiwylliant Cymru, a sefydlwyd gan Iolo Morganwg (Edward *Williams) yn 1792. Cynhaliwyd ei chyfarfyddiad cyntaf ar Fryn y Briallu yn Llundain, o dan gyfarwyddyd Iolo Morganwg gyda chymorth Edward *Jones (Bardd y Brenin), William *Owen Pughe a David *Samwell.

Cynhaliwyd yr Orsedd gyntaf yng Nghymru ar Fryn Owen (Stalling Down, Morg.) yn 1795. Wedi hynny meithrinwyd y gymdeithas gan Iolo fel rhyw fath o gyfundrefn farddol a fyddai'n cynnal traddodiad llenyddol Cymru a gweithiodd tuag at sefydlu gorsedd ('cadair' oedd ei air ef) ym mhob talaith yng Nghymru. Yr oedd Iolo'n honni fod yr Orsedd yn disgyn mewn olyniaeth ddi-dor o'r *Derwyddon. Ni chysylltwyd creadigaeth Iolo â'r *Eisteddfod tan 1819, yn Eisteddfod Daleithiol Dyfed yng Nghaerfyrddin, pan gynhaliodd Iolo seremoni yng ngardd Gwesty'r Ivy Bush. Yr oedd y bardd buddugol ar yr achlysur hwnnw, Gwallter Mechain (Walter *Davies), ymhlith y rhai a dderbyniwyd gan Iolo.

Yna yn Eisteddfod fawr Llangollen yn 1858, trefnodd Ab Ithel (John *Williams) Orsedd ryfedd ar y llwyfan yn ymgorffori rhai o'r seremonïau a ddyfeisiwyd gan Iolo. Fel y tyfai'r syniad o *Eisteddfod Genedlaethol daeth yr orsedd i fwy o amlygrwydd, ac yn raddol enillodd ei lle a thyfu'n gorff fel y gwelir hi heddiw. Ar droad yr ugeinfed ganrif bu llawer o ymosod ar yr Orsedd, yn arbennig gan John *Morris-Jones a G. J. *Williams, oherwydd ei honiadau ynglŷn â'i hynafiaeth, a bu dadlau ffyrnig. Ond aeth hynny heibio ers tro a chydnebydd pawb erbyn hyn mai dyfais Iolo Morganwg ydoedd.

Bu chwe Archdderwyd ar hugain hyd yma (1997). Yn 1888 pryd y sefydlwyd corff cenedlaethol i reoli'r Orsedd, sef Cymdeithas yr Orsedd, y dechreuwyd penodi Archdderwyddau. Y cyntaf i'w ethol oedd Clwydfardd (David *Griffith) a pharhaodd ef yn y swydd tan 1894. Bu Cynan (Albert *Evans-Jones) yn Archdderwydd ddwywaith, yn 1950–54 ac yn 1963–66, ac fel Cofiadur gwnaeth lawer i roddi urddas i seremonïau a chyflwynodd weithgareddau newydd megis y Ddawns Flodau. Cyflwynwyd y *Corn Hirlas i'r Orsedd gan Arglwydd Tredegyr yn Eisteddfod Genedlaethol Casnewydd 1897 a'r Cleddyf Mawr gan Syr Herbert von Herkomer yn Eisteddfod Genedlaethol Caerdydd 1899. Yn ddiweddarach bu Gwyndaf (E. Gwyndaf *Evans; 1966–69) a Bryn (R. Bryn *Williams; 1975–78) yn Archdderwyddon, wedyn Geraint (Geraint *Bowen; 1978–81), Jâms Niclas (James *Nicholas; 1981–84), Elerydd (W. J. *Gruffydd; 1984–87), Emrys Deudraeth (Emrys *Roberts; 1987–90), Ap Llysor (W. R. P. *George; 1990–93), John Gwilym (John Gwilym Jones; 1993–96) a Dafydd Rolant (Dafydd *Rowlands; 1996–).

Cynyddwyd aelodaeth yr Orsedd o 460 yn 1927 i'r mil a thri chant sy'n aelodau heddiw. Y mae'r rhain yn cynnwys yr Urdd Ofydd, a enillir trwy arholiad neu fel cydnabyddiaeth arbennig, Urdd Bardd, Cerddor neu Lenor a enillir trwy arholiad yn unig, ac Urdd Dderwydd. Derbynnir i'r trydydd dosbarth wŷr a gwragedd o bob cwr o fywyd cyhoeddus sydd wedi rhoi gwasanaeth arbennig iaith a diwylliant Cymru. Gwisga'r aelodau ynau gwyrdd, glas a gwyn, sef lliwiau a ddefnyddiwyd gan Iolo Morganwg yn 1819.

Daw Gorsedd y Beirdd ag urddas liwgar i bobl a amddifadwyd yn gyffredinol o basiant cynhenid. Cyfyngir y gweithgareddau y rhan amlaf i seremonïau sy'n ymwneud â'r Eisteddfod Genedlaethol, yn arbennig rhai'r Cyhoeddi, y *Gadair a'r *Goron, ond cynhaliwyd cyfarfod anarferol yng Nghilmeri yn 1982 i goffáu marwolaeth *Llywelyn ap Gruffudd, Tywysog olaf Cymru annibynnol. Y mae hefyd yn hybu cysylltiadau rhyngwladol â gwledydd Celtaidd eraill, yn arbennig â'i chymar yng Nghernyw a Llydaw a chyda'r Mod a'r Oireachtas, gwyliau cenedlaethol yr Alban ac Iwerddon.

Ceir manylion pellach yn ysgrifau G. J. Williams, *Agweddau ar Hanes Dysg Gymraeg* (gol. Aneirin Lewis, 1967), Geraint a Zonia Bowen, *Hanes Gorsedd y Beirdd* (1991) a Geraint Bowen, *Golwg ar Orsedd y Beirdd* (1992); gweler hefyd y rhestr o erthyglau yn Thomas Parry a Merfyn Morgan (gol.), *Llyfryddiaeth Llenyddiaeth Gymraeg* (1976).

Gorwant, gair a awgrymwyd gan John *Morris-Jones yn ei *Cerdd Dafod* (1925) am y rhaniad yn ail linell paladr *Englyn Unodl Union, er enghraifft, 'Ymholais, crwydrais mewn cri,—och alar! Hir chwiliais amdani'.

Gorymdeithiau Newyn, sef gorymdeithiau'r di-waith i geisio darbwyllo'r Llywodraeth i wella eu safon byw. Yr oeddynt yn nodweddiadol o fywyd de Cymru yn ystod y 1920au a'r 1930au. Dechreuasant yn 1922, y flwyddyn y ffurfiwyd Mudiad Cenedlaethol y Di-waith, ond dechreuodd yr orymdaith gyntaf a gynrychiolai Gymru gyfan o Gwm *Rhondda ar 9 Tachwedd 1927. Gyda nifer y di-waith yn codi'n gyflym (yr oedd 1,127,000 heb waith ym Mhrydain ym Mai 1929 a 2,643,000 yn Rhagfyr 1930), trefnwyd nifer o orymdeithiau yng Nghymru, Yr Alban a Lloegr. Anelodd nifer o'r gorymdeithiau hyn (a oedd weithiau'n cynnwys degau o filoedd) at Lundain. Arweinydd y mudiad yn Lloegr oedd Wil Hannington, cynbeiriannydd, a bu Idris Cox, Arthur *Horner ac A. J. *Cook yn flaenllaw yn ne Cymru. Yn 1933 arweiniodd Lewis *Jones (1897–1939) bum cant o wŷr di-waith o gymoedd sir Fynwy i Gasnewydd a gwelwyd tyrfaoedd enfawr yn eu cefnogi. Digwyddodd yr orymdaith olaf yn 1936; fe'i cefnogwyd ar y cyd gan y Sosialwyr a'r Comiwnyddion a hynny am y tro cyntaf erioed. Erys y gorymdeithiau hyn ar gof gwlad fel symbol o galedi, brawdgarwch ac agwedd brotesgar de Cymru yn ystod blynyddoedd y *Dirwasgiad rhwng y ddau Ryfel Byd. Gweler hefyd STREIC GYFFREDINOL.

Gossamer Beynon, yr athrawes yn *Under Milk Wood* (1954) gan Dylan *Thomas. Ymsercha'n gyfrinachol yn y Sinbad Sailors aflednais ond, '*a lady all over*', ni wna ddim.

Gosteg, cyfres o englynion boed y rheini'n *Cyngogion neu yn unodl drwyddynt.

Gough, Mathew neu **Mathau Goch** (1386–1450), milwr, mab i Owain Goch, beili maenor Hanmer, yn nyffryn Dyfrdwy, Ffl. Y mae'n fwy na thebyg iddo fynd i Ffrainc yn sgîl John Talbot, Iarll Amwythig yn ddiweddaraeth, y bu ei fam yn famaeth iddo. Daeth i amlygrwydd ym mrwydrau Cravant (1423) a Verneuil (1424), ond bu'n rhaid iddo ildio Beaugency i fyddin Jeanne d'Arc yn 1429. Yn ddiweddarach bu'n gapten caerau dinasoedd Laval, St. Denis, Le Mans, Bellême a Bayeux. Yn 1432, pan gymerwyd ef yn garcharor gan y Ffrancwyr, yr oedd *Guto'r Glyn ymhlith y beirdd a ganodd gywydd iddo. Yn ystod y cadoediad wedi Cytundeb Tours (1445) arweiniodd Gough gatrawd i ymladd yn Lorraine a'r Almaen o dan Frenin Ffrainc. Erbyn hyn yr oedd Mathago, fel y gelwid ef gan y Ffrancwyr, yn enwog yn Ffrainc. Ymddiriedodd Harri VI genadaethau iddo at Gilles de Bretagne ac ef a Ffowc

Eutun a awdurdodwyd i drosglwyddo Anjou a Maine i'r Ffrancwyr yn 1448. Llwyddodd ef a'i bymtheg cant o wŷr meirch i ddianc o frwydr drychinebus Formigny yn 1450 a dioddefodd y Saeson golledion trymion yno, ond ymhen y mis bu'n rhaid iddo ildio Bayeux, yr olaf o'i gaerau yn Ffrainc. Wedi iddo ddychwelyd i Lundain gwnaethpwyd ef yn Gapten Tŵr Llundain. Fe'i lladdwyd ar Bont Llundain wrth geisio atal Jack Cade a'i gydderfysgwyr rhag ailgroesi'r bont i'r ddinas yn ystod nos 5–6 Gorffennaf 1450. Achosodd ei farwolaeth, yn ôl William o Gaerwrangon, gryn alar yng Nghymru. Galarodd un bardd: '*Morte Matthei Coghc/Cambria clamitavit, Oghe*'.

Ceir manylion pellach yn H. R. Evans, *Wales and the Wars of the Roses* (1915); gweler hefyd erthygl Ynyr Probert yn *Nhrafodion Anrhydeddus Gymdeithas y Cymmrodorion* (1962).

Gould, Arthur Joseph (1864–1919), chwaraewr rygbi a chwaraeodd dros Gymru fel canolwr tri-chwarter saith ar hugain o weithiau rhwng 1885 ac 1897; yr oedd yn enwog am ei gyflymder.

Gower, Iris, gweler DAVIES, IRIS (1939–).

GRABER, GEORGE ALEXANDER (Alexander Cordell; 1914–97), nofelydd a aned yn Colombo, Ceylon, i deulu milwrol Seisnig. Treuliodd lawer o'i ieuenctid yn y Dwyrain Pell, gan gynnwys saith mlynedd yn Tsieina, gwlad yr ysgrifennodd lawer amdani yn ei nofelau. Gwasanaethodd yn y Fyddin o 1932 hyd 1936 ac yn ystod yr Ail Ryfel Byd yr oedd yn Uwch-gapten yn y Peirianwyr Brenhinol. Ymgartrefodd yng Nghymru yn 1950 a gweithiodd fel maintfesurydd yn sir Fynwy hyd 1963. Yn ystod y 1970au symudodd i sir Benfro ac yn ddiweddarach i Ynys Manaw a Wrecsam.

Er iddo ddechrau ysgrifennu yn 1946 a chyhoeddi ei nofel gyntaf, *A Thought of Honour*, yn 1954, gwaith llwyddiannus cyntaf Alexander Cordell oedd *Rape of the Fair Country* (1959) sydd, ynghyd â *The Hosts of Rebecca* (1960) a *Song of the Earth* (1969), yn ffurfio cyfres o dair am fywyd yng Nghymru ar ddechrau'r *Chwyldro Diwydiannol. Y mae'r tair nofel boblogaidd hyn yn rhoi hanes tra rhamantus y frwydr dros hawliau undebau llafur yn y gweithfeydd haearn, cynyrfiadau Mudiad y *Siartwyr a Helyntion *Beca. Gorliwir y digwyddiadau hanesyddol sy'n ffurfio'r cefndir gan gymeriadau sydd wedi eu gorbortreadu ac sydd yn actio'u dramâu personol eu hunain yn y cyd-destun cymdeithasol ehangach. Yn *The Fire People* (1972) dygir Terfysg *Merthyr yn 1831 yn fyw trwy adrodd stori Dic Penderyn (Richard Lewis) a grogwyd am ei ran yn y cynyrfiadau. Gyda *This Sweet and Bitter Earth* (1977) dychwelodd at bwnc Cymreig i sôn am streiciau yn chwareli'r gogledd a Therfysgoedd *Tonypandy yn y de trwy lygaid chwarelwr a symudodd i'r de i chwilio am

waith. Y drydedd yn yr ail gyfres o dair nofel am fywyd yng Nghymru yn y ganrif ddiwethaf yw *Land of My Fathers* (1983). Adroddodd hanes cynnar rhai cymeriadau'r gyfres gyntaf yn *This Proud and Savage Land* (1987) ac anturiaethau diweddarach un ohonynt yn Affganistan ac wedyn yn ôl yng Nghymru yn *Beloved Exile* (1993) a *Land of Heart's Desire* (1995). Yn *Requiem for a Patriot* (1988) ceir hanes John Frost, Maer Casnewydd a Siartwr a ddanfonwyd tramor ar ôl ei erlyn am deyrnfradwriaeth.

Ymhlith nofelau eraill Cordell gellir enwi *Race of the Tiger* (1963), hanes mewnfudwyr Gwyddelig yn America; *The Sinews of Love* (1965), hanes merch amddifad yn Hong Kong; *The Bright Cantonese* (1967), stori ysbïwyr wedi ei lleoli yn Tsieina ac America; *If you Believe the Soldiers* (1972), nofel sydd â'i chefndir rywbryd yn y dyfodol; *The Dream and the Destiny* (1975) a seiliwyd ar Ymdaith Hir Mao Tse-tung; *To Slay the Dreamer* (1980), hanes y Rhyfel Cartref yn Sbaen; *Rogue's March* (1981) sy'n portreadu bywyd artist; *Peerless Jim* (1984), hanes James *Driscoll y paffiwr; *Tunnel Tigers* (1986), hanes cloddwyr y rheilffordd gyntaf o dan y Penwynion (S. *Pennines*); a *Dream of Fair Women* (1993) a seiliwyd yn Hong Kong. Ymhlith ei weithiau eraill ceir cyfres o dair (1971) i ddarllenwyr iau; gwrthryfel 1798 yn Iwerddon yw cefndir pob un ohonynt.

Ceir trafodaeth ar nofelau Alexander Cordell gan Chris Williams yn *Planet* (rhif. 121, Mawrth 1997); gweler hefyd yr ysgrif goffa gan Meic Stephens yn *The Independent* (11 Gorff. 1997) a'r deyrnged gan Chris Williams yn *Planet* (rhif. 125, Hyd./Tach. 1997).

Gramadegau'r Penceirddiaid, casgliad o draethodynnau'n ymwneud ag agweddau ar ddysg y beirdd proffesiynol y cafwyd tri phrif fersiwn ohono rhwng *c.*1320 a *c.*1570. Damcaniaethwyd i ffurf wreiddiol y gramadeg gael ei llunio yn y drydedd ganrif ar ddeg gan fardd (a oedd o bosibl hefyd yn ŵr eglwysig) o'r enw Cnepyn Gwerthrynion, ond prin yw'r dystiolaeth o blaid y ddamcaniaeth hon. Y farn bellach yw i fersiwn cyntaf y gramadeg gael ei gyfansoddi *c.*1320 gan *Einion Offeiriad, yn ôl pob tebyg ar arch ei noddwr Syr Rhys ap Gruffudd. Cynhwysai ymdriniaethau byrion â: llythrennau sillafau a diptoniaid y Gymraeg; y rhannau ymadrodd a chystrawen (yn seiliedig ar lawlyfrau Lladin poblogaidd Aelius Donatus a Priscianus); y *Pedwar Mesur ar Hugain; y beiau gwaharddedig, y modd y dylid moli pob peth, yr hyn a berthyn ar brydydd, a'r Trioedd Cerdd. Ceir yma gyfuniad tra diddorol o ddeunydd wedi'i ddynnu o ffynonellau rhyngwladol ar y naill law ac o ffynonellau brodorol ar y llaw arall. Amcan y llawlyfr, hyd y gellir casglu, oedd dwyn y beirdd proffesiynol i gyffyrddiad â meddwl yr oes a hefyd gosod trefn ar eu gweithgarwch ar ôl marwolaeth *Llywelyn ap Gruffudd yn 1282: rhoddwyd sêl bendith yr Eglwys a'r sefydliad seciwlar ar ganu mawl a chanu serch (er yn amodol) ond nid ar ganu dychan. Dylid pwysleisio, fodd bynnag, mai ar lafar yr arhosai'r rhan helaethaf o hyfforddiant y prentisfeirdd o hyd. Cyn *c*.1330 yr oedd *Dafydd Ddu o Hiraddug wedi cynhyrchu golygiad o'r fersiwn cyntaf hwn, ac er mai cymharol arwynebol yw'r cyfnewidiadau a fabwysiadodd, y maent yn bur ddiddorol: ymddengys mai ei olygiad ef a gafodd y cylchrediad helaethaf yng ngogledd Cymru.

Tua chanol y bymthegfed ganrif, yn Eisteddfod *Caerfyrddin yn ôl traddodiad, diwygiodd y pencerdd *Dafydd ab Edmwnd rai o'r mesurai a'r cynganeddion a chorfforwyd y diwygiadau hyn mewn ail fersiwn o'r gramadeg a baratowyd gan ei ddisgybl *Gutun Owain; hefyd cafwyd cyfieithiad newydd o destun gramadegol Lladin, y ceisiwyd yn raddol ei Gymreigio, yn ogystal ag ymdriniaeth elfennol â'r cynganeddion.

Gwelir y gramadeg ar ei lawn dwf yn ei drydydd fersiwn, sef hwnnw a ysgrifennwyd gan y pencerdd *Simwnt Fychan *c*.1570 dan y teitl 'Pum Llyfr Cerdd-wriaeth'. Nid yw'n amhosibl nad oedd a wnelo golygiad Simwnt rywbeth ag ail Eisteddfod *Caerwys, 1567. Y mae'n cyfateb o ran trefn i sgema Einion Offeiriad, ond bod adran gyflawn ar y cynganeddion wedi'i hychwan-egu'n bedwerydd llyfr, a bod pedwaredd adran Einion felly'n mynd yn bumed llyfr. Y mae ymdriniaeth Simwnt yn helaethach na dim a gafwyd o'r blaen: heblaw'r adran ar y cynganeddion, y mae'n manylu mwy ar y sillafau ac y mae ganddo ymdriniaethau newydd â'r treigladau, â chystrawen y frawddeg ac â'r cymeriadau. Awgrymwyd bod a wnelo *Gruffudd Hiraethog, athro Simwnt, â'r ymdriniaethau â'r treiglad-au a'r cynganeddion a bod a wnelo'r dyneiddiwr mawr William *Salesbury â'r adran ar gystrawen y frawddeg. Os felly y bu, y mae'r 'Pum Llyfr Cerddwriaeth' yn enghraifft o'r cydweithio rhwng y beirdd proffesiynol a'r dyneiddwyr y crefai Gruffudd Hiraethog a William Salesbury amdano.

Golygwyd y prif destunau (ac eithrio llawysgrif Coleg Balliol, Rhydychen 353) yn orchestol gan G. J. Williams ac E. J. Jones yn 1934. Rhestrir yr ymdriniaethau diweddarach gan R. G. Gruffydd yn '*Wales's Second Grammarian: Dafydd Ddu of Hiraddug*', yn *Nhrafodion* yr Academi Brydeinig (cyf. LXXXIX, 1995). Gweler hefyd *Gwaith Gruffudd Hiraethog* (gol. D. J. Bowen, 1990).

GRAVES, ALFRED PERCEVAL (1846–1931), gweler o dan WELSH POETRY OLD AND NEW (1912).

Grawys, Y, cyfnod o ddeugain niwrnod o ympryd cyn y *Pasg; y mae'n dechrau ar Ddydd Mercher y Lludw. Y diwrnod blaenorol, Dydd Mawrth Ynyd, yw'r cyfle olaf i fwyta'r bwydydd a waherddir gan yr Eglwys yn ystod y Grawys; hyn sy'n egluro arferion fel 'blawta a blonega', sef mynd o dŷ i dŷ i gasglu defnyddiau at wneud crempog. Yn ardal Cydweli, Caerf., gosodid y Crochan Crewys – sef meipen neu blisgyn ŵy ag ychydig fwyd mân ynddo – y tu allan i'r ffenestri gyda'r

nos yr un diwrnod. Ar y pedwerydd Sul yn y Grawys, sef Dydd Sul y Meibion, dychwelai gweision a phrentisiaid adref gyda rhoddion i'w mamau. Sul y Pys neu Ddydd Sul y Gwrychon oedd y Sul canlynol pan bwysleisiwyd pwysigrwydd pys fel rhan o fwyd arferol y Grawys drwy eu bwyta'n ddefodol. Yn ystod yr wythnos a ddilynai *Sul y Blodau eid i 'glepio wyau'r Pasg' yng Ngwynedd. Ar ddydd Gwener y Groglith pwysleisid difrifoldeb yr ŵyl; cerddai trigolion Dinbych-y-pysgod, Penf., yn droednoeth i'r eglwys a gwnaed 'gwely Crist' drwy baratoi delw o frwyn a'i gosod ar groes o bren i'w gadael mewn gardd gyfagos – un o olion yr hen ddefod o dynnu delw Crist a'i chladdu yn y fynwent hyd fore'r Pasg. Mewn rhai ardaloedd di-Gymraeg credid bod grym rhinweddol am weddill y flwyddyn i '*hot cross buns*'.

GRAY, THOMAS (1716–71); gweler o dan BARD a CYFLAFAN Y BEIRDD.

Greal, Y (1807), chwarterolyn a gyhoeddwyd yn Llundain. Ei olygydd oedd William *Owen Pughe a naw rhifyn yn unig a ymddangosodd. Ynddo cafwyd ambell lythyr gan Goronwy *Owen, hanes *Madoc, *Breuddwyd* *Macsen Wledig, hunangofiant Twm o'r Nant (Thomas *Edwards) a llawer o gerddi. Cyhoedd-wyd *Eglvryn Phraethineb* gan Henry *Perri fel atodiad i'r rhifyn olaf.

Greal neu Eurgrawn: sef Trysorfa Gwybodaeth, gweler o dan PRICHARD, EVAN (1769–1832).

Greal Sanctaidd, Y, gweler o dan CHWEDLAU'R GREAL.

Great Civilian, The, gweler AUBREY, WILLIAM (*c*.1529–95).

Green Horse (1978), blodeugerdd gan feirdd ifainc a olygwyd gan Meic *Stephens a Peter *Finch. Yr oedd pob un o'r chwech a deugain o gyfranwyr o dan ddeugain oed yn 1977 ac yn eu plith yr oedd Gillian *Clarke, John *Davies (1944–), Alan *Perry, Duncan *Bush, Tony *Curtis, John *Pook a Nigel *Jenkins, yn ogystal â beirdd Seisnig a drigai yng Nghymru megis Jeremy *Hooker, J. P. *Ward, Nigel *Wells a Sheenagh *Pugh. Cymerwyd teitl y gyfrol o gylchgrawn Pablo Neruda, *Caballo Verde*, a ddefnyddiwyd yn arysgrif iddi honiad y bardd hwn o Chile, 'Mae digon o le yn y byd i geffylau a beirdd o holl liwiau'r enfys'. Y mae Roland *Mathias, yn ei ragair, yn trafod datblygiad barddoniaeth *Eingl-Gymreig er y 1960au ac y mae'n gorffen gan gynnig cryn obaith i'r dyfodol, ond y mae'n amheus a fydd y dyfodol hwnnw yn parhau i gynnwys yr hyn y gellir yn ystyrlawn ei alw yn 'farddoniaeth Eingl-Gymreig'.

Gregynog, neuadd bum milltir i'r gogledd o'r Drenewydd, Tfn. Cyfeirir ato gan *Gynddelw Brydydd Mawr yn y ddeuddegfed ganrif ac yn ddiweddarach gan *Owain Gwynedd a Lewys *Dwnn. Bu'n gartref i deulu Blaenau neu Blaeniau (Blayney) am ryw chwe chan mlynedd hyd at 1795. Ni adawodd ailadeiladu helaeth yng nghanol y bedwaredd ganrif ar bymtheg ond ychydig o'r hen dŷ ar ôl, ac eithrio'r panelwaith cerfiedig ysblennydd o'r flwyddyn 1636. Yn y 1920au a'r 1930au yr oedd yr adeiladau yn gartref i *Wasg Gregynog, casgliad nodedig y chwiorydd Davies o Argraffiadwyr Ffrengig, a Gwyliau Cerdd a Barddoniaeth blynyddol. Cyflwynwyd y neuadd, gyda 750 erw o dir, i Brifysgol Cymru gan Miss Margaret Davies yn 1960, ac fe'i ddefnyddir yn ganolfan cynadleddau ac astudiaeth. Ailgodwyd y Wasg a'r Ŵyl Gerdd gan y Brifysgol, a bu hefyd, rhwng 1969 ac 1984, nifer o artistiaid preswyl am gyfnodau o chwe mis, yn eu plith y llenorion B. S. Johnson, Tony Harrison, Emyr *Humphreys, Jonah *Jones a Clare *Morgan. Y tri Warden er 1960 oedd Glyn Tegai *Hughes (1960–88), R. Gerallt *Jones (1988–95) a Dennis Balsom (1995–).

Ceir manylion pellach yn hanes y tŷ a olygwyd gan Glyn Tegai Hughes ac eraill yn 1977. Golygwyd detholiad o'r cerddi mawl i Gregynog a'i berchnogion rhwng 1450 ac 1650, ynghyd â nodyn ar deulu Blaeniau, gan Enid P. Roberts ac fe'i cyhoeddwyd gan Wasg Gregynog yn 1979. Ceir hanes bywyd yng Ngregynog yng nghyfnod y chwiorydd yn Eirene White, *The Ladies of Gregynog* (1985).

'Gresford Disaster, The', baled ddienw ac adnabyddus, un o'r ychydig yn Saesneg am y diwydiant glo yng Nghymru, sy'n coffáu y danchwa a laddodd ddau gant a phump a thrigain o weithwyr yng Ngresffordd, pentref glofaol ger Wrecsam, Dinb., ar 22 Medi 1934.

GRESHAM, COLIN ALASTAIR (1913–89), hanesydd a aned yn Knutsford, sir Gaer; symudodd i Gricieth, Caern., yn 1919. Ar ôl graddio mewn Archaeoleg yn 1935, dechreuodd ymchwilio i hanes ac archaeoleg leol gyda W. J. Hemp a Mortimer Wheeler. Yr oedd yn awdur llu o erthyglau mewn cylchgronau ar hanes ac archaeoleg gogledd-orllewin Cymru. Ef a gydnabuwyd yn bennaf awdurdod ar dirfeddiannaeth a hanes teuluoedd bonheddig cwmwd *Eifionydd pan gyhoeddwyd ei gyfrol bwysig, *Eifionydd: a Study in Landownership*, yn 1973. Ei brif weithiau eraill yw *History of Merioneth* (gyda E. G. *Bowen, cyf. I, 1967) a *Medieval Stone Carving in North Wales* (1968).

Cyhoeddir teyrnged a llyfryddiaeth gan Arwyn Lloyd Hughes yn *Nhrafodion* Cymdeithas Hanes Sir Gaernarfon (cyf. LI, 1990).

Greville, Charles Francis (1749–1809), y gŵr a greodd dref Milffwrd, Penf. Trosglwyddodd ei feistres, Emma Hart, i'w ewythr, Syr William Hamilton, a ddaeth yn ŵr iddi ac yn ddiweddarach daeth hi'n feistres i'r Arglwydd Nelson. Ond y tri pheth nodedig am Greville fel asiant ei ewythr oedd: annog helwyr y morfil o blith Crynwyr Nantucket, Mass., i ddefnyddio porthladd Milffwrd o 1793 ymlaen, ennill cytundeb Bwrdd y Llynges yn 1796 i ŵr o'r enw Jacob o Lundain adeiladu llongau yno, a pherswadio Nelson ynghyd ag Emma a Syr William i ymweld â'r dref yn 1802, a thrwy hynny creu cyhoeddusrwydd buddiol i Filffwrd.

Griffith, teulu o Gochwillan a'r Penrhyn, Caern., un o deuluoedd hynaf *Gwynedd. Gallent olrhain eu hach hyd at *Ednyfed Fychan. Yn ystod cyfnod cynnar gwrthryfel Owain *Glyndŵr cefnogai'r teulu y Cymry ond yn ddiweddarach aethant drosodd at Goron Lloegr. Elwodd Gwilym ap Gruffudd, y penteulu, ar y gorthrymu a fu wedyn ar y Cymry. Er hyn yr oedd y teulu yn boblogaidd ymhlith y beirdd. Canodd *Rhys Goch Eryri, *Guto'r Glyn, *Lewys Môn, *Tudur Aled a *Thudur Penllyn fawl i'r teulu. Estynnwyd nawdd i'r beirdd hyd gyfnod Syr Rhys Gruffudd a oedd yn un o ddirprwywyr ail Eisteddfod *Caerwys yn 1567. Dywedir mai môr-leidr oedd ei fab, Piers Gruffudd (1568–1628), tua diwedd teyrnasiad Elisabeth I; canodd Tomos *Prys, Plas Iolyn, nifer o gywyddau iddo a chyfansoddodd farwnad iddo hefyd. Arhosodd y tŷ ym meddiant y gangen hon o'r teulu hyd farw Gruffudd Williams, yr olaf o'r llinach, yn 1689.

GRIFFITH, ALEXANDER (1601?–76), clerigwr ac ymgomiwr. Fe'i ganed yn Llysfaen, Caern.; cafodd fywoliaethau yn esgobaeth Bangor nes iddo golli ei swydd o dan *Ddeddf Taenu'r Efengyl yng Nghymru (1650). Fe'i cythruddwyd gan ddull Vavasor *Powell o ymdrin â chlerigwyr Anglicanaidd. Trefnodd ddeiseb yn gwrthwynebu'r Ddeddf yn 1652 a dwy flynedd yn ddiweddarach cyhoeddodd bamffledyn ar y pwnc a'i gyflwyno i'r Amddiffynnydd newydd. Yn 1654 cyhoeddodd draethawd a oedd yn llawn dicter nodweddiadol, *Strena Vavasoriensis*, a atebwyd gan Powell yn ei *Examen et Purgamen Vavasoris* (1654). Ar ôl yr Adferiad rhoddwyd bywoliaeth Y Clas-ar-Wy, Maesd., yn ôl i Griffith.

GRIFFITH, DAVID (Clwydfardd: 1800–94), bardd ac Archdderwydd, a aned yn Ninbych. Fel ei dad o'i flaen, yr oedd yn wneuthurwr orioriau, yn cefnogi llenyddiaeth Gymraeg, ac yn Fethodist Wesleaidd. Symudodd i Gaernarfon, Amlwch a Chaergybi cyn dychwelyd i Ddinbych; treuliodd ei flynyddoedd olaf yn Abergele yn ei sir enedigol. Yn y 1820au enillodd ei gerddi nifer o wobrau, ond newidiodd drywydd wedi Eisteddfod Caerdydd yn 1834, lle y cafodd ei swyno gan 'hen' ddefodau *Gorsedd y Beirdd. Y flwyddyn ddilynol, yn Llannerch-y-medd, Môn., bu'n beirniadu cystadlaethau ac yn arwain y seremonïau – ymddygiad rhyfedd i weinidog Methodistaidd bryd hynny. Yn Ninbych yn 1860 cynhaliodd ragflaenydd y gyfres gyntaf o *Eisteddfodau Cenedlaethol a ddaeth i ben yn 1868. Yr oedd galw mawr amdano hefyd ar gyfer digwyddiadau llai ac arweiniodd y 'Genedlaethol' wedi iddi gael ei hatgyfodi o 1880 hyd 1884. O 1860 ymlaen cyflawnodd y dyletswyddau sy'n gysylltiedig â swydd yr Archdderwydd; yn 1876 fe'i trwyddedwyd yn Archdderwydd yr Orsedd; ond ni chafodd ei gydnabod yn llawn yn Archdderwydd Cymru tan 1888. Yn gorfforol, yr oedd yn gryf iawn, a cherddai bedair milltir ar ddeg ar hugain ar y Sul i bregethu mewn tri lle gwahanol, ac yn bedair a phedwar ugain oed cerddodd i ben yr Wyddfa.

Ysgrifennodd *Cyfaill yr Ysgolor* (1839) i'w ddefnyddio mewn *Ysgolion Sul. Ei waith mwyaf adnabyddus yw'r gyfres o englynion 'Y Llwynog' (1849). Gyda'i fersiwn o'r salmau mydryddol *Y Salmau Cân* (1889) gobeithiai wella ar waith mawr Edmwnd *Prys. Yn Eisteddfod Rhuddlan yn 1850 protestiodd yn erbyn newydd-deb cynnig y wobr gyntaf am *bryddest, ond yn ei henaint cefnogodd ddiwygio'r polisi ar y mesurau caeth. Tra cadwai'n ffyddlon i'w wreiddiau Cymreig, llywiodd yr Eisteddfod trwy ddylanwadau a oedd o blaid y Saesneg; arweiniodd seremonïau gydag urddas ynghyd â ffraethineb parod; perchid ef gan gynulleidfaoedd fel un a oroesodd o'r oesoedd a fu.

Am ragor o fanylion gweler yr erthygl gan D. Griffith yn *Nhrafodion* Cymdeithas Hanesyddol Sir Gaernarfon (cyf. LVI, 1995).

GRIFFITH, GRIFFITH WYNNE (1883–1967), pregethwr ac awdur. Fe'i ganwyd ym mhlwyf Llanfyfaelog, Môn, a'i addysgu ym Mangor, Y Bala a Rhydychen. Ordeiniwyd ef yn weinidog gyda'r Methodistiaid Calfinaidd yn 1911 a bu'n weinidog ym Mryn Du, Môn, Lerpwl, Porthmadog a Bangor. Ystyriwyd ef yn un o wŷr blaenaf ei enwad a bu'n gweithredu fel ysgrifennydd y Pwyllgor Llyfrau a Llenyddiaeth ac fel golygydd *Y Cyfarwyddwr* a'r *Goleuad. Cyhoeddodd amryw lyfrau, y rhan fwyaf ohonynt ym maes crefydd, yn eu plith cyfrol o efrydiau Beiblaidd, *Y Groes* (1933), cyfrol ar hanes yr *Ysgol Sul (1936), casgliad o bregethau, *Ffynnon Bethlehem* (1948), a chyfrol o emynau a chyfieithiadau, *Odlau'r Efengyl* (1959). Cyhoeddwyd ei Ddarlith Davies (1942) yn gyfrol, *Datblygiad a Datguddiad* (1948), a chyhoeddodd yn ogystal enwyslyfrau a holwyddoreg. Lluniodd hefyd ddwy nofel antur adnabyddus a hynod boblogaidd yn eu dydd, sef *Helynt Coed y Gell* (1928) a *Helynt Ynys Gain* (1946). Cyhoeddodd gyfrol o atgofion, *Cofio'r Blynyddoedd Gynt* (1967), sy'n rhoi darlun byw o fywyd gwledig Môn ar ddiwedd y ganrif ddiwethaf.

Griffith, Jasper (m. 1614), trydydd Warden Ysgol Rhuthun a'r olaf i'w benodi gan ei sylfaenydd, Gabriel *Goodman, Deon Westminster. Y Deon hefyd a roddodd iddo fywoliaeth Hinckley yn swydd Gaer-lŷr

yn 1600. Bu nifer o'r llawysgrifau Cymraeg pwysicaf, megis *Llyfr Du Caerfyrddin, Brut Dingestow, Buchedd *Gruffudd ap Cynan, *Llyfr Gwyn Rhydderch a rhai o'r llawysgrifau cyfraith yn ei feddiant. Copïodd nifer o gywyddau *Dafydd ap Gwilym a beirdd eraill (Llsgr. Llansteffan 120), a daeth nifer o'i lawysgrifau i Lyfrgell Hengwrt drwy Meredith *Lloyd.

GRIFFITH, JOHN (Y Gohebydd; 1821–77), newyddiadurwr a aned yn Abermaw, Meir.; pan oedd yn llencyn fe'i prentisiwyd yn groser. O 1847 hyd 1849 bu'n cynorthwyo Hugh *Owen i sefydlu Ysgolion Brytanaidd yng Nghymru a dechreuodd ysgrifennu i *Cronicl Cymru, misolyn ei ewythr, Samuel *Roberts. Ymddangosodd ei waith newyddiadurol pwysicaf yn *Baner ac Amserau Cymru Thomas *Gee a daeth yn adnabyddus fel gohebydd Llundain i'r papur hwnnw. Rhyddfrydwr pybyr ydoedd a bu'n gyfrwng i addysgu ei ddarllenwyr uniaith ar faterion y cyfnod ym Mhrydain a'r byd. Yr oedd ymhlith y rhai a ailsefydlodd Anrhydeddus Gymdeithas y *Cymmrodorion yn 1873 ac yr oedd hefyd yn gefnogwr brwd i'r *Eisteddfod Genedlaethol; ymdrechodd hefyd i hybu addysg uwchradd yng Nghymru.

Ceir manylion pellach yn y cofiant iddo gan Richard Griffiths (1905).

GRIFFITH, LLEWELYN WYN (1890–1977), nofelydd, bardd a chyfieithydd, a aned yng Nglanwydden, Dinb. Ymunodd â'r Gwasanaeth Sifil yn 1909; dilynodd yrfa gydag adran Cyllid y Wlad a bu'n Ysgrifennydd Cynorthwyol yn yr adran honno o 1945 hyd 1952. Yn ei lyfr *Up to Mametz* (1931) adroddir hanes ei brofiadau yn gapten gyda'r Gatrawd Frenhinol Gymreig yn ystod y Rhyfel Byd Cyntaf, pan enillodd y *Croix de Guerre*. Disgrifia ei ail waith hunangofiannol, *Spring of Youth* (1935), ei lencyndod ac ansawdd y traddodiad Cymreig a'i cynhaliodd drwy gydol ei fywyd hir o wasanaeth cyhoeddus amlwg. Cyhoeddodd ddwy nofel, *The Wooden Spoon* (1937) a *The Way Lies West* (1945), yn ogystal â chyfrol o farddoniaeth, *The Barren Tree* (1945), sydd yn cynnwys drama fydryddol ar gyfer y radio, *Branwen*, a llyfr i blant, *The Adventures of Pryderi* (1962). Ymhlith y llyfrau y bwriadwyd iddynt ddehongli'r diwylliant Cymreig i'r darllenydd o Sais ceir *The Welsh* (1950) a'i gyfieithiadau o waith Kate *Roberts, *Tea in the Heather* (1968) a *The Living Sleep* (1976). Yr oedd yn ddarlledwr cyson yn y Gymraeg a'r Saesneg a bu'n flynyddoedd lawer yn aelod o'r tîm Cymreig yn y *Round Britian Quiz*. Gwnaeth gyfraniad nodedig i'r bywyd Cymreig: yr oedd yn aelod blaenllaw o Anrhydeddus Gymdeithas y *Cymmrodorion a bu'n olygydd y *Trafodion* am flynyddoedd.

Ymddangosodd traethawd ar Ll. Wyn Griffith gan Greg Hill yn y gyfres *Writers of Wales* (1984); gweler hefyd ysgrif hunangofiannol yr awdur yn *Y Llwybrau Gynt* (gol. Alun Oldfield-

Davies, 1971) a'r anerchiad coffa gan Huw Wheldon yn *Nhrafodion* Anrhydeddus Gymdeithas y Cymmrodorion (1978).

Griffith, Moses (1747–1819), arlunydd mewn dyfrlliw. Fe'i ganed ym Mryncroes, Caern. Ni chafodd unrhyw hyfforddiant ffurfiol ond pan oedd yn ddwy ar hugain oed sylweddolodd Thomas *Pennant fod ganddo allu fel arlunydd a threfnodd iddo deithio'r wlad gydag ef o 1769 hyd 1790 er mwyn paratoi lluniau ar gyfer ei wahanol lyfrau.

GRIFFITH, OWEN (Ywain Meirion, Owen Gospiol; 1803–68), baledwr adnabyddus mewn ffeiriau ledled Cymru, yn arbennig ym Morgannwg. Fel arfer gwisgai het sidan a chanai ei gyfansoddiadau ef ei hun, a'u gwerthu. Y mae tua thrigain o'i faledi wedi goroesi gan gynnwys ei alarnad i gant ac un ar ddeg o lowyr a gollodd eu bywydau mewn tanchwa yng Nglofa Insole, ger Pontypridd, 15 Gorffennaf 1856. Golygwyd detholiad o'i faledi gan Tegwyn Jones a'i gyhoeddi yn y gyfrol *Baledi Ywain Meirion* (1980).

Griffith, Peter, gweler GRUFFYDD, PETER (1935–).

GRIFFITH, RICHARD (Carneddog: 1861–1947), bardd gwlad, llenor a llyfrbryf a aned yn y Carneddi, Nanmor ger Beddgelert, Caern. Trwy lenor lleol arall, Richard Owen (Glaslyn; 1831–1909), fe'i cyflwynwyd i O. M. *Edwards. Cyfrannodd swm enfawr o erthyglau i'r wasg gan ddechrau tuag 1881 yn *Baner ac Amserau Cymru* ac yn 1882 yn *Y *Genedl Gymreig*, dan y pennawd 'Manion y Barcud o'r Mynydd' ac 'O'r Wyddfa i Gantre'r Gwaelod'. Yn 1911 dechreuodd ysgrifennu i Yr *Herald Cymraeg* dan y pennawd 'Colofn Carneddog' ac wedyn dan y pennawd 'O'r Wyddfa i'r Môr', ond yn 1915 newidiwyd y pennawd i 'Manion o'r Mynydd' a pharhaodd felly hyd 1945. Cyfuniad o newyddion lleol, o hanes ac o bytiau difyr am feirdd a llenorion oeddynt, a gwyddai Carneddog wrth eu hysgrifennu y byddent yn ddogfennau pwysig o hanes cymdeithasol. Cyfrannodd hefyd lu o erthyglau i *Cymru* rhwng 1892 ac 1927 ac O. M. Edwards a'i cymhellodd i gyhoeddi *Gwaith Glan y Gors* (1905) a *Gwreichion y Diwygiadau* (1905), sef casgliad o emynau gwerin, a *Blodau'r Cynghanedd* (1920). Gohebai'n gyson ag O. M. Edwards, a bu'n gymorth mawr i ysgolheigion eraill yn eu gwaith ymchwil, megis John *Rhŷs, John *Morris-Jones, Thomas *Shankland a Thomas *Richards (1878– 1962). Enillodd ei gasgliad rhagorol o hen faledi a cherddi, *Cerddi Eryri* (1927), wobr yn Eisteddfod Genedlaethol Pwllheli yn 1925 dan feirniadaeth J. H. Davies. Cyhoeddodd Carneddog ddeg o gyfrolau i gyd, a cheir llyfryddiaeth lawn o'i waith gan E. Namora Williams yn *Carneddog a'i Deulu* (1985).

Bu'n rhaid iddo ef, a'i briod Catrin, oherwydd henaint, fynd i fyw at eu mab i Hinckley ger Caer-lŷr,

a chafwyd ysgrif ar yr achlysur gan John Roberts *Williams (dan y ffugenw John Aelod Jones) yn *Y *Cymro* (14 Medi 1945) ynghyd â'r darlun enwog o'r ddau'n ffarwelio â'u hen gartref gan Geoff Charles, a'r mynyddoedd yn gefndir iddo, gyda'r teitl awgrymog uwch ei ben, ' 'Rwy'n edrych dros y bryniau pell'.

GRIFFITH, ROBERT ARTHUR (Elphin; 1860–1936), bardd. Brodor o Gaernarfon ydoedd a chafodd ei addysg yn Lerpwl a Choleg Prifysgol Cymru, Aberystwyth. Aeth yn gyfreithiwr, yn fargyfreithiwr, ac yna yn ynad cyflogedig Merthyr Tudful ac Aberdâr, Morg. Cyhoeddwyd dwy gyfrol o'i farddoniaeth, *Murmuron Menai* ac *O Fôr i Fynydd*, a chomedi, *Y Bardd a'r Cerddor*; ni ellir dyddio yr un i sicrwydd. Cyfrannodd hefyd erthyglau beirniadol a dychanol i gylchgronau Cymraeg, yn arbennig *Y *Geninen*. Gyda David Edwards a John Owen Jones yr oedd yn gyd-awdur *The Welsh Pulpit: divers notes and opinions, by a Scribe, a Pharisee and a Lawyer* (1894).

Cyhoeddwyd darlith T. H. Parry-Williams ar Elphin yn *Nhrafodion* Anrhydeddus Gymdeithas y Cymmrodorion (1967).

Griffith, Sidney (m. 1752), gweler o dan HARRIS, HOWEL (1714–73).

GRIFFITH, WILLIAM JOHN (1875–1931), awdur storïau byrion a aned yn Aberffraw, Môn, ac a fagwyd ger Llansadwrn. Ar ôl dilyn cwrs byr mewn amaethyddiaeth yng Ngholeg Prifysgol Gogledd Cymru, Bangor, bu'n ffermio yng Nghefn Coch ac ar ôl hynny yn yr Henllys Fawr, Aberffraw, cartref y teulu ar ochr ei dad. Dan anogaeth E. Morgan *Humphreys dechreuodd yn 1924 lunio storïau ar gyfer *Y *Genedl Gymreig* ac fe'u casglwyd yn y gyfrol *Storïau'r Henllys Fawr* (1938) dan olygyddiaeth T. Rowland *Hughes. Rhaid bod storïau megis 'Yr Hen Siandri', 'Antur y Ddrama' ac 'Eos y Pentan' ymhlith y rhai digrifaf i'w hysgrifennu erioed yn Gymraeg. Ar gefndir pentref tawel ym Môn, ac mewn sefyllfa gomedi glasurol, yr adroddwr dienw (yr awdur ei hun, mae'n debyg) sy'n chwarae'r 'dyn call' gyferbyn â 'fy nghyfaill Williams', y mae ei syniadau mawr yn arwain yn ddi-feth i drychineb. Fe'u haddaswyd ar gyfer y teledu gan Gareth *Miles yn 1983.

GRIFFITHS, ANN (1776–1805), emynyddes a aned yn ffermdy Dolwar-fach, plwyf Llanfihangel-yng-Ngwynfa, Tfn. Gŵr uchel ei barch yn y gymdogaeth oedd ei thad: yr oedd wedi cael peth addysg, ac yr oedd yn dipyn o *fardd gwlad, ac yn Eglwyswr selog. Yr oedd y teulu yn un croesawgar, poblogaidd, yn hoff o'r ddawns a'r *noson lawen. Plentyn lled wannaidd ei hiechyd oedd Ann; yr oedd ganddi dueddiadau barddonol ac yr oedd yn ymroi i fywyd cymdeithasol y cylch, yn enwedig y dawnsio. Pan fu farw ei mam yn 1794 daeth yn feistres y fferm a hithau'n ddwy ar bymtheg oed. John ei brawd oedd y cyntaf o'r teulu i brofi tröedigaeth ac i ymuno â'r Methodistiaid, ac yn eu tro gwnaeth y tad a phedwar o'i bum plentyn yr un peth. Cafodd Ann ei hargyhoeddi o bechod wrth wrando ar yr Annibynnwr, Benjamin Jones o Bwllheli, yn pregethu yn Llanfyllin yn 1796, mewn cyfnod o ddiwygiad grymus yn yr ardal. Ymroi i fywyd o dduwioldeb ac i'r gymdeithas Fethodistaidd fu ei hanes wedi hynny. Erbyn 1798 yr oedd Dolwar-fach yn un o ganolfannau pregethu'r Methodistiaid a chafodd ei gofrestru'n ffurfiol fel lle o addoliad yn 1803. Bu farw ei thad yn Chwefror 1804, ac yn Hydref yr un flwyddyn priododd Ann â Thomas Griffiths, ffermwr o blwyf Meifod a blaenor gyda'r Methodistiaid, a daeth ef i fyw at Ann a'i brawd John i Ddolwar-fach. Ganed merch iddynt yng Ngorffennaf 1805 ond bu farw ymhen pythefnos, a bu farw'r fam hithau ychydig wedi hynny.

Cofir am Ann Griffiths ar gyfrif ei hemynau a'i llythyrau. O'r wyth llythyr o'i heiddo sydd wedi goroesi, y mae saith yn gopïau gan John *Hughes (1775–1854) o lythyrau a ysgrifennwyd ato ef rhwng 1800 ac 1804, a'r wythfed o'r un cyfnod yn llaw Ann ei hun at Elizabeth, chwaer Ruth Evans, morwyn yn Nolwar-fach a ddaeth yn wraig i John Hughes yn 1805. Y mae'r llythyrau yn adlewyrchu awyrgylch seiadau'r Methodistiaid a chyfrifir eu bod yn cynnwys peth o ryddiaith grefyddol fwyaf aruchel yr iaith Gymraeg. Fel emynydd, bernir bod Ann Griffiths gyfuwch â William *Williams (Pantycelyn) er mai tua phedwar pennill ar ddeg a thrigain o'i heiddo sy'n unig a gadwyd. Ymhlith y goreuon o'i hemynau gellir nodi 'Er mai cwbl groes i natur . . .', 'O! am gael ffydd i edrych . . .', 'Dyma babell y cyfarfod . . .' a 'Wele'n sefyll rhwng y myrtrwydd . . .' Deil Saunders *Lewis fod ei hemyn hwyaf, 'Rhyfedd, rhyfedd gan angylion . . .' yn 'un o gerddi mawreddog barddoniaeth grefyddol Ewrop'. Ychydig iawn o'r penillion a ysgrifennodd Ann ar bapur ac un yn unig sydd wedi goroesi yn ei llaw ei hun. Mynegiant o'i phrofiadau ysbrydol personol oedd yr emynau, heb fod ganddi unrhyw fwriad iddynt gael eu defnyddio'n gynulleidfaol. Y fersiynau cynharaf (a'r gorau yn ôl pob tebyg) o'i hemynau sydd ar glawr yw copïau a wnaeth John Hughes oddi ar gof ei wraig, Ruth Evans. Cyhoeddwyd hwynt am y tro cyntaf, er gyda llawer o newidiadau, yn Casgliad o Hymnau (1806), o dan olygyddiaeth Thomas *Charles o'r Bala (a Robert *Jones, Rhos-lan, y mae'n debyg).

Dwy nodwedd bennaf bywyd crefyddol Ann oedd dyfnder a dwyster arbennig ei phrofiad ysbrydol a'i hamgyffred treiddgar o wirioneddau ei ffydd. Gellir canfod yn ei gwaith hefyd ôl dylanwad canu gwerin a charolau *plygain ei bro, emynau, pregethau a *seiadau ei chyd-Fethodistiaid, a'r llyfrau a ddarllenodd, megis y Llyfr Gweddi Cyffredin a Traguyddol Orffwysfa'r Saint, cyfieithiad o waith gan Richard Baxter. Ond y dylanwad pennaf arni yn ddiau yw'r Ysgrythur. Trwythodd ei hun

yn y Beibl ac y mae ei gwaith yn frith o gyfeiriadau Ysgrythurol a ddefnyddir ganddi yn greadigol ac yn glasurol. Sylla'n fyfyrgar ar wirioneddau ei ffydd a rhydd fynegiant eglur fel y grisial iddynt. Ei phrif themâu yw person a gwaith y Duw-ddyn, Iesu Grist, a'i chariad ato, a'i hiraeth am sancteiddrwydd ac am y nefoedd. Ac at ei deall treiddgar a'i theimladrwydd dwys rhaid ychwanegu ei bod yn fardd a chanddi'r gallu i fynegi haniaethau mewn darluniau, a hynny mewn iaith rythmig a phersain.

Y mae astudio lawer wedi bod ar waith Ann Griffiths. Oherwydd dwyster anghyffredin ei bywyd a'i gwaith y mae nifer wedi ceisio dadlau bod elfennau cyfriniol yn ei gwaith; y mae eraill wedi dangos tebygrwydd rhwng agweddau ar ei gwaith a gwaith crefyddwyr o draddodiadau tra gwahanol a phellennig. Ond i ddeall a gwerthfawrogi gwaith Ann yn iawn, rhaid cofio uwchlaw pob dim mai bardd o Fethodist Calfinaidd ydoedd. Yn ei bywyd a'i gwaith cawn y ddiwinyddiaeth gyhyrog a Beiblaidd a ddysgodd wrth draed John Hughes a Thomas Charles a'u tebyg ac a batrymodd gymaint ar ei meddwl a'i chân, yn cwrdd mewn ffordd nodedig iawn â'r profiadau ysbrydol tanbaid a gysylltir â seiadau'r Diwygiad Methodistaidd.

Y ddau waith cynnar pwysicaf ar Ann Griffiths yw cofiant byr John Hughes iddi yn Y Traethodydd yn 1846 a chyfrol Morris Davies, Cofiant Ann Griffiths (1865). Gweler hefyd Saunders Lewis, Meistri'r Canrifoedd (1973); R. M. Jones, Cyfriniaeth Gymraeg (1994); R. Geraint Gruffydd, 'Ann Griffiths: Llenor', Taliesin (cyf. XLIII, 1981); E. W. James, 'Ann Griffiths' yn Cwmwl o Dystion (1977); A. M. Allchin, Ann Griffiths: The Furnace and the Fountain (1987); a'r gyfrol o ysgrifau beirniadol, Y Ferch o Ddolwar Fach (gol. Dyfnallt Morgan, 1977). Cyhoeddwyd gwaith Ann Griffiths fel y mae yn llawysgrifau John Hughes yn Gwaith Ann Griffiths (gol. Owen M. Edwards, 1905), Cofio Ann Griffiths (gol. William Morris, 1955) a Gwaith Ann Griffiths (1982) gan Siân Megan. Seiliwyd y nofel Fy Hen Lyfr Cownt (1961) gan Rhiannon Davies Jones a'r ddrama Byd o Amser (1976) gan Eigra Lewis Roberts ar fywyd yr emynyddes.

GRIFFITHS, BRUCE (1938–), geiriadurwr, cyfieithydd, beirniad llenyddol. Fe'i ganed a'i fagu ym Mlaenau Ffestiniog, Meir. Astudiodd Ffrangeg yng Ngholeg yr Iesu, Rhydychen, cyn mynd yn Ddarlithydd Ffrangeg yn Belfast ac yna yng Ngholeg Prifysgol Gogledd Cymru, Bangor. Ef yw prif olygydd *Geiriadur yr Academi: The Welsh Academy English–Welsh Dictionary (1995), campwaith y cysegrodd flynyddoedd lawer iddo ac a elwir yn aml ar lafar gwlad yn 'Eiriadur Bruce'.

Bu hefyd yn cyfieithu i'r Gymraeg o'r Ffrangeg weithiau llenyddol megis nofel Albert Camus L'Etranger (Y Dieithryn, 1972) ac, yn y gyfres *Dramâu'r Byd, drama Molière Le Malade Imaginaire (Y Claf Diglefyd, 1972). Y mae'n awdurdod ar waith Saunders *Lewis ac wedi ymddiddori yn arbennig yn nylanwad llenyddiaeth Ffrainc ar y llenor hwnnw. Cyhoeddwyd ei gyfrol Saunders Lewis yn y gyfres *Writers of Wales yn 1979 a'i ddarlith Y Dieithryn wrth y Drws yn 1993.

GRIFFITHS, BRYN (1933–), bardd. Fe'i ganed yn Abertawe; gadawodd yr ysgol yn bedair ar ddeg oed a gwasanaethodd am saith mlynedd yn y llynges fasnachol. Ar ôl blwyddyn yng *Ngholeg Harlech cafodd nifer o fân swyddi yn Llundain; yno sefydlodd y *Guild of Welsh Writers* a unwyd yn ddiweddarach â'r *Academi Gymreig. Y mae wedi byw am gyfnodau er y 1970au yn Awstralia, gwlad ei wraig. Cyhoeddodd deuddeg cyfrol o farddoniaeth: *The Mask of Pity* (1966), *The Stones Remember* (1967), *Scars* (1969), *The Survivors* (1971), *At the Airport* (1971), *Starboard Green* (1972), *Beasthoods* (1972), *The Dark Convoys* (1974), *Love Poems* (1980), *Sea Poems* (1988), *Ocean's Edge* (1992) and *The Landsker* (1995), a golygodd y flodeugerdd *Welsh Voices* (1967). Y mae Bryn Griffiths hefyd yn ysgrifennu ar gyfer y radio, y teledu a'r theatr.

GRIFFITHS, DAVID (1792–1863), cenhadwr, a anwyd yng Ngwynfe, Caerf., ac a ddechreuodd bregethu yn ugain oed. O 1814 hyd 1821 mynychodd Academi Neuadd-lwyd, Cer., Academi Wrecsam, Dinb., a Choleg Cenhadol Gosport, Hants., ac yn dilyn hynny dewiswyd ef ar gyfer y genhadaeth ym Madagascar. Cyrhaeddodd yr ynys yn 1821 a gweithiodd yno am bymtheng mlynedd, ond yn y pen draw bu'n rhaid iddo adael Madagascar ar adeg o erledigaeth, er iddo aros yn yr ardal fel masnachwr yn y gobaith, y mae'n debyg, y gallai gynorthwyo ei gyn-gynulleidfa. Yn y diwedd dychwelodd i Brydain yn 1842 gan ymgartrefu i ddechrau yn Y Gelli ac yna ym Machynlleth, lle y bu farw. Fel llawer o'r cenhadwyr cynnar, bu'n gweithio ar gyfieithu'r Beibl a thestunau cysylltiedig, yn ei achos ef i'r iaith Malagasi, ond ysgrifennodd hefyd *Hanes Madagascar* (1842), *A History of the Martyrs* (d.d.) a gramadeg Malagasi, yn ogystal â chyd-olygu geiriadur Malagasi-Saesneg.

Griffiths, Ieuan, gweler WILLIAMS, DAVID MATTHEW (1900–70).

Griffiths, James (1890–1975), arweinydd y glowyr a gwleidydd, a aned yn Rhydaman, Caerf. Bu'n gynrychiolydd y glowyr o 1925 hyd 1936, pan etholwyd ef yn Aelod Seneddol Llafur dros Lanelli, sedd a gadwodd nes iddo ymddeol yn 1970. Cafodd nifer o swyddi pwysig yn San Steffan; bu'n Weinidog Yswiriant Cenedlaethol (1945–50), Cadeirydd y Blaid Lafur (1948–49) ac Ysgrifennydd Gwladol dros y Trefedigaethau (1950–51). Yr oedd yn Gymro Cymraeg a chefnogai ymgyrch *Datganoli. Yn 1964 ef oedd y cyntaf i gael ei benodi yn Ysgrifennydd Gwladol dros Gymru.

Disgrifiodd ei yrfa yn ei hunangofiant, *Pages from Memory* (1969), a cheir gwerthfawrogiad ohono gan J. Beverley Smith yn y gyfrol, *James Griffiths and his Times* (1977).

GRIFFITHS, JOHN (1907–80), awdur llyfrau i blant

a aned yn Nhreharris, Morg. Ar ôl treulio blynyddoedd mewn gwledydd tramor ymgartrefodd yn Abertawe, gan weithio fel cynhyrchydd ac awdur dramâu radio a rhaglenni nodwedd ar gyfer y BBC. Tynnodd ar ei blentyndod yn y cymoedd diwydiannol ar gyfer *Griff and Tommy* (1956), ac y mae ymhlith yr ychydig lyfrau i blant sy'n llwyddo i wneud hynny mewn modd sy'n argyhoeddi'r darllenydd. Y mae'r dilyniant, *Griff and Tommy and the Golden Image* (1964), yn stori antur fwy confensiynol, wedi'i lleoli yng nghefn gwlad Cymru, a cheidw ddilysrwydd ei rhagflaenydd.

GRIFFITHS, JOHN GWYN (1911–), bardd, beirniad, golygydd ac ysgolhaig. Brodor ydyw o'r Porth, y Rhondda, Morg., ac addysgwyd ef ym Mhrifysgolion Cymru, Lerpwl a Rhydychen. Treuliodd y rhan helaethaf o'i yrfa academaidd yng Ngholeg y Brifysgol, Abertawe, lle y mae'n Athro Emeritws y Clasuron ac Eifftoleg. Bu hefyd yn Athro Gwadd ym Mhrifysgolion Cairo, Bonn a Tübingen, ac yn Gymrawd Gwadd yng Ngholeg yr Holl Eneidiau, Rhydychen. Gyda'i briod Kate *Bosse-Griffiths, sefydlodd *Gylch Cadwgan yn ystod yr Ail Ryfel Byd a chyfrannodd at y casgliad *Cerddi Cadwgan* (1953). Yr oedd hefyd yn gyd-olygydd y cylchgrawn Y *Fflam gydag Euros *Bowen a Phennar *Davies. Yn ogystal â'i weithiau ysgolheigaidd niferus a phwysfawr yn ymwneud â'r hen fyd, cyhoeddodd bedair cyfrol o gerddi, sef *Yr Efengyl Dywyll* (1944), *Ffroenau'r Ddraig* (1961), *Cerddi Cairo* (1969) a *Cerddi'r Holl Eneidiau* (1981), a chyfrol o efrydiau llenyddol, *I Ganol y Frwydr* (1970), sydd yn trafod cyfrifoldeb moesol a chymdeithasol y llenor yn y byd modern. Y mae J. Gwyn Griffiths hefyd yn awdur nifer o bamffledi gwleidyddol sy'n cynnwys *Anarchistiaeth* (1944) ac Y *Patrwm Cydwladol* (1949), a bu'n olygydd ar bapur newydd *Plaid Cymru, Y *Ddraig Goch, o 1948 hyd 1952. Bu'n Ysgrifennydd ac yn Llywydd Adran Glasurol Urdd y Graddedigion, Prifysgol Cymru, a golygodd ar ran yr Adran ddwy gyfrol o gyfieithiadau o farddoniaeth glasurol, *Cerddi o'r Lladin* (1962) a *Cerddi Groeg Clasurol* (1989). Cyhoeddodd hefyd gyfieithiad rhagorol, ynghyd â thrafodaeth fanwl, o *Farddoneg* Aristoteles (1978). Yr oedd yn gyfaill i D. J. *Williams a golygodd y gyfrol a gyhoeddwyd er anrhydedd i'r llenor hwnnw yn 1965, casgliad o'i storïau cynnar, Y *Gaseg Ddu* (1970), a'r gyfrol sy'n portreadu ei fywyd a'i waith yn y gyfres *Bro a Bywyd* (1982). Rhwng 1979 ac 1995 bu J. Gwyn Griffiths yn olygydd cyfres yr Academi Gymreig o drosiadau Cymraeg o weithiau rhyddiaith. Meibion iddo yw'r awduron Robat *Gruffudd a Heini *Gruffudd.

Am lyfryddiaeth J. Gwyn Griffiths gweler A. B. Lloyd (gol.), *Studies in Pharaonic Religion and Society in honour of J. Gwyn Griffiths* (1992). Ar ei gyfraniad Cymraeg a Chymreig gweler Ceri Davies, *Barn* (rhif. 347, 1991), R. Telfryn Pritchard, *Y Traethodydd* (cyf. CXLVI, 1991) a'r cyfweliad gydag Alun R. Jones yn *Yr Aradr* (cyf. VII, 1996).

GRIFFITHS, RALPH (1937–), hanesydd a aned yn Aberbargoed, Myn., ac a addysgwyd ym Mhrifysgol Bryste. Cyflogwyd ef fel cynorthwyydd ymchwil gyda'r *Bwrdd Gwybodau Celtaidd gan Brifysgol Cymru cyn iddo gael ei benodi'n Ddarlithydd mewn Hanes gan Goleg y Brifysgol, Abertawe, yn 1964, a daeth yn Athro Hanes yr Oesoedd Canol yn y Coleg hwnnw yn 1982. Yn 1992 fe'i hetholwyd yn Is-lywydd y Gymdeithas Hanes Frenhinol ac yn 1994 yn Llywydd Cymdeithas Cofnodion De Cymru. Maes arbennig ei ymchwil yw hanes gwleidyddol a gweinyddol Cymru a Lloegr yn niwedd yr Oesoedd Canol. Cyhoeddodd nifer o weithiau pwysig, gan gynnwys *The Principality of Wales in the later Middle Ages: South Wales, 1277–1536* (1972), *Boroughs of Medieval Wales* (1978), *Patronage, the Crown and the Provinces in later Medieval England* (1981), *The Reign of King Henry VI* (1981), *The Making of the Tudor Dynasty* (ar y cyd â Roger S. Thomas, 1985), *Kings and Nobles in the Later Middle Ages* (ar y cyd â James Sherborne, 1986), *The Oxford Illustrated History of the British Monarchy* (ar y cyd â John Cannon, 1988), *The City of Swansea: Challenges and Change* (1990), *Sir Rhys ap Thomas and his Family* (1993) a dau gasgliad o'i erthyglau, *King and Country: England and Wales in the Fifteenth Century* (1991) a *Conquerors and Conquered in Medieval Wales* (1994).

GRIFFITHS, STEVE (1949–), bardd a aned ym Mae Trearddur, Môn, ac a addysgwyd yng Ngholeg Churchill, Caer-grawnt. Y mae'n byw yn Llundain ac yn awdur pum casgliad o gerddi, sef *A Sting in the Air* (1980), *Anglesey Material* (1980), *Civilised Airs* (1984), *Uncontrollable Fields* (1990) a *Selected Poems* (1993). Nodweddir ei gerddi gan eironi llym, dyfeisgarwch ei ddelweddau ac amrywiaeth eang ei bynciau, boed yn bersonol neu yn gyhoeddus.

GRIMES, WILLIAM FRANCIS (1905–88), archaeolegwr. Yr oedd yn frodor o Benfro. Ef oedd Cyfarwyddwr Athrofa Archaeoleg Prifysgol Llundain, ac yr oedd yn Athro Archaeoleg yno hyd ei ymddeoliad yn 1973. Fe'i haddysgwyd ym Mhrifysgol Cymru a bu'n Geidwad Cynorthwyol adran Archaeoleg Amgueddfa Genedlaethol Cymru o 1926 hyd 1938. Gwasanaethodd ar nifer o gyrff cyhoeddus yn ymwneud ag archaeoleg: bu'n Gadeirydd y Comisiwn Brenhinol ar Henebion yng Nghymru a Llywydd Cymdeithas Archaeolegol y Cambrian. Cyhoeddodd lawer ar wahanol agweddau o'i bwnc: ymhlith ei weithiau pwysicaf y mae *The Prehistory of Wales* (1951) a *The Megalithic Monuments of Wales* (1936). Cyflwynwyd y gyfrol *Archaeological Theory and Practice* (gol. D. E. Strong, 1973) er anrhydedd iddo ar ei ymddeoliad.

Ysgrifennwyd teyrnged i'r Athro Grimes gan Dillwyn Miles yn *Archaeologia Cambrensis* (cyf. CXXXIX, 1989).

'*Grongar Hill*', cerdd dirlun ddisgrifiadol gan John *Dyer. Lluniodd fraslun ohoni gyntaf yn 1716 pan oedd yn byw yn Aberglasne ym mhlwyf Llangathen, Caer. Saif y bryn yn y teitl lai na milltir i'r de-orllewin o Aberglasne, gan edrych dros Ddyffryn Tywi o'r gogledd. Ailysgrifennwyd y gerdd yn 1724 a'r flwyddyn ganlynol pan oedd Dyer yn astudio arlunio yn yr Eidal, a chyhoeddwyd hi mewn tri fersiwn gwahanol yn 1726 wedi iddo ddychwelyd i Lundain: yn *Miscellaneous Poems* Richard Savage (fersiwn Pindarig), yn *A New Miscellany* ac yn *Miscellany* David *Lewis. Er ei bod mor gynnar yn natblygiad barddoniaeth dopograffig haedda'r gerdd lawer mwy o glod am ei newydd-deb nag a dybir o ystyried iddi gael ei chynnwys mewn dosbarth o gerddi mor ddi-nod. Wrth roi llinellau saith ac wyth sillaf mwy rhydd yn y fersiwn mwyaf enwog yn lle'r cwpledi arwrol yn fersiwn 1716, ynghyd â gweledigaeth arlunydd, creodd Dyer '*landskip*' mewn iaith sydd tua diwedd y gerdd yn wirioneddol gofiadwy.

GRONOW, REES HOWELL (1794–1865), awdur a aned yng Nghastell Herbert, Glyn-nedd, Morg. Bu'n brwydro yn Waterloo, ond gadawodd y fyddin yn 1821 ac ymroes i fyw fel gŵr bonheddig. Cyhoeddodd bedair cyfrol o atgofion, *Reminiscences of Captain Gronow* (1862), *Recollections and Anecdotes* (1863), *Celebrities of London and Paris* (1865) a *Last Recollections* (1866). Y mae pob un o'r rhain yn ddiddorol ac yn dangos safbwynt yr awdur tuag at ryfel a chymdeithas.

GRONW DDU O FÔN (14eg gan.), bardd. Ni wyddys ei hanes a phrin yw'r cywyddau brud o'i waith yn y llawysgrifau ond tystia nifer y copïau a gadwyd ar glawr o'i gerdd 'Breuddwyd Gronw Ddu' iddi fod yn boblogaidd iawn yn ei dydd ac ymhlith beirdd diweddarach.

GRONW GYRIOG (*fl.* hanner cyntaf y 14eg gan.), bardd a Fôn. Cedwir dwy awdl yn unig o'i waith. Y mae'r gyntaf yn foliant ar fesur *gwawdodyn i Fadog ab Iorwerth o Goedymynydd yn *Nheceingl; ynddi molir awdurdod Madog yn eglwys Bangor, yn ogystal â'i groeso arbennig i'r bardd mewn llysoedd yn Nyffryn Clwyd. Nodir yn nifer o'r llawysgrifau fod Madog yn Esgob Bangor, ac nid amhosibl hynny, er na chafwyd tystiolaeth bendant i ategu hynny. Cyfres o englynion teimladwy yn marwnadu Gwenhwyfar, gwraig Hywel ap Tudur o Goedan yng nghwmwd Twrcelyn, Môn, yw'r ail gerdd. Claddwyd Gwenhwyfar yn nhŷ'r brodyr Ffransisgaidd yn Llan-faes, Môn; cedwir y gerdd hon yn *Llyfr Coch Hergest. Ychydig iawn a wyddys am Ronw Gyriog ond dichon mai cywir y traddodiad mai ef yw tad y bardd *Iorwerth ab y Cyriog. Credir hefyd mai ef yw'r *Gor' Gyrryawk ap Gor'* a enwir fel tyst mewn dogfennau cyfreithiol yn ymwneud â throsglwyddo tir yn Llaneilian yng Nghwmwd Twrcelyn, Môn, yn 1317. Cyhoeddir ei farddoniaeth yn *The Myvyrian Archaiology of Wales* (ail arg., 1870), ac yn *The Poetry in the Red Book of Hergest* (gol. J. Gwenogvryn Evans, 1911)). Ceir golygiadau newydd yn *Gwaith Gronw Gyriog ac eraill* (gol. Rhiannon Ifans *et al.*, 1997)

Gronw Pebr, gweler o dan BLODEUWEDD.

GROVES, PAUL (1947–), bardd. Ganwyd ef yn Nhrefynwy, ei fagu ar y gororau yn Y Narth, treflan rhwng Trefynwy a Chas-gwent, a'i addysgu yng Ngholeg Addysg Caerllion. Ar ôl dysgu am sawl blwyddyn, y mae bellach yn awdur llawn-amser, ac yn byw yn Osbaston, Trefynwy. Y mae ei themâu a'i arddull yn efelychu tueddiadau cyfredol mewn llenyddiaeth Saesneg yn fwy o lawer nag unrhyw draddodiadau lleol, ac y mae wedi darllen ei waith yn eang, mewn canolfannau a gwyliau celfyddydol, ac ar y radio; cafodd gryn lwyddiant mewn cystadlaethau barddoniaeth, yn genedlaethol a rhyngwladol. Cynhwyswyd detholiad o'i waith yn *The Bright Field* (gol. Meic *Stephens, 1990) ac y mae wedi cyhoeddi dau gasgliad o farddoniaeth, *Académe* (1988) a *Ménage à Trois* (1995).

GRUFFUDD AB ADDA AP DAFYDD (*fl.* 1340– 70), bardd a brodor o Bowys Wenwynwyn, efallai o *Arwystli. Mewn cywydd marwnad nodedig iddo darluniodd *Dafydd ap Gwilym ef fel 'aur eos garuaidd' a laddwyd â chleddyf gan berthynas iddo. Gall mai marwnad ffug yw hon, ond cadarnheir y darlun ohono fel bardd serch yn yr *Areithiau Pros. Dau gywydd ac englyn yw'r unig gerddi o'i waith a gadwyd. Y mae ei gywydd i fedwen a dorrwyd i wneud pawl haf yn nhref Llanidloes yn gerdd a ddeil i lefaru heddiw: erys y fedwen yn arwyddlun trawiadol o ddarfodedigrwydd harddwch ac o boen alltudiaeth. Cyfeiria ei englyn at 'Gainc Gruffudd ab Adda', cainc i'r delyn y ceir ei nodiant yn y *Myvyrian Archaiology of Wales* (1801).

GRUFFUDD AB IEUAN AP LLYWELYN FYCHAN (*c.*1485–1553), uchelwr a bardd, o Lewenni Fechan (neu'r Llannerch) ger Llanelwy, Ffl. Yr oedd yn gefnder i fam yr Esgob Richard *Davies ac yn un o'r pum aelod o Gomisiwn Eisteddfod *Caerwys yn 1523. Ei gynnyrch fel bardd oedd cywyddau serch yn y dull traddodiadol, ychydig o gerddi crefyddol a cherddi gofyn, a marwnad i *Dudur Aled. Canodd gywydd go anghyffredin yn disgrifio nodweddion y gwir fardd. Barddoniaeth y gŵr bonheddig, nid bardd wrth ei grefft, yw eiddo Gruffudd ab Ieuan, ond y mae'n feistr ar *Gerdd Dafod.

Cyhoeddwyd Detholiad o Waith Gruffudd ab Ieuan ap Llywelyn Fychan dan olygyddiaeth J. C. Morrice yn 1910.

GRUFFUDD AB YR YNAD COCH (*fl.* 1277–82), bardd a hanoedd o deulu a oedd yn gysylltiedig â Llanddyfnan, ym Môn, ond ni wyddys dim arall am na'i fywyd na'i gefndir heblaw iddo dderbyn tâl sylweddol o

£20 gan Edward I yn 1277. Ef a luniodd un o'r awdlau mwyaf adnabyddus yn y Gymraeg, sef ei farwnad i *Lywelyn ap Gruffudd, Tywysog olaf Cymru annibynnol. Yn y gerdd rhoddir y mynegiant cryfaf yn yr iaith o ddigalondid llwyr. Y mae'r iaith yn gymharol syml a'r gerdd, er cadw cyseinedd ac odl a holl gelfyddyd y *Gogynfeirdd yn fanwl odiaeth, yn gwbl arbennig. Unodl ydyw, yn y terfyniad cwynfanus '-aw' a ailadroddir yn fewnol a therfynol gynifer â phedair ar ddeg a phedwar ugain o weithiau, gyda grym cynyddol ac effeithiol. Llinellog yw'r arddull ond gydag ymchwyddiadau a sicrheir trwy ailadroddiadau pwerus ac arteithiol, megis 'Gwae fi', 'Poni welwch chwi' a 'pen', cerdd ydyw sy'n mynegi ofnau'r Cymry ar farwolaeth y Tywysog, ac sy'n gwbl deilwng o'r achlysur brawychus.

Priodolir hefyd i Ruffudd chwech o awdlau crefyddol a gedwir yn *Llyfr Coch Hergest. Mynegwyd amheuaeth ynghylch eu hawduraeth, ond gwelir ôl yr un llaw, yn eu huniongyrchedd arswydus, eu disgrifiad o ddioddefaint y Groes, a'r realaeth wrth sôn am arswyd y bedd.

Golygwyd y gwaith Gruffudd gan Rhian M. Andrews a Catherine McKenna yn Gwaith Bleddyn Fardd a beirdd eraill ail hanner y drydedd ganrif ar ddeg (Cyfres Beirdd y Tywysogion VII, 1996).

Gruffudd ap Cynan (*c.*1055–1137), Brenin *Gwynedd a lwyddodd i ailsefydlu awdurdod ei deulu, llinach *Cunedda a *Rhodri Mawr. Er gwaethaf llawer o anawsterau, gan gynnwys ei garcharu a'i alltudio am flynyddoedd lawer yn Iwerddon, ac ymosodiadau arglwyddi Normanaidd a byddinoedd Harri I, yr oedd Gwynedd yn gadarn dan ei awdurdod erbyn diwedd ei deyrnasiad. Yn ôl traddodiad, cyflwynodd nifer o reolau newydd i'r beirdd a chafwyd yn sicr ddadeni llenyddol yn ystod ei deyrnasiad. Ag yntau â chysylltiad agos ag Iwerddon – priododd ei dad ferch rheolwr Llychlynaidd Dulyn – gall hynny fod wrth wraidd y gred ei fod yn gyfrifol am gyflwyno i Gymru ffurfiau barddol newydd. Marwnad i Ruffudd a gyfansoddwyd gan *Feilyr Brydydd, sef pencerdd ei lys, oedd y gyntaf mewn canrif a hanner o gerddi mawl i linach Gwynedd, hyd at ddiwedd annibyniaeth Cymru yn 1282. Comisiynodd ei fab, *Owain ap Gruffudd (Owain Gwynedd), fuchedd Ladin am ei dad, *Historia Gruffudd ap Cynan*; y fersiwn Cymraeg yn unig sydd wedi goroesi.

Golygwyd testun yr Historia gan D. Simon Evans (1977); gweler hefyd y monograff ar Ruffudd ap Cynan gan V. Eirwen Davies yng nghyfres Gŵyl Dewi (1959).

GRUFFUDD AP DAFYDD AP TUDUR (*fl.* 1300), bardd. Ymhlith y pump o'i gerddi a gadwyd yn *Llyfr Coch Hergest y mae dwy awdl serch, y naill yn cwyno yn erbyn merch ddifater o Abergwyngregyn, Caern., a'r llall yn cyfarch merch wrthnysig o Eutun, Dinb. Y rhain sydd debycaf eu nawdd i gerddi serch *Dafydd ap Gwilym o holl rieingerddi'r *Gogynfeirdd.

Bu i Ddafydd gynnwys cwpled o un ohonynt yn ei farwnad i'w ewythr Llywelyn ap Gwilym.

GRUFFUDD AP DAFYDD FYCHAN (fl. 15fed gan.), bardd o *Dir Iarll ym Morgannwg y mae ei gerddi yn ffynhonnell werthfawr i olrhain hanes llenyddol y fro honno. Canodd gywyddau brud, cywyddau serch a marwnadau i Harri VI (1471) ac i'w gyd-fardd, *Ieuan ap Hywel Swrdwal.

GRUFFUDD AP GWEFLYN (fl. 1382), bardd. Un cywydd o'i waith sy'n hysbys, ond fe'i diogelwyd mewn pedair llawysgrif ar ddeg, a hynny yn ddiau ar gyfrif pwysigrwydd y gwrthrych a goffeir, sef Goronwy ap Tudur, un o wyrion Eden, a fu farw ym mis Mawrth 1382, ac a farwnadwyd gan *Ruffudd ap Maredudd ap Dafydd, *Llywelyn Goch ac *Iolo Goch. Y mae'r farwnad yn un anghyffredin hefyd am i'r bardd gyffelybu marw Goronwy i farw *Llywelyn ap Gruffudd (Y Llyw Olaf), ganrif union ynghynt, yn union fel y gwnaethai Gruffudd ap Maredudd a Llywelyn Goch yn eu marwnadau hwy.

GRUFFUDD AP GWRGENAU (fl. diwedd y 12fed gan.), bardd. Yr unig enghreifftiau o'i waith i oroesi yw awdl foliant i Ruffudd ap Cynan ab Owain Gwynedd a fu farw yn 1200 fel mynach yn abaty *Aberconwy, a chyfres o englynion yn mynegi ei alar ar farwolaeth ei gyfeillion. Y mae'r awdl yn unigryw gan nad yw'n rhoi pwyslais ar ach a haelioni Gruffudd: homili ddiymhongar ydyw yn ceisio cytgord â Duw.

Gruffudd ap Huw ab Owain, gweler GUTUN OWAIN (fl. 1450–98).

Gruffudd ap Llywelyn (m. 1063), Brenin *Gwynedd a *Phowys ac am ysbaid tuag 1057 Brenin Cymru; ef oedd yr unig frenin brodorol a lwyddodd i estyn ei awdurdod dros y wlad yn gyfan. Yr oedd yn ŵyr i Faredudd ab Owain, Brenin *Deheubarth, ac yn fab i Lywelyn ap Seisyllt, a deyrnasodd dros Wynedd o 1018 hyd 1023. Cipiodd Gruffudd Wynedd a Phowys yn 1039 ac erbyn y 1050au hwyr yr oedd wedi ymsefydlu yn Neheubarth, wedi ymlid y rheolwyr lleol o *Went a *Morgannwg ac wedi adennill tiroedd dros *Glawdd Offa a gollasid i'r Saeson. Fe'i disgrifiwyd fel 'pen a tharian ac amddiffynnwr y Brytaniaid' gan awdur *Brut y Tywysogyon. Priododd ferch ei gynghreiriad Aelfgar, Iarll Mercia; yr oedd yn nerthol iawn yng Nghymru ond, o ganlyniad i'w gyrchoedd ar hyd y gororau a'i ymyrraeth ym materion Lloegr ar ran ei dad yng nghyfraith, goresgynnwyd Cymru gan Harold, Iarll Wessex, a lladdwyd Gruffudd yn *Eryri.

GRUFFUDD AP LLYWELYN FYCHAN (15fed gan.), bardd. Cadwyd amryw o gywyddau o'i waith, yn

eu plith cywydd ymryson â *Dafydd Llwyd o Fathafarn ynghylch y brudiau a chywydd moliant i Ddafydd ab Owain, abad *Ystrad Marchell, ond priodolir iddo hefyd nifer o gywyddau sy'n perthyn i *Ruffudd ab Ieuan ap Llywelyn Fychan.

GRUFFUDD AP LLYWELYN LWYD (14eg gan.), bardd y cadwyd un enghraifft bendant o'i waith yn *Llyfr Coch Hergest. Awdl gyffes fer a seml yw hon, ac ynddi rhestra'r bardd ei bechodau cyn erfyn ar Dduw am faddeuant. Dichon mai'r un Gruffudd a ganodd farwnad Syr Rhys Ieuanc (1325–80), mab Syr Rhys ap Gruffudd o Lansadwrn, ond enwau Gruffudd Llwyd ap Dafydd Gaplan neu Ruffudd Llwyd ap Llywelyn Gaplan sydd wrth y cywydd trawiadol hwnnw mewn nifer helaeth o lawysgrifau.

Cyhoeddwyd yr awdl yn *The Poetry in the Red Book of Hergest* (gol. J. Gwenogvryn Evans, 1911). Ceir golygiad o farwnad Syr Rhys yn *Blodeugerdd Barddas o'r Bedwaredd Ganrif ar Ddeg* (gol. Dafydd Johnston, 1989), a thrafodaeth gan D. J. Bowen, 'Angladdau Syr Rhys ap Gruffudd a'i Fab' yn *Ysgrifau Beirniadol XIII* (gol. J. E. Caerwyn Williams, 1985).

GRUFFUDD AP MAREDUDD AP DAFYDD (fl. 1346–82), bardd, y mwyaf o'r *Gogynfeirdd wedi cwymp *Llywelyn ap Gruffudd yn 1292. Tarddai fel ei gyfoeswr *Gruffudd Gryg o deulu tiriog ym Môn ac yr oedd yn rhaglaw Talybolion yn 1372. Ymgadwodd, ar y cyfan, at ei ynys frodorol, gan ganmol aelodau un teulu, sef *Tuduriaid Penmynydd a'u tylwyth. Yr oedd cylch ei gyfeiriadau yn ehangach na neb arall o'r Gogynfeirdd, gan amlygu gwybodaeth o ddysg lenyddol, y rhamantau, yr Ysgrythur a llawer maes arall. Er ei fod yn gyfoes â *Dafydd ap Gwilym a meistri eraill y don gyntaf o'r cywyddwyr, glynodd wrth y ffurfiau hŷn, yr *awdl a'r *englyn. Er hynny, y mae ei gerddi'n llawn amrywiaeth a manylion. Ei brif hoffter yw harddwch merched, Môn a gwisgoedd drudion. Yr oedd yn byw yn oes y *Pla Du a chyffrowyd ef yn fawr gan farw yr ieuanc a'r hardd, a chan gwrthgyferbyniad rhwng llonder bywyd a'r pydredd corfforol wedi tranc. Ar y thema hon y canodd ei gerdd fwyaf adnabyddus, i ferch o'r enw Gwenhwyfar, sef marwnad sy'n arddangos holl gampweithiau y traddodiad barddol.

Molai deulu Penmynydd am eu gwrhydri yn Rhyfeloedd Ffrainc ac am gynnal yng Nghymru yr hen ffordd frodorol o fyw a *Chyfundrefn y Beirdd. Dyna'r ddelfryd ddwbl fel rheol, ond pan godwyd gobeithion yn 1370 y deuai Owain Lawgoch (*Owain ap Thomas ap Rhodri), a darddai o hen Dywysogion Gwynedd, yn ôl i hawlio ei deyrnas, daeth yr hen deimladau gwladgarol i'r amlwg. Mynegodd hefyd ddefosiwn a theimladau crefyddol ei ddydd, yn arbennig y myfyrio tyner tros Ddioddefaint Crist a chwlt y Forwyn Fair a symbylodd rai o'i ddarnau mwyaf telynegol. Y mae ei gerdd hir i'r Groes yng Nghaer yn adlewyrchu'r pwyslais cynyddol a roddwyd i groesau ym mywyd defosiynol ei ddydd.

Gruffudd ap Nicolas (*fl.* 1415–60), uchelwr o *Ddinefwr a wasanaethodd Frenin Lloegr fel siryf sir Gaerfyrddin yn 1426 a dirprwy brifustus a siambrlen de Cymru *c.*1437–56. Cysylltid ei enw ag eisteddfod a gynhaliwyd yng *Nghaerfyrddin tuag 1450 pan enillwyd y gadair gan *Ddafydd ab Edmwnd ac y gosodwyd trefn ar y *Pedwar Mesur ar Hugain. Canodd Dafydd ab Edmwnd, *Lewys Glyn Cothi a *Gwilym ab Ieuan Hen ei glodydd.

GRUFFUDD BOLA (*fl.* 1265–82), cyfieithydd *Credo Athanasius Sant* i'r Gymraeg; efallai ei fod yn gysylltiedig ag abaty *Ystrad Fflur. Ffurf Gymraeg ar y cyfenw Saesneg Bole yw Bola. Ymgymerodd â'r dasg er mwyn Efa, ferch Maredudd ap Owain, un o ddisgynyddion *Rhys ap Gruffudd (Yr Arglwydd Rhys) a chwaer i Ruffudd ap Maredudd.

GRUFFUDD FYCHAN AP GRUFFUDD AB EDNYFED (*fl. c.*1350–75), bardd. Ni wyddys ym mha ardal y'i magwyd ond cyfeiriodd Evan *Evans (Ieuan Fardd) ato fel gŵr o Farchwiail, Maelor Gymraeg, Ffl. Ategir y cysylltiad posibl hwn gan y ffaith bod Rhisiart ap Syr Rhosier Pilstwn o *Emral ym Maelor Saesneg yn noddwr iddo.

Cadwyd tair awdl ac un cywydd o waith y bardd. Y mae'r awdl hirfaith a hynod i Grist a Mair yn ad-lewyrchu parhad syniadaeth canu crefyddol y *Gogynfeirdd, ac amlygir ynddi'r paradocsau ynglŷn â genedigaeth Crist sy'n gyffredin yn nhestunau crefyddol yr Oesoedd Canol. Cyfeiria at ddigwyddiadau a groniclir yn Llyfr Genesis ac at fywyd Crist. Rhai o'r elfennau pwysicaf yw'r modd y mydryddir gweddi'r '*Ave Maria*' dros saith englyn a'r dull o enwi dyddiau Wythnos y Dioddefaint gan drafod digwyddiadau pob dydd yn unigol. Darlunnir effeithiau uffern yn fyw a dychrynllyd gan bortreadu dyn yn noeth a di-rym ar wyneb angau.

Y mae'r ddwy awdl foliant yn dangos parhad ceidwadaeth canu'r Gogynfeirdd o ran themâu a delwe-ddaeth. Ceir adlais o'r ddefod o 'dalu medd' yn yr awdl i Ddafydd Fychan ap Dafydd Llwyd o Drehwfa a Thre-feilir ym Môn, ac ymdeimlir â gorfoledd cynyddol y bardd sy'n canu clodydd y noddwr a'i osgordd tra'n disgwyl iddynt ddychwelyd o gyrch llwyddiannus ar faes y gad. Y mae'r disgrifiad a geir o foethusrwydd llys Hywel ap Goronwy ap Tudur Hen yn yr ail awdl foliant yn un nodedig iawn sy'n dwyn i gof ddisgrifiad *Gruffudd ap Maredudd o'r llys wrth farwnadu'r un noddwr. Ond ceir yma hefyd ymwybyddiaeth o ddarfodedigrwydd y cyfoeth a'r golud, ac adlais o ofid ysbrydol ynglŷn â thrachwant, glythineb a meddwdod y cwmni. Ar ffurf ffugymddiddan rhwng Gruffudd a'r

bardd *Rhisierdyn y lluniwyd y cywydd gofyn telyn gan Risiart ap Syr Rhosier Pilstwn.

Ymddengys fod yr englyn yn un o hoff fesurau'r bardd, a nodweddir ei gerddi gan geinder eu saernïaeth a'r defnydd celfydd a helaeth o gymeriadau, o gyrch-gymeriad, o rethreg ac o ailadrodd.

Ceir rhagor o fanylion yn Nerys Ann Jones ac Erwain Haf Rheinallt yn *Gwaith Sefnyn, Rhisierdyn, Gruffudd Fychan ap Gruffudd ab Ednyfed a Llywarch Bentwrch* (1995).

GRUFFUDD GRYG (1357–70), bardd. Tybir bod ei gartref yn Nhregwehelyth, Llantrisant, Môn, a chredid unwaith ei fod yn iau na *Dafydd ap Gwilym, ond awgryma ymchwil ddiweddar y gall fod y ddau'n gyfoeswyr agos. Gwyddys ei fod yn rhingyll Malltraeth yn 1357 a gall iddo ganu'r farwnad i Rys ap *Tudur o Benmynydd (m. 1411/12) yn ystod oes Rhys. Cadwyd un ar bymtheg o'i gywyddau, un awdl ac amryw o englynion. Yn eu plith ceir cerddi serch, ymryson, crefyddol, mawl, marwnad a chymod. Bu'n ymryson â Dafydd ap Gwilym gan ddilorni gormodiaith cywyddau serch ei wrthwynebydd. Aeth Gruffudd ar bererindod i Santiago yn Sbaen a chanu dau gywydd dyfalu gwych, y naill i'r lleuad a feiai am fordaith dymhestlog a'r llall i'r don a ddarluniodd fel llatai ei gariad Goleuddydd. Diau mai'r un adeg hefyd, ac yntau yn nugiaeth Guienne yn ne-orllewin Ffrainc, y cyfansoddodd gywydd o fawl i Fôn. Yr oedd Gruffudd yn un o arloeswyr y *cywydd ac yn fardd dawnus a ddefnyddiodd y mesur newydd yn llwyddiannus ar gyfer sawl math o ganu.

Ceir enghreifftiau o'i waith yn *Cywyddau Dafydd ap Gwilym a'i Gyfoeswyr* (gol. Ifor Williams a Thomas Roberts, 1914) ac yn *Blodeugerdd Barddas o'r Bedwaredd Ganrif ar Ddeg* (gol. Dafydd Johnston, 1989); gweler hefyd Gruffydd Aled Williams, 'Cywydd Gruffudd Gryg i Dir Môn' yn *Ysgrifau Beirniadol XIII* (gol. J. E. Caerwyn Williams, 1985), E. D. Jones, 'Cartre Gruffudd Gryg' yng *Nghylchgrawn* Llyfrgell Genedlaethol Cymru (cyf. x, 1957) a Dafydd Wyn Wiliam, 'Y Traddodiad Barddol ym Mhlwyf Bodedern, Môn' yn *Nhrafodion* Cym-deithas Hynafiaethwyr a Naturiaethwyr Môn (1969–70).

GRUFFUDD HAFREN (*fl.* 1600), bardd a oedd, o bosibl, yn frodor o Drefaldwyn. Erys y rhan fwyaf o'i waith mewn llawysgrif, gan gynnwys cerdd i aelodau teuluoedd *Gogerddan a Henllys. Y mae'n awdur dau gywydd moliant i John *Davies, Mallwyd, a rhai marw-nadau i'r ddau fardd Siôn Phylip (gweler o dan PHYLIP-IAID ARDUDWY) a *Thomas Penllyn. Bu'n ymryson â Rhisiart Phylip yn erbyn Siôn Phylip ac *Ieuan Tew Ieuaf a hefyd yn erbyn Roger *Kyffin.

GRUFFUDD HIRAETHOG (m. 1564), un o brif gywyddwyr yr unfed ganrif ar bymtheg. Gŵr o Langollen, Dinb., ydoedd ac y mae'n bosibl iddo gael ei gyfenwi'n Hiraethog yn rhinwedd ei gysylltiadau â Phlas Iolyn, cartref Dr. Elis *Prys, un o'i brif noddwyr, sy'n sefyll i'r de-orllewin o fynydd Hiraethog. Ni bu eisteddfod yn ystod oes Gruffudd ac enillodd ei holl raddau barddol mewn neithiorau. Cafodd ei drwydded yn ddisgybl pencerddaidd yn 1545/46 ac y mae'r drwydded honno wedi ei llofnodi gan Lewys Morgannwg (*Llywelyn ap Rhisiart), ei athro barddol, ymhlith eraill. Y ddogfen arall sydd ar glawr mewn cyswllt â gyrfa Gruffudd yw'r rhestr o gyfarwyddiadau a gafodd fel is-herodr dros Gymru o dan y Coleg Arfau. Erys deg awdl a chant ac ugain o gywyddau o waith Gruffudd; yn ogystal, ceir rhai englynion. Canu i foneddigion ac offeiriaid gogledd Cymru yn ôl y dulliau traddodiadol a geir yn y cyfansoddiadau hyn. Ceir tystiolaeth i weithgarwch Gruffudd fel arwyddfardd yn y casgliadau sylweddol o achau ac arfau a geir ymhlith ei lawysgrifau, sydd hefyd yn cynnwys geiriadur Cymraeg a luniwyd ganddo, a llyfryn a baratoes ar gyfer y Cymry alltud yn Lloegr.

Yr oedd cyswllt agos rhwng Gruffudd a William *Salesbury, yr hwn a gyhoeddodd gasgliad o ddiarhebion a oedd yn eiddo i'r bardd, sef *Oll Synnwyr pen Kembero ygyd (1547). Cyflwynodd Salesbury hefyd ei Llyfr Rhetoreg (1552) i Ruffudd 'ac eraill o'i gelfyddyd', gan gyfeirio ato yn ei gyflwyniad fel ei brif gydymaith yn ei ymgais i achub a chynnal yr iaith Gymraeg. Disgyblion Gruffudd Hiraethog oedd prif raddedigion Eisteddfod *Caerwys (1567). Y mae cywydd marwnad *Wiliam Llŷn i Ruffudd ymhlith trysorau ein llên.

Golygwyd gwaith Gruffudd Hiraethog gan D. J. Bowen (1990); gweler hefyd ei Gruffudd Hiraethog a'i Oes (1958), a'r nodiadau yn Llên Cymru (cyf. XVIII, rhif. 3 a 4).

GRUFFUDD LLWYD AP DAFYDD AB EINION LLYGLIW (c.1380–c.1420), bardd; brodor o Langadfan, Tfn., ydoedd. Yr oedd yn nai i *Hywel ab Einion Llygliw ac yn ôl marwnad a ganwyd iddo gan *Rys Goch Eryri, ei ddisgybl barddol, yn ddisgynnydd i Einion Yrth. Canodd i *Owain Glyndŵr, Syr David Hanmer, Owain ap Maredudd o'r Neuadd Wen, *Rhydderch ab Ieuan Llwyd, a Hywel a Meurig Llwyd o *Nannau. Ceir cyfeiriadau yn ei waith, sy'n cynnwys cywyddau serch a cherddi crefyddol, at y Trioedd a chwedlau'r Oesoedd Canol am *Uthr Pendragon, *Arthur a *Rhita Gawr.

GRUFFUDD, HEINI (1946–), bardd, nofelydd a beirniad llenyddol. Ganed ef yn Nolgellau, Meir., yn ail fab Kate *Bosse-Griffiths a J. Gwyn *Griffiths. Addysgwyd ef yng Ngholeg Prifysgol Cymru, Aberystwyth. Ar ôl graddio gwnaeth gwrs ymchwil a bu'r ymchwil hon yn sail i'w gyfrol Achub Cymru (1983), lle y trafodir agweddau at Gymru mewn canrif o lenyddiaeth Gymraeg. Bu'n dal swyddi fel athro a chyfieithydd mewn nifer o ysgolion, ac yna ei benodi yn Diwtor yn Adran Addysg Barhaus Oedolion ym Mhrifysgol Cymru, Abertawe. Bu'n arwain yr ymgyrch a lwyddodd yn 1987 i sefydlu Tŷ Tawe yn ganolfan Gymraeg yng nghanol y ddinas, a bu'n olygydd *papur bro Abertawe, Wilia, er 1977. Cafwyd gwerthiant helaeth ar nifer o'i lyfrau ar gyfer dysgwyr, yn neilltuol Welsh is Fun (1971) a Welcome to Welsh (1984). Cyfrannodd gasgliad o gerddi, Gweld yr Haul (1978) i *Gyfres Beirdd Answyddogol y Lolfa. Y mae'n awdur tair nofel: Y Noson Wobrwyo (1979), nofel dditectif sy'n dychanu sefydliadau fel *Cyngor y Celfyddydau a'r *Academi Gymreig; Ewyllys i Ladd (1984), lle y mae dwy ystyr i'r gair 'ewyllys'; ac Yn Annwyl i Mi (1986), sy'n cyfleu profiadau'r awdur yn Nwyrain yr Almaen cyn syrthio Mur Berlin yn 1989. Yn y gyfrol Cwm Tawe (gol. H. T. *Edwards, 1993), ceir dadansoddiad ganddo o safle'r Gymraeg yn Abertawe yn y bedwaredd ganrif ar bymtheg; honnir mai hi oedd 'iaith gudd y mwyafrif'. Ffeithiau cymdeithasegol sy'n cael sylw yn ei lyfr Y Gymraeg a Phobl Ifainc (1995), a'r maes yw Gorllewin Morgannwg a dwyrain Dyfed; a hyrwyddo achos y dysgwyr a wna yn A Learner's Welsh Dictionary (1995).

GRUFFUDD, ROBAT (1943–), cyhoeddwr, bardd a nofelydd. Ganed ef yn Llwynypia, Rhondda, yn fab hynaf i Kate *Bosse-Griffiths a J. Gwyn *Griffiths. Addysgwyd ef yng Ngholeg Prifysgol Gogledd Cymru, Bangor, lle yr enillodd radd mewn Athroniaeth a Seicoleg, ond yna ei gwrthod oherwydd methiant y Coleg i gyflwyno'r pynciau yn Gymraeg. Gyda'i briod Enid sefydlodd Wasg y *Lolfa yn 1967. Ymysg y cynhyrchion hwyliog a heriol yr oedd *Cyfres Beirdd Answyddogol y Lolfa; ei gyfraniad ei hun oedd Trên y Chwyldro (1976); nid Marcsaidd ond Cymreig yw'r trên barddol hwn. Ysgafnach yw naws y nofelig Cymland (1989), ond bod mudiad 'Merched yn Drecha' yn tarfu ar yr hedd. Nofel hir yw Y Llosgi (1986) a enillodd iddo Wobr Goffa Daniel Owen. Y mae'r prif gymeriad yn swyddog uchel yng Nghyngor Datblygu Cymru; cyfunir stori gynhyrfus-rywiol â phortread seicolegol o fyd y rheolwyr gweinyddol yng Nghymru ac Ewrop. Lleolir rhan o'r digwydd yn yr Almaen, ond y mae'n gorffen yn sir Fôn, gyda thechneg ddyfeisgar. Yn y nofel Crac Cymraeg (1996) cyplysir elfen o stori antur gyfoes gydag ymchwil i brofiadau 'llwythol' Cymreig.

GRUFFUDD, SIÔN (m. 1586?), bardd. Cadwyd dwy gerdd rydd o'i eiddo, sef carol dduwiol a'r garol adnabyddus, 'Hiraeth am Gaernarfon'. Fe'i cyfansoddwyd pan oedd yn gwasanaethu yn Fflandrys yn gaplan i William ap Syr Rhys Thomas a laddwyd yn Zutphen yn 1586; credir i'r bardd hefyd gael ei ladd yn y frwydr.

Gruffydd Bodwrda, gweler BODWRDA, GRUFFUDD.

GRUFFYDD, ELIS (Y Milwr o Galais; c.1490– c.1552), copïydd, croniclydd a chyfieithydd a aned ym mhlwyf Llanasa, Ffl. Prin yw'r wybodaeth am ei flynyddoedd cynnar yng Nghymru, ond yn ddiweddar-

ach bu yng ngwasanaeth teulu Wingfield yn Llundain a Ffrainc gan fynd yn gydymaith i Syr Robert Wingfield i Faes y Brethyn Euraid, ger Calais, yn 1520. O 1524 hyd 1529 ef oedd ceidwad plas Syr Robert yn Llundain lle y copïodd gasgliad o ryddiaith a barddoniaeth Gymraeg sydd bellach yn un o lawysgrifau Phillipps yn Llyfrgell Caerdydd. Cynnwys y casgliad hwn drosiadau o lawysgrifau cynharach ac yn bennaf eitemau megis Achau'r Saint, cywyddau, rhai testunau ffug-hanesyddol, fersiwn Cymraeg o'r *Secreta Secretorum*, cywyddau brud a fersiwn Cymraeg o *Chwedleu Seith Doethon Rufein*. Dychwelodd Gruffydd i Calais yn 1529 ac arhosodd yno am weddill ei oes, gan gopïo a chyfieithu nifer o lawysgrifau sydd erbyn hyn yng nghasgliad Cwrtmawr. Ysgrifennodd hefyd gronicl ar hanes y byd o'r Cread hyd at ei gyfnod ef, cronicl sy'n werthfawr nid yn unig am ei fanylion am fywyd Gruffydd, ond hefyd am ei ddisgrifiadau o ddigwyddiadau cyfoes.

Ceir manylion pellach yn erthygl Thomas Jones, 'A Welsh Chronicler in Tudor England' yn *Cylchgrawn Hanes Cymru* (cyf. I, rhif. 1, 1960).

GRUFFYDD, IFAN (1896–1971), awdur, a aned yn Llangristiolus, Môn, ac yno y trigodd drwy gydol ei oes, ac eithrio'r blynyddoedd a dreuliodd yn y fyddin yn ystod y Rhyfel Byd Cyntaf. Gwas ffarm, ac yna'n ddiweddarach gofalwr swyddfeydd y Cyngor ydoedd wrth ei swydd. Ond yr oedd yn adnabyddus hefyd fel pregethwr a dramodydd ymhell cyn iddo ennill bri cenedlaethol gyda'i ddwy gyfrol o hunangofiant, *Gŵr o Baradwys* (1963) a *Tân yn y Siambar* (1966). Enw'r darn o wlad y trigai ynddo yw Paradwys, ac y mae'r cyfrolau'n bortread lliwgar o fywyd gwerin amaethyddol yr ardal honno, rhwng diwedd y bedwaredd ganrif ar bymtheg a'r 1930au. Fel llanc cafodd ei siâr o anffawd ond lluniodd mewn Cymraeg rhywiog dihafal a chyda hiwmor goffâd meistrolgar i ffordd arbennig, ddiflanedig o fyw. Yn 1971, ar ôl ei farw, golygodd J. Elwyn Hughes y gyfrol *Cribinion*, sy'n cynnwys detholiad o storïau Ifan Gruffydd ynghyd ag ysgrifau coffa gan rai o'i gyfeillion.

Gweler yr erthygl gan O. T. Griffith, 'Nhad', yn *Taliesin* (cyf. LXXXIII, 1993).

GRUFFYDD, OWEN (c.1643–1739), achyddwr, bardd a hynafiaethydd, a aned yn Llanystumdwy, Caern. Gwehydd oedd wrth ei alwedigaeth ac yn ystod ei oes aeth yn ddall. Canodd gerddi caeth i deuluoedd ei fro a hefyd garolau mwy poblogaidd a gyhoeddwyd yn y blodeugerddi *Carolau a Dyriau Duwiol* (1688) a *Blodeugerdd Cymry* (1759). Golygwyd detholiad o'i waith gan Owen M. *Edwards yn 1904.

GRUFFYDD, PETER (1935–), bardd. Fe'i ganed yn Lerpwl ond fe'i magwyd yng ngogledd Cymru wedi i'w deulu symud yno yn ystod yr Ail Ryfel Byd. Fe'i haddysgwyd yng Ngholeg Prifysgol Gogledd Cymru,

Bangor. Bu'n athro Saesneg yn Llanberis a'r Rhyl cyn llenwi amryw o swyddi yn Lloegr a'r Almaen. O dan yr enw Peter M. Griffith cyfrannodd gerddi (ar y cyd gyda Meic *Stephens a Harri *Webb) i *Triad* (1963) ac y mae wedi cyhoeddi cyfrol o gerddi, *The Shivering Seed* (1972). Ymddangosodd rhan o'i hunangofiant, sydd heb ei gyhoeddi, yn *The New Welsh Review* (rhif. 21, cyf. VI, Haf 1993).

GRUFFYDD, ROBERT GERAINT (1928–), ysgolhaig a beirniad, a aned yn Nhal-y-bont, Meir.; fe'i magwyd yno ac yng Nghhwm Ystwyth a Chapel Bangor, Cer. Fe'i haddysgwyd yng Ngholeg Prifysgol Gogledd Cymru, Bangor, a Choleg Iesu, Rhydychen. Treuliodd ddwy flynedd yn olygydd cynorthwyol *Geiriadur Prifysgol Cymru* cyn cael ei benodi i ddarlithyddiaeth yn y Gymraeg ym Mangor yn 1955. Daeth yn Athro'r Gymraeg yng Ngholeg Prifysgol Cymru, Aberystwyth, yn 1970, ac yn Llyfrgellydd *Llyfrgell Genedlaethol Cymru yn 1980. Penodwyd ef yn Gyfarwyddwr Canolfan Uwchefrydiau Cymreig a Cheltaidd Prifysgol Cymru yn 1985 ac ymddeolodd yn 1993. Canolbwyntiodd yn ei ymchwil ar ryddiaith y Diwygiad Protestannaidd, ar waith y Dyneiddwyr ac ar y Piwritaniaid cynnar, ac y mae'n awdur nifer helaeth o astudiaethau ac erthyglau. Er hynny ni chyfyngodd ei hun i'r meysydd hyn a dengys ddysg fanwl a'r un feistrolaeth ar amryw ddisgyblaethau yn ei waith ar *Ddafydd ap Gwilym, ar y *Cynfeirdd a'r *Gogynfeirdd ac yn ei feirniadaeth lenyddol. Bu'n olygydd cyffredinol y golygiadau pwysig, *Cyfres Beirdd y Tywysogion* (7 cyf., 1991–96), ac ef hefyd a olygodd gasgliad o erthyglau Saunders *Lewis, *Meistri'r Canrifoedd* (1973), *Festschrift* er anrhydedd i J. E. Caerwyn *Williams, *Bardos* (1982), ac *A Guide to Welsh Literature 1500–1700* (1997). Etholwyd ef yn Gymrawd o'r Academi Brydeinig yn 1991. Cyhoeddwyd *Festschrift* er anrhydedd iddo, *Beirdd a Thywysogion* (gol. Morfydd E. Owen a Brynley F. Roberts) yn 1996.

GRUFFYDD, WILLIAM JOHN (1881–1954), llenor, bardd, ysgolhaig a beirniad. Fe'i ganed yng Ngorffwysfa, ym Methel, plwyf Llanddeiniolen, Caern., yn fab hynaf i chwarelwr. Addysgwyd ef yn Ysgol Sir Caernarfon ac yng Ngholeg Iesu, Rhydychen, lle'r astudiodd y Clasuron a Llenyddiaeth Saesneg. Yn Rhydychen daeth dan ddylanwad John *Rhŷs, ac yn arbennig, Owen M. *Edwards a fu'n arwr iddo trwy gydol ei oes. Cafodd gyfle i feithrin ei ddiddordeb mewn llenyddiaeth Gymraeg yng nghyfarfodydd *Cymdeithas Dafydd ap Gwilym. Yn 1906 fe'i penodwyd yn Ddarlithydd yn yr Adran Gelteg yng Ngholeg y Brifysgol, Caerdydd, ac yn Athro Celteg (teitl a newidiwyd yn ddiweddarach i Gymraeg) yng Ngholeg Caerdydd yn 1918, gan aros yn y swydd honno hyd ei ymddeoliad yn 1946. O 1922 nes y dirwynwyd ef i ben yn 1951 bu'n olygydd y cylchgrawn chwarterol *Y *Llenor*. Ymhlith ei ddiddordebau ar hyd y blynyddoedd yr oedd yr *Eisteddfod Genedlaethol a phenodwyd ef yn Llywydd y Llys yn 1945. Mewn is-etholiad am sedd Prifysgol Cymru yn 1943 fe'i hetholwyd yn Aelod dros y Rhyddfrydwyr a daliodd y sedd honno hyd oni ddiddymwyd cynrychiolaeth Seneddol y prifysgolion yn 1950. Ei gyd-ymgeisydd yn yr ymryson enwog hwnnw oedd ymgeisydd *Plaid Cymru, Saunders *Lewis; cefnogid Gruffydd gan holl bleidiau Clymblaid cyfnod yr Ail Ryfel Byd ac enillodd y sedd gyda 3,098 o bleidleisiau yn erbyn y 1,330 a roddwyd i Lewis.

Er mai Saesneg a Chlasurol oedd ei addysg yn Ysgol Sir Caernarfon, dechreuodd W. J. Gruffydd ymddiddori'n gynnar mewn barddoniaeth Gymraeg. Gyda'i gyfaill R. Silyn *Roberts, cyhoeddodd gyfrol o gerddi, *Telynegion*, yn 1900. Daeth dan ddylanwad syniadau John *Morris-Jones ac er iddo, ym mhen blynyddoedd, ystyried mai gwaith prentisaidd iawn oedd ei gerddi cynnar, gwelir ynddynt ymdrech i hyrwyddo dull newydd o farddoni yn Gymraeg gan arddel pwysigrwydd lliw a theimlad a synwyrusrwydd yn hytrach na'r modd didactig ac athronyddol a oedd mewn bri ar y pryd. Yn Rhydychen dechreuodd ddarllen gweithiau Thomas Hardy a bu'r profiad yn fodd i ffrwyno ei *Ramantiaeth gynnar ac i ddwyn llymder a sobrwydd disgybledig i'w feddwl a'i arddull. Amlygir y nodweddion hyn yn ei gyfrolau eraill o gerddi, sef *Caneuon a Cherddi* (1906) ac *Ynys yr Hud a Chaneuon Eraill* (1923), ac, yn fwyaf arbennig, yn *Caniadau* (1932), y detholiad a baratôdd ar gyfer *Gwasg Gregynog o'r cerddi o'i eiddo a farnai'n orau. Yr oedd hefyd yn gasglwr ac yn ddetholwr o safon, a golygodd *Y Flodeugerdd Newydd* (1909), *Blodeuglwm o Englynion* (1920) ac *Y Flodeugerdd Gymraeg* (1931).

Wrth iddo heneiddio troes W. J. Gruffydd fwyfwy oddi wrth farddoniaeth at ryddiaith feirniadol fel cyfrwng i fynegi ei feddwl; ceir llawer o'i waith gorau yn *Hen Atgofion* (1936), *Cofiant Owen M. Edwards* (1937) ac yn *Y Tro Olaf* (1939). Yn *Y Llenor* ysgrifennai nodiadau golygyddol bywiog, deifiol yn aml, ar bynciau'r dydd. Ymhlith ei gyfraniadau i ysgolheictod Cymraeg dylid nodi ei ddwy gyfrol ar hanes barddoniaeth a rhyddiaith, *Llenyddiaeth Cymru o 1450 hyd 1600* (1922) a *Llenyddiaeth Cymru: Rhyddiaith o 1540 hyd 1600* (1926). Ei ddiddordeb pennaf ym maes ysgolheictod oedd cyfansoddiad a chynnwys storïol *Pedair Cainc y Mabinogi a diau mai gwaith John Rhŷs ar y traddodiadau Celtaidd paganaidd a'i symbylodd yn wreiddiol. Ymhlith ei gyfraniadau niferus i'r maes hwn gellir enwi'n arbennig y ddwy gyfrol *Math Vab Mathonwy* (1928) a *Rhiannon* (1953). Er bod angen llawer o adolygu manwl ar ei gasgliadau yn y maes hwn, nid oes lle i amau ei wreiddioldeb a'i dreiddgarwch a gwerth hanfodol ei gnewyllyn damcaniaethol.

Yr oedd W. J. Gruffydd yn ŵr o feddwl aflonydd

a chyfnewidiol. Yr oedd yn Anghydffurfiwr o argyhoeddiad; rhoddai bwys ar oddefgarwch a rhyddid meddwl ac nid da ganddo ymglymu wrth unrhyw gyfundrefn o syniadau. Dechreuodd ei yrfa fel gwrthryfelwr yn erbyn safonau oes Fictoria eithr arferodd lawer ar ei ddawn i glodfori'r werin wledig syml, a chaled ei byd, y tarddodd ef ohoni. Gwelai ei feirniaid arwyddion o anghysondeb yn ymddygiad gŵr a ymosododd ar y 'rhyfelgarwyr' wedi'r Rhyfel Byd Cyntaf, a gefnogodd y Cenedlaetholwyr a achosodd Dân yn Llŷn yn 1936 (gweler o dan PENYBERTH) gan alw ar ei gyd-wladwyr i fynd mor bell â boicotio'r Coroni er mwyn mynegi dicter cenedlaethol, ond a oedd erbyn 1939 yr un mor frwd ei gefnogaeth i'r polisi o ymladd yr Ail Ryfel Byd. Nid oes, er hynny, unrhyw amheuaeth nad oedd yn credu'n ddiffuant yn y gwahanol safbwyntiau a goleddai ac y byddai, o bryd i'w gilydd, yn eu harddel.

Gwnaethpwyd ymgais deg a gwrthrychol i esbonio ei gyfnewidioldeb gan un a adwaenai deithi ei feddwl yn dda, sef T. J. Morgan, yn y gyfres *Writers of Wales* (1970); gweler hefyd yr ysgrif gan Alun Llywelyn-Williams yn *Gŵyr Llên* (gol. Aneirin Talfan Davies, 1948), rhifyn coffa *Y Llenor* (1955), erthygl gan John Gwilym Jones yn ei lyfr *Swyddogaeth Beirniadaeth* (1977), llyfryn Iorwerth C. Peate ar y llenor (1966), cyfrol T. Robin Chapman, *W. J. Gruffydd* (1993), ac erthygl bwysig Ceri W. Lewis, 'W. J. Gruffydd', yn *Y Traethodydd* (Hydref 1994). Cyhoeddwyd detholiad o'i nodiadau golygyddol gan T. Robin Chapman yn 1986 a chasgliad o'i feirniadaeth lenyddol o dan y teitl *Yr Hen Ganrif* (gol. Bobi Jones) yn 1991.

GRUFFYDD, WILLIAM JOHN (Elerydd; 1916–), bardd, nofelydd a storïwr a aned yn Ffairrhos, Cer., ac a fu'n weinidog gyda'r *Bedyddwyr. Enillodd *Goron yn Eisteddfod Genedlaethol 1955 ac 1960 a daeth yn Archdderwydd yn 1984. Cyhoeddodd dair nofel, *Hers a Cheffyl* (1967), *Cyffwrdd â'i Esgyrn* (1969) ac *Angel heb Adenydd* (1971), tair cyfrol o gerddi, *Ffenestri* (1961), *Cerddi'r Llygad* (1973) a *Cerddi W. J. Gruffydd (Elerydd)* (1990), a phedwar casgliad o straeon ysgafn am helyntion Tomos a Marged, cymeriadau annwyl a ddaeth ag ef i amlygrwydd. Cyhoeddodd ran gyntaf ei hunangofiant, *Meddylu: Hunangofiant Archdderwydd*, yn 1986.

Guest, teulu o feistri gweithfeydd haearn Dowlais, Merthyr Tudful, Morg. Tarddent o linach o ffermwyr o Broseley, swydd Amwythig. Daeth John Guest i Ferthyr Tudful yn 1763 ac fe'i penodwyd yn oruchwyliwr y gweithfeydd haearn a sefydlwyd yn Nowlais gan Thomas Morgan ac eraill. Pan fu farw cynhyrchai'r gweithfeydd dros fil o dunelli o haearn yn flynyddol. Dilynwyd ef gan ei fab, Thomas Guest (m. 1807), ac ehangodd ef y busnes yn sylweddol. Dan oruchwyliaeth mab Thomas, Syr Josiah John Guest (1785–1852), Dowlais oedd y gwaith haearn mwyaf yn y byd gyda thros bum mil o weithwyr ac yr oedd ar y blaen ym mhob technoleg newydd. Cartrefai'r teulu yn Nowlais. Priododd Syr John, Aelod Seneddol cyntaf Merthyr Tudful, â Charlotte (gweler y cofnod nesaf), merch yr Iarll Lindsey. Hi oedd cyfieithydd y Mabinogi (*The *Mabinogion*) i'r Saesneg. Anogodd hi ef i lywodraethu'n dadol yn Nowlais, ond yn 1845 prynasant Canford Manor yn swydd Dorset ac wedi hynny gwanhaodd cysylltiadau'r teulu â Dowlais. Gwanhawyd y cysylltiad ymhellach yn 1901 pan ddaeth gwaith Dowlais yn rhan o Guest, Keen a'u Cwmni.

Ceir manylion pellach yn Lord Bessborough (gol.), *Lady Charlotte Guest: Extracts from her Journal, 1833–1852* (1950) a *Lady Charlotte Schreiber: Extracts from her Journal, 1853–1891* (1952); Glanmor Williams (gol.), *Merthyr Politics: the Making of a Working-class Tradition* (1966); Gwyn A. Williams, *The Merthyr Rising of 1831* (1978); M. Elsas (gol.), *Iron in the Making: Dowlais Iron Company Letters, 1782–1860* (1960); Chris Evans, *The Labyrinth of Flames* (1993); a Revel Guest ac Angela V. John, *Lady Charlotte: A Biography of the Nineteenth Century* (1989).

GUEST, CHARLOTTE (1812–95), cyfieithydd a dyddiadurwraig. Fe'i ganed yn Uffington, swydd Lincoln, yn ferch (*née* Bertie) i'r nawfed Iarll Lindsey, ac ar ôl ei phriodas yn 1835 â Syr Josiah John Guest (1785–1852), meistr gweithfeydd haearn Dowlais, Morg., dechreuodd ymddiddori yn llên a thraddodiadau Cymru yn ogystal â rhannu gydag ef ddiddordeb brwd yn lles eu gweithwyr. Rhwng 1838 ac 1849 gyda chymorth John *Jones (Tegid), a roddodd iddi gopi a wnaethai i Mr Justice Bosanquet o *Llyfr Coch Hergest* yn llyfrgell Coleg Iesu, Rhydychen, cyfieithodd hi'r un chwedl ar ddeg a adwaenir yn awr fel The *Mabinogion. Atynt hwy ychwanegodd chwedl *Taliesin, i bob golwg o ffynonellau mewn llawysgrifau o'r ddeunawfed ganrif, a hwyrach mai yn y cysylltiad hwn y cynorthwywyd hi gan Thomas *Price (Carnhuanawc) ac eraill. Cyhoeddwyd y cyfieithiad cyflawn mewn tair cyfrol hardd yn 1846 ac ymddangosodd argraffiad poblogaidd, mewn un gyfrol, yn 1877. Y mae maint ei llafur fel cyfieithydd yn ansicr, ond yn ddiau yr oedd yn gyfarwydd â'r Gymraeg a dysgwyd yr iaith i'w phlant; eithr ymddengys mai ei gwaith hi oedd troi i Saesneg caboledig gyfieithiadau llythrennol ei chynorthwywyr gan gynhyrchu rhamant goeth ei fersiwn terfynol hi ei hun yn hytrach nag ymboeni o ddifrif â chyfieithu'r gwreiddiol.

Bu'n gasglwr ar hyd ei hoes, ac wedi iddi ailbriodi a dod yn Lady Charlotte Schreiber yn 1855 cyhoeddodd hefyd *Fans and Fan Leaves* (1888–90) a *Playing Cards of Various Ages and Countries* (1892–95). Golygodd un o'i meibion, Montague Guest, *Lady Charlotte Schreiber's Journal 1869–85* (2 gyf., 1911), a golygodd Iarll Bessborough *Lady Charlotte Guest, Extracts from her Journal 1833–52* (2 gyf., 1950, 1952).

Ceir manylion pellach yn D. Rhys Phillips, *Lady Charlotte Guest and the Mabinogion* (1921) a'r erthygl gan Leslie Wynne Evans, '*Sir John and Lady Charlotte Guest's Educational Scheme at Dowlais*

in the Mid-Nineteenth Century' yng *Nghylchgrawn* Llyfrgell Genedlaethol Cymru (cyf. IX, rhif 3, 1956). Gweler hefyd y cofiant gan Revel Guest ac Angela V. John, *Lady Charlotte: A Biography of the Nineteenth Century* (1989).

Guild of Welsh Writers, The, gweler o dan ACADEMI GYMREIG.

Guto Nyth-brân, gweler MORGAN, GRIFFITH (1700–37).

GUTO'R GLYN (*c*.1435–*c*.1493), bardd. Ni wyddys i sicrwydd ym mha le y magwyd ef ond fe'i cysylltir â Glyn Ceiriog, Dinb., lle y trigai nifer o'i noddwyr. Y mae ansicrwydd hefyd ynglŷn â chynnwys ei farddoniaeth, gan fod rhai cywyddau cynnar wedi eu priodoli i Guto ap Siancyn y Glyn, er bod rhai ysgolheigion yn gytûn mai'r un person oedd Guto ap Siancyn a Guto'r Glyn, barn a dderbynnir yn gyffredinol bellach. Yr oedd rhai o'i noddwyr o'r Waun, sef Edwart ap Dafydd a'i fab Robert Trefor o Fryncunallt, a Siôn Edwart o'r Plasnewydd, ac yr oedd y lleill yn ddigon agos, megis y Pilstyniaid ym Maelor Gymraeg, ac ym Maelor Saesneg Siôn Hanmer a Sieffre Cyffin, Cwnstabl Croesoswallt. Daeth o hyd i noddwyr ychydig ymhellach i ffwrdd, trwy ogledd Cymru, ac yn ei gywydd enwog i Iarll Penfro gofynnodd Guto'r Glyn iddo arbed uchelwyr Gwynedd a fu'n noddi'r beirdd. Canodd i Ddafydd ap Gwilym o *Lwydiarth, Môn, i deuluoedd Penrhyn ac ym Meirionnydd canodd i uchelwyr *Nannau, *Corsygedol a Llangywair ac yn ne Cymru canodd i noddwyr yn Nyfed, Morgannwg a Gwent.

Heblaw'r cerddi hyn canodd Guto'r Glyn rai cerddi y dylid eu cysylltu â'i yrfa filwrol. Yr oedd yn bleidiwr i Iorc yn Rhyfeloedd y Rhosynnau; canodd i'r Brenin Edward IV a hefyd i ddau filwr a'u henwogodd eu hunain yn y rhyfela yn Ffrainc, Syr Richard Gethin a Mathew *Gough. Y mae ei ganu i'r arweinydd Iorcaidd William Herbert yn dangos yn glir fod Guto'r Glyn yn ystyried bod lles Cymru yn fater pwysicach na buddiannau plaid. Canodd hefyd nifer o gerddi gofyn ac o gerddi diolch, cywyddau gofyn am ebol, milgwn, ychen, gwalch, saeled, pais o faelys, bidog, corn canu, ysglâts (llechi), *Llyfr y Greal*, a ffaling (mantell), a chywyddau diolch am farch, paderau a bwcled. Cymerodd Guto'r Glyn ran mewn rhai ymrysonau megis y rhai â *Llywelyn ap Gutun, *Dafydd ab Edmwnd a *Thudur Penllyn; yn yr ymryson â *Hywel ap Dafydd amddiffynnodd ei swyddogaeth fel bardd moliant. Yr oedd Guto'r Glyn yn un o feistri mwyaf y canu mawl, ac y mae ei waith yn nodweddiadol o farddoniaeth y bymthegfed ganrif o ran ei ffraethineb a'i arddull naturiol.

Golygwyd gwaith Guto'r Glyn gan J. Ll. Williams ac Ifor Williams (1939). Trafodwyd pwy, mewn gwirionedd, oedd Guto'r Glyn gan J. Ll. Williams yn *Y Llenor* (cyf. X, 1931) a chan

Thomas Roberts yn *Y Llenor* (cyf. XXVI, 1947), a chafwyd ymdriniaethau â gwaith y bardd gan R. M. Jones yn *Guto'r Glyn a'i Gyfnod* (1963); gweler hefyd Saunders Lewis, 'Gyrfa Filwrol Guto'r Glyn' yn *Ysgrifau Beirniadol IX* (gol. J. E. Caerwyn Williams, 1976), gan Enid Roberts yn *Y Beirdd a'u Noddwyr ym Maelor* (1977), a chan J. E. Caerwyn Williams yn *A Guide to Welsh Literature* (cyf. II, gol. A. O. H. Jarman a Gwilym Rees Hughes, 1979).

GUTUN OWAIN neu **GRUFFUDD AP HUW AB OWAIN** (*fl.* 1450–98), bardd ac uchelwr, a hanoedd o Landudlyst-yn-y-Traean yn arglwyddiaeth Croes-oswallt. Perthyn y canu cynharaf o'i waith i'r 1460au, ond dichon iddo ddechrau canu cyn hynny oherwydd dywedir ei fod yn bresennol yn Eisteddfod *Caerfyrddin tuag 1450 gyda *Dafydd ab Edmwnd, ei athro barddol. Yr oedd yn gynefin â holl ganghennau'r ddysg farddol a'i gopïau ef o'r gramadeg barddol (*Gramadegau'r Penceirddiaid) oedd y cyntaf i ymgorffori ad-drefniant Dafydd ab Edmwnd o'r *Pedwar Mesur ar Hugain; arnynt hwy y sylfaenwyd gramadegau barddol yr unfed ganrif ar bymtheg. Ceir ganddo hefyd gopïau o groniclau, *Brenhinedd y Saesson* a *Brut Tysilio* a geir yn *Llyfr Du Basing* (gweler o dan DINAS BASING). Yr oedd hefyd yn hyddysg mewn achyddiaeth ac yn aelod o'r comisiwn a benododd Harri VII yn 1491 i olrhain achau ei dad, Owain Tudur. Er mai un llawysgrif achyddol yn unig o'i waith a gadwyd ceir sawl cyfeiriad at ei lyfrau achau gan achyddwyr diweddarach. Ef a ysgrifennodd y copi cynharaf sydd ar gael o'r *Llyfr Arfau*, gwaith ar gelfyddyd herodraeth. Ceir hefyd ymhlith ei lawysgrifau gopïau o destunau crefyddol, megis *Bucheddau Saint, ynghyd â thestunau meddygol a seryddol. Bardd ysgolheigaidd ei gyneddfau ydoedd Gutun Owain – fe'i disgrifiwyd fel 'Dysgwr, myfyriwr maith' gan ei farwnadwr – ac adlewyrchwyd helaethder ei ddysg a'i ddiwylliant yng nghyfeiriadaeth gyfoethog ei gerddi.

Cadwyd hanner cant a phedwar o gywyddau, wyth awdl, un awdl-gywydd a thair cyfres o englynion o waith Gutun Owain. Cerddi mawl a marwnad i'w noddwyr yng ngogledd-ddwyrain Cymru yw'r rhan helaethaf ohonynt, yn enwedig yn y ddwy *Faelor a *Swydd y Waun, ac y maent yn ddrych o ffyniant uchelwyr y rhanbarth yn y cyfnod hwn. A barnu oddi wrth nifer y cerddi a ganodd iddynt, pedair ar ddeg i gyd, ymddengys mai dau o abadau *Glynegwestl, sef Siôn ap Rhisiart a Dafydd ab Ieuan ab Iorwerth, oedd ei noddwyr pennaf. Bu Gutun yn ymweld â't abaty dros gyfnod o tua deugain mlynedd; y mae ei awdlau a'i gywyddau i'r abadau yn disgrifio'n gofiadwy y gwleddoedd ar y gwyliau, ysblander yr addoli a cheinder yr adeiladau yno. Canodd hefyd gywyddau marwnad i'w gyd-feirdd, yn eu plith Dafydd ab Edmwnd, ei hen athro, a *Guto'r Glyn, cydymaith mynych iddo yng Nglynegwestl ar y gwyliau.

Awen syber, firain oedd awen Gutun Owain; bardd ydoedd a ganai'n gywrain a chaboledig bob amser.

Ffansi hyfryd y *dyfalu yw nodwedd amlycaf ei gywyddau gofyn rhagorol ac y mae ei awdlau'n nodedig am felyster tlws eu miwsig geiriol. Yr oedd ganddo ddawn hynod i rithio gwrthrych yn ddychmygus a byw mewn geiriau, boed hwnnw'n farch neu'n gi hela, yn fwcled neu'n gleddyf. Yn rhinwedd ei glust fain, ei chwaeth farddol sicr a chlasuroldeb a dillynder ei ganu, yr oedd Gutun Owain yn ddisgybl ffyddlon a thra theilwng i Ddafydd ab Edmwnd, a gellir ei restru'n ddibetrus ymhlith goreuon *Beirdd yr Uchelwyr.

Ceir ymdriniaeth â gwaith y beirdd yn *L'Œuvre Poétique de Gutun Owain* (2 gyf., 1950, 1957) gan Edouard Bachellery, y bennod gan J. E. Caerwyn Williams yn *A Guide to Welsh Literature* (cyf. II, gol. A. O. H. Jarman a Gwilym Rees Hughes, 1979) a'r ysgrif gan Saunders Lewis yn *Meistri a'u Crefft* (gol. Gwynn ap Gwilym, 1981).

Gutyn Peris, gweler WILLIAMS, GRIFFITH (1769–1838).

Gwaed Ifanc (1923), cyfrol o gerddi a luniwyd ar y cyd gan E. Prosser *Rhys a J. T. *Jones (John Eilian). Yr oedd yn garreg filltir yn natblygiad barddoniaeth Gymraeg fodern oherwydd angerdd a beiddgarwch y cerddi ac yn ymgais i arbrofi ac ymwrthod â'r canu ystrydebol, rhethregol a nodweddai farddoniaeth eisteddfodol y cyfnod.

Gwaed yr Uchelwyr (1922, adarg. 1994), ail ddrama Saunders *Lewis, a'i ddrama gyntaf yn Gymraeg. Defnyddir ynddi elfennau'r ddrama gegin draddodiadol, megis y sgweiar trahaus, y tenant di-gefn ond uchel ei dras, y stiward cynllwyngar, mab y sgweiar yn ymserchu ym merch y tenant, a hyn oll yng ngwasanaeth trasiedi yn null Corneille. Y mae Luned yn dewis alltudiaeth unig gyda'i rhieni, a drowyd allan o'u fferm, yn hytrach na gadael i Arthur ddod gyda hi i'w chartref newydd, sef y diweddglo hapus a hawlid gan gonfensiynau'r *genre*. Fe wna hyn, fel yr esbonia'i thad wrthi, am fod gwaed yr uchelwyr yn ei gwythiennau; nid yw hapusrwydd personol o fawr bwys pan fo hawliau anrhydedd yn y fantol. Er nad yw'r ddrama heb ei beiau, dengys ddawn ddramatig fawr ei hawdur ac ynddi hi y gwelir Saunders Lewis yn cychwyn ei ymchwil am Gymraeg safonol ac addas ar gyfer y llwyfan.

GWALCHMAI AP MEILYR (*fl.* 1130–80), bardd llys i *Owain ap Gruffudd (Owain Gwynedd) ac i'w frodyr, i Ddafydd a Rhodri (dau o feibion Owain) ac i *Fadog ap Maredudd. Mab ydoedd i *Feilyr Brydydd a thad y beirdd *Meilyr ap Gwalchmai ac *Einion ap Gwalchmai, ac efallai *Elidir Sais. Y mae'n bur debyg fod cysylltiad rhwng y teulu hwn a Threwalchmai ym Môn.

Y mae ei awdlau yn null arferol y *Gogynfeirdd, ond ceir cryn ffresni a dychymyg yn amryw o'i ffigurau ac uniongyrchedd trawiadol yn rhai o'i gerddi. Prin yw'r elfen storïol ym marddoniaeth y cyfnod ond ymhlith ei awdlau i Owain Gwynedd ceir disgrifiad cyffrous a gweddol lawn o frwydr ger glannau Môn yn erbyn tair llynges, a chawn y gor-ddweud effeithiol fod Menai heb drai gan lif y gwaed. Ar gyfnodau yr oedd y berthynas rhyngddo ac Owain yn gyfeillgar ond nid felly bob amser, fel y gwelir mewn awdl ddadolwch. Cyfansoddodd hefyd gerdd ddwys yn ei henaint, sef 'Breuddwyd Gwalchmai', a cherdd wirebol yn ymwneud â dadrith serch. Yn *Llawysgrif Hendregadredd priodolir iddo gerdd grefyddol sydd yn arddangos priod nodweddion awdlau'r Gogynfeirdd i Dduw.

Cerdd hynotaf Gwalchmai yw ei *Orhoffedd, cerdd hir o ymffrost sydd i'w chymharu â Gorhoffedd *Hywel ab Owain Gwynedd. Y mae i'r gerdd hon naw caniad gyda chryn amrywiaeth o hydoedd a phatrymau yn gymysg â llinellau *cyhydedd nawban. Gwëir ynghyd ynddi lawer o ddelweddau cofiadwy sy'n adlewyrchu ei ymhyfrydu ym myd natur a serch, a sonia am frwydro tros Owain Gwynedd. Gorfoledda yng nghodiad yr haul ar fore o Fai, cân yr adar, gwylan yn chwarae ar wyneb y dŵr, glesni'r don ar draeth a hyd yn oed yn enwau ei hoff afonydd. Un o gerddi mawr yr awen Gymraeg yw hon.

Golygwyd ei waith gan J. E. Caerwyn Williams a Peredur I. Lynch yn y cyfrol *Gwaith Meilyr Brydydd a'i Ddisgynyddion* (1994) a thrafodir un o'i gerddi gan Peredur I. Lynch yn *Ysgrifau Beimiadol XIX* (1993).

Gwalchmai fab Gwyar, un o farchogion *Arthur; yn Ffrangeg fe'i gelwir ef yn Gauvain, yn Saesneg Gawain ac yn Lladin Gualguainus. Yn chwedl *Culhwch ac Olwen fe'i disgrifir fel nai i Arthur a dewiswyd ef gan y Brenin i fynd gyda Chulhwch i geisio Olwen. Enwir ei ferch Ceingaled (Guingalet yn Ffrangeg) yn *Llyfr Du Caerfyrddin a dywedir bod bedd Gwalchmai ym Mheryddon. Ar y llaw arall honnai William o Malmesbury yn De Rebus Gestis Anglorum (1125) iddo deyrnasu yn y rhan o Brydain a elwir Walweitha ac mai yn 'y dalaith o Gymru a elwir Rhos' y claddwyd ef. Erys yr enw Castell Gwalchmai ar un o gymydau cantref *Rhos yn Nyfed.

Yn y Rhamantau Cyfandirol yr oedd Gauvain yn batrwm o gwrteisi a dewrder ac yn y Trioedd rhestrir Gwalchmai yn un o'r 'tri dyn gorau wrth westeion a phellenigion'. Yn gyffelyb, yn Historia Peredur dywed Arthur amdano mai 'mwy a wna ef o'i eiriau teg na nyni o nerth ein harfau'. Yn Y *Tair Rhamant y mae Gwalchmai yn cyfarfod â'r arwr, wedi i hwnnw fod yn ymladd â gwŷr Arthur, ac yntau bob tro yw'r cyfrwng dwyn i gymod â'r Brenin. Ym Mrut *Sieffre o Fynwy pwysleisir ei alluoedd milwrol a dywedir mai wrth ymladd yn erbyn y bradwr *Medrod y lladdwyd ef.

Gwales neu **Grassholm,** ynys tuag wyth milltir oddi ar arfordir gorllewinol Penfro. Yn Ail Gainc *Pedair Cainc y Mabinogi treulia'r saith a ddychwelodd o'r ymgyrch yn Iwerddon bedwar ugain mlynedd ar yr ynys, a phen Bendigeidfran (*Brân), yn gwmni iddynt, heb heneiddio a heb gof am eu gofidiau, nes yr agorwyd y drws caeëdig a wynebai ar Aber Henfelen a Chernyw. Dychwelodd y cof am y gorffennol a bu'n rhaid iddynt ymadael. Enghraifft ydyw Gwales o Arallfyd neu *Annwn y Celtiaid a leolid yma ar ynys ledrithiol, y tu hwnt i derfynau amser. Rhywbryd wedi diwedd y ddegfed ganrif aeth Grassholm yn enw ar Gwales wedi i'r Norsmyn a oedd yn hwylio o Abertawe a Hwlffordd ddefnyddio'r ynys fel man llywio.

Gwalia, enw am Gymru a ymddangosodd gyntaf yn yr Oesoedd Canol, benthyciad neu hanner-Cymreigiad ydyw o'r gair Lladin Wallia, yn golygu Wales. Adferwyd yr enw yn y cyfnod Rhamantaidd a daeth yn eithriadol boblogaidd yn ystod teyrnasiad Fictoria. Gan fod i'r gair naws y cyfnod hwnnw, fe'i defnyddir heddiw mewn ffordd fingam, neu ddychanol gan rai llenorion cyfoes, megis yn y gerdd sy'n destun y cofnod nesaf.

Gwalia Deserta (llyth. 'Cymru yn anialwch'; 1938), llyfr cyntaf Idris *Davies. Ceir ynddo ddilyniant o un ar bymtheg ar hugain o gerddi, wedi eu rhifo ond heb deitlau sydd yn cyflwyno agwedd y bardd tuag at Gymru, ac yn arbennig tuag at Rymni, yn ystod y *Dirwasgiad. Y mae'r cerddi naill ai yn delynegion byrion yn null A. E. Housman, neu y mae ganddynt linellau hirion cynyddol a ddaeth yn nodweddiadol o waith diweddarach Idris Davies. Yn eu plith y mae'r gerdd adnabyddus 'Do you remember 1926?' a'r gerdd a osodwyd i gerddoriaeth gan Pete Seeger a enwid 'The Bells of Rhymney'. Y mae alter ego y bardd, Dai, yn ymddangos gyntaf yn y llyfr hwn. Llysenwyd Idris Davies (yn ôl tystiolaeth Islwyn Jenkins, ei gyfaill a'i gofiannydd) yn Ap Anialwch, gan mai prif thema'r gyfrol yw'r anialwch diwydiannol a chymdeithasol a welai'r bardd yn ne Cymru.

Gwallog ap Lleenog (fl. ail hanner y 6ed gan.), un o bedwar brenin yr *Hen Ogledd a ymgrychai dan arweiniad *Urien Rheged yn erbyn gwŷr *Brynaich, yn ôl tystiolaeth *Historia Brittonum. Y mae dwy gerdd lwgr iawn ar glawr yn y *Llyfr Taliesin, y naill yn fawl a'r llall yn farwnad. Yn y gerdd gyntaf, cyfeirir at ei fuddugoliaeth yng Nghaerefrog ac mewn saith brwydr arall. Yn yr ail gerdd, sy'n dechrau â'r un ymadrodd Cristnogol â'r gerdd gyntaf, fe'i gelwir yn 'ygnat ar Eluet' ('barnwr/ uwchfrenin ar Elfed' – sef yr ardal o gwmpas Leeds), a honnir iddo roi taw ar bob brenin 'O Gaer Glud [Dumbarton] hyd Gaergaradog [sir Ddinbych]'. Crybwyllir Gwallog ym *'Moliant Cadwallon' (c. 633/44) mewn cyd-destun sy'n awgrymu ei fod ef, fel Cadwallon ar ei ôl, wedi ymgiprys am 'unbeiniaeth' neu uwchfrenhiniaeth gogledd Prydain. Dywedir hefyd iddo 'beri tristwch Catraeth fawr ac anrhydeddus'. Anodd gwybod ai cyfeiriad at y frwydr a goffawyd yn 'Y *Gododdin' yw hwn, ynteu frwydr arall yn Catterick. Y mae deunydd diweddarach am Wallog yn cynnwys englyn yn *Canu Urien* (9–10fed gan.) lle y sonnir am ei fwriad i ymosod ar un o feibion Urien Rheged, a chyfres hynod yn *Llyfr Du Caerfyrddin* lle y disgrifir sut y tynnwyd ei lygad o'i ben gan ŵydd.

Yr oedd Ifor Williams o'r farn betrus mai Taliesin oedd awdur y cerddi cynnar i Wallog, a chynhwysodd y deunydd yn ei olygiad, *Canu Taliesin* (gweler hefyd y fersiwn Saesneg gan J. E. Caerwyn Williams, 1968). Y mae erthygl R. Geraint Gruffydd '*In search of Elmet', Studia Celtica* (cyf. XXVIII, 1994), yn arolwg awdurdodol a chynhwysfawr o'r ffynonellau hanesyddol a llenyddol.

Gwallter Mechain, gweler DAVIES, WALTER (1761–1849).

Gwant, gweler ADWANT, GWANT A RHAGWANT.

Gwasanaeth Bwrdd, Y (16eg gan.), testun sydd yn rhoi cyfarwyddyd ar sut y trefnir y bwrdd ac y paratoir bwyd ar gyfer ffest reiol. Cedwir dau fersiwn o'r testun yn llawysgrifau'r unfed ganrif ar bymtheg, y naill yn un o Lawysgrifau *Peniarth yn llaw *Gruffudd Hiraethog a'r llall yn un o Lawysgrifau *Llanstephan yn llaw Ieuan ap Dafydd ap Einws. Tybir mai cyfaddasiadau o lyfrau Saesneg ar goginio a threfnu tŷ yw'r testunau. Gwyddys o gyfeiriadau yng ngwaith y beirdd fod llyfrau coginio yn hysbys yng Nghymru cyn yr unfed ganrif ar bymtheg ac yn ôl Siôn Dafydd *Rhys yr oedd y gwasanaeth bwrdd yn rhan o ddyletswydd y *Datgeiniad.

Gweler golygiad D. J. Bowen ym *Mwletin y Bwrdd Gwybodau Celtaidd* (cyf. XV, rhif. 2, 1953).

Gwaseila, traddodiad gwerin a oedd yn perthyn i ddefodaeth ffrwythlondeb baganaidd. Arferai nifer o loddestwyr ymweld â thai eu cymdogion i ddymuno iechyd da iddynt gan ddisgwyl cael eu croesawu i'r tŷ i yfed y ddiod wasael draddodiadol. Cludid cwpan gwasael o ddrws i ddrws ac fe'i hail-lenwid ym mhob tŷ. Dilynid yr yfed defodol gan ddawnsio a gloddesta ar yr aelwyd ac wrth ymadael câi'r defodwyr arian neu rodd arall am iddynt ryddhau'r teulu rhag gorfod pryderu am gynhaliaeth a chynnydd fferm a theulu am flwyddyn arall. Yr oedd yr arferion gwasael yn gysylltiedig â gwyliau arbennig, sef y *Nadolig, y Calan a'r Ystwyll, Gŵyl Fair y Canhwyllau a *Chalan Mai. Traddodiadau tebyg oedd hel *Calennig, *Hela'r Dryw, canlyn y *Fari Lwyd a chanu *Carolau Haf. Defnyddid yr ym-adroddion 'canu gwirod', 'canu yn drws' a 'canu dan bared' wrth gyfeirio at y caneuon gwasael gan mai o'r tu allan y byddai'r cwmni yn canu a chyn iddynt gael mynediad i'r tŷ byddai ymryson ar gân rhyngddynt a'r penteulu o'r tu mewn. Ceir caneuon gwasael ar ffurf 'dychmygion' neu bosau, a chaneuon cynyddol.

Ceir manylion pellach yn Rhiannon Ifans, *Sêrs a Rybana* (1983).

Gwasg Carreg Gwalch, gweler o dan AP DAFYDD, MYRDDIN (1956–).

Gwasg Gee, gweler o dan GEE, THOMAS (1815–98).

Gwasg Gomer, gweler o dan LEWIS, JOHN DAVID (1859–1914).

Gwasg Gregynog, gwasg breifat a sefydlwyd yn 1923 yn eu cartref ger Tregynon, Tfn., gan y ddwy chwaer Gwendoline (1882–1951) a Margaret Davies (1884–1963), wyresau David *Davies, Llandinam. Cadeirydd a phrif ysgogwr y wasg oedd Thomas *Jones (1870–1955), ond gosodwyd stamp arbennig, os amrywiol, ar y llyfrau gan y gwahanol reolwyr, sef Robert Ashwin Maynard, William McCance, Loyd Haberly a James Wardrop. Yr oedd i'r gweithiau cynnar gysylltiad amlwg â Chymru, gan ddechrau gyda detholiad o gerddi George *Herbert yn 1923; o'r ddau a deugain o deitlau a gyhoeddwyd yr oedd saith yn Gymraeg gydag un, sef trosiad T. Gwynn *Jones o'r *Bardd Cwsc* (1940), yn ymddangos yn Gymraeg a Saesneg. O gynhyrchion y 1930au yr oedd rhai yn gyfryngai i ddarlunwyr dawnus megis Blair Hughes Stanton ac Agnes Miller Parker, ac eraill yn enghreifftiau o arlunwaith manwl, fel *History of St. Louis* (1937). Y mae'r goreuon o lyfrau Gregynog, sydd bellach yn eitemau i gasglwyr, yn nodedig am wychder yr argraffyddiaeth, am ansawdd godidog yr argraffwaith ac am gydgordiad y cyfanwaith. Ymhob achos rhwymwyd ychydig o gopïau, pymtheg fel arfer, yn hynod foethus mewn lledr gan George Fisher, ond y mae rhai o'r rhwymiadau 'cyffredin' hefyd bron yr un mor arddunedig. Adfywhawyd y Wasg gan *Brifysgol Cymru yn 1974 ac oddi ar hynny fe gyhoeddwyd llyfrau gan yr awduron Cymreig canlynol: R. S. *Thomas, R. Williams *Parry, Kate *Roberts, Dylan *Thomas, Saunders *Lewis, John *Ormond, William *Williams (Pantycelyn), Waldo *Williams, Giraldus Cambrensis (*Gerald de Barri), Jan *Morris ac Alun *Lewis.

Ysgrifennwyd hanes y wasg gan Thomas Jones (1954) a Dorothy A. Harrop (1980); gweler hefyd Michael Hutchins, *Argraffu yng Ngregynog: Agweddau ar Wasg Breifat Fawr* (1976). Yn 1995 lluniodd y llyfrwerthwyr De Zliverdistel, Antwerpen, gatalog 680 tudalen yn disgrifio a darlunio'n foethus gasgliad cyflawn o'r rhwymiadau arbennig. Yn 1990 cyhoeddodd y Wasg adfywiedig *Catalog Disgrifiadol o Argraffu yng Ngregynog 1970–1990* (gol. David Esslemont a Glyn Tegai Hughes).

Gwasg Gwynedd, gweler o dan OWEN, GERALLT LLOYD (1944–).

Gwasg Prifysgol Cymru. Yn adroddiad y Comisiwn Brenhinol ar drefniadaeth *Prifysgol Cymru dan gadeiryddiaeth yr Arglwydd Haldane (1918) y cafwyd yr argymhelliad cyntaf i sefydlu gwasg prifysgol a fyddai'n ddolen gyswllt rhwng y Brifysgol a'r genedl, ac a fyddai hefyd yn meithrin ymchwil tu fewn a thu allan i'r Brifysgol. O'r cychwyn, felly, gwelwyd y Wasg yn rhan annatod o sefydliad cenedlaethol yn ogystal â bod yn fodd i gyhoeddi ymchwil athrawon a darlithwyr. Yn 1921, yn Abertawe, penderfynodd Llys y Brifysgol sefydlu'r Wasg, a chynhaliwyd cyfarfod cyntaf Bwrdd y Wasg yn Llundain yn 1922. Sefydlasid *Bwrdd Gwybodau Celtaidd y Brifysgol (un arall o awgrymiadau Haldane) eisoes yn 1919, a bu cydweithrediad agos rhwng y naill Fwrdd a'r llall ar hyd y blynyddoeddd. Y Wasg oedd yn cyhoeddi ar ran y Bwrdd Gwybodau Celtaidd a bu hoelion wyth y byd astudiaethau Cymraeg a Cheltaidd bron i gyd yn aelodau o Fwrdd y Wasg ac yn awduron iddi. Syr John *Morris-Jones a ddyfeisiodd y gwasgnod. Cyfarwyddwr cyntaf y Wasg oedd R. Brinley *Jones (1969–76), ac olynwyd ef gan John Rhys (1976–90) a Ned Thomas (Edward Morley *Thomas; 1990–   ).

Ond bu swyddogaeth addysgiadol ehangach i'r Wasg. Cyhoeddwyd llyfrau i ysgolion ac ar gyfer addysg i oedolion, a hefyd rhai yn esbonio hanes a diwylliant Cymru i ymwelwyr. Oherwydd nifer a chymwysterau ei staff golygyddol, daeth y Wasg yn ddewis amlwg ar gyfer cyhoeddi cyfeirlyfrau a geiriaduron sylweddol. Bu cynnydd hefyd yn nifer y teitlau academaidd a gyhoeddir tu allan i feysydd Cymreig (yn bennaf yn y dyniaethau a'r gwyddorau cymdeithasol). Diflannodd nifer o weisg prifysgol Prydain yn ystod y 1990au oherwydd y pwysau cynyddol i fod yn fasnachol. Fe oroesodd Gwasg Prifysgol Cymru drwy foderneiddio'r Bwrdd, cyflymu'r prosesau cyhoeddi a dyblu'r cynnyrch blynyddol. Cyhoeddir tua saith deg o deitlau y flwyddyn; ymhlith y cyfnodolion a gyhoeddir gan y Wasg y mae *Cylchgrawn Hanes Cymru, *Efrydiau Athronyddol, Y *Gwyddonydd, *Llên Cymru a *Studia Celtica; y mae *Dramâu'r Byd, Cyfres Beirdd y Tywysogion a *Writers of Wales ymhlith cyfresi'r Wasg, sydd hefyd yn gyfrifol am gyhoeddi *Geiriadur Prifysgol Cymru a *Geiriadur yr Academi.

Gweler Bwrdd Gwasg Prifysgol Cymru: Rhai Hen Atgofion gan T. H. Parry-Williams (1972).

Gwasg y Brython, gweler o dan EVANS, HUGH (1854–1934).

Gwasg y Dref Wen, gweler o dan BOORE, WALTER HUGH (1904–88).

Gwassanaeth Meir, gwaith crefyddol (ceir y testun cynharaf yn Llawysgrif Ysgol Amwythig XI, c.1400), sef cyfieithiad mydryddol dienw o fersiwn Dominicanaidd o *Officium Pavum Beatae Mariae Virginis*, gwasanaeth byr er anrhydedd i'r Forwyn Fair. Dyma'r unig gyfieithiad Cymraeg Canol a feddwn o wasanaeth Eglwysig a hwnnw gan ŵr oedd yn hyddysg ym marddas ei ddydd, yn y mesurau caeth a'r rhydd.

Golygwyd y testun gyda rhagymadrodd a nodiadau gan Brynley F. Roberts (1961).

Gwawdodyn, un o'r *Pedwar Mesur ar Hugain. Yn y math cyntaf, y Gwawdodyn Byr, ceir un cwpled o *Gyhydedd Nawban (llinell naw sillaf) a *Thoddaid (gyda naw sillaf yn y llinell olaf). Yn yr ail, Gwawdodyn Hir, ceir dau gwpled o leiaf o Gyhydedd Nawban ynghyd â Thoddaid; defnyddir y ddau fesur gan y *Gogynfeirdd yn eu *hawdlau.

GWDMAN neu **GWDMON, ELEN** (fl. 1609), bardd ac un o deulu Tal-y-llyn, Môn, yn ôl pennawd y gerdd rydd, 'Cwynfan merch ifanc am ei chariad' a briodolir iddi yn Llyfr Gwyn Mechell. Dywedir yn y teitl mai'r cariad oedd Edward Wyn, Bodewryd, a fu farw yn 1637 ac a allai felly fod mewn oed i garu Elen Gwdman yn 1609. Priododd ef â Margaret Puleston o Lwyn-y-Cnotie, Ffl., yr 'arall' a ddaeth rhwng y cariadon yn ôl y gerdd, ond odid. Perthyn amryw o nodweddion arbennig i'r gerdd ar wahân i'r ffaith amlwg, ond anghyffredin, ei bod yn waith benyw. Enwir y dôn y cenid y gerdd arni, sef 'Rogero', sy'n dôn bur anghyffredin yn y cyfnod. Ni ellir llai na sylwi ychwaith ar nifer y geiriau Saesneg a oedd wedi treiddio i Gymraeg mân uchelwyr Môn erbyn degawd cyntaf yr ail ganrif ar bymtheg. Cymreigiwyd y benthyciadau hyn yn y ffyrdd rhwyddaf posibl, yn aml trwy ychwanegu'r terfyniad '-o', megis lecio, parlio, bario, presuwmio, neu trwy roi sillafiad Cymraeg i'r ffurfiau Saesneg, fel yn lysti a nyn'ri.

Gweirydd ap Rhys, gweler PRYSE, ROBERT JOHN (1807–89).

Gweledigaetheu y Bardd Cwsc (1703), campwaith llenyddol Ellis *Wynne, a seiliwyd ar ryddgyfieithiadau o'r eiddo Roger L'Estrange ac awdur a nododd ei enw fel 'J. S.' (John Stevens), o Los Sueños (1627), gwaith gan yr awdur Sbaenaidd Quevedo. Y mae fersiwn Wynne, o ran ei safbwyntiau, yn waith Tori o Eglwyswr Cymreig ac yn cynnwys tair 'gweledigaeth', sef Gweledigaeth Cwrs y Byd, Gweledigaeth Angau yn ei Frenhinllys Isa a Gweledigaeth Uffern. Dangosir yn ddychanol dan y penawdau hyn, hynt pechaduriaid ar eu cwrs trwy'r byd a thir angau i Uffern. Canmolwyd y llyfr am ei Gymraeg cyhyrog a chafodd ddylanwad parhaol ar ysgrifennu rhyddiaith Gymraeg.

Cyhoeddwyd y testun gyda nodiadau gan J. Morris-Jones (1898), Aneirin Lewis (1960), a P. J. Donovan a Gwyn Thomas (1991) ar gyfer Cyfeillion Ellis Wynne. Cyfieithwyd y llyfr i'r Saesneg gan George Borrow (1860), gan Robert Gwyneddon Davies (1897) a chan T. Gwynn Jones (1940) dan y teitl The Visions of the Sleeping Bard. Ceir trafodaeth ar gefndir hanesyddol y llyfr a syniadaeth yr awdur yn Y Bardd Cusg a'i Gefndir gan Gwyn Thomas (1971) ac mewn ysgrif ar Ellis Wynne gan yr un awdur yn y gyfres Writers of Wales (1984).

Gwên, gweler o dan CANU LLYWARCH HEN (9fed neu 10fed gan.).

Gwen o'r Ddôl, gweler o dan DAFYDD NANMOR (*fl.* 1450–80).

Gwen Teirbron, gweler o dan CADFAN (canol y 6ed gan.).

Gwen Tomos (1894), y bedwaredd a'r olaf o nofelau Daniel *Owen, a gyhoeddwyd gyntaf yn gyfres wythnosol yn *Y Cymro* yn 1893 a'r flwyddyn ganlynol. Yn wahanol i'w nofelau eraill darlunnir bywyd cefn gwlad Yr Wyddgrug yn y degawdau cyn geni'r awdur. Y mae dau draethydd: Rheinallt, sy'n priodi Gwen, a'r awdur ei hun, dyfais sy'n tueddu i amharu peth ar y ffocws ac achosai ambell lithriad. Y mae'r nofel yn agor yn ddramatig gydag ymladd ceiliogod, sy'n rhagflas o'r ornest rhwng Harri'r Wernddu ac Ernest y Plas ac o'r frwydr rhwng ceidwadaeth gyndyn *Anglicaniaeth ac argyhoeddiad digyfaddawd y *Fethodistiaeth newydd. Gwêl Gwen farw ei thad a'i brawd meddw Harri, a phrioda ei pherthynas Rheinallt, er gofid i Robert Wynn, arweinydd y seiat y mae hi'n aelod ohoni, ac y mae'n ymfudo gyda'i gŵr, yn groes i'w hewyllys, i America, lle y mae'n torri'i chalon ac yn marw. Y mae yn y llyfr ddau ddirgelwch cyffrous, un yn ymwneud â llofruddiaeth Dafydd Ifans y cipar, a'r llall â rhieni Gwen. Hon yw stori fwyaf llithrig a chynlluniedig Daniel Owen, ond dioddefa o amryw gyd-ddigwyddiadau tua'i diwedd. Yr oedd dawn fawr yr awdur i lunio cymeriadau heb ei ddihysbyddu pan luniodd y nofel hon; ymysg y portreadau mwyaf cofiadwy y mae Robert Wynn, Pantybuarth, y ddewines liwgar Nansi'r Nant, a'i herwr o fab, Twm Nansi.

Golygwyd argraffiad diwygiedig o *Gwen Tomos* mewn orgraff ddiweddar gan Thomas Parry yn 1937 a chafwyd cyfieithiad Saesneg gan T. Ceiriog Williams ac E. R. Harries yn 1963. Trafodir y nofel gan W. Beynon Davies yn *Ysgrifau Beirniadol V* (gol. J. E. Caerwyn Williams, 1970), gan D. Tecwyn Lloyd yn *Y Traethodydd* (Hydref 1964) a chan R. Gerallt Jones yn *Ansawdd y Seiliau* (1972).

Gwenallt, gweler JONES, DAVID JAMES (1899–1968).

Gwenddolau (6ed gan.), pennaeth yn yr *Hen Ogledd a berthynai i deulu'r Coeling ac a gwympodd ym mrwydr Arfderydd yn 573. Cedwir y cof am ei enw, o bosibl, yng Nghaer Wenddolau (S. *Carwinley*) ger Longtown, Cumbria. Datblygodd yn ffigur chwedlonol ac yn 'Yr *Afallennau' a'r 'Oianau' galara *Myrddin ar ei ôl. Yn ôl un o'r Trioedd parhaodd i warchodlu i ymladd am wythnosau wedi lladd eu harglwydd. Yn ôl Triawd arall, sy'n fwy gelyniaethus tuag ato, yr oedd ganddo ddau aderyn, ac arnynt iau o aur, a fyddai'n bwyta 'dwy gelain o'r Cymry ar eu cinio a dwy ar eu cwynos'. Yn *Vita Merlini* geilw *Sieffre o Fynwy ef yn

Guennolous, Brenin yr Alban, a ymladdai yn erbyn Peredurus, Merlinus a Rodarchus.

Gwenddydd, gweler o dan CYFOESI MYRDDIN A GWENDDYDD (*c.*1300) a PUM BREUDDWYD GWENDDYDD.

Gwener Ddu (15 Ebrill 1921), y diwrnod y penderfynodd cynrychiolwyr gweithwyr mewn diwydiannau eraill beidio â chefnogi streic gan lowyr Prydain. Parhaodd y streic am bedwar diwrnod ar ddeg a phedwar ugain. Ym maes glo de Cymru, credid i achos y glowyr gael ei fradychu gan arweinwyr yr undebau llafur.

Gwenfrewi neu **Gwenffrewi** (7fed gan.), santes, y lluniwyd mwy nag un fuchedd iddi, oll yn weithiau ac ynddynt draddodiadau a choelion, yn hytrach na hanes dilys. Tevyth, brodor o *Degeingl, oedd ei thad, ac yn ôl achau'r saint ei mam oedd Gwenlo, ferch Insi, Brenin *Powys. Yr oedd rhyw gysylltiad rhwng Gwenfrewi a *Beuno; mewn achau diweddar dywedwyd ei fod yn ewythr iddi. Adroddir iddi gael ei threisio a'i lladd gan dywysog o'r enw Caradog, ond adferwyd hi gan Feuno. O'r fan lle y syrthiasai ei gwaed cododd ffynnon, a rhydd ei dyfroedd iachâd i ddyn ac anifail. Fe'i hadwaenir bellach fel Ffynnon Gwenfrewi yn Nhreffynnon, Ffl. Yn ôl Bucheddau eraill aeth ar bererindod i Rufain a threuliodd ei blynyddoedd olaf gyda'r santes Eleri yng Ngwytherin. Yno y claddwyd hi, ond tystir i'w gweddillion gael eu symud i abaty Amwythig yn 1138. Adroddir am lawer o wyrthiau a gyflawnwyd gan Wenfrewi, ond ychydig o eglwysi sy'n dwyn ei henw. Aeth ei bri ar gynnydd yn ddiweddarach yn yr Oesoedd Canol a cheir cyfeiriadau ati yng ngwaith y beirdd. Hyd yn oed ar ôl y Diwygiad Protestannaidd parhaodd Treffynnon i fod yn gyrchfan boblogaidd gan y Pabyddion. Gwelodd Samuel Johnson bobl yn ymolchi yn y ffynnon yn 1774 a pharhaodd diddordeb yn y lle hyd heddiw. Y mae'n un o *Saith Rhyfeddod Cymru. Gweler hefyd FUCHEDDAU'R SAINT.

Gwenffrwd, gweler JONES, THOMAS LLOYD (1810–34).

Gwenhwyfar, gwraig y Brenin *Arthur. Adwaenir hi hefyd fel Guinevere, y ffurf Ffrengig ar ei henw. Mewn rhai ffynonellau gelwir hi'n ferch i Ogrfran Gawr. Mewn cyfres o hen englynion a adwaenir fel 'Ymddiddan Arthur a Gwenhwyfar' ceir olion chwedl am Wenhwyfar, *Cai a *Melwas. Ym Muchedd *Gildas gan *Garadog o Lancarfan (cyn 1136) adroddir sut y bu i Felwas gipio Gwenhwyfar a'i chadw yn ninas Glastonia (Glastonbury) am flwyddyn. Ceir yr un chwedl yn *Le Chevalier de la Charette* gan Chrétien de Troyes. Yn *Historia Regum Brittaniae* *Sieffre o Fynwy (1136) honnir bod Gwenhwyfar o dras pendefigion Rhufain a'i bod wedi ei magu yn llys *Cadwr Iarll Cernyw, ac iddi odinebu gyda *Medrod, nai Arthur, a diweddodd ei hoes yn fynaches yng Nghaerllion ar Wysg. Yn ôl Gerallt Gymro (*Gerald de Barri) a fu'n ymweld â Glastonia ac a oedd yn bresennol pan godwyd corff honedig Arthur o'r bedd, cafwyd hyd i groes o blwm ac arni y geiriau '*cum Wenneveria uxore sua seconda*'. Dyma'r unig awgrym mai ail wraig Arthur oedd Gwenhwyfar ond cadarnhawyd y geiriau gan Ralph o Coggeshall ac yn ddiweddarach gan John Leland (gweler o dan ITINERARY OF JOHN LELAND). Yn ôl un o'r Trioedd yr oedd yn anniweiriach hyd yn oed na Thair Anniwair Wraig Ynys Prydain oblegid iddi wneud cywilydd i well gŵr na neb, a hi oedd achos brwydr Camlan. Cyfeirir ati yn *Y* *Tair Rhamant*: adroddir i Beredur a Geraint ddial am ei sarhad. Gweler hefyd SOFRANIAETH.

Gwenllïan, (m. 1136), merch i *Ruffudd ap Cynan, Brenin *Gwynedd, a gwraig Gruffudd mab Rhys ap Tewdwr, Brenin olaf *Deheubarth. Wedi marwolaeth Harri I yn 1135, cynlluniwyd i ymosod ar aneddiadau Normanaidd yn Neheubarth. Tra oedd ei gŵr yng Ngwynedd yn apelio am gymorth gan ei thad, arweiniodd Gwenllïan filwyr Deheubarth yn erbyn castell *Cydweli, ond trechwyd ei lluoedd a lladdwyd hi gan filwyr Maurice de Londres, ar lecyn a adwaenwyd byth er hynny fel Maes Gwenllïan.

GWENLLÏAN FERCH RHIRID FLAIDD *(fl. c.1460)*, bardd; un englyn o'i gwaith sydd wedi goroesi, ac yn hwnnw cyfeiria ati ei hun fel 'merch Rhirid'. Ond y mae'n debyg mai merch ydoedd i'r bardd *Tudur Penllyn. Ei mam, Gwerful ferch Ieuan Fychan, a berthynai i lwyth Rhirid Flaidd. Y mae'r englyn yn ateb herfeiddiol i englyn sarhaus gan rywun o'r enw Gruffudd ap Dafydd ap Gronw o Fôn. Efallai mai hon yw'r Gwenllïan y cyfeiriodd *Gwerful Mechain ati yn ei chywydd 'I Wragedd Eiddigeddus'.

Gweler Dafydd Johnston, 'Gwenllian ferch Rhirid Flaidd', yn *Dwned* (cyf. III, 1997).

Gwennan Gorn, gweler o dan MADOG (1918).

Gwent, gwlad yn ne-ddwyrain Cymru a rannwyd gan fforestydd yn Went Uwch Coed a Gwent Is Coed. Yr oedd gwreiddiau'r hen frenhiniaeth Gymreig yn codi o'r gyfundrefn weinyddol a sefydlwyd gan y Rhufeiniaid yng Nghaer-went a pharhaodd y deyrnas o'r bumed ganrif hyd yr unfed ganrif ar ddeg. Yr oedd rheolwyr Gwent hefyd ag awdurdod yng *Nglywysing, ac o 974, neu hyd yn oed 665, adnabuwyd y gyddeyrnas fel *Morgannwg. Yn union cyn dyfodiad y Normaniaid, llywodraethwr Gwent, y mae'n debyg, oedd Caradog ap Gruffudd ap Rhydderch. Bu gan ei ddisgynyddion ef gryn awdurdod yng Nghaerllion hyd y drydedd ganrif ar ddeg. Erbyn 1070 yr oedd byddin William Fitz Osbern, Iarll Henffordd, wedi goresgyn teyrnas Gwent a rhannwyd y tir rhwng tua dwsin o

arglwyddiaethau'r Mers tan 1536. Yr oedd sir Fynwy, a grewyd y flwyddyn honno, yn cynnwys yr hen wlad bron i gyd, yn ogystal â chantref *Gwynllŵg. Collodd sir fodern Gwent, a sefydlwyd yn 1974, rannau o Wynllŵg, ond ychwanegwyd Bryn-mawr a Gilwern ati, mannau a fu ynghynt yn yr hen sir Frycheiniog. Diddymwyd sir Gwent yn dilyn ad-drefnu ffiniau llywodraeth leol yn 1996.

Gwenynen Gwent, gweler HALL, AUGUSTA WADDINGTON (1802–96).

GWERFUL MECHAIN *(fl. 1462–1500)*, bardd. Ychydig a wyddys amdani ar wahân i'r ffaith mai o *Fechain ym Mhowys yr hanoedd. Perthynai ei thad i deulu uchelwrol blaenllaw *Llwydiarth. Y mae'n bwysig fel yr unig fardd benywaidd Cymraeg o'r Oesoedd Canol y goroesodd corff sylweddol o'i chanu. Diddorol yw'r cerddi o'i heiddo sy'n mynegi agweddau ar rywioldeb benywaidd. Edliwia 'Cywydd y Cedor' i feirdd gwrywaidd y modd y maent yn anwybyddu rhan bwysicaf corff merch yn eu cerddi serch disgrifiadol. Canodd *Dafydd Llwyd o Fathafarn gywyddau ac englynion iddi ac anfonodd ef *Lywelyn ap Gutun yn *llatai ati. Cofnoda un o'i henglynion ei hymateb llidiog i'w gŵr am ei churo. Symol yw ei chrefft ar brydiau: ei cherddi gorau yw ei chywydd i ddioddefaint Crist ac un arall yn amddiffyn gwragedd, yn ateb i ymosodiad gan *Ieuan Dyfi.

Gweler ymhellach Dafydd Johnston, *Canu Maswedd yr Oesoedd Canol* (1991); hefyd yr erthyglau gan Marged Haycock a Ceridwen Lloyd-Morgan yn *Ysgrifau Beirniadol XVI* (gol. J. E. Caerwyn Williams, 1990).

Gwerin, term yn golygu un ai'r bobl yn gyffredinol heb bwyslais ar ddosbarth cymdeithasol (yr ystyr gwreiddiol o bosibl) neu yr haen isaf o'r gymdeithas, o'i gwrthgyferbynnu â'r boneddigion. Daeth yr ail ystyr i fri dan ddylanwad y syniadau newydd a ddaeth yn sgîl datblygiadau crefyddol a gwleidyddol y ddeunawfed ganrif a'r bedwaredd ganrif ar bymtheg, a daethpwyd i ddelfrydu'r werin a'i gweld fel prif gynheiliad y diwylliant Cymraeg. Cysylltir y ddelfryd â'r pwyslais ar addysg, *Dirwest a *Radicaliaeth. Fe'i gwelir yng ngwaith Owen M. *Edwards fel llenor a chyhoeddwr ac fe'i hadlewyrchir yn eglur yng ngwaith llenorion megis William Crwys *Williams, John *Morris-Jones, W. J. *Gruffydd ac Iorwerth C. *Peate. Defnyddir y term yn deitl ar gymdeithas wleidyddol a ddisgrifir yn y cofnod nesaf.

Gwerin, cymdeithas a sefydlwyd yn 1935 yng Ngholeg Prifysgol Gogledd Cymru, Bangor, gan Goronwy Roberts ac eraill mewn ymgais i briodi egwyddorion *Sosialaeth â *Chenedlaetholdeb Cymreig. Daeth y cyhuddiadau fod tueddiadau Ffasgaidd ymhlith arweinyddion *Plaid Cymru i uchafbwynt yn 1942 mewn araith Gŵyl Dewi i Anrhydeddus Gymdeithas y *Cymmrodorion yng Nghaerdydd gan Thomas *Jones, Dirprwy Ysgrifennydd y Cabinet yn San Steffan ar y pryd, araith a gyhoeddwyd wedyn yn bamffledyn, *The Native Never Returns* (1942). Cyhoeddwyd erthygl ar yr un maes gan Gwilym *Davies, ysgrifennydd Undeb Cynghrair y Cenhedloedd yng Nghymru, yn *Y *Traethodydd*; atebodd Saunders *Lewis a J. E. *Daniel yr erthygl hon yn eu pamffledyn *The Party for Wales* (1942). Y flwyddyn ganlynol, yn ystod yr helbul a ddaeth yn sgîl cefnogi W. J. *Gruffydd yn ymgeisydd Rhyddfrydol i sedd Prifysgol Cymru yn Nhŷ'r Cyffredin, yn erbyn Saunders Lewis, ymgeisydd y Cenedlaetholwyr, yr oedd y rhai a ymgysylltai â Gwerin, megis Harri *Gwynn, D. Tecwyn *Lloyd ac Iorwerth C. *Peate, yn cefnogi Gruffydd. Methodd y gymdeithas â datblygu unrhyw symbyliad o'i heiddo ei hun, fodd bynnag, ac ni pharhaodd ar ôl yr Ail Ryfel Byd, ac ymunodd ei haelodau naill ai â Phlaid Cymru neu â'r Blaid Lafur. Daeth Goronwy Roberts yn Aelod Seneddol dros Arfon yn 1945 ac yn 1974 dyrchafwyd ef i Dŷ'r Arglwyddi.

Gweriniaetholdeb, egwyddorion neu ddamcaniaethau sy'n cefnogi ffurf ar lywodraeth lle y rhoddir y grym eithaf i'r bobl eu hunain, a lle y mae pennaeth y llywodraeth yn llywydd etholedig, ac nid yn frenin. Yng Nghymru, amddiffynnodd Radicaliaid cynnar megis Richard *Price a David *Williams annibyniaeth yn America a chefnogent y *Chwyldro Ffrengig yn 1789. Er bod dylanwad Prydeinig ar eu hagwedd wleidyddol, brwydrodd y *Jacobiniaid hyn, ynghyd â Thomas *Evans (Tomos Glyn Cothi), Edward *Williams (Iolo Morganwg) a John *Jones (Jac Glan-y-gors), dros achosion Radicalaidd yn eu gwlad eu hunain. Yn ystod degawdau cyntaf yr ugeinfed ganrif yr oedd tuedd wrthfrenhinol gref yn syniadau Keir *Hardie. Ymosododd ar sefydliad y Goron gyda dadleuon egalitaraidd a Gweriniaethol, yn arbennig yn ei bapur newydd *The Merthyr Pioneer*, a beirniadodd Arwisgiad Tywysog Cymru yn 1911 yn hallt (gweler o dan TYWYSOGAETH CYMRU). T. E. *Nicholas oedd un o elynion pennaf y frenhiniaeth ymhlith llenorion Cymraeg yr ugeinfed ganrif, o'i erthygl rymus 'Y Ddraig Goch a'r Faner Goch: Cenedlaetholdeb a Sosialaeth' yn *Y *Geninen* (Ion. 1912) hyd at ei gerdd 'Syrcas Caernarfon' yn *Barn* (Tach. 1968).

Ffynnodd y Mudiad Gweriniaethol Cymreig am gyfnod byr yn ystod y 1950au o ganlyniad i anfodlonrwydd rhai o aelodau *Plaid Cymru ar agwedd arweinwyr y Blaid a oedd wedi gwrthod mabwysiadu syniadaeth weriniaethol yn ei chynhadledd flynyddol yn 1949. Ni fu erioed fwy na chant o bobl yn frwd dros y syniadau hyn ac unwaith yn unig yr ymladdodd ymgeisydd mewn etholiad cyffredinol, a hynny yn Ogwr yn 1950. Cyhoeddodd y mudiad bapur bywiog, *Welsh*

Republican (1950–57); un o'r golygyddion oedd Harri *Webb. Achosodd y grŵp gryn gynnwrf mewn llawer cyfarfod cyhoeddus gyda'i syniadau gwrth-Seisnig ac adain-chwith. Eithr ychydig o effaith a gafodd ar gwrs gwleidyddiaeth yng Nghymru a diflannodd y mudiad yn ystod canol y 1950au pan ddychwelodd yr ychydig weddill o'i aelodau i weithio dros eu hen bleidiau, y Blaid Lafur a Phlaid Cymru. Gwnaed un cyn-aelod blaenllaw, sef Gwilym Prys Davies, yn arglwydd yn 1983.

Bu rhai protestiadau gan y Gweriniaethwyr Cymreig yn erbyn arwisgiad Tywysog Cymru yn 1969. Adnewyddwyd y mudiad ymhlith Cenedlaetholwyr a Sosialwyr yn 1980 wedi cyhoeddi'r pamffled *Sosialaeth i'r Cymry* (1979) a *Socialism for the Welsh People* (1980) gan Robert Griffiths a Gareth *Miles a dechreuwyd cyhoeddi dau bapur newydd gan y mudiad, *Y Faner Goch* a *Welsh Republic*. Ynddynt cynhwysir dadleuon dros hunanlywodraeth i Gymru ar dir Sosialaidd a gwrth-Brydeinig. Arestiwyd rhai o'r aelodau wedi i grŵp a adwaenir fel Byddin Gweithwyr y Weriniaeth Gymreig, yn ôl yr honiad, osod defnyddiau ffrwydrol yn 1981; carcharwyd dau o'r aelodau ond cafwyd pump ohonynt yn ddieuog.

Ceir manylion pellach yn Alan Butt Philip, *The Welsh Question: Nationalism in Welsh Politics* (1973). Gweler hefyd Ithel Davies, *Bwrlwm Byw* (1984), Gwilym Prys Davies, *Llafur y Blynyddoedd* (1991), Cliff Bere, *The Young Republicans* (1996) a Harri Webb, *No Half-Way House* (1997).

Gwernfab, gweler JONES, JOHN RICHARD (1923–).

Gwernyclepa, gweler o dan IFOR AP LLYWELYN (*fl.* 1340–60).

Gwernyfed, gweler o dan ANATIOMAROS (1925).

Gwestodl, un o feiau gwaharddedig *Cerdd Dafod, sef defnyddio'r un gair fwy nag unwaith yn brifodl mewn uned fydryddol; gellir, fodd bynnag, ddefnyddio'r un gair ddwywaith os yw'n rhan o air cyfansawdd, er enghraifft 'min/deufin', 'llais/eurllais'.

Gwidigada, un o'r saith cwmwd yng *Nghantref Mawr yn *Ystrad Tywi, a gyplyswyd yn y drydedd ganrif ar ddeg â chymydau Derllys ac *Elfed, er mwyn ffurfio rhan ganolog sir Gaerfyrddin yn ddiweddarach.

Gwili, gweler JENKINS, JOHN (1872–1936).

GWILYM AB IEUAN HEN (*fl.* 1435–70), bardd. Cadwyd saith ar hugain o'i gerddi mewn llawysgrif, ond y mae awduriaeth ambell un yn amheus. Yn eu plith y mae cywyddau crefyddol, cywyddau serch, cywyddau gofyn a chryn nifer o gerddi moliant a marwnad i noddwyr, y rhan fwyaf o lawer ohonynt o *Bowys.

Cyhoeddwyd ei gerddi yn y gyfrol *Gwaith Deio ab Ieuan Du a Gwilym ab Ieuan Hen* (gol. A. Eleri Davies, 1992).

GWILYM AP SEFNYN (*fl.* 1408), bardd, mab i'r bardd *Sefnyn. Y mae'n debyg mai ym mhlwyf Llandygái, Caern., yr oedd ei gartref. Collodd ei dir yn Llandyfrydog, Môn, oherwydd iddo gefnogi *Owain Glyndŵr. Canodd bum cywydd i Wilym ap Gruffudd o'r Penrhyn, Llandygái, a chywydd i geryddu afonydd Menai ac Ogwen am ei rwystro rhag mynd i Gochwillan, cartref Robin ap Gruffudd, brawd Gwilym. Yn ei henaint canodd ddau gywydd personol eu naws, sef marwnad i'w ddeg plentyn, wyth mab a dwy ferch, a fu farw o'i flaen, a chywydd yn cyffesu ei bechodau. Y cywyddau ingol hyn yw ei gerddi gorau. Os mai ef biau'r cywydd brud a briodolir iddo, bu fyw hyd gyfnod Rhyfeloedd y Rhosynnau.

Ceir testun o'i farwnad i'w blant yn Dafydd Johnston (gol.), *Galar y Beirdd* (1993).

Gwilym Cadfan, gweler JONES, WILLIAM (1726–95).

Gwilym Callestr, gweler EDWARDS, WILLIAM (1790–1855).

Gwilym Cowlyd, gweler ROBERTS, WILLIAM JOHN (1828–1904).

Gwilym Cyfeiliog, gweler WILLIAMS, WILLIAM (1801–76).

Gwilym Deudraeth, gweler EDWARDS, WILLIAM THOMAS (1863–1940).

GWILYM DDU O ARFON (*fl.* 1280–1320), bardd o'r cyfnod yn union wedi cwymp *Llywelyn ap Gruffudd, Tywysog olaf Cymru annibynnol, yn 1282. Dengys cerddi Gwilym i'w noddwr Syr Gruffudd Llwyd, uchelwr o Arfon a garcharwyd yng nghastell Rhuddlan, a'i farwnad i'r bardd *Trahaearn Brydydd Mawr argyfwng y beirdd llys y ystod y gwrthryfel, ac i raddau ar ôl hynny. Gweler hefyd WILLIAMS, WILLIAM (1738–1817).

Gwilym Ganoldref, gweler MIDLETON, WILLIAM (*c.*1550–*c.*1600).

Gwilym Gellideg, gweler MORGAN, WILLIAM (1808–78).

Gwilym Hiraethog, gweler REES, WILLIAM (1802–83).

Gwilym Lleyn, gweler ROWLANDS, WILLIAM (1802–65).

Gwilym Marles, gweler THOMAS, WILLIAM (1834–79).

Gwilym Morganwg, gweler WILLIAMS, THOMAS (1778–1835).

Gwilym Pant Taf, gweler PARRY, WILLIAM (1836–1903).

GWILYM RYFEL (*fl.* 1174), bardd. Ymddengys oddi wrth englyn iddo gan *Ruffudd ap Gwrgenau mewn cyfres i gwyno colli ei gymdeithion mai brodor o *Bowys oedd Gwilym ac iddo gael ei ladd mewn brwydr ymhell o'i gartref. Y cwbl a gadwyd o'i waith yw dwy gyfres ddigon cyffredin o englynion dadolwch, a gyfansoddodd tuag 1174 pan oedd *Dafydd ab Owain Gwynedd, y canwyd hwy iddo, yn teyrnasu dros y rhan fwyaf o *Wynedd, a dau englyn strae o gyfres o englynion yn anfon march yn *llatai a gadwyd yng *Ngramadegau'r Penceirddiaid. Dros ganrif yn ddiweddarach yr oedd *Iorwerth Beli yn cyfrif Gwilym gyda *Llywarch ap Llywelyn (Prydydd y Moch), *Cynddelw Brydydd Mawr a *Dafydd Benfras, fel 'y prifeirdd heirdd, hardd weision cuddawn'. Nid ystyrid ef byth felly ar sail yr englynion a gadwyd ac felly y mae'n debyg fod Gwilym Ryfel ymhlith y nifer mawr hynny o'r *Gogynfeirdd yr aeth corff helaeth o'u gwaith yn llwyr ar goll.

Golygwyd ei waith gan J. E. Caerwyn Williams yn K. A. Bramley *et al.* (gol.), *Gwaith Llywelyn Fardd I ac Eraill (Cyfres Beirdd y Tywysogion II*, 1994).

Gwilym Teilo, gweler DAVIES, WILLIAM (1831–92).

GWILYM TEW (*fl.* 1460–80), bardd o *Dir Iarll, Morg. Geill ei fod yn frawd i Rys Brydydd neu yn fab iddo (ac os felly, yr oedd yn frawd i Risiart ap Rhys). Canodd ddwy awdl i Fair o Ben-rhys, Rhondda, rhai cywyddau serch, cywyddau gofyn a nifer o gerddi i foli noddwyr. Bu *Llyfr Aneirin* (gweler o dan GODODDIN) yn ei feddiant ac ymhlith ei lawysgrifau ceir un sy'n cynnwys copïau o'r Trioedd, rhestr o'r tlysau, y gramadeg barddol, dwy eirfa a chasgliad bychan o achau.

Gwion Bach, gweler o dan TALIESIN (*fl.* 6ed gan.).

'Gwir yn erbyn y Byd, Y', arwyddair *Gorsedd Beirdd Ynys Prydain, a ddyfeisiwyd gan Edward *Williams (Iolo Morganwg). Fe'i gwelir ar regalia'r Orsedd ac fe'i clywir yn ystod ei seremonïau. Fe'i dyfynnir mewn llawer cyd-destun arall, rhai crefyddol a gwleidyddol.

Gwireb, gosodiad cryno ynghylch rhywbeth sy'n amlwg wir. Yn y canu gwirebol cynnar Cymraeg, sydd ar ffurf *englynion gan mwyaf, ceir disgrifiadau telynegol am natur yn ogystal â gwirebau am y ddynolryw a ffenomena naturiol. Gellir dadlau mai diben hyn yw pwysleisio sicrwydd sylwadaeth feunyddiol: dyma ragdybiau angenrheidiol i bob meddwl neu weithred. Yr hyn sy'n ei ddieithrio yw ei fod mor amlwg, megis yn y gosodiad 'Bid goch crib ceiliog' gyda'r gair 'bid' yn cwmpasu amlder cyson o ddigwydd yn ogystal â chyflwr sefydlog.

Ceir enghreifftiau o ddywediadau gwirebol yn *'Englynion Eiry Mynydd', *'Englynion y Bidiau', *'Englynion y Clyweit' ac *'Englynion y Misoedd'. Y mae'r 'gnodiau' yn gyfres adnabyddus arall, a'r gair 'gnawd' yn golygu 'fel arfer', megis yn y gosodiad 'Gnawd gŵr gwan goedenau'. Llunnir amryw o'r cyfresi o fewn fframwaith o ailadrodd rhan o'r llinell gyntaf yn gadwynol a thueddant i arfer cystrawen y frawddeg enwol.

Am fanylion pellach gweler Kenneth H. Jackson, *Early Celtic Nature Poetry* (1935), *Early Welsh Gnomic Poems* (1953) ac 'Incremental Repetition in the Early Welsh Englyn' yn *Speculum* (cyf. XVI, 1941) yn ogystal ag R. M. Jones, *Seiliau Beirniadaeth IV* (1988).

Gwisg Gymreig, ymgais fwriadol a oedd yn gynnyrch dychymyg a delfrydiaeth y bedwaredd ganrif ar bymtheg yng Nghymru, fel mewn llawer man arall yn Ewrop, i ddyrchafu gwisg bob dydd y werin i statws gwisg genedlaethol. Yr oedd y bais, ffedog, betgwn a'r het dal ddu wedi bod, ers amser, yn nodweddion amlwg o wisg gwragedd rhai rhannau o Gymru, ond yr oeddynt yn gyffredin hefyd yn Lloegr yn yr ail ganrif ar bymtheg. Yr oeddynt wedi goroesi, yn hollol naturiol, ymhlith y tlodion yn rhai o ardaloedd mynyddig Cymru hyd at ddiwedd y ddeunawfed ganrif ac yn ddiweddarach, ac o ganlyniad ni allai'r teithwyr cynnar o Loegr (gweler o dan TEITHIAU TRWY GYMRU) beidio â sylwi arnynt. Yr oedd rhai o'r amrywiadau mewn ardaloedd a ddisgrifir gan awduron fel T. J. Llewelyn *Prichard yn ffrwyth *Rhamantiaeth, a daeth rhai a ddarluniwyd gan yr artist J. C. Rowlands (1848) yn rhan o'r hyn a ddisgwylid ei weld gan ymwelwyr yn ystod eu gwyliau yng Nghymru.

Hyrwyddwyd y syniad o wisg genedlaethol bendant yn gyntaf gan Arglwyddes Llanofer (Augusta Waddington *Hall), mewn traethawd arobryn yn Eisteddfod Frenhinol Caerdydd yn 1834. Ei bwriad gwreiddiol oedd darbwyllo merched Cymru i wisgo brethyn lleol yn lle cotwm neu galico, a chynigiodd wobrau am gasgliadau o gynlluniau traddodiadol. Ond ymhen ychydig flynyddoedd, gyda'i brwdfrydedd nodweddiadol dros bopeth Cymraeg, yr oedd wedi datblygu diddordeb yn y posibilrwydd o greu un wisg genedlaethol a fyddai'n apelio at artistiaid a thwristiaid. Gwelwyd y wisg Gymreig, fel y gwyddwn amdani heddiw, sef y clogyn coch dros bais a betgwn, a'r het ddu dal fel un *Mother Goose*, am y tro cyntaf mewn arddangosfeydd a drefnwyd gan Arglwyddes Llanofer yn yr eisteddfodau a gynhaliwyd yn Y Fenni dan nawdd Cymdeithas y *Cymreigyddion yn ystod canol y bedwaredd ganrif ar bymtheg. Lluniodd hefyd wisg ar gyfer y gweision yn Llys Llanofer, ond nid apeliodd y wisg hon at y dynion hynny nad oedd yn rhaid iddynt ei gwisgo. Yn fuan daeth y wisg Gymreig fenywaidd yn ddigriflun cenedlaethol, fel yn y ffigur o'r *Hen Gymraes, a hyn oll er gwaethaf y ffaith fod yr hen

ddulliau a'u hamrywiadau lleol yn prysur ddiflannu yn ystod oes Arglwyddes Llanofer fel y datblygodd Cymru yn un o'r gwledydd mwyaf diwydiannol yn Ewrop. Anogodd yr *Eisteddfod Genedlaethol, a'r adnewyddiad mewn dawnsio gwerin, barhad y ffurf ffug hon ar y wisg Gymreig, eithr ni wisgir hi yn awr ond ar achlysuron seremoniol a gwladgarol, a chan blant ysgol ar ddydd Gŵyl Dewi (1 Mawrth), ac er mwyn twristiaeth.

Ceir manylion pellach yn M. Ellis, *Welsh Costumes and Customs* (1951), Ken Etheridge, *Welsh Costume* (1958), F. G. Payne, *Welsh Peasant Costume* (1960) ac Ilid E. Anthony, *Costumes of the Welsh People* (1975); gweler hefyd y bennod gan Prys Morgan, 'From a Death to a View: The Hunt for the Welsh Past in the Romantic Period' yn *The Invention of Tradition* (gol. E. Hobsbawm a Terence Ranger, 1983).

Gwlad y Gân, enw am Gymru y dechreuwyd ei ddefnyddio oddeutu 1876, pan ddechreuodd corau o Gymru ennill gwobrau mewn gwyliau rhyngwladol. Y mae'r enw yn un o ystrydebau mwyaf cyffredin ym mywyd diwylliannol y genedl. Nododd *Gerald de Barri (Gerallt Gymro) yn y ddeuddegfed ganrif fod gan y Cymry y gallu i ganu 'mewn llawer modd a chywair'. Ond y mae'n siwr mai poblogrwydd *Cerdd Dant yn y ddeunawfed ganrif, a thwf y tonic solffa yn y bedwaredd ganrif ar bymtheg, o dan ddylanwad *Anghydffurfiaeth, a enillodd i Gymru yr enw 'Gwlad y Gân'. Y mae'r gred fod gan bob Cymro lais melodaidd wedi ei ddychanu gan Dylan *Thomas yn *Under Milk Wood* (1954) trwy sylw'r cymeriad y Parchedig *Eli Jenkins wedi clywed *Polly Garter yn canu: 'Praise the Lord! We are a musical nation'. Deil canu cynulleidfaol yn boblogaidd yng Nghymru ac ar ei rymusaf mewn capeli, tafarnau a gemau rygbi. Yn fwy ffurfiol parheir y traddodiad gan y corau meibion niferus ar lefel safonol a gydnabyddir ei fod yn rhan gynhenid o ddiwylliant Cymru. Gweler hefyd y cofnod nesaf.

Gwlad y Menig Gwynion, un o'r enwau am Gymru a oedd yn boblogaidd yn niwedd oes Fictoria. Cyfeiria at yr arfer o gyflwyno menig gwynion i farnwyr pan nad oedd achosion ar gael iddynt eu barnu. Daw'r syniad o olwg ddelfrydol ar y wlad a oedd yn adwaith i gyhoeddi'r *Llyfrau Gleision. Credid bod y Cymry, o'u cymharu â'r Saeson, yn ddieuog o droseddu'n ddifrifol. Y mae ystadegau troseddu yn ystod y cyfnod hwn yn ategu'r honiad, o leiaf yr ystadegau hynny sy'n berthnasol i frodorion yr ardaloedd gwledig ac nid i boblogaeth y mewnfudwyr yn ne-ddwyrain Cymru. Rhoes fersiwn gorliwgar o'r ymadrodd hwn fodolaeth i'r myth o 'Gymru lân' a 'Chymru lonydd', syniad a adlewyrchwyd am y tro olaf efallai yn y nofel *How Green Was My Valley* (1939) gan Richard Llewellyn (Richard Llewellyn *Lloyd). Am resymau tebyg ceir hefyd yr ymadroddion Gwlad y Breintiau Mawr, Gwlad y Cymanfaoedd a Gwlad y Diwygiadau i ddisgrifio Cymru. Gweler hefyd y cofnod blaenorol.

Gwlad yr Enwau Rhyfedd, stori werin gydwladol yn ymwneud â meistr yn rhoi prawf ar allu ei was drwy wneud iddo ddysgu enwau rhyfedd ar bethau cyffredin o amgylch y tŷ a'r fferm. Yn ystod yr ugeinfed ganrif y cofnodwyd y mwyafrif o'r fersiynau Cymraeg, tua deg ar hugain ohonynt. Amrywia'r enwau rhyfedd o ardal i ardal a rhigwm y gwas yn unig gan amlaf a oroesodd. Mewn un fersiwn disgyn colsyn poeth o'r tân ar gynffon y gath ar ganol nos a defnyddia'r gwas yr enwau dieithr i alw ar ei feistr, megis yn y fersiwn canlynol o Wynedd: 'Mistar, mistar, cwyd o esyd y gist (gwely); gwisg dy ffadin dragons (trowsus); tyrd i lawr y la la bwshis (grisiau); mae lwmp o gocororyn (colsyn poeth) wedi disgyn o'r tân am ben chwimi chwimwth (y gath), ac y mae chwimi chwimwth wedi rhedeg i ben mownt Iago (y das ŷd); ac os na chawn ni help o'r resoliwshion (y ffynnon) bydd pob man yn wenfflam ulw'.

Gwlad yr Haf, yr enw a roddwyd gan Iolo Morganwg (Edward *Williams) ar gartref gwreiddiol y Cymry gan honni iddynt ddod oddi yno i Brydain dan arweiniad *Hu Gadarn. Lluniodd Iolo yr enw o gyfeiriad yn *Llyfr Taliesin at 'deproffani ynys', sef Taprobanes insula y cyfeiriodd Isidore o Seville ati, sef Sri Lanka, ynys yr ystyriai ef ei bod yn darddle i'r ddynoliaeth. Yn ei gyfieithiadau ei hun o'r Trioedd a geir yn y Myvyrian Archaiology of Wales (1801), cyfeiria Iolo at yr enw fel 'the Summer Country' neu 'Summerland', ond pan ychwanega ei fod 'where Constantinople now is' y mae'n amlwg iddo gael ei gamarwain gan atgof o 'Gywydd y Llafurwr' gan *Iolo Goch, sy'n datgan i Hu Gadarn fod yn Ymerawdwr Caergystennin. Yr un enw Cymraeg sydd ar swydd Somerset, Gwlad yr Haf: rhaid ymgadw rhag gymysgu'r ddau le o'r un enw.

Am ragor o fanylion ar gyfaddasiadau Iolo o gyfres hŷn Trioedd Ynys Prydein, gweler R. Bromwich, 'The Myvyrian Third Series' yn Nhrafodion Anrhydeddus Gymdeithas y Cymmrodorion (1968).

Gwladgarwr, Y, misolyn y cyhoeddwyd can rhifyn a dau ohono rhwng 1833 ac 1841. Fe'i golygwyd gan Evan *Evans (Ieuan Glan Geirionydd) a'i argraffu yng Nghaer hyd 1840 ac wedyn yn Lerpwl. Daeth Hugh Jones (Erfyl; 1789–1858) yn olygydd yn 1836. Nod y cylch-grawn oedd 'cynysgaeddu Cymru â mwy o foddion gwybodaeth gyffredinol', a cheir ynddo esboniad ysgrythurol, erthyglau sylweddol ond dienw ar seryddiaeth, amaethu, daearyddiaeth ac elfennau cerddoriaeth, ynghyd â bywgraffiadau a llawer o gerddi gan feirdd cyfoes. Yr oedd yn gylchgrawn eang ei ddiddordebau, ac erys yn ddogfen werthfawr am fywyd y cyfnod. Gweler hefyd y cofnod nesaf.

Gwladgarwr, Y, papur newydd wythnosol a gyhoeddwyd yn Aberdâr, Morg., rhwng 1858 ac 1884. Fe'i sefydlwyd gan rai o wŷr amlycaf y dref, yn eu plith David Williams (Alaw Goch), Abraham Mason a

William Williams (Carw Coch). Bu Lewis William *Lewis (Llew Llwyfo) a John *Roberts (Ieuan Gwyllt) ymhlith ei olygyddion ac yr oedd i'r papur gylchrediad eang yng nghymoedd diwydiannol de Cymru. Yr oedd o dueddiadau Rhyddfrydol a phlediai achos y gweith-wyr ac Ymneillituaeth, ond prin fu ei ddylanwad gwleidyddol. Daeth i fri fel papur llenyddol a hynny'n bennaf trwy gyfrwng ei golofn farddol a olygwyd gan William *Williams (Caledfryn), William *Thomas (Islwyn) ac eraill. Er bod ynddo duedd i fod yn llym ei feirniadaeth, rhoes Caledfryn gyfle i nifer o feirdd ifainc y cyfnod gael cyhoeddi eu gwaith. Gweler hefyd y cofnod blaenorol.

Gwladus Ddu (m. 1251), merch *Llywelyn ap Iorwerth (Llywelyn Fawr). Er hyrwyddo polisi ei thad o gynghreirio â theuluoedd pwerus y Gororau fe'i priodwyd hi yn 1215 â Reginald de Braose (m. 1228) ac yn 1230 â Ralph Mortimer (m. 1246). Gwnaeth yr ail uniad deulu Mortimer, ac yna Dugiaid Iorc, yn ddisgynyddion uniongyrchol i Lywelyn, gan beri i David *Powel, yn yr unfed ganrif ar bymtheg, honni bod y Frenhines Elisabeth I yn etifeddu Cymru trwy ei nain Elisabeth o Iorc, disgynnydd Gwladus Ddu, tra etifeddai Loegr trwy ei thaid, Harri VII. Ysbrydolwyd un o gerddi Griffith John *Williams gan nodyn cwta ar farwolaeth Gwladus Ddu yn *Brut y Tywysogyon.

Gwlyddyn Saer, adeiladydd Ehangwen, neuadd *Arthur, yn chwedl *Culhwch ac Olwen. Fe'i lladdwyd gan y *Twrch Trwyth.

Gŵr Eiddig, Y, cymeriad cyffredin yn llenyddiaeth yr Oesoedd Canol. Ceir y ddwy enghraifft Gymraeg gyntaf, sy'n perthyn i'r ddeuddegfed ganrif, mewn awdl fer i ferch gan *Gynddelw Brydydd Mawr ac yng *ngorhoffedd *Hywel ap Owain Gwynedd, ond digwydd yr enghraifft fwyaf adnabyddus yng ngwaith *Dafydd ap Gwilym: y Gŵr Eiddig neu'r Bwa Bach yw'r rhwystr pennaf yn anturiaethau carwriaethol y bardd. Serch hynny, ni chyfyngir y thema i farddoniaeth yn unig. Yn rhamant Peredur (gweler o dan TAIR RHAMANT) y mae gŵr Merch y Babell yn ei chosbi am ei fod yn tybio iddi fod yn anffyddlon iddo ac, yn chwedl *Geraint, pan yw Enid yn ei rybuddio ei fod yn colli ffafr yng ngolwg ei gyd-farchogion am ei fod yn treulio mwy o amser gyda hi nag yn cyrchu twrnameint gyda hwy, y mae Geraint yn ddrwgdybus o'i chymhellion yn mynegi hyn wrtho. Tybia fod arni eisiau gweld ei gefn am ei bod yn caru rhyw farchog arall ac y mae'n ei chosbi am ei hanffyddlondeb tybiedig. Digwydd agwedd ar y thema hefyd yn chwedl *Amlyn ac Amig.

Gŵr Gwyllt o'r Coed, Y, y thema a orwedd o dan chwedl *Myrddin mewn llenyddiaeth Gymraeg gynnar a chanoloesol, yn ogystal â than chwedlau Lailoken yn

Yr Alban a Suibhne Geilt yn Iwerddon. Hanfod y thema yn ei ffurf lenyddol yw portread o ŵr a alltudiwyd o gymdeithas, yn byw bywyd gwyllt yn y goedwig, yn aml mewn gwallgofrwydd, ac yn cyfranogi i ryw fesur o natur yr anifeiliaid sy'n gymdeithion beunyddiol iddo. Yn ôl pob tebyg, yr enghraifft gynharaf o bortreadu Gŵr Gwyllt mewn llenyddiaeth yw Nebuchodonosor yn Llyfr Daniel. Portreedir y thema mewn celfyddyd weledol yn ystod yr Oesoedd Canol. Yn wreiddiol yr oedd yn gysylltiedig â chwedl hynafol y meudwy blewog, ac yr oedd iddi elfen grefyddol gref. Digwydd yr elfen hon mewn ffurfiau amrywiol yn y chwedlau Cymreig, Albanaidd a Gwyddelig am y Gwŷr Gwyllt (neu'r *gwyllon*, fel y gelwid hwy mewn Cymraeg Canol). Honna Myrddin, yn arbennig, iddo fod yn euog o ladd mab Gwenddydd ac ymbilia ar Arglwydd Lluoedd i'w dderbyn i'w wynfyd.

Gŵr Pen y Bryn (1923), unig nofel hir E. Tegla *Davies. Ei chefndir yw *Rhyfel y Degwm yn y 1880au, pan wrthododd llawer o ffermwyr Ymneilltuol dalu'r degwm at gynnal Eglwys Loegr; cosbwyd nifer ohonynt. Diflanna arwriaeth fyrbwyll John Williams, tenant Pen y Bryn, fferm fawr lewyrchus, yn wyneb cosb a blacmêl, a chais iachâd o'i gywilydd mewn tröedigaeth ysbrydol. Gwerthwyd argraffiad cyntaf y nofel yn llwyr, ond pan adargraffwyd hi yn 1926 beirniadwyd ei thema a'r moesoli ynddi, a bu dan gwmwl yn hir. Erbyn hyn cytunir ei bod yn un o nofelau arloesol pwysig y Gymraeg, ei chynllun yn gywrain, ei rhyddiaith yn aruchel mewn mannau a'i hastudiaeth o wewyr enaid yn dreiddgar.

Ymdrinnir â rhagoriaethau'r llyfr a'i wendidau gan D. Tecwyn Lloyd yn *Edward Tegla Davies, Llenor a Phroffwyd* (gol. Islwyn Ffowc Elis, 1956). Ymddangosodd cyfieithiad Saesneg gan Nina Watkins yn 1975 o dan y teitl *The Master of Pen y Bryn*.

Gŵr wrth gerdd, term am fardd proffesiynol.

Gwrach y Rhibyn, drychiolaeth ar ffurf gwraig anferth. Credid ei bod yn rhagargoeli anffawd neu farwolaeth ac ymddangosai ar adegau o niwl; anaml y gwelid hi, ond clywid ei sgrech aflafar. Gweler hefyd CORS FOCHNO.

Gwrachod, hen wragedd y credid bod ganddynt y gallu i fwrw hud dros bobl ac anifeiliaid; fe'u gwelid yng Nghymru hyd ddiwedd y bedwaredd ganrif ar bymtheg. Y mae llawer o enwau lleoedd yn tystio i'r gred ofergoelus hon mewn gwrachod ac y mae llawer o straeon traddodiadol amdanynt wedi eu cofnodi mewn llyfrau a llawysgrifau. Rhai o'r gwrachod enwog oedd Sal Fawr y Glydau, Penf., yr Hen Jem o Benderyn, Brych., Beti Ty'n Twll o Gapel Celyn, Meir., a Mari Berllan Piter o Aber-arth, Cer. Yr oedd eraill yn perthyn i deuluoedd ac ardaloedd arbennig, fel Gwrachod

Llanddona, Môn; o'r rhai hyn, Lisi Blac a Bela Fawr oedd y rhai mwyaf nodedig. Ymhlith y galluoedd a briodolid i'r gwrachod hyn yr oedd y gallu i farchogaeth ar sgubell drwy'r awyr, i ddarogan, ac i wella ac achosi afiechyd trwy hudoliaeth. Y *Dyn Hysbys yn unig a allai wella'r drygioni a wnaethasant. Dywedid y gallent ffugio ffurf ysgyfarnog, a bwled arian oedd yr unig fodd i'w lladd. Yn ystod yr Oesoedd Canol yr unig rai a feddai'r hawl i ladd gwrachod oedd arglwydd a faenor a'r Eglwys. Eithr rhwng 1563 ac 1736, pan ddiwygiwyd y gyfraith, yr oedd gan y llysoedd yr hawl i'w cosbi, ond nifer bach iawn yng Nghymru a gafodd eu dedfrydu i farwolaeth. Yr oedd, er hynny, ddulliau answyddogol i benderfynu a oedd gwraig yn wrach ai peidio. Ceir darlun byw o hyn yn nisgrifiad boddi Betsan yn afon Wnion yn y nofel *Y Stafell Ddirgel* (1969) gan Marion *Eames.

Ceir manylion pellach yn Eirlys Gruffydd, *Gwrachod Cymru* (1980).

Gwraig a Gyhuddir ar Gam, motiff mewn llên gwerin a elwir hefyd yn **Fam a Gamgyhuddir**, **Griselda Amyneddgar** a'r **Frenhines Ddioddefus**. Cyhuddir gwraig o drosedd, fe'i cosbir a gwna benyd nes y profir ei bod yn ddieuog ac yr adferir hi i'w phriod le. Cynrychiolir y thema yn Saesneg gan hanes Grissel yn chwedl *The Clerk's Tale* gan Chaucer ac fe'i ceir yn hanes *Rhiannon, *Branwen ac Enid.

Gweler erthygl Juliette Wood, 'The Calumniated Wife in Medieval Welsh Literature', yn *Cambridge Medieval Celtic Studies* (cyf. x, 1985).

Gwraig Anffyddlon, thema a welir yn aml mewn llên gwerin; dena gwraig ei gŵr i'w farwolaeth trwy ddarganfod ei fan gwan. Ceir enghraifft ohoni mewn llenyddiaeth Gymraeg yn hanes *Blodeuwedd, a ddaeth yn wraig i *Leu Llawgyffes. Ceir amrywiad ar y chwedl hon mewn cywydd i'r dylluan, a briodolid ar un cyfnod i *Ddafydd ap Gwilym. Yn ei hanfod yr un yw'r stori, ond bod Blodeuwedd yn ferch i arglwydd ym Môn yn hytrach na gwraig a grewyd o flodau.

Ceir ymdriniaeth fanwl â'r thema yn W. J. Gruffydd, *Math vab Mathonwy* (1928).

Gwreiddiau (1959), cyfrol o farddoniaeth gan Gwenallt (David James *Jones). Datblygir ynddi y themâu a welwyd eisoes yn ei gyfrolau cynharach, ond clywir llais y proffwyd a'r dychanwr yn fwy hyglyw nag o'r blaen. Craidd y gyfrol yw 'Jezebel ac Elïas', cerdd alegorïaidd hir sydd yn ymgais i ddehongli argyfwng y gwareiddiad Ewropeaidd; yr un mor amlwg yw'r gyfres o englynion yn dychanu hunanbwysigrwydd Dyn modern gwyddonol. Mewn nifer o gerddi eraill disgrifir pererindod ysbrydol Gwenallt gan gyfeirio'n llym feirniadol at ei agnosticiaeth a'i ddyneiddiaeth gynnar, ac ymwrthyd â'r dehongliad Rhamantaidd o swyddogaeth bardd; myn fod yr Awen yn ddarostyngedig i Dduw.

Gwrhyr Gwalstawd Ieithoedd, un o wŷr *Arthur yn chwedl *Culhwch ac Olwen. Dywedir bod Gwrhyr yn medru'r holl ieithoedd, gan gynnwys rhai'r adar a'r anifeiliaid, a defnyddir ei allu ar ran Culhwch a'i gyfeillion i annerch Custennin Heusor a'i wraig, porthor *Wrnach Gawr, yr anifeiliaid yn chwedl yr *Anifeiliaid Hynaf, *Mabon fab Modron yn ei garchar yng Nghaerloyw a'r *Twrch Trwyth a'i saith llwdn moch.

Gwri, gweler PRYDERI.

Gwrnerth, gweler o dan YMDDIDDAN LLYWELYN A GWRNERTH.

Gwrth-Ddiwygiad, Y, y gwrthsafiad Catholig wedi'r Diwygiad Protestannaidd yn Lloegr a Chymru. Drwy ddeddfu uchafiaeth ac Unffurfiaeth senedd gyntaf Elisabeth I (1559) gorseddwyd *Protestaniaeth a gwneud *Catholigiaeth Rufeinig yn anghyfreithlon. Nid ildiodd y Catholigion: yn 1570 esgymunwyd Elisabeth gan y Pab ac o 1574 ymlaen dechreuodd llif o offeiriaid cenhadol groesi i'r gwledydd hyn o seminariau'r Cyfandir. Bu'r Gwrth-Ddiwygiad yn amddiffynnol ac yn ymosodol gan fod ymdrechion cenhadol *Cymdeithas yr Iesu am wyrdroi neu ddiddymu cyraeddiadau'r Diwygiad Protestannaidd tra glynodd y rhan fwyaf o leygwyr a nifer mawr o offeiriaid seciwlar at yr hen ffydd gan wrthod cydymffurfio â deddf Elisabeth. Âi'r Deddfu Penyd yn fwyfwy llym: o 1581 ymlaen gallai lleygwr o Babydd a wrthodai fynd i'w eglwys blwyf orfod talu £260 y flwyddyn mewn dirwyon; ac o 1586 ymlaen yr oedd bod yn offeiriad Pabyddol yn y gwledydd hyn ynddo'i hun yn uchel deyrnfradwriaeth. Glynodd rhai wrth eu proffes Gatholig er gwaethaf yr erlid, ac yng Nghymru, y gogledd-ddwyrain, a'r de-ddwyrain, yn enwedig siroedd y Fflint a Mynwy, oedd cadarnleoedd Reciwsantiaeth (y weithred o wrthod mynychu'r gwasanaethau Anglicanaidd).

Bu i'r mudiad ei ffrwyth llenyddol. Cyfieithwyd catecismau poblogaidd gan Forys *Clynnog (1568), Rhosier *Smyth (1609–11), Richard *Vaughan o Fodeiliog (1618), John Hughes (1615–86), sef mab Hugh *Owen (1575?–1642) a Gwilym *Puw. Cynhyrchwyd tri gwaith dadleuol yn ymdrin â'r gwahaniaethau rhwng yr hen ffydd a'r newydd gan yr offeiriad cenhadol arloesol Robert *Gwyn o Benyberth; ni chyhoeddwyd yr un o'r rhain. Gwyn hefyd oedd yn gyfrifol am y cyntaf, ac efallai'r ail, o'r naw gwaith defosiynol neu hyfforddiadol a gynhyrchwyd gan y Reciwsantiaid Cymreig: *Y Drych Cristianogawl*, traethawd ar orchmynion Duw a'r Eglwys; cyfieithiad dienw o *A Manual or Meditation* Stephen Brinkley, cyfieithiad Rhosier Smyth o *An epistle of a religious priest unto his father* Robert Southwell, cyfieithiad Hugh Owen o *Christian Directory* Robert Parsons, a *De Imitatione Christi*

Thomas à Kempis, *Allwydd Paradwys* John Hughes, a chyfieithiadau Gwilym Puw o *Jesus Psalter* Richard Whitford a'r *Golden Litany*. Gwyddys am o leiaf bedwar ar ddeg o weithiau eraill a aeth ar goll. O'r cynhaeaf prin a gadwyd, y mae gweithiau Gwyn yn sefyll allan ar gyfrif eu mater pur uchelgeisiol a'u harddull blaen.

Bu i'r Reciwsantiaid eu beirdd yn ogystal, gan gynnwys *Tomas ab Ieuan ap Rhys, y ddau ferthyr, Rhisiart *Gwyn a William *Davies, a *Siôn Brwynog, awdur y cywydd enwog 'I Dduw ydd wyf weddïwr'. Cafwyd dwy awdl nodedig am eu hasbri ymosodol, gan Edward Turberville (*fl.* yn ddiweddar yn y 16eg gan. ac yn gynnar yn y 17eg gan.) o Ben-llin, Morg., ac Edward *Dafydd (*fl.* yn gynnar yn y 17eg gan.). Er na chynhyrchodd Reciwsantiaeth yr un clasur, ac eithrio o bosibl *Y Drych Cristianogawl*, ychwanegodd at amrywiaeth a diddordeb llenyddiaeth Gymraeg yn ystod ail hanner yr unfed ganrif ar bymtheg a'r ail ganrif ar bymtheg.

Ceir manylion pellach yn Emyr Gwynne Jones, *Cymru a'r Hen Ffydd* (1951), penodau 4 a 5 o *Y Traddodiad Rhyddiaith* (gol. G. Bowen, 1970) a D. Aneurin Thomas, *The Welsh Elizabethan Catholic Martyrs* (1971).

Gwrtheyrn (*fl.* dechrau'r 5ed gan.), un o Frenhinoedd y Brytaniaid a adwaenir hefyd fel **Vortigern**. Tenau yw'r dystiolaeth hanesyddol amdano eithr cyfeirir ato yng ngwaith Beda, yn y gerdd *'Armes Prydein'* ac yn yr *Historia Brittonum*. Cyfeiria *Gildas tua 547 at 'superbus tyrannus' (sef 'teyrn balch', efallai o 'gor' + 'teyrn'), a roddodd dir i'r Saeson am eu cymorth i ymladd ei elynion. Bernir mai cyfieithiad oedd y disgrifiad hwn. Cadwyd cof am Wrtheyrn gan y Cymry fel archfradwr oblegid ei weithred, ond dichon na wnaeth ond dilyn yr hen bolisi Rhufeinig o roddi statws *foederati* i'r Saeson er mwyn cael eu cymorth i amddiffyn ei deyrnas. Yng Nghaint yr honnir iddo ildio tir i'r Saeson ond ceir traddodiadau hefyd sy'n ei gysylltu â lleoedd ym *Mhowys, a chredir bod ei frenhinoedd yn ddisgynyddion iddo. Yn yr *Historia Brittonum* syrth mewn cariad â merch Hengist (a elwir *Rhonwen mewn ffynonellau diweddarach), ac anfona *Emrys Wledig i'w gynorthwyo i godi caer yn Eryri. Yn ddiweddarach clywir amdano yn cael ei ddinistrio gan dân o'r nef yng Nghaer Wrtheyrn wrth iddo ddianc rhag *Garmon. Ond yn ôl fersiwn arall o'r hanes treuliodd y gweddill o'i ddyddiau yn grwydryn ar hyd wyneb y ddaear ac yn *'Englynion y Beddau' cyfeirir at ei fedd fel 'Y bedd yn Ystyfachau, y mae pawb yn ei amau'.

Ceir manylion pellach mewn erthyglau gan Ifor Williams yn *Nhrafodion* Anrhydeddus Gymdeithas y Cymmrodorion (1946–47), H. M. ac N. K. Chadwick, *Studies in Early British History* (1959) a D. P. Kirby ym *Mwletin* Bwrdd Gwybodau Celtaidd (cyf. XXIII, 1968); gweler hefyd Rachel Bromwich, *Trioedd Ynys Prydein* (3ydd arg., 1998) a Stephen Johnson, *Later Roman Britain* (1982).

Gwrtheyrnion neu **Gwerthrynion**, cwmwd yn ne *Powys rhwng *Buellt a *Maelienydd. Hawliai'r llywodraethwyr eu bod yn ddisgynyddion i *Wrtheyrn. Ymladdodd teulu Mortimer â disgynyddion Elstan Glodrydd am oruchafiaeth dros y cwmwd, ond yn 1256 fe'i cipiwyd gan *Lywelyn ap Gruffudd ac fe'i daliodd hyd 1276. Wedyn daeth yn rhan o diriogaethau teulu Mortimer a daeth yn arglwyddiaeth y Goron pan ddaeth Dug Iorc yn Frenin Lloegr yn 1461.

Gwrthryfel Cymreig, Y (1294–95), a achoswyd yn bennaf gan dreth Coron Lloegr ar nwyddau symudol ac ymrestiad gorfodol milwyr ar gyfer ymgyrch yn Gasconi. Yr oedd hefyd yn adwaith yn erbyn telerau Ystatud *Rhuddlan (1284) ac Adrefniant Edward I, ac yr oedd dicter cyffredinol oherwydd goblygiadau ariannol a chyfreithiol y Goncwest. Ymosodwyd ar gestyll yng ngorllewin a chanolbarth Cymru a hefyd yn arglwyddiaethau Brycheiniog a Morgannwg. Arweinydd y gwrthryfel oedd Madog ap Llywelyn, aelod o dŷ brenhinol *Gwynedd, a fabwysiadodd, er gwaethaf ei elyniaeth gynharach tuag at *Lywelyn ap Gruffudd, y teitl Tywysog Cymru. Ymosododd milwyr Madog ar gastell a bwrdeistref Caernarfon ac achoswyd difrod helaeth hefyd yn arglwyddiaeth Dinbych. Arweiniodd Edward I ei fyddin i ogledd Cymru ac er iddo gael ei amgylchu yng nghastell *Conwy, llwyddodd i ailsefydlu ei awdurdod. Trechwyd Madog ap Llywelyn ym mrwydr Maes Meidog (1295) yng Nghaereinion, wrth iddo orymdeithio i Bowys, gan Iarll Warwig: ildiodd yn ddiweddarach yn yr un flwyddyn ac er na ddienyddiwyd ef, ni wyddys beth a ddigwyddodd iddo. Er mwyn cryfhau ei afael ar ogledd-orllewin Cymru gorchmynnodd Edward I fod castell yn cael ei adeiladu a bwrdeistref yn cael ei sefydlu ym *Miwmares.

Ceir manylion pellach yn J. E. Morris, *The Welsh Wars of Edward I* (1901; ail arg. 1996), J. G. Edwards, 'The Battle of Maes Meidog and the Welsh Campaign of 1294–95' yn *The English Historical Review* (cyf. XXXIX, 1924), J. Griffiths, 'The Revolt of Madog ap Llywelyn' yn *Nhrafodion Cymdeithas Hanes Sir Gaernarfon* (1955) ac M. Prestwich, 'A New Account of the Welsh Campaign of 1294–95' yn *Cylchgrawn Hanes Cymru* (cyf. VI, 1972).

Gwydion fab Dôn, dewin, un o'r prif gymeriadau ym Mhedwaredd Gainc *Pedair Cainc y Mabinogi*. Y mae'n ystrywgar ac ymosodol a cheisia gynorthwyo ei frawd Gilfaethwy sydd mewn cariad â Goewin, morwyn sydd yn droedog i *Fath fab Mathonwy. Ofer yw'r cariad oherwydd ni all Math wahanu oddi wrth Goewin ac eithrio pan fo rhyfel yn y tir; dechreua Gwydion gynllunio rhyfel rhwng *Gwynedd a *Deheubarth er mwyn peri i Fath ymadael â'i lys yng Nghaer Dathl. Ymwêl â Phryderi yn Rhuddlan Teifi a'i dwyllo ag anrhegion nad ydynt ond rhith. Ymlidia *Pryderi Wydion hyd Wynedd a thrwy gyfrwng hud a lledrith, yn ogystal â nerth, gorchfyga Gwydion ei wrthwyn-

ebydd yn Y Felenrhyd. Yn y cyfamser, oherwydd fod Gilfaethwy wedi treisio Goewin, cosbir y ddau frawd trwy eu rhithio'n anifeiliaid a pheri bod iddynt blant o'i gilydd. Treulia Gwydion flwyddyn yr un ar ffurf carw, hwch wyllt a blaidd. Ymuna Gwydion â Math i lunio gwraig i *Leu Llawgyffes, mab ei chwaer Arianrhod, o'r blodau, sef *Blodeuwedd. O ganlyniad i'w hanffyddlondeb hi â Gronw Bebr crwydra Gwydion Wynedd a *Phowys i chwilio am Leu ac ef sy'n troi Blodeuwedd yn dylluan.

Ceir cyfeiriadau at Wydion mewn nifer o hen gerddi sydd yn gyson â'r hanesion a adroddir amdano yn y Bedwaredd Gainc ac sy'n awgrymu bod cylch ehangach gynt o chwedlau nag a gadwyd yn y *Mabinogi*. Caer Wydion yw'r enw Cymraeg ar y sêr a adwaenir yn Saesneg fel *The Milky Way*.

Gweler manylion pellach yn Rachel Bromwich, *Trioedd Ynys Prydein* (3ydd arg., 1998).

Gwydir, gweler o dan teulu WYNN.

Gŵydd ac Absen, camgymeriad yn amserau'r ferf neu anghytundeb rhwng goddrych berf a berf mewn brawddeg; ceir y term yng *Ngramadegau'r Pencerddiaid. Enw arall arno yw Cam Berson.

Gwyddbwyll, un o'r Pedair Camp ar Hugain yn yr Oesoedd Canol. Ceir lliaws o gyfeiriadau at chwarae gwyddbwyll yn llenyddiaeth Cymru ac Iwerddon, ond ychydig sy'n wybyddus am ei natur oddieithr ei chwarae ar glawr neu fwrdd gan ddau chwaraewr â dwy werin neu set o wŷr neu ddarnau, a'r cwbl wedi eu llunio o ddeunydd drudfawr. Yn Breuddwyd *Macsen Wledig, enghraifft, gwêl yr Ymherawdr ddau facwy yn chwarae gwyddbwyll ar glawr arian a gwerin o ruddaur a gŵr gwynllwyd yn torri gwerin i'r gwyddbwyll allan o lath o aur. Y mae naws oruwchnaturiol i'r gêm yn Y *Tair Rhamant: yng Nghaer yr Enryfeddodau gwêl Peredur ddwy werin gwyddbwyll yn chwarae yn erbyn ei gilydd heb gymorth dyn i'w symud. Y mae'r un y mae'n chefnogi yn colli'r chwarae a'r llall yn rhoddi bloedd 'yn un wedd â phe byddynt gwŷr'. Digia Peredur a thaflu'r clawr i'r llyn. Ceir trydydd cyfeiriad ato yn *Breuddwyd Rhonabwy. Eistedd *Arthur ac Owain yn chwarae gwyddbwyll gyda gwerin aur ar glawr arian. Torrir ar y chwarae o bryd i'w gilydd gan y naill facwy ar ôl y llall a ddaw at Owain i gwyno bod gwŷr Arthur yn poenydio ei frain. Awgrymwyd bod arwyddocâd symbolaidd i'r chwarae, hynny yw, mai portread alegorïaidd o frwydr Mynydd Baddon ydyw. Gellir cymharu'r digwyddiad ag un cyffelyb mewn chwedl o Wlad yr Iâ, lle y mae Frithiof a Bjorn yn chwarae hnefatafl, un o chwaraeon hela yr Oesoedd Canol. Gweler hefyd STOL GANDDO.

Ceir manylion pellach yn erthygl Frank Lewis, 'Gwerin Ffristial a Thawlbwrdd' yn *Nhrafodion Anrhydeddus Gymdeithas y Cymmrodorion* (1941) a Rachel Bromwich, *Trioedd Ynys*

Prydein (3ydd arg., 1998); gweler hefyd yr erthygl gan Glyn M. Ashton yn *Llên Cymru* (cyf. x, rhifau 3 a 4, 1969).

Gwydderig, gweler WILLIAMS, RICHARD (1842–1917).

Gwyddno Garanhir, cymeriad a berthynai yn wreiddiol i draddodiad arwrol yr *Hen Ogledd. Dywedir yn *Bonedd Gwŷr y Gogledd* ei fod yn ddisgynnydd i Ddyfnwal Hen. Cysylltwyd ef yn gynnar â thraddodiadau am y môr yn gorlifo'r tir ar arfordiroedd Gwynedd a Cheredigion, a'r enwocaf o'r rhain yw *Cantre'r Gwaelod ym Mae Ceredigion. Ceir yr enw Caer Wyddno ar gasgliad o greigiau wyth milltir allan yn y môr o Aberystwyth. Cyfeirir yn y gerdd 'Seithennin Saf Allan' yn *Llyfr Du Caerfyrddin at y môr yn boddi Maes Gwyddneu, ond ni ddywedir ymhle yr oedd. Yn chwedl *Culhwch ac Olwen un o'r *anoethau a nodir gan Ysbyddaden Bencawr yw sicrhau basged Gwyddneu ar gyfer y neithior, gan ei bod yn ffynhonnell ddihysbydd o fwyd. Ceir hefyd gerdd weddol gynnar yn cynnwys ymddiddan rhwng Gwyddneu a *Gwyn ap Nudd yn adrodd sut y bu i Gwyn ei drechu mewn brwydr ac yna ei groesawu yn ddiweddarach. Yn *Hanes Taliesin* canfyddir plentyn Taliesin gan *Elffin, mab Gwyddno, mewn corwg yng Nghored Wyddno ar y traeth rhwng afon Dyfi ac Aberystwyth.

Gwyddoniadur Cymreig, Y (10 cyf., 1854–79), *encyclopaedia* a gyhoeddwyd gan Thomas *Gee dan olygyddiaeth gyffredinol ei frawd yng nghyfraith John Parry (1812–74), darlithydd yng Ngholeg yr Annibynwyr yn Y Bala. Ar ôl marwolaeth Parry ymgymerodd Gee ei hun â golygu'r gwaith ac ef a fu'n gyfrifol am yr ailargraffiad a gyhoeddwyd rhwng 1889 ac 1896. Yr oedd yn agos i naw mil o dudalennau yn y gwaith a hyma'r ymgyrch gyhoeddi fwyaf yn Gymraeg. Ceir yn y cyfrolau gnewyllyn sylweddol o ddeunydd diwinyddol a hefyd stôr o wybodaeth ar ddaearyddiaeth, gwyddoniaeth a phynciau llenyddol Cymreig a Cheltaidd. Prif werth y gwaith i'r darllenydd modern yw'r adlewyrchiad a geir ynddo o syniadau ac ysgolheictod y bedwaredd ganrif ar bymtheg, ond erys nifer o'r erthyglau bywgraffyddol ar enwogion o Gymru yn werthfawr. Cyfranwyd bron i ddau gant o erthyglau i'r ailargraffiad. Ymhlith y cyfranwyr yr oedd Owen M. *Edwards a John *Morris-Jones. Yn wir, o erthygl yr olaf ar yr iaith Gymraeg y tyfodd y gyfrol bwysfawr *A Welsh Grammar, Historical and Comparative* (1913).

Ceir hanes cyhoeddi'r *Gwyddoniadur* a sylwadau ar ei gynnwys gan R. Jones Williams yn *Llên Cymru* (cyf. IX, 1967 a XII, 1973).

Gwyddonydd, Y, cylchgrawn gwyddoniaeth a gyhoeddir gan *Wasg Prifysgol Cymru; ymddangosodd gyntaf yn 1963 a chyhoeddwyd 30 cyfrol (a thri neu bedwar rhifyn i bob cyfrol) erbyn haf 1993, o dan olygyddiaeth Glyn O. Phillips. Bu'n gyfrwng i arfer y Gymraeg ym maes gwyddoniaeth. Bu Iolo Wyn Williams a Ll. G.

Chambers yn aelodau o'r Bwrdd Golygyddol o'r dechrau, gydag R. Elwyn Hughes a John Bowen yn gweithredu arno er 1966. Yr oedd R. Elwyn Hughes ac Iolo Wyn Williams yn Is-olygyddion o 1968 ymlaen. Ymddangosodd rhifynnau arbennig, megis Beth yw Cymro? (1975); Y Creu (1978), a olygwyd gan Gareth Wyn Jones a John Ll. Williams; Y Gofod (1987); Bywyd a Iechyd (1989); a Gwyddoniaeth yn y Glorian (1990). Cynnwys y cylchgrawn erthyglau, eitemau a phosau ar wyddoniaeth a thechnoleg, portreadau o wyddonwyr ac adolygiadau o lyfrau. Yn hyn o beth y mae'r term gwyddoniaeth yn cwmpasu'r gwyddorau traddodiadol o gemeg, ffiseg a bioleg, yn ogystal â mathemateg, daearyddiaeth a daeareg, amaethyddiaeth a meddygaeth. Bu paratoi erthyglau ar gyfer eu cynnwys yn y cylchgrawn yn rhan o raglen gystadleuol Adran Wyddoniaeth Eisteddfod Genedlaethol Cymru am flynyddoedd. Yn dilyn sefydlu Y Gymdeithas Wyddonol Genedlaethol yn 1971, daeth derbyn rhifynnau o'r cylchgrawn yn rhan o ddâl aelodaeth y gymdeithas honno. Cyhoeddwyd nifer o ddarlithoedd a gyflwynwyd i gynadleddau'r gymdeithas ar ffurf erthyglau yn y cylchgrawn. Cyhoeddwyd hefyd erthyglau'n seiliedig ar ddarlithoedd blynyddol i goffáu Walter Idris Jones, ym Mhrifysgol Cymru Aberystwyth. Yn dilyn ymddeoliad Glyn O. Phillips fel golygydd yn 1993 bu newid yn y patrwm cyhoeddi. Yn *Y Gwyddonydd* bellach cyhoeddir erthyglau hir o natur sylweddol, a thuag un gyfrol y flwyddyn yn ymddangos dan olygyddiaeth Iolo ap Gwynn gyda Geraint Vaughan ac R. Elwyn Hughes yn ddirprwy olygyddion, a bwrdd golygyddol o tua dwsin. Y mae'r un panel hefyd yn gyfrifol am y chwaer-gylchgrawn gwyddoniaeth a thechnoleg, *Delta*. Amcan *Delta* yw apelio at ddarllenwyr ar lefel mwy poblogaidd na'r *Gwyddonydd*.

Gŵyl Ifan, gŵyl eglwysig Ioan Fedyddiwr a gynhelir ar 24 Mehefin, sef tri diwrnod ar ôl Alban Hefin, y diwrnod hwyaf. Cysylltwyd nifer o arferion a ddathlai ganol haf â'r ŵyl, yn enwedig â Nos Ŵyl Ifan, megis cynnau coelcerthi a ffurfiau amrywiol ar ddewiniaeth, yn enwedig ym myd serch megis a geir yn y ddrama *The *Eve of St. John* gan Saunders *Lewis. I'r ŵyl hon ac i *Galan Mai (1 Mai) y perthynai traddodiad y *Fedwen Haf a'r dawnsio o'i chylch. Erbyn canol y bedwaredd ganrif ar bymtheg yr oedd y rhan fwyaf o'r arferion hyn yn prysur ddarfod o'r tir, er i Owen Wyn *Jones (Glasynys) ganu bugeilgerdd adnabyddus ar y testun 'Nos Ŵyl Ifan' (1860). Cyfieithiad yw'r penillion sy'n dechrau 'Awn allan, fwyn forynion, fe ddaeth Gŵyl Ifan ddoeth', ac at arferion Sbaeneg y cyfeiriant.

Gŵyl Mabsant, gŵyl a gysylltid â'r sant y cysegrwyd eglwys y plwyf iddo. Yr oedd yn achlysur cymdeithasol pwysig ac yn aml parhâi'r dathlu am wythnos gyfan a dychwelai pobl i'w plwyfi genedigol i gymryd rhan. Wedi'r Diwygiad Protestannaidd collodd yr ŵyl lawer

o'i harwyddocâd crefyddol ac erbyn dechrau'r bed-
waredd ganrif ar bymtheg yr oedd wedi datblygu'n ŵyl
seciwlar ei naws gyda'r pwyslais ar chwarae, dawnsio,
yfed ac ymladd. Yn aml cysylltid ffeiriau â'r gwyliau a
pharhaodd y rhain yn eu bri wedi i'r arwyddocâd
crefyddol ddiflannu. Cadwodd llawer o'r ffeiriau a'r
gwyliau at drefn yr hen galendr ymhell wedi i hwnnw
gael ei newid yn 1752, ac ym Morgannwg cymysgir
'mabsant' â'r *daplas a gynhelid yn wythnosol yn ystod
yr haf.

Ceir manylion pellach yn yr erthygl gan G. J. Williams,
'Glamorgan Customs in the Eighteenth Century' yn Gwerin (cyf. I,
1957).

Gwyliau Llenyddol. Y mae'r llu o eisteddfodau, mawr a
bach, a gynhelir bob blwyddyn yng Nghymru yn wyliau
celfyddydol sydd fel arfer â dimensiwn llenyddol. Boed
yr eisteddfodau'n rhai lleol, rhanbarthol neu genedl-
aethol, byddant yn denu croestoriad da, yn arbennig
o'r cyhoedd sy'n siarad Cymraeg. Rhan hanfodol o'r
gweithgaredd yn y rhan fwyaf yw un neu ragor o
gystadlaethau llenyddol am wobrau nad ydynt efallai
o werth mawr ynddynt eu hunain gan mai'r anrhydedd
o ennill yw'r ystyriaeth bwysicaf. Ar y llaw arall,
tarddiad mwy diweddar sydd i'r gwyliau sy'n anelu at
ddenu pobl â diddordeb mewn llenyddiaeth gyfoes i
ganolfan lle y bydd nifer o awduron yn darllen eu
gwaith ac yn cymryd rhan mewn gweithgareddau eraill
a gynlluniwyd, a thueddant i apelio at gynulleidfa sydd,
er efallai'n niferus, wedi ei chyfyngu i aelodau llengar o'r
cyhoedd. Y mae'r rhain yn cynnwys Blwyddyn Lenydd-
iaeth ac Ysgrifennu y Deyrnas Unedig a gynhaliwyd yn
Abertawe yn 1995 ac Ysgol Dylan *Thomas a
gynhaliwyd bob yn ail flwyddyn rhwng 1988 ac 1992 o
dan nawdd Adran Efrydiau Allanol Prifysgol Cymru,
Aberystwyth. Dechreuwyd Gŵyl Lenyddol Caerdydd
gan Adran Saesneg yr *Academi Gymreig yn 1986, gyda
chymorth ariannol Cyngor Dinas Caerdydd a Chyngor
Sir De Morgannwg, ond daeth yr ŵyl hon i ben yn
1996. Dechreuodd Gŵyl y Gelli yn 1988 yn sgîl yr
ymdrechion gan arweinwyr yn y busnes llyfrau ail-law,
sydd wedi crynhoi yn y dref, i ddenu twristiaid. Y mae'n
denu awduron blaenllaw o bob rhan o'r Deyrnas
Unedig a thramor, gan gynnwys rhai o Gymru.

Gwyliedydd, Y (1877–1908; *Y Gwyliedydd Newydd,*
1910–   ), papur newydd a gyhoeddwyd gan y Wesleaid
er mwyn cyflwyno safbwynt eu henwad a'u hamddiffyn
rhag ymosodiadau mewn papurau newydd megis *Baner
ac Amserau Cymru.* Fe'i golygwyd gan weinidogion yr
enwad. Ymhlith yr amlycaf o'r rhain yr oedd John
Hughes (Glanystwyth; 1842–1902), W. Hugh Evans
(Gwyllt y Mynydd; 1831–1909), J. Ellis Williams, D.
Gwynfryn Jones, George Brewer, Owain Owain ac
Angharad Thomas. Megis yn y papurau eraill ceir yn
y blynyddoedd cynnar newyddion lleol, enwadol a

chenedlaethol ac ymosodai'n gyson ar Doriaeth a'r
Eglwys Sefydledig.

Am ragor o fanylion gweler yr erthygl gan W. Islwyn Morgan
yn *Bathafarn* (cyf. XXIV, 1969 a XXV, 1970).

Gwylnos, cyfarfod crefyddol anffurfiol a gynhelid yng
nghartref yr ymadawedig; yr oedd yn arfer adnabyddus
trwy Gymru yn y ddeunawfed a'r bedwaredd ganrif ar
bymtheg. Gosodid y corff fel arfer mewn arch, yn
ymestyn dros ddwy gadair, a goleuid yr ystafell â thair
cannwyll. Darllenid rhannau o'r gwasanaeth claddu gan
y clochydd ac adroddid y *Paternoster* gan bawb a ddeuai
i'r tŷ. Yn ogystal â'r arfer crefyddol hwn o 'badreua', fel
y gelwid ef weithiau, ceid hefyd arferion seciwlar
yn gysylltiedig â'r wylnos, megis adrodd ystoriau tradd-
odiadol, ond yr oedd y chwedlau hyn wedi'u disodli gan
bregethau erbyn diwedd y ddeunawfed ganrif. Y mae
tystiolaeth i awgrymu bod arferion llawen yr wylnos
Wyddelig neu'r *wake,* megis canu ac yfed, hefyd wedi
bodoli yng Nghymru.

Gweler Catrin Stevens, *Cligieth, C'nebrwn ac Angladd* (1987).

Gwylliaid Cochion Mawddwy, dynion ar herw a
drigai yn ardal Mawddwy a Chwm Dugoed, Meir., yn
yr unfed ganrif ar bymtheg. Cyfeirir at eu hanes gyntaf
yn *Tours of Wales* (1778) gan Thomas *Pennant a
dywedir i bedwar ugain ohonynt gael eu crogi a'u
claddu ar orchymyn y Barnwr Lewis Owen (m. 1555)
gerllaw fferm o'r enw Collfryn. Y mae'n ffaith
hanesyddol fod y barnwr wedi gwneud ymdrech
arbennig i adfer cyfraith a threfn pan oedd yn Siryf
Meirionnydd yn 1554–55, ac iddo gael ei lofruddio yn
Nugoed Mawddwy yn 1555, tra oedd ar ei ffordd adref
Ddolgellau o frawdlys yn Y Trallwng. Tyfodd chwedl
gyfoethog am y Gwylliaid fel y dengys amryw o enwau
lleoedd yn yr ardal. Dywedir bod y gwallt coch sy'r
nodweddiadol o lawer o drigolion gogledd-orllewin
Cymru wedi cael ei etifeddu oddi wrthynt.

Gwyn ap Nudd, ffigur mytholegol a bortreedir mewn
llenyddiaeth Gymraeg gynnar fel brenin y *Tylwyth Teg
neu *Annwn. Yn ei gywydd 'Y Niwl' cyfeiria *Dafydd
ap Gwilym at 'dylwyth Gwyn' ac mewn cerdd yn *Llyfr
Du Caerfyrddin Gwyn ap Nudd sy'n arwain cnud o gŵn
adwaenir mewn llên gwerin fel *Cŵn Annwfn. Yn
chwedl *Culhwch ac Olwen fe'i gorfodir gan *Arthur
ymladd â Gwythyr fab Greidawl, 'bob dydd Calan Mai
fyth hyd Ddydd Barn', er mwyn ennill *Creiddylad ferch
Lludd Llaw Ereint. Tybir bod Nudd yn ffurf Gymraeg a
enw'r duw Nudons neu Nodens. Darganfuwyd e
seintwar yn Lydney Park, swydd Gaerloyw.

Ceir manylion pellach yn yr erthygl gan Brynley F. Roberts yn
Llên Cymru (cyf. XIII, rhif 3 a 4, 1980–81).

GWYN, DAVID (*fl.* 1580), morwr, ysbïwr a mydr
yddwr. Bu ei wrhydri tybiedig yn erbyn yr Armada y

destun un o faledi Syr Lewis *Morris. Deil Llyfrgelloedd Huntington a Rosenbach yr unig ddau gopi gwybyddus o'i *Certaine English Verses*, tair mawlgerdd sebonllyd i'r Frenhines Elisabeth I; y mae'r argraffwyr yn wahanol, ond dyddiad y ddau yw 1588.

GWYN, RICHARD neu **RHISIART** (adwaenir ef hefyd fel **RICHARD WHITE**; *c.*1557–84), y merthyr Catholig cyntaf yng Nghymru. Fe'i ganed yn Llanidloes, Tfn., a'i fagu'n Brotestant. Ar ôl gadael Coleg Ieuan Sant, Caer-grawnt, yn 1562 bu'n cadw ysgol yn ardal Wrecsam lle y troes yn Babydd dan ddylanwad y Tad John Bennet. Dirwywyd a charcharwyd ef droeon am iddo wrthod cydymffurfio ac ar un achlysur aethpwyd ag ef i'r eglwys ond gwnaeth gymaint o dwrw yno gyda'i gadwynau fel na ellid clywed llais y pregethwr. Wedi ei gael yn euog o beidio â chydnabod Elisabeth yn ben ar Eglwys Loegr, treuliodd bedair blynedd yn y carchar yn cael ei boenydio ar ôl ei gael yn euog o uchel frad. Fe'i dienyddiwyd ar 15 Hydref 1584. Fe'i canoneiddiwyd gan y Pab Pawl VI yn 1970 yn un o *Ddeugain Merthyr Lloegr a Chymru.

Golygodd T. H. Parry-Williams ei bum cerdd hir sy'n ymosod yn llym ar Brotestaniaeth ac yn amddiffyn y ffydd Babyddol yn *Carolau Richard White* (1931).

GWYN, ROBERT, adwaenir ef hefyd fel **ROBERT JONES, ROBERT WYN** a **ROBERT JOHNS GWYN** (*c.*1540/50–1592/1604), Reciwsant ac awdur Cymraeg mwyaf toreithiog oes Elisabeth I. Yr oedd yn fab i Siôn Wyn ap Thomas Gruffudd o *Benyberth, ger Pwllheli, Caern., a Chatrin, merch Siôn ap Robert ap Llywelyn o Gastellmarch. Fe'i magwyd ar aelwyd a oedd wedi cydymffurfio â'r drefn eglwysig Anglicanaidd. Yn 1568 graddiodd o Goleg Corff Crist, Rhydychen, ac fe'i darbwyllwyd gan Robert Owen, Plas-du, myfyriwr yn y gyfraith yn Douai, i ymuno â'r Pabyddion alltud yno gydag ef yn 1571. Graddiodd yn 1575 a'i ordeinio'n offeiriad.

Tra oedd yn Douai cyfansoddodd 'Nad oes vn Ffydd onyd yr wir Ffydd' a 'Gwassanaeth y Gwŷr Newydd', rhan arall o'r llawysgrif *Lanter Gristnogawl*. Wedi iddo ddychwelyd i Gymru bu'n cenhadu yn Llŷn, Maelor a Dyffryn Wysg ac yn fwy na thebyg ym Morgannwg a Gwent. Gwyddys iddo gwrdd â'i gymrodyr cenhadol Robert Persons ac Edmund Campion yn 1580 i drafod sut orau i oresgyn y cyfyngiadau cyfreithiol ar gyhoeddi gweithiau Pabyddol ac iddo gael lloches yn 1586 ar aelwyd Werngochyn yn ymyl Y Fenni. Cydweithiai hefyd â Siôn Dafydd *Rhys, y gramadegydd, er mwyn argraffu llyfrau'n ddirgel.

Fe'i cofir yn fwyaf arbennig am mai ef yn fwy na thebyg oedd awdur *Y Drych Cristianogawl*, gwaith a erys mewn llawysgrif ddyddiedig 1600 ac sy'n ymdrin â'r 'Pedwar Peth Olaf' ac a argraffwyd yn 1586–87 mewn ogof ar Drwyn-y-fuwch, ger Llandudno, Caern. Gellir

yn hyderus briodoli testunau eraill i Robert Gwyn, sef *Coelio'r Saint* (*c.*1590), 'Tretys ar Ddiwinyddiaeth Foesol', addasiad Cymraeg o'r testun Lladin gan Francisco de Toledo a hefyd addasiad Cymraeg o lyfryn Saesneg ar fyfyrdod, sef *A Manual or Meditation* (1580).

Ceir manylion pellach yn rhagair Geraint Bowen i'w argraffiad o *Gwassanaeth y Gwŷr Newydd* (1970), pennod yr un awdur yn *Y Traddodiad Rhyddiaith* (1970), ac yn ei argraffiad o *Y Drych Kristnogawl* (1996). Dangoswyd cyswllt Robert Gwyn â theulu Penyberth gyntaf gan W. Gerallt Harries yn *Mwletin* y Bwrdd Gwybodau Celtaidd (cyf. xxv, 1974). Gweler hefyd yr erthygl gan Geraint Bowen yn *Nhrafodion* Anrhydeddus Gymdeithas y Cymmrodorion (1995).

Gwyndaf, gweler EVANS, EVAN GWYNDAF (1913–86).

GWYNDAF, ROBIN (1941–), arbenigwr ar ddiwylliant gwerin, a aned yn Llangwm, Dinb. Er 1964 bu ar staff Amgueddfa Werin Cymru, Sain Ffagan, ac er 1982 bu hefyd yn Ddarlithydd Anrhydeddus mewn Llên Gwerin yn Adran y Gymraeg, Prifysgol Cymru, Bangor, lle y bu'n fyfyriwr. Y mae'n awdur dros 300 o erthyglau a deg o lyfrau, gan gynnwys cyfres o gyfrolau a chasetiau sain ar gynheiliaid traddodiad. Rhai o'i lyfrau yw: *Gŵr y Doniau Da* (1978), *Llyfr Rhedyn ei Daid* (gyda Llŷr D. Gruffydd, 1987), *Straeon Gwerin Cymru* (1988), *Chwedlau Gwerin Cymru: Welsh Folk Tales* (1989), *Blas ar Fyw* (1989), *Yn Llygad yr Haul* (gydag Eifion Roberts, 1992) ac *Y Ffynnon Arian* (1996). Ef oedd Llywydd cyntaf a chyd-sefydlydd Cymdeithas Llafar Gwlad. Y mae'n darlithio'n gyson mewn prifysgolion a sefydliadau ethnograffig tramor, a chydnabuwyd ei gyfraniad i faes ethnoleg ac astudiaethau gwerin drwy ei ethol yn Gymrawd Llên Gwerin Cydwladol ac yn aelod o Fwrdd Cydwladol cyntaf Canolfan Diwylliant Traddodiadol Ewrop (*UNESCO*), yn Budapest.

Gwynedd, teyrnas a sefydlwyd wedi ymadawiad y Rhufeiniaid o Brydain. Er ei bod yn bur debyg mai hon oedd y gryfaf o'r breniniaethau cynnar, ychydig a wyddys i sicrwydd am ei hanes bore. Yn ôl tystiolaeth *Historia Brittonum*, hanoedd ei llinach o *Gunedda, gŵr y dywedir iddo fudo i Wynedd o Fanaw Gododdin yn yr *Hen Ogledd, ond ni ellir bod yn sicr fod y traddodiad yn ddilys. Ond y mae'n ddiamau fod teyrnas gref wedi ei sefydlu yng ngogledd-orllewin Cymru erbyn cyfnod *Maelgwn Gwynedd, y gŵr a'i rheolai yn y chweched ganrif. Ynys Môn a mynyddoedd *Eryri oedd cnewyllyn y deyrnas, a daethpwyd i adnabod y diriogaeth hon, a estynnwyd i'r de i gynnwys *Meirionnydd yn nes ymlaen, fel Gwynedd Uwch Conwy. Yn ei chyfanrwydd cynhwysai Gwynedd y *Berfeddwlad (neu Wynedd Is Conwy), sef y tir rhwng afonydd Conwy a Dyfrdwy, a Meirionnydd. Yn y nawfed ganrif estynnodd Brenin Gwynedd, *Rhodri Mawr, ei awdurdod dros *Bowys, *Ceredigion ac *Ystrad Tywi. Ni pharhaodd yr undod hwn, ond yn ddiweddarach mynnodd

Gwynedd adfer ei blaenoriaeth ymhlith teyrnasoedd Cymru.

Wedi cyfnod o rym eithriadol o dan lywodraeth *Gruffudd ap Llywelyn (m. 1063), dioddefodd Gwynedd ymraniadau mewnol ac ymosodiadau'r Normaniaid a'i trechodd bron yn llwyr hyd nes i *Ruffudd ap Cynan gychwyn y gwaith o'i hadfer a gwblhawyd gan ei fab *Owain ap Gruffudd (Owain Gwynedd). Dioddefodd y deyrnas drafferthion mewnol wedyn, ond cafodd y rhain eu datrys pan lwyddodd *Llywelyn ap Iorwerth (Llywelyn Fawr) i'w huno o'r newydd. O dan lywodraeth Llywelyn daeth Gwynedd yn gonglfaen undod ehangach yng Nghymru wrth iddo arwain tywysogion Powys a *Deheubarth yn erbyn traha'r Brenin John a'u cymell i dderbyn ei arglwyddiaeth drostynt. Y pryd hwn efallai yr esgorodd deallusion Gwynedd ar y ddamcaniaeth fod gan lys Gwynedd, sef *Aberffraw, flaenoriaeth ar lysoedd eraill Cymru a bod y tywysogion eraill yn ddeiliaid i Dywysog Gwynedd. Yn ystod y gwrthdrawiadau mewnol yn y cyfnod yn dilyn marwolaeth Llywelyn ap Iorwerth, llwyddodd Harri III i sefydlu ei oruchafiaeth a chael meddiant ar y Berfeddwlad, ond unwyd y dreftadaeth drachefn gan ŵyr Llywelyn ap Iorwerth, sef *Llywelyn ap Gruffudd (Y Llyw Olaf), a llwyddodd ef i gyflawni'r orchest ddeublyg o gael Tywysogion Cymru i dderbyn goruchafiaeth Gwynedd a chael Brenin Lloegr, Harri III, i addef y ffaith hon a chydnabod y *Dywysogaeth.

Cydnabyddai brenhinoedd Lloegr y byddai gofyn iddynt ddryllio cadernid Gwynedd cyn y goresgynnid Cymru ac i'r amcan hwn y cyfeiriodd Edward I ei luoedd yn 1277 ac 1282. Wedi lladd Llywelyn ap Gruffudd yn niwedd 1282 a chipio ei frawd *Dafydd ap Gruffudd yn Eryri yn ystod y flwyddyn ganlynol, sicrhaodd Edward ei afael ar Wynedd gan drosglwyddo i ddau o'i arglwyddi ran helaethaf Y Berfeddwlad, sef cantrefi *Rhos, *Rhufoniog a Dyffryn Clwyd, a chadw Môn, Eryri a *Thegeingl iddo'i hun. Daeth symbolau gwerthfawrocaf brenhiniaeth Gwynedd yn eiddo iddo, Coron Aberffraw a'r Groes Naid, sef crair y credid ei bod yn rhan o Groes Crist, ac a drosglwyddwyd o'r naill Dywysog i'r llall dros y canrifoedd. Ymddengys fod ymwybyddiaeth Edward o dreftadaeth wleidyddol Gwynedd, a ddinistriwyd ganddo, wedi dylanwadu ar bensaernïaeth y castell a adeiladodd yng *Nghaernarfon i fod yn ganolfan i gyfundrefn weinyddol newydd a godwyd yng Ngwynedd Uwch Conwy ar sail siroedd newydd Môn, Caernarfon a Meirionnydd.

Adlewyrchir hanes Gwynedd yng ngwaith prydyddion y deyrnas yn y ddeuddegfed ganrif a'r drydedd ganrif ar ddeg, gwaith sy'n cynnwys gorchestion mydryddol *Gwalchmai ap Meilyr, *Cynddelw Brydydd Mawr, *Llywarch ap Llywelyn (Prydydd y Moch), *Dafydd Benfras, *Llygad Gŵr a *Bleddyn Fardd. Yng Ngwynedd y lleolir rhan helaeth o ddigwyddiadau *Pedair Cainc y Mabinogi a cheir arweiniad gwerthfawr i dreftadaeth

ddeallusol y deyrnas yn y gwaith hwn ac yn Hanes *Gruffudd ap Cynan.

Ceir manylion pellach yn J. E. Lloyd, A History of Wales (1911), T. Jones Pierce, Medieval Welsh Society (1972), Wendy Davies, Wales in the Early Middle Ages (1982), David Stephenson, The Governance of Gwynedd (1984), J. B. Smith, Llywelyn ap Gruffudd, Tywysog Cymru (1986) ac R. R. Davies Conquest, Coexistence and Change: Wales 1063–1415 (1987).

Gwyneddigion, Y, cymdeithas lenyddol a diwylliannol a sefydlwyd yn Llundain yn 1770. Gogleddwyr oedd y mwyafrif o'i haelodau; eithriad amlwg oedd Iolo Morganwg (Edward *Williams). Amod aelodaeth oedd y gallu i siarad Cymraeg yn rhugl 'a hoffi canu gyda'r delyn'. Yn bennaf drwy ddylanwad a chyfoeth Owen *Jones (Owain Myfyr) llwyddodd y gymdeithas i gyflawni rhai o amcanion y *Cymmrodorion (1751–87) megis cyhoeddi llawysgrifau a chylchgronau, yn eu plith Barddoniaeth Dafydd ap Gwilym (1789) a thair cyfrol o'r Myvyrian Archaiology of Wales (1801–07) a'r cylchgrawn Y *Greal (1805–07).

Yn y blynyddoedd cynnar cynhelid dadleuon. Ar ôl dadl enwog ar *Fadoc yn darganfod America casglwyd arian i anfon John *Evans o Waunfawr i chwilio am yr 'Indiaid Cymreig'. Gohebai'r Gymdeithas hefyd â llenorion a hynafiaethwyr, a darllenid barddoniaeth yn y cyfarfodydd. Yn 1789 dechreuodd y Gymdeithas noddi eisteddfodau gan ddechrau cyfnod newydd ym mywyd llenyddol Cymru. Ymhlith yr eisteddfodau enwog a noddwyd yr oedd rhai Y Bala yn 1793 a Chaerwys yn 1798. Ni chlywir sôn am y gymdeithas ar ôl 1837. Erbyn hynny y mae'n debyg ei bod wedi ymuno â'r *Cymreigyddion, ond ffurfiwyd cymdeithas lenyddol i Gymry Llundain yn 1976 ac fe'i gelwir hi yn Gymdeithas y Gwyneddigion.

Ceir adroddiad llawn gan R. T. Jenkins a Helen Ramage yn A History of the Honourable Society of Cymmrodorion and of the Gwyneddigion and Cymreigyddion Societies 1751–1951 (1951).

GWYNFARDD BRYCHEINIOG (fl. 1170au), bardd. Ychydig a wyddys amdano. Y mae'n bosibl damcaniaethu ynglŷn â'i enw ac awgrymu mai gŵr mewn urddau eglwysig o ryw fath ydoedd a'i fod yn hanu o Frycheiniog. Awgryma'r wybodaeth fanwl a ddengys am eglwysi Dewi ym Mrycheiniog a'i chyffiniau ei fod yn dra chyfarwydd â'r ardal. Dwy yn unig o'i gerddi a gadwyd, ei awdl i *Ddewi Sant sy'n fynegiant gwlatgar o'r parch newydd i draddodiadau crefyddol y Cymry ac i'r iaith Gymraeg, a'i awdl i *Rys ap Gruffudd (Yr Arglwydd Rhys) lle y sonnir am Rys yn cwmpasu Cymru benbaladr, sydd yn awgrymu dyddiad pan oedd yn brif arweinydd Cymru, wedi marwolaeth *Owain Gwynedd yn 1170.

Golygwyd gwaith Gwynfardd Brycheiniog gan Morfydd E. Owen yn K. A. Bramley et al. (gol.), Gwaith Llywelyn Fardd I ac eraill (Cyfres Beirdd y Tywysogion II, 1994). Gweler ymhellach erthygl M. E. Owen yn Studia Celtica (cyf. XXVI–XXVII, 1991–92).

Gwynfor, gweler JONES, THOMAS OWEN (1875–1941).

Gwynfryn, Y, gweler o dan BRÂN FAB LLŶR.

Gwynllŵg neu **Wentloog**, cantref ym *Morgannwg rhwng afonydd Rhymni a Wysg. Yn ôl y traddodiad, fe'i henwyd ar ôl *Gwynllyw (S. *Woollo*). Ar ôl 1090 daeth yn rhan o diriogaethau Robert Fitzhammo, Arglwydd Morgannwg, ond pan rannwyd etifeddiaeth teulu Clare, sef etifeddion Fitzhammo, yn 1314, peidiodd y cysylltiad rhwng Gwynllŵg a Morgannwg. O 1347 ymlaen bu'r arglwyddiaeth yn nwylo teulu Stafford. Dienyddiwyd Edward Stafford, Dug Buckingham, yn 1521, ac aeth yr arglwyddiaeth yn rhan o dir y Goron. Yr oedd yn cynnwys tir isel y maenorau o amgylch Casnewydd a Machen, arglwyddiaeth hanfodol Gymreig; daeth yn rhan o sir Fynwy yn 1536.

Gwynllyw neu **Woollo** (5ed gan.), sant, mab i Glywys, Brenin *Glywysing, a Gwawr, ferch Ceredig, fab *Cunedda; dydd ei ŵyl yw 29 Mawrth. Cyfeirir ato ym Mucheddd *Cadog a Tatheus, ond y brif ffynhonnell yw Buchedd Gwynllyw a ysgrifennwyd yn y ddeuddegfed ganrif. Etifeddodd y wlad rhwng afonydd Wysg a Rhymni, a alwyd yn *Wynllŵg ar ei ôl. Priododd Gwladus, ferch *Brychan Brycheiniog, a'u mab hwy oedd Cadog, ond yn ddiweddarach ymwahanasant i fod yn feudwyon. Coffeir enw'r sant ym mhlwyfi Woollos a Philgwenlli yng Nghasnewydd, Myn.

GWYNN, CYRIL (1897–1988), bardd gwlad a aned yn Llansawel, Morg., ond a faged ar ffermydd yn Newton a Langland ym Mhenrhyn *Gŵyr. Gwasanaethodd ar longau ysgubo ffrwydron yn ystod y Rhyfel Byd Cyntaf, ac yn ddiweddarach ar longau llynges fasnachol UDA, gan brofi gwrthdaro â'r awdurdodau'n ogystal â llongddrylliad. Yn fuan wedi dychwelyd i Benrhyn Gŵyr a phriodi yn 1922, pwyswyd ar y bachgen lleol 'a siaradai fel bardd' ac a fu'n ysgrifennu rhigymau ers ei ddyddiau ysgol yn y Mwmbwls, i draddodi rhai o'i benillion mewn cyngerdd ysmygu yn y Gower Inn, Parkmill: bu'n llwyddiant poblogaidd, ac yn fuan cafodd yr enw 'Bardd Gŵyr'. Daeth ei gartrefi niferus a'i waith amrywiol – bu yn ei dro yn was ffarm, yn chwarelwr, yn weithiwr ffordd ac yn yrrwr stêm-roler – ag ef i gysylltiad â phobl a straeon o bob rhan o'r penrhyn, ac yn aml caent eu cynnwys maes o law, ynghyd â sgeintiad o'r dafodiaith leol, yn ei 'Gower Yarns', ei gerddi ar ddull baledi y cyhoeddodd gasgliad ohonynt yn 1928. Yr oedd galw mawr amdano mewn ciniawau ymrysonau-aredig, priodasau, gwylnosau, partïon Nadolig, pentreflysoedd a swperau cynhaeaf, a byddai Cyril Gwynn yn mynd allan efallai ddwy noson neu dair yr wythnos i gyflawni ei ddyletswyddau fel bardd y bobl, gan adrodd ei 'chwedlau' oddi ar ei gof. Llwyddodd i brynu ei fferm ei hun, ym Mhort Einon,

yn 1946, ond gorfododd iechyd ei wraig Winnie hwy i'w gwerthu yn 1950. Gweithiodd Cyril am rai blynyddoedd fel peiriannydd ym Mynachlog Nedd nes y penderfynodd ef a'i wraig ddilyn dau o'u saith plentyn i Awstralia yn 1964, lle y bu farw.

Yn 1976 cyhoeddodd Cymdeithas Gŵyr *The Gower Yarns of Cyril Gwynn*, yn cynnwys deuddeg eitem o lyfryn 1928 a phedair ar bymtheg a gyfansoddwyd yn ddiweddarach. Y mae'r casgliad yn gronicl o batrymau bywyd cyn y rhyfel sydd wedi hen ddiflannu, ond y mae wedi gwerthu wrth y miloedd serch hynny. O holl awduron Cymru sydd neu a fu'n ysgrifennu yn Saesneg, Cyril Gwynn yw'r agosaf at fod yn *fardd gwlad traddodiadol. Yn ei hanfod, crefft lafar oedd ei eiddo ef. Fel Dic Jones (Richard Lewis *Jones), lladmerydd cyfoes mwyaf adnabyddus celfyddyd y bardd gwlad, byddai'n cyfansoddi'r rhan fwyaf o'i waith yn llythrennol yn y meysydd – wrth aredig neu chwynnu neu droi'r gwair; erbyn diwedd y dydd byddai'r gerdd ar gadw yn ei gof anhygoel. Y mae llawer o'i 'chwedlau', sy'n dibynnu ar linell glo drawiadol ac sy'n gadwraethol eu safbwynt, yn gomedïau sy'n ymwneud â'r gwrthdaro rhwng pobl ymhongar o'r tu allan a dyfeisgarwch lleol. Yr oedd esiampl Cyril Gwynn yn ddylanwad pwysig ar yr Harri *Webb ifanc.

Am fanylion pellach gweler Nigel Jenkins, 'Cyril Gwynn, Bard of Gower, 1897–1988' yn Gower (cyf. XXXIX, 1988) a 'The Tradition that Might Be' yn Planet (rhif. 72, Rhag./Ion. 1988–89).

GWYNN, EIRWEN (1916–   ), awdur sy'n ysgrifennu ar bynciau gwyddonol. Fe'i ganed yn Lerpwl, ond magwyd hi yn Llangefni, Môn, a'i haddysgu yng Ngholeg Prifysgol Gogledd Cymru, Bangor; enillodd radd Ph.D. ym maes crisialeg pelydrau-X yn 1940. Yn 1942 priododd â'r bardd a'r darlledwr Harri *Gwynn. Bu'n ymchwilydd gwyddonol, yn athrawes ffiseg, yn archwilydd mewn adran o'r Gwasanaeth Gwladol, yn ffermwraig, yn ddiwtor-drefnydd i Gymdeithas Addysg y Gweithwyr, yn ddarlithydd ac yn ddarlledydd cyson. Enillodd Gystadleuaeth Ddrama y BBC yn 1970 a bu'n fuddugol ar y stori fer yn yr *Eisteddfod Genedlaethol yn 1977. Cyfrannodd gannoedd o erthyglau, ar bynciau gwyddonol yn bennaf, i nifer o bapurau newydd, cylch-gronau a chyfrolau. Ymhlith ei llyfrau, sy'n cynnwys nofelau, storïau ac ysgrifau, ceir I'r Lleuad a Thu Hwnt (1964), Priodi (1966), Dau Lygad Du (1979), Caethiwed (1981), Cwsg ni Ddaw (1982), Hon (1985), Bwyta i Fyw (1987), Torri'n Rhydd (1990) a Dim ond Un (1997).

GWYNN, HARRI (1913–85), bardd a darlledwr. Fe'i ganed yn Llundain, ond cafodd ei fagu ym Mhen-rhyndeudraeth, Meir. Ar ôl graddio mewn Hanes ym Mangor, bu'n athro, yn was sifil yn Llundain, yn ffermwr yn *Eifionydd, yn newyddiadurwr ac yn ddarlledwr. Bu'n olygydd Y Ddinas, papur *Cymry Llundain, o 1943 hyd 1950, ac yn gyfrannwr toreithiog i'r wasg

Gymraeg. Yn 1952 bu cryn helynt pan wrthododd W. J. *Gruffydd a'i gyd-feirniaid wobrwyo ei *bryddest, 'Y Creadur', yn yr *Eisteddfod Genedlaethol. Cyhoeddwyd dwy gyfrol o'i gerddi, *Barddoniaeth* (1955) ac *Yng Nghoedwigoedd y Sêr* (1975), a chasgliad o ysgrifau, *Y Fuwch a'i Chynffon* (1954).

Gwynne, Arthur, gweler EVANS, GWYNFIL (1898–1938).

Gwynneth, John (1490?–1562?), diwinydd Pabyddol a cherddor a aned yng Nghastellmarch, Caern., ac a addysgwyd yn Rhydychen lle'r enillodd radd doethur mewn cerddoriaeth yn 1531. Wedi'i ordeinio'n offeiriad, ac ar ôl cryn drafferth – yn bennaf â'r Esgob Bulkley yn Llys y Seren – rhoddwyd iddo reithoraeth Clynnog Fawr yn 1541; ymddengys iddo ddal y swydd hon hyd ei farw. Yr oedd yn un o gyfansoddwyr amlycaf y cyfnod Tuduraidd; cynhwysir un o'i ganeuon yng nghasgliad Wynkyn de Worde (1530). Yr oedd John Gwynneth hefyd yn amlwg fel dadleuydd dros y ffydd Babyddol. Y mae nifer o'i weithiau diwinyddol a ysgrifennwyd yn Saesneg yn ymosodiadau ar y Protestant John Frith, cyfaill Tyndale.

Gŵyr, cwmwd yng nghantref Eginog yn *Ystrad Tywi; gyda *Chilfái, yr oedd ymhlith arglwyddiaethau pwysicaf yr Oesoedd Canol yng Nghymru. Ymestynnai o flaenau Dyffryn Aman hyd at Ben Pyrod. Wedi llofruddiaeth ei arglwydd, Hywel ap Gronw, yn 1106 rhoddwyd yr arglwyddiaeth gan Harri I i Iarll Warwig. Adeiladodd yr Iarll gastell yn Abertawe fel *caput* yr arglwyddiaeth, gan annog Saeson i ymsefydlu yn y penrhyn. Adferwyd Gŵyr i reolaeth y Cymry gan *Rys ap Gruffudd (Yr Arglwydd Rhys), ond yn 1203 daeth i ddwylo teulu Braose, ac oddi wrthynt hwy, yn 1331, i ddwylo teulu Mowbray a ddaeth yn ddiweddarach yn Ddugiaid Norfolk. Yn 1464, darbwyllwyd John, Dug Norfolk, i gyflwyno Gŵyr i William Herbert o Raglan. Priododd Margaret, wyres Herbert, â Charles Somerset. Y mae gan eu disgynyddion, Dugiaid Beaufort, hawliau arbennig arglwyddiaeth yng Ngŵyr hyd heddiw. Er i Ŵyr fod yn rhan o esgobaeth *Tyddewi ac o dan ddylanwad *Deheubarth, ac er bod ymgais wedi ei gwneud yn y bedwaredd ganrif ar ddeg i'w ddwyn o dan awdurdod gweinyddiaeth frenhinol Caerfyrddin, daeth yn rhan o sir Forgannwg yn 1536. Y duedd bellach yw defnyddio'r enw Gŵyr ar y penrhyn yn unig, ond y mae etholaeth Gŵyr a grewyd yn 1885 yn cynnwys y rhan fwyaf o'r hen gwmwd.

Gwŷr Cwmyfelin, cymdeithas ddirgel o *Undodwyr. Dywedai Iolo Morganwg (Edward *Williams) iddi gyfarfod yng Nghwmyfelin ym Metws, *Tir Iarll, Morg., yn yr ail ganrif ar bymtheg. Honnai Iolo mai 'Dwyfundodiaeth' ydoedd credo'r beirdd Cymraeg ar

hyd y canrifoedd a bod y Gymdeithas yn ffynnu yng nghyfnod ei ieuenctid. Y mae rhywfaint o wirionedd yn yr holl haeriadau hyn, gan fod mwyafrif ei athrawon yn Anghydffurfwyr, megis Edward *Evan a oedd yn Ariad a Siôn *Bradford a oedd yn Ddeist; ond hollol ffug yw ymgais Iolo i gysylltu'r beirdd cynnar ag ardal Tir Iarll.

Gwyrosydd, gweler JAMES, DANIEL (1847–1920).

Gwyrthyeu e Wynvydedic Veir, gwaith crefyddol (ceir y testun cynharaf yn Llsgr. Peniarth 14, ail hanner y 13eg gan.), casgliad o ddeuddeg gwyrth ar hugain a briodolir i'r Forwyn Fair, ond ni wyddys beth yw'r ffynhonnell uniongyrchol. Perthynant i gorff mawr o lên grefyddol yn Lladin ac yn yr iaith frodorol a oedd yn dra phoblogaidd yn Ewrop o'r ddeuddegfed ganrif hyd y bedwaredd ganrif ar ddeg.

Gwysaney, Llawysgrifau, gweler o dan LLANNERCH.

Gymdeithas, Frytanaidd, Y, cymdeithas a ffurfiwyd yn 1814 er mwyn codi ysgolion cynradd anenwadol. Bu'n rhaid iddi weithredu cyn 1833 yn gwbl wirfoddol heb gefnogaeth ariannol gan y Llywodraeth. Ni chafodd Cymru fawr o sylw ganddi yn ystod y cyfnod cynnar: dwy ysgol yn unig a sefydlwyd yn y gogledd a thuag wyth yn y de. Yn 1833 rhannodd y Gymdeithas a'r *Gymdeithas Genedlaethol gymhorthdal gan y Llywodraeth o £20,000 ac er i'r Gymdeithas dderbyn tua hanner can mil o bunnau oddi wrth y Llywodraeth rhwng 1833 ac 1844, tua dwy fil o bunnau yn unig a wariwyd ganddi ar ysgolion yng Nghymru. Priodolir hyn i ddiffyg arweiniad a drwgdybiaeth o fwriadau'r Llywodraeth. Ffactor arall oedd tlodi'r Cymry, disgwylid iddynt gasglu punt am bunt cyn ennill cymhorthdal y Llywodraeth. Y sefyllfa hon a sbardunodd Hugh *Owen (1804–81) i anfon cylchlythyr at ei gydwladwyr yn 1843 yn eu hannog i sefydlu Ysgolion Brytanaidd. O ganlyniad penododd y Gymdeithas John Phillips (1810–67), gweinidog gyda'r Methodistiaid Calfinaidd, yn drefnydd yng ngogledd Cymru. Er gwaethaf llu o anawsterau llwyddodd i ennyn brwdfrydedd y bobl ac adeiladu dros gant o Ysgolion Brytanaidd erbyn 1854.

Yn ne Cymru yr oedd y Gwirfoddolwyr a wrthwynebai dderbyn cymorthdaliadau oddi wrth y Llywodraeth mor gryf fel na phenodwyd trefnydd yno am gyfnod. Honnwyd i'r Gwirfoddolwyr godi rhwng tri chant a phedwar cant o ysgolion yn y cyfnod 1845–53 heb dderbyn yr un geiniog gan y Llywodraeth, yn ogystal â Choleg Hyfforddi Athrawon yn Aberhonddu yn 1846. Erbyn 1853, fodd bynnag, yr oedd y mudiad gwirfoddol yn nychu yn ne Cymru ac yn y diwedd cytunodd David *Rees, ac eraill, fod yn rhaid derbyn cynhorthwy ariannol y Llywodraeth, a phenodwyd William Roberts (Nefydd) yn drefnydd yn ne Cymru y flwyddyn honno. Erbyn Deddf Addysg 1870 yr oedd dros dri chant o Ysgolion Brytanaidd wedi'u sefydlu yng Nghymru gyda chymorth ariannol y Llywodraeth.

Yn wahanol i'r Ysgolion Cenedlaethol neu'r Ysgolion Eglwysig yr oedd yr Ysgolion Brytanaidd yn rhai anenwadol a mynychwyd hwy gan blant o deuluoedd Anghydffurfiol, sef mwyafrif y boblogaeth. Yn anffodus, megis ym mhob ysgol arall yn ystod y bedwaredd ganrif ar bymtheg, ceisiwyd dysgu plant uniaith Gymraeg trwy gyfrwng y Saesneg, gyda chanlyniadau echrydus.

Ceir adroddiad ar waith y Gymdeithas yn y bennod gan A. L. Trott yn *The History of Education in Wales* (gol Jac L. Williams a Gwilym Rees Hughes, cyf. I, 1978) ac Idwal Jones, 'The Voluntary System at Work: a history of the British School Society' yn *Nhrafodion Anrhydeddus Gymdeithas y Cymmrodorion* (1931–32); gweler hefyd J. R. Webster, 'Dyheadau'r Bedwaredd Ganrif ar Bymtheg' yn *Ysgrifau ar Addysg IV* (gol. Jac L. Williams, 1966) ac Ieuan D. Thomas, *Addysg yng Nghymru yn y Bedwaredd Ganrif ar Bymtheg* (1972).

Gymdeithas Genedlaethol, Y, a ffurfiwyd yn 1811 yn bennaf er mwyn sefydlu ysgolion elfennol i hyfforddi plant y dosbarth gweithiol yn egwyddorion yr Eglwys Sefydledig. Agorwyd yr ysgolion cyntaf yng Nghymru yn Llannerch Banna, Ffl, ac ym Mhen-y-Bont ar Ogwr, Morg., yn 1812. Derbyniai nawdd sylweddol gan dirfeddianwyr ac arweinwyr diwydiant a masnach a oedd yn aelodau o'r Eglwys. Wedi 1833 derbyniai hefyd gymhorthdal gan y Llywodraeth o bunt am bob punt a wariai. Ysgol Abergwili, Caerf., y mae'n debyg, oedd yr ysgol gyntaf yng Nghymru i dderbyn cymhorthdal (o £80) yn 1834. Felly agorwyd llawer o ysgolion Eglwysig ar hyd a lled Cymru, yn enwedig yn y cymoedd ac ar hyd yr arfordiroedd. Bu ymryson hallt rhwng ysgolion y Gymdeithas Genedlaethol ac ysgolion anenwadol y *Gymdeithas Frytanaidd ar hyd yr amser. Hefyd ffurfiwyd Pwyllgor Addysg Cymru yn 1846 fel cangen o'r Gymdeithas Genedlaethol er mwyn rhoi rhagor o sylw i Gymru. Yn fuan casglwyd cronfa gan y Gymdeithas i godi llawer rhagor o ysgolion, a hefyd i sefydlu Coleg Hyfforddi Athrawon i ddynion yng Nghaerfyrddin yn 1848. Yn nhref Caernarfon bu'r ysgol Genedlaethol eisoes yn hyfforddi dynion yn athrawon, ac yn 1885 gwnaed y ganolfan honno yn Goleg Hyfforddi Athrawon swyddogol hefyd. Dyma bu man cychwyn coleg y Santes Fair i ferched ym Mangor. Erbyn Deddf Addysg 1870 yr oedd y Gymdeithas wedi codi tua phum cant o Ysgolion Cenedlaethol yng Nghymru. Yn wahanol i'r Ysgolion Brytanaidd, ni throsglwyddwyd yr ysgolion hyn i'r Byrddau Ysgol wedi'r Ddeddf Addysg, a thrwy weddill y ganrif bu cystadleuaeth frwd rhwng yr Ysgolion Eglwysig a'r Ysgolion Bwrdd.

Ceir manylion pellach yn Frank Smith, *A History of English Elementary Education 1700–1902* (1931), yn Jac L. Williams, *Addysg i Gymru* (1966), pennod J. R. Webster, 'Dyheadau'r Bedwaredd Ganrif ar Bymtheg', a *The History of Education in Wales* (gol. J. L. Williams a Gwilym Rees Hughes, cyf. I, 1978).

Gymdeithas Genedlaethol Gymreig, Y (a elwir **Y Tair G**), un o'r ffrydiau y tyfodd ohoni Blaid Genedlaethol Cymru, a adweinid yn ddiweddarach fel *Plaid Cymru. Fe'i ffurfiwyd yn 1922 gan nifer o Genedlaetholwyr ifainc yn cynnwys Lewis *Valentine a Moses Griffith, yng Ngholeg Prifysgol Gogledd Cymru, Bangor, gydag E. T. *John yn Llywydd ac R. Williams *Parry yn Gadeirydd. Cyfarfyddai'r aelodau'n gyson i drin a thrafod problemau Cymru ac annog, ymhlith pethau eraill, wladoli'r diwydiant glo a'r chwareli, datblygu cynlluniau pŵer hydroelectrig, a gorseddu'r Gymraeg yn iaith swyddogol Cymru.

Gymerwch chi Sigaret? (1955), trasiedi mewn tair act gan Saunders *Lewis. Seiliwyd y ddrama ar ddigwyddiad yn y gwrthdaro rhwng ysbiwyr y Dwyrain a'r Gorllewin adeg y Rhyfel Oer. Edrydd sut y bu i Marc, aelod o heddlu politicaidd un o wladwriaethau Dwyrain Ewrop, dderbyn gorchymyn i ladd (gyda phistol yn edrych fel cas sigarennau) yr alltud Phugas, sy'n cyfarwyddo gweithgarwch gwrthchwyldroadol o Fienna. Phugas yw tad bedydd gwraig Marc, Iris, sy'n Babydd, ac y mae hi'n tyngu â'i llaw ar ei llaswyr na wêl mohono fyth eto os bydd yn ufuddhau i'r gorchymyn a gawsai. Y mae Marc yn mynd i Fienna, ond rhwystrir ef rhag tynnu'r triger pan wêl laswyr Iris yr oedd hi wedi'i guddio yn y blwch. Ymuna Marc â Phugas, gan wybod y bydd ei wraig, sy'n feichiog, yn cael ei lladd yn gïaidd gan yr heddlu cudd, ond achubir ei enaid drwy ei haberth hi. Drama antur fetaffisegol yw hon; nodweddwyd ei pherfformiad cyntaf gan Siân Phillips yn actio rhan Iris.

Ceir ymdriniaeth ar y ddrama gan Dafydd Marks yn *Ysgrifau Beirniadol X* (gol. J. E. Caerwyn Williams, 1977).

Gymraes, Y (1850–51), cylchgrawn i ferched a olygwyd gan Ieuan Gwynedd (Evan *Jones), dan nawdd Augusta *Hall, Arglwyddes Llanofer. Rhan o adwaith ffyrnig Ieuan Gwynedd yn erbyn Adroddiadau'r *Llyfrau Gleision (1847) oedd cyhoeddi'r misolyn hwn. Bytheiriodd yn ei dudalennau yn erbyn honiadau'r Llyfrau Gleision ynghylch anniweirdeb honedig merched Cymru. Ar yr un pryd cytunai â chasgliadau Adroddiad 1847 fod dirfawr eisiau addysgu'r Gymraes, a'i bwrpas wrth gyhoeddi ei gylchgrawn oedd hyrwyddo hynny. Yn ei anerchiad cyntaf i'w ddarllenwyr meddai, 'Yr ydym yn hyderu creu yn ein merched awydd *darllen* . . . Gobeithiwn mai eu hysgrifau hwy a lanwant y "Gymraes" cyn hir.' Ond ni chyflawnwyd ei obeithion: ychydig iawn o ferched oedd ymhlith cyfranwyr *Y Gymraes*, a dynion, yn hytrach na menywod, oedd ei brif ddarllenwyr. Dwrdio'r merched a wnai amryw o'r cyfranwyr gwrywaidd; nid yw'n syndod na phrofodd y cylchgrawn yn boblogaidd ymhlith y rhai y bwriadwyd ef er eu cyfer. Addysgu menywod er lles eu teuluoedd, ac er mwyn iddynt lenwi yn fwy effeithiol eu swyddogaeth fel mamau, oedd prif nod y cylchgrawn, yn hytrach na'u dyrchafu er eu lles hwy eu hunain. Serch hynny, cynhwysir yn ei dudalennau lawer erthygl wir afaelgar, y mwyafrif ohonynt gan y golygydd ei hun. Yma yr ymddangosodd ei erthygl 'Saisaddoliaeth', er enghraifft, sy'n cyhuddo'r Sais imperialaidd o bob anlladrwydd ac yn erfyn ar y Cymry i ymwrthod â'i ddylanwad (Mawrth, 1850). O gofio bod Ieuan Gwynedd ar ei wely angau trwy gydol yr amser y bu'n cynhyrchu'r *Gymraes*, y mae ei ynni ymroddgar yn syndod, a grymuster a bywiogrwydd ei ymadrodd yn ei amryw lithiau yn drawiadol iawn. Gweler hefyd y cofnod nesaf.

Ceir manylion pellach yn Geraint H. Jenkins, 'Ieuan Gwynedd: Eilun y Genedl' yn *Brad y Llyfrau Gleision: Ysgrifau ar Hanes Cymru* (gol. Prys Morgan, 1991), ac yn Siân Rhiannon Williams, 'Y Frythones: Portread Cyfnodolion Merched y Bedwaredd Ganrif ar Bymtheg o Gymraes yr Oes', *Llafur* (cyf. IV, 1984).

Gymraes, Y (1896–1934), cylchgrawn i ferched a gychwynnwyd o dan olygyddiaeth Ceridwen Peris (Alice Grey *Jones), a phrif lefarydd Mudiad Dirwestol y Merched yng Nghymru. Yn ystod degawdau cyntaf yr ugeinfed ganrif, yr oedd yn gylchgrawn radicalaidd ei ysbryd. Er bod bron pob rhifyn yn cynnwys nodiadau manwl ar gynnydd a gweithredoedd holl ganghennau Undeb *Dirwest Merched Gogledd Cymru, ac Undeb Merched y De hefyd yn ddiweddarach, ceir yn ogystal liaws o erthyglau ar faterion fel mudiad y *suffragettes* a'r ddadl ynghylch rhoi'r bleidlais i fenywod, pwysigrwydd addysg i ferched, a swyddogaeth merched ar Fyrddau Ysgolion neu fel cynghorwyr lleol. Nid oedd cymaint â hynny o wrthdynnu rhwng crefyddoldeb cyffredinol y cylchgrawn a'i ysgrifau mwy radicalaidd gan mai dyletswyddau a chyfrifoldebau moesol y ferch oedd y cyweirnod beth bynnag y testun. Yn arwyddocaol, nid 'Nadolig Llawen' a ddymunai'r olygyddes i'w ddarllenwyr yn rhifyn mis Rhagfyr 1899, ond 'Nadolig i wneyd eraill yn llawen'. Ond er bod y cylchgrawn hefyd yn cynnwys nodiadau cynghorol ynghylch gwaith tŷ a swyddogaeth y fam, yr oedd yn derbyn, ac yn wir yn llawenhau yn y ffaith, fod gan y 'Fenyw Newydd' ddyletswyddau i'w gwlad, i'w chrefydd, ac i'w rhyw, a'i cymerai o'i chartref i'r byd mawr oddi allan. Cranogwen (Sarah Jane *Rees) oedd arwr mawr y cylchgrawn, yn hytrach na *Lloyd George, ac Ellen *Hughes, gyda'i phwyslais nodweddiadol hithau ar gynnydd deallusol merched, oedd ei brif golofnydd o 1896 i 1926. Eithr wedi trosglwyddo'r awenau golygyddol i ddwylo Mair Ogwen ym mis Hydref 1919, ni symudodd *Y Gymraes* ymlaen gyda'r oes newydd, ac ymddangosai yn fwyfwy ymylol i fywydau y mwyafrif o ferched Cymru cyn ei thranc terfynol yn 1934. Gweler hefyd y cofnod blaenorol.

Ceir manylion pellach yn Ceridwen Lloyd-Morgan, 'Anturiaethau'r Gymraes', *Y Casglwr* (16 Mawrth 1982) a Siân Rhiannon Williams, 'Y Frythones: Portread Cyfnodolion Merched y Bedwaredd Ganrif ar Bymtheg o Gymraes yr Oes', *Llafur* (cyf. IV, 1984).

Gymraes o Ganaan, Y, gweler JONES, MARGARET (1842?–1902).

H

Ha! Ha! Among the Trumpets (1945), yr ail gasgliad o gerddi gan Alun *Lewis, a gyhoeddwyd wedi iddo farw. Ynddo ceir wyth a deugain o gerddi wedi eu trefnu'n dair adran: Lloegr, y Fordaith a'r India. Y mae'r drydedd, sydd yn fwy na'r gyntaf a'r ail gyda'i gilydd, yn olrhain hynt bywyd a meddwl y bardd rhwng gwanwyn 1942 yn Lloegr a hydref 1943 yn yr India. Y themâu parhaus a archwilir yn y cerddi telynegol, atgofus ac alegoriaidd hyn yw'r argraff a wnaeth yr India a bywyd yn y fyddin ar ei synhwyrau, gweddillion credoau confensiynol a rhwymau cariad. Daw teitl y gyfrol o Lyfr Job 39: 25: 'Efe a ddywed ymhlith yr utgyrn, Ha, ha; ac a arogla o bell ryfel, twrf tywysogion, a'r bloeddio.' Ysgrifennwyd y rhagair gan Robert Graves.

'Haf, Yr', yr awdl a enillodd i Robert Williams *Parry *Gadair yr Eisteddfod Genedlaethol yn 1910, ac un o'r awdlau eisteddfodol enwocaf. Fe'i canwyd ar yr un mesur â 'Gwlad y Bryniau' gan T. Gwynn *Jones; delwedd yw haf y gerdd am anterth serch a bywyd. Yn ddiweddarach ymwrthododd y bardd ei hun â'r esthetigiaeth ynddi a'i dychanu yn 'Yr Hwyaden', ond pan luniodd y gerdd, ymgais ydoedd i wynebu problem Marwolaeth gan ddyn na fedrai gredu mewn atgyfodiad personol. Melodedd swynol y gerdd a'i golud geiriol wrth glodfori tegwch y funud a apeliai yn 1910. Rhoddodd yr awdl ei theitl i gasgliad cyntaf Williams Parry, *Yr Haf a Cherddi Eraill* (1924), ac o hynny allan gelwid 'Bardd yr Haf' arno.

Hafgan, gweler o dan ARAWN.

Hafod, gweler o dan JOHNES, THOMAS (1748–1816).

Hafod a hendre, yr arfer o symud defaid a gwartheg i borfeydd ar yr ucheldiroedd yn ystod yr haf, a'r perchenogion yn mynd gyda'u hanifeiliaid. Safai'r hendre, yn wahanol i'r hafod, ar dir isel mwy ffrwythlon. Math o drawstrefa ydoedd a sylwyd ar yr arfer gan Thomas *Pennant yn *Eryri yn ystod y 1770au, ychydig cyn iddo ddarfod o'r tir. Yn ystod y bedwaredd ganrif ar bymtheg daethai llawer o'r hafodau yn yr ardaloedd mynyddig yn ffermydd annibynnol a anfonai eu diadelloedd a'u gwartheg i'r iseldiroedd dros fisoedd y gaeaf, ac erys y rhan hon o'r arfer hyd heddiw.

Hafod Lom, ffermdy ar Fynydd Hiraethog, Dinb., a fu'n enwog am y *nosweithiau llawen a gynhelid yno yn ystod yr ail ganrif ar bymtheg a'r ddeunawfed ganrif. Cyfeiria'r hen bennill telyn, 'Mi af oddi yma i'r Hafod Lom/ Er bod hi'n drom o siwrne . . .', at y nawdd traddodiadol a'r miri a fwynheid gan y bobl. Y mae'r tŷ bellach o dan ddyfroedd Llyn Brenig. Nid cyfeiriad at y tŷ hwn yw geir yn y gerdd 'Hafod Lom' gan R. S. *Thomas ond cyfeiriad at dyddyn diarffordd ger Llanfair Caereinion, Tfn.

Hall, Augusta Waddington (Arglwyddes Llanofer, Gwenynen Gwent; 1802–96), un o noddwyr amlycaf y diwylliant gwerin Cymreig, yn enwedig cerddoriaeth, dawns a'r *wisg Gymreig. Trigai yn Llys Llanofer, Myn. Er mai digon brith oedd ei gwybodaeth o'r iaith, bu'n frwd iawn dros bopeth Cymraeg a threfnodd ei chartref yn ôl yr hyn a dybiai oedd yn ddulliau traddodiadol. O dan ddylanwad Thomas *Price (Carnhuanawc), daeth yn aelod cynnar o *Gymreigyddion y Fenni a hefyd rhoes ei chefnogaeth i'r *Welsh Manuscripts Society. Ymhlith ei diddordebau eraill yr oedd achos *Dirwest a bu'n fawr ei hawydd i hyrwyddo *Protestaniaeth.

Priododd â **Benjamin Hall** (1802–67) yn 1823. Bu ei gŵr yn bleidiwr selog dros hawl y werin Gymraeg i gael gwasanaethau crefyddol yn ei hiaith ei hun: ef oedd y diwydiannwr cyntaf i ymddatgysylltu oddi wrth yr Eglwys Sefydledig. Yn ystod ei dymor ef fel Comisiynydd Gwaith yn Nhŷ'r Cyffredin y codwyd y tŵr a'r cloc a elwir yn *Big Ben*. Fel Aelod Seneddol dros fwrdeistref sir Fynwy bu'n gyfrifol am ddwyn y Ddeddf *Trwco (1831) gerbron y Senedd mewn ymgais i rwystro'r gyfundrefn drwco a oedd yn un o'r rhesymau dros Wrthryfel *Merthyr.

Ffurfiwyd y casgliad a elwir yn Llawysgrifau Llanofer yn bennaf gan Edward *Williams (Iolo Morganwg). Fe'u hetifeddwyd gan ei fab, Taliesin *Williams, ac wedyn daeth y casgliad i feddiant Benjamin ac Augusta Hall. Y mae'r llawysgrifau yn cynnwys *cwndidau gan *Lywelyn Siôn o Langewydd, nifer o destunau rhyddiaith yr Oesoedd Canol megis *Owain a Luned* (gweler o dan TAIR RHAMANT), yr unig gopi o gyfieithiad Gymraeg o *Gesta Romanorum*, papurau Iolo Morganwg, cerddi gan amryw o feirdd Morgannwg a dogfennau yn ymwneud â hanes Cymreigyddion y Fenni. Rhoddwyd y casgliad ar adnau yn *Llyfrgell Genedlaethol Cymru yn 1916.

Ceir manylion pellach am Arglwydd ac Arglwyddes Llanofer mewn erthyglau gan Maxwell Fraser yng *Nghylchgrawn Llyfrgell Genedlaethol Cymru* (1962, 1966) ac yn *Nhrafodion Anrhydeddus Gymdeithas y Cymmrodorion* (1968).

HALL, RICHARD (1817–66), bardd a oedd hefyd yn fferyllydd yn *Ship Street*, Aberhonddu, ei dref enedigol. Testun ei gerddi yw mwynderau ieuenctid, dyddiau o bysgota ar afon Wysg, ei ymlyniad wrth gyfeillion coll ei febyd, a harddwch a chyfeillgarwch digymar Cymru. Y mae ei unig gyfrol sylweddol, *A Tale of the Past, and other Poems* (1850), yn adnabyddus yn lleol oherwydd i gyfaill Hall, y Cymro, gwladgarwr ac eisteddfodwr, Dr James Williams, gynnwys dyfyniad ohoni yn ei lyfr, *Guide to Brecon and District* (1867).

Halsingod, carolau crefyddol a moesol a genid yn aml yn llannau gogledd Penfro, Caerfyrddin a deau Ceredigion yn ystod y cyfnod rhwng y *Rhyfel Cartref a'r Diwygiad Methodistaidd. Y mae'r deuddeg llawysgrif lle y'u diogelwyd yn tadogi'r halsingod ar ryw hanner cant o awduron i gyd, yn eu plith Ifan Gruffydd y Twr Gwyn, Cer., a Daniel *Rowland, Llangeitho. Ailadrodd hanesion y Beibl a wna'r cerddi yn bennaf a dehongli alegoriau'r Ysgrythur a rhoddi pwyslais ar gadw'r Sabath, *Dirwest ac ymgroesi rhag Pabyddiaeth. Un casgliad o halsingod a gyhoeddwyd, sef y gyfrol *Pedwar o Ganuau* (1718). Credir ei fod yn waith Samuel *Williams.

HAMER, EDWARD (1830?–wedi 1901), hanesydd lleol a aned yn Llanidloes, Tfn. Wedi cyfnod o hyfforddiant yng Ngholeg Battersea bu'n athro ysgol yn Nhal-y-waun ac Abersychan, Myn., cyn iddo ddychwelyd yn 1878 i'w gynefin i weithio fel cyfrifydd. Yn 1867 cyhoeddodd *The Chartist Outbreak at Llanidloes*; ymddangosodd argraffiad canmlwyddiant o'r llyfr yn 1939. Bu'n gweithio ar y cyd â J. Y. W. Lloyd wrth ysgrifennu *A Parochial Account of Llangurig* (1869). Bu'n ei gynorthwyo i orffen ei waith chwe chyfrol, *The History of Powys Fadog* (1881–87). Ysgrifennodd Hamer hefyd *A Parochial Account of Llanidloes* (1876) ac yn 1879 lluniodd y rhan fwyaf o'i waith anorffenedig, *A Parochial Account of Trefeglwys*. Cyfrannodd nifer o bapurau i *Montgomery Collections* ac i gylchgrawn y *Powysland Club*, y clwb y bu'n aelod cynnar ohono, ac i *Archaeologia Cambrensis*.

Hamilton, William, gweler CANAWAY, WILLIAM HAMILTON (1925–88).

Hanbury, teulu o ddiwydianwyr o Bont-y-pwl, Myn. Dechreuodd eu cysylltiad â'r dref honno yn 1565 pan brynodd Capel Hanbury ystad yn yr ardal a datblygu gweithfeydd haearn yno. Cymynroddodd Capel Hanbury diweddarach (1625–1704) yr ystad i'w fab, John Hanbury (1664–1734), gŵr a gynhyrchodd yn y 1690au, gyda chymorth ei reolwyr Thomas Cooke ac Edward Allgood, blatiau haearn wedi'u rholio a elwid yn *blackplate* ac oherwydd hynny fe'i hystyrir yn gyffredin yn arloeswyr y diwydiant alcam. Yr awdur dychanol Charles Hanbury *Williams oedd ei drydydd mab.

Ysgrifennwyd hanes teulu Hanbury gan A. A. Locke (1916). Gweler hefyd The Earl of Ilchester a Mrs Langford-Brooke, *Life of Sir Charles Hanbury Williams* (1928).

Hanes Llywelyn ap Iorwerth a Chynwrig Goch, enghraifft brin o chwedl werin Gymreig o'r Oesoedd Canol, a gysylltir â Threfriw, Caern. Goroesa dau fersiwn ohoni, y naill (yn Llsgr. Peniarth 27) a gopiwyd gan *Gutun Owain a'r llall yng nghronicl Elis *Gruffydd (yn Llsgr. Mostyn 158). Dywed yr hanes sut y cyfarfu *Llywelyn ap Iorwerth (Llywelyn Fawr) â Dyn Coch rhyfedd o'r enw Cynwrig Goch ac aeth yn ei gwmni i Lundain a threchu'r Saeson mewn ymryson yn llys y brenin. Ceir yn y chwedl nifer o fotiffau llên gwerin cyffredin iawn ac ymddengys mai prif fotiff sylfaenol y stori yw ymryson trawsffurfio rhwng y swynwyr.

Hanes Rhyw Gymro (1964), drama gan John Gwilym *Jones, a'i unig ddrama hanesyddol. Y prif gymeriad yw Morgan *Llwyd, yr awdur o Biwritan, ond y mae dehongliad y ddrama o'i yrfa a'i argyhoeddiadau crefyddol yn wahanol i eiddo'r haneswyr a'r diwinyddion. Yma darlunnir Llwyd fel person teimladol ac anwadal iawn, yn dilyn un chwiw grefyddol ar ôl y llall nes iddo, ar ddiwedd ei oes, ymwrthod â phob dogma a darganfod bodlonrwydd yng nghwmnïaeth gynnes ei wraig a'i blant. Yr oedd y ddrama yn garreg filltir yn natblygiad y ddrama fodern Gymraeg gan iddi fanteisio ar bob math o hyblygrwydd theatraidd a gysylltir â gwaith Brecht.

Ceir ymdriniaeth feirniadol â'r ddrama mewn erthygl gan R. Geraint Gruffydd yn *John Gwilym Jones: Cyfrol Deyrnged* (gol. Gwyn Thomas, 1974).

Hanes Taliesin, gweler o dan TALIESIN (diwedd y 6ed gan.).

HANLEY, JAMES (1901–85), nofelydd. Fe'i ganed yn Nulyn lle y bu ei dad yn argraffydd cyn symud ei deulu i Lerpwl a dechrau bywyd newydd ar y môr. Ac yntau'n dair ar ddeg oed aeth y mab i wasanaethu ar y llongau tanfor yn ystod y Rhyfel Byd Cyntaf. Yn ddiweddarach gadawodd ei long ac ymuno â byddin Canada; gwasanaethodd yn Ffrainc, bu'n gweithio ar y rheilffordd a phenderfynu yn y diwedd ymroi i ysgrifennu.

Ar ôl ychydig flynyddoedd o newyddiadura ar ei liwt ei hun, cyhoeddwyd ei nofel gyntaf, *Drift* (1930), y flwyddyn y daeth gyntaf i Gymru, i Dŷ-nant, Meir.; wedi hynny symudodd o gwmpas yr ardal ac ymsefydlu yn Llanfechain, Tfn., lle y bu'n trigo o 1940 hyd 1964. Tra oedd yn byw yn sir Drefaldwyn daeth i adnabod R. S. *Thomas a gyflwynodd *Song at the Year's Turning* (1955) iddo am ei fod wedi dod o hyd i gyhoeddwr i'r gyfrol. Ac eithrio ei ail nofel, *Boy* (1932), astudiaeth o'r driniaeth giaidd a ddiddefodd yn laslanc ar y môr, yr oedd llyfrau cynnar Hanley yn ymdrin yn bennaf â bywyd y dosbarth gweithiol yn Lerpwl. Efallai mai'r pum llyfr am y teulu Fury (1935–58) yw'r enghreifftiau gorau o hyn. Ysgrifennodd ei dair nofel orau am y môr rhwng 1938 ac 1943, sef *Hollow Sea* (1938), *The Ocean* (1941) a *Sailor's Song* (1943), ac y mae'n debyg mai at y rhain y cyfeiriodd Henry Green pan ddywedodd mai ef oedd y gorau o ddigon o lenorion y môr a morwyr ers Conrad.

Yr oedd Hanley yn hoff o feddwl am Gymru fel cartref er iddo fyw yn Llundain am gyfnod hir ar ôl 1964, ac ysgogodd y wlad bedair nofel ac iddynt gefndir Cymreig: *Don Quixote Drowned* (1953) y gelwir un rhan ohoni yn '*Anatomy of Llyngyllwch*', *The Welsh Sonata* (1954), *Another World* (1971) ac *A Kingdom* (1978). Ysgrifennodd hefyd dair drama, *A Winter Journey* (a ddarlledwyd 1958–59), *The Inner World of Miss Vaughan* (1964) a *Nones* (heb ei pherfformio hyd yn hyn). Y mae rhan o'i waith yn arbrofol: dengys y briodas rhwng ffantasi a realaeth yn *Sailor's Song* a *The Welsh Sonata* mai cam oedd ei labelu yn 'realydd' yn unig. Cyhoeddwyd ei *Collected Stories* yn 1953.

Os dechreuodd yn 'nofelydd proletaraidd adnabyddus' – disgrifiad John Lehmann ohono yn *New Writing* – daeth yn ddiweddarach i goleddu syniadaeth bur wahanol am Ddyn. Y mae'n greadur sydd yn ei hanfod yn unig, yn ysglyfaeth i obsesiwn, yn methu â chyfathrebu ac yn byw ar dirlun mor foel a digysur ag un Thomas Hardy. Serch hynny, codir ffantasïau ac arswyd hunllefol ei gymeriadau yn uwch na thir ystrydeb yn aml iawn a thrwy rinwedd ansawdd ei ysgrifennu y maent yn cyfathrebu ar lefel wahanol, yn arbennig yn ei nofelau, *The Closed Harbour* (1953), *Levine* (1956) ac *Another World* (1971). Er iddo dderbyn clod fel un o'r pwysicaf ymhlith awduron cyfoes ac er iddo gyhoeddi pedair nofel ar hugain a thri llyfr ar ddeg o straeon byrion, ychydig iawn o sylw y mae James Hanley wedi ei gael gan y beirniad llenyddol ac o ganlyniad nid oes darllen eang ar ei waith.

Am restr gyflawn o'i waith i gyd gweler Linnea Gibbs, *James Hanley: A Bibliography* (1980). Ceir astudiaeth feirniadol lawn yn Edward Stokes, *The Novels of James Hanley* (1964) a chrynodeb o'i yrfa lenyddol yn Frank G. Harrington, *James Hanley: A Bold and Unique Solitary* (1989).

Hanmer, teulu, gweler o dan OWREDD.

Hardie, Keir (1856–1915), arweinydd y glowyr, a sefydlodd y Blaid Lafur Annibynnol. Cynyddodd y Blaid hon yn neheudir Cymru ar ôl y streic yn y gweithfeydd glo yn 1898. Albanwr ydoedd ac fe'i hetholwyd dros un o ddwy sedd Merthyr Tudful yn 1900 fel yr Aelod Seneddol Sosialaidd cyntaf yng Nghymru. Yr oedd yn arweinydd yr Aelodau Llafur hyd ddiwedd ei oes, a denodd lawer o edmygwyr yng

Nghymru gyda'i gyfuniad o *Radicaliaeth danbaid, *Heddychiaeth a'i gefnogaeth i'r ymgyrch dros hunanlywodraeth (gweler o dan HOME RULE).

Ysgrifennwyd ei gofiant gan Kenneth O. Morgan (1975).

HARDY, BARBARA (1924–   ), awdur a beirniad a aned ac a fagwyd yn Abertawe, tref a ddisgrifir yn ei hunangofiant *Swansea Girl* (1993). Ar ôl gadael Coleg Prifysgol Llundain, ymunodd ag Adran y Saesneg, Coleg Birkbeck. Penodwyd hi'n Athro yng Ngholeg Royal Holloway yn 1965, ac wedyn i gadair yng Ngholeg Birkbeck, lle y bu nes iddi ymddeol yn 1989. Cyhoeddodd nifer o astudiaethau o weithiau Dickens, Thackeray, Hardy ac, yn fwyaf arbennig, George Eliot. Fe'i cyfrifir hi'n un o arbenigwyr pennaf ei chyfnod ar nofelwyr oes Fictoria, fel y cydnabuwyd pan wnaed hi'n Is-lywydd Cymdeithas Thomas Hardy yn 1991 ac yn Llywydd Cymdeithas Dickens yn 1987. Ar hyd ei gyrfa bu gan Barbara Hardy ddiddordeb arbennig yn y modd y patrymir stori, a rhoddodd sylw gwerthfawr i'r pwnc hwnnw yn *Appropriate Form* (1964) ac eto fyth yn *Forms of Feeling in Victorian Fiction* (1985). A hithau'n fardd, ac yn gyn-gyfarwyddwraig Ysgol Haf Yeats yn Sligo (1990–91), y mae'n naturiol iddi ymroi i drafod barddoniaeth, ac yn ei llyfr *The Advantage of Lyric* (1974) y mae'n hysgrifau yn rhychwantu gwaith John Donne, Gerard Manley *Hopkins, Dylan *Thomas a Sylvia Plath. Yn 1995 cyhoeddodd ei nofel gyntaf, *London Lovers*.

Harlech, castell ym Meirionnydd a adeiladwyd ar orchymyn Edward I wedi ei lwyddiant milwrol yn yr Ail *Ryfel dros Annibyniaeth (1282–83). Cysylltir y safle, a elwir yn Harddlech yn *Pedair Cainc y Mabinogi, yn draddodiadol â chartref Bendigeidfran (*Brân) a'i chwaer *Branwen. Llwyddodd amddiffynwyr Harlech i wrthsefyll gwarchae yn ystod y *Gwrthryfel Cymreig yn 1294 ond fe'i cipiwyd gan fyddin *Owain Glyndŵr yn 1404. Daeth Harlech yn ganolfan Tywysogaeth Glyndŵr a chynhaliwyd senedd yno. Fodd bynnag, cipiwyd y castell yn 1408 gan fyddinoedd Brenin Lloegr ac ymhlith y carcharorion yr oedd Marged, gwraig Owain, ei ferch a'i phedwar plentyn hithau. Yn ystod Rhyfeloedd y Rhosynnau, hwn oedd y castell Lancastraidd olaf i wrthsefyll yr Iorciaid ac edmygodd nifer o feirdd Cymraeg ddewrder yr amddiffynwyr. Pwysleisiodd *Dafydd Llwyd o Fathafarn deyrngarwch Harlech i'r Goron a chanodd *Dafydd Nanmor fawl y ceidwad, Dafydd ab Ifan ab Einion. Erbyn yr unfed ganrif ar bymtheg yr oedd rhan helaeth o'r castell yn adfeilion. Castell brenhinol oedd Harlech yn ystod y *Rhyfel Cartref a phan ildiodd i fyddin y Senedd dan y Cyrnol John *Jones yn 1647, Harlech oedd y gaer olaf yng Nghymru i wneud hynny. Gweler hefyd RHYFELGYRCH GWŶR HARLECH.

Ceir manylion pellach mewn erthygl gan W. D. Simpson yn

Archaeologia Cambrensis (1940), ac A. J. Taylor, *The Welsh Castles of Edward I* (1986) a *Harlech Castle* (1988).

Harries, John (m. 1839), dewin o Gwrtycadno, Caerf. Credid y gallai wella afiechydon mewn dyn ac anifail, dadreibio a darostwng ysbrydion drwg, darogan y dyfodol a darganfod gwrthrychau coll. Bu ei fab Henry yn Llundain am gyfnod yn astudio dewiniaeth o dan gyfarwyddyd y dewin Raphael, cyn ymuno â'i dad i barhau â'r gwaith. Deil traddodiad lleol i John Harries farw ar y diwrnod yr oedd ef ei hunan wedi'i ddarogan: arhosodd yn y gwely y bore hwnnw i osgoi ei dynged, a llosgwyd ef i fawrolaeth pan aeth ei dŷ ar dân. Ceir rhai o'i lyfrau a'i lawysgrifau, yn cynnwys cyfarwyddiadau meddyginiaethol a swynion, ar gadw yn *Llyfrgell Genedlaethol Cymru. Gweler hefyd DYN HYSBYS.

Ceir hanes bywyd John Harries yn *Rhai o Hen Ddewiniaid Cymru* (1901) gan J. H. Davies.

HARRIS, ERNEST HOWARD (1876–1961), bardd a aned ac a fagwyd yn Abertawe, Morg. Treuliodd ran helaeth o'i fywyd yn athro Saesneg mewn ysgolion yn Lloegr a theithiodd yn eang, yn enwedig yng ngogledd Ewrop. Cyfieithodd farddoniaeth Ffinneg i'r Saesneg ac ysgrifennodd lyfr am lenyddiaethau Ffrisia ac Estonia. Cyhoeddwyd ei farddoniaeth, sy'n hiraethu am olygfeydd ei febyd yn Abertawe a Bro Gŵyr, yn y cyfrolau *An Exile's Lute* (1919), *The Harp of Hiraeth* (1922), *Songs in Shot-silk* (1924), *Singing Seas* (1926), *Song Cycle at the Worm* (1934) ac *A Swansea Boy* (1959).

Harris, Howel neu **Howell** (1714–73), un o arweinwyr y Diwygiad Methodistaidd yng Nghymru. Fe'i ganed yn Nhrefeca, ym mhlwyf Talgarth, Brych. Yn 1735, wedi iddo fod yn ysgolfeistr am dair blynedd yn Llan-gors, cafodd dröedigaeth wrth wrando ar ficer Talgarth yn pregethu a dechreuodd ar y gwaith o efengylu yn y gymdogaeth. Aeth i Neuadd y Santes Fair, Rhydychen, gan obeithio cael ei urddo'n offeiriad, ond nid arhosodd ond am ychydig ddyddiau yn unig. Wedi hyn, oherwydd ei bregethu afreolaidd (yn yr awyr agored ac mewn tai preifat), gwrthododd yr esgob ei ordeinio ar bedwar achlysur. Daeth i gysylltiad ag arweinwyr 'brwdfrydig' eraill, fel Daniel *Rowland a William *Williams (Pantycelyn) yng Nghymru, a chyfarfu â George Whitefield a'r brodyr Wesley yn Lloegr. Daeth Howel Harris yn drefnydd y Diwygiad Methodistaidd yng Nghymru trwy gasglu'r dychweledigion ynghyd mewn 'cymdeithasau' a 'chymdeithasfeydd'. Dylanwadwyd ar Harris gan y Morafiaid, a chlywyd rhai tueddiadau Patripasaidd yn ei bregethu yn ystod y 1740au, ond rheswm pwysicach dros y rhwyg graddol rhyngddo ef a'r Calfiniaid, Rowland a Williams, oedd ei ymdrech barhaus i gadw drysau Cymru ar agor i John Wesley, ac iddo wrthod gwneud datganiad yn erbyn Arminiaeth hwnnw. Cynyddodd y tyndra pan

ddechreuodd deithio yng nghwmni Madam Sidney Griffith (m. 1752), 'Proffwydes' y Diwygiad Methodistaidd yng Nghymru, a gwraig yr yswain meddw o *Gefnamlwch, Caern. Felly y digwyddodd y rhaniad ymhlith y Methodistiaid a elwir 'Yr Ymraniad Mawr'. Ddwy flynedd yn ddiweddarach ymddeolodd Harris o'i waith cyhoeddus yn y Diwygiad.

Yn Nhrefeca casglodd ynghyd 'Deulu' o bobl a gafodd dröedigaeth o bob rhan o Gymru i fyw ac i weithio gydag ef yno, gan ymarfer eu medrau nes gwneud eu hunain bron yn hunangynhaliol. Yn 1757 dechreuodd Harris wasg yn Nhrefeca, lle y dysgodd argraffwyr fel David Griffith a Thomas Roberts (1735–1804) eu crefft. Fe'i cymodwyd â'i hen gyfeillion yn 1760, dychwelodd i waith y Diwygiad, ond ni lwyddodd i wneud cystal cyfraniad ag a wnaeth yn y blynyddoedd cynnar. Tua diwedd ei oes sefydlwyd coleg yn Nhrefeca gan Iarlles Huntingdon, a chymerodd Harris ddiddordeb mawr yn y gwaith a wnaed yno. Yr oedd Howel Harris yn llai dawnus fel pregethwr na Daniel Rowland, ond oherwydd ei egni aruthrol a'i ddawn i ddarbwyllo yr oedd yn un o ffigurau pwysicaf y Diwygiad Methodistaidd, er gwaethaf ei dymer ormesol. Deil rhai haneswyr mai ef oedd Cymro mwyaf ei ganrif. Y mae ei waith fel un o sefydlwyr Cymdeithas Amaethyddol Sir Frycheiniog yn 1755 (gweler CYMDEITHASAU AMAETHYDDOL), ac fel capten militaraidd yn rhedeg 'cwmni' o'r 'Teulu', yn ychwanegu at yr argraff ei fod yn ŵr arbennig iawn.

Y mae casgliad mawr o bapurau personol Harris, llythyrau a dyddiaduron, ar gadw yn *Llyfrgell Genedlaethol Cymru. Ynddynt ceir gwybodaeth werthfawr am Gymry amlwg y cyfnod, yn ogystal â disgrifiad manwl o'i fywyd o ddydd i ddydd. Y mae ei ddyddiaduron, a ysgrifennwyd mewn llawysgrifen anniben sydd weithiau'n annealladwy, fel cofnod o ras Duw yn ei fywyd, yn fanwl ac yn ddeniadol yn eu gonestrwydd ynglŷn ag ef ei hun ac eraill. Oherwydd mai pregethwr a threfnydd ydoedd yn bennaf gadawodd Harris agwedd lenyddol y Diwygiad i eraill, ond cyfansoddodd ychydig o emynau, a cheisiodd lunio hunangofiant. Ceir ei emynau yn *Llyfr o Hymneu o Waith Amryw Awdwyr* (1740), *Sail, Dibenion, a Rheolau'r Societies* (1742), ac *Ychydig Lythyrau . . . Ynghyd a Hymnau* (1782). Cyhoeddwyd yr Hunangofiant gan y 'Teulu', gydag ychwanegiad dan y teitl *A Brief Account of the Life of Howell Harris, Esq., Extracted from Papers written by Himself* (1791).

Ceir manylion pellach yn M. H. Jones, *The Trevecka Letters* (1932), Geoffrey F. Nuttall, *Howel Harris* (1965), a Gomer M. Roberts, *Portread o Ddiwygiwr* (1969), *Selected Trevecka Letters 1742–47* (1956) a *Selected Trevecka Letters 1747–94* (1962).

HARRIS, JOHN (1937–), llyfryddwr, golygydd a hanesydd llenyddol. Fe'i ganed yn Llundain, treuliodd ei blentyndod yn Llanharan, Morg., ac fe'i haddysgwyd yng Ngholeg y Brifysgol, Caerdydd. Ar ôl gweithio mewn llyfrgelloedd academaidd gartref a thramor, ymunodd â Choleg Llyfrgellwyr Cymru yn 1967 yn Ddarlithydd mewn Llyfryddiaeth a daeth yn Ymchwilydd Cysylltiedig pan ymunodd y sefydliad hwnnw â Choleg Prifysgol Cymru, Aberystwyth. Yn ogystal ag erthyglau ar hanes llenyddiaeth *Eingl-Gymreig, y mae wedi cyhoeddi *A Bibliographical Guide to Twenty-Four Modern Anglo-Welsh Writers* (1994) ac wedi golygu cyfrolau o waith Caradoc Evans (David *Evans), gan gynnwys *Fury Never Leaves Us* (1985), *My People* (1987), *Nothing to Pay* (1989) a *Selected Stories* (1992).

HARRIS, JOSEPH (Gomer; 1773–1825), awdur. Fe'i ganed yn Llantydewi, Penf., a daeth yn weinidog yn Abertawe yn 1801, lle y cadwodd ysgol, siop lyfrau ac argraffwasg. Cyhoeddodd bregethau yn Gymraeg a Saesneg, llyfrau'n amddiffyn Trindodiaeth, megis *Bwyall Crist yng Nghoed Anghrist* (1804) a *Traethawd ar Briodol Dduwdod ein Harglwydd Iesu Grist* (1816–17), yn ogystal â *Casgliad o Hymnau, o'r Awdwyr Gorau* (1821) a oedd yn dra phoblogaidd. Ef a luniodd ac a olygodd yn 1814 y newyddiadur Cymraeg wythnosol cyntaf, *Seren Gomer*. Bu'n gweithio'n ddi-baid dros yr iaith. Gwnaeth gyfraniad eithriadol i fywyd llenyddol a diwylliannol Cymru fel gwladgarwr, diwinydd, newyddiadurwr a chyhoeddwr, ac ystyrid ef yn briodol fel yr arloeswr ymhlith y pregethwyr a golygyddion blaenllaw hynny a gafodd gymaint o ddylanwad ar fywyd Cymru'r bedwaredd ganrif ar bymtheg.

Ysgrifennwyd cofiant iddo gan D. Rhys Stephen (1939). Ceir manylion pellach mewn erthygl gan Glanmor Williams, 'Gomer, sylfaenydd ein llenyddiaeth gyfnodol', yn *Nhrafodion Anrhydeddus Gymdeithas y Cymmrodorion* (1982).

HARRY, GEORGE OWEN, a adwaenir hefyd fel **GEORGE OWEN** (*c.*1553–*c.*1614), hynafiaethydd. Fe'i ganed ym Mhenrhyn Gŵyr, a bu'n rheithor yr Eglwys-wen, ger Cemais, a Llanfihangel Penbedw, Penf., o 1597 hyd 1613. Yr oedd yn gyfaill i George *Owen o Henllys am agos i ddeng mlynedd ar hugain ac ef oedd awdur *The Genealogy of the High and Mighty Monarch, James . . . King of great Brittayne, &c. with his lineall descent from Noah, by divers direct lynes to Brutus* (1604), gwaith a fwriadwyd i ddangos sut yr oedd Iago I, oherwydd ei achau, yn addas i reoli dros holl wledydd Prydain Fawr.

Harry, Miles (1700–76), gweinidog blaenllaw gyda'r *Bedyddwyr. Fe'i ganed ym mhlwyf Bedwellte, Myn., a'i ordeinio yn 1729 ym Mlaenau Gwent, eglwys a oedd gynt yn gangen o Eglwys Neilltuol y Bedyddwyr yn Llanwenarth. Ar ôl bod am gyfnod yn gynorthwyydd i'w frawd John, daeth yn 1731 yn weinidog cyntaf ar yr eglwys a oedd newydd ei sefydlu ym Mhen-y-garn, Pont-y-pŵl, a bu'n gofalu amdani hyd ddiwedd ei oes.

Yr oedd yn ddyn a chanddo feddwl bywiog gyda syniadau anuniongred ynglŷn â'r Drindod a bedydd plant a cheisiai droedio llwybr canol rhwng Uchel-Galfiniaeth ac Arminiaeth. Yr oedd ganddo bersonoliaeth gref ac yr oedd yn bregethwr grymus. Bu'n gyfrifol am drefnu taith ar gyfer Howel *Harris yn 1739, a phan restiwyd Harris a'i gyhuddo o achosi cynnwrf, Harry a fu'n bennaf gyfrifol am sicrhau ei ryddhau ym Mrawdlys Mynwy. Bu ei ymdrech i gydweithio â Harris i sefydlu'r wasg argraffu gyntaf yn y sir, ym Mhont-y-pŵl, yn aflwyddiannus. Yr oedd Harry ymhlith y rhai a gychwynnodd Academi'r Bedyddwyr yn Nhrosnant yn 1734 a'i gefnogaeth ef a'i cynhaliodd hyd 1761. Erbyn hynny yr oedd tua deugain o ddynion ifainc wedi derbyn hyfforddiant yno. Lluniodd David Jones (1741–92), ei olynydd ym Mhen-y-garn, farwnad iddo.

Ceir manylion pellach yn T. M. Bassett, *Bedyddwyr Cymru* (1977).

HATTON, ANN JULIA (**Ann of Swansea**; 1764–1838), bardd a nofelydd. Fe'i ganed yng Nghaerwrangon, yn seithfed plentyn yr actorion crwydrol Roger Kemble a Sarah Ward. Yn wahanol i'w brawd hynaf, John Kemble, a'i chwaer, Sarah *Siddons, a oedd yn enwog yn theatrau Llundain y cyfnod, fe'i rhwystrwyd gan gloffni rhag dilyn traddodiad theatraidd y teulu. Cyn ei bod yn bedair ar bymtheg oed yr oedd wedi priodi anturiwr o'r enw Curtis, ond gadawodd ef hi. Priododd â William Hatton yn 1792 a saith mlynedd yn ddiweddarach, wedi dychwelyd o America, cymerodd y ddau brydles ar y *Swansea Bathing House*. Pan fu farw ei hail ŵr yn 1806, symudodd Ann i Gydweli, Caerf., lle y bu'n cadw ysgol ddawns, ond dychwelodd i Abertawe yn 1809 ac ymroi i lenydda, gan gael ei chynnal gan flwydd-dâl a roddid iddi gan ei brawd a'i chwaer. Ysgrifennodd ddrama, *Zaffine, or the Knight of the Bloody Cross* (bu Edmund Kean yn actio yn hon yn Abertawe yn 1810); cyhoeddodd hefyd ddau gasgliad o gerddi, *Poems on Miscellanous Subjects* (1783) a *Poetic Trifles* (1811), a thua dwsin o nofelau, gan gynnwys *Cambrian Pictures* (3 cyf., 1810?) a *Chronicles of an Illustrious House* (5 cyf., 1814).

Ceir manylion pellach mewn ysgrif gan Ivor J. Bromham yn *Glamorgan Historian* (cyf. v, gol. Stewart Williams, 1971).

Haul, Yr, cylchgrawn yr Eglwys Sefydledig yng Nghymru. Fe'i sefydlwyd gan William *Rees (1808–73), Llanymddyfri, a chyhoeddwyd ei rifyn cyntaf ym mis Gorffennaf 1835. Ei olygydd cyntaf oedd David *Owen (Brutus) a fu'n weinidog gyda'r Bedyddwyr a'r Annibynwyr cyn iddo droi'n Eglwyswr; rhoes ef ei stamp cwbl arbennig ei hun ar y cylchgrawn. Manteisiai ar bob cyfle i amddiffyn yr Eglwys Wladol ac i ymosod yn ddidrugaredd ar Ymneilltuaeth a'i harweinwyr – yn *Jacks* y pulpud a *Lord deacons* y sêt fawr – heb sôn am y capeli sblit a'r mân ymrafaelion enwadol a rwygodd gymaint o gynulleidfaoedd crefyddol y cyfnod. Ymosododd yn chwyrn ar rai o ffolinebau'r oes yn ogystal, megis y gwylnosau a gynhelid mewn angladdau, a'r arfer o ymgynghori â chonsurwyr a dynion hysbys fel Henry Harries o Gwrtycadno (gweler o dan HARRIES, JOHN). Eithr ei elyn pennaf oedd *Rhyddfrydiaeth, a chroesodd gleddyfau â David *Rees (1801–69), golygydd Y *Diwygiwr, fwy nag unwaith. Ar dudalennau'r Haul y cafodd Brutus gyfle i arddangos ei ddawn fel dychanwr, a mabwysiadodd rai ffurfiau llenyddol newydd fel storïau ffug-gofiannol megis *'Wil Brydydd a Coed' ac ymddiddanion fel 'Bugeiliaid Epynt'. Symudwyd Yr Haul i swyddfa William Spurrell yng Nghaerfyrddin ym mis Ionawr 1857, a bu fawr ei olygydd yn 1866. Ni bu cymaint o lewyrch ar y cylchgrawn wedyn; cynhwysai lai o ddeunydd gwreiddiol a mwy o gyfieithiadau o gyhoeddiadau eglwysig Saesneg. Sefydlwyd pwyllgor arbennig i ystyried ei dynged yn 1884, a phenodwyd Ellis *Roberts (Elis Wyn o Wyrfai) yn olygydd iddo ym mis Ionawr 1885. Symudodd o swyddfa Spurrell i Lanbedr Pont Steffan yn 1898 i'w gyhoeddi gan y Wasg Eglwysig Gymreig, ac yno'r arhosodd tan 1919. Fe'i cyhoeddwyd mewn nifer o leoedd wedyn, gan gynnwys Llundain, Dolgellau ac Aberystwyth. Parhawyd i'w gyhoeddi'n fisol tan 1947 pan droes yn gylchgrawn chwarterol, ac fe'i hunwyd â'r Gangell yn 1953 i ffurfio Yr Haul a'r Gangell. Ymddangosodd ei rifyn olaf yn Haf 1983 gyda sefydlu Cristion fel cylchgrawn cydenwadol. Clerigwyr fu ei olygyddion drwy gydol ei yrfa, a John Davies (Isfryn), E. Orwig Evans a Norman Hughes yn amlwg yn eu plith. Ni bu ei gylchrediad erioed yn fawr, ond y mae ei gynnwys yn gloddfa werthfawr i'r sawl a fyn ymgydnabod â hynt a helynt yr Eglwys Sefydledig yng Nghymru mewn cyfnod o gan mlynedd a hanner.

HAYCOCK, MYFANWY (1913–63), bardd. Fe'i ganed ym Mhontnewynydd, Myn., a'i haddysgu yn Ysgol Gelf Caerdydd. Cyhoeddodd bedair cyfrol o gerddi: Fantasy (1937), Poems (1944), More Poems (1945) a'r casgliad a gyhoeddwyd wedi marw'r awdures, Mountain over Paddington (1964), a grynhowyd dros gyfnod hir o gystudd. Y mae'r rhain yn ffrwyth ei phersonoliaeth fywiog ac wedi eu trwytho â'i chariad at ardaloedd Gwent. Ceir yn ei gwaith fawl i olygfeydd syml a digwyddiadau cyffredin bywyd beunyddiol. Cyhoeddwyd detholiad o'i gwaith o dan y teitl Hill of Dreams (1987).

HAYCRAFT, ANNA (**Alice Thomas Ellis**: 1932–), nofelydd. Fe'i ganed yn Lerpwl a'i magu ym Mhenmaen-mawr, Caern.; aeth i'r ysgol ym Mangor ac yn ddiweddarach bu'n astudio yng Ngholeg Celf Lerpwl. Y mae'n gyfarwyddwr ac yn olygydd ffuglen cwmni cyhoeddi Duckworth a sefydlwyd gan ei diweddar ŵr, Colin Haycraft. Y mae wedi cyhoeddi llyfrau coginio (o dan yr enwau Anna Haycraft a Brenda O'Casey) a nofelau o dan ei ffugenw, gan gynnwys The Sin Eater (1977), The Birds of the Air (1980), The 27th Kingdom (1982), The Other Side of the Fire (1983), Unexplained Laughter (1985), The Clothes in the Wardrobe (1987), The Skeleton in the Cupboard (1988), The Fly in the Ointment (1989) a The Inn at the Edge of the World (1990), yn ogystal â hunangofiant, A Welsh Childhood (1990).

Hear and Forgive (1952), pedwaredd nofel Emyr *Humphreys, a gafodd Wobr Somerset Maugham yn 1953. Dyma'r enghraifft gynnar orau o'r hyn y mae ei hawdur yn ei galw yn 'nofel Brotestannaidd', gan ei bod yn trafod cydwybod a'r trosglwyddo o'r hyn sy'n dda mewn cymdeithas. Y storïwr yw David Flint, nofelydd ifanc ac athro Ysgrythur mewn ysgol i fechgyn yn Llundain. Y mae wedi gwahanu oddi wrth ei wraig ac yn byw gyda Helen, nith cadeirydd llywodraethwyr yr ysgol. Gwir ganolbwynt yr hanes, fodd bynnag, yw'r brodyr Allenside: Edward, Prifathro'r ysgol, gŵr a chydwybod ganddo sy'n rhoi cyfiawnder o flaen cyfleustra ac sy'n ymwrthod â dyrchafiad personol, a Roger, creadur da-i-ddim sy'n ceisio arwain ei nai twp ar gyfeiliorn. Y mae Edward, 'y dyn da', wedi'i gau i mewn gan fywyd ac y mae'n debyg fod colli yn anorfod iddo, ond trwy'i esiampl ef caiff David anogaeth i ddychwelyd, er braidd yn ddigalon, at ei wraig, Ysgafnheir ar y thema ddifrifol gryn dipyn gan ffraethineb ystafell yr athrawon a chynllwynio trwsgl.

Hedd Wyn, gweler EVANS, ELLIS HUMPHREY (1887–1917).

Heddiw, cylchgrawn a olygwyd gan Aneirin ap Talfan (Aneirin Talfan *Davies) a Dafydd *Jenkins. Ymddangosodd deunaw rhifyn a deugain rhwng 1936 ac 1942: cyhoeddwyd y pedair cyfrol gyntaf gan Wasg Heddiw, partneriaeth rhwng y golygyddion ac Alun Talfan *Davies, a'r gweddill gan Wasg Gee, Dinbych. Nid enwyd Dafydd Jenkins fel cyd-olygydd wedi iddo gael ei benodi'n Drefnydd Deiseb yr Iaith Gymraeg yn Nhachwedd 1938, ond ei enw ef yn unig a geir ar y ddau rifyn olaf wedi i Aneirin Talfan Davies ymuno â staff y BBC.

Cylchgrawn i wneud, yn Gymraeg, rywfaint o'r gwaith a wneid yn Saesneg gan The New Statesman oedd nod y golygyddion, ond yr oedd ei gynnwys yn fwy llenyddol. Trafodai wleidyddiaeth gyfoes, yn arbennig *Cenedlaetholdeb Cymreig o safbwynt yr adain chwith. Cefnogai'r Llywodraeth Weriniaethol a'r Basgiaid yn Rhyfel Cartref Sbaen. Cyn ac wedi dechrau'r Ail Ryfel Byd yr oedd y polisi golygyddol yn basiffistaidd a rhoddwyd cryn le i ddadleuon *Heddychiaeth ar sail yr athrawiaeth Gatholig am 'y rhyfel cyfiawn'. Ymhlith nodweddion arbennig y cylchgrawn yr oedd 'Dyddiadur Cymro' a ysgrifennwyd gan wahanol gyfranwyr, colofn 'Cwrs y Byd' gan Cyril P. *Cule a chartwnau a dychanluniau. Heblaw'r golygyddion, y cyfranwyr mwyaf cyson (yn aml o dan ffugenw) oedd J. Gwyn *Griffiths, Pennar *Davies a Geraint Dyfnallt *Owen; cafwyd hefyd amryw gyfraniadau gan lenorion y genedlaeth hŷn, gan gynnwys yn arbennig gerddi gan R. Williams *Parry, Gwenallt (David James *Jones) a Waldo *Williams.

Heddychiaeth, y gred ei bod yn anfoesol i gymryd rhan mewn rhyfel. Y mae'n wahanol yn ei ystyr i heddwchgaredd, y syniad o osgoi rhyfel, gan dderbyn yr un pryd fod lluoedd arfog yn anhepgor. Syniad gwleidyddol yw hwn, ond y mae heddychiaeth yn gred foesol. Y mae traddodiad hir o heddychiaeth yn yr Eglwys Gristnogol ac mewn llawer o fudiadau moesol ond y mae Pasiffistiaeth fel dysgeidiaeth arbennig yn ei hanfod yn ffenomen sy'n perthyn i'r ugeinfed ganrif. Y mae'r gair *'Pacifism'* yn dyddio o 1907, a chofnodwyd y gair Cymraeg 'Heddychiaeth' gyntaf yn 1947, er bod y gair heddychwr yn hŷn o lawer. O'r dechrau bu'r Crynwyr o blaid Heddychiaeth, ond nid hyd 1816, pan sefydlwyd Cymdeithas Heddwch Llundain, y daeth y ddadl dros heddwch yn fudiad ymosodol yn hytrach na chredo wedi ei chyfyngu i sectau unigol, statig. Cadeirydd cyntaf y Gymdeithas oedd Joseph Tregelles *Price, Crynwr a pherchennog gweithfeydd haearn yr Abaty, Castell-nedd. Yn y degawdau canlynol rhoddwyd cefnogaeth eang i'w dadleuon wrth i ystyriaethau crefyddol, ymarferol a moesol beri i ddrwgdybio rhyfela ddod yn rhan hanfodol o ddiwylliant gwleidyddol Rhyddfrydol a Phrotestannaidd Prydain. Yr oedd hyn yn arbennig o wir yng Nghymru, lle'r oedd William *Rees (Gwilym Hiraethog) a Samuel *Roberts yn flaengar yn eu gwrthwynebiad i bob ymarweddiad rhyfelgar. Parhawyd y traddodiad hwn gan Henry *Richard, Ysgrifennydd y Gymdeithas Heddwch o 1848 hyd 1885. Daeth yn enwog fel lladmerydd cyd-ddealltwriaeth rhyngwladol a pharchwyd ef fel 'Apostol Heddwch'.

Y mae Heddychiaeth yr ugeinfed ganrif yn ganlyniad i'r Rhyfel Byd Cyntaf. Er i'r rhan fwyaf o'r Cymry cefnogi David *Lloyd George yn ei ymdrech i ennill buddugoliaeth lwyr, yr oedd petruster o du'r rhai a berthynai i'r traddodiadau Cristnogol a Sosialaidd. Ymunodd nifer o Anghydffurfwyr Cymreig â Chymdeithas y Cymod a ffurfiwyd yn 1914; George M. Ll. *Davies oedd y mwyaf dylanwadol yn eu plith. Daeth y misolyn *Y Deyrnas*, a gyhoeddwyd o 1916 hyd 1919 o dan olygyddiaeth Thomas Rees, Bangor, yn ganolbwynt i'r ymdeimlad yn erbyn y rhyfel, ymdeimlad a gryfhawyd gan amheuaeth y Rhyddfrydwyr o orfodaeth filwrol. Yr oedd adain chwith y Blaid Lafur, er nad yn bleidiol i Heddychiaeth, yn denu dilynwyr gyda'r ddadl fod y rhyfel yn groes i fuddiannau'r dosbarth gweithiol, ac

erbyn 1917 yr oedd miloedd yn mynychu cyfarfodydd yn erbyn y rhyfel ym maes glo de Cymru.

Yn Etholiad Cyffredinol 1918 cytunodd mwyafrif etholwyr Cymru ag agwedd ymladdgar, wladgarol, Brydeinig Lloyd George, ond ni fu'n rhaid aros yn hir cyn cael adwaith. Yn 1923 etholwyd George M. Ll. Davies i Dŷ'r Cyffredin fel Aelod Cristnogol Heddychol dros *Brifysgol Cymru. Sefydlwyd *Plaid Cymru yn 1925 ac o'r cychwyn cyntaf ceid elfen gref o Heddychiaeth ynddi; yr oedd y digwyddiad ym *Mhenyberth, yn rhannol, yn brotest dros Heddychiaeth. Ymhlith aelodau'r Blaid yr oedd D. Gwenallt Jones (David James *Jones) a seiliodd ei nofel *Plasau'r Brenin* (1934) ar ei brofiad yn garcharor yn Dartmoor fel gwrthwynebydd cydwybodol. Rhoddwyd cefnogaeth gref i Gyngor Cymreig Cynghrair y Cenhedloedd, er bod y corff hwnnw'n pledio heddwchgarwch yn hytrach na heddychiaeth. Fe'i sefydlwyd yn 1922 o dan nawdd yr Arglwydd Davies o Landinam, ac fe'i harweiniwyd yn frwdfrydig gan Gwilym *Davies a roes gychwyn ar Neges Ewyllys Da Plant Cymru yn 1923. Bu'r Cyngor yn arbennig o lwyddiannus yn 1934–35 pan lwyddodd i ddarbwyllo 62 y cant o boblogaeth Cymru i ymuno â'r Bleidlais Heddwch. Dangosodd y pleidleisio fod mwy o gefnogaeth i Heddwch Cristnogol yng Nghymru nag mewn unrhyw ran arall o'r Deyrnas Unedig. Yr oedd heddychwyr Cymru yn flaenllaw hefyd yn y *Peace Pledge Union* a ffurfiwyd yn 1936, a sefydlwyd Cymdeithas Heddychwyr Cymru yn 1937 gyda George M. Ll. Davies yn Llywydd a Gwynfor *Evans yn Ysgrifennydd; cyhoeddwyd cyfres o ddeugain ar hugain o bamffledi gan y Gymdeithas.

Erbyn 1939, fodd bynnag, yr oedd bygythiad Natsïaeth yn ailorseddu rhyfela. Parhaodd heddychwyr Cymru yn weithredol drwy gydol y rhyfel, ac yr oedd gwrthwynebwyr cydwybodol yn fwy niferus yng Nghymru nag yn un lle arall, ond cyfran fechan oeddynt o'r lluoedd a wynebai gonscriptiwn. Ar ôl y rhyfel bu protestio, yn enwedig ar ran aelodau Plaid Cymru, yn erbyn parhad gorfodaeth filwrol mewn cyfnod o heddwch, ac yn 1960–61, carcharwyd Waldo *Williams ddwywaith am iddo wrthod talu trethi a fyddai efallai yn cael eu defnyddio ar gyfer arfogi. Dylanwadodd gweithgarwch di-drais yn null Gandhi ar weithgarwch *Cymdeithas yr Iaith Gymraeg, a bu heddychwyr Cymru yn flaenllaw yn y mudiad gwrthniwcliar. Cymerodd CND Cymru ran yn yr ymgyrch a barodd gyhoeddi Cymru yn wlad 'ddiniwclear', a sefydlwyd y gwersyll ar Gomin Greenham o ganlyniad i orymdaith o Gaerdydd.

Ceir manylion pellach yn E. H. Griffiths, *Heddychwyr Mawr Cymru* (1967–68), G. J. Jones, *Wales and the Quest for Peace* (1969), M. Ceadel, *Pacifism in Britain 1914–45* (1980) a K. O. Morgan, *'Peace Movements in Wales 1899–1945'* yn *Cylchgrawn Hanes Cymru* (cyf. x, rhif. 3, 1981).

Hefenfelth, Brwydr (633), gweler o dan CADWALLON AP CADFAN (m. 633).

Heilyn, Rowland (1562?–1631), masnachwr a noddwr, a hanoedd o ardal Llanymynech, Tfn. Mewn cydweithrediad â Syr Thomas *Myddleton ac eraill, defnyddiodd y ffortiwn a wnaeth yn Llundain i dalu am gyhoeddi llyfrau Cymraeg. Ymhlith y gweithiau a gyhoeddwyd yr oedd geiriadur Cymraeg–Lladin John *Davies o Fallwyd, cyfieithiad Rowland *Vaughan o *The Practice of Piety* gan Lewis *Bayly a Beibl Cymraeg pedwar plyg 1630 (Y Beibl Bach), wedi ei rwymo ynghyd â'r Llyfr Gweddi Gyffredin a Salmau Edmwnd *Prys.

Hela'r Dryw, traddodiad gwerin sy'n adnabyddus mewn llawer man yng ngorllewin Ewrop ac a welwyd ar un adeg ledled Cymru. Y dryw yw'r aderyn lleiaf ym Mhrydain ac eto ef yw brenin yr adar yn ôl llên gwerin; yr oedd iddo le pwysig yn arferion Gwyliau'r Nadolig, yn arbennig Nos Ystwyll (6 Ion.). Ceir nifer o ganeuon o wahanol rannau o Gymru, ond yn arbennig o sir Benfro, yn Gymraeg ac yn Saesneg, sy'n crybwyll y ddefod. Amcan dal yr aderyn oedd ei gludo ar elor addurnedig i'w ddangos o dŷ i dŷ ar Nos Ystwyll a chael arian neu ddiod. Cymerai'r pedwar dyn arnynt fod baich trwm iawn ar eu hysgwyddau a chyfeiriai eu caneuon, a oedd ar batrwm holi ac ateb, at yr aderyn fel eu brenin. Credir mai aberthu'r dryw er mwyn creu ffrwythlonedd oedd amcan y ddefod yn wreiddiol a hynny mor gynnar efallai â'r cyfnod Neolithig. Yn ddiweddarach, dichon i'r dryw gael ei adnabod fel brenin yr adar yn ystod y Satwrnalia Rhufeinig a theyrnasiad Arglwydd Camlywodraeth, pan droid y drefn arferol â'i phen i waered.

Ceir manylion pellach am yr arfer yn llyfr Trefor M. Owen, *Welsh Folk Customs* (1959).

Heledd (dechrau'r 7fed gan.), gweler o dan CANU HELEDD (9fed neu 10fed gan.).

Helen Cymru, gweler NEST (*fl.* 1120).

HELLINGS, PETER (1921–94), bardd a aned yn Abertawe, Morg. Gweithiodd i'r *Great Western Railway* hyd 1941 pan ymunodd â'r Awyrlu. Wedi dychwelyd i'w dref enedigol ar ôl y rhyfel astudiodd am radd yng Ngholeg y Brifysgol, Abertawe, ond gadawodd Gymru yn 1952 i fod yn athro yn Lloegr. Wedi ymddeol yn 1985 ymgartrefodd ger Llandysul, Cer. Cyhoeddodd dair casgliad o gerddi, *Firework Music* (1950), *A Swansea Sketchbook* (1983) ac *A Form of Words* (1995).

Helyntion Bywyd Hen Deiliwr (1877), ffuglen gan William *Rees (Gwilym Hiraethog) a ymddangosodd gyntaf yn benodau wythnosol yn y newyddiadur *Y *Tyst*. Prin y gellir ei ystyried yn nofel; y mae'r Hen Deiliwr yn dechrau trwy adrodd ei atgofion amdano'i hun yn llanc yn canlyn ei feistr o dŷ i dŷ i deilwra, gan ddisgrifio'r gwahanol deuluoedd. Ond try'r hanes yn

stori am dröedigaeth teulu'r Hafod Uchaf at grefydd a throeon tair carwriaeth. Ond y mae cymeriad gŵr yr Hafod Uchaf a bywyd cymdeithasol a chrefyddol y wlad wedi eu cyfleu'n rhagorol, a'r ddeialog, yn nhafodiaith liwgar bro'r awdur, yn ddawnus dros ben.

Cyhoeddwyd y gwaith mewn argraffiad newydd a baratowyd gan Dafydd Jenkins yn 1940.

Helyntion Tonypandy, gweler TONYPANDY.

HEMANS, FELICIA DOROTHEA (1793–1835), bardd. Fe'i ganed yn Lerpwl, ond symudodd ei theulu i Wrych, ger Abergele, Dinb., yn 1800. Esgeuluswyd ei haddysg ffurfiol ond darllenai'n helaeth a chyhoeddodd ei chyfrol gyntaf o gerddi, *Juvenile Poems* (1808), pan nad oedd hi ond pymtheg oed. Priododd â'r Capten Alfred Hemans yn 1812 a dygasai iddo bum mab cyn iddynt ymwahanu chwe blynedd yn ddiweddarach. O 1809 hyd 1825 bu'n byw yng nghartref ei mam ger Llanelwy, Ffl., ac i'r cyfnod hwn y perthyn y rhan fwyaf o'i gwaith, gan gynnwys *The Domestic Affections* (1812), *The Sceptic* (1820), *The Siege of Valencia* (1823), *The Forest Sanctuary* (1825) a *Lays of Many Lands* (1825). Perfformiwyd ei drama, *The Vespers of Palermo*, yn Covent Garden, Llundain, yn 1823 gyda llwyddiant mawr a chyda mwy o lwyddiant byth yng Nghaeredin a flwyddyn ganlynol. Ar ôl marwolaeth ei mam yn 1827, aeth i fyw i Wavertree, ger Lerpwl, a phedair blynedd yn ddiweddarach symudodd i Iwerddon lle y bu cherddi crefyddol yn boblogaidd iawn; bu farw yn Nulyn.

Yr oedd yn hoff o olygfeydd gogledd Cymru ac mae ei chyfrol boblogaidd, *Welsh Melodies* (1821), yn cynnwys fersiynau Saesneg o nifer o gerddi Cymraeg. Canwyd nifer o'i chaneuon yn yr Eisteddfod a gynhaliwyd yn Llundain dan nawdd Anrhydeddus Gymdeithas y *Cymmrodorion yn 1822. Ar gyfer yr achlysur hwn ysgrifennodd gerdd yn dwyn y teitl 'The Meeting of the Bards'. Cyfrannodd ei cherddi ar themâu Cymreig at yr adfywiad yn y diddordeb yn nhraddodiadau Cymru a oedd yn nodwedd o'r mudiad Rhamantaidd yn Lloegr.

Yr oedd Mrs Hemans yn berson deniadol a dymunol ac yr oedd William Wordsworth a'r Arglwydd Byron ymhlith ei hedmygwyr. Ond ychydig o werth parhaol sydd i'w gwaith, yn bennaf oherwydd iddi drin pynciau arwrol ffasiynol mewn modd chwyddedig. Ei cherdd enwocaf (ac un o'r rhai mwyaf cryno) yw 'Casabianca', sy'n dechrau 'The boy stood on the burning deck'. Duwioldeb a rhyddfrydiaeth ei cherddi a'u gwnaeth yn boblogaidd gyda'i chyfoeswyr, ond ni fu lawer o fri ar ei gwaith wedi iddi farw. Syr Walter Scott oedd yr unig un o blith ei chyfeillion a welai wendid ei gwaith, gan sylwi bod 'gormod o flodau a rhy ychydig o ffrwythau'.

Cyhoeddwyd ei gwaith mewn saith cyfrol gyda chofiant gan ei chwaer yn 1839, ac eto yn 1873, wedi'i olygu gan W. M.

Rossetti. Ceir manylion pellach yn A. H. Miles (gol.), *The Poets and Poetry of the Nineteenth Century* (11 cyf., 1905–07) ac A. T. Ritchie, 'Felicia Felix', yn *Blackstick Papers* (1908). Ceir monograff ar Mrs Hemans gan Peter W. Trinder yn y gyfres *Writers of Wales* (1984).

Hen Atgofion (1936), atgofion am ei blentyndod a'i ieuenctid gan W. J. *Gruffydd (1881–1954), a ymddangosodd gyntaf yn *Y *Llenor*, y cylchgrawn y bu'n olygydd arno rhwng 1922 ac 1951. Y mae'r arddull yn gartrefol, yn bersonol, a cheir mynych baragraff lle y traetha ei farn yn rymus ar bynciau'r dydd, ac am y rhesymau hyn y mae'r llyfr ymhlith ei weithiau rhyddiaith gorau a mwyaf nodweddiadol.

Fe'i cyfieithwyd gan D. Myrddin Lloyd o dan y teitl *The Years of the Locust* (1976).

Hen Benillion, penillion traddodiadol a gedwid ar lafar ac a genid i gyfeiliant y delyn; weithiau ffurfient gadwyn fer o benillion cysylltiol, eithr uned o bennill yn unig a geid fel arfer, yn y mesurau rhydd. Adlewyrchir ynddynt rai dyfeisiau a chonfensiynau llenyddol a arferir mewn creadigaethau mwy ffurfiol a datblygedig ond y mae eu celfyddyd yn ymddangos yn llai ymwybodol a'u hieithwedd yn fwy cartrefol. Yn debyg i'r *englyn, dibynnant ar ddelweddaeth sy'n cynnal haenu ychwanegol o gysylltiadau ac arwyddocâd. Y gymdeithas wledig Gymraeg a esgorodd arnynt ac er mai lleol oedd eu cylchrediad i ddechrau, lledaenodd eu hâpel a dyfynnid rhai ohonynt am eu cynnwys athronyddol neu ddidactig yn union fel y gweneid defnydd cyfatebol o ddihareb neu adnod o'r Beibl. Ymhlith y llenorion a ymddiddorodd ynddynt y mae Lewis *Morris ac Edward *Jones (Bardd y Brenin), ac yn fwy diweddar, Aneirin Talfan *Davies a Glyn *Jones.

Ceir casgliad helaeth ohonynt, ynghyd â thrafodaeth lawnach arnynt, yng nghyfrol awdurdodol T. H. Parry-Williams, *Hen Benillion* (1940). Y mae dau ddetholiad wedi'u cyfieithu gan Glyn Jones dan y teitlau *When the Rosebush Brings Forth Apples* (1981) a *Honeydew on the Wormwood* (1984); gweler hefyd y gyfrol, *A People's Poetry* (gol. Dafydd Johnston, 1997).

Hen Bersoniaid Llengar, Yr, grŵp o offeiriaton Anglicanaidd a fu'n gynheiliaid y diwylliant Cymreig yn ystod y cyfnod o 1818 hyd 1858 gan ddioddef gwrthwynebiad, yn aml, oddi wrth yr elfen wrth-Gymreig yn yr Eglwys Sefydledig. Ymysg yr arweinwyr blaenllaw yr oedd Ifor Ceri (John *Jenkins), W. J. *Rees o Gascob, Maesd., Gwallter Mechain (Walter *Davies), Ieuan Glan Geirionydd (Evan *Evans), Ab Ithel (John *Williams) a Charnhuanawc (Thomas *Price). Yr oedd y grŵp hefyd yn cynnwys nifer o eygwyr megis Angharad *Llwyd, Augusta *Hall (Arglwyddes Llanofer), Charlotte *Guest a Maria Jane Williams o *Aberpergwm.

Yr oeddynt braidd yn adweithiol eu gwleidyddiaeth a thueddent i edrych yn ôl ar Gymru y ddeunawfed ganrif gan geisio amddiffyn y Cymry rhag dylanwad cynyddol *Methodistiaeth. Eu gobaith oedd gwrthsefyll y twf hwn trwy gyfrwng y cylchgrawn *Y *Gwyliedydd* (1822–37) a threfnu eisteddfodau taleithiol gyda chydweithrediad Thomas *Burgess, Esgob Tyddewi. Trwy ei ymdrechion ef y sefydlwyd Coleg Dewi Sant, Llanbedr Pont Steffan, yn 1822 (gweler o dan Prifysgol Cymru). Methwyd â chyhoeddi cyfrol ychwanegol at *The *Myvyrian Archaiology* na *Mabinogion* William *Owen Pughe, ond rhoddwyd cychwyn i'r *Welsh Manuscripts Society* yn 1837. Eglwyswyr hefyd a oedd yn gyfrifol am sefydlu Coleg Llanymddyfri yn 1847 gyda lle blaenllaw i'r iaith Gymraeg yn y cwricwlwm. Adroddiad y *Llyfrau Gleision* a barodd herio awdurdod y grŵp hwn a bychanu'r iaith Gymraeg ac yn y pen draw fe'u disodlwyd gan Radicalwyr ac Anghydffurfwyr a roes ddelwedd o ddiwylliant Cymreig, wedi ei seilio ar y capel, yn lle pwyslais Anglicanaidd y gorffennol. Mewn llawer ystyr, y cenedlgarwyr hyn oedd cynheiliaid traddodiadau llenyddol y genedl yn y cyfnod rhwng Cymdeithas y *Gwyneddigion ac ysgolheictod newydd Prifysgolion Rhydychen a Chymru. Hwy, mewn gwirionedd, a newidiodd yr Eisteddfod o fod yn gyfarfod beirdd i fod yn ŵyl genedlaethol.

Rhoddwyd yr enw hwn iddynt gan R. T. Jenkins yn *Hanes Cymru yn y Bedwaredd Ganrif ar Bymtheg* (1933) ac y mae hefyd yn deitl llyfryn gan Bedwyr Lewis Jones (1963); gweler hefyd gyfraniad B. L. Jones i'r gyfrol *Gwŷr Llên y Bedwaredd Ganrif ar Bymtheg* (gol. Dyfnallt Morgan, 1968) a Mari Ellis, 'Rhai o bersoniaid llengar Maldwyn' yn *Maldwyn a'i Chyffiniau* (gol. Gwynn ap Gwilym a Richard H. Lewis, 1981).

Hen Broffwyd, Yr, gweler Jones, Edmund (1702–93).

Hen Dŷ Ffarm (1953), rhan o hunangofiant D. J. *Williams. Fel yr eglura'r awdur mewn rhagair, y mae'n sôn mwy am y cefndir nag amdano ei hun. Y chwe blynedd cyntaf o'i yrfa a groniclir yn y gyfrol hon ac y mae *Yn Chwech ar Hugain Oed* (1959) yn barhad iddi. Disgrifia ardal Rhydcymerau yng ngogledd sir Gaerfyrddin, 'milltir sgwâr' yr awdur. Er yr anwyldeb sy'n lliwio'r olygfa ceir llawer o sylw gwrthrychol sy'n gwneud y llyfr yn ddogfen gymdeithasol o bwys. Mynnai Gwenallt (David James *Jones), yntau'n adnabod yr ardal, fod y llyfr yn 'rhoi darlun rhy rosynnog o gyflwr economaidd y ffermwr'. Serch hynny, prif ddiddordeb D. J. Williams oedd y cymeriadau a'u teuluoedd; yr oedd hefyd yn hoff iawn o'u hanifeiliaid, yn enwedig y ceffylau.

Troswyd y gyfrol i'r Saesneg gan Waldo Williams o dan y teitl *The Old Farmhouse* (1961).

Hen Ddosbarth, gweler Pedwar Ansawdd ar Hugain.

Hen Ficer, Yr, gweler Prichard, Rhys (1579–1644).

Hen Frythoniaid, Tra Anrhydeddus a Theyrngar Gymdeithas yr, y gymdeithas ffurfiol gyntaf o Gymry yn Llundain. Sefydlwyd hi yn 1715 gyda'r amcan deublyg o ddangos teyrngarwch *Cymry Llundain i'r Hanoferiaid ac o rannu elusen i fechgyn rhieini tlawd o Gymry. Cyfarfyddai'r Gymdeithas yn flynyddol ar Ddydd Gŵyl Dewi (1 Mawrth), pen blwydd Tywysoges Cymru, i wrando ar bregeth ac i giniawa. Yn 1718 sefydlodd Ysgol Elusennol Gymraeg sydd erbyn hyn yn ysgol i ferched ac a adwaenir fel *St. David's School*, Ashford, swydd Caint. Gweler hefyd CYMMRODORION, CYMREIGYDDION a GWYNEDDIGION.

Hen Gadi, Yr, gweler CADI HAF.

Hen Gorff, Yr, gweler o dan METHODISTIAETH.

Hen Gymraes, Yr, neu **Dame Wales**, gwawdlun neu symbol o'r Cymry a ymddangosodd gyntaf mewn cylchgronau megis *Y Punch Cymraeg* tua chanol y bedwaredd ganrif ar bymtheg ac yn y *Western Mail* yn ddiweddarach, yn arbennig yng nghartwnau J. M. Staniforth ddechrau'r ugeinfed ganrif. Hen wreigan gartrefol ydoedd fynychaf, a ffedog am ei chanol, yn gwisgo clogyn mawr a het ddu uchel ar ei phen. Ffurfiodd ran o'r hyn y gellir ei alw yn 'herodraeth ddiwylliant', ond anfynych iawn y gwelir hi erbyn hyn. Gweler hefyd GWISG GYMREIG.

Hen Gymru Lawen, term a ddefnyddid gan wladgarwyr a'r rhai a oedd yn astudio llên gwerin yn y cyfnod Rhamantaidd i gyfeirio at fywyd y werin, cyn i *Biwritaniaeth ac *Anghydffurfiaeth ddwyn sobrwydd newydd i'r gymdeithas Gymraeg. Hyd yr ail ganrif ar bymtheg prif fannau diwylliant poblogaidd Cymru oedd canolfannau yn y wlad, megis y dafarn, y ffair, y farchnad, y fynwent a sgwâr y pentref. Byddai'r werin yn ymgynnull ar wyliau Eglwysig, yn y *Noson Lawen ac mewn priodasau a *gwylnosau. Darperid adloniant gan delynorion, crythorion, baledwyr, cyfarwyddiaid, chwaraewyr crwydrol, ac arferid dawnsio a chynnal chwaraeon ac *anterliwtiau. Edrychir ar Dwm o'r Nant (Thomas *Edwards) fel lladmerydd y gymdeithas wledig, gwrs, ofergoelus, dlawd ond lliwgar hon. Fel yr edwinodd hi rhwng 1660 ac 1850, o ganlyniad i dwf diwydiant ac athroniaeth Fethodistaidd, dechreuwyd edrych ar ddiwylliant poblogaidd yr ail ganrif ar bymtheg a'r ddeunawfed ganrif, gan Robert *Jones, Rhos-lan, er enghraifft, fel cyfnod tywyll ac anfoesol yn hanes Cymru, a datblygodd agweddau Anghydffurfiol newydd ymhlith y Cymry. Ni ellir gwadu'r gwelliant cymdeithasol ac ysbrydol a ddaeth yn sgîl y broses hon, ond erbyn heddiw gwelir iddi hefyd wneud niwed parhaol i etifeddiaeth ddiwylliannol Cymru.

Ceir manylion pellach yn R. T. Jenkins, *Hanes Cymru yn y Ddeunawfed Ganrif* (1931), Geraint H. Jenkins, *Literature,* *Religion and Society in Wales 1660–1730* (1978) a *Hanes Cymru yn y Cyfnod Modern Cynnar 1530–1760* (1983), a Prys Morgan, *The Eighteenth Century Renaissance* (1981).

Hen Ogledd, Yr, yr enw a roddir ar ddiriogaeth y Brythoniaid a oedd yn ymestyn ers talwm i'r de o linell ddychmygol rhwng dinas Stirling a Loch Lomond yn Yr Alban, ac a oedd yn cynnwys siroedd modern Cumbria, Caerhirfryn, Efrog a Humberside yng ngogledd Lloegr. Yr oedd yn ddiriogaeth eang iawn, yn ehangach o lawer nag ydyw Cymru gyfoes. Dyna'r hen *Cumbria*, gwlad y *Cumbri* neu'r *Cumbrenses*, sef y *Combrogi* neu'r 'cyd-wladwyr' i'r Cymry. Yr oedd eu gwledydd hwy'n cyffwrdd â Chymru, hyd nes eu gwahanu o ganlyniad i Frwydr *Caer yn 615. Cymbreg oedd eu hiaith hwy, sef tafodiaith Frythonig debyg i'r Gymraeg; y mae'n bur debyg i *Aneirin a *Thaliesin gyfansoddi yn yr iaith Gymbreg ac i'w barddoniaeth gael ei throsglwyddo dros y canrifoedd oddi ar hynny fel eiddo Cymru ei hun.

Yn ystod y bumed a'r chweched ganrif llywodraethid y 'Cumbria' estynedig hon gan Wŷr y Gogledd, sef nifer o dywysogion yn perthyn yn deuluol i'w gilydd. Daeth enwau amryw ohonynt yn enwog mewn traddodiad, hanes a llenyddiaeth Cymru. Yr oedd hynafiaid Gwŷr y Gogledd wedi cerfio teyrnasoedd Ystrad Clud, Rheged a Manaw Gododdin – gyda rhai teyrnasoedd llai, megis Elmet yn y lle a elwir bellach yn swydd Efrog – allan o'r hen ddiriogaethau llwythol a oedd yn perthyn yn amser y Rhufeiniaid i'r Dumnonii, y Novantai, y Selgovai a'r Votadini yn yr Alban ac i'r Brigantes i'r de o Glawdd Hadrian. Nid yw'n amhosibl fod hyn wedi ei wneud dan anogaeth y Rhufeiniaid, er mwyn i deyrnasoedd Gwŷr y Gogledd fedru gwrthsefyll ymosodiad y Pictiaid o'r gogledd iddynt, neu'r Ysgotiaid o Iwerddon. Ol-rheiniai eu harweinyddion eu tras o'r naill neu'r llall o'r ddau gyff, gan hawlio eu bod yn disgyn naill ai o *Goel Hen neu o Ddyfnwal Hen, ŵyr i Geredig Wledig. Y Ceredig hwnnw oedd *Coroticus* yr achwynodd Sant *Patrick yn llym yn ei erbyn yng nghanol y bumed ganrif, gan ddweud bod ei filwyr wedi lladd rhai o'r Cristnogion a oedd newydd gael eu bedyddio gan y sant. Y mae'n debyg i Geredig Wledig a Choel Hen gael eu geni tua'r un pryd yn niwedd y bedwaredd ganrif.

Yr oedd ffiniau Ystrad Clud (Strathclyde) yn bur debyg i rai'r sir fodern, o hepgor y tir i'r gogledd-orllewin o aber afon Clud a chynnwys darn o swydd Stirling. Ei phrif gaer oedd *Din Alclud*, neu Graig Clud sef Dumbarton (Caer y Brythoniaid), a'i chanolfan eglwysig oedd Glasgow a'r eglwys gadeiriol a sylfaen-wyd gan Sant Kentigern (Cyndeyrn Garthwys). Yr oedd Ystrad Clud yn ffinio i'r de â theyrnas *Urien, sef Rheged: yr oedd honno ar ddwy ochr aber afon Solway a'i phrif gaer, mae'n debyg, oedd Caerliwelydd (S. *Carlisle*). I'r de yr oedd Rheged yn cynnwys y Cumbria modern ond ymestynnai dros y Penwynion (S. *Pennines*) i gynnwys Catraeth (S. *Catterick*); i'r gogledd yr oedd yr cynnwys Galloway, ac o bosibl Aeron (S. *Ayrshire*), er y mae'n debyg fod ymryson am dir Aeron rhwng Ystrad Clud a Rheged.

Yn nwyrain yr Alban y brif frenhiniaeth oedd y Gododdin, yn ymestyn i'r de o Foryd Forth, a'i phrif gaer oedd *Din Eidyn* (Caeredin), gydag amddiffynfa gadarn ar ben y graig lle y saif y castell heddiw. O'r amddiffynfa hon y cychwynnodd llwyth y *Gododdin tua'r flwyddyn 600 ar eu hymgyrch drychinebus i Gatraeth i ymosod ar yr Eingl. Y mae'n debyg fod y deyrnas hon yn ymestyn yn wreiddiol mor bell i'r de ag afon Tyne. Yn ei chongl oglgedd-orllewinol yr oedd is-dalaith Manaw Gododdin, ac o'r hen gartref hwn yr aeth *Cunedda a'i feibion yng nghanol y bumed ganrif i fwrw'r Gwyddyl allan o *Wynedd, ac i sefydlu yno dras frenhinol a barhaodd am bum canrif.

Gwarchaewyd ac enillwyd *Din Eidyn* gan yr Eingl yn 638 ac o ganlyniad daeth diwedd ar deyrnas y Gododdin. Tua'r un amser daeth Rheged i ben hefyd, ond mewn modd mwy heddychlon, sef trwy briodas rhwng y Tywysog Oswiu o Northumbria a gorwyres Urien Rheged. Ystrad Clud yn unig a gadwodd ei hannibyniaeth a llwyddid i wneud hynny, er nad oedd yn gwbl ddiogel bob amser, am bron i bedair canrif. Yn ystod y canrifoedd hynny bu'r deyrnas yn ganolfan lle y casglwyd ynghyd gofnodion pob un o deyrnasoedd yr Hen Ogledd a'u cadw yn ddiogel, ac oddi yno y trosglwyddwyd hwy i Gymru. Y mae'n debyg i'r tros-glwyddo hwnnw ddechrau tua'r nawfed ganrif ac yr oedd yn cynnwys dogfennau yn ogystal â barddoniaeth a thraddodiadau llafar. Erbyn y ddeuddegfed ganrif yr oedd iaith Cumbria wedi marw yn llwyr, ar wahân i'r arfer rhyfedd o rifo defaid yn yr hen rifau Cymbreg mewn ffurfiau llwgr sydd wedi parhau hyd heddiw mewn rhai ardaloedd yn Lloegr. Ar wahân i hynny, nid erys unrhyw olion o'r iaith Gymbreg. Cadwyd rhai enwau lleoedd yn Yr Alban ac yn Ardal y Llynnoedd, ac ychydig enwau personol ar arysgrifau ac mewn dogfennau, ynghyd â thri hen derm cyfraith frodorol a gadwyd mewn dogfen o'r unfed ganrif ar ddeg, *Leges inter Brettos et Scottos*.

Ceir manylion pellach yn rhagair Ifor Williams i *Canu Aneirin* (1938) a *Canu Taliesin* (1960) ac yn yr erthygl gan yr un awdur yn *The Beginnings of Welsh Poetry* (gol. R. Bromwich, 1972); gweler hefyd y rhagymadroddion i Kenneth H. Jackson, *The Gododdin: the Oldest Scottish Poem* (1969) ac i A. O. H. Jarman, *Aneirin: Y Gododdin* (1988), ac A. O. H. Jarman, *The Cynfeirdd* yng nghyfres *Writers of Wales* (1981); hefyd H. M. Chadwick, *Early Scotland* (1949), R. G. Gruffydd, 'In Search of Elmet' yn *Studia Celtica* (cyf. xviii, 1994) a John Thomas Koch, *The Gododdin of Aneirin* (1997).

'Hen Wlad fy Nhadau', anthem genedlaethol Cymru. Ysgrifennwyd y geiriau gan Evan *James (Ieuan ap Iago) a'r gerddoriaeth gan ei fab, James James (Iago ap Ieuan). Dywedir i'r mab gyfansoddi'r dôn un bore Sul yn Ionawr 1856 wrth gerdded ger glannau afon Rhondda

ym Mhontypridd, Morg. Ysgrifennwyd y tri phennill gan ei dad ar y Sul hwnnw a thrannoeth. Canwyd y dôn yn gyhoeddus am y tro cyntaf yn festri capel Tabor, Maesteg, Morg., yn 1856; 1858 yw dyddiad fersiwn argraffedig cyntaf y geiriau. Daeth y gân yn boblogaidd yn eisteddfodau'r 1860au, yn bennaf oherwydd i John *Owen (Owain Alaw) ei chynnwys yn nhrydedd gyfrol ei gasgliad, *Gems of Welsh Melody* (1860–64).

Nid yw'n sicr pa bryd y mabwysiadwyd y gân fel anthem genedlaethol. Gwyddys, fodd bynnag, i'r dôn gael cryn amlygrwydd yn ystod Eisteddfod Genedl-aethol Bangor yn 1874 pan ganwyd hi gan Robert Rees (Eos Morlais), gyda chôr yr Eisteddfod o dan arweiniad John Richards (Isalaw) yn ymuno yn y gytgan. O hynny cafodd ei hystyried fel y gân a fynegai orau yr ym-deimlad o genedlaetholrwydd Cymreig. Erbyn hyn fe'i hystyrir yn anthem genedlaethol swyddogol Cymru ac fe'i cenir mewn amryw o ddigwyddiadau cyhoeddus, yn aml gyda'r brwdfrydedd sy'n cyfateb i deyrngarwch ei geiriau a swyn trawiadol ei thôn.

Ceir fersiwn Llydaweg ar y dôn ac fe'i cyhoeddwyd gan William Jenkins Jones yn *Telen ar C'hristen* (1895). Lluniwyd y fersiwn a fabwysiadwyd yn anthem gen-edlaethol Llydaw yn 1902, *Bro Goz ma Zadou*, gan François Jaffrenou (Taldir; 1879–1956), yn 1897.

Ceir manylion pellach mewn erthyglau gan Percy Scholes yng *Nghylchgrawn* Llyfrgell Genedlaethol Cymru (cyf. iii, 1943) a Tecwyn Ellis yn yr un cylchgrawn (cyf. viii, 1953).

Hen Ŵr Pencader. Yn ôl *Gerald de Barri (Gerallt Gymro) yn ei *Descriptio Cambriae* gofynnodd Harri II i'r hen ŵr yn ystod ei daith trwy Gymru yn 1163, a fyddai'r Cymry yn parhau i ymwrthod â grym Lloegr. Rhoes yr ateb hwn: 'Gellir gorthrymu'r genedl hon, yn wir, ac i raddau helaeth iawn ei distrywio a'i llesgáu trwy dy nerthoedd di, O Frenin, ac eiddo arall, yn awr megis cynt a llawer gwaith eto pan haedda hynny. Ei dileu'n llwyr, fodd bynnag, trwy ddigofaint dyn, ni ellir oni bydd hefyd ddigofaint Duw yn cydredeg ag ef. Ac nid unrhyw genedl arall, fel y barnaf i, amgen na hon o'r Cymry, nac unrhyw iaith arall ar Ddydd y Farn dostlem gerbron y Barnwr Goruchaf pa beth bynnag a ddig-wyddo i'r gweddill mwyaf ohoni, a fydd yn ateb dros y gongl fach hon o'r ddaear.' Y mae ateb herfeiddiol ac urddasol yr Hen Ŵr yn un o'r datganiadau clasurol o ymwybyddiaeth y Cymry o'u cenedligrwydd. Pentref ger Caerfyrddin yw Pencader a dadorchuddiwyd cofeb yno yn 1952 gan *Blaid Cymru.

Hen Wynebau (1934), cyfrol o bortreadau gan D. J. *Williams. Ymhlith y cymeriadau a bortreedir y mae mwy nag un aderyn prin, megis Dafydd 'r Efail-fach, gŵr anllythrennog sydd, serch hynny, yn artist geiriau dethol a gofalus a chanddo 'athroniaeth syml y pagan iachus naturiol'. Tua diwedd ei oes y mae'n ceisio lle yn y capel, er ei fod eto'n 'bechadur ffraeth a hapus' a fydd yn peri penbleth i'r angylion. Y mae elfen storïol yn ymwthio i sawl un o'r portreadau, a datblygiad nid annisgwyl oedd i'r awdur symud wedyn at y *stori fer, gan ailgydio yn y ffurf a'i denodd gyntaf, fel y dengys Y Gaseg Ddu (1970). Er bod tynerwch cyson yn y cyfleu, y mae iddo ffyddlondeb Fflaubertaidd i'r gwir, megis yn y darlun o Jones y Goetre Fawr, yr optimydd meddw.

Hendregadredd, gweler LLAWYSGRIF HENDRE-GADREDD.

Hendy-gwyn ar Daf, gweler TŶ-GWYN.

Hengerdd, Yr, gweler o dan CYNFEIRDD.

Hengwrt, gweler o dan VAUGHAN, ROBERT (c.1592–1667).

HENRY, PAUL (1959–   ), bardd a aned yn Aberystwyth, Cer., ac a raddiodd mewn Saesneg a Drama yn 1982. Y mae wedi gweithio dros Gymdeithas yr Artistiaid a'r Dylunwyr yng Nghymru ac wedi cydweithio'n fynych â'r artist Tony Goble. Gweithia yng Nghasnewydd, Myn., gan gyfuno gwaith fel llenor ar ei liwt ei hun a thiwtor ysgrifennu creadigol â swydd fel cynghorydd gyrfaoedd. Y mae'n siarad Cymraeg, a dechreuodd ei yrfa lenyddol fel canwr a chyfansoddwr caneuon. Enillodd un o Wobrau Eric Gregory yn 1989 am ddrafft o'i gasgliad cyntaf, Time Pieces (1991). Am fyd domestig yr ysgrifenna, ond y mae dimensiwn ehangach i'w farddoniaeth. Ei ail gasgliad yw Captive Audience (1996).

Henwen, gweler o dan TRI GWRDDFEICHIAD.

Herald Cymraeg, Yr (1855–   ), newyddiadur wythnosol a sefydlwyd gan James Rees yn Nghaernarfon ac a gychwynnwyd o dan olygyddiaeth James Evans. Yr oedd yn bapur Rhyddfrydol ac Ymneilltuol a cheid ynddo hefyd gerddi a chyfraniadau eraill gan lenorion megis Lewis William *Lewis (Llew Llwyfo), T. Gwynn *Jones, Daniel *Rees, R. J. *Rowlands (Meuryn) a Gwilym R. *Jones. Er iddo gael ei olygu hyd 1983 gan y bardd John T. *Jones (John Eilian), nid yw bellach yn cyhoeddi unrhyw ddeunydd ag iddo werth llenyddol. Unwyd Yr Herald Cymraeg â Herald Môn i ffurfio Yr Herald ym mis Ebrill 1994.

HERBERT, EDWARD (Yr Arglwydd Herbert o Cherbury; 1583–1648), athronydd, llenor a llysgennad, brawd hynaf y bardd George *Herbert; fe'i ganed yn Eutun, swydd Amwythig, yn orwyr i Syr Richard Herbert, Colbrwg, Myn. Ac yntau'n naw oed fe'i hanfonwyd at Edward Thelwall o Blas-y-ward, Rhuthun, i ddysgu Cymraeg, ond bu'n wael trwy gydol y naw mis a dreuliodd yno ac ni ddysgodd lawer. Yn 1596

cafodd ei dderbyn i Goleg y Brifysgol, Rhydychen, ac yn 1599 priododd â Mary Herbert, a oedd chwe blynedd yn hŷn nag ef, unig aeres Syr William Herbert, St. Julians, Casnewydd, gorwyr i Iarll cyntaf Penfro o deulu Herbert. Yn Rhydychen ymroes i ddysgu cerddoriaeth ac ieithoedd ond yn ddiweddarach treuliodd lawer o amser yn cleddyfa, yn meistroli'r 'ceffyl mawr' ac yn arbrofi ym myd meddyginiaethau.

Ar ôl gadael Rhydychen rhannodd ei amser rhwng Llundain a Chastell Trefaldwyn tan 1608, pan ddechreuodd, a'i wraig o'r diwedd yn feichiog, ar ei deithiau cyfandirol a ddisgrifir yn ei Life, llyfr sy'n dangos yn glir ei nodweddion ecsentrig. Yr oedd yn ddewr hyd at ffolineb mewn rhyfel, yn goegfalch, yn awyddus i fod yn boblogaidd gyda'r merched ac yn ymboeni'n ormodol ynglŷn â'i enw da a mân-ofynion anrhydedd. Aeth i Lys Ffrainc, bu'n brwydro gyda Thywysog Orange yn yr Iseldiroedd, yna aeth i Rufain lle'r ymgymerodd â'r dasg o godi dynion i wasanaethu Dug Savoy, ac yn y diwedd, cafodd ei benodi gan Iago I yn llysgennad i Lys Ffrainc yn 1619. Wedi gwasanaethu yno am bum mlynedd fe'i galwyd yn ôl ac er iddo gael ei urddo yn Arglwydd Herbert o Gastell Iwerddon yn 1625 ac o Cherbury yn 1629, ni chafodd gynnig swydd arall dan y Goron. Yn nes ymlaen, yn y ffraeo rhwng y Brenin a'r Senedd, yr oedd yn bleidiol i'r Brenin ar y dechrau ond erbyn 1639 yr oedd ei deyrngarwch wedi llacio ac i bob pwrpas ni chymerodd ran yn y rhyfel cartref a ddilynodd. Torrodd ei iechyd yn 1643 ac yn ystod ei bum mlynedd olaf dyn gwael ydoedd.

Darganfuwyd ei Life mewn llawysgrif yn 1737, ac ar ôl hynny fe'i cyhoeddwyd nifer o weithiau; y mae mwy o ddigwyddiadau rhyfedd yn y gyfrol nag mewn llawer i stori ddychmygol. Y mae ei De Veritate . . ., a gyhoeddwyd ym Mharis yn 1624 ac yn Llundain yn 1645, ynghyd â chyfieithiad Ffrangeg yn 1639, yn ffyrnig o wrthglerigol a gwrthddatguddiadol. Wrth geisio egluro diwinyddiaeth resymegol gan ddefnyddio 'cydsynio cyffredinol' fel maen prawf y gwirionedd, y mae Herbert yn dadlau bod Grym Goruchaf yn dda, yn ddoeth ac yn teilyngu addoliad, bod buchedd dda yn addoliad rhagorach na seremonïau, bod yn rhaid dioddef am droseddau a phechodau a bod gwobr a phenyd ar gael y tu hwnt i'r llen. Daeth at y ddeistiaeth yma (y gelwir ef yn 'dad' iddi) drwy astudio crefyddau'r byd. Cyhoeddodd Herbert hefyd De Religione Gentilium (1645, 1663 a daeth fersiwn Saesneg yn 1700). Ar ôl iddo farw, ymddangosodd Expeditio Buckinghami Ducis in Ream Insulam (1656), Life and Reign of Henry the Eighth (1649, 1672, 1682), llyfr y bu canmol mawr arno, a llyfr y gwnaethai Thomas Master lawer o'r ymchwil ar ei gyfer, ac Occasional Verses (1665), sydd mor dywyll ag ydynt yn fetaffisegol.

Ceir manylion pellach yn The Autobiography of Edward, Lord Herbert of Cherbury (gol. Sidney Lee, 1884; ail arg. Gwasg Gregynog, 1928) a De Veritate Herbert, lle y ceir amlinelliad o'i athroniaeth, a gyfieithwyd i'r Saesneg ac a olygwyd gyda rhagymadrodd gan M. H. Carré (1937). Ceir ymdriniaeth ar waith Herbert yn B. Willey, *Essays and Studies* (1941), ac yn M. Bottrall, *Every Man a Phoenix* (1958); gweler hefyd yr erthygl gan W. Moelwyn Merchant yn *Nhrafodion* Anrhydeddus Gymdeithas y Cymmrodorion (1956).

HERBERT, GEORGE (1593–1633), bardd a aned naill ai yn Eutun, swydd Amwythig, neu yn Llundain. Yr oedd yr Herbertiaid o dras Normanaidd a Chymreig, ac wedi eu ffafrio gan frenhinoedd Lloegr; codasant i fod yn deulu mwyaf blaenllaw y Gororau erbyn y bymthegfed ganrif. Cyn y *Deddfau Uno hen daid George Herbert oedd stiward yr holl diroedd brenhinol yng Nghymru. Yn ogystal, yr oedd ei dad yn perthyn i Ieirll Penfro ac yr oedd ei fam yn ferch i un o dirfeddianwyr mwyaf swydd Amwythig. Wrth gofio am y cysylltiadau teuluol hyn, nid yw'n syndod o gwbl glywed am or-falchder George Herbert yn ei '*parts and parentage*' yn ystod ei flynyddoedd cynnar yng Nghaer-grawnt. Y mae'n debyg iddo ddysgu rhywfaint o Gymraeg yn ei blentyndod, ond y mae'n annhebyg iddo gofio llawer ohoni, oherwydd ar farwolaeth ei dad yn 1596 symudodd y teulu yn gyntaf i gartref teuluol ei fam, yna i Rydychen ac yn olaf i Lundain, lle y'i gyrrwyd i Ysgol Westminster yn ddeuddeg oed. Dair blynedd yn ddiweddarach, yn 1608, aeth i Goleg y Drindod, Caer-grawnt, ac oddi yno ar Ddydd Calan 1610 cyfeiriodd ddwy soned at ei fam (y farddoniaeth gynharaf o'i eiddo sydd ar gadw) yn datgan ei fwriad i gysegru ei dalentau barddonol yn gyfan gwbl i wasanaeth Duw. Heblaw ychydig gerddi canmoliaethus yn Lladin, cadwodd at y bwriad hwn drwy gydol ei fywyd. Yn y llythyr a yrrwyd gyda'r sonedau hyn daw ffactor bwysig arall yn ei fywyd i'r amlwg, sef iechyd bregus a fu'n ei boeni gydol ei oes.

Bu George Herbert yn llwyddiannus yn academaidd, gan gael ei benodi yn Gymrawd Coleg y Drindod yn 1616 ac yn Ddarllenydd Prifysgol mewn Rhethreg yn 1618, pryd y deisyfodd ymuno â'r Eglwys Anglicanaidd. Ond dengys ei ganfasio llwyddiannus am swydd yr Areithydd Cyhoeddus yng Nghaer-grawnt iddo newid ei feddwl erbyn 1620, oherwydd swydd oedd hon a gyfrifid yn bwysig iawn fel gris i ddringo ohoni i uchel swydd yn y gwasanaeth brenhinol. Daliodd swydd yr Areithydd hyd 1627, er mai ychydig o'i amser a dreuliodd yng Nghaer-grawnt. Yn hytrach, treuliodd ei amser yn hybu ei obeithion am yrfa seciwlar ac fe'i hetholwyd yn Aelod Seneddol dros Drefaldwyn yn 1624–25. Ond o fewn blwyddyn fe'i hordeiniwyd yn ddiacon, wedi iddo gael ei annog i ddychwelyd at ei yrfa wreiddiol gan ei fam a chan y bardd John Donne (ffrind agos i'r teulu), ac oherwydd marwolaeth nifer o'i noddwyr o fewn y Llys. Er i'w ordeiniad rwystro'r posibilrwydd iddo ymuno â gwasanaeth y llywodraeth, aeth llawer blwyddyn heibio cyn i Herbert fynd yn offeiriad. Treuliodd y blynyddoedd hyn o oedi mewn afiechyd, gan deimlo ei hun yn annheilwng o'i alwedigaeth ac eto oherwydd ei uchelgais yr oedd yn anodd iddo dderbyn ei ffawd. Wedi cael adferiad iechyd yn 1629, priododd, a'r flwyddyn ganlynol derbyniodd reithoriaeth Fulston a Bemerton, ger Caersallog (S. *Salisbury*). Treuliodd dair blynedd olaf ei fywyd yn ymroi i'w ddyletswyddau fel offeiriad, ac yn treulio ei amser yn trefnu atgyweirio ei eglwysi a'i reithordy, yn canu cerddoriaeth ac yn ysgrifennu.

Ni chyhoeddwyd fawr ddim o'i waith yn ystod ei fywyd, er i lawer o'i farddoniaeth fynd o law i law mewn llawysgrifau am flynyddoedd. Ychydig fisoedd wedi ei farwolaeth ymddangosodd *The Temple* (1633), casgliad o farddoniaeth a gofnodai '*the many spiritual Conflicts that have past betwixt God and my Soul, before I could subject mine to the will of Jesus my Master*'. Fe'i trefnwyd o gwmpas cylch gwyliau'r flwyddyn eglwysig ac nid adroddiad syml o'r gwrthdaro mohono ond yn hytrach canolbwyntia ar y thema o gariad Duw tuag i Ddynolryw, a hefyd adlewyrcha oriogrwydd un dyn mewn cysylltiad â'r thema hon. Er nad yw'r ddrama dymhestlog a'r gorboeni am farwolaeth a welir ym marddoniaeth grefyddol Donne i'w cael gan Herbert, eto i gyd ceir yn ei waith ing distaw, anobaith, esmwythyd a gorfoledd, i gyd o fewn cyd-destun byd naturiol, cartrefol, eglwysig a chymdeithasol ei oes. Y mae ei iaith yn fanwl gywir ac y mae'n wir feistr y *volte face* annisgwyl i ddiweddu ei gerddi. Yr un mor afaelgar yw'r nifer mawr o wahanol ffurfiau mydryddol a ddefnyddiai i gyfleu effaith. Y mae dylanwad Herbert ar Henry *Vaughan a beirdd crefyddol eraill yr ail ganrif ar bymtheg yn dra hysbys. Cyhoeddwyd ei waith sylweddol arall, *A Priest to the Temple*, sef traethodyn mewn rhyddiaith ar ddyletswyddau offeiriad gwlad, yn ei gyfrol *Remains* (1652).

Yr argraffiad o waith Herbert yw *The Works of George Herbert* (gol. F. E. Hutchinson, 1941); argraffiadau poblogaidd yw *The Poems of George Herbert* (1961) gyda rhagymadrodd gan Helen Gardner, ac *A Choice of George Herbert's Verse* (gol. R. S. Thomas, 1967). Y mae *Lives* Izaak Walton yn ffynhonnell bwysig, er efallai yn oredmygus, o fywyd Herbert, a gellir nodi'r gweithiau beirniadol canlynol: M. Bottrall, *George Herbert* (1954), E. Tuve, *A Reading of George Herbert* (1952), a J. H. Summers, *George Herbert: His Religion and Art* (1954).

HERBERT, JOYCE (1923–), bardd ac awdur straeon byrion a aned yn y Rhondda. Bu'n astudio Saesneg yng Ngholeg y Brifysgol, Caerdydd, ac y mae'n byw ger Y Bont-faen, Morg. Rhoes y gorau i lenydda yn y 1940au a throi at wleidyddiaeth: bu'n aelod blaenllaw o Fudiad y Gweriniaethwyr yn ystod y 1950au (*Gweriniaetholdeb). Dychwelodd at ei hysgrifennu yn 1976 ac oddi ar hynny y mae wedi cyhoeddi ei gwaith mewn nifer o gylchgronau a blodeugerddi. Ceir casgliad o'i cherddi yn y gyfrol *Approaching Snow* (1983).

Herbert, William (m. 1469), sylfaenydd teulu amlganghennog yr Herbertiaid; ef oedd cefnogwr

Cymreig amlycaf plaid Iorc yn ystod Rhyfeloedd y Rhosynnau. Yr oedd yn fab i *Wiliam ap Tomas o Raglan a Gwladys, merch *Dafydd Gam, ac oherwydd ei ddylanwad mewn bro allweddol ar ororau Cymru bu'n wrthrych cryn ddiddordeb i blaid Iorc a phlaid Lancaster yn y 1450au. Erbyn 1460 daethai'n bleidiol i ochr Iorc ac yn Chwefror 1461 cyfrannodd tuag at fuddugoliaeth Edward o Iorc dros Owain a Jasper *Tudur ym mrwydr *Mortimer's Cross. Wedi derbyn y teitl Barwn Herbert o Raglan yn seremoni coroni Edward ym mis Tachwedd 1461, ymosododd ar weddill cadarnleoedd Lancaster yng Nghymru, gan gipio *Harlech a *Phenfro a chymryd Harri Tudur ifanc yn garcharor dros dro. Fe'i gwnaethpwyd yn Iarll Penfro yn 1468, ond gwylltiodd Iarll Warwig (The Kingmaker) oherwydd ffafriaeth y Brenin tuag at Herbert gan droi at blaid Lancaster. Trechwyd Herbert ac fe'i dienyddiwyd gan Warwig ym mrwydr Banbury yn 1469 ac felly sicrhawyd, dros dro, adferiad y Brenin Harri VI o linach Lancaster. Trwy briodas wyres William Herbert aeth stadau enfawr Herbert i deulu Somerset, Ieirll Caerwrangon, a ddaeth yn ddiweddarach yn Ddugiaid Beaufort. Yr oedd ei fab anghyfreithlon, Richard, yn dad i William Herbert (c.1501–1570), y cyntaf o Ieirll Penfro, o'r ail greadigaeth; iddo ef y cyflwynodd Gruffydd *Robert ei Ramadeg Cymraeg (1567). I'r beirdd yr oedd William Herbert yn ymgorfforiaid o arwr Cymreig ac erfyniodd *Guto'r Glyn arno i arwain crwsâd cenedlaethol i ryddhau Cymru o afael y Saeson.

Am ragor o fanylion gweler yr erthygl gan H. T. Evans yn Nhrafodion Anrhydeddus Gymdeithas y Cymmrodorion (1909–10) a'r gyfrol gan yr un awdur, Wales and the Wars of the Roses (1915); gweler hefyd R. A. Griffiths, The Reign of Henry VI (1981).

HERBERT neu **HARBERT, WILLIAM** (c.1583–1628?), bardd a hanoedd o Forgannwg; fe'i haddysgwyd yn Eglwys Crist, Rhydychen. Ychydig a wyddys am ei fywyd ac ni ellir mwy na bwrw amcan ynglŷn â'i farwolaeth mewn carchar i ddyledwyr yn Llundain. Y mae prif waith Herbert, A Prophesie of Cadwallader, last King of the Britaines (1604), yn arolwg gwasgaredig o hanes Prydain. Ynddo ceir rhai rhannau grymus iawn yn cynnwys disgrifiad o Katherine de Valois, priodferch Owain Tudur, a hynny mewn termau a delweddau a gysylltir fel arfer â'r Forwyn Fair, a rhai penillion bywiog am Ryfeloedd y Rhosynnau. Ei benillion olaf i'w hargraffu oedd y rhai a ganmolai gyhoeddi Britannia's Pastorals (1625). Fe'i disgrifiwyd gan Alexander Grosart, gŵr a olygodd weithiau Herbert yn 1870, gyda rhywfaint o ormodiaith yr arloeswr, mewn geiriau nid annhebyg i'r rhai a ddefnyddiodd i ddisgrifio ei protégé arall, sef Henry *Vaughan.

Hereford, John gweler FLETCHER, HARRY LUTF VERNE (1902–74).

Hergest, plasty a chartref un o ganghennau teulu'r Fychaniaid ym mhlwyf Ceintun, Henff., lle y bu nawdd i feirdd yn ystod y bymthegfed ganrif a hanner cyntaf yr unfed ganrif ar bymtheg. Un o feibion Rhosier Fychan o *Frodorddyn a'i wraig Gwladus oedd sylfaenydd y gangen yn Hergest, sef *Tomas ap Rhosier Fychan, a brawd iddo ef, sef Roger *Vaughan, a sefydlodd linach Tretŵr, a'i frawd arall, Watcyn, oedd etifedd Brodorddyn. Gwyddys bod y tad wedi noddi beirdd a chynhaliwyd y traddodiad gan Domas a'i wraig Elen Gethin. Cadwyd canu gan feirdd pwysicaf y cyfnod, megis *Guto'r Glyn a *Lewys Glyn Cothi (Llywelyn y Glyn) iddynt. Pan fu farw Tomas yn 1469 etifeddodd ei fab, Watcyn Fychan, yr ystad a'r awydd i noddi beirdd; cadwyd corff o ganu iddo ef a'i deulu. Gweler hefyd LLYFR COCH HERGEST.

HESELTINE, NIGEL (1916–), bardd ac awdur straeon byrion. Fe'i ganed yn Nhrefaldwyn, yn fab i Philip Heseltine (y cyfansoddwr Peter Warlock) ac fe'i maged gan ei dad-cu a'i fam-gu yn Aber-miwl, Tfn. Bu'n cydweithio â Keidrych *Rhys fel cyd-olygydd ar rai o rifynnau cynnar y cylchgrawn *Wales, a chyhoeddodd gerddi, straeon byrion a rhai sylwadau golygyddol pigog yn y cylchgrawn hwnnw. Ymddangosodd nifer o'i straeon yn y gyfrol Tales of the Squirearchy (1946), sydd mor ddychanol tuag at fonedd canolbarth Cymru ag yw Caradoc Evans (David *Evans) yn ei agwedd tuag at werin Cymru. Ar ôl yr Ail Ryfel byd, torrodd Heseltine ei gysylltiad â Chymru a bu'n byw yn Iwerddon ac Affrica, yn fwyaf diweddar yn Senegal ac Ethiopia, ac Awstralia. Yn ystod ei gyfnod yn Nulyn, cyhoeddodd gyfrol fach o fersiynau Saesneg o rai o gerddi *Dafydd ap Gwilym (1944); cyhoeddodd hefyd gasgliad o gerddi, The Four-walled Dream (1941). Cyhoeddwyd ei atgofion am ei dad, Capriol for Mother, yn 1972.

Heyday in the Blood, The (1936), llyfr mwyaf nodedig Geraint *Goodwin; fe'i cyfieithwyd yn Burlwm yn y Gwaed yn 1975. Y cefndir yw Tanygraig, pentref dychmygol ar y gororau rhwng Cymru a Lloegr. Canolfan y lle yw'r Llew Coch ac y mae Twmi, y perchennog, yn gymeriad trawiadol, yn llawn arabedd a doethineb naturiol. Prif nodwedd y stori yw'r berthynas rhwng ei ferch Beti a dau ŵr ifanc – Llew ei chefnder, cymeriad lliwgar a chryf, a'r bardd anffodus, Evan, etifedd melin aflwyddiannus. Thema ganolog y nofel yw'r bygythiad i fywyd Cymreig Tanygraig dan law twristiaid cyfoethog a chynllun y cyngor lleol i adeiladu priffordd newydd drwy'r pentref. Er bod cryn ddoniolwch yn y llyfr, y mae'r ymdeimlad o golled hefyd yn cael ei adlewyrchu yn y gwaith. Dengys Goodwin gyda'r gwaith hwn, nid yn unig ei ddawn fel tirlunydd, ond hefyd ei allu i greu cymeriadau a digwyddiadau dramatig. Yn bwysicach fyth sylweddolodd fod y nofel yn gyfrwng i fynegi syniadau o bwys cymdeithasol yn ogystal ag adrodd stori.

HILLYN (*fl.* canol y 14eg gan.), bardd, y cedwir tair cerdd yn unig o'i waith wedi eu canu i Ieuan Llwyd ab Ieuan ap Gruffudd Foel (*fl.* 1332–43) o Lyn Aeron, Cer. Cedwir y tair yn *Llawysgrif Hendregadredd, a oedd, fe gredir, erbyn ail chwarter y bedwaredd ganrif ar ddeg, yn llyfr llys yng nghartref Ieuan Llwyd. Awdlau wedi eu cyfansoddi yn arddull Beirdd y Tywysogion (*Gogynfeirdd) yw dwy o'r cerddi, y naill wedi ei chanu ar fesur *gwawdodyn a'r llall yn gyfres o *englynion unodl union. Molir Ieuan ynddynt am y gwerthoedd traddodiadol – ei wroldeb ar faes y gad a'i haelioni yn y llys a thuag at y bardd yn arbennig. Y mae'r drydedd gerdd yn englyn proest cyfnewidiog yn dathlu codi tŷ newydd i Ieuan Llwyd o 'naddfain a gwyngalch' – yr enghraifft gynharaf yn yr iaith Gymraeg o gerdd a ganwyd ar y fath achlysur. Ceir ambell gyfeiriad yn ei ganu a all awgrymu mai bardd o Fôn neu Wynedd ydoedd Hillyn. Y mae peth ansicrwydd ynglŷn â'i enw. Hillyn yw'r ffurf yn y llawysgrif, ond y mae'n bosibl mai 'Hilyn' yw'r ynganiad cywir. Nid oes unrhyw sail dros gredu mai'r un ydyw Hillyn â Heilyn Fardd na Hywel Heilyn, dau fardd a ganai mewn cyfnod diweddarach ond y cymysgwyd eu henwau â'i enw yntau yn y llawysgrifau.

Am ei waith gweler *Llawysgrif Hendregadredd* (gol. J. Morris-Jones a T. H. Parry-Williams, 1933) ac Ann Parry Owen a Dylan Foster Evans, *Gwaith Llywelyn Brydydd Hoddnant, Dafydd ap Gwilym, Hillyn ac Eraill* (1996).

Hir-a-Thoddaid, mesur a ddyfeisiwyd gan *Einion Offeiriad ac a gydnabuwyd fel un o'r *Pedwar Mesur ar Hugain. Ymestyniad ydyw o'r *Gwawdodyn Hir, gyda deg sillaf ym mhob un o'r pedair llinell gyntaf ac yn ail linell y Toddaid ar y diwedd, yn lle naw sillaf fel yn y Gwawdodyn.

Hiraeth, gair sydd â mwy nag un ystyr yn y Gymraeg ac sy'n amhosibl ei gyfieithu'n union i'r Saesneg. Fe'i defnyddir i ddynodi'r dyhead am blentyndod, llencyndod, cynefin neu wlad, neu gall olygu teimlad o angen am gyflwr ysbrydol delfrydol neu brofiad emosiynol yn y dyfodol, fel arfer, y tu hwnt i amser a lle. Y mae rhai beirniaid, fel Ernest *Renan a Matthew *Arnold, yn dal bod hiraeth yn nodweddiadol o'r Celtiaid yn gyffredinol. Y mae'r nodyn marwnadol i'w glywed yn llên Cymru er cyfnod y *Cynfeirdd ac fe'i clywir yr un mor aml yn *Pedair Cainc y Mabinogi, yng nghywyddau'r cyfnod canol a hefyd mewn llên gwerin fel y gellir ei ystyried yn fotiff cyffredin tebyg i thema'r Arallfyd, Y Tir Diffaith, Yr Aelwyd Ddrylliedig ac Amser Coll. Dadleuir bod gorchfygiadau militaraidd a gwleidyddol y Cymry yn gwneud i'w llenyddiaeth edrych yn ôl ar ogoniant y gorffennol ac edrych ymlaen at ddychweliad arwyr cenedlaethol, fel yn y chwedlau a

gysylltir ag *Arthur a ffurfiau eraill ar gwlt y Mab Darogan (gweler o dan DAROGAN). Gwelir yr un duedd yn yr ymgais i ddod o hyd i Gymru newydd yn America. Yr oedd yn sicr yn nodwedd ym mhrofiad llenorion o Gymry fel William *Williams o Bantycelyn a William *Thomas (Islwyn) a hiraethai am ogoniant y nefoedd, a'r llenorion eraill hynny a obeithiai, o dan ddylanwad *Rhamantiaeth, am ddynoliaeth berffeithiach a gwell byd. Y mae cymhlethdodau newydd i'r thema yn llenyddiaeth *Eingl-Gymreig yr ugeinfed ganrif, yn enwedig yng ngweithiau'r awduron hynny sy'n hiraethu am golli yr etifeddiaeth ddiwylliannol Gymraeg.

Ceir blodeugerdd o farddoniaeth a rhyddiaith sy'n ymwneud â'r thema hon a olygwyd gan Dora Polk, sef *A Book Called Hiraeth* (1982).

Hiriell, arwr a gysylltir yn draddodiadol â *Gwynedd. Dywedir ei fod yn cysgu, fel *Arthur, nes i'r dydd ddod pan fydd ar ei bobl angen ei arweiniad.

'Hirlas Owain', cerdd a briodolir i Owain Cyfeiliog (*Owain ap Gruffudd ap Maredudd) ac a gadwyd yn *Llyfr Coch Hergest. Ei chefndir oedd cyrch gan filwyr Owain yn 1156 i ryddhau Meurig, ei frawd, o garchar ym *Maelor. Fe'i lleolir yn llys Owain gyda'r nos lle'r ymgasglodd yr osgordd i wledda ar ôl dychwelyd o'r cyrch yn fuddugoliaethus. Geilw Owain ar y menestr, y gŵr sy'n gweinyddu'r ddiod, i estyn y corn yfed hirlas i bob gŵr yn ei dro. Cyffelybir yr osgordd i osgordd Mynyddawg Mwynfawr y disgrifir ei thynged yng Nghatraeth yn 'Y *Gododdin' a chanmola pob pennill y sawl y deisyfir y ddiod iddo. Cerdd fawl anarferol ei dull ydyw a cheir ynddi ddarlun o'r berthynas a fodolai rhwng tywysog a gosgordd ac o'r llawenhau a'r galaru wedi brwydr. Y mae ymchwil ddiweddar wedi bwrw amheuaeth ar awduriaeth y gerdd, gan awgrymu mai cymeriad sy'n llefaru yn y gerdd yw Owain, ac mai *Cynddelw Brydydd Mawr, a fu'n bencerdd i Owain, yw ei hawdur tebygol.

Am destun o'r gerdd a thrafodaeth arni gweler Gruffydd Aled Williams, 'Canu Owain Cyfeiliog' yn *Gwaith Llywelyn Fardd I ac eraill o feirdd y ddeuddegfed ganrif* (gol. K. A. Bramley *et al.*, 1994); ar ei hawduriaeth gweler 'Owain Cyfeiliog: Bardd-Dywysog?' gan yr un awdur yn *Beirdd a Thywysogion* (gol. Brynley F. Roberts a Morfydd E. Owen, 1996).

Hisperig, Llên, nifer o weithiau Lladin – cerddi, emynau, llythyrau, traethodau a *Bucheddau saint – a ysgrifennwyd tua'r seithfed ganrif mewn arddull a geirfa sy'n nodweddiadol o'r *Hisperica famina*, casgliad o ysgrifau ar bynciau ysgol, ac a ystyriwyd yn wrthun o anghlasurol ond y gellir eu derbyn fel datblygiad hynod o'r 'Lladin Gorllewinol' y gwelir olion ohono yng ngwaith *Gildas. Cytunir bod yr arddull hon o darddiad Celtaidd, yn ne Iwerddon tua diwedd y chweched ganrif efallai, ac y mae'r ffaith fod yr eirfa'n cynnwys geiriau Brythoneg (yn ogystal â rhai Hebraeg, Syriaeg a Groeg) yn awgrymu iddi ddatblygu ymhlith Brythoniaid Cymru a Llydaw; damcaniaeth arall yw i rai o'r *Derwyddon droi'n *rhetores* Lladin. Gwna'r gweithiau hyn, rhai ohonynt ar fydr, ddefnydd helaeth o gytseinedd a gogyfodl, a cheir ynddynt enghreifftiau o *gynghanedd sain. Gall fod *Cerdd Dafod wedi dylanwadu ar Lên Hisperig a gall hefyd fod hithau wedi cael dylanwad ar y gelfyddyd honno.

Ceir manylion pellach yn F. J. H. Jenkinson (gol.), *The Hisperica Famina* (1908), Evan J. Jones, *History of Education in Wales* (1931), Michael W. Herren (gol.), *The Hisperica Famina* (1974) a Paul Grosjean yn *Celtica* (cyf. III, 1956).

Historia Brittonum (llyth. 'Hanes y Brytaniaid'), ffynhonnell dra phwysig i hanes llenyddiaeth gynnar Cymru, er gwaethaf ei ddiffygion o safbwynt hanesyddol. Fe'i seiliwyd ar lawer o ffynonellau amrywiol, rhai'n ysgolheigaidd ac eraill yn rhai llafar cynhenid, a hyn sydd yn gyfrifol am natur herciog y gwaith. Y mae'r testun wedi goroesi mewn amryw o lawysgrifau sy'n ymrannu'n bedwar prif ddosbarth. O'r rhain, cydnabyddir yr un a geir yn Llawysgrif Harleian 3859 (*c*.1100 ond yn wreiddiol *c*.830) fel yr un gorau a'r mwyaf cyflawn. Y mae'r un llawysgrif yn cynnwys yr *Annales Cambriae* a chasgliad o restrau o linachau brenhinol Cymreig, y dogfennau hyn ill dwy yn rhai hanesyddol unigryw eu gwerth. Priodolir yr *Historia* i *Nennius a hynny mewn rhagymadrodd a geir yn ailolygiad 'Caergrawnt' yn unig, o ganol yr unfed ganrif ar ddeg. Dosbarth Harleian yw'r unig un sy'n cynnwys yr *Historia* yn ei grynswth.

Dengys y crynodeb canlynol o'r cynnwys i ba raddau y mae'r *Historia* yn ffynhonnell o bwys inni wrth drafod syniadau a thraddodiadau a fu'n hollbwysig eu harwyddocâd i'r etifeddiaeth lenyddol Gymreig trwy gydol yr Oesoedd Canol ac wedi hynny. Y mae'r testun yn cynnwys casgliad o ddyddiadau'r byd o'r Dilyw hyd y flwyddyn 831, ynghyd â rhestr o Chwe Oes y Byd; disgrifiad o Brydain a rhestr o oresgynwyr Prydain ac o Iwerddon sy'n terfynu gyda dyfodiad *Brutus, a ffoadur o Gaer Droea, a'r gŵr a roddodd ei enw i'r Brythoniaid; disgrifiad o Brydain Rufeinig, ei hymerawdwyr a'i gormeswyr, ymsefydlu'r Brythoniaid yn Armorica, ac ymadawiad y Rhufeiniaid o'r ynys; hanes *Gwrtheyrn a'i ymwneud â'r Saeson, dyfodiad Sant Germanus (*Garmon) i Brydain, twr Gwrtheyrn ac ymyrraeth *Emrys Wledig, marwolaeth Gwrtheyrn a'i fab arwrol Gwrthefyr Fendigaid; hanes Sant Padrig (*Patrick); ymddangosiad cyntaf *Arthur ar y llwyfan Ewropeaidd fel *dux bellorum* ('arweinydd y gad'), a'i ddeuddeg cyrch buddugoliaethus yn erbyn gelynion ei genedl; ac 'Achau'r Saeson' sydd yn rhestru penaethiaid y trefedigaethau Seisnig yn yr *Hen Ogledd ac Efrog, ac sydd hefyd yn cynnwys sylwadau Brythonig dilys sy'n cyfleu

gwybodaeth bwysig am hanes cynnar Gogledd Prydain a Chymru, gan gynnwys y darn unigryw am y beirdd cynnar a flodeuai yn ystod teyrnasiad y Brenin Ida yn hanner olaf y chweched ganrif: 'Yna *Talhaearn Tad Awen a fu'n enwog mewn barddoniaeth, ac *(A)neirin a *Thaliesin a *Blwchfardd a *Chian a elwir yn Gwenith Gwawd a fu'n enwog gyda'i gilydd ar yr un pryd ym Marddoniaeth Prydain.' Daw'r gwaith i ben gyda thrafodaeth gyfrifol yn bwrw amcan ynglŷn â theyrnasiad Gwrtheyrn yng nghyd-destun y dyddiadau Rhufeinig a dilynir hyn gan restr o Ddinasoedd a Rhyfeddodau Prydain.

Yr argraffiad safonol yw cyfrol Thomas Mommsen yng nghyfrol XIII o *Monumenta Germaniae Historica, Auct. Antiquuss* (1894); gweler hefyd D. N. Dumville, '*The 'Vatican' Recension of the Historia Brittonum* (1985), J. Morris (gol. a chyf.) *Nennius's British History and the Welsh Annals* (1980), F. Lot, *Nennius et l'Historia Brittonum* (1934) a'r cyfieithiad gan A. W. Wade-Evans, *Nennius's History of the Britons* (1938). Am drafodaeth ar y testun gweler Ifor Williams, 'Hen Chwedlau' yn *Nhrafodion Anrhydeddus Gymdeithas y Cymmrodorion* (1946–47), D. N. Dumville, 'Nennius and the Historia Brittonum' yn *Studia Celtica* (cyf. X/XI, 1975–76), 'Sub-Roman Britain: History and Legend' yn *History* (cyf. LXII, 1977) a '*Celtic-Latin Texts in Northern England c.1150–1250*', yn *Celtica* (cyf. XII, 1977).

Historia Regum Britanniae (llyth. 'Hanes Brenhinoedd Prydain'; *c*.1136), cyfansoddiad ffug-hanesyddol gan *Sieffre o Fynwy sy'n honni olrhain hanes Brenhinoedd Prydain o Brutus hyd at *Gadwaladr Fendigaid, Brenin olaf y Brytaniaid a gollodd lywodraeth yr Ynys i'r Saeson. Yn ei gyflwyniad honna Sieffre nad gwaith gwreiddiol mohono eithr trosiad o 'hen lyfr yn yr iaith Frytanaidd' y daethpwyd ag ef o 'Britannia' (Llydaw a olygir, efallai) gan Wallter o Rydychen.

Yn yr *Historia* olrheinir tras y Brytaniaid at Eneas a'i fab Ascanius a ddihangodd wedi cwymp Caerdroea ac a ymsefydlodd yn yr Eidal gan sylfaenu dinas Rhufain. Wŷr i Ascanius oedd *Brutus a sefydlodd linach y Brytaniaid, ac a ddaeth, wedi llawer o grwydro, i Albion a ailenwyd Prydain. Adroddir hanes rhyfeloedd, gorchestion a methiannau'r genedl, goresgyn yr Ynys gan y Rhufeiniaid a'r Saeson, dianc goreugwyr y Brytaniaid i Lydaw, ac yn bennaf oll awr anterth Iachar teyrnasiad y brenin *Arthur. Ei safiad ef yn erbyn y Saeson a osododd ei ddelw ar yr hanes, ond wedi gogoniant ei deyrnasiad ef caeodd nos y goresgyniad Seisnig am y Cymry.

Dichon mai sail honiad Sieffre ynglŷn â'r 'hen lyfr' yw iddo ddefnyddio llawysgrif Gymraeg a gynhwysai achau, cofnodion neu dameidiau o hanes, un o blith amryw o ffynonellau. Er hynny, prin y gellir derbyn yr honiad yn ei grynswth gan nad anodd dangos mai cyfansoddiad llenyddol ymwybodol ydyw'r *Historia* fel y prawf y defnydd cywrain o destunau clasurol a chanoloesol, adeiledd gofalus y gwaith, ac ymagweddau cyfoes yr awdur. Ceir gan Sieffre rai o brif themâu hanes Cymru, megis penarglwyddiaeth y Cymry, goresgyniadau'r Rhufeiniaid a'r Saeson, colli llywodraeth a darogan adferiad y Cymry i'w hen etifeddiaeth. Yr oedd yr *Historia* yn llyfr dylanwadol iawn oblegid o'r adeg yr ymddangosodd gyntaf hyd y Dadeni bu'n bennaf awdurdod ar hanes Prydain ac yn batrwm i haneswyr. Yng Nghymru parhaodd ei ddylanwad yn hwy oherwydd iddo osod sail i'r ymwybod cenedlaethol ond erbyn y ddeunawfed ganrif prin y derbyniai neb yr hanes na'r sôn am ei ffynhonnell dybiedig. Gweler hefyd MATER PRYDAIN a MYTH HIL Y BRYTANIAID.

Nid oes argraffiad safonol o'r *Historia*. Cyhoeddodd Neil Wright destun un llawysgrif (1984) a golygiad o destun amrywiol (1988). Y mae testunau Lladin eraill ar gael gan Acton Griscom (1929) a chan Edmond Faral yn *La Légende Arthurienne* (1929); cyhoeddodd Jacob Hammer fersiwn amrywiol yn 1955. Ceir cyfieithiad Saesneg gan Lewis Thorpe yn y gyfres *Penguin Classics* (1966) a golygwyd un o'r fersiynau Cymraeg Canol gan Henry Lewis, *Brut Dingestow* (1942). Y mae nifer o astudiaethau o wahanol agweddau ond yr ymdriniaeth fwyaf cynhwysfawr ar y pwnc yw J. S. P. Tatlock, *The Legendary History of Britain* (1950).

Historiae Britannicae Defensio (llyth. 'Amddiffyn Hanes Prydain', 1573), gan Syr John *Price o Aberhonddu. Fel ysgolheigion a hynafiaethwyr eraill ei gyfnod yng Nghymru, yr oedd yr awdur yn benderfynol o amddiffyn dehongliad *Sieffre o Fynwy o draddodiadau *'Mater Prydain'. Yn 1534 ymosododd Polydore Vergil ar ymdriniaeth Sieffre o chwedl *Brutus a'r cysylltiadau tybiedig rhyngddi a thraddodidau Prydeinig ac Arthuraidd. Cyflwynodd Price ei ddadleuon mewn dull ysgrifenedig, mae'n debyg, mor gynnar â 1546 pan gwblhaodd *Yn y lhyvyr hwnn (1546) ond ni chyhoeddwyd y gwaith nes i'w fab Richard wneud hynny nifer o flynyddoedd wedi marw ei dad. Dichon mai John Price oedd y casglwr llawysgrifau cyntaf ym maes hanes Cymru wedi *Diddymu'r Mynachlogydd a dengys y gwaith yn amlwg ei wybodaeth lwyr o ffynonellau. Cytunai â Vergil fod rhai o'r traddodiadau ynglŷn â Brutus ac *Arthur yn annerbyniol ond anghytunai ag ef parthed eu perthynas â Phrydain a rhoes Price, yn fwy na Vergil, bwyslais llawer mwy pendant ar ei ffynonellau llawysgrifol. Y mae'r *Defensio* yn ddiddorol am ei fod yn waith ysgolhaig a geisiodd, yn ysbryd y *Dadeni, adfywio astudiaethau hanes Cymru. Gweler hefyd MYTH HIL Y BRYTANIAID.

Am fanylion pellach gweler Ceri Davies, *Rhagymadroddion a Chyflwyniadau Lladin 1551-1632* (1980) a *Latin Writers of the Renaissance* yn y gyfres *Writers of Wales* (1981).

Historic Institute of Wales, The, gweler CAMBRIAN INSTITUTE.

Hôb, Yr, cwmwd ym *Mhowys yn wreiddiol, ond daeth o dan reolaeth *Gwynedd yn y ddeuddegfed ganrif. Ynghyd â Dyffryn Clwyd a *Rhufoniog, rhoddwyd ef i *Ddafydd ap Gruffudd yn 1277. Wedi Statud *Rhuddlan (1284), daeth yn rhan o sir y Fflint.

'Hob y Deri Dando', cân draddodiadol. Cyhoeddwyd dau fersiwn o'r alaw gan Edward *Jones (Bardd y Brenin) yn *The Musical and Poetical Relicks of the Welsh Bards* (1784), sef dull y de a dull y gogledd. Ceir nifer o wahanol deitlau eraill i'r alaw, a ddaeth yn un o'r alawon byrdwn mwyaf poblogaidd mewn *nosweithiau llawen. Mewn cyfnod diweddar daeth yn ffefryn gyda chorau cymysg ar gyfer y geiriau 'Brethyn Cartref' gan Crwys (William *Williams, 1875-1968).

HODGES, CYRIL (Cyril Hughes: 1915-74), bardd. Cafodd ei eni yng Nghaerdydd ac ychydig o addysg ffurfiol a dderbyniodd. Dysgodd ei hun i ddarllen barddoniaeth Gymraeg y cyfnodau cynnar a chanol. Yr oedd yn ddiwydiannwr ar raddfa fechan a chyfrannodd yn hael at gefnogi awduron ifainc a'u cylchgronau a hefyd at *Blaid Cymru. Cyhoeddodd dair cyfrol o gerddi: *Seeing Voice Welsh Heart* (1965), dilyniant o gerddi ar themâu mytholegol Cymreig a gynhyrchwyd yn foethus, gyda lithograffau gan yr arlunydd Americanaidd Paul Jenkins; llyfryn, *Remittances* (1971); a chasgliad o'i gerddi, *Coming of Age* (1971). Gan ddefnyddio ei ffugenw, cyfrannodd farddoniaeth a rhyddiaith i nifer o gylchgronau ac ysgrifennodd ar y cyd â Cenydd Morus (Kenneth Vennor *Morris) gyfres o gyfieithiadau rhyddiaith yn dwyn y teitl *China Speaks* (1941).

HOLLAND, HUGH (1569-1633), bardd. Fe'i ganed yn Ninbych a'i addysgu ym Mhrifysgol Caer-grawnt, lle y daeth i sylw oherwydd ei wybodaeth o'r Clasuron; yn ddiweddarach aeth dros y môr, gan ymweld â Rhufain, Caersalem a Chaergystennin. Cyhoeddodd ddwy gyfrol o'i gerddi hir, *Pancharis: the first Booke* (1603) ac *A Cypres Garland* (1625), y ddwy wedi eu cyflwyno i'r Brenin Iago I, yn ogystal â nifer o gerddi canmol a gyhoeddwyd mewn gweithiau gan awduron eraill, gan gynnwys Ben Jonson. Ond cofir amdano'n bennaf bellach fel awdur y soned a geir yn nechrau argraffiad cyntaf dramâu William Shakespeare yn 1623: er nad yw'r soned yn un nodedig, awgryma fod Holland yn adnabod Shakespeare yn bersonol.

HOLLAND, ROBERT (*c*. 1556/57–1622?), llenor a chyfieithydd. Fe'i ganed yng Nghonwy, Caern., a'i addysgu ym Mhrifysgol Caer-grawnt; bu'n dal bywoliaethau yn Lloegr a Chymru, gan gynnwys rheithoriaeth Llanddowror, Caerf. Cyhoeddodd o leiaf chwe llyfr: *The Holie Historie of our Lord* (1592), aralleiriad mydryddol o'r hanes Beiblaidd; deialog yn erbyn *dynion hysbys, *Dau Gymro yn Taring yn bell o'u Gwlad* (*c*.1595), ni wyddys ddim am hwn ond fe'i hailargraffwyd yn argraffiad Stephen *Hughes o *Canwyll y Cymru* (1681); *Agoriad byrr ar Weddi'r Arglwydd* (a ailargraffwyd gan Stephen Hughes yn *Cyfarwydd-deb i'r Anghyfarwydd*, 1677), cyfieithiad o *Exposition of the Lord's Prayer* gan William Perkins; *Darmerth, neu Arlwy i Weddi* (1600);

Catechism Mr Perkins (1672), cyfieithiad o William Perkins, *The Foundation of Christian Religion*; a *Basilikon Doron* (1604), cyfieithiad o waith gan y Brenin Iago I a wnaed gan Holland gyda chymorth George Owen *Harry.

Ceir rhagor o fanylion yn yr erthygl gan J. Gwynfor Jones yn *Ysgrifau Beirniadol XXII* (gol. J. E. Caerwyn Williams, 1997).

Home Rule, galwad am fesur o hunanlywodraeth i Gymru ar ffurf Senedd ddeddfwriaethol o fewn fframwaith ffederal imperialaidd Brydeinig. Daeth yn fater dadleuol, ond nid y mater pwysicaf, yng ngwleidyddiaeth Cymru yn ystod y blynyddoedd o 1886 hyd 1896. Cefnogid yr achos yn bennaf gan gylch bychan o Aelodau Seneddol ifainc Rhyddfrydol, Anghydffurfiol Cymreig a etholwyd i San Steffan yn Etholiad Cyffredinol 1886 ac mewn isetholiadau wedi hynny. Yr oeddynt yn y lleiafrif ymhlith yr aelodau Rhyddfrydol Cymreig ac ymhlith cefnogwyr y blaid yn yr etholaethau. Prif ladmeryddion y mudiad oedd T. E. *Ellis a David *Lloyd George, ill dau yn ddisgyblion Michael D. *Jones, y gŵr a fu'n blediwr cyson yr achos ers y 1860au. Ellis, edmygydd Mazzini a'r Cenedlaetholwr Gwyddelig Thomas Davis, oedd y llefarydd amlycaf nes iddo dderbyn swydd Lywodraethol yn Nhrydedd Weinyddiaeth Gladstone yn 1892. Yr oedd yn rhag-weld y gallasai deddfwriaeth Gymreig fod yn esiampl ogoneddus o ddemocratiaeth gymdeithasol oddi mewn i Ymerodraeth Brydeinig a oedd yn oleuedig ac yn amlddiwylliannol. Ar ôl 1892, er gwaethaf gwrthwynebiad chwyrn o fewn ei blaid ei hun, arweiniodd Lloyd George yr ymgyrch dros hunanlywodraeth yn ystod Gweinyddiaethau Rhyddfrydol Gladstone a Rosebery (1892–95) trwy ffurfio Cynghrair *Cymru Fydd (1894), sefydlu'r cylchgrawn *Young Wales* yn 1895, a thrwy ymgyrchu'n ymosodol yn erbyn y llywodraeth drwy gynnig mesurau Radicalaidd i Gymru. Y gwrthryfel hwn a fu'n rhannol gyfrifol am ddymchweliad y llywodraeth yn 1895. Collodd y Rhyddfrydwyr Etholiad Cyffredinol y flwyddyn honno a threfnodd Lloyd George ymgyrch uchel ei chloch o blaid Senedd i Gymru, a ddarfu mewn anhrefn mewn cyfarfod a gynhaliwyd yng Nhasnewydd, Myn., yn Ionawr 1896. Trechwyd ei gynigion gan Ffederasiwn Rhyddfrydwyr De Cymru. Dyma fu diwedd y symudiad i bob pwrpas, er i sawl Rhyddfrydwr unigol geisio'n ysbeidiol ac aflwyddiannus hyrwyddo'r achos, yn arbennig rhwng 1911 ac 1914.

Cafwyd peth cefnogaeth i'r achos o gyfeiriadau eraill hefyd, yn arbennig o du Emrys ap Iwan (Robert Ambrose *Jones), a ffafriai Senedd Gymreig fwy pwerus na'r hyn a ddeisyfai cefnogwyr y Senedd Gartrefol ond eto a fyddai'n ddeddfwrfa o fewn y fframwaith Prydeinig. Cafwyd cefnogaeth rhai Sosialwyr Cymreig hefyd, megis E. Pan *Jones ac R. J. *Derfel, a oedd o'r farn y byddai deddfwrfa Gymreig (yn wahanol i Senedd

Imperialaidd) yn gweithredu polisïau Sosialaidd, yn enwedig y rhai a oedd yn ymwneud â pherchenogaeth tir. Ni ddenodd y mudiad drwch y boblogaeth, fodd bynnag, ac ni chafodd fawr fwy na chydnabyddiaeth arwynebol gan y rhan fwyaf o arweinyddion y mudiad Llafur yn y 1890au ac yr oedd y Sefydliad Rhyddfrydol yng Nghymru yn ddifater, ac yn y diwedd yn elyniaethus. Gweler hefyd DATGANOLI ac YMGYRCH DROS SENEDD I GYMRU.

Trafodir y pwnc yn llyfr Reginald Coupland, *Welsh and Scottish Nationalism* (1954); gweler hefyd K. O. Morgan, '*Welsh Nationalism: the Historical Background*', yn *Journal of Contemporary History* (cyf. VI, rhif. 1, 1971), a'r un awdur yn *Rebirth of a Nation: Wales 1880–1980* (1981).

Homfray, teulu o feistri haearn o Benydarren ger Merthyr Tudful, Morg., ac o Lynebwy, Myn. Yn 1782 cymerodd Francis Homfray brydles gan Anthony *Bacon ar waith ym Mhenydarren lle y bwrid magnelau. Bu ei feibion Jeremiah (1750–1833) a Samuel (m. 1822) yn ymryson yn gyson â Bacon oherwydd bod gwaith haearn Bacon yn uwch i fyny'r dyffryn yn Nowlais a'r ddau waith yn dibynnu ar afon Morlais am ddŵr, ond ffynnodd y meibion hwythau. Dechreuodd Jeremiah Homfray y gweithfeydd haearn yng Nglynebwy yn 1789, ac fe'i hurddwyd yn farchog yn 1810. Dechreuodd Samuel weithfeydd Tredegar yn 1800. Yr oedd Samuel hefyd yn un o brif hyrwyddwyr Camlas Morgannwg a agorwyd yn 1794 er mwyn cludo haearn o Ferthyr Tudful i lawr Cwm Taf i Gaerdydd. Y mae'n debyg fod Francis Homfray, rheithor Llanfair Cilgedyn, Myn., y gŵr y cyhoeddwyd ei gerdd hir *Thoughts on Happiness* yn 1817, yn aelod o'r teulu hwn.

Gweler yr erthygl gan M. J. Dowden yng *Nghylchgrawn* Llyfrgell Genedlaethol Cymru (cyf. XXVIII, 1993).

HOMFRAY, FRANCIS ALEXANDER (1854–1928), bardd. Brodor o Court St. Lawrence, Myn., ydoedd; fe'i hordeiniwyd yn offeiriad ond enillodd ei fywoliaeth fel tiwtor preifat ym Mryste. Cyhoeddwyd ei gerddi mewn dwy gyfrol, *Idylls of Thought* (1898) a *Poems* (1930).

Homiliau (2 gyf., 1906, 1909), casgliad o bregethau gan Emrys ap Iwan (Robert Ambrose *Jones). Er nad oedd yr awdur yn bregethwr mawr yn yr ystyr fod ganddo'r ddawn i draddodi'n hwyliog fel cewri'r pulpud Cymraeg yn y bedwaredd ganrif ar bymtheg, gadawodd ei bregethu eu hôl ar feddwl Cymru a'i llên. Y maent yn adlewyrchu rhesymeg finiog a meddwl trefnus a cheir cryn bwyslais ynddynt ar grefydd ymarferol. Ar yr un pryd mynegir cariad angerddol at Dduw mewn dull a alwyd yn Bascalaidd ac mewn rhyddiaith sydd weithiau'n ymylu ar fod yn farddoniaeth.

Honno, tŷ cyhoeddi bychan ffeministaidd a sefydlwyd

yn 1986 gan wyth menyw o wahanol rannau o Gymru: Kathryn Curtis, Anne Howells, Shelagh Llewellyn, Ceridwen Lloyd-Morgan, Luned Meredith, Althea Osmond, Rosanne Reeves a Leigh Verrill-Rhys. Fe'i cofrestrwyd yn gymdeithas gydweithredol gymunedol; fe'i rheolir gan bwyllgor gwaith ac y mae'r aelodau yn wirfoddolwyr. Enillodd Wobr Raymond *Williams am gyhoeddi yn y gymuned am *Luminous and Forlorn* (gol. Elin ap Hywel, 1995), a daeth yn ail yn yr un gystadleuaeth gydag *On My Life* (gol. Leigh Verrill-Rhys, 1990), casgliad o ysgrifau hunangofiannol. Y mae'n cyhoeddi cyfrolau o waith creadigol gan ferched yng Nghymru, gan gynnwys barddoniaeth, straeon byrion, nofelau, llyfrau plant a gweithiau hunangofiannol. Penodwyd golygydd, Elin *ap Hywel, yn 1993, a chynyddodd y cynnyrch yn sylweddol wedi hynny. Sefydlwyd y wasg i annog ysgrifennu creadigol gan ferched yng Nghymru ac i sicrhau cynnydd yn y deunydd gan ferched ar gyfer darllenwyr. Y mae cyfran sylweddol o'i hawduron yn rhai sy'n cyhoeddi am y tro cyntaf, ac y mae gwaith rhai ohonynt wedi cael ei dderbyn yn ddiweddarach gan weisg rhyngwladol. Ar yr un pryd y mae'r cyfrolau sy'n cofnodi profiadau menywod yn ddeunydd gwerthfawr i fyfyrwyr ac athrawon hanes cymdeithasol. Cyhoeddir cyfrolau Cymraeg a Saesneg, a chydnabuwyd cyfraniad y wasg yn yr iaith Saesneg yn arbennig mewn nifer o wobrau a dderbyniwyd dros y blynyddoedd. Ymhlith y cyfranwyr i gyfrolau Honno y mae Glenda *Beagan, Gillian *Clarke, Christine *Evans, Siân *James, Catherine *Merriman a Hilary *Llewellyn-Williams. Gwnaeth Karl Francis ffilm o *Morphine and Dolly Mixtures* (1990) gan Carol-Ann Courtney, hanes plentyndod cythryblus.

Hooker, gweler JENKINS, JOHN (1700–1829).

HOOKER, JEREMY (1941–   ), bardd a beirniad a aned yn Warsash, Hants., ac a addysgwyd ym Mhrifysgol Southampton. Fe'i penodwyd yn Ddarlithydd mewn Saesneg yng Ngholeg Prifysgol Cymru, Aberystwyth, yn 1965. Y mae wedi cyhoeddi naw cyfrol o gerddi: *The Elements* (1972), *Soliloquies of a Chalk Giant* (1974), *Landscape of the Daylight Moon* (1978), *Solent Shore* (1978), *Englishman's Road* (1980), *Itchen Water* (1982), detholiad o'i gerddi dan y teitl *A View from the Source* (1982), *Master of the Leaping Figures* (1987) ac *Our Lady of Europe* (1997); a llyfr o farddoniaeth a rhyddiaith *Their Silence a Language* (1994) mewn cydweithrediad â'r cerflunydd ac arlunydd Lee Grandjean. Y mae ei arddull yn ymchwilgar, ond yn hunanddisgybledig ac ymdrinia ei gerddi â chysylltiadau hanesyddol a mytholegol y tirlun, a'r cysylltiadau rhwng y bardd a lle, yn enwedig yn ei Wessex enedigol ac yng Nghymru. Ymhelaethodd ar y themâu hyn yn ei gasgliadau o ysgrifau beirniadol, *Poetry of Place* (1982) a *The Presence of the Past* (1987). Ei weithiau beirniadol eraill yw cyfrol ar John Cowper

*Powys yn y gyfres *Writers of Wales* (1973), *David Jones: an Exploratory Study* (1975), a *John Cowper Powys and David Jones: a Comparative Study* (1979); yn ogystal â'r rhain y mae wedi golygu (gyda Gweno Lewis) *Selected Poems of Alun Lewis* (1981). Gadawodd Gymru yn 1984 ac erbyn hyn y mae'n byw yng Ngwlad yr Haf.

Ceir ysgrif hunangofiannol gan Jeremy Hooker, lle y mae'n trafod ei ddiddordebau a llenyddiaeth Cymru, yn y gyfrol *Artists in Wales* (gol. Meic Stephens, 1977).

HOOSON, ISAAC DANIEL (1880–1948), bardd o Rosllannerchrugog, Dinb. Cyfreithiwr ydoedd wrth ei alwedigaeth a chanddo swyddfa yn Wrecsam. Dechreuodd farddoni'n gynnar; dywedodd mai yng nghylchgrawn O. M. *Edwards, *Cymru*, y bwriodd ei brentisiaeth. Cyfansoddwyd y rhan fwyaf o'i ganu, *Cerddi a Baledi* (1936), rhwng 1930 ac 1936. Cyhoeddasai 'Y Fantell Fraith', ei gyfaddasiad o gerdd Browning 'The Pied Piper of Hamelin', yn 1934. Daeth ei waith yn boblogaidd bron ar unwaith, yn enwedig fel darnau adrodd. Y mae 'Wil', a 'Barti Ddu', 'Guto Nyth Brân' a 'Guto Benfelyn' ymhlith y cerddi mwyaf adnabyddus i blant yn y Gymraeg. Telynegion swynol ar y mesurau rhydd yw ei gerddi, gan mwyaf, a chân yn arbennig i greaduriaid a blodau. Er y clywir tinc o hiraeth am ei febyd yn ei waith cynharach, daw ei besimistiaeth yn amlycach yn *Y Gwin a Cherddi Eraill* (1948), cyfrol a gyhoeddwyd ychydig fisoedd ar ôl ei farw.

Ceir astudiaeth o'i fywyd a'i waith yn llyfr W. R. Jones (1954); gweler hefyd yr ysgrifau gan R. Geraint Gruffydd a Gwilym R. Jones yn *Ysgrifau Beirniadol III* a *VI* (gol. J. E. Caerwyn Williams, 1967, 1971) a chan Hugh Bevan yn *Beirniadaeth Lenyddol* (gol. B. F. Roberts, 1982).

Hopcyn ap Tomos ab Einion (*c.*1330–wedi 1403), gweler o dan LYFR COCH HERGEST.

HOPKIN, LEWIS (*c.*1708–71), bardd. Fe'i ganed ym mhlwyf Llanbedr-ar-fynydd, Morg., ac ymgartrefodd yn Hendre Ifan Goch ym mhlwyf Llandyfodwg, Morg., hen gynefin ei hynafiaid. Yn ôl pob tebyg, efe oedd y bardd galluocaf a berthynai i'r cylch bychan o 'ramadegyddion' a geid ym Morgannwg yn y cyfnod hwnnw ac efe a gafodd y dylanwad mwyaf ar fywyd llenyddol y sir yn hanner cyntaf y ddeunawfed ganrif. Bu'n athro barddol i Edward *Evan o Aberdâr, a rhoddodd beth hyfforddiant yn y grefft farddol hefyd i Edward *Williams (Iolo Morganwg). Cyhoeddwyd casgliad gwerthfawr o'i weithiau prydyddol o dan y teitl *Y Fel Gafod* (1813), ond cyffredin, at ei gilydd, ydyw safon y cynnwys. Serch hynny, y mae ei waith yn adlewyrchu'r ymdrechion egnïol a wnaeth i astudio'r iaith lenyddol ac i feistroli'r rheolau technegol sy'n ymwneud â *chynghanedd ac â'r mesurau caeth. Enghraifft nodedig o feistrolaeth y llwyddodd i'w hennill ar y mesurau hynny ydyw'r farwnad a ganodd i William

Bassett o Feisgyn. Yn ôl Iolo Morganwg, yr oedd ganddo wybodaeth bur eang o lenyddiaeth Saesneg y ddeunawfed ganrif ac o weithiau beirniaid llenyddol Lloegr yn y cyfnod hwnnw. Cadarnheir yr honiad hwn, i raddau, gan y cyfieithiadau Cymraeg da a wnaeth Lewis Hopkin o 'The Ballad of Chevy Chase' a 'The History of Lavinia'. Cynhwysai ei lyfrgell lyfrau Lladin a Ffrangeg, ac yr oedd, heb unrhyw amheuaeth, yn ŵr deallus a diwylliedig. Cyfansoddodd Iolo Morganwg farwnad iddo o dan y teitl Dagrau yr Awen (1772).

Am fanylion pellach gweler Lemuel 'Hopcyn' James (gol.), Hopkiniaid Morganwg (1909); G. J. Williams, Traddodiad Llenyddol Morgannwg (1948); Ceri W. Lewis, 'The Literary History of Glamorgan from 1550 to 1770', in Glamorgan County History, Vol. IV: Early Modern Glamorgan (1974); a'r cyfeiriadau a roddir yn y gweithiau hynny.

HOPKINS, BENJAMIN THOMAS (1897–1981),
bardd, brodor o Ledrod, Cer., ydoedd. Treuliodd y rhan fwyaf o'i oes yn amaethu ym Mlaenpennal, ger y Mynydd Bach, lle y cynhaliai seiadau llenyddol yng nghwmni J. M. *Edwards ac E. Prosser *Rhys. Bu'n beirniadu droen yn yr *Eisteddfod Genedlaethol ac fe'i cofir yn bennaf am ei gywydd. 'Rhos Helyg', sy'n clodfori harddwch ei fro ac yn galaru dros ddirywiad ei ffordd draddodiadol o fyw. Ceir detholiad o'i waith yn y gyfrol, Rhos Helyg a Cherddi Eraill (1976).

HOPKINS, GERARD MANLEY (1844–89), bardd
o Sais. Fe'i ganed yn Stratford, swydd Essex, a'i addysgu yng Ngholeg Balliol, Rhydychen. Daeth yn Babydd tra oedd yn Rhydychen, ac wedi graddio yno, penderfynodd fynd yn offeiriad gyda'r Iesuwyr. Rhwng 1870 ac 1877 dilynodd dri chwrs gwahanol i baratoi ei hun ar gyfer yr offeiriadaeth. Dilynodd ei drydydd cwrs o astudiaethau diwinyddol yng Ngholeg Sant Beuno ger Tremeirchion, Ffl., a bu yno am dair blynedd. Cafodd ei ordeinio yn 1877 ond hyd 1884 bu'n athro ar brydiau ac yn berson plwyf yn Lloegr a'r Alban ar adegau eraill. Treuliodd ei flynyddoedd olaf, o 1884 hyd 1889, yn Nulyn, yn Gymrawd Prifysgol Frenhinol Iwerddon ac yn Athro mewn Groeg yng Ngholeg a Brifysgol yno. Dioddefodd afiechyd cyson ac ychwanegodd ei ddyletswyddau academaidd trymion at ei ymdeimlad o ddirywiad corfforol ac ysbrydol. Mynegodd yr ymdeimlad hwn yn ei 'terrible sonnets' yn 1885. Bu farw yn Nulyn o dwymyn yr ymysgaroedd.

Cyfnod pwysig i Hopkins oedd ei arhosiad yng Ngholeg Sant Beuno. Yr oedd wedi dinistrio'r cerddi a luniodd pan oedd yn fyfyriwr, gan ei fod yn teimlo bod llunio cerddi yn anghymarus â'i waith fel offeiriad. Fe'i hanogwyd i ailddechrau barddoni gan ei Reithor, y gŵr a fynnodd gerdd i gofnodi ffawd pum lleian, ffoaduriaid o gyfreithiau gwrthglerigol Falk yn Yr Almaen ac a foddwyd mewn llongddrylliad yn aber afon Tafwys. Y canlyniad oedd ei gerdd, 'The Wreck of The Deutschland'

(1875). Dyma'r gerdd gyntaf i adlewyrchu ei ddull o ddefnyddio 'sprung rhythm', dull a oedd yn dibynnu ar nifer yr acenion mewn llinell, yn hytrach na nifer y sillafau. Yr oedd ei farddoniaeth newydd hefyd yn adlewyrchu syniadau y soniwyd amdanynt yn ei ddyddiaduron fel 'inscape' ac 'instress'. Yr ystyr iddo ef oedd y patrwm unigryw a oedd yn hanfod pethau, pobl a digwyddiadau, a'r egni a oedd yn uno'r rhannau yn gyfanrwydd. Hyn, i Hopkins, oedd presenoldeb deinamig Duw yn y byd.

Yr oedd ôl dylanwad yr athronydd canoloesol Duns Scotus ar y syniadau hyn a chrisialwyd hwy ym meddwl y bardd gan ei gartref newydd uwchlaw dyffryn Elwy, yn wynebu Eryri dros Ddyffryn Clwyd. Gwelir dylanwad y lle hwn ar ei ffordd arbennig o edrych ar y byd yn y deg soned a luniodd yn ei flwyddyn olaf yng Ngholeg Sant Beuno (1877). Ymhlith y sonedau hyn y mae 'The Starlight Night', 'The Windhover' a 'Hurrahing in Harvest'. Yn yr un modd, dylanwadwyd ar ei fwriad o gyfosod 'inscape' pethau ag 'inscapes' sŵn a ffurfiau iaith ei hunan gan batrymau caeth cytseiniaid a llafariaid mewn barddoniaeth Gymraeg. Dysgodd Gymraeg, meistrolodd a defnyddiodd reolau'r *cynghanedd a lluniodd rai cerddi caeth yn y Gymraeg ei hun. Bu'r diddordeb hwn mewn 'barddoniaeth lle', yn yr ystyr ieithyddol yn ogystal ag yn yr ystyr dopograffaidd, yn nodwedd amlwg yng ngweddill ei yrfa fel bardd. Yr oedd i groesi sawl ffin ranbarthol a chenedlaethol arall wedi hyn, gan ymhyfrydu mewn idiomau lleol a geiriau tafodieithol. Ni chymerai'r iaith Saesneg yn ganiatol, yn ei hanfod nac yn ei dulliau safonol.

Bu ei brofiadau o Gymru – 'woods, waters, meadows, combes, vales,/ All the air things wear that build this world of Wales' – ymhlith y dylanwadau cynharaf a dyfnaf a fu arno yn ei ddatblygiad i fod yn fardd aeddfed. Ar wahân i ychydig gerddi mewn blodeugerddi, ni chyhoeddwyd gwaith Gerard Manley Hopkins hyd 1918. Er bod ei ddull o feddwl, ei brofiadau a'i gyfrifoldebau fel offeiriad Iesuaidd yn oes Fictoria wedi dylanwadu'n fawr ar ei waith, yr oedd techneg ei gerddi yn chwyldroadol a dylanwadol, gan iddo roi pwysau, dwyster a chynildeb mynegiant newydd i farddoniaeth Saesneg. Yr oedd dyddiad cyhoeddi ei waith, fodd bynnag, yn sicrhau bod ei ddylanwad yn syrthio ar yr ail genhedlaeth o feirdd mudiad Moderniaeth, sef cenhedlaeth W. H. Auden, yn hytrach na chenhedlaeth T. S. Eliot. Efelychodd llawer o feirdd y 1930au nodweddion arddull Hopkins mewn modd a oedd braidd yn hunanymwybodol ac y mae gwaith cynnar Auden ei hun yn enghraifft nodedig o hyn. Ond Cymro, sef Dylan *Thomas, oedd y bardd a oedd mewn sefyllfa i efelychu'r modd y bywiocaodd Hopkins ffurfiau barddonol anodd ag egni mynegiant. Y mae'n debyg mai barddoniaeth Hopkins oedd cysylltiad agosaf Thomas â'r arddull gyfoethog a ddeilliai o wybodaeth o'r Gymraeg. Yr oedd y berthynas naturiol rhwng y ddau fel beirdd yn golygu bod dylanwad

Hopkins – yn wahanol i'w ddylanwad ar feirdd Saesneg cyfoes eraill – yn aros yn ddigon cyson i ddod i'w lawn dwf yng ngherddi diweddaraf Dylan Thomas.

Y cofiannau mwyaf awdurdodol yw rhai Robert Bernard Martin (1991) a Norman White (1992); ceir beirniadaeth ar ei waith yn yr astudiaethau gan W. H. Gardner (2 gyf., 1944, 1949) a Geoffrey Grigson yn y gyfres *Writers and their Work* (1955), y casgliad o ysgrifau a olygwyd gan G. H. Hartman (1966) a'r traethawd gan N. H. Mackenzie yn y gyfres *Writers and Critics* (1968). Ymdrinnir â dylanwad Cymru a'i hiaith ar farddoniaeth Hopkins yn yr erthygl gan Gweneth Lilly yn *Modern Language Review* (cyf. XXXVII, (Gorff., 1943); gweler hefyd yr erthyglau gan A. Thomas yn *Nhrafodion Anrhydeddus Gymdeithas y Cymmrodorion* (1965), Anthony Conran yn *The Welsh Connection* (gol. W. M. Tydeman, 1986) a Walford Davies yn *The New Welsh Review* (rhif. 7, cyf. II, Gaeaf 1989/90).

Horner, Arthur Lewis (1894–1968), arweinydd undeb y glowyr. Er iddo gael ei eni ym Merthyr Tudful, Morg., â'r Maerdy yng Nghwm *Rhondda y cysylltir ei enw bob amser. Aeth i Ddulyn yn ŵr ifanc i ymuno â Byddin Dinasyddion James Connolly ac fe'i carcharwyd pan ddychwelodd. Un o ddisgyblion Noah *Ablett ydoedd, ac er ei fod yn amlwg fel Comiwnydd, materion yr undebau llafur oedd ei brif ddiddordeb. Penodwyd ef yn Llywydd *Ffederasiwn Glowyr De Cymru yn 1936, y Comiwnydd cyntaf i gael y swydd, a chynyddodd ei ddylanwad o hynny ymlaen. Ef oedd Ysgrifennydd Cyffredinol Undeb Cenedlaethol y Glowyr o 1946 hyd 1959. Er gwaethaf llawer o fethiannau, gwleidyddol a phersonol, yr oedd Horner gyda'r mwyaf galluog o holl arweinwyr yr undebau ac yn sicr ef a'i gyfaill A. J. *Cook oedd y ddau a oedd agosaf at galonnau glowyr de Cymru.

Ceir manylion pellach yn hunangofiant Horner, *Incorrigible Rebel* (1960).

HOUSTON, DOUGLAS (1947–), bardd. Fe'i ganed yng Nghaerdydd a'i fagu yn Glasgow. Astudiodd Saesneg ym Mhrifysgol Hull o 1966 i 1969. Gweithiodd fel athro ysgol yn Hull ac yna dysgodd Saesneg yn Yr Almaen cyn dychwelyd i Hull i weithio tuag at Ph.D. ar farddoniaeth W. H. Auden a Seamus Heaney. Yn 1981 symudodd yn ôl i Gymru, i ardal Aberystwyth, lle y mae'n byw ac yn gweithio fel awdur llawn-amser. Cynhwyswyd ei waith yn *A Ruined City: New Poets from Hull* (1982) ac yn *The Bright Field* (gol. Meic *Stephens, 1990) ac y mae wedi cyhoeddi dau gasgliad o farddoniaeth, *With the Offal Eaters* (1986) a *The Hunters in the Snow* (1994). Y mae ei farddoniaeth yn ffraeth a dyfeisgar, ac yn meddu ar fath o swrealaeth lenyddol sy'n ei gysylltu â chenhedlaeth y Farddoniaeth Newydd.

How Green Was My Valley (1939), nofel gan Richard Llewellyn (Richard Llewellyn *Lloyd). Dichon mai hon yw'r nofel Saesneg enwocaf a ysgrifennwyd gan awdur Eingl-Gymreig. Darlunia gymdeithas ddiwydiannol gynnar, un ddiniwed, grefyddol a chyfan gwbl Gymreig, sy'n cael ei dinistrio bob yn dipyn gan fewnlifiad o Saeson a Gwyddelod, gan ddirywiad yr amgylchedd, gan athroniaeth a gweithredodd ymrannol Undeb y Glowyr, a chan y chwalfa yn uned deuluol y Morganiaid, sy'n ganolog i'r naratif, y rhain oll yn tarddu o'r arfer newydd o streicio a gwrthryfela. Er bod iddi rai nodweddion arwynebol bywyd cymoedd de-ddwyrain Cymru tua diwedd oes Fictoria, ac efallai o'r *Rhondda, nid adroddiad hanesyddol a geir yn y nofel ond yn hytrach fyth grymus gydag arwyddocâd gwleidyddol, yn debyg o ran ei heffaith ar ei darllenwyr i *The Virginian* (1902) gan Owen Wister a Myth Americanaidd *Frontier*. Difethir gwaith caled a chydweithrediad y mewnfudwyr cyntaf gan ymelwa a llygredd: collir Eden am byth. Y mae *How Green Was My Valley* wedi'i hysgrifennu mewn dull grymus, sy'n llwyddo i gynnal naws farddonol ac erys y cymeriadau yn y cof. Fe'i croesawyd gan ddarllenwyr Saesneg a oedd yn anhapus ynghylch cyfeiriad gwleidyddiaeth a chymdeithas ar ôl 1918. Er i ddarllenwyr Cymreig gael eu drysu ar y dechrau gan y ffaith nad oedd yn cyd-fynd â'u profiad hwy, fe'u hargyhoeddwyd gan ei llwyddiant. Gwerthodd y nofel yn eithriadol o dda ac fe'i ffilmiwyd yn yr Amerig yn 1940.

Ail hanner bywyd Huw Morgan, yr adroddwr yn *How Green Was My Valley*, yw testun tair nofel arall: lleolir *Up, into the Singing Mountain* (1963) a *Down where the Moon is Small* (1966) yn y Wladfa Gymreig ym *Mhatagonia, ac y mae *Green, Green My Valley Now* (1975) yn disgrifio Huw Morgan yn dychwelyd i'r Gymru gyfoes. Nid yw'r un o'r rhain, fodd bynnag, yn dangos rhagoriaethau nofel gyntaf a gorau Richard Llewellyn.

Ceir safbwyntiau beirniadol gwahanol yn Glyn Tegai Hughes yn 'The Mythology of the Mining Valleys' yn *Triskel Two* (gol. Sam Adams a Gwilym Rees Hughes, 1973); David Smith yn 'Myth and Meaning in the Literature of the South Wales Coalfield – the 1930s' yn *The Anglo-Welsh Review* (cyf. XXV, rhif. 56, 1976); Derrick Price, 'How Green was my Valley: a Romance of Wales', yn *The Progress of Romance: the Politics of Popular Ficition* (gol. Jean Radford, 1986); ysgrifau gan Ian Bell a John Harris yn *Planet* (rhif. 73, 1989); gan Peter Stead yn *The New Welsh Review* (rhif. 15, cyf. IV, Gaeaf 1991/92); a chan John Harris yn *Welsh Writing in English* (cyf. III, gol. Tony Brown, 1997).

Howard de Walden, gweler SCOTT-ELLIS, THOMAS EVELYN (1880–1946).

HOWELL, FLORENCE (1869–1946), awdures straeon byrion a dramodydd. Cafodd ei geni yn Whalecwm, Cosheston, Penf. Treuliodd hi a'i chwaer Daisy (1864–1904) eu gwyliau lawer gwaith gyda'u taid a'u nain ym Melin Pwll Du ar afon Cleddau. Yno ysgrifennent straeon byrion ar y cyd ac ar eu pennau eu hunain a chyhoeddwyd nifer o'r rhain, wedi eu golygu gan Morwyth Rees, dan y teitl *Stories at the Mill* (1969).

Yn ddiweddarach, cyfyngodd Florence ei sylw i'r ddrama, gan ysgrifennu *Jane Wogan* (a gynhwyswyd yn *The Best One-Act Plays of 1934*) a *Castle Garth*, drama hir. Darlledwyd cryn nifer o'i dramâu byrrach, gan gynnwys *A Woman of Compassion*, *The Thirteenth of March*, *The Sentence* a *Pembroke Castle*. Cyfieithwyd amryw i'r Gymraeg a bu llawer o berfformio arnynt gan gwmnïau amatur.

HOWELL, JAMES (1593–1666), llenor a aned yn Aber-nant, Caerf., yn ail fab i'r rheithor yno. Cafodd ei addysg yng Ngholeg Iesu, Rhydychen. Erbyn 1616 yr oedd yn stiward Tŷ Gwydr Syr Robert Mansel yn Broad Street, Llundain, ond o hynny ymlaen bu'n well ganddo ymarfer ei ddawn mewn ieithoedd wrth gynrychioli'r cwmni mewn gwledydd tramor. Yn 1623, ar ôl dychwelyd o'i deithiau helaeth yn Ewrop, fe'i hanfonwyd i Madrid gan farsiandïwyr Cwmni Twrci i geisio iawndal am long a gipiwyd gan bobl Sardinia, a oedd y pryd hwnnw dan lywodraeth Sbaen. Tra oedd yno cafodd gyfle i sylwi'n fanwl ar garwriaeth Tywysog Cymru â'r Infanta (yn hanesyddol dyma ran bwysicaf ei *Letters*) ond bu dicter y Sbaenwyr yn sgîl methiant yr uno arfaethedig yn fodd i ddrysu cenhadaeth Howell. Yn 1626 fe'i penodwyd yn Ysgrifennydd Cyngor y Gogledd a'r flwyddyn ganlynol cafodd ei ethol yn Aelod Seneddol dros Richmond, swydd Efrog. Daeth uchafbwynt ei wasanaeth cyhoeddus yn 1632 pan aeth gydag Iarll Caerlŷr ar ei daith i Lys Denmarc. Cafodd gyfle i arddangos o'r newydd ei rwyddineb di-ffael yn yr iaith Ladin fel areithydd cyhoeddus a chenhadwr. O hynny ymlaen anodd yw dilyn ei yrfa; daeth yn ysbïwr i Iarll Strafford, efallai yn 1633, ond yn bendant erbyn 1639. Pan ddaeth y *Rhyfel Cartref, fe'i penodwyd gan y Brenin yn Glerc Ychwanegol i'r Cyngor, ond cyn pen deufis fe'i cipiwyd i Garchar y Fflyd gan y Seneddwyr ac yno y bu hyd yr amnest gyffredinol yn 1650. Gwnaeth yr wyth mlynedd hyn yn y carchar lenor ohono: cyn ei farw yr oedd wedi ysgrifennu deugain o lyfrau, mwy nag unrhyw un o'i gyfoeswyr. Yn 1661 cafodd ei benodi yn *Historiographer Royal* a bu'n byw yn Fetter Lane, Holborn, am weddill ei oes.

Y mae ei gerddi yn aml yn fedrus a phob amser yn grefftus. Cyfieithwyd ei brif gyfrolau, *Dodona's Grove* (1641), alegori wleidyddol, drom, ac *England's Teares* (1644), apêl am heddwch, i sawl iaith Ewropeaidd ond prin fu eu dylanwad yn Lloegr. Ymhlith ei weithiau eraill yr oedd *Lexicon Tetraglotton* (1659–60), geiriadur Saesneg–Ffrangeg–Eidaleg–Sbaeneg, ynghyd â chasgliad o ddiarhebion o'r ieithoedd hyn ac o'r Gymraeg. Cofir Howell yn bennaf am ei *Familiar Letters* (*Epistolae Ho-Elianae*, 1645), ond ei gyfrol *Parly of Beasts* (1660) oedd yr amddiffyniad llenyddol beiddgar, olaf i'w ysgrifennu am Gymru yn Saesneg cyn yr ugeinfed ganrif.

Yr ymdriniaeth fwyaf ar Howell yw eiddo Joseph Jacobs yn ei argraffiad o *Epistolae Ho-Elianae* (2 gyf., 1890, 1892); ond gweler hefyd yr ymdriniaeth yn *Old Welsh Chips* (1888) gan Edwin Poole, yr erthygl gan 'G. H.' yn *The Red Dragon* (Chwef., 1883), W. H. Vann, *Notes on the Writings of James Howell* (1924) a'r erthygl gan Gareth Alban Davies yn *Dock Leaves* (cyf. VII, rhif. 20, 1956).

HOWELL, JOHN (Ioan ab Hywel, Ioan Glandyfroedd; 1774–1830), gweler o dan BLODAU DYFED (1824).

HOWSE, WILLIAM HENRY (1884–1966), hanesydd sir Faesyfed. Sais ydoedd a weithiai i'r Weinyddiaeth Lafur ac a ymwelodd gyntaf â'r sir y cysegrodd ei ynni fel hanesydd iddi yn 1927. Yn ddiweddarach, dysgodd Gymraeg a chwarae rhan flaenllaw yng ngweithgareddau Cymdeithas Sir Faesyfed (y daeth yn Is-lywydd am oes arni yn 1959) ac ymgartrefu yn Llanandras. Y mae parch uchel i'w lyfr *Radnorshire*, ynghyd â hanes Jonathan Williams (gweler o dan DAVIES, EDWIN) a llyfrau Ffransis G. *Payne, fel ymdriniaeth awdurdodol o dirwedd, iaith a thraddodiadau'r sir.

Hu Gadarn, arwr chwedlonol a ddisgrifir gan William *Owen Pughe yn ei *Cambrian Biography* (1803) fel 'the *deified progenitor of the Cymry*'. Y mae'n amlwg fod y disgrifiad canmoliaethus hwn wedi'i symbylu gan Iolo Morganwg (Edward *Williams), a olrheiniodd hanes Hu Gadarn gyda hanes cynoesoedd y Cymry yn y gyfres wreiddiol a gyfrannodd i'r *Myvyrian Archaiology of Wales* (1801), sef y 'Drydedd Gyfres' o *Trioedd Ynys Prydain*, gwaith Iolo ei hun. Yn y gyfres hon o Drioedd cynrychiolodd Iolo Hu Gadarn fel math o arwr diwylliannol, gŵr a arweiniodd y Cymry o'r *Deffrobani* chwedlonol (sef Sri Lanka) i Brydain. Yn ôl Iolo, Hu Gadarn a'u sefydlodd yn heddychlon yn y wlad, wedyn dysgodd y Cymry sut i drin y tir a sut i drefnu cymdeithas; cychwynnodd hefyd draddodiad llafar mewn barddoniaeth, er mwyn defnyddio cerdd i ddiogelu cofnodion. Benthyciodd Iolo enw Hu Gadarn o 'Gywydd y Llafurwr' gan *Iolo Goch, yno edrydd y bardd mewn math o foeswers, sut y darfu i Hu Gadarn, Ymherawdr Caergystennin, lywio aradr â'i ddwylo ei hun, heb fwyta unrhyw fara ond yr hwn a gâi o'i lafur ei hun. Ffynhonnell y foeswers hon yw'r cyfieithiad *Campau Charlymaen* (13eg gan.), lle y saif Hu Gadarn am yr enw *Hugun le Fort* yn y fersiwn gwreiddiol Ffrangeg. Gweler hefyd GWLAD YR HAF.

Gweler nodyn ar Hu Gadarn yn *Nhrafodion Anrhydeddus Gymdeithas y Cymmrodorion* (1968) ynglŷn â chyfieithiad Iolo Morganwg ei hun o'i *Drioedd y Drydedd Gyfres* – a hefyd A. C. Rejhon, 'Hu Gadarn: Folklore and Fabrication' in P. K. Ford (gol.), *Celtic Folklore and Christianity* (1983).

Huail fab Caw, un o feibion Caw o Brydyn, a brawd i *Gildas, a gŵr y ceir tystiolaeth fod, ar un adeg, gylch o chwedlau amdano. Rhestrir ef yn *Trioedd Ynys Prydain yn un o Dri Thaleithiog Cad Ynys Prydain. Yn chwedl *Culhwch ac Olwen, trywanodd ei nai, Gwydre fab Llwydeu, gweithred sy'n peri drwgdeimlad rhyngddo ac *Arthur. Ym Muchedd *Gildas gan *Garadog o Lancarfan dywedir nad ymostyngodd i unrhyw frenin, hyd yn oed i Arthur, ac y byddai'n aml yn dwyn cyrchoedd o'r Alban ar deyrnas Arthur, ac o'r herwydd fe'i lladdwyd gan Arthur. Yn ei *Descriptio Kambriae (c.1194) ailedrydd *Gerald de Barri (Gerallt Gymro) yr honiad fod Arthur wedi lladd Huail ac ychwanega fod Gildas yn ei alar ar ôl ei frawd wedi taflu i'r môr yr holl lyfrau gwych a ysgrifenasai am weithredoedd gorchestol Arthur. Defnyddiwyd y gosodiadau hyn mewn cyfnodau diweddarach i egluro absenoldeb cyfeiriadau at Arthur yng ngwaith Gildas. Dyry ffynhonnell o'r unfed ganrif ar bymtheg, cronicl Elis *Gruffydd, fersiwn arall ar hanes yr elyniaeth rhwng Arthur a Huail wedi ei leoli yng ngogledd-ddwyrain Cymru. Edrydd am ymrafael rhwng y ddau ynghylch un o ferched gordderch Arthur sy'n arwain at dorri pen Huail ar y maen a elwir Maen Huail yn Rhuthun, Dinb.

Rhoir manylion am yr holl chwedlau hyn gan y golygydd yn *Astudiaethau Amrywiol* (gol. Thomas Jones, 1968).

HUCKS, JOSEPH (g. 1772), gweler o dan PEDESTRIAN TOUR THROUGH NORTH WALES (1795).

HUDSON-WILLIAMS, THOMAS (1873–1961), ysgolhaig a chyfieithydd, brodor o Gaernarfon. Bu'n darlithio mewn Groeg, Lladin, Ffrangeg a Chelteg yng Ngholeg Prifysgol Gogledd Cymru, Bangor, ac yn Athro Groeg o 1904 hyd 1940. Mewn astudiaethau clasurol ei brif gyfraniad oedd ei argraffiadau o Theognis a beirdd Groeg marwnadol eraill. Cyfieithodd yn helaeth i'r Gymraeg, yn arbennig o'r Rwseg, ac ymhlith ei gyhoeddiadau y mae *Y Groegiaid Gynt* (1932), *Storiau o'r Rwseg* (1942), *Anfarwol Werin* (1945), *Cerddi o'r Rwseg* (1945), *Ar y Weirglodd* (1946), *Merch y Capten* (1947), *Rwsalca* (1950), *Atgofion am Gaernarfon* (1950), *Bannau Llên Pwyl* (1953), *Straeon Tad Hanes* (1954), *Y Tadau a'r Plant* (1964) a *Pedair Drama Fer o'r Rwseg* (1964).

Cyhoeddwyd cofion ganddo yn *Atgofion am Gaernarfon* (1950), a cheir llyfryddiaeth yn *The Journal of the Welsh Bibliographical Society* (cyf. IX, 1965); gweler hefyd ysgrif yn Saunders Lewis, *Meistri a'u Crefft* (1981).

HUES, IVAN (fl. 1889), bardd na wyddys bron dim amdano, ond yr oedd yn medru'r Gymraeg ac y mae'n bosibl mai brodor o Gaerfyrddin ydoedd. Yr unig waith a briodolir i Hues (recte Hughes) yw cerdd hir alegoraidd, 'Heart to Heart: The Song of Two Nations' (1889) gyda rhagair gan Syr Lewis *Morris. Y mae'n bwysig er mwyn deall yr israddoldeb a deimlai Cymro yn y bedwaredd ganrif ar bymtheg. Y mae iddi ddwy thema: y dynfa i ysgrifennu yn Saesneg a'r dolur a

achosid gan wawd y Sais. Y mae Awen Wealh, y cymeriad canolog, sydd mae'n debyg yn hunan-gofiannol, yn fab i farchog Tyrau Dynver. Wedi'i ddenu gan naws mwy aruchel barddoniaeth Saesneg, ac yn anfodlon ar agweddau hynafiaethol, amddiffynnol yr *Eisteddfod a'r beirdd Cymraeg, gyrrir Awen o Gymru gan ddieithriaid sy'n cymryd arnynt 'sore to despise/ Both land and people'. Ar ôl iddo gael ei achub gan Inglissa, merch sydd yn addo y bydd meibion Cymru yn flaenllaw yn y 'glorious, grand/ Broadening nationality', y mae Credwen, duwies barddoniaeth, yn mynd ag ef i weld Morwyn sy'n eistedd ar orsedd rhwng *Arthur a *Myrddin. Y mae hi'n awgrymu bod yn rhaid i draddodiad cynhenid Cymru ddiflannu ac wedyn bydd Awen ac Inglissa yn un. Y mae'r gerdd yn un rhwydd iawn ac y mae o bryd i'w gilydd yn gofiadwy, er mor wasaidd yr ymddengys i'r darllenydd cyfoes.

Ceir manylion pellach yn y ddarlith gan Roland Mathias yn y gyfrol *Dathlu* (gol. R. Gerallt Jones, 1985).

Hughes a'i Fab, gweler o dan HUGHES, RICHARD (1794–1871).

HUGHES, ANNIE HARRIET (**Gwyneth Vaughan**; 1852–1910), nofelydd. Fe'i ganed yn Nhalsarnau, Meir., yn ferch i felinydd; ychydig o addysg a gafodd ond darllenodd yn eang. Ymddangosodd ei phedair nofel, gyda'u disgrifiadau o arferion gwlad, yn gyfresi yn *Y Cymro* (1903–06) ac *Y *Brython* (1907–09); yr oeddynt yn ddatblygiadau o'r deunydd a gyhoeddwyd yn *Yr *Haul* (1903–04), a'r prif gymeriadau yn seiliedig ar ei rhieni. Cyfnod diwygiad 1859 a ddarluniodd yn *O Gorlannau y Defaid* (1905) ac effaith Etholiad 1868 yw stori *Plant y Gorthrwm* (1908). Gosododd *Cysgodau y Blynyddoedd Gynt* mewn cyfnod cynharach. Y mae ei nofel gyfoes *Troad y Rhod* yn anorffen yn *Y Brython* (1908–09). Cyfrannodd hefyd farddoniaeth a rhyddiaith i gylchgronau megis *Cymru* a *Young Wales*.

Yr oedd ei mab, **Arthur Hughes** (1878–1965), yn olygydd dwy flodeugerdd bwysig, sef *Cywyddau Cymru* (1909) a *Gemau'r Gogynfeirdd* (1910). Ymfudodd i *Batagonia yn 1911 lle y parhaodd â'i ddiddordebau llenyddol a chyfrannu i gylchgronau Cymraeg.

Ceir erthygl ar Gwynedd Vaughan gan Thomas Parry yng *Nghylchgrawn Cymdeithas Hanes a Chofnodion Sir Feirionnydd* (cyf. VII, 1980) ac ar Arthur Hughes yn *Taliesin* (cyf. XXXVIII, 1979).

Hughes, Arwel (1909–88), cyfansoddwr a aned yn Rhosllannerchrugog, Dinb., yn fab i löwr. Aeth i Ysgol Ramadeg Rhiwabon a'r Coleg Cerdd Brenhinol, Llundain, lle y bu'n astudio dan Ralph Vaughan Williams. Ar ôl ymuno â staff y BBC yn 1935, daeth yn Bennaeth Cerddoriaeth BBC Cymru yn 1965. Am naw mlynedd bu'n Gyfarwyddwr Eisteddfod Gydwladol *Llangollen. Ymysg ei gyfansoddiadau y mae'r operâu *Menna* (1953) a *Serch yw'r Doctor/Love's the Doctor* (1960), yr oratorïau *Gweddi* (1943) a *Dewi Sant* (1951), a symffoni. Ond fe'i cofir yn bennaf fel cyfansoddwr yr emyn-dôn, *'Tydi a roddaist' yr ysgrifennwyd y geiriau gan T. Rowland *Hughes.

HUGHES, BETI (1926–81), nofelydd a aned ger Sanclêr, Caerf., a'i haddysgu yng Ngholeg y Brifysgol, Caerdydd. Aeth yn athrawes Gymraeg gan ddychwelyd i Ysgol Bro Myrddin, Caerfyrddin, yn ddirprwy brifathrawes yn 1978. Yr oedd yn llenor toreithiog ac ysgrifennodd lawer o nofelau poblogaidd yn cynnwys *Wyth Esgid Du* (1962), *Dwy Chwaer* (1963), *Adar o'r Unlliw* (1964), *Carchar Hyfryd* (1965), *Wyth Pabell Wen* (1966), *Genethod Abergwylan* (1967), *Hufen Amser* (1968), *Wyth Olwyn Felen* (1969), *Aderyn o Ddyfed* (1971) a *Pontio'r Pellter* (1981).

HUGHES, CLEDWYN (1920–78), nofelydd ac awdur topograffig a aned yn Llansanffraid, Tfn., lle y bu ei hynafiaid yn ffermwyr cefnog ers canrifoedd. Er ei fod yn fferyllydd trwyddedig, rhoes heibio ei alwedigaeth yn 1947 er mwyn ymroi i ysgrifennu, ac am weddill ei oes cynhaliodd ei hun ar ei enillion o'i waith llenyddol ynghyd â busnes coluro a weinyddai o'i gartref yn Arthog, Meir. Ysgrifennodd saith llyfr ar hugain yn cynnwys y nofelau *The Different Drummer* (1947), *The Inn Closes for Christmas* (1947), *Wennon* (1948) a *The Civil Strangers* (1949). Dichon mai'r olaf a enwyd yw ei waith mwyaf nodedig: disgrifia ddylanwad prifathro diegwyddor ar fywydau tri o'i ddisgyblion, yn enwedig ar Idris Prys, a cheir disgrifiad sensitif o'i lencyndod. O blith gweithiau topograffig yr awdur y mae'n debyg mai *A Wanderer in North Wales* (1949) a *Portrait of Snowdonia* (1967) yw'r goreuon o safbwynt llenyddol, a byddai rhai yn dadlau mai'r rhain yw ei waith gorau oll. Ysgrifennodd lyfrau i blant hefyd, gan gynnwys casgliad hyfryd o straeon byrion, *The King who lived on Jelly* (1961).

Hughes, Cyril, gweler HODGES, CYRIL (1915–74).

Hughes, David (*fl.* 1770–1817), gweler o dan HUGHES, THOMAS (*fl.* 1818–65).

HUGHES, DAVID (1930–), nofelydd a aned yn Alton, Hants., i rieni o dras Gymreig ac a addysgwyd yn Ysgol Ramadeg Eggar, Alton, Ysgol King's College, Wimbledon ac, yn dilyn cyfnod yn yr Awyrlu, yng Ngholeg Eglwys Grist, Rhydychen. Y mae wedi cyhoeddi pedwar llyfr ar ddeg, naw ohonynt yn weithiau ffuglen. Ysgrifennodd hefyd fywgraffiad anffurfiol, beirniadol o J. B. Priestley (1958), llyfr taith, *The Road to Stockholm* (1964), *The Seven Ages of England* (1967), llyfr hanes diwylliannol, a *The Rosewater Revolution* (1971), adroddiad ar y Rhyfel Cartref ar y gororau ag iddo elfen hunangofiannol. Ymddangosodd

ei waith ffeithiol arall, *Evergreens*, yn 1976. Bu hefyd yn gweithio fel golygydd, awdur sgriptiau, ffotograffydd lluniau llonydd, beirniad ffilmiau, beirniad ffuglen ac athro ar ymweliad â Phrifysgolion Iowa, Alabama a Houston.

Dilynwyd ei nofel gyntaf, *A Feeling in the Air* (1957), gan *Sealed with a Loving Kiss* (1958), *The Horsehair Sofa* (1961), *The Major* (1964), *The Man Who Invented Tomorrow* (1968) a *Memories of Dying* (1976), naratif gafaelgar sy'n cydblethu bywydau Hunter, yr hen ysgolfeistr, a Flaxman, gŵr busnes yn ei anterth. Cyflwynir *A Genoese Fancy* (1979) i'w dad, 'yn bedwar ugain oed', ac y mae'n gampwaith o hanes teimladwy, doniol a grymus am laslencyndod a serch. Yn *The Imperial German Dinner Service* (1983), ceir hanes difyr sy'n chwim ei rediad ac yn ennyn chwilfrydedd. Yn *The Pork Butcher* (1984) adroddir hanes Ernst Kestner o Lübeck a goleddodd gyfrinach yn ei galon am ddeugain mlynedd cyn dychwelyd i Ffrainc i wynebu ei atgofion. Ymddangosodd *But for Bunter* yn 1985. Yn ei waith diweddaraf, *The Little Book* (1996), y mae'r awdur, sy'n gwella ar ôl salwch, yn ei gael ei hun yn troi delfryd o lyfr yn wirionedd. Y mae'n llyfr gafaelgar, diwastraff sy'n braidd gyffwrdd â thras Hughes, a fyfyria ar dro ar 'fy ngwreiddiau yng Nghymru', lle a oedd 'wedi glynu wrth fy meddwl'.

Ceir manylion pellach yn yr erthygl gan R. Brinley Jones yn *Llais Llyfrau* (Haf, 1985).

HUGHES, ELLEN (1862–1927), traethodydd a bardd. Magwyd hi yn Llanengan, Llŷn, ac yno y bu'n trigo am y mwyafrif o'i dyddiau. Bu farw ei thad yn fuan ar ôl ei geni, a'i mam pan oedd yn bymtheg oed; cadw tŷ i'w brawd oedd ei gorchwyl a'i chynhaliaeth am y rhan fwyaf o'i bywyd. Merch hunanddysgedig ydoedd: ychydig iawn o addysg ffurfiol a gafodd, ond yr oedd yn hyddysg yn llên Cymru a Lloegr, a bu'n astudio Groeg a Hebraeg. Yn ddeunaw oed, dechreuodd gyhoeddi ei gwaith yn y cylchgrawn Y *'Frythones*, a bu'n cyfrannu'n helaeth iawn i'r cylchgrawn hwnnw ac i lu o rai eraill trwy gydol ei hoes. Am ddeng mlynedd ar hugain, yr oedd yn golofnydd cyson gydag Y *Gymraes*; cyfrannai lith yn fisol i'r cylchgrawn hwnnw. Cyhoeddwyd dwy gyfrol o'i gwaith, sef *Sibrwd yr Awel* (1887), casgliad o gerddi, a *Murmur y Gragen* (1907), sy'n cynnwys cerddi, storïau a thraethodau. Daeth yn adnabyddus hefyd fel darlithwraig a phregethwraig; bu'n pregethu yng nghymoedd diwydiannol de Cymru, yn ogystal ag yn ei chynefin yn y gogledd.

Fel llenor, y mae ar ei gorau yn ei thraethodau. Y mae ganddi rai cerddi trawiadol, er enghraifft ei chân o fawl i 'Unigrwydd', sy'n diweddu gyda'r bardd yn dychmygu ei hun yng nghanol 'cyd-gord perffaith' y nefoedd yn dyheu am gael hyd yn oed 'yno ambell awr yn nghwmni f'hun'. Ond amlygir ei hannibyniaeth barn a'i galluoedd rhesymegol ar eu cryfaf mewn traethodau megis

'Angylion yr Aelwyd' neu 'Gwroldeb moesol', lle y mae'n dadlau nad oes i rinweddau wahaniaethau rhywiol a bod gwroldeb yn nodwedd i'w fawrygu goruwch gwyleidd-dra mewn dynes yn ogystal â dyn. I ferched yr ysgrifennai gan amlaf; ceisiai ddeffro ynddynt ymwybyddiaeth o'u hunaniaeth annibynnol ac o'u cryfder cynhenid, ac y mae'n siwr bod ei gwaith a'i gyrfa yn gyffredinol wedi profi'n symbyliad pwysig i amryw o'i darllenwyr. 'Gelli, ti elli!' oedd ei neges i ferched ei hoes.

Ceir manylion pellach yn Cranogwen, 'Miss Ellen Hughes, Llanengan', Y Gymraes (Ion., 1900), ac Iorwen Myfanwy Jones, 'Merched Llên Cymru o 1850 i 1914' (traethawd ymchwil Prifysgol Cymru, 1935).

Hughes, Gaenor (1745–80), merch y dywedir iddi fyw am bron i chwe blynedd ar ddim ond dŵr o ffynnon gerllaw ei chartref ym Modelith, Llandderfel, Meir. Yr oedd yn orweddiog a honnwyd iddi gael gweledigaethau, gan gynnwys 'Pren y Bywyd'. Fel yn achos Sarah *Jacob, aeth amryw o deithwyr i'w gweld; yn eu plith yr oedd Thomas *Pennant, ac yr oedd Jonathan *Hughes ymhlith y beirdd a ganodd gerddi iddi.

HUGHES, GLYN TEGAI (1923–), beirniad llenyddol. Ganed yng Nghaerllion, Myn. Addysgwyd ef yn Lerpwl, yn Ysgol Ramadeg Manceinion ac yng Ngholeg Corff Crist, Caer-grawnt, lle'r astudiodd Ieithoedd Modern; maes ei waith ymchwil oedd y nofelydd Swis-Almaenig Jeremias Gotthelf. O 1953 hyd 1964 bu'n Ddarlithydd mewn Astudiaethau Llenyddol Cymharol ym Mhrifysgol Manceinion, ac o 1964 hyd 1989 bu'n Warden *Gregynog, canolfan *Prifysgol Cymru ger Tregynon. Bu'n Gadeirydd Pwyllgor Llenyddiaeth *Cyngor Celfyddydau Cymru rhwng 1973 a 1977, yn aelod o fwrdd Cwmni Teledu Sianel Pedwar (1980–87) ac yn aelod o Awdurdod Sianel Pedwar Cymru (1981–87). Bu'n Is-lywydd Cymdeithas Celfyddydau Gogledd Cymru (1977–94) ac yn Gadeirydd *Undeb Cymru Fydd (1968–70). Y mae'n bregethwr lleyg gyda'r Methodistiaid ac y mae wedi sefyll deirgwaith fel ymgeisydd seneddol gyda'r Rhyddfrydwyr. Ei brif gyhoeddiadau yw Eichendorff's Taugenichts (1961); Romantic German Literature (1979); a golygiad o Life of Thomas *Olivers (1979). Cyhoeddwyd ei gyfrol ar William *Williams (Pantycelyn) yn y gyfres *Writers of Wales yn 1983; y mae'n gyfrol sydd yn cyfuno dirnadaeth ddiwinyddol â chrebwyll sensitif o'r cefndir hanesyddol a llenyddol gan gynnig astudiaeth sylweddol a threiddgar o weithiau'r Pêr Ganiedydd.

HUGHES, GWILYM REES (1930–), bardd a golygydd. Brodor o Lanllechid, Caern., ydyw a bu'n Ddarlithydd yng Ngholeg Addysg Uwch Gwent hyd ei ymddeoliad yn 1985. Y mae wedi cydolygu amryw o gyfrolau, gan gynnwys casgliadau o farddoniaeth a

rhyddiaith yn Gymraeg a Saesneg. Ceir yn eu mysg Cerddi Heddiw (1968), Storïau (6 chyf., 1968–74), Cerddi Hir (1970), Triskel (2 gyf., 1971, 1973), Blodeugerdd y Plant (1971), Saunders Lewis (1975), Dragon's Hoard (1976) ac A Guide to Welsh Literature (cyf. I a II, 1976, 1979). Yr oedd ar un adeg yn aelod o fwrdd golygyddol *Poetry Wales ac y mae wedi cyhoeddi un gyfrol o'i gerddi, Cysgod Llygliw (1972).

HUGHES, GWILYM THOMAS (1895–1978), dramodydd. Brodor o Lyn Ceiriog, Dinb., ydoedd a bu'n athro yn Llundain am flynyddoedd. Cyhoeddodd nifer o ddramâu un-act a fu'n fuddugol yn yr *Eisteddfod Genedlaethol, yn cynnwys Y Pren Planedig (1953), Ei Seren tan Gwmwl (1955), Cyfamod (1960), Pan Ddêl Mai (1962) a Cyffro yn y Cosmos (1966). Enillodd y Fedal Ddrama yn 1961 ac 1963.

HUGHES, HUGH neu **HUW AP HUW** (**Y Bardd Coch o Fôn**; 1693–1776), bardd ac athro beirdd yn ei gartref, Llwydiarth Esgob, Llandyfrydog, Môn. Yr oedd yn gyfaill i'r *Morrisiaid o Fôn ac yn aelod gohebol o Anrhydeddus Gymdeithas y *Cymmrodorion. Cyhoeddwyd peth o'i waith yn y cyfrol Diddanwch Teuluaidd (1763) ac ychydig o'i gerddi crefyddol yn y mesurau rhyddion yn Diddanwch i'r Feddiannydd (1773); cyfieithodd hefyd lyfrau moesol i'r Gymraeg. Ei gywydd annerch i Goronwy *Owen a symbylodd yr ateb enwog gan y bardd hwnnw, sy'n dechrau 'Darllenais awdl dra llawn serch' ac sy'n cynnwys teyrnged huawdl i sir Fôn. Ceir y ddwy gerdd yn Blodeugerdd o'r Ddeunawfed Ganrif (gol. D. Gwenallt Jones, 1938).

Hughes, Hugh (1790–1863), artist a chyhoeddwr. Fe'i ganed yn Llandudno, Caern., a'i hyfforddi i fod yn ysgythrwr-coed. Disgrifiad o daith trwy Gymru a wnaeth yn ystod y blynyddoedd o 1819 hyd 1821 yw ei waith mwyaf adnabyddus, The Beauties of Cambria (1823); y mae'n cynnwys trigain o blatiau. Cyhoeddodd hefyd, yng Nghaerfyrddin, nifer o gylchgronau, gan gynnwys Yr Hynafion Cymreig (1823–24), Yr Addysgydd (1823–24) a Brut y Cymry (1824). Wedi iddo dreulio tuag wyth mlynedd yn Llundain, lle y bu'n ymwneud, fel Radicalydd ac Annibynnwr, â'r ddadl ynglŷn â rhyddfreiniad y Pabyddion gyda'r Methodistiaid Calfinaidd dan arweiniad John *Elias, bu'n byw yng Nghaernarfon a chynorthwyodd William *Williams (Caledfryn) i gyhoeddi'r cylchgronau Y Seren Ogleddol a'r byrhoedlog Papur Newydd Cymreig (1836). Ymhlith ei greadigaethau artistig mwyaf adnabyddus y mae map dan y teitl 'Dame Venedotia, alias Modryb Gwen' (1845), lle y mae'n darlunio gogledd Cymru fel hen wraig yn cludo baich ar ei chefn.

Ceir rhagor o fanylion yn Peter Lord, Hugh Hughes, Arlunydd Gwlad (1995).

HUGHES, HUGH DERFEL (1816–90), bardd a

hanesydd lleol, a aned yn Llandderfel, Meir.; bu'n was fferm a chwarelwr. Dywedir mai wrth groesi'r Berwyn ar ei ffordd adref o weithio yn y cynhaeaf yn swydd Amwythig y cyfansoddodd 'Y Cyfamod Disigl'; pennill olaf y gerdd yw'r emyn 'Y Gŵr a fu gynt o dan hoelion'. Ar ôl ymsefydlu yn Nhre-garth, Caern., tua 1844, dechreuodd astudio hanes a daeareg yr ardal yn arbennig o fanwl, gan gyhoeddi ei sylwadau yn *Hynafiaethau Llandegái a Llanllechid* (1866). Yr oedd hefyd yn awdur dwy gyfrol o farddoniaeth, *Blodeu'r Gân* (1844) ac *Y Gweithiwr Cariadgar* (1849), sy'n cynnwys caneuon ei gyfeillion yn ôl arfer yr oes honno. Ysgrifennodd ei fab, **Hugh Brython Hughes** (1843–1913), lyfrau Cymraeg i blant, a chyfieithodd rai o'r Saesneg hefyd, ac yr oedd yr ysgolhaig Ifor *Williams yn ŵyr iddo.

HUGHES, ISAAC (Craigfryn; 1852–1928), nofel-ydd a aned ym Mynwent y Crynwyr, Morg. Glöwr ydoedd a bu'n ddall am ran olaf ei oes. O'i chwe nofel, y fwyaf poblogaidd oedd *Y Ferch o Gefn Ydfa* (1881), hanes Ann *Maddocks, a ymddangosodd hefyd yn Saesneg. Rhoes gynnig ar nofel gyffrous yn *Y Llofruddiaeth yng Nghoed y Gelli* (1893), ond elfennol oedd ei grefft. Ymhlith ei weithiau eraill ceir hanes Elizabeth *Williams, *Y Ferch o'r Scer* (1892), ac *O'r Crud i'r Amdo* (1903).

HUGHES, JANE (Debora Maldwyn; 1811–80), emynydd. Fe'i ganwyd ym Mhontrobert, Tfn., yn ferch i John *Hughes (1775–1854) a Ruth Evans, y naill yn gynghorydd ysbrydol i Ann *Griffiths, a'r llall yn gynforwyn iddi. Rhaid bod Jane Hughes wedi ei thrwytho yn emynau Ann Griffiths o'i phlentyndod, mor fynych yr ymddengys adlais o eiriau Ann yn ei llinellau hithau. Y mae'n siwr bod esiampl Ann fel bardd hefyd wedi bod yn sbardun iddi. Cyhoeddodd ei chyfrol gyntaf o emynau yn 1846 a bu'n cyhoeddi llyfrau bychain a phamffledi yn gyson ar ôl hynny tan ei marwolaeth. Y gyfrol ag iddi'r teitl soniarus *Telyn y Cristion yn anialwch y byd, yn canu ar daith ei bererindod o'r Aipht i'r Ganaan ysprydol* (1877) yw ei chasgliad mwyaf swmpus. Enillodd rywfaint o enwogrwydd yn ystod ei hoes fel 'carictor' a âi o gwmpas pentrefi gogledd Cymru, yn efengylu ar gorneli strydoedd ac yn dwrdio'r boblogaeth ynghylch eu ffaeleddau yn huawdl a chroch. Nid Pabyddiaeth a difaterwch yr oes oedd yr unig gas bethau ganddi, ond hefyd eisteddfodau, cyngherddau a'r ddyfais ymddangosiadol ddiniwed honno, y tonic sol-ffa. 'Yr oedd yn ddifeddwl,' meddai O. M. *Edwards yn ei ysgrif gofiannol arni: 'gorfod i Dr Edwards ofyn iddi yn seiat Y Bala unwaith eistedd yn yr un ystum â chrefyddwyr eraill.' Yr oedd ganddi lais barddonol unigryw, fodd bynnag, yn llawn hyder wrth ddiystyried yn llwyr unrhyw fath o weddeidd-dra confensiynol, gan gynnwys y gostyngeiddrwydd a ddisgwylid gan fenywod ei hoes.

Ceir manylion pellach yn Meredydd Evans, 'Ryw gythraul o'i

go yn canu so doh' yn *Merêd: Detholiad o Ysgrifau* (gol. Ann Ffrancon a Geraint H. Jenkins, 1994), ac yn *Cymru* (cyf. XLVI, Chwef. 1914).

Hughes, John (Hugh Owen; 1615–86), gweler o dan OWEN, HUGH (1575?–1642).

HUGHES, JOHN (1775–1854), gweinidog gyda'r Methodistiaid Calfinaidd ac awdur. Fe'i ganed i rieni tlawd ym mhlwyf Llanfihangel-yng-Ngwynfa, Tfn., a phrentisiwyd ef yn wehydd pan oedd yn un ar ddeg oed. Cafodd dröedigaeth yn 1796 ac aeth yn athro yn ysgolion cylchynol Thomas *Charles. Ymgartrefodd ym Mhontrobert yn 1805 wedi iddo briodi â Ruth Evans, morwyn Dolwar-fach, cartref Ann *Griffiths. Dechreuodd bregethu yn 1802 a daeth yn ddylanwad o bwys yn ei enwad. Ordeiniwyd ef yn 1814 ac ef oedd un o'r gwŷr a luniodd Gyffes Ffydd y Methodistiaid Calfinaidd (1823).

Yr oedd yn awdur toreithiog mewn rhyddiaith a barddoniaeth, gan gyhoeddi tuag ugain o lyfrau a chyfrannu llawer i gylchgronau ei ddydd, yn arbennig i *Goleuad Cymru* ac *Y *Drysorfa*. Y mae'r cofiannau byr a luniodd i'w gyd-Fethodistiaid, megis Owen Jones (1787–1828) o'r Gelli (1830), yn arbennig o werthfawr. Yn ei lencyndod bu'n cystadlu yn Eisteddfodau'r *Gwyneddigion, ond wedi ei dröedigaeth troes at lunio emynau, llawer ohonynt i blant, ac at fydryddu darnau o'r Ysgrythur; y mae rhai o'i emynau yn dal yn boblogaidd, yn enwedig 'O! anfon Di yr Ysbryd Glân'. Bu'n ddylanwad ffurfiannol ar Ann Griffiths ac ef a'i wraig a fu'n bennaf gyfrifol am ddiogelu ei hemynau a'i llythyrau. Ysgrifennodd gofiant i'r emynyddes (1847; ail arg. 1854) a gyhoeddwyd gyntaf yn *Y *Traethodydd* yn 1846.

Cyhoeddodd dwy o'i ferched, Jane a Hannah, faledi crefyddol. Dechreuodd Jane *Hughes grwydro'r wlad wedi marwolaeth ei rhieni, gan ddilyn sasiynau'r Methodistiaid ac ennill ei bywoliaeth trwy werthu ei baledi.

Cyfaill bore oes i John Hughes oedd **John Davies** (1772–1855), cenhadwr yn Ynysoedd Môr a De o 1800 hyd ei farw. Tahiti oedd prif faes ei lafur. Yr oedd yn athro dawnus ac yn ieithydd medrus, a arloesodd ysgrifennu a chyhoeddi yn iaith Tahiti. Gohebai'n gyson â chyfeillion yng Nghymru, yn enwedig John Hughes, a bu cyhoeddi ei lythyrau yn gyfraniad at dwf y diddordeb yng Nghymru yn y genhadaeth dramor. Ysgrifennodd *The History of the Tahitian Mission 1799–1830* (gol. C. W. Newbury, 1961).

Hughes, John (1814–89), arloeswr y diwydiant haearn yn Rwsia; brodor o Ferthyr Tudful, Morg., ydoedd. Dechreuodd weithio yng ngweithfeydd haearn Cyfarthfa, ond yn 1869, ar wahoddiad Llywodraeth Rwsia, ffurfiodd Gwmni Newydd Rwsia er datblygu'r diwydiant haearn a dur yn y wlad honno. Daeth y dref a dyfodd o gwmpas ei weithfeydd yn ganolfan ardal ddiwydiannol y Donetz; gelwid hi Yuzovka ar ôl ei sefydlydd a chymhellwyd gweithwyr o Gymru i ymsefydlu yno. Ar ôl y Chwyldro Bolshefic yn Hydref 1917 cymerodd y Llywodraeth Sofietaidd feddiant o'r cwmni a newidiwyd enw'r dref yn 1924 i Stalino, er cof am arweinydd o'r Wcráin; fe'i newidiwyd eto yn 1961 i Donetsk.

Ceir manylion pellach yn y gyfrol gan E. G. Bowen yn y gyfres *Gŵyl Dewi* (1978).

HUGHES, JOHN (1850–1932), gweinidog gyda'r Methodistiaid Calfinaidd a llenor. Fe'i ganed yn Abertawe, ond fe'i magwyd yng Nghwmafan, Morg. Cafodd ei addysgu yn Nhrefeca a Phrifysgol Glasgow ac wedyn bu'n weinidog yn Nowlais, Machynlleth a Lerpwl. Yn 1911 daeth yn Llywydd Cymanfa Gyffredinol ei enwad. Y gwaith cyntaf iddo ei gyhoeddi oedd cyfrol o gerddi yn Saesneg, *Songs in the Night* (1885); dilynwyd y gyfrol hon gan nifer o weithiau diwinyddol, *Rhagluniaeth Duw mewn Anian ac mewn Hanesyddiaeth* (1886), *The Sabbatical Rest of God and Man* (1888), *Gwanwyn Bywyd a'i Deffroad* (1899), *Ysgol Jacob* (1899) a *The Christian Consciousness* (Y Ddarlith Davies, 1902). Y mae ei gyfrol o gerddi, *Tristoria* (1896), yn ddilyniant o'r thema a geir yn *Songs in the Night*, a cheir casgliad o'i emynau yn ei gyfrol olaf, *Dan y Gwlith* (1911). Er ei fod yn bregethwr grymus, yr oedd yn llai pwysig fel bardd, oherwydd er bod ei gerddi yn dechnegol gadarn, ni cheir nemor ddim amrywiaeth yn ei themâu crefyddol brwd.

HUGHES, JOHN CEIRIOG (Ceiriog; 1832–87), bardd a aned yn Llanarmon Dyffryn Ceiriog, Dinb. Gadawodd yr ysgol yn bymtheg oed a rhoi cynnig ar fywyd amaethyddol ac ar argraffu cyn symud at berthynas iddo ym Manceinion yn 1848. Bu'n gweithio fel groser cyn cael swydd fel clerc yng ngorsaf nwyddau Ffordd Llundain yn 1855. Yr oedd ei gyfeillgarwch â dynion fel R. J. *Derfel, Creuddynfab (William *Williams) ac Idris Fychan (John Jones; 1825–87) yn arwyddocaol i'w ddatblygiad fel bardd. Derfel a ddysgodd iddo werthfawrogi traddodiadau Cymru a'i berswadio i gymryd yr enw Ceiriog ac yr oedd Idris Fychan yn gyfrifol i raddau helaeth am ei ddiddordeb yn y ceinciau. Creuddynfab a gafodd y dylanwad mwyaf ar farddoniaeth Ceiriog trwy ei ddarbwyllo y dylai ganu yn syml, naturiol a theimladwy.

Yn 1868 dychwelodd y bardd i Gymru ar ôl cael swydd gorsaf-feistr yn Llanidloes, Tfn., a dwy flynedd yn ddiweddarach cafodd ei benodi yn arolygydd y rheilffordd a oedd newydd ei hagor o Gaersŵs i'r Fan. Cyfnod pwysig oedd hwn ym mywyd barddonol Ceiriog: datblygodd gyfeillgarwch â llenorion amlwg yn yr ardal megis Mynyddog (Richard *Davies) a Nicholas

Bennett (1823–99) wrth feirniadu mewn eisteddfodau ac wrth fynychu'r tafarndai lle'r arferent gwrdd.

Dechreuodd Ceiriog ei yrfa fel bardd cyn mynd i Fanceinion, ond ni chyhoeddwyd ei gyfrol gyntaf o farddoniaeth, *Oriau'r Hwyr*, tan 1860. Yn fuan wedyn ymddangosodd *Oriau'r Bore* (1862), *Cant o Ganeuon* (1863) ac *Y *Bardd a'r Cerddor* (1865). Y cyfrolau cynnar hyn yw'r rhai mwyaf poblogaidd, er iddo gyhoeddi *Oriau Eraill* (1868), *Oriau'r Haf* (1870) ac *Oriau Olaf* (1888) ar ôl dychwelyd i Gymru. Y maent yn cynnwys caneuon a adroddwyd ac a ganwyd ar lwyfannau trwy Gymru am flynyddoedd wedyn ac y mae rhai fel 'Nant y Mynydd', 'Dafydd y Garreg Wen' a chaneuon *'Alun Mabon' yn boblogaidd hyd heddiw. Arbenigrwydd Ceiriog oedd ei allu i ysgrifennu geiriau ar gyfer yr hen geinciau Cymreig gan fynd i ysbryd y gerddoriaeth, a'r canlyniad yw rhai o'i delynegion gorau yn y Gymraeg ar themâu megis natur, serch a gwladgarwch. Caneuon sentimental ydynt yn ôl safonau heddiw ond yr oeddynt yn ganeuon poblogaidd yn oes Fictoria. Gellid dadlau mai gwas y gymdeithas, yn bodloni anghenion ei oes, ydoedd yn ei farddoniaeth, ond dychanu'r gymdeithas honno a wnaeth yn ei ryddiaith. Yn *Gohebiaethau Syr Meurig Grynswth* (1856–58; gol. Hugh Bevan, 1948) ceir beirniadaeth ar yr *Eisteddfod Genedlaethol a rhai o'r beirdd ac ymosodiad ar y gymdeithas Gymraeg a'i ffugbarchusrwydd yn gyffredinol.

Ceir beirniadaeth ar waith y bardd yn llyfr Saunders Lewis, *Yr Artist yn Philistia I: Ceiriog* (1929), a W. J. Gruffydd, *Ceiriog* (1939). Cyfieithwyd detholiad o gerddi Ceiriog i'r Saesneg gan Alfred Perceval Graves (1926). Gweler hefyd Medwin Hughes, 'Ceiriog a'r Traddodiad Telynegol', yn *Taliesin* (cyf. LIX, Mai 1987) ac astudiaeth Hywel Teifi Edwards o'r bardd yn y gyfres *Llên y Llenor* (1987).

HUGHES, JOHN GRUFFYDD (Moelwyn; 1866–1944), emynydd a llenor. Fe'i ganwyd yn Nhanygrisiau, Blaenau Ffestiniog, Meir. Wedi cyfnod yn glerc yn swyddfa'r cyfreithwyr David *Lloyd George a William George ym Mhorthmadog, cafodd ei dderbyn yn ymgeisydd am y weinidogaeth yn Eglwys y Methodistiaid Calfinaidd ac addysgwyd ef yn ysgol Clynnog, Coleg y Bala a Choleg Prifysgol Gogledd Cymru, Bangor. Ordeiniwyd ef yn 1895 a bu'n weinidog yng Nghastell-nedd, Aberteifi a Phenbedw. Tra oedd yn Aberteifi treuliodd rannau o'r blynyddoedd 1898 hyd 1902 yn fyfyriwr ym Mhrifysgol Leipzig lle y graddiodd yn M.A. a Ph.D. Ymddeolodd o ofal eglwys yn 1936 a mynd i fyw yn Sanclêr, Caerf.

Dechreuodd farddoni'n ieuanc. Ymddangosai ei gerddi cyntaf yn y cylchgronau Cymraeg a chyhoeddodd bedwar casgliad o'i farddoniaeth rhwng 1885 a 1914; ymddangosodd cyfrol arall yn 1955 ar ôl ei farw. Nid oes i'w gerddi arbenigrwydd mawr ond dangosant mor fyfyriol oedd tueddiadau Moelwyn. Y mae'r ychydig emynau a gyfansoddodd, ar y llaw arall, ymhlith goreuon ein llyfrau emynau. Cyfansoddwyd 'Pwy a'm dwg i'r ddinas gadarn?' ar ei ben blwydd yn ddeunaw oed, a 'Fy Nhad o'r nef, O clyw fy llef' ar ei ben blwydd yn bedair ar bymtheg. Yn ei farddoniaeth, ei lithiau 'Myfyr' pan oedd yn Olygydd Y *Drysorfa (1934–38), ei ysgrifau yn Llewyrch y awmwl (1912) ac yn arbennig ei gyfrol Addoli (1937), gosodai bwys ar gymundeb â Duw ac y mae elfen led gyfriniol yn llawer o'i waith. Ond cysylltir hyn ag ymdeimlad o wasanaeth at gyd-ddyn, fel yn ei emyn 'Ti, Arglwydd nef a daear'. Nid ofnai draethu ei farn ar faterion cynhennus ac yn ei araith fel Llywydd y Gymanfa Gyffredinol yn 1937 ymosododd ar bolisïau economaidd a chymdeithasol cyfoes. Beirniadodd gyfrol Saunders *Lewis ar Bantycelyn (William *Williams) mewn cyfres o erthyglau a ailgyhoeddwyd fel Mr Saunders Lewis a Williams Pantycelyn (1928), gwaith a erys yn ddefnyddiol.

Gweler Brynley F. Roberts (gol.), Moelwyn: Bardd y ddinas gadam (1996), lle y ceir rhestr o weithiau Moelwyn.

HUGHES, JOHN LEWIS (1938–), nofelydd a aned ym Mhontypridd, Morg. Bu'n athro mewn ysgolion arbennig yn Lloegr a Chymru ond treuliodd hefyd rai blynyddoedd fel groser yn ei dref enedigol. Y mae ei ddwy nofel, Tom Jones Slept Here (1971) a Before the Crying Ends (1977), a ysgrifennwyd mewn arddull lafar bron yn gyfan gwbl yn yr amser presennol, yn ymwneud â thlodi a thrais ochr arw y dosbarth gweithiol ym Mhontypridd. Ysgrifennodd John L. Hughes ddramâu hefyd, yn cynnwys The Alphabet (1968), Shifts (1978), Death in Custody (1982) a Total Allergy (1983).

HUGHES, JONATHAN (1721–1805), bardd a brodor o Langollen, Dinb. Dechreuodd brydyddu'n gynnar a thrwy'i oes faith canodd swm enfawr o ganeuon y rhan fwyaf ohonynt heb eu cyhoeddi. Fel ei gyfaill Twm o'r Nant (Thomas *Edwards), y gŵr a luniodd englyn ar gyfer ei garreg fedd, bu'n cystadlu yn Eisteddfodau'r *Gwyneddigion a chyfansoddodd o leiaf un anterliwt, Y Dywysoges Genefetha (1744). Cyhoeddodd un gyfrol o gerddi, Bardd a Byrddau (1778), ac ychydig wedi ei farw cyhoeddwyd y flodeugerdd Gemwaith Awen Beirdd Collen gan ei fab; gwaith Hughes yw cynnwys y gyfrol hon gan mwyaf. Yr oedd yn feistr ar y mesurau *carol ac yn nodweddiadol o feirdd gwlad ei gyfnod.

HUGHES, MATHONWY (1901–), bardd a golygydd a aned ym mhlwyf Llanllyfni, Caern., yn fab i chwarelwr. Fel ei ewyrth, R. Silyn *Roberts, bu'n amlwg gyda Chymdeithas Addysg y Gweithwyr fel aelod o ddosbarthiadau ac fel tiwtor. O 1949 hyd 1977 yr oedd yn olygydd cynorthwyol *Baner ac Amserau Cymru. Enillodd *Gadair yr Eisteddfod Genedlaethol yn 1956 ac oddi ar hynny y mae wedi cyhoeddi pedair cyfrol o gerddi, Ambell Gainc (1957), Corlannau (1971), Creifion (1979) a Cerddi'r Machlud (1986); pedwar casgliad o

ysgrifau, Myfyrion (1973), Dyfalu (1979), Gwin y Gweunydd (1981) a Chwedlau'r Cynfyd (1983); a chyfrol o hunangofiant, Atgofion Mab y Mynydd (1982). Cyhoeddodd hefyd gyfrol ar waith y bardd Gwilym R. *Jones yn Awen Gwilym R (1980).

HUGHES, RICHARD (m. 1618), bardd. Brodor o Gefn Llanfair, Caern. Yr oedd ymhlith y gwŷr o sir Gaernarfon yn rhengoedd Lloegr yn ystod y cyrch ar Cadiz yn 1596. Bu'n was llifrai yn llysoedd Elisabeth ac Iago I am weddill ei oes. Ni chadwyd yr un awdl na chywydd o'i waith, ond y mae rhai o'i englynion ar glawr o hyd. Fodd bynnag, yn y mesurau rhydd yr ysgrifennodd ei gerddi pwysicaf. Cerddi serch ydynt bron i gyd, mewn iaith ystwyth a chyfoes, yr arddull yn sionc a'r ysbryd yn nwyfus. Y maent yn gwbl ddigynghanedd ac yn dangos sut y gallai barddoniaeth Gymraeg fod wedi datblygu pe na bai'r beirdd wedi dewis y mesurau carolaidd cynganeddol. Lluniwyd marwnad iddo gan Ruffudd Phylip (m. 1666) o Ardudwy (gweler o dan PHYLIPIAID ARDUDWY).

Cyhoeddwyd chwech o'i gerddi yn Canu Rhydd Cynnar (gol. T. H. Parry-Williams, 1932).

Hughes, Richard (1794–1871), cyhoeddwr a brodor o Adwy'r Clawdd, Dinb. Cychwynnodd argraffwasg yn Wrecsam yn 1820. Wedi iddo farw aeth y busnes i'w fab Charles Hughes (1823–86) o dan yr enw Hughes a'i Fab. Cyhoeddiadau cyntaf y cwmni oedd llyfrau crefyddol megis Eglwys yn y Tŷ (1829) a pharhaodd y traddodiad hwn yn ystod y bedwaredd ganrif ar bymtheg gydag argraffu'r llyfryn poblogaidd Rhodd Mam (1879) a gweithiau eraill at wasanaeth yr enwadau Methodistaidd. Cyhoeddodd Hughes farddoniaeth John Ceiriog *Hughes, gŵr a oedd yn berthynas iddo, a manteisiodd ar dwf y tonic sol-ffa gan argraffu cerddoriaeth ddalen ar raddfa helaeth. Cafwyd llwyddiant arbennig gyda Sŵn y Jiwbili (1874) a olygwyd gan Ieuan Gwyllt (John *Roberts), sef trefniant Cymraeg o emyndonau Sankey a Moody. Prynodd y cwmni hawlfraint nofelau Daniel *Owen yn 1885. Wedi marw eu tad bu'r ddau fab yn rhedeg y cwmni tan 1921, pan drosglwyddwyd y busnes i berchnogion eraill, gan gadw'r enw gwreiddiol. Rhwng 1922 a 1952 cyhoeddodd y wasg y cyfnodolyn Y *Llenor a nifer fawr o lyfrau o ddiddordeb llenyddol ar gyngor panel o lenorion yn cynnwys T. Gwynn *Jones, John *Morris-Jones ac W. J. *Gruffydd. Prynwyd hawlfreintiau'r cwmni gan Christopher Davies Cyf. (*Llyfrau'r Dryw) yn 1971 ac y maent bellach yn eiddo i Sianel Pedwar Cymru.

Ceir manylion pellach yn y gyfrol Hughes a'i Fab gan Thomas Bassett (1946).

HUGHES, RICHARD (1900–76), nofelydd. Er iddo gael ei eni i rieni o Saeson yn Weybridge, Surrey, honnai ei fod yn disgyn trwy Elstan Glodrydd (c.940–1010) o *Feli Mawr, Brenin Prydain, ac felly ystyriai ei hun yn Gymro, er bod ei deulu wedi gadael Cymru yng nghyfnod y *Tuduriaid. Pan gyrhaeddodd Ysgol Charterhouse yr oedd Robert Graves ar fin cwblhau gyrfa stormus yno. Yr oedd cartref cyntaf Hughes yng Nghymru – bwthyn wedi ei rentu yn Nhalsarnau, Meir., pan oedd yn fachgen – yn agos i dŷ teulu Graves yn Harlech. Yn Rhydychen daeth Hughes ar unwaith dan gyfaredd T. E. Lawrence, ac fe'i derbyniwyd ar fyr o dro i gwmnïaeth y gymdeithas lenyddol yno. Yr oedd Aldous Huxley a Robert Blunden yno ac yr oedd gan W. B. Yeats, John Masefield, Robert Bridges ac A. E. Coppard dai yn yr ardal. Cyhoeddodd gerddi a straeon mewn amryw o gylchgronau ond y ganmoliaeth a roddwyd i'w ddrama gyntaf, The Sisters' Tragedy (1924), a goronodd ei yrfa yn y Brifysgol. Tra oedd yn Rhydychen dechreuodd deithio, ei ddull ef o leddfu straen ysgrifennu creadigol. Teithiodd yn rhad i Efrog Newydd ar long mewnfudwyr ac o fewn wythnos ar ôl gadael y Brifysgol yr oedd yn ymyrryd mewn modd peryglus yng ngwleidyddiaeth y Balkans. Dychwelodd i Gymru a chanolbwyntio ar ddrama gan sefydlu'r Porthmadoc Players. Ysgrifennwyd ei ddrama orau, A Comedy of Good and Evil (1924), ar gyfer y cwmni hwn; fe'i lleolwyd yng Nghylfant, pentref dychmygol yn Eryri. Archwiliad ffraeth ydyw i natur gwerthoedd moesol, thema sy'n cyniwair trwy holl waith Hughes, ond ni fu'n llwyddiant masnachol. Danger (1924), a ysgrifennwyd mewn un noson ar gyfer y BBC, oedd y ddrama gyntaf i'w darlledu ar y radio. Rhoes Hughes y gorau i ysgrifennu dramâu ac yr oedd cyhoeddi Plays (1924), Collected Poems (1926) a chyfrol o straeon, A Moment of Time (1926), yn broses o gau pen y mwdwl.

Dechreuodd ysgrifennu A High Wind in Jamaica (1929) ar Capodistria ym môr yr Adriatic yn 1925 a'i gorffen yn Connecticut yn 1928. Y mae'n stori liwgar, yn farddonol ac yn dreiddgar sy'n apelio ar sawl lefel. Ynddi archwilia'r awdur rai o'r gwrthddywediadau a'r gwrthuni a gwyd o ganlyniad i gredoau confenisynol am natur Daioni a Drygioni. Ar yr un pryd, wrth ddisgrifio datblygiad yr hunaniaeth bersonol gan bwyso i raddau ar ddamcaniaethau Darwin a Freud, ceisia'n eironig ddymchwel traddodiad llenyddol y Rhamantwyr am ddiniweidrwydd sylfaenol plentyn a ddatblygwyd yng ngweithiau Rousseau, Blake a Wordsworth ac a oedd yn rhemp yn y nofel Fictorianaidd boblogaidd. Cafodd y nofel werthiant uchel ar unwaith, cafodd hefyd ei hystyried yn glasur cyfoes a gwnaethpwyd ffilm ohoni.

Ffoes i Moroco yn 1928 rhag y sylw a gynhyrchwyd gan y llyfr a phrynodd dŷ yn y Kasbah yn hen Tangier am ddau lwyth-mul o arian. Y tu allan i Gymru ei hoff wlad oedd Moroco, gwlad a ysgogodd nifer o erthyglau a straeon. Casglwyd y goreuon ohonynt o dan y teitl In the Lap of Atlas (1979) wedi ei farwolaeth. Yn 1932 priododd yr arlunydd Frances Bazley ac ymsefydlasant yn 1934 yng Nghastell Llacharn, Caerf. Yr oedd Augustus *John yn westai aml yno a dichon mai yno y

cyfarfu Dylan *Thomas â Caitlin Macnamara, a ddaeth maes o law yn wraig iddo, ac yno yr ysgrifennwyd ail nofel Hughes. Hanes agerlong wedi ei dal mewn corwynt aruthrol ym môr y Caribî yw In Hazard (1938). Stori wir ydyw, er mor fyw, prydferth a rhyfedd, oherwydd fe'i seiliwyd ar daith a wnaeth y Phemius yn 1932. Cymherir y llyfr yn aml â Typhoon Joseph Conrad: o'r ddau, In Hazard yw'r mwyaf cymhleth a'i storm yn symbol o'r Rhyfel Byd a oedd ar fin torri allan.

O 1940 hyd 1945 gweithiodd Hughes fel gwas sifil gyda'r Llynges ac yna, yn 1946, symudodd gyda'i wraig a'u pum plentyn i Dalsarnau, Meir., lle y bu'n byw am weddill ei oes. Yn y 1950au cydweithiodd ar gyfrol o Hanes Swyddogol y Rhyfel ac ysgrifennodd gyfres o sgriptiau ffilm, yn bennaf ar gyfer Ealing Studios. Cafodd ei benodi yn Athro Rhethreg Gresham ym Mhrifysgol Llundain yn 1954, a bu'n darlithio yn Llundain yn ysbeidiol hyd 1956, pan ymddeolodd o'r swydd er mwyn ymroi i'w magnum opus, The Human Predicament. Ni chwblhawyd y roman fleuve hwn a fwriadwyd fel ymchwiliad i'r nerthoedd cymdeithasol, gwleidyddol, economaidd a moesol a luniodd y cyfnod o enedigaeth Natsïaeth hyd at farwolaeth Hitler. Ond y mae The *Fox in the Attic (1961) a The Wooden Shepherdess (1973), ynghyd â deuddeg pennod y drydedd gyfrol, yn dangos pa mor uchelgeisiol oedd y bwriad. Lleolir y digwyddiadau mewn nifer o wledydd – Cymru, Lloegr, yr Almaen, America a Morocco – y mae personau hanesyddol yn sefyll ysgwydd wrth ysgwydd â chymeriadau dychmygol ac y mae'r portread o Hitler yn orchest. Ystyriai Hughes ei waith ar The Human Predicament fel ras rhwng y cyhoeddwr a'r trefnwr angladdau ac er mai'r olaf a fu'n fuddugol, llwyddodd Hughes i orffen ei gasgliad o straeon plant, The Wonder Dog (1977), ychydig cyn ei farwolaeth. Cyhoeddwyd cyfrol arall wedi ei farw, sef Fiction as Truth (gol. Richard *Poole, 1983), a cheir yn hwn gasgliad o'i ysgrifau, darlithiau, darlleniadau ac adolygiadau.

Cymhlethir unrhyw ymgais i asesu camp Hughes fel nofelydd gan anghyflawnder The Human Predicament. Petai ef wedi gorffen y pedair cyfrol arfaethedig, a bod y drydedd a'r bedwaredd gyfrol o'r un safon â'r gyntaf a'r ail, y mae'n anodd dychmygu na fyddai difrifoldeb y gwaith ac ehangder ei syniadaeth wedi ennill iddo le diymwad yn rheng flaen ffuglen hanesyddol yr ugeinfed ganrif. Fel y mae, er mor drawiadol ydyw, y mae'n parhau'n ddirgelwch, gyda bywydau ei gymeriadau yn anorffenedig a'r themâu heb eu llwyr ddatblygu. Yn y cyfamser, y mae pleserau a her y ddwy nofel a ysgrifennwyd cyn y rhyfel mor ddwfn ag erioed. Efallai i'r ffaith eu bod yn ddarllenadwy ac yn ddeniadol ar yr wyneb gyfrannu at yr anwybyddu cymharol a fu arnynt gan feirniaid llenyddol, ond fe'u hysgrifennwyd gyda'r argyhoeddiad y dylai nofelau weithio ar amryw o lefelau, a bodloni'r angen dynol am straeon da yn ogystal â deunydd i gnoi cil arno.

Y bywgraffiad safonol yw *Richard Hughes* gan Richard Perceval Graves (1994). Ceir hefyd gofiant hyfryd *Richard Hughes – Author, Father* gan ferch y nofelydd, Penelope Hughes (1984). Ymddengys trafodaethau beirniadol ar waith Hughes yn *Richard Hughes – Novelist* gan Richard Poole (1986), *The Art of Richard Hughes* gan Paul Morgan (1993), *Richard Hughes* gan Peter Thomas (1973), *Dictionary of Literary Biography: British novelists, 1930–1959* gan Belinda Humfrey (1983) a *The English Novel of History and Society 1940–1980* gan Patrick Swinden (1984). Am yr erthyglau a gyhoeddwyd ar Hughes yma ac acw mewn cylchgronau, gweler y llyfryddiaeth yn llyfr Morgan ac yn John Harris, *A Bibliographical Guide to Twenty-four Modern Anglo-Welsh Writers* (1994). Gweler hefyd y ddarlith gan Philip Henry Jones yn *Nhrafodion Anrhydeddus Gymdeithas y Cymmrod-orion* (1997).

HUGHES, RICHARD CYRIL (1932–), nofelydd a aned ym Môn ac a addysgwyd yng Ngholeg Prifysgol Cymru, Aberystwyth. Bu'n dysgu Cymraeg mewn gwahanol ysgolion cyn cael ei benodi'n Uwch-ddarlithydd yn y Coleg Normal, Bangor, ac yna'n Uwch-ymgynghorydd Iaith i Gyngor Sir Gwynedd. Cyhoeddodd dair nofel hanesyddol, sef *Catrin o Ferain* (1975), *Dinas Ddihenydd* (1976) a *Castell Cyfaddawd* (1984). Y mae'r tair yn ymdrin â'r un thema, sef bywyd a chyfnod *Catrin o Ferain.

Hughes, Richard Samuel (1855–93), cerddor. Fe'i ganed yn Aberystwyth, Cer., ac er mai ychydig o hyfforddiant cerddorol ffurfiol a gafodd, enillodd ei fywoliaeth fel organydd ym Mangor a Llundain, a bu'n gyfeilydd yn yr *Eisteddfod Genedlaethol. Ymhlith y caneuon enwog a gyfansoddwyd gan R. S. Hughes y mae 'Y Golomen Wen' ac 'Arafa Don'.

HUGHES, ROBERT (Robin Ddu yr Ail o Fôn; 1744–85), bardd, a aned yn y Ceint Bach (Y Glyn, bellach), plwyf Penmynydd, Môn. Hyfforddwyd ef yn glerc cyfreithiwr ym Miwmares, a derbyniodd hefyd nawdd a hyfforddiant barddol gan Hugh *Hughes, y Bardd Coch. Daeth yn gyfaill i William *Williams, Llandygái (1738–1817) yn ddiweddarach pan oedd yntau'n brentis yn Llannerch-y-medd; dechreuodd y ddau farddoni o dan ysbrydiaeth Hugh Hughes a Goronwy *Owen. Ar ôl cadw ysgolion mewn amryw fannau ym Môn, aeth Robin Ddu i Lundain lle y treuliodd ugain mlynedd mewn swyddfa cyfreithiwr. Yn 1783, a'i iechyd erbyn hynny'n dirywio, daeth yn ysgolfeistr i Gaernarfon. Bychan yw ei gynnyrch barddol, ond bu iddo ddylanwad trwy ei weithgarwch gyda chymdeithasau *Cymry Llundain. Bu'n llyfrgellydd y *Cymmrodorion, yn un o sylfaenwyr y *Gwyneddigion ac yn y diwedd yn Llywydd arni. Trwy ei ddylanwad ef, yn fwy na neb, y daeth barddoniaeth Goronwy Owen a'i syniadau llenyddol i gael eu derbyn fel safon, yn y cyfnod pan oedd y Gwyneddigion yn dechrau estyn eu nawdd i'r *Eisteddfod yng Nghymru. Mynnai Robin Ddu, ar sail rhai o osodiadau Goronwy, fod *cynghanedd yn

anhepgor barddoniaeth Gymraeg. Dilynwyd ef gan lawer, ond nid pawb, ac aeth 'Dadl y Mesurau' rhagddi drwy gydol hanner cyntaf y bedwaredd ganrif ar bymtheg. Cyfeirir ato fel Robin Ddu yr Ail i'w wahaniaethu oddi wrth *Robin Ddu ap Siencyn Bledrydd.

Ceir astudiaeth o'i fywyd a'i waith gan G. J. Roberts (Llan-rug) ym *Mwletin y Bwrdd Gwybodau Celtaidd* (cyf. VI–VII, 1931–34).

HUGHES, ROBERT OWEN (Elfyn, 1858–1919), bardd a newyddiadurwr, a aned a'i fagu yn Llanrwst, Dinb. Bu'n gweithio mewn banc cyn paratoi ar gyfer y weinidogaeth gyda'r Methodistiaid Calfinaidd. Yna bu'n gweithio gyda chyhoeddwyr, yn Llundain ac yn Wrecsam. Yn 1885 daeth yn olygydd *Gwalia*; yn 1885 yn olygydd *Y *Rhedegydd*, papur lleol ym Mlaenau Ffestiniog a'r cylch; yna bu'n llyfrgellydd ym Mlaenau Ffestiniog; ac wedyn yn olygydd papur lleol arall yn yr un cylch, *Y Glorian*. Yr oedd yn gyfrannwr cyson i nifer o bapurau a chylchgronau, ac yn fardd a fu'n cystadlu'n rheolaidd mewn eisteddfodau; enillodd y *Gadair yn yr *Eisteddfod Genedlaethol yn 1898. Cyhoeddwyd detholiad o'i gerddi, *Caniadau Elfyn* (d.d.), a chyfrol ryddiaith ddifyr o'i eiddo, *Hanes Bywyd Capelulo* (1907, ail arg., 1927).

HUGHES, STEPHEN (1622–88), arweinydd Ymneilltuol, cyfieithydd a golygydd. Fe'i ganed yng Nghaer-fyrddin a chafodd fywoliaeth Meidrym yng nghyfnod Cromwell. Diswyddwyd ef yn 1661 a symudodd i Abertawe. Yno priododd i deulu gweddol gefnog a bu ef a'i deulu yng nghyfraith yn selog dros yr achos Annibynnol yn y dref. Oherwydd ei waith yn ei sir enedigol adwaenid ef wrth y teitl 'Apostol Sir Gaer-fyrddin'. Yr oedd yn ddiflino yn ei ymdrechion i gyfieithu a chadw gweithiau'r Piwritaniaid a dyna a geir yn y gyfrol gyfansawdd *Catechism Mr. Perkins* (1672), yn *Trysor i'r Cymru* (1677) ac yn *Cyfarwydd-deb i'r Anghyfarwydd* (1677). Ef hefyd a olygodd *Cynghorion Tad i'w Fab* (1683). Gwelodd werth yr Ysgrythurau yn y Gymraeg a chyhoeddodd *Llyfr y Psalmau, ynghyd â Thestament Newydd ein Harglwydd* (1672) a'r Beibl cyfan yn 1678. Ef a olygodd waith Rhys *Prichard, a ymddangosodd yn rhannau i gychwyn, yn gyflawn yn 1672, ac yna o dan y teitl *Canwyll y Cymru yn 1681. Gyda thri chyfaill, cyfieithodd Hughes waith John Bunyan i'r Gymraeg am y tro cyntaf, sef *Taith neu Siwrnai y Pererin* (1688). Cyfrannodd yn helaeth at ddysgu'r bobl gyffredin ac felly hwylusodd y ffordd i wŷr megis Griffith *Jones a Thomas *Charles.

Ceir manylion pellach yn yr ysgrif yn *Cymwynaswyr y Gymraeg* (1978) gan Morgan D. Jones.

HUGHES, THOMAS (fl. 1818–65), bardd, a mab i **DAVID HUGHES** (fl. 1770–1817), prifathro Ysgol Rhuthun, Dinb. Cyhoeddwyd cerddi y ddau berson Anglicanaidd hyn yn Gymraeg, Lladin a Saesneg yn y gyfrol *Poems by Hughes* (1865). Y maent, ar y cyfan, yn gonfensiynol o ran geirfa a theimlad, hyd at gyffredinedd, ond llwydda cyfres o gerddi ysgafn a ysgrifennwyd ar ffurf llythyrau rhwng Thomas Hughes a Richard Newcome, Archddiacon Meirionnydd a Warden Ysgol Rhuthun, i fynegi ffraethineb ffurfiol sydd dipyn yn fwy deniadol.

HUGHES, THOMAS ROWLAND (1903–49), nofelydd a bardd.

Fe'i ganed yn Llanberis, Caern., yn fab i chwarelwr. Cafodd ei addysgu yng Ngholeg Prifysgol Gogledd Cymru, Bangor, lle y darllenodd Saesneg, ac yna bu'n dysgu am ddwy flynedd yn Aberdâr, Morg. Wedi astudio am ddwy radd uwch ym Mangor a Choleg Iesu, Rhydychen, cafodd swydd Darlithydd mewn Saesneg a Chymraeg yng *Ngholeg Harlech yn 1930. Yna yn 1934 fe'i penodwyd yn Warden y *Mary Ward Settlement*, canolfan addysg oedolion yn Llundain, lle yr oedd ganddo hefyd gyfrifoldeb dros Theatr Fach Tavistock. Cafodd ei lethu gan bwysau'r gwaith gweinyddol a dychwelodd i Gymru yn 1935 fel cyn-hyrchydd rhaglenni nodwedd gyda'r BBC yng Nghaer-dydd. Tua 1937 daeth yr arwyddion cyntaf ei fod yn dioddef oddi wrth yr afiechyd a'i lladdodd yn y diwedd, ond er i'r afiechyd waethygu'n raddol, arhosodd yn ei swydd hyd 1945. Oherwydd y modd y dioddefodd ei afiechyd y cyfeiriodd R. Williams *Parry ato mewn englyn i gyfarch y nofelydd ar ei ben blwydd yn 1948, englyn a gerfiwyd yn ddiweddarach ar ei garreg fedd, fel 'y dewra' o'n hawduron'.

Fel bardd yr enwogodd T. Rowland Hughes ei hun gyntaf, trwy ennill *Cadair yr Eisteddfod Genedlaethol yn 1937 am ei awdl 'Y Ffin', ac eto yn yr Eisteddfod Genedlaethol a ddarlledwyd ar y radio yn 1940 am 'Pererinion'. Nid oedd ei unig gyfrol o farddoniaeth, *Cân neu Ddwy* (1948), er ei phoblogrwydd, yn ddigon arbennig i'w osod yn rheng flaenaf ein beirdd. Cyfan-soddodd ddramâu hefyd, gan gynnwys *Y Ffordd* (1945), sy'n seiliedig ar helyntion *Beca a a gyhoeddwyd yn Gymraeg a Saesneg, a golygodd gyfrolau o straeon byrion. Y mae ei *Storïau Mawr y Byd* (1936) yn cynnwys fersiynau o storïau am Jason, Beowulf, *Arthur, *Branwen a Cú Chulainn.

Ond fel awdur pum nofel yr haedda T. Rowland Hughes le parhaol yn hanes llenyddiaeth Gymraeg. Ei nofelau yw *O Law i Law* (1943), *William Jones* (1944), *Yr Ogof* (1945), *Chwalfa* (1946) ac *Y Cychwyn* (1947). Tynnu ar ei atgofion ei hun, ac eiddo'i deulu a'i gydnabod, am ardaloedd y chwareli llechi yn ei sir enedigol a wnâi yn y rhan fwyaf o'i weithiau, er bod *William Jones* wedi ei lleoli yn ne Cymru ac *Yr Ogof* yn darlunio hanes Joseff o Arimathea. Y maent i gyd yn dangos dawn yr awdur i adrodd storïau difyr a chreu cymeriadau cofiadwy, ynghyd â'i allu i gyfuno tristwch a hiwmor. Dichon i'w hynawsedd fel llenor gyfyngu rhywfaint ar ei weledigaeth a'i rwystro rhag syllu i

ddyfnderoedd tywyllaf y natur ddynol, ond daeth yn agos at fawredd yn ei bortread o ddioddefaint y chwarelwyr a'u teuluoedd adeg Cload Allan y *Penrhyn yn y nofel *Chwalfa*. Cyfeithwyd y pum nofel i'r Saesneg gan Richard Ruck (gweler o dan RUCK, BERTA).

Lluniwyd cofiant i'r awdur gan Edward Rees (1968) ac y mae John Rowlands wedi cyfrannu cyfrol ar ei fywyd a'i waith i'r gyfres *Writers of Wales* (1975); gweler hefyd yr ysgrif ar nofelau T. Rowland Hughes gan Hugh Bevan yn *Beirniadaeth Lenyddol* (gol. B. F. Roberts, 1982) a chyfrol W. Gwyn Lewis yn y gyfres *Bro a Bywyd* (1990).

HUMFREY, BELINDA (1938–   ), beirniad a golygydd

a aned yn swydd Northampton a'i haddysgu yng Ngholeg Sant Huw, Rhydychen. Bu'n dysgu ym mhrif-ysgolion Rhydychen (1962–68) a Reading (1964–68, Cymrawd Ymchwil a Brifysgol) cyn iddi symud i Goleg Prifysgol Dewi Sant, Llanbedr Pont Steffan yn 1968; penodwyd hi yn Uwch-ddarlithydd yn 1982 ac yr oedd yn bennaeth yr Adran Saesneg o 1990 hyd 1995. Yn awdurdod ar John Cowper *Powys, er 1977 hi yw golygydd *The Powys Review*, cylchgrawn sydd wedi ei gysegru i astudiaethau beirniadol ar waith y Powysiaid a llên berthnasol, yn enwedig llên Gymreig. Golygodd a chyfrannodd i *Essays on John Cowper Powys* (1972), *Recollections of the Powys Brothers* (1980) a *John Cowper Powys's 'Wolf Solent': Critical Studies* (1991). Cyfrannodd hefyd astudiaeth ar John *Dyer i'r gyfres *Writers of Wales* (1980), a chyda John Goodridge cydolygodd *The Complete Poetry and Prose of John Dyer* (1997).

Testun ei herthyglau beirniadol gan amlaf yw awduron Cymreig yr ugeinfed ganrif, gan gynnwys Richard *Hughes, Gwyn *Thomas (1913–81), Harri *Webb ac R. S. *Thomas. Oddi ar 1985 bu'n Olygydd Cyffredinol (gyda M. Wynn *Thomas) y gyfres o destunau *Eingl-Gymreig a ailgyhoeddir o dan nawdd *Cymdeithas Llên Saesneg Cymru, a golygodd nofel Glyn *Jones, *The *Island of Apples*, ar gyfer y gyfres honno yn 1992. Hi hefyd yw golygydd *Fire Green as Grass: The Critical Impulse in Welsh Poetry and Short Stories* (1995). Fel golygydd cyntaf cylchgrawn chwarterol *The *New Welsh Review* (1988–91) darparodd gasgliadau o erthyglau beirniadol o safon academaidd uchel ar rychwant eang o awduron Eingl-Gymreig, yn ogystal â barddoniaeth a ffuglen newydd.

HUMPHREYS, EDWARD MORGAN (Celt; 1882–1955), newyddiadurwr a nofelydd,

a aned yn Nyffryn Ardudwy, Meir. Daeth yn aelod o staff y newyddiadur wythnosol Y *Genedl Gymreig yn 1905 ac fe'i penodwyd yn olygydd dair blynedd yn ddiwedd-arach. Bu hefyd yn olygydd *The North Wales Observer* ac Y *Goleuad. Fel colofnydd wythnosol ac adolygydd yn y *Liverpool Daily Post* a'r *Manchester Guardian* am amryw flynyddoedd dan y ffugenw Celt, fe'i hystyrid yn un o newyddiadurwyr coethaf ei gyfnod. Yr oedd

Humphreys yn un o'r awduron Cymraeg cyntaf i sylweddoli'r angen am ddefnydd darllen cyfaddas i bobl ifainc yn Gymraeg er gwrthweithio'r defnydd helaeth oedd i'w gael yn Saesneg, fel y dangosodd yn y rhagair i'w nofel *Dirgelwch yn yr Anialwch* mor gynnar â 1911. Gwnaeth ymdrech deg i gyflenwi'r angen mewn storïau wedi'u lleoli ar gefndir hanesyddol, fel *Rhwng Rhyfeloedd* (1924), *Dirgelwch Gallt y Ffrwd* (1938), *Ceulan y Llyn Du* (1944) a *Llofrudd yn y Chwarel* (1951). Y mae crefft y storïau hyn yn rhagorol ac y maent yn ddiddorol i oedolion yn ogystal â phlant. Ymysg ei weithiau eraill y mae *Y Wasg Gymraeg* (1945), *The Gorse Glen* (1948; cyfd. o *Cwm Eithin* gan Hugh *Evans) a'r ddwy gyfrol *Gwŷr Enwog Gynt* (1950, 1953), ysgrifau ar Gymry amlwg a llai amlwg y daeth yr awdur i'w hadnabod a'u hedmygu.

Am bortread o Humphreys gan un a'i hadnabu'n dda gweler ysgrif R. T. Jenkins yn *Ymyl y Ddalen* (1957); gweler hefyd yr erthygl gan Bedwyr Lewis Jones yn *Dewiniaid Difyr* (gol. Mairwen a Gwynn Jones, 1983).

HUMPHREYS, EMYR (1919–   ), nofelydd, bardd a dramodydd. Fe'i ganed ym Mhrestatyn, Ffl., ei fagu yn Nhrelawnyd a'i addysgu yng Ngholeg Prifysgol Cymru, Aberystwyth, lle y bu'n astudio Hanes. Bu'n weithgar ym mywyd gwleidyddol y myfyrwyr, dysgodd Gymraeg a throi'n Genedlaetholwr. Wedi dwy flynedd yn unig yn y Brifysgol gwysiwyd ef i wasanaeth milwrol yn 1940, ond daethai'n wrthwynebydd cydwybodol ar ei ben blwydd yn ugain oed (Ebrill, 1939) a gyrrwyd ef i weithio ar y tir yn sir Benfro. Yn 1944, ac yntau'n dal i fod dan orfodaeth gwasanaeth milwrol, gyrrwyd ef i'r Dwyrain Canol i leddfu dioddefaint y rhyfel ac yna i'r Eidal lle y bu'n swyddog, tan 1946, gyda Chronfa Achub y Plant o dan nawdd Cymdeithas y Cenhedloedd Unedig. Wedi iddo ddychwelyd i'r wlad hon, priododd â merch i weinidog Ymneilltuol yn 1946, a bu hyn yn arwyddocaol iddo fel awdur gan fod ei briodas wedi rhoi'r cyfle iddo ddod i adnabod y traddodiad *Angh-ydffurfiol Cymreig, canys magwyd ef yn Eglwyswr mewn ardal Seisnig ac ar un adeg yr oedd ei lygad ar yr offeiriadaeth. Wedi iddo orffen ei wasanaeth gorfodol, dysgodd am dair blynedd yng Ngholeg Technegol Wimbledon, ond symudodd i swydd, yn 1951, yn Ysgol Ramadeg Pwllheli ac yn 1955 ymunodd â'r BBC fel cynhyrchydd drama. Er iddo eisoes sefydlu ei hunan fel awdur, ni fu'r deng mlynedd ym myd radio a theledu yn gymorth iddo yn ei waith llenyddol ac yn 1965 aeth yn Ddarlithydd mewn Drama yng Ngholeg Prifysgol Gogledd Cymru, Bangor. Yn 1972 yr oedd yn ddigon hyderus yn ei waith llenyddol i ymddeol o'i swydd er mwyn bod yn llenor amser llawn. Bu'n hynod lwyddiannus fel nofelydd ifanc: enillodd Wobr Somerset Maugham am ei nofel *Hear and Forgive* (1952) a Gwobr Hawthornden am *A Toy Epic* (1958; gweler o dan TRI LLAIS).

Glynodd Emyr Humphreys at y nofel realistaidd er i lawer droi eu cefnau arni. Fel Cristion ni fedrai dderbyn y nofel fel cyfrwng chwedl yn unig a dywedodd, yn 1953, 'Yn ein cyfnod ni, y mae agwedd y nofelydd yn bwysicach na'i ddull mynegiant'. Er gwaethaf ei arbrofi technegol, y mae cnewyllyn ei waith yn adlewyrchu'r holi moesol hwnnw sy'n codi'n naturiol (er yn anaml heddiw) o Gymru Anghydffurfiol y gorffennol. Un o themâu canolog ei nofelau yw chwilio sut y mae daioni yn cael ei etifeddu, neu sut nad yw'n cael ei etifeddu, o un genhedlaeth i'r llall. Y mae ei Gristnogaeth yn ei orfodi i gredu bod Dyn yn symud, pa mor araf bynnag y gwna hynny, tuag at Deyrnas Dduw. Meddai, 'y mae llawer o ddynion yn well oherwydd bodolaeth un gŵr da, ac y mae un gŵr da yn gynnyrch rhyw fath o welliant sy'n unigolyddol ac yn gymdeithasol'. Ond ai cariad dynol sy'n creu'r gwelliant hwn, ac sy'n newid y carwr a'r un a gerir? A etifeddir cydwybod gan blentyn oddi wrth ei rieni neu a ddysgir cydwybod oddi wrth gyfoeswyr a phrofiad bywyd? Neu, eto, a ydyw'n rhy anodd canfod bod dylanwad Duw yn gweithio yn y byd? Y pwyslais hwn ar gydwybod, gweithredydd *agape* Cristnogol, a wnaeth i Emyr Humphreys ddweud yn 1953 ei fod yn ceisio llunio 'y Nofel Brotestannaidd'. Y mae ei bryder dros unigolion, pryder sy'n amlwg ymhob agwedd ar ei waith, yn rhan o'i bryder dros ddyfodol cymdeithas, ac i'r awdur hwn y mae hynny yn weledigaeth o Gymru yn goroesi pob brad a bradwr.

Y mae llawer o bobl wedi mwynhau nofelau Emyr Humphreys oherwydd eu patrymau ystorïol cymhleth, eu hamserau eang, y ddeialog foel ynghyd â dig-wyddiadau cynnil, arabedd amlwg, a'r elfen delynegol yn y gweithiau cynnar. Eto'n aml, ni ddeellir eu themâu hanfodol.

Yn ogystal ag ugain nofel – *Unconditional Surrender* (1996) yw'r ddiweddaraf – a chasgliad o straeon byrion, *Natives* (1968), y mae Emyr Humphreys wedi cyhoeddi pedair cyfrol o gerddi: *Ancestor Worship* (1970), *Landscapes* (1976), *The Kingdom of Brân* (1979) a *Pwyll y Riannon* (1980); ceir detholiad o'i gerddi yn y gyfres *Penguin Modern Poets* (1979). Eu nodwedd amlycaf yw eu llwyddiant i ddal a chyfleu drama a phathos sef-yllfaoedd dynol ac y mae eu hapêl yn fwy emosiynol na intellyddol na'i nofelau. Ymhellach, y mae ef yn ddramodydd teledu hynod gynhyrchiol ac uchel ei barch. Er sefydlu Sianel Pedwar Cymru y mae wedi gadael ei argraff, fel awdur, ar y sianel tra, hefyd, yn cyfrannu ambell raglen nodedig am hanes, chwedl a llên Cymru i *Channel 4 UK*.

Gellir dosbarthu ei nofelau yn dair adran. Yn y gyntaf cynhwysir *The *Little Kingdom* (1946), *The Voice of a Stranger* (1949), *A Toy Epic* (1958) – hon er ei dyddiad, oedd ei nofel gyntaf – a hefyd fersiwn Americanaidd-Gymreig ar yr un thema, *The Anchor Tree* (1980). Y mae'r gweithiau hyn yn ymwneud â pheryglon delfrydiaeth a'r twyll sy'n ymosod arni mewn arweinydd. Y mae'r casgliad terfynol, sy'n awgrymu aflwyddiant y syniad o arweinyddiaeth o unrhyw fath, yn besimistaidd.

Dechreua'r 'Nofel Brotestannaidd' gydag *A *Change of Heart* (1951), y mae'n parhau yn *Hear and Forgive* (1952) a'r gwaith mwyaf meistraidd yn y cyfnod cynnar hwn, *A Man's Estate* (1955), a *The Italian Wife* (1957), a'r un fwyaf cyflawn o'r adran hon, *Outside the House of Baal* (1965). Yn y nofelau hyn gwelir themâu y 'ceidwad' yn gynrychiolydd y 'dyn da', methiant serch cnawdol i droi'n *agape* a'r gwrthbwynt sef methiant cydwybod i droi'n *eros*. Yn *Outside the House of Baal* twyllir *agape* gan *eros*, gwneir dewisiadau ffals sy'n diweddu mewn archollion ac angau yn hytrach na chariad, a methir cyflwyno'r cariad hwnnw i'r dyfodol. Yn y seithawd o nofelau am Amy Parry – *National Winner* (1971), *Flesh and Blood* (1974), The *Best of Friends* (1978), *Salt of the Earth* (1985), *An Absolute Hero* (1986), *Open Secrets* (1988) a *Bonds of Attachment* (1991) – ceir ymchwil dreiddgar tros gyfnod o dair cenhedlaeth. Disgrifir *The Gift* (1963) orau fel difyrrwch ac y mae mewn dosbarth ar ei phen ei hun, megis y mae *Jones* (1984).

O edrych yn ôl, gwelir bod *The Little Kingdom* (1946) yn un o'r arwyddion sy'n nodweddu'r ail gyfnod mewn llenyddiaeth *Eingl-Gymreig, cyfnod sy'n fwy gwladgarol ac ysgolheigaidd ac sy'n ymwneud mwy â'r etifeddiaeth Gymreig na'r cyfnod cyntaf. Ynghyd â David *Jones ac R. S. *Thomas (er bod pwyslais y tri hyn yn hollol wahanol i'w gilydd), cyflwynodd Emyr Humphreys wythïen newydd sydd heb ei gweithio'n llwyr eto. Saif ar ei ben ei hun fel nofelydd, fodd bynnag, yn ei ymdrech i ddarganfod parhad ystyrlon yng Nghymru'r ddwy ganrif ddiwethaf ac yn ei ymgais i wneud yr ymchwilio yn destun ei nofelau.

Ceir trafodaethau sylweddol ar fywyd a gwaith Emyr Humphreys gan Ioan Williams yn y gyfres *Writers of Wales* (1980) a chan M. Wynn Thomas yn y gyfres *Llên y Llenor* (1989). Y mae'r olaf hefyd wedi cynnwys dwy bennod am nofelau Emyr Humphreys yn ei gyfrol *Internal Difference* (1991), ac wedi cyhoeddi ysgrif am ei farddoniaeth yn *Poetry Wales* (cyf. xxv, rhif. 2, 1989). Rhoddir sylw gwerthfawr i ddylanwad llên Gymraeg ar y nofelau gan Gerwyn Wiliams yn *Planet* (rhif. 71, 1988). Y mae'r nofelau cynnar yn cael eu trin gan Roland Mathias mewn ysgrif yn *A Ride Through the Wood* (1985), a chan Derec Llwyd Morgan yn *Ysgrifau Beirniadol VII* (gol. J. E. Caerwyn Williams, 1972). Gan Roland Mathias, hefyd, y cafwyd yr arolwg o yrfa Emyr Humphreys yn *Dictionary of Literary Biography: British Novelists, 1930–1959* (1983). Gweler ymhellach y detholiad o storïau, cerddi ac ysgrifau Emyr Humphreys a gyhoeddwyd yn 1981, a'i ddehongliad o hanes Cymru yn *The Taliesin Tradition* (1983), cyfrol sy'n bwysig er mwyn deall themâu a nofelau.

HUMPHREYS, HUMPHREY (1648–1712), esgob a hynafiaethydd. Fe'i ganed yn yr Hendre ger Penrhyndeudraeth, Meir., a'i addysgu yng Ngholeg Iesu, Rhydychen. Cafodd ei ordeinio yn 1670 a'i gysegru'n

Esgob Bangor yn 1689 ac yn Esgob Henffordd yn 1701; yn y ddwy esgobaeth ymroes i weithgarwch gweinyddol diwygiadol. Yn fuan wedi'i gysegru cyhoeddodd *Ymofynion Iw Hatteb Gan Brocatorion, Wardeinied, a Swyddogion ereill* (1670). Yr oedd yn un o gefnogwyr mwyaf brwd y *Gymdeithas er Taenu Gwybodaeth Gristnogol a than ei nawdd ef dosbarthwyd nifer cynyddol o lyfrau Cymraeg. Hefyd cefnogodd awduron megis Edward *Samuel, Samuel *Williams ac Ellis *Wynne, a chyflwynodd hwnnw ei lyfr, *Rheol Buchedd Sanctaidd*, iddo yn 1701. Mawr oedd clod beirdd ac offeiriaid i Humphreys am ei gefnogaeth i ddysg Gymraeg a'i sêl ddiwygiadol. Yr oedd yn hynafiaethydd profiadol ac yn gyfaill i Edward *Lhuyd, y gŵr a'i cyfrifai yn un o'r personau mwyaf hyddysg yn Hynafiaethau Cymru. Ceir ganddo liaws o gywiriadau ac ychwanegiadau i gyfrolau Anthony à Wood, *Athenae Oxonienses* (1691–92), ond collwyd ei nodiadau ar *Britannia* (1586) Camden ac ar ffynnon *Gwenfrewi.

HUMPHRIES, ROLFE (1894–1969), bardd Americanaidd a chyfieithydd. Yr oedd o dras Gymreig a dysgodd Ladin a Saesneg mewn gwahanol golegau yn UDA, gan ddirwyn ei yrfa i ben yng Ngholeg Amherst, Mass. Ymhlith ei naw cyfrol o gerddi, yr ailgyhoeddwyd rhai ohonynt yn ei *Collected Poems* (1966), y mae *Green Armor on Green Ground* (1956), dilyniant o bymtheg cerdd ar hugain ar y *Pedwar Mesur ar Hugain. Darganfu ddiddordeb mewn rheolau mydryddu drwy ddarllen *An Introduction to Welsh Poetry* gan Gwyn *Williams, ond ar ei gyfaddefiad ei hun, ni roes fawr o sylw i'r rheolau wrth ysgrifennu ei addasiadau. Yn yr un modd, cyfrol o gerddi ar themâu a gymerwyd o waith *Dafydd ap Gwilym yw *Nine Thorny Thickets* (1969) ond wedi eu cyflwyno fel 'trefniadau newydd' ar waith y bardd canoloesol. Gellir canfod ei wybodaeth o fydryddiaeth Gymraeg yn y gyfrol a gyhoeddwyd wedi ei farw, *Coat on a Stick* (1969). Yn ogystal â throsi barddoniaeth Gymraeg, cyfieithodd Humphreys o waith Lorca a'r beirdd Lladin yn ystod gyrfa lenyddol faith a chydnabuwyd yn gyffredinol ei alluoedd technegol.

Hunangofiant, gweler COFIANT.

Hunangofiant Tomi (1912), llyfr cyntaf E. Tegla *Davies, cyfres o storïau ar ffurf llythyrau oddi wrth fachgen breuddwydiol, a chastiog weithiau, sy'n ei gael ei hun beunydd mewn trybini. Gydag ychydig eithriadau, y mae anturiaethau Tomi, megis ei ymgais alaethus i werthu ffowls, yn ddoniol iawn. Nodwedd benna'r llyfr yw cynneddf yr awdur i ail-fyw ei blentyndod a'i ddireidi cynhenid, er bod ei duedd i ddysgu moeswersi yn amharu peth ar naturioldeb ambell stori.

HUW AP DAFYDD (*fl. c.*1520–*c.*1540), bardd a gladdwyd yng Nghilcain, Ffl., a mab Dafydd ap

Llywelyn ap Madog y bernir ei fod yn hanu o Nantglyn, Dinb., ac felly Huw yntau, os gellir derbyn awgrym Thomas Lloyd, Plas Power. Gwelir yn y llawysgrifau bedwar *cywydd o waith y tad, sef cywydd i'r Grog yn Llanfair (Talhaearn neu Ddyffryn Clwyd), cywydd gofyn, a dau gywydd i'r saint lleol, Mordeyrn a Dyfnog, ond cywyddau gŵr a luniai'r mab; diogelwyd dau ar hugain ohonynt, ynghyd ag un cywydd yn disgrifio gwallt merch, a geill mai ei waith ef yw'r *awdl a'r tri chywydd a briodolir i Huw Llwyd, i Huw Llwyd o Wynedd ac i Hywel Llwyd.

Canodd glodydd rhai o wŷr blaenllaw ei ddydd megis Syr Rhosier Salbri o Leweni, Rhobert ap Rhys o *Blas Iolyn a Syr Wiliam Gruffudd o'r Penrhyn, Siambrlen Gwynedd – i'r olaf y canodd Huw ei gywydd mwyaf caboledig, wyth a thrigain llinell ar y cymeriad m a phob llinell namyn un yn cynnwys *cynghanedd groes – ac nid hwyrach nad *Tudur Aled, ei athro barddol (a gwrthrych un o'i gywyddau marwnad) a'i dug i gartrefi'r boneddigion hyn.

Trigai'r rhan fwyaf o'i noddwyr o fewn cyrraedd hwylus i Nantglyn. Ymwelodd â chartrefi yng Nghaerwys, Llaneurgain, Rhiwabon, Derwen a Llanrwst, a chanodd hefyd i nifer o wŷr eglwysig, a Syr Siôn Aled, Ficer Llansannan, a mab Tudur Aled yn eu plith. Ni ddiogelwyd unrhyw ganu arall i nifer o'r gwŷr hyn, ac y mae gwaith Huw, o'r herwydd, yn codi cwr y llen ar ddiddordebau diwylliannol, a gwerthoedd, gwŷr lleyg ac eglwysig ei ddydd.

Mewn un llawysgrif yn unig y diogelwyd deuddeg o gywyddau'r bardd. Awgryma'r dystiolaeth lawysgrifol mai ar hap y diogelwyd llawer o ganu'r cywyddwyr, ac efallai fod hyn yn amlycach yn achos y beirdd llai adnabyddus.

Am ragor o fanylion gweler A. Cynfael Lake (gol.), *Gwaith Huw ap Dafydd ap Llywelyn ap Madog* (1995).

Huw ap Huw, gweler HUGHES, HUGH (1693–1776).

HUW ARWYSTLI (*fl.*1542–78), bardd o Drefeglwys yng nghantref *Arwystli, Tfn. Ar wahân i'w gywyddau moliant, marwnad a gofyn, ceir hefyd gywyddau ymryson a serch, a cheir yn rhai ohonynt gwpledi epigramatig cofiadwy. Dywed un o'i awdlau mai wrth gysgu dros nos yn eglwys Llonio yn Llandinam y derbyniodd ei ddawn brydyddol. Canodd Lewys *Dwnn farwnad iddo yn 1583.

HUW CAE LLWYD (*fl.* 1455–1505), bardd a fagwyd y mae'n debyg yn Llandderfel, Meir., ond a dreuliodd y rhan fwyaf o'i oes yn ne Cymru. Ymhlith y noddwyr y canodd iddynt gerddi mawl a marwnad yr oedd Gwilym Fychan o Frycheiniog a Syr Rhys ap Thomas o *Ddinefwr. Canodd hefyd gywyddau a cherddi crefyddol, yn cynnwys cywydd a gyfansoddwyd yn Rhufain pan oedd yno ar bererindod, a chywydd arall i'r Grog

Aberhonddu. Yr oedd ei fab Ieuan yn fardd er nad ydoedd cystal bardd â'i dad.

Golygwyd gwaith Huw Cae Llwyd gan Leslie Harries (1953).

HUW CEIRIOG (*fl. c.*1560–*c.*1600), bardd nad oes lawer o ffeithiau pendant amdano. Tybir oddi wrth ei enw, ac un cyfeiriad ato mewn cywydd lle y dywedir fod yn 'Lanc gwirion o lan Ceiriawg', mai o Ddyffryn Ceiriog, Dinb., yr hanoedd. Cyfeirir ato fel Hywel Ceiriog mewn rhai llawysgrifau. Yr oedd yn ddisgybl i *Wiliam Llŷn a drigai yng Nghroesoswallt, sir Amwythig, nepell o Ddyffryn Ceiriog. Graddiodd yn ddisgybl disgyblaidd yn Eisteddfod *Caerwys yn 1567, a chanodd *englyn i'r eisteddfod enwog honno. Deg cywydd a deuddeg englyn o'i waith sydd ar glawr, a'r rhan fwyaf ohonynt mewn copïau sengl. Er mai ychydig o gerddi Huw Ceiriog a gadwyd, y mae'n amlwg oddi wrthynt fod y bardd yn clera ymhell iawn. Canodd gywydd moliant i dri mab Gruffudd Siôn ap Lewis o Gilybebyll, Morg., cywydd yn annog y ceiliog bronfraith i ganu i Forus Gruffudd, Plasnewydd, Môn, yn ogystal â chywyddau mawl i Simon Thelwall, Plas-y-ward ac i Blas Moelyrch yn ei sir enedigol. Canodd farwnad i Siôn Salsbri, Lleweni (m. 1566; gweler dan SALBRIAID), aelod o un o deuluoedd amlycaf sir Ddinbych, a gŵr cyntaf *Catrin o Ferain. Canodd hefyd gywydd moliant i'r haf a dychan i'r gaeaf, a chywydd i'r ceiliog bronfraith, a dau gywydd merch. Ceir cyfres o englynion ymryson rhwng y bardd a Syr Roland Williams, gŵr a gysylltir â sir Fôn. Bardd gwreddol ydoedd, sicr ei grefft, ond pur anawenyddol yn ei gerddi mawl a'i farwnad. Fodd bynnag, ceir yn ei gerddi serch a natur ddarnau pur swynol.

Gweler Huw Ceiriog Jones (gol.), *Gwaith Huw Ceiriog ac Edward Maelor* (1990).

HUW CORNWY (*fl.* 1560–96), bardd o Lanfair-yng-Nghornwy, Môn, mae'n bosibl. Canodd farwnadau i rai o deuluoedd amlwg Môn, megis teulu Meyrick o Fodorgan a theulu Rhydderch o *Fyfyrian a hefyd i Rys ap Thomas. Hefyd bu'n ymryson â Rhydderch ap Rhisiart o Fyfyrian.

HUW LLWYD O GYNFAL (1568?–1630?), bardd o Gynfal Fawr ym mhlwyf Maentwrog, Meir. Nid nepell o'r cartref, ar lan afon Cynfal, gellir gweld craig a elwir yn Bulpud Huw Llwyd, lle yr arferai fyfyrio. Bu'n ymladd yn Ffrainc ac yn yr Iseldiroedd, ac yr oedd, yn ôl pob argoel, yn *ddyn hysbys; copïodd Ellis *Wynne yn llawysgrif Peniarth 123 'Hen Physigwriaeth o Lyfr H Ll Cynfel'. Cynigir disgrifiad byw o'i gartref yn y cywydd a luniodd *Huw Machno iddo wrth erchi telyn ar ran Robert ap Huw. Bernid mai ef oedd taid Morgan *Llwyd, ond amheuir hyn bellach.

Enwir ef a'i dad (Dafydd Llwyd ap Hywel) a'i frawd (Owain Llwyd Ffysigwr) yn llawysgrif Cefn Coch yn y rhestr o'r prydyddion a ganai ar eu bwyd eu hunain ym Meirion. Diogelwyd chwech o'i gywyddau, un englyn ar bymtheg a dyrnaid o gerddi rhydd. Yr oedd hela yn ei waed. Eirch fytheiaid gan Domos Prys *Plas Iolyn yn un o'i gywyddau a phlwm saethu gan ŵr o'r enw Siôn Llwyd mewn un arall. Pan ganodd *Morys Berwyn i ofyn iddo yntau am ddau fytheiad, bu'n rhaid iddo wrthod am na allai hepgor 'fy holl ddifyrrwch'. Yn ei gywydd ymddiddan â'r fronfraith fe'i ceir yn deisyf cyngor wrth geisio gwraig, ond ei ddau gywydd mwyaf adnabyddus yw'r ddau ymddiddan â'r llwynog (sy'n dwyn i gof gywydd ei gymydog, Edmwnd *Prys, 'Anllywodraeth y Cedyrn').

Bu'n annerch *Siôn Tudur a Wiliam Phylip, a gwelir ei englyn marwnad i Siôn Phylip (gweler o dan PHYLIP-IAID ARDUDWY), ar garreg fedd y bardd hwnnw y tu allan i eglwys Llandanwg. Canodd *Siôn Mawddwy ddau englyn iddo, ac fe'i marwnadwyd gan Wiliam Phylip a Huw ab Ieuan ap Robert.

Am fanylion pellach gweler A. Cynfael Lake, 'Huw Llwyd o Gynfal', Cylchgrawn Cymdeithas Hanes Sir Feirionnydd (cyf. IX, 1981); Gwyn Thomas, 'Dau Lwyd o Gynfal', Ysgrifau Beirniadol V (gol. J. E. Caerwyn Williams, 1970).

HUW LLŶN (fl. 1532–94), bardd; brodor o Lŷn, Caern., ydoedd a brawd i *Wiliam Llŷn. Graddiodd yn ail Eisteddfod *Caerwys (1567) ac ymhlith rhai o'i gerddi a gadwyd mewn llawysgrif ceir rhai i Henry Rowland a Simon Thelwall ac eraill i uchelwyr yn ne Cymru megis Walter Devereux, Thomas Vaughan, Gruffydd *Dwnn, William a George *Owen a John Lloyd. Cymerodd ran mewn ymryson barddol gyda *Siôn Mawddwy ac mewn un arall gyda Wiliam Llŷn, *Ieuan Tew Ieuaf, Siôn Phylip (gweler o dan PHYLIPIAID ARDUDWY) a Hywel Ceiriog (fl. 1560–1600).

HUW MACHNO neu HUW OWEN (c.1560–1637), bardd o Benmachno, Caern., mab Owen ab Ieuan ap Siôn a Marged ferch Robert ap Rhys ap Howel. Bu iddo ef a'i wraig Lowri dri o blant, Owain, Robert a Siôn. Bu Owain farw yn 1619 yn un ar ddeg oed. Bu'n ddisgybl barddol i Siôn Phylip (gweler o dan PHYLIPIAID ARDUDWY), a bu yntau yn ei dro yn athro i Humphrey Howel. Yr oedd yn fardd toreithiog. Erys tua 180 o'i gerddi, yn awdlau, cywyddau ac englynion. Canai i weddill olaf yr hen bendefigaeth, sef cyfnod argyfyngus yn hanes y beirdd gan fod yr hen gyfundrefn nawdd yn dirwyn i ben oherwydd y newid cymdeithasol. Yr oedd y Gymraeg yn colli tir ymhlith yr uchelwyr, a cheir cyfeirio mynych yng ngwaith Huw Machno at ei anallu i *glera. Mawl a marwnad yw'r mwyafrif o'i waith, ond ceir cywyddau gofyn, priodas, crefyddol, a chywyddau ymddiddan. Bu'n ymryson ag Edmwnd *Prys a Rhys Wyn ap Cadwaladr o'r Giler, Dinb. Yr oedd yn fardd teulu i Wyniaid Gwydir, Caern., ac y mae llawer o'r farddoniaeth a geir yn llawysgrif Caerdydd 83, llyfr Syr

John *Wynn o Wydir, yn llaw Huw. Y gogledd oedd ei faes clera. Canodd lawer i bendefigion Môn – *Porthamal, Plas Newydd, Bodorgan a Threfeilir, ond ni chyfyngodd ei glera yn gyfan gwbl i'r gogledd, gan iddo ganu i deuluoedd *Gogerddan a'r Morfa Mawr yng ngogledd sir Aberteifi. Canodd farwnad i'w athro barddol, Siôn Phylip, i Domos Prys o *Blas Iolyn, *Siôn Tudur, yr Esgob William *Morgan a *Chatrin o Ferain, a chywydd mawl i'r Dr John *Davies o Fallwyd. Ystryd-ebol iawn yw llawer o'i ganu. Yr oedd yn hyddysg iawn mewn achyddiaeth, a chynganeddu achau yw llawer o'i waith. Ond pwysleisir dysg Huw a'i feistrolaeth ar Ladin gan ei gyd-feirdd, a cheir cyfeiriadau clasurol yn amryw o'i gywyddau. Bu farw yn 1637 a'i gladdu yn eglwys y plwyf, Penmachno.

Huw Menai, gweler WILLIAMS, HUW OWEN (1888–1961).

Huw Morgan, gweler o dan HOW GREEN WAS MY VALLEY (1939).

HUW O RUDDLAN neu HUE DE ROTE-LANDE (fl. 1180–90), awdur rhamantau yn y dafod-iaith Ffrangeg-Normanaidd a geid ym Mhrydain yn y ddeuddegfed ganrif (*Eingl-Normaneg). Diau iddo fyw yn Rhuddlan cyn symud i drigo ym mro Credenhill i'r gorllewin o Henffordd. Rhwng 1180 ac 1190 ysgrif-ennodd Ipomedon a'i dilyneb, Protheselaus, i ddifyrru Gilbert Fitz-Baderon, Arglwydd Mynwy, ŵyr i Gilbert de Clare, Iarll Penfro. Yn Ipomedon ceisiodd Huw ddiddori'r llys brenhinol trwy leoli ei stori yn neau'r Eidal a Sisilia, gan fod Siwan, merch Harri II, wedi priodi â Gwilym Dda, Brenin Sisilia. Edrydd y gerdd sut y daeth yr yswain anturus Ipomedon yn ŵr i Dduges Calabria ac yn Frenin Apwlia. Ceir cyfeiriadau at Walter *Map fel awdur gwaith ar Lawnslod ac at frenin yng Nghymru o'r enw Ris, Rhys ap Tewdwr o bosibl. Yn y ddilyneb llwydda'r arwr Protheselaus i drechu ei frawd Daunus ac i ennill Medea, Brenhines Sisilia. Y mae'r plotiau'n bur denau ond rhagora Huw mewn deialog a digrifwch a chwarae ar eiriau ac y mae ei ymagwedd at serch yn gellweirus sinicaidd. Fel *Thomas, awdur Tristan, yr oedd yn un o arloeswyr y llên Ffrangeg-Normanaidd a oedd y pryd hynny yn fwy bywiog na llên Ffrainc ei hun.

Ceir manylion pellach yn llyfr Jennie Crosland, Medieval French Literature (1956), M. Dominica Legge, Anglo-Norman Literature and its Background (1963) ac A. J. Holden (gol.), Ipomedon (1975).

HUW PENNANT (fl. 1465–1514), bardd o sir y Fflint. Cadwyd ychydig gerddi brud o'i eiddo er bod rhai ohonynt wedi eu priodoli hefyd i *Ddafydd Llwyd o Fathafarn. Diogelwyd hefyd ei gyfieithiad i'r Gymraeg o fuchedd Ladin Santes Ursula. Ni ddylid cymysgu'r

Huw Pennant hwn, a ddefnyddiodd y teitl clerigol Syr, â'r bardd o'r un enw sy'n destun y cofnod nesaf.

HUW PENNANT (*fl.* 1565–1619), bardd o Lanfihangel-y-Pennant, Caern. Ei athro barddol oedd Morus Dwyfech (*Morus ap Dafydd ab Ifan ab Einion) a graddiodd Huw Pennant yn ddisgybl disgyblaidd yn ail Eisteddfod *Caerwys (1567). Ymhlith yr awdlau, cywyddau ac englynion a briodolir iddo y mae cerddi i noddwyr yn Llŷn, Eifionydd ac Arfon. Medrai ar dro ganu lawn cystal â'i gyfoeswyr mwy adnabyddus. Ni ddylid drysu'r Huw Pennant hwn â'r bardd o'r un enw sy'n destun y cofnod blaenorol.

Hwch Ddu Gwta, Yr, hwch yn personoli'r *Diafol. Dywedir ei bod yn ymddangos, yn arbennig ar Nos Galan Gaeaf (31 Hyd.), o farwor y goelcerth ac y byddai'n dal y person olaf i fynd adref. Ceir cyfeiriad trawiadol at y gred draddodiadol ar ddiwedd cerdd Alun *Llywelyn-Williams, 'Cofio'r Tridegau'.

Hwfa Môn, gweler WILLIAMS, ROWLAND (1823–1905).

Hwmffre ap Hywel ap Siencyn (*fl.* 1480–1520), bonheddwr o *Nannau, ger Dolgellau, Meir., y canodd *Tudur Aled gywydd iddo gan geisio ei gymodi â'i berthnasau. Ni chrybwyllir asgwrn y gynnen yn y cywydd ond saif ymhlith cerddi gorau Tudur Aled oblegid y mae'n sylwi'n dreiddgar ar ystyr bywyd ac yn beirniadu'n hallt foesoldeb yr oes; ceir ei drosiadau mwyaf grymus yn y disgrifiad o 'rod neu olwyn cymdeithas'. Yn y gerdd ymbilia'r bardd, a oedd yn perthyn i deulu Nannau, am gael undod o fewn y teulu, oblegid bod rhaniad ymhlith y Cymry yn rhoi mantais i'r Saeson.

Hwntw Mawr, Yr, gweler EDWARDS, THOMAS (m. 1813).

Hwyl, Yr. Nodweddid Methodistiaid y ddeunawfed ganrif gan bregethu brwdfrydig, a'r gynulleidfa yn cynnal ac annog ias y pregethu gan floeddio 'Amen!' neu 'Haleliwia!' Y gair am y math hwn o gynnal brwdfrydedd oedd 'porthi'. Erbyn diwedd y ddeunawfed ganrif, lledodd y pregethu brwd i'r enwadau eraill, ac erbyn 1819 yn *Seren Gomer gelwir y math yma o bregethu 'yr hwyl' (h.y. 'ysbryd' neu 'deimlad'). Yng nghofiant John *Jones (1796–1857), Tal-y-sarn (1874), disgrifir yr hwyl fel math o 'recitativo' hanner ffordd rhwng canu a llefaru, ond ychydig yn nes at lefaru. Poblogeiddiwyd 'yr hwyl' ymhlith yr *Annibynwyr gan David Davies, gweinidog Sardis, Myddfai (1775–1838), ond erbyn cofiant John Evans, Eglwysbach (1903), nodir mai dull yr oes o'r blaen oedd pregethu'r 'hwyl'. Ac eto, cadwodd llawer pregethwr at yr arfer, yn enwedig ar yr uchafbwyntiau emosiynol tua diwedd y

bregeth, a llawer cynulleidfa at yr arfer o borthi, hyd at ganol yr ugeinfed ganrif. Dichon mai'r pregethwr olaf i fod yn enwog am 'yr hwyl' oedd y Bedyddiwr Jubilee *Young.

Gweler R. Tudur Jones, *Hanes Annibynwyr Cymru* (1966), D. Densil Morgan, *Christmas Evans a'r Ymneilltuaeth Newydd* (1991) a D. Ben Rees, *Pregethu a Phregethwyr* (1966).

'Hyfrydol', emyn-dôn boblogaidd gan Rowland Hugh Pritchard (1811–87), a ymddangosodd gyntaf yng nghyfrol y cyfansoddwr, *Cyfaill i'r Cantorion* (1844). Ymddangosodd mewn nifer o gasgliadau o emynau Cymraeg a Saesneg ar eiriau megis 'O! llefara, addfwyn Iesu' gan William *Williams (Pantycelyn) neu 'Love Divine, all loves excelling' gan Charles Wesley. Trefnwyd y dôn ar gyfer lleisiau meibion gan Oliver Edwards o dan y teitl *Christus Redemptor* ac fe'i defnyddiwyd gan Ralph Vaughan Williams yn ei *Three Preludes on Welsh Hymn Tunes for Organ* (1920).

Hyfforddwr, Yr (1807), holwyddoreg gan Thomas *Charles. Fe'i seiliwyd ar waith cynharach (sef *Crynodeb*, 1789) a chydnebydd yr awdur ei ddyled hefyd i Griffith *Jones a *Catechism Byrraf* Cymanfa Westminster. Diben gwreiddiol y llyfr oedd rhoi cymorth i rieni i gateceisio eu plant. Yn hyn o beth adlewyrchodd nid yn unig brofiad personol yr awdur o addysgu plant ond hefyd elfen bwysig mewn *Methodistiaeth Galfinaidd. Fel cyfrol fer o ddiwinyddiaeth gyfundrefnol (y mae'n dwyn yr un teitl ag *Institutio* Calfin), yn enwedig yn ei fynegiant cryno, ei ryddiaith seml a'i gywirdeb diwinyddol, y mae'n cyfleu prif athrawiaethau Cristnogaeth mewn modd meistrolgar. Gwnaeth hynny ef yn un o'r llyfrau Cymraeg mwyaf poblogaidd a dylanwadol a gyhoeddwyd yn ystod y Diwygiad Methodistaidd a bu iddo fwy na phedwar ugain argraffiad cyn diwedd y bedwaredd ganrif ar bymtheg.

Hynafiaetheg, diddordeb yng ngorffennol Dyn ac yn y pethau a wnaed ganddo; nid yw'n gyfystyr ag 'archaeoleg', ond dynoda ddatblygiad cynharach a llai gwyddonol. Fe'i seiliwyd ar syniadau am dystiolaeth hanesyddol nad ystyrir bellach yn ddilys, sef y gred fod Llyfr Genesis yn datgelu'r gwirionedd llythrennol am hanes Dyn cyntefig, rhagoriaeth gwareiddiadau Groeg a Rhufain a'r parch diamodol at wybodaeth am hen hanes Prydain a geir mewn ffynonellau ysgrifenedig. Amlygwyd diddordeb brwdfrydig yn hynafiaeth Prydain yng nghyfnod y *Tuduriaid, a hwnnw'n cynnwys safleoedd, henebion, adfeilion ac offer, yn ogystal ag achau, traddodiadau ac iaith. Cofnodai John Leland wybodaeth hynafiaethol a chyfoes; ysgrifennodd William Camden waith uchelgeisiol, *Magna Britannia* (1586), yn ymwneud i raddau â lleoedd ac i raddau â hanes. Yr oedd diddordeb sylweddol yng Nghymru: cyhoeddodd David *Powel *A Historie of Cambria now called Wales* (1584) a pharatôdd Humphrey *Llwyd fap o Gymru, *Cambriae Typus* (1573), ar gynllun hynafiaethol, yn dangos Cymru mewn cyfnod llawer cynharach. Dau hynafiaethydd sirol pwysig oedd Rhys *Meurig a George *Owen o'r Henllys. Lluniodd Rhys Meurig *A Book of Glamorganshire Antiquities* (1578) yn ymwneud ag achau, hanes, traddodiad a thopograffeg. Iddo ef golygai'r gair 'hynafiaethau' hefyd draddodiad llafar a llenyddol, fel yn achos llawer ysgolhaig diweddarach, Yn *The Description of Penbrokshire* (1603), cynhyrchodd George Owen adroddiad cynhwysfawr am hanes natur a dyn yn ei sir. Gwnaed lluniadau o eglwysi, cestyll, tai a chofebion gan Thomas Dineley pan gyd-deithiai â Dug Beaufort ar ei daith swyddogol trwy Gymru a'r Gororau yn 1684. Enillodd Edward *Lhuyd, a ddaeth yn Geidwad Amgueddfa Ashmole yn Rhydychen, fri ysgolheigaidd mewn llawer maes yn cynnwys hynafiaethau, daeareg, botaneg a'r ieithoedd Celtaidd; eto rhan yn unig o'i waith ymchwil a gyhoeddwyd yn ystod ei fywyd.

Parhaodd y diddordeb drwy'r ddeunawfed ganrif. Cyhoeddodd Henry *Rowlands hen hanes Ynys Môn, *Mona Antiqua Restaurata* (1723). Trwy orbwysleisio syniadau am y *Derwyddon aeth y syniad camarweiniol ar led fod yr hen gladdfeydd neu gromlechau a'r cylchoedd o feini hirion yn gofebion derwyddol. Fe'u cysylltwyd â'r traddodiad barddol Cymraeg gan Edward *Williams (Iolo Morganwg) yn ei ymdrech lwyddiannus i 'ailsefydlu' *Gorsedd Beirdd Ynys Prydain. Arferai rhai hynafiaethwyr, megis Richard *Fenton, gloddio hen safleoedd, ond gan amlaf mewn dull anhrefnus a hyd yn oed anghyfrifol, tra byddai eraill yn hel casgliadau preifat o greiriau. Ymhlith darlunwyr topograffig cyhoeddodd y brodyr Samuel a Nathaniel Buck olygfeydd o gestyll, abatai, eglwysi, plastai a threfi yng Nghymru yn ystod y 1740au. Gwnaed peintiadau a lluniadau o ddiddordeb hynafiaethol gan lawer o arlunwyr, a daeth llyfrau teithio gan awduron megis Thomas *Pennant, Benjamin Heath *Malkin a William *Coxe yn boblogaidd (gweler hefyd o dan TEITHIAU TRWY GYMRU).

Yn ystod y bedwaredd ganrif ar bymtheg, fodd bynnag, dangosodd darganfyddiadau mewn bioleg a daeareg fod tarddiad Dyn ymhell y tu hwnt i 400 CC, dyddiad y creu yn ôl dadansoddiad yr Archesgob Ussher o *Lyfr Genesis*. Datgelodd y cloddio yn nhiroedd Môr y Canoldir a'r Dwyrain Canol wareiddiadau amgenach na rhai Groeg a Rhufain. Rhoddwyd gwedd newydd ar hynafiaeth Prydain pan fabwysiadwyd y patrwm: yr Oesoedd Cerrig, Pres a Haearn, a ddyfeisiwyd yn Nenmarc gan Christian J. Thomsen, safbwynt a estynnwyd pan ddarganfuwyd olion cynharach yn Ffrainc. Cyflwynwyd fframwaith dyddio 'Y Tair Oes' yn 1849 i ddarllenwyr *Archaeologia Cambrensis*, cylchgrawn Cymdeithas Hynafiaethau Cymru (gweler o dan CAMBRIAN ARCHAEOLOGICAL ASSOCIATION); bathwyd y gair 'cynhanesyddol' yn 1851 ac fe'i defnyddiwyd yn yr un

cylchgrawn yn 1855. Disodlwyd hynafiaetheg yn raddol gan archaeoleg.

Ceir adroddiad llawn ar Hynafiaetheg yng Nghymru yn T. D. Kendrick, *British Antiquity* (1950) a phennod Donald Moore, '*Cambrian Antiquity: Precursors of the Prehistorians*', yn *Welsh Antiquity* (gol. George C. Boon a J. M. Lewis, 1976).

Hynafiaid, Cwlt yr, un o nodweddion y grefydd Geltaidd baganaidd. Yn ôl *De Bello Gallico* gan Cesar, credai'r Galiaid eu bod oll yn ddisgynyddion i *Dis Pater*, sef duw y Byd Arall, yn ôl y Rhufeiniaid. Cadarnha hyn y gred fod hanfod o un hynafiad dwyfol yn nodwedd ban-Geltaidd. Yn y traddodiad Cymreig gellir ystyried mai *Beli Mawr fab Manogan, llywodraethwr chwedlonol Prydain, yw'r hynafiad dwyfol cyffredin a goffawyd gan y Celtiaid Brythonig, fel yr oedd y duw Lugh (Lleu) i'r Gwyddelod. Gweler ACHAU a MAM DDUWIESAU.

Hystoria Gwlat Ieuan Vendigeit, gwaith lleygol (ceir y testun cynharaf yn Llsgr. Coleg Iesu 2, 1346). Cynrychiola'r testunau ddau gyfieithiad rhyddiaith gwahanol a dienw o '*Epistola Presbyteri Johannis*', llythyr honedig gan y Preutur Siôn at Frederick I. Yr oedd y Preutur Siôn yn offeiriad-frenin dwyreiniol chwedlonol a lywodraethai, yn yr Oesoedd Canol, dros wlad ysblennydd rywle yng nghanol Asia. Ceir sôn amdano yn *Orlando Furioso* (1516) gan Ariosto ac ef yw arwr eponymaidd nofel gan John Buchan (1910).

Hystoria Lucidar, gwaith crefyddol (ceir y testun cynharaf yn Llsgr. Coleg Iesu 2, 1346), cyfieithiad o *Elucidarium* gan yr awdur Honorius Augustodunensis a flodeuai yn gynnar yn y ddeuddegfed ganrif. Y mae'n gompendiwm cynhwysfawr, ar ffurf deialog rhwng meistr a disgybl, o athrawiaeth Gristnogol ac yr oedd yn waith tra phoblogaidd yng Nghymru'r cyfnod.

Golygwyd y testun gan John Morris-Jones a John Rhŷs a'i gyhoeddi yn 1894.

HYWEL AB EINION LYGLIW (*fl.* 1330–70), bardd. Ni wyddys dim o'i hanes, ond ceir Einion Lygliw, ei dad efallai, yn trigo yn nhrefgordd Rhiwedog, Llanfor, Meir., yn 1292 ac yn aseswr treth yng nghwmwd Tal-y-bont, Meir., yn 1318. Yr unig gerdd o waith Hywel a gadwyd yw ei awdl serch i Myfanwy Fychan o gastell *Dinas Bran, Llangollen, a argraffwyd yn y *Myvyrian Archaiology* (1801). Y gerdd hon, neu'n hytrach efallai y cyfieithiad Saesneg ohoni a argraffwyd yn *Tours in Wales* Thomas *Pennant, a ysbrydolodd rieingerdd enwog Ceiriog (John Ceiriog *Hughes), sef 'Myfanwy Fychan'.

Am destun o gerdd Hywel gweler *Blodeugerdd Barddas o'r Bedwaredd Ganrif ar Ddeg* (gol. Dafydd Johnston, 1989).

HYWEL AB OWAIN GWYNEDD (*fl.* 1140–70),

Tywysog a bardd, mab gordderch Owain Gwynedd (*Owain ap Gruffudd) a Gwyddeles o'r enw Pyfog. Er iddo gyfeirio ato'i hun yn ei farddoniaeth fel ymladdwr yn erbyn y Saeson, bu'n brwydro hefyd yn erbyn ei dylwyth ei hun, a lluoedd y de, gan ochri hyd yn oed gyda'r Normaniaid yn erbyn yr Arglwydd Rhys (*Rhys ap Gruffudd) yn 1159. Fe'i lladdwyd bron yn union wedi marw ei dad mewn brwydr yn erbyn dau o'i hanner brodyr ym Mhentraeth. Ceir cerdd hir o fawl iddo gan *Gynddelw Brydydd Mawr a chanwyd marwnadau iddo gan ei frawd maeth *Peryf ap Cedifor.

Nid erys ond naw o'i gerddi ond cofir amdano'n bennaf fel bardd serch a natur; nodweddir ei waith gan hydeimledd, tynerwch a hiwmor. Yn wahanol i'r bardd llys proffesiynol, ni bu'n rhaid iddo lynu wrth y pynciau traddodiadol a cheir ganddo nodyn personol sy'n brin ym marddoniaeth Gymraeg y cyfnod. Yn ei *Orhoffedd, y mae'n moli nodweddion ei hoff Feirion, ei thrigolion, ei morfa a'i mynyddoedd, dolydd a dyffrynnoedd, ei lleoedd anial a'i choed, a'i thir cyfannedd a'i 'gwymp wragedd'. Mewn cerdd arall, ar ôl enwi wyth o'i gariadon, cyfaddefa fod yna eraill, ond mai da yw dannedd i atal tafod. Y mae ei gysylltu cryno o ddelweddau – y wen gaer falch ei gwneuthuriad, y don lafar gerllaw a'r ferch o fewn y gaer sydd fel llewyrch y flwyddyn ac ati – yn nodweddiadol o'i gerddi. Dyma'r enghreifftiau cynharaf yn y Gymraeg o delynegion serch. Fel y sefydlodd *Taliesin ac *Aneirin y patrwm o dywysog a milwr, felly y sefydlodd Hywel ab Owain Gwynedd ym marddoniaeth Gymraeg y ddelfryd o'r fun fel gwrthrych teimladau'r bardd. Yn hyn o beth yn ddiau dylanwadwyd arno gan farddoniaeth Ffrainc a bu yntau'n ddylanwad ar lawer o feirdd Cymraeg wedi hynny.

Golygwyd gwaith Hywel ab Owain gan Kathleen Anne Bramley yn K. A. Bramley et al. (gol.), Gwaith Llywelyn Fardd I ac eraill o feirdd y ddeuddegfed ganrif (1994).

HYWEL AP DAFYDD AB IEUAN AP RHYS
(Hywel Dafi; fl.1450–80), bardd a brodor o Raglan, Myn. Ymhlith ei gerddi crefyddol y mae cywydd i'r ugain mil o saint a gladdwyd yn Ynys *Enlli a dau gywydd i Fair; canodd hefyd ychydig gerddi serch. Cerddi moliant a marwnad i noddwyr yw corff mawr ei farddoniaeth, i deulu Herbert o Raglan a disgynyddion *Dafydd Gam. Ac eithrio ei ymrysonau â *Guto'r Glyn nid oedd ei waith yn boblogaidd ymhlith y copïwyr, yn rhannol gan nad oedd yn cydymffurfio â chonfensiynau ei gyfnod. Bu hefyd yn ymryson â *Bedo Brwynllys ac eraill. Yn ôl *Rhys Cain, Hywel Dafi oedd awdur hanes Prydain yn Lladin a hanes Cymru yn Gymraeg ond ni chadwyd y rhain ymhlith ei lawysgrifau.

Ceir dau o'i gywyddau yn Canu Maswedd yr Oesoedd Canol (gol. Dafydd Johnston, 1991).

Hywel ap Gruffudd (Hywel y Fwyall; m. 1381?),
milwr proffesiynol a gŵr o *Eifionydd, disgynnydd o

*Ednyfed Fychan. Fel mab iau, penderfynodd ar yrfa yn rhyfeloedd Edward III yn Ffrainc. Ym mrwydr Crécy (1346), arweiniodd fintai o Gymry dan faner y Tywysog Du. Cymaint fu ei wasanaeth fel yr urddwyd ef yn farchog-banerog ar faes y gad. Nid oes sail i'r traddodiad iddo ddal Brenin Ffrainc yn Poitiers (1356), ond gwnaeth gymaint o ddifrod ymhlith y Ffrancwyr â'i fwyell, fel y rhoddodd y Tywysog Du le anrhydeddus iddi yn y neuadd frenhinol. Rhoddid bwyd o flaen y fwyell bob dydd ac yna fe'i dosberthid i'r tlodion; parhaodd y traddodiad hwn hyd at deyrnasiad Elisabeth I. Tua 1359 penodwyd Syr Hywel yn Gwnstabl castell Cricieth ac y mae'n debyg iddo aros yn y swydd honno hyd ddiwedd ei oes. Canwyd nifer o gywyddau iddo. Disgrifir bywyd y castell yn nyddiau Syr Hywel mewn cywydd gan *Iolo Goch.

HYWEL AP MATHEW (m. 1581),
bardd a hanesydd o Lanfair Waterdine, sir Amwythig, lle yr oedd ei deulu yn dirfeddianwyr a lle y bu ei dad yn offeiriad plwyf. Graddiodd Hywel fel prydydd yn Eisteddfod gyntaf *Caerwys (1523) a dywed Lewys *Dwnn ei fod yn athro barddol. Cyfansoddodd folawdau a marwnadau traddodiadol i bendefigion blaengar ei ddydd, gan gynnwys Wiliam *Herbert, Iarll Penfro, a Richard *Davies, Esgob Protestannaidd Tyddewi. Yr oedd yn gopïydd llawysgrifau ac yn arwyddfardd, a lluniodd gopïau o'r Llyfr Arfau. Y mae ei lyfr ar hanes Prydain, y ceir dau gopi ohono, yn null haneswyr Saesneg ei gyfnod, ac yn ymestyn o hanes meibion Noah hyd y flwyddyn 1556. Dywed yn y cronicl hwn ei fod yn bresennol yng ngwarchae Boulogne yn 1544 ac awgrymir gan rai o'i sylwadau yn y cronicl ei fod yn Babydd. Canwyd marwnadau iddo gan Lewys Dwnn a *Dafydd Benwyn.

HYWEL AP RHEINALLT neu HYWEL RHEINALLT (fl. 1461–1506/07),
bardd a brodor o Lannor, Caern. Cywyddau mawl a marwnad i uchelwyr yn *Llŷn ac *Eifionydd yw'r mwyafrif o'i gerddi, er mai ei gywydd marwnad i bedwar o'i gyd-feirdd, *Dafydd Nanmor, *Deio ab Ieuan Du, *Ieuan Deulwyn a *Thudur Penllyn, yw ei gerdd enwocaf. Cyfansoddodd hefyd gywyddau gofyn, cywyddau serch a chywyddau crefyddol. Yn ei gywyddau i ddelw Mair o Bwllheli, Cawrda Sant ac Einion Frenin, nawddseintiau Abererch a Llanengan, Caern., ceir adlewyrchiad o fywyd crefyddol Llŷn yn y cyfnod. Diddordeb hanesyddol sydd i waith Hywel Rheinallt yn bennaf a gwelir ynddo beth o deimlad gwrth-Seisnig ei gyfnod: rhydd fynegiant fwy nag unwaith i'r ymdeimlad cyfoes fod buddugoliaeth Harri Tudur yn 1485 wedi esgor ar waredigaeth i'r Cymry.

HYWEL CILAN (fl. 1435–70),
bardd a brodor o Gilan, Llandrillo, Meir. Ar wahân i'w gerddi i Ruffudd

ap Rhys ab Ieuan o Franas yn ei blwyf genedigol, canodd i deuluoedd bonheddig yn y *Rug ac yn y Plas-yn-Iâl, ond canodd ei gywyddau gan mwyaf i noddwyr yng ngogledd-ddwyrain Cymru. Cywyddau moliant ystrydebol ond o safon dda yw'r rhan fwyaf o'r gerddi.

Golygwyd gwaith y bardd gan Islwyn Jones (1963).

Hywel Dafi, gweler HYWEL AP DAFYDD AB IEUAN AP RHYS (fl.1450–80).

Hywel Dda neu **Hywel ap Cadell** (m. 949 neu 950), brenin ac, yn ôl traddodiad, deddfroddwr. Yr oedd yn ŵyr i *Rodri Mawr ac etifeddodd ran ddeheuol ei Dywysogaeth, sef Seisyllwg (*Ceredigion ac *Ystrad Tywi). Enillodd *Ddyfed trwy briodi ag Elen ferch Llywarch ap Hyfaidd, yr olaf o hen Dywysogion Dyfed, ac ymddengys iddo feddiannu Brycheiniog tua 930. Pan laddwyd Idwal Foel gan y Saeson yn 942, meddiannodd Hywel ei diroedd yntau, sef Gwynedd a Phowys, nes dod â'r rhan fwyaf o Gymru o dan ei awdurdod. Yr oedd Hywel o bosibl yn fwy o ddiplomydd nag o ryfelwr: llwyddodd i gadw heddwch â Brenhinoedd Lloegr trwy ymostwng iddynt. Bu ganddo berthynas arbennig â llys Wessex (lle y bu gan *Asser swydd uchel) a digwydd ei enw sawl gwaith mewn dogfennau yn ymwneud â'r llys hwnnw rhwng 928 a 949. Awgrymwyd mai dilyn esiampl Alfred, Brenin Wessex, a wnaeth Hywel pan aeth ar bererindod i Rufain yn 928 a phan ymgymerodd tua diwedd ei oes â'r gorchwyl o roi trefn ar gyfreithiau ac arferion ei deyrnas (os yw'r traddodiad yn ddilys). Bathodd ddarnau arian yn dwyn ei enw, yr unig dywysog Cymreig i wneud hyn hyd y gwyddys. Yr oedd yn ŵr tra arbennig; geilw *Brut y Tywysogyon ef yn 'ben a moliant yr holl Frytaniaid' ac ef yw'r unig frenin yn hanes Cymru a dderbyniodd yr epithet Dda. Gweler hefyd CYFRAITH HYWEL.

Gweler J. E. Lloyd, A History of Wales (1911); ceir trafodaeth ar y berthynas rhwng Hywel Dda a llys Wessex mewn erthygl gan D. P. Kirby, 'Hywel Dda: Anglophile?' yn Cylchgrawn Hanes Cymru (cyf. VIII, rhif. 1, 1976) ac A. D. Carr, Trem ar Gyfraith Hywel (1985).

HYWEL DDU O FUELLT, SYR (fl. canol 16eg gan.), gŵr eglwysig a bardd yr erys ar glawr un gân yn unig o'i waith, sef cywydd gofyn traddodiadol o ran ei ffurf ond anghyffredin o ran ei gynnwys am mai clo merch (gwregys diweirdeb) a erchir ganddo.

Cyhoeddir y gerdd yn Dafydd Johnston, Canu Maswedd yr Oesoedd Canol (1991).

HYWEL FOEL AP GRIFFRI AP PWYLL WYDDEL (c.1240–1300), bardd. Dwy awdl yn unig a geir o'i waith, y ddwy yn cwyno yn erbyn hir gaethiwed *Owain Goch ap Gruffudd gan ei frawd *Llywelyn ap Gruffudd ('Y Llyw Olaf') a barhaodd o frwydr Bryn Derwin (1255) hyd at 1277.

Ceir y cerddi yn Llawysgrif Hendregadredd (gol. J. Morris-Jones a T. H. Parry-Williams, 1933); gweler hefyd yr erthygl gan Brynley F. Roberts yn Bardos (gol. R. Geraint Gruffydd, 1982).

Hywel Fychan fab Hywel Goch o Fuellt, gweler o dan LLYFR COCH HERGEST.

Hywel Sele (fl. dechrau'r 15fed gan.), arglwydd *Nannau, Meir., a fradychodd, yn ôl y traddodiad, ei gefnder *Owain Glyndŵr. Ceisiodd Abad y Cymer gymodi'r ddau a gwahoddwyd Owain i Nannau. Un dydd, wrth hela carw, anelodd Hywel ei saeth at Owain, ond achubwyd ei fywyd gan yr arfwisg o dan ei ddillad. Lladdwyd Hywel gan Owain a chuddiwyd ei gorff mewn hen dderwen a alwyd fyth oddi ar hynny yn Geubren yr Ellyll.

HYWEL SWRDWAL (fl. 1430–70), bardd. Awgrymwyd ei fod yn ddisgynnydd i'r Norman Hugh Surdwal a gafodd dir ym Mrycheiniog wedi'r Goncwest. Bu Hywel yn feili yn Y Drenewydd o dan Risiart, Dug Iorc, o 1454 hyd 1456 ac Iorcydd ydoedd o ran ei wleidyddiaeth. Yn ôl y traddodiad yr oedd yn un o'r beirdd a gomisiynwyd gan Edward IV yn 1460 i olrhain ach teulu Herbert. Credir hefyd ei fod yn awdur nifer o weithiau hanesyddol Cymraeg a Lladin, ond ni oroesodd ddim o'r rhain. Yr oedd ei fab, *Ieuan ap Hywel Swrdwal, yntau'n fardd. Cerddi mawl a marwnad i noddwyr o Went a Morgannwg yw'r rhan fwyaf o'i waith; ei brif noddwr yno oedd Wiliam *Herbert, Iarll Penfro. Pan ddienyddiwyd Herbert yn 1469 canodd y bardd gywydd marwnad chwerw iddo yn beio'r Saeson am y drychineb a'u galw yn 'Hŵr-swns a Hors a Hensiyst'.

Cyhoeddwyd Gwaith Barddonol Howel Swrdwal a'i fab Ieuan (gol. J. C. Morrice, 1908); gweler hefyd yr erthygl gan Eurys Rowlands yn Ysgrifau Beirniadol VI (gol. J. E. Caerwyn Williams, 1971).

Hywel y Fwyall, gweler HYWEL AP GRUFFUDD (m. 1381?).

HYWEL YSTORM neu **YSTORYN** (fl. yn gynnar yn y 14eg. gan.?), bardd sy'n rhannu gyda *Madog Dwygraig y bri, neu'r anfri, o fod wedi canu llawer o'r cerddi dychan ffieiddiaf yn yr iaith Gymraeg, gan ymdrybaeddu mewn aflendineisrwydd a chan wawdio anffurfiadau dynol. Sonia am leoedd mewn amryw rannau o Gymru, yn enwedig am dafarnau lle yr oedd ei fath ef o gyfansoddi yn boblogaidd. Bwriad y canu mawl oedd dyrchafu Dyn, gan amlygu ei rinweddau mwyaf, ond bwriad y bardd hwn oedd ei ddiraddio a'i ddirmygu.

HYWYN, GWENNO (1949–91), awdur llyfrau plant. Ganed hi ym Mrynaerau, Caern., ond fe'i maged yn Llundain nes oedd yn dair ar ddeg oed ac yna bu'n byw yn Mhorthmadog a Phen-y-groes, ac yn Llandwrog. Fe'i haddysgwyd yng Ngholeg Prifysgol Gogledd Cymru, Bangor, lle y graddiodd yn y Gymraeg. Bu'n dysgu Cymraeg fel ail iaith am gyfnod yn Nyffryn Ogwen a chylch Bryn'refail. Yn 1982 penderfynodd roi'r gorau i ddysgu er mwyn canolbwyntio ar ysgrifennu'n llawn amser. Yn 1986 y cyhoeddwyd ei nofel gyntaf, sef *Cyfrinach Betsan Morgan*, nofel yng Nghyfres Corryn ar gyfer plant. Yn ogystal ag addasu nifer o nofelau i'r Gymraeg, ysgrifennodd ddeuddeg o nofelau i blant a phobl ifainc. Ei nofelau eraill yw: *'Tydi Bywyd yn Boen!* (1987), *Dydi Pethau'n Gwella Dim!* (1987), *Bwthyn Lisi Meri* (1988), *Y Tŷ ar y Clogwyn* (1988), *Hafan Fach am Byth!* (1988), *Y Dyn yn y Fynwent* (1989), *Pioden y Nadolig* (1989), *Gwerfyl Gam* (1990), *'Tydi Cariad yn Greulon!* (1990), *Er Mwyn Benja* (1991) a *Modlen* (1991). Yn 1993 cyhoeddwyd *Gwerfyl and the Great Plague*, addasiad o *Gwerfyl Gam*.

I

'I Ofyn Cŵn Hela', cywydd gan *Gutun Owain, a'r enwocaf o'i gywyddau gofyn. Fe'i canwyd ar ran Dafydd ab Ieuan ab Einion i ofyn am ddau gi yn rhodd oddi wrth ei ewythr, Hywel ap Rhys o'r *Rug, Corwen, un o 'farwniaid Edeirnion'. Gogoniant y cywydd yw ei ddisgrifad o'r helgwn, sy'n enghraifft drawiadol o *ddyfalu dychmygus. Darlunnir y cŵn wrth iddynt ffroeni'r trywydd fel 'gweision pennau goisel' sy'n 'ymddiddan tuag *Annwn'. Canolbwyntir yn arbennig ar eu cyfarth gan ei ddarlunio'n ffansïol mewn termau cerddorol. Ar wahân i'r dyfalu, llwydda ei rythmau bywiog i gyfleu symudiad cyffro'r helfa.

Iaco ab Dewi, gweler DAVIES, JAMES (1648–1722).

Iago ap Ieuan (James James; 1833–1902), gweler o dan JAMES, EVAN (1809–78).

Iago Prytherch, gweler o dan THOMAS, RONALD STUART (1913–).

Iaith Gymraeg, Yr. Fel ei dwy chwaer iaith, y Gernyweg a'r Llydaweg, y mae'n perthyn i gangen Frythoneg y Gelteg yn yr ieithoedd Indo-Ewropeaidd; perthyn yr Wyddeleg, Gaeleg yr Alban a Manaweg i'r gangen Oideleg. Yn y bôn, daw geirfa'r Gymraeg o'r Gelteg, ond cafwyd benthyciadau yn yr iaith ar wahanol gyfnodau yn ei hanes, o'r Lladin, Gwyddeleg, Norseg, Ffrangeg-Normanaidd ac yn arbennig o'r Saesneg. Fel mewn ieithoedd Celtaidd eraill, ceir nodweddion arbennig yn y Gymraeg, megis treigladau cytseiniaid dechreuol (gweler TREIGLO) a chyfuniad rhagenwau personol â rhai arddodiaid i greu rhediadau. Y mae cryn gymhlethdod mewn trefn frawddegol o safbwynt cystrawennol. Gosodir y ferf, fel arfer, ar ddechrau'r frawddeg, a dilynir hi gan y goddrych, ac yna gan y gwrthrych a gweddill y frawddeg. Nid oes yn y Gymraeg fannod amhendant ac y mae i'r enw ddau rif (unigol a lluosog) a dwy genedl (gwrywaidd a benywaidd). Y mae'r ansoddair fel arfer yn dilyn yr enw a ddisgrifir ganddo ac y mae'r rhifol, pan ddefnyddir ef yn ansoddeiriol, yn dod o flaen yr enw sy'n aros yn yr unigol. Fel arfer, mae'r acen yn disgyn ar y goben.

Erbyn ail hanner y chweched ganrif yr oedd y famiaith, Brythoneg, wedi dangos digon o newidiadau i gyfiawnhau dweud mai dyma'r cyfnod pan aned Cymraeg Cynnar, Cernyweg Cynnar a Llydaweg Cynnar. Arfer ysgolheigion yw cyfeirio at Gymraeg Cynnar fel y cyfnod o ganol y chweched hyd at ddiwedd yr wythfed ganrif. Prin yw olion y cyfnod hwn: arysgrifau ydynt gan mwyaf, megis enwau priod ar arysgrifau cynnar ym Môn ac enghreifftiau ar destunau Lladin. Cymraeg de'r Alban a gogledd-orllewin Lloegr, sef *Hen Ogledd y traddodiad Cymreig, yw iaith y farddoniaeth sy'n perthyn i'r cyfnod hwn, megis Llyfr Aneirin (gweler o dan GODODDIN) a hithau yw'r iaith a geir mewn llawysgrifau sy'n perthyn i'r drydedd ganrif ar ddeg. Yn y cyfnod hwn o Hen Gymraeg, er bod y dystiolaeth yn dal yn brin, ceir enghreifftiau testunol megis y glosau Cymraeg a gynhwysir mewn testun Lladin o'r Efengylau gan Juvencus (*Llawysgrif Juvencus). Y mae Cymraeg Canol yn dynodi'r cyfnod o ganol y ddeuddegfed ganrif hyd at ddiwedd y bedwaredd ganrif ar ddeg neu ganol y bymthegfed ganrif, cyfnod pan ddylanwadwyd ar yr iaith o'r tu allan a chyfnod cyfoethog mewn rhyddiaith (gweler o dan PEDAIR CAINC Y MABINOGI) a barddoniaeth. Y mae'r cyfnod modern wedi'i rannu, o safbwynt astudio, yn Fodern Cynnar, hyd at ddiwedd yr unfed ganrif ar bymtheg, a Modern Diweddar, o'r cyfnod hwnnw hyd heddiw.

Yn y Gymru annibynnol y beirdd a'r llenorion oedd ceidwaid yr iaith, ond o ganlyniad i'r *Ddeddf Uno (1536) cyfyngwyd ar ei defnydd swyddogol a chollodd ei hurddas a'i hawdurdod. Yr oedd y *Tuduriaid, er yn barod i gymryd mantais lawn o'u cysylltiad â Chymru, yn awyddus i sicrhau unffurfiaeth trwy'r deyrnas ac yr oedd yr iaith Saesneg yn un ffordd o wneud hynny. Yn wahanol i'r sefyllfa yn Llydaw ac Iwerddon, rhoes y cyfieithiad o'r Ysgrythur, yn arbennig cyfieithiad William *Morgan o'r *Beibl yn 1588, yn ogystal â chyhoeddi llyfrau Cymraeg o 1547 ymlaen, safon gredadwy i ddefnydd yr iaith (gweler o dan ARGRAFFU A CHYHOEDDI). Bu twf symudiadau crefyddol yn yr ail ganrif ar bymtheg a'r ddeunawfed ganrif, ysgolion cylchynol Griffith *Jones, a phwysigrwydd yr *Ysgol Sul pan oedd *Anghydffurfiaeth ar ei anterth, yn ffactorau pwysig i barhad yr iaith, trwy wneud nifer mawr o'r boblogaeth yn llythrennog yn y Gymraeg.

Er i'r *Chwyldro Diwydiannol gadw'r Cymry gartref, daeth dosbarth rheoli o Loegr a'r gweithlu o bob rhan o wledydd Prydain ac Iwerddon. Credir bod wyth deg y cant o'r boblogaeth yn siarad Cymraeg yn ystod chwarter cyntaf y bedwaredd ganrif ar bymtheg. Siaredid yr iaith Saesneg gan ddosbarth uwch bach, ymhlith pobl a gafodd addysg ffurfiol, hefyd yn y trefi mwyaf, mewn ardaloedd ar y Gororau, a rhannau o dde-orllewin Cymru fel *Gŵyr a de Penfro. Ni wnaeth addysg ffurfiol ddim i sicrhau parhad yr iaith Gymraeg ac yr oedd y *Welsh Not yn arwydd o'r amharch a roddwyd iddi. Erbyn 1901 yr oedd nifer siaradwyr y Gymraeg wedi gostwng i tua hanner cant y cant a gwelir gostyngiad mewn pob cyfrifiad byth er hynny: 43.5% yn 1911, 37.1% yn 1921, 36.8% yn 1931, 28.9% yn 1951, 26% yn 1961, 20.8% yn 1971 a 18.9% (tua 503,549 o bobl dros dair oed) yn 1981. Rhwng Cyfrifiadau 1981 a 1991 bu cynnydd bychan yn nifer y siaradwyr Cymraeg a drigai fel arfer yng Nghymru i 508, 098; fel canran, yr oedd hynny'n ostyngiad bach i 18.7%. Awgryma hyn fod sefyllfa'r iaith wedi sefydlogi: bu cynnydd cyson yn nifer y siaradwyr yn yr ystod oedran 5–14 er bod crebachu parhaus yng nghadarnleoedd traddodiadol yr iaith – Gwynedd a Dyfed. Ni wyddys faint o Gymry Cymraeg sy'n byw y tu allan i Gymru gan nad yw'r Cyfrifiad yn eu cofnodi. Ffactorau a gyfrannodd at ddirywiad yr iaith yw'r dirywiad economaidd a diboblogi yr ardaloedd gwledig Cymraeg, ymfudiad (yn arbennig yn ystod *Dirwasgiad y blynyddoedd rhwng y ddau Ryfel Byd), datblygiad cyflym mewn trafnidiaeth, twristiaeth, radio a theledu, hysbysebu, y wasg gylch-gronol a dyddiol, coedwigo tir amaethyddol, gwasan-aeth milwrol, priodas rhwng y Cymry Cymraeg a'r rhai di-Gymraeg, mewnfudo, tai haf, dirywiad Anghyd-ffurfiaeth, a dihidrwydd llawer o'r Cymry Cymraeg eu hunain sy'n cael eu cyflyru gan y pwysau cymdeithasol arferol a roddir ar siaradwyr ieithoedd lleiafrifol.

Mor gynnar â'r unfed ganrif ar bymtheg gwelodd rhai pobl fod angen nawdd ac anogaeth ar yr iaith Gymraeg. Yn eu plith yr oedd William *Salesbury, Gruffydd *Robert a Siôn Dafydd *Rhys. Edrych yn ôl ar ogoniant llenyddol y gorffennol y pryd hwnnw, megis wedyn, oedd un o'r dulliau pwysicaf o gynnal yr iaith. Erbyn rhan olaf y bedwaredd ganrif ar bymtheg yr oedd ymwybyddiaeth genedlaethol Gymreig yn tyfu. Daeth pwysigrwydd newydd i'r iaith trwy astudiaeth ieithegol John *Rhŷs, ac yn ddiweddarach, John *Morris-Jones, a hefyd trwy adfywiad llenyddol, a mwy o ofal gwleid-yddol amdani. Pwysleisiodd llenorion ac addysgwyr fel Emrys ap Iwan (Robert Ambrose *Jones), Dan Isaac *Davies, Thomas *Gee ac Owen M. *Edwards hawl-iau'r bobl i urddas eu hiaith eu hunain. Yn yr ugeinfed ganrif bu gwaith Adrannau Cymraeg *Prifysgol Cymru yn gyfraniad pwysig mewn cyfnod arbennig o *ysgol-heictod yn y Gymraeg.

Y mae nifer o arolygon ac astudiaethau o'r Gymraeg wedi ymddangos yn ystod yr ugeinfed ganrif. Arolwg ar safle'r iaith a'i llenyddiaeth yng nghyfundrefn addysg Cymru, a sut i hyrwyddo'i hastudio, oedd Y Gymraeg mewn Addysg a Bywyd (1927). Ymddangosodd arolwg arall, Lle'r Gymraeg a'r Saesneg yn Ysgolion Cymru, yn 1953. O ganlyniad i ddarlith radio Saunders *Lewis, *Tynged yr Iaith (1962), ffurfiwyd *Cymdeithas yr Iaith Gymraeg, a hon a fu'n arwain y frwydr dros achub yr

iaith. Yn arolwg Hughes-Parry, Statws Cyfreithiol yr Iaith Gymraeg (1966), dadleuir dros statws cyfartal i'r Gymraeg a'r Saesneg. Daeth yr argymhellion i rym gyda Deddf yr Iaith Gymraeg (1967) a wnaeth gyfeiriad arbennig at ddefnyddio'r Gymraeg mewn achosion cyfreithiol ac ar ffurflenni swyddogol. Yn Arolwg Gittins, sef Addysg Gynradd yng Nghymru (1961), awgrymir y dylai pob plentyn gael cyfle digonol i fod yn weddol ddwyieithog erbyn diwedd ei amser yn yr ysgol gynradd. Arolwg sylweddol arall oedd Dyfodol i'r Iaith Gymraeg (1978). Cyflwynwyd yr arolwg hwn i Ysgrif-ennydd Gwladol Cymru gan Gyngor yr Iaith Gymraeg; ymhlith yr argymhellion yn yr arolwg oedd creu corff parhaol i hybu'r iaith. Sefydlwyd *Bwrdd yr Iaith Gymraeg yn Rhagfyr 1993 fel corff statudol gyda'r brif swyddogaeth o 'hyrwyddo a hwyluso defnyddio'r iaith Gymraeg'. Y mae rhai egwyddorion wedi eu gweithredu'n ymarferol mewn rhai cylchoedd; arwydd-ion ffyrdd dwyieithog, ysgolion meithrin, ysgolion dwyieithog, a threfnwyd dosbarthiadau i oedolion ddysgu'r iaith. Y mae rhai Colegau a Cholegau'r Brifysgol hefyd wedi trefnu dysgu pynciau eraill trwy gyfrwng y Gymraeg. Y mae llyfrau Cymraeg yn awr yn fwy niferus – cyhoeddir tua phum cant o lyfrau newydd bob blwyddyn – y mae eu diwyg yn fwy deniadol ac y maent yn fwy amrywiol yn eu diddordeb nag erioed o'r blaen (gweler o dan ARGRAFFU A CHYHOEDDI). Y mae ysgolheictod Cymraeg yn tyfu gan gynhyrchu testunau ac astudiaethau beirniadol sicr. Y mae *Bwrdd Gwy-bodau Celtaidd Prifysgol Cymru yn paratoi geiriadur safonol o'r iaith ar hyn o bryd (*Geiriadur Prifysgol Cymru); ymddangosodd rhan helaeth ohono eisoes. Yn 1995 cyhoeddwyd y geiriadur Saesneg–Cymraeg mwyaf cynhwysfawr erioed, wedi'i olygu gan Bruce *Griffiths gyda chymorth Dafydd Glyn *Jones (*Geiriadur yr Academi). Ceir cymorth sylweddol i'r iaith gan gyrff cyhoeddus megis yr *Eisteddfod Genedlaethol, *Urdd Gobaith Cymru, *Cyngor Celfyddydau Cymru, Y *Swyddfa Gymreig, BBC, HTV a Sianel Pedwar Cymru (S4C), y bedwaredd sianel a sefydlwyd yn 1982 sy'n darlledu am tua deg awr ar hugain yn y Gymraeg ar gyfartaledd bob wythnos. Oddi ar y 1960au ceir diddordeb newydd yn yr iaith, yn arbennig ymhlith y genhedlaeth iau sy'n mynnu siarad Cymraeg. Parodd ymfudo o'r ardaloedd Cymraeg ddirywiad yng grym y Gymraeg a'i hidiomau, ond y mae'r ymwybyddiaeth newydd o Gymreictod wedi creu ymgais gadarn a phendant i achub ac i hyrwyddo defnyddio'r famiaith yng Nghymru.

Ceir manylion pellach yn Henry Lewis, Datblygiad yr Iaith Gymraeg (1946), K. H. Jackson, Languag and History in Early Britain (1953), Ceri W. Lewis, 'The Welsh Language' yn The Cardiff Region (gol. J. F. Rees, 1960), Gerald Morgan, The Dragon's Tongue (1966), R. Brinley Jones, The Old British Tongue: the Vernacular in Wales 1540–1640 (1970), D. Ellis Evans, 'The Language and Literature of Wales' yn Anatomy of Wales (gol. R. Brinley Jones, 1972), Meic Stephens (gol.), The

Welsh Language Today (1973), Clive Betts, *Culture in Crisis: the future of the Welsh Language* (1976), Morris Jones ac Alan R. Thomas, *The Welsh Language: Studies in its Syntax and Semantics* (1977), J. W. Aitchison ac H. Carter, *The Welsh Language 1961–1981: An Interpretative Atlas* (1985), Janet Davies, *The Welsh Language* (1993), J. W. Aitchison a H. Carter, *A Geography of the Welsh Language 1961–1991* (1994), Robert Owen Jones, *Hir Oes i'r Iaith: Agweddau ar Hanes y Gymraeg a'r Gymdeithas* (1997) a Geraint H. Jenkins (gol.), *Y Gymraeg yn ei Disgleirdeb* (1997).

Iâl, cwmwd ym *Mhowys Fadog. Yn 1282 cyplyswyd ef â *Maelor Gymraeg er mwyn ffurfio arglwyddiaeth Brwmffild ac Iâl, a roddwyd i John Warenne, Iarll Surrey. Aeth yr arglwyddiaeth, trwy briodas, i deulu Fitzalan yn 1347 ac i deulu Mowbray yn 1415. Yn 1483 rhoddwyd yr arglwyddiaeth i Syr William Stanley, ond daeth yn eiddo i'r Goron wedi adendriad Stanley yn 1495. Aeth Iâl yn rhan o sir Ddinbych yn 1536. Bu ymgais i roi'r arglwyddiaeth i William Bentinck, Dug Portland, yn 1695, ond enynnodd wrthwynebiad cryf a llwyddiannus yn y Senedd. Ymhlith aelodau teulu Yale o Blas yn Iâl oedd Elihu Yale (1649–1721). Fel cydnabyddiaeth o'i haelioni mawr tuag at y Coleg yn New Haven, Connecticut, enwyd y Coleg yn Yale ar ei ôl.

Iarll y Cawg, gweler o dan OWAIN AB URIEN (6ed gan.).

Iarlles y Ffynnon, gweler o dan TAIR RHAMANT.

Iceni, gweler o dan BOUDICCA (y gan. 1af).

Iestyn ap Gwrgant (*fl.* 1081–93), Brenin annibynnol olaf *Morgannwg. Yn ôl y traddodiad (sy'n amlwg yn gwbl anghywir ei fanylion), lladdodd Rys ap Tewdwr yng Nghwm *Rhondda, ond oherwydd iddo wrthod y cynnig i briodi merch Einion ap Collwyn gorchfygwyd ef gan y Normaniaid a gefnogai deulu Einion a rhanasant hwythau diroedd breision y fro ymhlith ei gilydd gan adael y blaenau ar unig i'r Cymry. Yn ddiweddarach honnai'r rhan fwyaf o deuluoedd bonheddig de Cymru iddynt hanu o Iestyn ap Gwrgant.

Iesuwyr, gweler o dan CYMDEITHAS YR IESU.

IEUAN AP HYWEL SWRDWAL (*fl.* 1430–80), bardd. Cysylltir ef a'i dad *Hywel Swrdwal ag ardal Cedewain, Tfn., ac efallai â Machynlleth, oherwydd cyfnewidiodd gerddi â *Llawdden, y dywedir ei fod yn offeiriad yn y plwyf hwnnw ar y pryd. Yr oedd Ieuan yn fyfyriwr yn Rhydychen pan ysgrifennodd ei *'Owdyl i Fair' yn Saesneg. O ran ei weithiau eraill y mae cryn amheuaeth ynghylch pa rai y dylid eu priodoli iddo ef a pha rai i'w dad. Yn ogystal dywedir i'r ddau fardd ysgrifennu hanes Cymru, ond ni chadwyd y gwaith hwn. Ar achlysur ei farwolaeth annhymig ysgrifennwyd

marwnadau iddo gan *Hywel ap Dafydd ap Ieuan ap Rhys, *Llywelyn Goch y Dant a *Gruffudd ap Dafydd Fychan.

Cynhwysir gweithiau'r tad a'r mab yn y gyfrol *Gwaith Barddonol Hywel Swrdwal a'i fab, Ieuan* (gol. J. C. Morrice, 1908).

Ieuan ap Iago, gweler JAMES, EVAN (1809–78).

IEUAN AP IEUAN AP MADOG (*fl.* 1547–87), copïydd, un o wŷr *Tir Iarll. Perthynai i deulu o ffermwyr a drigai ym mhlwyf y Betws a gwyddys iddo yntau brynu tyddyn yn Llangynwyd yn 1547. Y mae iddo le pwysig ym mywyd y dalaith fel un o gylch o gopïwyr llawysgrifau a oedd wrth eu gwaith tua diwedd yr unfed ganrif ar bymtheg. Yr oedd rhai ohonynt yn wŷr proffesiynol ac eraill megis Ieuan yn foneddigion llengar. Ceir casgliadau o waith rhyddieithwyr a chyfieithwyr y cyfnod yn llaw Ieuan, gan gynnwys copi o *Y *Marchog Crwydrad* (Llanstephan 178, *c.*1585) a chopi o *Chwedlau Saith Ddoethion Rhufain* (Llanstephan 171), y ddau waith yn anelu at ddysgu a hyfforddi.

Ceir manylion pellach yn G. J. Williams, *Traddodiad Llenyddol Morgannwg* (1948) a Ceri W. Lewis, 'The Literary History of Glamorgan from 1550 to 1770' yn *Glamorgan County History* (cyf. IV, gol. Glanmor Williams, 1974).

IEUAN AP SULIEN (m. 1137), awdur cerdd Ladin ar fywyd ei dad *Sulien, *Carmen de vita et familia Sulgeni*, a ysgrifennwyd rhwng 1085 ac 1091. Yr oedd yn frawd i *Rygyfarch, Arthen a Daniel ac yn aelod diwyd o ysgol *Llanbadarn. Gellir gweld ei waith dillyn fel oliwiedydd a chopïwr mewn llawysgrifau megis y copi o *De Trinitate* Awstin sydd yng Ngholeg Corff Crist, Caer-grawnt (lle y ceir pennill Cymraeg pedair llinell) a'r Sallwyr sydd yng Ngholeg y Drindod, Dulyn.

IEUAN AP TUDUR PENLLYN (*fl.* 1465–1500), bardd a aned, mae'n debyg, yng Nghaer-gai, Llanuwchllyn, Meir. Canodd, ymhlith cerddi eraill, foliant i noddwyr yn Y Gesailgyfarch ac Ystumcegid yn *Eifionydd, Ynysmaengwyn a *Nannau, Meir., a hefyd Abertanad, Yr Wyddgrug, a'r Drenewydd. Yr oedd yn un o'r llu o feirdd a ganodd i'r abad (wedyn esgob) Dafydd ab Owain, a chanodd nifer o gywyddau gofyn a hefyd beth dychan gan gynnwys cywydd i forryd Clwyd ac englynion i'w dad, *Tudur Penllyn.

Ceir astudiaeth o'i waith yn *Gwaith Tudur Penllyn ac Ieuan ap Tudur Penllyn* (1958) gan Thomas Roberts.

Ieuan Brydydd Hir, gweler EVANS, EVAN (1731–88).

IEUAN BRYDYDD HIR HYNAF (*fl.* 1450–85), bardd o Ardudwy, Meir. Cerddi crefyddol yw oddeutu hanner y cerddi o'i waith a gadwyd. Canodd gywyddau i'r grog yng Nghaer ac i ffynnon *Gwenfrewi, cywydd cyffes a thair awdl i Dduw, un ohonynt yn barhad o awdl gan *Ddafydd ap Gwilym. Gall mai ef hefyd a ganodd gywydd gwych i grog Aberhonddu a briodolir hefyd i *Huw Cae Llwyd. Cyfnewidiodd gywyddau digrif a dychanol â *Thudur Penllyn, enghreifftiau o gellwair rhwng cyfeillion yn ddiau. Ei gerdd fwyaf trawiadol efallai yw 'Cywydd i Henaint' sy'n cyfleu'n rymus ddadfail y corff. Cysylltir enw Ieuan â dwy o'r *Areithiau Pros.

IEUAN DEULWYN (*fl.* 1460), bardd, brodor o Gydweli, Caerf. Cyfansoddodd gerddi crefyddol a cherddi serch, a gwnaeth ddefnydd pur helaeth o thema cystudd serch. Ymhlith y cywyddau a ganodd i'w noddwyr yn ne Cymru yr oedd moliant i Syr Rhisiart Herbert, a oedd yn rhan o ymryson â *Bedo Brwynllys, a nifer o gywyddau gofyn da.
Cyhoeddwyd casgliad o waith Ieuan Deulwyn wedi'i olygu gan Ifor Williams yn 1909.

IEUAN DYFI (*fl.* diwedd y 15ed gan.), bardd. Yn ôl John *Davies, Mallwyd, hanoedd o Aberdyfi, Meir. Er iddo ganu awdl i Syr Rhisiart Herbert a chywydd i *Ddafydd Llwyd o Fathafarn, bardd serch ydoedd yn anad dim, yn canu i'w gariad, Anni Goch. Mewn achos llys yn 1502 cyhuddwyd Ieuan o odineb gydag Anni Goch, *alias* Lippard. Honnodd hithau wedyn iddo ei threisio. Yr oedd un o'i gerddi, cywydd yn disgrifio twyll gwragedd trwy'r oesoedd, yn boblogaidd iawn ymhlith beirdd a chopïwyr y cyfnod, ac ysgogodd y bardd ymateb gan *Gwerful Mechain.
Cyhoeddwyd gwaith Ieuan Dyfi yn y gyfrol *Gwaith Huw Cae Llwyd ac Eraill* (gol. Leslie Harries, 1953). Gweler hefyd Ll. B. Smith, 'Olrhain Anni Goch' yn *Ysgrifau Beirniadol XIX* (gol. J. E. Caerwyn Williams, 1993).

Ieuan Ddu, gweler THOMAS, JOHN (1795–1871).

Ieuan Fardd, gweler EVANS, EVAN (1731–88).

IEUAN GETHIN AP IEUAN AP LLEISION (*fl.* 1437–90), bardd ac uchelwr o Faglan, Morg. Cadwyd oddeutu deg o'i gywyddau ac un awdl. Canodd ddau gywydd diddorol i Owain *Tudur, y naill pan oedd yng ngharchar Niwgad yn 1437, a'r llall yn farwnad iddo pan ddienyddiwyd ef yn 1461. Canodd Ieuan awdl farwnad i'w ferch a chywydd marwnad i'w fab a fu farw o haint y nodau. Ystyrir bellach nad Ieuan ond Llywelyn Fychan, bardd o'r bedwaredd ganrif ar ddeg, biau'r cywydd marwnad gwych i bedwar plentyn arall a fu farw o'r un afiechyd a briodolir weithiau i Ieuan yn y llawysgrifau. Cyfeiriodd Ieuan ap Rhydderch ato'n ganmoliaethus, gan grybwyll iddo ymryson â bardd a adwaenid fel Y *Proll, a chanodd *Iorwerth Fynglwyd farwnad iddo.
Am destun o farwnadau Ieuan i'w blant gweler *Galar y Beirdd* (gol. Dafydd Johnston, 1993).

Ieuan Glan Alarch, gweler MILLS, JOHN (1812–73).

Ieuan Glan Geirionydd, gweler EVANS, EVAN (1795–1855).

Ieuan Gwyllt, gweler ROBERTS, JOHN (1822–77).

Ieuan Gwynedd, gweler JONES, EVAN (1820–52).

Ieuan Llawdden, gweler LLAWDDEN (*fl.* 1450).

Ieuan Lleyn, gweler PRICHARD, EVAN (1769–1832).

Ieuan Llwyd (*fl.* 1351), mab Ieuan Fwyaf. Fe'i rhestrir mewn dogfennau gwlad fel *prepositus* cwmwd Perfedd yn Uwch Aeron yn 1351. Adwaenir ef yn bennaf trwy awdl iddo gan *Dafydd ap Gwilym, sy'n ei ddisgrifio fel gŵr a garai farddoniaeth ac un o hil Llawdden. Yr oedd ei wreiddiau ym Morfa Bychan ond cysylltir ef yn bennaf â chwmwd Genau'r Glyn lle yr ymgartrefodd yn ddiweddarach.
Ar ei ach gweler P. C. Bartrum, *Welsh Genealogies AD 300–1400* (cyf. III, 1974); hefyd R. A. Griffiths, *The Principality of Wales in the Later Middle Ages*, cyf. I *South Wales* (1972).

IEUAN LLWYD AB Y GARGAM, bardd, y cedwir un awdl yn unig o'i waith wedi ei chanu i Hopcyn ap Tomas o Ynysforgan (*c.*1330–1408), comisiynydd tebygol *Llyfr Coch Hergest* lle y cedwir y gerdd hon. Yn ogystal â moli milwriaeth, haelioni ac ach Tomas, cyfeirir sawl gwaith at ei ddysg eang, 'Llwyr wybodau llên a llyfrau', gan gyfeirio'n benodol at ei feistrolaeth ar y *Lucidarius*.

IEUAN neu **IFAN LLWYD SIEFFRAI** neu **SIEFFRE** (1575–1639), bardd-uchelwr, hynafiaethydd ac achydd. Ganed ef yn yr Eglwys-bach, Dinb., o deulu Llwydiaid Hafodunnos. Ar 12 Gorffennaf 1591, yn un ar bymtheg oed, priododd Fargred, aeres Morus ap Siôn o'r Palau, Llandderfel, Meir., pan nad oedd hi ond un ar ddeg oed. Ganed iddynt ddeuddeg o blant, ond llofruddiwyd Sieffrai, yr etifedd, yn 1626 ac aeth yr etifeddiaeth i'r ail fab, Morus.

Rhestrir dwy a deugain o gerddi, caeth a rhydd, dan ei enw ym Mynegai Cyfrifiadurol o Farddoniaeth Gymraeg (1996), ac enwir ef ymhlith y beirdd a ganai ar eu bwyd eu hun yn sir Ddinbych. Y mae'r rhan fwyaf o'r cerddi caeth i'w gyd-uchelwyr a'i ffrindiau fel Siôn Salsbri, y *Rug a *Bachymbyd (Meir. a Dinb.), Pyrs Gruffydd y Penrhyn, Llandygái, Caern., a Richard *Hughes, Cefn Llanfair, Caern. Y mae rhai o'i gerddi rhydd, megis 'Breuddwyd Ifan Llwyd Sieffrai', yn dangos meistrolaeth ar y mesurau rhyddion cymhleth a oedd yn dod yn boblogaidd ar y pryd. Yr oedd yn adnabyddus fel hynafiaethydd ac achydd a chyfeirir gan achyddwyr eraill at lyfrau ffolio a chwarto yn ei law.

Cedwir llawysgrif gwarto yn y Llyfrgell Brydeinig (LlB Ych. 9866) ac mae rhannau ohoni yn ei law, ond copi o'r llawysgrif ffolio yn unig a erys (LlB Ych. 15017); copïwyd honno gan Owain Myfyr (Owen *Jones) o lawysgrif a losgwyd yn nhân yr Hafod (gweler o dan JOHNES, THOMAS) yn 1807. Yr oedd yn herodr a chyfeiria ato'i hun fel '*p'fessor in heraldrey and seruant to the late deceased . . . Wm Herbert, Earle of Penbrock*'.

Cyfeirir at ei waith fel achydd gan P. C. Bartrum, '*Notes on the Welsh Genealogical Manuscripts*' (*Trafodion* Anrhydeddus Gymdeithas y Cymmrodorion, 1988); ar ei waith herodrol gweler M. P. Siddons, *The Development of Welsh Heraldry* (cyf. I, 1991).

IEUAN SIÔN (*fl.* 1610?–40?), bardd na wyddys fawr ddim amdano. Ceir chwech o englynion a chywydd marwnad, dyddiedig 1612, wrth ei enw yn y Mynegai Cyfrifiadurol o Farddoniaeth Gymraeg (1996), lle y gelwir ef yn Ieuan Siôn o Wedir. Y mae'n bosibl mai'r un gŵr a ydoedd â Siôn Ifan a/neu John Ifan, oherwydd ceir ychydig o englynion wrth enwau'r tri; os felly yr oedd yn canu o 1613 hyd 1636 pan ganodd i gyfarch pont newydd Llanrwst. Priodolir iddo ddau *englyn tra enwog yn dwyn y teitl disgrifiadol 'Englynion a wnaed i lun gŵr ar farch a oedd yn y Gwigau yng Ngwydir. A'r gŵr oedd *Huw Machno', sef bardd teulu Gwydir yn chwarter cyntaf yr ail ganrif ar bymtheg. Y mae'r dystiolaeth bod ffurf mor ddatblygedig o *topiary* â gŵr ar farch i'w gael yn un o erddi gogledd Cymru yn dangos mor ymwybodol o ffasiwn oedd teulu uchelgeisiol Gwydir.

IEUAN TEW HYNAF neu **IEUAN TEW HEN** (*fl.* 15eg gan.), bardd o gyffiniau Cydweli, Caerf. Gellir dadlau bod tua deg ar hugain o gerddi ar gael yn y llawysgrifau sy'n perthyn i Ieuan Tew Hynaf/Hen ac o astudio'r cerddi hynny y mae'n bosibl dweud ei fod yn ei flodau *c.*1460 a'i fod yn byw yng nghyffiniau Cydweli, Caerf. Yr oedd copïwyr y llawysgrifau yn ymwybodol bod bardd arall o'r enw *Ieuan Tew (a oedd yn ei flodau yn ail ran yr unfed ganrif ar bymtheg) ac felly cyfeirir at Ieuan Tew o Gydweli fel Hynaf neu Hen.

Nid yw'r cywyddau'n dadlennu llawer am y bardd ond bu mewn ymryson â ficer o'r enw 'Mastr Harri' ar ddau achlysur, ac y mae'n gwbl bosibl mai cyfeiriad ydyw Mastr Harri at Henry ap Howell a fu'n ficer yn Llandyfaelog, ger Cydweli, yn y 1480au. Y mae Mastr Harri'n sôn fwy nag unwaith am oed y bardd ac y mae'n cyfeirio at 'y gwr oediawc . . .' ac at 'Ieuan wr hen . . .' ac at 'Ieuan . . . Tew gwr bonheddig teg wyd'.

IEUAN TEW IEUAF neu **IEUAN TEW IEUANC** (*fl.* 1560–1608), bardd a enillodd radd disgybl disgyblaidd yn ail Eisteddfod *Caerwys 1567/68. Y mae tystiolaeth ei fod wedi canu cerddi i bobl ar ddechrau'r 1560au a chanodd gywyddau i George *Owen, Henllys,

Penf., ac i Syr Edward *Herbert, Trefaldwyn, yn 1608. Y mae'n amlwg i'r bardd felly gyrraedd oed teg, ond mabwysiadodd copïwyr y llawysgrifau yr ansoddair Ieuaf neu Ieuanc er mwyn dangos ei fod yn perthyn i gyfnod diweddarach nag *Ieuan Tew Hynaf o Gydweli; nid yw ei gyfoedion byth yn ei gyfarch fel 'Ieuan Tew Ieuanc'.

Brodor o gyffiniau'r Bala, Meir., oedd Ieuan Tew Ieuanc ond y mae'n bosibl i Gadwaladr Prys, Rhiwlas, am ryw reswm neu'i gilydd, erlid y bardd o Feirion. Trodd ei wyneb i gyfeiriad Powys ac i dculuoedd Powys y cyflwynodd Ieuan Tew swm ei ganu, a rhai i deuluoedd yn y siroedd cyfagos. Fel 'gŵr o Bowys' yr adwaenid ef gan ei gyd-feirdd ac nid fel 'gŵr o Feirion'. Ym Maldwyn tueddodd i'w gyfyngu'i hun i'r ardaloedd o gwmpas Y Drenewydd a Llanidloes ac yno nid canu i'r haen uchaf o uchelwyr Powys a wnaeth y bardd ond i isganghennau'r teuluoedd hynny.

Bardd mawl oedd Ieuan Tew yn anad dim, a moliant traddodiadol bardd i'w noddwr a geir yn ei waith. Dyrchafodd y rhinweddau hynny a apeliodd at *Feirdd yr Uchelwyr am dair canrif. Mabwysiadodd y *cywydd fel ei hoff fesur a glynodd at y patrymau cydnabyddedig. Mynegodd ei foliant gyda'r ormodiaith arferol a chyda'r delweddau cyfarwydd. Yn aml, cyfle i fydryddu achau oedd canu moliant iddo a'r manylion achyddol yn llethu pob gweledigaeth o'i eiddo.

IFANS, DAFYDD (1949–), awdur. Fe'i ganed yn Aberystwyth, Cer., a'i addysgu yng Ngholeg Prifysgol Gogledd Cymru, Bangor, a Choleg Prifysgol Cymru, Aberystwyth. Ymunodd â staff y *Llyfrgell Genedlaethol yn 1972 a chafodd ei benodi'n Is-geidwad Llawysgrifau yn 1975. Enillodd *Fedal Ryddiaith yr Eisteddfod Genedlaethol am ei nofel fer, *Eira Gwyn yn Salmon* (1974), ac wedi hynny cyhoeddodd un arall, *Ofn* (1980). Y mae hefyd wedi golygu gohebiaeth Eluned *Morgan a W. Nantlais *Williams dan y teitl *Tyred Drosodd* (1977), diweddariad *Y Mabinogion* (1980) gyda'i wraig Rhiannon, a rhannau o ddyddiadur Francis *Kilvert (1982 ac 1989) a chyfrol o ohebiaeth rhwng Kate *Roberts a Saunders *Lewis, *Annwyl Kate, Annwyl Saunders* (1992).

Ifans, Robert, gweler ROBERT AB IFAN (*fl.* 1572–1603).

Ifor ap Cadifor, gweler IFOR BACH (*fl.* 1158),

Ifor ap Llywelyn (Ifor Hael; *fl.* 1340–60), cyfaill a phrif noddwr *Dafydd ap Gwilym. Gellir dweud iddo gorffori delfryd nawdd yng ngolwg y bardd. Cyflwynodd Dafydd gywydd iddo, cadwyn o englynion a dwy awdl; y mae'r ail awdl – y ceir peth amheuaeth ynghylch ei dilysrwydd – yn gyd-farwnad i Ifor a'i wraig Nest. Y mae'r pedwar cywydd yn enghreifftiau gwych o gyfuno'r hen a'r newydd ym marddoniaeth Dafydd ac o asio cysyniadau traddodiadol y canu mawl â delweddaeth sydd yn nodweddiadol o gywyddau serch a natur y bardd hwn. Y mae eu hieithwedd yn gymharol syml a diaddurn, a'u harddull yn ystwyth a phersonol. Ar yr un pryd y mae'r cysyniadau arwrol a gorfforir ynddynt yn hanu'n uniongyrchol o gerddi mawl y *Gogynfeirdd. Mewn geiriau sydd yn dwyn i gof waith *Cynddelw Brydydd Mawr pwysleisia Dafydd gyd-ddibyniaeth y bardd a'r noddwr y naill ar y llall, a chyfeiria at arwyr traddodiadol yr *Hen Ogledd yn amlach yn y cerddi hyn nag a wna yng ngweddill ei waith. Gwêl ef ei hun yn *Daliesin arall yn derbyn rhoddion oddi wrth ei noddwr fel y cafodd Taliesin roddion gan *Urien Rheged.

Y mae hyn yn egluro'r epithet 'Hael' a lynodd wrth enw Ifor mewn cyfeiriadau barddonol trwy'r can-rifoedd, gan fod Dafydd yn honni iddo anrhegu Ifor â 'phrifenw Rhydderch', cyfeiriad at y Trioedd: yr oedd *Rhydderch Hael yn un o *Dri Hael Ynys Prydain, a'i haelioni i feirdd yn ddiarhebol. Y mae'r pedwar cywydd yn folawdau i Ifor ac i'r pleserau y gellid eu mwynhau yn ei gartref moethus ym Masaleg, Myn. Cyfeirir sawl gwaith at ymweliadau Dafydd â thŷ Ifor, ac ymddengys ei fod yn ymwelydd cyson yno, er na wyddys o sicrwydd ai'n gynnar ynteu'n ddiweddar yn ei yrfa y bu hyn. Y mae'n annerch ei gyfaill mewn termau o edmygedd a serch sydd weithiau yn ymylu ar weniaith; efallai yr oedd yn adweithio yn erbyn cyfnod cynharach pan ymgollai mewn canu mawl i ferched.

Yr oedd Ifor Hael yn un o hynafiaid teulu *Morgan Tredegyr. Gwelir adfeilion ei gartref yng Ngwern-yclepa, yn y coed ryw filltir o bentref Basaleg, a'r rhain a ysbrydolodd englynion enwog Evan *Evans (Ieuan Brydydd Hir), 'Llys Ifor Hael'.

Ceir manylion pellach yn llyfr Thomas Parry, *Gwaith Dafydd ap Gwilym* (1951) ac Ifor Williams, *Dafydd ap Gwilym a'i Gyfoeswyr* (1935). Olrheinir y ddadl ynglŷn â dilysrwydd cerddi Ifor Hael gan R. Geraint Gruffydd yn rhifyn arbennig *Poetry Wales* (1973) ar Ddafydd ap Gwilym. Gweler hefyd yr erthyglau gan Saunders Lewis yn *Llên Cymru* (1952–53) a'r rheini gan D. J. Bowen yn *Llên Cymru* (1958–59, 1966), *Trafodion Anrhydeddus Gymdeithas y Cymmrodorion* (1969), *Y Traethodydd* (cyf. CXXXI, 1976) ac yn *Ysgrifau Beirniadol XI* (gol. J. E. Caerwyn Williams, 1979).

Ifor ap Meurig, gweler IFOR BACH (*fl.* 1158).

Ifor Bach, neu **Ifor ap Cadifor** neu **Ifor ap Meurig** (*fl.* 1158). Arglwydd *Senghennydd, Morg. Ymhlith ei orchestion yr oedd ei ymosodiad ar Gastell *Caerdydd yn 1158, pan lwyddodd i gipio William, Iarll Caerloyw, ei wraig a'u mab, gan wrthod eu rhyddhau nes i William ddychwelyd y tiroedd a ladratasai oddi arno. Yr oedd yr ymosodiad yn destun poblogaidd yng nghystadlaethau'r Eisteddfod yn ystod y bedwaredd ganrif ar bymtheg, efallai o ganlyniad i gerdd hir Taliesin *Williams, *Cardiff Castle* (1827).

Ifor Ceri, gweler JENKINS, JOHN (1770–1829).

Ifor Hael, gweler IFOR AP LLYWELYN (*fl.* 1340–60).

Iforiaid, Yr, gweler o dan CYMDEITHASAU CYFEILLGAR.

Igraine, gweler EIGR.

Illtud (ail hanner y 5ed gan.), sant a oedd yn un o sefydlwyr mynachaeth ym Mhrydain. Perthyn yn arbennig i dde-ddwyrain Cymru, er bod coffa amdano hefyd yn Llanelltud ger Dolgellau, Meir., ac yn Llydaw. Y mae'r traddodiad i Illtud sefydlu ysgol yn *Llanilltud Fawr, Morg., ac addysgu yno lawer o seintiau a ddaeth yn adnabyddus yn ddiweddarach yn wir, mae'n debyg. Ym Muchedd Samson (dechrau'r 7fed gan.) dywedir bod Eltut (Illtud) yn ddisgybl i Garmon o Auxerre, a rhoddir pwys mawr ar ei ddysg glasurol a Christnogol, yn hytrach nag ar ei fywyd mynachaidd. Lluniwyd Buchedd Illtud yn y ddeuddegfed ganrif, gan fynach o Lanilltud yn fwy na thebyg, ac nid oes nemor ddim gwerth hanesyddol iddi. Dywedir iddo ddod o *Letavia* (Llydaw) a thynnir ar draddodiadau lleol a llafar. Ym Muchedd *Cadog gan Lifris o Lancarfan disgrifir Illtud fel cyn-filwr.

In Parenthesis (1937), gwaith ysgrifenedig cyntaf David *Jones, 'llyfr rhyfel'. Canolbwyntir ar y Preifat John Ball a darlunnir profiadau nifer o filwyr cyffredin, Cymreig a Seisnig, rhwng Rhagfyr 1915 a Gorffennaf 1916. Y mae'r saith rhan yn cyflwyno'r camau yn eu symudiad, o'r gwersyll milwrol cyn hwylio i Ffrainc a'r bywyd yn y ffosydd yn y wlad honno; y mae'n cloi gyda'r cyrch ar Mametz, lle y clwyfir ac y lleddir y rhan fwyaf ohonynt. Y mae'r gwaith yn uniongyrchol ac yn eang ei berspectif. Cyfleir anhrefn rhyfel mewn dull realistig, ond hefyd hiwmor, cyfeillgarwch a dioddefaint 'the essential foot-mob', a defnyddir cyfoeth o gyfeiriadau hanesyddol, mytholegol a llenyddol – yn arbennig Malory, Shakespeare ac 'Y *Gododdin' – er mwyn gosod y rhyfel yng nghyd-destun hen ryfeloedd a ymladdwyd gan 'gynrychiolwyr Ynys Prydain' a chyflwyno'r dynion fel creawdwyr trefn lle'r ailgrëir undod sylfaenol Prydain. Y darn a ddyfynnir fwyaf yw hwnnw o Ran IV sy'n dwyn y teitl 'Dai's Boast', lle y mae hen gymeriad, sydd wedi diflannu erbyn y diwedd, yn corffori thema *Taliesin o'r ysbryd sy'n anfarwol ac yn fyw ymhob oes trwy honni iddo fod yn bresennol pan laddodd Cain Abel, a'i fod yn filwr Rhufeinig pan groeshoeliwyd Crist ac iddo wasanaethu gyda *Macsen Wledig ac *Arthur.

Ceir ymdriniaeth feirniadol ar y llyfr yn yr erthygl gan William Blisset yn *David Jones: Eight Essays on his Work as Writer and Artist* (gol. Roland Mathias, 1976), Samuel Rees, *David Jones* (1978), Thomas Dilworth, *The Liturgical Parenthesis of David Jones* (1979), Colin A. Hughes, *David Jones: The Man who was on the Field* (1979), Elizabeth Ward, *David Jones Mythmaker* (1983), Thomas Dilworth, *The Shape of Meaning in the Poetry of David Jones* (1988) a John Matthias (gol.), *David Jones: Man and Poet* (1989).

In the Green Tree (1948), casgliad o lythyrau a straeon byrion gan Alun *Lewis, ynghyd â theyrnged iddo gan awduron eraill, a gyhoeddwyd wedi ei farwolaeth. Lleolir pump o'r chwe stori yn yr India a thynnant yn helaeth ar brofiad Lewis o dirweddau a digwyddiadau yn ystod ei gyfnod o hyfforddiant, rhagchwilio ac aros mewn ysbyty yn 1943. Ym mhob un ceir astudiaeth o swyddogion dan bwysau, rhai wedi eu clwyfo neu ar fin marw, eraill dan gysgod marwolaeth, fel yn 'The Orange Grove', gwaith rhyddiaith gorau'r awdur, o bosibl. Nid oes yn ei lythyrau at ei wraig a'i rieni arlliw o'r duedd at felodrama a geir yn rhai o'r storïau, ac y buasai Lewis wedi eu dileu wrth baratoi ar gyfer y wasg. Y mae'r llythyrau yn egluro nifer o bwyntiau yn y straeon, ac at ei gilydd, yn waith hyd yn oed fwy trawiadol.

Indeg, merch Garwy Hir. Fe'i rhestrir yn y Trioedd fel un o Dair Caredigwraig *Arthur. Nid oes hanesion amdani wedi goroesi ond yr oedd hi'n safon o brydferthwch i'r beirdd.

Index (**Dafydd Rhys Williams**; 1851–1931), gweler o dan DRYCH.

Indiaid Cymreig, gweler o dan EVANS, JOHN (1770–99) a MADOC (*fl.* 12fed gan.).

INGLIS-JONES, ELISABETH (1900–94), cofiannydd a nofelydd, a aned yn Llundain ond a fagwyd ar ystad deuluol Derry Ormond ger Llanbedr Pont Steffan, Cer. Bu fyw yno trwy gydol ei hieuenctid ac am rai blynyddoedd wedyn ac yn yr ardal honno y gosododd ei nofel ramantaidd gyntaf, *Starved Fields* (1929). Cyhoeddodd hefyd *Crumbling Pageant* (1932), *Pay thy Pleasure* (1939), *The Loving Heart* (1941), *Lightly He Journeyed* (1946) ac *Aunt Albinia* (1948). Ysgrifennwyd y goreuon o'r nofelau hyn mewn arddull fywgraffyddol. Ei llwyddiant llenyddol mwyaf, mae'n debyg, oedd bywgraffiad yn adrodd hanes Thomas *Johnes a'i ystad yn Yr Hafod, llyfr hudolus sy'n dwyn y teitl *Peacocks in Paradise* (1950). Y mae'n bosibl mai ei bywgraffiad o'r nofelydd Eingl-Wyddelig Maria Edgeworth, *The Great Maria* (1959), yw ei gwaith enwocaf y tu allan i Gymru. Hi hefyd oedd awdur *The Story of Wales* (1955), llyfr poblogaidd ar hanes Cymru o'r Oesoedd Canol cynnar.

Innes, James Dickson (1887–1914), tirlunydd. Fe'i ganed yn Llanelli, Caerf., a'i hyfforddi yn Ysgol Gelf Caerfyrddin ac yn Ysgol Slade, Llundain. Teithiodd ledled Ewrop gyda chyfeillion o arlunwyr, gan gynnwys Augustus *John, a threuliodd gyfnod cydag ef hefyd yn paentio yn Nyffryn Arennig ger Y Bala, Meir. Bu farw o'r darfodedigaeth, salwch a'i blinodd drwy gydol ei oes.

Ioan ab Hywel neu **Ioan Glandyfroedd** (**John**

Howell; 1774–1830), gweler o dan BLODAU DYFED (1824).

Ioan Pedr, gweler PETER, JOHN (1833–77).

Ioan Siengcin, gweler JENKIN, JOHN (1716–96).

Ioan Tegid, gweler JONES, JOHN (1792–1852).

IOCYN DDU AB ITHEL GRACH (*fl. c.*1350–1400), bardd. Un gerdd o'i eiddo a gadwyd, sef awdl ymffrost fras a gofnodwyd yn *Llyfr Coch Hergest*. Ceir testun o'r gerdd yn *Blodeugerdd Barddas o'r Bedwaredd Ganrif ar Ddeg* (gol. Dafydd *Johnston, 1989), a chyfieithiad Saesneg yn *Canu Maswedd yr Oesoedd Canol* (gol. Dafydd Johnston, 1991). Nid oes dim yn hysbys am fywyd y bardd, ond awgryma'i arddull ei fod yn ei flodau yn ail hanner y bedwaredd ganrif ar ddeg. Cyfeirir yn y gerdd, ymhlith mannau eraill, at Ddyffryn Clwyd, Marchwiail a Llanferres yn yr hen sir Ddinbych, ac Aberriw a Chemais yn Nhrefaldwyn. Cofnoda Iocyn ei orchestion rhywiol tra bu ar daith glera a'i fryd ar dderbyn pais yn rhodd, a rhydd ddisgrifiad ffraeth o'r croeso crintachlyd a gafodd yng nghartref un o fwrdeisiaid Caer. Ymddengys fod yma gyfeiriad cynnar at ddefod *hela'r dryw, a all ddwyn perthynas â chynnwys rhywiol y gerdd. Awgryma rhwyddineb y gerdd a llacrwydd y cynganeddu nad oedd Iocyn ymhlith rheng uchaf y prydyddion hyfforddedig, ond y mae digon o fedr mydryddol i awgrymu na ddylid ychwaith ei uniaethu â'r *glêr iselradd a gollfernir yng Ngramadeg *Einion Offeiriad. Yn wir, y mae'r dirmyg a amlygir yn y gerdd hon tuag at ddiddanwyr o'r fath yn nodweddiadol o farddoniaeth y cyfnod.

Trafodir awdl ymffrost Iocyn Ddu gan Huw M. Edwards yn Y *Traethodydd* (cyf. CXLIX, Ion. 1994).

Iolo Carnarvon, gweler ROBERTS, JOHN JOHN (1840–1914).

IOLO GOCH (*c.*1325–*c.*1398), bardd o Ddyffryn Clwyd. Yn nhrefgordd Lleweni yr oedd treftadaeth ei deulu, ond ymddengys mai yn Llechryd yr oedd cartref Iolo. Canodd awdlau yn arddull y *Gogynfeirdd, ond ei arbenigrwydd yw mai ef oedd un o'r rhai cyntaf i ganu mawl i uchelwyr ac eraill ar fesur y *cywydd. Y mae ganddo gywydd i'r Brenin Edward III ac un arall i Syr Rhosier Mortimer; yn y ddau y mae'n dangos bod ganddo wybodaeth fanwl am ryfeloedd y cyfnod ac am bobl a lleoedd yn Iwerddon, Lloegr a Ffrainc.

Ei bennaf noddwr oedd Ithel ap Robert o Goedymynydd ger Caerwys, ond canodd hefyd i rai uchelwyr llawer pellach o'i gartref, megis Tudur Fychan ac aelodau eraill o deulu *Tuduriaid Penmynydd, Môn, *Hywel ap Gruffudd (Hywel y Fwyall) o Eifionydd a hyd yn oed Syr Rhys ap Gruffudd o Ddyfed. Y mae tystiolaeth yn ei waith ei fod yn arfer clera ar hyd y Gororau ac i lawr i Flaenau Morgannwg a chyn belled â Hendy-gwyn (gweler o dan TŶ-GWYN) ac *Ystrad-fflur yn y gorllewin. Y mae tri chywydd o'i waith i *Owain Glyndŵr ar gael a'r cywydd huawdl i'r llys yn Sycharth yw un o'i gerddi gorau. Ond nid oes ganddo yr un gerdd am wrthryfel Glyndŵr. Cerdd wych arall yw marwnad *Llywelyn Goch ap Meurig Hen ac y mae'n amlwg fod hir gyfathrach a chyfeillgarwch wedi bod rhwng y ddau fardd.

Canodd hefyd rai cerddi dychan mewn ymryson cellweirus, a dau gywydd yn ymosod ar y Brodyr Llwydion ac yn amddiffyn offeiriaid priod. Y fwyaf nodedig o'i gerddi yw'r 'Cywydd i'r Llafurwr', sy'n cynnwys dyfaliad ffraeth o'r aradr. Ni chadwyd ond pedair ar bymtheg ar hugain o'i gerddi, ond y maent yn ddigon i brofi ei fod ymhlith y mwyaf o *Feirdd yr Uchelwyr, ac iddo wneud cyfraniad allweddol i ddatblygiad y cywydd mawl.

Ceir ei gerddi yn *Gwaith Iolo Goch* (gol. D. R. Johnston, 1988). Gweler hefyd astudiaeth Dafydd Johnston yn y gyfres *Llên y Llenor* (1989).

Iolo Morganwg, gweler WILLIAMS, EDWARD (1747–1826).

Ionoron Glan Dwyryd, gweler WALTER, ROWLAND (1819–84).

Iorthryn Gwynedd, gweler THOMAS, ROBERT DAVID (1817–88).

Iorwerth, gweler o dan CYFRAITH HYWEL.

IORWERTH AB Y CYRIOG (*fl. c.*1360)), bardd, a mab, yn ôl pob tebyg, i *Ronw Gyriog. Mewn awdl farwnad iddo a gedwir yn *Llyfr Coch Hergest*, cyfeiria *Sefnyn yn benodol at golled alaethus beirdd Môn ar ei ôl, a'r tebyg yw mai bardd o'r ynys honno ydoedd, fel ei dad, er na chedwir yr un gerdd sydd yn ei gysylltu â Môn. Gwelir yn yr awdl honno'n ogystal barch ac edmygedd digymysg Sefnyn at Iorwerth gan gyfeirio'n benodol ato fel cyfaill a meistr ar ei grefft: 'Brawd ffydd pob prydydd, pab, priodawr—gwawd.' Llai canmoliaethus yw'r cyfeiriad ato gan *Ddafydd ap Gwilym yn ei *gywydd 'Cae Bedw Madog' (sef *Madog Benfras), lle y cyhuddir Iorwerth o ganu serch er mwyn ennill aur ac arian yn hytrach nag o wir gariad tuag at y ferch. Cedwir tair cerdd ddilys o waith Iorwerth ab y Cyriog, dwy ohonynt yn *Llyfr Coch Hergest*, sef awdl grefyddol sy'n fyfyrdod ar farwolaeth a phechod, ac awdl serch i Efa, merch anhysbys o Feirionnydd. Cywydd i ddiolch am gae a dderbyniodd gan ei gariad yw'r drydedd. Ymddengys mai broets yn cynnwys carreg werthfawr mewn aur neu arian ydoedd; honnir bod i'r maen rinweddau meddyginiaethol ac ymddengys iddo wellhau'r

bardd o ddiffyg traul ac o boen yn ei gyhyrau. Y tebyg yw mai dyma'r gerdd a esgorodd ar feirniadaeth Dafydd ap Gwilym o Iorwerth.

Am ei gerddi gweler *The Myvyrian Archaiology of Wales* (ail arg., 1870), *The Poetry in the Red Book of Hergest* (gol. J. Gwenogvryn Evans, 1911), *Cywyddau Iolo Goch ac Eraill* (gol. H. Lewis *et al.*, 1937).

IORWERTH BELI (*fl.* yn gynnar yn y 14eg gan.), bardd nad oes ar gadw o'i waith ond awdl hynod a phwysig sydd hefyd yn unig sail ein gwybodaeth amdano. Ynddi cwyna'r bardd yn dost yn erbyn Esgob Bangor, sef Anian Sais, mae'n debyg (esgob 1309–27), am ei fod wedi cau ei ddrws arno ef a'i gyd-feirdd, cynheiliaid yr hen draddodiad penceirddaidd Cymreig, a'i agor yn hytrach i gerddorion Seisnig iselradd. Y mae'n dra phosibl mai bardd o Fôn neu Arfon ydoedd a dengys ei syniad uchel am dras, urddas a blaenoriaeth ei briod urdd a'i ddirmyg at y cerddorion Seisnig mai un hanfodol geidwadol ei fryd ydoedd. Gwedda'r sefyllfa a ddisgrifir yn y gerdd yn dda i'r degawdau hynny o newid mawr a ddilynodd gwymp *Llywelyn ap Gruffudd (Y Llyw Olaf) yn 1282 pan oedd noddi'r beirdd yn pasio i ddwylo'r uchelwyr, a'r beirdd, yn ddiau, yn gorfod cystadlu â charfanau eraill am eu bywoliaeth. Tafla'r gerdd, felly, oleuni uniongyrchol ar y rhan hon o hanes Cymru. Nid llai trawiadol, fodd bynnag, yw'r nodyn personol hyglyw a geir drwyddi. Megis *Gwilym Ddu o Arfon, yntau o'r un cyfnod, dyma fardd sy'n codi uwchlaw celfyddyd amhersonol noeth am ei fod yn siarad o ganol argyfwng a fu'n ergyd fawr i'w gynhaliaeth a'i statws. Tebyg hefyd i eiddo Gwilym Ddu yw ei gyfeiriadau edmygus a hiraethus at rai o feirdd mawr y ddeuddegfed ganrif a'r drydedd ganrif ar ddeg megis *Cynddelw Brydydd Mawr a *Dafydd Benfras. Un o nodweddion mwyaf cofiadwy y gerdd yw hen stori a adroddir ynddi am *Faelgwn Gwynedd yn gorfodi ei feirdd a'i delynorion i nofio dros Afon Menai gan ffafrio'r beirdd wedyn am eu bod yn dal i allu prydyddu megis cynt tra na allai'r telynorion wneud dim oherwydd gwlychu tannau'r telynau. Defnyddir y stori, un hefyd y gwyddys bod iddi gefndir llafar, i ddangos rhagoriaeth bardd ar gerddor.

Ceir rhagor o fanylion yn *Gwaith Gruffydd ap Dafydd ap Tudur, Gwilym Ddu o Arfon, Trahaearn Brydydd Mawr ac Iorwerth Beli* (gol. N. G. Costigan, R. Iestyn Daniel, Dafydd Johnston, 1995).

IORWERTH FYCHAN AB IORWERTH AP RHOTBERT (*fl.* ail hanner y 13eg gan.), bardd na wyddys nemor ddim amdano. Ceir nodyn yn llawysgrif Peniarth 56 (*c.*1500) mai bardd o Arllechwedd ydoedd a cheir sawl cyfeiriad yn ei ganu yn awgrymu cyswllt â gogledd Cymru ac â Gwynedd yn arbennig. Y mae'n bosibl mai mab ydoedd i'r Iorwerth ap Rhotbert a farwnadwyd gan *Lywarch ap Llywelyn (Prydydd y

Moch), sef, yn ôl pob tebyg, gŵr o linach arglwyddi *Arwystli a *Chedewain. Os cywir yr uniaethiad hwn, rhaid gosod Iorwerth yn ei flodau tuag ail hanner y drydedd ganrif ar ddeg, er y tueddwyd i'w ddyddio *c.*1300 ar sail nodweddion mydryddol yn bennaf. Serch yw pwnc y tair cerdd a gadwyd inni o'i waith, ac y mae'n dra phosibl mai bardd o uchelwr ydoedd yn canu ar wahân i brif ffrwd traddodiad y canu mawl Cymraeg fel y gwnaeth *Hywel ab Owain Gwynedd ganrif a rhagor ynghynt. Awdlau crefftus i ddwy ferch anhysbys, Gwenhwyfar a Gwenllïan, yw'r ddwy gyntaf wedi eu canu ar ddau fesur, sef toddaid a *chyhydedd nawban. *Englyn yw'r drydedd gerdd, a gynhwysir fel enghraifft o odli llafariad unigol derfynol yng *Ngramadegau'r Penceirddiaid. Nid oes modd dweud ai englyn unigol ydoedd, neu a oedd yn rhan o gyfres hwy yn wreiddiol. Ceir nifer o elfennau yng nghanu serch y bardd sy'n nodweddiadol o ganu serch ei ragflaenwyr, megis Hywel ab Owain Gwynedd a *Chynddelw Brydydd Mawr, ond y mae'r pwyslais cynyddol a welir ar ei wewyr serch yn ei gysylltu hefyd â thraddodiad beirdd serch y ganrif ddilynol megis *Dafydd ap Gwilym a *Hywel ab Einion Lygliw.

Golygir ei waith gan Christine James yn *Gwaith Bleddyn Fardd ac eraill o feirdd ail hanner y drydedd ganrif ar ddeg* (gol. Rhian Andrews *et al.*, 1996).

IORWERTH FYNGLWYD (*fl.* 1485–1527), bardd a aned ac a fagwyd yn Saint-y-brid ym Mro Morgannwg. Ar wahân i'w foliant i Syr Rhys ap Thomas a'i farwnad i'r bardd Wiliam Egwad, y mae'r cyfan o'i gerddi a gadwyd wedi eu canu i noddwyr ym Morgannwg a Gwent, ac yn arbennig i deulu grymus Herbert. Ei gywydd i Rys ap Siôn o Lyn-nedd yw un o'r cywyddau mwyaf trawiadol ei epigramau ergydiol o'r holl gerddi a ganwyd yng nghyfnod *Beirdd yr Uchelwyr. Y mae'n ddiamau i ymlyniad y bardd wrth Rys beri digio Mathias Cradog, Dirprwy-siryf Morgannwg, a chanlyniad hynny oedd i Iorwerth ganu cywydd cymod gwych iddo. Bu Iorwerth hefyd yn ymryson â'i athro barddol Rhisiart ap Rhys ac â Siôn ap Hywel Gwyn, ac y mae ganddo hefyd ddychan i'r clerwr Siôn Lleision o Fargam.

Golygwyd gwaith Iorwerth Fynglwyd gan H. Ll. Jones ac E. I. Rowlands (1975); ymdrinnir â'i le yn y traddodiad barddonol gan G. J. Williams yn *Traddodiad Llenyddol Morgannwg* (1948).

Iorwerth Glan Aled, gweler ROBERTS, EDWARD (1819–67).

ISAAC, NORAH (1914–), awdur a aned yn Y Caerau, Maesteg, Morg., ac a addysgwyd yng Ngholeg Hyfforddi Morgannwg, Y Barri. Yn 1935 fe'i penodwyd yn Drefnydd *Urdd Gobaith Cymru ym Morgannwg, swydd a ddaliodd nes ei phenodi'n brifathrawes yr Ysgol Gymraeg gyntaf yn Aberystwyth yn 1939. O 1950 i 1958

darlithiodd yn ei hen goleg ac yna daeth yn Brif Ddarlithydd Cymraeg a Drama yng Ngholeg y Drindod, Caerfyrddin. Ar wahân i gyhoeddi storïau yn y gyfres *Y Glöyn Byw*, a golygu dau gasgliad o storïau, *Storïau Awr Hamdden i Blant* (1979, 1982), y mae wedi cyhoeddi monograff ar Ifan ab Owen *Edwards yng nghyfres *Dydd Gŵyl Dewi* (1972) ac wedi ysgrifennu dramâu am Iolo Morganwg (Edward *Williams; 1974), Griffith *Jones (1984), a William *Williams (Pantycelyn; 1991).

Isag, un o ryfelwyr y *Gododdin a fu farw yng Nghatraeth; 'seinnyessit e gledyf ym penn mameu' (seiniodd ei gleddyf ym mhen mamau). Defnyddir y llinell hon yn epigraff i *In Parenthesis (1937) gan David *Jones.

Isca, gweler CAERLLION AR WYSG.

Isfoel, gweler JONES, DAFYDD (1881–1968).

Island of Apples, The (1965), trydedd nofel Glyn *Jones, sy'n cyd-weu realaeth ag edau o ffantasi. Y mae Dewi Davies, yr adroddwr sy'n fachgen ysgol, a'i dri chyfaill, yn byw mewn cymdeithas a ddisgrifir yn arbennig o fanwl. Y mae bachgen hŷn, rhyfedd ac enigmatig o'r enw Karl Anthony, a welir am y tro cyntaf yn arnofio yn yr afon a'r tro olaf yn arnofio tua'r môr mawr, yn berson balch, dewr a dirgel ac sydd, fel yr â'r stori yn ei blaen, yn datblygu'n ddirpwy i Dewi, sydd bellach yn amddifad, wrth gyflawni nifer o gampau beiddgar, ac yn y diwedd yn cael ei gyhuddo o lofruddio Growler, y prifathro. Cryfder y nofel yw'r modd y llwydda'r awdur i gyd-weu'r real a'r afreal (mynnir sawl gwaith yn y nofel fod Karl yn real). Yr olwg hon ar *Ynys Afallon trwy feddwl llanc sy'n peri mai hon yw nofel fwyaf llwyddiannus yr awdur.

Gweler rhagymadrodd Belinda Humfrey i'w golygiad o *The Island of Apples* (1992), a'r ysgrifau yn *The New Welsh Review* gan Tony Brown (rhif. 23, 1993–94) a John Pikoulis (rhif. 26, Hydref 1994).

Islwyn, gweler THOMAS, WILLIAM (1832–78).

ISLWYN, ALED (1953–), nofelydd ac awdur storïau byrion. Ganed ym Mhort Talbot, Morg., ac fel mab i weinidog Anghydffurfiol, bu'n byw mewn nifer o ardaloedd gwahanol pan yn blentyn. Graddiodd yn y Gymraeg yng Ngholeg Prifysgol Dewi Sant, Llanbedr Pont Steffan. Wedi blwyddyn yn Aberystwyth, bu'n athro yng Nghaerdydd, yna yn olygydd gyda Gwasg y Dref Wen, cyn symud i fod yn Swyddog y Wasg gydag S4C. Casgliad bychan o gerddi, *Dyddiau Gerwyn* (1977), oedd ei gyfrol gyntaf, a *Lleuwen* (1977) oedd ei nofel gyntaf. Y mae hon, a'i ail nofel, *Ceri* (1979), sy'n fath o ddilyniant iddi, yn bortreadau sensitif o ferched ifainc a'u carwriaethau cythryblus. Enillodd ei drydedd nofel,

Sarah Arall (1982), Wobr Goffa Daniel Owen yn
*Eisteddfod Genedlaethol 1980. Ailddarlleniad modern
sydd yma o stori Sarah *Jacob, 'The Welsh Fasting Girl', a
oedd yn chwaer i hen dad-cu yr awdur. Y mae Sara'r
nofel yn dioddef o *anorexia nervosa*, ac y mae'r afiechyd
hwnnw yn gyfeiliant i gymhlethdodau rhywiol, a'r
cyfan wedi'i osod ar gefnlen o ddelweddau grymus o fyd
natur. Tair carwriaeth Lois yw pwnc *Cadw'r Chwedlau'n
Fyw* (1984), gyda gobaith a dadrithiad y degawd o 1969
(blwyddyn yr Arwisgiad) hyd 1979 (blwyddyn y
Refferendwm) yn gefndir. Llanc di-waith yw prif
gymeriad *Pedolau Dros y Crud* (1986), a cheir ym-
driniaeth gynnil â'i wrywgydiaeth. Yn *Os Marw Hon . . .*
(1990) cyflwynir tair damcaniaeth am farwolaeth y
bardd coronog Lleucu Llwyd, gan niwlogi mewn dull
swrrealaidd y ffin rhwng ffuglen a ffaith. Yn ei gasgliad
cyntaf o storïau byrion, *Unigolion, Unigeddau* (1994),
cyflwynir amrywiaeth o gymeriadau enigmatig – pres-
wylwyr yr ymylon dirmygedig yn amlach na pheidio.
Torrodd Aled Islwyn gŵys lenyddol unigryw iddo'i
hun, gyda'i arddull ddelweddol, ei arbrofi technegol a'i
ddirnadaeth seicolegol dreiddgar. Cyhoeddwyd ei nofel
Llosgi Gwern yn 1996.

Ceir portread o'r llenor gan John Rowlands yn 'Aled Islwyn:
Enillydd Gwobr Daniel Owen', *Llais Llyfrau* (Gaeaf, 1980).
Trafodir *Sarah Arall* gan Roger Boore yn *Llên a Llyfrau Cymru*
(Hydref, 1983), gan Dafydd Johnston yn *Barn* (Hydref, 1987) a
chan Menna Elfyn yn *Sglefrio ar Eiriau* (gol. John Rowlands,
1992). Trafodir peth ar waith yr awdur gan John Rowlands yn
Ysgrifau ar y Nofel (1992) ac mewn erthygl ar y nofel Gymraeg
yn *A Guide to Welsh Literature* (cyf. VI, gol. Dafydd Johnston,
1997).

Itinerary of John Leland, The (1710), llawysgrif a
roddwyd i Lyfrgell Bodley gan Thomas Burton,
hanesydd o Sais, yn 1632. Y mae'n cynnwys nodiadau
a wnaeth John Leland (1506–52) o'i deithiau trwy Loegr
a Chymru rhwng 1534 ac 1543. Penodwyd yr ysgolhaig
a chasglwr hwn, llyfrgellydd Harri VIII, yn Hynaf-
iaethydd i'r Brenin yn 1533, swydd hollol newydd, ac
fe'i comisiynwyd i chwilio am gofnodau o hynafiaethau
ym mhob eglwys gadeiriol, abaty, priordy a choleg.
Cofnodir y wybodaeth a gasglodd yn yr *Itinerary*,
ynghyd â'i sylwadau ef ei hun yn disgrifio'r tirwedd,
cynnyrch, tirfeddianwyr, trefi, adeiladau, hanes ac
ambell 'ryfeddod'. Y mae'n debyg iddo ddod i Gymru
trwy Gaerloyw, Amwythig a Chaer, ac yr oedd yn
marchogaeth trwy'r wlad rhwng 1536 ac 1539,
blynyddoedd diddorol o safbwynt hanesyddol, gan i'r
deddfau diddymu'r mynachlogydd gael eu pasio yn
ystod y blynyddoedd hyn, a'r 'Ddeddf Newydd' *'for
lawes and justice to be ministered in Wales in like fourme as it
is in this realme'*, yn 1536. Yr *Itinerary in Wales* (1906), a
olygwyd ac a gyhoeddwyd ar wahân gan Lucy Toulmin

Smith, yw'r gwaith cyntaf o'i fath yn Saesneg, ac fe'i
defnyddiwyd yn helaeth gan hynafiaethwyr a
daearyddwyr diweddarach.

ITHEL DDU *(fl. ail hanner y 14eg gan.)*, bardd,
cyfoeswr a chyfaill *Iolo Goch. Un cywydd yn unig
sydd wedi goroesi o'i waith, sef 'Cywydd y Celffaint' a
gedwir mewn tua dwsin o lawysgrifau; perthyn y gerdd
hon i'r traddodiad *fabliaux*. Canodd Iolo Goch ffug-
farwnad i Ithel a chyfeirir ymhellach ato gan Iolo yn ei
farwnadau dychanol i Herstin Hogl a'r Gwyddelyn. Y
mae sawl cyfeiriad yn y cerddi hyn yn awgrymu'n gryf
mai bardd o Lŷn ydoedd, ac ategir hynny gan ddisgrifiad
Thomas *Wiliems ohono yn llawysgrif Peniarth 94 fel
'Ithel dhu o Leyn'; dichon nad oes unrhyw sail i'r
traddodiad mai bardd o Fôn ydoedd.

Golygwyd ei waith yn *Gwaith Gronw Gyriog, Iorwerth ab y Cyriog
ac Eraill* (gol. Rhiannon Ifans *et al.*, 1997).

IWAN, DAFYDD (1943–   ), canwr gwerin a bardd a
aned ym Mrynaman, Caerf.; y mae'n perthyn i deulu
barddol y *Cilie trwy ei dad, Gerallt *Jones. Er iddo
raddio yn Ysgol Pensaernïaeth Cymru, ni fu erioed yn
ymarfer yr alwedigaeth honno. Gwnaeth yrfa iddo'i hun
fel canwr, cyfarwyddwr Cwmni Recordiau Sain a
threfnydd Cymdeithas Tai Gwynedd. O 1968 hyd
at 1971, ef oedd Cadeirydd *Cymdeithas yr Iaith
Gymraeg, a chwaraeodd ran bwysig yng ngweith-
gareddau'r mudiad hwnnw ac o'r herwydd fe'i
dedfrydwyd i gyfnod yn y carchar.

Adlewyrchir ei ymlyniad at achos *Cenedlaetholdeb
Cymru mewn llawer o'i ganeuon ac y mae'r rheini fel
arfer yn ymwneud â gwleidyddiaeth, hanes, yr iaith a
Chymru gyfoes. Y mae rhai ohonynt yn faledi amserol
poblogaidd, ond y mae eraill yn fwy telynegol, a
weithiau'n grefyddol, eu themâu. Cred rhai mai'r
goreuon yw'r caneuon dychanol megis 'Carlo', a gyfan-
soddwyd ar adeg Arwisgiad Tywysog Cymru yn 1969; y
mae eraill, fel 'Pam fod eira'n wyn?', 'I'r Gad' ac 'Wrth
feddwl am fy Nghymru' yn adnabyddus iawn, yn
enwedig ymhlith pobl ifainc, ac y maent gyda'r gorau o
gerddoriaeth wladgarol Cymru. Yn ogystal â nifer o
recordiau, cyhoeddodd bedwar casgliad o'i ganeuon, yn
cynnwys *Y Byd Gwyrdd* (1975) a *Cant o Ganeuon* (1982),
dwy gyfrol a gafodd ddylanwad amlwg ar weithiau
beirdd ifainc yn yr iaith Gymraeg; cyhoeddwyd *Hol.
Ganeuon Dafydd Iwan* yn 1992. Fel cyn Gadeirydd ac
Is-lywydd *Plaid Cymru, y mae wedi bod yn flaenllaw
ym myd gwleidyddol Cymru, ac erbyn hyn ef yw
Cadeirydd Cynllunio Cyngor Sir Gwynedd.

Ceir manylion ynglŷn â Dafydd Iwan fel canwr gwerin yn ei
ysgrif hunangofiannol yn y gyfrol *Artists in Wales* (gol. Meic
Stephens, 1977) ac yn ei hunangofiant yng *Nghyfres y Cewr*
(gol. Manon Rhys, 1981).

J

Jac Glan-y-gors, gweler JONES, JOHN (1766–1821).

Jac Llanfor, gweler JONES, JOHN (1854–1913).

Jac y Lantern, meipen neu erfinen gafniog wedi'i naddu ar ffurf wyneb ac wedi'i goleuo gan gannwyll o'r tu mewn. Parheir i'w defnyddio wrth ddathlu Nos Galan Gaeaf (31 Hyd.). Defnyddir yr enw hefyd ar y golau (Will-o'-the-Wisp) a ymddengys megis nwy ffos-fforig ar dir llaith. Fe'i gelwir weithiau yn 'dân ellyll' a 'seren bach yn y clawdd', ac megis y *Gannwyll Gorff dywedir mai rhagarwydd o farwolaeth ydyw. Ceir disgrifiad da o'r 'tân cors' yn nodiadau James *Motley i'w gerdd 'The Canwyll Corph' yn Tales of the Cymry (1848).

Jack Black, y crydd yn *Under Milk Wood (1954) gan Dylan *Thomas sy'n breuddwydio am ymlid cariadon trwy'r coed, gan weiddi, 'Ach y fi! Ach y fi!'.

Jack the Giant-Killer, chwedl draddodiadol Seisnig, a argraffwyd gyntaf ar ffurf chapbook yn Glasgow (1695–98) ac yn ddiweddarach yn Newcastle (1711). Y mae'n llawn o bob math o ychwanegiadau diweddarach afresymol, megis ei lleoli yn nyddiau'r Brenin *Arthur. Ymddengys ei bod yn wreiddiol yn stori bropaganda o'r degawdau cynnar wedi gorchfygu Cernyw gan Frenin Wessex (h.y. ar ôl OC 838), pan oedd yn bwysig gwaredu Cernyw o boced o wrthsafiad Celtaidd a diffrio eu cefn-derwyr cras, y Cymry, yn llygaid gwŷr Cernyw.

Ymddengys Jack, sy'n fab i ffermwr Cernywaidd, fel Sais trwy gydol y stori; y mae'n lladd y cawr Cormoran ac yna teithia i Gymru gan ladd sawl cawr arall ar y ffordd. Y mae'r cawr Cymreig cyntaf i Jack gwrdd ag ef yn dangos y nodweddion Celtaidd traddodiadol o letygarwch, cyfrwystra ac anallu i anwybyddu sialens. Cuddia Jack ychydig o bwdin mewn bag o dan ei got a'i rwygo ar agor yng ngŵydd y cawr: synnir y cawr ond y mae'n benderfynol o gyflawni'r un gamp ac felly gwthia gyllell i'w fol ei hun a marw. Er nad oes modd deall sut y gall hynny fod yn y stori fel y'i hadroddir bellach, y mae cawr arall y cyfarfydda Jack ag ef yn ewythr iddo a chanddo ef y derbynia'r fantell hud, cap gwybodaeth, cleddyf miniogrwydd ac esgidiau cyflymdra. Yn yr adran hon, a Jack yn cynorthwyo tywysog i ennill ei riain, ymdebyga'r stori i chwedl *Culhwch ac Olwen.

Un o'r cewri olaf y mae Jack yn cyfarfod ag ef yw Thunderdell o'r 'northern dales', cyfeiriad, mae'n debyg,

at dywysogaeth Geltaidd Ystrad Clud a barhaodd hyd ddechrau'r unfed ganrif ar ddeg. Synhwyra'r ffaith fod Jack yn agosáu ato (er ei fod yn anweledig), a dywed y geiriau enwog:

Fee, fi, fo, fum!
I smell the blood of an Englishman!
Be he alive or be he dead,
I'll grind his bones to make my bread.

Y mae'r ffaith fod Jack yn denu Thunderdell i ffos ac yn ei ladd yn llai pwysig yn y chwedl na sefydlu gwaed-oliaeth wahanol.

JACKSON, KENNETH HURLSTONE (1909–91), ysgolhaig Celtaidd a aned yn Beddington, swydd Surrey, ac a addysgwyd yng Ngholeg Ieuan Sant, Caer-grawnt, y Coleg y dychwelodd iddo yn 1934 yn Gymrawd wedi treulio peth amser ym Mangor gyda Syr Ifor *Williams ac yn Nulyn. O 1939 hyd 1950 dysgodd Astudiaethau Celtaidd ym Mhrifysgol Harvard ac yn 1950 fe'i penodwyd i Gadair yr Ieithoedd, Llenydd-iaethau, Hanes a Hynafiaethau Celtaidd ym Mhrifysgol Caeredin; yno y bu nes ymddeol yn 1979.

Yr oedd Kenneth H. Jackson yn un o brif ysgol-heigion Celtaidd y byd. Cyhoeddodd yn helaeth ar yr holl ieithoedd Celtaidd. Y mae'r gweithiau o ddiddor-deb arbennig i'r Gymraeg yn cynnwys astudiaeth gymharol, gyda thestunau a chyfieithiadau, o ganu natur a gwirebol, sef Early Welsh Gnomic Poems (1935) a'r gyfrol Studies in Early Celtic Nature Poetry (1935). Ceir ei gasgliadau aeddfed ar yr Hengerdd (gweler o dan CYNFEIRDD) yn ei drosiad a'i drafodaeth, The Gododdin: the Oldest Scottish Poem (1969). Y mae ei gyfrol swmpus Language and History in Early Britain (1953) yn ymgais i ddyddio prif gyfnewidiadau seinegol yr ieithoedd Brythonig ynysig a ddilynwyd gan waith tebyg ar y Llydaweg, A Historical Phonology of Breton (1967). Ceir ffrwyth ei waith mawr ar lên-gwerin Wyddeleg a Chymraeg gynnar yn The International Popular Tale and Early Welsh Tradition (1961). Ysgolhaig crwn, hyddysg yn archaeoleg, hanes, ieithoedd a llenyddiaethau'r byd Celtaidd ydoedd. Cyhoeddodd hefyd i'r lleygwr gyfrol o gyfieithiadau, A *Celtic Miscellany (1951).

Ceir rhestr gyflawn o gyhoeddiadau Kenneth H. Jackson yn Studia Celtica (cyf. XIV/XV, 1979–80), ac ysgrif goffa gan J. E. Caerwyn Williams yn Nhrafodion yr Academi Brydeinig (cyf. LXXX, 1994).

Jacob, Sarah (1857–69), merch a adwaenid hefyd fel

'*The Welsh Fasting Girl*'. Honnai ei rhieni, Evan a Hannah Jacob o Letherneuadd Uchaf, fferm ger Pencader, Caerf., iddi fyw am fwy na dwy flynedd heb na bwyd na diod, a pharodd hyn gryn chwilfrydedd poblogaidd a meddygol. Ond pan oruchwyliwyd hi, bu farw. Credai ei rhieni y gofalai'r 'Doctor Mawr' am Sarah ac anogent ymwelwyr i roi i'r ferch, a orweddai yn y gwely wedi ei gwisgo fel priodferch, roddion o arian. Fe'u traddodwyd i garchar a llafur caled am ddynladdiad. Awgryma'r dystiolaeth yn yr achos i Sarah, drwy ymwrthod â bwyd a diod i bob golwg, fod un ai yn gyd-droseddwr parod gyda'i rhieni neu iddi eu gwneud hwy a hi ei hun yn aberth i'w hunan-dwyll. Dichon iddi ddioddef o *anorexia nervosa*. Darganfuwyd olion o fwyd yn ei stumog mewn archwiliad postmortem. Beth bynnag oedd y gwir, caniatawyd i'r achos erchyll hwn gael bwrw ymlaen i'w ddiwedd anorfod. Dangosodd pob un a oedd yn ymwneud ag ef, boed rieni, berthnasau neu gymdogion, yn ogystal â meddygon a chlerigwyr, fwy o ddiddordeb mewn gweld am ba hyd y gallai'r plentyn barhau yn fyw nag mewn ceisio ei chymell i fwyta. Gweler hefyd HUGHES, GAENOR (1745–80).

Ceir manylion llawn am yr hanes yn llyfr John Cule, *Wreath on the Crown* (1967). Y mae Gwenlyn Parry a Christine Furnival wedi seilio dramâu ar hanes Sarah Jacob, Paul Ferris wedi llunio rhaglen deledu dogfen ac Aled Islwyn wedi defnyddio'r stori fel cefndir i nofel, sef *Sarah Arall* (1982).

JACOB, VIOLET (1863–1946), nofelydd. Merch ydoedd i William H. Kennedy-Erskine o Dun, swydd Forfar yn yr Alban, er iddi gyhoeddi ei phum llyfr dan ei henw priodasol. Lleolwyd dau lyfr, gan gynnwys *Tales of My Own Country*, yn ardal swydd Forfar, ond yr oedd cefndir gwledig Cymreig i'r gweddill, sef tair o nofelau. Y Mynydd Du, Brych./Myn., oedd cefndir *The Sheepstealers* (1902) ac ymddengys mai hwn oedd ei gwaith mwyaf llwyddiannus, gan iddo gael ei adargraffu ddwywaith o leiaf. Bannau Brycheiniog a Chrucywel oedd cefndir *The History of Ethan Waring* (1908), a'i nofel Gymreig arall oedd *Irresolute Catherine* (1909). Hi oedd un o'r gynharaf o nifer o nofelwyr o ferched (*c*.1900–20) a ddewisodd Gymru yn gefndir i'w rhamantau, a hynny, fe ymddengys, dan ddylanwad llwyddiant Allen Raine (Anne Adaliza Beynon *Puddicombe).

Jacobiniaeth, credo weriniaethol a fu'n gryf ei dylanwad ar athroniaeth y chwyldro yn Ffrainc yn 1789. Sefydlwyd Clwb y Jacobiniaid yn ystod y flwyddyn honno a, than arweiniad Robespierre, aelodau'r clwb a fu ar flaen y gad yn Ffrainc rhwng 1792 ac 1794, gan ddefnyddio trais er mwyn gweithredu ei egwyddorion o gydraddoldeb eithafol. Arferid y term '*Jacobin*' gan elfennau mwy ceidwadol eu tueddiadau ar gyfer pob math o syniadaeth ddemocrataidd a Radicalaidd, rhai a

ddeilliodd oddi wrth y Chwyldro Americanaidd lawn cymaint ag oddi wrth y *Chwyldro Ffrengig.

Bu Cymry megis Richard *Price, David *Williams a Morgan John *Rhys yn pregethu syniadau gweriniaethol cyn 1789, ond rhoddodd digwyddiadau cynnar y Chwyldro Ffrengig arwyddocâd newydd iddynt. Yr oedd cymdeithasau Llundain megis y *Gwyneddigion, y *Cymreigyddion a'r *Caradogion yn ferw o *Weriniaetholdeb ac aeth John *Jones (Jac Glan-y-gors) ati i ledaenu daliadau Tom Paine yn Gymraeg. Yng Nghymru fe'u hyrwyddwyd yn enwedig gan Undodwyr megis Thomas *Evans (Tomos Glyn Cothi) ac Edward *Williams (Iolo Morganwg), gŵr a dorrodd ei enw unwaith fel '*Bard of Liberty*'. Yn ystod y cyfnod hwn y cychwynnwyd y cylchgrawn gwleidyddol Cymraeg ar ffurf Y *Cylchgrawn Cynmraeg* (1793) ac Y *Geirgrawn* (1796); yn yr olaf ymddangosodd fersiwn Cymraeg o '*La Marseillaise*', a chyhoeddwyd hefyd liaws o bamffledi ar bwnc Gweriniaetholdeb. Mewn rhai llenyddiaethau bu'r mudiad yn ysgogiad i *Ramantiaeth ond nid yw hyn yn wir am ei ddylanwad cynnar ar lenyddiaeth Gymraeg, ar wahân efallai i achos arbennig Iolo Morganwg.

Pobl ddiwyd a llafar oedd y Jacobiniaid Cymreig ac y mae perygl gorbwysleisio eu dylanwad o'r herwydd. Ychydig o gefnogaeth a gafwyd iddynt gan yr enwadau uniongred ac yr oedd y *Methodistiaid yn eithaf gelyniaethus tuag atynt, i raddau oblegid tueddiadau *Undodaidd onid Deistaidd y rhan fwyaf o arweinwyr y Jacobiniaid. Yn sgîl y rhyfel rhwng Prydain a Ffrainc, y Braw, glanio'r Ffrancod yn Abergwaun (gweler o dan NICHOLAS, JEMIMA), a dyfodiad Napoleon i rym, cododd adwaith poblogaidd cryf yn erbyn Jacobiniaeth ac am y rheswm hwn y mae'r haneswyr wedi dadlau i hyn wneud mwy o ddrwg nag o les i *Radicaliaeth yng Nghymru. Ond ni ddarfu'r traddodiad yn gyfan gwbl. Dan arweiniad Morgan John Rhys, esgorodd ar ymgais i sefydlu Gwladfa Gymreig ar sail egwyddorion democrataidd yn yr Amerig, ac yng Nghymru fe'i gwelid o dro i dro yng nghanol helyntion diwydiannol a gwleidyddol fel mynegiant i syniadau o gydraddoldeb a dyngarwch.

Ceir manylion pellach yn D. Davies, *The Influence of the French Revolution on Welsh Life and Literature* (1926), J. J. Evans, *Dylanwad y Chwyldro Ffrengig ar Lenyddiaeth Cymru* (1928) a Gwyn A. Williams, *The Search for Beulah Land* (1980).

Jacobitiaeth, mudiad a gefnogai hawl y Stiwartiaid Pabyddol i Orsedd Loegr, yn arbennig Iago Edward ('Yr Hen Ymhonnwr'), mab Iago II, a'i fab Siarl Edward ('Yr Ymhonnwr Ieuanc'). Daeth y gefnogaeth hon yn amlwg, yn bennaf ymhlith bonedd Toriaidd, wedi diorseddu Iago II yn 1688, a pharhaodd wedi'r Olyniaeth Hanoferaidd yn 1714, a chyrraedd ei phinacl mewn dau wrthryfel Jacobitaidd yn 1715 ac 1745.

Yng Nghymru deuai cefnogaeth Jacobitaidd o blith

teuluoedd megis teulu Pryse *Gogerddan, Cemeisiaid Cefnmabli, teulu *Philipps Castell Pictwn a *Bulkeleys Baron Hill. Sefydlwyd dwy gymdeithas Jacobitaidd yn sir Ddinbych, sef Cylch y Rhosyn Gwyn (1710) a Syr Watkin *Williams Wynn yn brif aelod ohoni, ac yn ne-orllewin Cymru, Cymdeithas Rhingylliaid y Môr, a adferwyd yn 1725 ac a oedd yn llai gwleidyddol ei natur. Nid oedd y mudiad, fodd bynnag, yn gryf yng Nghymru. Ychydig o gefnogaeth a gafodd yn 1715 a phan laniodd yr Ymhonnwr Ieuanc yn Yr Alban yn 1745, ni roddwyd cymorth ymarferol iddo. Trechwyd achos y Jacobitiaid ar faes Morfa Culloden yn Yr Alban yn Ebrill y flwyddyn ganlynol.

Ceir manylion pellach yn H. M. Vaughan, 'Welsh Jacobitism' yn Nhrafodion Anrhydeddus Gymdeithas y Cymmrodorion (1920–21), yn yr erthygl ar Jacobitiaeth yng Nghymru gan Donald Nicholas yn Nhrafodion Anrhydeddus Gymdeithas y Cymmrodorion (1948) ac un Peter D. G. Thomas yn Cylch-grawn Hanes Cymru (cyf. I, rhif. 3, 1962); gweler hefyd G. H. Jenkins, Hanes Cymru yn y Cyfnod Modern Cynnar (1983).

James, Bill, gweler TUCKER, JAMES (1929–   ).

JAMES, DANIEL (Gwyrosydd; 1847–1920), bardd. Yr oedd yn frodor o Dre-boeth, Abertawe, ac wedi marwolaeth ei dad aeth i weithio i Waith Haearn Treforus. Bu ei gerddi yn boblogaidd iawn fel darnau adrodd ac fe'u cyhoeddwyd yn y cyfrolau Caneuon Gwyrosydd (1892) ac Aeron Awen Gwyrosydd (1898). Ef a luniodd y geiriau sy'n dechrau 'Nid wy'n gofyn bywyd moethus', sef y geiriau y cenir yr emyn-dôn enwog *'Calon Lân' iddynt fel rheol.

JAMES, DAVID (Defynnog, 1865–1928), athro, addysgwr ac awdur. Fe'i ganwyd yn Libanus ger Aberhonddu yn fab i weinidog gyda'r Bedyddwyr, ac yn sgîl symudiadau ei dad treuliodd gyfnodau hefyd yng Nghynwyl Elfed, lle y gwnaeth a defnydd o'r *Welsh Not yn yr ysgol leol argraff fawr arno, ac ym mhentref Dinas, Penf. Ar ôl bwrw'i brentisiaeth fel disgybl-athro yn ysgol Dinas bu'n dysgu yn y Rhondda cyn dychwelyd i sir Benfro yn ysgolfeistr yn Eglwyswrw yn 1886. Bu'n dysgu mewn ysgolion eraill cyn ei benodi'n athro yn y Rhondda Pupil Teacher Centre, Porth. Bu wedyn yn brifathro Dunraven Boys' School cyn symud i Ysgol y Bechgyn yn Nhreherbert, lle y bu'n brifathro o 1908 hyd 1926.

Gwnaeth Defynnog gyfraniad enfawr ac arloesol ym maes addysg yng Nghymru, yn enwedig o safbwynt dysgu'r Gymraeg. Yr oedd yn un o hyrwyddwyr y dull union o ddysgu iaith, dull a enghreifftir yn ei gyfrol Yr Ysgol Gymraeg (The Welsh Ladder) (1907) a chyhoeddodd amryw gyfrolau at wasanaeth ysgolion, yn eu plith Ein Gwlad – Ei Daear, ei Hanes a'i Llên (1905, 1907), A Primer of Kymric Literature (1913), Geiriadur Plentyn – The Scholar's Dictionary (1915) a Hanes Llên Cymru at Wasanaeth Ysgolion ac Efrydwyr (1926).

Agwedd bwysig arall ar ei gyfraniad yn y maes hwn oedd ei waith fel ysgrifennydd *Cymdeithas yr Iaith Gymraeg, ac fel sylfaenydd a threfnydd Ysgol Haf flynyddol y Gymdeithas. Bu'r ysgolion haf yn fan cyfarfod pwysig a dylanwadol rhwng yr athrawon a'u mynychai ac ysgolheigion mwyaf blaenllaw'r genedl. Oherwydd ei lafur fel ysgolfeistr a threfnydd ni chafodd Defynnog y cyfle i ddatblygu'r doniau beirniadol craff a gwybodus a amlygwyd yn ei draethawd buddugol yn Eisteddfod Bangor yn 1902 ar waith ac athrylith Daniel *Owen, nac ychwaith i feithrin y ddawn lenyddol addawol a welwyd yn ei stori dafodieithol fywiog, Mwyar Duon (1906). Ar ôl ymddeol, golygodd dudalen Gymraeg y papur dyddiol The South Wales News yn ystod 1927–28.

Am ragor o fanlynion gweler J. E. Lloyd, 'Cymdeithas yr Iaith Gymraeg', Y Llenor (cyf. x, 1931); J. Seymour Rees, 'David James (Defynnog)', Y Genhinen (Gwanwyn 1954); Gwilym Arthur Jones, 'David James (Defynnog) 1865–1928, in the context of Welsh education', Trafodion Anrhydeddus Gymdeithas y Cymmrodorion (1978).

James, David (1887–1967), dyngarwr. Yr oedd yn noddwr llu o sefydliadau ac achosion da gan gynnwys yr eisteddfod a gynhelir yn flynyddol ym Mhont-rhydfendigaid, Cer., ei bentref genedigol. Gwnaeth ei ffortiwn yn Llundain, ac ers iddo farw gweinyddir ei gyfoeth gan Ymddiriedolaeth Catherine a'r Fonesig Grace James. Fe'i claddwyd ym mynwent *Ystrad-fflur, nid nepell o'r ywen sydd, yn ôl y traddodiad, yn nodi bedd *Dafydd ap Gwilym.

JAMES, DAVID EMRYS (Dewi Emrys; 1881–1952), bardd a aned yng Ngheinewydd, Cer., ond a fagwyd yn Rhosycaerau, Penf. Newyddiaduraeth oedd ei alwedigaeth gyntaf ond ar ôl astudio yng Ngholeg Presbyteraidd Caerfyrddin ordeiniwyd ef yn weinidog a bu'n gweindogaethu yn Nowlais, Bwcle, Pontypridd a Llundain. Dychwelodd at newyddiadura yn 1918, gan fyw bywyd bohemaidd yn Llundain, ond ymsefydlodd yn Nhalgarreg, Cer., yn 1940. Enillodd y *Goron yn Eisteddfod Genedlaethol 1926 a'r *Gadair yn 1929, 1930, 1943 ac 1948; cyhoeddwyd rhai o'i gerddi arobryn megis 'Y Gân ni Chanwyd' (1929) ar ffurf pamffledyn. Yr oedd yn awdur dwy gyfrol o gerddi, Y Cwm Unig (1930) a Cerddi'r Bwthyn (1950); cyhoedd-wyd y gyfrol goffa Wedi Storom (1965) wedi iddo farw. Ysgrifennodd hefyd gyfrol o ysgrifau (1937), llyfr ar y gynghanedd, Odl a Chynghanedd (1937), ac o dan yr enw David Emrys, gyfrol o gerddi yn Saesneg, Rhymes of the Road (1928). Fel golygydd y golofn farddol 'Y Babell Awen' yn Y Cymro (1936–52), yr oedd yn ddylanwad pwysig ar feirdd eraill a chyhoeddodd bigion o farddoniaeth ei ddisgyblion yn y gyfrol Cerddi'r Babell (1938). Er bod Dewi Emrys yn llenor toreithiog ac yn gymeriad lliwgar, nid oes llawer o werth parhaol i fawr o'i waith;

yr enwocaf o'i gerddi yw 'Pwllderi', a ysgrifennwyd yn nhafodiaith Gymraeg sir Benfro.

Ysgrifennwyd cofiant y bardd gan Eluned Phillips (1971); gweler hefyd y nodyn bywgraffyddol gan D. Jacob Davies yn *Wedi Storom* (1965), y ddarlith gan T. Llew Jones (1981) a'r erthygl gan Donald Evans yn *Deri o'n Daear Ni* (gol. D. J. Goronwy Evans, 1984).

JAMES, EDWARD (1569?–1610?), clerigwr a chyfieithydd, brodor o sir Forgannwg, a addysgwyd yng Ngholeg Iesu, Rhydychen. Fe'i penodwyd yn ficer Caerllion-ar-Wysg, Myn., yn 1595 a gwasanaethodd yn Y Drenewydd Gelli-farch a Llangatwg Dyffryn Wysg cyn iddo fynd yn ficer plwyf Llangatwg Feibion Afel yn 1599 a phlwyf Llangatwg yng Nglyn-nedd yn 1603. Yn 1606 fe'i dyrchafwyd yn Ganghellor *Llandaf. Perthynai i'r grŵp bach o glerigwyr diwylliedig a oedd yn gysylltiedig â'r esgobaeth honno ac y mae'n bosibl mai William *Morgan, yr hwn a fu'n Esgob yno rhwng 1595 ac 1601, a'i hanogodd i gyfieithu *Llyfr yr Homilïau*, gwaith a ymddangosodd mewn fersiwn Cymraeg gan James yn 1606. Nid ef oedd y cyntaf i gyflawni'r dasg oherwydd y mae ar gael nifer o gyfieithiadau cynharach o'r homilïau a gynhwyswyd yn y *Liber Ffestialis* gan John Mirk, ond seiliodd ei fersiwn ar Gymraeg y *Beibl ac am y rheswm hwnnw yr oedd y gwaith o safon uchel.

Ceir manylion pellach yn yr erthygl gan Glanmor Williams yn ei gyfrol *Grym Tafodau Tân: Ysgrifau Hanesyddol ar Grefydd a Diwylliant* (1984).

JAMES, EVAN (Ieuan ap Iago; 1809–78) a JAMES (Iago ap Ieuan; 1833–1902), awdur a chyfansoddwr anthem genedlaethol Cymru, *'Hen Wlad fy Nhadau'. Brodor o Gaerffili oedd y tad ac yn 1844 daeth yn wehydd ac yn berchennog ffatri wlân ym Mhontypridd, Morg. Yr oedd y mab yn cydweithio â'i dad, ac wedi 1873 bu'n cadw tafarnau ym Mhontypridd ac Aberpennar. Credir mai'r mab a gyfansoddodd alaw'r anthem. Codwyd cofeb i'r tad a'r mab, o waith Syr Goscombe *John, ym Mharc Ynysangharad, Pontypridd, yn 1930.

Ceir manylion pellach am Evan James yn yr erthygl gan Daniel Huws yn *Nghylchgrawn Llyfrgell Genedlaethol Cymru* (cyf. XVI, 1970).

JAMES, JAMES SPINTHER (1837–1914), hanesydd y *Bedyddwyr. Brodor o Dal-y-bont, Cer., ydoedd; bu'n fugail ac yn borthmon cyn mynd yn lowr yn Aberdâr yn 1854. Fe'i hordeiniwyd yn 1861; yr oedd yn bregethwr huawdl, yn areithydd gwleidyddol ac yn awdur toreithiog. Ei waith pwysicaf yw *Hanes y Bedyddwyr yng Nghymru* (4 cyf., 1893–1907), a ysgrifennwyd mewn arddull hynod ddarllenadwy ond nodweddiadol ohono ef ei hun. Cyfansoddodd emynau hefyd a chyfrannu erthyglau i wyddoniaduron, a chwblhau *Y Parthsyllydd* (1875), gwaith daearyddol,

wedi marw Ioan Emlyn (John Emlyn Jones; 1818–73).

JAMES, JOHN (1939–   ), bardd a brodor o Gaerdydd, a addysgwyd ym Mhrifysgol Bryste. Bu'n olygydd y cylchgrawn *R* o 1963 hyd 1969 ac y mae wedi cyhoeddi nifer o gasgliadau o'i gerddi, gan gynnwys *The Welsh Poems* (1967), *Trägheit* (1968), *Letters from Sarah* (1969), *One for Rolf* (1975), *Berlin Return* (1983), *Lines for Richard Long* (1988), *Dreaming Flesh* (1991) a *Kinderlieden* (1992).

JAMES, MARIA (1795–1845?), bardd, a anwyd yn ardal *Eryri, Caern. Cyn iddi gyrraedd saith oed ymfudodd ei theulu i Ogledd America, ac ymsefydlu yn Clinton, Mass., lle y cafodd ei thad waith yn y chwareli llechi. Dysgodd Maria James ei geiriau Saesneg cyntaf ar fwrdd y llong a aeth â hi i'r byd newydd. Yno cafodd ychydig flynyddoedd o addysg cyn cael ei hanfon, yn ddeg oed, i weini i deulu y Parchedig Freeborn Garretson, gweinidog y capel Methodistaidd lleol a fynychwyd gan ei mam. Rhyddfrydol iawn oedd ei chartref newydd, a mawr oedd diddordeb y meistr pan glywodd fod y forwyn fach wedi dechrau barddoni, yn ddeuddeg oed. Cafodd bob anogaeth i feithrin ei dawn, yn enwedig felly gan nad oedd yn ymyrryd â'i gwaith; deuai'r llinellau wrth iddi fwrw ymlaen â'i gwaith tŷ. Yn 1839 casglwyd ei cherddi gan un o gyfeillion y teulu a'u cyhoeddi dan y teitl *Wales and other poems*.

Cerddi o fawl i natur a Duw yw'r mwyafrif o'i chaneuon, yn ogystal â nifer o gerddi achlysurol i'w chyfeillion; y mae'r mynegiant yn llithrig ac yn swynol, er gellid dweud bod ei llinellau ar adegau yn ystrydebol, o ran testun ac ymadrodd. Ymddiddorai hefyd yn nigwyddiadau hanesyddol ei hoes, yn Ewrop a'r Unol Daleithiau; ceir cerddi ganddi ar gwymp Napoleon, ac ar wrhydri yr Indiaid Cochion. Ond efallai mai ei chyfansoddiadau mwyaf difyr yw'r rhai sy'n sôn yn fwyaf uniongyrchol am ei sefyllfa bersonol. Y mae ganddi un gerdd foliant i'r brws llawr, er enghraifft, fel ei harf yn erbyn tlodi ac afiechyd corfforol a meddyliol: y mae ysgubo'r lloriau'n egnïol nid yn unig yn fodd iddi ennill ei thamaid ond yn gwasgaru gofidiau a llesgedd. Yn ei cherdd 'Wales', telir teyrnged hiraethus i ardal ei magwraeth, ac i'r Gymraeg fel iaith gyntaf ei chrefydd.

Am wybodaeth ychwanegol gweler y rhagarweiniad i *Wales, and other poems* (gol. A. Potter, 1839).

JAMES, SIÂN (1932–   ), nofelydd. Fe'i ganed ger Llandysul, Cer., a'i haddysgu yng Ngholeg Prifysgol Cymru, Aberystwyth. Bu'n athrawes ac y mae'n awdur naw nofel: *One Afternoon* (1975), *Yesterday* (1978), *A Small Country* (1979), *Another Beginning* (1980), *Dragons and Roses* (1983), *A Dangerous Time* (1984), *Storm at Arberth* (1994), *Love and War* (1994) a *Two Loves* (1997), a chasgliad o storïau byrion, *Not Singing Exactly* (1996), a enillodd wobr Llyfr y Flwyddyn 1997 gan *Gyngor

Celfyddydau Cymru. Lleolir *A Small Country* mewn ardal amaethyddol yng ngorllewin Cymru adeg y Rhyfel Byd Cyntaf. Gyda Tony *Curtis cydolygodd y flodeugerdd *Love from Wales* (1991).

Gweler yr adolygiadau o'i gwaith yn *The New Welsh Review* (rhif. 28, cyf. VII, Gwanwyn 1995) ac yn *Llais Llyfrau* (Gaeaf 1994 a Haf 1996).

James, Thomas (1593?–1635?), morlywiwr a dreuliodd ei febyd yn Llanwytherin, Myn. Cychwynnodd o Fryste ar y llong *Henrietta Maria* ym mis Mai 1631 i chwilio am Dramwyfa Ogledd-Orllewinol i'r Tawelfor. Aeth i Fae James cyn troi'n ôl a chyrraedd Bryste ym mis Hydref 1633. Ceir ei hanes yn *The Strange and Dangerous Voyage* (1633), llyfr y dywedir iddo ysbrydoli *The Ancient Mariner* (1789) gan S. T. Coleridge.

JARMAN, ALFRED OWEN HUGHES (1911–), ysgolhaig a brodor o Fangor, Caern. Fe'i haddysgwyd yng Ngholeg Prifysgol Gogledd Cymru, Bangor, a bu'n Ddarlithydd yn Adran Efrydiau Allanol y Coleg hwnnw am rai blynyddoedd cyn ei benodi'n Ddarlithydd yn Adran Gymraeg Coleg y Brifysgol, Caerdydd, yn 1946. Bu'n Athro'r Gymraeg yn y Coleg o 1957 nes iddo ymddeol yn 1979.

A. O. H. Jarman yn anad yr un ysgolhaig Cymraeg arall sydd wedi goleuo dryswch a chymhlethdod chwedl *Myrddin. Trwy gyfrwng ei gyfraniadau i *Arthurian Literature in the Middle Ages* (gol. R. S. Loomis, 1959), i *Studia Celtica* (cyf. X/XI, 1975/76), i *Astudiaethau ar yr Hengerdd* (gol. R. Bromwich ac R. Brinley Jones, 1978), ac i *The Arthur of the Welsh* (gol. R. Bromwich *et al.*, 1991) yn ogystal ag yn y gyfrol *The Legend of Merlin* (1969), olrheiniodd ddatblygiad y chwedl o'i gwreiddiau Cymraeg a Cheltaidd hyd at ei ffurfiau Ffrengig. Y mae hefyd wedi golygu'r testunau *Ymddiddan Myrddin a Thaliesin* (1951) a *Llyfr Du Caerfyrddin* (1982). Y mae'n awdurdod ar *Sieffre o Fynwy a hanes y chwedl Arthuraidd ac yn 1980 etholwyd ef yn Llywydd Cangen Prydain o'r Gymdeithas Arthuraidd Gydwladol. Ymestyn ei ddiddordeb i'r *Cynfeirdd, pwnc y cyfrannodd gyfrol arno i'r gyfres *Writers of Wales* (1981) a chyhoeddi testun a chyfieithiad o *Y Gododdin* (1990), ac i'r delfryd arwrol fel y'i gwelir yng *'Nghanu Llywarch Hen', ac i gylch y *Morrisiaid. Gyda Gwilym Rees *Hughes, golygodd *A Guide to Welsh Literature* (cyf. I, 1976; cyf. II, 1979) a chyda'i wraig Eldra y mae'n awdur *Y Sipsiwn Cymreig* (1979). Bu'n olygydd y cyfnodolyn *Llên Cymru* o 1962 hyd 1986.

Ceir llyfryddiaeth o waith A. O. H. Jarman yn *Ysgrifau Beirniadol XVIII* (gol. J. E. Caerwyn Williams, 1992).

JARMAN, GERAINT (1950–), bardd a chanwr. Fe'i ganed yn Ninbych a'i fagu yng Nghaerdydd lle y mae'n byw o hyd. Y mae'n un o'r perfformwyr mwyaf adnabyddus ym myd adloniant ysgafn yng Nghymru ac yn gynrychiolwr blaenllaw cerddoriaeth *reggae* yn Gymraeg. Y mae llawer o'i ganeuon yn adlewyrchu ei gefndir dinesig a gwelir dylanwad barddoniaeth gyfoes Ewrop ar rai o'i weithiau. Ar wahân i nifer o recordiau o'i gerddoriaeth, y mae wedi cyhoeddi dau gasgliad o farddoniaeth, sef *Eira Cariad* (1970) a *Cerddi Alfred Street* (1976).

Jarvis Valley, The, lleoliad dychmygol rhai o straeon byrion cynnar Dylan *Thomas, yn enwedig y straeon mwyaf cyfriniol a swrcalaidd, straeon sydd, yn debyg i waith Caradoc Evans (David *Evans), yn ffrwyth golwg fwriadol wyrdroëdig ar y Gymru wledig. Yn ôl llythyr at Pamela Hansford Johnson (Mai 1934) bwriad Thomas oedd cynnwys nifer o'r straeon megis 'The Visitor', 'The Tree' a 'The Map of Love' i greu yr hyn a alwodd '*my novel of the Jarvis Valley*', ond ni chwblhawyd mo'r gwaith hwnnw.

Jeffreys, George (1645–89), barnwr. Brodor o Acton, Wrecsam, Dinb., ydoedd; daeth yn gyfreithiwr a chymerodd ochr y Llys yn erbyn y Seneddwyr yn nhreialon y Wladwriaeth yn y 1680au. Ef oedd Arglwydd Ganghellor y Brenin Iago II. Yn y Brawdlys Gwaedlyd a gynhaliwyd ar ôl gwrthryfel ofer Dug Mynwy yn 1685, crogwyd cannoedd gan Jeffreys ac anfonwyd llawer yn rhagor dros y môr. Cafodd ei garcharu yn ystod Gwrthryfel 1688 a bu farw yn Nhŵr Llundain. Pardduwyd ei gymeriad gan haneswyr o Chwigiaid megis yr Arglwydd Macaulay, ond y mae cofiannau eraill iddo, sy'n pwysleisio ei yrfa yn y gyfraith yn hytrach nag yn y llywodraeth, yn ei bortreadu fel gŵr o allu a huodledd arbennig, ond fod ganddo dymer wyllt.

Ceir manylion pellach yn yr erthygl gan G. W. Keeton, '*Judge Jeffreys: towards a Reappraisal*' yn *Cylchgrawn Hanes Cymru* (cyf. I, rhif. 3, 1962); gweler hefyd '*George Jeffreys: His Family and Friends*' gan yr un awdur yn *Nhrafodion Anrhydeddus Gymdeithas y Cymmrodorion* (1967).

JENKIN, JOHN (Ioan Siengcin; 1716–96), bardd. Fe'i ganed, yn fab i Siencyn Tomas, yng Nghwm-du, Llechryd, Cer., a chafodd ei brentisio'n grydd gyda'i dad, a'i dad hefyd a'i hyfforddodd mewn prydyddiaeth. Yn 1754 daeth yn athro yn Nanhyfer, Penf., o dan nawdd Griffith *Jones, Llanddowror, ac arhosodd yno hyd tua 1793. Canai gerddi caeth a rhydd yn y dull moli traddodiadol i uchelwyr ei fro ac yn enwedig i Thomas Lloyd, Cwmglöyn. Canmolwyd ei gerdd yn cofnodi lansio cwch y sgweiar gan Saunders *Lewis gan ei bod yn ymwybodol o'r traddodiad barddol Cymraeg, traddodiad a oedd ym marn Lewis yn medru caniatáu i fardd dibwys lunio cerdd fawr. Cyhoeddwyd casgliad o waith Ioan Siengcyn dan y teitl *Casgliad o Ganiadau Difyr* (1823).

Jenkins, Albert (1895–1953), chwaraewr rygbi. Chwaraeai fel canolwr tri-chwarter dros Lanelli, a chafodd bedwar cap ar ddeg am chwarae dros Gymru rhwng 1920 ac 1928. Daeth yn enwog am ei ddawn arbennig wrth drafod y bêl a'i allu i redeg â hi.

JENKINS, DAFYDD (1911–), beirniad a hanesydd. Fe'i ganed yn Llundain i deulu o Geredigion a chafodd ei addysg yng Ngholeg Sidney Sussex, Caergrawnt. Galwyd ef i'r Bar yn 1934 a bu'n gweithio fel bargyfreithiwr yng Nghaerfyrddin. Yn 1938 ef oedd trefnydd Deiseb yr Iaith a alwodd am ddefnydd swyddogol o'r Gymraeg yn y Llysoedd Barn. Y mae'n heddychwr o ran argyhoeddiad a bu'n wrthwynebwr cydwybodol yn ystod yr Ail Ryfel Byd, gan weithio ar y tir. Yn 1965 dechreuodd ddarlithio yn Adran y Gyfraith, Coleg Prifysgol Cymru, Aberystwyth, ac o 1975 hyd ymddeol yn 1978, daliai Gadair bersonol yn Hanes Cyfraith a Chyfraith Cymru.

Y mae wedi cyhoeddi llyfrau ar amrywiol bynciau megis hanes llosgi'r ysgol fomio ym *Mhenyberth, *Tân yn Llŷn* (1937), *Thomas Johnes o'r Hafod* (1948), dwy gyfrol o feirniadaeth lenyddol, *Y Nofel Gymraeg* (1948) a enillodd *Fedal Rhyddiaith yr Eisteddfod Genedlaethol ac *Y Stori Fer* (1966), dau lyfr taith, *Ar Wib yn Nenmarc* (1952) ac *Ar Wib yn Sweden* (1959), a chyfrol ar D. J. *Williams yn y gyfres *Writers of Wales* (1973). Bu hefyd yn gyd-olygydd y cylchgrawn *Heddiw* gyda'i gyfaill Aneirin Talfan *Davies, a pharatôdd argraffiad o *Helyntion Bywyd Hen Deiliwr* (1940) gan Gwilym Hiraethog (William *Rees). Ond gwaith mwyaf sylweddol Dafydd Jenkins yw ei astudiaeth o *Gyfraith Hywel oherwydd trwy edrych ar gyfreithiau Cymru yr Oesoedd Canol â llygaid cyfreithiwr, gosododd safonau newydd o ysgolheictod yn y maes hwn. Y mae'r gweithiau hyn yn cynnwys ei argraffiadau o *Llyfr Colan* (1963) a *Damweiniau Colan* (1973), a'i astudiaethau cyffredinol *Cyfraith Hywel* (1970), *Celtic Law Papers* (1973), *The Welsh Law of Women* (gyda Morfydd E. Owen (1980) a *Hywel Dda: The Law* (1986).

Jenkins, David (1848–1915), arweinydd a cherddor a aned yn Nhrecastell, Brych. Bachgen tlawd, di-addysg ydoedd a chafodd ei brentisio fel teiliwr, ond amlygwyd ei ddoniau cerddorol gyda chynnydd y mudiad sol-ffa a phan oedd yn bump ar hugain oed aeth i astudio cerddoriaeth o dan Joseph *Parry yng Ngholeg Prifysgol Cymru, Aberystwyth. Fe'i penodwyd yn Ddarlithydd Cerdd yno yn 1893 ac yn Athro yn 1910. Yr oedd yn weithgar iawn mewn eisteddfodau a chymanfaoedd canu, fel arweinydd poblogaidd ac fel cyfansoddwr toreithiog a wnaeth lawer i godi safonau. Fe'i cofir yn bennaf am ei dôn 'Pen-lan' a chenir arni yr emyn sy'n dechrau 'Pa le, pa fodd ddechreuaf' y rhan amlaf. Cofiadwy hefyd yw ei weithiau corawl, *Arch y Cyfamod, Job, Yr Ystorm* a *The Psalm of Life*; ysgrifennwyd y diwethaf a

enwyd yn arbennig ar gyfer Gŵyl Dairblynyddol Caerdydd, 1895. Bu David Jenkins yn olygydd *Y Cerddor* am rai blynyddoedd, sef cylchgrawn ar gyfer cerddoriaeth yng Nghymru.

Cyhoeddwyd cyfrol goffa iddo wedi'i golygu gan J. H. Jones (1935).

JENKINS, DAVID (1912–), llyfrgellydd ac ysgolhaig, a aned ym Mlaenclydach, Rhondda, ond a dreuliodd lawer o'i blentyndod ym Mhenrhyn-coch, Cer. Cafodd ei addysg yng Ngholeg Prifysgol Cymru, Aberystwyth, a dyfarnwyd iddo M.A. yn 1948 ar gyfer traethawd ar fywyd a gwaith Huw *Morys (Eos Ceiriog). Penodwyd i staff *Llyfrgell Genedlaethol Cymru yn 1939, yn Geidwad Llyfrau Printiedig yn 1957 ac yn Llyfrgellydd yn 1969, swydd a ddaliodd hyd at ymddeol yn 1979. Golygodd *Cylchgrawn* Llyfrgell Genedlaethol Cymru (1969–79), *Journal of the Welsh Bibliographical Society* (1964–85) a *Ceredigion* (1973–84). Efe yw awdur bywgraffiad safonol Thomas Gwynn *Jones (1973) a golygodd draethodau llenyddol Kate *Roberts (1978). Ymhlith ei gyhoeddiadau ceir erthygl arloesol ar *Ddafydd ap Gwilym lle y llwyddodd i uniaethu lleoedd y sonnir amdanynt yng ngwaith Dafydd â mannau yn ardal Penrhyn-coch. Y mae'r cyhoeddiad hwn yn dynodi dechreuad astudiaethau gwyddonol yr ugeinfed ganrif o hanes bywyd Dafydd ap Gwilym (gweler *Bwletin y Bwrdd Gwybodau Celtaidd, cyf. VIII, 1936). Ers ymddeol y mae wedi rhoi ei sylw i hanes a thoponymeg leol, yn cyhoeddi *Bro a Bywyd Thomas Gwynn Jones* (1984), *Bro Dafydd ap Gwilym* (1992) ac yn olrhain hanes *Bedyddwyr gogledd Ceredigion yn *O Blas Gogerddan i Horeb* (1993).

JENKINS, DAVID (1921–), cymdeithasegydd a aned yn Aber-porth, Cer., i deulu a fu'n forwyr ers cenedlaethau. Addysgwyd ef yng Ngholeg Prifysgol Cymru, Aberystwyth, pan oedd yn y Coleg hwnnw adran a oedd yn cyplysu Daearyddiaeth ac Anthropoleg. Ar ôl graddio bu'n fyfyriwr ymchwil dan arweiniad Alwyn D. *Rees. Yn 1949 ymunodd â staff Adran Efrydiau Allanol, Aberystwyth, a bu'n ymwneud â gwaith addysg i oedolion hyd nes iddo ymddeol yn Uwch-diwtor yn 1986.

Ysgrifennodd am faes ei astudiaethau yn ei gyfrol goffa (yn y gyfres *Y Meddwl Modern*) i'r anthropolegydd, E. Evans-Pritchard (1982) ac yn yr erthyglau 'Dyn a'i Gyd-ddyn', yn *Taliesin* (1972) a 'Lévi-Strauss ac Adeiliaeth' yn *Y Traethodydd* (1976). Ond y mae'n fwyaf adnabyddus am ei ymchwiliadau ar fro ei febyd, sef 'Aber-porth' yn *Welsh Rural Communities* (gol. Elwyn Davies ac Alwyn D. Rees, 1960) a *The Agricultural Community in South-West Wales at the Turn of the Twentieth Century* (1971). Cyhoeddodd hefyd gyfres o erthyglau ar y gymdeithas wledig mewn gwahanol gyhoeddiadau.

Yn *Hanes yr Hen Gapel, Aber-porth* (1983) trafodir y gwerthoedd a'r safonau a fagwyd gan ddeffroadau crefyddol y cyfnod rhwng *Methodistiaeth y ddeunawfed ganrif a Diwygiad 1904 fel sail i'r dwyraniad cymdeithasol pwysig. Y mae'r term 'buchedd A a B' a ddefnyddiwyd gan David Jenkins i ddynodi'r ddau grŵp canlyniadol, yn crynhoi yn effeithiol y gwahaniaethu a fynegid ar lafar mewn ymadroddion megis 'pobl y capel' a 'pobl y byd neu'r dafarn'.

JENKINS, GERAINT HUW (1946–), hanesydd. Fe'i ganed ym Mhenparcau, Aberystwyth, Cer., a'i addysgu yng Ngholeg y Brifysgol Abertawe. Fe'i penodwyd yn Ddarlithydd mewn Hanes Cymru yng Ngholeg Prifysgol Cymru, Aberystwyth, yn 1968, yn Athro yn 1990, ac yn Gyfarwyddwr Canolfan Uwchefrydiau Cymreig a Cheltaidd Prifysgol Cymru yn 1993. Cyhoeddodd ei gyfrol gyntaf, *Literature, Religion and Society in Wales 1660–1730*, yn 1968 a'i dilyn â *Thomas Jones yr Almanaciwr* (1980), *Hanes Cymru yn y Cyfnod Modern Cynnar 1530–1760* (1983), *The Foundations of Modern Wales: Wales 1642–1780* (1987); *Protestant Dissenters in Wales 1639–1689* (1992) a *Hanes Darluniadol Prifysgol Cymru 1893–1993* (1993). Daeth cyfrol o ysgrifau hanesyddol *Cadw Tŷ Mewn Cwmwl Tystion* (1990) a golygodd gyfrol flynyddol o ysgrifau, *Cof Cenedl, Ysgrifau ar Hanes Cymru* o 1986 ymlaen a *Ceredigion* o 1985; golygodd hefyd, ar y cyd â J. Beverley *Smith, *Politics and Society in Wales, 1840–1922* (1988) ac, ar y cyd â'i wraig Ann Ffrancon, *Merêd, Detholiad o Ysgrifau* (1994). Ef yw golygydd y gyfres newydd *Hanes Cymdeithasol yr Iaith Gymraeg*; cyhoeddwyd y gyfrol gyntaf, *Y Gymraeg yn ei Disgleirdeb*, yn 1997. Cyfrannodd lyfrau ar hanes Cymru i blant a gweithiau ar chwaraeon, ynghyd â llu o ysgrifau hanesyddol mewn gwahanol gylchgronau.

JENKINS, JOHN (Ifor Ceri neu Ioan Ceri; 1770–1829), hanesydd cerddoriaeth a hynafiaethydd, a aned yng Nghilbronnau, Llangoedmor, Cer.; bu'n ficer Ceri, Tfn., o 1807 hyd ei farw. Dechreuodd gasglu alawon gwerin pan oedd yn ŵr ifanc, yn enwedig *carolau a *baledi. Y mae *Melus-Seiniau Cymru* (2 gyf.) a *Melus-geingciau Deheubarth Cymru* yn dal yn ei lawysgrifau hardd, heb eu cyhoeddi. Fe'u benthyciwyd gan Maria Jane Williams (gweler o dan ABERPERGWM) a chyhoeddi rhai yn *The Cambrian Journal* rhwng 1854 ac 1857. Rhoes Ifor Ceri nifer mawr o alawon i John Parry (Bardd Alaw) a'u cyhoeddodd yn *The Welsh Harper* (cyf. II, 1848). Casglai hefyd salm-donau ac emyn-donau a genid adeg cychwyn y Diwygiad Methodistaidd.

Yr oedd yn enwog am ei haelioni i hynafiaethwyr eraill ac yr oedd ei gartref yn agored i'w gyfeillion llenyddol a cherddorol ac felly cafodd yr enw Ifor Hael o Geri, yn nhraddodiad *Ifor ap Llywelyn (Ifor Hael), noddwr *Dafydd ap Gwilym. Yn ei gartref ef y ganed y syniad o ffurfio'r cymdeithasau *Cambrian* i gasglu llaw-

ysgrifau Cymraeg a'u cyhoeddi. Derbyniwyd ef i *Orsedd Iolo Morganwg (Edward *Williams) adeg eisteddfod Caerfyrddin 1819 gyda'r enw barddol Ioan Ceri, a chymerodd ran flaenllaw yn ailsefydlu Anrhydeddus Gymdeithas a *Cymmrodorion yn Llundain ac yn nhrefniadau'r eisteddfodau taleithiol, ond siomwyd ef am na chyrhaeddodd yr eisteddfodau eu hamcan ac am eu bod, yn ei farn ef, yn rhoi gormod o sylw i gyngherddau a alwodd ef yn *'Anglo-Italian farce'*. Ei unig waith Cymraeg yw'r erthyglau a ysgrifennodd i'r cylchgrawn *Y *Gwyliedydd* dan y ffugenw Hooker. Ymhlith y llenorion a cherddorion a dderbyniodd ei nawdd yr oedd Alun (John *Blackwell), Ieuan Glan Geirionydd (Evan *Evans), Taliesin *Williams, Cawrdaf (William Ellis *Jones), John Howell a Henry Humphreys y telynor.

Ysgrifennodd Jenkins hanes plwyfi Ceri a Mochdref i'w cynnwys, yn ddienw, yn *A Topographical Dictionary of Wales* (1811) gan Nicholas Carlisle ac *A History of North Wales* (1828) gan William Cathrall.

Ceir manylion pellach yn y ddarlith gan Stephen J. Williams, 'Ifor Ceri, noddwr cerdd' (1955), yn llyfr Bedwyr Lewis Jones, *Yr Hen Bersoniaid Llengar* (1963), yn erthyglau Mary Ellis yn *Cerddoriaeth Cymru* (cyf. v, rhif. 1, 1978–79; cyf. VI, rhif 1, 1979), erthygl yr un awdur, 'Rhai o hen bersoniaid llengar Maldwyn' yn *Maldwyn a'i Chyffiniau* (gol. Gwynn ap Gwilym a Richard H. Lewis, 1981), ac erthyglau Daniel Huws yn *Canu Gwerin* (cyf. VIII a IX, 1985 ac 1986).

JENKINS, JOHN (Gwili; 1872–1936), diwinydd a bardd, a aned yn Yr Hendy, Caerf., a'i addysgu yng Ngholeg y Bedyddwyr, Bangor, a Choleg y Brifysgol, Caerdydd. Wedi wyth mlynedd fel athro yn Ysgol y Gwynfryn, Rhydaman, aeth i Goleg Iesu, Rhydychen. Yn 1923 fe'i penodwyd yn Athro Groeg yng Ngholeg y Bedyddwyr ac yn Ddarlithydd yn Ysgol Ddiwinyddol Bangor. Cyhoeddodd ddetholiad o'i bregethau a'i ysgrifau, *Y Dwy Efengyl a Phethau Eraill* (1915), *Arweiniad i'r Testament Newydd* (1928), a'i waith mawr ar hanes diwinyddiaeth yng Nghymru, *Hanfod Duw a Pherson Crist* (1931). Fel bardd perthynai i ysgol y *Bardd Newydd, enillodd y *Goron yn yr Eisteddfod Genedlaethol yn 1901 ac ef oedd Archdderwydd Cymru o 1932 hyd 1936. Ond un gyfrol yn unig a gyhoeddodd yn Gymraeg, sef *Caniadau* (1934), ac un, *Poems* (1920), yn Saesneg. Yr oedd yn ŵr hynaws ac yn boblogaidd gyda'i gyfoeswyr a daeth yn gyfaill i'r bardd Edward *Thomas yn 1897.

Ceir rhagor o fanylion yn y cofiant gan E. Cefni Jones (1937) a'r erthygl gan J. Beverley Smith yn *Nhrafodion* Anrhydeddus Gymdeithas y Cymmrodorion (1974/75).

JENKINS, JOHN GERAINT (1929–), awdur ar bynciau'n ymwneud â diwylliant gwerin. Fe'i ganed ym Mhenbryn, Cer., a'i addysgu yng Ngholegau Prifysgol Abertawe ac Aberystwyth. Ymunodd â staff *Amgueddfa Werin Cymru yn 1960 a daeth yn Geidwad Diwylliant Materol yn 1969. Bu'n Guradur

*Amgueddfa Diwydiant a Môr Cymru, Caerdydd (1979–87) ac Amgueddfa Werin Cymru (1987–91). Y mae ei gyhoeddiadau niferus yn ymdrin â chrefftau traddodiadol, testun y daeth yn awdurdod cydnabyddedig arno. Yn eu plith y mae *The English Farm Wagon* (1963), *Traditional Country Craftsmen* (1965), *The Welsh Woollen Industry* (1969), *Crefftwyr Gwlad* (1971), *Nets and Coracles* (1974), *Maritime Heritage* (1982), *The Coracle* (1988), *Life and Tradition in Rural Wales* (1991), *The In-shore Fishermen of Wales* (1991) a *Getting Yesterday Right: Interpreting the Heritage of Wales* (1992).

JENKINS, JOSEPH (1886–1962), awdur storïau a dramâu i blant, brodor o Bont-rhyd-y-groes, Cer. Ar ôl gadael yr ysgol yn dair ar ddeg oed, bu'n gweithio am gyfnod mewn gwaith mwyn plwm lleol cyn symud i Aberaeron i fod yn weinidog ar yr Eglwys Fethodistaidd Wesleaidd yno. Yn ddiweddarach treuliodd dair blynedd yng Ngholeg Handsworth a bu'n weinidog gyda'i enwad yng ngogledd, canolbarth a de Cymru. Bu am flynyddoedd yn olygydd llwyddiannus *Y Winllan*, cylchgrawn yr Eglwys Fethodistaidd i blant. Yr oedd hefyd ymhlith awduron llyfrau Cymraeg i blant mwyaf cynhyrchiol hanner cyntaf yr ugeinfed ganrif; cyhoeddodd tuag ugain o lyfrau rhwng 1926 ac 1952. Casgliadau o straeon am fechgyn direidus oedd y mwyafrif ohonynt megis *Dai y Dderwen* (1926), *Robin y Pysgotwr* (1926) ac *Ianto ac Ystorïau Eraill* (1929). Dyfarnwyd Gwobr Goffa Owen M. *Edwards iddo yn 1947 fel arwydd o'i gyfraniad pwysig i'r gangen hon o lenyddiaeth Gymraeg.

Ceir erthygl ar Joseph Jenkins gan Gwynn Jones yn *Dewiniaid Difyr* (gol. Mairwen a Gwynn Jones, 1983).

Jenkins, Leoline (1625–85), cyfreithiwr sifil a gwas y wladwriaeth, a aned yn Llantrisant, Morg., ac a addysgwyd yn Ysgol y Bont-faen. Aeth i Goleg Iesu, Rhydychen, yn 1601, ond torrwyd ar draws ei astudiaethau yno gan y *Rhyfel Cartref a threuliodd y blynyddoedd nesaf fel athro preifat, yn gyntaf yn Llantrithyd lle y cyfarfu â Gilbert Sheldon, y gŵr a ddaeth yn noddwr iddo yn ddiweddarach, wedyn yn Rhydychen ac yn olaf, gan y drwgdybid ei fod yn un o'r Brenhinwyr, ar y Cyfandir. Gyda'r Adferiad, ac yntau wedi cael cyfle i astudio'r Gyfraith Sifil mewn cryn ddyfnder, daeth yn Gymrawd Coleg Iesu, ac o 1661 hyd 1673 ef oedd ei Brifathro. Ond, trwy berswâd Sheldon, dechreuodd ymarfer y gyfraith sifil ac ar ôl 1655 fe'i penodwyd yn Llywydd Uchel-lys y Morlys a Llys Ewyllysiau Caer-gaint. Y mae ei waith ar Gyfraith Ysbail fel Llywydd Uchel-lys y Morlys, o'r pwysigrwydd blaenaf; fe'i cydnabyddir yn un o'r tri sylfaenydd mawr yn y gangen honno o Gyfraith Ryngwladol. Wedi hynny dechreuodd ar drydedd yrfa, fel gwas y wladwriaeth a diplomat: o 1675 hyd 1679 ef oedd y prif gyfryngwr yng Nghyngres Nymegen, ac o 1680 hyd 1684 yr oedd yn Ysgrifennydd Gwladol. Fe'i hetholwyd yn Aelod Seneddol dros Hythe yn 1671 ac wedi hynny yn gynrychiolydd Prifysgol Rhydychen.

Bu'n noddwr hael i Goleg Iesu: ef a'i gosododd ar ei draed ar ôl yr Adferiad, gan adeiladu'r llyfrgell ar ei gost ei hun, a chymynroddodd iddo ei holl eiddo, pan fu farw, gan sicrhau ysgoloriaethau ar gyfer Ysgol y Bont-faen, a chan roi pwyslais newydd ar Gymreictod y sefydliad. Yr oedd yn ŵr gwyladd, swil ac ymostyngol, a gwnaeth argraff ryfedd fel diplomat, gan i'w gyfoeswyr gael eu synnu gan ei ddeallusrwydd a'i gadernid ar faterion o egwyddor. Cafodd gyfle i ateb un o wŷr llys Ffrainc gyda'r ddihareb Gymraeg 'Nid wrth ei big y prynir cyffylog'.

Ceir manylion pellach yn y gyfrol *The Life of Leoline Jenkins* (1724) gan W. Wynne; ceir portread llai ffafriol yn ail gyfrol *History of my Own Time* (1897–1900) gan Gilbert Burnet.

JENKINS, LUCIEN (1957–), bardd. Fe'i ganed yn Lloegr a'i addysgu ym Mhrifysgolion Caer-grawnt a Llundain, ac ef ar hyn o bryd yw golygydd y cylchgrawn *Early Music Today*, a gyhoeddir yn Llundain, lle y mae'n byw gyda'i deulu. Yr oedd ei weithgaredd cynnar yn cynnwys cyfieithu barddoniaeth Baudelaire a Rilke, ac y mae hefyd wedi golygu casgliad o gerddi George Eliot. Yn ei flodeugerdd *Laying Out the Body* (1992), disgrifia'r corff dynol fel dalen o bapur i'w darllen ac ysgrifenni arni, ac y mae llais y bardd yn oeraidd, llais sylwebydd yn ei hanfod, gyda'r ddawn i lunio'r union ymadrodd. Y mae, fodd bynnag, yn medru'r Gymraeg, ac y mae ei gerdd 'Welch' yn edrych ar oblygiadau rhaniad ieith-yddol Cymru ag eironi un sydd yn perthyn iddi.

JENKINS, MIKE (1953–), bardd a golygydd anwyd yn Aberystwyth, Cer., a'i addysgu yng Ngholeg Prifysgol Cymru yn y dref honno. Aeth yn athro, gweithiodd yng Ngogledd Iwerddon a Gorllewin yr Almaen cyn ymgartrefu ym Merthyr Tudful lle y mae'n dysgu Saesneg mewn ysgol uwchradd. Cyhoeddodd un pamffled, *Rat City* (1979), saith casgliad o farddoniaeth, a dau gasgliad o straeon byrion, *In Enemy Territory* (1981) a *Wanting to Belong* (1997); y mae hefyd wedi cydolygu'r flodeugerdd *The Valleys* (1984) gyda John *Davies (1944–) ac y mae'n gyd-olygydd cylchgrawn *Cymdeithas y Beirdd Cochion*. Ef oedd golygydd *Poetry Wales* o 1987 hyd 1992. Er bod ei wreiddiau yng ngorllewin Cymru, byd cymoedd de Cymru, ac yn arbennig Merthyr Tudful, gyda'i hanes chwerw a threisgar, a gipiodd ei ddychymyg creadigol. Y mae *The Common Land* (1981), ei gasgliad llawn cyntaf, yn cynnwys cerddi am Ogledd Iwerddon a Gorllewin yr Almaen, ond hanes Merthyr yw'r brif thema eisoes. Y mae *Empire of Smoke* (1983), *Invisible Times* (1986), *A Dissident Voice* (1990), *This House, My Ghetto* (1995) a *Shirley Egg* (1997) yn parhau i archwilio materion yn ymwneud â diwydiannaeth a chyfiawnder cymdeithasol, o safbwynt y cyfranogwr yn hytrach na'r sylwebydd. Y mae techneg naratif noeth ac arddull werinol fywiog Mike Jenkins yn rhoi iddo fantell bardd y bobl; defnyddia ei sgiliau sylweddol ei hun i fynegi yr hyn na allai ei gymdogion o bosibl ei ddweud mor effeithiol drostynt eu hunain. Y mae hefyd yn ysgrifennu'n deimladwy am fywyd teuluol ac am ei brofiadau fel athro mewn ardal o amddifadedd cymdeithasol llym; yn *Graffiti Narratives* (1994) defnyddia dafodiaith Merthyr er mwyn i'w ddisgyblion siarad drostynt eu hunain, techneg gymharol newydd i fardd-oniaeth Eingl-Gymreig, ond arbrawf llwyddiannus. Y mae hefyd yn ymwneud â gweithdai ysgrifennu creadigol a darlleniadau mewn ysgolion, ac y mae'n un o'r beirdd sy'n ymddangos yn y flodeugerdd i blant *Are You Talking To Me?* (1994).

Am ragor o fanylion gweler y cyfweliad a roes i Wayne Burrows yn *The New Welsh Review* (rhif 9, cyf. III, Haf 1990).

JENKINS, NIGEL (1949–), bardd, awdur a dramod-ydd a aned yng Ngorseinon, Morg., a'i fagu ar fferm ar ystad Kilvrough ger Parkmill ym Mro Gŵyr, a'i addysgu ym Mhrifysgol Essex. Bu'n newyddiadurwr, a bellach y mae'n byw yn Abertawe ac yn awdur ar ei liwt ei hun. Ceir ei waith cynnar, ynghyd â gwaith Tony *Curtis a Duncan *Bush, yn *Three Young Anglo-Welsh Poets* (1974). Ers hynny, y mae wedi cyhoeddi tri chasgliad o gerddi, *Song and Dance* (1981), *Practical Dreams* (1983) ac *Acts of Union: Selected Poems* (1990). Y mae ei waith yn ymwneud yn arbennig â themâu gwleidyddol a'i lais yn ei dro yn dyner, llawen a dychanol ffraeth. Per-fformiwyd ei ddramâu am y Dr William *Price, *Strike a Light!*, ac am Waldo *Williams, *Waldo's Witness*, y naill yn 1985 a'r llall yn 1986. Yn 1989 cyhoeddwyd ei ysgrif ar John *Tripp yn y gyfres *Writers of Wales*. Y mae hefyd wedi cyhoeddi llyfr ar ddylanwad cenhadon o Gymru yng ngogledd-ddwyrain India, *Gwalia in Khasia* (1995), wedi golygu'r flodeugerdd *Glas-Nos: Poems for Peace/Cerddi Dros Heddwch* (gyda Menna *Elfyn, 1987), a chasgliad o draethodau ar Anthony *Conran, *Thirteen Ways of Looking at Tony Conran* (1995). Fe'i comisiynwyd gan nifer o gyrff i ysgrifennu cerddi i'w harddangos mewn mannau cyhoeddus: gwelir enghreifftiau yn Nhŵr yr arsyllfa seryddol Ecliptig yn Abertawe. Ef oedd ysgrifen-nydd cyntaf y *Welsh Union of Writers a daeth yn gadeir-ydd arno yn 1994. Ymhlith ei gyhoeddiadau diweddar y mae ysgrif ar gaer Garn Goch, a gyhoeddwyd gan *Wasg Gregynog yn 1996, a *Wales: The Lie of the Land* (1996), am dirwedd Cymru, ar y cyd â'r ffotograffydd Jeremy Moore.

JENKINS, ROBERT THOMAS (1881–1969), hanesydd a llenor. Fe'i ganed yn Lerpwl ond bu farw'i rieni pan oedd yn ifanc iawn a magwyd ef gan ei daid a'i nain yn Y Bala, Meir. Cafodd ei addysgu yng Ngholeg Prifysgol Cymru, Aberystwyth, ac yng Ngholeg y Drindod, Caer-grawnt, a bu'n athro ysgol yn Llandysul, Aberhonddu a Chaerdydd. Penodwyd ef yn 1930 yn

Ddarlithydd Annibynnol yn Hanes Cymru yng Ngholeg Prifysgol Gogledd Cymru, Bangor, ac wedyn yn Athro. Yng Nghaerdydd yr oedd yn gymydog a chyfaill i W. J. *Gruffydd ac yn un o'r llenorion disglair a gyfrannodd yn gyson i'r cylchgrawn *Y *Llenor*.

Cyhoeddodd R. T. Jenkins ei erthyglau cynnar yn ddwy gyfrol, *Ffrainc a'i Phobl* (1930) ac *Yr Apêl at Hanes* (1930); y mae ei *Hanes Cymru yn y Ddeunawfed Ganrif* (1928) a *Hanes Cymru yn y Bedwaredd Ganrif ar Bymtheg* (1933) yn nodedig ymysg gweithiau hanesyddol oherwydd sioncrwydd gafaelgar eu harddull. Yn ystod yr Ail Ryfel Byd teimlodd yn ddwys fod angen deunydd darllen i'r werin Gymraeg ac yn ogystal â llawer o erthyglau ysgafn ysgrifennodd storïau byrion a nofelig, *Ffynhonnau Elim* (1945), dan y ffugenw Idris Thomas. Ond pwysicach o lawer yw ei nofel hanesyddol fer *Orinda* (1943), un o glasuron bychain y nofel Gymraeg a seiliwyd ar hanes Katherine *Philips. Cyhoeddodd hefyd lyfr hyfryd i blant, *Y *Ffordd yng Nghymru* (1933), a chyfrol o ysgrifau, *Casglu Ffyrdd* (1956). Ef a fu'n bennaf gyfrifol am olygu *Y Bywgraffiadur Cymreig hyd 1940* (1953), a chyfrannodd dros chwe chant o gof-nodau iddo. Ysgrifennodd ar y cyd â Helen M. Ramage y gwaith ysgolheigaidd, *A History of the Honourable Society of Cymmrodorion* (1951). Yr oedd R. T. Jenkins yn gyfuniad o athro ysbrydoledig a llenor creadigol talentog, a fedrai wneud yr astrus yn eglur a'r diflas yn flasus. Yr oedd ganddo ddawn i bortreadu person a lle mewn ffordd fyw a chofiadwy ac arddull fywiog a llafar bron, sydd weithiau'n idiosyncratig ond bob amser yn gym-hellgar ddarllenadwy.

Ysgrifennodd R. T. Jenkins hunangofinat, *Edrych yn Ôl* (1968). Ceir manylion pellach yn y rhifyn coffa iddo o'r cylchgrawn *Y Traethodydd* (Ebrill, 1970); gweler hefyd yr ysgrif arno gan Prys Morgan yn *Triskel One* (gol. Sam Adams a Gwilym Rees Hughes, 1971), y gyfrol gan Alun Llywelyn-Williams yn y gyfres *Writers of Wales* (1977) a'r erthygl gan John Gwilym Jones yn *Swyddogaeth Beirniadaeth* (1977). Ceir nodyn coffa gan E. D. Jones yn *Nhrafodion* Anrhydeddus Gymdeithas y Cymmrodor-ion (rhan 2, 1970) a gwerthfawrogiad o'i waith gan Glanmor Williams yn *Taliesin* (cyf. XXI, 1970).

JENKINS, THOMAS (1774–1843), bardd. Fe'i ganed yn Llandeilo, Caerf., a threuliodd y rhan fwyaf o'i oes fel clerc i gyfreithiwr yng Nghaerfyrddin, ac yno y cynorthwyodd i drefnu Helyntion *Beca. Nid yw ei *Radicaliaeth wleidyddol yn amlwg ond mewn dwy o'i gerddi; y mae'r lleill yn ddigon crefftus ond yn gonfensiynol. Cyhoeddwyd ei unig gyfrol, *Miscellaneous Poems* (1845), wedi iddo farw. Cadwodd mab iddo, yntau'n **Thomas Jenkins** (1813–71), ddyddiadur rhwng 1826 ac 1870 sydd, er nad oes ansawdd lenyddol iddo, yn werthfawr am iddo gofnodi bywyd yn ardal Llandeilo ac amrywiaeth diddordebau'r awdur; fe'i cyhoeddwyd yn 1976.

JENKINS-JONES, ANEURIN (1925–81), awdur

plant. Fe'i ganed yn Llanfair Clydogau, Cer. Wedi graddio yng Ngholeg Dewi Sant, Llanbedr Pont Steffan, fe'i penodwyd i staff *Urdd Gobaith Cymru lle y bu'n cynorthwyo Syr Ifan ab Owen *Edwards i olygu *Cymru'r Plant* a gweithio gyda R. E. Griffith i gynllunio a golygu rhifyn cyntaf y cylchgrawn *Blodau'r Ffair*. Yn ystod y cyfnod hwn fe addasodd gyfieithiad I. D. *Hooson o gerdd Robert Browning 'The Pied Piper of Hamelin' yn ddrama ffantasi i'w pherfformio gan blant, sef *Y Fantell Fraith* (1950). Wedi treulio pum mlynedd ar staff yr Urdd bu'n athro ysgol yn Aberteifi ac Aberystwyth cyn ei benodi'n Ddarlithydd yng Ngholeg y Drindod, Caerfyrddin. Yn ystod y 1970au bu'n eithriadol o gynhyrchiol, gan lunio neu addasu tua deg a thrigain o storïau i blant ac un gyfrol i oedolion, *Ar y Rhiniog* (1974). Ymhlith ei gymwynasau mwyaf yr oedd creu storïau ar gyfer cyfresi megis *Cyfres y Frân Wen*, *Cyfres Stori a Chwedl* a *Chyfres Chwedl ac Odl*. Llwyddodd y cyfresi hyn a fewnforiwyd o'r Eidal i chwyddo'r deunydd storïol ar gyfer y plant lleiaf mewn cyfnod a fyddai fel arall wedi bod yn eithaf llwm o ran deunydd darllen rhad yn y Gymraeg. Defnyddiodd ei ddychymyg byw a'i sgiliau llenyddol i greu naratif llyfn a deialog fywiog ar ffurf rhyddiaith a phenillion. Bu'r un mor ddiwyd hefyd yn addasu gwaith a Brodyr Grimm, Lewis Carroll, Charles Perrault ac eraill. Erbyn 1980 yr oedd galw mawr am ei wasanaeth gan ei fod bellach yn feistr ar y grefft o addasu storïau ar gyfer y plant lleiaf, ond yn anffodus ni chafodd brofi ail ddegawd cynhyrchiol oherwydd ei farwolaeth gynamserol.

JÔB, JOHN THOMAS (1867–1938), bardd; fe'i ganed yn Llandybïe, Caerf., a chafodd ei addysgu yng Ngholeg Trefeca. Dechreuodd bregethu yn 1887 ac fe'i hordeiniwyd gan y Methodistiaid Calfinaidd yn 1894; bu'n weinidog yn Aberdâr, Bethesda ac Abergwaun. Enillodd *Gadair yr Eisteddfod Genedlaethol deirgwaith (1897, 1903 ac 1918) a'r *Goron unwaith (1900). Cyhoeddodd ddetholiad o'i gerddi dan y teitl *Caniadau Jôb* (1929). Ceir rhai o emynau J. T. Jôb, megis 'Cofia'r byd, O! Feddyg da', 'O! Arglwydd grasol, trugarha' ac 'Arglwydd nef a daear', mewn llyfrau emynau cyfoes.

John ap John (1625?–97), efengylydd cyntaf y Crynwyr yng Nghymru, a aned yn Nhrefor Isaf, Rhiwabon, Dinb. Annibynnwr ydoedd ac o 1646 hyd 1648 bu'n weinidog ym Miwmares, Môn. Daeth adref i ymuno â chynulliad Morgan *Llwyd yn Wrecsam ac yn 1653 anfonwyd ef i Swarthmore i gyfarfod â George Fox, a dod ag adroddiad yn ôl ar ei athrawiaethau. Dychwelodd i Gymru yn Grynwr o argyhoeddiad. Dechreuodd efengylu trwy sefydlu 'eglwys' yn Nhrefor ac wedyn proselyteiddio ar hyd y Gororau tua'r de. Fe'i disgrifir gan Richard *Davies o Gloddiau Cochion, y gŵr a gafodd dröedigaeth wrth wrando arno yn Amwythig Nadolig 1657, fel '*not perfect*' ei Saesneg, ond '*very sound*

and intelligible' yn Gymraeg – barn na wnâi gyfiawnder â'r cyffro a achoswyd gan ei bregethu awyr-agored yn llawer o siroedd Cymru. Fe'i carcharwyd yn aml, ond ar sawl achlysur cafodd ei ryddhau yn ganlyniad i ymresymu cytbwys George Fox, y gŵr a fu John ap John yn gydymaith iddo ar ei daith trwy Gymru yn 1657. O 1667 bu'n cadarnhau mudiad y Crynwyr, a pharhaodd yn ffyddlon trwy'r erlid cynyddol wedi 1681 pan ffodd llawer o Grynwyr i Bennsylvania.

Ceir manylion pellach yn *An Account of the Convincement, Exercises, Services and Travels of that Ancient Servant of the Lord Richard Davies* (1710), yn llyfr Norman Penney, *John ap John and Early Records of Friends in Wales* (1907), a G. F. Nuttall, *The Welsh Saints, 1640–1660* (1957).

John Ball, gweler o dan IN PARENTHESIS (1937).

John Eilian, gweler JONES, JOHN TUDOR (1904–85).

John Waleys neu **Johannes Wallensis**, gweler SIÔN O GYMRU (m. *c*.1285).

John, Augustus (1878–1961), arlunydd. Fe'i ganed yn Ninbych-y-pysgod, Penf., ond treuliodd y rhan fwyaf o'i oes y tu allan i Gymru, yn teithio lledled Ffrainc a'r Eidal ac yn ennill enw iddo'i hun fel arlunydd portreadau. Yr oedd ei fywyd bohemaidd yn rhan hanfodol o'i athrylith. Ef oedd yr un a gyflwynodd Dylan *Thomas i'w ddarpar wraig Caitlin Macnamara yn 1936; cafodd ei wawdio gan y bardd fel Hercules Jones yn *The Death of the King's Canary* (1976). Cyhoeddwyd dwy gyfrol o hunangofiant yr arlunydd, *Chiaroscuro* (1952) a *Finishing Touches* (1964). Yr oedd ei chwaer, **Gwen John** (1876–1939), hithau'n arlunydd o fri, ond bu fyw a marw mewn tlodi. O 1904 hyd ei farw yn 1917 yr oedd yn feistres y cerflunydd Auguste Rodin, y gŵr a'i hanogodd i beintio. Pan fu hi farw, dywedodd Augustus John na fyddai pobl yn cofio amdano ond fel brawd Gwen John.

Ysgrifennwyd cofiant safonol Augustus John gan Michael Holroyd (2 gyf., 1975) ac un Gwen John gan Susan Chitty (1981).

John, Edward Thomas (1857–1931), gwleidydd. Fe'i ganed ym Mhontypridd, Morg., a daeth yn berchennog ar weithfeydd haearn ym Middlesborough. Wedi iddo ymddeol ymroes i wleidydda a bu'n Aelod Seneddol Rhyddfrydol dros Ddwyrain Dinbych o 1910 hyd 1918. Trwy gydol ei yrfa wleidyddol bu'n selog dros hunanlywodraeth i Gymru (gweler o dan HOME RULE) a bu'n ddiwyd yn casglu ystadegau i gefnogi'r dadleuon economaidd. Yr oedd E. T. John yn gyfrannwr cyson i gyfnodolion megis Y *Beirniad a The *Welsh Outlook a bu'n Llywydd y Cymdeithasau Cymreig a'r Gymdeithas Heddwch o 1924 hyd 1927.

John, Goscombe (1860–1952), cerflunydd. Brodor o

Gaerdydd ydoedd, a daeth yn gerflunydd enwog iawn yn ei ddydd. Cynlluniodd fedalau i'r *Eisteddfod Genedlaethol a cherfiodd bortreadau o ddynion fel David *Lloyd George, Syr John *Williams a T. E. *Ellis. Ef a luniodd y gofeb i Evan *James a James James ym Mharc Ynysangharad, Pontypridd, y gwŷr a gyfansoddodd *'Hen Wlad fy Nhadau'.

JOHNES, ARTHUR JAMES (1809–71), awdur, o Arthmyl, Tfn. Fe'i haddysgwyd yn Ysgol Croesoswallt a Choleg y Brifysgol, Llundain, a galwyd ef i'r Bar o Lincoln's Inn yn 1835. Pan oedd yn ŵr ifanc bu'n weithgar iawn ar ran y diwylliant Cymreig ac ef oedd un o gefnogwyr y *Cambrian Quarterly Magazine* (1830–33); cyhoeddodd nifer o gyfieithiadau o gerddi *Dafydd ap Gwilym (1834). Pan oedd yn un ar hugain oed, pwysodd Thomas Richards, ficer Llangynyw, arno i ysgrifennu *An Essay on the Causes which have produced Dissent from the Established Church in the Principality of Wales* er mwyn cystadlu am fedal a gynigiwyd yn wobr gan Gymdeithas *Cymmrodorion Llundain yn 1831. Dyfarnodd y beirniad, William *Owen Pughe, y wobr iddo a chyhoeddodd y Gymdeithas yr ysgrif yn 1831. Yr oedd Johnes yn Eglwyswr ac yn wladgarwr ac yn gwrthwynebu *Datgysylltu'r Eglwys, ond ymosododd ar drefniadaeth estron na ddeallai gymeriad y Cymry, a benodai glerigwyr na allent siarad Cymraeg ac a anwybyddai glerigwyr absennol. Bu am rai blynyddoedd yn farnwr gyda'r Llys Sirol ac yn wrthwynebwr ffyrnig i uno esgobaethau *Llanelwy a *Bangor. Y mae ei ragair i'r trydydd argraffiad o'i lyfr (1870) yn ymwrthod â'r ddamcaniaeth gyfoes ynghylch israddoldeb y cenhedloedd Celtaidd.

Ceir detholiad o lythyrau Johnes wedi eu golygu gan Marian Henry Jones yng *Nghylchgrawn* Llyfrgell Genedlaethol Cymru (cyf. x, rhif. 3 a 4, 1958).

Johnes, Thomas (1748–1816), tirfeddiannwr. Fe'i ganed yn Llwydlo ac yn 1783 ymsefydlodd yn Hafod Uchtryd, plasty yng Nghwm Ystwyth, Cer. Am yr ugain mlynedd nesaf gwariodd ei ffortiwn ar weddnewid y tŷ ynghyd â'i stad a'i gwneud yn baradwys breifat. Cynlluniwyd gerddi godidog, plannwyd chwe miliwn o goed ac arbrofwyd gyda bridio gwartheg. Daeth yr Hafod yn gyrchfan i arlunwyr, llenorion ac amaethwyr o bob cwr o Ewrop. Ymhlith ei ymwelwyr yr oedd Coleridge ac y mae'n ddigon posibl mai'r lle hwn oedd gan y bardd hwnnw mewn golwg wrth ysgrifennu am Xanadu. Cedwid casgliad pwysig o lawysgrifau Cymraeg yn y llyfrgell, gan gynnwys amryw rai o eiddo Edward *Lhuyd, yn ogystal â llawysgrifau o groniclau Ffrangeg canoloesol, rhai ohonynt wedi eu cyfieithu gan Johnes a'u cyhoeddi yn ei wasg ei hun yn yr Hafod rhwng 1803 ac 1810. Pan gafodd y plas ei ddifrodi gan dân yn 1807 dinistriwyd y rhan fwyaf o'r llyfrau a'r llawysgrifau. Ailgododd y perchennog y tŷ ond sylweddolodd na allai adfer hen gyfaredd y lle megis cynt, ac ar ôl

marw ei unig blentyn, Mariamne, digalonnodd a rhoi'r gorau i'r ymdrech. Ar ôl iddo yntau farw gwerthwyd yr Hafod. Nid oes arlliw o'r tŷ, bellach: yn 1946 tynnwyd y to gan berchennog newydd a thorrwyd y coed a dymchwelwyd yr adfeilion yn 1962.

Daeth hanes yr Hafod yn fwy hysbys wedi cyhoeddi'r llyfr *Peacocks in Paradise* (1950) gan Elisabeth Inglis-Jones; gweler hefyd y gyfrol ar Thomas Johnes gan Dafydd Jenkins yn y gyfres *Gŵyl Dewi* (1948), a'r erthygl gan Bethan Phillips, 'Thomas Johnes and the Lost World of Hafod' yn *The New Welsh Review* (rhif. 19, cyf. v, Gaeaf 1992–93).

Johnnie Crack a **Flossie Snail**, y cymeriadau mewn cân i blant yn *Under Milk Wood* (1954) gan Dylan *Thomas: '[they] kept their baby in a milking-pail'.

JOHNS, DAVID (*fl.* 1573–87), copïydd, bardd ac ysgolhaig. Yr oedd yn frodor o ardal Tywyn, Meir., ac yn ficer Llanfair Dyffryn Clwyd., Dinb. Ysgrifennodd ychydig gywyddau a chyfieithodd rai o'r Salmau ar fesur *cywydd. Cyfieithodd i'r Lladin 'yr awdl fraith' (a briodolir i *Daliesin) a throsodd o'r Lladin i'r Gymraeg gerdd gan Sant Bernard a gweddi gan Sant Awstin. Yr oedd David Johns, fel eraill o'i gyfoedion yn Nyffryn Clwyd a'r cynffiniau, yn ymegnïo i gasglu a chopïo llawysgrifau Cymraeg, yn arbennig gweithiau *Beirdd yr Uchelwyr.

Ceir manylion pellach yn erthygl Garfield Hughes yng *Nghylchgrawn* Llyfrgell Genedlaethol Cymru (cyf. vi, 1950).

Johns, Thomas, gweler JONES, THOMAS (*c.*1530–1609).

JOHNSON, ARTHUR TYSSILIO (m. 1956), gweler o dan PERFIDIOUS WELSHMAN (1910).

JOHNSTON, DAFYDD (1955–), ysgolhaig, beirniad a chyfieithydd, a aned yn North Ferriby, swydd Efrog. Wedi iddo ennill gradd mewn Hen Saesneg, Norseg ac Astudiaethau Celtaidd ym Mhrifysgol Caergrawnt, gwnaeth waith ymchwil, yn bennaf ar y cywyddwyr, yng Ngholeg Prifysgol Cymru, Aberystwyth, ym Mhrifysgol Freiburg, ac yn y Sefydliad ar gyfer Astudiaeth Uwch yn Nulyn. O 1985 i 1995 bu'n gyntaf yn Ddarlithydd ac yna'n Uwch-ddarlithydd yn Adran y Gymraeg, Coleg y Brifysgol, Caerdydd. Yn 1995 fe'i penodwyd yn Athro'r Gymraeg ac yn Bennaeth yr Adran ym Mhrifysgol Cymru, Abertawe. Yn 1997 daeth yn gadeirydd Pwyllgor Llenyddiaeth *Cyngor Celfyddydau Cymru.

Y mae Dafydd Johnston yn adnabyddus yn bennaf am ei waith mewn tri maes arbennig: ei argraffiadau ysgolheigaidd o farddoniaeth Gymraeg yr Oesoedd Canol; ei drosiadau nodedig i'r Saesneg o'r farddoniaeth honno; a'i waith fel golygydd a beirniad ym maes llên Saesneg Cymru, lle y gwelir ei allu i ddangos dolennau cyswllt gwerthfawr rhwng dwy lenyddiaeth Cymru. Ganddo ef y cafwyd yr argraffiadau safonol *Gwaith* *Iolo Goch* (1988) a *Gwaith *Lewys Glyn Cothi* (1995), yn ogystal â *The Complete Poems of Idris *Davies* (1994), cyfrol sy'n gosod trefn ysgolheigaidd am y tro cyntaf ar waith un o'r prif lenorion *Eingl-Gymreig. Ceir arolwg hygyrch a chryno ganddo ar ddwy lenyddiaeth Cymru yn *A Pocket Guide: The Literature of Wales* (1994). Yn achos y ddwy gyfrol *Canu Maswedd yr Oesoedd Canol/Medieval Welsh Erotic Poetry* (1991) a *Galar y Beirdd/Poets' Grief: Medieval Welsh Elegies for Children* (1993) mentrodd gyhoeddi ar ei liwt ei hun, a llwyddo felly i ddod â rhai testunau a ddibrisiwyd i sylw corff o ddarllenwyr newydd. Dengys y fenter hon allu arbennig Dafydd Johnston i addasu ei sgiliau fel ysgolhaig at ddibenion newydd, cyfoes, a'i ddiddordeb ffrwythlon mewn archwilio'r cysylltiadau amlweddog a fu rhwng dwy lenyddiaeth Cymru. Cyhoeddwyd ei ddarlith ar y bardd amatur yng Nghymru'r Oesoedd Canol o dan y teitl *Canu ar ei Fwyd ei hun* (1997) a golygodd *A Guide to Welsh Literature* (cyf. VI, 1997).

Jonah Jarvis, y trydydd morwr a foddodd, yn *Under Milk Wood* (1954) gan Dylan *Thomas; gofyn ef i *Captain Cat, 'How's the tenors in Dowlais?'; aeth 'to a bad end, very enjoyable.'

JONES, ABEL (Y Bardd Crwst; 1829–1901), baledwr a brodor o Lanrwst, Dinb. Canai mewn llawer man trwy Gymru ond yr oedd yn arbennig o enwog yn ffeiriau Morgannwg a Gwent. Ef oedd yr olaf o'r cantorion baledi mawr ac fel llawer o'i fath diweddodd ei fywyd yn afradlon ac esgymun mewn tlody. Cyhoeddwyd detholiad o'i waith gan Tegwyn Jones yn 1989.

Am ragor o fanylion gweler *Abel Jones* (1989) gan Tegwyn Jones.

Jones, Adda, gweler EVANS, JOHN (1814–75).

JONES, ANGHARAD (1962–), nofelydd a bardd. Fe'i ganwyd yn Nolgellau, Meir., yn ferch i Gwyn Erfyl *Jones, a'i magu yn Nhrawsfynydd, Glanaman a Chaer-dydd. Addysgwyd hi yng Ngholeg Prifysgol Gogledd Cymru, Bangor. Ar ôl ymadael â'r coleg, cafodd swydd gyda Radio Cymru, a bu hefyd am ysbaid yn aelod o staff y Coleg Normal, Bangor. Er 1985 bu'n sgriptio rhaglenni teledu; hi oedd un o sgriptwyr y gyfres boblogaidd *Pengelli* (Ffilmiau'r Nant). Yn 1996 penodwyd hi yn Gomisiynydd Drama S4C. Daeth yn hysbys fel llenor yn 1984 pan enillodd Goron Eisteddfod Genedlaethol yr *Urdd am nofelig. Yn 1990 cyhoeddodd y gyfrol *Datod Gwlwm*, casgliad o straeon byrion a cherddi. Yna, yn 1995, enillodd ei nofel *Y Dylluan Wen* y *Fedal Rydd-iaith yn yr Eisteddfod Genedlaethol. Nodweddir ei ffuglen gan rediad stori cryf, deialog fywiog a chredadwy ac ymwybyddiaeth gyfoes o broblemau emosiynol a phriodasol. O safbwynt y ferch yr edrychir ar y prob-lemau hyn gan amlaf, ac y mae naws ffeminyddol i amryw o'i gweithiau. Yn straeon *Datod Gwlwm* tueddir

i bortreadu'r wraig briod a'r ferch ifanc fel aberth ddiamddiffyn i anghyfrifoldeb gwrywaidd, ond yn *Y Dylluan Wen* defnyddir elfennau o stori *Blodeuwedd o *Pedair Cainc y Mabinogi* i greu portread o arwres gyfoes sy'n ymddialydd yn erbyn gormes dynion. Y mae ei harddull lithrig, fywiog, a'r hiwmor du sy'n nodweddu ei gwaith diweddaraf yn gwneud ei ffuglen yn ddarllenadwy iawn. Rhoddir tro newydd ac annisgwyl i ddelwedddau'r *Mabinogi*, megis Blodeuwedd a *Branwen, yn amryw o'i cherddi hefyd. Yn ei barddoniaeth, gwneir defnydd helaeth o'r odl ac o fesurau traddodiadol a canu rhydd i greu cerddi bachog a thrawiadol ar rwystredig-aethau cyfoes.

JONES, ALICE GRAY (Ceridwen Peris; 1852–1943), awdures a golygydd a aned yn Llanllyfni, Caern. Fel plentyn yn Llanberis, daeth dan ddylanwad gweinidog y teulu, sef John *Roberts (Ieuan Gwyllt). Cyn ei phriodas i'r Parchedig William Jones yn 1881, gweithiodd fel prifathrawes Ysgol Dolbadarn. Ar ôl ei phriodas, daeth yn arweinydd y *Gobeithlu lleol. Yr oedd ymhlith syl-faenwyr Undeb *Dirwestol Merched Gogledd Cymru ac fe'i hapwyntiwyd yn drefnydd yr Undeb yn 1895. Dan yr enw Ceridwen Peris, ysgrifennodd nifer o wers-lyfrau *Ysgol Sul, traethodau dirwestol a chyfieithiad Cymraeg o ddrama wladgarol Alice Williams, *Britania*. Yn 1934, cyhoeddwyd cyfrol o'i barddoniaeth, *Caniadau Ceridwen Peris*. Cyfrannodd yn gyson i Y *Frythones ac yn 1896, ymgymerodd â'r gwaith o olygu cylchgrawn newydd i ferched, Y *Gymraes*.

JONES, ALUN (1946–), nofelydd. Fe'i ganed yn Nhrefor, Caern., ac er 1970 y mae'n cadw siop lyfrau ym Mhwllheli. Ysgrifennodd bum nofel, sef *Ac Yna Clywodd Sŵn y Môr* (1979), *Pan Ddaw'r Machlud* (1981), *Oed Rhyw Addewid* (1983), *Plentyn y Bwtias* (1989) a *Simdde yn y Gwyll* (1992). Enillodd ei nofel gyntaf Wobr Goffa Daniel *Owen yn yr Eisteddfod Genedlaethol yn 1978.

JONES, ALUN JEREMIAH (Alun Cilie; 1897–1975), bardd, cyw olaf teulu'r *Cilie. Yn y fferm honno yn ne Ceredigion y treuliodd ei oes yn ffermio a bardd-oni, wedi i'w frodyr adael cartref, yn ôl yr arfer yng Ngheredigion a Phenfro. Cafodd ei addysg farddol ar yr aelwyd ac ysgrifennodd englynion, cywyddau a thelyn-egion, yn croniclo hynt y tymhorau ar y fferm a helynt y gymdeithas leol. Cofnodai'n hiraethus y gymdeithas lawen a wybu gynt ar glos a maes. Yn ei dro denodd yntau i'r Cilie gymdeithas o feirdd iau o blith y teulu a thu allan iddo, y ffermwr ifanc Dic Jones (Richard Lewis *Jones) yn eu mysg. Tua diwedd ei oes cyhoedd-odd *Cerddi Alun Cilie* (1964) a gadarnhaodd ei enw fel *bardd gwlad. Ei gymydog, T. Llew *Jones, gŵr ei nith, a gasglodd *Cerddi Pentalar* (1976) wedi ei farw.

Ceir nodyn ar Alun Cilie fel bardd gwlad gan John Rowlands yn *Profiles* (1980).

Jones, Ann (1863–1933), gweler o dan AFTER THE FUNERAL (1938) a FERN HILL (1945).

JONES, ARTHUR (Arthur Machen; 1863–1947), llenor a aned yng Nghaerllion, Myn. Ychwanegodd ei dad, clerigwr tlawd, gyfenw ei wraig at ei Jones ef ac aeth y bachgen i ysgol Eglwys Gadeiriol Henffordd fel Arthur Jones-Machen, ond yn ddiweddarach hepgorodd y Jones. Methodd â chael hyfforddiant prifysgol, a oedd yn angenrheidiol er mwyn cael mynediad i urddau Anglicanaidd, oherwydd methdaliad ei dad; aeth i Lundain i ddysgu llaw-fer gan obeithio cael gyrfa mewn newyddiaduraeth. Prin y medrai ei gynnal ei hun yno gyda nifer o fân swyddi. Ysgrifennodd *The Anatomy of Tobacco* (1884), gwaith ystrydebol ysgolheigaidd a oedd â digon o addewid ynddo, er ei anaeddfedrwydd, i berswadio cyhoeddwr i'w gyflogi i gyfieithu o'r Ffrangeg *The Heptameron* (1886). O ganlyniad i'r llwyddiant cynnar hwn ysgogwyd Machen i geisio cyfieithu *The Memoirs of Jacques Casanova* (1894) a gydnabyddir o hyd fel un o'r goreuon. Honnai fod ei waith gwreiddiol cyntaf o bwys, *The Chronicle of Clemendy* (1888), hefyd yn gyfieithiad.

Priododd Machen ag Amelia Hogg yn 1887 ac ymsefydlu gyntaf mewn llety tlodaidd yn Soho, ond gyda chymorth cymynrodd fechan, a chynnydd yn ei enillion o newyddiaduraeth lenyddol, symudasant i fyw i fwthyn yn y Chilterns. Yn ystod y 1890au daeth dan nifer o ddylanwadau – tirwedd ei annwyl Went, darllen gwaith Poe, Stevenson a dehonglwyr eraill y gothig a'r anllad, ei astudiaeth drwyadl o Thomas *Vaughan (gefell y bardd Henry *Vaughan), ei gyfeillgarwch ag A. E. Waite, awdurdod ar yr ocwlt, ei ddiddordeb yn y Chwedl Arthuraidd a chrefyddau Celtaidd a chyn-Gristnogol – ac ysgogodd hyn ffrwd hynod o straeon am y goruwchnaturiol. Ond ychydig o'r rhain, megis *The Great God Pan* (1894), a ymddangosodd ar y pryd. Cyhoeddwyd eraill yn ddiweddarach o lawer mewn casgliadau megis *The House of Souls* (1906) ac y mae stori-deitl *The Shining Pyramid* (1925), a ysgrifennwyd yn 1895, yn gampwaith o'r *genre*. Perthyn ei nofel *The Hill of Dreams* (1907) yn yr un modd i'r cyfnod hwn.

Wedi marw ei wraig yn 1899, dioddefodd Machen argyfwng emosiynol ond erbyn 1901 yr oedd yn barod i ddechrau bywyd newydd fel actor gyda chwmni teithiol F. R. Benson. Priododd â'r actores Purefoy Hudleston yn 1903. Er iddo gyhoeddi nifer o lyfrau yn ystod ei yrfa yn y theatr, yr unig waith newydd o sylwedd oedd y nofel *The Secret Glory* (1922), ailwead hynod o *Chwedlau'r Greal, a'r prif gymeriad, Ambrose Meyrick, fel Lucian Taylor yn *The Hill of Dreams*, wedi ei seilio yn bendant ar fywyd a chymeriad yr awdur ei hun. Gadawodd Machen fywyd y theatr yn 1909 a'r flwyddyn ganlynol ymunodd â staff y *London Evening News*. Nid oedd trefn ddyddiol newyddiaduraeth wrth fodd ei galon ond ymddangosodd ei gynnyrch llenyddol

i gyd yn y cyfnod o 1910 hyd 1921 ar ffurf cyfres yn y papur hwnnw. Apeliodd '*The Bowmen*', stori lle y gwelir rhith o fyddin yn ymladd wrth ochr y Prydeinwyr yn ffosydd Mons, gymaint at y dychymyg poblogaidd fel y denwyd ef i gynhyrchu fersiwn ar ôl fersiwn, gwannach, wannach, ar yr un thema (gweler o dan SAETHYDDION AGINCOURT). Tynnu ar chwedl y Greal unwaith eto a wna *The Great Return* (1915), nofelig afaelgar a leolir yn y Gymru wledig, fel y mwyafrif o'i ffuglen. Y mae *The Terror* (1917) yn rhagweld storïau diweddarach, lled-wyddonol, am anifeiliaid yn cynllwynio i ddinistrio dynolryw.

Pan adawodd y papur newydd yr oedd ei enwogrwydd fel llenor ar ei anterth ac yr oedd eisoes yn ffigwrcwlt yn America. Fel ysgrifennwr hunangofiannol, yn enwedig yn *Far Off Things* (1922), y mae'n ddieithriad yn gain ac yn swynol, er yn wasgaredig a chrwydrol, ac fel ysgrifydd, er enghraifft yn *Dreads and Drolls* (1926), er ei fod yn anwastad, nodweddir ei waith gan arddull bersonol, ddeniadol a swynol. Ymgartrefodd gyda'i wraig yn Amersham, swydd Buckingham, yn 1929, gan barhau yn weithgar fel darllenydd i gyhoeddwyr ac adolygydd, ond ysgrifennwyd y rhan fwyaf o'r straeon yn y tri chasgliad a gyhoeddwyd yn y 1930au, *The Green Round* (1933), *The Cosy Room* (1936) a *The Children of the Pool* (1936), rai blynyddoedd ynghynt. Y mae'r storïau hyn yn datgelu mai cryfder Machen oedd ei allu i oleuo o fewn cwmpas cyfyng y stori fer eiliad o arswyd neu weledigaeth o ogoniant. Ni wnaeth fawr o arian o'i ysgrifennu ac er iddo dderbyn pensiwn y Rhestr Sifil yn 1932, haelioni ei gyfeillion a'i cynhaliodd yn ystod ei flynyddoedd olaf. Yn ddiweddar daeth yn ffigur ffasiynol, a denir aelodau o sawl gwlad gan Gymdeithas Arthur Machen.

Ymhlith y cofiannau ac astudiaethau beirniadol ar Arthur Machen y mae rhai Vincent Starrett (1918), Aidan Reynolds a William Charlton (1936), Wesley D. Sweetser (1964), cyfrol gan D. P. M. Michael yn y gyfres *Writers of Wales* (1971) a chyfrol Mark Valentine (1995); golygwyd llyfryddiaeth o weithiau'r awdur gan W. D. Sweetser ac A. Goldstone (1965).

JONES, BEDWYR LEWIS (1933–92), ysgolhaig a beirniad, a aned yn Wrecsam, Dinb., ond a fagwyd yn Llaneilian, Môn. Fe'i haddysgwyd yng Ngholeg Prifysgol Gogledd Cymru, Bangor, a Choleg Iesu, Rhydychen. Pan oedd yn fyfyriwr bu'n un o olygyddion (1957–60) y cylchgrawn *Yr *Arloeswr*. Cafodd ei benodi'n Athro'r Gymraeg ym Mangor yn 1974. Cyhoeddodd *Yr Hen Bersoniaid Llengar* (1963), cyfrol ar R. Williams *Parry yn y gyfres *Writers of Wales* (1972), *Arthur y Cymry / The Welsh Arthur* (1975), *Iaith Sir Fôn* (1983), *Blas ar Iaith Llŷn ac Eifionydd* (1987), *Enwau* (1991) ac *Yn ei Elfen* (1992). Ef hefyd a olygodd *Blodeugerdd o'r Bedwaredd Ganrif ar Bymtheg* (1965), *Rhyddiaith R. Williams Parry* (1974), *Gwŷr Môn* (1979) a *Bro'r Eisteddfod: Ynys Môn* (ar y cyd â Derec Llwyd *Morgan, 1983). Ar ôl iddo farw cyhoeddwyd y gyfrol yn y gyfres *Dawn Dweud*, R. *Williams Parry* (1997), wedi'i olygu a'i gwblhau gan ★Gwyn Thomas (1936–).

Am ragor o fanylion gweler y teyrngedau gan Gwyn Thomas, Alwyn Roberts ac eraill yn *Taliesin* (cyf. LXXVIII/LXXIX, 1992–93).

Jones, Bobi, gweler JONES, ROBERT MAYNARD (1929–).

JONES, CYRIL (1947–), bardd caeth a rhydd. Fe'i ganed ym mhentref Cross Inn ger Llannon, Cer., ond ei fagu ym Mhennant, Cer., a'i addysgu yng Ngholeg y Drindod, Caerfyrddin, a Choleg Prifysgol Gogledd Cymru, Bangor. Bu'n athro am flynyddoedd yn Aberystwyth a Machynlleth, ond y mae bellach yn diwtordrefnydd gyda Chymdeithas Addysg y Gweithwyr ym Maldwyn a Meirion, ac yn byw yn Nhregynon, ger y Drenewydd, Tfn. Daeth i amlygrwydd yn 1992 pan enillodd y ★Goron yn yr Eisteddfod Genedlaethol gyda'r dilyniant o gerddi 'Cyfannu', cerddi mewn *vers libre* a seiliwyd i raddau ar ymweliad â Kenya. Yn y cerddi disgybledig hynny, gwna ddefnydd darbodus ac artistig o dafodiaith Ceredigion. Yn 1993 cymerodd ran gyda Menna ★Elfyn, Ifor ★ap Glyn ac Elinor Wyn Reynolds (1970–) yn y sioe farddol *Dal Clêr*, ac ymddangosodd detholiad o'i gerddi yn y gyfrol a gyhoeddwyd i gyd-fynd â'r daith honno. Rhwng 1978 a 1984, ef oedd golygydd *Y Blewyn Glas*, ★papur bro ardal Bro Ddyfi; ef hefyd a olygodd *Blodeugerdd Bro Ddyfi* (1985), ac a ysgrifennodd *Calon Blwm* (1994), portread o hen ardal mwyngloddio Dylife ym Maldwyn.

JONES, DAFYDD (1711–77), emynydd. Ganed ef yng Nghwmgogerddan, Caeo, Caerf. Porthmon ydoedd wrth ei alwedigaeth a chafodd dröedigaeth yn ystod gwasanaeth yn nhŷ-cwrdd Troedrhiwdalar wrth ddychwelyd adref o Loegr un tro. Ymunodd ag eglwys Annibynnol Crug-y-bar, gerllaw ei gartref, a bu'n aelod yno ar hyd ei oes. Yr oedd i Dafydd Jones o Gaeo, fel yr adwaenid ef, enw fel prydydd cyn ei dröedigaeth, a chynhwysodd William ★Williams (Pantycelyn) un o'i emynau yn y gyfrol *Aleluia* (1747). Ond ei waith pwysicaf oedd trosi i'r Gymraeg emynau a salmau Isaac Watts a gyhoeddwyd mewn tair cyfrol, sef *Salmau Dafydd* (1753), *Caniadau Dwyfol* (1771) a *Hymnau a Chaniadau Ysprydol* (1775). Ymddangosodd casgliad o'i emynau ef ei hunan o dan y teitl *Difyrrwch i'r Pererinion* (3 cyf., 1763, 1764, 1770). Er mai ychydig o addysg ffurfiol a gafodd, llwyddodd Dafydd Jones i drosi Saesneg clasurol Isaac Watts i Gymraeg rhywiog a chanadwy. Y mae ei drosiadau, a'i emynau megis 'Pererin wy'n y byd', 'Wele cawsom y Meseia' ac 'O Arglwydd, galw eto', yn dal mewn bri.

Ysgrifennwyd astudiaeth o'i fywyd a'i waith gan Gomer M. Roberts (1948); ceir detholiad o'i emynau yn *Pedwar Emynydd* (gol. Bobi Jones, 1970).

JONES, DAFYDD (Dewi Dywyll, Deio'r Cantwr, Dewi Medi; 1803–68), baledwr dall o Lanybydder, Caerf. Yr oedd yn adnabyddus am ei ganu ledled de Cymru ac yn awdur tua deg a thrigain o faledi.

JONES, DAFYDD (Isfoel; 1881–1968), bardd ac aelod o deulu'r ★Cilie. Gof a ffermwr o ★fardd gwlad ydoedd, un crefftus yn y mesurau caeth a rhydd a dawn arbennig ganddo i lunio englynion digrif. Cyhoeddwyd tair cyfrol o'i waith, sef *Cerddi Isfoel* (1958), *Ail Gerddi Isfoel* (1965) a *Cyfoeth Awen Isfoel* (gol. T. Llew ★Jones, 1981), ynghyd â chasgliad o ysgrifau atgofus o dan y teitl *Hen Ŷd y Wlad* (1966).

JONES, DAFYDD (1907–91), bardd a brodor o Ffairrhos, Cer., pentref a lysenwyd yn 'bentre'r beirdd', gan fod cymaint o feirdd gwlad wedi eu magu yn yr ardal. Bu'n fugail cyn troi'n swyddog gyda'r Weinyddiaeth Amaeth. Enillodd ★Goron yr Eisteddfod Genedlaethol yn 1966 am ei bryddest 'Y Clawdd' ond dichon mai fel telynegwr y ceid ef ar ei orau. Cyhoeddodd un gyfrol yn unig, sef *Yr Arloeswr* (1965).

JONES, DAFYDD GLYN (1941–), beirniad llenyddol a geiriadurwr. Ganed a maged yng Ngharmel, Caern. Fe'i haddysgwyd yng Ngholeg Prifysgol Gogledd Cymru, Bangor a Choleg Linacre, Rhydychen. Yn 1966 penodwyd ef ar staff yr Adran Gymraeg, Coleg Prifysgol Gogledd Cymru, Bangor. Y mae'n ysgolhaig a beirniad llenyddol o'r radd flaenaf, fel y dengys ei erthyglau ar amrywiaeth helaeth o bynciau, ond yn enwedig ar y ddrama fodern a gwaith Saunders ★Lewis, mewn amryw gylchgronau. Y mae wedi cyhoeddi *Gwlad y Brutiau* (1991) a *Cyfrinach Ynys Brydain* (1992) sy'n ymwneud â'r syniad o 'Brydain' yn hanes a llenyddiaeth y Cymry. Gyda J. Ellis Jones y mae wedi golygu *Cyfres Cwmpas* sy'n cynnwys *Ble mae Ewrop?* (1976), *Llwyfannau* (1981) a *Bosworth a'r Tuduriaid* (1985). Ef a W. Gareth Jones yw golygyddion y gyfres *Y ★Meddwl Modern*. Yn 1995 cyhoeddwyd ★*Geiriadur yr Academi: The Welsh Academy English-Welsh Dictionary* a olygwyd gan Bruce ★Griffiths a Dafydd Glyn Jones yn olygydd cyswllt; ystyrir hwn yn gampwaith gorchestol.

Jones, Daniel (1912–93), cyfansoddwr a fagwyd yn Abertawe, lle yr oedd ei gyfeillion yn cynnwys y paentiwr Alfred Janes a'r beirdd Vernon ★Watkins a Dylan ★Thomas, a ddisgrifiodd eu cyfarfyddiad cyntaf mewn stori fer o'r enw 'The Fight'. Ar ôl astudio Saesneg yng Ngholeg y Brifysgol Abertawe, astudiodd gerddoriaeth yn yr Academi Frenhinol yn Llundain. Yr oedd yn gyfansoddwr toreithiog ac ysgrifennodd dair symffoni ar ddeg, gan gynnwys Symffoni Rhif 4 er cof am Dylan Thomas, un o'i weithiau gorau, ynghyd â cherddoriaeth siambr a gweithiau corawl. Disgrifir ei gysylltiad hir â Dylan Thomas yn ei gofiant, *My Friend Dylan Thomas* (1977).

JONES, DAVID neu **DAFYDD** (1703–85), bardd, casglwr llawysgrifau, argraffydd a chyhoeddwr. Gwerinwr diwyd, diymhongar a thrallodus ydoedd, yn byw mewn tlodi affwysol yn nhyddyn Tan-yr-yw yn Nhrefriw, Caern., lle y magodd ef a'i wraig dyaid o blant. Fel llawer o wŷr pruddglwyfus y ddeunawfed ganrif, yr oedd yn dra egnïol, yn enwedig fel casglwr llawysgrifau a chyhoeddwr llyfrau Cymraeg; fe'i galwai ei hun yn 'fyfyriwr ar hen bethau' a gellir ei ystyried ar lawer ystyr yn etifedd yr hen ddysg farddol. Ac yntau'n perthyn i Thomas *Wiliems o Drefriw ac yn nai i Siôn Dafydd Las (John *Davies), yr olaf o'r hen feirdd teulu traddodiadol, ymhyfrydai yn nhreftadaeth lenyddol y genedl. Treuliodd ran helaeth o'i oes yn copïo barddoniaeth mewn llawysgrifen ryfeddol o daclus ac yr oedd ei gasgliad o lawysgrifau a gramadegau yn tynnu dŵr o ddannedd *Morrisiaid Môn. Honnodd ei gyfaill Ieuan Fardd (Evan *Evans) fod ganddo fwy o wybodaeth am y Gymraeg 'na nemmor o'i radd a'i alwad', ac y mae Llsgr. Caerdydd 84 – ei gasgliad mwyaf o farddoniaeth gynganeddol – yn dyst i'w ddiwydrwydd. Enillodd glod am olygu a chyhoeddi *Blodeu-gerdd Cymry, sef Casgliad o Caniadau Cymreig, gan amryw Awdwyr o'r oes Ddiwaethaf* (1759), cyfrol y rhwydwyd 738 o danysgrifwyr iddi, a bu darllen helaeth hefyd ar *Egluryn Rhyfedd* (1750) a *Cydymaith Diddan* (1766), dau gasgliad o farddoniaeth a rhyddiaith. Llafuriodd Dafydd Jones yn ddiarbed i sicrhau bod gan werin-bobl ddeunydd darllen difyr yn eu mamiaith ac yn 1776, ac yntau erbyn hynny dros ei ddeg a thrigain oed, llwyddodd i wireddu ei freuddwyd o brynu a sefydlu argraffwasg yn Nhrefriw. Er bod cynnyrch ei wasg yn bur ddiraen, ef oedd y Cymro cyntaf yng Ngwynedd i lwyddo fel argraffwr a chyhoeddwr. Manteisiodd ar y cyfle i ddarparu lliaws o faledi diddan a chanadwy ar gyfer 'pobl wladaidd ddiniwed'. Er bod rhai llenorion uchel-ael yr oes wedi cyfeirio'n ddirmygus ato fel 'Dewi Fardd y Blawd' ac fel '*bumpkin*', bu'n gymwynaswr o bwys yn ei ddydd.

Ceir manylion pellach yn O. Gaianydd Williams, *Dafydd Jones o Drefriw (1708–1785)* (1907) a Geraint H. Jenkins, '"Dyn Glew Iawn": Dafydd Jones o Drefriw, 1703–1785', yn *Nhrafodion Cymdeithas Hanes Sir Gaernarfon* (1986).

JONES, DAVID (1895–1974), llenor ac artist. Fe'i ganed yn Brockley, swydd Gaint. Goruchwyliwr mewn argraffdy oedd ei dad, a adawodd Dreffynnon, Ffl., i fynd i Lundain tua 1885. Saesnes oedd ei fam, merch i wneuthurwr mastiau a blociau ar lannau afon Tafwys. Ychydig o addysg ffurfiol a gafodd ond anogwyd ei gariad tuag at gelf, a oedd wedi ei sefydlu yn gadarn erbyn iddo gyrraedd ei chwech oed, a mynychodd Ysgol Gelf Camberwell rhwng 1909 ac 1914 ac Ysgol Gelf Westminster yn 1919. Yn ystod y Rhyfel Byd Cyntaf (Rhag. 1915–Mawrth 1918) gwasanaethodd fel preifat gyda'r Ffiwsiwyr Brenhinol Cymreig ar y Ffrynt Orllewinol. Bu'r profiad hwn yn ddylanwad wedyn ar ei holl waith, un ai yn uniongyrchol neu yn anuniongyrchol, ond sefydlwyd canolbwynt ei fywyd a'i gelfyddyd pan dderbyniwyd ef i Eglwys Rufain yn 1921. Yn ystod yr un flwyddyn cyfarfu â'r artist o Sais Eric Gill (1882–1940), ymunodd â'i gymuned yn Ditchling, swydd Sussex, yn 1922 a threuliodd gyfnodau maith yng *Nghapel-y-ffin, yn y Mynydd Du, Brych., yng nghanol y 1920au. Yr oedd gan David Jones ymwybyddiaeth gref o'i Gymreictod er pan oedd yn blentyn a dwysawyd yn awr ei weledigaeth o dirwedd a diwylliant Cymru. Ar yr un pryd bu'r profiad o weithio mewn cymuned a oedd wedi ymrwymo i fyw bywyd cyfan trwy grefydd a chelf yn gymorth i ddatblygu ei gelfyddyd a'i syniadau ef ei hun. Yr oedd diwedd y 1920au a dechrau'r 1930au yn gyfnod hynod greadigol iddo ac yr oedd bellach – o safbwynt cyfeillgarwch ac egni deallusol – yn rhan o gylch o Babyddion a oedd yn canolbwyntio eu trafodaethau eang ynghylch crefydd, celf a hanes ar y broblem o ddiffinio a gweithredu eu syniadau am drefn Gristnogol yn y byd modern.

Yr oedd David Jones yn feistr ar sawl celfyddyd, yn arbennig arlunio dyfrlliw, ysgythru pren ac yn ddiweddarach ceinlythrennu; sefydlwyd ei enw fel arlunydd ac ysgythrwr cyn cyhoeddi ei waith ysgrifenedig cyntaf, *In Parenthesis* (1937). Dechreuodd ar y gwaith yn 1927 a chwblhawyd y rhan fwyaf ohono erbyn 1933 pan gafodd ei daro am y tro cyntaf gan afiechyd a oedd i ddychwelyd i'w flino yn ysbeidiol am weddill ei oes. Yn 1934 bu ar ymweliad â Phalestina er mwyn gwella ei iechyd a thynnodd ar ei argraffiadau flynyddoedd yn ddiweddarach yn ei weithiau yn ymwneud â Chaersalem yng nghyfnod y Rhufeiniaid. Er i afiechyd ei lesteirio ar brydiau, parhaodd David Jones gyda'i waith creadigol hyd ei farwolaeth, gan ganolbwyntio yn bennaf ar ei ysgrifennu ar ôl cyhoeddi *In Parenthesis*, er bod ei lythrennu a rhai o'i ddarluniau gorau yn perthyn i'w flynyddoedd olaf. Ymgartrefodd yn nhŷ ei rieni yn Brockley hyd farwolaeth ei fam yn 1937, ac yna symudodd i Notting Hill, ac yn ddiweddarach i Harrow-on-the-Hill, lle y bu'n byw mewn llety, wedi ei amgylchynu â'i ddarluniau a'i lyfrau. Gyda'r gwyleidd-dra a oedd yn nodweddiadol ohono byddai'n gwadu bob amser ei fod yn tueddu at ysgolheictod, ond mewn gwirionedd yr oedd yn ysgolor-fardd a chafodd lawer o'i ddeunydd o'i ddarllen mewn pynciau fel archaeoleg, hanes, chwedloniaeth ac anthropoleg. Ni phriododd, ond oherwydd ei ddawn i wneud ffrindiau ni fu'n feudwy o fath yn y byd.

Dilynwyd cerdd hir David Jones, *The *Anathémata* (1952), gan *Epoch and Artist* (1959), cyfrol o ysgrifau a'u testunau yn cynnwys Cymru a *'Mater Prydain', celf ac arlunwyr, a'i thema unol yw cyfyng-gyngor Dyn-yr-artist (cyfystyr â Dyn yn athroniaeth David Jones) mewn gwareiddiad a oedd yn elyniaethus i arwyddion a sacramentau. Cyhoeddwyd *The Sleeping Lord* yn 1974, *The Kensington Mass* yn 1975 a *The Dying Gaul*, casgliad o ysgrifau sy'n parhau themâu *Epoch and Artist* ac sy'n cynnwys ei ysgrif orau, o bosibl, '*An Introduction to The Rime of the Ancient Mariner*', yn 1978. Cyhoeddwyd y gyfrol *The Roman Quarry* (1981) a nifer mawr o law-ysgrifau a gasglwyd wedi marwolaeth yr awdur. Y mae ei lythyrau at ffrindiau megis René Hague a gyhoeddwyd yn *Dai Great-coat* (1980), Saunders *Lewis, Vernon *Watkins (1976) ac Aneirin Talfan *Davies (1980), yn enghraifft o ffurf arall y llwyddodd i'w bywiogi gyda'i bersonoliaeth anghyffredin.

Yn ei ddefnydd o ffurfiau modern, ynghyd â'i ymdeimlad o hanes a myth, y mae gwaith David Jones yn ymdebygu i waith Eliot, Joyce a Pound; ond datblygiad annibynnol ydoedd i raddau helaeth iawn a Gerard Manley *Hopkins yw'r unig un y gellir yn deg ei enwi fel dylanwad posibl ar ei wead a'i gerddoriaeth eiriol. Yr oedd ei Foderniaeth wedi ei chysegru i gadarnhau credoau a oedd yn ei farn ef yn dragwyddol wir. Ceisiodd briodi ffurf a chynnwys yn ei holl waith a'r llinyn cyswllt yn ei gerddi hir yw'r isadeiladwaith o strwythur chwedlonol, cyfuniad o farddoniaeth a rhyddiaith, a phatrymu cymhleth seiniau a motiffau. Y mae ei iaith yn amrywio yn eang o'r dafodieithol i'r dechnegol ac y mae ar yr un pryd yn gywir, yn gyfoethog synhwyrus a chyfeiriadol; adleisia gysylltiadau traddodiadol o fewn cyd-destun diwylliannol ac y mae'n ei hatgyfnerthu trwy gynnwys geiriau Cymraeg a Lladin. Er bod y cyfeirio yma, ynghyd â'i ddefnydd o ffynonellau a fu unwaith yn eglur ond sydd erbyn hyn yn anhysbys, fel 'Mater Prydain', yn creu problemau i ddechrau, yn y pen draw y mae'n adfer ystyron ac yn adfywio symbolau a gollwyd bron trwy golli cysylltiad parhaol â'r gorffennol. Y mae ei waith yn anad dim yn coffáu, yn galw i gof a moli llunwyr ac arwyr yr amrywiaeth diwylliannol sydd yn yr ynysoedd hyn. Y mae mewn ffordd arbennig yn nodweddiadol *Eingl-Gymreig, yn mynegi a myfyrio yn ddwfn ar gysylltiadau hanesyddol a thyndra ei etifeddiaeth ddeuol fel un o *Gymry Llundain. Yr oedd ganddo weledigaeth unol o'r Greadigaeth ac o Ddyn fel crëwr, ond hefyd yr oedd ganddo ymwybyddiaeth lem o argyfwng diwylliannol ac ysbrydol yn y byd modern, a achoswyd gan rymoedd sydd yn canoli ac yn bydoli, ac a grisialwyd yn y broses o Seisnigeiddio Cymru. Fel meddyliwr gwnaeth gyfraniad unigryw i draddodiad o ymboeni ynghylch argyfwng Dyn mewn gwareiddiad technegol, traddodiad a hanoedd o Blake, trwy Ruskin, William Morris ac Eric Gill.

Trafodir David Jones fel artist ac awdur mewn astudiaeth gan David Blamires (1971) ac mewn casgliad o ysgrifau a olygwyd gan Roland Mathias (1976). Ysgrifennodd René Hague ar David Jones yn y gyfres *Writers of Wales* (1975) a hefyd yn *A Commentary on 'The Anathémata' of David Jones* (1977). Astudiaethau pwysig yw Neil Corcoran, *The Song of Deeds: A Study of the Anathémata of David Jones* (1982), Thomas Dilworth, *The Shape of Meaning in the Poetry of David Jones* (1988), John Mathias (gol.), *David Jones: Man and Poet* (1989), Kathleen Henderson Staudt, *At the Turn of a Civilization: David Jones and*

Modern Poetics (1994), a Jonathan Miles a Derek Shiel, *David Jones: The Maker Unmade* (1995). Gweler hefyd y traethawd hir ar ei ysgrifennu gan Jeremy Hooker (1975) a'r rhifynnau arbennig ar David Jones yn y cylchgrawn *Poetry Wales* (cyf. VIII, rhif. 3, 1972) ac *Agenda* (Gwanwyn–Haf, 1967 ac 1974). Ceir llyfryddiaeth lawn yn John Harris, *A Bibliographical Guide to Twenty-four Modern Anglo-Welsh Writers* (1994).

JONES, DAVID JAMES (Gwenallt; 1899–1968), bardd ac ysgolhaig. Fe'i ganed ym Mhontardawe, ond symudodd y teulu yn fuan wedi i bentref Yr Allt-wen cyfagos, yng Nghwm Tawe. Ceir darlun byw o'i blentyndod a'i lencyndod mewn cymdeithas Gymraeg ddiwydiannol Ymneilltuol, o dan gysgod y gwaith dur ac alcan, yn ei gyfraniad i'r gyfrol o ysgrifau hunangofiannol, *Credaf* (gol. J. E. Meredith, 1943), lle y sonia am ei bererindod ddeallusol ac ysbrydol. Dechreuodd symud tuag at *Sosialaeth Gristnogol ac wedyn tuag at *Farcsiaeth anffyddiol o ganlyniad i wrthryfela yn erbyn creulondeb y gyfundrefn gyfalafol ddiwydiannol – lladdwyd ei dad gan fetel tawdd mewn damwain yn y gwaith – ac yn erbyn crefydd lugoer. Ymdrinnir â'i gefndir cynnar hefyd yn y nofel anorffenedig *Ffwrneisiau* (1982), a gyhoeddwyd wedi iddo farw. Ond yr oedd Sir Gaerfyrddin wledig yn ogystal â sir Forgannwg ddiwydiannol yn rhan o'i brofiad cynnar. Daeth ei rieni o'r sir honno ac wrth ymweld â'i berthnasau yn ardal Rhydcymerau (yr oedd D. J. *Williams yn perthyn iddo) daeth i gysylltiad â diwylliant traddodiadol Gymraeg y gymdeithas amaethyddol a harddwch cefn gwlad.

Yn ystod y Rhyfel Byd Cyntaf yr oedd yn wrthwynebwr cydwybodol a charcharwyd ef yn Wormwood Scrubs a Dartmoor. Yn ei nofel *Plasau'r Brenin* (1934), sy'n ymwneud â phrofiad y blynyddoedd hynny, gwelir sut y daeth elfennau ei *Heddychiaeth Gristnogol, ei Sosialaeth Gydwladol a'i *Genedlaetholdeb Gymreig ynghyd yn ei benderfyniad i wrthod ymuno yn y Rhyfel. Ar ôl y Rhyfel aeth Gwenallt yn fyfyriwr i Goleg Prifysgol Cymru, Aberystwyth, a graddio yn y Gymraeg a'r Saesneg. Dyma'r cyfnod pan ledodd ei orwelion diwylliannol, gan dderbyn egwyddorion esthetigaeth am ychydig. Wedi cyfnod byr yn athro yn Y Barri fe'i penodwyd yn Ddarlithydd yn Adran Gymraeg ei hen Goleg, swydd y parhaodd ynddi nes iddo ymddeol. Ar ymweliad â'r *Gaeltacht* yn Iwerddon dyfnhaodd ei ddiddordeb yn nhraddodiad cenedlaethol Cymru, a thrwy ddarllen yn helaeth mewn athroniaeth a diwinyddiaeth datblygodd safbwynt crefyddol o fewn yr eglwys Fethodistaidd Galfinaidd a oedd yn draddodiadol ac yn Radicalaidd ar yr un pryd. Gwrthododd ddiwinyddiaeth fodern rhan gyntaf yr ugeinfed ganrif, ond parhaodd i ddadlau dros ddyletswydd y Cristion i hawlio cyfiawnder cymdeithasol.

Daeth Gwenallt i fri fel bardd pan enillodd ei awdl 'Y Mynach' y *Gadair yn yr Eisteddfod Genedlaethol yn 1926. Ddwy flynedd yn ddiweddarach parodd ei awdl anghonfensiynol, 'Y Sant', ffrwgwd llenyddol, pan atal-iwyd y Gadair, ond enillodd eto yn yr un gystadleuaeth yn 1931. Daeth i amlygrwydd fel bardd, fodd bynnag, yn bennaf ar sail nifer o gerddi byrrach a welir yn ei bum cyfrol o gerddi: *Ysgubau'r Awen* (1939), *Cnoi Cil* (1942), *★Eples* (1951), *★Gwreiddiau* (1959), a *Coed* (1969) a gyhoeddwyd wedi ei farw. Gwnaeth gyfraniad pwysig i ysgolheictod a beirniadaeth lenyddol hefyd mewn gweithiau fel *Yr Areithiau Pros* (1934), *Blodeugerdd o'r Ddeunawfed Ganrif* (1936), *Detholiad o Ryddiaith Gymraeg R. J. ★Derfel* (1945) a *Cofiant Idwal ★Jones* (1958). Yr oedd yn un o aelodau cynnar yr ★Academi Gymreig ac ef oedd golygydd cyntaf ei chylchgrawn, *★Taliesin*.

Y mae elfen delynegol gyfoethog yn ei gerddi cynnar fel 'Adar Rhiannon' a 'Cymru', a welir yn aml mewn blodeugerddi, ond y mae'r arddull ddiweddarach, sy'n nodweddiadol ohono, yn fwy garw ac yn fwy chwerw, weithiau'n fwy crwn a chryno (fel yn ei sonedau); y mae bob amser yn rymus ac yn fywiog. Gwelir yn ei gerddi themâu crefyddol a chenedlaethol wedi eu dinoethi o bob teimladrwydd, a daw Cymru yn 'butain fudr y stryd' a'i phobl 'yn udo am y Gwaed a'n prynodd ni'. Ond yn ogystal â'r ymwrthod hwn â'r parchus a'r prydferth, y mae neges rymus yng ngweithiau Gwenallt. Y mae'n fardd cenedlaethol mawr yn yr ystyr ei fod yn llwyddo i uno elfennau gwahanol ym mhrofiad hanesyddol y genedl, Cymru wledig a Chymru ddiwydiannol, sir Gaerfyrddin a sir Forgannwg, Sosialaeth a Christnogaeth: 'Ac y mae lle i ddwrn Karl Marcs yn Ei Eglwys Ef'. Nid haeriadau ffuantus yw'r rhain, ond yn hytrach, codant o'i brofiad ef ei hun. Fe'u mynegir mewn delweddau sy'n codi o dirwedd a thraddodiad a oedd yn gwbl gyfarwydd iddo. Yn ei gerdd 'Colomennod', er enghraifft, y mae'r adar a ryddheir gan y glowyr o ben y gerddi y tu ôl i dai pygddu diwydiannol y dyffryn, yn ymdroi fel symbolau o'r Ysbryd Glân yn y mwg. Ynghyd â chryn ddicter, chwerwder, dewrder a phenderfyniad, llwyddodd Gwenallt, megis Idris ★Davies, yn enwedig yn *Eples*, i fynegi mewn barddoniaeth, nid delweddau allanol tirwedd diwydiannol yn unig, ond hefyd y profiad o fyw mewn cymdeithas ddiwydiannol.

Ceir manylion pellach yn rhifyn coffa *Y Traethodydd* (cyf. CXXIV, 1969), y gyfrol gan Dyfnallt Morgan yn y gyfres *Writers of Wales* (1972) a J. E. Meredith, *Gwenallt, Bardd Crefyddol* (1974). Gweler hefyd bennod yn llyfr Ned Thomas, *The Welsh Extremist* (1970). Ymddangosodd cyfieithiad Saesneg o'r ysgrif 'Credaf' o dan y teitl *'What I Believe'* yn *Planet* (rhif. 32, 1976) a cheir disgrifiad ffotograffig o fywyd y bardd yn y gyfres *Bro a Bywyd* (gol. Dafydd Rowlands, 1982). Paratowyd llyfryddiaeth o weithiau Gwenallt gan Iestyn Hughes (1983).

JONES, DAVID JOHN VICTOR (1941–94), hanesydd a oedd yn frodor o Garreghofa, Tfn., ac a addysgwyd yn Ysgol Uwchradd y Trallwng a Choleg Prifysgol Cymru, Aberystwyth lle yr ysgrifennodd draethawd doethuriaeth ar '*Popular Disturbances in Wales, 1792–1832*'. Am flwyddyn bu'n ysgolfeistr yn Wrecsam ond yn

1966 fe'i penodwyd i Adran Hanes Coleg Prifysgol Abertawe, lle y bu weddill ei oes. Yn 1971 yr oedd yn un o sefydlwyr ★Llafur, y Gymdeithas er Astudio Hanes Llafur Cymru. Yn 1991 rhoddwyd cadair bersonol iddo gan Brifysgol Cymru ac yn 1992 yr oedd yn Uwch Gymrawd Ymchwil yr Academi Brydeinig.

Yr oedd yn un o haneswyr mwyaf toreithiog, dylanwadol ac uchaf ei barch ei gyfnod. Yn sgil ei hyfforddiant yn Aberystwyth gyda David ★Williams a Gwyn A. ★Williams, yr oedd yn enghraifft o ragoriaethau traddodiad anrhydeddus ei Goleg lle y câi gwaith manwl archifol ei gyfuno â chydymdeimlad â dyheadau'r dosbarth gweithiol yn y Gymru wledig a diwydiannol. Y sylw a roddodd yn ei ragarweiniad i'w lyfr cyntaf, *Before Rebecca* (1973), oedd: '*in a sense the book has no ending: for me it is the beginning of a comprehensive survey of popular protest in modern Wales*'. Bu cystal â'i air, oherwydd cynhyrchodd bum cyfrol arall a oedd yn 'cocsio'r ystyr' allan o'r holl dystiolaeth gofnodedig a oedd yn ymwneud â therfysg, gwrthryfel, cythrwfl a chadw trefn yng Nghymru'r bedwaredd ganrif ar bymtheg: yr oedd *Chartism and the Chartists* (1975), *Crime, Protest, Community and the Police in Nineteenth-Century Britain* (1982), *The Last Rising* (1985) am Wrthryfel Casnewydd yn 1839, *Rebecca's Children* (1989) a *Crime in Nineteenth-Century Wales* (1992) oll wedi eu hysgrifennu'n gain, â barn gytbwys, meistrolaeth ar drafodaeth a thechneg wyddonol gymdeithasol, heb na jargon na rhethreg, ond â dynoliaeth gynnes. Yn 1992 addawodd symud ymlaen i edrych ar yr ugeinfed ganrif ac, yn gwbl ryfeddol, yn y misoedd cyn ei farwolaeth cwblhaodd astudiaeth o *Crime and Policing in the Twentieth-Century: The South Wales Experience*, a gyhoeddwyd yn 1996, ar ôl ei farwolaeth.

Dyn y wlad ydoedd wrth reddf, yn falch o'i fagwraeth yn un o saith o blant yng nghefn gwlad canolbarth Cymru, ac anodd oedd ei ddenu o'i gartref yn Y Crwys ar Benrhyn Gŵyr. Yr oedd yn ŵr tawel, a gwyddai'n iawn fod ei ymroddiad i'r dasg o egluro 'byd dirgel' y gorffennol yn galw am beth preifatrwydd.

Cyhoeddwyd ysgrif goffa ar David J. V. Jones gan Ralph A. Griffiths yn *Cylchgrawn Hanes Cymru* (cyf. XVIII, rhif. 1, 1996).

JONES, DAVID RICHARD (1832–1916), bardd a aned yn Nolwyddelan, Caern., yn nai i John ★Jones, Tal-y-sarn (1796–1857). Yn 1845 ymfudodd gyda'i rieni i UDA, lle y daeth yn bensaer. Dechreuodd gyfrannu cerddi i'r cyfnodolyn *Y Drych* (Utica) yn 1858. Codwyd gwrychyn pobl gan rai o'r rhain oherwydd dylanwad Darwiniaeth arnynt. Cyhoeddodd hefyd gasgliad o'i waith o dan y teitl *Yr Ymchwil am y Goleuni* (1910). Ymhlith ei edmygwyr yr oedd T. Gwynn ★Jones ac y mae ef yn trafod ei waith gydag edmygedd yn y llyfr *Hanes Llenyddiaeth Gymraeg y Bedwaredd Ganrif ar Bymtheg* (1920).

JONES, DAVID WATKIN (Dafydd Morganwg;

1832–1905), hanesydd a bardd, a aned ym Merthyr Tudful, Morg., lle y gweithiai fel glöwr a goruchwyliwr dros gwmni masnach Ffrengig. Ei ddau waith pwysicaf oedd *Hanes Morganwg* (1874) ac *Yr Ysgol Farddol* (1869), y naill yn hanes bras o Forgannwg a'r llall yn ganllaw safonol i brydyddiaeth Gymraeg hyd ymddangos *Y Cynganeddion Cymreig* gan David *Thomas yn 1923.

JONES, DERWYN (1925–   ), ysgolhaig a bardd a fagwyd ym Mochdre, Caern., ac a addysgwyd yng Ngholeg Prifysgol Gogledd Cymru, Bangor. Penodwyd ef yn Llyfrgellydd Cymraeg gan y Coleg hwnnw, ac yno y bu nes iddo ymddeol, yn gymorth di-ffael ei wybodaeth am bopeth Cymraeg a llawer iawn o bethau Saesneg y bedwaredd ganrif ar bymtheg a'r ugeinfed. Y mae ei wybodaeth am farddoniaeth ddiweddar yn ddwfn a'i ddiddordeb ynddi yn fawr. Ef yw un o brif awdurdodau Cymru ar *Gerdd Dafod. Y mae wedi cyhoeddi amryw erthyglau ar bynciau llenyddol a cherddi (caeth gan mwyaf) mewn amryfal gylchgronau, ac un gyfrol, sef *Cerddi* (1992).

JONES, DEWI STEPHEN (1940–   ), bardd a beirniad a aned yn Y Ponciau, Rhosllannerchrugog, Dinb. Derbyniodd ei addysg yng Ngholeg y Brifysgol, Aberystwyth, a semester yng Ngholeg Celf Wrecsam. Ar sail ei gyfrol *Hen Ddawns* (1993), rhoddwyd iddo le blaenllaw ymhlith beirdd chwarter olaf yr ugeinfed ganrif gan sawl beirniad. Y mae ei ddull cywasgedig, delweddol a llawn awgrymusedd o farddoni wedi peri penbleth i sawl un o'i ddarllenwyr, ond y mae'n fardd cyfoethog ei fyfyrdod ac eang ei gyfeiriadaeth, gyda llenyddiaeth ac arluniaeth yn ffynhonnell gyson o themâu a delweddau iddo. Y mae Dewi Stephen Jones hefyd wedi gohebu llawer â'r bardd Anne Stevenson, a chyhoeddwyd ysgrifau beirniadol craff a goleuol ganddo yn *Barddas*. Tad iddo oedd Stephen *Jones.

Ceir trafodaeth ar farddoniaeth Dewi Stephen Jones yn 'Dewi Stephen Jones – y Bardd Awgrymus' gan Bobi Jones yn *Barddas* (rhif. 143, 1982), a dadansoddiad o un o'i gerddi, 'Wats Boced', gan Alan Llwyd yn *Barddas* (rhif. 186, 1992). Gweler hefyd y cyfweliad a roddodd i *Barddas* (rhif. 219–20, 1995).

Jones, Dic gweler JONES, RICHARD LEWIS (1934–   ).

JONES, DYFED GLYN (1939–93), nofelydd a aned yn Y Gaerwen, Môn, a'i addysgu ym Mhrifysgol Manceinion. Ymunodd â staff y BBC yn Llundain yn 1963 ac yng Nghymru ddwy flynedd yn ddiweddarach; penodwyd ef yn Bennaeth Rhaglenni Plant yn 1974. Ysgrifennodd bedair nofel, *Iâr ar y Glaw* (1970), *Ergyd yn Eden* (1971), *Lle Crafa'r Iâr* (1972) ac *Albert Regina Jones* (1973; fersiwn Saesneg, 1975), a dwy nofel i blant, *Y Ddraig Werdd* (1982) a *Hannibal a'r Hebog* (1988).

JONES, EBENEZER (1820–60), bardd, a aned yn

Islington, Llundain, yn fab i Gymro; fe'i magwyd ar aelwyd Galfinaidd gaeth. Dychwelodd y teulu i Gymru tua 1837 ond cafodd ef waith mewn cyfrifdy yn Ninas Llundain lle y cadarnhawyd ei *Radicaliaeth o ganlyniad i'r twyll a arferwyd yno. Er iddo weithio oriau meithion mynnodd amser i lunio'r cerddi a gyhoeddwyd yn ei unig gyfrol, *Studies of Sensation and Event* (1843), ond rhoes y gorau i farddoniaeth oherwydd y derbyniad anffafriol a throes at newyddiaduraeth wleidyddol. Daeth yn olygydd y *Fireside Journal*, argrafflen geiniog wythnosol, a chyhoeddodd bamffledi Radicalaidd, *Kings of Gold* a *The Land Monopoly*. Priodas anhapus a dechrau'r darfodedigaeth a achosodd iddo ailafael yn ei farddoni yn ei flynyddoedd olaf, ond wyth cerdd yn unig a orffennodd ar gyfer ei ail gyfrol, a cheir gorganmol ar rai o'r rhain megis '*When the World is Burning*' a '*Winter Hymn to the Snow*'. Er bod Ebenezer Jones yn Weriniaethwr ac yn cydymdeimlo ag amcanion y Siartwyr, nid ysgrifennodd yr un llinell am *Siartiaeth; serch hynny, cymysgwyd weithiau rhyngddo ef ac Ebenezer Elliott, y '*Corn Law Rhymer*', ac ag Ernest Charles *Jones, y gŵr a oedd yn fardd Siartaidd.

Ceir yr unig ddeunydd bywgraffyddol yn yr erthyglau coffa gan ei frawd Sumner Jones a chan W. J. Linton a gynhwysir yn argraffiad Richard Herne Shepherd o *Studies of Sensation and Event* (1879; 1971). Cyhoeddwyd erthyglau gan Theodore Watts yn *Atheneum* (Medi a Hyd. 1878) a chan William Bell Scott yn *Academy* (Tach. 1979).

JONES, EDMUND (1702–93), awdur a gweinidog gyda'r Annibynwyr; adwaenid ef fel Yr Hen Broffwyd gan ei gyfoeswyr, ac fel Edmund Jones o'r Transh gan genedlaethau diweddarach. Ganed ef ym mhlwyf Aberystruth, ger y lle a elwir yn Nant-y-glo heddiw. Ordeiniwyd ef yn 1734, adeiladodd gapel Annibynnol yn y Transh ger Pont-y-pŵl, a dywed George Whitefield iddo werthu ei lyfrau am bymtheg punt er mwyn gorffen y gwaith gan fod ei gynulleidfa, a dalai deirpunt y flwyddyn iddo, yn rhy dlawd i'w fforddio. Bu'n gyfeillgar â Howel *Harris ac edmygai ei dduwioldeb a'i sêl, ond ni chytunodd erioed y dylai'r cymdeithasau Methodistaidd ddiwygio Eglwys Loegr yn hytrach nag ymneilltuo. Pregethwr dyfal ydoedd, yn hytrach na phoblogaidd. Ysgrifennodd *An Historical Account of the Parish of Aberystruth* (1779), sy'n gyfrol werthfawr, *Relations of Apparitions in Wales* (1780), gwaith sy'n dangos ei fod yn hygoelus yn ogystal â duwiol gan iddo ymosod ar y duedd gynyddol i beidio â chredu mewn dewiniaeth, ac *A Sermon preached from John V, 28, 29. Occasioned By the Death of Mr. Evan Williams* (1750), yn ogystal â rhai manion eraill. Yr oedd yn gofnodydd diflino o ddigwyddiadau crefyddol; cadwodd ddyddiaduron, ond ychydig ohonynt a arbedwyd rhag cael eu defnyddio fel papur lapio mewn siop ym Mhont-y-pŵl wedi iddo farw.

Ceir manylion pellach yn *Edmund Jones, the Old Prophet* (1959) gan Edgar Phillips; gweler hefyd T. Rees a J. Thomas, *Hanes Eglwysi Annibynol Cymru* (1871).

JONES, EDMUND OSBORNE (1858–1931), cyfieithydd. Fe'i ganed yn Abermaw, Meir., a'i addysgu yng Ngholeg Merton, Rhydychen. Yr oedd yn ficer Llanidloes, Tfn., o 1891 hyd 1923, pan symudodd i fywoliaeth yn Lloegr. Cyhoeddodd ddwy gyfrol o gyfieithiadau, sef *Welsh Lyrics of the Nineteenth Century* (1896) a *Welsh Poets of Today and Yesterday* (1906).

JONES, EDWARD (**Bardd y Brenin**; 1752–1824), hynafiaethydd a thelynor, a aned yn Llandderfel, Meir. Ymhyfrydai o'i ieuenctid yng ngherddoriaeth draddodiadol ei fro enedigol. Aeth i Lundain tua 1775 a chymaint oedd ei lwyddiant cerddorol fel y penodwyd ef yn delynor i Dywysog Cymru, yn ddiweddarach y Brenin Siôr IV, a chafodd ei alw yn Fardd y Brenin. Er bod gelyniaeth fawr rhyngddo ef ac Iolo Morganwg (Edward *Williams), yr oedd Jones yn bresennol yn yr *Orsedd a gynhaliwyd ar Fryn y Briallu yn 1792. Yr oedd yn awdur tuag ugain o lyfrau ar bynciau cerddorol, yn cynnwys *Lyric Airs* (1804), astudiaeth o hen gerddoriaeth Groeg. Ond ei waith mawr yn ddiau oedd *The Musical and Poetical Relicks of the Welsh Bards* (1784) a ddilynwyd gan ail gyfrol, *The Bardic Museum* (1802), a thrydedd gyfrol, *Hen Ganiadau Cymru* (1820). Yn y llyfrau hyn ceir stôr o wybodaeth werthfawr am y beirdd Cymraeg cynnar a cherddoriaeth draddodiadol, ynghyd â chyfieithiadau Saesneg a ddenodd gryn sylw ymhlith hynafiaethwyr a llenorion yn Lloegr.

Ceir manylion pellach am Edward Jones yn y cofiant gan Tecwyn Ellis (1957).

JONES, EDWARD (1761–1836), bardd ac emynydd a aned yn Llanrhaeadr-yng-Nghinmeirch, Dinb., ond a fu'n byw o tua 1796 ym Maes-y-plwm, Dinb.; â'r lle hwnnw y cysylltir ei enw. Derbyniodd ychydig addysg elfennol a chafodd waith fel ysgolfeistr a ffermwr. Yr oedd Edward Jones yn fardd poblogaidd yn ei ddydd; ysgrifennodd garolau, emynau a marwnadau a gasglwyd ynghyd yn y gyfrol *Caniadau Maes y Plwm* (1857). Yn ystod ei oes cyhoeddodd hefyd *Hymnau . . . ar Amryw Destynau ac Achosion* (1810, arg. helaethach 1820, 1829), a cherdd ddychan, *Gwialen i Gefn yr Ynfyd* (1831). Y mae rhai o'i emynau yn boblogaidd o hyd, megis 'Mae'n llond y nefoedd, llond y byd', 'Cyfamod hedd, cyfamod cadarn Duw' a 'Pob seraff, pob sant'.

Cyhoeddwyd cofiant iddo, ynghyd â gweddillion ei ganiadau, gan ei feibion yn 1839. Ysgrifennodd J. E. Caerwyn Williams astudiaeth o fywyd a gwaith Edward Jones (1962). Gweler hefyd E. Gwynn Matthews, *Awelon Maes-y-plwm* (1992).

JONES, EINIR (1950–   ), bardd a aned yn Nhraeth Coch, Môn, a'i haddysgu yng Ngholeg Prifysgol Gogledd Cymru, Bangor. Y mae wedi cyhoeddi pedair

cyfrol o farddoniaeth, sef *Pigo Crachan* (1972), *Gwellt Medi* (1980), *Gweld y Garreg Ateb* (1991) a *Daeth Awst Daeth Nos* (1991). Y mae'n athrawes yn Ysgol Gyfun Dyffryn Aman ac yn 1991 enillodd *Goron yr Eisteddfod Genedlaethol.

JONES, EIRWYN (**Eirwyn Pontshân**; 1922–94), digrifwr a storïwr. Ganwyd ef yn Nhalgarreg, Cer., lle y gweithiai fel saer. Dylanwadwyd arno gan ei fam-gu, awdur yr hunangofiant gloyw, *Atgofion Ruth Mynachlog* (1939). Gyda chymorth recordydd tâp cyhoeddwyd ganddo *Hyfryd Iawn* (1966) a *Twyll Dyn: o Gwymp Adda tan yr Ugeinfed Ganrif* (1982). Cyfrwng arferol y digrifwr hwn oedd y *Noson Lawen, y cwrdd adloniant mewn festri capel, ac yn arbennig y dafarn agosaf at yr *Eisteddfod Genedlaethol. Yn ei ddeunydd addefir dyled i Tom L. Stephens, prifathro ysgol Talgarreg, a hefyd i Idwal *Jones (1895–1937); a gwelai ei hun fel un o *Pobl yr Ymylon* (1927) y dramodydd hwn. Ond ei stori ei hun sydd amlycaf yn ei lyfrau, stori lawn asbri a dirmyg sardonig a ffraethineb gwreiddiol. Cenedlaetholwr i'r carn ydoedd, a'i arddull yn rymus sathredig, fel yn ei drafod am 'Ryfel y Ffwclands'. Er iddo droi i raddau yn erbyn diwylliant y capel, ym mhen amser daeth yn ôl ato a mynegi cydymdeimlad ag *Undodiaeth.

Ceir manylion pellach yn Cynog Dafis, 'Digrifwr Gwrthryfelgar' yn *Barn* (rhif. 375, 1994) ac yn ei ragair i *Hyfryd Iawn* (1973); gweler hefyd Lyn Ebenezer yn ei gyflwyniad i *Twyll Dyn* (1982).

JONES, ELIAS (**Ffumerydd Jones, Cocosfardd y De**; *fl.* diwedd y 19eg gan.), rhigymwr. Ychydig iawn a wyddys amdano. Y mae ei unig waith a gyhoeddwyd, *Simleiau'r Cwm* (1897), o ddiddordeb am ei fod yn debyg i waith Y Bardd Cocos (John *Evans). Enillodd mewn mân eisteddfodau lleol ond y mae'n anodd dweud ai o ddifrif ynteu o fregedd y canai gan mai clogyrnaidd yw ei linellau, ansicr ei odlau a gwirion ei iaith, er nad mor ddoniol â'i gyfoeswr enwocach yng ngogledd Cymru.

JONES, ELIAS HENRY (1883–1942), awdur. Fe'i ganed yn Aberystwyth, Cer., yn fab hynaf i Syr Henry *Jones, a'i addysgu ym Mhrifysgolion Glasgow, Grenoble a Rhydychen. Cyfreithiwr ydoedd wrth ei alwedigaeth ac aeth i Burma yn 1905 fel gweinyddwr, ond dychwelodd i Gymru yn 1922 ar ôl gwasanaethu ym Myddin yr India yn ystod y Rhyfel Byd Cyntaf. Yr oedd ei lyfr *The Road to En-dor* (1920) yn hynod boblogaidd; ynddo ceir ei hanes ef a chyd-swyddog iddo yn dianc o wersyll-carchar y Twrciaid yn Yozgad trwy ffugio eu bod ill dau yn wallgof a bod ganddynt alluoedd goruwchnaturiol. Yr oedd gan E. H. Jones ddiddordeb byw yn y Mudiad Heddwch cydwladol yn y 1920au. Bu'n olygydd *The *Welsh Outlook* o 1927 hyd 1933; ac o'r flwyddyn honno hyd ei farwolaeth ef oedd Cofrestrydd Coleg Prifysgol Gogledd Cymru, Bangor.

JONES, ELIZABETH MARY (Moelona; 1878–1953), nofelydd a aned yn Rhydlewis, Cer. Athrawes ydoedd wrth ei galwedigaeth ac awdur dros ddeg ar hugain o lyfrau i blant ac oedolion. Ei bro enedigol yw cefndir llawer o'i gwaith, gan gynnwys ei nofel enwocaf, *Teulu Bach Nantoer* (1913), ond trosodd hefyd storïau Alphonse Daudet i'r Gymraeg dan y teitl *Y Wers Olaf* (1921). Yr oedd yn Gymraes wlatgar ac yn flaengar ei hagwedd tuag at safle'r ferch yn y gymdeithas. Ceir safiad pendant ar iawnderau merched ganddi yn *Cwrs y Lili* (1927), *Ffynnonloyw* (1939) ac yn 'Alys Morgan', y stori gyntaf yn ei chasgliad *Dwy Ramant o'r De* (1911). Er, efallai, i'w harddull golli llawer o'i hapêl i'r darllenydd cyfoes, bu ei gweithiau'n boblogaidd dros ben a bu darllen eang arnynt yn eu dydd. Y mae ei phwysigrwydd yn cael ei ailystyried gan feirniaid ffeminyddol cyfoes.

Ceir manylion pellach yn yr erthygl gan Roger Jones Williams yn *Dewiniaid Difyr* (gol. Mairwen a Gwynn Jones, 1983).

Jones, Elizabeth Watkin, gweler WATKIN-JONES, ELIZABETH (1887–1966).

JONES, ELWYN (1923–82), dramodydd teledu a sgriptiwr rhaglenni dogfen a aned yng Nghwmaman, ger Aberdâr, Morg., ac a addysgwyd yn Ysgol Economeg Llundain. Ymunodd â Gwasanaeth Teledu'r BBC yn Llundain yn 1957, a bu'n gweithio yno ym maes y Ddrama a Rhaglenni Dogfen; ymddiswyddodd yn 1964 i fod yn awdur llawn-amser. O 1975 hyd ddiwedd ei oes bu'n byw ger Llandysul, Cer. Ei greadigaethau mwyaf adnabyddus oedd y gyfres deledu *Softly, Softly* a'i brif gymeriad Inspector Barlow. Cyhoeddodd nifer o lyfrau wedi eu seilio ar Barlow, gan gynnwys *Barlow in Charge* (1973) a *The Barlow Casebook* (1975), yn ogystal â'r astudiaethau dogfen *The Last Two to Hang* (1966), *The Ripper File* (1975) a *Death Trials* (1981). Ceir ei gyfieithiad o'r ddrama *Brad gan Saunders *Lewis, a addaswyd ganddo ar gyfer y teledu, yn y gyfrol *Presenting Saunders Lewis* (gol. Alun R. Jones a Gwyn Thomas, 1973).

JONES, EMYR (1914–), llenor a aned yn Waunfawr, Caern. Gadawodd yr ysgol yn gynnar a mynd i weithio i Chwarel Dinorwig, ond yn ddiweddarach bu'n astudio yng Ngholeg Hyfforddi Cartrefle, Wrecsam, a mynd yn athro ysgol yn Abergele a phrifathro ym Metws-yn-Rhos. Sbardunwyd ei ddiddordeb yn y diwydiant chwareli gan ei brofiadau fel chwarelwr ac y mae wedi ysgrifennu am hanes y diwydiant yn *Canrif y Chwarelwr* (1963) a *Bargen Dinorwig* (1980). Cyhoeddodd ddwy nofel hefyd, *Gwaed Gwirion* (1965), a ysgrifennwyd yn y person cyntaf o safbwynt milwr yn y Rhyfel Byd Cyntaf, a *Grym y Lli* (1969) sy'n adrodd stori John *Evans o Waunfawr a'i gais i ddod o hyd i'r 'Indiaid Cymreig'; enillodd y nofel hon y *Fedal Ryddiaith yn yr Eisteddfod Genedlaethol yn 1969.

JONES, EMYR WYN (1907–), awdur ar bynciau hanesyddol, a aned yn Waunfawr, Caern. Yr oedd gwreiddiau ei deulu yn Llŷn ac ymwelai â'r ardal yn ystod ei fachgendod; y mae llu o gyfeiriadau at yr ardal yn rhai o'i lyfrau, megis *Ar Ffiniau Meddygaeth* (1971). Cafodd yrfa ddisglair fel ffisigwr a chardiolegydd yn Lerpwl nes iddo ymddeol yn 1972. Fel hanesydd amatur cyhoeddodd lyfr ar Frwydr Bosworth (1984) ac H. M. *Stanley (1989), yn ogystal â chyfrolau o ysgrifau, yn eu plith *Ysgubau'r Meddyg* (1973), *Cyndyn Ddorau* (1978), *Ymgiprys am y Goron* (1991), *Lloffa yn Llŷn* (1994) ac *Y Bysedd Cochion* (1997). Ar farwolaeth ei wraig gyntaf (a oedd yn chwaer i Alun *Llywelyn-Williams) cyhoeddodd lyfrau yn ei choffâu, sef *Enid Wyn* (1968) a *Cyfaredd Cof* (1970). Rhwng 1942 a 1987 yr oedd eu cartref, Llety'r Eos, yn Llansannan, Dinb., yn gyrchfan i feirdd a chantorion.

JONES, ERASMUS (1817–1909), nofelydd. Fe'i ganed ym mhlwyf Llanddeiniolen, Caern. Ymfudodd i UDA yn 1833 a daeth yn weinidog yr Eglwys Fethodistaidd Esgobol yn Remsen, swydd Oneida, Talaith Efrog Newydd, ond ymgartrefodd yn y diwedd yn Utica. Ymhlith ei nofelau y mae *The Captive Youths of Judah* (1856), *The Adopted Son of the Princess* (1870) a *Llangobaith: a story of north Wales* (1886). Ef hefyd oedd awdur *The Welsh in America* (1876) a *Gold, Tinsel and Trash* (1890).

JONES, ERNEST (1879–1958), seico-ddadansoddwr a chofiannydd. Fe'i ganed yn Nhre-gŵyr, Morg., a'i addysgu yng Ngholeg Llanymddyfri, Coleg y Brifysgol, Caerdydd, a Choleg Prifysgol, Llundain. Enillodd gymwysterau i fod yn feddyg yn 1900 ac erbyn hynny yr oedd ganddo eisoes ddiddordeb yn theori seicoddadansoddi. Daeth yn gyfaill ac yn ddisgybl i Sigmund Freud wedi iddynt gwrdd yn y gyngres ar seicoddadansoddiad a gynhaliwyd yn Salzburg yn 1908, ychydig cyn iddo adael Llundain i gymryd swydd yn dysgu ym Mhrifysgol Toronto. Bu farw ei wraig gyntaf, Morfydd Llwyn *Owen, yn 1918 yn fuan ar ôl eu priodas ac yn y flwyddyn ganlynol ailbriododd. O'i ail briodas cafodd ddwy ferch a dau fab; un ohonynt yw Mervyn Jones, y nofelydd.

Yn 1919 sefydlodd Ernest Jones y Gymdeithas Seicoddadansoddi Ryngwladol (*International Psycho-Analytical Association*) a bu'n llywydd iddi dros gyfnod o ryw ddeng mlynedd ar hugain. Bu'n aelod cynnar o *Blaid Cymru ac yn ei hunangofiant, *Free Associations* (1959), mynegai ei ofid na allai siarad Cymraeg yn rhugl. Ystyriai fod ei genedligrwydd yn elfen hanfodol yn ei bersonoliaeth, a chytunai Freud ag ef: wrth drafod ei ymweliadau â Chymdeithas Seico-ddadansoddol Fienna ysgrifennodd, 'Gan fy mod yn deillio o hil orthrymedig, hawdd oedd i mi fy uniaethu fy hun â'r safbwynt Iddewig'. Yr oedd yn ŵr o egni aruthrol, ond yn styfnig ac yn anoddefgar o'i feirniaid a'i gyd-weithwyr. Yr oedd yn llwyr ymroddgar i Freud, ac yn aml yn hollol anfeirniadol ohono. Bu'n allweddol yn yr ymdrech i achub ei feistr a'i gyrchu i Lundain wedi i'r Natsïaid oresgyn Awstria yn 1938 a hynny drwy gryn beryglon iddo ef ei hun. Llyfr pwysicaf Ernest Jones yw *Sigmund Freud: Life and Work* (3 cyf., 1953–57); dyma uchafbwynt ei yrfa fel prif ladmerydd theori ac ymarfer Freud i'r byd Saesneg ei iaith.

Cyfrannodd T. G. Davies lyfryn ar Ernest Jones i gyfres *Dydd Gŵyl Dewi* (1979); ceir hanes ei fywyd yn *Ernest Jones, Freud's Alter Ego* (1983) gan Vincent Brome.

JONES, ERNEST CHARLES (1819–68), nofelydd a 'Bardd y Siartwyr'

(gweler o dan SIARTIAETH). Fe'i ganed yn Berlin yn fab i swyddog milwrol o Gymro a oedd yn y *15th Hussars* ac yn wastrawd i Ddug Cumberland. Fe'i galwyd i'r Bar yn 1844 a dwy flynedd yn ddiweddarach cymerodd safbwynt y Siartwyr a hynny yn eithafol, gan ddod yn un o'u prif anerchwyr. Carcharwyd ef yn 1848 oherwydd ei anogaeth i drais ond wedi ei ryddhau o'r carchar daeth ym olygydd papur newydd Siartaidd. Yn ddiweddarach dychwelodd at ei bractis fel bargyfreithiwr a threuliodd flynyddoedd olaf ei oes ym Manceinion. Rhwng 1853 ac 1855 cyhoeddodd nofel gynhyrfus, *The Lass and the Lady*, a nifer o storïau gan gynnwys *The Maid of Warsaw, Woman's Wrongs* a *The Painter of Florence*. Cyhoeddodd hefyd dair cyfrol o gerddi, *The Battle Day* (1855), *The Revolt of Hindostan* (1857) a *Corayda* (1859); y mae rhai o'r delynegion, megis 'Song of the Poorer Classes', yn gofiadwy.

JONES, EVAN (Ieuan Gwynedd; 1820–52), bardd ac awdur ysgrifau a phamffledi

a aned ger Dolgellau, Meir. Bu'n cadw ysgolion mewn gwahanol ardaloedd cyn ymroi i'r weinidogaeth gyda'r Annibynwyr a bu'n weinidog yn Nhredegar, Myn., am gyfnod byr. Yr oedd ei iechyd yn wantan am y rhan fwyaf o'i fywyd ond bu'n olygydd papurau newydd a chylchgronau Radicalaidd Cymraeg a Saesneg yng Nghaerdydd ac yn Llundain. Ysgrifennodd lawer o blaid y mudiad *Dirwest ac *Anghydffurfiaeth ac yn erbyn ensyniadau a chasgliadau comisiynwyr y *Llyfrau Gleision (1847). Cyhoeddwyd ei ysgrifau, yn bamffledi a llyfrynnau, yn *A Vindication of the Educational and Moral Conditions of Wales* (1848) a *Facts, Figures and Statements in Illustration of the Dissent and Morality of Wales: an appeal to the English people* (1849). Cyhoeddwyd detholiad o'i ryddiaith yn y gyfres *Llyfrau Deunaw* (gol. Brinley Rees, 1957). Fel bardd, cefnogai'r mesurau rhydd a chafodd beth llwyddiant fel cystadleuydd eisteddfodol. Cyhoeddwyd *Gweithiau Barddonol Ieuan Gwynedd* ar ôl ei farw (1876).

JONES, EVAN DAVID (1903–87), ysgolhaig,

a aned yn Llangeitho, Cer., ac a addysgwyd yng Ngholeg Prifysgol Cymru, Aberystwyth. Penodwyd ef i swydd yn

*Llyfrgell Genedlaethol Cymru yn 1929, yn bennaeth Adran y Llawysgrifau a Chofysgrifau yn 1938 ac yn Llyfrgellydd yn 1958; ymddeolodd yn 1969. Yr oedd yn awdurdod ar *Lewys Glyn Cothi (Llywelyn y Glyn) a chyhoeddodd ddwy gyfrol safonol ar y bardd hwnnw, ynghyd â nifer sylweddol o ysgrifau. Cyhoeddodd hefyd nifer o astudiaethau hanesyddol pwysig. Golygodd Atodiad (1941–50) i'r *Bywgraffiadur Cymreig* a pharatôdd ran o'r Atodiad ar gyfer 1951–70 (1997). O 1953 bu'n olygydd cylchgrawn Cymdeithas Hanes Sir Feirionnydd.

JONES, EVAN GEORGE (Sioronwy; 1892–1953),

gweler o dan CILIE, TEULU.

JONES, EVAN PAN (1834–1922), gweinidog gyda'r Annibynwyr, diwygiwr cymdeithasol ac awdur,

a aned ym mhlwyf Llandysul, Cer. Addysgwyd ef yng ngholegau'r enwad yng Nghymru ac ym Mhrifysgol Marburg; ordeiniwyd ef yn weinidog ym Mostyn, Ffl., yn 1870 ac yno y bu weddill ei oes. Yr oedd yn *Anghydffurfiwr tanbaid ac ymdrechodd yn galed i sefydlu Byrddau Ysgol er mwyn gwrthweithio dylanwad *Anglicaniaeth a *Chatholigiaeth Rufeinig ar addysg plant. Siaradodd ac ysgrifennodd lawer ar *Ddatgysylltu'r Eglwys Anglicanaidd yng Nghymru. Ond ei brif ddiddordeb oedd y berthynas rhwng y ffermwr a'i feistr-tir. Yn 1891 aeth ef a phedwar cydymaith ar daith ddeg wythnos trwy Gymru benbaladr gan annerch cyfarfodydd ar y pwnc o wladoli'r tir. Yn fardd, golygodd ddau gyfnodolyn, *Y *Celt a Cwrs y Byd, ysgrifennodd Cofiant y Tri Brawd o Lanbryn-mair (1892), sef Samuel *Roberts a'i ddau frawd, a chofiant Michael D. *Jones (1903). Yr oedd yn amlwg yn 'Nadl y Cyfansoddiadau', ac fel rhan o'r ddadl honno y cyhoeddodd ei 'ddrama' ryfeddol, *Y Dydd Hwn. Annibyniaeth yn symud fel Cranc* (1880). Llyfr aflêr yw ei hunangofiant, *Oes Gofion* (d.d.), ond y mae'n ddiddorol, ac y mae ynddo ddarlun byw o'r awdur a'i gyfnod.

Am ragor o fanylion gweler P. Jones-Evans, 'Evan Pan Jones – Land Reformer' yng *Nghylchgrawn Hanes Cymru* (cyf. IV, rhif. 2, 1968) ac E. G. Millward, 'Dicter Poeth y Dr Pan', yn *Cof Cenedl IX* (gol. Geraint H. Jenkins, 1994).

JONES, FRANCIS (1908–93), hanesydd

a aned yn Nhrefin, Penf. Bu'n Archifydd sir Gaerfyrddin ac ysgrifennodd lyfr byr ar hanes plwyf Llangynnwr (1966) yn ogystal â gwaith hanesyddol mwy cyffredinol, *The Holy Wells of Wales* (1954). Yn rhinwedd ei swydd, Herodr Arbennig Cymru, cyhoeddodd lyfrau ar bynciau herodrol megis *The Princes and the Principality of Wales* (1969) a *God Bless the Prince of Wales* (1969).

JONES, FRANK PRICE (1920–75), hanesydd

a brodor o Ddinbych. Fe'i haddysgwyd yng Ngholeg Prifysgol Gogledd Cymru, Bangor, a bu'n athro yn Rhuthun cyn mynd yn Ddarlithydd Hanes Cymru yn

Adran Efrydiau Allanol ei hen Goleg. Cyhoeddodd *The Story of Denbighshire through its Castles* (1951), *Thomas Jones o Ddinbych* (1956), *Crwydro Dwyrain Dinbych* (1961), *Crwydro Gorllewin Dinbych* (1969) a *Radicaliaeth a'r Werin Gymreig* (1975). Cyfrannodd lu o erthyglau i gylchgronau ac yr oedd yn olygydd *Trafodion* Cymdeithas Hanes Sir Ddinbych ac yn golofnydd cyson i *★Baner ac Amserau Cymru*, dan y ffugenw Daniel, rhwng 1956 a blwyddyn ei farw.

JONES, FRED (1877–1948), gweler o dan CILIE, TEULU.

Jones, Ffumerydd, gweler JONES, ELIAS (*fl.* 1897).

JONES, GARETH RICHARD VAUGHAN (1905–35), newyddiadurwr. Fe'i ganed yn Y Barri, Morg., a'i addysgu yng Ngholeg Prifysgol Cymru, Aberystwyth, a Choleg y Drindod, Caer-grawnt, lle'r oedd yn efrydydd ieithoedd disglair. Yn 1930 daeth yn Ysgrifennydd Materion Tramor i David ★Lloyd George, a thair blynedd yn ddiweddarach, ymunodd â staff y ★*Western Mail* yng Nghaerdydd. Fe'i lladdwyd gan ysbeilwyr ym Mongolia tra oedd yn teithio o amgylch y byd. Cyhoeddwyd rhai o'r erthyglau a ysgrifennodd i'r *Western Mail*, gan gynnwys cyfweliad â gweddw Lenin ac erthygl a ysgrifennwyd ar awyren a gludai Hitler ac arweinwyr Natsïaidd eraill, ar ôl ei farwolaeth yn y gyfrol *In Search of News* (1938).

JONES, GERAINT VAUGHAN (1904–), nofelydd ac awdur storïau byrion. Ganwyd yn Llandudno, Caern., ac yr oedd ei wreiddiau yn siroedd Trefaldwyn a Dinbych, ond ymfudodd y teulu i swydd Efrog pan nad oedd ef ond tair oed. Graddiodd mewn Saesneg ym Mhrifysgol Leeds ac mewn diwinyddiaeth yn Rhydychen, a bu'n fyfyriwr ym Marburg yn Yr Almaen; priododd ag Almaenes. Bu'n gweinidogaethu yn Halifax a Glasgow. Ymysg ei gyhoeddiadau academaidd y mae astudiaeth o waith a diwinydd Almeinig, Bultmann, a *Democracy and Civilization: a contribution to the understanding of the problems of contemporary civilization and politics* (1947). Hefyd cyhoeddodd *Christology and Myth in the New Testament* (1956) a *The Art and Truth of the Parables* (1964), yn ogystal â chyfieithiad o'r Almaeneg o gyfrol Hans Ehrenberg – gynt yn Athro Cynorthwyol mewn athroniaeth ym Mhrifysgol Heidelberg ac o 1938–39 yn garcharor yn un o wersylloedd carchar Hitler – *Autobiography of a German Pastor* (1943). Yn 1974 ymddeolodd i Ddinbych.

Ei waith creadigol mwyaf uchelgeisiol yw ei drioleg o nofelau, *Y Fro Dirion*, sy'n rhychwantu bron i ganrif o hanes Cymru, a hynny yn erbyn cefnlen y ganrif fwyaf cythryblus yn hanes Ewrop. Yn *Eira Llynedd* (1973), sydd wedi'i lleoli mewn fersiwn dychmygol o Lanrhaeadr-ym-Mochnant cyn y Rhyfel Byd Cyntaf, darlunnir tröedigaeth y dyn ifanc garw a didoriad, nid yn

unig at grefydd, ond hefyd at y celfyddydau a byd y meddwl, ac y mae'r defnydd o symbolau megis y pistyll (ffynnon iachawdwriaeth) a *Winterreise* Schubert yn rhoi i'r gwaith ddeimensiynau amgenach na stori arwynebol. Yn y dilyniant, *Y Ffoaduriaid* (1979), symudir i sir Drefaldwyn yn ystod yr Ail Ryfel Byd, a lleolir rhan o'r nofel yn yr Almaen ar ddiwedd y rhyfel. Meddyg o Almaenes a'i mam, a hogyn o ddwyrain Llundain, yw ffoaduriaid y teitl, ac y mae'u bywydau'n ymblethu dros dro â bywydau Dan Price a rhai o drigolion eraill 'y fro dirion'. Symudir ymlaen chwarter canrif yng nghyfrol olaf y drioleg, *Yr Hen a'r Ifainc* (1982), a dilyn hanes wyrion ac wyres Dan Price, a rhoddir cryn sylw i'r bygythiad i foddi cwm Cymreig er mwyn darparu dŵr ar gyfer tref yng nghanolbarth Lloegr.

Cyhoeddodd yr awdur dair nofel arall, sef *Morwenna* (1983), sy'n adrodd hanes y berthynas serchus a deallusol rhwng athro priod canol oed a merch ifanc ddisglair, *Ni Ddaw Ddoe yn Ôl* (1987), sy'n ymdrin â chyfarfyddiad athrawes wedi ymddeol â hen gariad na welsai mohono ers tri degawd, ac *Y Leinar Olaf* (1990), sy'n gweu stori lawn cyffro gyda chymeriadaeth gref o gwmpas hanes adeiladu llong y *Tuonela* yn Glasgow yn y 1960au. Y mae'r gyfrol o storïau byrion, *Broc Môr a Storïau Eraill* (1979), yn amrywiol o ran tôn a lleoliad. Yn goron ar y cyfan, cafwyd hunangofiant, *Dychweliad yr Alltud* (1989), sy'n gofnod o fywyd Cymro eang ei ddiwylliant.

JONES, GERALLT (1907–84), bardd, a aned yn Rhymni, Myn., yn fab hynaf i Fred Jones, aelod o deulu'r ★Cilie. Bu'n weinidog gyda'r Annibynwyr am y rhan fwyaf o'i oes. Golygodd ddetholiad o ysgrifau a cherddi ei ewythr Simon Bartholomew ★Jones (1966), cerddi ei gefnder Fred ★Williams, *Codi'r Wal* (1974), a cherddi ysgafn ei ewythredd, ei dad a'i dad-cu yn *Awen Ysgafn y Cilie* (1976). Cyhoeddodd hefyd gyfieithiad Cymraeg o'r *Greadigaeth* gan Haydn (1952), cyfrol o farddoniaeth, *Ystâd Bardd* (1974), astudiaeth o Sarah Jane ★Rees, *Cranogwen* (1981), casgliad o ysgrifau, *Rhwng y Coch a'r Gwyrdd* (1982) a chyfrol deyrnged i John (Jac) Alun ★Jones (1984). Mab iddo yw'r canwr Dafydd ★Iwan.

JONES, GLYN (1905–95), bardd, awdur storïau byrion a nofelydd. Fe'i ganed ym Merthyr Tudful, Morg., i deulu o Gymry Cymraeg, ond cafodd addysg gwbl Seisnig yn Ysgol Ramadeg Castell Cyfarthfa. Ar ôl ei hyfforddi yng Ngholeg Sant Pawl, Cheltenham, daeth yn athro yn slymiau Caerdydd, lle y cafodd y profiad o dlodi ei ddisgyblion yn y 1920au a'r 1930au effaith ddofn arno. Collodd ei swydd fel athro pan ymgofrestrodd yn wrthwynebydd cydwybodol yn yr Ail Ryfel Byd. O 1952 nes iddo ymddeol yn 1965, bu'n dysgu yn Ysgol Sir Glantaf, Caerdydd.

I farddoniaeth Ramantaidd Lloegr yr ymatebodd gyntaf yn llenyddol; parodd yr un cariad at ddelweddaeth drawiadol ac iaith synhwyrus iddo gael ei ddenu at

D. H. Lawrence, llenor a rannai ei gefndir diwydiannol Annibynnol, ac at Gerard Manley *Hopkins. Ysgrifennodd ysgrif ar ymwybyddiaeth Hopkins o fydryddiaeth Gymraeg (1939), ar ôl iddo ef ei hun ddarganfod patrymau cymhleth ffurfiol a delweddaeth arbennig barddoniaeth Gymraeg glasurol. Yn y diwedd daeth i ysgrifennu a siarad Cymraeg yn rhugl, ond teimlai na fedrai ysgrifennu'n greadigol yn yr iaith honno, gan, fel y dywed ef ei hun '[it is] the language of adolescence, not the mother tongue, [which] the artist will be likely to use for his creative purposes'. Fodd bynnag, cyfieithodd farddoniaeth Gymraeg i'r Saesneg, gan gynnwys dau ddetholiad o benillion telyn, When the Rose Bush brings forth Apples (1980) a Honeydew on the Wormwood (1984). Hefyd, cydweithiodd â T. J. *Morgan ar gyfieithiad ac adluniad o The Saga of Llywarch the Old (1955) a The Story of Heledd (1994). Yn Goodbye, What Were You? (1994) ceir detholiad o'r cyfieithiadau o'r penillion yn ogystal â storïau, ysgrifau a cherddi. Dengys Poems (1939) hefyd atyniad y mesurau Cymraeg i Glyn Jones; y mae ei bleser yn swyn a gwead synhwyrus geiriau i'w weld yn ei holl waith, ambell dro ar draul tyndra thematig, neu'r symud naratif yn ei ffuglen. Dramateiddiwyd ei brofiad o'r system addysg, a oedd yn ddigon digalon ar brydiau, fel athro mewn ysgolion uwchradd modern trefol, yn ogystal â'i ofal am ei ddisgyblion, yn The Dream of Jake Hopkins (1954) a ysgrifennwyd yn wreiddiol ar gyfer y radio. Y mae ei Selected Poems (1975) yn casglu ar ei gilydd lawer o'i waith cynharach, sy'n cynnwys peth o'i farddoniaeth fwyaf gafaelgar. Ar ôl iddo farw cyhoeddwyd ei Collected Poems (1996) o dan olygyddiaeth ei gyfaill Meic *Stephens, a chasgliad o'i gyfieithiadau o *hen benillion, A People's Poetry (1997), wedi ei olygu gan Dafydd *Johnston.

Cafodd cyfrol gyntaf Glyn Jones o storïau byrion, The *Blue Bed (1937), dderbyniad beirniadol hynod iawn gan adolygwyr Llundain. Cynnwys y gyfrol 'I was born in the Ystrad Valley', sy'n sôn am wrthryfel comiwnyddol arfog yn ne Cymru, stori a ysbrydolwyd gan yr hyn a welsai yn slymiau Caerdydd. Y mae rhai o'r storïau yn delynegol, yn ddirgelaidd a dileoliad; storïau am fywyd pentref Cymreig yw eraill, yn ddoniol, yn hynod weledol, ac ambell dro yn grotésg, ond heb ddim o lymder Caradoc Evans (David *Evans) a gyfrannodd at eu hysbrydoliaeth. Ymddengys fod ei gysylltiad â Dylan *Thomas yng nghanol y 1930au wedi awgrymu iddo ddefnyddio bachgen ifanc fel yr adroddwr gan ganiatáu i Jones ddefnyddio ei fachgendod ef ei hun ym Merthyr yn ogystal â'i flynyddoedd fel athro. Defnyddir y dechneg hon yn dra llwyddiannus yn The Water Music (1944), ei gyfrol orau. Dilynwyd ei Selected Short Stories (1971) gan gyfrol o waith nad oedd wedi'i gasglu cyn hynny, sef Welsh Heirs (1977).

Trodd Glyn Jones at y nofel yn y 1940au. Beirniadwyd The *Valley, The City, The Village (1956), nofel sy'n canolbwyntio ar arlunydd ifanc, am nad oes ynddi undod ffurf, ond y mae'n tour-de-force hynod iawn sy'n defnyddio amrywiaeth o dechnegau naratif a rhethregol, gan gynnwys technegau Cymraeg megis *dyfalu, mewn ffordd wirioneddol arbrofol. Achosodd The Learning Lark (1960) rywfaint o gyffro oherwydd ei hymosodiad ar lygredd wrth benodi athrawon yn ne Cymru. Nofel orau Glyn Jones yw The *Island of Apples (1965); fe'i gosodwyd, fel llawer o'i storïau, mewn Merthyr ffuglennol, a defnyddia fyth Ynys *Afallon i archwilio grym rhamantiaeth glaslencyndod a'r boen o'i cholli.

Y mae pennod agoriadol, hunangofiannol The *Dragon has Two Tongues (1968) yn cynnig ei fywyd ef ei hun a'i sefyllfa fel llenor – a fagwyd mewn cartref Cymraeg ei iaith, ond a addysgwyd yn nhraddodiadau llenyddol Lloegr, a'r teimladau a enynnodd hyn o anallu creadigol yn ei famiaith – fel rhywbeth sydd mewn llawer modd yn nodweddiadol o'r tensiynau a'r rhwygiadau diwylliannol a roes fodolaeth i genhedlaeth gyntaf yr ysgrifenwyr Cymreig yn Saesneg. Y mae'r penodau sy'n dilyn ar aelodau unigol y genhedlaeth honno – gan gynnwys Dylan Thomas, Idris *Davies, Jack *Jones a Gwyn *Thomas (1913–81) – yr adwaenai Glyn Jones y rhan fwyaf ohonynt yn bersonol, yn gyfoethog ac yn gynnes anecdotaidd ond ceir llawer o graffter beirniadol drwyddynt draw. Hon yw'r astudiaeth gyntaf o bwys o lenydda Cymreig yn y Saesneg, ac y mae'n waith canolog o hyd. Yr oedd Glyn Jones hefyd yn gyd-awdur Profiles (gyda John *Rowlands, 1980), cyfrol o ysgrifau cyflwyniadol ar rai o'r llenorion Cymreig mwyaf arwyddocaol yn y ddwy iaith.

'I fancy words', meddai Glyn Jones yn ei gerdd 'Merthyr' ac fel ysgrifennwr ffuglen a bardd, daw at Saesneg ag awch a phleser cenhedlaeth yr oedd yr iaith yn newydd a hudolus iddi; y mae i'w iaith ddisgleirdeb rhywbeth sydd newydd ei fathu ac y mae egni yn ei ddelweddaeth sydd ar brydiau yn ei gyrru tuag at y swrreal. Yn The Dragon Has Two Tongues dywedodd, 'I have never written . . . a word about any other country than Wales, or any people other than Welsh people.' Ar yr un pryd, fodd bynnag, y mae grym dychymyg Glyn Jones yn ysgogi ymateb mwy cyffredinol i'w waith: y mae ymwybyddiaeth ddofn o ddioddefaint y ddynolryw ac anghyfiawnder y byd, o'r byd fel 'a mixture of madhouse and torture chamber'. Ond y mae hefyd ymdeimlad cryf o brydferthwch dirgelaidd byd natur, cefn gwlad sir Gaerfyrddin yn aml, ac fe'i gwelir â chraffter a weddai i un a fwriadai fod yn arlunydd ar un adeg. Yr oedd Cristnogaeth Glyn Jones drwy ei oes yn sylfaenol i'w weledigaeth: y mae byd y ffuglen yn llawn o gymeriadau dynol iawn yr edrychir arnynt â llygad traethiadol sy'n gweld yn glir eu diglemdod, eu diffyg prydferthwch corfforol, hyd yn oed eu grotesgrwydd doniol, ond sydd yn y pen draw yn hynod dosturiol, yn hael ei ymwybyddiaeth o allu dyn i ymgodi, i garu ac i faddau.

Ceir ysgrif ar Glyn Jones gan Leslie Norris yng nghyfres Writers of Wales (1973; arg. diwyg., 1997) ac ysgrif hunangofiannol yn Y

Llwybrau Gynt (gol. Alun Oldfield-Davies, 1971), a gyfieithwyd gan Meic Stephens fel '*The Making of a Poet: A Memoir*' yn *Planet* (rhif. 112 a 113, 1995). Gweler hefyd atgofion Glyn Jones o fywyd llenyddol yng Nghymru, *Setting Out* (1982). Ceir ysgrifau yn *Poetry Wales* (cyf. XIX, rhif. 3, 1984) ar ei farddoniaeth gan Robert Minhinnick a Mercer Simpson yn ogystal â llyfryddiaeth o waith Glyn Jones. Ysgrifennodd Tony Brown ar y ffuglen yn *The New Welsh Review*, (rhif. 23, cyf. VI, Gaeaf 1993–94) ac yn *Fire Green as Grass* (gol. Belinda Humfrey, 1995). Ceir detholiad o ddyddiaduron Glyn Jones wedi'u golygu gan Meic Stephens yn *The New Welsh Review* (rhif. 29, cyf. VIII, Haf 1995). Am lyfryddiaeth lawn gweler John Harris, *A Bibliographical Guide to Twenty-four Modern Anglo-Welsh Writers* (1994).

Jones, Griffith, gweler JONES, JOHN (1559–98).

Jones, Griffith (1683–1761), sylfaenydd yr Ysgolion Cylchynol Cymreig, ac ym marn llawer, Cymro mwyaf y ddeunawfed ganrif. Fe'i ganed ym Mhen-boyr, Caerf., a bu'n fugail am gyfnod ond cafodd brofiad crefyddol dwys a fu'n drobwynt yn ei fywyd. Ar ôl gorffen yn Ysgol Ramadeg Caerfyrddin, cafodd ei ordeinio yn 1708. Enillodd fri fel pregethwr ac er iddo gael ei geryddu gan ei esgobion ar fwy nag un achlysur rhoddwyd iddo reithoriaeth Llanddowror, Caerf., gan un o'i noddwyr, Syr John *Philipps, yn 1716. Arhosodd yn Llanddowror am bum mlynedd a deugain a chyda'r pentref hwnnw y cysylltir ef fel arfer.

Yr oedd Griffith Jones yn aelod brwdfrydig o'r *Gymdeithas er Taenu Gwybodaeth Gristnogol ac yn 1731 dechreuodd sefydlu ysgolion cylchynol yn ei sir enedigol. Cynhelid yr ysgolion am gyfnod o dri mis yn yr un man, a hynny fel arfer ym misoedd y gaeaf pan oedd llai o waith i'w wneud ar y ffermydd. Trwyddynt dysgid plant ac oedolion i ddarllen y *Beibl Cymraeg ac adrodd Catecism Eglwys Loegr. Bu'r ysgolion yn llwyddiant mawr o'r dechrau ac yn ffactor bwysig yn lledaeniad llythrennedd yn y Gymraeg. Pan fu Griffith Jones farw yn 1761, cofnododd *The Welch Piety* fod rhyw dair mil o'r ysgolion hyn wedi cael eu sefydlu mewn 1,600 o leoedd yng Nghymru yn ystod y pum mlynedd ar hugain blaenorol. Wedi iddo farw parhawyd y gwaith gan Madam Bridget Bevan (1698–1779), a fu'n brif noddwraig iddo.

Ysgrifennwyd sawl cofiant iddo yn cynnwys rhai gan Henry Phillips (1762), D. Ambrose Jones (1928), R. T. Jenkins (1930), F. A. Cavanagh (1930) a Thomas Kelly (1950); gweler hefyd Geraint H. Jenkins, *Hen Filwr dros Grist* (1983) a Gwyn Davies, *Griffith Jones, Llanddowror: Athro Cenedl* (1984). Ceir manylion am yr ysgolion cylchynol yn *The Charity School Movement* (1938) gan M. G. Jones a'r bennod sy'n dwyn y teitl '*Religion, Language and the Circulating Schools*' yn *Religion, Language and Nationality in Wales* (1979) gan Glanmor Williams.

JONES, GRIFFITH HARTWELL (1859–1944), hanesydd a aned yn Llanrhaeadr-ym-Mochnant, Tfn., ac a addysgwyd yng Ngholeg Iesu, Rhydychen. Treuliodd y rhan fwyaf o'i oes yn offeiriad Anglicanaidd yn swydd Surrey. Er iddo gymryd diddordeb byw mewn materion Cymreig, yn fwyaf nodedig fel Cadeirydd Cyngor Anrhydeddus Gymdeithas y *Cymmrodorion am fwy nag ugain mlynedd, ni roddwyd iddo swydd yn yr Eglwys yng Nghymru, ac yn ei hunangofiant, *A Celt Looks at the World* (1946), ni chuddiodd ei siom na chafodd gyfle i gyflawni yn ei wlad ei hun y dyletswyddau Eglwysig y credai y gallai eu cyflawni. Ymhlith ei weithiau hanesyddol y mae *The Dawn of European Civilisation* (1903), *Celtic Britain and the Pilgrim Movement* (1912), *The Celt in Ancient History* (1921) ac *Early Celtic Missionaries* (1928).

Jones, Gruffydd (**Y Deryn Mawr**; *fl.* 1880), gŵr ffraeth o Fethel, Caern., a oedd yn meddu ar ddawn fawr i adrodd *stori gelwydd golau. Chwarelwr ydoedd a chafodd ei lysenw oherwydd yr hanesion rhyfeddol a adroddai am yr aderyn mawr a'i cariodd adref o America. Ceir portread ohono gan W. J. *Gruffydd (1881–1954) yn ei *Hen Atgofion* (1936).

JONES, GWILYM GWESYN (1910–78), bardd. Fe'i ganed yng Nghaerffili, Morg., yr ieuangaf o ddeg o blant i ffermwr. Gadawodd yr ysgol yn bedair ar ddeg oed i fynd i weithio mewn nifer o fân swyddi, ond gan mwyaf bu'n gweithio gyda'r Comisiwn Coedwigaeth. Cyhoeddodd ddwy gyfrol o gerddi, *Pacific Poems* (1936) a *The Loom of Love* (1953), y ddwy ohonynt yn adlewyrchu eu lawenydd mewn golygfeydd naturiol; ysgrifennodd A. G. *Prys-Jones ragymadrodd i'r olaf.

JONES, GWILYM MEREDYDD (1920–92), awdur storïau byrion a nofelydd. Fe'i ganed yng Nglanyrafon, Meir., a'i addysgu yn y Coleg Normal, Bangor. O 1946 hyd at ei ymddeoliad yn 1982 bu'n athro ysgol yn Toxteth a Broad Green, Lerpwl. Cyhoeddodd dri chasgliad o storïau, sef *Ochr Arall y Geiniog* (1982), *Gwerth Grôt* (1983) a *Chwalu'r Nyth* (1994), a hefyd tair nofel, *Dawns yr Ysgubau* (1965), *Yr Onnen Unig* (1985) a *Drymiau Amser* (1987).

JONES, GWILYM RICHARD (1903–93), bardd a newyddiadurwr a aned yn Nhal-y-sarn, Caern. Dechreuodd fel gohebydd ar staff *Yr *Herald Cymraeg yng Nghaernarfon, yna bu'n olygydd *Herald Môn*, *Y *Brython a'r *North Wales Times*. Daeth yn olygydd *Baner ac Amserau Cymru yn 1945 a pharhaodd yn y swydd hyd nes iddo ymddeol yn 1977. Fel bardd yr oedd yn grefftwr profiadol yn y mesurau caeth, ond ef hefyd oedd un o'r rhai cyntaf i arbrofi gyda'r mesur penrhydd yn y Gymraeg, a pharhaodd i gyfansoddi'n gyson yn y naill arddull a'r llall. Cyhoeddodd bum cyfrol o gerddi: *Caneuon* (1935), *Cerddi* (1969), *Y Syrcas* (1975), *Y Ddraig* (1978) ac *Eiliadau* (1981). Gyda Huw T. *Edwards, Mathonwy *Hughes a Rhydwen *Williams, cyfrannodd gerddi i'r gyfrol *Ar y Cyd* (1958). Cyfansoddodd ryddiaith greadigol hefyd. Effaith cyni ac erchylltra'r Rhyfel Byd Cyntaf ar gymdeithas y chwarel-wyr yn Nyffryn Nantlle yw testun ei ddwy nofel fer, *Y Purdan* (1942) a *Seirff yn Eden* (1963). Enillodd Gwilym R. Jones y *Gadair (1938), y *Goron (1935) a'r *Fedal Ryddiaith (1941) yn yr Eisteddfod Genedlaethol.

Ceir arolwg o'i waith gan Mathonwy Hughes yn *Awen Gwilym R.* (1980); gweler hefyd hunangofiant Gwilym R. Jones, *Rhodd Enbyd* (1983), a'r erthygl gan Mathonwy Hughes yn *Dyrnaid o Awduron Cyfoes* (gol. D. Ben Rees, 1975). Gweler hefyd yr erthygl gan John Roberts Williams yn *Taliesin* (cyf. LXXXIII, 1993).

JONES, GWYN (1907–), ysgolhaig, nofelydd ac awdur storïau byrion, a aned yng Nghoed-duon, Myn., a'i addysgu yng Ngholeg y Brifysgol, Caerdydd; bu ei draethawd M.A. ar chwedlau Ynys yr Iâ yn gam cyntaf mewn gyrfa o ysgolheictod o fri. Yn 1929 aeth yn athro ysgol, yn gyntaf yn Wigan ac yn ddiweddarach ym Manceinion. Ffrwyth cyntaf ei ysgolheictod a'i allu creadigol oedd ei gyfieithiad o'r *Four Icelandic Sagas* (1935) a nofel, *Richard Savage* (1935). Cydnabuwyd yr olaf gan lawer fel un o lyfrau pwysicaf y flwyddyn honno; ceir ynddi hanes arwr y teitl, darlun meistrolgar o fywyd yn Lloegr yn y cyfnod Awstaidd.

Dychwelodd Gwyn Jones i Gymru yn 1935 i fod yn Ddarlithydd yn yr Adran Saesneg yng Ngholeg y Brifysgol, Caerdydd. Ymddangosodd tair nofel bur wahanol i'w gilydd, sef *Times Like These* (1936), *The Nine Days' Wonder* (1937) ac *A Garland of Bays* (1938). Darlun teimladol o fywyd teuluaidd yn erbyn cefndir y *Dirwasgiad yng nghymoedd de Cymru yw'r gyntaf ac y mae'n arbennig oherwydd ei dilysrwydd a'i hunan-ddisgyblaeth. Lleolir yr ail, sy'n hanes braidd yn ffiaidd am fywyd y dosbarth isaf, ger Manceinion. Nofel hanesyddol am y dramodydd o gyfnod Elisabeth I, sef Robert Greene, yw'r olaf.

Yn 1939, wedi iddo gael ei ysgogi gan ym-wybyddiaeth o gryfder cynyddol llenyddiaeth *Eingl-Gymreig, sefydlodd Gwyn Jones gylchgrawn misol, *The *Welsh Review*, a'r flwyddyn ganlynol daeth yn Athro Saesneg yng Ngholeg Prifysgol Cymru, Aberystwyth. Camp lenyddol fwyaf ei flynyddoedd yn Aberystwyth oedd ei gyfieithiad gyda Thomas *Jones, *The *Mabinog-ion* (1948). Cyhoeddwyd y gwaith hwn gan y *Golden Cockerel Press* yn 1948 a chan *Everyman's Library* yn 1949. Derbyniodd glod gan ysgolheigion Cymreig ac enillodd lawer iawn o ddarllenwyr ar gyfrif ei ddarluniad cynnil o ysbryd y gwreiddiol a cheinder sicr ei arddull. Bu Gwyn Jones yn olygydd a chyfieithydd nifer o argraffiadau cain gan y *Golden Cockerel Press* gan gynnwys *Sir Gawain and the Green Knight* (1952) a *The Metamorphoses of Ovid* (1958). Cynhwyswyd ei nofelig *The Green Island* (1946), a gyhoeddwyd gyntaf gan y wasg honno, yn yr ail o dri chasgliad o straeon byrion, *The Still Waters* (1948). Cyhoeddwyd dwy nofel yn ystod ei gyfnod yn Aber-ystwyth, *The Flowers Beneath the Scythe* (1952) sy'n

cwmpasu'r ddau Ryfel Byd, a *The Walk Home* (1962), nofel hanesyddol arall, a leolir yn ardal ddiwydiannol de Cymru. Cyhoeddwyd hefyd, yn ystod y cyfnod hwn, ddau gasgliad arall o storïau byrion, *The *Buttercup Field* (1945) a *Shepherd's Hey* (1953), ysgrif ddisgrifiadol, *A Prospect of Wales* (1948) a'r gyfrol *Welsh Legends and Folk Tales* (1955). Ymddangosodd ei *Selected Short Stories* yn 1974 a'i *Collected Stories* yn 1997.

O 1964 hyd ei ymddeoliad yn 1975, Gwyn Jones a ddaliai Gadair yr Adran Saesneg yng Ngholeg y Brif-ysgol, Caerdydd. Daeth cyhoeddi *The Norse Atlantic Saga* (1964), *A History of the Vikings* (1968) a *Kings, Beasts and Heroes* (1972) â chydnabyddiaeth fyd-eang iddo. Am ei gyfraniad i astudiaethau ar sagâu a'r Llych-lynwyr dyfarnwyd iddo Urdd yr Hebog gan Arlywydd Gwlad yr Iâ yn 1963 a Chroes Pennaeth yr Urdd, anrhydedd uchaf y wlad honno, yn 1987.

Yn ei ysgrifau golygyddol lu, ei erthyglau a'i ddar-lithoedd, y mae Gwyn Jones wedi gwneud llawer i hyrwyddo a diffinio llenyddiaeth Eingl-Gymreig, maes lle'r oedd ef yn ffigur o bwys am dros hanner canrif. Ymysg y blodeugerddi y mae wedi'u golygu y mae *Welsh Short Stories* (1941), *Welsh Short Stories* (1956), *Twenty-five Welsh Short Stories* (gydag Islwyn Ffowc *Elis, 1971) a *The Oxford Book of Welsh Verse in English* (1977); ei brif ddarlithoedd ar lenyddiaeth Eingl-Gymreig oedd *The First Forty Years* (1957) a *Being and Belonging* (Darlith Flynyddol *BBC Cymru, 1977). Bu'n gadeir-ydd Pwyllgor Cymreig Cyngor y Celfyddydau o 1957 hyd 1967. Y mae wedi parhau i ymwneud yn helaeth â bywyd a llenyddiaeth Gymraeg ac Eingl-Gymreig, gan dderbyn Medal y *Cymmrodorion yn 1991, cyhoeddi cyfrol o draethodau ac anerchiadau, *Background to Dylan Thomas and Other Explorations* (1992) a chyda chymorth ei wraig Mair (gweddw ei gyd-weithiwr gwreiddiol, Thomas Jones) diwygio'r rhagymadrodd ar gyfer argraff-iad newydd Everyman o *The Mabinogion* (1993). Cyf-lwynwyd dau gasgliad sylweddol o'i lyfrgell helaeth o lyfrau ysgolheigaidd a phrin i *Lyfrgell Genedlaethol Cymru yn 1995.

Ceir cyfrol ar fywyd a gwaith Gwyn Jones gan Cecil Price gyda llyfryddiaeth ddethol yn y gyfres *Writers of Wales* (1976); gweler hefyd yr erthyglau gan Glyn Jones yn *Dictionary of Literary Bio-graphy: British Novelists, 1930–1959* (1983) a chan Esther P. Riley yn *British Short-Fiction Writers 1945–80* (gol. D. Baldwin, 1997). Ceir rhestr lawn o gyhoeddiadau Gwyn Jones yn John Harris, *A Bibliographical Guide to Twenty-four Modern Anglo-Welsh Writers* (1994).

JONES, GWYN ERFYL (**Gwyn Erfyl**; 1924–), bardd a golygydd a aned ger Llanerfyl, Tfn. Ar ôl cyfnod fel Darlithydd Athroniaeth a Gwyddoniaeth Wleid-yddol yng *Ngholeg Harlech, aeth yn weinidog gyda'r Annibynwyr a bu â gofal eglwysi yn Nhrawsfynydd, Glanaman a Chaerdydd. Y mae'n adnabyddus fel cyn-hyrchydd a chyflwynydd rhaglenni radio a theledu yn Gymraeg ac y mae wedi ennill sawl gwobr gydwladol am ei ffilmiau dogfen. Penodwyd ef yn Bennaeth Rhaglenni Dogfen a Chrefydd gyda HTV Cymru yn 1980 ac ymddeolodd o'r swydd honno yn 1985. Cyhoeddodd nifer o gyfrolau yn seiliedig ar gyfresi radio a theledu, yn eu plith *Dan Sylw* (1971) a *Credaf* (1985). Y mae'n awdur cyfrol o farddoniaeth, sef *Cerddi* (1970), a chasgliad o ysgrifau, *Trwy Ddirgel Ffydd* (1997). Ef oedd golygydd y cylchgrawn *Barn* o 1975 hyd 1979.

JONES, GWYN OWAIN (1917–), nofelydd a aned yng Nghaerdydd; fe'i haddysgwyd yng Ngholeg Iesu, Rhydychen, ac wedyn bu'n dysgu ym Mhrifysgol Sheffield a Choleg y Frenhines Mari, Prifysgol Llundain, lle y daeth yn Athro Ffiseg yn 1953. Dychwelodd i Gymru yn 1968 pan benodwyd ef yn Gyfarwyddwr *Amgueddfa Genedlaethol Cymru, swydd a ddaliodd nes iddo ymddeol yn 1977. Yn ogystal â dau lyfr ar bynciau gwyddonol, cyhoeddodd dair nofel, sef *The Catalyst* (1960), *Personal File* (1962) a *Now* (1965), a gwaith hunangofiannol, *The Conjuring Show* (1981). Yr oedd G. O. Jones yn Gadeirydd Adran Saesneg yr *Academi Gymreig o 1978 hyd 1981.

JONES, HARRI PRITCHARD (1933–), nofelydd a storïwr. Fe'i ganed yn Dudley, swydd Gaerwrangon, ond cafodd ei fagu ym Mhorthaethwy a Llangefni, Môn. Aeth yn fyfyriwr i astudio meddygaeth yng Ngholeg y Drindod, Dulyn, gan dreulio rhyw ddeng mlynedd yn Iwerddon, cyfnod pan drwythodd ei hun yn niwylliant Iwerddon a throi at y ffydd Babyddol. Y mae'n byw bellach yng Nghaerdydd. Bu'n Gadeirydd Adran Gymraeg yr *Academi Gymreig o 1991 hyd 1996. O Iwerddon y tarddodd yr ysbrydoliaeth am ei gyfrol gyntaf o storïau byrion, *Troeon* (1966), a lleolir ei nofel *Dychwelyd* (1972) yn rhannol yn y wlad honno. Cyhoeddodd ail gyfrol o storïau byrion, *Pobl* (1978) a gyhoeddwyd yn Saesneg fel *Corner People* (1991), ac yn honno cyfunir ymwybyddiaeth sensitif o ardal â dadansoddiad crefftus o'r cymeriad dynol. Lleolir ei nofel *Bod yn Rhydd* (1992) yng Nghaerdydd ac y mae'n ymdrin â phroblemau'r difreintiau a'r lleiafrifoedd ethnig yn y ddinas honno. Stori garu rhwng hanner Cymro a Gwyddeles danbaid sydd yn ei nofel *Ysglyfaeth* (1987) a leolir yng Nghymru a Gogledd Iwerddon. Y mae hefyd wedi cyhoeddi cyfrol o ysgrifau crefyddol personol, *Cyffes Pabydd wrth ei Ewyllys* (1996) ac astudiaeth ar Sigmund Freud yn y gyfres *Y *Meddwl Modern* (1982). Fel Pabydd, y mae wedi ymddiddori'n arbennig yng ngwaith Saunders *Lewis, wedi cyfieithu ei ddramâu ar gyfer y teledu ac wedi cyhoeddi astudiaeth yn Saesneg ar ei waith, *Saunders Lewis, A Presentation of his Work* (1990). Cyhoeddwyd detholiad o'i storïau o dan y teitl *Ar y Cyrion* yn 1994. Golygodd hefyd *Goreuon Storïau Kate *Roberts* (1997).

Gweler yr adolygiad ar *Ysglyfaeth* gan Gerwyn Wiliams yn *Barn* (rhif. 299, 1987).

JONES, HENRY (1852–1922), athronydd ac awdur. Fe'i ganed yn Llangernyw, Dinb., a phrentisiwyd ef yn ddeuddeg oed gyda'i dad fel crydd, ond yn ddiweddarach aeth i'r Coleg Normal, Bangor, ac i Brifysgol Glasgow. Daeth yn Ddarlithydd Athroniaeth yng Ngholeg Prifysgol Cymru, Aberystwyth, yn 1882, yn Athro yng Ngholeg Prifysgol Gogledd Cymru, Bangor, ddwy flynedd yn ddiweddarach ac yna symudodd i'r Alban lle y treuliodd weddill ei oes a dod yn Athro ym Mhrifysgol Sant Andrew yn 1891 ac ym Mhrifysgol Glasgow yn 1894. Yr oedd yn athro penigamp, a'i athrawiaeth oedd fersiwn o ddelfrydiaeth Hegel, ynghyd â dylanwadau Beiblaidd. Yr oedd yn Rhyddfrydwr a chanddo ddiddordeb dwfn mewn diwygio'r gyfundrefn addysgol. Yr oedd yn un o arweinyddion y mudiad a sicrhaodd *Ddeddf Addysg Ganolraddol 1889 ac ef, wedi sefydlu *Prifysgol Cymru, a ddyfeisiodd y dreth o geiniog (a ddisgrifir weithiau fel 'ceiniogau'r tlodion') a godwyd gan y cynghorau sir at ddibenion addysg uwch.

Y pwysicaf o'i weithiau athronyddol niferus oedd *Browning as a Philosophical and Religious Teacher* (1891), *Lotze* (1895) ac *A Faith that Enquires* (1922). Cofir amdano heddiw am y gyfrol olaf a seiliwyd ar Ddarlithoedd Gifford a draddododd yn Glasgow, ac adlewyrcha'r llyfr lawer o'r tueddiadau diwinyddol yng Nghymru yn ei gyfnod. Fe'i hurddwyd yn farchog yn 1912. Disgrifiodd ei ymdrechion i gael addysg a'i yrfa gynnar mewn cyfrol o hunangofiant, *Old Memories* (1923), a olygwyd gan Thomas *Jones (1910–72).

Ceir rhagor o fanylion yn *The Life and Letters of Sir Henry Jones* (1924) gan H. J. W. Hetherington.

JONES, HUGH (1749–1825), cyfieithydd ac emynydd, a aned ym Maesglasau, rhwng Dinas Mawddwy a Dolgellau, Meir. Pan oedd yn ŵr ifanc daeth yn flaenllaw gyda'r Methodistiaid Calfinaidd a chafodd mai ar gynhyrchu llenyddiaeth grefyddol yr oedd ei fryd. Tra oedd yn byw yn Llundain fel athro ysgol ysgrifennodd *Cydymaith yr Hwsmon* (1774), cyfrol o fyfyrdodau crefyddol. Dychwelodd i Gymru yn 1774 a chadwodd ysgol yn ei sir enedigol ond nid heb drafferthion ariannol; gweithiodd hefyd fel cyfieithydd i amryw gyhoeddwyr gan gynnwys Thomas *Gee. Ysgrifennodd neu cyfieithodd ryw ugain o lyfrau, yn cynnwys gwaith Josephus yr hanesydd Iddewig. Cyhoeddodd hefyd ddwy gyfrol o farddoniaeth, *Gardd y Caniadau* (1776) a *Hymnau Newyddion* (1797). Fe'i cofir yn arbennig am ei emyn 'O tyn y gorchudd yn y mynydd hyn'; hwn ym marn Owen M. *Edwards, y gŵr a olygodd ei waith yn 1901, yw'r emyn gorau yn yr iaith Gymraeg.

Jones, Hugh Robert (1894–1930), arloeswr Plaid Genedlaethol Cymru. Fe'i ganed yn Ebenezer, Caern., pentref y llwyddodd yn ddiweddarach i newid ei enw i Ddeiniolen, ac yn dair ar ddeg oed dechreuodd weithio yn y chwarel leol. Ef oedd sylfaenydd Byddin Ymreolaeth Cymru ac yn 1925 ymunodd y mudiad ag eraill i ffurfio Plaid Genedlaethol Cymru a ddaeth yn ddiweddarach yn *Blaid Cymru. Ef oedd Ysgrifennydd cyntaf y Blaid tan ei farw o'r darfodedigaeth. H. R. Jones yw arwr yr awdl 'Breuddwyd y Bardd' (1931) gan Gwenallt (David James *Jones) a Caradoc Evans (David *Evans) yw'r dihiryn.

Ceir manylion pellach yn yr ysgrif arno gan Saunders Lewis yn *Canlyn Arthur* (1938) a'r bennod gan Gwilym R. Jones yn *Adnabod Deg* (gol. Derec Llwyd Morgan, 1977).

JONES, HUMPHREY (Bryfdir; 1867–1947), bardd a aned yng Nghwm Croesor, Meir. Ar wahân i ennill pedair a thrigain o gadeiriau eisteddfodol ac wyth o goronau, cyhoeddodd ddwy gyfrol o farddoniaeth, *Telynau'r Wawr* (1899) a *Bro fy Mebyd* (1929), yn ogystal â nifer o lyfrynnau a phamffledi. Bryfdir a roddodd i Ellis Humphrey *Evans ei enw barddol, sef Hedd Wyn.

JONES, HUW (m. 1782) o Langwm, anterliwtiwr, baledwr a chyhoeddwr. Fel Twm o'r Nant (Thomas *Edwards), lluniai *anterliwtiau: diogelwyd pedair o'i eiddo, *Hanes y Capten Factor*, *Protestant a Neilltuwr*, *Y Brenin Dafydd* (ar y cyd â Siôn *Cadwaladr) a *Histori'r Geiniogwerth Synnwyr*. Cymerai ran yn y chwarae, a daliai ar y cyfle i elwa ymhellach trwy gyhoeddi'r gweithiau a'u gwerthu. At hyn, yr oedd yn un o faledwyr mwyaf cynhyrchiol ei oes. Priodolir iddo oddeutu cant o gerddi ar bynciau cyfarwydd y baledwyr: serch, crefydd, arferion cyfoes, damweiniau a llofruddiaethau, a'r milisia. Gwerthid y rhan fwyaf o'r rhain gan *ddatgeiniaid a phedleriaid teithiol megis Evan Ellis, 'Gwerthwr Baledi a British Oil &'. Cyhoeddwyd y faled gynharaf yn 1727 a'r olaf yn 1813. Ei gyfraniad pwysig fel cyhoeddwr oedd llwyddo, lle y methasai'r *Morrisiaid, i ddwyn i olau dydd weithiau'r beirdd a gysylltir â dadeni llenyddol y ganrif. Cynnwys ail ran *Dewisol Ganiadau yr Oes Hon* (1759) gerddi carolaidd o'i eiddo ei hun ac o waith beirdd o gyffelyb anian megis Elis y Cowper (Elis *Roberts) a Jonathan Hughes (yn hyn o beth ymdebyga i *Blodeu-gerdd Cymry* Dafydd Jones a gyhoeddwyd yr un flwyddyn), ond gwelir yn y rhan gyntaf ddetholiad o weithiau caeth 'yr Awduriaid goreu yn yr Oes Bresenol', a Goronwy *Owen, William Wynn Llangynhafal, a Rhys *Jones o'r Blaenau yn eu plith. Cyhoeddodd gasgliad pur llawn o ganu Goronwy, Lewis *Morris a Huw Huws ynghyd â dyrnaid o gerddi Richard Morris, Robin Ddu a Siôn Owen – a baled o'i eiddo ei hun rhag bod dalen yn wag – yn 1763, yn y *Diddanwch Teuluaidd*, ond ni lwyddodd i wireddu ei gynllun a chyhoeddi chwaer-gyfrol o ganu beirdd Meirion a sir Ddinbych.

JONES, HUW (1955–), bardd a faged yn Y Trallwng, Tfn., a'i addysgu yng Ngholeg Prifysgol Cymru, Aberystwyth, lle y graddiodd mewn Diwinyddiaeth. Bu wedyn yn athro mewn ysgolion uwchradd yn

Y Drenewydd a Llandrindod, cyn mynd i weithio fel tiwtor Cymraeg i oedolion dros Adran Addysg Barhaus Coleg Prifysgol Gogledd Cymru, Bangor. O 1990 hyd 1992 dysgodd yng Ngholeg Moeding yn Botswana, ond yna dychwelodd i Fangor, i'r Adran Addysg Barhaus. Ef oedd golygydd adolygiadau *The *Anglo-Welsh Review* o 1985 hyd 1988. Y mae Huw Jones wedi cyhoeddi barddoniaeth yn Gymraeg a Saesneg; ymddangosodd *A Small Field*, ei gasgliad cyntaf, yn 1985 a *Lleuad y Bore* yn 1994. Casgliad dwyieithog yw *Ceiliogod Otse: The Cockerels of Otse* (1996), yn cynnwys barddoniaeth, rhyddiaith a ffotograffau, a dyfodd o'i brofiadau fel athro yn Botswana. Y mae ei farddoniaeth yn syml a diffwdan ond, fel profiad y Crynwyr yr ysgrifenna amdano yn 'For the Quakers of Montgomeryshire', y mae iddi ddimensiwn ysbrydol diysgog.

JONES, IDWAL (1887–1964), awdur. Fe'i ganed ym Mlaenau Ffestiniog, Meir., ond mudodd gyda'i deulu i UDA yn ddeuddeng mlwydd oed. Ar ôl gyrfa liwgar fel mwyngloddiwr a thorrwr coed, daeth yn newyddiadurwr yn San Francisco gan ennill bywoliaeth yn ysgrifennu am y theatr, bwyd a gwin, hanes a llên gwerin California a chan wneud ymchwil hanesyddol ar gyfer Ffilmiau Paramount. Er nad anghofiodd ei Gymraeg, dau yn unig o'i saith nofel sy'n sôn am Gymru, sef *The Splendid Shilling* (1926) a *Whistler's Van* (1936). Ar y cyfan, trodd at themâu o Galiffornia neu themâu cosmopolitan mewn llyfrau megis *High Bonnet* (1945) a *Vermilion* (1947), nofel hir, liwgar am fwyngloddio arian byw ym mynyddoedd Santa Cruz. Ei waith llenyddol pwysicaf oedd y casgliad o storïau byrion, *China Boy* (1936).

JONES, IDWAL (1895–1937), dramodydd a digrifwr o Lanbedr Pont Steffan, Cer. Bu'n gweithio gyda busnes glo ei dad ac yn glerc mewn swyddfa cyfreithiwr. Gwasanaethodd yn nwyrain Affrica yn ystod y Rhyfel Byd Cyntaf ac wedi dychwelyd adref aeth i Goleg Prifysgol Cymru, Aberystwyth, a graddio mewn Saesneg yn 1923. Aeth yn ysgolfeistr ym Mhontarfynach ac yna o 1928 hyd 1932 bu'n Ddarlithydd Efrydiau Allanol. Yr oedd Idwal Jones yn chwedl yn ei oes ei hun, yn arbennig oherwydd ei ystrywiau hwyliog fel myfyriwr, a chofir ef hefyd fel awdur cerddi ysgafn yn cynnwys parodïau, limrigau, cerddi ffwlbri a chomedi gerddorol am fywyd y Coleg, *Yr Eosiaid* (1936). Cyhoeddwyd ei gerddi a'i storïau yn *Cerddi Digri a Rhai Pethau Eraill* (1934), *Cerddi Digri Newydd a Phethau o'r Fath* (1937) ac *Ystorïau a Pharodïau* (1944). Lluniodd nifer o ddramâu byrion, yn cynnwys *My Piffle*, sgit ddwyieithog ar *My People* gan Caradoc Evans (David *Evans), ond ei weithiau pwysicaf yw'r ddrama *Pobl yr Ymylon* (1927), dadl yn erbyn parchusrwydd, ac *Yr Anfarwol Ifan Harris*, drama fuddugol Eisteddfod Genedlaethol 1928. Gwnaeth gyfraniad i adloniant ysgafn fel sefydlydd ac aelod o'r grŵp poblogaidd Adar Tregaron ac fel sgriptiwr ar gyfer y radio.

Ysgrifennwyd cofiant Idwal Jones gan D. Gwenallt Jones (1958).

JONES, IDWAL (1910–85), awdur a darlledwr. Fe'i ganed yn Nhal-y-sarn, Caern., a derbyniodd ei addysg yng Ngoleg Diwinyddol Bala-Bangor. Rhwng 1933 a 1975 bu'n gweinidogaethu ar eglwysi Undeb yr Annibynwyr Cymraeg mewn nifer o ardaloedd gwahanol. Er mai gweinidog oedd wrth ei alwedigaeth yr oedd ganddo ddawn anghyffredin i droi ei law at bob math o fusnesau er mwyn ychwanegu at ei incwm. Ceir manylion am y rhain yn ei gasgliad o ysgrifau hunangofiannol, *Crafu Ceiniog* (1975). Yn fwy na dim arall yr hyn a ddaeth ag ef i amlygrwydd cenedlaethol oedd ei waith fel sgriptiwr a darlledwr radio. Un o'i gyfraniadau amlycaf oedd ei bregethau radio megis 'Twm bach' a 'Gwen' a saernïwyd yn ofalus ar ffurf sgwrs anffurfiol neu stori. Yn ddiweddarach cyhoeddodd ei bregethau a'i sgyrsiau radio yn *Pregethau a Sgyrsiau Radio* (1974) a *Mr. Saceus a'i Siort: Storïau Pregethwr* (1976). Nid oes amheuaeth mai ei gymwynas bwysicaf oedd ei gyfraniad i ddarlledu a llenyddiaeth plant trwy ddyfeisio a llunio sgriptiau i'r gyfres-ddrama dditectif i blant, *S. O. S. Galw Gari Tryfan* a ddarlledwyd yn y rhaglen *Awr y Plant* ar y radio o ddiwedd y 1940au ymlaen. Oherwydd cyffro a dyfeisgarwch y plot a chyfoesedd y cefndir, ynghyd â'r deialog lliwgar a bachog, fe gydiodd y cyfresi hyn yn nychymyg cenhedlaeth gyfan o bobl ifainc. Yn ddiweddarach fe sefydlodd Idwal Jones ei gwmni cyhoeddi ei hun, Llyfrau Tryfan, er mwyn rhoi ffurf fwy parhaol i'r anturiaethau hyn. Ymhlith y teitlau o'r gyfres hon a gyhoeddwyd ganddo yr oedd *Trysorau Hafod Aur* (d.d.), *Diflaniadau Nant y Mynach* (1978), *Dirgelwch yr Wylan Ddu* (1978), *Y Gragen Wag* (1979), *Gari Tryfan v. Dominus Gama* (1979), *Dirgelwch y Parlys Gwyn* (1979), *Y Chwerthin Chwerw* (1980), *Tryfan ar Flaena'i Draed* (1981) a *Cyfrinach Mali Pegs* (1982). Er iddo roi llawer iawn o egni i addasu a chyhoeddi'r cyfrolau hyn, y mae'n deg dweud na lwyddodd y fersiynau printiedig i ail-greu cyffro'r darllediadau gwreiddiol.

JONES, IEUAN GWYNEDD (1920–   ), hanesydd a aned yn y Rhondda a'i addysgu yng Ngholeg y Brifysgol Abertawe, a Peterhouse, Caer-grawnt. Fe'i penodwyd yn Ddarlithydd yn Adran Hanes Coleg y Brifysgol Abertawe, yn 1953. Bu'n dal Cadair Syr John Williams yn Adran Hanes Cymru, Coleg Prifysgol Cymru, Aberystwyth, o 1970 nes iddo ymddeol yn 1984. Canolbwyntiodd ei ymchwil yn bennaf ar hanes cymdeithasol Cymru oes Fictoria ac y mae'n awdurdod ar ddatblygiadau crefyddol a gwleidyddol, yn arbennig yn negawdau canol y ganrif. Y mae ei brif gyhoeddiadau yn cynnwys *Explorations and Explanations. Essays in the Social History of Victorian Wales* (1981), *Communities.*

Essays in the Social History of Victorian Wales (1987), *Mid Victorian Wales, The Observers and the Observed* (1992), *Henry *Richard, Apostle of Peace, 1812–1888* (1988) ac *Ar Drywydd Hanes Cymdeithasol yr Iaith Gymraeg* (Darlith Goffa Syr Thomas *Parry-Williams, 1996). Ef yw Golygydd Cyffredinol y gyfres *The Cardiganshire County History* (cyf. I, 1994) a chyd-olygydd, gyda Glanmor *Williams, *Social Policy, Crime and Punishment: Essays in Memory of Jane Morgan* (1994).

Cynhwysir llyfryddiaeth lawn o'i gyhoeddiadau yn *Politics and Society in Wales: Essays in Honour of Ieuan Gwynedd Jones* (gol. Geraint H. Jenkins a J. Beverley Smith, 1988).

JONES, IFANO (1865–1955), llyfryddwr a aned yn Aberdâr, Morg. Bu'n brentis yn y fasnach argraffu pan oedd yn fachgen, a dechreuodd weithio yn swyddfeydd *Tarian y Gweithiwr*. Daeth wedyn yn gysodydd ac yn ddarllenydd proflenni i'r wythnosolyn, *Y Gweithiwr Cymraeg*. Yn 1896 penodwyd ef ar staff Llyfrgell Rydd Caerdydd i gatalogio, gyda John *Ballinger, y deunydd yn y casgliad Cymraeg. Gweithiodd yn Adran Ymchwil y Llyfrgell nes iddo ymddeol yn 1925. Argraffwyd catalog yn 1898 o dan y teitl *Cardiff Free Libraries. Catalogue of Printed Literature in the Welsh Department*; ymddangosodd ychwanegiadau yn y cylchgrawn *Bibliography of Wales* rhwng 1899 ac 1912. Aeth Ifano Jones ymlaen, gyda chymorth Ballinger, i greu llyfryddiaeth y *Beibl Cymraeg, *The Bible in Wales*, a gyhoeddwyd yn 1906. Ei *magnum opus* oedd *A History of Printing and Printers in Wales to 1810* (1925).

Ceir manylion pellach yn yr erthygl gan W. W. Price yng *Nghylchgrawn y Gymdeithas Lyfryddol Gymreig* (Gorff., 1955).

Jones, Inigo (1573–1652), pensaer enwocaf y Stiwartiaid cynnar; yr oedd yn fab i frethynnwr o Gymro. Cysylltir y teulu yn ôl hen draddodiad â sir Ddinbych ac y mae'n bosibl mai ymgais yw'r enw rhyfedd Inigo neu Ennico i ysgrifennu'r hen enw Cymraeg Inco. Thomas *Pennant, yn ei *Tours* (1810), a roes ar led y gred leol mai Inigo a gynlluniodd gapel Gwydir yn 1633 a phont enwog Llanrwst yn 1636. Y mae arfbais y pensaer yn ddigon tebyg i un y Treforiaid ac y mae sôn mai ef a gynlluniodd Plas Teg, Ffl., i'r teulu hwnnw.

Ceir manylion pellach am gysylltiadau Cymreig Inigo Jones yn yr astudiaethan gan J. A. Gotch (1928) a J. Summerson (1966).

JONES, JACK (1884–1970), nofelydd. Fe'i ganed ym Merthyr Tudful, Morg., yn un o bymtheg plentyn i löwr. Dechreuodd weithio dan y ddaear yn ddeuddeg oed. Bum mlynedd yn ddiweddarach ymunodd â'r fyddin, gan wasanaethu yn Ne Affrica ac ar ffin ogleddorllewinol yr India. Wedi'r Rhyfel Byd Cyntaf, pryd y cafodd ei anafu yng Ngwlad Belg, daeth yn amlwg yng ngwleidyddiaeth y Chwith ac yn 1923, ac yntau'n aelod o'r Blaid Gomiwnyddol, fe'i hetholwyd yn swyddog y glowyr dros Gwm Garw. Gadawodd y swydd a'r Blaid ar ôl pum mlynedd a rhwng 1928 ac 1932 bu'n aelod o'r Blaid Lafur, y Blaid Ryddfrydol a Phlaid Newydd Oswald Mosley. Yn ystod y 1930au trodd ei law at amrywiaeth o swyddi gan gynnwys rheoli sinema a labro. Yr oedd hefyd yn ddi-waith yn aml. Yr oedd yn siaradwr llwyfan profiadol: ymwelodd â'r Amerig yn 1941 ac 1942 ar ran y Llywodraeth Brydeinig ac yn 1949 ar ran Mudiad Ailarfogi Moesol.

Dechreuodd ysgrifennu o ddifrif yn ystod cyfnod o ddiweithdra yn 1928, pan oedd yn byw yn Rhiwbeina, Caerdydd. Ni chyhoeddwyd erioed ei ymgais gyntaf, *Saran*, nofel o tyw chwarter miliwn o eiriau, ond cyhoeddwyd fersiwn llawer llai ohoni, sef *Black Parade* (1935). Ymhlith ei nofelau eraill y mae *Rhondda Roundabout* (1934), *Bidden to the Feast* (1938), *Off to Philadelphia in the Morning* (1947), *Some Trust in Chariots* (1948), *River out of Eden* (1951), *Lily of the Valley* (1952), *Lucky Lear* (1952), *Time and the Business* (1953), *Choral Symphony* (1955) a *Come Night; End Day!* (1956). Nid oedd y pum olaf cystal â'r lleill. Ymysg ei gampau gorau yr oedd *Unfinished Journey* (1937), y gyntaf o dair cyfrol o'i hunangofiant; y ddwy arall yw *Me and Mine* (1946) a *Give me back my Heart* (1950). Ysgrifennodd dair drama hefyd, sef *Land of my Fathers* (1937), *Rhondda Roundabout* (1939) a *Transatlantic Episode* (1947), a chofiant i David *Lloyd George, *The Man David* (1944).

Ymchwiliodd Jack Jones yn faith i hanes y trefi a oedd yn gefndir i'w nofelau a'r canlyniad, ambell dro, oedd gweithiau meithion iawn. Yr oedd yn hyddysg mewn rhyddiaith a drama fodern; apeliai naturoliaeth nofelwyr cynnar yr Amerig megis James T. Farrell a John Dos Passos ato yn fawr. Ei gryfder yw ei ddeall twriaeth a'i gydymdeimlad llwyr â bywyd y dosbarth gweithiol yng nghymoedd diwydiannol Morgannwg tua diwedd y bedwaredd ganrif ar bymtheg a dechrau'r ugeinfed ganrif, a'i allu i ddarlunio'r bywyd hwnnw yn gynnes a chywir. Ceir bywiogrwydd arbennig yn ei nofelau gorau, ynghyd â llawer o hiwmor a phathos, amrywiaeth eang o olygfeydd clir a llu o gymeriadau bywiol a rhyfedd, a chyflwynir personoliaeth gyfnewidiol ac eang-frydig yn ei hunangofiannau, personoliaeth a wynebai gyda dewrder yr aml ofidiau a'r caledi a ddaeth i'w rhan.

Ceir astudiaeth feirniadol o nofelau Jack Jones gan G. F. Adam yn *Three Contemporary Anglo-Welsh Novelists* (1948) ac y mae Keri Edwards wedi cyfrannu cyfrol ar ei fywyd a'i waith i'r gyfres *Writers of Wales* (1974); gweler hefyd lyfr Glyn Jones, *The Dragon Has Two Tongues* (1968). Am lyfryddiaeth lawn gweler John Harris, *A Bibliographical Guide to Twenty-four Modern Anglo-Welsh Writers* (1994).

JONES, JAMES RHYS (Kilsby Jones; 1813–89), cymeriad ecsentrig a golygydd, a aned yn Llanymddyfri, Caerf. Bu'n weinidog gyda'r Annibynwyr mewn llawer ardal yng Nghymru a Lloegr, gan gynnwys Kilsby yn swydd Northampton. Cyfrannodd lawer o ysgrifau i gylchgronau Cymraeg ond ei waith pennaf oedd golygu'r

casgliad o holl weithiau prydyddol a rhyddiaith William *Williams (Pantycelyn) yn 1867. Fe'i hystyriwyd yn un o'r mwyaf o'r cymeriadau ecsentrig Cymreig oherwydd ei wisg, ei ymddygiad a'i ffordd o hunanfynegiant, ond yr oedd yn bregethwr effeithiol dros ben.

Ysgrifennwyd cofiant Kilsby Jones, fel y'i hadwaenid trwy Gymru, gan Vyrnwy Morgan (d.d.).

Jones, Jane Ann, gweler THOMAS, LOUIE MYFANWY (1908–68).

Jones, Jenkin (g. 1623), pregethwr Piwritanaidd, a aned yn y Tŷ Mawr, Llanddeti, Brych., ar draws Dyffryn Wysg o Drenewydd, lle y ganed Henry a Thomas *Vaughan. Ymaelododd â Choleg Iesu, Rhydychen, yn 1639, ychydig fisoedd yn unig ar ôl yr efeilliaid Vaughan, ac ymladdodd yn y *Rhyfel Cartref fel capten ym myddin y Senedd. Daeth yn Fedyddiwr – er yn wrthwynebus i safbwynt gaethgymunol gwŷr megis John *Miles – a phenodwyd ef yn Brofwr yn ei sir enedigol o dan *Ddeddf Taenu'r Efengyl yng Nghymru (1650) ac am ddegawd ef oedd gweithredwr effeithiol y ddeddf honno; dywedid y gallai gynnull cant o wŷr arfog petai galw. Tynnodd wrthwynebiad ffyrnig am ei ben oddi wrth glerigwyr a fwriwyd o'u bywoliaethau megis Thomas *Powell ac Alexander *Griffith ond daliodd i bregethu'n selog trwy dde Cymru yn enwedig ym Merthyr Tudful a Llandeilo Gresynni. Yn ôl traddodiad lleol, pan ddaeth yr Adferiad, saethodd deirgwaith i ddrws eglwys Llanddeti a marchogaeth gyda'i lu tua'r gorllewin, ond cafodd ei ddal a'i gloi yng ngharchar Caerfyrddin. Wedi'i ryddhau, gwnaeth areithiau tanllyd gan geisio cynnull dilynwyr, ond ni wyddys dim pellach amdano.

Ceir hanes Jenkin Jones yn yr erthygl gan Pennar Davies, '*Episodes in the History of Brecknockshire Dissent*', yn *Brycheiniog* (cyf. III, 1957); gweler hefyd J. F. Rees, '*Breconshire during the Civil War*', yn *Brycheiniog* (cyf. VIII, 1962).

JONES, JEREMIAH (1855–1902), gweler o dan CILIE, TEULU.

Jones, John neu **Griffith** (1559–98), merthyr Catholig a aned yng Nghlynnog, Caern. Ymunodd ag Urdd Sant *Ffransis yn Rhufain yn 1591, gan gymryd yr enw Brawd Godfrey Maurice. Dychwelodd i Loegr dan gêl ond datguddiwyd ef gan Richard Topcliffe, yr heliwr-offeiriad; fe'i restiwyd yn 1594 a'i grogi yn Southwark ar 12 Gorffennaf 1598. Dywedir bod oedi am awr ar y dienyddle oherwydd i'r dienyddiwr anghofio dod â rhaff. Canoneiddiwyd Jones gan y Pab Pawl VI yn 1970 fel un o *Ddeugain Merthyr Lloegr a Chymru. Yr oedd ei frawd William (g.1574/75) yn ffigur amlwg yn y Diwygiad Benedictaidd yn Douai ac ef a sylfaenodd gwfaint yr Urdd yn Cambrai.

Jones, John (Leander; 1575–1635), diwinydd

Pabyddol. Fe'i ganed yn Llanfrynach, Brych. Cafodd dröedigaeth i'r ffydd Babyddol yn 1596 ac aeth i astudio diwinyddiaeth gyda'r Iesuwyr yn Valladolid. Tair blynedd yn ddiweddarach ymunodd ag Urdd Sant Benedict yno, a chymerodd yr enw Leander a Sancto Marino. Yr oedd Leander yn ysgolhaig disglair ac ymddiddorodd yn arbennig mewn ieithoedd dwyr-einiol. Yn 1619 daeth yn Llywydd Cyffredinol cyntaf y Benedictiaid yn Lloegr a chafodd ei anfon i Loegr yn 1633 i gynnig het cardinal i Archesgob Laud (yr hwn y bu'n rhannu ystafell ag ef yng Ngholeg Sant Ioan, Rhydychen), pe byddai hwnnw'n dod ag Eglwys Loegr yn ôl at Rufain.

JONES, JOHN (*c.* 1585–1657/58), copïydd a chasglwr llawysgrifau, a aned yng Ngellilyfdy ym mhlwyf Ysgeifiog, Ffl. Etifeddodd yr ysfa i gasglu oddi wrth ei dad, William Jones, a'i daid Siôn ap Wiliam; yr oedd y ddau ohonynt hwy yn noddwyr beirdd a chopïodd John Jones eu gwaith ar gyfer llawysgrifau teuluol. Dech-reuodd ar ei yrfa fel copïydd yn ifanc iawn pan oedd yn ddisgybl yn Ysgol Amwythig, neu pan oedd yn derbyn rhywfaint o hyfforddiant mewn swyddfa cyfreithiwr, gan ddefnyddio casgliad ei deulu o lawysgrifau o ffynonellau yn Nyffryn Clwyd. Yn 1612 yr oedd yng Nghaerdydd yn copïo ac yn casglu llawysgrifau gan gynnwys rhannau o *Llyfr* *Llandaf. Daeth cyfnod wedyn pan fu'n cyfreitha'n barhaus â'i deulu a'i gymdogion ynghylch tiroedd ac eiddo, a'r adeg hon ni chopïodd lawer, ond daeth y cyfnod hwn i ben yn 1632. Wedi hynny darganfu gyfle ddigon i ailafael yn ei waith copïo pan oedd yn garcharor yng ngharchar y methdalwyr yn y Fflyd, Llundain. Fe'i carcharwyd yno o leiaf deirgwaith ac am tua deuddeng mlynedd; fe'i carcharwyd am yr un drosedd yn Llwydlo yn 1617, ac mewn mannau eraill hefyd. Yr oedd yn gyfarwydd ag ysgolheigion a noddwyr Cymreig blaenllaw ei ddydd ac yn medru dibynnu ar gael benthyg eu llawysgrifau; copïodd hwy yn gywir mewn arddull unigryw ac addurnedig. Ar adeg ei farw yn y Fflyd yr oedd amryw o'i lawysgrifau yn ei gell. Diogelwyd hwy gan Robert *Vaughan o Hengwrt a'u hychwanegu at y casgliad a elwir yn gasgliad *Peniarth-Hengwrt, a gedwir bellach yn *Llyfrgell Genedlaethol Cymru.

Jones, John (1597?–1660), milwr a gwleidydd; yr oedd yn aelod o hen deulu uchelwrol o Faesygarnedd yn Ardudwy, Meir. Ail fab ydoedd, ac felly aeth i Lundain, a bu yng ngwasanaeth Syr Hugh *Myddelton. Priododd â Margaret, merch John Edwards, Stansty, a thros-glwyddodd iddi diroedd oedd yn eiddo iddo ym Meir-ionnydd. Yn y *Rhyfel Cartref cefnogodd y Senedd a chyflym fu ei ddyrchafiad. Cynorthwyodd yn y gwarchaeau ar gestyll Talacharn (1644) a Chaer (1645). Yn 1646 fe'i gwnaed yn Gyrnol a'r flwyddyn ganlynol yn Aelod Seneddol dros ei sir enedigol. Gweithredodd yn Gomisiynydd *Deddf Taenu'r Efengyl yng Nghymru

(1650), yn Gomisiynydd yn Iwerddon (1650) a thros Ogledd Cymru (1655). Chwaer Oliver Cromwell oedd ei ail wraig. Yr oedd Jones yn Biwritan pybyr a chys-ylltodd ag arweinwyr Piwritanaidd yng Nghymru ei ddydd. Daeth yn enwog gan ei fod yn bresennol yn yr achos yn erbyn Siarl I a bu'n un o'r rheini a lofnododd warant i ddienyddio'r Brenin. Am hyn dienyddiwyd yntau wedi'r Adferiad.

Ceir manylion pellach yn yr erthygl gan J. Lloyd yn *Nhrafodion Cymdeithas Hanes a Chofnodion Sir Feirionnydd* (cyf. II, 1953–54).

JONES, JOHN (Jac Glan-y-gors; 1766–1821), bardd dychan a gymerodd ei ffugenw o ffermdy ym mhlwyf Cerrigydrudion, Dinb., lle y ganed ef. Aeth i Lundain tuag 1789 a chadw tafarndy yno a dod yn amlwg ym mywyd Cymreig y ddinas fel ysgrifennydd a bardd swyddogol Cymdeithas y *Gwyneddigion ac un o brif sylfaenwyr y *Cymreigyddion. Yr oedd o'r un farn â Tom Paine ar Ryfel, y Frenhiniaeth, yr Eglwys a Hawl-iau Dyn, a chyhoeddodd hyn mewn dau bamffledyn, *Seren tan Gwmwl* (1795) a *Toriad y Dydd* (1797), ac am y rhain ymosododd ysgrifenwyr mwy ceidwadol yn llym arno. Yr oedd yn enwog yn ei ddydd, a chofir amdano o hyd, fel awdur dychangerddi lle y beirniadodd *Gymry Llundain, yn enwedig am eu parodrwydd i wadu eu hiaith wrth iddynt lwyddo a gwella eu safonau byw. Y mae *Dic Siôn Dafydd, cymeriad a greodd, wedi dod yn enw ar y math yma o Gymro, yn Llundain ac yng Nghymru.

Golygwyd detholiad o waith Jac Glan-y-gors, yn cynnwys nifer o'i gerddi, gan Richard Griffith (Carneddog) yng *Nghyfres y Fil* (1905), a chaed argraffiad o'i ddau bamffledyn yn un gyfrol yn 1923. Gweler hefyd yr erthygl gan Albert E. Jones (Cynan) yn *Nhrafodion Cymdeithas Hanes Sir Ddinbych* (cyf. XVI, 1967), Robin Gwyndaf, 'Traddodiad yr Hen Bennill a'r Rhigwm yn Uwchaled' yn *Allwedd y Tannau* (1976), E. G. Millward, 'Ychwanegiadau at Brydyddiaeth Jac Glan-y-gors' ym *Mwletin y Bwrdd Gwybodau Celtaidd*, (cyf. XXIX, 1982) ac E. Gwynn Matthews, *Jac Glan-y-gors a'r Baganiaeth Newydd* (1995)..

JONES, JOHN (Poet Jones; 1788–1858), bardd. Fe'i ganed yn Llanasa, Ffl., ac yn wyth oed aeth i weithio mewn melin gotwm yn Nhreffynnon. Wedi treulio rhyw ddeng mlynedd yn y llynges, a darllen yn eang yn ystod y cyfnod hwnnw, dychwelodd i'r felin yn 1814. Chwe blynedd yn ddiweddarach aeth i weithio mewn ffatri yn Stalybridge, swydd Gaer. Yno dechreuodd argraffu ei gerddi ei hun a'u gwerthu yn y farchnad leol, er mwyn ychwanegu at ei gyflog prin; trwy wneud hyn enillai iddo'i hun y llysenw *Poet Jones*. Cyhoeddodd ddetholiad o'r cerddi hyn, y rhan fwyaf ohonynt o natur addysgiadol, mewn cyfrol o dan y teitl *Poems by John Jones* (1856).

JONES, JOHN (Ioan Tegid, Tegid; 1792–1852), bardd ac orgraffydd a aned ac a gafodd ei addysg yn

Y Bala, Meir. O dan gyfarwyddyd ei athro Robert *Williams, Y Pandy, meistrolodd grefft *Cerdd Dafod. Pan aeth i Goleg Iesu yn Rhydychen yn 1814, cwynodd Siarl Wyn (Charles Saunderson; 1810?–32) mewn cywydd ei fod wedi anghofio bro ei febyd, ond parhaodd cysylltiad Tegid â'r Bala ac ni phallodd ei gariad at y diwylliant Cymraeg. Graddiodd mewn Mathemateg yn 1818 ac ordeiniwyd ef y flwyddyn ddilynol; bu'n gaplan a chantor Eglwys Crist, Rhydychen, a chafodd ofal plwyf St. Thomas, lle y sefydlodd ysgolion i fechgyn a merched.

Cymerodd ddiddordeb dwfn yn *orgraff yr iaith Gymraeg a daeth yn ddisgybl i William *Owen Pughe. Mewn ymateb i John Roberts, Tremeirchion, a oedd yn gwrthwynebu damcaniaethau rhyfeddol Pughe, cyhoeddodd A Defence of the reformed system of Welsh Orthography (1829), ac yn yr un flwyddyn golygodd argraffiad o'r Testament Newydd dros y *Gymdeithas er Taenu Gwybodaeth Gristnogol gan ddefnyddio'i gyfaddasiad ei hun o orgraff Pughe, fel yr oedd ef wedi ei chefnogi yn ei bamffled Traethawd ar gadwedigaeth yr iaith Gymraeg (1820). Torrodd cymaint o storm dros y pwnc fel na chyhoeddwyd yr Hen Destament yn yr un orgraff. Ysgrifennodd Tegid hefyd bamffled gyda'r teitl Traethawd yr iawn-lythreniad neu lythyraeth yr iaith Gymraeg (1830). Prif wrthwynebydd yr orgraff newydd oedd William Bruce Knight (1785–1845) ac ymatebodd Tegid yn llym y flwyddyn ganlynol i'r pamffled Remarks, historical and philological, on the Welsh language (1830) a gyhoeddwyd gan Knight. Wedyn ymatebodd Knight gydag A Critical review of J. Jones's Reply (1831).

Derbyniwyd yr orgraff a ddatblygwyd gan Tegid gan Anrhydeddus Gymdeithas y *Cymmrodorion yn 1830, er y buasai'n well ganddi petai wedi defnyddio'r llythyren v yn lle f. Yn 1833 gofynnodd y Royal Cambrian Institution iddo ef a Gwallter Mechain (Walter *Davies) baratoi argraffiad o weithiau *Lewys Glyn Cothi (Llywelyn y Glyn), a phrysurodd Tegid i gopïo'r fersiwn a wnaethai Owain Myfyr (Owen *Jones) yn 1776 yn sail i'w waith ei hun. Trosodd y cerddi i'w orgraff ei hun, ond gyda v yn lle f. Gwallter Mechain a ysgrifennodd y rhan fwyaf o'r nodiadau i'r gwaith, ond Tegid a luniodd y testun gan newid rhai geiriau a oedd yn annealladwy iddo ef i eiriau eraill heb un gwarant iddynt. Yn 1841 cafodd ei ddymuniad i ddychwelyd i Gymru pan gafodd fywoliaeth Nanhyfer, Penf., lle y treuliodd weddill ei oes. Yr oedd yn un o gyfieithwyr Adroddiad y Comisiynwyr ar Addysg yng Nghymru (gweler o dan LLYFRAU GLEISION) a gyhoeddwyd yn Gymraeg yn 1848.

Cyhoeddwyd casgliad o'i farddoniaeth ynghyd â chofiant gan ei nai Henry Roberts yn y gyfrol Gwaith Barddonawl (1859); gweler hefyd Darlith Goffa G. J. Williams a draddodwyd gan E. D. Jones yn 1973.

Jones, John (1796–1857), pregethwr a brodor o Ddolwyddelan, Caern.; fe'i cysylltir fel arfer â Thal-y-

sarn, Caern., lle y bu'n gweithio yn Chwarel Dorothea ac yn cadw siop. Nid aeth i'r ysgol ond cafodd beth hyfforddiant gan Ieuan Glan Geirionydd (Evan *Evans). Ordeiniwyd ef yn 1829. Daeth i blith y Methodistiaid Calfinaidd â math o bregethu a oedd yn gynhesach ei grefydddoler ac yn fwy cadarnhaol ei gymhwysiad moesol na'r eiddo John *Elias. Yn y ffurf fwy ymarferol yma ar Galfiniaeth ymdebygai ar ryw ystyr i Annibynwyr y 'System Newydd' ac i'r Bedyddwyr hynny a oedd o dan ddylanwad Andrew Fuller. Yr oedd yn un o'r pregethwyr mwyaf grymus a aned yng Nghymru a chafodd ei barchu'n ddwys gan lawer, gan gynnwys ei ŵyr George M. Ll. *Davies. Y mae hanes ei fywyd a'i amseroedd gan Owen *Thomas yn glasur o gofiant (1874) ac efallai y cofiant gorau a ysgrifennwyd yn Gymraeg; y mae'n dal yn hanfodol i fyfyrwyr hanes crefyddol Cymru yn y bedwaredd ganrif ar bymtheg.

JONES, JOHN (Talhaiarn; 1810–69), bardd, a aned yn Nhafarn yr Harp, Llanfair Talhaearn, Dinb. Cafodd ei brentisio gyda phensaer a chafodd waith gyda chwmni o benseiri eglwysig yn Llundain. Yn 1851 fe'i cyflogwyd gan Syr Joseph Paxton i oruchwylio adeiladu'r Palas Crisial. Daeth yn amlwg fel aelod o Gymdeithas y *Cymreigyddion a'i Llywydd yn 1849. Dychwelodd i Gymru yn 1865 yn wael ei iechyd ac yno, yn Nhafarn yr Harp, Hafod y Gân erbyn heddiw, fe'i saethodd ei hun.

Fel bardd siomwyd Talhaiarn droeon oherwydd iddo fethu ar sawl achlysur ag ennill *Cadair yn yr Eisteddfod. Yn Aberffraw yn 1849 cododd i amddiffyn ei awdl anfuddugol gan wneud yr eisteddfod honno yn un o'r rhai mwyaf cofiadwy yng nghanol y bedwaredd ganrif ar bymtheg. Methodd yn Abertawe yn 1863, a daliai ei fod yn cael cam gan feirniaid Anghydffurfiol am ei fod yn Eglwyswr. Ni fwynhâi neb gael cam yn fwy na Thalhaiarn. Ymhellach, ym 'Mrwydr y Mesurau', yr oedd yn daer dros *gynghanedd. Ond nid ei ganu cynganeddol a'i gwnaeth ef yn ffefryn gan ei gyfoeswyr: ei delynegion a'r caneuon a ysgrifennodd ar alawon a cheinciau traddodiadol a sicrhaodd ei boblogrwydd. Hoffai ystyried ei hun 'yn hoff awdur caneuon i'r Cymry'. Cyfeddach, Rhyfel a Serch, yn arbennig Serch, oedd y tri thestun gorau ganddo ac ymdriniodd â hwy mewn nifer o ganeuon a ddaeth â chryn enwogrwydd i'w ran. Ysgrifennodd lawer ar gyfer yr alawon yn Welsh Melodies gan John *Thomas (Pencerdd Gwalia) ac ar gyfer caneuon gan Brinley *Richards a John *Owen (Owain Alaw); ar y cyd ag Owain Alaw cyfansoddodd gân serch fwyaf poblogaidd ei oes, 'Mae Robin yn swil'. Gallasai Talhaiarn ganu cerddi dwysach pe buasai plesio'i gynulleidfa mor bwysig yn ei olwg.

Cyhoeddwyd Gwaith Talhaiam yn dair cyfrol (1855, 1862, 1869); golygwyd detholiad gan T. Gwynn Jones yn 1930, a chafwyd ymdriniaeth â'i waith gan Dewi M. Lloyd, Talhaiam (1993).

Jones, John (Shoni Sgubor Fawr; 1811–c.1858),

paffiwr; tarddodd ei lysenw o enw'r fferm ym Mhenderyn, yn ymyl Hirwaun, Morg., lle y bu'n byw. Yr oedd yn ddyn afradlon a threisiol ac ar un adeg ef oedd 'Ymerawdwr' China, ardal enwog ym Merthyr Tudful. Oherwydd ei nerth corfforol enfawr, cafodd ei dalu i chwalu'r tollbyrth yr ymosodwyd arnynt yn ystod helyntion *Beca, ond yn ddiweddarach bradychodd nifer o'i gymdeithion i'r heddlu. Yn 1843 cafwyd ef yn euog o saethu dyn mewn tafarn ym Mhontyberem a chafodd ei alltudio, yn gyntaf i Norfolk Island ac wedyn i Van Diemen's Land lle yr arhosodd nes iddo ennill pardwn amodol yn 1858.

JONES, JOHN (Mathetes; 1821–78), gweinidog gyda'r *Bedyddwyr ac awdur. Yr oedd yn frodor o Gastellnewydd Emlyn, Caerf., ond aeth i weithio mewn glofa yn Nowlais yn 1837. Wedyn bu'n weinidog ar wyth o eglwysi, o'i ordeinio ym Mhorth-y-rhyd, Caerf., yn 1846, hyd ei farw yn Llansawel, Morg. Daeth yn ŵr amlwg mewn bywyd cyhoeddus, yn neilltuol yn ystod ei gyfnod yn Rhymni (1862–77), Myn., ac yr oedd yn awdur toreithiog, yn enwedig i'r cylchgrawn *Seren Gomer. Fe'i cofir yn bennaf am ei gasgliad o bregethau, Areithfa Mathetes (1873), ac am y Geiriadur Beiblaidd a Duwinyddol (3 cyf., 1846, 1849, 1883). Bu hefyd yn gyd-olygydd dau gylchgrawn enwadol, Y *Greal (1857–59) ac Yr Arweinydd (1869–70).

Cyhoeddwyd cofiant Mathetes gan D. Bowen (Myfyr Hefin) yn 1921.

JONES, JOHN (Myrddin Fardd; 1836–1921), llenor a hynafiaethydd. Fe'i ganed yn Llangïan, Caern.; wedi cael addysg elfennol aeth i arfer ei grefft fel gof gan ymsefydlu yn Chwilog lle y treuliodd y rhan fwyaf o'i oes. Yr oedd yn ymchwilydd a chopïydd diwyd; cynorthwyodd nifer o ysgolheigion ac enillodd wobrau eisteddfodol am ei waith llenyddol, gan gynnwys Enwogion Sir Gaernarfon (1922), a gyhoeddwyd wedi ei farw. Yr oedd yn awdur tua dwsin o lyfrau, ac yn eu plith Adgof uwch Anghof (1883), Gleanings from God's Acre (1903), Cynfeirdd Lleyn (1905), Gwerin-Eiriau Sir Gaernarfon (1907) a Llên Gwerin Sir Gaernarfon (1908). Fel nifer o'i gyfoedion, pe cawsai addysg sylweddol buasai'n ysgolhaig da, ond gwnaeth gyfraniad arbennig i lenyddiaeth Gymraeg a thua diwedd ei oes dyfarnwyd pensiwn brenhinol iddo yn deyrnged i'w gyfraniad.

Ceir trafodaeth ar waith Myrddin Fardd yn y bennod yn Ansawdd y Seiliau (1972) gan R. Gerallt Jones; gweler hefyd Y Genhinen (1922) a Cybi (Robert Evans), John Jones (Myrddin Fardd) (1945).

Jones, John (Cynddylan; 1841–1930), diwinydd, esboniwr, pregethwr, a anwyd yng Nghapel Dewi, Cer. Dechreuodd bregethu yn Siloh, Aberystwyth. Arferai farddoni yn ei ddyddiau cynnar, a daeth yn ail am y *bryddest yn *Eisteddfod Genedlaethol 1865. Addysgwyd yn Nhrefeca a'r Bala. Dylanwadwyd arno gan

Lewis *Edwards, Owen *Thomas a'r Parchedig David Charles Davies. O 1867 hyd 1869 bu'n weinidog eglwys Bresbyteraidd Saesneg Pont-y-pŵl. Symudodd i Lundain i fugeilio eglwys Annibynnol Orfford Road ac yna eglwys Annibynnol Bedford. Dychwelodd i Gymru yn 1874 i ofalu am eglwys Bresbyteraidd Frederick Street, Caerdydd. Yn 1880 cyflwynodd lyfr gwasanaeth i'r eglwys a chreodd hyn gyffro ymmhlith ei bobl ac yn yr enwad. Gyda chymorth y Parchedig J. J. Bird, Richard Cory (gweler o dan CORY), ac eraill, sefydlodd y Christian Echo, papur crefyddol Saesneg, ar gyfer pobl enwad crefyddol. Fel Non Con Quill ysgrifennodd gyfres hir o erthyglau i'r *Western Mail yn beirniadu unigolion a sefydliadau. Cyfrannodd yn helaeth i lenyddiaeth grefyddol-ddiwinyddol Cymru, a bu ei waith Saesneg, Primeval Creation (1897: Darlith Davies, 1896), ei esboniad Cymraeg ar Efengyl Ioan (2 gyf. 1900, 1901), a'i bedair cyfrol, Cysondeb y Ffydd (1905–16), yn ddylanwadol iawn.

Jones, John (Coch Bach y Bala, Jac Llanfor; 1854–1913), lleidr. Enillodd enwogrwydd mawr oherwydd iddo gael ei garcharu mor aml am ddwyn ac oherwydd ei allu rhyfeddol i ddianc o garchar. Fe'i hadwaenid fel 'The Little Welsh Terror' a 'The Little Turpin'. Manion bethau'n unig y byddai'n eu dwyn, fel arfer, a cheid cydymdeimlad eang tuag ato yng Nghymru, yn arbennig wedi iddo ddianc o Garchar Rhuthun yn 1913, a gwaedu i farwolaeth ar ôl cael ei saethu gan fab ysgwier Euarth, Llanfair Dyffryn Clwyd. Mawr fu dicter y cyhoedd ynglŷn â'r digwyddiad hwn. Claddwyd ef yn Llanelidan, Dinb., ac yn 1963 codwyd carreg goffa ar ei fedd gan bobl leol. Ceir sawl cerdd boblogaidd ac englynion am Goch Bach a chofnodwyd hanes ei fywyd yn llyfr Ernest Jones (1972).

Jones, John (Tydu; 1883–1968), gweler o dan CILIE TEULU.

JONES, JOHN ACKERMAN (1934–   ), beirniad a bardd. Fe'i ganed ym Maesteg, Morg., ac fe'i haddysgwyd yng Ngholeg y Brenin a Choleg Westfield, Prifysgol Llundain, ac yng Ngholeg y Brifysgol Abertawe yr oedd yn Uwch-ddarlithydd Saesneg yng Ngholeg Addysg Morgannwg, Y Barri, hyd 1966 ac yna yng Ngholeg Avery Hill, Llundain hyd 1984. Y mae ei weithiau beirniadol yn cynnwys Dylan Thomas: his Life and Work (1964), astudiaeth gynnar o'r bardd a wnaeth lawer i sefydlu safonau beirniadol wrth werthfawrogi ei waith. Cyhoeddodd un gyfrol o'i farddoniaeth ei hun, The Image and the Dark (1975), a bywgraffiad beirniadol pellach, Welsh Dylan (1979). Yn ei Dylan Thomas Companion (1991) archwilir swyddogaeth natur ym marddoniaeth Thomas; hefyd golygodd Dylan Thomas: the Filmscripts (1995). Cyhoeddwyd cyfrol o'i hunangofiant Up the Lamb, yn 1997.

Jones, John Aelod, gweler WILLIAMS, JOHN ROBERTS (1914–).

JONES, JOHN (JAC) ALUN (1908–82), bardd o gapten llong, ac un o ail genhedlaeth teulu'r *Cilie. Golygodd ei gefnder Gerallt *Jones gyfrol deyrnged iddo wedi ei farw yn cynnwys llawer o'i gerddi a'i ysgrifau, *Y Capten Jac Alun Jones* (1984).

JONES, JOHN EDWARD (1905–70), hanesydd gwleidyddol a llenor. Ganwyd ef ym Melin-y-wig, Meir., a'i addysgu yn Ysgol Ramadeg y Bechgyn, Y Bala. Aeth wedyn i Goleg Prifysgol Gogledd Cymru, Bangor, ac wedi graddio bu'n athro mewn ysgol uwchradd yn nwyrain Llundain (1928–30). Yn 1930 penodwyd ef yn Ysgrifennydd *Plaid Cymru a llanwodd y swydd hyd 1962. Yn ei lyfr *Tros Gymru: J. E. a'r Blaid* (1970) y mae'n manylu ar hanes y Blaid hyd at 1945; yna ceir pennod fer ar y cyfnod 1945–69; bu farw yn sydyn ryw fis ar ôl cyhoeddi'r gyfrol. Y mae'r gwaith yn *sine qua non* i unrhyw un sydd am ddeall twf *Cenedlaetholdeb Cymreig yn yr ugeinfed ganrif. Y mae ynddo elfen bersonol gref; mewn ffordd *apologia pro vita sua* ydyw, ond rhydd sylw manwl i arweinwyr y mudiad – Ambrose *Bebb, J. E. *Daniel, R. E. *Jones, D. J. *Williams, Wynne Samuel, D. J. *Davies, Saunders *Lewis, a Gwynfor *Evans. Ceir manylion hefyd am lenyddiaeth helaeth y Blaid mewn llyfrau, cyfnodolion a phamffledi. Yr oedd J. E. Jones yn llenor dawnus ei hun, fel y dengys ei lyfr taith *Tro i'r Yswisdir* (1964), sy'n ddengar yn ei arddull groyw a bywiog. Mwy technegol yw y *Llyfr Garddio* (1969) ganddo, sy'n cysylltu â'i aml sgyrsiau radio a theledu ar y pwnc.

Ceir rhagor o fanylion gan K. Bosse-Griffiths ac yna J. Gwyn Griffiths yn y *South Wales Evening Post* (12 Medi 1964 a 11 Gorff. 1970); Gwynfor Evans yn *Aros Mae* (1971); J. R. Roberts yn *Cymru'n Deffro* (gol. John Davies, 1981); D. Hywel Davies yn *The Welsh Nationalist Party, 1925–1945* (1983); a John Davies yn *Hanes Cymru* (1990).

JONES, JOHN GRUFFYDD (1932–), bardd a llenor. Brodor o Nanhoron ym Mhen Llŷn, Caern., ydyw ond gadawodd ei gynefin yn 1951 a mudo i Fanceinion lle y cymhwysodd fel gwyddonydd diwydiannol gyda chwmni ICI cyn ymsefydlu yn Abergele, Dinb., yn 1967. Y mae'n awdur amryddawn sydd wedi profi ei ddeheurwydd ar amryw *genres* llenyddol ac a ymenwogodd drwy ddringo'r ysgol eisteddfodol. Yn yr *Eisteddfod Genedlaethol, enillodd ar gystadleuaeth y stori fer (1977, 1978 ac 1984), y *delyneg (1979 ac 1982), y ddrama fer (1983), a'r ddychangerdd (1986). At hynny, cipiodd y *Fedal Ryddiaith yn 1981 gyda'r casgliad o ysgrifau *Cysgodion ar y Pared*, Tlws y Fedal Ddrama yn 1986 gyda *Pan Ddaw'r Clown*, a'r *Goron yn 1987 gyda'r casgliad o gerddi 'Breuddwydion'. Rhydd y casgliad hwnnw sylw i bynciau mor amrywiol â phrof-

iadau ei dad (ceffylwr ar ystad Nanhoron) yn Arras yn ystod y Rhyfel Byd Cyntaf ac apêl Marilyn Monroe at yr awdur yn ystod ei arddegau. Cyhoeddodd hefyd nofel fer, *Perthyn i'r Teulu* (1987), sy'n rhoi sylw i thema alcoholiaeth, a chasgliad o storïau byrion, *Straeon Canol Oed* (1985). Yn 1991 ysgrifennodd libreto ar gyfer opera gomisiwn Eisteddfod Genedlaethol Bro Delyn, *Dagrau Pengwern*, y cyfansoddwyd ei sgôr gan Geoffrey Thomas. Cydolygodd gyda Robert Owen *Darlun o Arlunydd* (1995), cyfrol ddarluniadol yn seiliedig ar waith yr artist poblogaidd E. Meirion Roberts. Nodweddir ei waith, ym mha gyfrwng bynnag, gan ddefnydd meddylgar o briod-ddulliau cefn gwlad Llŷn y deillia llawer o farddoniaeth naturiol ohonynt.

Gweler adolygiad Islwyn Ffowc Elis o *Cysgodion ar y Pared* yn Y *Faner* (28 Awst 1981), adolygiad R. Wallis Evans o *Straeon Canol Oed* yn *Llais Llyfrau* (Gaeaf 1985) ac adolygiad Delyth George o *Perthyn i'r Teulu* yn *Llais Llyfrau* (Gaeaf 1987).

JONES, JOHN GWILYM (1904–88), dramodydd, storïwr a beirniad llenyddol. Fe'i ganed yn Y Groeslon, Caern. Wedi cyfnod fel athro-dan-hyfforddiant, aeth i Goleg Prifysgol Gogledd Cymru, Bangor. Bu'n athro yn Llundain o 1926 hyd 1930 pryd y dechreuodd ymddiddori yn y theatr broffesiynol ac yr oedd yn ymwelydd mynych â'r West End. Wedi dychwelyd i Gymru, bu'n athro yn Llandudno (1930–44), Pwllheli (1944–48), a Phen-y-groes (1948–49), cyn cael ei benodi'n gynhyrchydd dramâu radio gyda'r BBC ym Mangor (1949–53). Yna derbyniodd swydd fel Darlithydd yn Adran y Gymraeg yn ei hen Goleg ym Mangor; yn ddiweddarach fe'i penodwyd yn Ddarllenydd ac ymddeolodd yn 1971.

Y Brodyr (1934) oedd drama gyhoeddedig gyntaf John Gwilym Jones. Yr oedd yn anghyffredin yn y 1930au oherwydd y modd y lleolwyd hi mewn math o *limbo*, a'r ffaith fod yr awdur yn trafod ei bwnc o ddifrif yn hytrach na cheisio diddanu'n unig. *Diofal yw Dim* (1942) oedd ei ddrama nesaf ac y mae'n ymwneud – trwy gyfres o naw golygfa – â'r chwerwedd sy'n deillio o lynu'n rhy glòs wrth egwyddor. Dramâu teuluol yw *Lle Mynno'r Gwynt a Gŵr Llonydd* (1958), y ddwy yn ymdrin ag argyfyngau personol dau deulu gwahanol, yr argyfwng a grëwyd gan ddigwyddiadau cyhoeddus a phreifat. Fel adwaith yn erbyn yr hen ddrama gegin Gymreig dewisodd John Gwilym Jones y dramâu hyn i gyflwyno cymeriadau diwylliedig a deallus; heb aberthu un iot ar eu Cymreigrwydd cynhenid, serch hynny y maent yn hunanymwybodol iawn ac yn trafod eu teimladau heb unrhyw atalfa.

Y mae dramâu ei gyfnod diweddarach yn gynilach. Dilyna Y *Tad a'r Mab* (1963) un trywydd pendant yn unig, sef cariad obsesiynol tad at ei fab, a'i ganlyniadau trasig, ond y mae'r ddrama yn arbrofi gyda ffurf a thechneg, ac yn gwneud defnydd mwy cyfrwys o eironi a symboliaeth. Ar gyfer ei ddrama nesaf, dewisodd yr awdur bwnc hanesyddol, ond y mae *Hanes Rhyw Gymro (1964), stori Morgan *Llwyd, yn gyfoes yn ei harwyddocâd a'i diddordeb. Gweithiau byrion a ddarlledwyd yn wreiddiol ar radio a theledu yw Pedair Drama (1971). Wrth iddo symud oddi wrth y ddrama naturyddol daeth llwyddiant y technegau Brechtaidd a ddefnyddiodd yn Hanes Rhyw Gymro yn foddion iddo fentro mwy, fel y gwelir yn ei dair drama fer, Rhyfedd y'n Gwnaed (1976), a gafodd rediad llwyddiannus yn Efrog Newydd yn 1980 yng nghyfieithiad Saesneg eu hawdur. Y gwaith sy'n crisialu orau holl athroniaeth a dawn John Gwilym Jones fel dramodydd yw *Ac Eto Nid Myfi (1976), drama sy'n gampwaith yn y theatr Gymraeg fodern. Y mae ei ddrama Yr Adduned (1979) hithau'n waith pwysig.

Cytunir yn gyffredinol fod John Gwilym Jones, gyda Saunders *Lewis, yn un o ddau brif ddramodydd Cymraeg yr ugeinfed ganrif ond y mae ei waith yn gwbl wrthgyferbyniol i eiddo Saunders Lewis mewn amryw ffyrdd. Sylfaen syniadol holl waith John Gwilym Jones yw fod teimlad yn drech na rheswm, ac mai wrth ddygymod â chyfyngiadau bodolaeth y daw Dyn i delerau â hwy yn hytrach na thrwy wrthryfela yn eu herbyn.

Ysgrifennodd John Gwilym Jones ddwy nofel hefyd, Y Dewis (1942) a Tri Diwrnod ac Angladd (1979), a chyfrol nodedig o storïau byrion, Y *Goeden Eirin (1946). Yr oedd yn feirniad llenyddol o bwys ac fel darlithydd ym Mangor gwnaeth argraff fawr ar do o fyfyrwyr, trwy ei ddysgu a thrwy ei waith yn y theatr. Ymysg ei weithiau beirniadol pwysicaf y mae'r rheini ar William *Williams, Pantycelyn (1969), Daniel *Owen (1970), Crefft y Llenor (1977) a Swyddogaeth Beirniadaeth (1977).

Ceir astudiaeth o'i waith yn ei gyfrol deyrnged (gol. Gwyn Thomas, 1974); gweler hefyd yr ysgrif gan John Ellis Williams yn Tri Dramaydd Cyfoes (1961), cyfweliad gyda'r awdur yn y cylchrawn Mabon (gol. Gwyn Thomas, 1970) a'r erthyglau gan John Rowlands, 'Agweddau ar Waith John Jones' yn Ysgrifau Beirniadol III (gol. J. E.Caerwyn Williams, 1967), a 'The Humane Existentialist' yn Welsh Books and Writers (Hydref, 1980). Ceir cyfrolau arno gan Marion Wyn Siôn yn y gyfres Bro a Bywyd (1993), gan John Rowlands yn y gyfres Llên a Llenor (1988) a chan William R. Lewis yn y gyfres Writers of Wales (1994); gweler hefyd R. Gerallt Jones, 'The Man from Groeslon', yn Planet (rhif. 72, Rhag. 1988/Ion. 1989).

JONES, JOHN GWYNFOR (1936–), hanesydd. Fe'i ganed yn Nyffryn Conwy, yn ymyl Llanrwst, Dinb. Addysgwyd ef yng Ngholeg y Brifysgol, Caerdydd, a'i benodi yn 1964 i ddarlithio yn Hanes Cymru yn Gymraeg a Saesneg yn y coleg hwnnw; dyrchafwyd ef yn Uwch-ddarlithydd yno yn 1975 ac yn Ddarllenydd yn 1995. Prif faes ei ysgolheictod fu hanes llywodraeth, gweinyddiaeth, cymdeithas, crefydd a diwylliant yng Nghymru'r unfed ganrif ar bymtheg a'r ganrif ddilynol, a bywgraffiadau llawer o'i gwŷr enwog yn ystod y cyfnod hwnnw. Cyfrannodd nifer helaeth o erthyglau

yn y ddwy iaith i gylchgronau dysgedig o lawer math ac ynddynt dangosodd ei wybodaeth drylwyr o iaith a llên Cymru yn ogystal â'i hanes. Hefyd bu'n awdur ac yn olygydd nifer o lyfrau sylweddol, gan gynnwys Wales and the Tudor State (1989); Class, Community and Culture in Tudor Wales (1989); John Wynn: History of the Gwydir Family and Memoirs (1990); Concepts of Order and Gentility in Wales, 1540–1640 (1992); Agweddau ar Dwf Piwritaniaeth yng Nghymru yn yr Ail Ganrif ar Bymtheg (1992); Early Modern Wales, c.1525–1640 (1994); The Wynn Family of Gwydir, c.1490–1674 (1995); Law, Order and Government in Caernarfonshire, 1558–1640 (1996); a Beirdd yr Uchelwyr a'r Gymdeithas yng Nghymru 1536–1640 (1997).

JONES, JOHN HENRY (1909–85), ysgolhaig, llenor, cyfieithydd, ac arweinydd ym myd addysg. Ganed ef yn Llangefni, Môn; fe'i haddysgwyd yno ac yng Ngholeg Prifysgol Gogledd Cymru, Bangor, lle y graddiodd mewn Lladin (1930) a Groeg (1931). Fe'i penodwyd yn Ddarlithydd yn y Clasuron yng Ngholeg y Brifysgol Abertawe yn 1937, ond fe'i galwyd i waith rhyfel yn 1941 yng nghanolfannau clustfeinio'r Swyddfa Dramor. Ei briod faes yno oedd Almaeneg ac ieithoedd Dwyrain Ewrop, a dyna lle y dysgodd y Fagyareg. Fe'i penodwyd yn Gyfarwyddwr Addysg Sir Ceredigion yn 1944, swydd a ddaliodd hyd at ei ymddeoliad yn 1972.

Yn gynnar ar ei yrfa ysgrifennodd amryw o gerddi, ond troes fwyfwy at gyfieithu, o'r Clasuron a'r Almaeneg yn arbennig, gan gynnwys Cyfieithiadau o Rainer Maria Rilke (1945), a Rainer Maria Rilke, Yr Elegien o Duino ynghyd â Detholiad o'i Ganeuon eraill (1984). Cyhoeddodd fersiwn Cymraeg o'r gerdd Fagyareg enwog 'A Walesi Bárdok' (1856) gan János Arany yn 1985, ac ailymddangosodd hwnnw, gyda rhagarweiniad gan Marian Henry Jones, yn Cardi o Fôn: Detholion o Gerddi a Throsiadau John Henry Jones (gol. Gareth Alban *Davies, 1991). Cynhwysir yn y gyfrol honno drosiadau hefyd o gerddi mewn Groeg Modern gan Konstantin Kavafi, George Seferis ac eraill. Ceir hefyd ddetholion o'i drosiadau o A Child's Garden of Verses Robert Louis Stevenson yn Cardi o Fôn.

Fel clasurwr ymroddedig bu'n eithriadol weithgar yn hybu gwybodaeth yng Nghymru am y gwareiddiadau hynny. Bu'n llywydd am flynyddoedd ar Adran Glasurol Urdd Graddedigion Prifysgol Cymru, a chyfrannodd fel cyfieithydd i O Erddi Eraill (gol. D. Myrddin *Lloyd, 1981), ac i Cerddi Groeg Clasurol (gol. J. Gwyn *Griffiths, 1989). Yn deyrngED iddo cyhoeddodd yr Adran Glasurol (dan olygyddiaeth R. Telfryn Pritchard) ei drosiad o Agamemnon Aischulos (1991), ond dal mewn llawysgrif yn y Llyfrgell Genedlaethol y mae ei gyfieithiad o rannau o Odysseia Homeros. Gweithredodd fel golygydd ymgynghorol Geiriadur Lladin-Cymraeg (gol. Huw Thomas, 1979). Bu ganddo ddiddordeb hefyd mewn emynyddiaeth, a throsodd nifer o emynau i'r Gymraeg, yn arbennig o'r Almaeneg. Cyfrannodd yn helaeth erthyglau ar lu o wahanol bynciau i gylchgronau Cymraeg a Saesneg.

Oherwydd ei wybodaeth uniongyrchol a'i brofiad o'r maes, cyfrannodd yn egnïol at y broses o hyrwyddo addysg yn yr iaith Gymraeg, a bu'n gyfrwng pwysig yn y fenter i ddarparu defnyddiau Cymraeg ar gyfer yr ysgolion, ac felly ar gyfer y cyhoedd. Trwy ei gyfraniad ef, a'i gydweithrediad â swyddogion eraill, y datblygodd cynllun y llyfrgelloedd symudol yng Ngheredigion, y Pwyllgor Llyfrau Cymraeg (1951), a'r cyhoeddwyr Cymdeithas Lyfrau Ceredigion (1954).

Ceir erthygl goffa iddo gan Dafydd Jenkins, ynghyd â llyfryddiaeth gyflawn gan ei wraig, Marian Henry Jones, yn *Cardi o Fôn* (gol. Gareth Alban Davies, 1991).

JONES, JOHN IDRIS (1938–), bardd. Brodor o Lanrhaeadr-ym-Mochnant, Dinb., ydyw ac fe'i haddysgwyd ym Mhrifysgolion Keele, Leeds a Cornell. Bu'n Ddarlithydd yn yr Amerig ac yng Ngholeg Addysg Caerdydd tan 1973 pan sefydlodd ei gwmni cyhoeddi ei hun, John Jones, Caerdydd Cyf. Dychwelodd i ddysgu yn 1980 a bellach y mae'n athro Saesneg yng Ngholeg Iâl, Wrecsam. Cyhoeddwyd tair cyfrol o'i farddoniaeth, sef *Way Back to Ruthin* (1966), *Barry Island* (1970) a *Football Match and Other Events* (1981).

JONES, JOHN OWAIN (1921–), nofelydd, a aned ym Mhorth-y-gest, Porthmadog, i deulu morwrol. Yr oedd ei dad, ei ddau daid, a'i hen daid yn gapteiniaid llongau. Addysgwyd ef yn Ysgol Sir Porthmadog ac enillodd swydd yn y Gwasanaeth Sifil. Drwy gydol yr Ail Ryfel Byd bu yn y Llynges lle y gwnaed ef yn lifftenant; wedyn bu'n Swyddog Tollau, yn Llundain i ddechrau ac yna yn Abertawe. Cyhoeddodd nifer o nofelau: *Fuoch chi 'rioed ym Morio?* (1965); *Dalfa Deg* (1967); *Cam Gwag* (1971); *Capten Pererin* (1979). Yn y nofel *Pleidiol Wyf i'm Gwlad* (1987) cenedlaetholdeb Llydaw yw'r testun, yn arbennig ei helyntion yn yr Ail Ryfel Byd wrth wynebu bygythion Yr Almaen a Ffrainc. Yn yr un gyfrol ceir stori hir, *Crwydro*, portread anarferol o brofiad dyn ifanc sy'n ymuno â chlwb ioga. Hynod fywiog, ffraeth a chyffrous yw ei hunangofiant, *Y Môr a'i Dollau* (1994).

Gweler y deyrnged gan John Rowlands ar ddiwedd *Y Môr a'i Dollau* (1994).

Jones, John Pritchard (Siôn Ceryn Bach; m. 1927), chwarelwr o gylch Tre-garth a Bethesda, Caern., lle y cofir amdano am ei ddywediadau ffraeth a'i *storïau celwydd golau. Fel enghraifft o'r olaf yr oedd yn hoff o adrodd sut y teithiodd i'r Amerig yng nghwmni'r Llysgennad Prydeinig ac yna mwynhau gwledd fythgofiadwy. Cafodd dri chwrs ar ddeg gyda'r Arlywydd, ar fwrdd mor fawr fel bod angen ysbienddrych i allu dweud p'run ai gŵr ynteu gwraig a eisteddai yr ochr

arall. Yr oedd ei storïau, a oedd wedi'u haddurno'n helaeth, yn nodweddiadol o hiwmor swrealaidd ardaloedd y chwareli.

JONES, JOHN PULESTON (1862–1925), gweinidog a llenor, a aned yn Llanbedr Dyffryn Clwyd, Dinb. Cafodd ddamwain a barodd iddo golli ei olwg yn ddeunaw mis ac wedi hynny cafodd ei hyfforddi gan ei fam i wneud popeth a fedrai drosto'i hun. Fe'i haddysgwyd ym Mhrifysgolion Glasgow a Rhydychen lle yr oedd ymhlith y rhai a sefydlodd *Gymdeithas Dafydd ap Gwilym yn 1886 a lle y daeth yn hyrwyddwr safonau orgraffyddol John *Morris-Jones. Fe'i hordeiniwyd yn weinidog gyda'r Methodistiaid Calfinaidd yn 1888. Cyhoeddwyd ei bregethau yn y gyfrol *Gair y Deyrnas* (1924) a'i draethodau yn *Ysgrifau Puleston* (1926). Cofir amdano hefyd am y cyfundrefn Braille a luniodd ar gyfer yr iaith Gymraeg, ac a ddefnyddir heddiw.

Ceir manylion pellach yng nghofiant John Puleston Jones gan R. W. Jones (1930).

JONES, JOHN RICHARD (1765–1822), gweinidog gyda'r *Bedyddwyr ar eglwys Ramoth, Llanfrothen, Meir., o 1789 hyd at ei farwolaeth. Ganwyd ef ym mhlwyf Llanuwchllyn, lle y bu'n aelod ac yn bregethwr gyda'r Annibynwyr yn yr Hen Gapel yno, ond yn 1788 troes at y Bedyddwyr. Yr oedd ganddo ddiddordeb dwfn yn syniadau diwinyddol ei gyfnod; daeth dan ddylanwad gweithiau Archibald McLean, Albanwr, a roddodd bwyslais ar 'y Comisiwn' i Gristnogion ddal yn dynn at ddysgeidiaeth ac arferion yr eglwys fore. Ceisiodd gyda chymorth Christmas *Evans i ledaenu syniadau McLean ymysg eglwysi Bedyddwyr cyfoes. Yn 1798, pan welodd nad oedd cytundeb i ddilyn ei arweiniad, cyhoeddodd mewn cynhadledd o Fedyddwyr yn Ramoth 'ei fod yn enw yr Arglwydd yn ymneilltuo oddi wrth Fedyddwyr Babilonaidd Cymru'. Yr oedd hyn yn drobwynt yn hanes Bedyddwyr gogledd Cymru wrth i J. R. Jones symud ymlaen yn egnïol a thrylwyr i sefydlu cylch o eglwysi'r Bedyddwyr Albanaidd, gan gynnwys eglwys Pen-y-maes, Cricieth, y bu Dafydd Llwyd a'i fab Richard Lloyd, tad a ewythr William a David *Lloyd George, yn fugeiliaid gwirfoddol arni. Trwy anelu at sefydlu trefn seml yr eglwys fore cyhoeddodd ddatganiad o ddaliadau'r cyfundeb a sefydlwyd ganddo; yn rhy faith i'w groniclo yma, fe'u nodweddir gan reolau manwl o ddisgyblaeth eglwysig, ymddygiad a gwisg, caethgymuno bob Sul ac ymgadw rhag casglu cyfoeth ar y ddaear. Rhif ei ganlynwyr adeg yr ymraniad oedd tua 500. Bu'r ymraniad hwn yn ergyd barhaol i enwad y Bedyddwyr yng ngogledd Cymru. Bu ymraniad pellach yn 1841 pan gefnodd eglwys Pen-y-maes ar y Bedyddwyr Albanaidd ac ymrestru fel un o eglwysi Disgyblion Crist dan ddylanwad Thomas Campbell, Albanwr arall a ymfudodd i UDA. Cofir hefyd am J. R. Jones fel emynydd, cerddor, bardd ac athro beirdd; ymysg ei ddisgyblion oedd Robert ap Gwilym Ddu (Robert *Williams), a gyhoeddodd gywydd coffadwriaeth iddo. Dengys y cywydd mor agos at ei gilydd oedd y bardd ac yntau a sut y bu i J. R. Jones fyw'n gyson â'i ddatganiad trwy gerdded o Ramoth i Eifionydd i gadw ei gyhoeddiadau pregethu heb fod ganddo'r modd i brynu march: 'A phwys maith y gwaith i gyd/ Fu achos ei afiechyd.'

Ysgrifennwyd cofiannau iddo gan David Davies (1911), David Williams (1913) a J. I. Jones (1966); gweler hefyd ysgrif O. M. Edwards yn *Cymru* (Tach. 1893) a chofiant Richard Lloyd gan William George (1934).

JONES, JOHN RICHARD (Gwernfab; 1923–), bardd. Fe'i ganed yng Nghorris, Meir., a mynychodd ysgolion Taliesin a Thal-y-bont, Cer. Bu'n amaethu yng Nghwm Eleri cyn ymuno â staff y Cyngor Llyfrau Cymraeg (*Cyngor Llyfrau Cymru) yn 1967 ac arhosodd yno hyd ei ymddeoliad yn 1986. Y mae wedi cyhoeddi pum cyfrol o gerddi: *Rhwng Cyrn yr Arad* (1962), *Hwyl Llwyfan* (1969), *Cerddi J. R.* (1970), *Cerddi Cwm Eleri* (1980) a *Crafion Medi* (1992). Bu'n feirniad adrodd ac arweinydd llwyfan cyson yn yr *Eisteddfod Genedlaethol ac enillodd ddwy goron a dros ddeugain o gadeiriau mewn eisteddfodau ledled Cymru yn ogystal â nifer o wobrwyon am farddoniaeth yn yr Eisteddfod Genedlaethol.

Gweler *Oedi yng nghwmni Beirdd Pentrefi Gogledd Ceredigion* (gol. N. A. Jones, 1992).

JONES, JOHN ROBERT (1911–70), athronydd. Fe'i ganed ym Mhwllheli, Caern., a'i addysgu yng Ngholeg Prifysgol Cymru, Aberystwyth, a Choleg Balliol, Rhydychen. Bu'n Ddarlithydd mewn Athroniaeth yn Aberystwyth o 1937 hyd 1952, pan benodwyd ef i Gadair Athroniaeth Coleg Prifysgol Abertawe.

Yr oedd ei ddiddordebau athronyddol, yn bennaf, yn ymwneud â natur yr hunan a hunaniaethau eraill, ansawdd credoau crefyddol a natur cenedl. Ar wahân i gyfraniadau niferus i gylchgronau athronyddol, cyhoeddodd bedwar llyfr: arolwg ar hanfod Prydeindod yn y llyfryn *Prydeindod* (1966), astudiaeth o nodweddion cymdeithasol yr iaith Gymraeg, *A Raid i'r Iaith ein Gwahanu?* (1967), *Gwaedd yng Nghymru* (1970), a chasgliad o ysgrifau a phregethau ar argyfwng Cymru yn yr ugeinfed ganrif, *Ac Onide* (1970), ei waith mwyaf sylweddol. Cyhoeddwyd ei araith fel Llywydd y Gymdeithas Aristotelaidd yn *Nhrafodion* y corff hwnnw ar gyfer 1967. Gwelir papurau eraill o eiddo J. R. Jones yn y cylchgronau *Diwinyddiaeth* (cyf. xx, 1969), *Philosophy* (Ebrill, 1950), ac yn y cywaith *Saith Ysgrif ar Grefydd* (gol. D. Z. Phillips, 1967) yn ogystal ag yn *Religion and Understanding* (gol. D. Z. Phillips, 1967).

Wedi iddo symud i Abertawe yn 1952 dylanwadwyd ar empiriaeth gynnar J. R. Jones gan Ludwig Wittgenstein, trwy ei gyfeillgarwch personol â'i gyd-weithiwr,

Rush Rhees, gŵr a fu'n Ddarlithydd yn y Coleg o 1940 hyd 1966. Canlyniad y dylanwad hwn oedd creu perthynas glòs rhwng syniadau J. R. Jones ar seicoleg athronyddol, athrawiaeth grefyddol ac athrawiaeth wleidyddol, a daeth i weld yr unigolyn mewn perthynas â'r gymuned. Yn achos Cymru, y gymuned i J. R. Jones oedd yr etifeddiaeth ddiwylliannol Gymraeg a'r iaith Gymraeg. Cafodd ei ysgrifau ar genedligrwydd Cymru, a *Chenedlaetholdeb Cymreig, yn enwedig yr hyn a ddisgrifiodd yn 'gydymdreiddiad tir ac iaith', ddylanwad pwysig ar yr ymwybyddiaeth o Gymreictod, a gwelir eu hôl yn amlwg o hyd ar fudiadau sy'n ymwneud â Chenedlaetholdeb Cymreig, yn enwedig *Cymdeithas yr Iaith Gymraeg a *Phlaid Cymru.

Ceir ysgrifau teyrnged i J. R. Jones gan D. Z. Phillips yn *Y Traethodydd* (1970), a chan Richard I. Aaron a Pennar Davies yn *Efrydiau Athronyddol* (1971). Ceir manylion pellach ar ei syniadau athronyddol yn yr erthygl gan Saunders Lewis ar *Ac Onide* yn *Ysgrifau Beirniadol VI* (gol. J. E. Caerwyn Williams, 1971) ac yn *Efrydiau Athronyddol* (1972). Am astudiaeth o'i waith gweler ysgrif D. Z. Phillips yn y gyfres *Writers of Wales* (1995) a'r un gan E. R. Lloyd-Jones yn y gyfres *Llên a Llenor* (1997).

JONES, JOHN TUDOR (John Eilian; 1904–85), bardd a golygydd a aned yn Llaneilian, Môn. Cafodd ei addysgu yng Ngholeg Prifysgol Cymru, Aberystwyth, ac yng Ngholeg Iesu, Rhydychen. Bu'n newydd-iadurwr ar staff y *Western Mail, y *Daily Mail* a'r BBC. Ef oedd golygydd cyntaf Y *Cymro* ac erbyn ymddeol ef oedd prif olygydd papurau'r *Herald yng Nghaernarfon. Cychwynnodd y cylchgrawn Y *Ford Gron yn 1930 a golygodd y gyfres o glasuron *Llyfrau'r Ford Gron*. Gyda E. Prosser *Rhys, cyhoeddodd gyfrol o farddoniaeth, *Gwaed Ifanc (1923), ac aeth rhagddo i ennill y *Gadair a'r *Goron yn yr Eisteddfod Genedlaethol, y naill yn 1947 a'r llall yn 1949.

JONES, JOHN WILLIAM (Andronicus; 1842–95), llenor a brodor o'r Bala, Meir. Bu'n fasnachydd ym Manceinion tan 1884. Cofir ef fel awdur *Adgofion Andronicus* (1894), cyfrol o ysgrifau sydd ymhlith y mwyaf difyr o'u bath. Cyhoeddwyd detholiad arall, *Yn y Trên* (1895), wedi iddo farw.

JONES, JONAH (1919–), cerflunydd a nofelydd a aned yn swydd Durham i deulu a hanoedd ar ochr ei dad o Gymru. Gwasanaethodd yn ystod yr Ail Ryfel Byd gydag uned ambiwlans maes yn Ewrop a'r Dwyrain Canol. Gweithiodd gyda John Petts a Brenda *Chamberlain yng Ngwasg y Gaseg yn 1947. Ymgartrefodd gyda'i wraig Judith *Maro ger Penrhyndeudraeth, Meir., yn ddiweddarach, gan weithio fel cerflunydd. O 1974 hyd 1978 bu'n Gyfarwyddwr Coleg Cenedlaethol Arlunio a Dylunio yn Nulyn ond cadwai ei gartref yng Nghymru. Yn ei nofel gyntaf, *A Tree May Fall* (1980), ymdrinnir â chysylltiadau Eingl-Wyddelig yn ystod Gwrthryfel y Pasg yn 1916. Y mae ei ail nofel, *Zorn* (1986), yn ymwneud â ffoadur o Iddew Almeinig ym Mhrydain. Y mae hefyd wedi ysgrifennu arweinlyfr, *The Lakes of North Wales* (1983), a chyfrol o ysgrifau, *The Gallipoli Diary* (1989). Er 1991 y mae ef a'i wraig yn byw yng Nghaerdydd. Cyhoeddwyd ei atgofion am Clough *Williams-Ellis yn 1997.

Ceir ysgrif hunangofiannol gan Jonah Jones yn *Artists in Wales* (gol. Meic Stephens, 1973); gweler hefyd yr erthygl gan Harri Pritchard Jones yn *Nhaliesin* (cyf. LXIX, 1990).

Jones, Kilsby, gweler JONES, JAMES RHYS (1813–89).

JONES, LEWIS (1836–1904), arloeswr a llenor. Fe'i ganed yng Nghaernarfon; yr oedd yn argraffydd wrth ei alwedigaeth. Yn 1862 aeth i *Batagonia gyda Love Jones-Parry i archwilio'r wlad, gan ddychwelyd gydag adroddiad a anogodd y Cymry i ymfudo ond a oedd yn gamarweiniol yn ei ddisgrifiadau hyfryd o'r lle. Daeth yn ddiweddarach yn Rhaglaw dros yr Ymfudwyr Cymreig (yr unig Gymro i ddal y swydd hon), ond hefyd cafodd ei garcharu gan awdurdodau'r Ariannin am gefnogi hawliau'r Cymry. Enwyd tref Trelew er anrhydedd iddo. Sefydlodd ddau bapur newydd yn y Wladfa, *Ein Breiniad* (1878) ac *Y *Drafod* (1891), ac ysgrifennodd lyfr hanes, *Y Wladfa Gymreig* (1898). Yr oedd Eluned *Morgan yn ferch iddo.

JONES, LEWIS (1897–1939), gweithredwr gwleid-yddol a nofelydd. Fe'i ganed yng Nghwm Clydach, *Rhondda, a magwyd ef gan ei fam-gu. Pan oedd yn ddeuddeng mlwydd oed aeth i weithio dan y ddaear i Lofa'r Cambrian a phriododd bedair blynedd yn ddiweddarach. Ymunodd â'r Blaid Gomiwnyddol tra oedd yn y *Central Labour College* (1923–25) ac yn ystod *Streic Gyffredinol 1926 siaradodd ar goedd ar ran glowyr y Rhondda, gan iddo gael ei ethol yn Gadeirydd Cyfrinfa'r Cambrian yn 1918. Pan ddychwelodd y glo-wyr i'w gwaith ar ôl y Streic, collodd ef, fel llu o ym-gyrchwyr eraill, ei swydd fel pwyswr am iddo wrthod gweithio gyda llafur blacleg. Daeth wedyn yn drefnydd Mudiad Cenedlaethol y Gweithwyr Di-waith gan arwain minteioedd o dde Cymru mewn *gorymdeithiau newyn i Lundain yn 1932, 1934 ac 1936 a chan drefnu llu o brotestiadau yn erbyn y Prawf Moddion a gyrhaeddodd ei anterth ym mudiad anferth 1935. Etholwyd ef yn aelod o Bwyllgor Cymreig y Blaid Gomiwnyddol yn 1931 a bu'n un o ddau aelod Comiwnyddol ar Gyngor Sir Forgannwg am dair blynedd olaf ei oes. Yr oedd yn areithiwr tanbaid: carcharwyd ef am areithiau yr honnid eu bod yn derfysglyd a denodd lu o ddilynwyr ymhlith glowyr a gweithwyr diwydiannol eraill. Cymerodd ran amlwg yn yr ymgyrch yng Nghymru dros y Weriniaeth yn Sbaen a bu farw o drawiad ar y galon wedi iddo annerch dros ddeg ar hugain o gyfarfodydd ar y strydoedd yn ystod yr wythnos y syrthiodd Barcelona i'r Ffasgwyr.

Fel eraill yn ne Cymru yn ystod y 1920au a'r 1930au,

dylanwadwyd ar ei feddylfryd gan led-syndicaliaeth *The Miners' Next Step* (1912), ond ffaith ganolog ei bersonol-iaeth ymfflamychol, un ai wedi ei mynegi yn ei yrfa wleidyddol stormus neu yn ei ysgrifennu angerddol, oedd y *Farcsiaeth a gofleidiodd mor glòs. Yr oedd Lewis Jones yn arbennig oherwydd iddo, mewn oes fer, anodd a phrysur, ysgrifennu dwy nofel am gymoedd glofaol de Cymru sydd, er eu bod yn wallus o safbwynt llenyddol coeth, yn ddilys iawn ac yn parhau yn eithriadol o rymus. Eu teitlau yw *Cwmardy* (1937) a'i ddilyniant *We Live* (1939).

Cyfrannodd David Smith gyfrol ar Lewis Jones i'r gyfres *Writers of Wales* (1982); gweler hefyd yr erthyglau gan John Pikoulis yn *The Anglo-Welsh Review* (rhif. 74, 1983) ac yn *The New Welsh Review* (rhif. 26, cyf. VII, Hydref 1994). Am lyfryddiaeth lawn gweler John Harris, *A Bibliographical Guide to Twenty-four Modern Anglo-Welsh Writers* (1994).

Jones, Lewis Davies (Llew Tegid; 1851–1928), arweinydd eisteddfodau a aned ger Y Bala, Meir. Yr oedd yn adnabyddus fel eisteddfodwr yn ystod y blynyddoedd rhwng 1902 ac 1925, yn arwain cynulleidfaoedd gyda'i ddawn arbennig. Bu'n cydweithio â J. Lloyd Williams i gasglu alawon a hen benillion ar ran Cymdeithas Alawon Gwerin Cymru a chyfansoddodd eiriau ar gyfer llawer o'r alawon.

Jones, Margam, gweler JONES, WILLIAM MORGAN (1864–1945).

JONES, MARGARET (1814–41), dyddiadurwraig a llythyrwraig. Ganwyd hi yn Yr Wyddgrug, Ffl., ac enillodd gryn enwogrwydd wedi ei marwolaeth gynnar, yn sgîl poblogrwydd y cofiant a ysgrifennwyd iddi gan ei brawd Thomas Jones. Pan ymddangosodd *Fy Chwaer* yn 1844, yr oedd yn cynnwys nid yn unig dadansoddiad o fywyd a phrofiadau Margaret Jones, ond detholiad o'i dyddiaduron a hanner cant a thri o'i llythyrau. Yn ôl y rhagair, dyma'r tro cyntaf i gyfrol o'r fath – a roddai gymaint o wybodaeth fanwl am feddylfryd merch ifanc gyfoes – ymddangos yn y Gymraeg. Prif nodwedd bywyd a gwaith Margaret Jones oedd duwioldeb, ac ar ôl 1847 cyfeirir at y gyfrol yn y cylchgronau Cymraeg fel esiampl o'r purdeb diamwys a berthynai i ferched Cymru, er yr holl sarhad a dywalltwyd arnynt gan adroddiadau celwyddog y *Llyfrau Gleision.

Masnachwyr cymharol gefnog oedd ei rhieni, a chafodd eu hunig ferch addysg gostus, Seisnig, mewn ysgol breswyl yng Nghaer. Ond wedi iddi ddychwel adref, profodd dröedigaeth efengylaidd, a chysegrodd ei bywyd i ofynion ei chrefydd Fethodistaidd-Galfinaidd. Yn y dyddiaduron dwrdiai ei hun yn ddidrugaredd am yr esgeulustod lleiaf; yr oedd gwario awr gyda chyfeilles mewn 'ofer siarad ag ysgafndra' iddi hi yn bechod 'yn erbyn goleuni, yn erbyn argyhoeddiad, ac yn erbyn cydwybod'. Yr oedd yn hynod ymroddedig fel athrawes

*Ysgol Sul, a llythyrai'n gyson â merched ei dosbarth yn ogystal â'i chyfeillesau, gan geisio eu hargyhoeddi hwythau o anlladrwydd pechodau megis caru y tu allan i'r enwad. Fel esiampl fyw o fywyd mewnol Cymraesau crefyddol canol y bedwaredd ganrif ar bymtheg, y mae llythyrau a dyddiaduron Margaret Jones o gryn ddiddordeb. O ganlyniad i'r addysg a dderbyniodd, yn yr iaith Saesneg yr ysgrifennai gan amlaf, ond cyfieithwyd ei gwaith i'r Gymraeg gan ei brawd ar gyfer ei gyhoeddi yn ei gofiant.

Am wybodaeth bellach gweler Thomas Jones, *Fy Chwaer: sef, Cofiant am Miss Margaret Jones, Cefn y Gader, Wyddgrug* (1844) a Mair Ogwen, *Chwiorydd Enwog y Cyfundeb* (1925).

JONES, MARGARET (Y Gymraes o Ganaan; 1842?–1902)

JONES, MARGARET (Y Gymraes o Ganaan; 1842?–1902), awdures llyfrau teithio, a anwyd yn Rhosllannerchrugog, Dinb. Cyn iddi gyrraedd ei hugain mlwydd oed, aeth i Birmingham i weini i deulu o Iddewon o wlad Pwyl o'r enw Frankel. Derbyniodd ei meistr 'dychweledig' alwad i genhadu Cristnogaeth Brotestannaidd i'r Iddewon, a bu Margaret Jones gyda'r teulu yn gyntaf ym Mharis, o 1863 hyd 1865, ac wedi hynny yng ngwlad Canaan. O'r wlad honno, ysgrifennodd gyfres o lythyrau at ei theulu, a heb yn wybod iddi hi cyhoeddwyd hwynt gan ei thad yn Y *Tyst Cymreig*. Derbyniasant gryn gymeradwyaeth, ac ymddangosasant ar ffurf cyfrol yn 1869 dan y teitl *Llythyrau Cymraes o Wlad Cannan*; erbyn 1872 yr oedd pum argraffiad o'r gyfrol wedi eu cyhoeddi. Pan ddychwelodd Margaret Jones i Rosllannerchrugog yn 1869 oherwydd anhwylder iechyd, cafodd ei hun yn enwog. Daeth yn boblogaidd fel darlithydd ar y genhadaeth ac ar wlad Canaan, a bu'n teithio lledled Cymru o 1870 ymlaen, gan wneud digon o elw i gyfrannu'n hael tuag at Gronfa Genhadol Palestina. Yn 1879 aeth dramor unwaith yn rhagor, i Moroco y tro hwn, eto gydag aelodau o'r teulu Frankel, a bu'n gweithio ym Mogador fel athrawes genhadol i'r Iddewon yno. Ar ôl dychwelyd i Gymru yn 1882 cyhoeddodd *Morocco a'r hyn a welais yno*. Y flwyddyn ganlynol aeth ar daith ddarlithio i'r Amerig, ac oddi yno at ei chwaer yn Awstralia, lle y priododd â Sais o'r enw Josey. Ymgartrefodd yn Queensland ac yno y bu farw, ar ôl bywyd o grwydro'r pum cyfandir.

Fel y dywed Gwilym Hiraethog (William *Rees) yn ei lythyr o gyflwyniad i'w chyfrol gyntaf, yr oedd gan Margaret Jones, er ei diffyg addysg, yr adnoddau angenrheidiol ar gyfer awdur llyfr teithio, sef 'llygad craffus i weled a sylwi, a gallu cryf i osod ei phethau allan yn dra effeithiol i'r darllenydd'. Y mae ar ei gorau yn y *Llythyrau*, sy'n ddifyr, yn ffraeth, ac wedi eu hysgrifennu mewn arddull syml a bywiog. Ymdebyga ei hail gyfrol yn fwy i ddarlithiau ffurfiol ar nodweddion Moroco a'i phobl, ond yma eto ceir sawl golygfa drawiadol, ac y mae personoliaeth hunanhyderus yr awdur yn amlwg ar bron bob tudalen.

Am wybodaeth bellach gweler Iorwen Myfanwy Jones,

'Merched Llên Cymru o 1850 i 1914' (traethawd ymchwil Coleg Prifysgol Gogledd Cymru, Bangor, 1935).

Jones, Mary (1784–1864)

Jones, Mary (1784–1864), merch i wehydd o Dy'n-y-ddôl, Llanfihangel-y-Pennant, yn ymyl Abergynolwyn, Meir. Yn 1800, a hithau'n ferch un ar bymtheg oed, ar ôl dysgu darllen a chynilo dros gyfnod o chwe blynedd, cerddodd yn droednoeth i'r Bala, ryw bum milltir ar hugain o'i chartref, er mwyn prynu Beibl gan Thomas *Charles. Daeth ei henw yn gyfystyr â'r awydd ymhlith y werin bobl i gael gwybodaeth lenyddol a chrefyddol. Credir i frwdfrydedd y ferch hon ysbrydoli Thomas Charles pan gymerodd ran mewn trafodaethau ddwy flynedd yn ddiweddarach, a arweiniodd at sefydlu y Feibl Gymdeithas.

Adroddir ei hanes gan Elisabeth Williams yn *Beibl i Bawb* (1988).

JONES, MARY (1942–)

JONES, MARY (1942–), nofelydd a aned yn Aberystwyth, Cer. Enillodd radd mewn Saesneg ym Mhrifysgol Sheffield. Treuliodd flwyddyn yn gwneud gwaith gwirfoddol yng ngwlad yr Iorddonen, cyn dychwelyd i Sheffield i gwblhau ei M.A. Er 1969 bu'n Ddarlithydd ym Mhrifysgol Ulster, yn dysgu yng Ngholeg Prifysgol Magee, Derry, yn gyntaf ac wedyn yn Coleraine. Yn ei hunig nofel, *Resistance* (1985), y mae menyw sy'n dioddef o gancr yn chwilio am loches yng nghefn-gwlad Cymru, ond yn ei chael ei hun wedi ei dal yn awyrgylch aethus rhyw westy gothig a fynychir gan nifer o bobl leol sy'n dreisgar o selog dros yr iaith Gymraeg. Drwy gyfrwng dulliau ysgrifennu sy'n nodweddiadol o ffuglen ias a chyffro, llwydda Mary Jones i beri ymglywed â natur y tyndra diwylliannol a chymdeithasol sy'n cyniwair y gymdeithas yng Nghymru, cymdeithas y mae ei hunaniaeth wedi ei rhannu rhwng dwy iaith a chan y tynnu croes rhwng Prydeindod a Chymreictod.

Ceir trafodaeth ar *Resistance*, ochr yn ochr â nofelau Angharad Tomos, *Yma o Hyd*, a Kingsley Amis, *The Old Devils*, yn M. Wynn Thomas, 'Prison, Hotel, and Pub: three images of contemporary Wales' yn *Internal Difference: Literature in Twentieth-Century Wales* (1992).

JONES, MARY OLIVER (Esyllt Wyn; 1858–93)

JONES, MARY OLIVER (Esyllt Wyn; 1858–93), nofelydd. Fe'i ganed yn Mary Oliver yn Lerpwl, yn ferch i Gymry o sir Fôn. Addysgwyd hi yn Ysgol y Bwrdd, Ffordd y Frenhines, Everton, a gwnaethpwyd hi yn athrawes gynorthwyol yno. A hithau tuag un ar bymtheg oed, symudodd gyda'i theulu i Rock Ferry; yn 1879, ymbriododd â Richard T. Jones, adeiladydd yn Lerpwl. Yn 1880 enillodd gystadleuaeth stori gyfres yn Y *Frythones*, a chyhoeddwyd ei gwaith buddugol 'Claudia' yn y cylchgrawn. O hynny ymlaen, cyfrannodd yn gyson i'r cylchgronau a'r papurau wythnosol Cymraeg, gan gyhoeddi naw stori gyfres, nifer o straeon byrion, chwedlau i blant, a thraethodau. Wedi ei marwolaeth gynnar cyhoeddwyd un o'i storïau cyfres fel cyfrol, sef *Y Fun o Eithinfynydd* (1897), nofel hanesyddol am helyntion caru *Dafydd ap Gwilym a ymddangosodd yn gyntaf yn *Cymru* O. M. *Edwards (1891–93). Ystyriwyd y nofel hon fel ei champwaith, ond gellir dadlau bod rhai o'i gweithiau eraill ar destunau mwy cyfoes, megis 'I lawr â'r tollbyrth', stori gyfres ar derfysgoedd *Beca (yn *Y *Genedl Gymreig*, 1887), 'John Jones a'i deulu', ar ymfudwyr i'r Amerig (yn *Y Genedl Gymreig*, 1889) neu 'Nest Merfyn', ymgais gynnar ar stori dditectif yn y Gymraeg (yn *Cyfaill yr Aelwyd*, 1892–93), o fwy o ddiddordeb erbyn heddiw, fel portreadau o'i chanrif a'i phobl hi ei hun. Erys ei gwaith yn ddarllenadwy ac yn ddifyr; gwyddai sut i orffen pennod ar nodyn cyffrous a fyddai'n codi awydd i ddarllen y rhan nesaf, ond yn anffodus ni feistrolodd erioed y ddawn o gynhyrchu deialog naturiol a chredadwy. Dengys ei storïau fod ganddi ddiddordeb arbennig mewn portreadu bywyd merched, ac yn 1892 cyhoeddodd ysgrif yn *Y *Traethodydd* ar 'Ryddid y Rhyw Fenywaidd' sy'n tystio i'w hymchwil fanwl i'r newidiadau a fu yn hanes y ferch, er na ellir honni iddi ddod at unrhyw gasgliadau chwyldroadol ffeminyddol.

Am wybodaeth bellach gweler rhagair Huw Parri yn *Y Fun o Eithinfynydd* (1897); Isaac Davies, 'Mary Oliver Jones' yn *Cymru* (cyf. v, 1893), ac Iorwen Myfanwy Jones, 'Merched Llên Cymru o 1850 i 1914' (traethawd ymchwil Coleg Prifysgol Gogledd Cymru, Bangor, 1935).

JONES, MARY VAUGHAN (1918–83), awdur llyfrau i blant. Bu'n ddisgybl yn Ysgol Ramadeg Llanrwst o 1930 hyd 1935 ac wedyn yn athrawes yn Ysgol Cwm Penanner; Ysgol Lluest, Aberystwyth; Ysgol Baratoad Aber-mad ac Ysgol Gymraeg Aberystwyth. O 1958 hyd 1972 bu'n Ddarlithydd yn Y Coleg Normal, Bangor. Cyhoeddwyd ei llyfrau cyntaf, *Storïau Siôn* (3 cyf.) yn 1953/54 ac yn 1955 dechreuodd gyfrannu'n rheolaidd i gylchgronau *Urdd Gobaith Cymru a daeth enwau cymeriadau megis Tomos Caradog, Amos-Jôs a Siwsanna Jên yn annwyl gan blant Cymru. Yn 1969 ymddangosodd *Sali Mali, Pry Bach Tew* a *Jaci Soch*, y tri llyfr cyntaf yn *Cyfres Darllen Stori*, ac yn ddiweddarach ymddangosodd teitlau eraill yn yr un gyfres: *Annwyd y Pry Bach Tew, Yr Hen Darw, Bobi Jo, Morgan a Magi Ann, Tomos Caradog* a *Pastai Tomos Caradog*. Yn 1977 dilynwyd y gyfres hon gan *Gyfres Darllen Dau Dau*, cyfres ddarllen sy'n gyfuniad o lyfr bach a llyfr mawr ar gyfer pob gradd: *Llyfr Bach Jac y Jwc, Llyfr Mawr Jac y Jwc; Llyfr Bach Nicw Nacw, Llyfr Mawr Nicw Nacw; Llyfr Bach Ci Neb, Llyfr Mawr Ci Neb; Llyfr Bach Guto, Llyfr Mawr Guto; Llyfr Bach Dwmplen Malwoden, Llyfr Mawr Dwmplen Malwoden* ac yna *Llyfr Bach Cliciau Priciau, Llyfr Mawr Cliciau Priciau*. Cyhoeddwyd *Llyfr Bach Culhwch* a *Llyfr Mawr Culhwch* yn 1996.

O 1980 ymlaen bu'n cyfrannu straeon, cerddi a dramâu darllen i Gynllun y Porth a bu hefyd yn addasu llyfrau Saesneg poblogaidd i'r Gymraeg. Ar ôl ei marwolaeth cyhoeddwyd dau gasgliad o'i storïau, *Ben y Garddwr a Storïau Eraill* (1988) a *Sami Seimon a Storïau Eraill* (1992). Sefydlodd *Cyngor Llyfrau Cymru dlws i goffáu Mary Vaughan Jones.

JONES, MEINIR PIERCE (1957–), awdur nofelau i blant. Fe'i magwyd yn Nefyn, Caern., a'i haddysgu yng Ngholeg Prifysgol Gogledd Cymru, Bangor, lle'r astudiodd y Gymraeg. O 1982 hyd 1986 gweithiodd gyda'r Cyngor Llyfrau Cymraeg (*Cyngor Llyfrau Cymru) fel Swyddog Golygyddol ac yna dechreuodd weithio ar ei liwt ei hun. Y mae wedi cyhoeddi pedair nofel i blant: *Loti* (1985), *Pentymor* (1986), *Modryb Lanaf Lerpwl* (1991) ac *Iechyd Da, Modryb!* (1994). Ysgrifennodd rai sgriptiau ar gyfer y teledu a'r radio gan gynnwys *Annest* (1992–93) ar gyfer S4C a *Llathan o Gowntar* ar gyfer y radio, ill dwy ar y cyd â Gwenno *Hywyn; hefyd creodd gyfres-ddrama radio ei hun, *Rhiannon* (1995).

Jones, Michael Daniel (1822–98), gweinidog a gwladgarwr, a aned yn Llanuwchllyn, Meir., yn fab i Michael Jones, y gŵr a sefydlodd ac a ddaeth yn Brifathro cyntaf Coleg yr Annibynwyr yn Y Bala yn 1841. Addysgwyd ef yng Ngholeg Presbyteraidd Caerfyrddin a Choleg Highbury, Llundain. Yn 1847 aeth i'r Amerig ac fe'i hordeiniwyd yn Cincinnati lle y sefydlodd Gymdeithas y Brython i gynorthwyo ymfudwyr o Gymru. O hwn tarddodd ei syniad i sefydlu ail wladfa i'r Cymry yng ngogledd yr Amerig, gwladfa a fyddai'n annibynnol yn wleidyddol. Amlinellwyd ei syniad gyntaf yng nghylchgronau Cymraeg yr Amerig – sef sefydlu cymdeithas lle y byddai amaethwyr yn berchen eu tir eu hunain ac yn rhoi i weithwyr y modd i gynhyrchu'n gydweithredol. Yn ddiweddarach cefnodd Jones ar y cynllun hwn a dechrau ffafrio sefydlu'r wladfa ym *Mhatagonia. Yr oedd wedi sylweddoli nad oedd yr Amerig yn addas oherwydd yr oedd gwahanol bobloedd wedi ymgartrefu yno ac felly'n sicrhau goruchafiaeth yr iaith Saesneg.

Wedi dychwelyd i Gymru, dilynodd ei dad yn Brifathro Coleg y Bala ac yno bu'n rhan o ffrae a adwaenir fel 'Brwydr y Ddau Gyfansoddiad'. Mynnai Jones y dylai rheoli'r Coleg fod yn gyfrifoldeb ei danysgrifwyr, tra credai eraill, dan arweiniad John Thomas o Lerpwl, y dylai'r rheoli fod yn nwylo cynrychiolwyr a benodwyd gan yr eglwysi yn siroedd Cymru. Lledaenodd y ddadl trwy Gymru a gwaethygwyd pethau pan ddechreuodd Jones chwarae rhan flaenllaw yn y mudiad i sefydlu gwladfa Gymreig ym Mhatagonia. Apêl Patagonia i Michael D. Jones oedd ei bod yn rhanbarth newydd ac ymhell oddi wrth ddylanwad Lloegr. Am y Gymru newydd dros y môr ysgrifennodd: 'Bydd yno gapel, ysgol a Senedd a'r hen iaith fydd cyfrwng addoli, masnach, gwyddoniaeth, addysg a llywodraeth. Gwnaiff cenedl gryf a hunangynhaliol dyfu mewn gwladfa

Gymreig.' Cyfrannodd lawer o arian i'r ymgyrch a bu'n rhaid iddo werthu ei gartref i awdurdodau'r Coleg. Pasiwyd Cyfansoddiad Newydd gan ei wrthwynebwyr yn fuan wedi hynny a diswyddwyd Jones fel Prifathro. Llwyddwyd i uno'r ddwy ochr a chafodd aros ar staff y Coleg ond ymddiswyddodd yn 1892 er mwyn creu sefydliad newydd a adnabyddir fel Coleg Bala-Bangor.

Gydag Emrys ap Iwan (Robert Ambrose *Jones) ystyrir Michael D. Jones yn dad *Cenedlaetholdeb Cymreig yn y cyfnod modern ac ef yn sicr oedd y cyntaf i gynnig ateb gwleidyddol rhesymol i'r broblem o sut y gallai Cymru gadw ei hunaniaeth genedlaethol, beth bynnag fyddai tynged antur Patagonia. Ysgrifennodd yn helaeth at y wasg Gymraeg ar bynciau cymdeithasol, gan gadw ei goegni llym i landlordiaeth a'r 'achos Seisnig' a ddenai Gymry Cymraeg i addoli yn Saesneg, a phregethai'n agored ar ryddid cenedlaethol. Ymhlith y rhai a ddaeth o dan ei ddylanwad yr oedd T. E. *Ellis, David *Lloyd George ac Owen M. *Edwards; honnai'r olaf iddo ddysgu gyntaf ganddo am hanes a llenyddiaeth Cymru.

Ysgrifennwyd cofiant Michael D. Jones gan E. Pan Jones (1903); gweler hefyd D. Gwenallt Jones, 'Hanes mudiadau Cymraeg a chenedlaethol y bedwaredd ganrif ar bymtheg' yn *Seiliau Hanesyddol Cenedlaetholdeb Cymru* (1950) a chyfraniad yr un awdur i *Triwyr Penllyn* (gol. Gwynedd Pierce, 1956). Trafodir cyfraniad Michael D. Jones at sefydlu gwladfa Gymreig ym Mhatagonia gan R. Bryn Williams yn *Y Wladfa* (1962) a chan Alun Davies yn *Nhrafodion* Anrhydeddus Gymdeithas y Cymmrodorion (1966).

JONES, MORUS (Morus Cyfannedd; 1895–1982), *bardd gwlad a aned ym Mlaenau Ffestiniog, Meir.; bu'n amaethu am y rhan fwyaf o'i oes. Cyhoeddodd ddwy gyfrol o farddoniaeth, *Dros Gors a Gwaun* (1969) a'r nawfed yn y gyfres *Beirdd Bro* (1978).

JONES, MOSES GLYN (1913–94), bardd, a aned ger Mynytho, Caern. Fe'i haddysgwyd yng Ngholeg Prifysgol Gogledd Cymru, Bangor, a bu'n athro mewn ysgolion yn ei sir enedigol. Cyhoeddodd bedair cyfrol o farddoniaeth, *Y Ffynnon Fyw* (1973), *Mae'n Ddigon Buan* (1977), *Y Sioe* (1984) ac *Y Dewin a Cherddi Eraill* (1993). Enillodd y *Gadair yn yr Eisteddfod Genedlaethol yn 1974 am ei awdl 'Y Dewin'.

JONES, NATHANIEL CYNHAFAL (1832–1905), bardd a golygydd a aned ym mhlwyf Llangynhafal, Dinb. Pan oedd yn ieuanc bu'n deiliwr yng ngweithdy Angel Jones yn Yr Wyddgrug, yn gydymaith i Daniel *Owen. Dechreuodd bregethu gyda'r Methodistiaid Calfinaidd yn 1859. Cyhoeddodd bum cyfrol o farddoniaeth, *Fy Awenydd* (1859), *Elias y Thesbiad* (1869), *Y Messiah* (1895), *Y Bibl* (1895) a *Charles o'r Bala* (1898). Gyda Richard Mills yr oedd yn gyd-awdur *Buchdraeth John Mills* (1881). Ond ei brif waith oedd golygu gweithiau William *Williams, Pantycelyn (2 gyf., 1887, 1897).

JONES, NESTA WYN (1946–), bardd a aned yn Nolgellau, Meir., a'i haddysgu yng Ngholeg Prifysgol Gogledd Cymru, Bangor. Bu'n gweithio i Gwmni Theatr Cymru, y Cyngor Ysgolion a'r Cyngor Llyfrau Cymraeg (*Cyngor Llyfrau Cymru) ond yn 1980 dychwelodd i'w chartref i ffermio yn Abergeirw, ger Dolgellau. Y mae wedi cyhoeddi tair cyfrol o farddoniaeth, *Cannwyll yn Olau* (1969), *Ffenest Ddu* (1973) a *Rhwng Chwerthin a Chrio* (1986), a hefyd lyfr taith, *Dyddiadur Israel* (1982). Hi yw Cadeirydd Adran Gymraeg yr *Academi Gymreig er 1996.

Jones, Owen (Owain Myfyr; 1741–1814), noddwr, a aned yn Llanfihangel Glyn Myfyr, Dinb. Aeth i Lundain yn fachgen ifanc i fod yn brentis i grwynwr ac erbyn ei ddeugain oed yr oedd yn berchennog ei fusnes ei hun ac yn ŵr cyfoethog. Ymddiddorodd mewn llenyddiaeth Gymraeg o ganlyniad i'w gysylltiad â Richard *Morris a gwŷr cyffelyb ymhlith *Cymry Llundain. Ymunodd ag Anrhydeddus Gymdeithas y *Cymmrodorion a chyda Robin Ddu yr Ail o Fôn (Robert *Hughes) sefydlodd Gymdeithas y *Gwyneddigion yn 1770. Yn 1789, gyda William *Owen Pughe, golygodd a thalodd am argraffu gwaith *Dafydd ap Gwilym, gan fwriadu cyhoeddi, maes o law, gyfres o lyfrau yn seiliedig ar yr hen lawysgrifau. Ymddangosodd y gyntaf a'r ail gyfrol o *The Myvyrian Archaiology of Wales* yn 1801 a'r drydedd yn 1807. Yr oedd y llyfrau hyn o werth mawr gan iddynt gynnwys detholiadau o waith y *Cynfeirdd a'r *Gogynfeirdd yn ogystal â'r Brutiau, ond yr oedd yn yr ail a'r drydedd gyfrol lawer o ffugiadau Iolo Morganwg (Edward *Williams). Y cynllun gwreiddiol oedd cyhoeddi hefyd *Y *Mabinogion, *Y *Tair Rhamant a chlasuron yr unfed ganrif ar bymtheg a'r ail ganrif ar bymtheg, ond o ganlyniad i golledion ariannol Owain Myfyr a dychweliad Pughe i Gymru, ni chyhoeddwyd yr un o'r pethau hyn a daethpwyd â'r gyfres i ben gyda'r drydedd gyfrol.

Ceir manylion pellach yn llyfr W. D. Leathart, *The Origin and Progress of the Gwyneddigion Society* (1831), yn yr erthyglau gan G. J. Williams yn *Y Llenor* (cyf. I, 1923) a *Chylchgrawn* y Gymdeithas Lyfryddol Gymreig (cyf. X, 1966) ac yn llyfr R. T. Jenkins a Helen Ramage, *A History of the Honourable Society of Cymmrodorion* (1951).

JONES, OWEN (Meudwy Môn; 1806–89), golygydd a hanesydd. Brodor o Lanfihangel Ysgeifiog, Môn, ydoedd; cafodd beth addysg elfennol ac ordeiniwyd ef yn weinidog Methodistaidd yn 1842. Yr oedd yn ymgyrchydd diflino dros *Ddirwest a'r Feibl Gymdeithas. Ei waith llenyddol pwysicaf oedd golygu'r ddwy gyfrol *Cymru, yn Hanesyddol, Parthedegol a Bywgraphyddol* (1875) a *Ceinion Llenyddiaeth Gymreig* (1876), y naill am hanes Cymru a'r llall am ei llenyddiaeth.

Jones, Owen Glynne (1867–99), arloeswr y grefft

o ddringo creigiau. Fe'i ganed yn Llundain i rieni Cymreig ac yn ddiweddarach gwnaeth ei gartref gyda pherthnasau yn Abermo, Meir., gan ddechrau dringo creigiau ar *Gadair Idris, ar ei ben ei hun, yn 1888. Ei lyfr Rock-Climbing in the English Lake District (1897) oedd y cyntaf i osod graddfeydd ar ddringfeydd ac ar ei nodiadau ef y seiliodd y brodyr Abraham gyfran helaeth o'u Rock-Climbing in North Wales (1906). Bu farw ar y Dent Blanche yn Alpau'r Swistir ac fe'i claddwyd yn Evolène.

JONES, OWEN WYNNE (Glasynys; 1828–70), llenor a aned yn Rhostryfan, Caern. Dechreuodd weithio yn ddeg oed yn y chwarel leol ond yn ddiweddarach daeth yn athro ysgolion Eglwys Loegr yng Nghlynnog, Llanfachreth a Beddgelert. Fe'i hurddwyd yn ddiacon yn 1860 a bu'n gurad yn Llangristiolus a Llanfaethlu, Môn, ac ym Mhontlotyn, Morg. Cafodd ei ddeunydd, yn enwedig ar gyfer nofelau hanesyddol megis Dafydd Llwyd neu Ddyddiau Cromwel (1854), yn nhraddodiadau cyn-Fethodistaidd Cymru. Ymhlith ei gasgliadau o gerddi y mae'r cyfrolau Fy Oriau Hamddenol (1854), Lleucu Llwyd (1858) ac Yr Wyddfa (c.1877). Ei waith gorau yw ei ysgrifau'n disgrifio'r hen fywyd gwledig Cymreig a'i fersiynau o straeon ysbryd a chwedlau *tylwyth teg; cyhoeddai rai o'r rhain mewn cylchgronau dan y ffugenw Salmon Llwyd. Ymddangosodd detholiad o'i gerddi yn 1898 a chyhoeddwyd rhai o'i storïau, wedi eu golygu gan Saunders *Lewis, dan y teitl Straeon Glasynys (1943).

Ceir trafodaeth ar ei waith yn yr ysgrif gan Kate Roberts yn Gŵyr Llên y Bedwaredd Ganrif ar Bymtheg (gol. Dyfnallt Morgan, 1968) ac erthygl gan yr un awdur yn Ysgrifau Beirniadol II (gol. J. E. Caerwyn Williams, 1966).

JONES, PERCY MANSELL (1889–1968), ysgolhaig a llenor a aned yng Nghaerfyrddin. Ni chafodd fynd i'r ysgol ramadeg i ddechrau oherwydd diffyg arian ond yn y diwedd mynychodd Ysgol Ramadeg y Frenhines Elisabeth fel disgybl-athro. Nid oedd ei iechyd yn gryf ond aeth ymlaen i Goleg Prifysgol Cymru, Aberystwyth, lle y graddiodd mewn Ffrangeg, ac yna astudiodd ym Mharis a chael gradd ymchwil o Goleg Balliol, Rhydychen. Yn dilyn hynny cafodd swyddi academaidd a arweiniodd at ei benodi'n Athro'r Ffrangeg yng Ngholeg Prifysgol Gogledd Cymru, Bangor; oddi yno symudodd i Gadair newydd mewn Llenyddiaeth Ffrangeg ym Mhrifysgol Manceinion, swydd y bu ynddi o 1951 hyd 1956.

Yr oedd cyfraniad Mansell Jones i astudiaethau llenyddol Ffrangeg yn sylweddol. Cyhoeddwyd ei lyfr cyntaf ar y bardd o Wlad Belg, Émile Verhaeren, yn 1920. Yn dilyn hynny cafwyd: Tradition and Barbarism (1930), French Introspectives (1937), Background of Modern French Poetry (1951), Baudelaire (1951), Modern French Verse: an Anthology (1953), Racine and Tragic Poetry (cyfd., 1955), Émile Verhaeren (1957), The Oxford Book of

French Verse (gol., 1957), The Assault on French Literature (1963) ac A Book of French Verse (gol., gyda G. Richardson, 1964).

Y mae ei hunangofiant, How They Educated Jones (1974), yn fath o journal intime: ynddo myfyria ar ei gartref a'i berthynas â'i rieni, ar Gaerfyrddin a'r cylch a roddodd iddo ddirnadaeth weledol gref, ac ar yr ysgolion a'r prifysgolion a fynychodd. Y mae cyfeiriadau llenyddol i'w gwaith, a gyflwynir yn anymwthiol, a chofnodion am gyfarfodydd ag Ezra Pound, André Gide, Morfydd Llwyn *Owen ac Ernest *Jones, ymysg eraill. Y mae i'r gwaith hwn gryn swyn a didwylledd, a chofnoda'n gain bererindod meddwl anturus, medrus a sensitif nad oedd ei Gymreictod fyth ymhell i ffwrdd.

JONES, PETER (Pedr Fardd; 1775–1845), emynydd a bardd a aned ym mhlwyf Garn Dolbenmaen, Caern.; treuliodd y rhan fwyaf o'i oes yn Lerpwl. Teiliwr ydoedd wrth ei grefft, ond bu hefyd yn ysgolfeistr ac yn siopwr, a daeth yn amlwg gyda'r Methodistiaid Calfinaidd. Ef yw un o emynwyr mawr olaf y Diwygiad Methodistaidd a chyhoeddodd sawl casgliad, yn cynnwys Hymnau Newyddion (1825) a Crynoad o Hymnau (1830). Ymhlith ei emynau mwyaf adnabyddus y mae 'Cysegrwn flaenffrwyth ddyddiau'n hoes', 'Cyn llunio'r byd, cyn lledu'r nefoedd wen' ac 'Mae'r iachawdwriaeth rad'. Yr oedd hefyd yn feistr ar y *gynghanedd, fel y gwelir yn y gyfrol Mêl Awen (1823).

JONES, PETER THABIT (1951–), bardd ac awdur storïau byrion a aned ym Mhort Tennant, Abertawe, ac a addysgwyd yn Athrofa Addysg Uwch Gorllewin Morgannwg. Bu'n byw yn Abertawe am y rhan fwyaf o'i fywyd a gweithiodd mewn nifer o wahanol swyddi, gan gynnwys swydd clerc yn Nociau Abertawe, cyn mynd yn awdur llawn-amser ym 1983. Ers hynny y mae wedi gweithio fel tiwtor i Gyngor Sir Gorllewin Morgannwg a'r Adran Addysg Barhaus Oedolion ym Mhrifysgol Cymru, Abertawe, yn dysgu cyrsiau ysgrifennu creadigol a llenyddiaeth plant. Ysgrifenna am fywyd trefol Abertawe ac am ei phobl, yn enwedig pobl yr ymylon, ac am ei deulu ei hun – ei dad-cu, ei dad a'r mab bychan a gollodd ac a ysbrydolodd rai o'i gerddi gorau. Y mae ei gyhoeddiadau'n cynnwys Broken Tin and other stories (1979) a phum casgliad o farddoniaeth: Tacky Brow (1974), The Apprenticeship (1977), Clocks Tick Differently (1980), Visitors (1986) a The Cold Cold Corner (1995). Er 1995 bu'n olygydd cylchgrawn Llenorion ac Artistiaid Abertawe, Swagmag.

Jones, Philip (1618–74), gweinyddwr Piwritanaidd a milwr, a aned ym mhentref y Clâs, Llangyfelach, Morg. Fe'i penodwyd yn Rheolwr Abertawe gan y Senedd yn 1645, bu'n gyrnol o 1646, a chymerodd ran ym Mrwydr Sain Ffagan (1648). Yr oedd cyfarfod ag Oliver Cromwell yn ddigwyddiad tyngedfennol yn ei yrfa. Gwysiwyd ef i

Ail Dŷ Cromwell o dan yr enw Philip Lord Jones; ef oedd y Cymro pwysicaf yn Llundain, ac am naw mlynedd ef, i bob pwrpas, oedd arweinydd de Cymru. Yn 1653 daeth yn aelod o'r Cyfrin Gyngor ac yn 1657 fe'i gwnaed yn ben ar Lys y Diffynydd; ef oedd yn gyfrifol am drefnu angladd Cromwell, yn rhinwedd y swydd hon. Yn 1659 ceisiodd ei elynion ei gyhuddo o fod yn 'oppressor of his countrey', ond cyfeiriodd Senedd y Gweddill y cyhuddiadau hyn at Bwyllgor a gyfansoddwyd yn bennaf o Weriniaethwyr. Daeth yr Adferiad cyn i bethau fynd ymhellach ac y mae'n debyg y gellir priodoli'r ffaith i Jones osgoi cosb i'r driniaeth dosturiol a roesai i'r Brenhinwyr yng Nghymru. Treuliodd weddill ei ddyddiau yng Nghastell Ffwl-y-mwn ym Morgannwg, a brynwyd ganddo yn ystod cyfnod llywodraeth y Piwritaniaid. Y mae ei ddisgynyddion yn dal i fyw yn y castell.

Ceir manylion pellach yn yr erthygl gan A. G. Veysey yn Nhrafodion Anrhydeddus Gymdeithas y Cymmrodorion (1966).

Jones, Philip (1855–1945), un o bregethwyr Cymraeg enwocaf y cyfnod modern. Fe'i ganed yn Nhai-bach, Morg., ac addysgwyd ef yng Ngholeg Trefeca; fe'i hordeiniwyd yn weinidog gyda'r Methodistiaid Calfinaidd yn 1887. Etifeddodd y traddodiad pregethu a oedd yn drwm dan ddylanwad Edward *Matthews, Ewenni. Daeth i'w anterth yn ystod ei ymddeoliad ym Mhorthcawl. Trwy ddefnyddio tafodiaith bersain Morgannwg, ei chwarae chwim ar eiriau, ei arabedd a'i rwyddineb ymadrodd, ei ddawn i adrodd stori a hynny yn aml gyda diweddglo neu gymhwysiad annisgwyl, ei ddefnydd effeithiol, nid hollol ddiniwed, o hynodrwydd ei bryd a'i wedd, daeth yn boblogaidd iawn ymhlith cynulleidfaoedd na cheisient berlesmair ysbrydol na her foesol.

JONES, REES (Amnon; 1797–1844), bardd, a aned yn Nhalgarreg, Cer.; cafodd ei addysg yn ysgol Castellhywel gyda David *Davis, ond gadawodd cyn bod yn bymtheg oed oherwydd tlodi ei deulu, ac ymroes i amaethu. Cyhoeddwyd ei unig gyfrol o farddoniaeth, Crwth Dyffryn Clettwr (1848), wedi iddo farw, a chynhwyswyd yn y gyfrol hon lawer o'i ganeuon sy'n dal i fod yn boblogaidd hyd heddiw.

JONES, RICHARD (Cymro Gwyllt; 1772–1833), emynydd a aned ym mhlwyf Llanystumdwy, Caern.; bu'n byw yn Y Wern, Llanfrothen, Meir., ac â'r lle hwnnw yr arferir ei gysylltu. Fe'i hordeiniwyd gan y Methodistiaid Calfinaidd yn 1816. Daeth yn un o ddisgyblion David *Thomas (Dafydd Ddu Eryri) a chyfrannodd lawer i gylchgronau Cymraeg. Cymerodd ran yn nadleuon diwinyddol ei oes a chreodd ei lyfr Drych y Dadleuwr (1829) gryn gynnwrf. Casglwyd llawer o'i emynau gan John *Elias dan y teitl Hymnau a Chaniadau Ysgrythyrol a Duwiol (1836).

JONES, RICHARD (1926–   ), nofelydd a aned yn

Rhydyfelin ger Aberystwyth, Cer., ac a addysgwyd yng Ngholeg Prifysgol Cymru yn y dref honno, ac yn y Sorbonne. Bu'n newyddiadurwr gyda'r South Wales Echo, Reuters a Gwasanaeth Tramor y BBC, ac y mae'n byw yn Llundain. Mewn gwahanol gyfnodau rhwng 1969 ac 1977 bu'n ddarlithydd ar ymweliad â Phrifysgol Stanford a Phrifysgol Virginia. Ei brif gyhoeddiadau yw'r nofelau The Age of Wonder (a gyhoeddwyd yn UDA dan y teitl The Three Suitors, 1967); The Toy Crusaders (a gyhoeddwyd yn UDA fel Supper with the Borgias, 1968); A Way Out (1969); The Tower is Everywhere (1971); a Living in the Twenty-fifth Hour (1978). Canolbarth Cymru yn ystod y cyfnod Edwardaidd yw cefndir The Age of Wonder; y mae cyd-destun Cymreig hefyd i A Way Out, astudiaeth o alltudiaeth a dychwelyd, ac i The Tower is Everywhere. Traddodiadol yw'r nofelau ar y cyfan, gyda chynllun clir a chymeriadu cryf. Nofelau cymdeithasol ydynt, ac yn fwyfwy beirniadol o gymdeithas ym Mhrydain, sy'n adlewyrchu synnwyr yr awdur o ddirywiad diwylliannol.

JONES, RICHARD GOODMAN (Dic Goodman, 1920–   ), bardd a brodor o Fynytho, Caern.; bu'n athro ym Motwnnog nes iddo ymddeol yn 1985. Y mae'n fardd parod a ffraeth, a chyhoeddodd gasgliad o gerddi i blant Caneuon y Gwynt a'r Glaw (1975), a dwy gyfrol o gerddi I'r Rhai sy'n Gweld Rhosyn Gwyllt (1979), sy'n cynnwys rhai o'i englynion gorau, a Hanes y Daith yn 1993.

JONES, RICHARD LEWIS (Dic Jones; 1934–   ) bardd. Fe'i ganed yn Nhre'r-ddôl, Cer., ac y mae'n ffermio Yr Hendre, Blaenannerch. Dysgodd greft *Cerdd Dafod gan Alun Jeremiah *Jones (Alun Cilie) ac yn y gymdeithas farddol glòs a ffynnai o gwmpas y bardd hwnnw y datblygodd. Wedi ennill cadair Eisteddfod *Urdd Gobaith Cymru bum gwaith, cyhoeddodd ei gyfrol gyntaf o gerddi, Agor Grwn, yn 1960. Enillodd *Gadair yr Eisteddfod Genedlaethol yn 1966 gyda cherdd a gynhwyswyd yn ei ail gyfrol, Caneuon Cynhaeaf (1969), ac a gyfrifir ymhlith awdlau gorau'r ugeinfed ganrif. Yn Eisteddfod Genedlaethol 1976 dyfarnwyd ei awdl yn orau ond fe'i bwriwyd o'r gystadleuaeth oherwydd tor-rheol a chadeiriwyd Alan *Llwyd am ei awdl ef. Bu cynnwrf mawr yn y wasg ar y pryd a ymbledio chwyrn. Ers hynny cyhoeddodd Dic Jones ddwy gyfrol o gerddi, Storom Awst (1978) a Sgubo Storws (1986), a'i hunangofiant Os Hoffech Wybod . . . (1989). Bu hefyd yn gyd-awdur Aur y Byd (1987) â Ro Davies. Bardd traddodiadol ydyw yn canu mawl i'r gymdeithas wledig y mae'n rhan ohoni, ei natur a'i thymhorau, a daw i'w gerddi afiaith telynegol llifeirio. Gweler hefyd BARDD GWLAD.

Ceir rhagor o fanylion yn yr adolygiad o Storom Awst gan Gwynn ap Gwilym yn Barddas (rhif. 23,1978), yr erthyglau gan Bobi Jones yn Barn (rhif. 40 a 41, 1966) a'r nodyn gan John Rowlands yn Profiles (1980).

Jones, Richard Robert (Dic Aberdaron; 1780–1843), gŵr amlieithog, brodor o Aberdaron, Caern., lle yr oedd ei dad yn saer. Ac yntau heb gael unrhyw addysg ffurfiol dysgodd Ladin ar ei liwt ei hun pan oedd yn ddeuddeng mlwydd oed. Yn ystod oes o grwydro, a dod yn enwog am ei olwg ryfedd a'i arferion hynod, datblygodd ei ddawn anghyffredin i ddysgu ieithoedd tramor o bob math – rhai hen a modern. Gyda chath wrth ei ochr a chorn maharen o gwmpas ei wddw, teithiai hyd a lled Cymru a chredid ei fod yn medru codi a rheoli cythreuliaid. Ymddengys, fodd bynnag, nad oedd ganddo unrhyw ddiddordeb mewn llenyddiaeth a darllenai'r llyfrau a gludai gydag ef bob amser heb werthfawrogi fawr ddim o'u cynnwys. Disgrifiodd T. H. *Parry-Williams ef mewn cerdd fel 'ffŵl gydag ieithoedd', ond daeth i'r casgliad: 'Chwarae teg i Dic – nid yw pawb yn gwirioni'r un fath'.

Jones, Robert, gweler Gwyn, Robert (*c*.1540/50–1592/1604).

Jones, Robert (1560–1615), ysgolhaig Iesuaidd a fu am chwe blynedd yn Bennaeth yr Iesuwyr ar y Genhadaeth Seisnig; fe'i ganed ger Y Waun, Ffl. Efallai iddo gael ei ddysgu gan y merthyr Richard *Gwyn. Ymunodd â'r Coleg Seisnig yn Rhufain yn 1582 pan oedd Cymry yn dal i fod yn weithgar dros yr hen ffydd. Ef oedd yr unig Babydd o bwys o Gymru yn ei gyfnod a ymunodd â *Chymdeithas yr Iesu. Yr oedd yn ysgolhaig nodedig a bu'n Athro Athroniaeth yn y Coleg yn Rhufain o 1590 hyd pan ddanfonwyd ef ar genhadaeth i Brydain yn 1595. Bu'n byw yn Llantarnam, Myn., ac yn 1605 disgrifiwyd ef fel 'the Fyerbrande of all'. Yn Y Cwm, Llanrhyddol, Henff., sefydlodd fan i weinyddu'r offeren ac o bosibl dyna gnewyllyn Coleg Iesuaidd Sant Ffransis Xavier. Bu'r rhan fwyaf o offeiriaid seciwlar Cymru yn elyniaethus i'w ddysgeidiaeth a aeth mor bell â honni bod y merthyr Roger Cadwaladr (1568–1610) wedi cymodi â'r Iesuwyr. Er cymaint ymdrechion Jones, methiant fu'r *Gwrth-Ddiwygiad yng Nghymru: parhaodd y Pabyddion Cymreig i fod yn amheus o eithafrwydd yr Iesuwyr ac o'u parodrwydd i ddymchwel Frenhiniaeth ar gais y Pab.

JONES, ROBERT (1745–1829), pregethwr gyda'r Methodistiaid Calfinaidd ac awdur a aned yn Y Suntur, Llanystumdwy, Caern. Fe'i dysgwyd i ddarllen gan ei fam dduwiol ac aeth i un o ysgolion cylchynol Griffith *Jones. Cysylltir ef fel arfer â Rhos-lan lle y bu'n byw am rai blynyddoedd a lle y sefydlodd gymdeithas Fethodistaidd. Ymhlith ei gyhoeddiadau y mae *Ymddiffyn Crist'nogol* (1770, ail arg. 1776, dan y teitl *Lleferydd yr Asyn*), disgrifiad deifiol o'r aflonyddu a fu ar oedfa bregethu; *Drych i'r Anllythyrennog* (1788), gwerslyfr dysgu Cymraeg a fu'n eithriadol ddefnyddiol mewn Ysgolion Sul; *Grawnsyppiau Canaan* (1795), casgliad o

emynau at wasanaeth Methodistiaid gogledd Cymru; ei lyfr mwyaf dadleuol, *Achos Pwysig yn cael ei Ddadleu* (*c*.1797), cyfeithiad o lyfryn gan Syr Richard Hill; *Llwybr Hyffordd i'r anllythrenog i ddysgu darllen Cymraeg* (1805); a'i gampwaith *Drych yr Amseroedd* (1820). Rhoes hefyd gymorth i Thomas *Charles gyda Beibl 1807, ac yr oedd yn flaenllaw wrth berswadio Charles i aros yng Nghymru yn 1784.

Gweler J. E. Caerwyn Williams, 'Robert Jones, Rhos-lan: Yr Hanesydd' yn *Nhrafodion* Cymdeithas Hanes Sir Gaernarfon (1963).

JONES, ROBERT (1806–96), gweinidog gyda'r *Bedyddwyr ac awdur o Lanllyfni, Caern. Magwyd ef ymhlith y *Methodistiaid, ond ymunodd â'r Bedyddwyr yn 1831 a throi'n wrthwynebydd mawr i fedydd babanod. Cyhoeddodd lyfrau ar faterion crefyddol, rai ohonynt yn draethodau dadleuol ar fedydd a *Chatholigiaeth Rufeinig; cafodd ei gyfrol, *Gemau Duwinyddol* (1865) gryn boblogrwydd. Cyhoeddodd hefyd *Casgliad o Hymnau, ar Destynau Efengylaidd* (1851), sy'n cynnwys dros fil o emynau, llawer ohonynt o'i waith ei hun, a gwelir ambell un, megis 'O cenwch fawl i'r Arglwydd', yn ein casgliadau heddiw.

JONES, ROBERT (1810–79), clerigwr a golygydd, brodor o Lanfyllin, Tfn. Addysgwyd ef yn Ysgol Ramadeg Croesoswallt ac yng Ngholeg Iesu, Rhydychen. Tra bu'n gurad Abermo (1840–42) cyhoeddodd gyfrol o salmau ac emynau Cymraeg, ond wedyn symudodd i fywoliaeth Rotherhithe, Llundain. Golygodd adargraffiad (1864) o *Flores Poetarum Britannicorum* gan y Dr. John *Davies o Fallwyd, dwy gyfrol o farddoniaeth a llythyrau Goronwy *Owen ynghyd â chofiant (1876), a gweithiau *Iolo Goch (1877). Yr oedd yn un o gefnogwyr selog yr *Eisteddfod Genedlaethol a Choleg Prifysgol Cymru, Aberystwyth; o 1876 ef oedd golygydd y cylchgrawn *Y Cymmrodor*.

JONES, ROBERT AMBROSE (Emrys ap Iwan; 1848–1906), beirniad llenyddol ac ysgrifwr ar bynciau crefyddol a gwleidyddol, a aned yn Abergele, Dinb. Fel ei dad, bu'n arddwr ym Modelwyddan, ac yna treuliodd flwyddyn yn gweithio mewn siop ddillad yn Lerpwl, ond yn ddiweddarach aeth i Goleg Diwinyddol y Bala. Meddyliai amdano'i hun fel Ewropead. Dysgasai elfennau Ffrangeg ac Almaeneg gan Almaenwr a oedd yn byw yn ymyl ei gartref ac yn 1874 aeth i ddysgu Saesneg mewn ysgol breifat yn ymyl Lausanne yn Y Swistir. Wedi dychwelyd i Gymru, dechreuodd gyfrannu i'r *Gwyddoniadur Cymreig* ac i *Baner ac Amserau Cymru*.

Mynegai ei farn heb flewyn ar ei dafod ac yn fuan iawn yr oedd ei ddull brathog o feirniadu'r duedd gynyddol ymysg ei enwad ei hun, y Methodistiaid Calfinaidd, i sefydlu 'achosion Saesneg' ar gyfer mewnfudwyr i'r ardaloedd Cymraeg yn codi gwrychyn arweinwyr megis Lewis *Edwards. Dadleuai Emrys ap Iwan fod digon o angen cenhadu ymysg Cymry Cymraeg heb ymostwng i fewnfudwyr o Saeson. Er bod mwyafrif poblogaeth Cymru yn siarad Cymraeg yr oedd Lewis Edwards yn fwy nodweddiadol o'r cyfnod pan ddadleuai nad oedd dyfodol i'r Gymraeg. Gwrthodwyd ordeinio Emrys ap Iwan yng Nghymdeithasfa Llanidloes yn 1881, ond fe'i derbyniwyd ddwy flynedd yn ddiweddarach yn Yr Wyddgrug, a bu'n gwasanaethu eglwysi yn Rhuthun a'r Rhewl am weddill ei oes.

Dull y pamffledwr a ddefnyddiodd Emrys ap Iwan i fynegi'i syniadau ac yr oedd dylanwad Pascal a Paul-Louis Courier yn drwm arno. Dychanai *Ddic Siôn Dafyddion ei oes a cheisiai ailennyn hunan hyder y Cymro Cymraeg. Mewn cyfnod pan oedd campau imperialaidd Prydain yn cyrraedd uchafbwynt nid hawdd oedd argyhoeddi'r Cymry y gallent gadw'n driw i'w treftadaeth ddiwylliannol. Ond pregethodd Emrys ap Iwan *Genedlaetholdeb hollol ddigyfaddawd er nad oedd ganddo unrhyw uchelgais wleidyddol ei hun. Ef a fathodd y gair 'ymreolaeth', a chredai'n gadarn mewn hunanlywodraeth (gweler o dan HOME RULE) y tu mewn i gyfundrefn ffederal, megis eiddo'r Swistir. Nid gwleidydd ymarferol mohono ond athronydd yn dadlau dros egwyddor. Osgo ymenyddol y clasurwr sydd i'w ysgrifeniadau ar iaith ac arddull, pan yw'n dadlau dros ryddiaith ddillyn a chymen, wedi'i phuro o bob rhodres a phriod-ddulliau anghyfiaith.

Er y pwyslais hwn, nid esgeulusodd elfennau esthetig llenyddiaeth. Dau lyfr yn unig a gyhoeddodd yn ystod ei oes, sef Camrau mewn Gramadeg Cymraeg (1881) ac argraffiad o *Gweledigaetheu y Bardd Cwsc (1898). Galluogwyd ef gan ei ddawn greadigol ei hun i ddyfeisio sefyllfaoedd dychmygol, fel yn ei *Breuddwyd Pabydd wrth ei Ewyllys (1931) enwog, sydd ar ffurf darlith a draddodir yn y flwyddyn OC 2012 pan fydd Cymru wedi dychwelyd at yr hen ffydd Babyddol. Cyhoeddwyd ei bregethau yn 1927 a'i *Homiliau yn 1906 ac 1909 a gellid eu hystyried yn gampweithiau llenyddol. Cyfrannodd Emrys ap Iwan yn helaeth i'r wasg Gymraeg rhwng 1876 ac 1903, gan ddefnyddio'r Faner a'r *Geninen fel ei brif lwyfannau. Er nad ystyrir ef yn llenor 'pur', ac er ei fod yn mynd yn groes i lif ei oes o ran ei syniadaeth, cafodd ddylanwad ar y cenedlaethau a ddaeth ar ei ôl. Ysgrifennodd T. Gwynn *Jones gofiant Emrys ap Iwan (1912), gwaith a wnaeth lawer i ddod ag ef i'r amlwg eto.

Ceir manylion pellach yn y detholiad o erthyglau a llythyrau gan Emrys ap Iwan a gasglwyd gan D. Myrddin Lloyd (3 cyf., 1937, 1939, 1940), yr ysgrif gan Saunders Lewis yn Meistri'r Canrifoedd (gol. R. Geraint Gruffydd, 1973), y bennod gan Alun Llywelyn-Williams yn Y Traddodiad Rhyddiaith yn yr Ugeinfed Ganrif (gol. Geraint Bowen, 1976), y gyfrol gan D. Myrddin Lloyd yn y gyfres Writers of Wales (1979), y ddarlith gan Enid Morgan, Emrys ap Iwan, Garddwr Geiriau (1980), a'r darlithoedd gan Ellis Wynne Williams, Gwynfor Evans, R. Tudur Jones, Bobi Jones, D. Tecwyn Lloyd, Hywel Teifi Edwards, Dafydd Glyn Jones, Menai Williams a Gwilym Arthur Jones a gyhoeddwyd gan Gymdeithas Emrys ap Iwan rhwng 1983 ac 1989.

JONES, ROBERT BRINLEY (1929–), ysgolhaig a golygydd. Fe'i ganed ym Mhen-y-graig, Rhondda, Morg., a'i addysgu yng Ngholeg y Brifysgol, Caerdydd, a Choleg Iesu, Rhydychen. Wedi cyfnod yn Ddarlithydd yng Ngholeg y Brifysgol Abertawe (1960–66), bu'n Gofrestrydd Cynorthwyol ym *Mhrifysgol Cymru ac yna'n Gyfarwyddwr *Gwasg Prifysgol Cymru o 1969 hyd 1976 ac yna'n Warden Coleg Llanymddyfri o 1976 tan 1988. Bu yn ei dro yn aelod o'r Cyngor Safonau Darlledu a Bwrdd y Cyngor Prydeinig, ac yn 1996 penodwyd ef yn Llywydd *Llyfrgell Genedlaethol Cymru.

Y mae ei lyfrau, The Old British Tongue (1970), Certain Scholars of Wales (1986), William Salesbury (1994) ac A Lanterne to their Feete: remembering Rhys Prichard 1579–1644 (1994), yn ffrwyth ei ddiddordeb ysgolheigaidd yn nylanwad y *Dadeni Dysg a'r Diwygiad Protestannaidd ar ddiwylliant y Cymry, ac yn brawf o'i allu i grynhoi gwybodaeth i bwrpas a'i chyflwyno'n olau. Y mae'r un sicrwydd graenus yn nodweddu ei waith yn golygu Anatomy of Wales (1972), a chydolygu (gyda Rachel *Bromwich) Astudiaethau ar yr Hengerdd (1978) a (gyda Meic *Stephens) dros bedwar ugain o deitlau er 1970 yn y gyfres *Writers of Wales. Ymhlith ei gyhoeddiadau eraill y mae Introducing Wales (1978), Prifysgol Rhydychen a'i Chysylltiadau Cymreig (1983), Cofio'r Dafydd (golygwyd ar y cyd â D. Ellis *Evans, 1986), a Prize Days: a headmaster remembers his school 1976–1987 (1993).

JONES, ROBERT ELIS (1908–92), bardd, llenor ac ieithydd. Ganwyd ef yn Llangernyw, Dinb., a'i addysgu yn yr ysgol eglwysig yno ac yn Ysgol Ramadeg Llanrwst, cyn mynd i Goleg Prifysgol Gogledd Cymru, Bangor; yno enillodd radd mewn Lladin a Chymraeg. Bu'n athro mewn nifer o ysgolion ac yn 1953 yn Brifathro Ysgol Cwm Penmachno ac yna yn Llanberis, gan ymddeol yn 1968. Bu'n ymgeisydd seneddol dros *Blaid Cymru dair gwaith yn Arfon a Chonwy a hefyd yn Olygydd Y *Ddraig Goch (1959–61). Fel bardd ac athro barddol ei brif gyfrwng oedd y *gynghanedd, yn enwedig yr *englyn; yn ei lyfr Awen RE (1989) ceir llu o englynion crefftus sy'n tystio i'w feistrolaeth ar y ffurf. Bu'n arwain cylch barddol hefyd a golygodd ddwy gyfrol o'u cynnyrch, sef Wyth Ugain o Englynion (1973) a Deg o'r Dyffryn (1982). Yn ei lyfryn O Lan i Lan (1986) ei atgofion personol a gyflwynir. Ysgrifennodd yn ogystal ar gyfer rhaglenni radio ysgafn a chasglodd beth o'r deunydd yn ei gyfrol Caneuon Digri (1967). Fel llenor ac ieithydd ei gyfraniad mwyaf gwerthfawr oedd y ddwy gyfrol Llyfr o Idiomau Cymraeg (1975) ac Ail Lyfr o Idiomau Cymraeg (1987).

Gweler J. E. Jones, Tros Gymru (1970), a'r erthyglau gan Myrddin ap Dafydd yn Y Faner (14 Chwef. 1992) a Taliesin (cyf.

LXXVII, 1992), a chan Gwilym Roberts yn *Barddas* (rhif. 180, 1992).

JONES, ROBERT GERALLT (1934–), bardd, nofelydd a beirniad.

Fe'i ganed ac fe'i magwyd yn Llŷn, Caern., yn fab i offeiriad Anglicanaidd, ac fe'i haddysgwyd mewn ysgolion bonedd yn Lloegr a Choleg Prifysgol Gogledd Cymru, Bangor, lle y darllenodd Saesneg. Pan oedd yn fyfyriwr sefydlodd a chydolygodd gylchgrawn llenyddol, *Yr *Arloeswr*, gyda Bedwyr Lewis *Jones. Bu'n athro Saesneg, yn Ddarlithydd mewn Addysg, yn Brifathro Coleg Addysg newydd yn Jamaica, yn Warden Coleg Llanymddyfri ac yn awdur amser-llawn. Fe'i penodwyd yn Uwch-ddiwtor yn Adran Efrydiau Allanol, Coleg Prifysgol Cymru, Aberystwyth yn 1979 ac yna, o 1989 hyd 1995, bu'n Warden canolfan Prifysgol Cymru yng *Ngregynog. Y mae wedi ysgrifennu a chynhyrchu rhaglenni ar gyfer y radio a theledu; cyhoeddwyd rhai ohonynt, megis y dyddlyfr Saesneg, *Bardsey* (1976), a'r gyfres deithio, *Pererindota* (1979).

Y mae R. Gerallt Jones yn un o'r mwyaf toreithiog ymhlith awduron Cymraeg cyfoes a bu'n ysgrifennu mewn amrywiol gyfryngau o'r dechrau. Fel bardd, ysgrifenna fyfyrdodau ymsongar o safbwynt Cristion ymholgar. Cynnwys ei ddau gasgliad cyntaf, *Ymysg y Drain* (1959) a *Cwlwm* (1962), gerddi telynegol ac iddynt naws bersonol gref, ond y mae'r cerddi diweddarach, yn *Cysgodion* (1972) a *Dyfal Gerddwyr y Maes* (1981), yn fwy moel ac weithiau'n fwy astrus-feirniadol. Y mae ymhlith yr ychydig feirdd Cymraeg sy'n ysgrifennu yn Saesneg hefyd a chyhoeddodd ddilyniant o gerddi yn dwyn y teitl *Jamaican Landscape* (1969), un o dri llyfr sy'n adlewyrchu ei brofiad yn ynysoedd y Caribî, yn ogystal â chyfrol sylweddol o gyfieithiadau, *Poetry of Wales 1930–70* (1974). Cyhoeddwyd casgliad o'i gerddi yn *Cerddi 1955–1989* (1989).

Cyhoeddodd bum nofel, pob un ohonynt yn ymwneud â phroblemau cymdeithasol cyfoes. Ceir yn y gyntaf, *Y Foel Fawr* (1960), a'i dilyniant, *Nadolig Gwyn* (1962), hanes ymgyrchwr o Gymro a fu'n ymorol dros hawliau pobl dduon yn Ne Affrica. Enillodd y *Fedal Ryddiaith ddwywaith yn yr Eisteddfod Genedlaethol, gyda *Triptych* (1977) sy'n ymdrin â dirywiad ysbrydol y gwareiddiad modern fel islais i hanes athro ymarfer corff yn brwydro yn erbyn cancr marwol, ac yna *Cafflogion* (1979) sy'n ymwneud â chymuned gydweithredol yn Llŷn a'i dyfodol argyfyngus a thywyll. Ymdrinia *Gwyntyll y Corwynt* (1978) â hanes cyffrous grŵp o derfysgwyr Gwyddelig. Yr eithriad ymhlith ei weithiau yw *Gwared y Gwirion* (1966), casgliad o straeon byrion hunangofiannol am blentyn yng ngogledd Llŷn; fe'i haddaswyd yn gyfres deledu dan y teitl *Joni Jones*.

Yn ei feirniadaeth lenyddol y mae R. Gerallt Jones yn arddangos athroniaeth sylfaenol ryddfrydol a'r awydd i archwilio natur Cymru a'i diwylliant yng nghyd-destun ehangach problemau'r gymdeithas gyfoes, ac yn arbennig felly problemau'r Trydydd Byd. Cyhoeddodd dair cyfrol o ysgrifau ar bynciau llenyddol, *Yn Frawd i'r Eos Druan* (1961), *Ansawdd y Seiliau* (1972) a *Seicoleg Cardota* (1989), ac y mae wedi ysgrifennu monograff ar T. H. *Parry-Williams i'r gyfres *Writers of Wales* (1978) ac un arall ar T. S. Eliot i'r gyfres *Y *Meddwl Modern* (1982). Golygodd y gyfrol *Enlli* (1996) ar y cyd â Christopher J. Arnold. Etholwyd R. Gerallt Jones yn Gadeirydd Adran Gymraeg yr *Academi Gymreig yn 1982 ac, ar y cyd â Bedwyr Lewis *Jones, golygodd gylchgrawn yr Academi, *Taliesin*, rhwng 1987 ac 1992.

Ceir manylion pellach yn yr ysgrif ar R. Gerallt Jones yn llyfr Marged Pritchard, *Portreadau'r Faner* (1976), y cyfweliad a roes i *Llais Llyfrau* (Gaeaf, 1977), a'r erthygl ar yr awdur yn *Profiles* (1980) gan John Rowlands. Gweler hefyd y cyfweliad a roes i Alun R. Jones yn *Yr Aradr* (cyf. VII, 1996).

JONES, ROBERT ISAAC (Alltud Eifion; 1815–1905), bardd a golygydd,

a aned ym Mhentrefelin, ger Porthmadog, Caern. Enillodd ei fywoliaeth fel fferyllydd yn y dref honno. Nid oes i'w gerddi safon uchel ond gwnaeth waith gwerthfawr fel argraffydd a chyhoeddwr. Yr oedd yn eisteddfodwr brwd a gwnaeth gasgliad di-drefn o fanylion hynafiaethol ei ardal o dan y teitl *Y Gestiana* (1892). Ond ei waith mwyaf nodedig oedd cyhoeddi *Y Brython*, cylchgrawn llenyddol a hynafiaethol a lansiwyd yn 1858 fel newyddiadur wythnosol ac a oedd wedi datblygu erbyn ei ddirwyn i ben yn 1863, yn gylchgrawn chwarterol. Ei olygydd cyntaf oedd D. Silvan *Evans, a rhoes ef ei stamp arno trwy gyhoeddi cywyddau, chwedlau o'r Oesoedd Canol, hen lythyrau, ac yn arbennig 'Llên y Werin', sef storïau, dywediadau a phenillion telyn – defnydd nad oedd neb wedi gweld ei werth cynt. Yr oedd y cylchgrawn hwn yn un o'r rhai pwysicaf yn ei ddydd; ni ddylid ei gymysgu â'r cylchgrawn yn dwyn yr un teitl sef *Y *Brython* a lansiwyd gan Hugh *Evans yn 1906.

JONES, ROBERT LLOYD (1878–1962), awdur nofelau antur i blant.

Yr oedd yn frodor o Finfford, ger Penrhyndeudraeth, Meir., a bu'n athro mewn ysgolion elfennol yn sir Gaernarfon. Anturiaethau môr yw'r rhan fwyaf o'i storïau a'r goreuon yw *Ynys y Trysor* (1926), *Capten* (1928), *Mêt y Mona* (1929) ac *Ym Môr y De* (1936).

JONES, ROBERT MAYNARD (Bobi Jones; 1929–), bardd, awdur straeon byrion, nofelydd, beirniad ac ysgolhaig.

Fe'i ganed yng Nghaerdydd i deulu Saesneg ei iaith, ond graddiodd yn y Gymraeg yng Ngholeg y Brifysgol, Caerdydd, yn 1949, ar ôl iddo ddechrau dysgu'r Gymraeg yn yr ysgol. Bu'n athro yn Llanidloes, Tfn., a Llangefni, Môn, ac wedyn aeth i Ddarlithydd yng Ngholeg y Drindod, Caerfyrddin, ac yn Adran Addysg Coleg Prifysgol Cymru, Aberystwyth. Ymunodd â Staff Adran Gymraeg y Coleg hwnnw yn

1966 a chafodd ei benodi'n Athro'r Gymraeg yn 1980; ymddeolodd yn 1989.

Bobi Jones yw'r mwyaf cynhyrchiol o lenorion Cymraeg ail hanner yr ugeinfed ganrif o ddigon. Dechreuodd ei yrfa lenyddol fel bardd gyda chyhoeddi *Y Gân Gyntaf* (1957). Nodweddir cerddi'r casgliad cyntaf hwn gan ddiniweidrwydd beiddgar neu haerllug, o ran thema ac arddull. Canant fawl yr 'Adda newydd' sydd wedi darganfod cariad, yr iaith Gymraeg a byd natur. Caneuon un a'i weledigaeth heb ei phylu eto â chyffredinedd pethau yw llawer ohonynt, defnyddiant yr iaith Gymraeg fel petai heb ei defnyddio o'r blaen mewn barddoniaeth, gan osgoi mynegiant arferol, a chreu arllwysiad o ddelweddau ffres, anghyson sydd yn aml yn dywyll. Er bod y gyfrol yn cynnwys elfen annisgybledig, gwelir rhai o gerddi mwyaf gwefreiddiol Bobi Jones ynddi. Wedi cyhoeddi'r casgliad cyntaf hwn cafodd enw fel *enfant terrible*, yn rhannol oherwydd ei feirniadaeth, weithiau'n amlwg ac weithiau'n awgrymog, o'r genhedlaeth hŷn, a hefyd oherwydd ei arddull ddelweddaidd a oedd i lawer o ddarllenwyr yn dywyll. Dilynwyd y llyfr hwnnw gan ddeg cyfrol arall o gerddi: *Rhwng Taf a Thaf* (1960), *Tyred Allan* (1965), *Man Gwyn* (1965), *Yr Wyl Ifori* (1967), *Allor Wydn* (1971), *Gwlad Llun* (1976), *Hunllef Arthur* (1986), *Casgliad o Gerddi* (1989) a *Canu Arnaf* mewn dwy gyfrol (1994 ac 1995). Y mae themâu ei gerddi diweddarach yn ymwneud â chariad o hyd – cariad at ei wraig a'i deulu, cariad at dir a phobl, a chyfeiria rhai at y cyfnod a dreuliodd y tu allan i Gymru, yn enwedig yng Nghanada, Mecsico ac Affrica. Ceir nifer o gerddi hunangofiannol yn ei gyfrol *Allor Wydn* gan gynnwys rhai sy'n ymwneud â hanes ei deulu a pherthynas y bardd ag un o'i deidiau, a oedd yn Farcsydd. Mynega eraill agwedd ddychanol tuag at wleidyddiaeth a chrefydd yng Nghymru o safbwynt Cenedlaetholwr a Chalfinydd Efengylaidd. Yn *Rhwng Taf a Thaf* ceir cerddi i'w wraig yn bennaf, am eu carwriaeth a'u priodas; y mae'r cerddi hyn yn gyfoethog mewn gormodiaith ac arabedd. Y mae'r gyfrol *Tyred Allan* yn nodedig am ei bod yn cyfeirio at dröedigaeth grefyddol y bardd, a hefyd am ei sonedau a'i baledi ar themâu gwleidyddol. Fel bardd y mae wedi llyncu Cymru gyfan i'w grombil. Archwiliwyd mythau'r genedl Gymreig ganddo yn yr wrth-arwrgerdd *Hunllef Arthur* (un o gerddi mwyaf y Gymraeg â'i 21,000 o linellau), ac y mae ei gariad at leoedd yn amlwg yn *Canu Arnaf.*

Y mae hefyd yn awdur tair nofel, *Nid yw Dŵr yn Plygu* (1958), *Bod yn Wraig* (1960) ac *Epistol Serch a Selsig* (1997), yn ogystal â saith casgliad o straeon byrion: *Y Dyn na Ddaeth Adref* (1966), *Ci Wrth y Drws* (1968), *Daw'r Pasg i Bawb* (1969), *Traed Prydferth* (1973), *Pwy Laddodd Miss Wales?* (1977), *Crio Chwerthin* (1990) a *Dawn Gweddwon* (1992). Megis ei farddoniaeth, y mae ei ryddiaith yn adlewyrchu gwreiddioldeb arbennig iawn o ran cynnwys ac arddull. Y mae'n glòs ei gwead ac yn

chwim ei symudiad ac apelia fwyaf at ddarllenwyr sy'n gyfarwydd â thueddiadau llenyddol cyfoes.

Yn ystod canol y 1960au bu newid sylfaenol yng ngwaith Bobi Jones. Dangosodd ei wreiddioldeb fel beirniad am y tro cyntaf pan gyhoeddodd ei gyfrol *I'r Arch* (1959). Wedi hynny gwelid dylanwad credoau Calfinaidd fwyfwy ar ei waith. Lluniwyd y gyfrol o ysgrifau ar 'Gristnogaeth hanesyddol', sef *Sioc o'r Gofod* (1971), o safbwynt crefyddol dwfn. Dilynwyd hi gan *Tafod y Llenor* (1974) a *Llên Cymru a Chrefydd* (1977), dau o'i gyfraniadau pwysicaf ym maes beirniadaeth lenyddol. Y mae'r gyntaf o'r ddwy gyfrol hyn yn trafod ffurfiau llenyddol a'r ail yn ymdrin â phwrpas llenyddiaeth, yn enwedig llenyddiaeth y traddodiad Cristnogol Cymraeg, ac y mae'n gyfrol o feirniadaeth lenyddol Galfinaidd. Dylid darllen ei gyfrolau eraill o feirniadaeth lenyddol, megis *Pedwar Emynydd* (1970), *Llenyddiaeth Cymru 1936–72* (1975) ac *Ann Griffiths: y Cyfrinydd Sylweddol* (1977), yng ngoleuni'r ddwy gyfrol hyn. O 1984 ymlaen cyhoeddodd ei lyfrau beirniadol mwyaf sylweddol, *Seiliau Beirniadaeth* (1984–88), *Llenyddiaeth Gymraeg 1902–1936* (1987) a *Cyfriniaeth Gymraeg* (1994). Tra bo *Seiliau Beirniadaeth* yn trafod egwyddorion beirniadaeth lenyddol, y mae *Llenyddiaeth Gymraeg 1902–1936* yn ymwneud â chyfnod, a *Cyfriniaeth Gymraeg* yn olrhain y traddodiad crefyddol yn llenyddiaeth y Cymry. Cyhoeddodd *Crist a Chenedlaetholdeb* yn 1994.

Fel athro, ni fu R. M. Jones ronyn yn llai cynhyrchiol. Ar wahân i bum cyfrol ar gyfer plant, a nifer o gyhoeddiadau ysgolheigaidd ar farddoniaeth a rhyddiaith Gymraeg, cyhoeddodd bedair cyfrol i fyfyrwyr y Gymraeg: *Y ★Tair Rhamant* (1960), *Llenyddiaeth Saesneg yn Addysg Cymru* (1961), *Highlights in Welsh Literature* (1969) ac *Ysgrifennu Creadigol i Fyfyrwyr Prifysgol* (1974). Wedi meistroli'r Gymraeg fel ail iaith, a gwneud y darganfyddiad hwn o fyd newydd yn un o themâu ei waith creadigol, gwnaeth lawer er mwyn denu a dysgu eraill i ymgyfranogi o'r profiad hwn. Ym maes ieithyddiaeth, pwnc y disgleiriodd ynddo, cyhoeddodd *System in Child Language* (1964), ac ar gyfer athrawon a myfyrwyr y Gymraeg, y gwerslyfrau *Cyflwyno'r Gymraeg* (1964) a *Cymraeg i Oedolion* (1965–66). Ef hefyd yw cyd-awdur *Cyfeiriadur i'r Athro Iaith* (3 cyf.,1974–79), ac awdur y pamffledyn *Language Regained* (1993) yn y gyfres ★*Changing Wales.*

Nid oes arwydd fod pall ar yr egni hynod hwn – disgrifiwyd ef gan un beirniad fel gŵr gorweithgar – er iddo ymatal rhag cyhoeddi rhagor o lyfrau llenyddol creadigol am gyfnod. Yn wir, gymaint yw cynnyrch Bobi Jones, fel y gellir dadlau bod llinell gyntaf ei gerdd 'Y Gân Gyntaf', 'Angau, rwyt ti'n fy ofni i', yn her, fel petai, i farwolaeth yr iaith Gymraeg a'i llenyddiaeth; y mae'r llinell yn sicr yn epigraff teilwng i'w yrfa lenyddol hyd yn hyn.

Ceir trafodaethau pellach ar weithiau Bobi Jones yn yr erthyglau gan Waldo Williams yn *Lleufer* (cyf. XIII, 1957), R.

Gerallt Jones yn *Yr Arloeswr* (rhif. 7, 1960), Pennar Davies yn *Y Genhinen* (cyf. VIII, rhif. 1, 1972) a Derec Llwyd Morgan yn *Barn* (rhif. 148, 1975); gweler hefyd yr ysgrif gan Bobi Jones '*Why I write in Welsh*' yn *Planet* (rhif. 2, Tach. 1970) a'r cyfweliad yn *Ysgrifau Beirniadol IX* (gol. J. E. Caerwyn Williams, 1976). Ceir trafodaeth fanwl ar ei waith hefyd yn *Barddoniaeth y Chwedegau* (gol. Alan Llwyd, 1986), a chan John Emyr yn y gyfres *Writers of Wales* (1991). Cyhoeddwyd llyfryddiaeth o'i waith gan Huw Walters yn *Ysgrifau Beirniadol XX* (gol. J. E. Caerwyn Williams, 1995). Cyhoeddwyd cyfrol swmpus o gyfieithiadau o'i waith i'r Saesneg gan Joseph P. Clancy, sef *Bobi Jones: Selected Poems* (1987).

JONES, ROBERT TUDUR (1921–), hanesydd eglwysig a aned yn Llanystumdwy, Caern., a'i addysgu ym Mhrifysgolion Cymru, Rhydychen a Strasbourg. Bu'n weinidog Annibynnol yn Aberystwyth cyn symud i Goleg Bala-Bangor yn Athro Hanes yr Eglwys ac wedi hynny'n Brifathro nes iddo ymddeol yn 1988. Y mae'n awdur toreithiog ar bynciau crefyddol a gwleidyddol a'i gyfrolau mwyaf sylweddol yw *Congregationalism in England 1662–1962* (1962), *Hanes Annibynwyr Cymru* (1966), *Vavasor Powell* (1971), *Yr Ysbryd Glân* (1972), *Diwinyddiaeth ym Mangor* (1972), *The Desire of Nations* (1974), *Yr Undeb: Hanes Undeb yr Annibynwyr Cymraeg, 1872–1972* (1975), *Ffydd ac Argyfwng Cenedl: Cristionogaeth a Diwylliant yng Nghymru 1890–1914* (2 gyf., 1981, 1982) a *The Great Reformation* (1985). Bu'n cyfrannu'n rheolaidd am flynyddoedd lawer i gyfnodolion megis *Y *Cymro, *Barn, Y *Genhinen, Y *Tyst* a'r *Ddraig Goch, a chyhoeddwyd detholiadau o'i erthyglau dan y teitlau *Darganfod Harmoni* (1982) a *Ffydd yn y Ffau* (1993). Protestant uniongred ydyw o ran ei ddiwinyddiaeth a Chenedlaetholwr brwd o ran ei wleidyddiaeth. Nodweddir ei holl weithiau gan ddysg dra eang a dwfn, barn bendant, ac yn arbennig yn ei lyfrau Cymraeg, ymwybod dwfn â harddwch iaith.

Cyhoeddwyd cyfrol deyrnged i R. Tudur Jones, *Y Gair a'r Genedl* (gol. E. Stanley John), yn 1986.

JONES, ROGER (1903–82), bardd a brodor o Roshirwaun, Caern. Bu'n weinidog gyda'r *Bedyddwyr nes iddo ymddeol. Yr oedd yn awdur tair cyfrol o farddoniaeth, *Awelon Llŷn* (1970), *Haenau Cynghanedd* (1975) ac *Ysgubau Medi* (1979), a'r tair cyfrol yn dangos ei feistrolaeth o'r *cywydd a'r *englyn.

JONES, ROWLAND (1722–74), ieithydd. Brodor o blwyf Llanbedrog, Caern., ydoedd; fe'i derbyniwyd i'r Deml Fewnol yn Llundain yn 1751 ond rhoddodd y gorau i'r gyfraith a dychwelodd i Gymru ar ôl iddo ddod yn berchen stad y Weirglodd Fawr yn mhlwyf Abererch, Caern. Cyfrifwyd ef yn ei ddydd yn awdurdod mawr ar faterion ieithyddol a chyhoeddodd bum llyfr. Yn *The Origins of Languages and Nations* (1764) disgrifiodd y ddamcaniaeth y gellid tarddu pob gair o fân wreiddiau eraill ac mai'r Gelteg oedd yr iaith gynoesol.

Ei weithiau eraill oedd *Hieroglyphic, or a Grammatical Introduction to an Universal Hieroglyfic Language . . .* (1768), *The Philosophy of Words in two dialogues between the Author and Crito* (1769), *The Circles of Gomer, or an Essay towards an Investigation and Introduction of the English as an Universal Language* (1771) a *The 10 Triads, or the Tenth Muse, wherein the origin, nature, and connection of the Sacred Symbols, Sounds, Words, Ideas are discovered* (1773). Cafodd y gweithiau hyn ddylanwad mawr ar ddamcaniaethau ieithyddol William *Owen Pughe.

JONES, ROWLAND (Rolant o Fôn; 1909–62), bardd. Fe'i ganed yn Rhostrehwfa, Môn, ac ar yr ynys y treuliodd ei oes fel cyfreithiwr. Daeth yn amlwg fel bardd ifanc mewn eisteddfodau taleithiol ac enillodd y *Gadair yn yr Eisteddfod Genedlaethol yn 1941 am ei awdl 'Hydref' a thrachefn yn 1949 am ei awdl 'Y Graig'. Bu'n golygu colofn farddol y newyddiadur *Herald Môn* am gyfnod. Cyhoeddodd gyfrol o'i waith, *Y Brenin a Cherddi Eraill* (1957), a daeth *Yr Anwylyd* (gol. Huw Ll. Williams, 1963) o'r wasg wedi ei farw. Yr oedd yn feistr ar y *cynganeddion ac arbrofodd ar gyfuno'r mesurau. Ar destunau crefyddol y caed ei awen gryfaf, ond cofir am ei ddawn barod a'i ffraethineb mewn ymrysonau barddol.

JONES, RUSSELL CELYN (1954–), nofelydd a aned yn Abertawe ac a addysgwyd ym Mhrifysgolion Llundain ac Iowa; bu'n darlithio mewn Saesneg ym Mhrifysgol Iowa wedi hynny. Bu'n dysgu Saesneg hefyd yng ngharchardai Pentonville a Wandsworth yn Llundain, a daeth yn gymrawd ysgrifennu ym Mhrifysgol East Anglia, gan weithio hefyd fel newyddiadurwr. Enillodd ei nofel *Soldiers and Innocents* (1990) iddo Wobr David Higham am nofel gyntaf orau y flwyddyn honno ac fe'i dilynwyd gan *Small Times* (1992) ac *An Interference of Light* (1995). Er iddo ddatgan na ddymunai gael ei ystyried yn llenor 'Cymreig' oherwydd y cyfyngiadau y gallai hyn eu rhoi ar ei waith, y mae cefndir neu gymeriadau Cymreig i'r tair nofel, ac y mae i'w ysgrifennu, yn arbennig yn *An Interference of Light*, ansawdd barddonol y gellid ei ystyried yn Geltaidd ei hanfod. Serch hynny, nid yw wedi goddef ei gaethiwo gan elfen fwy realistig a phroletaraidd y traddodiad *Eingl-Gymreig, gan ystyried hanes yn rhywbeth i'w lunio a'i ddefnyddio, yn hytrach na'i gofnodi yn unig.

JONES, RHIANNON DAVIES (1921–), nofelydd a aned yn Llanbedr, Meir., a'i haddysgu yng Ngholeg Prifysgol Gogledd Cymru, Bangor. Bu'n athrawes y Gymraeg yn Llandudno a Rhuthun cyn ei phenodi'n Ddarlithydd yng Ngholeg Addysg Caerllion; yn ddiweddarach cafodd swydd Darlithydd Hŷn yn y Coleg Normal, Bangor. Daeth i fri trwy ennill y *Fedal Ryddiaith yn yr Eisteddfod Genedlaethol gyda'r nofel *Fy Hen Lyfr Cownt* (1961), sef dyddiadur dychmygol yr emynyddes Ann *Griffiths. Enillodd y Fedal Ryddiaith am yr eilwaith bedair blynedd yn ddiweddarach am nofel arall, *Lleian Llanllŷr* (1965), nofel â'r drydedd ganrif ar ddeg yn gefndir iddi. Y mae i'w nofelau diweddarach themâu hanesyddol hefyd: *Llys Aberffraw* (1977), sydd â chyfnod Owain Gwynedd (*Owain ap Gruffudd) yn gefndir iddi, ac *Eryr Pengwern* (1981) a leolir ym Mhowys yn y seithfed ganrif, ond er hyn y maent yn berthnasol i'r Gymru gyfoes. Ceir mewn pumed nofel, *Dyddiadur Mari Gwyn* (1985), hanes bywyd a chyfnod y merthyr Catholig Robert *Gwyn o Benyberth. Cyhoeddodd dair nofel am *Lywelyn ap Gruffudd (Y Llyw Olaf), sef *Cribau Eryri* (1987), *Barrug y Bore* (1989) ac *Adar y Drycin* (1993). Y mae rhyddiaith a dilysrwydd y llyfrau hyn wedi ennill i Rhiannon Davies Jones le blaenllaw ymhlith nofelwyr hanesyddol Cymraeg. Y mae hefyd wedi cyhoeddi storïau byrion a chasgliad o hwiangerddi gwreiddiol i blant (1971).

Bu'r nofelydd yn trafod y dylanwadau ar ei gwaith yn *Ysgrifau Beirniadol III* (gol. J. E. Caerwyn Williams, 1967); gweler hefyd yr erthygl gan Cyril Hughes, 'Nofelydd Llywelyn' yn *Taliesin* (cyf. LXXXVII, 1994).

JONES, RHYDDERCH (1935–87), dramodydd, a

aned yn Aberllefenni, Meir., ac a addysgwyd yn y Coleg Normal, Bangor. Wedi cyfnod fel athro ysgol yn Llundain ac yng Nghymru, ymunodd â BBC Cymru yn 1965 a daeth yn gynhyrchydd teledu yn yr Adran Adloniant yn 1973. Yr oedd yn gynhyrchydd a chydysgrifennwr gyda Gwenlyn *Parry o'r gyfres gomedi *Fo a Fe*, cyfres a gydnabyddir bellach fel clasur o gomedi deledu. Cyhoeddodd y ddrama, *Roedd Catarina o Gwmpas Ddoe* (1974), ac *Mewn Tri Chyfrwng* (1979), sef casgliad o ddramâu radio, teledu a llwyfan, a *Cofiant Ryan* (1979), yr olaf am Ryan *Davies a oedd yn gyfaill iddo.

JONES, RHYS neu RICE (1713–1801), bardd a hyn-

afiaethydd, penteulu Y Blaenau, Llanfachreth, Meir. Fe'i haddysgwyd yn Nolgellau ac yn Amwythig, gyda golwg ar ei baratoi ar gyfer gyrfa yn y gyfraith, ond dychwelodd i'r Blaenau pan fu farw ei dad yn 1731, ac yno yr arhosodd weddill ei ddyddiau.

O holl feirdd caeth y ganrif, yn ei waith ef yr ymdeimlir lwyraf â chywair canu *Beirdd yr Uchelwyr. Mewn dwy lawysgrif a gopïodd (LlGC 1246–7), gwelir casgliad o ddau gant a rhagor o gerddi a luniwyd rhwng dyddiau *Aneirin a'i oes ei hun, ond prin mai ffrwyth astudio ac efelychu sy'n cyfrif am gynnwys ac ansawdd ei ganu, a thebycach mai'r traddodiad llafar hyfyw fu sylfaen ei ddawn.

Er iddo annerch teuluoedd Hengwrt, Peniarth a Than-y-bwlch – a dichon ei bod yn haws i ŵr o'i statws ef ennill clust y boneddigion – enw William Vaughan *Corsygedol, y noddwr hael a diwylliedig hwnnw a oedd hefyd yn gyfaill a chymydog, a welir fynychaf yn ei

waith, a hynny mewn *cywydd, *awdl ac *englyn. At hyn, bu'n cyfarch cyd-brydyddion lleol ac yn ymateb i'w canu hwyliog-ddychanol hwy, lluniodd gerddi crefyddol ('Cywydd y Farn') a serch (gan gynnwys cyfres o ddeg cywydd i Fronwen lle y caiff y bardd y llaw drechaf ar eiddig), ynghyd â chyfres o englynion, 'Fflangell ysgorpionog i'r Methodistiaid'. Cyhoeddwyd rhai o'i gerddi caeth a rhydd mewn baledi, a rhoes Huw *Jones, Llangwm, le anrhydeddus i'w waith yn *Dewisol Ganiadau*. Cyhoeddodd ei ŵyr, Rice Jones Owen, gasgliad pur llawn o'i ganu yn 1818 (wedi iddo nithio yr hyn y barnai ei fod yn fasweddus).

Ei gymwynas bennaf oedd golygu *Gorchestion Beirdd Cymru* (1773). Yr oedd a wnelo Ieuan Fardd (Evan *Evans, 1731–88) â'r gyfrol – erys copi o'r 'Cynigion' yn ei law ef – ond cam fyddai bychanu cyfraniad Rhys Jones a'i ddysg. Daeth Iolo Morganwg (Edward *Williams) ato i gopïo ei lawysgrifau, a bu Owain Myfyr (Owen *Jones) yn deisyf ei gymorth wrth iddo ef a'i gyd-olygyddion baratoi *Barddoniaeth *Dafydd ab Gwilym*. Ato ef hefyd y troes William *Jones, Llangadfan (1726–95), pan fynnai wybodaeth am lawysgrifau cerddorol y Cymry.

Gweler Rice Jones Owen, *Gwaith Prydyddawl y Diweddar Rice Jones o'r Blaenau, Meirion* (1818), a hefyd yr erthygl gan A. Cynfael Lake yn *Ysgrifau Beirniadol XXII* (gol. J. E. Caerwyn Williams, 1997).

JONES, SALLY ROBERTS (1935–), bardd a

chyhoeddwr. Fe'i ganed yn Llundain, yn ferch i Gymro; symudodd gyda'i theulu yn dair ar ddeg oed i fyw yn Llanrwst, Dinb., ac yn ddiweddarach i Langefni, Môn. Cafodd ei haddysgu yng Ngholeg Prifysgol Gogledd Cymru, Bangor. Yna cafodd hyfforddiant yn Llundain i fod yn llyfrgellydd; dychwelodd i Gymru yn 1967 i swydd fel llyfrgellydd cyfeiriadol ym Mhort Talbot, Morg. Gydag Alison *Bielski, hi oedd ysgrifennydd mygedol cyntaf Adran Saesneg yr *Academi Gymreig ac er 1993 hi yw Cadeirydd yr Academi. Cyhoeddodd bedwar casgliad o farddoniaeth: *Turning Away* (1969), *Sons and Brothers* (1977), *The Forgotten Country* (1977) a *Relative Values* (1985). Y mae ei gwaith, sydd gan mwyaf wedi ei leoli yn yr ardal o amgylch Port Talbot lle yr ymgartrefodd, yn amlygu ymwybyddiaeth o eironi egr a'r gallu i ddangos yr ochr dywyll i'r amgylchiadau a'r digwyddiadau mwyaf cyffredin. Yn hanesydd lleol, y mae wedi cyhoeddi hanes Port Talbot (1991) ac astudiaeth o Dic Penderyn (1993; gweler o dan MERTHYR, GWRTHRYFEL). Y mae hefyd yn gynullydd llyfryddiaeth, *Books of Welsh Interest* (1977), ac yn awdur cyfrol ar Allen Raine (Anne Adaliza Beynon *Puddicombe) yn y gyfres *Writers of Wales* (1979) a nofel, *Pendarvis* (1992). Sefydlodd, gyda'i gŵr, fusnes cyhoeddi, Llyfrau Alun, yn 1977 a hi hefyd sy'n berchen Barn Owl Press, sy'n arbenigo mewn llyfrau i blant.

Am fanylion pellach gweler Linden Peach, *Ancestral Lines: Culture and Identity in the Work of Six Contemporary Poets* (1994).

Jones, Samuel (1628–97), gweinidog ac ysgolfeistr. Brodor o gyffiniau'r Waun, Dinb., ydoedd, a chymrawd o Goleg Iesu, Rhydychen. Daeth yn ficer Llangynwyd, Morg., tua 1657, ond amddifadwyd ef o'i ofalaeth yn 1662 gan y Ddeddf Unffurfiaeth. Symudodd i Fryn-llywarch yn yr un plwyf ac agorodd *Academi Anghyd-ffurfiol a ddaeth yn enwog am hyfforddi gwŷr ifainc ar gyfer y weinidogaeth. Ymhlith y gwŷr hyn yr oedd Rice Price, tad yr athronydd Richard *Price.

JONES, SIMON BARTHOLOMEUS (1894–1964), bardd a golygydd a mab ieuangaf ond un teulu'r *Cilie. Bu'n forwr pan yn ŵr ifanc, ond ar ôl damwain ddifrifol ar fwrdd llong yn Buenos Aires, dychwelodd i Gymru a'i fryd ar y Weinidogaeth gyda'r Annibynwyr. Bu'n wrthwynebydd cydwybodol yn ystod y Rhyfel Byd Cyntaf a graddiodd yng Ngholeg Prifysgol Gogledd Cymru, Bangor, yn 1930. Bu'n weinidog wedyn yn Lerpwl, Carno a Chaerfyrddin. Enillodd y *Goron yn yr Eisteddfod Genedlaethol yn 1933 am ei bryddest 'Rownd yr Horn' a'r *Gadair am ei awdl 'Tyddewi' yn 1936. Gyda Meuryn (R. J. *Rowlands) bu'n golygu *Y Genhinen* o 1950 hyd ei farw a cheir ysgrifau a cherddi coffa iddo yn y cylchgrawn (cyf. xv, rhif. 1, 1964/65). Golyg-wyd detholiad o gerddi ac ysgrifau S. B. Jones gan ei nai Gerallt *Jones a'i gyhoeddi yn 1966.

JONES, STEPHEN (1911–95), bardd ac awdur llyfrau i blant, a aned yn Y Ponciau, Rhosllannerchrugog, Dinb. O ochr ei fam yr oedd yn hanu o deulu'r Stephen-iaid a fu'n gefn i achos y Bedyddwyr Albanaidd yn y cylch am bron i ddwy ganrif. Derbyniodd ei addysg yn Ysgol Ramadeg Rhiwabon a'r Coleg Normal, Bangor, ac ar ôl gweithio fel athro mewn tair ysgol wahanol, o 1948 ymlaen bu'n athro ac yn brifathro yn Ysgol Gynradd y Ponciau. Cyhoeddodd ddwy nofel antur i blant, *Y Sŵn* (1976) a *Dirgelwch Lisa Lân* (1982). Cyf-ieithodd ddwy o ddramâu Wole Soyinka, dan y teitlau *Y Llew a'r Gem* ac *Angau ac Ostler y Brenin*, ac yn 1996 cyhoeddwyd *Cerddi Osip Mandelstam*, sef cyfieithiadau i'r Gymraeg o gerddi un o feirdd mawr Rwsia yn ystod yr ugeinfed ganrif. Yn 1987 cyhoeddwyd y gyfrol *Dylunio'r Delyneg*, sy'n gyfuniad o'i waith fel arlunydd a bardd.

Jones, neu Johns, Thomas, neu Tomas Siôn Dafydd Madoc (Twm Siôn Cati; *c.*1530–1609), hynafiaethydd, arwyddfardd a herodr, mab gordderch i Siôn ap Dafydd ap Madog ap Hywel Moetheu o Borthyffynnon, ger Tregaron, Cer. Yr oedd ei fam, Catherine, yn ferch ordderch i Faredudd ab Ieuan ap Robert, hendaid i Syr John *Wynn o Wydir. Daw'r cofnod cyntaf am Thomas Jones yn 1559, pan oedd ymhlith y cannoedd a gafodd bardwn o dan y Sêl Fawr ym mlwyddyn gyntaf teyrnasiad Elisabeth I, ond ni wyddys beth oedd natur ei drosedd.

I'w gyfoeswyr gŵr bonheddig o arwyddfardd ydoedd: 'y godicocaf a phennaf a pherffeithiaf . . . yng nghelfyddyd arwyddfarddoniaeth', medd Siôn Dafydd *Rhys yn ei Ramadeg (1592), a chydnabyddir ei allu gan herodron megis Lewys *Dwnn a George *Owen. Cadwyd nifer o roliau achau herodrol Thomas Jones ar femrwn, ynghyd â llawysgrifau eraill. Priodolir ychydig gywyddau a mwy o englynion iddo, ond ni ellir bod yn sicr eu bod yn ddilys. Nid oes amheuaeth am ei gyfathrach â beirdd, gan fod cywydd gan Silas ap Siôn (*fl.* diwedd y 16eg gan.) sy'n cyffelybu'r ymgiprys rhwng Thomas Jones a *Dafydd Benwyn, dros ferch a elwid Ely, i'r rhyfel a achoswyd gan Helen o Droea.

Awgryma'r ychydig sy'n hysbys am Thomas Jones y bu'n rhaid iddo droi at y gyfraith wrth weithredu fel stiward dros arglwyddiaeth Caron yn 1601. Er enghraifft, bu'n ymwneud ag achos yn erbyn ficer yn Llys Siambr y Seren gan honni i'r ficer ymosod arno pan oedd yn cynnal y llys lleol. Rhywbryd wedi mis Mai 1605 anfonodd ddeiseb at Robert Cecil, Iarll Salisbury, yn pwyso ar eu perthynas fel cyd-ddisgynyddion o Hywel Moetheu, i ofyn am symud achos yn ei erbyn i lys lleol, oherwydd ei oedran. Tua 1607 cymerodd weddw Thomas Rhys Williams, Ystrad-ffin, sef merch Syr John *Price, Aberhonddu, yn wraig, ac aeth hithau i fyw ato ym Mhorthyffynnon, ond bu ef farw ddwy flynedd yn ddiweddarach.

Y mae nifer o chwedlau apocryffaidd yn gysylltiedig â Thomas Jones, yn deillio, o bosibl, o'r ffaith iddo dderbyn pardwn swyddogol yn 1559, ond hefyd oherwydd i achresryddion ei ddrysu nes ymlaen ag eraill o'r un enw a oedd yn ysbeilwyr a lladron ffordd yn ardal Tregaron. Cylchredwyd y rhain mewn pamffledyn *The Joker or Merry Companion* (1763) dan y teitl *'Tomshone Catty's Tricks'*, a'u casglu gan Samuel Rush *Meyrick yn ei *History of the County of Cardigan* (1808). Ymhelaethwyd arnynt gan William Frederick Deacon yn ei lyfrau, *Twm John Catty, the Welsh Robin Hood* (1822) a *The Welsh Rob Roy* (1823). Ond y rheswm pennaf am ei enwogrwydd yw nofel T. J. Llewelyn *Prichard, *The Adventures and Vagaries of *Twm Shon Catti* (1828).

Ceir rhagor o fanylion yn Lewys Dwnn, *Heraldic Visitations* (1846) a D. C. Rees, *Tregaron: Historical and Antiquarian* (1936).

Jones, Thomas (1648–1713), argraffydd ac almanaciwr a aned yn Nhre'r-ddôl ger Corwen, Meir. Mab i deiliwr ydoedd ac aeth i Lundain yn 1666 gan fwriadu dilyn galwedigaeth ei dad, ond cyn hir, ymsefydlodd yno fel gwerthwr llyfrau a gwneuthurwr *almanaciau. O 1680 nes iddo farw cyhoeddodd almanac blynyddol yn yr iaith Gymraeg a oedd gyda'r mwyaf poblogaidd o'i fath. Tra oedd yn byw yn Llundain cyhoeddodd hefyd nifer o lyfrau Cymraeg, yn cynnwys *Llyfr Plygain* (1683), argraffiad Cymraeg o'r *Llyfr Gweddi Gyffredin* (1687), salmau mydryddol Edmwnd *Prys (1688) a geiriadur Cymraeg-Saesneg, *Y Gymraeg yn ei disgleirdeb* (1688).

Ar y dechrau dibynnai ar gynrychiolwyr ledled Cymru i werthu ei lyfrau, ond symudodd Thomas Jones i Amwythig yn 1695 wedi pasio'r Ddeddf Argraffu, a ganiataodd i lyfrau gael eu hargraffu y tu allan i Lundain. Yno parhaodd i argraffu llyfrau, gan gynnwys trosiad Cymraeg o *Pilgrim's Progress* Bunyan, yn dwyn y teitl *Taith y Perein* (1699). Fe'i hadwaenir gan ei gymdogion Seisnig fel *Thomas Jones the Stargazer*. Wedi hyn bu wrthi'n brysur yn gwneud almanaciau ac yn cyhoeddi llyfrau defosiynol a baledi yn y Gymraeg. Yr oedd yn byw mewn cyfnod cythryblys o ran gwleidyddiaeth a chrefydd, ond yr oedd yn Eglwyswr cadarn ac amddiffynnai'r Eglwys Sefydledig trwy ymosod ar Babyddion ac ar Ymneilltuwyr. Bwriad ei almanaciau oedd diddanu yn ogystal â dysgu: yr oedd ynddynt gerddi o waith prydyddion pwysicaf ei ddydd a phrynwyd hwy yn eiddgar gan bobl a hoffai ddarllen deunydd gwahanol i weithiau crefyddol. Er gwaethaf afiechyd, annedwyddwch teuluol, ac ansicrwydd y busnes cyhoeddi, dyfalbarhaodd Thomas Jones, am dros ddeng mlynedd ar hugain, â'r gwaith pwysig hwn. Er hyn, fe'i hystyriwyd gan rai ysgolheigion ei gyfnod fel dihiryn neu dwyllwr. Y sylw mwyaf caredig arno yn ystod ei oes oedd un William *Morris o Fôn, a'i disgrifiodd fel 'hen ŵr a wnaeth lawer o ddaioni er gwaethaf anwybodaeth'. Gweler hefyd ARGRAFFU A CHYHOEDDI.

Ceir astudiaeth o fywyd a gwaith Thomas Jones yn *Thomas Jones yr Almanaciwr* (1980) gan Geraint H. Jenkins; gweler hefyd erthygl yr un awdur, '*The Sweating Astrologer*', yn *Welsh Society and Nationhood* (gol. R. R. Davies, R. A. Griffiths, Ieuan Gwynedd Jones a K. O. Morgan, 1984).

Jones, Thomas (1742–1803), tirluniwr a aned ym mhlwyf Cefn-llys, Maesd., ond a gysylltir fel arfer â phlas Pencerrig, Llanelwedd, yn yr un sir, lle'i maged. Bwriadodd ei rieni iddo gymryd Urddau Eglwysig ac aeth i Goleg Iesu, Rhydychen, ond gadawodd yn 1761 er mwyn ymroi i arlunio. Daeth yn ddisgybl i Richard *Wilson yn Llundain, treuliodd ddwy flynedd ar bymtheg yn arlunio yn Yr Eidal, ond dychwelodd i fyw i'w hen gartref, Pencerrig, yn 1789.

Ceir manylion pellach yn ei *Journal* (1960) a *The Family History of Thomas Jones, artist, of Pencerrig* (1970) gan R. C. B. Oliver; gweler hefyd erthygl gan Prys Morgan yn *Nhrafodion* Anrhydeddus Gymdeithas y Cymmrodorion (1984).

JONES, THOMAS (1752–1845), clerigwr ac awdur, a aned ger Hafod, Cer., ac a addysgwyd yn Ysgol Ystrad Meurig. Wedi'i ordeinio bu'n gwasanaethu gyda'r Eglwys Anglicanaidd mewn amryw blwyfi yng Nghymru a Lloegr, ond treuliodd y rhan helaethaf o'i oes yn Creaton, Northants., ac â'r lle hwn y cysylltir ei enw fel arfer. Yr oedd yn gyfaill gohebol â Thomas *Charles ynglŷn â sefydlu *Ysgolion Sul a chynorthwyodd ef i sefydlu Cymdeithas y Beibl. Cyfieithodd Jones nifer o

lyfrau crefyddol i'r Gymraeg, gan gynnwys rhai gan Richard Baxter. Yr oedd hefyd yn awdur dau ar bymtheg o lyfrau yn Saesneg ac o'r rhain yr un mwyaf nodedig, o bosibl, yw *The Welsh Looking-glass* (1812), protest yn erbyn gwaith y Methodistiaid Calfinaidd yn ymneilltuo o Eglwys Loegr ac ymffurfio'n enwad yn 1811.

JONES, THOMAS (1756–1820), gweinidog gyda'r Methodistiaid Calfinaidd ac awdur. Fe'i ganed ym Mhenucha, ger Caerwys, Ffl., a chafodd addysg glasurol yn Nhreffynnon, ond gwrthododd mynd yn offeiriad ac ymunodd â'r Methodistiaid, gan ddechrau pregethu yn eu plith yn 1773. Yn 1784 cyfarfu â Thomas *Charles a daethant yn gyfeillion; ehangwyd gorwelion crefyddol a chymdeithasol Jones yn sylweddol, a gloywyd Cymraeg llenyddol Charles. Buont yn cydolygu'r cylchgrawn *Trysorfa Ysprydol* ac yn gohebu'n gyson. Cafodd Jones ddylanwad cryf ar Charles ac yr oedd ymhlith y cyntaf i'w hordeinio yn weinidog gyda'r Methodistiaid yn 1811, gan gwblhau'r rhwyg â'r Eglwys Sefydledig. Bu'n briod deirgwaith ac yr oedd yn gysurus ei amgylchiadau bydol, ond poenid ef yn angerddol, yn gorfforol ac yn feddyliol gan Arminiaeth y newydd-ddyfodiaid *Wesleaidd i ogledd-ddwyrain Cymru.

Yn ei ddadlau cyhoeddedig rhoes resymau grymus dros ei Galfiniaeth gymedrol ac y mae'n bosibl ei ystyried yn feddyliwr pennaf Methodistiaid Calfinaidd ei ddydd. Ymhlith ei weithiau diwinyddol pwysicaf y mae *Y Cristion mewn Cyflawn Arfogaeth* (1796–1820), sef cyfieithiad o *The Christian in Complete Armour* (1655–62) gan William Gurnall, a'i gyfrol enfawr, *Hanes Diwygwyr, Merthyron, a Chyffeswyr Eglwys Loegr* (1813). Ef, ar wahân efallai i Robert *Jones, Rhos-lan, yw ysgrifennwr Cymraeg gorau ei gyfnod. Cymerodd ran flaenllaw yn nadleuon diwinyddol ei ddydd, gan geisio llywio ei enwad rhwng eithafion Arminiaeth ac 'Iawn Cyfyngedig' John *Elias. Ei weithiau mwyaf darllenadwy yw ei hunangofiant (1814) a'i gofiant i Thomas Charles (1816). Ymhlith ei emynau mwyaf adnabyddus ceir 'Mi wn fod fy Mhrynwr yn fyw', 'A oes obaith am achubiaeth?' ac 'O arwain fy enaid i'r dyfroedd'. Yr oedd hefyd yn fardd o beth safon; yr enghraifft orau o'i farddoniaeth yw'r cywydd 'I'r Aderyn Bronfraith' (1773). Argraffwyd y rhan fwyaf o'i waith ar wasg a sefydlodd yn ei gartref yn Rhuthun yn 1804 a werthwyd i Thomas *Gee (yr hynaf) yn 1813. Petai wedi ymroi i ysgolheictod – a phrawf ei *Eiriadur Saesneg a Chymraeg* (1800) fod hyn yn ddigon posibl – yn lle i ddiwinyddiaeth, dichon y byddai Thomas Jones wedi gwrthweithio dylanwad trychinebus William *Owen Pughe.

Ceir manylion pellach yn y cofiant iddo gan Frank Price Jones (1956) ac yn Jonathan Jones, *Cofiant y Parch. Thomas Jones* (1897).

JONES, THOMAS (1810–49), llenor, cyfieithydd a

chenhadwr cyntaf y Methodistiaid Calfinaidd at drigolion Bryniau Khasia yng ngogledd-ddwyrain India lle y mae'n dal i gael ei anrhydeddu gan Gristnogion ac eraill. Ef oedd y cyntaf i ysgrifennu iaith y llwyth a'r cyntaf i gyhoeddi llyfrau mewn Khasi. Fe'i ganed yn Llangynyw, Tfn., ac yr oedd yn felinydd yn Llifior, Aberriw, pan deimlodd yr alwad i fynd yn genhadwr yn 1835, a dechrau pregethu. Yr oedd ei fryd ar wasanaethu yn India, a gwrthododd dderbyn lle yn Ne Affrica a gynigiwyd gan Gymdeithas Genhadol Llundain; arweiniodd hynny at benderfyniad y Methodistiaid i ymwahanu oddi wrth y gymdeithas hon a sefydlu eu cymdeithas annibynnol eu hunain. Cyrhaeddodd Thomas Jones a'i wraig, Anne, Fryniau Khasia yn 1841 a sefydlu canolfan genhadol yn Cherrapunji, y lle gwlypaf yn y byd.

Yr oedd Thomas Jones yn fedrus â'i ddwylo a throsglwyddodd ei arbenigedd mecanyddol i'r Khasiaid. Yr oedd ar yr un pryd yn dysgu Khasi ac yn defnyddio orgraff y Gymraeg i roi ffurf ysgrifenedig i'r iaith. Yn gynnar yn 1842 cyhoeddodd ei gyfieithiadau o *Rhodd Mam* (gweler o dan PARRY, JOHN, 1775–1846) i'w defnyddio yn nhair ysgol gyntaf y Genhadaeth ynghyd â'i *First Khasi Reader*. Y rhain, sef y cyhoeddiadau cyntaf erioed yn iaith y llwyth ei hun, yw dechreuadau syml llenyddiaeth Khasi. Y mae gweithiau diweddarach Thomas Jones yn cynnwys cyfieithiadau o *Yr Hyfforddwr*, *Efengyl Mathew* a chasgliad o emynau, y cyfansoddodd rai ohonynt ei hun, gan gynnwys '*Ki Lok Jong Nga Ki La Leit Noh*' ('Fy nghyfeillion aeth o'm blaen'), sy'n dal i gael ei ganu mewn angladdau Khasi.

Yr oedd y blynyddoedd cyntaf yn y Genhadaeth yn rhai llawn sgandal a thrychineb, gan gynnwys, yn 1845, farwolaethau Anne Jones a'u trydydd plentyn newyddanedig. Yn 1847 penderfynodd cyfarwyddwyr y Genhadaeth yn Lerpwl 'dorri'r cysylltiad' â Thomas Jones ar sail ei ail briodas 'annoeth' (â merch yn ei harddegau), ei anghytundeb â chyd-genhadon a'i ran mewn menter ffermio. Daliodd ati i efengylu'n annibynnol, ond fe'i herlidiwyd o'r ardal gan ŵr o'r enw Harry Inglis a chriw o labystiaid huriedig wedi iddo brotestio trwy'r llysoedd ac yn bersonol yn erbyn canlyniadau gormesol monopoleiddio Inglis ar y rhan fwyaf o'r gweithgaredd economaidd yn y bryniau deheuol. Daliodd falaria wrth ffoi am ei einioes trwy'r jyngl a bu farw yn Calcutta. Y mae'r beddargraff ar ei fedd yn y fynwent Albanaidd yno, a ddaeth yn gyrchfan pererindodau i'r Khasiaid, yn ei ddisgrifio fel 'Tad a Sylfaenydd Gwyddorau a Llenyddiaeth y Khasiaid'.

Hyd 1969 defnyddiai'r Methodistiaid Calfinaidd (neu'r Presbyteriaid) Cymraeg Fryniau Khasia fel troedle ar gyfer eu gwaith efengylu yn rhannau helaeth o'r gogledd-ddwyrain 'llwythol' (neu an-Ariaidd). Y Genhadaeth Gymreig i Fryniau Khasia, ynghyd â'r ymestyniad dilynol i fryniau cyfagos Cachar a Mizo, ac i wastatiroedd Sylhet yn yr hyn a elwir yn Bangladesh heddiw, oedd y fenter

dramor fwyaf erioed i'w chynnal gan y Cymry. Cyflwynodd i'r llwythau hyn nid yn unig Gristnogaeth, ond hefyd llythrennedd a llenyddiaeth, ysgolion, ysbytai a llawer o allanolion diwylliant modern.

Yn ystod oes y Genhadaeth o gant ac wyth ar hugain o flynyddoedd, bu llai na dau gant o genhadon yn gwasanaethu yn y Bryniau, ond yr oedd eu dylanwad yn fawr, ac erys y dylanwad hwnnw mewn ysbytai gorlawn, capeli llawn sy'n atseinio bob Sul ag emynau Ann *Griffiths a William *Williams (Pantycelyn), ac ysgolion ym mhob cwr lle y cenir fersiwn brodorol o *'Hen Wlad fy Nhadau' bob bore fel anthem genedlaethol y Khasiaid. Gweler hefyd ROBERTS, JOHN, 1842–1908.

Yn ogystal â'r hunangofiannau a gyhoeddwyd gan lawer o'r cenhadon, cyhoeddwyd dwy gyfrol yn rhoi hanes y Genhadaeth, sef *Hanes Cenhadaeth Dramor y Methodistiaid Calfinaidd* (1907) gan John Hughes, a gyhoeddwyd yn Saesneg dan y teitl *The History of the Welsh Calvinistic Methodists' Foreign Mission* (1910), a chyfrol awdurdodol Ednyfed Thomas, *Bryniau Glaw* (1988). Y mae nofel epistolaidd Merfyn Jones, *Ar Fryniau'r Glaw* (1980), yn adrodd hanes Thomas Jones; rhoddir sylw iddo hefyd yn *Gwalia in Khasia* (1995) gan Nigel Jenkins.

JONES, THOMAS (1860–1932), bardd a aned yn Nantglyn, Dinb. Am ugain mlynedd olaf ei oes bu'n byw yng Ngherrigellgwm, Ysbyty Ifan, Dinb., ac â'r lle hwnnw y cysylltir ei enw. Lluniai gerddi cyfarch a marwnad yn null y *bardd gwlad, a thelynegion sy'n adlewyrchu'r bywyd gwledig a'i brofiad ei hun: 'barddoniaeth gynnil dynoliaeth hael', meddai Thomas Gwynn *Jones amdanynt. Arbenigai hefyd mewn gosod penillion. *Caneuon* (1902) a *Pitar Puw a'i Berthynasau* (1932) yw ei ddau gasgliad o gerddi; byr-gofiannau beirdd o'i gymdogaeth ei hun sydd yn *Beirdd Uwchaled* (1930).

JONES, THOMAS (1870–1955), gwas sifil, addysgwr, dyddiadurwr ac awdur. Fe'i ganed yn fab i reolwr siop yn Rhymni, Myn., a'i addysgu yng Ngholeg Prifysgol Cymru, Aberystwyth, a Phrifysgol Glasgow. Wedi gyrfa academaidd lwyddiannus fe'i penodwyd yn Ysgrifennydd Comisiynwyr Yswiriant Iechyd Cenedlaethol ac ef, yn 1914, oedd golygydd cyntaf The *Welsh Outlook. Yr oedd David *Lloyd George yn gyfarwydd â'i waith ac fe'i dyrchafwyd yn Ddirprwy Ysgrifennydd y Cabinet yn 1916. Bu ganddo ran yn y trafodaethau ynglŷn â Chytundeb Eingl-Wyddelig 1921, a bu'n ymwneud yn sylweddol â thrafodaethau yn codi o'r holl brif anghydfodau diwydiannol hyd at *Streic Gyffredinol 1926, gan gynnwys y streic honno. Bu'n gynghorydd agos i sawl Prif Weinidog, yn arbennig Stanley Baldwin yr ysgrifennodd nifer o areithiau pwysig iddo a gyhoeddwyd yn ddiweddarach dan enw'r Prif Weinidog. Wedi hynny, daeth i bob pwrpas yn Ysgrifennydd Gwladol answyddogol Cymru ac yn sicr y dylanwad creadigol mwyaf toreithiog mewn materion cymdeithasol, addysgol a diwylliannol yn y dywysogaeth. Bu'n Llywydd *Coleg Harlech, coleg y gwnaeth gymaint i'w sefydlu, Llywydd

Coleg Prifysgol Cymru, Aberystwyth, ac yn Gadeirydd *Gwasg Gregynog. Yr oedd yn allweddol yn yr ymgyrch i sefydlu'r Cyngor er Hyrwyddo Cerddoriaeth a'r Celfyddydau, a ddaeth yn ddiweddarach yn Gyngor Celfyddydau Prydain Fawr, ac ef oedd ei Is-gadeirydd o 1939 hyd 1942.

Ysgrifennodd Thomas Jones gyfrol o hunangofiant, *Rhymney Memories* (1939), a chasgliad o ysgrifau, *Leeks and Daffodils* (1942), sy'n cynnwys ei bolemeg disglair o ddychanol '*What's Wrong with South Wales?*' (1935) lle y mae'n awgrymu y dylid defnyddio cymoedd de Cymru i ymarfer bomio. Cyhoeddodd hefyd *Cerrig Milltir* (1942), *The Native Never Returns* (1946), *Lloyd George* (1951), *Welsh Broth* (1951) ac *A Diary with Letters 1931–50* (1954); golygodd Keith Middlemas y dyddiaduron a gadwodd pan fu'n gweithio i'r Cabinet, yn dair cyfrol (1970–72).

Am fanylion pellach gweler y bywgraffiad helaeth gan E. L. Ellis, *T. J.: A Life of Dr Thomas Jones, CH* (1992), a'r monograffau a ysgrifennwyd gan Ben Bowen Thomas (1970) a merch Thomas Jones, Eirene White (1978). Cyflwynwyd cyfrol o ysgrifau, *Harlech Studies*, i'r Dr Jones yn 1938.

JONES, THOMAS (1910–72), ysgolhaig a aned yn Yr Allt-wen, Pontardawe, Morg. Bu'n Athro'r Gymraeg yng Ngholeg Prifysgol Cymru, Aberystwyth, o 1952 hyd 1970. Penodwyd ef i staff yr Adran Gymraeg yn y Coleg hwnnw yn 1933 ac ar wahân i wasanaeth milwrol treuliodd ei fywyd yn Aberystwyth, lle yr oedd yn flaenllaw ym mywyd academaidd a gweinyddol ei Goleg a'r Brifysgol.

Yr oedd Thomas Jones yn un o'r ysgolheigion Cymraeg mwyaf a gynhyrchwyd gan *Brifysgol Cymru. Yr oedd yn eang ei ddiddordebau a'i ddisgyblaethau, oblegid cyhoeddodd gyfieithiadau o'r Wyddeleg a'r Llydaweg, astudiaethau amrywiol ar bynciau megis Thomas *Jones yr almanaciwr, Owen M. *Edwards, David *Owen (Brutus), llên gwerin a materion *Arthuraidd, yn ogystal ag ychydig o'i farddoniaeth ei hun. Ef hefyd a ddug waith Elis *Gruffydd i sylw. Ond fel ysgolhaig ar lenyddiaeth Gymraeg yr Oesoedd Canol y gwnaeth ei brif gyfraniad. Ar ddechrau ei yrfa gweithiodd ar destunau hanesyddol gan ddatblygu ei ymchwil gyda chyhoeddi *Y Bibyl Ynghymraec* (1940) a *Brut y Tywysogyon* (4 cyf., 1941, 1952, 1955, 1971) sy'n cyflwyno'r testunau dibynadwy cyntaf o'r cronicl hwn ynghyd â chyfieithiadau Saesneg a thrafodaethau ar y llawysgrifau, y gronoleg a'r iaith. Gwedd arall ar ei ddiddordeb yn y diwylliant Lladin-Gymreig oedd ei gyfieithiadau o gyfrolau *Gerald de Barri (Gerallt Gymro). Cyhoeddodd destun, cyfieithiad a thrafodaeth ar *'Englynion y Beddau'. Ei gyfraniad olaf i astudiaethau Cymraeg oedd ei gyfrol feistrolgar, *Ystoryaeu Seint Greal, Rhan I, Y Keis*, a gyhoeddwyd yn 1992. Ei gyfieithiad Saesneg o'r *Mabinogion a baratowyd ganddo ef a Gwyn *Jones, ac a gyhoeddwyd gyntaf yn 1948,

a fu'n gyfrifol am ennyn diddordeb byd-eang yn y chwedlau hyn. Hwn yw'r cyfieithiad safonol o hyd ac y mae'n nodedig am y modd y cyfunir cywirdeb manwl ac arddull lenyddol gain.

Ceir erthygl goffa iddo gan J. E. Caerwyn Williams, ynghyd â llyfryddiaeth o'i waith gan Brynley F. Roberts, yn *Studia Celtica* (cyf. X/XI, 1975–76); gweler hefyd yr erthygl gan D. J. Bowen yn *Y Traethodydd* (1973).

Jones, Thomas Artemus (1871–1943), newyddiadurwr a barnwr. Fe'i ganed yn Ninbych, yn fab i saer maen; gadawodd yr ysgol yn un ar ddeg oed i weithio mewn siop bapurau newydd, a phedair blynedd yn ddiweddarach daeth yn ohebydd ar y *Denbighshire Free Press*. Astudiodd y gyfraith yn ei oriau hamdden tra oedd yn gweithio ar y *Daily Telegraph* a'r *Daily News* ym Manceinion a Llundain; galwyd ef i'r Bar yn 1901. O ganlyniad i'w achos enllib llwyddiannus yn erbyn *Messrs. E. Hutton and Co.*, am ddefnyddio'r enw Artemus Jones yn ddamweiniol mewn dull sarhaus yn y *Sunday Chronicle* yn 1908, daeth yn arferiad i gyhoeddwyr wadu unrhyw debygrwydd rhwng cymeriadau mewn nofelau a phersonau byw.

Bu'n farnwr llys sirol yng ngogledd Cymru o 1930 hyd 1942; urddwyd ef yn farchog yn 1931 ac o 1939 hyd 1941 bu'n Gadeirydd Tribiwnlys Ymwrthodwyr Cydwybodol Gogledd Cymru. Gyda'r corff hwn amlygodd y farn mai am resymau crefyddol yn unig y gellir derbyn gwrthwynebiad i wasanaeth milwrol, ac nid am resymau gwleidyddol. Cyfrannodd nifer o erthyglau i'r wasg Gymraeg ac adlewyrchai'r rhan fwyaf ohonynt ddylanwad ei gefndir cyffredin a *Rhyddfrydiaeth y mudiad *Cymru Fydd. Ymhlith ei brif gyfraniadau i fywyd Cymru yr oedd ei ymdrechion i sicrhau y defnydd o'r Gymraeg mewn llysoedd barn; dewisodd glywed nifer o achosion yn yr iaith, gwnaeth lawer i gefnogi'r ddeiseb a fu'n gyfrifol am sicrhau Deddf Llysoedd Cymreig yn 1942 a dadleuai bob amser o blaid adfer i Gymru ei chyfundrefn gyfreithiol ei hun.

Cyhoeddwyd wedi ei farw ddetholiad o'i erthyglau pwysicaf, gan gynnwys adroddiad o achos Syr Roger Casement pan fu'n amddiffyn y Gwyddel, yn y gyfrol *Without my Wig* (1944).

JONES, THOMAS GWYNN (1871–1949), bardd, ysgolhaig, cyfieithydd, nofelydd, dramodydd, beirniad a newyddiadurwr. Fe'i ganed yn Y Gwyndy Uchaf, Betws-yn-Rhos, Dinb., a threuliodd ei blentyndod, a ddisgrifir yn y gyfrol *Brithgofion* (1944), yn Llaneilian-yn-Rhos yn yr un sir. Ychydig o addysg ffurfiol a gafodd ond fe'i harweiniwyd gan ei awch am ysgrifennu at newyddiaduraeth. Rhwng 1890 ac 1909 gweithiodd ar amryw o bapurau newydd, gan gynnwys *Baner ac Amserau Cymru* a'r *Herald Cymraeg*. Deffrodd rhai o'i gyd-weithwyr, fel Emrys ap Iwan (Robert Ambrose *Jones) a Daniel *Rees, ei ddiddordeb mewn ieithoedd a llenyddiaethau tramor, ac ysbrydolwyd ef gan ysgol-heigion fel J. E. *Lloyd i astudio barddoniaeth ganol-oesol Gymraeg. Ar ôl cyfnod o weithio fel catalogydd yn *Llyfrgell Genedlaethol Cymru, fe'i penodwyd yn Ddarlithydd yn y Gymraeg yng Ngholeg Prifysgol Cymru, Aberystwyth, yn 1913.

Erbyn 1919, pan benodwyd ef i Gadair Gregynog mewn Llenyddiaeth Gymraeg yn y coleg hwnnw, yr oedd eisoes wedi cyhoeddi'r gwaith beirniadol, *Bardism and Romance* (1914), wedi ysgrifennu ar agweddau ar farddoniaeth Beirdd y Tywysogion yn *Rhieingerddi'r *Gogynfeirdd* (1915), ac yn awdur llawlyfr ar lenyddiaeth yr Oesoedd Canol yng Nghymru, *Llenyddiaeth y Cymry* (1915). Yn ystod ei flynyddoedd cynnar yn Aberystwyth cyfieithodd beth o waith Ibsen, *Faust* gan Goethe (1922), Von Hofmannsthal, a detholion o epigramau Groeg a Lladin, *Blodau o Hen Ardd* (1927). Ymddeolodd o'i swydd yn 1937, a'r flwyddyn ganlynol derbyniodd ddoethuriaethau anrhydeddus oddi wrth *Brifysgol Cymru a Phrifysgol Genedlaethol Iwerddon yn gydna-byddiaeth i'w waith yn yr Wyddeleg ac ieithoedd Celt-aidd eraill.

Yr oedd amlochredd ei ddawn lenyddol yn amlwg o'r dechrau. Yn ogystal â chyfrol o gerddi, *Dyddiau'r Parch-edig Richard Owen* (gydag W. M. Jones, 1890), lluniodd ddychangerdd hir, *Gwlad y Gân*, a gyhoeddwyd ar ffurf llyfr gyda cherddi eraill yn 1902. Lluniodd hefyd ddrama am *Ryfel y Degwm, *Eglwys y Dyn Tlawd* (1892), a nofel, *Gwedi Brad a Gofid* (1898). Parhaodd i ysgrifennu dramâu a nofelau am chwarter canrif arall – y nofelau mwyaf adnabyddus yw *John Homer* (1923) a *Lona* (1923) – ac ysgrifennodd hefyd gofiannau rhagorol i Robert Ambrose Jones (1912), a'i gyflogydd cyntaf Thomas *Gee (1913). O 1919 ymlaen, cyhoeddodd ragor o weithiau ysgolheigaidd, gan gynnwys testun o weithiau *Tudur Aled (2 cyf., 1926), a *Welsh Folklore and Folk-custom* (1930). Rhwng 1932 ac 1937, cyhoeddodd Hughes a'i Fab (gweler o dan HUGHES, RICHARD, 1794–1871) argraffiad unffurf o chwe chasgliad o'i weithiau, pedwar ohonynt yn cynnwys casgliad o ysgrifau myfyrdodol a beirniadol, *Cymeriadau* (1933), *Beirniadaeth a Myfyrdod* (1935), *Astudiaethau* (1936) a *Dyddgwaith* (1937). Cyfan-soddodd hefyd nifer helaeth o ganeuon, yn ogystal â chyfieithiad Saesneg o *Gweledigaetheu y Bardd Cwsc Ellis *Wynne, sef *Visions of the Sleeping Bard* (1940) ar gyfer *Gwasg Gregynog, a gyhoeddodd argraffiad cain o ddetholiad o'i gerddi, *Detholiad o Ganiadau*, yn 1926.

Ei farddoniaeth a enillodd iddo'r bri pennaf: ef oedd bardd pwysicaf ei genhedlaeth. Yn 1902 enillodd y *Gadair yn yr Eisteddfod Genedlaethol am ei awdl *'Ymadawiad Arthur', cerdd sy'n garreg filltir yn hanes barddoniaeth Gymraeg yn yr ugeinfed ganrif. Dyma'r gyntaf o gyfres o gerddi mawr a luniodd ar y *cyngh-anedd, naill ai ar y mesurau traddodiadol neu ar fesurau newydd arbrofol, wedi'u seilio ar yr hen rai. Y maent yn cynnwys 'Gwlad y Bryniau', a enillodd y Gadair iddo yn

1909, *'Tir na n-Óg' (1910), *'Madog' (1917), *'Bros-éliâwnd' (1922), *'Anatiomaros' (1925) ac *'Argoed' (1927). Yn y cerddi hyn i gyd gwnaeth y bardd ddefnydd o chwedlau Celtaidd neu'r hyn a alwodd yn 'frithluniau dychymyg y canrifoedd', a'u defnyddio i raddau i fynegi'i brofiad o drasiedi'r Dyn Modern: y maent yn gerddi clasurol, mawreddog o ran cynllun ac ieithwedd. Eu prif themâu yw'r Ymchwil am Baradwys, a'r rheidrwydd o gadw anrhydedd, gwarineb a doethineb yn wyneb materoliaeth a philistiaeth. Y mae'r cerddi hyn yn enwog am y disgrifiadau disglair o fyd natur a geir ynddynt ac o ymwneud dynion â'i gilydd; y mae'r mewnwelediad seicolegol sydd ynddynt yn dreiddgar a chyfoethog. Yn 1934–35 troes y bardd ei gefn ar y dull hwn o ysgrifennu, a llunio cyfres o gerddi (mewn *vers libre* gynganeddol gan mwyaf) a gasglwyd yn *Y *Dwymyn* (1944), cyfrol sy'n portreadu yn anad dim dwymyn y bywyd cyffredin o dan fygythiad barbaraidd rhyfel.

Ceir manylion pellach yn rhifyn coffa'r *Llenor* (cyf. XXVII, rhif. 2, 1949), rhifyn arbennig *Y Traethodydd* (cyf. CXXVI, Ion. 1971), yr astudiaeth gan W. Beynon Davies (1962), y monograff gan yr un awdur yn y gyfres *Writers of Wales* (1970), y cofiant gan David Jenkins, *Cofiant T. Gwynn Jones* (1973) a'r disgrifiad ffotograffig o fywyd y bardd gan yr un awdur yn y gyfres *Bro a Bywyd* (1984); ceir ymdriniaethau beirniadol gan Derec Llwyd Morgan, *Barddoniaeth T. Gwynn Jones* (1972) a Gwynn ap Gwilym (gol.), *Thomas Gwynn Jones* yn *Cyfres y Meistri* (1982). Paratowyd llyfryddiaeth o waith T. Gwynn Jones gan D. Hywel E. Roberts (1981).

JONES, THOMAS HENRY neu HARRI (1921–65), bardd.

Fe'i ganed yng Nghwm Crogau ger Llanafan Fawr, Brych. Amharwyd ar ei astudiaethau yng Ngholeg Prifysgol Cymru, Aberystwyth, gan wasanaeth rhyfel gyda'r Llynges Brydeinig, ond dychwelodd i gwblhau ei gwrs gradd yn 1947, a dwy flynedd yn ddiweddarach derbyniodd radd M.A. Cafodd swydd dysgu yn Ysgol Prentisiaid Dociau'r Llynges yn Portsmouth a daeth yn weithgar fel darlithydd gyda Chymdeithas Addysg y Gweithwyr.

Ers ei blentyndod cynnar yr oedd wedi barddoni ac yn ystod blynyddoedd y rhyfel yr oedd wedi dechrau cyfrannu at gylchgronau llenyddol, gan gynnwys *The *Welsh Review a'r *Dublin Magazine*. Y mae ei gyfrol gyntaf, *The Enemy in the Heart* (1957), sy'n cynnwys cerddi a gyfansoddwyd dros y degawd blaenorol, yn amlygu addewid talent gyffrous, newydd sy'n manteisio ar holl adnoddau iaith i archwilio'r tyndra rhwng nwydau dynol a *Phiwritaniaeth gynhenid. Yn 1959 penodwyd ef yn Ddarlithydd Saesneg ym Mhrifysgol New South Wales, a ffurfiodd gysylltiadau yn fuan ag awduron a golygyddion yno. Ond yn ei ail lyfr, *Songs of a Mad Prince* (1960), tynnodd yn helaeth ar gerddi a ysgrifennwyd cyn iddo fynd i Awstralia. Yr oedd yn weithgar a llwyddiannus mewn cylchoedd llenyddol ac academaidd a chanddo lu o gyfeillion ac edmygwyr, ond er hyn tueddai i fynd yn isel ei ysbryd ac i yfed yn drwm. Defnyddiodd farddoniaeth yn fwyfwy fel cyfrwng i fynegi ei broblemau emosiynol a phersonol, ac yn y broses darganfu lais arbennig yn rhydd o ddylanwadau gwrthgyferbyniol Dylan *Thomas ac R. S. *Thomas a oedd, ynghyd â hoffter am gymariaethau metaffisegol, yn nodweddu llawer o'i waith cynharach.

Ei gyfrol nesaf, The Beast at the Door (1963), gyda'i atgofion alltud o Gymru, ei ddarluniau manwl a'i farddoniaeth serch yn cyfuno cymhlethdod dramatig a rhwyddineb llafar, oedd ei waith mwyaf nodedig efallai. Yr oedd dull y gyffesgell i'w ganfod yn ei waith diweddarach a gallasai'r arbrawf ar ffurf ymson hir ddramatig ddangos y trywydd y byddai efallai wedi ei ddilyn yn y dyfodol, ond ni chafodd gyfle i'w gyflawni. Darganfuwyd Harri Jones wedi boddi mewn hen bwllnofio ar y creigiau ger ei gartref; dychwelwyd ei weddillion i Gymru ac fe'u claddwyd ym mynwent Eglwys Llanfihangel Brynpabuan, gerllaw Cwm Crogau. Cyhoeddwyd cyfrol o'i farddoniaeth wedi ei farw, The Colour of Cockcrowing (1966), a The Collected Poems of T. Harri Jones (gol. Julian Croft a Don *Dale-Jones, 1977).

Ceir cyfrol ar y bardd gan Julian Croft yn y gyfres Writers of Wales (1976); gweler hefyd The Cost of Strangeness (1982) gan Anthony Conran a'r erthygl gan Glyn Jones yn Profiles (1980). Ceir hanes darluniedig ei fywyd yn y gyfres Writer's World (gol. Pat Power, P. Bernard Jones a Liz Felgate, 1987), a llyfryddiaeth yn John Harris, A Bibliographical Guide to Twenty-four Modern Anglo-Welsh Writers (1994). Gweler hefyd yr erthyglau gan Peter Smith a Bernard Jones yn Planet (rhif. 69, 1988) a'r un gan Don Dale-Jones yn Fire Green as Grass (gol. Belinda Humfrey, 1995).

JONES, THOMAS LLEWELYN (1915–), bardd ac awdur llyfrau i blant. Fe'i ganed ym Mhentre-cwrt, Caerf.; bu'n athro mewn ysgolion cynradd yn sir Aberteifi nes mynd yn llenor amser-llawn. Trwy briodi â merch un o deulu'r *Cilie, daeth yn aelod o'r cylch beirdd hwnnw ac yn arweinydd iddo wedi marw Alun Jeremiah *Jones. Cydnabyddir T. Llew Jones yn un o feistri'r canu caeth ac y mae wedi bod yn Llywydd y *Gymdeithas Gerdd Dafod o'i chychwyn yn 1976, ond y mae'n fardd telynegol yn y mesurau rhydd hefyd, ac y mae ei gerddi i blant yn arbennig o boblogaidd. Enillodd *Gadair yr Eisteddfod Genedlaethol yn 1958 ac yn 1959.

Y mae ymhlith y mwyaf toreithiog o lenorion Cymraeg ac yn awdur dros hanner cant o lyfrau. Y mae ei gyfrolau o gerddi yn cynnwys Penillion y Plant (1965), Sŵn y Malu (1967), Cerddi Newydd i Blant o Bob Oed (1973) a Canu'n Iach (1987). Golygodd sawl blodeugerdd yn cynnwys gwaith Bois y Cilie a Cerddi '79 (1979) a tharfu'r dyfroedd trwy ladd ar y 'beirdd tywyll' yn ei ragair.

Y mae wedi gwneud cyfraniad pwysig fel awdur llyfrau poblogaidd i blant, cyfraniad a gydnabuwyd gan *Brifysgol Cymru yn 1977 pan roddwyd iddo

radd anrhydeddus. Y mae rhai o'i nofelau yn adrodd hanes cymeriadau megis *Siôn Cwilt, Barti Ddu (Bartholomew *Roberts) a *Thwm Sion Cati (Thomas *Jones; fl. 1530–1609), a rhai yn nofelau ditectif. Y mae'r rhain yn cynnwys Trysor Plas y Wernen (1958), Trysor y Morladron (1960), Y Ffordd Beryglus (1963), Ymysg Lladron (1965), Dial o'r Diwedd (1968), Corn, Pistol a Chwip (1969), Yr Ergyd Farwol (1969), Y Corff ar y Traeth (1970), Barti Ddu (1973), Un Noson Dywyll (1973), Cri'r Dylluan (1974), Cyfrinach y Lludw (1974), Arswyd y Byd (1975), Tân ar y Comin (1975), Ysbryd Plas Nant Esgob (1976), Dirgelwch yr Ogof (1977), Lawr ar Lan y Môr (1977) a Lleuad yn Olau (1989). Yn eu tro enillodd Tân ar y Comin a Lleuad yn Olau wobr Tir na n-Óg iddo.

Ceir manylion pellach yn y gyfrol o ysgrifau ar fywyd a gwaith T. Llew Jones a olygwyd gan Gwynn ap Gwilym a Richard H. Lewis (1982); ceir llyfryddiaeth yn astudiaeth Siân Teifi, Cyfaredd y Cyfarwydd (1982).

JONES, THOMAS LLOYD (Gwenffrwd, 1810–34), bardd; fe'i ganwyd yn Nhreffynnon, Ffl., a bu'n gweithio am gyfnod yn un o felinau cotwm y cylch. Ar ôl cyfnodau'n glerc i gyfreithwyr yn Nhreffynnon, Dinbych a Llanelwy symudodd i Lerpwl yn 1832, ac oddi yno ymfudodd i UDA y flwyddyn ganlynol, gan ymsefydlu yn Mobile, Alabama; bu farw o'r dwymyn felen. Daeth i'r amlwg fel bardd trwy'r eisteddfodau a'r cylchgronau, a chyhoeddodd un gyfrol yn ystod ei oes fer, sef Ceinion Awen y Cymmry yn 1831. Cynhwysai'r gyfrol hon ddetholiad 'o waith y beirdd godidocaf, hen a diweddar', yn ogystal â chyfieithiadau o waith beirdd Saesneg fel Goldsmith, Gray a Mrs *Hemans a cherddi gwreiddiol gan Gwenffrwd. Er iddo gynnwys rhai cerddi caeth yn y gyfrol, un o bleidwyr y canu rhydd ydoedd, ac y mae'n cael ei ystyried yn un o arloeswyr y *bryddest a'r *soned yn y Gymraeg. Daethai'n drwm dan ddylanwad William *Owen Pughe, ac o'r herwydd y mae ieithwedd wneuthuredig, ffug yn difetha llawer o'i waith, ond ceir ganddo rai *telynegion pur lwyddiannus. Yn ystod ei arhosiad yn yr Unol Daleithiau bu'n ymchwilio i hanes Goronwy *Owen yn y wlad honno, gan fwriadu llunio cofiant iddo.

Ceir manylion pellach yn Huw Williams, Thomas Lloyd Jones (Gwenffrwd) (1989).

JONES, THOMAS OWEN (Gwynfor; 1875–1941), arloeswr ym myd y ddrama, a aned ym Mhwllheli, Caern. Symudodd i Gaernarfon yn 1893, lle y bu'n cadw siop gig cyn ei benodi yn 1917 yn Llyfrgellydd cyntaf Llyfrgell Sir Gaernarfon, swydd a ddaliodd hyd ei farw. Yn fardd, llenor a darlledwr, fe'i cofir yn arbennig am ei gyfraniad i fyd y ddrama, fel actor, cynhyrchydd a beirniad, ac fel awdur dramâu poblogaidd. Ef oedd aelod amlycaf y cwmni drama dylanwadol o Gaernarfon, Cwmni Drama'r Ddraig Goch. Gwnaeth lawer i hyrwyddo drama yng nghyd-destun yr *Eisteddfod

Genedlaethol a 'Cwpan Coffa Gwynfor' yw'r tlws a roddir yn flynyddol yn yr Eisteddfod Genedlaethol i'w ddal gan y cwmni buddugol yn y gystadleuaeth perffformio drama fer. Ei swyddfa ef yn Llyfrgell y Sir oedd prif ganolbwynt bywyd llenyddol y cylch am flynyddoedd. Yr oedd yn gyfaill mynwesol i T. Gwynn *Jones ac R. Williams *Parry, ac yn wrthrych cerddi ganddynt. Bu'n gefn hefyd i lenorion iau, megis E. Prosser *Rhys, Cynan (Albert *Evans-Jones), Caradog *Prichard a Gwilym R. *Jones.

Am fanylion pellach gweler erthygl E. Wyn James, 'T. Gwynn Jones a Gwynfor', yn *Taliesin* (cyf. LXXVI, 1992).

JONES, TOM HUGHES (1895–1966), llenor a bardd a anwyd ym Mlaenafon, Cer., ac a raddiodd mewn Cymraeg yng Ngholeg Prifysgol Cymru, Aberystwyth, yn 1916. Treuliodd y dauddegau yn gweithio i amryw gyrff, y Blaid Ryddfrydol ym Maldwyn yn eu plith, ond dychwelodd i'r byd addysg yn 1932, yn gyntaf fel tiwtor dosbarthiadau allanol ac athro yn Ysgol Ramadeg y Bechgyn yn y Drenewydd, Tfn., ac yna, rhwng 1942 a 1962, fel aelod o staff Coleg Addysg Cartrefle yn Wrecsam, Dinb. Fel bardd y daeth i amlygrwydd gyntaf a gwelodd rhai o'i gerddi olau dydd ar dudalennau'r *Wawr*, cylchgrawn myfyrwyr Cymraeg Aberystwyth y bu'n ei olygu yn 1915–16; ailgyhoeddwyd amryw ohonynt yn *Gwaedd y Bechgyn* (1989), blodeugerdd Alan *Llwyd ac Elwyn *Edwards o gerddi'r Rhyfel Byd Cyntaf. Ddiwedd 1916 ymaelododd â'r fyddin fel milwr gyda'r Gwarchodlu Cymreig, ond ni chyhoeddwyd mo'i nofel yn seiliedig ar ei brofiadau, *Amser i Ryfel* (1944), hyd nes oedd yr Ail Ryfel Byd yn dirwyn i ben. Er ei bod mor hwyr yn ymddangos, hon o hyd yw'r unig nofel ryfel estynedig yn Gymraeg i'w hysgrifennu gan un o gyn-filwyr 1914–18, ffaith sy'n ddigon i warantu ei gwerth fel dogfen hanesyddol. Dyma hefyd waith creadigol pwysicaf yr awdur, er bod y croniclydd a'r hanesydd militaraidd yn tueddu i gael y llaw uchaf ar yr artist creadigol ynddi o bryd i'w gilydd. Gyda stori deitl *Sgweier Hafila a Storïau Eraill* (1941), gwaith a enillodd iddo'r *Fedal Ryddiaith* yn 1940, gosododd seiliau ar gyfer *genre* y stori fer hir yn Gymraeg. Cefn gwlad Ceredigion yw lleoliad amryw o'i storïau, *milieu* sy'n dwyn i gof sir Gaerfyrddin amaethyddol D. J. *Williams, a darlunnir y cymeriadau gyda rhyw anwyldeb hiraethus a thynerwch difalais. Fel yr awgryma *Mewn Diwrnod a Storïau Eraill* (1948) ymhellach, dichon mai wrth drin ffurfiau rhyddiaith byrion yr oedd yr awdur hwn hapusaf.

JONES, TOM JAMES (1934–   ), bardd a dramodydd. Ganwyd yng Nghastellnewydd Emlyn, yn un o feibion Parc Nest, teulu sydd wedi cynhyrchu nifer o feirdd. Addysgwyd ef yng Ngholeg y Brifysgol, Aberystwyth, a'r Coleg Bresbyteraidd, Caerfyrddin. Bu'n weinidog gyda'r Annibynwyr yn Abertawe a

Chaerfyrddin cyn cychwyn ar swydd fel Darlithydd yng Ngholeg y Drindod, Caerfyrddin, yn 1975. Cyhoeddodd gyfieithiad Cymraeg tra llwyddiannus o *Under Milk Wood* (1954) Dylan *Thomas o dan y teitl *Dan y Wenallt* yn 1968, a hyn a'i ysgogodd i ddechrau ysgrifennu'n greadigol. Y mae wedi cyhoeddi nifer o'i ddramâu, gan gynnwys *Dramâu'r Dewin* (1982), *Pan Rwyga'r Llen* (1985), *Nadolig fel Hynny* (1988) a *Herod* (1991); ysgrifennodd *Pwy bia'r gân?* (1991) ar y cyd â Manon *Rhys; y mae hefyd wedi cyfieithu gwaith N. F. Simpson a Richard Vaughan (Ernest Lewis *Thomas) i'r Gymraeg. Rhwng 1982 ac 1994 gweithiodd yn Adran Sgriptiau BBC Cymru, gan ysgrifennu ar gyfer y gyfres *Pobol y Cwm*.

Enillodd T. James Jones y *Goron yn yr Eisteddfod Genedlaethol yn 1986 gyda'i bryddest 'Llwch' ac eto yn 1988 gyda 'Ffin'. Ymysg ei gerddi mwyaf adnabyddus y mae *Cerddi Ianws* (1979), casgliad dwyieithog a gyfansoddodd ar y cyd â Jon *Dressel. Y mae'r gyfrol yn cynnwys dilyniant o gerddi sydd yn trafod methiant y refferendwm a gynhaliwyd ar 1 Mawrth 1979 (gweler o dan DATGANOLI) a'r siom a ddaeth yn ei sgil. Dyfarnwyd y cerddi yn deilwng o Goron yr Eisteddfod Genedlaethol yn 1979 ond ataliwyd y wobr oherwydd eu cydawduraeth. Cyhoeddwyd pedair cyfrol arall o'i gerddi, sef *Adnodau a Cherddi Eraill* (1975), *Cerddi Ianws* (1979), *Eiliadau o Berthyn* (1991) ac *O Barc Nest* (1997), sy'n cynnwys drama fydryddol o'r teitl hwnnw a ddarlledwyd ar Radio Cymru yn 1996.

JONES, TOM PARRI (1905–80), bardd ac awdur storïau byrion. Fe'i ganed ar Ynys Môn. Gadawodd yr ysgol yn dair ar ddeg oed i weithio ar fferm ei dad, ond fe'i trawyd â chlefyd poliomyelitis pan oedd yn ŵr ifanc; bu'n fregus ei iechyd am weddill ei oes ac yn orweiddiog am gyfnodau hirion yn y blynyddoedd olaf. Yn ogystal ag ennill *Cadair, *Coron a *Medal Ryddiaith yr Eisteddfod Genedlaethol, cyhoeddodd ddwy gyfrol synhwyrus o gerddi, *Preiddiau Annwn* (1946) a *Cerddi Malltraeth* (1978), yn ogystal â nofel, *Y Ddau Bren* (1976). Ond ei gyfraniad mwyaf arbennig oedd ei storïau ysgafn hynod am fywyd ym Môn, *Teisennau Berffro* (1958), *Yn Eisiau, Gwraig* (1958), *Traed Moch* (1971) ac *Y Felltith* (1977). Ceir yn y rhain gyfraniad nodedig i ryddiaith ddigrif yn yr iaith Gymraeg, ac y maent yn ymgorffori mewn modd unigryw iaith lafar ardal Niwbwrch ac Aberffro yn y blynyddoedd wedi'r Ail Ryfel Byd.

JONES, TRISTAN (1924–95), morwr ac awdur, a aned ar long Brydeinig oddi ar arfordir Tristan da Cunha. Yr oedd yn fab i Gymry Cymraeg ac fe'i magwyd yn ymyl Abermo, Meir. Gadawodd yr ysgol yn dair ar ddeg oed a mynd i'r môr, gan wasanaethu yn y Llynges Frenhinol (trawyd ei long deirgwaith gan rocedi tanfor) ac yn nes ymlaen gyda'r Gwasanaeth Hydrograffig Brenhinol. Cafodd ei niweidio'n ddifrifol iawn pan ffrwydrwyd ei long-arolygu gan herwfilwyr yn Aden yn 1952. Cafodd adael y gwasanaeth a dywedwyd wrtho gan feddygon na cherddai byth eto. Er hynny hwyliodd, ar ei ben ei hun gan amlaf, 345,000 o filltiroedd mewn cychod bach, gan dorri pob record; hwyliodd Fôr Iwerydd ddeunaw gwaith, naw o'r rheini ar ei ben ei hun.

Yn ei lyfr *The Incredible Voyage* (1977) disgrifia '*Odyssey* bersonol' a'i harweiniodd rhwng 1969 ac 1975 o Efrog Newydd, drwy Fôr y Canoldir, i'r Môr Coch, heibio Penrhyn y Gobaith Da, dros Fôr Iwerydd, i fyny'r Amazon, o gwmpas De America lle y llusgodd ei gwch dros fynyddoedd yr Andes i hwylio ar lyn Titicaca (llyn uchaf y byd), drwy gorsydd y Mato Grosso, ac yna'n ôl dros Fôr Iwerydd i Lundain. Soniodd, â'r un graen ar y dweud, am ei anturiaethau blaenorol yn nyfroedd yr Arctig yn *Ice!* (1978) a *Saga of a Wayward Sailor* (1979), anturiaethau sy'n dangos ei ddewrder corfforol a'i ddiddordeb afieithus ym myd natur. Yn y llyfrau hyn gwêl rhai beirniaid debygrwydd i Joshua Slocum. Ysgrifennodd hefyd nofel sydd wedi ei lleoli yn yr Iseldiroedd tuag 1940, *Dutch Treat* (1979), a chwe chyfrol o hunangofiant, *Adrift* (1981), *A Steady Trade* (1982), *Heart of Oak* (1984), *A Star to Steer Her By* (1987), *Somewhere East of Suez* (1989) a *To Venture Further* (1991). Bu farw yn Thailand.

JONES, TYDFOR (1934–83), bardd a diddanwr, un o ail genhedlaeth teulu'r *Cilie ac enghraifft dda o'r *bardd gwlad. Golygodd ei weddw ei waith ar ôl ei farw mewn damwain tractor, *Rhamant a Hiwmor Tydfor* (gol. Ann Tydfor, 1993).

JONES, THEOPHILUS (1759–1812), hanesydd; fe'i ganed yn Aberhonddu, yn ŵyr i Theophilus *Evans, ac etifeddodd lawer o'i ysgrifau. Fe'i haddysgwyd yng Ngholeg Crist yn y dref a bu'n gyfreithiwr a Dirprwy Gofrestrydd Archddeoniaeth Aberhonddu. Erys ei *History of the County of Brecknock* (2 gyf., 1805, 1809) yn gyfraniad safonol ar hanes y sir; y mae'n eang ac ysgolheigaidd, ac er gwaethaf ei ragfarn, y gwaith hwn y mae'n debyg yw'r hanes sir Cymreig mwyaf nodedig. Casglodd hefyd nifer o lawysgrifau Cymraeg, daeth i gysylltiad â'r hanesydd Thomas *Price (Carnhuanawc), a chyfrannodd bapurau lu i gylchgronau hynafiaethol megis *The *Cambrian Register*. Cyhoeddwyd cyfrol goffa i Theophilus Jones gan Edwin *Davies yn 1905 ac y mae'n cynnwys ei ohebiaeth â'i gyfaill ysgol, Edward *Davies (Celtic Davies), a Walter *Davies (Gwallter Mechain).

JONES, VERNON (1936–), bardd; fe'i ganed yn Rhydyfelin ger Aberystwyth, Cer., ond dychwelodd ei deulu i ardal Bow Street, Cer., pan oedd yn un ar ddeg oed; y mae'n ffermio Gaer-wen gerllaw. Bu'n aelod o staff y *Cambrian News* er 1972, ac y mae'n diwtor ar ddosbarthiadau *Cerdd Dafod dan nawdd Adran Efrydiau Allanol Prifysgol Cymru, Aberystwyth. Fel aelod o Glwb Ffermwyr Ifainc Tal-y-bont y dechreuodd adrodd a barddoni. Datblygodd yn adroddwr o fri gan gipio'r brif wobr yn *Eisteddfod Genedlaethol y Fflint yn 1969. Cynnyrch eisteddfodol yw'r rhan fwyaf o'i gerddi: y mae wedi ennill cadeiriau a choronau'r eisteddfodau 'taleithiol' bron i gyd ac wedi bod yn fuddugol ar y cywydd a'r soned, ac am delynegion, tribannau a cherddi *vers libre* yn yr Eisteddfod Genedlaethol. Cyhoeddodd ddwy gyfrol o gerddi, *Llwch Oged* (1968) a *Gogerddan a Cherddi Eraill* (1982).

Gweler ymhellach *Oedi yng nghwmni Beirdd Pentrefi Gogledd Ceredigion* (gol. N. A. Jones, 1992).

JONES, WILLIAM (**Gwilym Cadfan**; 1726–95), hynafiaethydd, bardd, meddyg gwlad a radical o Langadfan, Tfn. Er ei fod yn werinwr di-lun yr olwg, yr oedd yn ŵr eithriadol o ddeallus, hyddysg ac amryddawn. Gwasanaethodd ysgolheigion Cymreig pennaf Llundain, yn enwedig Edward *Jones, drwy gasglu a chopïo llawysgrifau Cymraeg, ac anfonodd restrau maith o eiriau ac ymadroddion llafar at y geiriadurwr William *Owen Pughe. Gallai gyfansoddi awdlau, cywyddau ac englynion, a throsi peth o waith Horas ac Ofydd i'r Gymraeg. Bu'n gyfrifol hefyd am gofnodi a diogelu'r hen ddawnsfeydd traddodiadol a gysylltir â phlwyf Llangadfan. Ymgyrchodd yn rhyfeddol o daer o blaid creu sefydliadau cenedlaethol Cymreig. Galwodd am sefydlu llyfrgell genedlaethol ac *eisteddfod wir genedlaethol. Ef oedd y cyntaf i lunio anthem genedlaethol i'r Cymry ac fe'i bwriadwyd i wrthweithio dylanwad caneuon gwladgarol Seisnig. Fe'i hadwaenid yng nghanolbarth Cymru fel 'y Voltaire gwledig' (o ran pryd a gwedd yr oedd yr un ffunud â'r athronydd o Ffrainc ac yn hyddysg iawn yn ei weithiau), a brithir ei lythyrau â chyfeiriadau miniog at weithredoedd gormesol tirfeddianwyr a stiwardiaid lleol. Ebryn 1790 Tom Paine oedd ei arwr pennaf a phleidiai radicaliaeth y *sans-culottes* mor daer nes peri i reithor Llangadfan ei alw'n '*a rank republican [and] a leveller*'. Galwai'r Saeson yn 'hil hors ladron' a mynnent hwythau ei fod yn dioddef o'r '*Welsh Fever*', sef gwladgarwch gordanbaid. Tybiai Thomas Jones, yr ecseismon, mai ef oedd 'y Cymro mwya tinboeth a welsai erioed'. Cedwid ef dan wyliadwriaeth fanwl gan ysbïwyr a Llywodraeth a rhoes Jones ei fryd ar ymfudo i'r Amerig. Yr oedd yn eithriadol o hyddysg yng ngwleidyddiaeth yr Amerig ac nid oedd ei hafal am draethu ar gampau'r Madogwys, sef disgynyddion honedig y Tywysog *Madoc. Serch hynny, fe'i rhwystrwyd gan dlodi ac afiechyd rhag mentro i'r Amerig. Ar ei gais ef ei hun, fe'i claddwyd ym mhan ogleddol mynwent eglwys plwyf Llangadfan – ymateb cwbl nodweddiadol gan anffyddiwr o Gymro a *citoyen du monde*.

Am gyfeiriadau pellach gweler Geraint H. Jenkins, 'Y Chwyldro Ffrengig a Voltaire Cymru', yn *Cadw Tŷ mewn Cwmwl Tystion* (1990), a'i erthygl yn *Cylchgrawn Hanes Cymru* (cyf. xvII, rhif. 3, 1995).

JONES, WILLIAM (1746–94), y Dwyreinydd; mab ieuangaf y mathemategydd William 'Longitude' Jones (1675–1749), o blwyf Llanfihangel Tre'r Beirdd, Môn, ydoedd; yr oedd yn berthynas i Lewis *Morris ac fe'i ganed yn Adeiladau Beaufort, Westminster. Pan aeth i Harrow yn 1753 enillodd ei fedrau ieithyddol rhyfeddol y llysenw 'The Great Scholar' iddo, a phan etholwyd ef i ysgoloriaeth yng Ngholeg y Brifysgol, Rhydychen yn 1764, yr oedd yn ychwanegu Arabeg a Phereg at ei feistrolaeth o'r clasuron, Hebraeg ac ieithoedd Ewropeaidd modern. Cyfunodd Jones ei astudiaethau yn Rhydychen â phenodiad yn diwtor i'r Is-iarll Althorp, mab Iarll Spencer, swydd a roddodd iddo fynediad i un o lyfrgelloedd gorau Ewrop ynghyd ag i gymdeithas Chwigiaid pwerus y cyfnod; sicrhaodd ei amlygrwydd ysgolheigaidd le iddo ym mhrif gylchoedd deallusol Llundain. Ymddangosodd llyfr cyntaf Jones, comisiwn clodfawr gan Christian VII o Ddenmarc, Histoire de Nader Shah, yn 1770, ynghyd â'i Traité sur la Poésie Orientale, ac yn fuan wedyn dilynodd y Dissertation sur la littérature orientale (1771) a'r llyfr llwyddiannus, Grammar of the Persian Language (1771). Yn 1772 cyhoeddodd 'Persian' Jones ei gyfrol bwysig, Poems, consisting chiefly of translations from the Asiatick Languages, ac fe'i gwnaed yn Gymrawd y Gymdeithas Frenhinol; y flwyddyn ddilynol fe'i hetholwyd i Glwb Turk's Head y Dr. Johnson gan Burke, Goldsmith, Gibbon, Reynolds ac enwogion eraill.

Yn anfodlon â dibyniaeth, dewisodd Jones y gyfraith fel gyrfa lle y gallai haeddiant gystadlu â braint, ac fe'i galwyd i'r Bar yn y Deml Ganol yn 1774. O 1775 hyd 1783 bu'n fargyfreithiwr ar gylch Caerfyrddin ac yn dadlau achos gwerin sathredig Cymru, gan ennill enw fel awdur cerddi achlysurol a byrfyfyr â thuedd radicalaidd gref iddynt, a chan sefydlu gyda gweithiau megis Speeches of Isæus in Causes concerning the Law of Succession to Property at Athens (1779), An Inquiry into the Legal Mode of Suppressing Riots (1780), On the Law of Bailments (1781) a The Mahomedan Law of Succession to the Property of Intestates (1782), ei flaenoriaethau fel cyfreithydd o ran gwarchod yr unigolyn, ei berson, ei eiddo a'i ryddid.

Uchelgais Jones oedd eistedd ar fainc Goruchaf Lys Bengal, lle y gallai gyfuno ei astudiaethau cyfreithiol â Dwyreinyddol, a sicrhau ei annibyniaeth heb arlliw o nawdd. Ond yr oedd ei syniadau rhyddfrydig, a amlygwyd trwy sefyll fel ymgeisydd dros y Chwigiaid i gynrychioli Prifysgol Rhydychen yn 1780, ei elyniaeth i'r rhyfel â'r Amerig, ac i'r fasnach mewn caethweision, ei wrthwynebiad i freintiau'r uchel-dras, i bŵer mympwyol a dewisak, er iddynt ennill iddo gyfeillgarwch dynion fel Franklin ac Adams, Richard *Price, Priestly, Cartwright a Wilkes, yn golygu iddo sicrhau gelyniaeth parhaus y sawl a oedd yn gyfrifol am ddyrchafiad, megis yr Arglwydd North. Yn y diwedd, gorfu dadleuon dylanwadol yr Arglwyddi Ashburton a Shelburne ac yn 1783 penodwyd Jones a'i urddo'n farchog; priododd

hefyd ag Anna Maria, merch hynaf Jonathan Shipley, esgob radicalaidd Llanelwy. A'i awdur ar y fordaith i India, yr oedd pamffledyn radicalaidd Jones, The Principles of Government, yn destun achos llys drwg-enwog am enllib bradwrus yn Wrecsam, achos a ymgorfforwyd mewn anterliwt boblogaidd a gyfansoddwyd, yn ôl pob tebyg, gan Thomas *Edwards (Twm o'r Nant).

Cyrhaeddodd Jones Calcutta ddiwedd Medi 1783. Yr oedd India'n agoriad llygad, yn faes ymchwil ddeallusol enfawr, ac yr oedd ei enw da a'i frwdfrydedd yn hwb i'r grŵp bychan ond ymroddedig o weithwyr Cwmni Dwyrain India a fu'n gweithio cyn hynny dan anogaeth Warren Hastings. Yn Ionawr 1784 sefydlodd Jones Gymdeithas Asiatig Bengal a hyn i bob pwrpas oedd man cychwyn Indoleg: yr oedd y rhaglen ymchwil a luniodd yn cwmpasu ieithoedd, llenyddiaeth, athroniaeth, a hanes sifil a naturiol India. Tynnodd cyhoeddiad y Gymdeithas, Asiatick Researches, yr is-gyfandir o ymylon sylw metropolitanaidd, gan osod India yn ôl yng nghanol Rhamantiaeth Ewropeaidd. Arweiniodd astudiaeth ddwys Jones o'r gyfraith frodorol, a olygai ymgynghori dyddiol ag awdurdodau Arabaidd, Persaidd a Hindŵaidd, yn anorfod at ei benderfyniad i astudio Sanskrit, ac yn y pen draw at ei ddatganiad enwog yn 1786 bod ieithoedd clasurol India ac Ewrop yn tarddu o un iaith wreiddiol nad oedd bellach yn bodoli. Jones, felly, i bob pwrpas, oedd sylfaenydd ieitheg fodern, a phan droes at athroniaeth Indiaidd cyflwynodd yr un math o syniadau am berthynas deuluol rhwng syniadaeth Fedantig a Phlatoniaeth, gan roi ysgatwad i'r sawl a goleddai ragfarnau Ewroganolog.

Creodd gwaith gwreiddiol Jones, Hymns to Hindu Deities (1784–88), ynghyd â'i gyfieithiadau arloesol yn 1789 o ddrama swynol Kalidasa, Śakuntalā, ac alegori erotig Jayadéva, Gītagovinda, ddelwedd fythaidd Ramantaidd o India ym meddwl dwyreingarwyr Ewrop. Ac wrth gyflwyno trysorau llenyddol enfawr y Dwyrain i'r Gorllewin, yr oedd Jones ar yr un pryd yn dangos ysblander eu treftadaeth ddiwylliannol i'r Indiaid eu hunain. Y tu ôl i'r cyfraniad hwn i ddadeni diwylliannol Hindŵaidd a'r cyfiawnhau ar ymyrraeth Brydeinig mewn materion Indiaidd y mae dadansoddiad hanesyddolaidd Goleuedig o ffiwdaliaeth a llywodraeth lys ddirywiedig yn Ewrop, ynghyd â dyhead i buro gweinyddiaeth drefedigaethol lwgr dramor. Yn rhannol yn unig y cwblhawyd gwaith oes Jones yn paratoi crynhoad o gyfraith Hindŵaidd a Moslemaidd pan gyhoeddwyd Al Sirájiyyah: or the Mohammedan Law of Inheritance (1792) ac Institutes of Hindu Law (1794), ond yr oedd y gweithiau hyn yn rhan annatod o'r broses o lywodraethu'r brodorion yn unol â'u cyfreithiau eu hunain; wylai pandits Brahmaidd yn agored ochr yn ochr â maulavis Moslemaidd pan ddaeth y newyddion am ei farwolaeth gynamserol ar 27 Ebrill 1794.

Am fanylion pellach gweler Anna Maria Jones (gol.), The Works of Sir William Jones (13 cyf., 1807); Michael Franklin (gol.), Sir

William Jones: Selected Poetical and Prose Works (1995) a'r ysgrif gan yr un awdur yn y gyfres *Writers of Wales* (1995); Garland Cannon (gol.), *The Letters of Sir William Jones* (2 gyf., 1970) a chan yr un awdur, *A Bibliography of Primary and Secondary Sources* (1979) a *The Life and Mind of Oriental Jones* (1990); S. N. Mukherjee, *Sir William Jones: A Study in Eighteenth-Century British Attitudes to India* (ail arg., 1987).

JONES, WILLIAM (1764–1822), emynydd. Fe'i ganed yng Nghhynwyd, Meir., ond treuliodd y rhan fwyaf o'i oes yn Y Bala, yn gweithio fel gwehydd. Cyhoeddodd gasgliad o emynau, *Aberth Moliant neu Ychydig Hymnau* (1819); fe'i cofir yn bennaf fel awdur yr emyn sy'n dechrau 'Dyma iachawduriaeth hyfryd'.

Jones, William (1809–73), gweler o dan SIARTIAETH.

JONES, WILLIAM (Ehedydd Iâl; 1815–99), bardd, a aned yn Nerwen, Dinb.; yr oedd yn felinwr ac yn ffermwr. Cofir ef fel awdur yr emyn enwog sy'n dechrau 'Er nad yw 'nghnawd ond gwellt'. Golygwyd cyfrol o'i gerddi, *Blodau Iâl* (1898), gan John Felix.

JONES, WILLIAM (1896–1961), bardd a aned yn Nhrefriw, Caern., ac a addysgwyd yng Ngholeg Prif-ysgol Gogledd Cymru, Bangor. Bu'n weinidog gyda'r Annibynwyr, ond ar ôl troi at y Methodistiaid cafodd waith yn llyfrgell Tremadog, Caern. Cyhoeddodd ddwy gyfrol o gerddi, *Adar Rhiannon* (1947) a *Sonedau a Thelynegion* (1950). Y mae un o'i delynegion cynnar, 'Y Llanc Ifanc o Lŷn', yn dal mewn bri.

Am ragor o fanylion gweler yr erthyglau gan John Roberts yn *Taliesin* (cyf. LX, 1987) a chan T. Arfon Williams yn *Barddas* (rhif. 231/232, Gorff. 1996 a rhif. 235, Tach. 1996).

JONES, WILLIAM (1907–64), bardd telynegol. Tyddynwyr yn ffermio Hafod yr Esgob ger Nebo yn Uwchaled oedd rhieni William Jones. Yno y bu yntau'n byw hyd 1948, gan weithio'n rhannol ar y tyddyn ac yng ngwasanaeth y ffyrdd gyda'r Cyngor Sir. Yn 1948 bu am flwyddyn yng *Ngholeg Harlech ac oddi yno fe'i penodwyd yn Ysgrifennydd Clybiau'r Ffermwyr Ifainc ym Maldwyn. Ar ôl hynny bu'n Ysgrifennydd Canol-barth Cymru i Fudiad Addysg y Gweithwyr, gan ymgar-trefu yn Y Drenewydd. Oddi yno aeth i Ddolgellau yn Ysgrifennydd y Cynghorau Gwledig ac yno y bu weddill ei oes. Yr oedd yn fardd eisteddfodol llwydd-iannus iawn, ond fe'i cofir yn bennaf fel telynegwr. Yr oedd blas pridd ei gynefin ar bopeth o'i eiddo, ac ar ei fod yn ŵr swil a mwyn, gallai fod yn bur gyrhaeddgar ar dro. Cyhoeddodd gyfrol o'i gerddi dan y teitl awgrymog *Rhigymau'r Pridd* (1947) a chyhoeddwyd casgliad o'i gerddi ar ôl ei farw yn dwyn y teitl *Tannau'r Cawn* (1965) gan olygyddiaeth D. Tecwyn *Lloyd a ysgrif-ennodd ragair treiddgar i'r casgliad. Enillodd gadair Eist-eddfod Gadeiriol Dyffryn Conwy Llanrwst 1948 am *bryddest nodedig 'Y Mynydd', nas cynhwyswyd yn

Tannau'r Cawn, ond a geir yng nghyfrol *Beirniadaethau a Barddoniaeth* yr eisteddfod honno.

JONES, WILLIAM ELLIS (Cawrdaf; 1795–1848), bardd a brodor o blwyf Aber-erch, Caern.; bu'n arlunio'n broffesiynol yn ifanc ond argraffydd ydoedd wrth ei alwedigaeth a daeth yn gyfarwydd â beirdd megis Dafydd Ionawr (David *Richards) a Dafydd Ddu Eryri (David *Thomas) wrth argraffu eu gwaith yn Nolgellau. Ei unig lwyddiant mewn eisteddfod oedd un Aberhonddu yn 1822 pan enillodd y *Gadair am awdl ar raglawiaeth Siôr IV. Y mae ei ramant, *Y Bardd neu'r Meudwy Cymreig* (1830), yn cynnwys disgrifiadau traw-iadol o storm ar y môr. Fe'i cyfrifid unwaith fel y *nofel Gymraeg gyntaf ond er iddi gael ei hysgrifennu mewn arddull hyfforddiadol ni ellir cyfiawnhau ei phriodoli i *genre* y nofel. Ar ôl ei farw casglwyd ei waith prydyddol a'i ryddiaith a'i gyhoeddi yn y gyfrol *Gweithoedd Cawrdaf* (1851).

JONES, WILLIAM GLYN (William Glynne-Jones; 1907–77), llenor; fe'i ganed yn Llanelli, Caerf., a bu'n gweithio fel moldiwr mewn ffowndri ddur yno hyd 1943 pan adawodd i fod yn llenor amser-llawn yn Llun-dain. Ysgrifennodd ddwy nofel, *Farewell Innocence* (1950) a'i dilyniant *Ride the White Stallion* (1950), dwy gyfrol o storïau byrion, *He who had Eaten of the Eagle* (1948) a *The Childhood Land* (1960), a chasgliad o storïau hunangof-iannol, *Summer Long Ago* (1954). Ei destun gan amlaf yw plentyndod a bywyd y dosbarth gweithiol yn Llanelli yn hanner cyntaf yr ugeinfed ganrif. Ysgrifennodd hefyd dros ddwsin o lyfrau i blant gan gynnwys *Brecon Adventure* (1945), *Dennis and Co.* (1947), *Pennants on the Main* (1950) a *Legends of the Welsh Hills* (1957).

JONES, WILLIAM HUGHES (Elidir Sais; 1885–1951), beirniad llenyddol. Fe'i ganed yn Y Rhyl, Ffl., a chafodd ei lysenw oherwydd ei arfer o siarad Saesneg â'i gyfeillion o Gymry. Yr oedd yn awdur llyfr am farddon-iaeth Gymraeg, *At the Foot of Eryri* (1912), a gyhoedd-wyd tra oedd yn athro hanes ym Methesda, Caern. Aeth i Lundain yn ysgrifennydd preifat i Ernest *Rhys ac yn 1935 derbyniodd swydd gyda'r BBC yng Nghaerdydd, ond yn ddiweddarach gadawodd Gymru i fynd i Loegr. Ei frawd Tom Elwyn Jones, a foddodd ym mrwydr Jutland yn y Rhyfel Byd Cyntaf, oedd 'y Tom gwylaidd twymgalon' yn yr englyn enwog gan R. Williams *Parry. Ymhlith llyfrau eraill gan William Hughes Jones ceir *What is Happening in Wales?* (1937), *Wales Drops the Pilots* (1937) ac *A Challenge to Wales* (1938), a ysgrifen-nwyd fel ymateb cefnogol i'r tân ym *Mhenyberth yn 1936.

JONES, WILLIAM JOHN (1928–), nofelydd ac awdur llyfrau i blant. Fe'i ganed yn Ysbyty Ystwyth, Cer., a'i addysgu yng Ngholeg Prifysgol Cymru,

Aberystwyth a Choleg y Brifysgol, Caerdydd. Wedi bod yn athro ysgol yn Y Drenewydd, Tfn., ac yn brifathro yn y Borth ac Ystradgynlais, fe'i penodwyd yn Ddarlithydd yng Ngholeg Addysg Caerdydd yn 1963. Daeth wedi hynny yn Bennaeth Adran y Gymraeg yno tan iddo ymddeol yn 1987. Y mae'n awdur toreth o lyfrau i blant ac y mae hefyd wedi cyhoeddi nifer o nofelau gan gynnwys *Rhwng y Sêr* (1957), *Ffoi heb ei Erlid* (1959), *Amser i Faddau* (1964), *Y Cleddyf Aur* (1971) a *Heledd* (1973). Addasodd nifer o lyfrau plant i'r Gymraeg a bu'n olygydd *Gwyddoniadur Mawr y Plant* (1991); deil i fod yn olygydd y gyfres *Llygad-dyst*. Enillodd Wobr Mary Vaughan *Jones yn 1994 am ei gyfraniad i fyd llyfrau plant.

JONES, WILLIAM MORGAN (Margam Jones; 1864–1945), bardd a nofelydd a aned ym Margam, Morg.; daeth yn weinidog gyda'r Methodistiaid Calfinaidd. Ysgrifennodd newyddiaduraeth a barddoniaeth a chasglwyd ei gerddi yn y cyfrolau *The Village Lyre* a *Caniadau'r Pentref* (1934). Ond ei weithiau gorau yw *Ysgrifau Byr am Matthews Ewenni* (1939), a'i ddwy nofel, *Stars of the Revival* (1910) ac *Angels in Wales* (1914).

JONES, WILLIAM SAMUEL (1920–), dramodydd ac awdur storïau byrion. Fe'i ganed yn Llanystumdwy ger Cricieth, Caern.; ychydig o addysg ffurfiol a gafodd ond cadwai fodurfa a ddaeth yn gyrchfan i lenorion a phobl ddiwylliedig eraill yn yr ardal. Daeth i ysgrifennu cerddi doniol a storïau digrif i'r *Eisteddfod Genedlaethol, wedyn troes at lunio dramâu byrion i'w cynhyrchu gan gwmnïau amatur, ac yna aeth ymlaen i ysgrifennu ar gyfer *radio a theledu gan ennill ei fywoliaeth fel awdur amser-llawn. Casglwyd rhai o'i ddramâu gorau yn y gyfrol *Dinas Barhaus a Thair Drama Arall* (1968).

Yn nawn W. S. Jones cyfunir comedi ffwlbri a doniolwch geiriol sy'n manteisio ar gyfuniad rhyfedd o dafodiaith werinol, rywiog Gwynedd wedi ei britho ag ymadroddion Saesneg. Y mae ganddo'r ddawn hefyd i

ddefnyddio dyfeisiau symbolig sy'n awgrymu dulliau Theatr yr Afreswm; ond comedïol yn hytrach na thrasiedïol yw ei osgo. Ei gymeriad mwyaf adnabyddus yw Ifas y Tryc, a gyflwynwyd gan yr actor Stewart Jones. Gwerinwr ffraeth ydyw, a'i ddoethineb priddlyd yn herio camweddau a ffolinebau'r Gymru gyfoes. Cyhoeddwyd detholiad o'i sgyrsiau yn y gyfrol *Ifas y Tryc* (1973).

Yn ogystal â'r gweithiau a enwyd ceir wrth enw W. S. Jones *Tair Drama Fer* (1962), *Pum Drama Fer* (1963), *Tŷ Clap* (1965), *Dau Frawd* (1965), *Y Fainc* (1967), *Mae Rhywbeth Bach* (1969), *Dinas* (gydag Emyr *Humphreys, 1970) ac *Y Sul Hwnnw* (1981). Y mae hefyd wedi cyhoeddi darlith, *Y Toblarôn* (1975), a'r storïau byrion *Dyn y Mwnci* (1979).

Ceir manylion pellach yn y gyfrol hunangofiannol yng *Nghyfres y Cewri* (1985); gweler hefyd y casgliad o'i ddramâu, *Deg Drama Wil Sam* (1995), a'r rhagymadrodd gan Emyr Humphreys.

J. R. Tryfanwy, gweler WILLIAMS, JOHN RICHARD (1867–1924).

Juan de Mervinia, gweler ROBERTS, JOHN (1576–1610).

Jubilee Blues (1938), nofel gan Rhys *Davies, y drydedd mewn triawd llac. Ynddi adroddir hanes dirywiad y Jubilee, tŷ tafarn mewn cwm diwydiannol yn ystod y *Dirwasgiad, i gyflwr o fethdaliad. Ei berchennog yw Cassie Jones, prif gymeriad y llyfr, merch hardd a chrefyddol o'r wlad. Y mae ei gŵr gwan, Prosser, yn cyfrannu at y drychineb trwy ei hapchwarae. Un o brif themâu'r llyfr yw'r gwrthdaro rhwng y ddau hyn ac y mae rhyw, dosbarth ac amgylchiadau cymdeithasol, hwythau'n chwarae rhan bwysig ynddo.

Jumpers, gweler NEIDWYR.

Juvencus, gweler LLAWYSGRIF JUVENCUS.

K

Kadwaladr, John, gweler CADWALADR, SIÔN (fl. 1760).

KEATING, JOSEPH (1871–1934), nofelydd a aned yn Aberpennar, Morg., yn fab i fewnfudwyr o Iwerddon. Ymadawodd â'r ysgol elfennol yn ddeuddeg oed a bu'n gweithio am chwe blynedd mewn pwll glo. Pan gaewyd y lofa troes ei law at nifer o fân-swyddi eraill ac yn 1893 cafodd waith yn adran fasnachol y *Western Mail yng Nghaerdydd, ond gadawodd yn 1904 a mynd i fyw i Lundain mewn tlodi.

Y nofel gyntaf o'i eiddo a gyhoeddwyd oedd Son of Judith (1901), a chyflwynir drwy gyfrwng ei phlot melodramatig fywyd diwydiannol ac Anghydffurfiol pentrefi Cwm Cynon tua diwedd y bedwaredd ganrif ar bymtheg. Ei nofel orau yw Maurice: the Romance of a Welsh Coalmine (1905), rhagflaenydd distadl rhai o nofelau Jack *Jones a Rhys *Davies. Ychydig o werth llenyddol sydd i'w nofelau eraill, Queen of Swords (1906), The Great Appeal (1909), The Perfect Wife (1913), The Marriage Contract (1914), Tipperary Tommy (1915) a Flower of the Dark (1917). Hollol ddi-werth fel llenyddiaeth yw The Exploited Woman (1923), The Fairfax Mystery ac A Woman Fascinates, a gyhoeddwyd ill dwy yn 1935, wedi i Keating farw. Ond y mae tair o leiaf o'r storïau byrion yn Adventures in the Dark (1906) o bwys, a gwelir rhai o'u nodweddion mewn nifer o storïau a ysgrifennwyd yn ddiweddarach gan awduron Eingl-Gymreig. Addaswyd ei ddrama Peggy and her Husband (1914) o'i nofel The Perfect Wife, a pherfformiwyd hi yn y Royalty Theatre yn Llundain am dair wythnos yn unig. Y mae rhannau o'i hunangofiant, My Struggle for Life (1916), yn llawn teimlad.

Cefnogai Fudiad Cenedlaethol y Gwyddelod a chyfrannodd adran i lyfr a elwid Irish Heroes of the War (1917); cyhoeddodd hefyd gyfieithiad o Nana (1926) gan Emile Zola. Chwerwodd wedi methiant ei ddrama a dechreuodd dreulio mwy o amser yn Aberpennar gan ymddiddori mewn materion gwleidyddol: yn 1923 fe'i hetholwyd yn gynghorydd Llafur ac yn 1931 yn Gadeirydd y Pwyllgor Addysg lleol. Arloeswr di-nod ydoedd i'r awduron mwy dawnus hynny o gymoedd de Cymru a oedd yn dechrau dod i'r amlwg ar adeg ei farwolaeth.

Keenor, Fred (1892–1972), pêl-droediwr a chapten Dinas Caerdydd pan enillodd y tîm hwnnw Gwpan Lloegr yn 1927. Chwaraeodd 369 o weithiau dros Gaerdydd ac ennill deuddeg cap ar hugain fel hanerwr.

KELSALL, JOHN (fl. 1683–1743), Crynwr a dyddiadurwr. Sais ydoedd, a ddaeth i Gymru yn 1702 fel ysgolfeistr yn Nolobran, Tfn.; gweithiai yn ogystal fel clerc yng nghweithfeydd haearn teulu *Lloyd. Y mae ei ddyddiadur helaeth (a gedwir bellach yn Nhŷ'r Cyfeillion, Llundain) yn ffynhonnell bwysig o wybodaeth am hanes y diwydiant haearn a ffydd y Crynwyr yng ngogledd Cymru. Cyhoeddodd O. M. *Edwards ddetholiad o'r dyddiadur yn ei gylchgrawn, *Wales (1895).

Kelt, The, gweler o dan LONDON WELSHMAN.

Kemble, Charles (1775–1854), actiwr a aned yn Aberhonddu, Brych., yr unfed plentyn ar ddeg i'r chwaraewyr teithiol Roger Kemble a Sarah Ward; yr oedd Ann Julia *Hatton a Sarah *Siddons yn chwiorydd iddo. Fe'i haddysgwyd yn y Coleg Saesneg yn Douai. Ymddangosodd ar y llwyfan am y tro cyntaf yn 1792 ac am y tro cyntaf yn Llundain ddwy flynedd yn ddiweddarach yn Macbeth. Er nad oedd mor enwog â'i frawd, John Philip Kemble na'i chwaer, Mrs Siddons, daeth yn ffigur adnabyddus yn y theatr a chredir iddo lunio neu addasu chwe drama. Daeth tri o'i blant i fri: oedd John Mitchell Kemble (1807–57) yn ieithegydd ac yn hanesydd, Adelaide Sartoris (1814?–79) yn gantores ac yn awdures, a Frances Anne Butler (1809–93) yn actores ac yn awdures.

KENWARD, JAMES (Elfynydd; fl. 1834–68), bardd o Sais a drigai yn Smethwick ger Birmingham. Yr oedd yn awdur A Poem of English Sympathy with Wales (1858) a For Cambria: themes in Verse and Prose 1834–68 (1868), a gyflwynwyd i'r llenor Llydewig La *Villemarqué ac sy'n cynnwys cerdd hir a ddarllenwyd gan y bardd yn yr eisteddfod a gynhaliwyd yn Llangollen yn 1858.

Khasia, gweler o dan JONES, THOMAS (1810–49) a ROBERTS, JOHN (1842–1908).

KILVERT, FRANCIS (1840–79), dyddiadurwr o Sais. Fe'i ganed yn Hardenhuish ger Chippenham, Wilts., a chafodd ei addysgu yng Ngholeg Wadham, Rhydychen. Bu'n gurad i'w dad yn Langley Burrell, Wilts., ac yna, yn 1865, aeth yn gurad i Gleirwy, Maesd. Fe'i cofir heddiw am y dyddiadur y lluniodd y cnewyllyn ohono yn ystod y saith mlynedd y bu'n gurad yng Nghleirwy. Dychwelodd i Langley Burrell yn 1872, yna daeth yn ficer Saint Harmon Maesd., ac mewn llai na blwyddyn cafodd fywoliaeth Brodorddyn, Henff. Ddwy flynedd yn ddiweddarach, bum wythnos ar ôl iddo briodi, bu farw o beritonitis.

Y mae'r *Dyddiadur* yn cofnodi'r cyfnod (gyda bylchau) o Ionawr 1870 hyd fis Mawrth y flwyddyn y bu Kilvert farw. Yr oedd yn cynnwys yn wreiddiol rhwng dau ar hugain a deg ar hugain o lyfrau nodiadau – dros filiwn o eiriau. Yr oedd ei weddw, a fu farw yn 1911, wedi dinistrio'r llyfrau nodiadau hynny a gyfeiriau ati hi ymhell cyn i nai Kilvert, Perceval Smith, fynd â'r llawysgrifau at William Plomer, y gŵr a ddetholodd lai na thraean o'r gwreiddiol i'w gyhoeddi mewn tair cyfrol yn 1938, 1939 ac 1940. Collwyd neu dinistriwyd gopi carbon Plomer a phrif gopi'r cyhoeddwr yn ystod yr Ail Ryfel Byd ac yn 1958 sylweddolwyd bod Essex Hope, nith Kilvert, wedi dinistrio pedwar ar bymtheg o'r ddau lyfr nodiadau ar hugain a oedd yn ei meddiant: dim ond y detholiad a gyhoeddwyd a thri llyfr nodiadau oedd wedi goroesi. Rhoddwyd un o'r rhain (yr un ar gyfer 19 Gorffennaf hyd 6 Awst 1874, pan oedd Kilvert ar ei wyliau yng Nghernyw), yn ôl ewyllys Plomer, ar adnau yn Llyfrgell Prifysgol Durham yn 1974. Prynwyd un arall, a roddwyd i Jeremy Sandford gan Essex Hope, gan *Lyfrgell Genedlaethol Cymru yn 1979 a phrynodd y Llyfrgell y trydydd llyfr nodiadau hefyd, oddi wrth berson a erys yn ddienw, yn 1985.

Dichon y gellir egluro'r drychineb lenyddol hon o gofio bod yn y *Dyddiadur* elfen gref o deimladrwydd erotig ac yr oedd yn well gan berthnasau Kilvert, yn enwedig Essex Hope, gelu hyn rhag y cyhoedd. Megis Lewis Carroll, yr oedd y dyddiadurwr yn hoff iawn o ferched ifainc, ac o'r merched hŷn hardd a welodd, ychydig ohonynt a anwybyddodd. Arferid ystyried iddo fod wirioni'n ormodol, ond bellach sylweddolir mai serch diniwed gŵr ifanc a hiraethai am briodi a chael plant ei hun ydoedd. Boed a fo am hynny, rhinwedd arbennig ei waith yw'r math o asbri barddonol a geir ynddo. Iddo ef yr oedd bywyd yn 'rhywbeth cywrain rhyfeddol' y byddai'n resyn peidio â'i gofnodi 'waeth pa mor ostyngedig a diddigwydd' ydoedd. Yr oedd yn Eglwyswr pybyr, a chroesawyd ef gan fonedd Y Gelli ac i gartrefi tlodion Cleirwy. Yno, yng Nghleirwy, y mae'r *Dyddiadur* lawnaf a bywiocaf, gan gyflwyno darlun manwl gwrthrychol yn aml o fywyd ardal wledig anghysbell yn oes Fictoria, ardal nad effeithiwyd fawr arni gan ddatblygiadau cyfathrebu. Nid oedd Kilvert yn ysgolhaig ac y mae yn aml yn orsentimental ym marn y deallusion, ond y mae ei ddawn i ddewis y ddelwedd iawn, ei fanylder treiddgar, ei ffordd arbennig o greu awyrgylch ardal a phobl, yn ei osod ymhlith y dydd-iadurwyr mawr sydd â'r ddawn i ddarlunio tyrfaoedd o bobl, i gofnodi ymgom ac i ddeall a dirnad tristwch. Yr oedd yn gerddwr brwd ac y mae hanes ei deithiau o Gleirwy i Aberedw ac i *Gapel-y-ffin i ymweld â'r Tad Ignatius ac i weld y Parchedig John Price, offeiriad

ecsentrig Llanbedr Castell-paen, ymhlith rhannau mwyaf cofiadwy'r *Dyddiadur*. Ceir ynddo awyrgylch o fethiant rhamantaidd, megis ei deimladau tuag at Daisy Thomas (1852–1928) o Lanigon a'i ymlyniad angerddol tuag at Ettie Meredith Brown a lesteiriwyd gan ei rheini oherwydd ei fod yn gurad tlawd. Rhydd hyn naws arbennig i'r *Dyddiadur* a'i wneud yn ddogfen ddeniadol heb ei hail i gynulleidfa eang o ddarllenwyr. Ond, rhywfodd, cyfyngwyd ar ysbryd barddonol Kilvert gan ofynion prydyddiaeth: ni cheir yn y gyfrol *Musings in Verse* (1882), a ddetholwyd gan gyfaill anhysbys ar ôl ei farw, fawr mwy na duwioldeb confensiynol.

Y testun safonol o *Kilvert's Diary* yw'r un a olygwyd gan William Plomer (3 cyf., 1938, 1939, 1940); cyhoeddwyd y llyfr nodiadau, a brynwyd gan Lyfrgell Genedlaethol Cymru ac sy'n cofnodi'r cyfnod 27 Ebrill hyd 10 Meh. 1870, pan oedd y dyddiadur yng Nghleirwy, yn 1982 dan olygyddiaeth Kathleen Hughes a Dafydd Ifans, ac un arall (Meh.–Gorff. 1870), wedi ei olygu gan Dafydd Ifans, yn 1989. Cyfieithwyd detholiad o'r *Dyddiadur* gan Trebor Lloyd Evans o dan y teitl *Cymru Kilvert* (1973). Ymhlith llyfrau am fywyd a gwaith Kilvert ceir A. L. Le Quesne, *After Kilvert* (1978), Frederick Grice, *The World of Francis Kilvert* (1983) a David Lockwood, *Francis Kilvert* (1990). Y mae Brenda Colloms yn trafod Kilvert yn ei llyfr, *Victorian Country Parsons* (1977). Cyhoeddodd Cymdeithas Kilvert, a sefydlwyd yn 1948, nifer o lyfrynnau a thaflenni sy'n cynnwys gwybodaeth werthfawr am y dyddiadurwr a phynciau perthnasol.

Kinney, Phyllis, gweler o dan EVANS, MEREDYDD (1919–   ).

KNIGHT, BERNARD (Bernard Picton; 1931–   ) nofelydd a aned yng Nghaerdydd. Bu'n Athro Patholeg Fforensig yng Ngholeg Meddygol Prifysgol Cymru yng Nghaerdydd ac yn batholegydd y Swyddfa Gartref. Cyfunodd ei ddiddordebau meddygol a chyfreithiol drwy ysgrifennu nifer o nofelau am droseddau, megis *The Lately Deceased* (1962), *The Thread of Evidence* (1965), *Mistress Murder* (1966), *Policeman's Progress* (1968), *Tiger at Bay* (1970) a *The Expert* (1975), y cyfan o dan ei ffugenw. Cyhoeddodd hefyd nifer o nofelau hanesyddol ar bynciau Cymreig sy'n cynnwys *Lion Rampant* (1972) a *Madoc, Prince of America* (1977).

KNIGHT, LEONARD ALFRED (1895–1977), nofelydd. Fe'i ganed ger Arundel, swydd Sussex. Gwasanaethodd yn y Rhyfel Byd Cyntaf ac yna ymunodd â staff cwmni petrol; bu'n gweithio ym Mhen-y-bont ar Ogwr, Morg., i ddechrau ac yna yn Henffordd. Pan oedd ym Mhen-y-bont yn 1921 derbyniwyd chwe darn a ysgrifennodd ar gefn gwlad gan y *Western Mail* a chreodd hyn uchelgais ynddo i ysgrifennu nofelau. Bu'r ail, *Dead Man's Bay* (1929), yn llwyddiant ar unwaith a dilynwyd hyn â *The Pawn* (1931), stori ysbïwr Rhyfel Iberia (1804–14). Def-nyddiodd gefndir Morgannwg yn *The Creaking Tree Mystery* (1933) a gosodir *Rider in the Sky* (1953) yng nghanolbarth Cymru. Ond daeth L. A. Knight yn fwyaf adnabyddus ar gyfrif ei nofelau am sir Benfro ac o'r rhain *Conqueror's Road* (1945), a drowyd yn gyfres radio a theledu yn ddiweddarach, *The Dancing Stones* (1946), *The Brazen Head* (1948) a *High Treason* (1954) yw'r rhai mwyaf nodedig.

KNIGHT, STEPHEN (1960–), bardd a aned yn Abertawe a'i addysgu yno ac ym Mhrifysgol Rhydychen. Ar ôl graddio, gweithiodd am gyfnod byr fel awdur preswyl yng Ngorllewin Morgannwg, ond yna symudodd ymlaen i weithio fel cyfarwyddwr theatr yn ne-ddwyrain Lloegr, yn Leatherhead, er ei fod hefyd wedi gweithio ar gynyrchiadau yn Abertawe. Ymddangosodd detholiad o'i gerddi yn *Poetry Introduction 6* (1985). Yn 1992 enillodd y *National Poetry Competition* a chyhoeddwyd ei gasgliad cyntaf, *Flowering Limbs*, yn 1993. Ar yr olwg gyntaf, ymddengys cerddi Stephen Knight yn gymharol ddigymeriad, yn rhyngwladol yn hytrach na lleol, a dim ond llygad cyfarwydd a allai adnabod golygfeydd Abertawe yng nghanol swrealaeth cerddi fel '*The Blank Piece of Paper Committee*'. Serch hynny, y mae ganddo glust fain i glywed sŵn iaith, ac arweiniodd hynny at gyfres o gerddi yn nhafodiaith Abertawe a gyhoeddwyd mewn pamffled o'r enw *The Sandfields Baudelaire* (1995). Cyhoeddwyd ei ail gasgliad, *Dream City Cinema*, yn 1996.

KOHR, LEOPOLD (1909–94), economydd ac athronydd gwleidyddol. Ganwyd ef yn Oberndorf yn nhalaith Salzburg yn Awstria. Bu'n astudio'r gyfraith gydwladol, gwyddor gwleidyddiaeth, hanes ac economeg ym Mhrifysgolion Innsbruck, Paris, Fienna ac Ysgol Economeg Llundain. Yn 1937 anfonwyd ef i Sbaen gan bapur ym Mharis i wneud adroddiadau am y Rhyfel Cartref, a chyfarfu â'r awduron Hemingway ac Orwell; yr oedd ef eisoes yn gwrthwynebu Ffasgiaeth a Chomiwnyddiaeth fel ei gilydd. Edmygai'r Swistir fel gwlad fach rydd a weithredai ryddid mewnol yn ei chantonau; a seiliodd ei gred am faint delfrydol y wladwriaeth ar ddysg Aristoteles. Pan feddiannwyd Awstria gan yr Almaen yn 1938, dihangodd i UDA a Chanada, a bu'n Ddarlithydd ym Mhrifysgolion Rutgers a Toronto; wedyn yn Athro am ugain mlynedd bron yn Puerto Rico. Y mae ei lyfr, *The Breakdown of Nations* (1957), yn dadlau dros ddatgymalu'r gwladwriaethau mawrion a'r corfforaethau busnes aml-wladol. Rhoddwyd mwy o sylw i'r syniadau hyn pan gyhoeddwyd llyfr ei gyfaill Fritz Schumacher, *Small is Beautiful* (1966), a chydnabu'r awdur hwn ei ddyled fawr i Kohr; yn wir, ysgrifennodd y llyfr yn nhŷ Kohr yn Puerto Rico. Yn 1974 gwahoddwyd Kohr i swydd Tiwtor ac yna Uwch Diwtor yn Adran Allanol Coleg Prifysgol Cymru, Aberystwyth, a bu yno am wyth mlynedd. Rhoddodd gefnogaeth frwd i *Blaid Cymru a bu'n gyfaill agos i Gwynfor *Evans ac Alwyn D. *Rees.

Cyhoeddwyd amryw o'i weithiau yng Nghymru, gan gynnwys *Cymru Fach* (1980), ysgrifau am Gymru yn bennaf, wedi eu trosi gan Heini *Gruffudd, *The Inner City* (1989) a *The Academic Inn* (1993). Ysgrifennodd lawer am natur ddelfrydol y ddinas, fel yn ei lyfr *The City of Man* (1976); edmygai ddinasoedd rhydd y Groegiaid gynt a'r Eidalwyr yn oes y *Dadeni. Rhoddai bwyslais ar ryddid yr unigolyn a harddwch traddodiadau oesol. Condemniai'r syniad o gynnydd diwydiannol direol a dadleuai dros barchu'r amgylchedd naturiol. Hoffai sôn am Oberndorf, ei bentref genedigol, a'r ffordd y cyfansoddwyd yno yn 1818, ar alwad sydyn, y garol Nadolig '*Stille Nacht*'. Ei hoff ddinas oedd Salzburg, lle y codwyd sefydliad yn dwyn ei enw, sef Academi Leopold Kohr, a rhoi hefyd anrhydedd prin y 'Fodrwy Aur' i'r gŵr a'i galwai ei hun yn 'anarchydd athronyddol'.

Gweler *The Times* (1 Mawrth 1994), Neal Ascherson yn yr *Independent* (1 Mawrth 1994), Mark Farrell yn y *Guardian* (2 Mawrth 1994) a Glyn Rhys yn *Barn* (rhif. 375, 1994). Y mae'r papurau a adawodd Kohr wedi eu rhoi i gadw yn yr Academi yn Salzburg.

KYFFIN, EDWARD (c.1558–1603), bardd a chlerigwr; ganwyd ef yng Nghroesoswallt o hen deulu ar y gororau. Yn 1595 cyfieithodd ei frawd, Morris *Kyffin, lyfr yr Esgob John Jewel, *Apologia Ecclesiae Anglicanae (1562)* dan y teitl *Deffyniad Ffydd Eglwys Loegr, gan annog yn y rhagymadrodd drosi'r Salmau i'r mesurau rhyddion fel y gwnaethpwyd ymhob gwlad arall er mwyn i gynulleidfa allu cydganu yn yr eglwys. Tybir mai'r geiriau hyn a ysbrydolodd Edward ei frawd, a oedd yn glerigwr yn Llundain, i fydryddu'r Salmau mewn mesur addas i'w canu gan gynulleidfa; mydryddodd hanner cant o Salmau. Yn 1603 cyhoeddodd Thomas Salisbury Salmau cynganeddol Wiliam *Midleton dan y teitl *Psalmae y Brenhinol Brophwyd Dafydd* gyda marwnad i Midleton o waith Edward Kyffin mewn naw *englyn ar ddechrau'r gyfrol. Dengys hyn y gallai Kyffin gynganeddu ond dewisodd y mesurau rhyddion ar gyfer ei fydryddiad ei hun yn gwbl fwriadol. Dechreuodd Salisbury argraffu Salmau Kyffin yn 1603, ond yn ystod yr haf daeth y pla i Lundain a ffodd Salisbury i'r wlad gan adael ei stoc o lyfrau yng ngofal Kyffin a arhosodd yn y ddinas. Yn anffodus, bu farw o'r pla a diflannodd llyfrau Salisbury ar wahân i un copi o'r deuddeg salm gyntaf a rhan o'r drydedd salm ar ddeg a argraffwyd gan Salisbury ac a anfonasid at Syr John Wynn o Wydir; cedwir y copi unigryw yn *Llyfrgell Genedlaethol Cymru. Cyhoeddwyd ffacsimili ohono gan *Wasg Prifysgol Cymru yn 1930 dan olygyddiaeth Syr John *Ballinger. Argraffodd Salisbury Salmau rhyddiaith William Morgan gyferbyn â Salmau Kyffin a bwriadai gyhoeddi tonau addas fel y gwnaethpwyd yn Sallwyr Edmwnd *Prys yn 1621. Defnyddiwyd Salmau Kyffin gan Edmwnd Prys (a welodd gopi Gwydir, efallai), ond rhagorodd Prys ar ei ragflaenydd.

KYFFIN, MORRIS (*c.*1555–98), awdur a milwr. Astudiodd farddoniaeth o dan gyfarwyddyd *Wiliam Llŷn ac yr oedd yn un o ddisgyblion a chyfeillion John *Dee. Cyfansoddodd lawer o farddoniaeth yn Saesneg a Chymraeg, ac yn 1587 cyhoeddodd *The Blessedness of Brytaine*, cerdd o fawl i'r Frenhines Elisabeth a symbylwyd gan *Gynllwyn Babington yn y flwyddyn flaenorol. Erys llawer o'i ganeuon Cymraeg o hyd mewn llawysgrif. Am rai blynyddoedd ar ôl 1588 bu'n swyddog ym myddin Lloegr yn yr Iseldiroedd ac yn Ffrainc. Dychwelodd i Lundain a chyhoeddodd ei gampwaith, *Deffynniad Ffydd Eglwys Loger* (1595), cyfieithiad o glasur yr Esgob John Jewel (1562) yn amddiffyn ffydd Eglwys Loegr; fe'i hargraffwyd gan Richard Field. Bu'n swyddog yn y fyddin yn Iwerddon am ddwy flynedd olaf ei fywyd gan geisio cadw trefn ar rai o'i gydswyddogion a dwyllai'r llywodraeth ac a ormesai'r Gwyddelod. Yr oedd ei frawd, *Edward Kyffin, yn offeiriad a chyfansoddodd salmau mydryddol yn Gymraeg.

Ceir manylion pellach yn W. P. Williams (gol.), *Deffyniad Ffydd Eglwys Loger* (1908), W. J. Gruffydd, *Llenyddiaeth Cymru: Rhyddiaith o 1540 hyd 1660* (1926) a Thomas Parry, *Hanes Llenyddiaeth Gymraeg* (1945).

KYFFIN, ROGER (*fl.* 1587–1609), bardd a oedd yn frodor o sir Ddinbych, efallai. Dywedir iddo adael ei fro a derbyn nawdd John Vaughan, y Gelli-aur. Cynhyrchodd nifer o gerddi rhydd a chaeth i noddwyr yng ngogledd a de Cymru, a bu'n ymryson â *Gruffudd Hafren, Richard *Davies (Esgob Tyddewi), a Dafydd Llwyd o Ddolobran.

Kynniver Llith a Ban (1551), cyfieithiad Cymraeg William *Salesbury o Epistolau ac Efengylau'r Llyfr Gweddi Gyffredin Cyntaf (1549). Wrth gyflwyno'r gwaith i Esgobion Cymru a Henffordd anogodd Salesbury hwynt i benodi chwe gŵr o bob esgobaeth i'w archwilio a'i awdurdodi ar gyfer ei ddefnyddio'n gyhoeddus. Ceir ynddo'r cyfieithiadau sylweddol cyntaf i'r Gymraeg o'r Ysgrythurau, a wnaed yn uniongyrchol o'r ieithoedd gwreiddiol. Yr oedd ansawdd llawer ohonynt yn rhagorol, ond amharwyd ar eu defnyddioldeb gan ddaliadau rhyfedd Salesbury megis Lladineiddio'r sillafu ac anwybyddu'r treigladau. Serch hynny, rhoes y llyfr gynsail ardderchog ar gyfer ei gyfieithiadau diweddarach a phwysleisiodd yr angen am *Feibl a *Llyfr Gweddi Cymraeg. Goroesodd copïau o'r gwaith cyfundrefn Mari a defnyddiwyd hwy yn gynnar yn nheyrnasiad Elisabeth.

Cyhoeddodd John Fisher argraffiad modern o'r gwaith yn 1931; gweler hefyd D. R. Thomas, *The Life of Richard Davies and William Salesbury* (1902), yr erthygl gan G. T. Roberts yn *Yr Eurgrawn* (cyf. CXLIII, 1951), Glanmor Williams, *Welsh Reformation Essays* (1967), y bennod gan W. Alun Mathias yn *Y Traddodiad Rhyddiaith* (gol. Geraint Bowen, 1970); ac Isaac Thomas, *Y Testament Newydd Cymraeg 1551–1620* (1976) ac *Yr Hen Destament Cymraeg, 1551–1620* (1988).

L

Ladi Wen, Y, ysbryd ar ffurf dynes mewn gwyn, un o'r bwganod mwyaf cyffredin, a ddefnyddid i ddychryn plant drygionus.

Ladies of Llangollen, The, gweler BUTLER, ELEANOR (1745?–1829) a PONSONBY, SARAH (1755–1831).

Lady with the Unicorn, The (1948), yr ail gasgliad o gerddi gan Vernon *Watkins a'r un mwyaf llwyddiannus. Egyr y gyfrol â '*Music of Colours – White Blossom*', sydd yn ddi-os ymhlith ei gerddi gorau. Cynhwysir yn y gyfrol hefyd '*Returning to Goleufryn*', '*Money for the Market*', '*Llywelyn's Chariot*' (i fab Dylan *Thomas), '*Sardine-Fishers at Daybreak*', '*Swallows over the Weser*', '*Ophelia*', '*The Return of Spring*', a'r cerddi gwych '*The Foal*', '*Rhossili*', '*The Feather*', '*Gravestones*', '*The Butter-flies*' a '*Zacchaeus in the Leaves*'. Y mae ei farwnadau yn addurniadol a thywyll eu harddull ac yn llai effeithiol. Yn '*The Song of the Good Samaritan*' gwelir diwinyddiaeth bersonol ac anuniongred y bardd ac y mae'r gerdd a roes y teitl i'r gyfrol yn ffurfiol ac yn ardderchog.

LANGFORD, JOHN (1640–1715/16), cyfieithydd ac Eglwyswr selog a aned yn Rhuthun, Dinb., i deulu a oedd wedi byw yn Nhrefalun (Allington) ger Gresffordd ers y bymthegfed ganrif. Ymddiddorai hynafiad iddo, Richard Langford (m. 1586), mewn llenyddiaeth Gymraeg ac yr oedd yn gopïwr llawysgrifau. Prif waith John Langford oedd *Holl Ddled-swydd Dyn* (1672), sef cyfieithiad o waith Richard Allestree, *The Whole Duty of Man*.

Last Inspection, The (1942), cyfrol o storïau byrion gan Alun *Lewis, rhai ohonynt fawr fwy na brasluniau. Lleolwyd dyrnaid ohonynt, a ysgrifennwyd yn gynharach, yng nghymoedd diwydiannol de Cymru yn ystod y 1930au, ac y maent yn ymwneud â themâu plentyndod, caledi a rhwystrau mewn modd sy'n atgoffa'r darllenydd o waith D. H. Lawrence. Ond canlyniad uniongyrchol profiad Lewis o fywyd yn y fyddin yw'r rhan fwyaf ohonynt, a dangosant sut y daeth i ddygymod â'r drefn ar adeg pryd yr oedd y boblogaeth yn gyffredinol, oherwydd ymosodiadau'r cyrchoedd-awyr, mewn mwy o berygl na'r lluoedd arfog. Cymer y cymeriadau Cymreig – a bortreedir â chydymdeimlad – ran amlwg yn y llyfr hwn a bu'n fodd i sefydlu Alun Lewis fel awdur addawol.

Laugharne, Rowland (m. 1676?), cadlywydd ym myddin plaid y Senedd, o Sain Ffred, Penf.; bu'n was personol i drydydd Iarll Essex, a gwasanaethodd dan hwnnw yn yr Iseldiroedd. Pan ddechreuodd y *Rhyfel Cartref Cyntaf, nid oedd ef yn y sir, ond dychwelodd ym Medi 1643 a throsglwyddwyd yr arweinyddiaeth iddo ef gan John *Poyer, y gŵr a oedd wedi amddiffyn tref *Penfro, unig gadarnle'r Senedd yn y sir. O Ionawr 1644 bu Laugharne, gyda chymorth morwyr o blaid y Senedd, yn ymosod ar warchodluoedd y Brenhinwyr ac yn eu trechu o un i un, gan ennill Dinbych-y-pysgod a Hwlffordd. Pan gyrhaeddodd cyfran o'r fyddin broffesiynol o Iwerddon fe'i gorfodwyd i gilio i Benfro a Dinbych-y-pysgod, ond yn Awst 1645 gorchfygodd yr olaf o luoedd y Brenhinwyr ar Colby Moor, ac ymhen ychydig fisoedd yr oedd gorllewin Cymru yn ei ddwylo ef. Ond, fel yn achos Poyer, bu sibrydion yn ei gylch yn Llundain, ac fe'i cyhuddwyd o gynllwynio â'r Brenin ei hun. Ac yntau wedi'i ddadrithio, fe'i galwyd i Lundain yn 1648 pan oedd Poyer a Rice *Powell yn symud tuag at wrthryfel; ond wedi dychwelyd ymunodd â Powell ym mrwydr Sain Ffagan, ac wedi iddynt gael eu trechu yno bu'n amddiffyn Castell Penfro yn erbyn Oliver Cromwell hyd 11 Gorffennaf. Dedfrydwyd ef i farwolaeth mewn llys milwrol, ond rhoddwyd pardwn iddo gan Cromwell maes o law, ac ar ôl yr Adferiad fe'i hetholwyd yn Aelod Seneddol dros fwrdeistrefi Penfro yn 1661.

Y ffynhonnell orau yw llyfr Arthur Leonard Leach, *The History of the Civil War in Pembrokeshire 1642–1649* (1937).

LAWS, EDWARD (1837–1913), hanesydd sirol, disgynnydd ar ochr ei fam o deulu Mathias o Lamphey Court a Llangwaran, Penf. Fe'i haddysgwyd yng Ngholeg Wadham, Rhydychen, ac ymgartrefodd yn Ninbych-y-pysgod lle y chwaraeodd ran bwysig ym mywyd cyhoeddus y dref am flynyddoedd lawer. Ymroddai i astudio hanes y sir yn ei amser hamdden, a'i waith cyhoeddedig pwysicaf yw *Little England Beyond Wales* (1880); gweler arwyddocâd y teitl hwn o dan ANGLIA TRANSWALLINA.

Leander, gweler JONES, JOHN (1575–1635).

Lee, Rowland (m. 1543), Esgob o Sais. O 1534 hyd 1543 ef oedd Llywydd Cyngor y Brenin yng Ngororau Cymru. O'i ganolfan yn Llwydlo, yn wyneb tor-cyfraith ar raddfa y methodd ei ragflaenydd â'i rheoli, dewisodd ddienyddio fel ei brif arf trwy'r Mers, ond nid oedd ganddo awdurdod dros siroedd Cymru. Yn ôl y traddodiad, yn ei lys ef y gorfodwyd Cymry gyntaf i gyflwyno eu henwau yn y dull Seisnig (gweler o dan CYFENWAU). Nid oedd ganddo feddwl uchel o fonedd Cymru a lleisiodd wrthwynebiad cryf i *Ddeddf Uno 1536 a sefydlodd Ynadon Heddwch yng Nghymru ac a drodd y Mers yn siroedd: '*If one thief shall try another, all we have here begun is foredone.*' Y mae'n debyg i'r Esgob Lee lwyddo, trwy ei ddylanwad, i ohirio gweithredu'r Ddeddf hyd 1541 neu'n ddiweddarach, ond bu helyntion y cyfnod yn drech nag ef; yr oedd ar y Brenin angen cefnogaeth uchelwyr Cymru er mwyn diddymu'r mynachlogydd ac yr oeddynt hwythau yn barod iawn i elwa ar y cyfleoedd a gynigid gan y Ddeddf. Disgrifiwyd Lee gan ryw William Gerard fel '*not affable to any of the Walshrie, an extreme ponisher of offenders*'.

Ni luniwyd cofiant erioed i Rowland Lee ond ceir asesiad buddiol o'i waith yn David Williams, *A History of Modern Wales* (1950), Penry Williams, *The Council in the Marches of Wales under Elizabeth I* (1958), Ralph Flenley, *A Calendar of the Register of the Queen's Majesty's Council in the Dominion and Principality of Wales and the Marches* (1916) a Glanmor Williams, *Recovery, Reorientation and Reformation, Wales c.1415–1642* (1987); gweler hefyd Caroline A. J. Skeel, *The Council in the Marches of Wales* (1903).

LELAND, JOHN (1506–52), gweler o dan ITINERARY OF JOHN LELAND (1710).

Leon, gweler EVANS, WILLIAM DOWNING (1811–97).

Lerpwl, gweler CYMRY LERPWL.

LEVI, THOMAS (1825–1916), gweinidog ac awdur. Fe'i ganed gerllaw Ystradgynlais, Brych.; ychydig o ysgol a gafodd ac aeth i weithio yn y gwaith haearn lleol yn wyth oed. O tua 1855 bu'n weinidog gyda'r Methodistiaid Calfinaidd, a'i ofalaeth olaf oedd Y Tabernacl, Aberystwyth (1876–1901). Yr oedd yn awdur toreithiog: ysgrifennodd tua deg ar hugain o lyfrau ar bynciau crefyddol a hanesyddol a chyfieithodd drigain o'r Saesneg i'r Gymraeg. Cyfansoddodd lawer o emynau, yn eu plith ' 'Rwyf innau'n filwr bychan' ac 'Oleuni Mwyn'; y mae'r olaf yn gyfieithiad mwy canadwy nag un John *Morris-Jones o emyn Newman, '*Lead, kindly light*'. Ei brif gyfraniad i fywyd Cymru oedd cychwyn *Trysorfa y Plant* (1862–1911) a'i golygu'n fedrus am hanner canrif. Er mai'r Methodistiaid Calfinaidd a gyhoeddai'r cylchgrawn, yr oedd yn boblogaidd gyda'r holl enwadau Anghydffurfiol a chyrhaeddodd gylchrediad o 44,000 bob mis.

Ysgrifennwyd cofiant Thomas Levi gan J. E. Meredith (1962); gweler hefyd ysgrif Nia Roberts yn *Dewiniaid Difyr* (gol. Mairwen a Gwynn Jones, 1983) a Dafydd Arthur Jones, *Thomas Levi yn y gyfres Llên y Llenor* (1996).

Levy, Mervyn (1914–96), paentiwr a beirniad a aned yn Abertawe, Morg., lle yr aeth i'r ysgol gyda Dylan *Thomas. Y mae portread Levy o'i gyfaill, y bu'n rhannu tŷ ag ef yn Earls Court, y cartref parhaol cyntaf a fu gan Thomas yn Llundain, i'w weld yn yr Oriel Bortreadau Genedlaethol. Bu'n fyfyriwr yn y Coleg Celf Brenhinol yn 1935 ac, yn ystod yr Ail Ryfel Byd, daeth yn Gapten yng Nghorfflu Addysgol Brenhinol y Fyddin. Ar ôl 1945 dysgodd gelf yn yr Almaen a Gibraltar ar ran y Swyddfa Ryfel, a roddodd iddo reng Lefftenant-Cyrnol. Wedi iddo adael y Fyddin, bu mewn nifer o swyddi dysgu, yn gyntaf fel tiwtor celfyddydau yn Adran Addysg Oedolion Prifysgol Bryste ac yna yn Academi Frenhinol Gorllewin Lloegr, gan gyfuno'r swyddi hyn â dysgu yn Adran Efrydiau Allanol Prifysgol Llundain. Yn ystod y 1950au daeth yn enw cyfarwydd yn sgîl ei gyfres deledu ar y BBC, *Painting for Housewives*. Cyhoeddodd bump ar hugain o lyfrau am gelf a phaentwyr, gan gynnwys *The Paintings of D. H. Lawrence* (1964), ynghyd â gweithiau cydnabyddedig ar Henri Gaudier-Brzeska ac L. S. Lowry. O 1962 hyd 1966 ef oedd golygydd *The Studio*. Yr oedd ganddo ddiddordeb arbennig mewn *Art Nouveau* a gwnaeth ei lyfr *Liberty Style* (1986) lawer i ddod â hanes y mudiad hwnnw i sylw cynulleidfa boblogaidd. Yr oedd yn arian byw o ddyn ac yn gwmni diddan, a helpodd lawer o'i gydartistiaid i arddangos a gwerthu eu gwaith; bu'n briod dair gwaith a disgrifiodd ei fywyd bohemaidd yn ei 'ddarnau o hunangofiant', *Reflections in a Broken Mirror* (1982).

LEWIS AB EDWARD neu **LEWIS MEIRCHION** (*fl.* 1541–67), bardd o Fodfari, Ffl., a oedd yn un o ddisgyblion *Gruffudd Hiraethog; graddiodd yn bencerdd yn Eisteddfod *Caerwys 1567. Ymhlith ei lawysgrifau cadwyd un awdl, deunaw ar hugain o gywyddau a rhyw ugain o englynion. Canai i deuluoedd yng ngogledd Cymru. Ei farwnad i Iemwnt Llwyd, *Glynllifon (1541), yw'r enghraifft gynharaf o'i waith y gellir ei ddyddio, a'i gyfansoddiad mwyaf adnabyddus yw ei farwnad i Humphrey *Llwyd.

LEWIS MENAI (*fl.* 1557–81), bardd a drigai yng Nghrochancaffo yn Llangeinwen, Môn. Ychydig iawn a wyddys amdano ond graddiodd yn Eisteddfod *Caerwys yn 1567. Cyfansoddwyd y rhan fwyaf o'i gerddi, a gedwir mewn llawysgrif, yn y mesurau traddodiadol ar gyfer unigolion bonheddig yng ngogledd Cymru ac yn arbennig ar gyfer teulu *Myfyrian.

Lewis, teulu, gweler o dan FAN.

LEWIS, ALUN (1915–44), bardd ac awdur storïau byrion. Fe'i ganed yng Nghwmaman, ger Aberdâr, Morg., a'i addysgu yn Ysgol y Bont-faen, Coleg Prifysgol Cymru, Aberystwyth, lle yr astudiodd Hanes, a Phrifysgol Manceinion. Dangosodd addewid cynnar fel llenor, gan gyfrannu barddoniaeth a storïau byrion o natur ddychmygus anarferol o fewnol i gylchgronau ei ysgol a'i goleg. Cyhoeddodd gerddi yn yr *Observer* a *Time and Tide* yn 1937, tra oedd yn hyfforddi yn Aberystwyth i fod yn athro. Yn 1938 ymunodd â staff Ysgol Lewis i Fechgyn, Pengam, Myn., lle y daeth yn amlwg fel athro dawnus. Yn gynnar yn y flwyddyn ganlynol ailgydiodd yn ei gyfeillgarwch â Gweno Ellis, a gyfarfu tra oeddent yn gyd-fyfyrwyr yn Aberystwyth. Yr oedd Alun Lewis yn tueddu at *heddychiaeth ac fel y cynyddai bygythiad rhyfel, a'r rhyfel yn torri allan yn y diwedd, yr oedd ei fywyd emosiynol a deallusol yn llawn tensiwn. Parhaodd i ysgrifennu, fodd bynnag, gan lunio nofel am ei brofiadau ei hun sy'n dal heb ei chyhoeddi. Er ei amheuon, ymddiswyddodd yn 1940, ac yn fyrbwyll ymunodd â'r Peirianwyr Brenhinol, gan obeithio trwy wneud hynny allu cefnogi'r ymdrech ryfel heb gael ei roi mewn sefyllfa lle y byddai galw arno i ladd.

Wedi cyfnod anodd o addasu dechreuodd ysgrifennu unwaith yn rhagor. Arddull syml ar y cyfan oedd i'r rhyddiaith a'r farddoniaeth a ysgrifennodd yn y cyfnod hwn a dangosant iddo ddatblygu'n gyflym i aeddfedrwydd llenyddol o dan straen cariad ac ymwahanu, rhyfel ac ansicrwydd. Erbyn hydref 1940 yr oedd wedi llunio nifer o gerddi pwysig, gan gynnwys 'All day it has rained' a 'The Soldier'. Ar y ffordd i Morecambe yng Ngorffennaf 1941 priododd â Gweno Ellis. Erbyn i'w gasgliad cyntaf o gerddi, *Raiders' Dawn* (1942), ymddangos yr oedd yn gwasanaethu gyda'r 6ed Bataliwn, Cyffinwyr De Cymru yn swydd Suffolk. Yr oedd yn casáu'r ffordd o fyw a ddisgwylid gan swyddog comisiwn, a gwell oedd ganddo gwmni'r milwyr cyffredin, y rhan fwyaf ohonynt, fel yntau, yn dod o gymoedd de Cymru.

Yr oedd eisoes wedi ennill cryn fri fel bardd-filwr: buan y gwerthwyd pob copi o *Raiders' Dawn*, ac fe'i hailargraffwyd chwe gwaith. Cafodd y gyfrol dderbyniad da gan adolygwyr a'r cyhoedd a oedd yn hoffi'r cyfuniad o weledigaeth ingol ac angerdd telynegol. Casglodd Lewis ei storïau byrion ynghyd yn *The *Last Inspection* (1943). Daeth rhagor o fri iddo yn sgîl hyn, oherwydd y mae'r storïau yn cyfleu â chydymdeimlad, uniongyrchedd a dilysrwydd y newidiadau ym mywyd y fyddin yn ystod y cyfnod hir o ddisgwyl a hyfforddi ar ôl Dunkirk. Yng ngaeaf 1942 teithiodd y bataliwn ar long i India, ac ymsefydlu o'r diwedd mewn gwersyll ger Poona. Yn gynnar yn 1943 treuliodd y bardd chwe wythnos mewn ysbyty ar ôl torri ei ên yn ystod gêm bêl-droed, a bu'n dioddef wedi hynny o'r dysenteri. I'r cyfnod hwn y perthyn 'Ward "O" 3B', un o'i storïau gorau. Dilynwyd hyn gan gyfnod o weithgarwch creadigol angerddol wrth iddo amsugno profiad India, a ymgorfforir mewn cerddi fel 'The Mahratta Ghats', 'In Hospital: Poona' a 'Burma Casualty', yn ogystal â nifer o storïau, yn arbennig 'The Orange Grove'.

Yng Ngorffennaf 1943 aeth ar gyfnod o wyliau i Coonoor, ym Madras, cyn mynychu cwrs cudd-

wybodaeth yn Karachi am chwe wythnos. Yno, cyfarfu â Freda Aykroyd a syrthio mewn cariad â hi. Ysgrifennodd gyfres o gerddi iddi – y bwysicaf ohonynt yw 'The Way Back'; y mae ei lythyrau ati yn dal heb eu cyhoeddi. Wedi iddo ailymuno â'r Cyffinwyr, syrthiodd yn ysglyfaeth unwaith eto i'w hen elyn, y felan. Amharwyd ymhellach ar ei gyflwr gan ei berthynas â'i Bri Swyddog, y Cyrnol Robin Cresswell. Adlewyrchir y sefyllfa hon yn ei stori olaf, 'The Reunion', sy'n seiliedig ar gyfarfyddiad â'i frawd, Glyn, yn Poona yn Rhagfyr 1943. Y mis dilynol, adolygodd ei gerddi i'w cyhoeddi mewn cyfrol newydd y rhoddodd iddi'r teitl eironig *Ha! Ha! Among the Trumpets*. Yna teithiodd gyda'i gatrawd i Chittagong yn Burma. Er mai Swyddog Cudd-wybodaeth i'w uned ydoedd, gofynnodd am ganiatâd i ymuno â'r fintai ar flaen y gad ac ar 5 Mawrth bu farw o glwyfau a gafodd gyda'i lawddryll ei hun. Fe'i claddwyd ym Mynwent Ryfel Taukkyan. Ar ôl ei farwolaeth cyhoeddwyd *Ha! Ha! Among the Trumpet* (1945) a'r storïau nas cyhoeddwyd yn flaenorol yn *In the Green Tree* (1948), ynghyd â chyfrol a gasglwyd ynghyd gan ei wraig a'i fam, *Letters from India* (1946).

Pedair blynedd yn unig o gydnabyddiaeth gyhoeddus fel llenor a gafodd Alun Lewis ac nid ysgrifennodd ond pedwar llyfr a'r rheini'n cynnwys cyfanswm o gan namyn pump o gerddi a phump ar hugain o storïau byrion. Awen leddf oedd eiddo yn y bôn a orfodwyd i aeddfedu'n gynnar oherwydd y rhyfel ac a aeddfedodd ymhellach dan ddylanwad nihiliaeth India, thema a amlygwyd gyntaf gan E. M. Forster yn *A Passage to India*; dyna destun yr olaf a'r orau o'i gerddi, 'The Jungle' lle y mae telynegrwydd o'r diwedd yn ildio ei le i fetaffiseg lem. Cyflawnodd lawer. Ni wadai unrhyw un e ddifrifoldeb, ei ddidwylledd na'i addewid fawr, addewid a dorrwyd yn fyr ac yntau ym mlodau'i ddyddiau.

Casglwyd detholiad o farddoniaeth a rhyddiaith Alun Lewis ynghyd gan Ian Hamilton (1966) a golygwyd cyfrol arall o'i waith gan Jeremy Hooker a Gweno Lewis yn 1981. Cyhoeddwyd ysgrif ar fywyd a gwaith y llenor gan Alun John yn y gyfres *Writers of Wales* (1970). Gweler hefyd y rhifyn arbennig o *Poetry Wales* (1982) sy'n trafod ei waith. Golygwyd casgliad o amryfal weithiau Alun Lewis yn cynnwys cerddi a rhyddiaith nas cyhoeddwyd yn flaenorol gan John Pikoulis (1982); ef hefyd yw awdur *Alun Lewis, a Life* (1984; ail arg., 1991). Ysgrifennodd John Pikoulis nifer o erthyglau beirniadol ar Lewis; y ddiweddaraf ohonynt yw 'Journeying towards the end' yn *Planet* (rhif. 113 Hyd./Tach. 1995) ac arolwg o 'The Poetry of the Second World War' yn *British Poetry, 1900–50* (1995). Golygwyd *Collected Stories* (1990) a *Collected Poems* (1994) gan Cary Archard, a *Letters to My Wife* (1989) gan Gweno Lewis. Gweler hefyd John Harris, *A Bibliographical Guide to Twenty-four Modern Anglo-Welsh Writers* (1994).

LEWIS, ALUN TUDOR (1905–86), storïwr. Fe' ganed yn Llandudno, Caern., a'i addysgu yng Ngholeg Prifysgol Gogledd Cymru, Bangor, lle y graddiodd mewn Mathemateg; bu'n athro Mathemateg wedyn yn Llanrwst am tua deng mlynedd ar hugain a gorffen e yrfa yn is-brifathro yno. Dewisodd arbenigo yn y stori fer ac yr oedd yn grefftwr disgybledig a chymesur yn y cyfrwng hwnnw. Cyhoeddodd Alun T. Lewis bum cyfrol: *Corlan Twsog* (1948), *Y Piser Trwm* (1957), *Blwyddyn o Garchar* (1962), *Y Dull Deg* (1973) a *Cesig Eira* (1979); casgliad o storïau ac atgofion yw'r gyfrol *Dringo dan Ganu* (1985).

LEWIS, CERI WILLIAMS (1926–), ysgolhaig, brodor o Dreorci, Cwm Rhondda, ac yno y mae'n byw. Mab i löwr ydyw, a bu'n gweithio dan y ddaear ym mhwll glo Cwm-parc am bedair blynedd, yna cymerodd radd yn y Gymraeg (1952) a Hanes (1953) yng Ngholeg y Brifysgol, Caerdydd. Fe'i penodwyd i staff yr Adrannau Cymraeg a Hanes yn y Coleg yn 1953 a daeth yn Ddarlithydd yn Adran y Gymraeg bedair blynedd yn ddiweddarach. Rhoddwyd cadair bersonol iddo yn Adran y Gymraeg yn 1976; fe'i penodwyd yn Athro'r Gymraeg yn 1979.

I hanes pur y perthyn rhai o'i gyfraniadau, megis ei erthygl ar Gytundeb Woodstock (1247) yn *Cylchgrawn Hanes Cymru* (1964), a'i werthfawrogiad o waith William *Rees (1887–1978) a gyflwynwyd i'r hanesydd gan Gymdeithas Hanes Sir Frycheiniog yn 1968. Cymru yng nghyfnod y Rhufeiniaid a hanes cynnar yr Eglwys yw maes ei ymdriniaeth yn *Llên Cymru*, ac amlyga ei ddiddordeb yn yr *Eglwys Geltaidd a'r ymrafaelion ynghylch esgobaeth Llandaf yn ystod cyfnod y Norman. *Cyfundrefn y Beirdd yw pwnc ei benodau yn *A Guide to Welsh Literature* (cyf. I a II, gol. A. O. H. Jarman a Gwilym Rees Hughes, 1976, 1979; cyf. III, gol. R. Geraint Gruffydd, 1997). Ysgrifennodd ddwy bennod fanwl yn *The Glamorgan County History* (cyf. III a IV, 1971, 1974). Diddordebau eraill o'i eiddo yw ieitheg a gramadeg: cyfrannodd benodau sylweddol ar yr iaith Gymraeg i *The Cardiff Region* (1960) a *Rhondda Past and Future* (1975), ac ar yr ieithoedd Celtaidd i nifer o wyddoniaduron. Y mae wedi cyfrannu cyfrol ar Iolo Morganwg (Edward *Williams) i'r gyfres *Llên y Llenor* (1995), a bu'n olygydd *Llên Cymru* rhwng 1986 ac 1996.

Lewis, David (1617–79) neu **Charles Baker**, merthyr ac offeiriad. Fe'i ganed yn Y Fenni, Myn., yn fab i Babyddes. Ymddengys iddo gydymffurfio nes iddo gael tröedigaeth i Babyddiaeth yn dair ar ddeg oed tra oedd ar ymweliad â Pharis. Fe'i hurddwyd yn offeiriad yn 1642, a thair blynedd yn ddiweddarach ymunodd â'r Iesuwyr (gweler o dan CYMDEITHAS YR IESU) a threuliodd weddill ei oes yn gweinidogaethu i lu o deuluoedd Pabyddol yn ne Cymru, gan fyw am flynyddoedd gyda Morganiaid Llantarnam, Myn. Fe'i hadnabyddid fel 'Tad y Tlodion' ac er y mynegid cwynion o'i blegid yn fynych ni flinwyd arno hyd cyfnod ansicr y Cynllwyn Pabyddol yn 1678. Ar or-chymyn John Arnold o Lanfihangel Crucornau, Aelod

Seneddol y cylch a heliwr offeiriaid penboeth, restiwyd Lewis ar y ffordd i wasanaeth yr offeren, ac fe'i dienyddiwyd ym Mrynbuga, 27 Awst 1679. Dywedir i'r crogwr swyddogol wrthod ymgymryd â'r gwaith. Taflodd y dorf gerrig at ddrwgweithredwr a oedd yn barod i wneud y gwaith yn gyfnewid am ei ryddid. Yn y diwedd darbwyllwyd gof i ladd Lewis. Ar y crocbren siaradodd yr offeiriad yn Gymraeg, mynegodd ei gredo ac eglurodd paham yr oedd yn rhaid iddo ddioddef o'u plegid. Fe'i canoneiddiwyd gan y Pab Pawl VI yn 1970 yn un o *Ddeugain Merthyr Lloegr a Chymru ac y mae pererinion yn dal i ymweld â'i fedd.

LEWIS, DAVID (1683?–1760), bardd a aned yn Llanddewi Felffre, Penf., ac a addysgwyd yng Ngholeg Iesu, Rhydychen. Cyhoeddodd gasgliad o gerddi yn dwyn y teitl *Miscellaneous Poems by Several Hands* (1726); ceir ynddo gyfieithiadau o waith Martial, Horas ac Anacreon, ynghyd â cherddi gan John *Dyer ac Alexander Pope. Ni ellir adnabod cyfraniad Lewis ei hun i'r gyfrol. Cyhoeddodd yn ogystal *Philip of Macedon* (1726), trasiedi ar fesur di-odl, a gyflwynodd i Alexander Pope, ac ail gasgliad o gerddi, *Collection of Miscellany Poems* (1730).

LEWIS, EDWARD ARTHUR (1880–1942), hanesydd, brodor o Langurig, Tfn., a addysgwyd yn Ngholeg Prifysgol Cymru, Aberystwyth, ac Ysgol Economeg Llundain. Fe'i penodwyd i ddarlithio ar Hanes Cymru yn Aberystwyth yn 1910, yn Athro Econ-omeg yn 1912, ac ef oedd yr Athro cyntaf i ddal Cadair Hanes Cymru Syr John Williams yn y Coleg yn 1930. Ei brif ddiddordebau oedd hanes cymdeithasol ac economaidd Cymru. Yn ganlyniad i'w ymchwiliadau cynnar i ddirywiad y gyfundrefn lwythol yng Nghymru, cyhoeddodd astudiaeth arloesol yn y maes hwnnw yn *Nhrafodion Anrhydeddus Gymdeithas y *Cymmrodor-ion* yn 1903. Gosododd ei lyfr *The Mediaeval Boroughs of Snowdonia* (1912) sylfeini astudiaethau diweddarach i hanes trefol yng Nghymru, a chydnabyddir ef hyd heddiw fel gwaith safonol ar y pwnc. Yr oedd y cyfraniadau a wnaeth i hanes economaidd, ac yn ddiweddarach i hanes gweinyddol, cyfreithiol a masnachol Cymru yn yr Oesoedd Canol, yn ei gyfnod, yn werthfawr, ond pwys-icach yw'r golygu a wnaeth ar ffynonellau gwreiddiol megis *Welsh Port Books, 1550–1603* (1927), *Early Chancery Proceedings Concerning Wales* (1937) a *Records of the Court of Augmentations Relating to Wales and Monmouthshire* (1950).

LEWIS, EILUNED (1900–79), nofelydd a bardd. Fe'i ganed yn Y Drenewydd, Tfn., a'i haddysgu yng Ngholeg Westfield, ym Mhrifysgol Llundain, cyn iddi fynd yn newyddiadurwraig i Stryd y Fflyd; bu'n gynorthwyydd i olygydd y *Sunday Times* o 1931 hyd 1936. Yn ei nofel gyntaf, *Dew on the Grass* (1934), disgrifia ei phlentyndod yng Nghymru a hynny yn gwbl ddi-sentiment, ond gan lwyddo i greu naws freuddwydiol; cafodd ganmoliaeth gan feirniaid Lloegr a Medal Aur y *Book Guild* am nofel orau'r flwyddyn. Wedyn cyhoeddodd ddwy gyfrol o gerddi, *December Apples* (1935) a *Morning Songs* (1944), sy'n cynnwys y rhan fwyaf o gerddi ei chyfrol gyntaf; gyda'i brawd, Peter Lewis, cyhoeddodd lyfr daearyddol, *The Land of Wales* (1937). Lleolir ei nofel *The Captain's Wife* (1943) ym Mhenfro tua diwedd y bedwaredd ganrif ar bymtheg yn y gymdeithas forwrol ac amaethyddol yr hanoedd teulu ei mam ohoni; cyfieithwyd hon i'r Gymraeg gan Gwyneth Wheldon dan y teitl *Gwraig y Capten* (1982). Fe'i dilynwyd gan gasgliad o ysgrifau, *In Country Places* (1951), nofel arall, *The Leaves of the Tree* (1953), a *Honey Pots and Brandy Bottles* (1954), hanes blwyddyn ym mywyd gwraig o gefn gwlad. Ar ôl ei phriodas bu Eiluned Lewis fyw yn Surrey a golygodd ddetholiad o lythyrau Charles Morgan (1967), gŵr Hilda *Vaughan.

LEWIS, ELIS (*fl.* 1640–69), cyfieithydd a aned yn Llanuwchllyn, Meir. Ymddangosodd ei gyfieithiad Cymraeg o lyfr Ralph Winterton, *The Considerations of Drexelius upon Eternitie* (1636, 1646) yn 1661, sef y fersiwn Saesneg o *De Aeternitate Considerationes* Drexelius, Iesuwr, athro'r ieithoedd Groeg a Lladin yn Augsburg a Dillingen, a phregethwr y llys i Elector Bafaria. Disgrifir Lewis yn nheitl llawn y llyfr fel gŵr bonheddig. Yn y gyfrol Gymraeg, sy'n cynnwys dwy weddi nas ceir gan Drexelius a Winterton, ceir hefyd folawdau i'r cyfieithydd gan John *Vaughan, Elis Anwyl, Edward *Morris a William a Gruffydd Phylip (gweler o dan PHYLIPIAID ARDUDWY).

LEWIS, EMYR (1957–), bardd a aned yn Llundain a'i fagu yng Nghaerdydd. Addysgwyd ef ym Mhrifysgol Caer-grawnt, lle y bu'n astudio Saesneg, a Choleg Prifysgol Cymru, Aberystwyth. Y mae'n gyfreithiwr wrth ei alwedigaeth. Enillodd *Gadair yr Eisteddfod Genedlaethol yn 1994, a chyhoeddwyd cyfrol o'i gerddi, *Chwarae Mig*, yn 1995. Bardd sy'n rhagori yn ei ganu cynganeddol ydyw, ac y mae nifer o'i themâu yn ymwneud â'i fagwraeth ddinesig yng Nghaerdydd, ond y mae'n rhyngwladol gyfoes ei olygwedd ar yr un pryd, gyda llawer o ddychan ac eironi yn blaenllymu ei arddull delynegol.

LEWIS, GEORGE (1763–1822), diwinydd, a aned ger Tre-lech, Caerf. Bu'n weinidog am flynyddoedd yn Llanuwchllyn, Meir., daeth yn bennaeth ar Athrofa'r Annibynwyr yn Wrecsam yn 1812 a thair blynedd yn ddiweddarach symudodd gyda hi i Lanfyllin ac wedyn i'r Drenewydd. Ef yn ddi-os a luniodd esboniadau Beiblaidd praffaf ei gyfnod, gweithiau sy'n nodedig am eu hysgolheictod manwl a'u beirniadaeth gytbwys. Ei waith mawr yw *Drych Ysgrythyrol* (1796), fu'n werslyfr safonol hyd ddiwedd y bedwaredd ganrif ar bymtheg.

Am ragor o fanylion gweler R. Tudur Jones, *Hanes Annibynwyr Cymru* (1966).

LEWIS, GEORGE CORNEWALL (1806–63), awdur politicaidd a gwleidydd o Dre'r Delyn, Maesd., a gafodd yrfa seneddol ddisglair dan yr Arglwydd Palmerston. Bu'n Aelod Seneddol dros Fwrdeistrefi Maesyfed, yn Ganghellor y Trysorlys (1855–58) ac yn Ysgrifennydd Gwladol (1859–61) ac yn Ysgrifennydd Rhyfel (1861–63). Yr oedd yn ysgolhaig, amlygodd allu mawr ym myd arian ac yr oedd hefyd yn ŵr ffraeth a phriodolir iddo ef y sylw, 'Life would be tolerable but for its amusements'. Yr oedd ei ddiddordebau llenyddol yn cynnwys golygu *The Edinburgh Review* (1852–55). Y pwysicaf o'i gyhoeddiadau yw *Remarks on the Use and Abuse of some Political Terms* (1832), *The Government of Dependencies* (1841) a'i draethawd *On the Influence of Authority in Matters of Opinion* (1849). Golygwyd ei *Letters* gan G. F. Lewis yn 1870.

LEWIS, GWYNETH (1959–), bardd, a aned yng Nghaerdydd ac a astudiodd Saesneg yng Nghaer-grawnt cyn dilyn cyrsiau ysgrifennu creadigol yn Columbia a Harvard a dychwelyd wedyn i Rydychen i gwblhau Ph.D. ar weithiau Iolo Morganwg (Edward *Williams). Treuliodd gyfnod fel newyddiadurwraig yn Efrog Newydd a'r Philippines, ond bellach y mae'n gynhyrchydd teledu yng Nghaerdydd. Wedi iddi ennill y wobr lenyddol ddwywaith yn Eisteddfod *Urdd Gobaith Cymru, yn 1977 ac 1978, cyhoeddwyd ei gwaith mewn dau bamffledyn, *Llwybrau Bywyd* ac *Ar y Groesffordd*, cyn ei grynhoi yn y gyfrol *Sonedau Redsa* (1990). Codwyd teitl y gyfrol honno o gyfres o bymtheg soned a gyflwynwyd, fel anrheg bedydd, i'w merch fedydd, Redsa, a aned yn ystod y cyffro a arweiniodd at gwymp teulu Marcos yn 1986. Cyhoeddodd yn 1996 ei hail gyfrol o gerddi Cymraeg, *Cyfrif Un ac Un yn Dri*, sy'n cynnwys dau ddilyniant, 'Cyfannu' a 'Dolenni'.

Cafodd cyfrol gyntaf Gwyneth Lewis yn y Saesneg, *Parables and Faxes* (1995), groeso a chlod dibrin o lawer cyfeiriad. Enillodd wobr Gŵyl Farddoniaeth Aldeburgh am gyfrol gyntaf, a chyrhaeddodd restr fer Gwobr Forward. Hwyrach fod rhyw gymaint o ddylanwad ôl-foderniaeth i'w weld ar hyblygrwydd mynegiant cerddi sy'n trin geiriau yn chwareus er mwyn archwilio ansicrwydd gwaelodol pob barn ddynol ac amhosibilrwydd cyrraedd at weledigaeth hollol ddiduedd a chwbl gyflawn. Ymddengys yr amheuon hyn amlycaf yn y gyfres uchelgeisiol a roes deitl i'r llyfr, lle y mae 'dameg' yn gyfystyr â deongliadau dychmygus o'r byd, tra bo 'ffacs' yn dynodi'r ymgais i'w ddisgrifio'n ddiddychymyg. Ynghyd â barddoniaeth Oliver *Reynolds a Stephen *Knight, y mae gwaith Gwyneth Lewis yn cynrychioli datblygiad newydd, addawol, yn llên Saesneg Cymru, tra bo'r cerddi diddorol a gafwyd ganddi yn y Gymraeg yn arwyddo cred ei chenhedlaeth hi fod modd i awdur ysgrifennu yr un mor hyderus a'r un mor rhwydd yn y ddwy iaith.

Gweler y cyfweliad â'r bardd yn *Poetry Wales* (cyf. XXXI, rhif. 2, 1995).

LEWIS, HENRY (1889–1968), ysgolhaig ac Athro cyntaf y Gymraeg yng Ngholeg y Brifysgol Abertawe. Fe'i ganed yn Ynystawe, Morg., a'i addysgu yng Ngholeg y Brifysgol, Caerdydd; penodwyd ef yn ddarlithydd cynorthwyol yn Adran y Gymraeg yn ei hen Goleg yn 1918 ac yn Athro'r Gymraeg yng Ngholeg y Brifysgol Abertawe ddwy flynedd yn ddiweddarach. Ei egni a'i frwdfrydedd ef a fu'n bennaf gyfrifol am lewyrch Astudiaethau Celtaidd yn Abertawe.

Yr oedd maes ei ddiddordeb yn un pur eang. Paratoes un o'r argraffiadau safonol cynharaf o farddoniaeth y *Gogynfeirdd, Hen Gerddi Crefyddol* (1931), yn ogystal â nifer o destunau rhyddiaith Gymraeg Canol, *Chwedleu Seith Doethon Rufein* (1925), *Delw y Byd* (gyda Pol Diverres, 1928), *Brut Dingestow* (1942), a rhai Cymraeg Diweddar Cynnar. Yr oedd yn un o olygyddion y gyfrol *Cywyddau Iolo Goch ac Eraill* (1925, 1937), a chyhoeddodd astudiaethau ar bynciau mor amrywiol â llyfryddiaeth Gymraeg, Hugh *Jones, Maesglasau, ac Edward *Matthews (Matthews Ewenni) a gwnaeth gyfraniadau arloesol i faes Ieitheg Geltaidd gymharol ac i'r astudiaeth o gystrawen y frawddeg Gymraeg. Cyhoeddwyd *Vergleichende Grammatik der keltischen Sprachen* Holger Pedersen yn 1909 ac 1913, ac at Henry Lewis y trowyd am wybodaeth arbenigol o'r ieithoedd Brythonig wrth baratoi'r fersiwn Saesneg yn 1937, *A Concise Comparative Celtic Grammar* (1937). Yn *Yr Elfen Ladin yn yr Iaith Gymraeg* (1943) rhoes Henry Lewis ddadansoddiad cynhwysfawr o ddatblygiad seiniau'r Lladin yn y Gymraeg a gosododd ramadeg Llydaweg Canol a Chernyweg Canol ar lwybr sicr wrth baratoi llawlyfrau'r ieithoedd hynny yn 1922 a 1923.

Cystrawen oedd ei brif ddiddordeb arall ac ar lawer cyfrif ei ddarlith *The Sentence in Welsh* (1943) a'i astudiaethau o gystrawennau Hen Gymraeg yw man cychwyn astudiaethau diweddar. Llwyddodd i gyfleu dyrys bynciau ieitheg gymharol mewn ffordd fyw i leygwyr yn ei gyfrol, *Datblygiad yr Iaith Gymraeg* (1931). Gwelir yr un awydd i ddefnyddio ei ddysg y tu allan i furiau'r Coleg yn ei lafur mawr yn paratoi argraffiad o'r *Beibl yn yr orgraff safonol ddiweddar ac yn cydolygu *Beibl y Plant* (1929) a'r *Caniedydd* (1960).

Lluniodd D. Ellis Evans restr gyflawn o gyhoeddiadau Henry Lewis yng *Nghylchgrawn* y Gymdeithas Lyfryddol Gymreig (cyf. X); gweler hefyd y deyrnged iddo gan T. J. Morgan yn *Studia Celtica* (cyf. IV, 1969).

LEWIS, HOWELL ELVET (Elfed; 1860–1953), gweinidog, bardd ac emynydd; fe'i ganed yng Nghynwyl Elfed, Caerf. Cafodd ei addysgu yn y Coleg Presbyteraidd, Caerfyrddin, a bu'n weinidog ar eglwysi yn Lloegr a Chymru am y rhan fwyaf o'i oes. Yn y Tabernacl, King's Cross, Llundain (1898–1940), denai ei bregethau gynulleidfaoedd o *Gymry Llundain. Bu'n Archdderwydd o 1924 hyd 1928 ac enillodd *Goron yr Eisteddfod Genedlaethol yn 1888 ac 1891 a'r *Gadair yn 1894. Y mae iddo bwysigrwydd yn hanes barddoniaeth Gymraeg fodern gan iddo arddel safonau ysgolion barddonol Islwyn (William *Thomas) a John *Morris-Jones; gwnaeth ei gyfraniad mwyaf parhaol gyda'i gyfrol *Caniadau* (2 gyf., 1895, 1901). Er bod peth o'i farddoniaeth gymdeithasol Sosialaidd a gwladgarol wedi ennill bri iddo, ei delynegion rhamantaidd am dlysni natur oedd yn boblogaidd, yn arbennig y cerddi 'Gwyn ap Nudd', 'Pan Ddaw'r Nos' ac 'Y Ddau Frawd'. Ni pherthyn dim arbenigrwydd i'w farddoniaeth, ac eithrio ei emynau.

Myfyrdodau defosiynol telynegol ydyw'r rheini ar y cyfan, ond dangosant ôl darllen eang mewn emynyddiaeth Gymraeg ac estron. Y maent yn fwy synhwyrus nag emynau'r oes o'i flaen; yn eu plith y mae 'Rho im yr hedd', 'Na foed cydweithiwyr Duw', 'Glanha dy Eglwys' a 'Cofia'n Gwlad'; cenir yr olaf o'r rhain yn aml mewn cyfarfodydd gwladgarol ac fe'i gelwir yn ail anthem genedlaethol Cymru. Ymhlith ei emynau Saesneg gellir enwi '*Lamb of God, unblemished*', '*Whom oceans part, O Lord, unite*', '*The Light of the morning is breaking*' a '*The Days that were, the days that are*'. Ef hefyd oedd awdur *Sweet Singers of Wales* (c.1890), sef astudiaeth o emynau Cymraeg a'u hawduron.

Er bod iddo wendidau'r *Bardd Newydd, yr oedd gan Elfed wybodaeth helaeth o hanes ein llenyddiaeth, er heb lawer o dreiddgarwch dadansoddol. Yn ogystal â'i astudiaethau o emynyddiaeth Gymraeg ysgrifennodd hanes y bregeth Gymraeg; moesol yn hytrach na diwinyddol yw cynnwys ei gyfrolau *Planu Coed* (1894) a *Lampau'r Hwyr* (1945). Ymhlith ei gasgliadau o gerddi Saesneg gellir enwi *My Christ and Other Poems* (1891), *Israel and Other Poems* (1930) a *Songs of Assisi* (1938). Cyhoeddodd hefyd astudiaethau o waith J. Ceiriog *Hughes (1899), Ann *Griffiths (1903) a Morgan *Rhys (1910), a gwnaeth gyfraniad pwysig fel un o olygyddion *Y Caniedydd Cynulleidfaol* (1895), *Y Caniedydd Cynulleidfaol Newydd* (1921) ac *Y Caniedydd* (1960).

Cyhoeddwyd cofiant i Elfed gan Emlyn G. Jenkins (1957); gweler hefyd yr astudiaethau beirniadol gan E. Curig Davies (1954) a Dafydd Owen (1965) a'r erthyglau gan H. Idris Bell yn *Nhrafodion* Anrhydeddus Gymdeithas y Cymmrodorion (1940) a chan R. M. Jones yn *Llenyddiaeth Gymraeg 1902–1936* (1987).

LEWIS, HUGH (1562–1634), clerigwr a chyfieithydd; fe'i ganed ym Modellog, ger Caernarfon, a'i addysgu yng Ngholeg yr Holl Eneidiau, Rhydychen, lle y dwyshawyd ei ddiddordeb mewn llenyddiaeth Gymraeg a Phrotestaniaeth. Rhoddwyd bywoliaeth Llanddeiniolen iddo yn 1598, a daeth yn Ganghellor Eglwys Gadeiriol Bangor yn 1608 ac yn 1623 olynodd Edmwnd *Prys fel rheithor Ffestiniog a Maentwrog. Ei brif waith llenyddol yw *Perl mewn Adfyd* (1595), cyfieithiad o drydydd argraffiad *A Spyrytuall and moost Precious Pearle*, gan Miles Coverdale; cyfieithiad oedd hwnnw o draethawd gan Otto Werdmüller o Zürich (1548). Argraffwyd y cyfieithiad Cymraeg yn Rhydychen gan Joseph Barnes, y llyfr Cymraeg cyntaf a argraffwyd yno, a'r bwriad oedd dyrchafu moesau'r Cymry a hybu'r defnydd o'r iaith. Ar brydiau trwy grynhoi neu ymhelaethu ar y gwreiddiol, dengys Lewis ei fod yn ysgolhaig a oedd yn gyfarwydd â llenyddiaeth Gymraeg er iddo ddefnyddio rai ymadroddion llafar. Er hyn nid yw ansawdd y cyfieithiad i'w gymharu o ran arddull â champwaith Morris *Kyffin, *Deffynniad Ffydd Eglwys Loegr*, a ymddangosodd rai misoedd ynghynt. Fe'i hailargraffwyd yn 1929 gyda rhagymadrodd gan W. J. *Gruffydd.

LEWIS, HYWEL DAVID (1910–92), athronydd a diwinydd. Fe'i ganed yn Llandudno, Caern., a'i addysgu yng Ngholeg Prifysgol Gogledd Cymru, Bangor, a Choleg Iesu, Rhydychen. Bu'n athro Hanes ac Athroniaeth Crefydd yng Ngholeg Prifysgol Llundain hyd ei ymddeoliad yn 1975. Ymhlith ei gyhoeddiadau gellir enwi *Gweriniaeth* (1940), *Y Wladwriaeth a'i Hawdurdod* (gyda J. A. Thomas, 1943), *Ebyrth* (1943), *Diogelu Diwylliant* (1945), *Crist a Heddwch* (1947), *Morals and the New Theology* (1947), *Morals and Revelation* (1951), *Dilyn Crist* (1951), *Gwybod am Dduw* (1952), *Our Experience of God* (1959), *Freedom and History* (1962), *World Religions* (gydag R. L. Slater, 1966), *Dreaming and Experience* (1968), *The Elusive Mind* (1969), *Hen a Newydd* (1972), *The Self and Immortality* (1973), *Persons and Life after Death* (1978) a *Pwy yw Iesu Grist?* (1979).

LEWIS, JOHN (1548?–1616?), hanesydd, o Lynwene, Llanfihangel Nant Melan, Maesd. Fe'i ganed yn Nhre'r Delyn ym mhlwyf Pencraig a thua 1570 fe'i galwyd i'r Bar yn Lincoln's Inn. Yr oedd yn awdur un gwaith cyhoeddedig yn unig, sef *The History of Great Britain . . . til the Death of Cadwaladr* (1729) a olygwyd dros ganrif wedi iddo farw gan yr achyddwr Hugh Thomas (1673–1720) a fu farw ei hun cyn iddo ymddangos. Wedi ei rwymo gyda'r gyfrol yr oedd cyfieithiad Saesneg gan Thomas Twyne o *The Breviary of Britayne*, gan Humphrey *Llwyd. Ysgrifennwyd yr *History*, a gyflwynwyd i Iago I, er mwyn gwrthbrofi Polydore Vergil, cyfiawnhau *Sieffre o Fynwy er amddiffyn hanes traddodiadol Cymru a chlodfori teulu Stuart. Ceir gweithiau eraill gan Lewis ymhlith Llawysgrifau *Peniarth, ac yr oedd nifer o'r llawysgrifau yn ei feddiant ac yn eu plith rhan o'i 'Ecclesiastical History of the Britains til St Augustin's Tyme'.

Ceir manylion pellach yn Nhrafodion Cymdeithas Sir Faesyfed (cyf. xxx, 1960) ac ysgrif gan Ffransis G. Payne yn ei gyfrol *Cwysau* (1980).

LEWIS, JOHN (*fl.* 1646–65), pamffledwr Piwritanaidd o'r Glasgrug, Cer. Ei waith cyhoeddedig cyntaf oedd *Contemplations upon these Times* (1646), pamffled a ysgrifennwyd i gefnogi'r Senedd yn ei hymdrechion i ddod i gyfaddawd â'r Brenin Siarl I er mwyn diweddu'r *Rhyfel Cartref a rhoi taw ar y Piwritaniaid eithafol a oedd wedi ymddangos yn sgîl y rhyfel. Awgrymodd y dylid sefydlu colegau i hyfforddi gweinidogion i Gymru; ond ar gyfnod pan oedd rhai Piwritaniaid yn galw am ddifetha prifysgolion Lloegr, dangosodd ei geidwadaeth trwy bwysleisio na ddylai'r fath golegau niweidio statws Caer-grawnt a Rhydychen. Y mae penodiad Lewis i fod yn Gomisiynydd i Gymru dan *Ddeddf Taenu'r Efengyl (1650) yn arwydd o'i barodrwydd i gyfaddawdu, oblegid yr oedd y mwyafrif o'r Presbyteriaid ceidwadol wedi troi eu cefn ar wleidyddiaeth erbyn hyn fel protest yn erbyn dienyddiad y Brenin yn 1649. Daeth John Lewis yn Ynad Heddwch dros Geredigion ychydig ar ôl iddo gyhoeddi'r pamffled, *Some Seasonable and Modest Thoughts* (1656), sef ei ymateb i benderfyniad Oliver Cromwell i ddod yn Arglwydd Amddiffynnydd Lloegr.

Lewis, John David (1859–1914), argraffydd a chyhoeddwr, o Landysul, Cer. Mab groser a chanddo ddiddordebau llenyddol ydoedd: gwerthai lyfrau yn siop ei dad, ac yn 1892 prynodd beiriannau ac ymsefydlu'n argraffydd yn y pentref. Erbyn 1908 rhoddwyd yr enw Gwasg Gomer ar y cwmni, er cof am Joseph *Harris (Gomer). Sefydlodd William J. Jones (1883–1955), y prif argraffydd cyntaf, safonau argraffu uchel ac y mae'r wasg yn enwog amdanynt o hyd. Prynodd Gwasg Gomer Wasg Caxton Hall, Llanbedr Pont Steffan, yn 1929 a Gwasg Aberystwyth yn 1945. Wedi marw J. D. Lewis gafaelodd ei fab hynaf, David, yn awenau'r busnes; ymunodd ei frodyr, Edward, Rhys ac Emrys, ag ef yn ddiweddarach, ac fe'u dilynwyd hwythau gan y cefndyr J. Huw Lewis a John H. Lewis. Ymddeolodd J. Huw Lewis yn 1995 a John H. Lewis yn 1997. Y cyfarwyddwyr presennol yw Jonathan Lewis (mab John H. Lewis) a Dyfed Elis-Gruffydd.

Y mae enw'r cwmni fel cyhoeddwr yn gorffwys ar restr sydd yn cynnwys llawer o awduron pwysig yr ugeinfed ganrif, a T. H. *Parry-Williams, Gwenallt (David James *Jones), D. J. *Williams, Waldo *Williams, T. Rowland *Hughes ac Islwyn Ffowc *Elis yn eu plith, ac ar ei chyfraniad i ddatblygiadau ym maes cynhyrchu llyfrau Cymraeg. Cyhoeddir yn flynyddol oddeutu cant o deitlau newydd, dwy ran o dair ohonynt yn llyfrau Cymraeg i blant ac oedolion a'r gweddill yn gyfrolau Saesneg. Yn ogystal, cyhoeddodd Y *Genhinen o 1950 nes i'r cylchgrawn gael ei ddirwyn i ben yn 1980.

Ceir manylion pellach am J. D. Lewis a hanes cynnar y wasg mewn erthygl gan J. Tysul Jones yn *Ceredigion*, cylchgrawn Cymdeithas Hynafiaethol Ceredigion (1976), ac yn yr ysgrif 'Canmlynedd o Gyhoeddi: Gwasg Gomer 1893–1992' gan Dyfed Elis-Gruffydd yn *Gwarchod y Gwreiddiau* (gol. Rheinallt Llwyd, 1996).

Lewis, Lewis (Lewsyn yr Heliwr; 1793–1848), gweler o dan MERTHYR, GWRTHRYFEL (1831).

LEWIS, LEWIS HAYDN (1903–85), bardd a aned yn Aberaeron, Cer., ac a addysgwyd yng Ngholeg Prifysgol Cymru, Aberystwyth, a Choleg Exeter, Rhydychen. Bu'n weinidog gyda'r Presbyteriaid ym Mhontarfynach, Cer., hyd 1935 ac yn Nhonpentre, y Rhondda, nes iddo ymddeol yn 1973. Cyhoeddodd bedair cyfrol o gerddi, *Cerddi Cyfnod* (1963), *Cerddi Argyfwng* (1966), *Eisin* (1969) a *Meini ac Olion* (1975). Enillodd y *Goron yn yr Eisteddfod Genedlaethol yn 1961 ac 1968.

LEWIS, LEWIS WILLIAM (Llew Llwyfo; 1831–1901), bardd, nofelydd a newyddiadurwr, a aned ym Mhen-sarn, Llanwenllwyfo, Môn. Bu'n gweithio pan oedd yn fachgen yng ngwaith copr Mynydd Parys, ger Amlwch, a bu'n brentis i ddilladwr ym Mangor. O tua 1850 enillai ei damaid fel newyddiadurwr a sefydlodd neu golygodd nifer o bapurau newydd Cymraeg; bu'n byw yng ngogledd a de Cymru, Lerpwl, ac yn America. Daeth yn un o ffigurau cyhoeddus mwyaf poblogaidd y bedwaredd ganrif ar bymtheg fel canwr ac arweinydd eisteddfodol. Mynegodd R. Williams *Parry yn un o'i gerddi ei hiraeth am yr 'hen amseroedd', ac y mae'r llinell 'y Llew oedd ar y llwyfan' yn cyfeirio ato ef. Fe'i trawyd â'r parlys yn saith a deugain mlwydd oed a chafodd ddiwedd oes digon helbulus a thlawd, a threuliodd gyfnod yn nhloty Llangefni.

Ysgrifennodd nifer fawr o weithiau arwrol, ac enillodd lu o wobrau am ei gerddi epig: ceir detholiad ohonynt yn y cyfrolau *Awen Ieuanc* (1851), *Gemau Llwyfo* (1868), *Y Creadur* (1868) a *Buddugoliaeth y Groes* (1880). Propaganda dros *Ddirwest yw ei nofelau ond y mae rhai golygfeydd bywiog ynddynt. Cyhoeddwyd *Llewelyn Parri: neu y Meddwyn Diwygiedig* (1855), a dilynwyd hon gan nofelau darllenadwy eraill: *Huw Huws neu y Llafurwr Cymreig* (1860), *Cyfrinach Cwm Erfin* (d.d.) ac *Y Wledd a'r Wyrth* (d.d.). Cyhoeddodd hefyd argraffiad o *Drych y Prif Oesoedd* (1883) gan Theophilus *Evans sy'n cynnwys rhagair o'i eiddo ef ei hun, a chyfrol o gyfieithiadau Saesneg o gerddi Cymraeg. 'Artist yn Philistia' ydoedd Llew Llwyfo yn ôl D. Tecwyn *Lloyd, am fod materoliaeth a pharchusrwydd ei oes wedi lladd yr asbri yr oedd Llew Llwyfo yn nodweddiadol ohono.

Ceir manylion pellach mewn erthygl gan D. Tecwyn Lloyd yn *Barn* (rhif. 17 a 18, 1964).

Lewis, Richard (Dic Penderyn; 1808–31), gweler o dan MERTHYR, GWRTHRYFEL (1831).

LÉWIS, ROBYN (Robyn Llŷn; 1929–), llenor, a aned yn Llangollen, Dinb., a'i addysgu yng Ngholeg Prifysgol Cymru, Aberystwyth. Bargyfreithiwr (cyfreithiwr gynt) ydyw wrth ei alwedigaeth ac yr oedd yn Ddirprwy Farnwr yn Llys y Goron i Gylchdaith

Cymru a Chaer. O 1971 hyd 1977 yr oedd yn Islywydd *Plaid Cymru. Y mae wedi ysgrifennu cryn dipyn am statws cyfreithiol yr iaith Gymraeg, gan gynnwys y llyfrau *Second-class Citizen* (1960), *Y Gymraeg a'r Cyngor* (1972), *Termau Cyfraith: Legal Terms* (1972), *Iaith a Senedd* (1973), *Trefn Llysoedd Ynadon a'r Iaith Gymraeg* (1974) a *Cyfiawnder Dwyieithog?* (1997). Ymhlith ei gasgliadau o ysgrifau ceir *Od-Odiaeth* (1967), *Esgid yn Gwasgu* (1980), y gyfrol a enillodd iddo *Fedal Ryddiaith yr Eisteddfod Genedlaethol, *Gefynnau Traddodiad* (1983), a'r tair cyfrol o ysgrifau o dan y teitl *Cymreictod Gweladwy*, sef *Rhith a Ffaith* (1994), *Troi'n Alltud* (1996) a *Damcanu a Ballu* (1997). Y mae hefyd wedi cyhoeddi *Ai dyma Blaid Cymru Heddiw?* (1971), casgliad o storïau ysgafn, *Tafod mewn Boch?* (1990), *Geiriadur y Gyfraith* (1992) a *Blas ar Iaith Cwmderi* (1993).

LEWIS, ROY (1922–88), ysgolhaig ac awdur a aned yn swydd Gaer a'i fagu yn Solihull. Dysgodd y Gymraeg ac yn 1946 ymgartrefodd yng Nghaerdydd lle y gweithiodd ar staff *Plaid Cymru. Yn ddiweddarach astudiodd Ffrangeg yng Ngholeg y Brifysgol Abertawe ac fe'i penodwyd yn Ddarlithydd mewn Ffrangeg yno yn 1958. O 1961 hyd 1964 golygodd bapur newydd Plaid Cymru, *Y *Ddraig Goch. Yn 1973 fe'i penodwyd i'r Gadair Ieithoedd Modern ym Mhrifysgol Rhodesia yn Salisbury. Dair blynedd yn ddiweddarach daeth yn Bennaeth yr Adran Ffrangeg yn Ysgol Gyfun Ystalyfera ond ymddeolodd yn gynnar oherwydd cyflwr ei iechyd. Cyhoeddodd nofel, *Curt y Gŵr Drwg* (1978), a chasgliad o storïau byrion, *Dawns Angau* (1981), yn ogystal â gwaith ysgolheigaidd, *On Reading French Verse: a Study of Poetic Form* (1982).

Am fanylion pellach gweler teyrnged J. Gwyn Griffiths iddo yn *Y Faner* (13 Ion. 1989).

LEWIS, SAUNDERS (1893–1985), dramodydd, bardd, hanesydd a beirniad llenyddol. Ystyrir yn gyffredinol mai John Saunders Lewis yw prif ffigur llenyddol Cymraeg yr ugeinfed ganrif. Fe'i ganed yn Wallasey, sir Gaer, i deulu o Fethodistiaid Calfinaidd amlwg – yr oedd ei dad a'i daid ar ochr ei fam yn weinidogion – ac addysgwyd Saunders Lewis yn Ysgol Uwchradd Liscard i Fechgyn ac ym Mhrifysgol Lerpwl, lle yr astudiodd Saesneg a Ffrangeg. Torrwyd ar draws ei gwrs gan y Rhyfel Byd Cyntaf; bu'n swyddog gyda'r Cyffinwyr De Cymru yn Ffrainc, yr Eidal a gwlad Groeg. Ar ôl y rhyfel dychwelodd i Brifysgol Lerpwl a graddio gydag Anrhydedd Dosbarth Cyntaf mewn Saesneg, gan fynd ymlaen i ysgrifennu traethawd ar ddylanwadau Seisnig ar farddoniaeth glasurol Gymraeg y ddeunawfed ganrif; yr oedd hwn yn sail i'w lyfr *A School of Welsh Augustans* (1924). Bu'n llyfrgellydd ym Morgannwg am flwyddyn ac yna ymunodd ag Adran Gymraeg Coleg y Brifysgol Abertawe yn 1922 fel Darlithydd.

Yn 1925 yr oedd Saunders Lewis yn un o'r cwmni a gychwynnodd Blaid Genedlaethol Cymru (*Plaid Cymru yn ddiweddarach) a'r flwyddyn ddilynol fe'i gwnaethpwyd yn Llywydd arni. Fe'i derbyniwyd yn aelod o Eglwys Rufain, y buasai yn ysgrifennu o'i phlaid ers rhai blynyddoedd, yn 1932. Yn 1936 cyflawnodd ef ynghyd â D. J. *Williams a Lewis *Valentine weithred symbolaidd o ddifrodi trwy dân ddefnyddiau adeiladu a oedd wedi eu cynnull er mwyn codi Ysgol Fomio ar gyfer y Llu Awyr Brenhinol ym *Mhenyberth, Caern., digwyddiad a adwaenir fel y Tân yn Llŷn. Ar ôl ei ryddhau o'r carchar a'i ddiswyddo o'i waith yn Abertawe fe'i cynhaliodd ei hun drwy newyddiadura, dysgu mewn ysgolion, ffermio a pheth gwaith arolygu ysgolion cyn cael ei benodi yn 1952 yn Ddarlithydd ac yn ddiweddarach yn Uwch-ddarlithydd yn Adran Gymraeg Coleg y Brifysgol, Caerdydd. Yn ystod y cyfnod hwn ymwrthododd yn raddol â'r rhan fwyaf o'i weithgarwch penodol boliticaidd. Yr oedd yn newyddiadurwr politicaidd cynhyrchiol a medrus, yn enwedig yn Y Ddraig Goch (1926–37) ac yn *Baner ac Amserau Cymru (1939–51); casglwyd ynghyd ei ysgrifau o'r cyfnod cyntaf yn y gyfrol *Canlyn Arthur (1938). Yn 1957 ymddeolodd i'w gartref ym Mhenarth, ger Caerdydd, i ymroi i ysgrifennu, er iddo barhau i wneuthur datganiadau o bryd i'w gilydd ar gyflwr politicaidd ac ysbrydol cenedl y Cymry; bu'r enwocaf o'r datganiadau hyn, Darlith Flynyddol *BBC Cymru ar gyfer 1962, *Tynged yr Iaith, yn ddylanwad pwerus ar ddatblygiad cynnar *Cymdeithas yr Iaith Gymraeg.

Syfrdanol yw'r unig air cymwys i ddisgrifio camp Saunders Lewis: rhagorodd fel ysgolhaig ac fel llenor creadigol, ac ymhob genre yr ymgymerodd ag ef. Y mae'r cofnod hwn, fodd bynnag, yn ymdrin â'i weithiau creadigol a beirniadol yn unig. Cyhoeddwyd un ar hugain o'i ddramâu, sef The *Eve of St. John (1921), *Gwaed yr Uchelwyr (1922), Buchedd Garmon (1937), Amlyn ac Amig (1940), Blodeuwedd (1948), Eisteddfod Bodran (1952), Gan Bwyll (1952), *Siwan (1956), *Gymerwch Chi Sigaret? (1956), *Brad (1958), *Esther (1960), Serch yw'r Doctor (1960), Yn y Trên (yn Barn, 1965), *Cymru Fydd (1967), Problemau Prifysgol (1968), Branwen (1975), Dwy Briodas Ann (1975), Cell y Grog (yn Taliesin, 1975) Excelsior (1980), Y Cyrnol Chabert (1989) ac 1938 (1989); cyhoeddwyd hefyd ei gyfieithiadau o Molière, Le Médecin malgré lui (1924) a Samuel Beckett, En Attendant Godot (1970). Y mae golygiad cyflawn o'r dramâu gan Ioan *Williams ar y gweill; ymddangosodd y gyfrol gyntaf yn 1996.

Dau gasgliad o farddoniaeth gan Saunders Lewis a gyhoeddwyd hyd yn hyn, sef Byd a Betws (1941) a Siwan a Cherddi Eraill (1956); ymddangosodd cerddi eraill mewn cylchgronau, Y *Traethodydd gan amlaf. Casglwyd y cwbl ynghyd yn Cerddi Saunders Lewis (1986), yr ymddangosodd ail argraffiad ychydig yn helaethach ohono yn 1992.

Cyhoeddodd hefyd ddwy nofel, *Monica (1930) a *Merch Gwern Hywel (1964). Y gyntaf o'i astudiaethau hanesyddol a beirniadol o lenyddiaeth Gymraeg oedd A School of Welsh Augustans (1924) ac fe'i dilynwyd gan An Introduction to Contemporary Welsh Literature (1926), Williams Pantycelyn (1927, ailarg. 1991), Ceiriog (1929), Ieuan Glan Geirionydd (1931), *Braslun o Hanes Llenyddiaeth Gymraeg (1932, ailarg. 1986), Daniel Owen (1936), Crefft y Stori Fer (1949) a Gramadegau'r Penceirddiaid (1967). Casglwyd ynghyd ei ysgrifau ar bynciau llenyddol yn y tair cyfrol Ysgrifau Dydd Mercher (1945), Meistri'r Canrifoedd (gol. R. Geraint *Gruffydd, 1973) a Meistri a'u Crefft (gol. Gwynn *ap Gwilym, 1981). Y mae'r olaf yn cynnwys ysgrifau nas cyhoeddwyd o'r blaen ar y ddau fardd *Siôn Cent a *Gutun Owain. Yn Ati, Ŵyr Ifainc (gol. Marged *Dafydd, 1986), casglwyd ynghyd ei ysgrifau ar bynciau iaith, addysg a chrefydd.

Hydreiddir gweithiau Saunders Lewis gan gariad at Gymru wedi ei chanfod yng nghyd-destun Ewrop Gatholig. Yr oedd ganddo wybodaeth ddofn o lenyddiaeth Ladin, Ffrangeg ac Eidaleg yn ogystal â Chymraeg a Saesneg. Dylanwadau pwysig cynnar arno oedd W. B. Yeats a J. M. Synge, Maurice Barrès (drwy ei waith fel nofelydd taleithiol) ac Emrys ap Iwan (Robert Ambrose *Jones). Ffurfiwyd ei weithiau mwyaf aeddfed i raddau, fodd bynnag, gan feistri mawr yr Adfywiad Catholig yn Ffrainc yn ystod yr ugeinfed ganrif, sef Paul Claudel, François Mauriac, Étienne Gilson a Jacques Maritain; a hefyd gan yr haneswyr a'r beirniaid llenyddol o'r Eidal, Francesco de Sanctis a Benedetto Croce. Canfu Saunders Lewis yn gynnar fod llenyddiaeth Cymru ar ei gwychaf yn ystod y canrifoedd Catholig diweddar, a gwnaeth fwy nag unrhyw feirniad arall i ddangos dyfnder meddwl yn ogystal â cheinder mynegiant cywyddwyr mawr y bedwaredd ganrif ar ddeg a'r bymthegfed ganrif; yn eu gwaith gwêl gorff o fawl i'r byd creedig nad oes mo'i hafal yn holl lenyddiaeth Ewrop. Ond ni bu'n brin o werthfawrogi llenorion Cymraeg wedi'r Diwygiad Protestannaidd ychwaith, er iddo dybio bod y traddodiad y gweithient hwy o'i fewn wedi'i lastwreiddio'n sylweddol. Yn aml ei astudiaethau ef o feirdd ac awduron rhyddiaith unigol a ddatgelodd am y tro cyntaf eu gwir faintioli.

Fel dramodydd y gwnaeth ef ei hun ei gyfraniad pwysicaf i lenyddiaeth Gymraeg. Ar wahân i ychydig gomedïau lle y dychenir sefydliadau Cymreig yn dyner ond yn dreiddgar, aeth ei ddramâu i'r afael â themâu dyfnddwys megis gofynion anrhydedd, cyfrifoldebau arweinydd, natur gwleidyddiaeth a'r gwrthdaro rhwng eros ac agape. Gellir tybio i esiampl Pierre Corneille fod yn ysbrydoliaeth i lawer o'i waith pwysicaf. Gallai ddarlunio cymeriad, yn enwedig merched, yn feistraidd; ac y mae ei ddeialog yn cyfuno'n ddi-feth urddas clasurol a naturioldeb llafar.

Ar wahân i Siwan (1956), a ddisgrifiodd fel 'cerdd greadigol', ychydig dros hanner cant o gerddi a gyhoeddwyd gan Saunders Lewis, ond y mae rhai ohonynt yn sicr ymhlith cerddi Cymraeg mwyaf yr ugeinfed ganrif. Ymdriniant, mewn amrywiaeth o fesurau traddodiadol ac arbrofol, ag argyfwng Cymru, gogoniant natur a galwad Duw. Y mae'r gynharaf o'i ddwy nofel, *Monica*, yn archwilio grym difaol trachwant, ac y mae'r llall, *Merch Gwern Hywel*, yn astudiaeth o'r modd y cyfunwyd elfennau hen a newydd yn ffurfiant *élite* Methodistaidd newydd dechrau'r bedwaredd ganrif ar bymtheg (dyma hefyd thema'r ddrama ddiweddar hyfryd *Dwy Briodas Ann*).

Golygwyd astudiaethau ar Saunders Lewis yn Gymraeg gan Pennar Davies (1951) a chan D. Tecwyn Lloyd a Gwilym Rees Hughes (1975), ac yn Saesneg gan Alun R. Jones a Gwyn Thomas (1973). Cafwyd monograffau ar y llenor gan Bruce Griffiths (1979, 1989), John Rowlands (1990) a Harri Pritchard Jones (1991). Ystyriwyd agweddau ar ei ddramâu gan J. Ellis Williams (1961), Emyr Humphreys (1979), Ioan Williams (1991) a Hazel Walford Davies (1995). Trafodwyd ei farddoniaeth mewn cyfrol o ysgrifau a olygwyd gan Medwin Hughes (1993). Cyhoeddwyd astudiaethau bywgraffyddol gan Mair Jones (1987) a D. Tecwyn Lloyd (1988), a golygwyd casgliadau gwerthfawr o lythyrau gan Dafydd Ifans (1992) a Mair Jones *et al.* (1993). Cyfieithwyd deuddeg o ddramâu Saunders Lewis i'r Saesneg gan Joseph Clancy a'u cyhoeddi'n bedair cyfrol yn 1985; y maent yn cynnwys *The Vow* (*Amlyn ac Amig*), *The Woman made from Flowers* (*Blodeuwedd*), *Treason* (*Brad*), *Tomorrow's Wales* (*Cymru Fydd*), *The Two Marriages of Ann Thomas* (*Dwy Briodas Ann*) a *The King of England's Daughter* (*Siwan*). Cyfieithodd Clancy hefyd ddetholiad o gerddi Lewis a'i gyhoeddi yn 1993.

LEWIS, THOMAS (1759–1842), emynydd, a aned ym mhlwyf Llanwrda, Caerf., ond a ymsefydlodd fel gof ym mhentref Talyllychau, a daeth yn flaenor yn eglwys Esgair-nant. Y mae'n enwog oherwydd un emyn, 'Wrth gofio'i riddfannau'n yr ardd', a genir o hyd yng ngwasanaeth y Cymun Sanctaidd. Cyhoeddwyd ef gyntaf, yn ôl y traddodiad, mewn catecism bychan ar ddioddefaint Crist, a'i gynnwys wedyn mewn casgliad o emynau, *Hymnau ar Amryw Destynau* (1823), a bu'n boblogaidd iawn byth er hynny. Ceir cyfeiriad adnabyddus at Thomas Lewis ar ddechrau cerdd Gwenallt (David James *Jones), 'Sir Forgannwg a Sir Gaerfyrddin'.

LEWIS, TIMOTHY (1877–1958), ysgolhaig a aned yn yr Efail-wen, Caerf., ond symudodd i Gwmaman, Aberdâr, Morg., tua 1887. Addysgwyd ef yng Ngholeg y Brifysgol, Caerdydd, ac ym Mhrifysgolion Dulyn, Freiburg a Berlin; fe'i penodwyd yn ddarlithydd cynorthwyol yn y Gymraeg yng Ngholeg Prifysgol Cymru, Aberystwyth, yn 1910. Cyhoeddodd gyfrol werthfawr, *A Glossary of Mediaeval Welsh Law* (1913). Bu yn y fyddin o 1916 hyd 1919, ac wedyn cynigiodd am swydd Athro; ar ôl cryn helynt penodwyd T. H. *Parry-Williams i'r gadair honno, ond dyrchafwyd Timothy Lewis yn Ddarllenydd. Ers rhai blynyddoedd buasai Timothy Lewis yn damcaniaethu'n wyllt ym myd

ieitheg a hanes llenyddiaeth, a ffrwyth yr anghyfrifoldeb ysgolheigaidd hwn o lunio casgliadau heb ddigon o dystiolaeth oedd *Beirdd a Beirdd-rin Cymru Fu* (1929) a *Mabinogi Cymru* (1930), cyfrolau a feirniadwyd yn hallt gan W. J. *Gruffydd ac Ifor *Williams.

Ceir arolwg cytbwys o'i yrfa gan W. Beynon Davies yng *Nghylchgrawn* Llyfrgell Genedlaethol Cymru (cyf. XXI, 1979).

LEWIS, TITUS (1822–87), hynafiaethydd a bardd, a aned yn Llanelli, Caerf. Bu'n ymwneud â masnach am y rhan fwyaf o'i oes. Aeth i fyw i Lanfleiddan, ger Y Bontfaen, Morg., a daeth yn enwog fel lladmerydd llenyddiaeth Gymraeg. Ysgrifennodd farddoniaeth Saesneg, gan gynnwys *The Soldier's Wife, a Tale of Inkerman* (1855), a chyfieithodd nifer o emynau a cherddi Cymraeg i'r Saesneg.

LEWIS, WILLIAM (*fl.* 1786–94), emynydd, o Langloffan, Penf. Gwehydd ydoedd wrth ei alwedigaeth. Cyfansoddodd lawer o emynau a fu'n boblogaidd yn eu dydd, ac fe'u cyhoeddwyd yn y casgliad *Galar a Gorfoledd y Saint* (1786, 1788), *Hymnau Newyddion* (1798) ac yn *Y Durtur, sef Ychydig o Hymnau ar Amryw Destynau Efengylaidd* (*c.*1805). Ei emyn mwyaf adnabyddus yw 'Cof am y cyfiawn Iesu', a genir o hyd yng ngwasanaeth y Cymun.

LEWIS, WILLIAM ROBERT (1948–), dramodydd a aned yn Llangristiolus, Môn. Fe'i haddysgwyd yng Ngholeg Prifysgol Gogledd Cymru, Bangor. Bu'n athro Cymraeg yn Llanelwy ac yn Amlwch, cyn cael ei benodi yn 1978 yn Ddarlithydd yn Adran Ddrama ei hen Goleg. Ysgrifennodd ddramâu ar gyfer y radio a'r teledu, megis *Yn ôl yn y Wlad* (1976), *Kate* (1977), *Y Fuddugoliaeth* (1980) ac *Ymylau Byd* (1980). Lluniodd ddramâu hefyd ar gyfer y llwyfan, gan gynnwys *Dan Flodau'r Gastanwydden* (1974), *Y Gwahoddiad* (1978) a *Tŷ Mawr* (1983); un yn unig a gyhoeddwyd, sef *Geraint Llywelyn* (1977). Cyfrannodd ysgrif ar John Gwilym *Jones (1995) yn y gyfres *Writers of Wales*.

Lewys ap Rhys ab Owain, gweler DWNN, LEWYS (*fl.* 1568–1616).

LEWYS DARON (*fl. c.*1497–*c.*1530), bardd a Aberdaron, Caern., a gladdwyd yn Nefyn. Diogelwyd wyth ar hugain o'i gywyddau a'i awdlau ynghyd â thri chwpled o ymddiddan rhyngddo a *Lewys Môn ar fesur cywydd. Megis ei gyfoeswyr a'i ragflaenwyr, rhoes Lewys Daron y flaenoriaeth i weithgarwch traddodiadol yr urdd farddol; ac eithrio'r un cywydd i Bedr Sant yn Rhosyr, cerddi mawl, marwnadau a gofyn yw ei holl waith, er bod lle i gredu i rai cywyddau (a dichon fod o leiaf un cywydd serch yn eu plith) fynd i ddifancoll.

Canodd Lewys ar aelwydydd *Bodfel a Charreg yn Llŷn, ac ymwelodd â chartrefi rhai o deuluoedd blaenllaw ei sir enedigol, sef *Glynllifon, y *Penrhyn, Cochwillan a'r gangen o deulu'r Pilstyniaid a drigai yng Nghaernarfon. Teithiodd hefyd i Fôn a Meirion, ac i siroedd Dinbych a Fflint i ddwyn ei gerddi adref. Er nad yw nifer y cerddi a ddiogelwyd yn fawr, cyferchir ynddynt noddwyr adnabyddus megis Pyrs Conwy, archddiacon Llanelwy, Rhobert ap Rhys *Plas Iolyn, Maredudd ab Ieuan o *Ddolwyddelan a Siôn ab Elis Eutun o Riwabon a fu hefyd yn noddi dau brydydd amlycaf chwarter cyntaf yr unfed ganrif ar bymtheg, sef *Tudur Aled (ei athro, ond odid, a gwrthrych un o'i gywyddau marwnad) a Lewys Môn, a thystia hyn i'w statws fel bardd ac i'r galw am ei wasanaeth.

Am fanylion pellach gweler A. Cynfael Lake, *Gwaith Lewys Daron* (1994).

LEWYS GLYN COTHI neu LLYWELYN Y GLYN (c. 1420–89), un o feirdd Cymraeg mwyaf y bymthegfed ganrif. Lloffwyd yr ychydig sy'n wybyddus amdano o'i waith. Llywelyn oedd ei enw bedydd, fel y tystia cwpled yn ei awdl i Dduw, ond credir iddo gymryd ei enw barddol o fforest Glyn Cothi, ger Llan-ybydder, Caerf. Ni wyddys dim oll am ei dras, a dyfal-iadau noeth sy'n ei gysylltu â theuluoedd Dolau Cothi a Rhydodyn. Ceir awgrym mewn awdl ganddo i Forgan ab Owain, prior Caerfyrddin, iddo fod, yn ystod ei ieuenctid, yng ngwasanaeth y prior, a dichon iddo dderbyn peth addysg yn y priordy hwnnw.

O ddiffyg gwybodaeth sylfaenol tyfodd amryw draddodiadau amdano. Honnid yn y ddeunawfed ganrif, er enghraifft, iddo fod yn filwr ym myddin Siasbar Tudur, Iarll Penfro, a chanrif yn ddiweddarach fe'i dyrchafwyd yn swyddog. Oherwydd hyn, a'r dyb fod ei waith yn ddogfen sylfaenol i haneswyr cyfnod Rhyfel y Rhosynnau cyhoeddodd Anrhydeddus Gymdeithas y *Cymmrodorion ddetholiad o'i waith yn 1837. An-wybyddodd y golygyddion, Walter *Davies (Gwallter Mechain) a John *Jones (Tegid), bob cywydd nad oedd yn gwasanaethu'r diben hwn. Er nad oes tystiolaeth i Lewys fod yn swyddog yn y fyddin gellir derbyn iddo fod yn bresennol gyda meibion Gruffudd ap Nicolas ym mrwydr dyngedfennol Mortimer's Cross (1461), ac iddo fynd ar herw i'r ucheldir ar lethrau dwyreiniol Pum-lumon. Mewn cywydd arall sonia am fod ar herw gydag Owain ap Gruffudd yng Ngwynedd, a gallasai hynny fod mor gynnar â 1442. Ni rwystrodd teyrngarwch Lewys i blaid Lancaster ef rhag canu cywyddau i nodd-wyr o blaid Iorc. Y mae'n amlwg oddi wrth rai o'i gywyddau iddo fod yn byw yng Nghaer, ond i'w eiddo gael ei atafaelu gan awdurdodau'r ddinas, o bosibl ar gefn deddfau penyd a'i gwnâi'n drosedd i Gymry ymsefydlu mewn bwrdeistref; dyfais noeth yw'r stori mai priodi gwraig weddw oedd ei drosedd.

Y cywydd cyntaf gan Lewys Glyn Cothi y gellir ei ddyddio i sicrwydd yw ei farwnad i Syr Gruffudd Fychan o Gegidfa a ddienyddiwyd yn y Castell Coch

ym Mhowys (gweler POWIS) yn 1447, a'r olaf yw ei farwnad i ficer Llanarthne yn nyffryn Tywi a fu farw'n gynnar yn 1489. Ni chydymffurfiai'n hollol â chanonau cydnabyddedig *Cerdd Dafod ond yr oedd ei arddull rwydd a naturiol yn ffrwyth meistrolaeth lwyr ar grefft y gynghanedd. Arbenigai mewn achyddiaeth a herod-raeth, ceir arfbeisiau a tharianau herodrol, weithiau mewn lliw, uwchben rhai o'r cerddi. Yr oedd yn Lladinydd da, a dengys ei gyfeiriadaeth ehangder ei ddiwylliant ef a'i noddwyr. Cyflwynai nodyn personol i lawer o'i gerddi, ac y mae ei farwnad ingol i'w fab, Siôn y Glyn, a farw'n bum mlwydd oed, yn un o farwnadau mawr yr Oesoedd Canol.

Cadwyd dau gant a deunaw ar hugain o gerddi Lewys Glyn Cothi, a chyhoeddwyd cant pum deg a phedair ohonynt gan Gymdeithas y Cymmrodorion yn 1837. Erys ei waith gwreiddiol yn Llawysgrifau *Peniarth 70 a 109, *Llyfr Coch Hergest ac yn Llawysgrif *Llanstephan 7. Gwnaeth John *Davies, Mallwyd, gasgliad cyflawn o waith Lewys yn 1617 ac fe'i cedwir, gyda rhai dalennau ar goll, yn y Llyfrgell Brydeinig (BL MS 14871).

Ceir ei gerddi yn *Gwaith Lewys Glyn Cothi* (gol. Dafydd Johnston, 1995). Gweler hefyd y bennod gan E. D. Jones yn *A Guide to Welsh Literature* (cyf. II, gol. A. O. H. Jarman a Gwilym Rees Hughes, 1979) ac erthygl gan yr un awdur yn *Celtica* (cyf. V).

LEWYS MÔN (*fl.* 1485–1527), bardd o gwmwd Llifon, Môn; er ei fod yn fardd proffesiynol tybir ei fod hefyd yn of. Y mae'n bur debygol mai ef oedd y *Lodowicus mon* a fu farw yn abaty *Glynegwestl yn 1527. Ei brif noddwyr ym Môn oedd disgynyddion Llywelyn ap Hwlcyn ym Mhresaddfed, y *Chwaen Wen, *Bodeon a *Bodychen, ond canodd hefyd i lawer o uchelwyr eraill yng ngogledd a de Cymru, ac yn arbennig i deulu *Griffith o Benrhyn, Llandygái. Canodd gywydd am garchariad Wiliam Gruffudd, saith o gywyddau eraill i'w fab o'r un enw, a urddwyd yn farchog ar faes y gad yn Thérouanne (1513) yn yr Iseldiroedd, cywydd marwnad i Siân Stradling, gwraig gyntaf Syr Wiliam, ac awdl ar ail briodas ei noddwr â Siân Pilston. Y mae cerddi Lewys Môn i'r teulu hwn yn rhai arbennig o rymus, ac y maent yn enghreifftiau gwych o gelfyddyd canu moliant uchel-wrol. Cyfansoddodd hefyd dair marwnad yn llawn angerdd i'r beirdd *Dafydd ab Edmwnd, *Rhys Nanmor a *Thudur Aled a cheir chwe chywydd serch o'i eiddo, ond nid yw'r rhai olaf cystal â'i gerddi i'w noddwyr. Canwyd marwnad i Lewys Môn gan *Ddafydd Alaw.

Golygwyd gwaith Lewys Môn gan Eurys Rowlands (1975); gweler hefyd yr erthyglau gan yr awdur yn *Llên Cymru* (cyf. IV, rhif. 1, 1956 a cyf. IV, rhif 2, 1956) a *Gwŷr Môn* (gol. Bedwyr Lewis Jones, 1979).

Lewys Morgannwg, gweler LLYWELYN AP RHISIART (*fl.* 1520–65).

LHUYD, EDWARD (1660?–1709), gwyddonydd ac

ieithydd. Fe'i ganed yn fab anghyfreithlon i Edward Lloyd, Llanforda, Croesoswallt, a pherthynas bell iddo, Bridget Pryse, merch Glanffraid, cartref un o ganghennau teulu *Gogerddan, Cer. Yr oedd ei hynafiaid, y Llwydiaid, yn deulu bonheddig yn siroedd y gororau, a bu ei daid yn Llywodraethwr Castell Croesoswallt am gyfnod byr yn y *Rhyfeloedd Cartref, a chostiodd ei deyrngarwch i'r Brenin yn ddrud iddo, gan i'r dirwyon a osodwyd arno achosi dirywiad yr ystad. Gwerthwyd Llanforda yn 1676 i William Williams Glascoed, er bod Edward Lloyd wedi parhau i fyw yno hyd ei farw yn 1681. Nid oes cofnod o eni Lhuyd (dilyn arfer Humphrey *Llwyd neu Lhuyd a wnâi wrth sillafu ei enw fel hyn, ond arferai yntau y ffurfiau Llwyd a Lloyd yn ogystal). Credir mai ym mhlwyf Lappington y magwyd ef gan famaeth o'r enw Catherine Bowen. Yn nhŷ ei dad y treuliodd ei lencyndod, er bod ei fam, a barhâi i gydweithio â Lloyd yn ei fasnach bysgota ar afon Dyfi, yn ymweld ag ef yno, ac yntau yn aros gyda hi yng Ngheredigion.

Y mae'n debyg iddo gael ei addysg yn Ysgol Croesoswallt, ac ar ôl marwolaeth ei dad aeth i Goleg Iesu, Rhydychen, i ddarllen y gyfraith ond ni orffennodd ei gwrs gradd oherwydd ei fod erbyn hynny wedi llwyr ymgolli yn y gwaith gwyddonol arbrofol a wneid yn Amgueddfa Ashmole a agorwyd yn 1683, lle yr oedd yn gofrestrydd y cyrsiau Cemeg. Fe'i penodwyd yn un o'r Isgeidwaid yn 1687 ac yn Geidwad yn 1691. Er iddo ymroi'n egnïol i waith yr Amgueddfa treuliai Lhuyd lawer o'i amser allan o Rydychen, yn arbennig yn ystod y blynyddoedd o 1695 hyd 1701 pan aeth ar daith ymchwil trwy'r gwledydd Celtaidd a chyhoeddi blaenffrwyth ei ymchwil yn ei *Archaeologia Britannica (cyf. I, Glossography, 1707). Rhoddodd Prifysgol Rhydychen radd M.A. er anrhydedd iddo yn 1707, ac etholwyd ef yn Gymrawd o'r Gymdeithas Frenhinol yn 1708 ac yn Senior Divinity Beadle (swydd weinyddol) yn 1709. Diau mai ei ddiwydrwydd diarbed a fu'n rhannol gyfrifol am ei farw annisgwyl. Fe'i claddwyd yn eglwys Sant Mihangel, Rhydychen, mewn bedd heb ei nodi, yn yr Eil Gymreig.

Pan oedd yn fachgen yn Llanforda bu Lhuyd yn crwydro'r meysydd ac yn cadw llyfr nodiadau o'r blodau a welai, ac felly yr oedd eisoes yn fotanegydd brwd pan aeth i Rydychen. Gwelsai, yn ogystal, arbrofion cemegol ei dad a oedd â llyfrau gwyddonol yn ei lyfrgell. Blodeuodd y diddordebau hyn dan hyfforddiant Robert Plot, yr Athro Cemeg a Cheidwad cyntaf yr Amgueddfa, ac un o orchwylion cyntaf Lhuyd oedd gweithio ar gasgliad o gregyn a ffosiliau. Cyflwynwyd ei gatalog o gregyn yr Amgueddfa i Gymdeithas Athronyddol Rhydychen yn 1685 a'i gatalog o ffosiliau Prydeinig, Lithophylacii Britannici Ichnographia, yn 1699.

Er nad ymwadodd yn llwyr â'r astudiaethau botanegol a daearegol, o tua 1693 canolbwyntiodd Lhuyd ei ddiddordebau ar ieitheg a hynafiaethau. Yn y flwyddyn honno fe'i gwahoddwyd i ysgrifennu nodiadau ychwan-egol ar henebion siroedd Cymru ar gyfer argraffiad newydd Edmund Gibson o *Britannia William Camden a gyhoeddwyd yn 1695. Oherwydd fod y nodiadau hyn wedi'u seilio ar holi personol trwy ohebiaeth a holiaduron ac ar waith yn y maes y maent yn garreg filltir yn hanes astudiaethau topograffig ac archaeolegol ym Mhrydain ar gyfrif ehangder eu disgrifiadau a'u manylder cytbwys. Yn 1695 cyhoeddodd Lhuyd ei fwriad i baratoi arolwg eang o hanes naturiol, hynafiaethau, hanes ac ieithoedd Prydain, a chyhoeddodd at y diben hwn holiadur a anfonwyd i bob plwyf yng Nghymru. O ganlyniad i'r atebion i'w holiaduron aeth ar daith trwy Gymru yn 1697–99 ac yna i'r Alban, Iwerddon, Cernyw a Llydaw (lle y rhestiwyd ef a'i gyhuddo o fod yn ysbïwr), a dychwelodd i Rydychen yn 1701. Trwy gydol y daith cadwai nodiadau manwl, copïai lawysgrifau a gohebai â lliaws o gyfeillion dysgedig. Treuliodd weddill ei oes yn Rhydychen, yn paratoi'r holl ddeunydd a gasglodd ar gyfer ei gyhoeddi. Trwy gyfrwng tanysgrifiadau a rhoddion llwyddodd i gyhoeddi cyfrol gyntaf ei Archaeologia Britannica yn 1707. Y gwaith hwn yw man cychwyn yr astudiaeth fodern o'r ieithoedd Celtaidd. Ceir ynddo nid yn unig ramadegau a geiriaduron o'r ieithoedd hyn ond trafodaeth wyddonol ar natur ac amodau amrywiadau seinegol. Y mae'r dull gwyddonol o drafod y defnyddiau a'r agwedd ddisgrifiadol, yn hytrach na damcaniaethol, at y data, yn peri bod y llyfr hwn yn allweddol yn hanes ieithyddiaeth gymharol, ac yn gosod Lhuyd yn un o arloeswyr gwyddor ieitheg gymharol.

Bu farw Edward Lhuyd cyn paratoi'r ail gyfrol o Archaeologia Britannica, ac ni chafwyd dilynwyr teilwng iddo a allai barhau ei waith. Cymerodd y Brifysgol ei lyfrau print i dalu ei ddyledion gan wrthod prynu ei lawysgrifau a gwerthwyd hwy i Syr Thomas Sebright, o Beechwood, Herts., yn 1715. Rhannwyd y casgliad yn ddiweddarach rhwng Coleg y Drindod, Dulyn, a Thomas *Johnes, yr Hafod. Gwerthwyd rhai o lawysgrifau Lhuyd i lyfrgelloedd preifat, megis i rai Syr Watkin *Williams Wynn o Wynnstay ac i'r llyfrgell yn Hengwrt, ac yn anffodus collwyd y rhan fwyaf ohonynt mewn tanau. Cedwir y gweddill gyda Llawysgrifau'r Hafod yn Llyfrgell Rydd Caerdydd, ac y mae Llawysgrifau Wrecsam a *Pheniarth yn *Llyfrgell Genedlaethol Cymru. Cadwyd y rhan helaethaf o ohebiaeth Lhuyd yng nghasgliad Ashmole yn llyfrgell Bodley, Rhydychen. Cyhoeddwyd y rhan fwyaf o'i lythyrau gan R. T. Gunther, The Life and Letters of Edward Lhuyd (1945) a'r mwyafrif o'i atebion i'w holiadur yn Parochial Queries, yn dri atodiad i'r Archaeologia Cambrensis (1909–11) wedi eu golygu gan R. H. Morris.

Gan Richard Ellis yn Nhrafodion Anrhydeddus Gymdeithas y Cymmrodorion (1906), Frank Emery, Edward Lhuyd (1971) a Brynley F. Roberts, Edward Lhuyd, the Making of a Scientist (1980), y ceir y disgrifiadau gorau o'i yrfa; gweler hefyd erthygl Glyn Davies, 'Edward Lhuyd: antiquary and archaeologist' yn Cylchgrawn Hanes Cymru (cyf. III, rhif. 4, 1967).

Liber Landavensis, gweler o dan LLANDAF.

Liberation Society, The neu **Y Gymdeithas Ym-ryddhau** neu'r **Anti-State-Church Society** fel y'i gelwid i ddechrau, a ffurfiwyd yn 1844 gan weinidog o Sais gyda'r Annibynwyr, Edward Miall. Ei diben oedd 'ceisio trwy bob modd heddychlon a Christnogol, ym-wahanu'r Eglwys oddi wrth y Wladwriaeth'. Mynych-wyd cynhadledd agoriadol y Gymdeithas gan ddau ar hugain o gynrychiolwyr o Gymru, a Chymry alltud tebyg i James Rhys *Jones (Kilsby Jones). Un o'i hysgrifenyddion cyntaf oedd Dr Thomas Rees (1777–1864), yr hanesydd a golygydd *The Eclectic Review*. Derbyniodd gefnogaeth gan gylchgronau ymneilltuol Cymraeg megis *Y *Diwygiwr* a *Seren Gomer*, a chan wŷr fel Samuel *Roberts, a geisiai hyrwyddo y traddodiad cynhenid, hŷn o ddatgysylltiad. Yn 1847, penodwyd John Carvell Williams yn ysgrifennydd i'r Gymdeithas ac yn 1853 newidiodd ei henw i *The Society for the Liberation of Religion from State Patronage and Control*.

Adlewyrcha'r teitl newydd hwn ogwydd mwy radical tuag at wleidyddiaeth, a chanolbwyntiai ar wleidydd-iaeth etholaethol ac ar ddychwelyd cefnogwyr Rhyddid i'r Senedd. Yn 1862, gyda Henry *Richard yn aelod o'r pwyllgor gwaith, canolbwyntiodd y Gymdeithas ar Gymru, y wlad *Anghydffurfiol yr ystyrid bod ganddi'r gobaith mwyaf o fedru gweithredu'r polisïau. Methodd Richard ag ennill sedd Ceredigion yn 1865 ond fe'i hetholwyd, yn rhannol ar seiliau Rhyddid, yn aelod dros Ferthyr Tudful, Morg., yn 1868. Er i Ddatgysylltiad yr Eglwys Wyddelig gan Gladstone yn 1869 fod yn gefn i'r Gymdeithas, yr oedd hefyd yn peri i rai amddiffyn yr Eglwys Anglicanaidd, ac yn sgîl hyn yr oedd tyndra rhwng y Gymdeithas, a fynnai 'Datgysylltiad Llawn', a'r cefnogwyr Cymreig a oedd o blaid canolbwyntio ar *Ddatgysylltu yng Nghymru.

Bu trai yn nylanwad y Gymdeithas gyda dyfodiad Datgysylltiad yr Eglwys Anglicanaidd yng Nghymru yn 1920 ond parhaodd ar raddfa lai hyd 1971, pryd y daeth i ben. Bu ei dylanwad ar ddatblygiad gwleidyddol Cymru yn y bedwaredd ganrif ar bymtheg yn drwm, yn bennaf oherwydd ei chymysgedd unigryw o ddelfryd-iaeth grefyddol a realaeth wleidyddol.

Trafodir gwaith y Gymdeithas gan Ieuan Gwynedd Jones yn *Explorations and Explanations* (1981) a hefyd gan Ryland Wallace, '*Organize, Organize, Organize*'. *A Study of Reform Agitations in Wales, 1840–1886* (1991).

Lichfield Gospels, The, gweler LLYFR ST. CHAD.

Life and Letters To-day, cylchgrawn misol a sefydlwyd yn Llundain yn 1928 gan y newyddiadurwr llenyddol Desmond McCarthy (1877–1952), ei olygydd hyd 1933. O 1935 hyd 1950 yr oedd yn eiddo i Annie Winifred Ellermann (1894–1983), y nofelydd sy'n cael ei had-nabod fel Bryher, a'r golygydd oedd Robert Herring

(gynt Williams; 1903–75). Yn ystod y 1930au a'r 1940au cyhoeddodd Herring waith cymaint o awduron Cymreig nes i Glyn *Jones, yn *The *Dragon Has Two Tongues* (1968), gyfeirio at y cylchgrawn fel 'trydydd cylchgrawn Eingl-Gymreig i bob pwrpas'. Ymysg y cyfranwyr Cymreig yr oedd Dylan *Thomas, Rhys *Davies, Vernon *Watkins, Glyn Jones, Idris *Davies, Gwyn *Jones, Alun *Lewis, Margiad Evans (Peggy Eileen *Whistler), Keidrych *Rhys, George Ewart *Evans, Lynette *Roberts, T. H. *Jones a Harri *Webb. Bu rhywbeth gan awdur Cymreig ym mron pob rhifyn dan olygyddiaeth Robert Herring a chyhoeddodd bum rhifyn Cymreig arbennig: cyf. XXIV, rhif. 31, Mawrth 1940; cyf. XXXVI, rhif. 67, Mawrth 1943; cyf. XLVIII, rhif. 103, Mawrth 1946; cyf. LII, rhif. 115, Mawrth 1947; a chyf. LVIII, rhif. 133, Medi 1948. Daeth cyhoeddi'r cylchgrawn i ben yn sydyn pan fu i Bryher, a oedd yn ymddiddori'n bennaf ynddo fel llwyfan ar gyfer gwaith ei chariad, y bardd Americanaidd H. D. (Hilda Doolittle), dynnu ei chefnogaeth ariannol ymaith.

Am fanylion pellach gweler Meic Stephens, 'The Third Man: Robert Herring and Life and Letters To-day', yn *Welsh Writing in English* (cyf. III, gol. Tony Brown, 1997).

Lifris (12fed gan.), gweler o dan CADOG (canol y 5ed gan.), CARANNOG (canol y 6ed gan.) a LLANCARFAN.

LILLY, GWENETH (1920–), awdur plant yn bennaf. Cafodd ei geni a'i magu yn Lerpwl. Fe'i haddysgwyd ym Mhrifysgol Lerpwl a bu'n Ddarlithydd mewn Llenyddiaeth Saesneg yn y sefydliad hwnnw am rai blynyddoedd cyn ei phenodi i staff Coleg y Santes Fair, Bangor, yn 1946. Dechreuodd ysgrifennu o ddifrif wedi iddi ymddeol yn gynnar yn 1977, a daeth i fri yn fuan fel awdur llyfrau plant a phobl ifainc. Seiliodd ei nofel gyntaf, *Y Drudwy Dewr* (1980), ar Ail Gainc *Pedair Cainc y Mabinogi*. Ymhlith ei nofelau diweddarach ceir *Gaeaf y Cerrig* (1981), *Y Gragen a'r Drych* (1982) ac *'Rwyn Cofio dy Dad* (1982); comisiynwyd yr olaf i goffáu saith can mlwyddiant marwolaeth *Llywelyn ap Gruffudd ('Y Llyw Olaf'). Ymhlith ei nofelau hanesyddol eraill i bobl ifainc y mae *Tachwedd Tân Gwyllt* (1990), ynghyd â'r fersiwn Saesneg, *Treason at Trefriw* (1990) ac *On a Scaffold High* (1993). Ceir elfennau goruwchnaturiol yn *Hwyl a Helynt Calan Gaeaf* (1981), *Gêm o Guddio* (1980), *Hogan y Plas* (1983) a *Gwen yn y Garreg* (1987). Cyhoeddodd hefyd nofel ag iddi thema cadwraeth sef *Dial y Môr* (1992). Enillodd Wobr Tir na n-Óg (gweler o dan LLENYDDIAETH PLANT) yn 1981 a 1982. *Orpheus* (1984), nofel wedi ei lleoli ym Mhrydain yng nghyfnod y Rhufeiniaid, oedd ei gwaith cyntaf i oedolion ond dilynwyd y gwaith hwn yn fuan gan ddau gasgliad o storïau byrion, *Masgiau* (1987) a *Dynes mewn Du* (1987). Y mae hefyd wedi ysgrifennu a golygu nifer o gyfrolau Cymraeg a Saesneg o ddiddordeb lleol i gyffiniau Llan-fairfechan.

Lilting House, The (1969), blodeugerdd o farddoniaeth Eingl-Gymreig a ysgrifennwyd rhwng 1917 a 1967, a olygwyd gan John Stuart *Williams a Meic *Stephens. Cymerwyd ei theitl o gymal o'r gerdd *'*Fern Hill*' gan Dylan *Thomas. Hon oedd yr ymgais awdurdodol gyntaf i gyflwyno gwaith beirdd Eingl-Gymreig yr ugeinfed ganrif mewn un gyfrol. Gan ddechrau gyda W. H. *Davies ac Edward *Thomas, ceir detholiad o waith David *Jones, Idris *Davies, Glyn *Jones, Vernon *Watkins, R. S. *Thomas, Dylan Thomas ac Alun *Lewis, ac olrheinir hynt barddoniaeth fodern Eingl-Gymreig drwy gynnwys beirdd llai, megis Huw Menai (Huw Owen *Williams), A. G. *Prys-Jones, Ll. Wyn *Griffith, Brenda *Chamberlain a T. H. *Jones. Y mae hefyd yn cynnwys cerddi gan yr holl feirdd a gyfrannodd i gyfnod 'ail-flodeuo' barddoniaeth Eingl-Gymreig yn ystod y 1960au. Ysgrifennwyd cyflwyniad i'r flodeugerdd gan Raymond *Garlick; cyflwynwyd y llyfr i Keidrych *Rhys ac er cof am Vernon Watkins.

Ceir ymdriniaeth feirniadol ag arwyddocâd y flodeugerdd hon mewn adolygiad gan Jeremy Hooker yn *The Anglo-Welsh Review* (cyf. XVIII, rhif. 42, 1975).

Lily Smalls, morwyn Mrs *Butcher Beynon yn *Under Milk Wood* (1954) gan Dylan *Thomas; y mae'n caru ar y slei, yn y tŷ golchi, â *Nogood Boyo.

Little England beyond Wales, gweler ANGLIA TRANSWALLINA.

Little Kingdom, The (1946), y nofel gyntaf gan Emyr *Humphreys i gael ei chyhoeddi. Fel *The *Stones of the Field* (1945) gan R. S. *Thomas, yr oedd hon yn rhagflas o ail gyfnod llenyddiaeth Eingl-Gymreig. Nid yw'r nofel er gwaethaf ei theitl amddiffynnol a mewnblygrwydd ei thema, sy'n ymwneud â *Chenedlaetholdeb, yn ffrwyth Cenedlaetholwr di-feddwl. Owen yw arweinydd y Cenedlaetholwyr sy'n protestio yn erbyn y cais i adeiladu awyrenfa ar dir ei ewythr (thema sy'n adlais o'r digwyddiad ym *Mhenyberth yn 1936). Er hyn gwelir bod ei gymhellion yn ddigydwybod a bod ei ddull o ymladd yn mynd yn fwy treisiol thwyllodrus. Y mae Rhiannon a Geraint, yn eu gwahanol ffyrdd, yn cael eu camarwain gan 'gariad', hyd yn oed at frad, yn achos Geraint. Neges ganolog y nofel yw mai'r unig rai all wasanaethu Cymru yw'r bobl sy'n ymwybodol o etifeddiaeth ei chydwybod yn ogystal â'i dyheadau teilwng.

Little Moscow, blasenw a ddefnyddiwyd gan y wasg yn ne Cymru ar bentref glofaol Maerdy ym mlaenau'r *Rhondda Fach yn union wedi *Streic Gyffredinol 1926 pan oedd glowyr y pentref ymysg yr olaf i ddychwelyd i'r gwaith wedi i'r gwrthsafiad chwalu drwy weddill Prydain. Yn y blynyddoedd a ddilynodd daeth Maerdy yn adnabyddus am ei agweddau diwydiannol a

gwleidyddol milwriaethus. Yn ogystal â chymryd rhan mewn llawer o streiciau lleol ac ardal, yr oedd y pentref yn adnabyddus am gryfder y gangen leol o'r Blaid Gomiwnyddol yno. Dan ddylanwad Arthur *Horner, a fu'n ddiweddarach yn Ysgrifennydd Ffederasiwn Glowyr Prydain Fawr, daeth y gangen honno i draarglwyddiaethu yng nghyfrinfa Maerdy o Ffederasiwn Glowyr De Cymru ac, oherwydd y rhan allweddol a oedd i gyfrinfeydd mewn cymunedau glofaol, ym materion y pentref yn gyffredinol.

A'r gyfrinfa'n cymryd rhan mewn gweithgareddau fel aflonyddu ar weithwyr nad oeddent yn aelodau o undeb, rhwystro troi glowyr di-waith allan o'u cartrefi a threfnu cymorth i'r anghenus, daeth agwedd wleidyddol a Chomiwnyddol filwriaethus y gyfrinfa â chyhuddiadau yn ei sgîl fod crafangau 'Teyrnasiad-Braw Coch' wedi gafael ym Maerdy. Yn anochel, daeth hyn â'r gyfrinfa i wrthdrawiad â'r Ffederasiwn a oedd, wrth gwrs, yn gysylltiedig â'r Blaid Lafur. Cyrhaeddodd y gwrthdaro ei benllanw gyda diddymu aelodaeth y gyfrinfa yn Chwefror 1930 oherwydd ei chefnogaeth i sialens Horner i'r Aelod Seneddol a gynrychiolai Ddwyrain y Rhondda, Dai Watts-Morgan, yn Etholiad Cyffredinol y flwyddyn flaenorol.

Arweiniodd gwahardd y gyfrinfa, a'i holynu gan sefydliad mwy cymedrol, ymadawiad Horner i fynd yn Asiant y Glowyr dros Gwm Gwendraeth, ac effeithiau gwanychol y *Dirwasgiad, at lai o ddrwg-cnwogrwydd i Faerdy. Serch hynny, daeth y cydsefyll a'r gwrthsefyll a amlygwyd gan y pentref yn rhinweddau cyffredinol werthfawr ledled y maes glo yn y 1930au yn y penderfyniad dygn i oroesi. Parhaodd Maerdy i gael ei adnabod fel '*Little Moscow*', mewn enw o leiaf, yn y cyfnod wedi'r rhyfel. Yn symbolaidd, ac efallai'n briodol, Maerdy oedd y pwll olaf yn y Rhondda i gau yn 1990.

Little Welsh Terror, The, gweler JONES, JOHN (1854–1913).

LOCKLEY, RONALD MATHIAS (1903–), naturiaethwr ac awdur a aned yng Nghaerdydd. Disgrifiodd ei fachgendod a'i dynfa gyntaf tuag at hanes naturiol yn *The Way to an Island* (1941), a ail-ysgrifennwyd dan y teitl *Myself When Young* (1979). O 1927 hyd 1949 bu'n ffermio ar Ynys Sgogwm ac yn Ninas, Penf., ac o 1954 hyd 1963 ymgartrefodd yn Orielton, ger Doc Penfro. Ei yrfa fel naturiaethwr, yn arbennig ei gariad tuag at ynysoedd, yw testun tua deugain o'i lyfrau, gan gynnwys *Island Days* (1934), *I know an Island* (1938) a *Letters from Skokholm* (1947). Yn ystod ei flynyddoedd yn Orielton, a ddisgrifiodd yn *Orielton: the Human and Natural History of a Welsh Manor* (1977), lansiodd y cylchgrawn *Nature in Wales* dan nawdd Ymddiriedolaeth Naturiaethwyr Gorllewin Cymru (yn flaenorol Cymdeithas Naturiaethwyr

Gorllewin Cymru); ef oedd ei sylfaenydd. Ei lyfr mwyaf adnabyddus yw *The Private Life of the Rabbit* (1965) sydd, fel y cwbl o'i lyfrau, yn cyfleu ei frwdfrydedd a'i ymdeimlad o ryfeddod, heb unrhyw anthropomorffiaeth na sentimentaleiddiwch. Y mae'n astudiaeth glasurol ym maes hanes naturiol a thynnodd yr awdur o Sais, Richard Adams, yn helaeth arni wrth ysgrifennu *Watership Down* (1972). Y mae R. M. Lockley hefyd yn awdur nifer o nofelau, yn eu plith *The Island Dweller* (1932), *The Sea's a Thief* (1936) a *Seal Woman* (1974). Gadawodd Gymru yn 1970 i fynd i fyw gyda'i ferched yn Seland Newydd. Ers byw yno y mae wedi cyhoeddi sawl llyfr am fywyd gwyllt yr hemisffer deheuol a chyfrol arall o hunangofiant, *The House above the Sea* (1980).

Locrinus, gweler o dan CAMBER a DOLFORWYN.

Lolfa, Y, tŷ cyhoeddi a sefydlwyd yn 1967 gan Robat *Gruffudd yn Nhal-y-bont, Cer. Y mae'n arbenigo mewn cynhyrchu llyfrau a deunydd printiedig sydd, yng ngolwg cyhoeddwyr mwy uniongred Cymru, yn rhy eithafol o safbwynt gwleidyddol neu'n rhy fasweddus, ond y mae'n cyhoeddi hefyd weithiau mwy difrifol a hefyd rai poblogaidd megis *Cyfres y Beirdd Answyddogol*, cyfres o waith beirdd ifainc. Cyhoeddiad enwocaf y cwmni oedd y cylchgrawn blynyddol *Lol*, cylchgrawn y gellir ei ystyried o bosibl yn gymar Cymraeg i *Private Eye*. Ceir yn *Lol* erthyglau dychanol ac weithiau ddifrïol am aelodau'r Sefydliad Cymreig. Yn 1987 aeth y cylchgrawn yn eiddo i Wasg Gwalia ac ar hyn o bryd Gwasg 13 yw ei pherchennog.

Lôn Goed, Y, ffordd rhwng dwy res o goed yn *Eifionydd, Caern., sy'n mynd o aber Afon Wen tua'r gogledd cyn belled â Mynydd y Cennin. Fe'i lluniwyd gan Sais o'r enw John Maughan yn fuan wedi iddo ddod yn oruchwyliwr ystad Plas-hen yn 1817, er mwyn gwasanaethu ffermydd anghysbell yr ardal; fe'i hadwaenir hefyd fel Ffordd Môn, llygriad o enw'r adeiladydd. Clodforwyd llonyddwch hardd ei phedair milltir a hanner gan R. Williams *Parry yn ei gerdd enwog 'Eifionydd'.

Gweler Robin Williams, *O Gwr y Lôn Goed* (1996).

Lôn Wen, Y (1960), cyfrol o hunangofiant gan Kate *Roberts. Y ffordd 'sy'n mynd dros Foel Smatho i'r Waunfawr ac i'r nefoedd' yw lôn wen y teitl, ac ar lawer ystyr, hanes bro enedigol yr awdur yw'r llyfr hwn yn hytrach na'i hunangofiant. Ar wahân i'r darluniau o'r plentyn a'r ferch ifanc a geir yn y bennod agoriadol a'r bennod olaf, ychydig o hanes Kate Roberts a geir. Disgrifio'i theulu a'r gymdeithas y perthynai iddi a wneir yng ngweddill y llyfr, ac y mae'n ddogfen gymdeithasol nodedig.

London Welshman, The, cyfnodolyn a sefydlwyd yn 1894 gan Thomas John Evans. Fe'i hunwyd â phapur arall y flwyddyn ganlynol i ffurfio *The London Welshman and Celt*, ac yn ddiweddarach *The Kelt*, papur newydd dwyieithog wythnosol a barhaodd hyd ddechrau'r Rhyfel Byd Cyntaf. Yn ystod y 1920au a 1930au fe'i hadwaenid fel *Y Ddolen*, ac o 1945 hyd 1959 fel *Y Ddinas*. Fe'i cyhoeddwyd gan Gymdeithas *Cymry Llundain; yr oedd y llenor Caradog *Prichard ymhlith ei olygyddion, ac yr oedd ynddo newyddion am chwaraeon a bywyd crefyddol a chymdeithasol Cymry Llundain. Mabwysiadwyd y teitl *The London Welshman* pan ddaeth Tudor *David yn olygydd arno, ac ehangwyd ei gwmpas i gynnwys nid yn unig wybodaeth am y Gymdeithas ond hefyd erthyglau am fywyd diwylliannol a gwleidyddol Cymru, yn ogystal â cherddi, storïau byrion ac adolygiadau. Yr oedd ynddo gyfraniadau gan lawer o'r beirdd Eingl-Gymreig yn ystod y 1960au, megis Bryn *Griffiths, Tom *Earley, Sally Roberts *Jones a John *Tripp a oedd yn byw yn Llundain ar y pryd ac yn aelodau o'r *Guild of Welsh Writers*. Erbyn 1970, fodd bynnag, yr oedd y misolyn wedi mynd yn chwarterolyn, a thair blynedd yn ddiweddarach ymddiswyddodd Tudor David o'r olygyddiaeth, gan adael i'r cyhoeddiad ymddangos yn achlysurol fel newyddiadur *tabloid* ac adfer iddo ei swyddogaeth flaenorol fel drych o fywyd Cymry Llundain.

LOOMIS, ROGER SHERMAN (1887–1966), ysgolhaig Americanaidd a fu'n Athro'r Saesneg ym Mhrifysgol Columbia, a chyd-sefydlydd y Gymdeithas Arthuraidd Gydwladol (1930). Deffrowyd ei ddiddordeb yn *Arthur yn wreiddiol trwy ei astudiaeth o gelfyddyd yr Oesoedd Canol ac y mae ei gyhoeddiadau cyntaf yn ymwneud ag eiconograffi Arthuraidd. Arweiniodd hyn ef at astudiaeth drylwyr o lenyddiaeth Arthuraidd mewn nifer o ieithoedd Ewropeaidd ac i holi ynglŷn â tharddiad y chwedl. Trwy'i oes rhoes bwyslais ar ei gred fod traddodiad y wledydd Celtaidd wedi bod yn bwysig yn nhyfiant y chwedl Arthuraidd. Yn anffodus, nid oedd ei wybodaeth o lenyddiaeth gynnar y Celtiaid hanner cymaint â'i frwdfrydedd ac o'r braidd fod ganddo ddim Cymraeg na Gwyddeleg. Fel un y dylanwadwyd arno'n drwm gan astudiaethau mytholegol John *Rhŷs, mynegodd syniadau hen ffasiwn am y 'myth Celtaidd' gan anwybyddu'r rhan fwyaf o ysgolheictod y gwledydd Celtaidd yn ystod yr ugeinfed ganrif.

Ymhlith ei brif gyfraniadau ceir *Celtic Myth and Arthurian Romance* (1927), *Arthurian Tradition and Chrétien de Troyes* (1949) a *The Grail: from Celtic Myth to Christian Symbol* (1963). Ef oedd golygydd *Arthurian Literature in the Middle Ages* (1959), casgliad o gyfraniadau ysgolheigaidd o lawer gwlad a erys yn ffynhonnell anhepgorol. Cyhoeddwyd casgliad o erthyglau R. S. Loomis yn y gyfrol *Wales and the Arthurian Legend* (1965).

Lord Cutglass, y meudwy yn *Under Milk Wood*

(1954) gan Dylan *Thomas. Y mae'n byw ar ei ben ei hun gyda'i chwe chloc a thrigain, 'one for each year of his loony age', a phob un wedi'i osod ar amser gwahanol. Dywedir i'r llysenw gael ei roi i'r bardd ei hun ar ôl i'w dad wneud iddo gymryd gwersi llefaru, gan y defnyddir yr ansoddair 'cut-glass' weithiau i ddisgrifio acen fursenaidd a llediaith Saesneg.

LORD, PETER (1948–   ), hanesydd a beirniad celf. Fe'i ganed yng Nghaer-wysg a'i addysgu ym Mhrifysgol Reading a gweithiodd am flynyddoedd lawer fel cerflunydd, gan ymgartrefu yng Nghymru yn 1974. Dysgodd y Gymraeg a throi ei egni at archwilio a diffinio diwylliant gweledol Cymru, yn enwedig gweithiau arlunwyr gwlad fel Hugh *Hughes. Ymysg ei lyfrau ar y pynciau hyn y mae The Aesthetics of Relevance (1992), Y Chwaer-dduwies: Celf, Crefft a'r Eisteddfod (1992), Artisan Painters (1993), Gwenllian, Essays on Visual Culture (1994), Hugh Hughes, Arlunydd Gwlad (1995) a Words with Pictures: Images of Wales and Welsh Images in the Popular Press, 1640–1860 (1995). Yn 1995 fe'i gwnaed yn Gymrawd Ymchwil yng Nghanolfan Uwchefrydiau Cymreig a Cheltaidd Prifysgol Cymru, yn Aberystwyth.

Lorens Berclos (m. 1411), arglwydd Normanaidd, perchennog Castell East Orchard ger Sain Tathan, Morg. Yn ôl Iolo Morganwg (Edward *Williams) a'i cododd efallai o draddodiad lleol, yr oedd ef ac *Owain Glyndŵr (heb iddo ddatgelu pwy ydoedd) wedi dod yn gyfeillion cynnes. Pan ddatgelodd Owain pwy ydoedd, tarawyd y Norman yn fud am weddill ei oes. Seiliodd John *Morris-Jones delyneg ar y stori a ddaeth yn enwog drachefn, ac fe'i ceir yn ei gyfrol Caniadau (1907).

LORT, ROGER (1608–64), bardd, a aned yn Stackpole Court, Penf., lle y bu'n byw ar hyd ei oes. Ef oedd yr hynaf o dri brawd a newidiodd eu hochr yn ystod y *Rhyfel Cartref Cyntaf, ac ef oedd yr unig un ohonynt i ddal Comisiwn y Brenin. Erbyn 1645, yr oedd ef a'i frawd Sampson yn aelodau o'r Parliamentary Association yng ngorllewin Cymru, ac yn elynion i John *Poyer. Yr oedd eu carchariad gan Poyer yn un o'r rhesymau dros yr Ail Ryfel Cartref. Gwnaethpwyd Roger yn farwnig yn 1662. Nid oedd y Brenhinwyr na'r Seneddwyr yn meddwl rhyw lawer o Roger Lort, ac y mae sylw gan rywun anhysbys yn dweud ei fod yn fodlon derbyn unrhyw gred a'i gwnâi yn gyfoethog. Y mae ei gerddi Lladin bron i gyd ar ffurf epigramau.

LOTH, JOSEPH (1847–1934), ysgolhaig Celtaidd. Llydawr ydoedd, a ymroes i astudio'r ieithoedd Celtaidd

dan gyfarwyddyd Gaidoz, d'Arbois de Jubainville ac eraill. Bu'n gofalu am y cwrs ar Ieitheg Geltaidd ym Mhrifysgol Rennes, ac yn ddiweddarach penodwyd ef yn Athro yn y Collège de France, Paris, ac yno y bu nes iddo ymddeol yn 1930. Yn 1886 sefydlodd Annales de Bretagne, ac yn 1911 daeth yn olygydd y *Revue Celtique. Dyma rai o'i lyfrau: Vocabulaire Vieux-breton (1884), L'Emigration Bretonne en Armorique (1885), Les Mabinogion (1889), Les Mots Latins dans les Langues Brittoniques (1892) a La Métrique Galloise (1900–02). Cafwyd ganddo adolygiad manwl o Welsh Grammar John *Morris-Jones yn 1919. Ysgrifennodd yn helaeth ar chwedl *Arthur yn Revue Celtique (cyf. XXX–XXXVII, 1909–19).

Ceir rhagor o'i hanes yn yr erthygl goffa iddo gan J. Vendryes yn Revue Celtique (cyf. LI, 1934).

Luned, llawforwyn yn rhamant Owain neu Iarlles y Ffynnon (gweler o dan TAIR RHAMANT). Ymddengys gyntaf wedi i Owain gael ei garcharu rhwng y portcwlis a'r drws mewnol yng nghaer y *Marchog Du. Rhydd iddo fodrwy â'i gwna'n anweledig a'i alluogi i ddianc ar ôl i'r dorau gael eu hagor. Cuddia ef mewn llofft a'i ymgeleddu ac eiriola â'i harglwyddes ar ran Owain. Llwydda i drefnu priodas rhyngddynt er ei fod newydd ladd gŵr yr Iarlles mewn gornest. Tua diwedd y chwedl y mae Owain yn darganfod Luned wedi ei charcharu mewn llestr maen gan ddau o weision ystafell yr Iarlles am ei bod wedi achub ei gam pan alwyd ef yn dwyllwr gan y gweision. Drannoeth cais y ddau ei llosgi ond lleddir hwy gan y llew (gweler o dan LLEW DIOLCHGAR) sy'n cynorthwyo Owain. Bernir yn gyffredin mai Cymreigiad o'r ffurf Ffrangeg Lunette yw'r enw Luned, er gwaethaf awgrym mai talfyriad ydyw o Eluned.

Lyra Celtica (1896), blodeugerdd o farddoniaeth Geltaidd, a olygwyd gan Elizabeth Sharp. Y mae'n cynnwys nifer o gyfieithiadau Saesneg o gerddi o gyfnodau cynharach o bob un o'r chwe llenyddiaeth Geltaidd, ond cynrychiolir y cyfnod modern bron yn llwyr gan gerddi gwreiddiol yn y Saesneg, gan mwyaf o Iwerddon a'r Alban. Ymhlith y beirdd Cymraeg y mae *Aneirin, *Taliesin a *Dafydd ap Gwilym. Cynrychiolir barddoniaeth gyfoes Cymru gan y beirdd 'Eingl-Geltaidd' George Meredith, Sebastian Evans, Ebenezer *Jones, Emily Davies (Emily Jane *Pfeiffer) ac Ernest *Rhys. Dylanwadwyd yn drwm ar Elizabeth Sharp gan Matthew *Arnold ac yn ei hofftter o'r *'Cyfnos Celtaidd' – yr oedd ei gŵr, William Sharp (Fiona Macleod; 1855–1905), yn hyrwyddwr amlwg o'r un gred – yr oedd yn nodweddiadol o'i chyfnod.

LL

Llacheu fab Arthur, rhyfelwr y credir bod iddo le o bwys mewn traddodiadau cynnar yn ymwneud ag *Arthur, er mai ychydig o ddefnydd a gadwyd amdano. Yn y gerdd 'Pa ŵr yw y porthor?' yn *Llyfr Du Caerfyrddin* cyfeirir at Gai Wyn a Llacheu yn 'gwneuthur brwydrau'; yn yr un llawysgrif, honna *Gwyddno Garanhir iddo fod yn bresennol yn y man lle y lladdwyd Llacheu, gŵr 'rhyfeddol mewn cerddi'. Cyfeirir ato'n aml gan y *Gogynfeirdd fel patrwm o filwriaeth, ac yn ôl *Bleddyn Fardd lladdwyd ef 'is Llech Ysgar'. Enwir Llacheu hefyd yn y Trioedd, Tri Diofnog Ynys Prydain a Thri Deifnyawc Ynys Prydain, ac yn *Breuddwyd Rhonabwy*.

Llafur, y gymdeithas er astudio hanes llafur Cymru; fe'i sefydlwyd yn 1970 gyda'r bwriad o feithrin ymchwilio a dysgu hanes y dosbarth gweithiol yng Nghymru. O dan lywyddiaeth Will Paynter, cyn-arweinydd y glowyr, bu'r Gymdeithas yn flaenllaw wrth hyrwyddo creu Llyfrgell Glowyr De Cymru yn Abertawe. Cyhoeddwyd ei chylchgrawn, yntau'n dwyn y teitl *Llafur*, gyntaf yn 1972 ac y mae'n gwneud cyfraniad mawr tuag at gyflwyno hanes diwydiannol Cymru.

Llais Llafur (1898–1971), papur newydd wythnosol a sefydlwyd gan Ebenezer Rees yn Ystalyfera, Morg. Yr oedd ei sefydlydd yn ŵr blaenllaw gyda'r mudiad Llafur a chafodd ei bapur gylchrediad eang ymhlith glowyr a gweithwyr alcan gorllewin Morgannwg a dwyrain Caerfyrddin. Pan fu farw Rees yn 1908 etifeddodd ei feibion, David James ac Elwyn Rees, y papur a ddefnyddiwyd yr iaith Saesneg yn amlach na'r Gymraeg; newidiwyd ei enw i *Labour Voice* yn 1915 ac i *South Wales Voice* yn 1927. Rhoes y papur lwyfan i Sosialwyr fel R. J. *Derfel, George Greenwood, W. H. Stevenson ac eraill ond diryodd ei ansawdd a'i gylchrediad ar ôl yr Ail Ryfel Byd. Fe'i prynwyd gan Claude Morris, newyddiadurwr o Lundain, yn 1952, a chafwyd cyfnod o adfywiad o ganlyniad i'w bolisi ef o newyddiaduraeth ymosodol, ond ymhen amser collodd gefnogaeth ariannol nifer o wŷr busnes Cwmtawe a hysbysebai yn y papur; ymddangosodd y rhifyn olaf ar ddiwedd 1971.

Llais y Wlad (1874–84), papur newydd wythnosol a sefydlwyd gan J. K. Douglas, perchennog Anglicanaidd y *North Wales Chronicle*. Fe'i golygwyd gan Thomas Tudno Jones (1844–96) hyd 1880, pryd yr ymadawodd i gymryd urddau eglwysig, ac wedyn gan Evan Jones,

Llangristiolus, Môn. Daeth yn bapur newydd mwy annibynnol dan ei olygyddiaeth ef a chollodd beth o nawdd yr Eglwys; daeth i ben yn 1884.

Llanbadarn Fawr, eglwys a phlwyf ger Aberystwyth, Cer. Bu'r eglwys unwaith yn fynachlog ac yn ganolfan esgobaeth gyn-Normanaidd, a'r plwyf oedd y mwyaf yng Nghymru hyd y bedwaredd ganrif ar bymtheg. Yn Llanbadarn y cadwyd y traddodiadau am *Badarn a ddaeth yn sail i Fuchedd y sant. Yno hefyd y cadwyd Curwen, baglan y sant, a thestun englyn ar ymyl tudalen llawysgrif o'r *De Trinitate* (Awstin Sant) gan *Ieuan ap Sulien i'w dad, *Sulien. Cedwir dwy groesfaen addurnedig (9fed–11eg gan.) hefyd yn yr eglwys.

Awgryma'r cyfeiriadau at Lanbadarn a'i chlerigwyr yn *Brut y Tywysogyon* mai yno y cedwid y cynsail i'r gwaith hwn yn y ddeuddegfed ganrif. Yn 1116 sefydlwyd priordy gan abaty Pedr Sant, Caerloyw, eithr adferwyd annibyniaeth a hen drefn eglwysig Llanbadarn ar ôl 1135/36. Pan ymwelodd Gerallt Gymro (*Gerald de Barri) â'r eglwys yn 1188 yr oedd abad lleyg yn ben arni, a'i deulu yn offeiriaid yr allor. Cedwid llys yn Llanbadarn gan Rys Ieuanc (m. 1222) ac yno, yn ôl *Lawysgrif Hendregadredd, y canodd *Phylip Brydydd awdl yn erbyn 'beirdd ysbyddeid'. Ym Mrogynin, a oedd gynt yn y plwyf hwn, y ganed *Dafydd ap Gwilym, a ganodd gywydd adnabyddus i ferched Llanbadarn. Y mae aelodau o deuluoedd *Gogerddan a *Nanteos wedi eu claddu yng nghangell yr eglwys, ac yno hefyd y gorwedd eu gwrthwynebydd Lewis *Morris, yr hynafiaethydd.

Ceir manylion pellach yn hanes Llanbadarn gan E. G. Bowen (1979).

Llanbryn-mair, Traddodiad, gweler o dan PEATE, IORWERTH CYFEILIOG (1901–82) a RADICALIAETH.

Llancarfan, plwyf ym mro Morgannwg lle, yn ôl traddodiad, y dewisodd *Cadog sefydlu mynachlog yn y chweched ganrif. Yma, yn y cyfnod cyn-Normanaidd, y cedwid llyfr efengylau *Gildas. Yn ôl rhai ysgolheigion bu Llancarfan yn gartref i deulu clerigol dysgedig, a chyfansoddwyd Buchedd Ladin faith am Gadog gan un ohonynt, Lifris, rywbryd rhwng 1061 a 1100. Ymddengys mai fersiwn cyfansawdd o Fuchedd Cadog a gadwyd (yn Llsgr. y Llyfrgell Brydeinig Cotton Vespasian A xiv, c.1200); ychwanegwyd 'cartiwlari' a dogfennau gweinyddol ati, yn ymwneud â'r fynachlog a'i chlerigwyr. Yn yr eglwys y mae carreg nadd o'r nawfed neu'r ddegfed ganrif, ac arni arysgrif o'r unfed ganrif ar ddeg neu'r ddeuddegfed ganrif, ond yn ôl yr *Annales Cambriae* anrheithiwyd y fynachlog yn 988. Daeth annibyniaeth yr eglwys i ben tua 1100 pan roddodd y Normaniaid hi i fynachlog Pedr Sant yng Nghaerloyw. Canodd Rhisiart ap Rhys ddwy gerdd i Gadog. Ganed Iolo Morganwg (Edward *Williams) ym Mhennon, ym mhlwyf Llancarfan, a lluniodd orffennol disglair ond chwedlonol a ffug-hanesyddol i'w blwyf genedigol.

Llandaf, eglwys gadeiriol ac esgobaeth ym Morgannwg. Erbyn dechrau'r ddeuddegfed ganrif yr oedd wedi casglu traddodiadau, breintiau ac eglwysi tri sant, sef *Dyfrig, *Teilo ac Euddogwy. Tywyll yw hanes cynnar y safle, er bod croesfaen yn dyddio o'r ddegfed ganrif neu'r unfed ganrif ar ddeg yn tystiolaethu i bresenoldeb sefydliad eglwysig yno cyn dyfodiad y Normaniaid.

Bu ymrafael rhwng Urban (m. 1134), Esgob Llandaf, ac esgobion Mynyw (*Tyddewi) a Henffordd ynglŷn â'r eiddo a ffiniau'r esgobaethau hynny, yn arbennig yn ystod y blynyddoedd rhwng 1128 ac 1133. Cynnwys y testun Lladin a adwaenir fel *Liber Landavensis* (*Llyfr Llandaf*) ddeunydd a gynhyrchwyd yn ystod yr ymrafael hwn. Ceir ynddo waith gwreiddiol a ysgrifennwyd rhwng 1120 ac 1140 i gyfiawnhau ei honiad anwir ynghylch hynafiaeth yr esgobaeth, ers ei sefydlu gan Ddyfrig hyd farwolaeth Herewald yn 1104. Y mae'r deunydd hwn yn amgenach nag adlewyrchiad o ddadleuon eglwysig y ddeuddegfed ganrif, oherwydd y mae'r rhan fwyaf o'r siarteri y cyfeirir atynt yn fersiynau golygedig a chaboledig o ddogfennau hŷn, ac y maent o arwyddocâd arbennig i hanes de-ddwyrain Cymru cyn y Goresgyniad. Bu rhai o ymdrechion yr esgob yn aflwyddiannus er iddo apelio at y Pab, a bu farw ar ei ffordd i Rufain. Yr oedd wedi codi eglwys newydd yn Llandaf, a'i chysegru i Sant Pedr a'r tri sant Cymraeg, a threfnodd i gludo esgyrn Dyfrig yno o *Enlli. Cynigiwyd yr esgobaeth i Gerallt Gymro (*Gerald de Barri) yn 1191, ond gwrthododd hi. Llandaf oedd cartref teulu'r Matheuaid a chladdwyd rhai ohonynt yn yr eglwys gadeiriol. Erys dau englyn o waith *Dafydd Benwyn i Esgob William Blethyn (1575–90) a'i wraig ar dudalen o *Lyfr Llandaf*. Canodd Ieuan Llwyd ap Gwilym i Deilo Sant. Yr oedd William *Morgan yn Esgob Llandaf rhwng 1595 a 1601.

Atgynhyrchwyd testun *Liber Landavensis* o Lawysgrif Gwysaney gan J. Gwenogvryn Evans gyda chymorth John Rhŷs ac fe'i cyhoeddwyd mewn argraffiad cyfyngedig yn 1893; ymddangosodd argraffiad ffacsimili yn 1979. Ceir manylion pellach mewn erthyglau gan E. D. Jones a Daniel Huws yng *Nghylchgrawn* Llyfrgell Genedlaethol Cymru (cyf. IV, 1945–48 a chyf. xxv, 1987–88), a Wendy Davies, *The Llandaff Charters* (1979).

Llandeilo Fawr, eglwys a phlwyf yn sir Gaerfyrddin; yno, yn ôl *Llyfr Llandaf*, y bu farw Sant *Teilo. Y mae'r cofnodion, sydd mewn Hen Gymraeg a Lladin ar ymyl y tudalennau yn *Efengylau St. Chad* (*Llyfr St. Chad*) yn tystiolaethu mai at wasanaeth allor eglwys Llandeilo Fawr y bwriadwyd y llyfr. Dangosant hefyd mai yno yr oedd canolfan cwlt ac esgobaeth Teilo yn yr wythfed a'r nawfed ganrif. Y mae'n dra thebyg i Landeilo golli ei statws esgobaethol yn ail hanner y ddegfed ganrif. Cedwir rhannau uchaf dwy groesfaen addurnedig o'r nawfed neu'r ddegfed ganrif yn yr eglwys; cofnodwyd arysgrif arall gan Edward *Lhuyd ond y mae'r garreg honno yn awr ar goll. Hawliwyd Llandeilo yn aflwyddiannus gan esgobaeth *Llandaf yn y ddeuddegfed ganrif ond y mae'n debyg i'r eglwys gael ei meddiannu cyn 1239 gan ganoniaid *Talyllychau. Yn ôl *Llyfr Du Tyddewi*, yr oedd y dref a'r wlad oddi amgylch yn eiddo i Esgob Mynyw (*Tyddewi) yn 1326. Bu cysylltiad agos rhwng teulu arglwyddi *Ystrad Tywi a Llandeilo Fawr; yr oedd eu llys yn *Ninefwr ar gyrion y dref.

Llanelwy, eglwys gadeiriol ac esgobaeth yng ngogledd-ddwyrain Cymru. Diflannodd llawysgrif wreiddiol *Llyfr Coch Asaph* yn ystod y *Rhyfel Cartref ond yn y pedwar copi anghyflawn a wnaed gan Robert *Vaughan ac eraill ceir casgliad o ddogfennau cyfreithiol Lladin a Chymraeg yn ymwneud â hanes gweinyddu'r esgobaeth yn y drydedd a'r bedwaredd ganrif ar ddeg. Ni dderbynnir bellach y gred draddodiadol am Gyndeyrn (*fl.* 6ed gan.) yn sefydlu mynachlog yn Llanelwy ac yn derbyn braint a nawdd gan *Faelgwn Gwynedd fel y'i hadroddir yn y *Llyfr Coch*. Daeth *Sieffre o Fynwy yn Esgob Llanelwy yn 1151. Yn ystod esgobaeth Anian (m. 1293) llosgwyd yr eglwys gadeiriol ac eto yn 1402 yn ystod gwrthryfel *Owain Glyndŵr. Molwyd nifer o esgobion a chanoniaid Llanelwy gan y beirdd: canodd *Iolo Goch i Ddafydd ap Bleddyn (esgob, 1314–46), Ieuan Trefor II (esgob, 1395–1411), Hywel Kyffin (deon, 1385–97) ac Ithel ap Robert (archddiacon, 1375–82), canodd *Tudur Aled i Ddafydd ab Owain (esgob, 1503–12) a Ffŵg Salisbury (deon, 1515–43) a chanodd *William Llŷn i William Hughes (esgob, 1573–1600). Yr oedd William *Morgan, cyfieithydd y *Beibl, yn esgob o 1601 hyd 1604 a bu'r Dr John *Davies, Mallwyd, yn gaplan i Richard *Parry (esgob, 1604–23). Yr oedd William Lloyd (1680–92) yn un o Esgobion diweddarach yr esgobaeth.

Yn 1838 ceid ymdrech gan yr hierarchiaeth Anglicanaidd yn Lloegr i uno esgobaeth Llanelwy ag esgobaeth *Bangor er mwyn trosglwyddo incwm Llanelwy i esgobaeth ym Manceinion, ond cafwyd gwrthwynebiad ffyrnig a llwyddiannus i hyn gan glerigwyr a lleygwyr Cymru ac yn arbennig Rowland *Williams (Goronva Camlann) ac Arthur James *Johnes.

'Llanfair', emyn-dôn adnabyddus gan Robert Williams (1781–1821) o Lanfechell, Môn. Deilliodd y teitl yn ôl pob tebyg o enw'r pentref bychan Llanfair-yng-Nghornwy ym Môn ond mewn llawysgrif ddyddiedig

1817 ac yn y fersiwn cyhoeddedig cyntaf yn *Peroriaeth Hyfryd* (1837), 'Bethel' yw teitl y dôn. Fe'i cynhwyswyd ymhob un o'r llyfrau tonau cynulleidfaol Cymraeg yn ogystal ag yn *Songs of Praise* a nifer o lyfrau emynau Saesneg eraill, ac ar y dôn hon y cenir un o bedwar emyn Eisteddfod Ryngwladol *Llangollen.

Llanfairpwllgwyngyllgogerychwyrndrobwyll-llantysiliogogogoch, 'yr enw lle hwyaf ym Mhrydain', enw ar bentref ym Môn. Talfyrir ef gan amlaf i Lanfair Pwll. Yn ôl John *Morris-Jones dyfeisiwyd yr enw gan deiliwr o Borthaethwy ganol y bedwaredd ganrif ar bymtheg. Byth er hynny bu'n destun digrifwch a difyrrwch mawr i ymwelwyr estron wrth iddynt fethu â'i ynganu.

Llangeitho, Diwygiad (1762), gweler o dan Caniadau y rhai sydd ar y Môr o Wydr (1761/62) a Rowland, Daniel (1713–90).

Llangollen, Eisteddfod Gydwladol, gŵyl flynyddol a gynhelir yn nhref fach Llangollen, Dinb., er 1947. Harold Tudor o Goed-poeth, Wrecsam, swyddog gyda'r Cyngor Prydeinig, a gafodd y syniad cyntaf a chefnogwyd y cynllun o sefydlu gŵyl-werin gydwladol gan W. S. Gwynn Williams, gŵr amlwg ym mywyd cerddorol Cymru, a oedd y pryd hynny yn Drefnydd Cerdd yr *Eisteddfod Genedlaethol, a G. H. Northing, athro lleol a chadeirydd Cyngor Dosbarth Tref Llangollen. Un o'r prif amcanion oedd cael pobl Cymru i gyfrannu tuag at y gwaith o liniaru'r briwiau a adawyd ar ôl yr Ail Ryfel Byd. Cyfansoddodd T. Gwynn *Jones arwyddair ar gyfer yr ŵyl:

> Byd gwyn fydd byd a gano,
> Gwaraidd fydd ei gerddi fo.

Cynrychiolwyd pedair ar ddeg o genhedloedd yn yr ŵyl gyntaf. Er 1947 daeth yr Eisteddfod yn fyd-enwog a phob blwyddyn dena rai cannoedd o gantorion a dawnswyr gwerin yn ogystal ag artistiaid proffesiynol byd-enwog, o fwy na deg a thrigain o wledydd. Nis cyfyngir i'r pafiliwn swyddogol ond yn hytrach tasga'n llif liwgar, frawdol ac amlieithog i strydoedd Llangollen a'r wlad gyfagos. Pery'r ŵyl am wythnos. Cafwyd disgrifiad ohoni gan Dylan *Thomas mewn sgwrs radio a ddarlledwyd yn 1953 ac a gyhoeddwyd yn *Quite Early One Morning* (1954).

Ceir hanes manwl yr eisteddfod yn Kenneth A. Wright, *Gentle are its Songs* (1973).

Llanilltud Fawr, eglwys a phlwyf ym Morgannwg. Saif yr eglwys ar safle mynachlog y credir i Sant *Illtud ei sefydlu. Ym muchedd Samson (m. 565), sy'n dyddio o'r seithfed ganrif efallai, y ceir y cyfeiriad cynharaf at fynachlog Illtud. Amlygir pwysigrwydd y lle yn y nawfed ganrif gan y cerrig nadd a'r croesfeini addurnedig a

gedwir yn yr eglwys: sonnir am abad ar un ohonynt. Y mae un arall yn garreg fedd i Ithel, Brenin Gwent (m. 848); credir bod un arall yn enwi Hywel ap Rhys, Brenin *Glywysing (m. 886). Ailddarganfuwyd carreg fedd Ithel gan Iolo Morganwg (Edward *Williams) pan oedd yn gweithio yn y fynwent yn 1789, a'r arysgrifau hyn a'i symbylodd i greu gorffennol chwedlonol, ffughanesyddol, i Lanilltud Fawr. Tua milltir o bentref modern Llanilltud Fawr y mae olion *villa* o'r cyfnod Rhufeinig a oedd yn adfail erbyn diwedd y bumed ganrif. Anrheithiwyd Llanilltud yn 988. Daeth yr eglwys yn eiddo i Abaty Tewkesbury cyn 1135 ar ôl i'r Normaniaid oresgyn Morgannwg. Ym mhentref Llanilltud yn ymgartrefai Lewys Morgannwg (*Llywelyn ap Rhisiart) a ganodd gerdd i Illtud.

Llanllugan, lleiandy yn sir Drefaldwyn yn perthyn i Urdd y *Sistersiaid ac a sefydlwyd yn gangen o *Ystrad Marchell gan Faredudd ap Robert, arglwydd Cedewain cyn 1236. Canodd *Dafydd ap Gwilym gywydd yn gyrru llatai at y lleianod yno. Diddymwyd y lleiandy yn 1536.

Llanllŷr, lleiandy ger Llanfihangel Ystrad, Cer., a perthyn i Urdd y *Sistersiaid ac a sefydlwyd cyn 1197, a'i rhoi o dan oruchwyliaeth Ystrad-fflur gan *Rys ap Gruffudd (Yr Arglwydd Rhys). Unig gysylltiadau llenyddol y tŷ oedd cywydd gofyn epa dof gan *Huw Cae Llwyd dros yr abades, Dam Annes, i Syr William *Herbert. Hanes y fynachlog hon, a ddiddymwyd yn 1536, a ysbrydolodd y nofel *Lleian Llan Llŷr* (1964) gan Rhiannon Davies *Jones.

Ceir rhagor o fanylion yn F. G. Cowley, *The Monastic Order in South Wales, 1066–1349* (1977).

Llannerch neu **Gwysanau, Llawysgrifau**, un o'r casgliadau pwysicaf yng ngogledd Cymru, a ffurfiwyd yn bennaf gan Robert Davies (*c.*1658–1710), perchennog ystadau Llannerch a Gwysanau ger Llanelwy, Ffl. Cedwir y rhan Gymraeg yn *Llyfrgell Genedlaethol Cymru. Gwasgarwyd y gweddill mewn arwerthiant yn 1959. Ymhlith y llawysgrifau gwerthfawr sydd yn y Llyfrgell Genedlaethol y mae *Liber Landavensis* (*Llyfr *Llandaf*), copi o'r *Brut Chronicle* yn Saesneg a ysgrifennwyd yn y bymthegfed ganrif, copi o fersiwn yr Archesgob Ussher o'r *Historia Brittonum*, tair llawysgrif sy'n perthyn i'r unfed ganrif ar bymtheg ac sy'n cynnwys barddoniaeth Gymraeg yr Oesoedd Canol a'r Dadeni, a dwy lawysgrif o achau Cymreig.

Llanstephan, Llawysgrifau, casgliad y ffurfiwyd cnewyllyn ohono rhwng 1690 a 1742 gan Samuel *Williams o Landyfrïog, Cer., a'i fab Moses *Williams, ynghyd â llawysgrifau o gasgliadau Walter *Davies (Gwallter Mechain), Lewis *Morris, Edward Breese, Syr Thomas Phillipps ac E. G. B. *Phillimore; fe'u cyflwynwyd i

*Lyfrgell Genedlaethol Cymru yn 1909 gan Syr John Williams, Llansteffan, Caerf. Y mae'n ffynhonnell bwysig i lenyddiaeth Gymraeg yr Oesoedd Canol a'r Dadeni; y mae'r casgliad yn cynnwys llawer o lawysgrifau gan rai o'r prif feirdd a chopïwyr y cyfnod, yn eu plith *Gutun Owain, *Siôn Brwynog, Syr Owain ap Gwilym, *Morgan Elfael, *Llywelyn Siôn a Siôn Dafydd *Rhys. Y mae geiriadur Cernyweg yn llaw Edward *Lhuyd hefyd yn rhan o'r casgliad. Y llawysgrif fwyaf gwerthfawr yw *Llyfr Coch Talgarth*, a ysgrifennwyd tua 1400 gan Hywel Fychan ap Hywel Goch o Fuellt, y gŵr a gopïodd ran helaeth o *Llyfr Coch Hergest*. Cynnwys y casgliad hefyd weithiau beirdd megis *Dafydd ap Gwilym, *Lewys Glyn Cothi, *Guto'r Glyn a *Thudur Aled.

Llantarnam, mynachlog ger Cwmbrân, Myn., a oedd yn perthyn i Urdd y *Sistersiaid. Hywel ap Iorwerth o Gaerllion a roes y tir i'w sefydlu yn 1177. Yr oedd yn gangen o *Ystrad-fflur ac fe'i gelwid hefyd yn fynachlog Caerllion, Dewma a Nant Teyrnon. Ymhlith y llyfrau yn y llyfrgell yr oedd llawysgrif o'r ddeuddegfed ganrif o *Homiliau* Sant Gregori. Molodd *Lewys Glyn Cothi yr abad Siôn ap Rhosier (c.1476), a chanodd bardd anhysbys i'r ddelw o'r Drindod Sanctaidd a gedwid yn y tŷ. Clodforodd nifer o feirdd, yn eu plith Llywelyn ap Hywel ap Ieuan, *Huw Cae Llwyd, Lewys Morgannwg (*Llywelyn ap Rhisiart) a *Gwilym Tew, rinweddau iachusol y ddelw o'r Forwyn Fair, a gadwyd mewn capel a godwyd ar safle graens yn perthyn i'r fynachlog ym Mhen-rhys uchlaw'r Rhondda. Diddymwyd Llantarnam yn 1536, a phrynwyd y tiroedd yn 1561 gan William Morgan, aelod o deulu *Morgan Parc Tredegyr, a gefnogai bererindota i'r lle.

Gweler Glanmor Williams, *The Welsh Church from Conquest to Reformation* (1962); F. G. Cowley, *The Monastic Order in South Wales 1066–1349* (1977); D. H. Williams, *The White Monks in Gwent and the Border* (1976) a, chan yr un awdur, *The Welsh Cistercians* (1984).

Llaregyb, gweler o dan UNDER MILK WOOD (1954).

Llatai, term a ddefnyddid gan y beirdd, yn bennaf, i olygu negesydd serch. Yn y bedwaredd ganrif ar ddeg y gwelir gyntaf y confensiwn barddol o anfon aderyn, anifail, neu ryw greadur arall, â neges neu lythyr at gariadferch. Fe'i defnyddir yn aml yng nghywyddau *Dafydd ap Gwilym, a chanfyddir enghreifftiau tebyg yng ngwaith ei gyfoeswyr *Gruffudd Gryg, *Llywelyn Goch ap Meurig Hen a *Gruffudd ap Adda ap Dafydd hefyd. Credir bod y confensiwn yn hŷn, fodd bynnag, ac fe'i cymharwyd â 'negesywr-meirch' a geir gan *Gynddelw Brydydd Mawr a *Llywarch ap Llywelyn (Prydydd y Moch). Gwelir yr enghraifft gynharaf o'r gair llatai mewn cerdd lle y mae Gruffudd ap Dafydd ap Tudur yn gofyn i'w noddwr am fwa, sydd yn awgrymu

bod cysylltiad rhwng y canu llatai a'r cerddi gofyn am anrhegion yr oedd gan feirdd o gyfnodau cynnar iawn yr hawl i'w canu – hawl a ganiateir yn benodol yng *Nghyfraith Hywel.

Y mae canu llatai Dafydd ap Gwilym yn dilyn patrwm rheolaidd, a chynnwys pob cerdd y mwyafrif neu'r cyfan o'r elfennau canlynol: cyfarchiad dechreuol i'r negesydd, darn disgrifiadol o fawl iddo, yn aml ar ffurf *dyfalu cywrain yn llawn sylwgarwch craff o nodweddion y creadur; cais i gludo neges serch, neu lythyr neu gusan; amlinell o'r daith arfaethedig gyda rhybudd i osgoi'r peryglon; disgrifiad cryno o'r ferch neu ei chartref; a bendith ar y negesydd i gloi. Adar yw llateion Dafydd gan mwyaf – eos, ehedydd, bronfraith, gwylan a chyffylog – ond mewn un cywydd y mae'n comisiynu hydd. Defnyddia'r term llateion hefyd am helgwn yn ei gerdd-freuddwyd, a llateiaeth am yr eiriolaeth y mae'n ei geisio gan y Santes *Dwynwen ac am y genhadaeth nad yw'n fodlon ei hymddiried i wrach fusgrell. Mewn cerdd enwog y mae Dafydd yn gofyn i'r gwynt yn hynod ddychmygus i gludo ei neges serch. Ymhlith y cerddi gwrthodedig yn yr apocryffa y mae cywyddau llatai i'r eryr, y penddu (neu ditw glas), yr alarch, y fwyalchen, y gog, yr eog a'r brithyll, a gall fod ambell un ohonynt yn waith un o gyfoeswyr Dafydd.

Ceir enghreifftiau o lên Ffrainc a Phrofens yr Oesoedd Canol o anfon adar – eosiaid gan amlaf – yn negeswyr serch, ond nid oes dim i'w gymharu â'r disgrifiadau hir o'r negesydd a geir yn y cerddi Cymraeg. Y mae'n bosibl, er hynny, iddynt gael dylanwad ar barhad thema'r cyngor, sinigaidd weithiau, a roir i feirdd claf o gariad gan adar yng nghanu rhydd Cymraeg yr unfed ganrif ar bymtheg.

Ceir ymdriniaeth ar y llatai gan Saunders Lewis yn *Braslun o Hanes Llenyddiaeth Gymraeg* (1932), J. E. Caerwyn Williams, 'Beirdd y Tywysogion: Arolwg', yn *Llên Cymru* (cyf. II, 1970), Rachel Bromwich yn ei chyfrol ar Ddafydd ap Gwilym yn y gyfres *Writers of Wales* (1982) a chan yr un awdur, *Dafydd ap Gwilym: a Selection of Poems* (1982).

LLAWDDEN neu **IEUAN LLAWDDEN** (fl. 1450), bardd. Brodor o Gasllwchwr, Morg., bu'n byw ym Machynlleth, Tfn. Dywedir iddo roi trefn ar y *cynganeddion mewn gwaith a elwir yn 'Ddosbarth Llawdden', ond tebyg mai honiad Iolo Morganwg (Edward *Williams) oedd hwn a gall yr haeriad fod yn anghywir. Yr oedd Llawdden yn flaenllaw yn Eisteddfod *Caerfyrddin 1450, lle y dywedir iddo gyhuddo *Gruffudd ap Nicolas o dderbyn llwgrwobrwy i ddyfarnu'r *Gadair i *Ddafydd ab Edmwnd. Y mae'r rhan fwyaf o'i waith, a ganwyd ar y mesurau caeth, yn gerddi moliant i uchelwyr megis Thomas ap Rhosier o *Hergest a Phylip ap Rhys a Maredudd Fychan o *Faelienydd.

Llawysgrif Hendregadredd, y gynharaf o'r ddwy ffynhonnell bwysicaf o waith Beirdd y Tywysogion (gweler o dan GOGYNFEIRDD). Ysgrifennwyd y gyfrol ar femrwn gan un brif law ac amryw o rai eraill ar ddechrau'r bedwaredd ganrif ar ddeg, yn fwy na thebyg yn abaty Ystrad-fflur. Tua'r 1330au ychwanegwyd nifer o gerddi cyfoes, gan gynnwys rhai gan *Ddafydd ap Gwilym a *Gruffudd Gryg, pan oedd y llawysgrif ym meddiant Ieuan Llwyd ap Ieuan ap Gruffudd Foel o *Barc-rhydderch, Llangeitho. Yr oedd gan Ddafydd gysyllt-iadau â Pharcrhydderch (canodd farwnad i wraig Ieuan, Angharad) a chredir y gwelir llawysgrifen Dafydd yn y llawysgrif. Yr oedd ym meddiant Gruffudd *Dwnn o Ystradmerthyr tua chanol yr unfed ganrif ar bymtheg, yna daeth yn eiddo i *Wiliam Llŷn cyn dirwyn trwy law *Rhys Cain i lyfrgell Robert *Vaughan yn Hengwrt. Fe'i copïwyd gan John *Davies, Mallwyd, yn 1617, a'i fersiwn ef a ddefnyddiwyd yn ffynhonnell i'r *Myvyrian Archaiology* (1801). Ceir sôn amdani ar ddechrau'r bedwaredd ganrif ar bymtheg yn eiddo i'r Archddiacon Richard Newcome, Rhuthun. Fe'i hailddarganfuwyd yn 1910 mewn cwpwrdd-dillad ym mhlasty Hendre-gadredd, ger Pentre'r-felin, Cricieth, Caern. Cawsai ei phrynu gan Ignatius Williams, Dinbych, a'i chymynnu i'w nai, John Ignatius Williams o Hendregadredd. Fe'i gwerthwyd mewn arwerthiant yn Llundain yn 1923 a'i phrynu gan y chwiorydd Davies (gweler o dan GWASG GREGYNOG) ar gyfer *Llyfrgell Genedlaethol Cymru. Cynhwysir ynddi waith *Meilyr Brydydd, *Gwalchmai ap Meilyr, *Bleddyn Fardd, *Cynddelw Brydydd Mawr, *Gwynfardd Brycheiniog, *Llywarch ap Llyw-elyn (Prydydd y Moch) a *Hywel ab Owain Gwynedd, ymhlith eraill. Ynghyd â *Llyfr Coch Hergest*, y llawysgrif hon yw prif ffynhonnell canu'r cyfnod.

Ceir manylion pellach yn nhestun y llawysgrif a olygwyd gan John Morris-Jones a T. H. Parry-Williams (1933) a'r erthygl gan Daniel Huws yng *Nghylchgrawn* Llyfrgell Genedlaethol Cymru (cyf. XXII, 1981).

Llawysgrif Juvencus, llawysgrif Ladin gymhleth o'r nawfed ganrif, a gedwir yn awr yn Llyfrgell Prifysgol Caer-grawnt (Llsgr. Ff. 4.42). Y mae'n cynnwys copi o fersiwn mydryddol o'r Efengylau o waith y bardd Lladin o Gristion, Juvencus, ynghyd â llawer o losau ac ychwanegiadau eraill mewn Lladin, Cymraeg a Gwydd-eleg, ac wedi ei hysgrifennu gan sawl person mewn ysgrifen '*minuscule*' gron. Perthyn gwaith y prif gopïydd i'r nawfed ganrif a dichon mai Gwyddel o'r enw Nuadu ydoedd, a barnu wrth y coloffon, ac yntau'n gweithio o bosibl mewn canolfan Gymreig lle y ceid dylanwad Gwyddelig cryf. Ceir yn y llawysgrif lawer o losau Lladin mewn ysgrifen Ynysig o'r nawfed a'r ddegfed ganrif yn ogystal â glosau Hen Gymraeg gan fwy nag un llaw mewn ysgrifau '*minuscule*' sgwâr yn perthyn i ran gyntaf y ddegfed ganrif, ac eraill mewn Hen Wyddeleg neu gymysgedd o Gymraeg a Gwyddeleg. Cofnodwyd yn y llawysgrif ddwy gyfres bwysig o englynion Hen Gymraeg o'r hen ganiad, cadwyn o dri englyn cyffelyb

i'r defnydd a gysylltwyd â *'Chanu Llywarch Hen' a chadwyn amherffaith o naw englyn crefyddol. Canu naratif neu storïol sydd yn y tri chyntaf, mae'n debyg (er bod yr ystyr yn dal i fod yn dywyll i raddau), yn dwys ddisgrifio tristwch ac unigrwydd pendefig a gollasai ei deulu, a hynny efallai ar ôl lladdfa mewn brwydr. Cerddi crefyddol yw'r naw arall yn dathlu pŵer Duw ac yn annog y ddynoliaeth i foli a pharchu'r Drindod. Copïwyd y naill gadwyn a'r llall gan yr un llaw ac y mae'n bosibl fod y copïau'n perthyn i hanner cyntaf y ddegfed ganrif, neu efallai i ddiwedd y nawfed, ond mae'n bosibl ddarfod llunio'r englynion gryn dipyn yn gynharach na hynny a dichon mai englynion y Juvencus yw'r farddoniaeth Gymraeg hynaf oll a gadwyd. Felly y maent yn eithriadol bwysig o ran tystiolaeth ieithyddol a llenyddol. Ni wyddys ym mha le y lluniwyd y llawysgrif, ond bu yn Lloegr a daeth yn eiddo i Lyfrgell Prifysgol Caer-grawnt o gasgliad Holdsworth. Cysylltwyd hi yn arbennig â Llawysgrif Harleian 3376 yn y Llyfrgell Brydeinig a chysylltwyd un o'r ddwy law ag eiddo glosiwr yn Llawysgrif Hatton 42 yn Llyfrgell Bodley.

Ceir manylion pellach yn yr erthygl gan T. Arwyn Watkins yn *Bardos* (gol. R. Geraint Gruffydd, 1982), a chan Marged Haycock yn *Blodeugerdd Barddas o Ganu Crefyddol Cynnar* (1994).

Lleddf a Thalgron, un o feiau gwaharddedig *Cerdd Dafod: ystyrir hi'n fai odli *ŵy* (deusain ddisgynedig, sillaf leddf a wneir o lafariad bur a llafariad gytseiniol) ac *wŷ* (deusain esgynedig, sillaf dalgaron, a wneir o lafariad gytseiniol a llafariad bur), megis *gŵyr* (mae'n gwybod) a *gwŷr* (dynion).

Lleddf Broest, term a arferir mewn *Cerdd Dafod i ddisgrifio natur yr odli mewn uned fydryddol pan fo'r llinellau'n proestio'n lleddf (deuseiniaid disgynedig yn gwneud sillafau lleddf, e.e. hwyr, caer; trwyn, llain).

'Llef', emyn-dôn adnabyddus gan Griffith H. Jones (Gutyn Arfon; 1849–1919) a ymddangosodd gyntaf yn *Tunes, Chants and Anthems with Supplement* (gol. David Jenkins, 1883). Dywedir iddi gael ei chyfansoddi er cof am frawd y cyfansoddwr, sef Dewi Arfon, ac y mae'n annatod glwm wrth emyn David *Charles, 'O! Iesu mawr, rho'th anian bur'. Trefnwyd y dôn ar gyfer lleisiau meibion gan Mansel Thomas o dan y teitl '*Deus Salutis!*'

Lleifior, gweler o dan CYSGOD Y CRYMAN.

Lleision, enw llwythol am wŷr *Powys, a ddefnyddir gan y *Gogynfeirdd, sef disgynyddion Lles Llaw Ddeog, un o gyndeidiau tywysogion Powys yn ôl yr *achau.

Llen Hud, Y, motiff poblogaidd mewn llawer llenydd-iaeth, gan gynnwys y Gymraeg. Yn chwedl *Culhwch ac Olwen caiff Culhwch unrhyw anrheg a fynno oddi wrth *Arthur ac eithrio ei len (ei fantell), ynghyd â'i long, ei gleddyf, ei wayw, ei darian, ei gyllell a'i wraig. Disgrifir y fantell yn fwy manwl yn *Breuddwyd Rhonabwy: y mae hi o bali caerog ac afal rhuddaur wrth bob congl iddi, ac nid arhosai unrhyw liw arni namyn ei lliw ei hun a gall mai gwyn ydoedd, gan mai Gwen yw'r enw a roddir arni. Fe'i rhestrir ymhlith *Tri Thlws ar Ddeg Ynys Prydain, oherwydd ei bod yn gwneud y sawl a'i gwisgo yn anweledig. Gwisg *Caswallon fab Beli len gyffelyb yn hanes *Branwen, ac yn anweledig llwydda i orchfygu chwech o'r saith gŵr a benodwyd i lywodraethu Ynys y Cedyrn tra oedd Brân yn Iwerddon. Gymaint oedd gofid Cradawc, fab Brân, yr unig un o'r saith yn dal yn fyw, o weld cleddyf mewn llaw anweledig yn lladd ei wŷr, ac yntau'n methu cael gwybod pwy oedd biau ef, nes iddo farw o ofn. Digwydd y thema hefyd yn hanes *Jack the Giant Killer.

Llên Cymru, cylchgrawn blynyddol a gyhoeddir gan Wasg Prifysgol Cymru ar ran y *Bwrdd Gwybodau Celtaidd o 1950 hyd heddiw. Ei olygydd hyd 1962 oedd Griffith John *Williams, ac wedi hynny A. O. H. *Jarman hyd 1986; Ceri W. *Lewis oedd y golygydd o 1986 hyd 1996 a'r golygydd presennol yw Gruffydd Aled *Williams. Fe'i bwriedir yn gylchgrawn lle y gall ysgolheigion hanes llenyddiaeth Gymraeg gyflwyno ffrwyth eu hymchwil. Y mae'n cyhoeddi gwaith gan aelodau staff Adrannau Cymraeg y Brifysgol, ac eraill, ac y mae wedi gwneud cyfraniad sylweddol i *ysgolheictod Cymraeg.

Llên Eglwysig a Hyfforddiadol, corff helaeth ac amrywiol o ryddiaith grefyddol eglwysig o'r drydedd ganrif ar ddeg hyd yr unfed ganrif ar bymtheg y gellir ei hystyried, oherwydd ei chydrywiaeth ei hiaith a'i chefndir Pabyddol, yn adran neilltuol o lenyddiaeth Gymraeg. Cyfieithiadau, yn ddienw fel arfer ac o'r Lladin bron yn llwyr, yw'r mwyafrif mawr o'r testunau. Bwriadwyd hwy er hyfforddiant lleygwyr a chlerigwyr, a syml, poblogaidd a thraddodiadol yw eu cynnwys; y maent yn wahanol iawn i drafodaethau ysgolheigaidd ar ddyrysbynciau diwinyddol ac athronyddol. Symbylwyd eu hysgrifennu gan y deuddegfed Cyngor Eciwmenaidd (neu'r pedwerydd Cyngor Lateranaidd) a gynhaliwyd gan y Pab Innocent III yn 1215, ac a esgorodd ar gorff mawr o lên gynorthwyol a ysgrifennid yn iaith y clerigwyr.

Ceir y casgliadau pwysicaf o'r math hwn o lenyddiaeth yn Gymraeg mewn llawysgrifau'r drydedd ganrif ar ddeg a'r bedwaredd ganrif ar ddeg. Gellir rhannu'r testunau yn chwe phrif ddosbarth: *Bucheddau Saint; Midrash, er enghraifft *Ystorya Adaf, cyfieithiad o Historia Adam; Apocryffa a pseudepigraphia, er enghraifft *Efengyl Nicodemus, cyfieithiad o Evangelium Nicodemi; llên weledigaeth, er enghraifft Purdan Padrig, cyfieithiad o De Purgatorio S. Patricii; darnau o'r Beibl; esboniadaeth Feiblaidd, er enghraifft Pwyll y Pader o Ddull Hu Sant, cyfieithiad o adran o Speculum de Mysteriis Ecclesiae. Ceir hefyd rai gweithiau nas cynhwysir yn y dosbarthiadau hyn: ymysg yr hynotaf gellir enwi'r compendiwm o Elucidarium Honorius Agustodunensis, *Ymborth yr Enaid, a'r pendlyfr meistraidd ei Gymraeg a phetrus ei ffynhonnell, Penityas.

Ar ei huchelfannau y mae'r llên hon yn un o ogoniannau'r traddodiad rhyddiaith Gymraeg. Y mae hefyd yn dyst i aeddfedrwydd rhyddiaith Gymraeg yn yr Oesoedd Canol, canys mydr a ddefnyddid fel rheol i gyfieithu yn yr ieithoedd eraill, ac eithrio'r Wyddeleg. Yn ogystal bu geirfa a chystrawennau'r llenyddiaeth hon yn sail gadarn i Destament Newydd 1567 a *Beibl 1588.

Ceir manylion pellach yn y bennod gan J. E. Caerwyn Williams yn Y Traddodiad Rhyddiaith yn yr Oesau Canol (gol. Geraint Bowen, 1974).

Llên Gwerin, gweler STORÏAU GWERIN.

Llên Menywod. Oherwydd tueddiadau patriarchaidd yr Oesoedd Canol a'r modd y neilltuwyd ysgolion barddol i wrywod yn unig, araf oedd twf llên menywod yng Nghymru. Ni cheir awdur benywaidd adnabyddus tan ail hanner y bymthegfed ganrif, pan gafwyd mynegiad o brofiadau arbennig y ferch yng nghywyddau ac englynion *Gwerful Mechain. Yn ystod y tair canrif ddilynol, ymddengys ychydig ddarnau gan ferched yn ysbeidiol yn llawysgrifau'r casglwyr, yn enwedig yng nghasgliadau bardd o'r ddeunawfed ganrif, Margaret Davies o Drawsfynydd. Gyda'r diwygiadau Methodistaidd a thwf cysylltiedig llythrennedd, ysgogwyd nifer i lenydda, yn eu plith yr enwocaf o ferched llên Cymru, yr emynyddes Ann *Griffiths. Ar ôl *Brad y Llyfrau Gleision, yr oedd galw ar y Gymraes i amlygu ar goedd ei dilysrwydd cynhenid a thystio yn erbyn sarhad yr Adroddiadau ar foesau merched Cymru: o ganlyniad, croesawyd yn frwd gyhoeddi gwaith y bardd Elen Egryn (Elin *Evans) yn 1850. Ond ni fu ymchwydd mawr yn niferoedd yr awduresau tan 1879, pan gymerodd Cranogwen (Sarah Jane *Rees) yr awenau fel golygydd Y *Frythones: dechreuodd sawl awdures ei gyrfa ar ddudalennau'r cylchgrawn hwn. Profodd poblogrwydd y mudiad *Dirwest yn sbardun ychwanegol i lawer o lenorion benywaidd, ac erbyn diwedd y bedwaredd ganrif ar bymtheg, gyda thwf addysg i ferched, yr oedd nofelwyr fel Gwyneth Vaughan (Annie Harriet *Hughes) a Moelona (Elizabeth Mary *Jones) yn denu cynulleidfa frwd o ddarllenwyr benywaidd yn annibynnol o'r cylchgronau. Yn nechrau'r ugeinfed ganrif cafwyd cenhedlaeth newydd o awduron mwy seciwlar eu naws; hybwyd gyrfaoedd llawer ohonynt, megis Eluned *Morgan, Winnie *Parry a Fanny *Edwards, gan anogaeth uniongyrchol O. M. *Edwards, a'i gylchgronau. Gyda chyhoeddi cyfrol gyntaf Kate *Roberts yn

1925 gellir dweud i lên menywod ddyfod i'w hoed yng Nghymru; eto, bu rhaid aros tan nofelau Elena Puw *Morgan a Kate *Bosse-Griffiths yn y 1940au cyn cael darlun llawn o fywydau emosiynol a rhywiol merched yn y Gymraeg. Chwalwyd ychwaneg o hualau'r hen gyfundrefn yn y 1960au gan ysgrifennu beiddgar ac arloesol nofelwyr fel Eigra Lewis *Roberts a Jane *Edwards a'r bardd Nesta Wyn *Jones. Yn y 1970au profodd ymlyniad merched â mudiad yr iaith, yn ogystal ag effeithiau mudiad y menywod a'r mudiad heddwch yng Nghymru, yn feithrinfa i do newydd o awduresau hyderus, megis Meg Elis (Marged *Dafydd), Angharad *Tomos a'r bardd Menna *Elfyn.

Ymfudwyr a uniaethodd – i wahanol raddau – â'r diwylliant Cymreig oedd amryw o'r menywod a ystyrir heddiw yn awduresau Eingl-Gymreig cynnar, beirdd fel Katherine *Philips yn yr unfed ganrif ar bymtheg, Ann Julia *Hatton a Felicia *Hemans yn nechrau'r bedwaredd ganrif ar bymtheg, a'r nofelydd Anne *Beale yng nghanol y ganrif honno. O ganlyniad nid yw'n hawdd eu lleoli y tu mewn i unrhyw draddodiad penodol Cymreig. Mudiad rhamantaidd a chenedlatholgar ddiwedd y bedwaredd ganrif ar bymtheg a roddodd gynulleidfa i rai o'r awduresau cyntaf ymhlith y Cymry di-Gymraeg, megis y nofelwyr Allen Raine (Anne Adaliza Beynon *Puddicombe) a Mallt Williams (Alice Matilda Langland *Williams). Eithr gwthiwyd cyfraniad y mwyafrif o'r merched yn hanner cyntaf yr ugeinfed ganrif i'r cyrion gan hollbwysigrwydd y meysydd diwydiannol a gwaith dynion dosbarth gweithiol yn nhwf y traddodiad Eingl-Gymreig; y nofelydd Menna *Gallie yw un o'r ychydig awduron benywaidd sy'n rhan o'r traddodiad hwn. O ganlyniad, er mor ddiddorol eu gwaith, ffigyrau unigryw, yn sefyll y tu allan i unrhyw draddodiad cydnabyddedig, yw awduron fel Dorothy *Edwards, Hilda *Vaughan, Margiad Evans (Peggy Eileen *Whistler), Brenda *Chamberlain a'r bardd Lynette *Roberts. Fodd bynnag, o'r 1970au ymlaen, gyda'r dirwasgiad ar ddiwydiannau trwm Cymru a chau y pyllau glo, yn ogystal ag effeithiau mudiad y menywod, daeth to o awduresau i'r brig a gydnabyddir fel cyfranwyr canolog i lên Eingl-Gymreig cyfoes. Beirdd ydynt yn bennaf hyd yn hyn, a gellir enwi Gillian *Clarke fel yr enghraifft fwyaf nodedig yn eu plith.

Am wybodaeth bellach gweler Jane Aaron et al. (gol.), Our Sisters' Land: The Changing Identities of Women in Wales (1994); Anthony Conran, 'The lack of the feminine', yn The New Welsh Review (rhif. 17, cyf. v, Haf 1992); Kathryn Curtis, Marged Haycock, Elin ap Hywel a Ceridwen Lloyd-Morgan, Y Traethodydd (rhifyn arbennig ar ferched a llenyddiaeth, Ion. 1986); Sioned Davies, 'Y ferch yng Nghymru yn yr oesoedd canol', Cof Cenedl IX (gol. Geraint H. Jenkins, 1994); Delyth George, 'Llais benywaidd y nofel Gymraeg gyfoes', Llên Cymru (cyf. XVI, 1990–91); Jane Aaron, A National Seduction (Darlith Rhys Davies), yn The New Welsh Review (rhif. 27, cyf. VII, Gaeaf 1994–95); Jeremy Hooker, 'Ceridwen's daughters: Welsh women poets and the uses of tradition', yn Welsh Writing in English (cyf. I, gol. Tony Brown, 1995); Angela V. John (gol.), Our Mothers'

Land: Chapters in Welsh Women's History 1830–1939 (1991); Tu Chwith (rhifyn arbennig ar ferched a diwylliant, cyf. VI, Hyd. 1996).

Llên Onomastig, term sy'n ymwneud ag egluro enwau (daw o'r gair Groeg onmastikos, '[rhywbeth sydd] yn ymwneud ag enwi'). Defnyddir y term yn yr ystyr mwyaf cyfyng wrth gyfeirio at enwau llefydd yn unig, ond fe'i defnyddir hefyd yn fras i olygu unrhyw naratif sydd yn esbonio unrhyw enw priod, boed yn enw lle neu yntau'n enw personol. Weithiau y mae ysgolheigion llên gwerin yn sôn am chwedlau onomastig fel isddosbarth (sub-genre) i'r chwedl gyfoes (neu sage).

Ymddengys fod chwedlau onomastig erioed wedi chwarae rhan amlwg yn llên gwerin Cymru. Cynnwys *Historia Brittonum, sef testun Lladin o'r nawfed ganrif, esboniadau ar enwau llefydd Cymraeg fel Carn Cafal (carn yn cofnodi ôl traed Cafal, ci *Arthur). Y mae i naratifau onomastig ran bwysig yn chwedlau Cymraeg yr Oesoedd Canol. Er enghraifft, esbonia Ail Gainc *Pedeir Cainc y Mabinogi yr enw Tal Ebolyon fel y safle lle y rhoddwyd 'ebolion' i'r brenin Gwyddelig *Matholwch yn 'dâl' iddo am y ceffylau a anffurfiwyd gan *Efnysien.

Y mae esbonio enwau personol hefyd yn rhan annatod o'r chwedlau canoloesol, ac y mae naratifau onomastig yn gysylltiedig â llawer o brif gymeriadau'r chwedlau; er enghraifft *Culhwch ac Olwen, *Pryderi, *Lleu Llaw Gyffes a *Blodeuwedd. Nid oes yn Y *Tair Rhamant lên onomastig o gwbl, ac y mae hyn, ynghyd â'r ffaith nad oes ynddynt fathau eraill o ddysg draddodiadol, megis trioedd ac englynion, yn awgrymu eu bod yn perthyn i draddodiad naratifol arall.

Y mae llên onomastig yn fyw iawn yng Nghymru heddiw, ac y mae iddi swyddogaeth arbennig yn nhraddodiadau llafar Cymru yn y cyfnod diweddar. Efallai mai stori onomastig fwyaf adnabyddus y cyfnod diweddar yw'r chwedl sydd yn esbonio'r enw Beddgelert fel bedd ci Llywelyn, *Gelert (er bod y stori hon wedi'i dyfeisio yn y ddeunawfed ganrif, yn ôl pob tebyg).

Ni chyhoeddwyd astudiaeth gyflawn ar y traddodiad onomastig Cymraeg. Am ymdriniaethau ag elfennau onomastig mewn llenyddiaeth yr Oesoedd Canol, gweler Doris Edel, 'The Catalogues in Culhwch ac Olwen and Insular Celtic Learning', ym Muletin y Bwrdd Gwybodau Celtaidd (cyf. XXX, 1983), a Melville Richards, 'Arthurian Onomastics', yn Nhrafodion Anrhydeddus Gymdeithas y Cymmrodorion (1969). Am dystiolaeth gymharol, gellir edrych ar y trafodaethau canlynol sydd yn ymwneud â llên onomastig mewn testunau Gwyddeleg yr Oesoedd Canol: Edward Gwyn, The Metrical Dindshenchas (1892); Whitley Stokes, The Bodleian Dinnsehenchas (1892).

Llên y Llenor, cyfres mewn cloriau meddal o drafodaethau byrion ar fywyd a gwaith llenorion Cymraeg y gorffennol a'r presennol. Lansiwyd y gyfres yn 1983 gan Wasg Pantycelyn a chynhwysir naw ar hugain o deitlau hyd at 1997. Dan ofal y golygydd J. E. Caerwyn *Williams, y mae'r gyfres wedi rhoi sylw i fawrion llên, megis *Dafydd ap Gwilym a Saunders *Lewis, ac i awduron cyfoes o bwys, gan gynnwys Islwyn Ffowc *Elis ac Emyr *Humphreys. Un o nodweddion pennaf yr astudiaethau hyn yw fod y cyfranwyr yn arfer dulliau amlweddog o drafod llenyddiaeth. Y mae'r gyfres felly wedi hyrwyddo datblygiad ieithweddau newydd, cyfoes, ym meirniadaeth lenyddol yn y Gymraeg. Fel y gyfres *Writers of Wales yn Saesneg, y mae hefyd wedi llwyddo i fod yn boblogaidd ac yn awdurdodol ar yr un pryd, ac o'i hystyried yn ei chyfanrwydd gwerthfawrogir maint ei chyfraniad ysgolheigaidd a beirniadaethol i lên gyfoes.

Llenor, Y, cylchgrawn chwarterol a olygwyd gan Owen M. *Edwards o 1895 hyd 1898. Yr oedd yn gydymaith i *Cymru, ond yr oedd ei erthyglau yn feithach ac yn fwy dysgedig. Ceir ynddo beth barddoniaeth ac erthyglau ar waith awduron fel David *Owen (Dewi Wyn o Eifion), Islwyn (William *Thomas), Glasynys (Owen Wynn *Jones) a Robert *Jones o Ros-lan. Yr oedd enw'r cylchgrawn yn gamarweiniol gan ei fod yn ymdrin â phynciau heblaw llenyddiaeth gan gynnwys hanes, teithio tramor a natur. Gweler hefyd y cofnod nesaf.

Llenor, Y (1922-55), cylchgrawn chwarterol a sefydlwyd i olynu Y *Beirniad (1911-20). Penderfynwyd ei sefydlu mewn cyfarfod o gynrychiolwyr Cymdeithasau Cymraeg pedwar Coleg *Prifysgol Cymru a gynullwyd yn 1921 gan Henry *Lewis ar gais yr Athro W. J. *Gruffydd, a phenodwyd Gruffydd yn olygydd arno. Y Cwmni Cyhoeddi Addysgol, Caerdydd, a gyhoeddodd y saith rhifyn cyntaf, ond cyhoeddwyd pob rhifyn wedi hynny gan Gwmni Hughes a'i Fab, Wrecsam, a Chaerdydd yn ddiweddarach (gweler o dan HUGHES, RICHARD, 1794–1871). Yn 1946 penodwyd T. J. *Morgan yn gyd-olygydd â W. J. Gruffydd ar Y Llenor, a pharhaodd y trefniant newydd hyd y rhifyn olaf. Yn 1955 golygodd T. J. Morgan rifyn coffa arbennig er cof am y golygydd gwreiddiol a fuasai farw yn 1954.

Un o nodweddion gwerthfawrocaf Y Llenor oedd y Nodiadau Golygyddol a gynhwyswyd yn y rhan fwyaf o'r rhifynnau, yn traethu barn yn fywiog a threiddgar a heb flewyn ar dafod ar lawer o bynciau dadleuol y dydd. Nid cyn yr ail rifyn ar bymtheg (Gwanwyn, 1926), er hynny, y dechreuwyd cyhoeddi'r Nodiadau, ac yno diffiniodd Gruffydd nod ac amcan Y Llenor fel 'darparu a hyrwyddo'r diwylliant llenyddol uchaf, a rhoddi i lenorion Cymru le y cyhoeddir eu gwaith ar un amod yn unig, sef teilyngdod llenyddol'. Ymhlith yr awduron a gyfrannodd weithiau beirniadol a chreadigol, yn ogystal â chyfansoddiadau barddonol, i'r cylchgrawn yn gyson dros gyfnod o flynyddoedd yr oedd Saunders *Lewis, T. H. *Parry-Williams, G. J. *Williams, R. T. *Jenkins, Ambrose *Bebb, R. G. *Berry, Kate

*Roberts, Iorwerth C. *Peate, Ffransis G. *Payne, D. Myrddin *Lloyd, D. Tecwyn *Lloyd, a'r golygyddion eu hunain. Yn haf 1949 rhoddwyd rhifyn cyfan i goffáu T. Gwynn *Jones. Ymhlith gweithiau nodedig a welodd olau dydd gyntaf ar dudalennau Y Llenor gellir enwi erthygl Saunders Lewis, 'Dafydd Nanmor' (Hydref, 1925), 'Yr Apêl at Hanes' R. T. Jenkins (Hydref a Gaeaf, 1924), 'Hen Atgofion' W. J. Gruffydd (passim), a llawer o ysgrifau a cherddi T. H. Parry-Williams, storïau byrion Kate Roberts, a cherddi R. Williams *Parry.

Bu'r cylchgrawn yn ddylanwad pwysig ar weithgarwch llenyddol yn ystod y deng mlynedd ar hugain y cyhoeddid ef, a darparodd fforwm ar gyfer beirniadaeth lenyddol a rhan helaeth o *ysgolheictod llenyddol y cyfnod. Er na chlymodd ei hunan wrth unrhyw feddylfryd arbennig, boed lenyddol neu athronyddol, arddelai safonau uchel parthed arddull, orgraff a chystrawen ramadegol, safonau tebyg i'r rhai a goleddid gan John *Morris-Jones yn ystod blynyddoedd cynnar yr ugeinfed ganrif. Gweler hefyd y cofnod blaenorol.

Cyhoeddwyd mynegai Y Llenor gan William Phillips (1973). Ceir manylion pellach yn yr erthyglau gan T. J. Morgan yn Y Traethodydd (Ion. 1982) a T. Robin Chapman yn yr un cylchgrawn (Ebrill 1984), Gweler hefyd Nodiadau W. J. Gruffydd (gol. R. Chapman, 1986), sef detholiad o nodiadau gan olygydd y cylchgrawn, T. Robin Chapman, W. J. Gruffydd (1993) a Ceri W. Lewis, 'W. J. Gruffydd', yn Y Traethodydd (Hydref 1994).

Llenyddiaeth Plant. Y mae hanes cyhoeddi yng Nghymru o'r unfed ganrif ar bymtheg hyd y bedwaredd ganrif ar bymtheg yn drwm o dan ddylanwad mudiadau crefyddol y cyfnod. Am bedair canrif, bron, edrychid ar y plentyn, fel ar yr oedolyn, yn enaid i'w achub trwy anogaeth a chosb. Ar wahân i'r *Beibl, y gweithiau mwyaf poblogaidd i blant oedd penillion *Canwyll y Cymru (1659-72) gan Rys *Prichard, a fersiynau Cymraeg o Taith y Pererin (1684) Bunyan. Bu'n rhaid aros hyd 1758 cyn i gyfieithiadau o emynau Isaac Watts i blant ymddangos yn llyfr Peter *Williams, Blodau i Blant, a chan mlynedd arall cyn i ymgais *Anghydffurfiaeth i achub eneidiau plant gyrraedd ei uchafbwynt mewn cylchgronau Cymraeg. Y cylchgronau pwysicaf i blant oedd Y Winllan (1848), Yr Oenig (1854), Telyn y Plant (1859) a'r mwyaf llwyddiannus ohonynt i gyd, Trysorfa y Plant (1862), cylchgrawn a werthai tua deugain mil o gopïau bob mis o dan olygyddiaeth ddiflino Thomas *Levi.

Erbyn dechrau'r ugeinfed ganrif disodlwyd yr awch crefyddol hwn gan yr ymwybyddiaeth newydd o angen addysg yn yr iaith Gymraeg. Meithrinwyd yr agwedd hon gan un dyn, sef Owen M. *Edwards. Rhoddodd yn hael o'i weledigaeth a'i egni i greu cyfundrefn addysg a roddai le teilwng i'r iaith Gymraeg. Ymhlith y cylchgronau a'u sefydlodd yr oedd Cymru'r Plant (1891), cylchgrawn a fwriedid ar gyfer plant, lle y cyhoeddwyd gwaith cynnar llawer o lenorion. Dyma ddechrau cyfnod newydd o lenydda i blant, a llawer ohoni yn efelychu'r hyn a oedd ar gael yn Saesneg, ond llwyddodd rhai awduron megis E. Tegla *Davies ac Elizabeth Watkin *Jones i ysgrifennu am rai agweddau ar hanes Cymru a'r Gymru gyfoes mewn dulliau newydd a chyffrous. Nid oedd dylanwad Owen M. Edwards yn gyfyngedig i'r Gymru Gymraeg, ond yng ngweithiau Owen Rhoscomyl (Robert Scourfield *Mills) yn unig y llwyddodd y dylanwad hwnnw i gynhyrchu llyfrau yn Saesneg a adlewyrchai'r agwedd wladgarol.

Ers yr Ail Ryfel Byd, y mae'r nifer o lyfrau Cymraeg ar gyfer plant wedi cynyddu'n sylweddol, a chyhoeddir tua dau gant o lyfrau bob blwyddyn. Yr awdur mwyaf cynhyrchiol a phoblogaidd, o safbwynt llenyddiaeth Gymraeg i blant, yn ddiamau, yw T. Llew *Jones. Edmygir ei ddoniau ystoriol gan oedolion yn ogystal â chan y darllenwyr ifainc yr ysgrifennwyd deunydd ar eu cyfer. Ond ceir hefyd nifer o awduron iau a lwyddodd i greu gweithiau o safon uchel, gan gynnwys Dafydd *Parri, J. Selwyn *Lloyd, Irma *Chilton, Gweneth *Lilly, Angharad *Tomos, Emily Huws, Mair Wynn Hughes a Siân Lewis; ysgrifennodd Myrddin *ap Dafydd gryn dipyn o farddoniaeth ysgafn i blant. Y mae llenyddiaeth i blant wedi derbyn anogaeth ers y 1970au gan gyrff cyhoeddus megis *Cyd-bwyllgor Addysg Cymru, *Cyngor Celfyddydau Cymru a *Chyngor Llyfrau Cymru. Gyda chymorth y cyrff hyn, ac o ganlyniad i'r diddordeb cyhoeddus a adlewyrchwyd, sefydlwyd Canolfan Genedlaethol Llenyddiaeth Plant Cymru, yn 1979 a dyfernir Gwobrau Tir na n-Óg yn flynyddol i lyfrau ar gyfer plant yn y Gymraeg ac yn Saesneg; erbyn hyn cymerwyd lle'r ganolfan gan Adran Llyfrau Plant y Cyngor Llyfrau. Er bod Cymru wedi rhoi ysbrydoliaeth i awduron Seisnig ac Americanaidd sy'n ysgrifennu ar gyfer plant, megis Alan Garner, Susan Cooper a Nancy Bond, ni lwyddwyd i gynhyrchu toreth dda o lyfrau ar gyfer plant yn Saesneg gan awduron o Gymru. Mewn ymgais i ddatrys y broblem hon lansiodd Gwasg Gomer (gweler o dan LEWIS, JOHN DAVID) y gyfres *Pont* o nofelau ar gyfer darllenwyr ifainc yn 1993.

Ceir manylion pellach am awduron a fu'n ysgrifennu ar gyfer plant yn Gymraeg yn *Dewiniaid Difyr* (gol. Mairwen a Gwynn Jones, 1983). Gweler hefyd *Drafodion* yr 16eg Seminar Cydwladol ar Lenyddiaeth Plant (1983), yr erthygl gan Sally Roberts Jones yn *The New Welsh Review* (rhif. 8, cyf. II, Gwanwyn 1990), y bennod gan D. Geraint Lewis yn *Gwarchod y Gwreiddiau* (gol. Rheinallt Llwyd, 1996) a Menna Phillips a Gwilym Huws, *Llyfrau Plant 1900–91* (1997).

Lleu Llawgyffes, cymeriad canolog ym Mhedwaredd Gainc *Pedair Cainc y Mabinogi*. Fe'i genir yn fab i *Arianrhod wedi i *Fath fab Mathonwy roi prawf ar ei morwyndod, ond cipir ef ymaith gan *Wydion, brawd Arianrhod, ac ef sy'n ei feithrin. Gellir casglu hefyd oddi wrth rai cyfeiriadau yn y testun mai Gwydion oedd ei dad yn wreiddiol, ond ymddengys na fynnai awdur

terfynol y Gainc roi amlygrwydd i'r llosgach wrth adrodd ei stori. Wrth brifio arddengys y mab briodoleddau'r *Plentyn Rhyfeddol: yn flwydd oed y mae cyn gryfed â bachgen dwyflwydd ac ym mhen blwyddyn arall gall gyrchu'r llys. Wedi iddo gyrraedd y pedair oed dywedir y byddai'n ganmoladwy i fab wyth mlwydd fod cyn gryfed ag ef.

Un diwrnod, pan â Gwydion â'r bachgen gydag ef i Gaer Arianrhod a dweud wrth ei chwaer mai mab iddi hi ydyw, try hithau ar ei brawd yn ffyrnig a'i gyhuddo o 'ddilyn ei chywilydd' a thynga dynged yn erbyn y mab, sef na chaiff enw onis rhoddir ganddi hi. Gorchfygir y dynged gan Wydion trwy beri i'r mab ac yntau ymddangos fel cryddion mewn llong a rithiwyd ganddo. Rhoir yr enw Lleu Llawgyffes (sef 'yr un golau llawfedrus') ar y mab am i Arianrhod ddefnyddio'r geiriau hyn i'w ddisgrifio heb wybod pwy ydoedd, wedi iddo anelu â'i nodwydd ar ddryw a safai ar fwrdd y llong a'i daro rhwng y gewyn a'r asgwrn. Tynga Arianrhod dynged arall yn ei erbyn wedyn, sef na chaiff arfau onis gwisgir amdano ganddi hi, ond trechir hi yr eildro wedi i Leu a Gwydion gael eu derbyn i Gaer Arianrhod yn rhith beirdd o Forgannwg. Amgylchir y gaer gan lynges hud a rithiwyd gan Wydion, a thwyllir Arianrhod gan y bygythiad ymddangosiadol i wisgo arfau am Leu. Yn dilyn hyn tynga hithau drydedd dynged yn erbyn Lleu, sef na chaiff fyth wraig 'o'r genedl ysydd ar y ddaear yr awr hon', ond yn ddiymdroi llunnir gwraig iddo o flodau gan Fath a Gwydion, sef *Blodeuwedd.

Hanes y trafferthion a gafodd Lleu oblegid anffyddlondeb y wraig hon, Blodeuwedd, yw'r adran olaf yn y Gainc. Dyry Math lys, sef Mur Castell yng Nghantref *Dunoding yng ngwrthdir *Ardudwy, i Leu a'i wraig i breswylio ynddo ac yno un diwrnod, yn absenoldeb Lleu, rhydd Blodeuwedd lety i heliwr crwydr, Gronw Bebyr, Arglwydd *Penllyn, a syrth mewn cariad ag ef. Cynllunia'r ddau i ladd Lleu, ond sylweddolant nad gorchwyl hawdd fydd sicrhau ei angau. Mewn golygfa gyfrwys darlunnir Blodeuwedd, yn rhith ymgeledd am les Lleu, yn llwyddo i gael gwybod ganddo sut y gellir ei ladd. Ni ellir hynny mewn tŷ, ni ellir allan; ni ellir ar farch nac ar droed. Rhaid bod flwyddyn yn gwneuthur y waywffon y trewir ef â hi, a hynny'n unig tra byddir ar yr aberth ddydd Sul. A chyn y gall yr ergyd fod yn effeithiol rhaid i Leu fod yn sefyll â'i un troed ar gefn bwch a'r llall ar ymyl cerwyn, a honno dan gronglwyd. Cymer Lleu ei ddarbwyllo i'w osod ei hunan yn yr union sefyllfa hon er mwyn i Flodeuwedd weld beth yw'r amodau a mae'n rhaid eu cyflawni er mwyn ei ladd a'r funud honno cyfyd Gronw Bebyr yn ddirybudd o'r tu ôl iddo a'i fwrw â gwaywffon yn ei ystlys. Nid yw Lleu'n marw, er hynny, eithr try'n eryr a hed ymaith â sgrech anhygar. Ymhen amser deuir o hyd iddo gan Wydion ar ben coeden yn Nantlleu, troir ef yn ôl i ffurf ddynol, ond oblegid ei gyflwr truenus eir ag ef i'r llys yng Nghaer Dathl i'w iacháu.

Cyn pen y flwyddyn y mae Lleu yn holliach ac yn mynnu iawn gan Ronw Bebyr am y cam a wnaeth hwnnw ag ef. Meddiennir Mur Castell gan fyddinoedd Gwynedd, cosbir Blodeuwedd trwy ei throi yn dylluan, a ffy Gronw i Benllyn. Gwrthyd Lleu gymryd unrhyw iawn materol ganddo er iddo addef ei drosedd a chynnig tir a daear, aur neu arian am y sarhad. Yn hytrach, myn fod Gronw yn derbyn ergyd â gwaywffon ganddo ef yn union yn yr un safle ag y derbyniodd ef ergyd gan Ronw. Felly y trefnir, lleddir Gronw, a sefydlir Lleu drachefn yn ei arglwyddiaeth ac wedi hynny teyrnasa ar *Wynedd.

Fel cymeriad medrus, cyfiawn, diniwed a hawdd ei dwyllo, ond di-liw o gymharu â'i ewythr (neu ei dad) Gwydion, y portreedir Lleu. Gellir edrych arno fel arwr traddodiadol Gwynedd, fel yr oedd *Pryderi'n arwr Dyfed, a'r hanes uchod fel ei 'fabinogi', er gwaethaf y gwahaniaethau ym mhatrwm bywyd y ddau. Un gwahaniaeth rhyngddynt yw na wyddys pa dras a oedd i Bryderi ond fod Lleu i'w gysylltu, onid i'w uniaethu, â'r duw Gwyddelig neu Oedelaidd Lug yn ogystal ag â'r duw Celtaidd Lugus. Ymddengys yr olaf yn elfen gyntaf y ffurf Lugudunum, a erys o hyd yn enwau'r dinasoedd Cyfandirol Lyon, Laon, Leyden a Leignitz. I'r rhain fe etyb Dinlleu yng Nghymru a Lothian (Lleuddin) yn yr Alban. Cysylltid Lug â golau (go-*leu*, *cf.* sylw Arianrhod uchod) a phriodolid iddo fedrusrwydd mewn llawer o grefftau (*cf.* llaw-*gyffes*). Yn yr hanes am orfodi Arianrhod i enwi ei mab ceir Lleu yn gwneud esgidiau iddi a gelwir ef yn 'drydd eurgrydd', digwyddiad y gellir efallai ei gysylltu â'r cofïad i'r Lugoves (lluosog Lugus) duwiau gwarcheidiol y cryddion, mewn arysgrif yn Osma yn Sbaen. Gelwir Lleu weithiau yn Llew, eithr nid oes unrhyw sail i'r ffurf ar wahân i gamgopïo -*u* yn -*w*.

Ceir manylion pellach yn W. J. Gruffydd, *Math vab Mathonwy* (1928) a Rachel Bromwich, *Trioedd Ynys Prydein* (3ydd arg., 1998).

Lleucu Llwyd (*fl.* canol y 14eg gan.), o Bennal, Meir., gwraig briod y carai *Llywelyn Goch ap Meurig Hen hi; canodd iddi y farwnad serch orau efallai yn yr iaith Gymraeg. Daeth yn adnabyddus yn ystod oes y bardd, oblegid dywed ei gyfoeswr *Iolo Goch mai hon oedd y gerdd y gofynnid amdani gyntaf lle bynnag y byddai gwŷr ieuainc yn ymgasglu. Ynddi y mae'r bardd yn edliw i'w gariad am farw ac yntau ar ei deithiau yn ne Cymru a thrwy hynny dorri amod. Y mae Gwynedd yn awr yn wag iddo ac y mae'n barod i fynd oddi yno a ffarwelio â hi yn derfynol gyda'r gerdd hon, sy'n llawn ing a thristwch.

Ceir manylion pellach yn yr erthyglau gan R. Geraint Gruffydd a Gilbert Ruddock yn *Ysgrifau Beirniadol I* a *IX* (gol. J. E. Caerwyn Williams, 1965 ac 1976).

Lleufer, cylchgrawn Cymdeithas Addysg y Gweithwyr yng Nghymru, a gychwynnwyd yn 1944 dan olyg-

yddiaeth David *Thomas (1880–1967). Ei amcan oedd croniclo hanes gweithgareddau'r Gymdeithas a darparu defnydd a fyddai o werth i'r dosbarthiadau, ond cyhoeddodd hefyd erthyglau ar lenyddiaeth yn ogystal â barddoniaeth ac adolygiadau llyfrau. Olynwyd David Thomas fel golygydd gan Edward Williams, Geraint Wyn Jones a C. R. Williams, ond daeth y cylchgrawn i ben yn 1979 wedi marw Williams.

Llew Diolchgar, Y, motiff cyffredin yn llenyddiaeth glasurol a chanoloesol. Yr enghraifft fwyaf adnabyddus ohono yw chwedl Androcles a'r Llew gan Gellius, awdur Lladin o'r ail ganrif. Yn llenyddiaeth Gymraeg digwydd y motiff yn chwedl Iarlles y Ffynnon yn *Y *Tair Rhamant*. Y mae Owain yn achub llew o enau sarff ac oherwydd hynny y mae'r llew yn ei wasanaethu'n ffyddlon. Cynorthwya Owain wrth iddo achub dau fab rhyw Iarll; y mae'n lladd cawr ac yn ei gynorthwyo i ryddhau Luned trwy ladd y ddau was a'i carcharodd, a llwydda i orchfygu'r Du Traws a rhyddhau y pedair merch ar hugain o'u caethiwed.

Llew Llwyfo, gweler LEWIS, LEWIS WILLIAM (1831– 1901).

Llew Tegid, gweler JONES, LEWIS DAVIES (1851–1928).

LLEWELLYN, ALUN (1903–93?), nofelydd. Fe'i ganed yn Llundain i rieni o Fachynlleth, Tfn., a'i addysgu yng Ngholeg Ieuan Sant, Caer-grawnt; daeth yn fargyfreithiwr, gan arbenigo mewn Cyfraith Ryngwladol. Ymhlith ei nofelau y mae *The Deacon* (1934), *The Soul of Cezar Azan* (1938) a *Jubliee John* (1939); lleolir ei ddramâu, *Ways to Love* (1958) a *Shelley Plain* (1960), fel dwy o'i nofelau, yng nghanolbarth Cymru. Honnodd yr awdur o Sais, Brian Aldiss, mai'r cyfrol o ffuglen wyddonol gan Alun Llewellyn, *The Strange Invaders* (1934), fu'n ysgogiad iddo ef ddechrau ysgrifennu. Yr oedd Alun Llewellyn hefyd yn awdur cyfrol o storïau byrion ac astudiaeth wleidyddol, *Confound their Politics* (1934) a *The Tyrant from Below* (1957) ac, ar y cyd â Wynford *Vaughan-Thomas, *The Shell Guide to Wales* (1969).

Llewellyn, Richard, gweler LLOYD, RICHARD LLEWELLYN (1906–83).

LLEWELLYN-WILLIAMS, HILARY (1951–), bardd. Fe'i ganed yn swydd Gaint, o dras Gymreig a Sbaenaidd, ac astudiodd ym Mhrifysgol Southampton gan raddio yno yn 1973 a chymhwyso hefyd fel athrawes. Symudodd i Gymru yn 1982, gan fyw'n gyntaf ger Pencader, Caerf. (lle yr oedd yn un o sylfaenwyr Gweithdy Awduron Llanbedr Pont Steffan) ac yna yng Nghwm Gwendraeth, gan weithio fel tiwtor ysgrifennu creadigol ar ei liwt ei hun. Cafodd lwyddiant yn gynnar fel bardd, gan ennill Cystadleuaeth Farddoniaeth Guinness Gŵyl Stroud yn 1971; yn 1987 hi oedd yn fuddugol yng Nghystadleuaeth Farddoniaeth Ryngwladol Caerdydd, ac yn 1988 dyfarnwyd iddi Wobr Llenorion Ifainc *Cyngor Celfyddydau Cymru. Y mae myth (yn arbennig ei fersiynau Celtaidd) a hanes yn bwysig iddi, ac y mae hyn yn amlwg iawn yn ei llyfr cyntaf, *The Tree Calendar* (1987), ond y mae crebwyll craff y tu ôl i'r defodau bob tro, a chynnwys ei chasgliad *Book of Shadows* (1990) gyfres o gerddi sy'n seiliedig ar fywyd a gwaith yr athronydd o gyfnod y *Dadeni, Giordano Bruno. Ei chyfrol ddiweddaraf yw *Animaculture* (1997).

Llewelyn Ddu o Fôn, gweler MORRIS, LEWIS (1701–65).

LLEWELYN, GWYN (1942–), awdur a darlledydd. Fe'i magwyd yn Nhynygongl, Môn. Gadawodd yr ysgol yn un ar bymtheg mlwydd oed; ymunodd â'r *North Wales Chronicle* ac wedyn bu'n gweithio yng Nghaerdydd gyda'r *Western Mail* a chwmnïau teledu annibynnol cyn mynd yn gyflwynydd a gohebydd newyddion gyda BBC Cymru yn 1976. Yn ddarlledwr adnabyddus, sefydlodd gwmni teledu ei hun yn 1995. Y mae wedi cyhoeddi un nofel, *Pry'r Gannwyll* (1975), llyfr am newyddiadura, *Hel Straeon* (1973), a *Gwyn a'i Fyd* (1996); y mae'r tair cyfrol yn nodedig oherwydd eu harddull fywiog a graenus.

Llewelyn, Michael Gareth, gweler EVANS, FREDERIC (1888–1958).

Lleweni, gweler o dan SALBRIAID.

Llinos (Maria Jane Williams; 1795–1873), gweler o dan ABERPERGWM.

Llinwent, plasty ym mhlwyf Llanbadarn Fynydd, Maesd., a fu'n gyrchfan i feirdd yn y bedwaredd ganrif ar ddeg a'r bymthegfed ganrif. Phylip Dorddu ap Hywel ap Madog o *Faelienydd oedd sefydlydd y llinach, un o noddwyr *Iolo Goch. Cadwgan, un o bump o feibion iddo, a ymsefydlodd yn Llinwent a cheir canu iddo ef ac i'w fab, Dafydd Fychan. Cafodd *Lewys Glyn Cothi groeso yn Llinwent a pharhawyd y traddodiad yno dros y tair cenhedlaeth ganlynol. Ymsefydlodd y teulu ym Mhant-y-garegl, Bugeildy, Maes-mawr a Garddfaelog, ac yr oeddent oll yn noddi beirdd.

Lloegr Fach tu hwnt i Gymru, gweler ANGLIA TRANSWALLINA.

Llongborth, Brwydr, gweler o dan ENGLYNION GERAINT.

Lloyd, teulu o Ddolobran, Meifod, Tfn. Crynwyr,

meistri haearn a bancwyr oeddynt. Aelodau pwysig cyntaf y teulu oedd y beirdd Dafydd ap Dafydd Llwyd (g. 1549) a'i fab John Lloyd (g. 1575); bu'n rhaid i wyrion yr olaf a enwyd, Charles (g. 1637) a Thomas Lloyd (g. 1640), adael eu hastudiaethau yng Ngholeg Iesu, Rhydychen, oherwydd yr erlid ar Grynwyr yn y dref a'r Brifysgol. Daeth y ddau yn ddilynwyr i George Fox yn 1662 (gweler o dan CRYNWRIAETH), a dioddef cyfnodau yng ngharchar Y Trallwng – disgrifiwyd hyn gan Richard *Davies o'r Cloddiecochion – cyn Datganiad Pardwn 1672. Aeth meibion Charles Lloyd, Charles (g. 1662) a Sampson (g. 1664), i'r diwydiant haearn; sefydlodd y cyntaf efail yn Nolobran, aeth yr ail i ffermio am gyfnod yng ngogledd swydd Henffordd ac wedyn ymsefydlu fel gwerthwr haearn yn Birmingham. Yn y cyfamser gadawsai Thomas Lloyd ei gartref ym Maesmawr, ger Y Trallwng, yn 1683 a hwylio am Pennsylvania, ac yno daeth yn Llywydd Cyngor y Dalaith ac yn ddirprwy-reolwr i William Penn hyd 1693, y flwyddyn cyn iddo farw. Cyhoeddwyd dau o'i bamffledi: *An Epistle to my Dear and well-beloved Friends of Dolobran* (1788) ac *A Letter to John Eccles and Wife* (1805).

Methiant fu gefail Dolobran a darfu am linach hynaf Charles Lloyd ond, ymhlith disgynyddion Sampson Lloyd, a sefydlodd felin ac amryw o efeiliau, heb sôn am fuddsoddi mewn camlesi, gellir enwi Charles Lloyd 'y bardd' (1775–1839) a oedd yn orwyr iddo, a Charles Lloyd 'y banciwr' (1748–1828), ŵyr iddo a ddatblygodd y bartneriaeth ym manc cyntaf Birmingham, Taylor's a Lloyd's, a sefydlwyd yn 1765. Cymhlethir hanes symud Banc Lloyd's i Lundain (a'i barhad hyd heddiw yn un o'r pedwar prif fanc clirio) gan y mynych ddefnydd o enwau teuluol megis Charles a Sampson a chan y priodi a fu rhwng teuluoedd amlwg eraill ymhlith y Crynwyr, megis teulu Barclay. Ailbrynwyd Dolobran a'r hen dŷ cwrdd yn 1877 gan Sampson Samuel Lloyd, ac ŵyr iddo ef oedd yr Arglwydd Lloyd o Ddolobran cyntaf (1879–1941). Cludwyd ffitiadau tŷ cwrdd Dolobran i Pennsylvania.

Ceir adroddiad o Lwydiaid Dolobran yn Humphrey Lloyd, *The Quaker Lloyds in the Industrial Revolution* (1975).

LLOYD, DAVID (1597–1663), awdur a aned ym Mherth-lwyd, Llanidloes, Tfn. Fe'i haddysgwyd yn Neuadd Hart, Rhydychen, ac ar ôl gwasanaethu yn rheithor mewn plwyfi yn sir Fôn a sir Fflint, dyrchafwyd ef i ddeoniaeth *Llanelwy ar Adferiad Siarl II. Dyn eiddgar dros blaid y Brenin ydoedd; cofir amdano'n bennaf fel awdur *The Legend of Captain Jones* (1631), sef gwatwargerdd yn disgrifio anturiaethau morwr o gyfnod Elisabeth. Cafwyd llawer argraffiad o'r gwaith ac yr oedd yn boblogaidd iawn yn ystod oes yr awdur.

LLOYD, DAVID (1752–1838), bardd. Fe'i ganed ger Llanbister, Maesd.,; ychydig o addysg ffurfiol a gafodd ond ymbaratôdd ar gyfer urddau eglwysig a daeth yn gurad Putley, Henff., yn 1785. Bum mlynedd yn ddiweddarach rhoddwyd iddo fywoliaeth Llanbister, ac arhosodd yno nes iddo farw. Yn ogystal â chyfansoddi cerddoriaeth, gan gynnwys yr orymdaith 'The Loyal Cambrian Volunteers', cyhoeddodd gerdd hir yn dwyn y teitl The Voyage of Life (1792); ymddangosodd argraffiad helaethach, sef Characteristics of Men, Manners and Sentiments or The Voyage of Life, yn 1812.

Lloyd, David (1912–69), canwr. Fe'i ganed yn Nhrelogan, Ffl., yn fab i löwr; ar ôl gadael yr ysgol yn bedair ar ddeg oed fe'i prentisiwyd yn saer coed, ond aeth i Ysgol Gerddoriaeth Neuadd y Gorfforaeth, Llundain, yn 1933. Yr oedd yn ganwr proffesiynol am lawer o flynyddoedd ac yr oedd yn adnabyddus ledled Ewrop fel un o brif ddehonglwyr gweithiau Verdi a Mozart. Bu'n hynod boblogaidd yng Nghymru gan ddiddanu cynulleidfaoedd gydag emyn-donau a baledi o'r bedwaredd ganrif ar bymtheg.

LLOYD, DAVID MYRDDIN (1909–81), ysgolhaig, beirniad llenyddol a golygydd. Brodor o'r Fforest-fach, Morg., ydoedd ac fe'i haddysgwyd yng Ngholeg y Brifysgol Abertawe a Phrifysgol Iwerddon yn Nulyn. Bu'n gweithio am gyfnod yn *Llyfrgell Genedlaethol Cymru cyn cael ei benodi i staff Llyfrgell Genedlaethol yr Alban lle y daeth yn Brif Geidwad Adran y Llyfrau Printiedig. Ef oedd awdur Beirniadaeth Lenyddol (1962), ysgrif ar Emrys ap Iwan (Robert Ambrose *Jones) yn y gyfres *Writers of Wales (1974), a Rhai agweddau ar Ddysg y Gogynfeirdd (1977). Cyfieithodd *Hen Atgofion W. J. *Gruffudd fel The Years of the Locust (1976). Cydgyfieithodd (gyda Tomás Ó Cléirigh) gyfrol o storïau gan Pádraic Ó Conaire. Ymhlith y llyfrau a olygodd gellir enwi Erthyglau Emrys ap Iwan (3 cyf., 1937, 1939, 1940), Seiliau Hanesyddol Cenedlaetholdeb Cymru/The Historical Basis of Welsh Nationalism (1950), Atgofion am Sirhywi a'r Cylch (1951), A *Book of Wales (1953), A Reader's Guide to Scotland (1968) ac O Erddi Eraill (1981), blodeugerdd o gerddi o ddeunaw o wahanol ieithoedd wedi eu cyfieithu i'r Gymraeg.

Y mae gwerthfawrogiad o waith D. Myrddin Lloyd gan B. G. Owens yn Taliesin (cyf. XLIV, 1982).

LLOYD, DAVID TECWYN (E. H. Francis Thomas; 1914–92), golygydd, ysgrifwr a beirniad llenyddol; fe'i ganed yng Nglanyrafon, ger Y Bala, Meir., a'i addysgu yng Ngholeg Prifysgol Gogledd Cymru, Bangor. O 1938 hyd 1946 bu'n gweithio gyda Chymdeithas Addysg y Gweithwyr ac o 1946 hyd 1955 bu'n ddarlithydd a llyfrgellydd yng *Ngholeg Harlech. Bu'n gyfarwyddwr cwmni cyhoeddi Hughes a'i Fab (gweler o dan HUGHES, RICHARD, 1794–1871) ac o 1956 hyd 1961 yn is-olygydd Y *Cymro. Yna fe'i penodwyd yn aelod o staff Adran Efrydiau Allanol, Coleg Prifysgol Cymru, Aberystwyth, ac arhosodd yn y

swydd honno hyd ei ymddeoliad. Ef oedd golygydd y cylchgrawn *Taliesin o 1965 hyd 1987. Yr oedd yn sylwedydd cymdeithasol treiddgar a ffraeth, ac yn gefnogwr cryf yn ei golofnau golygyddol i'r mudiadau protest cyfoes. Cyhoeddodd ddwy gyfrol o feirniadaeth lenyddol, Erthyglau Beirniadol (1946) a Llên Cyni a Rhyfel (1987), a chyda Gwilym Rees *Hughes golygodd y gyfrol deyrnged, Saunders Lewis (1975). Ei waith mwyaf sylweddol oedd y gyfrol gyntaf, John Saunders Lewis (1988), o'r hyn a fwriadwyd yn gofiant cyflawn o fywyd a gwaith prif lenor Cymraeg y ganrif. Y mae'r gyfrol gyntaf yn arddangos astudiaeth fanwl ac ysgolheigaidd o blentyndod ac ieuenctid Saunders *Lewis. Dengys ei gasgliadau o ysgrifau, Safle'r Gerbydres (1970), Lady Gwladys a Phobl Eraill (1971), Bore Da, Lloyd (1980) a Cymysgadw (1986), ehangder gwybodaeth, meddylfryd deallus a diorffwys, ffraethineb gwbl wreiddiol a chariad angerddol tuag at ddiwylliant gwledig Cymraeg. Dan ei ffugenw cyhoeddodd D. Tecwyn Lloyd ddau gasgliad o storïau byrion, Rhyw Ystyr Hud (1944) a Hyd Eithaf y Ddaear (1972).

Am ragor o fanylion gweler yr erthyglau gan Nesta Wyn Jones, Gwyn Erfyl a John Roberts Williams yn Taliesin (cyf. LXXVIII/LXXIX, Gaeaf 1992–93); gweler hefyd yr ymdriniaeth ddarluniadol yn y gyfres Bro a Bywyd (gol. Elwyn Edwards, 1997) a'r Ddarlith Goffa gan Gwyn Thomas, Byd D. Tecwyn Lloyd (1997).

LLOYD, ELLIS (1879–1939), newyddiadurwr a nofelydd. Fe'i ganed yng Nghasnewydd, Myn., ond collodd ei rieni pan oedd yn naw oed ac fe'i magwyd gan berthnasau ym Mhen-y-bont ar Ogwr, Morg. Dechreuodd ei yrfa mewn swyddfa cyfreithiwr, ond troes at newyddiaduraeth yn fuan wedi hynny, a threuliodd rai blynyddoedd ar y Glamorgan Gazette; o 1905 bu'n gweithio i'r South Wales News and Echo. Cyhoeddodd dair nofel yn ystod y cyfnod hwn: Love and the Agitator (1911), Scarlet Nest (1919) ac A Master of Dreams (1921). Ar sail llwyddiant y nofelau hyn rhoes y gorau i'w swydd gyda'r papur newydd yn gynnar yn 1924 er mwyn ysgrifennu, astudio'r gyfraith a gweithio dros y Blaid Lafur. Ni ddaeth rhagor o nofelau ond fe'i galwyd i'r Bar yn Gray's Inn yn 1926 ac etholwyd ef yn Aelod Seneddol dros Landaf a'r Barri yn 1929, ond collodd ei sedd pan gwympodd Llafur ddwy flynedd yn ddiweddarach. Fe'i penodwyd yn grwner maenor Ogwr yn 1933, a bu yn y swydd honno hyd ei farwolaeth.

Ceisia pob un o'i nofelau, a leolwyd yn ardalodd Blaenau Morgannwg, ddisgrifio bywyd a thraddodiadau yng Nghymru a oedd yn gyfarwydd i'r awdur. Yn Scarlet Nest y mae'n amlinellu, gyda chryn dreiddgarwch, yr ymryson rhwng y glowyr radicalaidd a'r capelwyr Rhyddfrydol a pharchus. Tanseilir prif blot ddigon teilwng gan arwres gwbl anhygoel – actores ryddfrydig sydd â'i meddwl yn frith o ofergoelion gwledig – ac areithiau hirion ar Sosialaeth gan Owen John, y glöwr.

Am y rhesymau hyn nid yw'r nofel hon fawr fwy na rhamant felysaidd.

LLOYD, EVAN (1734–76), dychanwr. Fe'i ganed ger Y Bala, Meir., a'i addysgu yng Ngholeg Iesu, Rhydychen; daliodd ficeriaeth Llanfair Dyffryn Clwyd, Dinb., yn segur-swydd o 1763 hyd ei farwolaeth. Yn ogystal â'i *An Epistle to David Garrick* (1773), cyhoeddodd nifer o ddychangerddi, gan gynnwys *The Powers of the Pen* (1766), *The Curate* (1766), *The Methodist* (1766) a *Conversation* (1767), ac yn ei dro, cafodd ei wawdio gan *Scriblerius Flagellarius*, awdur dienw *A Whipping for the Welsh Parson* (1773).

Ceir manylion pellach yn Cecil J. L. Price, *A Man of Genius and a Welch Man* (1963).

LLOYD, HENRY (*c.*1720–83), milwr ac awdur militaraidd o Gwmbychan ym mhlwyf Llanbedr, Meir. Yr oedd ganddo gydymdeimlad â'r Jacobitiaid, ac aeth i Ffrainc gan obeithio mynd yn swyddog ym myddin Ffrainc, ond wedi iddo fethu yn y bwriad hwnnw, aeth i ddysgu crefftau milwraidd i'r Frigâd Wyddelig. Yr oedd yn bresennol ym mrwydr Fontenoy (1745), ac yn ystod y Gwrthryfel Jacobitaidd yn yr un flwyddyn fe'i cyflogwyd yn gennad cudd, a chafodd orchymyn i gadw cysylltiad â chydymdeimladwyr yng Nghymru (gweler o dan JACOBITIAETH). Tua diwedd ei yrfa cafodd bardwn gan Lywodraeth Prydain, ac er gwaethaf ei wasanaeth ym myddinoedd Prwsia, Awstria a Rwsia rhoddwyd pensiwn iddo. Ei brif weithiau llenyddol oedd *A Political and Military Rhapsody on the Defence of Great Britain* (1779) a *The History of the late war in Germany between the King of Prussia and the Empress of Germany and her allies* (*c.*1776). Daeth ei gyfrol olaf, sy'n cynnwys ei syniadau ar strategaeth filitaraidd, ag ef i amlgrwydd yn Ewrop a chredir bod y gyfrol hon wedi cael dylanwad ar Napoleon.

Ceir ymdriniaeth ar y teulu Llwyd o Gwmbychan yn *Tours in Wales* (1781) gan Thomas Pennant, ac y mae'n cynnwys disgrifiad cofiadwy o Evan Llwyd, y gŵr sy'n enghraifft odidog o ysweiniaid y mynydd-dir, dosbarth a oedd ar fin darfod yng nghyfnod Pennant.

Lloyd, Herbert (1720–69), sgweier Ffynnon Bedr, plasty ger Llanbedr Pont Steffan, Cer. Ystyrid ef gan ei gyfoeswyr a chenedlaethau diweddarach yn ymgorfforiad o ddrygioni. Fe'i haddysgwyd yng Ngholeg Iesu, Rhydychen, a'r Deml Fewnol. Bu'n byw am gyfnod yn y Foelallt ger Llanddewibrefi, ond symudodd i Ffynnon Bedr yn 1755, wedi iddo etifeddu'r ystad oddi wrth ei frawd. Dechreuodd ei dor-cyfraith, a'i gwnaeth yn enwog yn y sir, yn 1753, pan arweiniodd dyrfa o ddynion, fel asiant ei frawd yng nghyfraith, William Powell, *Nantoes, i weithiau plwm Esgair-mwyn, ac ymosod ar gynrychiolydd y Goron, Lewis *Morris, yr hynafiaethydd. Collodd ei swydd fel Ustus Heddwch, ac wedyn dechreuodd ar yrfa wleidyddol. Trwy ddulliau amheus a

threisiol, daeth yn Aelod Seneddol dros Fwrdeistrefi sir Aberteifi yn 1761. Gwnaethpwyd ef yn farwnig gan Siôr III ddwy flynedd yn ddiweddarach.

Y mae sôn am Syr Herbert, y dihiryn, yn chwenychu cae tyddynnwr o'r enw Siôn Philip. Dywedir i hwrdd du gael ei ollwng i lawr simne bwthyn Siôn Philip gan ddau was o Ffynnon Bedr. Galwyd y cwnstabl, a chrogwyd Siôn Philip am ddwyn defaid. Defnyddiwyd y digwyddiad hwn gan y cyfansoddwr Ian Parrott yn gefndir i'w opera *The Black Ram* (1957).

Gan fod gwrêng a bonedd yn ei gasáu oherwydd ei draha a'i lygredd, trechwyd Syr Herbert yn etholiad cyffredinol 1768 gan gyfuniad o deuluoedd Trawsgoed, *Gorgerddan a Nanteos. Yn fuan wedyn, collodd bob un o'i swyddi cyhoeddus yn y sir. Saethodd ei hun mewn gardd clwb gamblo yn Llundain, ac wedi dwyn ei gorff yn ôl i Ffynnon Bedr dywedir bod y rhai yr oedd mewn dyled iddynt wedi hawlio ei gorff nes bod ei ddyledion oll wedi eu talu. Dywedir mai'r rheswm iddo farw, ac i'r plasty ymddadfeilio, oedd oherwydd i'r Ficer *Prichard felltithio *Maesyfelin, ystad a fu unwaith ym meddiant teulu Lloyd.

Gweler ymdriniaeth â gyrfa Syr Herbert Lloyd a hanes ei deulu yn y llyfr *Peterwell* (1983) gan Bethan Phillips.

LLOYD, IORWERTH HEFIN (**Talfryn**; 1920–86), bardd a aned yn Llanrhaeadr-ym-Mochnant, Dinb. Ymadawodd â'r ysgol yn bedair ar ddeg oed i fynd i weithio ar fferm ei dad, a phenodwyd ef ar staff Llyfrgell Deithiol Meirionnydd yn 1955. Daeth yn adnabyddus am ei englynion digrif a chyhoeddwyd dwy gyfrol o'i waith, *Cerddi'r Mynydd* (1960) a *Cerddi Talfryn* (1980).

Lloyd, John (1630?–79), merthyr Catholig. Brodor o Aberhonddu, Brych., ydoedd, ond aeth i Goleg Saesneg Valladolid ac fe'i hordeiniwyd yn offeiriad yno yn 1653. Ychydig a wyddys am ei weinidogaeth yn ne Cymru hyd ei restio yn 1678, yn ystod y cythrwfl a achoswyd gan y Cynllwyn Pabyddol. Dienyddiwyd ef a Philip *Evans mewn ffordd neilltuol o greulon ar 22 Gorffennaf 1679. Fe'i canoneiddiwyd gan y Pab Pawl VI yn 1970 yn un o *Ddeugain Merthyr Lloegr a Chymru.

Lloyd, John (**Silver John**; *c.*1740–1814?), meddyg esgyrn, a'r enwocaf o'r Llwydiaid sy'n adnabyddus o hyd yn siroedd Maesyfed a Henffordd am eu dawn i swyno. Credir iddo gael ei lofruddio er mwyn y darnau o arian a oedd ar ei gôt ac a dderbyniai yn dâl am ei wasanaeth. Cafwyd hyd i'w gorff dan ddyfroedd rhewllyd Llyn Hilyn, ger Maesyfed, ym 'Mlwyddyn y Rhew Mawr' (1814?) a thybiwyd wedyn i'w ysbryd ymweld â'r llyn. Dywedir bod y glaswellt bob amser yn las ar y llecyn lle y claddwyd ef yn Fforest Glud. Daeth y pennill adnabyddus sy'n coffáu ei farwolaeth yn wawd yn erbyn trigolion tref Maesyfed:

Silver John is dead and gone
So they came home a-singing,
Radnor boys pulled out his eyes
And set the bells a-ringing.

LLOYD, JOHN (1797–1875), bardd, a aned yn Aberhonddu, Brych., ac a addysgwyd yng Ngholeg Crist yn y dref, Eton a Choleg Balliol, Rhydychen. Yr oedd yn ysgolhaig clasurol. Etifeddodd gyfoeth Cwmni Dwyrain India ei dad ac adeiladodd blasty'r Dinas, ryw filltir y tu allan i Aberhonddu; fe'i dymchwelwyd er mwyn adeiladu ffordd osgoi Aberhonddu yn 1980. Ei lwyddiant â cherdd Saesneg yn Eisteddfod Caerdydd 1834 a'i hysgogodd i ysgrifennu o ddifrif. Yr oedd yn fwy gwladgarol na'r rhelyw o'i gyd-Gymry bonheddig ac ysgrifennai am ogoniant milwyr Cymru a cefnogai'r Brenin. Credai fod y Gymraeg, fodd bynnag, yn peri dryswch ac y dylid cael gwared ohoni. Yr oedd ei edmygedd o John Hampden a phleidwyr y Llywodraeth yn ei rwystro rhag gorganmol y Frenhines Fictoria ond yr oedd *Owain Glyndŵr, *Llywelyn ap Gruffudd ('Y Llyw Olaf') ac arwyr Cymreig eraill yn cystadlu yn ei feddwl â materion yr Ymerodraeth Seisnig. Nid oedd yn fardd gorwych: fel y gwelir yn ei gyfrol *Poems* (1847), y mae ganddo allu rhythmig ac ambell ymadrodd da, a cheir ganddo sylwadau ar olygfeydd yr ardal – megis ar Lan-faes yn ymddadfeilio, castell Aberhonddu mewn adfeilion, ac ar lofruddiaeth y pacmon, David Lewis, yng Nghwmdŵr. Y mae ei ail gyfrol o gerddi, a elwir, yn rhyfedd iawn, *The English Country Gentleman* (1849), yn dechrau trwy ddathlu Eton, ond dychwel yn fuan, trwy gyfrwng chwaraeon, i'r Farteg, Cwmtyleri a chymoedd de Cymru.

Yr oedd mab y bardd, yntau'n **John Lloyd** (1833–1915), yn ffigur cyhoeddus amlwg yn Llundain a'i sir enedigol lle y bu'n ceisio cael gwared â'r clwydi tyrpeg, a chefnogai hawliau'r gwerinwyr yn Fforest Fawr Brycheiniog. Hynafiaethau oedd ei brif ddiddordeb a chyhoeddodd lawer o ddeunydd cofnodol yn ei brif weithiau, *Historical Memoranda of Breconshire* (2 gyf., 1903, 1904), *The Great Forest of Brecknock* (1905) a *The Early History of the South Wales Ironworks* (1906). Ceir manylion pellach yn Edwin Poole, *The Illustrated History and Biography of Brecknockshire* (1886) ac erthygl gan Roland Mathias, 'Poets of Breconshire', yn *Brycheiniog* (cyf. XIX, 1980–81).

Lloyd, John Ambrose (1815–74), cerddor a aned yn Yr Wyddgrug, Ffl., ac a fagwyd yn Lerpwl. Yr oedd yn athro ysgol wrth ei alwedigaeth, ond bu'n gweithio hefyd fel cynrychiolydd masnachol yng ngogledd Cymru. Cyhoeddodd ddau gasgliad o emyn-donau ac anthemau, sef *Casgliad o Donau* (1843) ac *Aberth Moliant* (1873); yn y diwethaf ceir llawer o gyfansoddiadau sydd yn boblogaidd o hyd ymhlith cynulleidfaoedd ledled Cymru, megis 'Wyddgrug', 'Alun', 'Whitford', 'Wynnstay' a'r anthem *'Teyrnasoedd y Ddaear'.

LLOYD, JOHN EDWARD (1861–1947), hanesydd. Ganed ef yn Lerpwl er bod ei rieni yn hanu o sir Drefaldwyn. Addysgwyd ef yng Ngholeg Prifysgol Cymru, Aberystwyth, a Choleg Lincoln, Rhydychen. Dechreuodd ei yrfa academaidd fel Darlithydd mewn Cymraeg a Hanes yn Aberystwyth yn 1885, ond yn 1892 fe'i penodwyd yn Gofrestrydd ac yn Ddarlithydd mewn Hanes Cymru yng Ngholeg Prifysgol Gogledd Cymru, Bangor, ac wedyn yn Athro Hanes y Coleg yn 1899.

Yn ystod ei gyfnod hir ym Mangor daeth yn enwog fel ysgolhaig; ei ddiddordeb arbennig oedd y cyfnod cynnar a'r cyfnod canoloesol yng Nghymru. Ysgrifennodd nifer o erthyglau ar hanes Cymru, ond gwaith canolog ei fywyd oedd *A History of Wales to the Edwardian Conquest* (2 gyf., 1911; cyf. I arg. newydd, 1989) yr astudiaeth sylfaenol gyntaf o'r cyfnod i'w chyhoeddi. Yr oedd y cyfrolau hyn yn gynnyrch gwaith ymchwil trwyadl a beirniadol ar ddogfennau hanesyddol, ac yr oedd ei ddull gwyddonol a'i gyfraniad i'w bwnc yn gymesur â chyfraniad Syr John *Morris-Jones i'r iaith Gymraeg. Fe'i hurddwyd yn farchog yn 1934.

Ymhlith ei weithiau diweddaraf, *Owen Glendower* (1931; arg. newydd, 1992) yw'r pwysicaf. Gwnaeth gyfraniadau sylweddol i'r byd academaidd yn arbennig drwy gyfrwng ei ddarlith *The Welsh Chronicles* (1930), ei lu o gyfraniadau i'r *Bywgraffiadur Cymreig* (yr oedd yn Olygydd Ymgynghorol iddo), ynghyd â'i olygyddiaeth o *The History of Carmarthenshire* (2 gyf., 1935). Yn ei farwnad rymus i'r hanesydd, cyfeiria Saunders *Lewis ato fel 'hen ddewin Bangor' a 'goleuwr lampau holl ganrifoedd'.
Ceir manylion am ei waith a'i yrfa yn yr erthygl goffa gan J. G. Edwards yn *Nhrafodion* yr Academi Brydeinig (cyf. XLI, 1953); gweler hefyd yr erthygl gan John Rowlands ar farwnad Saunders Lewis i Syr J. E. Lloyd yn *Bardos* (gol. R. Geraint Gruffydd, 1982).

LLOYD, JOHN SELWYN (1931–), awdur llyfrau plant yn bennaf, a aned yn Nhal-y-sarn, Caern., ac a addysgwyd yn y Coleg Normal, Bangor. Bu'n athro ysgol hyd ei ymddeoliad cynnar o'i swydd fel Dirprwy Brifathro Ysgol Caer Drewyn, Corwen yn 1990 ac ers hynny y mae wedi dilyn gyrfa fel awdur llawn-amser. Am dros ugain mlynedd y mae wedi bod yn awdur poblogaidd llyfrau antur i blant rhwng naw a deuddeng mlwydd oed, ac yn gyfrannwr cynhyrchiol i gomics a chylchgronau plant. Gellir dosbarthu ei nofelau antur i dri phrif ddosbarth: storïau cowbois megis *Llygad y Daran* (1974), *Trysor Bryniau Caspar* (1979), *Brenin y Paith* (1983), *Saethau ar y Paith* (1983), *Y Seren Arian* (1987) ac *Elain* (1993); nofelau am gyfnod rhyfel megis *Drwy'r Awyr Wenfflam* (1979), *Mae Torch yn Llosgi* (1980), *Croes Bren yn Norwy* (1982) ac *Y Dylluan Wen* (1984), a storïau antur am y pêl-droediwr dychmygol Cai Jones, megis *Cai Jones ac Esgyrn y Diafol* (1989), *Cai Jones a'r Awyren Goll* (1991) a *Cai Jones a'r Elain Wen* (1994). Enillodd

J. Selwyn Lloyd y Fedal Ddrama yn *Eisteddfod Genedlaethol 1979 a dyfarnwyd iddo wobr Tir na n-Óg ddwywaith (gweler o dan LLENYDDIAETH PLANT).

LLOYD, LUDOVIC (*fl.* 1573–1610); bardd a disgynnydd o deulu Blainey o Gregynog, Tfn., a oedd yn ŵr llys i Elisabeth I ac Iago I. Casgliadau yw ei weithiau, megis *The Pilgrimage of Princes* (1573), o ddeunydd o ffynonellau Beiblaidd, clasurol a Phrydeinig ond y mae ynddynt hefyd gerddi o'i waith ef ei hun, ac y mae eraill i'w cael mewn casgliadau o'r un cyfnod.

Lloyd, Meredith (*c.*1620–95), hynafiaethydd, brodor o'r Trallwng, Tfn., a ymddiddorai mewn casglu llawysgrifau cyfreithiol yr Oesoedd Canol. Yn 1664 gallai honni am ei lyfrau, eu bod yn '*more in number and more choise then any studie in Northwales contaynes*', ac yntau yn gwybod am lyfrgell Hengwrt, gan fod Robert *Vaughan yn berthynas iddo. Efallai iddo ddysgu crefft y fferyllydd gan Thomas *Vaughan, efaill Henry *Vaughan, ac fel '*the chymist*' yr adwaenid ef gan John Aubrey (gweler o dan AUBREY, WILLIAM) a bwysodd yn drwm arno am wybodaeth am Gymru. Bu'n llythyru am flynyddoedd â Robert Vaughan a William *Maurice a bu'n ymweld â John *Jones, Gellilyfdy, yng Ngharchar y Fflyd. Yr oedd yn ddolen gydiol bwysig rhwng eu cenhedlaeth hwy ac ysgolheigion diwedd yr ail ganrif ar bymtheg a dechrau'r ddeunawfed ganrif, fel Edward *Lhuyd.

Ceir manylion pellach yn erthygl Nesta Lloyd yng *Nghylchgrawn y Gymdeithas Lyfryddol Gymreig* (cyf. XI, 1975/76).

LLOYD, OWEN MORGAN (1910–80), bardd. Fe'i ganed ym Mlaenau Ffestiniog, Meir.; gweinidog Annibynnol ydoedd a diweddodd ei yrfa yn weinidog yn Nolgellau. Yr oedd yn feistr ar y *cynghanedd ac yn grefftwr gloyw ynddi; yr oedd hefyd yn amlwg mewn Ymrysonfeydd y Beirdd yn yr *Eisteddfod Genedlaethol ac ar y radio. Gwelir ei waith yn *O Em i Em* (1978) a gyflwynwyd iddo ar ei ymddeoliad gan *Gymdeithas Cerdd Dafod, cymdeithas y bu'n aelod blaenllaw ohoni, ac yn *Barddoniaeth O. M. Lloyd* (gol. Alan Llwyd, 1981).

LLOYD, RICHARD LLEWELLYN (**Richard Llewellyn**; 1906–83), nofelydd. Fe'i ganed yn Llundain, mae'n debyg. Collodd ddylanwad cynnar amgylchfyd Cymraeg cartref ei dad-cu yn Nhyddewi, Penf., oherwydd iddo gael ei addysgu yn Lloegr. Wedi rhai blynyddoedd ym myd masnach arlwyo a chwe blynedd gyda'r fyddin yn India a Hong Kong, dechreuodd ar yrfa newydd fel awdur sgriptiau ffilmiau a dramâu llwyfan. Aeth ar sawl ymweliad byr i'r Gilfach-goch, Morg., er mwyn astudio cefndir ei nofel gyhoeddedig gyntaf, *How Green Was My Valley* (1939). Ychwanegodd y profiad hwn rywfaint o realaeth at y grym emosiynol a roddodd ef i ethos y llyfr hwnnw, a bu gwerthiant mawr arno

mewn llawer rhan o'r byd. Y mae ei nofel *A Few Flowers for Shiner* (1950) yn amlygu rhywfaint o'r ddawn farddonol a wnaeth ei nofel gyntaf mor rymus. Ond er iddo gyhoeddi dros ugain o nofelau eraill, nid enillodd yr un ohonynt y bri a gafodd *How Green was my Valley*, er iddynt werthu'n llwyddiannus. Y gorau ohonynt yw *None but the Lonely Heart* (1943), *A Few Flowers for Shiner* (1950), *Mr Hamish Gleave* (1956), *Chez Pavan* (1959), *A Man in a Mirror* (1961), *Up, Into the Singing Mountain* (1963), *Sweet Morn of Judas' Day* (1964), *Down Where the Moon is Small* (1966), *At Sunrise, the Rough Music* (1976) ac *A Night of Bright Stars* (1979). Y gwir yw nad ydynt, ar ôl y rhai cyntaf, yn fawr fwy na nofelau difyr. Rhydd eu deunydd, a'r diffyg argyhoeddiad ar ran yr awdur, argraff o slicrwydd yn unig. Treuliodd flynyddoedd lawer ar ôl llwyddiant ysgybol ei nofel gyntaf yn teithio'r byd, gan osgoi pob carfan lenyddol ymhlith ei gyfoeswyr. Ar ymweliad â Chymru yn 1979 honnodd ei fod yn Gatholig ac yn Genedlaetholwr, ond nid oes unrhyw brawf o hyn; yr oedd yn hoff o ddrysu y sawl a ymholodd am ei fywyd a'i farn. Bu farw yn Nulyn, lle y trigai tua diwedd ei oes er mwyn osgoi talu trethi i'r llywodraeth Brydeinig, meddai ef. Erys nifer o ffeithiau ynglŷn â'i yrfa heb eu cadarnhau.

Gweler yr erthygl gan Mick Felton yn *Dictionary of Literary Biography: British Novelists 1930–1959* (1983). Yn David Hughes, '*Evergreen Llewellyn*', yn y *Western Mail* (3 Hyd. 1979) a John Osmond, '*How False was his Valley*' yn yr un papur (29 Ebr. 1992) ceir trafodaeth ar gefndir *How Green Was My Valley* gan gywiro rhywfaint o'r wybodaeth a roed gan yr awdur amdano ei hun. Gweler hefyd yr erthyglau gan Ian Bell a John Harris yn *Planet* (rhif. 73, Chwef.–Mawrth 1989), gan John Harris yn *Welsh Writing in English* (cyf. III, gol. Tony Brown, 1997) a chan Meic Stephens yn *The Western Mail* (20 Medi 1997); a'r ol-ragymadrodd gan Meic Stephens yn argraffiad *Reader's Digest* o *How Green Was My Valley* (1997).

Lloyd, Robert (**Llwyd o'r Bryn**; 1888–1961), beirniad ac eisteddfodwr o Gefnddwysarn, Meir. Fe'i ganed ger Llandderfel a dechreuodd weithio ar fferm ei dad yn dair ar ddeg oed. Fe'i cofir am ei sêl eithriadol dros ddiwylliant Cymraeg, yn enwedig yr *Eisteddfod Genedlaethol, lle y bu ei ddawn i feirniadu ac adrodd yn llonni cynulleidfaoedd dros Gymru benbaladr. Ef a boblogeiddiodd y term 'Y Pethe' i ddynodi'r cyfuniad hwnnw o werthoedd a diddordebau sy'n ymgorffori'r diwylliant traddodiadol Cymreig yr oedd ef ei hun ei hun yn enghraifft mor wych ohono. Cyhoeddodd gyfrol o erthyglau, *Y Pethe* (1955), a detholiad o'i lu llythyrau (sydd fwy neu lai yn hunangofiant) a olygwyd gan ei nai, Trebor Lloyd *Evans, o dan y teitl *Diddordebau Llwyd o'r Bryn* (1967). Golygodd ei ferch, Dwysan Rowlands, gasgliad o waith ei thad dan y teitl *Adlodd Llwyd o'r Bryn* (1983).

Lloyd, William (1627–1717), esgob ac ymrysonwr. Yr oedd yn ŵyr i Ddafydd Llwyd o'r Henblas; fe'i ganed yn Sonning, Berks., a chredir iddo raddio yng Ngholeg

Iesu, Rhydychen, pan oedd yn bymtheng mlwydd oed. Fe'i hordeiniwyd yn ystod y Weriniaeth, ond bu'n rhaid iddo adael Rhydychen ar frys wedi rhyw ffwlbri gwrthfrenhinol. Cafodd nifer o swyddi wedi'r Adferiad ar sail ei bamffledi gwrth-Babyddol; yn 1680 daeth yn Esgob *Llanelwy. Er na fedrai'r Gymraeg (hyd y gwyddys) yr oedd ganddo ddiddordeb mewn hanes Cymru a gwrthwynebai'r Seisnigeiddio yn ei esgobaeth trwy benodi Cymry Cymraeg. Yr oedd yn weinyddwr da ac enillodd bri o ganlyniad i'w ymrysonau cyhoeddus ag Anghydffurfwyr blaenllaw; atebodd ymosodiadau ar yr esgobaeth yn ei *History of the Government of the Church* (1684). Yr oedd yn Brotestant ymosodol ac yn ddiweddarach yn gefnogwr i'r 'Chwyldro Gogoneddus', ac yn un o'r saith esgob a arwyddodd ddeiseb i Iago II yn erbyn yr Ail Ddatganiad o Faddeuant (a fwriadwyd ar gyfer Pabyddion), ac ef a arweiniodd y ddirprwyaeth at y Brenin. Yn eang ei ddysg, dywedodd yr Esgob Wilkins fod ganddo '*more learning in ready cash*' nag unrhyw ŵr a'i hadnabu erioed.

Lloyd George, David (1863–1945), gwleidydd a gwladweinydd rhyngwladol, a aned ym Manceinion ac a gafodd ei fagu gan ei fam weddw a'i ewythr yn Llanystumdwy, Caern. Ymsefydlodd fel cyfreithiwr yng Nghricieth yn 1885 a dechrau ymladd achosion Radicalaidd lleol; etholwyd ef gyda mwyafrif bychan yn Aelod Seneddol dros Fwrdeistrefi Caernarfon yn is-etholiad 1890. Yn y Senedd daeth yn llefarydd amlwg dros gŵynion yr Anghydffurfwyr (yn arbennig *Datgysylltu'r Eglwys) ac yn brif ladmerydd yr ymdeimlad o *Genedlaetholdeb gwleidyddol a ddatblygodd yn y 1890au. Yn sgil methiant *Cymru Fydd, pellhaodd oddi wrth faterion Cymreig gan ganolbwyntio ar faterion Radicalaidd cyffredinol Prydain ac enynnodd ei wrthwynebiad i Ryfel y Boer atgasedd ac enwogrwydd. Yng Nghymru yr oedd yn boblogaidd iawn ac yn ffigur cyfarwydd yn yr *Eisteddfod Genedlaethol ac ymhyfrydai'r cynulleidfaoedd yn ei ddawn areithio a'i ffraethineb. Bu hefyd yn ffigur amlwg yn arwain gwrthryfel Cynghorau Sir Cymru yn erbyn Deddf Addysg 1902.

Cafodd ei benodi yn Llywydd y Bwrdd Masnach yn 1905 a bu'n weinidog gweithgar gyda gallu eithriadol i drafod materion diwydiannol cymhleth. Fel Canghellor y Trysorlys o 1908 hyd 1915 ymlafniodd i hyrwyddo lles cymdeithasol drwy sefydlu pensiwn i'r henoed ac yswiriant iechyd cenedlaethol. Ei fwriad, yng 'Nghyllideb y Bobl' 1909, oedd cyllido gwelliannau cymdeithasol drwy gynyddu trethiant. Cynddeiriogwyd y Tŷ'r Arglwyddi gan y trethi newydd ar werthoedd tir, ac mewn pleidlais ddigyffelyb gwrthododd y Tŷ y gyllideb gan roi'r cyfle i Lloyd George i ymosod yn chwyrn ar yr Arglwyddi; canlyniad hyn oedd Deddf y Senedd 1911. Creodd ei Ddeddf Yswiriant Cenedlaethol 1911 dymestl arall, yn arbennig ymhlith meddygon, ond hon a ddaeth yn gonglfaen y Wladwriaeth Les Brydeinig.

Ing meddwl enbyd i Lloyd George fu i Brydain gyhoeddi rhyfel yn Awst 1914 ond pan argyhoeddwyd ef fod rhyfel yn anochel ymroes i ennill buddugoliaeth ddiamod dros yr Almaen ac ymosododd ar Asquith am ei amhendantrwydd. Bu'n Weinidog dros Arfau o 1915 hyd 1916 ac yn Weinidog Rhyfel o Orffennaf hyd Ragfyr 1916, a daeth yn symbol o benderfyniad Prydain i ymladd y rhyfel i'r eithaf. Pan ddyrchafwyd ef yn Brif Weinidog yn Rhagfyr 1916, o dan amgylchiadau a barodd rwygiadau dwfn o fewn y Blaid Ryddfrydol, aeth ati i greu cyfryngau llywodraeth newydd a roes iddo, fel Prif Weinidog, bwerau diderfyn bron ac a'i galluogodd i ffrwyno uchelgais y cadfridogion. Clodforwyd ef fel 'y Gŵr a enillodd y Rhyfel' a'r 'Dewin Cymreig', ac esgorodd ei gynghrair â'r Ceidwadwyr ar fuddugoliaeth ysgubol yn Etholiad Cyffredinol 1918. Yr oedd yn ffigur blaenllaw yn nhrafodaethau heddwch 1919 a cheisiodd lwybr canol rhwng dialedd Clemenceau a delfrydiaeth Woodrow Wilson a pharhaodd i geisio adolygu'r cytundeb heddwch dros y tair blynedd canlynol. Ar yr un pryd, achosodd y modd y trafododd ei Lywodraeth gais y glowyr i wladoli'u diwydiant chwerwedd parhaol ym maes glo de Cymru; felly hefyd y defnydd a wnaed o'r *Black and Tans* yn Iwerddon. Gan fod de a gogledd Iwerddon yn ymwrthod ag unrhyw gyfaddawd, canlyniad wltimatwm Lloyd George i'r arweinwyr Gwyddelig yn 1921 fu rhannu'r wlad yn ddwy a sefydlu Gwladwriaeth Rydd Iwerddon.

Erbyn 1922 yr oedd ei safle fel Prif Weinidog dan feirniadaeth gynyddol: daeth dadrithiad yn sgil yr addewidion nas gwireddid am wlad 'deilwng o'i harwyr'; bu sgandal oherwydd ei ran mewn gwerthu anrhydeddau; achoswyd pryder gan ei bolisïau yn y Dwyrain Agos o blaid y Groegiaid; a pharodd ei gynlluniau am Blaid Ganol bender i'r teyrngarwyr Toriaidd. Yn Hydref 1922 pleidleisiodd yr Aelodau Seneddol Ceidwadol dros gefnu ar y Glymblaid ac yn yr Etholiad Cyffredinol a ddilynodd hanner cant a naw o aelodau yn unig a oedd gan Lloyd George o 'Ryddfrydwyr Cenedlaethol' i'w gefnogi. Ni ddaliodd swydd yn y Llywodraeth ar ôl hyn er gwaethaf ei ymdrechion glew i ailgipio grym. Ar ôl iddo gael ei ethol yn arweinydd y Blaid Ryddfrydol adunedig yn 1926, ymladdodd Etholiad Cyffredinol 1929 ar bolisïau Keynesaidd er mwyn adfer economi Prydain a lleddfu diweithdra. Oherwydd afiechyd ni fu ganddo ran yn argyfwng gwleidyddol 1931, ac yn Etholiad Cyffredinol y flwyddyn honno crebachodd nifer ei gefnogwyr seneddol i bedwar. Yn 1935 bu'n ymgyrchu'n egnïol ond yn ofer dros 'Gyngor Gweithredu dros Heddwch ac Adluniad'. Ei brif weithred gyhoeddus olaf oedd ei araith danbaid ym Mai 1940 yn mynnu ymddiswyddiad Chamberlain. Ar ôl rhoi'r gorau i gynrychioli Bwrdeistrefi Caernarfon yn Ionawr 1945, urddwyd ef yn Iarll Lloyd-George o Ddwyfor; bu farw ddeufis yn ddiweddarach ac fe'i claddwyd ar lannau afon Dwyfor yn Llanystumdwy.

Bu cryn ddadlau am Lloyd George wedi ei farwolaeth, fel y bu yn ystod ei yrfa wleidyddol. I'w gyfoeswyr ymddangosai'n wleidydd tanllyd ac eratig, yn arbennig wrth ymwneud â byd y pleidiau gwleidyddol. Ef a gafodd y bai, gan lawer, am gwymp y Blaid Ryddfrydol, ond daeth barn fwy cadarnhaol i'r amlwg ymhlith haneswyr o'r 1960au ymlaen. Yr oedd yn ffigur creadigol a deinamig a gafodd ddylanwad aruthrol ar hanes modern Prydain. Ef oedd prif bensaer rhaglenni newydd o nawdd cymdeithasol cyn 1914 ac yn ystod y Rhyfel Byd Cyntaf yr oedd yn arweinydd ysbrydoledig. Ar ôl y Rhyfel yr oedd ymhell o fod yn fethiant fel cymodwr ac yn ystod y blynyddoedd rhwng y ddau Ryfel bu'n ffynhonnell syniadau newydd ar bolisi economaidd a thramor. O safbwynt Cymru, gwnaeth fwy na'r un gwleidydd arall i roi iddi statws wleidyddol fel cenedl ac i roddi iddi ryw fath o hanfod gwleidyddol, a gellir ei ystyried yn brif gynrychiolydd yr ymdeimlad modern o hunaniaeth Gymreig.

Ymhlith y llu o lyfrau am Lloyd George y canlynol sydd fwyaf buddiol: Thomas Jones, Lloyd George (1951), A. J. P. Taylor (gol.), Lloyd George: Twelve Essays (1971), Frances Stevenson, Lloyd George: a Diary (1971), John Grigg, The Young Lloyd George (1973), Kenneth O. Morgan (gol.), Lloyd George: Family Letters (1973), Kenneth O. Morgan, Lloyd George (1974), John Campbell, The Goat in the Wilderness (1977), John Grigg, The People's Champion (1977), Kenneth O. Morgan, Consensus and Disunity (1979), W. R. P. George, Lloyd George: Backbencher (1983), Cyril Parry, David Lloyd George (1984) a'r llyfr gan ei ferch Olwen Carey-Evans, Lloyd George was my Father (1985).

LLOYD-JONES, DAVID MARTYN (1899–1981), pregethwr ac arweinydd Cristnogol a aned yng Nghaerdydd, ond a dreuliodd ei flynyddoedd ffurfiannol yn Llangeitho, Cer., a Llundain. Wedi ei dröedigaeth rhoes y gorau i yrfa o fri mewn meddygaeth er mwyn gofalu am achos bychan o eiddo Symudiad Ymosodol y Methodistiaid Calfinaidd yn Aberafan, Morg., ac arhosodd yno o 1927 hyd 1938. Wedyn bu'n gweinidogaethu yng Nghapel Westminster, Llundain, nes ymddiswyddo yn 1968 er mwyn ymroi i weinidogaeth bregethu ehangach ac i'r gwaith o baratoi ei bregethau ar gyfer y wasg. Yn bregethwr disglair o argyhoeddiadau efengylaidd a gwrthogwirweddol gwrtheciwmenaidd, pwysleisiai le canolog pregethu esboniadol, yr angen am adfywiad ysbrydol gwirioneddau'r ddiwinyddiaeth Ddiwygiedig a rheidrwydd ymarfer disgyblaeth eglwysig. Ei gyfrolau mwyaf dylanwadol yw Studies in the Sermon on the Mount (1959–60) a Spiritual Depression: its Causes and Cures (1965).

Ceir hanes ei fywyd a'i waith yn David Martyn Lloyd-Jones: the First Forty Years 1899–1939 (1982) a David Martyn Lloyd-Jones: the Fight of Faith 1939–1981 (1990) gan Iain H. Murray. Gweler hefyd Memories of Sandfields 1927–1938 (1983) gan Bethan Lloyd-Jones, D. Martyn Lloyd-Jones: Letters 1919–1981 (gol. Iain H. Murray, 1994), Martyn Lloyd-Jones: the Man and His Books (1982) gan Frederick ac Elizabeth Catherwood, a'r rhifynnau coffa o The Evangelical Magazine of Wales (1981) ac Y Cylchgrawn Efengylaidd (1981).

LLOYD-JONES, JOHN (1885–1956), bardd ac ysgolhaig a aned yn Nolwyddelan, Caern. Cafodd ei addysg yng Ngholeg Prifysgol Gogledd Cymru, Bangor, lle y bu'n ddisgybl i John *Morris-Jones, a Choleg Iesu, Rhydychen. Fe'i penodwyd yn Ddarlithydd mewn Cymraeg a Chelteg yng Ngholeg y Brifysgol, Dulyn, a threuliodd dros ddeugain mlynedd yn Iwerddon. Ymhlith y myfyrwyr ifainc a fu dan ei gyfarwyddyd yno yr oedd T. J. *Morgan, D. Myrddin *Lloyd, Melville *Richards, Idris *Foster, Brinley Rees (1916–), J. E. Caerwyn *Williams ac R. M. *Jones (Bobi Jones). Enillodd y *Gadair yn yr Eisteddfod Genedlaethol yn 1922 â'i 'Awdl y Gaeaf', un o awdlau mireiniaf y ganrif, ond prin fu ei brydyddiaeth wedi hynny. Y mae ei gyhoeddiadau yn cynnwys astudiaeth o Enwau Lleoedd Sir Gaernarfon (1928) a The Court Poets of the Welsh Princes (Darlith John Rhŷs, 1928), ond ei waith pwysicaf yw'r wyth rhan o Geirfa Barddoniaeth Gynnar Gymraeg (1931–63).

Am ragor o fanylion gweler ymdriniaeth J. E. Caerwyn Williams yn Y Traethodydd (1956).

Lloyd Price, Richard John (1843–1923), ysgwier Rhiwlas, Llanfor, Meir. Un o'i gynlluniau er mwyn cyflogi gweithwyr lleol oedd adeiladu distyllty i wneud chwisgi Cymreig ym mhentref Fron-goch, ger Y Bala. Ffynnodd y fenter am rai blynyddoedd, er gwaethaf gwrthwynebiad y capeli, ond ni oroesodd y Rhyfel Byd Cyntaf. Ar ôl Gwrthryfel y Pasg 1916 defnyddiwyd yr adeiladau fel gwersyll caethiwo Gweriniaethwyr Gwyddelig, ac yno yn eu plith y carcharwyd Michael Collins. Yr oedd R. J. Lloyd Price yn awdur nifer o lyfrau ar gadw anifeiliaid ar raddfa fasnachol ac ysgrifennodd un ar hanes ei ardal (1899). Ef, yn aml, sy'n cael y clod am ddyfeisio treialon cŵn defaid. Ar fedd y teulu ym mynwent Llanfor gwelir arysgrif sy'n coffáu Bendigo, ceffyl a enillodd y Derby.

Lluagor, gweler o dan TRIOEDD Y MEIRCH.

Lludd a Llefelys, gweler o dan CYFRANC LLUDD A LLEFELYS.

Llundain, gweler CYMRY LLUNDAIN.

Llwy Serch, llwy bren wedi ei cherfio a'i chyflwyno gan fab i ferch yn arwydd o gariad. Perthyn yr esiampl ddyddiedig gyntaf a oroesodd i'r flwyddyn 1667 ond dichon bod yr arfer yn gynharach na hynny. Y mae rhai llwyau yn syml a diaddurn ac eraill yn gymhleth ac wedi eu haddurno â symbolau megis olwynion, gwinwydd, adar, calonnau, angorion a chadwyni ac yn dra annhebyg i lwyau cyffredin. Nid yw amcan y ddefodaeth yn eglur: gall ei fod yn ddatganiad o serch, yn arwyddocáu cychwyn carwriaeth neu yn dynodi dyweddïad. Dichon i'r arwyddocâd amrywio yn ôl cyfnod, lle a phobl. Mewn rhannau o dde Cymru, 'sboner' yw'r term a ddefnyddir hyd heddiw am gariad merch, a thardd yn uniongyrchol o'r gair Saesneg 'spooner'.

Ceir manylion pellach yn Trefor M. Owen, *Welsh Folk Customs* (1959); gweler hefyd Len Evans, *The Lore of the Love Spoon* (1971).

Llwyd fab Cil Coed, dewin yn Nhrydedd Gainc *Pedair Cainc y Mabinogi*. Y mae'n dial am y gamdriniaeth a gafodd ei gyfaill Gwawl fab Clud gan *Bwyll yn y Gainc Gyntaf trwy ddodi hud ar Ddyfed a chaethiwo *Pryderi a *Rhiannon yn *Annwn. Anfonodd Llwyd wŷr a gwragedd ei lys, wedi eu rhithio'n llygod, i ddifa ŷd *Manawydan, deil hwnnw un ohonynt, sef gwraig feichiog Llwyd a threfna i'w chrogi. Ceisia Llwyd ei rhyddhau trwy ymddangos ar ffurf ysgolhaig, offeiriad ac esgob a chynnig prynu ei rhyddid. Y pris a ddeisyfir yw addewid Llwyd y gollyngir Pryderi a Rhiannon o'u caethiwed a'r ymrwymiad i beidio â cheisio dial byth eto.

Llwyd o'r Bryn, gweler LLOYD, ROBERT (1888–1961).

LLWYD, ANGHARAD (1780–1866), hynafiaethydd a aned yng Nghaerwys, Ffl., yn ferch i John Lloyd (1733–93), yntau'n hynafiaethydd ac a fu gyda Thomas *Pennant ar un o'i deithiau. Yr oedd Angharad Llwyd yn aelod o Anrhydeddus Gymdeithas y *Cymmrodorion ac enillodd lawer o wobrau mewn eisteddfodau am draethodau ar achyddiaeth a phynciau hanesyddol. Golygodd a chyhoeddodd hefyd argraffiad newydd o waith Syr John *Wynn, *The History of the Gwydir Family* (1827), ond ei phrif waith cyhoeddedig oedd *The History of the Island of Mona* (1832). Cedwir casgliad enfawr o'i llawysgrifau yn *Llyfrgell Genedlaethol Cymru.

Am ragor o fanylion gweler yr erthyglau gan Mari Elis yn *Taliesin* (cyf. LII, Awst 1985 a chyf. LIII, Hydref 1985).

LLWYD, ALAN (1948–), bardd, beirniad, golygydd a sgriptiwr ffilm a theledu. Fe'i ganed yn Nolgellau ond fe'i magwyd ar fferm yng Nghilan, Caern., a'i addysgu yng Ngholeg Prifysgol Gogledd Cymru, Bangor. Bu'n llyfrwerthwr am flwyddyn cyn troi'n olygydd proffesiynol, yn gyntaf gyda Gwasg Christopher Davies (gweler dan LLYFRAU'R DRYW) o 1976 hyd 1979, *Cydbwyllgor Addysg Cymru o 1979 hyd 1981, ac yn rhinwedd ei swydd weinyddol er 1983 gyda'r *Gymdeithas Gerdd Dafod sy'n gyfrifol am Gyhoeddiadau Barddas.

Ymgollodd yn y *gynghanedd yn fachgen ysgol a'i meistroli'n fuan gan gipio cadeiriau lawer nes ennill yn y diwedd *Goron a *Chadair yr *Eisteddfod Genedlaethol ddwywaith (yn 1973 a 1976). Cyhoeddodd ei gyfrol gyntaf o gerddi, *Y March Hud* (1971), dan ei enw gwreiddiol, Alan Lloyd Roberts, ac fe'i dilynwyd gan un ar ddeg arall: *Gwyfyn y Gaeaf* (1975), *Edrych Drwy Wydrau Lledrith* (1975), *Rhwng Pen Llŷn a Phenllyn* (1976), *Cerddi'r Cyfannu a Cherddi Eraill* (1980), *Yn

Nydd yr Anghenfil (1982), *Marwnad o Dirdeunaw* (1983), *Einioes ar ei Hanner* (1984), *Oblegid fy Mhlant* (1986), *Yn y Dirfawr Wag* (1988), *Cerddi Alan Llwyd 1968–1990*, *Y Casgliad Cyflawn Cyntaf* (1990) a *Sonedau i Janice a Cherddi Eraill* (1996).

Efe yw bardd mwyaf cynhyrchiol ei genhedlaeth ac, ond odid, y mwyaf meistrolgar wrth drin ei ddeunydd. Nodweddir ei waith cynnar gan ddefnydd cyfareddol o'r cynghanedd, a chan ddelweddu cyffrous. Tynged Cymru, hiraeth am yr hen warineb gwledig a rhyfeddod byd natur yn nhreigl y tymhorau fu mater ei ganu, ond wedi priodi a dechrau magu teulu daeth i fyfyrio fwyfwy ar fywyd a marwolaeth, ar dynged y Ddynoliaeth ac ar fannau'r ffydd Gristnogol. Y mae dwy o'i gyfrolau yn cynnwys cerddi ar enw Meilir Emrys Owen, yr *alter ego* a grewyd gan y bardd yn ddihangfa rhag y rhagfarn yn erbyn ei waith a deimlai ar y pryd; yn ei ddigalondid yr oedd am roi'r gorau i ysgrifennu yn 1988.

Fel golygydd ysgogodd Alan Llwyd sawl cyfres bwysig megis *Cyfres Beirdd Bro*, *Cyfres y Meistri*, *Cyfres Eisteddfota*, *Blodeugerddi'r Mesurau* a *Blodeugerddi'r Canrifoedd*, a chyfrannodd ei hunan i'r cyfresi hyn. Cyfieithodd *Stori'r Nadolig* (1977) a *Beibl y Plant mewn Lliw* (1978) a chyhoeddodd *Cerddi'r Prifeirdd 1* (1977), *Eisteddfota 1* (1978), *Y Flodeugerdd Englynion* (1978), *Y Flodeugerdd Sonedau* (1980), *50 o Gywyddau Dafydd ap Gwilym* (1980) a'i ddiweddariad ef o ddeg ohonynt, *Llywelyn y Beirdd* (1984), *Y Flodeugerdd o Epigramau Cynganeddol* (1985), *Blodeugerdd o Farddoniaeth Gymraeg yr Ugeinfed Ganrif* (1987) gyda Gwynn *ap Gwilym, *Y Flodeugerdd o Ddyfyniadau Cymraeg* (1988), *Nadolig y Beirdd* (1988) ac *Yn Nheyrnas Diniweidrwydd* (1992), cyfrol o gerddi am blant a phlentyndod. Ar y cyd ag Elwyn *Edwards, ei gynorthwyydd gweinyddol, cyhoeddodd flodeugerddi'r ddau Ryfel Byd, *Gwaedd y Bechgyn* (1989) a *Gwaedd y Lleiddiad* (1995). Fel golygydd hefyd casglodd *Barddoniaeth O. M. Lloyd* (1981) a golygu gwaith Hedd Wyn (Ellis Humphrey *Evans), *Cerddi'r Bugail* (1994), ond ei waith mawr, ar wahân i gydolygu'r cylchgrawn *Barn am ddeunaw mis, fu golygu'r cylchgrawn *Barddas, ar y cyd â Gerallt Lloyd *Owen o'i ddechrau yn 1976 hyd 1983, ond ar ei ben ei hun wedyn, ac â chymorth Elwyn Edwards o 1988 ymlaen.

Y mae'n feirniad llên manwl a threiddgar er nad oedd ei esboniad *Barddoniaeth Euros Bowen* (1977) wrth fodd y bardd hwnnw. Cyhoeddodd ddau fonograff yng nghyfres *Llên y Llenor, ar Gwyn *Thomas (1984) ac R. Williams *Parry (1984). Golygodd gyfrol ar yr olaf yn *Cyfres y Meistri* (1979) a chyfrol arall o ysgrifau, *Trafod Cerdd Dafod y Dydd* (1984), ond ei waith mwyaf yw'r astudiaeth o gerddi'r chwedegau a'u cefndir gwleidyddol a chymdeithasol, *Barddoniaeth y Chwedegau* (1986). Ar ben hynny lluniodd gofiannau i ddau filwr a gollwyd yn y Rhyfel Mawr, Hedd Wyn a David *Ellis, *Gwae Fi Fy Myw* (1991) ac *Y Bardd a Gollwyd* (1992), yr ail ar y cyd ag Elwyn Edwards. Cyhoeddodd ei hunangofiant yn *Cyfres y Cewri*, *Glaw ar Rosyn Awst*, yn 1994 a chasgliad o ysgrifau ar feirdd a barddoniaeth, *Y Greffi o Greu*, yn 1997.

Bu ei gyfraniad fel athro beirdd yn fawr, yn enwedig pan oedd yn gyfrifol am golofn farddol *Y *Cymro* rhwng 1973 ac 1977 a cholofn debyg yn *Barn* yn 1979/80, a deil felly yn *Barddas*. Cyhoeddasai eisoes *Anghenion y Gynghanedd* (1973) yn llawlyfr i ddisgyblion y grefft ac efe, yn anad neb, a fu'n gyfrifol am ddadeni'r canu caeth yn y cyfnod diweddar, am sefydlu'r Gymdeithas Cerdd Dafod ac am ei llewyrch hi. Bu'n cyfrannu sgriptiau ar gyfer teledu er 1991 ond daeth mwy o amlygrwydd iddo pan ddangoswyd y ffilm *Hedd Wyn* yn 1992 a honno'n ennill gwobrau lawer mewn sawl gwlad gan gynnwys Gwobr Ysbryd yr Ŵyl yn yr Ŵyl Ffilmiau Geltaidd (1993), Drama Unigol Orau 1992 gan Y Gymdeithas Deledu Frenhinol (1993), chwe gwobr BAFTA Cymru yn 1993 ac enwebiad Oscar am y ffilm dramor orau yn 1994; enillodd Alan Llwyd wobr BAFTA Cymru am yr Awdur Cymraeg Gorau 1993.

Ceir manylion bywgraffyddol yn yr hunangofiant a thrafodaeth ar waith y bardd gan Derwyn Jones yn *Trafod Cerdd Dafod y Dydd* (1984) a chan Donald Evans yn *Barddas* (rhif. 135–37, 1988 a rhif. 143, 1989).

LLWYD neu **LHUYD, HUMPHREY** (*c.*1527–68), ysgolhaig a lluniwr mapiau a aned yn Ninbych a'i addysgu ym Mhrifysgol Rhydychen. Credid gynt iddo raddio yn feddyg ac iddo ysgrifennu nifer o lyfrau ar bynciau meddygol ond ymddengys bellach mai cyfoeswr arall o'r un enw oedd hwnnw. Ymhlith ei gyhoeddiadau y mae *De Mona Druidium Insula* (1568), sef llythyr at Abraham Ortelius, y daearyddwr o'r Isalmaen, ac fe'i cyhoeddwyd yn atlas y gŵr hwnnw *Theatrum Orbis Terrarum* (1570); *Commentarioli Descriptionis Britannicae Fragmentum* (1572), a gyfieithwyd i'r Saesneg gan Thomas Twyne dan y teitl *The Breuiary of Britayne* (1573); fersiwn o ddraethodyn gan Syr John *Price yn dwyn y teitl *The Description of Cambria*, a chyfieithiad Saesneg o 'hanes' a briodolid i *Garadog o Lancarfan, dau waith a ddaeth yn brif ffynonellau *The Historie of Cambria* (1584) gan David *Powel. Arwyddair Llwyd oedd 'Hwy pery klod na golyd'; paratôdd hefyd fapiau o Gymru, ac o Loegr a Chymru, y rhai cyntaf i gael eu cyhoeddi ar wahân (1573).

Ceir manylion pellach mewn erthyglau gan I. M. Williams yn *Llên Cymru* (cyf. ii, 1952) ac R. Geraint Gruffydd yn *Efrydiau Athronyddol* (cyf. xxxiii, 1970).

Llwyd, Huw, gweler Huw Llwyd o Gynfal (1568?– 1630?).

Llwyd, Iwan, gweler Williams, Iwan Llwyd (1957–   ).

LLWYD, MORGAN (1619–59), awdur Piwritanaidd. Fe'i ganed yng Nghynfal-fawr, Maentwrog, Meir., i'r

un teulu â *Huw Llwyd, efallai. Wedi marw ei dad yn 1629, aed â Morgan gan ei fam Mari Wynn o Hendremur, i gael ysgol yn Wrecsam. Yno yn 1635 fe gafodd dröedigaeth drwy gyfrwng Walter *Cradock, a oedd ar y pryd yn gurad yn y dref honno. Ymunodd Llwyd â Cradock yn Llanfair Dyffryn Tefeidiad, sir Amwythig; yn ddiweddarach aeth gydag ef i Lanfaches, Myn., lle y sefydlwyd yr eglwys gynulleidfaol Gymreig gyntaf yn 1639. Arhosodd yno am yn agos i dair blynedd ac yno y cyfarfu ag Ann Herbert a'i phriodi; ganed iddynt o leiaf un ar ddeg o blant. Pan ddaeth y *Rhyfel Cartref, ffodd cynulleidfa Llanfaches i Fryste i ddechrau, ac yna, yng Ngorffennaf 1642, i Lundain. Anfonodd Llwyd ei wraig a'i blant adref at ei fam i Gynfal ac ymuno â byddin y Senedd yn gaplan, gan weld ymladd ar draws de Lloegr. Yn 1644 fe'i hanfonwyd gan y Senedd i Ogledd Cymru yn bregethwr teithiol, ac ymsefydlodd yn y diwedd yn Wrecsam, ym Mrynffynnon, a gawsai ar rent gan ei gyfaill, y Cyrnol John *Jones o Faesygarnedd. O 1650 hyd 1653 yr oedd yn Brofwr dan *Ddeddf Taenu'r Efengyl yng Nghymru, a olygai ei fod yn gyfrifol am ddod o hyd i weinidogion addas i gymryd lle'r rhai a gawsai eu diswyddo. Yn 1659, o dan yr Eglwys Wladwriaethol a sefydlwyd yn ystod y Gymanwlad, fe'i gwnaethpwyd yn weinidog eglwys blwyf Wrecsam; buasai eisoes, am oddeutu naw mlynedd, yn bugeilio'r eglwys gynulleidfaol bwerus a oedd yn y dref. Y mae sawl awgrym yn ei lythyrau mai trist oedd ei flynyddoedd olaf.

Cyhoeddodd Llwyd un ar ddeg o weithiau i gyd, wyth ohonynt yn Gymraeg a thri yn Saesneg. Dyma hwy: *Llythyr ir Cymru cariadus* (1653), *Gwaedd ynghymru yn wyneb pob cydwybod* (1653), *Dirgelwch i rai iw ddeall Ac i eraill iw wattwar . . . Neu arwydd i annerch y Cymru* (1653), *An Honest Discourse between Three Neighbours* (1655), *Lazarus and his Sisters Discoursing of Paradise* (1655), *Where is Christ?* (1655), *Gair o'r Gair* (1656), *Yr Ymroddiad* (cyfd. o *Of True Resignation*, fersiwn John Sparrow o ran o *Der Weg zu Christo* gan Jakob Böhme, 1657), *Y Disgybl ai Athraw o newydd* (cyfd. o *Of the supersensual life . . . in a dialogue between a scholar and his master*, fersiwn Sparrow o ran arall o *Der Weg zu Christo*, 1657), *Cyfaruyddid ir Cymru* (1657) a *Gwyddor vchod* (1657). Heblaw'r rhain erys amryw draethodau rhyddiaith amherffaith a chryn nifer o gerddi mewn llawysgrif.

Y mae'r tri llyfr a gyhoeddwyd yn 1653 – gar gynnwys y mwyaf nodedig ohonynt, sef yr *Arwydd* neu *Llyfr y Tri Aderyn* – yn dair galwad groyw ar i'r Cymry eu paratoi eu hunain yn ysbrydol ar gyfer dyfodiad agos Crist i deyrnasu yn Frenin ar y ddaear. Y mae'r tri llyfr Saesneg a gyhoeddwyd gan Lwyd yn 1655 yn hollo wahanol ac yn fwy dadleuol eu naws ac yn cynrychioli ymgais ganddo i ddiffinio ei safbwynt, o'i wrthgyferbynnu ar y naill law ag eiddo'r *Pumed Frenhinwyr, a fynnai baratoi ar gyfer dyfodiad Crist drwy foddion politicaidd, ac ar y llaw arall ag eiddo'r Crynwyr

(*Crynwriaeth), a bwysleisiai y Goleuni Oddi Mewn ac a dueddai i ddibrisio ffeithiau hanesyddol ac awdurdod allanol. Y mae'r tri llyfr a gyhoeddwyd yn 1656 a 1657 yn ymgais i esbonio cyfundrefn feddyliol Llwyd. Yr oedd y gyfundrefn honno'n dra dyledus i waith y cyfrinydd Lutheraidd Jakob Böhme, yn wir, ymddengys fod Llwyd yn cyfrif ei gyfarfyddiad cyntaf â syniadaeth Böhme yn 1651 yn ail dröedigaeth. Cynigiai Böhme lwybr gwahanol i'r *Biwritaniaeth radicalaidd a dderbyniasai gan Cradock, a chaniatâi iddo bwysleisio (yn unol â'i dueddiadau dyfnaf ei hun, mae'n ddiau) brofiad yn hytrach nag uniongrededd. Yr oedd Duw'n llefaru yng nghalon pob dyn, ac nid oedd yn rhaid i ddyn wneud dim ond gwrando ac ufuddhau. Ond cawsai Llwyd ei drwytho ddigon yn y Beibl a diwinyddiaeth Galfinaidd i'w rwystro rhag tyfu'n arch-heretic digymrodedd.

Erys tystiolaeth fod Llwyd yn bregethwr tra huawdl yn Gymraeg a Saesneg. Y mae ei lyfrau Cymraeg, yn enwedig y rhai a gyhoeddodd yn 1653, yn adlewyrchu rhythmau parabl dyrchafedig y pulpud. Arddull hynod rethregol sydd ganddo, a gwna ddefnydd llachar o ddelweddaeth sydd ar brydiau yn ddieithr – gan ei fod yn ddisgybl nid yn unig i Böhme ond hefyd i'r holl draddodiad Platonaidd a Hermetaidd. Ond y mae ei ddyled yn bennaf i'r Beibl Cymraeg, i glasuron rhyddiaith grefyddol Gymraeg cyfnod Elisabeth I, Iago a Siarl I, ac i draddodiad barddol mawr yr Oesoedd Canol diweddar yng Nghymru – traddodiad yr oedd Huw Llwyd (ei dad, o bosibl) yn ei ffordd ei hun yn ddyledus iddo. Nid peth bychan oedd cael eich bedyddio gan Edmwnd *Prys, yn ôl pob tebyg, a'ch cateceisio gan Huw *Lewys. Daw diarhebion Cymraeg mor rhwydd i'w feddwl ag adnodau o'r Beibl neu gyfres o ddelweddau metaffisegol goludog. Y mae'n cyfuno ynddo'i hun wybodaeth ddofn o'r iaith Gymraeg a'i llenyddiaeth, metaffiseg fawreddog (os hytrach yn dywyll), argyhoeddiad iasol ac athrylith lenyddol fawr. Ar ei orau y mae'n ddigymar fel awdur rhyddiaith Gymraeg; y mae hefyd, ar brydiau, yn fardd pur wych.

Golygwyd gweithiau Morgan Llwyd gan J. E. Ellis (1899), J. H. Davies (1908) a J. Graham Jones et al. (1994). Cyhoeddwyd cyfrol o'i weithiau byrion gan Patrick Donovan (1985). Cyhoeddwyd monograffau hanesyddol a beirniadol pwysig ar Lwyd gan E. Lewis Evans (1930), Hugh Bevan (1954), M. Wynn Thomas (yn Saesneg yn 1984 ac yn Gymraeg yn 1991) a Goronwy Wyn Owen (1992): y mae gan y trydydd a'r olaf o'r rhain lyfryddiaethau defnyddiol. Gweler hefyd y erthygl gan E. Lewis Evans yn Y Traddodiad Rhyddiaith (gol. G. Bowen, 1970), ysgrif gan Saunders Lewis yn Meistri'r Canrifoedd (gol. R. Geraint Gruffydd, 1973), erthygl gan John Davies ar weithiau Saesneg Morgan Llwyd yn The Anglo-Welsh Review (cyf. XXIII, rhif, 51, 1974) a phennod R. Tudur Jones yn Reformation, Conformity and Dissent (gol. R. Buick Knox, 1977).

LLWYD, RICHARD (Bard of Snowdon; 1752–1835), bardd a hynafiaethydd a aned ym Miwmares,

Môn. Oblegid marwolaeth sydyn ei dad o'r frech wen fe'i magwyd mewn tlodi enbyd a chafodd naw mis yn unig o addysg yn Ysgol Rad Biwmares. Wedi cyfnod yn gwasanaethu teulu Morgan o'r Henblas a theuluoedd eraill, daeth yn asiant stadau ac yn glerc i Griffith o Gaerhun ger Conwy yn 1780 gan aros yno nes i'w feistr farw. Yr oedd yn ŵr darbodus, cyfeillgar a chanddo wir gariad at ymchwil, a daeth yn awdurdod ar achau a herodraeth yng Nghymru. Cafodd barch a chroeso mewn llawer o dai'r uchelwyr a llwyddodd i gael cymorth gan y Gronfa Lenyddol Frenhinol i Dic Aberdaron (Richard Robert *Jones), Dafydd Ddu Eryri (David *Thomas) ac eraill. Ar ôl 1807 bu'n byw yng Nghaer.

Y mae ei gerdd hir Beaumaris Bay (1800) yn balimpsest topograffaidd, a'r nodiadau ddwywaith yn hwy na'r testun. Adlewyrchir y croeso a gafodd mewn tai bonedd yn ei Poems, Tales, Odes, Sonnets, Translations from the British (1804). Bwriadai i'w ymchwil yn yr Amgueddfa Brydeinig yn 1808 ddatblygu'n llyfr ar Lwythau Brenhinol a phatriarchaidd Cymru, ond methodd Llwyd â chael digon o nawdd i barhau â'r gwaith hynny. Cynhwysir cofiant gan Edward Parry a nifer o gerddi nas cyhoeddwyd o'r blaen yn ei Poetical Works (1937). Yr oedd yn wladgarwr brwd, ac wedi 1824, yn aelod o Anrhydeddus Gymdeithas y *Cymmrodorion. Ysgrifennai yn Saesneg, gan wneud hynny'n llai amddiffynnol nag oedd yn ffasiynol ar y pryd, a chlodforai'r etifeddiaeth Gymreig, a galw am undod yn erbyn Napoleon. Y mae ei brydyddiaeth yn wastad ei safon, yn llawn cyfeiriadaeth, ac weithiau yn gymen a ffraeth.

Yr unig ffynhonnell gyhoeddedig i fywyd Llwyd yw'r cofiant gan Edward Parry sydd ar flaen ei Poetical Works (1837).

LLWYD, YR USTUS (fl. 14eg gan.), bardd, ac o bosibl brodor o ganolbarth Cymru. Cedwir dwy *awdl ddychan o'i waith yn *Llyfr Coch Hergest. Nodweddir y rhain gan eu dychan llym, ond y maent hefyd yn tystio i ehangder diwylliant y bardd, gan eu bod yn cynnwys nifer o gyfeiriadau at gymeriadau chwedlonol. Os yr un ydyw â'r Ustus Llwyd a ganodd englynion marwnad i fardd anhysbys, Rhosier ap Llywelyn, a gofnodwyd yn *Llawysgrif Hendregadredd (c.1325–50), gwelir nad dychan oedd ei unig gyfraniad i'r traddodiad barddol.

Llwydiarth, plasty ym mhlwyf Llannerch-y-medd, Môn, a oedd yn nodedig oherwydd ei haelioni i'r beirdd ar yr ynys. Cadwyd canu i amryw o benteuluoedd o gyfnod *Dafydd ab Ieuan. Bu *Dafydd ab Edmwnd a *Guto'r Glyn yn ymweld â Dafydd ab Ieuan yn y bymthegfed ganrif a lluniodd *Hywel Cilan farwnad iddo. Rhys Wyn (m. 1581) oedd y chweched penteulu a'r olaf i gynnal y traddodiad. Gweler hefyd y cofnod nesaf.

Llwydiarth, plasty ym mhlwyf Llanfihangel-yng-Ngwynfa, Tfn., cartref y Fychaniaid, teulu a oedd ymhlith y pwysicaf yn nhraddodiad nawdd y sir. Credir mai Gruffudd ap Siencyn, gŵr a fu'n cefnogi *Owain Glyndŵr, a gododd y tŷ. Bu wyth cenhedlaeth arall yn cynnal y traddodiad; y cyfnod mwyaf nodedig oedd cyfnod Siôn Fychan (m. 1599), a chadwyd canu toreithiog iddo ef a'i fab Owain Fychan, ond erbyn canol yr ail ganrif ar bymtheg yr oedd y traddodiad wedi dirwyn i ben. Gweler hefyd y cofnod blaenorol.

Llwyfenydd, tiriogaeth a berthynai i deyrnas *Urien Rheged yn y chweched ganrif ac a enwir bedair gwaith yn awdlau *Taliesin iddo. Yn 'Dadolwch Urien' ceir cyfeiriadau at olud, rhadlonrwydd a llawenydd y rhanbarth, ac ym 'Marwnad Owain' disgrifir mab Urien fel 'udd Llwyfenydd llathraid'. Nid yw ei leoliad yn sicr ond gall fod Leeming i'r de o Catterick, ac afon Lyvennet, rhwng Catterick a Chaerliwelydd, ill dau yn cadw'r enw.

Llwyn, plasty ger Dolgellau, Meir., a fu'n enwog am ei nawdd; yr oedd yn gartref i Lewis ab Owain a'i fab Siôn Lewis Owain yn yr unfed ganrif ar bymtheg. Llofruddiwyd y tad gan *Wylliaid Cochion Mawddwy yn 1555 a chofnodir ei farwolaeth mewn nifer o farwnadau sy'n sôn am ei ddiddordebau llenyddol a diwylliannol. *Owain Gwynedd oedd prif fardd Siôn, y mab a oedd yn un o Gomisiynwyr ail eisteddfod *Caerwys yn 1567.

'Llwyn Onn', alaw telyn a gyhoeddwyd am y tro cyntaf gan Edward *Jones (Bardd y Brenin) yn The Bardic Museum (1802). Ceir alaw dan y teitl Constant Billy, sydd â'i rhan gyntaf yn bur debyg iddi, yn The Beggar's Opera (1728) gan John Gay. Ysgrifennwyd gwahanol eiriau Cymraeg a Saesneg ar ei chyfer dros y blynyddoedd, ond ni bu'r un ohonynt yn fwy poblogaidd na'r geiriau 'Gogoniant i Gymru' gan John *Jones (Talhaiarn), a gyhoeddwyd gyda'r alaw yn 1860.

Llychlynwyr, Cyrchoedd y, a ledodd o Sgandinafia ar draws Ewrop yn gynnar yn y nawfed ganrif, ac wedyn, trwy ynysoedd y gorllewin i Fôr Iwerydd. Effeithiwyd Cymru yn ddifrifol ganddynt tua 850. O'r dyddiad hwnnw, ar wahân i leihad rhwng 918 a 952, tra bu *Hywel Dda yn teyrnasu, bu'r cyrchoedd hyn yn ddibaid hyd ddiwedd y ddegfed ganrif. Y prif fwriad oedd dwyn cyfoeth o eglwysi a mynachdai (dioddefodd eglwys gadeiriol *Tyddewi amryw o weithiau), ond hefyd cipient gaethweision i'w gwerthu ym marchnadoedd Dulyn ac yn Sgandinafia. O 1000 hyd 1150, daeth y cyrchoedd hyn yn llai mynych. Gwnaethpwyd cytundebau yn amlach rhwng y Llychlynwyr a'r Cymry, a chyfeiriodd y Llychlynwyr eu diddordeb fwyfwy tuag at fasnach wedi iddynt ddod o dan ddylanwad Cristnogaeth. Yn y cyfnod diweddarach hwn, tyfodd canolfannau masnach ar hyd arfordir de a gorllewin Cymru, o Abergwaun i Gaerdydd, ac y mae'n weddol sicr i'r Llychlynwyr fynnu gwrogaeth a threthi o ardaloedd

ymhellach i mewn i'r wlad. Y mae gan bob un o ynysoedd Cymru, o Fôn i Steepholm, ragddodiaid Norsmynaidd yn eu henwau Saesneg, nid oherwydd i'r Norsmyn ymsefydlu yno, ond oblegid eu bod yn bwysig i forwyr, a chollwyd hen enwau Cymraeg, megis *Gwales ac Ynys Bŷr (gweler PŶR). Enwau o darddiad Norsmynaidd yw Swansea, Haverford a Fishguard, ac ar ddiwedd y ddeuddegfed ganrif yr oedd tebygrwydd hynod rhwng enwau bwrdeiswyr Caerdydd a bwrdeiswyr Dulyn (a oedd yn ddinas Norsmynaidd yr adeg honno). Er gwaethaf hyn oll, ac er bod rhai cyfenwau Norsmynaidd wedi goroesi yn Nyfed, ni ellir gweld olion unrhyw drefedigaeth Norsmynaidd barhaol yng Nghymru ac nid oes adlewyrchiad o'r presenoldeb Sgandinafaidd mewn llenyddiaeth Gymraeg. Adwaenid y Llychlynwyr gan enwau eraill yn cynnwys yr Alltudion Duon, y Llu Du a'r Paganiaid Duon.

Ceir manylion pellach yn B. G. Charles, Old Norse Relations with Wales (1934), P. H. Sawyer, The Age of the Vikings (ail arg.,1971), A. P. Smyth, Scandinavian York and Dublin (2 gyf. 1975, 1979) a'r gweithiau cyffredinol gan Wendy Davies, Wales in the Early Middle Ages (1982) a Patterns of Power in Early Wales (1990); gweler hefyd Proinsias Mac Cana, 'The Influence of the Vikings on Celtic Literature' yn Brian Ó Cuív (gol.), The Impact of the Scandinavian Invasions on the Celtic-Speaking Peoples (1975).

Llyfr Ancr Llanddewibrefi, llawysgrif a ysgrifennwyd ar femrwn yn 1346 a gedwir bellach yn Llyfrgell Bodley, Rhydychen (Llsgr. Coleg Iesu CXIX), y casgliad cynharaf a helaethaf o destunau crefyddol Cymraeg Canol. Cafodd y llawysgrif ei theitl oddi wrth nodiad o eiddo ei hysgrifennwr ar ôl y rhagdraeth i'r testun cyntaf, sy'n hysbysu ddarfod ei hysgrifennu ar gais Llywelyn ap Phylip ap Trahaearn o'r Cantref Mawr, sef uchelwr llengar a drigai yn Rhydodyn, ger Llansawel, Caerf., gan ancr o Llanddewibrefi, Cer. Copïo a chrynhoi yn unig mewn gwirionedd a wnaeth yr ancr, nid cyfansoddi a chyfieithu'r ddau ar bymtheg o destunau'r Llyfr sydd ar y cyfan, ac eithrio un, yn rhai crefyddol.

Yn ôl pob tebyg bu'r llawysgrif yn hir iawn ym meddiant teulu Rhydodyn, oherwydd bu'n eiddo i Ddafydd ap Morgan Fychan, gororwyr y Dafydd a oedd yn frawd i *Ruffudd ap Llywelyn. Rhwng 1684 a 1697 fe'i cyflwynwyd i Goleg Iesu, Rhydychen, gan Thomas Wilkins o Lan-fair ym Mro Morgannwg. Yn 1781 yr oedd ym meddiant Griffith Roberts o Benmorfa, Eifionydd; ymddengys iddo ei derbyn gan Richard Thomas, Ynyscynhaearn, Caern., a fuasai'n is-lyfrgellydd yng Ngholeg Iesu. Yn 1800 prynodd Owen *Jones (Owain Myfyr) a William *Owen Pughe y llawysgrif gan Griffith Roberts a'i dychwelyd chwe blynedd yn ddiweddarach i'r Coleg.

Golygwyd y testun gan John Morris-Jones a John Rhŷs, The Elucidarium and Other Tracts in Welsh from Llyvyr Angkyr Llandewivrevi (1894); gweler hefyd yr erthygl gan Idris Foster yn Nhrafodion yr Academi Brydeinig (cyf. XXXVI, 1949) a Thomas Jones yn Nhrafodion Cymdeithas Hynafiaethwyr Sir Aberteifi (cyf. XII, 1937).

Llyfr Aneirin, gweler o dan GODODDIN (*c.*600).

Llyfr Bicar Woking, llawysgrif (Caerdydd 7) o farddoniaeth o gyfnod *Beirdd yr Uchelwyr, 963 tudalen o hyd, yn cynnwys pedwar cywydd ar ddeg a thrigain gan *Ddafydd ap Gwilym yn ogystal â gweithiau gan lawer o'r meistri eraill. Mewn rhagymadrodd dywedir mai yn llys Rowland Meyrick (1505–66), Esgob Bangor, y gwnaed y llyfr ar 3 Chwefror 1565, ac mai ei berchen oedd 'bickar Wocking', sef Syr Richard Gruffudd.

Llyfr Coch Asaph, gweler o dan LLANELWY.

Llyfr Coch Hergest (llsgr. Coleg Iesu Rhydychen 111), un o'r pwysicaf o lawysgrifau Cymraeg yr Oesoedd Canol gan ei bod yn cynnwys enghreifftiau o bron bob math o lenyddiaeth Gymraeg y cyfnod. Y mae'r drefn sydd ar y cynnwys yn awgrymu iddi gael ei chynllunio fel cyfanwaith yn hytrach na thyfu fwy neu lai'n ddamweiniol. Egyr gyda'r holl brif destunau rhyddiaith: testunau traddodiadol hanes Cymru – *Ystorya Dared, Brut *Sieffre o Fynwy, *Brut y Tywysogyon a ddaw gyntaf, yna Chwedlau Siarlymaen, *Delw y Byd, traethawd ar amaethyddiaeth a *Chwedleu Seith Doethon Rufein. Dilyn *Breuddwyd Rhonabwy a chyfres o Drioedd, ac yna'r chwedlau a elwir bellach Y *Mabinogion, *Ystorya Bown o Hamtwn, *Meddygon Myddfai a nifer o destunau eraill gan gynnwys *Amlyn ac Amig, gramadeg, a chasgliad o ddiarhebion. Corff o farddoniaeth Beirdd y Tywysogion a'r *Gogynfeirdd diweddar yw gweddill y cynnwys, sy'n peri mai'r casgliad hwn, a *Llawysgrif Hendregadredd, yw'r prif ffynonellau canoloesol am y canu hwn. Ni cheir yma destunau crefyddol, na fersiynau o *Gyfraith Hywel, ond dyma'r unig eithriadau pwysig. Gellid tybio mai'n fwriadol y bu hynny ac mai llawysgrif gynhwysfawr gyfoethog i uchelwyr arbennig y bwriadwyd hon i fod.

Daw'r copi o *Brut y Tywysogyon* i ben yn 1382 a chan fod llaw un o gopïwyr y *Llyfr Coch* i'w gweld yn Llawysgrif Peniarth 32 lle y ceir y dyddiad 1404, gellir dyddio'r *Llyfr Coch* tua 1382–1410. Un brif law a welir trwy'r llawysgrif er bod ychydig ddarnau mewn dwy law arall. Gellir adnabod llaw'r prif gopïydd cyson a deallus hwn mewn amryw o lawysgrifau eraill, yn arbennig Llanstephan 27 (*Llyfr Coch Talgarth* a thestunau crefyddol), Peniarth 11 (*Y Seint Greal*) a *Philadelphia Public Library* 86800, lle y mae'n ei enwi ei hun, Hywel Fychan fab Hywel Goch o Fuellt, ac yn cyfeirio at ei feistr, Hopcyn ap Tomas ab Einion (*c.*1330–wedi 1403) o Ynysforgan, ger Ynystawe, Abertawe; ceir enw'i frawd Rhys yn Llanstephan 27.

Dichon i'r llawysgrif ddod i feddiant Fychaniaid Tretwr (gweler o dan VAUGHAN, JOHN, m. 1471) pan gollodd disgynnydd i Hopcyn ap Tomas ei eiddo yn 1465, ac iddi fynd oddi yno i gangen arall o'r teulu yn *Hergest, Henff., ac yno y bu hyd ddechrau'r ail ganrif

ar bymtheg, ond erbyn 1634 yr oedd yn ôl ym Morgannwg gan Syr Lewis Mansel o Fargam. Gwelodd Edward *Lhuyd hi yn 1697 pan oedd gan Thomas Wilkins o Lan-fair yn y Fro (er nad ef oedd y perchennog) ac yn 1701 rhoes mab hwnnw y llawysgrif i Goleg Iesu, Rhydychen. Cedwir hi bellach yn Llyfrgell Bodley. Gweler hefyd LLYFR GWYN HERGEST.

Ceir manylion pellach yn yr erthyglau gan Gifford Charles-Edwards yng *Nghylchgrawn* Llyfrgell Genedlaethol Cymru (cyf. XXI, 1980) a chan B. F. Roberts, 'Un o Lawysgrifau Hopcyn ap Tomos' ym *Mwletin* y Bwrdd Gwybodau Celtaidd (cyf. XXII, 1967); gweler hefyd yr erthyglau gan Prys Morgan yn *Morgannwg* (1978) a chan Ceri W. Lewis yn *Glamorgan County History* III (1971), a G. J. Williams, *Traddodiad Llenyddol Morgannwg* (1948).

Llyfr Coch Nannau, gweler o dan teulu MOSTYN.

Llyfr Coch Talgarth, gweler o dan LLANSTEPHAN, LLAWYSGRIFAU.

Llyfr Du Basing, gweler o dan DINAS BASING.

Llyfr Du Caerfyrddin, y llawysgrif hynaf o farddoniaeth Gymraeg, yn ôl pob tebyg. Barn J. Gwenogvryn *Evans yn 1899 oedd ei bod wedi'i hysgrifennu gan amryw ddwylo yn ystod y ddeuddegfed ganrif a dechrau'r drydedd ganrif ar ddeg, a derbyniwyd yr amseriad hwn drwy gydol hanner cyntaf yr ugeinfed ganrif. Cred arbenigwyr bellach, fodd bynnag, ei bod yn perthyn i gyfnod diweddarach, ac ym marn E. D. *Jones 'y tebygolrwydd yw nad ysgrifennwyd dim o'r llawysgrif lawer cyn 1250 ac i'r gwaith barhau dipyn ar ôl hynny'. Ar ddechrau'r llawysgrif y mae'r llawysgrifen yn fras ac wedyn â'n fanach, ond nid yw hynny o anghenraid yn golygu dwy law wahanol. Tueddir yn awr i feddwl bod y Llyfr yn waith un person yn ysgrifennu ar wahanol adegau yn ystod ei fywyd, a hwnnw o bosibl (er nad yn sicr) yn aelod o Briordy Ieuan Efengylwr a Theulyddog yng *Nghaerfyrddin. Y mae bylchau testunol (rhwng tt. 8/9, 28/29 a 96/97) ac un tudalen (t. 80) bellach yn annarllenadwy, a chan law wahanol; ymddengys rhai (megis tt. 8, 9 a 96) yn fryntach a mwy treuliedig na'r rhelyw. Gall y *Llyfr Du*, felly, fod yn gyfrwymiad o lawysgrifau neu o rannau o lawysgrifau a oedd yn wreiddiol ar wahân.

Barddoniaeth yw bron y cyfan (sy'n 108 tt.) ond ni cheir canu cynnar ynddo. Perthyn y cwbl i'r ddwy neu dair neu efallai bedair canrif cyn ysgrifennu'r llawysgrif, a gellir ei ddosbarthu fel hyn: pedair ar ddeg o gerddi ar bynciau crefyddol; daroganau a cherddi'n ymwneud â chwedl *Myrddin; hanner dwsin o awdlau moliant a marwnad; canu englynol megis *'Englynion y Beddau' ac englynion yn perthyn i *'Ganu Llywarch Hen'; wyth o gerddi ar bynciau chwedlonol, rhai ohonynt yn cynnwys defnydd *Arthuraidd; ac ychydig o ddarnau achlysurol eraill.

Ni wyddys dim o hanes y llawysgrif cyn iddi ddyfod i feddiant Syr John *Price tra cyflawnai ddyletswyddau'n archwilio'r mynachlogydd dros y Brenin. Yn yr ail ganrif ar bymtheg aeth i lyfrgell Hengwrt, lle y gwnaeth Robert *Vaughan gopi ohoni (Peniarth 107). Oddi yno aeth i Beniarth yn 1859, ac i *Lyfrgell Genedlaethol Cymru yn 1909.

Cyhoeddwyd y testun gan W. F. Skene yn ei *Four Ancient Books of Wales* (1868), a chan J. Gwenogvryn Evans mewn ffacsimili (1888) ac mewn argraffiad diplomatig (1906/07). Golygwyd y testun gyda rhagymadrodd, nodiadau testunol a geirfa lawn gan A. O. H. Jarman (1982).

Llyfr Du o'r Waun, Y (llsgr. Peniarth 29, LlGC), sy'n cynnwys un o'r testunau Cymraeg hynaf o *Gyfreithiau Hywel Dda, sef fersiwn Llyfr Iorwerth. Ysgrifennwyd y llawysgrif ar femrwn yng Ngwynedd tua chanol y drydedd ganrif ar ddeg ac awgryma'r orgraff fod y copïydd yn anghyfarwydd â'r iaith Gymraeg. Ychwanegwyd marwnad i'r tywysog *Llywelyn ap Iorwerth o waith *Dafydd Benfras gan law cyfoes o fewn y llawysgrif. Ceir hefyd restr o ddiarhebion a nodyn yn llaw Syr Thomas *Wiliems, dyddiedig 1608. John Edwards o'r Waun oedd perchennog y llawysgrif ar ddechrau'r ail ganrif ar bymtheg cyn iddi fynd i feddiant Robert *Vaughan o'r Hengwrt.

Cyhoeddwyd atgynhyrchiad ffotograffig ohoni gan J. Gwenogvryn Evans yn 1909.

Llyfr Du Tyddewi, arolwg o diroedd yr esgob yn esgobaeth *Tyddewi. Nid yw'r llawysgrif wreiddiol ar gael bellach ond y mae ei chynnwys yn hysbys o adysgrif a wnaed yn 1516 ar gais yr Esgob Vaughan. Cedwir un arall, sy'n dyddio o'r ail ganrif ar bymtheg, yn *Llyfrgell Genedlaethol Cymru. Ceir manylion yn y Llyfr am ddaliadaeth tir, ac adlewyrcha ddylanwad cyfraith Lloegr ar hen arferion y drefn Gymreig. Rhestrir rhenti a gwasanaethau ffiwdal, ynghyd â'r arian a oedd yn ddyledus i'r esgob o gynnal ffeiriau, marchnadoedd a llysoedd. Gwnaethpwyd yr arolwg yn 1326, yn ystod esgobaeth David Martin, gan David Francis, Canghellor Tyddewi.

Llyfr Gwyn Corsygedol a **Llyfr Gwyn Perth Ddu**, gweler o dan teulu MOSTYN.

Llyfr Gweddi Gyffredin, Y (1567), a gyhoeddwyd o ganlyniad i orchmynion Deddf 1563. Er bod William *Salesbury wedi cyfieithu Epistolau ac Efengylau y Llyfr Gweddi Gyntaf yn ei *Kynniver Llith a Ban* (1551), nid ymddangosodd cyfieithiad cyflawn o'r Llyfr Gweddi cyn 1567. Tybiwyd am hir amser mai Richard *Davies (1501?–81) a fu'n gyfrifol amdano, ond cydnabyddir bellach mai Salesbury a gyflawnodd y gwaith. Cyfieithiad o'r testunau gwreiddiol yw'r darnau Ysgrythurol ond troswyd y gweddill o'r Saesneg. Y mae'r argraffiad

cyntaf hwn ac adargraffiad 1586 yn dwyn holl nodweddion ieithyddol arbennig Salesbury, a thrwy hynny buont yn llai defnyddiol nag y gallasent fod. Argraffiad 1599 o'r Llyfr Gweddi oedd y cyntaf i ddefnyddio gwaith William *Morgan, ac ef ei hun a ddiwygiodd ei gyfieithiad gwreiddiol o'r Beibl ar gyfer y fersiwn newydd hwn. Wedi i John *Davies, Mallwyd, ymgymryd â'r gwaith o ddiwygio cyfieithiad y Beibl ar gyfer argraffiad Awdurdodedig 1620, a gyhoeddwyd dan enw'r Esgob Richard *Parry, ymddangosodd argraffiad newydd o'r Llyfr Gweddi yn cynnwys ei gyfieithiadau yn 1621.

Ceir manylion pellach yn Isaac Thomas, *Y Testament Newydd Cymraeg* (1976) ac *Yr Hen Destament Cymraeg* (1988), R. Geraint Gruffydd yn *Y Traddodiad Rhyddiaith* (gol. Geraint Bowen, 1970) a Melville Richards a Glanmor Williams, *Llyfr Gweddi Gyffredin 1567* (1965).

Llyfr Gwyn Hergest, llawysgrif yn dyddio o ganol y bymthegfed ganrif; credai Robert *Vaughan mai yn llaw *Lewys Glyn Cothi yr oedd hi. Cafodd ei difrodi gan dân yn 1810, tra oedd yng ngofal rhwymwr llyfrau yn Llundain. Awgryma'r llu o ddisgrifiadau a gadwyd o'i chynnwys ei bod yn llawysgrif bwysig. Ymhlith ei chynnwys yr oedd testun o *Gyfraith Hywel Dda, copïau o Statud *Rhuddlan, *Y Beibl Ynghymraec*, Cysegrlan Fuchedd, yr *Elucidarium*, ynghyd ag esiamplau o awdlau a chywyddau, gan gynnwys y casgliad cynharaf mwyaf sylweddol o waith *Dafydd ap Gwilym, a gopïwyd yn ei dro gan John *Davies, Mallwyd (c.1567–1644), yn llawysgrif Peniarth 49. Cedwir adysgrifau o rannau o'r llawysgrif gan Syr Thomas *Wiliems, ac un arall gan Evan *Evans (Ieuan Fardd), yn y Llyfrgell Brydeinig a *Llyfrgell Genedlaethol Cymru.

Ceir manylion pellach yn yr erthyglau gan Thomas Jones a J. E. Caerwyn Williams ym *Mwletin* y Bwrdd Gwybodau Celtaidd (cyf. x, 1939–40).

Llyfr Gwyn Rhydderch, llawysgrif sy'n cynnwys casgliad o ryddiaith Gymraeg Canol a ysgrifennwyd ar femrwn tua chanol y bedwaredd ganrif ar ddeg, sydd wedi ei rhwymo ar ffurf dwy gyfrol erbyn hyn. Yn *Peniarth 4 ceir testun chwedlau'r *Mabinogion, gan gynnwys *Pedair Cainc y Mabinogi, Y *Tair Rhamant, Breuddwyd *Macsen Wledig, *Cyfranc Lludd a Llefelys a chwedl *Culhwch ac Olwen; nid oes tystiolaeth fod *Breuddwyd Rhonabwy wedi ei chynnwys yn y Llyfr Gwyn. Y mae llawer o'r testunau yn Peniarth 5 (a oedd ar ddechrau'r llyfr yn wreiddiol) o natur grefyddol, megis *Delw y Byd, *Efengyl Nicodemus, hanes y Groglith, hanesion Pilat a Jiwdas, Proffwydoliaeth Sibli Ddoeth, Buchedd Mair Wyry, y Credo, Buchedd Sant Catrin, Buchedd Fargred, Mair o'r Aifft, Credo Athanasius, Purdan Padrig, yn ogystal â chwedl Siarlymaen ac *Ystorya Bown o Hamtwn.

Lluniwyd y *Llyfr Gwyn* gan saith o gopïwyr a gellir maentumio eu bod yn perthyn i *Ddeheubarth oherwydd tystiolaeth y dafodiaith, ac ar sail tystiolaeth balaeograffaidd gellir credu bod cysylltiad rhyngddynt a mynachlog *Ystrad-fflur. Y mae'n debyg i'r llyfr gael ei lunio ar gyfer *Rhydderch ab Ieuan Llwyd o *Barcrhydderch, Cer. Ymddengys fod y llyfr wedi bod ym meddiant aelodau o'r un teulu am ddwy ganrif a chyrraedd Rhiwedog, ger Y Bala, erbyn canol yr unfed ganrif ar bymtheg. Copïwyd rhannau o'r llawysgrif gan Risiart Langfford (m. 1586) o Drefalun, Roger Morris (*fl*. 1590) o Goedytalwrn, Syr Thomas *Wiliems, Jasper Gryffyth a John *Jones, Gellilyfdy, dyneiddwyr Dyffryn Clwyd. Pan fu John Jones farw tua 1658, trosglwyddwyd y llawysgrif i lyfrgell Robert *Vaughan yn Hengwrt ac yno y bu am ganrif nes y trosglwyddwyd y llyfrgell i W. E. E. Wynne, Peniarth. Ailrwymwyd y llawysgrif yn Llyfrgell Genedlaethol Cymru ar ffurf ddwy gyfrol mewn lledr gwyn yn 1940.

Atgynhyrchwyd testun Peniarth 4 gan J. Gwenogvryn Evans yn 1907 a'i ailgyhoeddi yn 1973; gweler llyfr yr un awdur, *Report on Manuscripts in the Welsh Language* (cyf. I, rhan 2, 1899); a D. Huws, 'Llyfr Gwyn Rhydderch', *Cambridge Medieval Celtic Studies* (cyf. XXI, 1991).

Llyfr Llandaf, gweler o dan LLANDAF.

Llyfr St. Chad a elwir hefyd yn **Efengylau Caerlwytgoed** a **Llyfr Teilo**, llawysgrif Ladin sy'n cynnwys Efengylau Mathew a Marc a rhan o Efengyl Luc. Fe'i hysgrifennwyd yn ystod hanner cyntaf yr wythfed ganrif ac y mae mewn ysgrifen Ynysig. Y mae'r addurn yn arbennig o hardd, ac yn cynnwys lluniau o Luc a Marc. Ceir pedair llythyren fawr addurnedig, ac addurnwyd hefyd lythrennau cyntaf eraill; amgylchir y testun ar rai tudalennau â ffrâm o addurn. Y mae'r addurn yn debyg i'r hyn a welir yn *Llyfr Lindisfarne*, ac awgryma hyn fod dylanwad gogledd Lloegr ar y llawysgrif hon; ni wyddys i sicrwydd ble y'i hysgrifennwyd ond y mae cofnodion cynnar Lladin yn enwi Sant *Teilo ac y mae'r cyfeiriadau hyn, a thystiolaeth yr enwau lleoedd yn y cofnodion, yn awgrymu i'r llawysgrif fod yn gynnar yn ei hanes yn *Llandeilo Fawr, Caerf. Dywedir mewn un cofnod i Gelhi fab Arihtiud roi'r llawysgrif i 'Dduw a St. Teilo ar yr allor', ac iddo ei phrynu am bris ei geffyl gorau. Yr oedd y Llyfr yn eiddo i Eglwys Caerlwytgoed erbyn diwedd y ddegfed ganrif, ac fe'i cedwir bellach yn llyfrgell yr Eglwys Gadeiriol yno.

Ceir yn y llawysgrif amryw gofnodion ychwanegol pwysig, ac un o'r rhain yw'r ddogfen a elwir yn **Cofnod Surexit** (*surexit* yw gair cyntaf y cofnod). Ysgrifennwyd y cofnod byr hwn o ryw drigain a phedwar o eiriau, mewn Hen Gymraeg gydag ychydig bach iawn o eiriau neu ymadroddion Lladin, a dyma efallai y darn hynaf o Gymraeg ysgrifenedig ar glawr. Sonia'r testun am achos cyfreithiol ynglŷn â difeddiannu person o'i hawl gyfreithiol i ddal tir, sef achos rhwng Tutbulc fab Liuit ac Elcu fab Gelhig. Cadarnheir hyn drwy gynnwys

cyfres o enwau tystion ar waelod y ddalen a'r enw cyntaf yn y gyfres yw un Teilo. Bu cryn anghytuno ynglŷn â threfniant ac oed y cofnod mewn perthynas â'r cofnod ychwanegol arall (yn Lladin) ar yr un tudalen. Y mae Cofnod *Surexit* yn arbennig o ddiddorol i'r sawl sy'n astudio palaeograffeg, iaith a chyfraith, gan fod yr iaith yn nodedig o hynafol a cheidwadol. Dengys y cofnod y modd y defnyddid Cymraeg ysgrifenedig cyn gynhared â'r wythfed ganrif ar gyfer terfynu dadleuon cyfreithiol (ni fuasai'n beth anghyffredin ar y pryd i'w cynnwys mewn llawysgrif eglwysig), a datgelir yma rywfaint o'r iaith ffurfiol arbennig y gellid ei harfer mewn cofnodion o'r fath; yr un pryd y mae statws Lladin yn eglur. Ni wyddys i ba raddau y mae'r cofnod hwn yn arwydd o newid cymharol gynnar yn gyffredinol o draddodiad llafar i draffodiad ysgrifenedig ym myd y gyfraith.

Ceir trafodaeth drylwyr gan Dafydd Jenkins a Morfydd E. Owen, 'The Welsh Marginalia in the Lichfield Gospels' yn *Cambridge Medieval Celtic Studies* (cyf. V–VIII, 1983–84).

Llyfr Taliesin, llawysgrif anghyflawn (llsgr. Peniarth 2, LlGC) sy'n perthyn i grŵp o bump a ysgrifennwyd mewn canolfan yn ne Cymru, neu yn y canolbarth, yn gynnar yn y bedwaredd ganrif ar ddeg. Copïwyd hi gan John *Davies, Mallwyd (*c*.1567–1644), rhwng 1631 ac 1634 ac yr oedd ym meddiant Robert *Vaughan, Hengwrt, erbyn 1655.

Er nad oes prawf fod teitl y llawysgrif yn hŷn na'r ail ganrif ar bymtheg, teg bwrw mai llawysgrif flodeugerdd oedd hon i fod, er mwyn crynhoi mewn un gyfrol y cerddi hynny a dadogwyd ar *Daliesin Ben Beirdd, ynghyd â cherddi a ddarluniai'r math o wybodaeth (deunydd a darddai o destunau Lladin poblogaidd, yn ogystal â dysg frodorol) a gysylltid yn arbennig â phersona Taliesin. Y mae lle i gredu mai Taliesin y bardd hanesyddol oedd awdur yr wyth gerdd foliant i *Urien Rheged a'r farwnad i'w fab, *Owain ab Urien. Llawer llai sicr, fodd bynnag, yw awduriaeth tair cerdd arall a ganwyd tua'r un adeg, sef dwy awdl i *Wallog, un arall o benaethiaid yr *Hen Ogledd, ac un awdl foliant i *Gynan Garwyn o Bowys. Tyst i barhad y traddodiad ffurfiol o fawl a marwnad mewn cyfnod diweddarach yw *'Edmyg Dinbych' (9fed gan.) ac *'Echrys Ynys', marwnad i Gynaethwy, pennaeth o Fôn (11eg gan., efallai).

Y mae gweddill y chwe cherdd a deugain yn perthyn i un neu fwy o'r categorïau hyn: cerddi a leferir gan bersona Taliesin sy'n ymffrostio yn ei ddysg neu'n adrodd ei anturiaethau, megis *'Preiddiau Annwfn'; cerddi crefyddol ac ysgrythurol; marwnadau i *Gunedda, *Dylan Ail Ton, Cú Roí m. Dáire, Alexander a Hercules; a chorff sylweddol o gerddi darogan, ac o'r rhain *'Armes Prydein' yw'r fwyaf adnabyddus. Gweler hefyd TALIESIN a HANES TALIESIN.

Ceir testun diplomatig a chyfluniau yn J. Gwenogvryn Evans, *Facsimile and Text of the Book of Taliesin* (1910), a thrafodwyd y llawysgrif gan M. Haycock yng *Nghylchgrawn* Llyfrgell Genedlaethol Cymru (cyf. xxv, 1988). Golygwyd cerddi'r Taliesin hanesyddol gan Ifor Williams, *Canu Taliesin* (1960), lle y ceir arolwg hwylus o gynnwys y llawysgrif; gweler yn ogystal y fersiwn Saesneg a baratowyd gan J. E. Caerwyn Williams, sef *The Poems of Taliesin* (1968).

Llyfr Teilo, gweler o dan LLYFR ST. CHAD (8fed gan.) a TEILO (6ed gan.).

Llyfr y Tri Aderyn (1653), yr hwyaf o dri gwaith a gyhoeddodd Morgan *Llwyd yn y flwyddyn 1653 er paratoi ei gyd-Gymry ar gyfer ailddyfodiad Crist i deyrnasu ar y ddaear, digwyddiad y credai fod Senedd y Saint (5 Gorff.–12 Rhag., 1653) yn rhagargoel ohono (gweler o dan PUMED FRENHINIAETH); y ddau waith arall oedd *Llythur ir Cymru cariadus* a *Gwaedd ynghymru yn wyneb pob Cydwybod*. Ei deitl cywir yw *Dirgelwch i rai iw ddeall Ac i eraill iw wattwar, sef Tri aderyn yn ymddiddan, yr Eryr, a'r Golomen, a'r Gigfran. Neu arwydd i annerch y Cymru. Yn y flwyddyn mil a chwechant a thair ar ddêc a deugain, cyn dyfod 666*. Yma cynrychiola'r Eryr y gallu gwladol, y Golomen y Piwritaniaid a'r Gigfran y Brenhinwyr; ar lefel ddyfnach yr Eryr yw'r ymofynnydd am iachawdwriaeth, y Golomen yw'r sant a'r Gigfran yw'r anghrediniwr. Yn nhraean cyntaf y llyfr yr Eryr a'r Gigfran sy'n siarad fwyaf am arwyddion yr amserau a'u dehongliad. Ymedy'r Gigfran wedyn ac â'r Eryr a'r Golomen ati i drafod dirgelion y bywyd ysbrydol a'r pwysigrwydd fod y Cymry'n dod i'r afael â'r bywyd hwnnw cyn i Grist ymddangos. Ar ddiwedd y llyfr rhydd Llwyd gipolwg anuniongyrchol ar ei hynt ysbrydol ef ei hun. Er i'r llyfr gael ei feirniadu ar gyfrif ei gynllun hytrach yn wasgarog, y mae i'w arddull gyfoeth arbennig o ran delweddaeth ac o ran rhuthm.

Am ragor o fanylion gweler golygiad M. Wynn Thomas (1988).

Llyfrau Ab Owen, cyfres o lyfrau a gyhoeddwyd gan Owen M. *Edwards rhwng 1906 a 1914. Ceir dwy gyfrol ar bymtheg i gyd, rhai yn disgrifio bywyd a gwaith Cymry enwog megis Robert *Owen (1907 ac 1910) a William *Owen Pughe (1914), eraill yn weithiau gwreiddiol gan lenorion cyfoes, ac yn eu plith *Cylch Atgof* (1906), *Tro trwy'r Gogledd* (1907) a *Tro i'r De* (1907) gan Owen M. Edwards. Yr oedd y llyfrau (na fwriadwyd erioed i fod yn gyfres) yn debyg iawn o ran diwyg a chynllun i *Cyfres y Fil* a chymysgir rhyngddynt weithiau.

Llyfrau Deunaw, cyfres o bedair cyfrol ar bymtheg a gyhoeddwyd gan *Wasg Prifysgol Cymru rhwng 1948 a 1957, bob un â'i olygydd ei hun, yn cyflwyno detholiad o waith llenor arbennig neu ddetholiad bychan gan wahanol rai. Yn wreiddiol prisiwyd hwy yn swllt a chwech yr un; awgrymwyd y llyfrau i'r Wasg gan R. T. *Jenkins a W. J. *Gruffydd. Ymhlith y clasuron yn y gyfres y mae detholiadau o weithiau David *Owen (Brutus), Samuel *Roberts, William *Thomas (Islwyn), Thomas *Edwards (Twm o'r Nant), Jeremy *Owen ac Evan *Jones (Ieuan Gwynedd).

Llyfrau Gleision, Y (3 cyf., 1847), adroddiadau a gyhoeddwyd gan y Llywodraeth ar gyflwr addysg yng Nghymru a achosodd gynnwrf crefyddol ac ymchwydd o *Genedlaetholdeb a gafodd effaith barhaol ar fywyd diwylliannol a gwleidyddol Cymru. Yn Nhŷ'r Cyffredin gofynnodd William *Williams (1788–1865), Aelod Seneddol Coventry, am archwiliad i gyflwr addysg elfennol yng Nghymru ac i'r ddarpariaeth i ddysgu Saesneg i blant y dosbarth gweithiol. Penodwyd tri bargyfreithiwr, sef Lingen, Symons a Johnson, i wneud yr archwiliad. Nid oedd dewis tri Eglwyswr dibrofiad, di-Gymraeg i archwilio cyflwr addysg mewn cenedl a oedd bron yn uniaith Gymraeg a hefyd yn Ymneilltuwyr yn debyg o esgor ar adroddiad deallus. Ni fwriadai'r tri fod yn anghyfiawn, a buont yn fanwl a brwdfrydig eu hymchwil. Y mae'r Adroddiadau, a rwymwyd mewn cloriau gleision ac a adnabuwyd wedyn fel y Llyfrau Gleision, yn ddogfennau hanesyddol gwerthfawr.

Nododd y tri y prinder ysgolion a'u cyflwr arswydus, y diffyg cyfarpar a llyfrau, yr athrawon heb eu hyfforddi, a'r plant nad oeddynt yn mynychu'r ysgolion. Yr oedd eu beirniadaeth yn llym ar ddulliau dysgu anaddas a disgyblaeth lem, ac ar anallu'r athrawon i ddysgu Saesneg i blant uniaith Cymraeg. Er bod eu condemniad o gyflwr yr ysgolion yn bur agos i'w le, yr oedd eu rhesymau am y sefyllfa enbydus yn anghyfrifol ac yn wrthun. Fe'u camarweiniwyd gan ragfarn eu tystion Anglicanaidd ac adroddodd y Comisiynwyr fod y Cymry yn fudr, yn ddiog, yn anwybodus, yn ofergoelus, yn dwyllodrus, yn feddw ac yn gwbl lygredig; rhoddwyd y bai am hyn ar *Anghydffurfiaeth a'r iaith Gymraeg.

Yn wyneb hyn ymwrthododd y genedl â'r Llyfrau Gleision bron yn gyfan gwbl, a bu cynnwrf mawr yn eu herbyn ar lafar ac yn y wasg, a pharhaodd hyn am flynyddoedd lawer. Dychanwyd y Cymry a oedd wedi rhoi tystiolaeth i'r tri Chomisiynydd mewn drama o'r enw *Brad y Llyfrau Gleision* (1854) gan R. J. *Derfel, yn adleisio *Brad y Cyllyll Hirion, un o hoff storïau gwladgarwyr Cymreig y cyfnod, a glynodd y gair 'brad' byth wedyn wrth yr adroddiadau hyn.

Yn baradocsaidd, profodd yr adroddiadau yn rymus eu heffaith wrth adnewyddu ymwybodaeth genedlaethol y Cymry. Yn eu sgil, sbardunwyd y genedl yn ystod ail hanner y ganrif i fagu hunaniaeth Gymreig mewn gwleidyddiaeth, crefydd, addysg a bywyd cymdeithasol. Achosodd yr adroddiadau hefyd raniadau a chynghreiriau newydd, gan gyfrannu yn arbennig at y rhwyg rhwng arweinwyr diwylliannol megis yr *Hen Bersoniaid Llengar a'r werin bobl.

Ceir adroddiad o'r cynnwrf a achoswyd gan y Llyfrau Gleision gan David Salmon, 'The Story of a Welsh Education Commission' yn Y Cymmrodor (cyf. XXIV, 1913) a chan Ieuan D. Thomas yn Addysg yng Nghymru yn y Bedwaredd Ganrif ar Bymtheg (1972). Gweler hefyd Prys Morgan, 'Rhag pob brad' yn Y Traethodydd (Ebrill, 1982) a 'From Long Knives to Blue Books' yn Welsh Society and Nationhood (gol. R. R. Davies et al., 1984).

Llyfrau Pawb, cyfres o bymtheg ar hugain o lyfrynnau a gyhoeddwyd gan Wasg Gee rhwng 1943 ac 1948. Nod y cyhoeddwyr oedd cynnig amrywiaeth o gyfrolau yn cynrychioli llenyddiaeth gyfoes i ddarllenwyr Cymraeg am bris rhesymol. Y mae'r gyfres yn cynnwys gweithiau megis nofelau, cyfrolau o farddoniaeth, casgliadau o storïau byrion, cyfieithiadau ac atgofion. Yr oedd rhai o'r gweithiau a gyhoeddwyd, megis Gweddw'r Dafarn gan Gwilym R. *Jones, yn gynhyrchion buddugol yr *Eisteddfod Genedlaethol. Ymysg eraill a gyfrannodd yr oedd Elizabeth Mary *Jones (Moelona), T. E. *Nicholas, Aneirin Talfan *Davies ac R. Bryn *Williams.

Llyfrau'r Dryw, cyfres o bedwar a deugain o lyfrynnau amrywiol eu cynnwys a gyhoeddwyd ac a olygwyd gan Aneirin Talfan *Davies a'i frawd Alun Talfan *Davies rhwng 1940 ac 1952. Hon oedd un o'r mentrau mwyaf llwyddiannus yn hanes cyhoeddi yn Gymraeg; rhoddodd hyder i'r fasnach lyfrau gan gyflwyno darllenwyr newydd i awduron megis T. Gwynn *Jones, Ifor *Williams, Ambrose *Bebb ac E. Tegla *Davies. Rhoddwyd yr enw wedyn ar gwmni cyhoeddi a ddaeth yn ddiweddarach yn Christopher Davies Cyf. o Landybïe ac Abertawe. Gwnaeth y wasg hon gyfraniad pwysig i fywyd llenyddol Cymru hyd ddechrau'r 1980au trwy gyhoeddi nifer da o lyfrau, megis y gyfres Crwydro Cymru yn ogystal â'r cylchgronau *Barn a *Poetry Wales, ond prinhaodd ei chynnyrch wedi hynny.

Llyfrau'r Ford Gron, cyfres o ugain o lyfrynnau yn cyflwyno detholion o'r clasuron Cymraeg, a gyhoeddwyd gan Hughes a'i Fab (gweler o dan HUGHES, RICHARD, 1794–1871) yn ystod y blynyddoedd 1931 a 1932. John Tudor *Jones (John Eilian) oedd golygydd y gyfres, a cheir ynddi ddetholion o waith William *Williams (Pantycelyn), Goronwy *Owen, *Dafydd ap Gwilym, Morgan *Llwyd, Ellis *Wynne, Theophilus *Evans, John *Morris-Jones ac Owen M. *Edwards. Ailargraffwyd y gyfres yn 1977. Gweler hefyd FORD GRON.

Llyfrbryf, gweler FOULKES, ISAAC (1836–1904).

Llyfrgell Genedlaethol Cymru. Rhoddwyd iddi, ynghyd â'i chwaer-sefydliad *Amgueddfa Genedlaethol Cymru, siarter frenhinol ar 19 Mawrth 1907, wedi ymgyrch a ysgogwyd yn *Eisteddfod Genedlaethol Yr

Wyddgrug yn 1873. Bu cefnogaeth Coleg Prifysgol Cymru, Aberystwyth, o'r pwys mwyaf yn yr ymgyrch, gyda Thomas Edward *Ellis, Syr John Herbert Lewis a Syr John *Williams yn chwarae rhan flaenllaw. Agorodd y Llyfrgell ei drysau i ddarllenwyr yn yr hen Neuaddau Cynnull, Maes Lowri, Aberystwyth, ar 1 Ionawr 1909. Ddwy flynedd yn ddiweddarach dechreuwyd ar y gwaith o adeiladu ar safle Grogythan uchlaw'r dref, ar dir a brynwyd gan yr Arglwydd *Rendel yn 1897, ac yn ôl cynllun Sidney Kyffin Greenslade. Symudodd y Llyfrgell yno yn 1916.

Y mae'n ofynnol i'r Llyfrgell Genedlaethol yn ôl ei siarter, nid yn unig gasglu'r holl ddeunydd – bydded yn argraffedig, mewn llawysgrif neu'n ddefnydd graffigol – yn ymwneud â Chymru a gwledydd Celtaidd eraill, ond hefyd adeiladu casgliad ymchwil cynhwysfawr mor eang ag sy'n bosibl. I'r perwyl hwn y mae wedi hawlio, er 1912, gopi cyfarch o bron bob llyfr a gyhoeddwyd yn y Deyrnas Unedig. Erbyn hyn y mae'n gartref i tua phedair miliwn o lyfrau a chylchgronau, rhyw ddeugain mil o lawysgrifau, oddeutu pedair miliwn o weithredoedd a dogfennau, a chasgliad anferth o fapiau, printiau, darluniau, paentiadau, ffotograffau, recordiau-gramoffon, tapiau-clyweled a ffilmiau. Y mae'r casgliad yn cynnwys bron bob llyfr Cymraeg a Chymreig (y mae'r casgliad o gylchgronau a phapurau newyddion yn fwy bylchog) ac efallai gynifer â deg a thrigain y cant o'r holl lawysgrifau llenyddol Cymraeg, gan gynnwys rhai canoloesol enwog megis *Llyfr Du Caerfyrddin, *Llyfr Gwyn Rhydderch, Y *Llyfr Du o'r Waun, *Llyfr Taliesin a *Llawysgrif Hendregadredd. Er 1939 cyhoeddodd y Llyfrgell ei gylchgrawn ei hun, a chynhyrchodd gatalogiau a monograffau o safon ysgolheigaidd uchel.

Pery'r gwaith adeiladu o hyd, â chymorth y Llywodraeth; derbynnir rhoddion personol ato hefyd ac yn enwedig yn y dyddiau cynnar derbyniwyd cyfraniadau gan y cyhoedd, yn eu plith symiau bychain gan werinbobl Cymru. Hyd at 1965 gofalwyd am gostau cynnal y sefydliad (sydd bellach tua phum miliwn o bunnau) gan y Trysorlys, ac wedi hynny gan y *Swyddfa Gymreig. Yn 1995 gweithiai ei staff, tua dau gant ac ugain ohonynt, mewn tair prif adran sef Llyfrau Printiedig, Llawysgrifau a Chofysgrifau, a Darluniau a Mapiau. Rheolir y Llyfrgell gan Gyngor o un aelod ar bymtheg, yr etholir yn agos at eu hanner gan Lys o oddeutu hanner cant a dau o aelodau. Cafwyd wyth Llyfrgellydd: John *Ballinger (1909–30), William Llewellyn Davies (1930–52), Thomas *Parry (1953–58), E. D. *Jones (1958–69), David *Jenkins (1969–79), R. Geraint *Gruffydd (1980–85), Brynley F. *Roberts (1985–94) a J. Lionel Madden (1994–   ).

Ceir adroddiadau ar hanes y Llyfrgell yn W. Ll. Davies, The National Library of Wales (1937), David Jenkins, 'A National Library of Wales: The Prologue' yn Nhrafodion Anrhydeddus Gymdeithas y Cymmrodorion (1982) a'r llyfrynnau a gyhoeddir gan y Llyfrgell yn Gymraeg a Saesneg yn 1974, 1982 ac 1992.

Cyhoeddwyd disgrifiad o adeiladau'r Llyfrgell gan Daniel Huws yn 1994.

Llyffant Cors Fochno, gweler o dan ANIFEILIAID HYNAF.

LLYGAD GŴR (*fl*. 1258–92/93), un o Feirdd y Tywysogion (*Gogynfeirdd) a gysylltir mewn tystiolaeth ddogfennol o'r blynyddoedd 1292–93 â threfgordd Carrog, Meir. Syrth ei awdlau i ddau ddosbarth: y cyntaf yn fawl i rai o fân dywysogion gogledd *Powys, sef hynafiaid *Owain Glyndŵr, a'r ail yn cynnwys awdl rymus o fawl i *Lywelyn ap Gruffudd a ganwyd yn fuan ar ôl ymgyrchoedd buddugoliaethus Llywelyn yn y cyfnod 1256–57. Disgrifir y tywysog yn ben tros *Wynedd, *Powys a *Deheubarth; cymherir ef ag arwyr yr *Hen Ogledd; yr oedd ei gweryl 'rhag estrawn genedl . . . anghyfiaith', a chan hynny hawliai deyrngarwch pob Cymro – defnyddir y gair 'Cymro' droeon â balchder. O holl feirdd y tywysogion Llygad Gŵr oedd yr un a fynegai gliriaf y cysyniad cenedlaethol o Gymru gyfan. Dyma'r farddoniaeth Gymraeg fwyaf cenedlaethol ei naws hyd gyfnod Owain Glyndŵr.

Golygwyd ei waith gan Peredur I. Lynch yn y gyfrol *Gwaith Bleddyn Fardd ac Eraill* (1996), a cheir ymdriniaeth feirniadol â'i waith gan yr un awdur yn *Ysgrifau Beirniadol XVI* (gol. J. E. Caerwyn Williams, 1990).

Llymru, bwyd traddodiadol yn cynnwys blawd ceirch wedi ei fwydo mewn dŵr oer neu laeth enwyn, a'i ferwi nes iddo dewychu, a'i fwyta yn oer gyda llefrith neu driog. Gelwid y potes hwn yn sucan (S. *sowans*) yn neorllewin Cymru. Bwydydd tebyg a oedd yn boblogaidd yn yr ardaloedd gwledig oedd uwd o geirch a grual. Gweler hefyd BRWES a SIOT.

Llŷn, cantref a phenrhyn yng *Ngwynedd a ddaeth, o ganlyniad i Statud *Rhuddlan (1284), yn rhan o sir Gaernarfon. Ystyrir y fro yn un o ganolfannau pwysicaf y diwylliant Cymraeg.

Llyn Cwm Llwch, llyn dan lethrau gogleddol Bannau Brycheiniog y credid gynt fod ynddo ddrws cyfrin yn agor bob *Calan Mai i wlad y *Tylwyth Teg. Adroddir chwedl sut y ceisiodd trigolion Aberhonddu unwaith sychu'r llyn er mwyn darganfod y trysor, ond cododd cawr o'i ddyfroedd a bygwth boddi'r dref.

Llyn Lliwan, llyn ger aber afon Hafren a enwir yn hanes hela *Twrch Trwyth yn chwedl *Culhwch ac Olwen. Manylir ar ei nodweddion yn y *Mirabilia Britanniae ar ddiwedd *Historia Brittonum. Pan fyddai llanw yn llifo trwy Hafren, derbynnid y dwfr i'r llyn heb gyffwrdd â'r glannau, ond pan fyddai trai fe'i harllwysig allan a chodai'r dŵr fel mynydd nes gorlifo'r tir o gwmpas. Pe bai byddin o wŷr yn sefyll ac yn wynebu'r

dŵr fe'u sugnid i mewn iddo, ond pe troent eu cefnau ato ni byddent mewn unrhyw berygl.

Llyn Syfaddan, llyn ger Llan-gors, Brych., sy'n gysylltiedig â dwy chwedl werin. Y mae un ohonynt yn seiliedig ar thema'r plas neu'r dref a foddir oherwydd drygioni tywysog a'i ddeiliaid; cysylltir hon hefyd â llynnoedd eraill, megis Llyn Tegid, ger Y Bala, Meir. Yn ôl y llall, chwedl a nodir gan Gerallt Gymro (*Gerald de Barri), byddai Adar Syfaddan yn canu ar orchymyn gwir Dywysog Deheubarth Cymru a neb arall. Rhywdro yn amser y Brenin Harri I, pan oedd y Normaniaid, wedi cipio bron y cyfan o Frycheiniog, dywedir bod Gruffudd ap Rhys, Tywysog *Deheubarth, yn cerdded heibio'r llyn yng nghwmni dau arglwydd o Norman. Gwrthododd yr adar ganu ar orchymyn y Normaniaid ond ar orchymyn y Tywysog codasant o'r dyfroedd a chanu yn uchel.

Llyn Wyth Eidion, llyn ym mhlwyf Llaneugrad ym Môn, a gysylltir â stori am was o Nant Uchaf yn curo ei wyth eidion â ffon a hoelion ynddi oherwydd ei fod yn methu ag aredig yn unionsyth. Rhuthrodd yr anifeiliaid i'r llyn a thynnu'r gwas ar eu holau, a boddi. Dywedir i'r ffon y defnyddiodd y gwas i geisio ei achub ei hun dyfu'n goeden onnen, a bod ei dail yn gwyro mewn galar am yr anifeiliaid.

Llyn y Fan Fach, llyn ger Llanddeusant, Caerf., a gysylltir ag un o storïau gwerin enwocaf Cymru. Syrthiodd mab fferm Blaen Sawdde mewn cariad â morwyn hardd o'r llyn. Ar ôl iddo gynnig tri math o fara iddi cytuna i'w briodi, ond bydd yn ei adael os tarawa ef hi â 'thair ergyd ddiachos'. Trigant yn hapus am flynyddoedd yn Esgair Llaethdy a genir iddynt dri mab. Ond wedi i'w gŵr ei tharo'n ddamweiniol ar dri achlysur, diflanna i'r llyn gan alw ei holl warthen ar ei hôl. Ymddengys droeon i'w meibion mewn mannau a elwir bellach yn Bant y Meddygon a Llidiart y Meddygon, a dysgu iddynt rinweddau llysiau a phlanhigion. Daeth Rhiwallon, y mab hynaf, a'i dri mab yntau, yn feddygon i *Rys Gryg gan sefydlu llinach enwog a adwaenir fel *Meddygon Myddfai.

Credir gan rai i'r chwedl gael ei seilio ar gof gwerin am bobl a drigai mewn crannog, sef cartref cyntefig ar lan llynnoedd. Y mae'r disgrifiad o'r gwartheg yn cyfateb i'r gwartheg a oedd ym Mhrydain rhwng yr Oes Haearn a'r Oesoedd Tywyll. Cyplyswyd y chwedl wreiddiol â'i hanes llawer diweddarach am Feddygon Myddfai, o bosibl oherwydd y cysylltiad ym meddyliau pobl rhwng y cyfeiriad at y 'tarw gwyn o lys y Brenin' (disgynnydd i'r *urus* cynnar) a enwir wrth i'r wraig alw ar y gwartheg, a gwartheg gwynion llys brenhinol *Dinefwr.

Ceir manylion pellach yn John Rhŷs, *Celtic Folklore: Welsh and Manx* (1901); gweler hefyd Juliette Wood, *The Fairy-Bride Legend in Wales*, yn *Folklore* (cyf. CIII, 1992).

Llyn y Morynion, llyn ger Blaenau Ffestiniog, Meir., sy'n gysylltiedig â'r traddodiad fod llanciau Dyffryn Ardudwy wedi mynd i Ddyffryn Clwyd i ymofyn gwragedd. Pan laddwyd hwy gan lanciau Dyffryn Clwyd neidiodd y merched i'r llyn o dorcalon a boddi. Dywedir y gellir eu gweld ar brydiau ar lan y llyn yn cribo'u gwallt. Ym Mhedwaredd Gainc *Pedair Cainc y Mabinogi*, syrthiodd morwynion *Blodeuwedd i'r llyn.

Llŷr, tad *Manawydan, Bendigeidfran (*Brân) a *Branwen, yn ôl Ail Gainc *Pedair Cainc y Mabinogi. Awgrymwyd bod yr enw Manawydan fab Llŷr yn fenthyciad o enw duw'r môr mewn chwedloniaeth Wyddeleg, Manannán mac Lir. Yn Gymraeg ceir 'llŷr' yn golygu 'môr', fel *ler* (gen. *lir*) yn yr Wyddeleg. Cyfeirir yn aml at Lŷr fel Llŷr Llediaith ('hanner iaith'), awgrym efallai o'i darddiad estron. Ceir enghreifftiau o Lŷr a Lludd yn ymgyfnewid â'i gilydd, a digwydd hefyd yr enwau Llŷr Lluyddawg, Llŷr Llurygawg a Llŷr Marini. Tardd *Lear* Shakespeare o *Chronicles* (1577) gan Raphael Holinshed a seiliwyd ar gyfieithiadau John Hooker o waith *Gerald de Barri (Gerallt Gymro) ac ar *Historia Regum Britanniae *Sieffre o Fynwy lle y gwelir yr enw Leir.

Llys Helig, trigfan chwedlonol y brenhinyn Helig ap Glannawg cyn i'r môr, yn ôl yr hanes, orlifo a'i foddi. Lleolir gweddillion y Llys ar waelod y môr ym Mae Conwy, Caern., ar diriogaeth y brenhinyn, sef Tyno Helig, rhwng Penygogarth ac Ynys Seiriol. Yn ystod llanw isel iawn honnir bod gweddillion y Llys, ar ffurf twmpathau o gerrig, i'w gweld yn torri wyneb y dŵr. Dywedir i Helig fyw rywdro rhwng y chweched a'r nawfed ganrif. Y mae'r chwedl gysylltiedig, a cheir nifer o amrywiadau arni, yn cynnwys nifer o fotiffau cyd-wladol cyfarwydd. Yn y stori traethir hanes Helig, y brenhinyn annuwiol a di-ras sy'n byw bywyd gwastraffus. Yn ddall i ragfynegiadau o gosb ar ffurf trychinebau i ddod, pery i fyw yn ofer nes bod y môr, yn ddisymwth, yn boddi ei dir. Yn y mwyafrif o'r fersiynau ceir gwas ffyddlon ac uniawn yn y Llys, ar y funud olaf, yn ymglywed â'u tynged ac yn darbwyllo y brenhinyn a'i deulu i symud i dir uwch. Ar Drwyn y Wylfa ger Penmaen-mawr, a chan edrych i lawr ar y môr, edifarhaodd Helig a chysegru ei fywyd i'r Eglwys. Y mae'r chwedlau rhybudd sy'n cyfeirio at foddi dinasoedd neu diroedd fel ymateb i weithredoedd drwg yn cynnwys chwedlau megis *Cantre'r Gwaelod, *Llyn Syfaddan, Llyn Tegid a Phwll Cynffyg.

Y mae'r ffurf ysgrifenedig gyntaf o'r chwedl i'w chael yn yr ail ganrif ar bymtheg mewn cyhoeddiadau megis *History of Beaumaris* (1669) gan William Williams. Ysgogwyd diddordeb yn yr hanes yn ystod y bedwaredd ganrif ar bymtheg gyda chyhoeddiad J. O. Halliwell, *An Ancient Survey of Pen Maen Mawr, North Wales, from the original manuscript of the time of Charles I, 1607* (1859),

sy'n atgynhyrchu llawysgrif a dadogir ar Syr John *Wynn o Wydir ac sy'n cynnig 'hanes' boddi Bae Conwy.

Ceir trafodaeth o'r chwedl yn F. J. North, *Sunken Cities* (1957), a John Rhŷs, *Celtic Folklore* (1901); gweler T. Gwynn Jones, *Welsh Folklore and Folk-customs* (1930) a Stith Thompson, *Motif-Index of Folk Literature* (1957).

Llysfam Eiddigeddus, Y, motiff cydwladol poblogaidd. Yr enghraifft enwocaf yw stori Gweneira lle y mae ail wraig y brenin yn ceisio lladd ei blentyn o'i briodas gyntaf. Dyma hefyd thema agoriadol chwedl *Culhwch ac Olwen. Y mae'r arwr yn gwrthod priodi merch ei lysfam, ac yn gosb am hynny, tynga honno na chaiff neb nes ennill ohono Olwen, merch Ysbaddaden Bencawr, yn wraig. Trwy ddefnyddio dyfais y felltith hon cyflwynodd y *cyfarwydd fotiff Merch y Cawr ac felly uno dwy thema sydd, ar wahân i hynny, yn gwbl annibynnol ar ei gilydd. Y mae thema'r Llysfam Eiddigeddus yn ffurfio'r fframwaith y cyfansoddir *Chwedleu Seith Doethon Rufein ynddo. Cais un o ordderchwragedd yr ymerawdwr ddenu tywysog ifanc, ei llysfab, ond y mae'r bachgen yn gwrthod ildio ac fe'i cyhuddir o geisio'i threisio a dedfrydir ef i farwolaeth. Dyfeisia un o athrawon y bachgen gynllun i atal diwrnod y dienyddio. Edrydd stori am dwyll gwragedd a gwna chwech o ddoethion eraill yr un modd, ac atebir pob un gan y llysfam. Yna ar yr wythfed noson, y mae'r mab yn siarad drosto'i hun, gan ddadlennu twyll y wraig ac arbed ei fywyd ei hun.

Llysiant Llusg, term technegol sy'n golygu'r arferiad o gynnwys dwy neu dair *Cynghanedd Lusg yn olynol mewn mesurau fel *gwawdodyn neu *hir-a-thoddaid. Y mae'n amhosibl cael Llysiant Llusg mewn *cywydd neu *englyn, gan na chaniateir Cynghanedd Lusg yn ail linell englyn nac yn y llinell olaf, nac ychwaith yn ail linell cwpled o gywydd.

Llythur ir Cymru Cariadus (1653), y cyntaf a'r byrraf o'r tri gwaith a gyhoeddodd Morgan *Llwyd yn y flwyddyn 1653 er paratoi ei gyd-Gymry ar gyfer ailddyfodiad Crist i deyrnasu ar y ddaear (gweler o dan PUMED FRENHIN-IAETH); y ddau waith arall oedd *Gwaedd ynghymru yn wyneb pob Cydwybod a *Llyfr y Tri Aderyn. Y mae'n debyg mai yn Nulyn, gan William Bladen, yr argraffwyd y *Llythur*, a hynny dan ofal y Cyrnol John *Jones o Faesygarnedd. Disgrifio'r bywyd ysbrydol o'i wrthgyferbynnu â bywyd Dyn yn ôl y cnawd a wna Llwyd yn nechrau'r gwaith; yna ymroi i ddarlunio dyfodiad Crist yn Frenin ac yn Farnwr, gan rybuddio'r Cymry i ymbaratoi. Er gwaethaf astrusi achlysurol y ddysgeidiaeth, y mae defnydd disglair Llwyd o ddelweddaeth ynghyd â rhythmau cyfareddol y rhyddiaith – rhythmau a fenthyciwyd, mae'n debyg, gan rethreg y pulpud – yn peri bod y *Llythur* yn garreg filltir yn hanes rhyddiaith Gymraeg.

Gweler ysgrif Gwyn Thomas yn *Ysgrifau Beimiadol XIV* (gol. J. E. Caerwyn Williams, 1988).

Llythyfnwg, cwmwd yn ne *Powys. Yr enw arno o ddiwedd yr unfed ganrif ar ddeg oedd arglwyddiaeth Maesyfed. Fe'i cipiwyd gan Philip de Braose yn 1095, ond yn 1230 aeth i ddwylo teulu Mortimer, teulu a wrthwynebodd bob ymgais i'w gynnwys o fewn i sir Henffordd. Gyda gweddill etifeddiaeth y Mortimeriaid daeth yn eiddo i Goron Lloegr yn 1461; aeth yn rhan o sir Faesyfed yn 1536.

Llythyr a Gafwyd Tan Garreg, dogfen a argraffwyd mewn fersiynau Cymraeg a Saesneg yn y ddeunawfed a'r bedwaredd ganrif ar bymtheg. Honnir ei fod wedi ei ysgrifennu gan Iesu Grist ac wedi ei ddarganfod o dan garreg fawr wrth droed y Groes. Cynnwys y llythyr gyfarwyddiadau crefyddol a moesol, ac fe'i defnyddid yn aml fel swyn yn erbyn salwch ac ar enedigaeth plentyn.

Llythyrau 'Rhen Ffarmwr (1878), cyfres o lythyrau gan William *Rees (Gwilym Hiraethog) a gyhoeddwyd gyntaf yn ysbeidiol yn y newyddiadur *Yr *Amserau* rhwng 1846 ac 1851, uwch y ffugenw 'Rhen Ffarmwr'. Sonnir yn y llythyrau am helyntion y cyfnod: rhenti uchel, hawliau landlordiaid, y degwm, Deddf y Tlodion, ymfudo i America a'r bleidlais. Cyfeiriwyd rhai at yr Arglwydd John Russell, y Pab a John Bull. Un o'i amcanion oedd darbwyllo ffermwyr i ymffurfio'n undeb. Y mae'r Hen Ffarmwr yn wladgarwr tanbaid, ac ysgrifennwyd y llythyrau yn nhafodiaith Bro Hiraethog mewn orgraff fwriadol annysgedig. Y mae'r rhyddiaith yn gampus, yn gyforiog o idiomau lleol lliwgar, ac ynddi sigl a chydbwysedd llefaru'r pulpud. Cyhoeddwyd detholiad ohonynt gan E. Morgan *Humphreys yn 1939.

Llyw Olaf, Y, gweler LLYWELYN AP GRUFFUDD (*c*.1225–82).

LLYWARCH AP LLYWELYN (Prydydd y Moch; *fl.* 1174/75–1220), un o Feirdd y Tywysogion (*Gogynfeirdd), a brodor o *Wynedd, mae'n debyg. Dengys tystiolaeth ddogfennol o'r Oesoedd Canol ei fod yn dal tiroedd yng Nghwmwd Is Dulas, yng Nghantref Rhos, a dichon mai trwy haelioni un o'r noddwyr, *Llywelyn ap Iorwerth, y daeth y tiroedd hynny i'w ran. Geill mai cyfeiriad at foch yn un o'i gerddi sydd i gyfrif am ei lysenw hynod. Cadwyd mwy o'i waith nag unrhyw un arall o Feirdd y Tywysogion ar wahân i *Gynddelw Brydydd Mawr, a chanu defodol yw'r cyfan ohono ar wahân i'r awdl serch o'i eiddo i Wenllïan ferch Hywel ab Iorwerth o Wynllŵg ac 'Awdl yr Haearn Twym' lle'r erfynia'r bardd am gael wynebu'r diheurbrawf er mwyn profi nad oedd a wnelo â llofruddiaeth gŵr o'r enw Madog.

Dechreuodd Llywarch ganu yng Ngwynedd yn y cyfnod cythryblus ar ôl marwolaeth *Owain ap Gruffudd (Owain Gwynedd) yn 1170. Ei noddwyr cynharaf oedd *Dafydd ab Owain Gwynedd a *Rhodri ab Owain Gwynedd, a chanodd, yn ogystal, i neiaint y tywysogion hynny, sef Gruffudd a Maredudd, meibion Cynan ab Owain Gwynedd. Anodd yw dyddio'r cerddi cynharaf a luniwyd ganddo i Lywelyn ap Iorwerth. Yn ystod degawd olaf y ddeuddegfed ganrif daeth Llywelyn yn fwyfwy grymus yng Ngwynedd, a hynny'n bennaf ar draul rhai o'r tywysogion a enwyd eisoes. O'r cyfnod hwnnw, hyd at ei farwolaeth oddeutu'r flwyddyn 1220, bu Llywarch yn *bencerdd neilltuol deyrngar i Lywelyn, a gellir ei ystyried ef, ynghyd â *Dafydd Benfras a *Llygad Gŵr, fel y tri bardd mwyaf brwd eu cefnogaeth i bolisïau uchelgeisiol llinach *Aberffraw yn ystod y drydedd ganrif ar ddeg. Goroesodd naw o gerddi Llywarch i Lywelyn, sef dros draean a llinellau o'i eiddo sydd ar glawr, a gellir ymglywed ynddynt â balchder cynyddol y bardd wrth i awdurdod ei noddwr gynyddu. Y gerdd feithaf o'u plith yw'r awdl rymus a luniwyd tua'r flwyddyn 1213 a Llywelyn yn ben ar Wynedd, o Ddyfi hyd lannau Dyfrdwy; ynddi ceir crynodeb o'i lwyddiannau milwrol hyd at y cyfnod hwnnw, ac anogir gwŷr *Powys i ymostwng iddo: 'Ai gwell Ffranc no ffrawddus Gymro?' ('Ai gwell yw Norman na Chymro angerddol?') yw'r cwestiwn pigog a ofynnir gan y bardd iddynt. Rhyw bum mlynedd yn ddiweddarach canodd y bardd gerdd fyrrach, ond llawn mor rymus ac angerddol, yn dathlu buddugoliaethau ysgubol Llywelyn yn ystod y blynyddoedd 1215–18. Bellach yr oedd penarglwyddiaeth Llywelyn dros Wynedd, Powys a *Deheubarth, a phwysleisia'r bardd hynny drwy enwi deunaw o lysoedd a chaeroedd ar hyd a lled Cymru a feddiannwyd ganddo, o Aberffraw a'r Wyddgrug yn y gogledd hyd Aberhonddu a Hwlffordd yn y de. Canodd Llywarch rai cerddi i Ruffudd ap Llywelyn, mab hynaf ond anghyfreithlon Llywelyn, ac i rai o is-arglwyddi Llywelyn, megis Madog ap Gruffudd Maelor a *Rhys Gryg o Ddeheubarth. Diddorol odiaeth yw'r modd y canmolir Llywelyn yng nghorff yr awdl i Rys Gryg, gan bwysleisio, drwy hynny, ei uchafiaeth drosto.

Golygwyd cerddi Llywarch ap Llywelyn gan Elin M. Jones a Nerys Ann Jones yn *Gwaith Llywarch ap Llywelyn 'Prydydd y Moch'* (1991). Gweler hefyd yr adolygiad ar y gyfrol honno gan Dafydd Johnston yn *Llên Cymru* (cyf. XVII, 1993). Trafodir gwaith y bardd gan Meirion Pennar yn *Ysgrifau Beimiadol XIII* (gol. J. E. Caerwyn Williams, 1985), gan A. D. Carr yn *Nhrafodion* Anrhydeddus Gymdeithas y Cymmrodorion (1989) a chan Nerys Ann Jones yn *Ysgrifau Beimiadol XVIII* (gol. J. E. Caerwyn Williams, 1992).

Llywarch Hen, gweler o dan CANU LLYWARCH HEN (9fed neu 10fed gan.).

LLYWARCH LLAETY (*fl.* 1140–60), bardd llys y priodolir iddo gyfres o englynion i Lywelyn ap Madog ap Maredudd o *Bowys, a luniwyd yn ystod bywyd y Tywysog. Molir milwriaeth Llywelyn yn rhan gyntaf y gerdd drwy gyfrwng cyfres o gwestiynau ac atebion a phob cwestiwn yn holi pwy biau rhyw ran neu'i gilydd o arfogaeth milwr. Yn ail ran y gerdd, sydd yn anghyflawn yn y llawysgrif hynaf, cyferchir march a'i anfon yn negesydd at Llywelyn i ofyn am rodd. Awgrymwyd mai yr un yw Llywarch Llaety â **Llywarch y Nam** y priodolir iddo gyfres fer o englynion yn diolch i'r un Llywelyn am rodd o gŵn.

Golygwyd gwaith y ddau Lywarch gan Nerys Ann Jones yn *Gwaith Llywelyn Fardd I ac Eraill*, (gol. K. A. Bramley *et al.*, Cyfres Beirdd y Tywysogion II, 1994).

Llywelyn ap Gruffudd (*c.*1225–82), a adwaenir fel Y Llyw Olaf, ŵyr i *Llywelyn ap Iorwerth (Llywelyn Fawr). Ar farwolaeth ei ewythr Dafydd yn 1245, daeth Llywelyn a'i frawd hynaf Owain i gydreoli *Gwynedd. Yr oedd y ffurflywodraeth a grewyd gan Lywelyn Fawr wedi dymchwel yn wyneb gelyniaeth Coron Lloegr. Cyfyngwyd rheolaeth Owain a Llywelyn gan Gytundeb Woodstock (1247) i'r rhan o Wynedd sydd i'r gorllewin o Gonwy – rhan yr oeddynt ill dau i'w rheoli o dan benarglwyddiaeth Harri III yn gyfnewid am wasanaeth milwrol. Ond yn 1255, cychwynnodd Llywelyn ar yrfa a oedd i gyfateb yn glòs i yrfa ei daid. Ar ôl gomedd unrhyw awdurdod yng Ngwynedd i Owain a hefyd i'w frawd iau Dafydd, ymosododd ar y cestyll Seisnig yng Nghymru a oedd Harri III wedi eu trosglwyddo i'w fab Edward. Erbyn 1257, yr oedd Llywelyn wedi adennill Gwynedd i'r dwyrain o afon Conwy, wedi cipio'i cadarnleoedd Seisinig yng *Ngheredigion ac wedi goresgyn arglwyddiaethau'r gororau yng nghanolbarth a de-orllewin Cymru. Cydnabuwyd ef yn uwch-arglwydd gan arglwyddi Cymreig *Deheubarth a gogledd *Powys ac yn 1257, pan wrthododd Gruffudd ap Gwenwynwyn o dde Powys ei gydnabod, dygodd Llywelyn ei diroedd. Mabwysiadodd y teitl Tywysog Cymru y flwyddyn ganlynol. Tra bu Harri III mewn ymrafael â'i farwniaid a arweinid gan Simon de Montfort, cipiodd y Tywysog, trwy gynghreirio â de Monfort, gadwyn o arglwyddiaethau yn nwyrain y Mers, ac ymledodd ei reolaeth hyd at ororau Gwent a Morgannwg. Lladdwyd de Montfort yn 1265 ond ni allai Harri III ddwyn pwysau ar Lywelyn oherwydd yr ansefydlogrwydd yn Lloegr, ac yng Nghytundeb *Trefaldwyn (1267), cydsyniodd y Brenin i roi'r teitl Tywysog Cymru i Lywelyn a'i etifeddion. Câi Llywelyn ddal ei afael ar ei goncwestau; gorchmynnwyd is-arglwyddi Cymru i dalu gwrogaeth iddo, ac yr oedd Llywelyn i dalu gwrogaeth i Goron Lloegr.

Yn y blynyddoedd ar ôl 1267, ymroes Llywelyn i gadarnhau ei dywysogaeth trwy ddatblygu ei gwein-yddiad a'i chyfundrefn ariannol. Hyd farw Harri III yn 1272, bu ei berthynas â Brenin Lloegr yn gyfeillgar er i'w bwysau ar fasaliaid y Brenin yn ne-ddwyrain Cymru

greu anawsterau. Oherwydd ei lwyddiant wrth ennill teyrngarwch Cymry gogledd Morgannwg, adeiladodd teulu Clare gastell yng *Nghaerffili. Gydag esgyniad Edward I i orsedd Lloegr bu pwysau cynyddol ar Lywelyn i gyflawni yn fanwl ei ymrwymiadau o dan Gytundeb Trefaldwyn. Cwynai fod Edward yn rhoi noddfa i'w elynion – i Ddafydd ei frawd ac i Ruffudd ap Gwenwynwyn. Gohiriodd dalu ei dreth i'r Brenin, oedodd wneud gwrogaeth iddo, nid aeth i'w seremoni goroni, a mynnodd ddal at ei fwriad i briodi Elinor, merch Simon de Montfort. Yn 1276, gyda chefnogaeth Lloegr unedig, ymosododd Edward ar Lywelyn; bregus oedd y Gymru unedig a grewyd mor ddiweddar gan Lywelyn. Yn wyneb yr ymosodiad, dryllliwyd undod y wlad ac yng Nghytundeb *Aberconwy (1277) amddifadwyd Llywelyn o'i enillion a chaniatawyd iddo ddal ei afael ar y rhan honno o Wynedd i'r gorllewin o afon Conwy yn unig.

Ar ôl 1277, bu Llywelyn yn wyliadwrus yn ei ymddygiad tuag at y Brenin, er i weithredoedd Edward roi digon o le iddo gwyno. Ar y llaw arall yr oedd gan ei frawd Dafydd, a gawsai diroedd yng ngogledd-ddwyrain Cymru yn 1277, reswm digonol hefyd dros fod yn feirniadol o'r Goron ac ymosododd ar Gastell *Penarlâg ar Sul y Blodau 1282. Ni allai Llywelyn sefyll o'r neilltu. Bu gwrthsafiad y Cymry i'r ymosodiad a ddilynodd yn bur lwyddiannus ond ar 11 Rhagfyr 1282, pan oedd Llywelyn yn adfyddino ar ororau'r canolbarth, fe'i lladdwyd gan filwyr Seisnig yng Nghilmeri i'r gorllewin o Lanfair-ym-Muallt. Anfonwyd ei ben at y Brenin i'w arddangos yn Llundain a chladdwyd ei fongorff yn abaty *Cwm-hir.

Er i wrthsafiad y Cymry barhau o dan Ddafydd am rai misoedd, daeth terfyn ar awdurdod llinach Gwynedd pan fu farw Llywelyn a daeth diwedd ar y wladwriaeth Gymreig y ceisiodd ef ei hyrwyddo. Ysgogwyd nifer o feirdd i ganu marwnadau i Lywelyn; yr odidocaf a'r enwocaf yw marwnad *Gruffudd ab yr Ynad Coch. Codwyd cofeb i Llywelyn ap Gruffudd ger pentref Cilmeri, Brych., nid nepell o'r man y lladdwyd ef, a daeth hon yn un o gyrchfannau Cenedlaetholwyr Cymreig. Coffawyd saith ganmlwyddiant marwolaeth y Tywysog yn y llecyn hwnnw yn 1982. Gweler hefyd OGOF LLYWELYN.

Ceir manylion pellach yn J. E. Lloyd, *A History of Wales* (1911), T. D. Williams, *The Last Welsh Prince* (1970), A. D. Carr, *Llywelyn ap Gruffudd* (1982), David Stephenson, *The Last Prince of Wales* (1983), J. Beverley Smith, *Llywelyn ap Gruffudd: Tywysog Cymru* (1985) ac R. R. Davies, *The Age of Conquest* (1991); gweler hefyd yr erthygl gan Llinos Beverley Smith, 'The Death of Llywelyn ap Gruffudd: the Narratives Reconsidered' yn *Cylchgrawn Hanes Cymru* (cyf. IX, 1982). Lluniwyd llyfryddiaeth o gyhoeddiadau yn ymwneud â Llywelyn ap Gruffudd a'i gyfnod ar gyfer Gwasanaeth Llyfrgell Cyngor Sir Gwynedd yn 1982.

Llywelyn ap Gruffudd (**Llywelyn Bren**; m. 1317), ffigur amlwg yn *Senghennydd a *Meisgyn, gorwyr, mae'n debyg, i Ifor Bach (*Ifor ap Cadifor neu Ifor Meurig). Yr oedd ar delerau da â theulu Clare, arglwyddi Morgannwg, ond, wedi marwolaeth Gilbert de Clare ym mrwydr Bannockburn yn 1314, dioddefodd Morgannwg, o dan weinyddiaeth ddidostur Pain de Turberville, arglwydd Coety. Wedi i Edward II roi fawr o sylw i'w gwynion yn 1316, arweiniodd Llywelyn wrthryfel byrhoedlog ym mlaenau Morgannwg. Fe'i trechwyd gan luoedd cryfach ac fe'i dienyddiwyd yng Nghaerdydd. Yr oedd yn ŵr diwylliedig, a llwyddodd i ennyn edmygedd ei garcharwyr; disgrifir ef gan groniclwr cyfoes o Sais fel 'gŵr mawr a nerthol yn ei wlad ei hun'. Yr oedd yn berchen llawysgrif o'r gerddramant Ffrangeg, y *Roman de la Rose*, yn ogystal â llawysgrifau Cymraeg.

LLYWELYN AP GUTUN AP IEUAN LYDAN (*fl.* 1480), bardd. Cadwyd rhyw ugain o'i gywyddau mewn llawysgrifau; yn eu plith y mae ei gywyddau ymryson â beirdd megis *Guto'r Glyn, *Dafydd Llwyd o Fathafarn a *Lewys Môn, marwnad i'w fab, nifer o gerddi gofyn, a dychangerdd i ddeon Bangor am ei garcharu.

Ceir un o'i gywyddau yn Dafydd Johnston (gol.), *Canu Maswedd yr Oesoedd Canol* (1991) ac un arall yn ei gyfrol *Galar y Beirdd* (1993).

Llywelyn ap Iorwerth (1173–1240), a adwaenir fel **Llywelyn Fawr**, y mwyaf o lywodraethwyr Cymru'r Oesoedd Canol. Ar ôl marwolaeth *Owain Gwynedd, ei daid, yn 1170, rheolwyd tywysogaeth *Gwynedd gan hanner-brodyr tad Llywelyn a chan eu meibion, ond drwy fanteisio'n gyfrwys ar eu cwerylon â'i gilydd daeth Llywelyn i reoli Gwynedd Is Conwy, ac erbyn 1202 yr oedd wedi ennill gafael ar Wynedd gyfan. Wedi marwolaeth yr Arglwydd Rhys (*Rhys ap Gruffudd) o *Ddeheubarth yn 1197, Llywelyn oedd y grymusaf o'r llywodraethwyr Cymreig. Mewn ymgyrch i ehangu ei diriogaeth, cipiodd *Benllyn oddi wrth *Bowys yn 1204. Dair blynedd yn ddiweddarach meddiannodd dde Powys, etifeddiaeth ei gystadleuydd, Gwenwynwyn ab Owain Cyfeiliog, a rhannodd *Geredigion rhwng disgynyddion yr Arglwydd Rhys gan weithredu fel uwcharglwydd Deheubarth. Enillodd ffafr gyda John, Brenin Lloegr, a welai gyfle i fanteisio ar yr ymryson rhwng Llywelyn a Gwenwynwyn. Yn 1205, priododd Llywelyn â *Siwan, merch ordderch y Brenin, ac yn 1209 ymunodd â'i dad yng nghyfraith mewn ymgyrch yn erbyn William, Brenin yr Alban.

Yn 1210, fodd bynnag, daeth eu perthynas gyfeillgar i ben. Ymosododd John ar Wynedd a gorfodwyd Llywelyn i ildio iddo; llwyddodd (drwy eiriolaeth ei wraig) i ddal ei afael ar Wynedd Uwch Conwy. Yn 1212, a'r Brenin benben â'r Pab a than fygythiad ei farwniaid, ailgipiodd Llywelyn, ar anogaeth y Pab, y tiroedd a gollasai, a thrwy cynghreirio ag eraill o'r arglwyddi Cymreig, heriodd afael Coron Lloegr ar

Gymru. Yn yr ymrafael ffyrnig rhwng John a'i farwniaid yn Lloegr, cefnogodd Llywelyn wrthwynebwyr y Brenin a rhoddodd *Magna Carta* (1215) fwy nag un consesiwn sylweddol i'r Cymro. Yn Aberdyfi, yn 1216, llwyddodd Llywelyn dros yr hyn a oedd i bob pwrpas yn Senedd Gymreig; gweithredodd yno fel canolwr i'r rhai a hawliai dir yn Neheubarth a mannau eraill, a chydnabuwyd ef yn uwcharglwydd ar holl lywodraethwyr brodorol Cymru. Yng Nghytundeb Caerwrangon 1218, cydnabuwyd ei safle hefyd gan olynydd y Brenin John, Harri III.

Er i rym Llywelyn yn ne-orllewin Cymru gael ei herio yn 1223 gan William Marshall, Iarll Penfro, methiant fu ymdrechion Hubert de Burgh yn 1228 i danseilio ei safle yn ne Powys. Yn wir, yr oedd Llywelyn mor gryf fel y gallai, heb gosb, grogi un o brif Arglwyddi'r Mers, Gwilym Brewys, am ei gyfathrach ac o bosibl ei odineb â Siwan, ei wraig. Yn ystod y 1230au, ymroes Llywelyn, a'i galwai ei hun yn awr yn Dywysog *Aberffraw ac Arglwydd Eryri, i sicrhau y câi ei *Dywysogaeth ei throsglwyddo yn ei gyfanrwydd i Ddafydd, ei fab ef a Siwan.

Noddodd Llywelyn Fawr fynachaeth yn hael a bu farw mewn abid mynach yn abaty *Aberconwy. Bu ei yrfa'n ysbrydoliaeth i adolygu *Cyfraith Hywel a molwyd ei orchestion yn eang gan y beirdd; y mwyaf nodedig oedd *Dafydd Benfras. Llwyddodd yn ei fwriad i sefydlu gwladwriaeth ffiwdal a chadarn. Helaethodd ei diriogaethau, enillodd deyrngarwch arglwyddi Cymru, creodd beiriannwaith gweinyddol newydd, cadwodd berthynas dda â'r Eglwys a gadawodd deyrnas heddychlon a ffyniannus i'w fab.

Ceir manylion pellach yn J. E. Lloyd, *A History of Wales* (1911), J. G. Edwards (gol.), *A Calendar of Ancient Correspondence concerning Wales* (1935) ac R. R. Davies, *The Age of Conquest* (1991); gweler hefyd ddrama Thomas Parry, *Llywelyn Fawr* (1954) a drama Saunders Lewis, *Siwan* (1956).

LLYWELYN AP MOEL Y PANTRI (m. 1440), bardd a oedd yn fab i fardd a lysenwyd yn Foel y Pantri, ac yn dad i'r bardd *Owain ap Llywelyn ab y Moel oedd iddo gysylltiadau â Llanwnnog ac â Meifod, Tfn., ond ni ellir bod yn siŵr ym mha un o'r ddau le y ganed nac y maged ef. Yn ôl dwy gerdd yn sôn am herwyr Coed-y-graig ymddengys ei fod wedi byw gyda herwyr, ac yn ôl pob tebyg cymerodd ran yn yr ymladd tua diwedd gwrthryfel *Owain Glyndŵr. Mewn un gerdd y mae yn ei ddychanu ei hun yn ffoi o frwydr, ond mewn un arall y mae'n sôn yn fuddugoliaethus am fywyd yr herwr yn y goedwig. Sonnir am y bywyd herwol hefyd yn y cywydd lle y mae'r bardd yn ymddiddan â'i mwrs gwag. Canodd yn ogystal ychydig gerddi serch i'w gariad Euron. Prin yw ei gerddi moliant ond ceir rhai i Ddafydd Llwyd o'r Drenewydd, Huw Sae o'r Trallwng a Meredudd ab Ifan o Ystumcegid, Eifionydd. Cymerodd ran mewn ymrysonau pwysig â *Rhys Goch Eryri, y cyntaf ar achlysur marwnad y bardd hwnnw i Ruffudd

Llwyd a'r ail ar achlysur cerdd Rhys Goch yn gyrru'r ddraig goch at Syr William Thomas o Raglan. Trodd at grefydd tua diwedd ei oes, a chladdwyd ef ym mynachlog *Ystrad Marchell; canodd *Guto'r Glyn a Rhys Goch Eryri farwnadau iddo.

Golygwyd gwaith Llywelyn ap Moel y Pantri gan Ifor Williams yn *Cywyddau Iolo Goch ac Eraill* (1925); gweler hefyd erthyglau gan Enid P. Roberts ym *Mwletin* Bwrdd Gwybodau Celtaidd (cyf. XVII, 1957), Bobi Jones, 'Pwnc mawr beirniadaeth lenyddol Gymraeg', yn *Ysgrifau Beirniadol III* (gol. J. E. Caerwyn Williams, 1967), a Cledwyn Fychan, 'Llywelyn ab y Moel a'r Canolbarth', yn *Llên Cymru* (cyf. XV, 1988).

LLYWELYN AP RHISIART neu LEWYS MORGANNWG (fl. 1520–65), un o brif feirdd Morgannwg; brodor o *Dir Iarll ydoedd ond trigai un ai yn Y Bont-faen neu yn Llanilltud Fawr. Derbyniodd ei hyfforddiant barddol gan ei dad, Rhisiart ap Rhys, a chan *Iorwerth Fynglwyd, ond ei brif hyfforddwr oedd *Tudur Aled, a Syr Edward *Stradling o Sain Dunwyd ym Mro Morgannwg oedd ei noddwr cyntaf. Treuliodd Llywelyn y rhan fwyaf o'i oes yn clera yn ne a gogledd Cymru gan ennill clod iddo'i hun ym mhlastai Gwynedd, a dod yn bennaeth *Cyfundrefn y Beirdd rhwng 1530 a 1560.

Cadwyd dros gant o'i gywyddau a'i awdlau mewn llawysgrifau. Y mae ei gerddi crefyddol o ddiddordeb arbennig oherwydd ei fod ymhlith yr olaf, os nad yr olaf un, o *Feirdd yr Uchelwyr a oedd yn Babydd. Yr oedd yn feistr ar y mesurau caeth a chanodd awdl enghreifftiol yn ei ieuenctid i Leision, Abad Nedd, gan ddisgrifio'n fanwl fywyd mynachaidd y cyfnod a defnyddio pob un o'r *Pedwar Mesur ar Hugain. Yr oedd yn fardd teulu i'r Herbertiaid, teulu a elwodd ar y cyfundrefn newydd, a dengys ei waith mor ddeniadol ydoedd llys Llundain i uchelwyr Cymru ar ôl y *Ddeddf Uno (1536), ond yn ei farwnad i Rys ap Siôn o Lyn-nedd mynega ei siom fod dylanwadau Seisnig yn ymdreiddio i Forgannwg a Gwent.

Ceir manylion pellach yn G. J. Williams, *Traddodiad Llenyddol Morgannwg* (1948) a Ceri W. Lewis, '*The Literary Tradition of Morgannwg down to the middle of the sixteenth century*', yn *Glamorgan County History* (cyf. III, gol. T. B. Pugh, 1971).

Llywelyn Bren, gweler LLYWELYN AP GRUFFUDD (m. 1317).

LLYWELYN BRYDYDD HODDNANT (fl. c.1320–30), bardd. Y mae ei gerddi yn ei gysylltu â Glyn Aeron, Cer., ac y mae'n berffaith bosibl mai bardd o Geredigion ydoedd, gan fod sawl nant yn dwyn yr enw Hoddnant yn y sir yr adeg honno. Ceisiodd Iolo Morganwg (Edward *Williams) ei hawlio i Forgannwg gan fod Nant Hoddnant yn rhedeg ger Llanilltud Fawr, ond nid oes dim i ategu'r farn honno. Cedwir tair cerdd yn unig o'i waith, a hynny yn *Llawysgrif Hendre-

gadredd, wedi eu copïo yno yn ail chwarter y bedwaredd ganrif ar ddeg, pan oedd y llawysgrif, fe gredir, ym meddiant *Ieuan Llwyd yng Nglyn Aeron. Tad Ieuan Llwyd, sef Ieuan ap Gruffudd Foel, yw gwrthrych dwy o'r cerddi, sef un awdl ar fesur *gwawdodyn a chyfres englynion unodl union, y ddwy gerdd yn ei foli am ei haelioni a'i rinweddau fel pennaeth gan ddefnyddio arddull ac ieithwedd Beirdd y Tywysogion (*Gogynfeirdd). Y mae'r drydedd yn awdl serch i Ellylw ferch Maredudd o Drefynor nid nepell o Lyn Aeron, merch uchel ei thras yn hanfod o linach Cadwgan Fantach ar ochr ei thad, ac o'r Arglwydd *Rhys ap Gruffudd ar ochr ei mam.

Am ei waith gweler *Llawysgrif Hendregadredd* (gol. J. Morris a T. H. Parry-Williams, 1933), a *Gwaith Llywelyn Brydydd Hoddnant, Dafydd ap Gwilym, Hillyn ac Eraill* (gol. Ann Parry Owen a Dylan Foster Evans, 1996).

LLYWELYN DDU AB Y PASTARD (14eg gan.), bardd a ganai yng Ngheredigion; dwy awdl yn unig a gadwyd o'i waith. Fel amryw o'r *Gogynfeirdd diweddar, gallai ganu'n effeithiol mewn mwy nag un cywair. Marwnad yw'r gyntaf o'i gerddi, ac er nad oes iddi ond deugain o linellau, ceir darlun cofiadwy o aelodau'r teulu a gollwyd a'r tristwch a adawyd ar eu holau. Dychan llym o fardd o'r enw Madog ap Hywel a'i haid o ddilynwyr yw'r ail gerdd, a cheir ymosodiad bywiog a bras ar bob un ohonynt yn eu tro. Er mor wahanol yw deunydd yr awdlau hyn, gwelir ôl crefft amlwg yn y ddwy, yn enwedig yn y modd y mae'r bardd yn cynnal odl a *chymeriad llythrennol y cerddi a hefyd yn llwyddo i wyrdroi hanfodion y canu mawl er mwyn rhoi min ar ei ddychan.

Golygir y ddwy awdl yn *Gwaith Llywelyn Brydydd Hoddnant, Dafydd ap Gwilym, Hillyn ac Eraill* (gol. Ann Parry Owen a Dylan Foster Evans, 1996).

LLYWELYN FARDD (fl. 1125–1200), bardd, a elwir yn fab Cywryd yn *Llyfr Coch Hergest, ac a oedd, mae'n debyg, yn frodor o Feirionnydd. Bu'n gwasanaethu, ar adegau gwahanol, dywysogion o *Wynedd a *Phowys: ceir ganddo gyfres o englynion dadolwch i Owain Fychan o Bowys a hefyd arwyrain ac iddi elfen gref o ddadolwch, i Owain Gwynedd (*Owain ap Gruffudd). Y tebyg yw mai achlysur canu'r olaf oedd dychweliad Llywelyn i lys Owain wedi cyfnod yn gwasanaethu *Madog ap Maredudd ym Mhowys. Ei gerdd orau yw ei awdl i *Gadfan ac i eglwys Tywyn, Meir., a'i thraddodiadau, a'r bywyd eglwysig yno dan yr abad Morfran. Yn ôl cerdd arall ar yr Arwyddion cyn Dydd Brawd (gweler o dan ENGLYNION DYDD BRAWD) ymddengys fod Llywelyn yn hyddysg yn escatoleg boblogaidd ei ddydd.

Golygwyd gwaith Llywelyn gan Catherine McKenna yn *Gwaith Llywelyn Fardd I a eraill, Cyfres Beirdd y Tywysogion II*, (gol. K. A. Bramley et al., 1994).

LLYWELYN FARDD II (*fl. c.*1215–*c.*1280), bardd y priodolir pedair awdl iddo, sef moliant i *Lywelyn ap Iorwerth (Llywelyn Fawr) ac i Owain ap Gruffudd ap Gwenwynwyn a dwy gerdd grefyddol. Prin iawn yw'r wybodaeth fywgraffyddol amdano y gellir ei gasglu o'i waith ac nid erys unrhyw dystiolaeth bellach amdano o ffynonellau eraill. Awgryma'r ffaith ei fod wedi canu mawl i isarglwyddi o *Bowys a'i fod hefyd yn crybwyll perthynas Llywelyn ap Iorwerth â theulu brenhinol Powys, mai brodor o Bowys ydoedd. Yn ei ieuenctid y canodd i Lywelyn Fawr yn ôl pob tebyg, ac ymddengys fod bwlch o rhyw drigain mlynedd rhwng ei awdl iddo ef a'r awdl i Owain ap Gruffudd o Bowys. Efallai mai oherwydd na chasglwyd y cerddi a ganwyd i'w noddwyr ef (sef is-arglwyddi Powys yn ôl pob tebyg) y mae hyn, ond y mae hefyd yn bosibl bod y bardd wedi cysegru'r rhan fwyaf o'i oes i'r bywyd crefyddol. Yn betrus iawn, ar sail tystiolaeth y llawysgrifau yn bennaf, y tadogir y ddwy awdl grefyddol iddo, fodd bynnag. Myfyrdod ar bechod a'r gosb a ddaw yn ei sgîl, ac ar bwysigrwydd edifeirwch ydynt, a thrafodir y themâu hyn gan y bardd mewn dull sy'n nodweddiadol o ganu crefyddol y drydedd ganrif ar ddeg.

Golygir gwaith Llywelyn Fardd II gan Catherine McKenna yn *Gwaith Dafydd Benfras ac eraill o feirdd hanner cyntaf y drydedd ganrif ar ddeg* (gol. N. G. Costigan *et al.*, 1995).

Llywelyn Fawr, gweler LLYWELYN AP IORWERTH (1173–1240).

LLYWELYN FYCHAN (*fl. c.*1360), bardd, awdur cywydd nodedig yn cwyno am y pla, neu 'haint y nodau', ac yn gwedd'ïo ar i Dduw drugarhau wrth y ddynoliaeth. Enwir pump o bobl a fu farw o'r pla, dau Ieuan, Dafydd, Morfudd a Dyddgu. Ymddengys mai plant y bardd oedd y rhain, ac efallai i dri ohonynt gael eu henwi ar ôl *Dafydd ap Gwilym a'i ddwy gariadferch enwog. Ni wyddys i sicrwydd pwy oedd y bardd. Os mai bardd proffesiynol ydoedd, yna y mae *Llywelyn Fychan ap Llywelyn Foelrhon yn un posibilrwydd, ond dichon mai bardd amatur ydoedd, ac os felly y mae mab Llywelyn Goch ap Llywelyn Gaplan o Lyn Aeron yn ymgynnig fel un a ymddiddorai mewn barddoniaeth ac a oedd â chysylltiad â Dafydd ap Gwilym drwy ei gyfyrder, *Rhydderch ab Ieuan Llwyd. Y mae hon yn gerdd gelfydd ac angerddol sy'n cynnwys darn trawiadol o *ddyfalu yn disgrifio'r nodau.

Ceir testun golygedig, ynghyd â chyfieithiad Saesneg, yn *Galar y Beirdd* (gol. Dafydd Johnston, 1993).

LLYWELYN FYCHAN AP LLYWELYN FOELRHON (*fl.* 14eg gan.), bardd; aelod o deulu barddol ym Môn, ac yn orwyr i *Ddafydd Benfras. Gwyddys bod Llywelyn Foelrhon yn dal tir ym Môn ac yn fyw yn 1305, ac felly y mae'n debyg fod Llywelyn Fychan yn ei flodau tua chanol y ganrif. Un gerdd o'i waith sydd wedi goroesi, sef awdl gyffes yn dechrau

'Trugarog frenin wyt tri chyffredin' (a briodolir i *Ddafydd ap Gwilym hefyd mewn rhai llawysgrifau), ond nid annichon mai ef oedd awdur y cywydd am haint y nodau a briodolir i *Lywelyn Fychan.

LLYWELYN GOCH AP MEURIG HEN (*fl.* 1350–90), un o'r olaf o'r *Gogynfeirdd yn pontio beirdd newydd y cywydd, ac yn hanfod o deulu *Nannau. Yn yr hen ddull canodd glodydd ei noddwyr, megis Hopcyn ap Tomas o Ynystawe, a theuluoedd Uwch-Aeron, Abermarlais a Phenmynydd, ac abad *Ystrad-fflur. Y mae'r cerddi hyn, gan mwyaf, yn clodfori gwrhydri yn y rhyfeloedd yn Ffrainc a'r bywyd da yn nhai'r noddwyr. Ond er mor urddasol a chain ydyw'r cerddi hyn yn yr hen ddull, am ei gywyddau y daeth Llywelyn yn fwyaf enwog, ac yn enwedig am ei farwnad odidog i *Leucu Llwyd. Sefydlodd draddodiad a barhaodd hyd yr ail ganrif ar bymtheg trwy gymhwyso dull y *serenade*, a chyfarch ei anwylyd o'r tu arall i'r drws, ond y tro hwn ar drothwy'r bedd.

Ymhlith ei gywyddau eraill y mae ymddiddan rhwng y bardd a phenglog, darn bywiog iawn i'r penlöyn, ac un i'r eira, a'r bardd er gorfod aros yn y tŷ, yn mwynhau moethau'r bwrdd, awen a chân, darllen y gyfraith a'r *Brut*. Yn ei gerdd gampus i Dduw, lle y cyferbynna orchestion gogoneddus y Duwdod, â'i gamweddau ef ei hun, diwedda trwy erfyn am garennydd Duw. Credai *Iolo Goch a ganodd farwnad i Lywelyn, ac a hawliai fod cyn agosed ffrind iddo ag ydoedd *Amlyn i Amig, iddo gael maddeuant Duw, ac y byddai Dafydd Broffwyd, a fu yntau'n fardd, yn anniwair ac yn edifeiriog, a Duw yna'n maddau iddo, yn ymhyfrydu yn y gerdd i Leucu ac yn eiriol ar ran Llywelyn.

Cynhwysir cerddi Llywelyn Goch ap Meurig Hen yn y gyfrol *Cywyddau Dafydd ap Gwilym a'i Gyfoeswyr* (gol. Ifor Williams a Thomas Roberts, 1914).

LLYWELYN GOCH Y DANT (*fl.* 1470), bardd; un o feirdd proffesiynol Morgannwg, a gefnogai feirdd *Tir Iarll yn yr ymryson a achoswyd gan farwnad Hywel ap Dafydd ab Ieuan ap Rhys i *Ieuan ap Hywel Swrdwal (*c.*1470). Ymhlith yr ychydig o'i gerddi a gadwyd y mae marwnad i Syr Roger *Vaughan (Rhosier Fychan), Tretŵr, a ddienyddiwyd ar orchymyn Siasbar Tudur yn 1471. Mewn cywydd i Lywelyn gan Ieuan Ddu'r Bilwg (*fl.* 1470), sonnir amdano fel 'pencerdd' a 'phen prydydd', ond ni ellir cadarnhau'r haeriadau hyn.

Ceir manylion pellach yn G. J. Williams, *Traddodiad Llenyddol Morgannwg* (1948) a Ceri W. Lewis, 'The Literary Tradition of Morgannwg down to the middle of the sixteenth century', yn *Glamorgan County History* (cyf. III, gol. T. B. Pugh, 1971).

Llywelyn Offeiriad (*fl.*1350), gweler o dan CHWEDLEU SEITH DOETHON RUFEIN.

LLYWELYN SIÔN (1540–1615?), bardd a chopïwr, a

aned yn Llangewydd, yn Nhrelales, ger Pen-y-bont ar Ogwr, Morg. Ei athro barddol, yn ôl un o'i gywyddau, oedd Tomas *Llywelyn o'r Rhigos, a daeth i gyfathrach â chylch dethol o uchelwyr ac offeiriaid llengar. Dim ond rhyw bedwar ar ddeg o gywyddau ac awdlau sy'n dwyn ei enw a dangosant yr un gwendidau â gwaith ei gyfoeswyr ym Morgannwg mewn cyfnod pan welwyd y beirdd yn colli gafael ar hanfodion eu crefft.

Fel copïwr proffesiynol, fodd bynnag, enillodd le amlwg yn hanes llenyddol y sir. Fe'i comisiynwyd gan foneddigion i gopïo casgliadau o farddoniaeth a rhyddiaith, a gadawodd dair ar ddeg o lawysgrifau: y pwysicaf yw *Llyfr Hir Amwythig*, *Llyfr Hir Llywarch Reynolds* a *Llyfr Hir Llanharan*, a enwyd oherwydd eu bod wedi eu hysgrifenni ar ffurf hir gul, yn ogystal â'r unig gopi cyflawn o *Y Drych Cristionogawl*, yn ôl pob tebyg gan Robert *Gwyn, a'r unig gopi Cymraeg o *Gesta Romanorum*. At hyn, bu gweithgarwch Llywelyn yn gyfrwng i gadw llawer o gynnyrch llenyddol mân feirdd Morgannwg yn ystod ail hanner yr unfed ganrif ar bymtheg, ac yn ei law ef y cadwyd y casgliad mwyaf cyflawn o *garolau a *chwndidau. Er mwyn cydnabod ymdrechion Llywelyn i gadw llawysgrifau Cymraeg rhag difancoll yr honnodd Iolo Morganwg (Edward *Williams) mai ef a luniodd gyfundrefn 'Cyfrinach Beirdd Ynys Prydain', ond ffrwyth dychymyg Iolo oedd hyn hefyd.

Ceir manylion pellach yn G. J. Williams, *Traddodiad Llenyddol Morgannwg* (1948) a Ceri W. Lewis, 'The Literary History of Glamorgan from 1550 to 1700' yn *Glamorgan County History* (cyf. IV, gol. Glanmor Williams, 1974).

Llywelyn y Glyn, gweler LEWYS GLYN COTHI (c.1420–89).

LLYWELYN, ROBIN (1958–), nofelydd ac awdur storïau byrion a fagwyd ym Mhlas Brondanw ger Llanfrothen, ac a addysgwyd yn Ysgol y Garreg, Llanfrothen ac Ysgol Ardudwy, Harlech. Graddiodd mewn Cymraeg a Gwyddeleg yng Ngholeg Prifysgol Cymru, Aberystwyth. Y mae'n ddisgynnydd uniongyrchol i *Ruffudd ap Cynan o ochr ei daid, y pensaer Clough *Williams-Ellis, ac yn ddisgynnydd i Lytton Strachey, awdur *Eminent Victorians*, o ochr ei nain. Bellach ef yw Rheolwr Gyfarwyddwr y pentref 'Eidal-aidd', Portmeirion, a grewyd gan ei daid ger Minffordd ym Meirionnydd.

Daeth i fri fel llenor pan enillodd y *Fedal Ryddiaith yn yr Eisteddfod Genedlaethol am ei nofel *Seren Wen ar Gefndir Gwyn* (1992). Gellid ei disgrifio fel ffantasi wedi'i lleoli mewn rhyw ddyfodol amhenodol, ac eto y mae'i harddull yn blethiad o Gymraeg llafar rhywiog a Chymraeg ymwybodol grefftus *cyfarwyddiaid yr Oesoedd Canol, sy'n rhoi iddi ryw naws dirgel a diamser. Adroddir y stori ar sgrîn gyfrifiadurol; y mae'n ymwneud â chymeriadau gydag enwau argraffiadol

megis Gwern Esgus ac Anwes Fach y Galon, a gosodwyd y digwyddiadau mewn gwledydd dychmygol megis Haf Heb Haul a Gaea Mawr. Gellid darllen y nofel fel alegori am ymgais gwlad ddarostyngedig i ymgiprys â grymoedd ffasgaidd gwlad dotalitaraidd, ond y mae'n gorffen ar nodyn enigmatig, gyda baner y wlad fach yn cyhwfan ar dŵr castell bygythiol y wlad ormesol.

Enillodd Robin Llywelyn y Fedal Ryddiaith eilwaith yn Eisteddfod Genedlaethol 1994 gyda'i nofel *O'r Harbwr Gwag i'r Cefnfor Gwyn* (1994). Nofel amlhaenog yw hon eto, sydd ar yr wyneb yn stori serch amheuthun o dyner, ond sydd hefyd yn fath o ddameg wleidyddol, gyda dimensiwn mytholegol cryf. Taith Gregor Marini trwy wledydd annelwig eu daearyddiaeth sy'n gyrru'r stori yn ei blaen, gan ein tywys i barthau a allai alw i gof rannau o Ddwyrain Ewrop, ond gan orffen yn Efrog Newydd. Ymdeimlir yma â rhyw awch anniwall am 'hen bethau anghofiedig teulu dyn'. Y mae'r arddull drawsgyweiriol yn gyfareddol, a dychymyg yr awdur yn drên. Casgliad o storïau byrion yw ei gyfrol *Y Dŵr Mawr Llwyd* (1995).

Nid oes amheuaeth nad oes gan Robin Llywelyn un o leisiau llenyddol croywaf y 1990au. Proffwydodd Robert Rhys y byddai'i waith 'yn gwyrdroi holl ddisgwyliadau' darllenwyr Cymraeg ac yn agor pennod newydd arwyddocaol yn hanes ein rhyddiaith ffuglennol. Soniodd eraill amdano fel llenor ôl-fodernaidd sy'n ymwrthod â'r confensiwn realaidd.

Gweler sylwadau'r beirniaid yng nghyfrolau *Cyfansoddiadau a Beirniadaethau* Eisteddfodau Cenedlaethol 1992 a 1994. Ceir trafodaethau ar nofel gyntaf Robin Llywelyn yn Johan Schimanski, 'Seren Wen ar Gefndir Gwyn: Genre a Chenedl' ac yn Bethan Mair Hughes, 'Nid gêm Nintendo yw hyn, ond bywyd!', y ddwy erthygl yn *Tu Chwith* (cyf. I, 1993) . Trafodir y nofel honno yng nghyd-destun nofelau Cymraeg eraill yn Simon Brooks, 'Ple'r Pla a throednodiadau eraill', yn *Taliesin*, (cyf. LXXXV, 1994). Gosodir y nofelydd mewn cyd-destun ehangach hefyd gan John Rowlands, yn 'Chwarae â Chwedlau: Cip ar y nofel Gymraeg ôl-fodernaidd' yn *Y Traethodydd* (1996), ac mewn erthygl ar y nofel Gymraeg yn *A Guide to Welsh Literature* (cyf. VI, gol. Dafydd Johnston, 1997). Caiff Robin Llywelyn ei holi gan John Rowlands yn *Taliesin* (cyf. LXXXVII, 1994) a chan R. Gerallt Jones yn *Llais Llyfrau* (Hydref, 1993). Cyhoeddwyd cyfieithiad o'i nofel gan yr awdur o dan y teitl *From Empty Harbour to White Ocean* (1996).

LLYWELYN, TOMAS neu **TOMAS AP LLYWELYN AP DAFYDD AP HYWEL** (fl. 1580–1610), bardd, o'r Rhigos, Morg., athro barddol i *Lywelyn Siôn ac un o feirdd *Tir Iarll. Uchelwr a ganai ar ei fwyd ei hun ydoedd; canodd gerddi serch yn ei ieuenctid a cherddi natur, ond yn ei henaint, wedi iddo golli ei olwg, canodd *gwndidau. Mynnai Iolo Morganwg (Edward *Williams) fod Tomas yn un o'r *Anghydffurfwyr cynnar a'i fod wedi cyfieithu'r Beibl o'r Saesneg i'r Gymraeg a sefydlu achosion Piwritanaidd ym Mlaenau Morgannwg; ymddengys fod y cwbl yn ddi-sail.

Ceir manylion pellach yn G. J. Williams, *Traddodiad Llenyddol Morgannwg* (1948) a Ceri W. Lewis, 'The Literary History of *Glamorgan from 1550 to 1770*' yn *Glamorgan County History* (cyf. IV, gol. Glanmor Williams, 1974).

LLYWELYN-WILLIAMS, ALUN (1913–88), bardd a beirniad llenyddol. Fe'i ganed yng Nghaerdydd, yn fab i feddyg, ac fe'i haddysgwyd yng Ngholeg y Brifysgol, Caerdydd, lle y graddiodd mewn Cymraeg a Hanes. Ei swydd gyntaf oedd bod yn gyhoeddwr a threfnydd sgyrsiau radio dros dro gyda'r BBC ac yna fe'i penodwyd i staff *Llyfrgell Genedlaethol Cymru yn 1936. Yn ystod yr Ail Ryfel Byd, bu'n gwasanaethu gyda'r Ffiwsilwyr Brenhinol Cymreig ac wedyn dychwelodd i'r BBC i fod yn gynhyrchydd rhaglenni radio. Fe'i penodwyd yn 1948 yn Gyfarwyddwr Efrydiau Allanol yng Ngholeg Prifysgol Gogledd Cymru, Bangor, a daliodd Gadair Bersonol yn y Coleg hwnnw o 1975 hyd iddo ymddeol. O 1935 hyd 1939, ef oedd golygydd y cylchgrawn *Tir Newydd.

Y mae'r darnau yn ei gyfrol gyntaf, *Cerddi 1934-42* (1944), yn fyfyrgar a chynnil ac yn ymdrin gan mwyaf â thristwch rhyfel, ond yn cyfeirio hefyd, mewn dull ymsongar a phersonol, at *Ddirwasgiad y 1930au. Fe'i dilynwyd gan gasgliad mwy sylweddol, *Pont y Caniedydd* (1956), a'i hamlygodd fel bardd a oedd yn effro iawn i dueddiadau'r oes, ac a feddai ar y gallu i ymdrin, mewn dull gwâr a dadansoddol, â'r hyn a welai ef fel barbareiddiwch cynyddol y byd cyfoes. Dyfnhawyd yr

argraff fod Alun Llywelyn-Williams yn fardd craff, cynnil, athronyddol, catholig ei naws, eang ei orwelion, pan ymddangosodd ei waith diweddarach a welir yn y casgliad *Y Golau yn y Gwyll* (1979).

Ymhlith ei weithiau beirniadol y mae *Y Nos, Y Niwl a'r Ynys* (1960), sef astudiaeth o'r Rhamantwyr Cymraeg o 1890 hyd 1914, a *Nes Na'r Hanesydd?* (1968). Ef hefyd yw awdur dwy gyfrol yn y gyfres *Crwydro Cymru*, sef *Crwydro Arfon* (1959) a *Crwydro Brycheiniog* (1964). Cyhoeddwyd ei ddarlith radio i *BBC Cymru (1963) o dan y teitl *Y Llenor a'i Gymdeithas* a chyfrannodd ysgrif ar R. T. *Jenkins i'r gyfres *Writers of Wales* (1977). Cyhoeddwyd y gyfrol gyntaf o'i hunangofiant dan y teitl *Gwanwyn yn y Ddinas* yn 1975. Yn y gyfrol hon, sy'n croniclo ei fagwraeth a'i ieuenctid yn ninas Caerdydd, ac yn ei waith drwodd a thro, y mae Alun Llywelyn-Williams yn arddangos ymwybyddiaeth ddinesig, soffistigedig sy'n gwrthgyferbynnu'n amlwg â'r ymwybyddiaeth wledig sy'n perthyn i'r rhelyw o feirdd Cymraeg.

Ceir cyfweliad ag Alun Llywelyn-Williams yn *Ysgrifau Beirniadol I* (gol. J. E. Caerwyn Williams, 1965) ac ysgrif hunangofiannol yn y gyfrol *Artists in Wales* (gol. Meic Stephens, 1973); gweler hefyd y cyfweliad a roddodd i'r cylchgrawn *Mabon* (gol. Gwyn Thomas, 1971), y cofnod gan John Rowlands yn *Profiles* (1980) a'r erthygl gan Dafydd Glyn Jones yn *Poetry Wales* (cyf. VII, rhif. 1, 1971). Gweler hefyd yr erthyglau gan Dyfnallt Morgan ac R. Gerallt Jones yn *Taliesin* (cyf. LXIII, Gorff. 1988) a'r ysgrifau gan Gwyn Thomas yn y gyfres *Llên y Llenor* (1987) a chan Elwyn Evans yn y gyfres *Writers of Wales* (1991).

M

Mab Cernyw, gweler MATHEWS, JOHN HOBSON (1858–1914).

MAB CRYG, Y (*fl. c.*1350?), bardd, o Faesyfed efallai, na wyddys ei wir enw. Tair awdl ddychan fer yn *Llyfr Coch Hergest* yw'r cwbl a erys o'i waith. Yn y gyntaf cwynir am leidr anhysbys a dorrodd i mewn i dŷ'r bardd gan ddwyn ei eiddo gwerthfawr, a diweddir trwy ddyheu am weld ei grogi. Ceir yma hefyd ddarlun byw o gartref distadl ond clyd y bardd a'i feddiannau, megis ei ieir, ei gath, crib, llwy, ac yn y blaen. Dialedd a melltith a fynegir yn yr ail gerdd ar ryw Sais o'r enw Griffri, o Drefyclo o bosibl, y dywed y bardd iddo foddi yng ngorlif pedair afon rhwng afonydd Gwy a Hafren am iddo ei garcharu, a diweddir trwy ddymuno iddo sychu'i ddillad yn nhân uffern. Y peth mwyaf trawiadol a rhyfedd am y gerdd hon yw'r ffordd y personola'r bardd y pedair afon, Tefeidiad, Ieithon, Cymaron a Chlywedog, a synio amdanynt fel perthnasau neu gyfeillion benyw agos a'i cynorthwyodd i gael gwared â'i elyn.

Yn y gerdd olaf dychenir rhyw Ddafydd ŵyr Meurig a oedd yn byw yn y wlad rhwng afonydd Gwy a Hafren. Dichon mai Dafydd ap Cadwaladr ap Meurig o Fachelldref ym mhlwf yr Ystog, Tfn., noddwr hael beirdd a phoblogaidd o hanner cyntaf y bedwaredd ganrif ar ddeg, a olygir (er na sonnir yn yr achau am ei hanner-brawd, Maredudd, y cyfeirir ato yn y gerdd). Portreedir ef fel pennaeth byddin ucheldras a choeth sydd er hynny'n cilio'n llwfr yn y gad gan droi at win, ac sy'n orbarod i geisio heddwch â'r Saeson.

Er nad yw cerddi'r Mab Cryg yn nodedig o gywrain, mwy personol a diddorol na'r arfer yw eu cynnwys a thaflant ryw gymaint o oleuni ar agweddau eraill, llai adnabyddus, ar *Gerdd Dafod y dydd.

Ceir rhagor o fanylion yn J. Gwenogvryn Evans (gol.), *The Poetry in the Red Book of Hergest* (1911) a Twm Morys, 'Bob Dalen ar Benillion', yn *Barddas* (rhif. 215, Mawrth 1995).

Mab Darogan, Y, gweler o dan DAROGAN.

'Mab y Bwthyn', pryddest gan Albert *Evans-Jones (Cynan), a enillodd iddo'r *Goron yn yr Eisteddfod Genedlaethol yn 1921. Yr oedd yn newydd a heriol yn ei chyfnod, a hi yw un o'r ychydig gerddi sy'n ceisio ymdrin â'r Rhyfel Byd Cyntaf o safbwynt y Cymro Cymraeg. Gwerinol a gwledig yw cefndir a phrif gymeriad, a serir ef gan euogrwydd wrth iddo brofi pleserau'r byd. Y mae yn sentimental ar adegau, ac yn adleisio cerddi eraill megis 'The Everlasting Mercy' (1911) gan John Masefield, ond y mae'r mydr yn afieithus a'r iaith yn fywiog, a gafaelodd y gerdd yn nychymyg cynulleidfa eang iawn.

MAB Y CLOCHYDDYN (*fl.* hanner cyntaf y 14eg gan.), bardd y cedwir dwy gerdd, wahanol iawn i'w gilydd, o'i waith yn *Llyfr Coch Hergest*. Y mae'r gyntaf yn awdl faith 108 llinell, yn farwnad i Wenhwyfar wraig Hywel ap Tudur ap Gruffudd o Goedana yng nghwmwd Twrcelyn, Môn, a gladdwyd yn nhŷ'r brodyr Ffransisgaidd yn Llan-faes. Ni wyddys dyddiad marw Gwenhwyfar, ond y mae tystiolaeth yr achau yn awgrymu dyddiad yn hanner cyntaf y bedwaredd ganrif ar ddeg. Nodweddir yr awdl gan ddwyster teimlad y bardd o golli merch mor ifanc a hardd a chan allu arbennig y bardd i ddefnyddio patrymau iaith megis cymeriadau a chytseinedd er mwyn dwysáu'r teimlad hwnnw. Cerdd wahanol iawn yw'r ail, sef dau englyn enigmatig braidd wedi eu canu 'i'r seudo' (?'i'r ffalster'). Dychanol yw natur yr englynion a chloir ar nodyn o fygwth gan ddweud 'Dilys dial gofalon/ Delw hoel, o daw dy foel [pen moel] Fôn!'

Cyhoeddir y ddwy gerdd yn *The Poetry in the Red Book of Hergest* (ed. J. Gwenogvryn Evans, 1911).

Mabinogion, The, ffurf a ddefnyddiwyd gan Charlotte *Guest fel teitl i'w chyfieithiad o ddeuddeg o chwedlau Cymraeg Canol, sef *Pwyll, *Branwen, *Manawydan, *Math, *Culhwch ac Olwen, *Breuddwyd *Macsen Wledig, *Cyfranc Lludd a Llefelys, *Breuddwyd Rhonabwy, Peredur, Owain, Geraint ac Enid (Y *Tair Rhamant) a Hanes Taliesin, a gyhoeddwyd mewn tair cyfrol rhwng 1838 a 1849. Unwaith y digwydd y ffurf 'mabinogion' mewn testun Cymraeg Canol, sef ar ddiwedd chwedl Pwyll, a gellir dangos mai rhith o ffurf ydoedd a ddaeth i fod trwy ddylanwad y ffurf 'dyledogyon' ychydig yn gynharach yn y testun. Arferid galw'r pedair chwedl a enwyd gyntaf yn *Pedair Cainc y Mabinogi ac ni ddefnyddid yr enw hwn am yr un o'r chwedlau eraill. Ond yn y cyfnod diweddar arferid dilyn Charlotte Guest a defnyddio Mabinogion, yn enwedig yn Saesneg, fel term hwylus am yr holl chwedlau (ond gan hepgor Hanes Taliesin fel rheol). Daeth y term yn fwy adnabyddus wedi cyhoeddi'r cyfieithiad awdurdodol gan Gwyn *Jones a Thomas *Jones (1910–72) yn 1948.

Mabon, gweler ABRAHAM, WILLIAM (1842–1922).

Mabon, cylchgrawn a gyhoeddwyd gan Gymdeithas Celfyddydau Gogledd Cymru rhwng 1969 a 1976. Ei fwriad oedd hybu diddordeb mewn llenydda ymhlith ieuenctid y gogledd, a chyhoeddi eu cynnyrch llenyddol, yn ogystal â gwaith llenorion hŷn. Gwyn *Thomas (1936–   ) oedd golygydd y cylchgrawn Cymraeg, ac Alun R. Jones yr un Saesneg, ill dau o Goleg Prifysgol Gogledd Cymru, Bangor, ac ymhlith y cyfranwyr gellir enwi R. S. *Thomas, Euros *Bowen ac Anthony *Conran. Cafwyd yn yr argraffiad Cymraeg gyfres bwysig o gyfweliadau â llenorion ac yn eu plith yr oedd Kate *Roberts, Islwyn Ffowc *Elis, John Gwilym *Jones, Alun *Llywelyn-Williams a T. Glynne *Davies. Ond ni lwyddodd y cylchgrawn i ddod o hyd i lenorion ifainc a aeth ymlaen i gyhoeddi rhagor o'u gwaith, ac eithrio, efallai, Einir *Jones.

Mabon fab Modron, un o Dri Goruchel Garcharor Ynys Prydain, yn ôl y Trioedd. Yn chwedl *Culhwch ac Olwen un o'r *anoethau a nodir i'r arwr gan Ysbaddaden Bencawr yw sicrhau Mabon a dducpwyd 'yn dair nosig oddi rhwng ei fam a'r pared'. Trwy gymorth yr *Anifeiliaid Hynaf deuir o hyd iddo mewn carchar yng Nghaerloyw a rhyddheir ef gan *Arthur a'i wŷr. Wrth hela'r *Twrch Trwyth, llwydda Mabon i gipio'r ellyn oddi ar y creadur pan ymlidir ef i afon Hafren. Enwir Mabon hefyd ymhlith gwŷr Arthur, a disgrifir ef fel gwas *Uthr Bendragon, yn y gerdd 'Pa ŵr yw'r porthor?' yn *Llyfr Du Caerfyrddin. Gellir tarddu ei enw o Mapon-os (-us), enw duw Celtaidd y ceir arysgrifau iddo yng ngogledd Lloegr ac a goffeir mewn nifer o enwau lleoedd yn Yr Alban. Digwydd ei enw yng Ngâl hefyd a thybiai'r Rhufeiniaid mai'r un ydoedd ag Apollo. Ond yn y pantheon Celtaidd Maponos oedd y mab-dduw a'i fam Matrona (a roddodd *Modron yn Gymraeg) oedd y *fam-dduwies. Yn ei ddadansoddiad o *Pedair Cainc y Mabinogi, dadleuodd W. J. *Gruffydd (1881–1954) dros uniaethu, neu o leiaf gyfochri, Mabon â *Phryderi neu Wair (Gwri), a Modron â *Rhiannon.

MAC CANA, PROINSIAS (1926–   ), ysgolhaig Celtaidd. Fe'i ganed yn Belfast a'i addysgu yng Ngholeg y Frenhines yn yr un ddinas; cafodd ei benodi i'r Adran Geltaidd yno yn 1951. Daeth yn Ddarlithydd mewn Gwyddeleg yn Adran y Gymraeg, Coleg Prifysgol Cymru, Aberystwyth, yn 1955. Dychwelodd i'r Sefydliad Uwchefrydiau yn Nulyn yn 1961, ac fe'i penodwyd i Gadair y Gymraeg yng Ngholeg Prifysgol Dulyn ddwy flynedd yn ddiweddarach ac i'r Gadair Hen Wyddeleg yn 1971. Penodwyd ef yn Athro yn Sefydliad Uwchefrydiau Dulyn yn 1985. Bu'n Llywydd Academi Frenhinol Iwerddon (1979–82) ac yn olygydd ei chylchgrawn Ériu er 1973.

Gwnaeth lawer o waith ar gynseiliau a natur y chwedlau Hen Wyddeleg a chyhoeddodd drosiad o rai ohonynt i Wyddeleg Diweddar, sef Scéalaíocht na Ríthe

(1956), ynghyd â thrafodaeth ar eu cefndir yn The Medieval Irish Story-teller (1980). Cyhoeddodd astudiaeth o Ail Gainc *Pedair Cainc y Mabinogi o dan y teitl Branwen, Daughter of Llŷr (1958), gan archwilio'n arbennig y dylanwadau Gwyddelig arni, a chyfrannodd draethawd ar y Mabinogi i'r gyfres *Writers of Wales (1977, 1992). Ymdriniaeth safonol ag olion crefydd y Celtiaid yw ei Celtic Mythology (1970) sydd wedi'i gyfieithu i'r Ffrangeg, Hwngareg a Siapanaeg. Yn ogystal â gwaith ar y chwedlau cyhoeddodd nifer o erthyglau ar agweddau ieithyddol, cystrawennol yn arbennig, y Gymraeg a'r Wyddeleg ac ar yr Hengerdd Gymraeg.

MACDONALD, TOM (1900–80), nofelydd. Fe'i ganed yn Llandre, Cer., i rieni o dinceriaid Gwyddelig. Cafodd ei addysgu yng Ngholeg Prifysgol Cymru, Aberystwyth, ac yna bu'n newyddiadurwr a golygodd papur newydd yn Lloegr, Tsieina, Awstralia, ac am ddeng mlynedd ar hugain yn Ne Affrica, nes iddo ymddeol a dychwelyd i Gymru yn 1965. Cyhoeddodd chwe nofel yn Saesneg: Gareth the Ploughman (1939), The Peak (1941), Gate of Gold (1946), The Black Rabbit (1948), How Soon Hath Time (1950) a The Song of the Valley (1951), pob un wedi ei lleoli yng Nghymru. Ysgrifennodd hefyd ddwy nofel Gymraeg, Y Nos na fu (1974) a Gwanwyn Serch (1982) a gyhoeddwyd ar ôl ei farw, a hefyd gyfrol o atgofion, Y Tincer Tlawd (1971) a gyfieithwyd yn The White Lanes of Summer (1975). Y mae'r olaf yn adroddiad hiraethus o'i blentyndod yng ngorllewin Cymru yn y blynyddoedd cyn y Rhyfel Byd Cyntaf, a hon efallai yw'r gyfrol orau o'i waith. Cyfieithwyd Gareth the Ploughman i'r Gymraeg gan Nansi Griffiths dan y teitl Croesi'r Bryniau (1981).

McKinley Tariff (1893), a enwyd ar ôl Arlywydd UDA a roddodd doll lem ar y tunplat a gâi ei fewnforio o ardaloedd Abertawe a Llanelli, canolfan diwydiant tunplat y byd yn ystod y 1870au a'r 1880au, gan achosi diweithdra helaeth a didostur yn ne Cymru.

Machen, Arthur, gweler JONES, ARTHUR (1863–1947).

Mackworth, Humphrey (1657–1727), diwydiannwr, brodor o sir Amwythig; ymgartrefodd yng Nghymru ar ei briodas â Mary, merch Syr Herbert Evans o'r Gnoll, Castell-nedd, Morg., yn 1686. Etifeddasai ei wraig brydlesi ar diroedd a oedd yn gyfoethog mewn glo, a buddsoddodd Mackworth yn y diwydiant toddi copr hefyd. Estynnodd ei fuddiannau i ystad *Gogerddan, Cer., a dechrau datblygu mwyngloddiau yno yn 1698. Cafodd ei ethol yn Aelod Seneddol Ceidwadol y sir yn 1701 ac fe'i hurddwyd yn farchog yn 1683. Er gwaethaf ei holl gyfoeth a'i ddulliau amheus o gronni arian yr oedd yn ŵr duwiol ac elusengar, ac ef oedd un o bedwar lleygwr a fu'n cynorthwyo Thomas Bray i sefydlu'r

*Gymdeithas er Taenu Gwybodaeth Gristnogol yn 1699. Yr oedd hefyd yn awdur nifer o weithiau crefyddol.

Ceir rhagor o wybodaeth am Mackworth yn Gareth Elwyn Jones, *Modern Wales: A Concise History 1485–1979* (1984).

Macsen Wledig (m. 388), Ymherodr Rhufain ym *Mreuddwyd Macsen*, sef un o straeon cynnar mwyaf diddorol y Cymry; gellir ei uniaethu â Magnus Maximus, Sbaenwr ac arweinydd y fyddin Rufeinig ym Mhrydain a benderfynodd yn OC 383 geisio cipio gorsedd yr Ymerodraeth oddi ar Gratian. Aeth â'r rhan fwyaf o'i fyddin gydag ef i dir mawr Ewrop, gwnaeth ei hun yn Ymherodr, ond fe'i dienyddiwyd gan Theodosius yn Aquileia bum mlynedd yn ddiweddarach. Credir bod y sylw a roddir iddo yng nghroniclau Prydain yn codi o'r cynghrair a sefydlodd â'r *God-oddin* (Votadini) gan iddo eu gwneud yn *foederati* i ddal y tiroedd i'r gogledd o Glawdd Hadrian, ac o'i briodas ag *Elen Luyddog, tywysoges honedig o Segontium (Caernarfon).

Ym *Mreuddwyd Macsen* y mae eisoes yn Ymherodr pan yw ar ei ffordd at Elen. Wedi iddo ddihuno o'i freuddwyd, chwilia amdani eto a'i phriodi, a chaiff wybod bod rhywun arall wedi hawlio gorsedd yr Ymerodraeth yn ei absenoldeb. Y mae'n cychwyn am Rufain gyda Chynan a Gadeon, brodyr Elen, ynghyd â gwŷr Segontium, ond metha ag adennill y ddinas, nes i'w frodyr yng nghyfraith ei chymryd iddo trwy ystryw. Dilornwyd y rhan hon o'r stori nes i'r *Notitia Dignitatum* (OC 429) gael ei ddarganfod sy'n dangos bod catrawd o'r enw y *Segontienses* yn gwasanaethu yn Illyricum yn gynnar yn y bumed ganrif. Cred rhai haneswyr bellach i Gynan a'i wŷr, fel yr edrydd y chwedl, ar ôl gwasanaeth hirfaith, ymsefydlu ar diroedd a roddwyd iddynt gan yr Ymherodr ger Nantes, ac mai hwy oedd y Brythoniaid cyntaf i ymgartrefu yn Armorica, gwlad a adnabyddid yn ddiweddarach fel Llydaw.

Ceir manylion pellach yn M. P. Charlesworth, *The Lost Province* (Darlithoedd Gregynog, 1948, 1949) a'r erthygl gan J. F. Matthews yn *Cylchgrawn Hanes Cymru* (cyf. II, rhif 4, 1983); gweler hefyd Gwynfor Evans, *Macsen Wledig a Geni'r Genedl Gymreig* (1983). Gweler hefyd *Breuddwyd Maxen* (gol. Ifor Williams, 1928), *Y Traddodiad Rhyddiaith yn yr Oesau Canol* (gol. Geraint Bowen, 1974) a Sioned Davies, *Crefft y Cyfarwydd* (1995).

Macwyaid, Y, gweler o dan BORD GRON CERIDWEN.

Machafwy, Brwydr (1198), gweler o dan AFALLENNAU.

Madam Wen, gweler o dan OWEN, WILLIAM DAVID (1874–1925).

Maddocks, Ann (Y Ferch o Gefn Ydfa; 1704–27), arwres drasig, merch William Thomas o Gefn Ydfa, tŷ ger Llangynwyd, Morg. Pan oedd yn un ar hugain oed priododd ag Anthony Maddocks, ac o'r ffaith bendant hon deilliodd chwedl ramantus a digon di-sail. Gwyddys i'w thad farw pan oedd hi'n ddwy flwydd oed a dywedir iddi briodi Maddocks, cyfreithiwr cefnog a mab i'w gwarcheidwad, o'i hanfodd. Yn ôl y stori yr oedd yn caru â bardd ifanc o'r enw Wil Hopcyn, a chyfansoddodd ef y penillion 'Bugeilio'r Gwenith Gwyn' iddi hi, ac yn fuan wedi iddi briodi â Maddocks dywedir iddi farw o dorcalon.

Iolo Morganwg (Edward *Williams) oedd y cyntaf i honni mai Wil Hopcyn oedd awdur y gân a'i fab Taliesin ab Iolo (Taliesin *Williams) a ddechreuodd ei chysylltu â'r gred draddodiadol. Ym marn Griffith John *Williams, daeth mab Iolo o hyd i eiriau'r gân ymhlith llawysgrifau ei dad a'u rhoi i Maria Jane Williams (gweler o dan ABERPERGWM) a'u cyhoeddodd yn ei *Ancient National Airs of Gwent and Morgannwg* (1844). Rhoddwyd cred i'r stori gan Mary Pendrill Llewelyn (1811–74), gwraig ficer Llangynwyd. Addurnwyd y stori â manylion gordeimladol gan Isaac Craigfryn *Hughes yn ei nofel, *Y Ferch o Gefn Ydfa* (1881; a gyhoeddwyd hefyd fel *The Maid of Cefn Ydfa*, 1881) a'i hailadroddi gan Thomas Christopher *Evans (Cadrawd), disgybl i Mrs Llewelyn, yn ei *History of the Parish of Llangynwyd* (1887). Er ei bod yn wir i fardd o'r enw Wiliam Hopcyn fyw yn ardal Llangynwyd, nid oes tystiolaeth i awgrymu ei fod mewn cariad ag Ann, na chwaith mai ef oedd awdur y gân. Cyfansoddwyd opera wedi ei seilio ar yr hanes gan Joseph *Parry (1902) a'r libreto Saesneg gan Joseph Bennet.

Ceir manylion pellach yn yr erthygl ar Wil Hopcyn a'r Ferch o Gefn Ydfa gan G. J. Williams yn *Glamorgan Historian* (gol. Stewart Williams, 1969), a'r llyfr gan Brinley Richards, *Wil Hopcyn a'r Ferch o Gefn Ydfa* (1977).

Madoc (*fl.* 12fed gan.), tywysog a mordeithiwr honedig. Yn y 1570au, haerodd Humphrey *Llwyd i Fadoc hwylio ar draws Môr Iwerydd yn y 1170au, gan felly ragflaenu mordaith Columbus o dair canrif a mwy. Ymgorfforwyd stori Llwyd yn *The Historie of Cambria* (1584) gan David *Powel a manylwyd arni gan John *Dee a ddadleuodd ei bod yn rhoi hygrededd ychwanegol i'w gysyniad o Ymerodraeth 'Brydeinig' a estynnai ar draws gogledd Môr Iwerydd. Honnwyd bod Madoc (neu Fadog) yn fab i *Owain ap Gruffudd (Owain Gwynedd) a bod ei fordaith yn ymateb i'r anghydfod a gododd wedi marwolaeth ei dad yn 1170. Awgrymwyd bod traddodiadau Astec ynglŷn ag arweinydd gwyn a ddaeth o'r dwyrain yn ategu'r stori, ac fe ddaeth yn thema cerdd Robert Southey, *Madoc* (1805). Credir bod yr Indiaid Mandan, a drigai i'r gorllewin o afon Missouri yn y dalaith sydd bellach yn North Dakota, yn ddisgynyddion i Fadoc a'i gyd-fordeithwyr.

Wedi'r Chwyldro Americanaidd, enynnodd y stori ddiddordeb newydd mewn teithiau ar draws Môr

Iwerydd ymhlith Radicaliaid Cymru. Lledodd ei apêl wedi i'r hanesydd John Williams gyhoeddi'r stori yn 1791 ac i Iolo Morganwg (Edward *Williams) ei chynnwys yn ei ffugiadau, a daeth yn gymhelliad dros ymfudo i America ymhlith Cymry tlawd a oedd yn deffro i ymwybyddiaeth newydd a radical o'u cenedligrwydd. Un o selogion y chwedl oedd y Bedyddiwr Morgan John *Rhys. Bu'n ysbrydoliaeth hefyd i deithiau John Evans yn 1792–99; tra'n asiant i Sbaen, ymwelodd â bro'r Mandaniaid a mapiodd gwrs afon Missouri. Lladdwyd bron crynswth y Mandaniaid gan y frech wen yn 1838. Ym marn Gwyn A. *Williams, rhan o'r argyfwng moderneiddio a brofwyd gan y gymdeithas Gymreig yw stori Madoc, a gellir cyffelybu'r freuddwyd o ddod o hyd i Indiaid Cymraeg â'r ymdrechion i ail-greu Derwyddiaeth neu'r Iaith Batriarchaidd. Y mae'n ymdebygu i'r myth Seisnig ynglŷn â'r Sacsoniaid rhydd a drigai o dan iau y Norman.

Y mae haneswyr modern wedi dilyn Thomas *Stephens yn ei draethawd yn 1858 ac wedi wfftio stori Madoc fel ffugiad. Dichon ei bod yn chwedl a luniwyd yn yr unfed ganrif ar bymtheg i wrthweithio hawliau'r Sbaenwyr i'r Byd Newydd ac i bwysleisio braint Elisabeth I fel aer y tywysogion Cymreig. Serch hynny, o gofio'r cysylltiadau agos a fu rhwng rheolwyr Gwynedd a'r Northmyn, a'r ffaith fod mordeithiau'r Northmyn ar draws Môr Iwerydd bellach yn cael eu derbyn fel rhai dilys, nid yw stori Madoc yn gyfan gwbl anghredadwy. Nid oes unrhyw ddadleuon morwrol o bwys yn ei herbyn, a gellir dehongli cyfeiriadau mewn barddoniaeth Gymraeg, mewn adroddiad gan Willem y Clerwr ac mewn mapiau cynnar y Sbaenwyr fel tystiolaeth o'i phlaid.

Ceir trafodaeth lawn yn Richard Deacon, *Madog and the Discovery of America* (1967) a Gwyn A. Williams, *Madoc, the Making of a Myth* (1979).

Madocks, William Alexander

Madocks, William Alexander (1773–1828), diwydiannwr a dyneiddiwr. Fe'i ganed yn Fron Iw, Dinb., a'i addysgu yng Ngholeg Iesu, Rhydychen. Daeth yn Aelod Seneddol gan bleidio diwygio'r Senedd, ond tynnodd yn ôl o'i yrfa wleidyddol er mwyn dod â ffyniant i ran o ogledd-orllewin Cymru yr oedd wedi gwirioni arni oherwydd ei harddwch. Gwariodd ei arian a threuliodd ei amser yn adeiladu ffordd rhwng Llundain a Chaergybi, cododd dref Tremadog, a rhan helaeth o Borthmadog, Caern., a enwyd ar ei ôl, ac yn ystod y cyfnod o 1808 hyd 1811 (gyda chymorth ei gynrychiolydd nodedig John Williams) cwblhaodd gob ar draws y Traeth Mawr, ar aber afon Glaslyn. Bu'r fenter hon yn achos iddo dorri a gadawodd Gymru i fyw ym Mharis, lle y bu farw.

Ceir hanes ei fywyd a'i waith yn *Madocks and the Wonder of Wales* (1967) gan Elizabeth Beazley.

'**Madog**' (1918), awdl hir gan T. Gwynn *Jones, a gyhoeddwyd gyntaf yn y cylchgrawn *Y *Beirniad* ac yn ddiweddarach yng nghyfrol yr awdur, *Caniadau* (1926). Cerdd ar fesur o ddyfais y bardd ydyw, mewn pedwar caniad; hon yw un o'i brif gampweithiau. Ei thestun yw'r stori draddodiadol lai adnabyddus am Fadog ab Owain Gwynedd (gweler MADOC), nid ei hanes yn darganfod America ond sut y drylliwyd ei long *Gwennan Gorn* a wnaed o esgyrn morfil neu gyrn carw, mewn storm.

Hola'r Tywysog ei hen athro, y mynach Mabon, am fodolaeth Duw ac annuwioldeb dynion. Wrth iddynt sgwrsio, gwelant lynges *Hywel ab Owain Gwynedd, brawd Madog, yn hwylio yn erbyn un o'i frodyr eraill, *Dafydd ab Owain Gwynedd a ddygodd oddi ar Hywel ei dir a'i gyfoeth. Lleddir Hywel gan un o saethyddion Dafydd, a thrister Madog yn ddirfawr. Pan ddywed Mabon mai ebyrth yw dynion i'w nwydau, ymollynga Madog i ddifrïo'r trachwant, malais, gwanc a gormes a wêl yn y byd. Gofyn i'w hen athro onid oes gwell tir lle nad oes gweithredoedd milain. Etyb y mynach i *Frân ac Osian, Gafran ab Aeddan a *Myrddin oll freuddwydio am wlad nad oedd ynddi na briw na brad. Gyda hynny, hwylia Madog ar ei antur fawr i chwilio am y wlad, ond fe'i delir gan storm enbyd; chwelir ei long gan y môr cynddeiriog wrth i Fadog benlinio i dderbyn bendith Mabon.

Ceir manylion pellach yn yr erthygl gan D. J. Bowen yn *Llên Cymru* (cyf. VI, 1960).

Madog ap Gruffudd (m. 1236), tywysog gogledd *Powys, a adwaenid fel Powys Fadog ar ei ôl, o 1191 hyd ei farwolaeth. Yr oedd fel rheol yn un o bleidwyr ei gefnder *Llywelyn ap Iorwerth (Llywelyn Fawr), ond cefnogodd John, Brenin Lloegr, rhwng 1211 ac 1215 pan fu trai ar lwyddiant Llywelyn. Madog a sefydlodd abaty Sistersaidd *Glynegwestl yn 1201 ac yno y'i claddwyd ef. Yr oedd *Llywarch ap Llywelyn (Prydydd y Moch) ymhlith y beirdd a gyfansoddodd awdlau iddo.

MADOG AP GWALLTER

MADOG AP GWALLTER (*fl.* ail hanner y 13eg gan.?), bardd a brawd crefyddol a oedd yn frodor, mae'n debyg, o Lanfihangel Glyn Myfyr, Dinb. Cyfansoddodd awdl i Dduw a chyfres o englynion i Fihangel, nawddsant ei blwyf, a chredir mai ef yw'r *Frater Wallensis Madocus Edeirnianensis* sy'n hawlio ei fod yn awdur cyfres o linellau Lladin chwechorfan ag odlau mewnol, o natur wlatgar Gymreig. Ond cofir ef yn bennaf am ei gân hyfryd 'Geni Crist', y garol Nadolig gyntaf yn yr iaith Gymraeg yn ôl rhai; dengys y garol symlrwydd a ffresni'r byd Ffransisgaidd cynnar.

Golygwyd ei waith gan Rhian M. Andrews yn *Gwaith Bleddyn Fardd a beirdd eraill ail hanner y drydedd ganrif ar ddeg* (*Cyfres Beirdd y Tywysogion VII*, 1996).

Madog ap Llywelyn (*fl.* 1294), gweler o dan GWRTHRYFEL CYMREIG (1294–95).

Madog ap Maredudd (m. 1160), Brenin olaf *Powys, tiriogaeth a ddaeth, dan ei lywodraeth ef, i amlygrwydd anarferol yn hanes Cymru. Lleolir *Breuddwyd Rhonabwy yn ei deyrnas a chyfeirir at ei rym ar ddechrau'r chwedl. Manteisiodd ar anarchiaeth teyrnasiad Stephen, Brenin Lloegr, a gwthiodd ffiniau Powys i'r dwyrain, gan feddiannu Croesoswallt yn 1149, ond ar yr un pryd collodd diriogaeth yn Nyffryn Clwyd i *Owain ap Gruffudd (Owain Gwynedd). Yn ei wrthwynebiad i dwf grym *Gwynedd ceisiodd gymorth Harri II, gan ymuno ag ef yn yr ymosodiad ar Owain yn 1157. Yr oedd Madog yn noddwr hael i'r beirdd, ac iddo ef yr ysgrifennwyd rhai o gerddi mawl enwocaf y ddeuddegfed ganrif gan feirdd megis *Gwalchmai ap Meilyr a *Chynddelw Brydydd Mawr. Cwyna Cynddelw, yn ei farwnad i Fadog, ynglŷn â cholli undod Powys, a rannwyd wedi ei farwolaeth rhwng meibion a neiaint y Brenin.

MADOG AP SELYF (*fl.* cyn 1282), cyfieithydd. Ni wyddys dim amdano rhagor na'i fod wedi cyfieithu'r *Turpini Historia*, sef cronicl sy'n honni adrodd hanes Siarlymaen, i'r Gymraeg. Gwnaethpwyd hynny 'o adolwyn a deisyf' Gruffudd ap Maredudd ab Owain ap Gruffudd ap Rhys, sef gor-orwyr *Rhys ap Gruffudd (Yr Arglwydd Rhys), Tywysog *Deheubarth. Yn *Llyfr Gwyn Rhydderch ymddengys y priodolir y cyfieithiad Cymraeg o'r *Transitus Mariae* i'r un cyfieithydd a'r un noddwr. I chwaer Gruffudd, Efa, y trosodd y Brawd *Gruffudd Bola Gredo Athanasius. Cysylltir Madog ap Selyf ag abaty *Ystrad-fflur ond, a chofio cysylltiadau ei noddwr â *Llanbadarn Fawr, y mae'n bosibl mai yno y gweithiai.

Ceir manylion pellach yn y rhagymadrodd gan Stephen J. Williams i'w argraffiad o *Ystoria de Carolo Magno* (1931) a Norah K. Chadwick, *Studies in the Early British Church* (1958).

MADOG BENFRAS (*fl.* 1320–60), bardd, cyfoeswr a chyfaill i *Ddafydd ap Gwilym a phriodolir marwnadau i'w gilydd gan y naill a'r llall yn ystod eu bywydau. Mab ydoedd i Ruffudd ab Iorwerth, Arglwydd Sonlli ym *Maelor. Nid oes sail i honiadau Iolo Morganwg (Edward *Williams) i Fadog a dau o'i frodyr gystadlu mewn tair eisteddfod yn amser y Brenin Edward III, nac i'w honiad mai Llywelyn ap Gwilym o *Emlyn oedd eu hathro barddol. Yr oedd Madog yn berchen tiroedd yn ardal Wrecsam, ac enwir ef mewn cofnodion ynglŷn â thrafodion llysoedd yn y dref honno. Cadwyd tua dwsin o gywyddau a briodolir iddo mewn llawysgrifau, y rhan fwyaf yn gywyddau serch yn null Dafydd ap Gwilym.

MADOG DWYGRAIG (*fl.* 1370–80), un o do olaf y *Gogynfeirdd. Cadwyd deunaw o'i awdlau yn *Llyfr Coch Hergest. Dychanol yw'r rhan fwyaf ohonynt, ond ceir tair awdl grefyddol, dwy farwnad i Ruffudd ap Madog o Lechwedd Ystrad ym *Mhenllyn, awdl foliant i Hopcyn ap Tomas o Ynystawe, ac un i Forgan ap

Dafydd o Rydodyn, a ddaliai swyddi dan y Goron rhwng 1375 ac 1381. Gweler hefyd HYWEL YSTORM (14eg gan.).

Mae Rose Cottage, merch gymwys i'w phriodi yn *Under Milk Wood* (1954) gan Dylan *Thomas; a hithau'n 'raw as an onion', disgwylia am '*Mr Right*' a breuddwydio am bechu.

Maelgwn Gwynedd (m. 547), Brenin *Gwynedd a gorwyr *Cunedda. Yr oedd ei lys yn *Negannwy. Yn ôl traddodiad daeth i rym o ganlyniad i gystadleuaeth gydag eraill yn erbyn llanw'r môr; enillodd yr ornest trwy ddefnyddio cadair a arnofiai fel y byddai ei draed yn sych tra bo traed ei gystadleuwyr yn y môr. Y mae *Buchedd-au'r Saint yn ei bardduo ar gyfrif ei agwedd wrthfynach-aidd; fe'i condemniwyd gan *Gildas a oedd yn ei amau o fod yn Belagydd (gweler o dan PELAGIUS) ac fe'i galwodd yn 'Maglocunus, draig yr ynys'. Soniodd Gildas am ei lu camweddau, gan honni iddo lofruddio ei wraig a'i nai, ac yna priodi'r weddw. Cyfeiria traddodiad hefyd at ei edifeirwch ac at ei nawdd i'r beirdd ac i'r mynachlogydd. Yn sicr, yr oedd yn rheolwr cadarn ond cyfeiliornus; dywedir iddo farw o'r pla a ddaliodd wrth iddo edrych drwy dwll y clo mewn eglwys y ceisiodd loches ynddi.

Maelienydd, cantref yn ne *Powys, a threftadaeth llinach Elstan Glodrydd a oedd, yn ôl y traddodiad, y pumed o Lwythi Brenhinol Cymru. Bu ei reolwyr o dan ymosodiad cyson teulu Mortimer o Wigmor. Wedi 1276 meddiannwyd y cantref ganddynt, er i'w hawdurdod weithredu'n unig yn yr ardal o amgylch castell a bwrdeistref Cefn-llys. Aeth Maelienydd, gyda gweddill arglwyddiaethau teulu Mortimer, i ddwylo Coron Lloegr yn 1461, ac yn 1536 daeth yn rhan o sir Faesyfed.

Maelor, dau gwmwd ym *Mhowys. Daeth Maelor Gymraeg yn rhan o wlad Powys Fadog (gweler o dan MADOG AP GRUFFUDD) wedi rhannu Powys ar ôl marw-olaeth *Madog ap Maredudd yn 1160. Fe'i hunwyd ag *Iâl yn 1282 i ffurfio arglwyddiaeth Brwmffild ac Iâl, a daeth yn rhan o sir Ddinbych yn 1536. O dan delerau Statud *Rhuddlan (1284) crëwyd sir y Fflint, gyda Maelor Saesneg yn corffori'r rhan ddidoledig ohoni. Y mae'r ddau gwmwd bellach yn rhan o awdurdod Wrecsam.

Maen Llog, Y, y garreg ganolog lle y mae'r Arch-dderwydd yn arwain seremonïau awyr-agored *Gorsedd Beirdd Ynys Prydain; un o ddyfeisiadau Iolo Morganwg (Edward *Williams) ydyw.

Maen Orchest, carreg lefn, hirgron a ddefnyddid mewn gornestau i brofi cryfder. Pwysai'r garreg rhwng pymtheg a thrigain a chan pwys, fel rheol. Gellid ei chodi, neu ei chodi a'i thaflu, un ai trwy ei chodi â'r ddwy law a'i thaflu'n ôl dros y pen neu ei thaflu'n ôl drwy'r afl. Sonnir am yr arfer, a gynhelid fel rheol ym mynwent yr eglwys ar y Suliau a'r gwyliau, yn y Pedair Camp ar Hugain, sef y campau hynny a honnid yn ddiweddarach y dylai pob gŵr bonheddig eu meistroli i ennill bri yn yr Oesoedd Canol.

Maenan, gweler o dan ABERCONWY.

Maerdy, gweler o dan LITTLE MOSCOW.

Maes Garmon, Brwydr (430), gweler o dan GARMON (c.378–448).

Maes Gwenllïan, Brwydr (1136), gweler o dan CYDWELI a GWENLLÏAN (m. 1136).

Maes Meidog, Brwydr (1295), gweler o dan GWRTH-RYFEL CYMREIG (1294–95).

Maes Winwaed, Brwydr (654). Ymladdwyd y frwydr hon ar lannau afon anhysbys ger Leeds, swydd Efrog, rhwng gwŷr *Brynaich o dan arweiniad y Brenin Oswy, a llu cadarn o wŷr Mersia o dan arweiniad y Brenin Penda, a laddwyd yno, ynghyd â nifer o Frythoniaid a'u tywysogion. Bu buddugoliaeth gwŷr Brynaich yn bwysig oherwydd iddi wahanu Brythoniaid Cymru oddi wrth eu cyd-Frythoniaid yn Ystrad Clud, proses a ddechreuwyd gan frwydr *Caer (c.615).

Maes-glas, mynachlog ger Treffynnon, Ffl., a gysylltir â chwedl werin yn seiliedig ar thema treigl rhyfeddol amser. Â mynach i goedwig er mwyn gwrando ar eos yn canu, ond pan ddychwel i'w fynachlog y mae'n furddun ac nid oes neb yn ei gofio. Ceir y thema hefyd mewn cerdd ddienw am Hen Wŷr o'r Coed sy'n cynnwys y pennill adnabyddus sy'n dechrau, 'Dwedai hen ŵr llwyd o'r gornel'. Gweler hefyd DINAS BASING.

Maesyfelin, plasty a safai gynt ger Llanbedr Pont Steffan, Cer. Dywedir bod Ellen, unig ferch y tŷ, wedi dyweddïo â Samuel Prichard, mab Rhys *Prichard. Yn ôl y traddodiad, nid oedd ei phedwar brawd am rannu eu hetifeddiaeth â'r gŵr ifanc ac felly fe'i clymasant y tu ôl i geffyl a'i lusgo o Lanbedr i Lanymddyfri, a thaflu ei gorff i afon Tywi. Bu Ellen farw yn orffwyll oherwydd ei galar. Cyhoeddodd y Ficer Prichard felltith ar Faesyfelin mewn pennill ac ymhen rhai misoedd llosgwyd y plasty yn ulw, llofruddiodd y mab hynaf ei dri brawd ac yna ei grogi ei hun. Nid oes sail ffeithiol i'r chwedl, a chredir iddi gael ei hadrodd gan drigolion yr ardal i geisio esbonio adfeilion Maesyfelin. Gweler hefyd LLOYD, HERBERT (1720–69).

Magna Carta (llyth. 'Siarter Fawr'; 1215) a ganiatawyd gan y Brenin John dan orfodaeth barwniaid Lloegr.

Dengys y cymalau Cymreig y modd y llwyddodd *Llywelyn ap Iorwerth (Llywelyn Fawr) i fanteisio ar y gwrthdaro cyfansoddiadol yn Lloegr er mwyn cryfhau ei safle ei hun yng Nghymru. Mewn cynghrair gyda barwniaid gwrthryfelgar yn Lloegr, yr oedd Llywelyn a'r arglwyddi Cymreig yn fygythiad i gadarnleoedd brenhinol yng Nghymru. Yn ôl y Siarter yr oedd y tiroedd hynny yn Lloegr a Chymru a gollwyd gan Gymry i'w dychwelyd iddynt; amgylchiadau lleol oedd i benderfynu ai *cyfraith Hywel, Lloegr neu'r Mers oedd i weithredu, ac yr oedd gwystlon o Gymry, yn cynnwys Gruffudd, mab Llywelyn, i'w dychwelyd. Wedi arwyddo'r siarter dirywiodd y berthynas rhwng barwniaid Lloegr a Llywelyn, ar y naill ochr, ac â'r Brenin John, ar y llaw arall. Arweiniodd Llywelyn ymgyrch filwrol lwyddiannus yn ne Cymru a chipiwyd nifer o gestyll, yn cynnwys *Aberteifi, *Caerfyrddin a *Chydweli. Atgyfnerthwyd safle'r Tywysog ymhellach yn y blynyddoedd canlynol ac amlygwyd hyn ym marddoniaeth *Elidir Sais, *Llywarch ap Llywelyn (Prydydd y Moch) a *Dafydd Benfras.

Magnus Maximus, gweler MACSEN WLEDIG (m. 388).

MAIS, STUART PETRE BRODIE (1885–1975), awdur llyfrau taith. Fe'i ganed yn Birmingham a'i addysgu yng Ngholeg Crist, Rhydychen. Dysgodd mewn cyfres o ysgolion bonedd rhwng 1909 ac 1945, a gweithiodd hefyd fel beirniad llenyddol ac adolygydd i nifer o bapurau newydd Llundain; cyhoeddodd dros gant o lyfrau yn ogystal. Ymysg y rhai sy'n trafod Cymru y mae *Highways and Byways in the Welsh Marches* (1939), *Little England Beyond Wales* (1949) ac *I Return to Wales* (1949). Er nad oes i'r llyfrau hyn ddyfnder cyfrol H. V. *Morton, *In Search of Wales*, y maent yn parhau i fod o ddiddordeb oherwydd eu darlun o Gymru yng nghanol yr ugeinfed ganrif.

MALKIN, BENJAMIN HEATH (1769–1842), hynafiaethydd a llenor. Fe'i ganed yn Llundain, bu'n brifathro Ysgol Bury St. Edmunds o 1809 hyd 1828, ac wedi hynny'n Athro Hanes ym Mhrifysgol Llundain. Yr oedd ei wraig, Charlotte Williams gynt, yn ferch i brifathro Ysgol y Bont-faen, Morg., ac o tua 1830 ymgartrefodd Malkin yn yr Hen Neuadd yn y dref honno, gan ymddiddori ym mywyd Morgannwg. Ei lyfr enwocaf oedd hanes ei deithiau yn ne Cymru yn 1803 a gyhoeddwyd dan y teitl *The Scenery, Antiquities, and Biography of South Wales* (1804), gwaith a ddisgrifiwyd gan R. T. *Jenkins fel 'y gorau o ddigon o'r hen lyfrau teithio ar y deheudir, ei sylwadaeth yn graff a diddorol, ei naws ar y cyfan yn garedig, ei wybodaeth o hanes Cymru (ac i raddau o'i llenyddiaeth) yn sylweddol'.

Mam Cymru, gweler CATRIN O FERAIN (1534/35–91).

Mamdduwiesau, nodwedd o grefydd Geltaidd

baganaidd ym Mhrydain ac Iwerddon a gydnabu Fam Ddwyfol a oedd yn fam i'r duwiau eu hunain, y *Tuatha Dé Danann* ('llwythau'r Dduwies Danu'). Cymar Cymreig i *Danu* (neu *Anu*) Gwyddelig yw *Dôn o *Pedair Cainc y Mabinogi, a hefyd *Modron ('Y Fam Fawr'), a goffawyd fel duwies afon Marne. Ei mab oedd Mapnos neu *Fabon ('y Mab Mawr' neu 'Y Mab Dwyfol').

Y mae tystiolaeth o Iwerddon a'r hen Âl yn pwysleisio cysylltiadau lleol y duwiesau Celtaidd ac yn y ddwy wlad y maent ynghlwm wrth nodweddion naturiol fel mynydd-oedd, afonydd a ffynhonnau. Cynrychiolwyr ffrwythl-ondeb oedd y duwiesau, ffrwythlondeb y tir a'i gynnyrch, a ffrwythlondeb dynol mamolaeth. Yr oedd rhai, fodd bynnag, yn llywodraethu dros ryfel, fel yn achos y dduwies ryfel Wyddelig, y Morrígan ('Brenhines y Drychiolaethau') a'r rhyfelwraig Scathach ('Yr Un Cysgodol'), a hyfforddodd Cú Chulainn i ymladd. Naw Gwrach Caerloyw sy'n cyfateb iddi yn Gymraeg, a rhoddasant gyfarwyddiadau tebyg i'r arwr Peredur (gweler o dan TAIR RHAMANT). Yn aml cymer y duwiesau ffurfiau anifeiliaid ac adar; ceir cymar i'r dduwies o Âl, *Epona*, yn *Rhiannon a'r Macha Wyddelig. Ym-ddangosent yn aml mewn ffurfiau triphlyg, megis y Morrígan, Badb a Macha (*cf.* efallai, Triawd y tair *Gwen-hwyfar a oedd yn freninesau i *Arthur). Efallai mai hyn sydd i gyfrif am y ffurf luosog *Matres* neu *Matronae* mewn sawl cysegriad Rhufeinig yng Ngâl a Phrydain. Enw arall ar y *Tylwyth Teg mewn rhai mannau yng Nghymru yw Bendith y Mamau ac ymddengys ei fod yn adlewyrchu cof pell am y Mamdduwiesau.

Ceir manylion pellach yn Edward Anwyl, *Celtic Religion in Pre-Christian Times* (1906), Anne Ross, *Pagan Celtic Britain* (1967) ac *Everyday Life of the Pagan Celts* (1970), Proinsias Mac Cana, *Celtic Mythology* (1970) a Barry Cunliffe, *The Celtic World* (1979).

Manawydan, fab *Llŷr, yw prif gymeriad Trydedd Gainc *Pedair Cainc y Mabinogi. Aeth gyda'i frawd, Bendigeidfran (*Brân), ar ymgyrch i achub cam ei chwaer *Branwen yn Iwerddon ac ef yw un o'r saith a ddychwelodd. Wedyn, gan na fyn ymrafael â'i gefnder Caswallon a oedd wedi cipio coron Ynys y Cedyrn (Prydain), derbyn wahoddiad *Pryderi i fynd gydag ef i *Ddyfed. Yno rhydd Pryderi ei fam *Rhiannon yn wraig iddo, yn ogystal ag awdurdod dros y saith cantref. Yn fuan wedyn disgyn hud ar Ddyfed a gwaceir y deyrnas o'i phobl, ar wahân i Fanawydan a Rhiannon a Phryderi a'i wraig Cigfa. Â'r pedwar i Loegr, lle'r enilla Manawydan a Phryderi eu cynhaliaeth trwy ymarfer â chrefftau'r cyfrwywyr, y tarianwyr a'r cryddion. Pa le bynnag yr ânt y mae'r crefftwyr lleol yn elyniaethus, a rhaid iddynt symud ymlaen. Pan ddychwelant i Ddyfed caethiwir Pryderi, a Rhiannon ar ei ôl, mewn caer ledrithiol sy'n diflannu, gan adael Manawydan a Chigfa i gyd-fyw yn ddiwair am ddwy flynedd. Daw'r Gainc i

ben â stori enwog y llygod yn yr ŷd sy'n dweud sut y llwydda Manawydan trwy ei gyfrwystra i ryddhau Rhiannon a Phryderi o'u caethiwed o *Annwn (gweler o dan LLWYD FAB CIL COED).

Ceir cyfeiriadau at Fanawydan hefyd yn *Llyfr Tal-iesin a *Llyfr Du Caerfyrddin yn ogystal ag yn y Trioedd. Problem anodd yw'r berthynas rhwng Manawydan a Manannán mac Lir, duw'r môr mewn chwedloniaeth Wyddeleg. Cyfetyb y ddau enw i'w gilydd yn rhannol a gellir cydio'r ddau hefyd wrth yr enw lle Manaw. Ond cymeriadau tra gwahanol a briodolir i Manannán a Manawydan: dewin twyllodrus yw'r naill yn hudo gwŷr a gwragedd i'w dinistr, ond cymeriad pur, mwyn a dioddefgar yw'r Cymro. Yn y Trioedd, ac yn Nhrydedd Gainc y Mabinogi, gelwir Manawydan yn un o *'Dri Lleddf Unben' Ynys Prydain, lle y mae *lleddf* yn golygu 'isel, gostyngedig, anfeddiangar'. Os tarddiad Gwyddelig oedd i Fanawydan yn wreiddiol, fel y cred rhai, rhaid bod ei gymeriad wedi cael ei lwyr weddnewid yn Gymraeg er mwyn ei osod o fewn fframwaith thema'r Uchelwyr Mwyn neu hanes Eustathius, lle yr adroddir am ŵr mwyn yn dioddef llawer o golledion yn amyn-eddgar cyn cael ei adfer i ddedwyddwch. Yn y Drydedd Gainc cyfunir y thema â thraddodiadau Celtaidd am y gydberthynas rhwng y byd hwn a phwerau Annwn.

Ceir trafodaeth fanwl yn W. J. Gruffydd, *Rhiannon* (1953) a Rachel Bromwich, *Trioedd Ynys Prydein* (3ydd arg., 1998).

Manion (1932), cyfrol o gerddi gan T. Gwynn *Jones, sy'n cynnwys, gan mwyaf, delynegion, sonedau, epi-gramau, cyfaddasiadau a chyfieithiadau o'r Almaeneg, Gwyddeleg, Eidaleg a'r Lladin. Yn eu plith hefyd y mae ei gyfieithiadau Cymraeg o '*The Raven*' (1845) gan Edgar Allan Poe ac '*Elegy written in a Country Churchyard*' (1750) gan Thomas Gray. Un o'r cerddi pwysicaf yn y casgliad yw 'Y Nef a Llu', yr hwyaf o'i gerddi yn y mesurau rhydd sy'n mynegi llawer o athroniaeth y bardd. Cystwywyd T. Gwynn Jones yn drwm, pan gyhoeddwyd y llyfr, gan David Miall *Edwards, yn Y *Llenor (Gwanwyn, 1933) oherwydd ei agnosticiaeth a'i materoliaeth lom, ac atebodd y bardd ef yn ei ragym-adrodd i'w gyfrol nesaf, *Caniadau* (1934).

MAP neu **MAHAP** neu **MAPES**, **WALTER** (*c.*1140–*c.*1209), awdur Lladin. Credir mai Cymro ydoedd ond nid oes sicrwydd am hyn a dichon mai brodor o swydd Henffordd ydoedd, efallai *Erging. Seiliwyd y dyb honno'n rhannol ar ei eiriau ei hun, '*compatriotae nostre Walenses*', ond y mae'n debyg mai 'cymdogion' yr oedd yn ei olygu yn hytrach na 'chyd-wladwyr'. Yr oedd o dras fonheddig ac yn gyfaill i *Gerald de Barri (Gerallt Gymro). Fe'i haddysgwyd ym Mharis a chafodd yrfa lwyddiannus fel clerigwr a llysgennad. Daeth yn Archddiacon Rhydychen yn 1197.

Er bod Map yn adnabyddus yn ei ddydd fel ysgrifennwr a ffraethinebwr, un gyfrol yn unig y gellir yn sicr ei phriodoli iddo, sef *De Nugis Curialium* (llyth. 'Lloffion o'r llys'), casgliad o hanesion, a storïau a gyfansoddwyd rhwng 1180 ac 1193 ac a gedwir mewn llawysgrif o'r bedwaredd ganrif ar ddeg. Cymysgedd o hanes, rhamant a chwedlau yw'r gwaith ac fe'i disgrifir gan ei olygydd fel '*the untidy product of an untidy mind . . . a rough inventory of the mental furniture of a learned and witty twelfth-century clerk, a marvellous guide to a fascinating lumber room*'. Y mae nifer o'i hanesion o ddiddordeb arbennig i Gymru, ac y mae eraill o arwyddocâd arbennig i fyfyrwyr llên gwerin. Ond ceir hefyd gymaint o ragfarn yn ei bortreadau o bobl a digwyddiadau cyfoes fel nad yw'r gwaith yn ffynhonnell hanesyddol ddibynadwy.

Ceir manylion pellach yn yr argraffiad o *De Nugis Curialium* a olygwyd gan M. R. James ar gyfer *Anecdota Oxoniensis* (1914) a hefyd ei gyfieithiad o'r gwaith a gyhoeddwyd yn y *Cymmrodorion Record Series* yn 1923. Adolygwyd yr argraffiadau a'r cyfieithiad gan C. N. L. Brooke ac R. A. B. Mynors a'i gyhoeddi yn 1983; cyfieithiwyd rhai adrannau gan R. T. Jenkins, *Storïau Gwallter Map* (1941); gweler hefyd yr erthyglau gan R. T. Jenkins, 'Llygad yr Esgob', yn *Y Llenor* (cyf. x, 1931) a Juliette Wood yn *Nhrafodion* Anrhydeddus Gymdeithas y Cymmrodorion (1985) a'r cyfeiriadau pellach a roir yno. Ni chredir bellach mai gwaith Walter Map yw'r cerddi Lladin a olygwyd gan Thomas Wright yn 1841.

Map of Love, The (1939), trydedd gyfrol Dylan *Thomas; y mae ynddi un ar bymtheg o gerddi a saith stori fer, y cyfan wedi ei gyhoeddi cyn hynny mewn cylchgronau. Er gwaethaf eu themâu nodweddiadol, yr ymdriniaeth â chrefydd, rhyw a'r artist creadigol, yn erbyn cefndir Cymreig, y maent oll yn hollol wahanol i realaeth ysgafn a digrif y storïau yn *Portrait of the Artist as a Young Dog* (1940). Rheolir ffurf freuddwydiol a mythig y storïau cynharach hyn gan ffantasi swrealaidd. Er mai ffynhonnell wyth o'r cerddi oedd y llyfrau nodiadau cynnar a gadwyd rhwng 1930 ac 1933, y mae i'r gyfrol ymdeimlad o newid. Deil y cerddi yn anodd yn aml, yn null cynnar Thomas, â phwyslais ar ddwyster testunol a chystrawennol, ond y mae nifer ohonynt, megis '*The spire cranes*', '*Once it was the colour of saying*' ac '*On no work of words*' yn ymwneud yn uniongyrchol â thema ysgrifennu barddoniaeth, mewn modd sy'n rhoi cipolwg inni ar angen y bardd am newid cyfeiriad o ran arddull ac idiom. Testun nifer o gerddi eraill yw pobl, yn hytrach na'r bardd ei hun, ac y mae hyn yn gwbl groes i hunanganolrwydd cerddi y ddwy gyfrol gynharach; yr enghraifft fwyaf nodedig yw'r gerdd *'After the Funeral'*. Cadarnhawyd y symudiad hwn tuag at ffigurau a phrofiadau byd mwy gwrthrychol yng nghyfrol nesaf y bardd, *Deaths and Entrances* (1946), ac erbyn hynny yr oedd wedi gwerthu ei lyfrau nodiadau cynnar (prynwyd hwynt gan lyfrgell prifysgol Americanaidd) ac wedi ei ddiddyfnu oddi arnynt.

Marcsiaeth, athroniaeth wleidyddol yn seiliedig ar syniadau Karl Marx a Frederick Engels a ddatblygwyd yn ddiweddarach gan V. I. Lenin ac eraill. Y mae damcaniaeth Farcsaidd, fel canllaw i weithredu, wedi dylanwadu'n fawr ar gwrs hanes y byd yn yr ugeinfed ganrif, gan ysbrydoli mudiadau chwyldroadol o blaid *Sosialaeth ac ymryddhau cenedlaethol. Marcsiaeth-Leniniaeth yw'r sail ideolegol o hyd i'r rhan fwyaf o Bleidiau Comiwnyddol mewn gwledydd datblygedig a datblygol, tra bod sefydliadau Maoaidd, Trotskyaidd ac adain-chwith eraill yn hawlio fersiynau eraill ar Farcsiaeth. Bu effaith syniadau Marcsaidd ar wleidyddiaeth, llenyddiaeth a bywyd deallusol ac academaidd yn gyffredinol gryn dipyn yn fwy na'r gefnogaeth a roddir i bleidiau gwleidyddol penodol Farcsaidd.

Er nad ysgrifennodd Marx nac Engels yn helaeth am Gymru, cymerodd Engels yn arbennig beth diddordeb mewn agweddau ar hanes Cymru, yn arbennig arferion cymdeithas Geltaidd gyntefig a chyfreithiau *Hywel Dda yn *The Origin of the Family, Private Property and the State* (1884); ac mewn *Siartiaeth ac ymgyrchoedd *Beca yn *The Condition of the Working Class in England in 1844* (1892).

Gwreiddiodd Marcsiaeth i ddechrau yng Nghymru o ganlyniad i ymdrechion selogion milwriaethus Ffederasiwn Glowyr De Cymru, pobl fel Noah *Ablett, Will Mainwaring a W. F. Hay. Yr oeddent hwy yn gysylltiedig â thwf syndicaliaeth (undebaeth lafur chwyldroadol) ychydig cyn y Rhyfel Byd Cyntaf; o 1909, trwythodd dosbarthiadau eu Coleg Llafur Canolog a Chynghrair Gwerin De Cymru genedlaethau o arweinwyr diwydiannol a gwleidyddol yng Nghymru, gan gynnwys Aneurin *Bevan a Will Paynter, mewn economeg Farcsaidd a'r rhyfel dosbarth gwleidyddol. Ysgrifennodd un arall o fyfyrwyr y Coleg, Ness Edwards, hanes cyntaf maes glo de Cymru o safbwynt Marcsaidd: *The Industrial Revolution in South Wales* (1928).

Marcsiaid Cymreig a sefydlodd y Pwyllgor Diwygio Answyddogol a chydysgrifennu eu faniffesto, *The Miners' Next Step* (1912); denodd hwn sylw rhyngwladol i'r dadleuon dros undeb canolog dan reolaeth trwch yr aelodaeth, dros gipio pŵer gwleidyddol trwy ddulliau diwydiannol, a thros reolaeth y gweithwyr ar ddiwydiant. Yr oedd ceffylau blaen yn y Pwyllgor hefyd yn aelodau o'r Blaid Sosialaidd Brydeinig, Cymdeithas Sosialaidd De Cymru a'r Blaid Lafur Annibynnol, ac yn ddiweddarach ymunodd llawer o'i gefnogwyr mwyaf gweithgar â Phlaid Gomiwnyddol Prydain Fawr pan ffurfiwyd honno yn 1920. Yn 1921, gan ddilyn arweiniad Arthur J. *Cook ac S. O. Davies, anogodd y Ffederasiwn lowyr Prydain i ymgysylltu â mudiad Rhyngwladol Coch yr Undebau Llafur (cangen yr undebau llafur o'r mudiad Comiwnyddol Rhyngwladol).

Drwy'r Ffederasiwn a sefydliadau eraill ymgyrchol fel y Mudiad Lleiafrifol Cenedlaethol a Mudiad Cenedlaethol y Di-waith, daeth y Blaid Gomiwnyddol i chwarae rhan flaenllaw ym mrwydrau diwydiannol a gwleidyddol mawr y 1930au. Yn 1936, etholwyd y Comiwnydd

Arthur *Horner yn Llywydd y Ffederasiwn; yr oedd gan y blaid sawl dwsin o seddi ar gynghorau lleol yn ne Cymru; a rhoddwyd yr enw *'*Little Moscow*' ar bentrefi fel Maerdy yn y *Rhondda a Bedlinog ger Merthyr Tudful. Trefnodd Lewis *Jones, y cynghorydd o'r Rhondda, *Orymdeithiau Newyn, protestiadau yn erbyn y 'prawf moddion', gwrthdystiadau yn erbyn Ffasgaeth a chyfarfodydd er budd Gweriniaeth Sbaen. Y Blaid Gomiwnyddol oedd yn bennaf gyfrifol am recriwtio 174 o ddynion i ymladd yn y Brigadau Rhyngwladol yn Sbaen o 1936 ymlaen, o blaid y llywodraeth etholedig yn erbyn gwrthryfelwyr Ffasgaidd. Ar y mater hwn a materion eraill, uniaethodd nifer helaeth o aelodau ac aelodau seneddol y Blaid Lafur eu hunain â pholisïau Comiwnyddol a Marcsiaeth. Mewn gwrthymosodiad athronyddol, ysgrifennodd Saunders *Lewis erthygl hynod feirniadol ar Farcsiaeth yng nghyfnodolyn Plaid Genedlaethol Cymru (*Plaid Cymru), Y *Ddraig Goch (Mawrth 1938).

Dechreuodd y Blaid Gomiwnyddol hithau roi mwy o sylw i hawliau a dyheadau cenedlaethol Cymru: yn 1937 datganodd y Pwyllgor Canolog ei gefnogaeth i hunanlywodraeth i Gymru; o'r flwyddyn honno, hefyd, cyhoeddodd y Rhanbarth Gogledd Cymru newydd y cylchgrawn *Llais y Werin*; yn 1938 galwodd pamffledyn dwyieithog a gyhoeddwyd ar gyfer yr *Eisteddfod Genedlaethol am i'r bobl uno yn erbyn Ffasgaeth. Cyhoeddwyd dros ugain o bamffledi, lawer ohonynt yn ddwyieithog neu yn Gymraeg, dros y degawd nesaf, gan gynnwys *The Flame of Welsh Freedom/Fflam Rhyddid Cymru* (1944) – yr oedd y blaid yn galw'n ddiamwys ynddo am Senedd i Gymru – *Wales in the New World* (1944) a *The Fight for Socialism in Wales* (1948). Yn 1948, ar ganmlwyddiant *The Communist Manifesto* Marx ac Engels, cyhoeddwyd fersiwn Cymraeg, a gyfieithwyd o'r Almaeneg gwreiddiol gan W. J. Rees (a'i ail-gyhoeddi gan Lyfrau Niclas yn 1977). Ar yr ochr ddiwylliannol, bu Comiwnyddion fel T. E. *Nicholas a J. Roose Williams yn gymorth i'r blaid glosio at yr iaith Gymraeg a diwylliant Cymru. Yn 1945, cynhaliodd y blaid ei chyngres gyntaf i Gymru gyfan a daeth ei hysgrifennydd cyffredinol, Harry Pollitt, o fewn mil o bleidleisiau i ennill Dwyrain y Rhondda yn yr Etholiad Cyffredinol.

Yn y cyfnod wedi'r Ail Ryfel Byd, cyfrannodd Comiwnyddion fel Dai Dan Evans, Dai Francis a D. Ivor Davies yn arwyddocaol at sefydlu Gala ac Eisteddfod Glowyr De Cymru, Llyfrgell Glowyr De Cymru, y Gymdeithas er Astudio Hanes Llafur Cymru (a'i chylchgrawn *Llafur*) ac, yn 1973, Cyngres Undebau Llafur Cymru. Yn 1979, daeth Annie Powell yn Faer Comiwnyddol cyntaf Prydain, dros Fwrdeistref y Rhondda. Cyhoeddodd y blaid gylchgrawn, *Cyffro* (yn ddiweddarach, *Moving Left in Wales*), yn ystod y 1970au a'r 1980au cynnar, ynghyd ag un rhifyn o bapur Cymraeg, *I'r Chwith*, ar gyfer Eisteddfod Genedlaethol 1984.

Wedi hynny holltwyd y mudiad yn sgîl rhaniadau mewnol ynglŷn ag egwyddorion a strategaeth; ailsefydlwyd Plaid Gomiwnyddol Prydain ac, er 1988, y mae wedi ceisio atgyfodi dylanwad y blaid ym mywyd gwleidyddol Cymru ac ym mywyd ei hundebau llafur, gan gyhoeddi'r pamffledi *Cymru, Marcsiaeth a'r Cwestiwn Cenedlaethol* (1988) gan Robert Griffiths a Gareth *Miles, ac *A People's Parliament for Wales* (1995).

Y mae sefydliadau gwleidyddol eraill wedi honni cysylltiad â Marcsiaeth mewn degawdau diweddar, gan gynnwys Mudiad Sosialaidd Gweriniaethol Cymru (1979–83), Cymdeithas Niclas, Plaid Sosialaidd Cymru (Cymru Goch) a nifer o grwpiau Trotskyaidd.

Ym maes llenyddiaeth Cymru, yn ogystal â gwaith T. E. Nicholas a Lewis Jones, bu Comiwnyddiaeth a Marcsiaeth yn themâu pwysig yn nramâu J. O. *Francis (yn arbennig *Change* yn 1912 a *Cross Currents* yn 1922), ac yn y nofelau *Cysgod y Cryman* gan Islwyn Ffowc *Elis, *William Jones* gan T. Rowland *Hughes a *Plasau'r Brenin* gan D. Gwenallt *Jones. Ymhlith nofelwyr a dramodwyr cyfoes y mae eu gwaith yn adlewyrchu safbwynt Marcsaidd y mae William O. *Roberts a Gareth Miles. Yr hanesydd Cymreig modern amlycaf i arddel safbwynt a dylanwad Marcsaidd arno oedd Gwyn A. *Williams.

Am fanylion pellach gweler hunangofiannau Arthur Horner, *Incorrigible Rebel* (1960) a Will Paynter, *My Generation* (1972), a'r cofiannau *Lewis Jones* (1982) gan David Smith, *S. O. Davies: A Socialist Faith* (1983) gan Robert Griffiths ac *A. J. Cook* (1987) gan Paul Davies. Y mae Marcsiaeth a'r Blaid Gomiwnyddol yng Nghymru hefyd yn cael lle amlwg yn *The Fed: A History of the South Wales Miners in the Twentieth Century* (1980) gan Hywel Francis a David Smith, *Miners Against Fascism: Wales and the Spanish Civil War* (1984) gan Hywel Francis, *Little Moscows* (1980) gan Stuart Macintyre, a *Democratic Rhondda: Politics and Society 1885–1951* (1996) gan Chris Williams. Ystyrir syniadau Marcsiaeth yn y llyfrau Cymraeg *Marx* (1980) gan Howard Williams a *Lenin* (1981) gan W. J. Rees. Yn 1984 neilltuodd Urdd Graddedigion Prifysgol Cymru rifyn o *Efrydiau Athronyddol* i drafodaeth ar Farcsiaeth.

March ap Meirchion neu **March Amheirchion**, arwr chwedlonol cynnar. Fe'i henwir yn y Trioedd fel un o Dri Llynghesawg Ynys Prydain. Ceir hefyd gyfeiriadau ato yn chwedl *Breuddwyd Rhonabwy, *'Englynion y Beddau' ac mewn cerdd yn *Llyfr Du Caerfyrddin. Dichon, yn ôl y cyfeiriadau a geir yng ngwaith *Cynddelw Brydydd Mawr, fod y March hanesyddol yn fab i frenin Morgannwg a drosglwyddodd dir i *Illtud. Yn chwedl *Trystan ac Esyllt Brenin Cernyw ydyw. Edrydd chwedl ddiweddarach, sef fersiwn Cymraeg ar fotiff cydwladol a gysylltir â Chastell March yn Llŷn, Caern., sut y cadwodd March y gyfrinach fod ganddo glustiau march drwy dyfu ei wallt yn hir a lladd ei eillwyr a'u claddu mewn cors.

Marchog Crwydrad, Y (*c.*1585), gwaith moesegol (ceir y testun cynharaf yn Llsgr. *Llanstephan 178). Cyfieithiad rhyddiaith dienw ydyw o '*The Voyage of the Wandering Knight*' (1581) gan William Goodyear a droswyd o *Le Voyage du Chevalier Errant*, rhamant ganoloesol am oferedd dyn a ysgrifennwyd gan Jean de Carthenay yn y drydedd ganrif ar ddeg.

Marchog Du, Y, cymeriad yn chwedl *Iarlles y Ffynnon*, un o'r *Tair Rhamant Arthuraidd. Ar ôl iddo glywed Cynon yn sôn am antur, cychwyn Owain ar ei daith i chwilio am y Marchog Du sy'n gwarchod ffynnon arbennig yn nheyrnas *Arthur. Fel Cynon, caiff gyfarwyddiadau gan ŵr du hagr i fynd trwy ddyffryn, nes cyrraedd ffynnon o dan goeden fawr werdd. Gerllaw'r ffynnon gwêl lech farmor ac ar y llech gawg arian wedi ei glymu â chadwyn arian, teifl Owain gawgiad o ddŵr dros y llech a chlyw dwrw mawr, yna daw cawod oer iawn sy'n llwyr amddifadu'r goeden o'i dail. Disgyn adar ar y canghennau noethion a chanu cerdd swynol, a daw marchog du ar farch purddu a gwisg o bali purddu amdano. Ymladda Owain ag ef nes ei orchfygu, a ffy i gyfeiriad 'caer fawr lewychedig'. Cais Owain ei ddilyn i'r gaer ond yn ofer, gollyngir porthcwlis gan dorri ei farch yn ddau hanner a chau Owain ei hun rhwng y drysau. Achubir ef gan *Luned sy'n ei gynorthwyo i ennill gweddw y Marchog Du yn wraig. Yr oedd y chwedl hon yn boblogaidd yn Ewrop yn ystod yr Oesoedd Canol; y fersiynau enwocaf ohoni oedd *Yvain* gan Chrétien de Troyes ac *Iwein* gan Hartmann von der Aue. Golygwyd y testun gan R. L. Thomson, *Owein or Chwedyl Iarlles y Ffynnon* (1968).

Marchog Glas o Went, Y, gweler WILLIAM AP TOMAS (*fl.* 1406–46).

MAREDUDD AP RHYS (*fl.* 1440–83), bardd. Cadwyd tua deugain o'i gywyddau mewn llawysgrifau, rhai ohonynt yn gywyddau brud, ac un yn cwyno oherwydd bod brudiau'r beirdd yn gelwyddog. Ceir ganddo hefyd gywyddau duwiol a marwnad i Edward IV yn 1483.

Margam, mynachlog *Sistersaidd ym Morgannwg, a godwyd ar safle ar y tir rhwng afon Cynffig ac afon Afan a roddwyd gan Robert Consul, Iarll Caerloyw, yn 1147. Cyfeiria *Gerald de Barri (Gerallt Gymro) at groeso hael yr abaty yn ystod ei daith trwy Gymru. Collwyd y cerddi a ysgrifennwyd gan yr abad Gwallter o bosibl yn gynnar yn y drydedd ganrif ar ddeg. Yn ystod y drydedd ganrif ar ddeg ysgrifennwyd yma yr *Annales Margam* (Coleg y Drindod, Caer-grawnt, Llsgr. 1108) sy'n olrhain hanes yr abaty o 1066 hyd 1232 ac sy'n ffynhonnell werthfawr i hanes Morgannwg wedi 1185. Y mae llawysgrifau eraill a oedd yn eiddo Margam, sef crynhoad o Lyfr Domesday (Arundel 153), a chyfrol yn cynnwys dau waith gan William o Malmesbury a thestun o'r ddeuddegfed ganrif o *Hanes Brenhinoedd Prydain* gan

Sieffre o Fynwy (Royal 13 Dii) yn y Llyfrgell Brydeinig. Y mae nifer helaeth o siarteri Margam ar gael yn *Llyfrgell Genedlaethol Cymru a'r Llyfrgell Brydeinig. Ar femrwn un weithred o'r drydedd ganrif ar ddeg ceir englyn o gyfres '*Eiry Mynydd*' mewn orgraff gynnar. Crybwyllir Margam yn y gerdd gyntaf y gwyddys iddi gael ei chyfansoddi gan fardd o Forgannwg, sef marwnad *Casnodyn i Fadog Fychan tua 1330. Bu Y Nant, un o'r mân glêr, yn gofyn gŵn gan Wiliam Corntwn (*fl.* 1468–86) a bu *Lewys Glyn Cothi (Llywelyn y Glyn) yn marwnadu o'i golli. Yn ôl Thomas Wilkins o Lanfair yr oedd hanes *Ifor Bach a'i deulu yn 'warantiedig dan law Wiliam', ac o'r herwydd awgrymwyd bod yr abad yn un o haneswyr Morgannwg.

Yn ystod abadaeth Dafydd ap Tomas ap Hywel (*c.*1500–17) tyrrai'r beirdd i'r abaty. Yr oedd ef yn un o deulu beirdd *Tir Iarll, a chanodd dau ohonynt, Rhisiart Brydydd a Siôn ap Hywel Gwyn iddo, yr olaf mewn ymryson ag *Iorwerth Fynglwyd. Bu Wiliam Egwad yntau'n ymryson ag Iorwerth Fynglwyd, y ddau yn ofni bod y rhigymwr, Siôn Lleision, yn eu trawsfeddiannu ym Margam. Er mor boblogaidd ydoedd, diswyddwyd Dafydd ap Tomas ap Hywel gan Leision Tomas, abad Nedd, am ei fod yn crafangu tir yr abad i'w deulu ac yn dad i blant anghyfreithlon. Un arall o deulu beirdd Tir Iarll oedd y cwndidwr *Tomas ab Ieuan ap Rhys a fu'n moli abad olaf Margam, Lewis Thomas (*c.*1529–36). Yr oedd yr abaty wedi adfeddu eglwys Llangynwyd er tua 1353 lle'r oedd y grog yn denu pererinion ddiwedd yr Oesoedd Canol; yr oedd Rhys Brydydd (neu Ieuan Gethin) a *Gwilym Tew ymhlith y beirdd a'i molodd. Ni dderbynnir bellach ddilysrwydd yr englynion a briodolir i Leision Caradog pan ddiddymwyd Margam yn 1536.

Ceir manylion pellach yn Glanmor Williams, *The Welsh Church from Conquest to Reformation* (1982), F. G. Cowley, *The Monastic Order in Wales 1066–1349* (1984) ac yn y cyfraniadau gan Ceri W. Lewis yn *Glamorgan County History* (cyf. III, 1972) a chan F. G. Cowley a Nesta Lloyd ym *Mwletin y Bwrdd Gwybodau Celtaidd* (cyf. XXV, 1973–74).

Marged vch Ifan, gweler EVANS, MARGARET (1695–1801?).

Mari a Bob Lewis, mam a brawd Rhys Lewis yn nofel Daniel *Owen, *Rhys Lewis* (1885). Mari a Bob Lewis yw prif gymeriadau rhan gyntaf y nofel honno, ac ym marn rhai beirniaid y mae'r nofel ar ei cholled am fod y ddau yn marw tua hanner ffordd drwyddi. Cyflwynir y berthynas rhyngddynt ar ffurf cyfres o ymrysonfeydd geiriol ysblennydd sy'n dangos y tyndra rhwng dwy genhedlaeth. Gwraig dduwiol a fagwyd yn ystod oes aur *Methodistiaeth ac sy'n galaru uwch y dirywiad presennol yw Mari Lewis, ac er ei bod yn cydnabod tegwch achos y glowyr, ceidwadol yw ei hagweddau cymdeithasol a gwleidyddol. Glöwr rhyddfrydol ei wleidyddiaeth a'i grefydd yw Bob, darllenwr papurau Saesneg, plediwr addysg a chynnydd. Cwyd y gwrthdaro rhyngddynt yn sgîl ymosodiad Bob ar *Robyn y Sowldiwr a'i safle fel arweinydd glowyr y Caeau Cochion. O holl gymeriadau'r nofelydd y mae'n bosibl mai Bob Lewis a enillodd galon a chydymdeimlad llawer o ddarllenwyr yr ugeinfed ganrif; iddynt hwy dyma arwr ifanc yn herio culni crefyddol y genhedlaeth hŷn ac yn mentro mynegi ei amheuon crefyddol yn groyw. Y mae'n wir bod Bob yn cael traddodi areithiau grymus, ond nid mwy felly na'i fam, ac y mae'n bosibl bod agwedd Daniel Owen ar y ddau gymeriad yn cael ei awgrymu gan yr ieithweddau a roddir iddynt: llafar naturiol Dyffryn Alun sydd gan y fam; iaith gyhoeddus, ffurfiol sydd gan Bob. Yn wir, y mae Bob ar adegau yn siarad yn debyg iawn i gymeriadau eraill nad oes amheuaeth ynghylch agwedd goeglyd Daniel Owen tuag atynt. Ond er bod gwahanol safbwyntiau ynghylch agwedd Daniel Owen at y cymeriadau hyn, y mae pawb yn gytûn mai arwydd o gryfder yw'r modd y mae'n ymatal rhag ymyrryd yn llawdrwm yn yr ymrysonfeydd rhyngddynt. Bu farw mam Daniel Owen ychydig cyn iddo roi cychwyn ar *Rhys Lewis*, a thybir ei fod yn talu teyrnged i rai agweddau ar ei bywyd yng nghymeriad Mari Lewis. Dadleuwyd i gymeriad Bob Lewis ddylanwadu'n drwm ar y math o arwr radical a gaed yn nramâu cymdeithasol dechrau'r ugeinfed ganrif.

Mari Lwyd, penglog ceffyl wedi ei orchuddio â chynfas wen a'i addurno â rhubanau lliwgar. Fe'i cludid ar ben polyn gan ŵr a lechai o dan y gynfas gan weithio'r safn, ac fe'i harweinid o dŷ i dŷ liw nos yn ystod gwyliau'r *Nadolig. Wrth i'r parti, a oedd yn cynnwys *Sergeant*, *Merryman*, Pwns a Shŵan a chymeriadau difyr eraill, ddynesu at ddrws y tŷ, cenid penillion yn gofyn am fynediad ac atebai'r bobl y tu mewn, ar gân, yn nacaol, a cheid ymryson rhwng y ddwy ochr ar ffurf penillion byrfyfyr nes i'r ymwelwyr, a oedd wedi paratoi ymlaen llaw, gael mynediad i'r tŷ. Yn y tŷ rhedai'r Fari ar ôl merched ifainc y teulu ac wedi'r chwarae cynigid bwyd a diod i'r osgordd. Blodeuai'r arfer, sef math o *waseila, yn ystod y bedwaredd ganrif ar bymtheg, ym Morgannwg a Gwent, ond bellach darfu amdano yn ei ffurf gyntefig ac eithrio yn Llangynwyd a Maesteg. Defnyddiwyd ef gan Vernon *Watkins, a oedd â chysylltiadau teuluol â Ffynnon Daf, Morg., man arall lle y goroesodd y traddodiad i'r ugeinfed ganrif, yn sail i'w gerdd hir, *Ballad of the Mari Lwyd* (1941). Dangosir enghreifftiau o'r Fari Lwyd yn orielau *Amgueddfa Werin Cymru a chedwir recordiau tâp o'r canu yn ei harchifau.

Trafodir defod ac arwyddocâd y Fari Lwyd yn Dora Polk, *Vernon Watkins and the Spring of Vision* (1977) a Rhiannon Ifans, *Sêrs a Rybana: astudiaeth o'r canu gwasael* (1983); gweler hefyd Trefor M. Owen, *Welsh Folk Customs* (1959).

MARO, JUDITH (1927–), nofelydd, a aned ac a addysgwyd yng Nghaersalem. Priododd â Jonah *Jones

yn 1946 a bu'n byw yng Nghymru, ger Penrhyndeudraeth, Meir., gan mwyaf, er 1949; erbyn hyn y mae'n byw yng Nghaerdydd. Dewisodd ysgrifennu yn Saesneg ond yn arwydd o'i huniaethu â Chymru, dewisa i'w gwaith gael ei gyfieithu a'i gyhoeddi yn Gymraeg. Ysgrifennodd *Atgofion Haganah* (1973), sef ei hatgofion o'r cyfnod y bu'n aelod o'r mudiad Seionaidd yn ystod y Mandad Prydeinig ym Mhalestina (1939–48), cyfrol o storïau am Gymru ac Israel, *Hen Wlad Newydd* (1974), a nofel a osodir yn erbyn cefndir yr ymgyrch dros sefydlu gwladwriaeth Israel, *Y Porth nid â'n Anghof* (1974), sydd hefyd wedi ymddangos yn Saesneg dan y teitl *The Remembered Gate* (1975).

MARSDEN, THOMAS (1802–49), clerigwr ac awdur a aned yn Llanbedr Pont Steffan, Cer. Fe'i hordeiniwyd yn 1827 a bu'n dal bywoliaethau yn Llany-crwys, Caerf. (1827–29; 1831–38) a Thirabad, Brych. (1829–31). O 1838 nes iddo ymddiswyddo yn 1840 bu'n ficer Brymbo, Dinb., ac o 1843 tan ei farw bu'n rheithor Llanfrothen, Meir. Cyhoeddodd ddau gasgliad o bregethau yn Gymraeg (1838 ac 1843), cyfrol o emynau (1848) a chyfrol o gerddi yn dwyn y teitl *The Poet's Orchard* (1848).

Martin Marprelate, gweler o dan PENRY, JOHN (1563–93).

Martha'r Mynydd (*fl.* 1770), hen wraig o Lanllyfni, Caern., a honnai ei bod yn adnabod teulu cefnog, ond anweledig, o'r enw Ingram a drigai, meddai hi, mewn plasty hardd yn yr ardal. Llwyddodd i ddwyllo llawer â'r stori, a chynhaliwyd cynulliadau yn ei bwthyn a Mr Ingram a'i ferch yn ymddangos ynddynt. Ymhen amser rhoddodd Martha y gorau i'w thwyll, a thua diwedd ei hoes ymunodd â'r Methodistiaid yn y pentref. Cofnodir ei hanes gan Robert *Jones, Rhos-lan, yn ei *Drych yr Amseroedd* (1820).

Mary Ann Sailors, perchennog y *Sailors Arms*, yn *Under Milk Wood* (1954) gan Dylan *Thomas. A hithau'n bum mlwydd a phedwar ugain oed y mae'n dal mewn cariad â bywyd yn Llareggub ac yn canmol 'the lord who made porridge'. Hiraetha ei mab, Sinbad Sailors, ar ôl Gossamer Beynon ac nid yw'r *Sailors Arms* byth yn cau.

Matchless Orinda, The, gweler PHILIPS, KATHERINE (1631–64).

Mater Prydain (Ffr. *Matière de Bretagne*), ynghyd â Mater Rhufain a Mater Ffrainc, un o'r tri phrif ddosbarth ar lenyddiaeth Ffrainc yn yr Oesoedd Canol yn ôl yr awdur Ffrangeg Jean Bodel yn y drydedd ganrif ar ddeg. Golyga yr un maes â'r chwedl Arthuraidd i'r graddau y dynoda'r pwnc hwnnw ddefnydd llenyddol yn tarddu o draddodiadau Cymreig neu Lydewig am y cyfnod Arthuraidd ym Mhrydain. Ychwanegodd y ffaith fod yr enw *Bretagne* hefyd yn golygu Llydaw, gwlad a ddatblygodd ei chysylltiadau Arthuraidd ei hun, ddimensiwn newydd at y teitl *Matière de Bretagne*. Yr oedd y defnydd Cymreig neu Brydeinig o nodwedd amrywiol, peth ohono'n lled-hanesyddol ond y rhan fwyaf ar ffurf llên gwerin neu chwedloniaeth gyntefig. Y chwedl Arthuraidd lenyddol hynaf yw *Culhwch ac Olwen*, a gyfansoddwyd yn ôl pob tebyg tua'r flwyddyn 1100, lle y ceir swm enfawr o draddodiadau llên gwerin hynafol o fewn fframwaith Arthuraidd.

Ymddengys i bu nifer o sianelau yn gyfrwng i drosglwyddo cynnwys *Mater Prydain* i gyfandir Ewrop. Un ohonynt oedd *Historia Regum Britanniae* (1136–38) gan *Sieffre o Fynwy, a bortreadodd *Arthur fel ymherodr ffiwdal ac a ddarparodd gefndir politicaidd ar gyfer y rhamantau meithion yn adrodd anturiaethau marchogion ei lys. Ceir amrywiaeth barn am y sianelau eraill. Gwêl rhai ysgolheigion bwysigrwydd yn y cysylltiadau rhwng y cyfarwyddiaid Cymraeg a'r cerddorion Normanaidd yn y blynyddoedd wedi i'r Normaniaid ddechrau ymsefydlu mewn rhannau o dde Cymru yn gynnar yn y ddeuddegfed ganrif. Y mae eraill wedi dadlau mai'r sianel bwysicaf oedd y chwedleuwyr Llydewig y dywedir iddynt ddod gyda'r gorchfygwyr Normanaidd, ac a oedd yn gymdeithion iddynt nid yn unig yng Nghymru ond yn Lloegr hefyd. Yn ail hanner y ddeuddegfed ganrif lluniodd Chrétien de Troyes ei gerddi storïol *Erec*, *Yvain* a *Perceval*, sy'n cynnwys defnydd yn cyfateb i'r rhamantau rhyddiaith Cymraeg *Geraint*, *Owain* a *Peredur*, er bod llawer o ddadlau wedi bod ynghylch union natur y berthynas rhyngddynt (gweler o dan TAIR RHAMANT). Y mae cysylltiadau Llydewig a Chymreig gan *lais* Marie de France, sy'n perthyn i'r un cyfnod. Datblygiad diweddarach oedd cyfansoddi'r rhamantau rhyddiaith, *Lancelot*, y *Queste del Saint Great* a'r *Mort Artu*. Digwydd chwedl *Trystan ac Esyllt*, a oedd â'i gwreiddiau mewn traddodiadau Gwyddelig, Cymreig, Cernywaidd a Llydewig, mewn nifer o ffurfiau mydr a rhyddiaith.

Defnyddiwyd themâu'n tarddu o *Mater Prydain* gan lawer o ysgrifenwyr mewn ieithoedd amgen na'r Ffrangeg, megis Wolfram von Eschenbach a Gottfried von Strassburg yn Almaeneg yn gynnar yn y drydedd ganrif ar ddeg a gwaith dylanwadol iawn Malory, *Le Morte D'Arthur* (1485) yn Saesneg. Y mae llenyddiaeth Arthuraidd yn gyffredinol yn cynnwys defnyddiau sy'n tarddu o lawer o ffynonellau eraill heblaw *Mater Prydain*. Y mae rhai ysgolheigion Americanaidd ac Ewropeaidd megis Tatlock a Faral wedi tueddu i wneud yn fychan o'r elfen 'Brydeinig', ond y mae eraill megis R. S. Loomis a Frappier i amrywiol raddau wedi dyfarnu o blaid ei phwysigrwydd.

Ceir trafodaeth ar Fater Prydain yn y gweithiau a ganlyn: R. S. Loomis (gol.), *Arthurian Literature in the Middle Ages* (1959), E. K. Chambers, *Arthur of Britain* (1927, 1964), P. B. Grant *et al.* (gol.), *The Legend of Arthur in the Middle Ages* (1983); gweler hefyd Cedric E. Pickford a Rex Last, *The Arthurian Bibliography*, *Part I* (1981), y gyfrol flynyddol, *Bibliographical Bulletin of the International Arthurian Society*, a *The Arthur of the Welsh* (ed. R. Bromwich, A. O. H. Jarman a B. F. Roberts, 1991).

Math fab Mathonwy, dewin a Brenin *Gwynedd ym Mhedwaredd Gainc *Pedair Cainc y Mabinogi*. Ni byddai fyw heb fod ei draed ar arffed morwyn, ac eithrio pan rwystrid hynny gan ryfel. Ar ddechrau'r Bedwaredd Gainc ei droedog oedd Goewin ferch Bebin, a phan syrth Gilfaethwy fab Dôn mewn cariad â hi cynllunia ei frawd, *Gwydion, ryfel rhwng Gwynedd a *Deheubarth er mwyn peri i Fath ymadael â'i lys yng Nghaer Dathl. Yn ystod yr ymladd dodir Goewin yng ngwely Math fab Mathonwy a threisir hi gan Gilfaethwy. Wedi dychwelyd i'w lys, a chlywed am y trais, gwna Math iawn i Goewin trwy ei chymryd yn wraig iddo, a chosba Wydion a Gilfaethwy a'u troi'n anifeiliaid a pheri bod epil iddynt o'i gilydd dros gyfnod o dair blynedd. Ceir cyfeiriadau at Fath mewn hen gerddi chwedlonol yn *Llyfr Taliesin*, lle yr honnir bod Math wedi llunio *Taliesin trwy hud.

Ceir manylion pellach yn *Math vab Mathonwy* (1928) gan W. J. Gruffydd, a *Trioedd Ynys Prydein* (3ydd arg., 1998) gan Rachel Bromwich.

Mathago neu **Mathau Goch**, gweler GOUGH, MATHEW (1396–1450).

MATHERS, ZECHARIAH (Zachary Mather; 1843–1934), awdur, a aned yn Efail y Waun, Dinb.; bu'n weinidog gyda'r Annibynwyr yn Abermo, Meir., am flynyddoedd lawer. Cyhoeddodd *The Wonderful Story of Agnes and the White Dove* (1903) a *Tales from the Welsh Hills* (1909); y mae'r diwethaf yn cynnwys y tair stori fer a enillodd iddo'r wobr gyntaf yn yr *Eisteddfod Genedlaethol yn 1902, ar feirniadaeth Syr Lewis *Morris. Ysgrifennodd, yn Gymraeg, sawl bywgraffiad a nifer o lyfrau i blant, gan gynnwys *Teulu Bronygraig* (d.d.) a *Llwyfan y Plant* (1922).

Ceir rhagor o fanylion yn *Y Dysgedydd* (cyf. CXIV, 1934) a'r *Tyst* (29 Mawrth a 5 Ebrill, 1934).

Mathetes, gweler JONES, JOHN (1821–78).

MATHEW, DAVID (1902–76), hanesydd a nofelydd. Yr oedd yn ddisgynnydd i deulu Mathew o Radur a Chastell y Mynach, Pen-tyrch, Morg. Fe'i haddysgwyd yn ysgolion Osborne a Dartmouth, a bu yn y Llynges am flwyddyn cyn mynd i Goleg Balliol, Rhydychen, yn 1919. Fe'i hordeiniwyd yn offeiriad yn Eglwys Rufain yn 1929 a bu'n offeiriad cynorthwyol yn Eglwys Gadeiriol Dewi Sant, Caerdydd, o 1930 hyd 1934; wedi hynny bu'n gaplan mewn sawl prifysgol, ac yn 1938 bu'n Esgob Cynorthwyol Westminster. Wedi iddo gael ei anfon i Ethiopia yn Ymwelydd Apostolaidd yn 1945, dechreuodd ei gysylltiad hir ag Affrica, ac fe'i penodwyd yn Esgob Apamea yn 1963.

Ar wahanol adegau bu'n Ddarlithydd Ford yn Hanes Lloegr yn Rhydychen a Darlithydd Ballard Mathews ym *Mhrifysgol Cymru; yr oedd hefyd yn awdur toreithiog. Yn ei lyfr cyntaf, The Celtic Peoples and Renaissance Europe (1933), disgrifia â chryn fanylder Gymru a'r Mers yng nghyfnod Syr Gelly *Meyrick. Ysgrifennai yn null Namier, dull gwrthystadegol o ymdrin â'i ddewis gyfnod, sef yr unfed ganrif ar bymtheg a'r ail ganrif ar bymtheg, a nodweddir ei waith gan ei ddiddordeb mewn Pabyddiaeth mewn lleoedd pwysig, a'i ryddiaith goeth. O'r un ar bymtheg o weithiau hanesyddol a gyhoeddwyd ganddo yr enwocaf yw The Jacobean Age (1938), The Age of Charles I (1951), The Prince of Wales Feathers (1953), James I (1967), Lord Acton and his Times (1968) ac o bosibl ei deyrnged i'w hendaid, Sir Tobie Mathew (1951). Yr oedd hefyd yn awdur pedair nofel, Steam Packet (1936) a chyfres o dair â'r teitl In Vallombrosa (1950–53).

MATHEWS, ABRAHAM (1832–99), gweinidog, arloeswr a llenor a aned yn Llanidloes, Tfn., ac a addysgwyd yng Ngholeg yr Annibynwyr, Y Bala, dan Michael D. *Jones. Bu'n weinidog yn Aberdâr, Morg., hyd 1865 pryd yr aeth gyda'r fintai gyntaf i *Batagonia lle y bu'n gweithio fel gweinidog a ffermwr am weddill ei oes. Ei lyfr Hanes y Wladfa Gymreig (1894) yw'r adroddiad mwyaf dibynadwy ar hanes cynnar y Wladfa.

MATHEWS, JOHN HOBSON (Mab Cernyw; 1858–1914), hanesydd o dras Gernywaidd; bu'n gyfreithiwr yng Nghaerdydd am flynyddoedd lawer. Troes yn Babydd yn 1877, dysgodd Gernyweg a Chymraeg ac ymroes i astudio hanes Cernyw a hanes yr Eglwys Babyddol yng Nghymru; ef a dynnodd sylw gyntaf at garolau Richard *Gwyn. Yr oedd yn awdur The Life and Memorials of Saint Teilo (1893), The Vaughans of Courtfield (1912), ac fel archifydd Corfforaeth Caerdydd golygodd chwe chyfrol, Cardiff Records (1898–1911). Y mae ei ddilyniant i lyfr Duncumb, History of Herefordshire (1804–12) yn ffynhonnell arbennig o werthfawr i hanes ardal *Erging.

MATHIAS, ROLAND (1915–   ), bardd, golygydd a beirniad a aned yn Nhal-y-bont ar Wysg, Brych. Bu ei dad yn gaplan i'r fyddin yn yr Almaen ar ôl y Rhyfel Byd Cyntaf, a chafodd ei addysg yn y wlad honno, yn Ysgol Caterham a Choleg Iesu, Rhydychen, lle y bu'n astudio Hanes Modern. Er bod ei ddau riant yn Gymry o waed nid oedd ei fam yn medru'r Gymraeg, a Saesneg oedd iaith ei gartref a'i addysg. Daeth yn ymwybodol o'i etifeddiaeth Gymreig, meddai, pan oedd yn naw mlwydd oed, o ganlyniad i ddarllen Lone Tree Lode (1913), nofel gan Owen Rhoscomyl (Robert Scourfield *Mills). Yr oedd ei yrfa wedi hynny yn un o'i uniaethu'i

hun â Chymru ac ymddiddorai fwyfwy yn ei hanes a'i diwylliant. Bu'n athro yn Lloegr am gyfnod, ond dychwelodd i Gymru pan gafodd ei benodi'n brifathro Ysgol Ramadeg Doc Penfro yn 1948; bu yn y swydd honno hyd 1958 pan benodwyd ef yn brifathro Ysgol Herbert Strutt, Belper, swydd Derby. Ymddiswyddodd o fod yn brifathro King Edward's Five Ways School, Birmingham, yn 1969 er mwyn ymroi i ysgrifennu a darlithio ac ymgartrefodd yn Aberhonddu. O 1969 hyd 1979 bu'n aelod o Bwyllgor Llenyddiaeth *Cyngor Celfyddydau Cymru ac yn Gadeirydd y Pwyllgor am dair blynedd. Bu hefyd yn Gadeirydd Adran Saesneg Yr *Academi Gymreig o 1973 hyd 1978.

Yn 1949 yr oedd Roland Mathias yn un o sylfaenwyr y cylchgrawn Dock Leaves (The *Anglo-Welsh Review yn ddiweddarach), ac ef oedd ei olygydd rhwng 1961 a 1976. O'r dechrau oll ymddangosodd llawer o'i gerddi a'i adolygiadau yn ei dudalennau. Days Enduring (1942) oedd ei gasgliad cyntaf o gerddi; fe'i dilynwyd gan Break in Harvest (1946), The Roses of Tretower (1952), The Flooded Valley (1960), Absalom in the Tree (1971), Snipe's Castle (1979) ac A Field at Vallorcines (1996). Ymddangosodd detholiad o'i gerddi o dan y teitl Burning Brambles yn 1983. Ymhlith ei weithiau rhyddiaith y mae cyfrol o storïau byrion, The Eleven Men of Eppynt (1956), gwaith hanesyddol, Whitsun Riot (1963), penodau ar gyfnod y *Rhyfeloedd Cartref yn Pembrokeshire County History (1987), astudiaeth o Vernon *Watkins yn y gyfres *Writers of Wales (1974), ac astudiaeth o farddoniaeth John Cowper *Powys, The Hollowed-Out Elder Stalk (1979). Y mae hefyd wedi golygu cyfrol o ysgrifau ar David *Jones fel llenor ac artist (1976), a chyda Sam *Adams cydolygodd ddetholiad o storïau byrion gan lenorion Eingl-Gymreig, The Shining Pyramid (1970) a The Collected Stories of Geraint Goodwin (1976); gyda Raymond *Garlick cydolygodd y flodeugerdd, Anglo-Welsh Poetry 1480–1980 (1984).

Bu cyfraniad Roland Mathias i lenyddiaeth *Eingl-Gymreig yn amrywiol a helaeth. Y mae ei gefndir fel hanesydd wedi rhoi sylwedd a chywirdeb i'w waith ar ddechreuadau a datblygiad ysgrifennu trwy gyfrwng y Saesneg yng Nghymru. Ymhlith ei gyfraniadau pwysicaf ar y pwnc hwn y mae ei draethodau hirion 'Thin Spring and Tributary' yn Anatomy of Wales (gol. R. Brinley Jones, 1972), 'The Welsh Language and the English Language' yn The Welsh Language Today (gol. Meic Stephens, 1973) a 'Literature in English' yn The Arts in Wales 1950–75 (gol. Meic Stephens, 1979). Nodweddir ei feirniadaeth lenyddol helaeth gan weledigaeth eang, difrifoldeb a'i ddiddordeb mewn pynciau yn hytrach nag mewn personoliaethau. Cyhoeddodd ddetholiad o'i waith ar lenyddiaeth Eingl-Gymreig yn A Ride Through the Wood (1985) ac Anglo-Welsh Literature: An Illustrated History (1987). Rhydd lawer o le yn ei farddoniaeth i Gymru a'i hanes, i leoedd neilltuol ac i gymeriadau enwog a di-nod. Y mae ganddo ei lais ei hun ac, yn ei lyfrau diweddarach, mynegir fwyfwy ei argyhoeddiadau crefyddol a'i gydwybod foesol. O ran ansawdd ac ieithwedd, ni welir unrhyw newid sylweddol yn ystod y deng mlynedd ar hugain diwethaf. Er y gall rhai o'i weithiau cynharach ymddangos yn dywyll, yn bennaf oherwydd eu cyfeiriadaeth neu ysgolheictod, nodweddir ei waith bob amser gan ddiffuantrwydd, ymadroddi byw a chrefftwaith gofalus.

Ceir rhagor o fanylion yn yr ysgrif hunangofiannol gan Roland Mathias yn Artists in Wales (gol. Meic Stephens, 1971), yr erthyglau gan Jeremy Hooker yn Poetry Wales (cyf. XVIII, rhif. 4, 1983 a chyf. XXI, rhif. 1, 1985), yr astudiaeth feirniadol gan Michael J. Collins yn Dictionary of Literary Biography: British Poets since World War II (1984) ac yn y cyfweliad yn Common Ground: Poets in a Welsh Landscape (gol. Susan Butler, 1985). Gweler hefyd yr erthyglau gan Jeremy Hooker yn The New Welsh Review (rhif. 4, cyf. I, Gwanwyn 1989) a chan Tony Conran yn Frontiers in Anglo-Welsh Poetry (1997). Ceir traethawd ar Roland Mathias gan Sam Adams yn y gyfres Writers of Wales (1995) a llyfryddiaeth gyflawn yn John Harris, A Bibliographical Guide to Twenty-four Modern Anglo-Welsh Writers (1994).

Mathias, William (1934–92), cyfansoddwr a aned yn Hendy-gwyn ar Daf, Caerf., ac a addysgwyd yng Ngholeg Prifysgol Cymru, Aberystwyth, ac yn yr Academi Brenhinol, Llundain. O 1959 hyd 1987 yr oedd yn ddarlithydd ac yna'n Athro Cerddoriaeth yng Ngholeg Prifysgol Gogledd Cymru, Bangor. Yr oedd yn arweinydd dawnus, ac am lawer blwyddyn bu'n Gyfarwyddwr Artistig Gŵyl Gerdd Gogledd Cymru. Ymysg ei weithiau corawl mawr y mae This World's Joie, Lux Aeterna, a World's Fire sy'n osodiad cerddorol o waith gan Gerard Manley *Hopkins; cyfansoddodd dair symffoni hefyd a llawer o weithiau cerddorfaol byrrach. Ysbrydolwyd peth o'i gerddoriaeth gan fytholeg Gelt-aidd a barddoniaeth Gymraeg gynnar.

Matholwch, Brenin Iwerddon yn Ail Gainc *Pedair Cainc y Mabinogi. Ar ddechrau'r chwedl cyrhaedda Harlech â thair llong ar ddeg i geisio *Branwen, chwaer Bendigeidfran (*Brân), yn wraig iddo er mwyn ffurfio cynghrair rhwng y ddwy ynys. Caniateir ei gais, ond wedi i *Efnysien ei sarhau trwy andwyo meirch ei wŷr y mae'n digio ac yn dychwelyd i'w lynges. Er mwyn cymodi fe'i hanrhegir â cheffylau newydd ac â *Phair y Dadeni; cynhelir gwledd ac y mae ef a Branwen yn priodi. Yn ystod blwyddyn gyntaf eu teyrnasiad genir mab i Franwen, Gwern, ond yn fuan wedyn gorfodir Matholwch i ildio i gais taer ei bobl am ddial ar ei wraig am y sarhad a gawsai'r Gwyddyl yng Nghymru a gyrrir hi i weithio i'r gegin. Anfona Branwen neges at ei brawd, gyda drudwy, yn dweud wrtho am ei thynged. Dair blynedd yn ddiweddarach, pan ddaw Bendigeid-fran a'i wŷr i ddial dros Franwen, cynigia Matholwch ymddeol o'r frenhiniaeth a gorseddu Gwern yn ei le. Ni fodlonir Brân fodd bynnag a digwydd y gwrthdaro mawr terfynol rhwng y Gwyddyl a'r Cymry.

Awgrymwyd tarddu'r enw Matholwch o'r ffurf Wyddeleg, Milscothach, ond dylid nodi mai'r ffurf hynaf ar yr enw Cymraeg yn ôl pob tebyg yw Mallolwch. Enwir Matholwch Wyddel yn y Trioedd ac ym Muchedd *Collen cyfeirir at 'Vathylwch, Arglwydd yn y Werddon'. Disgrifir Iwerddon fel 'gwlad Fatholwch' gan *Iolo Goch, ac mewn testun o'r unfed ganrif ar bymtheg enwir 'Matholwch Wyddel' fel un o 'bedwar pencerdd o delyn a chrwth' a roes eu cyngor wrth lunio *Pedwar Mesur ar Hugain *Cerdd Dafod.

Ceir manylion pellach am Fatholwch yn Ifor Williams, Pedeir Keinc y Mabinogi (1930), P. Mac Cana, Branwen Daughter of Llŷr (1958), Rachel Bromwich, Trioedd Ynys Prydein (3ydd arg., 1998) ac yn yr erthygl gan Eurys Rowlands yn Llên Cymru (cyf. VI, 1961).

Mathrafal, prif lys brenhinoedd *Powys, hyd y drydedd ganrif ar ddeg, ger Meifod, Tfn., eglwys bwysicaf y deyrnas honno. Fe'i cysylltid â Phowys fel y cysylltid *Aberffraw â *Gwynedd, a *Dinefwr â *Deheubarth. Yn ddiweddarach rhoddwyd yr enw i un o dair talaith farddol Cymru. Cyfeirir at y safle gan John Cowper *Powys yn ei nofel *Owen Glendower (1940), yn enwedig yn ymwybyddiaeth Broch o'Meifod a gynrychiolir fel goroeswr trigolion cyn-Geltaidd Cymru.

MATTHEWS, EDWARD (1813–92), pregethwr ac awdur. Fe'i ganed ger Sain Tathan, Morg.; yn bedair ar ddeg oed aeth yn löwr yn Hirwaun ac yn 1841 fe'i hordeiniwyd gyda'r Methodistiaid Calfinaidd. Ar ôl tymor byr o addysg yng Ngholeg Trefeca bu'n gweinidogaethu ym Mhontypridd, Morg., ond yn ddiweddarach ymgartrefodd yn Ewenni, ger Pen-y-bont ar Ogwr ym Mro Morgannwg. Daeth Matthews Ewenni, fel yr adwaenid ef, i amlygrwydd cyntaf fel pregethwr a ddifyrrai ei gynulleidfa â'i ymadroddion digrif o dafodiaith Morgannwg, ei areithio dramatig a'i ebychiadau uchel o'r pulpud.

Y mae ei gofiant poblogaidd Hanes Bywyd Siencyn Penhydd (1850) yn disgrifio helyntion hen gynghorwr Methodistaidd gerwin a duwiol o'r enw Jenkin Thomas o Ben-hydd, Morg. Ysgrifennai'n ddifyr ac yn ffraeth, gan dynnu llawer ar ei ddychymyg wrth ddisgrifio'r math o bregethwr braidd yn rhyfedd a edmygid gan werin bobl y cyfnod. Fe'i cyhoeddwyd gyntaf yn y cylchgrawn, Y *Traethodydd, ac aeth i chwe argraffiad rhwng 1850 ac 1867. Llyfr tebyg yw George Heycock a'i Amserau (1867), ond y mae hwnnw'n fwy beichus. Cyhoeddodd Matthews hefyd waith mwy uchelgeisiol, cofiant i'r pregethwr Methodistaidd, Thomas Richard (1863), a chyfrannai'n rheolaidd i'r Cylchgrawn (y bu'n olygydd arno), Y Traethodydd ac Y *Drysorfa.

Golygwyd casgliad o'i ysgrifau gan W. Llywel Morgan yn 1911, a chasgliad o'i bregethau gan D. M. Phillips yn 1927. Ysgrifennwyd cofiant iddo gan D. G. Jones (1893) a J. J. Morgan (1922);

gweler hefyd *Morgannwg Matthews Ewenni* (1953) gan Henry Lewis.

Maude, neu **Matilda, de St. Valerie** (**Mol Walbee**; m. 1210), gwraig ★William de Braose, Arglwydd Castell-paen, Maesd. Cofir amdani yn ôl traddodiad y fro fel dewines, llofrudd a bwgan i godi ofn ar blant. Dywedir, er enghraifft, iddi godi castell Y Gelli Gandryll mewn un noson, gan gario'r meini yn ei ffedog ac mai'r rheswm dros oernad afon Gwy ym mherfedd nos yw llefain y rhai a foddwyd ganddi yn nyfroedd yr afon. Canmolir hi gan ★Gerald de Barri (Gerallt Gymro) am ei duwioldeb a'i medr yn cadw tŷ, a disgrifir hi gan William Camden (gweler o dan BRITANNIA) fel 'gwraig gyfrwys iawn, haerllug, glew ac wyneb galed'. Bu farw o ganlyniad i'w henllib yn erbyn y Brenin John: wrth ddianc rhag ei lid, daliwyd hi a'i mab ifanc a charcharwyd hwy yng Nghastell Windsor, lle y llwgwyd y ddau i farwolaeth.

Maurice, Godfrey, gweler JONES, JOHN neu GRIFFITH (1559–98).

MAURICE, HUGH (1755?–1825), bardd a chopïwr llawysgrifau a aned ym mhlwyf Llanfihangel Glyn Myfyr, Dinb.; yr oedd yn nai i Owen ★Jones (Owain Myfyr). Pan oedd yn llanc aeth i weithio ym musnes crwyn a ffwr ei ewythr yn Llundain ac o dan ei ddylanwad daeth yn gopïwr llawysgrifau o'r radd flaenaf. Copïodd awdlau ★Gwalchmai ap Meilyr yn yr wyddor farddol a adwaenir fel ★Coelbren y Beirdd a'i haddurno â dyfrliwiau. Cydnabyddir ei gyfraniad i'r *Myvyrian Archaiology* (1801) yn rhagymadrodd y gwaith hwnnw. Yr oedd yn aelod blaenllaw o Gymdeithas y ★Gwyneddigion ond collodd fedal farddoniaeth y Gymdeithas yn 1805 am iddo beidio â dadlennu ei enw priodol o fewn yr amser penodedig; aeth y wobr i David ★Owen (Dewi Wyn o Eifion).

Cododd ei blant i ymddiddori mewn llenyddiaeth. Cyfieithodd ei fab hynaf, **Rowland Jones Maurice**, yr ★*Historia Brittonum* i'r Saesneg, a chyfansoddodd ei ail fab **Peter Maurice** (1803–78), caplan y Coleg Newydd a Choleg yr Holl Eneidiau, Rhydychen, bamffledi gwrth-Babyddol a golygodd lyfrau emynau Saesneg yn cynnwys *The Choral Hymn Book* (1861). Cyfansoddodd ei ferch, **Jane Maurice** (g. 1802), emynau a hi a roddodd i'r Amgueddfa Brydeinig, Lawysgrifau Caerhun, sef casgliad o naw cyfrol a deugain o gopïau o lawysgrifau Cymraeg yn llaw ei thad ac Owain Myfyr. Cedwir llawysgrifau eraill gan Hugh Maurice yn ★Llyfrgell Genedlaethol Cymru.

MAURICE, WILLIAM (m. 1680), hynafiaethydd, aelod o deulu Moeliwrch, Llansilin, Dinb., ond â Chefn-y-braich yn yr un ardal y cysylltir ei enw ef yn amlaf. Bu'n ddyfal yn casglu llawysgrifau; gweithiodd yn bennaf i'w gyfaill Robert ★Vaughan o'r Hengwrt, ei

Gamaliel, fel y galwai ef. Ond yr oedd yn ddigon cefnog i ffurfio ei gasgliad pur sylweddol ei hun gan iddo godi adeilad tri-llawr, *Y Study*, yn unswydd i'w gynnwys. Pan fu farw, etifeddodd ei ferch Lettice ei lyfrgell a gwerthodd hi'r casgliad i Syr William Williams, Llanforda, yn 1682. Trosglwyddwyd y llawysgrifau i Wynnstay (gweler o dan WILLIAMS WYNN) yn 1771, ond collwyd y mwyafrif ohonynt mewn tân yn y plas yn 1858. Yn ffodus, yr oedd rhai ar fenthyg gan Aneurin ★Owen ar y pryd a gwaredwyd y rheini.

Yn eu plith yr oedd peth barddoniaeth a chopi o stent y Waun, traethawd gan Maurice yn erbyn allorau a chopi o lythyr ganddo at Robert Vaughan yn ceisio adrodd peth o hanes y ★Celtiaid ac yn amddiffyn ★Sieffre o Fynwy trwy gysoni ei 'hanes' ef am Brennius â'r dystiolaeth glasurol am Brennus y Galiad. Er bod hyn, fel ei nodiadau ar gronoleg y *Brut* yn yr un llawysgrif, yn fodd inni ei weld yn hynafiaethydd traddodiadol yn ei gyfnod, ei lawysgrifau mwyaf arwyddocaol yw *Corpus Hoelianum* neu ei *Ddeddfgrawn* (Wynnstay Llsgr. 37–38), a luniodd rhwng 1660 ac 1663. Yma, ar sail llawysgrifau'r Hengwrt yn bennaf, ceir yr ymgais gyntaf i ddosbarthu'r testunau cyfraith Cymraeg. Gwaith Maurice oedd i fod yn sail y dosbarthiad a fabwysiadodd Aneurin Owen yn ei argraffiad ef o'r cyfreithiau yn *Ancient Laws and Institutes of Wales* (1841).

Mawddwy, cwmwd ym ★Mhowys. Wedi marwolaeth Gruffudd ap Gwenwynwyn yn 1286, daliwyd y cwmwd gan linach Gwilym ap Gruffudd, ac yn wahanol i weddill Powys Wenwynwyn nid adferwyd y cwmwd i'r brif linach a gynrychiolwyd gan Owain ap Gruffudd a'i ddisgynyddion. Yn 1536, efallai oherwydd ei enw drwg am dor-cyfraith (gweler o dan GWYLLIAID COCHION MAWDDWY), cyplyswyd Mawddwy â sir hirwreiddiedig Meirionnydd yn hytrach na sir newydd Trefaldwyn.

Mechain, cantref ym ★Mhowys. Wedi ymrannu'r deyrnas ar ôl marwolaeth ★Madog ap Maredudd yn 1160 daeth i feddiant llinach Owain ap Madog, ond erbyn y 1280au yr oedd yn nwylo disgynyddion cefnder Owain ap Madog, sef Owain Cyfeiliog (★Owain ap Gruffudd ap Maredudd). Yn y bedwaredd ganrif ar ddeg bu'n wrthrych ymrafael rhwng John Charlton a Gruffudd de la Pole.

Medal Ryddiaith, un o brif wobrau yr ★Eisteddfod Genedlaethol er 1937; fe'i dyfernir am ★nofel, ★storïau byrion, ★ysgrifau neu unrhyw fath arall o ryddiaith a osodir at ddibenion y gystadleuaeth. Ymhlith yr enillwyr gellir enwi John Gwilym ★Jones (1939), Islwyn Ffowc ★Elis (1951), Eigra Lewis ★Roberts (1968), Dafydd ★Rowlands (1972), Dafydd ★Ifans (1974), Marged ★Pritchard (1976), R. Gerallt ★Jones (1977, 1979), Robyn ★Lewis (1980), Meg Elis (Marged ★Dafydd; 1985), Angharad ★Tomos (1991), Robin

*Llywelyn (1992, 1994) a Mihangel *Morgan (1993). Cyflwynir y Fedal i'r enillydd mewn seremoni a gynhelir yn ystod yr Eisteddfod a rhoddir hefyd wobr ariannol (£500 yn 1997) ac fe'i hystyrir yn gyffelyb o ran statws i'r *Gadair a'r *Goron.

Medr fab Medredydd, cymeriad a enwir yn y rhestr o osgordd *Arthur yn chwedl *Culhwch ac Olwen. Dywedir iddo fedru saethu dryw ar Esgeir Oerfel yn Iwerddon o *Gelli Wig yng Nghernyw, a'i daro rhwng ei goesau. Gellir ei gymharu ef â Drem fab Dremhidydd a allai weld cleren o Gelli Wig yn codi ar Ben Blathon yn yr Alban, neu â Chlust fab Clustfeinad a allai, pe cleddid ef saith gwryd o dan y ddaear, glywed morgrugyn yn symud o'i nyth hanner can milltir i ffwrdd. Ar wahân i'r elfen o ddoniolwch yn y cymeriadau hyn, eu diben oedd cynorthwyo Culhwch i gyflawni'r tasgau a osodwyd arno gan Ysbaddaden Bencawr fel amodau i ennill Olwen yn wraig iddo.

Medrod, arwr traddodiadol a gwympodd, yn ôl *Annales Cambriae*, gydag *Arthur ym mrwydr Camlan, ond ni ddywedir pa un ai cyfeillion neu elynion oeddynt. *Sieffre o Fynwy a bortreadodd Medrod fel brawd Arthur ond i'r beirdd yr oedd yn safon o ddewrder. Ffurfiau eraill ar ei enw yw Medraut a Mordred.

Medd, diod yn cynnwys mêl, dŵr, burum a hopys. Yn 'Y *Gododdin' gan *Aneirin ceir yr ymadrodd 'talu medd' sy'n cyfeirio at y berthynas draddodiadol rhwng y milwr a'i arglwydd (gweler o dan DELFRYD ARWROL); y mae i 'gobrynu gwin' ystyr cyffelyb, sef bod y milwr yn haeddu ei fedd a'i fod yn ymladd hyd at farw pe bai raid. Yr oedd medd yn cael ei yfed yng Nghymru mor ddiweddar â'r ddeunawfed ganrif ond wedi hyn daeth cwrw wedi'i fragu o'r barlys yn ddiod y bobl gyffredin.

Meddwl Modern, Y, cyfres o fonograffau ar athronwyr mawr ac awduron y byd modern; fe'i cyhoeddwyd gan Wasg *Gee dan olygyddiaeth Dafydd Glyn *Jones a W. Gareth Jones. Lansiwyd y gyfres yn 1980 a hyd at 1989, pan ddaeth i ben, yr oedd cyfanswm o bedwar teitl ar bymtheg wedi ymddangos. Y mae'r gyfres yn cynnwys astudiaethau o Marx, Wittgenstein, Toynbee, Malraux, Lenin, Bonhoeffer, Darwin, Freud, T. S. Eliot, Evans-Pritchard, Weber, Hegel, Durkheim, Hume, Bultmann, Fromm, Brecht, Jung a Niebuhr.

Meddygon Myddfai, teulu o feddygon gwlad a drigai ym mhlwyf Myddfai, Caerf. Cysylltir eu gwreiddiau â hanes a geir mewn cyfres o destunau meddygol canoloesol (y cynharaf ohonynt yw LIB Ych. 14912) sydd yn sôn am Riwallon Feddyg a'i feibion Cadwgan, Gruffudd ac Einion, meddygon *Rhys Gryg, Arglwydd *Dinefwr, yn y drydedd ganrif ar ddeg. Yr oedd Mydd-fai yn un o faenorau breiniol y *Cantref Bychan, tiriogaeth *Rhys ap Gruffudd (Yr Arglwydd Rhys), ac ar ôl tranc Tywysogion Cymru aeth yn rhan o arglwyddiaeth Llanymddyfri. Yn ôl un o stentau'r arglwyddiaeth o'r drydedd ganrif ar ddeg yr oedd hawl gan arglwydd Llan-ymddyfri i alw meddyg at ei wasanaeth o blith rhydd-ddeiliaid Myddfai.

Y mae tystiolaeth bod rhyw fath o olyniaeth feddygol wedi parhau ym Myddfai hyd at y ddeunawfed ganrif. Sonnir am Feddygon Myddfai yn llythyrau Lewis *Morris, yr hynafiaethydd, ac y mae cerrig bedd yr olaf ohonynt, David Jones (m. 1719) a John Jones (m. 1739), i'w gweld yn yr eglwys o hyd. Y mae olyniaeth o'r fath mewn teulu dysgedig proffesiynol yn nodweddiadol o gymdeithas Geltaidd a cheir sôn am enghreifftiau cyffelyb yn yr Alban ac yn Iwerddon. Yn ystod y ddwy ganrif ddiwethaf cysylltir y traddodiadau am allu Meddygon Myddfai â chwedl werin am *Lyn y Fan Fach.

Yr hyn a geir yn llawysgrifau Meddygon Myddfai yw casgliadau o ddeunydd meddygol o'r fath a oedd yn gyffredin i Ewrop oll yn ystod yr Oesoedd Canol, a anelai at roi cyfarwyddiadau ar gyfer diagnosis, prognosis, triniaeth trwy lawfeddygaeth, trwy gyffuriau, trwy ollwng gwaed a thrwy losg. Cofnodir y cyfarwyddiadau ar ffurf traethodau bychain neu ar ffurf rhestrau o rysaits yn defnyddio llysiau, anifeiliaid a mwynau. Cyfieithiadau o weithiau bychain a deilliasai o'r Cyfnod Clasurol yw rhai tra bod eraill yn adlewyrchu mudiadau meddygol y Cyfnod Canol ei hunan fel mudiadau Salerno a Chartres. Sylfaen athronyddol y cyfarwyddiadau yw athrawiaeth y gwlybyron a etifeddwyd o'r Cyfnod Clasurol ac a fynegwyd yng ngwaith Galen a Hippocrates. Pwysleisia'r coloffon i ddau o'r testunau meddygol gysylltu Rhiwallon a'i feibion â thraddodiad o ysgrifennu testunau meddygol, a rhoddir y rheswm am hyn mewn brawddeg sydd yn adleisio egwyddor a fynegir yng ngwaith Galen ei hunan, 'Ac ysef achaws y parassant hwy yscriuennu eu kywreinrwydd yn y modd hwnn; rac na bei wypei gystal ac a wydynt hwy gwedy hwy'.

Ceir manylion pellach yn *Meddygon Myddfai* (gol. John Williams, cyfd. John Pughe, 1861) a'r erthyglau gan Morfydd E. Owen, 'Meddygon Myddfai: a preliminary survey of some medieval medical writing in Welsh' yn *Studia Celtica* (cyf. X/XI, 1975–76) a 'The Medical Books of Medieval Wales and the Physicians of Myddfai' yn *The Carmarthenshire Antiquary* (cyf. XXXI, 1995); gweler hefyd Nesta Lloyd a Morfydd E. Owen, *Drych yr Oesoedd Canol* (1986).

Meibion Glyndŵr, grŵp cudd o Genedlaetholwyr a hawliodd, yn ystod y 1980au, mai hwy oedd yn gyfrifol am losgi eiddo Saeson yn yr ardaloedd Cymraeg eu hiaith, yng ngogledd a gorllewin Cymru. Arwyddwyd eu datganiadau fel arfer â'r enw Rhys Gethin, sef enw un o gapteiniaid *Owain Glyndŵr. Gweler hefyd BYDDIN CYMRU RYDD a MUDIAD AMDDIFFYN CYMRU.

Meic Myngfras (6ed gan.), sylfaenydd traddodiad uchelwyr *Glyndyfrdwy yng ngogledd *Powys yn ôl yr achau. Cyfeiriodd *Iolo Goch at *Owain Glyndŵr fel un a oedd yn perthyn i dylwyth Meic Myngfras ac y mae'n bosibl ei fod yn frawd i Frochfael Ysgithrog, y gŵr a rwystrwyd gan *Felangell rhag hela ysgyfarnog. Honnir bod ei enw wedi goroesi yn y ffurf Meigen, enw'r ardal o amgylch Cefn Digoll (Long Mountain), i'r dwyrain o'r Trallwng, Tfn., lle y rhed rhan o'r ffin rhwng Cymru a Lloegr heddiw. Hawliodd Owain Glyndŵr yn y Cytundeb Tridarn fod ffiniau Cymru yn ymestyn cyn belled ag 'Onennau Meigion'. Dehonglir hyn gan J. E. *Lloyd fel cyfeiriad at y coed ynn ym Meigion a oedd unwaith yn fangre adnabyddus ger pentref Six Ashes, rhwng Bridgnorth, swydd Amwythig, a Stourbridge. Digwydd yr enw Meigen hefyd mewn cyfres o englynion (9fed neu 10fed gan.), sy'n rhestru buddugoliaethau *Cadwallon ap Cadfan yn erbyn y Saeson. Yn yr *Annales Cambriae, lleolir Meigen yn anghywir fel Heathfield (Hatfield Chase, swydd Efrog, mae'n debyg), y man lle y gorchfygwyd ac y lladdwyd Edwin o Northumbria gan Gadwallon a Phenda yn y flwyddyn 632.

Meigan neu **Meigant**, enw a roddwyd gan olygyddion y *Myvyrian Archaiology* (1801) ar awdur 'Marwnad Cynddylan', cerdd gynnar a gedwir mewn llawysgrifau diweddar, ac ar un gerdd arall. Soniwyd amdano hefyd gan Iolo Morganwg (Edward *Williams) a darddodd y ffurf, o bosibl, o'r enw Maugantius y dywed Leland ei fod yn fardd Brythonig cynnar. Nid oes tystiolaeth ddibynadwy i fodolaeth bardd o'r enw hwn ac felly fe'i rhestrir yma fel cymeriad chwedlonol.

Meigen, Brwydr (632), gweler o dan CADWALLON AP CADFAN (m. 633) a MEIC MYNGFRAS (6ed gan.).

Meikle, Clive, gweler BROOKS, JEREMY (1926–).

MEILYR AP GWALCHMAI (*fl.* ail hanner y 12fed gan.), bardd. Prin yw'r wybodaeth amdano; tybir ei fod yn fab i *Walchmai ap Meilyr ac yn frawd i *Einion ap Gwalchmai, ac efallai i *Elidir Sais. Ceir rhai cyfeiriadau yn ei waith sy'n awgrymu ei fod wedi cymryd abid mynach. Mynegiant hyfryd a syml o ddefosiwn ei oes sydd yn ei awdlau crefyddol; nid oes ynddynt gyfeiriadau at ddigwyddiadau cyfoes a fyddai'n fodd i ddyddio yn fanwl ei eni na'i farwolaeth. Yr oedd yn ŵyr i *Feilyr Brydydd.

Golygwyd ei gerddi gan J. E. Caerwyn Williams a Peredur I. Lynch yn y gyfrol *Gwaith Meilyr Brydydd a'i Ddisgynyddion* (1994) a thrafodir hwy yng nghyfrol Katherine A. McKenna, *The Medieval Welsh Religious Lyric* (1991).

MEILYR BRYDYDD (*fl.* 1100–37), un o'r cyntaf o Feirdd y Tywysogion (*Gogynfeirdd), pencerdd i

*Ruffudd ap Cynan, ac awdur ei farwnad. Ynghyd â'i fab, *Gwalchmai ap Meilyr, a'i wyrion, *Meilyr ap Gwalchmai ac *Einion ap Gwalchmai, perthynai i linach o feirdd etifeddol a ddaliai dir yn dâl am eu cerddi, ac a goffeir yn yr enwau lleoedd Trefeilyr a Threwalchmai ym Môn. Yn yr awdl farwnad a gyfansoddwyd gan Feilyr i Ruffudd ap Cynan gwelir ffrwyth yr adfywiad barddonol a gydredai ag adferiad nerth *Gwynedd yn sgîl llwyddiant y tywysog hwnnw a'i ddisgynyddion. Y mae yn bendant yn llinach gwaith y *Cynfeirdd, *Taliesin ac *Aneirin, ac y mae'r Tywysog yntau yn olyniaeth *Urien.

Gwelir llawer tebygrwydd rhwng Beirdd y Tywysogion a'u rhagflaenwyr, nid yn unig yr un disgrifiadau a llu o eiriau hynafol, ond yr un yw gornest yr Arglwydd sef 'gwared bedydd', fel petai'r gelyn yn dal i addoli Thor a Wodin. Y prif wahaniaeth yw bod twf y cysyniad o Gymru a oedd yn unol o Fôn i Went, a bod yr elfen Gristnogol yn gryfach o lawer, nodweddion a barhaodd trwy gyfnod y Gogynfeirdd. Honnai Meilyr ei fod yn gwybod mwy na'r 'manfeirdd'; yn y llys yr oedd yn ymyl ei Dywysog, ymladdai gyda g ef, ac âi ar ei negesau, derbyniai ei roddion a chanai am ei ddewrder a'i haelioni; nid yw eu 'carennydd' i'w dorri ond gan angau.

O ddwy gerdd arall a briodolir yn y llawysgrifau i Feilyr y mae'n debyg mai'r farwysgafn yn unig sydd ddilys. Hon yw'r ddwysaf a'r dyneraf o'r ychydig ganeuon o'r fath a gadwyd. Mewn llinellau hyfryd o lyfn cyffesa fod ei 'iawn grefydd heb ei weini'. Yna try i sôn am y rhoddion a gawsai gan dywysogion daear am 'ynni' ei awen, a mynega ei ddymuniad i gael ei gladdu yn y fynwent ar Ynys *Enlli.

Golygwyd gwaith y bardd gan J. E. Caerwyn Williams a Peredur I. Lynch yn y gyfrol *Gwaith Meilyr Brydydd a'i ddisgynyddion* (1994).

Meini Gwagedd (1944), drama farddonol gan J. Kitchener *Davies. Daw'r teitl o ddisgrifiad o dir diffaith yn yr Hen Destament (Eseia 34:11). Rhithiau yw'r cymeriadau sydd wedi crwydro o'u beddau ar Noswyl Fihangel a cherdded adfeilion tyddyn Glangorsfach yn ardal Llwynpiod ger Tregaron, Cer. Perthynant i ddwy genhedlaeth: y Tri (gŵr Glangors-fach a'i ddwy ferch, Mari a Siani) a'r Pedwar (y ddau frawd Ifan a Rhys a'r ddwy chwaer, Elen a Sal). Gwenwynir perthynas y Tri â'i gilydd gan ormes, brad ac euogrwydd. I'r Pedwar hwythau, y mae bywyd yn felltith, a phriodolir y drwg i'r gors, arwyddlun o'r siom wedi'r 'gwyn-fan-draw', y 'cecran-cweryla', y 'dialedd' a'r 'benyd' heb 'bentymor' na 'diwedd'. Y mae ymdeimlad hefyd o golli etifeddiaeth. Cafodd y gwaith arbrofol hwn *succès d'estime* ar adeg ei gynhyrchiad cyntaf ac fe'i canmolwyd am ei ymdrech i greu, yn Gymraeg, iaith farddonol ar gyfer y theatr.

Meirionnydd, cantref rhwng afon Mawddach ac afon

Dyfi. Daeth yr enw, yn ôl y traddodiad, oddi wrth Meirion (Marianus), ŵyr *Cunedda. Bu yno reolwyr annibynnol hyd y nawfed ganrif, ond wedi hynny, hyd farwolaeth *Gruffudd ap Llywelyn yn 1063, bu'n rhan o *Wynedd. Yn 1063, daeth o dan lywodraeth rheolwyr *Powys, ond fe'i cipiwyd gan Wynedd yn 1123. O 1147 daliwyd y cantref fel *apanage* gan Gynan ab Owain Gwynedd a'i ddisgynyddion, ond daeth o dan reolaeth uniongyrchol *Llywelyn ap Gruffudd yn 1256, pan yrrwyd Llywelyn ap Maredudd (tad Madog ap Llywelyn), arweinydd *Gwrthryfel Cymreig 1294) o'r cantref. O ganlyniad i Statud *Rhuddlan (1284) crewyd sir Feirionnydd a oedd yn cynnwys cantref Meirionnydd a *Phenllyn, a'r cymydau *Ardudwy ac *Edeirnion. Ychwanegwyd cwmwd Mawddwy at y sir yn 1536. Y mae dosbarth Meirionnydd, a sefydlwyd yn 1974, yn cynnwys yr hen sir i gyd ac eithrio Edeirnion.

Meisgyn, cwmwd yng nghantref Penychen ym *Morgannwg, ar lan orllewinol afon Taf. Wedi cwymp Teyrnas Morgannwg fe'i rheolwyd gan Faredudd, ŵyr *Iestyn ap Gwrgant, Brenin olaf Morgannwg, ac yn 1228 daeth Hywel, mab Maredudd, yn rheolwr ar *Lynrhondda yn ogystal. Yn 1246 daeth Richard de Clare, arglwydd Morgannwg, â holl diriogaethau Hywel dan ei reolaeth ei hun gan eu gweinyddu o'r castell a adeiladodd yn Llantrisant. Erbyn dechrau'r bedwaredd ganrif ar ddeg yr oedd iseldir y cwmwd wedi ei drefnu'n ddwy faenor, sef Pen-tyrch a Chlun, a ystyrid yn ddiweddarach yn arglwyddiaeth ar wahân. Crëwyd hwndrwd Meisgyn (gan gynnwys Glynrhondda) yn 1536 ac felly rhoddwyd mesur o gydlyniad i'r drefn weinyddol yng Nghwm Cynon yng nghyfnod cynnar y *Chwyldro Diwydiannol. Yr oedd cwnstabl Meisgyn Uchaf yn ffigwr pwysig yn Aberdâr yn nechrau'r bedwaredd ganrif ar bymtheg.

Meistri'r Canrifoedd (1973), ysgrifau ar hanes llenyddiaeth Gymraeg gan Saunders *Lewis. Ymddangosodd y rhain gyntaf mewn gwahanol gyfnodolion rhwng 1922 ac 1970 ac fe'u casglwyd, dan olygyddiaeth R. Geraint *Gruffydd, fel cyfraniad tuag at ddathlu pen blwydd yr awdur yn bedwar ugain oed. O'r ddwy ysgrif ar bymtheg ar hugain y mae dwsin yn ymwneud â'r cyfnod canoloesol a'r gweddill â'r tair canrif a hanner rhwng y *Deddfau Uno (1536, 1543) a diwedd y bedwaredd ganrif ar bymtheg. Gellir meddwl am y llyfr felly fel petai'n cymryd lle ail gyfrol arfaethedig *Braslun o Hanes Llenyddiaeth Gymraeg* (1932). Y mae'n cynnwys ysgrifau pwysig ar bynciau megis *Pedair Cainc y Mabinogi, *Dafydd ap Gwilym, *Dafydd Nanmor, *Tudur Aled, y Ddamcaniaeth Eglwysig Brotestannaidd, Charles *Edwards, À Kempis yn Gymraeg, Ann *Griffiths, y *Cofiant Cymraeg ac Islwyn (William *Thomas). Ymddangosodd cymar i'r gyfrol yn dwyn y teitl *Meistri a'u Crefft* (gol. Gwynn *ap Gwilym) yn 1981.

Melai, plasty ym mhlwyf Llanfair Talhaearn, Dinb., a chartref teulu Wyn a fu'n noddi beirdd ar yr aelwyd am o leiaf chwe chenhedlaeth. Wiliam ap Maredudd (m. 1570) oedd sylfaenydd y teulu yn gangen annibynnol ond gall fod Melai ym meddiant ei daid, Dafydd ab Einion Fychan, o Fronheulog yn yr un plwyf, y gŵr y canodd *Tudur Aled iddo. Siôn Wyn (m. 1629/30) a Wiliam Wyn (m. 1643) oedd yr olaf i noddi ar yr aelwyd. Cadwyd canu i isganghennau'r teulu a pharhawyd yr arfer gan y gangen a drigai ym Mronheulog.

Melangell (6ed gan.), tywysoges. Yn ôl y traddodiad daeth i Gymru o Iwerddon er mwyn osgoi priodi â rhyfelwr yr oedd ei thad wedi ei ddewis iddi. Dywedir iddi guddio ysgyfarnog o dan ei gwisg er mwyn ei hachub rhag bytheiaid Brochfael Ysgithrog, Tywysog *Powys. Cymaint oedd ei sancteiddrwydd fel na feiddiai'r helwyr fynd at y ferch addfwyn. Rhoddodd y tywysog iddi y tiroedd o gwmpas y pentref bychan a adwaenir heddiw fel Pennant Melangell, Tfn., a sefydlodd gymuned o leianod lle y saif heddiw yr eglwys a adeiladwyd yn y ddeuddegfed ganrif. Daeth Melangell (Ll. Monacella) yn ddiweddarach yn nawdd sant y creaduriaid bychain; am ganrifoedd wedyn ni heliwyd yr ysgyfarnog ac fe'i hadwaenid yn yr ardal fel 'oen bach Melangell'. Gweler hefyd BUCHEDDAU'R SAINT.

Gweler H. Pryce, '*A New Edition of the Historia Divae Monacellae*' yn *The Montgomeryshire Collections* (1994).

Melissa, gweler BRERETON, JANE (1685–1740).

Melwas, treisiwr *Gwenhwyfar, brenhines *Arthur, yn ôl yr hanes traddodiadol ym Muchedd *Gildas gan *Garadog o Lancarfan. Ymddengys yn ôl cyfeiriadau nifer o feirdd, i'r hen draddodiad Cymraeg, lle y mae gan Felwas rôl fwy anrhydeddus, gael ei newid pan gynhwyswyd ei hanes yn y cylch Arthuraidd.

Menevia, gweler TYDDEWI.

Menw fab Teirgwaedd, dewin yn hanes *Culhwch ac Olwen. Y mae ganddo'r gallu i'w wneud ei hun yn anweledig a defnyddia ei ledrith yn llys Ysbaddaden Bencawr i gynorthwyo Culhwch. Cyn hela'r *Twrch Trwyth anfona *Arthur ef i Esgeir Oerfel yn Iwerddon er mwyn sicrhau bod y tlysau rhwng clustiau'r creadur, ac eheda i'w wâl ar ffurf aderyn. Enwir Menw yn y Trioedd yn un o Dri Lledrithiog Ynys Prydain.

Merch Gwern Hywel (1964), rhamant hanesyddol gan Saunders *Lewis. Y mae'r arwres, Sarah Jones, hen nain yr awdur, yn dianc i briodi William Roberts, pregethwr Methodist ifanc o Fôn. Y mae eu priodas yn fwy nag uniad rhwng dau berson deniadol a deallus: cynrychiola hefyd gymod rhwng hen ddosbarth o arweinwyr ac un newydd, sef tirfeddianwyr Anglicanaidd y ddeunawfed ganrif ac arweinwyr Methodistaidd y byd masnach ddechrau'r bedwaredd ganrif ar bymtheg. Awgrymir na fydd yr olaf heb rai o'r grasusau cymdeithasol, y synnwyr hanesyddol a'r ymwybod â phwysigrwydd traddodiad mewn diwinyddiaeth a oedd yn nodweddu'r hen arweinyddiaeth. Y mae cymeriadau a deialog y nofel fer hon yn arddangos galluoedd yr awdur yn eu hanterth. Archwilir yr un thema ymhellach gan Saunders Lewis yn yr astudiaeth o briodas John *Elias ac Ann Bulkeley yn y ddrama deledu *Dwy Briodas Ann* (1975). Cyfieithwyd y llyfr i'r Saesneg gan Joseph *Clancy dan y teitl, *The Daughter of Gwern Hywel* (1985).

Ceir astudiaeth feirniadol o'r nofel hon yn yr erthyglau gan Bedwyr Lewis Jones yn *Barn* (rhif. 23, 1964), Pennar Davies yn *Barn* (rhif. 51, 1967) a Dafydd Glyn Jones yn *Barn* (rhif. 56, 1967).

MERCHANT, MOELWYN (1913–97), bardd, nofelydd a beirniad. Fe'i ganed ym Mhort Talbot, Morg.; daeth yn Ddarlithydd Saesneg yng Ngholeg y Brifysgol, Caerdydd, yn 1940 ac o 1961 hyd 1974 ef oedd yr Athro Saesneg ym Mhrifysgol Caerwysg. Yna dychwelodd i Gymru i fod yn ficer Llanddewibrefi, Cer., lle y trigai am bedair blynedd. Yn ogystal ag ysgrifennu ar gyfer y radio yr oedd yn awdur tair astudiaeth feirniadol, *Wordsworth* (1955), *Shakespeare and the Artist* (1959) a *Creed and Drama* (1965), traethawd ar R. S. *Thomas yn y gyfres *Writers of Wales* (1979), a libretos i'r cerddor Alun Hoddinott: *The Race of Adam* (1961) a *The Tree of Life* (1971). Cyhoeddodd dair cyfrol o farddoniaeth, *Breaking the Code* (1975), *No Dark Glass* (1979) a *Confrontation of Angels* (1986), a phedair nofel, sef *Jeshua* (1987), *Fire from the Heights* (1989), *A Bundle of Papyrus* (1989) a *Triple Heritage* (1994), yn ogystal â dau gasgliad o storïau, *Inherit the Land* (1992) a *The Boy Hasid and other tales* (1995).

Ceir rhagor o fanylion yn yr ysgrif goffa yn *The Times* (29 Ebrill 1997).

Merched y Gerddi, merched ifainc o ganolbarth Cymru a gerddai (yn aml yng nghwmni'r *porthmyn) i Lundain i weithio yng ngerddi cyhoeddus a ddinas yn y ddeunawfed a dechrau'r bedwaredd ganrif ar bymtheg. Un o'r enwocaf ydoedd Ruth Watcyn, merch o Abergwesyn, Brych., a ddaeth yn forwyn i'r Arglwyddes Goodrich.

Yr unig hanes safonol ar y merched hyn yw erthygl John Williams-Davies, '*Merched y Gerddi: a seasonal migration of female labour from rural Wales*', yn *Folk Life* (cyf. xv, 1977).

Merched y Mera, merched a berthynai i dylwyth o dinceriaid a drigai yn y rhan o Gastell-nedd a adwaenir fel y Mera. Fe'u gwelid yn strydoedd Morgannwg yn y bedwaredd ganrif ar bymtheg yn cludo eu nwyddau ar eu pennau.

Merched y Wawr, mudiad i ferched a sefydlwyd yn 1967 yn Y Parc, ger Y Bala, Meir., oherwydd i Sefydliad y Merched wrthod defnyddio mwy o'r Gymraeg yn swyddogol. Nid oes ganddo unrhyw gysylltiadau gwleidyddol ond gweithia'n gyfan gwbl trwy gyfrwng y Gymraeg; cyhoedda gylchgrawn, *Y Wawr*, ac y mae ganddo bellach ganghennau ledled Cymru.

MEREDITH, CHRISTOPHER (1954–), nofelydd a bardd a aned yn Nhredegar, Myn. a'i addysgu yng Ngholeg Prifysgol Cymru, Aberystwyth, lle'r astudiodd Saesneg ac Athroniaeth, ac yng Ngholeg y Brifysgol, Abertawe, lle y bu'n hyfforddi fel athro. Bu'n athro ysgol am bymtheng mlynedd yn Aberhonddu, ac fe'i penodwyd i swydd ym *Mhrifysgol Morgannwg yn 1993 lle y mae'n dal i weithio fel Darlithydd Hŷn mewn Ysgrifennu Creadigol. Y mae wedi cyhoeddi dau gasgliad o farddoniaeth, *This* (1984) a *Snaring Heaven* (1990). Y mae ei ddwy nofel, *Shifts* (1988) a *Griffri* (1991), yn cynrychioli ehangder ei weledigaeth a'i fedr: y mae'r gyntaf yn tynnu ar ei brofiadau ei hun fel gweithiwr dur ac yn ddarlun amrwd o'r gweithwyr a'u bywydau sydd weithiau'n giaidd. Yn *Griffri*, sy'n tynnu ar wybodaeth yr awdur o'r iaith Gymraeg a'i llenyddiaeth, ceir darlun yn y person cyntaf trwy lygad bardd yn llys un o fân dywysogion Cymru yn y ddeuddegfed ganrif. Wrth adrodd ei hanes wrth fynach Sistersaidd, y mae Griffri yn tynnu darlun cyfoethog o'r bardd proffesiynol fel diddanwr a sylwebydd cymdeithasol. Y mae'r nofel yn argyhoeddi'n hanesyddol ac yn rhoi cyfle i'w hawdur archwilio'r tyndra rhwng egni creadigol a gofynion ymarferol. Yn y ddwy nofel, y mae ei allu i gyfuno ymchwil a dychymyg yn drawiadol. Yn ei farddoniaeth hefyd ceir amrediad o nodweddion a chyweiriau sy'n cwmpasu telynegrwydd a realaeth. Yn 1994 a 1995 ysgrifennodd golofn wadd yn *Planet* sy'n rhoi darlun clir o'i ymrwymiad i'r Gymru gyfoes ac o'i ddiddordebau llenyddol.

Ceir astudiaeth o'i nofelau gan Dafydd Johnston yn *Welsh Writing in English* (cyf. III, gol. Tony Brown, 1997) a chan Richard Poole yn *The New Welsh Review* (rhif. 36, cyf. IX, Gwanwyn 1997).

MERRIMAN, CATHERINE (1949–), nofelydd, awdur storïau byrion a bardd, a aned yn Llundain ac a addysgwyd ym Mhrifysgol Caint, Caer-gaint. Symudodd i Fryn-mawr yn 1973 ac y mae wedi gweithio fel ystadegydd, darlithydd mewn astudiaethau merched, gweithiwr yr amgylchedd a threfnydd grwpiau chwarae, ond bellach y mae'n diwtor ar gwrs M.A. Prifysgol Morgannwg mewn Ysgrifennu Creadigol; bu hefyd yn gweithio'n wirfoddol dros Gymorth i Fenywod a Fenni am un flwyddyn ar ddeg. Ei llyfr cyhoeddedig cyntaf oedd *Silly Mothers* (1991), casgliad o storïau byrion, a ddilynwyd gan nofel, *Leaving the Light On* (1992), a enillodd iddi Wobr Goffa Ruth Hadden 1992 am nofel gyntaf. Cyhoeddodd ddwy nofel arall ers hynny, sef

Fatal Observations (1993) a *State of Desire* (1996), y gyntaf o'i heiddo ac iddi gefndir Cymreig, a chasgliad o storïau, *Of Sons and Stars* (1997). Er ei bod yn aml yn tynnu ar ochr dywyll bywyd – cam-drin, trais, tor-perthynas – am ddeunydd ei ffuglen, y mae'n trafod y pynciau hyn â chroywder ac eironi sy'n drech nag unrhyw duedd tuag at sentimentaleiddiwch neu bropaganda cudd.

Merthyr, Gwrthryfel (1831), gwrthryfel poblogaidd a ddatblygodd yn gythrwfl ag arfau o ganlyniad i gŵynion y gweithwyr ynglŷn â chyflogau, llywodraeth leol ac ad-drefniant seneddol. Creodd dirwasgiad 1829, a'i doriadau mewn cyflogau a diweithdra, argyfwng dyled ymhlith gweithwyr Merthyr Tudful, Morg., ac yn ddiweddarach argyfwng credyd ymhlith y siopau. O ganlyniad, cymerodd y Llys Gofyniadau (llys y dyled-wyr) lawer o eiddo'r tlodion. Yn ystod yr argyfwng, meddiannwyd y dref gan Undodiaid radicalaidd lleol yn y traddodiad Jacobinaidd a chawsant gefnogaeth William *Crawshay II a oedd yn frwd dros ei weithwyr, ac a bregethai ryw fath o *Radicaliaeth hynod. I'r gym-uned annilddig hon daeth llif o lenyddiaeth werinol wleidyddol ei naws a sbardunwyd gan argyfwng 1830. Ffurfiodd y Radicaliaid dosbarth-canol Undeb Politic-aidd a rhaglen o ad-drefnu sylweddol ar y cyd â Crawshay. Daeth y penllanw i hyn oll yn yr etholiad cyffredinol dros y gyntaf o'r *Deddfau Diwygio, ym Mai 1831, pan ddangosodd y meistr haearn a'i ddynion eu lliw yn etholiad Aberhonddu.

Crwydrai tyrfaoedd strydoedd Merthyr yn eu brwd-frydedd dros Ddiwygio. Rhyddhawyd carcharorion mewn terfysg a arweiniwyd gan Thomas Llywelyn, glöwr o Gyfarthfa, a darfu ar gyfraith a threfn. Wedi 2 Mai ffurfiodd y gweithwyr undebau politicaidd eu hunain a chynnal tri chyfarfod cyhoeddus. Ar anterth y cythrwfl bu'n rhaid i Crawshay ostwng cyflog ei fwynwyr, a rhoi pedwar a phedwar ugain o'i weithwyr ar y clwt. Yr uchafbwynt oedd rali fawr dros Ddiwygio yn Ffair y Waun a gynhelid uwchlaw'r dref ar 30 Mai. Daeth cynrychiolwyr yno o undeb newydd y glowyr a oedd wedi ymuno â'r *Owenite National Association for the Protection of Labour* (gweler o dan OWEN, ROBERT, 1771–1858). Yn ystod y ddau ddiwrnod canlynol, pryd yr arweiniodd Llywelyn orymdaith dros gyflogau cyfartal i Aberdâr, dechreuwyd gwrthryfel cyfiawnder naturiol yn Hirwaun. Yr achos oedd i'r heddlu gymryd cist o eiddo Lewis Lewis (1793–1848), halier a cheffylwr o Benderyn, sef Lewsyn yr Heliwr. Yr oedd Lewis yn ŵr carismataidd ac yn areithydd huawdl, yn llythrennog yn y ddwy iaith, ac o dan ei arweiniad ef a'r glowyr David Jones (Dai Solomon) a David Hughes a'r mwyn-weithwyr David Thomas (Dai Llaw Haearn) a William Williams, cododd y terfysgwyr y Faner Goch gan hoelio torth o fara ar y polyn; dyna'r tro cyntaf i'r faner gael ei defnyddio ym Mhrydain. Ar 2 Mehefin, aethant mewn gorymdaith i Ferthyr, gan dorri i mewn i siopau a thai,

a chymryd yn ôl nwyddau a dderbyniwyd gan y Llys, a'u rhoi yn ôl i'w perchnogion; buont yn ymladd yn erbyn ynadon a chwnstabliaid gan herfeiddio'r Ddeddf Terfysgaeth, a llosgwyd Adeilad y Llys ganddynt.

Dros nos cerddodd pedwar ugain o filwyr yr *Argyll and Sutherland Highlanders* i'r dref o Aberhonddu. Y tu allan i Dafarn y Castell lle yr oedd ynadon, meistri a pherchnogion siopau yn sefyll, ymgasglodd tyrfa o rhwng saith a deng mil o bobl. Wedi dadlau am awr a darllen y Ddeddf Terfysgaeth collodd Crawshay ei dymer ac anogodd Lewis Lewis i'r dyrfa ymosod ar y milwyr a cheisio eu diarfogi. Wedi cryn gythrwfl taniodd y milwyr a oedd y tu mewn i'r dafarn, a pharhau i saethu am tua deng munud. Troes rhai cannoedd i ymosod ar y dafarn ac anogodd Lewis Lewis rai i saethu yn ôl â gynnau a gymerwyd. Archollwyd un milwr ar bymtheg, lladdwyd o leiaf bedwar ar hugain o'r gweith-wyr, ac archollwyd dros ddeg a thrigain ohonynt. Yn y diwedd bu'n rhaid i'r milwyr ddianc i Dŷ Penydarren.

Cododd yr holl ardal wedyn mewn gwrthryfel. Yn Hirwaun, aberthwyd llo, a golchwyd baner yn ei waed, eto i'w defnyddio fel Baner Goch. Chwiliwyd am arfau trwy ogledd Morgannwg, ac anfonwyd cynrychiolwyr i sir Fynwy. Tyrrodd miloedd o bobl, gan gynnwys nifer o Wyddelod yn cario pastynnau, i gefnogi pedwar cant o wŷr arfog a osododd wersyll ynghyd ag offer tros-glwyddo signalau, ar Ffordd Aberhonddu ger Cefn-coedycymer, ac ar Ffordd Abertawe, uwchlaw'r dref. Llwyddasant i droi yn ôl lwyth o adnoddau saethu o Aberhonddu, ymosod ar lu o Iwmoniaeth Abertawe a'u diarfogi a chreu cythrwfl o flaen Tŷ Penydarren. Llwyddodd yr ynadon mewn cyfres o ddirprwyaethau i ymrannu'r dynion. Bu ymdrech olaf y gwrthryfelwyr ar 6 Mehefin, pan orymdeithiodd rhwng deuddeg ac ugain mil o bobl o Went i ymuno â'r gwrthryfel; fe'u hatal-iwyd gan filwyr arfog yn Nowlais. Ar 7 Mehefin darfu'r cythrwfl.

O fewn pythefnos i'r cythrwfl ymddangosodd canghennau o undebau cenedlaethol am y tro cyntaf yn ne Cymru. Bu cynnydd cyflym ynddynt trwy'r maes glo, o Bont-y-pŵl i Abertawe, ond fe'u torrwyd yn ystod argyfwng y Ddeddf Ddiwygio yn Nhachwedd mewn cau-allan a barhaodd am chwe wythnos, gan orfodi dynion i wadu eu Hundeb. Torrodd yr Ysgrifen-nydd Gwladol, yr Arglwydd Melbourne, y gyfraith, ynghyd ag ynadon Merthyr, er mwyn ennill y dydd. Anfonodd y gweithwyr, a ymunodd â'r *National Union of the Working Classes* yn Llundain, eu cynrychiolwyr i Gaerfyrddin.

Daeth dial ar y terfysgwyr ym Mrawdlys Caerdydd yng Ngorffennaf pan aeth wyth ar hugain bwch dihangol, glowyr a gweithwyr haearn gan mwyaf ond hefyd dwy wraig, un yn ddwy a thrigain oed, i sefyll eu prawf. Dedfrydwyd nifer i garchar a phedwar i'w halltudio am bedair blynedd ar ddeg neu am oes. Lleihawyd y gosb ar Lewis Lewis a gafodd ddedfryd marwolaeth ac fe'i halltudiwyd i Awstralia, ond cafwyd Richard Lewis (Dic Penderyn), glöwr tair ar hugain oed, yn euog o niweidio milwr o'r enw Donald Black ac fe'i dedfrydwyd i farwolaeth. Fe'i crogwyd yng Nghaer-dydd ar 13 Awst 1831, er gwaethaf y gred gyffredinol ei fod yn ddieuog ac ymdrechion dygn i arbed ei fywyd. Dywedwyd mai ei eiriau olaf o'r crocbren oedd, 'O Arglwydd, dyma gamwedd!' Ddeugain mlynedd yn ddiweddarach cyffesodd gŵr yn America mai ef oedd yn euog o'r anfadwaith y dienyddiwyd Dic amdano. Dic Penderyn yn ddi-os oedd merthyr cyntaf y dosbarth gweithiol yng Nghymru, ac y mae terfysgoedd Merthyr yn cyfateb yn hanes Cymru i'r terfysgoedd yn Peterloo yn hanes Lloegr.

Ceir manylion pellach yn David Jones, *Before Rebecca* (1973) a *Crime in Nineteenth Century Wales* (1992); Gwyn A. Williams, *The Merthyr Rising* (ailarg., 1988), 'The Merthyr Election of 1835' yn *The Welsh and their History* (1982) a '*Shoni Crydd, exemplary Welshman*', yn *Radical Wales* (cyf. IX, 1986); gweler hefyd y nofelau *All Things Betray Thee* (1949) gan Gwyn Thomas a *The Fire People* (1972) gan Alexander Cordell.

Merthyron Abergele, gweler ABERGELE.

Methodistiaeth, mudiad crefyddol a dyfodd o dan ddylanwad Pietistiaeth, Morafiaeth a rhai agweddau ar y traddodiad Piwritanaidd. Gelwir Diwygiad Efengylaidd y ddeunawfed ganrif hefyd 'y Diwygiad Methodistaidd'. Yr oedd yr enw Methodistaidd yn wreiddiol yn un o'r llysenwau dirmygus a roddwyd ar y 'Clwb Sanctaidd' a ymgasglai o gwmpas y brodyr Wesley yn Rhydychen, ond gyda gwaith Howel *Harris a Daniel *Rowland dechreuodd y Diwygiad yng Nghymru yn 1735, ychydig cyn i'r brodyr Wesley gael eu tröedigaethau. Fe'i trefnwyd trwy rwydwaith o seiadau (*seiat), pob un dan arweiniad cymhellwr a benodid gan y Sasiwn, sef cynulliad o'r arweinwyr.

Defnyddir yr enw hefyd wrth sôn am y math o bwyslais diwinyddol ac ymarweddiad bucheddol a dyf-odd yn y cyrff Methodistaidd ac yng Nghymru ymhlith y Methodistiaid Calfinaidd, yn enwedig y traddodiad crefyddol a bortreedir yn nofelau Daniel *Owen. Gelwir yr enwad hwn heddiw yn Eglwys Bresbyteraidd Cymru a hefyd 'Yr Hen Gorff' ar lafar gwlad. Hwn oedd y mwyaf o'r enwadau Ymneilltuol yng Nghymru. Bu'n arbennig o gryf yn y gogledd a llewyrchodd yr Annibynwyr a'r *Bedyddwyr yn y de. Ymwahanodd Methodistiaeth Galfinaidd Cymru oddi wrth Eglwys Loegr yn 1811 o dan arweiniad Thomas *Charles ac eraill. Seilir diwinyddiaeth y mudiad ar ddysgeidiaeth Calfin, â phwyslais ar benarglwyddiaeth Duw a'i ras yng Nghrist ac ar etholedigaeth y saint. Pregethai John Wesley'n achlysurol yng Nghymru, ond ei olynwyr a wnaeth argraff a hynny wedi 1800, pan sefydlwyd Methodistiaeth Wesleyaidd, a'i phwyslais diwinyddol ar Arminiaeth, fel enwad ar wahân yng Nghymru.

Rhoddodd John *Elias dro eithafol ar bwnc y rhag-arfaethiad, gan bledio'r 'Iawn Cyfyngedig' a gwrth-wynebu rhai mwy cymedrol fel Thomas *Jones, Din-bych, a John *Jones, Tal-y-sarn. Gwrthwynebai Elias hefyd y tueddiadau radicalaidd mewn Ymneilltuaeth ond ymroes cenhedlaeth ddiweddarach – o dan arweiniad Roger *Edwards, William *Rees (Gwilym Hiraethog) a Thomas *Gee – i gefnogi diwygiaeth wleidyddol a chrefyddol. O'r ddeunawfed ganrif ymlaen cododd o blith y Methodistiaid Calfinaidd Cymraeg nifer o lenorion o'r radd flaenaf, yn cynnwys William *Williams (Pantycelyn), Ann *Griffiths, Lewis *Edwards, William *Thomas (Islwyn), Daniel Owen, Robert Ambrose *Jones (Emrys ap Iwan), Gwenallt (David James *Jones) a Kate *Roberts. Er i Saunders *Lewis droi at *Gatholigiaeth Rufeinig y mae ei ddyled yn fawr i'w wreiddiau Methodistaidd. Mewn rhai, megis y dramodydd John Gwilym *Jones, gwelir tueddiadau amheuol sydd wedi gwanychu'r etifeddiaeth Galfinaidd yng Nghymru. Ceir yn llyfr Emyr *Humphreys, *Outside the House of Baal* (1965), ymdeimlad trist o ddirywiad Yr Hen Gorff. Gweler hefyd CALFINIAETH AC WESLEAETH.

Ceir manylion pellach yn D. D. Williams, *Llawlyfr Hanes Cyfundeb y Methodistiaid Calfinaidd* (1927), R. E. Davies a G. E. Rupp, *A History of the Methodist Church of Great Britain* (1965), Gomer M. Roberts (gol.), *Hanes Methodistiaeth Galfinaidd* (cyf. I, 1973; cyf. II, 1978) a Derec Ll. Morgan, *Y Diwygiad Mawr* (1981); gweler hefyd Ioan Williams, *Capel a Chomin* (1989).

Meudwy Môn, gweler JONES, OWEN (1806–89).

MEURIG (*fl.* 1210), bardd. Yn ôl *Gerald de Barri (Gerallt Gymro) yn ei *De Principis Instructione*, brodor o Forgannwg ydoedd Meurig a brawd i Clement, abad Castell-nedd. Cyfeiria *Index Britanniae Scriptorum* at Feurig fel *Mauricius Morganensis*, a phriodolir iddo gyfrol o epigramau Lladin a chyfrolau niferus yn y Gymraeg. Tybir felly mai ef oedd y Meurig hwnnw a oedd yn drysorydd esgobaeth *Llandaf yng nghyfnod Gerallt. Cyfeirir at y Meurig hwn hefyd yn llawysgrifau Iolo Morganwg (Edward *Williams) fel awdur *Y *Cwta Cyfarwydd*; ar hwn mae'n debyg y sylfaenwyd y gwaith a ysgrifennwyd gan *Gwilym Tew yn 1445. Priodolir iddo hefyd hanes Prydain, llyfr o ddiarhebion, gweithiau ar *Gerdd Dafod a diwinyddiaeth a chyfieithiad Cym-raeg o'r Lladin o'r Efengyl yn ôl Ioan, ond ni ddylid rhoi gormod o sylw i'r honiadau hyn.

MEURIG AB IORWERTH (*fl.* 1320–70), un o'r olaf o'r *Gogynfeirdd. Cedwir un gerdd yn unig o'i waith yn *Llyfr Coch Hergest*, sef awdl fawl i Hopcyn ap Tomas o Ynystawe, ger Abertawe. Yno canmolir y noddwr yn frwd fel y gŵr bonheddig delfrydol ac amlweddog o Gymro, yn fedrus yn y gad, yn berchen meirch graenus, yn ddysgedig yn y gyfraith, ond yn bennaf oll yn 'dad y gerddwriaeth fad fawr'.

MEURIG, RHYS neu **RICE MERRICK** neu **RHYS AMHEURUG** (*c*.1520–1586/87), achydd a hanesydd o'r Cotrel ym mhlwyf Sain Nicolas, Morg. Ymddiddorai'n fawr yn hanes ei sir enedigol, ac y mae ei brif lyfr, *Morganiae Archaiographia: a Booke of Glamorganshire Antiquities*, a ysgrifennwyd rhwng 1578 a 1584, ymhlith y pwysicaf o'r hen weithiau hanes nid yn unig am ei ddisgrifiad o Forgannwg yng nghyfnod y Normaniaid ond hefyd am ei ddisgrifiad o'r sir yn ystod oes yr awdur ei hun. Credir iddo ysgrifennu gweithiau eraill, gan gynnwys hanes Cymru, hanes Morgannwg (a gollwyd pan losgwyd Hafod Thomas *Johnes yn 1807), hanes esgobaeth Llandaf a chasgliad o lawysgrifau a elwid yn Llyfr Cotrel, ond nid oes copi o'r un ohonynt ar gael bellach. Canwyd marwnadau iddo gan *Ddafydd Benwyn a Silas ap Siôn.

Golygwyd argraffiad newydd o *Morganiae Archaiographia* gan B. Ll. James (1983); gweler hefyd G. J. Williams, *Traddodiad Llenyddol Morgannwg* (1948), yr erthygl gan T. J. Hopkins yn *Morgannwg* (cyf. VIII, 1964) a'r bennod gan Ceri W. Lewis, 'The Literary History of Glamorgan from 1550 to 1770', yn *Glamorgan County History* (cyf. IV, 1974).

Meuryn, gweler ROWLANDS, ROBERT JOHN (1880–1967).

'Mewn Dau Gae' (1956), un o gerddi mwyaf Waldo *Williams. Fe'i hysgrifennwyd mewn cyfnod pan oedd y bardd yn gwrthod talu'i dreth incwm oherwydd ei wrthwynebiad i arfau rhyfel, ac yn perthyn i'r un adeg â'i anerchiad ar 'Frenhiniaeth a Brawdoliaeth'. Ffrwyth ei fyfyrdod dwfn ar athroniaeth *Heddychiaeth yw'r gerdd, a gwelir dylanwad Berdyaev arno. Cyflwyna'r gerdd, yn y lle cyntaf, brofiad crefyddol personol a gawsai'r bardd ryw ddeugain mlynedd ynghynt rhwng dau gae arbennig, sef Weun Parc y Blawd a Pharc y Blawd, ar fferm cymydog, pan sylweddolodd yn sydyn fod dynion a merched, uwchlaw pob dim arall, yn frodyr a chwiorydd i'w gilydd. Diwedda'r gerdd â gweledigaeth rymus o'r 'Brenin Alltud' yn dychwelyd i adfeddiannu'i deyrnas nes bod y 'brwyn yn hollti' wrth iddo gerdded trwyddynt.

Ceir beirniadaeth ar y gerdd gan Bedwyr Lewis Jones yn *Llên Ddoe a Heddiw* (gol. J. E. Caerwyn Williams, 1964).

Meyrick, Gelly (*c*.1556–1601), milwr, a aned yng Ngelliswic, Penf., ond a faged yn Llandyfái yng ngwasanaeth Syr George Devereux a oedd yn gydymaith i'w nai, ail Iarll Essex; treuliodd ei fywyd yn gwasanaethu Essex. Ar ôl nifer o flynyddoedd yn yr Iseldiroedd daeth yn stiward i Essex oddeutu 1587, ac ef yn ddiau oedd ei brif gynorthwywr o 1592, gan ymroi, yn y cyfnodau rhwng ei wasanaeth yn Cadiz yn 1596, lle yr urddwyd ef gan ei feistr, ac yn Iwerddon yn 1599, i greu sylfaen grym i'r Iarll yn y Mers. O'i dai yn Wigmore, Henff., a Llanelwedd, Maesd., llwyddodd i greu uniad ansicr rhwng Piwritaniaid a Reciwsantiaid Pabyddol. Ef a enwebai Siryfion, llwgrwobrwyai'r llysoedd i ryddhau Reciwsantiaid (a chil-dwrn iddo ef wedyn) ac am ddeng mlynedd yr oedd gwŷs Syr Gelly yn fwy grymus o fewn tiroedd Devereux a thu allan iddynt hefyd na Chyngor y Gororau. Ond ofer fu ei ymdrechion, oherwydd yng ngwrthryfel Essex yn 1601, pan drefnai ef ran Llundain o'r cythrwfl, ni chafwyd cymorth gwerth sôn amdano o Gymru, er y dywedir iddo lwgrwobrwyo chwaraewyr Theatr y Globe i berfformio *Richard the Second* y noson cyn y gwrthryfel. Yr oedd yn eofn hyd y diwedd, gan dawelu ymbil ei gydymaith ar y sgaffald; ef oedd y cyntaf o'r gwrthryfelwyr i'w dienyddio oherwydd brad. Yr oedd y cysylltiad ag Essex yn bwysig, fodd bynnag, gan ei fod yn ffactor yn ymlyniad deheudir sir Benfro at achos y Senedd yn y *Rhyfel Cartref Cyntaf.

Ceir hanes bywyd Meyrick yn David Mathew, *The Celtic Peoples and Renaissance Europe* (1933).

MEYRICK, SAMUEL RUSH (1783–1848), hynafiaethydd a aned yn Llundain a'i addysgu yng Ngholeg y Frenhines, Rhydychen; fe'i hyfforddwyd i fod yn gyfreithiwr a bu'n gweithio yn y llysoedd eglwysig a morwrol. Priododd â Mary, merch James Parry, Llwyn Hywel, Cer., yn 1893; adeiladodd blasty Goodrich Court ger Y Rhosan ar Wy, Henff. Cyhoeddodd weithiau pwysig ar hynafiaeth a herodraeth, rai ohonynt yn ymwneud â Chymru, megis *History and Antiquities of the County of Cardigan* (1809–10) a *Costume of the Original Inhabitants of the British Islands* (1815). Ond gwnaeth ei brif gyfraniad trwy olygu *Heraldic Visitations of Wales and Part of the Marches* (2 gyf., 1846) gan Lewys *Dwnn, a oedd yn gynnyrch gwaith a wnaeth ar ran y *Welsh Manuscripts Society*. Cafodd gymorth W. W. E. *Wynne o Beniarth, a gyfrannodd nodiadau'n helaeth, a golygwyd y gwaith mewn cyfrolau cwarto mawrion. Er ei wendidau, fe'i cyfrifir yn ffynhonnell gyfeiriadol hanfodol i efrydwyr achyddiaeth a herodraeth yng Nghymru.

MIDLETON, WILLIAM neu **GWILYM GANOLDREF** (*fl.* 1550–1600), bardd a môr-leidr. Fe'i ganed yn Llansannan, Dinb., ardal gyfoethog mewn cysylltiadau llenyddol ac ysgolheictod, ac etifeddodd ddiddordebau ei deulu mewn *Cerdd Dafod. Ni wyddys dim am ei addysg gynnar ond gwelir arwyddion ei fod yn hyddysg mewn Lladin, fod ganddo wybodaeth o Rethreg a'i fod yn gyfarwydd ag ieithoedd eraill. Efallai iddo fod ym Mhrifysgol Rhydychen, ond yn sicr erbyn 1575 yr oedd yng ngwasanaeth Henry Herbert, Iarll Penfro. Yno daeth i gysylltiad â diddordebau dyneiddiol – yr oedd trydedd wraig Henry yn chwaer i Syr Philip Sydney – ac nid oedd teulu Herbert yn brin o ddiddordeb mewn llenyddiaeth Gymraeg. Erbyn canol y 1580au yr oedd yn anturiwr ar dir a môr ac yn teithio i'r Iseldiroedd, Portiwgal ac India'r Gorllewin, a throes yn fôr-leidr dan nawdd ei gefnder Thomas Midleton. Nid oes dim o'i hanes ar ôl 1596 ond efallai iddo farw ar ei ffordd yn ôl o India'r Gorllewin.

Y mae gweithgarwch llenyddol William Midleton yn arwyddocaol yng nghyd-destun dyneiddiaeth Gymraeg. Cyhoeddwyd ei draethawd yn disgrifio Cerdd Dafod, *Bardhoniaeth, neu brydydhiaeth* (1593), a ailargraffwyd yn 1930 ag atodiad yn cynnwys barddoniaeth gan Midleton; nid ei disgrifio yn null y penceirddiaid a wna eithr trafod y prif hanfodion mewn ffordd a fyddai'n ddealledig i ŵr bonheddig o Gymro. Ei waith pwysicaf oedd ei gyfieithiad o'r Salmau ar fesurau'r Penceirddiaid a gwblhawyd yn India'r Gorllewin yn 1595/96 ac a gyhoeddwyd gan Thomas Salisbury o dan y teitl *Psalmae y Brenhinol Brophwyd Dafydh* (1603); argraffwyd rhai o'r Salmau yn ogystal â chywyddau yn gynharach, cyn iddo fynd i India'r Gorllewin. Y mae cryn gamp ar ei feistrolaeth o'r mesurau. O safbwynt llenyddol ni ellir cymharu ei waith â fersiwn Edmwnd *Prys ond er hynny y mae'n gyfraniad pwysig i ddelwedd y gŵr bonheddig diwylliedig, delfryd y Dyneiddiwr Cymraeg.

Golygwyd prif waith Midleton, *Bardhoniaeth, neu brydydhiaeth*, ynghyd â detholiad o'i gerddi gan G. J. Williams (1930); gweler hefyd yr erthygl gan Gruffydd Aled Williams yn *Nhrafodion Cymdeithas Hanes Sir Ddinbych* (cyf. xxiv, 1975).

Mighty Atom, The, gweler WILDE, JIMMY (1892– 1969).

MILES, DILLWYN (1916–), hanesydd ac Arwyddfardd yr *Eisteddfod Genedlaethol. Fe'i ganed yn Nhrefdraeth, Penf., a'i addysgu yn Ysgol Uwchradd Abergwaun a Choleg Prifysgol Cymru, Aberystwyth. Yn ystod yr Ail Ryfel Byd gwasanaethodd yn y Dwyrain Canol (1939–45), lle y cyfrannodd at gyfnodolion a lle y sefydlodd y Gymdeithas Gymraeg yng Nghaersalem. Ar ôl y rhyfel bu'n darlithio i Adran Efrydiau Allanol Coleg Prifysgol Cymru, Aberystwyth, ar faterion y Dwyrain Canol ac ar hanes lleol. Bellach y mae'n byw yn Hwlffordd, a bu'n dal nifer helaeth o swyddi dinesig yn sir Benfro ac yn chwarae rhan lawn ym mywyd cyhoeddus y sir.

Ef oedd golygydd arweinlyfr Llyfrfa Ei Mawrhydi *Pembrokeshire Coast* (1973) ac awdur *The West Wales Naturalists' Trust and its Nature Reserves* (1975). Fel Arwyddfardd (1966–96) ysgrifennodd *The Royal National Eisteddfod of Wales* (1978) a *Secrets of the Bards of the Isle of Britain* (1992). Y mae ei waith fel hanesydd lleol yn cynnwys *The Sheriffs of the County of Pembroke* (1976), *The Castles of Pembrokeshire* (1979), *A Pembrokeshire Anthology* (1982), *Portrait of Pembrokeshire* (1984), *The Pembrokeshire Coast National Park* (1987) a *The Ancient Borough of Newport in Pembrokeshire* (1995). Yn 1994 cyhoeddwyd ei argraffiad o *The Description of Pembrokeshire* George *Owen (1603), mewn orgraff ddiweddar a chyda rhagarweiniad a nodiadau gwerthfawr, yn y *Welsh Classics Series*. Bu'n olygydd *The Pembrokeshire Historian* (1959–81) a *Nature in Wales* (1971–79). Yn 1974 ef oedd cyd-awdur cyfrol Penfro yn y gyfres *Writers of the West*. Cyhoeddodd gyfrol o hunangofiant, *Atgofiant Hen Arwyddfardd*, yn 1997.

MILES, GARETH (1938–), awdur storïau byrion a dramodydd a aned yng Nghaernarfon, ac a addysgwyd yng Ngholeg Prifysgol Gogledd Cymru, Bangor. Bu'n athro Saesneg mewn ysgolion yn Amlwch, Wrecsam a Dyffryn Nantlle, ac yn Drefnydd i Undeb Cenedlaethol Athrawon Cymru, ond aeth yn awdur amser-llawn yn 1982. Cyhoeddodd ddau gasgliad o storïau byrion, *Cymru ar Wasgar* (1974) a *Treffin* (1979), nofel, *Trefaelog* (1989), yn ogystal â thair drama, *Trotsci* (1973), *Diwedd y Saithdegau* (1983) ac *Unwaith Eto, 'Nghymru Annwyl* (1986). Ar y cyd â Robert Griffiths ysgrifennodd faniffesto Mudiad Gweriniaethwyr Cymru (*Gweriniaeth-oldeb), sef *Sosialaeth i'r Cymry* (1980), ond ymunodd â Phlaid Gomiwnyddol Prydain Fawr yn 1983. Etholwyd ef yn Gadeirydd Pwyllgor Cymru o Undeb yr Ysgrifenwyr yn 1984.

Gweler y cyfweliad a roes i Hazel Walford Davies yn *The New Welsh Review* (rhif. 36, cyf. ix, Gwanwyn 1997).

Miles, John (1621–83), un o arweinwyr y Bedyddwyr Neilltuol neu Gaeth, a aned yn Newton Clifford, Henff., ryw bum milltir i'r tu hwnt i'r ardal a oedd yn Gymraeg ei hiaith yn y cyfnod hwnnw. Fe'i haddysgwyd yn Ngholeg Trwyn y Pres, Rhydychen, ac anfonwyd ef i Gymru yn 1649 gan Eglwys y Glass House yn Broad Street, Llundain, i bregethu egwyddorion y *Bedyddwyr, sef bedydd i oedolion yn unig, a hynny trwy drochiad. Yr oedd cysylltiadau cryf rhwng ei eglwys Saesneg yn Llanilltud Gŵyr ac eglwys Olchon y Gelli yn ei ardal enedigol. Yr oedd yn drefnydd galluog ac yn bropagandydd anhyblyg a daeth yn un o'r Profwyr o dan *Ddeddf Taenu'r Efengyl yng Nghymru (1650). Ni ddylanwadwyd arno gan eithafiaeth ideolegol enwadau'r Werinlywodraeth; gwrthododd Miles ymuno â gwrthdystiad Vavasor *Powell yn erbyn Cromwell yn 1655, ond gan iddo dderbyn bywoliaeth gan y Wladwriaeth fe'i trowyd allan ar ôl yr Adferiad. Yn 1656 cyhoeddodd *An Antidote against the Infection of the times* (adarg., 1904). Erbyn 1663 yr oedd ym Massachusetts, yn trefnu eglwys i'r Bedyddwyr, ond oherwydd gwrthwynebiad gan bleidiau crefyddol eraill yno agorodd ei sefydliad ei hun yn yr un Dalaith yn 1667, a'i alw yn Swanzey.

Am ragor o fanylion gweler T. M. Bassett, *Bedyddwyr Cymru* (1977); T. Richards, *The Puritan Movement in Wales, 1639 to 1653* (1920); *Y Cofiadur* (1962).

MILLS, CHRISTOPHER (1959–), bardd, awdur storïau byrion a chyhoeddwr a aned yng Nghaerdydd lle y mae'n dal i fyw. Gadawodd yr ysgol yn un ar bymtheg oed a gweithiodd mewn amryw feysydd gan gynnwys labro, cynorthwyo mewn siop, newyddiaduraeth, toi a gwaith ffatri. Yn 1983 sefydlodd y *Red Sharks Press*, gwasgnod gyhoeddi fechan, a bu ym mlaen y gad ym maes ysgrifennu amgen a pherfformio ers hynny. Am nifer o flynyddoedd golygodd gylchgrawn y grŵp barddoniaeth berfformio, Cabaret 246 a, thrwy ei ymwneud â'r *Welsh Union of Writers, bu'n olygydd cylchgrawn y sefydliad hwnnw, The Works, am gyfnod byr. Y mae'r gerdd a berfformir yn ganolog i'w waith ei hun: arweiniodd ei gyflwyno byw, o'i gof fel arfer, at alw mawr amdano fel diddanydd. Y mae ei gasgliadau o farddoniaeth, y cyfan wedi eu cyhoeddi ganddo'i hun, yn cynnwys Rumour Mathematics (1984), The Bicycle is an Easy Pancake (1986), The Dancing Drayman (1993) a Swimming in the Living Room (1995). Y mae Tôpher Mills, fel y mae'n galw ei hun yn ddiweddar, hefyd wedi cyhoeddi nifer o storïau byrion a nofeligau, gan gynnwys The Double Tonner (1996), ynghyd â Radical Anti-Sheepism (1992), sy'n gondemniad deifiol ar ysgrifennu cyfoes yng Nghymru.

MILLS, JOHN (Ieuan Glan Alarch; 1812–73), cerddor ac awdur; yr oedd yn frodor o Lanidloes, Tfn. Fe'i haddysgwyd yn lleol a dechreuodd weithio yn ffatri wlân ei dad pan oedd yn dair ar ddeg oed. Aeth yn weinidog i Ruthun yn 1841 gan symud oddi yno bum mlynedd yn ddiweddarach i Lundain, lle y bu'n genhadwr ymysg yr Iddewon. Cyhoeddodd lu o lyfrau ar bynciau cerddorol, yn eu plith Gramadeg Cerddoriaeth (1838), Y Cerddor Eglwysig (1846), Elfennau Cerddorol (1848) ac Y Cerddor Dirwestol (1855). Ysgrifennodd hefyd lyfrau yn olrhain hanes yr Iddewon ym Mhrydain, megis Iddewon Prydain (1852) a British Jews (1853). Sefydlodd Mills gylchgrawn dan y teitl Y Beirniadur Cymreig yn 1845, a chyfrannodd yn gyson i gylchgronau Cymraeg; bu'n ddiwyd yn addysgu ac yn ennyn diddordeb y werin mewn cerddoriaeth a chanu.

MILLS, ROBERT SCOURFIELD (Arthur Owen Vaughan, Owen Rhoscomyl; 1863–1919), anturwr ac awdur. Fe'i ganed yn Southport, Glannau Mersi, a'i fagu gan ei nain ar ochr ei fam, yn Nhremeirchion, Ffl. Arthur Owen Vaughan oedd yr enw a fabwysiadodd yn ddiweddarach; lluniodd ei ffugenw o lythrennau cyntaf Rhobot Scourfield Mylne (ffurf Saesneg Canol ar 'mill'). Dihangodd i'r môr pan oedd yn fachgen a bu'n gweithio mewn llawer gwlad gan ennyn peth enwogrwydd yn Rhyfel y Boer fel arweinydd catrawd o wŷr feirch. Dilynwyd ei lyfr cyntaf, stori i fechgyn, The Jewel of Ynys Galon (1895), gan The White Rose of Arno (1897), Old Fireproof (1906), Vronina (1907), Lone Tree Lode (1913), ac o leiaf tri llyfr arall. Cynlluniwyd ei nofelau i fechgyn yn gelfydd ac yr oeddynt yn bur gyffrous ond er bod ei arddull o safon dechnegol uchel yr oedd eu themâu yn or-ramantaidd. Wedi iddo ddychwelyd i Gymru ymddiddorodd yn angerddol yn hanes ei wlad; bu ei *Flamebearers of Welsh History (1905) yn llyfr tra dylanwadol a chafwyd sawl argraffiad ar gyfer ysgolion,

ond fel The Matter of Wales (1913) nid oedd yn gymeradwy gan haneswyr academaidd, oherwydd efallai mai Owen Rhoscomyl oedd y cyntaf o'r awduron Eingl-Gymreig i gyffroi'n fwriadol ymdeimlad o *Genedlaetholdeb. Ef a luniodd y sgript ar gyfer Pasiant Cenedlaethol Cymru a gynhaliwyd yng nghastell Caerdydd yn 1909. Amcan yr awdur oedd dangos rhinweddau milwrol y Cymry ar hyd y canrifoedd.

Ceir hanes y Pasiant a rhagor o fanylion am Owen Rhoscomyl yn Hywel Teifi Edwards, Codi'r Hen Wlad yn ei Hôl 1850–1914 (1989).

MILLWARD, EDWARD GLYNNE neu **TEDI** (1930–), ysgolhaig a beirniad llenyddol. Ganed ef yng Nghaerdydd a chael ei addysg gynnar yno. Aeth i Goleg y Brifysgol, Caerdydd, ac ennill gradd yn y Gymraeg mai dysgu'r iaith a wnaeth, fel ei gyfaill Bobi Jones (Robert Maynard *Jones). Bu'n dal swyddi academaidd ym Mangor a'r Barri a'i benodi wedyn yn Ddarlithydd yn y Brifysgol yng Ngholegau Abertawe ac Aberystwyth; yn y lle olaf gwnaed ef yn Ddarllenydd. Ymddeolodd yn gynnar yn 1991. Am beth amser cyn yr Arwisgiad ym mis Gorffennaf 1969 bu'n diwtor Cymraeg i Charles Windsor, a hyn a'i harweiniodd efallai at ei lyfryn poblogaidd Cymraeg i Bawb: Welsh for All (5ed arg., 1976). Cyhoeddodd nifer o flodeugerddi gwerthfawr: Pryddestau Eisteddfodol Detholedig, 1911–1953 (1973); Ceinion y Gân: Detholiad o Ganeuon Poblogaidd Oes Victoria (1983) a Blodeugerdd Barddas o Gerddi Rhydd y Ddeunawfed Ganrif (1991). Y bedwaredd ganrif ar bymtheg yw prif faes ei ddiddordeb. Rhoddodd sylw arbennig i Eben Fardd, (Ebenezer *Thomas), Daniel *Owen, Ceiriog (John Ceiriog *Hughes), Gwilym Hiraethog (William *Rees, 1802–83) a Beriah Gwynfe *Evans. Dyddiadur Saesneg Eben Fardd a ddenodd ei sylw yn gyntaf; cyhoeddodd Detholion o Ddyddiadur Eben Fardd (1968), gan dreiddio'n ddeallus i seicoleg y llenor a gyfrifid yn 'sych' ac yn 'sur'. Dangosodd mor fanwl y mae'n ymdoddi i batrwm ei oes a'i gymdeithas; cymharer ei farn am weithiau rhyddiaith Gwilym Hiraethog: 'mae'n anodd rhagori arnynt fel mynegai i feddwl Oes Fictoria'. Cyhoeddodd ysgrifau niferus am y llenorion hyn, a cheir detholiad o'r ysgrifau hyn yn ei gyfrol Cenedl o Bobl Ddewrion (1991). Yma y mae'r ysgrif deitl yn trafod 'Y Rhamant Hanesyddol yn Oes Fictoria'. Dangosir bod ffigurau fel *Gruffudd ap Cynan ac *Owain Glyndŵr, sy'n amlwg yn y rhamantau hyn, yn cyfleu i'r Cymry y syniad eu bod yn 'genedl o bobl ddewrion' er gwaethaf eu safle israddol. Mewn ysgrifau eraill teflir golau ar ddechreuadau'r *nofel Gymraeg, yn enwedig wrth drafod Daniel *Owen a Gwilym Hiraethog. Dangosir hefyd, mewn astudiaeth arall, fod gwaith Eben Fardd yn cyfuno *Clasuriaeth y ddeunawfed ganrif â rhagflas o'r *Rhamantiaeth a ddaeth i fri yn y ganrif ddilynol: gweler ei lyfr Eben Fardd yn y gyfres *Llên y Llenor (1988). Yng nghanol ei brysurdeb llenyddol mynnodd amser i wasanaethu fel Cynghorydd Bro, a bu'n Gadeirydd Cynghorau Bro a Thref Cymru. Am ragor o fanylion gweler erthyglau Branwen Jarvis yn *Barn* (rhif 349, 1992) a J. E. Caerwyn Williams yn *Y Traethodydd* (Gorff. 1994).

Milwr o Galais, Y, gweler GRUFFYDD, ELIS (*c*.1490– *c*.1552).

Miners' Next Step, The (1912), gweler o dan ABLETT, NOAH (1883–1935) a COOK, ARTHUR JAMES (1884–1931).

MINHINNICK, ROBERT (1952–), bardd ac ysgrifwr a aned yng Nghastell-nedd, Morg., ond a fagwyd ym Maesteg a Phen-y-fai, ger Pen-y-bont ar Ogwr, ac sydd bellach yn byw ym Mhorth-cawl. Fe'i haddysgwyd yng Ngholeg Prifysgol Cymru, Aber-ystwyth, ac yng Ngholeg y Brifysgol, Caerdydd, ac yn ystod y cyfnod hwnnw a wedi hynny bu mewn nifer amrywiol o swyddi, mewn diwydiant a chyda Swyddfa'r Post; yna daeth yn rheolwr prosiect amgylcheddol ar Arfordir Treftadaeth Morgannwg. Ef oedd cyd-sefydlydd Cyfeillion y Ddaear Cymru, a gweithiodd fel cyd-drefnydd y sefydliad am nifer o flynyddoedd cyn dod yn awdur llawn-amser; y mae'n dal i gyfrannu llawer at ymgyrchoedd amgylcheddol. Cafodd ei gyf-lwyno gyntaf i farddoniaeth Eingl-Gymreig trwy'r flod-eugerdd *Welsh Voices* (1967), a oedd bryd hynny ar y maes llafur Saesneg Safon Uwch, ac yna symudodd i *Poetry Wales* a gwaith Meic *Stephens, y mae'n cydnabod ei ddylanwad cynnar ar ei ddarganfyddiad o dirlun diwydiannol fel testun barddoniaeth. Dilynwyd ei gasgliad cyntaf o gerddi, *A Thread in the Maze* (1978) gan *Native Ground* (1979), *Life Sentences* (1983), *The Dinosaur Park* (1985), *The Looters* (1989) a *Hey Fatman* (1994). Yn 1992 cyhoeddodd *Watching the Fire Eater*, casgliad o ysgrifau ar yr amgylchedd, yn fioiegol a diwylliannol, a enillodd Wobr Llyfr y Flwyddyn Cymru yn 1993, a *Badlands*, ail gasgliad o ysgrifau, yn 1996. Golygodd hefyd *Green Agenda: Essays on the Environment of Wales* (1993) a blodeugerdd o gerddi a rhyddiaith, *Drawing Down the Moon* (1996). Cafodd ei benodi'n olygydd *Poetry Wales* yn 1997.

Rhan yn unig o waith Robert Minhinnick fodd bynnag yw ei lyfrau. Bu'n gyfrannwr toreithiog i *Planet* a'r *Western Mail*, ac yn diwtor mynych yn Nhŷ Newydd (*Ymddiriedolaeth Taliesin); yn 1994–95 bu'n Awdur Preswyl i Wasanaeth Llyfrgell Saskatoon yng Nghanada. Deilliodd ei gasgliad *Watching the Fire Eater* yn rhannol o Wobr Deithio John Morgan a'i galluog-odd i ymweld â De America, ond y mae hefyd yn cof-nodi rhai o'i deithiau darllen yn UDA a mannau eraill. Y mae a wnelo ei gerddi â'r amgylchedd, ond hefyd â'i ardal ei hun yn ne Cymru a phobl yr ardal honno. Y mae'r cerddi'n gymhleth, yn gyfoethog eu gwead, a'r defnydd o iaith ynddynt yn drawiadol; y mae ei

newyddiaduraeth yn uniongyrchol, bywiog ac ymholgar. Y mae'r awdur yn trafod ei waith â Jackie Aplin yn *Poetry Wales* (cyf. XXV, rhif. 2, 1989) ac â Sam Adams yn *P. N. Review* (rhif. 117, 1997).

'Minister, The' (1953), cerdd ystoriol ddramatig i bedwar llais gan R. S. *Thomas. Comisiynwyd hi gan Aneirin Talfan *Davies ac fe'i darlledwyd gyntaf ar y *Welsh Home Service* ar 18 Medi 1952, mewn cyfres o gerddi o'r enw 'Radio Odes'. Fel *An *Acre of Land* (1952), cyhoeddwyd y gerdd gan Marcele Karczewski, yng Nghwmni Argraffu Sir Drefaldwyn, Y Drenewydd, y flwyddyn ganlynol. Hon yw cerdd hwyaf y bardd (bron yn bum cant o linellau). Datblygodd o gerdd anorffenedig am y Parchedig Elias Morgan, ac y mae'n olrhain gwasanaeth gweinidog ymneilltuol i'w bobl sarrug a di-hid ar ucheldir Canolbarth Cymru. Ail-gyhoeddwyd y gerdd, gyda rhai mân newidiadau, yng nghyfrol yr awdur, *Song at the Year's Turning* (1955).

Miölnir Nanteos, gweler POWELL, GEORGE (1842–82).

Mirabilia Britanniae (llyth. 'Rhyfeddodau Prydain'), teitl traethodyn a atodir i destunau fersiwn Caer-grawnt (11eg gan.) o'r *Historia Brittonum*, lle y tadogir y gwaith ar *Nennius. Disgrifia'r *Mirabilia* gyfres o ffenomenau naturiol, hynod, i'w gweld yn Lloegr, Yr Alban, Cymru ac Iwerddon. Gan i ddeg o'r ugain rhyfeddod gael eu lleoli yn ne-ddwyrain Cymru ac ardal y ffin, daethpwyd i'r casgliad fod yr awdur, mae'n debyg, yn frodor o'r ardal hon, ac yn wir y mae'n bosibl mai Nennius ei hun, 'golygydd' yr *Historia*, ydoedd. Cysylltir dau o'r Rhyfeddodau ag *Arthurus Miles* ('Arthur y milwr', h.y. y Brenin *Arthur): ôl troed ei 'gi' (*recte* 'ceffyl'?), Cafall, a argraffwyd ar graig ar gopa Carn Cafall, Maesd., pan oedd Arthur yn hela'r baedd 'Troynt' (h.y. y *Twrch Trwyth) a ddisgrifir yn hanes *Culhwch ac Olwen; a bedd mab i Arthur na chyfeirir ato yn unman arall a leolir yn Gamber Head, Henff. O'r *Mirabilia* y tynnodd *Sieffre o Fynwy hanes y trigain ynys ar Loch Lomond â nythod eryrod arnynt, ynghyd â hanes Blaenllif afon Hafren.

Atodir fersiwn Cymraeg o'r *Mirabilia*, a oedd yn wahanol i'r un uchod, i *Enwau Ynys Prydain* mewn amryw lawysgrifau, lle y dywedir bod pedwar ar ddeg ar hugain o Ryfeddodau, er nad oes ond saith ar hugain yn rhai o'r testunau. Ceir fersiynau amrywiol mewn nifer o lawysgrifau diweddarach, a chafwyd fersiynau Saesneg gan Ranulf Higden a chan John o Trevisa yn y bed-waredd ganrif ar ddeg.

Ceir manylion pellach yn B. F. Roberts, 'Mirabilia Britanniae' yn R. Bromwich *et al* (gol.), *The Arthur of the Welsh* (1991), T. H. Parry-Williams (gol.), *Rhyddiaith Gymraeg 1488–1609* (cyf. I, 1954) ac Ifor Williams, *Bwletin* y Bwrdd Gwybodau Celtaidd (cyf. V, 1931).

Misfortunes of Elphin, The (1829), rhamant hanesyddol

gan yr awdur o Sais, Thomas Love *Peacock. Fe'i lleolwyd yng Nghymru yn y chweched ganrif a deillia o ddwy chwedl Gymreig: boddi *Cantre'r Gwaelod trwy esgeulustod Seithenyn, a hanes *Taliesin. Dau gymeriad arwrol ydynt, yr oedd gan Daliesin allu goruwchnaturiol i reoli digwyddiadau ac yr oedd Seithenyn uwchlaw sylwi arnynt. Elphin yw'r truan meidrol sy'n goddef y digwyddiadau, a'i anffodion ef a rydd y teitl i'r llyfr (gweler ELFFIN AP GWYDDNO). Cyfunir y chwedlau gan i Daliesin briodi merch Elphin, Melanghel, ond nid oes sôn am hyn yn y chwedlau Cymreig. Ehengir cwmpas y rhamant i gynnwys y Brenin *Arthur mewn cymysgfa o farddoniaeth, dychan ac anturiaethau a ddenodd rhai beirniaid i farnu mai'r gwaith hwn yw un o'r ychydig gampweithiau Saesneg a darddodd o 'adfywiad Celtaidd' y bedwaredd ganrif ar bymtheg.

Gan fod ffynonellau Peacock yn cynnwys y cylch-grawn The *Cambro-Briton, The Myvyrian Archaiology (1801), sydd yn Gymraeg yn bennaf, a *Pedair Cainc y Mabinogi (a oedd heb eu cyfieithu i'r Saesneg ar y pryd), tybir iddo elwa ar gymorth ei wraig, a oedd yn Gymraes, i ysgrifennu ei lyfr. Pan ymddangosodd fe'i disgrifiwyd yn The *Cambrian Quarterly Magazine fel 'y llyfr difyrraf, os nad y gorau, a gyhoeddwyd ar hen arferion a thraddodiadau Cymru', a gwyddys bod yr awdur yn falch bod archaeolegwyr Cymreig yn ei ystyried yn gyfraniad sylweddol a gwerthfawr i hanes Cymru. Tueddodd beirniaid modern i ganolbwyntio ar gymeriad Gargantaidd y Tywysog Seithenyn ap Seithyn Saidi (i roi iddo ei enw llawn); galwodd David Garnett ef yn 'un o frwysgwyr anfarwol llenyddiaeth y byd', a neilltuodd J. B. Priestley bennod gyfan iddo yn ei English Comic Characters (1925).

Ceir manylion am ffynonellau'r nofel hon yn yr erthygl gan Jenny Rowland yn The Anglo-Welsh Review (cyf. XXVI, rhif. 57, 1976); gweler hefyd David Gallon, 'Thomas Love Peacock and Wales' yn The Anglo-Welsh Review (cyf. XVII, rhif. 39, 1968).

MITCHELL, RONALD ELWY (1905–86), dramodydd a nofelydd a aned yn Llundain a'i addysgu yng Ngholeg y Brenin. Cyhoeddodd fwy nag ugain o ddramâu un act. Y mae'r rhan fwyaf ohonynt yn gomedïau am fywyd pentrefol gogledd Cymru, ac wedi eu lleoli mewn un lle, Pentrebychan; y maent yn cynnwys A Handful of Sheep (1935), A Husband for Breakfast (1937) ac At the Sitting Hen (1957). Fodd bynnag, y mae ychydig o'i ddramâu byrion yn ymadael â'r norm, naill ai trwy fod yn fwy difrifol neu trwy gael eu lleoli y tu allan i Gymru, ond ceir ynddynt nifer o gymeriadau Cymreig. Treuliodd Mitchell ran o'i fywyd yn America ac y mae un o'i nofelau, Design for November (1947), wedi'i lleoli yno. Gogledd Cymru yw cefndir ei nofelau eraill, Deep Waters (1937), Dan Owen and the Angel Joe (1948) a Three Men went to Mow (1951), er bod yr olaf yn ymwneud â'r gwrthdaro doniol pan yw tri Chymro a ymfudodd i America yn dychwelyd i Bentrebychan.

Mochnant, cwmwd ym *Mhowys, a rannwyd yn 1166 rhwng Owain ap Madog ac Owain Cyfeiliog (*Owain ap Gruffudd ap Maredudd) pan ddaeth Mochnant Uwch Rhaeadr yn rhan o Bowys Wenwynwyn, a Mochnant Is Rhaeadr yn rhan o Bowys Fadog. Bu'r ymraniad ar hyd yr afon yn barhaol; o 1536 tan 1974 bu'n ffin rhwng sir Ddinbych a sir Drefaldwyn, ac er 1974 rhwng Clwyd a Phowys. Y mae Pistyll Rhaeadr, sgwd ar afon Rhaeadr, yn un o *Saith Rhyfeddod Cymru.

'Mochyn Du, Y', baled a ysgrifennwyd gan was ffarm o'r enw John Owen (1836–1915) tra oedd yn gweithio i Thomas James o'r Felin Wrdan, Eglwyswrw, Penf. Credir i'r geiriau gael eu cyhoeddi am y tro cyntaf gan wraig y meistr, heb yn wybod i'r awdur. Yr oedd yr holl gymeriadau yn y gân, a genir gan amlaf ar yr alaw 'Lili Lon', yn adnabyddus yn ardal Eglwyswrw yn y cyfnod hwnnw; David Thomas, Parc-y-maes, Brynberian oedd yr un a 'gollodd' y mochyn. Er na ddymunai John Owen, a ddaeth yn weinidog gyda'r Methodistiaid Calfinaidd, arddel y faled, daeth yn dra phoblogaidd a chenid hi mewn ffeiriau yn ne Cymru gan faledwyr fel Levi *Gibbon, a thybir i hwnnw ychwanegu ati rai penillion o'i eiddo ei hun. Ond nid yw poblogrwydd y gân yn ddim o'i gymharu â'r enwogrwydd a ddaeth i'r alaw yn ddiweddarach pan gyfansoddwyd geiriau Saesneg iddi ar destun injan Crawshay *Bailey.

Modern Welsh Poetry (1944), blodeugerdd a olygwyd gan Keidrych *Rhys. Yr oedd y rhan fwyaf o feirdd Eingl-Gymreig y cyfnod ymhlith y ddau ar bymtheg ar hugain o gyfranwyr, a rhoddwyd lle amlwg i feirdd ifainc megis Dylan *Thomas, Nigel *Heseltine, Alun *Lewis, Davies Aberpennar (Pennar *Davies) a Lynette *Roberts a oedd oll yn gysylltiedig â'r cylchgrawn *Wales, ynghyd â nifer o feirdd hŷn, yn eu plith Glyn *Jones, Huw Menai (Huw Owen *Williams), Idris *Davies a Vernon *Watkins. Yr oedd y gyfrol yn cynnwys gwaith gan sawl bardd na ddatblygodd wedi hynny, ac yn ogystal, waith gan feirdd nad oeddynt yn enwog y pryd hwnnw, megis R. S. *Thomas, Emyr *Humphreys ac Ormond Thomas (John *Ormond). Beiddgar yn null 'modern' llawer o farddoniaeth Saesneg y 1930au oedd naws y rhan fwyaf o'r gyfrol, ond rhoddodd gwaith y beirdd gorau bwysigrwydd iddi a wnaeth iawn am ei diffygion. Hon oedd yr ail flodeugerdd o gerddi Eingl-Gymreig a gyhoeddwyd, a pharhaodd yn ddylanwadol hyd gyfnod yr ailflodeuo yn y 1960au a chyhoeddi The *Lilting House (gol. John Stuart *Williams a Meic *Stephens, 1969).

Modron, mam *Mabon yn chwedl *Culhwch ac Olwen, ac yn ôl un o'r Trioedd, mam i *Owain ab Urien. Tardd yr enw o Matrona, *Mamdduwies mytholeg Geltaidd. Cipiwyd Mabon oddi wrth ei fam yn dair noson oed, ac efallai fod yma olion o fyth y Carcharor Mawr, mab y Fam Fawr, a gipiwyd ymaith gan bwerau *Annwn. Ceir chwedl werin yn Llawysgrifau *Peniarth sy'n sôn am gyfarfyddiad rhwng *Urien Rheged a morwyn-olchi wrth Ryd y Gyfarthfa. Er nad enwir hi y mae'n amlwg mai Modron ydyw oherwydd dywed ei bod yn ferch i Frenin Annwfn ac yn ddiweddarach esgor ar fab i Urien sef Owain, a merch sef Morfudd.

Moelona, gweler JONES, ELIZABETH MARY (1888– 1953).

Moelwyn, gweler HUGHES, JOHN GRUFFYDD (1866– 1944).

Mog Edwards, dilledydd sy'n 'orffwyll o gariad' yn *Under Milk Wood* (1954) gan Dylan *Thomas; ysgrifenna lythyrau nwydwyllt at Myfanwy Price, ond y mae ganddo fwy o gariad at ei arian.

Mol Walbee, gweler MAUDE DE ST. VALERIE (m. 1210).

'Moliant Cadwallon' (7fed gan.), cerdd a gadwyd yn anghyflawn mewn llawysgrif o'r ail ganrif ar bymtheg. Gall mai *Afan Ferddig a'i cyfansoddodd gan mai ef oedd bardd llys *Cadwallon ap Cadfan yn ôl traddodiad diweddarach. Er bod y testun yn dywyll ac yn ddyrys gellir cysylltu rhai cyfeiriadau at fuddugoliaethau Cadwallon â digwyddiadau hanesyddol. Os dyddiwyd y gerdd yn gywir, ynddi hi y defnyddiwyd y gair 'Cymry' am y tro cyntaf, ac ynddi hi hefyd y ceir cyfeiriad cyntaf at frwydr Catraeth (c.600) y tu allan i'r *Gododdin ei hun.

Golygwyd y gerdd gan R. Geraint Gruffydd yn *Astudiaethau ar yr Hengerdd/Studies in Old Welsh Poetry* (gol. Rachel Bromwich ac R. Brinley Jones, 1978).

Mona Antiqua Restaurata (1723), dwy ysgrif yn ymdrin â hanes Môn, ei sir enedigol, gan Henry *Rowlands. Yr oedd yr awdur yn ddaearyddwr, hynafiaethydd, archaeolegydd ac yn hanesydd ond amherir ar ei lyfr gan ei hynodion ei hun megis ei gred fod perthynas agos rhwng Cymraeg a Hebraeg. Credai hefyd i'r *Derwyddon darddu o Fôn ac o'r herwydd gwelodd bob cromlech a chylch cerrig yn dystiolaeth o'u cwlt ac esboniodd enwau lleoedd yn yr un modd. Bu ei ddisgrifiad bywiog o Gyflafan y Derwyddon yn gyfrifol am ennyn diddordeb unwaith eto yn y chwedl draddodiadol. Yr oedd gan y llyfr beth dylanwad ar hynafiaethwyr o Loegr, ac yng Nghymru cafodd ddylanwad ar Theophilus *Evans a Iolo Morganwg (Edward *Williams).

Ceir manylion pellach yn yr erthygl gan C. L. Hulbert-Powell yn *Nhrafodion Cymdeithas Hynafiaethwyr a Naturiaethwyr Môn* (1953).

Monica (1930, adarg. 1989 ac 1992), nofel fer gan Saunders *Lewis. Fe'i cyflwynwyd i goffadwriaeth William *Williams (Pantycelyn), ac y mae'n ddatblygiad dychmygol o bortread yr emynydd o'r wraig a lywodraethir gan chwant yn ei *Ductor Nuptiarium (1777). Y mae Monica – a enwir, yn eironig, ar ôl mam Awstin Sant – yn ferch i siopwr o Gaerdydd a'i wraig sy'n gaeth i'w gwely. Oherwydd iddi orfod gofalu am ei mam ni chafodd Monica ieuenctid naturiol ac encilia i ffantasi rhywiol. O'r diwedd llwydda i ddenu dyweddi ei chwaer, ei briodi, a mynd i fyw i un o faestrefi Abertawe. Am rai blynyddoedd llwydda i lywodraethu'n rhywiol ar ei gŵr, hyd nes y beichioga a dod yn ymwybodol ei bod wedi colli ei swyn, a bod bywyd yn ddibwrpas iddi bellach. Llithra i gyflwr segur o flerwch a gwrthnawsedd nes i'w gŵr wrthryfela a threulio noson gyda phutain. Heb amau dim, dihuna Monica o'i syrthni a chytuno i fynd i weld meddyg; y mae ei awgrym fod ei bywyd mewn perygl yn cyd-ddigwydd â'i darganfyddiad bod y clwyf gwenerol ar ei gŵr. Â allan i chwilio amdano ond syrthia – p'un ai'n farw neu beidio ni ddywedir wrthym – o flaen tŷ meddyg wrth i'w gŵr ddod allan ohono wedi iddo dderbyn triniaeth.

Y mae'r nofel, a gynlluniwyd yn ofalus ac a ysgrifennwyd yn rymus, yn datgan nad yw chwant cnawdol yn sail ddigonol ar gyfer priodas. Yn fwy cyffredinol cyhudda'r math o fywyd dinesig diwreiddiau sy'n amcanu at foddhau'r chwantau a sicrhau dyrchafiad cymdeithasol ac nad yw'n rhoddi gwerth ar ddyheadau meddyliol, heb sôn am rai ysbrydol. Er bod y nofel yn gynnil a llednais yr oedd ymateb y cyhoedd bron yn ddieithriad yn elyniaethus, ac ni sylweddolwyd ei gwerth am ugain mlynedd.

Ceir astudiaeth feirniadol o'r nofel mewn erthyglau gan Kate Roberts yn *Saunders Lewis: ei feddwl a'i waith* (gol. Pennar Davies, 1950), gan John Rowlands yn *Ysgrifau Beirniadol V* (gol. J. E. Caerwyn Williams, 1970) a chan Delyth George yn *Y Traethodydd* (Gorff. 1986). Gweler hefyd y rhagymadrodd gan Bruce Griffiths i gyfieithiad Meic Stephens o'r nofel *Monica* (1997).

Morfa Rhuddlan, Brwydr (796), a ymladdwyd ar lannau afon Clwyd. Yn ôl y traddodiad (nad oes iddo sail hanesyddol) lladdwyd Caradog, Brenin *Gwynedd a'i holl wŷr gan Offa, Brenin Mersia, a oedd bryd hynny yn hen ŵr. Dywedir i'r alaw werin leddf, 'Morfa Rhuddlan', gael ei chyfansoddi i gofio'r digwyddiad, ond y mae'n amlwg ei bod yn dyddio o'r ail ganrif ar bymtheg.

Morfran, gweler o dan TALIESIN (fl. 6ed gan.).

Morfudd, prif gariadferch *Dafydd ap Gwilym, os gellir credu tystiolaeth ei gywyddau. Wedi pwyso a mesur, y tebyg yw mai merch o gig a gwaed ydoedd, yn hytrach na bod ei henw yn sefyll am unrhyw ferch bryd golau yr ymserchodd y bardd ynddi, fel y credwyd yn gyffredin ar un adeg. Digwydd enw ei thad unwaith, sef Madawg Lawgam, ond y mae'n bosibl mai enw a ddyfeisiwyd i ateb gofynion cynganeddol yw hwn. Ymddengys iddi hanu o deulu da. Y mae'r awgrym ei bod yn perthyn i Fychaniaid *Nannau, Meir., yn dibynnu ar gysylltu'r Ynyr, y dywed un gerdd yn unig ei bod yn ddisgynnydd iddo, ag Ynyr Nannau, sefydlydd y teulu, ond y mae hyn yn bell o fod yn sicr. Yr hyn sydd yn sicr, fodd bynnag, yw bod pob arwydd daearyddol yng nghywyddau Dafydd yn lleoli ei chartref, fel eiddo'r bardd yntau, o fewn cantref Uwch Aeron, sy'n amgylchynu Aberystwyth; ni chyfeirir at Forfudd wrth ei henw mewn cywyddau sy'n ymwneud â merched o rannau eraill o Gymru. Hi yw 'Seren Nant-y-seri', lle a uniaethir â Chwmseiri, o fewn pedair milltir i Aberystwyth. Y mae'r bardd, yn ei ddychymyg, yn anfon y gwynt yn *llatai iddi yn Uwch Aeron; deisyf ar y don ar afon Dyfi i beidio â'i rwystro rhag ei chroesi wrth iddo deithio tua'r de i gyfarfod â hi yn *Llanbadarn; rhestra gyfres o leoedd y mae modd eu hadnabod o hyd o fewn y triongl Aberystwyth, Tal-y-bont a Phonterwyd, ardal y mae'n honni iddo deithio drosti wrth ei chanlyn hi.

Gwallt golau ac aeliau tywyll oedd gan Forfudd; yng ngolwg y bardd yr oedd hi'n hudolus o ddeniadol, ond dihangai rhagddo ac anaml y derbyniai ffafr ganddi. Yr oedd hi'n drech nag amynedd y bardd â'i thwyll a'i hanffyddlondeb iddo, a hynny'n cyrraedd ei benllanw yn ei phriodas â'i gŵr a lysenwyd Y Bwa Bach. Cadarnheir bodolaeth y gŵr hwn gan yr enw Ebowa baghan (sic) mewn rhestr o enwau tystion mewn Rhestr Llys ar gyfer 1344 yn Aberystwyth. Hyd yn oed wedi iddi ddod yn wraig briod ac yn fam parhaodd Dafydd i'w chanlyn. Yn wir, y mae dau fardd o ail hanner y bymthegfed ganrif, Ifan Môn a *Llywelyn ap Gutun ap Ieuan Lydan, yn cyfeirio at draddodiad fod gwŷr Morgannwg wedi talu dirwy i'w gŵr pan ffoes o'i chartref gyda Dafydd. Gwyddai William *Owen Pughe hefyd am y traddodiad hwn ac fe'i hategir i raddau gan awgrymiadau a wneir gan *Gruffudd Gryg yn ei ymryson â Dafydd. Rhoddir yr epithet Llwyd i Forfudd yn achlysurol, a beth bynnag yw arwyddocâd hynny, fe'i cysylltir â'r ffaith fod Dafydd yntau yn dwyn yr enw hwn yn y pennawd i'w gywydd i'r Grog yng Nghaer.

Gellir dosbarthu'r tri chywydd ar hugain sy'n enwi Morfudd fel a ganlyn: grŵp bach yn mynegi cariad telynegol a melys, grŵp mwy o gerddi sy'n deisyf, gofidio ac yn colli amynedd â Morfudd ar gyfrif ei hanwadalwch a'r ffaith nad yw'n 'talu' y bardd am ei gerddi, cerddi chwerw yn ymwneud â phriodas Morfudd a cherddi fabliau yn ymwnued â chynigion y bardd i gyfarfod â Morfudd neu i gael mynediad i'w chartref. Hi hefyd, yn ddiau, yw gwrthrych dienw llawer o gerddi eraill gan Ddafydd ap Gwilym. Gweler hefyd DYDDGU.

Ceir manylion pellach yn Ifor Williams, Dafydd ap Gwilym a'i Gyfoeswyr (1935) a Thomas Parry, Gwaith Dafydd ap Gwilym (1952); gweler hefyd yr erthyglau gan D. J. Bowen yn Llên Cymru (cyf. VI, 1960, cyf. IX, 1965), Eurys Rowlands yn Y Traethodydd (1960, 1967), John Rowlands yn Ysgrifau Beirniadol VI (gol. J. E. Caerwyn Williams, 1971) ac R. G. Gruffydd, Dafydd ap Gwilym (1987).

Morfudd Eryri, gweler THOMAS, ANNA WALTER (1839–1920)

Morgan, gweler PELAGIUS (fl. 350–418).

Morgan (6ed gan.), un o'r pedwar Brenin o'r *Hen Ogledd y dywedir yn Achau'r Saeson, a gorfforwyd yn yr *Historia Brittonum, eu bod wedi gwrthsefyll y Brenin Angliaidd Hussa. Ychwanega'r cofnod (lle y gelwir ef Morcant) mai ef, oblegid cenfigen, a gynllwyniodd i ladd *Urien Rheged, pan oedd hwnnw'n gwarchae'r Saeson yn Ynys Medgawdd neu Lindisfarne. Yn y cylch englynion a adwaenir fel *'Canu Llywarch Hen' y mae englyn sy'n cyfeirio at Forgan(t) fel gelyn ac yn ei ddisgrifio'n ddirmygus fel 'llyg a grafai wrth glegyr'. Ym Muchedd Cyndeyrn (12fed gan.), gan Jocelinus o Furness, adroddir am erlid y sant a rhwystro ei waith gan deyrn gormesgar o'r enw Morken ac y mae'n bosibl, er nad yw'n sicr, mai at yr un person y cyfeirir. Gweler hefyd PELAGIUS.

MORGAN AP HUW LEWYS (fl. 1550–1600), bardd o Hafod-y-wern ym mhlwyf Llanwnda, Caern.; un o'r uchelwyr ydoedd, ac yn fab i Huw Lewys o'r Tryfan, a fu'n Uwch-gwnstabl cwmwd Uwch Gwyrfai yn 1548. Canai ar ei fwyd ei hun, mewn cyfnod pan oedd beirdd yn brin yn ei ardal, ar destunau moesol a chrefyddol. Y mae'n bosibl ei fod yn dal cysylltiad barddol â theulu *Glynllifon.

MORGAN ELFAEL (fl. 1528–41), bardd; prin yw'r wybodaeth amdano. Canai i deuluoedd y deheudir, yn eu plith, Syr Siôn Mathau o Radur, ger Caerdydd, Sioned, merch Syr Thomas *Philipps o Gastell Pictwn, Penf., Lewys Gwynn o Dref Esgob, Myn., a Gruffudd Dwn o Ystradmerthyr, Caerf.

Morgan Hen (m. 1001), Brenin *Morgannwg, arglwyddiaeth a oedd yn cynnwys *Gwent yn ei amser ef; olynodd ei dad, Owain ap Hywel ap Rhys, tua'r flwyddyn 930. Bu'n gyfeillgar â llys Wessex hyd ddiwedd cyfnod *Hywel Dda. Dywedir ei fod yn gant a naw ar hugain oed pan fu farw.

Morgan Tud, gweler o dan EDERN.

Morgan, teulu o Barc Tredegyr, Myn., a hawliai ach o Gadifor Fawr, Arglwydd Cil-sant yn yr unfed ganrif ar ddeg. Un o'i ddisgynyddion oedd Llywelyn ab Ifor, a briododd etifeddes ystadau Tredegyr ger Casnewydd, a bu un o'i feibion, Ifor Hael (*Ifor ap Llywelyn), pennaeth cangen a ymsefydlodd yng Ngwernyclepa,

Basaleg, yn brif noddwr *Dafydd ap Gwilym. Ymddangosodd nifer o ganghennau eraill yng Ngwent, yn cynnwys teuluoedd yn Langstone, Llantarnam a Sant Pierre, ac yr oeddynt oll yn noddwyr pybyr i'r beirdd. Er gwaethaf dirwyon mawr oherwydd Reciwsantiaeth (gweler o dan GWRTH-DDIWYGIAD), tynnwyd cangen Llantarnam o'r teulu ymhellach at Babyddiaeth trwy briodas â theulu Somerset o *Raglan a chredir bod y teulu yn un o brif hyrwyddwyr sefydlu Coleg Iesuaidd Sant Xavier yn Y Cwm, Llanrothal yn nyffryn Mynwy. Ym marn Leland (gweler o dan ITINERARY OF JOHN LELAND) yr oedd y teulu hwn yn un o dri yn unig trwy Gymru gyfan a oedd yn haeddu cael eu galw yn deulu o uchelwyr yn ôl safonau Lloegr. Cefnogodd Syr John Morgan Harri *Tudur a daliodd swydd stiward Machen a swyddi eraill. Bu ei ddisgynyddion ym Machen a Thredegyr yn amlwg ym myd llywodraeth leol hyd at ddechrau'r bedwaredd ganrif ar bymtheg. Ymsefydlodd canghennau o'r teulu hefyd yn Rhymni, Llanfedw, Penllwyn ac Y Dderw, Brych. Ar ôl y *Rhyfeloedd Cartref atafaelwyd ystadau Llantarnam ac nis rhoddwyd yn ôl tan 1653, pan droes yr etifedd, Syr Edward Morgan, yn Brotestant. Yr oedd y môr-leidr Henry *Morgan a'r bardd Evan Frederic *Morgan yn perthyn i deulu Machen a Pharc Tredegyr.

Am wybodaeth bellach am hanes cynnar y teulu a'i achau gweler G. T. Clark, *Limbus Patrum Morganiae et Glamorganiae* (1886); G. Blacker Morgan, *Historical and Genealogical Memoirs of the Morgan Family* (1895–97) a J. G. Jones, *Gradd, Grym a Gwehelyth Teulu Uchelwrol y Morganiaid o Dredegyr* (1988).

MORGAN, ALISON (1930–), awdur llyfrau i blant a aned yn Bexley, swydd Gaint, ond a fagwyd yn Llangasty, Brych.; fe'i haddysgwyd yng Ngholeg Somerville, Rhydychen, a Phrifysgol Llundain. Yr oedd ei hynafiaid wedi byw yn sir Frycheiniog er dechrau'r bedwaredd ganrif ar bymtheg, a dychwelodd hi i Gymru i fod yn athrawes yn Y Drenewydd, Tfn., yn 1954; ar ôl ei phriodas yn 1960 symudodd i Lanafan, Llanfair-ym-Muallt. Ymwneud yn bennaf ag anturiaethau bechgyn ifainc ym mhentref 'Llanwern' y mae ei dau lyfr cyntaf, *Fish* (1971) a *Pete* (1972), ac y mae *Ruth Crane* (1973), nofel i blant hŷn, yn disgrifio Americanes ifanc yn ymaddasu i fywyd yn ei chartref newydd yn y pentref. Yn *At Willie Tucker's Place* (1975), ceir hanes Dan, brawd iau un o'r prif gymeriadau yn *Fish*, a'i hoffter o bethau milwrol. Llwyddodd yr awdur yn storïau 'Llanwern' i greu stori gyffrous o ddigwyddiadau cyffredin, a chyfleu safbwynt pobl ifainc sy'n dysgu cyfathrebu â'i gilydd ac â'r byd o'u cwmpas. Ymhlith ei nofelau eraill y mae *Leaving Home* (1979) a'i dilyniant, *Paul's Kite* (1981), lle y dysga bachgen o'r wlad, a ddiwreiddir o'i gynefin oherwydd marwolaeth ei dad-cu, ymgodymu â bywyd newydd gyda pherthnasau. Yn ddiweddarach y mae Alison Morgan wedi ysgrifennu'n bennaf ar gyfer plant iau; ymhlith y llyfrau hyn ganddi y mae *Brighteye*

(1984), *Staples for Amos* (1986) a *Granny and the Hedgehog* (1995). Cyhoeddodd hefyd *The Eye of the Blind* (1986), nofel hanesyddol wedi'i gosod yng nghyfnod y Beibl.

Gweler y cyfweliad a roes yr awdur i Joan Walmsley yn *The New Welsh Review* (rhif. 8, cyf. II, Gwanwyn 1990).

Morgan, Charles (1575?–1643), milwr o Ben-carn, Myn., nai i Syr Thomas *Morgan ('The Warrior'), gyda'r olaf o gadlywyddion mawr y sir a fu'n ymladd mewn gwledydd tramor dros achos *Protestaniaeth. Priododd, yn 1606/07, ag Elizabeth van Marnix van Ste. Aldegonde, merch i'r uchelwr y dywedir iddo gyfansoddi anthem genedlaethol yr Iseldiroedd. Bu hi farw ar enedigaeth plentyn yn 1608 a chodwyd cofadail gwych iddi yn yr Oude Kerke yn Delft ar draul ei gŵr yn 1611, pan oedd yn gyrnol ym Myddin Gweriniaeth yr Iseldiroedd ac yn Rheolwr Bergen-op-Zoom. Yn 1620 ymunodd â llu gwirfoddolwyr Syr Horace Vere i ymladd yn yr Iseldiroedd; bu'n ben ar luoedd Prydain yn Bergen, a bu'n amddiffyn Breda yn 1625. Y flwyddyn ganlynol, a pholisi tramor Siarl I yr un mor wamal ag un ei dad, bu Morgan yn ben ar fyddin o chwe mil o wŷr (y talwyd amdani ag arian a godwyd gan Syr Thomas *Myddleton ac eraill), a anfonwyd i gynorthwyo Brenin Denmarc ar rannau isaf afon Elbe, ond er iddo gael cymorth y llynges gan Syr Sackville Trevor o Drefalun fe'i gorfodwyd, oherwydd diffyg bwyd, i ildio Staden i Tilly yn 1628. Dychwelodd i'r Iseldiroedd mewn dyled drom ac yno bu'n cynorthwyo yn y gwarchae ar Breda yn 1637, a daeth yn Rheolwr Bergen-op-Zoom unwaith eto. Claddwyd '*this honest and brave captain*', chwedl Iarll Essex, yn Delft.

Ceir manylion pellach am J. A. Bradney, *History of Monmouthshire* (cyf. I, 1904).

MORGAN, CLARE (1955–), awdur storïau byrion a nofelau. Ganwyd hi yng nghyffiniau Trefynwy a chafodd ei haddysg yn Ysgol Trefynwy Haberdashers i Ferched; aeth ymlaen wedyn i Brifysgol Caerlŷr i astudio Gwyddorau Cymdeithasol. Ar ôl gweithio mewn amryfal swyddi, aeth ymlaen i weithio ym myd diwydiant, yn cynllunio systemau busnes. Daeth yn Gyfarwyddwraig ar gwmni rhyngwladol o ymgynghorwyr busnes tra oedd yn rhedeg ei hysgol *ballet* ei hun, cyn mynd yn ôl i wneud ail radd yn y Dyniaethau, gyda'r Brifysgol Agored. Gwnaeth astudiaethau llenyddol pellach ym Mhrifysgolion Rhydychen ac East Anglia, ac y mae yn awr yn Ddarlithydd yn y Saesneg yng Ngholeg Trwyn y Pres, Rhydychen. Y mae'n rhannu ei hamser rhwng Rhydychen a'i ffermdy ger Dinas Mawddwy.

Ei chyhoeddiad cyntaf oedd cyfrol o storïau byrion o dan y teitl *Hill of Stones* (1980). Enillodd ei nofel *A Touch of the Other* (1984) wobr Bookshelf/Arrow am nofel gyntaf. Cyhoeddwyd cyfrol newydd o'i storïau yn 1996 o dan y teitl *An Affair of the Heart*. Y mae ganddi arddull soffistigedig ac awgrymog, sydd weithiau yn tueddu at effeithiau telynegol, megis yn ei stori enwog 'Losing', weithiau yn symud fwyfwy tuag at hiwmor bwrlésg.

Morgan, David Thomas (c.1695–1746), cyfreithiwr ac un o'r Jacobitiaid, o Ben-y-graig, ger Mynwent y Crynwyr, Morg.; yr oedd yn ddisgynnydd ar ochr ei fam i deuluoedd Mathew a *Stradling. Yr oedd yn Uchel Eglwyswr, yn fargyfreithiwr yn Llundain, yn aelod o glwb Jacobitiaid Llundain, ac yn lluniwr cerddi; bu'n gweithio fel cyfreithiwr yng nghylchdaith Brycheiniog. Ym mis Tachwedd 1745 aeth o dde Cymru, yng nghwmni'r Pabydd William Vaughan o Courtfield, Myn., i ymuno â'r Ymhonnwr Ieuanc yn Preston (gweler o dan JACOBITIAETH). Bu'n cynorthwyo i ffurfio Catrawd Manceinion ac oherwydd ei wybodaeth gyfreithiol yr oedd yn gymeradwy gan y Tywysog. Eithr ni dderbyniodd y Cyngor Rhyfel ei awgrym y dylai'r fyddin Jacobitaidd droi i'r gorllewin ac i Gymru. Anwybyddodd Syr Watkin *Williams Wynn a Chylch y Rhosyn Gwyn y llythyrau a yrrwyd atynt. Pan ddechreuodd yr Ymhonnwr Ieuanc droi'n ôl dywedodd Morgan wrth Vaughan, '*I had rather be hanged than go to Scotland and starve*'. Gadawodd y fyddin gan farchogaeth adref. Restiwyd ef yn Stone, ei garcharu yn Newgate, a'i ddienyddio yng Ngorffennaf 1746. Ymladdodd Vaughan ym mrwydr Culloden, a dihangodd i'r Cyfandir, lle y daeth yn gadfridog ym myddin Sbaen.

Ceir manylion pellach yn yr erthygl gan Peter D. G. Thomas, 'Jacobitism in Wales' yn Cylchgrawn Hanes Cymru (cyf. I, rhif. 3, 1962).

MORGAN, DEREC LLWYD (1943–), beirniad, hanesydd a bardd. Fe'i ganed yng Nghefnbryn-brain, Caerf., a'i addysgu yng Ngholeg Prifysgol Gogledd Cymru, Bangor, a Choleg Iesu, Rhydychen. Bu'n Ddarlithydd yng Ngholeg Prifysgol Cymru, Aberystwyth, ac yna yn 1983 yn Ddarllenydd yn y Gymraeg yng Ngholeg Prifysgol Gogledd Cymru, Bangor, cyn cael ei benodi'n Athro'r Gymraeg yng Ngholeg Prifysgol Cymru, Aberystwyth, yn 1989, pan draddododd ei ddarlith agoriadol, Ni cheir byth wir lle bo llawer o feirdd (1992). Yn 1995 penodwyd ef yn Brifathro'r Coleg hwnnw.

Cyhoeddodd astudiaethau beirniadol megis Y Soned Gymraeg (1967), astudiaethau o T. Gwynn *Jones (1972), Kate *Roberts (1974), Daniel *Owen (1977) ac Islwyn *Williams (1980), yn ogystal â llyfrau ar hanes y Methodistiaid cynnar yn cynnwys Taith i Langeitho (1976), Y Diwygiad Mawr (1981), Pobl Pantycelyn (1986) a monograffau ar William *Williams, Pantycelyn (1983) a Charles *Edwards (1994) yn y gyfres Llên y Llenor. Ei bedwar casgliad o gerddi yw Y Tân Melys (1966), Pryderi (1970), Gwna yn Llawen, Ŵr Ieuanc (1978) a Cefn y Byd (1987); y mae hefyd wedi ysgrifennu addasiad i'r radio o Iliad Homer (1976). Ef a olygodd Cerddi '75 (1975),

Adnabod Deg (1977), Bro a Bywyd Kate Roberts (1981), Cerddi J. W. Llannerch y Medd (1983) a (chyda Bedwyr Lewis *Jones) Bro'r Eisteddfod: Ynys Môn (1983). Y mae'n ddarlledydd cyson ac yr oedd yn Gadeirydd Cyngor yr *Eisteddfod Genedlaethol o 1979 hyd 1982 ac yn Llywydd ei Llys o 1989 hyd 1993. Y mae'n briod â'r nofelydd Jane *Edwards.

Ceir rhagor o wybodaeth amdano yn Portreadau'r Faner (1976) gan Margaret Pritchard, erthygl yn Barddas (rhif. 46, 1980) a nodyn gan John Rowlands yn Profiles (1980).

MORGAN, DEWI (Dewi Teifi; 1877–1971), newyddiadurwr a bardd, a brodor o ogledd Cer. Ychydig o addysg ffurfiol a gafodd: ar ôl cyfnod yn helpu gyda busnes ei rieni, aeth i weithio ar y Cambrian News yn Aberystwyth. Daeth yn y man yn olygydd Cymraeg y papur hwnnw ac yn is-olygydd *Baner ac Amserau Cymru, swyddi y bu ynddynt am dros hanner canrif. Addysgu ei hunan fu ei hanes: dysgodd y cynganeddion a dechrau cystadlu mewn eisteddfodau lleol a thaleithiol gan ennill ei gadair gyntaf yn ddwy ar hugain oed. Trwy ei gyfeillgarwch â T. Gwynn *Jones dyfnhawyd ei adnabyddiaeth o lenyddiaeth Cymru ac ehangwyd ei orwelion i gynnwys llenyddiaeth Ewrop. Uchafbwynt ei yrfa eisteddfodol oedd ennill y *Gadair â'i awdl 'Cantre'r Gwaelod' yn Eisteddfod Genedlaethol Pwllheli yn 1925. Ar y cyfan, ymarferion mewn canu i destun a chynganeddu llithrig yw canu eisteddfodol Dewi Morgan. Crefftwr geiriau ydoedd yn anad dim, ond cafwyd ganddo ambell berl o gywydd coffa ac englyn epigramatig yn ei hen ddyddiau. Ei brif gyfraniad i lenyddiaeth Gymraeg oedd ei waith yn hyrwyddo diwylliant ei filltir sgwâr ac yn rhoi arweiniad i feirdd a llenorion ifainc, yn eu plith D. Gwenallt *Jones, T. Ifor Rees, Caradog *Prichard, T. Glynne *Davies, J. M. *Edwards, Iorwerth C. *Peate ac Alun *Llywelyn-Williams.

Cyhoeddwyd cofiant Dewi Morgan gan Nerys Ann Jones (1987).

MORGAN, DYFNALLT (1917–94), llenor, beirniad a chyfieithydd; brodor o Ddowlais, Merthyr Tudful, ydoedd. Rhwng 1940 ac 1947 bu'n gweithio fel coedwigwr, cynorthwywr mewn ysbyty a chydag Uned Ambiwlans y Crynwyr yn yr Eidal, Awstria a Tsieina. Yn 1954 ymunodd â'r BBC fel Cynhyrchydd ac yn 1964 fe'i penodwyd yn Ddarlithydd yn Adran Efrydiau Allanol Coleg Prifysgol Gogledd Cymru, Bangor. Cyhoeddodd ddrama fydryddol, Rhwng Dau (1957), cyfrol o farddoniaeth, Y Llen a Myfyrdodau Eraill (1967), astudiaeth o waith Gwenallt (David James *Jones) yn y gyfres *Writers of Wales (1972) ac astudiaethau beirniadol o T. H. *Parry-Williams (1971) a Waldo *Williams (1975). Golygodd dair cyfrol o feirniadaeth lenyddol, Gwŷr Llên y Ddeunawfed Ganrif (1966), Gwŷr Llên y Bedwaredd Ganrif ar Bymtheg (1968) ac Y Ferch o Ddolwar

Fach (1977), sydd yn ymdrin â bywyd a gwaith Ann *Griffiths, a darlith, Y Wlad Sydd Well (1984). Ef hefyd oedd golygydd Babi Sam (1985), cyfrol sy'n dathlu hanner can mlynedd o ddarlledu o Fangor (1935–85), Ambell Sylw (1988), casgliad o ryddiaith Alun *Llywelyn-Williams, a Cyfaill Carcharorion (1992), cyfrol i gofio Merfyn Turner. Cyfieithodd Y Diwygiad Mawr gan Derec Llwyd *Morgan i'r Saesneg dan y teitl The Great Awakening in Wales (1988). Ymhlith y dramâu a gyfieithodd i'r Gymraeg y mae Sadwrn fel Pob Sadwrn (Vaclav Cibula, 1967) a, chydag Eleri Eirug Morgan, Chwe Chymeriad (Pirandello, 1981). Cyfieithodd eiriau llawer o unawdau a chytganau clasurol; y mae'r gyfrol Y Gân yn ei Gogoniant (ar y cyd â John Stoddart, 1989) yn cynnwys trosiadau o Lieder Almaeneg. Ymhlith y cyfanweithiau cerddorol a gyfieithodd, y mae Y Deyrnas (Elgar, 1971), Rhyw Fab o'n Hoes Ni (Tippett, 1972), Mam yr Iesu (Pergolesi, 1973), Offeren yn D Leiaf (Haydn, 1974), Gloria (Poulenc, 1976), Offeren ar gyfer Uchel Ŵyl (Beethoven, 1977), Gwledd Belsassar (Walton, 1978), Ffantasi i Gôr (Beethoven, 1979), Mam yr Iesu (Dvorák, 1980), Nabucco (Verdi, 1983) ac Offeren (Bernstein, 1990). Ceir llyfryddiaeth lawnach gan Alun Eirug Davies yn Ysgrifau Beirniadol XXI (gol. J. E. Caerwyn Williams, 1996) ac erthygl ar ei farddoniaeth gan D. Tecwyn Lloyd yn Taliesin (cyf. xxiv, 1972).

MORGAN, ELAINE (1920–), dramodydd teledu ac awdur, a aned ym Mhontypridd, Morg., yn ferch i weithiwr pwmp mewn glofa; fe'i haddysgwyd yn Neuadd yr Arglwyddes Margaret, Rhydychen, lle y darllenodd Saesneg. Yr oedd yn ddarlithydd gyda Chymdeithas Addysg a Gweithwyr nes iddi briodi yn 1945, ac er y 1950au cynnar bu'n ysgrifennu ar ei liwt ei hun. Arbenigodd mewn cyfresi, addasiadau a rhaglenni dogfennol. Ymhlith ei hymdrechion mwyaf llwyddiannus a chofiadwy yr oedd cyfresi BBC Cymru, *How Green Was My Valley (1976) gan Richard Llewellyn, Off to Philadelphia in the Morning (1978) gan Jack *Jones a The Life and Times of Lloyd George (1980). Cyhoeddodd hefyd The Descent of Woman (1972), golwg ffeministaidd ar esblygiad, Falling Apart: the Rise and Decline of Urban Civilisation (1976), The Aquatic Ape (1982), theori o esblygiad dynol, The Scars of Evolution (1990) a The Descent of the Child (1994).
Gweler y cyfweliad a roddwyd i Nicola Davies yn The New Welsh Review (rhif 5, cyf. II, Haf 1989).

MORGAN, ELENA PUW (1900–73), nofelydd a aned yng Nghorwen, Meir., lle y daeth ei chartref, wedi ei phriodas yn 1931, yn ganolfan diwylliant Cymraeg; yr oedd John Cowper *Powys ymhlith ei chyfeillion. Ysgrifennodd dair nofel i oedolion, sef Nansi Lovell (1933), ar ffurf hunangofiant hen sipsi, Y Wisg Sidan (1939) ac Y Graith (1943); enillodd *Fedal Ryddiaith yr Eisteddfod Genedlaethol yn 1938 am Y Graith. Ymhlith ei mân weithiau y mae tair stori i blant: Angel

y Llongau Hedd (1931), Tan y Castell (1939) a Kitty Cordelia a gyhoeddwyd yn Cymru'r Plant yn 1930. Yr oedd tuedd yn ei gweithiau cynnar i fod yn sentimental a melodramatig ond erbyn Y Graith gellir canfod aeddfedrwydd ac y mae'r nofel hon yn arwyddocaol yn natblygiad y *nofel Gymraeg. Rhoes Elena Puw Morgan y gorau i ysgrifennu tua 1939 er mwyn gweini ar berthnasau methedig.
Am ragor o fanylion gweler Marian Elis, 'Elena Puw Morgan', yn Taliesin (cyf. LIII, 1985), Gwilym R. Jones, 'Ail-gloriannu Elena Puw Morgan', yn Y Faner (10 Chwefror 1984) a Marian Tomos, 'Bywyd a Gwaith Elena Puw Morgan' (traethawd M.A. Prifysgol Cymru, Bangor, 1980).

MORGAN, ELUNED (1870–1938), llenor. Fe'i ganed, yn ferch i Lewis *Jones (1836–1904), ar fwrdd y Myfanwy yn ystod mordaith i *Batagonia ac fe'i bedyddiwyd yn Morgan. Wedi addysg fore gan R. J. Berwyn yn y Wladfa, daeth i Gymru i Ysgol Dr. Williams, Dolgellau, Meir. Am gyfnod wedyn bu'n gofalu am ysgol breswyl i ferched yn Nhrelew ac yn olygydd Y *Drafod, papur Cymraeg y Wladfa. Yn ystod ei harhosiad yng Nghymru, rhwng 1903 ac 1909, pan ddaeth o dan ddylanwad Diwygiad crefyddol Evan *Roberts, bu'n gweithio ar staff Llyfrgell Caerdydd. Dychwelodd i Batagonia yn derfynol yn 1918 gan ymroi'n egnïol i fod yn un o arweinyddion bywyd crefyddol a diwylliannol y Wladfa.
Dechreuodd ysgrifennu drwy gystadlu ar draethodau yn eisteddfodau'r Wladfa, a chyfrannodd nifer o erthyglau i *Cymru, y cylchgrawn a olygwyd gan Owen M. *Edwards, gŵr a edmygai yn fawr. Cyhoeddwyd pedwar llyfr ganddi: Dringo'r Andes (1904), Gwymon y Môr (1909), hanes mordaith yn cynnwys disgrifiad ohoni'n cael ei chlymu wrth yr hwylbren er mwyn cael gweld rhyferthwy'r môr, Ar Dir a Môr (1913), hanes ei hymweliad â Phalestina; a Plant yr Haul (1915), hanes Incas Peru. Yn y gweithiau hyn adlewyrchir yn glir danbeidrwydd ei Chymreictod a bwrlwm ei rhamantiaeth. Y mae ei llyfrau'n llawn disgrifiadau byw o fyd natur, a llwyddodd i drosglwyddo blas ac antur bywyd y Paith a'r Andes. Fe'i cyhuddwyd o orliwio rhai agweddau ar fywyd y Wladfa yn ei gwaith ac o foesoli'n ormodol. Cyffelybwyd ei harddull, oherwydd ei naws bersonol a'i manyldeb, i arddull y llythyrwr caboledig. Yn ystod blynyddoedd olaf ei bywyd, dan ddylanwad Pietistaidd Mudiad Keswick, rhoddodd y gorau i lenydda a sianelwyd ei dawn lenyddol i'w llythyrau at ei chyfeillion yng Nghymru.
Ymddangosodd detholiad o'i llythyrau yn y cyfrolau Gyfaill Hoff (gol. W. R. P. George, 1972) a Tyred Drosodd (gol. Dafydd Ifans, 1977). Cyhoeddwyd cofiant i Eluned Morgan, ynghyd â detholiad o'i gwaith, gan R. Bryn Williams (1945); gweler hefyd yr ysgrif ar Eluned Morgan fel awdures llyfrau i blant yn Dewiniaid Difyr (gol. Mairwen a Gwynn Jones, 1983).

MORGAN, EVAN FREDERIC (1893–1949), bardd

a aned i deulu *Morgan, a olrheinia ei ach i Ifor Hael (*Ifor ap Llywelyn); fe'i haddysgwyd yn Eton a Choleg Eglwys Grist, Rhydychen, lle yr oedd yn un o sefydlwyr y Gymdeithas Geltaidd. Ar ôl y Rhyfel Byd Cyntaf, fel ail Is-iarll Tredegyr, daeth yn noddwr nifer o sefydliadau dyngarol yng Nghymru. Yr oedd yn artist, a dangoswyd ei waith yn y *Salon de Paris*; cyhoeddodd nofel hefyd, *Trial by Ordeal* (1921), a saith cyfrol o gerddi, sef *Fragments* (1916), *Gold and Ochre* (1917), *Psyche*, (1920), *A Sequence of Seven Sonnets* (1920), *At Dawn* (1924), *The Eel* (1926) a *The City of Canals* (1929). Y mae llawer o'i gerddi yn adlewyrchu ei dröedigaeth i ffydd yr Eglwys Babyddol pan oedd yn ŵr ifanc.

Morgan, George Osborne, (1826–97), gwleidydd. Gwraig o Sweden oedd ei fam a ganed ef yn Gothenburg lle yr oedd ei dad yn gaplan. Fe'i haddysgwyd yn Ysgolion Friars ac Amwythig ac yng ngholegau Balliol a Chaerwrangon, Rhydychen. Galwyd ef i'r Bar yn 1853, a daeth yn un o Gwnsleriaid y Frenhines yn 1869. Ef oedd un o'r garfan o Aelodau Seneddol Rhyddfrydol a etholwyd yng Nghymru yn 1868. Yr aelod arall dros etholaeth ddwy-sedd sir Ddinbych oedd y Tori Syr Watkin *Williams Wynn; o dan Fesur Ailddosbarthu 1885 fe'i holltwyd yn ddwy etholaeth – Gorllewin a Dwyrain Sir Ddinbych; trechwyd Wynn gan Morgan yn Nwyrain sir Ddinbych yn 1885 a thrwy hynny daeth terfyn ar 'deyrnasiad' y Wynniaid a oedd wedi parhau am 169 o flynyddoedd. Fe'i hailetholwyd yn 1886 a 1892, a bu'n weinidog y Llywodraeth ddwywaith; yn 1880 ef oedd y Barnwr Adfocad Cyffredinol (pan ddiddymodd yr arfer o fflangellu yn y fyddin), ac yn 1886 ef oedd Is-ysgrifennydd Seneddol y Trefedigaethau a chymeroдd ddiddordeb arbennig ym *Mhatagonia.

Yr oedd ei bwysigrwydd i Gymru, fodd bynnag, yn llawer ehangach. Yn 1880, wedi deng mlynedd o ymdrech, sicrhaodd basio Deddf Gladdu, a roes ganiatâd i Anghydffurfwyr gladdu ym mynwentydd eglwys y plwyf a chynnal eu gwasanaeth eu hunain yno. Bu'n frwd dros y Ddeddf Cau Tafarnau ar y Sul 1881 (gweler o dan Dirwest) gan ddweud yn Nhŷ'r Cyffredin y dylid deall mai wrth ymdrin â Chymry yr ydys yn ymwneud â chenedl sy'n hollol wahanol. Yn 1870 eiliodd y cynnig dros *Ddatgysylltu'r Eglwys yng Nghymru, a wrthwynebwyd gan Gladstone, ac yr oedd yn flaenllaw dros Fesurau 1893 ac 1895 a dderbyniodd ddarlleniad cyntaf. Ei ddiddordeb pwysig arall oedd addysg. Penodwyd ef yn gyd-Ysgrifennydd, gyda Hugh *Owen, yn 1863 i hyrwyddo'r syniad o gael Prifysgol genedlaethol i Gymru. Ymdrechodd ef a Henry *Richard ym Mai 1870 i ddarbwyllo Gladstone i roi arian er mwyn cynnal y Coleg Prifysgol cyntaf yn Aberystwyth, ond heb lwyddiant. Ddeng mlynedd yn ddiweddarach yr oedd ef a Stuart *Rendel yn frwd dros roi cymorth ariannol i Goleg Aberystwyth (cynhaliwyd y Coleg hyd hynny ar roddion y cyhoedd yn unig) fel trydydd Coleg *Prif-

ysgol Cymru, ac yn 1890, cytunodd y Llywodraeth i roi yr un statws i Aberystwyth ag i Gaerdydd a Bangor. Gwrthododd Morgan dderbyn swydd yn y Llywodraeth yn 1892, y flwyddyn yr urddwyd ef yn farwnig.

Ceir manylion pellach yn Kenneth O. Morgan, *Wales in British Politics 1868–1922* (1963).

MORGAN, GERALD (1935–   ), awdur a golygydd. Fe'i ganed yn Brighton, swydd Sussex, i rieni o Gymry, a'i addysgu yng Ngholeg Selwyn, Caer-grawnt, a Choleg Iesu, Rhydychen, lle y dysgodd y Gymraeg. Bu'n athro Saesneg yn Yr Wyddgrug ac Aberteifi, yn diwtor-lyfrgellydd yng Nghyfadran Addysg Coleg Prifysgol Cymru, Aberystwyth, lle'r ysgrifennodd a pamffledyn *English Literature in the Schools of Wales* (1967) ac yn ddiweddarach fe'i penodwyd yn brifathro Ysgol Llangefni. Bu'n brifathro Ysgol Gyfun Penweddig, Aberystwyth, o 1973 hyd 1989, pan y'i penodwyd yn Ddarlithydd yn Adran Efrydiau Allanol, Coleg Prifysgol Cymru, Aberystwyth. Y mae ei gyhoeddiadau'n cynnwys pamffledyn, *Y Tair Rhamant* (1965), llyfr taith am Libya, *Yr Afal Aur* (1965), astudiaeth o'r iaith Gymraeg mewn bywyd cyhoeddus, *The Dragon's Tongue* (1966), hanes bywyd a gwaith yr argraffydd, John Jones (1770–1855) o Lanrwst, *Y Dyn a Wnaeth Argraff* (1982), detholiad o farddoniaeth a rhyddiaith, *Gwyn Fyd* (gyda A. K. Morris, 1978) a *Cyfoeth y Cardi* (1995), casgliad o ysgrifau ar hanes Ceredigion. Am gyfnod byr, yn 1968, bu'n olygydd *Poetry Wales, a golygodd hefyd ddetholiad o farddoniaeth Eingl-Gymreig, *This World of Wales* (1968).

Morgan, Griffith (**Guto Nyth-brân**; 1700–37), rhedwr o Nyth-brân, fferm ym mhlwyf Llanwynno, Morg. Ychydig a wyddys amdano, ond daeth yr hanesion a adroddid am ei orchestion yn adnabyddus pan gyhoeddwyd llyfr William *Thomas (Glanffrwd), *Plwyf Llanwyno* (1888). Yn eu plith y mae'r hanes amdano'n ennill ras deuddeng milltir yn erbyn Sais o'r enw Prince mewn tair munud ar ddeg a deugain, ond yn marw'n ddisymwth pan darawyd ef ar ei gefn gan un o'i gefnogwyr mwyaf brwd, gwraig a adwaenid fel Siân o'r Siop. Cyfansoddwyd baledi am Guto Nyth-brân gan I. D. *Hooson a Harri *Webb.

Morgan, Henry (1635–88), môr-leidr. Brodor o sir Fynwy ydoedd, o bosibl o Langatwg Lingoed; yr oedd ganddo gysylltiad trwy briodas â theulu *Morgan Tredegyr. Ymfudodd i'r Barbados yn 1658, ac wedi iddo weithio cyfnod tair blynedd ei gytundeb, aeth yn fôr-leidr yn India'r Gorllewin. Un o'i orchestion enwocaf yn erbyn y Sbaenwyr, pan gyflogid ef gan lywodraethwr Jamaica, oedd anrheithio Porto Bello yn 1668, ac ymosod ar Panama a'i gipio yn 1671. Fe'i hurddwyd yn farchog gan Siarl II yn 1674, a daeth yn Ddirprwy Lywodraethwr Jamaica; enwodd ei ystadau yno yn Llanrhymni a Phen-carn, y naill ar ôl hen gartref ei wraig a'r llall oherwydd y cysylltiad honedig â Morganiaid Tredegyr, y teulu y perthynai Thomas *Morgan (*The Dwarf*) iddo.

Ceir hanes llawn ei fywyd yn *Harry Morgan's Way* (1977) gan Dudley Pope; gweler hefyd Rosita Forbes, *Sir Henry Morgan, Pirate and Pioneer* (1948) ac Alexander Winston, *No Purchase, no Pay: Morgan, Kidd and Woodes Rogers in the Great Age of Privateers and Pirates 1665–1715* (1970).

MORGAN, JOHN (1688–1733), ysgolhaig a bardd, a aned yn Llangelynnin, Meir., ac a addysgwyd yng Ngholeg Iesu, Rhydychen, lle y daeth i adnabod Edward *Lhuyd. Cafodd guradaeth Llandegfan, Môn, a Llanfyllin, Tfn., cyn symud yn 1713 i Matchin, Essex, y plwyf y cysylltir ei enw ag ef. Cyfansoddodd garolau, penillion serch a chaneuon moesol a chredir iddo fynd i Essex er mwyn iddo gael cymryd rhan ym mywyd llenyddol bywiog *Cymry Llundain. Ei waith rhydd-iaith pwysicaf yw *Myfyrdodau Bucheddol ar y Pedwar Peth Diweddaf* (1714), a gyflwynwyd i blwyfolion Llanfyllin; y mae'n cynnwys hefyd ei englynion coffa i Edward Lhuyd. Yr oedd dylanwad awduron Lladin yn drwm ar y gwaith, a daeth yn glasur bychan. Bu hefyd yn ddiwyd yn copïo a chasglu llawysgrifau ac yn llythyru â Moses *Williams, a chyhoeddodd, gyda'r rhagymadrodd yn ei arddull ryfedd ei hun, gyfieithiad Cymraeg o lythyr Tertullian i Scapula (1716).

Morgan, John neu **Edward** (m. 1835), gweler o dan SCOTCH CATTLE.

MORGAN, JOHN (1827–1903), clerigwr ac awdur a aned yn Nhrefdraeth, Penf.; bu'n rheithor Llanilid a Llanharan, Morg., o 1875 hyd ddiwedd ei oes. Yn ogystal â phregethau yn Gymraeg ac yn Saesneg, cyhoeddodd ddwy gyfrol o farddoniaeth, *My Welsh Home* (1870) ac *A Trip to Fairyland or Happy Wedlock* (1896). Trosodd rai o emynau William *Williams (Pantycelyn) i'r Saesneg, ac yr oedd yn un o amddiffyn-wyr galluocaf yr Eglwys Sefydledig yng Nghymru.

MORGAN, JOHN (1929–88), newyddiadurwr, awdur a darlledwr. Fe'i ganed yn Nhre-boeth, Morg., a'i addysgu yng Ngholeg y Brifysgol, Abertawe. Ym-ddangosodd ei waith ysgrifenedig cyntaf, peth ohono'n ffuglen, yn y *New Statesman* yn gynnar yn y 1950au. Yn 1956 cyhoeddodd nofel, *The Small World*, ac yn niwedd y 1950au daeth yn Ohebydd Cymru i'r *Observer*; yn 1961 ymunodd â staff y *New Statesman*. Yn ddiwedd-arach symudodd i fyd teledu ac yn ystod y 1960au bu'n gohebu o bob rhan o'r byd i *Panorama, Tonight* y BBC ac, yn ddiweddarach, i *This Week* ITV.

Ef oedd yr ysbrydoliaeth y tu ôl i ffurfio HTV, y cwmni a gipiodd reolaeth oddi ar *Television Wales and the West* yn 1967. Casglodd nifer o enwogion ynghyd, gan gynnwys Richard *Burton, Wynford *Vaughan-Thomas, Geraint Evans a'r Arglwydd Harlech, a roddodd ei enw i'r cwmni newydd. Daeth John Morgan yn ymgynghorydd, gan fod y swydd honno, yn wahanol i un cyfarwyddwr, yn caniatáu iddo ymddangos ar y sgrîn. Yn 1990 darlledodd HTV gyfres fer o'i ffilmiau a oedd yn dangos amrediad ei ddiddordebau a'r materion a oedd o bwys iddo: *The Welsh Revolution* (1969), yn olrhain datblygiad dosbarth-canol Cymreig yn y 1960au; *The Valleys Dream of Glory* (1969) a *Who Beat the All Blacks* (1973), am *rygbi a'r hunaniaeth Gymreig; *The Making of Milkwood* (1972) gyda Richard Burton, Elizabeth Taylor, Peter O'Toole ac eraill yn ffilmio drama Dylan Thomas ar leoliad yn Abergwaun; *Goronwy Rees: A Man of His Time* (1978); a *The Enemy Within* (1989), ffilm yn olrhain hanes brwydr angheuol Morgan ei hun â chanser, a enillodd Wobr Grierson y BFI am ffilm ddogfen fwyaf nodedig 1988–89.

Newyddiadurwr oedd John Morgan yn anad dim, ond fel llenor y meddyliai amdano'i hun. Ef oedd cadeirydd cyntaf y *Welsh Union of Writers yn 1982 a bu yn y swydd am bum mlynedd. Ar wahân i'w gynnyrch newyddiadurol toreithiog, ysgrifennodd lawer libreto i operâu ac, ar y cyd â Gerald Davies, *Sidesteps* (1985), hanes blwyddyn ym mywyd rygbi Cymru; cyhoeddwyd ei lyfr *No Gangster More Bold*, sy'n adrodd hanes Murray Humphreys, un o gydnabod Al Capone a aned yn sir Drefaldwyn, yn 1985 hefyd. Ar ôl ei farwolaeth cyhoeddwyd casgliad o'i waith newyddiadurol, *John Morgan's Wales* (1993).

MORGAN, JOHN JAMES (1870–1954), byw-graffydd a gweinidog gyda'r Methodistiaid Calfinaidd. Ysgrifennodd *Hanes Dafydd Morgan, Ysbyty, a Diwygiad '59* (1906), *Cofiant Edward Matthews* (1922), *Cofiant Evan Phillips* (1930) a *Hanes Daniel Owen* (1936). Ei waith mwyaf difyr a'r gwaith a ddengys orau burdeb a nerth ei Gymraeg yw ei hunangofiant, *A Welais ac a Glywais* (3 cyf., 1948, 1949, 1953).

MORGAN, JOHN VYRNWY (1861–1925), cofian-nydd a dadleuwr a aned yng Nghwmafan, Morg. Er ei fod wedi ei hyfforddi i fod yn weinidog gyda'r Annibynwyr yng Ngholeg Coffa Aberhonddu, troes yn Fedyddiwr, ac yn y diwedd yn Eglwyswr. Y mae ei waith llenyddol yn perthyn i'r cyfnod diweddarach hwn gan ddechrau â chofiant James Rhys (Kilsby) *Jones (1896) ac Edward Roberts o Gwmafan (1904); cyhoeddwyd y ddwy gyfrol yn Saesneg a Chymraeg. Ei ddwy gyfrol enwocaf yw ei gyfeirlyfrau, *Welsh Religious Leaders in the Victorian Era* (1905) a *Welsh Political and Educational Leaders in the Victorian Era* (1908). Troes at bynciau dadleuol ym maes diwylliant Cymreig mewn gweithiau megis *The Philosophy of Welsh History* (1914) a *The Welsh Mind in Evolution* (1925), lle y mynegodd ei ddiffyg ymddiriedaeth yng ngwerthoedd a llwyddiannau

Cymreig, ond nid oes gwerth parhaol i'w waith fel hanesydd.

MORGAN, KENNETH OWEN (1934–   ), hanesydd a aned yn Wood Green, Middlesex, ond sydd â'i wreiddiau yng ngogledd Ceredigion a Meirionnydd; fe'i haddysgwyd yng Ngholeg Oriel, Rhydychen. Wedi cyfnod fel Darlithydd mewn Hanes yng Ngholeg y Brifysgol, Abertawe, fe'i hetholwyd yn Gymrawd a Praelector Coleg y Frenhines, Rhydychen, yn 1966 ac yn 1989 fe ddaeth yn Brifathro (Uwch-Ganghellor) Prifysgol Cymru, Aberystwyth, hyd iddo ymddeol yn 1995. Yn 1992 fe'i hetholwyd yn Gymrawd Anrhydeddus Coleg y Frenhines, Rhydychen. Ysgrifennodd yn helaeth ar fudiadau Radicalaidd ym Mhrydain yn y bedwaredd ganrif ar bymtheg a rhan gyntaf yr ugeinfed ganrif ac y mae'n awdurdod ar adeiledd gwleidyddiaeth y pleidiau ym Mhrydain fodern, a gyrfa wleidyddol David *Lloyd George. Y mae ei waith ar hanes gwleidyddiaeth Cymru yn yr un cyfnod yr un mor awdurdodol. Ymhlith y llyfrau a gyhoeddwyd ganddo y mae *David Lloyd George: Welsh Radical as World Statesman* (1963), *Wales in British Politics 1868–1922* (1963), *The Age of Lloyd George* (1971), *Keir Hardie* (1975), *Consensus and Disunity* (1979), *Rebirth of a Nation: Wales 1880–1980* (1981), *Labour in Power 1945–1951* (1984), *The Oxford History of Britain* (1988), *The Red Dragon and the Red Flag: the cases of James Griffiths and Aneurin Bevan* (1989), *Labour People: Leaders and Lieutenants, Hardie to Kinnock* (1989), *Modern Wales: Politics, Places and People* (1995) a *Callaghan: A Life* (1997), sef bywgraffiad o James Callaghan, Prif Weinidog o 1976 hyd 1979. Er 1965 y mae K. O. Morgan hefyd yn olygydd *Cylchgrawn Hanes Cymru* ac fe'i hetholwyd yn Gymrawd yr Academi Brydeinig yn 1983.

MORGAN, MAURICE (*c.*1725–1802), awdur gwleidyddol a beirniad. Yr oedd yn ddisgynnydd o hen deulu Morgan Blaenbylan, ym mhlwyf Clydai, Penf. Treuliodd lawer o flynyddoedd yng ngogledd America, a bu'n ysgrifennydd i Lywodraethwr Efrog Newydd yn 1782. Yr oedd yn awdur nifer o bamffledi ar bynciau gwleidyddol a chymdeithasol, ond cofir ef yn bennaf am ei ysgrif, *Essay on the Dramatic Character of Sir John Falstaff* (1777).

MORGAN, MIHANGEL (1955–   ), awdur storïau byrion, nofelydd a bardd. Fe'i ganwyd ac fe'i magwyd yn Aberdâr, Morg, ac fe'i hyfforddwyd fel ceinlythrennydd; bu'n dysgu ceinlythrennu mewn colegau a dosbarthiadau nos yng Nghymru a Lloegr. Enillodd radd allanol yn y Gymraeg yng Ngholeg Prifysgol Cymru, Aberystwyth, ac y mae bellach yn Ddarlithydd yn Adran y Gymraeg yn y Coleg hwnnw. Cyhoeddodd ddwy gyfrol o farddoniaeth, sef *Diflaniad Fy Fi* (1988) a *Beth yw Rhif Ffôn Duw?* (1991), y ddwy yn anniddigo barddd-

oniaeth Gymraeg draddodiadol â'u teitlau gwyrdroadol (marwolaeth y goddrych a marwolaeth Duw) a'u cerddi amryliw i arlunwyr, actorion a hoywon.

Ei gyfrol gyntaf o ryddiaith oedd *Hen Lwybr a Storïau Eraill* (1992). Stori fer hir yw'r stori deitl am daith hen wraig o un cwm i'r llall yn ne Cymru a thrwy rwbel ei hatgofion hi ei hun. Rhed rhyw dristwch oer, diddagrau, trwy'r darlun cignoeth hwn o ddadfeiliad cymdeithas, crefydd a'r teulu. Yn storïau eraill y gyfrol ceir beirniadaeth ddeifiol ar erchylltra'r Chwilys a thynnu mat realaeth o dan draed y darllenydd hygoelus. Enillodd Mihangel Morgan y *Fedal Ryddiaith yn yr Eisteddfod Genedlaethol am ei nofel *Dirgel Ddyn* (1993). Y mae'r nofel yn adrodd hanes Mr. Cadwaladr, dyn sy'n crafu byw fel athro dosbarthiadau nos, ond gan mai dim ond naw sydd wedi cofrestru ar gyfer ei ddosbarth, y mae'n llenwi ffurflen ymaelodi ffug ac yn dyfeisio'r enw 'Ann Griffiths' er mwyn cael y deg aelod angenrheidiol. Gwyrdroir realaeth y stori gan y ffaith fod gwraig ganoloed â'r union enw hwn yn llithro i gefn y dosbarth. Yng nghwrs y nofel cyfarfyddwn â chriw o gymeriadau amryliw – cyd-breswylwyr Mr. Cadwaladr yn nhŷ Mr. Schloss, ac aelodau broc y dosbarth nos. Byd yr ymylon dinesig yw hwn – ôl-grefyddol, ôl-foesol, ôl-rywiol hyd yn oed – lle y mae safonau arferol llenyddiaeth Gymraeg â'u hwyneb i waered, a lle nad oes dim yn union fel y mae'n ymddangos ar yr wyneb. Cyhoeddodd Mihangel Morgan ddau gasgliad arall o storïau byrion, sef *Saith Pechod Marwol* (1993) a *Te Gyda'r Frenhines* (1994), ac ysgrif ar Jane *Edwards yn y gyfres *Llên y Llenor* (1996). Y mae elfennau ffantasïol ac afreal yn perthyn i nifer o'r storïau hyn, â'r awdur yn aml yn chwarae triciau ar y darllenydd, ac yn cwestiynu natur gonfensiynol ei fyd. Er bod y pynciau'n rhai dwys a difrifol, fe adroddwyd y storïau mewn dull chwareus, carnifalaidd, ôl-fodern. Y mae ynddynt lawer o eironi a dychan, a chryn dipyn o hiwmor. Y mae hyn yn wir hefyd am ei ddwy nofel ddiweddaraf, *Tair Ochr y Geiniog* (1996) a *Melog* (1997). Yng ngeiriau John *Rowlands, 'Drylliwr delwau yw Mihangel Morgan, fandal o lenor sy'n gwneud popeth y mae'r metanaratif cenedlaethol a llenyddol yn ei wahardd. Ef yw'r un sy'n tynnu llun mwstásh ar y Mona Lisa.'

Trafodir peth ar waith Mihangel Morgan yn Simon Brooks, 'Ple'r Pla . . . a throednodiadau eraill', yn *Taliesin* (cyf. LXXXV, 1994), a cheir ymdriniaeth â *Saith Pechod Marwol* gan yr un awdur yn 'Wythfed Bennod *Saith Pechod Marwol*' yn *Tu Chwith* (cyf. II, 1994). Cyfwelwyd yr awdur gan John Rowlands yn *Taliesin* (cyf. LXXXIII, 1993) a thrafododd yr un awdur beth ar ei waith yn 'Chwarae â Chwedlau: Cip ar y nofel Gymraeg ôl-fodernaidd', *Y Traethodydd* (Ion. 1994) ac mewn erthygl ar y nofel Gymraeg yn *A Guide to Welsh Literature* (cyf. VI, gol. Dafydd Johnston, 1997).

MORGAN, OWEN (Morien; 1836?–1921), newyddiadurwr a hanesydd lleol; ni ddatgelodd flwyddyn ei eni ond credir iddo gael ei eni ym mhlwyf Ystradyfodwg, y Rhondda, yn fab i lôwr o Ddinas. Bu'n newyddiadurwr gyda'r *Western Mail rhwng 1870 ac 1899; ysgrifennodd, dan ddylanwad ffugiadau Iolo Morganwg (Edward *Williams) a Myfyr Morganwg (Evan *Davies), nifer o lyfrau gan gynnwys Pabell Dafydd (1889), hanes *Derwyddiaeth, A Guide to the Gorsedd (d.d.), Kimmerian Discoveries (d.d.), ar darddiad honedig Chaldeaidd y Cymry, a History of Pontypridd and the Rhondda Valleys (1903) sydd, er iddo gael ei ddisgrifio gan R. T. *Jenkins fel 'cymysgfa ryfedd o Dderwyddiaeth, mytholeg, daearyddiaeth a hanes lleol a chofiant', o ddiddordeb oherwydd ei ddisgrifiad o gymoedd diwydiannol Morgannwg yn ystod y bedwaredd ganrif ar bymtheg.

MORGAN, PRYS (1937–), llenor a hanesydd. Brodor o Gaerdydd, a mab i Thomas John *Morgan ydyw; cafodd ei addysgu yng Ngholeg Ieuan Sant, Rhydychen. Bu'n aelod o staff Adran Hanes Coleg y Brifysgol Abertawe er 1964 ac fe'i penodwyd yn Ddarllenydd yn 1988. Y mae'n ddarlledwr cyson ac yn gyfrannwr toreithiog i gyfnodolion ar bynciau llenyddol a hanesyddol; bu'n ddirprwy olygydd *Barn o 1966 hyd 1973 a golygydd Trafodion Anrhydeddus Gymdeithas y *Cymmrodorion hyd 1988. Ymhlith ei gyhoeddiadau ceir Background to Wales (1968), nofel, I'r Bur Hoff Bau (1968), cyfrol o farddoniaeth, Trugareddau (1973), astudiaeth o waith Iolo Morganwg (Edward *Williams) yn y gyfres *Writers of Wales (1975), a dau lyfr ar agweddau ar hanes Cymru, The Eighteenth Century Renaissance (1981) yn y gyfres A New History of Wales a (chyda David Thomas) Wales: the Shaping of a Nation (1984). Golygodd Llenorion y Gorllewin (1974) a chyfieithu i'r Gymraeg ddrama Camus, Caligula (1978). Y mae hefyd wedi cyfrannu pennod i The Invention of Tradition (gol. Eric Hobsbawm a Terence Ranger, 1983) a lluniodd gyfrol ar gyfenwau Cymreig gyda'i dad, sef Welsh Surnames (1985). O 1980 hyd 1983 bu'n Gadeirydd Pwyllgor Llenyddiaeth *Cyngor Celfyddydau Cymru. Golygodd Glamorgan Society 1780–1880 (cyf. IV o Glamorgan County History) a Brad y Llyfrau Gleision: Ysgrifau ar Hanes Cymru (1991), ac ysgrifennodd yr astudiaeth Beibl i Gymru/A Bible for Wales (1988).

MORGAN, ROBERT (1921–94), bardd. Fe'i ganed ym Mhenrhiw-ceibr, Morg., yn fab i lowr; gadawodd yr ysgol yn bedair ar ddeg oed i fynd i weithio gyda'i dad yn y lofa leol. Yn 1947, wedi iddo fod yn fuddugol yng nghystadleuaeth y stori fer yn Eisteddfod Glowyr De Cymru ddwy flynedd yn olynol, enillodd le yng Ngholeg Fircroft, Birmingham, ac yng Ngholeg Addysg Bognor Regis. Bu'n athro ar fechgyn oedd â phroblemau meddyliol a chymdeithasol mewn ysgol yn Portsmouth, Hants., ond ymddeolodd yn 1981 i lenydda'n amser llawn. Ymhlith ei gyhoeddiadau y mae pum cyfrol o gerddi, The Night's Prison (1967), The Storm (1974), On the Banks of the Cynon (1975), The Pass (1976) a Poems and Drawings (1983), yn ogystal â drama

fydryddol, Voices in the Dark (1976), a chyfrol o hunangofiant, My Lamp Still Burns (1981). Ymddangosodd ei Selected Poems mewn tair cyfrol yn 1993 a chasgliad o'i storïau, In the Dark, ar ôl ei farwolaeth, yn 1994. Y mae bron y cyfan o'i gerddi, megis ei luniau, yn ymwneud â'i brofiadau yn löwr ac yn athro.

Ceir teyrnged i'r bardd gan Roland Mathias yn Poetry Wales (cyf. XXX, rhif 4, 1995).

MORGAN, RHYS (c.1700–c.1775), bardd o Langatwg, Glyn-nedd, Morg., a ddaeth dan ddylanwad disgyblion barddol i Edward *Dafydd (c.1600–78) o Fargam. Y mae iddo le pwysig yn hanes llenyddol y sir, nid yn gymaint oherwydd ei gerddi ei hun, sy'n ddigon diawen, ond oherwydd iddo – dan ddylanwad gwŷr megis Edward *Lhuyd a John *Roderick – fod yn gyfrwng i hybu'r diwygiad llenyddol ym mlaenau Morgannwg yn ystod hanner cyntaf y ddeunawfed ganrif, gan mwyaf trwy gynnal eisteddfodau ar lun y rhai a gynhaliwyd yng ngogledd Cymru. Yn ôl Iolo Morganwg (Edward *Williams), saer, gwehydd a thelynor ydoedd a oedd yn enwog am ei ramadegau barddol.

Morgan, Thomas (The Warrior; c.1542–95), milwr, un o feibion ieuengaf William Morgan, Pen-carn, Myn. Daeth yn enwog, yn 1572, fel arweinydd y fyddin gyntaf o Loegr, o ryw dri chant, a ymladdodd yn yr Iseldiroedd yn erbyn y Sbaenwyr. Buan y daeth diffyg profiad byddinoedd Lloegr a'r Iseldiroedd i'r amlwg; dychwelodd Morgan i Loegr yn 1573 i gyrchu rhagor o wŷr, a dysgu crefft rhyfela i'r dynion fu ei brif waith. Ef oedd y cyntaf i hyfforddi milwyr Lloegr i ddefnyddio'r mwsged a bu'n hyfforddi swyddogion, megis Syr Roger *Williams, ym manylion technegol eu proffesiwn. Wedi ymladd aflwyddiannus y blynyddoedd o 1572 hyd 1574, a ddisgrifir yn llawysgrifau Walter Morgan ac yn The Actions of the Lowe Countries (1618) gan Roger Williams, aeth Morgan am gyfnod byr i Iwerddon. Dychwelodd i'r Iseldiroedd yn 1578 ac aros yno am y pymtheng mlynedd nesaf gan ymladd mewn sawl ffrwgwd; olynodd ef Syr Humphrey Gilbert yn gyrnol y gatrawd o wirfoddolwyr Seisnig a bu'n llywodraethwr Vissingen a Bergen-op-Zoom. Fe'i hurddwyd yn farchog gan y Frenhines Elisabeth yn 1587. Yr oedd yn amlwg i'w neiaint, Syr Mathew Morgan a Syr Charles *Morgan – y ddau yn gadlywyddion ar y cyfandir (a'r ail yn un o Lywodraethwyr Bergen) – ddilyn ei esiampl. Dywedodd yr Arglwydd Willoughby, a fu'n brif-gadlywydd yn ddiweddarach ac nad oedd yn gyfaill iddo, fod Morgan yn 'very sufficient gallant gentleman' ond yn 'unfurnished of language'.

Ceir manylion pellach yn Duncan Caldecott-Baird, The Expedition in Holland 1572–1574 (1976).

Morgan, Thomas (1543–c.1611), cynllwyniwr o Babydd. Tybir mai un o Forganiaid Llantarnam neu

Fachen, Myn., ydoedd a ymroes o 1569 i wasanaethu Mari, Brenhines yr Alban. Bu ganddo ran mewn sawl cynllwyn i'w rhoi ar orsedd Lloegr yn lle Elisabeth, gan gynnwys Cynllwyn Ridolfi (1572) a *Chynllwyn Babington (1586). Fel alltud o Babydd gwasanaethodd fel ysgrifennydd i James Beaton, Llysgennad Mari ym Mharis, ac yno tyfodd yn gynrychiolydd amlwg i Frenhines yr Alban. Fel un o'r garfan Gymreig ymhlith yr alltudion, serch hynny, gwrthwynebai'r Iesuwyr Seisnig, pleidiol i Sbaen, ac yn ei dro cyhuddwyd ef ganddynt o fod yn was dirgel i Elisabeth er sicrhau dienyddio Mari yn hytrach na gweithredu er ei lles. Adlewyrchir y tyndra carfanol hyn yn y gwaith a ysgrifennodd ar y cyd â Gilbert Gifford ac Edward Gratley (c.1585), yn annog Catholigion Seisnig i ymwrthod â syniadau *Cymdeithas yr Iesu. Credir mai ef, hefyd, oedd prif awdur Leycester's Commonwealth (1584), athrod dienw ar gynghorwyr Protestannaidd Elisabeth.

Morgan, Thomas (The Dwarf; 1604–79), yr olaf o'r caplaniaid mawr o Went i ymladd gyda lluoedd estron ar dir mawr Ewrop. Fe'i ganed yn Llangatwg Lingoed, Myn., yn aelod o'r un teulu, mae'n debyg, â Henry *Morgan y môr-leidr. Yr oedd yn Gymro Cymraeg ac yn anllythrennog yn y Saesneg; ymunodd â gwirfoddolwyr Syr Horace Vere pan oedd yn un ar bymtheg oed ac ymladdodd yn y Rhyfel Deng Mlynedd ar Hugain, gan ennill iddo'i hun gryn enw fel arweinydd gwarchaeoedd. Pan ddychwelodd i Brydain ymgysylltodd â lluoedd y Senedd, gan roi terfyn ar y traddodiad ymhlith uchelwyr Gwent er teyrnasiad Edward III o ymladd dros y Goron. Bu'n llywodraethu Caerloyw ar ran y Senedd yn 1645 a chynorthwyodd yn y cyrchoedd ar Gasgwent a Henffordd ac yr oedd yn un o dri gorchfygwr Astley yn Stow-on-the-Wold yn 1646. Ym mis Mai y flwyddyn honno ymddangosodd gerbron Castell *Rhaglan yn ben-cadfridog, a bu ei weithgareddau cloddio yn fodd i benderfynu tynged y cadarnle Brenhingar olaf o bwys. Wedi gwasanaethu yn Yr Alban am chwe blynedd o 1651, bu'n gadlywydd ym Mrwydr y Dunes yn yr ymgyrch i gynorthwyo'r Ffrancwyr yn Fflandrys, ac fe'i hurddwyd yn farchog gan Richard Cromwell. Fel un o gynorthwywyr Monck chwaraeodd ran yn yr Adferiad, a threuliodd bedair blynedd ar ddeg olaf ei fywyd yn Llywodraethwr Ynys Jersey. Dywedwyd wrth John Aubrey, mab William *Aubrey, i Morgan gael ei ddisgrifio fel 'dyn bychan heb fod yn llawer mwy na chorrach'.

Ceir manylion pellach yn J. A. Bradley, History of Monmouthshire (cyf. I, 1904) a J. R. Phillips, Memoirs of the Civil War in Wales and the Marches (cyf. I, 1874).

MORGAN, THOMAS JOHN (1907–86), ysgolhaig ac ysgrifwr, a aned ym mhentref Y Glais, ger Abertawe, ac a addysgwyd yng Ngholeg Prifysgol Abertawe, a Choleg Prifysgol, Dulyn. Dechreuodd ei yrfa academaidd yn Ddarlithydd yn Adran y Gymraeg, Coleg y Brifysgol, Caerdydd, ac yna wedi cyfnod yn was sifil yn ystod yr Ail Ryfel Byd fe'i penodwyd yn Gofrestrydd *Prifysgol Cymru yn 1951. Dychwelodd i Abertawe yn 1961 yn Athro'r Gymraeg, a bu yn y swydd honno hyd nes iddo ymddeol. Y mae Prys *Morgan yn un o'i feibion.

Ei waith ysgolheigaidd pwysicaf yw ei gyfrol ieithyddol, Y Treigladau a'u Cystrawen (1952). Fel ysgrifwr yr oedd T. J. Morgan yn hoff o ddychwelyd i Gwmtawe am ei ddeunydd, ac ymddiddorai yn nhafodiaith, hiwmor a llên gwerin yr ardal honno. Y mae ei gyfrolau cyntaf o ysgrifau, Dal Llygoden (1937), Trwm ac Ysgafn (1945) a Cynefin (1948), yn gyforiog o'r cyffyrddiadau ysgafn sy'n nodweddu ei waith, a chwblhawyd ei gyfraniad i fyd yr *ysgrif gan dri chasgliad pellach – Amryw Flawd (1966), Dydd y Farn (1969) a Hirfelyn Tesog (1969). Dengys ei gyfrol o feirniadaeth lenyddol, Ysgrifau Llenyddol (1951), yr un ymwybod eang, catholig, a'r un meddwl ffraeth a gwibiog ag a welir yn yr ysgrifau, ac y mae'r gyfrol Diwylliant Gwerin (1972) yn treiddio yn ddyfnach i faes arferion gwerin. Bu'n gyd-olygydd, yn ddiweddarach yn olygydd, y cylchgrawn, Y *Llenor, a chyfrannodd ysgrif ar W. J. *Gruffydd i'r gyfres *Writers of Wales (1970). Cyfrannodd yn helaeth i gyfrolau megis *Ysgrifau Beirniadol (gol. J. E. Caerwyn Williams). Lluniodd hefyd, gyda'i fab Prys Morgan, gyfrol ar gyfenwau Cymreig, sef Welsh Surnames (1985). O 1967 hyd 1972 bu'n Gadeirydd Pwyllgor Llenyddiaeth *Cyngor Celfyddydau Cymru.

Ceir llyfryddiaeth o'i weithiau a manylion pellach am ei yrfa yn y gyfrol Ysgrifau Beirniadol X (gol. J. E. Caerwyn Williams, 1979) a gyhoeddwyd er teyrnged iddo.

MORGAN, WILLIAM (1545–1604), esgob a chyfieithydd y *Beibl i'r Gymraeg. Addysgwyd ef, fel mab i un o denantiaid yr ystad, yng Ngwydir (gweler o dan WYNN), Caern., ac oddi yno aeth i Brifysgol Caergrawnt yn 1565. Yno astudiodd Ladin, Groeg a Hebraeg, ieithoedd gwreiddiol y Beibl, gan raddio yn 1571 a chymryd gradd Doethur mewn Diwinyddiaeth yn 1583. Yr oedd yn y Brifysgol yn ystod blynyddoedd y cythrwfl parthed *Piwritaniaeth, ac ymddengys fod Morgan wedi ochri gyda'r ceidwadwyr. Cymry oedd rhai o'i gyfeillion pennaf yng Nghaer-grawnt – Edmwnd *Prys, Richard *Vaughan, Gabriel *Goodman, William Hughes (m. 1600), Hugh Bellot ac eraill. Gwnaed ef yn ddiacon ac yn offeiriad yn eglwys gadeiriol Ely yn 1568. Bedair blynedd yn ddiweddarach fe'i penodwyd yn ficer *Llanbadarn Fawr, Cer., a thrwy hynny daeth i gysylltiad â'r Esgob Richard *Davies, cyfieithydd y Testament Newydd, ac yn 1578 aeth yn ficer Llanrhaeadr-ym-Mochnant, Dinb., ynghyd â Llanarmon Mynydd Mawr. Yn Llanrhaeadr y cyfarfu â'i wraig, Catherine ferch George, a fu'n un o achosion y cwerylon rhyngddo ef ac Ifan Maredudd, Lloran Uchaf, a aeth ag ef i Lys y Seren.

Er gwaethaf yr ymgyfreithiad yn Llanrhaeadr, ymgymerodd Morgan â chyfieithu'r Beibl i'r Gymraeg, gwaith torcalonnus o anodd i ŵr a oedd ymhell o lyfrgelloedd, yn brin o arian ac ynghanol gelynion. Oni bai iddo ennill cefnogaeth frwd yr Archesgob Whitgift cyfeddyf Morgan ei hun y buasai wedi digalonni a chyhoeddi'r *Pum Llyfr* yn unig. Fodd bynnag, yn 1587, fe'i hanogwyd gan Whitgift i ddod i Lundain i dŷ Gabriel Goodman, er mwyn gorffen cyfieithu'r Beibl a'i gyhoeddi'r flwyddyn ganlynol. Yr Archesgob, a ystyriai'r gwaith yn ateb i John *Penry, a ddygodd faich pennaf y gost o gyhoeddi'r Beibl, mae'n debyg. Gwelai Morgan ei waith yn fodd i ateb dadleuon y garfan a fynnai gredu mai gorfodi'r Cymry i ddysgu Saesneg oedd y ffordd i ddatrys y broblem o'u hanwybodaeth o'r Gair yn hytrach na thrwy gyfieithu'r Beibl i'r Gymraeg: achub ei gyd-genedl rhag marwolaeth ysbrydol a chosb dragwyddol oedd ei brif amcan ef. Erbyn Medi 1588 yr oedd y Beibl Cymraeg yn barod i'w ddosbarthu i'r plwyfi, a gorchmynnwyd hwy gan y Cyfrin Gyngor i'w brynu cyn y Nadolig. Yn ei gyflwyniad canmolodd Morgan y Frenhines a'r Archesgob yn frwd, a diolchodd i'w gyfeillion am eu cymorth.

Prif orchestion Beibl William Morgan oedd cyfieithu'r Hen Destament yn ogystal â'r Newydd, trin y testunau gwreiddiol yn ddeheuig a darllenadwy, cael gwared ar hynodion ieithyddol Salesbury, cyfieithu i'r Gymraeg yn gelfydd, sensitif a chyfoes. Yn bwysicaf oll yr oedd Morgan yn llenor gwir fawr yn ogystal ag ysgolhaig, a chanddo afael sicr a greddfol ar gyneddfau'r iaith Gymraeg. Derbyniwyd ei waith yn orawenus gan feirdd a llenorion megis *Siôn Tudur, *Ieuan Tew Ieuaf, Thomas Jones, Siôn Dafydd *Rhys, Hugh *Lewis ac eraill. Meddai Morris *Kyffin amdano yn ei *Deffynniad Ffydd Eglwys Loegr* (1594), ei fod yn 'waith angenrheidiol, gorchestol, dewisol, dyscedig; am yr hwn ni ddichyn Cymru fyth dalu a diolch iddo gymaint ag a haeddodd ef'. Yn yr union adeg pan oedd *Cyfundrefn y Beirdd yn wynebu ei thranc, Morgan a sicrhaodd y byddai holl lendid, cywirdeb a chadernid iaith y beirdd yn dal i fyw. Cafodd ei Feibl ddylanwadau pellgyrhaeddol ar grefydd, iaith, llenyddiaeth a gwladgarwch Cymru. Yn anad dim arall plannodd y grefydd ddiwygiedig ymysg y Cymry, a gwnaeth lawer i achub yr iaith rhag dirywio yn nifer o dafodieithoedd sathredig a rhag, hyd yn oed, ddarfod amdani yn llwyr. Ei waith ef a fu'n sail ac yn esiampl i'r holl lenyddiaeth Gymraeg a ysgrifennwyd wedi diwedd yr unfed ganrif ar bymtheg, a bu'n gyfrwng hefyd i greu ymwybyddiaeth arbennig ymhlith y Cymry o fod yn genedl yn ystod y canrifoedd a ddilynodd. Yr oedd Beibl 1588 yr un mor ddylanwadol i gadw'r cysyniad o Gymru annibynnol yn fyw ag ydoedd trechu'r Armada (1588) i gynnal annibyniaeth Lloegr.

Yn 1595 penodwyd William Morgan yn Esgob *Llandaf, esgobaeth dlawd iawn ac ynddi lawer o Reciwsantiaid, ac yno parhaodd â'i waith llenyddol, gan

ddiwygio'i gyfieithiad o'r Testament Newydd a hefyd cyhoeddi argraffiad newydd o'r *Llyfr Gweddi Gyffredin, yr un cyntaf i'w gyhoeddi yn unol â thestun Morgan o'r Beibl ac una baratowyd i'r wasg ganddo ef, gellid meddwl. Bu hefyd yn cefnogi llenorion eraill, megis John *Davies, Mallwyd, y gŵr a fu'n gyfrifol am Feibl 1620, Edward *James, cyfieithydd *Llyfr yr Homiliau*, a James *Parry, y gŵr a drosodd rai o'r Salmau i'r Gymraeg. Yn 1601 symudwyd Morgan i *Lanelwy, esgobaeth dlawd arall, lle yr adnewyddodd do'r eglwys gadeiriol ar ei gost ei hun a dechrau atgyweirio'r plas esgobol. Cynhaliai lys croesawus i amryw o feirdd, a chwblhaodd fersiwn newydd o'i Destament Newydd yn 1603, ond collwyd y llawysgrif honno pan ffodd Thomas Salisbury o Lundain rhag y pla yn 1603. Y mae'n bosibl hefyd i William Morgan baratoi geiriadur Cymraeg y cyfeirir ato gan John Davies, Mallwyd, ond ni ellir ei olrhain o gwbl bellach. Yn Llanelwy cwerylodd yn ffyrnig â David Holland, Teirdan, a bu'n rhaid i Syr John Wynn ei achub, ac yn ddiweddarach aeth yn ffrwgwd rhyngddo ef a Syr John oherwydd bywoliaeth Llanrwst. Mynnai Syr John, ymhlith pethau eraill, fod Morgan wedi addo iddo brydles ar Lanrwst, ond daliai'r esgob na ddylai dalu iddo am gymwynasau ar draul buddiannau'r Eglwys. Bu farw Morgan cyn iddynt gymodi, yn ŵr cymharol dlawd a'i feddiannau'n werth dim mwy na £110, ac yr oedd mewn dyled i'r Goron dros rai o'i offeiriaid. Nid oes carreg i nodi man ei fedd yn Eglwys Llanelwy, ond y tu allan saif cofeb i gyfieithwyr y Beibl Cymraeg, a safle yn y canol i Forgan: anrhydedd a haedda, gan nad oes neb y mae cenedl y Cymry yn fwy dyledus iddo.

Ysgrifennwyd bywgraffiadau o William Morgan gan Charles Ashton (1891), W. Hughes (1891), T. Evan Jacob (1891), G. J. Roberts (1955), R. T. Edwards (1968), R. G. Gruffydd, 'Y Beibl a Droes i'w Bobl Draw' (1988) a Prys T. J. Morgan, *Beibl i Gymru* (1988); gweler hefyd y penodau gan R. G. Gruffydd yn *Y Traddodiad Rhyddiaith* (gol. Geraint Bowen, 1970) a Glanmor Williams, *The Welsh and their Religion* (1991). Gweler hefyd Isaac Thomas, *Y Testament Newydd Cymraeg, 1551–1620* (1976) ac *Yr Hen Destament Cymraeg, 1551–1620* (1988); ac R. G. Gruffydd (gol.), *Y Gair ar Waith* (1988).

MORGAN, WILLIAM (Gwilym Gellideg; 1808–78)

bardd a cherddor, brodor o Gaerfyrddin, gŵr a dreuliodd y rhan fwyaf o'i oes yn y Gelli-deg, ger Merthyr Tudful, Morg., lle yr oedd yn löwr. Yr oedd yn ŵr tlawd ond diwylliedig; enillodd wobrau am farddoniaeth gaeth a rhydd a chyhoeddwyd detholiad o'i waith yn y gyfrol *Cerbyd yr Awen* (1846). Cofir amdano fel awdur y faled adnabyddus, 'P'le byddaf 'mhen can mlynedd?'

Morgannwg, yr enw a roddwyd yn gynnar yn yr Oesoedd Canol i fwy neu lai y cyfan o dde-ddwyrain Cymru. Wedi *Goresgyniad y Norman golygai, yn fwy manwl, yr arglwyddiaeth Normanaidd rhwng Nedd a

Thaf. Ychwanegwyd arglwyddiaeth *Gŵyr at Forgannwg trwy'r *Deddfau Uno (1536, 1543) gan greu sir newydd Forgannwg, a fu'n uned llywodraeth leol hyd 1974, pryd y rhannwyd y sir yn dair: Gorllewin, De a Morgannwg Ganol. Dywed Rhys *Meurig yn ei *Booke of Glamorganshires Antiquities* (1578) fod y gair Glamorgan neu Wladforgan yn wreiddiol yn golygu'r arfordir rhwng Ogwr ac Elái yn unig, hynny yw, Bro Morgannwg.

O'r bedwaredd ganrif ar ddeg yr oedd gan Forgannwg ei bywyd llenyddol bywiog ei hun. Dirywiodd tua diwedd yr unfed ganrif ar bymtheg, nes ei ailennyn eto ar y Blaenau yn ystod y ddeunawfed ganrif, a daeth yn enwog trwy Gymru yng ngwaith Iolo Morganwg (Edward *Williams). Un o'r ardaloedd a oedd yn enwog am ei beirdd oedd *Tir Iarll. O gymoedd diwydiannol y sir y mae'r rhan fwyaf o lenyddiaeth *Eingl-Gymreig wedi codi yn ystod yr ugeinfed ganrif, yn gymaint felly nes i laweroedd o ddarllenwyr Saesneg gredu mai nodweddion Cymru gyfan oedd nodweddion Morgannwg. Diddymwyd tair sir Morgannwg yn sgîl ad-drefnu llywodraeth leol 1996, ond crëwyd sir newydd, Bro Morgannwg.

Dadansoddwyd traddodiad llenyddol yr ardal hyd at amser Iolo Morganwg gan G. J. Williams yn ei lyfr mawr, *Traddodiad Llenyddol Morgannwg* (1948); gweler hefyd J. S. Corbett, *Glamorgan* (1925), T. B. Pugh (gol.), *Glamorgan County History* (cyf. II, 1971), G. Williams (gol.), *Glamorgan County History* (cyf. III, 1974) a Rice Merrick, *Morganiae Archaiographia* (gol. B. Ll. James, 1983). Am lenorion Saesneg o Forgannwg, gweler pennod M. Wynn Thomas yn P. Morgan (gol.), *Glamorgan County History* (cyf. VI, 1988).

Morien, gweler MORGAN, OWEN (1836?–1921).

MORRIS, BRIAN (1930–), bardd a beirniad. Fe'i ganed yng Nghaerdydd a'i addysgu yng Ngholeg Caerwrangon, Rhydychen; bu'n Athro Llenyddiaeth Saesneg ym Mhrifysgol Sheffield o 1971 ac yna'n Brifathro Coleg Prifysgol Dewi Sant, Llanbedr, o 1980 hyd 1991. Ef oedd golygodd cyffredinol y cyfresi *New Mermaid Drama* (1964–86) a *New Arden Shakespeare* (1974–82). Y mae'n awdur tair cyfrol o farddoniaeth, *Tide Race* (1976), *Stones in the Brook* (1978) a *Dear Tokens* (1987), ac ysgrif ar Harri *Webb yn y gyfres *Writers of Wales* (1993). Fe'i dyrchafwyd yn Arglwydd am Oes yn 1990, gan gymryd y teitl yr Arglwydd Morris o Gasmorys.

MORRIS, DAVID neu **DAFYDD** (1744–91), emynydd a phregethwr gyda'r Methodistiaid Calfinaidd. Fe'i ganed yn Lledrod, Cer., a bu'n *borthmon ym more'i oes, ond ymsefydlodd yn Nhŵr-gwyn, plwyf Troed-yr-aur, Cer., yn 1774. Casglwyd ei emynau dan y teitl *Cân y Pererinion Cystuddiedig* (1773); yr un gorau yw 'N'ad im fodloni ar ryw rith o grefydd heb ei grym' a geir mewn llawer o gasgliadau cyfoes.

MORRIS, EDWARD (1607–89), bardd, a aned yn Y Perthillwydion, Cerrigydrudion, Dinb.; *porthmon ydoedd wrth ei alwedigaeth. Cyfrifai ei hun yn 'Fardd Gloddaeth', canodd lawer i deulu *Mostyn ond cyfansoddodd hefyd farwnadau i Syr John Owen, Clenennau, Gabriel *Goodman a Rowland *Vaughan o Gaer-gai. Bu farw ar daith borthmona i Loegr, ac fe'i claddwyd rywle yn Essex; yr oedd Huw *Morys ymhlith y pump a ganodd farwnadau iddo.

Y mae ei gerddi serch yn syml, yn dyner ac yn seinber a gellir eu cyfrif ymhlith y goreuon o'u bath; ac fel rhai Huw Morys fe'u lluniwyd ar fesurau alawon poblogaidd y dydd. Yr oedd yn feistr ar y mesur tri-thrawiad â'i odlau mewnol a'r *cynghanedd yn yr ail a'r bedwaredd linell. Ei gerddi mwyaf adnabyddus yw 'Carol Ciwpyd' a 'Carol yn gyrru'r Haf at ei gariad'; deialog rhwng Ciwpid a'r bardd yw'r gyntaf, wedi i Giwpid ymweld ag ef mewn breuddwyd; yn yr ail anfonir yr Haf yn *llatai at ei gariad. Er mai ar gyfer y werin bobl y cyfansoddodd hwy, y maent yr un mor gywrain o ran odl a rhuthm â'r canu caeth traddodiadol. Cyfansoddodd lawer o awdlau a chywyddau, gan dderbyn patrwm yr hen feirdd, ac yr oedd graen ar ei ganu gan iddo osgoi geiriau hynafol a'r ffurfiau Seisnig a frithai waith rhai o'i gyfoedion.

Yr oedd wedi ei drwytho yn yr Ysgrythurau a chyfansoddodd garolau plygain a rhai moesol yn rhoddi cyngor yn erbyn meddwdod, cybydd-dod ac iaith anweddus. Ymgadwodd rhag ymrafaelion crefyddol a gwleidyddol ei oes. Oherwydd ei bryder dros gyflwr moesol ei gyd-wladwyr tlawd cyfieithodd, gyda nawdd Margaret Vaughan o *Lwydiarth (Tfn.), *The Christian Monitor*, John Rawlet, ac fe'i cyhoeddwyd ar ei thraul hi o dan y teitl *Y Rhybuddiwr Christ'nogawl* (1689).

Ceir manylion pellach yn y detholiad o weithiau Edward Morris a olygwyd gan Owen M. Edwards yng *Nghyfres y Fil* (1904) ac yn yr erthygl gan D. Eifion Evans yn *Yr Haul* (Ebrill–Gorff., 1947).

MORRIS, ELERI LLEWELYN (1951–), awdur straeon byrion a nofelwraig. Fe'i ganed ym Mynytho, Caern., ac addysgwyd yng Ngoleg y Brifysgol, Caerdydd, lle yr astudiodd Seicoleg. Gweithiodd fel cynorthwywydd yn yr Adran Seicoleg ac yna ymunodd â staff Adran Newyddion HTV yng Nghaerdydd. Yn 1978 aeth i weithio fel golygydd gyda *Pais, y cylchgrawn i ferched, hyd 1983. Yn yr un flwyddyn cyhoeddwyd ei chyfrol o straeon byrion, *Straeon Bob Lliw* (1978). O 1988 hyd 1991 gweithiodd i Gyngor Cwricwlwm Cymru yn darparu deunyddiau newydd ar gyfer ysgolion. Cyhoeddwyd nifer o'i sgriptiau ar gyfer y gyfres deledu *Cwlwm Serch* fel casgliad o straeon byrion, *Cwlwm Serch* (1995). Y mae'n gyd-olygydd cyfres o nofelau ar gyfer plant ail-iaith, *Cyfres y Dolffin*, a chyfrannodd stori i'r gyfres honno, sef *Breuddwyd Madlen* (1996). Ymhlith gweddill ei chyhoeddiadau y mae *Inc Tafod Pinc* (1990), *Genod Neis* (1993) ac *Inc Wirion Bost!* (1996).

MORRIS, JAN gynt **JAMES** (1926–), awdur llyfrau taith a hanesydd. Fe'i ganed yn Clevedon, Gwlad yr Haf, a'i haddysgu yn Lancing a Choleg Eglwys Grist, Rhydychen. Fel James Morris ymunodd â staff *The Times* yn 1951 a symud i'r *Guardian* yn 1957. Tyfodd ei lyfrau cynnar o'i waith fel newyddiadurwr a theithiwr. Cyfunant ddealltwriaeth o ddigwyddiadau cyfoes a gwerthfawrogiad o densiynau dyfnach hanes â diléit mewn lleoedd newydd, ac yn eu plith y mae *Sultan in Oman* (1957), *Venice* (1960), *The Presence of Spain* (1964), *Oxford* (1965) a phum llyfr o ysgrifau taith. Cyhoeddodd hefyd drioleg am yr Ymerodraeth Brydeinig, *Pax Britannica* (1968), *Heaven's Command* (1974) a *Farewell the Trumpets* (1978). Yn ei llyfr cyntaf fel Jan Morris, *Conundrum* (1974), disgrifia'r dilema trawsrywiol yr ymgodymodd ag ef ar hyd ei hoes, a'i ddatrysiad yn y pen draw. Ond nid newid rhyw yn unig ydoedd; er i Jan Morris barhau i gyhoeddi llyfrau taith, gan gynnwys *Hong Kong* (1988) a *Sydney* (1992), yn ogystal ag astudiaethau hanesyddol megis *Fisher's Face* (1995), daeth ei hunaniaeth Gymreig a hanes a gwleidyddiaeth Cymru yn fwyfwy pwysig iddi. Amlygwyd y diddordeb newydd hwn gyntaf mewn dau gasgliad, *My Favourite Stories of Wales* (1980) a *Wales* (1982), a ddilynwyd gan ysgrif estynedig, *Wales, the First Place* (1982) a *The Matter of Wales: Epic Views of a Small Country* (1984), sy'n gyfuniad o lyfr hanes a llyfr taith. Ysgrifennodd *A Machynlleth Triad* (1994), darluniau damcaniaethol o ddyfodol Cymru, ar y cyd â'i mab, y llenor Cymraeg Twm *Morys. Bu *Last Letters from Hav* (1985) ar restr fer Gwobr Booker, cyhoeddodd hunangofiant, *Memoirs of a Tangled Life*, yn 1989, a cheir ei syniadau gweriniaethol eu gwyntyllu yn *The Princeship of Wales* (1995), ysgrif yn y gyfres *Changing Wales*.

Gweler y cyfweliad a roes i Elis Gwyn yn *Taliesin* (cyf. LXXXVI, 1994).

MORRIS, KENNETH VENNOR (Cenydd Morus; 1879–1937), ysgrifennwr ffantasi.

Fe'i ganed yn Rhydaman, Caerf., ond aethpwyd ag ef i fyw yn Llundain yn chwe blwydd oed. Wedi ymadael â'r ysgol yn 1896 treuliodd rai blynyddoedd yn Nulyn lle yr oedd yn gyfaill agos i'r llenor A.E. (George Russell). Yr oedd yn Theosophist ar hyd ei oes gan ochri â'r garfan a arweiniwyd gan Katherine Tingley, a bu'n byw am flynyddoedd lawer yn y gymuned a sefydlwyd ganddi hi yn Point Loma, California. Wedi dychwelyd i Gymru yn 1930 cyhoeddodd, o'i gartref yn Ferndale, Rhondda, *Y Fforum Theosophaidd*. Yr oedd ei waith dychmygol cyntaf, *The Fates of the Princes of Dyfed* (1913), a gyhoeddwyd dan ei ffugenw, yn ailadrodd rhannau o *Pedair Cainc y Mabinogi*. Yn *The Secret Mountain* (1926), casgliad o storïau, ehangodd ei ddiddordeb mewn myth a chynnwys chwedlau o nifer o wledydd eraill, yn arbennig o'r India a Tsieina. Ond ymhlith *aficionados* ffantasi modern fe'i cofir oherwydd ei waith mawr olaf,

Book of the Three Dragons (1930), lle y dychwel i themâu o'r Mabinogion. Cydysgrifennodd hefyd, gyda Cyril *Hodges, *China Speaks* (1941), cyfres o gyfieithiadau rhyddiaith.

MORRIS, LEWIS (Llewelyn Ddu o Fôn; 1701–65), ysgolhaig, bardd, mapiwr, a'r hynaf o'r brodyr a adwaenir fel *Morrisiaid Môn.

Fe'i ganed ym mhlwyf Llanfihangel Tre'r-beirdd (naill ai yn Nhyddyn-melys neu yn Y Fferam) a'i fagu ym Mhentre-eiriannell, Penrhosllugwy, ar ochr arall mynydd Bodafon. Ychydig a wyddys am ei hanes cynnar ac eithrio iddo gynorthwyo'i dad a oedd yn fasnachwr ar raddfa fechan, ond meistrolodd grefft mesur tir ac yn 1723 fe'i cyflogwyd gan Owen Meyrick, Bodorgan, i wneud arolwg o diroedd yr ystad honno ym Môn. Yn 1729 fe'i penodwyd yn swyddog y dollfa yng Nghaergybi a Biwmares. Bu ei gysylltiad â morwyr yn sbardun iddo sylweddoli bod angen gwneud map o arfordir Cymru, gwaith y bu ynglŷn ag ef ar ei ben ei hun o 1737 hyd 1744. Arweiniodd hyn at ddau gyhoeddiad yn 1748, sef siart o'r arfordir o'r Gogarth hyd Aberdaugleddau, ac atlas, *Plans of Harbours, Bars, Bays and Roads in St. George's Channel*, yn cynnwys pump ar hugain o fapiau lleol manwl. Cyhoeddwyd ail argraffiad o'r *Plans* wedi ei olygu gan ei fab William Morris yn 1801.

Yn ystod y gwaith mapio aeth Lewis yn 1742 i ardal Aberystwyth a dyna gychwyn ei ddiddordeb yng ngweithfeydd plwm yr ardal honno. Ni ddychwelodd i fyw i sir Fôn ond cafodd waith yn swyddog y dollfa yn Aberdyfi. Yn 1774 cafodd gomisiwn i wneud arolwg o gyfoeth mwynol Cwmwd Perfedd, ac yna yn 1746 daeth yn ddirprwy-stiward maenorydd y Goron yng Ngheredigion. Yma, yn fawr ei helynt a'i helbul, y bu'n gofalu am fuddiannau'r Goron lle'r oedd yn cloddio am fwynau ac yn berchen gweithiau mwyn plwm ei hun, yn erbyn uchelwyr lleol megis Herbert *Lloyd o Ffynnon Bedr, yr hwn a heriodd hawl y Goron i fwyngloddio am blwm. O 1746 hyd 1757 yr oedd ei gartref yng Ngalltfadog, ger Capel Dewi, ac ar ôl hynny ym Mhenbryn, Goginan, lle y bu farw.

Un o freuddwydion Lewis oedd darparu corff o lenyddiaeth ddifyr a hwyliog yn Gymraeg ar gyfer y bobl hynny a oedd yn troi at ddiwylliant Saesneg. I'r amcan hwn argraffodd ar ei wasg ei hun yng Nghaergybi rifyn cyntaf *Tlysau yr Hen Oesoedd* (1735), detholiad o ryddiaith a barddoniaeth ysgafn. I'r un amcan, yn enwedig rhwng 1730 ac 1750, lluniodd nifer mawr o ddarnau rhyddiaith a cherddi, yn Gymraeg gan mwyaf, a'u hanfon at gyfeillion megis William Vaughan, sgwïer *Nannau a *Chorsygedol. Y mae'r rhain yn cynnwys llythyrau ffansïol a hwyliog ddychanol yn null Tom Brown, Swift a L'Estrange. Lluniodd hefyd gywyddau ac englynion a phenillion rhydd, a'r rhain yn amharchus yn aml iawn. Cyhoeddwyd detholiad o'r cerddi yn *Y Diddanwch Teuluaidd* (1763). Rhan o'r un ymorol am roi bywyd newydd mewn llenyddiaeth Gymraeg oedd y gefnogaeth a roddodd Lewis i lenorion iau, megis Goronwy *Owen, Ieuan Fardd (Evan *Evans) ac Edward *Richard, ac yr oedd yn athro barddol i'r rhain. Tua diwedd ei oes fe'i cydnabyddid yn awdurdod ar yr iaith Gymraeg yng Nghymru a Lloegr.

Diddordeb mawr arall gan Lewis Morris oedd hanes a hynafiaethau, yn arbennig hanes cynnar Cymru. Cymerodd arno'i hun amddiffyn enw da ei genedl trwy anfon gwybodaeth at haneswyr estron, trwy geisio amddiffyn dilysrwydd *Brut Tysilio*, a thrwy ymroi ati i lunio math o eiriadur o enwau personol ac enwau lleoedd yr oedd sôn amdanynt yn y traddodiad Cymraeg, dan y teitl *Celtic Remains*; cyhoeddwyd rhan ohono yn 1878 dan olygyddiaeth Daniel Silvan *Evans. Yr oedd ganddo gynlluniau eraill, yn cynnwys argraffiad newydd helaethach o eiriadur John *Davies, Mallwyd, clamp o gyfrol ar hynafiaethau a natur ym Môn, cyfrol o waith *Dafydd ap Gwilym, a chasgliad o ddiarhebion Cymraeg. Ni chafodd hamdden i orffen yr un o'r rhain, ond gadawodd ar ôl bentwr mawr o lawysgrifau a fu'n gyfrwng i ddiogelu dysg Gymraeg ar adeg pan nad oedd na llyfrgell genedlaethol na phrifysgol i wneud hynny. Ef, yn sicr, oedd prif hyrwyddwr adfywiad clasurol y ddeunawfed ganrif mewn dysg ac mewn llên. Yr oedd hefyd yn bwysicach bardd ac awdur nag y cydnabuwyd hyd yn hyn.

Am fanylion pellach gweler Saunders Lewis, *A School of Welsh Augustans* (1924), R. T. Jenkins a Helen M. Ramage, *A History of the Honourable Society of Cymmrodorion* (1951), Hugh Owen (gol.), *The Life and Works of Lewis Morris* (1951), A. O. H. Jarman, 'Lewis Morris a Brut Tysilio' yn *Llên Cymru* (cyf. II, 1952–53) a Tegwyn Jones, *Y Llew a'i Deulu* (1982). Gweler hefyd D. W. Wiliam, *Cofiant Wiliam Morris 1705–63* (1995).

MORRIS, LEWIS (1833–1907), bardd ac addysgwr. Fe'i ganed yng Nghaerfyrddin, yn fab i glerc y dref ac yn orwyr i Lewis *Morris (Llewelyn Ddu o Fôn; cafodd ei addysgu yn Ysgol Ramadeg y Frenhines Elisabeth yn y dref, yn Ysgol y Bont-faen, Sherborne ac yng Ngholeg Iesu, Rhydychen. Fe'i galwyd i'r Bar yn 1861, a dechreuodd ar yrfa a oedd yn nodedig am ei sêl dros hyrwyddo addysg uwch yng Nghymru a sefydlu *Prifysgol genedlaethol. O 1878 hyd 1896 ef oedd cydysgrifennydd, ac yn ddiweddarach, cyd-drysorydd Coleg Prifysgol Cymru, Aberystwyth, ac wedi hynny yn un o is-lywyddion y Coleg hyd ddiwedd ei oes. Rhyddfrydwr ydoedd o ran gwleidyddiaeth; ceisiodd droeon gael ei ethol yn Aelod Seneddol, ond ni lwyddodd.

Dair blynedd wedi marwolaeth Tennyson yn 1892, urddwyd Lewis Morris yn farchog, a gobeithiai ddod yn *Poet Laureate*. Ond tybir i'r cynnig gael ei atal oherwydd dig y Frenhines Fictoria pan gafodd wybod fod ganddo wraig ordderch a thri o blant, ffaith y llwyddodd i'w chelu hyd hynny. Yn ystod yr oedi dros y penodiad cwynodd i Oscar Wilde fod '*conspiracy of silence*' ar y pwnc, a gofynnodd iddo '*What shall I do?*' a chafodd yr ateb enwog, '*Join it*'.

Yr oedd yn fardd cynhyrchiol a phoblogaidd a chyfansoddodd nifer o gerddi wedi eu seilio ar ddigwyddiadau yn hanes a mytholeg Cymru, rhai ohonynt yn gerddi gwladgarol. Yn ogystal â *The *Epic of Hades* (1876–77), ei waith mwyaf adnabyddus, cyhoeddodd *Songs of Two Worlds* (3 cyf., 1872, 1874, 1875), *Gwen* (1880), *The Ode of Life* (1880), *Songs Unsung* (1883), *Songs of Britain* (1887) a chyfrolau eraill; yn anffodus efelychai ei gyfaill, Tennyson, ond nid oedd ganddo yr un ddawn ag ef. Cyhoeddwyd *The Works of Lewis Morris* yn 1891.

Cerdd fwyaf diddorol Morris yw 'Gwen' ac fe'i lleolir ym mhlwyf Llangynnwr ger Caerfyrddin, lle y bu'r bardd yn byw a lle y claddwyd ef. Hanes cariad bonheddwr ifanc at ferch i ficer ydyw a chynnwys gyfres o ymsonau telynegol yn olrhain cwrs y garwriaeth anhapus. Oherwydd ei chynnwys, hon yw'r gerdd fwyaf sensitif o'i holl gerddi hir ac ymddengys iddi adlewyrchu bywyd serch cyfrinachol y bardd ei hunan. Y mae i'r gerdd hefyd rai disgrifiadau effeithiol o Ddyffryn Tywi, tebyg i'r hyn a geir yn '*The Physicians of Myddfai*' (*Meddygon Myddfai). Y gallu hwn i bortreadu ysbryd man arbennig sy'n nodweddu rhai o weithiau gorau Morris a hyn hefyd a rydd bleser i'r darllenydd.

Un o wrthdybiau bywyd Morris oedd, er ei fod yn ŵr sensitif a oedd weithiau'n fyrbwyll, nad yw ei gerddi yn gyffredinol yn cyfleu unrhyw ymdeimlad o argyhoeddiad. Gan mwyaf cyfuna gyfleuster technegol â thriniaeth arwynebol o'r thema. Yn eironig ceir ei waith mwyaf argyhoeddedig yn ei gasgliad o ysgrifau, *The New Rambler* (1905), lle y condemnia hela ac ymlid anifeiliaid, ac ysgrifenna ar nifer o bynciau eraill â brwdfrydedd nas ceir yn ei gerddi.

Y mae cyfrol ar Syr Lewis Morris gan Douglas Phillips yn y gyfres *Writers of Wales* (1981).

Morris, Roger (*fl.* 1580–1607), copïwr llawysgrifau, o Goedytalwrn, Llanfair Dyffryn Clwyd, Dinb. Y mae'r llawysgrifau yn ei law a oroesodd, ac sydd bellach yng nghasgliadau *Llanstephan, Mostyn a *Pheniarth, yn dangos ehangder ei ddiddordebau, sef barddoniaeth, *Bucheddau'r Saint, herodraeth, hanes, achyddiaeth, rhamantau, gramadeg a llysieuaeth. Bu llawysgrifau fel *Llyfr Du Caerfyrddin* a *Llyfr Gwyn Rhydderch* o fewn ei gyrraedd a chopïodd rannau ohonynt. Yr oedd rhai o'i lawysgrifau ym meddiant Thomas *Evans (Thomas ab Ifan), Hendreforfudd, erbyn 1607.

MORRIS, WILLIAM (1889–1979), bardd, brodor o Flaenau Ffestiniog, Meir., a addysgwyd yng Ngholeg Diwinyddol y Bala ac a wasanaethodd gyda'r Methodistiaid Calfinaidd ym Môn a sir Gaernarfon. Enillodd *Gadair yr Eisteddfod Genedlaethol yn 1934 am ei awdl 'Ogof Arthur' a bu'n Archdderwydd o 1957 hyd 1959. Cyhoeddodd sawl cyfrol o gerddi gan gynnwys *Clychau Gwynedd* (1946), *Sgwrs a Phennill* (1950), *Atgof a Phrofiad*

(1961), *Oriau Difyr a Dwys* (1963), *Cwmni'r Pererin* (1967), *Hedd Wyn* (1969) a *Crist y Bardd* (1975). Golygwyd casgliad o'i gerddi gan ei ferch, Glennys Roberts, mewn cyfrol yn dwyn y teitl *Canu Oes* (1981).

MORRISIAID, Y, hynafiaethwyr a llenorion a fagwyd ym Mhentre-eiriannell, Penrhosllugwy, Môn. Lewis *Morris oedd yr hynaf a'r galluocaf o'r pedwar. Pan oedd yn llanc gwnaeth **Richard Morris** (1703–79) gasgliad o gerddi a oedd yn boblogaidd ar lafar ym Môn sy'n ffynhonnell amhrisiadwy am wybodaeth o lên-gwerin Cymru; fe'i golygwyd gan T. H. *Parry-Williams yn 1931. Aeth Richard i Lundain pan oedd yn bedair ar bymtheg oed ac yno y treuliodd ei oes, am ran dda o'r amser yn glerc mewn safle uchel yn Swyddfa'r Llynges. Ef yn anad neb arall oedd y tu ôl i sefydlu Cymdeithas y *Cymmrodorion yn 1751. Golygodd argraffiadau newydd o'r Beibl (1746 ac 1752) ac o'r *Llyfr Gweddi Gyffredin (1746, 1752, 1768 ac 1770). Wedi treulio deng mlynedd yn Lerpwl, dychwelyd i Fôn a wnaeth **William Morris** (1705–63) yn Swyddog yn y Dollfa yng Nghaergybi. Casglai yntau lawysgrifau, ond llysieueg oedd ei ddiddordeb mawr. I'r môr yr aeth yr ieuangaf, **John Morris** (1707–40); bu farw ar fwrdd llong ryfel yn y cyrch yn erbyn Cartagena yn Sbaen, ond yr oedd ganddo yntau hefyd ddiddordeb mewn llên gwerin a llenyddiaeth.

Y brodyr hyn yw pen-lythyrwyr llên Cymru. Llythyrent â'i gilydd yn gyson ac y mae heddiw ar gael gryn fil o'r llythyrau hyn. Y mae pedwar cant ohonynt oddi wrth William o Gaergybi a'r rheini'n orlawn o hanes y byd a'r betws ym Môn. Y mae'r llythyrau hefyd – eu llythyrau at ei gilydd ac eraill – yn drysorfa o wybodaeth am fywyd llenyddol a diwylliannol yr oes. Ac y mae rhannau ohonynt wedi eu hysgrifennu mewn Cymraeg arbennig o gyhyrog a byw, oherwydd yr oedd dawn lenydda yn y brodyr i gyd, ac yn eu nai **John Owen** (m. 1759), mab eu chwaer Ellen.

Cyhoeddwyd y llythyrau gan J. H. Davies, *The Letters of Lewis, Richard, William and John Morris* (2 gyf., 1907 a 1909) a chan Hugh Owen, *Additional Letters of the Morrises of Anglesey* (2 gyf., 1947 a 1949). Ceir manylion pellach yn Saunders Lewis, *A School of Welsh Augustans* (1924), y monograff gan W. J. Gruffydd yn y gyfres *Gŵyl Dewi* (1939), R. T. Jenkins a Helen M. Ramage, *A History of the Honourable Society of Cymmrodorion* (1951), a'r erthygl gan Bedwyr Lewis Jones ar ryddiaith y Morrisiaid yn *Y Traddodiad Rhyddiaith* (gol. Geraint Bowen, 1970).

MORRIS-JONES, JOHN (1864–1929), ysgolhaig, bardd a beirniad. Fe'i ganed yn Nhrefor, Llandrygarn, Môn, ond fe'i magwyd yn Llanfair Pwllgwyngyll, a'i addysgu yng Ngholeg Crist, Aberhonddu, a Choleg Iesu, Rhydychen, lle y graddiodd mewn Mathemateg yn 1883. Enynnwyd ei ddiddordeb mewn astudiaethau Cymraeg gan Syr John *Rhŷs, Athro Celteg Rhydychen, a bu'n astudio Celteg am gyfnod. Yn Rhydychen yr oedd yn un o sylfaenwyr *Cymdeithas Dafydd ap

Gwilym yn 1886. Yn 1889 fe'i penodwyd yn Ddarlith-ydd yn y Gymraeg yng Ngholeg Prifysgol Gogledd Cymru, Bangor, ac fe'i gwnaed yn Athro'r Gymraeg yno chwe blynedd yn ddiweddarach. Fe'i hurddwyd yn farchog yn 1918.

Yr oedd John Morris-Jones yn un o'r to newydd o ysgolheigion a oedd yn gysylltiedig â *Phrifysgol Cymru ar droad y ganrif ac yr oedd yn benderfynol o osod astudiaethau ieithyddol a llenyddol Cymraeg ar sylfeini academaidd cadarn. Cyhoeddodd, ynghyd â John Rhŷs, argraffiad o *Llyfr yr Ancr (1894), a golygodd argraffiad newydd o *Gweledigaetheu y Bardd Cwsc (1896), ac yr oedd ei ragymadrodd i'r gwaith hwnnw yn bwysig, nid yn unig fel astudiaeth o ffynonellau Ellis *Wynne, ond hefyd o safbwynt y drafodaeth ar arddull. Trwy ddangos gwychder Cymraeg diledryw *Y Bardd Cwsc* bu'n fodd hefyd i ladd ar y cystrawennau anghyfiaith a ddaethai i'r iaith yn sgil dylanwad pobl fel William *Owen Pughe yn y bedwaredd ganrif ar bymtheg. Daeth sêl John Morris-Jones dros burdeb iaith yn fwyfwy pwysig. Pan gyhoeddwyd ei ramadeg mawr, *A Welsh Grammar, Historical and Comparative* (1913), fe'i gosodwyd, er gwaethaf rhai gwendidau, gyda Gruffydd *Robert a John *Davies, Mallwyd, yn un o'r tri gramadegydd mwyaf yn hanes yr iaith. Coronwyd ei waith pan gyhoeddwyd ei *Welsh Syntax* (1931), wedi iddo farw.

Bu ar flaen y gad hefyd yn yr ymdrech i ddiwygio'r *orgraff, bu'n ysgrifennydd pwyllgor dan nawdd yr hen *Gymdeithas yr Iaith Gymraeg (1885), a chyhoeddwyd ffrwyth ei drafodaethau yn y cyfrolau *Welsh Orthography* (1893) ac *Orgraff yr Iaith Gymraeg* (1928), llyfrau sy'n parhau'n safonol. Gwnaeth gyfraniad tebyg ym maes mydryddiaeth gyda *Cerdd Dafod* (1925), lle y ceir disgrifiad a dadansoddiad o gyfundrefn y *cynghanedd a'r mesurau caeth. Y mae manylder gwyddonol ei astud-iaethau o iaith a mydryddiaeth i'w briodoli i'w astud-iaeth o Fathemateg. Gwaith pwysig arall o'i eiddo oedd *Taliesin,* sef astudiaeth o'r cerddi i *Urien ac *Owain ab Urien yn *Llyfr Taliesin a gyhoeddwyd yn *Y Cymmrodor* (cyf. XXVIII), er i'r gwaith hwn i raddau gael ei ddisodli yn ddiweddarach gan Ifor *Williams.

Fel beirniad eisteddfodol cafodd ei ddeddfwriaeth ar iaith a chynghanedd gylchrediad eang a dylanwadol, ac oedd i raddau helaeth yn llesol iawn. Yr oedd blynyddoedd lawer i fynd heibio cyn i amheuon gael eu mynegi am ei safonau beirniadol a'i ddamcaniaethau geirdarddol. Yr oedd ef ymhlith y rhai cyntaf i amau dilysrwydd *Gorsedd Beirdd Ynys Prydain ac mewn cyfres o bum erthygl yn y cylchgrawn *Cymru, a gyhoeddwyd yn 1896, daeth i'r casgliad i'r seremonïau gael eu dyfeisio gan feirdd Morgannwg yn yr ail ganrif ar bymtheg. Yr oedd yn anghywir yn hyn o beth, ond ni allai fod wedi dod i unrhyw gasgliad arall, yn ôl y dystiolaeth a oedd yn hysbys ar y pryd. Ceir adroddiad o'i ymchwil ddiweddarach yn ei ragair i *Iolo Morganwg a Chywyddau'r Ychwanegiad* (1926) gan G. J. Williams.

Un gyfrol yn unig o farddoniaeth a gyhoeddodd, sef *Caniadau* (1907), ac y mae'n cynnwys y ddwy awdl enwog 'Cymru Fu: Cymru Fydd' a 'Salm i Famon' a hefyd nifer o delynegion crefftus a swynol. Ceir anogaeth wleidyddol a dychan yn yr awdlau, wedi'u mynegi'n raenus gyhyrog, a rhamantiaeth dyner sy'n rhy ffugdeimladol i chwaeth gyfoes yn y telynegion. Yn yr un gyfrol ceir nifer o'i gyfieithiadau o Heine ac Omar Khayyám. Yr oedd dillynder iaith ei gerddi, ynghyd â'u cynildeb a'u mireinder, yn esiampl i feirdd eraill, ac yr oedd synwyrusrwydd paganaidd penillion Omar fel awel iach ar ôl athronyddu trymaidd y *Bardd Newydd. Er na ellir ei osod yn y rheng flaenaf fel bardd, nid oes amheuaeth na chafodd ddylanwad cyrhaeddbell ar lenyddiaeth hanner cyntaf yr ugeinfed ganrif.

Ceir manylion pellach yn y gyfrol gan Thomas Parry yn y gyfres *Gŵyl Dewi* (1958), yr erthyglau gan J. E. Caerwyn Williams yn *Nhrafodion* Anrhydeddus Gymdeithas y Cymmrodorion (1965 ac 1966), y bennod gan y golygydd yn *Y Traddodiad Rhyddiaith yn yr Ugeinfed Ganrif* (gol. Geraint Bowen, 1976), yr erthygl gan John Gwilym Jones yn *Swyddogaeth Beirniadaeth* (1977) a'r bennod gan Bedwyr Lewis Jones yn *Gwŷr Môn* (1979); gweler hefyd Dafydd Glyn Jones, 'Criticism in Welsh' yn *Poetry Wales* (cyf. xv, rhif. 3, Gaeaf, 1979). Ceir cyfrol ar John Morris-Jones gan Allan James yn y gyfres *Writers of Wales* (1987).

Mortimer's Cross, Brwydr (1461), un o brif ymgyrchoedd Rhyfeloedd y Rhosynnau. Wedi i fyddin y Lancastriaid gael ei gorchfygu, ger Llanllieni (S. Leominster), lladdwyd Owain *Tudur, esgynnodd Edward IV i orsedd Lloegr a dyrchafwyd Syr William *Herbert (m. 1469) i fod yn Arglwydd Herbert. Cysylltir *Lewys Glyn Cothi (Llywelyn y Glyn), cydymaith meibion Gruffudd ap Nicolas o *Ddinefwr, â'r ymgyrch a arweiniodd at y frwydr hon. Cyfansoddodd awdl foliant i'r brenin newydd ac i'r Arglwydd Herbert i ddathlu goruchafiaeth yr Iorciaid; canodd hefyd, un arall, yn foliant i Syr Richard Herbert, brawd yr Arglwydd Herbert.

MORTON, HENRY VOLLAM (1892–1979), awdur llyfrau taith. Dechreuodd ei yrfa fel newyddiadurwr ar y *Birmingham Gazette and Express*, cyn symud i Lundain lle y bu'n gweithio ar nifer o bapurau newydd dyddiol. Daliodd ati i weithio fel newyddiadurwr tan y 1950au, ond yr oedd eisoes wedi dechrau ar ail yrfa fel awdur llyfrau taith. Cyhoeddodd tua phymtheg ar hugain o'r llyfrau hyn, o leiaf saith ohonynt am Lundain, ond fe'i cofir yn bennaf efallai am ei gyfres *In Search of . . . England, Scotland, Wales*. Cyhoeddwyd *In Search of Wales* yn 1932, ac yn sgîl ei ddisgrifiadau o Gymru'r *Dirwasgiad a'i ymateb i'r blynyddoedd hynny cafwyd llyfr a fu o ddiddordeb a gwerth cymdeithasol am gyfnod hir.

MORUS AP DAFYDD AB IFAN AB EINION
(**Morus Dwyfech**; *fl.* 16eg ganrif), bardd o Eifionydd, fel y tystia yr enw yr adwaenid ef wrtho, Morus

Dwyfech (afon Dwyfach bellach). Canodd i nifer o ddeuluoedd Gwynedd, ac yn fwyaf arbennig i ddeuluoedd Talhenbont a Chefnamwlch. Cyfansoddodd gerddi crefyddol a dychan, cywydd moliant i Lŷn, ynghyd â chyfres o englynion i gefnogi'r boneddigion o Lŷn a garcharwyd yn Llundain am wrthwynebu cynlluniau Iarll Caerlŷr ar gyfer Fforest Eryri. Canodd i nifer o'i gyd-feirdd (a *Wiliam Llŷn, *Huw Arwystli a *Siôn Brwynog yn eu plith), ac fe'i marwnadwyd gan Siôn Phylip a *Huw Pennant (*fl.* 1565–1619).

Morus, Cenydd, gweler MORRIS, KENNETH VENNOR (1879–1937).

Morus Cyfannedd, gweler JONES, MORUS (1895–1982).

Morus Dwyfech, gweler MORUS AP DAFYDD AB IFAN AB EINION (*fl.* 1523–90).

MORYS BERWYN (*fl. c.*1580–1615), bardd; awgryma'i gyfenw mai brodor ydoedd o ardal y Berwyn. Bu'n canu i amryw o ddeuluoedd uchelwrol gogledd Cymru, gan gynnwys Syr Siôn Salsbri (*Salbriaid) o Leweni, a theuluoedd y Foelas, Clenennau, Cefnllanfair, a Phlas-y-ward, a chanodd farwnad i *Gatrin o Ferain yn 1591. Goroesodd rhyw hanner cant o gywyddau ac englynion o'i waith. Efallai mai ei gerdd fwyaf nodedig yw'r cywydd mawl a ganodd i'r Esgob William *Morgan, sy'n cynnwys y llinell adnabyddus, 'Y beibl a droes i'w bobl draw'.

Ceir ei gywydd i'r Esgob William Morgan yn R. Geraint Gruffydd, 'Y Beibl a Droes i'w Bobl draw': William Morgan yn 1588 (1988), a chywydd arall yn *Blodeugerdd Barddas o'r Ail Ganrif ar Bymtheg* (gol. Nesta Lloyd, 1991).

MORYS GETHIN (*c.*1485–*c.*1550), bardd o Hafodgaregog, Nanmor, ac ŵyr *Rhys Goch Eryri trwy ei fam, Marged ferch Rhys. Fe'i marwnadwyd mewn dau englyn o waith Morus Dwyfech (*Morus ap Dafydd ab Ifan ab Einion), a dywed hwnnw ddarfod claddu Morus ym medd ei daid (ym Meddgelert, os ydys i ddehongli'r eiriau yn llythrennol). Pedair cerdd o'i waith a erys. Canodd gywydd marwnad i *Dudur Aled ac englyn i Lewys Morgannwg (*Llywelyn ap Rhisiart) pan ymwelodd hwnnw â thref Caernarfon. Y mae a wnelo'r ddwy gerdd sy'n weddill â Môn. Priododd Lewys ap Morys Gethin â Sioned, merch Huw ap Rhys o Fwsoglen a Sioned ferch Rhydderch o Dregaean. Canodd Morys Gethin englyn i simnai Mwsoglen a lluniodd awdl er coffáu Gruffudd ap Rhydderch o Dregaean, brawd Sioned, pan fu farw yn ddisymwth ac yntau'n ŵr ifanc.

MORYS, HUW (**Eos Ceiriog**; 1622–1709), bardd mwyaf toreithiog a dawnus yr ail ganrif ar bymtheg, a aned, o bosibl, yng nghwmwd Hafodgynfor ym mhlwyf Llangollen, Dinb. Symudodd ei dad, Morris ap Siôn ap Ednyfed, a'i deulu i Bontymeibion yng Nglyn Ceiriog tua 1647. Tybir i Huw gael peth addysg naill ai yn Ysgol Rad Croesoswallt, neu yn Ysgol Ramadeg Rhuthun. Sonia yn un o'i gerddi iddo dreulio saith mlynedd o brentisiaeth fel barcer yn Owrtyn, Ffl., ond ni ddilynodd mo'r grefft honno, ac yn ôl pob tystiolaeth treuliodd weddill ei fywyd, yn ddibriod, yn helpu'i dad ac yna'i frawd Siôn i ffermio Pontymeibion. Amaethwyr lled gefnog oedd y teulu, yn berchen eu tir eu hunain, ac yn troi'n esmwyth yng nghwmni sgweieriaid Dyffryn Ceiriog. Ymhlith ei noddwyr yr oedd Syr William Williams, Glasgoed, William Owen, *Brogyntyn, Syr Thomas *Mostyn, Gloddaeth, a Syr Thomas *Myddleton, Castell y Waun.

Eglwyswr pybyr oedd Huw Morys, a Brenhinwr digymrodedd. Bu fyw trwy gyfnod cynhyrfus y *Rhyfel Cartref a'r Weriniaeth, ac yr oedd yn dyst i anrheithio eglwys-blwyf Llansilin, lle'r oedd yn warden, gan y Pengryniaid. Iddo ef trychineb oedd llwyddiant Cromwell ac y mae ei gerddi gwleidyddol yn llym iawn eu beirniadaeth ar y Piwritaniaid am iddynt ddymchwel y gymdeithas sefydlog, ac esgymuno'r offeiriaid trwyddedig a dyrchafu lleygwyr anwybodus yn eu lle. Yr oedd syniadau Walter *Cradock, William *Erbery, Morgan *Llwyd a Vavasor *Powell yn beryglus yn ei olwg. Ni chyffrowyd mohono gan ddiwygwyr crefyddol a chymdeithasol ei ddydd a chredai yn hawl ddwyfol y Brenin, ac mewn cymdeithas geidwadol sefydlog. Yn wahanol i Rowland *Vaughan o Gaer-gai, a William Phylip (gweler o dan PHYLIPIAID ARDUDWY) o Hendrefechan, Ardudwy, nid enllibiodd Huw Morys y Pengryniaid yn agored ond defnyddiodd yn hytrach hen arfer y brudwyr gynt o roddi enwau anifeiliaid ar ei gymeriadau, ac wrth hynny, nid erlidiwyd mohono gan wŷr Cromwell. Cyfansoddodd ddwy anterliwt, y naill ar 'Y Rhyfel Cartref' a'r llall ar 'Y Mab Afradlon', sydd, fel ei gerddi gwleidyddol a chymdeithasol, yn adlewyrchu Cymru'r ail ganrif ar bymtheg, ond sydd hefyd yn adlewyrchu ei ddaliadau gwleidyddol ef.

Yn ei gerddi serch a'i garolau Mai a Nadolig, gwelir dawn Huw Morys ar ei orau. Y mae'n wir iddo ganu yn y traddodiad caeth ond ni pherthyn i'w gywyddau na choethder ymadrodd na chrefft beirdd y bymthegfed ganrif. Cyfraniad cwbl unigryw Huw Morys i hanes prydyddiaeth Gymraeg yw iddo ddatblygu, onid yn wir ddyfeisio, fath newydd o ganu rhydd acennog wedi'i gynganeddu. Efallai i'r ffurf hon berthyn yn agosach i'r canu caeth na'r canu rhydd traddodiadol, ac o ran ffurf a chynnwys y mae'n gynheiliydd safonau'r cywyddau. Y mae'r iaith yn fynych yn cynnwys ffurfiau tafodieithol a benthyciadau o'r Saesneg, sy'n ei gwneud hi'n haws gosod y farddoniaeth i fiwsig poblogaidd. Yn ogystal â cherddi gofyn, serch, marwnadau a charolau Nadolig, canodd hefyd nifer o garolau *Calan Mai a *Charolau

Haf. Er mai Seisnig yn eu hanfod yw'r mesurau a ddefnyddiodd, troes elfen gynganeddol y patrymau hyn yn bethau cwbl Gymreig.

Megis y gosododd *Dafydd ap Gwilym fri ar fesur y cywydd felly hefyd y cychwynnodd Huw Morys ysgol o feirdd a ganai gerddi rhydd cynganeddol neu garolau. Ei gamp fawr oedd medru plethu geiriau'n gywrain ar gyfer eu canu. Apêl esthetig oedd i'w gerddi – i foddhau'r glust yn hytrach na'r deall y bwriadwyd hwy. Canu cymdeithasol yw llawer iawn o'i gerddi a thrwyddynt ceir cipolwg ar fywyd ac arferion y werin gyffredin a oedd yn gyfocswyr iddo. O'r deunaw o farwnadau a ganodd yn y mesurau acennog y mae pedair, yn cynnwys 'Marwnad *Barbra Miltwn', wedi'u llunio ar ddull ymddiddan rhwng y byw a'r marw.

Golygwyd argraffiad o gerddi Huw Morys gan Walter Davies (Gwallter Mechain) o dan y teitl *Eos Ceiriog, sef casgliad o bêr ganiadau Huw Morys* (2 gyf., 1823) a detholiad bach gan Owen M. Edwards yn *Cyfres y Fil* (1902); cyhoeddwyd cofiant gan T. R. Roberts (Asaph) yn 1902.

MORYS, TWM (1961–   ), bardd, llenor, canwr a darlledwr, a aned yn Rhydychen ond a fagwyd yn Llanystumdwy, Caern., ac yng Nghwm Grwyne Fechan, Brych. Addysgwyd ef yng Ngholeg Prifysgol Cymru, Aberystwyth, ac yn ei dro, bu'n ymchwilydd i'r BBC yn Abertawe ac yn ddarlithydd ym Mhrifysgol Rennes, cyn ymroi i ysgrifennu, canu a chyflwyno ar ei liwt ei hun, gan rannu ei amser rhwng Llanystumdwy a Llydaw. Y mae'n fab i Jan *Morris, ac wedi cydweithio â hi ar y cyfrolau *Wales, the First Place* (1982) ac *A Machynlleth Triad/Triawd Machynlleth* (1994).

Enillodd enw iddo'i hun fel bardd ar gorn ei ddelweddau llachar, ei ieithwedd egnïol a newydd-deb ei gynganeddion, nodweddion a welir yn eu hysblander yn ei gyfrol *Ofn Fy Het* (1995). Ynddi, ochr yn ochr ag awdlau, cywyddau ac englynion, ceir geiriau nifer o'r caneuon a gyfansoddodd ar gyfer Bob Delyn a'r Ebillion, y grŵp y mae'n lleisydd iddo. Gellir clywed y caneuon ar y recordiadau *Sgwarnogod Bach Bob* (1990), *Gedon* (1992) a *Gwbade Bach Cochlyd* (1996). Y mae'r un dyfeisgarwch ag sy'n nodweddu ei gerddi a'i ganeuon i'w ganfod hefyd yn ei ryddiaith, yn arbennig felly ei golofnau yn *Barddas* a *Taliesin*.

Fel bardd, llenor a chanwr, y mae'n meddu ar lu o leisiau gwahanol, ac yn amlygu ei ymwybyddiaeth gref o draddodiadau llenyddol a cherddorol Cymru yn y modd y mae'n ymdrin yn chwareus â hwy, gan roi gwedd newydd arnynt yn fynych. Mewn cerddi, caneuon ac ysgrifau, y mae'n chwalu'r ffiniau rhwng ddoe ac yfory, ac yn ei bwyslais ar yr elfen lafar a pherfformiadol, bu'n gyfrwng i gau'r bwlch rhwng y diwylliant llenyddol a'r diwylliant poblogaidd.

Ceir darlun lliwgar ohono mewn portread yn *Golwg* (28 Mai 1992), ac mewn cyfweliadau ag ef yn *Pair Ceridwen* (gol. Gwyn Thomas, 1995), *Barn* (rhif. 359, 1992) a *Barddas* (rhif. 195/96,

Gorff./Awst 1993); gweler hefyd adolygiadau gwerthfawr ar ei waith yn *Taliesin* (cyf. XCIV 1996), *Barn* (rhif. 397, 1996) a *Golwg* (25 Ion. 1996).

Mostyn, teulu o Blas Mostyn, Ffl., disgynyddion Ieuan Fychan, a oedd yn fardd ac yn perthyn i *Duduriaid Penmynydd, Môn, a'i wraig Angharad, aeres Hywel ap Tudur o Fostyn. Priododd eu mab Howel â Margaret, aeres Gloddaeth, Caern.; yr ystad hon oedd berchen llawer o'r tir y codwyd arno dref Llandudno yn ddiweddarach. Ymladdodd Richard ap Howel (m. 1539) dros Harri Tudur ym mrwydr *Bosworth (1485), ond gwrthododd ddilyn y Brenin i Lundain gan ddatgan: 'Trigaf ymhlith fy mhobl fy hun'. Ef oedd llywydd Eisteddfod gyntaf *Caerwys (1523), ac yr oedd ei fab Thomas (m. 1558) yntau yn noddwr beirdd, a'r cyntaf i ddefnyddio'r cyfenw Mostyn. Piers, mab ieuangaf Richard, oedd y cyntaf o deulu Mostyniaid Talacre. Cafodd gor-orwyr Piers, Edward, ei urddo'n farwnig yn 1670, a daliwyd y teitl gan un ar ddeg o'i ddisgynyddion. Mab yr wythfed barwnig oedd Francis Edward Mostyn (1860–1929), Archesgob Catholig cyntaf Caerdydd.

William (m. 1576), mab hynaf Thomas, oedd y cyntaf o nifer fawr o aelodau'r teulu a fu'n Aelodau Seneddol dros sir y Fflint, ac yr oedd yn un o'r Comisiynwyr a benodwyd i gynnal ail Eisteddfod Caerwys (1576). Yr oedd Thomas (m. 1618), mab William, yn aelod o Gyngor Cymru, ac ef a sefydlodd lyfrgell enwog Mostyn. Yr oedd ei orwyr Roger (1623–?90) yn un o brif gefnogwyr y Brenin yng ngogledd-ddwyrain Cymru yn ystod y *Rhyfeloedd Cartref; dywedid iddo wario trigain mil o bunnoedd ar yr achos (ac o'r herwydd fe'i gwnaed yn farwnig yn 1660); bu'n ddiwyd hefyd yn cloddio glo a phlwm ar ei ystad. Ychwanegwyd llawer at lyfrgell y teulu gan Thomas (1651–1700?), yr ail farwnig, a chydnabyddid ef yn awdurdod ar achyddiaeth Gymreig. Yr oedd diddordebau llenyddol gan y trydydd a'r pedwerydd barwnig, Roger (1673– 1734) a Thomas (1704–58); cyflwynodd George Farquhar *The Constant Couple* (1700) i Roger, ac ychwanegodd Thomas at y casgliad o lawysgrifau yn y llyfrgell. Yr oedd Roger (1734–96), y pumed barwnig, yn un o is-lywyddion yr Ysgol Elusennol Gymreig yn Llundain, ac iddo ef y cyflwynodd Evan *Evans (Ieuan Fardd) ei lyfr, *Some Specimens of the Poetry of the Ancient Welsh Bards* (1764). Gyda mab Roger, sef Thomas (1776–1831), y chweched barwnig, daeth y llinach uniongyrchol i ben, ac aeth Mostyn a Gloddaeth yn eiddo i fab ei chwaer, Edward Lloyd (1795–1884). Ei dad ef oedd Edward Price Lloyd (1768–1854) a ddyrchafesid yn Farwn Mostyn yn 1831. Yr oedd yr ail farwn yn berchen tua phum mil o aceri o dir yn sir y Fflint a rhyw ddwy fil yn sir Gaernarfon, ac yn 1854 cafodd hawl trwy Ddeddf Seneddol i sefydlu tref Llandudno. Bu ei fab, Llywelyn (1859–1929), y trydydd barwn, yn llywydd Anrhydeddus Gymdeithas y *Cymmrodorion.

Cyflwynwyd y casgliad o lawysgrifau a adwaenir fel Llawysgrifau Mostyn ac a gedwid ym Mostyn ac yn llyfrgelloedd nifer o blastai a etifeddasai'r teulu trwy briodas megis *Corsygedol, Gloddaeth, Bodysgallen, *Bodidris, Plas-hên a Phengwern, i *Lyfrgell Genedlaethol Cymru yn 1918, gan Lywelyn, trydydd Barwn Mostyn. Y mae'r casgliad yn ffynhonnell bwysig i ysgolheigion ac y mae'n cynnwys llawer o lawysgrifau gwerthfawr, yn eu plith barddoniaeth Tomos *Prys o Blas Iolyn, yn llaw Wiliam *Cynwal. Ymhlith eitemau gwerthfawr eraill y mae *Llyvyr Gwyn Cors y Gedol*, sy'n cynnwys yr Ymryson rhwng Edmwnd *Prys a Wiliam Cynwal, *Llyfr Coch Nannau*, sy'n cynnwys casgliad helaeth o englynion yn llaw John *Jones, Gellilyfdy, a *Llyfr Gwyn y Berth-Ddu*, ond yr un mwyaf diddorol yw hanes Lloegr a Chymru gan Elis *Gruffydd. Hefyd ceir copïau o *Dares Phrygius* (*Ystorya Dared*), *Brut y Tywysogyon* a *Brut y Brenhinedd* gan *Sieffre o Fynwy, a fersiwn o Chwedl y Greal (*Chwedlau'r Greal) a ysgrifennwyd tua diwedd y bymthegfed ganrif.

Casglwyd ynghyd hanes teulu Mostyn gan y trydydd barwn a T. Allen Glenn dan y teitl *History of the Family of Mostyn of Mostyn* (1925); gweler hefyd A. D. Carr, 'The Making of the Mostyns' yn *Nhrafodion Anrhydeddus Gymdeithas y Cymmrodorion* (1982).

MOTLEY, JAMES (1809–59), bardd a aned yn Neuadd Osmondthorpe, ger Leeds, yn fab i farchnatwr gwlân. Fe'i haddysgwyd yng Ngholeg Ieuan Sant, Caer-grawnt, a daeth yn beiriannydd sifil, yn bennaf er mwyn goruchwylio gweithfeydd haearn ei dad ym Maesteg a phyllau glo ardal Llangynwyd, Morg. Yr oedd yn naturiaethwr brwd ac yn rhamantydd a ddarllenodd yn helaeth am Gymru, yn enwedig gweithiau awduron megis Edmund *Jones. Cyhoeddodd un llyfr yn unig, *Tales of the Cymry* (1848), sy'n cynnwys chwe cherdd hir, wedi eu seilio ar chwedlau gwerin gorllewin Morgannwg. Ym mlwyddyn cyhoeddi'r gyfrol hon aeth i chwilio am lo yn Borneo, a lladdwyd ef yno mewn gwrthryfel llwythol.

Moulded in Earth (1951), nofel gan Richard Vaughan (Ernest Lewis *Thomas), y gyntaf mewn cyfres o dair sy'n cynnwys hefyd *Who Rideth so Wild* (1952) a *Son of Justin* (1955). Fe'i lleolir yn y cefn gwlad ar y ffin rhwng siroedd Caerfyrddin a Brycheiniog o amgylch pentref genedigol yr awdur, Llanddeusant, ger Bannau Caerfyrddin neu'r Mynydd Du; edrydd hanes ymrafael chwerw rhwng dau deulu. Daw'r gynnen i'w huchafbwynt pan syrth Edwin Peele, y storïwr sy'n fab ieuangaf un teulu, mewn cariad â Grett Ellis, merch hardd y teulu arall. Er gwaethaf lleoliad manwl y tair nofel – lleoliad y gellir ei adnabod – maentumiai'r awdur mai ymylol oedd y cefndir i'w brif ddiddordeb, sef portreadu pobl sy'n byw yn agos at y pridd, 'whose concepts of birth, death, love, hatred, and the will to wrest a living from the soil, are the same the world over'. Cyflawnodd y nod yn ei dair nofel trwy ddefnyddio amrywiadau ar y themâu rhamantaidd mwyaf traddodiadol.

Mr Pugh, yr ysgolfeistr yn *Under Milk Wood* (1954) gan Dylan *Thomas; y mae'n dianc rhag cwyno cyson ei wraig i'w ffantasïau lle y mae'n ei gwenwyno hi.

Mr Waldo, y barbwr yn *Under Milk Wood* (1954) gan Dylan *Thomas; cwyna ei wraig a'i fam am ei ymddygiad chwantus, 'Oh, what'll the neighbours say, what'll the neighbours . . .'

Mrs Ogmore-Pritchard, perchennog gwesty'r Bay View yn *Under Milk Wood* (1954) gan Dylan *Thomas. Y mae'n wraig sy'n ymfalchïo yn ei thŷ ac yn un gref ei phersonoliaeth a hi sy'n arthio yn erbyn ysbrydion ei dau ŵr, Mr Ogmore a Mr Pritchard. Iddynt hwy y dywed, 'And before you let the sun in, mind it wipes its shoes.'

Mrs Thrale, gweler o dan Piozzi, Hester Lynch (1741–1821).

Mudiad Amddiffyn Cymru, grŵp o Genedlaetholwyr a drefnodd ffrwydradau mewn sawl man yng Nghymru yn ystod diwedd y 1960au, yn bennaf fel protest yn erbyn arwisgiad Tywysog Cymru. Ymhlith yr adeiladau a faluriwyd yr oedd y Deml Heddwch ym Mharc Cathays, Caerdydd. Yn 1969 lladdwyd dau aelod o'r mudiad, sef Merthyron *Abergele, yn ddamweiniol, gan eu deunydd ffrwydrol eu hunain. Y flwyddyn ganlynol dedfrydwyd John Jenkins, sarsiant yng Nghorfflu Deintyddol Brenhinol y Fyddin, i ddeng mlynedd o garchar am ei ran yn y gweithgareddau hyn, a chafodd gŵr arall ddedfryd lai. Carcharwyd John Jenkins eto yn 1983 am lochesu Gweriniaethwr Cymreig a gafwyd yn euog o gymryd rhan mewn ail ymgyrch yn defnyddio ffrwydradau. Gweler hefyd Byddin Cymru Rydd a Meibion Glyndŵr.

Mudiad Cymreig, Y, gweler o dan Bebb, William Ambrose (1894–1955).

Mudiad Gwirfoddol, Y, gweler o dan Gymdeithas Frytanaidd.

Mudiad Rhydychen, o fewn Eglwys Loegr, ymgais i amddiffyn yr Eglwys rhag tueddiadau rhyddfrydol, tueddiadau yr ystyriwyd eu bod yn fygythiad i'w phurdeb ysbrydol a'i rhyddid rhag ymyrraeth â Gwladwriaeth. Prif egwyddorion y mudiad oedd awdurdod Eglwys Loegr fel ceidwad y ffydd, dilysrwydd yr olyniaeth apostolaidd yn yr Eglwys, a lle blaenllaw y *Llyfr Gweddi Gyffredin a'r elfen ddefodol yn ei haddoliad. Gellir olrhain yr egwyddorion hyn yn ôl at Uchel-eglwyswyr yr ail ganrif ar bymtheg, ond fe'u hyrwyddwyd yn y bedwaredd ganrif ar bymtheg gan

Ramantiaeth a ddatblygodd ddiddordeb yn yr Oesoedd Canol. Arweinwyr y Mudiad yn Lloegr oedd J. H. Newman, E. B. Pusey, John Keble ac Isaac *Williams, a phregeth gan Keble yn Rhydychen yn 1833 a gychwynnodd y mudiad. Wedi cyhoeddi'r cyntaf o'r *Tracts for the Times* yn yr un flwyddyn er mwyn lledaenu syniadau'r grŵp, daethpwyd i'w adnabod hefyd fel y Mudiad Tractaraidd. Gogwyddodd tuag at Eglwys Rufain wrth bwysleisio cymuno'n aml, cyffesu pechodau, y bywyd mynachaidd, a phwysigrwydd yr elfen seremonïol. Derbyniwyd Newman i'r Eglwys Babyddol yn 1845.

Yn esgobaeth *Bangor y gwelwyd effeithiau Mudiad Rhydychen yn fwyaf amlwg yng Nghymru. Un o'i arweinwyr yno oedd Morris *Williams (Nicander) a Thractarwyr adnabyddus eraill oedd John *Williams (Ab Ithel), Owen Wynne *Jones (Glasynys), a Robert *Roberts (Y Sgolor Mawr). Cyhoeddwyd cylchgrawn Tractaraidd, *Baner y Groes*, rhwng 1854 ac 1858 ac yn 1892 sefydlwyd Coleg Sant Mihangel, Llandaf, ar gyfer darpar-offeiriaid, yn bennaf fel cyfrwng i gyflwyno syniadau Tractaraidd. Efallai mai yn ei effaith ar yr *Anghydffurfwyr, fodd bynnag, y bu canlyniadau pwysicaf y mudiad. Yn wyneb ei ogwydd ysbrydol tuag at Rufain a'i ogwydd gwleidyddol tuag at Doriaeth eithafol, gyrrwyd y Methodistiaid i ochri'n fwyfwy â'r Ymneilltuwyr eraill, a magwyd ynddynt oll agwedd fwy ymosodol tuag at Eglwys Loegr. Bu'r mudiad hwn i amddiffyn Eglwys Loegr yn gyfrwng yn y pen draw i *Ddatgysylltu'r Eglwys honno yng Nghymru.

Olrheinir hanes Cymreig Mudiad Rhydychen gan D. E. Evans yn *Journal of the Historical Society of the Church in Wales* (cyf. IV, 1954, cyf. VI, 1956, cyf. VIII, 1958, cyf. X, 1960) a chan A. Tudno Williams yn *Mudiad Rhydychen a Chymru* (1983).

Muscipula sive Cambro-muo-machia (llyth. 'Trap Llygod neu Frwydr y Cymry a'r Llygod'; 1709), bwrlésg am y Cymry gan yr ysgolhaig clasurol, Edward Holdsworth (1684–1746); fe'i cyfieithwyd i'r Saesneg gan Samuel Cobb (1675–1713) dan y teitl *Taffy's Masterpiece* (1743) ac yn ddiweddarach gan 'gŵr bonheddig o Rydychen' fel *Taffy's Triumph*. Cerdd ffug-arwrol yw hi, sy'n amrywiad cymhleth ar yr hen edliwiad ynglŷn â hoffter y Cymro o gaws pob, ond y mae'n fwy cellweirus na dychanol. Ar gais Edward *Lhuyd, ysgrifennwyd ateb i'r gwaith gwreiddiol yn Lladin yn 1709 gan ddyn o'r enw Thomas Richards dan y teitl *Hoglandiae Descriptio* ('Disgrifiad o Hogland/Wlad y Moch', neu Hampshire, sef sir Edward Holdsworth).

Mwyalchen Cilgwri, gweler o dan Anifeiliaid Hynaf.

My People (1915), cyfrol o storïau byrion gan Caradoc Evans (David *Evans). Hwn oedd y llyfr cyntaf a'r mwyaf adnabyddus a dylanwadol o lyfrau'r awdur, a chyflawna ddarlun cyson a didostur o werin fwystfilaidd, o grefydd sathredig ac o dir diffrwyth; cymhelliad pob gweithred yw gwanc, rhagrith a thrachwant a'r canlyniadau yw poen, trallod a marwolaeth. Adroddir y pymtheg stori â grym hypnotig sydd weithiau yn llethol a hynny mewn arddull ddisgybledig, gelfydd sy'n ymddangos ar yr wyneb yn rhyddiaith od iawn, ac a gymhathwyd gan yr awdur o nifer o elfennau personol, Beiblaidd a Chymreig, ac sy'n gweddu i'r dim i'r testun. Tramgwyddodd yr arddull a'r cynnwys lawer o ddarllenwyr Cymraeg a farnai fod yr awdur yn difrïo yn haerllug y cysyniadau a goleddent hwy o'r bywyd a'r cymeriad Cymraeg. Canmolwyd ef gan ddarllenwyr mwy gwrthrychol a farnai ei fod yn *tour-de-force* gwreiddiol. Y mae'r llyfr yn cynnwys cyfansoddiadau sy'n glasuron, megis 'The Way of the Earth', 'A Just Man in Sodom' a 'Lamentations', a'r ddau gampwaith 'A Father in Sion' a 'Be This Her Memorial'. Hwn y mae'n debyg yw'r casgliad o storïau mwyaf grymus a chofiadwy, ac yn sicr yr enwocaf, a ysgrifennwyd hyd yn hyn gan awdur ★Eingl-Gymreig.

Trafodir y llyfr gan M. Wynn Thomas yn *The New Welsh Review* (rhif 1, cyf. I, Haf 1988); gweler hefyd rhagymadrodd John Harris i'w argraffiad o *My People* (1987).

Myddleton, teulu o Gastell y Waun, Dinb., disgynyddion Rhirid ap David (*fl.* tua diwedd y 14eg gan.). Cymerodd ef y cyfenw Myddleton pan briododd ferch Syr Alexander Myddleton, sir Amwythig. Yr oedd ei ddisgynnydd Richard (*c.*1508–75) yn Aelod Seneddol dros sir Ddinbych a bu'n ddiwyd yn adeiladu'r ystad, a oedd erbyn y bedwaredd ganrif ar bymtheg yn cynnwys dros wyth mil o aceri. Yr oedd gan Richard naw o feibion, a bu'r pedwerydd, Thomas (1550–1631), a'r nawfed, Hugh (1560–1631), yn fasnachwyr amlwg yn Llundain. Bu'r oedd Thomas yn un o gyfranddalwyr gwreiddiol Cwmni Dwyrain India, bu'n Arglwydd Faer Llundain yn 1613, a chynrychiolodd y ddinas yn y Senedd yn ystod y blynyddoedd 1624 a 1626. Cadwodd gyswllt agos â boneddigion gogledd Cymru, ac yn 1595 prynodd gastell ac arglwyddiaeth ★Swydd y Waun. Yr oedd yn Biwritan ymroddedig: cyfrannodd, ynghyd â Rowland ★Heilyn, tuag at gostau cyhoeddi yr argraffiad cyntaf o'r ★Beibl a adwaenir fel *Y Beibl Bach* (1630). Gof aur oedd ei frawd Hugh, a sefydlodd Gwmni'r Afon Newydd i ddod â dŵr i Lundain, a bu'n llwyddiannus iawn wrth gloddio am blwm yng Ngheredigion. Gwnaed Hugh yn farwnig yn 1622, a pharhaodd y teitl yn y teulu nes i'r llinach ddarfod yn 1828.

Yr oedd mab Thomas, Thomas arall (1586–1667), arglwydd y Waun, yntau yn Biwritan ac yn brif gefnogwr y Senedd yng ngogledd Cymru. Penodwyd ef yn Serjeant-General dros Ogledd Cymru yn 1643, a chipiodd gastell ★Trefaldwyn. Bu'n weithgar yn diswyddo clerigwyr brenhingar. Ond dadrithiwyd ef gan ddienyddiad y Brenin a dyrchafiad Cromwell yn Amddiffynnydd, ac yr oedd yn Wrecsam yn Awst 1659 yn cyhoeddi Siarl II yn Frenin. Fe'i hetholwyd ef i Senedd y Confensiwn yn 1660. Yr oedd ei fab Thomas

(*c.*1624–63) yn amlwg yn Adferiad Siarl II, ac yn 1660 gwnaed ef yn farwnig.

Yn negawdau olaf yr ail ganrif ar bymtheg bu gan y teulu fonopoli bron ar gynrychiolaeth seneddol sir Ddinbych; enillodd Richard (1654–1716), y pedwerydd barwnig, dri ar ddeg o etholiadau'n olynol rhwng 1685 ac 1715. Yn y ddeunawfed ganrif teulu Toriaidd ★Williams Wynn o Wynnstay a gynrychiolai'r sir, ond daliodd Chwigiaid y Waun eu gafael ar y bwrdeistrefi. Pan fu farw Richard Myddleton yn ddibriod yn 1796 rhannwyd ei ystadau rhwng ei chwiorydd; aeth ystad Castell Rhuthun, a bwrcaswyd gan y teulu yn 1677, yn eiddo i deulu Cornwallis-West, disgynyddion Maria, ac aeth ystad y Waun i Charlotte a'i gŵr, Robert Biddulph. Yr oedd y teulu Myddleton-Bidduph yn amlwg ym mywyd cyhoeddus Dinbych yn y bedwaredd ganrif ar bymtheg ac y mae'r teulu yn dal i fyw yng Nghastell y Waun.

Ceir manylion pellach yn Margaret Mahler, *Chirk Castle and Chirkland* (1912), G. C. Berry, 'Sir Hugh Myddleton and the New River' yn *Nhrafodion* Anrhydeddus Gymdeithas y Cymmrodorion (1956), G. M. Griffiths, 'Chirk Castle election activities 1600–1750' yng *Nghylchgrawn* Llyfrgell Genedlaethol Cymru (cyf. XI, 1957–58); gweler hefyd Samuel Smiles, *Lives of the Engineers* (cyf. I, 1874) am hanes gyrfa Hugh Myddleton.

'Myfanwy Fychan', rhieingerdd gan John Ceiriog ★Hughes a gyfansoddwyd ar gyfer yr Eisteddfod a gynhaliwyd yn Llangollen yn 1858, ac a gyhoeddwyd gyntaf yn ei gyfrol *Oriau'r Hwyr* (1860). Gosodir y gerdd yn y bedwaredd ganrif ar ddeg, ond eto y mae'n trafod safonau moesol oes Fictoria. Y mae'r arwres rinweddol, Myfanwy Fychan, yn syrthio mewn cariad â'r bardd Hywel ab Einion. Fe'i cyfansoddwyd mewn ymgais i wrthbrofi cyhuddiadau comisiynwyr y ★Llyfrau Gleision am anfoesoldeb y Cymry; daeth yn boblogaidd iawn a bu'n fodel i'r canu serch Cymraeg am weddill y bedwaredd ganrif ar bymtheg.

Myfanwy Price, gwniadwraig sy'n '*natty as a jenny-wren*' ac y mae ★Mog Edwards yn ei chwenychu, yn ★*Under Milk Wood* (1954) gan Dylan ★Thomas.

Myfyr Morganwg, gweler DAVIES, EVAN (1801–88).

Myfyrian, plasty ym mhlwyf Llanidan, Môn, a chyrchfan amlwg i feirdd yn y sir. Cadwyd canu i bum cenhedlaeth o'r teulu, o gyfnod Rhydderch ap Dafydd (m. 1561/62), ei fab Rhisiart ap Rhydderch (m. 1576) a fu'n cynnal ★Lewis Menai yn fardd teulu, Rhydderch ap Rhisiart a oedd yn fardd-uchelwr, a Richard Prydderch (m. 1652) a'i fab Godfrey.

Mynachdy, plasty ym mhlwyf Bleddfach, Maesd., a chartref i deulu'r Prysiaid, teulu dylanwadol a fu'n estyn nawdd i feirdd yn ystod yr unfed ganrif ar bymtheg.

Canodd beirdd megis Siôn Ceri (*fl.* 1500?–30?), *Bedo Hafesb a Lewys *Dwnn glod i noddwyr megis Siamas Prys (*fl.* 1550), Siôn Prys (*fl.* 1573) a Siôn Prys arall bron ar ddiwedd y ganrif; wedyn edwinodd y nawdd.

Mynaich Gwynion, gweler SISTERSIAID.

Mynwy, Statws, gweler o dan RHANNU'R SIROEDD.

Mynydd Carn, Brwydr (1081), gweler o dan TRAHAEARN AP CARADOG (m. 1081).

Mynyddawg Mwynfawr, gweler o dan GODODDIN (*c.*600).

Mynyddog, gweler DAVIES, RICHARD (1833–77).

Mynyw, gweler TYDDEWI.

Myrddin, bardd chwedlonol a daroganwr, y cysylltir ei enw â nifer o gerddi gan gynnwys yr *'Afallennau', yr 'Hoianau', *'Cyfoesi Myrddin a Gwenddydd ei Chwaer', 'Gwasgargcrdd Fyrddin yn y bedd' a 'Peirian Faban'. Hyd y gellir canfod o'r daroganau anodd hyn, aelod o lys *Gwenddolau fab Ceido, a laddwyd ym mrwydr Arfderydd yn 573, ydoedd. Yn sgîl gweledigaeth frawychus a gafodd yn y frwydr collodd Myrddin ei bwyll a ffoi i goed Celyddon lle y trigai'n ddyn gwyllt yn dal cymdeithas â'r anifeiliaid ac mewn ofn rhag Rhydderch, gelyn Gwenddolau, mae'n debyg, ac yn ei orffwylledd cafodd ddawn broffwydo.

Ymddengys felly mai rhan o'r deunydd storïol sy'n ymwneud â brwydr Arfderydd yw'r chwedl hon y cedwir olion ohoni yn y cerddi, yn gymysg â daroganau am frwydro'r Cymry a'r Normaniaid. Y mae'r manylion am y dyn gwyllt yn dal cyswllt o ryw fath â'r chwedl am Suibhne Geilt mewn Gwyddeleg a'r cymeriad a elwir Lailoken yn hanes Sant Cyndeyrn (Kentigern), a'r rhain ynghyd â'r fersiwn pur gyflawn a rydd *Sieffre o Fynwy yn ei *Vita Merlini* sy'n ein galluogi i ail-lunio'r chwedl. Yn ôl yr esboniad hwn cymeriad storïol o'r *Hen Ogledd ydyw ac ail-leolwyd ei chwedl yng Nghymru (a lluniwyd enw newydd iddo o'r enw Caerfyrddin), yn hytrach na chynfardd hanesyddol a droes yn broffwyd, fel y gwnaeth *Taliesin. Troes hwnnw'n ddaroganwr a chysylltir y ddau yn y gerdd *'Ymddiddan Myrddin a Thaliesin' fel y gweneir yn *Vita Merlini.* Yn y gerdd Ladin honno brenin de Cymru yw Myrddin: ymgais Sieffre ydyw i gysylltu'r daroganwr traddodiadol â'r cymeriad a ddisgrifiwyd ganddo'n gynharach yn *Historia Regum Britanniae* (*c.*1136). Eithr creadigaeth Sieffre oedd y Myrddin hwnnw, mab lleian o Gaerfyrddin ac *incubus*, y 'bachgen heb dad' yr oedd angen taenellu'i waed ar sylfeini'r gaer y ceisiai *Gwrtheyrn ei chodi. Benthycwyd y manylion am y bachgen rhyfeddol o stori Ambrosius yn yr *Historia Brittonum.* Y mae'r seithfed

llyfr yn yr *Historia* sy'n ceisio egluro arwyddocâd y frwydr rhwng y ddraig goch a'r ddraig wen yn darogan holl hynt ynys Prydain hyd ddiwedd amser, ac y mae'n gyfansoddiad sy'n gyfuniad medrus o ddaroganau Cymraeg, llên apocalyptaidd, hanes a dychymyg. Myrddin, yn yr *Historia*, sy'n peri symud meini mawrion o Iwerddon i'w sefydlu'n Gôr y Cewri, ac ef hefyd sy'n hwyluso'r ffordd i *Uthr Bendragon gysgu gydag Igerna (*Eigr) yn rhith ei gŵr a thrwy hynny genhedlu *Arthur arni. Y mae Myrddin yr *Historia* mor wahanol i'r daroganwr traddodiadol fel bod yn rhaid tybio mai ei enw'n unig a wyddai Sieffre yr adeg honno, ond iddo ymgydnabod â'r chwedl ddilys erbyn llunio'r *Vita.*

Sylwodd *Gerald de Barri (Gerallt Gymro) ar y gwahaniaeth rhyngddynt a daliai fod dau Fyrddin, *Merlinus Ambrosius* Sieffre a *Merlinus Silvestris* y daroganau Cymraeg. Dengys y gerdd *'Armes Prydein' (*c.*930) fod Myrddin yn ennill bri y pryd hynny a thrwy gydol yr Oesoedd Canol ceir lliaws o gyfeiriadau ato sy'n dangos bod i'w chwedl elfennau eraill megis dull triphlyg ei farw, ei dŷ o wydr, a'i garwriaethau. Sieffre o Fynwy a greodd y ffurf Ladin *Merlinus* ar ei enw, a than y ffurf honno a thrwy ei gyswllt ag Arthur daeth yn un o brif gymeriadau'r chwedl Arthuraidd gyfandirol.

Ceir ymdriniaeth lawn ar holl gymhlethdod y chwedlau yn A. O. H. Jarman, *The Legend of Merlin* (1960), a'i benodau yn *Arthurian Literature in the Middle Ages* (gol. R. S. Loomis, 1959) a *The Arthur of the Welsh* (gol. R. Bromwich ac eraill, 1991); gweler hefyd Basil Clarke, *Life of Merlin* (1973) ac N. Tolstoy, *Quest for Merlin* (1985).

Myrddin Fardd, gweler JONES, JOHN (1836–1921).

Mytton, John (1796–1834), cymeriad hynod a aned yn Neuadd Halston, swydd Amwythig, ryw filltir neu ddwy o'r ffin â Chymru. Fe'i diarddelwyd o ysgolion Westminster a Harrow a dechreuodd ei yrfa fel swyddog gyda'r 7fed Hussars yn 1816. Cafodd ei ethol yn Aelod Seneddol dros Amwythig yn 1819; unwaith yn unig yr aeth i Dŷ'r Cyffredin, a hynny am hanner awr. Etifeddodd ystad yn Ninas Mawddwy, Meir., a gwariodd ei gyfoeth ar oferedd, megis trwy dalu crocbris i blant Dinas Mawddwy am rowlio i lawr Moel Dinas. Disgrifiwyd ei fywyd, a ddaeth i ben mewn carchar dyledwyr, gan C. J. *Apperley (Nimrod) yn 1837.

Ceir manylion pellach yn Jean Holdsworth, *Mango: The Life and Times of John Mytton of Halston* (1972).

Myth Hil y Brytaniaid, y ddadl ynglŷn â tharddiad hil y Brythoniaid. Gellir ei olrhain i *Historia Regum Brittaniae* (*c.*1136) gan *Sieffre o Fynwy. Ynddo cofnodir ei fersiwn ef o hanes Prydain o gyfnod *Brutus (11eg gan. CC), hyd at deyrnasiad *Cadwaladr (OC 7fed gan.). Yn ystod cyfnod goruchafiaeth y Rhufeiniaid ffynnodd Prydain ond collodd y Brytaniaid eu sofraniaeth dros yr Ynys gyda goresgyniad y Saeson yn y bumed ganrif. Prif

bwrpas Sieffre oedd cyflwyno i'r goresgynwyr Norman-
aidd y syniad o fawredd gogoniant y Brytaniaid, ac fe'i
cyflwynwyd fel *Mater Prydain i gylchoedd diwylliannol
y cyfandir.

Beirniadwyd dilysrwydd honiad Sieffre gan ysgol-
heigion o Saeson, megis William o Newburgh,
y croniclydd, ac yn yr unfed ganrif ar bymtheg gwrth-
odwyd fersiwn Sieffre gan yr hanesydd Eidalaidd
Polydore Vergil, a'r hynafiaethydd o Sais, William
Camden (gweler o dan BRITANNIA). Er gwaethaf y drwg
a wnaeth polisi'r *Tuduriaid i ddiwylliant Cymru bu'r
dyneiddwyr Cymreig yn ceisio cynnal hunaniaeth
genedlaethol y Cymry a'u hynafiaeth drwy amddiffyn
dehongliad Sieffre. Yn eu plith cafwyd Richard *Davies
yn ei *Epistol at y Cembru (1567), Syr John *Price yn
*Historiae Britannicae Defensio (1573) a Humphrey
*Llwyd yn *Commentarioli Descriptionis Britannicae Frag-
mentum (1572). Ymunodd ysgolheigion Seisnig â hwy
gan gredu bod dyrchafiad Harri Tudur i'r orsedd yn
1485 yn golygu bod y Saeson yn ogystal â'r Cymry yn
gyd-etifeddion i draddodiadau gorwych y Brytaniaid.
Credai John Leland (gweler o dan ITINERARY OF JOHN
LELAND), Thomas Churchyard, Michael Drayton
(gweler o dan POLYOLBION) a Percy *Enderbie, er
enghraifft, fod y genedl Frytanaidd yn hŷn ac yn fwy

enwog na hyd yn oed y Rhufeiniaid, a seiliodd yr Esgob
Richard Davieş – a fu'n gohebu â'r Archesgob Mathew
Parker ynglŷn â'r materion hyn – lawer o'i Ddamcan-
iaeth Eglwysig Brotestannaidd ar Historia Sieffre.

Yn yr ail ganrif ar bymtheg amddiffynnwyd y myth
Brytanaidd gan wŷr megis Rowland *Vaughan o Gaer-
gai yn ei ragair i Yr Ymarfer o Dduwioldeb (1630), Charles
*Edwards yn Hanes y Ffydd Ddiffuant (1667) a Robert
*Vaughan, Hengwrt, a chynhaliwyd y traddodiad yn y
ddeunawfed ganrif, yn bennaf gan Theophilus *Evans
yn Drych y Prif Oesoedd (1716) a chylch y *Morrisiaid.
Credai Lewis *Morris fod brut Sieffre'n seiliedig ar
gronicl gwreiddiol a gyfansoddwyd gan *Dysilio yn y
chweched ganrif. Yn y bedwaredd ganrif ar bymtheg
seiliodd hynafiaethwyr a haneswyr Cymru megis Iolo
Morganwg (Edward *Williams), Thomas *Price
(Carnhuanawc) a Robert John *Pryse (Gweirydd ap
Rhys) lawer o'u gwaith ar y traddodiadau Sieffreaidd.

Y mae nifer o astudiaethau beirniadol modern wedi ceisio
gosod Sieffre, a'r ddadl a achosodd, yn eu cyd-destun
hanesyddol priodol; gweler, er enghraifft, T. D. Kendrick,
British Antiquity (1950).

Myvyrian Archaiology, The (1801–07), gweler o dan
JONES, OWEN (1741–1814).

N

N ganolgoll, yr enw a roddir ar 'n' a ddigwydd ar ôl yr orffwysfa pan fydd cyfatebiaeth gytseiniol gyflawn mewn llinell o *cynghanedd ac eithrio am yr 'n'; Croes yw'r cynghanedd er gwaetha'r 'n' nas atebir.

N wreiddgoll, yr enw a roddir ar 'n' pan mai hi yw'r gytsain gyntaf oll yn hanner cyntaf *cynghanedd gytseiniol, a heb 'n' yn yr ail hanner i gyfateb â hi.

Nadolig, Y. Yn ystod yr Oesoedd Canol dechreuai gwyliau'r Nadolig ar 25 Rhagfyr, a ddethlir fel gŵyl geni Crist, a pharhaent hyd Ŵyl Ystwyll, sef 6 Ionawr. Llosgid y cyff Nadolig (y mae cyfeiriad ato mor gynnar â'r bymthegfed ganrif gan y cywyddwyr) yng nghefn y lle tân ar yr aelwyd drwy ddeuddeng niwrnod y gwyliau i wresogi'r neuadd, ac yr oedd rhin arbennig yn ei ludw a gedwid i'w gymysgu â hadyd er sicrhau cnwd da y flwyddyn ddilynol. Cyd-ddigwyddai'r gwyliau â dathliadau satwrnalia'r hen fyd a berthynai i gyfnod diwrnod byrraf y flwyddyn, a glynodd nodweddion paganaidd y satwrnalia, pan drowyd y byd arferol ar ei ben a chaniatáu anhrefn, wrth rai o arferion y gwyliau Cymreig megis y *Fari Lwyd a *gwaseila, neu'r pwyslais ar addurno tai â dail bytholwyrdd megis celyn. Wedi'r Diwygiad Protestannaidd daeth gwasanaeth boreol a *plygain a'i garolau yn un o uchafbwyntiau'r ŵyl. Fel arfer treulid noswyl y Nadolig yn gwneud cyflaith ar garreg yr aelwyd neu loddesta a chwarae cardiau (yn enwedig ymhlith y rhai uwch eu safle) cyn cychwyn yn y bore bach am y plygain. Ar ôl y gwasanaeth treulid gweddill y bore yn cymdeithasu ac yn ymweld â chyfeillion cyn mynd adref i fwyta'r ŵydd draddodiadol i ginio. Chwaraeid pêl-droed drwy'r prynhawn mewn nifer o ardaloedd. Mewn rhai rhannau o Gymru, yn enwedig Dyfed, yr oedd Dydd Calan, hyd o fewn cof, yn bwysicach o lawer na dydd Nadolig, na châi fwy o sylw, fe ddywedid, na dydd Sul cyffredin. Erbyn canol y bedwaredd ganrif ar bymtheg yr oedd elfennau'r Nadolig Fictoraidd i'w gweld yng Nghymru, megis y goeden Nadolig a'i chanhwyllau (a ymddangosodd gyntaf yn y 1840au ymhlith teuluoedd diwydianwyr Ellmynig ym Manceinion), Santa Claus (a gafodd ei enw Cymraeg 'Siôn Corn' yn yr ugeinfed ganrif) a chyfnewid cardiau Nadolig ac anrhegion. Darfu'r plygain mewn llawer ardal, weithiau oherwydd meddwdod aelodau'r gynulleidfa, neu ei symud o fore'r Nadolig – a chyfeddach y noson gynt – i sobrwydd nos Sul wedi'r ŵyl. Mewn ambell ardal ailddechreuwyd y plygain yn y

1970au ac erbyn hyn y mae weithiau'n ffynnu lle na fu'n rhan o'r Nadolig traddodiadol lleol.

Ceir manylion pellach yn Trefor M. Owen, *Welsh Folk Customs* (1959) ac *A Pocket Guide: The Customs and Traditions of Wales* (1991).

Nanheudwy, cwmwd ym *Mhowys Fadog, yn nyffryn Dyfrdwy. Rhannwyd y cwmwd yn 1282 rhwng arglwyddiaeth *Swydd y Waun ac arglwyddiaeth Brwmffild ac *Iâl.

Nannau neu **Nanney**, teulu o Nannau, Meir. Honnent eu bod yn disgyn o dywysogion *Powys trwy Ynyr Hen (*fl*. yn gynnar yn y 13eg gan.). Ar ddiwedd yr unfed ganrif ar bymtheg daliai Huw Nannau diroedd ei hynafiaid o gwmpas Dolgellau. Bu'r teulu yn noddi'r beirdd yn gyson; canodd Siôn Dafydd Laes (John *Davies) lawer iddynt ac ef a ystyrir fel yr olaf o'r beirdd teulu. Yr oedd ŵyr Huw Nannau, Hugh Nanney, yn Aelod Seneddol dros Feirionnydd o 1695 hyd ei farw yn 1701. Priododd ei ferch Janet â Robert Vaughan o Hengwrt, gorwyr yr hynafiaethydd o'r un enw. Crewyd eu mab hwy, Robert Vaughan (1723–92), o Hengwrt a Nannau, yn farwnig yn 1791. Ailadeiladwyd plasty Nannau gan ei fab ef, Robert (1768–1843), yr ail farwnig, a bu ef yn Aelod Seneddol dros Feirionnydd am bedair blynedd a deugain. Mab hwnnw, Robert arall (1803–59), y trydydd barwnig, oedd yr olaf o'i linach a rhoes ef lyfrgell Hengwrt yn ei ewyllys i W. W. E. *Wynne, Peniarth, ac aeth yr ystad o ryw un fil ar bymtheg o aceri yn y diwedd i'w berthynas, John Vaughan (1829–1900) o Ddolmelynllyn, gwrthwynebydd Toriaidd T. E. *Ellis ym Meirionnydd yn Etholiad Seneddol 1886. Ei fab ef, yr Uwch Frigadydd John Vaughan (1871–1956), oedd awdur y llyfr *My Cavalry and Sporting Memories* (1955).

Ceir manylion pellach yn E. D. Jones, 'The family of Nannau of Nannau' yng *Nghylchgrawn* Cymdeithas Hanes a Chofnodion Sir Feirionnydd (1953).

Nansi'r Nant, gweler o dan GWEN TOMOS (1894).

Nant Gwrtheyrn, pentref ar arfordir gogleddol penrhyn Llŷn; cafodd ei enw, yn ôl y traddodiad, oherwydd i *Wrtheyrn geisio lloches yno wedi iddo ffoi i Ddinas Emrys. Cysylltir y pentref â chwedl Rhys a Meinir, stori a gofnodwyd gan Lasynys (Owen Wynne *Jones), ac a gynhwyswyd yn y detholiad *Cymru Fu* (1862–64).

Dywedir i Feinir, ar fore ei phriodas, herio teulu Rhys (yn ôl yr arfer lleol, gweler o dan Pwnco) trwy guddio mewn ceubren. Methodd y gwahoddedigion â dod o hyd iddi ac fe'i daliwyd yn ei chuddfan. Flynyddoedd wedyn trawyd y goeden gan fellten a deuwyd o hyd i'w hysgerbwd a'r ffrog briodas yn dal amdani. Y mae'r chwedl yn destun baled gan Cynan (Albert *Evans-Jones), sef 'Baled y Ceubren Crin'. Gyda dirywiad y gwaith chwarel gadawodd y trigolion Nant Gwrtheyrn yn y 1950au ond fe'i hadferwyd yn y 1970au yn ganolfan dysgu Cymraeg i oedolion.

Ceir manylion pellach yn Eileen M. Webb, *This Valley Was Ours* (1997).

Nant Teyrnon, gweler LLANTARNAM.

Nanteos, plasty ger Aberystwyth, Cer., a adeiladwyd yn y ddeunawfed ganrif gan deulu'r Poweliaid, sy'n enwog oherwydd ei gysylltiadau â Chwpan Nanteos. Yn ôl y chwedl daeth Joseff o Arimathea â'r cwpan o Balestina i Ynys Wydrin (S. *Glastonbury*), cludwyd ef oddi yno i *Ystrad-fflur ac yna i Nanteos. Credir i'r cwpan hwn fod â'r gallu i iacháu, ond o'i orddefnyddio bu'n rhaid ei atgyfnerthu ag ymyl arian, a chollwyd y rhin. Hoffter George *Powell, aelod o'r teulu, o waith Wagner sy'n gyfrifol, mae'n debyg, am y traddodiad fod Wagner wedi aros yn Nanteos ac iddo gael ei ysbrydoli gan y cwpan i ddechrau ar ei opera *Parsifal*. Fodd bynnag, nid oes unrhyw dystiolaeth i Wagner erioed fod yn Nanteos, ac yr oedd wedi cynllunio stori'r opera ryw ddeng mlynedd cyn ei ymweliad â Phrydain yn 1855.

Nantlais, gweler WILLIAMS, WILLIAM NANTLAIS (1874–1959).

Nash, Richard (**Beau Nash**; 1674–1761), '*the King of Bath*'. Fe'i ganed yn Abertawe i rieni a oedd yn hanu o sir Benfro; yr oedd ei fam yn nith i John *Poyer. Addysgwyd ef yn Ysgol Ramadeg y Frenhines Elisabeth, Caerfyrddin, a Choleg Iesu, Rhydychen, ond ni raddiodd yno. Bu yn y fyddin (a oedd yn rhy ddrud a llafurus iddo), wedyn troes at y gyfraith ac aeth yn fyfyriwr yn y Deml Fewnol yn 1693. Ni fu'n gweithio'n rheolaidd erioed ond llwyddodd mewn dirgel ffyrdd i fyw yn fras ar ychydig o arian. Yn 1695 trefnodd basiant yn y Deml Ganol ac o ganlyniad i hyn cynigiodd y Brenin William ei urddo'n farchog, ond gwrthododd oherwydd ei fod yn rhy dlawd i gynnal y fath deitl. Wedi hynny enillodd ei fywoliaeth trwy hapchwarae'n drwm.

Yn 1705 fe'i denwyd i Gaerfaddon ac yno lluniodd gerddorfa a rhentu ystafelloedd ymgynnull ac yn 1706 casglodd £18,000 trwy danysgrifiadau ar gyfer gwella'r ffyrdd yn y cyffiniau. Lluniodd reolau yn gwahardd gwisgo cleddyfau, ymladd, gwisgo'n anffurfiol, ysmygu a thwyllo cludwyr cadeiriau a pherchenogion gwestai.

Llwyddodd i orfodi'r rheolau hyn ar wreng a bonedd. Yn 1738 croesawodd Dywysog Cymru i Gaerfaddon, a chodwyd obelisg ag arysgrifiad arno gan y bardd Alexander Pope i gofnodi'r ymweliad. Gyda dyfodiad cyfreithiau mwy llym ar hapchwarae yn 1740 ac 1745 collodd gryn dipyn o'i incwm ac yn raddol edwinodd ei ddylanwad. Pan oedd yn ddwy a phedwar ugain oed rhoddwyd pensiwn o ddeg punt y mis iddo gan Gyngor y Dref. Yr oedd yn ŵr mawr, afrosgo ac anhygar ei olwg, eto i gyd yr oedd ei allu i ymgomio yr un mor wych a nodedig â'i ddillad, ac yr oedd ei falchder gymaint â'i haelioni.

NASH-WILLIAMS, VICTOR ERLE (1897–1955), archaeolegydd ac awdur. Fe'i ganed yn Fleur-de-Lys, Myn., a'i addysgu yng Ngholeg y Brifysgol, Caerdydd. Fe'i penodwyd yn Geidwad Cynorthwyol Archaeoleg yn *Amgueddfa Genedlaethol Cymru, Caerdydd, yn 1924, a daeth yn Geidwad ddwy flynedd yn ddiweddarach. Trefnodd llawer o gloddfeydd yng Nghymru ar safleoedd Oes yr Haearn, Rhufeinig a chanoloesol. Yn yr Ail Ryfel Byd gwasanaethodd yn y fyddin ac yn Swyddfa Cabinet y Rhyfel. Yn ogystal â'i gyfraniadau niferus i gofnodion dysgedig megis *Archaeologia Cambrensis*, cylchgrawn a olygodd i'r *Cambrian Archaeological Association* o 1950 hyd 1955, ysgrifennodd lawlyfr, *The Roman Fortress at Caerleon* (1940), a dau waith pwysig, *The Early Christian Monuments of Wales* (1950) a *The Roman Frontier in Wales* (1954).

National Winner (1971), nofel gan Emyr *Humphreys. Hon oedd y gyntaf i ymddangos o bedwarawd o nofelau (seithawd yn ddiweddarach) sy'n ceisio archwilio, dros gyfnod o sawl cenhedlaeth, y ffyrdd y trosglwyddir 'daioni' (neu gydwybod), mewn cymdeithas sydd yn coleddu gwerthoedd traddodiadol fel rhai Cymru. O safbwynt dilyniant storïol y gyfres gyflawn, hon yw'r nofel olaf ond un. Darlunia blant y diweddar John Cilydd More, bardd, Cenedlaetholwr a gwrywgydiwr, a'i weddw, Amy, yr Arglwyddes Brangor bellach, sydd wedi troi'n ffroenuchel a Seisnigaidd. Y mae'r plant eu hunain yn amrywio: y mae'r ieuangaf, Peredur, yn ddarlithydd mewn prifysgol yn Lloegr ac yn bererin diamcan yn chwilio am hanfod ei dad marw; nid yw'r hynaf, Bedwyr, sy'n bensaer llwyddiannus, yn ymboeni â gwerthoedd moesol, ond ei wraig ef, Siân, yw'r un sy'n ailgyflwyno i'r teulu y daioni hanfodol y mae'r awdur yn ceisio'i ddiffinio; y mae Gwydion yn gynhyrchydd ffilmiau ac yn aderyn o'r un lliw â Roger Allendale yn *Hear and Forgive*. Felly y mae cydwybod John Cilydd yn cael ei gwanychu a'i gwasgaru ymhlith ei blant, er ei bod yn bosibl y bydd un ohonynt yn canfod y ffordd yn ôl trwy ei ymdrechion ef ei hun. Awgryma'r nofel fod y Gymru gyfoes bellach wedi anghofio'r egwyddor o gyfrifoldeb a chydymboeni, a fu gynt mor gryf.

Nationalist, The, cylchgrawn a gyhoeddwyd rhwng 1907 ac 1912, dan olygyddiaeth Thomas Marchant *Williams. Yr oedd yn gylchgrawn bywiog a miniog ar brydiau, ac annheg yn ei sylwadau ar rai o Gymry amlycaf y dydd. Ymatebai'n chwyrn pan ymosodid ar rai o hoff sefydliadau'r golygydd, yn enwedig *Gorsedd Beirdd Ynys Prydain, a bu'n llawdrwm iawn ar John *Morris-Jones ac O. M. *Edwards. '*Machine-made poetry, on hand-made paper*', oedd sylw T. Marchant Williams ar *Caniadau* (1907) John Morris-Jones. Cyhoeddodd nifer o erthyglau sylweddol gan lenorion megis W. J. *Gruffydd, T. Gwynn *Jones, J. Gwenogvryn *Evans a John Glyn *Davies, yn ogystal â chyfieithiadau o farddoniaeth Gymraeg gan H. Idris *Bell.

Ceir manylion pellach mewn erthygl gan y golygydd yn *Ysgrifau Beirniadol IX* (gol. J. E. Caerwyn Williams, 1976).

Naw Gwrach Caerloyw, gweler o dan MAM-DDUWIESAU.

Naw Helwriaeth, Y, traethawd a briodolir weithiau i *Ruffudd ap Cynan ond dengys ei gynnwys ei fod lawer yn ddiweddarach na chyfnod hwnnw. Ceir pedwar copi llawysgrif o'r testun; y mae'r cynharaf (Llsgr. Peniarth 155, 1561–62), yn llaw Richard *Philipps o Bictwn. Ymranna'r testun yn dair rhan: rhestr o'r Naw Helwriaeth, naw anifail yr helfa a'r tri math o hela; rhestr o ddefodau'r helfa; a rhestr o'r tri pheth sydd yn bywiocáu cŵn hela. Rhoddir dyddiad pendant i'r testun gan y ffaith fod y drydedd restr yn gyfieithiad o ran o *The Boke of St. Albans* (1486), llawlyfr hela Saesneg; y mae'r rhan gyntaf a'r ail yn seiliedig ar reolau a geir yn y llyfrau cyfraith Cymraeg. Cyplysir y testun yn aml â thestun o *Pedair Camp ar Hugain*, ac adlewyrchir ei natur Gymreig yn y drefn driawdol. Y mae'n debyg mai ffasiwn o gynhyrchu llyfrau hela a oedd yn ei grym yn Lloegr ar ddiwedd yr Oesoedd Canol a symbylodd ryw Gymro dienw i gyfansoddi'r traethawd.

Ceir manylion pellach yn yr erthyglau gan Iorwerth C. Peate a William Linnard ym *Mwletin* y Bwrdd Gwybodau Celtaidd (1933 ac 1984).

Nedw (1922), casgliad o storïau byrion gan E. Tegla *Davies. Er mai bachgen oddeutu'r un oedran ag arwr *Hunangofiant Tomi* (1912) yw Nedw, y mae'n fwy direidus. Nedw ei hun, mewn cynghrair â'i gefnder Wmffre, sy'n cynllunio'r anturiaethau comig. Y stori fwyaf adnabyddus yw 'Gwneud Zebras', hanes y bechgyn yn paentio mul o'r enw Spargo, ond y mae amryw o'r lleill yr un mor ddyfeisgar ddigrif. Nedw ei hun sy'n adrodd y storïau yn nhafodiaith *Iâl, ac y mae'r ddeialog yn feistraidd.

Y mae ymdriniaeth ag E. Tegla Davies, 'Llenor y Plant', gan Dyddgu Owen yn *Edward Tegla Davies, Llenor a Phroffwyd* (gol. Islwyn Ffowc Elis, 1956); gweler hefyd ysgrif gan yr un awdur yn *Dewiniaid Difyr* (gol. Mairwen a Gwynn Jones, 1983).

Nedd, mynachlog ym Morgannwg a sefydlwyd yn 1130, yn dŷ o Urdd Savigny trwy nawdd Richard de Granville a roes iddi dir rhwng afon Nedd ac afon Tawe. Daeth yn dŷ yn perthyn i Urdd y *Sistersiaid yn 1147. Y mae un o'r llawysgrifau a gedwid yn Nedd gynt, testun o'r drydedd ganrif ar ddeg neu'r bedwaredd ar ddeg o'r *Digestum Novum*, yn awr yn Llyfrgell Eglwys Gadeiriol Henffordd. Tua 1300 copïwyd testun Lladin o flwydd-nodau Cymru (yr *Annales Cambriae*) ar dudalennau sbâr o destun o'r *Breviate of Domesday* yn Nedd, ac y mae'n bosibl bod testunau hanesyddol eraill wedi cael eu hysgrifennu yno tua'r un adeg. Yma, yn y bymthegfed ganrif, yr ysgrifennwyd *Cofrestr Nedd* a aeth ar goll tua 1725. Hwyrach fod y llawysgrif lenyddol *Y *Cwta Cyfarwydd*, sy'n cynnwys amrywiaeth o farddoniaeth a rhyddiaith, yn perthyn i *scriptorium* Nedd hefyd. Dywedodd Rhys Amheurug (Rhys *Meurig), a ysgrifennai yn yr unfed ganrif ar bymtheg, iddo gael defnydd yn ymwneud â goresgyniad Morgannwg gan y Normaniaid o '*Records of the ayncient Abbey of Neth*'. Tua diwedd y bymthegfed ganrif molodd *Llywelyn Goch y Dant yntau'r abad, Siôn, a cheir awdl fawl orchestol gan Lewys Morgannwg (*Llywelyn ap Rhisiart), i'r abad olaf, Lleision Tomas.

Ceir manylion pellach yn Glanmor Williams, *The Welsh Church from Conquest to Reformation* (1962), yn y bennod gan yr awdur yn *Neath and District, a Symposium* (gol. Elis Jenkins, 1974), ac yn F. G. Cowley, *The Monastic Order in South Wales 1066–1349* (1984).

'Nefoedd, Y', cân gysegredig gan T. Osborne Roberts (1879–1948), sef gosodiad o eiriau gan John *Roberts (Ieuan Gwyllt). Fe'i cyhoeddwyd yn wreiddiol gan Leila Megane, gwraig y cyfansoddwr, o dan y ffugenw Gerald Orme, a'i pherfformiadau hi a anfarwolodd y gân. Dywedir i Ieuan Gwyllt gyfansoddi'r geiriau o dan straen emosiynol tra oedd ei frawd ieuaf yn marw o'r darfodedigaeth.

Neidwyr, yr enw a roddwyd ar rai o ddychweledigion y Diwygiad Methodistaidd oherwydd eu harferiad o fynegi eu gorfoledd ysbrydol trwy neidio a dawnsio. Yn y diwygiad yn Llangeitho, Cer., yn 1762 y daethant i'r amlwg gyntaf ond cafwyd golygfeydd tebyg cyn hynny. Tynnodd yr arferiad nifer o bobl o bell i'r cyfarfodydd er mwyn gweld y Neidwyr, a pharhaodd, er yr holl watwar oedd arno, i'r bedwaredd ganrif ar bymtheg. Ni fu i'r arweinwyr cynnar geisio atal yr arferiad a chyhoeddodd William *Williams (Pantycelyn) ddau lyfryn i'w amddiffyn (1762, 1763).

NEIRIN, gweler ANEIRIN (*fl.* rhan olaf y 6ed gan.).

Neithior, arferiad gwerinol yn gysylltiedig â gwledd briodas. Yr oedd arwyddocâd llenyddol i'r neithior ymhlith teuluoedd bonheddig yn yr unfed ganrif ar bymtheg fel man cyfarfod i'r beirdd, lle yr urddid disgyblion y Penceirddiaid â'u graddau. Yn neithior Ieuan ap Dafydd ab Ithel Fychan o Laneurgain, Ffl., y cafodd *Tudur Aled ei radd gyntaf, ac yn neithior Huw Lewis, Tre'rdelyn, Maesd., yr enillodd *Gruffudd Hiraethog ei radd yntau yn 1546. Erbyn y ddeunawfed ganrif yr oedd bri ar y neithior ymhlith y bobl gyffredin a rhoddai gyfle i'r cymdogaeth gynorthwyo'r pâr ifanc i ddechrau byw. Anfonid Gwahoddwr o gwmpas ardal i gyhoeddi'r briodas ac i wahodd cynifer o bobl ag y gellid i'r neithior. Gwisgai ffedog wen, blodau a rhubanau, cariai ffon ac adroddai benillion a gyfansoddwyd gan feirdd lleol. Disgwylid i'r holl westeion 'dalu'r pwyth', sef talu'n ôl swm yn cyfateb i'r hyn a dderbyniasant hwy oddi wrth y pâr ifanc a'u teuluoedd, adeg eu priodas hwythau. Yn Nyfed ac yn rhannau gorllewinol Morgannwg a Brycheiniog y ffynnai'r arfer ac ymgorfforir disgrifiad byw ohono yng nghyfrol T. J. Llewelyn *Prichard, The Adventures and Vagaries of Twm Shon Catti (1828).

NENNIUS (fl. 9fed gan.), enw traddodiadol awdur yr *Historia Brittonum*, casgliad o nodiadau byr yn cyfeirio at hanes cynnar Prydain hyd at ddiwedd y seithfed ganrif. Dywed 'Nennius' ei fod yn fyfyriwr i'r Esgob Elbodugus (*Elfodd) o Wynedd (m. 809). Ond ni ddarganfyddir yn nhestun cynharaf yr *Historia* yn Llawysgrif Harleian 3859, nac yn yr un o'r llawysgrifau sy'n tarddu o honno, naill ai enw ei awdur neu'r rhagair sy'n priodoli i 'Nennius' awduriaeth yr *Historia*. Y mae'r *Historia* yn cynnwys memoranda hanesyddol gwerthfawr, ac y mae o bwys am ei dystiolaeth ynglŷn â datblygiad y traddodiad am *Arthur, ac am ei nodyn amhrisiadwy sy'n enwi'r beirdd Cymraeg cynharaf. Ond ni thystiolaetha yn bendant i ŵr o'r enw 'Nennius' fel cyfansoddwr testun gwreiddiol yr *Historia* fel y ceir ef yn Llawysgrif Harleian 3859, am fod y rhagair sy'n datgan awduriaeth y testun yn absennol o hwnnw, ac nid oes unrhyw dystiolaeth yn priodoli'r gwaith i 'Nennius' yn gynharach na'r ddeuddegfed ganrif, sef llawysgrif Caergrawnt CCCC 139. Mewn llawysgrif wahanol a ysgrifennwyd yn 817 ac sydd yn awr yn Llyfrgell Bodley, dywedir i ryw ŵr o'r enw 'Nemnivus' ddyfeisio casgliad o arwyddion i ddynodi llythyrau'r wyddor Gymraeg, am fod rhyw Sais yn ei watwar gan ddweud nad oedd gwyddor o gwbl yn perthyn i'r Cymry. Awgrymwyd gan Dumville i ryw atgof am yr ysgolhaig cynnar ac enwog hwnnw gyfrif am y gred ddiweddarach iddo gyfansoddi'r *Historia Brittonum*.
Am fanylion pellach gweler yr erthyglau gan D. N. Dumville, ' 'Nennius' and the Historia Brittonum' yn Studia Celtica (cyf. x–xi, 1975–76) a 'The Corpus Christi 'Nennius'' ym Mwletin y Bwrdd Gwybodau Celtaidd (cyf. xxv, 1974); ar 'yr Wyddor Gymraeg' gweler Ifor Williams, 'Notes on Nennius', ym Mwletin y Bwrdd Gwybodau Celtaidd (cyf. vii, 1930).

Neo-Glasuriaeth, term a ddefnyddir weithiau i ddiffinio'n fanylach fudiad clasurol y ddeunawfed ganrif. Gweler CLASURIAETH.

NEPEAN, EDITH (c.1890–1960), nofelydd rhamantaidd, a aned yn Llandudno, Caern., ond a symudodd wedyn i fyw i Lundain lle, trwy ei phriodas â Molyneux Nepean, y daeth yn aelod o fonedd Lloegr. Gwyneth of the Welsh Hills (1917) oedd y gyntaf o'i phymtheg nofel ar hugain, ac ymhlith y lleill gellir enwi Petals in the Wind (1922), Cambria's Fair Daughter (1923) a Sweetheart of the Valley (1927). Bywyd yng Nghymru a thraddodiad y sipsiwn oedd cefndir ei llyfrau, er na thriniwyd y naill na'r llall ganddi ag unrhyw ddyfnder, ac y mae i gynllun a chymeriadaeth ei storïau y naws felodramatig a ddisgwylir yn nofelau'r cyfnod. Er iddi gyhuddo Caradoc Evans (David *Evans) o'i henllibio yn Wasps (1933), dengys ei nofel gyntaf ddylanwad ei weithiau ef. Ond yn eu llyfrau diweddarach ceir elfen o ffantasi ramantus, gyda chefndir tai-bonedd ac arwyr ac arwresau artistig.
Y mae sawl un o nofelau Edith Nepean wedi eu trosi i'r Gymraeg gan gynnwys Petals in the Wind dan y teitl Petalau yn y Gwynt (1971) gan Dilys Lewis Roberts a Gwyneth of the Welsh Hills dan y teitl Gwyneth (1975) gan Megan Morgan.

Nest (fl. 1100–1120), merch Rhys ap Tewdwr, brenin olaf *Deheubarth. Yr oedd yn enwog am ei harddwch. Priodwyd hi â Gerallt o Windsor tua'r flwyddyn 1100 ac ymhlith eu disgynyddion hwy yr oedd *Gerald de Barri (Gerallt Gymro) a nifer o farchogion a aeth gyda Strongbow i Iwerddon. Fe'i hadwaenir fel 'Helen Cymru' oherwydd iddi gael ei chipio gan *Owain ap Cadwgan yn 1109. Tybir mai yng nghastell *Cilgerran y digwyddodd hyn, a gall fod Nest wedi cynllwynio i ddianc gydag Owain. Bu ganddi nifer o gariadon, yn eu plith Harri I, a dywedir iddi esgor ar o leiaf ddau ar bymtheg o blant.

New Welsh Review, The, cylchgrawn a sefydlwyd yn 1988, wedi diflaniad The *Anglo-Welsh Review, drwy gydweithrediad Adran Saesneg yr *Academi Gymreig a *Chymdeithas Llên Saesneg Cymru. Am y tair blynedd cyntaf golygwyd y cylchgrawn gan Belinda *Humfrey yng Ngholeg Prifysgol Dewi Sant, Llanbedr Pont Steffan, a buan y cydnabuwyd ansawdd arbennig ei ddiwyg a'i ddylluniad, yn ogystal â safon uchel y brasddarluniau o awduron, yr ysgrifau beirniadol a'r adolygiadau swmpus a gafwyd ynddo. Hefyd, rhoes y golygydd lwyfan gwerthfawr i awduron creadigol, boed hwy'n adnabyddus neu beidio, a pharhawyd y polisi hwn gan ei dau olynydd, Michael *Parnell (1991) a Robin Reeves (1992), ar ôl i swyddfa'r cylchgrawn symud i Gaerdydd. Bwriad Michael Parnell oedd ehangu apêl y Review, a chynyddu nifer y darllenwyr, drwy gynnig defnydd mwy amrywiol a fyddai'n rhychwantu diddordebau eang. Ysywaeth, ni bu ef fyw ond ychydig fisoedd ar ôl ymgymryd â'r swydd, ond trwy i Robin Reeves gyrchu at yr un nod llwyddwyd i ymestyn gorwelion y cylch-grawn ac i gynyddu ei gylchrediad heb ostwng safon y trafod. Ar yr un pryd, y mae'r gyfrol flynyddol *Welsh Writing in English: a Yearbook of Critical Essays*, a ymddangosodd gyntaf yn 1995, bellach yn sicrhau bod gan ysgolheigion ac arbenigwyr gyfle rheolaidd i gyhoeddi ysgrifau mwy academaidd eu naws.

Newyddiaduraeth. Yr ymgais gyntaf i gyhoeddi cyfnodolyn Cymraeg oedd *Tlysau yr Hen Oesoedd* gan Lewis *Morris yn 1735; un rhifyn ohono yn unig a gafwyd. Ni bu dim wedyn hyd 1770 pan gyhoeddwyd *Trysorfa Gwybodaeth* gan Peter Williams. Yn 1793 cafwyd *Y *Cylchgrawn Cynmraeg* gan Morgan John *Rhys, a pharhaodd am bum rhifyn. Yn 1795, ymddangosodd *Y Drysorfa Gymysgedig* a *Trysorfa Ysbrydol* yn 1799. Crefyddol oedd natur y rhan fwyaf o'r cyhoeddiadau hyn a'u tebyg ac yr oeddynt yn dangos dylanwad cylchgronau Saesneg y dydd, yn arbennig felly cyhoeddiadau'r *Religious Tract Society*. Dylanwad felly a welir ar y ddau gylchgrawn cyntaf a gafwyd i blant, sef *Yr Addysgydd* (1826) a *Pethau Newydd a Hen* (1826–29).

Fodd bynnag, nid tan 1814 y gwelwyd papur newydd Cymraeg yn ymddangos: sefydlwyd a golygwyd *Seren Gomer* (1 Ion. 1814–9 Awst 1815) gan Joseph *Harris (Gomer) o Abertawe. Dywedai Harris fod gan y papur gylchrediad wythnosol o ddwy fil ond oherwydd toll stamp y llywodraeth a thollau eraill ar bapur a hysbysebu ni chyhoeddwyd mwy na phump a phedwar ugain o rifynnau. Nid hwn oedd newyddiadur hynaf Cymru. Yr oedd ambell un Saesneg ar y maes cyn 1814 megis *The *Cambrian* (1804), *The North Wales Chronicle* (1807) a *The *Carmarthen Journal* (1810). Trwy waith yr *ysgolion Sul yr oedd cyfartaledd uchel o Gymry Cymraeg ddechrau a chanol y bedwaredd ganrif ar bymtheg yn medru darllen, a phan ddiddymwyd trethi'r llywodraeth rhwng 1853 ac 1861 bu cynnydd mawr yn y nifer o gylchgronau Cymraeg. Byrhoedlog felly fu cyhoeddiadau newyddiadurol a chylchgronau rhan gyntaf y bedwaredd ganrif ar bymtheg, serch bod amrywiaeth niferus ohonynt. Yn ei *Hanes Llenyddiaeth Gymreig: 1650–1850* (1893) dangosodd Charles *Ashton y cyhoeddwyd pymtheg chwarterolyn, dau ddaufisolyn, cant a saith misolyn, un ar ddeg pythefnosolyn a phedwar wythnosolyn yn y Gymraeg rhwng 1735 ac 1850.

Perthyn i ail hanner y bedwaredd ganrif ar bymtheg a hanner cyntaf yr ugeinfed ganrif, felly, y mae newyddiaduron Cymraeg. Uchafbwynt y cyfnod hwn oedd rhwng 1880 ac 1914. Rhwng 1880 ac 1905 cyhoeddwyd deugain o bapurau wythnosol Cymraeg, yn enwadol, lleol a chenedlaethol. Papurau lleol oedd y mwyafrif, ond yr oedd amryw o rai eraill yn apelio at gylch mwy eang. Rhai felly oedd *Y Cymro* (1890–1907, Lerpwl), *Y *Brython* (1906–39, Lerpwl), *Y Celt* (1878–1906, Y Bala), *Tarian y Gweithiwr* (1875–1914, Aberdâr) a'r *Genedl Gymreig* (1879–1937, Caernarfon). Dosbarth arall o

newyddiaduron wythnosol oedd rhai a fwriadwyd o'r cychwyn i fod yn gyffredinol neu genedlaethol eu hapêl fel *Yr *Amserau* (1843–59, Lerpwl), *Baner Cymru* (1857 ac wedyn, o 1859 ymlaen, *Baner ac Amserau Cymru*), *Yr *Amseroedd* (1882–83) a *Papur Pawb* (1893–1955). At y rhai hyn gellir ychwanegu'r papurau enwadol wythnosol fel *Y *Gwyliedydd* (1877–1908), *Y Bedyddiwr Cymreig* (1885–86), *Y Cymro* (1914–31, Dolgellau), *Y *Goleuad* (1869–), *Y Llan a'r Dywysogaeth* (1884–), *Seren Cymru* (1851–), *Y *Tyst* (1867–) ac *Ysbryd yr Oes* (1904–07).

Canlyniad anorfod yr holl weithgarwch newyddiadurol hwn o 1860 ymlaen fu gwneud newyddiadura yn alwedigaeth Gymraeg broffesiynol. Rhaid oedd cael golygyddion a gohebwyr wrth eu swydd a rhaid oedd wrth weisg. Y prif ganolfannau cyhoeddi yn ystod y cyfnod oedd Caerfyrddin, Caernarfon, Lerpwl, Aberdâr, Dinbych, Aberystwyth a Merthyr Tudful. Yn America, cyhoeddid *Y *Drych* (o 1851) ac ym *Mhatagonia, *Y *Drafod* (1891). Rhai o brif newyddiadurwyr y cyfnod oedd Lewis W. *Lewis (Llew Llwyfo), John *Griffith (Y Gohebydd), Thomas *Gee, William *Rees (Gwilym Hiraethog), Beriah Gwynfe *Evans, Samuel *Roberts, David *Owen (Brutus), David *Rees, Isaac *Foulkes (Llyfrbryf) a Daniel *Rees. Yr oedd cynnwys llenyddol y wasg Gymraeg yn ystod y bedwaredd ganrif ar bymtheg yn sylweddol: cyhoeddai nifer o bapurau 'nofelau' ar ffurf cyfres ac yr oedd gan y rhan fwyaf ohonynt golofn farddonol.

Bu'r Rhyfel Byd Cyntaf yn drobwynt yn hanes newyddiaduraeth Gymraeg. Diflannodd nifer o newyddiaduron ac unwyd rhai eraill o dan ryw deitl newydd, ac ar yr un pryd dechreuodd y papurau Saesneg dreiddio i ardaloedd cwbl Gymraeg. Serch hynny, cychwynnwyd dau bapur wythnosol Cymraeg yn 1932, sef *Y *Cymro* yng Nghroesoswallt ac *Y Cyfnod*, wythnosolyn lleol a gyhoeddwyd yn Y Bala. Golygyddion a gohebwyr amlwg eraill o'r cyfnod hwn oedd E. Morgan *Humphreys, T. Gwynn *Jones, John Dyfnallt *Owen, R. J. *Rowlands (Meuryn) ac E. Prosser *Rhys. Y mae'r traddodiad hwn wedi parhau ar ôl yr Ail Ryfel Byd, gan ddenu llawer o lenorion i'w cynnwys Saunders *Lewis, Caradog *Prichard, Gwilym R. *Jones, John Roberts *Williams a T. Glynne *Davies. Yn y cyfnod wedi'r rhyfel gwelwyd dirywiad cyson yn y wasg fasnachol Gymraeg ac erbyn heddiw *Y Cymro* yn unig sy'n parhau ar ffurf papur newyddion. Daeth ymgais ddewr i lansio papur Sul poblogaidd o'r enw *Sulyn i ben ym mis Ionawr 1983 ar ôl pedwar rhifyn ar ddeg yn unig. Aeth Dylan Iorwerth, ei olygydd, ymlaen i sefydlu wythnosolyn diwylliannol poblogaidd gyda pheth cynnwys newyddion, sef *Golwg, a wnaed yn bosibl trwy nawdd gan *Gyngor Celfyddydau Cymru a sefydliadau eraill. Yn wir, yn sgil nawdd cynyddol gan y Cyngor i gyfnodolion llenyddol/diwylliannol yn y Gymraeg a'r Saesneg yn ystod y 1970au a'r 1980au bu modd yn y pen draw talu cyflogau cymedrol i olygyddion mewn rhai achosion – *Y Faner* (*Baner ac Amserau Cymru*), *Barn*, *Planet*, The *New Welsh Review*, *Golwg* – a thrwy hynny cadwyd elfen o broffesiynoldeb yn fyw. Yn yr un cyfnod gwelwyd ffenomen newydd ryfeddol yn Gymraeg, sef y *papur bro*, papur lleol iawn yn gwasanaethu un neu ragor o bentrefi neu drefi bychain, ac yn cael ei ysgrifennu, ei ddosbarthu ac yn aml ei gysodi gan wirfoddolwyr. Daeth deunaw ar hugain o'r papurau hyn i fodolaeth rhwng 1973 ac 1978 ac erbyn y 1990au y mae ymhell dros hanner cant yn bodoli a chyfanswm eu gwerthiant dros 70,000 o gopïau, sydd dros ddengwaith y nifer a werthir o unrhyw bapur neu gylchgrawn a gynhyrchir yn broffesiynol yn y Gymraeg.

Ac eithrio *Yr Herald Cymraeg* yng ngogledd Cymru, y mae cynnwys wythnosolion masnachol lleol Cymru bron yn gwbl Saesneg. Dechreuodd nifer ohonynt fel taflenni hysbysebu a dim ond yn raddol y daethant yn bapurau lleol. Saesneg hefyd fu iaith yr unig bapurau *dyddiol* i wasanaethu Cymru, a phapurau nos lleol fu'r mwyafrif ohonynt. Er bod y *Western Mail*, a'i bencadlys yng Nghaerdydd, wedi honni bod yn 'bapur cenedlaethol Cymru', yn olygyddol ac o ran adolygu llyfrau dim ond yn ysbeidiol yr haeddodd y teitl hwnnw, ac o ran gwerthiant nis haeddodd erioed. Un rheswm am hynny yw bod gan y *Liverpool Daily Post* gylchrediad eang yng ngogledd Cymru ers blynyddoedd. Ond o 1996 bu'r ddau bapur yn eiddo i'r un cwmni ac, er nad oes arwydd o gydweithrediad hyd yn hyn, gall pethau newid pan sefydlir Cynulliad i Gymru yn 1999. Yn y cyfamser, y mae'r papurau newydd a newyddiaduraeth brint ymhell ar ôl newyddiaduraeth radio a theledu o ran adnoddau ac amseroldeb eu cynnwys. Gweler hefyd ARGRAFFU A CHYHOEDDI a RADIO A THELEDU.

Ceir manylion pellach yn E. Morgan Humphreys, *Y Wasg Gymraeg* (1945), J. Ellis Williams (gol.), *Berw Bywyd* (1968), a'r penodau gan D. Tecwyn Lloyd yn *The Welsh Language Today* (gol. Meic Stephens, 1973) ac yn *Traddodiad Rhyddiaith yr Ugeinfed Ganrif* (gol. Geraint Bowen, 1976). Gweler hefyd Aled Jones, *Press, Politics and Society: a History of Journalism in Wales* (1993) a Kevin Williams, *Shadows and Substance* yn y gyfres *Changing Wales* (1997).

Nia Ben Aur, gweler o dan TIR NA N-ÓG (1916).

Nicander, gweler WILLIAMS, MORRIS (1809–74).

Nichol, William (m. 1558), un o'r tri merthyr Protestannaidd a losgwyd yng Nghymru yn ystod teyrnasiad Mari Tudur; trigai yn Hwlffordd, Penf., ac yno y bu farw. Y ddau ferthyr arall o Gymru oedd Robert *Ferrar a Rawlins *White.

NICHOLAS, JAMES (1928–), bardd, a brodor o Dyddewi, Penf. Bu'n athro mathemateg yn Y Bala ac ym Mhenfro cyn ei benodi'n brifathro Ysgol y Preselau, Crymych, yn 1963; ymunodd ag Arolygwyr Ysgolion

ei Mawrhydi yn 1975. Cyhoeddodd ddwy gyfrol o farddoniaeth, *Olwynion* (1967) a *Cerddi'r Llanw* (1969), ynghyd ag astudiaeth o waith ei gyfaill Waldo *Williams yn y gyfres *Writers of Wales* (1975); golygodd y gyfrol deyrnged *Waldo* (1977). Yn 1979 cyhoeddodd ddarlith ar y bardd T. E. *Nicholas dan y teitl *Pan Oeddwn Grwt Diniwed yn y Wlad*. Enillodd y *Gadair yn yr Eisteddfod Genedlaethol yn 1969 a bu'n Archdderwydd o 1981 hyd 1984.

Nicholas, Jemima (m. 1832), arwres, a fu'n gyfrwng, yn ôl y traddodiad, i orchfygu'r Ffrancwyr ym Mhen Caer, ger Abergwaun, Penf., lle y bu'r digwyddiad a elwir yn 'Oresgyniad Olaf Prydain' yn 1797. Oherwydd gwyntoedd cryfion bu'n rhaid i'r llu ymgyrchol Ffrengig o dan arweiniad Americanwr o'r enw Tate, a anfonasid i fyny Môr Hafren gyda'r bwriad o ddechrau gwrthryfel ymhlith gwerin Lloegr, lanio ar arfordir Cymru. Ar ôl rhai dyddiau o herwhela, ildiasant i Feirchfilwyr Castell Martin dan yr Arglwydd Cawdor. Yn ôl y gred gyffredinol trechwyd hwy oherwydd i'r Ffrancwyr feddwl mai milwyr oedd nifer o wragedd lleol, dan arweiniad Jemima Nicholas, a wisgai beisiau cochion a hetiau duon tal. Dywedir hefyd i Jemima Nicholas ddal nifer o Ffrancwyr trwy ddefnyddio picfforch.

Ceir manylion pellach yn E. H. Stuart Jones, *The Last Invasion of Britain* (1950) a John Kinross, *Fishguard Fiasco* (1974).

NICHOLAS, THOMAS EVAN (Niclas y Glais; 1878–1971), bardd a aned yn Llanfyrnach, Penf., i deulu o amaethwyr. Cafodd ei addysg yn Academi'r Gwynfryn yn Rhydaman wrth draed Watcyn Wyn (Watkin Hezekiah *Williams) a Gwili (John *Jenkins); fe'i hordeiniwyd yn Llandeilo a gwasanaethodd yn y weinidogaeth Gynulleidfaol yn Dodgeville, UDA (1903–04), Y Glais, Cwm Tawe (1904–14), a Llangybi a Llanddewibrefi, Cer. (1914–18). Datblygodd ei syniadau gwleidyddol yn y dechrau wrth iddo gyfathrachu â gweithwyr Y Glais, trwy ei gyfeillgarwch â Keir *Hardie a thrwy weithiau R. J. *Derfel a Robert *Owen; atgyfnerthwyd y syniadau hyn gan y Chwyldro Bolsheficaidd yn Hydref 1917.

Ef oedd y llefarydd mwyaf dawnus yn yr iaith Gymraeg dros y Blaid Lafur Annibynnol, ef a fu'n gyfrifol am golofn Gymraeg ei phapur newydd, *Merthyr Pioneer*, a safodd dros ei blaid yn Aberdâr yn 'Etholiad Khaki' 1918. Oherwydd iddo gael ei boeni gan yr heddlu a'i gondemnio gan wrthwynebwyr gwleidyddol a chrefyddol am iddo siarad yn erbyn y Rhyfel, dysgodd Nicholas a'i wraig grefft deintyddiaeth a sefydlu practis ym Mhontardawe yn gyntaf ac yna, yn 1921, yn Aberystwyth, lle yr arhosodd tan ei farw. Rhwng 1917 ac 1945 traddododd dros fil o ddarlithoedd ar yr Undeb Sofietaidd yn unig, ac yr oedd yn un o sefydlwyr y Blaid Gomiwnyddol ym Mhrydain Fawr. Nid ailgychwynnodd ar ei waith fel newyddiadurwr gwleidyddol tan 1937, pan gafwyd cyfraniadau yn *Y *Cymro* dan y teitl *O Fyd y Werin*. Sefydlodd, yr adeg honno hefyd, gyda J. Roose Williams y papur newydd byrhoedlog *Llais y Werin*. Ar ddechrau'r Ail Ryfel Byd fe'i carcharwyd am ddau fis ar gyhuddiadau ffug yng ngharchardai Abertawe a Brixton. Cafodd ei fab Islwyn ac yntau eu rhyddhau wedi ymgyrch rymus ar eu rhan gan y mudiad Llafur. Dywedodd Harry Pollitt yn 1949 mai T. E. Nicholas oedd 'dyn mwyaf Cymru'. Yr oedd yn lladmerydd unigryw i'r dosbarth gweithiol Cymreig gan gyfuno dadansoddiad Marcsaidd grymus o gymdeithas â'r hyn a welai'n fwyaf blaengar o fewn y traddodiad Radicalaidd Anghydffurfiol Cymreig.

Gellir rhannu ei yrfa farddol doreithiog yn ddau gyfnod. Y mae'r cyfrolau *Salmau'r Werin* (1909), *Cerddi Gwerin* (1912), *Cerddi Rhyddid* (1914) a *Dros eich Gwlad* (1920) yn cynnwys, yn anad dim, gerddi o natur wleidyddol, yn ddeifiol ac yn apocalyptig bob yn ail, ac ar eu mwyaf effeithiol pan fo min eironi ar fwyall y rhethreg. Yn y cyfrolau diweddarach *Terfysgoedd Daear* (1939), *Llygad y Drws* (1940), *Canu'r Carchar* (1942), *Y Dyn a'r Gaib* (1944), *Dryllio'r Delwau* (1941) ac *'Rwy'n Gweld o Bell* (1963), y mae'r tueddiadau amleiriog a fu yn ei waith cynharach yn dod dan ddisgyblaeth. Y mae cynildeb yn y dweud a'r ffrwyn yn dynn ar y ffurf (y soned yw'r ffefryn) ond pery'r frwydr rhwng Llafur a Chyfalafiaeth ryngwladol i fod yn bwnc hollbwysig iddo. Ymddangosodd cyfrol o gyfieithiadau Saesneg o'i gerddi dan y teitl *Prison Sonnets* (1948) a detholiad dwyieithog o'i gerddi gwleidyddol yn y gyfrol *Tros Ryddid Daear* (1981). Ceir manylion pellach amdano yn T. E. Nicholas, *Proffwyd Sosialaeth a Bardd Gwrthryfel* (gol. J. Roose Williams, 1971), yr ysgrif gan D. Tecwyn Lloyd yn *Gwŷr Llên* (gol. Aneirin Talfan Davies, 1948) a James Nicholas, *Pan Oeddwn Grwt Diniwed yn y Wlad* (1979).

NICHOLAS, WILLIAM RHYS (1914–96), bardd, emynydd a golygydd. Brodor o Degryn, Llanfyrnach, Penf., ydoedd a bu'n weinidog gyda'r Annibynwyr, yn fwyaf diweddar ym Mhorth-cawl, Morg., hyd ei ymddeoliad yn 1983. Cyhoeddodd bedair cyfrol o'i waith, *Cerdd a Charol* (1969), *Oedfa'r Ifanc* (1974), *Cerddi Mawl* (1980) ac *Y Mannau Mwyn* (1985), ynghyd ag astudiaeth o'r *Bardd Gwlad yn y gyfres *Writers of Wales* (1978), ac ef oedd cyd-awdur *Writers of the West* (1974) a *Dilyn Afon* (1977). Cyhoeddwyd ei anerchiad i Undeb yr Annibynwyr dan y teitl *Maen Prawf ein Cristionogaeth* (1983) ac ymddangosodd ei astudiaeth o'r emynydd Thomas *William Bethesda'r Fro yn 1994. O 1964 hyd 1980 bu'n gyd-olygydd (gydag Emlyn Evans) *Y *Genhinen*, nes ei dirwyn i ben: golygodd hefyd y detholiadau *Beirdd Penfro* (1961), *Cerddi '77* (1977) a *Triongl* (1977). Cafodd ei emyn, 'Tydi a wnaeth y wyrth, O! Grist, Fab Duw', ar y dôn *'Pantyfedwen', ei alw droeon yn 'emyn y ganrif'.

NICHOLL, THEODORE (1902–73), bardd a

nofelydd. Fe'i ganed yn Llanelli, Caerf., yn fab i D. W. Nicholl, chwaraewr rygbi; bu'n newyddiadurwr yn Llundain am y rhan fwyaf o'i oes. Cyhoeddodd bedair cyfrol o gerddi, *Sung before the Bridal* (1930), *Poems* (1934), *Wild Swans* (1939) a *The Immortal Ease* (1948), ynghyd â chasgliad o storïau byrion, *The Hostile Friends* (1925), a nofel, *The Luck of Wealth* (1926), sydd wedi ei lleoli mewn tref ddiwydiannol Gymreig.

Niclas y Glais, gweler NICHOLAS, THOMAS EVAN (1878–1971).

NICOLAS, DAFYDD (1705?–74), bardd; dichon iddo gael ei eni yn Ystradyfodwg, Morg., ond mynnai Thomas Christopher *Evans (Cadrawd) ei fod yn frodor o Langynwyd. Gwyddys iddo gadw ysgol yn y plwyf hwnnw. Pan oedd yn ifanc yr oedd yn ysgolfeistr crwydrad ym Mlaenau Morgannwg, ond tua 1745 daeth i sylw teulu Williams *Aberpergwm a bu'n fardd teulu ac yn diwtor preifat i'r teulu wedi hynny. Yn ôl y traddodiad yr oedd hefyd yn ysgolhaig clasurol a chyfieithodd ran o *Iliad* Homer i'r Gymraeg; honnai Iolo Morganwg (Edward *Williams) fod Nicolas yn un o feirdd mwyaf ei ddydd. Nid oes enghraifft o'i waith ar ôl, ar wahân i'r ddwy gerdd yng nghasgliad Maria Jane Williams, *Ancient National Airs of Gwent and Morgannwg* (1844), sef 'Callyn Serchus' a 'Ffanni Blodau'r Ffair', er bod yn llaw Iolo nifer o gerddi ar ei enw, ond ni ellir rhoi coel ar y rheini.

Y mae cryn lawer o sôn am y bardd yn *Traddodiad Llenyddol Morgannwg* (1948) gan G. J. Williams.

Night Must Fall (1935), drama dair act gan Emlyn *Williams. Hon oedd llwyddiant masnachol cyntaf yr awdur. Llwyfannwyd dros bedwar cant o berfformiadau yn Llundain. Ynddi ymadawodd yr awdur â'r ddrama gonfensiynol 'trosedd-a-darganfyddiad', trwy ddatgelu enw'r llofrudd yn y prolog er mwyn canolbwyntio ar gymeriad, cymhelliad a seicoleg y llofruddiaeth, a hon yw'r thema ganolog yng ngwaith Emlyn Williams. Dan yw'r prif gymeriad, *a bell-boy in a roadhouse who was once a seaman and a blackmailer and a ponce before he took to murder*. Y mae'r gwas yn cuddio ei atgasedd tuag at ei well o dan swyn bachgennaidd, mympwyol, a chaiff ddial trwy lofruddio dwy wraig gyfoethog, hunanol. Y mae'n trin emosiynau yn oeraidd effeithiol, ac yn ymhyfrydu'n hunanymwybodol yn ei glyfrwch ei hun hyd nes y trechir ei hyder fel actor gan niwrosis. Er hynny, wedi ei restio y mae'n adennill ei hunanfeddiant, ac yn wynebu'r crocbren gan ymhyfrydu yn ei enwogrwydd.

Nimrod, gweler APPERLEY, CHARLES JAMES (1779–1843).

Nine Men's Morris, gweler CHWARAE CROWN.

NISBET, ROBERT (1941–), awdur storïau byrion, a aned yn Hwlffordd, Penf., a'i addysgu yng Ngholeg y Brifysgol Abertawe a Phrifysgol Essex. Athro Saesneg yn Aberdaugleddau ydyw, ac y mae wedi cyhoeddi chwe chasgliad o storïau: *Dreams and Dealings* (1973), *The Rainbow's End* (1979), *Sounds of the Town* (1982), *Downmarket* (1988), *The Ladybird Room* (1991) ac *Entertaining Sally Ann* (1997). Y mae hefyd wedi golygu dwy gyfrol o storïau, *Dismays and Rainbows* (1979) a *Pieces of Eight* (1982).

Nod Cyfrin, Y, neu **Y Nod Pelydr Goleuni,** y symbol / | \ a ddyfeisiwyd gan Iolo Morganwg (Edward *Williams) i gynrychioli rhinweddau Cariad, Cyfiawnder a Gwirionedd yn seremonïau ac ar regalia *Gorsedd Beirdd Ynys Prydain.

Nofel yn Gymraeg, Y, ffurf lenyddol sy'n tarddu o ddechrau'r bedwaredd ganrif ar bymtheg. Y llyfr cyntaf a alwyd gan rai yn nofel oedd *Y Bardd, neu y Meudwy Cymreig* (1830) gan William Ellis *Jones (Cawrdaf), ond ffantasi foeswersol ddi-ffurf ydyw. Yr oedd storïau-cyfres – cyfieithiadau o'r Saesneg oedd rhai ohonynt – wedi dechrau ymddangos mewn cyfnodolion tua 1822. Yn fuan wedyn cafwyd 'ffugchwedlau' neu 'ffughanesion' gwreiddiol, yn rhamantau serch a hanes, storïau i hyrwyddo *Dirwest a diweirdeb, a storïau cyffrous, yn cynnwys ambell '*western*' afrwydd. Am fod y darllenwyr Cymraeg gan mwyaf yn gynnyrch yr *ysgol Sul yr oedd yr awduron dan orfod i honni bod eu storïau'n addysgiadol neu'n ddyrchafol. Y ddau awdur mwyaf talentog oedd William *Rees (Gwilym Hiraethog) a David *Owen (Brutus), y naill yn storïwr naturiol a'r llall yn ddychanwr tra medrus, ond nid oedd undod nac adeiladwaith nofel i'w chwedlau. Yr oedd Daniel *Owen yn llinach y fintai hon o 'ffug-chwedleuwyr' ac yn gyfarwydd â'u gwaith, ond trwy ddarllen rhai o'r gweithiau Saesneg gorau cafodd ef ei amgenach gweledigaeth ar natur nofel. Er gwaethaf rhai beiau technegol difrifol yn ei lyfrau, yr oedd gan Daniel Owen ddawn naturiol fawr na ellir ond ei galw'n athrylith. Bu ei ddylanwad yn drwm ar yr awduron a'i dilynodd, yn enwedig W. Llewellyn *Williams ac Annie Harriet *Hughes (Gwyneth Vaughan), er nad oeddent hwy ond cysgodion gwan o'r meistr.

Prin oedd y nofelau da yn y blynyddoedd rhwng y ddau Ryfel Byd, eto yr oedd y cyfnod hwn yn un o'r rhai mwyaf cyffrous yn hanes y nofel Gymraeg. *Gŵr Pen y Bryn* (1923), unig nofel hir E. Tegla *Davies, oedd y gyntaf a gellid canmol ei chynllun lawn cymaint â'i chynnwys. Dilynwyd hi gan nofel fer gyntaf Saunders *Lewis, *Monica* (1930), a roddodd ysgytwad i'r cyhoedd ceidwadol oherwydd ei chefndir di-Gymreig a'i stori feiddgar. Dilynwyd hithau gan *Plasau'r Brenin* (1934), Gwenallt (David James *Jones) a leolwyd mewn carchar, a nofel gyntaf Kate *Roberts, *Traed Mewn Cyffion*

(1936), a ddaeth yn glasur. Awdures arall a ddisgleiriodd ar ddiwedd y cyfnod hwn oedd Elena Puw *Morgan, ac y mae ei dau waith, *Y Wisg Sidan* (1939) ac *Y Graith* (1943), er gwaethaf eu harddull anystwyth, yn llawn awyrgylch ac yn bortreadau grymus o fywyd gwledig yn y bedwaredd ganrif ar bymtheg. Wedi'r Ail Ryfel Byd daeth T. Rowland *Hughes i'r amlwg. Yr oedd deheurwydd y nofelydd proffesiynol ganddo, darluniodd gymdeithas bro'r chwareli ag anwyldeb gan ddangos dewrder gwŷr y graig a'u gwragedd.

Yn y 1950au a'r 1960au meddiannwyd y llwyfan gan do o nofelwyr ifainc dawnus. Enillodd nofelau rhamantus cynnar Islwyn Ffowc *Elis boblogrwydd mawr, er nad hwy yw ei weithiau gorau. Dilynwyd ef gan nifer o awduron iau, ac o'r rhain, y galluocaf oedd John *Rowlands, a gefnodd ar y nofel gymdeithasol gonfensiynol i archwilio 'uffern fewnol' unigolion diffygiol mewn amgylchedd clawstroffobig. Lle'r ferch mewn cymdeithas sy'n newid yw thema sylfaenol Jane *Edwards ac Eigra Lewis *Roberts. Main yw llinyn storïol yr awduron ifainc hyn oherwydd mai cofnodi meddyliau a dadansoddi teimladau yw eu prif ddiddordeb, a gellir synhwyro yn eu gwaith wacter ystyr bywyd cyfoes. Daliodd y mwyafrif o'r awduron hŷn i ysgrifennu'n gonfensiynol, a'r mwyaf cynhyrchiol ohonynt oedd y crefftwr cydwybodol Selyf *Roberts. Eithriad yn eu plith oedd Pennar *Davies, a ysgrifennodd weithiau mwy arbrofol eu cynllun a'u cynnwys, yn arddel y ffydd Gristnogol heb fod yn agored bropagandaidd, a hynny mewn arddull ryddiaith ddyrchafedig. Yr oedd eraill na chyhoeddodd ond un nofel eithriadol, megis Caradog *Prichard, awdur *Un Nos Ola Leuad* (1961) a T. Glynne *Davies, awdur *Marged* (1974), y nofel feithaf yn Gymraeg ac eithrio gweithiau Daniel Owen. Coronodd John Gwilym *Jones flynyddoedd o waith fel un o'n dau ddramodydd mwyaf drwy ysgrifennu llyfr meistraidd, *Tri Diwrnod ac Angladd* (1979), nofel beirniad, yn gywrain ei phlot a'i chymeriadaeth ac yn gyfoethog mewn symbolaeth ac eironi. Ond er cystal yr awduron a enwyd y mae athrylith Kate Roberts yn ei chodi hi uwchlaw'r cwbl; yn ogystal â'i storïau byrion – ei gwaith mwyaf, yn sicr – y mae'r pedair nofel a gyhoeddodd wedi'r rhyfel, ynghyd â'r *Traed Mewn Cyffion* ardderchog, yn gorff o ryddiaith storïol sy'n ail agos i waith Daniel Owen.

Y nofel hanes fwyaf caboledig yn Gymraeg am flynyddoedd oedd *Orinda* (1943), campwaith byr R. T. *Jenkins, ond amlhaodd nofelau hanes yn ystod y 1960au a'r 1970au. Y fwyaf llwyddiannus o ran stori, cymeriadaeth ac ail-greu cyfnod hanesyddol, a'r fwyaf poblogaidd hefyd, yw *Y Stafell Ddirgel* (1969) gan Marion *Eames. Y mae nofelau hanes byrion Rhiannon Davies *Jones yn hynod am delynegrwydd dwys eu rhyddiaith. Prin yw nofelau rhyfel yn Gymraeg, a'r orau o ddigon yw *Gwaed Gwirion* (1965) gan Emyr *Jones, sy'n adrodd hynt milwr o Gymro yn Ffrainc yn ystod y Rhyfel Byd Cyntaf heb na sentimentalwch na melo-drama. Amaethyddol a phentrefol yw cefndir y mwyafrif o'r nofelau Cymraeg, ond lleolwyd rhai o'r goreuon, gan gynnwys tair gan Daniel Owen a thair gan Kate Roberts, mewn trefi bychain. Y mae cefndiroedd mwy newydd i amryw o'r gweithiau diweddar, megis ysgol a phrifysgol, byd bancio a chelfyddyd gain, undebaeth lafur, diwydiant cyfoes a llys barn. Bu ambell ymgais ddifrif i ysgrifennu nofelau ffug-wyddonol. Y tu allan i'r ffurf lenyddol rhaid nodi nofelau ditectif rhagorol J. Ellis *Williams a llyfrau cyffrous hynod boblogaidd T. Llew *Jones.

Y mae ynni creadigol cyffrous i'w weld yn y maes yn ddiweddar, a chenhedlaeth o nofelwyr ifainc yn mynd â'r nofel Gymraeg i gyfeiriadau newydd. Nofelydd mwyaf cynhyrchiol y genhedlaeth hon yw Aled *Islwyn, sydd wedi defnyddio arddull farddonol i gyfleu emosiynau ei gymeriadau, ac sydd wedi ymdrin yn sensitif iawn â gwrywgydiaeth. Daeth rhywioldeb merched yn amlycach o lawer yn y nofel Gymraeg, megis yn Cysgodion (1993) gan Manon *Rhys. Y mae nofelwyr diweddar yn defnyddio amryw ddulliau ôl-fodernaidd sy'n tynnu sylw at ffuglenoldeb eu gwaith ac yn tueddu i danseilio unrhyw syniad o realiti gwrthrychol a gwerthoedd absoliwt. Y nofelau pwysicaf o'r math hwn yw Yma o Hyd (1985) gan Angharad *Tomos, Bingo! (1985) ac Y *Pla (1987) gan Wiliam Owen *Roberts, Dirgel Ddyn (1993) gan Mihangel *Morgan, a dwy nofel Robin *Llywelyn yn null realaeth hudol, Seren Wen ar Genfdir Gwyn (1992) ac O'r Harbur Gwag i'r Cefnfor Gwyn (1994). Ceir ymdriniaeth â'r genre gan Dafydd Jenkins, Y Nofel: datblygiad y Nofel Gymraeg ar ôl Daniel Owen (1948) ac Islwyn Ffowc Elis, 'The Modern Novel in Welsh' yn The Anglo-Welsh Review (cyf. xv, rhif 36, 1966). Gweler hefyd yr erthyglau gan John Rowlands a Dafydd Ifans yn Ysgrifau Beirniadol IX (gol. J. E. Caerwyn Williams, 1976), a J. Gwilym Jones, Swyddogaeth Beirniadaeth (1977); yn ogystal, y bennod gan John Rowlands yn Y Celfyddydau yng Nghymru 1950–75 (gol. Meic Stephens, 1979), a'i gyfrol Ysgrifau ar y Nofel (1992).

Nofel yn Saesneg, Y. Er gwaethaf ei dechreuadau cymharol gynnar gyda The Adventures and Vagaries of Twm Shon Catti (1828) gan T. J. Ll. *Prichard, araf fu'r nofel Saesneg yn datblygu yng Nghymru. Ar wahân i Allen Raine (Anne Adaliza Beynon *Puddicombe), Joseph *Keating ac ychydig o rai eraill, sefydlodd nofelwyr pwysicaf y genhedlaeth gyntaf y ddau brif genre, nofel y werin ddiwydiannol a'r rhamant wledig. Y mae'r rheini wedi parhau, ag amrywiadau diddorol, hyd heddiw.

Yr oedd nofelau cynnar Jack *Jones, Rhys *Davies, Gwyn *Jones, Richard Llewellyn (Richard Llewellyn *Lloyd) a Lewis *Jones am y maes-glo cynnar ar y cyfan yn gynnyrch awduron a fu'n dyst i galedi cymdeithasol y cymoedd glofaol yn y cyfnod cyn ac yn ystod y *Dirwasgiad, a dangosant ddicter amhersonol. Y mae'r arddull lem, ddogfennol a ddefnyddir i gyflwyno tlodi'r

bywyd a'r gwaith yn cyferbynnu ag egni garw a deallusrwydd cynhenid y glowyr a'u teuluoedd ac yn pwysleisio neges y llenorion hyn – sef nad oedd y bobl yn haeddu'r dioddefaint ac na ddylent ei dderbyn yn dawel. Gan fod y nofelau hyn yn ymwneud â'r modd y mae digwyddiadau o'r tu allan yn effeithio ar gymdeithas gyfan, ychydig o ddyfnder seicolegol neu sensitifrwydd cymeriad sydd ynddynt, a'r rhan amlaf y mae eu cynllun ar ffurf saga hanesyddol llac ei gwead sy'n ymestyn dros sawl cenhedlaeth. Y mae cymeriad a fam gref a bywiog yn ganolbwynt i lawer ohonynt ac yn rhoi sicrwydd i fywyd yng nghanol yr holl newidiadau a'r dryswch. Golyga'r trosiadau bourgeois ffuglennol hyn mai dim ond *Cwmardy (1937) a We Live (1939) Lewis Jones, er gwaethaf cydymdeimlad amlwg y genre â'r dosbarthiadau gweithiol, sy'n uniaethu'n rhwydd â llenyddiaeth broletaraidd. Parhawyd y nofel ddiwydiannol gyffredin yng ngwaith diweddarach Jack Jones; ac megis yng ngwaith Alexander Cordell (George Alexander *Graber), ymestynnodd rhychwant hanesyddol y saga, heb newid rhyw lawer ar ei harddull na'i hagwedd. Bu newid sylweddol ar y ffurf yn nwylo awduron eraill, fodd bynnag. Er bod dicter moesol yn gymysg â'r digrifwch anarchaidd yng ngwaith Gwyn *Thomas (1913–81), Stuart *Evans, Ron *Berry ac Alun *Richards er enghraifft, cymdeithas ddiobaith, yn aml yn abswrd, yn ymddatod, heb fod ganddi reolaeth dros ei thynged, yw'r argraff a geir yng ngwaith yr awduron hyn.

Gellir dosrannu'r ail brif fath, y rhamant wledig, yn ddau ddosbarth cyffredinol. Nofelau cynnar y Gororau, gan Hilda *Vaughan, Margiad Evans (Peggy Eileen *Whistler) a Geraint *Goodwin yw cynnwys y dosbarth cyntaf, ac yn yr ail ceir y nofelau diweddarach a leolir yn y Gymru Gymraeg wledig, o waith Rhys Davies a Richard Vaughan (Ernest Lewis *Thomas). Y mae'r nofelau hyn yn fwy mewnblyg na'r nofelau diwydiannol ac yn ymwneud yn fwy penodol â pherthynas pobl â'i gilydd ac yn enwedig â chariad rhwng dynion a merched. Y maent yn fwy clòs eu cynllun a syml eu stori ac y maent yn angerddol eu harddull. Y mae'r prif gymeriadau'n bwysicach na'r gymdeithas y maent yn rhan ohoni, a darlunnir cymeriadau dibwys yn aml iawn mewn modd byw. Cyflwyna nofelau'r maes glo beryglon dylanwadau allanol ar y gymdeithas Gymreig mewn termau economaidd; y mae rhamantau'r Gororau yn canolbwyntio ar broses Seisnigeiddio a'r gwrthdaro cymdeithasol rhwng y Cymro a'r Sais. Braidd yn gyfyng yw'r ffordd y darluniair ddeuoliaeth ddiwylliannol a chymdeithasol Cymru, fodd bynnag, gan fod rhaid iddynt gyfyngu eu hunain i brofiadau personol eu cymeriadau. Ysgrifennwyd nofelau yn yr un dull ond gryn dipyn yn fwy soffistigedig gan Menna *Gallie, Bernice *Rubens ac Alice Thomas *Ellis. Ceir ymdriniaeth fwy cyflawn a mwy gwrthrychol yng ngwaith Raymond *Williams ac Emyr *Humphreys sy'n gwisgo'r cyflwyniad moel o'r prosesau hanesyddol a geir yn y nofelau diwydiannol â thechnegau ffuglenyddol mwy soffistigedig y rhamantau gwledig. Nofel bwysicaf Williams yw *Border Country (1960), ond efallai mai'r gamp uchaf a gyflawnwyd yn y nofel Gymreig yn Saesneg hyd yma yw cyfres Humphreys o saith nofel, *'Bonds of Attachment' (1971–91), a alwyd yn wreiddiol yn 'Land of the Living'.

Y mae ffantasi ac edrych ar fywyd trwy lygaid plentyn yn elfennau cyffredin yn y nofel Gymreig trwy gyfrwng y Saesneg. Er bod y cyntaf yn ddigon cartrefol ym myd gwrthrychol y rhamantau, ymddengys yn ymwthiol pan ddigwydd yn y nofelau diwydiannol, yn enwedig yng ngwaith Richard Llewellyn ac Alexander Cordell. Fodd bynnag, fel cynifer o nofelwyr Eingl-Gymreig eraill, y mae gan y ddau nofelydd y gallu i ddefnyddio, heb or-sentimentalrwydd, safbwynt diniwed plentyn. Yn nofelau Glyn *Jones y cyfunir y ddwy elfen hon yn fwyaf effeithiol ac yn fwyaf grymus. Y mae'n wirionedd hanesyddol fod yn rhaid i bobl ymadael â Chymru o ganlyniad i ddirwasgiad diwydiannol, diboblogi'r ardaloedd gwledig ac uchelgais cymdeithasol, a daeth hyn yn elfen gyffredin yng nghynlluniau'r nofelau, ac mewn nofelau diweddarach tyf y thema o ddychwelyd i Gymru yn fwy cyffredin. Y mae awduron Eingl-Gymreig wedi defnyddio'r ddau er mwyn archwilio perthynas â'u gwreiddiau cymdeithasol a diwylliannol. Y mae iaith, o anghenraid, yn agwedd hanfodol ar yr archwilio hwn ac yn wahanol i'r beirdd, y mae'r nofel-wyr wedi adlewyrchu'r Saesneg sy'n nodweddiadol o'r rhannau hynny o Gymru sydd wedi eu Seisnigeiddio, mewn deialog a naratif fel ei gilydd. Ond ni fuont mor llwyddiannus wrth ddarlunio cymunedau Cymraeg, ac ar wahân i Emyr Humphreys, ni lwyddasant i ymdrin â chymhlethdodau ieithyddol a seicolegol cymdeithas ddwyieithog. Daeth is-genre, y nofel alltud, i'r amlwg yn y degawd diwethaf, nofelau'n defnyddio lleoliadau Cymreig i archwilio themâu mudo, dychwelyd, a dadwreiddio, yn arbennig yn The *Old Devils, Kingsley Amis (1986) a The Snail (1991), Adam Lively. Y mae datblygiadau diweddar wedi mynd â'r themâu traddod-iadol hyn i gyfeiriadau newydd a heriol, er enghraifft yn nofel ôl-ddiwydiannol Christopher *Meredith, Shifts (1988) a'i saga hanesyddol ôl-fodernaidd, Griffri (1991); ymchwiliad Siân James i werthoedd benywaidd a ffemin-istaidd yn A Dangerous Time (1984) a Storm at Arberth (1994); dadansoddiadau Russell Celyn *Jones o wrywdod a brad yn Soldiers and Innocents (1990) ac An Interference of Light (1995); a nofel seico-iasoer erotig Duncan *Bush, Glass Shot (1991).

Ceir ymdriniaeth bellach ar y nofel Gymreig yn Saesneg gan Glyn Jones, The Dragon has Two Tongues (1968), David Smith, 'Myth and Meaning in the Literature of the South Wales Coalfield – the 1930s', yn The Anglo-Welsh Review (cyf. xxv, rhif. 56, 1976); Raymond Williams, The Welsh Industrial Novel (Darlith Gwyn Jones, 1978) a ailargraffwyd yn llyfr yr awdur, Problems in Materialism and Culture (1980); Tony Curtis (gol.), The Imagined Nation (1986); M. Wynn Thomas, Internal Difference (1992); Ian

A. Bell (gol.), Peripheral Visions (1995); ceir trafodaeth ar nofelwyr unigol yn y gyfres Writers of Wales (1970–).

Nogood Boyo, un o'r cymeriadau yn *Under Milk Wood (1954) gan Dylan *Thomas. Wrth edrych fry i'r awyr o'i gwch, dywed, 'I don't know who's up there and I don't care.' Ef sy'n caru gyda Lily Smalls yn y tŷ golchi.

Non (fl. diwedd y 5ed gan.), mam *Dewi Sant. Yn ôl Bonedd y Saint yr oedd yn ferch i Gynyr o Gaer Gawch ym Mynyw a'i mam oedd Anna, merch *Uthr Bendragon, tad *Arthur. Yn ôl fersiwn *Rhygyfarch o Fuchedd Dewi, lleian o Ddyfed oedd Non, ac fe'i treisiwyd gan Sant, Brenin Ceredigion. Glân a diwair fu hi ar ôl geni Dewi, yn byw ar ddim namyn bara a dŵr. Ceir yng Nghymru bum lle o'r enw Llan-non, pob un yn agos i eglwysi sydd wedi eu cysegru i Ddewi; a choffeir ei henw hefyd yng Nghernyw, Dyfnaint a Llydaw.

Normaniaid, gweler o dan GORESGYNIAD CYMRU GAN Y NORMANIAID.

Non Con Quill, gweler JONES, JOHN (1841–1930).

Norris, Charles (1779–1858), arlunydd o Sais a ymsefydlodd yng Nghymru am gyfnod o bron trigain mlynedd; bu'n byw yn Aberdaugleddau, Penf., ac wedyn yn Ninbych-y-pysgod. Treuliodd weddill ei oes yn paentio golygfeydd yn y sir, a chyhoeddodd A Historical Account of Tenby (1818).

NORRIS, LESLIE (1921–), bardd ac awdur storïau byrion. Fe'i ganed ym Merthyr Tudful, Morg., a gweithiodd fel clerc llywodraeth leol, athro, prifathro a darlithydd coleg. Er 1974 bu'n ennill ei fywoliaeth trwy gyfuno ysgrifennu'n llawn amser â chyfnodau preswyl mewn sefydliadau academaidd yn y Deyrnas Unedig ac, yn arbennig, yn UDA. Er 1983 bu'n gysylltiedig â Phrifysgol Brigham Young yn Utah, a daeth yn Athro Ysgrifennu Creadigol yno. Derbyniodd wobrau llen-yddol pwysig, ac y mae'n Gymrawd o'r Gymdeithas Lenyddiaeth Frenhinol. Yn 1994 dyfarnwyd D.Litt. er anrhydedd iddo gan *Brifysgol Morgannwg.

Y canlynol yw ei gyfrolau o farddoniaeth: Tongue of Beauty (1941), Poems (1944), The Loud Winter (1967), Finding Gold (1967), Ransoms (1970), Mountains Polecats Pheasants (1974), Islands Off Maine (1977), Water Voices (1980), Walking the White Fields: Poems 1967–1980 (1980), Selected Poems (1986), Sequences (1988) ac A Sea in the Desert (1989). Y mae hefyd wedi cyhoeddi dwy gyfrol o farddoniaeth i blant: Merlin and the Snake's Egg (1978) a Norris's Ark (1988). Y mae ei weithiau rhydd-iaith yn cynnwys dwy gyfrol o storïau byrion, Sliding (1978) a The Girl from Cardigan (1988), monograff ar Glyn Jones yn y gyfres Writers of Wales (1973) a nifer helaeth o ysgrifau ac adolygiadau. Y mae wedi golygu cyfrolau o ysgrifau ar Vernon *Watkins ac Andrew Young. Ar y cyd ag Alan Keele cyhoeddodd ddwy gyfrol o gyfieithiadau o gerddi Rilke. Cyhoeddwyd ei *Collected Poems* a'i *Collected Stories* yn 1996.

Y mae gwaith Leslie Norris yn tynnu ar ei fagwraeth liwgar ym Merthyr cyn y rhyfel pan oedd cysylltiadau'r dref honno â'i gorffennol terfysglyd yn dal yn fyw, ei fywyd fel athro yn ne Lloegr, ei brofiad o sir Gaerfyrddin, lle y bu ganddo dŷ haf am rai blynyddoedd, a'i brofiadau diweddarach yn America. Nid yw wedi byw'n barhaol yng Nghymru er 1948 ac y mae ei alltudiaeth wedi dwysáu'r agwedd dyn-dieithr sy'n nodweddiadol o'i safbwynt llenyddol. Yn ei gerddi a'i ryddiaith fel ei gilydd y mae'n sylwebu ac yn archwilio meysydd o brofiad sydd y tu allan i'r presennol, i'r arferol, i'r ymddangosiadol ddiwylliedig, neu i'r cyffredin. Y mae ei waith yn gyfres o amlygiadau o'r hyn a ddywed yn *Finding Gold*, 'one step from broken practice the spread gold lies'. Yr hyn sy'n anesmwytho yw nad yw'r '*spread gold*' hwnnw, er ei fod yn gymhellgar, bob amser yn ddeniadol nac yn gysurlawn. Ymysg y profiadau pwysig y mae'n sylwi arnynt y mae plentyndod a'r gorffennol, y byd naturiol, y bywyd greddfol yr eir iddo'n aml ar adegau o drais, a dyfodol tywyll, diwreiddiau a brawychus.

Fel bardd y mae'n dechnegydd cain, yn cynnal llinell naratif glir, a medda'r a synnwyr cryf o ffurf. Gall ei waith ymddangos yn dwyllodrus o syml, a dibynna am ei effaith ar ddieithrio cynnil, a gwrthbwyso'r sgyrsiol a'r telyn-egol. Er y gall ei farddoniaeth weithiau ymddangos yn feddal ar yr ymylon, y mae'n ddi-eithriad, yn ei waith gorau, yn aflonyddu trwy ymwrthod â symleiddio. Ysgrifennodd sawl dilyniant o gerddi: yn '*Cave Paintings*', er enghraifft, gwelir ei fod yn ddelweddwr cryf. Y mae dilyniannau diweddar fel '*The Hawk's Eye*' a '*Stones Trees Water*' yn definyddio lleiafsymiaeth ddwys a theimladwy yn lle'r gosgeiddrwydd cynharach. Y mae ei ryddiaith yn hardd. Ambell waith y mae ei storïau byrion yn or-wasgarog ac yn dibynnu gormod ar ysgrifennu cain, ar rethreg sydd ar y cychwyn yn hypnotig. Ar eu gorau dangosant, fel y cerddi, sicrwydd ffurf, peth hiwmor, a'r gallu i gynnal llais a gweledigaeth bersonol aflonyddol.

Weithiau ystyrir Leslie Norris yn awdur hen-ffasiwn sydd ar goll yn y byd ôl-fodernaidd. Ond y mae hyn yn gam â'i agwedd ffyrnig o ôl-Ddarwinaidd at natur, y tywyllwch y caiff ei ddenu tuag ato mor aml, ffurfiau cyfnewidiol ei waith, a'i rym emosiynol datgymalol. Y mae'n un o lenorion Cymreig pwysicaf y cyfnod wedi'r rhyfel.

Am fanylion pellach gweler ysgrif James A. Davies yn y gyfres *Writers of Wales* (1991) ac Eugene England a Peter Makuk (gol.), *An Open World* (1994), gweler hefyd Tony Conran, *Frontiers in Anglo-Welsh Poetry* (1997). Ceir llyfryddiaeth lawn yn John Harris, *A Bibliographical Guide to Twenty-four Modern Anglo-Welsh Writers* (1994).

North Wales Gazette, The (1808–25), papur newydd wythnosol a gyhoeddid ym Mangor, Caern.; cefnogai Eglwys Loegr a'r Toriaid a chodai lais yn erbyn pob tuedd Radicalaidd, megis y galw am *Ddeddfau Diwygio. Ar yr un pryd cyhoeddai erthyglau yn ymdrin ag agweddau gwahanol ar hanes Cymru a gohebiaeth ar faterion Cymreig. Ymhlith ei gyfranwyr gellir enwi Dewi Wyn o Eifion (David *Owen), Robert ap Gwilym Ddu (Robert *Williams) a Thwm o'r Nant (Thomas *Edwards) ac yr oedd colofn gyson ar 'British Poetry' o dan olygyddiaeth Dafydd Ddu Eryri (David *Thomas). Fe'i holynwyd gan y *North Wales Chronicle* a gyhoeddir yn bapur newydd wythnosol hyd heddiw.

'**Nos Galan**', alaw â byrdwn, a gyhoeddwyd gyntaf fel alaw ddawns yn y cywair mwyaf gan John *Parry (1710?–82) yn *A Collection of Welsh, English and Scotch Airs* (1761). Yn ddiweddarach yn *British Harmony* (1781) cyhoeddodd fersiwn sy'n agosach at y ffurf bresennol a daeth honno'n boblogaidd iawn yng Nghymru ac mewn gwledydd tramor. Gosodwyd llawer o *Hen Benillion gyda byrdwn 'ffa la la' ar gyfer yr alaw, ond erbyn diwedd y bedwaredd ganrif ar bymtheg y geiriau a gysylltid fynychaf â hi oedd 'Oer yw'r gŵr sy'n methu caru' gan John Ceiriog *Hughes.

Noson Lawen, difyrrwch anffurfiol ar yr aelwyd gyda'r nos yn y gaeaf pryd y deuai cymdogion ynghyd; yr oedd yn cyfateb i'r *ceilidh* yn Iwerddon a'r Alban. Yr oedd yn achlysur i adrodd chwedlau a chanu ac yn aml cyfunid y difyrrwch â gwaith megis yn y *noson wau. Erbyn y ganrif hon daeth y term i ddynodi cyngerdd a gynhelir mewn neuadd gyhoeddus ac yr oedd yn enw hefyd ar raglen radio boblogaidd a ddarlledwyd yn ystod y 1940au.

Ceir manylion pellach yn R. W. Jones, *Bywyd Cymdeithasol Cymru yn y Ddeunawfed Ganrif* (1931).

Noson Wau, traddodiad gwerin. Yn ystod misoedd y gaeaf cyfarfyddai trigolion ardaloedd mynyddig ar aelwydydd ei gilydd i wau hosanau ac i ddifyrru'r amser trwy adrodd chwedlau a chanu penillion telyn. Yr oedd yr arfer yn boblogaidd iawn ym Meirionnydd, lle yr oedd y diwydiant gwau yn bwysig yn y ddeunawfed ganrif. O dan ddylanwad *Methodistiaeth daeth yn seiat brofiad. Tebyg o ran natur oedd y 'pilnos' lle y paratoid brwyn ar gyfer gwneud canhwyllau gan gymdogion a fyddai wedi ymgynnull i'r pwrpas.

Novello, Ivor, gweler DAVIES, DAVID IVOR (1893–1951).

Nudd, mab Senyllt ac yn ôl yr ach yn *Bonedd y Saint* cefnder *Rhydderch Hael a Mordaf Hael. Fe'i henwir yn y Trioedd gyda'i ddau gefnder yn un o *Dri Hael Ynys Prydain; ond er bod yr achau yn ei drin fel cymeriad hanesyddol o'r chweched ganrif, efallai ei fod yn cyfateb yn wreiddiol i'r duw Gwyddelig Nuada Argatlám. Er bod llu o gyfeiriadau at haelioni Nudd gan y beirdd, sonnir hefyd am ei ddewrder mewn brwydr. Y mae'r cyfeiriad at ei fab *Gwyn ap Nudd yn chwedl *Culhwch ac Olwen yn cadarnhau statws fytholegol y tad a'r mab. Credir y gellir uniaethu Nodens â Nudd. Cafwyd hyd i deml Nodens ger Lydney, sir Gaerloyw, ac fe'i haddolid yn ystod yr ail a'r drydedd garnif OC.

NUTTALL, GEOFFREY FILLINGHAM (1911–), ysgolhaig a hanesydd Piwritaniaeth Lloegr, a aned ym Mae Colwyn, Dinb., ac a addysgwyd yng Ngholeg Balliol a Choleg Mansfield, Rhydychen. Fe'i hordeiniwyd i'r weinidogaeth yn Eglwys Annibynnol Warminster yn 1938; bu'n Gymrawd Ymchwil o 1943 hyd 1945 yn Woodbrooke, Colegau Selly Oak, Birming-ham, ac o 1945 bu'n Ddarlithydd mewn Hanes Eglwysig yng Ngholeg Newydd (Ysgol Diwinyddiaeth), Prifysgol Llundain. Yn 1969 fe'i hetholwyd yn Gymrawd yr Academi Brydeinig. Y mae'n awdur nifer o weithiau awdurdodol, yn cynnwys *The Holy Spirit in Puritan Faith and Experience* (1946) a *Visible Saints: the Congregational Way, 1640–1660* (1957). Cyfrannodd hefyd i hanes *Piwritaniaeth yng Nghymru'r ail ganrif ar bymtheg a *Methodistiaeth Cymru'r ddeunawfed ganrif yn *The Welsh Saints, 1640–1660* (1957), *Howel Harris 1714–1773: the Last Enthusiast* (1965) ac mewn nifer o gylch-gronau cymdeithasau hanes enwadol yng Nghymru.

Nynniaw a Pheibiaw, gweler YCHEN BANNOG.

O

O Gors y Bryniau (1925), casgliad cyntaf Kate *Roberts o storïau byrion. Fe'i cyflwynwyd i goffadwriaeth Richard Hughes *Williams (Dic Tryfan), arloeswr y *stori fer Gymraeg. Y mae'r gyfrol yn adlewyrchu llam ymlaen yn natblygiad y ffurf. Ysgrifennwyd y naw stori rhwng 1921 ac 1924, ac ardal chwareli llechi Arfon yw eu cefndir, ar wahân i ddwy stori'n ymwneud ag alltudion o'r ardal honno. Trist yw'r cywair drwodd a thro, am fod amodau bywyd y cymeriadau mor galed. Stori enwocaf y gyfrol yw 'Henaint', sy'n fynegiant cynnil ond dirdynnol o ddadfeiliad meddyliol hen wraig.

O Law i Law (1943), nofel gyntaf T. Rowland *Hughes. Hen lanc canol oed yw John Davies, y gŵr sy'n adrodd y stori, ac wedi marw ei fam y mae'n penderfynu symud i fyw i lety. Yn lle rhoi ei ddodrefn ar ocsiwn penderfyna eu gwerthu i berthnasau a chydnabod, 'o law i law' fel y dywedir. Y mae holl benodau'r llyfr, ar wahân i'r gyntaf a'r olaf, yn troi o gylch rhyw eitem neu'i gilydd sy'n cael ei gwerthu yn y dull hwn – y mangyl, yr harmoniwm, y llestri te, y llyfrau ac yn y blaen. Daw pob un o'r rhain â'i ffrwd o atgofion yn ei dro – rhai'n drist, eraill yn ddigrif. Nid yw'r stori'n dilyn un llinell amseryddol syth, ond neidia'n ôl ac ymlaen mewn amser, a phersonoliaeth y prif gymeriad yn ddolen gyswllt rhwng y gwahanol anecdotau.

Cyfieithwyd y nofel i'r Saesneg gan Richard Ruck dan y teitl *From Hand to Hand* (1950). Ceir ymdriniaeth â thema'r nofel gan T. Emrys Parry yn *Ysgrifau Beirniadol VI* (gol. J. E. Caerwyn Williams, 1971). Gweler hefyd ragymadrodd John Rowlands i argraffiad 1991 o'r nofel.

O Oes Gwrtheyrn Gwrthenau, cronoleg seml y ceir tua chwe chopi ohoni yn y llawysgrifau. Ysgrifennwyd y gynharaf ohonynt (*Peniarth 32, c.1404) gan un o'r gwŷr a fu'n copïo *Llyfr Coch Hergest. Yn y rhan gyntaf rhifir nifer y blynyddoedd rhwng y naill ddigwyddiad a'r llall nid heb nodi'r flwyddyn ar ddechreuol: egyr 'O oes *Gwrtheyrn Gwrthenau hyd Waith Faddon . . .' a dilynir canllawiau *Brut y Tywysogyon gan mwyaf ond gyda rhai cofnodion ychwangeol. Daw fersiwn o *Llyfr Coch* i ben yn 1210 ond 'cael Pennard Dylavc' (1214) yw diwedd rhan gyntaf llawysgrif Peniarth 32. Â hwnnw ymlaen â chyfres arall o gofnodion wedi eu dyddio, ac y mae'n gorffen yn 1307: mewn llawysgrifau eraill parheir hyd 1463. Nid oes i'r gwaith moel hwn ddim pwysigrwydd fel ffynhonnell hanesyddol ond, ynghyd â nifer o fân groniclau eraill, dengys y math o

weithgarwch ysgrifennu hanes a geid yn gyfochrog â *Brut y Tywysogyon* yn niwedd yr Oesoedd Canol yng Nghymru.

Argraffwyd testun *Llyfr Coch Hergest* gan J. Gwenogvryn Evans, *Text of the Bruts from the Red Book of Hergest* (1890).

Observations on the River Wye (1782), gwaith topograffaidd a didactig a chynnyrch dau gyfnod o haf (1770 ac 1782) a dreuliodd yr awdur Saesneg, William Gilpin (1724–1804), ar ororau Cymru. Yr oedd nifer o luniau dyfrlliw chwaethus yn y llyfr a chafwyd pum argraffiad cyn 1800, ac yn y flwyddyn honno cafwyd fersiwn Ffrangeg o Breslau. Y brif ddadl, a draddodir mewn arddull fonheddig ond anghyffredin, oedd y gellir mesur harddwch tirlun yn ôl pa mor addas ydyw i'w baentio. Canmolodd Gilpin anfadwaith y Seneddwyr ar Gastell *Rhaglan gan iddynt dorri ar ei linellau gorsyth, ac awgrymodd fod modd gwella ar Abaty *Tyndyrn trwy ddefnyddio gordd, oherwydd bod yr ystlysau traws yn drysu'r persbectif. O ganlyniad daeth llawer o deithwyr bonheddig i ymweld â Dyffryn Gwy yn y degawdau dilynol, a daeth y llyfr yn feibl estheteg i gwlt newydd. Cymaint oedd y mewnlifiad nes ysgogi dychan y Ffrancwr Americanaidd, Louis Simond, a fu ar daith yn Nyffryn Gwy yn 1811.

Ocky Milkman, yn *Under Milk Wood* (1954) gan Dylan *Thomas; y mae si ar led ei fod yn cadw ei wraig yn y cwpwrdd gyda'r poteli gwag ac yn glastwreiddio'r llaeth.

Odl. Digwydd pan fo sain un sillaf (o lafariad bur neu ddeusain, neu lafariad neu ddeusain a chytsain neu gytseiniaid) yn union yr un fath â sain sillaf arall, er enghraifft diweddebau megis llo/tro; nos/ffos; naid/llaid; torth/porth; neu ddiweddebau yn odli â goben gair: claf/afon; adref/nefoedd.

Ceir sawl math o odlau; Odl ddwbl lle y mae dwy sillaf yn cyfateb o ran sain, megis telyn/melyn; Odl Wyddelig, neu led odl, lle y mae'r llafariaid neu'r deuseiniaid yr un ond y cytseiniaid, er eu bod yn wahanol, o'r un ansawdd, megis p, t, c; b, d, g; ph, ff, th, ch; er enghraifft, mae gwiro*d* yn odli ag enw*og*; Odl gudd, pan gysylltir diwedd gair â dechrau'r gair sy'n dilyn, Dyma *ben* ar bob a*berth*; Odl ewinog, pan fo cytsain fud galed ar ddiwedd gair yn cyfateb i un feddal a galedwyd gan sain yn dod o'i blaen: Ni bu heb fy*nd* helynt *d*all; Odl fewnol, pan fo sillafau olaf dau air yn odli â'i gilydd mewn un llinell; Odl gyrch, pan fo dwy sillaf olaf yn odli â'i gilydd, y naill odl yn dod yn niwedd y llinell flaenorol a'r llall o flaen yr orffwysfa yn y llinell a'i dilyno; Proest.

Oes y Seintiau, cyfnod yn ymestyn o'r bedwaredd i'r wythfed ganrif pryd y sefydlwyd Cristnogaeth yng Nghymru gan fynaich a chenhadon crwydrol y galwyd hwy yn ddiweddarach yn 'seintiau'. Tystia'r cerrig coffa fod yr ymgyrch genhadol a gyfeiriwyd o wlad Gâl ac y dylanwadwyd arni gan ddysgeidiaeth Sant Martin o Tours ac eraill, wedi cael cryn effaith ar Gymru. Dichon mai parhad traddodiadau o'r cyfnod Rhufeinig yw'r eglurhad dros dwf Cristnogaeth yn ne-ddwyrain Cymru. Yr oedd *Dyfrig (Dubricius) yn weithgar yng ngororau Henffordd a Gwent a sefydlodd *Cadog ac *Illtud fynachlogydd, a ddaeth yn enwog am eu dysg, yn *Llancarfan a *Llanilltud Fawr. Cysylltir *Dewi Sant a *Teilo â'r de-orllewin ac yr oeddynt yn bregethwyr ac yn efengylwyr yn y chweched ganrif. Arweiniodd *Beuno fudiad asgetig yng ngogledd Cymru, rhanbarth a fuasai eisoes o dan ddylanwad seintiau yn teithio ar hyd moroedd y gorllewin ac a oedd â chysylltiadau agos â gogledd Prydain. Gweler hefyd BUCHEDDAU'R SAINT ac EGLWYS GELTAIDD.

Llyfrau E. G. Bowen yw'r rhai mwyaf safonol ar y pwnc, *The Settlements of the Celtic Saints in Wales* (1954) a *Saints, Seaways and Settlements* (1969).

Offrwm, yr arian a gesglid yn ystod gwasanaeth angladdol i'w gyflwyno i'r offeiriad. Cyn y Diwygiad Protestannaidd ei bwrpas oedd talu'r offeiriad am ddweud offeren dros yr ymadawedig ond erbyn y ddeunawfed ganrif ystyrid yr arian yn rhodd i'r offeiriad, ond byddai yntau'n aml yn trosglwyddo'r casgliad i deulu'r ymadawedig os byddent mewn angen. Yn ardaloedd y chwareli yng ngogledd Cymru yn ystod y bedwaredd ganrif ar bymtheg datblygodd yr arfer o 'ddanfon offrwm' i'r tŷ galar gan osod darn chwecheiniog neu swllt ar hances boced a osodwyd ar fwrdd i dderbyn rhoddion. Arfer tebyg i'r offrwm oedd yr 'arian rhaw' a gesglid gan y clochydd yn dâl iddo am ei ran yn yr angladd.

Ceir adroddiad mwy manwl o'r arfer mewn erthyglau gan Gwynfryn Richards yng *Nghylchgrawn* Cymdeithas Hanesyddol yr Eglwys yng Nghymru (cyf. II, 1950) ac F. P. Jones yn *Gwerin* (cyf. I, 1956); gweler hefyd Trefor M. Owen, *Welsh Folk Customs* (1959).

Ogam, gwyddor yn cynnwys ugain o lythrennau yn seiliedig ar batrwm o linellau syth ar wyneb darn o bren neu garreg, a bylchau ar yr ymyl. Rhannwyd y llythrennau yn bedwar dosbarth o bum sain, y llinellau yn cyfeirio at y cytseiniaid n, v, s, l, b; q, c, t, d, h; z, r, ng, g, m; a'r bylchau yn cyfeirio at y llafariaid i, e, u, o, a; ychwanegwyd y symbol ↑ am p ar rai arysgrifau Brythonig.

Bu cryn ddyfalu ynglŷn â tharddiad Ogam ond y farn gyffredinol bellach yw iddi gael ei dyfeisio ar gyfer yr iaith Wyddeleg a'i bod yn seiliedig ar yr Wyddor Ladin. Trwy gydol yr Oesoedd Canol ystyrid yn Iwerddon fod gwybodaeth o Ogam yn rhan hanfodol o ddysg y bardd. Adwaenid y llythrennau wrth enwau coed megis *betha* (bedwen), *luis* (llwyfen), *ninn* (onnen). Y mae nifer o arysgrifau Ogam, yn cynnwys rhyw dri chant o enghreifftiau ar garreg, wedi goroesi yn Iwerddon, y rhan fwyaf ohonynt yn swyddi Waterford a Kerry.

Ceir tua deugain o gerrig Ogam yng Nghymru, y mwyafrif ohonynt yn yr ardaloedd lle y bu cymunedau o Wyddelod yn gryf yn ystod yr Oesoedd Tywyll, sef hen siroedd Penfro, Brycheiniog a Chaerfyrddin. Y maent yn bwysig oherwydd bod y rhan fwyaf ohonynt yn ddwyieithog, â ffurfiau Lladin-Frythonig a Gwyddelig ar yr un garreg, ac felly'n dangos y gwahaniaethau seinegol rhwng y ddwy iaith. Cofebau yw'r cerrig yn ôl pob tebyg, a cheir arnynt enwau pobl, yn y cyflwr genidol, yn dilyn y fformiwla '(carreg) X MAQI (mab) / AVI (ŵyr) / MUCOI (disgynnydd) Z.' Cynigid bod yr arysgrif sy'n cynnwys y gair MUCOI yn dwyn cof am gyfnod paganaidd a bod yr enw sy'n dilyn yn cyfeirio at dduw paganaidd a ystyrid yn hynafiad tylwyth y llwyth. Oherwydd bod y bobl a gofnodir ar y cerrig yn anhysbys fel arall, nid oes modd eu dyddio ond ar sail yr arysgrifau Lladin-Frythonig. Yr unig eithriad drawiadol ymhlith cerrig Ogam Cymru yw arysgrif 'VOTECORIGAS (Ogam)/MEMORIA VOTEPORIGIS PROTICTOR' (Lladin-Frythonig) a geir yn Eglwys Castell Dwyran (Môn) a gysylltir â'r Brenin Voteporius (Gwrthebyr) a geryddwyd gan *Gildas yn ei *De Excidio Britanniae.

Ceir manylion pellach yn John MacNeill, 'Notes on the Distribution, History, Grammar and Import of Irish Ogam inscription' yn *Proceedings of the Royal Irish Academy* (cyf. XXVII, 1909), K. H. Jackson, 'Notes on the Ogam Inscriptions of Southern Britain' yn *The Early Cultures of North-west Europe* (gol. Cyril Fox a Bruce Dickens, 1950), V. E. Nash-Williams, *The Early Christian Monuments of Wales* (1960), Melville Richards, 'The Irish Settlements in South-west Wales' yn *Journal of the Royal Society of Antiquaries of Ireland* (cyf. XC, 1960), a gweler yn arbennig Damian McManus, *A Guide to Ogam* (1991).

Ogof Arthur, testun chwedl werin, sy'n seiliedig ar thema gydwladol am arwr yn cysgu hyd oni ddelo'r dydd i arwain ei wlad. Yn y fersiwn sy'n fwyaf cyffredin yn y Gymraeg dywedir i lanc a gariai ffon gollen gwrdd â dewin ar Bont Llundain a gofyn ef i'r llanc ei arwain i'r fan lle y torrwyd y ffon. Darganfyddant ogof yng Nghymru lle y cwsg *Arthur a'i farchogion a cheisia'r llanc ddwyn trysor y marchogion ond y mae'n taro'r gloch gan ddeffro'r marchogion. Gofynnant, 'A ddaeth y dydd?', ac etyb yntau, 'Na, ddim eto, cysgwch'. Ond ar y trydydd cynnig anghofia'r llanc ateb; curir ef gan y marchogion ac ni all byth mwy ddarganfod yr ogof.

Cysylltir y chwedl ag ogofeydd ym Mhontnedd-fechan, Llantrisant ac Ystradyfodwg, Morg., yn Nyffryn

Tywi, Caerf., ac yn Llanllyfni, Caern. Mewn amryw fersiynau, megis rhai a gysylltir â Throed-yr-aur, Cer., a Llandybïe, Caerf., *Owain ap Thomas ap Rhodri (Owain Lawgoch) ac nid Arthur, sy'n cysgu yn yr ogof; ac mewn rhai o'r fersiynau o Forgannwg cysylltir yr ogof ag *Owain Glyndŵr. 'Ogof Arthur' oedd testun yr awdl a enillodd i William *Morris *Gadair yr Eisteddfod Genedlaethol yn 1934.

Ogof Llywelyn, ger Aberedw, Maesd., y man lle y dywedir i *Lywelyn ap Gruffudd geisio lloches ychydig cyn iddo gael ei ladd yn 1282. Yn ôl y traddodiad gofynnodd y Tywysog, ar ôl gadael yr ogof, i of lleol o'r enw Madog Goch, wrthdroi pedolau ei farch, er mwyn camarwain ei elynion. Wedyn aeth trwy'r eira tua Llanfair-ym-Muallt. Daeth grŵp o Normaniaid i chwilio amdano ac arteithio Madog, a adwaenid wedi hynny yn Fin Mawr, gan sicrhau'r wybodaeth angen-rheidiol, ond yr oedd yn rhy hwyr i ddal Llywelyn ar lan ogleddol yr afon. Y mae'r stori yn ddi-sail ond bu 'Bradwyr Aberedw' yn enw ar drigolion yr ardal am hir wedi hynny. Gweler hefyd BUELLT.

Ogre of Abergavenny, The, gweler WILLIAM DE BRAOSE (1150–1211).

Ogwr, rhan o arglwyddiaeth *Morgannwg. Yr oedd, fel *Cydweli, ym meddiant teulu de Londres. Yn ddiweddarach aeth i feddiant teulu Chaworth, ac wedyn i Ddugiaeth Lancaster. Y mae ei dogfennau wedi goroesi'n fwy cyflawn na rhai arglwyddiaethau eraill y Mers, ac o ganlyniad, rhydd Ogwr enghraifft glasurol o ymraniad tiriogaeth y Mers yn Saesonaethau ac yn Frodoraethau.

Old Devils, The (1986), nofel gan Kingsley Amis (1922–95) a enillodd Wobr Booker ym mlwyddyn ei chyhoeddi. Bu'r llyfr yn destun peth dadlau pan ymddangosodd, yn rhannol oherwydd dyfalu ynglŷn â phwy oedd y prif gymeriad, Alun Weaver, nofelydd a 'chyfryngi' o Gymro, yn ei gynrychioli, ac yn rhannol oherwydd y disgrifiad o fywyd dosbarth-canol Abertawe (dan gochl nifer o ffugenwau). Serch hynny, yr oedd Amis wedi parhau i ymweld ag Abertawe wedi i'w gyfnod yno fel darlithydd ddod i ben, ac er gwaethaf ei ddelwedd ei hun fel Sais John Bullaidd nodweddiadol, yr oedd, yn amlwg, yn ddigon hoff o'r dref a'i phobl. Er ei fod yn aml yn feirniadol o'r hyn a ystyriai'n ddiffygion Cymreig, ymddengys mai parch yn hytrach na dirmyg at y wlad a ysgogai'r feirniadaeth.

Yr 'hen ddiawliaid' yn y teitl yw Malcolm Cellan-Davies, Peter Thomas a Charlie Norris, ynghyd â'u cylch o gyfeillion agos, a'u gwragedd, Gwen, Muriel a Sophie. Y maent wedi ymddeol, ond yn byw bywydau prysur, fe ymddengys, yn arbennig o ran faint o ddiod gadarn a lyncir ganddynt. Yn ymarferol, y mae'n amlwg

eu bod yn gaeth i batrwm byw na fydd byth, er enghraifft, yn caniatáu i Malcolm gwblhau ei gyfieithiadau o Gymraeg Canol. Yna clywant fod Alun Weaver a'i wraig Rhiannon yn dychwelyd i fyw i Gymru. Bu Alun yn ôl yn y dref sawl gwaith, yn chwarae'i ran fel darlledwr a dehonglwr traddodiad Brydan (sy'n fath o Dylan *Thomas o gymeriad) ond y mae Rhiannon, a oedd hefyd yn adnabod Malcolm a'r lleill yn yr hen ddyddiau, wedi cadw draw. Bellach y mae dychweliad y pâr yn adfywio hen bartneriaethau ac yn creu tensiynau newydd. Arwain hefyd at archwilio agweddau at Gymru, sy'n amwyio o ddirmyg oes Muriel Thomas at y wlad, i alarnadu ynglŷn â Seisnigo'r dosbarth-canol Cymreig, a'r gwrthwyneb i hynny, y gor-Gymreig-eiddio sy'n mynnu ysgrifennu 'tacsi' am *taxi*, ac yn y blaen. Y mae Alun Weaver yn ysgrifennu nofel am Gymru ond, ac yntau wedi byw cyhyd yng nghysgod Brydan, ni all greu unrhyw beth a'i stamp ei hun arno; mewn gwrth-uchafbwynt priodol, syrthia'n farw. Addaswyd *The Old Devils* ar gyfer y teledu yn 1992 gan Andrew *Davies. Gweler hefyd THAT UNCERTAIN FEELING ac EVANS COUNTRY.

Old Wales, gweler o dan WILLIAMS, WILLIAM RETLAW JEFFERSON (1863–1944).

OLIVERS, THOMAS (1725–99), pregethwr a phamffledwr Methodistaidd cynnar. Fe'i ganed yn Nhregynon, Tfn.; crydd ydoedd ac ychydig o addysg ffurfiol a gafodd. Troes at y Wesleaid a daeth yn bregethwr teithiol yn 1753 a dadleuodd yn frwd yn erbyn cred y Methodistiaid Calfinaidd mewn etholedig-aeth; yr oedd yn llefarydd di-flewyn-ar-dafod a chanddo dymer danllyd. Ymhlith ei bamffledau gellir enwi *A Scourge to Calumny* (1774) ac *A Rod for a Reviler* (1777), ond cofir amdano yn bennaf oherwydd dau o'i emynau, 'Come, Immortal King of Glory' a 'The God of Abraham praise'.

Golygwyd ac ailargraffwyd ei hunangofiant, a gyhoeddwyd gyntaf yn *The Arminian Magazine* (1779), gan Glyn Tegai Hughes a Gwasg Gregynog yn 1979; gweler hefyd yr erthygl gan Richard Shindler yn *The Red Dragon* (cyf. I, 1885).

Olor Iscanus (llyth. 'Alarch Wysg'; 1651), ail gyfrol Henry *Vaughan o gerddi a chyfieithiadau. Ysgrifen-nwyd y rhagymadrodd yn Nhrenewydd, Dyffryn Wysg, ym mis Rhagfyr 1647 ond aeth pedair blynedd heibio cyn ei chyhoeddi. Un rheswm llai dros yr oedi oedd fod angen dileu rhai o'r cerddi rhyfel gan mai annoeth fyddai eu cynnwys, ond y prif reswm oedd nad oedd y bardd, ar ôl ei dröedigaeth ac wedi iddo ymroi i ysgrif-ennu'n ddefosiynol, yn fodlon arddel ei waith seciwlar. Felly gwelodd rhan gyntaf *Silex Scintillans* (1650) olau dydd o flaen *Olor Iscanus* ac mae'n debyg mai Thomas *Powell oedd y 'cyfaill' a lywiodd yr olaf, a ddisgrifiwyd fel '*formerly written by Mr. Henry Vaughan, Silurist*', drwy'r wasg. Yn y rhagymadrodd i ail argraffiad *Silex Scintillans* (1654), dywed yr awdur iddo gelu ei 'ffolinebau mwyaf' a chaniatáu cyhoeddi'r cerddi hynny sydd yn 'ddiniwed', ond ei ddymuniad, fodd bynnag, oedd na fyddai neb yn eu darllen. Y mae *Olor Iscanus* yn cynnwys y cerddi, '*To the River Isca*', '*The Charnel-House*' a thair cerdd ac iddynt gefndir rhyfel, dwy ohonynt yn farwnadau i gyfeillion.

Olwen, gweler CULHWCH AC OLWEN.

Oll Synnwyr Pen Kembero Ygyd (1547), un o'r llyfrau Cymraeg argraffedig cyntaf, sef casgliad o ddiarhebion, yr honnai William *Salesbury iddo ei 'ddwyn' oddi wrth *Ruffudd Hiraethog. O ganlyniad i'r bri eithriadol a roddwyd i'r *Adagia* gan Erasmws daeth yn ffasiwn i gyhoeddi casgliadau cyffelyb er mwyn dangos cyfoeth y ddoethineb a drysorwyd yn y mamieithoedd Ewropeaidd. Yn ei ragymadrodd, sy'n cael ei gyfrif fel maniffesto cyntaf dyneiddiaeth Brotestannaidd Gymreig, gwna apêl huawdl dros grynhoi'r holl lawysgrifau Cymraeg at ei gilydd er mwyn hyrwyddo cyfieithu'r Ysgrythur i'r Gymraeg. Yn ei farn ef hwn oedd y gorchwyl llenyddol pwysicaf ac yr oedd yn anhepgor er mwyn sefydlu'r Gymraeg fel iaith dysg a fyddai'n deilwng i ymateb i her y Dadeni a'r Diwygiad.

Cafwyd adargraffiad o'r llyfr wedi ei olygu gan J. Gwenogvryn Evans yn 1902; gweler hefyd yr erthyglau gan Ifor Williams yn *Y Traethodydd* (1946) a Saunders Lewis yn *Efrydiau Catholig* (1948), a'r ysgrif gan R. Brinley Jones, *William Salesbury*, yn y gyfres *Writers of Wales* (1994).

On the Black Hill (1982), nofel gan Bruce Chatwin (1940–89) a enillodd Wobr Lenyddol Whitbread yn 1982 ac a ddaeth yn fuan iawn yn un o'r testunau Eingl-Gymreig mwyaf adnabyddus, gan ymddangos ar feysydd llafur ac ar ffurf drama a ffilm (1987). Yr oedd yr awdur cyn hynny wedi cynnwys hanes y wladfa Gymreig yn Ariannin yn ei lyfr taith *In *Patagonia* (1978) ac wedi byw am beth amser ar ororau Cymru, sef lleoliad y nofel. Ond y mae ar *On the Black Hill* fwy o ddyled i fodelau a meddylfryd Seisnig nag i draddodiad Emyr *Humphreys neu Gwyn *Thomas (1913–81). Y mae'r nofel yn adrodd hanes bywydau Lewis a Benjamin Jones, efeilliaid unfath, a aned yn 1900 ar fferm fechan o'r enw *The Vision*, yng nghyffiniau'r Gelli Gandryll. Labrwr a thyddynnwr o sir Faesyfed yw eu tad, Amos, ond y mae eu mam, Mary Latimer, yn ferch i'r ficer lleol, sy'n genhadwr wedi ymddeol; er bod y pâr yn hoff o'i gilydd, penderfyna Mary briodi Amos yn rhannol fel ateb i'w phroblemau ar ôl i'w thad farw. Y mae'n briodas anodd, ond caiff Mary gysur yn ei meibion; ei merch Rebecca, nad yw'n cael fawr o ran yn yr hanes, yw cannwyll llygad ei thad, ac ymhen amser y mae'n ffoi o'r ardal. Y mae'r rhwymyn traddodiadol rhwng efeilliaid unfath yn cysylltu Lewis a Benjamin, teimlant

emosiynau a phoen ei gilydd, ac nid oes dim yn eu gwahanu nes y gorfodir Benjamin i'r fyddin yn ystod y Rhyfel Byd Cyntaf. Nid yw'r naill na'r llall yn priodi, er i Lewis gael sawl perthynas fer â merched lleol. Y mae'r fferm yn ffynnu, ond nid oes ganddynt etifedd nes yr ymddengys merch Rebecca a'i mab hi, Kevin; Kevin yn ddiweddarach sy'n trefnu'r daith awyren dros *The Vision* a'r Mynydd Du, Brych./Myn., sy'n uchafbwynt i fywyd yr efeilliaid. Yn fuan wedyn, lleddir Lewis pan ddymchwela ei dractor a gadewir Benjamin i wylio'n ddyddiol wrth fedd ei frawd. Er mai hanes Lewis a Benjamin yw *On the Black Hill* i bob golwg, canolbwynt emosiynol y nofel yw perthynas Mary ac Amos gyda'r holl adleisiau Lawrensaidd y mae eu priodas rhwng merch fonheddig addysgedig a gwerinwr di-ddysg yn eu dwyn yn ôl i'r darllenydd. Y mae manylder hoffus portread Chatwin o fywyd ar ororau Cymru, sy'n fywyd diddigwydd a llawn digwyddiadau'r un pryd, yn glir a dwys fel mewnlun Iseldiraidd, ac yn hynny o beth, fel yn y thema o wrthdaro rhwng dau draddodiad, y mae'n nodweddiadol o fudiad nofelwyr y Gororau y mae Margiad Evans (Peggy Eileen *Whistler) a Mary Webb yn enghreifftiau ohono.

ONIONS, OLIVER (1873–1961), nofelydd. Fe'i ganed yn Bradford, swydd Efrog, a phan oedd yn llanc fe'i prentisiwyd i argraffydd. Oherwydd ei ddawn fel cynllunydd enillodd ysgoloriaeth i Academi Frenhinol Celf, a daeth yn ddiweddarach yn ddarluniwr gyda'r *Daily Mail*. Erbyn 1900 yr oedd wedi cyhoeddi ei lyfr cyntaf, *The Compleat Bachelor*, sef casgliad o frasluniau a ddaeth yn hynod boblogaidd; yna daeth storïau am swydd Efrog ond fe'i denwyd fwyfwy at y lledrithiol-hyll. Erbyn iddo briodi Berta *Ruck yn 1909 yr oedd wedi cyhoeddi deg llyfr. O'r rhai a ysgrifennodd cyn y Rhyfel Byd Cyntaf, y ddau a ailargraffwyd amlaf oedd *Widdershins* (1911) ac *In Accordance with the Evidence* (1915). Yr oedd *The Tower of Oblivion* (1921) a *The Painted Face* (1929) yn ddau o'r nifer a enillodd iddo'r anrhydedd o lunio *Collected Ghost Stories* (1935). Er mai ymwelydd anfynych â Chymru ydoedd yn y cyfnod hwnnw, yr oedd rhieni ei wraig yn byw yma a daeth Onions dan gyfaredd caneuon gwerin Cymraeg; un o'r rhain, sef 'Serch Hudol' – yr alaw a genir yn awr wrth i *Orsedd Beirdd Ynys Prydain orymdeithio mewn seremonïau – a ysgogodd un o'i storïau ysbryd enwocaf, '*The Beckoning Fair One*'.

Daeth Onions a'i wraig i fyw i Aberdyfi, Meir., yn 1939 a bu hyn yn fodd i newid cyfeiriad llenyddol yr awdur a oedd erbyn hynny bron yn ddeg a thrigain oed. Dechreuodd ysgrifennu nofelau hanesyddol sy'n rhagori hyd yn oed ar y gorau o'i chwedlau *macabre*: *The Story of Ragged Robyn* (1945), *Poor Man's Tapestry* (1946), *Arras of Youth* (1949) ac *A Penny for the Harp* (1951). O'i ddeugain llyfr, dau yn unig a leolwyd yn 'Gwlad', tiriogaeth ar y ffin yn nwyrain sir Drefaldwyn, yn y bymthegfed ganrif, ond y mae Gandelyn, y telynor-ysbïwr-ysgrifennydd ac arwr amwys y gweithiau hyn, yn ymddangos hefyd yn *Arras of Youth* (sy'n dychwelyd i sir enedigol yr awdur). Y mae cefndir canoloesol y llyfrau hyn weithiau'n fwriadol ddryslyd i'r darllenydd, ond nid yw byth yn cael ei ramanteiddio ac eithrio efallai yn nhermau safonau a delfrydau celfyddyd. Yn ei nofel orau, *Poor Man's Tapestry*, yr adroddwr yw Willie Middlemiss, gŵr o swydd Efrog, gweithiwr metel ac arysgrifwr, sydd â'i grebwyll gwleidyddol heb fod o'r radd flaenaf. Y mae naïfrwydd Willie yn rhoi i'r cynllun ddimensiwn arall a rhydd ei gyfathrach â masnachwyr a chrefftwyr, na cheir cystal disgrifiad o'u gwaith yn unman arall ym myd ffuglen, brofiad hollol newydd i'r darllenydd.

Ordoficiaid, Yr, un o'r llwythau a fodolai yng Nghymru cyn ac ar ôl dyfodiad y Rhufeiniaid, ac a gofnodwyd gan Ptolemy (*fl*. ail gan.), y daearyddwr o'r Aifft. Ymddengys i'w tiriogaeth lwythol ledu o Leintwardine, Henff., yn y de-ddwyrain tua'r gogledd-orllewin cyn belled â, ac yn cynnwys, Ynys Môn, rhwng tiroedd y Gangani ym mhenrhyn Llŷn a thiroedd y Deceangli, i'r dwyrain o Ddyffryn Clwyd. Ystyr yr enw Ordoficiaid, y mae'n debyg, yw 'ymladdwyr â morthwylion' a dichon fod y 'ffatri' gynhanesiol gwneud bwyeill-cerrig yn y Graig Lwyd, Penmaen-mawr, Caern., yn berthnasol yn y cyswllt hwn. Y mae'r enwau cyfoes Dinorwig a Rhyd Orddwy ger Y Rhyl, Ffl., yn enwau sydd wedi goroesi o enw'r llwyth.

Nid yw arwyddocâd y defodau derwyddol ym Môn i'r Ordoficiaid wedi ei lawn ddeall eto. Ffodd Caradog (*Caratacus) i blith yr Ordoficiaid yn OC 47, fe ddichon oherwydd i'r Rhufeiniaid oresgyn tiriogaeth y *Silwr-iaid; ymladdwyd a chollwyd brwydr olaf ei ymgyrch ar diriogaeth yr Ordoficiaid, gerllaw Caersws yn ôl pob tebyg. Y mae'r nodyn gan Tacitus yn dweud bod rhai a oedd 'yn casáu ein heddwch' (h.y. heddwch y Rhufeiniaid), wedi ymuno â Charadog yno, yn awgrymu i rai haneswyr fod dealltwriaeth rhyngddo ef a'r *Derwyddon.

Yn OC 59 dechreuodd Suetonius Paulinus ymgyrch yn erbyn yr Ordoficiaid; daeth y rhyfel hwn i ben ddwy flynedd yn ddiweddarach â'i ymgais i groesi afon Menai. Disgrifir yr olygfa gan Tacitus yn fyw iawn: 'Ymhlith y gelyn yr oedd merched mewn clogau duon, eu gwallt yn anniben fel yr Ellyllesau, ac yn cario torchau. Gerllaw safai'r Derwyddon, gan godi eu dwylo tua'r nef a sgrechian melltithion ofnadwy.' Wedi eu hansicrwydd ar y dechrau, croesodd y milwyr Rhufeinig afon Menai, a gorchfygu'r Ordoficiaid a 'dinistrio'r llennyrch a gysegrwyd i ofergoelion barbaraidd Môn'. Galwyd Paulinus yn ôl, fodd bynnag, oherwydd gwrthryfel *Boudicca cyn iddo lwyr orchfygu Môn. Yn OC 78 daeth yr Ordoficiaid i sylw Agricola wedi iddynt ddifrodi gosgordd o wŷr meirch y flwyddyn flaenorol ac felly gorymdeithiodd hwnnw i ogledd Cymru a

gorchfygu tiriogaethau'r Ordoficiaid i gyd, gan gynnwys Môn.

Yr hanes unigol gorau ar yr Ordoficiaid yw un Barry Cunliffe yn *Iron Age Communities in Britain* (1974).

Ordovex, gweler PARRY, JOHN HUMPHREYS (1786–1825).

Organ Morgan, gŵr y wraig sy'n cadw'r siop groser yn *Under Milk Wood* (1954) gan Dylan *Thomas. Y mae ar ei draed bob nos tan hanner nos yn canu'r organ; o'r herwydd, dywed ei wraig, '*Oh, I'm a martyr to music*'.

Orgraff y Gymraeg. Yr oedd orgraff y Gymraeg mewn cryn ddryswch ar ddechrau'r bedwaredd ganrif ar bymtheg oherwydd damcaniaethau ffug am eirdarddiad gan William *Owen Pughe yn ei Eiriadur a Gramadeg (1803). Er gwaethaf ymdrechion gwŷr megis D. Silvan *Evans a Thomas Rowlands (1824–84), ni chafodd sillafu'r Gymraeg ei safoni hyd 1859 pan gyhoeddodd pwyllgor a gyfarfu yn Eisteddfod Llangollen yn y flwyddyn flaenorol, *Orgraph yr Iaith Gymraeg* (1859), gwaith dau brif hanesydd llenyddiaeth y cyfnod hwnnw, sef Gweirydd ap Rhys (Robert John *Pryse) a Thomas *Stephens. Serch hynny, ni fodlonwyd pawb fel y tystia ymateb D. Silvan Evans yn *Llythyraeth yr Iaith Gymraeg* (1861). O ganlyniad i lafur ysgolheigion megis Zeuss, Pedersen, Strachan ac yn enwedig John *Rhŷs yn ei *Lectures on Welsh Philology* (1877), daeth gobaith am gytundeb.

Wedi trafodaethau yng nghyfarfodydd *Cymdeithas Dafydd ap Gwilym yn Rhydychen yn 1888 cafwyd canllawiau diogel, a dechreuwyd argraffu cylchgronau megis *Cymru ac Y *Traethodydd yn unol â'r canllawiau. Cafwyd datganiad mwy swyddogol a llawnach ar yr argymhellion hyn yn *Welsh Orthography* (1893), sef ffrwyth llafur cyd-bwyllgor o *Gymdeithas yr Iaith Gymraeg ac arbenigwyr yr iaith, megis John Rhŷs, Thomas *Powel, J. E. *Lloyd, John *Morris-Jones ac eraill. Llugoer iawn fu'r derbyniad a gafodd yr argymhellion hyn, ond bu digon o werthu ar yr Adroddiad i gael ail argraffiad yn 1905. Yn 1928 ystyriwyd yr orgraff gan Bwyllgor Iaith a Llenyddiaeth *Bwrdd Gwybodau Celtaidd y Brifysgol a chyhoeddwyd *Orgraff yr Iaith Gymraeg*. Y mae hwnnw'n cynnwys trafodaeth fanwl ar yr egwyddorion sylfaenol a rhestr o tua mil a hanner o eiriau y gall fod ansicrwydd ynghylch eu sillafu.

Wedi dadleuon hir ac wedyn cyfaddawdu, dyfeisiwyd system o Orgraff Gymraeg a dderbyniodd sêl gyffredinol i'r fath raddau nas cafwyd, hyd yn hyn, yn yr ieithoedd Celtaidd eraill, ac yn sgil y cytundeb hwn cafwyd canlyniadau llesol i'r gair ysgrifenedig yn y Gymraeg.

Orinda (1943), nofel hanes fer gan R. T. *Jenkins. Yn ei ragair y mae'r awdur yn honni iddo ddarganfod llawysgrif o waith y Parchedig Richard Aubrey,

Cymrawd o Goleg Iesu, Brenhinwr a drowyd o Rydychen yn 1648 gan Ymwelwyr y Senedd Faith. Trwy'r cymeriad dychmygol hwn cawn gyfarfod â Katherine *Philips, 'y ddigymar Orinda', a'i phriod, Syr James, cefnogwr blaenllaw i Cromwell. Ar ôl colli'i Gymrodoriaeth y mae Aubrey'n crwydro'n ofnus nes dod i Briordy Aberteifi a chael ei dderbyn gan 'Orinda' (sy'n cefnogi'r frenhiniaeth fel yntau) yn ysgrifennydd a thiwtor iddi, gyda chydsyniad anfoddog ei gŵr. Y mae'r hen fwtler Piwritanaidd Timothy Benet, fel Aubrey, yn addoli'r 'feistres', a'r berthynas drionglog hon yw calon y nofel. Fel y dywed yr awdur, nid oes iddi na stori na phlot, ond y mae iddi gynllun celfydd. Llenyddol yw'r ddeialog drwyddi ond, er mor annaturiol yw hynny, y mae i bob cymeriad ei lais ei hun. Y mae Aubrey, yr ysgolhaig gwangalon â'i ragfarnau hoffus a'i ddygymod stoicaidd â chaledi, yn gymeriad cofiadwy, yn hunanbortread bwriadol, efallai, o'r awdur.

Ormes Britanniae, gweler DE EXCIDIO BRITANNIAE (*c.*538).

ORMOND, JOHN (1923–90), bardd a gwneuthurwr ffilmiau. Fe'i ganed yn Nynfant, ger Abertawe, ac fe'i haddysgwyd yng Ngholeg y Brifysgol Abertawe. Ymunodd â staff y *Picture Post* yn Llundain yn 1945. Ymddangosodd ei gerddi cynnar (dan yr enw John Ormond Thomas) yn y gyfrol *Indications* (1943) gyda rhai James Kirkup a John Bayliss. Wedyn cynghorwyd ef gan Vernon *Watkins i beidio â chyhoeddi rhagor o gerddi nes ei fod yn ddeg ar hugain oed. Canlyniad hyn oedd magu'r fath ymdeimlad hunanfeirniadol nes teimlo bod yn rhaid iddo ddinistrio'r rhan fwyaf o'r hyn a ysgrifennodd yn ei ugeiniau a'i dridegau, ac yn y man i beidio ag ysgrifennu o gwbl am gyfnod. Yn 1949 dychwelodd i Abertawe i weithio fel is-olygydd, ac yn 1957 dechreuodd ar yrfa a oedd i ddod yn un ddisglair yn BBC Cymru fel cyfarwyddwr a chynhyrchydd ffilmiau dogfen. Y mae'r rhain yn cynnwys astudiaethau o arlunwyr a llenorion Cymreig megis Ceri *Richards, Dylan *Thomas, Alun *Lewis ac R. S. *Thomas. Ailddechreuodd ysgrifennu barddoniaeth yng nghanol y 1960au, gan gyhoeddi ei waith yn *Poetry Wales*. Y mae ei gyfrol fawr gyntaf, *Requiem and Celebration* (1969) yn gasgliad o waith a ysgrifennwyd dros gyfnod o bum mlynedd ar hugain, ac y mae'n anwastad ei ansawdd, ond gwelir ynddi dystiolaeth ddiddorol o'i ymdrech i ddarganfod ei lais ei hun. Fe'i dilynwyd gan *Definition of a Waterfall* (1973), cyfrol a gadarnhaodd ei enw fel bardd o aeddfedrwydd hyderus, o bosibl bardd Eingl-Gymreig gorau ei genhedlaeth. Y mae nifer arwyddocaol o'i gerddi, llawer ohonynt yn farwnadol, yn archwilio ei wreiddiau Cymreig, gan amlygu ymboeni ynglŷn â thylwyth a bro. Canolbwyntia eraill ar agweddau arbennig o'r byd natur gan geisio dal eu hunaniaeth wibiog. O ran arddull amrywia ei farddoniaeth o'r moel i'r addurnedig; y mae rhai cerddi yn ffraeth ac yn eironig, yn baradocsaidd ac yn hunandybus. Y mae ei gerddi yn ddisentimental, yn lluniaidd, yn fanwl eu saernïaeth ac yn gyforiog o synwyrusrwydd. Archwiliant themâu cymhleth ac anodd y teimladau gan wrthod symleiddio yr ymateb na bodloni ar atebion hawdd. Ymhlith y detholiad o'i gerddi yn *Penguin Modern Poets 27* (1978) y mae wyth cerdd nas cyhoeddwyd cyn hynny, ond cafwyd llawer mwy yn *Selected Poems* (1987), y casgliad mwyaf cyflawn o'i waith hyd yma. Cyhoeddwyd detholiad arall, *Cathedral Builders*, gan *Wasg Gregynog yn 1991.

Y mae ysgrif hunangofiannol gan John Ormond yn *Artists In Wales* (gol. Meic Stephens, 1973) ac adroddiad o sgyrsiau rhyngddo a Richard Poole yn *The New Welsh Review* (rhif. 5, cyf. II, Haf 1989). Ceir erthyglau ar ei waith yn *The Anglo-Welsh Review* (cyf. XXIII, rhif. 51, 1974) ac yn *Poetry Wales* (cyf. VIII, rhif. 1, 1972; cyf. XVI, rhif. 2, 1980; ac yn fwyaf eang yn y rhifyn coffa, cyf. XXVII, rhif 3, 1990).Ceir rhestr lawn o gyhoeddiadau John Ormond yn John Harris, *A Bibliographical Guide to Twenty-four Modern Anglo-Welsh Writers* (1994). Gweler hefyd ysgrif M. Wynn Thomas yn y gyfres *Writers of Wales* (1997).

Orpheus Junior, gweler VAUGHAN, WILLIAM (1575–1641).

OSMOND, JOHN (1946–), gohebydd, awdur ar bynciau gwleidyddol a chynhyrchydd teledu a aned yn Y Fenni, Myn., a'i addysgu ym Mhrifysgol Bryste. Y mae wedi gweithio i bapurau'r *Yorkshire Post*, y *Western Mail*, HTV Cymru a *Wales on Sunday*, a bu'n olygydd y cylchgrawn *Arcade o 1980 hyd 1982. Cyhoeddodd chwe chyfrol ar wleidyddiaeth gyfoes yng Nghymru: *The Centralist Enemy* (1974), *Creative Conflict: The Politics of Welsh Devolution* (1978), *Police Conspiracy?* (1984), *The Divided Kingdom* (1988), *The Democratic Challenge* (1992) a *Welsh Europeans* (1995); golygodd hefyd *The National Question Again: Welsh Political Identity in the 1980s* (1985) ac *A Parliament for Wales* (1994). Ef oedd Cadeirydd y *Welsh Union of Writers rhwng 1988 ac 1993 a Chadeirydd Ymgyrch Senedd i Gymru cyn cael ei benodi yn Gyfarwyddwr Sefydliad Materion Cymreig yn 1996.

Ossian Gwent, gweler DAVIES, JOHN (1839–92).

Outside the House of Baal (1965), nawfed nofel Emyr *Humphreys, a'r ymchwiliad hwyaf a gwblhaodd yn ymdrin â throsglwyddo daioni mewn cymdeithas. Y mae'r gynfas yn un helaeth, yn cynnwys pedair cenhedlaeth, a gall y cynllun-amser dorri ar draws y traethu, un diwrnod yn y presennol yn cael ei fylchu gan gyrhaeddiad disymwth y gorffennol. Y mae'r llyfr yn bortread cyflawn o J. T. Miles, gweinidog gyda'r Methodistiaid Calfinaidd sydd yn batrwm o 'ddyn da', dyn hael, agored ei galon, tangnefeddwr, heb lithrigrwydd tafod ond yn ysglyfaeth i ffolineb dynol. Wrth draethu, dengys yr awdur fod J. T. yn 'bradychu'

Argoed – sy'n symbol yma am Gymru'r Hen Gorff (gweler o dan METHODISTIAETH) – drwy briodi â Lydia, merch benchwiban, yn hytrach na'i chwaer hŷn, Kate. Y mae'n methu â dylanwadu ar ei wraig a'i blant, ac y mae'n gyfrifol am farwolaeth cyfaill yn y rhyfel. Daw at ddiwedd ei oes wedi'i ddiystyru gan bawb ond Kate (nad yw er hynny yn ei ddeall), ar gyrion tref, gyferbyn â thafarn newydd, sy'n symbol o bopeth y brwydrasai yn ei erbyn erioed. Y mae'r nofel rymus hon yn edrych ar *agape* (a fradychir unwaith eto gan *eros*) â rhesymeg treiddgar, a gweld mai methiant ydyw, gan ei fod yn rhy barod i ffarwelio â thraddodiad ac yn rhy araf ar gyfer llamiadau amrwd y meddwl dynol. Daw i'r casgliad na ellir gweld bod daioni yn cael ei drosglwyddo; y mae, efallai, le ar gyfer Duw.

Ceir astudiaeth o'r nofel hon gan Jeremy Hooker yn *Planet* (rhif. 39, 1977), a ailargreffir yn *The Poetry of Place* (1982) gan yr un awdur. Cynnwys yr argraffiad newydd, diwygiedig o'r nofel ragymadrodd gwerthfawr gan yr awdur, ynghyd â nodiadau sylweddol ar y testun.

Owain ab Urien (6ed gan.), cymeriad hanesyddol a ddaeth yn arwr yn rhamantau yr Oesoedd Canol a oedd yn ymwneud ag *Arthur. Cyfeirir ato mewn dwy gerdd a briodolir i *Daliesin a gellir ei osod ymhlith Gwŷr yr *Hen Ogledd yn y chweched ganrif. Yn y gerdd 'Gwaith *Argoed Llwyfain' rhydd ateb herfeiddiol i alwad Fflamddwyn, arweinydd y Saeson, ar y Brythoniaid i derfynu brwydro ac ildio gwystlon, ac ymddengys mai ef oedd arweinydd byddin Rheged. Ym 'Marwnad Owain', y farwnad hynaf yn y Gymraeg, dywedir iddo ladd Fflamddwyn, ac nad oedd neb a allai gystadlu ag ef wrth ymlid y gelyn. Crybwyllir Owain amryw o weithiau hefyd yn 'Canu Urien' (9fed gan.), sef cylch englynol a argreffir yn *Canu Llywarch Hen* (1935); yno gelwir ef yn 'Owain Rheged' a phwysleisir y lle blaenllaw a oedd iddo ym mywyd y deyrnas. Yn ôl Buchedd anghyflawn i Gyndeyrn (Kentigern), nawddsant Glasgow, a gyfansoddwyd yn y ddeuddegfed ganrif, Owain oedd tad y sant, eithr bernir gan lawer mai chwedl yn hytrach na ffaith oedd hyn.

Erbyn y ddeuddegfed ganrif yr oedd Owain wedi datblygu'n gymeriad chwedlonol gan gymryd ei le yn y cylch Arthuraidd. Ef yw arwr rhamant *Owain* neu *Iarlles y Ffynnon* (gweler o dan TAIR RHAMANT), sy'n cyfateb i gerdd Chrétien de Troyes, *Yvain* neu *Le Chevalier au Lion* (c.1177–81). Nid yw'r berthynas rhwng y ddwy chwedl yn eglur ac y mae ansicrwydd a ydynt yn tarddu o ffynhonnell gyffredin goll ai peidio. Cnewyllyn yr hanes yn y ddwy yw'r modd y mae Owain yn lladd ceidwad y Ffynnon ac yn priodi ei weddw. Rhoir lle amlwg i Owain hefyd yn y chwedl Gymraeg, *Breuddwyd Rhonabwy*. Yno ceir Arthur ac Owain yn chwarae *gwyddbwyll a brain Owain yn ymladd â gwŷr Arthur; go brin, fodd bynnag, fod Owain yn cyfoesi ag Arthur. Cyfeirir at Owain yn aml gan feirdd yr Oesoedd

Canol, gan ei alw weithiau'n Iarll y Cawg neu Farchog y Ffynnon.

Ceir manylion pellach yn Ifor Williams, *Canu Taliesin* (1960) a *The Poems of Taliesin* (1968), Rachel Bromwich, *Trioedd Ynys Prydein* (3ydd arg., 1998) ac R. L. Thomson, *Owein* (1968).

Owain ap Cadwgan (m. 1116), Tywysog o linach brenhinol *Powys; ef a herwgipiodd *Nest, 'Helen Cymru'. Yr oedd *Bleddyn ap Cynfyn, ei daid, wedi ymsefydlu'n rheolwr Powys a *Gwynedd ar ôl cwymp ei hanner-brawd *Gruffudd ap Llewelyn yn 1063, a chychwyn llinach a oedd i barhau mewn grym yno fel brenhinoedd, arglwyddi ac Arglwyddi'r Mers hyd yr unfed ganrif ar bymtheg. Tad Owain, *Cadwgan ap Bleddyn, oedd y cryfaf o'r arglwyddi Cymreig ar ddechrau'r ddeuddegfed ganrif; ef oedd rheolwr Powys ac, a hithau'n wan ar *Ddeheubarth, yn deyrn *Ceredigion hefyd. Yn 1109 cipiodd Owain Nest, sef gwraig Gerald de Windsor (ceidwad castell Penfro) a merch Rhys ap Tewdwr, o gastell *Cilgerran. Ar ôl ffoi i Iwerddon dychwelodd Owain i Gymru ac yn 1110 lladdodd William o Brabant, un o arweinwyr trefedigaethau Fflemaidd Dyfed. Ar hynny, cymerodd Harri I Geredigion oddi ar dad Owain, a'i rhoi i deulu Clare. Pan fu farw ei dad yn 1111 daeth Owain yn ben ar Bowys ac adenillodd ffafr Harri I. Bum mlynedd yn ddiweddarach ymunodd â'r Normaniaid i ddofi'r Deheubarth a oedd yn ailgodi dan arweiniad Gruffudd ap Rhys ap Tewdwr. Yn y sgarmes cafodd ei ladd gan y rhai a oedd i bob golwg yn gyfeillion iddo, y Ffleminiaid a gwŷr Gerald de Windsor.

Owain ap Gruffudd neu **Owain Gwynedd** neu **Owain Fawr** (c.1100–70), Brenin *Gwynedd a mab *Gruffudd ap Cynan. Parhaodd Owain ag ymdrechion ei dad i sefydlu Gwynedd yn wladwriaeth gadarn. Yr oedd ei bolisïau'n llwyddiannus yn ystod cyfnod yr ymrafael mewnol yn Lloegr, ac erbyn 1149 estynnai ffiniau ei deyrnas o afon Dyfi hyd gyrion Caer. Gyda dyfodiad Harri II i orsedd Lloegr yn 1154 newidiodd y sefyllfa ac ar ôl cyrch Harri ar Wynedd yn 1157 cydnabu Owain ef yn benarglwydd ffiwdal. Peidiodd Owain â'i alw ei hun yn Frenin, ond yn wahanol i'r penaethiaid Cymreig eraill mabwysiadodd y teitl Tywysog yn hytrach nag Arglwydd. Yn gyson â'i haeriad ei fod yn fwy na phennaeth llwyth, ymwrthododd ag ymdrechion Archesgob Caer-gaint i'w amddifadu o'i ddylanwad dros esgobaeth *Bangor. Y mae ffaith na fu i Wynedd ddatgymalu yn niwedd y ddeuddegfed ganrif fel y gwnaeth *Powys a *Deheubarth i'w phriodoli i raddau helaeth i wleidydda doeth a phwyllog Owain Gwynedd. Fe'i molwyd yn helaeth gan y beirdd, yn eu plith *Cynddelw Brydydd Mawr, gŵr a ganodd farwnad iddo a hefyd gyfres o un ar bymtheg ar hugain o englynion yn dwyn y teitl, 'Teulu Owain Gwynedd'. Molai'r gyfres ddewrder y milwyr a laddwyd a hynny mewn dull sy'n debyg i *'Englynion y Beddau' a *'Chanu Llywarch Hen'. Wrth atgyfnerthu Gwynedd arloesodd y ffordd i'w chyfnod mawr yn adeg ei ŵyr *Llywelyn ap Iorwerth (Llywelyn Fawr) a'i or-orwyr *Llywelyn ap Gruffudd. Gweler hefyd OWAIN GWYNEDD (c.1545–1601).

Ceir manylion pellach yn Paul Barbier, The Age of Owain Gwynedd (1908), J. E. Lloyd, A History of Wales (1911), a'r erthygl gan J. B. Smith yn Nhrafodion Cymdeithas Hanes Sir Gaernarfon (1971); gweler hefyd R. R. Davies, The Age of Conquest (1991).

OWAIN AP GRUFFUDD AP MAREDUDD

(c.1128–97), Tywysog. Daethpwyd i'w adnabod fel OWAIN CYFEILIOG ar ôl i'w ewythr *Madog ap Maredudd, Tywysog *Powys, roi cwmwd *Cyfeiliog iddo ef a'i frawd Meurig yn 1149. Ar ôl marwolaeth Madog yn 1160 a chwalu undod Powys, Owain oedd y tywysog mwyaf nerthol yno, a rheolai dde Powys a thebyg mai yn Y Trallwng yr oedd ei brif lys. Er ei fod ymhlith y tywysogion Cymreig a ymgynullodd i wrthsefyll cyrch Harri II ar Gymru yn 1165, cefnogi'r Brenin fu ei bolisi wedi hynny. Yn 1188 gwrthododd gyfarfod â'r Archesgob Baldwin a *Gerald de Barri (Gerallt Gymro) yn ystod eu taith trwy Gymru ac fe'i hesgymunwyd. Er hyn rhoddodd Gerallt eirda iddo am ei dafod huawdl a'i synnwyr craff a'i glodfori fel un o'r tri thywysog Cymreig cyfoes 'a ymddisgleiriai mewn cyfiawnder, doethineb a chymedroldeb yn eu rheolaeth fel tywysogion'. Yn 1170 rhoddodd Owain dir i adeiladu abaty *Ystrad Marchell arno, ac yn 1195, ar ôl cyflwyno'r awenau i'w fab, Gwenwynwyn, ymddeolodd i'r abaty a chymryd abid mynach. Yno y bu farw ac y claddwyd ef.

Daethpwyd i ystyried Owain yn fardd ar sail y gerdd *'Hirlas Owain' a briodolir iddo yn *Llyfr Coch Hergest. Tadogwyd arno hefyd gyfres o englynion a geir yn yr un llawysgrif ac yn *Llawysgrif Hendregadredd sy'n olrhain cylch a wnaeth gosgordd Owain drwy Bowys a Gwynedd. Dadleuwyd yn ddiweddar, fodd bynnag, yn bennaf ar sail cyfuniadau geiriol a geir yn y ddwy gerdd ac a ddigwydd hefyd yng ngwaith *Cynddelw Brydydd Mawr, pencerdd Owain, mai Cynddelw yw gwir awdur y ddwy gerdd. Yn ogystal â'r cerddi hyn adlewyrchir perthynas Cynddelw ag Owain mewn awdl hir a ganodd y bardd yn clodfori milwriaeth Owain ac mewn cyfres o englynion o'r eiddo sy'n moli darpariaeth hael y Tywysog yn ei lys gerllaw afon Hafren. Ymosododd Owain fwy nag unwaith ar diriogaethau ei gymdogion Normanaidd, a chyfeirir ato yn y rhamant Ffrangeg 'Historie de Fouke Fitz Warin' (13eg gan.) fel marchog sy'n trywanu Syr Ffwg (Fulk *Fitzwarine) â gwaywffon, hanes a ysbrydolwyd efallai gan yr atgof am ei ymgyrchoedd yn arglwyddiaeth Cawres, lle yr oedd teulu'r Fitzwariniaid yn dal tir. Cysylltwyd ei enw ag un o'r *Areithiau Pros, 'Casbethau Owain Cyfeiliog'.

Am destun o'r cerddi a dadogwyd ar Owain Cyfeiliog gweler Gruffydd Aled Williams, 'Canu Owain Cyfeiliog', yn Gwaith Llywelyn Fardd I ac eraill o feirdd y ddeuddegfed ganrif (gol. K. A. Bramley et al., 1994). Ar awduriaeth y cerddi gweler y bennod gan yr un awdur, 'Owain Cyfeiliog: Bardd-dywysog?' yn Beirdd a Thywysogion (gol. Morfydd E. Owen a Brynley F. Roberts, 1996).

OWAIN AP LLYWELYN AB Y MOEL (fl. 1470–1500), bardd fel ei dad, *Llywelyn ap Moel y Pantri a'i daid, Moel y Pantri. Credir iddo fyw yn ardal Y Trallwng ac yr oedd y bardd *Llywelyn ap Gutun ap Ieuan Lydan yn berthynas iddo. Cadwyd chwech ar hugain o gywyddau Owain, rhai mawl a marwnad gan mwyaf. Er iddo ganu ym Môn ac yn Hergest, Henff., canodd yn bennaf i noddwyr ar y gororau yng ngogledd-ddwyrain Cymru. Un o'i brif noddwyr oedd Gruffudd ap Hywel o Frontyn (Llanffynhon-wen) a Bachelldref (Yr Ystog), ŵyr i Ddafydd ap Cadwaladr, a canodd Dafydd Bach ap Madog Wladaidd a *Llywelyn Goch ap Meurig Hen awdlau i groeso ei lys yn y ganrif flaenorol. Y mae gwaith Owain o ddiddordeb hanesyddol oherwydd ei dystiolaeth i ffyniant y diwylliant Cymreig ymhlith uchelwyr ardaloedd y Gororau ar ddiwedd y bymthegfed ganrif. Ceir yn un o'i gywyddau gyfeiriad unigryw at ddyfais yn Rhydychen a oedd, yn ôl pob tebyg, yn rhagflaenydd i'r ysbienddrych.

Ceir manylion pellach mewn erthygl gan Eurys Rolant yn Ysgrifau Beirniadol IX (gol. J. E. Caerwyn Williams, 1976), ac argraffiad o waith y bardd gan yr un awdur (1984).

Owain ap Thomas ap Rhodri neu **Owain Lawgoch** neu **Yvain de Galles** (c.1330–78), milwr cyflogedig, arwr, gor-orwyr i *Lywelyn ap Iorwerth (Llywelyn Fawr) a gor-nai i *Lywelyn ap Gruffudd ('Y Llyw Olaf'). Yr oedd yn filwr wrth ei grefft a threuliodd y rhan fwyaf o'i oes yng ngwasanaeth brenhinoedd Ffrainc a chael gyrfa eithriadol fel arweinydd y lluoedd arfog a gyflogwyd i ymladd yn erbyn Coron Lloegr. Er mai yn Lloegr y'i ganed, yr oedd yn ymwybodol iawn o'i dras ac o hawliau ei deulu, fel y cofnoda Froissart, ac o 1363 ymlaen, pan fu yng Nghymru am gyfnod byr i hawlio etifeddiaeth ym Maldwyn, yr oedd ganddo lunwyr propaganda yno'n hyrwyddo ei gyhoeddi'n Dywysog Cymru. Yn 1372, wedi i fflyd o longau Lloegr gael eu trechu ger La Rochelle, cafodd Owain ganiatâd Brenin Ffrainc i anfon llynges i oresgyn Cymru, ond nid oedd wedi gwneud mwy na chipio Guernsey pan gafodd ei alw'n ôl gan ei feistr er mwyn gwarchae ar La Rochelle ac ymosod ar Poitou. Yr oedd Owain yn fwy o filwr cyflogedig nag o ddarpar Dywysog, ac ufuddhaodd. Ond nid anghofiwyd y digwyddiad. Cymaint oedd pryder Lloegr oblegid Owain nes iddi gyflogi bradwr o Albanwr o'r enw John Lamb i ennill ei ymddiriedaeth a'i lofruddio yn ystod gwarchae Mortagne-sur-Mer. Cyfeirir at Owain yn y *daroganau a'r cywyddau brud sydd, mae'n debyg, wedi ei gymysgu ag *Arthur; ac fel hwnnw dywedir ei fod yn cysgu mewn ogof gyda'i wŷr ac y bydd yn codi ar alwad i ryddhau'r Cymry o law'r Saeson.

Owain Alaw, gweler OWEN, JOHN (1821–83).

Owain Cyfeiliog, gweler OWAIN AP GRUFFUDD AP MAREDUDD (c.1130–97).

Owain Fawr, gweler OWAIN AP GRUFFUDD (c.1100–70).

Owain Glyndŵr (c.1354–c.1416), Tywysog Cymru ac arwr cenedlaethol. Yr oedd yn ddisgynnydd ar ochr ei dad o dywysogion *Powys, ac ar ochr ei fam o dywysogion *Deheubarth. Yr oedd ei gysylltiadau â llinach *Gwynedd, er yn bell, yn ddigon i'w alluogi i'w ystyried ei hun yn olynydd i *Lywelyn ap Iorwerth (Llywelyn Fawr) a *Llywelyn ap Gruffudd ('Y Llyw Olaf'), ond ni wnaeth ymgais i hawlio grym ei linach yng Nghymru tan 1400, ac erbyn hynny yr oedd yn ganol oed. Fel llanc treuliodd gyfnod yn Ysbytai'r Frawdlys; bu'n brwydro ar ochr Coron Lloegr ac yr oedd yn bresennol yn 1385 yn yr ymosodiad ar yr Alban. Hyd ddiwedd ei ddeugeiniau bu'n byw gan mwyaf yn ei gartrefi yng Ngharrog yn Nyffryn Dyfrdwy ac yn Sycharth ar ororau sir Amwythig. Ceir disgrifiad delfrydol o Sycharth gan *Iolo Goch a ysgrifennai yn y 1380au.

Yn 1400 cododd Owain yn erbyn ei gymydog Reginald Grey, Arglwydd Rhuthun ac un o gefnogwyr brwd y Brenin newydd Harri IV, oherwydd iddo ddwyn darn o dir a hawliasid gan Owain. Y mae'n debyg fod Owain wedi ennill ei hawl yn ystod y teyrnasiad blaenorol ac apeliodd ar Senedd Lloegr i gadarnhau'r hawl honno. Ond ateb yr aelodau i Siôn *Trefor, Esgob *Llanelwy, pan blediodd yr achos, oedd 'What care we for the barefoot rascals?' Ni cheisiodd y Brenin chwaith rwystro Grey. Yn ei ddicter ymosododd Owain ar dref Rhuthun a chyhoeddwyd ef gan ei ddilynwyr yn Dywysog Cymru ar 16 Medi 1400. Lledodd y gwrthryfel o'r gogledd-ddwyrain ac yn 1401 atebodd gwŷr Deheubarth i'w alwad i 'ryddhau'r Cymry o gaethiwed eu gelynion Seisnig'. Erbyn 1405, ag yntau â chadarnleoedd yng nghestyll Aberystwyth a *Harlech, yr oedd grym Owain yn amlwg trwy Gymru benbaladr. Llwyddodd i elwa ar y gwrthwynebiad ymhlith y Saeson tuag at Harri IV a oedd wedi cipio Coron Lloegr yn 1399, a hefyd enillodd gefnogaeth teulu Percy o Northumberland, ynghyd â chefnogaeth teulu Mortimer, teulu grymus a oedd wedi cynghreirio â Glyndŵr wedi i Edmwnd Mortimer briodi â Chatrin, merch Owain. Seliwyd y Cytundeb Tridarn yn 1405, cytundeb a roddodd Gymru i Owain Glyndŵr, ynghyd â thiroedd helaeth yng ngorllewin Lloegr; yr oedd gweddill Lloegr i'w rannu rhwng teuluoedd Percy a Mortimer. Yr oedd maint y tiroedd a roddwyd i Owain yn Lloegr wedi ei benderfynu i raddau yn ôl *darogan y beirdd.

Yr oedd Glyndŵr yn arweinydd milwrol galluog dros ben a hefyd yn wladweinydd o safon uchel. Enillodd gefnogaeth Robert III o'r Alban a llywodraethwyr Iwerddon a llwyddodd i wneud cynghrair â Ffrainc. Cynhelid seneddau ym Machynlleth a Dolgellau, ac ym Mawrth 1406 cynhaliodd gynhadledd ym Mhennal ger Machynlleth; oddi yno, anfonodd lythyr (a elwid yn Bolisi *Pennal) at Siarl VI, Brenin Ffrainc. Yn y llythyr hwn, awgrymodd y byddai'r Cymry yn cydnabod awdurdod Pab Avignon gan felly beri bod yr Eglwys Gymreig yn annibynnol ar Gaer-gaint, a bod dwy brifysgol yn cael eu sefydlu yng Nghymru.

Erbyn 1406, sut bynnag, yr oedd grym milwrol Coron Lloegr yn cryfhau ac yn 1408 collodd Glyndŵr gestyll Aberystwyth a Harlech. Yr oedd y gwrthryfel yn dirwyn i ben er bod llawer o'r Cymry yn yr ucheldiroedd yn parhau i fod yn deyrngar iddo. Erbyn 1413, a'r gwrthryfel wedi methu, ni wyddid lle'r oedd Glyndŵr. Ni fradychwyd ef gan neb ac ni wyddys mangre na modd ei farw. Awgrymwyd iddo dreulio ei henaint yng nghartref ei ferch yn Monnington Straddel yn swydd Henffordd, neu yng nghartref ei ferch arall, yr hon a briododd â Syr John *Scudamore o Gwrt Llangain (Kentchurch Court). Mewn llawysgrif yn ysgrifen *Gruffudd Hiraethog (Llsgr. Peniarth 135), ceir y nodyn canlynol am y flwyddyn 1415: 'Aeth Owain i guddle ar ddydd Sant Mathew yn y Cynhaeaf, ac wedi hynny, ni wyddys mangre ei guddfan. Dywedir gan lawer y bu farw; ond deil y daroganwyr ei fod yn fyw.'

Bu enw Owain Glyndŵr yn destun parchedig ofn ac edmygedd yng Nghymru a Lloegr. Yng nghyfnod Shakespeare yr oedd elfen o'r goruwchnaturiol yn dal i lynu wrth ei enw: yn *Henry IV* (Rhan 1) dywed Owain, 'At my birth/ The front of heaven was full of fiery shapes . . . I am not in the roll of common men.' Bu dyrchafiad sydyn Glyndŵr, ei ymdrechion dygn i sefydlu gwladwriaeth Gymreig, a natur weledigaethol ei bolisïau yn ysbrydoliaeth i wladgarwyr o Gymry, yn enwedig hyrwyddwyr *Cenedlaetholdeb gwleidyddol yn y cyfnod modern. Ystyrir ef, lawn cymaint â Llywelyn ap Gruffudd, yn arwr cenedlaethol Cymru.

Y gweithiau safonol ar Owain Glyndŵr yw *Owen Glendower* (1931) gan J. E. Lloyd a *The Revolt of Owain Glyn Dŵr* gan R. R. Davies (1995); gweler hefyd Glanmor Williams, *Owen Glendower* (1966) ac Elissa R. Henken, *National Redeemer: Owain Glyndŵr in Welsh Tradition* (1996).

Owain Goch ap Gruffudd (m. 1282?), mab hynaf *Gruffudd ap Llywelyn. Fe'i carcharwyd gyda'i dad yng nghastell Cricieth yn 1239 ac aeth i Loegr gydag ef ddwy flynedd yn ddiweddarach. Pan fu farw ei ewythr *Dafydd ap Llywelyn yn 1246 dychwelodd i *Wynedd i hawlio'r olyniaeth ond fe'i perswadiwyd i'w rhannu â'i frawd *Llywelyn ap Gruffudd ('Y Llyw Olaf'). Nid oedd lle i ddau dywysog yng Ngwynedd ac yn 1255 trechwyd Owain gan ei frawd ym Mrwydr *Bryn Derwin, ac fe'i carcharwyd hyd 1277. Ceryddwyd Llywelyn gan feirdd ei gyfnod oherwydd hyn.

OWAIN GWYNEDD (*fl.* 1545–1601), un o benceirddiaid olaf traddodiad *Beirdd yr Uchelwyr ac un o brif golofnau *Cyfundrefn y Beirdd wedi dyddiau *Gruffudd Hiraethog a *Wiliam Llŷn. Ymddengys mai mab ydoedd i'r bardd-glerigwr Syr Ifan o Garno ac i bendefigaeth Maldwyn a Meirion y cyflwynodd y rhan fwyaf o'i folawdau. Lluniodd gywydd i Siôn Lewys Owain o Ddolgellau, sy'n dangos ei feistrolaeth o'r grefft, wrth raddio'n bencerdd yn ail Eisteddfod *Caerwys (1567). Fel amryw o'i gyd-feirdd bu'n ddisgybl i Ruffudd Hiraethog, a datblygodd yn ei dro yn athro barddol ar eraill.

Cadwyd pum awdl, un ar bymtheg a phedwar ugain o gywyddau a chwech a deugain o englynion o'i eiddo mewn llawysgrif. Moli neu farwnadu uchelwyr fu amcan yr awdlau a deuparth y cywyddau hyn; gellir dosbarthu'r rhan fwyaf o'r cywyddau sy'n weddill yn rhai gofyn, cyngor a chymod, dychan, ymddiddan ac ymryson-ac-ateb, a chanwyd yr englynion hefyd ar amrywiol bynciau. Ymlyniad ffyddlon wrth ddefodau Barddoniaeth yr Uchelwyr a ganfyddir yn ei ganu. Ni pherthyn i'w gywyddau mawl a marwnad fawr o newydd-deb: mydryddu achau a gaiff y sylw pennaf ymhob cerdd ymron. Daw'r mwyafrif o'i ddelweddau o'r syniad canoloesol am Gadwyn Bod, y byd amaethyddol, yr Ysgrythurau, hanes, a mytholeg Prydain, Rhufain a Groeg. Y mae cymesuredd cwpledau gwirebol yn rhagoriaeth yn ei waith ac yr oedd yn feistr ar y gelfyddyd o fynegi'r gwir yn gynnil a dillyn.

Ceir manylion pellach mewn erthygl gan D. Roy Saer yn *Llên Cymru* (cyf. VI, 1961).

Owain Lawgoch, gweler OWAIN AP THOMAS AP RHODRI (*c.*1330–78).

Owain Myfyr, gweler JONES, OWEN (1741–1814).

OWAIN, OWAIN LLEWELYN (1877–1956), newyddiadurwr ac awdur. Fe'i ganed yn Nhal-y-sarn, Caern., yn un o wyth o blant Hugh Owen; yr oeddynt oll yn gerddorion medrus. Wedi cyfnod o weithio yn chwareli'r ardal ymunodd â staff *Y *Genedl Gymreig* yng Nghaernarfon fel gohebydd a bu am gyfnod yn olygydd y papur. Pan unwyd y *Genedl* a'r *Herald Cymraeg* arhosodd yn y swyddfa yn newyddiadurwr praff. Bu'n amlwg iawn ym mywyd diwylliannol y cylch, yn feirniad eisteddfodol ac yn athro cerddoriaeth, yn un o sylfaenwyr *Urdd Gobaith Cymru yn nhref Caernarfon ac yn un o'r tri a sefydlodd *Glwb Awen a Chân, y gymdeithas a gysylltir â Robert David *Rowland

(Anthropos). Yr oedd yn dipyn o lyfrbryf a chanddo lyfrgell dda, ysgrifennodd yn helaeth ar hanes cerddorion ei sir enedigol yn *Y *Traethodydd*, a chyhoeddodd nifer o fywgraffiadau, yn cynnwys rhai Fanny Jones (1907), J. O. Jones 'Ap Ffarmwr' (1912) a T. E. *Ellis (1915). Pwysicach, am fod ynddynt ffrwyth adnabyddiaeth bersonol, yw'r darluniau byw o ddiwylliant Caernarfon sydd yn *Anthropos a Chlwb Awen a Chân* (1946) a *Bywyd, Gwaith ac Arabedd Anthropos* (1953). Ei waith mwyaf uchelgeisiol yw *Hanes y Ddrama yng Nghymru 1850–1943* (1948). Cynrychiola O. Llew Owain yr amatur diwylliedig ymroddgar ar ei orau, yn gasglwr ymchwilgar, hyddysg, ac yn gymwynaswr lleol.

'Owdyl i Fair' (*c.*1470), cerdd a dadogir ar *Ieuan ap Hywel Swrdwal. Credir iddo ei chyfansoddi mewn ymateb i'w gyfoedion o Loegr a oedd wedi bod yn poenydio'r Cymro. Saesneg yw iaith y gerdd hon ac y mae ynddi dri ar ddeg o benillion ac un ar bymtheg a phedwar ugain o linellau, ond fe'i hysgrifennir yn orgraff y Gymraeg a defnyddiwyd pedwar math o *gynghanedd. Dyma'r pedwerydd pennill a'r pumed:

> Wi sin ddy bricht kwin wyth kwning/and blys,
> ddy bloswm ffruwt bering;
> ei wowld, as owld as ei sing,
> wynn iwr luf on iwr lofing.

> Kwin od off owr God, owr geiding/mwdyr,
> maedyn not wythstanding,
> hwo wed syts wyth a ryts ring
> as God wod ddys gwd weding.

Cyfarch Crist (trwy Fair fel cyfryngwraig) a wna'r bardd yma, gan weddïo y bydd iddo fyw yn dda, marw'n dda a mynd i'r nefoedd. Defnyddia ddelweddau megis cangen a choeden, blodau a ffrwythau, brenin a brenhines, ac yn hyn o beth y mae i'r gerdd y swyn cyntefig a geir mewn nifer o gerddi canoloesol ar yr un thema, ond y mae nerth ac adeiledd tyn y gerdd yn hanu'n uniongyrchol o'r defnydd a'r mesurau caeth. Dywedir weithiau mai hon yw'r enghraifft gynharaf a gadwyd o gerdd Saesneg a ysgrifennwyd gan Gymro (ond gweler CLANVOW, JOHN). Y mae o gryn ddiddordeb ieithyddol gan fod ei horgraff yn cofnodi ynganiad y Saesneg cyn 1500, neu o leiaf fel y'i clywid gan Gymro.

Ceir trafodaeth lawn ar y gerdd gan E. J. Dobson yn *Nhrafodion Anrhydeddus Gymdeithas y Cymmrodorion* (1954); gweler hefyd y rhagymadrodd gan Raymond Garlick i argraffiad o'r gerdd a gyhoeddwyd gan Wasg Gregynog yn 1985 ac erthygl Tony Conran, 'Ieuan ap Hywel Surdwal's Hymn to the Virgin', yn *Welsh Writing in English* (cyf. I, gol. Tony Brown, 1995).

Owen Glendower (1940), nofel faith gan John Cowper *Powys a leolir mewn rhannau o Gymru a'r Gororau yn y cyfnod rhwng 1400 ac 1416, ac a seilir ar wrthryfel *Owain Glyndŵr. Ynddi cyflwyna'r awdur stori gymhleth, syniadau a chredoau dramatig cyfoes, gan ddisgrifio diwylliant materol y cyfnod yn drwyadl. Er bod yr is-deitl yn disgrifio'r gwaith fel 'nofel hanesyddol', un o'i ramantau pwysicaf ydyw mewn gwirionedd. Y mae seicoleg ei lu enfawr o gymeriadau hanesyddol a dych-mygol yn fodern, a thadogir ar Owain Glyndŵr 'fyth-oleg dihangfa' Powys ei hun. Cyflwyna Gymru fel tarddle grymoedd ysbrydol a oedd wedi goroesi ei choncwest wleidyddol. Y mae Owen yn ffigur cymhleth Powysaidd ac yn adlewyrchiad o bersonoliaeth yr awdur ei hun, yn hytrach na phortread o gymeriad hanesyddol, er iddo ymddangos, ar yr wyneb, yn Dywysog. Y mae'n gymer-iad hynod o lonydd, sy'n torri ei wydr lledrithiol adeg ei goroni er mwyn ei roi ei hun yn nwylo ffawd, ond eto y mae ganddo'r gallu o hyd i dynnu ar ei bersonoliaeth ei hunan. Gan nad oes ganddo uchelgais gwleidyddol y mae'n ymddwyn yn ôl ei weledigaeth ef ei hun o fywyd, ac yn y diwedd daw yn 'Dywysog *Annwn', ac felly yn 'ysbryd Cymru' fel y'i dehonglir gan Powys.

Owen Gospiol, gweler GRIFFITH, OWEN (1803–68).

Owen Gwyrfai, gweler WILLIAMS, OWEN (1790–1874).

Owen Rhoscomyl, gweler MILLS, ROBERT SCOURFIELD (1863–1919).

OWEN, ALUN (1925–95), dramodydd a aned yn Lerpwl i rieni a oedd yn Gymry Cymraeg. Gweithiodd yn y theatr fel actor a chyfarwyddwr o 1942 hyd 1959, ond pan ddaeth yr Ail Ryfel Byd aeth i weithio ym mhyllau glo de Cymru, a bu'n forwr gyda'r Llynges Fasnachol. Yn ogystal ag actio rhannau Shakespearaidd gyda'r *Birmingham Repertory Company*, yr *Old Vic* a'r *English Stage Company*, ysgrifennodd lawer o ddramâu ar gyfer y theatr, y sinema, radio a'r teledu, yn eu plith *The Rough and Ready Lot* (1964), *Progress to the Park* (1959), *The Rose Affair* (1961), *Maggie May* (1964), *The Male of the Species* (1976), *Lucia* (1982) a *Norma* (1983). Cynhyrchodd sgriptiau ffilmiau hefyd, yn eu plith *A Hard Day's Night* (1964) ar gyfer grŵp pop y Beatles. Y mae llawer o'i ddramâu wedi eu lleoli yn Lerpwl ac yn ymwneud â chaledi bywyd a hiwmor y ddinas honno. Y mae ei ddramâu sydd ag iddynt gefndir Cymreig megis *After the Funeral* (1960), *A Little Winter Love* (1963) a *Dare to be a Daniel* (1965) yn tueddu i gymharu gwerthoedd y dref fach â gwerthoedd y byd mawr pell-ennig. Y mae'r ddrama olaf a enwyd wedi ei chynnwys, ynghyd â *No Trams to Lime Street* (1959) a *Lena, Oh my Lena* (1960), yn y gyfrol *Three TV Plays* (1961). Am hon enillodd wobr Urdd Cynhyrchwyr a Chyfarwyddwyr Teledu am y dramodydd teledu gorau yn 1960.

OWEN, ANEURIN (1792–1851), ysgolhaig a aned yn Llundain yn fab i William *Owen Pughe ond fe'i magwyd ym mhlwyf Nantglyn, Dinb., lle'r oedd ei dad wedi etifeddu ystad fechan. Am gyfnod bu'n ddisgybl yn

Ysgol Friars, Bangor, ond derbyniodd y rhan fwyaf o'i addysg gan ei dad, a oedd am gyfrannu iddo y cwbl a wyddai yntau am hanes a llenyddiaeth Cymru. Daeth y mab yn ddylanwadol iawn yn ei ddydd fel un o Gomisiynwyr Cynorthwyol y Degwm yng Nghymru a Lloegr, yn Gomisiynydd Cynorthwyol Deddf y Tlodion ac yn Gomisiynydd Cau Tiroedd Comin, ac yn 1825, ar ôl marwolaeth John Humphreys *Parry, daeth yn ymgynghorydd i'r Archifdy Gwladol ar faterion yn ymwneud ag ysgolheictod Cymreig.

Y mae dwy brif wedd ar ysgolheictod Aneurin Owen, sef ei waith ar *Cyfraith Hywel a'i waith ar *Brut y Tywysogyon. Yn ystod y cyfnod o 1830 hyd 1840 bu'n gweithio ar y ddau, gan ymweld â llawer o lyfrgelloedd cyhoeddus a phreifat a chasglu lliaws o ddeunydd. Ymddangosodd ei argraffiad o'r Cyfreithiau, yn dwyn y teitl *Ancient Laws and Institutes of Wales*, yn 1841, ond ni chyhoeddwyd ei waith ar y Brut tan naw mlynedd wedi ei farw, o dan olygyddiaeth John *Williams (Ab Ithel); ni chydnabuwyd rhan Aneurin Owen yn y gwaith. Yn ogystal, lluniodd Aneurin Owen gatalogau o'r llawysgrifau Cymraeg a Chymreig a welsai wrth ymweld â'r casgliadau gwahanol. Dengys yr holl weithiau hyn ei fod yn balaeograffydd cywir ac yn feirniad gwybodus; yr oedd ganddo wybodaeth ei dad ond heb ei hynodion ef.

Owen, Bob (Croesor), gweler OWEN, ROBERT (1885–1962).

OWEN, CATRIN (m. 1602), gwraig *Dafydd Llwyd yr Henblas, Llangristiolus, Môn. Priodolir iddi gyfres o ddeuddeg englyn yn cynghori Siôn Lloyd, ei mab hynaf, pan aeth hwnnw yn fyfyriwr deunaw oed i Goleg Eglwys Grist, Rhydychen, yn Hydref 1599. Un o ferched Penmynydd oedd Catrin Owen a hanoedd, felly, o waed y *Tuduriaid er nad oedd y teulu o fawr ddim pwys cymdeithasol erbyn ail hanner yr unfed ganrif ar bymtheg. Os Catrin Owen oedd awdur yr englynion yna y maent yn enghraifft brin o gerdd yn y mesurau caethion gan fenyw. Teg dweud bod rhai beirniaid yn credu mai gŵr Catrin, a oedd yn fardd a ganai ar ei fwyd ei hun, oedd gwir awdur yr englynion ond ei fod wedi eu rhoi yng ngenau'r fam. Ar y llaw arall nid oes unrhyw awgrym yn y llawysgrif (sef LlGC J. Glyn Davies, 1) sy'n cynnwys y gerdd, nad Catrin oedd yr awdur. Y mae'r llawysgrif yn gyfoes ac yn cynnwys amryw o gerddi gan feirdd eraill i deulu'r Henblas yn ogystal â cherddi gan Ddafydd Llwyd ei hun, gan gynnwys ei farwnad dyner i Gatrin yn 1602.

OWEN, DAFYDD (1919–), bardd, brodor o'r Rhiw, Bylchau, Dinb. Fe'i haddysgwyd yng Ngholeg Prifysgol Gogledd Cymru, Bangor, a Choleg Diwin-yddol Bala-Bangor. Bu'n weinidog gyda'r Annibynwyr ac yn ysgolfeistr ac wedyn yn gyfieithydd gyda Chyngor

Sir Clwyd nes iddo ymddeol yn 1984. Enillodd y
*Goron yn Eisteddfod Genedlaethol 1943 am ei
bryddest, 'Rhosydd Moab', a'r *Gadair yn 1972 am ei
awdl, 'Preselau'. Ymhlith ei gyhoeddiadau ceir *Cerddi*
(1947), *Elfed a'i Waith* (1965), *Baledi* (1965), *Adrodd ac
Adroddiadau* (1966), *Dal Pridd y Dail Pren* (1972), *Crist
Croes* (1977), *Cerddi Lôn Goch* (1983), *I Fyd y Faled*
(1986), *Dimbech a Cherddi Eraill* (1989) a chyfrol ar
Cynan (Albert *Evans-Jones) yn y gyfres *Writers of
Wales* (1979).

OWEN, DANIEL (1836–95), nofelydd a aned yn Yr
Wyddgrug, Ffl., yr ieuangaf o chwech o blant. Pan oedd
yn faban boddwyd ei dad a dau frawd iddo wedi i ddŵr
dorri i bwll glo'r Argoed, a magwyd ef mewn tlodi
enbyd. Ychydig iawn o ysgol a gafodd a phan oedd tua
deuddeg oed fe'i prentisiwyd i deiliwr. Mynychai holl
gyfarfodydd Capel Bethesda yn fyddlon er na ddaeth yn
aelod o'i hoff sefydliad, y *seiat, nes bod yn dair ar
hugain oed. Bum mlynedd yn ddiweddarach â'i wyneb
ar y weinidogaeth aeth i Goleg y Bala, lle y treuliodd
lawer o'i amser yn darllen llenyddiaeth Saesneg, ond ar
ôl dwy flynedd a hanner dychwelodd adref i ofalu am ei
fam a'i chwaer. Ond diau fod ganddo reswm dyfnach
dros adael y Coleg: nid oedd yn sicr o'i alwad i'r
weinidogaeth. Ailddechreuodd weithio i'w hen feistr, a
phregethu ar y Suliau. Byddai'r teilwriaid yn darllen yn
uchel yn eu tro, a darllenwyd nofelau Scott, Dickens,
Thackeray a George Eliot. Cychwynnodd hefyd fusnes
dilledydd ei hun gyda phartner. Ond pan oedd yn
ddeugain oed torrodd ei iechyd a bu'n llesg am weddill
ei fywyd. Yn annisgwyl, ym mlwyddyn olaf ei oes,
ymdaflodd i fywyd cyhoeddus gan wasanaethu fel aelod
o Gyngor Tref newydd ei dref enedigol. Dewiswyd ef
yn Gadeirydd y Cyngor, ac yn rhinwedd ei swydd, yn
Ynad Heddwch, ond bu farw yn fuan wedyn. Cafwyd
W. Goscombe *John i wneud cerflun efydd ohono i'w
godi yn Yr Wyddgrug a geiriau'r nofelydd ei hun ar y
garreg sail: 'Nid i'r doeth a'r deallus yr ysgrifenais, ond
i'r dyn cyffredin.'

Yr oedd Daniel Owen wedi bod yn ymhêl â llenydda
er pan oedd yn ei ugeiniau cynnar, a chyhoeddodd yn
y cylchgrawn *Charles o'r Bala* gyfieithiad o nofelig
Americanaidd *Ten Nights in a Barroom* (1854), gan
Timothy Shay Arthur. Wedi i'w iechyd dorri
perswadiwyd ef gan Roger *Edwards, ei weinidog a'i
gyfaill, a golygydd Y *Drysorfa ar y pryd, i gyhoeddi'i
bregethau yn y misolyn hwnnw. Gwnaeth hynny, a
dilynwyd y pregethau gan stori bum pennod am ddewis
blaenoriaid mewn capel bach yn y wlad: stori seml
wedi'i chynllunio'n dda, a'i chymeriadaeth yn rhagorol.
Cyhoeddwyd y pregethau a'r stori yn un gyfrol,
Offrymau Neillduaeth a Cymeriadau Methodistaidd (1879).
Bu'n llwyddiant mawr, a gwasgodd Roger Edwards
arno i ysgrifennu nofel. Ni fyddai pawb yn ystyried Y
Dreflan (1881) yn nofel, ond yr oedd Owen wedi

mynd i'r afael â nofelydda ac yr oedd ei gymeriadaeth a'i
ddeialog a'i ddychan yn addo pethau mawr.

Ei lyfr nesaf oedd *Rhys Lewis* (1885), a gymerodd
dair blynedd i ymddangos yn fisol yn Y *Drysorfa*. Ystyrir
mai hi yw nofel bwysicaf Daniel Owen. Pobl y seiat yw
cnewyllyn ei chymeriadaeth hi, ond yn ei nofel nesaf,
Enoc Huws (1891), a gyfreswyd gan Isaac *Foulkes yn Y
Cymro (Lerpwl), symudodd Owen at y bodau brith ar
gyrion y seiat. Cafodd anhawster dybryd i ysgrifennu
Gwen Tomos (1894), ei nofel olaf. Bu'n dioddef ar hyd
ei oes gan hypochondria a'r pruddglwyf, ac yn awr yr
oedd yn afiach ac isel iawn, a'i arian yn brin. Tybiodd
byddai'n haws cyfieithu *The Mayor of Casterbridge* (1886),
gan Thomas Hardy, pe ceid caniatâd yr awdur, ond
mynnai Isaac Foulkes gael nofel arall gan Owen, a'i
chael yn *Gwen Tomos*, nofel lithricach ei stori na'r lleill,
am sefydlu *Methodistiaeth yng nghefn gwlad sir y
Fflint cyn dydd yr awdur ei hun. Tua diwedd ei oes
cyhoeddodd hefyd gasgliad o'i ysgrifau, Y *Siswrn* (1888),
ac ym mlwyddyn ei farw cyhoeddwyd *Straeon y Pentan*
(1895), storïau yr oedd amryw ohonynt wedi ym-
ddangos fesul un cyn hynny mewn cyfnodolion.

Yr oedd gan Daniel Owen ddawn fawr i greu
cymeriadau, i ysgrifennu deialog, i bortreadu man a lle,
i blymio dwfn y galon unigol a llunio comedi
gymdeithasol yr un pryd, yn aml wrth ddefnyddio
ffraethineb, dychan deifiol, eironi, cymariaethau graffig
a chyfoeth tafodiaith. Ei brif thema yw'r ddeuoliaeth
rhwng Dyn fel y mae a Dyn fel yr ymddengys i eraill.
Dywedwyd mai darnau gosod yw llawer o'i ddeialogau,
dadleuon ar batrwm trafodaethau'r seiat. Ond nid
syniadau'n unig sy'n gwrthdaro yn y deialogau hynny,
ond personoliaethau cyfain o gig a gwaed, tebyg neu
wrthgyferbyniol, nes bod pob dadlau a thrafod yn troi'n
ddrama ac yn ddadleniad o agweddau oesol y ddynol
ryw.

Serch hynny, er y medrai adrodd stori'n afaelgar, ni
fedrai Daniel Owen gynllunio nofel. Yr oedd hynny'n
ei boeni, a cheisiodd addurno'i nofelau â'r hyn a ystyriai
ef yn elfennau 'plot'. Credai mai dau 'ddirgeledigaeth-
au na chyd-ddigwyddiadau annisgwyliedig' yn *Gwen
Tomos*, ond y maent yno, fel ym mhob un o'i nofelau. Y
prif ddirgelwch yn *Rhys Lewis* yw: pwy yw tad Rhys?
Yn *Enoc Huws*, pwy yw tad Enoc? Yn *Gwen Tomos*, pwy
yw tad Gwen? Nid oedd Owen yn cofio'i dad ei hun ac
yr oedd y tad absennol yn fath o gyfaredd arno. Y mae
cyd-ddigwyddiadau trwsgl yn ei nofelau i gyd a fu wrth
fodd 'y dyn cyffredin' ond a fu'n dân ar groen rhai o'i
feirniaid. Er mor ddigynllun ei weithiau, fodd bynnag,
fe'u cydir ynghyd gan rym eu bywyd mewnol a
chyfanrwydd y gymdeithas sydd ynddynt. Y mae'r ffaith
na lwyddodd Daniel Owen i ysgrifennu nofel wir fawr
wedi cael ei feio ar gulni enwadol ei gefndir, ei ddiffyg
addysg a'i ddiwylliant cyfyng. Ond tebycach mai yn ei
natur ef ei hun yr oedd y llestair pennaf. Dyn addfwyn,
diangerdd ydoedd, er y gallai ffyrnigo wrth ragrith,

rhodres, cybydd-dod, gormes a balchder. Y mae digon o ddicter cyfiawn yn ei lyfrau tuag at y ffaeleddau hynny, ond nid oes ynddynt mo'r angerddoldeb a'r grym sy'n cynhyrchu celfyddyd fawr. Eto i gyd yr oedd ganddo holl ddoniau'r nofelydd mawr, ac erys yn ddigymar mewn llenyddiaeth Gymraeg fel sylwedydd ar gymeriad a chymdeithas.

Ysgrifennwyd cofiannau iddo gan ei gyfoeswyr John Owen (1899) ac Isaac Foulkes (1903); gweler hefyd y cyfrolau byr o feirniadaeth gan Saunders Lewis (1936) a John Gwilym Jones (1970), y llyfrynnau bywgraffyddol gan T. Gwynn Jones (1936), R. Gerallt Jones (1963) a T. Ceiriog Williams (1975), a'r cyfrolau yn *Cyfres y Meistri* (gol. Urien Wiliam, 2 gyf., 1982, 1983). Ymhlith y darlithoedd coffa am yr awdur ceir John Gwilym Jones, *Y Nofelydd o'r Wyddgrug* (1976), Derec Llwyd Morgan, *Daniel Owen a Methodistiaeth* (1977), Hywel Teifi Edwards, *Daniel Owen a'r 'Gwir'* (1978), E. G. Millward, *Tylwyth Llenyddol Daniel Owen* (1979), R. Geraint Gruffydd, *Daniel Owen a Phregethu* (1980) a Marion Eames, *Merched y Nofelau* (1984).

Owen, David (Dafydd y Garreg Wen; 1711/12–41), telynor, a adnabuwyd wrth enw ei gartref yn Ynyscynhaearn, Caern. Daeth yn enwog oherwydd y ceinciau a gyfansoddodd megis 'Codiad yr Ehedydd' a 'Dafydd y Garreg Wen'. Cyhoeddwyd y ddwy alaw hon gan Edward *Jones (Bardd y Brenin) yn *The Musical and Poetical Relicks of the Welsh Bards* (1784). John Ceiriog *Hughes a luniodd y geiriau ar gyfer 'Codiad yr Ehedydd' ac ef hefyd a roes, yn 1873, eiriau a weddai i'r dim i'r alaw drist arall, ond erys y gred i Ddafydd ei chanu ar ei wely angau. Er mai hen lanc oedd Dafydd, cyfeiria'r gân at 'fy ngweddw a'm plant'.

OWEN, DAVID (Dewi Wyn o Eifion; 1784–1841), bardd a aned yn Y Gaerwen, plwyf Llanystumdwy, Caern., lle yr arhosodd am y rhan fwyaf o'i oes. Dan hyfforddiant ei gymydog, Robert *Williams (Robert ap Gwilym Ddu), ei athro barddol, daeth Dewi Wyn yn un o feirdd mwyaf adnabyddus ei ddydd. Y mae ei awdl, 'Elusengarwch' (1819), gyda'i chwpled dyfynadwy yn disgrifio'r gwerinwyr Cymraeg gonest, ynghyd â'i gadwyn o englynion i Bont Menai (1832), ymhlith ei weithiau mwyaf cofiadwy. Dan ddylanwad Goronwy *Owen, ei uchelgais oedd cynhyrchu *arwrgerdd lwyddiannus yn yr iaith Gymraeg ar batrwm a awgrymwyd gan y meistr a hyn sy'n cyfrif am feithder diflas ei gerddi. Dyfarnwyd Medal Cymdeithas y *Gwyneddigion iddo yn 1805 am ei awdl 'Molawd Ynys Brydain', ac yn 1811 enillodd wobr yn Eisteddfod Tremadog â'i 'Awdl i Amaethyddiaeth'. Yr oedd yn feistr ar y *gynghanedd a dylanwadodd ei waith ar ddatblygiad yr *awdl a'r *englyn yn y bedwaredd ganrif ar bymtheg.

Ymddangosodd detholiad o'i waith ynghyd â bywgraffiad gan Edward Parry, Caer, dan y teitl *Blodau Arfon* (1842). Cafwyd ail argraffiad ag atodiad yn cynnwys peth o'i ryddiaith a rhagor o'i farddoniaeth o dan olygyddiaeth Robert *Ellis (Cynddelw) yn 1869.

Ceir manylion pellach yn yr erthyglau gan W. J. Gruffydd yn *Y Llenor* (cyf. IV, 1925), gan E. G. Millward yn *Nhrafodion Cymdeithas Hanes Sir Gaernarfon* (1964) a chan Stephen J. Williams yn *Gwŷr Llên y Bedwaredd Ganrif ar Bymtheg* (gol. Dyfnallt Morgan, 1968).

OWEN, DAVID (Brutus; 1795–1866), pregethwr, ysgolfeistr a golygydd, a aned yn Llanpumsaint, Caerf. Fe'i magwyd yn Annibynnwr, ond troes at y *Bedyddwyr, a dechrau pregethu. Bu'n cadw ysgol mewn amryw leoedd yng ngogledd Cymru. Ordeiniwyd ef yn weinidog gyda'r Bedyddwyr yn Llŷn, ond diarddelwyd ef am geisio arian trwy dwyll, a dychwelodd at yr Annibynwyr. Bu'n golygu dau gylchgrawn aflwyddiannus cyn ei benodi'n olygydd *Yr *Haul, y cylchgrawn Anglicanaidd, yn 1835, pryd y dechreuodd fynychu gwasanaethau Eglwys Loegr. Yr oedd wedi dychwelyd i'w sir enedigol erbyn hynny ac yn byw ym Mhentre-tŷ-gwyn.

Yn ystod ei fywyd cyhoeddodd ddau ar bymtheg o lyfrau, yn cynnwys cofiannau i Christmas *Evans a John *Elias. Yn *Yr Haul* cyhoeddodd *Cofiant Wil Bach o'r Pwll-dŵr*, *Cofiant Siencyn Bach y Llwyur*, *Cofiant Dai Hunan-dyb* (ill tri dan ffugenwau gwahanol) a *Wil Brydydd y Coed* (1863–65) dan yr enw Brutus. Yn y tri olaf, yn enwedig, y mae'n cystwyo Ymneilltuaeth (*Anghydffurfiaeth) a'i 'Jacs', fel y galwai bregethwyr lleyg swnllyd ac anfoesgar ei ddydd. Gan iddo fod yn 'Jac' ei hunan hyd 1835 rhaid bod siom ac euogrwydd yn cymell ei ddychan lawn cymaint â gofal am safonau crefydd. Serch hynny, medrai ysgrifennu'n llifeiriol mewn arddull liwgar, a dychanu'n finiog, er na fedrai wahaniaethu rhwng dychan a dwrdio ffraellyd.

Ceir manylion pellach yn Thomas Jones, *Mân Us* (1949), a D. Melvin Davies yng *Nghylchgrawn Cymdeithas Hanes yr Eglwys yng Nghymru* (1962, 1963, 1964, 1965).

Owen, Dickie, gweler OWEN, RICHARD MORGAN (1877–1932).

OWEN, DYDDGU (1906–92), awdures llyfrau i blant a aned ym Mhontrobert, Tfn., a'i haddysgu yng Ngholeg Prifysgol Cymru, Aberystwyth; bu'n athrawes ysgol ac yn Ddarlithydd yng Ngholeg y Drindod, Caerfyrddin, nes iddi ymddeol. Daeth i amlygrwydd yn y 1950au fel awdures tair nofel antur lwyddiannus iawn i blant hŷn, sef *Cri'r Gwylanod* (1953), *Caseg y Ddrycin* (1955) a *Brain Borromeo* (1958). Cyfrannodd storïau i'r plant lleiaf i'r gyfres liwgar *Glöyn Byw* megis *Mostyn y Mul* (1961) a *Modlen y Gath Fach Ddewr* (1962). Yn ogystal â llyfrau taith i oedolion, *Bob yn Eilddydd* (1968) ac *Ethiopa* (1974), cyhoeddodd *Y Flwyddyn Honno* (1978), nofel hanesyddol i ddarllenwyr ifainc sy'n sôn am helyntion teuluoedd o Gwm Nantcol, Meir., yn ystod y *Rhyfel Cartref a enillodd wobr Tir na n-Óg iddi. Y mae'n bosibl mai ei chyfraniad pwysicaf i faes llenyddiaeth plant oedd y gyfrol gain *Chwedlau Grimm* (1986) lle'r ailadroddodd chwedlau'r ddau frawd Grimm. Ceir rhagor o wybodaeth yn yr erthyglau gan Bedwyr Lewis Jones yn *Taliesin* (cyf. LXXVIII/LXXIX, 1992–93) ac Islwyn Ffowc Elis yn *Taliesin* (cyf. LXXX, 1993).

OWEN, ELIAS (1833–99), clerigwr a hynafiaethydd a aned yn Llandysilio, Tfn.; fe'i haddysgwyd yng Ngholeg y Drindod, Dulyn, ac yna aeth yn brifathro yr Ysgol Genedlaethol yn Llanllechid, Caern. Fe'i hordeiniwyd yn 1872 a bu'n gurad yn Llanwnnog, Tfn., ac yng Nghroesoswallt cyn derbyn bywoliaeth Efenechtyd, ger Rhuthun, Dinb., yn 1881. Y mae ei gyhoeddiadau yn cynnwys *Arvona Antiqua* (1886), *The Old Stone Crosses of the Vale of Clwyd* (1886) a *Welsh Folklore* (1896).

OWEN, ELLIS (1789–1868), bardd a hynafiaethydd. Fe'i ganed yng Nghefnymeysydd, Ynyscynhaearn, Caern. Fel bardd nid oedd iddo rinweddau arbennig; ysgrifennodd nifer helaeth iawn o englynion beddargraff. Fe'i cofir yn bennaf oherwydd Cymdeithas Lenyddol Cefnymeysydd; arferai'r gymdeithas gyfarfod yn ei gartref ac ef oedd ei llywydd. Ellis Owen a ddaeth â David *Owen (Dafydd y Garreg Wen) i amlygrwydd, ac a drefnodd i gael carreg newydd ar ei fedd. Cyhoeddwyd casgliad o waith Ellis Owen, yn rhyddiaith a barddoniaeth, wedi iddo farw; fe'i golygwyd gan R. I. *Jones (Alltud Eifion) dan y teitl *Cell Meudwy* (1877).

OWEN, GEORGE (1552–1613), hanesydd, hynafiaethydd ac achydd o Henllys, Penf. Yr oedd yn fab i William *Owen ac Elizabeth, nith i Iarll Penfro. Cafodd ei addysg yn lleol ac yn Barnard's Inn. Trwy briodas daeth yn gefnogwr i garfan Philipps-Stepney a fu'n gwrthsefyll dylanwad Sir John *Perrot dros Benfro. Yn ddiweddarach ef oedd y sgweier mwyaf dylanwadol yng ngogledd y sir. Ymatebodd yn frwd i diddordeb newydd ei oes mewn hynafiaethau Cymreig a bu'n llythyru â William Camden, Lewys *Dwnn a Thomas *Jones (Twm Siôn Catti) o Dregaron, yn croesawu hynafiaethwyr megis George Owen *Harry, Robert *Holland a George William Griffith (1584–1655?) o Benybenglog, Penf., ac yn cynnig nawdd i'r beirdd.

Ei waith pwysicaf yw *The Description of Penbrokeshire* (1603), y gyfrol gyntaf yn unig ohono a gyhoeddwyd. Ysgrifennodd hefyd *A Dialogue of the Present Government of Wales* (1594) ac *A Description of Wales* (1602) ond erys y rhan helaethaf o'i waith mewn llawysgrif. Defnyddiodd Camden fap Owen o Benfro (1602) yn y chweched argraffiad o'r *Britannia* (1586). Bu'n ymrafael yn gyson mewn materion cyfreithiol ac yr oedd yr un mor gecrus â gweddill ei gyfoedion; bu'n Siryf a Sir yn 1587 ac 1602, ac yn rhinwedd ei swydd fel Is-lyngesydd, Dirprwy Arglwydd Rhaglaw ac Ynad Heddwch, tynnai sylw yn Llundain yn gyson at beryglon ymosodiadau o Sbaen a'r angen i gadarnhau amddiffynfeydd yn

Aberdaugleddau. Edmygai Humphrey *Llwyd, David *Powel a Syr John *Price, ac yr oedd yn gartograffydd achydd, hynafiaethydd ac amaethydd blaengar o bwys mawr, ond hunan-les sydd y tu ôl i'w sylwadau ar gyfraith a threfn.

Ceir hanes llawn bywyd a gwaith Owen yn B. G. Charles, *George Owen of Henllys, a Welsh Elizabethan* (1973); gweler hefyd *The Description of Pembrokeshire* (gol. Dillwyn Miles, 1994).

Owen, George, gweler HARRY, GEORGE OWEN (*c*.1553–*c*.1614).

OWEN, GERAINT DYFNALLT (1908–93), hanesydd a nofelydd a aned ym Mhontypridd, Morg., yn fab i John Dyfnallt *Owen. Fe'i haddysgwyd yng Ngholeg Prifysgol Cymru, Aberystwyth, a Rhydychen lle y cafodd yrfa academaidd arbennig o ddisglair. Bu am rai blynyddoedd ar staff y BBC; gwasanaethodd yn y rhyfel ac yna bu'n gweithio i'r Comisiwn Llawysgrifau Hanes. Daeth yn arbenigwr ar hanes diwylliant Rwmania. Ei brif gynnyrch fel hanesydd oedd *Ysgolion a Cholegau'r Annibynwyr* (1939), *Elizabethan Wales* (1963), *Tomos Glyn Cothi* (Darlith Goffa Dyfnallt, 1964) a *Wales in the Reign of James I* (1988). Cyhoeddodd gyfieithiadau megis *Helynt y Pibydd* (1932) o'r Llydaweg ac *Y Blaidd Hud* (1941) o'r Romaneg. Nofel wreiddiol yw *Aeddan Hopcyn* (1942) a chyfrol o storïau yw *Y Machlud* (1936). Hanes rhamantus ac adnabyddus carwriaeth seithug Ann *Maddocks a Wil Hopcyn yw sylwedd y nofel *Cefn Ydfa* (1948) a stori ramantus arall, sef hanes *Nest, merch Rhys ap Tewdwr yn y ddeuddegfed ganrif yn gadael ei gŵr a dianc gydag *Owain ap Cadwgan, sydd yn *Nest* (1949) a *Dyddiau'r Gofid* (1950). Disgrifio ac adrodd stori oedd priod ddoniau'r awdur. Cyhoeddodd hefyd ddyddiadur-ryfel, *Aeth Deugain Mlynedd Heibio* (1985).

OWEN, GERALLT LLOYD (1944–), bardd. Ganed a maged ef yn Sarnau, Meir., a'i addysgu yn y Coleg Normal, Bangor. Wedyn treuliodd bum mlynedd yn athro yn Nhrawsfynydd a Phen-y-bont ar Ogwr, Morg. Yn 1972 sefydlodd ei gwmni argraffu a chyhoeddi ei hun, Gwasg Gwynedd, ac fe'i datblygodd yn un o'r gweisg mwyaf cynhyrchiol a mentrus yng Nghymru. Meistrolodd reolau'r *gynghanedd yn gynnar yn ei fywyd, a chyhoeddodd ei gyfrol gyntaf o gerddi, *Ugain Oed a'i Ganiadau*, yn 1966, ond gyda'r casgliad *Cerddi'r Cywilydd* (1972) yr enillodd enw iddo'i hun fel bardd o bwys. Lluniwyd llawer o'r cerddi yn y gyfrol hon yn ystod adeg Arwisgiad Tywysog Cymru yn 1969 (gweler o dan TYWYSOGAETH), ac ynddynt mynegir, mewn ieithwedd gyfoethog a byw, agwedd Cenedlaetholwr at y digwyddiad hwnnw. Ei drydedd gyfrol oedd *Cilmeri a Cherddi Eraill* (1991). Enillodd y *Gadair yn yr Eisteddfod Genedlaethol yn 1975 ac 1982 ac y mae'n adnabyddus fel beirniad Ymryson y Beirdd yn yr Eisteddfod Genedlaethol ac ar y rhaglen radio gyffelyb *Talwrn y Beirdd*. Golygodd naw casgliad o bigion y rhaglen honno, *Talwrn y Beirdd* (1981, 1984, 1986, 1988, 1990, 1992, 1994, 1996) a *Caneuon Talwrn y Beirdd* (1993), ac o 1976 hyd 1983 bu'n cyd-olygu *Barddas*, sef cylchgrawn *Cymdeithas Cerdd Dafod, gydag Alan *Llwyd. Y mae ei ddoniolwch crafog fel beirniad a darlledydd yn gwrthgyferbynnu â thristwch ei gerddi, cerddi sydd, at ei gilydd, yn mynegi'r ymdeimlad dwfn o golled o weld Cymru'r gwerthoedd gwâr yn crebachu fwyfwy.

Ceir manylion pellach yn *Barddas* (rhif. 67, 1982: rhif. 118, 1987; rhif. 206, 1994), yn *Barn* (rhif. 370, 1993, rhif. 371/372 1993/94) lle y mae T. Arfon Williams yn ymdrin â chefndir y bardd a'i gyfnod, yn *Taliesin* (cyf. LXXXI, 1993) ac yn ysgrif Branwen Jarvis yn *Trafod Cerdd Dafod y Dydd* (gol. Alan Llwyd, 1984); gweler hefyd Jerry Hunter, 'Cerddi Gwleidyddol Gerallt Lloyd Owen', yn *Barn* (rhif. 406, 1996–rhif. 410, 1997).

OWEN, GORONWY (Goronwy Ddu o Fôn; 1723–69), bardd a aned ym mhlwyf Llanfair Mathafarn Eithaf, Môn, yn fab i Owen Gronw o deulu eurychiaid y Dafarn Goch. Gallai'r tad a'r taid lunio englyn, a magwyd Goronwy yn yr hyn a oedd yn weddillion y traddodiad *Cerdd Dafod. Yn Ysgol Friars ym Mangor cafodd ei drwytho mewn Lladin gyda'r bwriad o wneud person ohono, ac wedyn bu'n astudio am gyfnod byr yng Ngholeg Iesu, Rhydychen. Wedi cyfnod fel athro cynorthwyol mewn ysgolion ym Mhwllheli (1742–44) ac yn Ninbych (1745), fe'i hordeiniwyd yn ddiacon yn 1746 a bu'n gwasanaethu ym mhlwyf ei fagu. Ond gorfu iddo ymadael ymhen y flwyddyn. Ar grwydr y bu wedyn gan obeithio trwy'r adeg gael gofalaeth yng Nghymru, yn lle dioddef tlodi diddiwedd bywyd curad. Ni ddaeth y cyfle a phan gynigiwyd iddo swydd yn athro'r ysgol ramadeg a oedd ynghlwm wrth Goleg William a Mary yn Williamsburgh, Virginia, fe'i derbyniodd. Hwyliodd o Lundain yn Nhachwedd 1757, gyda'i wraig a'i dri phlentyn, ond bu hi a'r mab ieuangaf farw yn ystod y fordaith. Ailbriododd Owen yn yr Amerig ond bu farw'r ail wraig hefyd yn fuan wedi hynny. Aeth wedyn i feddwi a byw'n afrad, collodd ei swydd o ganlyniad, a'r diwedd fu iddo ei gael ei hun yn 1760 yn berson plwyf yn St. Andrew's, Brunswick County, ym mhellafion Virginia. Yno y bu am ei naw mlynedd olaf, yn offeiriad, yn dyfwr tybaco, ac yn briod am y trydydd tro. Yno y bu farw ac fe'i claddwyd ar ei blanhigfa ger Dolphin, i'r gogledd o Lawrenceville. Ar y pryd ni wyddai neb yng Nghymru ddim o'i hanes.

Pan oedd yn llanc cyfansoddai gerddi ymarferiadol Cymraeg a Lladin. Ailymaflodd ynddi dan anogaeth Lewis *Morris, yr hynafiaethydd, tua diwedd 1751 gan gymryd arno'i hun ran o'r dasg o adfywio barddoniaeth Gymraeg, ei chodi o'r stad isel y syrthiasai iddi a rhoi iddi swyddogaeth newydd, yn lle mawl traddodiadol y *berchentyaeth, trwy lunio nifer o awdlau a chywyddau

Horasaidd, myfyrdodau clasurydd o Gristion ar beth oedd y 'bywyd da'. Y mae ei lythyrau at y *Morrisiaid yn llawn cynlluniau am ysgrifennu cerdd epig Milton-aidd, ond rhoddodd Goronwy y gorau i farddoni a gadael am Virginia cyn medru gwireddu'r rhan honno o'i freuddwyd. Gadawodd yr *arwrgerdd yn uchelgais i genedlaethau diweddarach, ac i gryn raddau ymgais oedd cystadleuaeth y *Gadair a'r *Goron yn eisteddfodau'r bedwaredd ganrif ar bymtheg i gynhyrchu'r gerdd y rhoesai Goronwy Owen ei fryd arni.

Erbyn hynny daethai'n arwr yng ngolwg gwŷr llên ac efelychid ei gerddi, a oedd ar gael yn y detholiad *Diddanwch Teuluaidd* (1763, 1817). Cyhoeddwyd ei lythyrau yn y cylchgronau, ac fe'u derbyniwyd yn ganonau beirniadaeth lenyddol i'r fath raddau nes bod ei ddylanwad yn drwm ac yn andwyol ar gwrs llên Cymru. Serch hynny y mae i'w waith deilyngdod ac y mae yn ei lythyrau, er enghraifft, ddarnau o ryddiaith ardderchog. fel y portread o berson Walton neu ei ddisgrifiad o'i unigrwydd alltud yn Virginia. Ymhlith ei gerddi gorau y mae 'Awdl Gofuned' a'r 'Cywydd yn ateb Huw'r Bardd Coch o Fôn'. Ysgrifennwyd pob un o'r rhain cyn iddo fynd i America. Yn yr olaf a enwir, sef ateb i Hugh *Hughes (1693–1773), y mynegir huotlaf ei gariad at Fôn a'i *hiraeth amdani, lle y mynegodd wirioneddau syml yn groyw a chofiadwy.

Cyhoeddwyd detholiad o waith Goronwy Owen yn *Cyfres y Fil* (gol. O. M. Edwards, 2 gyf., 1902) a golygwyd ei lythyrau gan J. H. David (1924); gweler hefyd *The Poetical Works of the Rev. Goronwy Owen with his Life and Correspondence* (gol. Robert Jones, 2 gyf., 1951). Ysgrifennwyd monograff ar y bardd gan W. D. Williams yn y gyfres *Gŵyl Dewi* (1951); gweler hefyd erthygl gan Bobi Jones yn *Gŵyr Llên y Ddeunawfed Ganrif* (gol. Dyfnallt Morgan, 1966), un arall gan Bedwyr Lewis Jones yn *Nhrafodion Anrhydeddus Gymdeithas y Cymmrodorion* (1971) ac un gan Saunders Lewis yn *Meistri'r Canrifoedd* (gol. R. Geraint Gruffydd, 1973); gweler hefyd *A School of Welsh Augustans* (1924) gan Saunders Lewis. Cyhoeddwyd monograff arno gan Branwen Jarvis yn y gyfres *Writers of Wales* yn 1986 ac astudiaeth gan Alan Llwyd, *Gronwy Ddihafael, Gronwy Ddu* (1997).

Owen, Herbert Isambard (1850–1927), arloeswr *Prifysgol Cymru a meddyg wrth ei alwedigaeth. Fe'i ganed yng Nghas-gwent, Myn., yn fab i beiriannydd a fu'n ddisgybl i Isambard Brunel. Fe'i haddysgwyd ym Mhrifysgol Caer-grawnt ac yn ddiweddarach astudiodd feddygaeth. Cymerodd ran amlwg ym mywyd *Cymry Llundain, gan adfer Anrhydeddus Gymdeithas y *Cymmrodorion yn 1873, ac fel aelod o *Gymdeithas yr Iaith Gymraeg, a chyfaill i'w hysgrifennydd Dan Isaac *Davies, hyrwyddodd achos yr iaith Gymraeg yn yr ysgolion canolraddol. Ef a luniodd, yn 1891 a'r flwyddyn ganlynol, gynllun i sefydlu Prifysgol Cymru a phan sefydlwyd y Brifysgol ddwy flynedd yn ddiweddarach daeth yn Ddirprwy Ganghellor cyntaf iddi.

OWEN, HUGH (1572–1642), cyfieithydd a Reciwsant

o Wenynog, Môn. Ymadawodd â'i sir enedigol yn 1621 wedi iddo gael ei erlid am ei Reciwsantiaeth ac aeth i Lundain lle y cafodd waith fel ysgrifennydd i Henry Somerset, Yr Arglwydd Herbert. Symudodd gyda'i feistr i Gastell *Rhaglan yn 1627 a bu farw yn ei gartref yn ymyl Abaty *Tyndyrn wedi rhyw ugain mlynedd yn stiward ystad teulu Somerset. Cofir Owen am ei gyfieithiad i'r Gymraeg o *De Imitatione Christi* gan Thomas à Kempis, a wnaeth rywbryd rhwng 1615 a 1642; cyhoeddwyd y gwaith hwn yn 1684 gan ei fab, yntau'n Hugh Owen, dan y teitl *Dilyniad Crist*. Paratowyd ail fersiwn o'r gwaith hwn gan ryw W. M. anhysbys (William Meyrick, efallai) dan y teitl *Pattrwm y Gwir Gristion* (1723). Yn ôl ei ewyllys trosglwyddodd i'w fab, ymhlith gweithiau eraill, gyfieithiad Cymraeg o *Llyfr y Resolusion* gan Robert Parsons, a chedwir rhan o'r llawysgrif bellach yn Llyfrgell Rydd Caerdydd.

Aeth **Hugh Owen** yr ieuangaf (1615–86) i'r Coleg Saesneg yn Rhufain yn fyfyriwr yn 1636, ac fe'i hordeiniwyd yn offeiriad yn 1640/41; ymunodd â *Chymdeithas yr Iesu yn 1648, gan gael ei adnabod fel y Tad John Hughes. Treuliodd weddill ei oes yn genhadwr yng Nghymru a'r Gororau. Ei unig waith llenyddol oedd *Alluydd neu Agoriad Paradwys i'r Cymry* (1670), trosiad i'r Gymraeg o ddetholiadau o'r Efengylau a chatecismau ac athrawiaethau Eglwys Rufain.

Ceir manylion pellach yn yr erthyglau gan Geraint Bowen yng *Nghylchgrawn* y Gymdeithas Lyfryddol Gymreig (cyf. VII, 1953), *Y Genhinen* (cyf. V, 1955) a *Chylchgrawn* Llyfrgell Genedlaethol Cymru (cyf. XI, 1956).

Owen, Hugh (1804–81), gwas sifil ac addysgwr; brodor o Langeinwen, Môn, ydoedd. Daeth i sylw'r cyhoedd am y tro cyntaf yn 1843 pan gyhoeddodd lythyr a fwriedid i alw sylw'r Cymry at addysg elfennol, ac yn arbennig at angen sefydlu ysgolion dan nawdd y *Gymdeithas Frytanaidd. Yr oedd yn ŵr o ddylanwad mawr yn ei ddydd, a bu'n weithgar yng ngweithgareddau'r *Eisteddfod Genedlaethol, Anrhydeddus Gymdeithas y *Cymmrodorion, a hefyd yn y gwaith o sefydlu'r Coleg Normal, Bangor, yn 1858, y coleg cyntaf yng Nghymru i dderbyn meibion rhieni Anghydffurfiol, a'r Coleg i hyfforddi athrawesau yn Abertawe yn 1871. Wedi 1854 bu'n arweinydd yr ymgyrch i sefydlu *Prifysgol Cymru, a thrwy ei eiddgarwch ef yn bennaf y sefydlwyd Coleg y Brifysgol yn Aberystwyth yn 1872.

Wedi ymddeol o'i swydd gyda Chomisiwn Deddf y Tlodion, er mwyn rhoi ei amser yn llawn i'r gorchwyl o greu cyfundrefn addysg gyflawn i Gymru, aeth Hugh Owen rhagddo i hawlio archwiliad llawn i gyflwr addysg ganolraddol yng Nghymru. Trwy ei weithgarwch ef daeth Deddf Addysg Ganolraddol Cymru i rym yn 1889 a sefydlwyd nifer o ysgolion canolraddol drwy'r wlad. Fe'i hurddwyd yn farchog yn 1881 fel cydnabyddiaeth o'i wasanaeth ond erbyn heddiw y mae rhai haneswyr yn feirniadol o'i argymhellion a oedd yn

weddol nodweddiadol o'r dosbarth canol Seisnig Fictoraidd yng Nghymru. Beirniadwyd hefyd ei fethiant i greu cyfundrefn addysg fwy priodol i anghenion Cymru, yn enwedig o safbwynt dysgu'r iaith Gymraeg, pwnc a fu'n eilradd yn ei flaenoriaethau.

Ceir ymdriniaeth bellach ar fywyd a gwaith Hugh Owen yng nghofiant W. E. Davies (1885) a llyfr dwyieithog B. L. Davies yn y gyfres *Gŵyl Dewi* (1977). Disgrifir ei ddylanwad ar dwf yr Eisteddfod Genedlaethol gan Hywel Teifi Edwards yn *Gŵyl Gwalia* (1980) a *Codi'r Hen Wlad yn ei Hôl* (1989).

OWEN, IVOR (1907–87), golygydd cylchgronau a llenor ail-iaith. Fe'i ganed yn Nhreharris, Morg., a'i addysgu yng Ngholeg y Brifysgol, Caerdydd, a'r Coleg Normal, Bangor. Dechreuodd ar ei yrfa'n athro yng Ngwlad yr Haf cyn dychwelyd i ddysgu mewn ysgol gynradd yng Nghaerdydd. Bu'n rhaid iddo ymadael â'r swydd honno i ymuno â'r Llu Awyr adeg yr Ail Ryfel Byd ond dychwelodd i'r un ysgol ar ddiwedd y rhyfel. Yn fuan wedyn, cafodd ei benodi'n Bennaeth yr Adran Gymraeg yn Ysgol Ramadeg Mynwent y Crynwyr lle y buasai ef ei hun yn ddisgybl. Cafodd gyfle i ddysgu Saesneg i dramorwyr yn ystod ei gyfnod yn y lluoedd arfog a chynyddodd ei ddiddordeb yn y maes ail-iaith ymhellach wrth iddo baratoi deunyddiau i'w ddosbarthiadau a llunio sgriptiau radio ar gyfer rhaglenni Adran Ysgolion y BBC.

Ar ôl dysgu am wyth mlynedd yn ei fro enedigol, fe'i penodwyd yn 1956 yn olygydd ar holl gylchgronau *Urdd Gobaith Cymru, sef *Cymraeg*, *Cymru'r Plant* a *Cymru*. O dan ei olygyddiaeth, tyfodd *Cymraeg* yn gylchgrawn ail-iaith ffyniannus a oedd erbyn 1966 yn gwerthu 25,000 copi bob mis. Yn y flwyddyn honno, fodd bynnag, penderfynodd Ivor Owen ei ddirwyn i ben a chyhoeddi dau gylchgrawn newydd sbon yn ei le, sef *Bore Da* a *Mynd*. Anelwyd y cylchgronau newydd at blant o wahanol oedrannau ac ategwyd doethineb penderfyniad y golygydd wrth i gylchrediad y ddau gyda'i gilydd godi i 27,000.

Yn y cyfnod hwn, dechreuodd Ivor Owen gyhoeddi deunydd ail-iaith, yn storïau, nofelau a llyfrau cyfeiriol; ef oedd y prif arloeswr yn y maes. Ei gamp oedd llwyddo i adrodd stori afaelgar o fewn ffiniau geirfaol a chystrawennol cyfyng. Yr oedd ganddo ddawn reddfol i raddio iaith gan ailadrodd geirfa, patrymau a phriod-ddulliau newydd mewn modd crefftus a naturiol. Ymhlith ei brif gyhoeddiadau ceir *Mis o Wyliau* (1964), *Noson ym Mis Medi* (1967), *Dial Dau* (1968), *Siop Gwalia* (1973), *Golwg ar Gymru ei Hanes a'i Phobl* (1976), *Y Ferch o Ballymoy* (1982), *Yr Haf Hirfelyn* (1988), *Gwawr a Storïau Iasoer Eraill* (1988) a *Cwchwlin, Penarwr Iwerddon* (1989).

OWEN, JEREMY (*fl.* 1704–44), awdur crefyddol a ddilynodd ei dad yn 1711 yn weinidog cynulleidfa Bresbyteraidd Henllan Amgoed, Caerf. Fe'i haddysgwyd yn Academi ei ewythr, James Owen, yn

Amwythig, lle y cafodd ei hyfforddi yn y Clasuron ac mewn diwinyddiaeth Galfinaidd gymedrol. Yr oedd, yng nghyfnod Owen, anghydfod chwerw rhwng isel ac uchel *Galfiniaeth, ac o ran trefniadaeth rhwng Presbyteriaid ac *Annibynwyr. Yr oedd plaid gref o uchel-Galfiniaid yn Henllan Amgoed, dan arweiniad Lewis Thomas (*fl.* 1706–45), Bwlch-y-sais, a phan gafodd ef a'i blaid eu diarddel gan yr eglwys, sefydlasant eglwys yn Rhydyceisiaid. Bu anghydfod arall yn y blynyddoedd 1707–79 ac ymwahanodd carfan arall i Rydyceisiaid dan arweiniad Mathias Maurice (1684–1738) a Henry Palmer (1679–1742). Cyhoeddodd Maurice lyfryn, *Byr a Chywir Hanes* (1727), a ail-gyhoeddwyd yn *Y Cofiadur* (1925) ac a oedd yn adrodd hanes helyntion eglwys Henllan ac a gyffroes Owen gymaint fel y cyhoeddodd ateb iddo dan y teitl *Golwg ar y Beiau* (1732–33), gan gystwyo Maurice yn ffyrnig. Ailgyhoeddwyd y pamffledyn dadleugar hwn gan R. T. *Jenkins (1950), a hynny nid ar gyfrif natur ei gynnwys ond am ragoriaeth ei Gymraeg cyhyrog. Gwelir enghraifft o iaith gref a chywir Owen yn ei lyfr, *Y Ddyledswydd Fawr Efangylaidd o Weddïo dros Weinidogion* (1733).

Y mae ysgrif ar Jeremy Owen gan Saunders Lewis yn y gyfrol *Meistri'r Canrifoedd* (gol. R. Geraint Gruffydd, 1973). Am fanylion pellach gweler *Y Traethodydd* (1887) a T. Richards, *History of Carmarthenshire* (cyf. II, 1939).

OWEN, JOHN (The British Martial; 1564?–1628?), epigramydd. Fe'i ganed ym Mhlas-du, Llanarmon, Caern., a'i addysgu yng Nghaer-wynt a'r Coleg Newydd, Rhydychen. Bu'n ysgolfeistr yn Nhre-lech, Myn., hyd 1595, ac yna aeth yn brifathro Ysgol Warwick; ni wyddys rhagor o'i hanes. Meddai ar feddwl chwim a chymodlon ac yr oedd yn ffraethinebwr, yn ysgolhaig ac yn ddychanwr. Yr oedd yn boblogaidd iawn yn ei ddydd oherwydd ei un llyfr ar ddeg o epigramau Lladin a gyhoeddodd rhwng 1606 a 1613. Ceir cyfeiriadau mynych at Gymru yn ei waith ac yn y llyfr a gyflwynodd i Harri, Tywysog Cymru (mab hynaf Iago I), disgrifia ei hun fel '*Cambro-Briton*'. Yr oedd cylch ei epigramau yn eang iawn, ac y maent yn cynnwys llinellau wedi eu cyfeirio at yr Arglwyddes Mary Neville, Syr Philip Sidney a Syr Francis Drake; ac y mae nifer yn eithafol o wrth-Babyddol. Er iddynt gael eu rhoi ar yr *Index Expurgatorius*, yr oeddynt yn boblogaidd iawn yn Lloegr ac wedi iddynt gael eu cyfieithu i'r Ffrangeg, yr Almaeneg a'r Sbaeneg, buont yr un mor boblogaidd mewn gwledydd Ewropeaidd eraill, yn arbennig yn yr Almaen lle y cafodd Owen gryn ddylanwad ar ddatblygiad y *genre*.

Cyhoeddwyd casgliadau o'i waith sef *Epigrams* (cyfd. T. Vicars, 1619) ac *Epigrammata* (gol. A. A. Renouard, 1794). Ceir manylion pellach mewn erthygl gan J. Henry Jones yn *Nhrafodion Anrhydeddus Gymdeithas y Cymmrodorion* (1940).

Owen, John (1600–66), gweler o dan DALAR HIR (1648) a RHYFELOEDD CARTREF (1642–48).

OWEN, JOHN (1757–1829), bardd o Fachynlleth, Tfn. Methodist Calfinaidd ydoedd ac ysgrifennodd *Troedigaeth Atheos* (1788), epig ar lun *Bywyd a Marwolaeth Theomemphus* (1764) gan William *Williams (Pantycelyn). Y mae ei bamffledyn *Golygiadau ar Achosion ag Effeithiau'r Cyfnewidiad yn Ffrainc* (1797) yn datgan barn rhai o Fethodistiaid y cyfnod; y mae ei gerdd *Golygiad ar Adfywiad Crefydd yn yr Eglwys Sefydledig yng Nghymru* (1818) o ddiddordeb mawr i haneswyr *Methodistiaeth.

Owen, John (**Owain Alaw**; 1821–83), cerddor, a aned yng Nghaer; yr oedd yn ganwr, yn gyfeilydd ac yn gyfansoddwr ac enillodd lu o wobrau mewn eisteddfodau. Cyhoeddodd gasgliad enwog dan y teitl *Gems of Welsh Melodies* (1860–64) ac oratorio, *Jeremiah* (1878), ei brif waith o bosibl, yn ogystal â nifer o anthemau poblogaidd. Yr oedd galw mawr amdano i feirniadu, a pherfformiai hefyd mewn cyngherddau gyda John *Jones (Talhaiarn), a ysgrifennodd y geiriau i rai o'i gyfansoddiadau.

Owen, John (1854–1926), Esgob *Tyddewi, a gŵr a fu â rhan ganolog yn y gwaith o sefydlu'r Eglwys yng Nghymru fel talaith ymreolaethol o'r Gymundeb Anglicanaidd. Fe'i ganed i rieni Ymneilltuol yn Llanengan, Caern. Bu'n Athro'r Gymraeg yng Ngholeg Dewi Sant, Llanbedr Pont Steffan (1879–85), yn Warden Coleg Llanymddyfri (1885–89), yn Ddeon *Llanelwy (1889–92), yn Brifathro Coleg Dewi Sant (1892–97) ac yn Esgob Tyddewi o 1897 hyd ddiwedd ei oes. Credai yn angerddol mewn addysg enwadol a'r Eglwys Sefydledig, a cheisiai gael yr amodau gorau posibl i'r Eglwys Gymreig dan Ddeddf Datgysylltu 1914 (gweler DATGYSYLLTU'R EGLWYS). Ymboenai am y bwlch rhwng yr Eglwys Anglicanaidd a'r diwylliant Cymraeg. Yr oedd yn gefnogwr brwd i'r *Eisteddfod Genedlaethol ac yn gadeirydd y pwyllgor a fu'n gyfrifol am yr adroddiad, *Y Gymraeg mewn Addysg a Bywyd* (1927).

OWEN, JOHN DYFNALLT (**Dyfnallt**; 1873–1956), bardd a llenor, a aned yn Rhiw-fawr, ym mhlwyf Llan-giwg, Morg. Fe'i haddysgwyd yng Ngholeg Prifysgol Gogledd Cymru, Bangor, a Choleg Bala-Bangor. Bu'n weinidog gyda'r Annibynwyr, ac yn olygydd papur yr enwad, *Y *Tyst*, o 1927 hyd 1956. Yr oedd Geraint Dyfnallt *Owen yn fab iddo.

Enillodd Dyfnallt y *Goron yn yr Eisteddfod Genedlaethol yn 1907 am bryddest, 'Y Greal Sanctaidd'; fe'i cyhoeddwyd yn ddiweddarach yn *Y Greal a Cherddi Eraill* (1946), gyda llawer o delynegion a baled nodedig, 'Baled Ysbryd Coed-y-Deri'. Ymysg ei hoff ddiddordebau yr oedd diwylliant y gwledydd Celtaidd eraill, ac y mae ei lyfr *O Ben Tir Llydaw* (1934), yn haeddu cael ei gymharu â gweithiau Owen M. *Edwards ac Ambrose *Bebb ar y wlad honno. Casglwyd ei ysgrifau yn y cyfrolau *Rhamant a Rhyddid* (1952) ac *Ar y Tŵr* (1953). Fel golygydd *Y Tyst*, fodd bynnag, y cafodd y dylanwad mwyaf, yn arbennig â'i bwyslais cyson ar ★Genedlaetholdeb a Chydgenedlaetholdeb Cristnogol. Cofir Dyfnallt, yng ngeiriau R. Tudur ★Jones, am 'ei ddiwylliant eithriadol eang, ei natur ddiwenwyn, ei feistrolaeth lwyr ar Gymraeg grymus a lliwgar'.

Ysgrifennodd Geraint Elfyn Jones amdano yn *Bywyd a Gwaith John Dyfnallt Owen* (1976); gweler hefyd y bennod gan Emrys Jones yn *Adnabod Deg* (gol. Derec Llwyd Morgan, 1977).

OWEN, JOHN IDRIS (1937–), nofelydd. Fe'i ganed ym Marian-glas, Môn, a derbyniodd ei addysg yng Ngholeg Prifysgol Gogledd Cymru, Bangor. Treuliodd nifer o flynyddoedd fel athro ac athro ymgynghorol cyn cael ei benodi'n Rheolwr Cynhyrchu y Ganolfan Dechnoleg Addysg yn Yr Wyddgrug, Ffl., yn 1973. Yn ddiweddarach, fe'i penodwyd yn drefnydd canolfan newydd Addysg Dechnolegol a Galwedigaethol yng Nghastell Bodelwyddan, ger Llanelwy, Clwyd. Daeth i'r amlwg fel llenor pan enillodd Fedal Ryddiaith Eisteddfod Môn yn 1969 ac yna ★Medal Ryddiaith yr Eisteddfod Genedlaethol yn 1984 â'i gyfrol *Y Tŷ Haearn*. Cyhoeddodd hefyd gyfrolau i blant a phobl ifainc, gan gynnwys *Cantre'r Gwaelod* (1981), *Chwe Chwedl Werin* (1981) a *Gwyn eu Byd yr Adar Gwylltion* (1984).

Owen, Lewis (m. 1555), gweler o dan GWYLLIAID COCHION MAWDDWY.

OWEN, LEWIS (1572–1633), ysbïwr a phropagandydd gwrth-Babyddol. Y mae ei gefndir teuluol yn ansicr, ond gwyddys iddo hanu o sir Feirionnydd. Ymaelododd yng Ngholeg Eglwys Grist yn Rhydychen yn 1590, ond gadawodd yno cyn ennill ei radd er mwyn crwydro tir mawr Ewrop. Dywed Anthony à Wood yn ei *Athenae Oxonienses* (1691) fod Owen wedi ymuno â ★Chymdeithas yr Iesu gan fynychu'r Coleg yn Valladolid, ond dywed hefyd i Owen sylwi bod 'cynlluniau'r Gymdeithas yn tueddu tuag at bolisïau bydol yn hytrach na gwir grefydd'. Wedi iddo gyhoeddi *A Key to the Spanish Tongue* (1605), cyfieithodd o'r Ffrangeg a chyhoeddi yn 1609, *Catholique Traditions: A Treatise of the Beliefe of the Christians of Asia, Europe and Africa*, ffaith sy'n awgrymu nad oedd y pryd hwnnw wedi ymddatgysylltu'n gyfan gwbl o'i Babyddiaeth. Yn 1611, fodd bynnag, anfonwyd ef ar ran yr Ysgrifennydd Gwladol i Rufain er mwyn gwylio gweithgareddau Hugh O'Neill, Iarll Tyrone, ac am ddeuddeng mlynedd bu'n teithio'n gyfrinachol trwy lawer o wledydd Ewrop. Yn 1626, cyhoeddodd *The Running Register, recording a True Relation of the English Colledges, Seminaries and Cloysters in all Forraine Parts*, sef amlinelliad pwysig a ddatguddiai enwau Pabyddion a oedd yn gweithio ac yn cael eu hyfforddi ar y Cyfandir. Wedi treulio dwy

flynedd arall fel ysbïwr, cyhoeddodd *The Unmasking of all Popish Monks, Friars and Jesuits* (1628), a *Speculum Jesuiticum, or the Iesuites Looking-Glasse* (1629).

Ceir y disgrifiad gorau o yrfa Owen gan W. Llewelyn Williams yn '*Welsh Catholics on the Continent*' yn Nhrafodion Anrhydeddus Gymdeithas y Cymmrodorion (1901–02).

OWEN, MARY (1796–1875), emynyddes, a aned yn Ynysmaerdy, Llansawel, Morg. Cyhoeddwyd ei hemynau, ar anogaeth William ★Williams (Caledfryn), dan y teitl *Hymnau ar Amryw Destunau* (1839); y mae rhai ohonynt, megis 'Caed modd i faddau beiau' a 'Dyma gariad, pwy a'i traetha', mewn bri o hyd.

OWEN, MATTHEW (1631–79), bardd o Langar yn ★Edeirnion, Meir. Cyfansoddodd amryw o gerddi yn null Huw ★Morys ynghyd ag englynion, cywyddau ac o leiaf un awdl. Dengys ei waith iddo dreulio peth amser yn Rhydychen ac yno y cyhoeddwyd *Carol o Gyngor* (1658). Ceir dyrïau o'i waith yn *Carolau a Dyrïau Duwiol* (1686) ynghyd â thair cerdd o'i waith yn *Blodeu-gerdd Cymry* (1779). Canodd awdl farwnad i Syr John Owen o Glenennau a cherdd i Richard Hughes, person Gwytherin.

Owen, Meilyr Emrys, gweler LLWYD, ALAN (1948–).

Owen, Morfydd Llwyn (1891–1918), cerddores. Fe'i ganed yn Nhrefforest, Morg., a chafodd yrfa ddisglair yn Academi Frenhinol Cerdd cyn ennill bri fel cantores a chyfansoddwr gweithiau i gerddorfeydd mawr a bach a chorau, emyn-donau ac unawdau piano; daeth ei hysbrydoliaeth ar gyfer llawer o'r rhain o ganeuon gwerin a llenyddiaeth Cymru. Yn 1917 priododd â'r seicoanalydd Ernest ★Jones ond amharwyd ar y briodas gan y tyndra a achoswyd gan ei ffydd grefyddol hi a'i anghrediniaeth yntau. Pan fu farw y flwyddyn ganlynol collodd Cymru un o'i hathrylithoedd cerddorol mwyaf amryddawn. Naddwyd dyfyniad o Goethe ar ei charregfedd yn Ystumllwynarth: '*Das unbeschreibliche, hier ist es gethan*' ('Yma y cyflawnwyd canlyniadau annisgrifiadwy cariad').

Am ragor o fanylion gweler Rhian Davies, *Yr Eneth Ddisglair Annwyl/Never So Pure a Sight* (1994).

Owen, Nicholas (m. 1606), merthyr, a mab hynaf teulu Pabyddol o dras Cymreig a ymgartrefodd yn Rhydychen yn ystod teyrnasiad Mari. Aeth dau o'i frodyr yn offeiriaid a'r trydydd yn argraffydd Pabyddol. Fe'i gelwid yn *Little John* am ei fod mor fyr a hefyd gelwid ef, trwy gamgymeriad, yn John Owen, fel yng ngherdd Waldo ★Williams, 'Wedi'r Canrifoedd Mudan', lle y cyfeirir ato fel John Owen y Saer. Ymunodd Nicholas â'r Iesuwyr (★Cymdeithas yr Iesu) yn 1559 fel cynorthwywr lleyg ac erbyn 1590 yr oedd yn aelod llawn. O 1587 ef oedd prif wneuthurwr cudd-fannau offeiriaid yn Lloegr, ac achubodd ei ddeheu-rwydd fel pensaer a saer fywydau llawer o offeiriaid yn ogystal â chadw ym meddiant eu perchenogion ystadau llawer o leygwyr a allai fod wedi eu colli. Fel 'gwas' i'r Tadau Campion, Gerard a Garnet, carcharwyd ef a phoenydiwyd ef lawer gwaith heb iddo gyffesu unwaith. Yn 1597 cynlluniodd a chynorthwyodd y Tad Gerard i ddianc o Dŵr Llundain. Fodd bynnag, yn 1606, o gan-lyniad i Gynllwyn Guto Ffowc, archwiliwyd Hindlip Hall, swydd Gaerwrangon, tŷ yr oedd Owen wedi ei baratoi fel man cyfarfod i offeiriaid gan wŷr o dan oruchwyliaeth Syr Henry Bromley, Siryf y Sir. Daethant o hyd i un ar ddeg o guddfannau offeiriaid ond dim un offeiriad. Wedi pedwar diwrnod daeth Owen allan o'i guddfan er mwyn gwyrdroi'r ymchwil oddi ar drywydd y Tad Garnet a'r Tad Oldcorne, ond parhaodd Bromley yn ei ymchwil oherwydd bod ganddo wybodaeth arben-nig, ac ar yr wythfed dydd daliodd y ddau offeiriad. Rhoddwyd Owen ar y rac nifer o weithiau yn y Tŵr, er ei fod wedi torri ei lengig (ac felly dylai, yn ôl y drefn, fod wedi osgoi'r gosb), ond unwaith eto, ni chyffesodd. Er gwaethaf y plât haearn a roddwyd am ei ganol torrodd ei ymysgaroedd a chyhoeddwyd fod *Little John*, '*lame, ingenious, silent*', wedi cyflawni hunanladdiad.

OWEN, OWEN GRIFFITH (Alafon; 1847–1916), bardd a brodor o *Eifionydd; pan oedd yn ŵr ifanc bu'n was fferm, yn chwarelwr, ac yn glerc mewn chwarel leol. Fe'i haddysgwyd yn ddiweddarach yng Ngholeg y Bala ac ym Mhrifysgol Caeredin; dechreuodd bregethu gyda'r Methodistiaid Calfinaidd yn 1876. Ei unig ofalaeth oedd Clwt-y-bont, Caern., ac yno y bu hyd ddiwedd ei oes. Yn ogystal â golygu *Y *Drysorfa* am ychydig flynyddoedd, cyhoeddodd gyfrol o'i farddon-iaeth, *Cathlau Bore a Nawn* (1912), a chasgliad o ysgrifau, *Ceinion y Gynghanedd* (1915). Rhagorai fel bardd yn ei delynegion syml a dwys ond cofir ef am ei englynion hefyd. Y mae ei drosiad o emyn Richard Mant, '*Round the Lord in glory seated*', sef 'Glân geriwbiaid a seraffiaid', a genir ar y dôn *'Sanctus*', yn dra phoblogaidd o hyd.

OWEN, RICHARD JONES (Glaslyn; 1831–1909), bardd a llenor. Fe'i ganwyd ym mhlwyf Llanfrothen, Meir., a bu'n gweithio fel chwarelwr ac arolygydd chwareli, heb grwydro ymhell o'i gynefin. Yr oedd yn awdur toreithiog; lluniodd gorff o farddoniaeth ddigon wynol yn y mesurau rhyddion. Y mae llawer o'i gerddi yn cynnwys gormod o foesoli a dyrchafu ar rinweddau'r Cymry, ac y mae'n debyg mai'r cerddi sy'n ymateb i dirlun, i ddiwylliant ac i hanes ei filltir sgwâr yn ardal-oedd Nanmor a Beddgelert yw'r rhai mwyaf llwydd-iannus. Lluniodd hefyd nifer o gerddi coffa ar ôl trigolion ei fro. Cyhoeddodd erthyglau ar hanes, diwylliant a llenyddiaeth ei fro a'i genedl, a defnyddiodd y wasg hefyd i geisio hyrwyddo ei argyhoeddiadau gwleidyddol

rhyddfrydol. Ymddangosodd ei waith, weithiau dan ffugenw, yn *Y *Traethodydd*, *Y *Genedl Gymreig*, *Yr *Herald Gymraeg* ac mewn nifer o gyhoeddiadau eraill. Y mae'n bosibl mai *Cymru O. M. *Edwards a roes iddo'r llwyfan mwyaf addas, a chyhoeddodd yn gyson yn y cylchgrawn hwnnw rhwng 1893 ac 1907. Yr oedd Glaslyn yn enghraifft nodweddiadol o'r gwerinwr diwylliedig y cenid ei glodydd ar dudalennau'r cylch-grawn hwnnw. Ar ôl ei farw golygwyd detholiad o'i farddoniaeth a'i ryddiaith gan Carneddog (1914). Y mae'r hyn a ysgrifennodd am fywyd a diwylliant Eryri yn gloddfa gyfoethog a sylweddol o wybodaeth, ac y mae ei ysgrifau at ei gilydd yn dangos ôl darllen a diwylliant eang.

Owen, Richard Morgan (Dickie Owen; 1877–1932), un o chwaraewyr rygbi gorau Cymru yn nech-rau'r ugeinfed ganrif. Yr oedd yn ddyn bychan, cadarn ei gorff ac fel hanerwr mewnol yr oedd yn gryn feistr ar weld ei gyfle o gwmpas y sgrỳm. Rhwng 1901 a 1910 chwaraeodd bymtheg ar hugain o weithiau dros Gymru.

OWEN, ROBERT (1771–1858), diwygiwr ffatrï-oedd, Sosialydd Utopaidd ac awdur, a aned yn Y Dre-newydd, Tfn., yn fab i gyfrwywr a gwerthwr nwyddau haearn. Pan oedd yn ddeng mlwydd oed fe'i prentisiwyd i ddilledydd Albanaidd yn Stamford, swydd Lincoln, ac yn y siop honno y dechreuodd amau'r holl grefyddau oherwydd eu bod yn gwrth-ddweud ei gilydd. Yno hefyd y dechreuodd ffurfio'r ddamcaniaeth fod cymeriad dyn yn cael ei lunio gan ei amgylchfyd: 'Natur roddodd yr ansawdd, Cymdeithas a'i cyfeiriodd'; wrth i'r gred hon dyfu datblygodd yn Owen gydymdeimlad diderfyn tuag at ei gymrodyr. Wedi cyfnod byr yn gynorthwywr i ddilledydd yn Llundain aeth i Fanceinion yn 1788 i geisio gwneud ei ffortiwn. Wedi sawl ymgais yn gwneud peiriannau ac yn nyddu, fe'i penodwyd, yn ugain oed, yn rheolwr melin nyddu gyda phum cant o weithwyr ynddi, a phedair blynedd yn ddiweddarach daeth yn bartner rheoli yng Nghwmni Chorlton Twist; y cwmni hwn a brynodd yn 1799 Felinau New Lanark lle y daeth yn enwog trwy ddatblygu'n helaeth y gwelliannau dyneiddiol a ddechreuwyd ynghynt gan ei dad yng nghyfraith, David Dale.

Nod Owen, yn fras, oedd gwneud y gweithwyr yn 'rhesymol' drwy wella amodau gwaith y ffatri, cwtogi oriau gwaith, addysgu plant y ffatri a chymell y cytgord a gofiai yng nghymdeithas wledig ei sir enedigol. Canlyniad ei lwyddiant ysgubol oedd iddo ddadlau ar goedd dros sefydlu cyfundrefn addysg genedlaethol a darpariaeth wladwriaethol o nawdd i'r di-waith drwy sefydlu 'pentrefi cydweithredol', sef cymunedau lle y daeth bywyd cydweithredol, yn raddol, yn brif amcan iddynt. Gwariodd ddeugain mil o bunnau ar arbrawf cydweithredol yn New Harmony, Indiana, rhwng 1824 ac 1828, pan fethodd y cynllun. Gwrthodwyd ef gan Radicaliaid oherwydd iddo geisio rheoli'r tlodion yn ogystal â'u cynorthwyo, ac nis hoffwyd gan y crefydd-wyr, ond er hyn daeth yn bennaeth mewn enw ar lawer ymgyrch boblogaidd, yn enwedig yn America, y cyfan ohonynt yn wrthgyfalafol ac amryw yn filflynyddol. Ond gan na chawsai lawer o addysg tueddai fwyfwy i'w ailadrodd ei hun, ac ymneilltuodd yn ei flynyddoedd olaf i hunangyfiawnhad a 'chrefydd' Owenaidd â'i emynau ei hunan. Dychwelodd i'r Drenewydd i farw. Agorwyd Amgueddfa yno er cof amdano yn 1983. Adeiladwyd Adain Robert Owen yn Llyfrgell Gyhoeddus y Drefnewydd ag arian yr Undeb Cydweithredol yn 1903 a chodwyd y cerflun sydd yng nghanol y dref yn 1956.

Y datganiad dylanwadol olaf o athrawiaeth rhes-ymoliad i'w gyhoeddi yn Lloegr oedd *A New View of Society or Essays on the Formation of Human Character* (1813) a gyflwynwyd i William Wilberforce, a hwn yw ei waith mwyaf adnabyddus. Ateb i ymosodiad ar ei 'bentrefi cydweithredol' yn *The Edinburgh Review* oedd ei *Report to the County of Lanark* (1821). Y mae ei hunangofiant, *The Life of Robert Owen by Himself* (1857), yn werthfawr oherwydd iddo olrhain hanes mudiadau'r dosbarth gweithiol. Credai Owen yn sylfaenol mewn rhesymoliaeth dyn, a'r posibilrwydd y gellid ei ber-ffeithio heb na damcaniaeth na chwyldro. Er iddo gael ei ganmol gan Karl Marx, nid oedd Owen yn llawn ddeall chwerwder brwydr y dosbarth gweithiol ac nid ail-argraffwyd ei lyfrau ar ôl 1840. Bu gan ddylanwad Owen ran yn natblygiad *Sosialaeth fodern ac arbrofion mewn economi cydweithredol. Ymhlith ei ddisgyblion yng Nghymru yr oedd R. J. *Derfel a dichon i'w syniadau, ond nid ei farn resymolegaidd, optimistaidd am y natur ddynol, gael rhywfaint o ddylanwad ar y wedd gynnar ar *Blaid Cymru.

Ceir manylion pellach yn F. Podmore, *Robert Owen: A Biography* (1906) a G. D. H. Cole, *Robert Owen* (1925); ceir hefyd ragymadrodd gwerthfawr gan V. A. C. Gatrell i argraffiad Penguin (1969) o *Report to the County of Lanark* ac *A New View of Society*; gweler hefyd R. O. Roberts, *Robert Owen y Dre Newydd* (1948).

OWEN, ROBERT (1820–1902), bardd a aned yn Nolgellau, Meir.; fe'i hordeiniwyd yn 1843 a bu'n byw am flynyddoedd lawer yn Abermo yn yr un sir. Yr oedd yn Eingl-Gatholigwr pybyr, a chefnogai *Ddatgysylltu'r Eglwys Anglicanaidd yng Nghymru gan ei fod yn argyhoeddedig y byddai hynny yn fodd i warchod ei Chatholigiaeth. Ymhlith y llyfrau a gyhoeddodd yr oedd cyfrol o gerddi, *The Pilgrimage to Rome* (1863) a *The Kymry, their Origin, History and International Relations* (1891).

Owen, Robert (Bob Owen Croesor; 1885–1962), hynafiaethydd a chasglwr llyfrau; brodor o Lanfrothen,

Meir., ydoedd. Yn ei lencyndod bu'n was fferm a bugail ond yn ddiweddarach daeth yn glerc yn chwarel Parc a Chroesor ac wedi hynny'n drefnydd Gwasanaeth Cymuned Gwledig ac yn ddarlithydd gyda Chym-deithas Addysg y Gweithwyr. Ei brif ddiddordeb oedd achyddiaeth yng Nghymru, casglu llyfrau Cymraeg prin a chopïo cofnodion plwyfi. O ganlyniad i'w weith-garwch daeth, nid yn unig yn gymeriad hynod, ond hefyd yn awdurdod ar hanes *Crynwriaeth a theulu-oedd y Crynwyr. Yn ei gartref yng Nghroesor, ger Llanfrothen, casglodd lyfrgell anferth o lyfrau, papurau a llawysgrifau, y rhan fwyaf ohonynt yn ymwneud â'r ymfudwyr a'u teuluoedd. Galwai'r Americanwyr Cym-reig yn aml am ei wasanaeth a bu i'w arbenigrwydd mewn hel achau ei wneud yn wybodus iawn yn hanes hen deuluoedd Cymru, yn arbennig yn ei sir enedigol. Yr oedd yn ddarlithydd poblogaidd, yn enwog am ei huotledd, a bu i'w frwdfrydedd heintus a'i ddull dirodes ei wneud yn gymeriad unigryw yn y bywyd Cymraeg. Dyfarnwyd iddo radd *Prifysgol Cymru er anrhydedd yn werthfawrogiad o'i wasanaeth i ddiwylliant ei wlad. Enwyd cymdeithas i lyfrgarwyr a sefydlwyd yn 1976 ar ei ôl, sef *Cymdeithas Bob Owen.

Y mae Bob Owen yn un o'r tri a ddisgrifir gan Robin Williams yn *Y Tri Bob* (1970) ac ysgrifennwyd ei gofiant gan Dyfed Evans (1977); y mae pennod ar y gŵr eithriadol hwn yn Philip O'Connor, *Living in Croesor* (1962).

OWEN, WILLIAM (1488–1574), cyfreithiwr ac awdur o Henllys, Penf., a mab i rydd-ddeiliad o ogledd y sir. Astudiodd yn y Deml Ganol ac yno 'ysgrifennodd' dros Anthony Fitzherbert ei *Graunde Abridgement* (1514) o gyfreithiau'r deyrnas. Ei gyfrol ef ei hun, a oedd dipyn yn llai, sef *Bregement de toutes les estatuts* (1521), oedd y llyfr cyntaf gan Gymro i gael ei argraffu ym Mhrydain. Uchafbwynt ei weithgarwch cyfreithiol ym Mhenfro, lle y daeth yn faer yn 1527, ym Mryste ac yn Llundain fu prynu'n gyfan gwbl farwniaeth *Cemais gan yr Arglwydd Audley, a oedd wedi bod ar forgais ganddo ers pedair blynedd ar bymtheg. Bu farw yn Henllys a chanwyd marwnadau iddo gan y beirdd *Huw Llŷn a Moris Llwyd Wiliam o Fôn. Yr oedd yr hynafiaethydd George *Owen yn fab iddo.

OWEN, WILLIAM (1890–1964), nofelydd, a aned ym Mangor, Caern., ond a dreuliodd y rhan fwyaf o'i oes ym masnach cyfanwerthu bwyd yn Lloegr. Y mae ei nofelau'n cynnwys *Rhaff* (1947), *Bore Gwlyb* (1956), *Amos Beri* (1958), *Pen y Dalar* (1960), *Chwedlau Pen Deitsh* (1961) a *Bu Farw Ezra Bebb* (1963). Enillodd *Fedal Ryddiaith yr Eisteddfod Genedlaethol yn 1959 ac 1962.

OWEN, WILLIAM (Berllanydd; 1899–1988), bardd a aned yn y Berllan, Darowen, ger Machynlleth, Tfn. Addysgwyd ef yn ysgol y pentref, yr Ysgol Diwtorial yn y Ceinewydd a'r Coleg Presbyteraidd, Caerfyrddin. Bu'n weinidog gyda'r Annibynwyr ym Mhen-bre ac yna yn Hen Golwyn. Enillodd amryw wobrau am englynion, a chadair Eisteddfod Llanafan am sonedau. Bu'n aelod o dîm *Talwrn y Beirdd sir Ddinbych ar y BBC, a chyhoeddodd nifer o englynion a cherddi yn y cylchgronau Cymraeg. Yr oedd yn gynganeddwr rhwydd ac yn englynwr medrus. Ceir detholiad o'i waith yn *Awen Sir Ddinbych*, yn *Cyfres Barddoniaeth y Siroedd* (1964), a'i englyn 'Draenen', a ddaeth i'r dosbarth cyntaf yn Eisteddfod Genedlaethol y Bala yn 1967, yn *Blodeugerdd o Farddoniaeth Gymraeg yr Ugeinfed Ganrif* (gol. Gwynn ap Gwilym ac Alan Llwyd, 1987).

OWEN, WILLIAM (1935–), awdur a aned yn y Garreglefn, Môn, ac a addysgwyd yng Ngholeg Prifysgol Gogledd Cymru, Bangor. Treuliodd dymor yn ardal Walton, Lerpwl, cyn ei benodi yn 1961 yn Bennaeth Adran Addysg Grefyddol, Ysgol Eifionydd, Porthmadog, swydd y bu ynddi am chwarter canrif cyn ymddeol yn gynnar. O 1991 hyd 1996 bu'n Swyddog Cyhoeddi gyda Gwasg Pantycelyn yng Nghaernarfon. Ym myd llyfrau plant y cychwynnodd ei yrfa fel awdur gan gyhoeddi *Pedalû a Cherddi Eraill* (1969), *Poni Pegi'r Pandy* (1972) a *Dilyn y Sêr* (1974). Enillodd nifer o wobrau eisteddfodol yn cynnwys Tlws Drama yr *Eisteddfod Genedlaethol yn 1993 am ei ddrama *Tewach Dŵr*. Yn ogystal â'i ddramâu radio y mae'n awdur oddeutu dwsin o ddramâu byrion, comedïau yn bennaf. Cyhoeddwyd pedair cyfrol o'i sgyrsiau radio: *Codi Canol Cefn* (1974), *Llacio'r Gengal* (1982), *Rwbath at yr Achos* (1986) a *Clwydda i Gyd* (1994). Ystyrir mai ei gyfraniad pwysicaf yw ei dair cyfrol o atgofion am gyfnod bachgendod a glasoed ym Môn yn y 1940au a'r 1950au: *Robin Rengan Las a'i Debyg* (1979), *Y Llanc Nad yw Mwy* (1991) a *Tawelu'r Ysbrydion* (1995).

OWEN, WILLIAM DAVID (1874–1925), nofelydd a brodor o Fodedern, Môn. Daeth yn fargyfreithiwr yn Llundain ond torrodd ei iechyd, a dychwelodd i Fôn a gweithio, tua diwedd ei fywyd, fel cyfreithiwr yn Rhosneigr. Ymddangosodd dwy nofel o'i eiddo yn gyfres yn *Y *Genedl Gymreig*, sef *Elin Cadwaladr* (1914) a *Madam Wen* (1914–17). Rhamant gyffrous am wraig debyg i Robin Hood a oedd yn byw ym Môn tua diwedd yr ail ganrif ar bymtheg, yn ôl y traddodiad, yw'r ail nofel. Ni wyddys i sicrwydd a oes sail hanesyddol i'r stori hon (dangoswyd cryn ddiddordeb ynddi oherwydd ffilm deledu a ddarlledwyd yn 1982) ond y mae tuedd ymchwil ddiweddar wedi cadarnhau'r gred draddodiadol mai ar Margaret Wynne, gwraig Robert Williams, sgwier y *Chwaen Wen tua chanol y ddeunawfed ganrif, y seilir Einir Wyn, alias Madam Wen.

Ceir ysgrif gan Mairwen Gwynn Jones ar W. D. Owen yn *Dewiniaid Difyr* (gol. Mairwen a Gwynn Jones, 1983).

OWEN PUGHE, WILLIAM (1759–1835), geiriadurwr, a aned yn William Owen yn Llanfihangel-y-Pennant, Meir., ond a fabwysiadodd y cyfenw Pughe o barch i'w berthynas Rice Pughe, ficer Nantglyn, a adawodd ei ystad iddo. Fe'i magwyd yn Egryn, Ardudwy, ar aelwyd ddiwylliedig; aeth i Lundain yn 1776 gan ymgartrefu yno tan 1825. Daeth yn aelod o Gymdeithas y *Gwyneddigion yn 1782 ac yn aelod gweithgar gyda'r rhan fwyaf o Gymdeithasau *Cymry Llundain. Gydag Owain Myfyr (Owen *Jones) bu'n cynorthwyo i gyhoeddi'r cyfrolau, *Barddoniaeth Dafydd ap Gwilym* (1789) a *The Myvyrian Archaiology of Wales* (1801–07). Yr oedd yn ddiwyd, yn wybodus ac yn garedig, ond yr oedd hefyd yn hygoelus, a darbwyllodd Iolo Morganwg (Edward *Williams) ef i gyhoeddi rhai o ddynwaredion Iolo o waith *Dafydd ap Gwilym yn ei argraffiad o gerddi'r bardd hwnnw ac ymddangosodd rhai o ffugiadau Iolo yn y *Myvyrian Archaiology* hefyd. Un o agweddau mwy diddorol bywyd Owen Pughe oedd ei ymlyniad wrth Joanna Southcott, y broffwydes o Ddyfnaint, a bu'n ffactotwm iddi o tua 1803 hyd ei farwolaeth yn 1814. Yr oedd Aneurin *Owen, golygydd *Ancient Laws and Institutes of Wales* (1841), yn fab iddo.

Pughe oedd awdur *The Heroic Elegies of Llywarch Hen* (1792–94), *The Cambrian Biography* (1803), *A Grammar of the Welsh Language* (1803), a *Cadwedigaeth yr Iaith Gymraeg* (1808), a bu'n olygydd *The *Cambrian Register* am gyfnod. Gwelir ei ymgais wan i farddoni yn ei drosiad o *Paradise Lost* Milton, sef *Coll Gwynfa* (1819) ac yn ei gywydd ar y testun *Hu Gadarn (1822). Ond ei waith mwyaf adnabyddus yw *Geiriadur Cymraeg a Saesneg* neu *A Welsh and English Dictionary* a gyhoeddwyd yn ddwy gyfrol fawr yn 1803. Yr oedd y gwaith hwn yn amhoblogaidd o'r cychwyn oherwydd mympwyon ieithyddol Pughe. Ymdrechodd i arddangos cyfoeth cyfansoddeiriol y Gymraeg ond seilir rhai o'i syniadau ar y ffugwaith hwnnw, *Coelbren y Beirdd. Bu hefyd yn ymhêl â'r *orgraff, gan geisio ei gwneud yn fwy 'rhesymol'; dynodwyd pob sain gan un llythyren. Meddwodd gymaint ar bopeth Cymraeg fel y credai y byddai dadansoddiad o'r iaith yn datgelu dirgelion iaith gyntefig Dynolryw. Ym marn Prys *Morgan, 'Ceisiai ail-greu yr Iaith Gymraeg fodern fel pe bai'n iaith ddigyfnewid y patriarchiaid, a lluniodd iaith a oedd mor gadarn ac aruchel â chofadail neo-glasurol.'

Er bod mympwyon Pughe yn amlwg yn y Geiriadur, cydnabyddir fod ganddo wybodaeth drylwyr o destunau Cymraeg Cynnar a Chanol a cheir dyfyniadau lu o'r testunau hyn yn ei waith er mwyn dangos geirfa'r iaith, ac yr oedd yn cynnwys llawer o eiriau a oedd wedi cael eu hesgeuluso gan eiriadurwyr cynharach. Yn ddiau, effeithiodd ei syniadau cyfeiliornus am eirdarddiad a'i arbrofion â'r orgraff ar sillafiad yr iaith, ond gellir ychwanegu, er cyfiawnder iddo, mai atgynhyrchu syniadau poblogaidd ei oes a wnâi a'u cymhwyso at yr iaith Gymraeg ac yr oedd ei syniadau yn llai eithafol na rhai o'r gramadegwyr megis Rowland *Jones. Yn sicr, rhaid cydnabod bod Pughe, er gwaethaf ei syniadau cyfeiliornus, wedi achub drwy ei ddycnwch lawer o'r hen destunau rhag ebargofiant. Yn ffodus, ymwrthododd yr offeiriaid Anglicanaidd (gweler o dan HEN BERSONIAID LLENGAR) unrhyw ymdrech i symud oddi wrth iaith *Beibl Cymraeg 1588 ac felly cyfyngwyd Puwiaeth i ramadeg ac arddull. Ar yr un pryd, denwyd llawer o Gymry gan syniadau Pughe am burdeb yr iaith, y traddodiad patriarchaidd a'r 'helaethrwydd di-bendraw' y ceisiai ei amlygu.

Yr astudiaethau safonol ar William Owen Pughe yw'r rhai gan Glenda Carr (1983 ac 1993); gweler hefyd y monograff gan T. Mordaf Pierce (1914) a'r erthyglau gan Glenda Parry Williams, 'Yr Ysgolhaig a'r Broffwydes' yn Y Traethodydd (cyf. CXXI, rhif. 518, 1966), G. J. Williams, Agweddau ar Hanes Dysg Gymraeg (gol. Aneirin Lewis, 1969), Arthur Johnston yng Nghylchgrawn Llyfrgell Genedlaethol Cymru (cyf. X, 1957–58) a Glenda Carr yn Nhrafodion Anrhydeddus Gymdeithas y Cymmrodorion (1982).

OWENS, PHILIP (1947–   ), bardd a aned yn Wrecsam, Dinb. Cafodd ei addysg yng Ngholeg Prifysgol Gogledd Cymru, Bangor, a Choleg Diwinyddol Wells. Tra oedd yn offeiriad Anglicanaidd yn Suffolk cyhoeddodd dair cyfrol o gerddi, To Hymn the Miracle (1977), The Hard Seed (1978) a Look, Christ (1979), sydd oll yn tynnu oddi ar ei brofiad bugeiliol. Y mae bellach yn Ddeon Gwlad Bangor Isycoed, ger Wrecsam.

Owredd, Yr, plasty ym *Maelor Saesneg, Ffl., a phrif aelwyd teulu'r Hanmeriaid, teulu estron a ymsefydlodd yn y fro fel swyddogion i Edward I ond gan i'r aeresau ymbriodi â Chymry daeth y teulu yn drwyadl Gymreig. Cefnogodd rhai Hanmeriaid *Owain Glyndŵr, ac yr oedd gwraig Owain yn un o ferched y teulu. Cyfrannodd y teulu yn sylweddol at y traddodiad nawdd yn y sir o gyfnod Syr Dafydd Hanmer (fl. 1380–90) hyd at ddechrau'r ail ganrif ar bymtheg a phenteuluaeth Siôn Hanmer (m. 1604). Cyfeirir at ymgyrchoedd milwrol y teulu yn gyson yn y canu. Bu canghennau eraill o'r teulu hwn yn cynnal yr arfer ar eu haelwydydd hwythau yn arbennig felly yn Halchdyn, Y Ffens, Y Bryn a Phentrepant.

Oxford Book of Welsh Verse, The (1962), blodeugerdd o farddoniaeth Gymraeg, wedi'i golygu gan Thomas *Parry, o'r cyfnod cynnar hyd at ganol yr ugeinfed ganrif. Y mae rhagymadrodd y golygydd yn ymdrin â'r traddodiad barddol Cymraeg gan bwysleisio pwysigrwydd y mesurau caeth yn ei ddatblygiad. Er i'r mesurau rhydd fel yr *emyn a'r *delyneg gael eu cynrychioli ymhlith y 370 o gerddi a gynhwysir yn y llyfr, dangosir lle amlwg y *gynghanedd yn y traddodiad clasurol. Ceir yn y blodeugerdd hon yr ymgais gyntaf yn y cyfnod modern i gyflwyno barddoniaeth Gymraeg o'i chychwyn cyntaf hyd at heddiw ond fe'i beirniadwyd gan Gwenallt (David James *Jones) am na chynrychiolai'n gytbwys, yn ei farn ef, yr elfen Gristnogol mewn barddoniaeth Gymraeg a ystyrid ganddo i fod ymhlith y fwyaf Cristnogol yn Ewrop. Er hynny, adlewyrcha'r gwaith ddysg eang a chwaeth gatholig y golygydd ac nis disodlwyd fel gwaith awdurdodol hyd yma. Ymddangosodd yr wythfed argraffiad, ynghyd â diwygiadau ac ychwanegiadau, yn 1983, a'r nawfed yn 1994.

Oxoniensis (T. H. Parry-Williams; 1887–1975), gweler o dan BORD GRON CERIDWEN.

P

Pab o Fôn, Y, gweler ELIAS, JOHN (1774– 1841).

Padarn (canol y 6ed gan.), sant, a oedd, mae'n debyg, yn gyfoeswr â *Dewi Sant a *Theilo, ac a aeth, yn ôl y *Bucheddau, i Gaersalem. Lluniwyd Buchedd Padarn yn y ddeuddegfed ganrif ac ychydig iawn o werth hanesyddol a berthyn iddi, er ei bod, mae'n ddiau, yn adlewyrchu rhai traddodiadau dilys amdano, megis hanes y gwrthdrawiad rhyngddo ef a *Maelgwn Gwynedd ac *Arthur. Oherwydd bod mwy nag un sant yn dwyn yr enw *Paternus* gall fod y gwaith yn gyfuniad o ddwy Fuchedd, un Lydewig ac un Gymreig. Dywedir bod Padarn yn frodor o Letavia, ond tybir nad Llydaw a olygir, ond ardal yn ne-ddwyrain Cymru. Yr oedd ei ganolfan yn *Llanbadarn Fawr, ger y lle a elwir heddiw yn Aberystwyth, ac oddi yno lledodd ei gwlt trwy *Geredigion ac ymhellach. Parhaodd y 'clas' yn Llanbadarn Fawr mewn bri am gryn gyfnod ar ôl dyddiau Padarn, ond yn ddiweddarach ymgollodd yng nghwlt Dewi.

Padreua, gweler o dan GWYLNOS.

Pair Ceridwen, motiff yn y chwedl sy'n dwyn yr enw *Hanes Taliesin*. Yn y pair hwn y mae Ceridwen yn berwi ei chymysgedd hud er mwyn cynysgaeddu ei mab Afagddu ag ysbrydoliaeth farddonol (awen) a gwybodaeth anarferol, yn iawndal, fel petai, am ei eni mor hyll. Penodir Gwion Bach i droi cynnwys y pair, tra bydd Ceridwen yn casglu dail a phlanhigion i'w hychwanegu ato. Ymhen y flwyddyn y mae tri diferyn o'r cymysgedd hud, a fwriadwyd i Afagddu, yn syrthio'n ddamweiniol ar fys Gwion. Rhydd ei fys yn ei geg, ac ar unwaith ef yw'r dyn mwyaf gwybodus yn y byd. Sylweddola hyn a ffy rhag llid Ceridwen. Trawsnewidir Gwion i nifer o wahanol ffurfiau, nes ei aileni yn y diwedd fel y bardd *Taliesin.

Pair Dadeni, elfen bwysig yn hanes *Branwen ferch Llŷr yn Ail Gainc *Pedair Cainc y Mabinogi. Fe'i cyflwynir i *Frân (Bendigeidfran) yn rhodd gan Lasar Llaes Gyfnewid am y nawdd a gawsai ef a'i wraig ganddo, ar ôl iddynt ddianc o'r Tŷ Haearn. Yn ddiweddarach, rhydd Brân ef i *Fatholwch yn rhan o'i iawndal am y niwed a wnaeth i *Efnysien i geffylau'r Brenin. Nodwedd amlycaf y Pair hwn yw yr adferir drannoeth filwyr marw a deflir ynddo ond byddant yn fud. Ymhen rhai blynyddoedd, pan â Brân i Iwerddon i ryfela yn erbyn Matholwch i geisio dial y sarhad a wnaethpwyd i'w chwaer Branwen, y Pair Dadeni sy'n achosi tranc gwŷr Ynys y Cedyrn am ei fod yn adfywiocáu'r milwyr Gwyddelig a daflwyd iddo.

Pair Diwrnach, gweler o dan DIWRNACH WYDDEL.

Pais, misolyn i ferched; ymddangosodd y rhifyn cyntaf yn 1978, o dan olygyddiaeth Annes Glynn ac Eleri Llewelyn *Morris. Megis yn achos ei ragflaenydd, *Hon* (1963–65), cyhoeddwyd ynddo – yn ogystal ag erthyglau o ddiddordeb arbennig i ferched – amrywiaeth o eitemau o ddiddordeb diwylliannol mwy cyffredinol, gan gynnwys adolygiadau, barddoniaeth a storïau byrion. Daeth y cylchgrawn i ben yn 1991.

'Pais Dinogad', hwiangerdd mam i'w phlentyn ar ffurf cerdd hela. Ceir y ddwy linell ar bymtheg yn nhestun 'Y *Gododdin' (*c.*600), a chyfeiria at y campau a gyflawnwyd gan dad Dinogad wrth hela a physgota. Crybwyllir wyth o gaethion ac enwir rhaeadr Derwennydd sy'n awgrymu bod y gerdd yn adlewyrchu bywyd cymdeithas gynnar, o bosibl o fewn i diriogaeth y Gododdin. Nid oes a wnelo ei chynnwys o gwbl â thema cerdd *Aneirin, ond efallai y gellir priodoli'r ffaith iddi gael ei chynnwys yn nhestun cerdd Aneirin i natur waedlyd ei phwnc, yn ogystal ag i'r nodyn marwnadol a ganfuwyd ynddi gan o leiaf un ysgolhaig.

Ceir manylion pellach yn Ifor Williams, *Canu Aneirin* (1938), Kenneth Jackson, *The Gododdin* (1969) ac R. L. Thomson, 'Amser ac Agwedd yn y Cynfeirdd' yn *Astudiaethau ar yr Hengerdd* (gol. R. Bromwich ac R. Brinley Jones, 1978).

PALMER, ALFRED NEOBARD (Robert Rees; 1847–1915), hanesydd lleol, a aned yn Suffolk ond a fu'n byw yn Wrecsam o 1880 hyd ddiwedd ei oes. Yn fuan wedi iddo ymsefydlu yng Nghymru dechreuodd ymddiddori mewn hanes lleol a dysgodd Gymraeg er mwyn hyrwyddo ei ymchwil. Ei waith mwyaf nodedig yw'r traethawd *A History of Ancient Tenures of Land in the Marches of North Wales* (1885). Cyhoeddodd, dan ei ffugenw Robert Rees, nofel am fywyd Cymru, yn dwyn y teitl *Owen Tanat* (1897). Ni chafodd dderbyniad gwresog, ond nid yw heb ei rhinweddáu.

Pant y Groes Hen, gweler GLYNEGWESTL.

Panton, Paul (1727–97), noddwr a hynafiaethydd;

brodor o Fagillt, Treffynnon, Ffl., ydoedd. Fe'i haddysgwyd yn Neuadd y Drindod, Caer-grawnt, ac yn Lincoln's Inn; fe'i galwyd i'r Bar yn 1749 a bu'n amlwg ym mywyd cyhoeddus Môn a'i sir enedigol. Ymgartrefodd yn y Plas Gwyn, Môn, ac yn sir y Fflint. Fel ei gyfaill Thomas *Pennant, teithiodd yn eang trwy wledydd Prydain gan chwilio am hen lawysgrifau a hynafiaethau ac er na fedrai'r Gymraeg ymddiddorai'n ddeallus yn nhraddodiad llenyddol Cymru. Daeth cyfran helaeth o bapurau teulu *Wynn o Wydir i'w feddiant ac oherwydd iddo noddi Evan *Evans (Ieuan Fardd) daeth llawysgrifau'r ysgolhaig hwnnw yn eiddo iddo yn 1788. Gyda'i fab, ei enw ef hefyd oedd Paul Panton (1758–1822), bu'n noddi David *Thomas (Dafydd Ddu Eryri) ac yn hyrwyddo cyhoeddi'r *Myvyrian Archaiology* (1801–07), trwy roi cyfle i'r golygyddion Owen *Jones (Owain Myfyr) a William *Owen Pughe ymgynghori â'i lyfrgell yn y Plas Gwyn. Prynwyd llawysgrifau Panton gan *Lyfrgell Genedlaethol Cymru yn 1914.

Pantycelyn, gweler WILLIAMS, WILLIAM (1717–91).

'*Pantyfedwen*', un o'r ychydig emyn-donau i gydio yn nychymyg cynulleidfaoedd Cymru er yr Ail Ryfel Byd; ysgrifennwyd y geiriau ('Tydi a wnaeth y wyrth') yn 1967 gan W. Rhys *Nicholas a chyfansoddwyd y dôn gan M. Eddie Evans (1890–1984).

Pantyfedwen, Ymddiriedolaeth, gweler o dan JAMES, DAVID (1887–1967).

Papur Pawb (1893–1917, 1922–55), papur newydd wythnosol a gafodd ei olygu yn ei dro gan Daniel Rees, Picton Davies ac Evan Abbott dros F. Copplestone, perchennog papurau newydd yr *Herald* yng Nghaernarfon. Papur ysgafn poblogaidd ydoedd ac arferai gyhoeddi storïau byrion a darnau o nofelau yn ogystal â manion digrif. Ymhlith ei gyfranwyr yr oedd T. Gwynn *Jones a Richard Hughes *Williams (Dic Tryfan), a datblygwyd eu doniau fel storïwyr yn ei golofnau; cynhyrchodd J. R. Lloyd Hughes lawer o'r cartwnau. Lleihau'n raddol a wnaeth ei gylchrediad yn ystod y Rhyfel Byd Cyntaf a daeth y papur i ben yn 1917. Fe'i hatgyfodwyd yn 1922 a pharhaodd hyd 1937 pan unodd â'r *Werin a'r Eco* gan ffurfio *Papur Pawb a'r Werin a'r Eco*, nes i hwnnw ddod i ben yn 1955.

Papurau Bro, cyfnodolion ac iddynt apêl leol, a ymddangosodd gyntaf yn ystod y 1970au. Amcan eu hyrwyddwyr oedd denu rhagor o bobl i ddarllen Cymraeg trwy ddarparu newyddion ac erthyglau trwy gyfrwng yr iaith – yr hyn a wnâi'r newyddiaduron ac iddynt gylchrediad ehangach. Sefydlwyd y cyntaf ohonynt, *Y Dinesydd*, gan Gymry Cymraeg yng Nghaerdydd yn 1973 a deil mewn bodolaeth. Bu'r rhan fwyaf ohonynt yn llwyddiant, er i rai fethu, ac erbyn 1997

amcangyfrifir bod tua hanner cant o bapurau o'r math hwn yn gwerthu rhyw ddeng mil a thrigain o gopïau'n fisol. Cyhoeddir y mwyafrif ohonynt â chefnogaeth cymorthdaliadau *Bwrdd yr Iaith Gymraeg a *Chyngor Celfyddydau Cymru, ond llawer mwy hanfodol i'w bodolaeth yw brwdfrydedd eu timau golygyddol – amaturiaid oll. Daeth rhai o'r papurau yn ganolbwynt bywyd diwylliannol ehangach megis gwyliau drama a chyhoeddi llyfrau ar bynciau o ddiddordeb lleol. Am ragor o fanylion gweler yr erthyglau gan Gwilym Huws yn *Planet* (rhif. 83, Hyd./Tach. 1990) ac yn *Mercator Media Forum* (cyf. II, 1996); gweler hefyd y bennod gan Gwilym Huws yn *Gwarchod y Gwreiddiau* (gol. Rheinallt Llwyd, 1996).

Parc Ninian, stadiwm Clwb Pêl-droed Dinas Caerdydd; enillodd y tîm, a adwaenir fel y *Bluebirds* oherwydd lliw ei grysau, Gwpan y Gymdeithas Bêl-droed yn 1927. Ceir hanes gorchestion y tîm a'i brif chwaraewyr, megis ei gapten Fred *Keenor, yn hunangofiant ac ym marddoniaeth Dannie *Abse.

Parcrhydderch, tŷ ym mhlwyf Llangeitho, Cer., a chartref i deulu ac iddo le amlwg yn hanes diwylliant llenyddol y sir yn ystod y bedwaredd ganrif ar ddeg a'r bymthegfed ganrif. Deuai'r beirdd i ganu mawl y noddwr cyntaf, Ieuan ap Gruffudd Foel (*fl.* 1340), a'i fab Ieuan Llwyd a'i ŵyr *Rhydderch ab Ieuan Llwyd, a'u teuluoedd. Cadwyd canu i Ieuan ap Gruffydd ab Ieuan Llwyd, nai Rhydderch, mae'n debyg, yn *Llawysgrif Hendregadredd. Canodd *Dafydd ap Gwilym i Angharad, gwraig Ieuan Llwyd, ac y mae'n weddol sicr y ceir canu iddi hi hefyd yng Ngramadeg *Einion Offeiriad yn nhestunau *Llyfr Coch Hergest, Llanstephan 3 a Pheniarth 20. Bu Rhydderch ab Ieuan Llwyd, a ddaliai swyddi dan y Goron a gyfrifid yn awdurdod ar y Cyfreithiau Cymreig, yntau yn noddi *Iolo Goch a *Dafydd y Coed ac eraill. Tybir mai ef oedd perchennog neu noddwr y sawl a ysgrifennodd *Llyfr Gwyn Rhydderch, a'i fod yn dad i Ieuan ap Rhydderch (*fl.* 1430–70), y bardd. Bu disgynyddion y teulu hwn yn noddi beirdd mewn cartrefi eraill o fewn y sir am o leiaf tair cenhedlaeth arall.

PARKER, JOHN (1922–82), nofelydd. Fe'i ganed yng Nghaerdydd o dras Wyddelig; bu'n ohebydd gyda'r *Western Mail ac yn olygydd newyddion y *South Wales Echo* cyn ymuno â staff Swyddfa Hysbysrwydd Ganolog yn Llundain. Yn ddiweddarach bu'n gweithio yn y *Swyddfa Gymreig ac yn sefydliad y Cenhedloedd Unedig yn Efrog Newydd, a daeth yn ddiweddarach yn Ddirprwy Gyfarwyddwr Hysbysrwydd yn y Swyddfa Gartref yn Llundain. Cefndir un o'i ddwy nofel, *Iron in the Valleys* (1959), yw Merthyr Tudful ar ddechrau'r bedwaredd ganrif ar bymtheg ac yn y llall, *The Alien Land* (1961), adroddir hanes perchennog caffi Eidalaidd (gweler o dan BRACCHIS) a'i deulu yng nghymoedd diwydiannol de Cymru yn y blynyddoedd cyn yr Ail Ryfel Byd ac ar ei ôl.

PARNELL, MICHAEL (1934–91), beirniad a chofiannydd a aned yn Truro, Cernyw. Darllenodd Saesneg yng Ngholeg Oriel, Rhydychen, ac ar ôl saith mlynedd yn ysgolfeistr, fe'i penodwyd yn 1966 yn Ddarlithydd yng Ngholeg Addysg Morgannwg yn Y Barri, lle y daeth yn Uwch Ddarlithydd yn y Saesneg, gan barhau yn y swydd honno wrth i'r sefydliad newid ei enw a'i statws o Bolytechnig Morgannwg i Bolytechnig Cymru. Enillodd ei gofiant i'r llenor o'r Alban, Eric Linklater (1984), wobr y *Yorkshire Post* am waith cyntaf gorau ei flwyddyn. Yn ystod y 1980au dechreuodd ymwneud mwy â llenyddiaeth Cymru, gan arbenigo ar olygu gwaith Gwyn *Thomas (1913–81). Ymysg ei gyhoeddiadau y mae ei fywgraffiad o Gwyn Thomas, *Laughter from the Dark* (1988); golygodd hefyd argraffiadau newydd o waith y llenor: *The Alone to the Alone* gyda *The Dark Philosophers* (1988), *Three Plays* (1990) a *Meadow Prospect Revisited* (1992). Yr oedd yn athro ysbrydoledig a ddarllenai'n eang ac yn adolygydd treiddgar. Fe'i penodwyd yn olygydd *The *New Welsh Review* yn 1991, ond dau rifyn yn unig a gynhyrchwyd ganddo cyn ei farwolaeth tra oedd ar wyliau yn Ffrainc gyda'i wraig.

Ganed ei wraig, **Mary Davies Parnell** (1936–), hunangofiannydd, yn Nhrehafod yn y Rhondda ac fe'i haddysgu yng Ngholeg Prifysgol Cymru, Aberystwyth. Dysgodd Ffrangeg mewn ysgolion yng Nghymru a Lloegr hyd nes yr ymddeolodd yn 1991. Y mae'n awdur tair cyfrol o hunangofiant: *Block Salt and Candles* (1991), *Snobs and Sardines: Rhondda Schooldays* (1993) a *Plâteaux, Gâteaux, Châteaux* (1997). Er bod sawl adroddiad ar fywyd yn y Rhondda wedi eu hysgrifennu gan ddynion, y mae gwaith Mary Parnell yn anarferol gan ei fod yn rhoi inni ddarlun o'r bywyd hwnnw o safbwynt merch.

Am fanylion pellach am Michael Parnell gweler y teyrngedau iddo gan ei gyfeillion Tony Curtis, Meic Stephens, John Pikoulis a Mick Felton, a chan ei weddw, yn *The New Welsh Review* (rhif. 14, cyf. IV, Hydref 1991).

PARRI, DAFYDD (1926–), awdur llyfrau i blant a storïau byrion. Fe'i ganed yn Y Ro-wen, Dyffryn Conwy, Caern., a'i addysgu yn y Coleg Normal, Bangor; bu'n athro yn Llanrwst, Dinb., cyn rhoi ei amser yn gyfan gwbl i ysgrifennu. Y mae'n awdur cyfres o bump ar hugain o storïau poblogaidd i blant, *Cyfres y Llewod* (1975–80), a enillodd nifer helaeth o ddarllenwyr ifainc Cymraeg. Yn ogystal â dwy gyfrol o storïau byrion i oedolion, *Nos Lun a Storïau Eraill* (1976) a *Bwrw Hiraeth* (1981), cyhoeddwyd teitlau cyntaf ei gyfres newydd i blant, *Cailo'r Ci Defaid*. Ar sail y llyfrau hyn cyfrifir Dafydd Parri ymhlith y mwyaf cynhyrchiol a llwyddiannus o awduron llyfrau plant yn y Gymraeg. Un o'i feibion yw Myrddin *ap Dafydd.

Parry Bach, gweler o dan DIC SIÔN DAFYDD.

Parry, Blanche (1508?–90), morwyn llys i Elisabeth I, a aned yn y Cwrt Newydd yn Ystrad Dour nid nepell o'r ffin rhwng Brycheiniog a swydd Henffordd. Yn 1565 fe'i penodwyd yn 'Brif Foneddiges Siambr Gyfrin fwyaf anrhydeddus y Frenhines ac yn Geidwad Tlysau ei Mawrhydi', swydd a oedd yn broffidiol ac yn ddylanwadol, er nad oedd yn 'bendefigaidd'. Pabyddes ydoedd ac yr oedd yn ddibriod; aeth yn ddall yn ei blynyddoedd olaf. Yr oedd yn berchen tiroedd eang yn siroedd Henffordd a Brycheiniog. Yr oedd y bardd James Rhys *Parry yn perthyn o bell iddi, a Rowland *Vaughan o'r Cwrt Newydd, gŵr llys arall, yn nai iddi trwy briodas. William Cecil, Arglwydd Burleigh, perthynas arall iddi, a luniodd ei hewyllys ac ef oedd ei hysgutor.

Ceir manylion pellach yn yr erthygl gan Morris Davies yn *Y Traethodydd* (1874) a T. Brynmor Davies yn *Llawlyfrau Llansannan* (1945).

PARRY, EDWARD (1723–86), emynydd; brodor o Lansannan, Dinb., ydoedd. Ar wahân i chwech o'i emynau a gyhoeddwyd yn Nhrefeca yn 1774, cyhoeddwyd y rhan fwyaf mewn casgliad bychan ganddo ef a William Evans o'r Bala dan y teitl *Ychydig o Emynau* (1789). Ei emyn gorau, sydd mewn bri o hyd, yw 'Caned nef a daear lawr'.

Ceir manylion pellach yn yr erthygl gan Morris Davies yn *Y Traethodydd* (1874) a T. Brynmor Davies yn *Llawlyfrau Llansannan* (1945).

PARRY, GEORGE (1613?–78), gweler o dan PARRY, JAMES RHYS (*c.*1570–1625).

PARRY, GRUFFUDD (1916–), awdur, un o deulu nodedig Y Gwyndy, Carmel, Caern.; brawd iddo oedd Thomas *Parry. Addysgwyd yng Ngholeg Prifysgol Gogledd Cymru, Bangor. Bu'n athro Saesneg yn Ysgol Botwnnog am ddwy flynedd ar bymtheg ar hugain cyn ymddeol yn 1976. Ef oedd awdur sgriptiau'r 'Co Bach' yn y gyfres radio nodedig a ddyfeisiwyd gan Sam Jones, sef *Noson Lawen*. Ysgrifennodd lawer iawn ar gyfer y radio a'r teledu. Y mae'n ddarlledwr ac yn ysgrifwr; cyhoeddwyd detholiad o'i ysgrifau yn y gyfrol *Mân Sôn* (1989) a'i storïau o dan y teitl *Straeon Rhes Ffrynt* (1983). Y mae hefyd wedi cyfieithu dramâu gan O'Casey a Synge i'r Gymraeg. Ef yw awdur y gyfrol *Crwydro Llŷn ac Eifionydd* (1960) a ystyrir yn un o glasuron rhyddiaith ddiweddar.

PARRY, GWENLYN (1932–91), dramodydd. Fe'i ganed yn Neiniolen, Caern., a'i addysgu yn y Coleg Normal, Bangor. Dechreuodd ymddiddori yn y theatr tra oedd yn athro yn Llundain ac yr oedd Ryan *Davies a Rhydderch *Jones ymhlith ei gyfeillion yno. Ar ôl dychwelyd i Gymru i fod yn athro ym Methesda, Caern., dechreuodd ddod i'r amlwg yn y byd llenyddol ac enillodd wobrau yn yr *Eisteddfod Genedlaethol. Yn 1966 cafodd swydd gyda BBC Cymru a daeth yn ddiweddarach yn Brif Olygydd Sgriptiau. Ysgrifennodd lawer a chynhyrchodd nifer o raglenni poblogaidd ar gyfer y teledu megis *Fo a Fe* a *Pobol y Cwm*. Er bod cryn wreiddioldeb yn perthyn i'r dramâu un act yn y gyfres *Tair Drama* (1965), yn ei ddramâu hir y daeth Gwenlyn Parry o hyd i'w lais unigryw ei hun. Yr oedd y gyntaf o'r rhain, *Saer Doliau* (1966), yn ddieithr iawn i'r gynulleidfa Gymraeg oherwydd ei diffyg stori ac oherwydd y gellid ei dehongli mewn mwy nag un ffordd, ac am hyn labelwyd ei hawdur yn 'ddramodydd yr Abswrd'. Yn y dramâu diweddarach, *Tŷ ar y Tywod* (1968), *Y Ffin* (1973), *Y Tŵr* (1978), *Sâl* (1982) a *Panto* (1992), manteisiodd yn helaeth ar dechnegau gwrth-naturyddol y theatr ar ôl y rhyfel, a gwelwyd dawn i ddyfeisio sefyllfaoedd anghyffredin o theatr bur. Er bod ei arddull yn anllenyddol o'i gymharu â dramodwyr cyfoes Cymraeg, profodd fod ganddo glust ardderchog ar gyfer deialog a thafodiaith. Yn *Y Tŵr* y gwelir pinacl ei ddawn greadigol. Cyflead ingol a geir yn hon o ysfa orffwyll dyn am ddringo grisiau amser, sy'n creu brwydr anghyfartal sy'n sicr o fethu.

Ysgrifennwyd astudiaeth o ddramâu Gwenlyn Parry gan Dewi Z. Phillips (1982; arg. diwygiedig, 1995); gweler hefyd y teyrngedau gan Harri Pritchard Jones a William R. Lewis yn *Taliesin* (cyf. LXXVI, Mawrth 1992).

PARRY, HENRY, gweler PERRI, HENRY (1560/61–1617).

PARRY, JAMES RHYS (Eos Ewias; c.1570–1625), uchelwr ac awdur fersiwn mydryddol o'r Salmau. Trigai yn Llanfihangel Esgle yn y rhan o swydd Henffordd lle y parheid i siarad Cymraeg yn niwedd yr unfed ganrif ar bymtheg. Mydryddodd y Sallwyr cyfan ar y mesur carol ac y mae'n bosibl mai'r mesur gwerinaidd hwn ynghyd â'r iaith seml, dafodieithol a ddefnyddiodd a wnaeth ei drosiad yn annerbyniol i William *Morgan, Esgob Llandaf, pan gyflwynodd Parry ei lawysgrifau iddo, yn ôl tystiolaeth ei fab, George Parry, er i'r Esgob gyflwyno saith darn aur i Parry i ddangos ei werthfawrogiad. Honnai George Parry i'r Esgob ddangos y trosiad i Edmwnd *Prys ac mai gweld hwnnw a symbylodd yr Archddiacon i ddefnyddio'r mesurau rhyddion ar gyfer ei *Salmau Cân* enwocach ef ei hun yn 1621. Gallai hyn fod yn wir oherwydd yr oedd Morgan a Phrys yn ffrindiau ers dyddiau coleg yng Nghaer-grawnt ond nid oes dylanwad uniongyrchol mewn na geiriad nac arddull i'w ganfod rhwng y ddau drosiad. Oherwydd nad oedd yn fodlon ar fersiwn ei dad troswyd y Salmau eto gan **George Parry** (1613?–78), a oedd yn ficer Llanmadog a Cheriton ym Mhenrhyn Gŵyr. Nodwedd amlycaf ei drosiad ef yw iddo ddefnyddio amrywiaeth helaeth o

fesurau caeth a rhydd, gan gynnwys mesurau anarferol yn y cyfnod, megis englynion milwr, proest cyfnewidiog ac unodl crwca. Fel petai i arddangos ei ddysg ac i danlinellu'r gwahaniaeth rhwng ei fersiwn ef ac un ei dad cynhwysodd fersiwn Lladin o'r Salmau yn ogystal â rhagymadroddion hir mewn Lladin. Erys y cyfan yn Llawysgrif LLGC 641.

Parry, John (Y Telynor Dall; 1710?–82), cerddor a aned ger Nefyn, Caern., ac a gyflogwyd yn delynor yn Wynnstay, cartref teulu *Williams Wynn. Daeth yn un o delynorion disgleiriaf ei gyfnod, a chwaraeodd mewn cyngherddau yn Llundain, Rhydychen a Dulyn. Ei gyfraniad pwysicaf i'r diwylliant Cymreig oedd ei dri chyhoeddiad, *Ancient British Music* (1742), *A Collection of Welsh, English and Scotch Airs* (1761) a *British Harmony, being a Collection of Ancient Welsh Airs* (1781).

Ysgrifennwyd hanes bywyd John Parry gan Huw Williams (1983).

PARRY, JOHN (1775–1846), golygydd, brodor o Landwrog, Caern., ond o 1806 hyd ddiwedd ei oes bu'n byw yng Nghaer, lle y cadwai siop lyfrau, a sefydlodd ei wasg ei hun yno. Yn 1818 dechreuodd gyhoeddi'r cylchgrawn misol, *Goleuad Gwynedd* (*Goleuad Cymru* yn ddiweddarach). Ef, o 1831 ymlaen, oedd golygydd *Y *Drysorfa*. Fe'i hordeiniwyd yn 1814 ac yr oedd yn un o'r rhai a fu'n llunio Cyffes Ffydd y Methodistiaid Calfinaidd yn 1823, ond fe'i cofir yn bennaf fel awdur *Rhodd Mam* (1811), catecism i blant, a phrif gyfrwng hyfforddiant crefyddol yr enwad am dros ganrif.

PARRY, JOHN HUMPHREYS neu **HUMFF-REYS (Ordovex**; 1786–1825), golygydd a aned yn Yr Wyddgrug, Ffl. Aeth i Lundain yn 1807 ac fe'i galwyd i'r Bar bedair blynedd yn ddiweddarach, ond 'esgeulusodd ei alwedigaeth', aeth i ddyled a throes at newyddiaduraeth gan ddefnyddio ffugenw. Daeth yn aelod o Gymdeithas y *Gwyneddigion ac yr oedd yn un o'r gwŷr a atgyfododd Anrhydeddus Gymdeithas y *Cymmrodorion yn 1820. Yn 1819 sefydlodd y cylchgrawn *The *Cambro-Briton a bu'n olygydd arno nes ei ddirwyn i ben dair blynedd yn ddiweddarach. Lluniodd hefyd eiriadur bywgraffyddol, *The Cambrian Plutarch* (1824). Fe'i disgrifiwyd gan un o'i gyfoedion fel 'gŵr deallus ar y cyfan ond braidd yn fyrbwyll a thrahaus'; fe'i lladdwyd mewn ysgarmes ger tafarn y *Prince of Wales* yn Pentonville.

Parry, Joseph (1841–1903), cyfansoddwr a cherddor. Fe'i ganed ym Merthyr Tudful, Morg., a phan oedd yn naw mlwydd oed aeth i weithio mewn pwll glo. Yn 1854 ymfudodd gyda'i deulu i'r Amerig a bu'n gweithio yng ngwaith dur Dannville, Pennsylvania, hyd 1865; astudiai gerddoriaeth yn ei amser hamdden. Ar ôl iddo ennill cystadlaethau yn yr *Eisteddfod Genedlaethol yn 1863 agorwyd cronfa gyhoeddus a'i galluogodd i astudio yn Academi Frenhinol Cerdd Llundain. Ef oedd Athro Cerdd cyntaf Coleg Prifysgol Cymru, Aberystwyth, o 1874 hyd 1880, ac yn ddiweddarach bu'n dysgu yng Nghaerdydd ac Abertawe. Yr oedd Joseph Parry yn hynod boblogaidd fel beirniad ac arweinydd a chyfansoddodd lawer iawn o weithiau cerddorol megis yr opera *Blodwen (1878) a'r emyn-dôn *'Aberystwyth'. Y mae ei yrfa ramantus, ei dalent rwydd a'i ddiwydrwydd diflino yn destun nofel Jack *Jones, *Off to Philadelphia in the Morning* (1947), ac ynddi adroddir hanes cwbl ddychmygol am y modd yr ysgrifennodd Joseph Parry un arall o'i donau enwog, 'Myfanwy'.

Ysgrifennwyd cofiant Joseph Parry gan E. Keri Evans (1921); gweler hefyd y monograff dwyieithog gan Owain T. Edwards yn y gyfres *Gŵyl Dewi* (1970) a Dulais Rhys, *Joseph Parry, Bachgen Bach o Ferthyr* (1997).

PARRY, RICHARD (1560–1623), esgob ac ysgolhaig Beiblaidd, a aned ym Mhwllhalog, Ffl., ac a addysgwyd yn Eglwys Grist, Rhydychen. Fe'i hordeiniwyd yn ddiacon yn 1584, a phenodwyd ef yn ysgolfeistr Ysgol Rad Rhuthun ac arhosodd yno nes iddo ddod, yn 1592, yn ganghellor Esgobaeth *Bangor; daeth yn rheithor Gresffordd (1593) a Chilcain (1596). Daeth yn Ddeon Bangor yn 1599 a dilynodd William *Morgan yn Esgob *Llanelwy yn 1604. Gwaith Parry yn rhannol oedd yr argraffiad diwygiedig newydd o'r *Beibl Cymraeg a gyhoeddwyd yn 1620 a'r *Llyfr Gweddi Gyffredin yn 1621, ond i John *Davies o Fallwyd, ei frawd yng nghyfraith, y mae'r clod yn bennaf ddyledus.

Ceir astudiaeth o Richard Parry a John Davies gan R. Geraint Gruffydd yn *Y Traddodiad Rhyddiaith* (gol. Geraint Bowen, 1970); gweler hefyd erthyglau J. G. Jones yn *Nhrafodion Cymdeithas Hanes Sir Ddinbych* (cyf. XXIII, 1974) a *Bwletin y Bwrdd Gwybodau Celtaidd* (cyf. XXVI, 1975).

PARRY, RICHARD (Gwalchmai, Monwysiad; 1803–97), bardd a gweinidog gyda'r Annibynwyr a aned i deulu o Fethodistiaid Calfinaidd yn Llannerch-y-medd, Môn. Fe'i hysbrydolwyd i ddysgu crefft *cynghanedd gan Galedfryn (William *Williams), a ddaethai'n weinidog ar yr Annibynwyr yn y pentref, ac yn Llannerch-y-medd hefyd yr enillodd Gwalchmai wobr mewn eisteddfod yn 1835. Arweinydd yr eisteddfod honno oedd Clwydfardd (David *Griffith), a fu'n gyd-ddisgybl i Galedfryn yn yr ysgol. Bu Gwalchmai yn weinidog gyda'r Annibynwyr yng Nghonwy, Llanymddyfri a Ffestiniog cyn ymgartrefu yn Llandudno, tref a oedd yn prysur ennill poblogrwydd fel canolfan wyliau; cododd gapel yno. Yr oedd yn awdur toreithiog (defnyddiai'r enw barddol Monwysiad hefyd) ac yn gystadleuydd brwd, ac enillodd amryw o gadeiriau a gwobrau eraill. Collwyd diddordeb yn ei waith ef, fel gwaith llawer iawn o'i gyfoedion, yn gyflym iawn ar ôl tro'r ganrif. Serch hynny, yr oedd ei gyfraniad i sefydlu'r *Eisteddfod Genedlaethol yn un nodedig; o

1879 hyd 1894, bu Clwydfardd, Gwalchmai a Hwfa Môn (Rowland *Williams) yn driawd blaenllaw yn seremonïau'r *Orsedd a'r Eisteddfod.

Am fanylion pellach gweler R. Peris Williams, *Cofiant a Gweithiau Richard Parry (Gwalchmai)* (1899).

PARRY, ROBERT (fl. 1540?–1612?), awdur, cefnder i *Gatrin o Ferain (canodd farwnad iddi yn Saesneg), a aned yn Nhywysog ym mhlwyf Henllan, Dinb. Cadwodd ddyddlyfr a ystyrir yn ffynhonnell werthfawr am hanes teuluoedd gogledd Cymru, a chyhoeddodd waith dychmygol o ryddiaith dan y teitl *Moderatus, the most delectable and famous Historie of the Black Knight* (1595).

PARRY, ROBERT (Robyn Ddu Eryri; 1804–92), bardd, darlithydd ac areithiwr *dirwestol, a hunangofiannydd. Fe'i ganed yng Nghaernarfon a chafodd addysg yn ysgol y Parchedig Evan Richardson yn y dref. Dechreuodd brydyddu pan oedd yn blentyn, sefydlodd Gymdeithas Gymreigyddol lwyddiannus yn ei dref enedigol, a daeth i sylw cylch ehangach yn sgil ei lwyddiant fel bardd eisteddfodol. Dechreuodd deithio o fan i fan i dderbyn nawdd boneddigion ac ehangu cylch ei gydnabod, a dyna fu patrwm ei fywyd, yn sicr hyd at gyhoeddi ei gerddi a'i hunangofiant yn y gyfrol *Teithiau a Barddoniaeth Robyn Ddu Eryri* yn 1857. Bardd cyffredin ydoedd yn y mesurau caeth a rhydd, a'i gynnyrch llenyddol pwysicaf yn ddi-os yw ei hunangofiant. Ynddo cawn ddarlun gonest, garw a lliwgar o'i fywyd crwydrol cythryblus a thrafferthus, ac yn sgil hynny olwg gyfoethog a dadlennol ar sawl gwedd ar fywyd diwylliannol y ganrif ddiwethaf. Yn ôl ei dystiolaeth ei hun teithiodd trwy bob plwyf yng Nghymru amryw o weithiau, a bu'n tramwyo hefyd yn Lloegr, Yr Alban, Iwerddon a'r Unol Daleithiau. Yn ystod ei deithiau gweithiodd fel athro, clerc a chyfieithydd ac wedi iddo gael ei argyhoeddi o gywirdeb y ddadl ddirwestol ar ôl iddo fynd yn feddw i gyfarfod lle y siaradai John *Elias, bu galw mawr amdano fel areithiwr dirwestol yng Nghymru a thu hwnt. Bu'n annerch ar ran Cymdeithas Adeiladu o Abertawe ac yn ysgrifennu a chyfieithu i'r Mormoniaid yng Nghymru, er ei fod yn anghytuno'n chwyrn â rhai o'u daliadau. Gan ei fod yn yfwr trwm cyn ei gyfnod dirwestol amheuai llawer ddilysrwydd ei broffes, a thaenid pob math o straeon am ei gymeriad. Bu farw yn Llwydlo a'i gladdu yn eglwys Ludford.

PARRY, ROBERT WILLIAMS (1884–1956), bardd. Fe'i ganed yn Nhal-y-sarn yn Nyffryn Nantlle, Caern., ac yr oedd yn gefnder i T. H. *Parry-Williams a Thomas *Parry. Treuliodd ddwy flynedd yng Ngholeg Prifysgol Cymru, Aberystwyth, ond gadawodd yn 1904 heb radd ac am y tair blynedd nesaf bu'n athro mewn ysgolion elfennol yng Nghymru a Lloegr. Ailymaflodd yn ei waith academaidd yn 1907 dan John *Morris-

Jones ym Mangor, a graddiodd yn 1908; wedyn bu'n athro Cymraeg a Saesneg yn ysgol Bryn'refail yn ei sir enedigol.

Daeth i amlygrwydd yn 1910 pan enillodd *Gadair yr *Eisteddfod Genedlaethol am ei awdl 'Yr *Haf'. Ystyriwyd bod y gerdd, ar gyfrif cyfoeth ei geirfa a'i miwsig a'i phwyslais ar degwch y funud, yn un o brif gynhyrchion yr 'ysgol newydd' yr oedd T. Gwynn *Jones a W. J. *Gruffydd yn perthyn iddi; gelwid ei hawdur weithiau yn 'Fardd yr Haf'. Tua'r un cyfnod dechreuodd gyhoeddi ysgrifau ar natur barddoniaeth, a gweithio am radd bellach, gan baratoi traethawd ar 'Cysylltiadau'r Gymraeg a'r Llydaweg'. Treuliodd flwyddyn yn brifathro ysgol fach wledig Cefnddwysarn ac yna bu'n athro mewn ysgolion Uwchradd yn Y Barri, Morg., a Chaerdydd. Yn Nhachwedd 1916 fe'i gwysiwyd i'r fyddin a threuliodd y ddwy flynedd nesaf mewn gwersylloedd yn Lloegr. Er ei fod yn unig ac yn anhapus yn ystod y cyfnod hwn cyfansoddodd nifer o sonedau gwych, megis 'Gadael Tir' a 'Cysur Henaint', yn ogystal â'r englynion coffa enwog i Hedd Wyn (Elis Humphreys *Evans). Dychwelodd i Gaerdydd yn athro yn 1919 a phedair blynedd yn ddiweddarach aeth yn brifathro Ysgol Oakley Park ger Llanidloes, Tfn. Ychydig fisoedd yn unig yr arhosodd yno fodd bynnag gan iddo gael ei benodi ar staff ei hen Goleg ym Mangor, a daeth yn Ddarlithydd yn rhannol yn yr Adran Gymraeg ac yn rhannol yn y dosbarthiadau allanol. Priododd yn 1923 ac ymgartrefu ym Methesda, Caern., lle y treuliodd weddill ei oes.

Yn ystod y 1920au, a oedd yn gyfnod hapus iddo, cyhoeddodd nifer o ysgrifau ar bynciau llenyddol. Yr oedd yn feirniad eisteddfodol a phan gyhoeddwyd ei gasgliad o gerddi, Yr Haf a Cherddi Eraill (1924), sy'n cynnwys rhai o'i gerddi mwyaf aeddfed, amlygwyd ei ddawn. Yna rhwng 1929 ac 1933 tarfwyd ar ei fyd oherwydd camddealltwriaeth ynglŷn ag amodau ei swydd fel Darlithydd. Tybiai ei fod yn cael cam am mai llenor yn hytrach nag ysgolhaig ydoedd, fel y tystia yn ei gerdd 'Chwilota'; rhoes y gorau i gyhoeddi barddoniaeth, gwrthododd adael i *Wasg Gregynog argraffu cyfrol o'i waith a dechreuodd ysgrifennu nodiadau ieithyddol ar y Gernyweg a'r Llydaweg. Daeth terfyn sydyn ar y cyfnod hwn ym Medi 1936 pan losgwyd yr Ysgol Fomio ym *Mhenyberth, Llŷn. Cythruddwyd y bardd pan ddiswyddwyd Saunders *Lewis o staff Coleg y Brifysgol Abertawe, ac ymgyrchodd yn dawel o'i blaid. Pan welodd nad oedd Lewis yn mynd i gael ei swydd yn ôl ailymaflodd y bardd yn yr arf mwyaf effeithiol a oedd ganddo a dechreuodd ysgrifennu cerddi gwleidyddol megis 'J.S.L.' ac 'Y Gwrthodedig'. Parhaodd y cyffro cynhyrchiol yn sonedau llaes mawr diwedd y 1930au. Ymddeolodd yn 1944, ond daeth afiechyd i'w flino, heneiddiodd cyn pryd, a dibynnai ar gyfeillion i'w gynorthwyo i baratoi ei ail gyfrol o farddoniaeth, Cerddi'r Gaeaf (1952).

Cymharol fychan yw swm cynnyrch R. Williams Parry, dwy gyfrol o gerddi yn unig, ond y mae tua hanner cant o gerddi a fydd o werth parhaol: y sonedau rhamantus cynnar, yr englynion er cof am gyfeillion a fu farw yn y Rhyfel Byd Cyntaf, telynegion natur y 1920au sy'n cyfleu mor odidog o synhwyrus ryfeddod Creadigaeth a darfodedigrwydd pethau, cerddi am heneiddio a rhaib amser, a sonedau diwedd y 1930au, sydd ar yr un pryd yn tosturio at ddyn ond yn ddeifiol o feirniadol o'i fychander a'i hunanfodlonrwydd.

Ceir detholiad o feirniadaeth lenyddol y bardd yn Rhyddiaith R. Williams Parry (gol. Bedwyr Lewis Jones, 1974), a chasglwyd ei gerddi ychwanegol ynghyd ar ddiwedd astudiaeth T. Emrys Parry, Barddoniaeth Robert Williams Parry (1973). Y mae cyfrol ar y bardd gan Bedwyr Lewis Jones yn y gyfres Writers of Wales (1972), ac un arall yng nghyfres Llên y Llenor (1984) gan Alan Llwyd a olygodd hefyd gyfrol o ysgrifau beirniadol yn Cyfres y Meistri (1979); gweler hefyd yr erthygl gan John Rowlands yn Taliesin (cyf. L, 1984). Cyhoeddodd Gwasg Gregynog argraffiad cyfyngedig o gerddi R. Williams Parry, wedi eu golygu gan Thomas Parry, yn 1981. Gweler hefyd fywgraffiad Bedwyr Lewis Jones (golygwyd a chwblhawyd gan Gwyn Thomas, 1997) yn y gyfres Dawn Dweud.

PARRY, THOMAS (1904–85), ysgolhaig, beirniad llenyddol a golygydd. Fe'i ganed yng Ngharmel, Caern.; graddiodd yn y Gymraeg yng Ngholeg Prifysgol Gogledd Cymru, Bangor, yn 1926, ac fe'i penodwyd yn Ddarlithydd mewn Cymraeg a Lladin yng Ngholeg y Brifysgol, Caerdydd, yn yr un flwyddyn. Dychwelodd i'w hen Goleg yn Ddarlithydd yn 1929, daeth yn Athro'r Gymraeg ym Mangor yn 1947, ac yn Llyfrgellydd y *Llyfrgell Genedlaethol yn 1953. O 1958 tan ei ymddeoliad yn 1969 bu'n Brifathro Coleg y Brifysgol, Aberystwyth, ac fe'i hurddwyd yn farchog yn 1978.

Cofir Thomas Parry yn bennaf am ei waith ysgolheigaidd enfawr. Dechreuodd trwy gyhoeddi dehongliad cyfoes o Y Saint Greal (1933) gan gyfuno ei ddoniau creadigol ac ysgolheigaidd. Yna troes oddi wrth chwedlau Arthuraidd at Baledi'r Ddeunawfed Ganrif (1935). Ei gyfraniad mawr yw Hanes Llenyddiaeth Gymraeg hyd 1900 (1945), arolwg cytbwys a chynhwysfawr wedi ei oleuo drwyddo gan farn gadarn a gwybodaeth enfawr o holl faes ein llên; ymddangosodd atodiad, sef Llenyddiaeth Cymru 1900–1945, yn 1945. Yn ddiweddarach cyhoeddwyd fersiwn Saesneg o'r gwaith hwn, A History of Welsh Literature (1955) a gyfieithwyd gan H. Idris *Bell.

Pwysicach byth o safbwynt ysgolheictod oedd cyhoeddiad cyflawn Thomas Parry o farddoniaeth *Dafydd ap Gwilym (1952) ac yr oedd yn garreg filltir ym maes ysgolheictod Cymraeg. Sefydlodd y gwaith hwn hyd a lled barddoniaeth Dafydd ap Gwilym unwaith ac am byth trwy astudiaeth drylwyr o bob llawysgrif a oedd ar gael. Bu'n orchwyl enfawr ac fe'i gwnaethpwyd â hyder a sicrwydd. Yn sgîl y gwaith hwn esgorwyd ar nifer o erthyglau ysgolheigaidd ar wahanol agweddau o gelfyddyd Dafydd ap Gwilym gan wahanol ysgolheigion.

Er mai fel ysgolhaig yr adwaenid Thomas Parry yn bennaf yr oedd hefyd yn llenor a ddaeth yn agos iawn at ennill y *Gadair yn yr *Eisteddfod Genedlaethol â'i awdl 'Y Fam' yn 1932. Cyfieithodd i'r Gymraeg, *Murder in the Cathedral* (1935) gan T. S. Eliot, sef *Lladd wrth yr Allor* (1949), ac yn ei ddrama *Llywelyn Fawr* (1954) dangosodd ei feistrolaeth ar rythmau a oedd yn addas i ddrama fydryddol. Y mae ei flodeugerdd, *The *Oxford Book of Welsh Verse* (1962), wedi ennill ei phlwyf fel y casgliad mwyaf safonol o farddoniaeth Gymraeg sydd ar gael i'r darllenydd cyffredin. Lluniodd hefyd (ynghyd â Merfyn Morgan) lyfryddiaeth safonol i lenyddiaeth Cymru, sef *Llyfryddiaeth Llenyddiaeth Gymraeg* (1976). Cyhoeddwyd detholiad o'i ysgrifau o dan y teitl *Amryw Bethau* yn 1996.

Ceir manylion pellach a llyfryddiaeth o weithiau Thomas Parry yn *Ysgrifau Beirniadol X* (gol. J. E. Caerwyn Williams, 1977); gweler hefyd gyfweliad â Thomas Parry yng nghyfrol IX (1976) o'r un gyfres, a'r erthygl gan Huw Llewelyn Williams yn *Dyrnaid o Awduron Cyfoes* (gol. D. Ben Rees, 1975). Ysgrifennwyd cyflwyniad a bywgraffiad gan J. E. Caerwyn Williams yn y gyfrol *Amryw Bethau* (gol. Emlyn Evans, 1996), a thalwyd teyrnged i Thomas Parry gan Bedwyr Lewis Jones yn *Nhrafodion Cymdeithas Hanes Sir Gaernarfon* (1985).

PARRY, WILLIAM (Gwilym Pant Tâf; 1836–1903), bardd a aned yn Nelson, Morg., ac a ddaeth yn weinidog gyda'r *Bedyddwyr ym Mhenarth ac Ynys-y-bŵl, yn yr un sir. Cyhoeddodd dair cyfrol o gerddi, *The Cymanfa* (1892), *The Old Evangelist* (1893) a *Welsh Hillside Saints* (1896).

Parry, William John (1842–1927), arweinydd y chwarelwyr, a aned ym Mcthesda, Caern. Chwaraeodd ran flaenllaw yn sefydlu Undeb Chwarelwyr Gogledd Cymru yn 1874, ac yn ddiweddarach ef oedd ei hysgrifennydd cyntaf a'i llywydd; bu'n weithgar ar hyd ei oes dros achosion Rhyddfrydol ac Annibynnol. Cyhoeddodd nifer o lyfrau yn Gymraeg ac yn Saesneg yn ymwneud â'r diwydiant chwareli, gan gynnwys *The Penrhyn Lock-out* (1901) a *The Cry of the People* (1906), a chyfrannodd yn helaeth i gyfnodolion ar bynciau megis problemau llafur, hunanlywodraeth a'r iaith Gymraeg, ac ef hefyd oedd un o sylfaenwyr *Y *Werin yn 1885.

Ceir hanes bywyd a gwaith W. J. Parry yn *Quarryman's Champion* (1978) gan J. Roose Williams.

PARRY, WINIFRED (Winnie Parry; 1870–1953), nofelydd ac awdures storïau byrion i blant. Merch i'r llenor Gwenfron a arferai ysgrifennu ar gyfer cylchgronau merched oedd Winnie Parry, a chafodd ei geni yn Y Trallwng, Tfn. Bu farw ei mam pan oedd yn ifanc iawn ac anfonwyd hi i fyw gyda'i thad-cu yn Y Felinheli pan ailbriododd ei thad ac ymfudo gyda gweddill ei theulu i Dde Affrica. Addysgodd ei hunan gartref, gan

ddysgu Ffrangeg ac Almaeneg a darllen llenyddiaeth yn yr ieithoedd hyn, yn ogystal â'r Gymraeg a'r Saesneg. Gadawodd Gymru yn 1907 ac aeth i weithio fel ysgrifenyddes mewn gwahanol ddinasoedd yn Lloegr. Yn dilyn llwybr ei mam, dechreuodd Winnie Parry ei gyrfa lenyddol drwy ysgrifennu i gylchgronau: hi oedd un o gyfranwyr cynnar *Cymru, a sefydlwyd gan O. M. *Edwards yn 1891. Hyd yn oed wedi iddi adael y wlad, parhaodd i gyfrannu'n doreithiog i'r cylchgronau Cymraeg ac yr oedd y cysylltiad ag O. M. Edwards hefyd yn parhau: daeth hi yn olygydd *Cymru'r Plant* yn 1908.

Ymddangosodd *Sioned*, nofel enwocaf Winnie Parry, yn gyntaf fesul pennod ar dudalennau *Cymru* yn ystod y 1890au; yr oedd yn ffres ac yn newydd ar y pryd oherwydd ei bod yn canolbwyntio ar brofiadau merch yn ei harddegau ac oherwydd ei mynegiant tafodieithol, naturiol. Cyfrannodd yr elfen gref o hiwmor yn ei gwaith at ei boblogrwydd cyffredinol ond talwyd teyrnged hefyd i'w chrefft lenyddol: yr oedd llawer beirniad yn cymharu *Sioned* â *Rhys Lewis* gan Daniel *Owen. Dilynwyd *Sioned* gan nofel arall, *Catrin Prisiart*, a ymddangosodd yn *Y *Cymro* yn 1896. Yn 1899 dechreuodd gyhoeddi cyfres o straeon i blant o dan y teitl *Y Ddau Hogyn Rheiny*; unwaith eto, y mae'r rhyddiaith yn sionc ac yn ddoniol, heb arlliw o'r naws bregethwrol sy'n sarnu cymaint o lên plant y cyfnod. Gellir canmol y gyfrol ddiweddarach, *Cerrig y Rhyd* (1907), yn yr un modd. Un o brif rinweddau ei gwaith, sef y dafodiaith rymus, a barodd drafferth iddi yn ystod y 1920au; nid oedd yn fodlon newid y dafodiaith ac nid oedd golygydd *Cymru'r Plant* ar y pryd, Ifan ab Owen *Edwards, yn fodlon cyhoeddi storïau mewn iaith 'na ddeallir drwy Gymru gyfan'. Er i lawer beirniad, yn cynnwys Kate *Roberts, ganmol ei gwaith yn uchel iawn, yr oedd *Sioned* allan o brint am flynyddoedd lawer cyn i *Honno ei hailgyhoeddi yn 1988.

Gweler yr erthygl gan R. Palmer Parry, 'Winnie Parry a'i Gwaith', yn *Taliesin* (cyf. XXXXVI, 1983).

PARRY-JONES, DANIEL (1891–1981), awdur. Fe'i ganed yn Llangeler, Caerf., a'i addysgu yng Ngholeg Dewi Sant, Llanbedr Pont Steffan. Fe'i hordeiniwyd yn offeiriad yn Eglwys Loegr ym Mhontypridd, Morg., yn 1914 ac wedi hynny bu'n offeiriad mewn plwyfi ym Morgannwg a Brycheiniog gan ddod yn Ddeon Gwlad Crucywel yn 1957 ac yn Ganon Anrhydeddus Eglwys Gadeiriol Aberhonddu ddwy flynedd yn ddiweddarach. Cyhoeddodd bedair cyfrol o hunangofiant, *Welsh Country Upbringing* (1948), *Welsh Country Characters* (1952), *My Own Folk* (1972) ac *A Welsh Country Parson* (1975). Ysgrifennwyd y rhain yn rhannol ar gyfer ei blant a'i wyrion, ac yn rhannol oherwydd ei anniddigrwydd â'r portread o fywyd Cymreig a geir yng ngwaith awduron megis Caradoc Evans (David *Evans). Y maent o ddiddordeb yn bennaf oherwydd eu disgrifiad tyner o'r gymdeithas wledig

Gymraeg y magwyd yr awdur ynddi ac am ei adroddiad manwl o'r dulliau amaethu a'r arferion sydd bellach bron â diflannu. Cyhoeddodd D. Parry-Jones hefyd *Welsh Legends and Fairy Lore* (1953) a *Welsh Children's Games and Pastimes* (1964), ac ystyrir yr olaf yn gyfraniad gwerthfawr i'r astudiaeth o'r pwnc.

PARRY-WILLIAMS, THOMAS HERBERT

(1887–1975), bardd, ysgrifwr ac ysgolhaig. Fe'i ganed yn Rhyd-ddu, Caern., yn fab i ysgolfeistr. Fe'i haddysgwyd yng Ngholeg Prifysgol Cymru, Aberystwyth, graddiodd yn y Gymraeg yno yn 1908, ac mewn Lladin yn 1909, yna aeth i Goleg Iesu, Rhydychen, a bu'n astudio Ieithyddiaeth Gymharol ym Mhrifysgolion Freiburg a Pharis. Tra oedd yn efrydydd, yn 1912, enillodd T. H. Parry-Williams y *Gadair a'r *Goron yn yr *Eisteddfod Genedlaethol – camp a gyflawnodd wedyn dair blynedd yn ddiweddarach. Yn 1914 fe'i penodwyd yn Ddarlithydd Cynorthwyol yn Adran y Gymraeg, Aberystwyth, ond o ganlyniad i anghydfod yn 1919 parthed argymhelliad i'w benodi'n Athro (teimlai rhai y dylid rhoi blaenoriaeth i gyn-filwyr) troes ei gefn ar astudiaethau Celtaidd, ac aeth yn efrydydd mewn Gwyddoniaeth. Y flwyddyn ganlynol, fodd bynnag, fe'i penodwyd i Gadair y Gymraeg yng Ngholeg Aberystwyth, ac arhosodd yno nes iddo ymddeol yn 1952.

Gwnaeth T. H. Parry-Williams gyfraniad nodedig i ysgolheictod Cymraeg gan gyhoeddi yn gyntaf *The English Element in Welsh* (1923), a nifer o astudiaethau o farddoniaeth yn y mesurau rhyddion megis *Carolau Richard White* (1931), *Canu Rhydd Cynnar* (1932) a *Hen Benillion* (1940), yn ogystal â chyfrol ar natur barddoniaeth, *Elfennau Barddoniaeth* (1935). Tua'r un cyfnod dechreuodd gyhoeddi cyfrolau o waith creadigol, yn gyfuniad, fel arfer, o ryddiaith a mydryddiaeth gan ennill bri fel llenor a dorrai dir newydd o ran arddull a thema. Ymhlith y llyfrau hyn y mae *Ysgrifau* (1928), *Cerddi* (1931), *Olion* (1935), *Synfyfyrion* (1937), *Lloffion* (1942), *O'r Pedwar Gwynt* (1944), *Ugain o Gerddi* (1949), *Myfyrdodau* (1957) a *Pensynnu* (1966). Cyhoeddwyd casgliad cyfan o'i ysgrifau dan y teitl *Casgliad o Ysgrifau* yn 1984. At hyn ychwanegodd gyfieithiadau Cymraeg o libreti operâu a bu'n gweithio'n ddiflino dros sefydliadau megis yr Eisteddfod Genedlaethol a'r *Llyfrgell Genedlaethol, a daeth yn ffigur amlwg ym mywyd cyhoeddus Cymru; fe'i hurddwyd yn farchog yn 1958.

Dewisodd T. H. Parry-Williams ddau gyfrwng llenyddol diarffordd a distadl a'u meistroli a'u hurddasoli, a Chymreigio'r trydydd cyfrwng, gan gyfyngu ei waith creadigol i'r *ysgrif, y *rhigwm a'r *soned. Yn yr ysgrif creodd gyfrwng a oedd yn addas i'w feddwl chwim a dadansoddol, ond a oedd yn rhamantaidd a chyfriniol hefyd; athronyddai'n ymddangosiadol hamddenol, ond yr oedd yr arddull yn goeth a disgybledig ac o fewn terfynau cyfyng. Canlyniad ei astudiaethau yn y canu rhydd oedd ei ddefnydd o'r rhigwm, a thrwy gynildeb ei

rythmau creodd gyfrwng a'i gwnaeth yn bosibl iddo wneud sylwadau eironig a beirniadol ar y byd a'i bethau. Ond neilltuodd ei athroniaeth ganolog i faes y soned, ac ef, ynghyd â'i gefnder R. Williams *Parry, a ddefnyddiodd y ffurf yn y modd mwyaf grymus yn y Gymraeg.

Yn ei ysgrifau, rhigymau a sonedau fel ei gilydd, y mae ei themâu yn gyson ac yn gymhleth, ond y mae ei arddull yn uniongyrchol ac yn sylfaenol syml. Thema ganolog i'w waith yw *Eryri, ei ardal ef ei hun, ei gefndir teuluol, ei berthynas â'r mynyddoedd, a'r modd y mae amgylchedd yn llunio natur dyn. Mewn ysgrifau lu, megis 'Bro', 'Oerddwr' a 'Lon Ucha', mewn rhigymau fel 'Hon', 'Bro', 'I'm Hynafiaid', ac yn arbennig mewn sonedau fel 'Moelni', 'Tŷ'r Ysgol', 'Gweddill', 'Llyn y Gadair' a 'Tynfa', dychwela'n gyson at y thema hon. 'Bro' yw teitl ei gerdd olaf yn ei gyfrol olaf o gerddi, a theitl yr ysgrif olaf yn ei gyfrol olaf o ysgrifau. Ond yr oedd hefyd yn ymestyn o ystyriaeth o arwyddocâd bro a brogarwch i ystyriaeth athronyddol o natur bywyd ei hun, yn arbennig mewn sonedau fel 'Dychwelyd' ac 'Ymwacâd', a rhigymau fel 'Yr Esgyrn Hyn' a 'Celwydd'.

Ymddangosai'n aml fel pe bai'n ymwadu ag unrhyw ystyr derfynol i fywyd, ac ymddengys angau yn aml yn ei gerddi. Ond nid astudiaeth oeraidd-ddadansoddol o ffenomenau'r byd gwyddonol yw ei ddull. Y mae'n sicr fod ganddo ddiddordeb ysol mewn ffenomenau gwyddonol er eu mwyn eu hunain, ac y mae'r ysgrifau'n llawn o gywreinrwydd brwd ac archwiliad y gwyddonydd. Ar y llaw arall, y mae dieithrwch a chyfriniaeth bywyd yn ymwthio'n barhaus i'w ymchwiliadau, ac y mae'r haen hon yn amlwg iawn mewn ysgrifau megis 'Yr Ias', 'Cydwybod' a 'Dieithrwch'. Er bod ei athroniaeth yn gymhleth ac weithiau'n amwys, defnyddiodd ddeallusrwydd miniog, manwl a dewr gyda meistrolaeth o'r iaith i archwilio bodolaeth a oedd, iddo ef, yn gyfrinach anchwiladwy. Yr oedd ei gyfuniad o lymder deallusol, symlrwydd ieithyddol uniongyrchol a synwyrusrwydd cyfriniol yn chwyldroadol yn ei gyfnod, ac y mae'n gyfraniad unigryw i lenyddiaeth Gymraeg.

Ceir llyfryddiaeth gyflawn o weithiau T. H. Parry-Williams yn *Cyfrol Deyrnged* (1967) a olygwyd gan Idris Foster; gweler hefyd yr atodiad yn rhifyn coffa *Y Traethodydd* (Hydref, 1975). Y mae rhifyn arbennig o *Poetry Wales* (Haf, 1974), yn canolbwyntio ar ei waith. Ysgrifennodd Dyfnallt Morgan astudiaeth o'i lenor ieuanc, *Rhyw Hanner Ieuenctid* (1971), a cheir cyfrol arno gan R. Gerallt Jones yn y gyfres *Writers of Wales* (1978); gweler hefyd yr astudiaeth ffotograffig yn y gyfres *Bro a Bywyd* (gol. Ifor Rees, 1981) a'r deyrnged gan J. E. Caerwyn Williams yn *Studia Celtica* (cyf. XII/XIII, 1977–78). Gweler hefyd y deyrnged gan R. Geraint Gruffydd yn *Taliesin* (cyf. LXI, 1988).

Pasg, Y, gŵyl Atgyfodiad Crist, a gynhelir ar y Sul cyntaf wedi'r lleuad lawn a syrthia ar 21 Mawrth neu'r nesaf ar ôl hynny; os digwydd y lleuad lawn ar y Sul, y Sul canlynol yw'r Pasg. Ar yr amcangyfrif hwn dibynna nifer o wyliau symudol eraill gan gynnwys y naw Sul o flaen y Pasg a'r wyth ar ei ôl, yn ogystal â'r Ynyd a'r Sulgwyn. Gyda dyfodiad y Pasg rhoddid heibio ymprydio'r Grawys. Yng Nghymru bwyteid, ar Sul y Pasg, ddau fwyd a oedd yn llawn o symbolaeth yr ŵyl, sef cig oen y tymor newydd ac wyau a gasglwyd yr wythnos flaenorol. Arferid ailddechrau chwarae *stool-ball* ac *ymladd ceiliogod ar Ddydd Llun y Pasg. Yn nhrefi Arfon arferid 'stocsio' o ran hwyl – 'restio' pobl yn eu cartrefi yn gynnar yn y bore a'u cludo mewn trol i'r cyffion lleol. Yr oedd yn arferiad mewn rhai ardaloedd godi'n blygeiniol ar fore'r Pasg a dringo i ben bryn i weld yr haul yn dawnsio i ddathlu'r Atgyfodiad, ac weithiau cludid ffiol o ddŵr er mwyn gweld ad-lewyrchiad yr haul ar ei wyneb. Yn ôl Lewis *Morris yr oedd yn arferiad ym Môn i edrych ar yr haul trwy dusw o wellt ar fore'r Pasg a chyfeirir at y traddodiad yn y gerdd 'Heulwen y Pasg' gan Gwenallt (David James *Jones).

Ceir manylion pellach yn Trefor M. Owen, *Welsh Folk Customs* (1959).

Pastai, gweler Cwrw Bach.

Patagonia, talaith yn yr Ariannin lle y sefydlwyd Gwladfa Gymreig yn 1865 a adwaenir fel Y Wladfa. Tlodi, gormes crefyddol a landlordiaeth a fu'n bennaf gyfrifol am yr ymfudo cyson o Gymru yn ystod y ddeunawfed a'r bedwaredd ganrif ar bymtheg. Aeth miloedd i'r Unol Daleithiau yn y gobaith y caent well byd a rhyddid i warchod eu hiaith a'u diwylliant, ond gyda threigl amser ymdoddent i'r gymdeithas Amer-icanaidd a chollai eu plant eu hiaith a'u cenedligrwydd. Ymgais ar ran Cymry America i sianelu'r ymfudo hwn i wlad ac iddi amodau mwy ffafriol oedd y syniad o sefydlu gwladfa ym Mhatagonia ar y dechrau. Yr oedd llywodraeth Ariannin ar y pryd yn awyddus i ddenu mewnfudwyr o Ewrop i wladychu ei thiroedd gweigion yn y de.

O gymoedd de Cymru yr aeth y mwyafrif o'r fintai gyntaf, tua 160 mewn nifer, ond yr oeddynt oll bron yn enedigol o ardaloedd cefn gwlad, a hwyliasant o Lerpwl ar 31 Mai 1865 ar y llong fechan The Mimosa. Edwin Roberts o Wisconsin, a Lewis *Jones (1836–1904) oedd arweinwyr yr ymgyrch, ond gan Michael D. *Jones yr oedd y weledigaeth wleidyddol, ac ef i raddau a nodd-odd y fenter. Glaniodd y cwmni ar draeth anial Porth Madryn ar 28 Gorffennaf 1865, dyddiad a ddethlir hyd heddiw fel Gŵyl y Glaniad, a threulio rhai wythnosau yn yr ogofâu yno. Siomwyd hwy ym mheithdir anial Dyffryn Camwy a dioddefasant flynyddoedd o galedi enbyd. Buasent wedi trengi oni bai am gymorth ymarferol Llywodraeth Ariannin yn y cyfnod cynnar a llwyth yr Indiaid brodorol, y Tuelche, a'u dysgodd i hela. Yn 1885 croesodd mintai o deuluoedd bedwar can milltir o beithdir i sefydlu gwladychfa arall yng Nghwm Hyfryd wrth droed yr Andes. Erbyn diwedd y ganrif yr

oedd y Gwladfawyr wedi llwyddo i reoli dyfroedd afon Camwy a daeth llewyrch ar y dyffryn. Parhaodd yr ymfudo o Gymru, o gymoedd y de gan mwyaf, hyd 1914.

Ar droad y ganrif Cymraeg oedd iaith y Wladfa a'i holl sefydliadau. Argraffwyd arian papur Cymraeg, cyhoeddwyd gwerslyfrau Cymraeg, a Chymraeg oedd iaith y llysoedd. Adeiladwyd capeli, a hwy oedd canol-bwynt y bywyd diwylliannol, yr oedd bri ar gyfarfodydd pregethu a chymanfaoedd canu. Cyhoeddwyd nifer o bapurau newydd Cymraeg megis Y Brut ac Y *Drafod, a gyhoeddwyd gyntaf yn 1891 ac sy'n parhau hyd heddiw. Cynhelid Eisteddfod Gadeiriol flynyddol a chanol-bwyntiai'r cyfansoddiadau ar hanes y Wladfa, yn arbennig y dyddlyfrau manwl yn disgrifio teithiau anturus i archwilio'r berfeddwlad. Dechreuodd y bywyd diwylliannol Cymraeg edwino yn ystod degawdau cyntaf yr ugeinfed ganrif pan ddylifodd mewnfudwyr o Sbaen a'r Eidal i'r dalaith o ganlyniad i'w llwyddiant. Torrwyd y cysylltiad â Chymru ar ddechrau'r Ail Ryfel Byd ond fe'i hadferwyd yn 1965 pan ddathlwyd canmlwyddiant sefydlu'r Wladfa, a pharhaodd er y cyfnod hwnnw. Prin yw nifer y Gwladfawyr (sy'n aml yn ddwyieithog mewn Cymraeg a Sbaeneg) sydd wedi ymsefydlu yng Nghymru, ond treuliodd nifer o Archentwyr ifainc gyfnodau'n fyfyrwyr yng Nghymru. Y mae'n anodd amcangyfrif faint o siaradwyr Cymraeg sydd ym Mhatagonia ond y mae diddordeb newydd yn yr etifeddiaeth Gymreig ac awydd newydd i ddysgu'r iaith Gymraeg, yn enwedig ymhlith y bobl ieuanc. Cynhyrchodd y Wladfa ddau lenor Cymraeg o bwys sef Eluned *Morgan ac R. Bryn *Williams. Ei phrif fardd sy'n fyw heddiw yw Irma Hughes de Jones, wyres i Gwyneth Vaughan (Annie Harriet *Hughes).

Cyhoeddodd nifer o lenorion lyfrau yn ymwneud â'r wlad, yn eu plith Abraham Mathews, *Hanes y Wladfa Gymreig* (1894), Lewis Jones, *Ymfudiaeth y Cymry* (1895) ac *Y Wladfa Gymraeg* (1898), W. M. Hughes, *Ar Lannau'r Camwy* (1927), R. Bryn Williams, *Crwydro Patagonia* (1960) ac *Y Wladfa* (1962), Glyn Williams, *The Desert and the Dream* (1975), Gareth Alban Davies, *Tan Tro Nesaf* (1976), *Atgofion o'r Wladfa* (gol. R. Bryn Williams, 1981), Glyn Williams, *The Welsh in Patagonia* (1991), *Byw ym Mhatagonia* (gol. Guto Roberts, Marian Elias Roberts, 1993) a Cathrin Williams, *Haul ac Awyr Las* (1993).

Patrick neu **Patricius** neu **Padrig** (c.385–c.460), nawddsant Iwerddon, gŵr o dras Brythonig-Rufeinig a aned yn *Bannavem Taberniae* (Banwen, efallai) ym mharthau gorllewinol Prydain. Yr oedd yn ŵyr i offeiriad o'r enw Potitus ac yn fab i ddiacon o'r enw Calpurnius a oedd hefyd yn ynad lleol. Pan oedd yn un ar bymtheg oed fe'i cipiwyd gan anrheithwyr Gwydd-elig a'i werthu yn gaethwas yn Iwerddon; yno bugeil-iai ddefaid a chynyddai mewn ymroddiad Cristnogol. Dihangodd ar ôl chwe blynedd a chafodd hyfforddiant yng Ngâl, efallai o dan ofal Germanus (*Garmon) yn Auxerre, neu ym Mhrydain. Tua'r flwyddyn 432 derbyniodd alwad i genhadu yn Iwerddon; yr oedd rhai Cristnogion yno eisoes, a chanolodd ei esgobaeth yn Armagh. Anawsterau amseryddol a chymysgu rhyngddo a Palladius, a benodwyd yn esgob yn Iwerddon yn 431, a fu'n gyfrifol am yr hen dybiaeth fod dau Badrig. Yn ogystal â'r *Confessio* yn Lladin, ysgrifennodd y sant *Epistula ad Coroticum*, llythyr at Geredig, sef tywysog Brythonig yr oedd ei wŷr wedi ymosod ar gynulliad o bobl Padrig. Priodolir i Badrig hefyd *Lorica* mewn Gwyddeleg yn erfyn ar i Dduw ei warchod. Credir bellach y gellir priodoli'r ffaith iddo gael ei dderbyn yn nawddsant Iwerddon (er na fu yn agos i rannau o'r wlad) i gryfder gwleidyddol llinach yr Ui Neill yn y gogledd.

Edrydd *Rhygyfarch, yn ei Fuchedd Dewi (*Dewi Sant), hanes Padrig yn ŵr hyddysg ac yn llawn doniau yn cael ei urddo'n esgob, ac yn dod i Lyn Rhosyn (*Tyddewi), ac yn ymdynghedu i wasanaethu Duw yn ffyddlon yno. Ond fe'i rhybuddiwyd mewn breuddwyd fod y lle wedi ei neilltuo i un na fyddai yn cael ei eni am ddeng mlynedd ar hugain. Yn ei ddicter, aeth i fyny'r graig a elwir (yn ôl y chwedl) Eisteddfa Badrig, a daeth angel ato a dangos Iwerddon iddo yn y pellter, y wlad yr oedd ef i'w hefengylu. Y mae'n debyg mai apocryffaidd yw'r stori a'i bwriad yw dangos fod gwreiddiau Padrig ym Mhrydain, er mwyn rhannu peth o'i glod a dangos mor bwysig fu Tyddewi i Badrig a Dewi – dadl bwysig yng nghyfnod Rhygyfarch.

Golygwyd a chyfieithwyd gwaith Padrig gan L. Bieler, *The Works of St Patrick* (1952, 1953) ac A. B. E. Hood (1978). Trafodir cefndir y sant a phroblemau dehongli'r bucheddau gan D. A. Binchy yn *Studia Hibernica* (cyf. II, 1962), gan James Carney yn *The Problem of St. Patrick* (1961) a chan R. P. C. Hanson yn *St. Patrick – his Origins and Career* (1968). Gweler hefyd David Dumville ac eraill, *Saint Patrick A.D. 493–1993* (1993).

Patripasiaeth, gweler o dan SABELIAETH.

Patti, Adelina (Brenhines y Gân; 1843–1919), cantores opera. Fe'i ganed ym Madrid i rieni Eidalaidd ac fe'i magwyd yn Efrog Newydd. Yr oedd ar frig ei gyrfa fel *prima donna*, yn 1878, pan dderbyniodd gyngor yr Arglwydd Abertawe a phrynu castell ac ystad Craig-y-nos, Brych., i fod yn noddfa rhag y byd ffasiynol. Dychwelai'r soprano gyfoethog, fyd-enwog hon – yr orau yn ei dydd ym marn Verdi – i Graig-y-nos ar ôl pob taith fuddugoliaethus. Adeiladwyd y tŷ yn 1842 ac fe'i 'gwellhawyd' yn null barwnaidd Yr Alban. Ar ôl iddi farw ailadeiladwyd gerddi gaeaf y castell ym Mharc Victoria, Abertawe, a gelwir y lle hyd heddiw yn Bafiliwn Patti.

Ceir manylion pellach mewn erthygl gan Froom Tyler yn *Glamorgan Historian* (gol. Stewart Williams, 1967).

PAYNE, FFRANSIS GEORGE (1900–92), hanesydd gwerin, a aned yng Ngheintun, Henff., ac a addysgwyd yng Ngholeg y Brifysgol, Caerdydd. Fe'i penodwyd i staff Adran Bywyd Gwerin yr *Amgueddfa Genedlaethol yn 1936 ac yn 1962 daeth yn Bennaeth Adran Diwylliant Materol yn *Amgueddfa Werin Cymru, Sain Ffagan. Yn ogystal â'i astudiaeth glasurol o amaethyddiaeth gynnar yng Nghymru, *Yr Aradr Gymreig* (1954), a'r llyfryn *Welsh Peasant Costume* (a gyhoeddwyd gyntaf yn *Folk Life* yn 1964), ysgrifennodd yn gelfydd ac â chryn angerdd am yr hen sir Faesyfed yn y *Crwydro Cymru (2 gyf., 1966, 1968). Erys y ddwy gyfrol hyn ymysg y cyfraniadau gorau ar Faesyfed yn y Gymraeg. Cyhoeddwyd yn 1980 ddetholiad o'i ysgrifau, gan gynnwys rhai o'i gyfrol flaenorol *Y Chwaryddion Crwydrol* (1943), dan y teitl *Cwysau*, llyfr a ddangosai ei arddull goeth ar ei gorau.

Gweler erthygl Marged Haycock, 'Diffinio'r ffin: Ffransis Payne' yn *Y Traethodydd* (Ebrill 1988) a'r ddarlith gan Trefor M. Owen (1997).

PEACOCK, THOMAS LOVE (1785–1866), nofelydd o Sais. Fe'i ganed yn Weymouth, swydd Dorset, a chyflogwyd ef am y rhan fwyaf o'i oes gan Gwmni Dwyrain India. Denwyd ef yn ei lencyndod tuag at chwedlau gwerin a mytholeg Cymru, fel y tystiolaetha un o'i gerddi cyntaf, 'The Genius of the Thames' (1810). Daeth i Gymru am y tro cyntaf yn 1810, ac arhosodd yn Nhremadog, Caern., lle y gwelodd forglawdd William *Madocks yn cael ei adeiladu, golygfa a ddisgrifir yn ei waith rhyddiaith cyntaf, *Headlong Hall* (1816). Yna symudodd i Faentwrog, ac arhosodd yn y pentref hwnnw am dros flwyddyn ac yno y cyfarfu â Jane Gryffydh, merch y person lleol, a ddaeth yn wraig iddo yn ddiweddarach. Ymwelodd â Chymru eto ymhen tair blynedd, ond ni wnaeth unrhyw ymgais i weld Jane. Nid ysgrifennodd ati yn y cyfamser, ac aeth dwy flynedd arall heibio cyn iddynt ddod yn ŵr a gwraig. Erbyn hynny daethai Peacock yn gyfaill mynwesol i'r bardd Shelley a ddisgrifiodd Jane fel 'the white Snowdonian antelope' yn ei 'Letter to Maria Gisborne' (1820). Yr oedd hefyd wedi ennill clod fel llenor gyda *Melincourt* (3 cyf., 1817) a *Nightmare Abbey* (1818). Flwyddyn ar ôl eu priodas yn Eglwys-fach, Cer., yn 1820, ganed merch i Jane, Mary Ellen, a ddaeth yn wraig gyntaf y llenor George Meredith.

Yn wahanol i George *Borrow, atyniad rhamantus a deimlai Peacock tuag at Gymru. Ysbrydolwyd ef gan ei mynyddoedd, ond anaml y sylwai ar y bobl y trigai yn eu plith. Ond er hyn gobeithiai wneud dros Gymru yr hyn a wnaethai Syr Walter Scott dros yr Alban, a rhoddodd fynegiant llawnaf i'w angerdd tuag at orffennol Cymru yn *The *Misfortunes of Elphin* (1829). Ond sail ei enwogrwydd yw'r gweithiau a leolwyd yn Lloegr, *Maid Marian* (1822), *Crotchet Castle* (1831) a *Gryll Grange* (1860–61), ei waith olaf a'r gorau. Y mae'r cynllun yn y llyfrau hyn yn denau a'r nodwedd bwysicaf yw sgwrs arbennig y cymeriadau, sy'n gynrychiolwyr dychanol o wahanol deipiau cyfoes; y mae'r digwyddiadau fel arfer yn chwerthinllyd. Llwydda ffraethineb Peacock bob amser i gyflwyno ei safbwynt ceidwadol ef ei hun fel yr un mwyaf rhesymol, sef bod llygredd y presennol gyda'i holl gynnydd, yn cyferbynnu'n anfoddhaol â'r hen gymdeithas hierarchaidd, wledig a welai'n prysur ddiflannu o'i gwmpas.

Ymhlith y llu astudiaethau beirniadol o waith Thomas Love Peacock gellir argymell yn arbennig y rhai gan A. M. Freeman 1911), J. I. M. Stewart (1963), David Garnett (1963), H. Mills (1969), Felix Felton (1973) a Bryan Burns (1984). Gweler hefyd yr erthygl 'Thomas Love Peacock and Wales' gan David Gallon yn The Anglo-Welsh Review (cyf. XVII, rhif. 39, 1968) ac un gan Lionel Madden yn Planet (rhif. 31, Mawrth, 1976).

PEATE, IORWERTH CYFEILIOG (1901–82), bardd ac ysgolhaig.

Fe'i ganed ym Mhandy Rhiwsaeson ym mhlwyf Llanbryn-mair, Tfn., yn fab i saer, a chafodd ei addysg yng Ngholeg Prifysgol Cymru, Aberystwyth, lle y bu'n ddisgybl i T. Gwynn *Jones ac i H. J. Fleure. Wedi arbenigo mewn Archaeoleg Geltaidd, ysgrifennodd Gyda'r Wawr (1923), astudiaeth o gyn-hanes Cymru a baratowyd ar y cyd ac a gyhoeddwyd o dan olygyddiaeth Fleure. Yn 1927 fe'i penodwyd yn Is-geidwad yn Adran Archaeoleg *Amgueddfa Genedlaethol Cymru, a'i ddyrchafu yn 1932 yn bennaeth Is-adran Diwylliant a Diwydiannau Gwerin. Dyma ddechrau gwireddu ei freuddwyd o weld yng Nghymru Amgueddfa Werin ar batrwm amgueddfeydd diwylliant gwerin gwledydd Llychlyn. Pan sefydlwyd, o'r diwedd, *Amgueddfa Werin Cymru yn Sain Ffagan, ar gyrion Caerdydd, ar ôl yr Ail Ryfel Byd, Iorwerth Peate oedd ei Churadur cyntaf a daliodd y swydd hyd ei ymddeoliad yn 1971.

Bu Iorwerth Peate yn llenydda'n ddiwyd ar hyd ei oes, yn bennaf fel lladmerydd y traddodiad Anghydffurfiol, Radicalaidd a gwerinol – a elwir weithiau yn Draddodiad Llanbryn-mair – y magwyd ef ynddo. Gellir rhannu ei gynnyrch yn dri dosbarth, sef ei waith ysgolheigaidd, ei ryddiaith ysgrifol a'i farddoniaeth. Ysgrifennodd yn helaeth ar y diwylliant materol Cymreig ac ar gynhysgaeth oludog ei grefftau gwledig, a bu llawer o'i waith yn y meysydd hyn yn arloesol. Ymhlith ei lyfrau pwysicaf ceir Cymru a'i Phobl (1931), Y Crefftwr yng Nghymru (1933), Diwylliant Gwerin Cymru (1942) ac Amgueddfeydd Cymru (1948). Golygodd hefyd nifer o gyfrolau sy'n ymdrin â'r dreftadaeth ysbrydol a syniadol megis Hen Gapel Llanbryn-Mair (1939), Ysgrifau John Breese Davies (1949) a Cilhaul ac Ysgrifau Eraill gan S. R. (1961). Ei brif waith yn Saesneg yw The Welsh House (1940), ond ymhlith ei gyfraniadau eraill yn yr iaith honno dylid nodi Guide to Welsh Bygones (1929), Guide to Welsh Folk Crafts and Industries (1935), Clock and Watch Makers in Wales (1945) a Tradition and Folk Life: a Welsh View (1972).

Gŵr di-dderbyn-wyneb ydoedd, o argyhoeddiadau cryfion, ac yn heddychwr chwyrn o'r herwydd yn ystod yr Ail Ryfel Byd. Credai nad oedd dyfodol i'r iaith Gymraeg dan unrhyw drefn ddwyieithog a chondem-niai'n llym Seisnigrwydd y Cymru gyfoes o'i chyfer-bynnu â glendid a sefydlogrwydd cymdeithas wledig uniaith ei febyd. Dengys ei safbwynt mewn tair cyfrol o ysgrifau, Sylfeini (1938), Ym Mhob Pen . . . (1948) a Syniadau (1969), lle y mae'n datgan ei farn yn ddifloesgni ac weithiau'n finiog, mewn arddull Gymraeg gyhyrog a rhywiog. Adroddodd hanes ei fywyd yn ei hunan-gofiant, Rhwng Dau Fyd (1976), ac mewn casgliad o ysgrifau hunangofiannol, Personau (1982), a ymddangos-odd yn fuan ar ôl iddo farw.

Bardd ceidwadol oedd Iorwerth Peate, er nad oedd yn arfer y mesurau cynganeddol, ac yr oedd yn delyneg-wr crefftus a choeth. Gwnaeth ddefnydd helaeth o'r odl ddwbl, yn enwedig yn ei gerddi cynnar, a daeth dan lach rhai beirniaid am hynny. Ond y mae i lawer o'i ganu gorau swyn a melodedd hyfryd. Treigl anorfod amser oedd ei brif thema, ond yr oedd ei serch at ei wraig, at fyd natur ac at yr hen fywyd gwledig hefyd yn ffynhonnell ysbrydiaeth gyson i'w awen, ynghyd â'i gariad at ei fro enedigol, neu hen ogoniant Bro Morgannwg y bu'n byw ar ei chyrion am y rhan fwyaf o'i oes. Y mae rhai o'i gerddi, megis 'Ronsyfâl', 'Men Ychen' ac 'Awyrblandy Sain Tathan', ymysg cerddi gorau'r ganrif hon. Gwelir hwy yn ei gasgliadau o farddoniaeth, Y Cawg Aur a Cherddi Eraill (1928), Plu'r Gweunydd (1933), Y Deyrnas Goll (1947), ac yn ei gyfrol o gerddi detholedig, Canu Chwarter Canrif (1957). Cyhoeddwyd Cerddi Diweddar (1982) ychydig wedi iddo farw.

Cynhwysir llyfryddiaeth o'i weithiau hyd at 1966 mewn casgliad o ysgrifau er anrhydedd iddo, a olygwyd gan Geraint Jenkins, sef Studies in Folk Life (1969); lluniwyd llyfryddiaeth lawnach gan Emrys Bennett Owen (1981). Trafodir cyfraniad Iorwerth Peate i astudiaethau gwerin gan Trefor M. Owen yn Folk Life (rhif. 21, 1983); ef a ysgrifennodd hefyd deyrnged iddo yn Cylchgrawn Hanes Cymru (cyf. XI, rhif. 4, 1983); gweler hefyd yr erthygl gan Dewi Eirug Davies yn Y Traethodydd (Ion. 1983). Ceir trafodaeth arno fel bardd yn Barddoniaeth Iorwerth C. Peate gan Manon Wyn Roberts (1986) a chan Catrin Stevens yn y gyfres Writers of Wales (1986).

Pebidiog neu **Dewisland**, un o saith cantref *Dyfed a reolwyd gan olynwyr *Dewi Sant. Wedi i'r Normaniaid orchfygu gorllewin Cymru, daeth y cantref yn rhan o diriogaeth y Mers, gydag Esgob *Tyddewi yn cael ei gydnabod fel un o Arglwyddi'r Mers.

Pedair Cainc y Mabinogi, yr enw a roddwyd ar bedair chwedl wahanol, ond cysylltiedig, mewn Cymraeg Canol, y ceir testunau cyflawn ohonynt yn *Llyfr Gwyn Rhydderch (c.1350) a *Llyfr Coch Hergest (c.1400). Ceir dau ddryll bychan o'r testun hefyd yn Llawysgrif *Peniarth 6 (c.1250). Y mae'n debygol fod yr holl destunau hyn yn tarddu o ffynhonnell ysgrifenedig gyffredin gynharach, a gellir yn rhesymol dybio bod y Pedair Cainc ar gael mewn llawysgrif yn fuan wedi, neu efallai cyn, 1200. Awgrymodd Ifor *Williams mai tua

1060 y cyfansoddwyd hwy, ond byddai'n well gan lawer o ysgolheigion ddyddiad llai penodol megis hanner olaf yr unfed ganrif ar ddeg. Y mae'n ansicr ai mewn ffurf ysgrifenedig y cyfansoddwyd hwy'n wreiddiol, ynteu a drosglwyddwyd hwy ar lafar yn gyntaf dros gyfnod amhenodol o amser. Perthynai llawer o'r defnyddiau crai a'r gwahanol elfennau sydd yn eu cyfansoddi, er hynny, i'r gronfa o storïau traddodiadol a ddefnyddid gan y cyfarwyddiaid proffesiynol er cyn cof i ddarparu adloniant yn llysoedd y brenhinoedd, a rhaid tybio bod cyfnod maith o drosglwyddo llafar wedi blaenori'r weithred derfynol o lunio'r chwedlau, fel y maent gennym yn awr, yn yr unfed ganrif ar ddeg. Y mae cytundeb cyffredinol mai gwaith un awdur o athrylith ydynt ac mai'r *Mabinogi* yw prif gyfraniad y Gymraeg i lenyddiaeth Ewrop. Hanesion hud a lledrith sydd yn y Pedair Cainc a'r arferion a bortreedir yw rhai y llys, megis hela a gwledda. Ystyr y term 'mabinogi' yn wreiddiol oedd mebyd, yna 'chwedl am febyd', ac yn y diwedd 'chwedl'.

Y mae'r Gainc Gyntaf, *Pwyll Pendefig Dyfed*, yn bennaf yn adrodd hanes priodas ★Pwyll a ★Rhiannon a mebyd eu mab ★Pryderi. Yn yr Ail Gainc, *Branwen ferch Llŷr*, ceir hanes ★Branwen a chanlyniad ei phriodas â ★Matholwch. Yn y Drydedd Gainc, *Manawydan fab Llŷr*, ceir hanes Pryderi wedi iddo dyfu i fod yn ddyn a hanes priodas Rhiannon a ★Manawydan, ac yn y Bedwaredd Gainc, *Math fab Mathonwy*, ceir hanes ★Math, ★Gwydion, ★Blodeuwedd a ★Lleu Llawgyffes.

Credir bod llawer o'r prif gymeriadau yn y chwedlau hyn, megis Rhiannon, ★Teyrnon, ★Brân, Manawydan, Gwydion a Lleu, yn wreiddiol yn dduwiau Celtaidd. Fe lŷn llawer o hen bwerau dewinol a goruwchddynol wrthynt yn y ffurf ddynol a geir arnynt mewn cyfarwyddyd diweddarach. Y mae cysylltiadau Gwyddelig gan rai o'r cymeriadau, megis Brân, Manawydan a Lleu, ac y mae'n bur sicr fod cyfran fawr o gynnwys y Pedair Cainc yn tarddu o lên gwerin draddodiadol yr ymfudwyr Goidelaidd cynnar a ★Wynedd a ★Dyfed, sef y rhanbarthau y lleolir y rhan fwyaf o ddigwyddiadau'r chwedlau ynddynt.

Mewn cyfres o astudiaethau a gyhoeddwyd rhwng 1897 ac 1901 pwysleisiodd Edward ★Anwyl ran ganolog Pryderi yn y Pedair Cainc, a dadleuodd mai eu cnewyllyn gwreiddiol oedd hanesion am eni a diflaniad Pryderi, yna ei garcharu, ac yn olaf ei farw, a drefnwyd gan Wydion. At yr arwr-fuchedd hon ychwanegwyd yn ddiweddarach ddwy saga arall a adrodd am anturiaethau teuluoedd ★Llŷr a ★Dôn, y naill yn yr Ail Gainc a'r llall yn y Bedwaredd. Cadarnhawyd barn Anwyl gan Ifor Williams yn ei olygiad safonol o'r testun (1930), lle yr eglurodd y ffurf *Mabinogi* fel enw yn golygu chwedl am fabolaeth neu ieuenctid arwr. Datblygwyd yr astudiaeth o thema Pryderi ymhellach â llawer o fanylrwydd mewn nifer o erthyglau a llyfrau gan W. J. ★Gruffydd, a dadleuodd fod y *Pedair Cainc* yn

adlewyrchu chwedl wreiddiol yn adrodd hanes bywyd yr arwr mewn pedair prif bennod, sef ei genhedliad a'i enedigaeth, a'i gipio neu ei garcharu, ei gampau yn ei ieuenctid a'i farwolaeth. Pan gysylltwyd storïau ychwanegol yn corffori themâu fel y ★Wraig a Gyhuddwyd ar Gam (Pwyll, Branwen), yr Uchelwr Mwyn neu Chwedl Eustathius (Manawydan) a'r ★Wraig Anffyddlon (Math) â'r gyfres sylfaenol hon o chwedlau, gyda'r disodli a'r ystumio canlyniadol ar lawer o'r cynnwys, cynhyrchwyd yn y diwedd y fersiwn terfynol ar y *Pedair Cainc*. Gellir ychwanegu bod rhai beirniaid diweddar, yn arbennig Proinsias ★Mac Cana a Kenneth H. ★Jackson, wedi tueddu i wneuthur yn fychan o ddatblygiad organig a hanesyddol y chwedlau a gwelai Gruffydd gymaint o arwyddocâd ynddo, a'u bod yn pwysleisio benthyciadau'r awdur terfynol o ffynonellau Gwyddelig, a'i ddefnydd o themâu cydwladol poblogaidd.

Byddai beirniadaeth ar y *Pedair Cainc* o'r safbwynt cyfamserol, wrth reswm, yn pwysleisio'r ffaith amlwg na wyddai'r sawl a'u lluniodd yn eu ffurf derfynol ddim am y gwahanol gyfnodau a ddatblygiad yr oedd y defnydd a etifeddasai ef wedi mynd drwyddynt. Ei unig ddiddordeb ef oedd dodi ffurf storïol ystyrlon a chydgysylltiol ar y deunydd hwnnw. Nododd llawer beirniad ddawn yr awdur i ddarlunio cymeriadau, yn ogystal â'i fedr wrth gyfansoddi ymddiddanion. Y mae symlrwydd ac uniongyrchedd ei arddull yn gweddu'n dda i'r agwedd lariaidd a hynaws a gymer tuag at y bywyd cymdeithasol a'r gweithgareddau dynol a ddarlunnir ganddo. Y mae J. K. Bollard wedi dadlau'n effeithiol ei fod yn fwriadol yn rhoi lle a swyddogaeth i dair thema, sef Cyfeillgarwch, Priodas ac Ymrafael, mewn adeilad-waith o ddefnyddiau cyfosodedig a chyfrodedd. Gweler hefyd MABINOGION.

Ceir llyfryddiaeth lawn o astudiaethau ar y *Mabinogi* hyd 1974 yn *Y Traddodiad Rhyddiaith yn yr Oesau Canol* (gol. Geraint Bowen, 1974); gweler hefyd W. J. Gruffydd, *Folklore and Myth in the Mabinogion* (1958), ac Alwyn D. Rees a Brinley Rees, *Celtic Heritage* (1961). Cyfrannodd Proinsias Mac Cana gyfrol ar y Mabinogi i'r gyfres *Writers of Wales* (1977) a Sioned Davies i'r gyfres *Llên y Llenor* (1989). Ceir fersiwn modern o'r chwedlau yn llyfr Rhiannon a Dafydd Ifans, *Y Mabinogion* (1980). Am ystyr o'r motiffau naratif traddodiadol, gweler Andrew Welsh yn *Cambridge Medieval Celtic Studies* (1988). Gweler hefyd Brynley F. Roberts, *Studies on Middle Welsh Literature* (1992) a Sioned Davies, *Crefft y Cyfarwydd* (1995). Ynglŷn â'r cysylltiadau â mytholeg Geltaidd, gweler P. Mac Cana, *Celtic Mythology* (1970, ail olygiad 1983) a Miranda Green, *The Gods of the Celts* (1986).

Pedair Colofn Gwladwriaeth (1786), ★anterliwt gan Dwm o'r Nant (Thomas ★Edwards), sy'n cynnwys cyfresi o ymgomion o fewn fframwaith storïol pur syml. Y pedair colofn yw'r Brenin i ryfela, yr Ustus i gyfreithio, yr Esgob i efengylu, a'r Hwsmon i drefnu lluniaeth. Y ddolen gyswllt rhwng y cymeriadau yw y Ffŵl traddodiadol, Syr Rhys y Geiriau Duon, ond yr Hwsmon, o'r enw Arthur Drafferthus, sy'n cael y rhan fwyaf ac, er i'r tair colofn arall draethau eu hapologiâu, o'i amgylch ef, sydd hefyd yn Gybydd traddodiadol yr anterliwt, y try'r stori.

Ceir yr anterliwt hon, wedi peth cwtogi a bowdlereiddio, yn *Anterliwtiau Twm o'r Nant* (gol. G. M. Ashton, 1964).

Pedair Morwyn y Drindod, alegori boblogaidd yn yr Oesoedd Canol a seiliwyd ar Salm 85:10, 'Trugaredd a gwirionedd a ymgyfarfuant: cyfiawnder a heddwch a ymgusanasant.' Yn yr alegori ceir Cyfiawnder a Gwirionedd yn dadlau â Thrugaredd a Heddwch ynghylch tynged Adda. Un fersiwn sydd mewn rhyddiaith Gymraeg, a hwnnw yn llaw John *Jones, Gellilyfdy; yn anffodus y mae'n anghyflawn, a gorffen ar ôl ymchwil ofer Cyfiawnder am rywun i'w aberthu dros bechod Adda. Ond ceir fersiynau eraill ar yr alegori mewn cywyddau gan *Ddafydd ab Edmwnd, Wiliam *Cynwal ac Edmwnd *Prys, ac yn y canu rhydd.

Pedestrian Tour through North Wales, A (1795), gan yr awdur o Sais, Joseph Hucks (g. 1772). Hanes taith yn 1794 ydyw, yng nghwmni cyd-fyfyriwr a ddaeth yn ddiweddarach yn enwog, sef y bardd Coleridge. Nid hwn yw'r cofnod cyntaf o daith yng Nghymru ond y mae'n nodweddiadol o'i gyfnod oherwydd bod ganddo gydymdeimlad â'r Cymry a'i fod yn chwilio am Natur 'heb ei pheirianeiddio gan ddyfais dyn', a'i fod yn llawn dyfyniadau llenyddol (ar ffurf saith llythyr) a sylwadau craff, a cheir cydbwysedd rhwng disgrifiadau o bobl ac o olygfeydd. Disgrifia Coleridge rannau o'r daith yn ei lythyrau ei hun, megis hanes y ffrwgwd mewn tafarn yn Y Bala, clywed rhywun yn canu ffliwt yn 'rhamantus' yn adfeilion castell *Dinbych, a chroesi'r Penmaenmawr a syched mawr arnynt; dywedodd Coleridge yn ddiweddarach mai croesi'r Penmaen-mawr a roes fod i'r ymadrodd 'grinning for joy', wrth gael hyd i ddŵr, yn 'The Rhyme of the Ancient Mariner' (1798). Gweler hefyd TEITHIAU TRWY GYMRU.

Cyhoeddwyd argraffiad newydd o'r *Tour*, gydag rhagymadrodd gan Alun R. Jones a William Tydeman, yn 1979.

Pedr Fardd, gweler JONES, PETER (1775–1845).

Pedrog, gweler WILLIAMS, JOHN OWEN (1853–1932).

Pedwar Ansawdd ar Hugain, Y, yr enw a roes Iolo Morganwg (Edward *Williams) ar ei gasgliad o fesurau cerdd, ac yr oedd rhai o'r rhain o'i ddyfais ei hun. Yn llyfr Iolo, *Cyfrinach y Beirdd* (1829), eglurodd ei fab, Taliesin *Williams, yn ei ddiniweidrwydd, mai hwn oedd yr argraffiad cyntaf o lawysgrif ddilys o Forgannwg (ond a oedd mewn gwirionedd yn un o ffugiadau Iolo). Dywedyd bod yn y sir draddodiad barddol unigryw a oedd yn annibynnol ar weddill Cymru. Cydnabuwyd y mesurau hyn gan ddilynwyr Iolo yn Eisteddfod Dyfed, a gynhaliwyd yng Nghaerfyrddin yn 1819, fel mesurau dilys a theilwng i'w defnyddio mewn eisteddfodau ochr

yn ochr â *Phedwar Mesur ar Hugain *Dafydd ab Edmwnd. Rhoddwyd i'r casgliad enwau eraill, megis 'Hen Ddosbarth' a 'Mesurau Morgannwg'.

Y canllawiau a fabwysiadodd Linnaeus i ddosbarthu ac adnabod llysiau a welir yn nadansoddiad Iolo o'r mesurau. Honnai y ceid yn ei gyfundrefn ef y mesurau a ddefnyddiad gan feirdd Ynys Prydain yn yr hen oesoedd a dadleuai y dylai, oherwydd ei hynafiaeth, gael lle mwy breiniol nag un Dafydd ab Edmwnd. Yn ei anwybodaeth nid amheuodd Gwallter Mechain (Walter *Davies) ddilysrwydd honiadau Iolo, ac enillodd wobr yn Eisteddfod Caerfyrddin am draethawd yn dangos arbenigrwydd a rhagoriaeth y mesurau. Er i Gynddelw (Robert *Ellis) roi cryn gyhoeddusrwydd iddynt yn *Tafol y Beirdd* (1853), ni wnaeth y beirdd fawr ddefnydd ohonynt, a dinoethi honiadau Iolo fel twyll a wnaeth Dafydd Ddu Eryri (David *Thomas) a Bardd Nantglyn (Robert *Davies).

Ceir ymdriniaeth â *Dosbarth* Iolo Morganwg gan John Morris-Jones yn *Cerdd Dafod* (1925).

Pedwar Marchog ar Hugain Llys Arthur, grŵp o wyth Triawd sy'n cyd-ddigwydd â *Thrioedd Ynys Prydain* mewn nifer o lawysgrifau o'r bymthegfed ganrif a'r canrifoedd canlynol. Y mae'r fframwaith yn galw i gof fframwaith 'llys *Arthur' sy'n cymryd lle fframwaith hŷn 'Ynys Prydain' yn y fersiynau cynharaf o'r Trioedd. Yn llaw *Gutun Owain y mae'r llawysgrif hynaf (Llanstephan 28) ac er ei bod yn amlwg mai copi yw hwn, dichon nad yw'r testun ei hunan yn hŷn na chanol y bymthegfed ganrif. Y mae'r rhif pedwar ar hugain yn rhif symbolaidd o bwys, a cheir enghreifftiau eraill ohono mewn Cymraeg Canol, megis y *Pedwar Mesur ar Hugain, yn y traddodiad barddol, Pedwar Swyddog y Llys ar Hugain yng *Nghyfreithiau Hywel Dda, Pedwar Rhyfeddod ar Hugain Ynys Prydain (gweler o dan MIRABILIA BRITANNIAE) a'r Pedwar Brenin ar Hugain 'a farnwyd i fod y cryfaf'.

Rhestrir enwau'r Pedwar Marchog ar Hugain dan yr enwau canlynol yn yr wyth triawd: 'Tri Marchog Eurdafodiog', 'Tri Marchog Gwyryf', 'Tri Chadfarchog', 'Tri Marchog Lledrithiol', 'Tri Marchog Brenhinol', 'Tri Marchog Cyfiawn', 'Tri Marchog Gwrthnifiog' (fersiwn o'r tri gŵr a ddihangodd o Frwydr *Camlan yn chwedl *Culhwch ac Olwen) a 'Thri Marchog Cynghoriad'. Y mae dwy ran o dair o enwau'r cymeriadau yn gynhwysir yn perthyn yn bennaf i'r traddodiad storïol brodorol Cymreig, ac y mae'r lleill yn enwau a addaswyd o *Historia Regum Britanniae *Sieffre o Fynwy, Y Seint Greal a'r cylch 'Fwlgat' Ffrangeg o ramantau rhyddiaith Arthuraidd o'r drydedd ganrif ar ddeg. Rhydd yr enwau hyn beth tystiolaeth y gallai fod fersiynau Cymraeg o rannau o'r rhamantau Ffrangeg yn bodoli ar un adeg, yn ychwanegol at ramantau'r *Greal, ond nad ydynt wedi goroesi. Ymddengys fod rhamantau'r 'Cylch Fwlgat' yr un mor boblogaidd yng

Nghymru yn ystod y bymthegfed ganrif ag yr oeddynt yn Lloegr, lle y ffurfiant sylfaen *Le Morte D'Arthur* (1485) Malory. Ceir cynsail i'r rhif pedwar ar hugain fel nifer marchogion Arthur yn chwedl Peredur yn *Y *Tair Rhamant*: dyna'r nifer a aeth, yn eu tro, i ymladd â'r arwr. Digwydd hefyd mewn cerdd Saesneg o'r bymthegfed ganrif a enwir '*Sir Gawain and the Carle of Carlisle*' a dyna hefyd rif y seddau a roddwyd i farchogion Arthur o gwmpas y Ford Gron.

Ceir manylion pellach yn Rachel Bromwich, *Trioedd Ynys Prydein* (3ydd arg., 1998).

Pedwar Mesur ar Hugain, Y, cyfundrefn o fesurau caeth yn tarddu o hanner cyntaf y bedwaredd ganrif ar ddeg, ac yn cael eu cysylltu ag enw *Einion Offeiriad fynychaf, ond hefyd ag enw *Dafydd Ddu Athro o Hiraddug. Y maent yn cynnwys wyth math o *englyn, pedwar math o *gywydd a deuddeg o fesurau eraill, a thri o'r rhain yn ddyfeisiadau Einion ei hun. Y mae hyn yn awgrymu mai peth hollol fympwyol oedd y dosbarthiad ac nid disgrifiad o waith beirdd y cyfnod. Prawf arall yw'r duedd gyson i ystyried y mesurau fel penillion o nifer penodedig o linellau, peth hollol groes i'r traddodiad Cymreig. (Yr unig bennill traddodiadol oedd yr englyn yn ei amryfal ffurfiau.) Ond magodd y gyfundrefn gryn lawer o barch ac awdurdod, a phan wneid newidiadau, cedwid yn ofalus at y rhif pedwar ar hugain. Rhywbryd yn y bymthegfed ganrif tynnwyd un mesur englyn allan ac ychwanegu un mesur arall. Yn Eisteddfod *Caerfyrddin, a gynhaliwyd tua 1450, torrwyd allan gan *Ddafydd ab Edmwnd ddau englyn arall, ac ychwanegu dau fesur arall, a oedd yn eithafol o anodd, o'i ddyfais ei hun. Peth damcaniaethol i raddau helaeth iawn oedd cyfundrefn y Pedwar Mesur ar Hugain, ac ni fyddai neb o *Feirdd yr Uchelwyr yn canu ond ar nifer bach ohonynt, ac eithrio mewn ambell 'awdl enghreifftiol' ar dro prin o ran gorchest. Yr unig ddefnydd ymarferol a wnaed o'r Pedwar Mesur ar Hugain oedd ynglŷn ag Eisteddfod gyntaf *Caerwys (1523), pan ddeddfwyd bod yn rhaid i'r gwahanol raddau o ddisgyblion allu canu ar nifer o wahanol fesurau, ond ni wyddys i ba raddau y gweithredwyd y rheolau hyn.

Y mae'r gyfundrefn derfynol fel a ganlyn: Englyn Unodl Union, Englyn Unodl Crwca, Englyn Cyrch, Englyn Proest Cyfnewidiog, Englyn Proest Cadwynog, *Awdl-gywydd, Cywydd Deuair Hirion, Cywydd Deuair Fyrion, Cywydd Llosgyrnog, Rhupunt Byr, Rhupunt Hir, *Cyhydedd Fer, *Byr-a-thoddaid, *Clogyrnach, Cyhydedd Naw Ban, Cyhydedd Hir, *Toddaid, *Gwawdodyn Byr, Gwawdodyn Hir, *Hir-a-thoddaid, *Cyrch-a-chwta, Tawddgyrch Cadwynog, Gorchest Beirdd a *Chadwynfyr.

Ceir disgrifiad o'r mesurau yn *Cerdd Dafod* (1925) gan John Morris-Jones.

Peerless Jim, gweler DRISCOLL, JAMES (1880–1925).

PELAGIUS (*fl.* 350–418), diwinydd o dras Brydeinig. Fe'i galwyd weithiau, yn enwedig yng Nghymru, yn **Morgan,** a ddehonglir fel 'môr-anedig' a chyfystyr felly â Pelagius. Gwrthwynebai'r athrawiaeth Awstinaidd am ras anwrthodadwy. Dysgodd yn ei *De Natura* a'i *De Libreto Arbitrio* fod gras Duw wedi rhoi i ddynion y posibilrwydd, y *posse*, o fyw'n ddibechod a bod esiampl Crist yn eu cynorthwyo i fyw felly. Fe'i hystyriwyd yn heresiarch yn ôl y farn draddodiadol, ond myn rhai o'r ysgolheigion diweddar ei fod yn feddyliwr o dduwioldeb efengylaidd neu ei fod â'i fryd ar gyfiawnder cymdeithasol. Dywedir i Germanus (*Garmon) ymweld â Phrydain i wrthsefyll 'Pelagiaeth' eang ei dylanwad wedi i'r athroniaeth gael ei chondemnio gan Rufain yn y flwyddyn 418. Ond dros ganrif yn ddiweddarach dywedir bod *Maelgwn Gwynedd yn Belagiad, ac ymddengys i'r gynhadledd yn Llanddewibrefi, pryd y galwyd ar *Ddewi Sant i gondemnio heresi, gael ei chynnull oherwydd pryder cyffredinol ymhlith arweinwyr yr Eglwys fod Pelagiaeth yn dal â chefnogaeth yng Nghymru.

Penarlâg, castell yn sir y Fflint a adeiladwyd tua diwedd yr unfed ganrif ar ddeg yn ystod cyfnod cynnar ymsefydliad y Normaniaid yng ngogledd-ddwyrain Cymru. Yn y ddeuddegfed ganrif bu'r castell o dan arglwyddiaeth Ystrad Alun, a fu yn ei dro yn nwylo'r Normaniaid a'r Cymry, ac adeiladwyd castell newydd ar y safle tua 1276. Digwyddiad cyntaf yr Ail *Ryfel dros Annibyniaeth oedd ymosodiad *Dafydd ap Gruffudd ar y castell ar Sul y Blodau 1282. Yn 1284 cadwyd yr arglwyddiaeth allan o sir newydd y Fflint ac fe'i meddiannwyd yn ystod y ddwy ganrif nesaf gan deuluoedd *Salbri a Stanley. Yn ystod y *Rhyfeloedd Cartref bu'r castell yn nwylo'r Brenin nes ei ildio i fyddin y Senedd yn 1646, a'r flwyddyn ganlynol fe'i datgymalwyd. Ailadeiladwyd y castell modern ar ddechrau'r bedwaredd ganrif ar bymtheg. Fe'i cysylltir â theulu Gladstone ers priodas William Ewart Gladstone a Chatherine Glynne yn eglwys Penarlâg yn 1839. Lleolir Llyfrgell Sant Deiniol, a sefydlwyd gan Gladstone, yn y pentref.

Ceir manylion pellach yn C. R. Williams, *The History of Flintshire* (1961) a Helen Burnham, *Clwyd and Powys, A Guide to Ancient and Historic Wales* (1995).

Pencerdd, gweler o dan CYFUNDREFN Y BEIRDD.

Pencerdd Gwalia, gweler THOMAS, JOHN (1826–1913).

Pen-clawdd, pentref yng ngogledd Gŵyr, Morg., yn enwog am y gwragedd sy'n hel cocos yno ar draethau aber Llwchwr ers canrifoedd.

Penelope, un o ferched harddaf y *Tylwyth Teg a

ddaeth yn forwyn i fferm yr Ystrad, Betws Garmon, Caern. Yn ôl y chwedl cytunodd i briodi mab y fferm oherwydd iddo lwyddo i ddarganfod ei henw. Diflannodd pan drawyd hi ganddo â ffrwyn march. Credid mai disgynyddion iddi hi a mab yr Ystrad oedd teulu llewyrchus a drigai yn yr ardal yn y bedwaredd ganrif ar bymtheg o'r enw Pellings. Mewn fersiynau eraill o'r chwedl gelwir y ferch yn Penloi, Belene neu Bela.

Penfro, castell a adeiladwyd ar benrhyn creigiog ar orchymyn Arnulf de Montgomery, mab ieuangaf Iarll Amwythig. Wedi methiant gwrthryfel Robert o Bellême, brawd hynaf Arnulf, meddiannodd y Brenin Harri I y castell a phenodi Gerald de Windsor, taid Gerallt Gymro (*Gerald de Barri), yn gastellydd iddo. Tua 1108 ymsefydlodd nifer mawr o Ffleminiaid yn arglwyddiaeth Penfro, a chan i'r Cymry fethu â syflyd y mewnfudwyr, newidiodd cymeriad yr ardal. Mewn cyfnodau diweddarach bu'r barwniaid nerthol Richard de Clare (Strongbow), William Marshal a William ac Aymer de Valence yn Ieirll Penfro. Llwyddodd ceidwad y castell i osgoi achosi difrod i'r castell yn ystod gwrthryfel *Owain Glyndŵr. Yn y bymthegfed ganrif bu Siasbar Tudur (gweler TUDURIAID), mab ieuangaf Owain Tudur a Catherine de Valois, yn Iarll Penfro, ac yng nghastell Penfro yn 1457 y ganed eu mab, Harri Tudur. Yno y treuliodd ei bedair blynedd ar ddeg gyntaf. Yn ystod y *Rhyfel Cartref cyntaf Penfro oedd yr unig gadarnle yng Nghymru a fu yn gyson ym meddiant y Senedd, a gallai Rowland *Laugharne, yn ystod y ddau ymosodiad gan Gerard, gael lloches ddiogel ynddo. Bedair blynedd yn ddiweddarach gwrthododd John *Poyer, y cyntaf i ddatgan bod Penfro o blaid y Senedd, drosglwyddo'r castell i ofal Cyrnol Fleming, cynrychiolwr Fairfax, a dechreuodd drafod amodau gyda'r Brenhinwyr. Ond wedi gorchfygu Laugharne a Powell ym mrwydr Sain Ffagan daeth Cromwell yn ei flaen i Gymru a rhoi gwarchae ar Benfro. Ddiwedd Mehefin 1648, wedi gwarchae o chwe wythnos, a oedd yn nodedig am ddewrder yr amddiffynwyr, ildiodd y dref a'r castell pan gyrhaeddodd gynnau trymion y Senedd a phan sylweddolwyd nad oedd amddiffyn yn bosibl mwyach.

Ceir manylion pellach mewn erthyglau gan G. T. Clarke a D. J. C. King yn *Archaeologia Cambrensis* (1859–61 ac 1978); gweler hefyd A. L. Leach, *The Civil War in Pembrokeshire* (1937), a Sian Rees, *Dyfed, A Guide to Ancient and Historic Wales* (1992).

Penguin Book of Welsh Verse, The (1967), casgliad o gyfieithiadau o farddoniaeth Gymraeg a luniwyd gan y bardd a'r beirniad Anthony *Conran; ailgyhoeddwyd fersiwn helaethach o'r casgliad gan *Poetry Wales Press* (*Seren Books* yn ddiweddarach) yn 1986. Er nad dyma'r casgliad cyntaf o'i fath – casgliad Gwyn *Williams, *The Burning Tree* (1956), oedd y mwyaf sylweddol o'i

ragflaenwyr – cyfieithiadau Anthony Conran oedd y detholiad mwyaf cynhwysfawr a oedd ar gael hyd nes y cyhoeddwyd gwaith Joseph P. *Clancy. Tra lluniasai Gwyn Williams ei gyfieithiadau ef tra oedd yn byw yn Yr Aifft yn ystod yr Ail Ryfel Byd, gallai Conran, a weithiai yng Ngholeg Prifysgol Gogledd Cymru, Bangor, fanteisio ar gymorth ysgolheigaidd helaeth, yn arbennig gan J. E. Caerwyn *Williams a'i gyd-weithwyr yn yr Adran Gymraeg. Golygai cyhoeddi'r casgliad fel rhan o gyfres farddoniaeth Penguin hefyd y byddai cyfieithiadau Conran ar gael yn eang – hyd yn oed, fel y dywed yn ei ragair i'r ail argraffiad, yn Woolworths ym Mangor. Y mae argraffiad newydd 1986, *Welsh Verse*, yn cynnwys cyfieithiadau ychwanegol, yn ogystal ag atodiad ar fydryddiaeth Gymraeg. Y mae'r cyfieithiadau eu hunain yn cyfuno manylder ysgolheigaidd â gwir ansawdd barddonol, ond y mae'r cyflwyniad hir ar hanes ac arddull *Cerdd Dafod o'r chweched ganrif hyd heddiw yr un mor werthfawr.

Pengwern, gweler o dan ERYR PENGWERN a POWYS.

Penhesgin, cartref ym Mhenmynydd, Môn; dywedir i'r etifedd fynd i fyw i Loegr er mwyn osgoi'r dynged a broffwydwyd gan ddewin, sef y lleddid ef gan wiber adeiniog a welwyd yn yr ardal. Yn ôl y traddodiad llwyddwyd i ladd y wiber a phan ddychwelodd rhoes y gŵr ifanc gic ddialgar i'r badell bres lle y cedwid ei chorff. Gwenwynwyd ei droed a bu farw.

Peniarth, Llawysgrifau, y casgliad unigol pwysicaf o lawysgrifau Cymraeg, a luniwyd gan Robert *Vaughan o Hengwrt, Meir. Y mae'n cynnwys dros bum cant o lawysgrifau Cymraeg, Saesneg, Lladin, Ffrangeg a Chernyweg, a chynrychiolir bron pob agwedd ar lenyddiaeth Gymraeg yr Oesoedd Canol a'r *Dadeni. Ymhlith ei drysorau y mae *Llyfr Du Caerfyrddin, *Llyfr Taliesin, *Llyfr Gwyn Rhydderch, awdlau *Cynddelw Brydydd Mawr, rhannau o *Pedair Cainc y Mabinogi, rhamant *Geraint fab Erbin, y llawysgrif gynharaf o *Chwedlau'r Greal yn Gymraeg a llawysgrifau cynnar o *Gyfreithiau Hywel Dda. Yn ogystal â llu o lawysgrifau o waith *Beirdd yr Uchelwyr y mae'r casgliad yn cynnwys llawysgrifau John *Jones, Gellilyfdy, a fu'n eiddo Syr Thomas *Wiliems, ynghyd â chopi o *Ecclesiastica Historia Gentis Anglorum* gan Beda, dwy lawysgrif Ladin o *Historia Regum Britanniae *Sieffre o Fynwy, copi o *Brut y Tywysogyon, a'r llawysgrif gynharaf sy'n goroesi o *Canterbury Tales* Geoffrey Chaucer ('The Hengwrt Chaucer') a oedd gynt yn eiddo Andrew Brereton o Lanfair-is-gaer. Prynwyd y llawysgrifau, a oedd yn eiddo W. R. M. *Wynne, Peniarth, gan Syr John *Williams yn 1904 a chedwir y casgliad bellach yn *Llyfrgell Genedlaethol Cymru.

Ceir manylion pellach yn J. Gwenogvryn Evans, *Report on Manuscripts in the Welsh Language* (cyf. I, rhif. 2 a 3, 1899 a 1905) ac *A Handlist of Manuscripts in the National Library of Wales* (cyf. i, rhif. 1, 1940).

Penllyn, yr ardal o gwmpas Llyn Tegid ger Y Bala, Meir. Y mae'n enwog am ei thraddodiadau llenyddol a diwylliannol nad oes mo'u cyffelyb yng Nghymru. Cyfeirir yn aml at bum plwyf Penllyn, sef Llandderfel, Llanfor, Llangywair, Llanuwchllyn a Llanycil. Ymhlith y beirdd a fu'n gysylltiedig â'r ardal yn yr Oesoedd Canol yr oedd *Tudur Penllyn a'i fab *Ieuan ap Siôn Dafydd Laes (John *Davies). Yr oedd yr ardal hefyd yn fan geni, yn y bedwaredd ganrif ar bymtheg, i bedwar o brif arweinwyr y genedl: Michael D. *Jones, R. J. *Derfel, T. E. *Ellis ac Owen M. *Edwards. Yn ystod yr ugeinfed ganrif cysylltir y llenorion Ifan *Rowlands a'i fab R. J. Rowlands (1915–   ), Gerallt Lloyd *Owen ac Euros *Bowen â'r ardal; bu'r olaf a enwyd yn ficer Llangywair o 1939 hyd 1973.

Am fanylion pellach gweler *Penllyn* (1967) gan Geraint Bowen a *Blodeugerdd Penllyn* (gol. Elwyn Edwards, 1983).

Penllyn, Llawysgrif, gweler o dan ROBERT AP HUW (1580–1665).

Penmon, priordy ar ynys Môn. Yn y chweched ganrif sefydlodd *Seiriol eglwys ar y safle, ac un arall ar ynys gyfagos, Ynys Seiriol. Yn y drydedd ganrif ar ddeg mabwysiadwyd rheol Urdd y *Canoniaid Awstinaidd. Canodd *Tudur Aled gerddi i Syr Siôn Ingram, y prior (*c.*1487–97). Diddymwyd y priordy yn 1536 ond y mae'r eglwys a pheth o'r adeiladau yn aros, a hefyd y llyn pysgod a'r ffynnon. Yr oedd T. Gwynn *Jones ymhlith y beirdd modern a ysbrydolwyd gan y lle, fel y dengys ei gywydd 'Penmon'.

Am fanylion pellach gweler *Inventory of the Ancient Monuments in Anglesey* (1937) ac A. D. Carr, *Medieval Anglesey* (1982).

Pennal, Polisi, yr enw a roddir ar ddogfen hir sylweddol, ynghyd â llythyr a anfonwyd gan *Owain Glyndŵr at Frenin Ffrainc, Siarl VI, yn dilyn cyfarfod o gynulliad a gynhaliwyd ym Mhennal, ger Machynlleth, yn 1406. Un o'r amodau a osodwyd yn gyfnewid am gydnabyddiaeth Cymru o Benedict XIII, Pab Avignon, yn unol â chais Siarl, oedd ei gydnabyddiaeth yntau fod *Tyddewi yn eglwys archesgobol, ag awdurdod dros yr esgobaethau Cymreig eraill ac esgobaethau Caer-wysg, Caerfaddon, Henffordd, Caerwrangon a Chaerlwytgoed. Hefyd yr oedd hawl mynachlogydd yn Lloegr ar ddegwm eglwysi yng Nghymru i gael ei ddiddymu. Cymry Cymraeg yn unig oedd i'w penodi i swyddi eglwysig yng Nghymru ac yr oedd dwy brifysgol i'w sefydlu, y naill yn y gogledd a'r llall yn ne Cymru. Yr oedd y ddogfen bolisi hon, a luniwyd gan Ruffudd Young (*c.*1370–*c.*1435), Canghellor Owain, hefyd yn argymell hyfforddi gweinyddwyr ar gyfer y wladwriaeth Gymreig annibynnol arfaethedig. Seiliwyd y cais am

hawliau y tu allan i ffiniau traddodiadol Cymru ar gynsail y Cytundeb Tridarn (1405) ond ni lwyddwyd i wireddu amcanion Owain oherwydd methiant milwrol. Cedwir y ddogfen bellach yn yr *Archives Nationales* ym Mharis.

Ceir manylion pellach yn T. Matthews (gol.), *Welsh Records in Paris* (1910), J. E. Lloyd, *Owen Glendower* (1931), Glanmor Williams, *The Welsh Church from Conquest to Reformation* (1962), ac R. R. Davies, *The Revolt of Owain Glyn Dŵr* (1995).

PENNANT, THOMAS (1726–98), naturiaethwr a hynafiaethydd a aned ac a fu farw yn Downing, tŷ ym mhlwyf Chwitffordd, Ffl., a losgwyd yn ulw yn 1922. Fe'i haddysgwyd yn Wrecsam, Llundain a Choleg y Frenhines, Rhydychen, ond gadawodd heb gymryd gradd. Llyfr a fenthyciwyd iddo gan berthynas, John Salusbury o *Fachegraig, pan oedd yn ddeuddeng mlwydd oed, a enynnodd ei ddiddordeb mewn astudio natur, a pharodd ei ymweliad â Chernyw yn 1746/47 iddo hoffi daeareg yn fawr. Teithiodd wedyn yn eang yn Iwerddon, Yr Alban ac Ynysoedd Heledd, Ynys Manaw a gogledd Cymru, gan gadw cofnod o'i deithiau a'i sylwadau.

O'r gweithiau mawr a gwblhaodd, dwsin yn unig a gyhoeddwyd yn ystod oes Pennant gan gynnwys *British Zoology* (4 cyf., 1761–77), *Tours in Wales* (2 gyf., 1778 ac 1781), *The Literary Life of the late Thomas Pennant Esq. by Himself* (1793) a hanes *Whiteford and Holywell* (1796). Ni chyhoeddwyd adroddiad Pennant am ei deithiau cyfandirol hyd 1948 a chedwir y llawysgrifau yn *Llyfrgell Genedlaethol Cymru; y mae dwy lawysgrif ar hugain o'i waith uchelgeisiol *Outlines of the Globe* (pedair yn unig a gyhoeddwyd) yn yr Amgueddfa Fôr Frenhinol yn Greenwich. Ymhlith llyfrau nodedig eraill gan yr awdur hynod gynhyrchiol hwn yw *An Indian Zoology* (1769), dau am deithiau yn yr Alban (1771 ac 1774–76), *History of Quadrupeds* (2 gyf., 1781), *Arctic Zoology* (1784–87) a *Some Account of London* (1790).

Bu'n gohebu â Linnaeus, Le Comte de Buffon, Gilbert White a *Morrisiaid Môn ymhlith eraill, a daeth yn ŵr amlwg yn ei gyfnod. Dengys ei *Tours of Wales*, sy'n ymdrin â'r gogledd yn unig, gyda'i destun graenus a'i luniau manwl (ei was Moses *Griffith a dynnodd y lluniau) eu bod ymhlith y gorau yn ogystal â'r cynharaf o'r archwiliadau manwl o'u bath. Ei gydymaith bryd hynny oedd John Lloyd (1735–93), rheithor Caerwys. Y *Tours* yn ne Cymru gan Benjamin Heath *Malkin, dros ugain mlynedd yn ddiweddarach, yw'r unig gyfrol a all gystadlu ag ef.

Ceir manylion pellach yn yr erthyglau gan Iarlles Dinbych yn *The British Review* (cyf. II, 1913), Cecil Price yn *The Welsh Anvil* (cyf. VIII, 1958), Eiluned Rees a G. Walters yng *Nghylchgrawn Llyfrgell Genedlaethol Cymru* (cyf. XV, 1968) a Geraint Vaughan Jones yn *Taliesin* (cyf. XXIV, 1972).

PENNAR, MEIRION (1944–   ), bardd. Fe'i ganed

yng Nghaerdydd, yn fab i Pennar *Davies. Cafodd ei addysg yng Ngholeg y Brifysgol Abertawe a Choleg Iesu, Rhydychen, cyn mynd yn gynorthwyydd ymchwil gyda'r Cyngor Ysgolion. Bu'n Ddarlithydd yng Ngholeg y Brifysgol, Dulyn, ac wedyn fe'i penodwyd yn Ddarlithydd yn Adran y Gymraeg, Coleg Prifysgol Dewi Sant, Llanbedr Pont Steffan, Dyfed, yn 1975, ond oherwydd afiechyd bu'n rhaid iddo ymddeol yn 1994. Y mae wedi cyhoeddi dwy gyfrol o farddoniaeth, *Syndod y Sêr* (1972) a *Pair Dadeni* (1978), yn ogystal â dwy gerdd hir, *Saga* (1972) ac *Y Gadwyn* (1976), gweithiau sydd yn amlygu ei ddiddordeb ym Moderniaeth lenyddol rhai beirdd Ffrangeg ac Almaeneg yn ystod y blynyddoedd rhwng y ddau Ryfel Byd. Cyhoeddodd nifer o drosiadau Saesneg o weithiau Cymraeg cynnar: *Taliesin Poems* (1988), *The Poems of Taliesin* (1989), *The Black Book of Carmarthen* (1989) a *Peredur* (1991).

Pennau, Cwlt y, nodwedd o grefydd Geltaidd baganaidd, yn ynysol ac yn gyfandirol (gweler o dan CELTIAID). Y pen, fel symbol o dduwioldeb, oedd rhan bwysicaf y corff, yn gartref yr enaid tragwyddol. Tystir yn helaeth i gwlt y pen dynol trwy'r byd Celtaidd, mewn eiconograffeg, mewn cyfeiriadau gan ysgrifenwyr clasurol ac mewn llenyddiaeth a llên gwerin frodorol. Ymddengys dyluniadau o ryfelwyr yn dal pennau wedi eu torri o'u cyrff ar arian o wlad Gâl, a darganfuwyd toreth o bennau cerrig, ambell dro â chyrn, dro arall yn gwisgo torch ac weithiau â thri wyneb. Y mae cyfeiriadau gan ysgrifenwyr clasurol at yr arfer Celtaidd o hel pennau ac at eneinio pennau'r gelyn yn cael eu hategu gan ddarganfyddiadau archaeolegol yn Ffrainc a chan y chwedlau Gwyddelig, lle y credid ei bod yn bosibl i'r pen fyw bywyd hir ac annibynnol wedi marwolaeth y corff. Clywn am bennau sy'n canu ac yn siarad wedi'u torri, am bennau sy'n cydnabod offrymau bwyd a llyn, ac am bennau sydd wedi'u trywanu ar bolyn, neu'n sefyll uwchben colofnau. Yn ddiamau, digwydd yr hanes mwyaf trawiadol ac ystyrlon am ben di-gorff yn chwedl *Branwen yn *Pedair Cainc y Mabinogi, lle y llywodraetha pen Bendigeidfran (*Brân) yng ngwledda'r Arallfyd yn *Harlech a *Gwales. Wedyn, wedi ei gladdu yn Llundain, gweithreda'r pen fel swynbeth i amddiffyn Prydain rhag pob bygythiad gan estroniaid.

Am fanylion pellach gweler Anne Ross, *Pagan Celtic Britain* (1967) ac *Everyday Life of the Pagan Celts* (1970); gweler hefyd erthygl yr un awdur, 'The Human Head in Insular Pagan Celtic Religion' yn *Nhrafodion Cymdeithas Hynafiaethwyr yr Alban (cyf. XCI, 1957–58).

PENNY, ANNE (*fl.* 1729–80), bardd. Fe'i ganed yn Anne Hughes ym Mangor, Caern., lle y daeth ei thad yn ficer yn ddiweddarach. Ar ôl priodi bu'n byw yn Llundain. Cyhoeddodd *Anningait and Ajutt* (1761), chwedl o'r Ynys Las a gyflwynodd i Samuel Johnson,

Select Poems from Mr. Gesner's Pastorals (1762), *Poems with a Dramatic Entertainment* (1771; ail arg. fel *Poems* yn 1780) ac *A Pastoral Elegy* (1773).

Penpingion, cymeriad digrif yn chwedl *Culhwch ac Olwen, gwas *Glewlwyd Gafaelfawr, porthor llys *Arthur; dywedir iddo fynd o gwmpas ar ei ben i arbed ei draed. Fe'i lladdwyd wrth hela'r *Twrch Trwyth.

PENRY, JOHN (1563–93), pamffledwr o Biwritan a merthyr, a aned yng Nghefn-brith, fferm ger Llangamarch, Brych., ar lethr ogleddol Mynydd Epynt. Graddiodd o Peterhouse, Caer-grawnt, a oedd ar y pryd yn fagwrfa *Piwritaniaeth yn ogystal â Rhydychen, a dangosodd ei gonsýrn am brinder gweinidogion o bregethwyr yng Nghymru trwy gyflwyno *A Treatise containing the Aequity of an Humble Supplication* i'r Senedd yn 1587. Canlyniad y weithred oedd ei restio a'i orfodi i ymddangos gerbron Llys yr Uchel Gomisiwn. Wedi iddo gael ei ryddhau dechreuodd ei gysylltiad â gwasg gudd Robert Waldegrave a gyhoeddodd ei *Exhortation unto the Governours and People of Hir Maiesties countrie of Wales* (1588). O'r argraffwasg hon, a symudai o le i le, y daeth hefyd dractiau Martin Marprelate (1588–89), a ymosodai ar y sefydliad esgobol, a bu chwilio manwl am y wasg. Bwriad y tractiau oedd gwneud hwyl am ben gwendid a llygredd esgobion Eglwys Loegr, trwy ddefnyddio ffurfiau llafar a dychan deifiol.

Cyhoeddodd y wasg hefyd *Supplication unto the High Court of Parliament* (1589) gan Penry, yn ymwneud eto â Chymru, ond yn fuan wedyn, a'i phrif argraffydd wedi ei restio, ffoes Penry i'r Alban, lle yr arhosodd tan 1592 ac yno y cyhoeddwyd ei dri phamffled arall. Y flwyddyn ganlynol fe'i bradychwyd a'i ddal yn Llundain a'i dditio o flaen Mainc y Brenin o dan Ddeddf Unffurfiaeth na ddarparai gosb marwolaeth, peth rhyfedd o gofio'r canlyniad. Tra oedd yn y carchar ysgrifennodd ei *Declaration of Faith and Allegiance*. Er gwaethaf apêl funud olaf at ei gyd-wladwr Burleigh condemniwyd Penry i farwolaeth a'i ddienyddio. Yr oedd cynddaredd yr esgobion yn ei erbyn yn ddiau am y credid mai ef oedd Martin Marprelate, er na honnwyd hynny yn fanwl ac nas profwyd erioed. Y mae gair-gyfrif diweddar gan gyfrifiadur yn awgrymu nad Penry oedd y gwir Marprelate eithr Job Throckmorton, yr Aelod Seneddol dros swydd Warwig.

Ceir manylion pellach yn David Williams (gol.), *Three Treaties Concerning Wales* (1960), Donald J. MacGinn, *John Penry and the Marprelate Controversy* (1966), Leland H. Carlson, *Martin Marprelate, Gentleman* (1981), *Cof Cenedl VIII* (gol. Geraint H. Jenkins, 1993), ac erthygl gan Glanmor Williams, 'John Penry, Marprelate and Patriot', yn *Cylchgrawn Hanes Cymru* (cyf. III, rhif. 4, 1967); gweler hefyd William Pierce, *John Penry, His Life, Times and Writings* (1923) ac erthygl gan G. J. Williams yn *Y Cofiadur* (cyf. XXXV, 1966).

Penrhyn, cwmwd yng *Nghantref Gwarthaf yn Nyfed,

a safai rhwng aberoedd afonydd Tywi a Thaf. Cyn-
hwysid ef yn arglwyddiaeth Llansteffan ac yr oedd yn
nwylo teulu Camville.

Penrhyn, Y Cload-allan yn Chwarel y (1896–97 a
1900–03), anghydfod difrifol yn y diwydiant llechi yng
ngogledd Cymru; yn ei hanfod un frwydr ydoedd ac
iddi osteg o dair blynedd rhwng y taro cyntaf a'r
gwrthdaro trist olaf. Yr oedd tua thair mil o ddynion,
Cymry uniaith gan mwyaf, yn gweithio yn y chwareli a
oedd yn eiddo i'r Arglwydd Penrhyn (1836–1907).
Cafodd eu brwydr faith a chwerw ddylanwad dwfn a
pharhaol ar yr ardal o gwmpas Bethesda, yn Nyffryn
Ogwen, Caern., a bu'n gyfnod tyngedfennol yn hanes y
sir, yn nyfodol y diwydiant llechi ac yn natblygiad y
mudiad Llafur.

Yr egwyddor ganolog oedd 'yr hawl i gyfuno' a
fynnai'r chwarelwyr, sef yr ymdrefnu yn Undeb Chwa-
relwyr Gogledd Cymru a sicrhawyd gan y gweithwyr
yn 1874 pan fuont yn fuddugol mewn cload-allan
arall. Ond gwrthododd yr Arglwydd Penrhyn newydd,
Anglicanwr a Thori rhonc, dderbyn yr hyn a ganiataodd
ei dad a phenderfynodd symud pob dylanwad undebol o'i
chwareli. Bu dial ar wrthwynebwyr a cheisiodd y
rheolwyr newid yr hen gyfundrefn a ganiatâi i griw o
chwarelwyr daro 'bargen' yn fisol am eu cyflog.
Treiddiai'r newid hwn i graidd ymwybod y chwarelwyr a
ystyriai eu hunain yn grefftwyr, a'r ymosod hwn gan yr
Arglwydd Penrhyn ar statws y dynion fel crefftwyr a
arweiniodd yn uniongyrchol at y cload-allan. Yr oedd
cyd-destun gwleidyddol lleol y frwydr ddiarbed rhwng
*Radicaliaeth ymosodol Gymreig a buddiannau'r Tori
tirfeddiannol yn gyfrwng i ddwysáu yr awyrgylch chwerw
ym Methesda. Ymrannodd y gymuned yn ddwy garfan
anghymodlon: gwasgarwyd y mwyafrif, Anghydffurfwyr
gan mwyaf, a symudodd rhai ohonynt i dde Cymru i
chwilio am waith, closiodd a lleiafrif a safai o blaid y
perchennog i strydoedd cyfagos lle y gallai'r heddlu a'r
milwyr eu hebrwng i'w gwaith. Daeth y geiriau, 'Nid oes
bradwr yn y tŷ hwn', yn gyffredin yn y cyfnod hwn.

Bu ymyrraeth y milwyr a'r Llywodraeth yn yr
ymryson, a maint a chyfnod maith yr ymgiprys, yn
gyfrwng i roi i'r cload-allan yn y Penrhyn bwysig-
rwydd mawr yng ngwleidyddiaeth Prydain yn y cyfnod
hwnnw. Bu ceiniogau gwŷr a gwragedd o ddiwyd-
iannau ac ardaloedd eraill yn cynnal y chwarelwyr a'u
teuluoedd. Gwelwyd canlyniadau trychinebus i fuddug-
oliaeth y perchennog; ni ddaeth traean y gweithwyr
byth yn ôl i'w cartrefi a rhannwyd cymuned yn erbyn ei
gilydd, ac erys hyd heddiw nodau parhaol y clwyfau a
agorwyd. Ni allai'r diwydiant llechi Cymreig, wedi iddo
gyrraedd uchafbwynt ei gynnyrch yn 1899, ddal colli un
o'i brif gynhyrchwyr a dechreuodd ddadfeilio yn fuan
wedi hyn.

Ceir yr hanes yn llawn gan R. Merfyn Jones yn *The North Wales
Quarrymen 1874–1922* (1981) a chan Jean Lindsay yn *The Great

Strike (1987); hanes y cload-allan yw cefndir nofel T. Rowland
Hughes, *Chwalfa* (1946).

Penrhyn Blathaon, Penrhyn Penwaedd a **Penrhyn
Rhionedd**, gweler o dan ENWAU YNYS PRYDAIN.

Pentraeth, Brwydr (1170), gweler o dan PERYF AP
CEDIFOR WYDDEL (*fl.* 1170).

Pentre Ifan, siambr gladdu, un o'r henebion megalith
gorau ym Mhrydain, ger Nyfer, Penf. Fe'i codwyd tua
phedair mil o flynyddoedd yn ôl; tri maen hir yn cynnal
carreg wastad yw'r gromlech. Cloddiwyd y safle yn
1936. Gweler hefyd BRYN-CELLI-DDU.

Pentref Gwyn, Y (1909), atgofion mebyd R. D.
*Rowland (Anthropos), ym mhentref Tŷ'n-y-cefn, ger
Corwen, Meir. Y mae'n ddarlun gafaelgar o fywyd cefn
gwlad Cymru cyn cyfnod yr yrfa 'hyn a elwir yn etiquette';
canolbwyntir ar y crefftwyr traddodiadol ac arferion yr
ardal.

Penweddig, yr unig gantref yng *Ngheredigion y
gwyddys ei enw a'i leoliad. Yr oedd yn cynnwys
cymydau Genau'r Glyn, Perfedd a *Chreuddyn. Ni
ddefnyddiwyd yr enw am gyfnod hir nes ei adfer yn
1973 yn enw Ysgol Uwchradd Gymraeg Aberystwyth.

Penyberth, Penrhos, ger Pwllheli: ffermdy (plasty
bychan gynt) o bensaernïaeth hynafol, a fu'n gartref i
genedlaethau o noddwyr beirdd (gweler dan GWYN,
ROBERT). Fe'i dinistriwyd gan y Llywodraeth yn 1936
er mwyn codi gorsaf awyr yn ganolfan hyfforddi ar gyfer
bomio o'r awyr, a hynny er gwaethaf llawer o
wrthwynebiad o Gymru – gwrthwynebiad a aeth yn
chwerwedd pan wrthododd y Llywodraeth drafod y
gwrthwynebiad, a hithau wedi cydsynio â gwrthwyneb-
iadau tebyg o ardaloedd yn Lloegr.

Daeth yr ymgyrch a arweiniwyd gan *Blaid Cymru
i'w huchafbwynt yn oriau mân 8 Medi 1936 pan
losgodd tri aelod amlwg o'r Blaid – Saunders *Lewis,
Lewis *Valentine a D. J. *Williams, gyda chymorth
dirgel pedwar o Bleidwyr iau, na chafwyd gwybod
amdanynt am flynyddoedd – gytiau a defnyddiau'r
adeiladwyr ar y safle, ac yna adrodd i'r heddlu hanes eu
gweithred symbolaidd. Rhoddwyd y tri ar brawf ym
Mrawdlys Caernarfon yr Hydref canlynol o flaen
Cymro di-Gymraeg o farnwr a rheithgor Cymraeg a
fethodd gytuno ar ddedfryd, er llawenydd i'r tyrfaoedd a
oedd wedi ymgynnull y tu allan ac er boddhad i'r
cyhoedd yn gyffredinol. Gorchmynnodd y barnwr i'r
achos ddod ymlaen yn y brawdlys canlynol yng Nghaer-
narfon, ond er gwaethaf protestiadau cyffredinol
symudwyd y prawf i Lundain, ac yn yr Old Bailey ar 9
Ionawr 1937, dedfrydwyd y tri i naw mis o garchar.
Caniatawyd i D. J. Williams siarad yn Gymraeg oher-

wydd na phrofwyd ei fod yn medru'r Saesneg. Y mae anerchiad Saunders Lewis o'r doc yng Nghaernarfon, a gyhoeddwyd yn bamffledyn, *Paham y Llosgasom yr Ysgol Fomio* (1937), ymhlith y gwychaf o'i anerchiadau gwleidyddol; collodd ei swydd fel Darlithydd yng Ngholeg y Brifysgol Abertawe. Cafodd y digwyddiad ddylanwad ysgytiol ar nifer o ddeallusion a llenorion Cymraeg, gan gynnwys R. Williams *Parry.

Ceir yr hanes yn llawn yn *Tân yn Llŷn* (1937) gan Dafydd Jenkins (cyfd. Saesneg gan Ann Corkett gyda rhaglith newydd, 1997); gweler hefyd D. Hywel Davies, *The Welsh Nationalist Party 1925 1945* (1983) a'r erthygl gan Emyr Humphreys, 'The Night of the Fire', yn *Planet* (rhif. 49/50, Ion., 1980).

Pêr Ganiedydd, Y, gweler WILLIAMS, WILLIAM (1717–91).

Perchentyaeth, hen egwyddor Gymreig a gofnodir yng *Nghyfraith Hywel lle y cyplysir hawl meddiant â dyletswyddau'r perchennog tuag at ei deulu, ei fro, a'i genedl. Disgrifir yr arferion sy'n gysylltiedig â'r traddodiad yng ngweithiau Gerallt Gymro (*Gerald de Barri) a'r cywyddwyr. Cyfeiria'r term yn wreiddiol at swyddogaeth yr uchelwyr yn yr Oesoedd Canol. Fe'i hadferwyd gan Saunders *Lewis, mewn ysgrif ar *Ddafydd Nanmor yn *Y *Llenor* yn 1925, pryd yr addaswyd ef i ddibenion crefyddol, gwleidyddol, economaidd ac athronyddol. Ymhlith y rhai a ddylanwadai arno yr adeg honno yr oedd de Tocqueville, y neo-Tomistiaid a Chylchlythyr y Pab Leo XIII, *Rerum Novarum* (1891). Nod Lewis oedd adfer yr agweddau hynny ar fywyd yr Oesoedd Canol a dueddai at sefydlogi'r gymdeithas, er mwyn arbed y Cymry cyfoes rhag cael eu pegynnu gan gyd-berchenogaeth orfodol na chan unigolyddiaeth eithafol. Iddo ef, yr oedd cydweithredu yn sylfaenol i berchentyaeth ond awgrymai'r term hefyd barch at y bendefigaeth gynt, ac at agwedd aristocrataidd at fywyd. Yr oedd ei ymgais i adfer yr hen egwyddor hon yn perthyn i'r mudiadau yn y 1930au a oedd am adfer ysbryd yr Oesoedd Canol ac am ddychwelyd i'r wlad ac at ryw gyflwr 'gwell' a fodolai cyn i ddiwydiannaeth a rhesymolrwydd ddifetha pethau. Ar yr un pryd, yr oedd hawliau perchentyaeth yn cyd-fynd â gwrthwynebiad naturiol y Cymry i'r gyfundrefn brydles.

Peredur, gweler o dan TAIR RHAMANT.

Pererindod Siarlymaen, stori sy'n perthyn i gylch Chwedlau Siarlymaen, a geir yn *Llyfr Gwyn Rhydderch* (Peniarth 5) a *Llyfr Coch Hergest*, ac yn rhannol mewn llawysgrifau eraill o'r bedwaredd ganrif ar ddeg a'r bymthegfed ganrif. Cyfieithiad i'r Gymraeg yw'r gwaith o *Pèlerinage de Charlemagne* neu *Voyage à Jérusalem*, a gyfansoddwyd rywbryd wedi 1109. Fe'i golygwyd gan Stephen J. *Williams yn y casgliad o chwedlau Cymraeg Siarlymaen, sef *Ystorya de Carolo Magno* (1930).

Perfeddwlad, ardal a adwaenir hefyd wrth yr enwau Y Pedwar Cantref neu Wynedd Is Conwy (gweler o dan GWYNEDD). Cynhwysai gantrefi *Rhos, *Rhufoniog, Dyffryn Clwyd a *Thegeingl. Oherwydd prinder amddiffynfeydd naturiol yr oedd yr ardal yn agored i ymosodiadau mynych gan y Saeson ac felly bu ei hanes ar brydiau yn wahanol i hanes Gwynedd Uwch Conwy. Ynghyd â Phowys Fadog ac *Edeirnion, bu'n rhan o sir Clwyd o 1974 hyd 1996; bellach fe'i rhannwyd rhwng Conwy a sir Ddinbych.

Perfidious Welshman, The (1910), dychan ar y Cymry a ysgrifennwyd gan Arthur Tyssilio Johnson (m. 1956) dan y ffugenw Draig Glas. Amlygir dyhead yr awdur i gynhyrfu barn Gymreig a chwarae ar wladgarwch penboeth darllenwyr Seisnig yn ystod yr ymgyrch dros Hunanlywodraeth (gweler o dan HOME RULE). Gwerthodd y gyfrol yn ddigon da i awgrymu ateb yr un mor wamal, *The Welshman's Reputation* (1911), llyfr arall gan Johnson dan y ffugenw 'An Englishman' sy'n honni ei fod yn amddiffyn y Cymry rhag enllib Draig Glas. Yn yr un flwyddyn cyhoeddwyd amddiffyniad mwy taer ac efallai gorddifrifol gan un a'i galwai ei hun yn Fluellyn. Sylwodd Caradoc Evans (David *Evans) ar y dadlau a achoswyd gan Johnson a chan waith cyffelyb gan T. W. H. Crosland, *Taffy was a Welshman* (1912).

Perllan, bwrdd bychan wedi ei addurno ag afal, dail ac aderyn a gludid o dŷ i dŷ fel rhan o ddefod *Gwaseila ar Ddydd Calan mewn rhai rhannau o sir Gaerfyrddin. Cyfeirir at yr arferiad yn y canu gwirod mewn ardaloedd eraill ac ym mheth o'r canu a gysylltir â'r *Fari Lwyd. Efallai i gaeadau addurnedig y ffiolau gwasael o grochenwaith Ewenni, Morg., gael eu dylanwadu gan fotiff y berllan.

Ceir manylion pellach yn Trefor M. Owen, *Welsh Folk Customs* (1959).

PERRI neu **PARRY, HENRY** (1560/61–1617), clerigwr ac ysgolhaig; brodor o Faes-glas, Ffl., ydoedd. Teithiodd lawer cyn ymgartrefu ym Môn yn gaplan i Syr Rhisiart *Bulkeley, a chafodd fywoliaethau Rhoscolyn (1601), Trefdraeth (1606) a Llanfachreth (1613), cyn ei ethol yn ganon eglwys gadeiriol *Bangor yn 1612. Ei unig waith oedd *Eglvryn Phraethineb sebh Dosparth ar Retoreg* (1595). Defnyddiodd lyfr William *Salesbury ar rethreg ond y mae gwaith Perri yn fanylach a deillia llawer o'r enghreifftiau o waith y beirdd. Clodfora gelfyddyd rhethreg yn ôl dull ysgolheigaidd y Dadeni Dysg.

Ceir manylion pellach yn yr argraffiad o *Eglvryn Phraethineb* a baratowyd gan G. J. Williams (1930).

Perrot, John (1530–92), gwleidydd ac Arglwydd Ddirprwy Iwerddon. Credir yn gyffredinol ei fod yn fab anghyfreithlon i Harri VIII a Mary Berkley, a briodwyd â Syr Thomas Perrot o Haroldston, Penf. Yn ôl pob tebyg yno y ganed ef a thyfodd yn greadur mawr cynhenllyd â thymer afrywiog; manteisiodd ar y gydnabyddiaeth gêl a roddwyd iddo gan y *Tuduriaid, ond oherwydd ei wrth-Gatholigiaeth argyhoeddedig cafodd gyfnod byr yng Ngharchar y Fflyd dan y Frenhines Mari a chyfnod hwy dros y môr.

Yn 1592 daeth yn Is-lyngesydd arfordir de Cymru. Yna yn 1563 daeth yn Aelod Seneddol dros sir Benfro a bu hynny yn ddechrau ar stori hir, gymhleth a threisiol o gynllwyn gwleidyddol yng ngorllewin Cymru. Yr oedd yn un o'r pedwar a gludai'r canopi gwladol yng nghoroniad y Frenhines Elisabeth. Penodwyd ef gan y Frenhines yn Llywydd Munster yn 1571 ac erbyn 1573 yr oedd wedi llwyddo i drechu gwrthryfel James Fitzmaurice. Rhwng 1575, pan benodwyd ef yn Brif Gomisiynydd i gael gwared â'r morladrata o amgylch sir Benfro, ac 1579 pan roddwyd iddo sgwadron o bum llong i rwystro llongau Sbaen a ddeuai i mewn i arfordir gorllewinol Iwerddon, cynyddodd nifer ei elynion. Penodwyd ef yn Arglwydd Ddirprwy Iwerddon gan Elisabeth yn 1584, a bu cweryla di-ben-draw yn ystod ei bedair blynedd yno. Yn y diwedd, ac yntau'n sâl ac wedi chwerwi, gofynnodd am gael ei ryddhau o'i swydd. Oherwydd sibrydion ei elynion yn Iwerddon carcharwyd ef yn y Tŵr yn 1591 a'i roi ar brawf am deyrnfradwriaeth; fe'i condemniwyd i farwolaeth ond bu farw cyn i'r ddedfryd gael ei chyflawni. Ei wir drosedd, bron yn sicr, ydoedd nid teyrnfradwriaeth eithr ymgecru a chodi cynnen. Syr James Perrot (1571–1636), ei fab anghyfreithlon o Sibil Jones o sir Faesyfed, oedd yr Aelod mwyaf galluog a gwrth-Gatholig o Gymru yn Seneddau Iago I a Siarl I.

Ceir hanes cyfnod Syr John yn Iwerddon yn Richard Rawlinson, *The History of Sir John Perrott* (1728) a rhydd J. E. Neale fanylion am Perrott yn etholiad Aberdaugleddau yn 1571 yn *The Elizabethan House of Commons* (1949).

PERRY, ALAN (1942–), bardd ac awdur storïau byrion; fe'i ganed yn Abertawe lle y mae'n athro celf; cynhaliwyd nifer o arddangosfeydd un dyn o'i waith. Ymhlith ei gyfrolau o farddoniaeth y mae *Characters* (1969), *Live Wires* (1970), *Black Milk* (1974), *Fires on the Common* (1975), *Winter Bathing* (1980), *Poems from the Suburbs* (1985) a *Shards* (1993). Cyhoeddodd storïau hefyd yn *Road Up* (1977), *55999 and Other Stories* (1979), *Personal Best* (1993) a *To Liu and all Mankind* (1995).

Am fanylion pellach gweler y gwerthfawrogiad beirniadol o ysgrifennu ac arlunio Alan Perry gan John Beynon yn *Poetry Wales* (cyf. XXIV, rhif. 3, 1988).

PERYF AP CEDIFOR WYDDEL (*fl.* 1170), bardd a gyfansoddodd englynion marwnad teimladwy i *Hywel ab Owain Gwynedd a'i frodyr maeth, brodyr Peryf ei hunan, a laddwyd mewn brwydr yn erbyn Dafydd a Rhodri, meibion Owain Gwynedd (*Owain ap Gruffudd), 'yn y pant uch Pentraeth' ym Môn yn 1170. Dywed Peryf yn un o'r cyfresi fod saith brawd dewr yn wreiddiol ond na adawyd 'namyn tri'. Cesglir mai Brochfael, Iddon, Aerddur a Charadog oedd enwau brodyr Peryf a laddwyd gyda Hywel – 'Buant briw ger eu brawd faeth' – a lladdwyd Ithel ap Cedifor Wyddel ynghynt yn Rhuddlan a'i farwnadu gan *Gynddelw Brydydd Mawr.

Golygwyd y cerddi gan Morfydd E. Owen yn *Gwaith Llywelyn Fardd I ac eraill o feirdd y ddeuddegfed ganrif* (gol. K. A. Bramley et al., 1994).

PETER, JOHN (**Ioan Pedr**, 1833–77), gweinidog gyda'r Annibynwyr ac ysgolhaig, a aned yn Y Bala, Meir. Bu'n gweithio yn fachgen ym melin flawd ei dad. Llwyddodd i ddysgu nifer o ieithoedd a daeareg trwy ei ymdrechion ei hun ac aeth i Goleg yr Annibynwyr yn Y Bala yn ddwy ar hugain oed, a phenodwyd ef yn diwtor yno yn 1869. Ymddiswyddodd o'i weinidogaeth yn eglwysi'r Bala a Thy'n-y-bont yn 1870 oherwydd anghytuno â Michael D. *Jones ar fater 'y Cyfansoddiad Newydd' ond daliodd ei swydd yn y Coleg hyd ei farw yn annhymig yn 1877.

Yn ei astudiaethau o ieitheg gymharol dilynai ddulliau'r ysgol Almaeneg a dechreuodd gyhoeddi ffrwyth ei ymchwil yn 1867, sef *Certain Peculiarities of Celtic Grammar* (1867); yna ysgrifennodd adolygiad sylweddol ar argraffiad Ebel o *Grammatica Celtica* Zeuss (1871), yn ogystal ag erthyglau ar '*Welsh Phonology*' yn *Revue Celtique* (cyf. I) a '*Welsh Particles*' yn *Y Cymmrodor* (cyf. I). Yr oedd yn arloeswr yn ei faes ac ysgrifennai'n gyson ar amryw o bynciau a gallasai pe cawsai fyw fod wedi gwneud cyfraniad tebyg i un Syr John *Rhŷs.

Ceir manylion pellach yn yr erthygl gan R. T. Jenkins yng *Nghylchgrawn* y Gymdeithas Lyfryddol Gymreig (cyf. IV, 1933).

Peterwell, gweler o dan LLOYD, HERBERT (1720–69).

PFEIFFER, EMILY JANE (1827–90), bardd a aned i deulu o'r enw Davis a oedd â chysylltiadau â sir Drefaldwyn. Fe'i hamddifadwyd o addysg ffurfiol oherwydd tlodi ond fe'i hanogwyd gan ei thad i ymarfer ac astudio arlunio a barddoniaeth. Cyhoeddodd yn ystod ei hoes chwe chyfrol o gerddi, yn eu plith *Glan-Alarch* (1877), *Sonnets and Songs* (1880) ac *Under the Aspens* (1882). Fe'i cymherir ag Elizabeth Barrett Browning; yr oedd yr un mor rhugl ac iddi yr un tinc ond meddai ar lai o fedrusrwydd technegol. Priododd â marsiandïwr o Almaenwr a drigai yn Llundain yn 1853, ac yr oedd yn fawr ei chonsýrn am statws cymdeithasol ac addysg merched. Wedi ei marwolaeth cyfrannwyd arian o'i hystad at Neuadd Aberdâr, neuadd breswyl i ferched yng Ngholeg y Brifysgol, Caerdydd. Cyhoeddwyd detholiad o'i cherddi yn *Victorian Women Poets: An Anthology* (gol. A. Leighton ac M. Reynolds, 1995).

Ceir manylion pellach yn A. H. Mills, *The Poets and Poetry of the Century* (cyf. VII, 1891–97), ac E. S. Robertson, *English Poetesses: A Series of Critical Biographies, with Illustrative Extracts* (1883).

Pibgorn, offeryn cerddorol traddodiadol. Er na roddwyd iddo erioed y statws a ddyfarnwyd i'r *delyn a'r *crwth (ni chydnabyddid offeryn chwyth o fewn cyfundrefn swyddogol *Cerdd Dant), bu'r pibgorn, mewn rhyw ffurf neu'i gilydd, yn boblogaidd am ganrifoedd. Honnai Edward *Jones (Bardd y Brenin) yn niwedd y ddeunawfed ganrif ei fod erbyn ei gyfnod ef yn gyfyngedig i fugeiliaid ym Môn ond gall fod math syml yn dal mewn bri yng ngogledd Penfro tua chan mlynedd yn ddiweddarach. Y mae gan y tair enghraifft sydd yng nghasgliad *Amgueddfa Werin Cymru, ac sy'n perthyn i'r ddeunawfed ganrif, gorn anifail ar bob pen ac y mae corff yr offeryn o bren neu asgwrn; yr oedd saith twll ar gyfer y bysedd a defnyddid corsen sengl.

Ceir manylion pellach yn yr erthygl gan Malcolm Siôr Defus yn *Welsh Music* (cyf. IV, rhan 1, Gwanwyn, 1972) a'r cofnod gan Joan Rimmer yn *The New Grove Dictionary of Musical Instruments* (gol. Stanley Sadie, 1985).

Picton, Bernard, gweler KNIGHT, BERNARD (1931–).

Picton, Thomas (1758–1815), milwr a aned yn Poyston, Penf. Yr oedd yn is-swyddog yng nghatrawd ei ewythr cyn iddo gyrraedd pedair ar ddeg oed, ac fe'i dyrchafwyd yn swyddog ryw bum mlynedd yn ddiweddarach. Hwyliodd i India'r Gorllewin yn 1794 heb gael gorchymyn i wneud hynny, a mynnodd wasanaethu Syr John Vaughan, a chyn bo hir dyrchafwyd ef am ei ymgyrchoedd llwyddiannus yno. Pan orchfygwyd Trinidad yn 1797 fe'i penodwyd yn Llywodraethwr yno, ac am naw mlynedd daliodd yr ynys, er gwaethaf y nifer bychan o filwyr, prinder arian a bygythion cyson, gan wrthsefyll cynlluniau y Ffrancwyr a'r Sbaenwyr i ymosod. Yr oedd peth llygredd ynghlwm wrth ei weithgareddau ac yr oedd mewn cynghrair ag amaethwyr o Ffrancod a oedd wedi ymfudo yno. Yn ddiweddarach yr oedd yn gas gan y mewnfudwyr o Saeson ei ywodraeth ef ac yn 1806 daethpwyd ag ef i Lundain i wynebu Llys Barn ar nifer o gyhuddiadau, gan gynnwys poenydio caethwas. Gollyngwyd y cyhuddiadau oll, yr un olaf ar ôl apêl.

Bu Picton yn Llywodraethwr Flushing yn 1809 ac ymunodd wedyn â byddin y Rhyfel yn Sbaen a daeth yn arwr poblogaidd oherwydd ei ddewrder a gweithgareddau ei fyddinoedd ym mrwydrau Badajos, Vittoria a Ciudad Rodrigo. Nid oedd Wellington, fodd bynnag, yn hoff o'i agosatrwydd â'i swyddogion a disgrifiodd ef fel '*a rough, foul-mouthed devil as ever lived*'. Pan ddychwelodd adref ef oedd yr unig un o'r cadfridogion na chafodd ei ddyrchafu'n arglwydd. Fe'i hurddwyd yn farchog yn 1815, a chlwyfwyd ef yn ddifrifol yn yr un

flwyddyn, ym mrwydr Quatre Bras lle y daliodd y 'llinell goch denau', ond celodd ei glwyfau, a bu farw ym mrwydr Waterloo yn fuan wedi'r amddiffyniad yn erbyn ymosodiad y Ffrancwyr. Yr oedd Picton wedi addo swydd i'r Capten Rees Howell *Gronow yn 1815 fel *aide-de-camp*, ac fe'i disgrifiwyd gan hwnnw fel '*a stern-looking, strong-built man, about the middle height*'.

Ceir manylion pellach yn Rees Howell Gronow, *The Reminiscences and Recollections of Captain Gronow* (1826–66, ail arg., 1892 ac arg. talfyredig 1964) a H. B. Robinson, *Memoir of Sir Thomas Picton* (1835); ceir hanes Picton yn Trinidad yn V. S. Naipaul, *The Loss of Eldorado* (1969).

PICTON-TURBERVILL, EDITH (1872–1960), hunangofiannydd ac awdur gwaith ar bynciau crefyddol. Yr oedd yn ferch i'r Cyrnol J. Picton-Turbervill o Briordy Ewenni, Morg. Fe'i haddysgwyd yn yr Ysgol Frenhinol, Caerfaddon, ac yna dechreuodd ar yrfa mewn gwaith cymdeithasol, yn amrywio o wella amodau i weithwyr ar Reilffordd Bro Morgannwg i chwe blynedd yn ne India yn gweithio dros fudiad y myfyrwyr. Bu'n aelod seneddol Llafur dros y Wrekin Division o 1929 tan 1931, gan draddodi ei haraith gyntaf ar Fesur Glo 1929, ac yn ddiweddarach (yn 1941–43) bu'n gweithio i'r Weinyddiaeth Hysbysrwydd. Teithiodd lawer, gan ymweld â Rwsia, Dwyrain Affrica a Hong Kong yn ogystal ag India. Ymysg ei diddordebau arbennig yr oedd sicrhau mwy o ran i ferched yng ngweinidogaeth yr Eglwys, ac ysgrifennodd nifer o lyfrau ar y pwnc, gan gynnwys *Christ and Woman's Power* (1919) a *Should Women be Priests and Ministers?* (1953). Ymysg ei llyfrau hunangofiannol yr oedd *Life is Good* (1939) ac *In the Land of My Fathers* (1946) a oedd yn cyfuno teithio yn ne a gorllewin Cymru â thameidiau o hanes y teulu Picton-Turbervill.

Picws mali, gweler SIOT.

PIERCE, ELLIS (Elis o'r Nant; 1841–1912), nofelydd a aned ym mhlwyf Dolwyddelan, Caern. Llyfrwerthwr ydoedd, a rhwng 1865 a 1900 ysgrifennodd lawer o erthyglau i *Baner ac Amserau Cymru* ar wahanol bynciau yn ymwneud â diwygiad cymdeithasol a hanes lleol. Ymhlith ei lyfrau (rhamantau hanesyddol yw rhai ohonynt) y mae *Nanws ach Robert* (1880), *Yr Ymfudwr Cymreig* (1883), *Rhamant Hanesyddol: Gruffydd ab Cynan* (1885), *Gwilym Morgan: neu gyfieithydd cyntaf yr Hen Destament i'r Gymraeg* (1890), *Syr Williams o Benamnen* (1894), *Teulu'r Gilfach, neu Robert Siôn* (1897), a *Dafydd ab Siencyn yr Herwr, a Rhys yr Arian Daear* (1905).

Y mae portread ohono gan O. M. Edwards yn *Clych Atgof* (yr argr. canmlwyddiant, 1958), ynghyd â darlun gan Kelt Edwards.

PIERCE, THOMAS JONES (1905–64), hanesydd, a aned yn Lerpwl, ac a addysgwyd yn y Brifysgol yno. Daeth yn diwtor yn Adran Efrydiau Allanol ac yn

Ddarlithydd Cynorthwyol yn Adran Hanes, Coleg Prifysgol Gogledd Cymru, Bangor, yn 1930, a bu'n arloesi yn ei astudiaeth o gyfansoddiad cymdeithasol trefol a gwledig Cymru'r Oesoedd Canol. Cyfrannodd bapurau ar *Gyfreithiau Hywel Dda, y gyfundrefn lwythol a dal tir a threfniadaeth sefydliadau dynol cynnar, yn arbennig yng *Ngwynedd, a chyhoeddodd yn eang ar lywodraeth y deyrnas honno ac ar y newid a ddigwyddodd yn natblygiad amaethyddiaeth ar ddiwedd yr Oesoedd Canol. Yn 1945 fe'i penodwyd (ar y cyd rhwng Coleg Prifysgol Cymru, Aberystwyth a *Llyfrgell Genedlaethol Cymru) yn Ddarlithydd Arbennig yn Hanes Cymru'r Oesoedd Canol a thair blynedd yn ddiweddarach dyfarnwyd iddo gadair bersonol yn y pwnc. Ef oedd golygydd cyntaf *Trafodion* Cymdeithas Hanes Sir Gaernarfon ac etholwyd ef yn Gadeirydd y Gymdeithas yn 1962 ac yn Llywydd y *Cambrian Archaeological Association* yn 1964. Ymddangosodd casgliad o'i brif gyfraniadau yn *Medieval Welsh Society* (gol. J. Beverley Smith, 1972).

Gweler teyrnged iddo gan A. H. Dodd yn *Nhrafodion* Cymdeithas Hanes Sir Gaernarfon (cyf. XXVI, 1965).

PIKOULIS, JOHN (1941–), beirniad, a aned yn Sherugwe (Selukwe), Zimbabwe (sef Southern Rhodesia y pryd hwnnw). Cafodd ei addysg gynnar yn Gweru (Gwelo), ac ar ôl graddio ym Mhrifysgol Cape Town yn 1962, aeth yn ei flaen i astudio ym Mhrifysgol Rhydychen. Yn 1969 penodwyd ef yn Ddarlithydd yn Adran Allanol Coleg Prifysgol Cymru, Caerdydd, ac fe'i dyrchafwyd yn Uwch-ddarlithydd yn 1983. Erys ei lyfr *The Achievement of William Faulkner* (1982) yn astudiaeth werthfawr o brif nofelydd UDA a ganrif hon, a daeth ei dderholiad *Alun Lewis, A Miscellany* (1982) a'i fywgraffiad safonol *Alun Lewis, A Life* (1984) ag ef i'r amlwg fel cofiannydd. Cyhoeddodd hefyd astudiaethau o nifer o awduron *Eingl-Gymreig, gan gynnwys Edward *Thomas, Lewis *Jones, Dylan *Thomas, Glyn *Jones, Emyr *Humphreys, Lynette *Roberts ac R. S. *Thomas. Gwnaeth gyfraniad, yn ogystal, fel golygydd, trefnydd ac ysgogydd; golygodd *Collected Poems* Lynette Roberts yn 1997. Ef oedd cadeirydd cyntaf bwrdd golygyddol *The *New Welsh Review* (1990) a chadeirydd cyntaf *Cymdeithas Llên Cymru Saesneg (1984).

Pilnos, gweler o dan NOSON WAU.

PIOZZI, HESTER LYNCH (1741–1821), awdures. Fe'i ganed ym *Modfel ger Pwllheli, Caern.; unig blentyn ydoedd i John Salusbury o *Fachegraig, Ffl. Yn ddwy ar hugain oed priododd â Henry Thrale, bragwr cyfoethog o Lundain, a chyfarfu â llawer o bobl amlwg, yn eu plith Oliver Goldsmith, David Garrick, Joshua Reynolds a Samuel Johnson, a'r olaf a fu'n bennaf gyfrifol am ei henwogrwydd wedi hynny. Aeth Johnson ar daith o ddau fis gyda theulu Thrale i ogledd Cymru

yn 1774 ac ysgrifennodd ddyddiadur (1816) ar y pwnc, ac aeth i Ffrainc y flwyddyn ganlynol. Bu farw Thrale yn 1781, a thair blynedd yn ddiweddarach – er mawr siom i'r Doctor – priododd ei weddw yr Eidalwr, Gabriele Piozzi, athro cerddoriaeth. O 1795 bu Mr a Mrs Piozzi yn byw ym Machegraig, ger Tremeirchion, sef hen gartref ei thad, ac ym Mrynbela, tŷ a adeiladwyd ganddynt gerllaw.

Yn ogystal â'i gohebiaeth â Dr Johnson ac atgofion am eu cyfeillgarwch, cyhoeddodd Mrs Piozzi nifer o lyfrau gan gynnwys *British Synonymy or an attempt at regulating the choice of words in familiar conversation* (1794), *Three Warnings to John Bull before he dies, by an old acquaintance of the public* (1798) a *Retrospection* (1801), arolwg ar wareiddiad yng nghyfnod Crist. Yr oedd yn wraig hardd a bywiog, yn ymddiddanydd brwd, ac ymfalchïai yn ei hetifeddiaeth Gymraeg. Bu'n gohebu â chylch eang o bobl amlwg yng Nghymru a Lloegr. Y mae ei llythyrau bellach yn ffurfio casgliadau o 'Piozziana' a 'Thraliana' mewn nifer o lyfrgelloedd gan gynnwys *Llyfrgell Genedlaethol Cymru. Yr oedd Thomas *Pennant a'r '*Ladies of Llangollen*' (Eleanor *Butler a Sarah Ponsonby) ymhlith ei chyfeillion yng Nghymru. Treuliodd ei blynyddoedd olaf, ar ôl marwolaeth ei hail ŵr yn 1809, yng Nghaerfaddon, ond fe'i claddwyd hi, yn ôl ei dymuniad, yn Nhremeirchion.

Disgrifiwyd gyrfa Hester Lynch Piozzi gan nifer o awduron, yn eu plith Colwyn Edward Vulliamy (1936) a James L. Clifford (1941); gweler hefyd A. M. Broadley, *Doctor Johnson and Mrs Thrale* (1910) a William McCarthy, *Hester Thrale Piozzi: Portrait of a Literary Woman* (1986). Golygwyd casgliadau Thraliana gan K. C. Balderson (2 gyf., 1942 ac 1951).

Piwritaniaeth, agwedd grefyddol a ddaeth yn fwy amlwg yn ystod teyrnasiad Elisabeth I, Iago I a Siarl I a amcanai at buro Eglwys Loegr o ddefodau a oedd yn sawru o *Gatholigiaeth; pwysleisiai bregethu efengylaidd a buchedd deilwng a cheisiai hyd yn oed ddiwygio trefniadaeth yr Eglwys ar sail y Testament Newydd. Cafodd y mudiad fynegiant amrywiol yn amser y Werinlywodraeth Biwritanaidd a Diffynwriaeth Cromwell a pharhaodd ei ddylanwad ar *Anghydffurfiaeth ar ôl 1662. Cais rhai wahaniaethau rhwng Piwritaniaid a geisiai buro'r Eglwys o'r tu mewn a Ymwahanwyr a gefnai ar yr Eglwys Sefydledig, ond anodd yw tynnu llinell bendant rhyngddynt, a gwell gan lawer ddefnyddio'r gair Piwritaniaeth i gynnwys bron y holl fudiadau a heriai'r Sefydliad. Defnyddir y gair Piwritan yn aml heddiw i olygu ymagwedd waharddgar at bleserau bywyd ac at fwynhau prydferthwch, ond ni ellir cymhwyso'r cyhuddiad at bob gwedd ar Biwritaniaeth hanesyddol.

Yr oedd tueddiad Piwritanaidd mewn rhai a geisiai hyrwyddo Protestaniaeth yng Nghymru dan Elisabeth megis Richard *Davies. Yr oedd Piwritaniaeth John *Penry yn llawer mwy herfeiddiol, a throes yn Ymwahanwr cyn diwedd ei oes fer. Yn yr ail ganrif ar bym-theg yr oedd y Piwritaniaid Cymreig amlycaf, Walter *Cradock, William *Erbery, Vavasor *Powell a Morgan *Llwyd, gwŷr a gysylltir ag Annibyniaeth (er bod Morgan Llwyd yn gyfrinydd, Erbery yn Geisiwr anghyffredin a Powell yn Fedyddiwr Rhydd) oll yn fwy radicalaidd o ran diwinyddiaeth neu wleidyddiaeth na'r mwyafrif, tra bo eraill megis Philip Henry a Christopher Love yn Bresbyteraidd eu tueddfryd. *Crynwriaeth, yng Nghymru, a fedodd y cynhaeaf yr oedd y radicaliaid wedi ei hau. Gelwir gwŷr eraill, fodd bynnag, fel Charles *Edwards a Stephen *Hughes, yn 'Biwritaniaid diweddarach' weithiau ac nid heb reswm, ond gellir ystyried eu gwaith yn gyfraniad tebyg i un y Pietistiaid yn yr Almaen.

Ceir manylion pellach yn Thomas Richards, *The Puritan Movement in Wales* (1920), G. F. Nuttall, *The Holy Spirit in Puritan Faith and Experience* (1946) ac Owen C. Watkins, *The Puritan Experience* (1972); gweler hefyd R. Geraint Gruffydd, *In that Gentile Country . . .* (1976), R. Tudur Jones, *Hanes Annibynwyr Cymru* (1966) a G. H. Jenkins, *Protestant Dissenters in Wales 1639–89* (1992).

Pla, Y (1987), ail nofel Wiliam Owen *Roberts. Mewn cyfnod pan oedd rhamantau hanes yn boblogaidd yn y Gymraeg, torrodd Wiliam Owen Roberts ar y tradd-odiad trwy wyrdroi confensiynau'r *genre*. Dewisodd drafod effaith y *Pla Du ar Ewrop – ac yn arbennig ar gwmwd yn Eifionydd – yn ystod y bedwaredd ganrif ar ddeg, gan ddadlennu hanes fel proses, yn ôl y dull Marcsaidd o feddwl. Dangosodd sut yr agorodd y pla grac yn wal hanes, gan roi rhwyddineb i gyfalafiaeth ddisodli ffiwdaliaeth. Gwnaed hyn trwy ddiriaethu'r syniadaeth waelodol mewn cymeriadau amryliw a sefyllfaoedd dramatig sy'n dal dychymyg y darllenydd oherwydd eu nerth storïol. Yn lle darlunio'r stereo-deipiau tywysogaidd, daethpwyd â thaeogion megis Chwilen Bwm a Hwch Ddu i flaen y llwyfan, a dangos garwder eu bodolaeth gyntefig yn ei holl blaendra diramant. I'r hanes am helyntion brodorion Eifionydd fe blethwyd stori bicarésg liwgar am Fwslemiad o'r enw Ibn al Khatib, myfyriwr o Cairo, sy'n teithio ar draws Ewrop i ddial hen gam teuluol trwy ladd Brenin Ffrainc, ac y mae'n cyrraedd Eifionydd ar ddamwain. Y mae hon yn nofel banoramig sy'n chwarae â chwedlau mewn dull hynod feistraidd, a'r un pryd yn hollti ymaith lawer o floneg traddodiadol, gan gyfleu'n rymus iawn y modd y mae ideoleg gudd cymdeithas (trwy grefydd a strwythurau gwleidyddol) yn gallu cyfreithloni'r drefn sydd ohoni. Cafodd fersiynau Saesneg ac Almaeneg ohoni dderbyniad brwd dan y teitlau *Pestilence* (cyfd. Elisabeth Roberts, 1991) a *Der Schwarze Tod* (cyfd. Klaus Berr, 1993).

Gweler Simon Brooks, 'Ple'r Pla a throednodiadau eraill' yn *Taliesin* (cyf. LXXXV, 1994), a thrafodaeth rhwng Simon Brooks a Wiliam Owen Roberts yn *Tu Chwith* (cyf. II, 1994). Ceir yr adolygiadau pwysicaf ar *Y Pla* gan M. Wynn Thomas yn *Llais Llyfrau* (Gaeaf 1987) a John Rowlands yn *Planet* (rhif. 90, Rhag. 1991/Ion. 1992). Gweler hefyd erthygl Wiliam Owen Roberts, 'Nes na'r Hanesydd neu Y Nofel Hanes', yn *Sglefrio ar Eiriau* (gol. John Rowlands, 1992).

Pla Du, Y, y pla ar ei ffurf niwmonig a biwbonig a anrheithiodd lawer o orllewin Ewrop yng nghanol y bedwaredd ganrif ar ddeg. Lladdwyd tua thraean poblogaeth gwledydd Prydain gan y basilws a gariwyd gan chwain ar lygod mawr ac a ymledai ar raddfa o filltir y dydd. Cyrhaeddodd Gymru yn 1348 a chipiwyd tiroedd a gwŷr rhyddion, y bu farw cymaint ohonynt, gan arglwyddi, neu trosglwyddwyd hwy i feddiant cymdogion a'u goroesodd. O ganlyniad yr oedd safle cymdeithasol yn dibynnu, nid ar enedigaeth neu ar berthynas gwaed megis cynt, ond ar berchenogaeth tir. Hyrwyddodd yr heintiau hyn y broses o ryddhau'r taeog o gaethiwed ei arglwydd wrth i'r caeau mawrion agored gael eu rhannu yn ffermydd, pob un yn cael ei thrin gan ei thenant. Peidiodd y maenordy â bodoli fel trefniant cyfunol a fesul tipyn newidiodd i'r patrymau ffermio sy'n nodweddiadol o'r cyfnod modern. Gadawodd y Pla Du ei ôl hefyd ar hynt yr Eglwys yng Nghymru ac achosodd y datgymaliad economaidd a ddaeth yn ei sgil lawer o'r anniddigrwydd a fu'n rhannol gyfrifol am wrthryfel *Owain Glyndŵr.

Plaid Cymru, plaid wleidyddol a sefydlwyd yn 1925; ei henw gwreiddiol oedd Plaid Genedlaethol Cymru. Fe'i crewyd i raddau helaeth trwy ymdrech Hugh Robert *Jones i gysylltu grwpiau megis Y *Gymdeithas Genedl-aethol Gymreig (Y Tair G) yng Ngholeg Prifysgol Gogledd Cymru, Bangor, â grwpiau eraill yn y de, ac ymhlith ei haelodau cyntaf yr oedd Griffith John *Williams, Saunders *Lewis ac Ambrose *Bebb a ddaeth yn olygydd ei phapur misol, Y *Ddraig Goch yn 1926. Nod y blaid oedd ennill Statws Dominiwn i Gymru ac ymladdodd ei hetholiad cyntaf yn 1929 a chafodd ei Llywydd cyntaf, Lewis *Valentine, 609 o bleidleisiau yn sir Gaernarfon. Ei Hysgrifennydd o 1930 hyd 1962 oedd J. E. *Jones (1905–70) a ddisgrifiodd flynyddoedd cynnar y Blaid yn ei hunangofiant, *Tros Gymru* (1970). Yn ystod llywyddiaeth Saunders Lewis (1926–39) denwyd deall-usion yn bennaf, a llesteiriwyd ei chynnydd oherwydd i'w gwrthwynebwyr honni darganfod tueddiadau Ffasgaidd yn ei *Chenedlaetholdeb a'i *Heddychiaeth; ychydig o ddatblygiad etholiadol a gafodd er i'w weithred symbolaidd ei harweinwyr ym *Mhenyberth yn 1936 ennill cydymdeimlad eang.

Ar ôl 1945, pan ddaeth Gwynfor *Evans yn Llywydd arni, tyfodd aelodaeth a dylanwad y Blaid yn gyson, ac yng nghyfnod boddi Cwm *Tryweryn dechreuodd ennill seddau mewn etholiadau lleol ledled y wlad. Yn ystod y 1960au denodd gyfran sylweddol o'r pleidleisiau Llafur a Rhyddfrydol, yn enwedig ar ôl i Gwynfor

Evans gael ei ddychwelyd yn Aelod Seneddol dros Gaerfyrddin mewn is-etholiad yn 1966. Y mae'r Blaid wedi ennill a dal gafael ar etholiadau yn Arfon a Meirionnydd Nant Conwy; y mae hefyd wedi ennill Ceredigion ac Ynys Môn. Y mae hefyd wedi cynnal amryw o ymgyrchoedd llwyddiannus, megis yr un dros sianel deledu Gymraeg. Erbyn hyn y mae Plaid Cymru yn rhan hanfodol o fywyd gwleidyddol Cymru, gan ymroi trwy ddulliau cyfansoddiadol i ennill hunan-lywodraeth ac y mae ganddi ei pholisïau Radicalaidd ei hun ar gyfer economi Cymru sy'n deillio o'i hymroddiad i *Sosialaeth Ddatganoledig. Yn y bywyd diwylliannol bu dylanwad y Blaid yn sylweddol. Y mae'r awduron a fu'n aelodau gweithgar (yn ychwan-egol at y rhai a grybwyllwyd uchod) yn cynnwys Kate *Roberts, D. J. *Williams, Gwenallt (David James *Jones), J. Kitchener *Davies, Waldo *Williams, Islwyn Ffowc *Elis, Pennar *Davies, Bobi Jones (R. M. *Jones), R. S. *Thomas, Emyr *Humphreys, Harri *Webb a llawer o rai eraill.

Ceir hanes Plaid Cymru yn y gyfrol Cymru'n Deffro (gol. John Davies, 1981); gweler hefyd y bennod gan Ioan Rhys (Ioan Bowen Rees) yn Celtic Nationalism (1968), Alan Butt Philip, The Welsh Question: Nationalism in Welsh Politics 1945–70 (1975), D. Hywel Davies, The Welsh Nationalist Party 1925–1945 (1983) a The National Question Again (gol. John Osmond, 1985). Ceir portreadau o rai o arweinwyr cynnar y Blaid yn Adnabod Deg (gol. Derec Llwyd Morgan, 1973); gweler hefyd Dafydd Williams, The Story of Plaid Cymru (1990).

Planet, cylchgrawn a sefydlwyd yn 1970 ac a olygwyd ac a gyhoeddwyd chwe gwaith y flwyddyn gan Ned Thomas (Edward Morley *Thomas) a'i wraig Sara Erskine, yn y blynyddoedd cyntaf o'u cartref ger Llangeitho, Cer. Ymhlith y tîm golygyddol yr oedd Tudor *David, Harri *Webb a John *Tripp. Cymerai'r cylchgrawn safbwynt adain chwith a chenedlaethol ac amlygai ddiddordeb mawr mewn lleiafrifoedd Ewrop ac mewn cymdeithaseg, ecoleg a gwleidyddiaeth; yn 1977 cymerodd yr is-deitl The Welsh Internationalist. Yn ystod ei ddwy flynedd gyntaf ymosododd rhai Aelodau Seneddol Llafur ar ei ymgyrchoedd o blaid achosion megis darlledu trwy gyfrwng y Gymraeg, statws cyfreithiol y Gymraeg a *Datganoli i Gymru a'r Alban. Ond wrth i'r syniadau a bleidiwyd ganddo gael eu harddel yn fwy cyffredinol, aeth y cylchgrawn yn llai dadleuol. O ran llenyddiaeth, tueddai at ryddiaith real-aidd, gymdeithasol a 'barddoniaeth gyhoeddus', gan roi sylw i ysgrifau, storïau byrion a cherddi gan lenorion Eingl-Gymreig, i adolygiadau a graffigwaith ac i gyfieithiadau o farddoniaeth a rhyddiaith Gymraeg ac ieithoedd eraill. Daeth y cylchgrawn i ben yn 1979, gyda'i hanner canfed rhifyn, gan i'r golygyddion benderfynu peidio â pharhau â'r gwaith, ond fe'i hadferwyd unwaith eto yn 1985 dan olygyddiaeth Ned Thomas. Galluogodd nawdd ychwanegol gan *Gyngor Celfyddydau Cymru y cylchgrawn i benodi staff llawn-amser, a phan adawodd Ned Thomas Aberystwyth yn 1990, pasiodd yr olygyddiaeth i ddwylo John *Barnie (ar ôl cyfnod o gydolygu gyda Gwen Davies).

Ni fu newid sylweddol yng nghymeriad Planet ar ôl 1985, ond y mae'r cylchgrawn yn adlewyrchu'r newidiadau mawr a fu yn y gymdeithas ar ôl 1979. Gwelir ystod ehangach o safbwyntiau nag yn y Planet cynnar, a rhoddir sylw i lawer o weithgareddau celf-yddydol, yn arbennig ym maes celf weledol. Y mae'r pwyslais ar bynciau ecolegol yn adlewyrchu diddor-debau ac ymroddiad personol y golygydd.

Lluniwyd mynegai i hanner can rhifyn cyntaf y cylchgrawn gan G. M. Madden (1980) ac i'r ail hanner cant gan Mary Madden (1994).

Plant y Cedyrn, gweler o dan ANATIOMAROS (1925).

Plas Iolyn, plasty ym mhlwyf Pentrefoelas, Dinb.; yr oedd yn gartref un o deuluoedd nodedig gogledd Cymru. Maredudd ap Tudur (fl. 1450) oedd yr aelod pwysig cyntaf a chymerodd weinyddiaeth tiroedd eang abaty *Aberconwy a thiroedd yn Nôl Gynwal; enillodd ffafr frenhinol drwy bleidio'r Lancastriaid. Ei fab Rhys ap Maredudd (Rhys Fawr, fl. 1510) oedd y cyntaf i noddi beirdd ac yr oedd *Tudur Aled yn un o'r beirdd a gyrchai i'w lys ym Mryn-gwyn. Ychwanegodd Rhys at eiddo'r teulu, a bu iddo ddau fab, Morys a Rhobert; o Forys y tarddodd canghennau'r Foelas a Chernioge. Rhobert (m. 1534) a sefydlodd gangen Plas Iolyn; yr oedd yn ŵr dysgedig mewn urddau eglwysig ac yn ddylanwadol iawn fel gweinyddwr cyfraith. Yr oedd Tudur Aled a *Lewys Môn ymhlith y beirdd a ganodd ei fawl. Wedi ei gyfnod ef, Elis *Prys (Y Doctor Coch), a etifeddodd Blas Iolyn; etifeddodd ei fab Tomos *Prys ystad dipyn yn llai. Edwinodd diddordeb ei deulu mewn noddi'r beirdd wedi ei gyfnod ef.

Plas Newydd, Môn, gweler o dan BAYLY, LEWIS (m. 1631); **Plas Newydd, Dinb.**, gweler o dan BUTLER, ELEANOR (1745?–1829).

Plasau'r Brenin (1934), nofel gan Gwenallt (David James *Jones) a seiliwyd ar ei brofiadau fel gwrth-wynebydd cydwybodol yng ngharcharau Wormwood Scrubs a Dartmoor yn ystod y blynyddoedd o 1917 hyd 1919. Y mae tebygrwydd trawiadol rhwng Myrddin Tomos, prif gymeriad y nofel, a Gwenallt ei hun, ac awgrymodd o leiaf un beirniad, sef Saunders *Lewis, nad nofel ydyw ond 'darn dwys o hunangofiant bardd'. Y mae'r llyfr yn allweddol i farddoniaeth Gwenallt; ei gryfder yw nid y portread o fywyd carchar, ond yn hytrach atgofion yr awdur am ei gefndir gwledig yn sir Gaerfyrddin a'r modd y teflir llawer o oleuni ar dwf ei ymwybyddiaeth wleidyddol.

Platoniaeth, y ddamcaniaeth mai'r Ffurfiau yw'r unig

elfennau perffaith a thragwyddol, yr unig wir realiti; hon oedd gwaddol Platon (*c*.427–348 cc) i wareiddiad y Gorllewin. O hyn y tyfodd y syniad deuolaidd am ddyn fel corff ac enaid, a'r drychfeddwl o fyd anweledig nad yw'r byd gweledig ond copi llwydaidd ohono. Y mae athroniaeth yn codi Dyn, yn ôl y ddadl, uwchlaw byd cyfnewidiol y synhwyrau, y pethau sydd yn dod i fod, i fyd y pethau sydd yn bod yn barhaol, i dir hanfodion, unig wrthrychau canfyddiad deallol. Felly'r athronydd, yn anad neb, sy'n abl i ffurfio barn am beth sydd yn dda i'r unigolyn ac i gymdeithas. Dadleuodd Saunders ★Lewis fod canu mawl yng Nghymru yn yr Oesoedd Canol diweddar yn deillio o Blatoniaeth, gan mai moli'r ffurfiau delfrydol y mae'r beirdd wrth foli arglwydd neu wraig, ac y gwelir mynegiant cryno o hyn yng Ngramadeg ★Einion Offeiriad.

Nid oedd y cam o ddamcaniaethau Platon at ★Gyfriniaeth yn un mawr, a digwyddodd yn y drydedd ganrif yn yr hyn a elwir bellach yn Neo-Blatoniaeth, a'i brif gynrychiolydd oedd Plotinus. Ynddo ef datblygodd y gred o hierarchiaeth a geir yn y cread, a chyrhaedda ei huchafbwynt yn y daioni perffaith, yr Un; ymdrecha'r hunan i ddod i undod â'r Un drwy Ddedwyddol Weledigaeth. Un o ffrwythau'r traddodiad cyfriniol yng Nghymru'r Oesoedd Canol yw *Cysegrlan Fuchedd* (gweler o dan YMBORTH YR ENEIT). Adleisir y datblygiad o'r drefn hierarchaidd i athrawiaeth Cadwyn Bod yn ★*Gweledigaetheu y Bardd Cwsc* gan Ellis ★Wynne ac yng ngwaith William ★Williams (Pantycelyn).

Ni chafodd adfywiad mawr Platonaidd y bymthegfed ganrif â'i ganolbwynt yn Firenze fawr o ddylanwad uniongyrchol ar Gymru, er i Ruffydd ★Robert gyfiawnhau ei ddefnydd o ffurf deialog ar gyfer ei *Dosparth Byrr* trwy apelio at Blaton. Disgrifiwyd John ★Davies, Mallwyd, gan Rowland ★Vaughan, yn *Yr Ymarfer o Dduwioldeb*, fel yr 'unig Plato ardderchawg o'n hiaith ni'. Cyrhaeddodd yr adfywiad Gymru yn ysbeidiol ac yn anuniongyrchol drwy Blatoniaid Caer-grawnt a Jacob Böhme. Ymdrechai'r Platoniaid i uno crefydd ac athroniaeth, i ailddatgan unoliaeth byd cysegredig sydd i'w brofi fel ecstasi parhaol. Daeth Morgan ★Llwyd i gyfathrach â hwynt yn bennaf drwy ei gyfeillgarwch â Peter Sterry, caplan Cromwell. Yr haen gyfriniol, hermetig, weledigaethol sy'n dylanwadu ar Lwyd drwy Böhme, a cheir yr elfen Blatonaidd yn eglur iawn mewn mannau: 'O Eryr, deall nad yw'r byd a welir ond cysgod o'r byd nis gwelir'.

Yn y bedwaredd ganrif ar bymtheg daeth elfennau o Blatoniaeth i waith Islwyn (William ★Thomas) drwy Shelley a Wordsworth ac yn arbennig Emerson. Yn 1897 myn Tafolog (Richard Davies, 1830–1904) mai 'Cysgodion neu ymddangosiadau i gyd a welir ym myd y synhwyrau; o'r golwg y mae y sylweddau oll, a chyfrinach y cyfrinachau yw Duw', a lled awgryma y bydd y ★Bardd Newydd yn mynegi hyn. Ond, gwaetha'r modd, nid oedd y rheini gan amlaf yn gallu gwahaniaethu rhwng yr arwyddocaol a'r rhethregol.

Cafwyd trosiadau teilwng i'r Gymraeg o rai o weithiau Platon am y tro cyntaf yn y 1930au gan D. Emrys Evans. Ceir ymdriniaeth a Blatoniaeth yn llenyddiaeth Gymraeg yn Saunders Lewis, *Braslun o Hanes Llenyddiaeth Gymraeg* (1932), erthygl gan Pennar Davies, 'Cysylltiad Crefyddol Cymru ac Ewrop oddi ar adeg y Dadeni Dysg' yn *Efrydiau Athronyddol* (cyf. XXVII, 1964) ac O. R. Jones, 'Platon: Damcaniaeth y Ffurfiau' yn *Efrydiau Athronyddol* (cyf. XLIV, 1981); gweler hefyd R. M. Jones, *Cyfriniaeth Gymraeg* (1994).

Plentyn Rhyfeddol, Y, motiff mewn chwedlau gwerin cydwladol. Cenhedlir plentyn a'i eni mewn modd rhyfeddol ac amlyga rinweddau arwrol, trwy wneuthur campau sy'n dangos cryfder, doethineb a dewrder. Gall dyfu i faint bachgen ddwywaith neu deirgwaith ei oed, fel y gwna ★Pryderi a ★Lleu Llawgyffes, neu gall arddangos chwimder anghyffredin, fel y gwna Peredur (gweler o dan TAIR RHAMANT) pan gasgla ddwy ewig wyllt gyda'i eifr. Arddengys ★Myrddin ei aeddfedrwydd mewn doethineb a darogan wedi iddo gael ei ddarganfod gan ★Wrtheyrn yn blentyn heb dad, ac y mae'n synnu doethion y Brenin trwy esbonio presenoldeb y dreigiau coch a gwyn (gweler o dan EMRYS WLEDIG). Y mae'r plentyn ★Taliesin, wedi iddo newid o ffurf gyfnewidiol Gwion Bach, yn llefaru mewn penillion o gysur wrth ★Elffin ap Gwyddno ei achubwr, a hyd yn oed yn ei lencyndod y mae'n llwyddo i guro beirdd ★Maelgwn Gwynedd mewn ymryson. Cyfatebir gweithredoedd yr arwyr seciwlar hyn ym ★Muchedd-au'r Saint, a honnir bod llawer ohonynt, pan oeddynt eto yn blant, wedi dysgu darllen mewn diwrnod, wedi meistroli'r Ysgrythur ac yn dadlau diwinyddiaeth â'r hynafgwyr.

Plygain, Y, gwasanaeth carolau a gynhelir yn eglwys y plwyf rhwng tri a chwech o'r gloch ar fore dydd ★Nadolig; daw'r enw o'r Lladin *pulli cantus* ('caniad y ceiliog'). Datblygodd y gwasanaeth o offeren ganol-nos y cyfnod Pabyddol gan dyfu'n rhan bwysig o ddathliadau'r Nadolig. Addurnid yr eglwysi â chanhwyllau, a chredid bod arwyddocâd symbolaidd i'w goleuni. Dechreuai â'r gwasanaeth boreol wedi ei dalfyrru ac fe'i dilynid gan bartïon yn canu carolau ar yr hen fesurau. Cyfansoddwyd cannoedd lawer o garolau plygain yn yr ail ganrif ar bymtheg, y ddeunawfed ganrif a'r bedwaredd ganrif ar bymtheg. Crefyddol ac athrawiaethol yw naws y canu hwn, a chymhleth, yn aml iawn, yw'r mydr a'r arddull, gan ddilyn ffurfiau ceinciau ★baledi poblogaidd y cyfnod. Yn y cyfnod diweddar cynhelir y plygeiniau gyda'r nos rhwng canol Rhagfyr a chanol Ionawr, yn arbennig yn sir Drefaldwyn.

Ceir detholiad o garolau plygain, ynghyd â'u testunau, yn y gyfres *Welsh Folk Heritage* (1977); gweler hefyd J. Fisher, '*Two Welsh-Manx Christmas Customs*', yn *Archaeologia Cambrensis* (1929), Gwynfryn Richards, 'Y Plygain' yng *Nghylchgrawn Cymdeithas Hanesyddol yr Eglwys yng Nghymru* (1947), Enid P. Roberts, 'Hen Garolau Plygain' yn *Nhrafodion* Anrhydeddus

Gymdeithas y Cymmrodorion (1954) a D. Roy Saer, 'The Christmas Carol-Singing Tradition in the Tanad Valley' yn Folk Life (cyf. VII, 1969).

Pobol y Cwm, y gyfres ddrama fwyaf poblogaidd a llwyddiannus yn hanes teledu yng Nghymru. Gosodwyd y seiliau gan John Hefin, y cynhyrchydd, a Gwenlyn *Parry, y golygydd. Aeth ar yr awyr am y tro cyntaf ym mis Medi 1974 yn gyfres o ugain pennod. Dros y blynyddoedd ymestynnwyd hyd y gyfres ac erbyn 1997 darlledid 250 o benodau bob blwyddyn. Rhwng 1974 a 1982 fe'i dangosid ar BBC Cymru ond gyda dyfodiad Sianel Pedwar Cymru (S4C) yn 1982 trosglwyddwyd hi i'r sianel newydd, a bu'n gonglfaen i'r gwasanaeth hwnnw ar hyd y blynyddoedd wedyn. Gwnaed ymdrech fwriadol o'r cychwyn cyntaf i apelio'n uniongyrchol at Gymru gyfan trwy gael amrywiaeth o'r de a'r gogledd ymysg y prif gymeriadau fel bod y prif dafodieithoedd yn cael eu cynyrchioli. Yn y gorllewin y mae'r gyfres wedi ei lleoli yn ddaearyddol, a phetai pentref dychmygol Cwmderi ar fap fe'i canfyddid rywle rhwng Caerfyrddin a Llanelli, er mai mewn pentrefi cyfagos i Gaerdydd, heb fod nepell o Ganolfan Deledu'r BBC yn Llandaf, y gwneir y ffilmio allanol. Y mae'r gyfres ar hyd y blynyddoedd wedi adlewyrchu bywyd pob dydd fel y mae yng nghefn gwlad Cymru, ac wrth i gymdeithas newid y mae'r gyfres hithau wedi newid. Y mae mwy o drais, torcyfraith a thorpriodas ynghyd â phroblemau cymharol newydd megis cyffuriau i'w gweld heddiw nag oedd yn y cyfresi cynnar.

O safbwynt cynnig bywoliaeth i ysgrifenwyr, y mae'r gyfres wedi chwarae rhan bwysig, yn enwedig yn y blynyddoedd diweddar, lle y bu cynnydd sylweddol yn y cynnyrch. Ar hyn o bryd y mae pump ar hugain o awduron yn cyfrannu i'r gyfres a theg fyddai dweud bod Pobol y Cwm wedi galluogi nifer sylweddol o ysgrifenwyr rhan amser i droi'n broffesiynol. Hefyd gwnaeth gyfraniad pwysig wrth ddatblygu talentau newydd ac y mae llawer o awduron mwyaf blaenllaw Cymru, megis Siôn *Eirian, Meic *Povey, Manon *Rhys ac Eigra Lewis *Roberts, wedi bwrw'u prentisiaeth wrth olygu ac ysgrifennu'r gyfres.

Ceir manylion pellach yn William Gwyn, Pobol y Cwm 1974-95 (1996).

Poet Jones, gweler JONES, JOHN (1788–1858).

Poet of Mount Pleasant, The, gweler WILLIAMS, WILLIAM (1850–1917).

Poetry Wales, cylchgrawn sy'n cael ei gydnabod yn eang yn un o'r cylchgronau mwyaf blaenllaw a neilltuir i farddoniaeth yng ngwledydd Prydain. Fe'i sefydlwyd gan Meic *Stephens yn 1965 a'i gyhoeddi gyntaf ym Merthyr Tudful gan ei wasgnod ef, Triskel Press. Ac eithrio dau rifyn a olygwyd gan Gerald *Morgan

(1967–68), Meic Stephens oedd ei olygydd hyd 1973. Cyhoeddwyd y cylchgrawn yn chwarterol gan Christopher Davies o Abertawe (gweler *Llyfrau'r Dryw) o 1967 hyd 1980 ac ers hynny fe'i cyhoeddwyd gan Poetry Wales Press (*Seren Books yn ddiweddarach) ym Mhen-y-bont ar Ogwr.

Dan olygyddiaeth Meic Stephens yr oedd Poetry Wales yn wladgarol ei safbwynt, er nad yn gul; un o'i amcanion oedd meithrin cyd-ddealltwriaeth rhwng llenorion y ddwy iaith yng Nghymru. Yn ogystal â cherddi yn Saesneg ac adolygiadau o lyfrau newydd o Gymru a mannau eraill, cyhoeddodd gerddi yn Gymraeg, cyfieithiadau o'r Gymraeg ac erthyglau yn Saesneg ar farddoniaeth Gymraeg fodern. Gwilym Rees *Hughes oedd y golygydd Cymraeg cyntaf a'r hwyaf ei wasanaeth. Prif lwyddiant y cylchgrawn o'r dechrau, a hyd heddiw, oedd darganfod ac annog beirdd newydd, y mwyafrif helaeth yn Gymry neu'n byw yng Nghymru, sy'n ysgrifennu yn Saesneg. Gwnaeth lawer i symbylu'r hyn a alwyd gan Meic Stephens yn 'ailflodeuo' mewn barddoniaeth Eingl-Gymreig yn y 1960au, pan oedd John *Ormond, Raymond *Garlick, Roland *Mathias, Harri *Webb, John *Tripp, Leslie *Norris a Gillian *Clarke yn gyfranwyr rheolaidd. Fe'u dilynwyd hwy yn y 1970au a'r 1980au gan genhedlaeth newydd yn cynnwys Tony *Curtis, Duncan *Bush, John *Davies, Sheenagh *Pugh, Nigel *Jenkins a Robert *Minhinnick.

Parhawyd â'r polisi golygyddol a sefydlwyd gan Meic Stephens gan Sam *Adams, golygydd y cylchgrawn o 1973 hyd 1975. Rhoddodd J. P. Ward, y golygydd o 1975 hyd 1980, flas mwy academaidd iddo, a bu Cary Archard, y golygydd o 1980 hyd 1986 a chyhoeddwr y cylchgrawn er 1981, yn awyddus i'w weld yn adlewyrchu mudiadau cyfoes mewn llenyddiaeth a chymdeithas ac yn rhoi llwyfan i fwy o feirdd iau, y mae nifer arwyddocaol ohonynt wedi mynd ymlaen i gyhoeddi eu llyfrau cyntaf dan ei wasgnod, Seren. Yn ystod y cyfnod diweddar hwn bu Mike *Jenkins yn olygydd o 1986 hyd 1991 a Richard *Poole o 1992 hyd 1996. Drwy gydol cyfnod o dros ddeng mlynedd ar hugain o gyhoeddi di-dor, yn ogystal â denu beirdd newydd, mae holl olygyddion y cylchgrawn wedi cyhoeddi rhifynnau arbennig o dro i dro ar waith beirdd pwysicaf Cymru yn y Saesneg a'r Gymraeg, rhifynnau a wnaeth gyfraniad sylweddol i ysgolheictod llenyddol ar adeg pan oedd ffynonellau deunydd o'r math hwn yn brin. Penodwyd Robert Minhinnick yn olygydd yn 1997.

Am hanes blynyddoedd cynnar Poetry Wales gweler yr erthygl 'The Second Flowering' gan Meic Stephens yn rhifyn Gaeaf 1967–68 a'r llythyrau oddi wrth rai o brif gyfranwyr y cylchgrawn yn yr unfed rhifyn ar hugain (cyf. VIII, rhif. 3, 1971); lluniwyd mynegai i bedair cyfrol gyntaf ar ddeg Poetry Wales (1965–79) gan D. Hywel E. Roberts (1980) ar gyfer Cymdeithas Lyfrgelloedd Cymru. Gweler hefyd y flodeugerdd Poetry Wales: 25 Years (gol. Cary Archard, 1990).

Pola neu **Pool**, gweler YSTRAD MARCHELL.

Polly Garter, merch benchwiban yn *Under Milk Wood* (1954) gan Dylan *Thomas. Sgwria risiau'r Neuadd Les ac y mae ganddi blant gan fwy nag un o'i chariadon a dywed, '*Oh, isn't life a terrible thing, thank God?*'

Polyolbion (1622), cerdd dopograffaidd gan y bardd o Sais Michael Drayton (1563–1631). Y mae'n cynnwys deg ar hugain o 'Ganeuon', pob un rhwng tri chant a phum cant o linellau, mewn cwpledi chwe sillaf a'i bwriad oedd deffro'r darllenwyr Saesneg i harddwch Prydain; ystyr yr ymadrodd Groeg 'Poly-Olbion', y ffurf a ddefnyddiwyd yn yr argraffiad cyntaf, yw 'â llawer o fendithion'. Yn ôl y rhagymadrodd y mae'n amlwg i Drayton gael ei ddenu i ymweld â Chymru gan y '*much loved, the learned Humphrey Floyd*' (h.y. Humphrey *Llwyd) a chyfaill arall, John Williams (*c.*1584–1627?), eurof y Brenin. Yn ei gerdd disgrifia neu rhestra'r prif nodweddion topograffaidd a welodd ar ei daith trwy dde a gogledd Cymru. Sonia am chwedlau Cymreig, ynghyd â drylliau o hanes, gan foddio ei hoffter o flodau ac anifeiliaid. Iddo ef, Gwlad Rhamant oedd Cymru o hyd: sonia am *Fyrddin a Thywysogion *Gwynedd. Yr oedd gan Drayton fantais ar Thomas Churchyard gan ei fod yn gallu ymgynghori â mapiau Speed o Gymru (1610) ac y mae ei waith yn rhagori ar *The *Worthines of Wales* (1587), sy'n ymdrin â Gwent a'r Gororau'n unig.

Pont Hafren, dros yr aber rhwng De Sir Gaerloyw a sir Fynwy, yw'r brif ffordd i mewn i dde Cymru o dde Lloegr. Pan agorwyd y bont gyntaf yn 1966 ysgogwyd y ddychangerdd hon gan Harri *Webb:

> *Two lands at last connected*
> *Across the waters wide,*
> *And all the tolls collected*
> *On the English side.*

Agorwyd ail bont Hafren yn 1996.

POOK, JOHN (1942–), bardd, a aned yng Nghastell-nedd, Morg. Fe'i haddysgwyd yng Ngholeg y Breninesau, Caer-grawnt, ac yng Ngholeg Prifysgol Gogledd Cymru, Bangor. Bu'n athro Saesneg yn Rhuthun, Dinb., cyn symud i Ffrainc yn 1984 i weithio i gwmni cyfrifiaduron rhyngwladol. Cyhoeddodd un casgliad o gerddi, *That Cornish Facing Door* (1975), cyfrol dawel, fyfyriol, sy'n amlygu eironi grymus.

POOLE, EDWIN (1851–95), newyddiadurwr, argraffydd a hanesydd sirol, a aned yng Nghroesoswallt ond a gafodd swydd gyda'r *Brecon County Times* pan oedd yn ddwy ar bymtheg oed. Ysgrifennodd a chyhoeddodd *A History of the Breconshire Charities* (1880), *Military Annals of the County of Brecknock* (1885), *The Illustrated History and Biography of Brecknockshire* (1886) a hanes John *Penry (1893); hefyd cyhoeddodd

Old Brecon Chips (1886–88), cylchgrawn hynafiaethol byr ei hoedl ond gwerthfawr. Yn 1889 dechreuodd *The Brecon and Radnor Express* (sydd yn parhau o hyd) ac ef oedd ei olygydd cyntaf. Y mae ei lyfr ar hanes y sir yn ddefnyddiol fel cywiriad i un ei ragflaenydd, Theophilus *Jones a hepgorodd bron yn llwyr bob cyfeiriad at *Anghydffurfiaeth ac y mae ei adran ar fywydau pobl leol amlwg ac ar lyfrau gan awduron o Frycheiniog yn torri tir nad oes fawr neb wedi ei drin oddi ar hynny.

POOLE, RICHARD (1945–), bardd a beirniad a aned yn Bradford, swydd Efrog, ac a addysgwyd yng Ngholeg Prifysgol Gogledd Cymru, Bangor; bu'n Diwtor Llenyddiaeth yng *Ngholeg Harlech er 1971. Y mae'n awdur pedair cyfrol o gerddi, *Goings and Other Poems* (1978), *Words Before Midnight* (1981) *Natural Histories* (1989) ac *Autobiographies and Explorations* (1994). Amlygir yn ei waith ei ddiddordeb mewn paradocs a cheir ynddo gyfuniad o synwyrusrwydd a deallusrwydd. Ymddiddorodd yng ngwaith Richard *Hughes, a golygodd storïau cynnar yr awdur a'u cyhoeddi dan y teitl *In the Lap of Atlas* (1979); golygodd hefyd ddetholiad o'i ysgrifau llenyddol, *Fiction as Truth* (1983), a chyhoeddodd fywgraffiad beirniadol, *Richard Hughes, Novelist* (1986). Rhwng 1992 a 1996 ef oedd golygydd *Poetry Wales*. Wedi dysgu'r Gymraeg, y mae'n cyfieithu gwaith Gwyneth *Lewis i'r Saesneg.

Porius (1951), nofel gan John Cowper *Powys. Ei his-deitl yw 'Rhamant o'r Oesoedd Tywyll' a'i chefndir yw Hydref 499 yn Nyffryn Edeirnion, Meir. Canolbwyntia'r digwyddiadau ar Lys *Cunedda ac y mae'n ymwneud â gwrthdaro personol, gwleidyddol, hiliol a chrefyddol; ceir cewri brodorol, cyntefig ymhlith y cymeriadau. Archwilia rym dychymyg a'r berthynas rhwng y *psyche* personol a nerthoedd y planedau, ac adlewyrcha'r llyfr y sefyllfa gyfoes a'r gwrthdaro rhwng daliadau a syniadau yn hytrach na'r cefndir hanesyddol. Mewn argraffiad newydd o'r nofel, a olygwyd gan Wilbur T. Albrecht a'i gyhoeddi yn 1994, adferwyd y testun a dociwyd gan Powys cyn ei gyhoeddi, ac felly datgelir ei syniad gwreiddiol. Yn y *Porius* adferedig ceir y mynegiant llwyraf o'i weledigaeth bersonol.

Porkington, gweler Brogyntyn.

Portmeirion, gweler o dan Williams-Ellis, Clough (1883–1978).

Portrait of the Artist as a Young Dog (1940), casgliad o storïau byrion hunangofiannol gan Dylan *Thomas. Er bod adlais o nofel James Joyce, *A Portrait of the Artist as a Young Man* (1916), yn y teitl, y mae cysylltiad agosach â darlun Joyce o'i gefndir yn ei storïau byrion yn *Dubliners* (1914). Y mae Thomas ei hun yn gymeriad ym mhob stori yn y casgliad ac y mae'n ymdrin â'r cyfnod o'i fachgendod hyd at tuag ugain mlwydd oed pryd yr ymadawodd ag Abertawe am y tro cyntaf i fynd i Lundain. Trwy gyfrwng arall ceisiodd adrodd rhagor o'i hunangofiant, sef ei brofiad cynnar o Lundain, yn ei nofel anorffenedig, *Adventures in the Skin Trade*, a gyhoeddwyd yn 1955, ar ôl ei farw. Ceir deg stori yn y *Portrait*. Ei brofiadau ar ei wyliau yng nghefn gwlad Caerfyrddin yw thema'r ddwy stori gyntaf, '*The Peaches*' (sef darlun comig-realistig o'r fferm a goffawyd mewn dull mwy rhamantaidd yn **'Fern Hill*') ac '*A Visit to Grandpa's*'. Profiadau Abertawe a geir yn yr wyth stori arall, dosbarthiad sy'n tanlinellu'r ffaith mai dyna wir gefndir Thomas a'r un a synhwyrai yn ddwfn – er yn aml iawn yn anuniongyrchol – yn ei farddoniaeth. Ystyrir y gwaith hwn, sy'n ymdoddiad bywiog o ddychymyg a *reportage*, yn un o'i gynhyrchion gorau mewn rhyddiaith. Yr hyn a ddaw i'r amlwg yw natur swbwrbaidd magwraeth y bardd – cysurus, rhywbeth i'w garu a'i gasáu bob yn ail; yn erbyn y cefndir hwn rhoddir naws ffugarwrol ddeniadol i ddyheadau'r llenor ifanc.

Porthamal, plasty ym mhlwyf Llanidan, Môn, a chyrchfan enwog i feirdd. Cadwyd canu i chwe chenhedlaeth o benteuluoedd o gyfnod Maredudd ap Cynfrig. Parhawyd y traddodiad gan ei fab Owain a chan ei wyres a'i aeres Elin, a briododd â Wiliam, un o deulu **Bulkeley Biwmares*. Bu tair cenhedlaeth o'u disgynyddion yn noddi beirdd yma tan 1665.

Porthmyn, Y, y dynion a oedd yn gyrru gyrroedd enfawr o wartheg a defaid o Gymru i'r ffeiriau yn Lloegr. Dechreuodd yr arfer yn y bymthegfed ganrif a daeth i ben ddiwedd y bedwaredd ganrif ar bymtheg. Galwyd un o'i ffyrdd arferol ar draws y Cotswolds i Ddyffryn Tafwys yn '*The Welsh Way*'. Eu cri nodweddiadol oedd 'Haiptrw Ho! Haiptrw Ho!' ac arferent aros dros nos yn y tafarnau niferus sy'n dal i arddel yr enw *Drover's Arms*. Yr oeddynt yn wydn, yn fedrus ac yn ddewr, a hefyd yn aml yn gwrs ac yn afradus. Ymhlith yr ysgrifenwyr a'u beirniadai fel dosbarth yr oedd Rhys *Prichard, a'u hanogai i ymwrthod â'u diota, Ellis *Wynne, a'u dychmygai yn dioddef yn uffern oherwydd iddynt dwyllo eu cwsmeriaid, a Thwm o'r Nant (Thomas *Edwards), a'u dychanodd am eu dichell. Ystyrid hwy hefyd yn ffigurau rhamantus, yn teithio'n eang yn ôl safonau eu hoes, gan ddod â'r newyddion, caneuon a'r hanesion a glywsent yn nhrefi Lloegr ac mewn ffeiriau, megis y rhai yn Barnet yn swydd Hertford a Ffair Sant Bartlemi yn Smithfield yn Llundain, yn ôl i Gymru.

Daeth rhai o'r porthmyn yn gyfoethog. Dyrchafwyd David Jones (m. 1839) yn Uchel Siryf Sir Gaerfyrddin yn 1820 a sefydlodd ef Fanc yr Eidion Du yn Llanymddyfri yn 1799; cadwyd y fferm yn nwylo ei ddisgynyddion hyd 1909 pan gymerwyd hi drosodd gan

Fanc Lloyds. Banc porthmyn enwog arall oedd Banc y Ddafad Ddu yn Aberystwyth a Thregaron. Ymhlith y porthmyn a oedd yn wŷr llên o bwys yr oedd Edward *Morris a Dafydd *Jones (1711–77) o Gaeo.

Ceir manylion pellach yn *Wales and the Drovers* (1947) gan P. G. Hughes, *The Welsh Cattle Drovers* (1976) gan Richard Colyer, a *The Drovers' Roads of Wales* (1977) gan Fay Godwin a Shirley Toulson.

Posau, neu gwestiynau i brofi arabedd gwrandawr neu ddarllenydd. Y maent wedi bod yn rhan o draddodiad llên gwerin Cymru am ganrifoedd; ac yn arbennig o boblogaidd ymhlith plant. Er mai traddodiad llafar ar ffurf *rhigymau mewn tafodiaith ydynt, gan amlaf, fe'u gwelir hefyd mewn barddoniaeth Gymraeg, megis yn y cerddi cynnar sy'n disgrifio gwrthrychau heb eu henwi. Yr enghraifft fwyaf nodedig efallai yw'r un yn **Llyfr Taliesin* sy'n disgrifio'r gwynt. Dywedir bod y defnydd diweddarach o gymariaethau, sef dyfalu, a welir yng ngherddi *Beirdd yr Uchelwyr wedi tyfu o'r farddoniaeth bosaidd hon. Yng ngwaith y *Gogynfeirdd disgrifir gwrthrych yn nhermau corff merch, neu dŷ pendefig, trwy dynnu ar nifer o gymariaethau cryno, gan ddiweddu ag enw'r gwrthrych ei hun, megis yng ngherdd *Dafydd ap Gwilym i'r niwl, a cherdd *Dafydd Nanmor i wallt Llio.

Ceir astudiaeth ar y ffurf yn *A Collection of Welsh Riddles* (1942) gan Vernon E. Hull ac Archer Taylor.

POVEY, MEIC (1950–), sgriptiwr a aned yn Nhremadog, Caern., a bellach yn byw yng Nghaerdydd. Bu'n gweithio ar staff BBC Cymru cyn ymroi i fod yn actiwr ac i ysgrifennu ar ei liwt ei hun ar gyfer y teledu. Yn ogystal â'r nofel, *Mae'r Sgwâr yn Wag* (1974), ysgrifennodd y dramâu a ganlyn: *Yr Aderyn* (1972), *Terfyn* (1978), *Dim ond Heddiw* (1978), *Y Cadfridog* (1979), *Cofiant y Cymro Olaf* (1980), *Nos Sadwrn Bach* (1980), *Aelwyd Gartrefol* (1982), *Meistres y Chwarae* (1983) a *Chwara Plant* (1983). Ysgrifennodd hefyd sgriptiau ar gyfer y gyfres deledu *Glas y Dorlan* (1976–83), *Taff Acre* (1981) a'r opera sebon *Pobol y Cwm rhwng 1974 ac 1990.

POWEL, DAVID (1552–98), hanesydd ac ysgolhaig dyneiddiol a brodor o Fryneglwys, Dinb. Credir mai ef oedd y myfyriwr cyntaf i raddio yng Ngholeg Iesu, Rhydychen, a gwnaeth hyn ym Mawrth 1572/73; enillodd ei Ddoethuriaeth mewn Diwinyddiaeth yn 1583. Buasai cyn hynny'n ficer Rhiwabon (1570) a Llanfyllin (1571). Yn 1579 newidiodd Llanfyllin am Feifod ac yn 1588 sicrhaodd reithoriaeth segur Llansantffraid-ym-Mechain. Ar gais Syr Henry Sidney paratôdd gyfieithiad Humphrey *Llwyd o **Brut y Tywysogyon* ar gyfer y wasg ac ychwanegodd at y testun draethawd gan Syr Edward *Stradling ar *Oresgyniad y Norman ym Morgannwg, gwaith a roddwyd i Powel gan Blanche *Parry. Yn y traethawd hwn ymddengys am y tro cyntaf mewn print yr hyn sy'n honni ei fod yn adroddiad o oresgyniad Morgannwg, yn 1090, gan Robert Fitzhamo a'i Ddeuddeng Marchog.

Er mwyn paratoi ar gyfer ysgrifennu ei *Historie of Cambria, now called Wales* (1584), cafodd Powel ganiatâd gan yr Arglwydd Burghley i archwilio cofnodion swyddogol a chynhwysodd, fel rhagair i'r gyfrol, gyfieithiad Llwyd o draethawd Syr John *Price ar raniadau rhanbarthol Cymru. Y mae'r *Historie* yn bwysig iawn, nid yn unig am ei fod yn adlewyrchu dull yr oes o ddehongli hanes, ond am mai hwn fu'r gwaith sylfaenol ar hanes Cymru hyd at 1282 nes i Syr John Edward *Lloyd gyhoeddi ei *History of Wales* (1911).

Cyhoeddodd William Wynne (1617–1704) addasiad o'r *Historie* yn ei *History of Wales* (1697), ac fe'i hailargraffwyd droeon rhwng 1697 a 1832. Cafodd y gwaith ddylanwad mawr ar haneswyr diweddarach megis Charles *Edwards a Theophilus *Evans.

Ceir manylion pellach mewn erthygl gan I. M. Williams yn *Llên Cymru* (cyf. II, 1952) ac yn Ceri Davies, *Rhagymadroddion a Chyflwyniadau Lladin 1551–1632* (1980) a *Latin Writers of the Renaissance* (1981).

POWEL, ROBAT (1948–), bardd a aned yn Nhredegar, Myn., ac a astudiodd Almaeneg yng Ngholeg y Brifysgol, Llundain, gan hyfforddi wedyn yn athro yng Ngholeg Prifysgol Cymru, Aberystwyth. O 1971 hyd 1979 bu'n dysgu Almaeneg a Ffrangeg yn Ysgol Gyfun Ystalyfera. Er 1979 bu'n swyddog ymchwil gyda'r Sefydliad Cenedlaethol er Ymchwil i Addysg. Enillodd *Gadair yr Eisteddfod Genedlaethol yn 1985, y dysgwr Cymraeg cyntaf i wneud hynny, gyda'i awdl, 'Cynefin', sy'n chwilio themâu diwydiannol yn y mesurau traddodiadol. Y mae ei gerddi i gyd yn defnyddio'r cynghanedd, ac fe'u casglwyd ynghyd yn ei lyfr, *Haearn Iaith* (1996).

POWEL, THOMAS (1845–1922), ysgolhaig Celtaidd, a aned yn Llanwrtyd, Brych., ac a addysgwyd yng Ngholeg Iesu, Rhydychen, lle y graddiodd ag anrhydedd yn y Clasuron yn 1872. Pan sefydlwyd Coleg y Brifysgol, Caerdydd, yn 1883, fe'i penodwyd yn aelod o'r staff, ac yn y flwyddyn ddilynol fe'i dyrchafwyd i Gadair y Gelteg yno, y gyntaf yng Nghymru, a bu yn y swydd nes iddo ymddeol yn 1918. Yn ogystal â golygu *Y Cymmrodor* (1880–86), golygodd *Ystorya de Carolo Magno* (1883) o *Llyfr Coch Hergest*, *The Gododin of Aneurin Gwawdrydd* gan Thomas *Stephens (1888) dros Anrhydeddus Gymdeithas y *Cymmrodorion, ac adargraffiad (1896–97) o *Psalmau Dafydd* (1588) William *Morgan.

POWELL, GEORGE (Miölnir Nanteos; 1842–82), bardd a aned yn *Nanteos, Cer., a'i addysgu yn Eton a Choleg Trwyn y Pres, Rhydychen. Ni chydymffurfiai

ag ysweiniaid yr ardal ac yr oedd wedi cyhoeddi tri llyfr o gerddi, *Quod Libet* (1860), *Poems First Series* (1860) a *Poems Second Series* (1861), cyn ei fod yn ugain mlwydd oed. Defnyddiodd y ffugenw Miölnir Nanteos i'w ail a'i drydydd llyfr, ac y mae'n arwydd o'i ddiddordeb dwfn yng Ngwlad yr Iâ, ei diwylliant a'i brwydr dros annibyniaeth. Er bod ei gerddi'n saernïol fedrus y maent weithiau yn druenus o ysgafn. Dengys ei ragymadroddion ei fod yn ymwybodol o'i wendidau ei hun fel bardd. Yn wir, nid ysgrifennodd ragor o gerddi ar ôl 1861.

Y flwyddyn ganlynol cyfarfu â'r ysgolhaig Eirikr Magnusson a chyfieithodd ar y cyd ag ef *The Legends of Iceland* (1864, 1866). Teithiodd wedyn ar y Cyfandir a throdd ei sylw at gerddoriaeth. Edmygai Wagner, a bu'n hael ei gefnogaeth i gyfansoddwyr cyfoes eraill. Cyfarfu â Swinburne gyntaf yn 1866 ac yr oedd ganddynt ill dau ddiddordeb yng ngweithiau a Marquis de Sade. Denodd eu hynodrwydd Maupassant i ymweld â'u *villa* ar arfordir Normandi yn 1868. Canlyniad hyn oedd stori fer yn dwyn y teitl '*L'Anglais d'Etretat*'. Tynnai'n groes i'w dad ac nid etifeddodd Powell ystad Nanteos hyd 1878, bedair blynedd cyn ei farw annhymig.

Ceir manylion pellach yn yr erthygl gan David Lewis Jones yn *The Anglo-Welsh Review* (cyf. XIX, rhif. 44, 1971), a honno gan Richard Brinkley yn yr un cylchgrawn (cyf. XXII, rhif. 48, 1972) ac un arall gan R. J. Colyer yn *Cylchgrawn Hanes Cymru* (cyf. X, rhif. 4, 1981).

Powell, Phillip (1594–1646), merthyr Catholig. Fe'i ganed yn Y Trallwng, Brych., ac fe'i cymeradwywyd gan Morgan Lewis, prifathro Ysgol Ramadeg Y Fenni a thad yn ddiweddarach i David *Lewis (Charles Baker), i Dom Augustine Baker (David *Baker) a dalodd am ei addysg ym Mhrifysgol Louvain. Fe'i hordeiniwyd yn 1618 ac aeth yn fynach Benedictaidd y flwyddyn ganlynol ac ar ôl astudio gyda John *Jones (Leander) fe'i hanfonwyd i'r genhadaeth Seisnig yn 1622. Bu'n gaplan i deuluoedd yn Nyfnaint a Gwlad yr Haf am yr ugain mlynedd nesaf ond fe'i restiwyd yn ystod y *Rhyfeloedd Cartref pan oedd yn croesi Môr Hafren ar y ffordd i Drefnwy; fe'i dienyddiwyd yn Tyburn oherwydd ei fod yn offeiriad.

Powell, Rees neu **Rice** (*fl.* 1638–65), arweinydd seneddol y dywedwyd yn 1638 ei fod yn dod o Jeffreyston, Penf. Yr oedd yn swyddog ym myddin Ormonde yn Iwerddon ond dihangodd ym Medi 1643 er mwyn cynorthwyo ei gyfeillion o Seneddwyr ym *Mhenfro. Bu ganddo ran yn yr ymgyrchoedd a arweiniwyd gan Rowland *Laugharne a John *Poyer yn 1644, a heriodd Gerard yng nghastell *Aberteifi yn llwyddiannus iawn. Pan drechwyd Laugharne yn llwyr gan Gerard gerllaw Castellnewydd Emlyn yn Ebrill 1645 rhoddodd Powell y castell ar dân a chymerodd ei wŷr yn ôl i Benfro mewn llongau. Yn Ebrill y flwyddyn ganlynol, a'r ymladd drosodd, daeth yn Llywodraethwr

Dinbych-y-pysgod ac yn gynnar yn 1648, pan oedd Laugharne yn Llundain, Powell oedd cadlywydd y Seneddwyr yng ngorllewin Cymru. Achoswyd cryn anfodlonrwydd pan orchmynnodd y Senedd ddadfyddino milwyr nad oedd eu hangen, er eu bod heb eu talu. Ymunodd Powel â Poyer gan wrthod ufuddhau i orchymyn ac, yn ddiweddarach, daeth i gysylltiad â'r Brenin. Cynullodd ei wŷr yng Nghaerfyrddin, trechodd y Cyrnoliaid Horton a Fleming a oedd yn arwain milwyr teyrngar i'r Senedd, cipiodd Abertawe a Chastell-nedd ac aeth ymlaen tua Chaerdydd. Cyfarfu lluoedd Horton, a orymdeithiodd ar frys o Aberhonddu, ag ef yn Sain Ffagan ac yno ar 11 Mai 1648 trechwyd Powell a Laugharne yn derfynol. Dychwelodd i Ddinbych-y-pysgod a'i hamddiffyn hyd 31 Mai. Fe'i rhoddwyd ar brawf a'i ddedfrydu i farwolaeth ond fe'i harbedwyd yn ddiweddarach gan Cromwell.

Amlinellir gweithgarwch milwrol Powell yn J. R. Phillips, *Memoirs of the Civil War in Wales and the Marches* (2 gyf., 1874) ac A. L. Leach, *The History of the Civil War in Pembrokeshire* (1937); gwelir yr unig dystiolaeth o'i deulu a'i ach a ddaeth i'r amlwg hyd yn hyn mewn erthygl gan Francis Green, 'Cuny of Welston and Golden' yn *West Wales Historical Records* (cyf. XII).

POWELL, THOMAS (1608?–60), clerigwr a llenor, a aned yng Nghantref, Brych., a daeth yn Sgolor ac yna yn Gymrawd o Goleg Iesu, Rhydychen. Yno yn 1638 cyfarfu â Thomas a Henry *Vaughan, a oedd yn fyfyrwyr yno. Daeth yn Rheithor Cantref yn 1635 (er nad mewn olyniaeth uniongyrchol i'w dad) ond fe'i hamddifadwyd o'r fywoliaeth dan y Weriniaeth yn 1650. Credir mai ef oedd y 'Cyfaill' a gyhoeddodd *Olor Iscanus* Henry Vaughan yn 1651. Yng ngwanwyn 1654 ceisiodd gael trwydded gan Jenkin *Jones i bregethu eto ond wedi iddo gael ei wrthod aeth dros y môr. Y mae ei unig lyfr Cymraeg, *Cerbyd Iechydwriaeth* (1657), yn adlewyrchu ei chwerwder.

Cyfieithodd o'r Eidaleg ran o *Christian Politician*, Malvezzi, camp a ganmolwyd gan Vaughan yn *Olor Iscanus* ac mewn rhan o lyfr arall gan yr un awdur, sef *Stoa Triumphans* (1651), yn dwyn y teitl, 'The Praise of Banishment'. Ymhlith ei weithiau eraill gellir enwi *Elementae Opticae* (1651) a'i *Humane Industry* (1661), sy'n cynnwys cyfieithiadau gan Henry Vaughan. Gadawyd ei lawysgrifau nas cyhoeddwyd, gan gynnwys 'A Short Account of the Lives, Manners and Religion of the British Druids and Bards', gyda Vaughan ond ymddengys nad oedd yn ymwybodol o'u cynnwys pan ysgrifennodd at John Aubrey (gweler o dan AUBREY, WILLIAM) yn 1694.

Ceir rhywfaint o hanes Thomas Powell yn Theophilus Jones, *A History of Brecknock* (cyf. IV, 1909); gweler hefyd gyfeiriadau yn argraffiad L. C. Martin (1914) o *Poems* Henry Vaughan ac yn F. E. Hutchinson, *Henry Vaughan, A Life and an Interpretation* (1947).

POWELL, VAVASOR (1617–70), pregethwr o Biwritan ac awdur, a aned yng Nghnwclas, Maesd. Bu'n ysgolfeistr yng Nghlun am gyfnod, yna troes yn Biwritan brwd (gweler o dan PIWRITANIAETH) trwy ddarllen pregethau Richard Sibbes a gwrando ar Walter *Cradock yn pregethu. Dechreuodd bregethu, cymerodd ran yn y *Rhyfel Cartref ac ymroes yn eiddgar i'r dasg o efengylu Cymru trwy gyfrwng pregethwyr teithiol o dan *Ddeddf Taenu yr Efengyl yng Nghymru (1650). Yr oedd ei Galfiniaeth yn 'uwch' nag a bleidid gan rai eraill o'r Radicaliaid Piwritanaidd yng Nghymru ond yr oedd ganddo hefyd ddisgwyliadau *Pumed Frenhiniaeth a barodd iddo wrthsefyll Cromwell yn feiddgar a threfnu gwrthwynebiad iddo yng Nghymru yn ei faniffesto, *A Word for God* (1655). Ar ôl yr Adferiad cafodd ei restio a'i garcharu fwy nag unwaith a bu farw yng Ngharchar y Fflyd. Ymhlith ei weithiau y mae *The Scriptures Concord* (1646), *God the Father Glorified* (1649), *Christ and Moses Excellency* (1650), *Saving Faith* (1651), *Christ Exalted* (1651), *Common-Prayer-Book No Divine Service* (1660), *The Bird in the Cage Chirping* (1661), *The Sufferers-Catechism* (1664), *Divine Love* (1667). Y mae *The Life and Death of Mr. Vavasor Powell* (1670) yn cynnwys hunangofiant.

Cyhoeddwyd hanes bywyd Vavasor Powell gan R. Tudur Jones (1971); gweler hefyd G. F. Nuttall, *The Welsh Saints* (1957) a Noel Gibbard, *Elusen i'r Enaid* (1979). Ceir rhai paragraffau bywiog am Powell gan Thomas Carlyle yn ei lyfr, *Oliver Cromwell's Letters and Speeches* (1845).

Powis neu **Powys**, castell ger Y Trallwng, Tfn., a adwaenir hefyd fel Y Castell Coch. Dechreuwyd adeiladu caer ar y safle ar orchymyn *Cadwgan ap Bleddyn tua 1109 a'i gorffen yn ystod oes Gwenwynwyn ab Owain Cyfeiliog (m. 1216). Fe'i disodlwyd gan gastell ar y safle presennol yn gynnar yn y drydedd ganrif ar ddeg ac o'r cyfnod hwnnw bu ei hanes ynghlwm wrth Dywysogion de *Powys. Yng nghyfnod Gruffudd ap Gwenwynwyn trigai Owen de la Pole yno ac wedi priodas ei ferch Hawys â Syr John Charleton yn 1309 bu ym meddiant eu disgynyddion hyd at 1421 pryd a trosglwyddwyd y castell i deulu Henry Grey, ŵyr Edward de Charleton. Yn 1587 fe'i prynwyd gan Syr Edward Herbert, mab iau Iarll Penfro, a ychwanegodd yr Oriel Hir enwog. Crëwyd ei fab, William Herbert (1580–1630), yn Farwn Powys yn 1629; amddiffynnodd ef y castell o blaid y Goron yn y *Rhyfel Cartref cyntaf ond gwnaed difrod mawr iddo, a syrthiodd i ddwylo'r Senedd yn 1644. Wedi 1667 adferwyd y castell gan ei ŵyr, y trydydd Barwn Powys, ac ychwanegodd yr ystafell wely frenhinol a'r grisiau mawreddog. Y mae Castell Powys yn eithriad ymhlith cestyll eraill o'r drydedd ganrif ar ddeg am iddo fod yn gartref i Ieirll Powys dros nifer o ganrifoedd. Erbyn hyn cedwir llawysgrifau gwerthfawr teulu Herbert, a oedd gynt yn y castell, yn *Llyfrgell Genedlaethol Cymru.

Ceir manylion pellach yn Richard Haslam, *Powys* (1979).

Powys. Perthyn dechreuadau brenhiniaeth Powys i'r cyfnod o newid a ddilynodd ymadawiad y *Rhufeiniaid ac ymddengys fod ei thiriogaeth yn ymestyn dros rannau eang o'r tir sydd erbyn hyn yn ffurfio swydd Amwythig yn ogystal â rhan helaeth o ganolbarth Cymru. Pur gymysg yw'r traddodiadau sy'n ymwneud â hanes cynnar y llinach frenhinol, ac y mae o hyd cryn ansicrwydd ynglŷn â safle canolfan y frenhiniaeth, sef Pengwern. Wroxeter (Viroconium) oedd prif ganolfan llwyth y Cornovii, llwyth a oedd yn llywodraethu, fel talaith Rufeinig, yng nghyfnod y Rhufeiniaid ac wedi'r cyfnod hwnnw ar yr ardal i'r gorllewin o Gaerlwytgoed ac a elwir bellach yn Gymru. Yn ôl rhai daw'r enw Powys o *Pagenses,* term Rhufeinig am ardaloedd gwledig y tiroedd hynny. Goresgynnwyd Caerlwytgoed a thiroedd ffrwythlon Amwythig gan wŷr Mersia o 655 ymlaen ac ymadawyd â llys Pengwern (ac nid oes sicrwydd ai tref is-Rufeinig Wroxeter, y mae tystiolaeth archaeolegol i'w bodolaeth, oedd safle'r llys). I Bowys y perthyn englynion *'Canu Llywarch Hen' a *'Canu Heledd'. Yr oedd Llywarch Hen yn perthyn yn wreiddiol i'r *Hen Ogledd ond daethpwyd â chwedl amdano i Gymru a'i leoli o'r newydd ym Mhowys. Credir mai yn y nawfed ganrif, pan oedd gwŷr Powys yn dioddef cyfnod o orthrwm newydd o dan law eu gwrthwynebwyr, y cymhellwyd bardd o Bowys i gyfansoddi'r englynion sy'n dystiolaeth mor wiw i ymwybyddiaeth y dalaith a'i hanes helbulus. I'r un rhanbarth y perthyn yr awdl i *Gynan Garwyn a marwnad Cynddylan.

Erbyn y ddeuddegfed ganrif, wedi i wladychiad y Saeson a *Goresgyniad y Normaniaid beri i ffiniau Powys grebachu am gryn dipyn, adferwyd y deyrnas am gyfnod drwy ymdrechion ar ran y llinach frenhinol a ddaeth i'w hanterth yn nheyrnasiad *Madog ap Maredudd. Yn ôl tystiolaeth o'r drydedd ganrif ar ddeg, cafodd y deyrnas ganolfan newydd yng nghastell *Mathrafal, gerllaw Meifod, a daethpwyd i adnabod y llys hwn ynghyd ag *Aberffraw yng Ngwynedd a *Dinefwr yn *Neheubarth fel un o dri phriflys Cymru. Adlewyrchir gogoniant Powys o dan lywodraeth Madog ap Maredudd yng nghanu *Cynddelw Brydydd Mawr, ac y mae'r un bardd yn cyfleu'r newid a ddaeth i ran y deyrnas wrth i'r etifedd, Llywelyn ap Madog, gael ei ladd yn gynnar yn yr ornest ddidostur a ddilynodd farwolaeth y Brenin.

Ni lwyddodd yr un aelod o'r llinach i sicrhau goruchafiaeth lwyr, a thrwy gyfaddawdu bu Powys yn rhanedig am byth. Ar wahân i *Edeirnion a *Mechain, sefydlwyd dwy brif arglwyddiaeth. Yn rhannau deheuol Powys sefydlodd Owain Cyfeiliog (*Owain ap Gruffudd ap Maredudd), mab i frawd Madog ap Maredudd, awdurdod a adlewyrchir yn ei gerddi ef ei hun, megis *'Hirlas Owain', ac yng nghanu Cynddelw Brydydd Mawr. Dilynwyd Owain gan ei fab Gwenwynwyn (m. 1216) ac wrth ei enw ef y daethpwyd i adnabod yr arglwyddiaeth hon a'i chanolfan yn Y

Trallwng. Dilynwyd yntau yn ei dro gan ei fab Gruffudd ap Gwenwynwyn (m. 1286), ac y mae perthynas gythryblus arglwyddi Powys Wenwynwyn a *Llywelyn ap Iorwerth (Llywelyn Fawr) a *Llywelyn ap Gruffudd yn bwysig yng ngwleidyddiaeth y drydedd ganrif ar ddeg. Yn rhannau gogleddol Powys sefydlwyd arglwyddiaeth y daethpwyd i'w hadnabod fel Powys Fadog ar ôl *Madog ap Gruffudd, wyr Madog ap Maredudd, a'i chanolfan yng Nghastell *Dinas Brân. Y mae canu beirdd fel *Llywarch ap Llywelyn (Prydydd y Moch) a *Llygad Gŵr i Fadog ap Gruffudd a'i fab Gruffudd ap Madog (m. 1269) yn nodedig am ei fod yn adlewyrchu gofal a gwerthoedd llinach dywysogaidd mewn cyfnod pwysig yn hanes y genedl. Powys yw cefndir y rhamant *Breuddwyd Rhonabwy ond fe'i lluniwyd wedi dryllio'r frenhiniaeth.

Chwalwyd Powys Fadog hithau wedi marw Gruffudd ap Madog ac erbyn 1282, heblaw am arglwyddiaeth *Glyndyfrdwy a ddaeth ymhen y rhawg yn etifeddiaeth *Owain Glyndŵr; syrthiodd ei thiroedd i arglwyddi Seisnig gan ffurfio arglwyddiaethau'r Waun (*Swydd y Waun) a *Maelor ac *Iâl. Arhosodd Powys Wenwynwyn yn gyfan ym meddiant y llinach, ond wrth i'w haelodau briodi â theuluoedd estron daeth hon hefyd i bob pwrpas yn arglwyddiaeth y Gororau.

Y mae sir fodern Powys yn dyddio o 1974 ac fe'i crewyd trwy uno hen siroedd Brycheiniog, Maesyfed a Threfaldwyn a pharhaodd yr ardal i ffurfio sir o dan addrefniant llywodraeth leol 1996. O ganlyniad y mae'r uned weinyddol, â phoblogaeth fechan, yn ymestyn o Lanfyllin yn y gogledd a Machynlleth yn y gorllewin cyn belled i'r de ag Ystradgynlais yng Nghwm Tawe, ac felly yn cynnwys rhan helaeth o dir nad oes a wnelo â Phowys yr Oesoedd Canol.

Am ragor o wybodaeth gweler Margaret Gelling, *The West Midlands in the Early Middle Ages* (1992); Wendy Davies, *Wales in the Early Middle Ages* (1982); Jenny Rowland, *Early Welsh Saga Poetry* (1990); J. E. Lloyd, *A History of Wales* (1911); R. R. Davies, *Conquest, Coexistence and Change: Wales 1063–1415* (1987); ac Enid P. Roberts, *Braslun o Hanes Llên Powys* (1965).

POWYS, JOHN COWPER (1872–1963), nofelydd. Honnai ei dad, y Parchedig C. F. Powys, ei fod yn ddisgynnydd o uchelwr o Gymro o'r ail ganrif ar bymtheg, a chyfrifai ei fam y beirdd Saesneg Cowper a Donne ymhlith ei hynafiaid; hanoedd y ddau, yn fwy uniongyrchol, o genedlaethau o offeiriaid o Saeson. John, a aned yn Shirley, swydd Derby, oedd yr hynaf o un ar ddeg o blant, ac yn un o'r tri llenor nodedig yn eu plith; y lleill oedd T. F. Powys (1875–1953) a Llewelyn Powys (1884–1939). Symudodd y teulu yn 1879 i fyw i Dorchester, swydd Dorset, ac yn 1886 i Montacute, Gwlad yr Haf, a threuliodd John flynyddoedd ei febyd yn y siroedd hyn. O'r dechrau yr oedd yn arbennig o sensitif ac yn ansicr ohono'i hun, ond câi fwynhad mawr o lyfrau ac o fyd natur. Y ffactorau hyn, ynghyd â'i le mewn teulu clòs ac arbennig iawn, ei falchder yn ei dras Gymreig a'i gariad at dde-orllewin Lloegr, a'i symbylodd i ddatblygu ei weledigaeth ramantus ac a ddylanwadodd fwyaf ar ddatblygiad ei ddychymyg.

Fe'i haddysgwyd yn Ysgol Sherborne ac o 1891 hyd 1894 astudiodd Hanes yng Ngholeg Corff Crist, Caergrawnt. Ond wedi graddio daeth Llenyddiaeth yn brif bwnc iddo pan aeth yn athro teithiol mewn ysgolion i ferched yn Sussex ac yna, o 1898, i Adran Allanol y Brifysgol. Priododd yn 1896, a chafodd un mab, ond yn ddiweddarach gwahanodd ef a'i wraig. Ar ôl cyfnod o ddarlithio yn Lloegr ac ar y cyfandir ymgymerodd â'i daith ddarlithio gyntaf yn yr Unol Daleithiau yn 1905. O 1910 hyd ei ymddeoliad yn 1932 bu'n darlithio yn y wlad honno yn unig gan ymweld â bron pob talaith, a daeth yn enwog fel siaradwr ysbrydoledig a dehonglydd gwreiddiol Llenyddiaeth ac Athroniaeth. Dychwelodd i swydd Dorset yn 1934, symudodd i Gorwen, Meir., y flwyddyn ganlynol, ac i Flaenau Ffestiniog, Meir., yn 1955. Ymgartrefodd yno mewn tŷ chwarelwr, gan fyw yn syml a chynnil (poenid ef gan wlserau gastrig am flynyddoedd meithion), ond parhaodd i fwynhau bywyd a chadwodd ei egni corfforol a meddyliol mawr hyd ei farwolaeth. Dysgodd ddarllen Cymraeg ac ehangodd ei astudiaeth o hanes a mytholeg Cymru. Tra oedd yn ddyn ifanc daeth i gysylltiad â Thomas Hardy, ac yn America yr oedd rhai o lenorion pwysicaf y dydd wedi eu denu ato gan ei bersonoliaeth fawrfrydig ac atyniadol. Yr oedd ganddo ddarllenwyr ffyddlon trwy'r byd, ond ni fwynhaodd fri ffasiynol ac ychydig o sylw beirniadol o bwys a gafodd yn ystod ei oes.

Bu Powys yn aeddfedu fel llenor hyd at ei bumdegau diweddar, a ffrwyth y cyfnod hwn oedd *Odes and other Poems* (1896) a *Poems* (1899), tri llyfr arall o'i gerddi a gyhoeddwyd rhwng 1916 ac 1922, ei dair nofel gyntaf, *Wood and Stone* (1915), *Rodmoor* (1916) a *Ducdame* (1925), ei waith athronyddol cyntaf, *The Complex Vision* (1920), a chyfansoddiadau athronyddol, hunangofiannol, a beirniadol eraill. Dechreuodd ei brif gyfnod cyntaf o ysgrifennu creadigol â'i bumed nofel, *Wolf Solent* (1929), a pharhaodd â'i 'ramantau Wessex' pwysig, *A Glastonbury Romance* (1932), *Weymouth Sands* (1934) a *Maiden Castle* (1936). Yn yr un cyfnod cynhyrchodd *Autobiography* (1934) a'r gweithiau eraill, *The Meaning of Culture* (1929), *In Defence of Sensuality* (1930) ac *A Philosophy of Solitude* (1933). Digwyddodd ei ail brif gyfnod o ysgrifennu yng Nghymru; yma yr ysgrifennodd ei ramantau hanesyddol Cymreig, *Owen Glendower* (1940) a *Porius* (1951), yn ogystal â pheth o'i feirniadaeth lenyddol fwyaf nodedig, *The Pleasures of Literature* (1938), *Dostoievsky* (1946) a *Rabelais* (1948), a nifer o nofelau eraill a chyfansoddiadau beirniadol ac athronyddol. Tua diwedd ei oes daeth ei ffuglen yn fwyfwy anhygoel, ac o'i lyfrau a gyhoeddwyd wedi ei farwolaeth y casgliadau niferus o'i lythyrau a'i ddyddiaduron sy'n datgelu ei athrylith yn fwyaf cyflawn.

Ymhlith y llenorion Cymraeg a oedd yn gyfarwydd â gwaith Powys yr oedd Iorwerth C. *Peate a olygodd gyfrol o'r llythyrau a dderbyniasai oddi wrth yr awdur yn ystod y blynyddoedd rhwng 1937 ac 1954 (1974). Ymddangosodd detholiad o ysgrifau Powys ar themâu Cymreig o dan y teitl *Obstinate Cymric* (1947).

Yr oedd Powys yn llenor toreithiog mewn llawer ffurf, ond yr oedd ar ei orau fel hunangofiannydd a nofelydd. Cynlluniodd ei nofelau ar ddull Thomas Hardy a Walter Scott, a cheir ynddynt straeon cydgysylltiedig, amrywiaeth helaeth o gymeriadau a digwyddiadau, manylder cyfoethog o gyfnod ac ymwybyddiaeth fyw o le. Y maent yn fodern, nid mewn ffurf, ond yn eu hathroniaeth a'u seicoleg, a'r modd yr ymgorfforwyd y rhain ynddynt. Defnyddia Powys fytholeg Geltaidd, cefndir naturiol a symbolau i archwilio *psyches* ei gymeriadau, ac y mae hyn oll yn cyfrannu tuag at ansawdd farddonol ei ffuglen, ond y mae'r darnau o retoreg llwyfannol a'i ymwybyddiaeth lenyddol yn gwrth-wneud hyn. Daeth o hyd i'w athroniaeth a'i seicoleg trwy broses hir a phoenus o hunanymchwil gan adweithio yn erbyn syniadau'r byd mecanyddol. Yn aml adlewyrcha ei arwyr eu hymchwil bersonol am ryddhad yn eu credoau personol, y nerth a dynnant o fyd natur, a'r modd y dychwelant at eu gwreiddiau personol a diwylliannol. Amlfydol yw pob un o'i nofelau hir, ynddynt y mae anifeiliaid a phethau yr un mor fyw, ac yn aml yr un mor ymwybodol â bodau dynol, a thrigant yn eu bydoedd arbennig eu hunain. Trawsnewidwyr ydynt, ac y maent yn aml fel Powys yn elynion i 'realaeth' a welir fel cysyniad allanol, unigolyddol ac absoliwt. Pwysleisia rym y dychymyg a geilw ar nerthoedd yr elfennau, crea isfodau ac uwchfodau dynol, ac y mae ganddo ddealltwriaeth anhygoel o berthnasau rhywiol a phrosesau'r ymwybyddiaeth. Ei brif themâu yw cymodi a dehongli perthynas rhyw a chrefydd. Fel Jung a W. B. Yeats yr oedd yn un o'r rhamantwyr diweddar mawr ymysg meddylwyr a llenorion modern.

Ceir ymdriniaeth gyflawn â'i nofelau yn *John Cowper Powys: Novelist* (1973) gan Glen Cavaliero; gweler hefyd *Essays on John Cowper Powys* (gol. Belinda Humfrey, 1972), y gyfrol gan Jeremy Hooker yn y gyfres *Writers of Wales* (1973) ac astudiaeth o Bowys y bardd gan Roland Mathias, *The Hollowed-Out Elder Stalk* (1979). Golygwyd detholiad o gerddi Powys gan Kenneth Hopkins (1964). Trafodir ei 'fytholeg' yn fanwl yn *John Cowper Powys and the Magical Quest* (1980) gan Morine Krissdottir, a cheir llawer o hanes John Cowper Powys yn *Recollections of the Powys Brothers* (gol. Belinda Humfrey, 1980). Astudiaethau yn ymwneud â theulu Powys yw'r cylchgronau *The Powys Review* a gyhoeddwyd gyntaf yn 1977 dan nawdd y *Powys Society* ac a olygir gan Belinda Humfrey, a *The Powys Journal* a olygir gan Peter J. Foss. Gweler hefyd C. A. Coates, *John Cowper Powys in Search of a Landscape* (1982), Richard Perceval Graves, *The Brothers Powys* (1983), H. W. Fawkner, *The Eccentric World of John Cowper Powys* (1986), *In the Spirit of Powys* (gol. Denis Lane, 1990) a *John Cowper Powys* gan Herbert Williams (1997). Adferwyd testun gwreiddiol nofelau mawr Powys mewn argraffiadau newydd o *Maiden Castle* (1990) a *Porius* (1994).

Poyer, John (m. 1649), marsiandïwr a milwr. Ymrwymodd *Benfro i achos y Senedd pan ddechreuodd y *Rhyfeloedd Cartref yn 1642; trwy Gymru gyfan, Dinbych-y-pysgod yn unig a wnaeth ddatganiad tebyg. Derbyniodd Poyer gomisiwn y Tywysog Siarl yn 1647 a thrwy hynny dechreuodd yr Ail Ryfel Cartref. Yr oedd o ran gwleidyddiaeth yn gynddeiriog o wrth-Gatholig ond yn ôl pob tebyg yr oedd yn Eglwyswr yn hytrach nag Ymwahanwr, a chyn i'r gyflafan ddechrau yr oedd wedi rhybuddio'r Senedd yn gyson o beryglon ymosodiad o Iwerddon. Yn 1642, fel cyn-faer Penfro a chapten y lluoedd, trawsfeddiannodd awdurdod y maer a chipiodd nifer o longau o aber afon Cleddau a dechrau paratoi i amddiffyn y castell. Yr oedd ei safiad cyndyn ym Mhenfro ym mlwyddyn gyntaf anodd y Rhyfel yn allweddol, a chyda Rowland *Laugharne a Rees *Powell cymerodd ran yn yr ymlid ar y Brenhinwyr yng ngwanwyn 1644. Fodd bynnag, cipio Castell *Caeriw yn yr ymosod hwnnw a barodd ei gwymp yn y diwedd. Oherwydd ei fyrbwylldra a'i ddiffyg statws bonheddig cynhyrfodd elyniaeth grŵp o wrthgilwyr Brenhinol dan arweiniad Richard *Lort a John Elyot. Eu cynllwynion llwyddiannus hwy yn Llundain a'i difethodd ef a Laugharne, ei gadlywydd yn y maes. Bu cryn wrthwynebiad gan y Pwyllgor Sirol i'r ffaith fod Poyer wedi dal ei afael ar diroedd Caeriw (hanfodol, dadleuai, er mwyn ei ddigolledu) a phan orchmynnwyd ef yn 1647 i ddiarfogi ei wŷr ac ildio Castell Penfro, gwrthododd bob telerau, gan ddatgan ei fod wedi ei bardduo. Cafwyd gwrthwynebiad cyffredinol i'r dadfyddino, bu'r asiantau Brenhinol yn ymyrryd ac yn Ebrill 1648 ymunodd Laugharne a Powell i herio'r Senedd. Ond rhoddwyd diwedd ar wrthsafiad y Brenhinwyr newydd pan drechwyd hwy ym mrwydr Sain Ffagan a chwympodd Castell Penfro i Cromwell ym mis Gorffennaf. Condemniwyd Laugharne, Powell a Poyer i farwolaeth ond penderfynodd Cromwell ddienyddio un yn unig. Syrthiodd y coelbren ar Poyer ac fe'i saethwyd yn Covent Garden fore 25 Ebrill 1649. Bu farw, yn ôl tystiolaeth Clarendon, 'â gwroldeb arbennig'.

Ceir manylion pellach yn A. L. Leach, *The History of the Civil War in Pembrokeshire* (1937).

Prawf Holi, motiff cyffredin mewn llên gwerin. Oni wna'r arwr yr un peth gorfodol, daw adfyd. Yn chwedl *Peredur (gweler o dan TAIR RHAMANT), nid yw'n gofyn y cwestiwn y dylai fod wedi ei ofyn, sef ystyr y waywffon waedlyd a'r rhyfeddodau eraill yn Llys y Brenin Cloff, ac oherwydd hyn nid yw'r Brenin yn cael iachâd. Gweler hefyd CAER YR ENRYFEDDODAU.

'Preiddiau Annwfn', cerdd yn *Llyfr Taliesin. Nid gwaith dilys y bardd hanesyddol *Taliesin yw'r llawysgrif, canys blodeuai ef yn y chweched ganrif, yn ôl yr *Historia Brittonum. Tybir i'r gerdd gael ei chyfansoddi cyn y cyfnod Normanaidd, gan fod ei hiaith a'i harddull yn debyg i'r hyn a geir yn *'Armes Prydein' (c.930).

*Annwfn yw'r Arallfyd Celtaidd a ddisgrifir fel caer bedairconglog o wydr ar ynys. Hwn oedd carchar Gweir, a gwarchodir ef gan wyliwr mud. Y mae yno ffynnon ryfeddol a thrigolion bythol-ieuanc. Yr hyn a geir yn y gerdd hon yw hanes un o gyrchoedd y Brenin *Arthur yn ei long *Prydwen i ddwyn pair Pen Annwfn. Nodweddion y pair hwn, sydd wedi ei addurno â pherlau, yw mai anadl naw morwyn sy'n ei gynhesu ac na ferwa fwyd dyn llwfr. Ymddengys i ymgyrch Arthur fod yn fethiant llwyr, gan mai saith yn unig a ddychwel oddi yno, fel y dywed y gytgan ar ddiwedd pob pennill: 'nam(yn) saith ny dyrreith o gaer (sidi)'. Y mae ymgyrch Arthur i ddwyn pair Pen Annwfn yn dwyn i gof un o'i anturiaethau yn chwedl *Culhwch ac Olwen. Un o'r *anoethau yw cael pair *Diwrnach Wyddel, maer Ogdar mab Aed, Brenin Iwerddon.

Ceir cyfieithiad a thrafodaeth gyflawn mewn pennod yn *Wales and the Arthurian Legend* (1956) gan R. S. Loomis; gweler hefyd Marged Haycock, 'Preiddeu Annwn and the Figure of Taliesin', yn *Studia Celtica* (cyf. XVIII–XIX, 1983–84).

Presaeddfed, gweler o dan BODEON a BODYCHEN.

Presbyteriaid, gweler o dan METHODISTIAETH.

PRICE, CECIL JOHN (1915–91), ysgolhaig a beirniad, a aned yn Abertawe, ac a addysgwyd yng Ngholeg y Brifysgol yno. Ar ôl graddio yn y Sacsneg yn 1937, cychwynnodd ar astudiaeth bwysig ar hanes y theatr Saesneg yng Nghymru, a enillodd iddo radd M.A. yn 1939 a Doethuriaeth yn 1953. Am ei fod yn wrthwynebydd cydwybodol treuliodd flynyddoedd y rhyfel yn gweithio ar y tir, ond yn 1947 fe'i penodwyd yn Gymrodor Ymchwil ym *Mhrifysgol Cymru a'r flwyddyn ganlynol derbyniodd swydd Darlithydd yn y Saesneg yng Ngholeg y Brifysgol, Aberystwyth. Ddwy flynedd ar ôl cael ei ddyrchafu'n Uwch Ddarlithydd dychwelodd i Abertawe yn Athro'r Saesneg a Phennaeth yr Adran, ac yno y bu tan iddo ymddeol yn 1980. Gwasanaethodd am gyfnod fel Golygydd Adolygiadau The *Anglo-Welsh Review, a bu'n Llywydd Sefydliad Brenhinol De Cymru o 1981 hyd 1983.

Yr oedd Cecil J. Price yn ysgolhaig nodedig iawn mewn dau faes tra gwahanol: yn ogystal ag arloesi astudiaeth hanes y theatr Saesneg yng Nghymru datblygodd yn arbenigwr o fri cydwladol ar fywyd a gwaith Sheridan. Yn wir, fe'i hystyrid yn brif ysgolhaig ei gyfnod yn y maes hwnnw. Ymhlith ei brif gyhoeddiadau y mae argraffiadau Gwasg Clarendon o *The Letters of Richard Brinsley Sheridan* (1966) a *The Dramatic Works of Richard Brinsley Sheridan* (1973), *The English Theatre in Wales in the Eighteenth and Early Nineteenth Centuries* (1948), *Theatre in the Age of Garrick* (1973), a'r llyfryn gwerthfawr, *The Professional Theatre in Wales* (1984). Yn 1976 cyhoeddodd astudiaeth fer o fywyd a gwaith ei gyfaill a'i gyn gyd-weithiwr Gwyn *Jones yn y gyfres *Writers of Wales*. Yr oedd Cecil J. Price yn ysgolhaig manwl-gywir ac yn ŵr dysgedig, yn meddu ar wybodaeth heb ei hail am hanes cymdeithasol a diwylliannol y cyfnodau yr oedd ef yn arbenigo ynddynt. Gwelir ei ddawn fel beirniad ar ei gorau yn ei ysgrif fer ar Dylan *Thomas ac yn ei werthfawrogiad cynnar o farddoniaeth R. S. *Thomas.

Price, Herbert (*fl.* 1615–65), gorwyr Syr John *Price; fel ei hynafiad o'i flaen trigai ym Mhriordy Aberhonddu ac yno y croesawodd y Brenin Siarl I yn 1645. Bu'n Aelod Seneddol dros Frycheiniog yn y Senedd Fer a'r Senedd Hir ac yr oedd yn freniniaethwr eithafol a gredai yn hawl ddwyfol y Brenin, yr unig un o bosibl ymysg yr aelodau Cymreig. Bu'n gyfaill ac yn noddwr i Henry *Vaughan, a gwasanaethodd yn rhengoedd ei wŷr-meirch yn 1645, pan oedd achos y Brenin yn gyflym ar ei oriwaered. Trwy ei gyfeillgarwch â George Digby, ail Iarll Bryste yn ddiweddarach, aeth i Blas Coleshill yn swydd Warwig, cartref llinach hynaf teulu Digby, a phriododd â Goditha Arden o Park Hall, Castle Bromwich. Canlyniad y briodas hon oedd uniad Henry Vaughan a Catherine Wise o Gylsdon Hall, ger Coleshill, gwraig y cydnabu ei gariad tuag ati am y tro cyntaf yng Nghoed y Priordy, Aberhonddu. Syr Herbert oedd noddwr Rowland *Watkyns hefyd, a'i galwai yn 'llyfr-gell-ar-gerdded' ac yn 'angel gwarcheidiol'.

Price, Hugh neu, i fod yn gywir, **Hugh Aprice**, (1495?–1574), sefydlydd Coleg Iesu, Rhydychen. Yr oedd yn enedigol o Aberhonddu, Brych. Daeth yn ddoethur yn y gyfraith yn Rhydychen yn 1525 ac yn aelod yn *Doctors' Commons* yn 1528. Prin yw'r ffeithiau am ei yrfa: fe'i penodwyd yn brebendari Rochester yn 1541, yn drysorydd Eglwys Gadeiriol *Tyddewi yn 1571 ac yn feili (neu faer) Aberhonddu yn 1572; fe'i claddwyd ym Mhriordy ei dref enedigol. Yng nghanol y 1560au cyfrannodd at gynlluniau i waddoli addysg yn Rhydychen i fyfyrwyr Cymreig yn enwedig o'i sir enedigol. Eu prif gyrchfannau cyn hynny oedd Oriel a Choleg yr Holl Eneidiau. Yn 1571 cyflwynodd ddeiseb i Elisabeth I a thrwy freintlythyrau corfforwyd y gymdeithas gyntaf i fod yn Goleg er y Diwygiad Pro-testannaidd. Yn ôl y Siartr Sefydlu, y Frenhines oedd y sefydlydd – traddodiad a gedwir o hyd yn arferion yr is-raddedigion. Am resymau athrawiaethol efallai, dynod-wyd Aprice fel 'Prif Noddwr' yn unig ond yn ôl ei ewyllys ystyriai mai ef oedd y sefydlydd. Dywedir iddo wario mil a hanner o bunnau ar brynu'r safle a chodi adeiladau gan adael chwe chan punt at flwydd-daliadau tirol i'w cwblhau. O'r trigain punt y flwyddyn a adawyd ganddo i gynnal y Coleg, deuai'r swm yn rhannol o rent Pwll Llaca, tyddyn yn Llanfihangel Nant Brân, Brych. Collwyd gafael ar y tiroedd yn fuan ar ôl marwolaeth Aprice ac yn eu lle fe gyflwynwyd cyfalaf o £600 i'r

Coleg. Ni wnaed fawr ddim defnydd o'r arian hwn tan ar ôl 1600. Ni chyfeiriwyd o gwbl at Gymru yn y Siarter Sefydlu ond o'r cychwyn cadwodd Coleg Iesu gysylltiad agos â Chymru: Cymry oedd bron bob un o'r gwaddol-wyr, ac addysgwyd llawer o Gymry enwog yno.

Ceir manylion pellach am Hugh Price yn Theophilus Jones, *A History of Brecknock* (cyf. II, 1909); gweler hefyd R. Brinley Jones, *Prifysgol Rhydychen a'i Chysylltiadau Cymreig* (1983) a Glanmor Williams, 'Hugh Price, LL.D.(?1495–1574), Founder of Jesus College, Oxford', yn *Brycheiniog*, (cyf. xxv, 1992–93).

PRICE, JOHN (1502–55), uchelwr, gweinyddwr a'r Goron ac ysgolhaig; brodor o Aberhonddu ydoedd a raddiodd yn y gyfraith yn Rhydychen ac a fynychodd y Deml Ganol yn 1523. Fe'i penodwyd tua 1530 yn swyddog dan Thomas Cromwell a daliodd swyddi pwysig fel Notari Cyhoeddus, Prif Gofrestrydd y Goron mewn materion Eglwysig ac Ysgrifennydd Cyngor Cymru a'r Gororau. Cymerodd ran bur flaenllaw yng ngweinyddu'r mesurau angenrheidiol i ddileu awdur-dod y Babaeth yn Lloegr, bu'n ymweld â mynachlogydd a threfnodd eu diddymu. Derbyniodd freintiau tir am ei wasanaeth megis prydles Priordy Aberhonddu. Prynodd Briordy Sant Guthlac yn Henffordd ac ymsefydlodd yno, ond parhaodd i ddal nifer o swyddi yn ymwneud â llywodraeth leol yn ne Cymru. Ymddiddorodd Syr John yn fawr yn hanes a llenyddiaeth Cymru. Casglai law-ysgrifau'n frwd ar wahanol bynciau'n ymwneud â gweithgaredd dyneiddwyr ei gyfnod. Ef a gyhoeddodd y llyfr Cymraeg cyntaf, *Yn y lhyvyr hwnn* (1546) ac amddiffynnodd *Sieffre o Fynwy yn erbyn ymosodiadau Polydore Vergil. Wedi ei farw cyhoeddwyd ffrwyth ei lafur, sef *Historiae Brittanicae Defensio* (1573). Yr oedd Price yn gynrychiolydd teilwng o ysgolheictod Pro-testannaidd gynnar yng Nghymru; un o'i brif amcanion oedd sicrhau bod rhannau hanfodol o'r Ysgrythurau ar gael yn Gymraeg. Ei orwyr oedd Syr Herbert *Price.

Gweler manylion eraill mewn erthygl gan N. R. Ker yn *Library* (cyf. v, 1955) a Ceri Davies, *Rhagymadroddion a Chyflwyniadau Lladin 1551–1632* (1980); gweler hefyd F. C. Morgan, 'The Will of Sir John Price of Hereford, 1555' yng *Nghylchgrawn Llyfrgell Genedlaethol Cymru* (cyf. ix, 1955), E. D. Jones yn *Brycheiniog* (cyf. VIII, 1962), Daniel Huws yng *Nghylchgrawn Llyfrgell Genedlaethol Cymru* (cyf. XVII, 1972) ac R. G. Gruffydd ym *Mwletin y Bwrdd Gwybodau Celtaidd* (cyf. XXIII, 1969).

Price, Joseph Tregelles (1784–1854), Crynwr, perchennog gweithfeydd haearn a dyngarwr. Fe'i ganed yng Nghernyw a daeth i Gymru yn bymtheng mlwydd oed pan benodwyd ei dad yn rheolwr Gwaith Haearn Abaty Nedd. Yr oedd ei rieni, a oedd yn Grynwyr (gweler o dan CRYNWRIAETH), yn nodedig am eu *Heddychiaeth. Daeth eu mab yn rheolwr-gyfarwyddwr y gwaith yn 1818 ac enillodd iddo ei hun enw da am wneuthur pob math o beirianwaith, heb unwaith newid ei reol nad oedd na magnel, na bwled na dryll i gael ei wneud yno. Cymerodd ran amlwg yn ffurfio'r

Gymdeithas Heddwch gyntaf, a sefydlwyd yn Llundain yn 1816; daeth yn llywydd arni ac yr oedd hefyd yn noddwr i'r Mudiad Gwrth-Gaethwasiaeth. Ef a lwyddodd i atal y gosb eithaf, er am ddeng niwrnod yn unig, i Dic Penderyn, a oedd ar y pryd dan ddedfryd marwolaeth yng ngharchar Caerdydd am ei ran honedig yn Nherfysgoedd *Merthyr (1831), a pharhaodd Price yn gwbl argyhoeddedig fod Dic yn ddieuog.

PRICE, RICHARD (1723–91), gweinidog

Ymneillturol, athronydd a chyfrifydd yswiriant a aned yn Llangeinor, Morg. Fe'i haddysgwyd o dan Samuel Jones (c.1714–64) ym Mhen-twyn, yn Academi Vavasor Griffiths yn Chancefield, Talgarth, ac yn yr Academi yn Tenter Alley, Moorfields, Llundain. Dechreuodd ei weinidogaeth yn gaplan teuluol i George Streatfield yn Stoke Newington. Wedi marwolaeth ei noddwr yn 1757 bu'n gwasanaethu mewn tai cwrdd yn Llundain a'r cylch am weddill ei yrfa, gan mwyaf yn Newington Green (1758–83) ac yn Nhŷ Cwrdd Gravel Pit yn Hackney (1770–91).

Ei gyhoeddiad cyntaf, a'i brif gyfraniad i astudiaethau athronyddol oedd A Review of the Principal Questions and Difficulties in Morals (1758), datganiad safonol o ddirnadaeth resymol mewn moeseg. Dilynwyd y gwaith hwn gan Four Dissertations (1767), cyfres o ysgrifau mewn diwinyddiaeth a ddenodd sylw Iarll Shelburne, a bu Price yn gyfaill ac yn gynghorydd iddo weddill ei oes. Yn 1765 etholwyd Price i fod yn Gymrawd o'r Gymdeithas Frenhinol, o ganlyniad yn bennaf i'w waith golygyddol ar ysgrif enwog Thomas Bayes ar theori tebygolrwydd, An essay towards solving a problem in the doctrine of chances, a gyhoeddwyd yn The Philosophical Transactions of the Royal Society yn 1763. Gan ei fod yn fathemategwr cadarn daeth yn gynghorydd i'r cwmni newydd Equitable Assurance Society ar faterion cyfrifyddol a demograffaidd. Canlyniad hyn oedd iddo gyhoeddi gwaith safonol yn y maes hwnnw, Observations on Revisionary Payments (1771). Yn ei waith An Appeal to the Public (1772) tynnodd sylw at yr hyn a oedd yn ddrygioni mawr yn ei dyb ef, sef y Ddyled Genedlaethol, a oedd gymaint ar y pryd nes ei bod yn bygwth methdaliad cenedlaethol. Bu'n dadlau dros gyfundrefn cronfa er mwyn dileu'r ddyled. Cafodd ei ddadleuon cyson ynglŷn â'r mater hwn gryn ddylanwad ar bolisïau ariannol Shelburne a William Pitt, ac yn arbennig ar basio Deddf y Gronfa Ad-dalu yn 1786.

Daeth Richard Price yn enwog ar ôl iddo gyhoeddi ei bamffledi yn amddiffyn y gwrthryfelwyr yn America, Observations on the Nature of Civil Liberty (1776), Additional Observations (1777) a Two Tracts (1778). Argymhellai'r tri gwaith hyn yr egwyddor o lywodraeth ffederal a chododd y ddadl rhwng Prydain a'r gwrthryfelwyr o'r lefel gwerylgar i'r egwyddor athronyddol. Ei safbwynt oedd fod gan bob cymdeithas a oedd yn ymwybodol o'i bodolaeth yr hawl i'w llywodraeth ei hun, a bod

awdurdod pob llywodraeth yn dibynnu'n llwyr ar ganiatâd y rhai a lywodraethir. Wrth fynegi'r safbwynt hwn ymddangosai fel pe bai Price yn ochri gyda'r gwrthryfelwyr, ond ei obaith sylfaenol oedd y gallai fod annibyniaeth o fewn undod, ac y gallai'r Ymerodraeth ddatblygu'n uned wirfoddol o gymunedau hunan-lywodraethol. Ond yr oedd yn rhy hwyr i ddatrys y problemau yn y modd hwn. Er iddo gael ei ddifrïo yn Lloegr ni syflodd Price o'i farn fod gan y gwrthryfelwyr yn America hawl ddiymwâd i wrthsefyll Llywodraeth Prydain. Rhoddwyd iddo ryddfraint Dinas Llundain yn 1776 am ei waith yn hyrwyddo creu'r Unol Daleithiau ac ynghyd â George Washington derbyniodd radd anrhydedd o Brifysgol Yale yn 1781, ond gwrthododd wahoddiad i ddod yn ddinesydd Americanaidd. Parhaodd i ddangos diddordeb dwfn mewn materion Americanaidd a chroesawyd yn gynnes ei gyhoeddiad Observations on the Importance of the American Revolution (1784), lle y dadleuodd dros greu awdurdod ffederal cadarn. Cofir Price yn bennaf bellach am ei waith A Discourse on the Love of our Country (1789), pregeth lle y mynegodd ei frwdfrydedd angerddol dros ddechreuad y Chwyldro yn Ffrainc. Atebwyd ef gan Edmund Burke yn ei waith yntau, Reflections on the Revolution in France (1790).

Ceir disgrifiadau o fywyd a gwaith Price yn Roland Thomas, Richard Price (1924), Carl B. Cone, Torchbearer of Freedom (1952), Henri Laboucheix, Richard Price (1970, cyfd. Saesneg gan Sylvia a David Raphael, 1982), D. O. Thomas, The Honest Mind (1977), Bernard Peach, Richard Price and the Ethical Foundations of the American Revolution (1979), The Correspondence of Richard Price (3 cyf., gol. W. B. Peach a D. O. Thomas, 1982–94) a D. O. Thomas, John Stephens a P. A. L. Jones, A Bibliography of the Works of Richard Price (1993). Gweler hefyd y Price-Priestley Newsletter (1977–80) a'i olynydd, y cylchgrawn Enlightenment and Dissent (1982– \ ).

PRICE, ROBERT HOLLAND (1780–1808), bon-

heddwr a bardd o Langollen, Dinb. Yr oedd yn awdur The Horrors of Invasion (ail arg. 1804), cerdd a gyfeiriwyd at 'The Chirk Hundred Volunteers and all Welshmen', ac a gyflwynwyd i Eleanor *Butler a Sarah Ponsonby (The Ladies of Llangollen). Y mae'r gerdd hon yn moli ysbryd rhyfelgar yr hen Gymru fel yr amlygwyd ef yn erbyn y Sacsoniaid a'r brenhinoedd Normanaidd cynnar, ac yna heb arwydd o eironi geilw ar bob Cymro i amddiffyn Prydain yn erbyn Bonaparte. Y mae ei thema yn cysylltu'r gerdd â gorfoledd y Cymry dros lwyddiant y *Tuduriaid yn hytrach na chyda deunydd Eingl-Gymreig a gynhyrchwyd am ganrif a hanner cyn hynny.

PRICE, THOMAS (Carnhuanawc; 1787–1848),

hynafiaethydd, a aned ym mhlwyf Llanfihangel Bryn Pabuan, Brych., ac a addysgwyd yng Ngholeg Crist, Aberhonddu. Fe'i hordeiniwyd yn offeiriad yn Eglwys Loegr yn 1812, a bu'n gurad yn Llanfihangel Helygen a Chrucywel, Brych., cyn iddo dderbyn bywoliaeth

Llanfihangel Cwm-du, Brych., yn 1825. Hynafiaethau'r gwledydd Celtaidd oedd ei brif ddiddordeb ac enillodd nifer o wobrau mewn eisteddfodau taleithiol am draethodau hanesyddol.

Yn ogystal â'r llu o erthyglau a gyhoeddodd mewn cylchgronau Cymraeg, ei brif weithiau oedd *An Essay on the Physiognomy and Physiology of the Present Inhabitants of Britain* (1829), *Hanes Cymru a Chenedl y Cymry o'r Cynoesoedd hyd at Farwolaeth Llywelyn ap Gruffydd* (1836–42) a *The Geographical Progress of Empire and Civilisation* (1847). Gwnaeth lawer i hybu'r berthynas rhwng Cymru a Llydaw, dysgodd Lydaweg a noddodd gyfieithiad Le Gonidec o'r Beibl yn yr iaith honno. Bu'n ffigur amlwg yng ngweithgareddau Cymreigyddion Aberhonddu, a sefydlwyd yn 1823, a *Chymreigydd-ion y Fenni, ac fel un o'r *Hen Bersoniaid Llengar yr oedd yn eithriadol yn ei ymdrechion i wrthsefyll y dylanwadau Seisnig ar ddiwylliant Cymraeg. Yr oedd ymhlith y bobl a gynorthwyodd Charlotte *Guest i gyfieithu *The *Mabinogion* ac yn un o sefydlwyr y *Cambrian Quarterly Magazine*. Bu Price hefyd yn hyrwyddwr brwd dros addysg Gymraeg a sefydlodd ysgol at y diben hwn yng Ngellifelen. Ymosododd ar yr Eglwys Sefydledig am ddefnyddio'r Saesneg yn ei gwasanaethau ac am benodi offeiriaid di-Gymraeg. Er iddo fwynhau nawdd boneddigion a fynychai eistedd-fodau ei ddydd, mynegai hefyd ei edmygedd am y ffordd y coleddai'r werin bobl eu hetifeddiaeth ddiwylliannol. Yr oedd yn arbennig o weithgar ar ran y *Welsh Minstrelsy Society* gan gasglu arian i gefnogi ysgol i delynorion dall, a bu'n cymryd rhan yng ngwaith a *Welsh Manuscripts Society* gan olygu'r *Iolo Manuscripts* wedi marw Taliesin *Williams, mab Iolo Morganwg (Edward *Williams). Ymddangosodd rhai o'i weithiau diweddarach, nad ydynt wedi'u seilio ar y ffynonellau hanesyddol priodol, mewn cyfrol *Literary Remains* (1854–55) ac ychwanegodd Jane *Williams (Ysgafell) gyfrol o gofiant iddo.

Ceir manylion pellach yn erthyglau T. Gwynn Jones yn *Welsh Outlook* (cyf. x, 1923), Stephen J. Williams yn *Nhrafodion Anrhydeddus Gymdeithas y Cymmrodorion* (1954), Mary Ellis yn *Yr Haul* (Gaeaf, 1974) a'r un awdur yn *The Brecon and Radnor Express* (14 Chwef.–30 Mai, 1974); gweler hefyd yr erthygl gan Janet Davies yn *Planet* (rhif. 65, Hydref/Tach., 1987).

Price, William (1800–93), meddyg, Siartydd ac arloeswr corfflosgiad. Yr oedd yn gymeriad adnabyddus yn ardal Pontypridd, Morg.; arferai wisgo crysbais wen, gwasgod ysgarlad, trowsus gwyrdd a het o groen llwynog, wrth gyflawni defodau derwyddol ar y Maen Chwŷf ar y comin, ond aeth ei enw ar led fel meddyg a llawfeddyg. Cafodd enw drwg oherwydd iddo geisio hyrwyddo cyd-fyw heb briodi, ymwrthod â chig ac argymell corfflosgiad, yn ogystal â chondemnio'n hallt yr arfer o frechu, arbrofi ar anifeiliaid, crefydd union-gred, y meistri haearn a'r gyfraith. Wedi gorymdaith y

Siartwyr i Gasnewydd yn 1839 (gweler o dan SIART-IAETH) dihangodd i Ffrainc wedi'i wisgo fel gwraig. Ym Mharis daeth i adnabod Heine, y bardd. Ymhyfrydai mewn ymgyfreithio ac o blith ei achosion mynych y pwysicaf oedd ei achos yn llysoedd barn Caerdydd yn 1884 pan gyhuddwyd ef o geisio llosgi corff marw ei fab ifanc a elwid Iesu Grist. Fe'i rhyddhawyd, dyfarnwyd bod corfflosgiad yn gyfreithlon yn ôl deddf Lloegr a thrwy hyn paratowyd y ffordd ar gyfer Deddf Corfflosg-iad 1902. Daeth torfeydd anferth i angladd y doctor yng Nghae'r-lan, Llantrisant, ac yno llosgwyd ei gorff yn unol â'i gyfarwyddiadau manwl.

Ceir manylion pellach yn Islwyn ap Nicholas, *A Welsh Heretic* (1973), pennod gan Brian Davies yn *A People and a Proletariat* (gol. David Smith, 1980) a Cyril Bracegirdle, *Dr William Price: Saint or Sinner?* (1997); gweler hefyd Rhys Davies, *Print of a Hare's Foot* (1969).

PRICHARD, ANNIE CATHERINE (Ruth; 1858–1938), awdur storïau byrion a thraethodydd. Ganwyd hi yn Lerpwl, yn ferch i'r Parchedig John Prichard, gweinidog gyda'r Methodistiaid Calfinaidd. Cafodd addysg dda, gan gynnwys ysbaid yn ysgol Blackburne House yn Lerpwl; yn hyddysg mewn Groeg a Lladin, dengys ei thraethodau ei bod hefyd wedi ei thrwytho yn llên Cymru a Lloegr. Yn 1900 trigai yn Birmingham, ac yn 1910 yng Nghroesoswallt, ond ymsefydlodd ym mlynyddoedd olaf ei hoes ym Mochdre, ger Bae Colwyn. Y mudiad dirwestol a'i hysgogodd i fyw bywyd mwy cyhoeddus na'r mwyafrif o ferched ei hoes, ac i lenydda. O 1900 hyd 1925 hi oedd ysgrifenyddes gyffredinol Undeb Dirwestol Merched Gogledd Cymru; gweithiai'n hynod ddiwyd yn ystod y blynyddoedd hyn, yn trefnu gweith-gareddau'r mudiad, cychwyn canghennau newydd, annerch llu o gyfarfodydd ar draws Gogledd Cymru, a chynrychioli Cymru yng nghyfarfodydd Prydeinig a rhyngwladol y mudiad *Dirwest. Fel awdur y gyfrol *Undeb Dirwestol Merched Gogledd Cymru: Boreu Oes* (1910), hi hefyd oedd prif hanesydd y mudiad yng Nghymru. Yr oedd parch mawr iddi fel trefnyddes: cynigiwyd iddi swydd fel golygyddes gyntaf y cylch-grawn *Y *Gymraes* (1896–1934), ond gwrthododd ym-gymryd â'r gwaith hwnnw. Serch hynny, cyfrannodd yn helaeth iawn i'r cylchgrawn, gan gyhoeddi dros y blyn-yddoedd lliaws o storïau byrion ac o ysgrifau beirniadol a bywgraffiadol ar ei dudalennau. Dirwest oedd prif thema ei ffuglen; yr oedd yn feistres ar y gamp hynod honno o uno elfennau'r stori ramantus boblogaidd ag egwyddor-ion llwyrymwrthodiad. Er mai ystrydebol ar y cyfan yw ei chymeriadau a chlogyrnaidd ei deialog, ni ellir ond edmygu ei dyfeisgarwch creadigol yn llunio cymaint o straeon gwahanol ar yr un thema. Merched o gymeriad gwydn a moesol yw arwresau ei ffuglen, fel rheol; yr oedd dylanwad eang y ferch rinweddol bron mor bwysig iddi fel thema â dirwest. Ymddangosodd rhai o'i storïau ar ffurf pamffledi dirwestol, er enghraifft *Effaith y gown gorau* (1910).

Am wybodaeth bellach gweler Ellen Hughes, 'Miss Prichard', yn *Y Gymraes*, (cyf. III, 1900), ac Iorwen Myfanwy Jones, 'Merched Llên Cymru o 1850 i 1914' (traethawd ymchwil Coleg Prifysgol Gogledd Cymru, Bangor, 1935).

PRICHARD, CARADOG (1904–80), bardd, nofelydd, a newyddiadurwr; brodor o Fethesda, Caern., ydoedd. Bu'n gweithio ar bapurau yng Nghaernarfon, Llanrwst, Caerdydd ac yn Llundain lle y treuliodd y rhan helaethaf o'i oes, gan weithio ar staff y *News Chronicle* i ddechrau ac yna y *Daily Telegraph*. Tair ar hugain oed ydoedd pan enillodd y *Goron yn yr *Eisteddfod Genedlaethol (1927) a chyflawnodd gamp anghyffredin trwy ennill y Goron deirgwaith yn olynol.

Er mai ar gyfer cystadlaethau y lluniwyd y cerddi hyn, y mae gwythïen hunangofiannol gref ynddynt. Yn y gyntaf ohonynt, 'Y *Briodas' (1927), ymdyngheda gwraig lw o ffyddlondeb i'w gŵr marw a dadfeilia'n raddol i gyflwr o wallgofrwydd. Bu farw tad y bardd ac yntau'n bum mis oed, ac un o'i brofiadau chwerwaf oedd gorfod mynd â'i fam i ysbyty meddwl. Yr oedd yr ail bryddest, 'Penyd' (1928), yn fath o ddilyniant; y mae'r weddw yn yr ysbyty yn mynegi'i theimladau mewn cyfres o delynegion. Nid yw'r drydedd bryddest, 'Y Gân Ni Chanwyd' (1929), yn dilyn yr un thema, ond eto ymdeimlir â dirgelwch ac anobaith bywyd. Pwnc y gerdd anfuddugol, 'Terfysgoedd Daear' (1939), yw hunanladdiad a chyfaddefodd yr awdur mai math o gatharsis oedd llunio'r gerdd hon. Enillodd y *Gadair yn yr Eisteddfod Genedlaethol am yr awdl 'Llef Un yn Llefain' (1962). Cyhoeddwyd cerddi Caradog Prichard yn y cyfrolau *Canu Cynnar* (1937), *Tantalus* (1957) a *Llef Un yn Llefain* (1963) ac ymddangosodd casgliad cyflawn o'i gerddi yn 1979.

Cyhoeddodd nofel anghyffredin a phwysig, *Un Nos Ola Leuad* (1961), sydd hefyd yn astudiaeth o or-ffwylledd, a chasgliad o storïau byrion, *Y Genod yn ein Bywyd* (1964). Y mae'n hanfodol darllen ei hunan-gofiant gonest, *Afal Drwg Adda* (1973), i ddeall holl waith y llenor enigmatig hwn.

Ceir ymdriniaeth feirniadol o waith Caradog Prichard yn R. M. Jones, *Llenyddiaeth Gymraeg 1936–1972* (1975) ac mewn erthygl gan Dafydd Glyn Jones yn *Dyrnaid o Awduron Cyfoes* (gol. D. Ben Rees, 1975); gweler hefyd nodyn gan John Rowlands yn *Profiles* (1980), yn ogystal ag astudiaeth yr un awdur o *Un Nos Ola Leuad* yn *Ysgrifau Beirniadol XIX* (gol. J. E. Caerwyn Williams, 1994).

PRICHARD, CATHERINE JANE (Buddug; 1842–1909), bardd a thraethodydd. Ganwyd hi yn Llan-rhuddlad, Môn, yn ferch i'r hynafiaethydd Robert John *Pryse (Gweirydd ap Rhys). Priododd ag Owen Prichard yn 1863, ac ymsefydlodd yng Nghaergybi. Arferai rigymu er yn blentyn, a dechreuodd ennill gwobrau mewn

cyfarfodydd llenyddol pan oedd oddeutu deunaw oed; yn 1860 derbyniwyd hi i'r Orsedd yn Eisteddfod Dinbych dan yr enw Buddug. Cyfrannodd sawl cerdd, traethawd ac ymgom i gylchgronau Cymraeg ei dydd, yn enwedig *Y *Frythones, Y *Geninen* a'r *Gymraes*. *Dirwest oedd un o'i phrif ddiddordebau, a gweithiodd yn ddygn dros yr achos hwn fel ysgrifenyddes sir Fôn o Undeb Dirwestol Merched Gogledd Cymru. Hi oedd awdur *Yr Arholydd Dirwestol* (1905) a ganmolwyd gan O. M. *Edwards fel prawf o'r ffaith y gallai arholydd fod yn gelfyddydwaith. Yr oedd ei hysgrifau beirniadol hefyd yn ddylanwadol yn ei dydd; edmygwyd yn enwedig ei thraethodau ar Islwyn (William *Thomas) ac Ann *Griffiths (yn *Y Geninen*, 1897 ac 1902). Hi oedd yr unig ferch i annerch y dorf yn ystod gŵyl canmlwyddiant marw Ann Griffiths yn Llanfyllin yn 1905. Ar ôl ei marwolaeth, cyhoeddwyd casgliad o'i gwaith barddonol wedi eu dethol gan ei gŵr, *Caniadau Buddug* (1911). Yn ogystal â Dirwest, ei hoff bynciau oedd natur, crefydd a cherddi cyfarch i'w chyfeillesau. Gallai rigymu'n llithrig ac yn swynol, a gosodwyd amryw o'i phenillion ar gân, gan gynnwys ei cherdd enwocaf, 'O na byddai'n haf o hyd'. Yn y rhagair i'r *Caniadau* sicrheir y cyhoedd gan O. M. Edwards na ollyngir awen 'garedig' Buddug o'r cof 'tra bo chwaeth yn bur yng Nghymru', ond rhaid cyfaddef bod ei thuedd i droi pob cerdd yn foeswers yn debyg o ddieithrio darllenwyr cyfoes o'i gwaith.

Am wybodaeth bellach gweler R. Môn Williams, 'Buddug', *Cymru* (cyf. XXXIX, 1909), a Mair Ogwen, *Chwiorydd Enwog y Cyfundeb* (1925).

PRICHARD, EVAN (Ieuan Lleyn; 1769–1832), bardd ac ysgolfeistr o Fryncroes, Caern. Ef oedd cychwynnydd a golygydd y cylchgrawn llenyddol *Greal, neu Eurgrawn: sef Trysorfa Gwybodaeth* (1800). Cyfan-soddodd ychydig o emynau, ac y mae 'Tosturi dwyfol fawr' a 'Teg wawriodd arnom ddydd' mewn bri o hyd. Golygwyd ei gerddi gan John *Jones (Myrddin Fardd) a chyhoeddwyd hwy dan y teitl *Caniadau Ieuan Lleyn* (1878).

PRICHARD, RHYS (Yr Hen Ficer; 1579–1644), clerigwr a bardd; yr oedd yn frodor o Lanymddyfri, Caerf. Ychydig iawn a wyddys am ei fywyd cynnar a'i addysg; ond aeth i Goleg Iesu, Rhydychen yn 1597. Wedi iddo weinidogaethu am amser byr iawn yn swydd Essex cafodd fywoliaeth Llanymddyfri yn 1602. Yn 1614 penodwyd ef yn gaplan i Robert, Iarll Essex. Daeth yn brebendari Coleg Crist, Aberhonddu, ac yn ganghellor (a chanon yn ddiweddarach) esgobaeth *Tyddewi. Cydymdeimlai â'r Piwritaniaid a phregethodd ar hyd a lled gorllewin Cymru (yn ôl arfer y rhai a goleddai safbwynt y Piwritaniaid) ond ni fentrodd wrthryfela yn erbyn y Brenin yn 1642, ac nid ymddengys iddo ochri gyda'r naill garfan na'r llall yn ystod *Rhyfeloedd Cartref. Yn ei ewyllys gadawodd arian i sefydlu ysgol rydd yn Llanymddyfri. Pryderai am gyflwr moesol ei blwyfolion uniaith. Cyfansoddodd Yr Hen Ficer, fel y gelwid ef, lawer o benillion syml, er addysgu'r werin yn hanfodion y grefydd Gristnogol. Cyhoeddwyd rhai o'r penillion hyn gan Stephen *Hughes yn 1659, 1660 ac 1672, a'r cyfan gyda'i gilydd o dan y teitl *Canwyll y Cymru yn 1681. Daeth y gyfrol hon cyn bwysiced yn hanes y werin â'r cyfieithiad o Taith y Pererin gan John Bunyan. Gweler hefyd MAESYFELIN.

Golygwyd penillion Rhys Prichard gan Owen M. Edwards yng Nghyfres y Fil (1908) a chan Nesta Lloyd yn Cerddi'r Ficer (1994); ceir ymdriniaeth ar ei waith mewn astudiaethau gan John Jenkins (1913), D. Gwenallt Jones (1946) a chan Siwan Non Richards yn y gyfres Llên y Llenor (1994); gweler hefyd yr erthyglau gan John Ballinger yn Y Cymmrodor (cyf. XIII, 1900) a chan Nesta Lloyd yng Nghylchgrawn Llyfrgell Genedlaethol Cymru (cyf. XXIX, 1996), ac R. Brinley Jones, A Lanterne to their Feete (1994).

PRICHARD, THOMAS JEFFERY LLEWELYN
(1790–1862), llenor, a aned yn Llanfair-ym-Muallt, Brych. Yn ôl ei adroddiad ei hun ymadawodd â Chymru pan oedd yn fachgen. Cyfrannai ddeunydd i'r *Cambro-Briton yn 1820 pan oedd, mae'n debyg, yn actor yn Llundain, a thair blynedd yn ddiweddarach cyhoeddodd trwy danysgrifiad gasgliad o gerddi naïf a thruenus dan y teitl Welsh Minstrelsy (1823). Wedi dychwelyd i Gymru i werthu'r llyfr, tybir iddo ymgartrefu yn Aberystwyth am gyfnod. Yn Ionawr 1826 priododd â Naomi James yn Y Fenni a bu'n llyfrwerthwr yn Llanfair-ym-Muallt am rai blynyddoedd. Yn ystod y cyfnod hwn cyhoeddodd flodeugerdd o farddoniaeth llenorion Saesneg ar destunau hanesyddol Cymreig, ynghyd â chyfieithiadau gan lenorion Cymraeg o waith beirdd megis *Taliesin, *Aneirin a *Dafydd ap Gwilym yn dwyn y teitl, The Cambrian Wreath (1828). Ddwy flynedd yn ddiweddarach ymddangosodd y fersiwn cyntaf o'i lyfr The Adventures and Vagaries of *Twm Shon Catti, descriptive of life in Wales (1828), y fersiwn mwyaf amrwd o ran arddull a stori. Bu llwyddiant i'r llyfr a gydnabuwyd fel 'nofel gyntaf Cymru', ac aeth ati i'w ddiwygio a'i ehangu; daeth argraffiadau newydd o'r wasg yn 1839, ac ar ôl ei farwolaeth, yn 1873.

Y mae'n bosibl iddo ddychwelyd i'w fywyd fel actor crwydrol ar ôl 1839 nes iddo golli'i drwyn wrth ymladd â chleddyfau. Dywedir iddo gael gwaith yn ddiweddarach yn Llanofer yn catalogio llyfrau yn y llyfrgell yno i Benjamin ac Augusta *Hall. Y mae ffrwyth blynyddoedd o waith ymchwil yn Heroines of Welsh History (1854), sy'n rhoi golwg hynod ar gymeriadau a digwyddiadau; y mae'n chwyddedig a phruddglwyfus ei arddull bob yn ail, ac ni chroesawyd ef gan y cyhoedd. Erbyn hyn yr oedd yn byw ar ei ben ei hun yn Abertawe. Arbedwyd ef rhag tlodi trwy danysgrifiad a drefnwyd ar ei ran gan y papur newydd The *Cambrian,

ond bu farw yn fuan wedi hynny pan gwympodd i'w dân ei hun.

Ceir manylion pellach mewn erthyglau gan Sam Adams yn The Anglo-Welsh Review (cyf. XXIV, rhif. 52, 1974) ac yn Brycheiniog (cyf. XXI, 1985).

Prifardd Pendant, gweler ROBERTS, WILLIAM JOHN (1828–1904).

Prifysgol Cymru. Erbyn canol y bedwaredd ganrif ar bymtheg yr oedd yng Nghymru un coleg, sef Coleg Dewi Sant, Llanbedr Pont Steffan, a sefydlwyd yn 1822 ac a roddai raddau i offeiriadon yr Eglwys Anglicanaidd. Teimlid, fodd bynnag, fod angen prifysgol genedlaethol, anenwadol ar Gymru. Prif arweinydd y drafodaeth gyhoeddus ynglŷn ag addysg uwchradd oedd Hugh *Owen a fu'n canfasio ymysg *Cymry Llundain parthed y syniad o brifysgol i Gymru. Gydag amser derbyniwyd y syniad ond cymhwyswyd yr amcanion i sefydlu coleg a fyddai'n paratoi myfyrwyr ar gyfer arholiadau Prifysgol Llundain: yr oedd hynny'n arfer cyffredin yn Lloegr ar y pryd. Yn 1869 prynwyd adeilad yn Aberystwyth y bwriadwyd yn wreiddiol iddo fod yn westy. Yno, dair blynedd yn ddiweddarach, yr agorwyd Coleg y Brifysgol gyda chwech ar hugain o fyfyrwyr a Thomas Charles Edwards (1837–1900), mab Lewis *Edwards, yn Brifathro arno. Ar y dechrau nid oedd unrhyw gyswllt swyddogol rhwng Coleg y Brifysgol yn Aberystwyth a'r Colegau a sefydlwyd yng Nghaerdydd yn 1883 ac ym Mangor yn 1884, yn unol ag argymhellion Pwyllgor Adrannol o dan gadeiryddiaeth Arglwydd Aberdâr, a benodwyd gan Lywodraeth Gladstone. Digon araf fu twf dechreuol y tri choleg, yn rhannol am nad oedd llawer o ysgolion uwchradd i baratoi disgyblion ar gyfer addysg uwch. Cynyddodd nifer y myfyrwyr ar ôl pasio Deddf Addysg Cymru yn 1889. Unwyd y tri Choleg dan Siartr Frenhinol yn 1893, gan greu Prifysgol ffederal ac iddi yr hawl i ddyfarnu ei graddau ei hun. Y gŵr a wnaeth fwyaf i hybu'r sefydliad newydd hwn oedd Herbert Isambard *Owen.

Meddai'r Brifysgol ar dri chorff swyddogol – y Llys, y Senedd (sef Athrawon y tri Choleg) ac Urdd y Graddedigion – ond nid pawb oedd yn fodlon â'r trefniadau hyn. Argymhellodd Comisiwn Brenhinol yn 1918, o dan gadeiryddiaeth Arglwydd Haldane, y dylid ehangu'r Llys, a chreu corff llywodraethol newydd a'i alw yn Gyngor, a sefydlu Bwrdd Academaidd i wneud y dyletswyddau a wnaed yn flaenorol gan yr hen Senedd. Hwn yw cyfansoddiad y Brifysgol hyd y dydd heddiw. Prif swyddogion y Brifysgol yw'r Canghellor (aelod o'r teulu brenhinol), y Dirprwy-Ganghellor (Cymro adnabyddus), yr Is-ganghellor Hŷn (Is-gangellorion y Sefydliadau Cyfansoddol yn eu tro), Warden Urdd y Graddedigion, Trysorydd y Brifysgol a'r Ysgrifennydd Cyffredinol. Y mae pencadlys y Brifysgol ym Mharc Cathays, Caerdydd. Ei harwyddair yw Scientia Ingenium Artes

(Gwyddoniaeth, Peirianneg, Celfyddydau) ac y mae ganddi tua thri deg mil o fyfyrwyr llawn-amser.

At dri Choleg gwreiddiol y Brifysgol ychwanegwyd y canlynol: Coleg Prifysgol Abertawe yn 1920; Ysgol Feddygol Cymru yn 1931, Athrofa Gwyddoniaeth a Thechnoleg yn 1967, a Choleg Llanbedr yn 1971. Yn 1960 sefydlwyd pwyllgor, y daeth ei adroddiad erbyn 1964, i drafod dyfodol y brifysgol ffederal. Awgrymwyd gan y pwyllgor y dylid chwalu'r ffederasiwn, gan sefydlu pedair prifysgol newydd, ond gwrthodwyd yr argymhelliad gan y Llys. Ymysg y rhai a frwydrodd yn egnïol i gadw adeiladwaith ffederal y Brifysgol yr oedd Alwyn D. *Rees a Jac L. *Williams. Y mae pob un o'r saith sefydliad yn mwynhau mesur helaeth o annibyniaeth, ac y mae'r Brifysgol yn gyfrifol am hyrwyddo cydweithrediad rhyngddynt ar fyrddau canolog, yn arbennig y Bwrdd Academaidd, y *Bwrdd Gwybodau Celtaidd a Bwrdd *Gwasg Prifysgol Cymru. Sefydlwyd y Wasg yn 1922 a gwnaeth gyfraniad aruthrol drwy gyhoeddi gweithiau ysgolheigaidd mewn llawer maes, yn arbennig ym meysydd Hanes, Iaith a Llenyddiaeth Cymru. Y Brifysgol hefyd biau Plas *Gregynog, ger Y Drenewydd ym Mhowys, lle y cynhelir amrywiaeth o bwyllgorau, seminarau a chynadleddau; yno hefyd y mae cartref *Gwasg Gregynog.

Y mae cyfraniad y Brifysgol i *ysgolheictod yng Nghymru o'r pwys mwyaf. Caerdydd oedd yr unig Goleg i gydnabod y Gymraeg fel pwnc o'r dechrau. Penodwyd Thomas *Powel yn Ddarlithydd a dyrchafwyd y swydd yn un Athro yn 1884. Yn 1875, dair blynedd ar ôl agor y Coleg yn Aberystwyth, penodwyd Daniel Silvan *Evans yn Athro rhan-amser yno. Aeth pum mlynedd heibio rhwng agor Coleg Bangor a phenodi John *Morris-Jones yn Athro'r Gymraeg yn 1889. Bellach ceir Adran Gymraeg ym mhob un o'r pum Coleg Prifysgol ac ers y 1960au bu ehangu yn y ddarpariaeth ar gyfer dysgu cyrsiau eraill trwy gyfrwng y Gymraeg. Bu Adrannau Saesneg, ar y llaw arall, yn llawer arafach yn rhoi cydnabyddiaeth feirniadol i lên Saesneg Cymru. Daeth yr ysgogiad yn hynny o beth o brifysgolion Lloegr, Canada ac UDA, gan amlaf, nes sefydlu *Cymdeithas Llên Saesneg Cymru.

Yn 1996 bu newid yn nheitlau'r sefydliadau cyfansoddol; e.e. daeth Coleg y Brifysgol Abertawe yn Brifysgol Cymru, Abertawe, Coleg Prifysgol Gogledd Cymru, Bangor yn Brifysgol Cymru, Bangor, ac yn y blaen. Hefyd ychwanegwyd Athrofa Prifysgol Cymru, Caerdydd, a Choleg Prifysgol Cymru, Casnewydd, at y sefydliadau cyfansoddol.

Ceir rhagor o fanylion yng ngwaith D. Emrys Evans, *The University of Wales, A Historical Sketch* (1953), E. L. Ellis, *The University College of Wales, Aberystwyth 1872–1972* (1972), D. T. W. Price, *A History of St. David's College* (cyf. I, 1977), Gwyn Jones a Michael Quinn (gol.), *Fountains of Praise: University College, Cardiff 1883–1983* (1983), J. Gwynn Williams, *The University College of North Wales: Foundations* (1985), D. W. Dykes, *The University College of Swansea: an illustrated history*

(1992), Geraint H. Jenkins, *Prifysgol Cymru: hanes darluniadol* (1993), J. Gwynn Williams, *The History of the University of Wales* (cyf. I, 1993 a chyf. II, 1997), a Prys Morgan, *The History of the University of Wales* (cyf. III, 1997).

Prifysgol Morgannwg. Fe'i sefydlwyd trwy siarter yn 1992 ac fe'i lleolir yn Nhrefforest, ger Pontypridd, ac ym Mhentre'r Eglwys gerllaw. Y sefydliad addysgol cyntaf ar y safle oedd Ysgol Mwyngloddiau De Cymru a Sir Fynwy, a agorwyd yn 1913 mewn adeilad a fu'n flaenorol yn gartref i Walter John, asiant i gangen iau o deulu *Crawshay a oedd wedi datblygu'r pentref yn ganolfan mwyndoddi tun. Cadwyd diben gwreiddiol yr Ysgol, sef hyfforddi gweithwyr medrus ar gyfer diwydiant, wedi iddi ddod yn Goleg Technegol Morgannwg yn 1949 ac wedi i'r enw newid fymryn, yn 1958, yn Goleg Technoleg Morgannwg. Daeth yn Bolytechnig Morgannwg, gyda 2,230 o fyfyrwyr, yn 1970 a phum mlynedd yn ddiweddarach, yn Bolytechnig Cymru.

Y mae gan Brifysgol Morgannwg oddeutu 16,000 o israddedigion yn fyfyrwyr llawn-amser neu ran-amser ac y mae'n cynnig amrediad llawn o bynciau gradd gyntaf ac uwch. Erbyn 1994 Prifysgol Morgannwg oedd y darparwr addysg mwyaf ond un i israddedigion yng Nghymru a'r darparwr astudiaethau ôl-radd rhan-amser mwyaf. Bu'n marchnata ei chyrsiau yn frwd ledled y Deyrnas Unedig a thramor, yn arbennig yn y Dwyrain Pell. Is-ganghellor cyntaf y Brifysgol oedd Adrian Webb a'r Arglwydd Merlyn Rees oedd ei Changhellor cyntaf.

Yn 1993 cyflwynwyd gradd M.A. mewn Ysgrifennu sy'n denu myfyrwyr o wledydd lawer trwy ei modd dysgu rhan-amser ac o hirbell. Y mae'r cwrs dan arweiniad Tony *Curtis, a bu nifer o lenorion nodedig o Gymru yn diwtoriaid arno, gan gynnwys Gillian *Clarke, Sheenagh *Pugh, Catherine *Merriman, Stephen *Knight a Christopher *Meredith. Chwaraeodd Meic *Stephens ran allweddol yn y gwaith o greu Canolfan er Astudio Llên Cymru Saesneg yn y Brifysgol ac, er 1994, y mae wedi dysgu cyrsiau mewn Newyddiaduraeth, Ffuglen Fodern a Llenyddiaeth Cymru Fodern yn yr Ysgol Ddyniaethau a Gwyddorau Cymdeithasol. Cynhelir Darlith Flynyddol Rhys *Davies gan y Brifysgol, ac ymysg y rhai a wnaed yn Gymrodyr er Anrhydedd ac y dyfarnwyd graddau anrhydedd iddynt y mae Leslie *Norris, Jan *Morris, Dannie *Abse a Kenneth O. *Morgan.

PRITCHARD, MARGED (1919–), nofelydd, awdur storïau byrion a dramodydd. Fe'i ganed yn Nhregaron, Cer., a'i haddysgu yng Ngholeg Prifysgol Gogledd Cymru, Bangor, a bu'n athrawes Ffrangeg yn ysgolion uwchradd Tywyn a Phorthmadog. Cyhoeddodd nifer o nofelau, a chyfrolau o storïau byrion â chefndir gwledig morol iddynt, ond â pheth pwyslais ar broblemau cyfoes. Ymhlith y rhain y mae *Cregyn ar y Traeth* (1974), *Gwylanod yn y Mynydd* (1975), *Cysgodion* *ar yr Haul* (1977), *Breuddwydion* (1978), *Enfys y Bore* (1980), *Nhw Oedd Yno* (1986) ac *Adar Brith* (1988), a chyhoeddwyd detholiad o'i storïau byrion dan y teitl *Unwaith Eto* yn 1994. Enillodd ei nofel *Nid Mudan mo'r Môr* (1976) *Fedal Ryddiaith yr Eisteddfod Genedlaethol y flwyddyn y cyhoeddwyd hi. Yn *Portreadau'r Faner* (1976) cyhoeddodd gyfres o fywgraffiadau byrion o awduron cyfoes Cymreig a ymddangosodd gyntaf yn *Baner ac Amserau Cymru*.

PROLL, Y (*fl.* hanner cyntaf y 15eg gan.), bardd, y cedwir un gerdd yn unig o'i waith wedi ei chanu i Domas ap Hopcyn o Ynysforgan, mab hynaf Hopcyn ap Tomas y credir i *Llyfr Coch Hergest* gael ei gopïo ar ei gais. Ni wyddys dyddiadau Tomas, ond y mae'r cyfeiriad diweddaraf ato yn 1408 pan etifeddodd diroedd yng Ngŵyr. Cerdd y Proll yw'r unig un a gadwyd i Domas, ac fe'i cedwir yn y *Llyfr Coch*. Awdl hanner cant a chwe llinell ydyw yn cynnwys saith pennill dwbl o dawddgyrch cadwynog wedi eu cysylltu â chyrch-gymeriad. Ynddi molir Tomas am ei haelioni i feirdd, croeso ei lys, ac am ei ddoniau fel 'awenydd huawdl mal hydd helydd'. Ceir peth ansicrwydd ynglŷn ag enw'r bardd: yn y *Llyfr Coch* 'Y proll' ydyw. Fodd bynnag, yn llawysgrif Peniarth 53 ceir cerdd ddychan gan Ieuan ap Rhydderch i'r 'Prol', ac enwir felly sawl gwaith yn y gerdd, ac y mae'r odl fewnol o bosibl mewn un llinell yn ategu'r ynganiad. Credir i Ieuan ap Rhydderch ganu yn y cyfnod 1430–70 a chyfeirir yn y gerdd, yn ogystal, at Ieuan Gethin ab Ieuan ap Lleision, bardd a flodeuai rhwng 1441 ac 1461. Yn ôl tystiolaeth y gerdd hon, felly, perthynai'r Prol yn nes at ganol y bymthegfed ganrif, ond ni ellir bod yn sicr o gwbl ai'r un ydyw â Phroll y *Llyfr Coch*, er mor anarferol yw'r enw. Digwydd 'prol', 'prôl' fel enw cyffredin, o'r drydedd ganrif ar ddeg ymlaen, yn fenthyciad o'r Lladin *prologus* neu'r Saesneg *prologue*.

Gweler *The Poetry in the Red Book of Hergest* (gol. J. Gwenogvryn Evans, 1911), *Cywyddau Iolo Goch ac Eraill* (gol. H. Lewis *et al*, 1937) a *Peniarth 53*, copïwyd gan E. Stanton Roberts (1927).

Prophetiae Merlini (llyth. 'Daroganau Myrddin'), teitl y seithfed bennod yn *Historia Regum Britanniae* gan *Sieffre o Fynwy, sy'n cynnwys proffwydoliaethau'r bachgen *Myrddin gerbron y Brenin *Gwrtheyrn. Credir i Sieffre eu cyhoeddi'n waith ar wahân flwyddyn neu ragor cyn cyhoeddi'r *Historia* cyfan. Ar ddechrau'r bennod honna Sieffre mai Alecsander, Esgob Lincoln, a gymhellodd arno gyhoeddi'r daroganau, ac mewn llythyr yn eu cyflwyno i'r esgob dywed mai cyfieithiad ydynt o'r Gymraeg i'r Lladin. Prin, er hynny, y gellid dangos cysylltiad rhyngddynt ac unrhyw hen *ddaroganau Cymraeg sy'n hysbys, ond rhaid tybio bod gan Sieffre syniad bras am natur y traddodiad daroganol Cymraeg a'i fod wedi ei gymryd yn batrwm i'w

ddaroganau yntau. Dechreua'r *Prophetiae* trwy gyfeirio at y frwydr rhwng y Ddraig Goch a'r Ddraig Wen gerbron Gwrtheyrn (gweler o dan EMRYS WLEDIG) ac yna proffwydir dyfodiad *Arthur, a elwir yn 'Faedd Cernyw', i waredu'r Brytaniaid rhag eu gormeswyr Sacsonaidd. Dilynir hyn gan gyfeiriadau at ddigwyddiadau rhwng cyfnod Arthur a chyfnod y Normaniaid. Â'r daroganau'n dywyllach ac yn fwy penagored wrth fynd rhagddynt nes cyrraedd man lle y dibynnant yn llwyr ar symboliaeth anifeiliaid a chyfeiriadau astrolegol.

Ceir manylion pellach mewn pennod gan J. J. Parry ac R. A. Caldwell yn R. S. Loomis (gol.), *Arthurian Literature in the Middle Ages* (1959), Lewis Thorpe, *Geoffrey of Monmouth: The History of the Kings of Britain* (1966) ac erthygl yr un awdur yn *The Biographical Bulletin of the International Arthurian Society* (1977); gweler hefyd erthyglau gan Bernard Meehan ym *Mwletin* y Bwrdd Gwybodau Celtaidd (1978) a Brynley F. Roberts yng *Nghylchgrawn* Llyfrgell Genedlaethol Cymru (Haf, 1977), a *The Arthur of the Welsh* (gol. R. Bromwich, A. O. H. Jarman a B. F. Roberts, 1991).

Protestaniaeth, y math o athrawiaeth ac ymarfer Cristnogol a darddodd o'r Diwygiad ac a gysylltir â gwaith Luther, Zwingli, Calfin ac eraill. Daw'r gair o'r *Protestatio* a wnaeth y Lutheriaid yn y Diet a gynhaliwyd yn Speier yn 1529, sef cyngor yr Ymerodraeth Rufeinig Sanctaidd. Er mai 'datganiad' yw'r prif ystyr mae yn y gair hefyd elfen o 'brotest' yn erbyn y polisi o rwystro lledaeniad y Diwygiad. Fe'i defnyddiwyd gan amlaf fel gwrthwyneb i *Gatholigiaeth Rufeinig. Ymhlith egwyddorion sylfaenol Protestaniaeth y mae sofraniaeth gras Duw, cyfiawnhad trwy ffydd yn unig, offeiriadaeth credinwyr ac awdurdod y Beibl fel Gair Duw, ond myn rhai fod Protestaniaeth wedi esgor hefyd ar hawl y farn bersonol ac wedi arwain at amlhau sectau a mudiadau diwinyddol. Mewn *Anglicaniaeth heddiw gwelir y blaid 'Brotestannaidd' yn gwrthdystio yn erbyn tueddiadau Eingl-Gatholig.

Ar y cyntaf ni dderbyniwyd Protestaniaeth yng Nghymru â brwdfrydedd, ond daeth y Cymry yn araf i ymostwng i drefn Eglwys Loegr. Dangosir orau, efallai, pa mor arwynebol yr oedd y dröedigaeth gan y ffaith mai tri merthyr Protestannaidd yn unig a fu yng Nghymru yn ystod teyrnasiad Mari'r Babyddes, ac un ohonynt oedd yr Esgob Robert *Ferrar ei hun. Er mai araf fu'r Cymry i dderbyn y drefn o dan Elisabeth, bu cyfieithu'r Testament Newydd a'r *Llyfr Gweddi Gyffredin i'r Gymraeg (1567) a'r *Beibl cyfan yn 1588 yn gymorth mawr i sicrhau hyn, ond bu'r 'ddamcaniaeth Brotestannaidd' am natur hen Eglwys y Cymry yn ddylanwadol hefyd yng ngweithiau William *Salesbury, Richard *Davies a Humphrey *Llwyd. Cyn bo hir cafodd *Piwritaniaeth, ffurf fwy eithafol ar Brotestaniaeth, ei merthyr cyntaf, sef John *Penry. Ymhlith y cyfieithwyr Cymraeg a hyrwyddai Brotestaniaeth yr Eglwys Wladol yn yr unfed a'r ail ganrif ar bymtheg yr oedd Morris *Kyffin, Hugh *Lewis, Edward

*James, Rowland *Vaughan o Gaer-gai (a gyfieithodd Lewis *Bayly), a John *Davies, Mallwyd. Chwaraeodd mathau o Brotestaniaeth – Anglicaniaeth, Piwritaniaeth, *Anghydffurfiaeth, *Methodistiaeth a mudiadau eraill – rannau pwysig ym mywyd crefyddol a chymdeithasol Cymru. Rhagfarnau Protestannaidd a rwystrodd i lawer werthfawrogi llenyddiaeth Gymraeg yr Oesoedd Canol.

Yn yr ugeinfed ganrif troes llawer o Gymry at seciwlariaeth a dyneiddiaeth, a lleiafrif bychan ond dylanwadol at Gatholigiaeth Rufeinig neu Anglicanaidd. Aeth yr hen batrymau Protestannaidd yn fwyfwy anffasiynol mewn cylchoedd deallusol, er i Brotestaniaeth fod yn fwy agored na Phabyddiaeth i *Ryddfrydiaeth ddiwinyddol. Cais rhai ailadeiladu Protestaniaeth ar seiliau Efengylaidd. Cyferbyniwyd pwyslais Protestannaidd yng ngwaith Emyr *Humphreys â phwyslais Catholig Graham Greene, ac awgrymodd Saunders *Lewis fod Pennar *Davies yn cynnig cyfle newydd i Brotestaniaeth yn argyfwng presennol Dyn.

Ceir manylion pellach yn S. O. Tudor, *Protestaniaeth* (1940), J. S. Whale, *The Protestant Tradition* (1955), Glanmor Williams, *Welsh Reformation Essays* (1967) ac R. Tudur Jones, *Cymru a'r Diwygiad Protestannaidd* (1987).

Protheroe, Daniel (1866–1934), cerddor. Fe'i ganed yn Ystradgynlais, Brych., ond yn 1885 ymfudodd i Scranton, Pennsylvania, ac yno daeth yn enwog fel arweinydd corau. Arferai ymweld â'r *Eisteddfod Genedlaethol yn fynych ac yr oedd yn nodedig fel cyfansoddwr darnau ar gyfer corau meibion, gan gynnwys 'Milwyr y Groes', 'Nidaros' a threfniant o *'Bryn Calfaria' sef 'Laudamus', sy'n boblogaidd o hyd.

Prydain, enw'r Ynys y trigai'r *Celtiaid Brythonig arni ar un cyfnod, ac a ddefnyddir bellach i ddynodi'r wladwriaeth fodern. Chwaraeodd y meddylfryd Prydeinig ran amlwg yn hanes Cymru dros y canrifoedd. Ceir y gair *Prydain* yn fynych iawn mewn llenyddiaeth gynnar Gymraeg yn cyfeirio at Ynys Prydain, a defnyddir *Prydain Fawr* i wahaniaethu'r ynys hon oddi wrth Brydain Fechan neu Lydaw. Enw Cesar ar Brydain oedd *Britannia* a'i phobl oedd *Britanni*.

Gellir olrhain yr amwysedd a'r dryswch a geir yn yr enw i'r Oesoedd Canol. Er bod gan y Cymry, fel disgynyddion y Brythoniaid, hawl ar y gair *British* a'i ddefnyddio i olygu'r Cymry, dechreuwyd arddel y geiriau *Cymry* a *Chymru* ganddynt wrth gyfeirio atynt eu hunain a'u tiriogaeth. O gyfnod y *Tuduriaid ymlaen a hyd at ddechrau'r bedwaredd ganrif ar bymtheg hyd yn oed yr oedd tueddiad i ddefnyddio'r gair *British* yn Saesneg i olygu Cymreig wrth sôn am iaith a hanes, ac weithiau i olygu gwladwriaeth Prydain Fawr. Er enghraifft, y teitl ar Eiriadur Cymraeg (1688) Thomas *Jones (1648?–1713) yw *The British Language in its Lustre* ac yn Gymraeg, *Y Gymraeg yn ei Disgleirdeb*. Yn Saesneg daeth y gair *British* fwyfwy i'w ddefnyddio yn yr ystyr

gwleidyddol wedi uno Lloegr â'r Alban yn 1603 ac yn enwedig ar ôl 1707. Bu'n rhaid i'r Cymry droi fwyfwy at y term *Cambro-Britons* wrth sôn amdanynt eu hunain.

Ers hynny, y mae'r Saeson eu hunain wedi bod yn hynod gyndyn i ddefnyddio'r gair *British* ar lafar, fel petaent ym mêr eu hesgyrn yn gwybod mai gair ydyw yn y bôn sydd yn sôn am yr hen Frythoniaid. Yn ôl eu harfer hwy gall y gair Saesneg *England* gyfeirio at y Deyrnas Unedig neu at y rhan honno ohoni sy'n hepgor Cymru a'r Alban, ac yn aml defnyddir y gair Prydain, yn arbennig mewn cyfnod o ryfel, i ddynodi'r wladwriaeth wleidyddol a lywodraethir gan y wlad fwyaf, Lloegr. Y mae *England* a *Britain* yn dermau y gellir eu cyfnewid yng ngolwg llawer o Saeson, ac nid at Gymru a Chymry yn unig y cyfeirir wrth ddefnyddio'r termau *Britain* a *British* mwyach. Yn ei bamffled, *Prydeindod* (1966), gwnaeth J. R. *Jones astudiaeth athronyddol a gwleidyddol o'r pwnc, ac yn arbennig o feddylfryd y Wladwriaeth Brydeinig, lle y mae hunaniaeth genedlaethol y Cymry a'r Albanwyr wedi cael ei chelu neu'i gwadu gan hegemoni Seisnig.

Pryderi, yr unig gymeriad a grybwyllir wrth ei enw ym mhob un o geinciau *Pedair Cainc y Mabinogi*, a gall mai ef oedd y cymeriad canolog yn ffurf wreiddiol y gwaith hwnnw. Yn y Pedair Cainc, fel y maent gennym, nid yw'n un o'r cymeriadau pwysicaf, er bod iddo ran hanfodol yn natblygiad rhai o'r storïau.

Yn y Gainc Gyntaf fe'i genir yn fab i *Bwyll a *Rhiannon ond diflanna yn union wedi ei eni, a dygir ef gan ryw bŵer dirgel i lys *Teyrnon Twrf Liant, lle y gelwir ef Gwri Wallt Eurin a'i feithrin yno am bedair blynedd. Yn dwy flwydd oed y mae cyn gryfed â bachgen chwe blwydd, ac yn bedair oed y mae yn dechrau trin meirch. Ond pan ddealla Teyrnon a'i wraig mai Gwri yw'r bachgen a gollwyd o lys *Dyfed ânt ag ef yn ôl at ei rieni; ac fe'i gelwir Pryderi oddi wrth y geiriau a lefarodd Rhiannon pan glywodd fod ei mab wedi ei adfer iddi, 'Oedd esgor fy mhryder im, pe gwir hynny!' Yn Nyfed megir Pryderi'n ymgeleddus onid yw yn 'delediwaf gwas, a thecaf, a chwplaf o bob camp dda' yn y deyrnas, ac ymhen blynyddoedd dilyna ei dad ar yr orsedd. Cyn bo hir hefyd ychwanega dri chantref *Ystrad Tywi a phedwar cantref *Ceredigion at saith cantref Dyfed a phrioda wraig, sef Cigfa ferch Gwyn Gohoyw.

Yn yr Ail Gainc enwir Pryderi yn gyntaf o'r saith a ddychwelodd o ymgyrch *Brân i Iwerddon ac ynghyd â *Manawydan ymddengys ar ddechrau'r Drydedd Gainc. Dychwel y ddau i Ddyfed ac yno rhydd Pryderi ei fam, Rhiannon, yn wraig i Fanawydan. Wedi iddo hebrwng ei wrogaeth i Gaswallon yn Rhydychen fe'i ceir, ar ganol gwledd, yn cyrchu Gorsedd *Arberth gyda'r tri arall, Manawydan, Rhiannon a Chigfa, pryd y disgyn hud ar Ddyfed a throi'r wlad yn ddiffeithwch. Ar ôl y wledd â'r pedwar i dair tref yn Lloegr gan ymgynnal trwy gyfrwng crefftau, nes i'r crefftwyr lleol ymuno i ddifetha'r pedwar, ac o'r diwedd iddynt orfod dychwelyd i Ddyfed. Yno caethiwir Pryderi a Rhiannon mewn caer ledrithiol sy'n diflannu a'r ddau oddi mewn iddi. Rhyddheir hwy o'u carchar yn *Annwn maes o law gan Fanawydan.

Yn y Bedwaredd Gainc ceir chwedl fer, gyfan, am y modd y lleddir Pryderi. Darbwyllir ef gan *Wydion, y dewin, i ymadael â'r moch a dderbyniasai'n anrheg gan *Arawn, Frenin Annwn, yn gyfnewid am feirch a chŵn hela nad oeddynt ond rhith. Pan wêl fod Gwydion wedi ei dwyllo ymlidia'r dewin hyd Wynedd a'i herio i ymladd brwydr, a lleddir Pryderi. Pwysleisir campau ac arwriaeth Pryderi; rhaid arfer hud a lledrith i'w drechu. Dadleuodd rhai ysgolheigion mai'r thema sylfaenol yr adeiladwyd y Pedair Cainc o'i chwmpas oedd hanes Pryderi – ei genhedlu, ei ddiflaniad, ei fabolgampau a'i farwolaeth – ac at y storïau a adroddir am y digwyddiadau hyn ychwanegwyd chwedlau am blant *Llŷr a *Dôn a dueddodd i wthio Pryderi oddi ar brifffordd yr hanes.

Ceir ymdriniaeth bellach gan W. J. Gruffydd yn *Math Vab Mathonwy* (1928) a *Rhiannon* (1953), a chan Ifor Williams yn *Pedeir Keinc y Mabinogi* (1951).

Prydwen, llong *Arthur, a enwir yn y gerdd *'Preiddiau Annwfn' ac yn chwedl *Culhwch ac Olwen (c.1100). Yn y gerdd sonnir am 'dri llonaid Prydwen' yn mordwyo i Gaer Siddi (*Annwn), ac yn y chwedl cyfeirir deirgwaith at fordeithiau Arthur yn y llong. Ond yn *Brut* *Sieffre o Fynwy digwydd Prydwen yn enw ar darian Arthur a dywedir bod delw'r Forwyn Fair yn ysgythredig arni.

PRYDYDD BREUAN (14eg gan.), bardd. Priodolir pedair cerdd iddo, tair ohonynt yn *Llyfr Coch Hergest.* Ni wyddom ddim am amgylchiadau ei fywyd. Un gerdd fawl o'i eiddo a gadwyd, sef awdl i Faredudd o gwmwd Derllys ger Caerfyrddin, yn canmol ei filwriaeth a'i nawdd i feirdd a cherddorion. Dychan yw'r cerddi eraill, dwy ohonynt i delynorion: englyn proest i 'Goch y Delyn' ac awdl i Dare Delynor. Ymddengys i'r bardd ganu'r awdl i Dare ym Mro Gynllo, sef cyfeiriad, mae'n debyg, at ardal Llangynllo yn sir Aberteifi. Canolbwyntir yn ffraeth iawn ar lythineb yr hen delynor – 'Llonaid Caerfyrddin oedd ei giniaw'; ond yr hyn sydd fwyaf nodedig am y gerdd hon yw ei bod ar ffurf marwnad wyrdroëdig. Gall fod yn esiampl brin o ffug-farwnad, a gwrthrych y dychan yn dal ar dir y byw pan ganwyd hi. Y mae awdl ddychan Prydydd Breuan i Siwan (Siwan Morgan o Aberteifi, yn ôl pennawd y llawysgrif) gyda'r ffieiddiaf yn y *Llyfr Coch.* Os gallwn gredu'r bardd fe'i twyllwyd gan y ferch hon, yn ôl pob golwg trwy iddi beri iddo ddal clefyd rhywiol, ac ymrydd yntau yn y modd mwyaf aflednais i fwrw sen ar nodweddion ei chorff ac ar anlladrwydd ei buchedd.

PRYDYDD BYCHAN, Y (*fl.* 1222–68), bardd. Y mae'n debyg mai ef y mae *Gwilym Ddu o Arfon yn ei enwi ynghyd â *Phylip Brydydd fel dau fardd o *Geredigion a dichon mai mab Phylip Brydydd a ganodd i'r un teulu o noddwyr ydoedd. Cadwyd o'i waith bedair ar bymtheg o gyfresi englynion, a gweddillion dwy gerdd arall, a ganwyd i fân dywysogion (ond gan gynnwys *Rhys Gryg ac *Owain Goch ap Gruffudd) o Ddeheubarth gan mwyaf – ac yn eu plith amryw o ddisgynyddion *Rhys ap Gruffudd (Yr Arglwydd Rhys). Y mae pob cyfeiriad ganddo at Sais yn ddifriol. Crynhoir i un llinell mewn englyn marwnad i Owain ap Gruffudd (m. 1236) y cwbl o'i neges, 'Fy llyw oedd fur glyw a gwledd'.

Golygwyd ei waith gan Morfydd E. Owen yn *Gwaith Bleddyn Fardd a beirdd eraill o ail hanner y drydedd ganrif ar ddeg* (gol. R. M. Andrews *et al.*, *Cyfres Beirdd y Tywysogion* VII, 1996).

Prydydd y Moch, gweler LLYWARCH AP LLYWELYN (*fl.* 1173–1220).

Pryddest, cerdd hir heb fod ar ffurf fydryddol arbennig; gall fod ar y mesur moel neu ar *gynghanedd, ond nid ar yr un o'r *Pedwar Mesur ar Hugain. Ceir y ffurf gynharaf ar y gair (sydd o'r un gwreiddyn â 'prydu') yng Ngeiriadur John *Davies, Mallwyd, yn 1632. Er bod William *Williams (Pantycelyn) wedi ysgrifennu cerddi hirion ar y mesurau rhydd, ni alwyd mohonynt yn bryddestau, ond y mae William *Williams (Caledfryn) yn ei *Drych Barddonol* (1839) yn cyfeirio at gerddi hir 'heb un odl, ac eraill yn odli, heb un gynghanedd', fel pryddestau, gan ychwanegu bod llawer iawn o wrthwynebiad i gerddi fel hyn 'gan addolwyr y mesurau caethion'. Pryddestau yw gair Gutyn Peris (Griffith *Williams) am ei gerddi hir ar y mesur moel. Erbyn 1834 daethai'r term 'pryddest' yn air cymeradwy mewn eisteddfodau, ac yn yr Eisteddfod a gynhaliwyd yng Nghaerdydd y flwyddyn honno gofynnwyd am 'bryddest ddiodl' a fyddai ar ffurf marwnad i'r Archddiacon Beynon, ac yn yr Eisteddfod a gynhaliwyd gan Gymdeithas y *Cymreigyddion yn Llundain yn 1841 cynigiwyd gwobr am bryddest ar *Ddirwest. Yn Eisteddfod Rhuddlan yn 1850 gobrwywyd pryddest Ieuan Glan Geirionydd (Evan *Evans) a rhoi awdl gan Galedfryn yn ail. Yna yn Eisteddfod Rhuthun yn 1860 dechreuwyd yr arfer o roi *Coron am bryddest a *Chadair am awdl, traddodiad sydd wedi parhau ond gyda pheth amrywiad hyd heddiw. Y mae rhai o bryddestau'r Goron yn cynnwys peth o farddoniaeth Gymraeg orau'r ugeinfed ganrif ac yn eu plith, *'Mab y Bwthyn' (1921) a 'Y *Dyrfa' (1931) gan Cynan (Albert *Evans-Jones) ac 'Y *Briodas' (1927) gan Caradog *Prichard.

Ceir detholiad o gerddi arobryn ar y ffurf hon, gyda rhagymadrodd defnyddiol, yn *Pryddestau Eisteddfodol Detholedig* (gol. E. G. Millward, 1973).

PRYS, EDMWND (1543/44–1623), bardd a dyn-eiddiwr; brodor o Lanrwst, Dinb., ydoedd, a pherthynas i William *Salesbury. Dichon iddo dderbyn ei addysg gynnar ym mhlasty Gwydir, Llanrwst, fel y gwnaeth William *Morgan, cyfieithydd y *Beibl; yn 1565 ymaelododd ef a Morgan yn fyfyrwyr yng Ngholeg Ieuan Sant, Caer-grawnt, lle y bu un o'r Wyniaid yn Gymrawd. Yno, yn 1570, fe'i hetholwyd yn Gymrawd o'i Goleg ac yn un o Bregethwyr y Brifysgol bum mlynedd yn ddiweddarach. Dysgodd wyth o ieithoedd, gan gynnwys Hebraeg a ddysgodd wrth draed yr Hebreigydd enwog o Ffrancwr, Antoine Chevallier. Ar yrfa eglwysig yr oedd ei fryd a phenodwyd ef yn rheithor Ffestiniog a Maentwrog, Meir., yn 1573, ac yn rheithor Llwydlo ac yn archddiacon Meirionnydd yn 1576, ond y mae'n debyg iddo barhau i drigo'n bennaf yng Nghaer-grawnt hyd 1577. Ar ôl ildio ei fywoliaeth yn Llwydlo yn 1579 ymsefydlodd yn gyfan gwbl yn Y Tyddyn Du, Maentwrog; ychwanegodd reithoriaeth Llanenddwyn a Llanddwywe at ei fywoliaethau yn 1580. Cyfunodd Prys ei ddyletswyddau eglwysig â bywyd uchelwr bychan; daeth yn berchen tiroedd yn Ffestiniog a Maentwrog (a chanlyniad hyn fu cwynion yn ei erbyn gerbron Llys y Seren) a gwasanaethodd fel Ustus Heddwch. Priododd ddwywaith, ac yr oedd dau o'i feibion, John a Ffowc, hwythau'n barddoni.

Yr oedd Prys yn fardd pur gynhyrchiol. Canodd gerddi caeth a rhydd, a chadwyd trigain a phump o gywyddau, dwy awdl a thros gant o englynion o'i waith. Ymhlith ei englynion ceir amryw yn Lladin; canodd hefyd gerdd chweban Ladin a gyhoeddwyd ar ddechrau Gramadeg (1621) John *Davies, Mallwyd. Cywyddau ymryson yw deuparth ei gywyddau. Perthyn y rhan fwyaf ohonynt i'w ymryson enwog â Wiliam *Cynwal, lle yr anogodd y beirdd i fabwysiadu safonau dyneiddiol. Bu'n ymryson hefyd â Siôn Phylip (gweler o dan PHYLIPIAID), Huw Machno a Thomas *Prys o Blas Iolyn a chyfansoddodd gywyddau ar themâu crefyddol a moesol. Ymhlith ei gerddi 'lleyg' mwyaf diddorol ceir cywydd i'r bêl-droed a ganwyd yng Nghaer-grawnt, cywydd i *Siôn Tudur yn gofyn dwned a phrog-nosticasiwn pan drigai yn Llwydlo, cywydd yn diolch am faril gwn adeg yr Armada, a'i gywydd alegoriaidd enwog ar 'Anllywodraeth y Cedyrn' a ysgogwyd gan helynt Fforest Eryri yn ystod y 1590au. Canodd dri chywydd marwnad, i Wiliam Cynwal ar derfyn yr ymryson, i Richard Vaughan, Esgob Llundain, a fu'n gyd-fyfyriwr ag ef yng Nghaer-grawnt, ac i Siôn Phylip, ei brif gydymaith ymhlith beirdd Ardudwy. Ar wahân i'w gerddi yn y mesurau caeth traddodiadol, canodd Prys 'faled' i'r Gwanwyn ar fesur y dôn Seisnig, 'About the Bank of Helicon', un o'r enghreifftiau cynharaf o gerdd rydd gynganeddol. Er ei ganu cynganeddol helaeth, fel bardd rhydd y Salmau Cân y cofir Prys yn bennaf. Fe'u cyhoeddwyd yn atodiad i *Lyfr Gweddi Gyffredin (1621). Hwn oedd unig lyfr emynau Cymru

hyd y ddeunawfed ganrif, ac fe'i defnyddir o hyd mewn rhai eglwysi.

Yr oedd Edmwnd Prys yn ffigur unigryw ymhlith beirdd Cymraeg ei gyfnod, yn ŵr a drwythwyd yn nysg ddyneiddiol y *Dadeni yn ogystal ag yn y diwylliant brodorol traddodiadol. Y mae llawer o'i waith – yn arbennig ei Salmau Cân a'i ymryson â Chynwal – yn adlewyrchu'n groyw werthoedd dyneiddiaeth a *Bro-testaniaeth gyfoes. Yn ogystal â meddu ar gynhysgaeth gyfoethog o ddysg a diwylliant yr oedd Prys yn Gymreigydd tan gamp ac yn gystal meistr ar y *Gerdd Dafod ag unrhyw fardd proffesiynol ei gyfnod. Bardd hyderus, sicr ei gyffyrddiad ydoedd: ceir yn llawer o'i farddoniaeth gyfuniad o egni a phraffter meddwl a chroywder a chadernid ymadrodd sy'n anghyffredin a gellir ei gyfrif ymhlith beirdd mawr ei gyfnod.

Ceir manylion pellach yn Gruffydd Aled Williams, *Ymryson Edmund Prys a Wiliam Cynwal* (1986) ac mewn erthyglau gan yr un awdur yn *Nhrafodion* Cymdeithas Hanes Sir Ddinbych (cyf. XXIII, 1974), *Cylchgrawn* Cymdeithas Hanes a Chofnodion Sir Feirionnydd (cyf. VIII, 1980) a *Chylchgrawn* Llyfrgell Genedlaethol Cymru (cyf. XXII, 1982); gweler hefyd erthygl A. Owen Evans yn *Nhrafodion* Anrhydeddus Gymdeithas y Cymmrodorion (1923).

Prys, Elis (Y Doctor Coch; 1512?–94?), o Blas Iolyn, Ysbyty Ifan, Dinb. Fe'i haddysgwyd ym Mhrifysgol Caer-grawnt ac adwaenid ef fel 'Y Doctor Coch' oherwydd lliw ei ŵn academaidd. Yn 1535 penododd Cromwell ef yn un o ymwelwyr y mynachlogydd yng Nghymru, a bu'n ymroddgar iawn yn eu diddymu. Yn ystod teyrnasiadau Mari ac Elisabeth I, bu Prys yn Aelod Seneddol dros Feirionnydd, Siryf Meirionnydd, sir Ddinbych, Môn a sir Gaernarfon, ac yn aelod o Gyngor y Gororau. Yr oedd yn gyfaill i Robert Dudley, ac fe'i disgrifiwyd gan Thomas *Pennant fel 'gwas Iarll Caerlŷr a ymroddai i'w holl gynlluniau drwg' ond rhaid cadw mewn cof ragfarn Pennant yn ei erbyn. Er hyn, yr oedd Prys yn noddwr beirdd ac yn gysylltiedig ag Eisteddfod *Caerwys yn 1567 ac yr oedd Tomos *Prys yn fab iddo.

PRYS, TOMOS (c.1564–1634), bardd a milwr, mab Elis *Prys o Blas Iolyn, Dinb. Aeth yn filwr i Fflandrys yn 1585, a bu wedyn yn rhyfela yn yr Almaen, Ffrainc, Sbaen a'r Alban. Yr oedd yn Tilbury yn un o'r fyddin yn erbyn yr Armada yn 1588 a bu'n brwydro yn Iwerddon yn 1594, ond ar ôl marwolaeth ei dad yn 1594 dych-welodd i Blas Iolyn i fyw. Yn ddiweddarach bu ar herw fel môr-leidr o gwmpas arfordir Sbaen ac Iwerddon. Honnir mai ef a William *Midleton oedd y cyntaf i ysmygu tybaco yn gyhoeddus yn Llundain.

Bu'n gyfaill i lawer o feirdd, megis Rhys Wyn (fl. 1600), *Rhys Cain, Edward Prys ac Edmwnd *Prys. Ceir ganddo lawer o ganu confensiynol – cywyddau gofyn, diolch, moliant ac ymryson. Y mae rhai o'i farwnadau, megis y rhai i'w feibion ieuainc ac i Byrs Gruffudd ymhlith ei gerddi gorau. Ond canodd ar themâu newydd a ddeilliai o'r gymdeithas anturus o'i gwmpas megis ei brofiad fel milwr, morwr a môr-leidr, a sut y blingwyd ef o'i arian trwy gyfreitha. Hoffai gellweirio a dychanu, a chymysgai, mewn dull ffraeth, Gymraeg clasurol y beirdd a Saesneg sathredig y morwyr, megis yn ei gerdd yn disgrifio ysgarmes ar y môr. Er nad oedd yn rheng flaenaf oll beirdd Cymraeg ei gyfnod, yr oedd Tomos Prys yn sicr yn un o'r rhai mwyaf difyr a gweiddiol.

Ceir hanes ei fywyd a'i waith gan William Rowland yn y gyfres *Gŵyl Dewi* (1964); gweler hefyd erthygl gan Enid P. Roberts yn *Nhrafodion* Cymdeithas Hanes Sir Ddinbych (cyf. XIII, 1964).

PRYS-JONES, ARTHUR GLYN (1888–1987), bardd. Fe'i ganed yn Ninbych, ond symudodd ei deulu i Bontypridd, Morg., pan oedd yn naw mlwydd oed. Fe'i haddysgwyd yng Ngholeg Llanymddyfri ac yng Ngholeg Iesu, Rhydychen, a dechreuodd ei yrfa yn athro Hanes a Saesneg mewn ysgolion gramadeg ym Macclesfield a Walsall, ac yng Ngholeg Dulwich, Llundain, cyn dod yn un o Arolygwyr Ysgolion Ei Fawrhydi yng ngorllewin Cymru a Morgannwg, ac yn 1919 yn Arolygydd Staff dros Addysg Uwchradd yng Nghymru. Yn ystod ei gyfnod hir yng Nghaerdydd yr oedd ymhlith sylfaenwyr y Theatr Fach a bu'n Ysgrifennydd Pwyllgor Cymreig Gŵyl Prydain (1951).

Yn ogystal â golygu'r flodeugerdd gyntaf o farddoniaeth Eingl-Gymreig, *Welsh Poets* (1917), cyhoeddodd A. G. Prys-Jones chwe chyfrol o'i gerddi ei hun: *Poems of Wales* (1923), *Green Places* (1948), *A Little Nonsense* (1954), *High Heritage* (1969), *Valedictory Verses* (1978) a *More Nonsense* (1984). Gan mwyaf y mae ei gerddi ar themâu gwladgarol ac yn ymwneud â hanes a thirlun Cymru ac ef yw'r bardd Eingl-Gymreig cyntaf yn yr ugeinfed ganrif a ysbrydolwyd gan *Genedlaetholdeb Cymreig. Bwriedid i'w gerddi gael eu darllen yn uchel neu eu canu gan bobl ifainc, ac ysgrifennwyd hwy yn null y cynganeddion symlaf. Y mae ymhlith yr ychydig feirdd Eingl-Gymreig sy'n rhagori mewn ysgrifennu cerddi digrif. Ymhlith ei lyfrau eraill y mae *Gerald of Wales* (1955) a *The Story of Carmarthenshire* (2 gyf., 1959, 1972); ef hefyd oedd golygydd llenyddol *The National Songs of Wales* (1959). Bu'n byw yn Kingston-on-Thames am flynyddoedd olaf ei oes. A. G. Prys-Jones oedd arloeswr yr awduron Eingl-Gymreig ac fe'i hetholwyd yn Llywydd Adran Saesneg yr *Academi Gymreig yn 1970.

Ceir astudiaeth o fywyd a gwaith A. G. Prys-Jones gan Don Dale-Jones yn y gyfres *Writers of Wales* (1992).

PRYSE, ROBERT JOHN (Gweirydd ap Rhys; 1807–89), llenor a hanesydd a aned ym mhlwyf Llanbadrig, Môn. Plentyn amddifad ydoedd a phedwar diwrnod o ysgol a gafodd ond dysgodd ddarllen Cymraeg ac ysgrifennu pan oedd yn was fferm. O 1828 hyd 1857 bu'n cadw siop yn Llanrhuddlad, Môn, a gwneud

gwaith cywrain iawn fel gwehydd, gan barhau i ymddiwyllio gan ddysgu Lladin, Groeg a Saesneg. Yn 1857 symudodd i Ddinbych, i weithio ar *Y *Gwyddoniadur Cymreig (a chyfrannodd yn helaeth ato) a'r *Geiriadur Cynraniadol.* Tua phum mlynedd yn ddiweddarach symudodd i Fangor gan obeithio ennill ei fywoliaeth trwy ysgrifennu, ond daeth y papur newydd a olygai, sef *Papur y Cymry,* i ben.

Dioddefodd dlodi mawr ond am gyfnod yn 1870 derbyniodd dâl ymlaen llaw am ei *Hanes y Brytaniaid a'r Cymry* (1872–74) a gwellodd ei amgylchiadau. Yn ddiweddarach cafodd bensiwn o'r Rhestr Sifil. Yn 1883, yn Eisteddfod Caerdydd, enillodd wobrau am ei *Hanes Llenyddiaeth Gymreig 1300–1650* ac am draethawd ar *Ddiarhebion Cymraeg. Golygodd argraffiad o'r *Myvyrian Archaiology* (1870) ac o'r Beibl Cymraeg (1876). Bernid ef, yn ei ddydd, yn awdurdod ar yr iaith Gymraeg a'i llenyddiaeth. Yr oedd yn llenor diwyd ac y mae i'w waith werth o hyd oherwydd ei farn annibynnol. Yr oedd y beirdd Buddug (Catherine Jane *Prichard) a **Golyddan (John Robert Pryse**; 1840–62) yn blant iddo.

Ceir hanes rhan gyntaf ei oes yn *Detholion o Hunangofiant Gweirydd ap Rhys* (gol. Enid P. Roberts, 1949); gweler hefyd *Y Traethodydd* (1947).

PUDDICOMBE, ANNE ADALIZA BEYNON (Allen Raine; 1836–1908), nofelydd rhamantaidd, a aned yng Nghastellnewydd Emlyn, Caerf., yn ferch hynaf i gyfreithiwr lleol o'r enw Evans. Yn dair ar ddeg oed anfonwyd hi a'i chwaer i fyw yn Cheltenham a Wandsworth gyda theulu rhyw Mr Solly, gweinidog Undodaidd a chyfaill i Charles Dickens. Dychwelodd i Gymru yn 1856 gan ymgartrefu yng Nghastellnewydd Emlyn a phentref cyfagos Tre-saith hyd 1872 pan briododd â Beynon Puddicombe, bancwr, a symud i fyw gydag ef i Lundain. Wedi i'w gŵr ddioddef afiechyd meddyliol yn 1909 dychwelasant i Dre-saith, ac yno y buont farw ill dau.

Wedi ennill gwobr gyntaf yn *Eisteddfod Genedlaethol 1894 am stori yn darlunio bywyd Cymru, cyhoeddodd ei nofel gyntaf, *A Welsh Singer* (1897). Yn ystod y deuddeng mlynedd nesaf cyhoeddodd ddeg nofel arall, yn eu plith *Torn Sails* (1898), *By Berwyn Banks* (1899), *On the Wings of the Wind* (1903) a *Hearts of Wales* (1905). Ymddangosodd cyfrol o storïau byrion yn ogystal, *All in a Month* (1908). Lleolir pob un o'i nofelau, o leiaf yn rhannol, mewn pentrefi bychain ar arfordir gorllewin Cymru, a gwerin bobl yr ardal yw ei phrif gymeriadau fel arfer, er eu bod weithiau'n mynd ar daith cyn belled â Morgannwg neu Lundain. Nofelau rhamantaidd ydynt wedi eu hadrodd â medr storïol a daeth eu hawdur yn un o bedwar nofelydd mwyaf poblogaidd (o ran gwerthiant) ei chyfnod. Er mai hanesion serch a holl nodweddion arferol y genre hwnnw sydd wrth wraidd eu cynllun y mae iddynt ddyfnder anarferol o safbwynt cymeriad a theimlad, a darlunnir eu cefndir cymdeithasol â dirnadaeth a hiwmor. Y mae tueddiadau melodramatig yn ei nofelau cynnar ond yn ddiweddarach profodd y gallai drin themâu anos megis rhodres cymdeithasol yn *Garthowen* (1900) ac *A Welsh Witch* (1902) ac effeithiau brwdfrydedd crefyddol yn *Queen of the Rushes* (1906). Er bod ei hagwedd at fywyd Cymru yn fwy soffistigedig a charedig nag eiddo Caradoc Evans (David *Evans), yr oedd ei hagwedd at fywyd Cymreig yn agosach at gasgliadau llwm *My People* nag at oes aur *How Green Was My Valley* (1939), ac nid oedd ei gwaith heb ei ddylanwad ar awduron Eingl-Gymreig a ddaeth ar ei hôl, gan gynnwys Emlyn *Williams.

Troswyd *Garthowen* i'r Gymraeg (1983) dan yr un teitl gan Megan Morgan. Ceir cyfrol gan Sally Roberts Jones ar fywyd a gwaith Allen Raine yn y gyfres *Writers of Wales* (1979). Gweler hefyd yr erthygl gan John Harris, 'Queen of the Rushes: Allen Raine and her Public', yn *Planet* (rhif. 97, Chwef./Mawrth 1993).

PUGH, EDWARD (*c.*1761–1813), arlunydd ac ysgrifennwr topograffig, a aned yn Rhuthun, Dinb. Arddangosodd dri ar hugain o ddarluniau, gan gynnwys un o Dwm o'r Nant (Thomas *Edwards) yn yr Academi Frenhinol rhwng 1793 ac 1808. Y mae'n debyg mai yn Llundain y byddai'n gweithio, er mai yng Nghaer yr oedd ei gartref yn 1800. Gwnaeth ddarluniau ar gyfer *Modern London* (1805) ond ei brif gynnyrch oedd ei waith ef ei hun, *Cambria Depicta: a Tour through North Wales* (1816), yn cynnwys deg a thrigain o engrafiadau amrywiol a llawn bywyd. Wrth roi hanes taith o Gaer i Amwythig y mae'n manteisio ar naw mlynedd o gerdded (1804–13) trwy ei wlad enedigol, a'i wybodaeth o'i hiaith, ei phobl a'i harferion. Arluniaeth ac arlunwyr yw ei brif ddiddordeb. Fodd bynnag, fel y Saeson a ysgrifennai lyfrau teithio, y mae yntau'n dyfynnu barddoniaeth yn ogystal â disgrifio, a chywira rai o'i ragflaenwyr, Thomas *Pennant a Warner yn bennaf, megis barn Warner fod Gray yn *The Bard* (1757) yn anghywir wrth ddisgrifio afon Conwy fel *'foaming'*.

PUGH, SHEENAGH (1950–), bardd a aned yn Birmingham ac a addysgwyd ym Mhrifysgol Bryste; symudodd i Gymru yn 1971. Y mae wedi cyhoeddi saith cyfrol o gerddi: *Crowded by Shadows* (1977), *What a Place to Grow Flowers* (1980), *Earth Studies and other Voyages* (1983), *Beware Falling Tortoises* (1987), *Selected Poems* (1990), *Sing for the Taxman* (1993) ac *Id's Hospit* (1997). Dengys dosturi a ffraethineb yn ei gwaith crefftus, a daw llawer o'i deunydd o hanes, mytholeg a'i theithiau hi ei hun, yn arbennig i Wlad yr Iâ. Enillodd gystadleuaeth *Cyngor Celfyddydau Cymru, Cerdd i Heddiw, yn 1987 a Gwobr Barddoniaeth Ryngwladol Caerdydd yn 1988 ac 1994. Y mae'n diwtor mewn Ysgrifennu Creadigol ym *Mhrifysgol Morgannwg.

Am fanylion pellach gweler y cyfweliad â Sheenagh Pugh yn *Poetry Wales* (cyf. XXX, rhif. 3, 1995).

Pughe, William Owen, gweler OWEN PUGHE, WILLIAM (1759–1835).

Puleston, teulu, gweler o dan EMRAL.

Pum Breuddwyd Gwenddydd, cyfres o freuddwydion ar ddull ymddiddan a welir yn *Llyfr Coch Hergest*. Y mae Gwenddydd yn adrodd ei breuddwydion a *Myrddin yn eu dehongli ac yn ei chysuro. Y mae'r cynnwys yn hynod debyg i weledigaethau Piers Plowman gan Wiliam Langland; dichon mai'r un syniadau a fynegir yng 'Nghywydd y Llafurwr' gan *Iolo Goch.

Pumed Frenhiniaeth, cred yn nheyrnasiad daearol personol Crist, y Pumed Brenin, am y mil blynyddoedd. Y pedair brenhiniaeth flaenorol oedd rhai Assyria, Persia, Groeg a Rhufain, fel y mynegir hwy yn Daniel 2. Lefeiniodd athroniaeth eschatoleg y Piwritaniaid radicalaidd yng nghyfnod Cromwell a bu'n achos bodolaeth mudiad y Bumed Frenhiniaeth. Vavasor *Powell a Morgan *Llwyd oedd cynrychiolwyr amlycaf y meddwl hwn yng Nghymru ond Powell oedd 'cadfarch' y mudiad. Serch hynny, ceir syniadau'r mudiad yn gyfrodedd yng ngweithiau cynnar Morgan Llwyd. Yr oedd amcanion gwleidyddol penodol i'w ddelfryd crefyddol canys argyhoeddwyd hwy ill dau fod y grym a estynnwyd i'w saint yn Lloegr i'w ddefnyddio ar gyfer arloesi'r ffordd i theocratiaeth y Crist.

Yr oedd y ffaith i Powell enwebu rhai o'r cynrychiolwyr o Gymru i Senedd y Saint (1653) yn arwyddocaol. Yn y Senedd hon, methiant a ddaeth o gynllun y Pumed Freniniaethwyr i ennill cefnogaeth i'w polisïau neilltuol a fyddai'n sefydlu ar unwaith fframwaith wleidyddol, gymdeithasol ac economaidd y Bumed Frenhiniaeth yn Lloegr. Pan ddyrchafwyd Cromwell yn Arglwydd Amddiffynnydd yn 1654 ymgyrchodd Powell yn erbyn y Ddiffynwriaeth yng Nghymru, y 'Bwystfil' y credai ei bod yn ddyletswydd arno'i ddileu. Crisialwyd y feirniadaeth o Cromwell yn y petisiwn a gasglwyd yng Nghymru yn 1654, sef *Gair Tros Dduw*. Digwydd enw Llwyd ar restr y llofnodwyr, ond haerai wrth y Cyrnol John *Jones na fu iddo ychwanegu'i enw at y rhestr nac ychwaith roi caniatâd i neb arall wneuthur hynny drosto. Derbyniodd ef y llywodraeth newydd a drylliwyd ei gyfeillgarwch â Powell. Dyfnhaodd milenariaeth Powell ond parhaodd yn Seneddwr er gwaethaf ei agwedd feirniadol iawn tuag at Cromwell. Ciliodd Llwyd i fyd mewnol duwioldeb personol dwfn a hynny i'r fath raddau nes ei dwyllo bron gan ei brofiad o'r adenedigaeth or-uwchnaturiol. Prif neges Llwyd o hynny ymlaen oedd am ddyfod wyneb yn wyneb ag Ysbryd Crist yn y galon unigol, y cyfarfyddiad dirfodol dirgel â Duw. Ond er amodi'r filenariaeth gynnar yn y modd hwn, cyndyn oedd Llwyd i roi heibio'i gred Biwritanaidd yng ngwrthrychedd ailddyfodiad agos Crist.

Ceir ymdriniaeth â'r pwnc hwn yn *The Fifth Monarchy Men* (1972) gan Bernard Capp; gweler hefyd y drydedd bennod yn *Morgan Llwyd* (1930) gan E. Lewis Evans, y gyfrol ar Lwyd gan M. Wynn Thomas yn y gyfres *Writers of Wales* (1984) a *Morgan Llwyd, Ei Gyfeillion a'i Gyfnod* (1991) gan yr un awdur.

Pura Wallia (llyth. 'Cymru bur'), term a ddefnyddiwyd yn yr Oesoedd Canol i ddynodi'r Gymru annibynnol yn y gorllewin a'r gogledd, ac i'w gwahaniaethu oddi wrth arglwyddiaethau Normanaidd, hanner ffiwdal, y Mers yn nwyrain a de Cymru. Ysgubwyd y gwahaniaeth i ffwrdd yn y *Deddfau Uno (1536 ac 1543) pan ddaeth y cyfan o Gymru o dan gyfraith Lloegr. Ond atgyfodwyd y term gan ddaearyddwyr o Gymry yn yr ugeinfed ganrif, er mwyn gwahaniaethu rhwng y rhanbarth a oedd yn bennaf Gymraeg ei iaith yn y gorllewin a'r gogledd, a'r ardaloedd yn y de a'r dwyrain a oedd yn fwy agored i ddylanwadau Seisnig.

PUW, GWILYM (*c.*1618–*c.*1689), bardd, o Benrhyn Creuddyn, Caern. Yr oedd yn gapten ym myddin Siarl I ac yna ymunodd ag Urdd San Bened yn St. Edmund's, Paris, ar ôl blynyddoedd yn crwydro Ewrop. Aeth i Goleg Valladolid yn 1670 gan ymadael yn 1677. Dychwelodd i Gymru a chael nawdd ar aelwyd Babyddol Blackbrook, Myn. Yn ei ddwy lawysgrif a gadwyd ac a ddyddiwyd 1674 ac 1676 ceir nifer da o gerddi Pabyddol caeth a rhydd. Ceir hefyd fersiynau Cymraeg o *Sallwyr Iesu* a *Littaniau Evraid*.

Puw, Huw (1663–1743), mabolgampwr a aned ym mhlwyf Tal-y-llyn, Meir. Offeiriad ydoedd ond daeth yn enwog fel neidiwr, ymaflwr codwm, a thaflwr maen a throsol. Adroddir nifer o hanesion am ei orchestion; dywedir, er enghraifft, iddo neidio dros ben ei rieni un bore Sul wrth iddynt gerdded i'r eglwys gan beri i'w fam farw o fraw. Codwyd cofadail i Puw, a addysgwyd yng Ngholeg Iesu, Rhydychen, ger Amgueddfa Ashmole, Rhydychen, a chyfansoddwyd cerddi iddo yn Lladin, Cymraeg a Saesneg.

Pwll Melyn, Brwydr (1405), gweler o dan DAFYDD GAM (m. 1415).

Pwnc y Tir, problem gymdeithasol bwysig yng Nghymru yn y bedwaredd ganrif ar bymtheg. Wrth wraidd y broblem yr oedd ansicrwydd tirddaliadaeth a ddaeth yn sgîl chwant tenantiaid gwerinol Cymreig am dir a achoswyd gan gynnydd cyflym yn y boblogaeth. Manteisiodd llawer o'r landlordiaid ar hynny i godi rhenti uchel. Yr oedd rhenti uchel ac ansicrwydd tirddaliadaeth ymhlith y cwynion a achosodd Helyntion *Beca (1839–43). Yr oedd llawer o'r landlordiaid wedi ymddieithrio oddi wrth eu tenantiaid o ran safle cymdeithasol, iaith, crefydd a gwleidyddiaeth. Cwynwyd eu bod yn cynyddu'r rhent ar dir a

wellhawyd gan eu tenantiaid a'u bod yn esgeuluso eu hystadau. Honnwyd bod y deddfau hela yn creu anawsterau dybryd i denantiaid, a cheid rhai landlordiaid a oedd yn amharod i osod ffermydd i Anghydffurf-wyr (*Anghydffurfiaeth). Dwysawyd y sefyllfa gan barodrwydd rhai meistri tir i hel o'u ffermydd tenant-iaid a bleidleisiodd i'r Rhyddfrydwyr yn etholiadau cyffredinol 1859 ac 1868. Yn ystod y dirwasgiad amaethyddol yn y 1880au beirniadwyd y landlordiaid yn hallt am eu diffyg cymorth i'w tenantiaid ac fe'u cyhuddwyd hefyd o ochri gyda'r Eglwys yn *Rhyfel y Degwm.

Gyda'r achos dros Ddiwygiad Tir yn dod i am-lygrwydd yn Iwerddon ac Ucheldiroedd Yr Alban, bu galw am ddeddfwriaeth i amddiffyn tenantiaid. Cyhoeddodd y Comisiwn ar Dir yng Nghymru, a sefydlwyd gan Gladstone (trwy berswâd T. E. *Ellis), adroddiad trwchus yn 1896 ar wahanol agweddau o'r bywyd gwledig yng Nghymru. Yr oedd mwyafrif naw aelod y Comisiwn yn frwd dros ddeddfwriaeth i roi gwell sicrwydd daliadaeth i denantiaid ond, gyda dyfodiad y Llywodraeth Geidwadol a gwelliant yn y sefyllfa economaidd yn niwedd y 1890au, ni weith-redwyd o gwbl. Yr oedd seiliau cadarn i gwynion y tenantiaid ar ystadau bychain, sef dros hanner tir amaethyddol Cymru; ar yr ystadau mawrion yr oedd sefyllfa'r tenantiaid yn fwy ffafriol ond tueddai'r Radicaliaid i anwybyddu hynny er mwyn pardduo landlordiaeth yn gyffredinol. Erbyn i'r Rhyddfrydwyr ddychwelyd i rym yn 1905, yr oedd y frwydr wedi colli ei min. O tuag 1910 ymlaen cynyddodd awydd y meistri tir i werthu eu hystadau, a bu gwerthu mawr yn union wedi'r Rhyfel Byd Cyntaf. Erbyn 1970 yr oedd 62 y cant o dir amaethyddol Cymru yn eiddo i'r sawl a oedd yn ei drin o gymharu â 10 y cant yn 1887. Gweler hefyd RHYDDFRYDIAETH.

Ceir manylion pellach yn D. W. Howell, *Land and People in Nineteenth Century Wales* (1978). Gweler hefyd John Davies, 'The End of the Great Estate and the Rise of Freehold Farming in Wales', yn *Cylchgrawn Hanes Cymru* (cyf. VII, rhif. 2, 1974).

Pwnco, arfer a gysylltir â phriodas, ac a oedd yn arbennig o boblogaidd yng ngorllewin Cymru. Arferai priodfab anfon gosgordd o 'shigowts' ('seekouts') i fynd â'r briodferch o'i chartref i'r eglwys. Gorfodid y cwmni i bwnco, sef cystadlu'n fyrfyfyr ar gân cyn cael mynediad i'r tŷ. Atebai teulu'r ferch i bob pennill gan roddi pob math o esgus dros wrthod caniatáu iddynt ddod i mewn. Fel yn y seremonïau a gysylltir â'r *Fari Lwyd, arferid sicrhau prydyddion lleol i gystadlu ar ran. Cuddid y briodferch, fel bod rhaid chwilio amdani drwy'r tŷ nes darganfod ei chuddfan. Gelwid yr arferiad yn 'gwyntyn' mewn rhai ardaloedd ac fe'i seiliwyd ar y traddodiad o roddi rhwystrau defodol ar ffordd y priodfab, gan esgus gwrthwynebu'r briodas; gwelir olion yr arferiad o hyd mewn rhai priodasau.

Ceir manylion pellach yn Trefor M. Owen, *Welsh Folk Customs* (1959) a Rhiannon Ifans, *Sêr a Rybana* (1983).

Pwyll, Pendefig *Dyfed, y prif gymeriad yng Nghainc Gyntaf *Pedair Cainc y Mabinogi*. Y mae'n dychwelyd i Ddyfed ar ôl treulio blwyddyn fel Brenin *Annwfn yn lle *Arawn, yr hwn y cyfnewidiodd bryd a gwedd ag ef. Prioda *Rhiannon a genir mab iddynt, ond diflanna'r baban yn union ar ôl ei eni a chyhuddir Rhiannon ar gam o'i ladd. Pwysir ar Bwyll i ysgaru â'i wraig, gwrthyd wneud hynny ond bodlona iddi oddef penyd. Yn ddiweddarach adferir y mab i'w ɲeni gan *Deyrnon Twf Liant a gelwir ef *Pryderi. Deil Pwyll i deyrnasu ar Ddyfed a dilynir ef ymhen amser gan ei fab.

Ar ddiwedd yr adran ragarweiniol o'r chwedl rhoir i Bwyll y teitl 'Pen Annwfn', a damcaniaethwyd ar sail hyn mai Brenin Annwfn ydoedd yn ffurf wreiddiol y stori. Yn y gerdd gynnar *'Preiddiau Annwfn' cyfeirir at ebostol ('hanes') Pwyll a Phryderi, sef yr enw yn ôl pob tebyg ar y ffurf wreiddiol. Ond os cymeriad yn tarddu o'r mythau a orweddai'r tu ôl i'r Mabinogi oedd Pwyll yn wreiddiol, lluniwyd portread dynol iawn ohono gan awdur y Gainc Gyntaf: cymeriad ffyddlon a dibynadwy ond hurt weithiau, ac yn ddarostyngedig i ewyllys ei wraig feistrolgar yn y foment fwyaf argyfyngus yn eu hanes.

Ceir manylion pellach am Bwyll yn Ifor Williams, *Pedeir Keinc y Mabinogi* (1930), W. J. Gruffydd, *Rhiannon* (1953), R. L. Thomson, *Pwyll Pendevic Dyvet* (1956) ac erthygl gan Saunders Lewis yn *Meistri'r Canrifoedd* (1973); gweler hefyd Sioned Davies, *Pedeir Keinc y Mabinogi* (1989).

Pyllalai, Brwydr (1402), a ymladdwyd ar Fryn Glas, Maesd., yn ystod gwrthryfel *Owain Glyndŵr. Yn nrama Shakespeare *Henry IV* sonia Iarll Westmorland â braw am y '*wild and irregular Glendower*' yn trechu byddin o Saeson o dan Mortimer. Parodd amharodrwydd y Brenin i dalu pridwerth Mortimer, a ddaliwyd yn y frwydr, i'r olaf ymuno ag Owain Glyndŵr, priodi ei ferch ac, o ganlyniad, lunio'r Cytundeb Tridarn.

Pŷr (6ed gan.), abad. Enwyd Ynys Bŷr, sydd ar arfordir de-orllewin Cymru, ar ôl *Illtud yn wreiddiol, ond yn ddiweddarach enwyd hi yn Ynys Bŷr. Yn ôl y traddodiad bu farw'r abad wedi iddo feddwi a syrthio i mewn i ffynnon. Gwelodd Samson, a etholwyd yn abad yn ei le, fod y mynachod ifainc yn aflywodraethus am fod disgyblaeth Pŷr wedi bod mor aneffeithiol ac ymddeolodd o'r swydd mewn diflastod. Castell Maenorbŷr ger Penfro oedd man geni Gerallt Gymro (*Gerald de Barri), ac fe'i disgrifiodd fel 'y man hyfrytaf yng Nghymru'.

Ph

Philipps, teulu o Gastell Pictwn, plwyf Slebets, Penf., disgynyddion Syr Thomas Philipps, Cilsant (m. *c*.1520), a Joan, aeres Dwniaid Cydweli a Woganiaid Pictwn. Bu Syr Thomas yn dal llawer o swyddi yng ngorllewin Cymru, ac yr oedd yn un o noddwyr *Lewis Glyn Cothi. Elwodd ei fab John (m. 1551) yn helaeth ar gwymp *Rhys ap Gruffydd o Ddinefwr (1531). Brawd i John, sef Owen, oedd sylfaenydd teulu Philipps o'r Priordy, Aberteifi, a'i or-orwyr ef oedd James Philipps, a briododd â Katherine Fowler ('*The Matchless Orinda*', gweler y cofnod nesaf). Gorwyr i John, yntau'n John (m. 1629), oedd y gŵr a grewyd yn farwnig yn 1621. Yr oedd ei fab Richard (m. 1648) yn gefnogwr sigledig i'r Senedd yn y *Rhyfeloedd Cartref, a thros gyfnod byr bu'n amddiffyn Castell Pictwn yn erbyn y Brenhinwyr. Y trydydd barwnig oedd Syr Erasmus Philipps, Comisiynydd dan *Ddeddf Taenu'r Efengyl yng Nghymru. Ŵyr iddo ef, John (1666?–1737), y pedwerydd barwnig, oedd un o brif ddiwygwyr crefyddol ac addysgol ei ddydd. Yr oedd yn aelod amlwg o'r *Gymdeithas er Taenu Gwybodaeth Gristnogol, yn gyfaill i Wesley a Whitefield, ac yn bennaf noddwr Griffith *Jones, Llanddowror. Chwaer iddo, Margaret, oedd gwraig Griffith Jones, a chwaer arall, Elizabeth, oedd mam yng nghyfraith Robert Walpole. Dilynwyd John gan ei fab Erasmus (1700–43), economegydd o fri, a dilynwyd yntau gan ei frawd John (1701–64), pleidiwr llinach Iago II ac aelod o Gymdeithas Rhingylliaid y Môr (gweler o dan JACOBITIAETH) a sefydlwyd tua 1725 yn Ninbych-y-pysgod, Penf. Mab John oedd Richard y seithfed barwnig (1742–1823), a grewyd yn Arglwydd Milffwrd yn 1776.

Gan iddo ef farw yn ddi-blant, darfu am y farwniaeth, ac aeth y farwnigiaeth i Rowland Philipps (m. 1832), un o ddisgynyddion y barwnig cyntaf, ac yna i'w frawd William (m. 1840). Ymysg disgynyddion William yr oedd John Wynford Philipps, y trydydd barwnig ar ddeg (Is-iarll Tyddewi; 1860–1938), Cadeirydd Cyngor Cenedlaethol y Rhyddfrydwyr a chyfaill i David *Lloyd George, a'i frawd Lawrence, sefydlydd y Fridfa Blanhigion yn Aberystwyth, a grewyd yn Arglwydd Milffwrd yn 1939. Aeth yr ystad yn 1823, fodd bynnag, yn eiddo i Richard Philipps Grant (1801–57), gorwyr i Bulkeley, mab ieuangaf y pedwerydd barwnig, ac yna i hanner-brawd Richard, Gwyther Philipps (m. 1875). Y mae ei orwyr ef yn byw yn awr yng Nghastell Pictwn, ac felly y mae'r teulu hwn yn un o'r nifer bychan o brif dirfeddianwyr Cymru sy'n dal i fyw yng nghartref eu hynafiaid.

Ceir manylion pellach yn M. M. Philipps, *The History of Philipps of Picton* (1906) a Mary Clement, *The S.P.C.K. and Wales, 1699–1740* (1954); gweler hefyd y nofel fer gan R. T. Jenkins, *Orinda* (1943).

PHILIPS, KATHERINE (The Matchless Orinda; 1631–64), bardd. Fe'i ganed yn Katherine Fowler (gweler y cofnod blaenorol) yn Llundain, ac yno, yn fardd ifanc, cafodd gryn sylw. Yn 1647 priododd â James Philips o Briordy Aberteifi, mab ail ŵr ei mam, Hector Philips o Borth Eynon, Cer. Bu fyw yn rhannol yn Llundain ac yn rhannol yng Nghymru, a chynhaliodd, drwy gyfrwng llythyrau, gymdeithas o gyfeillion llenyddol ac athronyddol eu diddordeb wedi ei sefydlu ar batrwm Ffrainc, yn Llundain. Cynhyrchodd lawer iawn o farddoniaeth Blatonaidd sydd braidd yn artiffisial, er i rai pethau a gyfeiriwyd at ei chyfeillion yng Nghymru a'i pherthnasau daro nodyn personol a digon swynol. Dengys cerddi megis yr un i Henry *Vaughan a'i chwpledau arwrol ar yr iaith Gymraeg ei bod yn bur hoff o Gymru, ond er y cerddi cywrain i'w ffrind Lucasia (Anne Owen), rhigymydd medrus a pherson hawddgar ydoedd (er gwaethaf adroddiad John Aubrey fod ganddi wyneb brychlyd coch) yn hytrach na bardd o statws. Honnwyd mai hi oedd y llenor o ferch gyntaf ym Mhrydain i ennill clod proffesiynol a chyhoeddus ar sail ei gwaith ei hun. Ei ffugenw oedd Orinda a defnyddiai ei gŵr cariadus yr enw Antenor; daeth yr enw 'Y Digymar' oddi wrth ei chyfeillion edmygus a'i sebonwyr llenyddol.

Casglwyd ei cherddi ynghyd dan y teitl *Poems by the incomparable Mrs K(atherine) P(hilips)* (1664) a chyhoeddwyd argraffiad diwygiedig dair blynedd yn ddiweddarach. Ceir argraffiad safonol modern yn *The Collected Works of Katherine Philips* (3 cyf, gol. Thomas, Greer a Little, 1990–93). Seiliwyd y nofel fer *Orinda* (1943) gan R. T. *Jenkins ar ei hanes.

Ceir manylion pellach mewn cyfrol gan Patrick Thomas yn y gyfres *Writers of Wales* (1988) ac yn Germaine Greer, *Slip-shod Sibyls* (1995).

PHILLIMORE, EGERTON GRENVILLE BAGOT (1856–1937), hynafiaethydd. Sais ydoedd a ymgartrefodd yng Nghorris, Meir., tua 1903, ac a arhosodd yno am weddill ei oes. Yr oedd wedi dechrau dysgu Cymraeg tra oedd yn fyfyriwr yng Ngholeg Crist, Rhydychen, a daeth yn gyfeillgar â nifer o ysgolheigion ifainc Cymraeg a Cheltaidd. Darllenai ac ysgrifennai

Gymraeg yn rhugl; iaith glasurol y *Beibl a siaradai ond yr oedd ganddo hefyd wybodaeth helaeth o dafod-ieithoedd Cymru. Hanes cynnar Cymru, ei thopo-graffeg a'i henwau lleoedd oedd ei brif ddiddordebau a daeth i'r amlwg yn y cylchoedd ysgolheigaidd tua 1886 pan gyhoeddodd yn Y Cymmrodor (bu'n golygu'r cylchgrawn hwnnw o 1889 hyd 1891) ddetholion o ganu Iaco ab Dewi (James *Davies), Trioedd, cerddi a darnau eraill o lawysgrifau Hengwrt (gweler o dan VAUGHAN, ROBERT), yr *Annales Cambriae a'r achau o un o lawysgrifau Harleian. Uchafbwynt y gweithgarwch hwn oedd erthygl feirniadol ysgolheigaidd ar 'The Publication of Welsh Historical Records' yn Y Cymmrodor (cyf. XI). Tybiwyd ar un cyfnod i Phillimore gyhoeddi casgliad o lên bornograffig Gymraeg ond dangoswyd yn Studia Celtica (cyf. VI, 1971) mai'r hyn ydoedd mewn gwirionedd oedd erthygl 'Welsh Aedoeology' a ymddan-gosodd yn y cylchgrawn ΚΡΥΠΤΆΔΙΑ yn 1884. Cyhoeddwyd ei droednodiadau gwybodus a manwl am enwau lleoedd, chwedloniaeth a thraddodiadau Cymru yn argraffiad Henry Owen o The Description of Penbrockshire George *Owen, yn y Cymmrodorion Record Series (4 cyf., 1892–1936). Crynhodd Phillimore lyfrgell wych a oedd yn cynnwys nifer o lyfrau prin; gwerthwyd ei lawysgrifau i Syr John *Williams yn 1894, a chedwir hwy bellach gyda'i lyfrau nodiadau yn *Llyfrgell Genedlaethol Cymru.

Ceir manylion pellach mewn erthygl gan R. J. Thomas yn Baner ac Amserau Cymru (Ion. 1941); gweler hefyd y nodiadau ysgafn gan 'Neil Sagam' yn Taliesin (cyf. XCVII, Gwanwyn 1997).

PHILLIPS, DOUGLAS (1929–), bardd. Fe'i ganed yng Nghaerfyrddin a chafodd ei addysg yng Ngholeg Wadham, Rhydychen. Bu'n newyddiadurwr gyda phapurau newydd yng Nghymru a Manceinion rhwng 1953 ac 1962 ac yna aeth yn athro. Fe'i penodwyd yn Ddarlithydd Saesneg yng Ngholeg Addysg Uwch Derby yn 1968. Cyhoeddodd ddwy gyfrol o farddoniaeth, Merlin's Town (1965) a Beyond the Frontier (1972), ac y mae'n awdur cyfrol ar Syr Lewis *Morris yn y gyfres *Writers of Wales (1981).

PHILLIPS, EDGAR (Trefîn; 1889–1962), bardd. Brodor o Dre-fin, Penf., a theiliwr wrth ei alwedigaeth ydoedd. Fe'i clwyfwyd yn y Rhyfel Byd Cyntaf, ac yn ddiweddarach daeth yn athro ym Mhontllan-fraith, Myn. Yr oedd yn aelod blaenllaw o *Orsedd Beirdd Ynys Prydain a bu'n Geidwad y Cleddyf Mawr o 1947 hyd 1960 ac yn Archdderwydd o 1960 hyd 1962. Yr oedd yn feistr ar y *gynghanedd. Enillodd *Gadair yr Eisteddfod Genedlaethol yn 1933 am ei awdl 'Harlech'. Cyhoeddodd bedair cyfrol o gerddi i blant, oll yn dwyn y teitl Trysor o Gân (1930–36) ac un gyfrol o gerddi cynganeddol gan mwyaf, sef Caniadau Trefin (1950).

Ganed ei wraig, **Maxwell Fraser** (1902–80), yn

Slough i rieni o Albanwyr Americanaidd. Ysgrifennodd nifer o lyfrau o ddiddordeb Cymreig, yn eu plith y teithlyfrau Wales (2 gyf., 1952), West of Offa's Dyke (1958), Welsh Border Country (1972) a Gwynedd (1978), a golygodd y detholiad, In Praise of Wales (1950). Ym-ddangosodd ffrwyth ei hymchwil drwyadl i hanes Augusta Waddington *Hall (Arglwyddes Llanofer) a phynciau perthnasol eraill yng Nghylchgrawn Llyfr-gell Genedlaethol Cymru rhwng 1960 ac 1970 ac yn Nhrafodion Anrhydeddus Gymdeithas y *Cymmrodor-ion (1963, 1964).

Ceir rhagor o fanylion yn Brinley Richards, Cofiant Trefin (1963).

PHILLIPS, ELUNED (1915?–), bardd a chofian-nydd a aned yng Nghenarth, Cer. Ymyrrwyd ar ei hastudiaethau ym Mhrifysgol Llundain gan yr Ail Ryfel Byd ac wedi hynny bu'n ennill ei bywoliaeth trwy ysgrifennu i gylchgronau Saesneg. Daeth yn adnabydd-us yng Nghymru yn 1967 trwy ennill *Coron yr Eisteddfod Genedlaethol. Enillodd y Goron am yr eildro yn Eisteddfod Genedlaethol 1983 am ei phryddest 'Clymau' sy'n sôn am y rhyfel yn Ynysoedd y Malvinas; cyhoeddodd y bryddest yn ei hunig gasgliad, Cerddi Glyn-y-Mêl (1985). Ysgrifennodd hefyd gofiant i Dewi Emrys (David Emrys *James) a ymddangosodd yn 1971.

Phillips, John (1810–67), gweler o dan GYMDEITHAS FRYTANAIDD.

PHILLIPS, THOMAS (1810–67), awdur. Fe'i ganed ym mhlwyf Llanelli, Brych., ond cafodd ei fagu yn y Trosnant, ger Pont-y-pŵl, Myn.; daeth yn Faer Casnewydd yn 1838. Fe'i clwyfwyd yn nherfysg y Siartwyr a tu allan i Westy Westgate yn y dref honno y flwyddyn ganlynol (gweler o dan SIARTIAETH). Bu'n fargyfreithiwr llwyddiannus yn Llundain, ac yn berchen pwll glo. Ysgrifennodd gofiant James Davies (1765–1849), yr athro o bedler o Devauden, Myn., yn ogystal â Wales, the Languages, Social Conditions, Moral Character, and Religious Opinions of the People in their relation to Education (1849), gwrthbrawf meistrolgar i'r difrïo a fu gan gomisiynwyr addysgol 1847, ac a adwaenir fel Brad y *Llyfrau Gleision.

PHYLIP BRYDYDD (fl. 1222), bardd, a brodor o *Geredigion. Canai i *Rys Gryg (m. 1233), mab *Rhys ap Gruffudd (Yr Arglwydd Rhys) ac i nai Rhys Gryg, Rhys Ieuanc (Rhys ap Gruffudd, m. 1222). Yn ogystal â thair cerdd fawl ffurfiol, y mae ganddo gyfres o englynion dadolwch i Rys Gryg lle y ceir cipolwg prin a gwerthfawr ar y berthynas rhwng y bardd a'i noddwr. Ceir ganddo hefyd ddwy awdl a ganwyd mewn ym-rysonau barddol yn llys Rhys Ieuanc. Yn yr ail, molir *Llywelyn ap Iorwerth yn ogystal â Rhys Ieuanc ac y mae'n bosibl fod Llywelyn yn bresennol yn y llys yn

Llanbadarn pan ganwyd hi. Yn ogystal â dangos ei wybodaeth o sawl maes dysg, cwyna Phylip fod prifeirdd fel ef yn gorfod cystadlu am flaenoriaeth â'r beirdd is yn rhai o lysoedd y de.

Golygwyd gwaith Phylip Brydydd gan Morfydd E. Owen yn *Gwaith Dafydd Benfras ac eraill* (gol. N. G. Costigan *et al.*, *Cyfres Beirdd y Tywysogion VI*, 1995).

Phylip Dorddu (*fl.* yn gynnar yn y 14eg gan.), uchelwr o *Faelienydd sef ardal a ddaeth yn ddiweddarach yn rhan o sir Faesyfed. Yr oedd yn ddisgynnydd i Elystan Glodrydd (*c.*940–1010), Brenin *Rhwng Gwy a Hafren cyn *Goresgyniad y Norman. Molwyd tai meibion Phylip Dorddu gan *Iolo Goch mewn cywydd yn disgrifio taith glera'r bardd trwy Gymru. Parhaodd y teulu, yr oedd iddo nifer o ganghennau, i fod yn noddwyr i feirdd hyd ddiwedd y bymthegfed ganrif.

PHYLIPIAID ARDUDWY, teulu o feirdd a barhaodd i *glera mewn cyfnod o nychu a chrebachu yn hanes y traddodiad. Yn ôl Lewis *Dwnn gellir olrhain eu hach at Gatrin ferch John Palgus ac i Ieuan de Colier, aelodau o deuluoedd a ymsefydlodd yn yr ardal yng nghyfnod *Goresgyniad y Norman. Y mae gwaith y beirdd yn bwysig oherwydd ei fod yn ddrych o'r newidiadau gwleidyddol a chymdeithasol mawr a oedd yn digwydd yng Nghymru ar ddiwedd yr unfed ganrif ar bymtheg ac ar ddechrau'r ail ganrif ar bymtheg.

Y mae'r ddau frawd, Rhisiart a Siôn Phylip, yn pontio cyfnod o ddechrau teyrnasiad Elisabeth I bron hyd at y *Rhyfeloedd Cartref. Canodd **Rhisiart** (m. 1641) dros gant o gywyddau ac awdlau a nifer o englynion, yn eu plith rhai gwrth-Gatholig am long o Sbaen a ddrylliwyd ar aber afon Dyfi yn 1597. **Siôn** (*c.* 1543–1620) oedd y mwyaf cynhyrchiol o'r ddau, ac enillai ei fara drwy ffermio Mochres a thrwy glera. Ei noddwyr oedd Wynniaid Gwydir a *Nannau, er mai

Rhisiart a gyfrifid yn fardd teulu Nannau. Graddiodd yn ail eisteddfod *Caerwys (1567), bu'n ymryson ag Edmwnd *Prys, Tomos *Prys a *Siôn Tudur a chyfansoddodd farwnad i Wiliam Thomas a fu farw gyda Philip Sidney yn yr Iseldiroedd. Wrth farwnadu Elisabeth I, ymfalchïa Siôn ei bod yn etifedd 'brenhinwaed bro hen Wynedd'. Boddi fu ddiwedd Siôn, pan oedd ar daith glera ac yn croesi o Bwllheli yn ôl i'w gartref.

Meibion i Siôn oedd **Gruffudd** (m. 1666) a **Phylip Siôn Phylip**. Nid oedd Phylip yn clera, ond hyffordd-wyd ef yn y mesurau gan ei dad yn ôl pob tebyg, ac y mae ar glawr bedwar cywydd marwnad a ganodd. Cadwyd rhyw drigain cywydd o waith Gruffudd, ynghyd â nifer o gerddi rhydd ac englynion. Yr oedd cylch clera Gruffudd yn llai nag eiddo ei dad a'i ewythr ac i deuluoedd *Eifionydd ac Ardudwy y canai yn bennaf, yn eu plith *Corsygedol ac Ystumllyn a Bron-y-foel. Pan fu farw darfu i bob pwrpas y traddodiad o glera.

Ni wyddys a oedd **Wiliam Phylip** (1579–1669) o Hendrefechan yn perthyn i deulu Siôn Phylip, ond yn ôl ei dystiolaeth ef ei hun yr oedd yn fab i rieni a ddaethai i Ardudwy o Gorwen ac arferir ei gynnwys ymhlith y cylch. Gŵr bonheddig ydoedd yn canu ar ei fwyd ei hun yn y mesurau rhydd ac yr oedd naws bersonol i lawer o'i gerddi. Yr oedd yn Eglwyswr ac yn casáu Pabyddiaeth (*Catholigiaeth Rufeinig) a *Phiwritan-iaeth a chlywir tinc hiraeth yn aml yn ei ganu, megis yr englynion ffarwel i'w gartref, Hendrefechan. Yr oedd yn Frenhinwr i'r carn, a chyfansoddodd farwnad i Siarl I, a mawr fu ei groeso i Siarl II pan ddaeth hwnnw i'r orsedd yn 1660. Bu farw'n dlawd ac yn ddietifedd, a'r Goron a gafodd ei eiddo. Canwyd marwnad iddo gan Phylip Siôn Phylip.

Ceir erthyglau ar Phylipiaid Ardudwy gan William Davies yn *Y Beirniad* (cyf. III, 1913) a cheir arolwg Saesneg o'u gwaith yn *Y Cymmrodor* (cyf. XLII, 1931).

R

'Rachie', emyn-dôn boblogaidd a gyfansoddwyd gan Caradog *Roberts ar gyfer *Y Caniedydd Cynulleidfaol Newydd* (1921), ar y geiriau 'I bob un sy'n ffyddlon' gan Henry Lloyd (Ap Hefin; 1870–1946). Mewn ambell gasgliad Saesneg fe'i cenir ar y geiriau 'Who is on the Lord's side?'

Radicaliaeth. Defnyddiwyd yr ansoddair '*Radical*' gyntaf gan y Toriaid fel llysenw sarhaus ar ddemocratiaid chwyldroadol ar ddechrau'r bedwaredd ganrif ar bymtheg. Yr oedd y Radicaliaid cyntaf yng Nghymru yn perthyn i'r traddodiadau Dëistaidd ac Undodaidd, ond yn yr 1830au, yn sgîl y frwydr dros Ddiwygio'r Senedd a'r anniddigrwydd yn erbyn y Dreth Eglwys, mabwysiadodd Annibynwyr a *Bedyddwyr blaenllaw syniadau Radicalaidd. Yr oedd nifer o haenau yn ymhlyg yn eu syniadaeth, yn eu plith Radicaliaeth wledig (a oedd yn adweithiol a chwyldroadol yr un pryd), Radicaliaeth Fyronaidd (besimistaidd, ramantaidd ac uchelwrol) a Radicaliaeth Benthamaidd (barchus, ddosbarth canol, ryddieithol ac amcanus). Cyfunwyd y rhain oll yn Radicaliaeth Cymru, nad oedd, o ganlyniad, yn gorff cyson o ddysgeidiaeth. Nodweddwyd Radicaliaeth Gymreig canol y bedwaredd ganrif ar bymtheg gan 'draddodiad Llanbryn-mair', a gysylltwyd â Samuel *Roberts. Rhoddwyd pwyslais ar dystiolaeth gyhoeddus gan y cydwybod unigol, ar heddwch, masnach rydd a chyfyngu ar rym y Wladwriaeth. Medrai'r Radicaliaid cynnar fod yn gysylltiedig â'r Chwigiaid neu'r Toriaid, ond erbyn diwedd y bedwaredd ganrif ar bymtheg fe'u hymgorfforwyd o fewn i asgell chwith y Blaid Ryddfrydol. Yn ystod y ganrif collodd y Radicaliaid eu nodweddion eithafol a thueddai gwŷr fel Michael D. *Jones i goleddu syniadau colectifistaidd, Sosialaidd a Chenedlaethol.

Erbyn dechrau'r ugeinfed ganrif y Radical amlycaf yng Nghymru oedd David *Lloyd George, ac fel y dengys ei ddeddfau lles cymdeithasol yr oedd ganddo farn bositif ynglŷn â rôl y Wladwriaeth. Wedi'r Rhyfel Byd Cyntaf tueddai'r frwydr rhwng Cyfalafiaeth a Llafur i wasgu Radicaliaeth allan o'r Gymru ddiwydiannol; ond daliodd ei afael, o leiaf fel elfen rethregol, yn rhengoedd *Plaid Cymru a rhannau o'r Blaid Lafur, ac erys yn derm cyfleus i awgrymu agwedd filwriaethus sydd heb ei feichio'n ormodol gan ddogma.

Ceir trafodaeth bellach yn Cyril Parry, *The Radical Tradition in Welsh Politics: a study of Liberal and Labour Politics in Gwynedd 1900–1920* (1970) a Frank Price Jones, *Radicaliaeth a'r Werin Gymreig yn y Bedwaredd Ganrif ar Bymtheg* (1977).

Radio a Theledu, Ysgrifennu ar gyfer. Y ddrama gyntaf gan lenor ym Mhrydain i archwilio posibiliadau creadigol y cyfrwng newydd hwn oedd *Danger* gan Richard *Hughes. Darlledwyd y ddrama o Lundain yn 1924, a'i chefndir oedd tywyllwch pwll glo, ac yr oedd ei chymeriadau yr un mor ddall â'r gwrandawyr. Cyfraniad cyfatebol yn y Gymraeg oedd *Buchedd Garmon*, drama fydryddol gan Saunders *Lewis a ddarlledwyd gan Ranbarth Gymreig newydd y BBC yn 1937. Wedyn yn ystod 'oes aur radio Cymreig', o 1945 hyd 1960, ceid nifer fawr o ddramâu a rhaglenni nodwedd ond nid yw eu harwyddocâd llenyddol wedi ei lawn fesur hyd yn hyn. Ysgrifennodd llawer o lenorion ar gyfer y radio ar ôl yr Ail Ryfel Byd. Ymhlith cyfranwyr cyson yn yr iaith Saesneg yr oedd Gwyn *Thomas (1913–81), Glyn *Jones, Dylan *Thomas ac Emyr *Humphreys. Yn y Gymraeg darlledwyd gweithiau gan Kate *Roberts, Islwyn *Williams, John Ellis *Williams ac Islwyn Ffowc *Elis. Hyrwyddwyd gwaith y llenorion hyn gan gynhyrchwyr fel T. Rowland *Hughes, Alun *Llywelyn-Williams, John Gwilym *Jones ac Aneirin Talfan *Davies.

Ffrwyth llenyddol pwysicaf y cyfnod hwn oedd 'The *Minister' gan R. S. *Thomas a *'Sŵn y Gwynt sy'n Chwythu', gan J. Kitchener *Davies. Darlledwyd y ddwy gerdd yn y gyfres *Pryddestau Radio* yn 1952. Yr un mor fwysig oedd *Gazooka* gan Gwyn Thomas, sef disgrifiad o' Gwm *Rhondda, a ddarlledwyd yn 1956. Nid yw rhestr fer o weithiau gorau'r cyfnod hwn, fodd bynnag, yn gwneud cyfiawnder â'r amrywiaeth cyfoethog o waith creadigol a nodweddai radio Cymru yn ystod y 1950au, a oedd yn cynnwys ar y naill law sgyrsiau addysgol ond diddan Ifor *Williams, ac ar y llaw arall sgriptiau comedi Eynon *Evans, wedi'u seilio ar y cymeriad *Tommy Trouble. Meithrinid traddodiad yr eisteddfod gan y rhaglenni radio *'Noson Lawen' a ddatblygwyd gan Sam Jones ym Mangor, a chan ymrysonau barddol rhwng timau o feirdd lleol. O ganlyniad i'r cynnydd ym mhoblogrwydd y teledu yn y 1960au, a lansio Teledu BBC Cymru yn 1964, edwinodd diddordeb y cyhoedd yn y radio. Ond daeth rhyw gynnydd yn y diddordeb hwnnw unwaith eto gyda dyfodiad *Radio Wales* yn 1978 a Radio Cymru yn 1979. Ceir rhaglenni o ddiddordeb llenyddol ar y radio o bryd i'w gilydd, weithiau gyda chymorth ariannol *Cyngor Celfyddydau Cymru, ond nid ydynt mor rheolaidd â chynt, ac y mae llai o gyfle erbyn hyn i wrando ar weithiau newydd gan lenorion cyfoes.

Oherwydd yr angen i wasanaethu cynulleidfa ddwyieithog yng Nghymru, y mae'r awdurdodau wedi ymdrechu mwy i ddarparu rhaglenni yn yr iaith Gymraeg, sy'n rhan o'u dyletswydd unigryw, nag a wnaethant ar gyfer mwyafrif Saesneg eu hiaith. Yn ystod blynyddoedd cynnar ei fodolaeth cynhyrchodd Teledu BBC Cymru nifer o ddramâu ar gyfer y rhwydwaith Brydeinig, ond ychydig a ddarparwyd ar gyfer Cymru yn yr iaith Saesneg. Dyna paham y bu'n rhaid i lenorion fel Elaine *Morgan, Elwyn *Jones, Alun *Richards ac Ewart *Alexander ddod o hyd i farchnad yn Llundain. O ganlyniad i gyfres o ffilmiau gan John *Ormond, a luniwyd yng Nghaerdydd, daethpwyd â gweithiau beirdd fel Vernon *Watkins ac Alun *Lewis i sylw cynulleidfa ehangach. Ar y llaw arall, bu cynnydd yn y gwaith o ysgrifennu ar gyfer y teledu yn y Gymraeg yn ystod y 1970au, o dan nawdd y BBC a'r cwmnïau annibynnol fel HTV. Darlledwyd dramâu gan Saunders Lewis, John Gwilym Jones, Gwenlyn *Parry, Huw Lloyd *Edwards ac Emyr Humphreys, a gwelwyd cyfaddasiadau llwyddiannus o nofelau gan Daniel *Owen, Marion *Eames ac Eigra Lewis *Roberts. Ar lefel fwy poblogaidd, rhoes y rhaglen-gyfres *Pobol y Cwm (a ddisgrifiwyd fel y Coronation Street Cymraeg) a'r gomedi sefyllfa Fo a Fe, y ddwy raglen yng ngofal Gwenlyn Parry, gyfle newydd i lenorion Cymraeg.

Trwy gydol y 1970au yr oedd strwythur teledu yng Nghymru yn faes dadleuol dros ben ac esgorodd ar adroddiadau gan y Llywodraeth yn ogystal â gweithgarwch uniongyrchol gan *Gymdeithas yr Iaith Gymraeg. Cymerodd llawer o lenorion ran mewn ymgyrch pryd y carcharwyd ugeiniau o bobl ifainc, dirwywyd cannoedd o bobl am wrthod prynu trwyddedau teledu. Yn 1979 diffoddodd Pennar *Davies, Meredydd *Evans a Ned Thomas (Edward Morley *Thomas) drosglwyddydd teledu Pencarreg yn Nyfed fel act symbolaidd. Ymhen blwyddyn, a Gwynfor *Evans, Llywydd *Plaid Cymru yn bygwth ymprydio, cytunodd y Llywodraeth i wireddu'r addewid i sefydlu sianel deledu Gymraeg. Daeth ar yr awyr yn 1982, fel Sianel Pedwar Cymru (S4C), ac erbyn 1997 darlledid ar gyfartaledd ddeg awr ar hugain o raglenni Cymraeg yr wythnos yn ystod oriau brig. Gyda dyfodiad y sianel newydd, daeth cynnydd i waith teledu yn y Gymraeg, yn ogystal â chynnydd yn sbectrwm y gwaith hwnnw, yn enwedig ym myd rhaglenni i blant, rhaglenni nodwedd, rhaglenni ar faterion cyfoes, comedïau sefyllfa a dramâu ar gyfer y teledu. Er i bwysau cystadleuol byd y cyfryngau orfodi'r sianel newydd i ganolbwyntio yn fwyfwy ar raglenni gydag apêl poblogaidd, llwyddodd S4C i gomisiynu nifer bychan o weithiau uchelgeisiol bob blwyddyn, a rhoes hyn gyfle gwych i amrywiaeth o artistiaid creadigol. Daeth rhai dramodwyr megis Meic *Povey i amlygrwydd yn gweithio o fewn y byd teledu, ond gwelwyd hefyd addasu gwaith llenorion, megis R. Gerallt *Jones, yn llwyddiannus ar gyfer y sgrîn fach.

Cafwyd achos arbennig iawn yn 1992 o fardd yn y mesurau caeth, sef Alan *Llwyd, yn croesi i fyd y cyfryngau ac yn sgriptio Hedd Wyn (Ellis Humphrey *Evans), y ffilm Gymraeg gyntaf i gael ei henwebu ar gyfer Oscar. Nid dyma'r unig ffilm am wrthrych llenyddol. Y mae O.M. (am O. M. *Edwards) ac Ar Waelod y Cof (am Gwenallt; David James *Jones) ynghŷd â ffilmiau o glasuron modern megis *Un Nos Ola Leuad *Caradog Prichard a *Traed Mewn Cyffion Kate Roberts wedi sicrhau cynulleidfa ehangach i lenyddiaeth Gymraeg yn arbennig wrth i fersiynau Saesneg neu fersiynau ag is-deitlau gael eu paratoi nes ymlaen.

Erbyn hyn y mae'n bosibl i ychydig o leiaf o lenorion Cymraeg wneud bywoliaeth o'u crefft, er bod hyn yn golygu gweithio ar y cyd ac yn or-gyflym, sy'n tueddu weithiau i ostwng y safon. Dewisodd rhai megis Gareth *Miles, dramodydd ar gyfer y llwyfan, a Wiliam Owen *Roberts y nofelydd, ennill eu bywoliaeth ym myd y teledu gan adael digon o amser ar gyfer eu gwaith arall.

Wrth i'r diwylliant cyfryngol dyfu yng Nghymru, cafwyd cyfleoedd hefyd i awduron sy'n ysgrifennu yn Saesneg ond nid i'r un graddau o bell ffordd. Yr oedd rhai yn Gymry Cymraeg, megis Ewart Alexander, ac yn medru addasu at ysgrifennu yn Gymraeg. Yr oedd eraill megis y gwneuthurwr ffilmiau Karl Francis, yn feirniadol iawn o'r sianel Gymraeg ond eto cafodd gyfle i wneud peth o'i waith gorau ar ei chyfer. Am gyfnod bu Francis yn Bennaeth Drama yn y BBC yng Nghaerdydd dan Bennaeth Radio a Theledu, Dai *Smith, sydd â'r un ymroddiad i'r syniad bod diwylliant nodweddiadol Gymreig i'w gael yn yr iaith Saesneg. Gellir disgwyl, felly, i'r cyfleoedd gynyddu ar gyfer awduron Saesneg eu hiaith, ond gan fod pwysau cynyddol i gynhyrchu ar gyfer y rhwydwaith – hynny yw i Brydain gyfan – bydd yr hen broblem o gynulleidfa yn codi mewn cyd-destun cyfryngol.

Er gwaethaf cost ac ehangder rhaglenni radio a theledu yn y Gymraeg y mae safon y sylw cyhoeddus a roddir iddynt yn isel. Nid oes ar hyn o bryd gyhoeddiad hafal i Llafar, y blwyddlyfr ar ddarlledu a olygwyd gan Aneirin Talfan Davies rhwng 1951 ac 1956. Er bod beirniaid teledu yn Y *Cymro, *Barn, *Golwg a'r *Western Mail yn ymdrin â meysydd eang ym myd rhaglenni Cymraeg, arwynebol ar y cyfan yw eu hymdriniaethau. Cyfyng iawn yw cynnwys golygyddol cylchgrawn rhaglenni S4C, Television Wales (gynt Sbec) a ddosberthir gyda'r Western Mail. Gweler hefyd Sinema yng Nghymru.

Ceir ymdriniaeth bellach ar ddarlledu yng Nghymru yn Alwyn D. Rees, Dear Sir Harry Pilkington (1969), Broadcasting in Wales (1971), a chyfraniad yr un awdur yn The Welsh Language Today (gol. Meic Stephens, 1973); gweler hefyd Aneirin Talfan Davies, Darlledu a'r Genedl (1972), a Hywel Davies, The Role of the Regions in British Broadcasting (1965). Ceir cyfoeth o wybodaeth yn Adroddiadau Blynyddol y Cyngor Darlledu i Gymru, ac adroddiadau'r cwmnïau masnachol TWW ac HTV. Arolygon pwysicaf yr H.M.S.O. yw Report of the Committee on

Broadcasting Coverage (Adroddiad Crawford; 1974), *Adroddiad y Gweithgor ar y Pedwerydd Gwasanaeth Teledu yng Nghymru* (Adroddiad Siberry, 1975), *Television Broadcasting in Britain* (1975), *Report of the Committee on the Future of Broadcasting* (Adroddiad Annan, 1977) ac *Adroddiad y Gweithgor ar Gynllun Pedwaredd Sianel i Gymru* (1978). John Davies yw awdur y gyfrol swyddogol ond darllenadwy *Broadcasting and the BBC in Wales* (1994) ac yn Dave Berry, *Wales and the Cinema* (1994) olrheinir twf y diwydiant ffilm yng Nghymru. Ceir trafodaeth ar y sefyllfa bresennol yn Kevin Williams, *Shadows & Substance: The Development of a Media Policy for Wales* yn y gyfres *Changing Wales* (gol. Meic Stephens, 1997). Am ddetholiad o raglenni y BBC, ac atgofion am ddarlledwyr, gweler *Wales on the Wireless* (gol. Patrick Hannan, 1988), *Radio Cymru* (gol. Gwyn Erfyl, 1989) a *Wales in Vision* (gol. Patrick Hannan, 1990).

RAFF AP ROBERT (*fl. c.*1525–*c.*1570), bardd, a thad Edward ap Raff. Dywed *Siôn Tudur yn ei farwnad iddo mai yn y Cilgwyn y cartrefai; daliai ei hynafiaid diroedd ym Maesmaencymro ym mhlwyf Llanynys yn Nyffryn Clwyd. Bardd a ganai ar ei fwyd ei hun oedd Raff, fel y tystia pynciau ei farddoniaeth. Ni fu'n clera, ac un awdl fawl o'i waith yn unig a erys; am y gweddill o'i gerddi defodol, marwnadau a'i gymdogion a'i gydnabod yn Llanynys a'r cyffiniau yw'r rhain, megis Edward ap Siôn a ddaliai archddiaconiaeth Caerfyrddin, y telynor Siôn Erch (marwnad a luniwyd ar gais mab yr Edward uchod) a Siôn *Salbri, gŵr cyntaf *Catrin o Ferain. Erys cywydd serch o'i eiddo a chywydd duwiol, a bu'n ymryson hefyd â Siôn Tudur.

At hyn canodd ryw drigain o englynion, y rhai crefyddol (y farn, y Deg Gorchymyn, sicrwydd angau) yn bur ddwys, ac felly hefyd yr englynion sy'n cyfleu ei hiraeth a'i chwithdod wrth iddo weld dinistrio'r allorau ac alltudio'r delwau cyfarwydd o'r eglwysi. Ar y llaw arall, golwg ar ŵr hwyliog a diedifar a geir yn yr englynion sy'n dychanu'r rhyw deg (mewn dull masweddus ddigon) ac yn cofnodi troeon trwstan, a chyffelyb yw cywair yr englynion sy'n tystio i'w ymwneud â chartrefi'r ardal, prydyddion blaenllaw megis *Gruffudd Hiraethog a *Wiliam Llŷn, a chymeriadau llai syber megis *Robin Clidro, Robert ap Rhys Grythor, Tomas Grythor y Foch, a Hywel Bangor. Canodd ei gywyddau rhwng 1525 a thua 1570, a gwelir i'r bardd golli gafael yn raddol ar y grefft a ddysgodd wrth droed ei athro *Tudur Aled (a gwrthrych un o'i farwnadau) gyda threigl y blynyddoedd.

Raiders' Dawn (1942), y casgliad cyntaf o gerddi gan Alun *Lewis, a ysgrifennwyd yn 1940 ac 1941 tra oedd yr awdur ar ei hyfforddiant cychwynnol yn y fyddin yng ngwersyll Bordon, Hants. Gwelir arwyddion o anaeddfedrwydd neu frys neu ddiffyg disgyblaeth yn rhai o'r cerddi, wrth i lwyth o syniadau ac angerdd emosiynol drechu techneg y bardd. Amlygir gwrthgyferbyniadau lled gyson o feddyliau a delweddaeth, fodd bynnag, yn arbennig y tensiynau rhwng cysylltiad personol a sylwadaeth wrthrychol, rhwng cariad a chasineb, bywyd

a marwolaeth, harddwch natur a'i difaterwch, urddas Dyn a'i ddistadledd, creu a gwastraff. Tynnir ei ddelweddaeth, yn bennaf, o fytholeg y Beibl a gwlad Groeg, a thuedda'r bardd i lunio dameg neu alegori, yn aml wedi ei chyflwyno mewn ffurf delynegol. Tystia'r cerddi enwocaf yn y gyfrol, megis '*All Day It Has Rained*' a '*To Edward Thomas*' i allu disgrifiadol a myfyriol Lewis.

Raine, Allen, gweler PUDDICOMBE, ANNE ADALIZA BEYNON (1836–1908).

Rebecca, cylchgrawn a gyhoeddwyd yn achlysurol yng Nghaerdydd rhwng 1973 ac 1982 o dan olygyddiaeth Paddy French; cymerodd ei deitl o Helyntion *Beca. Bu'n enwog am ei ymchwiliadau newyddiadurol, yn enwedig ym maes llygredd honedig ym mywyd cyhoeddus de Cymru; arweiniodd nifer o'i frwydrau at achosion llys. Fe'i had-drefnwyd ar ffurf gydweithredol, a'i droi'n gylchgrawn misol ym Medi 1981, ond gostyngodd nifer y tanysgrifwyr ac fe'i dirwynwyd i ben ddeng mis yn ddiweddarach.

Reciwsantiaeth, gweler o dan GWRTH-DDIWYGIAD.

RECORDE, ROBERT (m. 1558), mathemategydd, meddyg ac awdur a aned yn Ninbych-y-pysgod, Penf. Yr oedd yn Gymrawd o Goleg yr Holl Eneidiau, Rhydychen, erbyn 1531 ac aeth yn ei flaen i astudio mathemateg a meddygaeth yng Nghaer-grawnt gan ennill doethuriaeth mewn Meddygaeth yn 1545. Ar ôl cyfnod byr yn athro yn Rhydychen ymsefydlodd yn Llundain fel meddyg; dywedir iddo fod yn feddyg i'r Brenin Edward VI a'r Frenhines Mari yn eu tro. Yn 1549 daeth yn Bennaeth y Bathdy ym Mryste ac yn 1551 fe'i penodwyd yn Arolygydd Cyffredinol Gweithfeydd Mwyn Arian yn Lloegr ac Iwerddon, ond cafodd ei ddiswyddo ar gyhuddiadau o aneffeithiolrwydd ac anonestrwydd. Bu farw yng ngharchar Mainc y Brenin yn 1558; yr oedd yno naill ai oherwydd dyled neu oherwydd ei ymddygiad honedig yn Iwerddon. Yr oedd y dystiolaeth o blaid y cyhuddiadau yn ei erbyn yn amhendant ond credir ei fod yn Brotestant o argyhoeddiad.

Yr oedd gwaith cyntaf Robert Recorde, *The Grounde of Artes* (1540), a ysgrifennodd ar ffurf deialog, yn llyfr rhifyddeg da ar gyfer y darllenydd cyffredin, y cyntaf yn yr iaith Saesneg a'r cyntaf i gael ei seilio ar y rhifolion Arabaidd. Ychwanegwyd at y gwaith yn ddiweddarach gan John *Dee, ac aeth i chwe argraffiad ar hugain cyn 1662. Dyma werslyfr safonol y cyfnod, a Recorde a ddyfeisiodd yr arwydd 'hafal' (=) ynddo. Yr oedd ei lyfr nesaf, *The Urinal of Physics* (1547), yn ymdrin â diagnosis dŵr ar gyfer llawfeddygon. Yn *The Pathway to Knowledge* (1551), gwerslyfr ar geometreg ac astroleg, llwyddodd i gyfarfod ag anghenion gwŷr ymarferol mewn dull mwy effeithiol hyd yn oed nag y gwnaeth yn ei lyfr cyntaf; yr oedd yn llyfr defnyddiol ar gyfer môr-lywio, ac eglura'r llyfr ddiffygion ar yr haul a'r lleuad yn ôl dull Copernicus. Cyflawnodd Recorde ei driawd ar gyfer y darllenydd annysgedig pan gyhoeddodd *The Whetstone of Witte* (1557), gwerslyfr ar algebra. Recorde oedd athro ac awdur gwyddoniaeth amlycaf ei ddydd; y mae'r ffaith iddo ysgrifennu yn Saesneg yn hytrach nag yn un o 'ieithoedd dysg' yn dangos yn glir y pwys a roddai, fel plentyn y *Dadeni, ar symud gyda'r oes.

Ceir manylion pellach mewn erthygl gan Samuel Lilley yn y cylchgrawn a gyhoeddir gan Brifysgol Nottingham, *Renaissance and Modern Studies* (cyf. II, gol.V.S.de Pinto, 1958).

Red Dragon, The, cylchgrawn a olygwyd gan Charles *Wilkins ac a gyhoeddwyd yn fisol yng Nghaerdydd rhwng 1882 ac 1887; hwn oedd yr unig gylchgrawn Saesneg o'i gyfnod, a'r cyntaf i ganolbwyntio ar dde Cymru. Ceisiodd greu awyrgylch mwy Cymreig na'r *Cambrian Journal*. Rhoddai'r golygydd lai o bwyslais ar yr etifeddiaeth lenyddol Gymraeg, er bod cyfieithiadau o farddoniaeth Gymraeg yn ymddangos yn rheolaidd, a mwy o bwyslais ar hanes diweddar Cymru. Dechreuwyd pob rhifyn â disgrifiad o gymeriad hanesyddol, o Daniel *Rowland i William *Crawshay a Maria Jane Williams, *Aberpergwm, a chafwyd astudiaethau gan y golygydd o lenorion Saesneg eu hiaith o Gymru, fel Henry *Vaughan, James *Howell a Lewis *Morris. Yr oedd corff y cylchgrawn yn cynnwys ffuglen ar ffurf cyfresi heb unrhyw ddiddordeb Cymreig neu o dan ffugenwau, yn ogystal â brasluniau wedi'u seilio ar brofiad y *Teithiau trwy Gymru. Yr oedd llawer o'r farddoniaeth, a luniwyd yn aml gan alltudion o'r wlad, yn disgrifio digwyddiadau dramatig yn hanes Cymru. Yr oedd gweddill y deunydd yn sentimental, heb fod o safon uchel, ac ychydig o gyfranwyr yn unig, yn eu plith H. Elvet *Lewis ac Arthur Mee, a gydnabyddai eu hawduriaeth yn gyson. Serch hynny, yr oedd y golygydd, a gyfrannai at bob rhifyn ei hun, yn gwneud ymgais ddewr i greu cynulleidfa ddiwylliedig Gymreig yn Saesneg am y tro cyntaf erioed. Ar ddiwedd 1885 daeth diwedd ar olygyddiaeth Charles Wilkins a phenodwyd James Harris o Gaerdydd yn ei le. O dan ei ofal ef dychwelodd *The Red Dragon* i fod yn gylchgrawn hynafiaethol, a'r adran Nodiadau a Chwestiynau yn llenwi'r rhan fwyaf o'r tudalennau.

Red Lady of Paviland, The, sgerbwd dynol a ddarganfuwyd yn 1823 gan yr archaeolegwr arloesol, Dean Buckland, yn Nhwll-yr-afr, ogof ar arfordir Penrhyn Gŵyr, Morg. Profodd ymchwil ddiweddarach fod y gweddillion di-ben a liwiwyd â phridd coch yn dyddio o'r cyfnod Cro-Magnon ac mai gŵr ifanc ydoedd a laddwyd, efallai, mewn rhyw fath o ddefod grefyddol gyntefig.

REES, ALWYN DAVID (1911–74), golygydd,

awdur a chymdeithasegwr. Fe'i ganed yng Ngorseinon, ger Abertawe, yn fab i löwr, ac fe'i haddysgwyd yng Ngholeg Prifysgol Cymru, Aberystwyth. Bu'n Diwtor yn Adran Allanol Coleg Aberystwyth o 1936 hyd 1946 ac fe'i penodwyd yn Gyfarwyddwr yr Adran Efrydiau Allanol yn yr un Coleg yn 1949; bu yn y swydd honno hyd ddiwedd ei oes. Ymddiddorodd o'r cychwyn mywyd y Gymru Gymraeg o safbwynt cymdeithasegwr, ac ym mharhad yr iaith a'r diwylliant Cymraeg; gwelodd her y byd modern i barhad unrhyw leiafrif. Yr oedd yn sylwedydd craff ac yn ddadleuwr cryf, a bob amser yn ddigymrodedd yn ei gefnogaeth i fudiadau Cymraeg diwylliadol ac ieithyddol, gan gynnwys *Cymdeithas yr Iaith Gymraeg yn ei chyfnod mwyaf dadleuol. Ei brif gyfraniad i lenyddiaeth Cymru oedd ei gefnogaeth a'i anogaeth i lenorion o bob math yn ystod ei gyfnod fel golygydd y cylchgrawn *Barn (1966–1974); golygodd hefyd *Yr Einion* o 1949 hyd 1958. Cyhoeddodd *Life in a Welsh Countryside* (1950; arg. newydd, 1996), bu'n gydolygydd *Welsh Rural Communities* (1961) a, chyda'i frawd Brinley Rees (1916–   ), yn awdur *Celtic Heritage* (1961).

Ceir detholiad o'i erthyglau â llyfryddiaeth lawn yn y gyfrol *Ym Marn Alwyn D. Rees* (gol. Bobi Jones, 1976).

REES, DANIEL (1855–1931), newyddiadurwr a chyfieithydd. Brodor ydoedd o'r Eglwys-wen-yng Nghemais, Penf., a bwriodd ran gyntaf ac amlycaf ei yrfa ym myd newyddiaduraeth, gan mwyaf fel golygydd *Yr *Herald Cymraeg* a'r *Carnarvon and Denbigh Herald*. Yr oedd yn Rhyddfrydwr digymrodedd ac weithiau amhoblogaidd ei farn; bu'n rym o bwys ym mywyd cyhoeddus Gwynedd a chefnogai David *Lloyd George yn ei etholiadau seneddol cynnar. Un o'i brif gymwynasau proffesiynol oedd cychwyn yn 1893 gyhoeddi'r wythnosolyn *Papur Pawb. Ond fe'i cofir yn bennaf am ei *Dwyfol Gân* (1903), cyfieithiad o *La Divina Commedia* (*c.*1314) gan Dante, gyda 'rhagdraith' gan ei gyd-weithiwr Thomas Gwynn *Jones. Cywaith gan y ddau gyfaill a ffrwyth yr un diddordeb oedd y ddrama Saesneg *Dante and Beatrice* (1903). O 1907 ymlaen bu'n was sifil ar staff y Bwrdd Masnach yn Llundain a threuliodd weddill ei oes yn Lloegr.

REES, DAVID (1801–69), gweinidog a golygydd Fe'i ganed ym mhlwyf Tre-lech, Caerf., a'i addysgu gartref ac yn yr *Ysgol Sul. Yn ddiweddarach mynychodd yr Ysgol Ramadeg yng Nghaerfyrddin a'r Academi Annibynnol yn Y Drenewydd, Tfn., lle y daeth dan ddylanwad Samuel *Roberts (S.R.). Fe'i hordeiniwyd yn weinidog yn 1829 a bu'n gwasanaethu yng Nghapel Als, Llanelli, am weddill ei oes, a chyda'i capel hwn y cysylltir ef yn bennaf. Yr oedd yn arweinydd naturiol, yn meddu ar egwyddorion cryf a diwyro, yn un o gynheiliaid ei enwad yn nhref Llanelli ac yn bregethwr poblogaidd. Fe'i penodwyd yn olygydd cyntaf y cylchgrawn *Y *Diwygiwr* yn 1835, swydd y bu ynddi tan 1865, ac yr oedd y penodiad hwn yn garreg filltir yn hanes Ymneilltuaeth Cymru oherwydd daeth â dylanwad Radicalaidd ar *Anghydffurfiaeth ei ddydd. Gelwid ef 'Y Cynhyrfwr' o ganlyniad i'w edmygedd o Daniel O'Connell. Yr oedd Rees yn bropagandydd disglair yn erbyn yr Eglwys Sefydledig, ac yn wrthwynebydd cadarn i Brutus (David *Owen), a ymosododd arno yn y cylchgrawn *Yr *Haul*. Yr oedd ei arddull yn adwaith ymwybodol yn erbyn y math o ysgrifennu a gafwyd yn y traddodiad Cymraeg, ac yn tueddu i fod yn ffrwydrol o effeithiol wrth ymdrin ag achosion a oedd yn agos i'w galon.

Ceir ymdriniaeth o'i fywyd a'i waith yn *David Rees y Cynhyrfwr* (1971) gan Iorwerth Jones; golygwyd detholiad o'i waith gan Glanmor Williams yn 1950.

REES, DAVID BENJAMIN (1937–), awdur a chyhoeddwr, a aned yn Llanddewibrefi, Cer., a'i addysgu yng Ngholeg Prifysgol Cymru, Aberystwyth, a'r Coleg Diwinyddol yno. Ordeiniwyd ef gan Eglwys Bresbyteraidd Cymru yn 1962, a bu'n weinidog yng Nghwm Cynon hyd 1968, ac wedyn yn Lerpwl. Golygodd nifer o gylchgronau, gan gynnwys *Etifeddiaeth* (1977–), *Peacelinks* (1986–95), *Reconciliation Quarterly* (1989–) a phapur bro Glannau Mersi a Manceinion, *Yr Angor*. Sefydlodd wasg Cyhoeddiadau Modern Cymreig yn 1963. Ysgrifennodd *Mahatma Gandhi: Pensaer yr India* (1969), *Pymtheg o Wŷr Llên yr Ugeinfed Ganrif* (1972), *Enwogion Pedair Canrif (1400–1800)* (1976), *Cymry Adnabyddus 1951–1972* (1978), *Dr Owen Thomas: Pregethwr y Bobl* (1979), *Hanes Plwyf Llanddewi Brefi* (1984) a enillodd Wobr Goffa Ellis Griffith Prifysgol Cymru, a *Cymry Lerpwl a'r Cyffiniau* (1997). Golygodd y cyfrolau canlynol: *Dyrnaid o Awduron Cyfoes* (1975), *Herio'r Byd* (1980), *Cyfaredd Capel Bethesda Cemaes Môn* (1981), *Dal i Herio'r Byd* (1982), *Oriel o Heddychwyr Mawr y Byd* (1983), *Cymry Lerpwl a'u Crefydd* (1984), *Dal Ati i Herio'r Byd* (1988) a *Deuddeg Diwygiwr Protestannaidd* (1988). Golygodd hefyd y gyfres *Arolwg* (1969, 1970, 1971, 1981). Cyhoeddodd yn Saesneg *Chapels in the Valley* (1975), *Wales: Cultural Heritage* (1980), *Preparation for Crisis: Adult Education 1945–80* (1982), *Samuel Roberts (S.R.)* (1988) a *Dr Owen Thomas: A Welsh Preacher in Victorian Liverpool* (1991). Bu D. Ben Rees yn ddiwyd yn paratoi deunydd ar gyfer yr eglwysi Cymraeg megis *Gwaith yr Eglwys* (1967), *Llyfr Gwasanaeth (Ieuenctid)* (1967), *Gweddïau'r Cristion* (1976), *Gwasanaethau'r Cristion* (1987) a *Pregethu a'r Pregethwyr Pwerus* (1996).

Rees, Dilwyn, gweler DANIEL, GLYN EDMUND (1914–86).

REES, EVAN (Dyfed; 1850–1923), bardd a aned yng Nghas-mael, Penf., ond a faged yn Aberdâr, Morg.;

dechreuodd weithio tan ddaear yn ifanc iawn. Fe'i hordeiniwyd yn 1884 a symudodd yn 1876 i Gaerdydd ond ni chymerodd erioed ofalaeth eglwys. Enillodd *Gadair yr Eisteddfod Genedlaethol bedair gwaith rhwng 1881 a 1901, a Chadair Eisteddfod Ffair y Byd, Chicago (1893), pan wobrwywyd ei awdl 'Iesu o Nazareth'. Ei brif weithiau cyhoeddedig oedd *Caniadau Dyfedfab* (1875), *Gwaith Barddonol Dyfed* (d.d.), *Gwlad yr Addewid a Iesu o Nazareth* (1894), ac *Oriau gydag Islwyn* (d.d.). O 1905 hyd 1923 bu Dyfed yn Archdderwydd *Gorsedd Beirdd Ynys Prydain.

Ymdriniwyd ag ef gan Beti Rhys, *Dyfed: bywyd a gwaith Evan Rees, 1850–1923* (1984).

REES, GORONWY (1909–79), newyddiadurwr, ysgolhaig ac awdur. Fe'i ganed yn Aberystwyth, lle yr oedd ei dad yn weinidog Y Tabernacl, Eglwys Bresbyteraidd Cymru, ac addysgwyd ef yn Ysgol Uwchradd y Bechgyn, Caerdydd, ar ôl i'w dad gael ei benodi yn oruchwyliwr Symudiad Ymosodol y Presbyteriaid, ac wedyn yn y Coleg Newydd, Rhydychen. Daeth yn Gymrawd yng Ngholeg yr Holl Eneidiau yn 1931 a'r flwyddyn ganlynol fe'i penodwyd yn un o ysgrifenwyr prif erthyglau *The Manchester Guardian*; yn 1936 daeth yn Olygydd Cynorthwyol *The Spectator*. Ar ôl gwasanaethu yn yr Ail Ryfel Byd fel gynnwr yn yr Artileri Brenhinol ac fel swyddog yn y Ffiwsilwyr Brenhinol Cymreig, gweithiodd ym myd diwydiant ond dychwelodd i'r bywyd academaidd yn 1951 fel Trysorydd Eiddo, Coleg yr Holl Eneidiau. O 1953 hyd 1957 bu'n Brifathro Coleg Prifysgol Cymru, Aberystwyth, ond ymddiswyddodd o dan amgylchiadau a oedd yn neilltuol o chwerw ar y ddwy ochr, a threuliodd weddill ei oes yn Lloegr. Yn ystod ei gyfnod yn Rhydychen yr oedd Goronwy Rees yn Farcsydd ac yn gyfaill mynwesol i Guy Burgess, yr ysbïwr a ffoes i'r Undeb Sofietaidd yn 1951. Ychydig cyn ei farw, pan gyhoeddodd y ffaith hon, bu dyfalu paham na ddatgelodd hyn yn gynharach a hefyd faint a wyddai am y gwrthgilio ar y pryd.

Mewn dwy o frasluniau bywgraffyddol, *A Bundle of Sensations* (1960) ac *A Chapter of Accidents* (1972), disgrifia, yn llyfn ac yn dreiddgar, ei blentyndod hapus yn Aberystwyth, ei anniddigrwydd yng Nghaerdydd, ei flynyddoedd yn Rhydychen yn ystod y 1930au, ei brofiadau yn yr Almaen cyn y Rhyfel ac ar ei ôl, a'i yrfa wedi hynny, gan gynnwys y cyfnod o ymgecru yn Aberystwyth. Dengys y ddwy gyfrol, sydd ymhlith goreuon ei waith, sut y llwyddodd Goronwy Rees i'w gadw'i hun ychydig ar wahân i'r bywyd Seisnig er gwaethaf ei ymrwymiad iddo, a hynny yn rhannol oherwydd ei hunaniaeth Gymreig a wnâi iddo deimlo'n ddieithryn, ac yn rhannol oherwydd iddo ei drwytho ei hyn yn y diwylliant Ewropeaidd, yn arbennig diwylliant yr Almaen.

Cyhoeddodd hefyd dair nofel: *A Summer Flood* (1932), *A Bridge to Divide Them* (1937), a leolir yn rhannol yng Nghymru, a *Where no Wounds Were* (1950); ysgrifennodd hefyd *The Rhine* (1967). Ymhlith ei lyfrau eraill ceir *The Multi-millionaires: six studies in wealth* (1961), St. *Michael: a history of Marks & Spencer* (1969), *The Great Slump: Capitalism in Crisis 1929–33* (1970), a'r cyfieithiadau *Danton's Death* (1939) a *Conversations with Kafka* (1939), y ddau yn ffrwyth cydweithio â'r awdur o Sais, Stephen Spender. Ailgyhoeddwyd detholiad o'r traethodau hirion a ysgrifennodd ar bynciau gwleidyddol, cymdeithasol a llenyddol cyfoes i'r cylchgrawn *Encounter* rhwng 1966 ac 1973, yn y gyfrol *Brief Encounters* (1974).

Am ragor o fanylion gweler Jenny Rees, *Looking for Mr Nobody: the Secret Life of Goronwy Rees* (1994); gweler hefyd John Harris, 'Anyone There? In Search of Goronwy Rees' yn *Planet* (rhif. 110, Ebrill/Mai 1995), J. Gwyn Griffiths, 'Goronwy Rees a Chymru', yn *Yr Aradr* (cyf. VI, 1995) a'r rhifyn arbennig o *The New Welsh Review* (rhif 29, cyf. VIII, Haf 1995).

Rees, Henry (1798–1869), arweinydd crefyddol a aned ym mhlwyf Llansannan, Dinb. Yr oedd ei ymlyniad wrth ei alwedigaeth weinidogaethol gyda'r Methodistiaid Calfinaidd yn fwy unplyg na'r eiddo ei frawd iau, William *Rees (Gwilym Hiraethog), ymhlith yr Annibynwyr. Dechreuodd bregethu yn 1818, amlygai ddoniau eithriadol wych a thrwy ei bregethu ysbrydolodd John *Jones, Tal-y-sarn, i fynd i'r weinidogaeth. Daeth yn Llywydd cyntaf Cymanfa Gyffredinol y Methodistiaid Calfinaidd yn 1864. Ar wahân i'w erthyglau i gyfnodolion crefyddol, cyhoeddwyd dwy gyfrol o'i bregethau, sy'n dangos ei ddyled i'r diwinyddion Piwritanaidd ac yn enwedig i John Owen (1616–83).

REES, IOAN BOWEN (1929–), awdur. Brodor o Ddolgellau, Meir., ydyw; graddiodd mewn Hanes Modern yng Ngholeg y Frenhines, Rhydychen. Fe'i penodwyd yn Brif Weithredwr Cyngor Sir Gwynedd yn 1980 ac ymddeolodd yn 1991. Ymhlith ei gyhoeddiadau y mae nifer o ysgrifau cyfreithiol ar yr iaith Gymraeg, a nifer o bamffledi ar bynciau gwleidyddol gan gynnwys *The Welsh Political Tradition* (1961), ei gyfraniad (dan yr enw Ioan Rhys) i'r gyfrol *Celtic Nationalism* (1968), *Government by Community* (1971) a *Cymuned a Chenedl* (1995). Casglwyd ei ysgrifau am fynydda, sydd â naws lenyddol iddynt, mewn pedair cyfrol, *Galwad y Mynydd* (1961), *Dringo Mynyddoedd Cymru* (1965), *Mynyddoedd* (1975) a *Bylchau* (1995). Golygodd flodeugerdd, *The Mountains of Wales* (1992) a chyfrannodd ysgrif, *Beyond National Parks*, i'r gyfres *Changing Wales* (1995). Cyhoeddodd ei wraig, **Margaret Bowen Rees** (1935–), rai o'i cherddi yn y gyfrol *Cerddi Cegin* (1972).

REES, JAMES FREDERICK (1883–1967), hanesydd a aned yn Aberdaugleddau, Penf., a'i addysgu yng Ngholeg y Brifysgol, Caerdydd, a Choleg Lincoln, Rhydychen. Bu'n Ddarlithydd yng Ngholeg Bangor a Phrifysgolion Belfast a Chaeredin, cyn ei benodi'n Brifathro ei hen Goleg yn 1929. Yno y bu nes iddo ymddeol yn 1949. Fe'i hurddwyd yn farchog yn 1945. Ymddiddorodd yn hanes Cymru ac ymhlith ei gyhoeddiadau ceir *Studies in Welsh History* (1947), *The Story of Milford* (1954) a *The Problem of Wales and Other Essays* (1963).

REES, JOHN RODERICK (1920–), bardd, a aned ym Mhen-uwch, Cer., ac yno y mae'n byw o hyd. Cafodd ei addysgu yng Ngholeg Prifysgol Cymru, Aberystwyth, a bu'n athro ysgol yn ei sir enedigol am ugain mlynedd cyn dychwelyd i ffermio. Y mae wedi cyhoeddi tair cyfrol o farddoniaeth, sef *Cerddi'r Ymylon* (1959), *Cerddi* (1984) a *Cerddi Newydd 1983–1991* (1992). Enillodd y *Goron ddwywaith yn yr *Eisteddfod Genedlaethol, yn 1984 am ei bryddest 'Llygaid' ac yn 1985 am 'Glannau'.

REES, MARGARET BOWEN (1935–), gweler o dan REES, IOAN BOWEN (1929–).

Rees, Robert, gweler PALMER, ALFRED NEOBARD (1847–1915).

REES, SARAH JANE (Cranogwen; 1839–1916), bardd a golygydd o Langrannog, Cer., ac ysgolfeistres wrth ei galwedigaeth. Bu'n olygydd *Y *Frythones* (1878–91), cylchgrawn ar gyfer merched, a bu'n gyfrifol am sefydlu Undeb Dirwestol Merched y De. Cyhoeddwyd casgliad o'i barddoniaeth yn y gyfrol *Caniadau Cranogwen* (1870).

Cyhoeddwyd astudiaeth o'i bywyd a'i gwaith yn D. G. Jones, *Cofiant Cranogwen* (d.d.) ac yn *Cranogwen: Portread newydd* (1981) gan Gerallt Jones.

Rees, Thomas (Twm Carnabwth; 1806?–76), paffiwr a gymerodd ei lysenw o enw ei fferm ger Mynachlog-ddu, Penf. Yn ôl y traddodiad lleol cymerodd ran mewn ymosodiad ar dollborth yr Efailwen yn 1839, ac o hynny allan cysylltid ei enw â Helyntion *Beca.

REES, THOMAS (1815–85), hanesydd a aned yn Llanfynydd, Caer. Cafodd ychydig addysg ffurfiol, ond agorodd ysgol yn Aberdâr, Morg., yn 1835 ac yn ddiweddarach daeth yn weinidog Annibynnol yn Llanelli, Beaufort ac Abertawe; enillodd enw iddo'i hun fel pregethwr grymus a sylwebydd Beiblaidd. Ei brif waith oedd *A History of Protestant Nonconformity in Wales* (1861), ond cyhoeddodd hefyd, gyda John *Thomas (1821–92), *Hanes Eglwysi Annibynol Cymru* (1871–75). Fel hanesydd enwadol yr oedd Rees yn rhagfarnllyd, ac yr oedd nifer o'i gopïau ef o'r ffynonellau yn anghywir

Bu'r ymchwil manwl a'i gasgliad o'r ffynonellau hynny, fodd bynnag, yn gyfrwng i'w sefydlu fel yr awdurdod cynharaf ar hanes enwad yr Annibynwyr yng Nghymru. Am ragor o fanylion gweler J. Thomas, *Cofiant Thomas Rees* (1888).

REES, THOMAS IFOR (1890–1977), cyfieithydd. Fe'i ganed yn Bow Street, Cer., yn fab i'r cerddor J. T. Rees, a'i addysgu yng Ngholeg Prifysgol Cymru, Aberystwyth. Treuliodd y rhan fwyaf o'i oes yn y Gwasanaeth Sifil gan ymddeol fel Llysgennad Prydain yn Bolivia yn 1949. Cyhoeddodd *In and around the Valley of Mexico* (1953), *Sajama* (1960) ac *Illimani* (1964). Cyfieithodd i'r Gymraeg nofelau gan René Bazin (1933), Xavier de Maistre (1944), J. R. Jiménez (gydag E. T. Griffiths, 1961), Henri Troyat (1967) ac C.-F. Ramuz (1968), 'Rubáiyát' Omar Khayyám (1939) ac 'Elegy Written in a Country Churchyard' gan Gray dan y teitl 'Marwnad a Ysgrifennwyd mewn Mynwent' (1949).

REES, WILLIAM (Gwilym Hiraethog; 1802–83), golygydd a llenor. Fe'i ganed yn Llansannan, Dinb., a daeth yn weinidog gyda'r Annibynwyr, yn arweinydd Radicalaidd dylanwadol ac yn ysgrifennwr toreithiog. Yr oedd ei gyhoeddiadau yn cynnwys y gyfrol swmpus *Gweithiau Barddonol Gwilym Hiraethog* (1855), a'i arwrgerdd anferth *Emmanuel* (1861, 1867), sydd dros ugain mil o linellau. Ond, ac eithrio ambell ddarn megis y cywydd i'r gof o'i awdl 'Heddwch', a'i emyn adnabyddus 'Dyma gariad fel y moroedd', traethiadol ddiawen yw ei brydyddiaeth bron i gyd. Y mae ei ryddiaith, at ei gilydd, yn llawer mwy byw a dychmyglon.

Dau brif hynodrwydd Gwilym Hiraethog oedd ei ddiwydrwydd anhygoel a'i ddyfalwch o blaid cyfiawnder cymdeithasol. Yr oedd yn bwysicach ganddo fod yn fardd nag yn ysgrifennwr rhyddiaith. Ysywaeth, yr oedd safon barddoniaeth Gymraeg y cyfnod mor isel fel na allodd ddysgu beth sy'n farddoniaeth a beth nad yw. Heddiw ei ryddiaith storïol a newyddiadurol yw ei gyfraniad ef i lenyddiaeth Gymraeg. Bu'n olygydd *Yr *Amserau*, wythnosolyn Rhyddfrydol dylanwadol, o 1843 hyd 1859, ac yn gyfres yn y papur hwnnw y cyhoeddodd *Llythyrau 'Rhen Ffarmwr* (1878). Ei waith storïol nesaf yn *Yr Amserau* (1852) oedd *Aelwyd F'Ewythr Robert*, addasiad o waith Harriet Beecher Stowe, *Uncle Tom's Cabin* (1851), a daeth y cyfaddasiad â sefyllfa'r caethion yn America yn fyw iawn i ddarllenwyr y papur. Ymysg yr achosion Radicalaidd eraill a bleidiai Hiraethog yr oedd mudiadau cenedlaethol ar y Cyfandir; cyfarfu â Garibaldi, a bu'n gohebu ag ef, a chefnogodd frwydr Kossuth yn Hwngaria. Ceisiodd ysgrifennu nofel, *Helyntion Bywyd Hen Deiliwr* (1877), a fyddai hefyd yn ddogfen gymdeithasol bwysig, a chyhoeddodd ddrama, *Y Dydd Hwnnw*, a nifer o lyfrau

crefyddol. Ef oedd y cyntaf i'w anrhydeddu â Medal y *Cymmrodorion, ond bu farw cyn ei derbyn.

Ceir manylion pellach mewn erthygl gan J. Cadvan Davies yn *Y Geninen* (cyf. xxv, 1907), a rhagymadrodd Dafydd Jenkins i'w argraffiad o *Helyntion Bywyd Hen Deiliwr* (1940); gweler hefyd Ioan Williams, *Capel a Chomin* (1989).

Rees, William (1808–73), argraffwr a chyhoeddwr, brodor o'r Tonn, ger Llanymddyfri, Caerf., lle yn 1829 y sefydlodd wasg a ddaeth yn un o'r rhai mwyaf nodedig yng Nghymru. Yma yr argraffwyd y cylchgronau *Y Cylchgrawn* (1834–35), ac *Yr *Haul*, yn ogystal â thair cyfrol o *The *Mabinogion* (1838–49) Charlotte *Guest, cyhoeddiadau'r *Welsh Manuscripts Society* a llu o deitlau pwysig eraill. Cedwir *Llawysgrifau Tonn* yn Llyfrgell Ganolog Caerdydd.

REES, WILLIAM (1887–1978), hanesydd a aned yn Aberysgir, Brych., a faged ym Melin Abercynrig ger Aberhonddu, ac a addysgwyd yng Ngholeg y Brifysgol, Caerdydd. Fe'i penodwyd yn ddarlithydd yno yn 1920 a chyhoeddodd ffrwyth ymchwil a wnaethai dros gyfnod o ddeng mlynedd yn Llundain yn *South Wales and the March 1284–1415: a Social and Agrarian Study* (1924). Amlygwyd ei ddiddordeb mewn daearyddiaeth hanesyddol yn *The Making of Europe* (1919), ac aeth ymlaen i gynhyrchu ei fap unigryw *South Wales and the Border in the Fourteenth Century* (1933), ei waith mwyaf arwyddocaol a rhagflaenydd ei *An Historical Atlas of Wales* (1951). Yn 1930 fe'i penodwyd yn Athro Hanes Cymru yng Nghaerdydd ac yn 1935 derbyniodd gyfrifoldeb am yr Adran Hanes yn ogystal; bu yn y ddwy swydd hyd ei ymddeoliad yn 1953. Yr oedd yn ŵr darbodus, amyneddgar a diflino ac ef oedd yr olaf o'r genhedlaeth gyntaf o haneswyr mawr Cymru. Golygodd *Survey of the Duchy of Lancaster Lordships* (1953), cyhoeddodd ei ddwy gyfrol sylweddol iawn *Industry before the Industrial Revolution* (1968), pan oedd dros bedwar ugain oed, ac mor ddiweddar â 1975 golygodd a gwnaeth nodiadau i'r *Calendar of Ancient Petitions relating to Wales*, cyfrol a gyflwynodd i'w wraig ar achlysur eu priodas ddiamwnt. Ysgrifennodd hefyd *A History of Cardiff* (1962) ac *A History of the Order of St. John of Jerusalem in Wales* (1947).

Ceir teyrnged i William Rees gan Gwynedd O. Pierce yn *Cylchgrawn Hanes Cymru* (cyf. ix, rhif. 4, 1979); gweler hefyd *An Address presented to William Rees by the Brecknock Society* (1968) sy'n cynnwys traethawd hir gan Ceri W. Lewis a llyfryddiaeth gyflawn.

REES, WILLIAM JENKINS (1772–1855), hynafiaethydd ac offeiriad; fe'i ganed yn Llanymddyfri, Caerf., a'i addysgu yng Ngholeg Wadham, Rhydychen. Daliodd guradaethau yn swydd Henffordd a bu'n ficer Casgob a Llanddewi-yn-Heiob, Maesd. Daeth yn Brebendari Coleg Crist, Aberhonddu, yn 1820, ond parhaodd i fyw yng Nghasgob hyd ddiwedd ei oes. Cedwir ei weithiau cyhoeddedig a'i ohebiaeth sylweddol yn Llyfrgell Ganolog Caerdydd. Yr oedd yn un o'r *Hen Bersoniaid Llengar a chynorthwyodd i adfywio'r *Eisteddfod a Chymdeithas y *Cymmrodorion, a bu'n weithgar gyda'r *Welsh Manuscripts Society. Gorffennodd a chyhoeddodd fersiwn ei nai, Rice Rees (1804–39), o'r Liber Landavensis (1840; gweler o dan LLANDAF), ynghyd â'i gyfrol ef ei hun, The Lives of the Cambro-British Saints (1853), y ddau waith fel ei gilydd yn ddiffygiol.

Ceir manylion pellach mewn pedair erthygl gan Mary Ellis yn Nhrafodion Cymdeithas Hanes Sir Faesyfed (1969–72); gweler hefyd Bedwyr Lewis Jones, Yr Hen Bersoniaid Llengar (1963).

REESE, WILLIAM HERBERT (1908–97), bardd a aned ym Mlaenau Ffestiniog, Meir.; derbyniodd addysg elfennol ac uwch-elfennol yn lleol a bu'n gweithio wedyn fel prentis saer ac yn y chwarel. Ar ôl priodi ddiwedd y 1930au symudodd i gynefin ei wraig yn swydd Durham, ac yno y bu tan iddo ddychwelyd i Flaenau yn 1974. Yr oedd W. H. Reese yn un o'r beirdd ifainc a geisiai hybu'r defnydd o'r wers rydd yn y Gymraeg yn ystod y 1930au a'r 1940au, a hynny dan ddylanwad beirdd Saesneg fel Auden, Spender, Eliot a Pound. Cafodd ei annog gan fardd ifanc arall, Gwilym R. *Jones, golygydd Y *Brython, ac fe'i gwahoddwyd gan Aneirin Talfan *Davies i gyfrannu i'r cylchgrawn *Heddiw. Er na chyfarfu'r ddau erioed arweiniodd hyn at gyhoeddi cyfrol ar y cyd gan Aneirin ap Talfan ac W. H. Reese, sef Y Ddau Lais (1937). Cyhoeddodd gyfieithiadau o waith Ezra Pound a cheisiodd ddefnyddio'r wers rydd i ymateb mewn cywair cyfoes i ddigwyddiadau'r dydd fel y rhyfel yn Sbaen a'r Ail Ryfel Byd. Cyhoeddodd ddwy gyfrol yn ystod y rhyfel, sef Medi'r Corwynt (1943) a Cerddi Olaf (1944), pamffledyn a argraffwyd gan yr awdur. Bu'n dawel wedyn fel bardd tan iddo ddychwelyd i Gymru, lluniodd gyfres o gerddi rhwng 1974 ac 1982, a'u cynnwys, ynghyd â hunangofiant byr a detholiad o'i gyfrolau cynnar, yn y gyfrol Y Llais yn Ôl (1982).

RENAN, ERNEST (1823–92), athronydd, awdur ac Orientalydd. Fe'i ganed yn Tréguier yn Llydaw, a chafodd ei hyfforddi ar gyfer yr offeiriadaeth, ond cefnodd ar Gristnogaeth uniongred yn ddiweddarach, fel y dengys ei waith enwocaf La Vie de Jésus (1863). Datblygir ei ddamcaniaethau am nodweddion cyffredin y pobloedd Celtaidd yn ei Essai sur la Poésie des Races Celtiques (1854; arg. diwyg., 1859). Arolwg ydyw o gyfieithiadau a oedd newydd eu cyhoeddi o'r Gymraeg a'r Llydaweg, a rhoddir y sylw pennaf i The *Mabinogion (1849) Charlotte *Guest, ac i weithiau La *Villemarqué, ond hefyd ymdrinnir â bucheddau'r saint Cymreig, Llydewig a Gwyddelig. Dylanwadodd astudiaeth Renan ar Matthew *Arnold, a welodd ynddi y tair nodwedd arbennig y tybiai eu bod i'w canfod yn llenyddiaethau'r cenhedloedd Celtaidd. Ysgrifennai Renan yn bennaf am

y Llydawiaid a adnabu yn ei blentyndod, ond bwriadai i'w ddaliadau gael eu cymhwyso at y Gwyddelod, yr Albanwyr a'r Cymry hefyd. Yn ei farn ef, natur swil, fewnblyg oedd i'r Celtiaid ac yr oeddynt yn ddiffygiol mewn gweithgarwch politicaidd, yn tueddu i dderbyn tynged, ac ymladd dros achosion coll, ac eto gwelai sensitifrwydd yn y natur Geltaidd, ac ymdeimlad dwfn o fyd natur a chreaduriaid byw, fel y gwelid yn Llydaw yng nghwlt y fforestydd, y nentydd a'r ffynhonnau. Pwysleisiodd y berthynas waed glòs a welir ymhlith y cenhedloedd Celtaidd oll, eu tuedd i edrych yn ôl, a'u ffyddlondeb i'r gorffennol ac i goffadwriaeth eu meirw. Disgrifiodd y Mabinogion fel 'mynegiant gwir yr athrylith Geltaidd', ac ynghyd â'r chwedlau am *Arthur, dyma darddle holl greadigaethau rhamantaidd y ddeuddegfed ganrif, a 'newidiodd gyfeiriad y dychymyg Ewropeaidd'. Er gwaethaf bygythiad y gwareiddiad diwydiannol modern, credai Renan â sicrwydd fod y cenhedloedd Celtaidd 'heb ddweud eu gair olaf eto', a bod ganddynt gyfraniad aeddfed ac unigryw pellach i'w wneud i fywyd a diwylliant Ewrop.

Ceir testunau traethodau Renan yn H. Psichari, Œuvres complètes de Ernest Renan, tome II, Essais de morale et de critique (1948), y cyfieithiadau gan W. G. Hutchinson, Poetry of the Celtic Races and Other Essays by Ernest Renan (1896) ac R. M. Galand, L'âme celtique de Renan (1959).

Rendel, Stuart (1834–1913), gwleidydd a dyngarwr. Fe'i ganed yn Plymouth a'i addysgu yng Ngholeg Oriel, Rhydychen. Aeth i'r Senedd fel aelod Rhyddfrydol dros sir Drefaldwyn yn 1880, gan dorri ar draws yr oruchafiaeth Geidwadol yn y sir honno a oedd wedi parhau am fwy na phedwar ugain mlynedd. Yn fuan wedyn daeth yn arweinydd ar yr Aelodau Seneddol Cymreig ac adwaenid ef fel 'Yr Aelod dros Gymru'. Yr oedd yn gyfaill agos i W. E. Gladstone, a mynegai ddiddordeb byw mewn materion Cymreig, yn arbennig addysg a *Datgysylltu'r Eglwys. I Rendel y mae'r rhan fwyaf o'r diolch am y derbyniad a gafodd Deddf Addysg 1889 a roes i'r cynghorau sir yr hawl i godi treth ddimai a chyfrifoldeb ar y Llywodraeth i gyfrannu swm cyffelyb at bwrpas datblygu system addysg uwchradd. Erbyn 1902 sylfaenwyd pymtheg a phedwar ugain o ysgolion canolraddol dan arolygiaeth y Bwrdd Canol Cymreig a grewyd yn 1896. Bu'n noddwr i Goleg Prifysgol Cymru, Aberystwyth, ac enwyd y Gadair Saesneg yno ar ei ôl; hefyd cyflwynodd dir ar Ben-glais, Aberystwyth, ar gyfer safle *Llyfrgell Genedlaethol Cymru.

Revue Celtique (llyth. 'Yr arolwg Celtaidd'), y cyntaf o'r cyfnodolion enwog yn myd Astudiaethau Celtaidd. Fe'i sefydlwyd yn 1870 ym Mharis gan Henri Gaidoz, Athro Daearyddiaeth ac Ethnoleg yn yr École des Sciences Politiques. Ei amcan oedd cyhoeddi erthyglau ar bob agwedd ar ysgolheictod Celtaidd. Yn 1886 olynwyd Gaidoz yn yr olygyddiaeth gan H. d'Arbois de Jubainville ac fe'i holynwyd yntau yn ei dro gan Joseph *Loth, gydag Ernault, Dottin, Joseph *Vendryes a Sjoestedt-Jonval yn gyd-weithwyr iddo dros y blynyddoedd. Ar ôl gyrfa ddisglair o bedair blynedd a thrigain, daeth y *Revue* i ben gyda marw Loth yn 1936, a chychwynnwyd ar *Études Celtiques*.

REYNOLDS, IDRIS (1942–), bardd a aned ger y Post-mawr, Cer. Treuliodd gyfnod yng Ngholeg Prifysgol Cymru, Aberystwyth, cyn gadael i weithio fel llyfrgellydd teithiol gyda Llyfrgell Ceredigion. Gadawodd i ddilyn cwrs yng Ngholeg Llyfrgellwyr Cymru, Aberystwyth, a bu ers hynny yn aelod o staff llyfrgell Prifysgol Cymru, Llanbedr Pont Steffan. Magwyd Idris Reynolds ar aelwyd lengar: cyhoeddwyd cyfrol o farddoniaeth, *Y Border Bach* (1986) gan ei fam, Elizabeth Reynolds, a chyhoeddodd brawd ei fam, y *bardd gwlad J. Lloyd Jones, hefyd gyfrol o gerddi, *Grawn y Grynnau* (1984). Dysgodd y cynganeddion yn un o ddosbarthiadau nos Roy *Stephens, ac enillodd *Gadair yr Eisteddfod Genedlaethol yn fuan iawn ar ôl iddo feistroli'r cynganeddion, yn 1989. Fe'i henillodd hi eilwaith yn 1992, a chyhoeddwyd cyfrol o'i gerddi, *Ar Lan y Môr . . .* yn 1994. Er mai themâu traddodiadol y canu caeth yw ei ddeunydd, y mae'n delynegol ei gywair ac yn gryn feistr ar fesur yr *englyn.

REYNOLDS, OLIVER (1957–), bardd a aned ac a faged yng Nghaerdydd. Ar ôl graddio mewn Drama ym Mhrifysgol Hull, dychwelodd i Gymru a gweithio yn y theatr. Yn 1985 enillodd Wobr Ryngwladol Arvon am gerdd o'r enw 'Rorschach Writing'. Bu'n llenor-preswyl ym Mhrifysgolion Caer-grawnt, Glasgow ac Ystrad Clud. Cyhoeddodd dair cyfrol o farddoniaeth: *Skevington's Daughter* (1985), *The Player Queen's Wife* (1978), a *The Oslo Tram* (1991).

Y mae dwy gyfrol gyntaf Reynolds yn cynnwys nifer o gerddi sy'n seiliedig ar hanesion neu weithgareddau hanesyddol, sy'n aml yn hoelio sylw, fel yn '*Victoriana*' a '*Cold War*', ar eiliadau o drais sy'n dramateiddio creulondeb pŵer sefydliadol neu genedlaethol ac effeithiau yr eiliadau hynny ar y rhai hynny sy'n dioddef y trais neu'n cydsynio ag ef. Y mae ei safbwynt – er y gellid ei alw yn wrth-imperialaidd – weithiau'n cyfuno claearwch sy'n anesmwytho ag ymdeimlad o atyniadau pŵer. Y mae diddordeb Reynolds yn y berthynas rhwng y gorffennol a'r presennol hefyd yn cwmpasu anhawster gwarchod hunaniaeth bersonol yn wyneb teimlad cynyddol o chwalfa a diffyg gwreiddiau. Y mae ail ran *Skevington's Daughter* yn astudiaeth, mewn cyfres o gerddi am ffotograffiaeth, o golled o'r fath ac yn un o'i gampau ceinaf. Yn yr un gyfrol ceir cyfres o gerddi ac iddynt deitlau Cymraeg sy'n creu tyndra dramatig rhwng euogrwydd ieithyddol, tynfa'r trefol, a manteision yr uniad â Lloegr.

Yn *The Oslo Tram* hefyd ceir cerddi sy'n canol-bwyntio ar adegau o drais sefydliadol yn y gorffennol. Y mae hefyd yn cynnwys monologau dramatig, ffurf a fu'n hoff ganddo erioed. Yn y drydedd gyfrol hon daeth y cerddi yn fwy cymhleth yn ddeallusol, efallai'n fwy llwm, yn fwy anial. Y mae'r nodwedd hon yn amlwg mewn dwy gerdd am Gaerdydd: '*Necropolis*', y mae ei theitl yn siarad drosto'i hun, a '*DTs on Oliver's Island*', gyda'i chyfeiriadau at Dylan *Thomas. Y mae'r gyfrol yn nodedig hefyd gan fod y testun wedi ei unioni ag ymyl dde'r tudalennau, a dieithrwch hynny'n gorfodi gwrthrychedd ac felly ymwybyddiaeth fanylach o rythmau a diweddebau llinellau.

Yn '*On Entering the Aviary*', cerdd ffraeth am ei gyfoedion, gesyd Reynolds ei hun rhwng John *Ormond a Dannie *Abse sef, fe ymddengys, rhwng dau begwn gwrthgyferbyniol Cymreictod. Safbwynt y Cymro trefol sydd ganddo, ac y mae'n ymwrthod ag ymlyniad emosiynol dilyffethair, ac yn ofalus ffraeth a delwddrylliol. Perthyn yn ogystal i brif ffrwd llenyddiaeth Saesneg: y mae ei gysylltiad clòs â Craig Raine, ei olygydd yng ngwasg Faber, yn amlwg yn ei ddeallusoldeb a'i hoffter o drosiadau Martian. Y mae felly'n codi cwestiynau am le llên Saesneg Cymru o fewn llenyddiaeth Saesneg. Er y gall ei glaearwch ar adegau ymddangos yn rhy rwydd, y mae ei gefndir a'i ymdeimlad barddonol ôl-fodernaidd yn ei wneud yn un o lenorion mwyaf diddorol ei genhedlaeth (ac un sy'n parhau'n addawol).

Am fanylion pellach gweler Linden Peach, *Ancestral Lines* (1993), *The Bright Field* (gol. Meic Stephens, 1991) a'r erthygl gan Linden Peach, 'The Martians' Disciple' yn *The New Welsh Review* (rhif. 6, cyf. II, Hydref 1989).

Ricemarchus, gweler RHYGYFARCH (1056?–99).

RICHARD, EDWARD (1714–77), bardd ac ysgolhaig a aned ac a fagwyd yn Ystradmeurig, Cer. Cafodd wersi mewn Groeg a Lladin gan ei frawd, Abraham, cyn mynd i Ysgol Ramadeg y Frenhines Elisabeth yng Nghaerfyrddin. Dychwelodd i Ystradmeurig tua 1735 i gadw ysgol a phentref a daeth nifer o'i ddisgyblion, megis David *Richards (Dafydd Ionawr) ac Evan *Evans (Ieuan Brydydd Hir), yn adnabyddus yn y byd llenyddol Cymraeg. Dywed Owen M. *Edwards yn un o'i ysgrifau i Richard unwaith gau ei ysgol am flwyddyn gron oherwydd fod ei gydwybod yn mynnu ei fod yn dysgu rhagor er mwyn bod yn athro teilwng. Dyrnaid o'i gerddi yn unig sydd gennym, sef dwy fugeilgerdd, dwy gân am Bontrhydfendigaid yn y traddodiad gwerinol, un emyn, cyfieithiad o faled John Gay, ' 'Twas when the seas were roaring', a'r englynion adnabyddus '*In Sepulchrum Infantoli*'. Heddiw cofir ef am ei ddwy fugeilgerdd. Cyfansoddwyd y gyntaf tua 1765 ar achlysur marwolaeth ei fam; ynddi mae nodyn o dristwch aruchel. Yn yr ail, a gyfansoddwyd yn 1776, cyfunwyd y personol a'r cymdeithasol mewn ffordd ddeniadol iawn.

Ceir manylion pellach yn *Gwaith Edward Richard* (gol. O. M. Edwards, 1912), a'r traethawd gan John Gwilym Jones yn *Gwŷr Llên y Ddeunawfed Ganrif* (gol. Dyfnallt Morgan, 1966); gweler hefyd gyfraniad Aneirin Lewis i *Ysgrifau Beirniadol X* (gol. J. E. Caerwyn Williams, 1977).

Richard, Henry (1812–88), diwygiwr gwleidyddol a delfrydwr, a aned yn Nhregaron, Cer. Bu'n weinidog gyda'r Annibynwyr yn Llundain o 1835 i 1850 a daeth i amlygrwydd yn 1848 fel Ysgrifennydd y Gymdeithas Heddwch. Yn y swydd honno daeth 'Yr Apostol Heddwch', fel yr adweinid ef yng Nghymru, yn gyfeillgar â Cobden, teithiodd gryn lawer yn Ewrop, a bu'n weithgar iawn yn ceisio hyrwyddo'r egwyddor o gyflafareddiad mewn anghydfod rhyngwladol. Yn Etholiad Seneddol 1868 fe'i dychwelwyd yn Aelod Rhyddfrydol dros Ferthyr Tudful a rhoes hyn lais i *Anghydffurfiaeth Gymreig yn Nhŷ'r Cyffredin am y tro cyntaf. Er iddo dreulio blynyddoedd lawer yn Lloegr amlygodd ddiddordeb byw mewn addysg yng Nghymru, *Pwnc y Tir, *Datgysylltu'r Eglwys a'r *Iaith Gymraeg, a hefyd mewn cyflwyno achos Cymru i gynulleidfa ehangach. Am y rhesymau hyn fe'i hadweinid yn y cylchoedd gwleidyddol fel 'Yr Aelod dros Gymru' (ond gweler hefyd RENDEL, STUART).

Ysgrifennai Richard yn rymus a chlir yn y ddwy iaith, er yn bennaf yn Saesneg, fel y tystia'r pamffledi niferus, *Letters on the Social and Political Condition of Wales* (1866), a'r dyddiaduron o'i ymweliadau â'r Cyfandir. Er nad oedd yn wleidydd o'r radd flaenaf yr oedd yn uchel ei barch, a chyfrannodd hynny'n sylweddol at ddelwedd *Radicaliaeth Anghydffurfiol Cymru. Ac er nad oedd ei gyfraniad ymarferol yn y meysydd cymdeithasol a rhyngwladol yn y pen draw yn un mawr iawn, tyfodd rhyw ramant anghyffredin o amgylch ei enw a barhaodd am flynyddoedd ymhlith y Cymry Cymraeg.

Ceir manylion pellach yn Charles S. Miall, *Henry Richard M.P.* (1889), ac Eleazar Roberts, *Bywyd a Gwaith y diweddar Henry Richard* (1907) a Carey Jones, *Gyrfa'r Gŵr o Dregaron* (1988); gweler hefyd y cyfeiriadau yn Ieuan Gwynedd Jones, *Explorations and Explanations* (1981) a'i bennod yn *Cof Cenedl III* (gol. Geraint H. Jenkins, 1988).

RICHARDS, ALUN (1929–), awdur storïau byrion, nofelydd a dramodydd a aned ym Mhontypridd, Morg., ac a addysgwyd yng Ngholeg Hyfforddi Mynwy, Caerllion a Choleg y Brifysgol Abertawe. Gweithiodd fel swyddog prawf, athro, morwr yn y Llynges Frenhinol, a darlithydd prifysgol i oedolion, a bu'n Awdur Preswyl ym Mhrifysgol Griffith, Awstralia, a Phrifysgol Western Australia. Enillodd Gymrodoriaeth Sefydliad Siapaneaidd yn 1984 a threuliodd y flwyddyn ddilynol fel Cymrawd er Anrhydedd yng Ngholeg y Brifysgol, Abertawe.

Y mae wedi cyhoeddi chwe nofel: *The Elephant You Gave Me* (1963), *The Home Patch* (1966), *A Woman of*

Experience (1969), *Home to an Empty House* (1973), *Ennal's Point* (1977) a *Barque Whisper* (1979). Ei ddau gasgliad o storïau byrion yw: *Dai Country* (1973) a *The Former Miss Merthyr Tydfil* (1976); cyhoeddwyd ei *Selected Stories* yn 1995. Ymysg ei lyfrau eraill y mae cyfrol o'i ddramâu llwyfan, *Plays for Players* (1975); *A Touch of Glory* (1980), ei astudiaeth o *rygbi Cymru; cofiant i Carwyn James, y chwaraewr a hyfforddwr rygbi rhyngwladol; a *Days of Absence* (1986), cyfrol gyntaf ei hunangofiant. Ef oedd golygydd *The Penguin Book of Welsh Short Stories* (1976), *The New Penguin Book of Welsh Short Stories* (1993) a dau gasgliad o storïau am y môr.

Y mae gwaith llenyddol Alun Richards yn ymrannu'n ddau fath. Gellid galw'r math cyntaf yn waith lled 'fasnachol', ac y mae'n cynnwys gwaith ar gyfer y radio a'r teledu (ysgrifennodd lawer rhaglen nodwedd a drama, gan gynnwys sawl pennod o'r gyfres deledu boblogaidd *The Onedin Line*), ei lyfrau ar rygbi, a'i ddwy nofel am Abertawe arforol: *Ennal's Point*, am fad achub a Mwmbwls a ddaeth yn enwog fel cyfres deledu, a *Barque Whisper* (1979), nofel a osodwyd yn y bedwaredd ganrif ar bymtheg.

Yr ail fath yw'r gwaith sy'n mynnu astudiaeth ddifrifol, yn arbennig ei ddwy gyfrol o storïau byrion, y nofel *Home to an Empty House*, a'i gyfrol o hunangofiant. Y mae'r ffuglen yn ennill lle iddo fel prif groniclydd dirywiad bywyd cymoedd de Cymru yn ystod y cyfnod wedi'r rhyfel hyd at ganol y 1970au. Y mae ei weledigaeth yn un ddoniol, nad oes ynddi le i sentimentaleiddiwch. Wrth iddo ddarlunio bywyd y cymoedd a'i rygbi, ei gystadlaethau harddwch, teledu, anfoesoldeb, tor-priodas, mudoledd cymdeithasol a thensiynau'r uchelgais dosbarth-canol a grëir yng nghanol hyn oll, ynghyd â chwestiwn yr iaith, y mae nid yn unig yn chwilota am fath arbennig o 'Gymreictod y cymoedd' ond hefyd yn dyrchafu ei werth yn erbyn pob ymgais i stereoteipio cenedligrwydd yn nhermau gorffennol hanesyddol arbennig a'r gallu i siarad Cymraeg. Y mae'n bosibl nad yw Richards yn llwyddo i osgoi stereoteipio ei hun yn llwyr, a byddai rhai'n dadlau nad yw'n meddu ar adnoddau ieithyddol llenor o'r rheng flaenaf. Ond gellir datgan yn ddiamod ei fod yn y tair cyfrol hyn o ffuglen o'r 1970au, ac yn ei hunangofiant cyfareddol sy'n adrodd hanes ei fagwraeth yn y Bontypridd Saesneg ei hiaith, yn codi cwestiynau ynglŷn â chymhlethdod Cymru fodern sy'n dal i fynnu sylw difrifol.

Cyfrannodd Alun Richards ysgrif hunangofiannol i *Artists in Wales* (gol. Meic Stephens, 1971). Gweler hefyd Glyn Jones, *Profiles* (1980); Shaun McCarthy, 'Home from the Sea: Tradition and Innovation in the Novels of Alun Richards' yn *The Anglo-Welsh Review* (rhif. 78, 1985); Dai Smith, 'A Novel History' yn *Wales: The Imagined Nation* (gol. Tony Curtis, 1986); M. Wynn Thomas, *Internal Difference* (1992); a Tony Bianchi, 'Aztecs in Troedrhiwgwair: Recent Fictions in Wales' yn *Peripheral Visions* (gol. Ian A Bell, 1995). Am lyfryddiaeth gyflawn gweler John Harris, *A Bibliographical Guide to Twenty-four Modern Anglo-Welsh Writers* (1994).

RICHARDS, BRINLEY (1904–81), bardd. Fe'i ganed yng Nghwm Llynfi, Morg., ac yno y treuliodd ei oes fel cyfreithiwr. Enillodd y *Gadair yn Eisteddfod Genedlaethol 1951 am ei awdl 'Y Dyffryn' ac o 1972 hyd 1974 bu Brinli yn Archdderwydd. Casglodd ei farddoniaeth yn *Cerddi'r Dyffryn* (1967); cyhoeddodd hefyd gofiant i Edgar *Phillips, *Cofiant Trefin* (1961), cyfrol o ysgrifau, *Hamddena* (1972), llyfr er profi dilysrwydd hanes Wil Hopcyn ac Ann *Maddocks (1977), a'r gyfrol *History of the Llynfi Valley* (1982), a gyhoeddwyd wedi ei farw. Ni ellir dibynnu ar ei astudiaeth *Golwg Newydd ar Iolo Morganwg* (1979).

Ceir detholiad o'i ysgrifau a'i gerddi, ynghyd â llyfryddiaeth ac erthyglau amdano gan rai o'i gyfeillion mewn cyfrol goffa, *Brinli: Cyfreithiwr, Bardd, Archdderwydd* (gol. Huw Walters a W. Rhys Nicholas, 1984).

Richards, Ceri (1903–71), arlunydd, a aned yn Nyfnant, Abertawe. Gwelwyd dylanwad Matisse ar ei waith cynnar ond yn 1936 ymunodd â Grŵp Swrealaidd Prydain. Ymhlith y gweithiau a enillodd iddo enwogrwydd rhyngwladol fel un o arlunwyr Prydeinig pwysicaf yr ugeinfed ganrif yr oedd cyfres o ddarluniau a ysbrydolwyd gan farddoniaeth Dylan *Thomas a Vernon *Watkins.

Ceir astudiaeth o'r berthynas rhwng gwaith Ceri Richards a barddoniaeth Dylan Thomas yn Richard Burns, *Keys to Transformation* (1981).

RICHARDS, DAVID (Dafydd Ionawr; 1751–1827), bardd, a aned ger Tywyn, Meir., ac a addysgwyd yn Ysgol Edward *Richard, Ystradmeurig. Bu'n athro ysgol mewn sawl man, gan orffen ei yrfa yn Nolgellau. Y mae ei ganu bron i gyd yn ysgrythurol ac ar *gynghanedd. Y mae ei 'Cywydd y Drindod' (1793), yn un o'r cerddi hwyaf yn y Gymraeg a dyna'i hunig arbenigrwydd. Cyhoeddodd y gweithiau a ganlyn: *Y Mil-Blynyddau* (1799), *Gwaith Prydyddawl* (1803), *Joseph, Llywodraethwr yr Aipht* (1809), *Barddoniaeth Gristianogawl* (1815) a *Cywydd y Diluw* (1821). Golygwyd casgliad o'i weithiau gan Morris *Williams (Nicander) yn 1851.

RICHARDS, MELVILLE (1910–73), ysgolhaig, a aned yn Ffair-fach, Llandeilo, Caerf., ac a addysgwyd yng Ngholeg y Brifysgol Abertawe. Bwriodd weddill ei brentisiaeth yn astudio Hen Wyddeleg yn Nulyn ac Indo-Ewropeg ym Mharis cyn dychwelyd i Abertawe yn 1936 yn ddarlithydd. Erbyn hynny yr oedd wedi cyhoeddi *Llawlyfr Hen Wyddeleg* ar gyfer myfyrwyr. Symudodd i Brifysgol Lerpwl yn 1948 yn Ddarlithydd ac yna'n Ddarllenydd yn gofalu am yr Adran Gelteg. Yna yn 1965 fe'i penodwyd yn Athro'r Gymraeg ym Mangor. Cystrawen y Gymraeg yn yr Oesoedd Canol oedd ei faes ymchwil cyntaf. Yn ddiweddarach daeth i ymddiddori fwyfwy yn hanes a sefydliadau'r gymdeithas a ddefnyddiai'r iaith honno, ac arweiniodd hynny ef at

destunau *Cyfraith Hywel ac at dystiolaeth enwau personol. Cyhoeddodd *Cystrawen y Frawddeg Gymraeg* (1938), testun *Breuddwyd Rhonabwy* (1948), cyfieithiad Saesneg o un o'r llyfrau cyfraith (1954) a thestun o un arall (1957), a'r gyfrol *Welsh Administrative and Territorial Units: Medieval and Modern* (1969). Bwriadai lunio geiriadur hanesyddol o enwau lleoedd yng Nghymru, ond bu farw cyn llwyddo i grynhoi ei gasgliad enfawr – a gedwir yn awr yn Llyfrgell Prifysgol Cymru, Bangor – yn onomasticon. Cyhoeddodd hefyd stori sbïwyr, *Y Gelyn Mewnol* (1946), yn tynnu ar ei brofiad yng Ngwasanaeth Cudd y fyddin yn ystod blynyddoedd yr Ail Ryfel Byd.

Ceir manylion pellach yn yr erthygl goffa gan Idris Ll. Foster yn *Studia Celtica* (cyf. x/xı, 1975–76).

RICHARDS, RICHARD (*fl.* 1838–68), bardd a newyddiadurwr; brodor o ardal Croesoswallt, o bosibl Llanymynech, Tfn., ydoedd. Tua 1854 symudodd i Fangor yn newyddiadurwr gyda'r *North Wales Chronicle*. Cyfrannodd i'r papur, dros nifer o flynyddoedd, ddau gasgliad o lythyrau, un oddi wrth '*A Welsh Girl*' a'r llall wedi ei lofnodi '*Old Mountaineer*'. Yr oeddynt yn ysgafn a lled-ddychanol ac yn wrth-Ymneilltuol (*Anghydffurfiaeth), ond yn ddigon blaengar o ran pynciau masnachol a thechnegol. Yr oedd yr ail gasgliad yn amlwg yn ymateb Eglwyswr, yn Saesneg, i *Llythurau 'Rhen Ffarmwr* (1846–52 yn *Yr *Amserau*), gan Gwilym Hiraethog (William *Rees). Yn ardaloedd Croesoswallt a Wrecsam yn unig y bu cylchrediad ei gyfrol o farddoniaeth (1854); argraffwyd yn yr ail, *Miscellaneous Poems and Pen-and-Ink Sketches* (1868), detholiad o'r farddoniaeth a'r llythyrau, ynghyd â hanesion mwy uniongyrchol am olygfeydd, chwareli llechi a mentrau rheilffyrdd. Y mae'r rhyddiaith yn fywiog ar brydiau ac y mae'r farddoniaeth yn llithrig, yn gywir ac yn gonfensiynol.

RICHARDS, THOMAS (1878–1962), hanesydd ac ysgrifwr, a aned ger Tal-y-bont, Cer., ac a addysgwyd yng Ngholeg Prifysgol Gogledd Cymru, Bangor. Dechreuodd ei yrfa fel athro Hanes mewn ysgol, ond yn 1926 penodwyd ef yn Llyfrgellydd ei hen Goleg, swydd y bu ynddi nes iddo ymddeol yn 1946. Ef, trwy barhau'r gwaith o gasglu a chatalogio llyfrau a chylchgronau a ddechreuasid gan Thomas *Shankland, a wnaeth lyfrgell y Coleg yn un o ganolfannau pwysicaf dysg yng Nghymru. Yr oedd yn awdur wyth llyfr, gan gynnwys *A History of the Puritan Movement in Wales, 1639–53* (1920), *Religious Developments in Wales, 1654–62* (1923), *Wales under the Penal Code 1662–87* (1925), *Wales under the Indulgence, 1672–75* (1928) a *Cymru a'r Uchel Gomisiwn* (1929). Y mae ei ddwy gyfrol hunangofiannol, *Atgofion Cardi* (1960) a *Rhagor o Atgofion Cardi* (1963), ynghyd â'i ysgrifau a'i sgyrsiau radio yn *Rhwng y Silffoedd* (1978), gyda'r deunydd darllen bywiocaf yn y Gymraeg.

RICHARDS, THOMAS (1883–1958), bardd. Fe'i ganed yn Nhrawsfynydd, Meir., a bu'n gweithio yng ngwaith aur Gwynfynydd cyn ymfudo i'r Amerig; ond wedi iddo ddychwelyd, ymgartrefodd yn Llanfrothen. Yng nghwmni prydyddwyr cymdeithasgar y cylch datblygodd yn englynwr ac enillodd wobrau yn yr *Eisteddfod Genedlaethol. Fe'i cofir yn bennaf am ei englyn i'r ci defaid a hwn a roddodd y teitl i'w unig gasgliad o'i waith, *Y Ci Defaid a Cherddi Eraill* (1964).

RICHARDS, THOMAS (1909–), dramodydd, brodor o Dywyn, Meir., ydyw. Bu'n gweithio fel newyddiadurwr o 1927 hyd 1942, yn gyntaf gyda'r *Cambrian News* yn Aberystwyth, ac wedyn gyda'r *Western Mail. O 1945 hyd nes iddo ymddeol yn 1969, bu'n gweithio i'r BBC; ef oedd prif swyddog y BBC yn Abertawe. Y mae ei ddramâu yn cynnwys *Y Carnifal* (1939), *Y Cymro Cyffredin* (1960), *Eisteddfa Gwatwarwyr* (1982) ac *Mi Glywaf Dyner Lais* (1982). Megis unig nofel Tom Richards, *Mae'r Oll yn Gysegredig* (1966), y mae ei ddramâu yn ddychanol, ac ymhlith y doniolaf a luniwyd yn y Gymraeg ers yr Ail Ryfel Byd.

RICHARDS, WILLIAM (Alfa; 1875–1931), bardd toreithiog ei awen a brodor o Glydach, Cwm Tawe. Yr oedd ei dad, Enoch Richards, yn fardd a adnabyddid fel Perllannog. Aeth y mab i'r lofa yn ifanc ond denwyd ef, fel cymaint o'i gyfoeswyr, i fyd diwylliant y capeli. Cafodd addysg yn Ysgol y Gwynfryn, Rhydaman, cadarnle i'r Blaid Lafur Annibynnol yr adeg honno, a Choleg y Brifysgol, Caerdydd. Ordeiniwyd ef gyda'r Annibynwyr yng Nghaerffili yn 1900; troes wedyn yn Undodwr, a bu'n gofalu am Gapel y Graig, Pontardawe, cyn troi yn ôl at yr Annibynwyr, i ofalu am gapel Hebron, Brynaman, o 1917 hyd ei farw.

Cyhoeddodd ddwy gyfrol o farddoniaeth, *Blodau'r Groes* (1907) a *Clychau'r Wawr* (1910), a llyfryn *Marwnad Dafydd Lewis Edmwnd* (1918). Yn hanes llenyddiaeth Gymraeg y mae iddo arbenigrwydd fel un o'r beirdd a uniaethodd ei hunan gyda'r Mudiad Llafur. Ni feddai ar y dicter a'r gwawd a geir ym marddoniaeth T. E. *Nicholas, ond yfodd Alfa yn drwm o ddiwinyddiaeth R. J. Campbell, a fu'n gyfrwng argyhoeddi llawer o fechgyn ifainc capeli cymoedd y de o berthnasedd *Sosialaeth i'w bywydau wedi Diwygiad 1904/05. Bu darnau o'i bryddest 'Urddas Llafur', a gyhoeddwyd yn *Y *Geninen* yn 1913, ar dafod leferydd Sosialwyr ifainc fel James *Griffiths, a'i frawd David Rees Griffiths (Amanwy).

Y mae i Alfa hynodrwydd arall, fel un o gystadleuwyr mwyaf brwdfrydig eisteddfodau'r de. Yn ôl T. J. *Morgan, ef a ddaliai 'record y byd' am nifer y cadeiriau eisteddfodol a ddaeth i'r Mans: dros gant a hanner ohonynt, a'r olaf ychydig ddyddiau cyn ei farw.

Ceir cyfeiriadau pellach yn T. J. Morgan, *Diwylliant Gwerin ac Ysgrifau Eraill* (1972) a Huw Walters, *Canu'r Pwll a'r Pulpud:*

Portread o'r Diwylliant Barddol Cymraeg yn Nyffryn Aman (1987); gweler hefyd Gerallt Richards, 'Alfa – bardd a enillodd goedwig o gadeiriau' yn y *South Wales Evening Post* (18 Hyd. 1975).

RICHARDS, WILLIAM LESLIE (1916–89), bardd a nofelydd a aned yng Nghapel Isaac, ger Llandeilo, Caerf., a'i addysgu yng Ngholeg Prifysgol Cymru, Aberystwyth. Ysgolfeistr ydoedd ac yr oedd yn Ddirprwy Brifathro Ysgol Gyfun Llandeilo o 1975 nes iddo ymddeol yn 1981. Yr oedd yn awdur nifer o nofelau yn cynnwys, *Yr Etifeddion* (1956), *Llanw a Thrai* (1958) a *Cynffon o Wellt* (1960), a phum cyfrol o gerddi, sef *Telyn Teilo* (1957), *Bro a Bryniau* (1963), *Dail yr Hydref* (1968), *Adlodd* (1973) a *Cerddi'r Cyfnos* (1986). Golygodd waith Dafydd Llwyd o Fathafarn (*Dafydd Llwyd ap Llywelyn ap Gruffudd), a chyda D. H. Culpitt cyhoeddodd gyfrol am D. J. *Williams, *Y Cawr o Rydcymerau* (1970).

Ceir manylion pellach yn *Cofio W. Leslie Richards* (gol. Eleri Davies, 1996).

River Out of Eden (1951), nofel gan Jack *Jones am dwf Caerdydd. Ynddi olrheinir hanes teulu Dan Regan, labrwr o Wyddel a ymsefydlodd yn y wlad hon. Gyda'r cynnydd yng nghyfoeth a phwysigrwydd y ddinas ffynna teulu Regan, ac ŵyr Dan yw Tirso, yr Arglwydd Pantmawr oedrannus sy'n agor a chloi y nofel.

ROBERT AB IFAN neu **ROBERT AB IEUAN** neu **ROBERT IFANS** (*fl.* 1572–1603), bardd ac uchelwr o Frynsiencyn, Môn. Cyfansoddodd ei gerddi'n bennaf wedi ail Eisteddfod *Caerwys (1567) a thrigai ym Môn a sir Ddinbych. Ei waith mwyaf diddorol yw'r cyfresi o englynion o'i eiddo, megis y rhai a gyfansoddwyd ar achlysur daeargryn ar 26 Chwefror 1575. Gwnaeth gopi iddo'i hun o gynnwys gramadeg y beirdd (1587) ac ar yr un pryd ysgrifennodd hanes *Cyfundrefn y Beirdd a thystio i'r amarch cynyddol a ddioddefai beirdd proffesiynol ei gyfnod ef.

Gweler D. H. E. Roberts, 'Rhai o'r Beirdd a Ganai rhwng dwy Eisteddfod Caerwys', ym *Mwletin* y Bwrdd Gwybodau Celtaidd (cyf. xxiv, 1970).

Robert ab Gwilym Ddu, gweler WILLIAMS, ROBERT (1766–1850).

Robert ap Huw (1580–1665), cerddor, o ach *Tuduriaid Penmynydd. Telynor i'r Brenin Iago I ydoedd, ac awdur neu gopïydd llawysgrif gerddorol ryfeddol sydd erbyn hyn yn y Llyfrgell Brydeinig, ac sy'n cynnwys bron y cyfan a feddwn o gerddoriaeth Gymreig i'r delyn yn ystod yr Oesoedd Canol. Y mae'n dyddio o tua 1613 ond fe'i copïwyd, yn rhannol o leiaf, o lawysgrif arall a oedd yn eiddo i'r bardd Wiliam Penllyn (*fl.* 1550–70). Yn y llawysgrif ceir darnau ar gyfer y delyn; ymddengys fod rhai ohonynt i'w defnyddio yn gyfeiliant i ganu neu adrodd. Bu astudio dwfn a manwl ar y llawysgrif, a adwaenir hefyd fel Llawysgrif Penllyn, er canol y ddeunawfed ganrif, ond methiant, hyd yn hyn, fu pob ymdrech i drosglwyddo'r gerddoriaeth i nodiant cyfoes. Golygwyd y llawysgrif gan Henry Lewis yn 1936. Ceir hanes bywyd Robert ap Huw gan Dafydd Wyn Wiliam (1975) ond gweler hefyd Osian Ellis, *Hanes y Delyn yng Nghymru* (1980).

ROBERT, GRUFFYDD (cyn 1532–wedi 1598), dyneiddiwr, gramadegydd, a phencampwr cyntaf rhyddiaith Ciceronaidd yn yr iaith Gymraeg. Brodor ydoedd o Lŷn neu *Eifionydd efallai; fe'i haddysgwyd yn Eglwys Grist, Rhydychen, gan raddio'n M.A., ei urddo'n offeiriad a'i benodi'n Archddiacon Môn yn 1558. Ymfudodd i gyfandir Ewrop wedi i'r Ddeddf Oruchafiaeth a'r Ddeddf Unffurfiaeth ddod i fodolaeth yn y flwyddyn ddilynol. Wedi cyfnod yn Brabant gyda'i noddwr, Morys *Clynnog, cyrhaeddodd Rufain yng ngwanwyn 1563 a'r flwyddyn wedyn cafodd ei benodi'n gaplan yn Ysbyty'r Pererinion. Erbyn 1567 yr oedd wedi symud i Milan, lle y bu am weddill ei oes yn Ganon Ddiwinydd yn y Duomo ac yn gyffeswr i'r Archesgob, y Cardinal (y Sant yn ddiweddarach) Carlo Borromeo, Cadeirydd Cyngor Trent, gan drigo yn Llys yr Archesgob. Borromeo oedd arweinydd y mudiad i ddiwygio'r Eglwys ac ef oedd yn gyfrifol am ddwyn allan *Catechismus Romanus* yn 1566. Yr oedd ef hefyd yn gefnogwr ymroddedig i'r *Dadeni Dysg, ac yn un o gyfarfodydd y Cyngor gwnaed datganiad bod dysgeidiaeth Aristoteles ar faterion dyneiddiol yr un mor awdurdodol ag uniongrededd yr Eglwys Babyddol. Fe'i cafodd Gruffydd Robert ei hun ar aelwyd un o brif wrthddiwygwyr y dyneiddwyr y cyfnod. Cyhoeddwyd rhan gyntaf Gramadeg Cymraeg Gruffydd Robert, *Dosbarth Byrr ar y rhann gyntaf i ramadeg Cymraeg* (1567) ym Milan a'r tebygrwydd yw i'r rhannau eraill gael eu cyfansoddi wedi marwolaeth Borromeo yn 1584. A bwrw mai Gruffydd Robert oedd y 'Dr Griffith' a fu'n gyffeswr mewn lleiandy ym Milan yn 1605, goroesodd i'r ail ganrif ar bymtheg ond nid yw'n sicr mai'r un ydyw; gwyddys iddo weithredu fel sensor eglwysig yno yn 1598.

Athrawiaeth gyson gan aelodau blaenllaw y ddyneiddiaeth gynhenid Eidalaidd oedd yr un a faentumiai y gellid dyrchafu iaith frodorol yr awduron i'r un urddas â'r ieithoedd llenyddol mawr a rhoi iddynt yr un *genres* ag a oedd eisoes yn eiddo i'r ieithoedd clasurol. Dyma sylfaen *Gramadeg Cymraeg* Gruffydd Robert. Yr un fath â'r *Prose della volgar lingua* gan Bembo, trafodaeth ydyw ar iaith yr awdur ei hun, a fwrïedir i annog ei gyfoeswyr dysgedig i ddatblygu eu gallu llenyddol cudd eu hunain, a dangos iddynt gystal cyfrwng llenydda y gallai fod. Cynigiodd Gramadeg Gruffydd Robert i awduron eraill fodd i berffeithio eu harddull; ac eto, yr un fath â Bembo, ysgrifennir ef mewn modd mor feistrolgar nes peri iddo ddyfu'n glasur y llenyddiaeth yr oedd yn ceisio

ei hyrwyddo. Yn wahanol i Bembo, fodd bynnag, dengys Gruffydd Robert fwy o barch i'r iaith lafar. Gall hyn ddeillio o ddylanwad Tolomei ac ieithegwyr eraill o Siena; bu mewn cysylltiad gyda'r rhain, o bosib, trwy Siôn Dafydd *Rhys. Yn sicr yr oedd ei ddiddordeb mewn diwygio *orgraff yn awgrymu gwybodaeth o'u gwaith, ond nid orgraff yn unig. Byddai'n rhaid benthyca ac addasu geiriau, yn enwedig o'r Lladin, a rhoddir cyfarwyddiadau manwl ar y cyfnewidiadau hanfodol. Prin yw ei gyfeiriadau at gystrawen y Gymraeg, a hynny, meddai, am fod ei chystrawen yn ddiogel. Y mae'r Gramadeg yn cynnwys trafodaeth ar fydrau Cymraeg a blodeugerdd fer o farddoniaeth Gymraeg, a dilynir hynny gan ei drosiad o ran o *De senectute* Cicero. Yma, yn yr un modd ag yn y Gramadeg ei hun, rhydd batrwm yn Gymraeg o ryddiaith Ciceronaidd. Bwriadai ei Ramadeg i gynorthwyo'r rhai a fyddai'n ymgymryd â'r dasg hanfodol o gyfieithu testunau clasurol i'r Gymraeg, oherwydd, meddai, prin y gellid disgwyl i'r Cymry gynhyrchu gweithiau athronyddol tebyg. Yn y modd hwn, felly, y cyflwynodd i lenyddiaeth Gymraeg athrawiaethau llenyddol ac arddull a edmygid gan brif awduron y Dadeni Eidalaidd. Yn 1568 golygodd gyfieithiad Cymraeg Morys Clynnog o *De Doctrina Christiana*, Ioannes Polanco, gan ychwanegu rhagair a hwylio'r llyfryn drwy'r wasg yn ninas Milan.

Golygwyd Gramadeg Gruffydd Robert a lluniwyd rhagymadrodd iddo gan G. J. Williams (1939). Ceir manylion pellach o'i fywyd a'i waith yn D. Rhys Phillips (1922), *Dr. Griffith Robert: Canon of Milan* (1922); gweler hefyd Saunders Lewis, *Ysgrifau Dydd Mercher* (1943) ac erthygl gan T. Gwynfor Griffiths, 'Italian Humanism and Welsh Prose' yn *Yorkshire Celtic Studies* (cyf. vi, 1953–58) a chan yr awdur, *Avventure Linguistiche del Cinquecento* (1961).

ROBERTS, ABSALOM (1780?–1864), bardd o Drefriw, Caern.; crydd crwydrol ydoedd a ymsefydlodd yn Eglwys-bach, Dinb., ac yn ddiweddarach yn Llanrwst. Ymhyfrydai mewn casglu *Hen Benillion a chyhoeddodd ddetholiad, *Lloches Mwyneidd-dra* (1845). Y mae dylanwad arddull y penillion telyn yn drwm ar ei gerddi ef ei hunan fel y tystia'r gerdd 'Trawsfynydd' a gyhoeddwyd gan W. J. *Gruffydd yn *Y Flodeugerdd Gymraeg* (1931).

ROBERTS, ALAN LLOYD, gweler Llwyd, Alan (1948–).

Roberts, Bartholomew (**Barti Ddu** neu **Black Bart**; 1682?–1722), morwr o sir Benfro. Yr oedd yn ail fêt ar y *Princess* yn 1718 pan gymerwyd hi gan fôr-leidr o Gymro, Howel Davis (Hywel Dafydd). Pan fu farw Davis daeth Roberts yn gapten yn ei le ac enillodd gryn enwogrwydd fel môr-leidr ym môr y Caribî nes yr ymosododd Llynges Frenhinol Prydain ar ei long, y *Royal Fortune*, gerllaw Cape Lopez, a'i ladd ef yn y frwydr. Y mae Barti Ddu, 'y morwr tal â'r chwerthiniad iach', yn destun baled adnabyddus gan I. D. *Hooson.

ROBERTS, BRYNLEY FRANCIS (1931–), ysgolhaig; brodor o Aberdâr, Morg., ydyw a addysgwyd yng Ngholeg Prifysgol Cymru, Aberystwyth. Bu'n Ddarlithydd yn Adran y Gymraeg yn ei hen Goleg cyn cael ei benodi'n Athro'r Gymraeg yng Ngholeg y Brifysgol Abertawe yn 1978. Ei brif faes yw rhyddiaith Gymraeg yr Oesoedd Canol ac adlewyrchir hyn yn ei gyhoeddiadau, sy'n cynnwys *Gwassanaeth Meir* (1961), *Brut y Brenhinedd* (1971), *Cyfranc Lludd a Llefelys* (1975) a *Brut Tysilio* (1980). Amlygir meysydd eraill ei ddiddordebau yn *Edward *Lhuyd, the Making of a Scientist* (1980), ac astudiaeth o *Gerald de Barri (Gerallt Gymro) yn y gyfres *Writers of Wales* (1982). Golygodd hefyd *Gerald of Wales: Itinerarium Kambriae* (1989) a chyhoeddodd *Studies in Middle Welsh Literature* (1992). Y mae'n olygydd atodiad 1951–70 o *Y Bywgraffiadur Cymreig* (1997), ac yn gadeirydd *Cymdeithas Bob Owen a *Chymdeithas Emynau Cymru. Fe'i penodwyd yn Llyfrgellydd y *Llyfrgell Genedlaethol yn 1985; ymddeolodd yn 1994.

Ceir llyfryddiaeth o waith Brynley F. Roberts yn *Ysgrifau Beirniadol XXII* (gol. J. E. Caerwyn Williams, 1997).

Roberts, Caradog (1878–1935), cerddor. Fe'i ganed yn Rhosllannerchrugog, Dinb.; bu'n brentis i saer, ond o'i ddyddiau cynnar ymroes i astudio cerddoriaeth, a graddiodd ym Mhrifysgol Rhydychen yn 1905. Bu'n boblogaidd iawn fel organydd, beirniad ac arweinydd ac ef a olygodd lyfrau emynau'r Annibynwyr, *Y Caniedydd Cynulleidfaol Newydd* (1921) a *Caniedydd Newydd yr Ysgol Sul* (1930). Cyfansoddodd nifer o emyn-donau a'r enwocaf efallai yw *'Rachie'.

ROBERTS, DAVID (Dewi Havhesp; 1831–84), englynwr a gafodd ei enw barddol o'r nant ger ei gartref yn Llanfor ger Y Bala, Meir. Teiliwr ydoedd wrth ei alwedigaeth a threuliodd y rhan orau o'i oes yn Llandderfel. Prawf o'i boblogrwydd yw'r ffaith fod ei gasgliad *Oriau'r Awen* (1876) wedi cyrraedd trydydd argraffiad. Pedwar englyn yn unig o'i eiddo sydd yn *Y Flodeugerdd Englynion* (1978), oherwydd cytunai'r golygydd Alan *Llwyd â Gwenallt (David James *Jones) fod Dewi Havhesp, fel Trebor Mai (Robert *Williams), wedi bod yn gyfrifol am lurgunio'r englyn trwy boblogeiddio'r arfer o lunio'r llinell olaf yn gyntaf.

ROBERTS, EDWARD (Iorwerth Glan Aled; 1819–67), bardd, brodor o Lansannan, Dinb., gweinidog gyda'r *Bedyddwyr yn Lerpwl a Rhymni, Myn., a bu'n cadw siop yn Rhuddlan a Dinbych. Yr oedd ei fryd ar lunio *arwrgerdd Feiblaidd hafal i *Paradise Lost* (1667) Milton. Fodd bynnag, y mae ei bryddestau 'Y Twr' a 'Palestina' (1851), fel yr ymdrechion eraill i feistroli'r *genre* yn Gymraeg, yn hirwyntog ac yn ddiffygiol. Cyhoeddwyd *Gwaith Barddonol Iorwerth Glan Aled* (1890) gan ei nai, Edward Jones, a golygodd

Gwenallt (David James *Jones) ddetholiad o'i gerddi byrion ar gyfer y gyfres *Llyfrau Deunaw* (1955).

Ceir manylion pellach mewn erthygl gan Derwyn Jones yn *Nhrafodion* Cymdeithas Hanes Bedyddwyr Cymru (1956, 1957).

ROBERTS, EIGRA LEWIS (1939–), nofelydd a dramodydd. Fe'i ganed ym Mlaenau Ffestiniog, Meir., a'i haddysgu yng Ngholeg Prifysgol Gogledd Cymru, Bangor. Bu'n dysgu am gyfnod cyn ymroi i fod yn awdur llawn-amser, ac y mae'n byw yn Nolwyddelan, Caern. Daeth i amlygrwydd gyntaf gyda'i nofel *Brynhyfryd* (1959) a ganmolwyd fel ymateb merch ifanc i'r bwlch rhwng y cenedlaethau yng Nghymru wedi'r Ail Ryfel Byd. Bu'n dilyn y thema hon a themâu tebyg, gan ganolbwyntio'n bennaf ar broblemau pob dydd yr unigolyn a'i berthynas ag eraill, a hynny'n arbennig o safbwynt y ferch. Gwnaeth hyn mewn dwy nofel arall, *Tŷ ar y Graig* (1966) a *Digon i'r Diwrnod* (1974), ac mewn sawl cyfrol o storïau byrion, yn cynnwys *Y Drych Creulon* (1968), *Cudynnau* (1970) ac *Fe Ddaw Eto* (1976). Troes hefyd at ysgrifennu rhaglenni ysgolion i'r BBC, dramâu radio, llwyfan a theledu. Enillodd *Fedal Ryddiaith yr *Eisteddfod Genedlaethol yn 1965 ac 1968. Ysgrifennodd gyfrol, *Siwgwr a Sbeis* (1975), sy'n cynnwys casgliad o ysgrifau ar hanes merched enwog o Gymru, a drama, *Byd o Amser* (1976), yn seiliedig ar fywyd Ann *Griffiths. Hon oedd y ddrama a enillodd y Tlws Drama yn Eisteddfod Genedlaethol 1974. Cyhoeddodd gyfrol, *Plentyn yr Haul* (1981), sy'n rhoi stori bywyd Katherine Mansfield, a golygodd gyfrol ar Dilys *Cadwaladr dan ei teitl *Merch yr Oriau Mawr* (1981); cyfrannodd ysgrif ar Kate *Roberts i'r gyfres *Llên y Llenor* (1994). Gwelodd rai beirniaid ddylanwad Kate Roberts ar ei gweithiau cynnar, a hynny'n bennaf oherwydd ei bod yn ferch ac yn perthyn i gefndir chwarelyddol. Ond sylweddolwyd ei bod yn perthyn i genhedlaeth iau ac o'r herwydd yn dangos agwedd meddwl tra gwahanol a phan gyhoeddwyd ei nofel *Mis o Fehefin* (1980), gwelwyd bod yma awdur annibynnol ac aeddfed a haeddai le ymysg nofelwyr blaenaf ei chyfnod. Ymddangosodd pumed nofel, *Ha' Bach*, yn 1985, a chasgliad o storïau byrion, *Cymer a Fynnot*, yn 1988. Y mae hefyd wedi cyfieithu dyddiadur Anne Frank i'r Gymraeg (1996). Yn ystod y blynyddoedd diwethaf y mae hi wedi ysgrifennu llawer ar gyfer y *radio, y teledu a'r *sinema, gan gynnwys nifer helaeth o benodau i'r cyfresi *Pobol y Cwm a Minafon, a'r sgript i *O.M.* (1990), ffilm am O. M. *Edwards. Y mae ei gwaith sylweddol wedi ennill i Eigra Lewis Roberts yr enw o fod ymhlith y llenorion mwyaf cynhyrchiol a disglair yn y Gymraeg heddiw.

Ceir manylion pellach mewn erthygl, 'Words that Burn', yn *The Powys Review* (rhif. 4, 1984), ac ynddi mae'r awdur yn trafod ei gwaith ei hun.

ROBERTS, ELEAZAR (1825–1912), awdur a

cherddor. Fe'i ganed ym Mhwllheli, Caern., ond cafodd ei fagu yn Lerpwl ac yn dair ar ddeg oed aeth i weithio mewn swyddi clerigol yn y byd cyfreithiol. Ef oedd arloeswr system y Tonic Sol-ffa yng Nghymru a chyhoeddodd nifer o werslyfrau yn Gymraeg at ddefnydd dosbarthiadau cerddorol. Ysgrifennodd hefyd nofel Saesneg, *Owen Rees* (1894), sydd yn nodedig am y darlun a geir ynddi o fywyd a chymdeithas *Cymry Lerpwl ar ei hanterth.

ROBERTS, ELIS (Y Cowper; m. 1789), bardd gwlad ac awdur *anterliwtiau, a hanai o'r Bala, Meir. Bu'n byw yn Llanddoged, Dinb., a chowper ydoedd wrth ei alwedigaeth. Er bod beirniadaeth gymdeithasol yn ei anterliwt *Pedwar Chwarter y Flwyddyn* (1787), materion moesol oedd ei brif ddiddordeb; stori alegorïol sydd yn *Gras a Natur* (1769), a chyfansoddiad dramatig yw *Cristion a Drygddyn* (1788), lle y trafodir ymrafaelion crefyddol. Yn *Y Ddau Gyfamod* (1777), ceir beirniadaeth gignoeth ar y Rhyfel dros Annibyniaeth yn America. Er ei ddilorni gan Goronwy *Owen a'r *Morrisiaid, yr oedd mor boblogaidd yn ei gyfnod â Thwm o'r Nant (Thomas *Edwards). Y mae rhai o'i anterliwtiau yn ddifyr iawn ac y maent yn ddrych gwerthfawr o'r cyfnod.

Am ymdriniaeth lawn gweler *Elis y Cowper* gan G. G. Evans (1995).

ROBERTS, ELLIS (Elis Wyn o Wyrfai; 1827–95), bardd a golygydd. Fe'i ganed yn Llandwrog, Caern., aeth i Ysgol Eben Fardd (Ebenezer *Thomas) a bu'n ysgolfeistr cyn mynd yn offeiriad. Pan oedd yn ficer Llangwm yn 1872 gwelodd rai o ysgarmesoedd ffyrnicaf *Rhyfel y Degwm. Bu'n olygydd y cylchgrawn Eglwysig, *Yr *Haul* o 1885 hyd 1895; dangosodd gadernid a chydbwysedd, a chondemniai drais. Y pwysicaf o'i storïau yw *Llan Cwm Awen*, sy'n disgrifio sefyllfa'r Eglwys yn esgobaeth Bangor yn ystod y 1830au. Golygodd *Hymnau yr Eglwys* (1886), sy'n cynnwys rhai o'i emynau a'i gyfieithiadau o emynau Saesneg poblogaidd. Ef hefyd oedd awdur gwaith hanesyddol *Hanes y Cymry* (1853), a'r cerddi 'Awdl y Sabboth' (c.1856), 'Awdl Maes Bosworth' (1858), 'Awdl Fawrnad Ab Ithel' (c.1878), 'Buddugoliaeth y Groes' (1880) a dau waith Saesneg, *The Wreck of the London* (1865) a *The Massacre of the Monks of Bangor Iscoed* (1876). Y mae ei awdlau a'i bryddestau yn mynd yn dreth ar y darllenydd modern ond y mae ganddo beth canu natur swynol.

Am ei nofel *Llan Cwm Awen* gweler Mary Ellis yn *Llên Cymru* (cyf. xvi, rhif. 3, 1990–91).

ROBERTS, EMRYS (1929–), bardd; fe'i ganed yn Lerpwl ond fe'i hanfonwyd ar ddechrau'r Ail Ryfel Byd i fyw ym *Mhenllyn, Meir. Ar ôl ei hyfforddi yn y Coleg Normal ym Mangor bu'n athro ym Môn, Croesoswallt a Maldwyn. Wedi ymddeol, y mae'n byw yn Llanerfyl.

Enillodd *Gadair yr Eisteddfod Genedlaethol yn 1967 ac 1971 a bu'n Archdderwydd *Gorsedd Beirdd Ynys Prydain o 1987 hyd 1990. Cyhoeddodd naw cyfrol o farddoniaeth, *Gwaed y Gwanwyn* (1970), *Lleu* (1974), *Y Gair yn y Glaw* (1978), *Pwerau* (1981), *Pennill o Ddyffryn Banw* (1984), *Gwaith Dy Fysedd* (1987), *Rhaffau* (1992) ac, i blant, *Pwdin Semolina* (1996) a *Loli-pop Lili Puw* (1997). Golygodd *Byd y Beirdd* (1983), detholiad o gynnyrch colofn farddol *Y *Cymro* y bu'n olygydd arni o 1977 hyd 1981. Bardd hydeiml ydyw a brofodd ei feistrolaeth ar y mesurau traddodiadol cyn troi mwyfwy at y wers rydd gynganeddol gan fyfyrio ynddi ar ryfeddod gwyddoniaeth. Yn ogystal â chyhoeddi cyfrol deyrnged i'w dad John Henry *Roberts, *Monallt, Portread o Fardd-gwlad* (1985), lluniodd sawl cyfrol o storïau i blant, *Siani Rhuban* (1973), *Siarc* (1976), *Rhys y Craen* (1977), *Achub* (1982), *Y Trap a Storïau Eraill* (1988) ac *Eric, Arwr yr Eira, a Storïau Eraill* (1993).

Bu Donald Evans yn trafod ei waith mewn cyfres o erthyglau yn *Barddas* rhwng Mehefin 1987 (rhif. 122) a Mai 1988 (rhif. 133) a gellir gweld erthygl y bardd ei hun yn rhif. 151 (Tach. 1989).

ROBERTS, ENID PIERCE (1917–), ysgolhaig a aned yn Llangadfan, Tfn., ac a gafodd ei haddysg yng Ngholeg Prifysgol Gogledd Cymru, Bangor. Bu am rai blynyddoedd yn athrawes ysgol, ac yna yn 1946 fe'i penodwyd yn Ddarlithydd yn yr Adran Gymraeg yn ei hen Goleg, ac yno y bu nes ymddeol. Ysgrifennodd yn helaeth yn arbennig i *Drafodion Cymdeithas Hanes Sir Ddinbych ar fywyd cymdeithasol uchelwyr Cymreig yn yr unfed ganrif ar bymtheg a'r ail ganrif ar bymtheg, ac ar rai o'u beirdd, fel Wiliam *Cynwal a *Dafydd Llwyd ap Llywelyn ap Gruffudd o Fathafarn. Ymhlith ei chyhoeddiadau eraill y mae hunangofiant Gweirydd ap Rhys (Robert John *Pryse) a gyhoeddwyd yn 1949 a *Braslun o Hanes Llên Powys* (1965). Y mae ei hargraffiad o waith *Siôn Tudur (1980) yn gampwaith gorchestol ac yn batrwm o olygu hyddysg a doeth. Ers iddi ymddeol yn 1978 y mae wedi gwneud llawer o waith i'r Eglwys yng Nghymru.

Roberts, Evan (1878–1951), efengylwr ac arweinydd Diwygiad 1904–05. Ar ôl gweithio mewn glofa a chael ei brentisio i of, dechreuodd ymbaratoi am y weinidogaeth gyda'r Methodistiaid Calfinaidd. Cafodd brofiad crefyddol angerddol ym Mlaenannerch yn 1904 a daeth yn ganolbwynt tywalltiad ysbrydol yn ei eglwys gartref, Moriah, Casllwchwr, Morg. Ymledodd y diwygiad yn syfrdanol yng nghymoedd Morgannwg, yn Lerpwl ac yng ngogledd Cymru cyn i'r frwdaniaeth gilio yng ngaeaf 1905–06; daeth ei weithgareddau gan mwyaf i ben pan dorrodd ei iechyd. Nid un o'r deallusion mohono nac areithydd ychwaith, a chafodd ei feirniadu'n llym am orbwyslais ar dröedigaethau gordeimladus. Yn wahanol i lawer o ddiwygwyr crefydol, ni chwenychai na golud nac enwogrwydd, a pherchir ei enw o hyd yng nghylchoedd Efengylaidd Cymru. Gweler hefyd WITHERED ROOT (1927).

Ceir manylion pellach yn D. M. Phillips, *Evan Roberts, the Great Welsh Revivalist, and his Work* (1923) ac *Evan Roberts a'i Waith* (1924); C. R. Williams, '*The Welsh Religious Revival 1904–5*' yn *The British Journal of Sociology* (1952); Sidney Evans a Gomer M. Roberts (gol.), *Cyfrol Goffa Diwygiad 1904–1905* (1954), Eifion Evans, *The Welsh Revival of 1904* (1969), R. Tudur Jones, *Ffydd ac Argyfwng Cenedl* (2 gyf., 1981, 1982), a J. Edwin Orr, *The Flaming Tongue* (1973).

ROBERTS, GLYN (1904–62), hanesydd, a aned ym Mangor a'i addysgu yng Ngholeg Prifysgol Gogledd Cymru yn y dref honno. Daeth yn Gofrestrydd yno yn 1946 a phenodwyd ef i Gadair Hanes Cymru i olynu R. T. *Jenkins yn 1949. Dangosodd allu arbennig fel gweinyddwr a gwasanaethodd ar nifer o gyrff cyhoeddus yn ymwneud â henebion yng Nghymru. Cyhoeddodd astudiaeth o dwf dinesig Abertawe yn 1940 a chyfrannodd bennod ar wleidyddiaeth sir Gaerfyrddin yn ail gyfrol J. E. *Lloyd ar hanes y sir honno a ymddangosodd yn 1939. Ymddiddorodd yng nghyfnod y *Tuduriaid ac yn arbennig yn yr Oesoedd Canol diweddar, a bu ei astudiaeth a'i ddadansoddiad trylwyr o dwf teulu Penmynydd, Môn, yn enghraifft nodedig o'i allu i drafod gwreiddiau cymdeithasol yr uchelwyr; a bu'n ymchwilio i'r berthynas rhwng y Cymry a'r Saeson wedi 1284. Astudiodd hefyd gynnwys barddoniaeth y cywyddwyr yn fanwl yn y cyfnodau cyn canrif y Tuduriaid, a thrwy hynny cyfrannodd yn sylweddol at ddealltwriaeth yr hanesydd o seiliau'r gymdeithas ac o'r ymdeimlad cenedlaethol yng Nghymru. Casglwyd cyfraniadau pwysicaf Glyn Roberts ynghyd mewn un gyfrol, sef *Aspects of Welsh History* (1969) a olygwyd gan A. H. Dodd a J. G. Williams. Cyhoeddwyd teyrnged i Glyn Roberts gan A. M. Dodd yn *Cylchgrawn Hanes Cymru* (cyf. I, rhif. 4, 1963).

ROBERTS, GOMER MORGAN (1904–93), gweinidog a hanesydd, a aned yn Llandybïe, Caerf.; aeth i'r lofa pan oedd yn dair ar ddeg oed. Cafodd ei addysg mewn dosbarthiadau nos ac enillodd ysgoloriaeth i Fircroft, un o Golegau Selly Oak yn Birmingham, yna cwblhaodd gwrs diwinyddol yng Ngholeg Trefeca, a Choleg Diwinyddol Aberystwyth; fe'i hordeiniwyd yn weinidog gyda'r Methodistiaid Calfinaidd yn 1930. Ysgrifennodd yn helaeth, yn Gymraeg fynychaf, a'i gyfraniadau mwyaf poblogaidd yw ei gyfrol ar Flaenau Morgannwg yn y gyfres *Crwydro Cymru* (1962) a dau gasgliad o ysgrifau, *Cloc y Capel* (1973) a *Crogi Dic Penderyn* (1977). Ymddiddorodd yn fawr mewn emynyddiaeth a hanes cyfundebol, a bu'n golygu *Cylchgrawn Cymdeithas Hanes y Methodistiaid Calfinaidd* o 1948 hyd 1977. Ei brif gyhoeddiadau yw *Hanes Plwyf Llandybïe* (1939), *Bywyd a Gwaith Peter Williams* (1943), *Y Pêr Ganiedydd* (2 gyf., 1949, 1958), *Selected Trevecka Letters, 1747–1794* (2 gyf., 1956, 1962), *Y Can Mlynedd Hyn, 1864–1964* (1964), *Portread o Ddiwygiwr* (1969) a *Hanes*

Methodistiaeth Galfinaidd Cymru (gol., 2 gyf., 1973, 1978). Golygodd hefyd rai o weithiau William *Williams (Pantycelyn).

Ceir llyfryddiaeth lawn o'i weithiau mewn cyfrol deyrnged iddo dan olygyddiaeth J. E. Wynne Davies, *Gwanwyn Duw* (1982).

ROBERTS, GRIFFITH JOHN (1912–69), bardd. Fe'i ganed yn Afon-wen, Caern., a chafodd ei addysg yng Ngholeg Prifysgol Gogledd Cymru, Bangor, a bu'n ddarlithydd yno am gyfnod byr. Bu'n offeiriad yr Eglwys yng Nghymru am weddill ei oes. Enillodd y *Goron yn *Eisteddfod Genedlaethol 1947. Cyfrannodd lawer iawn i gylchgronau Cymru. Cyhoeddodd dair cyfrol o gerddi, sef *Coed Celyddon* (1945), *Cerddi* (1954) ac *Awdl Goffa R. Williams Parry* (1967).

Roberts, John (1576–1610), merthyr Catholig. Fe'i ganed yn Nhrawsfynydd, Meir., a'i addysgu yng Ngholeg Ieuan Sant, Rhydychen, ond troes at *Gatholigiaeth Rufeinig yn ystod ymweliad â Pharis ac ymunodd ag Urdd Sant Benedict yn 1598, gan gymryd yr enw Juan de Mervinia er anrhydedd i'w sir enedigol. Bu'n astudio yn Salamanca, ond wedi'i urddo'n offeiriad yn 1602 ymunodd â'r genhadaeth Saesneg y flwyddyn ganlynol. Yr oedd yn arloeswr a diwygiad Benedictaidd yn Lloegr ac ef oedd prior cyntaf Coleg Sant Gregory, Douai, ac un o'i brif sylfaenwyr. Bu'n gweinidogaethu yn rhai oedd yn dioddef o'r pla yn Llundain yn ystod y blynyddoedd o 1603 hyd 1610. Fe'i restiwyd a'i alltudio sawl gwaith, unwaith yn 1605 oherwydd y tybid bod ganddo gysylltiad â Guto Ffowc, ond cafwyd ef yn euog o deyrnfradwriaeth a dienyddiwyd ef ar 10 Rhagfyr 1610 yn Tyburn. Y noson cyn ei ddienyddio talodd boneddiges o Sbaen o'r enw Luisa de Carvajal am wledd fawr a gynhaliwyd er anrhydedd iddo yng ngharchar Newgate. Canoneiddiwyd John Roberts gan y Pab Pawl VI yn 1970 yn un o *Ddeugain Merthyr Lloegr a Chymru.

ROBERTS, JOHN (Siôn Robert Lewis; 1731–1806), emynydd a lluniwr *almanaciau o Gaergybi, Môn. Cyhoeddodd *Rhai Hymnau* (1760), *Hymnau am Ganiadau* (1764, 1767) a *Caniadau Preswylwyr y Llwch* (1778). Ei bennill enwocaf yw'r un sy'n dechrau, 'Braint, braint yw cael cymdeithas gyda'r saint'. Ymhlith gweithiau eraill cyhoeddodd *Rhyfyddeg neu Arithmetic* (1768), y llyfr cyntaf Cymraeg o'i fath, *Geirlyfr Ysgrythurol* (1773), hwn eto y cyntaf o'i fath yn Gymraeg, ac *Yr Athrofa Rad* (1788), math o silliadur. Cofir amdano'n bennaf am ei almanaciau, a gyhoeddwyd rhwng 1761 a blwyddyn ei farwolaeth.

Gweler 'Almanacwyr Caergybi' yn *Nhrafodion Cymdeithas Hynafiaethwyr a Naturiaethwyr Môn* (1980, 1981, 1984).

ROBERTS, JOHN (J.R.; 1804–84), gweler o dan ROBERTS, SAMUEL (1800–85).

ROBERTS, JOHN (Ieuan Gwyllt; 1822–77), cerddor, golygydd a gweinidog a aned ger Aberystwyth, Cer. Ar ôl gweithio fel clerc ac ysgolfeistr daeth yn isolygydd *Yr *Amserau* yn Lerpwl yn 1852 ac yn olygydd *Y *Gwladgarwr* yn Aberdâr yn 1858. Bu'n weinidog gyda'r Methodistiaid Calfinaidd ym Merthyr Tudful (1859–65) a Llanberis (1865–69). Ymhlith y cylchgronau a sefydlodd yr oedd *Telyn y Plant*, rhagflaenydd *Trysorfa y Plant*, yn 1859, *Y Cerddor Cymreig* yn 1861 a *Cerddor y Tonic Solffa* yn 1869, a bu'n olygydd *Y Goleuad* (1871–72). Yr oedd cyhoeddi ei *Llyfr Tonau Cynulleidfaol* yn 1859 yn garreg filltir yn natblygiad canu cynulleidfaol yng Nghymru a bu ei gasgliad o donau Sankey a Moody gyda geiriau Cymraeg iddynt, *Sŵn y Jiwbili* (1874–78), yn hynod boblogaidd. Ei donau mwyaf adnabyddus ef ei hun yw 'Ardudwy', 'Esther', 'Liverpool' a 'Moab'.

ROBERTS, JOHN (1842–1908), llenor, cyfieithydd a chenhadwr gyda'r Methodistiaid Calfinaidd ym Mryniau Khasia yng ngogledd-ddwyrain India, sydd, yn ôl rhai Khasiaid, yn haeddu ei alw yn 'dad llenyddiaeth Khasia' yn hytrach na Thomas *Jones (1810–49). Fe'i ganed yn fab i saer maen a'i wraig yng Nghorris Uchaf, Meir., ac yn naw oed aeth i weithio yn y chwareli. Yn blentyn, hyd yn oed, coleddai awydd tanbaid i fynd yn genhadwr, ac yr oedd yn ddarllenwr awchus a guddiai lyfrau yn y sedd garreg yr eisteddai arni i hollti llechi. Ar ôl hyfforddi yn Y Bala, a phriodi Sidney Margaret Jones, merch y gweinidog a'r bardd Glan Alun (Thomas Jones, 1811–66), hwyliodd ef a'i wraig i India yn 1871. Aeth ar deithiau pregethu maith a pheryglus yn y Bryniau, rhoddodd gymorth meddygol i filoedd, sefydlodd ysgolion lawer a sylfaenu'r Coleg Diwinyddol yn Cherrapunji, gan ddod yn Brifathro yno. Bu farw yn brwydro yn erbyn yr epidemig mawr o'r geri marwol a ymledodd drwy Cherrapunji yn 1908.

Fel y mwyafrif o genhadon, ymdaflodd Roberts i'r gwaith o lunio testunau crefyddol, gan gyfieithu *The Pilgrim's Progress*, ysgrifennu ugeiniau o emynau a llywio'r cyfieithiad o'r Beibl i'r iaith Khasi trwy'r wasg yn 1891. Ond bu'n fodd hefyd i gyflwyno darllenwyr Khasi i amrywiaeth eang o farddoniaeth, coelion a chwedlau gwerin, diarhebion gwledig a gwybodaeth gyffredinol a oedd yn rhagori ar yr arddull ddidactig, bregethwrol a oedd yn nodweddiadol o lenyddiaeth Khasi yn ei degawdau cynnar; ef hefyd oedd y cyntaf i arbrofi â drama. Yr oedd ei gyfieithiadau yn amrywio o ysgrifau'r *Spectator* a detholion o waith Shakespeare i farddoniaeth Longfellow a '*Casabianca*' poblogaidd Felicia *Hemans. Yr enwocaf o addasiadau John Roberts yw ei fersiwn Khasi o 'Hen Wlad fy Nhadau', '*Ri Khasi*' ('Tir Khasia'), sydd heddiw'n anthem genedlaethol i bobl Khasia.

Am fanylion pellach gweler R. J. Williams, *Y Parchedig John Roberts, D.D., Khassia* (1923) a Nigel Jenkins, *Gwalia in Khasia* (1995).

ROBERTS, JOHN HENRY (Monallt; 1900–91), *bardd gwlad a aned yn Llanberis, Caern., ond a dreuliodd ei blentyndod ym Modedern ym Môn. Gadawodd Fôn am Lerpwl ar ôl iddo golli ei dad yn 1913, a bu'n gweithio mewn warws gotwm yno. Daeth i gysylltiad yn Lerpwl â dau fardd a drigai ac a weithiai yn y ddinas, sef William Morgan (Collwyn) a William Thomas *Edwards (Gwilym Deudraeth), a dysgodd y cynganeddion yng nghwmni'r rhain. Dychwelodd i Gymru ar ddechrau'r 1940au, i osgoi'r bomio ar Lerpwl, ac ymgartrefodd ym Mhenrhyndeudraeth, Meir., gan weithio ar y ffyrdd dan Gyngor Sir Meirionnydd. Enillodd Monallt sawl gwobr eisteddfodol gan gynnwys cadair arian Eisteddfod Caerwys yn 1968. Cyhoeddwyd dwy gyfrol o'i farddoniaeth, *Cerddi Monallt* (1969) a'r ddegfed gyfrol yn *Cyfres Beirdd Bro*, sef *Monallt, Penrhyndeudraeth* (1978). Mab iddo yw Emrys *Roberts, a cheir portread o'r tad gan y mab yn *Monallt, Portread o Farddgwlad* (1985). Yr oedd Monallt yn gynganeddwr cywrain a syber iawn, ac y mae llawer o'i gwpledi a'i englynion yn fythgofiadwy fyw ar gof caredigion llên a barddoniaeth.

ROBERTS, JOHN JOHN (Iolo Carnarvon; 1840–1914), bardd a aned yn Nhir-bach, Llanllyfni, Caern. Addysgwyd ef yng Ngholeg Diwinyddol Y Bala, a bu'n weinidog gyda'r Methodistiaid Calfinaidd yn Nhrefriw, Caern., hyd 1879; wedyn aeth i eglwys y Tabernacl, Porthmadog, ac arhosodd yno nes ymddeol yn 1909. Yr oedd yn enwog fel pregethwr ac areithiwr. Enillodd *Goron yr *Eisteddfod Genedlaethol deirgwaith (1890, 1891, 1892) ac yr oedd ymhlith y llenorion mwyaf toreithiog yn ysgol y *Bardd Newydd. Cyhoeddodd saith llyfr, sef *Oriau yng Ngwlad Hud a Lledrith* (1891), *Ymsonau* (1895), *Myfyrion* (1901), *Breuddwydion y Dydd* (1904), *Cofiannau Cyfiawnion* (1906), *Crefydd a Chymeriad* (1910) a *Cofiant Dr. Owen Thomas* (1912).

ROBERTS, KATE (1891–1985), nofelydd, awdur storïau byrion a gohebydd llenyddol. Cydnabyddir yn gyffredinol mai hi yw'r awdur rhyddiaith mwyaf nodedig yn y Gymraeg yn yr ugeinfed ganrif. Cafodd ei geni a'i magu yn Rhosgadfan, un o bentrefi ardal y chwareli yn sir Gaernarfon pan oedd y diwydiant hwnnw ar ei anterth, yn cyflogi tua dwy fil ar bymtheg o ddynion ac yn cynnal diwylliant a oedd yn gyfan gwbl Gymraeg ei iaith. Yr oedd ganddi afael ar dafodiaith gyfoethog a bywiog trwy gydol ei hoes. Ond cafodd hefyd addysg drwyadl mewn Cymraeg llenyddol, ac astudiodd yng Ngholeg Prifysgol Gogledd Cymru, Bangor, o dan John *Morris-Jones ac Ifor *Williams. Bu'n athrawes Gymraeg wedyn yn Ysgol Ystalyfera, Morg., (1915–17) ac yno bu Gwenallt (David James *Jones) yn ddisgybl iddi, ac yn ysgol Aberdâr, Morg. (1917–28). Yn 1928, priododd â Morris T. Williams, ac wedi cyfnod yng Nghaerdydd a Thonypandy (1929–35) prynodd y ddau Wasg Gee, cyhoeddwyr y papur newydd *Baner ac Amserau Cymru, ac ymgartrefu yn Ninbych. Pan fu farw ei gŵr yn 1946, cynhaliodd Kate Roberts y busnes ar ei phen ei hun am ddeng mlynedd arall. Yn ogystal â chyhoeddi Y Faner cyfrannodd yn gyson at ei cholofnau, gan ysgrifennu erthyglau ar amryw o bynciau, rhai llenyddol, gwleidyddol a rhai ar waith tŷ. Yn ei henaint derbyniodd nifer o anrhydeddau gan *Brifysgol Cymru, Cymdeithas Anrhydeddus y *Cymmrodorion a *Chyngor Celfyddydau Cymru, ac yn 1982 trefnwyd tysteb genedlaethol iddi.

Gellir rhannu gwaith creadigol Kate Roberts yn ddau gyfnod pendant: y mae'r cyntaf yn cynnwys *O Gors y Bryniau (1925), *Deian a Loli (1927), Rhigolau Bywyd (1929), Laura Jones (1930), *Traed Mewn Cyffion (1936) a *Ffair Gaeaf (1937); wedyn bu bwlch o ddeuddeng mlynedd yn ei gwaith creadigol cyn yr ymddangosodd ei llyfrau eraill, *Stryd y Glep (1949), Y *Byw Sy'n Cysgu (1956), *Te yn y Grug (1959), Y *Lôn Wen (1960), *Tywyll Heno (1962), Hyn o Fyd (1964), *Tegwch y Bore (1967), Prynu Dol (1969), Gobaith (1972), Yr Wylan Deg (1976) a Haul a Drycin (1981).

Y mae'n debyg mai colled bersonol a fu'n sbardun iddi yn nau gyfnod ei gwaith creadigol. Yn ôl ei thystiolaeth ei hun y Rhyfel Byd Cyntaf, pan laddwyd un brawd iddi, a phan gollodd brawd arall ei iechyd, a'i gyrrodd yn gyntaf i lenydda, fel rhyw fath o reidrwydd therapiwtig er mwyn cael gwared o'i baich. Y mae ei nofel fer Traed Mewn Cyffion yn ymwneud â theulu o chwarelwyr yn ystod y Rhyfel Byd Cyntaf. Ynddi adlewyrchir dioddefaint arwrol gwerinwyr o Gymry sy'n gweld eu meibion yn gorfod mynd i ryfel sy'n amherthnasol iddynt, a hynny yn ychwanegol at galedi cyffredinol eu bywyd. Ar ddiwedd y nofel penderfyna un o'r prif gymeriadau fod dioddef yn dawel yn waith ofer, a bod yr amser wedi dod i weithredu. Gall hyn awgrymu penderfyniad Kate Roberts ei hun i ddat-blygu'n ohebydd papur newydd ymosodol, ac i ym-ddiddori mewn gwleidyddiaeth. Bu'n aelod o Blaid Genedlaethol Cymru (sef *Plaid Cymru yn ddiwedd-arach) o'i chychwyn cyntaf, gan gyfrannu'n helaeth i bapur newydd y Blaid, Y *Ddraig Goch.

Er mai ychydig iawn o weithiau Kate Roberts sy'n cynnwys themâu cyhoeddus y maent yn adlewyrchu cymdeithas sydd yn ffurfio ac yn aml yn cyfyngu ar fywydau ei phobl. Yn fynych ceir portread o fywyd y cartref o safbwynt profiad gwraig, ond yn ei gwaith cynnar ceir bob amser hefyd sŵn cerddediad y dynion yn mynd ac yn dod o'r chwarel, ac weithiau daw'r newydd am ddamwain yn y chwarel neu hanes marwolaeth araf ar yr aelwyd. Daeth pridd tenau a charegog Arfon yn olygfa ac yn symbol o fywyd caled ond urddasol cymdeithas sy'n byw mewn angen. Er nad oedd yn awdures grefyddol llwyddodd Kate Roberts bob amser i ganfod cryfder diwylliant Piwritanaidd ei

phlentyndod, ac yn fwyaf arbennig, ei ddifrifoldeb dwys wrth wynebu cwestiynau mawr bywyd. Ond llwyddodd hefyd i gyfleu'r drasiedi a ddaw yn sgîl anwybyddu'r emosiwn. Yn un o'i storïau byrion, 'Y Condemniedig', gorwedd chwarelwr mewn cystudd yn ei gartref; o dan bwys ei waith a'i arfer o anwybyddu'r emosiwn (sydd ynddo'i hun yn ymateb i galedi bywyd) ni lwyddodd erioed i lwyr adnabod ei wraig. Ond bellach, y mae ganddo'r hamdden i'w gwylio'n crasu bara, ac i siarad â hi. Yn fuan, â yn rhy wan i wneud hynny hyd yn oed. 'Pan oedd ar fin colli peth, dechreuodd ei fwynhau.' Yn y dywediad hwn gwelir ar raddfa fechan y ffurfioldeb grymus hwnnw sy'n cuddio emosiynedd dwfn, ac sydd mor nodweddiadol o waith Kate Roberts.

Ar ôl marwolaeth ei gŵr yn 1946 dychwelodd at lenydda'n greadigol. Yr oedd gwaith ei blynyddoedd olaf yn aml yn ymwneud â gwragedd neu hen bobl yn byw ar eu pennau eu hunain, mewn cyfnod mwy cysurus yn allanol, ond eto yn methu cael y gynhaliaeth gymdeithasol honno a gafwyd gynt. Daeth llymder y tir a diwylliant Piwritanaidd ei hieuenctid yn rhyw fath o safon fewnol a ddefnyddid ganddi weithiau i feirniadu byd arwynebol y gyfathrach dorfol, y gwyliau tramor a'r ysgariadau hawdd. Ond weithiau yr oedd yn gallu amau'r safonau hyn yn wyneb newidiadau cyfoes. Dywed cymeriad yn un o'i storïau diweddar, sy'n awdur ei hun: 'Yr oedd wedi sgrifennu am bobl a chanddynt asgwrn cefn, a wedi cyrraedd oes pan oedd sliwod yn ceisio dal y byd i fyny: ac eto, yr oedd lle i sliwod mewn bywyd ac mewn llenyddiaeth'.

Gwelir ochr ysgafnach i waith Kate Roberts yn ei llyfrau ar gyfer ac am blant, fel Deian a Loli, Laura Jones a Te yn y Grug. Y mae'r gyfrol olaf yn gampwaith bychan sy'n llwyddo i ddal ffresni plentyndod heb fymryn o ordeimladrwydd ond gyda digon o sylwgarwch cym-deithasol treiddgar. Ond ceir bywiogrwydd arbennig hyd yn oed i'w storïau tywyllaf a ddaeth i raddau helaeth o dyndra ei ffurf a'i harddull ac a adlewyrchodd ei stoïciaeth ddewr. Yn ffurf y stori fer, a oedd yn gweddu cystal i'w doniau arbennig hi, meistri Kate Roberts ydoedd Chekhov, Maupassant, Strindberg a Katherine Mansfield. Gosodir ei defnydd o ddeialog tafodieithol mewn arddull storïol ofalus sy'n cynnal ac yn rheoli'r emosiwn yn effeithiol. Ond mewn paragraff neu ddau wedyn gallai ofyn y cwestiynau dynol mawr hynny a gawn yn aml mewn llenyddiaeth Rwsieg, ond a welir yma yn digwydd mewn cymdeithas Gymraeg ac sy'n perthyn i genhedlaeth neu ddwy yn ôl. Bu Saunders *Lewis ymhlith y cyntaf i werthfawrogi gwaith Kate Roberts, a buont yn ohebwyr cyson am drigain mlynedd, gan drafod bywyd a llenyddiaeth, Cymru a'r Blaid Genedlaethol. Y mae'r casgliad llythyrau a ymddangosodd wedi i'r ddau farw gyda dogfennau llenyddol pwysicaf eu cyfnod.

Gwelir casgliad cynrychioliadol o newyddiaduraeth lenyddol Kate Roberts yn Erthyglau ac Ysgrifau Llenyddol (gol. David

Jenkins, 1978). Ceir astudiaethau beirniadol o'i gwaith yn *Enaid Clwyfus* (1976) gan John Emyr, a monograff yn y gyfres *Writers of Wales* (1974) gan Derec Llwyd Morgan. Gweler hefyd *Kate Roberts: Cyfrol Deyrnged* (gol. Bobi Jones, 1969), *Bro a Bywyd Kate Roberts* (gol. Derec Llwyd Morgan, 1981), *Kate Roberts a'i Gwaith* (gol. Rhydwen Williams, 1983) a'r cyfweliad a gynhwysir yn *Crefft y Stori Fer* (gol. Saunders Lewis, 1949). Casglwyd yr ohebiaeth rhwng Saunders Lewis a Kate Roberts ynghyd yn y gyfrol *Annwyl Kate, Annwyl Saunders – gohebiaeth 1923–1983* (gol. Dafydd Ifans, 1992). Ymhlith y cyfieithiadau i'r Saesneg gellir nodi *The World of Kate Roberts – Selected Stories 1925–91* (cyf. Joseph P. Clancy, 1991), *Feet in Chains* (1977) a *The Living Sleep* (1976).

ROBERTS, LEWIS (1596–1640), marchnatwr ac

awdur. Fe'i ganed i deulu cyfoethog a drigai ym Miwmares, Môn, a gwasanaethodd yng Nghwmni Dwyrain India (daeth yn rheolwr arno yn ddiweddarach) a theithiodd yn eang. Cyfarwyddlyfr i fasnachwyr yw ei lyfr *The Merchantes Mappe of Commerce* (1638), ac y mae'n llawn manylion am ddaearyddiaeth, arian a chynnyrch y gwledydd hynny a oedd yn gyfarwydd iddo. Y mae ynddo hefyd nifer o gerddi gan ei gyfaill Izaak Walton ac eraill gan ei fab Gabriel a oedd yn naw mlwydd oed y flwyddyn y cyhoeddwyd ef. Yn *The Treasure of Trafficke* (1640), dychwelodd Roberts at ddamcaniaeth economi wleidyddol gan annog rheolaeth y Llywodraeth ar fasnach a gwladoli yswiriant.

Ceir manylion pellach mewn erthygl gan G. Milwyn Griffiths, 'A Seventeenth Century Welshman Abroad', yng *Nghylchgrawn Llyfrgell Genedlaethol Cymru* (cyf. XVII, rhif. 4, 1972).

ROBERTS, LYNETTE (1909–95), bardd a aned yn

Buenos Aires i rieni o Gymry a oedd wedi ymfudo i Ariannin o Awstralia; ei henwau bedydd oedd Evelyn Beatrice. Fe'i haddysgwyd yn Ariannin ac yn Lloegr, a phriododd â Keidrych *Rhys yn 1939 ac ymgartrefu yn Llan-y-bri, Caerf.; fe'u hysgarwyd yn 1949. Y mae ei barddoniaeth, a ysgrifennwyd mewn arddull ddiwastraff ac ymholgar, yn enghraifft olaf o arddull Fodernaidd dechrau'r ugeinfed ganrif ac yn enghraifft gyntaf o'r arddull Realaidd Hudol. Ysgrifennwyd y rhan fwyaf o'i cherddi yn ystod yr Ail Ryfel Byd, a tharddant o'i hymuniaethu â Llan-y-bri, lle y darganfu'r bardd drefn naturiol a dynol a gadarnhâi ei gwrthwynebiad i'r rhyfel. Cyhoeddwyd dwy gyfrol o'i gwaith gan T. S. Eliot: *Poems* (1944) a *Gods with Stainless Ears* (1951). Cyhoeddodd Keidrych Rhys ei llyfryn *Village Dialect* (1944), astudiaeth o iaith y pentref, a chyhoeddwyd *The Endeavour*, hanes mordaith ymchwil gyntaf Capten Cook, yn 1954.

Ar ôl ei hysgariad, symudodd Lynnette Roberts i Loegr gyda'i dau blentyn, ond torrodd ei hiechyd a dioddefodd afiechyd meddyliol a chorfforol weddill ei bywyd. Dychwelodd yn 1969 i Lan-y-bri, gan symud rai blynyddoedd yn ddiweddarach i Gaerfyrddin, lle yr ymroddodd i efengylu fel un o Dystion Jehofah. Yr oedd wedi ymwrthod ag ysgrifennu barddoniaeth ers ei

salwch meddwl cyntaf, ond fe'i hetholwyd i'r *Academi Gymreig yn 1984. Bu farw mewn cartref henoed yng Nglanyfferi. Cyhoeddwyd ei *Collected Poems* (gol. John *Pikoulis) yn 1997.

Neilltuwyd rhifyn arbennig o *Poetry Wales* (cyf. XIX, rhif. 2, 1983) iddi, yn cynnwys ei gohebiaeth â Robert Graves, y bu'n ei gynorthwyo pan oedd yn ysgrifennu *The White Goddess*. Ceir ysgrifau eraill arni gan Anthony Conran yn *The Cost of Strangeness* (1982) ac yn *Frontiers in Anglo-Welsh Poetry* (1997), a chan Nigel Wheale yn *The Critical Quarterly* (Hydref 1994) ac yn *Welsh Writing in English* (cyf. III, gol. Tony Brown, 1997). Cyhoeddwyd gohebiaeth hi a Rhys gydag Alun Lewis yn *Wales* (Chwef./Mawrth 1948).

ROBERTS, MARGARET (1833–1919), nofelydd, a

anwyd yng ngogledd Cymru; ni wyddys yr union le. Cymry oedd ei rhieni, ond ar ôl marw ei thad priododd ei mam yr eilwaith â Sais, y Parchedig Henry Latham, a ddaeth wedi hynny yn Feistr Coleg y Drindod, Caergrawnt. Cafodd ei lysferch bob mantais addysgol, a gwnaeth hithau yn fawr o'i chyfle, gan ymddiddori'n arbennig mewn ieithoedd a hanes. Yn annibynnol o ran anian a sefyllfa ariannol, ni phriododd erioed, a bu'n byw am flynyddoedd yn Ffrainc, Yr Almaen a'r Eidal. Ysgrifennodd ei nofel gyntaf, *Mademoiselle Mori*, yn yr iaith Eidaleg, ar ôl ymchwilio ei thestun yn llyfrgell y Fatican yn Rhufain; pwnc y nofel, a gyhoeddwyd yn Saesneg yn 1860, oedd effeithiau tyndra gwleidyddol ar fywydau dinasyddion Rhufain yn ystod cythrwfl 1848–49. Cyhoeddodd, yn ddienw, dros ddeg ar hugain o nofelau wedi hynny, y mwyafrif ohonynt yn ymdrin yn yr un modd â thrafferthion pobl gyffredin wedi eu dal mewn sefyllfaoedd hanesyddol anghyffredin a therfysglyd. Cafodd un nofel o'i heiddo, sydd wedi ei gosod yn Ffrainc yn ystod y *Chwyldro, *The Atelier du Lys, or, An Art Student in the Reign of Terror* (1876), gryn lwyddiant. Defnyddiodd ddyfyniad gan Spinoza fel epigraff i'r nofel: 'Our duty is neither to ridicule the affairs of men, nor to deplore, but simply to understand them', ac y mae'r geiriau yn ddisgrifiad digon teg o'i hymagwedd hithau fel nofelydd. Nid yw byth fel petai'n dewis ochr, ond yn hytrach yn dangos bwriadau da a gwendidau ymhlith gwrthryfelwyr ac aelodau'r sefydliad fel ei gilydd. Ymddengys yr un fath o gydbwysedd diduedd yn ei bywgraffiad o'r Santes Catherine o Sienna (1906), sy'n ymgais i geisio deall byd cythryblus yr Eidal yn gyffredinol yn ystod yr Oesoedd Canol, yn ogystal â deall byd mewnol cymhleth y santes. Yn negawdau olaf ei gyrfa cyhoeddodd nifer o nofelau i blant a merched ieuainc, cyn marw ym Montreux, y Swistir.

Am wybodaeth bellach gweler rhagair Gillian Avery i'r nofelau i blant gan Margaret Roberts a ailgyhoeddwyd o dan y teitlau *Banning and Blessing* (1967) a *Stéphanie's Children* (1969).

ROBERTS, ROBERT (Y Sgolor Mawr; 1834–85),

offeiriad ac ysgolhaig a aned yn Llanddewi, Dinb.; fe'i hordeiniwyd yn offeiriad Anglicanaidd yn 1860 ond gorfu iddo ymddeol o'i guradaeth ac ymfudo i Awstralia flwyddyn yn ddiweddarach. Dychwelodd i Gymru yn 1875 a chael gwaith yn diwtor preifat yn y Betws ger Abergele, Dinb.; enillodd fri oherwydd ei ddysg a'i allu digamsyniol. Yn ei hunangofiant a ysgrifennodd yn Awstralia, ac a olygwyd yn ddiweddarach gan J. H. *Davies dan y teitl, *The Life and Opinions of Robert Roberts, a Wandering Scholar, as told by himself* (1923), rhydd ddarlun byw a sylwadau craff ar fywyd y capel a'r eglwys yng Nghymru yn ei gyfnod ef.

Ceir rhagor o fanylion am fywyd Robert Roberts gan T. O. Phillips (1957); gweler hefyd argraffiad llyfr Roberts, sef *Life and Opinions*, a olygwyd gan John Burnet ac H. G. Williams (1991).

Roberts, Robert (Bob Tai'r Felin; 1870–1951), canwr gwerin a ffermwr ydoedd o Gwm Tirmynach, ger Y Bala, Meir. Yr oedd yn un o sêr y *noson lawen ac yn un o 'gymeriadau' mwyaf hoffus y math hwnnw o adloniant; cysylltir rhai o'i ganeuon yn annatod ag ef bellach. Ef yw un o'r tair enghraifft o'r gwerinwr diwylliedig a goffeir gan Robin *Williams yn *Y Tri Bob* (1970).

ROBERTS, ROBERT (Silyn; 1871–1930), bardd a aned ger Llanllyfni, Caern. Yr oedd yn ffigur pwysig yn y chwyldro telynegol rhamantaidd a ddigwyddodd ar drothwy'r ugeinfed ganrif. Bu'n chwarelwr am gyfnod ac yna aeth i Goleg Prifysgol Gogledd Cymru, Bangor, a Choleg Diwinyddol Y Bala. Yr oedd yn Sosialydd o argyhoeddiad a chyhoeddodd bamffled yn Gymraeg ar y Blaid Lafur Annibynnol (1908) ac yn 1925 sefydlodd gangen Gogledd Cymru o Gymdeithas Addysg y Gweithwyr. Fel bardd cysylltir ei enw bob amser â W. J. *Gruffydd, a chyhoeddodd y ddau ar y cyd *Telynegion* (1900). Yn Eisteddfod Bangor yn 1902 enillodd y *Goron am bryddest a gyhoeddwyd yn ddiweddarach yn *Trystan ac Esyllt a Chaniadau Eraill* (1904). Cyhoeddodd ddau gyfieithiad, *Gwyntoedd Croesion* (J. O. *Francis, 1924) a *Bugail Geifr Lorraine* (Souvestre, 1925). Cyhoeddwyd detholiad o'i brydyddiaeth dan y teitl *Cofarwydd* (1930), wedi iddo farw, a'r nofel *Llio Plas y Nos* (1945).

Ceir hanes ei fywyd a'i waith gan David Thomas (1956) a sylwadau beirniadol yn *Llenyddiaeth Gymraeg 1902–1936* gan R. M. Jones (1987).

ROBERTS, ROBERT MEIRION (1906–67), bardd a aned yn Llandrillo, Meir., ac a addysgwyd yng Ngholeg Prifysgol Gogledd Cymru, Bangor, a Cholegau Diwinyddol Aberystwyth a'r Bala. Ordeiniwyd ef yn weinidog gyda'r Methodistiaid Calfinaidd yn 1933 a bu am gyfnodau yn diwtor yng *Ngholeg Harlech, yn gaplan yn y fyddin ac yn weinidog gyda'r Presbyteriaid yn Yr Alban. Cyhoeddodd ddwy gyfrol o farddoniaeth, *Plant y Llawr* (1946) ac *Amryw Ganu* (1965).

ROBERTS, SAMUEL (S.R.; 1800–85), gweinidog, awdur a Radical a aned yn Llanbryn-mair, Tfn. Addysg-

wyd ef yn ysgol ei dad ac yna yn Amwythig ac yn Academi George *Lewis yn Llanfyllin; fe'i hordeiniwyd yn gyd-weinidog â'i dad yn yr Hen Gapel yn Llanbrynmair yn 1827; bu brawd iau, John (J.R.; 1804–84) yn cynorthwyo gyda'r gwaith am gyfnod.

Trwy gyfrwng ei gylchgrawn *Y Cronicl*, a gychwynnodd yn 1843, y cafodd Roberts ei brif ddylanwad ac enillodd barch mawr ymhlith yr Annibynwyr yng Nghymru. Cyfrannodd ei frawd, a fu'n olygydd o 1857 hyd ei farwolaeth, yn gyson i'r cylchgrawn. Arweiniodd syniadau blaengar S.R., fel yr adwaenid ef, i wrthwynebu 'ymyrraeth' y Wladwriaeth mewn addysg ac i brotestio yn gryf yn erbyn y *Llyfrau Gleision yn 1847. Gwrthwynebai gaethwasiaeth, imperialaeth Lloegr, y rhyfel yn y Crimea a'r gosb eithaf. Cefnogai'r bleidlais i bawb, yn ferched yn ogystal â dynion, *Dirwest ac adeiladu rheilffyrdd. Yr oedd yn Annibynnwr i'r carn a bu'n dadlau gyda Lewis *Edwards o blaid rhyddid y gynulleidfa unigol yn erbyn awdurdod canolog. Ei sêl dros hawliau'r unigolyn a barodd iddo ofni sefydlu Undeb yr Annibynwyr yn 1872 ac anghymeradwyo undebaeth mewn diwydiant.

Er mwyn dianc rhag llid stiward ystad Wynnstay (gweler o dan WILLIAMS WYNN) a oedd yn berchen ar ei fferm, ymfudodd S.R. i America yn 1857, i wladychu rhandir o tua chan mil o erwau yn Tennessee gyda brodorion eraill o Lanbryn-mair. Fe'i twyllwyd gan y gwerthwyr, a chafodd ei siomi yn rhai o'r ymfudwyr oedd ar wasgar ymhell o ganolfannau'r Cymry; dyma gyfnod y Rhyfel Cartref yn America a pharodd ei safiad dros heddychiaeth iddo gael ei gamddeall gan y ddwy ochr. Dioddefodd athrod hallt hyd yn oed yn y wasg Gymraeg; dychwelodd i Gymru yn 1867.

Cyhoeddiadau pwysicaf S.R. yw *Caniadau* (1830), *Cofiant John Roberts* (1837), *Diosg Farm* (1854), *Gweithiau* (1856), *Pregethau a Darlithiau* (1865), *Detholion* (1867), *Crynodeb o Helyntion ei Fywyd* (1875), *Farmer Careful* (1881), *Pleadings for Reform* (1881) a *Hunanamddiffyniad S.R.* (1882); a chyhoeddwyd y cyfrolau *Caniadau Byrion a Cilhaul* (1906) a *Heddwch a Rhyfel* (d.d.), ar ôl ei farwolaeth.

Ceir hanes ei fywyd yn Glanmor Williams, *Samuel Roberts, Llanbrynmair* (1950) a'r ysgrif gan D. Ben Rees yn y gyfres *Writers of Wales* (1987).

ROBERTS, SELYF (1912–95), nofelydd ac awdur storïau byrion a aned yng Nghorwen, Meir., yn fab i weinidog. Bu'n fancer ar hyd ei oes. Daeth i'r amlwg yn gyntaf trwy ennill y *Fedal Ryddiaith yn yr *Eisteddfod Genedlaethol am gyfres o ysgrifau a gyhoeddwyd yn ddiweddarach sef *Deg o'r Diwedd* (1955). Cyhoeddodd ddeg nofel, sef *Cysgod yw Arian* (1959), *Helynt ar Hoelion* (1960), *A Eilw ar Ddyfnder* (1962), *Wythnos o Hydref* (1965), *Ymweled ag Anwiredd* (1976), *Iach o'r Cadwynau* (1978), *Tebyg Nid Oes* (1981), *Teulu Meima Lloyd* (1986), *Gorwel Agos* (1989) a *Cyfrinach Mai* (1993), yn ogystal â dau gasgliad o ysgrifau, *Mesur Byr* (1977) a *Hel Meddyliau* (1982), a chyfrol o'i atgofion yn garcharor rhyfel, *Tocyn Dwyffordd* (1984). Cyfieithodd hefyd *Alice's Adventures in Wonderland* (1865) Lewis Carroll o dan y teitl *Anturiaethau Alys yng Ngwlad Hud* (1982) a *Through the Looking-glass* (1872), sef *Trwy'r Drych a'r Hyn a Welodd Alys Yno* (1984), ac wedi ei farw cyhoeddwyd cyfrol o ysgrifau crefyddol, *Myfyrdod ar rai o'r Damhegion* (1995).

ROBERTS, THOMAS (1765/66–1841), pamffledwr a aned yn Llwyn'rhudol, Abererch, Caern. Eurof yn Llundain ydoedd a Chrynwr a goleddai syniadau Radicalaidd; ef oedd un o sefydlwyr Cymdeithas *Cymreigyddion ac yr oedd yn aelod gweithgar gyda'r *Gwyneddigion. Yn ei bamffled enwog *Cwyn yn erbyn gorthrymder* (1798), a ysgrifennwyd o dan ddylanwad y *Chwyldro Ffrengig, ymosododd ar yr Eglwys Sefydledig yng Nghymru a'i degwm, yn ogystal â'r meddygon a chyfreithwyr a'r Methodistiaid. Cyhoeddodd hefyd bamffled (1806) o dan y ffugenw Arvonius i amddiffyn y Methodistiaid yn erbyn cyhuddiadau enllibus Edward *Charles (Siamas Gwynedd). Ysgrifennodd ddau lyfr i gynorthwyo'r Saeson a oedd yn ymweld â Chymru, a Phont y Borth yn arbennig, i ddeall Cymraeg, sef *Geiriadur Saesneg a Chymraeg* (1827) a *The Welsh Interpreter* (1831). Cyhoeddodd hefyd *Y Ffordd i Gaffael Cyfoeth* (1839), addasiad o *Poor Richard's Almanack* (1733–58) gan Benjamin Franklin.

ROBERTS, WILIAM OWEN (1960–), nofelydd, dramodydd ac awdur sgriptiau teledu. Fe'i ganed ar fferm Brynrefail Isaf, Rhos-lan, Caern., a bellach y mae'n byw yng Nghaerdydd. Addysgwyd ef yn Ysgol Eifionydd, Porthmadog, cyn mynd i Goleg Prifysgol Cymru, Aberystwyth, lle y graddiodd mewn Cymraeg a Drama. Bu'n gweithio fel awdur a golygydd sgriptiau i gwmni HTV cyn troi'n awdur amser-llawn, gan ennill ei fara menyn trwy lunio sgriptiau ar gyfer yr opera sebon *Pobol y Cwm, a chyfresi eraill megis *Teulu'r Mans* a *Pris y Farchnad*, modd i brynu'r amser ar gyfer ysgrifennu gweithiau llenyddol mwy uchelgeisiol. Y ddrama lwyfan oedd ei gariad cyntaf, ac enillodd wobrau yn yr *Eisteddfod Genedlaethol am ei ddramâu *Glaw Mai* (1979) ac *Y Winllan Haearn* (1980), a bu dwy ddrama ddiweddarach ar daith drwy Gymru, sef *Barbaciw* (1988) a *Bermo yn y Nos* (1990), dramâu sy'n ymateb (yn anuniongyrchol) i adladd Refferendwm 1979 ar *Ddatganoli a thwf Thatcheriaeth foliog y cyfnod. Ei nofel gyntaf oedd *Bingo!* (1985). Y mae ynddi stori garlamus sy'n gyrru'r darllenydd oddi ar ei echel trwy dechnegau ôl-fodernaidd. Y mae clyfrwch technegol yr awdur yn ddiddadl, a bu ei ddefnydd o driciau megis *trompe l'oeil* yn fagl i lawer. Nid oedd arwyddocâd mewndestunoli talpiau o ddyddiaduron Kafka yn eglur i bawb, ac efallai bod tynghediaeth y plot

yn groes i argyhoeddiad yr awdur ei hun mewn gwirionedd, eto yr oedd y nofel hon yn gam pwysig ar y ffordd i falurio realaeth naïf a *nofel Gymraeg.

Yr oedd nofel nesaf yr awdur, *Y *Pla* (1987), yn waith llawer mwy uchelgeisiol. Gosodwyd y nofel hanes banoramig hon yn *Eifionydd ac Ewrop y bedwaredd ganrif ar ddeg, pan oedd y *Pla Du yn ysgubo ar draws y Cyfandir gan greu hafog gymdeithasol ac economaidd. Yn wahanol i *Bingo!*, y mae athroniaeth Farcsaidd yr awdur yn ymwáu trwy'r nofel hon, ac efallai bod y diwedd anachronistaidd ychydig yn amrwd. Er na chafodd ei gyfrol nesaf gymaint o sylw, y mae *Hunan-gofiant (1973–1987) Cyfrol 1 Y Blynyddoedd Glas* (1990) yn gyfrol o storïau llawn dychymyg a dyfeisgarwch, gyda sylfaen ideolegol gadarn i'r cyfan. Cyfeiriad at lesni Toriaidd sydd yn y teitl, ac efallai at ddiniweidrwydd y rhai a dwyllwyd gan ei ddisgleirdeb. Ceir dychan deifiol ar feddylfryd cystadleuol y cyfnod mewn sawl stori, ac y mae un ohonynt yn clyfar barodïo nofel Saunders *Lewis, *Monica, ond bod yr awch rhywiol yn honno wedi'i ddisodli gan awch am arian yn hon, gydag awgrym o feirniadaeth ar safbwynt adweithiol Saunders Lewis ei hun efallai. Ceir *critique* ar ethos *Cenedl-aetholdeb diwylliannol mewn storïau eraill, ynghyd â dychan ar wibdaith egoistaidd 'y Bardd Mawr' traddodiadol. Trwy'r cyfan i gyd y mae dawn yr awdur i chwedleua mor loyw ag erioed, yn arbennig yn y stori olaf, 'Profens', sy'n amlhaenog ei harwyddocâd.

Gweler Simon Brooks, 'Ple'r Pla a Throednodiadau Eraill', yn *Taliesin* (cyf. LXXXV, 1994), 'Trafodaeth a gaed yn sgîl rhai sylwadau a wnaethpwyd am waith Denis Diderot' (sgwrs rhwng Wiliam Owen Roberts a Simon Brooks) yn *Tu Chwith* (cyf. II, Haf 1994), John Rowlands, 'The Welsh-language Novel' yn *A Guide to Welsh Literature* (cyf. VI, gol. Dafydd Johnston, 1997), a John Rowlands, '"Chwarae â Chwedlau": Cip ar y nofel Gymraeg ôl-fodernaidd', *Y Traethodydd* (Ion. 1996).

ROBERTS, WILLIAM JOHN (Gwilym Cowlyd; 1828–1904), bardd, a aned yn Nhrefriw, Caern., lle yr enillai ei damaid fel argraffydd a llyfrwerthwr. Y mae ei waith, a gyhoeddwyd yn y gyfrol *Y Murmuron* (1868), yn cynnwys y gerdd 'Mynyddoedd Eryri' a enillodd iddo'r *Gadair yn Eisteddfod Conwy yn 1861, ond nid ysgrifennodd fawr ddim o werth parhaol. Yr oedd yn nai i Ieuan Glan Geirionydd (Evan *Evans) a chyhoeddodd gofiant a gweithiau ei ewythr o dan y teitl *Geirionydd* (1862) a chasgliad o benillion telyn, *Diliau'r Delyn* (d.d.). Daeth yn adnabyddus o ganlyniad i'w ymdrech i lunio sefydliad barddol i ddisodli *Gorsedd Beirdd Ynys Prydain, oherwydd ystyriai fod honno yn Seisnigeiddio bywyd llenyddol Cymru. Galwodd ei gynulliad yn Arwest Glan Geirionydd, a chyfarfu bob blwyddyn rhwng 1865 ac 1890 ar lannau Llyn Geirionydd, Caern., man-geni *Taliesin, yn ôl y chwedl. Rhoddai'r ŵyl, a drefnwyd yn fanwl yn ôl statud *Gruffudd ap Cynan, bwyslais ar ddysg, moesoldeb, crefydd a defnyddio'r iaith Gymraeg. Er ei lwyddiant cynnar, yr oedd y sefydliad mewn cyflwr truenus erbyn diwedd oes Gwilym Cowlyd, yn arbennig wedi i'r 'Prifardd Pendant', fel y galwai ei hun, fynd yn fethdalwr, a chael yr enw o fod yn ŵr hynod.

Cyhoeddwyd hanes bywyd Gwilym Cowlyd gan G. Gerallt Davies (1976).

ROBIN CLIDRO (*fl.* 1545–80), bardd a pharodïwr, a drigai yng nghyffiniau Rhuthun, Dinb.; yr oedd yn un o'r 'gorweigion chwyn' y gobeithiai'r beirdd proffesiynol eu dileu drwy gynnal Eisteddfod *Caerwys yn 1523. Yr oedd yn gyff gwawd i'w gyfoeswyr a sonnid am ei anfedrusrwydd fel bardd hyd ddiwedd y ddeunawfed ganrif. Clerwr (*clera) ydoedd, a chanai ar destunau digrif, ac yr oedd ei farwnad i'w gath, ei ddisgrifiadau anweddus o'r pysgotwr a'r hanes am ei daith i Lwydlo, yn sicr o beri chwerthin ymhlith ei wrandawyr. Parodïau o destunau'r beirdd proffesiynol – yr arfer o lunio achau, y canu mawl a'r canu galarnadol – yw llawer o'i waith. Mewn amryw o'i gywyddau y mae'n dychanu *Cerdd Dafod ei hun oherwydd, er bod y *gynghanedd ynddynt yn wallus, y mae iddo batrwm cyson. Credai rhai mai ef a ddyfeisiodd 'Mesur Clidro' ond gellir dangos bod y mesur hwnnw yn bod ymhell cyn cyfnod Robin Clidro ei hun.

Cyhoeddwyd rhai o gerddi Robin Clidro yn *Llên Cymru* (gol. T. Gwynn Jones, 1926), yn *Cerddi Rhydd Cynnar* (gol. D. Lloyd Jenkins, 1931) ac yn *Canu Rhydd Cynnar* (gol. T. H. Parry-Williams, 1932).

ROBIN DDU AP SIENCYN BLEDRYDD (*fl.* 1450), bardd, brodor o Fôn, ond ni wyddys fawr ddim arall amdano. Ymhlith tua deg a phedwar ugain o gywyddau a briodolir iddo ceir nifer o gywyddau brud, nifer ohonynt ar ffurf ymddiddan, ond priodolir rhai o'r rhain i *Ddafydd Llwyd o Fathafarn, a awgrymodd yn un o'i gywyddau fod anghytundeb rhwng y ddau fardd ynglŷn â dehongli'r hen lyfrau darogan. Canodd Robin Ddu gywyddau i deulu Griffith, Penrhyn. Yr oedd yn bleidiwr i'r *Tuduriaid a chanodd farwnad i Owain Tudur, taid Harri VII. Fe'i gelwid hefyd yn Robin Ddu Ddewin ac adroddir nifer o chwedlau am ei allu dewinol.

ROBINSON, MARY (**Perdita**; 1756–1800), *née* Darby, bardd, nofelydd ac actores. Fe'i ganed ym Mryste, lle y cafodd, yn ôl yr hyn a ddywed ei hun, ei haddysgu gan Hannah More a'i chwiorydd. Honnai fod yn ddisgynnydd i Richard Seys o Gastell Trebefered ym Mro Morgannwg. Yn 1774 priododd â Thomas Robinson, mab anghyfreithlon i Thomas Harris o Drefeca a Thregunter, Brych., a nai i'r arweinydd Methodistaidd, Howel *Harris. Yn ei *Memoirs* (1801), ysgrifenna'n llawn asbri am ei hymweliadau â sir Frycheiniog a Mynwy a disgrifia enedigaeth ei merch Maria ym Mhlas Trefeca (fe'i bedyddiwyd yn Nhalgarth

ar 25 Hydref 1774). Cyhoeddwyd *Poems* a'i gŵr yng ngharchar am ddyled; flwyddyn yn ddiweddarach rhoddodd ei pherfformiad cyntaf fel actores, gan ddechrau ar ei pherthynas ddrwg-enwog â'r Tywysog Cymru ifanc tra'n chwarae Perdita yn Drury Lane. Tra ydoedd ei bywyd preifat amheus yn parhau i fwydo colofnau clecs y cyfnod, ysgrifennai'n doreithiog, gan gynhyrchu o leiaf saith nofel, drama a sawl cyfrol o gerddi a chyfieithiadau. Tadogir arni hefyd ysgrifau ar destunau ffemin', istaidd, ac yr oedd wedi ei thrwytho yn syniadau radicalaidd Mary Wollstonecraft a William Godwin.

Fel mynegiant o syniadau Rhamantaidd cynnar, edmygid ei barddoniaeth yn fawr gan y Coleridge ifanc. Y mae dyrnaid o'i cherddi yn ymdrin â thestunau Cymreig. Y mae dwy o'i nofelau, *Angelina* (1796) a *Walsingham* (1797), yn galw i gof olygfeydd ym Mrycheiniog, ym mlynyddoedd cynnar ei phriodas, ond fe'u difethir gan blotiau rhyfedd a chymeriadu diofal. Y mae rhai pethau o ddiddordeb llenyddol yn *Walsingham*, fodd bynnag, gan ei bod yn mynegi rhai o'r syniadau radicalaidd a oedd ar led ymhlith cydnabod Godwin; honnwyd ei bod yn destun ffeministaidd cynnar, ac y mae hyd yn oed yn bosibl i'r hanes am fagwraeth unig yr arwr yng Nghymru ddylanwadu ar nofel 'Gymreig' Godwin ei hun, *Fleetwood* (1805).

Golygwyd *Memoirs* (1801) a *Poetical Works* (1805) Mary Robinson gan ei merch, M. E. Robinson. Y cofiant mwyaf defnyddiol yw un Robert D. Bass, *The Green Dragoon: The Lives of Banastre Tarleton and Mary Robinson* (1957). Cyhoeddwyd cofiannau eraill gan S. V. Makower (1908), E. Barrington (1926) a Marguerite Steen (1937). Y mae John Ingamells, *Mrs Robinson and her Portraits* (1978), yn rhestru portreadau gan Gainsborough, Reynolds, Romney ac eraill. Am syniadau radicalaidd yn ei gwaith, gweler M. Ray Adams, 'Mrs Mary Robinson, A Study of her Later Career', yn *Studies in the Literary Backgrounds of English Radicalism* (1947); ceir ffacsimiliau o *Walsingham*, un wedi ei olygu gan Gina Luria, yn y gyfres *The Feminist Controversy in England 1788–1810* (1974), ac un arall gan Peter Garside (1992); gweler hefyd Stuart Curran, *Romanticism and Feminism* (1988).

Robyn Ddu Eryri, gweler PARRY, ROBERT (1804–92).

Robyn Llŷn, gweler LÉWIS, ROBYN (1929–   ).

Robyn y Sowldiwr, cymeriad yn nofel Daniel *Owen, *Rhys Lewis* (1885). I ysgol Robyn y Sowldiwr yr anfonwyd Rhys Lewis, ac y mae'r darlun byr o'r addysg a dderbyniodd yno yn enwog am y golau y mae'n ei daflu ar ddiffygion addysgiadol y cyfnod. O fewn rhediad y nofel pwysigrwydd y Sowldiwr yw'r rhan y mae'n chwarae yn y digwyddiadau sy'n arwain at ddiarddel Bob Lewis (gweler MARI A BOB LEWIS) o'r *seiat am iddo wrthod edifarhau am ei waith yn curo'r Sowldiwr ar ôl i hwnnw roi curfa enbyd i Rhys Lewis. Y mae'n bur debyg bod y cymeriad yn gyfuniad o wahanol ysgolfeistri a gofiai Daniel Owen yn Yr Wyddgrug yn y 1840au. Ymwelodd y Comisiynwyr Addysg â'r dref yn 1847 a chyfeirir yn eu hadroddiadau (gweler LLYFRAU GLEISION) at ysgolfeistr â choes bren nad oedd ganddo unrhyw gymhwyster i fod yn athro.

RODERICK, ABIAH (1898–1977), bardd gwerinol a dirgrifwr o Gwm Tawe. Ganwyd ef yng Nghlydach, lle y bu fyw drwy ei oes. Hanoedd o linach o feirdd gwlad (*bardd gwlad). Yr oedd ei dad, Dafydd Roderick, yn barddoni, yn ogystal â Noah, brawd Dafydd ac awdur *Caniadau Noah* (1910). Bu Abiah yn gweithio gyda Swyddfa'r Post a nifer o weithfeydd lleol, a'i gyfrol gyntaf oedd *Matilda ac Adroddiadau Eraill* (1952), a'r deunydd gan mwyaf wedi ei seilio ar ddarnau ar gyfer y rhaglen radio *Sut Hwyl?* Rhyw storm o fenyw yw Matilda, ac y mae'n dal i deyrnasu, er nad yn llwyr, mewn llyfrau eraill ganddo: *Matilda'r Ail* (1957), *Matilda'r Trydydd* (1960), a *Matilda 4* (1970). Daw helyntion ffraeth iddi a cheir amrywiaeth yn y storïau amdani drwy ei gosod mewn swyddi gwahanol fel 'Matilda'r Clipi' a'r ysblennydd 'Prima Donna Matilda'. Crefyddol yw prif nod rhai llyfrau eraill: *Adroddiadau Abiah* (1958) ac *Adroddiadau'r Cysegr* (1964); y mae'r elfen yn amlwg hefyd yn ei gyfrol olaf, *Adroddiadau Newydd Abiah* (1975). Beirniadodd *Gwenallt y cerddi crefyddol ond canmolodd ef y bardd fel digrifwr. Y mae'r cerddi crefyddol er hynny yn ddrych ffyddlon o'r ffydd draddodiadol leol, ac mae 'Tecel' (myfyrdod ar y Croeshoeliad) yn dal yn hynod boblogaidd. Yn y cyfan o'i waith ceir gwledd o *dafodiaith Cwm Tawe.

Ceir rhagor o fanylion yn rhagair D. Gwenallt Jones i *Matilda ac Adroddiadau Eraill* (1952).

RODERICK, JOHN (Siôn Rhydderch; 1673–1735), gramadegydd a chyhoeddwr; brodor o Gemaes, Tfn., ydoedd o bosibl. Cyhoeddodd *Grammadeg Cymraeg* (1728) a llawer o *almanaciau, yn Amwythig gan mwyaf. Cynullwyd ei *English and Welch Dictionary* (1725), mewn cydweithrediad â John Williams, gŵr o sir Amwythig.

ROGER O GONWY neu **RHOSIER CAMBRENSIS** (m. 1360), brawd Ffransisgaidd. Fe'i ganed, mae'n debyg, yng Nghonwy, Caern., a'i addysgu ym Mhrifysgol Rhydychen. Cyrhaeddodd swydd uchel ymhlith y *Brodyr Llwydion ac fe'i penodwyd yn Weinidog Taleithiol iddynt yn Lloegr yn 1355. Ysgrifennodd ei amddiffyniad o'r Urddau Cardota, *Defensio Medicantium* (1357), yn gwrthwynebu ceryddon llym Richard FitzRalph, Archesgob Armagh, a oedd wedi condemnio eu harfer o fawrygu tlodi ac o gardota.

ROGERS, NATHAN (g. 1639), awdur topograffig. Fe'i ganed yn Llanfaches, Myn., yn fab i gyrnol ym myddin Cromwell. Un llyfr yn unig a gyhoeddodd, sef

cyfrol brin iawn yn dwyn y teitl *Memoirs of Monmouthshire* (1708; arg. newydd 1984). Ar wahân i'w ddisgrifiad o hanes a golygfeydd y sir prif nodwedd y llyfr yw'r atodiad sy'n ceisio sbarduno gwŷr amlycaf Mynwy i geisio adfer eu hawliau yn fforest Coed Gwent a dducpwyd oddi wrthynt, yn ôl ei ddadl ef, gan Ardalydd Caerwrangon a Dug Beaufort. Fe'i carcharwyd am ei ddifrïo nwyfus yn erbyn 'Plaid Uchelgeisiol y Toriaid'.

Rolant o Fôn, gweler JONES, ROWLAND (1909–62).

Rolls, Anthony, gweler VULLIAMY, COLWYN EDWARD (1886–1971).

Roos, William (1808–78), arlunydd a aned yn Amlwch, Môn. Ymhlith enghreifftiau o'i waith yn *Llyfrgell Genedlaethol Cymru ceir portreadau o Christmas *Evans, Thomas *Charles, John *Jones (Talhaiarn) a John *Elias.

ROOSE-EVANS, JAMES (1927–   ), awdur a aned yn Llundain i rieni Cymreig a Seisnig, a'i addysgu yn Neuadd Sant Benet, Rhydychen; ymgartrefodd ym Mhowys. Gwnaeth ei yrfa yn y theatr gan mwyaf, fel darlithydd a chynhyrchydd; ef a gychwynnodd Theatr Hampstead yn 1959. Yn 1971 dechreuodd lunio cyfres o storïau antur i blant iau, sef saga yn defnyddio themâu Arthuraidd ac wedi eu lleoli yng Nghymru a Llundain. Eu teitlau yw *The Adventures of Odd and Elsewhere* (1971), *The Secret of the Seven Bright Shiners* (1972), *Odd and the Great Bear* (1973), *Elsewhere and the Gathering of the Clowns* (1974), *The Return of the Great Bear* (1975), *The Secret of Tippity-Witchit* (1975) a *The Lost Treasure of Wales* (1977). Paratôdd hefyd ddeunydd darlledu ac y mae wedi cyhoeddi nifer o lyfrau ar y theatr, yn eu plith *Directing a Play* (1968), *Experimental Theatre* (1970) a *London Theatre* (1977).

ROSCOE, THOMAS (1791–1871), llenor a chyfieithydd a aned ym Mharc Toxteth, Lerpwl, ac a addysgwyd yn breifat. Ei waith cyhoeddedig cyntaf oedd *Gonzalo the Traitor: a Tragedy* (1820) ac o'i ddau waith ffuglen nesaf, y ddau wedi'u cyhoeddi'n ddienw, y cynharaf oedd *Owain Goch: A Tale of the Revolution* (3 cyf., 1827). Ymddangosodd y cyntaf o'i lyfrau taith, *The Tourist in Switzerland and Italy*, yn 1830 ac o'r wyth cyfrol debyg a ddaeth wedyn yr oedd dwy am Gymru, *Wanderings and Excursions in North Wales* (1836) a'r un gyda theitl cyffelyb am dde Cymru (1837). Yr oedd ymhlith yr olaf o'r teithwyr. Ceidw Roscoe ffrwyn ar yr agwedd hanesyddol ac y mae ei ddisgrifio mwyaf bywiog yn llwyr gyfiawnhau ailargraffu ei lyfrau. Ymysg ei weithiau niferus eraill gellir nodi *A Life of William the Conqueror* (1846), cyfrol o gerddi, *The Last of the Abencerages* (1850), rhestr hir o gyfieithiadau, yn dechrau gyda *The Memoirs of Benvenuto Cellini* (1822), ac argraffiadau o weithiau Fielding, Smollett a Swift.

Rosie Probert, cariad marw *Captain Cat y mae tatŵ o'i henw ar ei fol, yn *Under Milk Wood* (1954) gan Dylan *Thomas.

Rothesay Castle, The, agerlong a ddrylliwyd ym Mae Biwmares, Môn, ar noson 17 Awst 1831. Hon oedd un o'r llongau cynharaf i gario pobl rhwng Lerpwl a gogledd Cymru. O'r 114 o bobl a oedd ar ei bwrdd ar y pryd collodd cant namyn saith eu bywydau. Yr oedd y trychineb yn destun awdl gan William *Williams (Caledfryn) a enillodd iddo gadair Eisteddfod Biwmares yn 1832.

Rowland, Daniel (1713–90), un o arweinyddion y Diwygiad Methodistaidd yng Nghymru. Mab ydoedd i berson plwyf Nantcwnlle a Llangeitho, Cer., a chafodd yntau ei urddo'n ddiacon yn 1734 ac yn offeiriad yn 1735. Bu'n gwasanaethu wedyn yn y plwyfi hyn fel curad, yn gyntaf i'w frawd, ac wedyn i'w fab ei hun, ond aeth drosodd at y *Methodistiaid wedi iddo gael profiad crefyddol dwys wrth wrando ar Griffith *Jones tua 1735. Wedi iddo gyfarfod â Howel *Harris yn 1737 ymunodd ag ef yn arweinydd y mudiad Methodistaidd yng Nghymru ond cododd anghytundeb rhyngddynt a rhoes gerydd i Harris yn ei *Ymddiddan rhwng Methodist Uniongred ac un Cyfeiliornus* (1749) a daeth rhwyg rhwng y ddau yn 1752. Dilynai Rowland, fel William *Williams (Pantycelyn) a bron y cyfan o Fethodistiaid Cymru, *Galfiniaeth Whitefield yn hytrach nag Arminiaeth Wesley; bu anghydfod rhyngddynt pan geisiodd Harris bontio'r gagendor, a phan ddangosodd hwnnw dueddiadau Patripasiaidd a dod dan gyfaredd Madam Sidney Griffith, cwblhawyd y rhwyg. Cododd Rowland gapel i'w ddilynwyr yn Llangeitho a ddaeth yn ganolfan Methodistiaeth yng Nghymru, ac ef a arweiniodd y Diwygiad a gysylltir â'r pentref hwnnw. Gochelai dueddiadau Patripasiaidd Harris ac yr oedd yn bregethwr grymus; tyrrai miloedd o bobl o bob rhan o Gymru i wrando arno. Cyhoeddodd un ar ddeg o bregethau yn ystod ei fywyd. Fe'u cyhoeddwyd gyda'i gilydd, ynghyd â phregeth arall ganddo, yn y gyfrol *Deuddeg o Bregethau* (1814). Yr oedd yn arloeswr yr *emyn Cymraeg a chyfieithodd nifer o lyfrau gan gynnwys *Holy War* (1744) John Bunyan.

Ceir manylion pellach yn y cofiant gan D. J. Odwyn Jones (1938), yn Gomer M. Roberts (gol.), *Hanes Methodistiaeth Galfinaidd Cymru* (cyf. I, 1973, cyf. II, 1978) ac yn Eifion Evans, *Daniel Rowland and the Great Evangelical Awakening in Wales* (1985).

ROWLAND, ROBERT DAVID (Anthropos; 1853?–1944), gweinidog, newyddiadurwr a bardd, a fagwyd ym mhentref Tŷ'n-y-cefn yn ymyl Corwen, Meir.; cyflwynodd yn y gyfrol *Y *Pentref Gwyn* (1909)

ddarlun cofiadwy o gyfnod ei febyd yno. Aeth yn fyfyriwr yn 1874 i Goleg Diwinyddol y Methodistiaid Calfinaidd yn Y Bala a chafodd waith yn 1879 fel newyddiadurwr yn swyddfa'r *Herald Cymraeg yng Nghaernarfon, a bu'n olygydd *Y *Genedl Gymreig* rhwng 1881 ac 1884. O 1890 hyd ei ymddeoliad yn 1933 bu'n weinidog ar Eglwys Bresbyteraidd Beulah, Caernarfon. Yn ogystal â gofalu am golofn lenyddol *Baner ac Amserau Cymru* (1904–14), cyfrannodd erthyglau i nifer o gylchgronau, yn cynnwys *Y *Drysorfa*, Y *Geninen a'r *Traethodydd. Ysgrifennodd yn wythnosol, am gyfnod, i'r *Dinesydd* (1925–28) ac i'r *Herald Cymraeg* (1929–44). Cyhoeddodd ddau ddwsin o gyfrolau gwreiddiol, ac ymhlith y pwysicaf yr oedd *Caneuon Anthropos* (1904), *Y Ffenestri Aur* (1907) ac *Oriau Gydag Enwogion* (1909). Cyfansoddodd nifer o gerddi ac o storïau ar gyfer plant, a bu'n olygydd *Trysorfa y Plant* (1912–32). Meddai Anthropos ar ffraethineb ac arabedd cyhoeddus, dawn a ddefnyddiodd yn dra effeithiol fel llywydd *Clwb Awen a Chân rhwng 1908 ac 1932.

Ceir manylion pellach am fywyd Anthropos a'i glwb adnabyddus gan O. Llew Owain (1953 ac 1967); ceir ymdriniaeth ar ei waith ar gyfer plant gan Glenys Howells yn *Dewiniaid Difyr* (gol. Mairwen a Gwynn Jones, 1983).

ROWLANDS, DAFYDD (1931–   ), bardd a llenor. Fe'i ganed ym Mhontardawe, Morg., a'i addysgu yng Ngholeg y Brifysgol Abertawe a Choleg Presbyteraidd Caerfyrddin. Bu'n weinidog gyda'r Annibynwyr ym Mrynaman ac yn athro ysgol ym Morgannwg cyn mynd yn Ddarlithydd yn y Gymraeg yng Ngholeg y Drindod, Caerfyrddin, yn 1968; aeth yn awdur llawn-amser yn 1983. Daeth i amlygrwydd fel llenor trwy ennill *Coron yr Eisteddfod Genedlaethol yn 1969 gyda dilyniant o gerddi yn dwyn y teitl 'I Gwestiynau fy Mab', ac enillodd y Goron yr eilwaith dair blynedd yn ddiweddarach am ei bryddest 'Dadeni'; enillodd y *Fedal Ryddiaith yn 1972 am ei gyfrol *Ysgrifau yr Hanner Bardd* (1972). Daeth yn Archdderwydd yn 1996.

Cyhoeddodd dair cyfrol o gerddi, *Meini* (1972), *Yr Wythfed Dydd* (1975) a *Sobers a Fi* (1995) yn ogystal â chyfrol o gerddi rhyddiaith, *Paragraffau o Serbia* (1980). Yn ei 'nofel/cerdd' arbrofol, *Mae Theomemphus yn Hen* (1977), y mae'r awdur yn archwilio ei berthynas â'i dad ac wrth wneud hynny lluniodd waith sy'n ddwys ac ynddo ddatguddiad hunanymchwilgar digyfaddawd o'r math sy'n brin mewn rhyddiaith Gymraeg gyfoes. Cyhoeddodd hefyd ddarlith ar Gwenallt (David James *Jones), *Gwenallt a Chwm Tawe* (1973), a golygodd y gyfrol ar y bardd hwnnw yn y gyfres *Bro a Bywyd* (1982). Yn ystod y blynyddoedd diwethaf datblygodd yn awdur sgriptiau ar gyfer y teledu, gan lunio rhaglenni ar Gwenallt, Ann *Griffiths a merched *Beca a alltudiwyd i Awstralia. Lluniodd sgriptiau ar gyfer *Pobol y Cwm a chyfres gomedi sy'n dwyn y teitl *Licyris Olsorts*, cyfres a addaswyd yn gyfrol o straeon a'i chyhoeddi yn 1995.

Ceir portread o'r awdur yn *Portreadau'r Faner* (1976) gan Marged Pritchard ac ysgrif ar *Mae Theomemphus yn Hen* yn Ioan Williams, *Y Nofel* (1984); a chynhwysir ef ymhlith *Llenorion Cwm Tawe* (gol. Ifor Rees, 1995) yn y gyfres *Bro a Bywyd*. Am ragor o fanylion gweler y cyfweliad yn *Yr Aradr* (cyf. VI, 1995).

ROWLANDS, EURYS (1926–), ysgolhaig, a aned yng Nghaernarfon, yn fab i Meuryn (Robert John *Rowlands), ac a addysgwyd yng Ngholeg Prifysgol Gogledd Cymru, Bangor. Bu'n darlithio am gyfnodau gwahanol ym Mhrifysgol Glasgow, a Cholegau Prifysgol Caerdydd a Dulyn. Ymysg ei gyhoeddiadau y mae argraffiadau o waith *Lewys Môn (1975), *Iorwerth Fynglwyd (1975), Rhys Brydydd a Rhisiart ap Rhys Brydydd a Rhisiart ap Rhys (1976), ac Owain ap Llywelyn ab y Moel (1984); cyhoeddodd hefyd *Poems of the Cywyddwyr* (1976) a *Llywarch Hen a'i Feibion* (1984), nifer o erthyglau pwysig ar gyfnod y cywyddwyr a thrafodaethau ar ramadeg a mydryddiaeth.

ROWLANDS, HENRY (1655–1723), hynafiaethydd, brodor o Lanidan, Môn. Cymerodd urddau eglwysig a bu'n gweinidogaethu yn ei sir enedigol. Yr oedd ganddo ddiddordeb mawr yn hanes a hynafiaethau Môn a chyhoeddwyd ei *Idea Agriculturae* wedi ei farwolaeth yn 1764. Yn ei gyfrol enwocaf, *Mona Antiqua Restaurata* (1723), ceir arolwg ar hynafiaethau Môn a cheisia ddangos mai yno y tarddodd y *Derwyddon; cyhoeddodd hefyd *Antiquitates Parochiales* (1710), gwaith a nodai brif fannau archaeolegol Môn. Yr oedd mewn cysylltiad ag Edward *Lhuyd ond nid oedd mor dreiddgar â'r ysgolhaig hwnnw. Rhoddodd fanylion ar gof a chadw o rai olion archaeolegol sydd bellach wedi diflannu, ond yr oedd ei ddamcaniaethau'n gyfeiliornus ac nid oes sail i lawer o'i osodiadau.

Ceir manylion pellach mewn erthyglau gan J. Gareth Thomas yn *Nhrafodion* Cymdeithas Hynafiaethwyr a Naturiaethwyr Môn (1958); gweler hefyd Brynley F. Roberts yn *Gwŷr Môn* (gol. Bedwyr Lewis Jones, 1979).

ROWLANDS, IFAN (1879–1977), bardd o'r Gistfaen, Llandderfel, Meir., lle yr oedd yn ddyddynnwr. Fe'i ganed yng Nghwm Celyn a threuliodd ei flynyddoedd olaf yn Llandrillo-yn-Edeirnion, Meir. Yr oedd yn awdur nifer o englynion pur adnabyddus a chyhoeddwyd casgliad o'i waith yn y gyfrol *O'r Gist* (1974). Robert John *Rowlands (1915–) yw ei fab.

ROWLANDS, JOHN (1938–), nofelydd, a aned yn Nhrawsfynydd, Meir. Cafodd ei addysg yng Ngholeg Prifysgol Gogledd Cymru, Bangor, a Choleg Iesu, Rhydychen. Bu'n Diwtor yn Adran Efrydiau Allanol Coleg y Brifysgol Abertawe, ac yn Ddarlithydd yng Ngholeg y Drindod, Caerfyrddin, ac yng Ngholeg Dewi Sant, Llanbedr Pont Steffan, cyn mynd yn Ddarlithydd yn Adran y Gymraeg, Coleg Prifysgol

Cymru, Aberystwyth, lle y dyfarnwyd Cadair Bersonol iddo yn 1996.

Pwnc ei ymchwil academaidd oedd barddoniaeth *Dafydd ap Gwilym a golygodd y gyfrol *Dafydd ap Gwilym a Chanu Serch yr Oesoedd Canol* (1977). Cyhoeddodd nifer o astudiaethau beirniadol ar lenyddiaeth fodern Gymraeg yn *Ysgrifau Beirniadol* (gol. J. E. Caerwyn Williams) a chyfrannodd grynodeb pwysig o'r pwnc i *Y Celfyddydau yng Nghymru 1950–75* (gol. Meic Stephens, 1979). Cyhoeddodd hefyd ysgrif ar T. Rowland *Hughes yn y gyfres *Writers of Wales* (1975) a chyfrol o fywgraffiadau, *Profiles*, gyda Glyn *Jones (1981); golygodd gyfrol o ysgrifau beirniadol, *Sglefrio ar Eiriau* (1992), ac ef oedd awdur y gyfrol feirniadol, *Ysgrifau ar y Nofel* (1992). Y mae hefyd wedi bod yn gyd-olygydd, gyda Gerwyn *Wiliams, ar y cylchgrawn llenyddol *Taliesin* er 1993, ac ef yw golygydd cyffredinol y gyfres *Y Meddwl a'r Dychymyg Cymreig* (1995–).

Y mae'n awdur saith o nofelau: *Lle Bo'r Gwenyn* (1960), *Yn ôl i'w Teyrnasoedd* (1963), *Ienctid yw 'Mhechod* (1965; cyfd. *A Taste of Apples*, 1966), *Llawer Is na'r Angylion* (1968) a *Bydded Tywyllwch* (1969); enillodd enw iddo'i hun am ei ddisgrifiadau o olygfeydd yn ymwneud â rhyw ac am archwilio profiadau seicolegol pobl ifainc. Yr oedd *Arch ym Mhrâg* (1972) yn ymgais i edrych ar fyd pobl ifainc yng nghyd-destun gwleidyddol cynhyrfus Siecoslofacia yn 1968; yr oedd ar ymweliad â'r wlad yn ystod ymyrraeth Rwsia. Y mae ei nofel arall, *Tician Tician* (1978), yn creu darlun byw a gogleisiol o fywyd academaidd yn y Brifysgol, ac efallai mai hwn yw ei waith mwyaf aeddfed.

Am fwy o fanylion gweler Marged Pritchard, *Porteadau'r Faner* (cyf. III, 1976), erthygl Steve Eaves ar *Tician, Tician*, 'Nofel y Ddau Argyfwng', yn *Taliesin* (cyf. XXXVIII, 1979), a'r sgwrs â'r Golygydd, 'John Rowlands: Nofelydd', yn *Llais Llyfrau* (Haf, 1979).

ROWLANDS, ROBERT JOHN (Meuryn; 1880–1967), bardd a newyddiadurwr a aned yn Abergwyngregin, Caern. Dechreuodd newyddiadura ar *Y Cymro* yn Lerpwl; yng Nghaernarfon y bu wedyn yn olygydd *Yr *Herald Cymraeg* hyd ei ymddeoliad yn 1954. Gyda'i awdl 'Ar y Traeth', ac R. Williams *Parry yn beirniadu, enillodd gadair yn Eisteddfod Bethesda yn 1919, a'r *Gadair yn *Eisteddfod Genedlaethol 1921 gyda'i awdl 'Min y Môr'. Yn ogystal â chyhoeddi un gyfrol o farddoniaeth, *Swynion Serch* (1906), cyhoeddodd nifer o lyfrau tra phoblogaidd i blant, er enghraifft, *Ar Lwybrau Antur* (1926), *Dirgelwch Hendre Galed* (1944), *Y Barcud Olaf* (1944), *Y Gelli Bant* (1946), *Chwedlau'r Meini* (1946), a *Dirgelwch Plas y Coed* (1948). Daeth yn adnabyddus iawn fel beirniad Ymrysonau Beirdd y BBC o'r dechrau. Cymaint o'i stamp arbennig ei hun a roes ar y gwaith nes galw hynny bellach yn 'feurynna'. Mab iddo yw'r ysgolhaig Eurys *Rowlands.

Ceir ymdriniaeth ar Meuryn yr awdur plant yn *Dewiniaid Difyr* (gol. Mairwen a Gwynn Jones, 1983).

ROWLANDS, ROBERT JOHN (1915–), bardd a aned yn Y Gist-faen, Llandderfel, Meir., yn fab i Ifan *Rowlands. Yn Y Bala y treuliodd ei ddydd-gwaith yn ddilledydd prysur; ymddeolodd yn 1975 i gael rhagor o amser i ysgrifennu. Cyhoeddwyd cyfrol o'i waith yn y gyfres *Beirdd Bro* yn 1976, ac ymddangosodd *Cerddi R. J. Rowlands* yn 1986.

ROWLANDS, WILLIAM (Gwilym Lleyn; 1802– 65), llyfryddwr a golygydd. Brodor o Fryncroes, Caern., ydoedd. Ar ôl ei ordeinio'n weinidog gyda'r Wesleaid bu'n gweinidogaethu mewn llawer man, yn ôl gofynion ei enwad, rhwng 1828 ac 1864. Bu'n golygu *Yr *Eurgrawn Wesleyaidd* (1842–45, 1852–56) ond haedda ei gofio am ei waith arloesol yn casglu a chatalogio llyfrau Cymraeg. Ei gyfraniad pwysicaf oedd *Llyfryddiaeth y Cymry* (1869), cyfrol a olygwyd gan D. Silvan *Evans ac sy'n rhoi hanes y llyfrau Cymraeg a'r llyfrau sy'n ymwneud â Chymru a gyhoeddwyd rhwng 1546 ac 1800. Ceir llu o gamgymeriadau a bylchau yn y gwaith ond bu'n werthfawr i'r rhai a fu'n astudio llenyddiaeth Gymraeg yn ddiweddarach.

Ceir ymdriniaeth â'i fywyd gan Bendi Thomas, 'Gwilym Lleyn and his family', *Trafodion* Cymdeithas Hanes Sir Gaernarfon (cyf. XLV, 1984).

Royal Charter, The, llong hwyliau a ddrylliwyd mewn storm ar greigiau Porth Helaeth, ger Moelfre, Môn, ar 26 Hydref 1859. Yr oedd yn un o'r llongau ymfudo gorau a fu'n gweithio rhwng Lerpwl ac Awstralia. Suddodd, gan golli pedwar cant o fywydau a'i chargo o aur. Oherwydd ymgais daer trigolion Moelfre i achub bywydau (a'u hymchwil am aur), hwn oedd un o'r llongddrylliadau enwocaf yn hanes y môr yng ngogledd Cymru. Sonnir mewn sawl dogfen gyfoes am weithgarwch Stephen Roose Hughes, rheithor Llaneugrad a Llanallgo, yn claddu'r meirw ac yn cynorthwyo eu perthnasau. Gwelir y disgrifiad mwyaf adnabyddus o'i waith yn *The Uncommercial Traveller* (1861) gan Charles Dickens a fu'n ymweld â'r pentref ddau fis ar ôl yr alanas. Ceir disgrifiadau eraill gan Alexander McKee yn *The Golden Wreck* (1861) a chan T. Llew *Jones yn *Ofnadwy Nos* (1971). Yn y gwaith olaf hwn, cynhwysir baled gan Ywain Meirion (Owen *Griffith), un o'r amryw rai a luniwyd am y llongddrylliad.

RUBENS, BERNICE (1928–), nofelydd a aned yng Nghaerdydd i deulu Iddewig rhyddfrydig ac a addysgwyd yng Ngholeg y Brifysgol, Caerdydd, coleg y mae'n Gymrawd ohono, er mai yn Llundain y bu'n byw am y rhan fwyaf o'i bywyd. Dechreuodd ei gyrfa â *Set On Edge* (1960), comedi ar fywyd teuluol Iddewig a osododd y cywair ar gyfer llawer o'i gweithiau diweddarach. I raddau, y mae ei holl nofelau yn trafod problemau goroesi ac euogrwydd a etifeddir, themâu y mae hi'n aml yn eu harchwilio mewn amgylchiadau rhyfygus ac â hiwmor coeglyd, tywyll.

Gellir rhannu ei gweithiau niferus yn ddau ddosbarth eang sy'n gorgyffwrdd: sagâu epig, a thrasicomedïau yn ymwneud â bydoedd caeedig teuluoedd arteithiedig. O blith y naill, *Brothers* (1983) sy'n sefyll allan. Y mae'r nofel yn olrhain hynt a helynt un teulu Iddewig ar draws tair gwlad a phedair cenhedlaeth, ac yn cynnwys adran bwysig a osodir yng Nghaerdydd a chymoedd glofaol de Cymru. Y mae *Mother Russia* (1992) yn ymgais lai llwyddiannus i ymdrin â thema debyg yng nghyd-destun yr Undeb Sofietaidd. Rhychwanta *Kingdom Come* (1990) y ddau grŵp gan ei bod yn seiliedig ar yrfa cymeriad meseianaidd hanesyddol o'r ail ganrif ar bymtheg, Sabbatai Zvi, ac ar yr un pryd yn edrych ar gyd-destunau teuluol a chymdeithasol personoliaeth ei harwr. Y mae gan y nofel hon ei rhagflaenwyr yn y nofelau cynharach, *Madame Sousatzka* (1962), *Mate in Three* (1966), *The Elected Member* (1969), a *Spring Sonata* (1979), y mae pob un ohonynt yn ymdrin â thema etholedigaeth o fewn cyd-destun Iddewig. Y mae'r rheini na roddir iddynt gefndir Iddewig, sef *Sunday Best* (1971), *Go Tell the Lemming* (1973), *I Sent a Letter to My Love* (1975), *The Ponsonby Post* (1977), *A Five Year Sentence* (1978), *Birds of Passage* (1982), *Mr Wakefield's Crusade* (1985), *Our Father* (1987), *A Solitary Grief* (1991), *Autobiopsy* (1993) a *Yesterday in the Back Lane* (1995), hefyd yn ymwneud â brwydr unig eu prif gymeriad i oroesi'n seicolegol, yn aml mewn amgylchiadau hynod, a than amodau rhyfeddol mewn rhai achosion.

Enillodd Bernice Rubens sawl gwobr, gan gynnwys Gwobr Booker am *The Elected Member* (1970) a gwobrau *Cyngor Celfyddydau Cymru am *Our Father* a *Kingdom Come*; bu *A Five Year Sentence* ar restr fer Gwobr Booker yn 1978. Ffilmiwyd *Madame Sousatzka* ac *I Sent a Letter To My Love*, a theledwyd *Mr Wakefield's Crusade*. Addaswyd *I Sent a Letter To My Love* yn ddrama gerdd a'i pherfformio yn Efrog Newydd yn 1995. Caerdydd yw cefndir *Yesterday in the Back Lane*. Y mae Bernice Rubens hefyd wedi cyfarwyddo ffilmiau dogfen: y fwyaf nodedig o'r rhain yw'r ffilm arobryn *Stress* (1968). Ei nofel ddiweddaraf yw *The Waiting Game* (1997).

Am fanylion pellach gweler Michael Parnell, 'The Works of Bernice Rubens, an Introduction', yn *The New Welsh Review* (rhif. 9, cyf. III, Haf 1990) a Nicholas Le Mesurier, 'Surviving the Earthquake', yn *The New Welsh Review* (rhif. 18, cyf. v, Hydref 1992).

RUCK, BERTA (1878–1978), nofelydd rhamantaidd. Fe'i ganed yn yr India ond cafodd ei haddysg gynnar ym Mangor, ac yna bu'n astudio celf ym Mharis ac Ysgol Slade, Llundain, lle y cyfarfu ag Oliver *Onions, a'i briodi yn 1909; o 1939 ymlaen trigai Berta Ruck yn Aberdyfi, Meir. O'r deugain nofel a ysgrifennwyd ganddi, lleolir y canlynol, yn gyfan gwbl neu'n rhannol, yng Nghymru: *The Lap of Luxury* (1931), *A Star in Love* (1935), *Out to Marry Money* (1940), *Intruder Marriage*

(1945), *Surprise Engagement* (1947) a *Tomboy in Lace* (1947). Nid oes i'r un ohonynt werth parhaol ac er gwaethaf brwdfrydedd yr awdures, nid oedd yr un o'i phedair cyfrol o hunangofiant, *A Story-teller Tells the Truth* (1935), *A Smile from the Past* (1959), *A Trickle of Welsh Blood* (1967) ac *An Asset to Wales* (1970) o safon lenyddol uchel.

Brawd iddi oedd **Richard Ruck** (1887–1973) a aned yng Nghaernarfon ac a ymddeolodd o Fyddin yr India i Fachynlleth yn 1939; ef a gyfieithodd bum nofel T. Rowland *Hughes i'r Sacsneg.

RUDDOCK, GILBERT (1938–), bardd. Wedi dysgu Cymraeg yn Ysgol Uwchradd Cathays yng Nghaerdydd, graddiodd yn y Gymraeg, ac aeth yn Ddarlithydd yn Adran Gymraeg Coleg y Brifysgol, Caerdydd, yn 1969 nes iddo ymddeol yn 1990. Ei dair cyfrol o farddoniaeth yw *Y Funud Hon* (1967), *Cwysi* (1973) a *Hyn o Iachawduriaeth* (1986). Cyhoeddodd hefyd astudiaeth feirniadol o *Ddafydd Nanmor (1992).

Rug, Y, plasty ym mhlwyf Corwen, Meir., a fu'n amlwg yn nhraddodiad noddi beirdd yn y sir. Robert Salbri (m. 1550) yw'r amlycaf o blith noddwyr y cartref ond bu canu i'w dad Pirs ac i'w gyndadau cyn hynny. Bu canu i'w fab Siôn a'i ŵyr Robert (m. 1599) hefyd. Estynnwyd nawdd gan o leiaf ddwy genhedlaeth wedi amser Wiliam er mai ychydig o'r canu sydd bellach ar glawr.

RUMSEY, WALTER (1584–1660), barnwr ac awdur. Fe'i ganed yn Llanofer, Myn., ond yr oedd yn perthyn i deulu o gyffiniau Crucywel, Brych. Aeth yn fyfyriwr i Neuadd Gaerloyw, Rhydychen, ond gadawodd heb raddio ac aeth i astudio'r Gyfraith yn Gray's Inn. Gwnaed ef yn fargyfreithiwr yn 1608 a bu'n llwyddiannus iawn wedyn; fe'i penodwyd yn Farnwr Puisne ar Gylchdaith Brycheiniog Uwch Sesiynau Cymru yn 1635 ac yn Brif Farnwr ddwy flynedd yn ddiweddarach. Etholwyd ef yn Aelod Seneddol dros Fynwy yn y Senedd Fer yn 1640 ond gwrthododd ei ailethol i'r senedd nesaf ac oherwydd ei fod yn Freniniaethwr fe'i symudwyd o'i swydd gyfreithiol yn 1647. Defnyddiodd ei hamdden wedyn i

fwynhau cerddoriaeth, impio-coed ac adeiladu llynnoedd i bysgod. Ei gamp fawr oedd datblygu'r *provang*, math o asgwrn-morfil a sbwng ar y gwaelod a wthid i lawr y corn-gwddw i'w lanhau ef a'r thoracs o fflem. Fe'i hysbysebodd yn ei gyfrol *Organon Salutis* (1657), yr ychwanegwyd ato'n ddiweddarach bamffledyn yn dwyn y teitl *Divers new experiments of the virtue of tobacco and coffee.*

Ruth, gweler PRICHARD, ANNIE CATHERINE (1858–1938)

Rygbi, gêm a ystyrir yn chwarae cenedlaethol Cymru, a chan rai yn fynegiant o'r ymwybyddiaeth Gymreig. Daeth yn wreiddiol o Loegr ac fe'i chwaraewyd am y tro cyntaf yng Nghymru yn ystod yr 1870au, yn y trefi glan y môr yn unig ac ymhlith y dosbarth canol addysgedig. Oddeutu 1881, fodd bynnag, pan ffurfiwyd Undeb Rygbi Cymru, cynyddodd y gêm mewn poblogrwydd yn enwedig yng nghymoedd diwydiannol Morgannwg. Yn fuan edrychwyd arni fel gêm nodweddiadol Gymreig, a magwyd balchder lleol yng nghlybiau'r broydd, ac ar ôl 1893 dechreuodd y tîm cenedlaethol guro timau'r dosbarth uwch yn Lloegr, Yr Alban ac Iwerddon. Dwy oes aur rygbi yng Nghymru oedd y cyfnod o 1900 hyd 1911 (pan enillwyd chwe Choron Driphlyg) a'r cyfnod o 1969 hyd 1979. Daeth enwau rhai o chwaraewyr y ddau gyfnod hwnnw yn nodedig iawn a pherchid hwynt am eu medr ar y maes. Wedi sefydlu'r Maes Cenedlaethol (Parc yr Arfau gynt) yn ystod y 1970au, cafwyd arena ar gyfer nodweddion dramatig rygbi yng Nghymru a ddenodd dyrfaoedd enfawr ar ddyddiau'r gemau rhyngwladol. Caewyd y Maes Cenedlaethol yn 1997 a dechreuwyd ar adeiladu stadiwm mewydd. Denodd y gêm nifer o ohebwyr fel W. J. T. *Collins, Clem Thomas a J. B. G. Thomas. Y mae awduron fel Islwyn *Williams ac Alun *Richards wedi ymwneud ag agwedd gymdeithasol y gêm a'y mae'r canwr gwerin Max *Boyce wedi mynegi rhywfaint o'r brwdfrydedd a gysylltir â'r gêm.

Ceir manylion pellach yn Alun Richards, *A Touch of Glory* (1980), David Smith a Gareth Williams, *Fields of Praise: the Official History of the Welsh Rugby Union 1881–1981* (1980) a Gareth Williams, *1905 and All That: Essays on Rugby Football, Sport and Welsh Society* (1991).

Rh

Rhaglan, castell rhwng Trefynwy a Brynbuga, Myn., a adeiladwyd ar orchymyn Syr Wiliam ap Tomos. Dyrchafwyd ei fab hynaf, yntau'n Wiliam Herbert, i'r bendefigaeth yn Arglwydd Herbert wedi brwydr *Mortimer's Cross (1461), a molwyd ef a'i frawd, Syr Richard Herbert, gan *Lewys Glyn Cothi mewn awdlau yn dathlu goruchafiaeth yr Iorciaid. Yn 1468 arweiniodd yr Arglwydd Herbert ymosodiad llwyddiannus ar gastell *Harlech ac atgoffwyd ef gan *Guto'r Glyn o'i gyfrifoldeb i'w gyd-Gymry. Rhoddwyd iarllaeth *Penfro iddo ond wedi cychwyn ar ymgyrch ymosodol fe'i trechwyd a'i ladd ym mrwydr Banbury (1469), a chanodd Guto'r Glyn farwnad iddo. Bu'r Iarll yn noddwr enwog i'r beirdd, yn eu plith *Ieuan Deulwyn, *Siôn Cent a Hywel Dafi (c.1450–80). Daeth Rhaglan i feddiant teulu Somerset, Ieirll Caerwrangon, trwy briodas ag etifeddes yr Herbertiaid, a bu'n ganolfan Frenhinol yn ystod y *Rhyfel Cartref, ond wedi gwarchae o dri mis ildiwyd y castell yn Awst 1646 oherwydd fod lluoedd Syr Thomas *Morgan (*The Dwarf*) yn cloddio o dan y muriau, a datgymalwyd y castell yn fuan wedyn.

Ceir manylion pellach yn A. Clark, *Raglan Castle and the Civil War in Monmouthshire* (1953), A. J. Taylor, *Raglan Castle* (1979), J. R. Kenyon, *Raglan Castle* (1988), ac Elizabeth Whittle, *Glamorgan and Gwent, A Guide to Ancient and Historic Wales* (1992).

Rhagwant, gweler ADWANT, GWANT A RHAGWANT.

Rhahawd eil Morgant, gweler o dan TRI OFERFEIRDD.

Rhamantiaeth, mudiad o fewn llenyddiaeth Ewrop (ond a ddylanwadai hefyd ar gerddoriaeth, celfyddyd, athroniaeth a diwinyddiaeth) a flodeuai yn fwyaf arbennig ar ddiwedd y ddeunawfed ganrif a dechrau'r bedwaredd ganrif ar bymtheg, ac a bwysleisiai swyddogaeth emosiwn, y dychymyg a hunanfynegiant yn hytrach nag ymlynu wrth reolau traddodiadol a gefnogid gan *Glasuriaeth.

Ystyrir Jean-Jacques Rousseau weithiau yn sefydlydd y mudiad, ond ceir arwyddion Rhamantiaeth yng ngweithiau rhai o'i ragflaenwyr. Gellir gweld yr un hiraeth cyn-Ramantaidd yn naws bersonol, farwnadol beirdd megis Ieuan Fardd (Evan *Evans) a'i gyfaill Thomas Gray. Gwelir yr un pwyslais ar deimlad, dychymyg a'r enaid mewn ffurf wahanol yn Niwygiad Efengylaidd y ddeunawfed ganrif, ac yn ôl Saunders *Lewis, William *Williams (Pantycelyn) a ymddiddorai mewn seicoleg, megis Rousseau, yw bardd cyntaf y Mudiad Rhamantaidd. Ystyrir bod y duedd i ffugio gweithiau llenyddol, fel y gwnaeth Thomas Chatterton a James Macpherson, yn nodwedd o Ramantiaeth, ac yn y modd hwn, gellir ystyried Iolo Morganwg (Edward *Williams), y gŵr y gwelir cymaint o ôl ei ddychymyg ar ddiwylliant Cymru, yn un o ragflaenwyr y Mudiad Rhamantaidd.

Er hyn, ar wahân i enghreifftiau arbennig megis Pantycelyn ac Iolo Morganwg, nid effeithiwyd ar lenyddiaeth Cymru gan y Mudiad Rhamantaidd pan oedd ar ei anterth yn Lloegr, Ffrainc a'r Almaen. Rhaid aros hyd gyfnod llawer mwy diweddar yn y bedwaredd ganrif ar bymtheg cyn y gellir canfod nodweddion pendant yr ymdeimlad Rhamantaidd yng ngweithiau beirdd megis Eben Fardd (Ebenezer *Thomas), Alun (John *Blackwell), Islwyn (William *Thomas), Ceiriog (John Ceiriog *Hughes), Talhaiarn (John *Jones) ac Elfed (Howell Elvet *Lewis). Daeth effaith rymusaf Rhamantiaeth yn hwyr, ond yn gyffrous iawn i Gymru, ym marddoniaeth T. Gwynn *Jones, W. J. *Gruffydd, R. Williams *Parry ac i raddau llai ym marddoniaeth Elphin (Robert Arthur *Griffith), ond erbyn hynny, fe'i cymysgwyd ag esthetigaeth ac yn fuan iawn fe'i heriwyd gan *Neo-Glasuriaeth a Realaeth.

Ceir adroddiadau llawnach yn Saunders Lewis, *Williams Pantycelyn* (1927), Huw Llewelyn Williams, *Safonau Beirniadu Barddoniaeth* (1941), Alun Llywelyn-Williams, *Y Nos, Y Niwl a'r Ynys* (1960), M. H. Abrams, *The Mirror and the Lamp* (1953) a *Natural Supernaturalism* (1971), A. K. Thorlby, *The Romantic Movement* (1966), Lilian R. Furst, *Romanticism in Perspective* (1969), David Thorburn a Geoffrey Hartman (gol.), *Romanticism, Vistas, Distances, Continuities* (1973), Jerome J. McGann, *The Romantic Ideology* (1983) a David Simpson, *Romanticism, Nationalism, and the Revolt against Theory* (1993).

Rhandir Gymreig, Y, darn o dir i'r gogledd-orllewin o Philadelphia, a addawyd gan William Penn i ymfudwyr o Grynwyr Cymreig, i'w lywodraethu gan 'swyddogion, ynadon, rheithwyr, yn ein hiaith ein hunain'. Yr oedd yn cynnwys treflannau Meirion Uchaf, Meirion Isaf, Haverford, Radnor, Tredyffrin, Dwyrain a Gorllewin Whiteland, Dwyrain a Gorllewin Goshen, Willistown, East Town a rhan o West Town. Cyrhaeddodd y Cymry cyntaf, yn eu plith Edward Jones o'r Bala, afon Delaware ar 13 Awst 1682. Y flwyddyn ganlynol penodwyd Thomas Lloyd o Ddolobran (gweler o dan LLOYD), yn Ddirprwy Lywodraethwr i Penn ond, eisoes, yr oedd helynt wedi codi rhwng Penn a'r Crynwyr Cymreig oherwydd iddo, yn eu barn hwy, anwybyddu'r addewidion gwreiddiol pan rannwyd eu tiroedd rhwng dwy sir a chaniatáu i ymfudwyr eraill ddod i mewn. Ymysg yr ymfudwyr cyntaf yr oedd Rowland *Ellis a roes enw ei hen gartref yn Nolgellau, sef Bryn Mawr, ar ei gartref newydd ac yn ddiweddarach sefydlwyd Coleg Bryn Mawr, gerllaw Philadelphia. Ymhlith eraill yr oedd Ellis Pugh (1656–1718), awdur *Annerch i'r Cymry* (1721), y llyfr Cymraeg cyntaf i'w gyhoeddi yn America, a David Lloyd o Fanafon, Tfn., a olynodd Thomas Lloyd yn Ddirprwy Lywodraethwr. Lleolir y nofel *Y Rhandir Mwyn* (1972) gan Marion *Eames yn y Rhandir Gymreig. Gweler hefyd CRYNWRIAETH.

Ceir manylion pellach yn Richard Jones, *Crynwyr Bore Cymru* (1931), David Williams, *Cymry ac America* (1946) a J. Gwynn Williams, 'The Quakers of Merioneth during the Seventeenth Century' yng *Nghylchgrawn* Cymdeithas Hanes a Chofnodion Sir Feirionnydd (1979).

Rhedegydd, Y (1878), papur newydd wythnosol Radicalaidd a sefydlwyd drwy bartneriaeth W. Lloyd Roberts, George Ellis, T. R. Davies a J. Barrow Parry ym Mlaenau Ffestiniog, Meir. Daeth y papur yn eiddo i Lewis Davies a'i Gwmni, perchennog y *Gloch* (sefydlwyd 1903) ym mis Mawrth 1906, ac unwyd y ddau. Ymunodd J. D. Davies â'r bartneriaeth yn fuan wedyn a chymerodd *Y Rhedegydd* drosodd yn 1909. Bu Robert Owen Hughes (Elfyn), J. D. Davies a John Ellis *Williams ymhlith ei olygyddion. Oherwydd y lleihad cyson yng nghylchrediad *Y Rhedegydd* unwyd y papur â'r *Cymro* yn 1951.

Rheinallt ap Gruffudd ap Bleddyn (c.1438–65/66), milwr a bonheddwr o'r Tŵr ym Mron-coed, Yr Wyddgrug, Ffl. Yn ôl y traddodiad, daliodd faer dinas Caer yn 1464 a'i grogi wrth ystwffwl yn y Tŵr. Y mae peth ateg i'r traddodiad mewn dau gywydd a ganodd *Hywel Cilan iddo yn ei alw yn 'fraw'r Mars' ac yn disgrifio dwy ystod a dorrodd drwy rengau ei wrthwynebwyr. Canodd *Tudur Penllyn a *Gutun Owain gywyddau iddo a chanodd *Ieuan ap Tudur Penllyn farwnad iddo.

Rhiannon, un o'r prif gymeriadau yng Nghainc Gyntaf a Thrydedd Gainc *Pedair Cainc y Mabinogi. Er iddi ddatgan ei serch tuag at *Bwyll, Pendefig *Dyfed, y mae hi'n cael ei rhoi o'i hanfodd i ŵr arall, Gwawl fab Clud, ond yn ddiweddarach y mae'n priodi â Phwyll. Wedi cyfnod llewyrchus yn Frenhines ar Ddyfed genir mab i Riannon, ond diflanna'r mab y noson ar ôl ei eni a chyhuddir ei fam o'i ladd, ond bedair blynedd yn ddiweddarach fe'i profir yn ddieuog pan ddaw *Teyrnon Twrf Liant, Brenin Gwent Is Coed, â'r mab yn ôl i lys Dyfed. Gelwir ef *Pryderi. Yn y Drydedd

Gainc y mae amser maith wedi mynd heibio er y digwyddiadau hyn, Pwyll wedi marw, a Phryderi yn Frenin Dyfed. Y mae Pryderi newydd ddychwelyd o'r ymgyrch yn erbyn Iwerddon a dyry ei fam, Rhiannon, yn wraig i'w gydymaith *Manawydan. Yn union wedyn disgyn hud yn ddisyfyd ar Ddyfed ac nid erys neb yn y wlad ond Pryderi a'i wraig Cigfa, a Manawydan a Rhiannon. Yn ddiweddarach diflanna Pryderi a Rhiannon mewn caer ledrithiol a chaethiwir hwy yn *Annwn, ond rhyddheir hwy ymhen y rhawg gan Fanawydan. Datguddir mai'r sawl a'u caethiwodd, ac a ddododd yr hud ar Ddyfed, yw Llwyd fab Cil Coed, er mwyn dial y cam a ddioddefodd Gwawl fab Clud yn y Gainc Gyntaf pan gollodd ef Rhiannon.

Bernir mai duwies Geltaidd o'r enw *Rigantona*, y 'Frenhines-dduwies', oedd Rhiannon yn wreiddiol, ac erys elfen o hud a lledrith o'i chwmpas yn y Mabinogi. Fe'i huniaethir hefyd ag Epona, duwies y ceffylau a chysylltir hi droeon â cheffylau yn y chwedl. Yn yr Ail Gainc cyfeirir at Adar Rhiannon yn canu uwchben y môr ger *Harlech, ac yn chwedl *Culhwch ac Olwen dywedir eu bod yn 'dihuno'r marw ac yn huno'r byw'.

Astudiwyd y themâu chwedlonol a mytholegol sy'n gysylltiedig â Rhiannon mewn llyfr gan W. J. Gruffydd (1953); gweler hefyd P. Mac Cana, *Celtic Mythology* (ail arg., 1983) a Miranda Green, *The Gods of the Celts* (1986).

Rhigymau, penillion byrfyfyr a gyfansoddwyd gan y werin. Buont yn rhan o draddodiad llên gwerin Cymru am ganrifoedd lawer. Adlewyrchant fywyd pob dydd gan amlaf, ac y maent yn arbennig o boblogaidd gan blant wrth chwarae. Ond y mae llawer ohonynt yn codi o fyd oedolion, rhai yn aml yn ddoniol, fel y rheini sy'n mynegi gelyniaeth rhwng yr enwadau crefyddol a rhai sy'n parodïo emynau Cymraeg adnabyddus. Deillia eraill o goelion ac arferion gwerin, a'u pwrpas yw creu difyrrwch, er enghraifft, trwy gyfeirio at ddigwyddiadau a phobl hynod, beddargraffiadau a marwnadau digrif. Ni wyddys pwy oedd awduron amryw o'r rhigymau mwyaf nodedig, ond lluniwyd rhai ohonynt yn y bedwaredd ganrif ar bymtheg gan feirdd lleol fel John Jenkins, awdur *Cerddi Cerngoch* (1904). Dilornwyd y fath rigymau gan feirdd cydnabyddedig fel 'rhigymau'r pen pastwn', yn ôl yr arfer o'u canu heb offeryn cerdd, ond trwy guro'r amser â phastwn. Ychydig iawn ohonynt a gyrhaeddodd safon lenyddol yr *Hen Benillion neu'r *Tribannau, ac oherwydd hyn, tadogwyd eu gwneuthuriad ar grachfeirdd fel Y Bardd Cocos (John *Evans). Yn ystod yr ugeinfed ganrif, fodd bynnag, defnyddiwyd rhai o nodweddion y rhigwm, megis yr elfen o ailadrodd a'r pwyslais ar rythmau'r iaith lafar, yn effeithiol iawn gan feirdd cydnabyddedig megis T. H. *Parry-Williams a Gwyn *Thomas (1936–). Ceir llu o rigymau yn archifau *Amgueddfa Werin Cymru ac ar wasgar mewn llawysgrifau, cylchgronau a llyfrau, ond ni chyhoeddwyd casgliad cyflawn ohonynt hyd yn hyn.

Rhirid Flaidd (*fl.* 1160), gweler o dan CYFUNDREFN Y BEIRDD a CYNDDELW BRYDYDD MAWR (*fl.* 1155–1200).

RHISIERDYN (*fl.* ail hanner y 14eg gan.), bardd o Fôn a ganodd awdlau i *Hywel ap Gruffudd (Hywel y Fwyall), o Eifionydd, i Goronwy fab Tudur o Benmynydd a'i wraig, Myfanwy, ac i Ieuan ap Rhys, abad Aberconwy, a chywydd i Hwlcyn ap Hywel o Bresaeddfed. Awgryma cywydd gan *Ruffudd Fychan ap Gruffudd ab Ednyfed iddo ganu hefyd i Risiart ap Syr Rhosier Pilstwn o *Emral ym Maelor Saesneg, ac o bosibl, i Leucu ferch Madog Foel o Eglwyseg, ei wraig. Canu urddasol a dyrchafedig a geir gan y bardd hwn. Cyffredinol yw'r mawl ym mhob un o'i gerddi, a thraddodiadol yw'r rhinweddau a ddyrchefir.

Golygwyd gwaith Rhisierdyn gan Nerys Ann Jones yn *Gwaith Sefnyn, Rhisierdyn, Gruffudd Fychan ap Gruffudd ab Ednyfed a Llywarch Benturch* (gol. N. A. Jones ac Erwain Haf, 1995).

Rhita Gawr, cawr a oedd, yn ôl y traddodiad, yn lladd brenhinoedd ac yna'n gwisgo eu barfau. Y mae chwedl onomastig (*llên onomastig) yn adrodd fel y lladdwyd ef gan *Arthur a orchmynnodd i bob un o'i filwyr osod carreg ar gorff y cawr, a dyna sut y daeth Yr Wyddfa i fod; Gwyddfa Rhita (hynny yw carnedd Rhita) y gelwid y mynydd gynt gan rai o'r trigolion lleol.

Rhiwallon, gweler o dan MEDDYGON MYDDFAI.

Rhiwedog, plasty ym mhlwyf Llanfor, Meir., a chartref teulu a estynnodd nawdd i feirdd dros ddwy ganrif a rhagor. Elisau ap Wiliam Llwyd (m. 1583) oedd noddwr mwyaf nodedig y teulu. Bu ei dad a'i daid yn estyn nawdd o'i flaen a bu *Tudur Aled ymhlith y beirdd a ganai iddynt. Cadwyd corff sylweddol o ganu i Elisau sy'n dystiolaeth nodedig i'w ddiddordebau diwylliannol a bu *Owain Gwynedd, *Wiliam Llŷn, Wiliam *Cynwal a *Gruffudd Hiraethog yn ymweld â'r plasty. Yng nghyfnod nai Elisau, sef Siôn (m. 1646) a'i wraig, Marged, Rhisiart *Cynwal oedd eu bardd teulu a chynhaliwyd y traddodiad am bedair cenhedlaeth arall.

Rhiwlas, cartref ym mhlwyf Llanfor, Meir., lle y bu croeso brwd i feirdd, yn cynnwys *Gruffudd Hiraethog, o gyfnod Cadwaladr ap Robert (m. 1554). Parhawyd yr arfer gan y disgynnydd Siôn Wyn (m. 1589) ond credir bod ei fab ef, Cadwaladr, wedi byw'n afradus ac yr oedd nawdd y teulu ar drai erbyn dechrau'r ail ganrif ar bymtheg. Gweler hefyd LLOYD PRICE, RICHARD JOHN (1843–1923).

Rhiwsaeson, plasty ym mhlwyf Llanbryn-mair, Tfn., a fu'n gyrchfan bwysig i feirdd y sir yn ystod yr unfed ganrif ar bymtheg a dechrau'r ail ganrif ar bymtheg. Bu'r arfer o noddi beirdd yn cael ei gynnal bron yn ddi-fwlch am saith cenhedlaeth ond y cyfnod mwyaf llewyrchus oedd cyfnod Rhisiart Morys (m. 1598).

Rhodri ab Owain Gwynedd (m. 1195), un o feibion Owain Gwynedd (*Owain ap Gruffudd) a'i ail wraig Cristin. Gyda'i frawd *Dafydd ab Owain Gwynedd trechodd ei hanner-brawd ym mrwydr Pentraeth (1170) ond yn 1175 gyrrwyd Dafydd allan o *Wynedd Uwch Conwy, er ei fod wedi cadw'r frenhiniaeth. Pan bregethodd yr Archesgob Baldwin y groesgad ym Môn yn 1188 ni dderbyniodd plaid Rhodri yr alwad; awgrymodd *Gerald de Barri (Gerallt Gymro) fod ei anffodion diweddarach yn farn Duw arno oherwydd hyn. Fe'i gyrrwyd o Fôn gan ei neiaint, meibion Cynan ab Owain Gwynedd (*c.*1190); daeth yn ôl gyda chymorth o Ynys Manaw yn 1193 a galwyd y digwyddiad hwn yn draddodiadol yn 'Haf y Gwyddyl'.

Rhodri Mawr (m. 877), mab Merfyn Frych a ddaeth yn Frenin *Gwynedd wedi marwolaeth ei dad yn 844. Daeth yn Frenin ar *Bowys yn 855 wedi marwolaeth ei ewythr, ac yn Frenin *Seisyllwg (*Ceredigion ac *Ystrad Tywi) wedi marwolaeth ei frawd yng nghyfraith yn 872. Gwrthsafodd yn gadarn ymosodiadau'r Northmyn a'r Saeson. Ym Môn yr ymladdodd ddewraf yn erbyn y Northmyn, a bu farw mewn brwydr yn erbyn y Saeson. Oherwydd ei orchestion yr oedd bod o dras Rhodri Mawr yn un o'r prif gymwysterau ar gyfer bod yn frenin yn ne a gogledd Cymru mewn blynyddoedd diweddarach. Bu undod tair o brif deyrnasoedd Cymru dan un brenin, er na pharhaodd wedi marwolaeth Rhodri, yn esiampl gref a efelychwyd gan ei ŵyr *Hywel Dda, gan Maredudd ab Owain (m. 1072) a chan *Ruffudd ap Llywelyn.

Rhodd Mam, gweler o dan PARRY, JOHN (1775–1846).

Rhonabwy, gweler o dan BREUDDWYD RHONABWY.

Rhondda, enw'r ddau gwm (Rhondda Fach a Rhondda Fawr) a gysylltir â diwydiant glo Cymru pan oedd ar ei anterth rhwng 1860 ac 1920, a hefyd â gwleidyddiaeth Radicalaidd a diwylliant proletaraidd a ffurfiwyd yn sgîl y diwydiant rhwng 1910 ac 1950. Cymoedd anghysbell a choediog oeddynt unwaith, i'r gogledd-orllewin o Bontypridd, Morg., ac fe'u clodforwyd am eu harddwch gan John Leland (*Itinerary of John Leland), Benjamin Heath *Malkin a llawer ymwelydd arall yn yr ail ganrif ar bymtheg. Agorwyd y pyllau yn yr 1850au o ganlyniad i ddatblygu cyflym ym masnach glo stêm, a pharhawyd â'r gwaith yn y degawd dilynol drwy gloddio gwythiennau dyfnach. Megis yng nghymoedd Cynon a Thaf bu twf y Rhondda yn ddramatig. Cynyddodd y boblogaeth o fod yn llai na mil yn 1851 i fod dros 150,000 erbyn 1911. Yn 1913 yr oedd hanner cant a thri o lofeydd yn cyflogi 42,000 o ddynion yno, ac yn cynhyrchu naw miliwn a hanner o dunelli o lo, sef chweched ran o gynnyrch maes-glo de Cymru ar ei anterth, a daeth trefedigaethau megis Y

Porth, Tonypandy, Treorci, Glyn Rhedynog (Ferndale) a'r Maerdy (gweler LITTLE MOSCOW) yn gymunedau glofaol enwog. Ar ôl y Rhyfel Byd Cyntaf, cafwyd cyfnod byr o lewyrch yng nghanol dirwasgiad economaidd, a chynyddodd y boblogaeth i 169,000, ond ni allai economi wedi ei seilio ar lo (yr oedd dwy ran o dair o'r gweithwyr yn lowyr) wrthsefyll *Dirwasgiad y blynyddoedd rhwng y ddau Ryfel. Yr oedd ffigurau diweithdra gyda'r uchaf yng ngorllewin Ewrop am dros ddeng mlynedd, a chafwyd tlodi enbyd, ciliodd y boblogaeth, ac er gwaethaf yr ymgais i greu amrywiaeth diwydiannol yn y blynyddoedd wedi'r Ail Ryfel Byd, pery i leihau.

Erbyn yr 1980au, yr oedd tua 80,000 o drigolion yno; un pwll glo yn unig oedd yn dal i weithio. Gyda'r pwll olaf yn Y Maerdy wedi ei gau yn 1990, y mae'r ddau gwm yn awr yn symbol o ddirywiad yr hen ardaloedd diwydiannol yn ne Cymru. Er hyn, erys y cymoedd yn gofadail i ddiwylliant bywiog a geisiodd, trwy ddulliau gwleidyddol a'i wreiddiau yn ddwfn yn y gymdeithas, roi cyfeiriad i fywydau'r bobl y tu hwnt i ofynion cyflog a gwaith. Amlygwyd y diwylliant amrywiol a chyfoethog hwn yn y bandiau pres, y corau meibion, y gwyliau cerddorol, gwibdeithiau'r *Ysgol Sul, canolfannau'r Undeb, y Blaid Lafur, capeli, paffio, pêl-droed a *rygbi, y *bandiau jazz a'r *gorymdeithiau newyn, i'r fath raddau nes i 'ethos' diwylliannol y Rhondda greu cyfoeth o ystrydebau a melodrama lenyddol, megis y nofel *How Green Was My Valley (1939) gan Richard Llewellyn (Richard Llewellyn *Lloyd). Amlygir profiadau'r Rhondda orau yn nofelau, dramâu a storïau byrion Rhys *Davies, Jack *Jones, J. Kitchener *Davies, Lewis *Jones (1897–1934), Rhydwen *Williams a Ron *Berry, ym marddoniaeth Idris *Davies ac yng nghofiannau arweinwyr y glowyr fel Arthur *Horner a Will Paynter. Gweler hefyd TONYPANDY, HELYNTION.

Trafodir gwahanol agweddau bywyd yn y cymoedd yn E. D. Lewis, *Rhondda Valleys* (1959), K. S. Hopkins (gol.), *Rhondda Past and Future* (1974) a Hywel Teifi Edwards (gol.), *Cwm Rhondda* (1995); ceir detholiad o farddoniaeth a rhyddiaith Saesneg yn Meic Stephens (gol.), *A Rhondda Anthology* (1993). Gweler hefyd Chris Williams, *Democratic Rhondda 1885–1951* (1996).

Rhondda Roundabout (1934), nofel gyntaf Jack *Jones; fe'i lleolir yn y *Rhondda yn ystod y 1930au cynnar, ac ynddi ceir hanes Dan Price, gweinidog newydd Capel Beulah, a'i gariad at Lucy Meredith, merch hardd sy'n gweithio mewn siop. Ond gwir ddiddordeb y nofel yw'r oriel o gymeriadau lliwgar a ddarlunnir ynddi, megis Uncle Shoni ac Auntie Emily Lloyd, Big Mog y betiwr, y Capten, a Llew Rhondda, yr arweinydd. Y mae crefydd, gwleidyddiaeth, cerddoriaeth a chwaraeon oll yn cael eu tynnu i mewn i'r nofel fywiog a gafaelgar hon a drowyd yn ddiweddarach yn ddrama lwyddiannus.

Rhongomiant, gwaywffon *Arthur yn chwedl *Culhwch ac Olwen.

Rhonwen (*fl.* canol y 5ed gan.), merch Hengist. Yn ôl traddodiad cynnar, yr oedd *Gwrtheyrn, arweinydd y Brythoniaid yng nghanol y bumed ganrif, wedi syrthio mewn cariad â hi mewn gwledd ac wedi iddynt briodi cynllwyniodd hi i ledu grym y Sacsoniaid dros ddeheudir Prydain. Alys yw ffurf ei henw mewn rhai testunau, ac mewn eraill ceir y ffurf Rhonwen (Rhawn Wen), a gamffurfiwyd yn Rowena. Mewn ambell fersiwn Alys yw gwraig Hengist, ac felly'n fam i Ronwen. Crybwyllir y traddodiad yn yr *Historia Brittonum*, ond heb grybwyll ei henw; daeth yn adnabyddus trwy fersiwn *Sieffre o Fynwy. Erbyn diwedd yr Oesoedd Canol defnyddiai'r beirdd ymadroddion fel 'cyrff Rhonwen' neu 'blant Alys' am y Saeson ac yr oedd ymadroddion tebyg yn gyffredin mor ddiweddar â'r bedwaredd ganrif ar bymtheg. Gweler hefyd BRAD Y CYLLYLL HIRION.

Rhos, arglwyddiaeth gynnar, a'i chanolfan yn *Negannwy; bu'n gadarnle i *Faelgwn Gwynedd ac wedyn daeth yn gantref yng *Ngwynedd Is Conwy. Yn 1277 cymerwyd Rhos oddi wrth *Lywelyn ap Gruffudd gan Edward I, ac wedi'r goncwest aeth y cantref (ac eithrio cwmwd *Creuddyn a ychwanegwyd at sir Gaernarfon) yn rhan o arglwyddiaeth Dinbych ac fe'i rhoddwyd i Iarll Lincoln.

'Rhosymedre', emyn-dôn gan John David Edwards (1805–85), brodor o Geredigion a dreuliodd dros ddeugain mlynedd yn offeiriad Anglicanaidd Rhosymedre, Dinb. Ymddangosodd y dôn gyntaf o dan y teitl 'Lovely' yn Y *Drysorfa (Mai, 1838) ar gyfer y geiriau 'Mae'r wawr yn torri draw,/ A'r twllwch yn ysgoi' gan John Phillips (Tegidon; 1810–77). Cynhwyswyd hi ym mhob un o'r llyfrau emynau Cymraeg ac fe'i cenir gan amlaf bellach, naill ai ar y geiriau 'O! nefol addfwyn Oen' gan William *Williams (Pantycelyn), neu 'Dewch, hen ac ieuanc, dewch' gan Morgan *Rhys. Defnyddiwyd y dôn gan Ralph Vaughan Williams, y cyfansoddwr, yn un o'r tair alaw y seiliodd arnynt ei *Three Preludes on Welsh Hymn Tunes for Organ* (1920).

Rhuddlan, safleoedd cestyll a adeiladwyd gan y Cymry, y Normaniaid ac Edward I ar fannau strategol uwchben aber afon Clwyd. Yn yr ardal hon, ar *Forfa Rhuddlan, ymladdwyd brwydr bwysig yn 796, pryd y lladdwyd Offa, Brenin Mercia. Adeiladwyd castell yn Rhuddlan tua 1015 ar orchymyn Llywelyn ap Seisyllt a defnyddiwyd hwn yn gartref brenhinol gan ei fab, Gruffudd ap Llywelyn. Gyrrwyd ef o Ruddlan yn 1063 gan yr Iarll Harold ac yn 1073 ar yr un safle o bosibl codwyd castell mwnt a beili gan Robert o Ruddlan. O'r ganolfan hon ymledodd y Normaniaid tua'r gorllewin i *Wynedd, a bu'r castell a'r fwrdeistref gyfagos ym meddiant y Cymry a'r Normaniaid yn ystod y ddeuddegfed ganrif a'r drydedd ganrif ar ddeg (gweler o dan GORESGYNIAD CYMRU GAN Y NORMANIAID). Yn ystod y *Rhyfel dros Annibyniaeth (1276–77) gorymdeithiodd byddin y Brenin i Ruddlan o Gaer ac yn 1277 dechreuodd Edward I ar y gwaith o adeiladu castell a bwrdeistref newydd i'r gogledd o'r castell Normanaidd. Yr oedd Rhuddlan yn ganolfan filwrol bwysig yn ystod yr Ail Ryfel dros Annibyniaeth (1282–83) ac, wedi marw *Llywelyn ap Gruffudd, Rhuddlan oedd canolfan weinyddol Edward I am gyfnod.

O Ruddlan, yn 1284, cyhoeddodd Brenin Lloegr Statud Cymru (neu Statud Rhuddlan) a amlinellai'r trefniadau ar gyfer llywodraethu'r tiroedd a oresgynnwyd gan fyddinoedd y Brenin. Gwnaethpwyd cantref *Tegeingl yn sir y Fflint, ac yr oedd i'w weinyddu gan Ustus Caer. Ffurfiwyd tair sir, Môn, Caernarfon a Meirionnydd, yng Ngwynedd i orllewin afon Conwy a rhoddwyd hwy dan awdurdod Ustus Gogledd Cymru yng nghastell Caernarfon. Yng ngorllewin Cymru helaethwyd siroedd Ceredigion a Chaerfyrddin i'w gweinyddu gan Ustus Gorllewin Cymru o gastell Caerfyrddin. Penodwyd siryf ym mhob sir a sefydlwyd cyfundrefn o lysoedd a disodlwyd *Cyfraith Hywel gan gyfraith droseddol Lloegr. Caniatawyd defnyddio cyfraith Hywel mewn achosion sifil ond esboniwyd yn fanwl ddulliau Seisnig cyfatebol, a daeth rhai o'r rhain yn boblogaidd yn y bedwaredd ganrif ar ddeg. Adeiladwyd hefyd gestyll a sefydlwyd bwrdeistrefi mewn llawer man yng Nghymru (gweler o dan CREU'R SIROEDD).

Ceir manylion pellach yn C. R. Williams, *The History of Flintshire* (1961), A. J. Taylor, *Rhuddlan Castle* (1987), a Helen Burham, *Clwyd and Powys, A Guide to Ancient and Historic Wales* (1995); ceir astudiaeth o Statud Rhuddlan gan Llinos Beverley Smith, 'The Statute of Wales 1284' yn *Cylchgrawn Hanes Cymru* (cyf. x, rhif. 2, 1980–81).

Rhufawn, gweler o dan CYNDDILIG (1935) a DWYMYN (1944).

Rhufawn Befyr ap Dewrarth Wledig, gweler o dan TRI GWYNDEYRN.

Rhufeiniaid, Y, ym Mhrydain. Parhaodd meddiant yr Ymerodraeth Rufeinig ar Brydain am bron pedair canrif a'i ragarweiniad oedd cyrchoedd byrion Iwl Cesar yn ne-ddwyrain Prydain yn 55 a 54 CC. Dechreuodd y goncwest yn OC 43 pan anfonodd yr Ymerawdwr Claudius fyddin o ddeugain mil o ddynion o dan arweiniad y cadfridog Aulus Plautius i'r ynys gyda'r bwriad o'i hymgorffori yn yr Ymerodraeth. Erbyn OC 47 roedd gwastadeddau ffrwythlon y de a'r dwyrain wedi'u meddiannu a sefydlasid Ffordd Fosse, a redai o Lincoln i Gaer-wysg, fel ffin y concwestau cychwynnol. Rhoddodd *Silwriaid de-ddwyrain Cymru, gyda

gelynion mwyaf ystyfnig cyrchoedd y Rhufeiniaid, loches i *Caratacus (Caradog), un o dywysogion llwyth y *Catuvellauni, a'i bencadlys yn Camulodunum (Colchester, Caercolun).

Cafwyd ymosodiad cynharaf y lluoedd Rhufeinig ar Gymru yn OC 48 pan dderbyniasant ymostyngiad y Deceangli, llwyth a drigai rhwng afonydd Dyfrdwy a Chlwyd. Bu cyrch yn erbyn cadarnle'r *derwyddon ar Ynys Môn yn OC 60, ond bu'n rhaid talfyrru'r ymgyrch yng ngogledd-orllewin Cymru oherwydd gwrthryfel *Boudicca (Buddug). Erbyn OC 75 adeiladaid llenggaerau yn Isca (Caerllion), Deva (Caer) ac Eboracum (Caerefrog). O dan arweiniad y cadlywyddion Julius Frontinus (OC 74–78) a Julius Agricola (OC 78–84), cwblhawyd concwest deheudir Prydain trwy ymgyrchoedd a enynnodd wrthwynebiad gwydn y Silwriaid a'r *Ordoficiaid, trigolion gogledd a chanolbarth Cymru. Ceisiodd Agricola feddiannu'r Alban hefyd, ond yn yr ail ganrif dynodwyd ffin ogleddol y dalaith Rufeinig – Britannia – yn gyntaf gan Fur Hadrian (OC 120) ac yna gan Fur Antoninus (OC 143). Rhoddwyd y gorau i amddiffyn Mur Antoninus ddechrau'r drydedd ganrif, a cheisiodd y Rhufeiniaid yn hytrach gadw lled afael ar ddeheudir Yr Alban drwy gytundebau gyda'r llwythau lleol, gan gynnwys y *Gododdin.

Gellir dirnad dau ranbarth o fewn Britannia – rhanbarth sifil gwastadeddau'r de a'r dwyrain a rhanbarth gororol ucheldiroedd y gogledd a'r gorllewin, a Chymru yn rhan ohono. Yn ogystal â lleng-gaerau Isca a Deva, yr oedd yng Nghymru a'i hymylon o leiaf bymtheg ar hugain o gaerau llai, y cwbl wedi'u cydgysylltu â heolydd. Yn eu plith yr oedd Segontium (Caernarfon) y ceir sôn amdani yn *Breuddwyd Maxen* (*Macsen Wledig). A rheolaeth Rhufain yn fwyfwy derbyniol, peidiwyd â chynnal garsiwn yn y rhan fwyaf o'r caerau llai erbyn blynyddoedd cynnar yr ail ganrif, er yr ymddengys i anghyfod ymhlith yr Ordoficiaid greu'r angen am bresenoldeb parhaol lluoedd Rhufeinig mewn rhannau helaeth o ogledd a chanolbarth Cymru. Ceid trefi a filâu niferus yn rhanbarth y gwastadeddau ond nid oedd gan Gymru ond dwy ganolfan ffurfiol Rufeinig drefol, sef Venta Silurum (Caer-went), *civitas* neu brif ddinas daleithiol y Silwriaid, a Maridunum (Caerfyrddin), *civitas* debygol Demetiaid de-orllewin Cymru. Nid oedd ond rhyw ddwsin o filâu yng Nghymru, bron y cwbl ohonynt ar wastadedd arfordirol y de-ddwyrain.

Fel rhanbarth ororol, ni chafodd Cymru ei Rhufeineiddio i'r graddau â thrwch gweddill yr Ymerodraeth orllewinol. Ni ddisodlwyd y Frythoneg gan Ladin er i'r Frythoneg fabwysiadu nifer o eiriau Lladin a ddaeth yn ddiweddarach yn rhan o'r iaith Gymraeg. Goroesodd diwylliant Oes yr Haearn a threfn gymdeithasol a chyfreithiol y *Celtiaid; felly hefyd y grefydd Geltaidd er i Gristnogaeth fwrw gwreiddiau mewn rhannau o dde-ddwyrain Cymru erbyn blynyddoedd olaf y drydedd ganrif. Serch hynny, ni fu dylanwad Rhufain

yn arwynebol. Yn 214 estynnwyd dinasyddiaeth Ruf-
einig i holl wŷr rhydd yr Ymerodraeth. Ymhlith aelodau
dosbarth llywodraethol Cymru parhaodd yr ym-
wybyddiaeth eu bod yn Rhufeinwyr ymhell ar ôl i'r
sylwedd ddiflannu, fel y tystia gwaith *Gildas a cherrig
nadd y bumed i'r seithfed ganrif. Yn sgil sefydlu talaith
Britannia crewyd sail i'r cysyniad o 'goron y deyrnas',
cysyniad a adlewyrchir yn y canu brud (*darogan), yn
arbennig yn *Armes Prydein.

Holltwyd undod yr Ymerodraeth rhwng 259 a 274
pan lywodraethid Britannia o Wlad Gâl gan y traws-
feddiannwr Postumus, ac eto o 286 hyd 296 pan fu gan
Britannia ei ymerawdwyr trawsfeddiannol ei hun.
Cododd trawsfeddianwyr eraill yn y ganrif ddilynol, yn
eu plith Magnus Maximus (Macsen Wledig) yn 383,
gŵr a ddinoethodd Britannia o drwch ei garsiwn yn ei
ymgyrch i sicrhau yr orsedd ymerodrol. Yn ystod y deng
mlynedd ar hugain canlynol, llithrodd Britannia o afael
Rhufain, ac yn 410 anfonodd yr Ymerawdwr Honorius
neges i'r Prydeinwyr Rhufeinig yn eu cynghori i fynd
ati i'w hamddiffyn eu hunain yn erbyn y gelynion
niferus a oedd yn eu bygwrth dros fôr a thir. Dros y
ganrif a ddilynodd, ymddieithriodd Prydain fwyfwy
oddi wrth ddiwylliant a threfn y Rhufeiniaid, ac yn
ystod y ganrif honno fe anwyd y genedl Gymreig.
Ceir manylion pellach yn V. E. Nash-Williams, *The Roman
Frontier in Wales* (1954), P. Selway, *Roman Britain* (1981), S. S.
Frere, *Britannia* (1967) a H. Mathias, *Prydain Rufeinig* (1991).

Rhufoniog, cantref yng *Ngwynedd Is Conwy, a
enwyd yn ôl y traddodiad ar ôl Rhufon (Romanus), un
o feibion *Cunedda. Yn *Ninbych yr oedd ei ganolfan;
rhoddwyd ef i *Ddafydd ap Gruffudd yn 1277, a phum
mlynedd yn ddiweddarach daeth yn rhan o arglwydd-
iaeth Dinbych a roddwyd i Henry Lacy, Iarll Lincoln.

Rhun ap Maelgwn Gwynedd (*fl.* 550), Brenin
*Gwynedd yn ôl Achau Harley a ffynonellau
diweddarach. Mewn testun a geir ymhlith cyfraith
Gwynedd ceir stori yn dwyn y teitl 'Breiniau Gwŷr
Arfon', am rai o wŷr gogledd Prydain yn ymgyrchu yng
Ngwynedd i ddial am ladd Elidir Mwynfawr, a Rhun a'i
osgordd yn arwain gwrthymosodiad yn eu herbyn. Yn
ôl traddodiadau mwy diweddar a gadwyd gan Thomas
*Wiliems a Robert *Vaughan o'r Hengwrt, achos yr
helynt oedd cais gan Elidir Mwynfawr i ddisodli Rhun
oherwydd ei fod yn fab gordderch i *Faelgwn
Gwynedd. Yn ôl y Trioedd yr oedd yn un o *Dri
Gwyndeyrn Ynys Prydain. Cyfeiria *Cynddelw
Brydydd Mawr at Wynedd fel 'gwlad Rhun', a'i
brenhinoedd fel 'hil Rhun' a 'Rhun blant'. Y mae'n
bosibl mai Rhun a goffeir yn yr enw lle Caerhun yn
Nyffryn Conwy.

Rhupunt Byr a **Rhupunt Hir**, gweler o dan PEDWAR
MESUR AR HUGAIN.

Rhuthun, arglwyddiaeth a oedd yn cynnwys ar ôl 1282
y diriogaeth a fu gynt yn gantref Dyffryn Clwyd.
Ffrwgwd gyda Reginald Grey, Arglwydd Rhuthun,
fu'r achos dros ddechrau gwrthryfel *Owain Glyndŵr
yn 1400. Gwerthwyd Rhuthun gan deulu Grey, Ieirll
Caint, i Goron Lloegr yn 1508. Rhuthun yw'r unig
arglwyddiaeth yn y Mers y goroesodd ei roliau llys, felly
y mae hanes ei gweinyddiaeth wedi ei gofnodi yn fanwl
iawn. Ni ddylid ei gymysgu â Rhuthin, un o argl-
wyddiaethau *Morgannwg.

Rhwng Gwy a Hafren, yr enw a roddwyd ar y
cantrefi a'r cymydau a leolwyd rhwng afon Gwy ac afon
Hafren. Ni fu gan y fro fawr o gydlyniad tiriogaethol; yr
oedd yn cynnwys *Buellt, Cwmwd Deuddwr, *Elfael,
*Gwrtheyrnion, *Maelienydd, ac efallai y dylid ei
hystyried yn dalaith goll o *Bowys.

Rhydodyn neu **Edwinsford**, plasty ym mhlwyf
Llansawel, Caerf., a fu'n gartref i un o deuluoedd mwyaf
llengar y sir. Croesewid beirdd i'r aelwyd ar ddiwedd
y bedwaredd ganrif ar ddeg pan ganodd *Madog
Dwygraig i'r noddwr Morgan ap Dafydd, ac yr oedd
*Lewys Glyn Cothi yn ymwelydd cyson. Estynnwyd
nawdd i ysgrifenwyr rhyddiaith grefyddol hefyd a bu
*Llyfr Ancr Llanddewibrefi yn eiddo i'r teulu. Ar
ddechrau'r ail ganrif ar bymtheg y Williamsiaid oedd
berchen Rhydodyn. Yn 1687, pan ddymunai Iago II
ddileu'r Deddfau Penyd yn erbyn Ymneillduwyr, Syr
Rice Williams o Rydodyn oedd yr unig Ustus
Heddwch yn y sir a gytunai ag ef, a dywedodd nad oedd
y deddfau, yn ei farn ef, yn gyson â Christnogaeth
gynnar. Tua diwedd y ddeunawfed ganrif aeth yr ystad i
ddwylo Sais, Syr James Hammet Hamlyn; bu ei fab ef,
Syr James Hamlyn Williams, yn Aelod Seneddol dros y
sir ar ôl 1802. Ar ôl marwolaeth y perchennog olaf, Syr
James Hamlyn Williams Drummond, yn 1913, bu nifer
o bobl yn berchen ar yr ystad, ond y mae'r plasty bellach
yn adfeilion.

Rhyd-y-gloch, rhyd ar afon Taf, ger Pontypridd,
Morg. Cysylltir y lle â chwedl onomastig (*llên
onomastig) am yr elyniaeth rhwng trigolion plwyfi
Llanfabon a Llanwynno, dau blwyf cyfagos. Dywedir i
wŷr Llanfabon groesi'r afon un noson, gyda'r bwriad o
ddwyn cloch ariannaidd ei thôn o eglwys Llanwynno.
Ar y ffordd adref, wrth groesi'r rhyd, a'r gloch wedi ei
chuddio mewn gwellt ar eu hysgwyddau, brawychwyd
hwynt pan ymddangosodd y lleuad lawn yn sydyn wrth i
gwmwl fynd heibio. Syrthiodd y gloch, a deffrowyd
trigolion Llanwynno gan y canu uchel; dihangodd y
lladron yn ôl i Lanfabon. Byth er hynny enw'r fangre
oedd Rhyd-y-gloch ac yn y rhan honno o'r dyffryn yr
enw ar y lleuad lawn yw 'haul Llanfabon'.

Rhyd-y-groes, Brwydr (1039), a ymladdwyd rywle

ar afon Hafren pryd y cafodd lluoedd *Gruffudd ap Llywelyn fuddugoliaeth dros fyddin Mercia. Pwysigrwydd y frwydr oedd iddi alluogi Gruffudd, a ddaeth yn Frenin *Gwynedd a *Phowys yn yr un flwyddyn, i ddiogelu ei ffin ddwyreiniol a mynd rhagddo i oresgyn *Deheubarth yn 1055.

'Rhyd-y-groes', emyn-dôn adnabyddus gan Thomas David Edwards (1875–1930). Fe'i cyfansoddwyd yn 1902 a daeth yn boblogaidd wedi iddi ymddangos yn *Attodiad Llawlyfr Moliant* (1908) a *Cân a Moliant* (1916); yn ddiweddarach fe'i trefnwyd gan y cyfansoddwr ar gyfer lleisiau meibion. Fe'i cenir gan amlaf ar y geiriau 'Duw mawr y rhyfeddodau maith', cyfieithiad J. R. *Jones, Ramoth, o emyn Samuel Davies (1818–91). Ymddangosodd emyn-dôn arall hynod o debyg i 'Rhyd-y-groes' yn dwyn y teitl 'Tuba Mirum' yn *Llyfr Tonau ac Emynau* y Wesleaid (1904) a bu cryn ddadlau ynglŷn â'i hawduriaeth.

Rhydderch ab Ieuan Llwyd (c.1325–1400), noddwr enwog beirdd yng Nglyn Aeron yn ne *Ceredigion yn ystod y bedwaredd ganrif ar ddeg. Cyfansoddwyd cerddi mawl iddo gan feirdd blaenaf y ganrif, ac yr oedd yn gyfaill agos yn ogystal â noddwr i rai ohonynt. Os cawn gredu tystiolaeth ddiweddarach *Lewys Glyn Cothi, *Iolo Goch oedd y bardd a gysylltwyd fwyaf â Rhydderch, er nad oes ar gael ond un cyfeiriad yn ei waith i gynrychioli'r swm enfawr o gerddi mawl y credir i Iolo eu cyfansoddi er mwyn anrhydeddu Rhydderch. Erys hefyd gerddi a gyfansoddwyd iddo gan *Ddafydd ap Gwilym a *Llywelyn Goch ap Meurig Hen. Y mae cerdd Dafydd yn 'farwnad ffug', fel pe bai'n anerchiad ar ran ei ffrind (a oedd yn gyfyrder iddo hefyd) *Llywelyn Fychan. Y mae'n debyg i hon gael ei chyfansoddi rai blynyddoedd yn gynharach nag awdl huawdl Llywelyn Goch i Rydderch a Llywelyn Fychan. Tystiolaetha'r cerddi hyn, yn ogystal â'r farwnad ddilys ddiweddarach a gyflwynwyd iddo gan *Ruffudd Llwyd, i safon uchel cymeriad ac ansoddau deallusol a oedd yn perthyn i Rydderch. Disgynnai teulu Rhydderch o'r Arglwydd Rhys (*Rhys ap Gruffudd). Erys cerddi mawl i'w dad (perchennog *Llawysgrif Hendregadredd) ac i'w hendeidiau sy'n dangos eu bod yn perthyn i draddodiad o noddwyr amlwg i'r diwylliant brodorol: traddodiad a barhaodd i ryw raddau i'r genhedlaeth nesaf, gyda mab Rhydderch, y bardd Ieuan ap Rhydderch. Cysylltir enw Rhydderch yn flaenaf oll â *Llyfr Gwyn Rhydderch, a gomisiynwyd naill ai ganddo ef ei hun neu gan rywun arall ar ei ran ef. Yr oedd Rhydderch yn ddysgedig iawn yng *Nghyfraith Hywel, bu'n stiward ar Geredigion yn 1386, a gwasanaethodd droeon fel 'dosbarthwr' ar faterion cyfreithiol ar gyfer brenin a llywodraeth Lloegr. Erys enw ei gartref, *Parcrhydderch (enw fferm erbyn hyn), ym mhlwyf Llangeitho yn goffadwriaeth iddo.
Am fanylion pellach gweler D. Hywel Roberts, 'Noddwyr y

Beirdd yn Sir Aberteifi', *Llên Cymru* (cyf. x, 1968); Daniel Huws, 'Llyfr Gwyn Rhydderch' *Cambridge Medieval Celtic Studies* (cyf. XXI, 1991); R. A. Griffiths, '*Gentlemen and Rebels in Later Medieval Cardiganshire*' yn *Ceredigion* (cyf. v, 1964–67); Dafydd Johnston, *Gwaith Iolo Goch* (1988) ac 'Awdl Llywelyn Goch i Rydderch a Llywelyn Fychan' ym *Mwletin y Bwrdd Gwybodau Celtaidd* (cyf. XXXV, 1988); R. Bromwich, 'Marwnad Rhydderch', *Bwletin y Bwrdd Gwybodau Celtaidd* (cyf. XXIX, 1980); Ann Parry Owen, *Gwaith Llywelyn Brydydd Hoddnant ac Eraill* (1996).

Rhydderch Hen neu **Rhydderch Hael** (6ed gan.), un o bedwar brenin yr *Hen Ogledd y dywedir yn achau'r Saeson, a gorfforwyd yn yr *Historia Brittonum, eu bod wedi gwrthsefyll y brenin Angliaidd Hussa. Ceir cyfeiriad cynnar ato ym Muchedd Columba gan Adomnán (7fed gan.), sy'n dangos ei fod yn teyrnasu yn Ystrad Clud ac yn gyfoeswr â'r sant, a fu farw yn 597. Yn ôl y Trioedd yr oedd yn un o *Dri Hael Ynys Prydain. Cysylltwyd ef yn gynnar â chwedl *Myrddin ac enwir ef amryw weithiau yn y cerddi sy'n ymwneud â'r chwedl. Gellir casglu oddi wrth y cerddi hyn i Rydderch ymladd ym mrwydr Arfderydd yn 573, lle y cwympodd Gwenddolau ac y collodd Myrddin ei bwyll a ffoi i fyw'n 'wyllt' yng Nghoed Celyddon. Yn y *Vita Merlini* gan *Sieffre o Fynwy (c.1148), a seiliwyd yn rhannol ar ddefnyddiau Cymraeg, ymddengys Rhydderch fel Rodarchus, Brenin y Cumbri, sy'n trechu Guennolous (*Gwenddolau) a'i gefnogwr Merlinus (Myrddin) mewn brwydr. Ym Muchedd Cyndeyrn gan Jocelinus o Furness (12fed gan.), clodforir Rhydderch am ei haelioni, a darlunnir ef fel noddwr i'r sant ac i'r Eglwys.

Rhydderch, Siôn, gweler RODERICK, JOHN (1673–1735).

Rhyddfrydiaeth, egwyddor athronyddol, wleidyddol, economaidd neu ddiwinyddol sy'n pwysleisio rhyddid yr unigolyn, yn hytrach na chyfundrefn awdurdodol. Cymharol ychydig o ddylanwad a gafodd Rhyddfrydiaeth glasurol Jeremy Bentham neu J. S. Mill, yn athronyddol ac yn economaidd, yn uniongyrchol yng Nghymru. Gwreiddiau mewn ymdeimlad o anghyfiawnder, yn enwedig yn yr ardaloedd gwledig, oedd i *Radicaliaeth Gymreig. Yn y blynyddoedd yn dilyn Deddf Diwygiad 1832 atgyfnerthwyd ymhlith yr Ymneilltuwyr Cymreig, yn bennaf y *Bedyddwyr a'r Annibynwyr (*Annibyniaeth), yr hen gwynion yn erbyn y Dreth Eglwys a'r Degwm, deddfau claddu a difreiniad ar dir crefydd, yn ogystal ag yn erbyn landlordiaeth yn gyffredinol. Rhoddwyd mynegiant llenyddol i hyn oll yng ngweithiau Samuel *Roberts a Gwilym Hiraethog (William *Rees), yn fwyaf arbennig yn ei *Llythyrau 'Rhen Ffarmwr. Crisialwyd ymdeimlad o sarhad cenedlaethol gan y *Llyfrau Gleision (1847) ar addysg a chan ddifeddianiad tenantiaid a oedd wedi bwrw eu pleidlais dros ymgeiswyr Rhyddfrydol yn 'Etholiad Fawr' 1868, a magwyd cefnogaeth eang i Radicaliaeth a hynny'n bennaf oddi mewn i'r Blaid Ryddfrydol.

Y grymusaf o'r dadleuwyr dros achos Rhyddfrydiaeth ar ôl 1869 oedd *Baner ac Amserau Cymru gyda'i hadroddiadau bachog gan John *Griffith (Y Gohebydd). Yn etholiad 1880, o ganlyniad i'r sicrwydd newydd a roddwyd gan Ddeddf Balot 1872, enillodd y Rhyddfrydwyr naw ar hugain o'r tair sedd ar ddeg ar hugain yng Nghymru, ac wedi hyn cafodd yr Aelodau Seneddol o Gymru ddylanwad sylweddol, er mai siomedig ydoedd yn y pen draw, ar wleidyddiaeth Prydain yn gyffredinol. Methiant fu'r ymgais i greu Plaid Ryddfrydol ar wahân yng Nghymru yn 1894 a'r flwyddyn ganlynol yn sgîl mudiad *Cymru Fydd. *Datgysylltu'r Eglwys, *Pwnc y Tir, gwelliannau addysgol, cychwyn sefydliadau, dyna'r pynciau a gydgerddai â'r ymdeimlad cenedlaethol newydd. Yr oedd llawer o brif lenorion Cymru, megis Daniel *Owen, yn gryf iawn dros yr achosion hyn, a cheir hefyd ddoniau llai, fel Beriah Gwynfe *Evans, a oedd yn fwy uniongyrchol weithgar dros y Blaid Ryddfrydol. Wedi i David *Lloyd George ganolbwyntio ar wleidyddiaeth Brydeinig, ac i'r Blaid Lafur dyfu (gweler o dan SOSIALAETH) ac yna *Plaid Cymru, ciliodd dylanwad y Rhyddfrydwyr yn gyflym, er i Owen M. *Edwards a W. J. *Gruffydd dreulio cyfnodau byr ac aneffeithiol fel Aelodau Seneddol. Yn Etholiad Cyffredinol 1950 pum aelod Rhyddfrydol yn unig a lwyddodd i gadw eu seddau, ac wedi marwolaeth Clement Davies yn 1962, dwy etholaeth yn unig, Ceredigion a Threfaldwyn (y ddwy â hanes etholiadol cymysg ers hynny) a gynrychiolid gan y Rhyddfrydwyr; ni newidiwyd y sefyllfa hon yn 1983 er gwaethaf y Cynghrair â Phlaid y Democratiaid Cymdeithasol. Trefaldwyn oedd yr unig sedd a gadwyd yn Etholiad Cyffredinol 1992 gan y Democratiaid Rhyddfrydol fel y gelwid y blaid ar ôl ei hailstrwythuro. Yn 1997 cadwyd Trefaldwyn ac adenillwyd Brycheiniog a Maesyfed.

Yn yr agwedd ddiwinyddol dyrchafwyd profiad personol uwchben uniongrededd, ac ymholiad hanesyddol a gwyddonol uwchlaw dogma. Schleiermacher a'i dechreuodd, a'i brif gynrychiolwyr yn ail hanner y bedwaredd ganrif ar bymtheg oedd Ritschl a Harnack. Y blynyddoedd wedi'r Rhyfel Byd Cyntaf oedd cyfnod penllanw'r dylanwad yng Nghymru; yr oedd David *Adams, John Morgan Jones (1873–1946) a D. Miall *Edwards yn amlwg ymhlith yr Annibynwyr, a chyhoeddwyd y gyfrol Llestri'r Trysor (1914) o dan olygyddiaeth y Methodistiaid Wesleaidd E. Tegla *Davies a D. Tecwyn Evans (1876–1957). Gwelir yr agwedd newydd tuag at astudiaethau ysgrythurol orau yn y Geiriadur Beiblaidd a gyhoeddwyd mewn tair cyfrol rhwng 1924 ac 1926.

Ceir manylion pellach am Ryddfrydiaeth wleidyddol Cymru yn R. T. Jenkins, Hanes Cymru yn y Bedwaredd Ganrif ar Bymtheg (1933), Cyril Parry, The Radical Tradition in Welsh Politics: a Study of Liberal and Labour Politics in Gwynedd 1900–1920 (1970), Frank Price Jones, Radicaliaeth a'r Werin Gymreig yn y Bedwaredd Ganrif ar Bymtheg (1977), Kenneth O. Morgan, Rebirth of a Nation: Wales 1880–1980 (1981) a The National Question Again (gol. John Osmond, 1985); ceir ymdriniaeth ag agwedd ddiwinyddol Rhyddfrydiaeth yn R. Tudor Jones, Ffydd ac Argyfwng Cenedl (2 gyf., 1981, 1982).

Rhyfeddodau Prydain, gweler MIRABILIA BRITANNIAE.

Rhyfel Byd Cyntaf, Yr Adwaith Llenyddol i'r.

Yn Saesneg, *In Parenthesis (1937), cerdd fodernaidd David *Jones, oedd prif gyfraniad Cymru i lenyddiaeth y rhyfel, a chyhoeddodd Ll. Wyn *Griffith y nofel Up to Mametz (1931) a Frank Richards yr hunangofiant Old Soldiers Never Die (1933). Beirdd Cymraeg a ymatebodd barotaf i'r gyflafan, a cheir yn Gwaedd y Bechgyn (gol. Alan *Llwyd ac Elwyn *Edwards, 1989) flodeugerdd o gerddi a ysgrifennwyd yn ystod y rhyfel ac ar ôl iddo ddod i ben. Cyfansoddodd R. Williams *Parry rai o'i englynion coffa mwyaf cofiadwy tra oedd yn filwr yn Lloegr, ond gan J. Dyfnallt *Owen y cafwyd y gyfrol gyntaf o gerddi a rhyddiaith yn gymysg, sef Myfyrion a Chaneuon Maes y Tân (1917), ei argraffiadau fel caplan am gyfnod byr yn Ffrainc. Cymharol ychydig o gerddi rhyfel gwirioneddol a gyfansoddodd Hedd Wyn (Ellis Humphrey *Evans), er ei bod yn amhosibl ysgaru ei enw oddi wrth y rhyfel oherwydd atyniad pwerus hanes y Gadair Ddu yn *Eisteddfod Genedlaethol 1917. Ond prifardd y rhyfel, un a ddaeth i amlygrwydd cenedlaethol yn sgîl ei gerddi, oedd Cynan (Albert *Evans-Jones): gyda *phryddest goronog Caernarfon yn 1921, *'Mab y Bwthyn', ymsefydlodd fel un o feirdd a ffigurau diwylliannol mwyaf poblogaidd y ganrif hon a chadarnhawyd ei ddylanwad gyda cherddi rhyfel Telyn y Nos (1921). Fel aelod o uned ambiwlans ac, yn ddiweddarach, fel caplan y profodd Cynan y rhyfel, ond ni fu beirdd a'i gwrthwynebai yn llai huawdl: cerddi protest a ganwyd amlaf gan T. E. *Nicholas a T. Gwynn *Jones, ond cerddi llai amlwg safbwyntiol T. H. *Parry-Williams sy'n ennyn chwilfrydedd fwyaf gan eu bod yn rhagfynegi'r daith o fardd cyhoeddus, eisteddfodol pryddestau ac awdlau 1912 ac 1915 i fardd eironig, myfyrgar Cerddi (1931).

Pitw fu cyfraniad arhosol unrhyw ddramodydd i'r maes, ac er bod ffuglen Saesneg yng Nghymru wedi profi ysgytiad pan gyhoeddodd Caradoc Evans (David *Evans) *My People (1915) yn ystod y rhyfel, nid oedd rhyddiaith Gymraeg y cyfnod hanner mor heriol a modernaidd ei hanian a bu'n rhaid disgwyl tan 1934 cyn cael nofel sylweddol am y rhyfel i oedolion. A *Chenedlaetholdeb Cymreig erbyn hynny wedi ymffurfio'n blaid wleidyddol, awgryma *Plasau'r Brenin (1934) anesmwythyd y Cymry â holl fater y rhyfel: nofel a ysgrifennwyd gan D. Gwenallt *Jones yn seiliedig ar ei brofiadau fel carcharor oherwydd ei wrthwynebiad cydwybodol i'r rhyfel ydyw. O safbwynt sifiliad gartref yr ysgrifennwyd adran glo *Traed Mewn Cyffion (1936) Kate *Roberts, ac nid tan ddiwedd yr Ail Ryfel Byd y cyhoeddwyd yr unig nofel Gymraeg am y Rhyfel Byd Cyntaf i'w hysgrifennu o safbwynt cyn-filwr, sef Amser i Ryfel (1944) T. Hughes *Jones. Er bod y nofel honno'n ddogfen unigryw, bu'n rhaid disgwyl tan 1965 a nofel ryfel Emyr *Jones, Gwaed Gwirion, cyn gweld nofelydd yn trafod y rhyfel heb ei lyffetheirio gan ystyriaethau hanesyddol na diwylliannol. Yn ystod yr un degawd y cyhoeddodd Ifan *Gruffydd a Lewis *Valentine eu hatgofion milwrol. Dychwelodd Kate Roberts at gyfnod a adawodd ei ôl yn drwm arni yn *Tegwch y Bore (1967) a chanolbwyntio ar garwriaeth amser rhyfel, a chydag adran nodedig yn adrodd hanes y prif gymeriad yn ffosydd Ffrainc y daeth nofel epig T. Glynne *Davies, Marged (1974), i ben. Profa'r portread o'r gwrtharwr yn nofelig T. Wilson *Evans, Y Pabi Coch (1983), a'r portread o'r arwr yn ffilm Alan Llwyd, Hedd Wyn (1992), na ddihysbyddwyd posibiliadau creadigol y maes hwn, mewn llenyddiaeth na llunyddiaeth Gymraeg, o bell ffordd eto.

Am arolwg o farddoniaeth y rhyfel gweler Gerwyn Wiliams, Y Rhwyg (1993); am arolwg o ryddiaith y rhyfel, gweler astudiaeth yr un awdur, Tir Neb (1996). Gweler hefyd erthyglau D. Tecwyn Lloyd yn Planet (rhif. 10 ac 11, Chwef./Mawrth a Mai 1972), Wales on the Western Front (gol. John Richards, 1994) a phennod Gerwyn Wiliams yn A Guide to Welsh Literature (cyf. VI, gol. Dafydd Johnston, 1997).

Rhyfel y Degwm, a ddechreuodd yng Nghymru yn y 1880au diweddar. Fe'i hachoswyd gan flynyddoedd meithion o ddirwasgiad economaidd, a wnaed yn waeth gan anghydfod cymdeithasol ac enwadol rhwng y tirfeddianwyr a'r tirddeiliaid. Lledodd y terfysg i bron bob sir yng Nghymru, ond Dyffryn Clwyd oedd prif ganolfan y cythrwfl. Sefydlodd Thomas *Gee y Cynghrair Tir yn 1886 ac yr oedd yn ffigur amlwg yn y mudiad dros ddileu'r Degwm; felly hefyd David *Lloyd George yn ŵr ifanc yn sir Gaernarfon. Gyda thirddeiliaid o ffermwyr Ymneilltuol a wrthodai dalu'r Degwm i'r Eglwys Sefydledig ar flaen y gad, torrodd y 'rhyfel' allan yn fwyaf arbennig yn Llanarmon, Dinb., yn 1886 a Llangwm a Mochdre yn y flwyddyn ganlynol pan gafodd nifer o ffermwyr eu niweidio mewn gwrthdaro â'r heddlu, ac yn Llannefydd yn 1888. Tynnodd y terfysgoedd hyn sylw at broblem diwygio'r tir (*Pwnc y Tir) a *Datgysylltu'r Eglwys. Wedi llawer o ddadleu yn y Senedd o 1887 ymlaen, ac o ganlyniad i'r ddeddf hon, cyfunwyd y Degwm â'r rhent a'i wneud yn daladwy gan y tirfeddiannwr yn hytrach na'r tirddeiliad. Wedi 1892 edwinodd problem y Degwm er i nifer o helyntion godi yng Ngheredigion a sir Benfro yn ystod gweddill y degawd.

Ceir manylion pellach yn R. E. Prothero, The Anti-Tithe Agitators in Wales (1889) ac Elwyn L. Jones, Gwaedu Gwerin

(1983). Lleolir y nofel Gŵr Pen y Bryn (1923) gan E. Tegla Davies yn erbyn cefndir y Rhyfel Degwm. Gweler hefyd J. P. D. Dunbabin, Rural Discontent in Nineteenth Century Britain (1974), a cheir astudiaeth Gymreig sy'n honni i'r tirfeddianwyr gael eu cyhuddo ar gam yn David W. Howell, Land and People in Nineteenth Century Wales (1977).

Rhyfel y Sais Bach (1820–26), a achoswyd gan Sais ifanc, cyfoethog o'r enw Augustus Brackenbury. Prynodd 850 cyfer o dir ar y Mynydd Bach, ger Llangwyryfon, Cer., a dechreuodd ei gau i mewn ac adeiladu tŷ arno, gyda'r bwriad o ymsefydlu fel tirfeddiannwr yn yr ardal. Dinistriwyd ei dŷ cyntaf gan y bobl leol a ofnai golli porfa i'w defaid ond aeth ati i ailadeiladu o dan warchodaeth milwyr. Pan losgwyd yr ail dŷ gan ddynion mewn dillad merched aeth Brackenbury i gyfraith ond er iddo gynnig gwobr ni ddatgelwyd pwy oedd yn gyfrifol am y tân. Dywedir mai'r dynion a gyflogai Brackenbury i adeiladu bythynnod ar ei dir a'u dinistriai liw nos. Ar ôl i'w drydydd tŷ gael ei ddinistrio yn 1826 gan dorf o ryw chwe chant o ddynion rhoddwyd un o'r arweinwyr – gof o'r enw David Jones – ar brawf ond cafodd ei ryddhau mewn llys lleol. Digalonnodd Brackenbury a phenderfynu gwerthu'r tir i'w denantiaid: gadawodd yr ardal ac aeth i Lundain lle y bu farw, dros ei ddeg a thrigain, yn 1874. Y 'rhyfel' hwn yw cefndir y gerdd hir gan Jeremy *Hooker sy'n dwyn yr un teitl â'r casgliad, Englishman's Road (1980).

Ceir hanes llawn y digwyddiad yn David Williams, 'Rhyfel y Sais Bach', yn Ceredigion (cyf. II, 1952); gweler hefyd David Jones, Before Rebecca: Popular Protests in Wales 1793–1835 (1973).

'Rhyfelgyrch Capten Morgan', ymdeithgan adnabyddus; cyhoeddwyd y gerddoriaeth am y tro cyntaf gan Edward *Jones (Bardd y Brenin) yn The Musical and Poetical Relicks of the Welsh Bards (1784). Yn ôl Jones, y mae'n cofnodi gorchest Morgan (ap Maredudd?) a arweiniodd wrthryfelwyr Morgannwg yn ystod *Gwrthryfel Cymreig Madog ap Llywelyn yn 1294 ond y mae'r honiad yn amheus. Gall gyfeirio at y môr-leidr Henry *Morgan, neu at ryw ŵr arall o'r un enw. Y mae'r alaw yn adnabyddus hefyd yn Llydaw, lle y ceir cred draddodiadol a gofnodwyd gan Théodore Hersart de la *Villemarqué yn Barzaz Breiz (1839), fod milwyr Llydewig a Chymreig, a oedd yn ymladd dros fyddinoedd Ffrainc a Lloegr ym mrwydr Saint Cast (1788), wedi adnabod yr alaw wrth iddi gael ei chanu gan y ddwy ochr, ac iddynt wrthod ymladd â'u brodyr Celtaidd nes iddynt gael eu gorfodi gan eu swyddogion. Cyfansoddwyd y geiriau sy'n dechrau 'Rhwym wrth dy wregys', a genir yn aml ar y dôn, gan J. Ceiriog *Hughes, a chyhoeddwyd hwy gyntaf gan Brinley Richards (1817–85) yn Songs of Wales (1873). Cenir y geiriau a gyfansoddwyd gan Cynan (Albert *Evans-Jones) sy'n dechrau 'Henffych i'n Prifardd', yn ystod seremoni'r *Gadair yn yr *Eisteddfod Genedlaethol.

'*Rhyfelgyrch Gwŷr Harlech*', ymdeithgan Gymreig enwog a gyhoeddwyd gyntaf gan Edward *Jones (Bardd y Brenin) yn *The Musical and Poetical Relicks of the Welsh Bards* (1784). Ers dros ganrif bellach bu'n boblogaidd iawn ac fe'i cenir yn aml ar y geiriau 'Wele goelcerth wen yn fflamio' gan John Ceiriog *Hughes neu 'Henffych well i wlad fy nghalon' gan John *Jones (Talhaiarn); ond y mae nifer o barodïau â geiriau Saesneg hefyd yn adnabyddus.

Rhyfeloedd Byd, gweler o dan RHYFEL BYD CYNTAF ac AIL RYFEL BYD.

Rhyfeloedd Cartref, Y (1642–48), a ymladdwyd rhwng byddinoedd y Brenin Siarl I a'r Senedd ond a ymleddid ar achosion a oedd yn amherthnasol i Gymru ar y cyfan. Nid oedd *Piwritaniaeth wedi ymdreiddio ymhellach i Gymru na thiroedd deheuol y Mers. Yr oedd uchelwyr Cymreig heb gymryd rhan yn y datblygiad masnachol na'r dadleuon cyfansoddiadol a nodweddai eu dosbarth yn ne Lloegr, ac yr oeddynt yn deyrngar i'r Brenin ar y dechrau, gan nad oedd yr hen arfer o ddangos teyrngarwch i'r *Tuduriaid eto wedi darfod o'r tir. Yng ngogledd Cymru, fodd bynnag, yr oedd teulu *Myddleton o'r Waun, er eu bod yn hwyr yn dod i'r ymrafael, yn bleidiol i'r Senedd. Yn sir Benfro bu ofn Pabyddiaeth ac ymosodiad gan fyddin y Brenin yn Iwerddon yn foddion i John *Poyer ddylanwadu ar y dosbarth masnachol bach ym Mhenfro a Dinbych-y-pysgod. Yn y sir hon, er eu bod yn y mwyafrif llethol, ni chafodd y Brenhinwyr arweiniad sicr, a llwyddodd Rowland *Laugharne, a ddaeth yn arweinydd lleol i'r Seneddwyr, i ddileu pob gwrthwynebiad yng ngorllewin Cymru erbyn 1648 gyda pheth cymorth llongau'r Seneddwyr. Yng ngogledd Cymru bu arweinwyr y Brenhinwyr megis Syr John Owen (1600–66) o Glenennau a William Salusbury yn llawer mwy llwyddiannus. Llwyddodd y Seneddwyr, trwy gymorth eu galluoedd trefniadol gwell a'u harian, yn hytrach na'u dewrder ar faes y gad, i drechu eu gwrthwynebwyr yn y mân-ysgarmesoedd ar ororau'r gogledd. Ffactor pwysig hefyd oedd i'r cyngor a roddwyd gan yr Archesgob cymedrol John *Williams gael ei anwybyddu a'r ffaith iddo ef, o ganlyniad, ymuno â'r Seneddwyr yn 1645.

Yr oedd pwysigrwydd Cymru yn yr Ail Ryfel Cartref yn amlwg. Yn hwyr yn 1647, oherwydd diffyg parch y Senedd yn Llundain tuag at Laugharne a Poyer a'r pwysau arnynt fel gwŷr cymedrol o du'r sectariaid Piwritanaidd, gwrthryfelodd Poyer gan gymryd nifer o swyddogion a milwyr byddin gorllewin Cymru gydag ef. Ymunodd Laugharne â Poyer, a gwneud apêl at bencadlys y Brenhinwyr ym Mharis. Daeth pen ar y rhyfel hwn, a gychwynnwyd yng Nghymru, wedi i Oliver Cromwell orfodi'r garsiwn yng Nghastell Penfro i ildio, ar ôl gwarchae o chwe wythnos, ar 10 Gorffennaf 1648.

Ceir manylion pellach yn J. F. Rees, *Studies in Welsh History* (1947), N. Tucker, *North Wales in the Civil War* (1958), A. L. Leach, *The History of the Civil War in Pembrokeshire* (1937) a cheir disgrifiad cynhwysfawr yn J. R. Philips, *Memoirs of the Civil War in Wales and the Marches* (2 gyf., 1874); gweler hefyd Geraint H. Jenkins, *The Foundations of Modern Wales 1642–1780* (1987).

Rhyfeloedd dros Annibyniaeth, Y (1276–77; 1282–83), a ymladdwyd rhwng lluoedd *Llywelyn ap Gruffudd ('Y Llyw Olaf') ac eiddo Edward I. Dechreuodd y rhyfel cyntaf ar ôl iddynt ill dau honni bod amodau cytundeb Trefaldwyn (1267) wedi cael eu hanwybyddu. Mynnai Edward fod Llywelyn wedi methu â chyflawni ei ddyletswydd a gwneud gwrogaeth i'r brenin a thyngu ffyddlondeb fel y disgwylid iddo'i wneud, a phenderfynwyd mynd i ryfel yn ei erbyn mewn cyfarfod o'r brenin a'i gyngor yn Nhachwedd 1276. Sefydlwyd canolfannau byddin y brenin yn Nghaer, Trefaldwyn a Chaerfyrddin, a chyflawnwyd rhai symudiadau pwysig erbyn gwanwyn 1277. Meddiannwyd y gororau a *Phowys a *Deheubarth, wrth i dywysogion y ddwy dalaith hynny ymostwng i'r brenin. Yr oedd Llywelyn eisoes wedi ei gyfyngu i *Wynedd pan gychwynnodd Edward ar y brif ymgyrch o Gaer yn yr haf. Goresgynnodd y *Berfeddwlad, rhwng afon Dyfrdwy ac afon Conwy, a dechreuodd adeiladu cestyll y Fflint a *Rhuddlan. Aeth byddin arall i sicrhau Môn, ac ymddangosai fel pe bai'r brenin am feddiannu cadarnle olaf y tywysog a'i ddifeddiannu'n llwyr. Ond ym mis Tachwedd trefnwyd cytundeb, a'r amodau allweddol yn sicrhau bod Llywelyn, yn gyfnewid am gydnabod hawl etifeddol ei frawd *Dafydd ap Gruffudd, yn cael dal dros dymor ei oes ei hun ran Dafydd o Wynedd Uwch Conwy yn ogystal â'i ran ei hun. Yn lle yr hyn a oedd yn ddyledus iddo cafodd Dafydd gantrefi *Rhufoniog a Dyffryn Clwyd yn y Berfeddwlad. Seliwyd y trefniant yn ffurfiol yng nghytundeb *Aberconwy ar 9 Tachwedd 1277.

Dechreuodd yr ail ryfel, a brofodd yn ornest galetach o lawer, pan ymosododd Dafydd ar gastell *Penarlâg ar 21 Mawrth 1282. Wynebai Edward wrthryfel yn nau gantref y Berfeddwlad a oedd o dan weinyddiad ei swyddogion ei hun, sef *Rhos a *Thegeingl, a llwyddodd Dafydd i droi anfodlonrwydd y cymdogaethau hyn, a dadrithiad nifer o dywysogion Powys a Deheubarth, yn wrthwynebiad cadarn. Ymrwymodd Llywelyn i'r ymdrech, er na wyddys pryd yn union y gwnaeth hynny. Mabwysiadodd Edward strategaeth gyffelyb i 1277, gan geisio yn gyntaf sicrhau ei afael ar y gororau a Phowys a Deheubarth. Erbyn diwedd yr hydref, ond nid cyn hynny, yr oedd lluoedd wedi treiddio drwy'r Berfeddwlad hyd at afon Conwy. Meddiannwyd Môn eto, a'r tro hwn arfaethodd y brenin symudiad o'r ynys i'r tir mawr dros bont o fadau ar afon Menai. Profodd yr ymgais gyntaf yn drychineb. Erbyn hynny yr oedd John Pecham, Archesgob Caer-gaint, wedi ymyrryd a bu ei

ymgais i gymrodeddu yn fodd i ennyn nifer o ddat-
ganiadau nodedig gan Lywelyn, yn esbonio pam yr aeth
ei gyd-wladwyr i ryfel ac yn egluro ei safbwynt ei hun,
ac anfonodd at yr archesgob nifer o ddogfennau yn
adrodd y cwynion a fynwesid gan dywysogion a chym-
dogaethau. Ni chafodd Pecham weld llwyddiant, a
dechreuodd y gwrthdaro o'r newydd. Ac yntau wedi ei
gyfyngu yn *Eryri ac yn gwybod bod gofyn iddo dorri'n
rhydd a chyfeirio sylw ei wrthwynebwyr i fannau eraill,
aeth Llywelyn â lluoedd ganddo i'r gororau yng nghyff-
iniau Llanfair-ym-Muallt. Efallai fod ei symudiad i'r
man hwn yn dilyn cynllwyn i'w ddenu yno ymhlith rhai
o arglwyddi'r gororau, ac Edmwnd Mortimer yn arben-
nig o weithredol yn eu plith. Lladdwyd Llywelyn mewn
gwrthdrawiad ger Cilmeri ar 11 Rhagfyr 1282.

Cymerodd ei frawd Dafydd ei le fel tywysog Cymru a
chynnal gwrthwynebiad hyd haf 1283. Erbyn hynny yr
oedd symudiadau o Ddeheubarth tua'r gogledd drwy
Gastell y *Bere, o Fôn i'r tir mawr yng nghyffiniau
Bangor, ac o'r Berfeddwlad drwy afon Conwy i *Ddol-
wyddelan ac Aberconwy wedi sicrhau bod gwrthsafiad y
Cymry wedi ei oresgyn. Cipiwyd Dafydd ym mis
Mehefin, a chafodd ei ddienyddio yn Amwythig ym mis
Hydref. Canwyd marwnadau i Lywelyn gan *Ruffudd
ab yr Ynad Coch a *Bleddyn Fardd, ac i Ddafydd gan
Fleddyn. Cafodd sawl tywysog ei ddietifeddu a'i
garcharu. Trosglwyddwyd rhai o'r tiroedd fforffed i
arglwyddi a gymerai ran yn y rhyfel, a chadwodd
Edward rai tiroedd iddo'i hun, gan wneud trefniadau
gogyfer â'u llywodraethu yn Statud Rhuddlan (1284).

Ceir manylion pellach yn J. E. Morris, *The Welsh Wars of
Edward I* (1901); J. E. Lloyd, *The History of Wales* (1911);
J. Beverley Smith, *Llywelyn ap Gruffudd* (1986); R. R. Davies,
Conquest, Coexistence and Change: Wales 1063–1415 (1987); a
Michael Prestwich, *Edward I* (1988).

Rhyfeloedd y Rhosynnau, gweler o dan BANBURY,
BRWYDR (1469) a BOSWORTH, BRWYDR (1485).

RHYGYFARCH neu **RHIGYFARCH** neu
RICEMARCHUS (1056?–99), mab *Sulien, aelod
disgleiriaf clas *Llanbadarn Fawr. Ei waith ef yw'r
llawysgrif Ladin a elwir *Sallwyr Rhygyfarch* ac a gedwir
bellach yng Ngholeg y Drindod, Dulyn. Y mae'n
cynnwys Hanes Merthyron gan Sierôm a chyfieithiad
gan Rygyfarch o'r Sallwyr Hebraeg ynghyd â phenillion
o'i eiddo ei hun. Y mae'r ysgrifennu'n Ynysol gyda
phriflythrennau lliw; fe'i copïwyd gan ysgrifennydd o'r
enw Ithel a gwnaethpwyd y llythrennau lliw gan *Ieuan
ab Sulien, un o frodyr Rhygyfarch, yn ôl pob tebyg yn
Llanbadarn tua 1079. Diddordeb arbennig y llawysgrif
yw ei bod yn un o'r enghreifftiau prin o'r unig
scriptorium o'r cyfnod y gwyddys amdano yng
Nghymru. Ceir golwg ar allu mydryddol Rhygyfarch
mewn cerdd arall, ei Alarnad a gyfansoddwyd tua 1094,
sy'n dangos cryn wybodaeth am lenyddiaeth Ladin

glasurol. Cerdd ddwys a gwladgarol ydyw yn arddangos
blinder a thrueni gwlad *Ceredigion dan ymosodiadau'r
Normaniaid. Y gwaith arall a briodolir i Rygyfarch yw
Vita Davidis (Buchedd *Dewi Sant) a luniodd tua 1094
yn rhan o'r ymgyrch i warchod annibyniaeth esgobaeth
*Tyddewi.

Ceir manylion pellach mewn erthygl gan Michael Lapidge yn
Studia Celtica (cyf. VIII–IX, 1973–74).

Rhymhi. Cyflwynir enwau 'dau geneu Gast Rymhi'
(Rumney), mewn modd sy'n hynod o anghyson, ymysg
rhestr aelodau llys *Arthur yn chwedl *Culhwch ac
Olwen. Enwau'r ddau genau oedd Gwydrut a Gwyden
Astrus. Yn nes ymlaen yn y chwedl ceir hanes eu
darganfyddiad, ar ffurf bleiddiau, gan Arthur a'i wŷr yn
Aberdaugleddyf, ac yna eu 'dadrithiad gan Dduw . . . yn
eu rithiau eu hunain'. Awgrymir gan hyn mai'r bwriad
gwreiddiol oedd cynnwys hanes dal y bleiddiau ymysg
yr *anoethau yr oedd yn rhaid i'r arwr Culhwch eu
hennill er mwyn iddo gael priodi Olwen – er bod yr
eitem hon wedi'i gollwng o chwedl Culhwch ac Olwen
fel y trosglwyddwyd hi inni heddiw. Ffurf wreiddiol
gywir y bleiddiau hyn a esbonnir gan *Iolo Goch mewn
cerdd fawl i *Ddewi Sant, lle y dywedir eu bod yn
wreiddiol 'yn ddeuwr hen o dir hud, Gwydre astrus ac
Odrud' a ddadrithiwyd gan Dduw yn fleiddiau, a'u
mam yn fleiddast, o achos rhyw bechod nas enwir. Yn
ôl cywydd Iolo, fe'u rhyddhawyd o'u hudoliaeth gan
Ddewi Sant, gyda'u mam yn fleiddast. Nid yw'n amhosibl
fod rhyw draddodiad gwirioneddol yn aros y tu ôl i'r
chwedl y ceir rhyw frith gof amdani yn Culhwch, gan
i'r enw priod Gwyddien Astrus ymddangos fel gorwyr i
Ddyfnwal Hen mewn amryw destunau o ach a gedwir
gan P. C. *Bartrum yn y testun *Bonedd yr Arwyr*.

Am fanylion pellach gweler D. Johnston (gol.), *Gwaith Iolo Goch*
(1988); Ifor Williams *et al.*, *Cywyddau Iolo Goch ac Eraill* (1937);
E. R. Henken, *Traditions of the Welsh Saints* (1987); a P. C.
Bartrum, *Early Welsh Genealogical Tracts* (1966).

RHYS AP DAFYDD AB EINION (14eg gan.),
bardd. Ni chadwyd ond un gerdd o'i eiddo, sef deg o
englynion dychan a gofnodir yn *Llyfr Coch Hergest.
Gwrthrych y dychan yw Gwili (neu Wili, o bosibl), a
ddisgrifir fel crwydryn sydd wedi ei garcharu am ladrad.
Dymuna'r bardd ei weld ynghrog am ei drosedd, ac fe'i
melltithir yn ddidrugaredd gan honni na fydd iddo nac
epil na hil na had. Y mae'r ddelweddaeth anifeilaidd a
ddefnyddir i ddifenwi'r gwrthrych yn nodweddiadol o
ganu dychan y cyfnod hwn. Gan y ceir awgrym yn y
gerdd nad dyma'r tro cyntaf i Wili gael ei ddychanu gan
Rys ap Dafydd, fe ddichon ei fod yn gyff gwawd
cyfarwydd ymhlith y beirdd.

Rhys ap Gruffudd (**Yr Arglwydd Rhys**; 1132–97),
y llywodraethwr nerthol a grymus olaf a gafodd
*Deheubarth. Yr oedd yn ŵyr i Rys ap Tewdwr ac ŵyr

hefyd, trwy ei fam, *Nest, i *Ruffudd ap Cynan, Brenin *Gwynedd. Yn ystod anarchaeth teyrnasiad Stephen ymunodd gyda'i frodyr hŷn i geisio dinistrio awdurdod y Normaniaid yn ne-orllewin Cymru, ac ar farwolaeth ei frawd Maredudd yn 1155 ef oedd unig arglwydd y rhannau hynny o Ddeheubarth a gydnabyddai lywodraeth Gymreig. Wedi i Harri II esgyn i orsedd Lloegr yn 1157, amddifadwyd ef o'r rhan fwyaf o'i diroedd a enillasai ond cydnabuwyd ef yn Arglwydd *Cantref Mawr. Gwrthryfelodd yn 1159, 1162 ac 1164 a daeth ei ymgyrch yn 1162 â Harri II i Ddeheubarth, i glywed yno broffwydoliaeth yr *Hen Ŵr o Bencader a gofnodwyd gan *Gerald de Barri (Gerallt Gymro). Yn 1166 manteisiodd ar fethiant y Brenin i oresgyn Gwynedd, ac ailgipiodd Rhys y tiroedd a gollasai. Yn 1171, a Harri erbyn hynny wedi'i wanhau yn ddirfawr ac yn drwgdybio ei fasaliaid Normanaidd yn Neheubarth, penodwyd Rhys yn Brif Ustus de Cymru. O'r cyfnod hwn hyd ei farw yr oedd gafael Rhys ar y rhan fwyaf o Ddeheubarth yn ddiogel.

Oherwydd fod Tywysogaeth Gwynedd yn wan dros dro fe'i cydnabuwyd ef fel y llywodraethwr Cymreig mwyaf nerthol. Rhoes ei swydd fel prif ustus awdurdod iddo dros fân lywodraethwyr Cymreig de Cymru, ac yr oedd llawer ohonynt, megis Ifor Bach (*Ifor ap Cadifor) yn perthyn iddo trwy briodas. Parhaodd yn deyrngar i Goron Lloegr hyd farwolaeth Harri II yn 1189, eithr ym mlynyddoedd olaf ei fywyd ailgydiodd yn ei ymgyrchoedd yn erbyn awdurdod y Brenin ac arglwyddi'r Mers yn ne-orllewin Cymru. Ar ôl ei farw rhwygodd ei feibion afreolus – Rhys *Gryg yn eu plith – y deyrnas a greasai ef. Yr oedd Rhys yn noddwr hael i'r Eglwys: gwaddolodd fynachlog y *Tŷ-gwyn, mamdŷ'r *Sistersiaid Cymreig; ef oedd prif gymwynaswr mynachlog *Ystrad fflur, claddfa llinach Deheubarth, a sylfaenodd dŷ i'r Canonau Premonstratensaidd yn *Nhalyllychau. Gweler hefyd DINEFWR.

Ceir manylion pellach yn J. E. Lloyd, *A History of Wales* (1911), William Rees, *An Historical Atlas of Wales* (1951) a Gwynfor Evans, *Yr Arglwydd Rhys, Tywysog Deheubarth* (1982); gweler hefyd R. R. Davies, *The Age of Conquest* (1991) ac *Yr Arglwydd Rhys* (gol. N. A. Jones a H. Pryce, 1996).

Rhys ap Thomas (1449–1525), gweler o dan BOSWORTH, BRWYDR (1485), CAERFYRDDIN, CAERIW a CARREG CENNEN.

Rhys Amheurug, gweler MEURIG, RHYS (*c.*1520– 1586/7).

RHYS CAIN (m. 1614), bardd ac arwyddfardd, brodor o Groesoswallt ydoedd, ond cymerodd ei enw o afon Cain ym Mechain Iscoed; yr oedd ei fab *Siôn Cain hefyd yn fardd ac arwyddfardd. Canai Rhys gywyddau yn y dull traddodiadol i deuluoedd amlwg yng ngogledd Cymru, a chopïwyd ei waith, ynghyd â'r achau, mewn

llyfr mawr a losgwyd yn nhân Wynnstay (gweler o dan WILLIAMS WYNN) yn 1859. Ond erys casgliad arall o'i waith a ysgrifennwyd ganddo rhwng 1574 a 1590. Cadwodd gyfrif gwerthfawr o'r arian a dalwyd iddo ar deithiau clera pan oedd yr arfer yn dechrau edwino. Ei gywydd enwocaf yw ei farwnad i *Wiliam Llŷn, ei athro barddol ac efelychodd ef trwy ganu'r cywydd ar ffurf ymddiddan rhwng y byw a'r marw, dull a gychwynnwyd gan ei feistr. Y mae peth tystiolaeth ei fod yn arlunydd ond nid oes dim o'i waith yn aros. Gadawsai Wiliam Llŷn ei lyfrau'n gymynrodd i Rys Cain, a dylanwadodd yntau yn ei dro ar Robert *Vaughan o'r Hengwrt, yr hynafiaethydd.

RHYS FARDD (Y Bardd Bach, Bardd Cwsg; *fl.* 1460–80), gweler o dan CWTA CYFARWYDD (*c.*1425– *c.*1456).

Rhys Goch ap Rhiccert, enw a geir mewn cartiau achau yn unig. Yr oedd yn gyndad i'r beirdd Rhys Brydydd a Lewys Morgannwg (*Llywelyn ap Rhisiart). Lluniodd Iolo Morganwg (Edward *Williams) gorff o farddoniaeth a'i briodoli i Rys, mewn ymgais i brofi ei haeriadau fod ysgol o drwbadwriaid Cymraeg ym Morgannwg yn y ddeuddegfed ganrif a ganai o dan ddylanwad y Normaniaid.

Ceir manylion pellach mewn erthygl gan G. J. Williams yn *Y Beirniad* (cyf. VIII, 1919).

RHYS GOCH ERYRI (*fl.* 1385–1448), bardd a brodor o Feddgelert, Caern. Ei athro barddol oedd *Gruffudd Llwyd ap Dafydd ab Einion Llygliw, a chanodd Rhys farwnad iddo a feirniadwyd gan *Lywelyn ap Moel y Pantri am ei fod yn ystyried bod ynddi sen i *Bowys. Ysgrifennodd Rhys farwnad i Lywelyn sy'n cynnwys cyfeiriadau at ddiffyg ar yr haul adeg ei farwolaeth, ac y mae hyn yn awgrymu mai yn 1440 y bu farw Llywelyn. Priodolir marwnad Maredudd ap Cynwrig a fu farw tua'r flwyddyn 1448 hefyd i Rys. Yn ôl y traddodiad treuliodd Rhys ei oes yn Hafod Garegog a'i gladdu ym Meddgelert.

Ymhlith ei gywyddau yn y dull traddodiadol ceir cywydd yn dwyn y teitl 'Achau Wiliam Fychan Siambrlen Hen' (o'r Penrhyn) a chywydd mawl a marwnad i'w dad Gwilym ap Gruffudd. Canodd hefyd i Robert ap Maredudd, i *Feuno Sant ac i Syr Gruffudd Fychan. Er na chadwyd yr un cywydd o'i eiddo i *Owain Glyndŵr, ceir yn ei ganu i deulu'r Penrhyn awgrymiadau ei fod yn cydymdeimlo â'r arwr hwnnw a'i blaid. Cofir am Rys yn arbennig fel bardd a fu'n *ymryson â Llywelyn ap Moel y Pantri ac â *Siôn Cent yn sgîl y farwnad a luniwyd ganddo i Ruffudd Llwyd. Nid ymryson mohono mewn gwirionedd ond cyfle i'r beirdd hyn gyfnewid syniadau ac ystyried unwaith eto egwyddorion sylfaenol eu celfyddyd.

Ceir detholiad o waith Rhys Goch Eryri yn y gyfrol *Cywyddau*

Iolo Goch ac Eraill (gol. Henry Lewis, Thomas Roberts ac Ifor Williams, 1925); gweler hefyd Saunders Lewis, *Braslun o Hanes Llenyddiaeth Gymraeg* (1932) a Bobi Jones, 'Pwnc Mawr Beirniadaeth Lenyddol Gymraeg' yn *Ysgrifau Beimiadol III* (gol. J. E. Caerwyn Williams, 1967).

Rhys Gryg (m. 1234), mab i *Rys ap Gruffudd (Yr Arglwydd Rhys). Cymerodd ran, ar ôl marw ei dad, yn yr ornest a gododd am oruchafiaeth yn *Neuheubarth. Sicrhaodd orsedd *Dinefwr a thalaith *Ystrad Tywi, a chadarnhawyd ei feddiant ar y diriogaeth hon pan ddosbarthwyd tiroedd Deheubarth mewn cyfarfod gerbron *Llywelyn ap Iorwerth yn 1216. Ychwanegwyd y tiroedd a enillwyd mewn rhyfel, ond pan wnaed heddwch, gorfu iddo dderbyn amodau a olygai ei fod yn ildio'r tiroedd hyn. Yn gyndyn i wneud hynny, ac yn gwrthod gwneud gwrogaeth i'r brenin Harri III, bu raid i Lywelyn yn y pen draw ddod â byddin i Ystrad Tywi a'i orfodi i ymostwng. Dichon mai'r adeg hon, mewn ymgais i gymodi'r ddau, y canodd Prydydd y Moch (*Llywarch ap Llywelyn) awdl arbennig iawn yn coffáu gorchestion milwrol Rhys Gryg. Bu Rhys hefyd yn destun moliant a marwnad gan *Phylip Brydydd. Ar ôl iddo farw, rhannwyd Ystrad Tywi rhwng ei feibion Rhys Mechyll a Maredudd ap Rhys.

Rhys Lewis (1885), ail nofel Daniel *Owen. Cyhoeddwyd hi'n fisol fesul pennod yn Y *Drysorfa (1882–84). Dewisodd yr awdur ffurf hunangofiannol i adrodd hanes y cymeriad dychmygol Rhys Lewis, gweinidog Bethel, am fod nofelau hunangofiannol megis *David Copperfield* yn boblogaidd yn Saesneg, ond yn bennaf am fod y cofiant 'gwir' yn llawer mwy derbyniol i ddarllenwyr Cymraeg na'r *nofel. Daeth yr ymchwil hon am ffurf yn broblem greiddiol y nofel ei hun. Pa mor wir yw cofiannau sy'n honni dweud y gwir? A pha mor llwyr y gellir gwybod y gwir am unrhyw un? Rhybuddia Rhys ei hun ar y dechrau: 'Cofia ddweud y gwir', ond nid yw'n gwneud hynny bob amser. Cymaint oedd diddordeb Daniel Owen mewn cymdeithas nes i'r nofel, yn hytrach na bod yn astudiaeth drwyadl o brofiad ysbrydol Rhys ei hunan, ddatblygu'n oriel o gymeriadau a ddaeth gyda'r enwocaf yn ein llên: *Mari a Bob Lewis, mam a brawd mawr Rhys; yr hen flaenor *Abel Hughes; *Thomas Bartley ffraeth; a *Wil Bryan, *alter ego* Rhys, y dyn fyddai Rhys oni bai am ras Duw. *Rhys Lewis* yw'r fwyaf Methodistaidd o nofelau'r awdur a'r fwyaf difrifol ei bwriad. Er gwaethaf ei chynllun llac a'i llithriadau technegol, ei chyhoeddi hi oedd y cam brasaf ymlaen yn hanes y nofel Gymraeg.

Cafwyd cyfieithiad Saesneg anfedrus ohoni gan James Harris yn 1888–89 ac argraffiad diwygiedig mewn orgraff ddiweddar, wedi ei olygu gan Thomas Parry, yn 1948. Gweler astudiaethau o'r nofel gan R. Gerallt Jones yn *Ansawdd y Seiliau* (1972) a chan Hugh Bevan yn *Beimiadaeth Lenyddol* (gol. Brynley F. Roberts, 1982); gweler hefyd yr erthygl gan T. R. Chapman yn *Taliesin* (cyf. XLVI, 1983).

RHYS MEIGEN (14eg gan.), bardd y canodd *Dafydd ap Gwilym awdl ddychan iddo; yn ôl y traddodiad, bu Rhys farw pan glywodd ei hadrodd mewn ateb i englyn o'i waith ef i fam Dafydd. Ceir cyfeiriadau eraill ato yng ngwaith Dafydd ap Gwilym ond nid oes nemor ddim o'i waith ef ei hun ar glawr. Y mae'n bosibl mai bardd o Feigen, ardal i'r dwyrain o'r Trallwng, Tfn., ydoedd ond dyfaliad yn unig yw hynny.

RHYS NANMOR (*fl.* 1485–1513), bardd teulu Syr Rhys ap Thomas, a mab i Faredudd ab Ieuan, a Nest, ferch Owen ab Iorwerth o Feirionnydd. Ei waith enwocaf yw'r 'Awdl Fraith', nad yw'n *awdl yn ôl safonau heddiw, ond cerdd o gan llinell namyn un ar *gynghanedd, pob un yn dechrau â'r llythyren C ac yn diweddu â'r odl -*og*. Awdl frud i Harri VII ydyw, ac enwir ynddi chwech ar hugain o wahanol anifeiliaid, ond aeth arwyddocâd yr enwau ar goll erbyn hyn. Canodd awdl farwnad i Arthur, mab hynaf Harri VII, a fu farw yn 1502. Yn wahanol i *Ddafydd Nanmor o ran arddull a geirfa, canai'n fwriadol dywyll, gan bentyrru hen eiriau swnfawr, ansathredig, gyda thorymadroddion a sangiadau mynych, a chynghanedd gymhleth. Yr oedd yn gyfaill i *Dudur Aled ac englynent i'w gilydd, ac yn ddisgybl barddol i Ddafydd Nanmor. Ei gyfaill *Lewys Môn a ganodd gywydd marwnad iddo.

RHYS, EDWARD PROSSER (1901–45), golygydd a bardd a aned ym Methel, y Mynydd Bach, Cer. Torrodd ei iechyd a gadawodd yr ysgol yn un ar bymtheg oed ac ar ôl cyfnod gartref, aeth i weithio ar *The Welsh Gazette* yn Aberystwyth gan ddechrau ar yrfa newyddiadurol, a daeth, yn y man, yn olygydd *Baner ac Amserau Cymru*, swydd y bu ynddi o 1923 hyd ddiwedd ei oes.

Cyhoeddodd gyfrol o'i gerddi telynegol, *Gwaed Ifanc* (1923), ar y cyd â John Tudor *Jones (John Eilian). Yn 1924 enillodd *Goron yr Eisteddfod Genedlaethol am ei bryddest 'Atgof'. Gan fod y bryddest hon yn ymwneud â theimladau gwrywgydiol llanc ifanc, creodd gynnwrf ac adwaith cryf yn ei herbyn ymysg rhai, a pharodd i lawer fethu gweld ei rhinweddau llenyddol amlwg. Hwyrach fod y cynnwrf a achoswyd gan 'Atgof' yn rhannol gyfrifol am y ffaith na chyhoeddwyd cyfrol arall o'i waith nes yr ymddangosodd *Cerddi Prosser Rhys* (1950), bum mlynedd ar ôl ei farw. Parhaodd, serch hynny, i annog llenorion eraill yn rhinwedd ei swydd fel golygydd *Baner ac Amserau Cymru*, ac o 1928 ymlaen bu'n cyhoeddi llyfrau trwy gyfrwng Gwasg Aberystwyth a sylfaenwyd ganddo; yr oedd y prysurdeb hwn hefyd, ynghyd â'i iechyd bregus, yn sicr wedi llesteirio i raddau ei lawn dwf fel bardd. Y mae un o leiaf o'i gerddi, 'Cymru', ymhlith cerddi gwladgarol gorau'r ugeinfed ganrif.

Cyhoeddwyd cofiant E. Prosser Rhys gan Rhisiart Hincks (1980); gweler hefyd yr erthygl gan Gwyn Williams yn Y *Traethodydd* (Hyd. 1977).

RHYS, ERNEST (1859–1946), bardd, nofelydd a golygydd. Fe'i ganed yn Islington, yn fab i ŵr o Gaerfyrddin a Saesnes, a threuliodd chwe blynedd o'i blentyndod yn nhref enedigol ei dad. Dechreuodd ei yrfa fel peiriannydd mwynfeydd yng ngogledd Lloegr ond trodd at ysgrifennu nofelau, a'r gyntaf oedd *The Fiddler of Carne* (1896). Erbyn hynny yr oedd yn gyfranogwr adnabyddus ym mywyd llenyddol Llundain, oherwydd yn 1891 sefydlodd ef, W. B. Yeats a T. W. Rolleston gymdeithas a elwid *The Rhymers' Club*.

Cofir Ernest Rhys yn bennaf am iddo olygu'r *Everyman Library* i gwmni Dent. Penodwyd ef i'r swydd hon yn 1906, wedi iddo weithio yn olygydd i gyhoeddwr o Tyneside, ac ef a ddewisodd enw'r gyfres a bu'n olygydd cyffredinol ar y 983 o deitlau a gyhoeddwyd cyn diwedd ei oes. Hon oedd y llyfrgell fwyaf o lyfrau rhad yn hanes cyhoeddi cyn dyfodiad Llyfrau Penguin ac adwaenid Rhys fel 'Mr. Everyman' oherwydd ei waith. Ym marn ei gyfaill Ezra Pound aberthodd ei ddawn i nyddu 'aur Cymreig' gan iddo orfod gwneud 'cymaint o olygu a hacwaith'.

Ond yr oedd Rhys hefyd yn llenor a berchid yn ei gyfnod ei hun. Ymhlith ei lyfrau y mae chwe chyfrol o gerddi, *A London Rose* (1894), *Welsh Ballads* (1898), *Lays of the Round Table* (1905), *The Leaf Burners* (1918), *Rhymes for Everyman* (1933) a *Song of the Sun* (1937), ond nid oes i'r un ohonynt fawr o werth llenyddol. Ymhlith ei nofelau ceir tair nofel arall, *The Whistling Maid* (1900), *The Man at Odds* (1904), y ddwy wedi eu lleoli yng Nghymru, a *Black Horse Pit* (1925); a dwy gyfrol o hunangofiant, *Everyman Remembers* (1931) a *Wales England Wed* (1940). Cyhoeddodd hefyd ddau werslyfr i ysgolion, *Readings in Welsh Literature* (1924) a *Readings in Welsh History* (1927). Cyfieithodd nifer o gerddi Cymraeg i'r Saesneg ac yr oedd yn un o'r cyfranwyr i *Welsh Poets* (gol. A. G. *Prys-Jones, 1917). Yr oedd ei wraig, Grace Rhys (m. 1929), hefyd yn nofelydd a golygodd hi *A *Celtic Anthology* (1927). Yr oedd Ernest Rhys yn un o brif gymeriadau mudiad *'Cyfnos Geltaidd' y 1890au, ac y mae'r ffaith ei fod yn cael ei ystyried yn Lloegr yn un o brif gynrychiolwyr barddoniaeth Gymreig ei gyfnod yn adlewyrchiad trist o gyflwr llenyddiaeth Eingl-Gymreig ar droad y ganrif ac ymwybyddiaeth Lloegr o lenyddiaeth yn yr iaith Gymraeg.

Ceir astudiaeth o fywyd a gwaith Ernest Rhys gan J. K. Roberts yn y gyfres *Writers of Wales* (1983); gweler hefyd yr ysgrif gan Anthony Conran yn *The Cost of Strangeness* (1982).

RHŶS, JOHN (1840–1915), ysgolhaig Celtaidd, a aned ger Ponterwyd, Cer. Ar ôl ei hyfforddi'n athro yn y Coleg Normal, Bangor, a dysgu yn Rhos-y-bol, Môn, aeth i Goleg Iesu, Rhydychen, ac yno graddiodd ag anrhydedd yn y Clasuron yn 1869; yn yr un flwyddyn fe'i hetholwyd yn Gymrawd yng Ngholeg Merton. Treuliai ei wyliau haf yn astudio ym Mhrifysgolion Paris, Heidelberg, Leipzig a Göttingen. Fe'i penodwyd yn arolygydd ysgolion yn siroedd y Fflint a Dinbych yn 1871, a daeth yn 1877 yn Athro Celteg cyntaf Prifysgol Rhydychen ac yn 1895 yn Brifathro Coleg Iesu. Ef oedd llywydd cyntaf *Cymdeithas Dafydd ap Gwilym pan sefydlwyd hi yn 1886. Bu'n amlwg iawn ym mywyd cyhoeddus Cymru a daeth sawl anrhydedd i'w ran: fe'i hetholwyd yn Gymrawd o'r Academi Brydeinig, derbyniodd Fedal Anrhydeddus Gymdeithas y *Cymmrodorion, fe'i hurddwyd yn farchog yn 1907, fe'i dewiswyd yn aelod o'r Cyfrin Gyngor, a derbyniodd raddau er anrhydedd gan Brifysgol Caeredin a chan *Brifysgol Cymru.

Ieithegwr ydoedd yn gyntaf ac yn bennaf, a chyhoeddodd nifer o erthyglau pwysig ar bynciau'n ymwneud ag Ieitheg Geltaidd. Ei lyfr cyntaf, *Lectures on Welsh Philology* (1877), oedd ar lawer cyfrif ei waith pwysicaf. Ef oedd y cyntaf i ddefnyddio dulliau Ieitheg Gymharol i astudio datblygiad seiniau'r Gymraeg o'r arysgrifau Brythoneg hyd Gymraeg ei oes ei hun, gan eu rhoddi yng nghyd-destun yr ieithoedd Celtaidd a rhai o'r ieithoedd Indo-Ewropeaidd eraill. Cyhoeddodd hefyd *The Outlines of the Phonology of Manx Gaelic* (1894), mewn cyfnod pan oedd y Fanaweg o hyd yn iaith fyw. Ei brif ddiddordeb ieithyddol arall oedd arysgrifau, yn enwedig arysgrifau Celteg y Cyfandir, a thraddododd sawl papur arnynt i'r Academi Brydeinig. Golygodd gyda J. Gwenogvryn *Evans, *The Text of the Mabinogion . . . from the Red Book of Hergest* (1887), *The Text of the Bruts from the Red Book of Hergest* (1890), *The Text of the Book of Llan Dâv* (1893), a chyda John *Morris-Jones, *The Elucidarium . . . from Llyvyr Agkyr Llandewivrevi* (1894).

Ymddiddorodd hefyd mewn archaeoleg, mytholeg, llên gwerin ac ethnoleg, a chyhoeddodd lawer iawn ar y pynciau hyn, yn llyfrau ac yn erthyglau. Ni ellir crybwyll ond rhai o'r llyfrau pwysicaf yma: *Celtic Britain* (1882), *Lectures on the Origin and Growth of Religion as illustrated by Celtic Heathendom* (Darlithiau Hibbert, 1886; 1888), *Studies in the Arthurian Legend* (1891), *The Welsh People* (gyda D. Brynmor-Jones, 1900) a *Celtic Folklore, Welsh and Manx* (2 gyf., 1901). Er mai anwastad iawn, o'n safbwynt ni heddiw, yw llawer o'r gweithiau hyn, John Rhŷs oedd y cyntaf a'r pwysicaf o arloeswyr bedwaredd ganrif ar bymtheg yn y meysydd hyn.

Ceir manylion pellach am fywyd a gwaith Syr John Rhŷs yn yr erthygl gan John Morris-Jones yn *Nhrafodion* yr Academi Brydeinig (cyf. xi, 1924–25); gweler hefyd y gyfrol gan T. H. Parry-Williams yng nghyfres *Gŵyl Dewi* (1954).

RHYS, KEIDRYCH (1915–87), golygydd a bardd a aned yn William Ronald Rees Jones ym Methlehem, ger Llandeilo, Caerf., ond newidiodd ei enw yn ddiweddarach. Dechreuodd ei yrfa fel newyddiadurwr llenyddol yn Llundain yn 1937, ac yn y flwyddyn honno cychwynnodd y cylchgrawn *Wales a gysylltir yn anwahanadwy â'i enw. Ar ôl gwasanaethu yn y Fyddin (1939–45) gyda'r Weinyddiaeth Hysbysrwydd, dychwelodd i Gymru i fyw yn Llan-y-bri, ac yno cychwynnodd y *Druid Press*; o 1939 hyd 1948 yr oedd yn briod â'r llenor Lynette *Roberts. Dychwelodd i Lundain yn 1950 a bu'n gweithio yno ym myd newyddiaduraeth a chysylltiadau cyhoeddus, bu'n ohebydd i *The People* (1954–60) ac yn olygydd *Poetry London–New York* (1956–60).

Yr oedd Keidrych Rhys yn ŵr dylanwadol iawn yn natblygiad ysgrifennu Eingl-Gymreig yn ystod y 1930au a'r 1940au, yn bennaf fel trefnydd a golygydd. Yr oedd ganddo lygad craff am ddoniau newydd, a phersonoliaeth gyffrous a ymhyfrydai mewn hanesion a chythrwfl llenyddol. Ymhlith y blodeugerddi a olygwyd ganddo gellir enwi *Poems from the Forces* (1941), *More Poems from the Forces* (1943) a *Modern Welsh Poetry* (1944). Cyhoeddwyd detholiad o'i gerddi ef ei hun mewn llyfryn yn dwyn y teitl *The Van Pool* (1942), ond fel golygydd y gwnaeth ei gyfraniad pwysicaf. Egyr cyfrol Glyn *Jones, *The *Dragon has Two Tongues* (1968), sydd i raddau helaeth yn hunangofiannol, â llythyr at Keidrych Rhys.

Am ragor o fanylion gweler yr erthygl gan John Harris yn *Planet* (rhif. 65, Hyd./Tach. 1987) a'r un gan Alun Richards yn *Planet* (rhif. 104, Ebrill/Mai 1994).

RHYS, MANON (1948–), llenor, a aned ac a faged yn Nhrealaw, Cwm Rhondda, yn ferch i J. Kitchener *Davies. Addysgwyd hi yng Ngholeg Prifysgol Cymru, Aberystwyth, lle y graddiodd yn y Gymraeg. Dechreuodd lywio ei gyrfa trwy ysgrifennu sgriptiau teledu yn gyson i S4C o ddyddiau cynnar y sianel ymlaen, yn eu plith *Pobol y Cwm*, drama ffilm, *Iâr Fach y Haf*, a'r gyfres ddrama *Y Palmant Aur*. Golygodd bedair cyfrol hunangofiannol sy'n dwyn y teitl *Cyfres y Cewri*, a seiliwyd gan mwyaf ar sgyrsiau a recordiwyd ar gasét: *Dafydd *Iwan* (1981), *W. H. Roberts, Aroglau Gwair* (1981), *Alun Williams* (1982) a *Bywyd Cymro: Gwynfor *Evans* (1982). Ffafriodd thema fwy benywaidd ei naws wrth olygu'r gyfrol *Ar fy myw: 'sgrifennu gan fenywod yng Nghymru* (1989), detholiad o ysgrifau hunangofiannol a fu'n fuddugol mewn cystadleuaeth a gyfyngwyd i fenywod yn unig. Yn ei rhagair i'r gyfrol hon, cwynodd am nad oedd y cyfranwyr wedi 'mentro i ddirgelion teimladau cnawdol', dirgelion y mae hi ei hun wedi'u harchwilio yn ei hysgrifennu creadigol. Cyhoeddodd *Cwtsho* yn 1988, casgliad o straeon byrion sydd yn ymwneud ag ymateb menywod i wahanol sefyllfaoedd, gan gynnwys thema a anwybyddwyd yn ddirfawr mewn llenyddiaeth Gymraeg hyd yn hyn, sef cam-drin plant. Y mae hefyd yn trafod dirgelion y cnawd yn ei nofel gyntaf, *Cysgodion* (1993), nofel erotig sy'n disgrifio bywyd rhywiol Lois, y prif gymeriad, trwy gyfrwng dyfyniadau o'i hymchwil i fywyd a gwaith yr arlunydd Gwen John (gweler o dan JOHN, AUGUSTUS) gan

ganolbwyntio ar ei pherthynas rywiol hi â'r cerflunydd Auguste Rodin. Cyhoeddodd ei hail nofel, *Tridiau, ac Angladd Cocrotshen*, yn 1996. Y mae hefyd yn ddramodydd a gydysgrifennodd *Pwy bia'r gân?* (1991) gyda T. James *Jones, drama a gomisynwyd gan Ŵyl Dinefwr a Chwmni Whare Teg i ddathlu dauganmlwyddiant marwolaeth William *Williams (Pantycelyn). Cyhoeddodd addasiad o ddrama ei thad, *Cwm Glo*, yn 1994.

RHYS, MORGAN (1716–79), emynydd a aned yng Nghil-y-cwm, Caerf. Ni wyddys llawer am fore'i oes, ond bu'n athro cylchynol i Griffith *Jones rhwng 1757 a 1775 a cheir geirda am ei lafur gan wahanol offeiriaid yn adroddiadau'r *Welch Piety*, adroddiad blynyddol yr Ysgolion. Y mae naws dau lythyr o'i eiddo (1757–58) a gopïwyd gan ei gyfaill, John Thomas, Tre-main, yn dyst iddo gael ei danio gan ysbryd y deffroad Methodistaidd a gerddai drwy ei ardal yn ei ddydd.

Cofir am Morgan Rhys heddiw fel un o brif emynwyr Cymru yn y ddeunawfed ganrif. Dechreuodd gyhoeddi ei emynau yn 1755 dan y teitl *Golwg o Ben Nebo*, teitl a roddwyd i ddau gasgliad arall a gyhoeddwyd yn 1765 ac 1775. Ymddangosodd nifer o gasgliadau bychain ar ôl hynny, sef *Casgliad o Hymnau* (1757), *Casgliad o Hymnau* (1760), *Golwg ar Ddull y Byd Hwn* (1767), *Golwg ar Ddinas Noddfa* (1770), dau gasgliad bychan dan y teitl *Griddfannau'r Credadyn* (*c*.1773), ac *Y Frwydr Ysprydol* (*c*.1774) ar y cyd â Thomas *Dafydd. Cyhoeddodd hefyd, o bryd i'w gilydd, rai marwnadau, yn null William *Williams (Pantycelyn), i goffáu Griffith Jones, Lewis Lewis, Llanddeiniol, Howel Davies, Penfro, William Richards o Landdewibrefi, Siôn Parry, Talyllychau, a Morgan Nathan o Landeilo. Nid oedd yn emynydd cynhyrchiol ond y mae gwerth ysbrydol ei waith yn gyfwerth â goreuon cyfnod euraid emynyddiaeth Cymru: ceir detholiad da ohonynt ym mhob llyfr emynau cyfoes.

Cyhoeddwyd astudiaeth o'i fywyd a'i waith gan Gomer M. Roberts (1951); gweler hefyd *Gwaith Morgan Rhys Rhan 1* (gol. H. Elvet Lewis, 1910), yr ysgrif gan G. O. Williams yn *Gwŷr Llên y Ddeunawfed Ganrif* (gol. Dyfnallt Morgan, 1966) a'r ysgrif gan D. Simon Evans yn *Ysgrifau Beirniadol IX* (gol. J. E. Caerwyn Williams, 1979). Gwelir detholiad o'i emynau yn *Pedwar Emynydd* (gol. Bobi Jones, 1970).

Rhys, Morgan John (1760–1804), gweinidog a phropagandydd gwleidyddol. Fe'i ganed yn Llanbradach, Morg., a daeth yn weinidog gyda'r *Bedyddwyr ym Mhen-y-garn, ger Pont-y-pŵl, Myn. Carai Ryddid a gwelodd yn y *Chwyldro Ffrengig wawrio oes newydd; pregethodd yn erbyn caethwasiaeth a phleidiodd ddiwygio'r Senedd ar dudalennau *Y *Cylchgrawn Cynmraeg*, misolyn a gychwynnwyd ganddo yn Nhrefeca yn 1793 ond a ymddangosodd bum gwaith yn unig. Yn 1794, ac yntau wedi diflasu ar yr erlid gwrth-Ryddfrydol (gweler o dan RHYDDFRYDIAETH) mewn crefydd a gwleidyddiaeth ym Mhrydain yn y cyfnod hwnnw, a hefyd er mwyn osgoi cael ei restio oherwydd ei sylwadau am ormes y Llywodraeth, croesodd yr Iwerydd er mwyn paratoi lle i Gymry ymsefydlu yno. Bedair blynedd yn ddiweddarach ym Mynyddoedd Allegheny, gorllewin Pennsylvania, prynodd randir a rhoes yr enw Cambria ar y wladfa newydd y bwriadai iddi fod yn 'gartref i bobl rydd a goleuedig'. Beulah oedd enw prif dref y wladfa, a daeth llawer o ymfudwyr o Gymru iddi. Yno cyhoeddodd Rhys bapur newydd, *The Western Sky,* a sefydlodd enwad newydd o'r enw Eglwys Crist a chymdeithas i genhadu i'r Indiaid Gogledd America. Ni pharhaodd ei ddiddordeb yng nghymuned Beulah yn hir a chafodd lawer anffawd ddifrifol yno; yn 1799 symudodd i Somerset County, UDA, lle y daeth yn ddinesydd amlwg iawn.

Ceir manylion pellach yn J. J. Evans, *Morgan John Rhys a'i Amserau* (1935) a Gwyn A. Williams, *The Search for Beulah Land* (1980); gweler hefyd y nofel gan Emyr Humphreys, *The Anchor Tree* (1980), sy'n ymwneud yn symbolaidd â Beulah.

RHYS, SIÔN DAFYDD (1534–*c.*1619), meddyg ac ysgolhaig; **John Davies** ydoedd i'w gyfoeswyr. Fe'i ganed ym mhlwyf Llanfaethlu, Môn, ac yr oedd yn nai i'r Esgob Richard *Davies. Addysgwyd ef yn Eglwys Grist, Rhydychen, a theithiodd yn eang ar y Cyfandir a graddiodd yn Feistr Diwinyddiaeth ym Mhrifysgol Siena yn 1567. Wedi iddo ddychwelyd i Gymru fe'i penodwyd yn brifathro Ysgol Friars ym Mangor yn 1574 ond yn ddiweddarach bu'n gweithio fel meddyg yng Nghaerdydd ac yn y Clun Hir, ei dŷ yng Nghwm Llwch, Brych. Er iddo fod unwaith yn Brotestant a chynorthwyo i gyfieithu'r Ysgrythurau i'r Gymraeg, dychwelodd at y ffydd Gatholig.

Tra bu yn yr Eidal cyhoeddodd dri llyfr: un yn Lladin ar ramadeg yr iaith Roeg (nid oes copi ar gael), un yn Eidaleg ar ramadeg yr iaith Ladin (1567), ac un yn Lladin ar sut i ynganu Eidaleg (1569). Ei waith mwyaf fodd bynnag oedd *Cambrobrytannicae Cymraecaeve Linguae Institutiones et Rudimenta* (1592), sef gramadeg Cymraeg a rheolau *Cerdd Dafod. Nid oedd gan Rys ddim o athrylith Gruffydd *Robert a John *Davies, Mallwyd, i ddisgrifio'r iaith – mynnai wthio'r Gymraeg i ffrâm y Lladin. Ychydig sy'n wreiddiol yn ei ymdriniaeth â Cherdd Dafod; yr hyn a wnaeth oedd codi darnau o lyfrau'r penceirddiaid, ond yr oedd hynny'n beth da, gan fod y beirdd yn mynnu cadw eu dysg yn gyfrinach. Fel un o brif ysgolheigion y *Dadeni, amcan Rhys oedd cyflwyno i'r byd, yn yr iaith Ladin, gyfoeth y Gymraeg a'i lên. Ysgrifennodd hefyd draethawd, sydd wedi ei gadw mewn llawysgrif, ar hanes cynnar Prydain, a cheisiodd amddiffyn *Sieffre o Fynwy yn wyneb beirniadaeth Polydore Vergil (gweler o dan MYTH HIL Y BRYTANIAID). Gwaith arall mewn llawysgrif yw ei 'Llythyr at y Beirdd', lle y mae'n canmol eu crefft a hefyd yn eu cynghori yn unol â safonau dyneiddiaeth yr oes. Yr oedd Rhys ei hun yn bencampwr ar ysgrifennu Cymraeg, fel y dengys y rhagymadrodd i'r gramadeg a gyhoeddwyd yn *Rhagymadroddion 1547–1659* (gol. Garfield H. Hughes, 1951).

Ceir rhagor am Rys gan Thomas Parry yn *Y Llenor* (cyf. IX a X, 1930, 1931) a *Bwletin y Bwrdd Gwybodau Celtaidd,* (cyf. VI, 1931–33), a gweler yn arbennig erthygl R. Geraint Gruffydd, '*The Life of Dr. John Davies of Brecon*' yn *Nhrafodion Anrhydeddus Gymdeithas y Cymmrodorion,* (1971, rhan II). Argraffwyd y 'Llythyr at y Beirdd' yn *Rhyddiaith Gymraeg II* (gol. Thomas Jones, 1956) a thrafodir ef gan Branwen Jarvis yn *Llên Cymru* (cyf. XII, 1972). Gweler hefyd R. Geraint Gruffydd, '*Dr John Davies, "the Old Man of Brecknock"*', yn *Archaeologia Cambrensis* (cyf. CXLI, 1992).

S

Sabeliaeth, ymgais i gysoni'r athrawiaeth fod un Duw yn unig â'r athrawiaeth fod tri Pherson yn y Duwdod. Ateb Sabelius, awdur Rhufeinig a ysgrifennai yn gynnar yn y drydedd ganrif, oedd mai dim ond moddau neu weddau ar Dduw, dim ond amlygiadau o'r un Hanfod, oedd y Mab a'r Ysbryd, heb fod yn Bersonau unigol, real; esgymunwyd Sabelius am y farn hon. Am iddi roi'r lle blaenaf i'r Tad gelwir Sabeliaeth weithiau yn Fonarchiaeth Foddoliaethol a chanlyneb y ddysgeidiaeth hon yw Patripasiaeth, sef fod y Tad ei hun wedi dioddef yn angau'r Mab.

Gwelir elfennau'r ddwy athrawiaeth yn athroniaeth Howel *Harris, elfennau a fu i raddau yn gyfrifol am y rhwyg rhyngddo ac arweinwyr eraill y Methodistiaid, megis Daniel *Rowland. Yr enghraifft fwyaf nodedig o Sabeliaeth yng Nghymru, fodd bynnag, yw sylwadau Peter *Williams. Diarddelwyd ef gan y Methodistiaid Calfinaidd mewn cyfarfod yn Llandeilo yn 1791 oherwydd ei ddaliadau, gyda'r canlyniad i ddau emynydd o fri, Thomas *William, Bethesda'r Fro, a John *Williams, Sain Tathan, adael y Methodistiaid ac ymuno â'r Annibynwyr. Bu rhywfaint o anesmwythyd ymhlith Annibynwyr yn sgîl cyhoeddi *Dialogus* (1778), gan Nathaniel *Williams. Yn yr ugeinfed ganrif gwelid tueddiadau Sabelaidd yn *Cenadwri'r Eglwys a Phroblemau'r Dydd* (1928) gan Thomas Rees (1869–1926) a *Bannau'r Ffydd* (1929) gan D. Miall *Edwards.

Ceir ymdriniaeth lawn ar y pwnc yn J. Gwili Jenkins, *Hanfod Duw a Pherson Crist* (1931).

Sabrina, gweler o dan DOLFORWYN.

Sadrach Danyrefail, un o'r cymeriadau pwysicaf ac un sy'n ymddangos yn bur aml yn straeon Caradoc Evans (David *Evans) am 'werin gorllewin Cymru'. Y mae ei ragrith, ei hunanoldeb, ei anfoesoldeb, ei wybodaeth o'r Ysgrythur a'i ddiwinyddiaeth wyrdroëdig yn ei wneud gyda'r anhyfrytaf o greadigaethau mwyaf anhoffus yr awdur. Ef yw'r cymeriad canolog a'r grymusaf yn y stori 'A Father in Sion' yn *My People* (1915), prif gynrychiolydd drygioni yn 'A Just Man in Sodom' a chyfrannydd at drasiedi Nanni yn 'Be This Her Memorial'. Weithiau, ef yw cynorthwyydd y Parchedig Josiah Bryn-Bevan mewn drwg weithredoedd, ond y mae ei ddrygioni ar ei ddisgleiriaf pan yw'n gweithredu yn ôl ei weledigaeth ei hun.

Saer Doliau (1966), drama gan Gwenlyn *Parry a dorrodd dir newydd yn y theatr Gymraeg oherwydd ei naws alegorïol a'i hamwysedd. Gwelai rhai beirniaid ddylanwad Beckett, Pinter a Theatr yr Abswrd arni ac, yn wir, parodd gryn drafodaeth ac anghydweld ymhlith ei chynulleidfaoedd cyntaf. Y mae pâr ifanc 'blaengar' yn herio cred 'naïf' y Saer Doliau yn y Giaffar (efallai Duw) ar ben arall y ffôn. Yr hyn a barodd y dadlau mwyaf oedd caniad y ffôn yn union ar ddiwedd y ddrama, dros lwyfan gwag.

Ceir ymdriniaeth ar rinweddau'r ddrama yn yr ysgrif gan Dewi Z. Phillips yn *Ysgrifau Beirniadol IV* (gol. J. E. Caerwyn Williams, 1969), ac yn y llyfr gan yr un awdur, *Dramâu Gwenlyn Parry* (1982, arg. diwygiedig 1995).

Saethon, plasty ym mhlwyf Llanfihangel Bachellaeth, Caern., a fu'n gyrchfan adnabyddus i feirdd yn *Llŷn. Cynhaliwyd y traddodiad nawdd ar yr aelwyd am saith cenhedlaeth, er mai i dair cenhedlaeth yn unig y cadwyd y rhan fwyaf o'r canu. Canodd Wiliam *Cynwal i Ieuan ap Robert ap Hywel ond y mae'r canu yn awgrymu ei fod ef yn cynnal traddodiad nawdd ei dad a'i daid. Etifeddodd Robert, ei fab yntau, yr un diddordebau. Ond cyfnod euraid y noddi oedd cyfnod ei fab ef, Ifan (m. 1538). Dirywiodd y traddodiad dros y ddwy genhedlaeth nesaf a'r noddwr olaf oedd Ifan ap Robert Wyn, a fu farw yn 1683.

Saethyddion Agincourt, milwyr Cymreig a sicrhaodd fuddugoliaeth Harri V dros y Ffrancwyr ym mrwydr Agincourt (1415). Yn ei stori 'The Bowmen' a gyhoeddwyd gyntaf yn *The London Evening News* (29 Medi, 1914), defnyddiodd Arthur Machen (Arthur *Jones) y ffaith hanesyddol hon mewn hanesyn dychmygol yn disgrifio sut y daeth ysbrydion y saethyddion i gynorthwyo cwmni o Brydain drwy saethu'r Almaenwyr ym mrwydr Mons ym mis Awst 1914. Disgrifiwyd hwy fel 'llinell hir o ffurfiau a rhyw ddisgleirdeb o'u hamgylch', a dywedwyd i'w saethau ladd heb adael archoll gweladwy. O fewn wythnos newidiwyd saethyddion Machen yn nychymyg y cyhoedd i 'Angylion Mons', ac er mawr ofid iddo, aethpwyd i gredu bod yr hyn a ysgrifennodd o'i ddychymyg yn ffaith, yn arbennig gan rai clerigwr a awgrymai ei bod yn anwlatgar i'w amau.

Sangiad, term mewn *Cerdd Dafod yn dynodi toriad ar rediad brawddeg drwy osod gair neu ymadrodd i mewn. Ystyrir arfer sangiadau cywrain yn gamp y

Penceirddiaid yn yr Oesoedd Canol ac y mae'n dal yn un o nodweddion cerddi yn y mesurau caeth.

Sain Ffagan, Brwydr (1648), gweler o dan POWELL, REES NEU RICE (*fl.* 1638–65) a POYER, JOHN (m. 1649).

Saith Rhyfeddod Cymru, rhigwm dienw; dyma'r fersiwn enwocaf:

> Pistyll Rhaeadr and Wrexham steeple,
> Snowdon's mountain without its people,
> Overton yew-trees, St. Winifred wells,
> Llangollen bridge and Gresford bells.

Credir bod y llinellau yn dyddio o ddiwedd y ddeunawfed ganrif neu'n gynnar yn y bedwaredd ganrif ar bymtheg a dichon eu bod yn dangos diddordeb teithwyr o Loegr yn nirwedd gogledd Cymru (gweler o dan TEITHIAU TRWY GYMRU).

Salbriaid neu **Salesbury** neu **Salusbury** neu **Salisbury,** teulu o Leweni yn Nyffryn Clwyd, Dinb., a ymgyfoethogodd yn ystod cyfnod y *Tuduriaid. Y John Salusbury a fu farw yn 1566 oedd gŵr cyntaf *Catrin o Ferain. Dienyddiwyd eu mab hynaf, Thomas Salusbury, yn 1586 am ei ran yng *Nghynllwyn Babington, cynllwyn a geisiodd roi Mari, Brenhines yr Albanwyr, ar orsedd Lloegr. Daeth eu mab ieuangaf, John Salusbury (1567–1612), yn gydymaith a noddwr i gylch o ddeallusion o ryddfeddylwyr a ymgasglodd o gwmpas Syr Walter Raleigh. Awgrymwyd i Shakespeare yn *Love's Labour's Lost* (*c.*1594) ddychanu'r cylch (a oedd yn cynnwys Marlowe, Chapman ac efallai yr Edward *Herbert ifanc o Cherbury) fel '*The School of Night*'. Yr oedd gelyniaeth y pryd hwnnw rhwng Salbriaid Lleweni a changen arall o'r teulu, Salbriaid y *Rug a gefnogai Iarll Essex a'i gylch yn erbyn Raleigh.

Ceir manylion pellach am John Salusbury yn Carleton Brown, *Poems by Sir John Salusbury and Robert Chester* (1914) ac yn M. C. Bradbrook, *The School of Night* (1936).

Salem, capel bach y *Bedyddwyr yng Nghwm Nantcol, ger Llanbedr, Meir. Fe'i hanfarwolwyd gan yr arlunydd o Sais, Curnow Vosper (1866–1942), yn ei ddarlun o hen wraig mewn gwisg Gymreig draddodiadol yn cerdded tua'i sêt. Arddangoswyd y llun yn yr Academi Frenhinol yn 1909, a'i atgynhyrchu a'i ddosbarthu ar raddfa eang fel hysbyseb ar gyfer math arbennig o sebon; bellach fe'i cedwir yn Oriel Gelf yr Arglwyddes Lever, Port Sunlight. Deil traddodiad fod Siân Owen, Ty'n-y-fawnog, a fu'n fodel i'r arlunydd, yn enwog am ei balchder ac y gellir gweld wyneb y diafol ym mhlygiadau ei siôl odidog. Gwadodd Vosper, fodd bynnag, iddo ei baentio'n fwriadol, a sut bynnag, cafwyd benthyg y siôl gan wraig ficer Harlech. Trigolion yr ardal yw'r rhan fwyaf o'r ffigurau eraill yn y llun hefyd. Y mae'r olygfa, sy'n cyfleu mewn ffordd arbennig fore heulog mewn capel yn y wlad, hefyd yn

destun cerdd adnabyddus gan T. Rowland *Hughes, yr hwn a edmygodd ei symlrwydd a'i dawelwch gwledig. Ymddangosodd Siân Owen mewn llun arall o eiddo Vosper, '*Market Day*', sydd ychydig yn llai poblogaidd na 'Salem'; ysbrydolwyd T. Rowland Hughes gan y llun hwnnw i ysgrifennu ei gerdd, 'Steil'.

Ceir trafodaeth ar y llun gan Peter Lord, '*A National Icon*' yn *Planet* (rhif. 67, Chwef./Mawrth 1988) a chan Tal Williams yn *Salem: Y Llun a'r Llan* (1991).

SALESBURY, WILLIAM (*c.*1520–1584?), ysgolhaig a chyfieithydd y Testament Newydd i'r Gymraeg. Fe'i ganed ym mhlwyf Llansannan, Dinb., yn ddisgynnydd i un o ganghennau iau llinach *Salbriaid Lleweni a seiliwyd gan ei daid. Cafodd ei addysg ym Mhrifysgol Rhydychen, lle y daeth gyntaf i gyswllt â syniadau'r *Dadeni a'r Diwygiad, ac efallai iddo fynd i un o Ysbytai'r Brawdlys.

Rhwng 1547 ac 1552 bu ei gynnyrch llenyddol yn syfrdanol o doreithiog ac amlochrog. Cyhoeddodd dri llyfr ieithegol neu lenyddol: *A Dictionary in Englyshe and Welshe* (1547), *A Brief and Playne Introduction* (1550) a dau lyfryn polemig yn erbyn y Pabyddion, *Ban wedy i dynnu . . . o hen gyfreith Howel Dda* (1550) a *The baterie of the Popes Botereulx* (1550). Dilynwyd ei gyfieithiad o waith seryddol, *The Description of the Sphere . . . of the World* (1550), gan drosiad Cymraeg o Epistolau ac Efengylau'r *Llyfr Gweddi Gyffredin, *Kynniver llith a bann* (1551); yn ogystal ysgrifennodd *Llyfr Rhetoreg* (1552), ond y mae hwnnw'n aros mewn llawysgrif.

Awgryma'r ffaith ei fod wedi cyhoeddi cymaint o lyfrau mor gyflym iddo dreulio llawer o'i amser yn Llundain ac y gallai fod wedi meddwl am yrfa fel awdur proffesiynol. Dengys y cynnwys ei ddirnadaeth o bwysigrwydd yr argraffwasg i'r Gymraeg a'r Saesneg, ei edmygedd o'r iaith Saesneg, ei gariad angerddol tuag at yr iaith Gymraeg a'i thraddodiad llenyddol, a'i awydd dwys am i'r Cymry wynebu'n llwyddiannus yr her i'w bodolaeth fel canlyniad i ledaeniad syniadau'r Dadeni, dysgeidiaeth y Diwygiad, a dylanwad yr iaith Saesneg. Er bod ei lyfr pwysicaf, *Kynniver llith a bann*, yn dangos olion digamsyniol ei syniadau hynod am iaith ac *orgraff, hwn oedd y cyfieithiad helaethaf o ddigon o'r Ysgrythurau i'r Gymraeg serch hynny; er cwirciau rhyfedd ei orgraff a'i dreigladau (*treiglo), y mae'n drosiad o safon uchel iawn.

Daeth yr holl weithgarwch cyhoeddi hwn i ben yn ystod teyrnasiad Mari (1553–58) a dywedir bod Salesbury wedi ymguddio yng Nghae-du, tŷ ei dad, lle y gallasai fod wedi dal i gyfieithu'n ddirgel. Ar ôl i Elisabeth esgyn i'r orsedd daeth yn gyfeillgar â'r Esgob Richard *Davies ar fyr dro, a chyda hwnnw bu'n gyfrifol am ddwyn i ben Ddeddf Seneddol 1563 er cyfieithu'r *Beibl i'r Gymraeg. Yn fuan wedyn aeth Salesbury i lys Davies yn *Abergwili lle y bu'r ddau yn cydlafurio i drosi i'r Gymraeg y Llyfr Gweddi Gyffredin a'r Testament Newydd a gyhoeddwyd yn 1567. Nid oes yr un arwydd allanol i ddangos pwy oedd cyfieithydd y Llyfr Gweddi ond – a barnu oddi wrth dystiolaeth fewnol arddull ac orgraff – Salesbury a fu'n gyfrifol am gyfieithu'r cyfan ohono. Ef hefyd a ymgymerodd â chyfieithu'r Testament Newydd i gyd, ac eithrio pum Epistol o waith Davies a Llyfr y Datguddiad o waith Thomas Huet (gweler o dan BEIBL). Er cymaint o gamp ydoedd, yr oedd y cyfieithiadau hyn dipyn yn llai llwyddiannus nag y gellid disgwyl. Amharwyd arnynt yn fawr gan gwirciau llenyddol Salesbury, yn arbennig ei duedd i Ladineiddio'r orgraff, anwybyddu'r treiglad trwynol, defnyddio llawer o ymadroddion hynafol, a bod yn anghyson iawn; gwyddai Salesbury ymlaen llaw fod gwrthwynebiadau cryf i'r nodweddion arbennig hyn ond gwrthododd yn bendant newid ei ddulliau. Yn 1567 ei amcan pendant ef a Davies oedd cyhoeddi cyfieithiad o'r Hen Destament ond ni chwblhawyd hyn ganddynt, oherwydd iddynt, yn ôl Syr John *Wynn, gweryla ynghylch un gair. Efallai o achos yr ymryson hwn, a hefyd oherwydd y gwrthwynebiadau i'w gyfieithiad, ni chyhoeddodd Salesbury ddim arall ar ôl 1567. Rhwng 1568 ac 1574, fodd bynnag, yr oedd ganddo Llysieulyfr Meddyginiaethol ar y gweill, ac fe'i gadawodd ar ei ôl mewn llawysgrif. Cyhoeddwyd Llysieulyfr Salesbury, ynghyd â rhagymadrodd gan y golygydd Iwan Rh. Edgar, yn 1997.

Er gwaethaf ei ffaeleddau, y mae William Salesbury yn gymeriad tyngedfennol yn hanes llenyddiaeth Cymru. I'w weledigaeth ef o anghenion Cymru a'i ymdrechion i gwrdd â hwy, yn fwy nag i eiddo neb arall bron, yr ydym yn ddyledus am oroesiad ac adfywiad iaith a llên Cymru o'r unfed ganrif ar bymtheg ymlaen. Ef ydoedd ysgolhaig mwyaf dysgedig y Dadeni yng Nghymru, un a drwythwyd hefyd ym marddoniaeth a rhyddiaith gynharach ei wlad. Gwelodd yn gynt na neb arall yr angen am Feibl Cymraeg a gwnaeth fwy na'r undyn i'w sicrhau, ac ef oedd arloeswr pwysicaf llyfrau printiedig Cymraeg. Mabwysiadodd William *Morgan ran helaethaf cyfieithiad Salesbury o'r Testament Newydd ar ei ôl yn 1588. Y Beibl hwnnw, mewn oes pan oedd *Cyfundrefn y Beirdd wedi'i chlwyfo'n angheuol, fu'n brif ganllaw iaith a llên, yn ogystal â sail crefydd, yn y Gymru fodern.

Ceir manylion pellach yn D. R. Thomas, The Life and Work of Bishop Davies and William Salesbury (1902), Isaac Thomas, William Salesbury a'i Destament (1967), Y Testament Newydd Cymraeg 1551–1620 (1976) ac Yr Hen Destament Cymraeg (1988); gweler hefyd y ddwy bennod gan W. Alun Mathias yn Y Traddodiad Rhyddiaith (gol. Geraint Bowen, 1970) ac R. Brinley Jones, William Salesbury yn y gyfres Writers of Wales (1994).

Salmau Cân (1621), y pwysicaf o'r Sallwyrau mydryddol Cymraeg, gan Edmwnd *Prys. Fe'u cyhoeddwyd yn wreiddiol yn atodiad i'r *Llyfr Gweddi Gyffredin (1621) o dan y teitl Llyfr y Psalmau, wedi eu cyfieithu a'u

cyfansoddi ar fesur cerdd yn Gymraeg, ac fe'u bwriadwyd ar gyfer canu cynulleidfaol. Cynhwyswyd deuddeg o donau gyda hwy, y gerddoriaeth gyntaf i'w hargraffu mewn llyfr Cymraeg. Er ei fod yn fardd cynganeddol gwych, dewisodd Prys fydryddu'r Salmau ar fesurau rhydd, gan esbonio mewn rhagymadrodd iddo wneud hynny rhag iddo aberthu ffyddlondeb i'r Ysgrythur, oherwydd anaddaster y mesurau caeth ar gyfer canu cynulleidfaol, ac oherwydd y byddai'n haws i'r werin ddysgu penillion rhydd syml na cherddi cynganeddol astrus. Ar gyfer pob un ond pedair o'r Salmau defnyddiodd Prys y mesur a adnabuwyd wedyn fel y Mesur Salm, sef yr hen fesur *carol gyda'r llinell gyntaf a'r drydedd wedi eu hestyn sillaf, fel y byddai llinell o wyth sillaf yn cael ei dilyn gan linell o saith. Llwyddodd Prys, gŵr hyddysg mewn Hebraeg, i gyfleu ystyr y gwreiddiol yn fanwl ac ar yr un pryd i greu barddoniaeth o ansawdd uchel ac y mae ei waith yn nodedig am ei gyfoeth ac urddas ei ymadrodd. Ei Salmau oedd prif destun canu cynulleidfaol y Cymry hyd y Diwygiad Methodistaidd (*Methodistiaeth), a pharheir i ganu nifer ohonynt heddiw; cyhoeddwyd dros gant o argraffiadau ohonynt i gyd.

Gweler ymhellach Isaac Thomas, 'Salmau Cân Edmwnd Prys' yn Efrydiau Beiblaidd Bangor 4 (gol. E. Wynn Davies, 1988); hefyd Gruffydd Aled Williams, 'Mydryddu'r Salmau yn Gymraeg', yn Llên Cymru (cyf. XVI, 1989).

Salmon Llwyd, gweler JONES, OWEN WYNNE (1828–70).

SALUSBURY, THOMAS (1612–43), bardd a hanoedd o deulu hynafol y *Salbriaid. Fe'i ganed yn Y Waun a thrigai yn Lleweni, Dinb. Yr oedd yn ŵr o chwaeth soffistigedig a diddordebau llenyddol. Fe'i hurddwyd yn farchog yn 1632, ymladdodd yn y *Rhyfeloedd Cartref o blaid y Brenhinwyr, a bu'n Aelod Seneddol dros y sir yn ystod tair blynedd olaf ei oes. Er iddo ysgrifennu llawer, un gwaith yn unig a gyhoeddodd, cerdd hir yn dwyn y teitl The History of Joseph (1636), sef adroddiad o'i ymgyrch o blaid teulu *Myddleton, teulu ei fam. Gellir gweld holl amrediad a rhwyddineb ei waith yn y cerddi Saesneg ffasiynol, cyfieithiadau, dramâu, a masgiau a berfformiwyd yng Nghastell y Waun ac sydd bellach yn *Llyfrgell Genedlaethol Cymru. Yng nghyfnod machlud y traddodiad barddol coleddai Salusbury syniadau Sidneaidd a Jonsoniaidd am lenyddiaeth yn ei fro, a gwelir yn ei waith beth o egni bywyd Cymru ar ddechrau'r ail ganrif ar bymtheg.

SAMUEL, EDWARD (1674–1748), bardd a chyfieithydd. Brodor o Benmorfa, Caern., ydoedd ac addysgwyd ef yng Ngholeg Oriel, Rhydychen. Bu'n berson ym Metws Gwerfyl Goch, Meir., o 1702 hyd 1721 ac wedi hynny yn Llangar, Meir. Ef oedd taid

David *Samwell. Lluniodd gerddi ar y mesurau caeth a rhydd, ac y mae ei gywyddau gofyn yn dangos doniolwch ac ysgafnder. Canodd gywydd marwnad i Huw *Morys, amryw o englynion (erys y rhan fwyaf mewn llawysgrif) a nifer o garolau; ceir rhai ohonynt yn *Blodeu-gerdd Cymry* (1759), *Llu o Ganiadau* (1798) a *Beirdd y Berwyn* (1902). Ar wahân i waith gwreiddiol, *Bucheddau'r Apostolion a'r Efengylwyr* (1704), cyfieithodd lyfrau gan awduron megis Hugo Grotius, Richard Allestree a William Beveridge. Rhagora ei gyfieithiad *Holl Ddyledswydd Dyn* (1718) ar un John *Langford (1672). Cydnabyddir mai *Gwirionedd y Grefydd Grist'nogol* (1716), gyda'i gyflwyniad rhagorol, yw ei gyfieithiad gorau.

SAMWELL, DAVID (Dafydd Ddu Feddyg; 1751–98), meddyg ac awdur. Fe'i ganed yn Nantglyn, Dinb., yn ŵyr i Edward *Samuel, rheithor Llangar, ac yr oedd yn llawfeddyg ar fwrdd *The Discovery* ar daith Capten Cook i chwilio am Dramwyfa'r Gogledd-Orllewin yn 1776–78. Ar y fordaith nesaf gwelodd Cook yn cael ei ladd gan frodorion Hawaii, a disgrifiodd y digwyddiad yn *A Narrative of the Death of Captain James Cook* (1786). Y mae ei ddyddlyfr, 'Some Account of a Voyage to South Seas 1776–1777–1778' (a gedwir bell-ach yn yr Amgueddfa Brydeinig a'r *Llyfrgell Genedlaethol Cymru*) yn waith arloesol ym maes anthropoleg gymdeithasol. Chwaraeodd Samwell ran flaenllaw ym mywyd llenyddol *Cymry Llundain: yr oedd yn un o sylfaenwyr Cymdeithas y *Gwyneddigion, yn aelod o'r *Caradogion, ac yr oedd yn adnabod Gwallter Mechain (Walter *Davies) ac Iolo Morganwg (Edward *Williams), a chynorthwyodd hwnnw i sefydlu *Gorsedd Beirdd Ynys Prydain. Cofnodir ei ddiddordeb yn chwedl *Madoc yn darganfod America yn ei gerdd 'The Padouca Hunt' (1799).

Ceir hanes bywyd David Samwell gan E. G. Bowen yn y gyfres *Gŵyl Dewi* (1974); gweler hefyd yr erthygl gan Elis Wynne Williams yn *Portreadau Enwogion 1500–1800* (1976). Ail-gyhoeddwyd hanes Samwell am farwolaeth Cook o dan y teitl *Captain Cook and Hawaii* yn 1957.

'**Sanctus**', emyn-dôn adnabyddus a grymus gan John Richards (Isalaw; 1843–1901); gosodir arni y geiriau 'Glân geriwbiaid a seraffiaid', cyfieithiad gan Owen Griffith *Owen (Alafon) o emyn gan Richard Mant. Ymddangosodd gyntaf yn *Ail Attodiad i Lyfr Tonau Cynulleidfaol* (1890) a olygwyd gan Ieuan Gwyllt (John *Roberts).

Sandde Bryd Angel, gŵr ifanc ymhlith y rhai a oedd yn bresennol yn llys *Arthur yn chwedl *Culhwch ac Olwen, lle y dywedir na thrywanodd neb mohono â'i gleddyf ym mrwydr *Camlan rhag ei deced.

Sarn Helen, gweler o dan ELEN LUYDDOG.

Sarnicol, gweler THOMAS, THOMAS JACOB (1873–1945).

SAUNDERS, ERASMUS (1670–1724), offeiriad ac awdur, a aned ym mhlwyf Clydau, Penf., ac a addysgwyd yng Ngholeg Iesu, Rhydychen. O 1705 hyd ei farw yr oedd yn rheithor yn Blockley, swydd Caerwrangon, a Helmdon, swydd Northampton. Cefnogai'r *Gymdeithas er Taenu Gwybodaeth Gristnogol yn ei hymdrech i ddarparu Beiblau Cymraeg, ond cofir amdano yn bennaf fel awdur *A View of the State of Religion in the Diocese of St. Davids* (1721), un o brif ffynonellau hanes crefydd y ddeunawfed ganrif yng Nghymru. Yr oedd hwn yn waith Eglwyswr ymrodd-edig ond, er hyn, dengys ddarlun trist o eglwysi adfeiliedig, absenoliaeth, amlblwyfiaeth ac anwybodaeth ymhlith y clerigwyr. Telir teyrnged huawdl hefyd i ymroddiad y werin i'r eglwys Anglicanaidd (*Anglicaniaeth).

SAUNDERS, SARA MARIA (1864–1939), awdur storïau byrion, a anwyd yng Nghwrtmawr, Llangeitho, Cer., yn ferch i'r ynad heddwch Robert Joseph Davies a'i wraig Eliza, merch yr emynydd David *Charles. Cafodd addysg dda, yn cynnwys ysbeidiau mewn ysgolion bonedd yng Nghaerwrangon a Lerpwl. Yn 1887 priododd â'r Parchedig John M. Saunders, gweinidog gyda'r Methodistiaid Calfinaidd, a bu'n byw mewn amryw fannau yn ne Cymru wedi hynny, ac am ysbeid-iau yn Seland Newydd a'r Amerig, cyn dychwelyd i Lerpwl.

Cyhoeddodd dair cyfrol o ysgrifau ffuglennol, sef *Llon a Lleddf* (1897), *Y Diwygiad ym Mhentre Alun gydag ysgrifau ereill* (1907) a *Llithiau o Bentre Alun* (1908), oll yn cynnwys detholiadau o blith ei hamryw gyfraniadau i gylchgronau megis *Y Trysorydd*, *Y *Gymraes a'r Ym-welydd Misol*. Yn nodweddiadol, cynlluniai gyfresi o storïau, wedi eu cysylltu gan yr un lleoliad, adroddwr a chymeriadau. Cyfrannai hefyd i rai o gylchgronau Saes-neg Cymru; ymddangosodd ei chyfres 'Welsh Rural Sketches' yn *Young Wales* (1896–97). Y pentref gwledig oedd ei hoff leoliad, ond y mae ganddi hefyd straeon wedi eu gosod ar strydoedd tlawd trefi diwydiannol de Cymru, fel y gyfres 'Storïau o dydyd-lyfr Martha Jones' a ymddangosodd yn gyntaf yn *Y Gymraes* (1903–04). Drama y dröedigaeth Gristnogol, cyn ac yn ystod Diwygiad 1904, yw ei phrif thema, ond dangosai ddiddordeb byw hefyd yn seicoleg ei chymeriadau, a'r modd yr oedd eu crefydd yn gwrthdaro â'u hawydd am gydnabyddiaeth a grym y tu mewn i'w cymunedau. Nodweddir ei storïau yn ogystal gan ddogn helaeth o hiwmor: gall hyd yn oed weld yr ochr ddoniol i ymdrechion mwy trwstan ei hefengylwyr brwd, er bod eu hachos yn amlwg yn agos iawn at ei chalon. Y mae storïau 'S. M. S.', fel yr arwyddai ei hun, yn frith gan gymeriadau difyr a chredadwy, yn enwedig ei menyw-od; yr oedd ei gwaith yn boblogaidd iawn yn ei ddydd, ac y mae'n golled inni nad yw'n fwy adnabyddus heddiw.

Am wybodaeth bellach gweler *Y Gymraes* (1905), ac Iorwen Myfanwy Jones, 'Merched Llên Cymru o 1850 i 1914' (traethawd ymchwil Coleg Prifysgol Gogledd Cymru, Bangor, 1935).

SCHREIBER, CHARLOTTE, gweler GUEST, CHARLOTTE (1812–95).

Scotch Cattle, enw a roddwyd ar finteioedd o weithwyr yng nghymoedd de-ddwyrain Cymru yn ystod y blynyddoedd rhwng 1810 ac 1835 a ymosodai ar bobl a ddrwgdybient neu y dymunent ennill eu cefnogaeth. Adwaenid yr ardal lle yr oeddynt yn gweithredu fel y *Black Domain*, sef ardaloedd diwydiannol siroedd Mynwy, Brycheiniog a Morgannwg, yn ymestyn o Rymni i'r Fenni ac o Langynidr i Gaerffili.

Y mae'n bosibl fod enw'r gymdeithas anghyfreithlon hon, a gymerodd ben tarw coch fel ei symbol, wedi tarddu o'r crwyn a wisgid gan ei haelodau neu oherwydd eu bod yn wyneb-ddu ac yn ffyrnig. Tybiwyd mai Sais o'r enw Lolly ond a lysenwyd yn Ned (efallai mai cyfeiriad oedd hwn at y Ned Ludd a roddodd ei enw i'r Luddites yn 1811–16) oedd eu harweinydd ac adwaenid ef fel y 'Tarw Scotch', ond ni ddatgelwyd pwy ydoedd. Glowyr ifainc, Cymraeg eu hiaith, megis William Jenkins (Wil Aberhonddu) a John James (Shoni Coal Tar), oedd y rhan fwyaf o'r rhai a gymerai ran yn y gweithgareddau. Fe'u cynddeiriogwyd gan ostyngiad yn eu cyflogau, y system drycio, ac anghyfiawnderau eraill. Arferent gynnal cyfarfodydd yn yr awyr agored liw nos i gyfeiliant cyrn, drymiau yn curo a drylliau yn tanio; anfonent nodiadau yn rhybuddio bradwyr, ymosodent ar eiddo perchnogion diwydiannau ac ymwelent â thai y rhai y dymunent eu dychryn ar ganol nos.

Daeth uchafbwynt y digwyddiadau hyn yn 1835 pan safodd glöwr ifanc, John (neu Edward) Morgan ei brawf am ladd gwraig yn ystod ymosodiad ar dŷ ym Medwellte. Cafwyd ef yn euog ond oherwydd nad ef a daniodd yr ergyd farwol argymhellwyd trugaredd gan y rheithgor. Serch hynny, nid oedd yr awdurdodau yn barod i gytuno â'r ple, ac ar 6 Ebrill 1835 crogwyd Morgan yn Nhrefynwy, a daeth, yn meddwl y werin, yn ferthyr, cyffelyb i Richard Lewis (Dic Penderyn) wedi Gwrthryfel *Merthyr bedair blynedd yn gynharach.

Ceir hanes llawn am weithgareddau'r *Scotch Cattle* yn llyfr David Jones, *Before Rebecca: Popular Protests in Wales 1793–1835* (1973).

SCOTT-ELLIS, THOMAS EVELYN (Yr Arglwydd Howard de Walden; 1880–1946), noddwr ac awdur a aned yn Llundain i deulu o dras Gymreig. Yn 1912 ymgartrefodd yng Nghastell y Waun, Dinb., lle yr ymroes i ddysgu Cymraeg ac annog eraill i'w hastudio. Yr oedd yn hynafiaethydd a mabolgampwr brwd, ac yr

oedd ganddo ddiddordeb dwfn yn y theatr. Seiliodd ei gyfres o dair opera, *The Cauldron of Annwn* (1922) ar *Pedair Cainc y Mabinogi*, ond cofir amdano'n bennaf am ei ran yn y gwaith o ddatblygu drama amatur yng Nghymru. Pleidiai sefydlu Cwmni Drama Cenedlaethol yng Nghymru (gweler o dan DRAMA) i berfformio yn Gymraeg a Saesneg, a bu'n ymwneud â sawl ymgais i gychwyn menter o'r fath, ond heb lwyddiant. Ymhlith yr awduron a dderbyniodd o'i nawdd hael gellir enwi J. O. *Francis, R. G. *Berry a Dylan *Thomas.

SCOURFIELD, JOHN (1808–76), awdur. John Philipps oedd ei enw yn wreiddiol, ond cymerodd enw teulu ei fam pan etifeddodd ystad Moat a Robeston Hall, Penf., yn 1862. Addysgwyd ef yng Ngholeg Oriel, Rhydychen, a bu'n Aelod Seneddol dros Hwlffordd o 1852 hyd 1868, a thros Benfro o 1868 hyd 1876; fe'i hurddwyd yn farchog yn 1862 a'i wneud yn farwnig gan Disraeli yn ystod blwyddyn ei farwolaeth. Ymhlith ei weithiau cyhoeddedig y mae *Lyrics and Philippics* (1859), *The Grand Serio-Comic Opera of Lord Bateman and his Sophia* (1863) a *The Mayor's Tale: a Tragic and a Diabolic Opera* (wedi 1862).

Scudamore, John (*fl.* 1360–1420?), bonheddwr o Gwrt Llan-gain (Kentchurch Court), o dras Normanaidd ac o deulu a oedd wedi ymgartrefu yn *Ewias yn ardal *Erging er y ddeuddegfed ganrif; priododd un o'i etifeddion ag aeres Llanfihangel Troddi, ger Trefynwy, a daeth yn berchen ar dir yn arglwyddiaeth Y Fenni. Yn 1403 bu Syr John, uchelwr o Gymro, yng ngwasanaeth y Brenin ac yn geidwad castell *Carreg Cennen, yr hwn a amddiffynnodd rhag byddinoedd *Owain Glyndŵr. Ond yn wahanol i *Ddafydd Gam a gwŷr eraill yr hen Siluria, darganfu fodd i newid ochr, yn bennaf trwy briodi ag Alys, ferch Owain. Amlygir agwedd teulu Scudamore yn ddiweddarach yn hynt Philip Scudamore o Lanfihangel Troddi, un o gapteiniaid mwyaf teyrngar Owain, a garcharwyd ac a ddienyddiwyd yn Amwythig yn 1410. Tybiwyd yn gyffredinol i Owain Glyndŵr, yntau ar ffo, gael lloches rhwng 1415 a'i farw (*c.*1416) yn un o dai Syr John, un ai yn Monnington Straddel yn Ystrad Dour, neu yn Nghwrt Llan-gain, lle y gellir gweld ystafell ddirgel heddiw. Yr oedd y ffaith na ddatgelwyd unrhyw wybodaeth gan Gymro yn tystio i'r gwladgarwch newydd a oedd wedi dod i'r amlwg, ac yn adlewyrchu'r parch at Syr John ymhlith ei bobl. Ond fe'i cyhuddwyd o frad, ac o ganlyniad collodd ei diroedd.

Second Aeon, cylchgrawn a gyhoeddwyd gan ei olygydd Peter *Finch yng Nghaerdydd rhwng 1966 ac 1974; ymddangosodd un rhifyn ar hugain (gan gynnwys y rhifyn triphlyg, olaf). Dechreuodd ar ffurf pamffledyn dyblygedig gan feirdd ifainc a chanddynt gysylltiad â'r grŵp *No Walls*, a gyfarfyddai i ddarllen gwaith ei aelodau. Ond yn raddol, o'r pumed rhifyn ymlaen, gwellwyd ei ddiwyg ac estynnwyd ei briod-faes i gynnwys barddoniaeth a rhyddiaith gan nifer fawr o ysgrifenwyr, llawer ohonynt o'r tu allan i Gymru. Ymhlith y beirdd Eingl-Gymreig a gyfrannai iddo yr oedd John *Tripp, John *Ormond, Dannie *Abse, Herbert *Williams a J. P. *Ward. Rhoddai le amlwg i'r *avant-garde* Eingl-Americanaidd ac i gyfieithiadau o farddoniaeth dramor a rhoes bwyslais ar waith arbrofol, gan gynnwys cerddi sain a choncrit, ac ar raffigwaith; yr oedd ynddo hefyd wybodaeth am 'Weisg Bychain' yn Ewrop a'r Amerig. Daeth diwedd ar gyhoeddi *Second Aeon* ym mlwyddyn penodi Peter Finch yn rheolwr y siop lyfrau Oriel yng Nghaerdydd; erbyn hynny yr oedd ganddo gylchrediad o ryw ddwy fil o gopïau, a oedd yn gamp ryfeddol i 'gylchgrawn bach'.

SEFNYN (*fl. c.*1350–80), bardd. Ni wyddys i sicrwydd ym mha ardal y cafodd ei eni a'i fagu ond fe'i cysylltir gan William *Salesbury â phlwyf Llanbado ym Môn, er iddo ganu yn Arllechwedd hefyd. Credir mai ef oedd tad y bardd *Gwilym ap Sefnyn a fu'n berchen ar dir yn Llandyfrydog, Môn. Cadwyd tair awdl o'i waith. Ceir awdl foliant i Angharad sef, yn ôl pob tebyg, gwraig Dafydd Fychan ap Dafydd Llwyd o Drehwfa a Threfeilir ym Môn. Y mae'r gerdd o bosibl yn anghyflawn a hwyrach iddi'n wreiddiol gynnwys moliant i'r gŵr a'r wraig. Cyfeiria at foesau, rhinweddau cymdeithasol a phrydferthwch Angharad gan ganmol ei lletygarwch a'i haelioni fel anrhegydd. Darlun tebyg o'r uchelwraig ddelfrydol a gyflwynir ar ddechrau'r awdl foliant i Oronwy Fychan ap Tudur o Benmynydd a Myfanwy ei wraig. Y mae'r gerdd yn arddangos gwybodaeth helaeth y bardd am arwyr o *Brut y Brenhinedd* a'r chwedlau Arthuraidd. Yn yr awdl farwnad i *Iorwerth ab y Cyriog o Fôn ceir awgrym i'r bardd hwnnw unwaith fod yn athro barddol ac yn noddwr i Sefnyn. Trafodir yma'r golled bersonol i'r bardd a hefyd arwyddocâd a golled i'r gymdeithas.

Gweler Nerys Ann Jones ac Erwain Haf, *Gwaith Sefnyn, Rhisierdyn, Gruffudd Fychan ap Gruffudd ab Ednyfed a Llywarch Benturch* (1995).

Segontium, gweler CAERNARFON.

Senghennydd, cantref ym *Morgannwg, rhwng afonydd Taf a Rhymni. Erbyn canol y ddeuddegfed ganrif yr oedd dau gwmwd mwyaf gogleddol y cantref, Is ac Uwch Caeach, o dan reolaeth *Ifor Bach, brawd yng nghyfraith *Rhys ap Gruffudd (Yr Arglwydd Rhys) o *Ddeheubarth. Cefnogai Gruffudd ap Rhys, gorwyr Ifor, *Lywelyn ap Gruffudd ('Y Llyw Olaf'), bygythiad a barodd i Gilbert de Clare, arglwydd Morgannwg, ddechrau adeiladu'r castell enfawr yng *Nghaerffili yn 1268. Erbyn 1272 yr oedd Gilbert wedi gorchfygu Gruffudd, ac wedi ychwanegu cymydau Is ac Uwch

Caeach at ei diriogaeth ei hun. Y cwmwd mwyaf deheuol oedd Cibwr, mangre dinas Caerdydd, ac awgrymwyd Cibwreg fel enw tafodaith Gymraeg y ddinas.

Senghennydd, Tanchwa, un o'r trychinebau gwaethaf yn hanes y diwydiant glo ym Mhrydain. Ar 14 Hydref 1913 lladdwyd 439 o ddynion gan danchwa ym Mhwll Lancaster, Glofa'r Universal, yn Senghennydd, pentref ger Caerffili, Morg.

Ceir hanes y danchwa yn John H. Brown, *The Valley of the Shadow* (1981); gweler hefyd Michael Lieven, *Senghennydd, the Universal Pit Village 1890–1930* (1994).

Seiat Fethodistaidd, Y, cyfrwng a darddodd o Ddiwygiad Methodistaidd y ddeunawfed ganrif; penderfynodd Howel *Harris roi trefn ar seiadau, ac aeth Daniel *Rowland ac yn arbennig William *Williams (Pantycelyn) ati i roi arweiniad i'r sefydliad newydd. Cyfarfod noson waith mewn ffermdai a chartrefi ydoedd, gyda'r pwrpas o ddyfnhau profiadau ysbrydol yr aelodau a rhoi arweiniad a chyfarwyddyd iddynt. Daeth Pantycelyn yn brif gyfarwyddwr y Seiadau, a'i lyfr *Drws y Society Profiad* (1777) yn llawlyfr. Ceir awyrgylch y Seiadau cynnar yn ei gerdd *Bywyd a Marwolaeth Theomemphus* (1764).

Trafodir rhyw a'r bywyd priodasol, a'r cyfarwyddwr – yn aml un o'r cynghorwyr Methodistaidd – yn penderfynu ai cnawdol ai ysbrydol oedd teimladau y bobl ifainc at ei gilydd, ai trachwantus ynteu diwair eu bwriadau. Dangosodd Saunders *Lewis fod y Seiat wedi tarddu o gyffesgell yr Eglwys Babyddol; y gwahaniaeth mawr oedd fod y gyffesgell yn gyfrinachol tra oedd y Seiat yn gwbl agored i bawb a oedd yn arddel *ethos* y mudiad Methodistaidd. Ar gyfer y Seiadau hyn y cyfansoddodd William Williams ei emynau, a thyfodd sawl Seiat yn gymuned Gristnogol, gan adeiladu capel ar sail y cyfarfod hwnnw.

Bu bri mawr ar y Seiadau ond, ar ôl y Diwygiad, ildiodd y Seiat i fod yn llawer llai dirdynnol a dramatig, yn fwy o 'seiat holi profiad' yn hytrach na 'seiat dweud profiad'. Yn oes aur Ymneilltuaeth Gymraeg tueddai'r gweinidogion i rannu'r awenau gyda rhai o'r blaenoriaid. Daethant yn seiadau adrodd adnodau o'r Beibl a'r gweinidog yn rhoi esboniad arnynt, cyfle i gysuro'r profedigaethus, croesawu'r cleifion ac, ar dro, 'torri allan' rhai oedd wedi methu byw heb lithro i 'bechodau'r cnawd'. Nofelydd a ddefnyddiodd y Seiat fel sefydliad, yn arbennig yn ei nofel *Rhys Lewis* (1885), oedd Daniel *Owen. Os Pantycelyn yw bardd y Seiat, yna Daniel Owen yw llenor y Seiat. Y mae llenorion eraill wedi trafod goblygiadau'r Seiat a'i fframwaith, fel Kate *Roberts yn *Tywyll Heno* (1962), ac y mae Caradoc Evans (David *Evans) wedi adweithio i'r torri allan gan y Seiadau. Erbyn heddiw y mae'r Seiat wedi peidio â bod i bob pwrpas, a defnyddir termau eraill fel Cylch Trafod. Ceisiodd Tom Nefyn *Williams ei galw yn Ysgol Unnos, yr adeg hynny ar ddiwedd yr Ail Ryfel Byd pan oedd y Seiat mewn enbydrwydd. Cydnabu John Gwilym *Jones fod y gair yn 'air anadnabyddus' i lawer a bod y sefydliad wedi colli 'ei amcan cysefin'. Am fanylion pellach gweler R. Geraint Gruffydd, ' "Drws y Society Profiad" Pantycelyn' yn *Undeb yr Annibynwyr Cymraeg* (1985); Gwilym R. Jones, 'Williams, Bardd y Seiat', yn *Barddas* (rhif. 43, 1980); Derec Llwyd Morgan, *Daniel Owen a Methodistiaeth* (1977); John Gwilym Jones, *William Williams Pantycelyn* (1969); a Tom Nefyn Williams, *Yr Ymchwil* (1949); gweler hefyd Eryn M. White, *Preiddiau Bach y Bugail Mawr* (1995).

Seindraws, llinell o gynghanedd gymysg o'r Draws a'r Sain, er enghraifft,

Grawn/llawn/fel graean y lli
gr n/ll- / gr n ll

Seingroes, llinell o gynghanedd gymysg o'r Groes a'r Sain, er enghraifft,

Llawen/dy wen/yn Llandaf
ll n d n ll nd

Seinlusg, llinell o gynghanedd gymysg o'r Sain a'r Lusg, er enghraifft,

A chefn a chalon / y dynion / doniog
on /   on /
d n   d n

Seiriol (6ed gan.), sant a oedd, yn ôl *Bucheddau'r Saint, yn fab i Owain Danwyn, fab Einion Yrth, fab *Cunedda Wledig. Fe'i hystyrir yn sylfaenydd eglwys *Penmon yn ne-ddwyrain Môn, ac y mae modd canfod olion ei sefydliad gwreiddiol yno. Gyferbyn y mae Ynys Lannog neu Ynys Seiriol, lle y symudodd y sant; yr oedd meudwyaid yn dal i fyw yno yn amser *Gerald de Barri (Gerallt Gymro). Seiriol a'i gyfaill *Cybi oedd y seintiau amlycaf ym Môn, ond yr oedd cwlt Seiriol yn fwy lleol nag un Cybi, ac nid ymddengys iddo ledu i unlle arall. Dydd ei Ŵyl yw 1 Chwefror.

SEISYLL BRYFFWRCH (*fl.* 1155–75), bardd. Yn *Llawysgrif Hendregadredd disgrifir englynion a fu rhyngddo ef a *Chynddelw Brydydd Mawr fel *ymryson am benceirddiaeth llys *Madog ap Maredudd. Yn un o'r englynion a dadogir arno hawlia Seisyll y swydd fel disgynnydd i fardd o'r enw Culfardd. Mewn ymdriniaethau diweddar â'r englynion hyn, fodd bynnag, mynegwyd amheuaeth ynghylch dilysrwydd eu hystyried fel ymryson, ond y mae cerdd ymryson ddiweddar arall a briodolir i'r ddau fardd yn awgrymu bod traddodiad i'r ddau ohonynt ymryson â'i gilydd. Canodd Seisyll gerddi i'r Arglwydd Rhys (*Rhys ap Gruffudd), *Owain Gwynedd a Iorwerth Drwyndwn.

Golygwyd cerddi'r bardd gan Morfydd E. Owen yn *Gwaith Llywelyn Fardd I ac eraill o feirdd y ddeuddegfed ganrif* (gol. K. A. Bramley *et al.*, 1994). Ceir testun o'r englynion ymryson yn Nerys Ann Jones (gol.), *Gwaith Cynddelw Brydydd Mawr II* (1995); gweler yr erthygl gan yr un awdur yn *Ysgrifau Beirniadol XIV* (gol. J. E. Caerwyn Williams, 1988).

Seisyllwg, gwlad yng Nghymru gynnar a grewyd tua 730 pan gipiwyd *Ystrad Tywi gan Seisyll ap Clydog, Brenin *Ceredigion. O ganlyniad i briodas Angharad, gor-ororwyres Seisyll, â Rhodri ap Merfyn (*Rhodri Mawr) yn 871, unwyd Seisyllwg â *Gwynedd. Bu Seisyllwg yn deyrnas annibynnol eto o dan Gadell ap Rhodri, ond aeth yr enw yn angof wedi i Hywel ap Cadell (*Hywel Dda) ddod yn rheolwr Dyfed; trwy hynny daeth Seisyllwg yn rhan o deyrnas ehangach *Deheubarth.

Seithenyn, gweler o dan Cantre'r Gwaelod a Misfortunes of Elphin (1829).

Selyf (m. *c.*615), Brenin *Powys, mab *Cynan Garwyn, ac ŵyr Brochfael Ysgithrog. Lladdwyd ef gan wŷr Northumbria o dan Ethelrith ym mrwydr *Caer. Mewn cerdd i'w dad, a briodolir i *Daliesin, fe'i portreedir fel teyrn ymosodol iawn, ac ni ddaeth neb o'r tu allan i Bowys i estyn cymorth i'r mab yn ei awr ddu. Eto parhaodd yn arwr ym Mhowys, a chawn *Gynddelw Brydydd Mawr yn galw milwyr ifainc o'r dalaith honno yn ei oes ef yn 'genawon Selyf'.

Senedd i Gymru, gweler Ymgyrch Senedd i Gymru.

Serch Cwrtais, y math o serch rhamantaidd a ddarlunnir mewn cyd-destun sifalrïaidd ac a folid mewn barddoniaeth a rhamantau, ac a feithrinid yn llysoedd brenhinoedd, breninesau ac uchelwyr yn ystod yr Oesoedd Canol. Gynt defnyddid y term *amour courtois* (a gafwyd gyntaf gan yr ysgolhaig Ffrengig Gaston Paris yn 1883) ar y ffenomenon, ond defnyddir hefyd y term Profensaleg canoloesol, *fin'amor*.

Er bod sifalri yn wreiddiol yn ddull confensiynol o ymarweddu i wŷr ymladd a oedd yn ffyddlon i'w harglwydd, buan iawn y datblygodd y cysyniad o deyrngarwch i ddelfryd, ac yn arbennig delfryd serch. Ystyrid serch yn nwyd dyrchafol a allai urddasoli'r milwr ond hefyd ei osod dan reidrwydd i ennill cymeradwyaeth ei riain trwy ei ddewrder ac i'w brofi ei hun yn deilwng trwy ei ymgysegriad iddi. Tyfodd barddoniaeth nwyd, gwasanaeth a'r ymchwil am yr anhaeddiannol neu'r anghyraeddadwy ymhlith trwbadwriaid Profens yn y cyfnod ar ôl y Croesgadau, pan oedd mwy o gyfle i arglwyddi a marchogion hamddena gartref a swyddogaeth gwragedd y llys wedi dod yn bwysicach, a than ddylanwad poblogrwydd cynyddol gwaith Ofydd a cherddi serch y Mwriaid. Datblygodd y farddoniaeth hon a'r rhamantau *Arthuraidd ymhellach yn y ddeuddegfed ganrif o'r diddordeb llenyddol a ffurfiol yn themâu serch a feithrinid yn llysoedd Eleanor o Acquitaine a'i merch Marie o Champagne ac a gynhyrchodd ramantau Chrétien de Troyes a *Celfyddyd Serch Cwrtais* Andreas Capellanus, ac yn sgîl hynny weithiau eraill mewn Ffrangeg ac Almaeneg. Enillid serch, a'i gynnig yn rhydd, ac nid oedd, felly, le iddo, yn ôl y theori hon, yn y cytundeb priodasol, gyda'r canlyniad fod Serch Cwrtais yn anorfod yn gyfrinachol ac yn odinebus neu'n anghyraeddadwy. Ni ellir dweud i ba raddau yr oedd ffantasïau'r rhamantau a'r Llysoedd Serch yn adlewyrchu amgylchiadau gwirioneddol y cyfnod ond ni ellir amau poblogrwydd y math hwn o lenyddiaeth. Er hynny, arweiniodd thema serch godinebus ac eithafion y mynegiant ohono i lenorion amau Serch Cwrtais yn eu cyfansoddiadau fel y troes y mynegiant llwyraf o *fin'amor* yn rhamantau *Trystan yn fotiff mwy difrifol a ddatblygwyd yn hanes serch Lawnslod am *Wenhwyfar.

Y mae thema serch anghyraeddadwy, neu ddirgel hyd yn oed, yn rhan o'r profiad dynol ac y mae arwyddion fod rhai agweddau ar Serch Cwrtais eisoes ar gael yn llenyddiaeth Gymraeg, e.e. yng ngwaith *Hywel ab Owain Gwynedd a *Gwalchmai ap Meilyr, hyd yn oed cyn i ddylanwad y rhamantau Ffrengig ddod yn gyffredin. Y mae'r *Tair Rhamant yn dangos sut y cafodd themâu Serch Cwrtais fynegiant mewn cymdeithas lle nad oedd nodweddion sifalrïaidd y llysoedd Ffrengig wedi llwyr ddatblygu.

Dylanwadwyd ar Gymru, yn ddiamau, gan ddatblygiadau cyfandirol diweddarach mewn llenyddiaeth sy'n ymwneud â Serch Cwrtais. Ymdriniwyd â'r thema, mewn dull alegorïaidd, gan Guillaume de Lorris yn ei *Le Roman de la Rose* (a orffennwyd gyda siniciaeth ddychanol gan Jean de Meun); dywedir bod gan Lywelyn Bren (*Llywelyn ap Gruffudd) lawysgrif o'r gwaith hwn. Ond y mae'n debyg mai dull mwy chwareus y *clerici vagantes* o ymdrin â serch oedd y dylanwad pennaf ar *Ddafydd ap Gwilym, a allai fod wedi etifeddu'r *aubade* ('cân y wawr') a'r *serenade* ('cân y hwyr') yn ogystal â'r motiff o freuddwyd, gan weithiau'r trwbadwriaid a'r *trouvères*. Gweler hefyd SIFALRI.

Am fanylion pellach gweler C. S. Lewis, *The Allegory of Love* (1936), Moshe Lazar, *Amour courtois et fin'amor dans la littérature du XIIe siècle* (1964), John Lawlor (gol.), *Patterns of Love and Courtesy* (1966) a Douglas Kelly, *Medieval Imagination* (1978).

Seren, Y (1885–1974), papur newydd wythnosol Radicalaidd a sefydlwyd gan y partneriaid Robert John Davies a Robert Evans yn Y Bala, Meir. Wedi marwolaeth Davies yn 1906 newidiwyd enw'r wasg i Wasg Y Bala ac erbyn 1921 daeth yn eiddo i fab Robert Evans, Robert Stanley Evans, yr hwn a brynodd newyddiadur arall, *Yr Wythnos a'r Eryr*, yn yr un flwyddyn a'i gorffori gyda'r *Seren*. Bu'r cwmni yn eiddo

i A. J. Chapple tan 1968 pan brynwyd hawlfraint *Y Seren* gan Wasg y Cyfnod, Y Bala.

Seren Books, yw'r wasgnod a ddefnyddir gan *Poetry Wales Press* ar gyfer pob un o'i gyhoeddiadau heblaw'r cylchgrawn *Poetry Wales*. Yn 1981 pan ddechreuodd y wasg, o dan olygyddiaeth Cary Archard, gyhoeddi llyfrau am y tro cyntaf yn ogystal â'r cylchgrawn, gwnaeth hynny o dan yr enw *Poetry Wales Press*; casgliadau o farddoniaeth gan Mike *Jenkins a Nigel *Jenkins a detholiad o farddoniaeth a rhyddiaith gan Dannie *Abse oedd y cyhoeddiadau cyntaf. Gwnaed y penderfyniad hwn i gyhoeddi llyfrau oherwydd diffyg cyfle i feirdd Saesneg eu hiaith gyhoeddi eu gwaith yng Nghymru; blwyddyn yn ddiweddarach dyfarnwyd grant bloc blynyddol i'r wasg gan *Gyngor Celfyddydau Cymru. Er ei fod weithiau'n destun dadl, golygai'r nawdd hwn y gallai *Poetry Wales Press* ymsefydlu'n brif gyhoeddwr llyfrau Saesneg yng Nghymru, a'r cyntaf o'i fath. Yn 1986 dechreuodd y wasg ddefnyddio'r enw Seren yn wasgnod i'r llyfrau hynny nad oeddynt yn dod yn union o fewn y dosbarth a ddenai gymhorthdal, sef barddoniaeth a beirniadaeth ac, yn 1989, a'r ystod o deitlau a gyhoeddwyd erbyn hynny wedi ehangu i gynnwys ffuglen, cofiannau a hanes cymdeithasol, daeth Seren Books yn fasnachnod ar gyfer y rhestr gyfan. Yn fwy diweddar y mae'r wasgnod wedi ehangu eto, i gynnwys drama, celfyddyd (fel arfer â chysylltiad llenyddol) ac adargraffiadau o destunau pwysig. Ymhlith ei chyhoeddiadau mwyaf nodedig y mae *Welsh Verse* (1967) Tony *Conran, ac *Anglo-Welsh Poetry 1480–1980*, y flodeugerdd ddiffiniol a olygwyd gan Raymond *Garlick a Roland *Mathias. Y mae'r awduron Cymreig yr adargraffwyd eu llyfrau yn cynnwys Caradoc Evans (David *Evans), Brenda *Chamberlain, Alun *Lewis a Gwyn *Thomas (1913–81); bu'r wasg o'r dechrau yn awyddus i sicrhau bod testunau o'r fath ar gael i'w hastudio mewn ysgolion a cholegau. Fodd bynnag, er mai bwriad gwreiddiol y wasg oedd darparu llwyfan i awduron Saesneg eu hiaith yng Nghymru, priodwyd hynny o'r cychwyn ag agwedd gatholig at yr awduron a'r pynciau a gynhwysir, fel y dengys y gyfres *Border Lines*, lle y mae Dennis Potter ac Ivor Gurney yn sefyll ysgwydd wrth ysgwydd â W. H. *Davies a Raymond *Williams, neu yn yr astudiaethau beirniadol o awduron sy'n cynnwys Derek Walcott, Seamus Heaney ac R. S. *Thomas.

Seren Cymru, papur newydd a sefydlwyd yn 1851 yng Nghaerfyrddin gan Samuel Evans (Gomerydd) wedi iddo ffraeo â pherchennog *Seren Gomer, tra oedd yn olygydd ar y papur hwnnw. Bu'r fenter yn fethiant ac ataliwyd ei gyhoeddi ym mis Rhagfyr 1852 ond fe'i hadferwyd yn 1856 o dan olygyddiaeth J. Emlyn Jones. Parhaodd y papur i ymddangos yn bythefnosol hyd 1863 pryd y daeth yn wythnosolyn. Er iddo gael ei ailsefydlu fel papur annibynnol a'i fod yn eiddo personol i W. Morgan Evans, ei argraffydd, gwerthwyd ef i gwmni o *Fedyddwyr yn 1880 ac er 1936 bu'n eiddo i Undeb Bedyddwyr Cymru sy'n parhau i'w gyhoeddi. Bu rhai o brif ffigurau'r enwad yn olygyddion iddo, megis Benjamin Thomas (Myfyr Emlyn), John *Jenkins (Gwili) a D. Eirwyn Morgan. Yn ei ddyddiau cynnar yr oedd ynddo newyddion tramor, cenedlaethol a lleol, ac yr oedd ei safbwynt yn un Radicalaidd, ond erbyn hyn fe'i neilltuir bron yn gyfan gwbl i faterion ei enwad.

Seren Gomer (1814–1983), y newyddiadur Cymraeg cyntaf. Fe'i sefydlwyd gan Joseph *Harris (Gomer) i fod yn 'hysbysydd Wythnosol Cyffredinol dros holl Dywysogaeth Cymru'; cyhoeddid ef gan David Jenkin yn Abertawe. Yr oedd ynddo newyddion tramor a chenedlaethol, hanesion ffeiriau a marchnadoedd, newyddion am symudiadau llongau, colofn farddol a llythyrau. Er bod iddo gylchrediad cymharol eang (fe'i gwerthid mewn hanner cant o ganolfannau yng Nghymru), gwelodd Joseph Harris fod toll stamp y Llywodraeth a phrinder hysbysebion yn rhwystrau mawr i lwyddiant ei bapur a daeth i ben ar ôl pump a phedwar ugain o rifynnau. Fe'i hailddechreuwyd gan Gomer fel cylchgrawn pythefnosol yn 1818, fodd bynnag, a pharhaodd hyd Fawrth 1825, pryd y gwerthwyd ef gan Gomer i gyhoeddwr yng Nghaerfyrddin. Fe'i cyhoeddwyd fel cylchgrawn chwarterol gan y *Bedyddwyr nes ei ddirwyn i ben yn 1983.

Seren y Dwyrain, gweler o dan UNDEB Y CYMRY AR WASGAR.

Sgilti Ysgafndroed, cymeriad a enwir yn chwedl *Culhwch ac Olwen ac sy'n bresennol yn llys *Arthur. Dywedir amdano ei fod mor ysgafndroed pan âi ar neges dros ei arglwydd na cheisiodd ffordd erioed, ond mewn coedwig cerddai ar flaen y coed, ac ar fynydd ar flaen y cawn. Dichon i'r enw Sgilti darddu o Caolite, enw rhedwr enwog yn chwedlau Iwerddon.

Sgolor Mawr, Y, gweler ROBERTS, ROBERT (1834–85).

SHADRACH, AZARIAH (1774–1844), llenor defosiynol a aned yn Llanfair, ger Abergwaun, Penf. Bu'n cadw ysgolion mewn gwahanol fannau yng ngogledd Cymru ond fe'i hordeiniwyd yn weinidog gyda'r Annibynwyr yn Llanrwst, Dinb., yn 1802. Symudodd wedyn i weinidogaethu yn Nhal-y-bont a Llanbadarn Fawr, Cer., ac yn 1819 sefydlodd Eglwys Seion (yn ddiweddarach Baker Street a bellach yn Seion drachefn) yn Aberystwyth. Mewn cyfnod o daeru diwinyddol brwd enillodd enw 'Bunyan Cymru' trwy ysgrifennu pedwar llyfr ar hugain o natur ddefosiynol neu esboniadol, yn cynnwys un yn Saesneg, *Meditations on Jewels* (1883), ac

un arall, *Rhosyn Saron* (1816), lle y dadleuodd yn frwd o blaid Calfiniaeth yn erbyn haeriadau'r Arminiaid. Ei lyfrau mwyaf poblogaidd oedd *Allwedd Myfyrdod* (1801) a *Tabernacl Newydd* (1821); cyfieithwyd *A Looking Glass: neu Ddrych Cywir* (1807) i'r Saesneg gan Edward S. Byam o dan y teitl *The Backslider's Mirror* (1845).

Ceir bywgraffiad ohono yn y gyfrol *Bywyd a Gweithiau Azariah Shadrach* (1863) gan Josiah Jones.

SHANKLAND, THOMAS (1858–1927), llyfrgellydd a hanesydd. Fe'i ganed yn Sanclêr, Caerf., a bu'n weinidog gyda'r *Bedyddwyr yn Yr Wyddgrug a'r Rhyl, Ffl. Yn 1905 penodwyd ef yn llyfrgellydd cynorthwyol yng Ngholeg Prifysgol Gogledd Cymru, Bangor. Gwnaeth waith nodedig trwy gasglu llyfrau prin a hen rifynnau o gylchgronau, ac ychwanegodd yn sylweddol iawn at gyfoeth llyfrgell y Coleg yn ystod yr ugain mlynedd nes iddo golli ei iechyd yn 1925. Yr oedd ei ddiddordeb fel hanesydd ym mudiadau crefyddol yr ail ganrif ar bymtheg a'r ddeunawfed ganrif, a gwnaeth waith pwysig ar wŷr fel John *Miles, Stephen *Hughes a *John ap John. Ysgrifennodd gryn lawer hefyd ar emynau a thonau. Yr oedd swm ei gynnyrch yn enfawr, ond wedi ei wasgaru mewn cylchgronau.

Ceir rhestr o'i weithiau yn *Nhrafodion Cymdeithas Hanes Bedyddwyr Cymru* (1926–27, 1928).

Shemi Wâd, gweler WADE, JAMES (m. 1887).

Shepherd's Hey (1953), casgliad o storïau byrion gan Gwyn *Jones. Y mae'r saith ohonynt yn storïau melodramatig, am nwyd, twyll, ymdrech ac aberth, sy'n tasgu'n drais ambell dro. Y maent yn cynnwys astudiaethau hynod o ddynion a merched, sy'n wan ac wedi eu tynghedu i golled mewn rhyw ffordd neu'i gilydd, ond y mae rhai ohonynt wedi eu cyffwrdd ag urddas ar brydiau. Gellir dadlau mai'r portread o'r cymeriadau hyn a'u perthynas â'i gilydd yw camp wychaf yr awdur mewn ffuglen.

Shimli, cyfarfod answyddogol a gynhelid yn yr odyn adeg crasu ŷd cyn ei gludo i'r felin. Oherwydd hinsawdd wlyb gorllewin Cymru, yr ardal lle'r oedd y ddefod yn hynod boblogaidd, rhaid oedd cynaeafu ŷd cyn iddo aeddfedu'n llawn ac fe'i cresid yn araf am gyfnod o ddiwrnod a hanner. Yr oedd yr odyn yn rhoi felly fan cyfarfod hwylus i ieuenctid y fro a fanteisiai ar y cyfle hwn i'w diddanu eu hunain trwy ganu ac adrodd. Gweler hefyd CANU LLOFFT STABL.

Ceir manylion pellach yn yr erthygl gan Elfyn Scourfield yn *The Carmarthenshire Antiquary* (rhif. 8, 1972).

Shoni Sgubor Fawr, gweler JONES, JOHN (1811–58).

Siamas Gwynedd, gweler CHARLES, EDWARD (1757–1828).

Siân Owen, Ty'n-y-fawnog, gweler o dan SALEM.

Siartiaeth, mudiad poblogaidd a ymgyrchai o blaid *Diwygiadau cymdeithasol a gwleidyddol. Deilliodd yr enw o'r Siartr chwe-phwynt a gyhoeddwyd gan y *London Working Men's Association* ym mis Mai 1838. Galwodd y Siartr am etholiadau cyffredinol bob blwyddyn, pleidlais i bob dyn, dosbarthiadau etholiadol unfaint, dileu'r rheidrwydd i ymgeisydd seneddol fod yn berchen ar eiddo, y tugel (y bleidlais ddirgel) a chyflogau i Aelodau Seneddol. Symbylwyd y mudiad gan yr ymdeimlad o frad ymhlith aelodau'r dosbarth gweithiol oherwydd bychander y diwygiad a gaed yn Neddf 1832, gan yr atgasedd at Ddeddf Newydd y Tlodion 1834 a chan y digalondid a achoswyd gan ddirwasgiad economaidd diwedd y 1830au. Ceisiai'r rhan fwyaf o'r Siartwyr gyflawni eu hamcanion trwy rym moesol – trwy gasglu deisebau a threfnu protestiadau – ond ceid rhai, yn arbennig yng Nghymru, a oedd yn barod i ddefnyddio trais. Y flwyddyn dyngedfennol oedd 1839 pan gyfarfu Confensiwn y Siartwyr yn Llundain, a Hugh *Williams (1796–1874), Charles Jones a John Frost (1785–1877) yn cynrychioli Cymru. Gwrthododd Tŷ'r Cyffredin drafod deiseb y Siartwyr, er bod dros filiwn a chwarter wedi ei harwyddo, yng Ngorffennaf 1839.

Yng Nghymru, o ganlyniad i nifer o gyfarfodydd anferth yn yr awyr agored, dechreuodd cynrychiolwyr y Siartwyr 'Grymoedd Corfforol' ddwyn arfau a bu aml wrthdrawiad â'r awdurdodau, megis y ffrwgwd yn Llanidloes, Tfn., yn Ebrill 1839. Ond daeth y Llywodraeth â'r fwyell i lawr. Ym Mai restiwyd Henry Vincent (1813–78), yr areithiwr Siartaidd gorau yn neheudir Cymru a gorllewin Lloegr, a restiwyd eraill wedyn. Bu'r Confensiwn yn trafod 'mesurau pellach', ond nid oedd yn credu y gallai weithredu'n effeithiol yn erbyn y Llywodraeth, a datgorfforodd ei hun ar 6 Medi 1839. Yna daeth dynion mwy penderfynol i arwain, a dichon fod y terfysg yn neheudir Cymru, gyda dynion mwy penderfynol fel John Frost, Zephaniah Williams (1795–1874) o Nant-y-glo a John Rees (*Jack the Fifer*) o Dredegar yn pwyso am bolisi chwyldroadol, wedi'i fwriadu i gychwyn gwrthryfel cyffredinol. Ar fore'r 4 Tachwedd 1839 cerddodd torf o tuag ugain mil, a llawer ohonynt yn dwyn arfau, i lawr Stow Hill i mewn i Gasnewydd, Myn. Cafwyd trafodaeth anhrefnus â'r awdurdodau yng Ngwesty Westgate, ac yna dechreuwyd ymladd yn y stryd y tu allan a thaniodd y milwyr, gan ladd o leiaf dau ar hugain a niweidio tua hanner cant o brotestwyr. Am eu rhan yn yr helynt dedfrydwyd John Frost, Zephaniah Williams a William Jones (1809–73) o Bont-y-pŵl i farwolaeth, ond newidiwyd y ddedfryd i alltudiaeth am oes.

Nid dyna ddiwedd Siartiaeth. Yn haf 1842 ceisiwyd trefnu Streic Gyffredinol ym Merthyr Tudful, lle y cyhoeddai Morgan Williams ei gyfnodolyn Siartaidd *Udgorn Cymru*. Flwyddyn yn ddiweddarach yr oedd

Siartwyr yn casglu aelodau i Gymdeithas y Glowyr yn y dref ac yn 1848 yr oedd o hyd gyffro ymhlith Siartwyr Merthyr. Collwyd cefnogaeth y lliaws oherwydd gwelliannau economaidd, ond parhaodd Siartwyr unigol yn weithgar i'r 1860au, y rhan fwyaf ohonynt fel Rhyddfrydwyr Radicalaidd.

Ceir manylion pellach yn y bennod gan David Williams dan y teitl 'Chartism in Wales' yn *Chartist Studies* (gol. Asa Briggs, 1959) a *John Frost: a study in Chartism* (1939) gan yr un awdur; gweler hefyd Dorothy Thompson, *The Chartists* (1984), Ivor Wilks, *South Wales and the Rising of 1839* (1984), Angela V. John, 'The Chartist Endurance; Industrial South Wales 1840–1868' yn *Morgannwg* (1971), D. J. V. Jones, 'Chartism in Welsh communities' yn *Cylchgrawn Hanes Cymru* (cyf. VI, rhif. 3, 1973), O. R. Ashton, 'Chartism in mid-Wales' yn *Montgomeryshire Collections* (cyf. XXII) a David J. V. Jones, *The Last Rising* (1985).

Siddons, Sarah (1755–1831), actores. Fe'i ganed yn Aberhonddu, Brych., mewn tafarn o'r enw *The Shoulder of Mutton*. Yr oedd yn ferch Roger Kemble a Sarah Ward a oedd yn actorion yng nghwmni crwydrol ei thad-cu John Ward, ac yn chwaer i'r bardd Ann Julia *Hatton. Ymddangosodd gyntaf ar lwyfan yn Aberhonddu, ac yn y dref honno hefyd y digwyddodd yr argyfwng a achoswyd oherwydd ei chariad tuag at yr actor William Siddons. Yn ystod ei gyrfa lwyddiannus iawn ar lwyfannau Lloegr cadwodd gysylltiad â Chymru trwy aros o bryd i'w gilydd yn Brynbella, cartref ei chyfeilles, Hester Lynch *Piozzi (Mrs Thrale).

Ysgrifennwyd cofiant cyntaf Sarah Siddons gan Thomas Campbell (1839); gweler hefyd *Mrs. Siddons; Tragic Actress* (1936) gan Yvonne Ffrench a *The English Theatre in Wales* (1948) gan Cecil Price.

SIEFFRE O FYNWY (*c.*1090–1155), llenor Lladin a ffug-hanesydd. Ar gyfrif ei enw yn ei ffurf Ladin, *Galfridus Monemutensis*, a'r adnabyddiaeth o'r ardal a ddangosir yn ei waith, credir iddo gael ei eni yng nghyffiniau Trefynwy. Ni wyddys dim am ei gysylltiadau teuluol, ond y mae'n bosibl mai enw ei dad a gedwir yn ffurf arall ei enw, *Galfridus Arturus* (os nad llysenw ydyw ar gyfrif ei ddiddordeb yn y Brenin *Arthur), ac y mae awgrym o gydymdeimlad Llydewig yn ei waith. Rhwng 1129 ac 1151 digwydd ei enw mewn chwe siartr, y cyfan yn ymwneud â thai crefydd yng nghymdogaeth Rhydychen. Mewn dwy ohonynt arwyddodd ei enw *Magister* ac y mae'n bosibl mai canon ydoedd yn nhŷ'r *Canoniaid Awstinaidd yn San Siôr, Rhydychen. Daeth y tŷ i ben yn 1149 a'r cyfeiriad nesaf at yrfa Sieffre yw cofnod yn tystio iddo gael ei ordeinio'n offeiriad yn San Steffan yn Chwefror 1152 a'i gysegru'n Esgob *Llanelwy ymhen wythnos. Nid oes unrhyw dystiolaeth iddo erioed ymweld â'i esgobaeth. Yr oedd yn dyst i Gytundeb San Steffan rhwng y Brenin Steffan a Henry yn 1153 ac yn ôl *Brut y Tywysogyon bu farw yn 1155. Ymddengys iddo dreulio rhan helaethaf ei oes yn Rhydychen, er ei bod yn amlwg fod ei gysylltiadau cynnar â de-ddwyrain Cymru yn arwydd-ocaol yn ei waith.

Y mae ei waith pwysicaf, *Historia Regum Britanniae, sy'n cynnwys proffwydoliaeth *Myrddin, *Prophetiae Merlini, yn cynnwys awgrymiadau ei fod wedi def-nyddio peth o'r un deunydd ag a ymddengys yn Llyfr *Llandaf. Y farn ddiweddaraf yw mai rhwng 1120 ac 1129 y lluniwyd y llyfr hwnnw, yn sicr cyn 1140, ac os felly y tebyg yw mai cyn mynd i Rydychen y bu Sieffre mewn cyswllt ag ysgrifenwyr Llyfr Llandaf a gwybod beth oedd ar y gweill ganddynt. Y gwaith olaf y gwyddys iddo ei gyfansoddi oedd cerdd o dan y teitl *Vita Merlini.

Ceir manylion pellach am fywyd Sieffre o Fynwy mewn erthygl gan Edmond Faral yn Romania (1927), erthygl gan J. E. Lloyd yn The English Historical Review (1942), y rhagymadrodd i gyfieithiad Lewis Thorpe o'r Historia (1966) a phennod yn R. S. Loomis, Arthurian Literature in the Middle Ages (1959).

Sifalri (Ff. 'chevalerie', llyth. 'y gelfyddyd o feistroli ceffylau' ond hefyd 'mintai o wŷr meirch bonheddig, dewrder'), delfryd ymddygiad i farchogion yr Oesoedd Canol. Dichon iddo ddatblygu yn ystod y nawfed a'r ddegfed ganrif, dan anogaeth yr Eglwys, yn ei chais i ddileu'r trais a nodweddai fywyd gorllewin Ewrop yn ystod yr Oesoedd Tywyll. Disgwylid i'r marchog fod yn ymladdwr dewr ar bob achlysur ac yn wir feistr ar ei arfau ond yr oedd angen iddo feithrin yn ogystal nod-weddion cymdeithasol a gwâr. Ar ôl ei urddo'n farchog byddai'n addo cyflawni rhai dyletswyddau crefyddol a chymdeithasol yn ddi-feth, gan gynnwys amddiffyn yr Eglwys, ei arglwydd, ei adeilad a'r gwan. Disgwylid iddo hefyd ymddwyn yn gwrtais mewn brwydr, ac o'r ddeuddegfed ganrif ymlaen, tuag at ferched. Tua'r adeg hon atgyfnerthwyd Sifalri gan y Croesgadau, ac wedi hynny tyfodd yr elfen weledig yn bwysicach mewn twrnamaint a herodraeth. Mewn llenyddiaeth cyflwynid y marchog fel arwr ar ei ben ei hun yn dilyn delfrydau silfalriaidd, dewrder, teyrngarwch, anrhydedd personol a mawrfrydigrwydd bonheddig, trwy gyfres o anturi-aethau ond gan ennill clod arbennig – er yn wylaidd bob amser – wrth geisio serch ei riain a bod yn deilwng ohoni (gweler o dan SERCH CWRTAIS).

Gwelir y cysyniad llenyddol hwn o Sifalri yn y rhamantau am *Arthur a'i farchogion. Daw Arthur, brenin ac ymherodr yn llywyddu dros lys o farchogion a rhianedd, i'r olwg gyntaf yn *Historia Regum Britanniae *Sieffre o Fynwy, ond y mae awgrymiadau o'r cymeriad hael hwn eisoes yn chwedl *Culhwch ac Olwen a Buchedd Sant *Gildas. Gwelir sifalri Arthuraidd yn ei lawn aeddfedrwydd yn rhamantau Chrétien de Troyes yn y ddeuddegfed ganrif, cerddi a adlewyrchir mewn fersiynau Cymraeg o'r un storïau (gweler o dan TAIR RHAMANT) ac mewn barddoniaeth a thestunau rhydd-iaith eraill mewn Ffrangeg, Almaeneg a Saesneg. Daeth delfryd y milwr bonheddig a arddelai foesau llysaidd,

haelioni a dewrder ynghyd â pharch at y gorchfygedig a thosturi tuag at y gwan, yn thema lenyddol a chym-deithasol lywodraethol, a pharhaodd gofal am gwrteisi a choethder yn boblogaidd hyd nes i ddulliau ymddwyn yn eu ffurfiau mwyaf eithafol droi'n achlysur dychan a gwawd yn yr Oesoedd Canol diweddar.

Am fanylion pellach gweler Grant Uden, A Dictionary of Chivalry (1968), R. W. Barber, The Reign of Chivalry (1980) a Maurice Keen, Chivalry (1984).

Silex Scintillans (llyth. 'Y graig befriol'; 1650), casgliad o gerddi â'r is-deitl 'Sacred Poems and Private Eiaculations'; dyma waith enwocaf Henry *Vaughan. Cynnyrch 'tröedigaeth' y bardd ydoedd, a thybir y gallasai nifer o resymau fod wedi ei ysgogi, megis marwolaeth ei frawd William yn 1648, darllen The Temple gan George *Herbert (gwaith a ddylanwadodd yn ddi-os ar ei brydyddu) a'r astudiaeth ddifrifol a wnaeth o'r Beibl. Yn ei 'Dedication', cerdd sydd deirgwaith yn hwy yn yr ail argraffiad (1655), ysgrifenna, 'Some drops of thy all-quickning bloud/Fell on my heart', a dechreuodd tir a fu'n ddiffaith feithrin bywyd. Y mae'r rhagair maith i'r ail argraffiad yn difrïo'r rhai sy'n ysgrifennu 'wilfully-published vanities' (y cyfeddyf iddo ef fod yn un ohonynt) a dadleua mai 'the more acute the Author, there is so much more danger and death in the work'. Gobeithia na ddarllenir ei ffolinebau blaenorol ef. Dadleua mai George Herbert oedd y cyntaf i geisio dargyfeirio 'this foul and overflowing stream' ac y bydd yntau'n cysegru ei dalent brin i'r Eglwys. Ymddengys y mwyafrif o gerddi mwyaf ad-nabyddus Vaughan yn yr argraffiad cyntaf ond y mae 'Ascension-day', 'They are all gone into the world of Light', 'Cock-Crowing', 'Childe-hood' a 'The Night' ymhlith y rhai a ychwanegwyd yn 1655. Ymddiheura'r bardd am naws agos-at-farwolaeth rhai o'r cerddi diweddar: 'I was nigh unto death', ysgrifenna, 'and am still at no great distance from it'. Yr oedd Vaughan eisoes wedi defnyddio ar yr hir-ohiriedig *Olor Iscanus (1651) yr enw llenyddol Silurist a wnaed ar gyhoeddus am y tro cyntaf ar wynebddalen Silex Scintillans.

Silurist, The, gweler VAUGHAN, HENRY (1621–95).

Silwriaid, Y, llwyth Celtaidd a oedd yn byw yn ne Cymru yn ystod yr Oes Haearn a chyfnod y *Rhuf-einiaid. Ein ffynhonnell lenyddol orau yw'r awdur Rhufeinig Tacitus (c.OC 55–118) a groniclodd eu gweith-gareddau yn ystod y ganrif gyntaf OC. Credai Tacitus, yn anghywir, fod y llwyth o dras Iberaidd. Disgrifia'r Silwriaid fel pobl ddewr, ystyfnig, bwerus a rhyfelgar, ac y mae'n sôn am eu hymdrech lew i wrthsefyll y Rhufeiniaid, dros gyfnod o ryw ddeng mlynedd ar hugain, o OC 49–78.

Dechreuasai ymgyrch y Rhufeiniaid i feddiannu Prydain yn OC 43, a chollodd fomentwm wrth i'r fyddin gyrraedd Cymru a chyfarfod y Silwriaid a'r *Ordoficiaid

yn y gogledd. Brwydrodd ail lywodraethwr y Rhufein-
iaid, Ostorius Scapula, yn ffyrnig yn erbyn y Silwriaid, a
oedd yn arbenigwyr ar herwryfela ac a gafodd gymorth
*Caratacus, un o arweinwyr y *Catuvellauni. Gorch-
fygwyd ef yn y diwedd, ond cynddeiriogwyd y Silwriaid
gan sylw annoeth Scapula y byddai'n rhaid eu difa neu
eu trawsblannu, a ffyrnigwyd eu gwrthsafiad. Bu farw
Ostorius Scapula, wedi ei 'lethu gan bryder' a threchodd
y Silwriaid y fyddin Rufeinig a gollodd leng o filwyr.
Ond ymlaen yr aeth concwest y Rhufeiniaid ar diroedd
y Silwriaid: yng nghanol y 50au OC, sefydlwyd caer
lengfilwrol newydd ym Mrynbuga. Pan ddaeth
Frontinus yn llywodraethwr, adeiladodd ganolfan
newydd i'r Ail Leng Augustaidd yng Nghaerllion,
oddeutu OC 75. Fe'i galwyd gan Tacitus yn 'ŵr mawr, a
goncrodd y Silwriaid'.

Ceir tystiolaeth archaeolegol o nifer o aneddiadau
brodorol Silwraidd o'r Oes Haearn, gan gynnwys
safleoedd amddiffynnol, megis Llanmelin a Thwyn y
Gaer, a ffermydd unigol. Yng Nghaer-went yr oedd
y dref Rufeinig newydd, Venta Silurum ('Marchnad y
Silwriaid'). Y mae'n debyg i Venta gael ymreolaeth
erbyn dechrau'r ail ganrif OC; erbyn hynny buasai'r
llwyth yn dderbyniol o Rufeinig. Cofnodir presenoldeb
cyngor tref yno mewn arysgrif o'r drydedd ganrif. Yr
oedd aneddiadau Rhufeinig llai hefyd ac ambell *villa*
lewyrchus, fel yr un yn *Llanilltud Fawr.

Erbyn rhan olaf y drydedd ganrif, yr oedd muriau
enfawr yn amddiffyn tref Caer-went, oherwydd y
bygythiad oddi wrth morladron Gwyddelig. Ceir
cofnodion am ddau ferthyr Cristnogol o'r drydedd
ganrif, a erlidiwyd gan y Rhufeiniaid yng Nghaerllion,
sef Aaron a Julius. Erbyn diwedd y bedwaredd ganrif, yr
oedd y dref wedi dechrau crebachu, er bod pobl yn dal i
ddefnyddio a chasglu arian Rhufeinig tan ddechrau'r
bumed ganrif o leiaf. Yn y chweched ganrif, daeth y
Silwriaid yn rhan o Frenhiniaeth *Gwent. Yn ôl
llawysgrif o'r ddeuddegfed ganrif, y *Vita Tathei*, bu sant
Gwyddelig o'r chweched ganrif, Tatheus, yn gwneud
gwyrthiau yn ne Cymru a rhoddwyd iddo safle Caer-
went i adeiladu mynachlog arno gan y Brenin Caradoc
ab Ynyr. Yn wir, y mae bron yn bendant mai'r hen dref
Rufeinig a roddodd ei henw i diriogaeth Gwent.

Am fanylion pellach gweler Richard Brewer, *Caerwent Roman
Town* (1993); Jeremy Knight, *Caerleon Roman Fortress* (1988);
Martin Millett, *The Romanization of Roman Britain* (1990); Tim
Potter a Catherine Johns, *Roman Britain* (1992); a Peter Salway,
The Oxford Illustrated History of Roman Britain (1993).

Silver John, gweler LLOYD, JOHN (*c*.1740–1814?).

Silyn, gweler ROBERTS, ROBERT (1871–1930).

Sillafau ac acen mewn cynghanedd, seiliau'r
*gynghanedd. Mesurir hyd llinell drwy gyfrif y sillafau
sydd ynddi ac y mae natur acennog sillafau arbennig a'u
lleoliad yn sylfaenol i gyfatebiaeth gytseiniol. Mewn

Cynghanedd Groes neu Draws, y mae'n hanfodol fod y
ddwy brif acen yn cyfateb yn gytseiniol. Amrywia nifer
y sillafau amrywiol eu haceniad a geir rhwng y ddwy brif
acen yn nau ben y llinell. Er bod hyd y llinell yn sefydlog
gan amlaf, cyfnewidiol yw'r acennu, a'r amrywiaeth
acennu yma o fewn cyfyngiad sydd i hyd sillafog y llinell
a rydd i linell feistraidd o gynghanedd arbenigrwydd
rhythmig.

SIMON O GAERFYRDDIN (*fl.* 1250), bardd, awdur
cerddi crefyddol Ffrangeg-Norman (*Eingl-Normaneg)
ac aelod o urdd y *Canoniaid Awstinaidd ym mhriordy
*Caerfyrddin. Y mae dwy o'i gerddi ar gael, un ar ffordd
edifeirwch, '*De un chemin plus large asset*', a'r llall ar
ymwared rhag pechod, '*Par la priere de vn men compaignon*'.

SIMON, BEN (*c*.1703–93), bardd a hynafiaethydd a
oedd yn frodor o Abergwili, Caerf. Yr oedd yn gopïwr
diwyd; ysgrifennodd ei lawysgrif bwysicaf, *Tlysau'r
Beirdd*, rhwng 1747 ac 1751 a lluniodd ei gasgliad o
waith *Dafydd ap Gwilym yn 1754. Bu dylanwad
Griffith *Jones, Llanddowror, yn fawr arno fel y dengys
ei farwnad iddo. Ei faled fwyaf adnabyddus yw
'Marwnad ar Farwolaeth dwy ar bymtheg o Ddynion
yng Ngwaith Glo'r Werin Fraith, gerllaw Castell Nedd
yn Sir Forgannwg' (1758).

SIMWNT FYCHAN (*c*.1530–1606), bardd ac
achyddwr. Yn Llanfair Dyffryn Clwyd, Dinb., yr oedd
yn byw. Yr oedd yn ddisgybl i *Ruffudd Hiraethog, a
graddiwyd ef yn Bencerdd yn ail Eisteddfod *Caerwys
(1567). Canodd lawer o gerddi mawl a marwnad yn y
dull traddodiadol, a hefyd gerddi serch, ond nid ydynt
wedi eu casglu a'u golygu. Cofir amdano am iddo roi
trefn a dosbarth ar yr hyn a ddysgid gan y Penceirddiaid
i'w disgyblion yn ysgolion y beirdd yn *Pum Llyfr
Cerddwriaeth* (*c*.1570). Dyma'u cynnwys: y llythrennau
a'r sillafau; y rhannau ymadrodd a chystrawen; y mesur-
au; y cynganeddion; y beiau gwaharddedig; a chyfar-
wyddyd sut i foli pob math o ddyn. Ychydig, os dim, o'r
gwaith sy'n waith gwreiddiol Simwnt; dichon mai
Gruffudd Hiraethog biau gryn lawer ohono. Ond y
mae'r drafodaeth yn llawnach a manylach na dim a geir
yn llyfrau Penceirddiaid eraill yr unfed ganrif ar
bymtheg. Y mae'n aros amryw o lawysgrifau yn
cynnwys achau yn llaw Simwnt gan mai olrhain *achau
oedd un o brif oruchwylion Penceirddiaid y cyfnod.

Ceir manylion pellach yn G. J. Williams ac E. J. Jones,
Gramadegau'r Penceirddiaid (1934); gweler hefyd yr erthyglau gan
E. D. Jones yn *Bwletin* y Bwrdd Gwybodau Celtaidd (1926–27,
1933–35).

Sinbad Sailors, mab tafarnwraig y *Sailors' Arms*, lle y
mae'n wastad yn amser agor; y mae'n dyheu am
*Gossamer Beynon yn *Under Milk Wood* (1954) gan
Dylan *Thomas.

Sinema, dangos lluniau symudol yn gyhoeddus, arfer a ddechreuodd yn Ffrainc yn 1895. Erbyn dechrau 1896 yr oedd Americanwr, Birt Acres, yn gwneud ac yn dangos ffilmiau yng Nghaerdydd. Yr oedd Cymru'r cyfnod 1890–1920 yn un o'r economïau diwydiannol mwyaf llewyrchus yn y byd ac, yn eithaf naturiol, o ganlyniad, denodd y gymdeithas drefol a grëwyd yn ei sgîl ddiddanwyr-sioe uchelgeisiol a chenhedlodd gynulleidfaoedd a oedd yn chwilio am y gorau mewn adloniant cyfoes. Ymhlith y diddanwyr hyn yr oedd dau grëwr ffilmiau nodedig, y ddau'n Saeson. Yn Y Rhyl y gweithiai Arthur Cheetham a chreodd gofnod ar ffilm o fywyd gogledd Cymru, tra sefydlodd William Haggar yn ne Cymru ei gwmni ei hun o actorion gan fynd ati i gynhyrchu rhai o'r ffilmiau nodwedd mwyaf uchelgeisiol a wnaed ym Mhrydain cyn y Rhyfel Byd Cyntaf. Yn 1905 cynhyrchodd Haggar The Salmon Poachers, a werthodd fwy o gopïau nag unrhyw ffilm Brydeinig arall, a The Life of Charles Peace, a gydnabuwyd yn glasur yn ddiweddarach gan haneswyr ffilm.

Ond lleihau a wnaeth poblogrwydd biosgopau y diddanwyr hyn ac yn sgîl hynny ac effaith y Rhyfel Mawr chwalwyd unrhyw bosibilrwydd i Gymru ddod yn ganolfan gynhyrchu o bwys. Yn y 1920au deuai'r rhan fwyaf o ffilmiau o'r stiwdios yn Hollywood ac, i raddau llai, o Loegr. I ddechrau yr oedd Cymru wedi parhau'n boblogaidd fel pwnc ac fel lleoliad. Yn fwyaf nodedig, yr oedd diddordeb mawr yng ngweithiau Allen Raine (Anne Adaliza *Puddicombe), y ffilmiwyd tair o'i nofelau rhwng 1915 ac 1920. Ond, yn gyff-redinol, nid oedd cynulleidfaoedd Cymreig yn disgwyl gweld eu gwlad eu hunain ar y sgrîn. O dro i dro, serch hynny, byddai actor o Gymro i'w weld. Ivor Novello (David Ivor *Davies) oedd y seren ffilm ryngwladol enwog cyntaf o Gymru, oherwydd yn y 1920au yr oedd yn un o'r ychydig actorion Prydeinig a heriodd boblog-rwydd yr Americaniaid. Ganed Novello yng Nghaer-dydd a hyfforddodd fel canwr cyn dod yn awdur caneuon, yn ddramodydd ac arwr matinée. Yr oedd yn anochel y byddai ei gorff lluniaidd a'i ymddygiad teimladwy yn ennill lle iddo ym myd y sinema. Gwnaeth nifer o ffilmiau yn Lloegr ac America lle y chwaraeai ddieithryn egsotig neu ddirgel yn amlach na pheidio; yr enghraifft fwyaf cofiadwy yw ffilm Alfred Hitchcock, The Lodger (1926).

Yn sgîl dyfodiad sain daeth mynychu'r sinema'n ddiddordeb angerddol yng Nghymru, ffenomen y tynnwyd sylw ati gan sylwebyddion cymdeithasol ac sydd i'w gweld yn nofelau a straeon awduron fel Jack *Jones a Gwyn *Thomas (1913–81). O'r 1930au hyd y 1950au yr oedd pobl ifainc yn arbennig yn byw ar ddeiet cyson o ffilmiau o America a Lloegr. Fel pwnc symudai Cymru i mewn ac allan o ffasiwn, yn ôl y diddordebau cymdeithasol a gwleidyddol ehangach. Yn y 1930au yr oedd mudiad y ffilm ddogfen Saesneg wrthi'n ceisio creu delweddau trawiadol o fywyd dosbarth gweithiol a

daeth maes glo de Cymru yn bwnc poblogaidd. Daeth golygfeydd yn dangos glowyr di-waith yn chwilio tomen slag wyntog am glapiau o lo, a ffilmiwyd gan Donald Alexander ar gyfer y ffilm Today We Live, yn un o eiconau'r *Dirwasgiad a drysorwyd fwyaf gan ddeallusion Prydeinig. Ni ddangoswyd ryw lawer ar y ffilmiau dogfen hyn yng Nghymru, hyd yn oed yn y sinemâu hynny a gynhelid gan bwyllgorau glowyr lleol, ond dangoswyd cyfres o ffilmiau nodwedd a gafodd eu hysbrydoli'n rhannol gan y cyfarwyddwyr dogfennol ac a ddeilliodd o'r angen i wneud y pwynt na châi gweithwyr Cymru eu hanghofio mewn cyfnod o ryfel. Drama bywyd ym maes glo Cymru oedd pwnc The *Citadel (1938) a Proud Valley (1940), ond methodd y ddwy ffilm Seisnig hyn â llwyddo'n rhyngwladol fel y gwnaeth *How Green Was My Valley Hollywood. Yr oedd y ffaith i ffilm arobryn John Ford gael ei rhyddhau yn 1941, ddwy flynedd yn unig wedi i nofel Richard Llewellyn (Richard Llewellyn *Lloyd) ymddangos, yn dangos yn glir sut y trôdd y bygythiad o ryfel y darlun chwedlonol a sentimental braidd o fywyd dosbarth gweithiol Cymru yn un o nodweddion canolog demo-cratiaeth fel y syniwyd amdani ledled y byd Saesneg ei iaith.

Esgorodd y rhyfel ar ffilmiau dogfen pellach, yn fwyaf nodedig The Silent Village; yn y ffilm hon defnyddiodd Humphrey Jennings bentref glofaol Cwmgïedd i ddar-lunio manylion goresgyniad Natsïaidd. Mwy amlwg, fodd bynnag, yw'r ffordd yr oedd cymeriadau Cymreig yn ymddangos mewn nifer cynyddol o ffilmiau nod-wedd, yn enwedig y rhai hynny a ddathlai rinweddau milwyr, morwyr neu sifiliaid 'cyffredin': yr oedd Mervyn Johns a Clifford Evans yn enghreifftiau blaenllaw iawn. Yr oedd cynulleidfaoedd Lloegr yn datblygu hoffter o'r idiom Gymreig a'r canlyniad oedd cyfnod wedi'r rhyfel o ffilmiau comedi yn gysylltiedig â Stiwdios Ealing yn arbennig lle yr oedd darlun neuadd-gerdd hoffus o Gymru yn aml yn elfen. Yr oedd A Run For Your Money (1949) a Valley of Song (1953) yn nodweddiadol o'r darlun o Gymru a geid yn y diwylliant poblogaidd Saesneg. Yn Hugh Griffith a Kenneth Griffith, cafwyd dau actor comedi athrylithgar yn y cyfnod hwn. Cafodd diddordeb y Cymry mewn sinema ei adlewyrchu eto yn ymddangosiad tair seren o bwys. Gwnaeth Stanley Baker a Rachel Roberts gyfraniadau arwyddocaol ac amlwg wrth i don newydd ymddangos yn sinema Lloegr yn y 1950au a'r 1960au, a rhoddodd Richard *Burton y gorau i yrfa theatrig wych a dod yn un o sêr cyfoethocaf Hollywood. Yn anfynych iawn y câi'r tri pherfformiwr hyn y cyfle i chwarae cymeriadau amlwg Gymreig ond yr oedd hi'n amlwg iawn eu bod i gyd yn tynnu ar nodweddion a doniau y tybid eu bod yn nodweddiadol o'u mamwlad.

Ond yn hyn oll nid oedd fawr ddim y gellid ei alw'n sinema gynhenid Gymreig, a bu'n rhaid i'r rhai hynny a weithiodd dros weld y wlad yn gwneud cyfraniad nodedig i sinema ryngwladol fodloni ar ffilmiau achlysurol nad oeddynt ynddynt eu hunain yn creu traddodiad. Dychwelodd Emlyn *Williams, dramodydd llwyddiannus yn Llundain ac Efrog Newydd ac actor da, i Gymru i ffilmio golygfeydd ar gyfer Last Days of Dolwyn (1949), ffilm a dynnai ddarlun caredig ond Gothig a ffansïol braidd o gymuned wledig dan fygythiad. Yr oedd Blue Scar Jill Craigie yn fwy realistig a chyfoes ac yn ei hanner cyntaf yn cyfleu llawer o gynhesrwydd a bywiogrwydd cwm glofaol adeg ccnedlaetholi'r diwydiant glo. Cafodd dwy ffilm, Yr Etifeddiaeth (1949) gan John Roberts *Williams a David (1951) gan Paul Dickson, y naill yn edrych ar ogledd Cymru drwy lygaid ifaciwî, a'r llall yn bortread o ofalwr diwylliedig yn ne Cymru, eu hysbrydoli gan y syniad bod angen cywiro'r stereoteipiau o Gymru a oedd yn dal i ymddangos yn y diwylliant poblogaidd Seisnig.

Ar i lawr yn drawiadol iawn yr aeth yr arfer o fynychu'r sinema yn y 1960au a chyn hir yr oedd y mwyafrif helaeth o gymunedau heb sinemâu. Yn eironig, yn yr union amgylchiadau hyn yr ymddangosodd diwydiant ffilm Cymreig neilltuol a llwyddiannus. O'r dechrau caniataodd y teledu i wneuthurwyr ffilm fel Jack Howells a John *Ormond ddod â hydeimledd newydd i ffurf y ffilm ddogfen. Yn y cyfamser, yr oedd cyfnod newydd yn cychwyn ym maes cynhyrchu ffilmiau'n annibynnol gyda grantiau a nawdd yn caniatáu i fyfyrwyr ffilm ddod yn wneuthurwyr ffilm. Cyrhaeddodd y cyfnod newydd hwn o nawdd i deledu a chynhyrchu annibynnol benllanw yng Nghymru wedi cychwyn S4C yn 1981. Yn sydyn yr oedd Cymru'n wlad o actorion a thechnegwyr ac yn arbennig o gyfarwyddwyr a oedd yn auteurs ffilm dilys, ac yr oedd yr holl dalent hon mor gartrefol ym myd y teledu ag ym myd y ffilm. Daeth Karl Francis i'r amlwg fel meistr ar y ddrama-ddogfen bwerus; y mwyaf rhyfeddol ohonynt yw Above Us The Earth (1977), Ms Rhymney Valley (1985) a Streetlife (1996), a bortreadodd lawer iawn o wewyr cymoedd de Cymru yn ystod y broses o ddad-ddiwydiannu. Cyfarwyddodd Endaf Emlyn *Un Nos Ola Leuad (1991), Gadael Lenin (1993) ac Y Mapiwr (1995), ffilmiau soffistigedig ac iddynt steil a wnaeth gynulleidfaoedd teledu a thai celfyddyd ledled y byd yn ymwybodol o fodolaeth y sinema Gymraeg. Yr oedd dwy gomedi, Coming Up Roses (1986) a gyfarwyddwyd gan Stephen Bayley a The Englishman Who Went Up a Hill and Came Down a Mountain (1996) a gyfarwyddwyd gan Chris Monger, yn boblogaidd yng Nghymru ond, yn rhyngwladol, y ffilm Gymraeg fwyaf cymeradwy oedd Hedd Wyn (1994) gan Paul Turner yr ysgrifennwyd ei sgript gan Alan *Llwyd. Cafodd y stori hon am y bardd ifanc o Gymro (Ellis Humphrey *Evans) a laddwyd yn y Rhyfel Byd Cyntaf ei henwebu am Oscar yng Nghategori'r Fflm Dramor Orau.

Ar wahân i'r ffilmiau, gwelodd y 1990au ehangu ar y diwylliant sinema yng Nghymru. Sicrhaodd gwaith *Cyngor Celfyddydau Cymru, Cyngor Ffilm Cymru, Screen Wales, BAFTA Cymru ac Archifdy Ffilm a Theledu Cymru, ynghyd â'r cwmnïoedd teledu a'r cwmnïoedd cynhyrchu annibynnol, fod sylw cyson i greu ffilmiau yn y cyfryngau. Yn 1995 yr oedd Cymru'n medru dathlu can mlynedd o sinema gyda hyder a steil. Gyda Gŵyl Ffilm Aberystwyth a'r Ŵyl Ffilmiau Geltaidd wedi eu sefydlu'n gadarn, gyda ffilmiau Cymreig yn cael eu dangos yn gyson mewn canolfannau celfyddydol a neuaddau ledled Cymru a chyda chymhellion newydd i ffilmio cynyrchiadau rhyngwladol yng Nghymru, yr oedd ymdeimlad mawr o lwyddiant. Gyda dadorchuddio placiau a llu o wobrau ac, yn bennaf oll, gyda chyhoeddi hanes awdurdodol David Berry, yr oedd Cymru'n ymwybodol o'i llwyddiannau. A'r hyn a roddai fwy fyth o foddhad oedd y disgwyliad, wrth i'r ganrif ddirwyn i ben, y byddai gwneuthurwyr ffilm yn cyfrannu'n fwy ystyrlon nag erioed o'r blaen at y broses lle y mae'r Cymry'n ymdrechu i ddeall tensiynau a sialensau eu diwylliant dwyieithog. Gweler hefyd RADIO A THELEDU.

Am fanylion pellach gweler David Berry, Wales and the Cinema: The First Hundred Years (1994), Tony Curtis (gol.), Wales, The Imagined Nation (1986), Peter Stead, Film and the Working Class (1990) a Trevor Herbert a G. E. Jones (gol.), Wales Between the Wars (1988).

SIÔN AP HYWEL AP LLYWELYN FYCHAN

(fl. c.1500–c.1530), gŵr bonheddig o Dreffynnon a gladdwyd yn Chwitffordd, Ffl. Cwmpas pur amrywiol ei ganu sy'n cyfrif am ei hynodrwydd fel bardd, a diau mai prydyddu ar ei fwyd ei hun a wnâi, oblegid tri chywydd moliant o'i waith a erys, ond deg o gerddi marwnad a gofyn. Perthyn i rhain bron yn ddieithriad i gylch daearyddol gweddol gyfyng, sef i *Degeingl, rhan ogleddol sir y Fflint. Nid ddibwys ychwaith yr amlygrwydd a roddir yn y canu i wŷr eglwysig megis yr abad Dafydd ab Owain, Syr Hywel ap y Dai, yr abad Tomas Pennant a Phirs Conwy, archddiacon Llanelwy. Lluniodd gywydd i ganmol y cardwyr (fe'i hatebwyd gan *Ruffudd ab Ieuan ap Llywelyn Fychan), cywydd i fawrygu tir Môn ynghyd â chywyddau ac awdlau crefyddol, ac awdl i'r santes *Gwenfrewi yn eu plith. Ychwaneger at y rhain dri chywydd serch, ac un ohonynt ar y *cymeriad h; (geill fod y nifer yn fwy gan y tadogir chwe chywydd serch arno ef ac ar nifer o feirdd eraill). Bu'n ymryson â *Thudur Aled, ac fe'i geilw yn ei farwnad iddo yn athro ac yn ewythr; dengys yr achau fod cyswllt teuluol o hirbell rhwng y ddau fardd.

SIÔN BRWYNOG (1510–62), bardd, brodor o Lanfflewyn, Môn; canai i uchelwyr ym mhob cwr o ogledd Cymru yn y dull traddodiadol. Yr oedd yn Babydd selog a chasâi'r *Brotestaniaeth newydd. Cyfansoddodd gywydd adnabyddus 'I'r Dwy Ffydd' yn eu cymharu'n fanwl ac yn dychanu'r ffydd newydd.

Ceir manylion pellach yn yr erthygl gan R. M. Kerr yn *Ysgrifau Catholig* (cyf. II, 1963).

SIÔN CAIN (*c*.1575–*c*.1650), arwyddfardd a mab i *Rys Cain, yr hwn a ddysgodd y gelfyddyd iddo; fe'i ganed ym Mechain Iscoed ychydig cyn i'w dad ymsefydlu yng Nghroesoswallt. Siôn Cain oedd yr olaf o'r arwyddfeirdd i deithio drwy ogledd Cymru. Canodd nifer mawr o gerddi achau yn ystod y cyfnod rhwng 1607 a 1648 i'r uchelwyr a'i noddodd. Cadwyd ei law-ysgrifau gan Robert *Vaughan o Hengwrt, a ohebai ag ef. Yn ei lythyr enwog at Wiliam Bodwrda yn 1647 dengys Siôn pa mor isel y disgynasai safon y beirdd a'r achyddion, barn a ategir pan gymherir ei waith llenyddol ef ag eiddo'i dad.

Gweler D. Ifans, 'Llawysgrif Barddoniaeth Teulu Mostyn Talacre', yng *Nghylchgrawn* Llyfrgell Genedlaethol Cymru (cyf. XX, 1977) a D. J. Bowen, 'Cynefin Wiliam Llŷn', yn *Barn* (rhif. 210/211, 1988).

SIÔN CENT (*c*.1400–30/45), bardd. Er bod ansicr-wydd a chymysgwch ynghylch ei fodolaeth ac union gorff ei waith, y mae'n un o'r ychydig gywyddwyr pwysig o'i gyfnod y goroesodd gwaith ganddynt. Canodd gywydd moliant traddodiadol i Frycheiniog, ac fe'i cysylltir yn arbennig â'r sir honno. Annhebyg mai ef a welir yn y llun tybiedig ohono yng Nghwrt Llan-gain, Henff. Awgryma ef ei hun iddo ar un adeg fyw'n ddigon anghyfrifol a phechadurus, a'i fod wedi profi tröedigaeth grefyddol.

Er i rai ysgolheigion ei gwrthod, glynai Saunders *Lewis at ei ddamcaniaeth mai gŵr gradd dysgedig o Brifysgol Rhydychen ydoedd, gŵr y newidiwyd ei syniadau'n llwyr drwy iddo ddod i gysylltiad yno ag athroniaeth wyddonol newydd Roger Bacon, *Scientia Experimentalis*. Dyna a barodd iddo, yn ôl Lewis, wrth ymryson â *Rhys Goch Eryri, ladd ar y traddodiad barddol Cymraeg yn ei 'Cywydd Dychan i'r Awen Gelwyddog', lle'r ymesyd ar sylfaen Blatonaidd moliant a'i eithafion celwyddog, fel rhywbeth a darddodd, nid o Grist, ond 'o ffwrn natur uffernawl'. Diben barddon-iaeth i Siôn Cent oedd darlunio dyn fel y mae, a'r ffurf a ddewisodd oedd gogan. Ei gywydd enwocaf yn hyn o beth yw 'I Wagedd ac Oferedd y Byd', lle y troes o'r byd ffeithiol a materol at Gristnogaeth a'i gweledigaeth o Nef. Diau y byddai'n well gan rai bwysleisio nad oedd Siôn Cent ond yn debyg i lawer awdur arall o'r Oesoedd Canol yn gymaint â'i fod yn ystyried ei waith yn gyfrwng didactig i wasanaethu Duw a'r gwirionedd, a'i fod o'r farn mai'r unig wir farddoniaeth oedd barddon-iaeth grefyddol. Y mae beirniaid wedi maentumio mai dilyn ffasiwn a oedd yn gymeradwy yn Lloegr yr oedd Siôn Cent o ran testunau ei ganu a hefyd rai nod-weddion ar ei grefft fydryddol. Cryfheir hyn gan y ffaith mai â'r Gororau y cysylltir ef.

Hanfod llawer o waith Siôn Cent yw'r gred fod real-aeth fydol yn ddiflanedig, ac wrth ddarlunio dychryn-feydd y bedd a'r enaid yn Uffern neu'r Purdan, pwys-leisia fod angen i ddynion edifarhau cyn Dydd y Farn. Yn hyn o beth adlewyrcha hinsawdd grefyddol ei oes: daw'r bardd yn bregethwr. Cydweddir yr elfennau estron a brodorol yn gampus yn ei waith, sy'n cynnwys ymdeimlad erotig, a'r cyfan wedi'i fynegi mewn arddull weddol syml. Yr oedd yn hoff o ailadrodd, chwarae ar eiriau, gwrthgyferbynnu, a bathu ymadroddion diar-hebol eu naws. Un o'i linellau enwocaf yw 'Gobeithiaw a ddaw ydd wyf'. Ef oedd y bardd cyntaf i rannu'r cywydd yn adrannau, pob un â byrdwn; canodd o leiaf bedwar cywydd felly. Yr oedd dylanwad Siôn Cent ar ei gyfoeswyr ac ar feirdd diweddarach, yn enwedig ei ganu pregethwrol, yn un dwfn a pharhaol.

Ceir detholiad o gerddi Siôn Cent, yn *Cywyddau Iolo Goch ac Eraill* (gol. Henry Lewis, Thomas Roberts, Ifor Williams, 1925 ac 1937). Am ymdriniaethau beirniadol ar ei farddoniaeth gweler G. E. Ruddock yn *A Guide to Welsh Literature* (cyf. II, gol. A. O. H. Jarman a Gwilym Rees Hughes, 1979), Saunders Lewis yn *Meistri a'u Crefft* (gol. Gwynn ap Gwilym, 1981) a J. Rittmueller yn *Proceedings of the Harvard Celtic Colloquium* (cyf. III, 1983). Gweler hefyd Ann Matonis yn *Ysgrifau Beirniadol XII* (gol. J. E. Caerwyn Williams, 1982), Dafydd Densil Morgan yn *Y Traethodydd* (Ion. 1983) ac, ym *Mwletin* y Bwrdd Gwybodau Celtaidd, Nicolas Rogers (cyf. XXXI, 1984) ac Andrew Breeze (cyf. XXXIII, XXXIV ac XXXVII, 1986, 1987 ac 1990).

SIÔN CERI, sef SIÔN AP Y BEDO AP DEIO FYCHAN (*fl. c*.1520–*c*.1545), bardd pur gynhyrchiol y tybir iddo ymsefydlu yng nghwmwd Ceri (gan mai wrth yr enw Siôn Ceri y'i hadwaenir yn ddieithriad yn y llawysgrifau sy'n cynnwys ei waith). Yn ei gywydd i'r Drenewydd, awgryma iddo dderbyn lloches yn y dref honno yn ei henaint.

Diogelwyd trigain o'i gerddi, yn gywyddau, yn awdlau ac yn englynion; ysgogodd un o'i englynion ymateb gan Hywel ap Syr Mathau (*Hywel ap Mathew). Canodd ddyrnaid o gywyddau serch a chywyddau crefyddol, ond ei waith pwysicaf yw'r hanner cant a rhagor o gywyddau ac awdlau defodol – cerddi mawl yn bennaf. Dengys y deunydd hwn fod ei gylch clera yn bur helaeth; ymwelodd â dau ar bymtheg ar hugain o gartrefi a chyfarchodd ddau a deugain o uchelwyr, ond trigai'r rhan fwyaf o fewn cyrraedd hwylus i Geri, yn Llanbryn-mair, Talerddig, Carno, Mochdre, Llanllwch-aearn, Llandysul, Y Trallwng, a thros y ffin yn Yr Ystog a Chroesoswallt. Tystia ei waith i barhad a ffyniant y canu traddodiadol yn y rhan hon o Gymru.

Canodd Siôn awdl farwnad i Syr Rhys ap Tomas (arwydd o bwysigrwydd y gŵr hwn yn ei olwg yw'r modd y dewisodd y bardd ymwrthod â'i arfer o gofnodi ach y sawl y canai iddo), ond canodd hefyd i benteulu-oedd *Gogerddan ac Ynysymaengwyn ac i noddwyr yn y gogledd-ddwyrain. Perthyn y canu i Domas Pennant, abad *Dinas Basing, Rhobert ap Rhys *Plas Iolyn, a Wiliam ap Siôn Edwart o'r Waun, i gyfnod cynnar yng ngyrfa'r bardd, a diau mai yn rhinwedd ei gyswllt â *Thudur Aled, ei athro (ar sail tystiolaeth Siôn yn ei gywydd marwnad i brifardd Eisteddfod *Caerwys 1523), y teithiodd i Wynedd ac y cafodd droedle yng nghartrefi'r gwŷr hyn.

Ymdebyga'r canu o ran ei nodweddion cyffredinol i'r hyn a luniwyd gan Dudur Aled, a'r beirdd a ganai yn ail chwarter yr unfed ganrif ar bymtheg. O ran ei gynnwys ei hynodrwydd yw'r hyn a awgrymir am yr hinsawdd gymdeithasol – yr ansefydlogrwydd a'r gwrthdaro, a'r rhcidrwydd i ymgynnal trwy rym arfau – yn y canolbarth ar drothwy'r *Deddfau Uno.

Gweler A. Cynfael Lake (gol.), *Gwaith Siôn Ceri* (1997).

Siôn Ceryn Bach, gweler JONES, JOHN PRITCHARD (m. 1927).

Siôn Cwilt (*fl.* 18fed gan.), ysmyglwr a gafodd ei enw oherwydd y got glytiog, liwgar a wisgai. Trigai mewn tŷ unnos ar rostir uchel rhwng Post Bach a Cross Hands, Cer., ardal a elwir hyd heddiw yn Fanc Siôn Cwilt. Dywedir iddo guddio ei ysbail mewn ogofeydd ar arfordir Ceredigion a'i werthu i uchelwyr lleol am grocbris.

Siôn Dafi (*fl.* 1441–68), bonheddwr o Gemais yng Nghyfeiliog, Tfn. Fel cynifer o Gymry'r cyfnod bu'n ymladd yn Ffrainc a gwasanaethodd ym myddin Rhisiart, Dug Iorc, ym mrwydr *Mortimer's Cross (1461). Yr oedd yn ffefryn gan Edward, Iarll y Mers, mab y Dug, yr hwn a ddaeth yn Frenin Edward IV yn fuan wedi'r frwydr honno. Yn 1462 torrwyd llaw Siôn ymaith am iddo daro gŵr o flaen y barnwyr yn Neuadd Westminster, a chafodd law arian yn ei lle, achlysur a gofnodwyd mewn cywydd gan *Guto'r Glyn, yn yr hwn y galara'r bardd oherwydd bod cyfraith Lloegr wedi disodli cyfraith ddyngarol *Hywel Dda.

Ceir manylion pellach yn *Gwaith Guto'r Glyn* (gol. J. Ll. Williams ac Ifor Williams, 1939, 1961).

Siôn Dafydd neu **Siôn Dafydd Laes** neu **Siôn Dafydd Las**, gweler DAVIES, JOHN (*c.*1665–95).

Siôn Eos (*fl.* ail hanner y 15fed gan.), telynor. Lladdodd ŵr mewn ffrwgwd ac fe'i dedfrydwyd i'w grogi gan reithgor o *Swydd y Waun, yn unol â chyfraith Lloegr. Mewn marwnad iddo dadleua *Dafydd ab Edmwnd mai damwain fu'r lladd ac mai dyblu'r drwg moesol a wnaed drwy beri lladd Siôn Eos yntau. Y mae'r gerdd yn mynegi ei ddicter oherwydd i'r rheithwyr farnu'r telynor yn ôl 'cyfraith Lundain', ac nid yn ôl *'Cyfraith Hywel' a fuasai wedi ei gosbi'n wahanol drwy beri iddo ef a'i dylwyth dalu galanas (iawndal). Yn arglwyddiaethau'r Mers, megis Swydd y Waun, nid anghyffredin oedd gweinyddu Cyfraith Hywel Dda mewn achosion o'r fath. Dewis peidio â gwneud hynny a wnaeth

rheithwyr Swydd y Waun, er bod yr arian galanas eisoes wedi ei addo. Yn ail ran y cywydd cwynir oherwydd y golled i gelfyddyd *Cerdd Dant gan farwolaeth Siôn Eos. Rhybuddia'r rheithwyr y bydd yn rhaid iddynt ymddangos gerbron 'Duw farnwr' a rhagwelir nefoedd i'r telynor. Perthyn gwir fawredd i'r cywydd hwn a'i gyfuniad o angerdd, deall a chelfyddyd. Y mae ei fyfyrdod croyw ar foesoldeb y gosb eithaf yn ddihafal yn ein llenyddiaeth.

Am destun o'r gerdd gweler Thomas Parry (gol.), *The Oxford Book of Welsh Verse* (1962).

SIÔN GRYTHOR (*fl.* 1627/28), bardd. Nid oes neb o'r enw hwn yn cael ei gofnodi yn y Mynegai Cyfrifiadurol o Farddoniaeth Gymraeg (1996), ond priodolir cerddi i ddau fardd ag enwau tebyg, sef Siôn ab Ifan Grythor, a Siôn ab Edward Grythor, y ddau yn canu yn ail chwarter yr ail ganrif ar bymtheg. Priodolir chwe cherdd rydd i Siôn ab Ifan Grythor yn y Mynegai, i gyd yn llawysgrif LlGC 7191 ac yn honno'n unig. Un ohonynt yw 'Carol i'r ddrycin', a'r drudaniaeth a ddilynodd yn 1627–28. Yn yr un llawysgrif ceir dwy gerdd arall ar yr un testun, un ohonynt gan fardd o'r enw Siôn Grythor, sef 'Carol arall i'r ddrycin'. Canwyd englyn i fardd-uchelwr o'r enw Siôn Prys o Gaerddinen a'r Llwyn-ynn a'i wraig gan fardd a elwir yn Siôn ab Edward Grythor. Ymhlith cerddi Siôn Prys ei hunan ceir cywydd yn gofyn siaced gan ddau o'i ffrindiau dros rywun o'r enw Siôn Grythor, cywydd yn gofyn i Ddafydd Llwyd Blaen Iâl am Siôn Grythor, ac Awdl Foliant a Dychan i Siôn Grythor yn null *Robin Clidro. Yn llinell gyntaf yr awdl fe'i cyferchir fel 'Siôn Edwart o'r Faenol' ac yn nes ymlaen fel 'Siôn ab Edwart'. Yn yr awdl molir doniau Siôn fel heliwr a physgotwr heb ei ail yn ogystal â'i ddoniau dihafal fel crythor; yn anffodus, ei ddawn fwyaf, a'r un andwyai'r lleill i gyd, oedd ei allu i yfed a meddwi ac am weddill yr awdl dychenir ei feddwdod a'r helbul a dynnai yn ei ben oherwydd ei oferedd.

SIÔN LEWIS AP SIÔN WYN (*fl.* 1605), bardd o Dywyn, Meir., yn ôl y coloffon ar ddiwedd ei gerdd i Frad y Powdwr Gwn. Priodolir cwndid i ryw Siôn Lewis a cherdd ddiddorol arall ar fesur y cywydd deuair fyrion i fardd a elwir yn Siôn Lewis Gwyn sy'n cyffesu ac yn edifarhau am ei fywyd ofer. Y mae'n bosibl mai Pabydd oedd awdur y gerdd honno oherwydd egyr ei gerdd â chyfarchiad i Dduw 'a'i fam', cyfarchiad a fyddai'n annhebygol iawn o enau Protestant. Ar y llaw arall, y mae'r gerdd i Frad y Powdwr Gwn yn cymryd safbwynt gwrth-Babyddol – 'brad' oedd y cynllwyn a 'thraeturiaid' oedd y cynllwynwyr – felly y mae'n debygol nad yr un bobl oedd y ddau fardd. Ar derfyn y gerdd i'r brad yn unig y ceir dyddiad a lleoliad (1605 a Thywyn, Meir.) ac ymddengys y cywydd deuair yn hŷn, ond ni ellir bod yn bendant. Trafodwyd Brad y Powdwr

Gwn, gan amryw o feirdd eraill yn ogystal, megis Siôn Morus, Roger *Kyffin, Syr Huw Roberts a Richard *Hughes (m. 1618). Yn y gerdd i'r Brad ceir deialog cyffrous rhwng 'Gweido Ffowcs' a'r Ustus a'i restiodd ac y mae'r gerdd yn gorffen â datganiad cyffredinol fod darganfod y cynllwyn wedi adfer y bydysawd o'r annibendod a fyddai'n rhwym o ddilyn lladd y brenin cyfreithlon; daeth y pwynt diwethaf hwn yn bwysig iawn i feirdd yn ystod blynyddoedd y Rhyfel Cartref a'r Weriniaeth a ddilynodd.

SIÔN MAWDDWY (c.1575–1613), bardd, brodor o Fawddwy, Meir., a ganai yn y mesurau traddodiadol i foneddigion ym mhob sir bron yng Nghymru. Defnyddiai ddull y *llatai yn fynych yn ei gerddi mawl. Y mae rhai o'i gerddi yn adlewyrchu pryder ynglŷn â diffyg nawdd i'r beirdd. Canodd i George *Owen, Henllys, a ofyn am eisteddfod ar gyfer y gwŷr wrth gerdd. Bu'n ymryson â Meurig *Dafydd ynglŷn â nawdd teuluol bonheddig Morgannwg, ac mewn llythyr ato cwynodd nad oedd Meurig wedi meistroli'r gelfyddyd farddol er i Siôn roi ar fenthyg iddo ramadeg y beirdd; y mae'r llythyr hwn yn ddogfen bwysig o safbwynt astudio dirywiad *Cyfundrefn y Beirdd yn ei ddydd.

Gweler J. D. Davies, 'Siôn Mawddwy', yn *Llên Cymru* (cyf. VIII, 1965).

SIÔN O GYMRU neu JOHANNES WALLENSIS neu JOHANNES GALLENSIS neu JOHN WALEYS (m. c.1285), dyneiddiwr canoloesol, a brawd o Urdd Sant Ffransis. Cafodd radd baglor mewn diwinyddiaeth yn Rhydychen ac erbyn 1282 gofalai am dŷ ei urdd yno. Ceisiodd cyd-aelod o'r urdd, John Peckham, Archesgob Caer-gaint, a hawliai awdurdod dros Eglwys y Cymry, ei ddefnyddio i berswadio *Llywelyn ap Gruffudd i dderbyn y telerau diraddiol a hawliwyd gan Edward I. Yn fuan wedyn yr oedd y Cymro ym Mharis lle yr oedd, yn 1283, ymhlith y diwinyddion a gawsai eu penodi i archwilio dysgeidiaeth ddrwgdybiedig y Ffransisgan Ysbrydol, Petrus Joannis Olivi. Anrhydeddwyd ef fel athro ac awdur â'r teitl *Arbor Vitae* (Pren y Bywyd). Y mae ei weithiau yn cynnwys traethodau ar egwyddorion moesegol, megis *Monoloquium, Legiloquium* a *Breviloquium de sapienta sanctorum*, a dau waith sy'n seilio moesoldeb Cristnogol ar ddysgeidiaethau wedi eu dethol o'r hen fyd clasurol, *Breviloquium de virtutibus antiquorum principum et philosophorum* a *Compendiloquium de vitis illustrium philosophorum*. Er mai casglydd ydoedd yn hytrach na meddyliwr gwreiddiol, dangosai'r ffordd i ddyneiddiaeth y *Dadeni gyda'i bwyslais ar gyfrifoldeb moesol Dyn.

Ni ddylid cymysgu'r Siôn o Gymru sy'n wrthrych y cofnod hwn â'r gŵr cynharach, **Johannes Wallensis** neu **Galensis** (*fl.* 1215), yr hwn a oedd yn awdurdod ar y gyfraith ganon ym Mhrifysgol Bologna.

Siôn Robert Lewis, gweler ROBERTS, JOHN (1731–1806).

SIÔN TUDUR (c.1522–1602), un o'r olaf o *Feirdd yr Uchelwyr. Yr oedd yn perthyn i nifer o deuluoedd mwyaf blaenllaw y gogledd, yn eu plith teuluoedd *Mostyn a Llanelwy, Ffl., er iddo dreulio llawer o'i ieuenctid yn Llundain fel aelod o Iwmyn y Gard a hefyd o'r fintai ddethol, Iwmyn y Goron. Dyletswydd y cyrff hyn oedd gweini ar aelodau'r teulu brenhinol a bu Siôn Tudur yn gweini ar y Tywysog Edward cyn iddo ddod yn Frenin yn 1547 ac ar ôl hynny. Bu'n gweini ar y Frenhines Elisabeth hefyd yn ei blynyddoedd cynnar, sef o 1558 ymlaen.

Wedi dychwelyd i Gymru bu'n byw fel bardd a noddwr, yn mwynhau croeso ei gyd-uchelwyr ac yn estyn nawdd i feirdd eraill yn ei gartref yn Wicwair. Tybir iddo fod yn ddisgybl barddol i *Ruffudd Hiraethog a graddiodd yn ail Eisteddfod *Caerwys (1567). Y mae nifer mawr o'i gerddi, a gyfansoddwyd gan mwyaf wedi 1566, wedi goroesi; y maent yn cynnwys dros gant o gywyddau mawl a marwnad i ryw drigain o deuluoedd yng ngogledd Cymru, ond dychan yw'r elfen fwyaf cofiadwy yn ei waith. Wedi'i ddigalonni'n llwyr gyda bywyd y llys yn Llundain gwelodd lawer i'w oganu a'i feirniadu, tra adlewyrcha ei sylwadau dychanol ar feirdd Cymraeg ei ddydd ddirywiad y traddodiad barddol yn ei gyfnod olaf. Serch hynny, enillodd Siôn Tudur edmygedd am ei feistrolaeth o'r grefft a chanodd o leiaf wyth bardd farwnadau iddo.

Casglwyd a golygwyd gwaith Siôn Tudur gan Enid Pierce Roberts (1978).

Siôn Wyn o Eifion, gweler THOMAS, JOHN (1786–1859).

Siôn y Gof (m. 1719), gof a llofrudd; tybir mai gŵr o Geredigion ydoedd a aeth i weithio i'r Gwaith Mwyn yn Nylife, Tfn. Llofruddiodd ei wraig a'i ddau blentyn drwy eu taflu i lawr un o'r pyllau mwyn gan gredu, yn ôl un ddamcaniaeth, fod diwedd y byd ar ddod. Fe'i crogwyd ar grocbren ac yn 1938 darganfuwyd ei benglog a'r ffrâm haearn a oedd amdani. Cedwir hi yn awr yn *Amgueddfa Werin Cymru. Cyfansoddwyd nifer o faledi ar achlysur y llofruddiaeth ac y mae rhai llinellau yn fyw ar lafar o hyd.

Am ragor o wybodaeth gweler Cyril Jones, *Calon Blwm: Portread o Hen Ardal Dylife ym Malduyn* (1994).

Sioni Wynwyns, yr enw poblogaidd ar y gwerthwyr wynwyns o Lydaw a oedd i'w gweld yn gyffredin ar ffyrdd Cymru (a rhannau eraill o Brydain) hyd y 1970au. Tyddynwyr neu weision ffermydd oeddynt yn y fro o gwmpas Roscô a Kastell Paol yng ngogledd-orllewin Llydaw, ac arferent werthu eu cynnyrch – rhaffau o wynwyns cochion – o ddrws i ddrws. Yr oeddynt yn wydn, yn annibynnol ac yn benderfynol, a threulient y gaeaf mewn hen fflatiau, tai condemniedig a seleri nad oedd ar neb eu hangen, cyn dychwelyd i'w tyddynnod ar gyfer y gwanwyn a'r haf. Credir mai Henri Olivier oedd arloeswr y fasnach hon; tyddynnwr o Santec ydoedd, a hwyliodd ef o Roscô i Plymouth yn 1828 â llwyth o wynwyns. Oes aur y Sioni Wynwyns (neu Sioni Nionod fel y gelwir ef mewn rhannau o'r Gogledd) oedd y 1920au pryd y deuai rhyw fil o werthwyr wynwyns i Brydain bob blwyddyn. Ond ar ôl yr Ail Ryfel Byd, yn bennaf oherwydd y deddfau mewnforio newydd, dibrisio'r bunt a chaledi'r gwaith, gostyngodd eu nifer o flwyddyn i flwyddyn. Erbyn heddiw ni welir ond dyrnaid ohonynt yn strydoedd Cymru.

Ceir manylion pellach am y dynion hyn yn yr erthygl gan Sam Adams yn The Anglo-Welsh Review (rhif. 49, Gwanwyn 1973) ac yn llyfrau Gwyn Griffiths, Y Shonis Olaf (1981) a Goodbye Johnny Onions (1987).

Sioronwy (Evan George Jones; 1892–1953), gweler o dan teulu CILIE.

Siot, bwyd traddodiadol a oedd yn boblogaidd yn ardaloedd gwledig gogledd Cymru. Fe'i gwneid o fara ceirch wedi ei falu a'i gymysgu â llaeth enwyn. Bwyteid ef fel pryd ysgafn amser te'r prynhawn. Gelwid ef hefyd yn bicws mali. Gweler hefyd BRWES a LLYMRU.

Siroedd, gweler o dan CREU'R SIROEDD.

Sistersiaid, Y, urdd fynachaidd a sefydlwyd yn Cîteaux ym Mwrgwyn yn 1098. Oherwydd lliw eu gwisg fe'u hadnabyddid fel y Mynaich Gwynion, a phwysleisiai'r Sistersiaid ymlyniad caeth wrth Reol Sant Bened. O dan arweiniad Sant Bernard o Clairvaux (1090–1153) ffynnodd yr Urdd gan sefydlu cymunedau dros rannau helaeth o Ewrop. Sefydlwyd y cwfent cyntaf yng Nghymru yn *Nhyndyrn yn 1131. Sefydlwyd *Margam yn 1147, ac yn yr un flwyddyn daeth *Nedd a *Dinas Basing, a berthynai i Urdd Savigny tan hynny, yn fynachlogydd Sistersaidd. Sefydlwyd y tai hyn o dan nawdd arglwyddi gororau Cymru, ac yr oedd hyn yn wir hefyd am y *Tŷ-gwyn (1140) ac *Ystrad-fflur (1164). Yn dilyn adferiad gallu gwleidyddol Cymru yn y de-orllewin, o dan arweiniad *Rhys ap Gruffudd, daeth y Tŷ-gwyn ac Ystrad-fflur o dan nawdd tywysogion Cymru ac estynnwyd eu nodded i chwe thŷ arall a sefydlwyd o'r ddwy fynachlog hynny: *Ystrad Marchell (1170), *Cwm-hir (1176), *Llantarnam (neu Gaerllion; 1179), Aberconwy (1186), Cymer (1198) a Glyn-y-groes (*Glynegwestl; 1201), yn ogystal â'r lleiandy yn Llanllŷr. Gan fanteisio ar nodded arglwyddi'r gororau a'r tywysogion, a datblygu cyfundrefn economaidd yn seiliedig ar y graens, a weithid gan frodyr lleyg a lle y manteisid ar eu tir âr a'u tiroedd bugeiliol, ffynnodd mynachlogydd yr Urdd, ac y mae'r gweddillion sy'n

aros yn awgrymu iddynt godi eglwysi cain. Yr oedd gofyn i abad pob mam-fynachlog gynnal ymweliad blynyddol â'i changhennau, ac yr oedd hyn yn fodd i gynnal cysylltiad clòs ymhlith y tai a oedd wedi eu sefydlu yn nhiroedd y tywysogion. Daeth yr un tai i arddel dyheadau gwleidyddol tywysogion y drydedd ganrif ar ddeg. Adlewyrchir ymlyniad y Sistersiaid yn nhestunau *Brut y Tywysogyon, gwaith y gellir bod yn sicr bod eu testun Lladin gwreiddiol coll wedi ei ysgrifennu yn Ystrad-fflur, ac yn un o destunau'r blwyddnodau (annales) sy'n aros. Ysgrifennwyd *Llawysgrif Hendregadredd, sy'n cynnwys testun gwerthfawr o gerddi cyfnod y tywysogion, yn Ystrad-fflur. Tua diwedd yr Oesoedd Canol cyfarchodd y prydyddion abadau tai'r Sistersiaid gan ganmol eu haelioni.

Ceir manylion pellach am Glanmor Williams, The Welsh Church from Conquest to Reformation (1962), F. G. Cowley, The Monastic Order in South Wales 1066–1349 (1977) a D. H. Williams, The Welsh Cistercians (1969; ail arg. 1984).

Siwan (1195–1237), merch ordderch y Brenin John, a gwraig *Llywelyn ap Iorwerth (Llywelyn Fawr). Yn ôl cytundeb 1204 bu'n rhaid i Lywelyn dalu gwrogaeth i John a chydnabu Brenin Lloegr yntau enillion tiriogaethol Llywelyn. Gwelwyd y briodas rhwng Siwan a Llywelyn yn 1205 yn gadarnhad i'r cytundeb. Bu Siwan yn gynghorwraig dda i Lywelyn gan ymbilio ar ei ran gerbron John yn 1211, a bu'n cynnal trafodaethau gyda'i hanner brawd Harri III yn 1225, ac eto yn 1228 ac 1232. Wedi carwriaeth fer â Gwilym Brewys (William de Braose), efallai fel adwaith yn erbyn ei phriodas wleidyddol, fe'i carcharwyd am ysbaid fer a chrogwyd ef yn 1230. Cyn iddi farw yr oedd hi a Llywelyn wedi eu llwyr gymodi ac er cof amdani sefydlodd frodordy Llan-faes ym Môn, er mwyn i'r brodyr Ffransisgaidd weddïo dros ei henaid. Yno y claddwyd ei gweddillion ac y mae ei bedd a'i delw i'w gweld yno hyd heddiw.

Bu hanesyn godineb Siwan â Gwilym Brewys yn sail i ddrama fydryddol Siwan (1955) gan Saunders *Lewis. Y mae'r ddrama yn olrhain y ffeithiau hanesyddol hyn yn agos ond y mae'n datblygu cymeriadau Siwan a Llywelyn mewn termau seicolegol. Y mae'r awyrgylch yn newid yn gyflym o alwadau hudolus serch cnawdol (er gydag islais o ddrwgargoel) a geir yn yr act gyntaf, trwy dyndra annioddefol yr ail act (lle y disgrifir crogi Gwilym Brewys i Siwan, a hithau wedi ei chadwyno wrth fur, gan ei morwyn Alis sy'n sefyll wrth ffenestr ac yn gweld y cyfan), hyd dawelwch dwfn yn y drydedd act, lle yr haerir gwerth perthynas rhwng personau – yn enwedig mewn priodas – er bod y berthynas honno o angenrheidrwydd yn amherffaith ac yn fyrhoedlog. Yn yr act olaf, a *Gwynedd bellach mewn perygl oherwydd crogi Gwilym, cymodir Llywelyn a Siwan i raddau, a dargenfydd Siwan fod ei gŵr wedi ei charu'n angerddol o'r cychwyn, er nad oedd erioed wedi gallu mynegi ei deimladau'n llawn: rhyw fynegiant gwyrdroëdig o'i gariad oedd crogi Gwilym Brewys. Dychwela Siwan i wely Llywelyn er y byddai, wedi angau, yn gorwedd yn unig ym Mrodordy Llan-faes. Yn y ddrama hon gwelir Saunders Lewis yn trin y *vers libre* â meistrolaeth lwyr. Ym marn rhai beirniaid dyma ei waith gorau.

Ceir ymdriniaeth feirniadol ar y ddrama yn yr erthyglau gan Alun Llywelyn-Williams yn *Y Traethodydd* (1956), Geraint Wyn Jones yn *Taliesin* (cyf. VIII, 1963), R. Gerallt Jones yn *Ansawdd y Seiliau* (1972) a chan John Rowlands yn *Ysgrifau Beirniadol VIII* (gol. J. E. Caerwyn Williams, 1974). Y mae cyfieithiad o'r ddrama gan Emyr Humphreys yn *Presenting Saunders Lewis* (gol. Alun R. Jones a Gwyn Thomas, 1973) ac un arall gan Joseph P. Clancy o dan y teitl *The King of England's Daughter* (1985).

SKENE, WILLIAM FORBES (1809–92), gweler o dan FOUR ANCIENT BOOKS OF WALES (1868).

Sleeping Lord, The (1974), y drydedd gyfrol o weithiau barddol pwysicaf David *Jones (1895–1974). Ceir ynddi naw 'darn', pob un mewn gwirionedd yn gerdd ofalus ei gwneuthuriad, newydd ei harddull, ac yn rhan o undod thematig a cyfanwaith. Thema sylfaenol y cerddi yw'r tyndra rhwng grymusterau unffurfiaeth ar y naill law ac amrywiaeth diwylliedig ar y llall. Cynrychiolir y pethau hyn gan yr Ymerodraeth Rufeinig ym Mhalesteina yng nghyfnod Iesu Grist a'r cyfnod *Arthuraidd yng Nghymru. Y mae'r gerdd-deitl 'The Sleeping Lord' a 'The Tutelar of the Place' yn gerddi sy'n coffáu ac yn moli'r Gymru Arthuraidd, a gwelir ynddynt gyffro rhythmig ac arddull synhwyrus y bardd ar ei orau. Yn y gerdd 'The Tribune's Visitation', sy'n adlewyrchu'r byd Rhufeinig imperialaidd, gwelir yr un cynildeb effeithiol o ran ieithwedd. Nodweddir y casgliad hwn gan deithi dramatig a gweledigaeth eglur.

SMART, CHRISTOPHER (1722–71), bardd Saesneg; mab ydoedd i Peter Smart o swydd Durham a Winifred Griffiths o sir Faesyfed. Fe'i ganed yn Shipbourne, Caint, lle'r oedd ei dad yn ddistain i'r Is-iarll Vane. Yr oedd yn fachgen bregus ei iechyd ond aeddfed ei feddwl. Pan oedd yn dair ar ddeg oed yr oedd wrthi'n llunio cerddi, rhai ohonynt yn gerddi serch. Pan oedd yn dal yn ifanc dywedir iddo wneud cais i redeg i ffwrdd gydag Anne Vane a oedd hyd yn oed yn ieuangach. Rhai blynyddoedd wedyn rhoes ei modryb hi, Duges Cleveland, lwfans o ddeugain punt y flwyddyn iddo, gan ei alluogi i fynd i Neuadd Penfro, Caer-grawnt, yn 1739. Arhosodd yno am ddeng mlynedd fel myfyriwr, ysgolhaig ac, ar ôl 1745, yn Gymrawd y Coleg. Bu'n llwyddiannus yn ei astudiaethau clasurol, gan lunio cerddi addawol mewn ffasiynau amrywiol, cyfieithu, ac efelychu awduron eraill. Dechreuodd hefyd fynd i ddyled a meddwi, a pharhaodd felly wedi iddo adael y Coleg i fynd i Lundain yn 1749.

Yn Llundain ymsefydlodd fel llenor gyda nawdd John Newbery, llyfrwerthwr a gwerthwr moddion, gan wneud gwaith llafurus iddo, a'i gael ei hun yng nghanol nifer o gwerylon llenyddol. Cyhoeddodd ei *Poems on Several Occasions* (1752) fel petai am ddangos ei amlochredd, ei fedr mydryddol a'i benderfyniad i fod yn ffasiynol. Priododd Anna Maria Carnan yn 1752, llysferch i Newbery, ac o'r herwydd gorfu iddo fforffedu ei lwfans, ac yn fuan wedyn dechreuodd golli ei bwyll. Tueddai at wallgofrwydd crefyddol a amlygai ei hun trwy weddïo'n huawdl yn gyhoeddus. Bu'n rhaid iddo fynd i Ysbyty Sant Luc yn 1757 ac fe'i hanfonwyd adref heb ei wella y flwyddyn ganlynol. Yn fuan wedyn, mae'n debyg, derbyniwyd ef i wallgofdy preifat Potter yn Bethnal Green, gan aros yna hyd 1763. Yn ystod ei gyfyngiad, ysgrifennodd *Jubilate Agno* neu *Rejoice in the Lamb* (anghyhoeddedig yn ystod ei fywyd). Ar ôl cael ei ryddhau, symudodd i fyw gyda theulu yn ymyl Parc St. James, gan fod ei deulu ef yn byw mewn man arall. Nid oedd yn llwyr wallgof nac yn gwbl gall, a chyffrowyd ef gan 'shivers of genius'. Am gyfnod cafodd gymorth ei gyfeillion yn ei angen a bu'n gweithio yn galed. Cyhoeddodd *A Song to David* (1763) a thri chasgliad bach o gerddi, ac yna y *Psalms* a'r *Hymns and Spiritual Songs for the Fasts and Festivals of the Church of England* (1765), dwy oratorio, cyfieithiadau o gerddi Horas a Phaedrus a dau waith ar gyfer plant, y *Parables* (1768) a *Hymns for the Amusement of the Children* (1771). Ond bu rhagor o gweryla a dyledion, a charcharwyd y bardd yn ôl rheolau Carchar Mainc y Brenin yn ystod dwy flynedd olaf ei oes.

Yr oedd cysylltiad Smart â Chymru yn hysbys i'w gyfoeswyr. Yn *The Old Woman's Dunciad* (1751), cyfeiria William Kenrick at *Cambria*, molawd i'r iaith Gymraeg, lle y mae Mrs Midnight (Kit Smart), yn ceisio gwella'r iaith Saesneg trwy ddewis '*several thousands of the most curious and copious in the Gomerian or Welch Tongue, which will far exceed any Embellishment whatsoever drawn from the Greek and Latin*'. Yn 1753 lluniwyd '*An address to his Royal Highness The Prince of Wales, to be presented to him by the Lord Bishop of Peterborough (his Highness's Perceptor) in the Name of the Society of *Ancient Britons, on St. David's Day next*'. Anfonwyd y copi Saesneg at Goronwy *Owen i'w gyfieithu i'r Gymraeg, ac at Smart (a ddisgrifir gan Goronwy mewn llythyr at William Morris fel '*some young Cymro in Cambridge*') i'w gyfieithu i'r Lladin. Y mae'r cyfuniad o weniaith a gwladgarwch yng ngherdd Smart braidd yn wrthun. Er hyn, cynhwysir gwaith Cymraeg Goronwy a gwaith Lladin Smart yn y *Diddanwch Teuluaidd* a gyhoeddwyd gan Anrhydeddus Gymdeithas y *Cymmrodorion yn 1763. Y mae'n wir fod Smart wedi dychanu rhai agweddau ar y Cymry: yr hoffter o achyddiaeth yn ei epilog i *The Conscious Lovers*, y duedd i siarad yn ormodol yn ei *History of *Jack the Giant Killer*, a gyhoeddwyd o dan ffugenw, a'r hoffter o ddathliadau gwladgarol yn *Mother Midnight's Comical Pocket Book*. Ond yr oedd yn falch o'i dras Gymreig fel y dengys *Jubilate Agno* lle y dywedodd, '*For I am the seed of the Welch Woman and speak the truth from my heart*'.

Yn *Poetical Works of Christopher Smart* (5 cyf. ar waith, gol. Karina Williamson a Marcus Walsh, 1980–) disodlir *Collected Poems* (2 gyf., gol. Norman Callan, 1949) a *Jubilate Agno* (gol. W. H. Bond, 1953). Y bywgraffiad safonol yw *Christopher Smart, Scholar of the University* (1967) gan Arthur Sherbo; gweler hefyd *The Annotated Letters of Christopher Smart* (gol. Robert Mahony a Betty W. Rizzo, 1991). Am fanylion llyfryddiaethol gweler Mahony a Rizzo, *Christopher Smart: An Annotated Bibliography, 1743–1983* (1984) a Margaret M. Smith ac Alexander Lindsay, *Index of Literary Manuscripts* (1992). Ceir astudiaethau ar Smart gan E. G. Ainsworth a C. E. Noyes (1943), Christopher Devlin (1961), Sophia Blaydes (1966), Moira Dearnley (1968) a Harriet Guest (1989).

SMITH, DAVID neu **DAI** (1945–), hanesydd a beirniad. Fe'i ganed yn Nhonypandy yng nghwm Rhondda a'i addysgu yng Ngholeg Balliol, Rhydychen, Prifysgol Columbia, Efrog Newydd, a Choleg y Brifysgol Abertawe. Bu'n Ddarlithydd Hanes ym Mhrifysgol Caerhirfryn a Choleg y Brifysgol Abertawe, yn Uwch Ddarlithydd yn Hanes Cymru yng Ngholeg y Brifysgol, Caerdydd, a dyfarnwyd iddo Gadair Bersonol yn y coleg hwnnw yn 1986. Yn 1993 fe'i penodwyd yn Olygydd BBC Radio Wales ac yn 1994 daeth yn Bennaeth Rhaglenni Saesneg BBC Cymru.

Y mae wedi cyhoeddi amrywiaeth helaeth o astudiaethau ar ddiwylliant a gwleidyddiaeth de Cymru drefol a diwydiannol, gan gynnwys, gyda Hywel *Francis, *The Fed: A History of the South Wales Miners in the Twentieth Century* (1980); gyda Gareth Williams, *Fields of Praise: The Official History of the Welsh Rugby Union 1881–1981* (1980); monograff yn y gyfres *Writers of Wales* ar Lewis *Jones (1982); *Wales! Wales?* (1984), yn seiliedig ar gyfres deledu a wnaed i'r BBC; ac *Aneurin *Bevan and the World of South Wales* (1993). Golygodd hefyd *A People and a Proletariat: Essays in the History of Wales 1780–1980* (1980). Rhwng 1975 ac 1987 ef oedd cydolygydd *Llafur, cyfnodolyn y Gymdeithas er Astudio Hanes Llafur Cymru.

SMITH, JENKYN BEVERLEY (1931–), hanesydd. Fe'i ganed yng Ngorseinon, Morg., a chafodd ei addysg yng Ngholeg Prifysgol Cymru, Aberystwyth. Fe'i cyflogwyd yn y *Llyfrgell Genedlaethol cyn ei benodi yn Ddarlithydd mewn Hanes Cymru yn Aberystwyth yn 1960. O 1986 hyd ei ymddeoliad yn 1995, ef oedd deiliad Cadair Hanes Cymru Syr John Williams yn y coleg hwnnw. Yn brif awdurdod ar Gymru Oes y Tywysogion, y mae ei gyfrol *Llywelyn ap Gruffudd, Tywysog Cymru* (1986) yn astudiaeth hynod goeth o hanes Cymru yn y drydedd ganrif ar ddeg. Yn awdur llu o erthyglau, ef hefyd oedd golygydd casgliad o ysgrifau yr Athro T. Jones Pierce, *Medieval Welsh Society* (1972) ac awdur *James Griffiths and his Times* (1977). O 1972 hyd 1995 bu'n gyfrifol am Adran Hanes a Chyfraith *Bwletin* y *Bwrdd Gwybodau Celtaidd ac er 1995 ef yw prif olygydd *Studia Celtica*. Fe'i penodwyd yn aelod o'r Comisiwn Brenhinol ar Henebion yng Nghymru yn

1984 ac fe'i dyrchafwyd yn Gadeirydd y Comisiwn yn 1990.

Smotyn Du, Y, gweler o dan UNDODIAETH.

SMYTH, ROGER (1541–1625), offeiriad Pabyddol a chyfieithydd. Brodor o Lanelwy, Ffl., ydoedd; credir iddo ffoi i Goleg Seisnig Douai tua 1573. Erbyn 1579 yr oedd wedi ymaelodi yng Ngholeg yr Iesuwyr yn Rhufain ond fe'i diarddelwyd o ganlyniad i gweryl a fu rhwng y myfyrwyr Cymraeg a Saesneg yno ac oherwydd iddo wrthod cael ei urddo'n offeiriad a chenhadu yn Lloegr. Cyhoeddodd dri llyfr Cymraeg ym Mharis, sef *Crynnodeb o addysc Cristnogawl* (1609), cyfieithiad o rannau o holwyddoreg St. Petrus Canisius, *Summa Doctrinae Christianae*, cyfieithiad llawn o'r holwyddoreg honno (1611), a *Theater dv Mond sef ivv. Gorsedd y Byd* (1615; gol. Thomas Parry, 1930), cyfieithiad o waith Pierre Boaistuau ar drueni ac adferiad dyn. Er nad yw ei weithiau llenyddol i'w cymharu'n ffafriol ag eiddo cyfieithwyr eraill ei gyfnod, y maent yn bwysig o safbwynt eu syniadaeth ar ryddid cydwybod.

Ceir manylion pellach yn y rhagymadrodd i argraffiad Thomas Parry o *Gorsedd y Byd* (1930); gweler hefyd W. Llewelyn Williams, '*Welsh Catholics on the Continent*' yn *Nhrafodion Anrhydeddus Gymdeithas y Cymmrodorion* (1901–02).

Sofraniaeth, thema bwysig yn nhraddodiadau llenyddol Cymru fel y'i gwelir yn enwedig yn *Y *Tair Rhamant*. Cynrychiolir Sofraniaeth gan forwyn dlos ac y mae'r briodas rhyngddi hi a'r arwr yn symbol o uniad y brenin â'i deyrnas. Eistedda ar gadair hardd a choron o aur ar ei phen, a rhydd fwyd a diod iddo ef, neu ymddengys yn ffurf hen wraig hyll a ddadrithir yn ferch brydferth ar ei huniad â'r arwr; weithiau bydd hela anifail hud yn arwain yr arwr at Sofraniaeth. Nid yw'r cais byth yn hawdd a phan ymddengys fod yr arwr wedi cyrraedd uchafbwynt ei yrfa caiff ei ddarostwng drachefn gan rym *Annwn, yr Arallfyd. Y mae'n rhaid iddo brofi ei werth yn gorfforol ac yn foesol cyn ei hennill hi eto. Cred rhai ysgolheigion y gall *Gwenhwyfar, brenhines *Arthur, gynrychioli Sofraniaeth ac mai dyna'r rheswm paham y ceir cymaint o chwedlau am ei threisio.

Some Trust in Chariots (1948), nofel gan Jack *Jones. Ynddi ceir hanes tair cenhedlaeth o deulu Tewdwr a'u tref, Pontyglo (Pontypridd), rhwng 1882 ac 1945. Wrth i'r diwydiant glo yn yr ardal ddatblygu ac ehangu, llwydda busnes cludo nwyddau y Tewdwriaid niferus hefyd. Ceir un o fatriarchiaid Jack Jones yma ym mherson Elizabeth Tewdwr ac y mae ei mab hi, Rhys, a'i nai yntau, Harry, yn amlwg ymhlith cymeriadau lliwgar y nofel hon a fwriadwyd gan yr awdur i fod yn epig am faes glo de Cymru. Y mae'n llwyddo i gyflwyno, yn ei ffordd unigryw, lawer o wrthryfel cymdeithasol a gwleidyddol y cyfnod. Daw'r teitl o'r

Beibl (Salm 20:7): 'Ymddiried rhai mewn cerbydau, a rhai mewn meirch: ond nyni a gofiwn enw yr Arglwydd ein Duw.'

Soned, uned fydryddol sy'n tarddu o'r Eidal yn wreiddiol; ystyr *sonetto* yw canig neu sŵn bychan. Y mae i'r soned bedair llinell ar ddeg, a deg sillaf ym mhob llinell yn y mathau mwyaf cydnabyddedig draddodiadol. Sylfaen mydryddol y mesur yw'r mydr iambig. Gelwir wyth llinell gyntaf y soned yn wythawd a'r chwe llinell ddilynol yn chwechawd. Cyflwynir y thema neu'r pwnc yn yr wythawd, fel arfer, gan ymhelaethu ar y mater dan sylw, ac wedyn eir i gyfeiriad arall yn y chwechawd, ac yna dirwyn yr holl fater i ben. Gelwir y newid cyfeiriad hwn yn *volta*. Mesur odledig yw'r soned, a cheir tri math o batrwm odlau: y soned Eidalaidd neu Betrarchaidd: 12211221 345345 neu 343434; y soned Spenseraidd: 12122323 3434 55; y soned Shakespearaidd: 1212 3434 5656 77.

Cydnabyddir mai Francesco Petrarca (1304–74) a sefydlodd y mesur yn un o brif fesurau barddoniaeth Ewrop, ond bu beirdd eraill o'r Eidal, fel Giacomo da Lentino (*fl.* 1215–33) a Guitone d'Arezzo (1230–94) yn arbrofi â ffurf debyg cyn i Petrarca roi gwedd derfynol ar y mesur. Y sonedwyr cyntaf yn Saesneg oedd Syr Thomas Wyatt (1503–42) a Henry Howard, Iarll Surrey (?1517–47), a gyhoeddodd *Songes and Sonnettes* ar y cyd yn 1557. Dilyn dull Petrarca o lunio sonedau a wnaethant, a chyfieithodd Wyatt bymtheg o sonedau'r bardd o'r Eidal, a chyfaddasu saith arall. Buan y cydiodd y mesur newydd hwn, ac fe'i mabwysiadwyd gan feirdd Saesneg eraill, yn enwedig Edmund Spenser a Shakespeare.

Yn Saesneg y lluniwyd y sonedau cyntaf yng Nghymru, ac un o'r sonedwyr cynharaf oedd Iolo Morganwg (Edward *Williams). Ceir wyth o sonedau yn ei gyfrol *Poems Lyric and Pastoral* (1794), a chyhoeddwyd nifer o sonedau Saesneg eraill gan Gymry mewn cyfnodolion ar ddechrau'r bedwaredd ganrif ar bymtheg. Yn 1833 yr ymddangosodd y soned Gymraeg gyntaf oll, sef 'Goleuni – Ar ddull Sonnet Seisnig' yn rhifyn Chwefror y flwyddyn honno o *Y *Drysorfa*, ac fe'i lluniwyd gan ryw 'R. G. W.' anadnabyddus. Lluniwyd sonedau yn achlysurol gan rai o feirdd y bedwaredd ganrif ar bymtheg, ond ni thaniwyd beirdd Cymru gan y mesur o ddifrif hyd ddechrau'r ugeinfed ganrif. Cyfansoddodd W. J. *Gruffydd ei sonedau cyntaf ar ddiwedd 1899 neu ddechrau 1900, a phan gyhoeddwyd *Telynegion* Gruffydd ac R. *Roberts (Silyn; 1900), yr oedd gan Silyn dair soned yn y casgliad. Lluniodd T. Gwynn *Jones ei soned gyntaf cyn troad y ganrif, yn 1899. Lluniodd T. H. *Parry-Williams ei soned gyntaf oll yn 1909, ac R. Williams *Parry yn 1911. Yn 1906 cafwyd cystadleuaeth cyfansoddi soned am y tro cyntaf yn yr *Eisteddfod Genedlaethol, a bu llunio soned yn gystadleuaeth flynyddol gyson drwy'r ganrif, gyda rhai

bylchau. Degawd cyntaf yr ugeinfed ganrif oedd cyfnod sefydlu'r soned fel mesur blaenllaw yn y Gymraeg, ond oes aur y soned Gymraeg oedd y cyfnod 1920–40, pan luniodd beirdd fel T. H. Parry-Williams, R. Williams Parry, Iorwerth Cyfeiliog *Peate a Gwenallt (David James *Jones) eu sonedau gorau oll. Bu llawer o arbrofi â'r mesur drwy gydol yr ugeinfed ganrif, a chafwyd sonedau llaes, sef sonedau â llinellau hwy na'r decsill arferol, sonedau cynganeddol a lled-gynganeddol, a lluniodd T. Gwynn Jones un soned gyfan, 'Y Bedd', a gwmpas tri *englyn, gan gloi â llinell o gynghanedd bengoll a llinell o *gynghanedd gyflawn.

Olrheinir twf a datblygiad y soned yn Gymraeg hyd droad yr ugeinfed ganrif gan Herman Jones yn *Y Soned Gymraeg hyd 1900* (1967). Olrheinir datblygiad y soned yn yr ugeinfed ganrif yn rhagymadrodd *Y Flodeugerdd Sonedau* (1980) gan Alan Llwyd, a cheir yn y flodeugerdd honno gasgliad o 125 o sonedau. Trafodir rhai o brif nodweddion y mesur yn *Elfennau Barddoniaeth* (1935) gan T. H. Parry-Williams. Gweler yn ogystal Iorwerth C. Peate, 'Y Soned' yn *Ym Mhob Pen . . .* (1948), Derec Llwyd Morgan, *Y Soned Gymraeg* (Cyfres Pamffledi Llenyddol Cyfadran Addysg Aberystwyth, rhif. 13, 1967), a 'Nodyn ar y Soned' gan R. M. Jones yn *Seiliau Beirniadaeth* (cyf. 2, 1986).

'Sosban Fach', cân rygbi a gysylltir fel rheol â thref Llanelli, Caerf., lle y mae'r sosban yn arwyddlun o'r dref. Ysgrifennwyd y pennill cyntaf gan Richard *Davies (Mynyddog) fel rhan o'i gerdd 'Rheolau yr Aelwyd' (1873). Newidiwyd hwnnw gan Talog Williams, cyfrifydd o Ddowlais, Morg., ac ef hefyd a ychwanegodd bedwar pennill a chytgan at y gân tra oedd ar ei wyliau yn Llanwrtyd yn 1895, ac fe'u cyhoeddwyd hwy yn *The Cambrian Daily Leader* ar 22 Chwefror 1896. Dichon bod y gân yn barodi o hwiangerdd neu'n fwy tebygol yn gân ddwli. Hawliwyd y geiriau hefyd gan y Parchedig D. M. Davies, Waunarlwydd. Y mae ansicrwydd beth oedd y berthynas rhwng cymeriadau'r gân – Meri Ann, Dafydd a gwas, Joni Bach a Dai Bach y sowldiwr – ac y mae arwyddocâd y sosban sy'n berwi a'r baban sy'n crio yn ddirgelwch o hyd, er gwaethaf rhai ymdrechion glew i'w hegluro. Nid oes sicrwydd am darddiad nac awduriaeth yr alaw, ond mae iddi dinc emynyddol Gymreig (hyd yn oed yn y fersiwn 'Rwseg') a hi, o bosibl, yw'r gân fwyaf poblogaidd a genir mewn gemau rygbi rhyngwladol.

Sosialaeth, athroniaeth wleidyddol a ddiffinnir yn draddodiadol fel un a wrthwyneba'r ymelwa a'r anghyfartaledd sy'n gynhenid yn y system economaidd a seiliwyd ar Gyfalafiaeth. Fel dewis arall i Gyfalafiaeth bu Sosialwyr am sefydlu cymdeithas ddiddosbarth ac ynddi o leiaf fesur o berchnogaeth gyffredin ar foddion cynhyrchu a chynllunio'r economi er lles pawb. Yn hanesyddol gellir rhannu'r mudiad Sosialaidd yn Sosialwyr chwyldroadol sydd wedi pleidio trais, a Sosialwyr democrataidd sydd wedi ceisio newid y gymdeithas yn raddol trwy ddylanwadu ar y farn gyhoeddus. Yng Nghymru, megis yn Lloegr a'r Alban, y Blaid Gomiwn-yddol (gweler o dan MARCSIAETH) fu prif hyrwyddwr y ffordd chwyldroadol tuag at Sosialaeth, a chynhelir y traddodiad o Sosialaeth ddemocrataidd a newid graddol gan y Blaid Lafur.

Yn ystod y bedwaredd ganrif ar bymtheg cyfyngedig iawn oedd dylanwad syniadau Sosialaidd ar weithwyr Cymru, a bu'n rhaid aros hyd flynyddoedd cyntaf yr ugeinfed ganrif cyn iddi ddechrau ennill nifer sylweddol o gefnogwyr. Hyd 1914 y prif grŵp Sosialaidd i herio consenws Rhyddfrydwyr-Llafur y Gymru Edwardaidd oedd y Blaid Lafur Annibynnol. Wedi'i thrwytho ag ymroddiad moesegol cryf i Sosialaeth ddemocrataidd a chyda chysylltiadau agos â mudiad yr Undebau Llafur o dan fantell y Blaid Lafur, bu'r Blaid Lafur Annibynnol yn dadlau dros gynyddu'r wedd ymosodol mewn diwydiant a mynnu bod cynrychiolaeth o'r dosbarth gweithiol ar bob lefel o lywodraeth. O fewn *Ffederas-iwn Glowyr De Cymru, yn fuan ar ôl ei sefydlu, bu aelodau o'r Blaid Lafur Annibynnol yn feirniaid cyson ar yr arweinwyr 'Rhyddfrydol-Lafur', megis William *Abraham (Mabon), hyd nes iddynt hwythau dderbyn safleoedd o gyfrifoldeb.

Bu'r gorchwyl o sicrhau cynrychiolaeth annibynnol sylweddol i'r dosbarth gweithiol mewn llywodraeth leol ac yn enwedig mewn llywodraeth genedlaethol yn un anodd, ond ar ôl degawd neu ddau o fuddugoliaethau etholiadol achlysurol daeth Llafur fel plaid annibynnol yn rym mawr yn ne Cymru. Y Sosialydd cyntaf i'w ethol i gynrychioli etholaeth Gymreig yn San Steffan oedd Keir *Hardie a enillodd sedd seneddol yn 1900. Ar ôl y Rhyfel Byd Cyntaf cafodd mwyfwy o weithwyr eu hethol i bwyllgorau'r awdurdodau lleol, ac yr oedd y Blaid Lafur yn rheoli dwsinau o gynghorau ar draws y maes glo. Yn ystod y 1920au dechreuodd y Blaid Lafur gymryd camau anferth ymlaen mewn etholiadau Seneddol ac erbyn 1930 yr oedd pump ar hugain o'r un ar bymtheg ar hugain o Aelodau Seneddol yng Nghymru yn perthyn i'r Blaid Lafur. Yr oedd y rhan fwyaf yn Undebwyr Llafur ac yn aml yr oedd ganddynt brofiad mewn llywodraeth leol ac yr oedd llawer ohonynt, gan gynnwys Aneurin *Bevan, wedi derbyn eu haddysg gan sefydliadau'r mudiad Llafur. Wedi'r Ail Ryfel Byd llwyddodd y Blaid Lafur i ddal ei gafael ar ei goruchafiaeth ar wleidyddiaeth Cymru, gan estyn ei dylanwad i ardaloedd gwledig. Yn Etholiad Cyffredinol 1966 enillodd ddeuddeg ar hugain o'r un sedd ar bymtheg ar hugain. Er gwaethaf rhai siomedigaethau etholiadol oherwydd *Plaid Cymru a'r Blaid Geid-wadol, parhaodd y Blaid Lafur fel y pŵer cryfaf ym mywyd gwleidyddol Cymru. Gwelwyd hyn yn Etholiad Cyffredinol 1992, pan enillodd y Blaid Lafur saith ar hugain o'r deunaw sedd ar hugain yn y wlad. Yn arwyddocaol hefyd, rhwng 1976 ac 1992, bu tri Aelod Seneddol yn gynrychiolai seddi Cymreig yn dilyn ei

gilydd yn arweinyddion Plaid Lafur Prydain, sef James Callaghan, Michael Foot a Neil Kinnock. Yn Etholiad Cyffredinol 1997 enillodd y Blaid Lafur ddeuddeg ar hugain o'r seddi Cymreig, er bod llawer yn amau nad a yw bellach yn blaid Sosialaidd yng ngwir ystyr y gair.

Ceir manylion pellach am Sosialaeth yng Nghymru yn James Griffiths, *Pages from Memory* (1969), Michael Foot, *Aneurin Bevan* (2 gyf., 1962 ac 1973), yr erthygl gan Peter Stead, 'Working-class leadership in South Wales 1900–1902' yn *Cylchgrawn Hanes Cymru* (cyf. VI, rhif. 3, Meh. 1973), Kenneth O. Morgan, *Rebirth of a Nation: Wales 1880–1980* (1981), Robert Griffiths, *S. O. Davies: a Socialist Faith* (1983), Kenneth O. Morgan, *Labour People, Leaders and Lieutenants: Hardie to Kinnock* (1987), Dai Smith, *Aneurin Bevan and the World of South Wales* (1993) a Richard Lewis, *Leaders and Teachers: Adult Education and the Challenge of Labour in South Wales, 1906–1940* (1993); gweler hefyd Chris Williams, *Democratic Rhondda: Politics and Society 1885–1951* (1996).

South Wales Voice, gweler o dan LLAIS LLAFUR.

SOUTHALL, JOHN EDWARD (1855–1928), argraffydd ac awdur, brodor o Lanllieni, Henff. Ym-gartrefodd fel argraffydd yng Nghasnewydd, Myn., yn 1879 a pharhau mewn busnes yno hyd ei ymddeoliad yn 1924. Dysgodd Gymraeg pan oedd yn ddyn ifanc a gwnaeth astudiaeth arbennig o broblemau dysgu'r iaith; yr oedd nifer o'i lyfrau a ysgrifennwyd ganddo yn ymwneud â'r pwnc hwnnw, gan gynnwys *Wales and her Language considered from a historical, educational and social standpoint* (1892), *The Welsh Language Census of 1891* (1895), *Preserving and Teaching the Welsh Language in English speaking Districts* (1899) a *The Welsh Language Census of 1901* (1904). Rhydd y cyntaf o'r llyfrau hyn wybodaeth werthfawr am leoliad cryfderau a gwen-didau'r iaith Gymraeg yn ne'r Mers, a'r farn gyffredinol amdani. Ysgrifennodd yn ogystal nifer o werslyfrau dwyieithog i'w defnyddio yn ysgolion Cymru.

Special Areas, gweler ARDALOEDD ARBENNIG.

SPRING, HOWARD (1889–1965), nofelydd. Fe'i ganed yng Nghaerdydd, yn un o naw o blant i arddwr. Disgrifiodd ei blentyndod am y tro cyntaf mewn darlith gyhoeddus a draddododd yn ei dref enedigol ac a gyhoeddodd yn ddiweddarach yn y llyfr atgofus *Heaven Lies About Us* (1939). Gadawodd yr ysgol yn ddeuddeng mlwydd oed, ac ar ôl mynychu dosbarthiadau nos a gweithio fel negesydd i *The South Wales Daily News*, daeth yn ohebydd gyda *The Yorkshire Observer* a *The Manchester Guardian*. Ailgyhoeddwyd detholiad o'i waith newydd-iadurol a wnaeth rhwng 1911 ac 1931, pan ddilynodd Arnold Bennett fel beirniad llenyddol yr *Evening Standard* yn Llundain, yn y gyfrol *Book Parade* (1938).

Casgliad o straeon byrion i blant oedd ei lyfr cyntaf, *Darkie and Co* (1932), a dilynwyd ef gan nofelau i oed-olion, *Shabby Tiger* (1934) a'i ddilyniant, *Rachel Rosing* (1935). Ar ôl ymddangosiad ei nofelau gwirioneddol boblogaidd, *O Absalom!* (1938; ailgyhoeddwyd fel *My Son, My Son,* 1938) a *Fame is the Spur* (1940), aeth i fyw i Gernyw, lle y lleolir y rhan fwyaf o'i weithiau diweddarach. Yn ystod yr Ail Ryfel Byd aeth gyda Winston Churchill, yn un o ddau ŵr heb fod yn y lluoedd arfog a oedd yn y ddirprwyaeth, ar fordaith i gwrdd â'r Arlywydd Roosevelt, cyfarfyddiad a esgorodd ar Siarter yr Iwerydd.

Ymhlith ei nofelau eraill y mae *Hard Facts* (1944), *The Houses in Between* (1951), *These Lovers Fled Away* (1955) ac *I Met a Lady* (1961), a drama, *Jinny Morgan* (1952), sydd wedi ei lleoli yn *Rhondda. Y maent, gan mwyaf, yn groniclau hamddenol sy'n gyforiog o gymeriadau yn null Dickens, awdur a edmygid yn fawr gan Howard Spring. Nid y cynllun sy'n cynnal y darllenydd yn gymaint â'r bywyd dynol ei hun yn mynd rhagddo â'i gwrs tawel gyda chyfnodau o hiwmor a thristwch. Gwelir ei arddull hynod draddodiadol hefyd mewn dwy gyfrol ddiweddarach o hunangofiant, *In the Meantime* (1942) ac *And Another Thing* (1946).

Spurrell, William (1813–89), argraffydd a chyhoeddwr. Sefydlodd fusnes yng Nghaerfyrddin yn dwyn enw'r teulu yn 1840 a'i ddatblygu i fod yn argraffwasg bwysig, yn cynhyrchu teitlau safonol ym meysydd crefydd, llên a thopograffiaeth. Wedi ei farw daeth mwy byth o lewyrch i'r cwmni dan arweiniad ei fab Walter Spurrell (1858–1934). Argraffwyd llyfrau i safon uchel i sefydliadau megis *Llyfrgell Genedlaethol Cymru a *Phrifysgol Cymru a chyhoeddwyd argraffiadau J. Bodfan Anwyl (gweler o dan ANWYL, EDWARD) o eiriaduron ei dad, William Spurrell. Dirywiodd y busnes yn gyflym ar ôl yr Ail Ryfel Byd ac fe'i prynwyd yn 1957 gan H. G. Walters Cyf. o Arberth, cwmni a adwaenwyd yn ddiweddarach fel *The Five Arches Press,* Dinbych-y-pysgod. Meddiannwyd y cwmni gan *Everdrake Press* yn 1989, ond nid yw'r cwmni hwn bellach mewn bodolaeth.

S.R., gweler ROBERTS, SAMUEL (1800–85).

St. David's Day, or the Honest Welshman (1801), ffars-faled gan Thomas Dibdin (1771–1841), yr actor a'r dramodydd o Sais. Ei bwriad oedd rhoi teyrnged i haelioni a lletygarwch y Cymry ac y mae'n sôn am Owen a Gwinneth a roddodd loches i Sais a long-ddrylliwyd, William Townley; y mae'n ymserchu yn eu merch Ellen, a swynir ei dad gan ei theulu. Y mae i'r gwaith is-blot yn ymwneud â charwriaeth Peter Plinlimon, postmon, a'r forwyn fywiog, Taffline. Y mae sylwadau'r awdur ar ffordd o fyw ac ymddygiad y Cymry yn barodi ar y dulliau a ddefnyddiodd rhai o awduron Saesneg dechrau'r bedwaredd ganrif ar ddeg wrth ysgrifennu am bynciau Cymreig.

Stafell, arfer gwerinol a gysylltid â phriodas ac a ffynnai yng ngorllewin Cymru yn ystod y bedwaredd ganrif ar bymtheg. Trefnid gwaddol y briodasferch, sef dodrefn a mân gelfi, ynghyd â'r rhoddion a dderbyniwyd gan berthnasau a chymdogion, yn ddefodol ar y noson cyn y briodas dan gyfarwyddyd mamau'r briodasferch a'r priodfab. Amrywiai'r patrwm o ardal i ardal, ond fel arfer merched yn unig a fyddai'n bresennol.

'Stafell Cynddylan', gweler o dan CANU HELEDD (9fed neu 10fed gan.).

STANLEY, HENRY MORTON (1841–1904), darganfyddwr ac awdur. Fe'i ganed yn John Rowlands yn Ninbych. Plentyn anghyfreithlon ydoedd ac wedi marw ei dad aeth ei fam i Lundain a threuliodd yntau y rhan fwyaf o'i febyd yn nhloty Llanelwy. Dihangodd o'r diwedd a chael gwaith ar long yn hwylio i'r Amerig. Ar fwrdd y llong cyfarfu â Henry Stanley a mabwysiadodd hwnnw ef gan roi ei enw iddo. Cafodd nifer o swyddi yn yr Amerig, ond fel gohebydd y cafodd gyfle i chwilio am David Livingstone yn 1871 a chroesodd gyfandir Affrica dair blynedd yn ddiweddarach. Yn ystod y daith i geisio Livingstone, yn Ujiji ar 10 Tachwedd 1871, credir iddo ddweud y geiriau enwog, *'Dr. Livingstone, I presume?'* Adroddir hanes ei deithiau yn *How I Found Livingstone* (1872), *Through the Dark Continent* (1878) ac *In Darkest Africa* (1890). Cafodd y *Grand Cross of the Bath* yn 1899 am ei waith fel darganfyddwr.

Ceir manylion pellach yn Richard Hall, *Stanley: an Adventure Explored* (1974); y mae ei *Autobiography* (1909) a'r cofiant yn Gymraeg (1890), a briodolir i Thomas Gee, yn rhoi hanes ei flynyddoedd cynnar yng Nghymru; gweler hefyd Lucy M. Jones ac Ivor Wynne Jones, *H. M. Stanley and Wales* (1972), John Bierman, *Dark Safari: The life behind the legend of Henry Morton Stanley* (1991). Golygwyd y gyfrol *The Exploration Diaries of H. M. Stanley* (1961) gan Richard Stanley ac Alan Neame.

Stanton, Charles Butt (1873–1946), arweinydd undebau llafur a gwleidydd. Ef oedd y ffigur allweddol yn y broses o ddroi cymoedd diwydiannol de Cymru oddi wrth *Ryddfrydiaeth at *Sosialaeth. Brodor o Aberaman, ger Aberdâr, Morg., ydoedd a chwaraeodd ran amlwg yn streic y glowyr yn 1898. Sefydlodd gangen o'r Blaid Lafur Annibynnol yn 1900 gan wahodd Keir *Hardie i ymgeisio am sedd Merthyr Tudful. Yr oedd yn areithydd ffyrnig o huawdl, ac olynodd Hardie fel yr Aelod dros Ferthyr yn 1915 ond, yn wahanol i Hardie, yr oedd o blaid rhyfel. Dair blynedd yn ddiweddarach fe'i hetholwyd i gynrychioli Aberdâr lle y cafodd T. E. *Nicholas yn wrthwynebydd. Trechwyd ef yn 1922 gan ymgeisydd y Blaid Lafur, ymneilltuodd o'r bywyd cyhoeddus ac ymuno â'r Rhyddfrydwyr. Wedyn bu'n byw yn Llundain lle y cafodd waith fel actiwr; fel arfer chwaraeai rannau aristocrataidd a chlerigol mewn ffilmiau.

Statud Cymru (1284), gweler o dan CREU'R SIROEDD a RHUDDLAN.

STEPHENS, MEIC (1938–), bardd, golygydd, cyfieithydd a newyddiadurwr llenyddol. Fe'i ganed yn Nhrefforest, ger Pontypridd, Morg., a'i addysgu yng Ngholeg Prifysgol Cymru, Aberystwyth, Coleg Prifysgol Gogledd Cymru, Bangor, a Phrifysgol Rennes. O 1962 hyd 1966, pan fu'n dysgu Ffrangeg yng Nglynebwy, bu'n byw ym Merthyr Tudful lle y sefydlodd y Triskel Press a *Poetry Wales*. Golygodd y cylchgrawn o 1965 hyd 1973, gan roi ynddo lwyfan i lawer o'r beirdd a ddaeth i amlygrwydd yn ystod yr hyn a alwodd yn 'ail flodeuo' mewn barddoniaeth *Eingl-Gymreig. Cyhoeddwyd ei gerddi cynnar, ynghyd â rhai Harri *Webb a Peter M. Griffith (Peter *Gruffydd), yn *Triad* (1963) a chyfrannodd lyfryn, *Exiles All* (1973) i gyfres y *Triskel Poets*; ymddangosodd detholiad arall o'i gerddi, *Ponies, Twynyrodyn*, yn 1997. Yr oedd ei lyfr *Linguistic Minorities in Western Europe* (1976), astudiaeth o'r berthynas rhwng diwylliant a gwleidyddiaeth mewn un ar bymtheg o wladwriaethau, yn waith arloesol. Wedi dysgu'r Gymraeg yn oedolyn, bu ymhlith aelodau cynharaf *Cymdeithas yr Iaith Gymraeg, a safodd fel ymgeisydd *Plaid Cymru ym Merthyr Tudful yn Etholiad Cyffredinol 1966.

Yn 1967, ar ôl bron blwyddyn ar staff y *Western Mail* yng Nghaerdydd, penodwyd Meic Stephens yn Gyfarwyddwr Llenyddiaeth *Cyngor Celfyddydau Cymru, swydd yr arhosodd ynddi hyd 1990. Chwaraeodd ran allweddol ym mywyd llenyddol Cymru yn y Gymraeg a'r Saesneg, gan roi cychwyn i amrywiaeth mawr o gynlluniau i gefnogi llenorion, cylchgronau, cyhoeddwyr a chyrff eraill fel *Cyngor Llyfrau Cymru a'r *Academi Gymreig.

Gwnaeth gyfraniad sylweddol i lên Cymru fel golygydd. Y mae ei gyhoeddiadau yn cynnwys chwe blodeugerdd, *The Lilting House* (gyda John Stuart *Williams, 1969), *Green Horse* (gyda Peter *Finch, 1978), *A Book of Wales* (1987), *A Cardiff Anthology* (1991), *The Bright Field* (1991) ac *A Rhondda Anthology* (1993); dwy lyfryddiaeth, *A Reader's Guide to Wales* (1973) ac *A Select Bibliography of Literature in Twentieth-Century Wales* (1995); tri chasgliad o ysgrifau hunangofiannol, *Artists in Wales* (1971, 1973, 1977); *The Welsh Language Today* (1973); *Y Celfyddydau yng Nghymru 1950–75* (1979); detholiad o ddyddiadur Francis *Kilvert, *The Curate of Clyro* (1983), a *The Gregynog Poets* (12 cyf., 1989–90) a gyhoeddwyd gan *Wasg Gregynog; *Cydmaith i Lenyddiaeth Cymru* (1986; arg. newydd, 1997); dau gasgliad o ddyfyniadau, *A Dictionary of Literary Quotations* (1989) ac *A Most Peculiar People: Quotations about Wales and the Welsh* (1992); *The Oxford Illustrated Literary Guide to Great Britain and Ireland* (ail arg., 1992); gyfres o fonograffau *Writers of Wales* (gydag R. Brinley *Jones; 1970–) a *Changing Wales* (14 gyf.,

1992–97), cyfres o ysgrifau polemig. Y mae hefyd wedi golygu gwaith Harri Webb, Glyn *Jones a Rhys *Davies. Bu'n ysgrifennydd Ymddiriedolaeth Rhys Davies er 1990. Ymysg y llyfrau a gyfieithwyd ganddo y mae *The White Stone* (1987), detholiad o ysgrifau T. H. *Parry-Williams; *For the Sake of Wales* (1996), atgofion Gwynfor *Evans; *Illuminations* (1997), detholiad o ysgrifau gan awduron o Gymry; *The Basques* (1997) o Ffrangeg Luis Núñez Astrain; a *Monica* (1997), y nofel gan Saunders *Lewis.

Yn 1991 bu Meic Stephens yn Athro ar Ymweliad yn Adran Saesneg Prifysgol Brigham Young yn Utah ac er 1994 y mae wedi dysgu cyrsiau mewn Newyddiaduraeth, Ffuglen Fodern ac Astudiaethau Cymreig ym *Mhrifysgol Morgannwg. Y mae hefyd yn ysgrifennu colofnau'n rheolaidd i'r *Western Mail*.

Am fanylion pellach gweler yr erthygl gan Meic Stephens, 'The Second Flowering', yn *Poetry Wales* (cyf. III, rhif. 3, 1967); y cyfweliadau yn *Planet* (rhif. 9, Rhag. 1971–Ion. 1972), *Poetry Wales* (cyf. XIV, rhif. 2, 1978) a *The Urgency of Identity* (gol. David Lloyd, 1994); a'r erthygl hunangofiannol, 'In John Jones's Country', yn *Planet* (rhif. 82, Awst–Medi 1990).

STEPHENS, ROY (1945–89), bardd ac ysgolhaig, a aned ym Mrynaman, Caerf., a'i addysgu yn Ysgol Ramadeg Dyffryn Aman a Choleg y Santes Catrin, Caer-grawnt. Er mai Cemeg a Chemeg Ffisegol oedd ei bynciau fel myfyriwr gradd ac ymchwil, dechreuodd ymserchu yn y canu caeth wedi iddo ymuno â Chofrestrfa Coleg Prifysgol Cymru, Aberystwyth, yn 1971. Enillodd radd M.A. ac wedyn radd Ph.D. Prifysgol Cymru, Aberystwyth, am olygu gwaith *Wiliam Llŷn. Roy Stephens oedd ysgrifennydd cyntaf Barddas, y *Gymdeithas Gerdd Dafod, a bu'n genhadwr brwd dros *Gerdd Dafod. Cynhaliodd gadwyn o ddosbarthiadau dysgu'r *gynghanedd yng Ngheredigion, ac un o'i ddisgyblion oedd Idris *Reynolds. Ei gymwynas bennaf, fodd bynnag, oedd paratoi geiriadur odlau ar gyfer y beirdd, sef *Yr Odliadur* (1978). Roy Stephens hefyd oedd awdur tri o'r pedwar llyfryn yng nghyfres *Yr Ysgol Farddol* (1990), a gyhoeddwyd gan y Gymdeithas.

STEPHENS, THOMAS (1821–75), hynafiaethydd a beirniad llenyddol. Fe'i ganed ym Mhontnedd-fechan, Morg., yn fab i grydd, ac ychydig o addysg ffurfiol a gafodd (ac eithrio Lladin) cyn cael ei brentisio gyda fferyllydd ym Merthyr Tudful yn 1835; daeth yntau'n fferyllydd trwyddedig a pharhau yn y busnes am weddill ei oes. Tua 1840 dechreuodd ennill gwobrau mewn eisteddfodau am draethodau ar destunau hanesyddol a llenyddol. Yn Eisteddfod Y Fenni yn 1848 derbyniodd wobr Tywysog Cymru am draethawd ar 'Llenyddiaeth Cymru yn ystod y Ddeuddegfed Ganrif a'r canrifoedd a'i dilynai', a'r gwaith hwn a ymddangosodd o dan y teitl *The Literature of the Kymry* (1849). Golygwyd ail argraffiad o hwn, llyfr pwysicaf yr awdur, gan D. Silvan

*Evans yn 1876. Pan gyhoeddwyd y gwaith cydna-buwyd gan ieithegwyr yng Nghymru a gwledydd eraill fod Thomas Stephens yn awdurdod ar hynafiaethau Cymru, ac yn arbennig ar waith y *Gogynfeirdd.

Derbyniodd gefnogaeth a chyfeillgarwch yr Arg-lwydd Aberdâr (H. A. Bruce), yr Aelod Seneddol dros Ferthyr Tudful o 1851 hyd 1868, a Syr Josiah John Guest, y meistr haearn, a'i wraig y Fonesig Charlotte *Guest. Noddodd nifer o gynlluniau er gwella darpariaethau addysg, lles ac iechyd y dref, gan gynnwys Neuadd Ddirwest, Bwrdd Iechyd lleol, llyfrgell gyhoeddus a Chronfa Gymorth Gethin er cynorthwyo teuluoedd a ddioddefasai mewn damweiniau yn y pyllau glo. Fe'i penodwyd yn Uwch-gwnstabl Merthyr yn 1858 ac yn rheolwr The Merthyr Express yn 1864. Yr oedd yn ŵr diwyd, hael, hynaws ac annibynnol, ac yn Undodwr o argyhoeddiad.

Ymhlith ei lyfrau eraill yr oedd *Madoc: an Essay on the Discovery of America by Madoc ap Owen Gwynedd in the Twelfth Century (1893) a ddrylliodd y gred hoff, ond gwbl ddi-sail, fod Cymry wedi cyrraedd America cyn Columbus. Cydnabuwyd y traethawd fel y cais gorau o lawer yn y gystadleuaeth yn yr Eisteddfod a gynhaliwyd yn Llangollen yn 1858 ond, er iddynt gael eu hargyhoeddi gan ddadleuon yr awdur, yr oedd y beirniaid yn hwyrfrydig i ollwng yr hen gred a than arweiniad John *Williams (Ab Ithel) penderfynasant atal y wobr. Ni chystadleuodd Thomas Stephens yn yr Eisteddfod byth wedyn. Fodd bynnag, parhaodd gyda'i astudiaeth lenyddol ac ieithyddol ac, ar y cyd â Gweir-ydd ap Rhys (Robert John *Pryse), ysgrifennodd yr astudiaeth Orgraff yr Iaith Gymraeg (1859) a chyfrannodd erthyglau yn Gymraeg i'r *Beirniad ac i Archaeologia Cambrensis, cylchgrawn y *Cambrian Archaeological Association.

Yn ei holl waith pleidiai Thomas Stephens wirionedd hanesyddol yn ddigyfaddawd; yr oedd yn wladgarol yn ei agwedd tuag at iaith a llenyddiaeth Cymru, heb roi lled troed i ragfarnau a chan geisio bob amser ddatgelu'r gau a goleddir weithiau gan falchder gwladgarol. Der-bynnir yn gyffredinol mai ef oedd y cyntaf i ddwyn y dull gwyddonol i feirniadaeth lenyddol ac iddo ef, fel beirniad, wneud mwy nag unrhyw Gymro arall yn ei gyfnod i godi safonau'r *Eisteddfod Genedlaethol ac ennill iddi barch yr ysgolheigion.

Ceir manylion pellach yn yr erthygl gan J. Ll. Thomas yn dathlu canmlwyddiant geni Thomas Stephens yn Y Geninen (cyf. XXIX, 1921), yr erthygl gan Havard Walters ar The Literature of the Kymry yn Llên Cymru (cyf. X, 1969), a'r erthygl gan Stephen J. Williams yn Gwŷr Llên y Bedwaredd Ganrif ar Bymtheg (gol. Dyfnallt Morgan, 1969). Ceir gwedd lai ffafriol ar Thomas Stephens yn Emyr Humphreys, The Taliesin Tradition (1983).

STEPNEY, GEORGE (1663–1707), bardd a diplomat a aned yn Llundain i deulu a ymgartrefai yn Prendergast, Hwlffordd, Penf. Addysgwyd ef yng Ngholeg y Drindod, Caer-grawnt; priodolir ei ddyrch-afiad yn y gwasanaeth diplomataidd i'w gyfaill Charles Montagu (yn ddiweddarach Iarll Halifax) ac anfonwyd ef yn gennad i lysoedd yr Almaen. Yr oedd yn fwy enwog fel diplomat nag fel bardd, ond cyfrannodd cyfieithiad o Ofydd i'r Miscellany Poems (1684) gan Dryden, a chynhwyswyd peth o'i waith yn English Poets gan Chalmers ac mewn casgliadau eraill. Ysgrifennodd hefyd An Epistle to Charles Montagu Esq. on his Majesty's Voyage to Holland (1961) ac A Poem addressed to the Blessed Memory of her late Gracious Majesty Queen Mary (1695). Er gwaethaf dawn Stepney fel ieithydd, disgrif-iodd Samuel Johnson ef fel 'a very licentious translator' nad oedd yn gwneud iawn am esgeuluso gwaith yr awdur gan 'beauties of his own'. Y mae casgliad sylweddol o'i lythyrau yn y Llyfrgell Brydeinig ac yn yr Archifdy Cyhoeddus.

STEVENS, MEIC (1942–   ), canwr a bardd. Ganwyd yn Solfach, Penf. Mynychodd Ysgol Ramadeg Tyddewi a Choleg Celf Caerdydd. Jazz traddodiadol a aeth â'i fryd gyntaf oll, ac âi'n llanc i wrando ar y bandiau jazz yng nghlybiau Llundain. Chwaraeodd mewn grwpiau jazz a roc yng Nghaerdydd, a threuliodd y 1960au cynnar yn chwarae cerddoriaeth wreiddiol a thraddodiadol yn y clybiau gwerin ar hyd a lled y wlad. Meithrinwyd ei ddawn yn ystod y cyfnod hwn mewn awyrgylch gerddorol gyfoethog o blues, rock'n'roll, skiffle, R&B a cherddoriaeth werin; bu'r bluesmen a Woodie Guthrie yn ddylanwadau cryf arno. Recordiodd sengl Saesneg, 'Did I Dream', yn 1965 ac ymddangosodd ei ganeuon Cymraeg cyntaf, yn cynnwys 'Yr Eryr a'r Golomen' a 'Tryweryn', yn 1968. Gyda Geraint *Jarman a Heather Jones, sefydlodd y grŵp Bara Menyn yn 1969, a chydweithiodd â Jarman hyd 1970. Rhydd-hawyd ei gasgliad cyntaf, Outlander, yn Saesneg yn 1970 ar label Warner Bros, a'i gasgliad Cymraeg cyntaf, Gwymon, yn 1972. Byth er hynny mae Meic Stevens wedi bod yn ffigur blaenllaw a dylanwadol ym maes canu poblogaidd Cymraeg. Y mae i'w gerddoriaeth amrediad llydan: y mae'n feistr ar y faled, y blues, calypso, a'r gân werin a synthesis dyfeisgar o arddulliau yw nifer o'i ganeuon. Y mae ei arddull leisiol yn dra amrywiol yn ogystal, o dynerwch 'John Burnett' i rymuster 'Timothy Davey'. Gwelwn yn ei waith barodrwydd i adael i'n caneuon ddramateiddio profiad personol: ceir caneuon serch a chaneuon am garwriaethau aflwyddiannus; marwnadau i berthnasau a theyrngedau tyner i ffrindiau, caneuon am effaith y mewnlifiad Saesneg a phortreadau teimladwy o bobl megis Vincent Van Gogh a Sylvia Plath. Chwaraea ardal Solfach a Llydaw (lle y bu'n ymwelydd cyson) ran amlwg yn ei ganeuon. Y mae ei gerddi yn gyfuniad o symlder didwyll a dawn farddonol soffistigedig. Y mae'n dal i chwarae'n rheolaidd mewn clybiau a thafarnau ac yn ystyried y traddodiad hwn yn rhan fywiol o'i grefft.

Am fanylion pellach gweler I Adrodd yr Hanes: 51 o Ganeuor

Meic Stevens (gol. Lyn Ebenezer, Brian Beeze a Gary Melville, 1993), sy'n rhoi cipolwg, yng ngeiriau Meic Stevens ei hun, ar gefndir y caneuon, ac sy'n cynnwys disgograffi; rhaid ychwanegu yn ogystal y casgliad diweddaraf, *Meic Stevens: Yn Fyw* (1995); gweler hefyd yr erthygl gan D. Walford Davies ar ganeuon Meic Stevens yn *Hanes Cerddoriaeth Cymru* (cyf. I, 1996).

Stocsio, gweler o dan PASG.

Stol Ganddo, gêm fwrdd hynafol a chwaraeid ar ddarn o bren a thyllau yn batrwm arno er mwyn dal y pegiau chwarae, sef y 'cadno' a'r 'gwyddau'. Hanfod y chwarae yw ceisio dal y 'cadno' â thair ar ddeg o 'wyddau' mewn symudiadau pendant. Soniwyd am y gêm yn y *Grettis Saga* (*c.*1300) o Ynys yr Iâ a bu'n boblogaidd ar ffurfiau tebyg i'r un bresennol o'r bedwaredd ganrif ar ddeg ymlaen. Bu nifer o amrywiadau lleol ar y dull o chwarae ac y mae nifer o enwau lleol ar y gêm; y mae bellach wedi ei safoni. Gweler hefyd GWYDDBWYLL.

Stones of the Field, The (1946), cyfrol gyntaf o gerddi R. S. *Thomas, a gyhoeddwyd gan Keidrych *Rhys yn y *Druid Press* yng Nghaerfyrddin. Ynddi ceir hanner cant a saith o gerddi a ysgrifennwyd gan y bardd rhwng 1941 ac 1946; yr oedd rhai ohonynt wedi ymddangos eisoes mewn cylchgronau. Y mae'r teitl yn ddyfyniad o Lyfr Job (5:23): 'Canys â cherrig y maes y byddi mewn cynghrair; a bwystfil y maes hefyd fydd heddychol â thi.' Nod y casgliad yw 'ailgadarnhau cydweddiaeth dyn â dirweddau hiroesol carreg, maes a phren'. Y mae rhai o gerddi mwyaf adnabyddus y bardd, megis '*A Peasant*', '*A Priest to his People*' a '*The Airy Tomb*', wedi eu cynnwys yma, ond y mae deunaw o'r cerddi heb eu hadargraffu.

Stori Fer yn Gymraeg, Y. Cyfrwng modern yw'r stori fer, ac yn ystod degawdau cyntaf y ganrif hon y cafwyd storïau byrion Cymraeg sy'n unol â naws y stori fer fodern. Nid yw dweud hynny yn gyfystyr â gwadu unrhyw ddylanwad y traddodiad llafar cyfoethog nac ychwaith effeithiau newidiadau cymdeithasol aruthrol ail hanner y bedwaredd ganrif ar bymtheg ar ei ddatblygiad. Bu i Ymneilltuaeth (*Anghydffurfiaeth) hybu darllen a thwf y wasg Gymraeg ac esgorodd hynny yn ei dro ar liaws o storïau yn ymddangos mewn cylchgronau megis *Y *Gymraes* a'r *Frythones. Cyfrwng moesoli oedd y mwyafrif o'r storïau hyn ar thema'r 'ferch rinweddol' ar gyfer merched a âi i weini, yn arbennig i'r trefi a'r dinasoedd mawrion. Gwelir ynddynt adwaith i'r feirniadaeth a gafwyd ar foesau'r ferch Gymraeg yn y *Llyfrau Gleision*. Yna rhwng 1891 ac 1927 cyhoeddwyd toreth o nofelau byrion a storïau amrywiol eu naws yn *Cymru* neu'r *Cymru Coch* fel y'i gelwid. Nod y golygydd, Owen M. *Edwards, oedd dyrchafu'r 'werin' ac iaith y werin. Drwy hepgor yr elfen foesol a gwneud bywyd pob dydd ac iaith y werin yn destun y storïau

hyn, enillwyd yr ystwythder iaith a oedd yn gwbl hanfodol i ddatblygiad y stori fer.

Yn ddi-os *Straeon y Pentan* (1895) Daniel *Owen oedd y norm ar gyfer y stori fer Gymraeg ym meddwl llunwyr testunau *Eisteddfodau Cenedlaethol dechrau'r ugeinfed ganrif. Dyma oedd y math o storïau a ysgrifennai T. Gwynn *Jones ar gyfer *Cymru* a dyma oedd nifer o storïau cynnar D. J. *Williams a ymddangosodd yn yr un cylchgrawn. Yn Eisteddfod Genedlaethol 1914 (a gynhaliwyd yn 1915) gofynnwyd unwaith eto am dair stori fer yn portreadu bywyd Cymreig. Enillydd y gystadleuaeth oedd R. Hughes *Williams, newyddiadurwr ar y pryd a fu'n chwarelwr yn ardal Rhosgadfan, a bywyd y chwarel y dewisodd ei bortreadu. Yr oedd gan yr awdur hwn ddirnadaeth ehangach o ofynion y stori fer fodern. Darllenai gyfieithiadau Saesneg o weithiau Maupassant a Chekhov yn ogystal â storïau yn y Saesneg. Yn y storïau buddugol hyn meistrolodd un o hanfodion y stori fer fodern sef y ddawn i awgrymu drwy ddisgrifiad neu ddeialog yn hytrach na thraethu'n blaen.

Gyda'r un agwedd yr aeth Kate *Roberts hithau ati i lunio ei storïau cynnar am gymeriadau'r un ardal. Yr oedd hi bellach yn drwm dan ddylanwad y stori fer fodern ond nid felly yr oedd pan ymlafniai R. Hughes Williams â'r grefft. Cyfaddefodd y blinai ar ei siarad di-baid am y ffurf er mai hi yn ddiweddarach a wnaeth fwy na neb i hawlio ei le iddo fel arloeswr y stori fer Gymraeg. Pan ymddangosodd stori fer R. Dewi *Williams, 'Clawdd Terfyn', yn *Y Beirniad* yn 1910, gwirionodd hithau arni. Yr oedd 'Clawdd Terfyn' yn enghraifft o drosglwyddo stori fer lafar i brint ond gan ei gwisgo yn ei dillad gorau yn drosiadau estynedig, geiriau mwys ac alegori. Bymtheng mlynedd yn ddiweddarach cyhoeddwyd cyfrol gyntaf o storïau byrion Kate Roberts, *O Gors y Bryniau*, ac yn ei adolygiad ar y gyfrol dywedodd Saunders *Lewis: 'fe welsom ni oll fod y stori fer Gymraeg wedi cymryd cam newydd yn ei hanes, cam pendant i fyd creadigaeth artistig. Yr oedd gan y stori fer bellach orchwyl newydd; yr oedd hi'n gyfrwng gweledigaeth.'

Er bod arlliw gwahanol i storïau'r ddau gyfnod yn ei gyrfa lenyddol – cyfnod Arfon (hyd at 1937) a chyfnod Dinbych (o 1949 ymlaen) – yr un math o stori sydd gan Kate Roberts yn ei hanfod i gyflwyno agweddau ar ei gweledigaeth. Lluniwyd pob stori i ddatgelu moment dyngedfennol gan ganolbwyntio, yn ei geiriau ei hun, 'golau llachar ar un llecyn ar y llwyfan'. Er y tueddai ei storïau cynnar i fod â thro yn y gynffon yn null O. Henry, nid oes i'w storïau gynllun cymhleth. Datblyga ei stori drwy ychwanegu un darlun manwl ar ôl y llall, yn null dyn camera, gan adael i'r manylion awgrymu ei phersbectif. Ar yr wyneb yr hyn a geir yw cofnodi clinigol ond y mae ei dychymyg wedi mwydo'r manylion a ddewiswyd nes daw byd cyfan i fodolaeth.

Ond nid oedd pawb yn hapus gyda'r modd yr oedd

patrymau Ewropeaidd ac Americanaidd yn dylanwadu ar y stori fer. Lleisiodd W. J. *Gruffydd ei amheuaeth yn ddiflewyn ar dafod yn Y *Llenor (1927). Yr oedd ef am i storïwyr ddychwelyd at 'Clawdd Terfyn' gan ei bod iddo ef yn dangos 'pwynt uchaf datblygiad stori a oedd yn arbennig i ni Gymry'.

Llenorion megis D. J. *Williams yn ei gyfrol gyntaf o storïau, *Storïau'r Tir Glas (1936), a ddatblygodd y stori honno. Y mae ynddynt ymdeimlad cryf o berthyn a theyrngarwch i fro neu, a defnyddio term D. J. Williams ei hun, 'filltir sgwar'. Y mae hiwmor yn elfen gref yn yr empathi hwn fel y gwelir yng ngweithiau awduron storïau byrion digrif eraill sydd wedi portreadu eu cymdeithasau – Straeon y Gilfach Ddu (1931) J. J. *Williams neu Storïau'r Henllys Fawr (1938) W. J. *Griffith. At ei gilydd chwerthin am ben ffaeleddau'r natur ddynol a wneir ac nid eu nithio fel y gwnaeth R. G. *Berry yn Y Llawr Dyrnu (1930) er bod y gyfrol honno o storïau wedi ei seilio ar gymdeithas draddodiadol Anghydffurfiol Gymreig.

Trawyd nodyn cwbl wahanol yn storïau John Gwilym *Jones, Y *Goeden Eirin (1946). Er mwyn cyfleu gwewyr meddwl ei gymeriadau bu rhaid iddo ef ddewis dull 'llif yr ymwybod' a llwyddodd i asio dylanwadau ysgrifenwyr modern megis Proust a Joyce ag arddull Morgan *Llwyd ac Ellis *Wynne a chreu rhyddiaith gwbl newydd ond cwbl Gymreig. Y mae ei gymeriadau yntau wedi eu gwreiddio yn y gymdeithas Gymreig ond y maent yn cynrychioli dosbarth sydd wedi cael addysg ac sy'n ceisio ar adegau ymysgwyd o gulni cyffion eu magwraeth. Ni fedrai John Gwilym Jones ymdrin â'i bwnc yn null gwrthrychol Kate Roberts, sef y delfryd iddo ef. Ond at ei gilydd prin fu dylanwad storïau John Gwilym Jones ar storïwyr ei gyfnod. Y mae'r wir bod y diddordeb yn y seicolegol i'w weld yn gryf yn ail gyfrol D. J. Williams, Storïau'r Tir Coch (1941). Erbyn ei gyfrol olaf, Storïau'r Tir Du (1949), ac yntau wedi ei ddadrithio'n llwyr, 'cadw ac argyhoeddi ac amddiffyn gwerthoedd yw ei gymhelliad – darlunio delfryd a newid y darllenydd', chwedl R. M. *Jones (Bobi Jones).

Y gyfrol gyntaf o storïau byrion i ymddangos gan Kate Roberts wedi'r cyfnod o dawelwch yn ei gyrfa lenyddol ar ôl 1937 oedd *Te yn y Grug (1959). Y mae dylanwad y gyfrol hon yn brigo i'r wyneb o hyd, yn arbennig ymhlith merched sy'n ysgrifennu rhyddiaith. Gwelir ei dylanwad ar Tyfu Jane *Edwards, Straeon Bob Lliw Eleri Llewelyn *Morris, Cwtsho Manon *Rhys a Glöynnod Sonia *Edwards.

Y mae'r detholiad o storïau a geir yn Storïau'r Deffro (gol. Islwyn Ffowc Elis, 1959) yn cadarnhau bod y ddwy ffrwd a geid yn natblygiad cynnar y stori fer Gymraeg yn llifo'n gyfochrog. Cynrychiolir y naill, y stori fer a seiliwyd ar y stori lafar, gan ysgrifenwyr megis Gruffudd *Parry, D. Jacob *Davies, J. O. *Williams a W. S. *Jones a'r stori fer sy'n adlewyrchu storïau tramor gan John Gwilym Jones, Kate *Bosse-Griffiths a Jac L.

*Williams. Yr oedd y dull traddodiadol yn dal yn boblogaidd a'r cyfresi o storïau ar y radio wedi ei hybu. Ar gyfer y radio y lluniodd Islwyn *Williams ei storïau a dilyn crefft y cyfarwydd pentref a wnaeth, yn union fel y bu i D. J. Williams ddilyn crefft y chwedleuwr gwlad.

Yr oedd y stori fer yn anterth ei phoblogrwydd yn y 1960au a'r 1970au. Dechreuwyd cyhoeddi detholiadau o storïau byrion yn ystod y cyfnod hwnnw; y gyfres gyntaf oedd Ystorïau'r Dydd (1968–74) a'r ail oedd Storïau Awr Hamdden (1974–79). Enw llawn y gyfrol gyntaf yn yr ail gyfres oedd Storïau Awr Hamdden Kate Roberts ac Eraill; cadarnha'r teitl y lle breiniol a oedd gan Kate Roberts ym maes y stori fer yn y cyfnod hwn. Yn wir, tyfodd stereoteip o stori dan ei dylanwad lle yr oedd y prif gymeriad yn ferch ac yn aml i'w gweld ar ddechrau'r stori yn eistedd ac yn ymson am fywyd yn mynd heibio. Merched yw awduron hanner y storïau a ymddangosodd yn y cyfresi hyn rhwng 1968 ac 1979.

Bu dylanwad Kate Roberts yn drwm ar nifer o lenorion, nid yn unig ar ferched ond hefyd ar yr Harri Pritchard *Jones cynnar. Ond tra oedd cymeriadau storïau'r merched a'r gymdeithas y perthynent iddi yn ymdebygu i eiddo Kate Roberts, cwbl wahanol oedd cymeriadau Harri Pritchard Jones. Aeth ef â'r stori fer Gymraeg y tu allan i Gymru ac o gefn gwlad i ganol dinas. Er hynny y mae ei gymeriadau ef yn ymwybodol o fod yn perthyn, boed yn Gymry neu Wyddelod, ond nid felly cymeriadau Pennar *Davies nad ydynt yn perthyn i nag ardal na gwlad arbennig. Ymryddhaodd Pennar Davies a Bobi Jones y stori fer a gwneud pawb a phobman yn faes y stori fer Gymraeg. Yr oedd eraill megis Alun T. *Lewis wedi rhoi'r pwyslais ar y digwydd mewn stori gan fynd â ni i faes rhyfel.

Yn union fel y daeth rhyw asbri newydd i'r nofel wrth i awduron ifainc roi pwyslais am wahanol resymau ar adrodd stori, ymddengys fod y stori fer hithau wedi cael rhyw egni newydd yn y 1990au yn nwylo awduron ifainc megis Meleri Wyn James (1970–   ), Martin Davis (1957–   ), Robin *Llywelyn, Angharad *Tomos a Mihangel *Morgan gyda'u pwyslais hwythau ar yr elfen storiol.

Ceir rhagymadroddion buddiol a detholion o storïau byrion gan awduron Cymraeg yn Ystorïau Heddiw (gol. T. H. Parry-Williams, 1938), Storïau'r Deffro (gol. Islwyn Ffowc Elis, 1959), Storïau'r Dydd (gol. Islwyn Jones a Gwilym Rees Hughes, 1968) a chyfrol flynyddol gan yr un golygyddion o 1970 hyd 1974, Storïau Awr Hamdden (gol. Urien William, 5 cyf., 1974–1979) a chan John Rowlands yn Storïau Richard Hughes Williams (1994). Ceir rhagor o drafodaeth yn Dafydd Jenkins, Y Stori Fer Gymraeg (1966), yr ysgrif gan Kate Roberts yn Ysgrifau Beirniadol IV (gol. J. Caerwyn Williams, 1969), y bennod gan Derec Llwyd Morgan yn Y Traddodiad Rhyddiaith yn yr Ugeinfed Ganrif (gol. Geraint Bowen, 1976), yr ysgrif gan John Gwilym Jones yn Swyddogaeth Beirniadaeth (1977) a John Jenkins (gol.), Y Stori Fer: Seren Wib Llenyddiaeth (1979). Gweler hefyd 'Haf y Seren Wib', gan Meleri Wyn James yn Golwg (30 Meh. 1994), ac 'Y Byd yn Newid', adolygiad R. Gerallt Jones ar y 6 chyfrol o storïau byrion a gyhoeddwyd yn ystod haf 1994, yn Golwg (28 Gorff. 1994).

Stori Fer yn Saesneg, Y. Y mae dau reswm dros y ffaith fod y stori fer wedi nodweddu gweithiau awduron Cymru sy'n ysgrifennu yn Saesneg yn hytrach na'r *nofel. Yn gyntaf, hyd yn oed ar ei huchelfannau yn y 1930au a'r 1940au, yr oedd y stori fer, fel y gerdd, yn gynnyrch naturiol cymdeithas dlawd lle'r oedd y llenor yn amatur o raid, yn ysgrifennu mewn cyfnodau byr o hamdden. Yn ail, yr oedd y stori yn gyfrwng, fel y gerdd eto, a allai adlewyrchu'r rhethreg ysgubol a'r ymhyfrydu mewn iaith a oedd yn nodweddu cenhedlaeth arbennig o awduron. Gyda'r traddodiad Cymreig o huodledd yn dal yn eu clustiau, ymdrochasant ym môr yr iaith Saesneg ag eiddgarwch arloeswyr. Yr oedd llwyddiant y *genre*, er hynny, yn fyr ei barhad, gan fod y gymdeithas ieithyddol a'i creodd yn diflannu'n gyflym, a chyda'r newidiadau hyn diflannodd hefyd y farchnad i weithiau o'r fath a sefydlwyd yn Llundain. Nid oedd traddodiad llenyddiaeth Eingl-Gymreig a etifeddwyd o'r bedwaredd ganrif ar bymtheg yn arbennig o hyderus, ac nid oedd y stori fer, hyd yn oed yn ei blodau, yn ddim mwy na ffrwydrad geiriol braf yn hytrach na'r hyn y gellir ei alw'n ddychan. Yr oedd gan amlaf yn anecdotaidd, yn delynegol neu'n ddoniol, ac weithiau'n adlewyrchu'r tair nodwedd hyn. Tueddai i fod yn eiriol wrthryfelgar neu yn afradlon, ond nid yn chwyldroadol, ac yn aml iawn cyflwynai weledigaeth plentyn.

Y mae'r elfen amddiffynnol hon a dyfodd ymhlith awduron Cymreig a ysgrifennai yn Saesneg, fel y'i gwelir yn y bedwaredd ganrif ar bymtheg, a hwythau'n poeni am israddoldeb y Celt, i'w gweld yn amlwg yng ngweithiau beirdd fel Rowland *Williams (Goronva Camlann) ac Ivan *Hues. Dylanwadwyd ar awduron rhyddiaith gan frasluniau cyfeillgar y newydd-ddyfodiad, Anne *Beale, am fywyd gwledig Cymru; gwelent y braslun fel eu ffurf naturiol ar lenydda. Yng nghylchgrawn Charles *Wilkins, *The *Red Dragon*, yn ystod yr 1880au, er enghraifft, gwelir nifer o ddarnau sy'n disgrifio agweddau hynafol a hynod y gymdeithas wledig yng Nghymru. Erbyn diwedd y ganrif cyhoeddodd rhai o'r awduron dewraf, megis Alfred Thomas, David *Davies (1849–1926), Bertha Thomas a Zachary Mather (Zechariah *Mathers), gasgliadau o'u straeon mewn llyfrau. Anaml, serch hynny, y llwyddasant i ddianc rhag y sentimental a throi'r braslun yn rhywbeth mwy dramatig o safbwynt adeiladwaith hyderus.

Y mae'n arferol, felly, dyddio dechreuad y stori fer Eingl-Gymreig gydag ymddangosiad *My People* (1915) gan Caradoc Evans (David *Evans). Gellir cyfiawnhau'r farn hon ar dair sail: y gwrthgyferbyniad mawr a welir yn ei agwedd tuag at Gymru, y farchnad a enillodd, a'r hyder a greodd yn y pen draw. Nid oedd casineb llenyddol Caradoc Evans, er hynny, yn ddigon manwl ei sylwgarwch i fod yn ddychan; adlewyrchodd bechodau fel trachwant, blys a rhagrith crefyddol yn gignoeth, a thrwy hynny cyflwynodd odrwydd a oedd yn ymylu ar fod yn alegoriaidd. Ond yr oedd newydd-deb (yn

ogystal â nodweddion henaidd) ei arddull yn dangos bod awdur o Gymro yn gallu bod yn amgenach na rhywun a ddeisyfai glod yn unig. Dangosodd fod yna ffordd i fod yn wahanol ac yn llwyddiannus. Canolbwyntiodd y rhai a'i dilynodd ugain mlynedd wedyn, Glyn *Jones a Dylan *Thomas yn arbennig, ar ieithwedd newydd, ar ryddiaith delynegol a oedd yn farddonol amlwg. Heb y casineb, yr oeddynt yn ymwybodol o'r farchnad gyhoeddi yn Llundain a'r galw gan gyhoeddwyr am ddarlun o'r 'ffordd Gymreig o fyw'.

Hyd yn oed y pryd hwnnw, fodd bynnag, yr oedd yr aur yn toddi o'r aloi. Yr oedd y Cymreictod a'r gwahaniaethau yn diflannu o'r bywyd o'u hamgylch, a gwelir eu bod wedi sylweddoli hyn gan mor aml yn eu storïau y mae'r plentyn yn gyflwynydd y stori. Yn storïau Rhys *Davies, Cymru ei lencyndod a geir oherwydd iddo fynd i Lundain yn ei ugeiniau cynnar, ac yn storïau Glyn Jones, Gwyn *Jones a Dylan Thomas, er nad oes alltudiaeth derfynol, ceir ymwybod dwysach o golled. Yr oedd y duedd i chwilio yn ôl yn y gorffennol am yr hyn sy'n wahanol mewn deunydd yn eu harwain at fyd atgofion plentyndod. Dichon fod diffyg gweledigaeth a hyder yn ogystal â newid amgylchiadau wedi dylanwadu ar Dylan Thomas gymaint nes iddo greu'r ystorïwr o blentyn fel ffigur anghyfrifol na ellid ei feirniadu.

O'r cyfan Arthur Machen (Arthur *Jones), Geraint *Goodwin ac Alun *Lewis yw'r awduron mwyaf unigryw am iddynt dreulio cymaint o amser a'u tu allan i Gymru. Y mae'r cyntaf, er gwaethaf ei fodelau hen ffasiwn, yn llwyddo'n arbennig i greu hanfod ei gynefin yng Ngwent, a chreu pobl sy'n byw mewn braw ac ofergoeledd. Dylanwadwyd ar yr ail gan D. H. Lawrence (megis Glyn Jones, Rhys Davies ac Alun Lewis hwythau). Dychwelodd i'w gynefin yn sir Drefaldwyn i lunio storïau am bobl mewn oed, gweithiau digon egr i osgoi sentimentaleiddiwch ac i gyfleu pathos cofiadwy. Ni fu Alun Lewis erioed y 'tu mewn' i'r dosbarth gweithiol Cymreig. Lluniodd ei ychydig storïau am Gymru trwy gyflwyno awyrgylch gwyliau yn y wlad yr hiraethai amdani adeg y rhyfel. Er mai Caerdydd oedd ei chartref o hyd, gosodir unig gasgliad Dorothy Edwards, *Rhapsody* (1927), mewn 'Lloegr' syber, ddiwylliedig a greodd hi ei hun, lle o unigrwydd ac o emosiynau tynn, rhwystredig.

Ni cheisiodd yr un o'r awduron y soniwyd amdanynt hyd yn hyn lunio storïau am egwyddorion crefyddol (sy'n wahanol i arferion crefyddol llygredig), y rhyfel dosbarth, neu rywioldeb gwyrdroëdig. Ar wahân i'r cyntaf ni welwyd fawr o'r pethau hyn yn y gymdeithas a adwaenent. Gadawyd llonydd i'r dosbarth uchaf (ar wahân i storïau Nigel *Heseltine), ac nid oedd problemau *Cenedlaetholdeb a'r iaith yn ddim amgen na phethau i hiraethu amdanynt. Torrodd Gwyn *Thomas (1913–81) dir newydd gyda'i gredoau Sosialaidd, a gwelir cymaint o ddylanwad Absẃrdwyr Ewropeaidd ar ei waith nes dadwneud effaith y 'chwyldro' trwy ei arabedd a'i ddefnydd o ffars, a gwneud ei athronwyr yn rhan o gymdeithas abswrd ac yn analluog i'w newid. Y mae presenoldeb arabedd a digrifwch, yn wir, yn ysgafnu'r straeon Eingl-Gymreig mwyaf telynegol yn y cyfnod hwn. Y mae Dylan Thomas, y mwyaf cofiadwy o'r llenorion hyn, yn llwyddo cystal am fod ei hiwmor yn perthyn i fyd llencyndod, ac yn ddigon elfennol i apelio at y darllenydd mwyaf cul.

Erbyn 1950, sut bynnag, yr oedd y farchnad yn Lloegr a werthai odrwydd Cymreig yn dechrau diflannu. Yr oedd y cyhoeddwyr wedi dod i'r penderfyniad fod straeon byrion o unrhyw fath yn anwerthadwy. Erys y farn hon, a hyd yn ddiweddar dim ond Emyr *Humphreys ac Alun *Richards (sy'n nodedig fel nofel-wyr), a Leslie *Norris, a'i arddull mor sicr fel y gall anwybyddu adeiladwaith a dychwelyd at yr amlinelliad neu'r hanesyn, a oedd wedi cyhoeddi casgliadau pwysig o storïau yn y cyfnod hwnnw. Ond y mae hyd yn oed Leslie Norris yn dibynnu'n fawr ar Gymru 'wahanol' ei lencyndod. Yn y blynyddoedd diweddar y mae Ron *Berry, y cyn-löwr, wedi portreadu realiti cymdeithasol de Cymru mewn cyfnod o ddirywiad economaidd ac ansicrwydd cymdeithasol mewn straeon a all fod yn fras ac yn ddoniol ond yn aml y mae iddynt ryw lymder dan yr wyneb. Ymhlith yr awduron iau sy'n ymdrechu i ddygymod â'r Gymru ôl-ddiwydiannol sy'n mynd yn fwy fwy masnachol a chosmopolitaidd y mae nifer o ferched, yn enwedig Glenda *Beagan a Catherine *Merriman.

Gweler yr erthygl gan Simon Baker yn *Llais Llyfrau* (Gaeaf 1995). Ceir straeon byrion gan awduron o Gymru sy'n ysgrifennu yn Saesneg yn y casgliadau canlynol: *Welsh Short Stories* (1937), *Welsh Short Stories* (gol. Gwyn Jones, 1940), *Welsh Short Stories* (gol. Gwyn Jones, 1956), *Welsh Short Stories* (gol. George Ewart Evans, 1959), *The Shining Pyramid* (gol. Sam Adams a Roland Mathias, 1970), *Twenty-five Welsh Short Stories* (gol. Gwyn Jones ac Islwyn Ffowc Elis, 1971), *The Penguin Book of Welsh Short Stories* (gol. Alun Richards, 1976), *Pieces of Eight* (gol. Robert Nisbet, 1982), *The Green Bridge* (gol. John Davies, 1988), *The New Penguin Book of Welsh Short Stories* (gol. Alun Richards, 1993), *Luminous and Forlorn* (gol. Elin ap Hywel, 1994) a *Tilting at Windmills* (1995).

Stori Gynyddol, stori sy'n cynyddu o gymal i gymal neu o frawddeg i frawddeg, ac iddi ailadrodd patrymog. Ceir enghreifftiau yn y Gymraeg fel 'Yr Hen Wraig Fach a'r Oen' a'r 'Frân Fawr a'r Frân Fach a aeth i'r Coed i Gnoia'. Y maent yn debyg o ran ffurf i *rigymau a chaneuon gwerin, megis 'Y Pren ar y Bryn' a'r 'Deuddeg Dydd o'r Gwyliau'. Yr oeddynt yn gamp i'r cof ac i'r tafod.

Storïau Celwydd Golau, neu storïau anwir, sy'n rhan o draddodiad llên gwerin Cymru. Ymhlith yr adrodd-wyr gorau yr oedd James *Wade (Shemi Wâd), Daniel *Thomas (Daniel y Pant), Gruffydd *Jones (Y Deryn Mawr) a John *Pritchard (Siôn Ceryn Bach). Rhodd-odd eu harabedd a'u doniau storïol lawer o ddifyrrwch i'r gymdeithas y trigent ynddi. Y mae'r mwyafrif o'r straeon hyn yn chwedlau cylchynol a weuid wedyn yn stori unigol hir. Rhai o'r elfennau storïol sylfaenol ynddynt yw profiadau'r storïwr yn America, yn cael ei gario drwy'r awyr ar adenydd aderyn mawr, ei allu i dyfu llysiau neu i saethu o amgylch corneli, ei allu i weld am bellter enfawr, ac yn y blaen mewn amrywiaeth llachar. Parhaodd y traddodiad mewn rhai ardaloedd hyd heddiw ac ychwanegir digwyddiadau newydd i'r hen straeon o hyd.

Gweler Arthur Thomas, *Storïau Celwydd Golau* (1992).

Storïau Gwerin, cangen o lên gwerin sy'n cynnwys chwedlau, traddodiadau a hanesion ac sy'n ffurfio rhan gyfoethog o etifeddiaeth ddiwylliannol y Cymry. Er na fu yng Nghymru, o leiaf wedi'r Oesoedd Canol, gyfar-wyddiaid proffesiynol (gweler o dan CYFARWYDD), bu lle pwysig yn y gymdeithas Gymraeg ar hyd y canrifoedd i'r stori werin. Dengys cyfeiriadau yn y Trioedd ac yn *Pedair Cainc y Mabinogi* fod llawer o'r chwedlau cynnar wedi eu colli. Bu chwedleua yn rhan ganolog o weithgarwch ehangach, answyddogol ac anffurfiol, a gynhwysai sgwrsio, 'wilia', chwarae a dawnsio, adrodd posau a chlymau tafod, ac adrodd a chanu hwiangerddi, *rhigymau, *hen benillion telyn a hen gerddi llafar gwlad. Trosglwyddwyd storïau gwerin o genhedlaeth i genhedlaeth ar yr aelwyd, er enghraifft mewn *noson lawen a *noson wau ac ar adegau arbennig o'r flwydd-yn, megis Nos *Galan Gaeaf, neu yn yr efail a'r llofft stabl ac ar achlysuron o gydweithio cymdogol, megis diwrnodau cneifio, a chynhaeaf gwair ac ŷd. O dan ddylanwad y Diwygiadau Crefyddol yn y ddeunawfed a'r bedwaredd ganrif ar bymtheg, collwyd llawer o'r storïau a daeth yr elfen foesol, ddidactig, yn amlycach, ond deil y traddodiad mewn llawer ardal hyd heddiw.

Gellir dosbarthu storïau gwerin Cymru, yn fras, yn naw prif ddosbarth: storïau am anifeiliaid yn meddu ar gyneddfau dynol (e.e. yr *Anifeiliaid Hynaf); chwedlau hud a lledrith am ymwneud â chymeriadau mytholegol sy'n symud a bod mewn byd o ryfeddod, diamser (e.e. *Pedair Cainc y Mabinogi); storïau rhamantaidd am gymeriadau dynol, sy'n symud mewn byd o amser ac yn seiliedig fel rheol ar fotiffau cydwladol (e.e. *Gelert); storïau patrymog, megis y *stori gynyddol a'r stori heb ddiwedd; storïau digrif am deipiau o gymeriadau neu bersonau (e.e. *storïau celwydd golau); chwedlau lleol am bersonau hanesyddol neu led-hanesyddol, yn arben-nig y seintiau ac arwyr yr hen oesoedd, megis *Arthur a Twm Siôn Cati (Thomas *Jones, *c.*1530–1609); chwedlau lleol am ddigwyddiadau hanesyddol neu led-hanesyddol, megis *Gwylliaid Cochion Mawddwy; traddodiadau sy'n seiliedig ar enwau lleoedd a nod-weddion topograffyddol, y mae llawer o'r rhain yn storïau onomastig (*llên onomastig); ac yn olaf y rhai sy'n adlewyrchu cred yn y goruwchnaturiol, hanesion megis y chwedlau sy'n ymwneud â chewri a chawresau, y *Tylwyth Teg, y *Diafol, *gwrachod, ysbrydion a bwganod, rhagarwyddion angau ac ati.

Er mai cynnyrch traddodiad llafar yw'r chwedlau hyn, cofnodwyd llawer ohonynt ers cyfnod *Nennius, *Gerald de Barri (Gerallt Gymro) a *Sieffre o Fynwy, a chofnodir rhai ym *Mucheddau'r Saint. Ceir cyfeiriadau at Chwedlau Gwerin yng ngwaith beirdd a hynafiaethwyr, megis Rhys Amheurug (Rhys *Meurug) a George *Owen o'r Henllys. Prif ganlyniad y diddordeb hynafiaethol hwn yw gwaith mawr Edward *Lhuyd a gweithgarwch gwŷr megis *Morrisiaid Môn ac Iolo Morganwg (Edward *Williams). Gyda thwf y mudiad llên gwerin yn y bedwaredd ganrif ar bymtheg – bathwyd y term 'folklore' gan W. J. Thomas yn 1846 ac fe'i cyfieithwyd i'r Gymraeg yn 'llên y werin' gan Daniel Silvan *Evans yn Y *Brython yn 1858 – cyhoeddwyd sawl casgliad pwysig o storïau gwerin. Cynnwys y rhain Cambrian Popular Antiquities (1815) gan Peter Roberts, Cambrian Superstitions (1831) gan W. Howells, Cymru Fu (1862) gan Isaac *Foulkes, British Goblins (1880) gan Wirt Sikes, Celtic Fairy Tales (1892) gan Joseph Jacobs, Ystên Sioned (1894) gan Daniel Silvan Evans a John Jones, Welsh Folklore (1896) gan Elias *Owen, Folklore and Folk Stories of Wales (1909) gan Marie Trevelyan a Folk-lore of West and Mid-Wales (1911) gan J. Ceredig *Davies.

Yn yr ugeinfed ganrif astudiwyd storïau gwerin Cymru gan John Rhŷs yn Celtic Folklore (1901) a T. Gwynn Jones yn Welsh Folklore and Folk Custom (1930), a chan ysgolheigion megis W. J. Gruffydd, Ifor Williams, Thomas Jones, Alwyn D. Rees, Brinley Rees a J. E. Caerwyn Williams. Y mae'r ganolfan i ymchwil llên gwerin yng Nghymru yn Amgueddfa Werin Cymru, Sain Ffagan, ac yno y cedwir dros bymtheg mil o storïau a gofnodwyd. Am wybodaeth bellach, gweler Robin Gwyndaf, Straeon Gwerin Cymru (1988) a Chwedlau Gwerin Cymru – Welsh Folk Tales (1989).

Storïau'r Tir (1966), detholiad o storïau gan D. J. *Williams o dair cyfrol gynharach, sef Storïau'r Tir Glas (1936), Storïau'r Tir Coch (1941) a Storïau'r Tir Du (1949). Er bod i rai o'r storïau hyn gefndir trefol neu ddiwydiannol y mae'r rhan fwyaf yn tynnu ar gefndir gwledig yr awdur, a ffyddlondeb i'r gymuned yw'r brif thema. Cyfrwystra syml yw rhinwedd pennaf y dechneg, ac efallai y gwelir hi ar ei gorau yn y stori 'Blwyddyn Lwyddiannus', lle y mae ffermwr wrth brynu llo yn ennill gwraig yr un pryd. Y mae awyrgylch y storïau yn amrywio o gyfrol i gyfrol ond y mae'r drydedd yn tueddu i fod yn dristach oherwydd cefndir yr Ail Ryfel Byd. Y mae'r storïau 'Pwll yr Onnen' ac 'Yr Eunuch' yn gampweithiau bychain ac yn anghyffredin gan iddynt gael eu seilio ar ffars. Pan dry dawn hiwmor yr awdur at ddychan, fel yn 'Meca'r Genedl', cymer wedd fwy difrifol, ond heb golli ei sylwadaeth fanwl.

'Storm, Y' (1854–56), yr enw a roddir ar ddwy gerdd

hir gan William *Thomas (Islwyn); lluniwyd hwy wedi marwolaeth sydyn Anne Bowen, ei gariad. Methodd Owen M. *Edwards, yn ei argraffiad o waith Islwyn (1897), wahaniaethu rhwng y ddwy gerdd ac yr oedd hyn, a'i ad-drefniant o'r testunau gwreiddiol, yn ffactor mawr yn y dadlau ymhlith beirniaid llenyddol ar arwyddocâd 'Y Storm'. Erbyn hyn cydnabyddir bod darnau ohonynt yn odidog, a'u bod ymhlith uchelfannau barddoniaeth Gymraeg y bedwaredd ganrif ar bymtheg.

Disgrifiadau o stormydd, rhai naturiol a rhai ffigurol, sydd yn y gân gyntaf, sy'n cynnwys rhyw chwe mil o linellau ac a ysgrifennwyd rhwng diwedd 1854 a dechrau 1856; adlewyrcha natur angerddol gŵr ifanc sy'n caru bywyd. Cyfres o fyfyrdodau metaffisegol a geir yn y llall (sydd yr un mor hir ac a ysgrifennwyd tua chanol 1856) a'r rheini'n drwm eu dyled i Night Thoughts (1742–45) Edward Young. Pererindod yr enaid a'i fuddugoliaeth dros storm bywyd yw prif thema'r arwrgerdd hon. Yn y ddwy gerdd glaw elfennau Rhamantaidd a chyfriniol Islwyn i'r amlwg ac yn y ddwy hefyd ceir ei farddoniaeth fwyaf ffres ac aruchel.

Ceir ymdriniaeth â'r cerddi yn llyfryn D. Gwenallt Jones, Y Storm: Dwy Gerdd gan Islwyn (1954); y mae gweithiau beirniadol eraill yn cynnwys cyfraniadau gan Meurig Walters i Ysgrifau Beirniadol I, II, III (gol. J. E. Caerwyn Williams, 1965, 1966, 1967), ysgrifau Saunders Lewis yn Llên Cymru (cyf. IV, 1956–57) a W. J. Gruffydd yn Y Llenor (cyf. II, 1923). Golygwyd testun y gerdd gyntaf gan Meurig Walters (1980).

Stradling, teulu o Sain Dunwyd, Morg., a oedd eisoes yn trigo yno tua diwedd y drydedd ganrif ar ddeg. Yr oedd Edward Stradling (fl. 1316) yn ŵr cyhoeddus amlwg yn y sir ac yn un o brif noddwyr abaty *Nedd. Yr oedd ei orwyr, Syr Edward Stradling, mewn cyswllt agos â charfan Lancaster yn Rhyfeloedd y Rhosynnau a chyda'i wraig Jane, merch y Cardinal Beaufort, bu'n dal llawer o wahanol swyddi yn neheudir Cymru.

Bu'r teulu yn amlwg fel noddwyr beirdd, ac ystyriai Lewys Morgannwg (*Llywelyn ap Rhisiart) ei hun yn fardd teulu i'r ail Syr Edward Stradling (m. 1535). Yr oedd gorwyr Edward, yntau'n Edward Stradling (1529–1609), yn ysgolhaig a hynafiaethydd, a chasglodd lyfrgell wych, a thalu am gyhoeddi gramadeg Cymraeg Siôn Dafydd *Rhys (1592). Ei hanes ef am oresgyniad Morgannwg gan y Normaniaid a roes sail i fyth y Deuddeg Marchog a geir yn llyfr David *Powel, Historie of Cambria (1584). Fe'i disgrifiwyd gan Thomas *Wiliems fel 'prif noddwr ein hiaith Gymraeg yn ne Cymru'. Wedi marw Edward aeth Sain Dunwyd yn eiddo i'w gyfyrder, John (m. 1637), sefydlydd Ysgol Ramadeg y Bont-faen. Ysgrifennodd John Stradling nifer o lyfrau a thraethodau gan gynnwys The Storie of the Lower Borowes of Merthyrmawr a gyhoeddwyd yn 1932. Yr oedd ei fab Edward (1601–44) ar ochr y Brenin yn y *Rhyfeloedd Cartref, a chymerwyd ef yn garcharor ym mrwydr Edgehill (1642); rhoes ei wraig loches i Archesgob Ussher o Armagh.

Yr olaf o Stradlingiaid Sain Dunwyd oedd Thomas (1710–38), y seithfed barwnig, a laddwyd mewn ysgarmes ym Montpellier. Rhannwyd eiddo'r teulu, a daeth teulu Tyrwhitt-Drake, ac yn ddiweddarach teulu Nicholl-Carne, yn berchenogion Sain Dunwyd. Yn y 1930au yr oedd y castell yn eiddo i William Randolph Hearst ('Citizen Kane'), y perchennog newyddiaduron Americanaidd, ac er 1962 bu'n gartref i Goleg Iwerydd.

Ceir manylion pellach am y teulu yn yr erthygl gan Glanmor Williams yn *Vale of History* (gol. Stewart Williams, 1961) a'r bennod gan yr un awdur yn *The Story of St. Donat's Castle and Atlantic College* (gol. Roy Denning, 1983); gweler hefyd R. A. Griffiths, 'The Rise of the Stradlings of St. Donat's Castle' yn *Morgannwg* (cyf. VII, 1963).

Straeon y Pentan (1895), cyfrol olaf Daniel *Owen; casgliad ydyw o storïau y cyhoeddwyd amryw ohonynt yn gyntaf mewn cyfnodolion. Yr awdur sy'n eu hadrodd drwy enau cymeriad o'r enw 'F'ewyrth Edward'. Ni ddylid meddwl amdanynt fel storïau byrion yn ystyr ddiweddar y term. Y maent yn amrywio o hanesynnau unigol i fywgraffiadau a gymeriadau hynod, a honna'r awdur yn ei ragymadrodd eu bod yn ffeithiol 'wir'. Cyd-ddigwyddiad yw uchafbwynt amryw o'r *Straeon* ac yr oedd y brawychus a'r trychinebus yn apelio ato'n fawr; y mae yn y llyfr ddwy stori ysbryd ac amryw storïau am drychinebau. Y mae ambell stori-foeswers, sy'n dysgu bod Rhagluniaeth yn cosbi creulondeb â chreulondeb ac yn llwyddo'r duwiol yn faterol, ymysg y pethau mwyaf dieneiniad a ysgrifennodd Daniel Owen. Ond y mae eraill wedi eu hysgrifennu'n fedrus, a dangosir ei athrylith arbennig i bortreadu cymeriad.

Strata Florida, gweler YSTRAD-FFLUR.

Strata Marcella, gweler YSTRAD MARCHELL.

Streic Gyffredinol, Y (4–12 Mai, 1926), a alwyd pan wrthododd Ffederasiwn Glowyr Prydain wltimatwm y perchenogion. Wedi i Gyngor yr Undebau Llafur ildio i Lywodraeth Stanley Baldwin gadawyd y glowyr i ymladd ar eu pennau eu hunain i geisio amddiffyn eu safon byw, a oedd eisoes yn ddigon isel. Ar y dechrau yr oedd pethau'n gymharol heddychlon, hyd yn oed yn neheudir Cymru, er bod y Llywodraeth wedi gofalu bod milwyr wrth law. Yr oedd y Llywodraeth wedi paratoi'n well na'r streicwyr; ar eu gwyliadwriaeth yr oeddynt hwy. Ond yn ystod y cload-allan a ddilynodd bu gwrthdaro cyson gyda'r heddlu yma ac acw (deunaw o ysgarmesoedd go ddrwg) dros y saith mis y parhaodd y Streic ac yr oedd drwgdeimlad tuag at y nifer bychan o lowyr a ddechreuodd fynd yn ôl i weithio yn ystod yr haf. Daliodd y glowyr ati am rai misoedd, er mawr dlodi iddynt hwy eu hunain a'r awdurdodau lleol. Darparwyd bwyd i'r newynog mewn ceginau cawl ac ymdrechodd yr Undeb yn galed, ond erbyn Rhagfyr gyrrodd newyn

hwy'n ôl at eu gwaith, ar waeth cyflog a thelerau nag a gawsant o'r blaen. Dialwyd ar lawer ohonynt, gwanychwyd yr Undeb yn druenus ac nid oedd amddiffyniad yn erbyn diweithdra eang. Parodd hyn lawer o chwerwedd ym maes glo de Cymru ac nid yw byth wedi diflannu yn llwyr. Cyflwynir sawl agwedd o'r Streic yn y gerdd *The *Angry Summer* gan Idris *Davies. Gweler hefyd DIR-WASGIAD a GORYMDEITHIAU NEWYN.

Ceir manylion pellach yn P. Renshaw, *The General Strike* (1975) a llyfr dan yr un teitl gan G. A. Phillips (1976) ac un arall a olygwyd gan J. Skelley (1976).

Streic y Cambrian (1910–11), gweler o dan TONY-PANDY, HELYNTION.

Strigoil, gweler CAS-GWENT.

Stryd y Glep (1949), nofel gan Kate *Roberts a ffrwyth cyntaf 'cyfnod Dinbych', y cyfnod ar ôl marw'i gŵr pan ddechreuodd ymdroi o gwmpas ei phroblemau personol hi ei hun. Ysgrifennwyd y llyfr ar ffurf dyddiadur, gyda'r prif gymeriad, Ffebi Beca, hen ferch sydd wedi'i chaethiwo i'w gwely, yn arllwys ei phoenau iddo. Nid oes yma lawer o 'ddigwyddiadau' cyffrous, dim ond manion ymddangosiadol ddisylw byw o ddydd i ddydd mewn tref fechan. Y mae Ffebi yn chwilio am ystyr i'w bodolaeth a gorffenna trwy ddyfynnu llinell gan *Siôn Cent: 'Gobeithiaw a ddaw ydd wyf'.

Ymdrinnir â'r nofel gan Hugh Bevan mewn ysgrif yn *Beirniadaeth Lenyddol* (gol. Brynley F. Roberts, 1982).

Studia Celtica (llyth. 'Astudiaethau Celtaidd'), cylchgrawn blynyddol a gyhoeddir gan *Fwrdd Gwybodau Celtaidd Prifysgol Cymru. Fe'i cychwynnwyd yn 1966, ac yn 1994 fe'i cyfunwyd â *Bwletin* y Bwrdd Gwybodau Celtaidd, y cychwynnwyd ei gyhoeddi yn 1921. Erbyn hyn arferir *Studia Celtica* yn brif deitl a *Bwletin* y Bwrdd Gwybodau Celtaidd yn is-deitl. Ei brif olygydd yw J. Beverley *Smith a'i olygydd ymgynghorol yw J. E. Caerwyn *Williams. Cyhoeddir deunydd yn ymwneud ag iaith a llên, hanes a chyfraith, archaeoleg a chelfyddyd, ynghyd â gwybodaeth lyfryddol, ysgrifau coffa, rhestrau o draethodau ymchwil ar bynciau Celtaidd, a newyddion am ddatblygiadau ym myd ysgolheictod Celtaidd.

STYLES, FRANK SHOWELL (Glyn Carr; 1908–), nofelydd ac awdur ar bynciau topograffig. Fe'i ganed yn Four Oaks, swydd Warwick. Bu am naw mlynedd yn glerc mewn banc ac yna dechreuodd ysgrifennu ar ei liwt ei hun. Yn ystod y rhyfel gwasanaethodd yn y Llynges, ac yna bu'n arwain teithiau dringo a mesur tir yn Yr Arctig (1952 ac 1953) a mynyddoedd yr Himalaya (1954); y mae'n Gymrawd o'r Gymdeithas Ddaearyddol Frenhinol. Canlyniad ei aml ymweliadau â gogledd Cymru oedd iddo ymsefydlu yno yn 1946, ym Mhorth-y-gest, Caern., a dechrau ysgrifennu o ddifrif; priododd â Chymraes yn 1954 a bu'n byw yng Nghroesor am bymtheng mlynedd cyn dychwelyd eto i Borth-y-gest. Ymhlith y llyfrau a gyhoeddodd, dros gant i gyd, ymddangosodd pymteg dan ei ffugenw ac y mae saith o'r rhain – *Death on Milestone Buttress* (1951), *Death under Snowdon* (1954), *Murder of an Owl* (1956), *Swing Away Climber* (1959), *Death Finds a Foothold* (1962), *Death of a Weirdy* (1965) a *Fat Man's Agony* (1969) – wedi eu lleoli yn *Eryri. Y mae dau ar bym-theg arall, a gyhoeddwyd dan ei enw ef ei hun, â chefndir Cymreig, ac yn cynnwys *Traitor's Mountain* (1946), *A Climber in Wales* (1948), *The Rising of the Lark* (1948), *Welsh Walks and Legends* (1972), *The Mountains of North Wales* (1973) a *Legends of North Wales* (1975). Ysgrifennodd lawer o storïau antur ar gyfer plant hefyd ac yn eu plith o leiaf deg a leolwyd yng Nghymru, gan gynnwys *Snowdon Rangers* (1970), *A Tent on Top* (1971) a *The Shop in the Mountain* (1961).

Sucan neu **Sowans**, gweler LLYMRU.

Sul y Blodau, y Sul o flaen y *Pasg, pan addurnir beddau â blodau. Y mae sôn am yr arfer hwn mor bell yn ôl â'r bymthegfed ganrif, pan oedd yn hen draddodiad hefyd i addurno beddau adeg y Nadolig a'r Sulgwyn. Un o'r darnau mwyaf cofiadwy yn nyddlyfr Francis *Kilvert yw ei ddisgrifiad o'r beddau'n cael eu haddurno yn y fynwent yng Nghleirwy, Maesd., yn 1870. Erbyn dechrau'r ugeinfed ganrif yr oedd arferiad Sul y Blodau yn fwy poblogaidd nag erioed, yn enwedig yn ardaloedd diwydiannol de Cymru, a phery hyd heddiw.

Sul y Pys, gweler o dan GRAWYS.

Sulien (*c*.1010–91), clerigwr a fu'n Esgob *Tyddewi ddwywaith ond a gysylltir yn bennaf â chlas *Llanbadarn Fawr. Dichon mai ef a sefydlodd ganolfan dysg yno a barhawyd gan ei bedwar mab, *Rhygyfarch, Daniel, *Ieuan ac Arthen, a chan eu meibion hwythau, Sulien, Cydifor a Henry. Ymhlith y llawysgrifau a gysylltir â'r clas y mae copi o *De Trinitate* Sant Awstin, yn llaw Ieuan gydag englyn i Gurwen, bagl *Padarn, ar ymyl un o'r tudalennau. Prif weithiau llenyddol y clas, ar wahân i gynnyrch Rhygyfarch, yw cerdd Ladin gan Ieuan i'w dad (yn Llsgr. Corpus Christi, Caer-grawnt, 199, yr un llawysgrif lle y ceir ei gopi o *De Trinitate*), cerdd sy'n brif ffynhonnell gwybodaeth am Sulien. Yn ôl hon yr oedd Sulien o dras fonheddig a bu am gyfnod mewn ysgolion ym Mhrydain ond derbyniodd lawer o'i addysg yn Iwerddon, lle y bu am dair blynedd ar ddeg. O Lan-badarn galwyd ef i Dyddewi ddwywaith (1073–78, 1080–85) ac yno, yn enwog am ei addysg, yn ôl *Brut y Tywysogyon, y bu farw. Llafurus ac anwastad braidd yw arddull y gerdd ac nid oes ynddi hi, na'r *invocatio* a'r

disticha a luniodd Ieuan yn yr un llawysgrif, wir feistr-olaeth ar na gramadeg na mydryddiaeth y Lladin.

Sulyn (1982–83), papur dydd Sul Cymraeg, a sefydlwyd yng Nghaernarfon gan gwmni cydweithredol o'r enw Cwmni'r Dderwen i wasanaethu Gwynedd ac ardaloedd cyfagos. Hon oedd yr ymgais gyntaf erioed i greu papur dydd Sul Cymraeg. Y ddau sylfaenydd oedd y Golyg-ydd, Eifion Glyn, a'r Golygydd Newyddion, Dylan Iorwerth, a oedd ill dau yn newyddiadurwyr papur newydd. Yr oedd y cwmni hefyd yn cyflogi dau newyddiadurwr arall, ffotograffydd, dylunydd a phum aelod o staff gweinyddol a busnes. Codwyd yr arian trwy apêl am fuddsoddiadau unigol. Anelwyd at gyflwyno newyddiaduraeth dabloid boblogaidd yn Gymraeg gan ddefnyddio tafodiaith a ffurfiau llafar. Fe'i hargreffid yn Y Trallwng yn hwyr ar nos Sadwrn, gyda system an-nibynnol i fynd ag ef i siopau ac i'w werthu o dŷ i dŷ. Ar ei orau, llwyddodd i werthu tua 9,000 o gopïau, gan ennill darllenwyr newydd i'r wasg Gymraeg. Y nod oedd cyhoeddi straeon poblogaidd, gan ganol-bwyntio ar bobl a rhoi pwyslais mawr ar ganlyniadau chwaraeon lleol dros y Sul. Creodd wrthwynebiad ymhlith rhai, gyda chyhuddiadau o ddefnyddio iaith sathredig. Methodd yn y diwedd oherwydd diffyg arian cyfalaf y tu cefn iddo, problemau cynhyrchu a dos-barthu. Cyhoeddwyd pedwar rhifyn ar ddeg rhwng Hydref 1982 a Chwefror 1983.

'Suo Gân', hwiangerdd a gyhoeddwyd am y tro cyntaf yn ei ffurf bresennol gan Robert *Bryan yn *Alawon y Celt* (rhan ii, 1905); cyhoeddwyd amrywiad cynharach arni gan Edward *Jones (Bardd y Brenin) yn *The Musical and Poetical Relicks of the Welsh Bards* (1784), gyda'r nodyn ei bod yn gân '*which the Welsh nurses sing to compose the children to sleep*'. Bryan a ysgrifennodd y ddau bennill a genir ael rheol ar yr alaw, gan gynnwys y pennill mwyaf adnabyddus o'r ddau, 'Huna blentyn ar fy mynwes'. Clywir yr alaw, wedi ei addasu gan John Williams, yn ffilm Steven Spielberg, *Empire of the Sun* (1987), a seiliwyd ar nofel gan J. D. Ballard.

Surexit Memorandum, The, gweler o dan LLYFR ST. CHAD.

Swan of Usk, The, gweler OLOR ISCANUS (1651).

'Sŵn y Gwynt sy'n Chwythu' (1952), *pryddest radio gan J. Kitchener *Davies a gomisiynwyd gan Aneirin Talfan *Davies ar ran y BBC yn 1952 ac a ddarlled-wyd ychydig ddyddiau cyn marw'r awdur o'r cancr. Fe'i cyhoeddwyd yn llyfryn wedyn gyda rhagair gan Gwenallt (David James *Jones), a fynegodd y farn mai hon oedd 'un o gerddi mwyaf barddoniaeth Gymraeg yr ugeinfed ganrif'.

Cerdd mewn *vers libre* ydyw a luniwyd yn unswydd

i'w llefaru ac y mae'n cymryd ffurf monolog ddramatig yn disgrifio pererindod ysbrydol a daearol y bardd, o'r ardal lle y treuliodd ei febyd yng Ngheredigion i ganol anialwch diwydiannol Cwm *Rhondda yn ystod *Dirwasgiad y 1930au. Yr oedd Kitchener Davies yn Gristion ac yn Genedlaetholwr a fynnai weld adfer y cymoedd diwydiannol i'w treftadaeth ddiwylliannol, ac ymroes i frwydro'n ddiarbed dros *Blaid Cymru i geisio atal llif y Seisnigeiddio a'r fateroliaeth gynyddol a'i blinai. Trwy rannau helaeth o'r gerdd y mae'r 'gwynt sy'n chwythu' yn symbol o'r pwerau gelyniaethus dinistriol y bu'r bardd yn ceisio'u gwrthsefyll a'u gwastrodi. Yr hyn sy'n rhoi grym anghyffredin i'w fynegiant o'i brofiad yw trylwyredd a gonestrwydd chwerw ei hunanymholiad a'r chwilio didostur i'w gymhellion.

Y mae dylanwad William *Williams (Pantycelyn), yn enwedig ei *Theomemphus*, yn amlwg trwy'r gerdd ac y mae'r hunanymholi didrugaredd yn dadlennu i'r bardd yn y diwedd fod ei bererindod yn arwain yn anorfod at dröedigaeth ysbrydol, sy'n fwy grymus hyd yn oed na'i ddyhead am ddiogelwch teulu a thraddodiad am fod iachawdwriaeth yn hawlio'r cwbl oll gan ddyn. Y mae'r gwynt sy'n chwythu drwy rannau olaf y gerdd yn wynt yr Ysbryd Glân ei hun sy'n ei ysgubo ar ei waethaf at lwybr y sant. Y mae ing enaid y weddi fawr ar y diwedd gyda'r darnau grymusaf o farddoniaeth gyffesiadol a gafwyd yn Gymraeg er dyddiau emynwyr mawr y ddeunawfed ganrif. Y mae'r bryddest nid yn unig yn datgan cyffes ffydd bersonol dra chyffrous ond hefyd yn mynegi argyfwng cenhedlaeth gyfan yr oedd ei gwleidyddiaeth yn rhan hanfodol o'i chrefydd.

Ceir cyfieithiad Saesneg o'r gerdd yn Joseph P. Clancy yn *Twentieth Century Welsh Poems* (1982); ceir ymdriniaeth feirniadol â'r gerdd mewn monograff ar Kitchener Davies gan Ioan Williams yn y gyfres *Llên y Llenor* (1984) ac yn erthygl Kathryn Jenkins 'O Lwynpïod i Lwynpïa: Hunangofiant Kitchener Davies' yn *Ysgrifau Beirniadol XIX* (gol. J. E. Caerwyn Williams, 1993).

Swydd y Waun, cantref ym *Mhowys Fadog. Fel arglwyddiaeth Chirk a Chirkland yr oedd yn nwylo teulu Mortimer o'r Waun, cangen o deulu Mortimer o Wigmore, o 1282 hyd 1322. O 1359 hyd yn gynnar yn y bymthegfed ganrif yr oedd yn un o'r nifer o arglwyddiaethau ar dir gororau Cymru yn y gogledd ddwyrain ym meddiant teulu fitz Alan. Rhoddwyd y tir i William Stanley yn 1475 ond daeth yn eiddo i'r Goron yn 1495 wedi dienyddiad Stanley. O 1536 bu'n rhan o sir Ddinbych; rhwng 1974 ac 1996 bu'n rhan o ddosbarth Wrecsam Maelor yng Nghlwyd ac erbyn hyn y mae'n rhan o Fwrdeistref Sirol Wrecsam.

Swyddfa Gymreig, Y, pencadlys Llywodraeth Prydain yng Nghymru. Fe'i sefydlwyd yn Ebrill 1965, ar ôl creu swydd Ysgrifennydd Gwladol Cymru ym mis Hydref 1964. Y mae'n gweithio o Swyddfeydd y Goron ym Mharc Cathays, Caerdydd, ac y mae ganddi ganolfan

hefyd yn Nhŷ Gwydyr, Whitehall. Yn y dyddiau cynnar, yr oedd yn gyfrifol am ffyrdd, tai a llywodraeth leol yn unig, ond bu cynnydd yn ei phŵer a bellach y mae'n gyfrifol hefyd am iechyd, y gwasanaethau cymdeithasol, y gwasanaeth addysg yn ei grynswth, gwarchod yr amgylchfyd, cludiant, diwydiant a hyfforddiant, celfyddydau a datblygiad economaidd. Y mae swydd yr Ysgrifennydd Gwladol yn un â sedd yn y Cabinet, ac fe'i llenwyd yn eu tro gan James *Griffiths (1964–66), Cledwyn Hughes (1966–68), George Thomas (1968–70), Peter Thomas (1970–74), John Morris (1974–79), Nicholas Edwards (1979–87), Peter Walker (1987–90), David Hunt (1990–93), John Redwood (1993–95) a William Hague (1995–97), y pedwar olaf hyn yn aelodau seneddol Toriaidd a'u hetholaethau yn Lloegr. Penodwyd Ron Davies, Aelod Seneddol Caerffili, wedi buddugoliaeth Llafur yn Etholiad Cyffredinol 1997.

Cynyddodd cefnogaeth y Llywodraeth i'r iaith Gymraeg ar ffurf cymorth ariannol gan y Swyddfa Gymreig o ryw £2.5 miliwn yn 1985–86 i £6.2 miliwn yn 1997–98. Y mae'r cyfanswm hwn yn cynnwys cymorthdaliadau i addysg Gymraeg dan Adran 21 Deddf Addysg 1980; grantiau i gefnogi'r iaith Gymraeg dan adran 26 Deddf Datblygu Cymru Wledig 1976; arian i awdurdodau addysg lleol i gefnogi addysg Gymraeg a hyfforddi athrawon, y defnyddir y rhan fwyaf ohono i ddalu am athrawon bro (athrawon Cymraeg sy'n dysgu Cymraeg yn ail-iaith yn eu hardaloedd); a grantiau ar wahân i'r prif fudiadau anstatudol Cymraeg megis Mudiad Ysgolion Meithrin, yr *Eisteddfod Genedlaethol, *Urdd Gobaith Cymru a *Chyngor Llyfrau Cymru.

Sianelir cymorth gan y Llywodraeth hefyd trwy Awdurdod Cwricwlwm ac Asesu Cymru (ACAC), a neilltuodd oddeutu £2.1 miliwn i addysg Gymraeg yn 1997–98. Yn 1995–96 rhyddhaodd *Bwrdd yr Iaith Gymraeg ryw £0.8 miliwn i sefydliadau a phrosiectau penodol yn unol â'i ddyletswydd statudol i hyrwyddo a hwyluso'r defnydd o'r Gymraeg gan gyrff cyhoeddus gan roi grym i'r egwyddor a ymgorfforir yn Neddf yr iaith Gymraeg 1993 y dylid, wrth ymdrin â busnes cyhoeddus a gweinyddu cyfiawnder yng Nghymru, yr iaith Gymraeg yn gyfartal â'r Saesneg, hyd y bo'n briodol dan yr amgylchiadau ac yn rhesymol ymarferol. Yn 1997–98, cyfyngwyd ymwneud uniongyrchol yn Swyddfa Gymreig â gweinyddu cymhorthdal ar gyfer iaith Gymraeg i fawr ddim mwy na dosbarthu costau cyfredol Cyngor Llyfrau Cymru (tua £0.5 miliwn). Aeth y rhan fwyaf o'r cyfrifoldeb am hyn i Fwrdd yr Iaith Gymraeg, a oedd yn 1997–98 yn gyfrifol am weinyddu tua 60 y cant o'r arian a oedd ar gael, yn cynnwys y grantiau i'r awdurdodau addysg lleol a'r sefydliadau anstatudol a restrir uchod.

A'r mwyafrif yn cefnogi cynigion y Llywodraeth yn Refferendwm Datganoli 18 Medi 1997, trosglwyddir swyddogaethau a staff y Swyddfa Gymreig (ac eithrio carfan fach o swyddogion a barha i wasanaethu Ysgrifennydd Gwladol Cymru) i'r Cynulliad Cymreig etholedig.

Swynion, cyfrwng yn y gymdeithas Geltaidd gynnar i ddiogelu dyn a'i feddiannau rhag afiechyd, anffawd ac ysbrydion drwg. Cysylltid llawer ohonynt â diogelu'r cartref a'r teulu. Wrth adeiladu tŷ, gosodid weithiau esgyrn anifeiliaid yn y sylfeini neu'r muriau, a phenglog ceffyl yn arbennig yn y muriau, a phan fyddid wedi ei orffen plennid o'i amgylch goed ac iddynt arwyddocâd crefyddol, megis y dderwen, yr onnen, y gelynen a'r gerddinen.

Yn ddiweddarach arferid gwyngalchu rhiniog y drws a'r cerrig gleision o flaen y tŷ ac addurno'r cerrig o gylch yr aelwyd. Byddid hefyd yn taflu halen i'r tân ac yn gosod pedol ar ddrysau tai ac adeiladau. Weithiau ceid ffigurau ffalig wedi eu cerfio ar ddau bostyn drws y tŷ neu o amgylch y lle tân. Mewn rhai tai ceid 'bwnen y Groglith' a chroes arni, ffyn troellog a elwid yn 'ffyn y wrach', carreg a thwll ynddi, meillion pedair deilen a glain nadredd, neu 'faen magl', 'cerrig' a ffurfiwyd, yn ôl y gred, gan groen a phoer nadredd. Er mwyn diogelu baban rhag cael ei ddwyn gan y *Tylwyth Teg, yn arbennig baban nas bedyddiwyd, gosodid procer neu efail dân ar draws y crud. Ceid rhai swynion a fwriedid, yn bennaf, i hyrwyddo ffrwythlondeb a pharhad yr hil, megis cuddio esgid plentyn, fel arfer y tu ôl i'r lle tân, a dod â'r *gaseg fedi neu'r 'wrach' i'r tŷ ar derfyn y cynhaeaf. Yr oedd hefyd swynion i gadw'r *Diafol draw a llu mawr o swynion ar gyfer gwella afiechydon wedi eu hargymell, gan amlaf, gan y *Dyn Hysbys. Erys rhai o'r swynion hyn, a rhai eraill, hyd heddiw.

Ceir manylion pellach yn Evan Isaac, *Coelion Cymru* (1938) a Brynley F. Roberts, 'Rhai Swynion Cymraeg' ym *Mwletin y Bwrdd Gwybodau Celtaidd* (1965).

Sycharth, gweler o dan OWAIN GLYNDŴR (c.1354– c.1416).

SYPYN CYFEILIOG (fl. c.1340–c.1390), llysenw ar Ddafydd Bach ap Madog Wladaidd, bardd o orllewin Powys. Fe'i gelwir hefyd weithiau yn y llawysgrifau yn Gnepyn Gwerthrynion, bardd a grybwyllir ym marwnad *Gwilym Ddu o Arfon i *Drahaearn Brydydd Mawr; ond yn y drydedd ganrif ar ddeg yr oedd y Cnepyn yn byw, a thebyg cymysgu'r ddau oherwydd y bychander corfforol a awgrymir gan y llysenwau, ac agosrwydd cymydau Cyfeiliog a Gwerthrynion at ei gilydd.

O'r cerddi sydd ar ei enw, gellir ystyried chwech yn gynnyrch dilys. Canodd awdl afieithus i Ddafydd ap Cadwaladr o Fachelldref (hanner cyntaf y 14eg gan.) ger yr Ystog, Tfn., ac ynddi'r geiriau enwog 'Dyred pan fynnych, cymer a welych, a gwedi delych, tra fynnych trig'. Mewn rhai llawysgrifau gelwir hon yn 'awdl unnos' ac yn ôl rhaglith ddiddorol iddi yn llawysgrif Peniarth 113 (1640), y rheswm am hyn oedd fod y bardd wedi dod i Fachelldref i fwrw gwyliau yn unig ond iddo newid ei feddwl pan welodd feirdd eraill yno a chanddynt gerddi i'w noddwr at drannoeth. Canodd gywydd moliant i Harri Salbri o Leweni, Dinb., a'i wraig Annes (ail hanner y 14eg gan), y gân gynharaf sydd ar glawr i aelod o deulu'r *Salbriaid, ac englyn marwnad i'r brodyr Gruffudd ab Adda ap Gruffudd ac Einion o'r Ddôl-goch yn Nhowyn, Meir. Yn ôl rhaglith Peniarth 113, yr oedd y bardd hefyd yn adnabod Gruffudd Unbais o Ednob, gŵr a geir yn yr *achau a noddwr arall iddo o bosibl. Cywyddau serch i ferched (neu ferch) anhysbys yw'r tair cerdd arall sy'n ebychiadau dyn ifanc a nwydus yn llawn dyhead, rhwystredigaeth ac ing yn gymysg ag ysmaldod a hunanddychan iach. Nodweddir gwaith y bardd yn gyffredinol gan arddull fywiog a ffresni delweddau, gyda llawer cyffyrddiad gwir brydferth a barddonol, a chynghanedd gyhyrog a sicr. Gwelir arno ddylanwad *Iolo Goch weithiau.

Am ragor o fanylion gweler H. Lewis, T. Roberts, I. Williams (gol.), *Cywyddau Iolo Goch ac Eraill* (ail arg., 1937); D. Johnston (gol.), *Blodeugerdd Barddas o'r Bedwaredd Ganrif ar Ddeg* (1989); ac R. I. Daniel, 'Rhaglith i Gerdd gan Sypyn Cyfeiliog: Dogfen Hanesyddol?', yn *Dwned* (cyf. I, 1995).

Syr Meurig Grynswth, gweler o dan BARDD A'R CERDDOR (1863) a GOHEBIAETHAU SYR MEURIG GRYNSWTH (1856–58).

T

Tad a'r Mab, Y (1963), drama gan John Gwilym *Jones a berfformiwyd gyntaf gan Gwmni Drama Coleg Prifysgol Gogledd Cymru, Bangor, yn 1959. Fel gweithiau cynharach yr awdur, drama am berthynas deuluol yw hi, ond yn wahanol i *Lle Mynno'r Gwynt a Gŵr Llonydd* (1958), ychydig o gymeriadau sydd ynddi, ac y mae'r ddeialog yn dynnach a llai ymwybodol lenyddol. Gwarchodir Gwyn, bachgen deallus, yn eiddigeddus ac wedyn yn dra-arglwyddiaethus gan ei dad Richard Owen ond ceisia dorri'n rhydd trwy ymgyfathrachu â Pegi, merch ifanc lai breintiedig a llai diwylliedig nag ef ei hun. Ni all y tad ddygymod â'r bygythiad hwn i'w berthynas â'i fab ac y mae i'w gariad obsesiynol ganlyniadau echrydus.

Tad y Tlodion, gweler LEWIS, DAVID (1617–79).

Taenu'r Efengyl yng Nghymru, gweler DEDDF TAENU'R EFENGYL YNG NGHYMRU (1650).

Tafod y Ddraig, gweler o dan CYMDEITHAS YR IAITH GYMRAEG (1962).

Tafodiaith, ffurfiau llafar yr iaith sydd wedi cyfoethogi llenyddiaeth Gymraeg ers canrifoedd. Gellir canfod ffurfiau tafodieithol mewn gweithiau mor gynnar â *Pedair Cainc y Mabinogi*, cywyddau yr Oesoedd Canol a *Beibl* William *Morgan. Y maent yn bur aml yng ngwaith Morgan *Llwyd, Ellis *Wynne, Theophilus *Evans, William *Williams (Pantycelyn), yr *anterliwtwyr a'r *baledwyr.

Ond yn y bedwaredd ganrif ar bymtheg y dechreuwyd ysgrifennu'n fwriadol mewn tafodiaith. Ymhlith y rhai cyntaf i arddel tafodiaith mewn deialog yr oedd William *Rees (Gwilym Hiraethog), David *Owen (Brutus) a Daniel *Owen. Yn ystod yr ugeinfed ganrif tueddai llenorion i ysgrifennu mwy o ddeialog mewn tafodiaith. Mewn erthygl nodedig yn *Y *Llenor* yn 1931 dadleuodd Kate *Roberts dros hawl y storïwr i ddefnyddio tafodiaith; ysgrifennodd ddeialog ei llyfrau yn iaith Rhosgadfan, Caern. Iaith gogledd-ddwyrain sir Gaerfyrddin sydd gan gymeriadau D. J. *Williams, ond eu bod yn llefaru'n fwy neu'n llai llenyddol yn ôl eu statws cymdeithasol a mesur eu snobeiddiwch. Sieryd Tomi a Nedw E. Tegla *Davies iaith cwmwd *Iâl yn sir Ddinbych. Llenor a roddodd iaith Cwm Tawe ar dafodau ei gymeriadau yn argyhoeddiadol a phert oedd Islwyn *Williams. Fel y gellid disgwyl, defnyddir

tafodiaith yn helaethach mewn drama nag ar lyfr, ond ymysg yr ychydig ddramodwyr a ysgrifennodd ddramâu i arddangos eu tafodiaith yn gwbl fwriadus rhaid enwi Wil Sam *Jones a Gwenlyn *Parry. Y nofel dafodieithol enwocaf yw *Un Nos Ola Leuad* (1961) gan Caradog *Prichard a ysgrifennwyd, yn draethiad a deialog, yn iaith Bethesda, Caern. Ysgrifennwyd nifer o gerddi enwog mewn tafodiaith yn cynnwys 'Anfon y Nico' gan Albert *Evans-Jones (Cynan), 'Pwll Deri' gan David Emrys *James (Dewi Emrys) ac 'Y Llen' gan Dyfnallt *Morgan. Ers canol y 1970au gwelwyd math gwahanol o Gymraeg llafar yn nofelau rhai awduron ifainc – nid iaith bro ond iaith cenhedlaeth newydd, cenhedlaeth ysgolion Cymraeg mawr yr ardaloedd Seisnig. Bratiaith y gelwir hi gan feirniaid ceidwadol, ond efallai y bydd yn rhaid ei derbyn hithau bellach yn dafodiaith o fath.

Y mae'r defnydd o dafodiaith mewn llenyddiaeth *Eingl-Gymreig wedi dilyn llwybr hanesyddol gwahanol ac fe'i neilltuwyd yn bennaf i'r ugeinfed ganrif. Ymddangosodd gyda chryn arwyddocâd yn gyntaf yn straeon byrion Caradoc Evans (David *Evans); ffug ydoedd, yn ei hanfod, oblegid ni siaradai'r bobl a ddisgrifiai ef fawr iawn o Saesneg. Er mwyn cyflwyno'i ddychan dyfeisiodd ryw fath o dafodiaith a oedd yn gyfieithiad o'r Gymraeg, yn fwriadol goeglyd ac wedi ei seilio i raddau ar iaith Llyfr Genesis. Gwnaeth awduron y genhedlaeth nesaf, megis Jack *Jones, ryw gymaint o ddefnydd o'r dafodiaith Saesneg-Gymraeg a nodweddai iaith cymoedd de Cymru, ond ymy ngweithiau llenorion eraill, megis Glyn *Jones, Dylan *Thomas a Gwyn *Thomas (1913–81), gwelir y duedd i anwybyddu arbenigrwydd tafodiaith ac i ddefnyddio iaith fywiog, farddonol neu ddoniol. Efallai bod arwyddocâd tafodiaith i'w weld orau yn nofelau Alexander Cordell (George Alexander *Graber), gŵr nad oedd yn Gymro. Nid yw cymeriadau Emyr *Humphreys yng ngogledd Cymru yn aml yn broletaraidd eu cefndir, felly nid oes angen pwysleisio eu tafodiaith Saesneg, oherwydd derbynnir mai'r Gymraeg a siaredir ganddynt gan amlaf. Yn ystod y degawdau diweddar diflannodd arbenigrwydd y Saesneg a siaredid yn ne-ddwyrain Cymru ac felly collodd awduron y nofel broletaraidd y cyfle i ddefnyddio effeithiau arbennig y dafodiaith honno, a bellach ymddengys bron pob ymgais i ysgrifennu tafodiaith 'Eingl-Gymreig' yn ffug. Eithriad yw Mike *Jenkins, sy'n llwyddo i ysgrifennu cerddi yn nhafodiaith dosbarth gweithiol Merthyr Tudful. Serch hynny parheir i ddefnyddio geiriau a phriod-ddulliau Cymraeg mewn barddoniaeth a rhyddiaith Saesneg gan rai awduron Cymreig, er nad yw *Wenglish*, sef ffurf o Saesneg a siaredir yng nghymoedd de Cymru, wedi ei defnyddio yn helaeth mewn llenyddiaeth.

Ceir dadansoddiad manwl o'r chwe phrif ardal dafodieithol yng Nghymru yn *A Linguistic Atlas of Wales* (1973) gan Alan R. Thomas. Astudiwyd ffurfiau tafodieithol Saesneg Cymru gan fyfyrwyr o Adran Saesneg Coleg y Brifysgol Abertawe, dan gyfarwyddyd David Parry, a golygodd ef nifer o fwletinau yn cynnwys canlyniadau eu hymchwil; gweler *The Survey of Anglo-Welsh Dialects* (gol. David Parry, 2 gyf., 1979, 1980).

Taffy, llysenw am Gymro, sy'n tarddu o'r enw bedydd cyffredin Dafydd (David, Davy). Defnyddir ef yn gellweirus a hefyd yn ddifriol (*cf.* Jock a Paddy am yr Albanwr a'r Gwyddel) a chlywir ef fynychaf yn y rhigwm sy'n dechrau:

> *Taffy was a Welshman, Taffy was a thief,*
> *Taffy came to my house and stole a leg of beef.*

Y tro cyntaf i'r rhigwm ymddangos mewn print oedd mewn ffurf ychydig yn wahanol yn *Nancy Cook's Pretty Song Book* (*c.*1780). Dichon nad cyfeiriad sydd yma at y Cymry yn lladrata gwartheg o dros y ffin, fel y credir yn gyffredin, ond ffurf lwgr ar bennill yn gogangu clerigwyr a ddaeth i Gymru gyda'r ymfudwyr Ffleminaidd yn y ddeuddegfed ganrif (gweler o dan ANGLIA TRANS-WALLINA). Y mac'r enw'n dal i gael ei arfer yn helaeth yn y lluoedd arfog ac fel arfer yn cael ei dalfyrru'n Taff, yr enw Saesneg ar yr afon ger Caerdydd, fel y mae'n digwydd. Arferir rhoi'r enw Taffy ar yr ★afr wen sy'n fasgot i'r Ffiwsilwyr Brenhinol Cymreig. Y mae'r defnydd o '*Taphydom*' am Gymru neu'r Cymry, yn gyffredinol, yn deillio o'r ail ganrif ar bymtheg. Disodlwyd y term yn ddiweddar gan '*Taffia*' (*cf. Maffia*), gair sy'n cyfeirio at ddylanwad honedig y Cymry mewn bywyd cyhoeddus; defnyddir hefyd y gair 'crachach' i ddynodi yr un grŵp o bobl.

Taffy (1923), comedi ddychan gan Caradoc Evans (David ★Evans). Cyflwynwyd hi gyntaf yn Theatr Tywysog Cymru, Llundain, ar 26 Chwefror 1923 ac wedyn yn y 'Q' Theatre, Chiswick, ac yn y Royalty (1925). Yn y perfformiad cyntaf ac yna yn y *West End* bu protestiadau stwrllyd gan ★Gymry Llundain yn y gynulleidfa. Thema'r ddrama yw cybydd-dod y Cymry, a hynny'n cael ei bwysleisio'n gyson, er bod cariad y cymeriadau ifainc, Spurgeon a Marged, yn dangos mwy o ddynoliaeth nag y mae'r awdur yn ei amlygu fel rheol. Chwaraewyd rhan Marged y tro cyntaf gan Edith Evans. Bu'r ddrama yn fodd i'w hawdur gael ei ystyried fel 'y gŵr mwyaf amhoblogaidd yng Nghymru'.

Taffy was a Welshman (1912), llyfr gan y llenor o Sais, T. W. H. Crosland (1865–1924). Y thema ganolog yw'r ffordd y mae Lloegr wedi ei meddiannu gan y Cymry.

Digwyddodd hyn, fe ymddengys, ar ôl i'r Albanwyr encilio; yr oedd Crosland eisoes wedi ymosod ar y rheini yn *The Unspeakable Scot* (1902). Dywedir bod David Bach, cymeriad sy'n seiliedig ar David ★Lloyd George, yn clymu Lloegr, cartref y rhyddid aruchaf, wrth ddemocratiaeth anarchaidd Cymru yn enw ★Rhyddfrydiaeth. Eraill sy'n cael eu parddu yw'r Arglwydd Howard de Walden (Thomas Evelyn ★Scott-Ellis) a Theodore Watts-Dunton, awdur y nofel honedig wael honno, *Aylwin* (1878). Yn wahanol i Arthur Tyssilio Johnson, awdur *The ★Perfidious Welshman* (1910), nid yw Crosland yn enllibio'r Cymro unigol ond gan gymryd arno fod yn deg a chyfiawn y mae'n bychanu hanes llenyddiaeth a cherddoriaeth Cymru mewn ffordd lawdrwm a mympwyol gan gadw ei syniadau llymaf ar gyfer yr ★Eisteddfod Genedlaethol, ★Anghydffurfiaeth a'r newyddiaduron Radicalaidd.

Taffydeis, The (1747), cerdd gyda'r is-deitl 'arwrgerdd ddoniol er anrhydedd i Ddewi Sant a'r Genhinen' dan y ffugenw Hywgi ap Englyn Morganwc gan awdur dienw. Rhoir hanes yr arwres yn dweud wrth ei chariadon y bydd hi'n dewis y sawl a fydd yn dathlu Gŵyl Dewi orau. Yno ceir nifer o ffug frwydrau rhwng y Saeson a'r Cymry, a'r Cymry yn fuddugoliaethus yn y diwedd. Y mae'r gerdd yn cynnwys y cyfeiriadau arferol at y cymeriad cenedlaethol ond y mae ymhlith y rhai mwyaf diddan o'i bath.

Tair Drud Heirfa Ynys Prydain, Triawd yn rhestru tri llys brenhinol a ddinistriwyd yn llwyr. Rheibiodd ★Medrod lys ★Arthur yng ★Nghelli-wig yng Nghernyw, llusgo ★Gwenhwyfar o'i chadair a'i tharo, dinistriodd Arthur lys Medrod mewn lle nas enwir, a dinistriodd Aeddan Fadog lys ★Rhydderch Hael yn Alclud (Dumbarton). Gellir cymharu'r Triawd 'Tair Chwith Balfod' a'r hanes am gyfathrach Medrod a Gwenhwyfar yn ★*Brut y Brehinedd* â'r cyntaf o'r rhain. Ni oroesodd unrhyw hanes am gyrch Arthur. Cyfeiria'r drydedd at yr elyniaeth rhwng Rhydderch ac Aeddan, brenhinoedd Ystrad Clud a Dal Riada – teyrnasoedd y Brythoniaid a'r Sgotiaid a oedd yn ffinio â'i gilydd yn yr ★Hen Ogledd.

Tair Gormes a ddaeth i'r Ynys Hon, sef y Coraniaid, y Gwyddyl Ffichti (Pictiaid) a'r Saeson, Triawd yn adlewyrchu hen draddodiad mai ton ar ôl ton o oresgynwyr o wledydd eraill oedd cynnwys hanes cynnar ★Prydain. Megis y gwneir yn chwedl ★*Cyfranc Lludd a Llefelys* cyflwynir y bobl oruwchnaturiol, y Coraniaid, fel y cynharaf o'r goresgynwyr hyn. Efallai bod y rhain, fodd bynnag, wedi cymryd lle'r Cesariaid neu'r Rhufeiniaid mewn fersiwn cynharach, a gellir eu cymharu â goresgynwyr goruwchnaturiol Iwerddon, y *Túatha Dé Danann* (llyth. 'tylwyth y dduwies Danu'), y pumed mewn cyfres o orchfygiadau o'r wlad gan bobloedd estron a geir yn 'Llyfr y Goresgyniadau' yn yr Wyddeleg. Y mae'n bosibl mai addasiad bwriadol gan ryw storïwr o driawd a oedd yn bod eisoes yw chwedl Lludd a Llefelys. Ynddi cuddir traddodiad y goresgyniadau chwedlonol yn rhannol trwy gyfnewid themâu llên-gwerin, sef y dreigiau a'r cewri rheibus – i'w difa gan yr arwr Lludd – am oresgyn Prydain gan y Pictiaid a'r Saeson.

Gweler Rachel Bromwich, *Trioedd Ynys Prydein* (3ydd arg., 1998), rhif 36.

Tair Gwelygordd Saint Ynys Prydain, Triawd oedd yn rhestru yn y fersiwn gwreiddiol y tri theulu o seintiau, sef teuluoedd *Brychan Brycheiniog, *Cunedda Wledig a Chaw o Brydyn; felly perthynai un i dde Cymru, un i ogledd Cymru, ac un i ogledd Prydain, yr *Hen Ogledd yn y traddodiad Cymreig. Rhestrir aml ddisgynyddion sanctaidd Brychan, gan gynnwys Sant *Cadoc, yn y testun *De Situ Brycheiniog* (11eg gan.), tra rhestrir seintiau yr un mor lluosog y dywedir eu bod yn ddisgynyddion i Gunedda, gan gynnwys *Dewi Sant, yn *Bonedd y Saint* (13eg gan.) Dengys cysegriad eglwysi y rhan arwyddocaol a chwaraeodd sylfaenwyr eglwysig a honnai berthynas â'r ddau deulu fel arloeswyr Cristnogaeth yng Nghymru.

O'i gymharu â hyn ychydig iawn a wyddys am ddisgynyddion sanctaidd Caw o Brydyn ar wahân i'w haelod enwocaf, yr hanesydd *Gildas. Awgryma'r ffynonellau canoloesol fod traddodiadau am Gaw a'i ddisgynyddion wedi eu hanghofio bron yn gyfan gwbl erbyn i'r rhain gael eu cofnodi ar glawr, felly nid yw'n peri syndod fod fersiwn diweddarach ar y Triawd (ym Mheniarth 50) wedi cynnwys arwr traddodiadol stori'r Greal, Joseff o Arimathea, am enw Caw. Ymyrrodd Iolo Morganwg (Edward *Williams) ymhellach byth â'r Triawd trwy gyfnewid yr enw hwn am un *Brân ap Llŷr (Bendigeidfran) yn y *Myvyrian Archaiology* (1801), er mwyn hybu'r stori ddychmygol a ddyfeisiwyd ganddo ef ei hun, ynglŷn â chyflwyniad Cristnogaeth i Brydain gan Frân, a'i fab, *Caradog.

Gweler R. Bromwich *Trioedd Ynys Prydein* (3ydd. arg., 1998), rhif 81 a'r nodyn; R. G. Gruffydd, 'Reflections on the Story of Cunedda', *Studia Celtica* (cyf. xxiv–xxv, 1989–90); E. G. Bowen, 'Tair Gwelygordd Santaidd Ynys Prydein', *Studia Celtica* (cyf. v, 1970); a P. C. Bartrum, *Early Welsh Genealogical Tracts* (1966).

Tair Gwragedd a Gafodd Bryd Efa, Triawd sy'n enwi Elen Fannog (Helen o Gaerdroea), Polixena merch Priam a Diadema (Dido), cariad Eneas. Yn *Llyfr Coch Hergest* a rhai llawysgrifau eraill ychwanegir y Triawd hwn at y *Tri Dyn a Gafodd Gampau Adda. Cafodd y fraint o gael ei ddyfynnu'n llawn gan *Ddafydd ap Gwilym, ac ychwanegodd ei gariad (merch anhysbys o Wynedd) fel pedwaredd i'r Triawd. Gwnaeth *Gutun Owain gymhariaeth debyg ar ddiweddarach.

Tair Rhamant, Y, sef *Iarlles y Ffynnon* (neu *Owain*), *Geraint* a *Peredur*, a geir yn gyfan gwbl neu yn rhannol yn *Llyfr Gwyn Rhydderch* a *Llyfr Coch Hergest*; cadwyd rhannau o *Geraint* a *Peredur* mewn llawysgrifau cynnar eraill, ac ambell gopi o *Owain* mewn llawysgrifau diweddarach hyd y ddeunawfed ganrif. Y mae iaith ac arddull y Rhamantau yn debyg iawn i *Pedair Cainc y Mabinogi* a'r chwedlau brodorol eraill. Ceir ynddynt yr un gwrthrychedd a chanolbwyntio ar rediad y stori ei hun, yr aml ymadrodd uniongyrchol, y datguddio cymeriad trwy weithred ac ymddiddan, a'r un cynildeb wrth ddisgrifio lle a pherson. Y prif wahaniaeth rhwng y Rhamantau a'r Pedair Cainc yw'r amgylchfyd Arthuraidd, eu daearyddiaeth niwlog, a bod eu prif gymeriadau yn hanfod, o ran eu henwau o leiaf, o Oes Arwrol y Brythoniaid tua'r chweched ganrif; y mae prif gymeriadau'r Pedair Cainc, ar y llaw arall, yn tarddu o dduwiau Celtaidd yr oes gyn-Gristnogol.

Gellir amau a ddylid edrych ar Y Tair Rhamant fel grŵp; anodd credu i'r un awdur eu cyfansoddi ill tair gan fod gwahaniaeth mawr rhyngddynt yn y *Llyfr Gwyn* o ran orgraff, ac felly y mae'n glir na thraddodwyd hwy ynghyd fel grŵp; ni welir yr un deheurwydd yng nghyfansoddi pob un ohonynt, gan fod *Geraint* ac *Owain* yn fedrusach o lawer yn hyn o beth na *Peredur*, a defnyddir y cadwynau o ansoddeiriau cyfansawdd rhethregol yn aml yn *Geraint* a *Peredur*, lle y mae iaith *Owain* yn symlach a bron yn ddiaddurn.

Y mae deunydd y Rhamantau i raddau helaeth yn gyffredin iddynt ill tair; storïau am *Sifalri ydynt i gyd mewn byd sydd, y tu allan i lys *Arthur, yn llawn o elynion rhyfedd creulon, heb sôn am amryw angenfilod y mae'n rhaid i'r arwr ymladd yn eu herbyn. Ym mhob un o'r tair y mae ar yr arwr angen dysgu rhywbeth amdano ei hun ac am ei berthynas â phobl eraill, a gellid dweud bod pob stori yn ymdrin ag addysg y marchog delfrydol. Yn stori Peredur dechreuir â defnydd crai iawn, sef glaslanc o bendefig a gadwyd gan ei fam rhag hyd yn oed clywed am farchogion a'u defodau, rhag iddo ddioddef anffawd ei dad a'i frodyr a laddwyd oll mewn twrnamaint; y mae ganddo felly bopeth i'w ddysgu. Yn *Owain*, gwelir Cynon yn llawn hunanhyder rhyfygus yn cychwyn ar antur sydd y tu hwnt i'w allu ac yn methu'n gywilyddus, ond y mae Owain, sy'n mynd yn ddiweddarach ar yr un antur yn llwyddiannus, a Geraint, ill dau yn wŷr o brofiad a synnwyr erbyn iddynt ymddangos gyntaf. Y mae rhyw gyferbyniad rhwng y gwersi y mae'n rhaid iddynt eu dysgu; cawsai Owain arglwyddiaeth iddo'i hun trwy ei filwriaeth a chymorth call *Luned, ond pan gafodd drwydded gan ei Iarlles i dreulio tri mis yn llys Arthur ar ôl tair blynedd yn amddiffyn y ffynnon, anghofiodd am ei wraig ac aros am dair blynedd gydag Arthur nes iddi ei ddiarddel. Yna gwallgofi a dioddef newyn a noethni am gyfnod, ac wedyn ymdrechu yn ôl at iechyd a hunan-barch trwy gyfres o anturiaethau cyn gallu dychwelyd a chymodi â'i wraig. Enillodd Geraint, yntau, wraig yn gynnar yn ei yrfa, merch hen iarll anghenus a gollasai ei iarllaeth.

Wedi adfer ei etifeddiaeth i'w chwegrwn aeth Geraint a'i briod i lys Arthur ac oddi yno i deyrnas ei dad, lle y gorchfygodd ei elynion i gyd a cholli diddordeb mewn ymladd a thwrnamaint a threulio ei amser yn llwyr yng nghwmni ei wraig Enid. Fe'i beirniadwyd o'r herwydd gan ei gynheiliaid, a dechreuodd Enid ofidio am hynny, ond camddeallodd Geraint ei thristwch fel hiraeth am ŵr arall, ac er mwyn profi ei ffyddlondeb parodd iddi fynd gydag ef ar daith hir, dan orchymyn iddi farchog-aeth o'i flaen a pheidio â siarad ag ef. Daliai hi'n hynod o deyrngar iddo o dan yr amgylchiadau hyn, gan ei rybuddio ambell waith o'r peryglon a oedd yn ei fygwth, gan gynnwys dau gais i'w ladd ef er mwyn ei hennill hi'n wraig; yn y diwedd cymodi â'i gilydd fu eu hanes.

Y mae i *Peredur* lai o undod o bell ffordd. Y mae'r Rhamant hon mewn tair rhan, gan ddechrau gyda hanes hyfforddi'r arwr yn farchog a'i anturiaethau cynnar nes ennill cariad Angharad (ond erys peth amwysedd drwy'r chwedl a fu ef erioed yn briod); dyma tua hanner y stori. Yn yr ail ran adroddir cyfres bellach o anturiaethau a ddiweddir trwy aros am bedair blynedd ar ddeg gydag Ymerodres Cristnobl. Yn y drydedd rhan triga yn llys Arthur eto, ac oddi yno cychwyn ar daith i geisio gwybodaeth am y pen ar y ddysgl a'r waywffon waedlyd a welsai yng nghastell ei ewythr yn y rhan gyntaf. Dehonglir y gyfrinach yn ddigon byr a difater ac y mae Peredur yn ymgymryd â'r ddyletswydd o ymddial, gyda chymorth Arthur, ar Widdonod Caerloyw, a'i hyfforddasai yn y celfyddydau milwrol.

O blith storïau mydryddol Ffrangeg Chrétien de Troyes yn ail hanner y ddeuddegfed ganrif, y mae tair yn cyfateb i raddau helaeth i'r *Tair Rhamant*, sef *Erec* i *Geraint*, *Yvain* i *Owain*, a *Perceval* (a adawyd yn anorffenedig) i *Peredur* (ond nid yw'r gyfatebiaeth mor gyflawn yma). Ymdaenodd y straeon hyn, neu rai ohonynt, i'r Almaen a Sgandinafia a Lloegr hefyd, ond y mae'r fersiynau estron hyn i gyd (heblaw *Syr Percyvelle* yn Saesneg) yn dibynnu bron yn hollol ar y testunau Ffrangeg. Y mae perthynas y chwedlau Cymraeg â'r rhai Ffrangeg wedi codi dadl frwd hirhoedlog. Cyn sefydlu dyddiad y *Llyfr Coch* tybid bod y chwedlau Cymraeg yn sail i waith Chrétien, ond pan welwyd nad oes llawysgrifau Cymraeg ar gael sydd mor hen â Chrétien, casglwyd mai crynodebau rhyddiaith o'r cerddi Ffrangeg oedd y fersiynau Cymraeg. Gwell gan ysgolheigion heddiw bwysleisio tarddiad Celtaidd y prif gymeriadau, y tebygrwydd rhwng llawer o elfennau mewn chwedlau Gwyddeleg a Chymraeg brodorol a'r digwyddiadau a adroddir yn y Rhamantau, a'r ffaith fod iaith ac arddull y Rhamantau yn nes o lawer at y chwedlau brodorol nag at yr hyn a welir yn y storïau a thestunau eraill y gwyddys eu cyfieithu o ieithoedd estron, ac felly y maent yn casglu nad yw'r Rhamantau yn dibynnu'n uniongyrchol ar waith Chrétien. Yn hytrach ystyrir bod y fersiynau Cymraeg a Ffrangeg yn tarddu o'r un

ffynhonnell a gynhyrchwyd yn ôl pob tebyg mewn amgylchfyd dwyieithog, a'r deunydd gan amlaf yn Geltaidd; gyda threigl amser datblygodd gwahaniaeth cynyddol rhyngddynt, y ffurf Gymraeg ar y cyfan yn fwyaf ceidwadol, ond y fersiwn Ffrangeg weithiau yn cadw ambell enw a digwyddiad a gollwyd yng Nghymru. I'r fersiynau Ffrangeg hyn rhoes Chrétien ei driniaeth a'i bwyslais ei hun, gan ddefnyddio ffynhonnell a gamdriniwyd eisoes gan adroddwyr eraill, ac felly gynhyrchu'r testunau Ffrangeg sydd wedi goroesi, ac sydd wedi disodli gwaith eu rhagflaenwyr eilradd.

Golygwyd *Rhamant Peredur* gan K. Meyer (1884) a chan G. W. Goetinck, *Historia Peredur vab Efrawc* (1976) a golygodd R. L. Thomson *Owain* (1968). Ceir testun diplomatig y *Llyfr Coch* gan John Rhŷs a J. Gwenogvryn Evans (1887) a'r *Llyfr Coch* yn *Y Tair Rhamant* (1960). Ceir testun *Owain* (Llsgr. Llansteffan 58) yn *Studia Celtica* (cyf. VI, 1971). Yn ychwanegol at ragymadroddion y llyfrau uchod a llyfr G. W. Goetinck ar *Peredur*, ceir trafodaeth yn *Arthurian Literature in the Middle Ages* (gol. R.S. Loomis, 1959), *Y Traddodiad Rhyddiaith yn yr Oesau Canol* (gol. Geraint Bowen, 1974), *A Guide to Welsh Literature* (cyf. I, gol. A. O. H. Jarman a Gwilym Rees Hughes, 1976); *The Arthur of the Welsh* (gol. R. Bromwich, A. O. H. Jarman a B. F. Roberts, 1991) a Sioned Davies, *Crefft y Cyfarwydd* (1995). Ceir sylwadau pellach yn *The Mabinogi* yn y gyfres *Writers of Wales* (1977) gan Proinsias Mac Cana ac yn yr erthyglau gan Brynley F. Roberts yn *Ysgrifau Beirniadol X* a *XVIII* (gol. J. E. Caerwyn Williams, 1977 ac 1992).

Tâl Moelfre, Brwydr (1157), a ymladdwyd rhwng lluoedd Owain Gwynedd (*Owain ap Gruffudd) a rhai Harri II. Bu brwydr galed yn *Nhegeingl yn ystod yr haf blaenorol cyn i'r Saeson yrru ymlaen cyn belled ag afon Clwyd. Glaniodd carfan o filwyr Harri ar Ynys Môn ac ysbeilio'r wlad a difrodi eglwysi Llanbedr-goch a Llanfair Mathafarn Eithaf. Yn ystod y frwydr enbyd yn Nhâl Moelfre yr oedd hanner brawd Harri, mab ei dad o'r Dywysoges *Nest, ymhlith y marchogion Seisnig a laddwyd. Cofnodir yr hanes mewn cronoleg o'r Oesoedd Canol, *O Oes Gwrtheyrn Gwrtheneu, ac yng nghanu *Gwalchmai ap Meilyr i'r buddugwr, Owain Gwynedd. Yn ôl traddodiad lleolir y frwydr ger Moelfre ar arfordir gogledd Môn, ond y mae'n well gan rai ysgolheigion ei gosod ar lan afon Menai.

Am ragor o fanylion gweler J. E. Lloyd, *History of Wales* (1911) a J. E. Caerwyn Williams, *Gwaith Meilyr Brydydd a'i Ddisgynyddion* (1994).

Talacharn, cwmwd yng Nghantref Gwarthaf yn Nyfed. Llwyddodd *Rhys ap Gruffudd (Yr Arglwydd Rhys) i gadw'r cwmwd allan o afael y Normaniaid, ond yr oedd Talacharn yn nwylo teulu Bryan erbyn y drydedd ganrif ar ddeg. O'r teulu hwn, aeth trwy briodas i deuluoedd Scrope, Lovell a Butler. Yr oedd ei arglwyddi yn atebol i'r llys sirol yng Nghaerfyrddin, ac felly, er bod Talacharn yn un o arglwyddiaethau'r Mers yr oedd, i raddau, hefyd yn rhan o sir Gaerfyrddin.

Talfryn, gweler LLOYD, IORWERTH HEFIN (1920–86).

Talgarth, cantref ym *Mrycheiniog yn cynnwys yr un diriogaeth ag arglwyddiaeth Blaenllyfni. Wedi ymraniad tiroedd Bernard de Neufmarché yn 1143 aeth i feddiant teulu Fitz Peter. Erbyn diwedd y bedwaredd ganrif ar bymtheg yr oedd yn rhan o diriogaethau eang y Mortimeriaid.

TALHAEARN TAD AWEN (fl. 6ed gan.), un o'r pump o *Gynfeirdd a restrir yn yr *Historia Brittonum fel y rhai a flodeuodd yn yr *Hen Ogledd yn ystod y chweched ganrif. Crybwyllir ei enw mewn cerdd yn *Llyfr Taliesin ond ni oroesodd dim o'i waith.

Talhaiarn, gweler JONES, JOHN (1810–69).

TALIESIN (fl. diwedd y 6ed gan.), bardd a enwir ynghyd ag *Aneirin, mewn adran enwog o'r *Historia Brittonum o'r nawfed ganrif ac sy'n rhestru beirdd a flodeuai ar un adeg yn yr *Hen Ogledd. Cynnwys *Llyfr Taliesin grŵp o ddeuddeg cerdd y credir eu bod yn cynrychioli gwaith dilys y bardd, ynghyd â llawer mwy o gerddi crefyddol, ysgrythurol, proffwydol a chwedlonol, a briodolwyd iddo ef, ar gam, yn ddiweddarach. Y mae'r cerddi yn y grŵp cynnar yn debyg o ran iaith, arddull, crefft a nodweddion mydryddol i'r *'Gododdin' gan Aneirin. Cerddi mawl yn cyfarch Urien ap Cynfarch (*Urien Rheged) a'i fab *Owain ab Urien yw chwech ohonynt, ac ymhlith y rhain ceir yr enghraifft gynharaf sydd ar glawr o gerdd dadolwch neu gerdd gofyn gan y bardd wedi cyfnod o ddieithrwch rhyngddo â'i noddwr. Cyflwyna dwy gerdd arall ddisgrifiadau byw o frwydrau a ymladdodd Urien ac Owain yn erbyn goresgynwyr o Anglia yn y dwyrain, ac yn erbyn y Pictiaid o'r gogledd. Cerddi mawl yw dwy arall, y rhain yn cyfarch rhyw *Wallog, y credir iddo lywodraethu teyrnas fechan Elmet, a leolid yn yr ardal o amgylch yr hyn sydd bellach yn Leeds. Mewn cerdd arall, *Cynan Garwyn, llywodraethwr ym *Mhowys, a folir. Y mae dadolwch Taliesin yn awgrymu mai ymwelydd yn unig â llys Urien oedd y bardd. Barn Ifor *Williams oedd bod Taliesin o bosibl yn frodor o Bowys, gan fod y gerdd y credir mai hi yw'r gynharaf yn y grŵp yn moli Cynan Garwyn. Os yw hyn yn wir tystia i'r ardal eang a grwydrid gan fardd yn y cyfnod cynnar ar ei deithiau rhwng y naill noddwr a'r llall – teithiau i'w cymharu yn ddiweddarach â theithiau'r *Gogynfeirdd y tu fewn i ffiniau Cymru. Byddai hefyd yn gyson â'i tarddu o Bowys a briodolir i Daliesin yn yr hyn a elwir Hanes Taliesin neu Chwedl Taliesin.

Stori werin yw hon a'i chynnwys yn hynod fytholegol. Ei thema yw tarddiad ysbrydoliaeth farddol. Trwy broses gymhleth o ailymgnawdoli, cyflwynir Taliesin fel plentyn a dduwies Ceridwen, a drigai yn Y Bala gyda'i gŵr Tegid Foel, a roes ei enw i Lyn Tegid. Berwa

Ceridwen bair hud gan fwriadu i'w mab Morfran yfed ei gynnwys, er mwyn iddo gael ei lenwi â dawn barddoni. Ond yn hytrach ei was Gwion Bach sy'n llyncu'r dafnau o'r pair, ac felly y cynysgaeddir ef â'r ddawn. Wrth gael ei erlid gan Geridwen, â ef a hi trwy gyfres o drawsnewidiadau ffurf hyd nes iddo yn y diwedd gael ei lyncu, ar lun gronyn o wenith, gan Geridwen ar ffurf iâr. Ailenir ef o'i chroth ar ffurf mor brydferth fel na all hi ei ladd, ond yn hytrach fe'i teifl i'r môr, i'w ddarganfod a'i fabwysiadu gan *Elffin mab Gwyddno Garanhir, sy'n rhoi enw arall iddo, sef Taliesin. Pan dyf yn hŷn, â Taliesin gydag Elffin i lys *Maelgwn Gwynedd yn *Negannwy (y mae'n amhosibl i'r cysylltiad hwn fod yn un hanesyddol), lle y llwydda i dawelu beirdd llys Maelgwn trwy ei hud a thrwy arddangos ei nerthoedd barddol.

Credai Ifor Williams fod y chwedl hon wedi datblygu yng ngogledd Cymru yn ystod y nawfed neu'r ddegfed ganrif; cadarnheir ei bodolaeth mewn rhyw ffurf yn y cyfnod hwn gan nifer o gyfeiriadau ati, ynghyd ag anturiaethau chwedlonol eraill a briodolwyd i'r bardd, yn y corff o farddoniaeth a gasglwyd ynghyd o dan ei enw yn Llyfr Taliesin (14eg gan.). Ond o'r unfed ganrif ar bymtheg yn unig y'i cedwir gyntaf yn ei ffurf gyflawn, yn gymysgedd o ryddiaith a barddoniaeth, yng nghronicl hir Elis *Gruffydd. Cyfeiria amryw o feirdd y ddeuddegfed ganrif at hanes ymryson fuddugoliaethus Taliesin â beirdd Maelgwn. Rhydd eraill, fel *Cynddelw Brydydd Mawr, dystiolaeth o'u gwybodaeth fod y Taliesin hanesyddol yn byw yn y Gogledd ac yn gysylltiedig ag Urien Rheged ac Owain ab Urien. Er ei fod yn amlwg mai'r traddodiad 'ffug' am Daliesin ac Elffin a beirdd Maelgwn oedd y mwyaf poblogaidd ymysg beirdd diweddarach, dengys *Dafydd ap Gwilym a *Guto'r Glyn eu bod yn adnabod Taliesin yn gywir fel bardd Urien.

Y mae tystiolaeth arall am ymddangosiad y bardd mewn hanesion lled-chwedlonol cynnar. Ym Mabinogi *Branwen fe'i henwir yn un o'r saith gŵr a ffoes o Iwerddon wedi marwolaeth Bendigeidfran (*Brân), a dichon fod y digwyddiad hwn yn perthyn i gyrch ar *Annwn a amlinellir yn y gerdd *'Preiddiau Annwfn' yn Llyfr Taliesin. Rhwng yr unfed ganrif ar ddeg a'r drydedd ganrif ar ddeg ymddengys fod enw Taliesin fel proffwyd hollwybodol ar gynnydd, a thystiolaethir i hyn gan nifer o gerddi brud yn *darogan buddugoliaeth yn erbyn y Saeson ac yn ddiweddarach y Normaniaid, ac sy'n cysylltu ei enw â *Myrddin yn aml er mwyn rhoi awdurdod i'r proffwydoliaethau. Yr oedd gwybodaeth oruwchnaturiol o'r math hwn yn agwedd hanfodol ar yr holl wybodaeth a briodolid i feirdd yn y gymdeithas Geltaidd gynnar, yn Iwerddon ac yng Nghymru fel ei gilydd. Ceir cerdd ddeialog gynnar yn *Llyfr Du Caerfyrddin sy'n cyflwyno Myrddin a Thaliesin yn cyd-ddarogan brwydr Arfderydd fel digwyddiad sydd eto i ddod. Ymddengys fod gwybodaeth o'r gerdd hon yn

cael ei hadlewyrchu mewn cerdd hir yn Lladin gan
★Sieffre o Fynwy o'r enw ★*Vita Merlini*; ynddi ymgomia
Telgesinus a Merlianus ynglŷn â daearyddiaeth a
rhyfeddodau naturiol. Y mae'n amlwg yr enillasai Sieffre
ryw wybodaeth ynglŷn â'r syniad canoloesol cyfoes o
hollwybodaeth Taliesin fel y'i hadlewyrchir yn y cerddi
Cymraeg. Trwy gydol yr Oesoedd Canol cysylltid yn
gyson enwau Myrddin a Thaliesin gan y Gogynfeirdd a'r
cywyddwyr fel y ddau fardd mawr ac awdurdodol a safai
ysgwydd wrth ysgwydd ar gychwyn cyntaf y traddodiad
barddol Cymreig.

Gweler Marged Haycock, *Llyfr Taliesin: Astudiaethau ar Rai
Agweddau* (Traethawd D.Phil., Aberystwyth 1983). Ceir astud-
iaeth o'r cerddi cynnar a briodolir i'r bardd yn *Canu Taliesin*
(1960) gan Ifor Williams a hefyd a monograff *Chwedl Taliesin*
(1957) gan yr un awdur. Ceir cyfieithiad Saesneg gan
J. E. Caerwyn Williams, *The Poems of Taliesin* (1968), sy'n trafod
tarddiad a datblygiad y chwedl-werin am fywyd Taliesin, a
chyfieithiad o'r ffurf ddiweddar ar y chwedl gan Elis Gruffydd
o'r unfed ganrif ar bymtheg gan P. K. Ford yn *The Mabinogi and
other Medieval Welsh Tales* (1977); fe'i golygwyd gan P. K. Ford
yn *Ystoria Taliesin* (1992).

Taliesin (1859–61), cylchgrawn chwarterol o dan
olygyddiaeth John ★Williams (Ab Ithel). Ymddangos-
odd wyth rhifyn ohono. Fe'i cyhoeddwyd i wasan-
aethu'r cymdeithasau llenyddol rhanbarthol. Ar wahân i
ryddiaith a phrydyddiaeth arobryn yr eisteddfodau ceid
ynddo draethodau sy'n arbennig o werthfawr, ac yn
ffynhonnell bellach er astudio llenyddiaeth a meddwl
y cyfnod. Yma yr ymddangosodd am y tro cyntaf
★'Myfanwy Fychan', cerdd J. Ceiriog ★Hughes, a hefyd
'Awdl Brwydr Maes ★Bosworth' gan Eben Fardd
(Ebenezer ★Thomas).

Taliesin, cylchgrawn llenyddol Yr ★Academi Gymreig;
ymddangosodd y rhifynnau cyntaf o dan olygyddiaeth
Gwenallt (David James ★Jones) yn 1961. Ymhlith y
cyfranwyr cynharaf yr oedd E. Tegla ★Davies, T. H.
★Parry-Williams, D. J. ★Williams ac Iorwerth C.
★Peate. Yn 1965, ar ôl cyhoeddi naw rhifyn, ym-
ddiswyddodd y golygydd a phenodwyd D. Tecwyn
★Lloyd yn ei le; cafodd gymorth Islwyn Ffowc ★Elis am
ddwy flynedd. Dan olygyddiaeth D. Tecwyn Lloyd
cyhoeddwyd y cylchgrawn ddwywaith y flwyddyn tan
1984, pan aeth yn chwarterolyn. Ar ôl i D. Tecwyn
Lloyd farw golygwyd y cylchgrawn ar y cyd gan R.
Gerallt ★Jones a Bedwyr Lewis ★Jones, ac er 1993 y
golygyddion yw John ★Rowlands a Gerwyn ★Wiliams.
Y mae'n cynnwys cerddi, storïau, ysgrifau, adolygiadau
a chyfieithiadau i'r Gymraeg o lenyddiaethau eraill.
Ymhlith y cyfranwyr, sy'n cynnwys rhai nad ydynt yn
aelodau o'r Academi, y mae bron y cwbl o lenorion
pwysicaf y dydd ac, fel llwyfan ar gyfer eu gwaith, saif
Taliesin ymhlith y cylchgronau llenyddol gorau a
gyhoeddwyd yn y Gymraeg.

Cynullwyd mynegai i gynnwys y cylchgrawn (1961–79) ar

gyfer Cymdeithas Llyfrgelloedd Cymru gan D. Hywel E.
Roberts ac Elinor Thomas (1982).

Taliesin ab Iolo, gweler WILLIAMS, TALIESIN
(1787–1847).

Talu medd, gweler o dan MEDD.

Talwrn y Beirdd, cyfres boblogaidd a ddarlledwyd gan
y BBC ar Radio Cymru er 1979 gyda thimau o feirdd
yn cystadlu ar lunio cerddi, gan gynnwys ffurfiau
traddodiadol fel yr ★englyn, y ★cywydd, y ★triban, y
★delyneg a'r limrig. Enw gwreiddiol y gyfres, pan
ddarlledwyd hi gyntaf yn 1937, oedd *Ymryson y Beirdd*,
enw a ddyfeisiwyd gan Thomas ★Parry. Y beirniad
cyntaf oedd Robert John ★Rowlands (Meuryn), y
gwnaeth ei ffraethineb lawer i sicrhau llwyddiant
y gystadleuaeth. Darlledwyd y gyfres yn rheolaidd ar y
Welsh Home Service rhwng 1949 ac 1963. Yn 1951 daeth
yn rhan o raglen y Babell Lên yn yr ★Eisteddfod
Genedlaethol. Y mae'r digwyddiad yno yn denu rhyw
ddeugain o dimau o bob rhan o Gymru ac fe'i mynychir
gan gynulleidfa frwd sy'n mwynhau'r adloniant ysgafn
ond soffistigedig. Er 1979 y beirniad, neu'r 'meuryn', fu
Gerallt Lloyd ★Owen a'r llywydd er 1985 yw Dic Jones
(Richard Lewis ★Jones). Y mae'r gystadleuaeth, ar y
radio ac yn yr Eisteddfod, wedi meithrin doniau beirdd
lawer, yn arbennig y rhai hynny sy'n ysgrifennu yn y
mesurau caeth, a gwnaeth lawer i hyrwyddo'r diwylliant
llenyddol poblogaidd.

Rhwng 1981 ac 1996 cyhoeddwyd detholiadau o'r cerddi a
gynhyrchodd y gystadleuaeth mewn naw cyfrol o'r enw *Pigion
Talwrn y Beirdd* (gol. Gerallt Lloyd Owen).

Talyllychau, abaty ger ★Llandeilo Fawr, Caerf., a oedd
yn perthyn i Urdd y Premonstratensiaid (y Canoniaid
Gwynion) ac a sefydlwyd gan ★Rys ap Gruffudd (Yr
Arglwydd Rhys) erbyn 1189 y mae'n bur debyg. Yr
oedd nifer o ddisgynyddion Rhys, a lywodraethai yn
Ystrad Tywi, ymhlith ei noddwyr. Gellir dangos yn
fynych mai Cymry oedd y Canoniaid, ac ar ôl y gor-
esgyniad, wedi ei gythruddo gan yr anfoesoldeb a edliw-
id i'r canoniaid, gorchmynnodd Edward I eu symud a
gosod yn eu lle eraill o'r iaith Saesneg a fyddai'n fwy abl
i ddilyn y bywyd crefyddol. Er mai tŷ Cymreig ei naws
ydoedd, a'i fod ar ffyrdd clera'r beirdd, un gerdd yn
unig, gan ★Ieuan Deulwyn i ofyn gosog dros yr abad,
sy'n gysylltiedig â Thalyllychau. Diddymwyd yr abaty
yn 1536.

Ceir traddodiad lleol sy'n honni mai Talyllychau, yn
hytrach nag ★Ystrad-fflur, yw man claddu ★Dafydd ap
Gwilym. Cred rhai ysgolheigion, gan gynnwys Rachel
★Bromwich, fod honiad Ystrad-fflur wedi'i seilio ar
gamddehongli cywydd gan ★Ruffudd Gryg sy'n
awgrymu i'r bardd gael ei gladdu yn nhiroedd yr abaty
hwnnw. Credant i'r gerdd hon berthyn i draddodiad y

farwnad ffug a geid weithiau mewn ymrysonau beirdd yn yr Oesoedd Canol, ac nad yw cerdd Gruffudd Gryg ond yn dyfalu ymha le y caiff Dafydd ei gladdu ymhell cyn yr achlysur. Cofnodir traddodiad claddu'r bardd yn Nhalyllychau gyntaf mewn rhestr o gladdfeydd beirdd enwog a ysgrifennwyd gan Thomas *Wiliems o Drefriw tua 1600; parhawyd â'r gred hon gan Iolo Morganwg (Edward *Williams). Y mae'r rhai sy'n credu i'r bardd gael ei gladdu yn Nhalyllychau yn dadlau mai beirniadaeth Griffith John *Williams o ffugiadau llenyddol Iolo Morganwg fu'n gyfrifol am daflu amheuaeth ar draddodiad Talyllychau, ac eithrio o fewn cyffiniau'r abaty, lle y credir y traddodiad o hyd, a honnant fod y traddodiad hwn yn fyw ymhell cyn dyddiau Iolo. Gosodwyd cofeb i'r bardd yn y fynwent yn Nhalyllychau ym Medi 1984.

Ceir manylion pellach yn J. Beverley Smith a B. H. S. O'Neil, *Talley Abbey* (1967) ac F. G. Cowley, *The Monastic Order in South Wales 1066–1349* (1977). Am y traddodiad ynglŷn â man claddu Dafydd ap Gwilym gweler yr erthygl gan W. Leslie Richards yn *Barn* (Awst, 1984) a thrafodaeth rhwng Rachel Bromwich, Thomas Parry a D. J. Bowen yn *Barddas* (rhif. 87/88 a 89, 1984).

Tân yn Llŷn, gweler o dan PENYBERTH.

Tanner, Phil (1862–1950), canwr gwerin o Langynydd, Penrhyn Gŵyr. Hanoedd o deulu o wehyddion a oedd yn nodedig am eu caneuon a'u dawnsiau traddodiadol. Yr oedd yn ffigur poblogaidd iawn fel gwahoddwr mewn priodasau (gweler o dan NEITHIOR), ac yr oedd ganddo donyddiaeth berffaith. Gwyddai gannoedd o ganeuon a amrywiai o faledi'r bymthegfed ganrif hyd at ganeuon poblogaidd y theatrau-cerdd Fictoraidd. Dysgodd rai o'i ganeuon mewn cyfarfodydd cystadleuol yn ne-orllewin Lloegr, ond yr oedd eraill, fel y *Gower Wassail Song* a'r *Gower Reel*, dawns yn nhraddodiad y gerddoriaeth-geg, yn perthyn i'w gynefin. Ysgrifennodd John *Ormond gerdd er cof amdano.

Tanwedd, rhagarwydd o farwolaeth ar ffurf rhimyn o dân neu olau llachar yn symud yn araf ac unionsyth yn isel yn yr awyr yn y nos. Gweler hefyd ADERYN CORFF, CANNWYLL CORFF a TOILI.

Taplas, cwrdd cerdd a gynhelid bob nos Sadwrn o ddydd Llun y *Pasg hyd *Galan Gaeaf. Yn ogystal â'r dawnsio a'r canu tribannau gyda'r *crwth a'r *delyn ceid chwaraeon megis pêl-do, pêl-droed a neidio. Cysylltir yr arfer â'r *Fedwen Haf a *Gŵyl Ifan, ac yn ystod y bedwaredd ganrif ar bymtheg tueddid i gymysgu'r daplas â *Gŵyl Mabsant; yng ngogledd Cymru fe'i gelwid yn Dwmpath Chwarae.

Tarian y Gweithiwr (1875–1934), papur newydd Radicalaidd wythnosol a lansiwyd gan John Mills, Francis Lynch a Caradoc Davies yn Aberdâr, Morg. Yn ogystal â chofnodi helyntion gweithfaol a gwleidyddol yng Nghymru ceid erthyglau o ddiddordeb llenyddol a newyddion tramor. Daeth G. M. Evans yn lle Lynch yn 1889 ac ar ôl 1895 ef a gyhoeddodd y papur ei hunan. Daeth y papur yn eiddo i berchenogion *The Aberdare Leader* yn 1911, a thair blynedd yn ddiweddarach newidiwyd enw'r papur i *Y Darian*. Edward Davies, Rhymni, a John Morgan Jones oedd yn gyfrifol am ysgrifennu'r erthyglau golygyddol ar y cychwyn, a bu'r papur wedyn dan olygyddiaeth D. Silyn Evans a J. Tywi Jones. Yn wahanol i'r *Gwladgarwr* (1848–54) polisi *Y Darian* oedd gofalu am y gweithwyr Cymreig rhag i'r perchenogion glo ymelwa arnynt, a cheid ymosodiadau ynddo yn erbyn landlordiaeth, Toriaeth a'r Eglwys Sefydledig. Apeliai'n arbennig at y glowyr a'r gweithwyr haearn ac alcan yn ne Cymru, gan roi cymysgedd o newyddion lleol ac ymdriniaeth â gwleidyddiaeth ryngwladol, a llwyddai i werthu rhyw bymtheng mil o gopïau bob wythnos. O dan olygyddiaeth J. Tywi Jones cynyddwyd cynnwys llenyddol y papur gydag adroddiadau eisteddfodol, gwersi ar ramadeg Cymraeg a'r *gynghanedd, yn ogystal â cholofn farddol a nofelau cyfres. Ymhlith y cyfranwyr cyson yr oedd llenorion megis J. Dyfnallt *Owen, John *Morris-Jones a Saunders *Lewis. Edwinodd ei boblogrwydd yn ystod y 1920au, fodd bynnag, yn rhannol oherwydd polisi heddychol y golygydd ac yn rhannol oherwydd y trai ar y defnydd o'r iaith Gymraeg a'r tlodi a achoswyd gan y *Dirwasgiad economaidd yn ne Cymru. Parhaodd J. Tywi Jones i'w olygu hyd fis Mawrth 1934 pan ddilynwyd ef gan Henry Lloyd (Ap Hefin; 1870–1946), ond cyhoeddwyd y papur am chwe mis arall yn unig.

Tarw Scotch, gweler SCOTCH CATTLE.

Tawddgyrch Cadwynog, gweler o dan PEDWAR MESUR AR HUGAIN.

TAYLOR, MARGARET STEWART (1902–88), awdures. Fe'i ganed yn Coventry, swydd Warwick, a bu'n Brif Lyfrgellydd ym Merthyr Tudful, Morg., o 1939 nes iddi ymddeol yn 1967. Ysgrifennodd dair nofel ar ddeg gan gynnwys dwy a leolwyd ym Merthyr, sef *Another Door Opened* (1963) a *The Link was Strong* (1964), ac un am Adelina *Patti, sef *Marian's Daughter* (1967). Ysgrifennodd hefyd gofiant teuluol, *The Crawshays of Cyfarthfa Castle* (1967).

Te yn y Grug (1959), cyfrol o storïau byrion gan Kate *Roberts. Begw, merch ifanc, yw'r cymeriad canolog, a'i deffroad graddol hi i sylweddoli poenau a phleserau bywyd yw pwnc y llyfr. Ei dwy gyfeilles yw Mair, merch y gweinidog, sydd braidd yn ffroenuchel ei hagwedd, a Winni Ffinni Hadog, y 'giari-dym' blaen ei thafod a garw'i moesau. Winni yw'r cymeriad doniolaf a greodd Kate Roberts erioed ac y mae'r wythïen o hiwmor sydd yn y llyfr hwn yn peri i'r gyfrol sefyll ar wahân i'w gweithiau eraill.

Am drafodaeth feirniadol ar y storïau hyn gweler yr erthyglau gan Hugh Bevan yn *Yr Arloeswr* (1960), gan John Rowlands yn y gyfrol deyrnged i Kate Roberts a olygwyd gan Bobi Jones (1969) a chan John Gwilym Jones yn *Crefft y Llenor* (1977). Cyhoeddwyd cyfieithiad Saesneg gan Ll. Wyn Griffith, *Tea in the Heather* (1968).

Tegau Eurfron, gwraig *Caradog Freichfras, a oedd yn ôl beirdd Cymraeg yr Oesoedd Canol yn safon o ddiweirdeb. Yn ôl y traddodiad amdani llwyddodd i achub ei chariad rhag sarff wenwynig, ond wrth wneud hyn trywanodd y sarff ei bron. Er mwyn achub ei bywyd bu'n rhaidd torri'r fron i ffwrdd a gosod bron aur yn ei lle. Sonnir am ei mantell ymhlith *Tri Thlws ar Ddeg Ynys Prydain, lle y dywedir na fyddai'n addas i'r neb a oedd wedi torri llw ei phriodas.

Tegeingl neu **Englefield**, un o bedwar cantref y *Berfeddwlad. Daw'r enw, mae'n debyg, o'r enw Deceangli, y llwyth a breswyliai yn yr ardal rhwng afonydd Clwyd a Dyfrdwy ar adeg goresgyniad y *Rhufeiniaid. Holltwyd Tegeingl gan *Glawdd Offa, ond adferwyd y cantref i ddwylo'r Cymry gan *Ruffudd ap Llywelyn. Yr oedd Ieirll Normanaidd Caer yn hawlio Tegeingl fel rhan o'u tiroedd hwy, ond llwyddodd *Owain ap Gruffudd (Owain Gwynedd) i'w ddwyn i'w feddiant ei hun, fel y gwnaeth *Llywelyn ap Iorwerth (Llywelyn Fawr) a *Llywelyn ap Gruffudd (Y Llyw Olaf). Yn 1277 daeth y cantref i feddiant Coron Lloegr. Yn unol â Statud *Rhuddlan (1284) daeth yn rhan o sir y Fflint. Yn y gorhoffedd gan *Hywel ab Owain Gwynedd disgrifir Tegeingl fel 'y tir tecach yn elfydd'.

Tegid, gweler JONES, JOHN (1792-1852).

Tegla, gweler DAVIES, EDWARD TEGLA (1880-1967).

Tegwch y Bore (1967), nofel gan Kate *Roberts a ymddangosodd gyntaf yn wythnosol yn *Baner ac Amserau Cymru* yn 1957 a'r flwyddyn ganlynol. Yn wahanol i nofelau eraill 'cyfnod Dinbych', lleolir y stori hon yn ystod y Rhyfel Byd Cyntaf, yn union fel petai'n ymgais i ailysgrifennu diwedd *Traed Mewn Cyffion* (1936). Y mae'n disgrifio perthynas athrawes ifanc, Ann Owen, â'i theulu, ac yn arbennig â'i brawd a'i charwriaeth â Richard Edmwnd. Er gwaethaf tristwch mawr sy'n pwyso'n drwm ar yr ysgrifennu, diwedda'r nofel ar nodyn o hyder eofn.

Ceir manylion pellach yn yr erthyglau gan Dafydd Glyn Jones yn y gyfrol deyrnged i Kate Roberts a olygwyd gan Bobi Jones (1969) a chan John Rowlands yn *Kate Roberts: ei Meddwl a'i Gwaith* (gol. Rhydwen Williams, 1983). Ceir trafodaeth feirniadol hefyd yn J. Rowlands, *Ysgrifau ar y Nofel* (1992).

Teilo (6ed gan.), sant. Y mae'r eglwysi, y capeli a'r ffynhonnau sy'n dwyn ei enw, sy'n ffurf anwes ar Eludd, i'w cael yn bennaf yn y rhannau hynny o dde-orllewin Cymru na ddaethant yn drwm o dan ddylanwad Rhufain, a hefyd yng Ngwent. Y mae ef a *Dewi Sant, sy'n cydoesi â'i gilydd, yn perthyn i'r un mudiad cenhadol, mudiad a nodweddir gan frwdaniaeth ac asgetigiaeth. Yr oedd canolfan Teilo yn *Llandeilo Fawr, Caerf., lle y cedwid *Llyfr St. Chad yn yr wythfed ganrif.

Lluniwyd Buchedd Teilo yn y ddeuddegfed ganrif a chysylltir y gwaith â Sieffre (m. 1133), brawd Urban, Esgob *Llandaf. Digwydd dau fersiwn ohoni; y cynharaf yw'r un yn llawysgrif Cotton Vespasian A xiv, a cheir y llall, sy'n cynnwys nifer o ychwanegiadau, yn *Llyfr Llandaf*. Yma enwir y sant yn ail o'r esgobion yno (ar ôl *Dyfrig) a dywedir iddo gael ei eni ym Mhenalun, Penf. Gyda *Phadarn a Dewi dywedir i Deilo fynd ar bererindod i Gaersalem, ac ar ôl iddo ddychwelyd rhaid fu iddo ffoi o Gymru rhag y pla melyn. Wedi treulio saith mlynedd a saith mis yn Llydaw dychwelodd i Gymru a marw yn ei fynachlog ar lannau Tywi. Hawliwyd ei gorff gan Benalun, Llandeilo a Llandaf, a chawsant ill tri eu dymuniad drwy i'r corff yn wyrthiol gael ei amlhau yn dri fel y gellid ei weld yn y tri lle yr un pryd. Ceir olion o gwlt Teilo yn Llydaw, ond y mae'n sicr na ellir rhoi coel ar a ddywed *Sieffre o Fynwy, iddo gael ei benodi'n olynydd i Samson fel Archesgob Dol.

Teirtu, cymeriad yn chwedl *Culhwch ac Olwen. Y mae'n berchen ar delyn hud sy'n canu ei hunan ar orchymyn ei pherchennog. Un o'r *anoethau a esyd Ysbaddaden Bencawr ar Gulhwch yw sicrhau'r delyn i'w ddiddanu yn neithior ei ferch.

Teisennau Berffro, cacennau neu fisgedi a gysylltwyd ers amser maith â phentref Aberffraw ym Môn ('Berffro' yw'r ynganiad lleol). Ar bob teisen argreffir ffurf cragen a elwir yn 'gragen Iago' ar ôl arwyddlun Sant Iago. Defnyddiwyd yr arfer gan Tom Parri *Jones yn enw ar gyfrol o storïau byrion.

Teithi Hen fab Gwynnan, cymeriad a enwir yn chwedl *Culhwch ac Olwen ymhlith y rhai a oedd yn bresennol yn llys *Arthur; dywedir bod y môr wedi gorlifo ei deyrnas. Cyfeirir hefyd at deyrnas Teithi Hen mewn triawd Lladin a gollwyd o blith *Trioedd Ynys Prydain, lle y dywedir bod ynys Teithi Hen yn gorwedd rhwng Mynyw (*Tyddewi) ac Iwerddon. Awgrymodd rhai ysgolheigion mai llygriad o Seithennin yw'r enw ac mai cyfeiriad at fersiwn o'r chwedl am foddi *Cantre'r Gwaelod yw'r stori hon.

Teithiau trwy Gymru. Daeth yr arfer o deithio trwy Gymru ac o ysgrifennu cofnod o'r lleoedd yr ymwelyd â hwy a'r mynyddoedd y tramwywyd trostynt, naill ai yn ystod y daith neu wedyn, yn boblogaidd yn ystod deng mlynedd ar hugain olaf y ddeunawfed ganrif a pharhaodd felly dros hanner cyntaf y bedwaredd ganrif ar bymtheg. Un rheswm am y datblygiad hwn oedd y gost a'r drafferth gynyddol o ymgymryd â'r *Grand Tour* traddodiadol trwy Ewrop. Rheswm arall oedd twf *Rhamantiaeth, agwedd meddwl a oedd yn dra gwahanol i un Daniel Defoe. Iddo ef (yn *Tours*, 1724–26) yr oedd mynyddoedd siroedd Brycheiniog a Maesyfed cynddrwg os nad yn waeth na'r Alpau gan fod codiad y mynyddoedd Cymreig o lawr y cwm i'r brig ar un olwg 'yn gwneud i'w huchder ymddangos yn fwy erchyll a brawychus na hyd yn oed y mynyddoedd tramor hynny'. Cafwyd camau pendant i gyfeiriad Rhamantiaeth yn gynnar gan William Gilpin yn *Observations on the River Wye*, a ysgrifennwyd ar ôl taith yn 1770. Awgrymai Gilpin mai'r llinyn mesur i gydnabod harddwch tirwedd oedd gweld i ba raddau yr oedd yn bosibl ei baentio yn gymwys. Y mae'n debyg fod llinyn mesur o'r fath wedi bod o fwy o werth wrth greu ardal dwristiaeth ar lannau isaf afon Gwy nag oedd i feithrin cydnabyddiaeth o'r harddwch yn eithafion pellennig Cymru. Pan oedd yng Nghymru yn 1811 daeth Louis Simond, gŵr o dras Ffrengig ac Americanaidd, ar draws diwydiant twristiaeth trefnus gyda phob cyfleustra angenrheidiol wrth law ar lannau afon Gwy rhwng Y Rhosan ar Wy a Chas-gwent. 'Ymwelir â Chymru ac afon Gwy', meddai'n ddeifiol, 'gan y twristiaid oll; yr ydym yng nghanol eu tiriogaeth a deuwn ar eu traws yn y tafarndai oll – yn brasgamu o gwmpas pob castell ac abaty adfeiliedig – ac yn dringo pob craig uchel er mwyn dod o hyd i olygfa; pob un ohonynt gyda'i Gilpin neu ei *Cambrian Guide* yn ei law, a phob un, mae'n ddiau, yn ysgrifennu cofnod. Y mae hyn braidd yn hurt a digalon.' Ond nid oedd yr amheuon hyn yn ei atal rhag derbyn damcaniaeth Gilpin ynglŷn â Chastell *Rhaglan ac adfeilion eraill.

Cyhoeddwyd dros gant o *Tours* o Gymru yn ystod y cyfnod a nodwyd, er nad oes mwy na dwsin, efallai, yn dangos fawr o wreiddioldeb yn eu deunydd na'u safbwyntiau. Y mae'r mwyaf difrifol ymysg yr awduron taith yn dyfynnu *Itinerarium Kambriae* *Gerald de Barri (Gerallt Gymro) a oedd ar gael yng nghyfieithiad Syr Richard Colt Hoare (1806), llyfr taith topograffig ar ffurf rhigymau gan Thomas Churchyard, *The *Worthines of Wales* (1587), sy'n tywys y darllenydd i sir Fynwy a'r Gororau, *Polyolbion* (1613) gan Michael Drayton a *Britannia* gan William Camden (a gafwyd yn Saesneg gyntaf yn 1610). Yn wir, o dan ddylanwad *Tour Through Monmouthshire and Wales* (1781), gan ei gyd-frodor o Wiltshire, Henry Penruddocke Wyndham, gwthiodd Colt Hoare y *genre* o ysgrifennu topograffig tuag at y gwir lyfr hanes lleol. Y mae ei *Journeys* (1793–1810) ac yn arbennig gwaith ei ddisgybl, Archddiacon William *Coxe, yn cynnig cnewyllyn ffynhonnell werthfawr. Yn y cyfamser yr oedd ysgolheictod hynafiaethol Gymreig yn datblygu ochr yn ochr â hyn, ond mewn man-

nau gwahanol: ymdriniodd *Tours* (1777–84) Thomas *Pennant nid yn unig â daearyddiaeth ond â hynafiaethau a natur yn ogystal, ond canolbwyntiodd ar ogledd Cymru. Ar y llaw arall cydnabu Richard *Fenton anogaeth Colt Hoare a chyfyngodd ei *Tour* ef o sir Benfro (1810) i bynciau mwy hanesyddol. Y mae'n debyg mai'r *Tour* mwyaf gwerthfawr o dde Cymru, o ran ei sylwgarwch a safon yr wybodaeth a gasglwyd, oedd un Benjamin Heath *Malkin (1804) a oedd yn briod â Chymraes ac a fu, megis Camden, yn brifathro ac yn ddiweddarach yn Athro Hanes.

Ymysg y teithwyr a ysgrifennodd heb unrhyw adnabyddiaeth flaenorol o Gymru y mae un neu ddau yn haeddu sylw: erys ambell sylw gan J. T. Barber (1803) o ddiddordeb a defnyddiodd Edward Donovan (1805) ei hyfforddiant gwyddonol lle bynnag yr oedd hynny'n berthnasol. Un o sefydlwyr y ffasiwn o gerdded trwy Gymru oedd y clerigwr Richard Warner. Y mae ei *A *Walk through Wales* (1798) yn arbennig o werthfawr. Nid disgrifio yn fanwl yn unig a wnaeth ef: yr oedd yn un o'r rhai a ddiffiniodd orau amcanion cyffredinol y nod Rhamantaidd. Datganodd y byddai, wrth chwilio am yr hunaniaeth hanesyddol ddelfrydol, yn 'anadlu yr awyr ysbrydoledig, lle y bu i ryddid wneud ei safiad olaf yn y deyrnas hon yn erbyn brasgamau'r grym Rhufeinig, a hynny o dan y penaethiaid *Silwraidd ac *Ordoficaidd dewr'. Ehangodd Donovan ar hyn gan egluro ei fod yn ymddiddori 'yn nefodau pobl sydd wedi cadw iaith, arferion, a safbwyntiau ein cyndeidiau gwydn, y Prydeinwyr cynnar'.

Denwyd rhai o'r beirdd Rhamantaidd hefyd i Gymru. Y cyntaf i ddod oedd Wordsworth: ysgrifennodd y cyflwyniad i'w *Descriptive Sketches* (1793) o ganlyniad i daith gerdded yng ngogledd Cymru (1791) yn ogystal â'r esgyniad datguddiol o'r Wyddfa yn Llyfr XIV o *The Prelude* (1799–1805, er nas cyhoeddwyd tan 1850). Digwyddiadau yn ystod ei daith trwy Ddyffryn Gwy yn 1793 ac 1798 a ysbrydolodd y cerddi 'We are Seven', 'Peter Bell' a 'Tintern Abbey'. Ysbrydolodd taith arall yn 1824 rai sonedau llai nodedig. Teithiodd Coleridge yn 1794, 1795 ac 1802 ac fe'u cofnodwyd yn ei lythyrau ei hun ac yn *A *Pedestrian Tour through North Wales in a Series of Letters* (1795) gan ei gydymaith, Joseph Hucks. Credir i'r profiadau hyn, yn ddiweddarach, gael rhyw effaith gyfrin ar ei gerddi. Ar ôl ei ddiarddel o Rydychen yn 1798 aeth Walter Savage Landor i fyw i Abertawe, lle yr ysgrifennwyd 'Rose Aylmer' a cherddi eraill, ac yn ddiweddarach aeth i Landdewi Nant Hodni, Myn. Yn 1811, ac yntau wedi ei ymlid o Rydychen, aeth Shelley i fyw i Ddyffryn Elan. Gwnaeth De Quincey ei daith hir gyntaf yng ngogledd Cymru ar ôl rhedeg i ffwrdd o'r ysgol ym Manceinion yn 1802, taith a gofnodwyd yn ei *Confessions* (1822). Un arall a fu'n byw yng ngogledd Cymru, yn hytrach nag ymweld â'r lle, oedd Thomas Love *Peacock: lleolwyd rhai o'i nofelau yno – mewn enw o leiaf – ac yn ddiweddarach gwnaeth ddefnydd o'i wybodaeth o'r traddodiad llenyddol Cymraeg i ysgrifennu The *Misfortunes of Elphin (1829).

Yn ddiweddarach y cafwyd rhai o'r awduron llyfrau taith mwyaf annibynnol eu barn. Un oedd Michael Faraday, y gwyddonydd. Cofir ei deithiau ef yn 1810 ac 1822 yn bennaf am y sylw a roes i ffurfiannau calchfaen Hepste a Mellte, gwaith copr Abertawe a'r mwyngloddio cyntefig am gopr ar fynydd Parys yn sir Fôn. Un arall oedd Thomas *Roscoe a dramwyodd dir cyfarwydd gyda sioncrwydd newydd o ran arddull a diddordeb yn ei Wanderings in South Wales (1837) a'i chwaer gyfrol yn 1844. Yr olaf i adael ei ôl, cyn dyfod teithwyr cymharol gyfoes, megis A. G. *Bradley, oedd George *Borrow a ddaeth â gwybodaeth o'r iaith Gymraeg, parch anghyffredin at y traddodiad barddol Cymraeg a llond gwlad o ragfarnau anghonfensiynol i'w deithiau (1854–67); darn o brofiad wedi ei naddu gan awdur creadigol oedd *Wild Wales (1862).

Gweler Edgar W. Parry, Y Teithwyr yng Nghymru (1995).

Teledu, gweler o dan RADIO A THELEDU.

Telyn, offeryn cerddorol traddodiadol a elwir weithiau yn offeryn cenedlaethol Cymru. Er iddi fwynhau statws arbennig yng Nghymru ers mil o flynyddoedd neu ragor, nid oes yr un delyn frodorol gynharach na thua 1700 wedi goroesi. Dyry rhai cywyddau canoloesol, ynghyd â ffynonellau llawysgrifol eraill, wybodaeth o bwys eithriadol am yr offeryn a'i gerddoriaeth yn y cyfnod hwnnw. Erbyn diwedd y ddeunawfed ganrif adwaenid y delyn deirhes, a enwid felly gan fod iddi dair rhes o dannau, y llonnod a'r meddalnod yn cael eu canu ar y rhes ganol, fel y Delyn Gymreig par excellence oherwydd ei phoblogrwydd yng Nghymru. Er i rai ddadlau iddi gael ei dyfeisio yng Nghymru, yr oedd mewn gwirionedd yn un o'r offerynnau baróc a ddyfeisiwyd yn Yr Eidal tua dwy ganrif ynghynt. Wedi colli nawdd uchelwyr erbyn tua 1600 enillodd loches mewn mân blastai a thafarndai, lle y gwnaed defnydd helaeth arni i gyfeilio i ganu gwerin a dawnsio ac fel offeryn unigol. Honnodd Iolo Morganwg (Edward *Williams) i'r delyn deirhes gael ei gwneud gyntaf yng Nghymru gan Elis Siôn Siamas, telynor i'r Frenhines Anne. Yn ystod y bedwaredd ganrif ar bymtheg, yn sgîl y diwygiadau crefyddol, ceid cryn ragfarn yn erbyn canu'r delyn a'i phriod bleserau ond adfywiodd poblogrwydd yr offeryn tua diwedd oes Fictoria. Bellach fe'i cenir yn breifat ac yn gyhoeddus drwy Gymru gyfan, yn enwedig i gyfeilio i *Gerdd Dant.

Ceir astudiaeth fanwl yn Hanes y Delyn yng Nghymru (1980) gan Osian Ellis a Telyn a Thelynor 1700–1900 (1981) gan Ann Rosser.

Telyn y Dydd, gweler o dan FFOULKES, ANNE (1877–1962).

Telyneg, cân fer, mewn mydr ac odl gan amlaf, sy'n canolbwyntio ar un profiad neu deimlad neu syniad llywodraethol ganolog. Yn wreiddiol, cerdd i'w chanu i gyfeiliant offeryn oedd y delyneg Roegaidd, ac yn union fel y troes lura, 'offeryn', neu lurikos, 'ar gyfer y delyn', yn lyric yn Saesneg, cafwyd 'telyneg' yn y Gymraeg. Efelychwyd beirdd telynegol Gwlad Groeg gan feirdd Lladin fel Catwlws a Homer, a lledaenodd y dull hwn o ganu drwy wledydd Ewrop yn ystod yr Oesoedd Canol, yn bennaf ar ffurf emynau, cerddi yfed a cherddi natur. Yn Saesneg cyrhaeddodd y delyneg 'bur', yn yr ystyr mai cerdd a genid i gyfeiliant offeryn ydoedd, gyfnod ei hanterth yn oes Elisabeth I, ac yn ogystal ag ymddangos mewn casgliadau o ganeuon a cherddi yn ystod y cyfnod, peth digon cyffredin oedd i ddramodwyr Elisabeth eu cynnwys mewn dramâu. Yn ystod y ddwy ganrif ddilynol aeth y gerddoriaeth a'r farddoniaeth ar wahân i'w gilydd yn raddol yn Lloegr, ond ni bu'r delyneg Gymraeg erioed yn gysylltiedig â cherddoriaeth. Ymddengys mai Daniel Silvan *Evans, y geiriadurwr, oedd y cyntaf i ddefnyddio'r gair 'telyneg', yn ei Telynegion ar Destunau Amrywiol (1846), ac efallai mai ef hefyd a fathodd y term.

Nodweddir y delyneg gan gynildeb, llyfnder mydryddol, melyster geiriol, mynegiant cain a dealladwy, angerdd, trefnusrwydd, awgrymusrwydd, synwyrusrwydd yn aml, awyrgylch lleddf, llesmeiriol-hiraethus ar brydiau, a manylder delwedd. O safbwynt adeiladwaith neu saernïaeth y delyneg, ceir pum dosbarth gwahanol yn ôl T. H. *Parry-Williams yn Elfennau Barddoniaeth (1935), sef: 'Ffurf ddwyochrog', sef telyneg, â dau bennill gan amlaf, ond nid o angenrheidrwydd, sy'n cynnwys gwrthgyferbyniad rhwng dau safbwynt neu ddwy agwedd feddwl, er enghraifft, 'Y Ceiliog Ffesant' gan R. Williams *Parry neu 'Ym Mhorthcawl' gan Wil Ifan (William *Evans); 'Ffurf gadwynog, esgynnol', sef telyneg sy'n cynnwys cyfres o benillion, gyda phob pennill yn uned annibynnol, ond y penillion oll yn ymgysylltu â'i gilydd trwy ailadrodd llinell neu ymadrodd un ai ar ddechrau neu ar ddiwedd pob pennill, fel 'Hen ŵr o'r Coed' Wil Ifan, neu 'Clychau Cantre'r Gwaelod', J. J. *Williams; 'Ffurf uchafbwynt', sef telyneg sy'n cyrraedd uchafbwynt amlwg neu nerthol yn y pennill olaf, fel 'Tylluanod' R. Williams Parry; 'Ffurf dro', telyneg sy'n cynnwys tro annisgwyl yn y gynffon, rhyw fath o newid cyfeiriad, agwedd neu gywair yn y pennill neu'r llinell olaf, er mwyn peri syndod i'r darllenydd, fel 'Gwanwyn' T. Rowland *Hughes, neu 'Y Llwynog' I. D. *Hooson; a 'Teip awyrgylch', sef telynegion sy'n amcanu at 'greu llesmair a rhyw fath o feddwdod neu fadronod', yn ôl T. H. Parry-Williams. Y mae 'Y Tlawd Hwn', W. J. *Gruffydd, a thelyneg enwog Waldo *Williams, 'Cofio', yn enghreifftiau amlwg o'r delyneg awyrgylch.

Ar ddiwedd y bedwaredd ganrif ar bymtheg a dechrau'r ugeinfed ganrif y dechreuodd beirdd Cymru arddel ac ymarfer y delyneg gyda difrifoldeb a phendantrwydd amcan, yn bennaf fel adwaith yn erbyn canu clogyrnaidd, traethodol awdlwyr y bedwaredd ganrif ar bymtheg, a niwlogrwydd diwinyddol y *Bardd Newydd. Chwiliwyd am themâu symlach, ysgafnach, fel serch a natur, a mynegiant mwy eglur. Arweinwyr y mudiad telynegol newydd oedd Howell Elvet *Lewis, Eifion Wyn (Eliseus *Williams), W. J. Gruffydd, R. *Roberts (Silyn), Robert *Bryan a John *Morris-Jones yn anad neb, a thelynegion Heinrich Heine (1797–1856), y bardd Almaeneg, oedd prif batrwm y beirdd hyn. Cynhwyswyd cyfieithiadau o gerddi o eiddo Heine i'r Gymraeg gan bron pob un o'r to cyntaf o delynegwyr yng nghyfrolau pwysicaf y mudiad telynegol; er enghraifft, ceir un ar ddeg o gyfieithiadau, dan y pennawd 'Telyn Heine', yn *Telynegion* (1900) W. J. Gruffydd ac R. Silyn Roberts, cyfieithiadau o waith Silyn i gyd, er i W. J. Gruffydd hefyd gynnwys un addasiad o gerdd gan Heine yn *Ynys yr Hud a Chaneuon Eraill* (1923); a cheir nifer sylweddol o gyfieithiadau o waith y bardd yn *Caniadau* (1907) John Morris-Jones, ac fe'i cyfieithwyd i'r Gymraeg hefyd gan Robert Bryan a nifer o fân feirdd y cyfnod. Yn ystod cyfnod tyfiant y delyneg Gymraeg, yr oedd llawer o fri ar gyfieithu i'r Gymraeg o ieithoedd estron, a hynny a barodd i T. Gwynn *Jones ddatgan yn ei ragymadrodd i *Rhwng Doe a Heddiw* (1926), blodeugerdd o delynegion a olygwyd gan W. S. Gwynn Williams, fod 'dylanwad Ewropeaidd ar y Delyneg Gymraeg'. Yr oedd *Telynegion* Gruffydd a Silyn, a *Caniadau* Morris-Jones, ynghyd â *Telynegion Maes a Môr* (1906), Eifion Wyn, hefyd ymhlith y cyfrolau mwyaf dylanwadol yn ystod cyfnod ffurfiant y delyneg Gymraeg. Daeth bri ar y delyneg, ac ar ganu telynegol yn gyffredinol, yn ystod tri degawd cyntaf yr ugeinfed ganrif, yn enwedig ar ôl i John Morris-Jones ddatgan yn *Cerdd Dafod* (1925) fod y 'ddawn farddonol bur yn cyrraedd ei phinacl yn y delyneg', ac mai 'Hon yw'r ddawn uchaf a roed i ddyn, a'r brinnaf'. Cyrhaeddodd y mudiad telynegol ei anterth yng Nghymru gyda thelynegion R. Williams Parry, Cynan (Albert *Evans-Jones), Iorwerth Cyfeiliog *Peate, I. D. Hooson, Wil Ifan ac eraill, ac erbyn i'r Ail Ryfel Byd ddirwyn i ben yr oedd telynega toreithiog y beirdd hefyd wedi dod i ben, er i'r delyneg barhau i fod yn lled boblogaidd wedi hynny, ond nid fel mudiad neu gyfrwng hunanymwybodol.

Am ragor o wybodaeth gweler ysgrif Elfed, 'Y Delyneg Gymreig', yn *Tarian y Gweithiwr* (23 Tachwedd 1911); rhagymadrodd T. Gwynn Jones i *Rhwng Doe a Heddiw* (gol. W. S. Gwynn Williams, 1926); *Elfennau Barddoniaeth* (1935), T. H. Parry-Williams; 'Am Delynegion' a 'Beth yw Telyneg?' yn *Rhyddiaith R. Williams Parry* (gol. Bedwyr Lewis Jones, 1974); a rhagymadrodd *Y Flodeugerdd Delynegion* (1979) a olygwyd gan Gwynn ap Gwilym.

Telynog, gweler EVANS, THOMAS (1840–65).

Telynor Dall, Y, gweler PARRY, JOHN (1710?–82).

Teulu, Y, cylchgrawn wythnosol ac anenwadol wedi ei anelu at deuluoedd Cymraeg eu hiaith. Fe'i cyhoedd-wyd ac fe'i hargraffwyd gan P. M. Evans a'i Fab yn Nhreffynnon a'i bris yn un geiniog y rhifyn. Ymddangosodd gyntaf ar ddydd Sadwrn, 18 Medi 1897. Cynhwysai storïau a nofelau cyfres, ffraethebion a phosau, barddoniaeth a cherddoriaeth yn ogystal â cholofn ar hynafiaethau Cymru a phytiau o'r wasg Gymraeg Americanaidd. Ei olygydd oedd John Lloyd, prif oruchwyliwr swyddfa argraffu P. M. Evans a'i Fab, a bu David *Jenkins (1848–1915) yn golygu'r golofn gerddorol. Er ei fod yn gyhoeddiad ysgafn a gwahanol i'r mwyafrif o gylchgronau ei gyfnod ni phrofodd y fenter o'i gyhoeddi'n llwyddiannus, a daeth ei yrfa i ben gyda'r rhifyn am 9 Hydref 1897.

Tewdrig (5ed–6ed gan.), tywysog a sant. Ceir popeth a wyddys amdano yn *Llyfr Llandaf* lle y dywedir iddo adael *Llandaf i'w fab a mynd yn feudwy i *Dyndyrn. Galwyd ef unwaith eto i arwain pobl *Morgannwg yn erbyn y Sacsoniaid, a bu'n llwyddiannus nes iddo gael ei drywanu'n farwol gan wayw. Claddwyd ef ym Mathern, gynt Merthyr Tewdrig, ger Cas-gwent. Darganfu Francis Godwin, Esgob Llandaf o 1601 hyd 1617, arch garreg yn yr eglwys ym Mathern, yn cynnwys ysgerbwd y sant, gyda'r benglog wedi ei hollti.

'Teyrnasoedd y Ddaear' (1852), anthem ar gyfer unawd bas, pedwarawd, triawd a chôr cymysg, a luniwyd gan John Ambrose Lloyd (1815–74) ar gyfer yr Eisteddfod a gynhaliwyd ym Methesda, Caern., yn 1852, a'i seilio ganddo ar Salm 68:32–35, 'Teyrnasoedd y ddaear, cenwch i Dduw; canmolwch yr Arglwydd . . .' Cyfeirir at y gwaith weithiau fel 'Hallelujah Chorus' y Cymry ac fe'i perfformid yn fynych mewn eisteddfodau yn y bedwaredd ganrif ar bymtheg. Credai Joseph *Parry mai hi oedd yr anthem orau a ysgrifennwyd ar eiriau Cymraeg erioed.

Teyrnon Twrf Liant, arglwydd ar Went Is Coed yn ôl Cainc Gyntaf *Pedair Cainc y Mabinogi, lle yr adroddir amdano'n dod o hyd i fab *Pwyll a *Rhiannon wrth amddiffyn ebol rhag anghenfil. Gan nad oedd yn gwybod pwy oedd rhieni'r plentyn a heb wybod iddo gael ei gymryd o wely ei fam, penderfynodd Teyrnon a'i wraig eu feithrin fel pe bai'n fab iddynt hwy a rhoi'r enw Gwri arno. Pan gyrhaedda'r mab ei bedwaredd flwyddyn sylwa Teyrnon ar ei debyced o ran pryd a gwedd i Bwyll ac fe'i hadferir i'w rieni sy'n ei ailenwi'n Bryderi. Cynigia Pwyll liaws o anrhegion i Deyrnon i gydnabod ei gymwynas yn meithrin ei fab, ond ni fyn dderbyn dim. Coffeir Teyrnon yn yr enw Llantarnam, Myn., gynt Nant Teyrnon, ac awgrymwyd bod y disgrifiad Twrf Liant i'w gysylltu â sŵn llif y llanw yn afonydd Gwy a Hafren ar adegau neilltuol o'r flwyddyn. Dichon hefyd fod yr enw yn tarddu o ffurf Frythoneg *Tigernonos*, a olygai 'Y Teyrn Mawr', cymar mytholegol i *Rigantona*, sef Rhiannon, 'Y Frenhines Fawr'.

THOMAS (*fl.* 1160), bardd a ysgrifennai yn Ffrangeg llys Anjou ond gydag olion *Eingl-Normaneg, y dafod-iaith Ffrangeg-Normanaidd a siaredid yng Nghymru a Lloegr yn ystod y ddeuddegfed ganrif. Erys darnau o'i gerdd ramant *Roman de Tristan* (*c.*1160) a ysgrifennwyd, mae'n debyg, ar gyfer Eleanor o Aquitaine, gwraig Harri II. Er bod y gerdd yn canmol Llundain ac yn anelu at ddifyrru llys Harri, awgryma'r enw Almaeneg ar yr awdur, Thomas von Britanje, ei fod, efallai, o gefndir Llydewig neu Gymreig.

Iddo ef Breri (*Bledri ap Cydifor, yn ddiau) oedd ffynhonnell awdurdodol stori *Trystan ac Esyllt. Cerdd Thomas yw'r ffurf ysgrifenedig hynaf a oroesodd ar y chwedl, er i gerdd fwy synhwyrus Béroul yn nhafodiaith Normandi gael ei llunio tua'r un pryd. Ymdrinia Thomas â'i ddeunydd yn ddidactig, gan wneud Trystan yn garwr gorawenus ac Esyllt yn rhiain lai caled a chreulon. Y mae Thomas wedi coethi'r hen chwedl gan ei gwneud yn foliant i gariad. Dengys rhai enwau priod fel Brangwain a Cariado ddylanwad y cefndir Cymreig. Yr oedd cerdd Thomas yn sylfaen i gerdd enwog Gottfried von Strassburg ac i lawer cynnig arall ar y stori yn Saesneg a Norseg.

Tybia rhai mai'r un awdur yw Thomas ac awdur y rhamant *Horn* sy'n tynnu deunydd o Lychlyn a hefyd yn dangos diddordeb mewn gwledydd Celtaidd fel Llydaw, Dyfnaint ac Iwerddon, ond y mae hyn yn annhebygol. Awgrymwyd hefyd mai'r un yw awdur *Trystan* ag awdur *Le Roman de Toute Chevalerie* (am fywyd Alecsander Fawr), sef Thomas Cent (Thomas of Kent). Nid swydd Gaint yw Kent o angenrheidrwydd; gall olygu mwy nag un lle, yn cynnwys *Gwent.

Ceir manylion pellach yn Joseph Bédier (gol.), *Le Roman de Tristan* (1902–05), Jessie Crosland, *Medieval French Literature* (1956) a Sigmund Eisner, *The Tristan Legend* (1969). Cyfieithwyd y gerdd gan A. T. Hatto yn atodiad i'w *Tristan* (Gottfried von Strassburg) yn y gyfres *Penguin Classics* (1960).

Thomas ab Ifan, gweler EVANS, THOMAS (*fl.*1596–1633).

Thomas Bartley, cymeriad yn nofelau Daniel *Owen, *Rhys Lewis* (1885) ac *Enoc Huws* (1891). Gŵr syml, diniwed ond craff a ffraeth hefyd yw Bartley, un o ffefrynnau ei grëwr. Fe'i cyflwynir inni yn gyntaf fel tad Seth 'y bachgen gwirion', un o gyfoedion Rhys Lewis sy'n marw'n ifanc. Defnyddir ei olwg wreiddiol ar y byd ynghyd â'i ddull ffraeth o siarad yn gyfrwng i greu difyrrwch ond hefyd i ddychanu rhai agweddau ar fywyd y cyfnod. Yn *Rhys Lewis* y mae Bartley a'i wraig anwahanadwy, Barbara, yn gefn i deulu Rhys yn eu cyfyngder, ac mae hanes ei ymweliad â'r Bala pan yw Rhys yn fyfyriwr yn y coleg yno yn un o benodau doniolaf yr awdur. Yn *Enoc Huws* gwneir defnydd mwy pwrpasol eto o'r cymeriad. Defnyddir ei synnwyr cyffredin a'i graffter gwerinol yn wrthbwynt i ragrith a

hunan-dwyll pobl honedig glyfar fel Sem Llwyd a Capten Trefor. Y mae araith Bartley ar fuddioldeb cadw mochyn yn berl o ysgrifennu tafodieithol, ac y mae'r modd y mae ei graffter ffraeth yn dinoethi ffolineb hunandybus Sem Llwyd yn y bennod 'Doethineb Sem Llwyd' yn un o gampweithiau comig yr awdur, ac yn enghraifft wych o'i allu i gyflwyno'i weledigaeth ar y byd trwy gyfosod cymeriadau cyferbyniol.

THOMAS O FYNWY neu **THOMAS MONU-MENTENSIS** (*fl.*1146–72), mynach ac awdur Lladin. Tebyg iddo dreulio amser ym mynachlog Urdd Bened yn Nhrefynwy cyn symud i Loegr, o dan nawdd *Sieffre o Fynwy, o bosibl, a chael ei dderbyn i dŷ'r urdd yn Norwich rhwng 1146 ac 1150. Er ei fod yn ŵr o ddysg, daeth i amlygrwydd am ei ran yn hyrwyddo cwlt y 'merthyr' a 'sant', Wiliam o Norwich, plentyn yr hon-nwyd iddo gael ei groeshoelio adeg y Pasg yn 1144 gan Iddewon. Yr oedd yr honiad yn ddi-sail a thrwy hyn y cychwynnwyd cyhuddiad parhaol o lofruddio defodol yn erbyn yr Iddewon yn Lloegr yn yr Oesoedd Canol. Er nad Thomas a ddyfeisiodd y stori, fe'i derbyniodd a chroesawu storïau am 'wyrthiau' mewn cysylltiad â'r cwlt. Yr unig ffynhonnell am y digwyddiadau hyn yw ei lyfr *De Vita et Passione Sancti Willelmi Martyris Norwicensis* a elwir yn Saesneg, *The Life and Miracles of Saint William of Norwich*.

THOMAS PENLLYN (m. 1623), bardd; ystyrid ef yn fardd teulu Rhiwedog, plwyf Llanfor ym Mhenllyn, Meir., ond ni chadwyd dim o'i ganu i deulu Rhiwedog er y ceir canu i deuluoedd pwysig eraill, megis Lleweni, *Nannau a'r Rhiw-goch. Eto, i'w gyd-feirdd 'Bardd yr urddasol dŷ yn Rhiwedog' ydoedd yn bennaf ac amddiffynnodd ei hawl i nawdd y Llwydiaid mewn ymrysonau â Rhisiart Phylip (gweler PHYLIPIAID AR-DUDWY) a *Gruffudd Hafren, ond ni chadwyd y cerddi hynny. Dim ond dwy ar hugain o gerddi a briodolir iddo yn y Mynegai Cyfrifiadurol o Farddoniaeth Gym-raeg (1996), cywyddau gan mwyaf, yn dyddio o gywydd mawl i Hwmffre Hughes yn 1593, hyd at tua 1623. Ym marwnad Hafren awgrymir iddo farw yn un o dai Siôn Llwyd, Rhiwedog, ac enwir 'y Garn' fel y man y bu farw.

THOMAS WALLENSIS neu **THOMAS WALEYS** (*c.*1287–*c.*1350), brawd o Urdd Dominic, diwinydd ac awdur Lladin. Yr oedd ei wreiddiau yng Nghymru a chafodd addysg ym Mhrifysgolion Rhydychen a Pharis; bu'n darlithio yn Rhydychen a Bologna. Cofir ef yn bennaf am iddo herio awdurdod y Pab Ioan XXII yn Avignon yn 1333, trwy haeru gerbron y Cardinaliaid fod y saint yn derbyn y Weledigaeth Wynfydedig (y Weledigaeth o Dduw sydd yn nod iachawdwriaeth) heb orfod aros am Atgyfodiad y Meirw a Dydd Barn. Ceisiasai'r Pab atal lledaeniad yr heresi hon, gan gredu'n hytrach mai dynoliaeth Crist yn unig a welir gan y saint yn y nef cyn yr Atgyfodiad. Carcharwyd Thomas gan y Chwilys ac wedyn cafodd ei drosglwyddo i fod yn garcharor y Pab. Fodd bynnag, amddiffynnwyd ei ddaliadau ym Mhrifysgol Paris a dechreuodd y Pab simsanu. Penderfynodd y Pab nesaf, y diwygiwr Benedict XII, fod eneidiau'r rhai cyfiawn yn cael y Weledigaeth yn union wedi ymadael â'r fuchedd hon. Rhyddhawyd Thomas o'r carchar yn y diwedd, yn hen ŵr toredig, claf o'r parlys ac mewn cyni dybryd. Bu iddo ran bwysfawr yn y gwaith o newid yr athrawiaeth ddiwethafol yn bur sylweddol. Ymhlith ei weithiau rhestrir esboniad ar *De Civitate Dei* gan Awstin, casgliad o dractau gan ddoethuriaid yr Eglwys o'r enw *Campus Florum* a thraethawd poblogaidd ar bregethu a ysgrifennodd wedi ei ryddhau dan y teitl *De Arte Praedicandi* neu *De Modo Componendi Sermones.*

Ceir manylion pellach yn G. Hartwell Jones, *Celtic Britain and the Pilgrim Movement* (1912), G. R. Owst, *Medieval Preaching in England* (1926) a B. Smalley yn *Archivum Fratrum Praedicatorum* (cyf. XXIV, 1954).

THOMAS, ANNA WALTER (Morfudd Eryri; 1839–1920), Fison gynt, bardd a anwyd yn Barningham, Suffolk, yr ugeinfed plentyn, a'r olaf, mewn teulu diwylliedig a chefnog. Cafodd addysg dda, mewn ysgolion i ferched bonedd yn Llundain a Cheltenham, a bu'n trafaelio ar y Cyfandir wedi hynny, cyn dychwelyd i fyw am yn ail gyda dwy o'i chwiorydd, y ddwy yn briod ag academyddion yng Nghaer-grawnt a Rhydychen. Bachodd ar y cyfle i ychwanegu at ei haddysg, a daeth yn ieithydd o fri, yn hyddysg mewn pedair iaith ar ddeg, gan gynnwys Lladin a Groeg. Un o'r ieithoedd hynny oedd y Gymraeg; yn ystod ymweliad â pherthnasau un o'i brodyr yng nghyfraith ym Modelwyddan, cyfareddwyd hi gan yr iaith a'r diwylliant. Yn 1871 priododd â'r Parchedig David Walter Thomas, ficer eglwys y Santes Ann, Bethesda; pan groesawyd hi i'w chartref newydd meddai, 'Yr oeddwn yn caru Cymru a'r Gymraeg eisoes, ond yn awr yr wyf yn caru Cymro hefyd!'

Bu'n trigo yng ngogledd Cymru, ym Methesda, Bangor a Chaergybi, am weddill ei dyddiau, a chododd bump o blant yn Gymry da. Cymerai ddiddordeb arbennig yng ngweithgareddau'r *Eisteddfod, ac etholwyd hi, dan yr enw Morfudd Eryri, yn un o wylwyr y Maen Llog; cynigiwyd ei hurddo'n fardd, ond gwrthododd hithau'r anrhydedd oherwydd teimlai nad oedd eto wedi meistroli'n llwyr y *Pedwar Mesur ar Hugain. Serch hynny, darlithiai'n ddylanwadol ar ddiwygio'r Eisteddfod, ac yn 1883 enillodd y *Goron yn Eisteddfod Genedlaethol Caerdydd, am bryddest yn yr iaith Saesneg ar Gadeirlan Llandaf. Bu bron iawn iddi gyflawni gorchestwaith arloesol arall dros ei rhyw yn 1884, pan ddaeth yn ail yn y gystadleuaeth am Gadair yr Ieithoedd Modern yng Ngholeg Prifysgol Gogledd Cymru,

Bangor. Bu'n llenydda trwy gydol ei hoes, gan farddoni, beirniadu a darlithio ar destunau llenyddol. Fel bardd, ystrydebol yw ei gwaith; y mae mwy o raen, efallai, i'r ysgrif feirniadol ar waith Dante a gyhoeddwyd fel atodiad i'w chofiant nag i'r un o'i gweithiau barddonol.

Am wybodaeth bellach gweler W. Glynn Williams, *Memoir of Mrs Anna Walter Thomas* (1923).

Thomas, Daniel (Daniel y Pant; 1851–1930), cymeriad a oedd yn nodedig am ei *storïau celwydd golau. Bu'n byw ar fferm o'r enw Y Pant, Y Dinas, Penf., ac yn ystod rhan olaf ei oes ar Y Parrog, Trefdraeth, yn yr un sir. Ceir portread ohono ac enghraifft o un o'i storïau enwocaf, sef canlyniadau rhyfeddol rhoi gormod o 'dablen sur' (cwrw cartref) i Siwsan ei hwch, yn y gyfrol *Wês Wês* (gol. John Phillips a Gwyn Griffiths, 1976).

Gweler Dillwyn Miles, 'Storïau Daniel y Pant', yn *Llafar Gwlad* (rhif. 50, Tach. 1995).

THOMAS, DAVID (Dafydd Ddu Eryri; 1759–1822), bardd ac athro beirdd, ac ysgolfeistr wrth ei alwedigaeth. Fe'i ganed yn Waunfawr, Caern., yn fab i wehydd. Cafodd ychydig fisoedd o addysg gyda chlerigwyr cyfagos, a dysgodd am *Gerdd Dafod gan gyfeillion llengar. Nid oedd llawer o werth i'w farddoniaeth er iddo ennill gwobrau yn eisteddfodau'r *Gwyneddigion yn 1790 ac 1791. Yn ddiweddarach digiodd wrth y Gymdeithas oherwydd *Radicaliaeth yr aelodau a syniadau rhyfedd William *Owen Pughe am yr iaith.

Yn 1783 dechreuodd Dafydd Ddu sefydlu cymdeithasau llenyddol mewn gwahanol fannau yn Arfon ac yn y rheini byddai'n meithrin disgyblion mewn Cerdd Dafod, a gelwid hwy'n 'gywion Dafydd Ddu'. Dyma'r prif rai: William Williams (Gwilym Peris; 1769–1847), Griffith *Williams (Gutyn Peris), Richard Jones (Gwyndaf Eryri; 1785–1848), Owen *Williams (Owain Gwyrfai) a John Roberts (Siôn Lleyn; 1749–1817). Trwy gyfrwng y dosbarthiadau hyn bu Dafydd Ddu yn ddylanwad ar ysgrifennu barddoniaeth ar y mesurau caeth a bu'n gefn i eraill wrthsefyll damcaniaethau rhyfedd Iolo Morganwg (Edward *Williams) ac Owen Pughe. Cyhoeddodd Dafydd Ddu ei farddoniaeth ef ei hun a rhai beirdd eraill yn y llyfr *Corph y Gaingc* (1810).

Cyhoeddwyd darlith ar Ddafydd Ddu Eryri gan Cynan (Albert Evans-Jones) yn *Nhrafodion Anrhydeddus Gymdeithas y Cymmrodorion* (1970) ac un arall gan Thomas Parry yn *Nhrafodion Cymdeithas Hanes Sir Gaernarfon* (1980).

Thomas, David (1794–1882), 'tad diwydiant haearn glo caled America', a aned yn Nhŷ-llwyd, fferm ym mhlwyf Llangatwg ger Castell-nedd, Morg. Yn 1812 cafodd waith gyda Gweithfeydd Haearn Abaty Nedd a phum mlynedd yn ddiweddarach yr oedd yn arolygu'r ffwrneisi-tawdd yng ngwaith haearn Ynyscedwyn yng

Nghwm Tawe. Yn ystod y ddwy flynedd ar hugain canlynol arbrofodd â thoddi gyda glo caled, proses a ystyriwyd yn aneffeithiol gynt am na ellid gwneud golosg ag ef. Wedi i Thomas ymweld â James Neilson, sef dyfeisydd y 'tawdd twym', yn Glasgow yn 1837, cwblhaodd ei broses ei hun gan ddefnyddio glo caled. Yr oedd y canlyniadau i'w canfod ar unwaith a diwydiannwyd ardal glo caled gorllewin Cymru yn gyflym. Yn 1839 darbwyllwyd Thomas gan Gwmni Glo a Morgludo Lehigh o Pennsylvania i arolygu eu gweithiau toddi glo caled hwythau. O ganlyniad bu ymfudiad sydyn ac enfawr i'r dalaith honno, yn bennaf o orllewin Cymru, ac felly yr oedd i'r ddwy dref, Scranton a Wilkes Barre, gymeriad Cymreig. O achos datblygiad diwydiannau glo a haearn Pennsylvania llwyddodd cynnyrch diwydiannau yr Amerig i oddiweddyd cynnyrch cyffelyb Prydain erbyn i David Thomas farw. Ceir manylion pellach yn William D. Jones, *Wales in America: Scranton and the Welsh 1860–1920* (1993).

THOMAS, DAVID (Dewi Hefin; 1828–1909), bardd a aned yn Llanwenog, Cer; bu'n cadw ysgol mewn gwahanol leoedd yn y sir hyd 1883. Ysgrifennodd lawer i'r cyfnodolion *Seren Gomer* ac *Yr Ymofynydd* a chyhoeddodd bedair cyfrol o'i farddoniaeth, sef *Y Blodau* (1854), *Blodau Hefin* (1859), *Blodau'r Awen* (1866) a *Blodau Hefin* (1883).

THOMAS, DAVID (1880–1967), sosialydd a hanesydd. Fe'i ganed ym mhlwyf Llanfechain, Tfn., a bu'n ysgolfeistr yn Rhostryfan, Tal-y-sarn a Bangor, Caern., am y rhan fwyaf o'i oes. Ei brif gyhoeddiadau oedd *Y Werin a'i Theyrnas* (1910), *Y Cynganeddion Cymreig* (1923), *Y Ddinasyddiaeth Fawr* (1938), *Hen Longau a Llongwyr Cymru* (1949), *Cau'r Tiroedd Comin* (1952), *Hen Longau sir Gaernarfon* (1952), *Silyn* (1956), ac *Ann Griffiths a'i Theulu* (1963). Ymaelododd yn ifanc gyda'r Blaid Lafur Annibynnol ac ymdrechodd i sefydlu trefn fwy ymreolaethol i'r mudiad Llafur yng Nghymru. Rhoes gychwyn ar y cylchgrawn *Lleufer* yn 1944 a fwriadwyd ar gyfer y rheini a fynychai ddosbarthiadau Cymdeithas Addysg y Gweithwyr, a pharhaodd i'w olygu hyd 1965.

Thomas, David Alfred (1856–1918), diwydiannwr a gwleidydd. Fe'i ganed yn Aberdâr, Morg., a'i addysgu yng Ngholeg Gonville a Caius, Caer-grawnt; pan oedd yn dair ar hugain oed ymunodd â chwmni glofa ei deulu yng Nghwm Clydach. Dechreuodd ei yrfa wleidyddol fel Aelod Rhyddfrydol dros Ferthyr Tudful ond ar ôl 1906 canolbwyntiodd ar y *Cambrian Combine*, gan wneud ei ffortiwn, a chan greu ar yr un pryd elynion ymhlith arweinwyr *Ffederasiwn Glowyr De Cymru*. Yn ogystal â chael dylanwad eithriadol o fawr ar ddatblygiad y diwydiant glo, gwnaeth gyfraniad pwysig i fywyd Prydain (fel yr Is-iarll Rhondda cyntaf) pan fu'n

dal swydd Goruchwyliwr Bwyd yn ystod blynyddoedd olaf y Rhyfel Byd Cyntaf.

Thomas, David Vaughan (1873–1934), cerddor a aned yn Ystalyfera, Morg. Ysbrydolwyd llawer o'i gyfansoddiadau gan lenyddiaeth draddodiadol Cymru, megis chwedl *Llyn y Fan a Thir na n-Óg* (gweler o dan YNYS AFALLON). Trefnodd hefyd osodiadau o gywyddau ar gyfer lleisiau, gwaith beirdd fel Dafydd Ionawr (David *Richards), Emrys (William *Ambrose), Cynddelw (Robert *Ellis) ac eraill a gyhoeddwyd dan y teitl *Saith o Ganeuon* (1923), gyda chyfieithiadau Saesneg gan y cyfansoddwr ei hun. Ef oedd tad Wynford *Vaughan-Thomas. Ceir rhagor o wybodaeth gan Emrys Cleaver yn y cofiant, *D. Vaughan Thomas* (1964) ac yn yr erthygl gan Lyn Davies yn *Hanes Cerddoriaeth Cymru* (cyf. II, 1997).

THOMAS, DYLAN (1914–53), bardd a llenor. Fe'i ganed yn Abertawe, Morg., i rieni â'u gwreiddiau yn ardaloedd Cymraeg eu hiaith yn sir Gaerfyrddin a sir Aberteifi, lleoedd y dychwelodd y bardd iddynt yn ei fywyd a'i gelfyddyd, wedi'r blynyddoedd cynnar a'i ffurfiodd yn Abertawe. Yr oedd ei dad, nai i Gwilym Marles (William *Thomas; 1834–79), yn Uwch-athro Saesneg yn Ysgol Ramadeg Abertawe, lle y bu Dylan Thomas yn ddisgybl rhwng 1925 ac 1931. Ni chafodd un cyfnod arall o addysg ffurfiol, a threuliodd bymtheng mis ar ôl gadael yr ysgol yn is-ohebydd ar y *South Wales Evening Post*, yr unig gyfnod iddo fod mewn gwaith amser llawn.

Mynegodd ei angerdd dros farddoniaeth Saesneg, a symbylwyd yn gynnar gan ddiddordeb dwfn ei dad yn y pwnc, mewn pedwar llyfr nodiadau o gerddi llencyndod. Aeddfedodd y gweithiau hyn yn gerddi gwreiddiol eu naws rhwng 1930 ac 1934. Y llyfrau nodiadau hyn oedd tarddle pwysicaf ei gynnyrch hyd at ddiwedd y 1930au, gan fwydo ei dair cyfrol gyhoeddedig gyntaf, *18 Poems* (1934), *Twenty-five Poems* (1930), a *The *Map of Love* (1939). Y mae'r cloddio parhaus hwn yn ei ddeunydd cynnar yn esbonio'r themâu rhywiol dwys a'r awyrgylch o lencyndod a gysylltir cymaint ag awr â'i waith. Ar y llaw arall y mae gwreiddioldeb y cerddi cynnar hyn yn tarddu o gyfuno prosesau'r corff dynol â phrosesau byd natur. Yr oedd tynnu cyhyd ar ddeunydd y llyfrau nodiadau cynnar yn rheidrwydd arno hefyd oherwydd arafwch llunio cerddi mor gymhleth eu ffurf. Arweiniodd cyhoeddi ambell gerdd drawiadol mewn cylchgronau yn 1933 ac 1934 at ei gyfrol gyntaf, a symudodd i Lundain ym mis Tachwedd 1934. Gwahoddwyd ef wedyn i adolygu llyfrau mewn cylchgronau pwysig fel *New Verse* a'r *Adelphi*. Parhaodd y patrwm o dreulio bywyd llenyddol-cymdeithasol yn Llundain, rhwng cyfnodau mwy creadigol yng Nghymru, am weddill ei yrfa. Adlewyrchir bywiogrwydd personoliaeth y bardd ifanc a'i ddiddordebau llenyddol fel y gwelid hwynt yng nghymdeithas Abertawe a Llundain yn y 1930au yn rhan gyntaf ei *Collected Letters* (1985) ac yn *Letters to Vernon Watkins* (1957).

Yn 1937 priododd Dylan Thomas â Caitlin Macnamara, ac ym mis Mai y flwyddyn ganlynol symudodd i fyw i Dalacharn, Caerf., y pentref bellach a gysylltir â'i enw, ac a gafodd ddylanwad dwfn ar ei gerddi olaf. Hyd yn oed yn 1938–39 ychwanegodd ei atgofion am wyliau yng ngwlad sir Gaerfyrddin at ei brofiad yn swbwrbia trefol Abertawe yn y storïau byrion hunangofiannol *Portrait of the Artist as a Young Dog* (1940). Y mae eu realaeth ddoniol yn adlewyrchu newid pendant, o ddychymyg swrealaidd ei storïau byrion cynnar a gasglwyd wedi ei farw yn *A Prospect of the Sea* (1955) ac yn *Dylan Thomas: Early Prose Writings* (gol. Walford Davies, 1971). Tua 1938 yr oedd rhai o'r cerddi newydd hwythau'n mynegi'r awydd i dorri allan o'i fyd preifat a'i ormes geiriol.

Amharwyd ar y gwaith o lunio cerddi yn ystod cyfnod yr Ail Ryfel Byd pan ddechreuodd Dylan Thomas lunio sgriptiau radio a chymryd rhan mewn sgyrsiau a darlleniadau radio i'r BBC. Parhaodd yn ddarlledwr poblogaidd, cynhyrchiol ac effeithiol broffesiynol hyd at ddiwedd ei oes. Gwelir peth o'i waith gorau yn y cyfrwng hwn yn y gyfrol *Quite Early One Morning* (1954). Fel darllenwr grymus o'i waith ei hun a gwaith beirdd eraill daeth yn ddylanwad pwysig ar y cynnydd yn yr arfer o ddarllen barddoniaeth yn fyw ac ar recordiau. O 1942 hyd ddiwedd y rhyfel cyflogwyd ef hefyd fel lluniwr sgriptiau i *Strand Films* yn Llundain: *The Doctor and the Devils* (1953) yw'r enghraifft orau, yn ddiau, o amryw o sgriptiau a gyhoeddwyd yn ddiweddarach ar ffurf llyfrau.

Tua diwedd y rhyfel daeth Cymru unwaith eto yn gartref iddo, sef Llan-gain, Caerf., a Cheinewydd, Cer. Yn 1944–45 dechreuodd cyfnod creadigol newydd yn ei hanes, y mwyaf cynhyrchiol er cyfnod ei lyfrau nodiadau cynnar. Y canlyniad oedd cyhoeddi ei bedwaredd gyfrol o gerddi, *Deaths and Entrances* (1946). Fodd bynnag, yr oedd ei waith ym myd ffilmiau a radio unwaith eto yn ei orfodi i fod yn agos i Lundain, a rhwng 1946 ac 1949 bu'r bardd yn byw yn Rhydychen a'r cyffiniau. Ym mis Mai 1949 symudodd i fyw i'r Boat House yn Nhalacharn, adeilad sydd heddiw yn amgueddfa yn ei enw. Erbyn hyn, ac yntau'n dad i dri o blant, penderfynodd wneud Talacharn yn gartref parhaol. Daeth i fri yn yr Amerig ac ymddangosai fod ei ymweliadau i ddarlithio yn y wlad honno yn ddull newydd a buddiol o ennill bywoliaeth. Dilynwyd un gylchdaith ddarlithio yn America (Chwef.–Meh. 1950) gan dair arall yn ystod 1952 ac 1953. Rhoddodd ei sylw pennaf o 1950 ymlaen i'r 'ddrama i leisiau' *Under Milk Wood* (1954), a seiliwyd ar ei brofiadau yng Ngheinewydd yn ogystal â Thalacharn. Ond lluniwyd cerddi newydd hefyd yn ystod y cyfnod creadigol hwn, cerddi yn dathlu barddoniaeth-lle, yn moli bywyd a

marwolaeth yn nhirluniau a môr-luniau Talacharn. Er iddo fethu â chwblhau ei gynllun i greu dilyniant cyfan o'r cerddi hyn mewn gwaith y bwriadai ei alw '*In Country Heaven*', fe'u cynhwysodd yn ei gyfrol olaf o gerddi, a gyhoeddwyd yn ystod ei ail gylchdaith yn Amerig, ac yn yr Amerig yn unig, dan y teitl *In Country Sleep* (1952). Ychwanegwyd y gyfrol hon at ei bedair cyfrol gynharach i greu *Collected Poems 1934–1952* (1952), ac am y gyfrol hon y dyfarnwyd iddo Wobr Barddoniaeth Foyle. Ond daeth problemau eraill yn sgîl ei ddiota trwm a'i ddiffyg cyfrifoldeb mewn materion ariannol. Bu farw yn Efrog Newydd ar 9 Tachwedd 1953. Dychwelwyd ei gorff i'w gladdu ym mynwent Talacharn, ac yn 1982 gosodwyd coeb iddo yng Nghornel y Beirdd yn Abaty Westminster.

Y mae lle Dylan Thomas fel un o'r pwysicaf a'r mwyaf gwreiddiol o feirdd yr ugeinfed ganrif yn Saesneg yn gwbl sicr. Dengys crefftwaith manwl ei waith ei hyfrydwch mewn adeiladwaith cadarn a'i gred ddiysgog yng ngrym emosiynol adnoddau cerddorol iaith. Bu adwaith yn erbyn y grym emosiynol hwn a enynnwyd i raddau gan gyhoeddusrwydd galarnadol aflednais ei farw annhymig, a chan dwf yr hanesion am ei fuchedd anghonfensiynol. Ond mynegwyd rhai amheuon beirniadol am ei waith hyd yn oed cyn hynny. Teimlai'r genhedlaeth o feirdd a'i goroesodd neu a'i dilynodd fod rheidrwydd arnynt i ddianc rhag y math o glyfrwch geiriol a tueddwyd i'w gysylltu â'i enw, pa un a darddai o'i ddylanwad uniongyrchol ef ai peidio. Adweithiodd y beirdd Saesneg a ddaeth yn amlygrwydd yn ystod y 1950au a'r 1960au trwy droi at ddulliau sobrach eu mynegiant, cynildeb, eironi ac awgrym, a themâu llai barddonllyd. Ond yr oedd Thomas ei hun eisoes yn cynrychioli un ochr ar rwyg tebyg rhwng y deall ac emosiwn. Yng ngwaith ei ddau ragflaenydd mawr, sef W. B. Yeats a T. S. Eliot, yr oedd yr agweddau hyn wedi eu cyfuno'n llawnach. Yn y 1930au yr oedd delfryd Yeats ynglŷn â 'gwaed, y dychymyg, a'r deall oll yn cydlifo' wedi ymrannu ar y naill law i bwyslais W. H. Auden ar syniadau a chredoau, ac ar y llaw arall i bwyslais Thomas ar themâu mwy elfennol a greddfol. Yn wir, rhan o arwyddocâd Thomas yw'r ffordd y safai'n ddigyfaddawd yn erbyn y broses o droi byd barddoniaeth yn faes i'r meddwl yn unig, ac yn erbyn unrhyw erydu ar hyfrydwch ei hansawdd a'i cherddoriaeth. Yn nhermau barddoniaeth *Eingl-Gymreig* gwelir grym neilltuol ei waith sy'n deillio o'r tensiynau anochel o fyw yn greadigol ar ffin aneglur dau ddiwylliant. Er na fedrai'r Gymraeg, y mae greddf ieithyddol wahanol Cymru, yn ogystal â'i chymdeithas a'i daearyddiaeth, yn llifo'n ddwfn yn ei farddoniaeth, er iddo ymelwa'n llai hunanymwybodol ar Gymreictod ei ddeunydd yn ei farddoniaeth nag a wnâi yn ei ryddiaith. Ond o safbwynt ei gerddi a'i ryddiaith fel ei gilydd, y mae'r diddordeb cynyddol yn y ffactorau rhanbarthol sy'n rhoi ffurf a llun ar lenyddiaeth Saesneg yn parhau i gyfoethogi eu hapêl.

Y mae'r llyfryddiaeth o weithiau sy'n ymwneud â Dylan Thomas bellach yn anferth. Ceir rhestr gyflawn yn Ralph Maud, *Dylan Thomas in Print* (1972). Cyhoeddwyd cofiannau iddo gan J. M. Brinnin (1955), John Ackerman (1964, 1979), Constantine FitzGibbon (1965) a Paul Ferris (1977); cyhoeddodd FitzGibbon ddetholiad o lythyrau Thomas (1966) a Ferris y *Collected Letters* (1985). Ymhlith yr astudiaethau beirniadol a gyhoeddwyd, y rhai mwyaf treiddgar yw E. W. Tedlock (gol.), *Dylan Thomas: The Legend and the Poet* (1960); T. H. Jones, *Dylan Thomas* (1963); Ralph Maud, *Entrances to Dylan Thomas' Poetry* (1963) ac Aneirin Talfan Davies, *Dylan: Druid of the Broken Body* (1964). Ceir cyfrol ar Dylan Thomas gan Walford Davies yn y gyfres *Writers of Wales* (1990). Cyhoeddwyd golygiadau safonol o wahanol agweddau ar waith y bardd fel a ganlyn: *Collected Poems* (gol. Walford Davies a Ralph Maud, 1988); *The Collected Stories* (gol. Walford Davies, 1983); *The Broadcasts* (gol. Ralph Maud, 1991); *The Film Scripts*, (gol. John Ackerman, 1995); *Under Milk Wood* (gol. Walford Davies a Ralph Maud, 1995). Ceir rhestr lawn o gyhoeddiadau Dylan Thomas yn John Harris, *A Bibliographical Guide to Twenty-four Modern Anglo-Welsh Writers* (1994).

THOMAS, EBENEZER (Eben Fardd; 1802–63),

bardd a beirniad, a aned ym mhlwyf Llanarmon, Caern., yn fab i wehydd. Oherwydd tlodi'r teulu a marwolaeth ei fam yn 1821 ni chafodd ond ychydig o addysg, ac ymdaflodd i fywyd ofer a meddw a chollodd ei ffydd, yn ôl ei dystiolaeth ei hun. Yn y diwedd, fodd bynnag, ymsefydlodd yn gyntaf yn athro ysgol ac wedyn yn groser yng Nghlynnog Fawr, Caern., ac yno y bu weddill ei fywyd. Yn 1839 dychwelodd at y Methodistiaid Calfinaidd a daeth ei ysgol yn ysgol baratoawl ar gyfer hyfforddi ymgeiswyr am y weinidogaeth. Cyfnod trallodus oedd ei flynyddoedd olaf; bu farw ei wraig, ei fab a dwy o'i dair merch o'i flaen.

Dysgodd Cybi o Eifion (fel yr adwaenid ef yn ei ieuenctid) *Gerdd Dafod gan feirdd *Eifionydd, ei ardal enedigol. Daeth Siôn Wyn o Eifion (John *Thomas) yn gyfaill mynwesol iddo, a Dewi Wyn o Eifion (David *Owen) oedd ei athro barddol pwysicaf. Daeth y bardd ifanc i'r amlwg gyntaf pan enillodd *Gadair Eisteddfod Daleithiol Powys yn 1824 am ei awdl *'Dinystr Jerusalem', cerdd arwrol am llinach *'Cywydd y Farn Fawr' gan Goronwy *Owen. Cafodd ddwy Gadair arall, yn Lerpwl yn 1840 am 'Cystudd, Amynedd ac Adferiad Job' ac yn Llangollen yn 1858 am 'Brwydr Maes *Bosworth'. Yn Eisteddfod Lerpwl y defnyddiodd gyntaf ei enw barddol, Eben Fardd. Ei siom chwerwaf oedd colli Cadair Eisteddfod Rhuddlan yn 1850 â'i arwrgerdd, 'Yr Atgyfodiad'. Collodd eto yng Nghaernarfon yn 1862 â 'Y Flwyddyn'.

Nid tranc y mudiad clasurol yn unig a welir yng ngwaith gorau Eben Fardd, fel y dywedir weithiau. Agorodd ei bryddest aflwyddiannus y drws ar Oes Aur yr *arwrgerdd Gymraeg; dyma'r ffrwd aruchel yn llên Ramantaidd y cyfnod. Yn ei awdl olaf, 'Y Flwyddyn', ac yn amryw o'i gerddi byrion ac emynau, ceir nodyn emosiynol nas ceid cyn hynny mewn barddoniaeth Gymraeg. Fel beirniad cododd feirniadaeth lenyddol yr

Eisteddfod uwchlaw ffurfioldeb a mân siarad trwy groesawu dychymyg a chrebwyll a thrwy bwysleisio mai'r hyn a oedd gan y bardd i'w ddweud a ddylai benderfynu ffurf y gerdd.

Cyhoeddwyd cyfrol annheilwng o'i waith yn *Gweithiau Barddonol* (*c*.1873). Ceir gweithiau mwy safonol yn erthyglau W. J. Gruffydd yn *Y Llenor* (cyf. v, 1926) ac E. G. Millward yn *Llên Cymru* (cyf. iii, 1955; cyf. iv, 1956; cyf. v, 1959) ac *Eben Fardd* (1988); gweler hefyd *Detholion o Ddyddiadur Eben Fardd* (gol. E. G. Millward, 1968).

THOMAS, EDWARD (1878–1917), bardd, awdur

rhyddiaith a beirniad llenyddol a aned yn Lambeth yn Llundain. Gwas sifil o Dredegar, Myn., oedd ei dad ond yr oedd ganddo wreiddiau dyfnach yn ardal Margam; magwyd ei fam (*née* Townshend), yr oedd ei theulu'n hanu o Gymru a swydd Efrog, gan fodrybedd yng Nghasnewydd, Myn. Addysgwyd Edward mewn amryfal fân ysgolion, yn Ysgol Sant Paul ac yna yng Ngholeg Lincoln, Rhydychen, lle y darllenodd Hanes dan Owen M. *Edwards. Yn fachgen ymwelsai â chefndryd yn sir Fynwy a'r Mwmbwls gyda'i rieni; yn ei lencyndod hwyr ac am weddill ei fywyd bu'n ymwelydd cyson â pherthnasau ym Mhontarddulais, â Gwili (John Gwili *Jenkins) a Watcyn Wyn (Watkin Hezekiah *Williams), ac ymwelodd dro ar ôl tro ag Abertawe, Talacharn a sir Benfro. Er gwaethaf cefnogaeth O. M. Edwards methodd â chael swydd fel athro nac mewn llyfrgell yng Nghymru. Daeth o'i anfodd yn adolygydd mynych, a chynhyrchodd lyfrau comisiwn niferus ar gefn gwlad Lloegr, yn frith o 'gerddi rhyddiaith' ac ymdriniaethau athronyddol cryno. Yn dilyn ei *Richard Jefferies* (1908), cyfrol ddiffiniol, troes yn gyntaf at gofiannau llenyddol ac yna at ffuglen led-hunangofiannol a hanesion byrion. Ym mis Tachwedd 1914, ar ôl rhai wythnosau o drafod yn swydd Henffordd gyda Robert Frost, ac yna daith gerdded hir yng Nghymru, dechreuodd ei farddoniaeth lifo. Ymunodd â'r lluoedd arfog ym Mehefin 1915 ac fe'i lladdwyd mewn gwylfa y tu allan i Arras yn Ebrill 1917 ar yr union adeg yr oedd ei gerddi (gan 'Edward Eastaway') yn dechrau derbyn sylw beirniadol ffafriol.

Y mae ei berthynas â Chymru yn galw am astudiaeth drylwyr o'r ddwy fil o'i lythyrau a oroesodd a'i bymtheg ar hugain o weithiau rhyddiaith sylweddol – yn arbennig *The Heart of England* (1906), *The South Country* (1909), *The Icknield Way* (1913), *The Country* (1913), *In Pursuit of Spring* (1914) ac *A Sportsman's Tale* (1983). Y mae *Beautiful Wales* (1905), ei ail 'lyfr lliw', a ysgrifennwyd fel testun i baentiadau dethol, yn aml wedi ei orysgrifennu ond yn cynnwys cudd bortreadau ohono ei hun, ei dad, Watcyn, Gwili, a gwahanol gefndryd o Bontarddulais. Y mae ei sylw ei hun yn addas: '*25,000 words of landscape, nearly all without humanity, except what it may owe to a lanky shadow of myself*'. Ond y mae ei '*Welsh Notebook*' (bellach yng Nghasgliad Colbeck yn Vancouver), yn awgrymu dyfnder ymchwil i hanes Cymru a

chymdeithas gyfoes Gymreig a oedd yn hollol groes i
farn y cyhoeddwr am *'Beautiful Books'* ac y cefnodd ef
arni wedyn fel y daeth i fwy o amlygrwydd beirniadol.
Cawn ddarlun clir yn *Richard Jefferies* o'i ymweliadau
mynych â'i fam-gu (ar ochr ei dad) Gymraeg ei hiaith yn
Swindon. Erbyn 1908 yr oedd eisoes wedi ymweld ag
Abertawe a de Cymru a cherdded o'u hamgylch gryn
dipyn er 1896. Gwelir dylanwad ymweliadau mis o hyd
o'r fath (a cherdded ar ei ben ei hun) ar y ddwy gyfrol o
storïau, *Rest and Unrest* (1910) a *Light and Twilight*
(1911), ei *George Borrow* (a ysgrifennwyd yn Nhalacharn
yn hydref 1911), y lled-ffuglennol *The Happy-Go-Lucky
Morgans* (1913), a *The Childhood of Edward Thomas*, a
ysgrifennwyd yn niwedd 1913 a'i olygu gan ei frawd
Julian yn 1938. Y mae sylwadau niferus yn ei lythyrau o
Gymru ar ôl 1909 yn awgrymu datblygiad graddol ei
syniadau am siarad ac ysgrifennu, a welir yn ddiwedd-
arach yn *'How I Began'* (yn *T.P.'s Weekly*, 1913) ac yn
arbennig yn *In Pursuit of Spring*; datblygiad a arweiniodd
Frost i fynnu bod Thomas, beirniad hybarch y Fardd-
oniaeth Sioraidd newydd, ei hun yn ei hanfod yn fardd
hyd yn oed yn ei ryddiaith. Y mae ei ddyddiaduron o
*Llyfrgell Genedlaethol Cymru hefyd yn dangos pa mor
aml yr ymwelodd â Chymru er lles ei iechyd a pha mor
naturiol y byddai'n troi at olygfeydd, cymeriadau a
chwedlau Cymru; dangosant na phallodd erioed ei
synnwyr o ddod gartref i dde Cymru a'i phobl. Y maent
yn ategu ei ddarlun cynnar yn 1905 o *'Llewellyn the
Bard'*: *'In matters of the spirit, men are all engaged in
colloquies with themselves. Some of them are overheard, and
they are all poets.'* Y mae hyn yn rhagfynegiad cynnar o'i
alw (yn ei *Walter Pater*, 1913) ar i bob llenor ddefnyddio
'geiriau byw a chymdeithasol'.

Y mae ei frasluniau a'i hanesion yn amlygu ad-
nabyddiaeth drwyadl o Lundain a de Cymru diwydian-
nol. Y mae'n cyfosod tosturi gwledig ynddynt â chyflwr
truenus gwehilion ac anffodusion y gymdeithas drefol.
Ar yr un pryd yr oedd ei farn ynglŷn â natur bardd-
oniaeth wedi aeddfedu yn *Feminine Influence* (1910) ac
yn *George Borrow* ar ôl arhosiad eithaf hir yng Nghymru
a llawer sgwrs â Gwili. *'Poetry is and must always be
apparently revolutionary if active, archaic if passive. It is the
utterance of the human spirit when it is in touch with a world in
which the affairs of "this world" are parochial.'* Y mae ei holl
weithiau rhyddiaith aeddfed yn gyforiog o sylwadau o'r
fath ar natur creadigedd a wnaeth gymaint o argraff ar
Robert Frost.

Mewn rhagair byr i'w flodeugerdd *This England* (a
gyhoeddwyd ym mis Tachwedd 1915 wedi iddo listio)
cyfeddyf Thomas yn sychlyd y gallai rhai fynegi
gwrthwynebiad i'w ddiffiniad o 'Seisnig', *'never aiming at
what a committee from Great Britain and Ireland might call
complete'*. Oherwydd yr oedd ei 'Loegr' bob amser yn
cynnwys 'Prydain' gynharach. Pan gyhoeddodd ei
gerddi dan lysenw dewisodd yr enw 'Eastaway', enw o
Ddyfnaint a oedd yn eiddo i gangen o deulu ei dad ger

Môr Hafren. Yn un o'i lythyrau mwyaf diweddar o
Ffrainc at ei wraig Helen gobeithiai y gallent ar ôl y
rhyfel ymgartrefu naill ai o gwmpas Côr y Cewri ac
Avebury neu, yn well fyth, yn ne Cymru. O ddarllen ei
gerddi – a ganmolwyd gan Leavis am eu 'hydeimledd
neilltuol fodern' – gwelir pa mor rhwydd y defnyddir
cyfeiriadau Cymreig:

> Helen of the roads,
> The mountain ways of Wales
> And the Mabinogion tales,
> Is one of the true gods.

Ac wrth i ferch ifanc ganu *'Llwyn Onn'*, *'the moment
unveiled something unwilling to die And I had what most I
desired, without search or desert or cost.'*
Y mae Casgliad Edward Thomas ym Mhrifysgol Cymru,
Caerdydd, yn cynnwys llawysgrif *Beautiful Wales*, dros 1200 o
lythyrau gan Edward Thomas ynghyd â llungopïau o fil o
lythyrau eraill, set gyflawn o'i holl waith ysgrifenedig a thros
ddau gant o lyfrau o'i lyfrgell. Cedwir llawysgrif *The Heart of
England*, detholiad helaeth o lythyrau rhwng Thomas a'i wraig,
gan Thomas at O. M. Edwards, llawer o'i ddyddiaduron gwaith
a llungopïau o lythyrau gwreiddiol yng Nghasgliad Edward
Thomas yn Llyfrgell Genedlaethol Cymru. Ynghyd â deunydd
gwreiddiol yn Llundain, Rhydychen, Durham ac UDA y
maent yn sail i *The Collected Poems of Edward Thomas* (1978,
1981), *Edward Thomas: A Portrait* (1985, 1987), ac *Edward
Thomas* (*Writers of Wales*, 1972; arg. diwyg. 1993), y cyfan gan
R. George Thomas. Cynhwysir *Poems* (1917) a *Last Poems*
(1918) yn *Collected Poems*, gyda rhagair gan Walter de la Mare
yn yr argraffiadau a gyhoeddwyd rhwng 1936 ac 1949. Y mae
tystiolaeth ddomestig uniongyrchol a hanfodol ar gael: Helen
Thomas, *As it Was* (1926), *World Without End* (1931) a *Time and
Again* (1978), Myfanwy Thomas, *One of these fine days* (1982), a
Helen Thomas, gyda Myfanwy Thomas, *Under Storm's Wing*
(1988). Ceir astudiaethau cofiannol arwyddocaol gan R. P.
Eckert, John Moore, H. Coombes, Eleanor Farjeon, Vernon
Scannell, William Cooke, *Letters to Gordon Bottomley* a *Selected
Letters* (y ddau gan R. George Thomas). Ceir astudiaethau
beirniadol gan Herbert G. Wright, Andrew Motion, Edna
Longley a Stan Smith. Y mae Roland Gant, *Edward Thomas on
the Countryside* (1977), *Edward Thomas Centenary Issue* (*Poetry
Wales*, cyf. XIII, rhif. 4, 1978) a *The Art of Edward Thomas* (gol.
Jonathan Barker, 1987), ill tri yn gasgliadau gwerthfawr.

THOMAS, EDWARD

THOMAS, EDWARD neu **ED** (1961–), dramod-
ydd a chyfarwyddwr a aned yn Aber-craf ger
Ystradgynlais yng nghwm Tawe. Astudiodd Saesneg
yng Ngholeg y Brifysgol, Caerdydd, ac yna gweithiodd
yn theatr yr ymylon yn Llundain cyn dychwelyd i
Gymru i sefydlu ei gwmni theatr ei hun, *Y Cwmni*,
1988. Yn ei ddramâu pwerus y mae Ed Thomas wedi
creu byd theatrig neilltuol. Portreada'r mwyafrif
ohonynt dde Cymru diwreiddiedig a diwylliannol-
betrus, ei thrigolion yn ddi-waith ac wedi eu hysgaru
oddi wrth yr hen ymdeimlad o gymuned. Glyna'r
cymeriadau wrth syniadau hen ffasiwn am Gymreictod
ac ar yr un pryd fe'u trochir yn niwylliant ffilm a theledu
America; chwaraeant fath o ddiweddgan, gan ladd amser
â ffantasïau cyfryngol, alcohol, cyffuriau a gwaith
dienaid.

Ysgrifennwyd peth o waith cynnar Ed Thomas yn Gymraeg. Perfformiwyd *Adar heb Adenydd* gan Dalier Sylw yn 1989, a'r cwmni hwnnw hefyd a lwyfannodd fersiwn newydd o'r gwaith yn Saesneg, *The Myth of Michael Roderick* (1990). Daeth gwaith Ed Thomas gyntaf i sylw ehangach gyda *House of America* (1988) a gyfarwyddwyd gan yr awdur ei hun i *Y Cwmni* ac a deithiodd ledled gwledydd Prydain gan dderbyn gwobr beirniaid *Time Out* a sawl anrhydedd arall. Y mae'r ddrama hon yn gor-wneud ffurf y ddrama ddomestig naturiolaidd ac, fel *The Keep* (1960) Gwyn ★Thomas (1913–81), darlunia deulu sy'n gaeth i'w gartref ei hunan, sy'n breuddwydio am ddianc i America ond heb y dewrder i symud. Dan yr un to â llofrudd o fam orffwyll mewn tŷ y bygythir ei seiliau gan waith glo brig, y mae plant di-waith teulu'r Lewisiaid yn actio allan eu dyheadau rhwystredig mewn 'trasiedi fodern ar gyfer cenedl a esgeuluswyd', ac mewn iaith ac iddi rym dychmygus prin.

Yn *Flowers of the Dead Red Sea* (1991), drama a gydgynhyrchwyd â chanolfan theatr Tramway, Glasgow, ac a addaswyd yn ddiweddarach yn ddrama radio a darn o theatr gerdd, cyflwynodd Ed Thomas fyfyrdod swrreal ar fywyd, marwolaeth ac amryfal destunau mwy banal, gan ddau weithiwr lladd-dy. Yn yr un modd, y mae *East from the Gantry* (1992), astudiaeth o briodas gythryblus, yn symud o hiwmor du i sylwebaeth ddiwylliannol lem, fel y gwnâ *Song from a Forgotten City* (1995), astudiaeth fywiog o hunaniaeth wrywaidd Gymreig a leolir mewn gwesty di-raen yng Nghaerdydd.

Y mae gwaith Ed Thomas fel cyfarwyddwr gydag *Y Cwmni* wedi caniatáu iddo ddatblygu ffyrdd nod-weddiadol a llwyddiannus iawn o ysgrifennu ac actio. Trwy gydweithio ag actorion fel Boyd Clack, Russell Gomer a Richard Lynch y mae wedi gallu creu theatr gorfforol a darluniadol iawn, sydd wedi arwain nid yn unig at ddramâu hir ond hefyd at ddramâu byrrach fel *Hiraeth* (1993), a ysgrifennwyd i'w pherfformio ochr yn ochr ag arddangosfa o luniau gan Iwan Bala, a'r ddrama undyn, *Envy* (1993).

Gweithia hefyd fel sgriptiwr a chyfarwyddwr teledu. Sgriptiodd *Mwy Na Phapur Newydd* (1990) a chyfar-wyddo *Hunllef yng Nghymru Fydd* (1990) ar gyfer S4C; seiliwyd sgript *Pentre Mud/Silent Village* (S4C, BBC 1993) yn fras ar y ffilm a wnaeth Humphrey Jennings yn ystod y rhyfel yn ardal enedigol Ed Thomas. Ysgrifen-nodd a chyfarwyddodd *Satellite City* hefyd, cyfres radio a theledu orffwyll yn dychanu bywyd de Cymru.

Am fanylion pellach gweler Edward Thomas a Hazel Walford Davies, '*Wanted: a new Welsh mythology*' yn *The New Welsh Review* (rhif. 27, cyf. VII, Gaeaf, 1994–95). Cyhoeddwyd *House of America, Flowers of the Dead Red Sea* ac *East from the Gantry* o dan olygyddiaeth Brian Mitchell yn 1994.

THOMAS, EDWARD MORLEY, a adwaenir fel **NED** (1936–), beirniad a golygydd. Fe'i ganed yn Little Lever, sir Gaerhirfryn, i rieni Cymraeg. Treuliodd lawer o'i lencyndod mewn amryw leoedd yn Lloegr, Yr Almaen, Y Swistir a chanolbarth Cymru ac addysgwyd ef yng Ngholeg Newydd, Rhydychen. Bu'n newydd-iadurwr gyda'r *Times Newspapers*, yn olygydd *Angliya*, sef cylchgrawn Rwsieg y Llywodraeth Brydeinig, ac yn Ddarlithydd ym Mhrifysgolion Moscow a Salamanca, Sbaen. Wedi iddo ddychwelyd i Gymru yn 1969 fe'i penodwyd yn Ddarlithydd yn Adran Saesneg, Coleg Prifysgol Cymru, Aberystwyth, ac yn 1970 sefydlodd gwrs trwy gyfrwng y Saesneg ar lenyddiaeth yr ugeinfed ganrif yng Nghymru, a chwrs trwy gyfrwng y Gymraeg ar lenyddiaeth y Trydydd Byd. Cyhoeddodd ddwy gyfrol o feirniadaeth lenyddol, sef *George Orwell* (1965) a *The Welsh Extremist* (1971). Yr oedd yr ail yn astudiaeth wleidyddol a llenyddol o'r Gymru gyfoes, ac yn arben-nig o waith awduron Cymraeg ac ★Eingl-Gymreig, o ddarlledu yng Nghymru a statws yr iaith Gymraeg; daeth yn waith dylanwadol a wnaeth lawer i hyrwyddo yr adain chwith mewn ★Cenedlaetholdeb Cymreig yn enwedig fel y'i gwelwyd yng ngweithgareddau ★Cym-deithas yr Iaith Gymraeg. Amlygwyd ei ddiddordeb mewn lleiafrifoedd diwylliannol yn ★*Planet*, cylchgrawn a sefydlwyd ganddo yn 1970. Y mae Ned Thomas hefyd yn awdur *Bardd yr Ynysoedd* (1980), astudiaeth o weith-iau'r awdur o'r Caribî, Derek Walcott, enillydd Gwobr Llenor Rhyngwladol ★Cyngor Celfyddydau Cymru yn 1980 a Gwobr Nobel yn 1992; lluniodd hefyd fonograff ar Waldo ★Williams yn y gyfres *Llên y Llenor* (1985). Yn 1988 sefydlodd Cynllun Mercator ym Mhrifysgol Cymru, Aberystwyth, ac y mae'n dal yn Gyfarwyddwr arno. Noddir y Cynllun gan y Comisiwn Ewropeaidd er mwyn hyrwyddo cydweithio rhwng lleiafrifoedd ieith-yddol yr Undeb Ewropeaidd ym meysydd y wasg, radio a theledu ac ym maes cyhoeddi. Gadawodd Aber-ystwyth am Gaerdydd yn 1990 i ddod yn Gyfarwyddwr ★Gwasg Prifysgol Cymru.

Thomas, E. H. Francis, gweler LLOYD, DAVID TECWYN (1914–92).

THOMAS, ERNEST LEWIS (Richard Vaughan; 1904–83), nofelydd a aned yn Llanddeusant, Caerf. Fe'i haddysgwyd yn Ysgol Gorllewin Mynwy, Pont-y-pŵl. Bu'n gweithio fel clerc mewn banc ym Merthyr Tudful a Llundain rhwng 1921 ac 1932, ond wedyn aeth yn ohebydd papur newydd ar ei liwt ei hun yn Llundain. Bu'n gwasanaethu yn y lluoedd arfog am bedair blynedd yn ystod yr Ail Ryfel Byd; yna cafodd hyfforddiant fel athro a bu'n dysgu Astudiaethau Crefydd a Saesneg yn Llundain. Ymddeolodd yn 1961 a daeth yn ôl i Gymru, a byw mewn tyddyn yn Nhalyllychau, Caerf., nes i'w wraig farw yn 1978. Aeth i fyw wedyn mewn cartref preswyl ym Mryste, lle y bu farw.

Yr oedd ei nofel gyntaf, ★*Moulded in Earth* (1951), yn llwyddiant mawr ymhlith y beirniaid Saesneg, gan gynnwys C. P. Snow, a chyfieithwyd hi i lawer iaith. Dilynwyd hi gan ddwy arall yn y triawd a adwaenir bellach fel *The Black Mountain Trilogy*, sef *Who Rideth so Wild* (1952) a *Son of Justin* (1955), a droswyd i'r Gymraeg gan Elsi Jones yn *Mab i Iestyn* (1997). Cyhoeddodd hefyd *All Through the Night* (1957), a droswyd i'r Gymraeg o dan y teitl *Ar Hyd y Nos* (1981) gan Margaret Wallis Tilsley, yr hunangofiant *There is a River* (1961), drama yn dwyn y teitl *Dewin y Daran* (1974) ac *All the Moon Long* (1974); yr olaf yw ei waith lleiaf llwyddiannus. Cefndir y nofelau hyn yw'r ardaloedd gwledig ar y ffin rhwng sir Gaerfyrddin a sir Frycheiniog ar ddechrau'r ugeinfed ganrif. Y mae gan y prif gymeriadau bersonoliaethau angerddol ac y maent yn ymwneud â digwyddiadau cyffrous a ddisgrifir mewn arddull naturiol a thelynegol sydd weithiau yn llawn dillynder.

Ceir cyfrol ar Richard Vaughan gan Tony Bianchi yn y gyfres *Writers of Wales* (1984).

THOMAS, EVAN JOHN (1903–30), bardd; mab i weinidog gyda'r Bedyddwyr a aned ym Mhenarth, Morg., ond a symudodd gyda'i deulu i bentref Heptonstall Slack, swydd Efrog yn blentyn. Fe'i haddysgwyd yn Ysgol Ramadeg Hebden Bridge a Choleg Owen, Manceinion, a bu'n aelod o'r Blaid Lafur Annibynnol. Gweithiodd yn ddiweddarach fel newyddiadurwr gyda *The Christian World* yn Llundain. Cyhoeddodd ddwy gyfrol o farddoniaeth: *Life's Song and Other Poems* (1923), yr ysgrifennwyd y rhan fwyaf ohoni pan oedd yn un ar bymtheg oed, a'r casgliad a gyhoeddwyd ar ôl ei farwolaeth, *Now at Eve* (1931), a ysgrifennwyd yn nwy flynedd olaf ei fywyd byr. Ailgyhoeddwyd ei gerddi o dan y teitl *The Solitary Place* yn 1981.

THOMAS, FRANCES (1943–), awdures llyfrau i blant. Fe'i ganed yn Aberdâr, Morg., a'i haddysgu yng Ngholeg y Frenhines Mari, Prifysgol Llundain. Enillodd wobr Tir na n-Óg (gweler o dan LLENYDDIAETH PLANT) am ei nofel gyntaf i blant, *The Blindfold Track* (1980); fel ei dilyniant, *A Knot of Spells* (1983), y mae'n disgrifio hanes *Taliesin yng nghyd-destun Prydain wedi cyfnod y Rhufeiniaid. Ymhlith ei llyfrau eraill y mae *Dear Comrade* (1983), *Zak* (1984), *The Region of the Summer Stars* (1985), *The Prince and the Cave* (1991) a *Who Stole a Bloater?* (1991). Ar gyfer oedolion y mae wedi cyhoeddi *Seeing Things* (1986), *The Fall of Man* (1989) a hanes bywyd Christina Rossetti (1992).

Thomas, Frederick Hall (**Freddie Welsh**; 1866–1927), paffiwr a aned ym Mhontypridd, Morg. Ef oedd enillydd cyntaf Gwregys Lonsdale yn 1909, a phum mlynedd yn ddiweddarach enillodd bencampwriaeth pwysau-ysgafn y byd.

THOMAS, GEORGE (*c*.1786–1859), bardd a aned

yn Wollerton, swydd Amwythig. Am gyfnod bu'n gweithio drosto'i hun fel melinydd yn Y Trallwng, ond yn 1826 symudodd i Landysul, yn yr un sir, i weithio fel ysgolfeistr. Ysgrifennodd farddoniaeth ffugarwrol a dychanol yn ymwneud â digwyddiadau lleol, yn ogystal â beddargraffau ac epigramau. Y mae ei lyfrau'n cynnwys *The Otter Hunt and the Death of Roman* (1817), *The Welsh Flannel* (d.d.), *History of the Chartists and the Bloodless Wars of Montgomeryshire* (1840), *The Death of Rowton* (d.d.) a *The Extinction of the Mormons* (d.d.).

THOMAS, GRAHAM (1944–), bardd a aned yn Abertyleri, Myn., ac a addysgwyd yng Ngholeg Prifysgol Cymru, Aberystwyth. Y mae'n athro Cemeg yn Nant-y-glo yn ei sir enedigol. Y mae llawer o'r cerddi yn ei gyfrol gyntaf, *The One Place* (1983), yn adlewyrchu ei gydymdeimlad realistig â dirywiad cymdeithasol cymoedd de Cymru.

THOMAS, GWYN (1913–81), nofelydd, awdur storïau byrion a dramodydd. Fe'i ganed yn Y Porth yng Nghwm *Rhondda, Morg., yr ieuangaf o ddeuddeg o blant, i lôwr a oedd yn aml yn ddi-waith. Enillodd ysgoloriaeth i Neuadd Sant Edmwnd, Rhydychen, i astudio Ieithoedd Modern. Wedi gweithio ym maes addysg i oedolion yng Nghymru ac yn Lloegr o 1940 hyd at 1942, bu'n athro Ffrangeg yn Ysgol Ramadeg Aberteifi am ddwy flynedd, ac wedyn aeth yn athro Sbaeneg i Ysgol Ramadeg y Barri, Morg. Rhoes y gorau i fod yn athro yn 1962, pan aeth yn llenor amser llawn.

Cyhoeddodd naw nofel yn ystod ei fywyd: *The Dark Philosophers* (1946), *The *Alone to the Alone* (1947), **All Things Betray Thee* (1949), *The World Cannot Hear You* (1951), *Now Lead us Home* (1952), *A Frost on my Frolic* (1953), *The Stranger at my Side* (1954), *A Point of Order* (1956) a *The Love Man* (1958). Casgliadau o'i storïau byrion yw *Where did I put my Pity?* (1946), *Gazooka* (1957), *Ring Delirium 123* (1960) a *The Lust Lobby* (1971). Lluniodd hefyd chwe drama ar gyfer y llwyfan, llawer iawn o sgyrsiau, dramâu a rhaglenni nodwedd ar gyfer radio a theledu, dwy gyfrol o ysgrifau, sef *A Welsh Eye* (1964) ac *A Hatful of Humours* (1956), a hunangofiant, *A Few Selected Exits* (1968).

Y mae llawer o'i waith yn ymwneud â bywyd y dosbarth gweithiol yng nghymoedd dirwasgedig Morgannwg yn ystod hanner cyntaf yr ugeinfed ganrif. Er bod ei ddeunydd yn fynych yn ymwneud â chaledi, ceir arabedd, huotledd a doniolwch ffarsaidd yn ei waith. Y mae ef ei hun yn rhan bob amser o'r gymdeithas a ddisgrifia, ei gobeithion, ei dioddefiadau, a hyd yn oed nodweddion abswrd ei chymeriadau. Y berthynas hon a'i gydymdeimlad sy'n cadw ei waith rhag bod yn gynnyrch anghyfrifol, difeddwl a doniol. Y mae ei nofelau yn fynych wedi eu llunio yn y person cyntaf, a'r cyflwynydd yn aml yn aelod o griw bach o ffrindiau, dynion ifainc di-waith yn byw yn un o'r ardaloedd tlawd a elwir ganddo yn Meadow Prospect neu'n Fynydd Coch. Pobl huawdl, ddoniol, barod eu cymwynas ydynt, yn tueddu i gael eu denu i mewn i gynlluniau pobl rymus a chyfoethog y dosbarth uwch, fel August Slezacher, y masnachwr arfau, Shadrach Sims, dyn mawr y byd busnes, neu Sylvester Strang, tirfeddiannwr sy'n coleddu nifer o ddelfrydau. Nid yw'r plot mor bwysig â'r oriel o gymeriadau, y digwyddiadau chwerthinllyd, a'r arabedd geiriol. Y mae pawb sy'n ymddangos yn ei nofelau, boed bobl gyffredin (ei 'elfennau' neu 'bleidleiswyr'), boed arglwyddi o Sbaen, neu fechgyn ysgol o Gymru, miliwnyddion Americanaidd, neu warchodwyr o'r bedwaredd ganrif ar bymtheg, yn eu mynegi eu hunain yn yr idiom liwgar a ddefnyddiai'r awdur mewn deialog neu wrth adrodd stori ac sy'n nodweddiadol o'i waith. Awgrymwyd bod ei arddull yn debyg i ddigrifwyr modern America megis Perelman a Damon Runyon, dau awdur a edmygai yn fawr.

Yn y 1950au dechreuodd Thomas ymddiddori mewn dramâu. Y mae ei ddramâu llwyfan yn cynnwys The Keep (1962), Jackie the Jumper (1963), The Loot (1965), Loud Organs (1962), Sap (1974) a The Breakers (1976): nid yw'r ddwy olaf wedi eu cyhoeddi eto. Dichon mai The Keep yw ei ddrama fwyaf poblogaidd ac y mae'n ymwneud yn realistaidd â'r gwrthdrawiadau amrywiol mewn teulu o bum mab yn ne Cymru yn y 1950au. Thema Jackie the Jumper yw'r gwrthryfel ym *Merthyr yn 1831, thema a fu eisoes yn destun un o'i nofelau mwyaf llwyddiannus, All Things Betray Thee. Yn ddiweddarach, mewn dramâu fel Sap, symudodd at fwy o amrywiaeth technegol, gan ddefnyddio goleuadau, a thorri o un rhan o'r llwyfan i'r llall, er mwyn cyfleu newidiadau mewn amser a lle. Eithr parhaodd ei allu i ddefnyddio iaith fywiog, gyfoethog a doniol ym mhob un o'r cyfryngau a ddewisodd i fynegi ei adwaith at y dioddefaint a'r elfennau abswrd a welodd yn y bywyd o'i amgylch.

Ceir ysgrif hunangofiannol gan Gwyn Thomas yn y gyfrol Artists in Wales (gol. Meic Stephens, 1971) a monograff ar waith yr awdur gan Ian Michael yn y gyfres Writers of Wales (1977); yr ymdriniaeth fwyaf cyflawn yw Laughter From the Dark: a life of Gwyn Thomas (1988) gan Michael Parnell, a cheir astudiaeth ffotograffig yn Gwyn Thomas, 1913–1981 (cyfres Writer's World, 1986). Ceir trafodaeth feirniadol yn yr erthygl, 'Absurdity in the Novels of Gwyn Thomas' gan Roger Stephens Jones yn The Anglo-Welsh Review (cyf. xxv, rhif 56, 1976), y ddarlith gan Glyn Jones, Random Entrances to Gwyn Thomas (1982) a 'Satellite Pictures and Close-ups: the Welsh Working Class Novel' yn Planet (rhif. 101, 1993); gweler hefyd yr erthygl gan Belinda Humfrey yn Dictionary of Literary Biography: British Novelists, 1930–1959 (1983). Ymddangosodd dwy nofel a oedd gynt yn anghyhoeddedig ar ôl i Thomas farw, sef Sorrow for Thy Sons (1986) a The Thinker and the Thrush (1988). Golygodd Michael Parnell dri chasgliad o'i waith: Selected Short Stories (1984), Three Plays (1990) a Meadow Prospect Revisited (1992). Ceir rhestr lawn o gyhoeddiadau Gwyn Thomas yn John Harris, A Bibliographical Guide to Twenty-four Modern Anglo-Welsh Writers (1994).

THOMAS, GWYN (1936–), bardd ac ysgolhaig a

aned yn Nhanygrisiau, ac a fagwyd ym Mlaenau Ffestiniog, Meir. Addysgwyd ef yng Ngholeg Prifysgol Gogledd Cymru, Bangor, ac yng Ngholeg Iesu, Rhydychen. Fe'i penodwyd yn Ddarlithydd yn Adran Gymraeg Coleg Bangor yn 1961, a rhoddwyd cadair bersonol iddo yno yn 1980; daeth yn Bennaeth Adran yn 1992. Ef oedd Cadeirydd Pwyllgor Llên *Cyngor Celfyddydau Cymru o 1991 hyd 1996.

Ei waith ysgolheigaidd pwysicaf yw ei astudiaeth lwyr o Ellis *Wynne, Y Bardd Cwsg a'i Gefndir (1971), ond dangosodd ddiddordeb tebyg yng nghefndir hanesyddol llenyddiaeth Gymraeg yn ei fonograff ar Eisteddfodau *Caerwys (1968). Bu hefyd yn frwd yn ei ymgais i wneud y traddodiad barddol Cymraeg yn haws i'w amgyffred i'r darllenwr modern, ac y mae llyfrau fel Yr Aelwyd Hon (1970), detholiad o'r Hengerdd, Y Traddodiad Barddol (1976) a Gruffydd ab yr Ynad Coch (1982) oll wedi eu llunio i'r bwriad hwn. Y mae ei gyfrol Ymarfer Ysgrifennu (1977) yn arweiniad gwerthfawr i'r grefft o ysgrifennu. Trwy gydolygu'r gyfrol Presenting Saunders *Lewis (1973) gwelir ei fod yn frwd hefyd dros gyflwyno llenorion cyfoes Cymraeg i ddarllenwyr Saesneg, ac fel golygydd y gyfres *Dramâu'r Byd (sy'n cynnwys ei gyfieithiad ef ei hun o Fin de Partie, Beckett), y mae wedi cyfrannu'n sylweddol at ein dealltwriaeth o'r traddodiad dramatig Ewropeaidd. Lluniodd hefyd fersiwn diweddar ar gyfer plant o *Pedair Cainc y Mabinogi (1984) ac o Chwedl *Taliesin (1992), a chyfieithiadau Saesneg ar y cyd â Kevin Crossley-Holland, Tales from the Mabinogion (1984), The Quest for Olwen (1988) a The Tale of Taliesin (1992), tra enillodd ei argraffiad cyfoes o'r hen chwedl *Culhwch ac Olwen (1988) wobr Tir na n-Óg am *lenyddiaeth plant. Y mae ei gyfrol Duwiau'r Celtiaid (1992) yn arddangos ei ddiddordeb parhaol yn y mythau Celtaidd.

Y mae'r diddordeb mewn cyfathrachu a chyfoesedd sy'n nodweddu cymaint o waith ysgolheigaidd Gwyn Thomas hefyd yn ganolog i'w waith creadigol ef ei hun. Er mai bardd ydyw yn anad dim, dangosodd ddiddordeb byw mewn llawer cyfrwng ym maes cyfathrebu creadigol. Cyhoeddodd ddwy ddrama lwyfan, sef Lliw'r Delyn (1969) ac Amser Dyn (1972). Lluniodd gerddi dramatig ar gyfer y teledu a'r radio, gan gynnwys ei gerdd hir ar gyfer y radio, 'Blaenau', yn ogystal â'r ddychangerdd radio ar y byd hysbysebu, 'Cysgodion'. Ond efallai mai ei gerdd orau yn y maes hwn yw Cadwynau yn y Meddwl (1976), teyrnged i Dr. Martin Luther King, cerdd a luniwyd yn arbennig ar gyfer y teledu ac sy'n gyfuniad o eiriau a delweddau gweledol yn ei gwead. Yn 1993 bu'n addasu a chyfieithu Shakespeare ar gyfer cydgynhyrchiad teledu S4C a'r BBC o ddramâu Shakespeare wedi'u hanimeiddio.

Cyfrol gyntaf o gerddi Gwyn Thomas oedd Chwerwder yn y Ffynhonnau (1962). Y mae'r teitl yn awgrymu ei ymateb beirniadol i rymoedd amhersonol y bywyd modern. Gwelir yr ymateb hwn yn fwy amlwg hyd yn oed yn ei ail gyfrol, *Y Weledigaeth Haearn* (1965), lle y ceir cyfuniad aeddfed o ysgolheictod a chyfoesedd, a cherddi crefftus, caeth. Yn y cyfrolau cynnar hyn, sy'n cynrychioli twf graddol y bardd at ei aeddfedrwydd llawn, un o agweddau amlycaf ei farddoniaeth yw ei allu i gyfuno delweddau o chwedloniaeth Gymraeg a'r Hengerdd â'i ymateb modern i gymhlethdodau bywyd cyfoes.

Yn ei gerddi diweddaraf, a welir yn y cyfrolau *Enw'r Gair* (1972), *Y Pethau Diwethaf a Phethau Eraill* (1975), *Croesi Traeth* (1978), *Symud y Lliwiau* (1981) *Wmgawa* (1984), *Am Ryw Hyd* (1986) a *Gwelaf Afon* (1993), y mae'r bardd wedi mabwysiadu agwedd o ddonioldeb ac arddull lafar sy'n gyfrwng priodol i rymoedd ei ddychymyg. Y mae'r agwedd hon yn taro'n arbennig o lwyddiannus yn ei astudiaethau niferus o olwg idiosyncrataidd plentyn ar fywyd, thema a amlygir mor ddisglair yn *Enw'r Gair*. Y mae'n unigryw ymhlith beirdd o Gymry yn ei allu i ddefnyddio ymadroddion toredig, ansicr a Seisnigedig Cymraeg llafar cyfoes. Y mae ei sylwadaeth ar fywyd yn uniongyrchol, yn briddlyd, ac weithiau'n ddoniol, ond yn ei gyfrolau diweddaraf y mae ei adwaith at fywyd unwaith eto wedi dod yn fwy myfyriol, ac adlewyrcha ei ymwybyddiaeth ef ei hun o dreigl amser.

Golygwyd a chyflwynwyd detholiad o gerddi Gwyn Thomas gan Joseph P. Clancy yn y gyfrol *Living a Life* (1982). Ceir trafodaeth feirniadol ar waith y bardd mewn astudiaeth gan Alan Llwyd yn y gyfres *Llên y Llenor*; gweler hefyd ddarlith hunangofiannol yr awdur, *Yn Blentyn yn y Blaenau* (1981), a'r cyfweliad a gyhoeddwyd yn *Y Traethodydd* (Hydref, 1984).

Thomas, Idris, gweler JENKINS, ROBERT THOMAS (1881–1969).

THOMAS, IFOR (1949–   ), bardd ac awdur storïau byrion a aned yn Hwlffordd, Penf., ac a addysgwyd yn Ysgol Bensaernïaeth Cymru yng Nghaerdydd. Gweithiodd fel pensaer i'r Gwasanaeth Iechyd Cenedlaethol hyd 1996 ac yna'n breifat.

Yr oedd yn un o sylfaenwyr Cabaret 246, y grŵp ysgrifennu byw yng Nghaerdydd, ac y mae'n aelod o *Horse's Mouth*, y triawd perfformio barddoniaeth sydd hefyd yn cynnwys Peter *Finch a Christopher *Mills. Ymhlith ei gasgliadau o gerddi ceir *Giving Blood* (1985), *Giving Blood Two* (1987), *Bogwiser* (1991) a *Pubic* (1995). Ymddengys ei ddarnau byr o ffuglen yn *The Stuff of Love* (1993). Nodweddir ei ddarlleniadau, y cyfan o'i gof, gan ddefnydd o bropiau, traddodi ysbrydoledig a llif o hiwmor swrealaidd. Bu Ifor Thomas yn un o swyddogion y *Welsh Union of Writers* er 1985, ac enillodd Wobr John *Tripp am Lefaru Barddoniaeth yn 1992 a gwobr Grŵp Awduron Cystadleuaeth Ryngwladol Caerdydd yn 1995.

THOMAS, JENNIE (1898–1979), awdures llyfrau i blant a aned ym Mhenbedw i rieni Cymraeg. Cafodd ei haddysgu ym Mhrifysgol Lerpwl a bu'n dysgu am flynyddoedd ym Methesda, Caern., cyn ei phenodi'n Drefnydd Iaith dros y sir, swydd a ddaliodd hyd nes iddi ymddeol. Cofir hi fel cyd-awdur, gyda J. O. *Williams, *Llyfr Mawr y Plant* (1931). Yr oedd yn y llyfr storïau, cerddi, caneuon, brasluniau a gemau a mawr oedd ei apêl at ddarllenwyr ifainc. Y mae'r ddau brif gymeriad o'r llyfr, Siôn Blewyn Coch a Wil Cwac Cwac, mor gyfarwydd i blant Cymraeg heddiw â Mickey Mouse a Donald Duck oherwydd bod rhaglenni teledu wedi eu seilio arnynt. Ymddangosodd rhagor o gyfrolau yn dwyn yr un teitl yn 1939, 1949 a 1975.

Ceir erthygl ar Jennie Thomas yn *Dewiniaid Difyr* (gol. Mairwen a Gwynn Jones, 1983).

THOMAS, JOHN (1730–1804?), emynydd a aned yn ardal Myddfai, Caer. Bu'n was am ddwy flynedd yng nghartref Griffith *Jones, Llanddowror. Trefnodd Howel *Harris addysg rad iddo yn Nhrefeca a bu'n athro teithiol am gyfnod ar ôl hynny ac yn cynghorwr gyda'r Methodistiaid, ond fe'i hordeiniwyd yn weinidog gyda'r Annibynwyr yn Rhaeadr Gwy, Maesd. Ei brif waith llenyddol yw *Rhad Ras* (1810), sef hanes ei bererindod a ddisgrifiwyd fel 'yr hunangofiant Cymraeg cyntaf'. Yn ogystal â marwnadau i Harris a Dafydd *Jones o Gaeo cyhoeddodd ei emynau mewn sawl cyfrol yn dwyn y teitl *Caniadau Seion* (1759–86) ac yn ddiweddarach yn un gyfrol yn 1788.

Ceir trafodaeth ar emynau John Thomas yn erthygl Guto Prys ap Gwynfor yn *Bwletin* Cymdeithas Emynau Cymru (cyf. II, 1981).

THOMAS, JOHN (Siôn Wyn o Eifion; 1786–1859), bardd ac emynydd; yr oedd yn frodor o Chwilog, Caern. Fe'i haddysgwyd yn Llanarmon, Caern., lle yr oedd yn gyd-ddisgybl â David *Owen (Dewi Wyn o Eifion). Cafodd ddamwain yn naw oed, a gwaeledd difrifol chwe blynedd yn ddiweddarach. Amharodd y profiadau hyn ar ei iechyd, gan ei gaethiwo i'w wely am y rhan helaethaf o'i oes, ond achubodd y cyfle i ddarllen yn helaeth ac i dderbyn ymwelwyr. Bu teulu *Nannau o'r Gwynfryn a'r bardd Dafydd Ddu Eryri (David *Thomas) yn garedig iawn wrtho. Cyfansoddodd awdlau a phryddestau ar gyfer eisteddfodau, ond nid enillodd erioed. Canodd amryw o gerddi caeth a rhydd i gyfarch ei gyfeillion a llawer o gerddi crefyddol.

Cynnwys *Gwaith Barddonol Siôn Wyn o Eifion* (1861) gofiant i'r bardd gan ei nai William Jones (Bleddyn).

THOMAS, JOHN (Ieuan Ddu; 1795–1871), cerddor a bardd, a aned ym Mhibwrlwyd, gerllaw Caerfyrddin. Am y rhan fwyaf o'i oes bu'n ysgolfeistr ym Merthyr Tudful a Threfforest, ger Pontypridd, Morg. Yr oedd yn nodedig am ei lais bas a hyfforddodd nifer o gerddorion blaenllaw ei ddydd; fel arweinydd corawl yr oedd yn arloeswr, ac arweiniodd ei gôr i fuddugoliaeth droeon yn yr eisteddfodau a gynhaliwyd yn Y Fenni rhwng 1838 ac 1845. Cyhoeddodd *Y Caniedydd Cymreig* (1845), llyfr yn cynnwys mwy na chant o alawon Cymreig gyda geiriau Cymraeg a Saesneg, ynghyd â rhai o'i gyfansoddiadau ef ei hun.

Cafodd ei ddadrithio braidd fel beirniad eisteddfodol, a gwelir hyn yn y gyfrol o gerddi a gyhoeddodd o dan y teitl *Cambria upon Two Sticks* yn 1867. Y mae'r gerdd deitl yn pwysleisio ystwythder yr iaith Gymraeg, a gryfhawyd gan y Ficer Prichard (Rhys *Prichard) a llu o bobl eraill, gan atgoffa'r Saeson eu bod hwythau wedi gwrthsefyll y Normaniaid er diogelu eu hiaith. Y mae'r ail gerdd hir yn y llyfr, sef 'The Eisteddfod', yn ddisgrifiadol yn bennaf ond y mae'n cystwyo'r rhai isel eu safon sy'n chwilio am glod, a'r rhai sy'n rhoi gwobrwyon er ffafrio'u cyfeillion. Y mae'r drydedd gerdd hir, 'Harry Vaughan', o ddiddordeb yn bennaf oherwydd bod y bardd yn crwydro, gyda'r amcan o foli Caerfyrddin, ei fro gynefin, a dengys ei ddiffyg parch tuag at feirdd Seisnig cyfoes. Nid oedd Ieuan Ddu yn hynod fedrus fel mydryddwr, ac yr oedd weithiau'n ymosodol a braidd yn aneglur. Y mae'r llyfr hwn yn ddatganiad gwerthfawr gan Gymro gwladgarol o ganol y bedwaredd ganrif ar bymtheg a deimlai'n rhydd i feirniadu agwedd nawddoglyd y Saeson (a'u cynffonwyr o Gymry) a'r arferion anonest a geid mewn sefydliadau Cymreig.

Ceir manylion pellach yn y ddarlith gan Roland Mathias yn y gyfrol *Dathlu* (gol. R. Gerallt Jones, 1985).

THOMAS, JOHN (1821–92), pregethwr a llenor, a aned yng Nghaergybi, Môn, yn frawd i Owen *Thomas. Magwyd ef yn Fethodist Calfinaidd, ond troes at yr Annibynwyr, a bu'n weinidog yn y Bwlchnewydd, Caerf., Glyn-nedd, Morg., a Lerpwl. Daeth yn amlwg iawn yn ei enwad a bu'n golygu *Y Gweriniwr*, *Yr Annibynwyr* ac *Y *Tyst*. Cyhoeddodd *Traethodau a Phregethau* (1864) a chyfrolau ar hanes yr Annibynwyr a rhai cofiannau; ef hefyd yw awdur y nofel *ddirwestol, *Arthur Llwyd y Felin* (1879).

Cyhoeddwyd *Cofiant y Parchedig John Thomas, D.D. Liverpool* (1898) gan Owen Thomas a J. Machreth Rees; gweler hefyd *Dal Ati i Herio'r Byd* (gol. D. Ben Rees, 1988).

Thomas, John (Pencerdd Gwalia; 1826–1913), telynor. Fe'i ganed ym Mhen-y-bont ar Ogwr, Morg., astudiodd yn Academi Frenhinol Cerdd ac fe'i penodwyd yn delynor i'r Frenhines Fictoria yn 1871. Yn 1882 daeth yn athro'r delyn yn y Coleg Brenhinol ac Ysgol Gerdd Guildhall, Llundain. Bu'n canu'r delyn yn amryw o wledydd Ewrop. Cyfansoddodd gryn lawer o gerddoriaeth offerynnol, yn arbennig i'r delyn. Cyhoeddwyd casgliad o'i waith o dan y teitl *Welsh Melodies* (4 cyf., 1862, 1870, 1874) gyda geiriau Cymraeg gan Talhaiarn (John *Jones), Mynyddog (Richard *Davies) a John Ceiriog *Hughes.

THOMAS, JOHN (Eifionydd; 1848–1922),

gohebydd a golygydd a aned ym mhlwyf Penmorfa, Caern. Heb fedru darllen, aeth yn brentis naw mlwydd oed i swyddfa'r *Brython* yn Nhremadog a dysgodd grefft argraffu. Dechreuodd bregethu gyda'r Annibynwyr a threulio dwy flynedd fel efrydydd diwinyddol yng Ngholeg Coffa Aberhonddu cyn ymadael i fynd yn newyddiadurwr. Ymhlith y cylchgronau a olygwyd ganddo yr oedd *Y *Genedl Gymreig* ac *Y *Werin*; golygodd hefyd ddau gasgliad poblogaidd o gerddi dan y teitl *Pigion Englynion Fy Ngwlad* (1881–82), ond ei gyfraniad pwysicaf i ddiwylliant Cymraeg oedd golygu *Y *Geninen*, a sefydlwyd ganddo yn 1883, hyd ddiwedd ei oes. Gwnaeth y cylchgrawn hwn gyfraniad pwysig i ddatblygiad llenyddiaeth Gymraeg ac yr oedd Eifionydd yn un o'i olygyddion mwyaf nodedig. Bu hefyd yn Gofiadur *Gorsedd Beirdd Ynys Prydain am dros ddeng mlynedd ar hugain.

Ceir manylion pellach yn yr erthygl gan E. Morgan Humphreys yn *Gwŷr Enwog Gynt* (ail gyfres, 1953).

THOMAS, LESLIE (1931–   ), nofelydd a aned yng Nghasnewydd, Myn., ond a dreuliodd y rhan fwyaf o'i lencyndod ar ôl deuddeg oed yn un o gartrefi Dr. Barnardo yn Kingston, Surrey. Ceir hanes ei brofiad yno yn ei gyfrol hunangofiannol, *This Time Next Week* (1964). Yn ei nofel *Virgin Soldiers* (1966) ceir hanes milwyr ar eu gwasanaeth milwrol yn Malaya; fe'i dilynwyd gan *Onward Virgin Soldiers* (1971), *Stand up Virgin Soldiers* (1976), ac eraill. Cyhoeddwyd *Dangerous Davies* (1976), *Dangerous in Love* (1987) a *Dangerous by Moonlight* (1993) mewn un gyfrol yn 1995. Y mae arddull liwgar a miniog a deialog bywiog yn nodweddu'r cyfan. Parhaodd gyda'i hunangofiant a chyhoeddi *In my Wildest Dreams* (1984). Ymysg ei ysgrifau taith y mae *The Hidden Places of Britain* (1981) a *My World of Islands* (1993). Dyfarnwyd gradd M.A. anrhydeddus i Leslie Thomas gan *Brifysgol Cymru yn 1995.

THOMAS, LOUIE MYFANWY (Jane Ann Jones; 1908–68), *née* Davies, nofelydd ac awdur straeon byrion a straeon i blant. Fe'i ganed yn Nhreffynnon, Ffl. Bu'n gweithio yn Adran Addysg Cyngor Sir Dinbych ond bu'n rhaid iddi ymddeol yn gynnar oherwydd blynyddoedd o afiechyd. Cyhoeddodd gyfrol o straeon byrion, *Storïau Hen Ferch* (1937), dwy nofel, *Y Bryniau Pell* (1949) a *Diwrnod yw ein Bywyd* (1954), a dwy gyfrol i blant, *Plant y Foty* (1955) ac *Ann a Defi John* (1958). Mynnodd ymgadw rhag amlygu'r gwirionedd amdani'i hun fel awdur a chuddiodd y tu ôl i ffugenw am flynyddoedd heb neb ond tua phedwar o'i chyfeillion agosaf yn gwybod ei chyfrinach. Ceir hiwmor cynnil yn rhai o'i storïau byrion, sy'n dadlennu rhywfaint ar ei phersonoliaeth addfwyn a byrlymus.

Ceir portread personol gan Kate Roberts yn *Y Faner* (1 Chwef. 1968) a gyhoeddwyd hefyd yn *Erthyglau ac Ysgrifau Llenyddol Kate Roberts* (gol. David Jenkins, 1978).

Thomas, Lucy (1781–1847), 'mam y farchnad lo yng Nghymru'. Fe'i cofir am agor yn Y Waun-wyllt, Abercannaid, ger Merthyr Tudful, Morg., y lefel gyntaf a gynhyrchai lo ar gyfer ei losgi gartref yn hytrach nag ar gyfer toddi mwynau.

Thomas, Llywelyn (Llywelyn Fawr o Fawddwy; m. 1807), gŵr a oedd yn enwog am ei gryfder rhyfeddol, ac a fu'n byw yn Nhy'n-llwyn, Llanymawddwy, Meir. Adroddir am rai o'i gampau ac fe'i cofir yn y rhigwm adnabyddus sy'n dechrau 'Llywelyn Fawr o Fawddwy/A aeth i foddi cath'. Dylid nodi, fodd bynnag, y cysylltir y rhigwm hwn ag arwyr gwerin eraill hefyd, megis y Cobler Coch o Ruddlan a Siencyn Siôn o'r Hengoed.

THOMAS, MEURIG WYNN (1944–), beirniad llenyddol ac ysgolhaig a aned yn Ferndale, *Rhondda ac a faged yno ac ym Mhenyrheol, Gorseinon, lle y mae'n dal i fyw. Ar ôl astudio Saesneg yng Ngholeg y Brifysgol Abertawe daeth yn ddarlithydd yn yr Adran Saesneg yno yn 1966; dyfarnwyd Cadair Bersonol iddo yn 1994. Bu'n athro ar ymweliad yn Harvard (1989; 1991–92) a Tübingen (1994–95). Bu'n Gadeirydd Pwyllgor Llenyddiaeth *Cyngor Celfyddydau Cymru o 1985 hyd 1991, y mae'n ysgrifennydd *Cymdeithas Llên Saesneg Cymru, yn is-gadeirydd yr *Academi Gymreig, yn aelod o fwrdd golygyddol y *Walt Whitman Quarterly Review*, ac yn olygydd cyswllt *Welsh Writing in English: A Yearbook of Critical Essays*.

Y mae Wynn Thomas yn arbenigwr ar Whitman, fel y dengys nifer o'i gyhoeddiadau: ei astudiaeth feirniadol, *The Lunar Light of Whitman's Poetry* (1987); ei argraffiad o *'Drum-Taps'*, a gyhoeddwyd gan *Wasg Gregynog fel *Wrenching Times* (1991); ei gyfraniad i *Walt Whitman and the World* (1995) fel golygydd cydweithredol gyda chyfrifoldeb dros yr adran ar y Deyrnas Unedig; *Dail Glaswellt* (1995), ei gyfieithiad i'r Gymraeg o ddetholiadau o *Leaves of Grass*; a llu o erthyglau ac adolygiadau. Bu'n brif siaradwr mewn cynadleddau yn Ninas Efrog Newydd a Phrifysgol Iowa i goffáu canmlwyddiant marwolaeth Whitman yn 1992.

Cyhoeddodd hefyd *Morgan *Llwyd* (1984) a *Morgan Llwyd: Ei Gyfeillion a'i Gyfnod* (1991); ymddangosodd ei argraffiad o *Llyfr y Tri Aderyn* Morgan Llwyd yn 1988. Y mae ei waith ar lên Saesneg Cymru yn cynnwys argraffiad o nofel Emyr *Humphreys, *A Toy Epic* (1989), golygu dwy gyfrol o ysgrifau ar R. S. *Thomas, sef *R. S. Thomas: y Cawr Awenydd* (1990) a *'The Page's Drift': R. S. Thomas at Eighty* (1993), ac *Internal Difference: Writing in Twentieth-Century Wales* (1992). Yn yr olaf (un o'r llyfrau pwysicaf ar lenyddiaeth fodern Cymru) ynghyd ag yn *DiFfinio Dwy Lenyddiaeth Cymru* (1995), cyfrol o ysgrifau a olygwyd ganddo, trafodir y berthynas rhwng dwy lenyddiaeth y Gymru fodern. Cyhoeddodd hefyd ysgrif ar John *Ormond yn y gyfres *Writers of

Wales (1997). Etholwyd ef yn Gymrawd yr Academi Brydeinig yn 1996.

THOMAS, NED, gweler THOMAS, EDWARD MORLEY (1936–).

THOMAS, OLIVER (c.1598–1652), clerigwr Piwritanaidd ac awdur; brodor o sir Drefaldwyn ydoedd a ymsefydlodd yn West Felton ger Croesoswallt. Yn 1650 fe'i penodwyd yn Brofwr dan *Ddeddf Taenu'r Efengyl a chafodd fywoliaeth Llanrhaeadr-ym-Mochnant, Dinb. Gwnaeth ei ran, fel eraill o'r Piwritaniaid, i gael llyfrau crefyddol yn Gymraeg a chyhoeddodd bedwar llyfr, sef *Carwr y Cymru yn anfon ychydig gymorth i bôb Tad a mam sy'n ewyllysio bod eu plant yn blant i Dduw hefyd* (1630), *Carwr y Cymru yn annog ei genedl anwyl . . . i chwilio yn Scrythyrau* (1631), *Sail Crefydd Ghristnogol* (c.1640) gydag Evan Roberts o Lanbadarn yn gyd-awdur, a *Drych i Dri Math o Bobl* (c.1647).

Ceir manylion pellach yn yr argraffiad o *Carwr y Cymru* a baratowyd gan J. Ballinger (1930); gweler hefyd Merfyn Morgan (gol.), *Gweithiau Oliver Thomas ac Evan Roberts* (1981).

Thomas, Ormond, gweler ORMOND, JOHN (1923–90).

THOMAS, OWEN (1812–91), cofiannydd. Fe'i ganed yng Nghaergybi, Môn, yn frawd i John *Thomas (1821–92), a bu'n gweithio fel saer-maen hyd nes iddo ddechrau pregethu gyda'r Methodistiaid Calfinaidd yn 1834. Addysgwyd ef yng Ngholeg y Bala ac ym Mhrifysgol Caeredin, a daeth yn un o bregethwyr grymusaf ei ddydd. Ymddibynnodd Lewis *Edwards arno ym mlynyddoedd cynnar Y *Traethodydd fel cyfrannwr a chyd-olygydd. Ei orchest lenyddol bennaf oedd *Cofiant John Jones, Talsarn* (1874), sy'n garreg-filltir yn hanes y *cofiant Cymraeg, ac sy'n cynnwys nid yn unig hanes gyrfa John *Jones, ond pennod faith ar ddadleuon diwinyddol Cymru yn ystod y cyfnod o 1707 hyd 1841 ac astudiaeth o nodweddion pregethu a phregethwyr y Methodistiaid. Cyhoeddodd hefyd gofiant Henry *Rees (1890) a llu o esboniadau, heb anghofio ei gyfraniad sylweddol i'r *Gwyddoniadur Cymreig. I'n hoes ni ef oedd taid Saunders *Lewis.

Cyhoeddwyd *Cofiant Owen Thomas* (1912) gan J. J. Roberts (Iolo Carnarvon), ond y mae'r astudiaeth ddiweddar gan D. Ben Rees, *Pregethur y Bobl* (1979), yn fwy boddhaol.

Thomas, Richard (1838–1916), diwydiannwr. Fe'i ganed yn Bridgwater, Gwlad yr Haf, ond daeth i weithio yng ngweithfeydd alcan Margam pan oedd yn ŵr ifanc. Erbyn 1863 yr oedd yn glerc a chanddo ofal dros adeiladau gweithfeydd Melincryddan ger Castell-nedd, ac yn 1865 dechreuodd ar ei yrfa fel cyflogwr trwy fenthyca'r cyfalaf yr oedd arno ei angen i brynu gweithfeydd alcan a glofa Lydbrook. Yn 1884 ffurfiodd gwmni preifat Richard Thomas a'i Feibion ac o'r cyfnod hwnnw bu'n prynu eiddo yn gyson: gweithfeydd haearn ac alcan Melingriffith ger Caerdydd (1888) a gweithfeydd yn Aberdâr (1890), Aber-carn (1895), Cwmfelin (1896), Llanelli a Phorth Tywyn (1898), Cwmbwrla (1898) a mannau eraill. Yn 1918 adffurfiodd meibion Thomas y cwmni preifat yn un cyhoeddus, ac ailsefydlwyd gwneud dur ar raddfa helaeth yng Nglynebwy yn 1935. Pan unwyd y cwmni â chwmni cyfunol Baldwin yn 1945 yr oeddynt rhyngddynt yn rheoli rhyw ddwy ran o dair o felinoedd dur de Cymru. Yn 1947 ffurfiwyd Cwmni Dur Cymru (yn ganlyniad cyfuno Richard Thomas a Baldwin, Guest Keen ac eraill), a daeth cyfnod o ffyniant i'r gweithfeydd alcan electrolytig yng Nglynebwy. Tua diwedd yr un cyfnod ffyniannus yn 1962 agorwyd melin-strip newydd – y drydedd fwyaf yng Nghymru. Ond o ganlyniad i'r gostyngiad graddol yn y galw am ddur ac alcan, rhywbeth nas ataliwyd gan wladoli'r diwydiant yn 1951, ei ddadwladoli yn 1953 a'i ailwladoli yn 1965, caewyd gweithfeydd Glynebwy yn 1976. Hyd yma ceir llewyrch yn Llan-wern, ond gyda gostyngiad sylweddol yn nifer y gweithwyr.

THOMAS, RICHARD GEORGE (1914–),
beirniad ac ysgolhaig a aned ym Mhontlotyn, Morg., ac a addysgwyd yng Ngholeg y Brifysgol, Caerdydd. Yn ystod yr Ail Ryfel Byd, gwasanaethodd yn Ngwlad yr Iâ (lle y mynychodd Brifysgol Reykjavik), yn India ac yn y Dwyrain Pell. Dychwelodd yn 1946 i ddysgu llenyddiaeth yr Oesoedd Canol a'r ddeunawfed ganrif yn ei hen goleg ac ymddeolodd yn 1980 fel Athro Iaith a Llenyddiaeth Saesneg yno. Ar wahân i'w waith ar hen chwedlau Gwlad yr Iâ, fel cyfieithydd a golygydd, y mae wedi arbenigo ar farddoniaeth Edward *Thomas (1878–1917). Ymddangosodd ei argraffiad o Collected Poems y bardd hwnnw yn 1978, ei gofiant, Edward Thomas, A Portrait yn 1985, dwy gyfrol o ohebiaeth Thomas â Gordon Bottomley yn 1968 ac 1996, a'i ysgrif Edward Thomas yn y gyfres *Writers of Wales yn 1972.

THOMAS, RICHARD JAMES (1908–76), geiriadurwr a aned yng Nghaerdydd, ac a addysgwyd yng Ngholeg Prifysgol y ddinas honno. Yn 1937 ymunodd â staff *Geiriadur Prifysgol Cymru fel darllenydd, ac yn 1947 fe'i penodwyd yn olygydd, swydd y bu ynddi hyd ei ymddeol yn 1975. Ei brif ddiddordeb y tu allan i faes geiriadura oedd astudio enwau lleoedd, a ffrwyth hynny yw'r gyfrol Enwau Afonydd a Nentydd Cymru (1938), cyfrol a erys yn waith safonol ar y pwnc. Yn 1960 prynodd Yr Hen Gapel, Tre'r-ddôl, Cer., a'i droi yn amgueddfa Fethodistaidd a lleol.

THOMAS, ROBERT (Ap Vychan; 1809–80),
diwinydd a llenor a aned yn Llanuwchllyn, Meir. Wedi iddo ddysgu rheolau barddoniaeth gan ei dad gwnaed ef yn aelod o'r *Cymreigyddion lleol pan oedd yn bedair

ar ddeg oed. Fe'i prentisiwyd i of lleol, ac wedyn bu'n teithio o amgylch y wlad, yn dilyn ei grefft, nes iddo yn 1830 aros am gyfnod hwy nag arfer yng Nghroesoswallt a dysgu Saesneg a darllen gweithiau diwinyddol yn yr iaith honno. Yn 1835 fe'i hordeiniwyd yn weinidog gyda'r Annibynwyr. Yr oedd yn bregethwr hynaws a phoblogaidd ac fe'i penodwyd yn Athro Diwinyddiaeth yng Ngholeg yr Annibynwyr yn Y Bala yn 1873. Bu'n gyd-olygydd Y *Dysgedydd am bymtheng mlynedd, ysgrifennodd gofiant i'w dad (1863), a golygodd gofiant i Gadwaladr Jones, Dolgellau. Enillodd y *Gadair yn yr Eisteddfod Genedlaethol yn 1864 ac 1866. Golygwyd ei hunangofiant gan W. Lliedi Williams yn y gyfres *Llyfrau Deunaw (1948) ac y mae'n ddogfen bwysig er deall dioddefaint tenantiaid dan orthrwm y meistri tir yng Nghymru yn y bedwaredd ganrif ar bymtheg. Golygwyd detholiad o'i draethodau diwinyddol gan Michael D. Jones a D. V. Thomas, a detholion o'i waith gan O. M. Edwards yng Nghyfres y Fil (1903).

THOMAS, ROBERT DAVID (Iorthryn Gwynedd; 1817–88), gweinidog gyda'r Annibynwyr, bardd, llenor, arlunydd a radical. Brodor ydoedd o Lanrwst, Dinb. Dechreuodd bregethu yn 1838. Cyhoeddodd ei lyfr cyntaf, Y Crochan Aur (llawlyfr ar hanes crefydd yng Nghymru ac arweinlyfr ar gyfer athrawon *Ysgol Sul) yn 1840. Ar ôl cyfnod mewn ysgol breifat yn Rhydychen fe'i hordeiniwyd yn weinidog capel Penarth, Tfn., yn 1843. Yn 1846 trefnodd arolwg manwl o'r plwyfi yn ardal Llanfair Caereinion i fesur yr awydd a'r angen am addysg rad anenwadol; cyhoeddwyd crynodeb o'r arolwg hwn fel atodiad i adroddiad y *Llyfrau Gleision, ac y mae'n ddogfen unigryw a hynod ddiddorol. Yn 1849 cyhoeddodd Yr Annibynnwr, mewn ateb i feirniadaeth ar rai o eglwysi'r Annibynwyr gan Thomas Roberts (Scorpion) ac Evan *Jones (Ieuan Gwynedd). Yn 1851–52 aeth ar daith i'r Unol Daleithiau i godi arian gan ymfudwyr o Faldwyn i dalu dyledion yr eglwysi gartref. Y mae hanes ei daith (sydd heb ei gyhoeddi'n llawn) yn ddarlun byw a chyfareddol o fywyd Cymry taleithiau'r gogledd-ddwyrain. Dychwelodd i Gymru a phriodi â Sarah Roberts (Sarah Maldwyn; 1827–73), hithau hefyd yn cyhoeddi ei gwaith yng nghyhoeddiadau'r Annibynwyr yng Nghymru ac America. Ymfudodd y teulu i'r Unol Daleithiau yn 1855. Bu R. D. Thomas yn weinidog yn Rome a Floyd, Oneida Co., Efrog Newydd, yn ninas Efrog Newydd, ym Mahanoy City, Pennsylvania, yn Knoxville, Tennessee ac yn Columbus, Ohio. Bu gwerthu da ar ei lyfrau, megis Yr Ymfudwr (1854), hanes America ac Awstralia gyda chyfarwyddiadau i ymfudwyr o Gymru; Colofn y Gwirionedd (1869), ysgrifau ar hawliau a natur eglwysi Cristnogol; a chyfrol gyntaf Hanes Cymry America (1872). Yr oedd yn fwriad ganddo gyhoeddi ail gyfrol o'r gwaith hwn, ond bu farw Sarah yn Tennessee pan oedd ef yng Nghymru, 1873; y fath

ergyd oedd hon iddo fel mai prin fu ei gynnyrch arloesol wedyn. Ar ei deithiau tynnodd luniau rhai o enwogion ei oes, megis John *Thomas (Siôn Wyn o Eifion). Ar ôl marw Sarah cafodd wahoddiad i ddychwelyd i Faldwyn, ond gwrthododd. Perthyn ei gyfraniad i draddodiad Samuel *Roberts (S.R.) a'i debyg.

THOMAS, RONALD STUART (1913–   ), bardd. Fe'i ganed yng Nghaerdydd ond gwasanaethai ei dad ar y llongau masnach a symudodd y teulu o fan i fan nes ymsefydlu yng Nghaergybi, Môn, yn 1918. Aeth i Goleg Prifysgol Gogledd Cymru, Bangor, lle'r astudiodd y Clasuron, a derbyniodd ei hyfforddiant diwinyddol yng Ngholeg Sant Mihangel, Llandaf, Caerdydd. Wedi'i ordeinio yn 1936, gwasanaethodd mewn dwy guradiaeth ar y Gororau, yn Y Waun, Dinb. (1936–40), lle y cyfarfu â'r arlunydd Mildred E. Eldridge a'i phriodi, ac yn Hanmer, Ffl. (1940–42). Daeth yn rheithor Manafon, Tfn, yn 1942 a dyna pryd yr aeth ati o ddifrif i ddysgu'r Gymraeg. Ym Manafon yr ysgrifennodd bron pob un o'r cerddi a gyhoeddwyd yn ei dair cyfrol gyntaf, The *Stones of the Field (1946), An *Acre of Land (1952) a The *Minister (1953), cyfrolau a gasglwyd ynghyd yn ddiweddarach yn Song at the Year's Turning (1955). Y mae rhai o'r cerddi cynnar hyn, megis 'Out of the Hills', 'A Labourer', 'A Peasant', 'The Welsh Hill Country' a 'Cynddylan on a Tractor', yn amlygu ei ddiddordeb ym myd natur, yn naearyddiaeth a hanes Cymru, ac yn ffermwyr a gweision-fferm y mynydd-dir. Creodd y cymeriad Iago Prydderch fel distylliad o nodweddion y bobl hyn ac ymddengys mewn rhyw ugain o gerddi a ysgrifennwyd yn y cyfnod o 1946 hyd 1970, gan ddatblygu'n persona cymhleth dros y bardd, fel llefarydd, gwrthwynebydd, cyfaill a hyd yn oed alter ego.

Yr oedd R. S. Thomas wedi'i ddieithrio oddi wrth lawer o agweddau ar fywyd gwledig Cymru gan ei statws fel offeiriad yn yr Eglwys yng Nghymru a theimla'r gwahanu hwn i'r byw. Yn rhannol er mwyn symud yn nes at y Gymru Gymraeg, derbyniodd ficeriaeth Eglwys-fach, Cer., yn 1954, ac er iddo ganfod mwy o Saesneg na Chymraeg yn y plwyf arhosodd yno hyd 1967. Perthyn pedair cyfrol o gerddi i'r cyfnod hwn, Poetry for Supper (1958), Tares (1961), The Bread of Truth (1963) a Pietà (1966). Y mae'r ymgom ag Iago Prydderch yn mynd yn ei blaen, ond bellach ceir cymeriadau megis Walter Llywarch, Job Davies a Rhodri Theophilus Owen. Y mae dwy thema arbennig yn eu hamlygu eu hunain: diddordeb cynyddol yn natur Duw, mewn cerddi megis 'The Journey' a 'Dialectic', a *Chenedlaetholdeb Cymreig sy'n mynd yn fwyfwy chwerw. Y mae'r gyfrol Tares yn cynnwys llawer o gerddi gwladgarol, ond y mae'r rhai mwyaf ffyrnig genedlgarol i'w cael yn The Bread of Truth, yn enwedig yn y gerdd olaf, 'Looking at Sheep'. Y mae'r brwdfrydedd cenedlaethol wedi'i dymheru yn Pietà, fodd bynnag, a nodweddir y gyfrol hon gan yr archwilio crefyddol llym

a gorfforir yn y gerdd-deitl gyda'i delwedd drawiadol o'r groes wag. Dyma'r cyfeiriad newydd yng ngwaith R. S. Thomas, sy'n tyfu yn fwyfwy crefyddol ond yn llai uniongred.

Pan aeth yn ficer Aberdaron, Caern., yn 1967, fe'i cafodd ei hun o'r diwedd mewn cymuned a'r Gymraeg yn brif iaith iddi. Ond ar wahân i gyfrol fach o gerddi ysgafn, What is a Welshman? (1974), ychydig iawn a ysgrifennodd am Gymru wedyn, nes i Welsh Airs ymddangos (1987): yn y gyfrol hon ailargraffwyd ei gerddi cenedlaetholaidd cynnar ochr yn ochr â phedair ar ddeg o rai newydd. Barddoniaeth ymchwil sydd ganddo yn y bôn, ac unwaith y canfu'r Gymru a bu'n chwilio amdani nid oedd angen ysgrifennu cymaint amdani. Cyfrol ar newid yw Not that He Brought Flowers (1968); y mae'n cynnwys cerddi dychan megis 'Welcome to Wales', ynghyd â myfyrdodau dwys megis 'The Priest', lle y gwna gymod o'r diwedd â'i alwedigaeth, ond daw'r ddelwedd allweddol yn 'Kneeling' lle y mae'r bardd yn ei ddisgrifio'i hun yn penlinio o flaen allor, 'Waiting for the God/To speak'. Y mae hyn yn rhag-weld cwrs ei ddatblygiad yn H'm (1972), Laboratories of the Spirit (1975), The Way of It (1977) a Frequencies (1978). Nodweddir yr aros, yr ymchwil am y deus absconditus, gan y gerdd 'Via Negativa' sy'n dechrau 'Why no! I never thought other than/That God is that great absence/In our lives'. Yn Frequencies daw yn agos at derfynau uniongrededd Gristnogol, ac y mae delweddaeth pob un o'r cyfrolau diweddar hyn wedi'i gwreiddio'n ddwfn mewn gwyddoniaeth a thechnoleg.

Ymddeolodd R. S. Thomas o weinidogaeth yr Eglwys yng Nghymru adeg y Pasg 1978, ac aeth i fyw i'r Rhiw ger Aberdaron. Nid yw cyfrol gyntaf ei ymddeoliad, Between Here and Now (1981), yn debyg i un o'i gyfrolau blaenorol gan fod hanner y cerddi yn fyfyrdodau ar ddarluniau'r Argraffiadwyr yn Louvre; y mae llawer o'r lleill yn parhau i ofyn 'pa mor bell yw hi at Dduw?' Cyhoeddodd gyfrol arall o gerddi yn archwilio'r berthynas rhwng arlunio a barddoniaeth dan y teitl Ingrowing Thoughts yn 1985.

Yr un flwyddyn, cyflwynodd R. S. Thomas y wedd gyhoeddus ar ei hanes yn Neb, hunangofiant ar ffurf parabola, gan ei fod yn olrhain cwrs ei fywyd o'i ddyddiau cynnar yng Nghaergybi, ymaith i'r gororau, ac yna'n ôl, heibio i Eglwys-fach, i Aberdaron yn mhen draw Pen Llŷn. (Ceir cofnod diddorol, ar ffurf dyddiadur, o'i ddyddiau yno yn Blwyddyn yn Llŷn, 1990.) Un o nodweddion hynotaf Neb yw ei fod wedi ei ysgrifennu yn y trydydd person, yn rhannol i arwyddo cred yr awdur nad yw ef yn ddim o feddwl am fawredd Duw ac oed hynafol y Cread. Hynodrwydd arall yr hunangofiant yw'r deunydd sydd wedi ei hepgor ganddo, ac eto ceir amrywiaeth cyfoethog o ysgrifennu, sy'n cynnwys sylwadau brathog ar y gymdeithas yn ogystal â myfyrdodau telynegol, dwys, ar harddwch di-foesoldeb byd natur. Ailgylchir peth o'r defnyddiau hyn yn The Echoes

Return Slow (1988), cyfrol sy'n anarferol am fod barddoniaeth a rhyddiaith yn cael eu cyfochri'n awgrymog iawn ynddi, ac am nad yw'n ymwneud â dim ond rhawd bersonol y bardd.

Ymddengys y gyfrol yn fwy anarferol byth, o'i chymharu ag *Experimenting with an Amen* (1986), a ddaeth o'i blaen, gan fod awgrym yn honno y gallai fod R. S. Thomas wedi chwythu'i blwc fel bardd crefyddol. Ond drwy fabwysiadu'r dull dilechdidol o lunio testun a arferwyd ganddo yn *The Echoes Return Slow*, llwyddodd i ailfywiogi ei awen ysbrydol yn ei lyfr nesaf, *Counterpoint* (1990). Er bod cynnwys hwnnw wedi'i drefnu dan bennau traddodiadol (BC, Yr Ymgnawdoliad, y Croeshoeliad, AD), dehonglir y testunau hyn mewn ffyrdd go anuniongred, wrth i'r bardd ddychwelyd at ei hoff themâu, gan gynnwys mileindra technoleg ystrywgar (a gynrychiolir gan hen elyn R. S. Thomas: y peiriant). Y mae ei farn heriol am gredoau traddodiadol y ffydd Gristnogol ac am werthoedd a gweithredoedd y byd modern secwlar yn amlwg eto fyth yn *Mass for Hard Times* (1992), y gyfrol rymus a gysegrwyd er cof am ei wraig, a gladdwyd y flwyddyn flaenorol. Ychwanega'r cerddi teimladwy sy'n ymwneud â hi dinc rhyw dynerwch newydd at ei farddoniaeth, ac wrth glywed adlais arall ohono yn *No Truce with the Furies* (1995) awgrymodd ambell adolygydd efallai fod y bardd hwn, a fuasai'n enwog cyhyd am ei ddrwgdybiaeth lem o bob cysur, ychydig bach yn barotach, yn ei hen ddyddiau, i gydnabod dilysrwydd cariad dynol a chariad dwyfol. Ymhellach, adlewyrcha *No Truce with the Furies* newidiadau pwysig yn amgylchiadau personol R. S. Thomas, gan iddo adael, ar ôl i'w wraig farw, yr hen fwthyn yn Llŷn y cyfeiriwyd droeon ato yn ei gerddi, ac ymgartrefu, gyda chymar newydd, nid nepell o Gaergybi, bro ei febyd.

Er y buasai disgwyl am yn hir am *Collected Poems* R. S. Thomas, pan gyhoeddwyd y casgliad (a olygwyd gan ei fab) i gyd-daro â phen blwydd y bardd yn bedwar ugain oed, ymateb digon cymysg a gafwyd. Anwybyddwyd y cerddi crefyddol gan nifer o adolygwyr yr oedd yn well ganddynt ailadrodd yr hen ystrydebau treuliedig am y 'gwerinwr' tybiedig, Iago Prytherch. Gresynai hyd yn oed y beirniaid mwyaf cydymdeimladol fod sawl cerdd unigol o bwys wedi ei gollwng o'r llyfr, ac na chynhwyswyd dim o ddeunydd y cyfrolau diweddar lle yr oedd pererindota dychymyg anesmwyth y bardd i'w ganfod ar ei orau. Serch hynny, sicrhaodd *Collected Poems* fod sylw newydd yn cael ei roi i yrfa a rychwantai hanner canrif, ac yn sgil hynny enwebwyd R. S. Thomas ar gyfer Gwobr Lên Nobel yn 1996; yr oedd y cais yn aflwyddiannus.

Y mae rhyddiaith achlysurol R. S. Thomas yn cynnwys adolygiadau ac erthyglau mewn cylchgronau megis *Wales, Dock Leaves* (*The *Anglo-Welsh Review*), Y *Fflam*, a *Baner ac Amserau Cymru*, a hefyd myfyrdodau cyhoeddus mwy ffurfiol ar grefft y llenor megis yn

Words and the Poet (1984), *Abercuawg* (1976), *The Creative Writer's Suicide* (1977) ac *Undod* (1985). Yn ogystal, y mae wedi golygu'r flodeugerdd *The Batsford Book of Country Verse* (1961), *The Penguin Book of Religious Verse* (1963), *Edward *Thomas: Selected Poems* (1964), *A Choice of George *Herbert's Verse* (1967) ac *A Choice of Wordsworth's Verse* (1971). Y mae ei rageiriau i'r blodeugerddi hyn yn bwysig er mwyn deall ei ddatblygiad barddonol ef ei hun. Rhydd fynegiant miniog a grymus i'w farn ddadleuol am wleidyddiaeth a diwylliant Cymru yn *Cymru or Wales?* (1992), ac y mae *ABC Neb* (1995) yn gymysgfa ddiddorol o fyfyrdodau personol wedi eu gosod yn nhrefn yr wyddor. Yn 1983 golygwyd detholiad o ysgrifau R. S. Thomas, gan gynnwys cyfieithiadau o rai o'r ysgrifau Cymraeg a gasglwyd yn ddiweddarach yn y gyfrol *Pe Medrwn yr Iaith* (1988).

Yn ddi-os, R. S. Thomas yw'r ffigur mwyaf awdurdodol yn llên Cymru er cyfnod Dylan *Thomas, ac er bod rhai beirniaid yn dal i weld eisiau Iago Prytherch ac yn methu derbyn y newid arddull a thestun a welwyd yng ngwaith y bardd er y 1970au, cred beirniaid eraill fod ei ysgrifennu wedi dyfnhau ac wedi dwysáu yn ystod y degawdau diwethaf, wrth iddo gymathu elfennau annisgwyl er mwyn creu ieithwedd newydd, radical, grefyddgar sy'n cyfuno ffablau rhyfygus, consetiau cythryblus, gosodiadau sy'n eu tanseilio eu hunain, a delweddau wedi eu cywain o fyd ffiseg isatomig a gwyddoniaeth gosmolegol. Yng ngherddi gorau y cyfnod diweddar hyn y mae R. S. Thomas yn gorfodi iaith i ddatgelu ei hannigonolrwydd dynol tra'i fod ar yr un gwynt yn ei galluogi hi, yn ei hanobaith, i ymgyrraedd bron y tu hwnt i'w gallu.

Ceir llyfryddiaeth gyflawn o ysgrifeniadau gan R. S. Thomas ac amdano yn *A Bibliographical Guide to Twenty-Four Modern Anglo-Welsh Writers* (gol. John Harris, 1994). Ymhlith y trafodaethau beirniadol defnyddiol o'i waith ceir traethawd R. George Thomas yn y gyfres *Writers and their Work* (1964); rhifynnau arbennig o *Poetry Wales* (cyf. VII, rhif. 4, 1972 a chyf. XXIX, rhif. 1, 1993) a *The New Welsh Review* (rhif. 5, cyf. IV, Gwanwyn 1993); ysgrif W. Moelwyn Merchant yng nghyfres *Writers of Wales* (1979); *Critical Writings on R. S. Thomas* (gol. Sandra Anstey, 1982; adolygwyd a helaethwyd, 1992); A. E. Dyson, *Riding the Echo: Yeats, Eliot and R. S. Thomas* (1981); casgliadau o ysgrifau beirniadol, *Y Cawr Awenydd* (gol. M. Wynn Thomas, 1990), *The Page's Drift: R. S. Thomas at Eighty* (gol. M. Wynn Thomas, 1993) a *Miraculous Simplicity* (gol. William V. Davis, 1993); astudiaethau o'i gerddi crefyddol yn D. Z. Phillips, *Through a Darkening Glass* (1982), y gyfrol R. S. Thomas: Poet of the Hidden God* (1986) gan yr un awdur, M. J. J. van Buuren, *Waiting: the Religious Poetry of Ronald Stuart Thomas* (1993), Elaine Shepherd, *R. S. Thomas: Conceding an Absence* (1996) a Justin Wintle, *Furious Interiors* (1996). Gweler hefyd Jason Walford Davies, 'Allusions to Welsh Literature in the Writing of R. S. Thomas', yn *Welsh Writing in English* (cyf. I, gol. Tony Brown, 1995) ac *Autobiographies* (1997), detholiad o ysgrifeniadau hunangofiannol R. S. Thomas wedi eu cyfieithu i'r Saesneg.

Thomas, Sidney Gilchrist (1850–85), dyfeisiwr a aned yn Llundain i rieni o sir Aberteifi. Bu'n athro ysgol ac wedyn yn glerc yn llysoedd yr heddlu yn Llundain am lawer o flynyddoedd. Rhwng 1870 ac 1878 bu'n ymchwilio am ffordd o ddiffosfforeiddio'r haearn a ddefnyddir i wneud dur, proses y bu Syr Henry Bessemer yn ymchwilio i'w chyfrinach am amser hir. Llwyddodd Thomas o'r diwedd yn ei arbrofion, trwy gymorth ei gefnder Percy Gilchrist, cemegydd mewn gwaith haearn ym Mlaenafon, Myn. Canlyniad y darganfyddiad hwn oedd cynnydd mawr mewn cynnyrch dur ym Mhrydain a thros y môr. O ganlyniad i'w batent, a thrwy gynhyrchu slag amrwd a ddefnyddid fel gwrtaith i bridd, daeth Thomas yn ŵr cyfoethog, ond collodd ei iechyd o achos ei lafur cyson. Bu farw a chladdwyd ef ym Mharis. Gadawodd ei arian i'w ddefnyddio dros achosion dyngarol, trwy drefniant ei chwaer, Lilian Gilchrist Thompson, a gyhoeddodd gofiant iddo yn 1940.

THOMAS, THOMAS JACOB (Sarnicol; 1873–1945), bardd, brodor o Gapel Cynon ger Llandysul, Cer. Cafodd ei addysgu yng Ngholeg Prifysgol Cymru, Aberystwyth, a bu'n athro ysgol wedyn yn Southampton, Abergele, Abertyleri a Merthyr Tudful. Penodwyd ef yn brifathro Ysgol Uwchradd Mynwent y Crynwyr, ger Merthyr Tudful, yn 1922. Enillodd y *Gadair yn yr Eisteddfod Genedlaethol yn 1913 gyda'i awdl 'Aelwyd y Cymro', a rhwng 1898 ac 1944 cyhoeddodd ddeg cyfrol o farddoniaeth a rhyddiaith a fu'n boblogaidd oherwydd eu plwyfoldeb sionc. Fel awdur, Banc *Siôn Cwilt oedd cynefin Sarnicol a symudai yn rhwydd yn ei sylwebaeth rhwng y telynegol a'r dychanol; y mae rhai o'i epigramau yn gofiadwy. Gwelir y gorau o'i weithiau yn y cyfrolau *Stori Shaci'r Gwas* (1906), *Odlau Môr a Mynydd* (1912), *Blodau Drain Duon* (1935) ac *Ar Fanc Siôn Cwilt* (gol. J. Tysul Jones, 1972).

Ceir rhagor o fanylion amdano yn *Y Cardi* (cyf. XI, 1973).

THOMAS, TREVOR CYRIL (1896–1989), dramodydd. Fe'i ganed ym Merthyr Tudful, Morg. Daeth yn athro yn Aberhonddu, gan ei gysylltu ei hun â'r Theatr Fach yno ac yn arbennig â'i gwmni ef ei hun, *The Llynsafaddan Players*, ac ysgrifennodd nifer o gomedïau ysgafn ar eu cyfer. Y mae llawer ohonynt yn ymwneud â helyntion signalwr ar y rheilffordd fel *Davy Jones's Dinner* (1955) a *Davy Jones's Locker* (1956), y ddwy ohonynt yn ddramâu un act. Ysgrifennodd T. C. Thomas ar gyfer y radio, cyhoeddodd rai straeon byrion, ac yr oedd ganddo ddiddordeb cyffredinol mewn meithrin y ddrama amatur yng Nghymru.

Thomas, Watcyn (1906–78), blaenwr rygbi a chwaraeai i dimau Llanelli, Abertawe a Chymru. Yr oedd yn chwaraewr egr a dewr, ac enillodd bedwar cap ar ddeg rhwng 1927 ac 1933. Bu'n gapten y tîm cenedlaethol deirgwaith gan gynnwys buddugoliaeth enwog yn Twickenham yn 1933. Ysgrifennodd ei hunangofiant o dan y teitl *Rugby Playing Man* (1977).

THOMAS, WILLIAM (Islwyn; 1832–78), bardd. Fe'i ganed ger Ynys-ddu, Myn., yr ieuangaf o ddeg o blant; plentyn eiddil ydoedd, a bregus fu ei iechyd trwy gydol ei oes. Talwyd iddo gael addysg dda gan ei rieni a oedd yn hen ac yn weddol gefnog a bwriadwyd iddo fynd yn dirfesurydd, ond newidiwyd cwrs ei fywyd pan oedd yn ŵr ifanc. O dan ddylanwad ei weinidog a'i frawd yng nghyfraith, Daniel Jenkyns, proffodd dröedigaeth grefyddol a daeth i ymddiddori'n angerddol mewn barddoniaeth Gymraeg. Dylanwad mwy trawiadol arno yn 1853 oedd marwolaeth sydyn Anne Bowen, merch ifanc o Abertawe y bwriadai ei phriodi. Canlyniad uniongyrchol y drychineb hon fu llunio dwy gerdd hir o dan yr un teitl, sef 'Y *Storm*'. Y cerddi hyn a wnaeth enw iddo fel bardd. Yn fuan wedyn gwnaeth gais am y weinidogaeth gyda'r Methodistiaid Calfinaidd, ac fe'i hordeiniwyd yn 1859. Arhosodd yn ei fro enedigol yn bregethwr, ond gwrthododd gymryd gofal eglwys. Yn 1864 priododd Martha Davies, hithau o Abertawe, ond amharwyd o'r dechrau ar eu priodas ddiblant gan gysgod Anne Bowen; yn y cyfamser, yr oedd mam Anne wedi priodi tad Martha. Geiriau olaf Islwyn ar ei wely angau yn ôl un tyst oedd, 'Diolch i ti, Martha, am y cyfan a wnest i mi. Buost yn garedig iawn. 'Rwyf yn mynd at Anne 'nawr.' Y mae amgueddfa goffa i'r bardd yng Nghapel y Babell, ger Ynys-ddu, o dan drefniant Cymdeithas Goffa Islwyn.

Er mai tyndra sylfaenol bywyd Islwyn oedd ei gariad at Anne a'i briodas â Martha, yr oedd hefyd broblemau annatod yn codi o'r tyndra rhwng ei fagwraeth Seisnig a'i ddiddordeb dwfn ym marddoniaeth Gymraeg, rhwng y prudd a'r hwyliog yn ei bersonoliaeth a rhwng y bardd a'r pregethwr ynddo. Ceir deuoliaeth sylfaenol rhwng cynnwys a ffurf y ddwy gerdd 'Y Storm', a hefyd rhwng y cerddi hyn a gweddill ei waith barddonol. Ar wahân i'r cerddi pwysig hyn, dwy gyfrol arall o gerddi a gyhoeddodd Islwyn, sef *Barddoniaeth* (1854) a *Caniadau* (1867). Wedi hynny lluniai gerddi cynganeddol ar gyfer eisteddfodau, neu farwnadau diawen. Er gwaethaf cynnig droeon methodd ag ennill *Cadair yr Eisteddfod Genedlaethol. Fel beirniad a golygydd amryw gylchgronau anogai dwf barddoniaeth fwy telynegol, er iddo ef droi'n fwyfwy at farddoniaeth glasurol. Honnwyd mai ef oedd tad y *Bardd Newydd, ond yr oedd ef ei hun yn amharod i gydnabod hynny. Yr oedd tyndra hefyd rhwng beiddgarwch cyfriniol llawer o'i farddoniaeth ac uniongrededd ei alwedigaeth, rhwng ei ddyletswyddau crefyddol a'i natur ddifater ei hun, rhwng glynu wrth yr hen wirioneddau diwinyddol a choleddu rhai syniadau newydd. Bu tyndra hyd yn oed yn ei ymddangosiad, gan fod iddo gorff bach a phen anferth. Serch hynny, y storm ysbrydol, emosiynol, seicolegol a meddyliol a brofodd yn sgîl marwolaeth Anne Bowen a fu'n gyfrifol, nid yn unig am lawer o wrthgyferbyniadau yn agwedd a gyrfa Islwyn, ond hefyd am ei gyfraniad mwyaf i farddoniaeth Gymraeg, sef 'Y Storm'.

Golygwyd detholiad o farddoniaeth Islwyn gan O. M. Edwards yn 1897, J. T. Jones yn 1932 a chan T. H. Parry-Williams yn 1948. Ceir astudiaethau beirniadol ar ei waith gan W. J. Gruffydd (1942), D. Gwenallt Jones (1948), Hugh Bevan (1965) a Gwyn Davies (1979); gweler hefyd, *Islwyn: Man of the Mountain* (1983) gan Meurig Walters a olygodd 'Y Storm' (1980).

THOMAS, WILLIAM (Gwilym Marles; 1834–79),

bardd ac arweinydd Radicalaidd; brodor o Lanybydder, Caerf., ydoedd. Cafodd ei addysg ym Mhrifysgol Glasgow a daeth yn adnabyddus fel ymladdwr dros hawliau'r werin yn erbyn landlordiaeth. Undodwr ydoedd ac ysgrifennodd farddoniaeth delynegol a gyhoeddwyd yn y gyfrol *Prydyddiaeth* (1859) sydd â thuedd at y pruddglwyfus, yn ogystal â storïau byrion moeswersol. Yr oedd yn athro preifat i Islwyn (William *Thomas) a chadwai ysgol yn Llandysul am ugain mlynedd olaf ei oes. Er cof am Gwilym Marles, ewythr ei dad, y cafodd Dylan *Thomas ei enw canol, Marlais, a gwelir gan rai debygrwydd rhwng dywediadau'r Parchedig *Eli Jenkins yn *Under Milk Wood* (1954) a barddoniaeth Gwilym Marles.

Ceir manylion pellach yn y cofiant gan Nansi Martin (1979).

THOMAS, WILLIAM (Glanffrwd; 1843–90),

hanesydd lleol a aned yn Ynys-y-bŵl, Morg., yn fab i ddorrwr coed. Wedi gweithio fel llifiwr am bedair blynedd ac fel ysgolfeistr am gyfnod byr, bu'n weinidog capel y Methodistiaid Calfinaidd ym Mhontypridd, cyn cael ei ordeinio yn offeiriad Anglicanaidd. Wedyn bu'n gweinidogaethau yn esgobaeth *Llanelwy. Ef oedd awdur cyfrol o gerddi, *Sisialon y Ffrwd* (1874), ond fe'i cofir yn bennaf am ei gyfrol *Plwyf Llanwyno* (1888), sef hanes y plwyf sy'n sefyll rhwng afonydd Rhondda Fach a Thaf. Ymddangosodd y gwaith gyntaf yn *Tarian y Gweithiwr*. Ysgrifennai yn swynol mewn dull tebyg i eiddo Francis *Kilvert am bobl ei blwyf genedigol ac am yr hen ffordd o fyw.

Ceir erthygl ar ragair *Plwyf Llanwynno* gan Morfydd E. Owen yn *Ysgrifau Beirniadol VI* (gol. J. E. Caerwyn Williams, 1971). Cyhoeddwyd adargraffiad o lyfr Glanffrwd o dan olygyddiaeth Henry Lewis yn 1949 a fersiwn Saesneg gan Thomas Evans (1950). Gweler hefyd Trefor M. Owen, *Llanwyno a Phortreadau Bro* (1982).

THOMAS, WILLIAM JENKYN (1870–1959),

golygydd ac awdur llyfrau ar lên gwerin; ganwyd ef yn Llangywer, Meir. Fe'i haddysgwyd yng Ngholeg y Drindod, Caer-grawnt, ac wedi cyfnod fel Darlithydd yn y Clasuron yng Ngholeg Prifysgol Gogledd Cymru, Bangor, fe'i penodwyd yn 1896 yn brifathro Ysgol Ganolradd gyntaf Cymru, yn Aberdâr, Morg. Gadawodd Gymru yn 1905 i fynd yn brifathro ar ysgol yn Llundain. Golygodd *Penillion Telyn* (1894), a thri gwerslyfr i ysgolion, *Cambrensia* (1894), *Heroes of Wales*

(1896) a *Cambrensia: a Literary Reading Book for Welsh Schools* (1904), yn ogystal â nifer o destunau clasurol. Ei weithiau pwysicaf oedd *The Welsh Fairy Book* (1907; ail arg., gol. Juliette Wood, 1995) a *More Welsh Fairy and Folk Tales* (1958), a'r ddau o safon lenyddol bur dda.

Tiger Bay, enw ar ardal y dociau yng Nghaerdydd a leolir ger Heol Bute. Credir i'r enw darddu o gân boblogaidd o'r 1870au. Nid yw'r ardal mor enwog ag yr oedd pan oedd y ddinas yn un o brif borthladdoedd y byd, pan gafodd ei galw yn 'Erw Uffern'. Yno, yn 1919, y cafwyd terfysg hiliol cyntaf Prydain. Bellach codwyd tai ac adeiladau newydd yn yr ardal ond y mae'r gymdeithas yn dal yr un mor glòs a difreintiedig â chynt ac y mae ei chymeriad lliwgar wedi denu sylw llawer o newyddiadurwyr. Ymhlith y bobl enwog a fu'n byw yno ar un adeg gellir enwi'r paffiwr Joe Erskine a'r gantores boblogaidd Shirley Bassey.

Ceir rhagor o fanylion yn *The Tiger Bay Story* (1993) gan Neil M. C. Sinclair, brodor o'r ardal.

TILSLEY, GWILYM RICHARD (Tilsli; 1911–97),

bardd a aned yn Nhŷ-llwyd ger Llanidloes, Tfn, a'i addysgu yng Ngholeg Prifysgol Cymru, Aberystwyth a Wesley House, Caer-grawnt. Bu ei brofiad o deithio'n weinidog Wesleaidd yn ne a gogledd Cymru yn symbyliad iddo ganu dwy awdl a ddaeth ag ef i'r amlwg; enillodd y *Gadair yn yr Eisteddfod Genedlaethol yn 1950 gyda'r awdl 'Moliant i'r Glöwr' ac eto yn 1957 gyda 'Cwm Carnedd'. Y maent yn boblogaidd iawn ar gyfer adrodd a chanu, y ddwy yn amlygu serch a thosturi'r awdur tuag at weithwyr diwydiannol, y naill at lowyr de Cymru a'r llall at chwarelwyr y gogledd. Ceir ei gerddi yn y mesurau rhydd yn y gyfrol *Y Glöwr a Cherddi Eraill* (1958). Bu Tilsli'n Archdderwydd *Gorsedd Beirdd Ynys Prydain rhwng 1969 ac 1972 ac ef oedd golygydd Yr *Eurgrawn, cylchgrawn y Wesleaid, o 1966 nes ei uno ag eraill i ffurfio *Cristion* yn 1983.

Times Like These (1936), nofel gan Gwyn *Jones sy'n disgrifio bywyd undonog Jenkinstown, cymuned ddychmygol mewn cwm yn ne Cymru, yn ystod y blynyddoedd rhwng 1924 ac 1932. Hanes diwydiannol a chymdeithasol y maes glo yw fframwaith y nofel ac ynddi y mae Oliver Biesty, glöwr cyffredin, ei wraig sâl, eu mab a'u merch, yn portreadu rhinweddau, dioddefaint a dyheadau'r dosbarth gweithiol. Treialon Luke, y mab, yw canolbwynt yr hanes; un o'r rhai gorthrymedig ydyw, yn ysglyfaeth ddiobaith i'w amgylchiadau. Cynrychiolir barn y rheolwyr a'r dynion, gan gynnwys y rhai gweithredol-wleidyddol, a cheir disgrifiadau cyffrous sy'n amrywio'r symud ac yn ysgafnhau'r prudder, ond erys y nofel yn nodedig am ei chynildeb a'i disgrifiadau byw o bethau cyffredin.

Tin Ab, term technegol mewn *Cerdd Dafod am fai

mewn *cywydd (neu esgyll *englyn) pan fo'r ddwy brifodl yn acennog. 'Carn ymorddiwes' yw'r bai pan fo'r ddwy yn ddiacen.

Tir Iarll, cwmwd o fryniau a chymoedd ym Morgannwg, yn cynnwys plwyfi Llangynwyd, Betws, Cynffig a Margam. Fe'i gelwid felly am iddo ddod i feddiant Iarll Caerloyw ar ôl *Goresgyniad y Norman. Tir Iarll oedd cartref pwysicaf diwylliant barddol Morgannwg. Gellir olrhain ei draddodiadau llenyddol o'r bymthegfed ganrif hyd ddyddiau Iolo Morganwg (Edward *Williams), ac ni ddylid caniatáu i nodiadau ffug Iolo dynnu oddi ar gyfraniad pwysig yr ardal i ddiwylliant Cymraeg. Ymhlith y beirdd a gysylltir â'r ardal hon, ardal a oedd yn enwog am ei *chwndidau a'i *thribannau, ceir Siôn *Bradford, Rhys Brydydd a Dafydd *Benwyn. Y mae honiad Iolo fod 'Cadair Tir Iarll' yn Gadair Bord Gron *Arthur a symudwyd o *Gaerllion ar Wysg i Langynwyd yn ddi-sail. Y mae cysylltiadau Llangynwyd neu'r 'Hen Blwyf' yn niferus a chyfoethog: yma y blodeuodd y *Fari Lwyd, a lleolir stori Ann *Maddocks, Y Ferch o Gefn Ydfa, yn y cyffiniau.

Ceir manylion pellach yn G. J. Williams, *Traddodiad Llenyddol Morgannwg* (1948).

'Tir na n-Óg', awdl delynegol gan T. Gwynn *Jones, sy'n seiliedig ar chwedl Wyddeleg (gweler o dan YNYS AFALLON) a gafwyd ar lafar yn Ynys Rathlin. Adroddir fel y syrth y bardd Osian mewn cariad â Nia Ben Aur, merch brenin Tir na n-Óg, ac â i'w dilyn i deyrnas ei thad. Erys yno am dri chan mlynedd 'heb wae tristwch nac adnabod tranc', ac yna daw arno hiraeth am Erin a'i hen gyfeillion. Rhybuddia Nia ef os rhydd ei droed ar dir Iwerddon yr â'n hen a marw, ond serch hynny y mae'n fodlon iddo ymadael â Thir na n-Óg. Y mae'n cyrraedd ar gefn march ond nid yw'n adnabod neb yn ei hen gartref, ond wrth weld seiri wrthi'n ceisio gosod carreg enfawr mewn mur hen gaer, cynigia eu cynorthwyo ond iddynt roi bwyd a diod iddo. Wrth wneud hynny tyr cengl ei gyfrwy a syrth i'r llawr a throi'n henwr dall yn y fan. Cân yn erfyn ar i Nia ei alw'n ôl i Dir na n-Óg ond yn ofer, ac y mae'n marw.

Tir Newydd, chwarterolyn a olygwyd yng Nghaerdydd gan Alun *Llywelyn-Williams gyda chymorth D. Llewelyn Walters; cyhoeddwyd dau rifyn ar bymtheg rhwng 1935 ac 1939. Defnyddiodd gylchgronau Saesneg megis *New Verse* yn esiampl, a chafodd gymorth myfyrwyr Coleg y Brifysgol, Caerdydd, ar y dechrau. Tybiai'r golygyddion fod y diwylliant Cymraeg a chylchgronau'r cyfnod hwnnw yn rhy wledig eu naws ac yn rhy gyfyng eu maes, ac na chymerent ddiddordeb mewn materion cyfoes byd eang. Eu bwriad oedd adlewyrchu syniad y Cymro adain-chwith, dinesig am Gymru a'r byd, a darparu llwyfan lle y gallai artistiaid ifainc o bob math – penseiri, arlunwyr, cerddorion, gwŷr

y ddrama a'r sinema – yn ogystal â'r beirdd a'r llenorion, fynegi eu syniadau a thrafod eu diddordebau arbennig. Ond er iddo gyhoeddi erthyglau am y celfyddydau, ynghyd â cherddi a storïau byrion, rhoddai'r cylchgrawn ei brif sylw i feirniadaeth lenyddol a gwleidyddiaeth Radicalaidd. Cyhoeddodd rifynnau arbennig ar bynciau megis y *Ddrama (Haf, 1936), W. J. *Gruffydd (Mai, 1938), Rhyddid (Tach., 1938) a David Vaughan *Thomas (Meh., 1939). Cyfaddefai'r golygydd ei hunan na ddarganfu *Tir Newydd* lawer o lenorion ifainc o bwys (er iddo gyhoeddi gwaith cynnar sawl un), ac mewn rhan yn unig y gwireddwyd uchelgais y golygydd i greu ymwybod newydd o'r celfyddydau yng Nghymru. Yna dechreuodd yr Ail Ryfel Byd ac fe'i gorfodwyd i roi diwedd ar y cylchgrawn.

Ceir hanes *Tir Newydd* yn fwy cyflawn yn hunangofiant Alun Llywelyn-Williams, *Gwanwyn yn y Ddinas* (1975); gweler hefyd *Pair* (rhif. 1, Haf, 1972).

Toddaid, un o'r hen *Bedwar Mesur ar Hugain *Cerdd Dafod fel y ceir hwy yn nosbarth *Einion Offeiriad a *Dafydd Ddu Athro o Hiraddug. Clymiad o ddwy linell yw toddaid, gyda'r naill linell yn ddecsill a'r llall yn nawsill. Y mae'r llinell gyntaf yn union fel llinell gyntaf *englyn, yn llinell gyflawn o *gynghanedd, gyda'r gwant sy'n nodi'r brifodl yn digwydd ar ôl y seithfed, yr wythfed neu'r nawfed sillaf, a gweddill y llinell yn ffurfio'r cyrch, ond heb gydio'n gynganeddol wrth y llinell ddilynol, fel ag y gwna llinell gyntaf englyn, neu doddaid byr. Y mae sillaf olaf y *cyrch yn gweithredu fel odl yn unig, ac yn cydio wrth yr odl a geir ar *orffwysfa'r ail linell, sy'n gynghanedd gyflawn ar ei hyd. Y mae'r brifodl gyntaf, sef sillaf olaf y gynghanedd gyflawn gyntaf, cyn rhaniad y gwant, yn odli â sillaf olaf yr ail linell. Yng ngweithiau'r *Gogynfeirdd, cyfunid toddaid â mesur arall, yn arbennig *cyhydedd nawban, a hefyd gyhydedd hir. Yn ddiweddarach, cenid *awdlau ar ffurf cyfresi o doddeidiau.

Toili, ffurf dafodieithol ar y gair 'teulu', a ddefnyddir yn arbennig yng ngorllewin Cymru i ddynodi rhith neu ddrychiolaeth angladd y dywedir iddi ymddangos, megis y *Gannwyll Gorff, yn rhagarwydd marwolaeth. Yn ôl y traddodiad cychwynna'r orymdaith rithiol o'r cartref gan ddilyn y ffordd i'r eglwys ac yna, wedi oedi ychydig, at y bedd lle y diflanna ar ôl ei chladdu.

Tom-Fred, dyn asynnod, yr ail forwr a foddodd yn *Under Milk Wood* (1954) gan Dylan *Thomas; rhannodd ef *Rosie Probert â *Captain Cat un tro.

Tom Nefyn, gweler WILLIAMS, THOMAS NEFYN (1895–1958).

TOMAS AB IEUAN AP RHYS (*c*.1510–*c*.1560), bardd o Landudwg, Morg. Yr oedd yn un o'r beirdd cyntaf i lunio *cwndidau. Y mae iddo le arbennig yn hanes y canu rhydd gan iddo, fel ŵyr Rhys Brydydd a chefnder Lewys Morgannwg (*Llywelyn ap Rhisiart), berthyn i benceirddiaid enwocaf ardal *Tir Iarll. Eto techneg wallus ac ieithwedd lafar y *glêr oedd ganddo. Defnyddiodd ddynwarediadau amherffaith o fesurau'r penceirddiaid megis y gyhydedd nawban a'r gyhydedd hir (gweler o dan PEDWAR MESUR AR HUGAIN). Fel bardd proffesiynol yr oedd yn unigryw yn ei ddefnydd o fesurau cwndid ar gyfer moli a marwnadu teuluoedd bonheddig o'r sir ac ef ocdd awdur yr enghreifftiau cynharaf o'r mesur *Triban Morgannwg. Yr oedd yn hoff o ddefnyddio'r Ysgrythurau a chanodd un cwndid sy'n fersiwn mydryddol o ddameg yr Heuwr. Edrydd am helbulon personol a chymdeithasol yn ei waith a daeth yn adnabyddus ym Morgannwg fel daroganwr hefyd, a dichon mai dyna sail straeon ffug Iolo Morganwg (Edward *Williams) amdano. Canwyd cwndid marwnad iddo gan ei ddisgybl a'i gyfaill Hopcyn Tomas Phylip.

Am ragor o fanylion gweler G. J. Williams, *Traddodiad Llenyddol Morgannwg* (1948).

Tomas ap Llywelyn ap Dafydd ap Hywel, gweler LLYWELYN, TOMAS (*fl.* 1580–1610).

Tomas ap Rhosier Fychan (m. 1469), uchelwr o *Hergest, Henff., a mab Syr Roger *Vaughan o Dretŵr a Gwladus ferch Syr *Dafydd Gam. Gyda'i hanner brodyr, yr Herbertiaid, cymerodd ran amlwg o blaid yr Iorciaid yn Rhyfel y Rhosynnau. Yr oeddynt gyda'i gilydd ym mrwydr drychinebus Banbury (1469), pan wnaeth rhyw Gymro orchest anghyffredin drwy ymladd ei ffordd ddwywaith drwy fyddin y gelyn a lladd dwy ystod yn ei gyrchoedd. Yn ôl croniclwyr Lloegr, Syr Rhisiart Herbert oedd y gwron ond credir hefyd mai Tomas ap Rhosier ac nid ei hanner brawd a gyflwynodd yr orchest ac iddo gael ei ladd yn fuan wedi hynny. Canodd *Lewys Glyn Cothi gywydd marwnad iddo, a chywydd arall yn disgrifio'r feddgist a barodd ei weddw, Elen Gethin, ei gwneud yn eglwys Ceintun.

Tomas Siôn Dafydd Madoc, gweler JONES, neu JOHNS, THOMAS (*c*.1530–1609).

Tommy Trouble, cymeriad a grewyd ar gyfer nifer o ddramâu radio byr gan E. Eynon *Evans. Rhoddodd ei anturiaethau, a amlygai ei ddiniweidrwydd a'i arabedd cartrefol, lawer o ddiddanwch i wrandawyr y *BBC Welsh Home Service* o 1945 hyd 1953. Parhaodd rhai o'i ymadroddion nodedig ar gof gwerin am gyfnod hir wedi hynny.

Tomos Glyn Cothi, gweler EVANS, THOMAS (1764–1833).

TOMOS, ANGHARAD (1958–   ), nofelydd ac ymgyrchydd dros yr iaith Gymraeg. Fe'i ganed yn Llanwnda, Caern., yn wyres i David *Thomas (1880–1967), un o arweinwyr Mudiad Addysg y Gweithwyr yng ngogledd Cymru. Treuliodd flwyddyn fel myfyrwraig yng Ngholeg Prifysgol Cymru, Aberystwyth, ond rhoes y gorau i waith academaidd, a threulio cyfnod fel ysgrifenyddes *Cymdeithas yr Iaith Gymraeg, cyn ailgydio yn ei hastudiaethau, y tro hwn yng Ngholeg Prifysgol Gogledd Cymru, Bangor, a graddio yno mewn Cymdeithaseg a Chymraeg. Teimlai'n gyson fod gweithredu gwleidyddol dros yr iaith Gymraeg yn bwysicach na llenydda, felly ni chwiliodd am loches mewn swydd gyfforddus, ond brwydro'n ddigyfaddawd yn enw Cymdeithas yr Iaith Gymraeg. Treuliodd gyfnodau yng ngharcharau Risley, Holloway, Styal ac eraill yn sgîl ei gweithredu uniongyrchol, a bu'n gadeirydd y Gymdeithas ac yn olygydd ei chylchgrawn, *Tafod y Ddraig*. Nid cenedlaetholreg ddiwylliannol mohoni o gwbl, ond un sy'n credu bod parhad iaith ynghlwm wrth amodau cymdeithasol a gwleidyddol, a bod angen dulliau chwyldroadol i wyrdroi'r drefn. Llwyddodd hefyd i gyplysu athroniaeth wleidyddol radicalaidd â Christnogaeth ryddhaol ddigyfaddawd. Er mai gweithredu a gaiff y flaenoriaeth ganddi, bu wrthi'n llenydda'n ddiwyd dros y blynyddoedd, a daeth i amlygrwydd yn gynnar fel llenor wrth ennill medal lenyddiaeth Eisteddfod Genedlaethol yr *Urdd ym Mhwllheli yn 1982 am ei chyfrol *Hen Fyd Hurt*, sy'n darlunio fagddu diweithdra ym mhrofiad y prif gymeriad. Yr oedd elfennau hunangofiannol yn y llyfr hwnnw, fel y mae hefyd yn *Yma o Hyd* (1985), nofel ar ffurf dyddiadur merch sy'n garcharor oherwydd ei gweithredu torcyfraith dros yr iaith.

Dyfarnwyd *Medal Ryddiaith Eisteddfod Genedlaethol Bro Delyn iddi am ei nofel nesaf, *Si Hei Lwli* (1991). Nofel wahanol iawn yw hon, sy'n adrodd hanes Eleni bump ar hugain oed yn mynd â'i hen fodryb Bigw ('naw deg rhywbeth') ar daith mewn car i ymweld â bedd ei chwaer hi a nain Eleni. Y mae'r daith, sy'n digwydd mewn gofod, yn drosiad am fywyd, sy'n daith trwy amser. Awgryma'r teitl mai hwiangerdd ail blentyndod yr hen wraig a geir yma. Er gwaethaf y consurio cignoeth o artaith henaint, ceir hefyd ryw stoiciaeth wydn sy'n trawsnewid naws Feckettaidd y nofel ysgytiol hon. Disgrifiwyd ei nofel ddiweddaraf, *Titrwm* (1994), fel cerdd ryddiaith, gydag adroddreg y stori wedi'i henwi – yn addas iawn – yn Awen. Gwraig ifanc fud a byddar yw hi, sydd – er gwaethaf ei chyflwr – wedi dysgu darllen, ac wedi gwirioni ar lyfrau. Y baban yn ei chroth yw Titrwm y teitl, yr unig 'berson' yn y byd y gall hi gyfathrebu'n iawn â hi. Darlunnir byd cyfrin, mewnol Awen, byd sy'n ymddangos fel petai wedi'i gloi mewn distawrwydd, ond sydd eto'n byrlymu gan eiriau a delweddau. Y mae'r nofel hon yn waith artist ymwybodol iawn, ac yn sicr o gyfareddu unrhyw un sy'n hoffi edrych ar fywyd trwy rwyll o eiriau. Synnwyd ambell un gan y ffaith nad oes dim byd amlwg wleidyddol ynglŷn â gweithiau diweddar Angharad Tomos. Efallai hefyd fod ei dawn i gyfareddu plant gyda'i storïau a'i harlunwaith yng Nghyfres Rwdlan yn dangos ei bod yn llawer mwy amryddawn nag y tybia'r rhai sy'n hoffi ei gosod mewn rhyw gell gyfyng. Enillodd Wobr Tir na n-Óg ddwywaith am ei llyfrau i blant, ac arwydd arall o'i hamlochredd yw iddi ysgrifennu drama lwyfan. Enillodd Fedal Ryddiaith yr Eisteddfod Genedlaethol am yr eildro yn 1997 gyda'i nofel *Wele'n Gwawrio* (1997).

Holwyd Angharad Tomos yn *Credaf* (gol. Gwyn Erfyl, 1985) a hefyd yn *Barn* (rhif. 345, Hydref 1991). Trafodir *Si Hei Lwli* gan John Rowlands yn 'Hwiangerddi Diwedd Oes', *Barn* (rhif. 353, Meh. 1992). Gweler hefyd y bennod '*Prison, hotel and pub: three images of contemporary Wales*' yn M. Wynn Thomas, *Internal Difference* (1992).

Tonn, Llawysgrifau, gweler o dan REES, WILLIAM (1808–73).

Tonypandy, Helyntion, efallai yr helyntion sifil enwocaf yn hanes de Cymru ar ôl Gwrthryfel *Merthyr yn 1831. Digwyddodd y rhain pan faluriwyd siopau yn stryd fawr Tonypandy, Cwm *Rhondda ar 8 Tachwedd 1910, gan lowyr a oedd ar streic, a'u teuluoedd. Y noson gynt yr oedd yr heddlu wedi ymgynnull o gwmpas Glofa Morgannwg, i'r gogledd o'r dref, a bu ymladd ffyrnig rhyngddynt hwy a thyrfaoedd yn protestio yn erbyn ei chau. Yr oedd y gweithlu eisoes wedi rhwystro gweithio yn holl byllau eraill y *Cambrian Combine*, oherwydd anghydfod ynglŷn â graddfeydd talu yn ôl y gwaith. Yr oedd y rheolwyr, o dan David Alfred *Thomas a'r rheolwr cyffredinol, Leonard Llewellyn, yn benderfynol nad oeddynt am roi tâl ychwanegol am weithio mewn amgylchiadau anodd o dan ddaear. Pan ddefnyddiwyd bradwyr i wneud y gwaith, teimlai'r deuddeng mil o weithwyr yn chwerw iawn. Sbardunwyd yr ymosodiadau ar y siopwyr gan wrthdrawiad ffyrnig rhwng tua saith mil o lowyr a rhyw gant o heddlu a oedd yn gwarchod Glofa Morgannwg. Yr oedd malurio eiddo masnachol ar strydoedd y dref yn arwydd o dyndra yn y gymdeithas.

Y mae rhan Winston Churchill, yr Ysgrifennydd Cartref ar y pryd, wedi tueddu i gymylu'r hanes i ryw raddau. Wedi iddo atal symud milwyr yno, yn unol â chais yr ynadon lleol ar 7 Tachwedd, anfonwyd yn eu lle heddlu ar droed ac ar feirch. Tybir yn gywir iddo (ar ôl yr ail wrthdrawiad â'r heddlu) anfon milwyr ymlaen o Gaerdydd i gynorthwyo'r heddlu, a buont hwythau yn bur ffyrnig, ac oherwydd hyn daethpwyd i ystyried Churchill fel y prif ddihiryn. Daeth y cyhuddiad yn rhan o lên gwerin de Cymru a sonnir amdano o hyd. Bu presenoldeb nifer fawr o filwyr hyd 1911 yn rheswm allweddol dros fethiant y streic ym mis Awst y flwyddyn honno. Ond cafodd y glowyr beth cysur gan lwyddiant

rhannol y streic genedlaethol yn 1912 er sicrhau isafswm cyflog, a daeth llawer o arweinwyr lleol a gefnogodd Streic y *Cambrian Combine* yn ddylanwadol yn ne Cymru. Erys enw Tonypandy yn symbol o'r ysbryd gwrthryfelgar mewn diwydiant yn neheudir Cymru byth er hynny. Gweler hefyd STREIC GYFFREDINOL.

Ceir manylion pellach yn L. J. Williams, '*The Road to Tonypandy*' yn *Llafur* (cyf. I, rhif. 2, 1973) a David Smith, '*Tonypandy' 1910: Definitions of Community*' yn *Past and Present* (rhif. 83, 1980) a'r bennod '*A Place in South Wales*' yn llyfr yr un awdur, *Wales! Wales?* (1984).

Top Sawyer, gweler DAVIES, DAVID (1818–90).

TORRANCE, CHRIS (1941–), bardd a aned yng Nghaeredin ac a ymgartrefodd yng Nghymru yn 1970. Y mae wedi cyhoeddi tair cyfrol ar ddeg o gerddi, a gynnwys *Green Orange Purple Red* (1968), *Aries Under Saturn and Beyond* (1969) a'i gerdd hir *The Magic Door* sy'n gerdd gyfres ac y mae chwe rhan ohoni wedi ymddangos hyd yn hyn: *The Magic Door* (1975), *Citrinas* (1977), *The Diary of Palug's Cat* (1980), *The Book of Brychan* (1982), *The Slim Book/Wet Pulp* (1986) a *Southerly Vector/The Book of Heat* (1996). Defnyddia'r gyfres hon dechnegau 'maes agored' i archwilio themâu daearyddiaeth, hanes a myth a gysylltir yn arbennig ag ardal Pontneddfechan, ger Glyn-nedd, lle y mae'n byw. Ysgrifennwyd rhan helaeth o'i waith ar gyfer ei berfformio gyda'r band barddoniaeth-a-cherddoriaeth, *Poetheat*. Er 1976 y mae'n diwtor mewn ysgrifennu creadigol yng Nghaerdydd.

Tour round North Wales, A (1800), gan yr awdur o Sais, William Bingley (1774–1823); hanes taith myfyriwr ar ei wyliau o Gaer-grawnt yn 1798 ydyw. Ystyriai Bingley ei hun yn arloeswr yn y math hwn o ddisgrifio taith, heb neb ond Thomas *Pennant i'w gyfarwyddo. Felly y mae ei arweiniad i deithwyr yn glir ac yn fanwl ac yma ac acw ceir hanesion difyr a buddiol amdano ef ei hun, megis y daith ar hyd llwybr peryglus i fyny'r Wyddfa i chwilio am blanhigion. Yr oedd yn Gymrawd o Gymdeithas Linnaeus a chanddo lygad craff ar gyfer disgrifio pethau botanegol. Ysgrifennwyd y llyfr mewn arddull sionc ac y mae ynddo gryn lawer o wybodaeth a disgrifiadau byw o olygfeydd, ond eilradd yw'r rhinweddau hyn i'w ddiddordeb yn y Cymry a gyfarfu ar ei deithiau. Ar ôl ei ail ymweliad â gogledd Cymru yn 1801 cyhoeddodd *North Wales Delineated from Two Excursions* (1804), yn ogystal â gwaith o ddiddordeb cerddorol, *Sixty of the Most Admired Welsh Airs* (1803, 1810).

Tour throughout South Wales and Monmouthshire, A (1803), gan yr awdur o Sais, J. T. Barber. Edrydd yr awdur hanes ei deithiau yn ddigon gonest, er enghraifft, ei ymweliad brysiog â Hafod Thomas *Johnes, neu ei fethiant i ddod o hyd i *Ystrad-fflur, ac nid yw'n defnyddio hanesion teithwyr eraill i ychwanegu at ei hanesion ef ei hun. Y mae'r arddull yn fywiog ac yn sgyrsiol ac yn llawn manylion, yn arbennig am olygfeydd, a chais yr awdur ddwyn y darllenydd i'w ganlyn, megis wrth ddisgrifio'i 'arswyd' ym Mhontarfynach, Cer., neu'r modd y gwlychodd at ei groen a bwyta cig oen wrth sychu o flaen tân mawn yn yr Hafod Arms. Cwyna hefyd am ei daith anghyfforddus i Dregaron, a'r 'lumpy hills' ger Caerfyrddin, ymhyfryda yn Nyffryn Tywi gan ddyfynnu'r bardd John *Dyer, a llawenha wrth ffoi rhag y gof budr a ddaeth i'w eillio yn *Nhyndyrn.

Toy Epic, A, gweler o dan Tri Llais.

Tractariaeth, gweler Mudiad Rhydychen.

Traed Mewn Cyffion (1936), nofel gan Kate *Roberts. Y mae'r stori'n cwmpasu'r blynyddoedd rhwng 1880 ac 1914. Hanes teulu a geir yma, a hwnnw'n adlewyrchu hanes cymdeithas gyfan, sef cymdeithas ardaloedd y chwareli llechi yn sir enedigol yr awdures. O Lŷn y daethai'r prif gymeriad, Jane Gruffydd, a bu'n rhaid iddi hi a'i chwe phlentyn ddysgu dygymod ag amodau caletach o gryn dipyn na'r rhai yr oedd wedi arfer â hwy o'r blaen. Nid oes fawr o lawenydd yn eu bywydau, ac er gwaethaf eu sensitifrwydd dwfn derbyniant nad oes fawr o obaith am ddinistrio'u cyffion ac felly derbyniant eu ffawd yn herfeiddiol stoicaidd. Y mae ganddynt wroldeb i wynebu dioddefaint ond heb fodd i symud ei achosion.
Am drafodaethau beirniadol gweler *Llenyddiaeth Gymraeg 1902–1936* (1987) gan R. M. Jones ac *Ysgrifau ar y Nofel* (1992) gan J. Rowlands. Cyhoeddwyd cyfieithiad Idwal Walters a John Idris Jones, *Feet in Chains* (1977).

Traethodl, cyfres o gwpledi o linellau saith sillaf, heb unrhyw reol ynglŷn ag aceniad yr odlau. Y mesur hwn wedi ei gywreinio a'i gynganeddu yw'r *cywydd. Parhaodd y traethodl mewn canu gwerinaidd hyd yr unfed ganrif ar bymtheg, a defnyddid ef weithiau mewn canu ysgafn gan *Feirdd yr Uchelwyr.

Traethodydd, Y, chwarterolyn a gyhoeddwyd gyntaf gan y Thomas *Gee ifanc yn Ninbych yn 1845 o dan olygyddiaeth Lewis *Edwards a Roger *Edwards. Bwriad y cylchgrawn oedd cyflenwi yng Nghymru y rhan a chwaraeid gan gylchgronau fel *The Edinburgh Review* a *Blackwood's Magazine* yn Lloegr, ond gyda'r prif bwyslais ar ddiwinyddiaeth, athroniaeth ac addysg; cyhoeddid hefyd draethodau a adolygiadau ar lyfrau. Yr oedd yn gylchgrawn dylanwadol ac nid ar faterion crefyddol yn unig y rhoddodd arweiniad ond cyflwynodd i ddarllenwyr Cymraeg ysgolheictod cyfoes o Loegr, yr Almaen a Ffrainc. O 1854, pan olynwyd

Lewis Edwards gan Owen *Thomas o Lerpwl, tan 1904, y cyhoeddwr oedd P. M. Evans, Treffynnon, Ffl; Daniel Rowlands, Bangor, oedd y golygydd o 1862 hyd 1898. Er y bwriadwyd iddo fod yn anenwadol, *Methodistiaid fu ei brif gefnogwyr ac o 1913 hyd heddiw fe'i cyhoeddir gan Lyfrfa'r Methodistiaid Calfinaidd (Gwasg Pantycelyn) yng Nghaernarfon. Yn ystod yr ugeinfed ganrif cafwyd ymhlith ei olygyddion Ifor *Williams, J. R. *Jones (1911–70), Harri *Williams a J. E. Caerwyn *Williams a benodwyd yn 1965. Ar ôl tranc *Y *Beirniad* a'r *Llenor* y mae'r *Traethodydd* wedi mynd yn gylchgrawn mwy llenyddol ei naws yn cyhoeddi barddoniaeth, traethodau a beirniadaethau, ond y mae'n dal i gyhoeddi cyfraniadau o natur athronyddol neu ddiwinyddol. Y mae hefyd wedi cyflwyno rhifynnau arbennig i lenorion megis T. Gwynn *Jones, Gwenallt (David James *Jones), Waldo *Williams, T. H. *Parry-Williams, John Gwilym *Jones a Saunders *Lewis.
Paratowyd mynegai i'r *Traethodydd* gan W. Phillips a'i gyhoeddi gan Gymdeithas Llyfrgelloedd Cymru (2 gyf., rhan 1, 1845–95, 1976, 1978; rhan 2, 1896–1957, 1980). Olrheinir hanes y cylchgrawn mewn erthygl gan J. E. Caerwyn Williams yn *Y Traethodydd* (Ion., 1981), a chan yr un awdur yn *Llên Cymru* (cyf. XIV, rhif. 1 a 2, 1981–82). Gweler hefyd *Y Traethodydd* am 1995, blwyddyn dathlu ei ben blwydd yn 150 oed.

'Trafferth mewn Tafarn', un o gywyddau mwyaf doniol ac adnabyddus *Dafydd ap Gwilym. Ynddo ceir disgrifiad o'r bardd yn cyrraedd 'dinas dethol', efallai Rhosyr yn Niwbwrch, Môn, lle y mae'n cyfarfod â merch hardd a'i denu â bwyd a gwin. Mewn arddull gwta a herciog gyda llawer o sangiadau, edrydd y bardd anap ar ôl anap a ddigwydd iddo wrth iddo gyrchu gwely'r ferch. Cwympa dros ystôl, a bwrw drosodd 'badell efydd'; yn y cyffro y mae tri thincer o Saeson, Hicin, Siencin a Siac, yn dihuno ac yn codi cri yn eu hofn bod lleidr ar droed a fyddai'n dwyn y nwyddau yn eu paciau. Dan gysgod y cythrwfl llwydda'r bardd i ddianc i'w wely ei hun. Dichon fod dull Dafydd o adrodd yr hanes, boed wir, boed ddychmygol, yn ddyledus i'r *fabliaux* poblogaidd Ffrengig, math ar gerdd episodig, fel arfer fasweddus, a oedd mewn cylchrediad mewn llawer gwlad a phryd hwnnw. Ond y mae'n nodweddiadol o waith Dafydd ap Gwilym mai ef yw'r prif gymeriad yma, a disgrifio'r digwyddiad yn y person cyntaf a chwerthin am ei ben ei hun a wna. Y mae'r gerdd yn gyforiog o awgrymiadau, ac y mae modd ei darllen ar fwy nag un lefel.
Ceir ymdriniaeth ar y gerdd a'i chefndir yn yr erthygl gan D. J. Bowen, 'Dafydd ap Gwilym a'r Trefydd Drwg', yn *Ysgrifau Beirniadol X* (gol. J. E. Caerwyn Williams, 1977), ac yn un arall gan Gwyn Thomas yn *Y Traethodydd* (cxxxiii, 1978) a ymddengys hefyd yn *50 o Gywyddau Dafydd ap Gwilym* (gol. Alan Llwyd, 1980).

Trahaearn ab Ieuan ap Meurig (*fl.* 1450–63),

bonheddwr a noddwr, o Benrhos Fwrdios, Myn., ac un o bleidwyr Cymreig cynnar Edward IV. Cysylltir ef yn agos â'r Arglwydd Herbert ac ymddengys iddo weithredu dros hwnnw yn arglwyddiaeth Penfro. Canodd *Dafydd ab Edmwnd gywydd i geisio mantell ganddo, a chanodd *Lewys Glyn Cothi awdl foliant iddo. Fe'i cofir yn arbennig fel perchen copi o'r Seint Greal (gweler o dan CHWEDLAU'R GREAL), a chanodd *Guto'r Glyn gywydd i ofyn am ei fenthyg dros Ddafydd, abad *Glynegwestl.

Trahaearn ap Caradog (m. 1081), Brenin *Gwynedd. Arglwydd *Arwystli ydoedd o ran ei hawl gynhenid, ond enillodd reolaeth ar rannau helaeth o ogledd Cymru, ac ymosododd ar y de. Gwrthwynebwyd ef gan *Gruffudd ap Cynan a Rhys ap Tewdwr ac fe'i trechwyd a'i ladd ym mrwydr Mynydd Carn yn 1081.

TRAHAEARN BRYDYDD MAWR (fl. hanner cyntaf y 14eg gan.), bardd a oedd, yn ôl pob tebyg, yn fab i Goronwy Foel ap Robert ap Bledri o'r Cantref Mawr ym Mrycheiniog. Perthynai i'r cyfnod ar ôl darostyngiad *Gwynedd a myn *Gwilym Ddu o Arfon yn ei farwnad iddo ei roi yn nhraddodiad penceirddiaid y llysoedd gynt. Y mae ar gael o waith Trahaearn awdl foliant i Hywel o Landdingad yn Ystrad Tywi, awdl arall i Dduw a dwy gerdd ddychan, y naill yn gyfres faith o englynion yn dychanu'r bardd *Casnodyn, a'r llall yn ddau englyn dychan i fardd anhysbys. Atebodd Casnodyn gyda dychan llym yn awgrymu bod Trahaearn yn fawr o gorff ac yn ŵr balch, a dichon mai oherwydd hynny y rhoddwyd y llysenw dychanol arno.

Ceir golygiad o waith Trahaearn Brydydd Mawr gan N. G. Costigan yn Gwaith Gruffudd ap Dafydd ap Tudur, Gwilym Ddu o Arfon, Trahaearn Brydydd Mawr ac Iorwerth Beli (gol. N. G. Costigan et al., 1995).

TRAHERNE, JOHN MONTGOMERY (1788–1860), hynafiaethydd, o Goedrhiglan ger Caerdydd, a addysgwyd yng Ngholeg Oriel, Rhydychen, a'i urddo'n offeiriad yn 1813 ond ni dderbyniodd fywoliaeth. Tua 1823 tynnodd i lawr hen gartref ei deulu ac adeiladu tŷ arall gerllaw, a elwir bellach Coedarhydyglyn sydd o hyd ym meddiant yr un teulu. Cydnabuwyd ei ddiddordeb eang ym meysydd gwyddoniaeth a hynafiaeth trwy ei ethol yn gymrawd o Gymdeithas Linnaeus yn 1813, y Gymdeithas Frenhinol yn 1823 a Chymdeithas Hynafiaethwyr yn 1838. Yr oedd ganddo ddiddordeb dwfn yn hanes Morgannwg a chyhoeddodd lawer o ysgrifau ac erthyglau, rhai ohonynt yn ddienw neu yn dwyn ffugenw. Y gyfrol yn dwyn y teitl Stradling Correspondence (1870) yw'r pwysicaf o'r gweithiau a olygwyd ganddo.

Trebor Mai, gweler WILLIAMS, ROBERT (1830–77).

Trefaldwyn, castell a adeiladwyd ar orchymyn Harri III yn 1223 ar safle tua milltir i'r de o'r castell mwnt a beili Normanaidd cyntaf. Adeiladwyd y castell hwnnw, a adwaenir fel Hen Domen neu Old Montgomery, gan Roger de Montgomery, Iarll Amwythig, tua 1075, ond fe'i dinistriwyd gan *Gadwgan ap Bleddyn, un o deulu brenhinol *Powys, tua 1095. Fe'i hailadeiladwyd a'i gyflwyno i Baldwin de Bollers yn 1102, a bu ym meddiant ei deulu ef am ei can mlynedd nesaf. Rhoddwyd castell Trefaldwyn Newydd, a gwblhawyd yn 1224, i Hubert de Burgh, Ustus Lloegr, yn 1228 ac yn yr un flwyddyn llwyddodd y garsiwn i wrthsefyll gwarchae a osodwyd gan fyddin Gymreig. Ildiwyd y castell i *Lywelyn ap Gruffudd (Y Llyw Olaf) yn 1265 ond nis rhestrir ymhlith meddiannau Llywelyn yn Nghytundeb Trefaldwyn (1267), a oedd yn ei gydnabod yn Dywysog Cymru ac yn cadarnhau ei hawl i diroedd yn y Mers. Trefaldwyn oedd un o brif ganolfannau milwrol y fyddin frenhinol yn y ddau *Ryfel dros Annibyniaeth (1276–77, 1282–83) ac yn ystod y *Gwrthryfel Cymreig (1294–95). Bu'r castell ym meddiant Ieirll y Mers yn ystod yr Oesoedd Canol diweddar a bu Richard, Dug Iorc, yn byw yno tra oedd yn gwnstabl y castell yn 1446. Rhoddodd Harri VIII y castell i Syr Richard Herbert o Golbrwg, ger Y Fenni, Myn., yn 1510, ac yr oedd ym meddiant ei ddisgynnydd, Edward, y Barwn Herbert o Cherbury cyntaf, yn ystod y *Rhyfeloedd Cartref. Ildiwyd y castell i fyddin y Senedd yn 1644 ac fe'i darniwyd bum mlynedd yn ddiweddarach.

Ceir manylion pellach yn yr erthyglau gan G. T. Clark a C. J. Spurgeon yn Montgomeryshire Collections (cyf. X, 1877 a LIX, 1965–66), ac yn J. D. Lloyd a J. K. Knight, Montgomery Castle (1973) a Helen Burnham, Clwyd and Powys, A Guide to Ancient and Historic Wales (1995).

Trefeca, gweler o dan HARRIS, HOWEL (1714–73).

Trefechan, Pont, yn Aberystwyth, lle y bu'r weithred gyntaf o anufudd-dod sifil gan *Gymdeithas yr Iaith Gymraeg ar 2 Chwefror 1963 pan eisteddodd tua deugain o'i haelodau ifainc yng nghanol y ffordd, gan chau i drafnidiaeth am dros awr, mewn ymgais i dynnu sylw'r cyhoedd at statws cyfreithiol israddol yr iaith Gymraeg trwy dorri'r gyfraith a chyda'r bwriad o fynnu gwysion dwyieithog.

Trefîn, gweler PHILLIPS, EDGAR (1889–1962).

TREFOR, DAFYDD neu **DAFYDD AP HYWEL AB IEUAN AB IORWERTH** (m. 1528?), bardd a rheithor Llaneugrad a Llangallo, Môn. Cadwyd dros ddeg ar hugain o'i gywyddau, yn eu plith naw cywydd gofyn ac amryw o rai duwiol. Y maent yn cynnwys hefyd un yn gofyn gordderch a thelyn, cywyddau mawl i'r seintiau *Deiniol a *Dwynwen, cywydd marwnad i Harri VII a chywydd i gwch fferi Porthaethwy a ysgogodd ymryson â Gruffudd ap Tudur ap Hywel. Canodd Dafydd ddau gywydd i geisio cymodi William Glyn a Syr Richard Bulkeley, gwŷr a gydymgeisiai'n chwyrn â'i gilydd ynglŷn â gweinyddiaeth eglwysig. Ei farwnad i Owain ap Maredud ap Thomas yw un o'i oreuon, lle y disgrifir Angau yn arwain *danse macabre*. Y mae ei gerddi yn adlewyrchiad diddorol o fyd offeiriad diwylliedig o Gymro ar drothwy'r Diwygiad Protestannaidd.

Ceir trafodaeth ar waith y bardd yn yr erthyglau gan I. George yn *Nhrafodion* Cymdeithas Hynafiaethwyr a Naturiaethwyr Môn (1934, 1935, 1936).

Trefor, Eirlys, gweler Williams, Eirlys (1919–94).

TREFOR, SIÔN (m. 1410), Esgob *Llanelwy ac awdur, yn hanfod mae'n debyg o Drefor, ger Llangollen, Dinb. Daeth yn flaenllaw yng ngwasanaeth Rhisiart II ac aeth ar daith drosto i'r Alban, taith sy'n thema cerdd gan *Iolo Goch. Yr oedd yn aelod o'r pwyllgor seneddol a ddiarddelodd Rhisiart, ac yn 1404 ymunodd â lluoedd *Owain Glyndŵr, ac ymladd dros Gymru. Wedi iddo rybuddio Tŷ'r Cyffredin yn 1400 rhag gwrthod hawl Glyndŵr am berchenogaeth tir yn y ddadl rhyngddo â'r Arglwydd Grey, gwaeddwyd arno, '*What care we for the barefoot rascals?*' Honnwyd gan un hanesydd mai Siôn Trefor oedd awdur y gwaith adnabyddus a ddisgrifio arfau, *Tractatus de Armis* ac iddo'i gyfieithu i'r Gymraeg dan y teitl *Llyfr Arveu*. Honnwyd hefyd mai ef oedd awdur *Buchedd Sant Martin*; ond ansicr iawn yw hyn i gyd.

Ceir manylion pellach yn E. J. Jones, *Medieval Heraldry* (1943) ac erthygl gan Ifor Williams ym *Mwletin* y Bwrdd Gwybodau Celtaidd (cyf. v, 1929).

Treiglo. Nodwedd y mae'r Gymraeg yn ei rhannu â'r ieithoedd Celtaidd eraill yw treiglo, sef bod rhai o'i chytseiniaid yn ymgyfnewid mewn cyd-destunau gramadegol penodol. Dim ond ar naw cytsain y gall y prosesau effeithio ac y maent yn ymrannu'n dri math sylfaenol: y treiglad meddal (sy'n troi <p, t, c, b, d, m> yn <b, d, g, f, dd, f>, yn peri colli <g>, ac weithiau'n troi <ll, rh> yn <l, r>); y treiglad trwynol (sy'n troi <p, t, c, b, d, g> yn <mh, nh, ngh, m, n, ng>); a'r treiglad llaes (sy'n troi <p, t, c> yn <ph, th, ch>).

Gall treiglo gael ei sbarduno gan swyddogaeth gair yn y cymal neu'r ymadrodd, neu gan air neu ragddodiad sy'n rhagflaenu'r gair a dreiglir. Er enghraifft, am ei fod yn wrthrych i ferf syml y treiglir *ci* yn *Gwelodd gi*. Gellir treiglo'r goddrych hefyd, ond nid yw hynny'n arferol mewn Cymraeg Diweddar os na ddaw elfen arall rhyngddo a'r ferf; *cf. Gwelodd ci, y mae ci yma* ond *y mae yma gi*. Enghreifftiau o eiriau unigol sy'n sbarduno treiglo yw'r arddodiaid *o*, *yn* a *gyda*; *cf. Caerdydd* ond *o Gaerdydd, yng Nghaerdydd, gyda Chaerdydd*. Er nad oes a wnelo'r treiglo yn yr ymadroddion hyn ddim â'u hystyr, gall treiglo cyswllt o'r fath fod yn fodd i wahaniaethu rhwng rhai

homonymau. Er enghraifft, cynrychiolir dau air gan *ei* (y naill yn wrywaidd a'r llall yn fenywaidd), eithr y mae'n bosibl mai dim ond o dan amodau treiglo y gwahaniaethir rhyngddynt; *cf. ei gi (ef)* ond *ei chi (hi)*. (Gwahaniaethir rhwng y ddau air hyn hefyd gan ragddodi <h>, cyfnewid sy'n digwydd o dan amodau tebyg i dreiglo; *cf. ei afal (ef)* ond *ei hafal (hi)*.)

Dros y canrifoedd bu rhai mân gyfnewidiadau i swyddogaethau treiglo a'r cyd-destunau y gall ddigwydd ynddynt. Mewn cyfnodau cynnar gallai treiglo'n feddal ddynodi cyrchfan, e.e. *Gwŷr a aeth Gatraeth* (heddiw defnyddir arddodiad i gyfleu'r un ystyr: *Gwŷr a aeth i Gatraeth*). Datblygiad mwy diweddar oedd i'r arddodiad tafodieithol *efo* beidio â sbarduno'r treiglad llaes fel yn *efo chil ei llygad* yn *Te yn y Crug* Kate *Roberts (t.47). Rhan o ffenomen ehangach yw'r duedd gyffredinol i *efo* beidio â chyflyru'r treiglad llaes: ar wahân i ambell sbardun ceidwadol (fel *ei* benywaidd) a rhai cyfuniadau cyffredin (fel *mellt a tharanau*), y tebygolrwydd yw y bydd defnyddio'r treiglad llaes yn lleihau wrth i'r arddull ddatffurfioli; ceir hynny'n gyffredin ar lafar ac yn gynyddol yn y cyfrwng ysgrifenedig.

Fel peidio â chyfleu'r treiglad llaes ar bapur, nid pob datblygiad treigladol sy'n dderbyniol yn yr iaith safonol. Er enghraifft, gall *os* beri rai berfau dreiglo'n feddal yn y tafodieithoedd (e.e. *bydd* ond *os fydd*) ond nid yn yr iaith safonol; nodwedd ansafonol ers o leiaf yr unfed ganrif ar bymtheg yw rhagddodi <h> gan *ei* benywaidd at eiriau'n dechrau â rhai cytseiniaid (e.e. *mam* ond *ei mham*), ac er gwaethaf datblygiad cyffredinol y treiglad llaes, y mae'n ymledu ar hyn o bryd mewn arddulliau ansafonol i ambell gyd-destun newydd fel *dyna pham* ac *ai pheidio* yn hytrach na'r *dyna pam* a'r *ai peidio* safonol.

Yn ogystal â bod yn ganolog i ramadeg y Gymraeg, cafodd y treigladau ddylanwad arbennig ar ei barddoniaeth: pe na bai am dreiglo y mae'n dra annhebygol y byddai cyseinedd wedi datblygu'n *cynghanedd.

Am ragor o fanylion gweler Peter Wynn Thomas, *Gramadeg y Gymraeg* (1996), a D. Geraint Lewis, *Y Treigladur* (1993).

Trevithick, Richard (1771–1833), peiriannydd. Brodor o Gernyw ydoedd a chyflogwyd ef yn 1803 gan Samuel *Homfray, meistr Gwaith Haearn Penydarren, Merthyr Tudful, Morg. Gyda chymorth gweithwyr lleol adeiladodd agerbeiriant, ei drydydd model (yr oedd yr rhagflaenwyr yn symud ar y ffordd) i gludo haearn o'r gwaith i lawr Dyffryn Taf, gan osgoi felly ddefnyddio'r gamlas a reolid gan gystadleuydd Homfray, sef Richard *Crawshay. Cyfarfu torf fawr ar 21 Chwefror 1804 i wylio taith swyddogol gyntaf y 'wagen dram' a redai ar gyflymdra o ryw bum milltir yr awr ar gledrau o Benydarren i Navigation (gyferbyn ag Abercynon), taith o ryw naw milltir.

Trew, William John (1878–1926), chwaraewr rygbi. Dechreuodd ei yrfa fel canolwr yn nhîm Abertawe a chwaraeodd dros Gymru am y tro cyntaf yn 1900. Yn ystod y tair blynedd ar ddeg nesaf ymddangosodd mewn naw ar hugain o gemau rhyngwladol a bu'n gapten droeon.

Tri Brenin o Gwlen, Y, un o ddwy ddrama grefyddol a gadwyd yn y Gymraeg o'r Oesoedd Canol; y llall yw *Y Dioddefaint a'r Atgyfodiad*. Drama fydryddol yw hon a digwydd gyntaf mewn llawysgrifau o'r unfed ganrif ar bymtheg. Nid yw'n debyg iddi gael ei chyfansoddi lawer yn gynharach na hyn, ac y mae tystiolaeth yr iaith ynddi o blaid awgrymu mai i *Bowys y perthyn yn wreiddiol. Ynddi ceir yr ymddiddan a fu rhwng y Tri Brenin a Herod, yr ymweld â'r baban Iesu, hanes y ffoi i'r Aifft a lladd y babanod diniwed.

Ceir manylion pellach yn llyfr Gwenan Jones, *A Study of Three Welsh Religious Plays* (1939).

Tri Chof, Y, testun Saesneg yn ymdrin â'r gyfundrefn farddol a gedwir yn Llawysgrif Llanstephan 144 yn llaw John *Jones (*c.*1585–1657/8), Gellilyfdy. Rhestra'r testun y 'tri chof' y dylid eu cadw gan y beirdd, sef hanes gweithredoedd brenhinoedd 'Bruttaen a Cambra', iaith y 'Bruttons', ac achau'r boneddigion a rhaniadau'r tir. Tybir bod cynseiliau'r deunydd a restrir yn *Y Tri Chof* yn mynd yn ôl at gyfnod cynharach o lawer na'r ail ganrif ar bymtheg, a bod y testun yn adlewyrchu meysydd gwybodaeth y beirdd yn yr Oesoedd Canol y tystir iddynt gan y farddoniaeth a chan Ramadegau'r Penceirddiaid. Cyfetyb y pynciau a restrir fel rhan o gynhysgaeth y beirdd i'r hyn a wyddom am feysydd dysg beirdd Gwyddeleg yr Oesoedd Canol.

Gweler G. J. Williams, 'Tri chof Ynys Prydain', yn *Llên Cymru* (cyf. III, 1955).

Tri Chryfion Byd (1789), *anterliwt gan Twm o'r Nant (Thomas *Edwards) a'r un fwyaf adnabyddus a diddorol i'w llwyfannu oherwydd ei bywiogrwydd a'i digrifwch. Y mae hyn yn amlwg yn y golygfeydd sy'n cyflwyno deunydd traddodiadol anterliwt, sef helyntion y Cybydd a'r ymgiprys rhyngddo â'r Ffŵl. Gwireddir enw'r Ffŵl, Syr Rhys y Geiriau Duon, gan ei wawd deifiol a'i frathiadau haearnaidd. Ychwanegir at y difyrrwch trwy i'r dramodydd roddi i'r Cybydd fam a brawd, yr hen Lowri Lew a'r snobyn Ifan Offeiriad. Yn cydredeg â'r golygfeydd hyn ceir ymddangosiadau y Tri Chryfion, Tlodi, Cariad ac Angau fel personau. Traethant, anogant a chynghorant: arbedir eu traethu rhag bod yn ddiflas a phregethwrol gan y fflachiadau o ffraethineb crafog a sylwadau miniog mynych.

Yn hanner olaf yr ugeinfed ganrif perfformiwyd *Tri Chryfion Byd* droeon. Cyfarwyddwyd rhai o'r perfformiadau gan Cynan, Kate Roberts a Norah Isaac. Y cyhoeddiad diweddaraf yw *Tri Chryfion Byd* (gol. Norah Isaac, 1975) sy'n cynnwys nodiadau gan Saunders Lewis, T. Gwynn Jones, Thomas Parry a Bobi Jones.

Tri Diwair ac Anniwair Deulu Ynys Prydain, pâr

o Drioedd gwrthgyferbyniol sy'n enwi y Diwair Deuluoedd (gosgordd ffyddlon), sef rhai *Cadwallon ap Cadfan, Aeddan ap Gafran a *Gwenddolau ap Ceidiaw. Perthynai'r Teuluoedd Anniwair i Gronw Pebyr o Ben-llyn, i Gwrgi a Pheredur, ac i Alan Fyrgan. Esbonnir, mewn nodyn byr a atodir, sut yr arddangosai'r teulu y nodweddion hyn. Sonnir am y digwyddiad sy'n gysylltiedig â Gronw Pebyr ar ddiwedd hanes *Math yn *Pedair Cainc y Mabinogi, ond cyfeiriadau yw'r gweddill at straeon nad ydynt wedi goroesi. Disgwyliai *Cynddelw Brydydd Mawr i'w gynulleidfa ym Mhowys yng nghanol y ddeuddegfed ganrif fod yn gyfarwydd â'r Triawd gan iddo dalu teyrnged i deulu *Madog ap Maredudd trwy gyfeirio ato mewn cerdd fel 'un o'r Tri Diwair Deulu'.

Gweler R. Bromwich, *Trioedd Ynys Prydein* (3ydd arg., 1998), rhifau 29, 30, a *Gwaith Cynddelw Brydydd Mawr* (gol. Nerys Ann Jones ac Ann Parry-Owen, *Cyfres Beirdd y Tywysogion III*, 1991).

Tri Dyn a Gafodd Gampau Adda, grŵp o arwyr clasurol a Beiblaidd a restrir ar ddechrau *Trioedd Ynys Prydain yn *Llyfr Coch Hergest. Yr oedd tri dyn yn meddu ar gryfder Adda (Herciwles, Hector a Samson) tri yn meddu ar ei harddwch (Absalom, Jason a Pharis), thri yn meddu ar ei ddoethineb (Cato Hen, Beda a Sibli Ddoeth). Cyfuna'r ddau Driawd cyntaf enw Beiblaidd ag enw o ffynonellau clasurol, ac yr oedd hyn yn wir yn wreiddiol yn achos y trydydd, gan fod fersiwn o'r tri Thriawd a ddyfynnwyd gan y beirdd *Gwilym Ryfel a *Llywarch ap Llywelyn (Prydydd y Moch) yn enwi Selef (Solomon) yn hytrach na Beda. Ffynhonnell fwyaf tebygol yr enwau clasurol yw *Dares Phrygius (*Ystorya Dared) a gyfieithwyd i'r Gymraeg yn ystod hanner cyntaf y bedwaredd ganrif ar ddeg ond a oedd yn adnabyddus i'r beirdd yn ei ffurf Ladin, fe ymddengys, ryw ddwy ganrif ynghynt. Dyfynnir enwau Echdor (Hector), Ercwlf (Hercules) ac arwyr clasurol eraill yn aml yng ngherddi mawl y *Gogynfeirdd fel patrymau o'r nodweddion traddodiadol. Yn ddiweddar yn y bedwaredd ganrif ar ddeg dyfynnodd *Gruffudd Llwyd ap Dafydd ab Einion Llygliw y tri Thriawd gyda'i gilydd mewn marwnad lle y priodolodd bob un o dair Camp Adda i'w wrthrych, *Rhydderch ab Ieuan Llwyd.

Tri Eurgrydd Ynys Prydain, cymeriadau a enwir yn y Trioedd, sef *Caswallon ap Beli 'pan aeth i geisio Fflur yn Rhufain', *Manawydan fab Llŷr 'pan fu'r hud ar Ddyfed' a *Lleu Llawgyffes 'pan fu ef a Gwydion yn ceisio enw ac arfau gan ei fam Arianrhod'. Dyfynnir y Triawd ddwywaith yn *Pedair Cainc y Mabinogi, wrth gyfeirio at ddigwyddiadau perthnasol yn chwedlau Manawydan a *Math. Wrth ei ddyfynnu awgryma'r adroddwr fod y Triawd yn un a fyddai'n gyfarwydd i'w gynulleidfa. Dehonglir 'eur-' yn 'eurgrydd' yn llythrennol, sef 'euraidd', a disgrifir yr esgidiau a wnaethpwyd gan Fanawydan a'r rhai a wnaethpwyd ar gyfer Lleu Llawgyffes fel rhai euraidd. Ond y mae'n annhebygol mai dyna arwyddocâd gwreiddiol y Triawd, gan y defnyddir 'eur' yn aml mewn cyfansoddeiriau barddol i olygu 'rhagorol' neu 'fonheddig'. Y mae'n fwy tebygol mai'r ystyr wreiddiol oedd mai cryddion 'o dras fonheddig' oedd y tri hyn, dynion a orfodwyd am ryw reswm i gymryd at y grefft ostyngedig o wneud esgidiau, efallai rhag i neb eu hadnabod. Ategir y dehongliad hwn gan eiriau Cigfa i Fanawydan yn ddiweddarach yn yr hanes pan ddywedodd nad oedd gwneud esgidiau yn waith addas iddo, gan nad oedd yn 'lanweith'.

Gweler R. Bromwich, *Trioedd Ynys Prydein* (3ydd arg., 1998), rhif 67 a'r nodyn. Am farn i'r gwrthwyneb gweler J. T. Koch. *Cambridge Medieval Celtic Studies* (cyf. xiv, 1987).

Tri Gwrddfeichiad Ynys Prydain, Triawd yn enwi *Pryderi ap Pwyll Pen Annwfn, Drystan ap Tallwch a Choll ap Collfrewi. Hwn yw'r hwyaf a'r mwyaf cynhwysfawr o *Trioedd Ynys Prydain, oherwydd atodir crynodeb chwedleuol byr i bob un o'r tri enw. Ymddengys ei fod yn deillio o chwedloniaeth de Cymru yn hytrach na'r gogledd. Rhydd y cyntaf hanes ychydig yn wahanol i'r un a geir yn hanes *Math yn dod â moch *Annwn i dde Cymru, a deillia, efallai, o fersiwn hŷn a chyn-lenyddol. Cyfeiria'r ail at Ddrystan (*Trystan) a'i gariad at Esyllt, gwraig *March ap Meirchion, ac y mae'n rhagflaenydd nodweddiadol i'r math o ddigwyddiadau a nodweddai'r hen ramantau *Tristan* Ffrengig, ond a brin grybwyllir yn yr hyn sydd wedi goroesi o'r hanes yn y Gymraeg. Ond y mae lle i gredu mai yn ne Cymru y datblygodd fframwaith y chwedl. Ni wyddys dim am Goll fab Collfrewi ar wahân i'r Triawd hwn: meichiad ydyw sy'n gofalu am yr hwch hud Henwen. Fe'i herlidiodd, yn ôl y Triawd, o Gernyw, trwy Went a Dyfed, i Wynedd. Wrth iddi fynd o'r de i'r gogledd bendithiodd yr hwch y de ffrwythlon â gwenith, haidd a gwenyn, ond yn y gogledd esgorodd ar flaidd ac eryr, a'r anghenfil rheibus Cath Palug – un o Dair Prif Ormes Môn. Fel y sylwodd John *Rhŷs, y mae'r stori yn nodedig am ei bod yn rhoi i dde Cymru rai adnoddau arbennig, ond i'r gogledd rhydd anifeiliaid rheibus a gormesgar.

Gweler R. Bromwich, *Trioedd Ynys Prydein* (3ydd arg., 1998), rhif 26, a'r drafodaeth bellach yn R. Bromwich *et al.* (gol.), *The Arthur of the Welsh* (1991).

Tri Gwyndeyrn Ynys Prydain, un o'r Trioedd sy'n enwi *Owain ab Urien, *Rhun ap Maelgwn Gwynedd a Rhufawn Befyr ap Dewrarth Wledig. Pan ddisgrifia'r bardd *Gwalchmai ap Meilyr ei noddwr *Owain ap Gruffudd (Owain Gwynedd) fel 'Gwyndeyrn Prydain' y mae'n debyg ei fod yn ei gymharu â'r arwr cynharach, Owain ab Urien – nid lleiaf oherwydd bod y Tywysog hwnnw a'i dad *Urien Rheged yn noddwyr i *Daliesin, a ystyrid yn ddiweddarach yn esiampl i holl feirdd y canu mawl.

Gweler *Trioedd Ynys Prydein* (3ydd arg., 1998), rhif 3, a *Gwaith Gwalchmai ap Meilyr* (*Cyfres Beirdd y Tywysogion I*, gol. J. E. C. Williams a Peredur Lynch, 1994).

Tri Gwyndorllwyth Ynys Prydain, un o'r Trioedd sy'n enwi *Urien Rheged ac Efrddyl, plant Cynfarch, a oedd yng nghroth Nefyn, merch *Brychan Brycheiniog; yn ail, *Owain a Morfudd, plant Urien Rheged o *Fodron, merch *Afallach; ac yn drydydd, Gwrgi a Pheredur, meibion Eliffer Gosgorddfawr o Efrddyl. Y mae'r Triawd hwn i'w gael yn ei ffurf lawn mewn dwy lawysgrif o'r bymthegfed ganrif yn unig (Peniarth 47 a 50), gyda'r enwau yn amrywio ychydig yn y ddau fersiwn. Ymddengys, fodd bynnag, ei fod yn tarddu o ffynhonnell hynafol iawn, gan y cyfeirir ato mewn ffurf lygredig a thalfyredig mewn dogfen achyddol hynafol (Llsgr. Coleg Iesu 20), sy'n rhestru disgynyddion sanctaidd *Brychan Brycheiniog. Y mae'n debyg mai datganiad sydd yn y Triawd ynglŷn â ffrwythlondeb gwyrthiol Nefyn, merch Brychan, a roddodd enedigaeth i efeilliaid, fel y gwnaeth ei mab Urien a'i merch Efrddyl. Newidia Peniarth 47 bob un o'r setiau hyn o efeilliaid yn dripledau, ac ychwanega at y drydedd eitem yr enwau Cornan a Tonllwyd, ceffyl a buwch meibion Eliffer, sy'n hysbys o *Trioedd y Meirch. Awgryma'r ffaith eu bod yn cael eu cynnwys yma ei bod yn bosibl fod stori anifeiliaid cydgenhedlig a gysylltir â genedigaethau arwyr Celtaidd amlwg, hefyd yn cael ei chysylltu â Gwrgi a Pheredur.

Gweler R. Bromwich, *Trioedd Ynys Prydein* (3ydd arg., 1998), rhif 70, a P. C. Bartrum, *Early Welsh Genealogical Tracts* (1966).

Tri Hael Ynys Prydain, Triawd yn enwi Nudd Hael ap Senyllt, Mordaf Hael ap Serwan a *Rhydderch Hael ap Tudwal Tutglyd, arwyr oll o'r *Hen Ogledd. Am resymau amlwg hwn oedd y mwyaf poblogaidd o'r holl Drioedd ymysg y beirdd o'r ddeuddegfed ganrif i'r unfed ganrif ar bymtheg. Cymharent lawer noddwr ag un o'r Tri Hael, neu dyfynnent y Triawd ei hun; dyma pam y galwai *Dafydd ap Gwilym ei noddwr *Ifor ap Llywelyn yn Ifor Hael.

Gweler y nodyn yn R. Bromwich, *Trioedd Ynys Prydein* (3ydd arg., 1998), rhif 2.

Tri Hynaif Byd, gweler ANIFEILIAID HYNAF.

Tri Llais, Y (1958), yr unig nofel a ysgrifennwyd yn y Gymraeg gan Emyr *Humphreys, er i sawl nofel arall o'i waith gael ei chyfieithu o'r Saesneg. Cwblhawyd yr amlinelliad Saesneg gwreiddiol ohoni – ymgais gyntaf yr awdur ym myd y nofel – yn 1942, eithr nid cyn 1958 y seiliodd Emyr Humphreys ddrama radio Gymraeg ar y testun hwnnw. Yn fuan ar ôl i honno gael ei darlledu gan y BBC yng Nghymru aeth ati i'w hail-lunio ar ffurf nofel. Cyhoeddwyd fersiwn Cymraeg a fersiwn Saesneg o'r nofel honno yn 1958. Er nad oes fawr o wahaniaeth rhwng y naill destun a'r llall, dewisodd deitl gwahanol, sef *A Toy Epic*, ar gyfer y nofel Saesneg, a'r nofel honno a enillodd Wobr Hawthornden yn 1959.

Prif thema *Y Tri Llais*, fel *The *Little Kingdom* (1946), yw'r ymosod ar yr ymdeimlad cynhenid o arweinyddiaeth sy'n tyfu yn uchelgais ac yn ffrad, gyda Chymru yn symbol o'r aberth. Ceir hanes tri bachgen, Albie, Iorwerth a Michael, pob un ohonynt yn cynrychioli rhyw agwedd ar fywyd gogledd-ddwyrain Cymru, lle y ganed yr awdur, a'i raniadau cymdeithasol ac ieithyddol. Daw'r bechgyn yn gyfeillion yn yr ysgol ramadeg ond nid yw Albie, mab i yrrwr bws, yn cyflawni ei addewid yn y byd academaidd a thry at Gomiwnyddiaeth. Y mae Iorwerth, sy'n fab i ffermwr ac yn Gymro Cymraeg crefyddol, yn cael ei siomi oherwydd marw ei dad hoffus a hefyd oherwydd y modd y llwydda Michael i ddwyn ei gariad. Yn groes i'r disgwyl llwydda Michael yn yr ysgol, daw yn Genedlaetholwr Cymreig, er nad yw'n llawn gyd-fynd â thraddodiadau a chredoau ei gyd-wladwyr. Nofel fer ydyw, sy'n gorffen gyda diwedd dyddiau ysgol. Y mae'n gyforiog o awen amrwd ieuenctid sydd ar fin cael ei ddryllio ar feini celyd realaeth.

Ceir hanes ysgrifennu'r nofel yn y rhagair i'r argraffiad arbennig o *A Toy Epic* a olygwyd M. Wynn Thomas yn 1989. Y mae ef yn olrhain yr hanes hwnnw'n fanylach mewn dwy ysgrif a gyhoeddwyd yn *Barn* (rhif. 312 a 313, Ion. a Chwef. 1989). Gweler hefyd ysgrif André Morgan yn *Planet* (rhif. 39, Awst 1977). Ceir sylwadau M. Wynn Thomas am *A Toy Epic* mewn dwy ysgrif yn ei gyfrol *Internal Difference* (1992) sydd hefyd yn berthnasol i *Y Tri Llais*.

Tri Lleddf Unben Ynys Prydain, sef Gwŷr Darostyngedig (rhif 8, *Trioedd Ynys Prydein*, R. Bromwich, 3ydd arg., 1998), Triawd sy'n enwi Llywarch Hen ab Elidir Llydanwen, Manawydan ap Llŷr Llediaith, a Gwgon Gwron ap Peredur ab Elidir Gosgorddfawr. Yr oeddynt oll yn ddynion nad oeddynt wedi mynnu eu hawliau etifeddol ar dir. Yn *Pedair Cainc y Mabinogi* dyfynna *Pryderi y Triawd i *Fanawydan i'w geryddu.

Tri Matgudd a Thri Anfad Ddatgudd Ynys Prydain, pâr cyferbyniol o Drioedd. Y tri Matgudd oedd pen Bendigeidfran fab Llŷr (*Brân) a gladdwyd yn y Gwynfryn yn Llundain, esgyrn Gwerthefyr (Vortimer) a gladdwyd ym mhrif borthladdoedd Prydain (fel yr adroddir yn yr *Historia Brittonum*), a'r dreigiau a gladdwyd gan Ludd ap Beli yn Ninas Emrys (gweler o dan CYFRANC LLUDD A LLEFELYS ac EMRYS WLEDIG). Gwnaethpwyd y tri Datgudd gan *Wrtheyrn (Vortigern) a gododd esgyrn ei fab Gwrthefyr a'r dreigiau, ac *Arthur, a gododd ben Bendigeidfran gan na farnodd ei fod yn iawn fod yr ynys hon yn cael ei hamddiffyn gan nerth neb ar wahân i'w nerth ef. Ceir cyfatebiaethau mewn llenyddiaeth Wyddeleg gynnar i'r thema o 'gladdu swyn', sef claddu brenin wrth ymyl ffin er mwyn amddiffyn ei diriogaeth yn oruwchnaturiol er

erbyn ei elynion. Ond y mae'r rhain yn wahanol i'r enghreifftiau Cymraeg a grybwyllir yma gan fod y gelynion oddi mewn i Iwerddon yn hytrach na goresgynwyr allanol o'r Cyfandir, megis yn y traddodiad Cymreig.

Ceir cyfatebiaeth hynod i'r mathau hyn o gladdu swyn mewn traddodiad gwerin a gofnodwyd yn ystod y bedwaredd ganrif ar bymtheg. Ynddo y mae Arthur ei hun, wedi iddo erlid gelyn anhysbys tuag at gopa'r Wyddfa, yn cael ei ladd a'i gladdu mewn carn ar gopa'r bwlch a adwaenir fel Bwlch y Saethau uwchben Llyn Llydaw, Caern., fel na allai'r un gelyn deithio o ffordd honno tra bo llwch Arthur yn gorwedd yno. 'Matgudd' o fath hollol wahanol, fodd bynnag, yw claddu'r dreigiau yn Ninas Emrys ac efallai ei bod yn elfen ymwthiol yn y Triawd.

Gweler R. Bromwich, *Trioedd Ynys Prydein* (3ydd arg., 1998), rhif 37. Gweler hefyd Owen Jones, *Cymru* (cyf. I, 1875); J. Rhŷs, *Celtic Folklore* II (1901).

Tri Oferfeirdd Ynys Prydain, Triawd yn enwi *Arthur, *Cadwallon ap Cadfan a Rhahawd eil Morgant. Ymddengys fod y term 'oferfardd' fel y defnyddir ef yma yn gyfystyr â chlerwr (*clêr), a'r ystyr y mae'n debyg yw mai beirdd crwydrol oedd y tri hyn yn hytrach na beirdd mawl o statws swyddogol. Ystyrid dychan a phob math o farddoniaeth ysgafn yn bynciau addas iddynt, ac enwir Arthur efallai oherwydd i englynion dirmygus a phryfoclyd gael eu priodoli iddo ambell dro yn y chwedlau brodorol.

Gweler y nodyn yn R. Bromwich, *Trioedd Ynys Prydein* (3ydd arg., 1998), rhif 12.

Tri Ofergad Ynys Prydain, Triawd yn rhestru Cad Goddau (Brwydr y Coed), a ddigwyddodd oherwydd yr ast, yr iwrch a'r cornchwiglen; Gwaith Arfderydd a ddigwyddodd oherwydd nyth yr ehedydd; a *Chamlan a ddigwyddodd oherwydd cweryl rhwng *Gwenhwyfar a Gwenhwyfach. Dywed cerdd yn *Llyfr Taliesin fod *Lleu a *Gwydion yn bresennol yng Nghad Goddau, lle y digwyddodd yr ymladd, yn ôl un hanes, rhwng coed gwrthwynebus a drowyd trwy hud yn filwyr. Mewn geiriau sy'n dwyn y Triawd i gof esbonia darn o chwedl mewn llawysgrif gan John *Davies, Mallwyd, i'r frwydr hon gael ei hymladd 'o achos iwrch gwyn a chenau milgi a hanai o *Annwn', ac mai'r ymladdwyr oedd *Arawn, Brenin Annwfn, ac *Amaethon ap Don. Awgrymir cefndir chwedlonol felly, yn debyg i un *Pedair Cainc y Mabinogi. Y mae brwydrau Arfderydd a Chamlan yn fwy enwog ac wedi'u cofnodi'n fwy manwl; y mae'r Triawd yn portreadu Camlan (y drydedd eitem a bwysleisir) fel y fwyaf ofer a thrychinebus o'r tair. Ymladdwyd pob un, fe honnir, rhwng carfanau ymgecrus o Frythoniaid yn hytrach nag yn erbyn gelyn allanol, a hyn sy'n rhoi arwyddocâd i'r ffaith fod *Tudur Aled yn dyfynnu'r Triawd (mewn ffurf braidd yn garbwl) yn ei gywydd a luniwyd i gymodi Hwmffre ap Hywel a'i berthnasau.

Gweler y nodyn yn R. Bromwich, *Trioedd Ynys Prydein* (3ydd arg., 1998), rhif 84. Ar y gerdd 'Cad Goddau' yn *Llyfr Taliesin* gweler M. Haycock, '*The Significance of the Tree-List in the Book of Taliesin*' yn M. J. Ball *et al.*, *Celtic Linguistics* (1990).

Tri Thlws ar Ddeg Ynys Prydain, dogfen sy'n rhestru tri ar ddeg o bethau gwerthfawr a ddefnyddiwyd fel swynbethau ac yr honnwyd eu bod yn eiddo i arwyr traddodiadol Cymru. Megis *Pedwar Marchog ar Hugain Llys *Arthur, dyddia'r llawysgrifau o ail hanner y bymthegfed ganrif ac y maent yn bodoli mewn nifer o gopïau amrywiol a wnaed yn yr unfed ganrif ar bymtheg a'r ail ganrif ar bymtheg. Y mae'r testun yn aml yn cyd-ddigwydd â *Trioedd Ynys Prydain*.

Ymhlith y Trysorau ceir cleddyf *Rhydderch Hael, corn Brân Galed, bwrdd *gwyddbwyll *Gwenddolau, mwys *Gwyddno Garanhir, a phair *Diwrnach Gawr. Mewn rhai fersiynau disodlwyd rhai o'r rhain gan ddwy eitem o'r rhamantau poblogaidd, sef mantell *Tegau Eurfron a maen a modrwy Eluned (gweler o dan TAIR RHAMANT), ond nid yw rhif y Trysorau byth yn mynd yn uwch na thri ar ddeg. Swynbethau ydynt i gyd: y mae eu hanner yn bethau a all fodloni dymuniadau dynol, yn enwedig wrth fod yn anweledig, i wahan-iaethu rhwng y dewr a'r llwfr, y bonheddwr a'r taeog; prawf diweirdeb yw un ohonynt. Rhestrir rhai, megis mwys Gwyddno a Phair Diwrnach, ymysg yr *anoethau y mae'n rhaid i *Gulhwch eu cyflawni yn ei gais am Olwen a tharddasant, o bosibl, o ffynonellau llawer hŷn. Ceir enghreifftiau tebyg o'r cwpanau, peiriau a'r cyrn sy'n cynhyrchu bwyd mewn llenyddiaeth Wyddelig, lle'r honnwyd i rai trysorau hud gael eu dwyn adref gan frenhinoedd Gwyddelig ar eu dychweliad o *Annwn. Dichon y ceir ffynhonnell chwedlonol debyg i'r trysorau Cymreig; geill eu bod yn destunau storïau coll a oedd yn sôn am sut y cawsant eu hennill neu eu rhoi fel anrhegion gan drigolion Annwn i arwyr a aeth ar ymweliad yno. Arwyr o'r *Hen Ogledd yw'r mwyafrif o'r enwau hynny y gellir eu hadnabod ymysg perchnogion y trysorau, ac ategir eu cysylltiad â straeon yn perthyn i'r diriogaeth honno gan y teitlau mewn rhai fersiynau a hefyd gan yr esboniad o'r enw Brân Galed mewn llawysgrif o'r unfed ganrif ar bymtheg.

Er na chyfeirir at y Tlysau mewn barddoniaeth cyn y bymthegfed ganrif, ceir cyfeiriadau aml atynt gan y cywyddwyr, yn unigol a chyda'i gilydd. Y cynharaf o'r fath gyfeiriadau yw un gan *Guto'r Glyn sy'n ategu cysylltiadau gogleddol y traddodiadau ynglŷn â'r Tlysau wrth ddisgrifio Brân Galed (gweler o dan TRI HAEL YNYS PRYDAIN). Dichon mai'r traddodiad hwn, sy'n rhoi'r clod am ennill y tlysau i *Daliesin yn hytrach na *Myrddin, yw'r hynaf o'r ddau ac ategir hyn gan amryw o'r teitlau yn y llawysgrifau. Yn ôl cyfeiriadau gan y cywyddwyr dichon y cysylltir Myrddin â'r Tlysau oherwydd

hanesion am garchariad y Myrddin Arthuraidd gan ei gariad, Viviane, hanes a oedd yn amlwg yn adnabyddus iddynt. Cafwyd traddodiad diweddar, fodd bynnag, i'r perwyl mai ar Ynys *Enlli y claddwyd Myrddin.

Ceir manylion pellach yn Rachel Bromwich, *Trioedd Ynys Prydein* (3ydd. arg., 1998); gweler hefyd y trafodaethau gan P. C. Bartrum yn *Études Celtiques* (cyf. x, 1963) ac Eurys Rowlands yn *Llên Cymru* (cyf. v, 1959); a Graham Thomas 'Llên Arthur a Maen a Modrwy Luned' (traethawd M.A. Prifysgol Cymru, Aberystwyth, 1976).

Triban, un o fesurau poblogaidd y *Glêr drwy Gymru benbaladr. Ynddo ceir dwy linell saith sillaf yn diweddu'n ddiacen ynghyd â thrydedd linell o saith neu wyth sillaf a'i phrifodl yn odli'n gyrch â gorffwysfa'r bedwaredd linell, a honno'n gorffen â phrifodl ddiacen, fel yn yr hen bennill hwn:

> Tri pheth sy'n anodd 'nabod—
> Dyn, derwen a diwrnod:
> Y dydd yn hir, y pren yn gau,
> A'r dyn yn ddauwynebog.

Nid yw'n hawdd olrhain datblygiad y triban o'r *englyn cyrch, oherwydd ni ddechreuwyd cofnodi'r canu rhydd answyddogol a oedd yn bod ochr yn ochr â'r canu caeth hyd yr unfed ganrif ar bymtheg. Dengys y llawysgrifau Cymraeg o hynny allan, serch hynny, ei fod yn fesur poblogaidd iawn ac yn gyffredin i bob rhan o Gymru. Tueddid i ddefnyddio'r mesurau rhyddion yn helaethach ym *Morgannwg a pherthynai i'r sir arferion megis y *Fari Lwyd a *chanu i'r ychen, lle y gweneid defnydd helaeth o'r Triban. Am hyn, a rhesymau eraill, cysyllt-wyd y mesur yn gynnar â Morgannwg, ac yno y bu ac y pery poblogrwydd pennaf y Triban, a blas ei thafodiaith, a swyn ei henwau lleoedd, ei bywyd a'i harferion, yn hyfrydwch trwyddynt.

Rhoir yr enw Triban hefyd ar fathodyn a symbol *Plaid Cymru, sydd ar ffurf tri thriongl gwyrdd yn cynrychioli mynyddoedd Cymru.

Ceir manylion pellach a chasgliad o ryw saith cant o engh-reifftiau yn *Tribannau Morgannwg* (gol. Tegwyn Jones, 1976).

Trioedd y Meirch, rhestr o enwau meirch yr arwyr traddodiadol, ynghyd ag enwau eu perchnogion. Y mae'n ffurfio is-grŵp amlwg yn llawysgrifau *Trioedd Ynys Prydain*, a hon yw'r gynharaf ohonynt i'w chofnodi ar glawr fel grŵp.

Goroesodd dernyn o bedwar o'r Trioedd arbennig hyn yn *Llyfr Du Caerfyrddin, ac ar ben hynny y mae'r gerdd Canu'r Meirch (o ddyddiad ansicr) yn *Llyfr Taliesin; y mae hon yn atgynhyrchu nifer o'r un enwau (ceffylau a pherchnogion) ag a welir mewn llawysgrifau diweddarach. Awgryma'r amrywiaeth a geir yn yr enwau trwy'r gwahanol fersiynau fod cyfnod o dros-glwyddiad ar lafar yn gorwedd y tu ôl i'r testunau fel y maent ar gadw bellach. Yn y 'Fersiwn Cynnar' (Peniarth

16) o'r Trioedd dosberthir *Trioedd y Meirch* o dan y penawdau canlynol: Tri Rhoddeidigfarch Ynys Prydain, Tri Phrif Eddystr, Tri Anrheithfarch, Tri Gordderchfarch, Tri Gohoyw Eddystr, Tri Thom Eddystr, Tri Meirch a ddugant y Tri Marchlwyth; yn ychwanegol ceir Tri Phrif Ychen a Thair Prif Fuwch. Disgrifiadol yw enwau'r ceffylau a chynhwysant rai nodweddion dychmygol: y mae rhai â thraed fforchog, un â chyrn, un arall yn nofio ac yn medru cario baich annaturiol. Yr unig Driawd sy'n ychwanegu rhyw fanylion ystoriol byr am y tri enw yw'r Tri Meirch a ddugant y Tri Marchlwyth, ond un yn unig o'r straeon a grybwyllir, yn ymwneud â thraddodiadau Brwydr Arfderydd, y gellir ei esbonio yn rhannol trwy unrhyw ffynhonnell arall a gadwyd.

Ychydig iawn o wybodaeth ynglŷn â swyddogaeth y ceffylau hyn yn y traddodiad brodorol a geir yn y straeon Cymraeg sydd wedi goroesi; enwir un neu ddau ohonynt yn chwedl *Culhwch ac Olwen ac un yn *'Canu Llywarch Hen'. Rhoddir mwy o ddiddordeb felly i'r ffaith fod enwau dau o'r ceffylau hyn, ynghyd â'u perchnogion gwreiddiol, wedi goroesi yn y rhamantau am *Arthur gan y bardd Ffrengig Chrétien de Troyes a'i olynyddion. Y rhain yw Kein Caled, ceffyl Gwalchmai (*Gwalchmai fab Gwyar), sy'n ailymddangos yn y Ffrangeg fel *le Guingalet*, ceffyl y marchog Gauvain, a Lluagor, ceffyl *Caradog Freichfras, a ddaeth yn *Lorzagor* a'i briodoli i Carados Briebras. Y mae'n rhaid fod yr enwau hyn wedi treiddio i'r ffynonellau Ffrangeg trwy sianelau llafar nas cofnodwyd: y mae'n debyg eu bod wedi deillio o'r storïau sy'n sail i *Drioedd y Meirch* ac a gollwyd, yn hytrach nag o'r Trioedd eu hunain, gan mai ar lafar yn bennaf y trosglwyddai'r *cyfarwydd Cymraeg ei ddeunydd, ac yn anaml y byddai'n ei gofnodi mewn ysgrifen.

Ceir manylion pellach yn Rachel Bromwich, *Trioedd Ynys Prydein* (3ydd arg., 1998) ac A. O. H. Jarman, *Llyfr Du Caerfyrddin* (1982); gweler hefyd R. Bromwich, 'The Triads of the Horses' yn *The Celtic Horse: Aspects of the Horse in Welsh Medieval Literature* (gol. Sioned Davies a Nerys A. Jones, 1997).

Trioedd Ynys Prydain, casgliad neu fynegai i gymeriadau chwedlonol a drefnir mewn Trioedd. Y mae tueddiad i ddosbarthu pethau mewn Trioedd yn nodweddiadol o'r traddodiad diwylliannol Celtaidd ym Mhrydain ac yn Iwerddon ers yn gynnar iawn. Yng Nghymru yn yr Oesoedd Canol gweithredai ffurf y Triawd fel modd i gofio neu gofnodi amryw ffeithiau, rheolau a gwirebau a ddysgid gan yr athrawon i'w disgyblion mewn cymdeithas lle yr oedd addysg lafar yn brif fodd cadw a throsglwyddo'r traddodiad dysg. Yr oedd y *Trioedd Cerdd* a *Thrioedd Ynys Prydain* yn elfen hanfodol yn addysg y beirdd. Y mae cyfresi o Drioedd ar gael yng *Nghyfraith Hywel, a chyfresi eraill yn y traethodau meddygol, a'r un pwrpas didactig iddynt i gyd. Yn aml iawn ceir yn y llawysgrifau sy'n cynnwys *Trioedd Ynys*

Prydain restri o Drioedd gwirebol ochr-yn-ochr â hwy. Y mae naws y rhain yn debyg iawn i'r defnydd a gofnodir yn yr englynion o'r hen ganiad: yn wir, y mae hen ffurf yr *englyn tair llinell yn enghraifft amlwg o hoffter y Cymry o Drioedd. *Trioedd Ynys Prydain* yw'r helaethaf o'r casgliadau o Drioedd sydd wedi goroesi o'r Oesoedd Canol a chofnodir ynddo nifer o arwyr ac arwresau'r chwedlau brodorol, gan gynnwys amlinelliad byr o ryw hanes anhysbys, megis yn achos Triawd a *Tri Gwrddfeichiad Ynys Prydain, neu Driawd y Tri Chudd a Thri Datgudd Ynys Prydain, ac eraill.

Cedwir y cyfresi sylfaenol mewn llawysgrifau o'r drydedd ganrif ar ddeg a'r bedwaredd ganrif ar ddeg, a chan fod hyd yn oed y cynharaf o'r rheini yn gopïau o lawysgrifau hŷn, y tebyg yw i'r cyfresi hyn gael eu casglu at ei gilydd yn ystod y ddeuddegfed ganrif. Yr hynaf o'r rhestri hyn sydd ar glawr yw'r casgliad byr a diffygiol o *Drioedd y Meirch yn *Llyfr Du Caerfyrddin. Fodd bynnag, y mae rhai o'r Trioedd unigol yn y casgliadau yn hŷn o lawer na hyn: cyfeirir at rai o'r cynharaf yn 'Y *Gododdin' ac yn *Llyfr Taliesin. Y mae'r casgliadau canoloesol wedi dod i lawr ar ddwy brif ffurf, sef 'Fersiwn Cynnar' (Llsgrau. Peniarth 16 a 45) a 'Fersiwn WR' (*Llyfr Gwyn Rhydderch a *Llyfr Coch Hergest). O gymharu enwau'r arwyr yn y Trioedd â'r enwau a gyfeirir atynt yng ngherddi'r *Gogynfeirdd, sylwir y cynhwysir yn y 'Fersiwn Cynnar' gyfeiriadau at yr arwyr y gwyddai'r beirdd y chwedlau amdanynt yn y cyfnod cyn tua 1200. Cyflwyna 'Fersiwn WR' y Trioedd mewn trefn wahanol, weithiau ar ffurf wahanol, ac ychwanega nifer o Drioedd newydd: yn achlysurol newidir y ffformiwla 'Ynys Prydain' yn nheitlau rhai o'r Trioedd i'r fformiwla 'Llys Arthur'. Cynhwysa'r 'Fersiwn WR' gyfeiriadau at hanesion a geir yn *Brut y Brenhinedd: nid oes cyfeiriadau o'r fath yn y 'Fersiwn Cynnar'. Ychwanega'r llawysgrifau diweddarach ragor o Drioedd unigol i'r cyfresi, a thynnwyd amryw o'r rhain o ffynonellau ysgrifenedig megis y Rhamantau, er bod eraill ohonynt yn amlwg o darddiad hen a thraddodiadol.

Dengys y cyfresi o Drioedd sy'n perthyn i bob cangen o'r ddysg frodorol rai nodweddion cyffredin megis yr hoffter o restru'r Trioedd mewn grwpiau gyda theitl cyfatebol (y gyfres 'unben' yn cyfateb i'r gyfres 'lleidr' yn nosbarth Blegywryd o'r Cyfreithiau), ac mewn parau gwrthgyferbyniol. Y mae'r nodweddion hyn o ddiddordeb arbennig oherwydd ceir yr un nodweddion yn union mewn cyfres o Drioedd Gwyddeleg a ysgrifennwyd yn y nawfed ganrif: y mae'r rhain yn dangos mewn modd trawiadol hynafiaeth y traddodiad Celtaidd o restru mewn Trioedd. Y maent hefyd yn ategu gwerth rhethregol y Trioedd, eu pwyslais dramatig a'u byrder epigramatig – nodwedd a welir yr un mor eglur yn Nhrioedd y ddwy iaith. Syrth y pwyslais bron bob tro ar y drydedd elfen mewn Triawd – yn union fel y syrth ar drydedd linell englyn o'r hen ganiad. Gwelir gwerth rhethregol y Trioedd yn y modd huawdl y dyfynnir o *Drioedd Ynys Prydain* yma ac acw yn *Pedair Cainc y Mabinogi*.

Y mae cyfeiriadau at gymeriadau yn y Trioedd yng ngwaith y beirdd o'r bedwaredd ganrif ar ddeg hyd at yr ail ganrif ar bymtheg yn dangos y gwerthfawrogid y Trioedd ganddynt fel casgliadau o enwau teilwng i'w dyfynnu yn eu canu mawl (gan na ddyfynnir enwau annheilwng ond yn anaml iawn ganddynt) am gyfnod maith ar ôl i'r chwedlau y perthynai'r enwau iddynt fynd i ebargofiant. Er i'r chwedlau gael eu hanghofio nid anghofiwyd y Trioedd eu hunain, fodd bynnag, gan fod ysgolheigion a hynafiaethwyr wedi cymryd diddordeb cynyddol ynddynt o'r unfed ganrif ar bymtheg ymlaen. Parhawyd i gopïo'r llawysgrifau, ac yn 1567 argraffwyd testun *Trioedd Ynys Prydain* am y tro cyntaf yn *Y Diarebion Camberäec*, sef ail argraffiad o'r casgliad o ddiarhebion a wnaeth William *Salesbury yn *Oll Synnwyr Pen* (1547). Un copi bratiog yn unig o'r llyfr hwn a gadwyd inni ac y mae hwnnw yn y Llyfrgell Brydeinig. Ond gwyddai'r hynafiaethydd William Camden amdano, a dyfynnodd ef dri Thriawd o'r testun hwn yn ei *Britannia* (1586), tyst huawdl iawn i'r bri a osodid y pryd hynny gan hynafiaethwyr ar *Drioedd Ynys Prydain* fel ffynhonnell hen ac awdurdodol ar hanes cynnar Prydain.

Y mae'r parch hwn yn esbonio gweithgarwch tri ysgolhaig yn yr ail ganrif ar bymtheg a wnaeth, pob un ohonynt, gasgliad helaeth o *Drioedd Ynys Prydain* o'r hen lawysgrifau. Robert *Vaughan o'r Hengwrt oedd y pwysicaf o'r tri, oherwydd ei gasgliad ef (a wnaed yn 1652) oedd y cynsail i'r cyntaf o'r tair cyfres o *Drioedd Ynys Prydain* yn y *Myvyrian Archaiology of Wales* (1801). Y mae'r ail gyfres yn y *Myvyrian* yn atgynhyrchu'r Trioedd yn *Llyfr Coch Hergest*, ac y mae'r drydedd gyfres (testun llawer o drafod) yn waith Iolo Morganwg (Edward *Williams), a ailysgrifennodd nifer o'r hen Drioedd tua 1791 mewn arddull ryfeddol o chwyddedig ac mewn iaith arbennig o ddieithr. O'r 126 o Drioedd yn y gyfres y mae dwy ran allan o dair yn amrywiadau ar Drioedd yn y gyfres gyntaf, a'r drydedd ran i gyd yn Drioedd a ddychmygodd Iolo ei hun, heb unrhyw ffynhonnell hen a dilys, dim ond llawysgrifau a ysgrifennodd Iolo ei hun. Yn ffodus y mae'r llawysgrifau hyn yn cynnwys cyfieithiad Saesneg a wnaeth Iolo o'i Drioedd ei hun – ac y mae'r cyfieithiad yn hanfodol i'w hesbonio a'u datrys. Nid amheuwyd Trioedd Iolo yn nhrydedd gyfres y *Myvyrian Archaiology* nes i'r ysgolhaig Thomas *Stephens ymosod yn ffyrnig arnynt mewn erthyglau craff, deallus yn y *Cambrian Journal* ac *Y *Beirniad* yn yr 1850au a'r 1860au. Yn anffodus, dioddefodd enw da'r ddwy gyfres gyntaf o *Drioedd Ynys Prydain* yn y *Myvyrian* fel canlyniad i ymosodiad Stephens ar y drydedd gyfres, er bod i'r ddwy gyfres hon werth mawr a phwysigrwydd traddodiadol a chwedlonol.

Golygwyd *Trioedd Ynys Prydein* gyda chyfieithiad, rhagym-adrodd a nodiadau gan Rachel Bromwich (1961; ail arg., 1978; 3ydd arg., 1998); ceir hanes diweddarach y Trioedd gan yr un awdur yn 'Trioedd *Ynys Prydain*' in *Welsh Literature and Scholarship* (Darlith Goffa G. J. Williams, 1969); gweler hefyd ei phennod 'Cyfeiriadau Traddodiadol a Chwedlonol y Gogynfeirdd' yn y gyfrol *Beirdd a Thywysogion* (gol. M. E. Owen a B. F. Roberts, 1996). Golygwyd cyfieithiad Iolo o'i Drioedd ei hun yn *Nhrafodion* Anrhydeddus Gymdeithas y Cymmrodorion (1969 ac 1970). Am y Trioedd mewn mytholeg Geltaidd gweler J. Vendryes, '*L'Unité en Trois Personnes chez les Celtes*' yn ei lyfr *Choix d'Études Linguistiques et Celtiques* (1952).

TRIPP, JOHN (1927–86), bardd. Fe'i ganed yn fab i of ym Margod, Morg., ac fe'i magwyd yn Yr Eglwys Newydd, Caerdydd. Bu'n gweithio yn Llundain fel newyddiadurwr am gyfnod, lle y bu'n aelod o'r *Guild of Welsh Writers* (gweler o dan ACADEMI GYMREIG), ond dychwelodd i Gymru yn 1969 i ennill ei fywoliaeth ar ei liwt ei hun fel awdur. Ymddangosodd ei gerddi cynnar yn *Poetry Wales a'r *London Welshman ac yn ei lyfryn *Diesel to Yesterday* (1966) yng nghyfres y *Triskel Poets* a gyhoeddwyd gan Meic *Stephens. Cyhoeddodd chwe chyfrol o gerddi: *The Loss of Ancestry* (1969), *The Province of Belief* (1971), *Bute Park* (1971), *The Inheritance File* (1973), *For King and Country* (1980) a *Passing Through* (1984). Ymddangosodd detholiad o'i farddoniaeth yn y gyfres *Penguin Modern Poets* (1979) a chyhoeddwyd ei *Collected Poems 1958–78* yn 1978. Golygodd ei gyfaill John *Ormond gyfrol o'i *Selected Poems* a gyhoeddwyd yn 1989. John Tripp oedd golygydd llenyddol *Planet o 1973 nes i'r cylchgrawn gael ei ddirwyn i ben dros dro yn 1979.

Prif bynciau gwaith John Tripp yw hanes Cymru a chyflwr presennol ei phobl. Cymro di-Gymraeg ydoedd gydag argyhoeddiadau adain-chwith a heddychaidd. Nid ymboenai yn unig ynghylch ei wreiddiau ef ei hun, ei gyfeillion a'i deulu, ond hefyd ynghylch y fateroliaeth isradd sydd wedi gwahanu pobl Cymru oddi wrth eu gorffennol hwy eu hunain. Defnyddiai eirfa gyfoes ac arddull gyhyrog, gan orddweud yn achlysurol, i ddisgrifio'r hyn a'i diddorai fwyaf – yr hyn a oedd unwaith yn fawr ac enwog ond sydd bellach wedi colli ei fri. Edrychai arno ef ei hun o dro i dro fel bardd-sylwedydd wedi'i fritho gan fywyd y ddinas ond gallai gydymdeimlo, digio a chwerthin o hyd. Cymeriad dadleugar ond twymgalon oedd John Tripp ac erys llu o hanesion amdano ymhlith ei gyfoeswyr.

Ceir trafodaeth feirniadol ar farddoniaeth John Tripp yn yr erthygl gan Richard Poole yn *Poetry Wales* (cyf. XIV, rhif. 4, 1979); gweler hefyd yr erthygl gan Jeremy Hooker yn *The Anglo-Welsh Review* (rhif. 65, 1979), y darn gan Glyn Jones yn *Profiles* (1980), y cyfweliad yn *Common Ground: Poets in a Welsh Landscape* (gol. Susan Butler, 1985), ac un arall yn *Planet* (rhif. 60, Rhag./Ion. 1986–87); gweler hefyd y rhifyn arbennig o *Poetry Wales* (cyf. XXII, rhif. 1, 1987) a'r ysgrif gan Nigel Jenkins yn y gyfres *Writers of Wales* (1989).

Triskel Press, The, gweler o dan STEPHENS, MEIC (1938–   ).

TRISTFARDD (*fl.* 6ed gan.), bardd *Urien Rheged a enwir yn *Trioedd Ynys Prydain fel un o Dri Gwaywrudd Beirdd Ynys Prydain. Dywedir iddo garu â gwraig Urien Rheged. Cynnwys llawysgrif o'r ddeunawfed ganrif y chwedl hon, gydag englynion ymddiddan sy'n adrodd sut y lladdodd Urien ei fardd ar lan Rhyd Tristfardd ym *Mhowys.

Gweler Graham Thomas (gol.), 'Chwedlau Tegau Eurfron a Thristfardd, Bardd Urien Rheged', *Bwletin* y Bwrdd Gwybodau Celtaidd (cyf. XXIV, 1970).

Troelus a Chresyd (*c.*1600), trasiedi, y ddrama hir gynharaf yn y Gymraeg sydd (ar wahân i'r ddwy olygfa gyntaf) yn gyfieithiad talfyredig ar ffurf drama o *Troylus and Cryseyde* (*c.*1372–86) gan Chaucer a *Testament of Cresseid* (1532) gan Henryson. Ysgrifennwyd y ddrama, ar wahân i'r disgrifiadau mewn rhyddiaith o ymgynnull duwiau yn y drydedd olygfa ar ddeg, mewn mydr a defnyddir pum mesur gwahanol gydag un ohonynt (yn y ddwy olygfa gyntaf) ar fesur traddodiadol Cymreig. Nid oes sglein ar farddoniaeth y ddrama, ac areithiau ac ymrysonau rhy hir yw natur y ddeialog. Y mae gwir werth y ddrama hon i'w ganfod yn ei chyflwyniad campus o Drasiedi Ffawd a ddechreuir yn y ddwy olygfa gyntaf ond sy'n canolbwyntio ar gwymp Cresyd. Er i'r Corws gyfeirio sylw'r gynulleidfa at wrthgyferbyniad cariad ffyddlon Troelus a chariad gwenieithus Cresyd, y mae gan y ddrama thema ddyfnach, sef rhwystredigaeth ddidostur yr ewyllys ddynol gan Ffawd, sy'n ei gyflwyno'i hun yn ddefodol.

Ni wyddys dyddiad cyfansoddi'r ddrama nac enw ei hawdur ychwaith, er bod y rhan fwyaf o'r beirniaid yn cytuno iddi gael ei llunio yn ystod blynyddoedd cynnar yr ail ganrif ar bymtheg. Y mae ffurfiau llafar y ddrama yn awgrymu mai gŵr o sir Ddinbych neu sir y Fflint oedd yr awdur ac yr oedd ei ddealltwriaeth o Saesneg Canol yn hynod dda, yn well na'r mwyafrif o siaradwyr Saesneg eu mamiaith yn ystod y cyfnod hwnnw. Ni wyddys am gynhyrchiad cynharach o'r ddrama na 1954 pan berfformiwyd hi yn yr *Eisteddfod Genedlaethol, er ei bod yn amlwg mai cyflwyniad llwyfan a oedd gan yr awdur mewn golwg.

Y mae dau argraffiad o'r testun ar gael, un ysgolheigaidd a olygwyd gan W. Beynon Davies (1976) a diweddariad gan Gwyn Williams (1976). Yr erthygl sylweddol gynharaf yw un J. S. P. Tatlock, 'The Welsh 'Troilus and Cressida' and its Relation to the Elizabethan Drama' yn *Modern Language Review* (cyf. X, 1915). Gweler hefyd yr erthyglau gan Gwyn Williams yn *Nhrafodion* Anrhydeddus Gymdeithas y Cymmrodorion (1957) a Roger Stephens Jones ym *Mwletin* Bwrdd Gwybodau Celtaidd (cyf. XXVI, 1976, cyf. XXVII, 1977 a chyf. XXVIII, 1979) sy'n cynnig dyddiad yn y 1560au a thystiolaeth dros Humphrey Llwyd fel awdur y ddrama.

Trwco. Y mae hanes hirfaith i'r arfer o dalu gweithwyr mewn nwyddau yn hytrach nag arian, ond nid tan y 1740au y bathwyd y term trwco. Daeth yn arfer cyffredin iawn yng Nghymru ym mlynyddoedd cynnar y *Chwyldro Diwydiannol, yn rhannol oherwydd bod cynifer o weithfeydd wedi'u codi mewn broydd anghyfannedd, amddifad o rwydwaith o siopau, ac yn rhannol oherwydd prinder arian bâth. Bron yn hollgyffredin yn sir Fynwy, fe'i harferwyd hefyd gan gwmnïau haearn Dowlais a Phenydarren a chan y rhan fwyaf o weithfeydd anfferws gorllewin y maes glo. Ceir tystiolaeth ohono hefyd ym maes glo'r gogledd ac yn ardaloedd chwarelyddol Gwynedd. I feistri haearn fel teulu *Guest, yr oedd sicrhau bod nwyddau ar gael i'w cyflogedigion yn weithred gymwynasgar; yn wir, yn absenoldeb y fath ymdrechion, gallasai gweithwyr Merthyr Tudful fod wedi llwgu, yn arbennig mewn cyfnodau anodd fel y 1790au. Ceir tystiolaeth fod cyflogedigion yn gefnogol i siopau cwmni a bod cyflogwyr am roi'r gorau iddynt, oherwydd peth diurddas i ddiwydiannwr o fri oedd bod hefyd yn siopwr cyffredin. Eto i gyd, dicllon oedd y gweithiwr wrth dderbyn fel tâl ddim byd amgenach na thocyns na ellid eu cyfnewid ond yn siop ei gyflogwr; codwyd hefyd wrychyn y rheini a gâi eu cyflog mewn arian ond a oedd o dan bwysau i'w wario yn y siop gwmni. Gyda thwf y canolfannau diwydiannol, amlhaodd siopwyr annibynnol ac yr oedd y rheini'n elynion digymrodedd i'r siopau cwmni. Yr oedd trwco yn ffactor yn yr anghydfod ym *Merthyr yn 1800 ac yng Ngwrthryfel Merthyr yn 1831. Daeth y Mesur Gwrth-Tryc, a gyflwynwyd gan aelod Trefynwy, Benjamin *Hall, yn ddeddf ym mis Rhagfyr 1831. Gosododd ar gyflogwyr y dyletswydd o dalu cyflogau yn arian bâth y deyrnas, a mynnodd na ellid gosod unrhyw amodau ynglŷn â'r modd y gwerid cyflogau. Tystia llu o achosion llys ar ôl 1831 na fu diwedd sydyn ar drwco, arfer a oedd yn ffactor o bwys yn yr anghydfod a welwyd, yn arbennig yn sir Fynwy, yn y 1830au a'r 1840au. Profodd siopau cwmni i fod yn sefydliadau hirhoedlog. Dichon mai'r olaf ohonynt oedd siop Cwmni Haearn Rhymni, a reolwyd gan dad Thomas *Jones (1870–1955), ac a barodd mewn bodolaeth hyd y 1880au.

Trysorfa y Plant, gweler o dan LEVI, THOMAS (1825–1916).

Trystan ac Esyllt, cariadon. Heb os nac oni bai, y mae'r stori drychinebus am gariad Drystan (Trystan, Tristan) ac Esyllt (Iseult, Iseud) yn ei ffurf fwyaf adnabyddus yn greadigaeth Ffrengig. Fel y cyfryw, ymddengys i feirdd a chyfarwyddiaid Cymru fod yn gyfarwydd â hi o ail hanner y drydedd ganrif ar ddeg ymlaen, er bod rhai o'r cyfeiriadau at Drystan fab Tallwch yn *Trioedd Ynys Prydain yn debyg o fod yn gynharach na'r dyddiad hwnnw. Ond y mae'n debyg i'r beirdd Cymraeg dderbyn eu gwybodaeth am Dristan neu Drystan o'r rhamantau Ffrangeg yn hytrach nag o'r atgofion prin o'r chwedl sydd wedi parhau yn y Gymraeg. Er enghraifft, y mae'n amlwg i'r episod am Drystan ac Esyllt sydd ar gael yn nhriawd y

*Tri Gwrddfeichiad berthyn i ffurf Gymraeg ar un o'r straeon niferus sydd ar gael am gyfarfodydd dirgel y cariadon, a oedd yn boblogaidd iawn mewn amryw ffurf yn y rhamantau cyfandirol. Y mae hwn yn wir hefyd am y chwedl fach a adroddir yn ddiweddarach yn yr *Ystorya Trystan*. Y mae'r amrywiadau hyn ar thema arbennig a ailadroddir o hyd ac o hyd yn y rhamantau Ffrangeg yn dystion i grefft *cyfarwyddiaid Cymru wrth ail-greu amrywiadau ar chwedlau estron yn nhermau a nodweddai eu traddodiad priodol eu hunain. Amrywiad arall ar yr un thema am gyfarfod anghyfreithlon a dirgel rhwng y cariadon (sy'n tarddu yn y pen draw, o bosibl, o ffynhonnell Ffrangeg) sy'n gorwedd dan yn cyfeiriadau prin ac amwys a ganfyddir mewn cerdd arbennig yn *Llyfr Du Caerfyrddin* (rhif 35), lle y cyfeirir at D(i)ristan a March: amserir y *Llyfr Du* yn awr yn awdurdodol yn ail hanner y drydedd ganrif ar ddeg. Y mae'n amlwg ei bod yn bosibl, beth bynnag, i'r chwedl am 'Tristan' ac 'Iseult' fod yn adnabyddus yng Nghymru ganrif gyflawn yn gynharach na'r cyfeiriadau cyntaf ati gan feirdd llys Cymru: sef drwy gyfrwng cerddi Ffrangeg ac *Eingl-Normaneg Béroul a *Thomas – a hefyd, o bosibl, drwy gerdd goll o waith Chrétien de Troyes, *Li rois Marc et Iseut la blonde*. Ond cytunir erbyn hyn i'r fersiwn gorffenedig o hanes Tristan fel y mae ar gael yn y *Prose Tristan* Ffrangeg o'r drydedd ganrif ar ddeg ddod yn fwy poblogaidd na'r cerddi Ffrangeg cynharach. Yn gyflym iawn daeth testun y *Prose Tristan* i fod y fersiwn mwyaf adnabyddus o'r rhamant, yn Ffrainc ac mewn gwledydd eraill. Dosberthid y *Prose Tristan* mewn ieithoedd Ewropeaidd amrywiol (gan gynnwys fersiwn enwog Saesneg *Le Morte D'Arthur* gan Malory). Yn y fersiynau sy'n tarddu o'r *Prose Tristan* yr oedd trasiedi Trystan, Esyllt a March wedi ymsefydlu yn llwyr yn y Cylch *Arthuraidd. Y mae'n debyg i driawd y Tri Gwrddfeichiad ac i *Ystorya Trystan* o'r unfed ganrif ar bymtheg ddibynnu yn y pen draw, fel ei gilydd, ar wybodaeth am hanes Drystan yn y ffurf boblogaidd Ffrangeg hon.

Y mae'r fersiwn hwn o'r stori, fel y'i cyflwynir yn y *Prose Tristan*, yn adrodd sut y cafodd yr arwr ei fabwysiadu yn fachgen gan ei ewythr, y brenin Marc o Gernyw; sut y rhyddhaodd ef deyrnas ei ewythr o ormes cawr enfawr (nid annhebyg i'r Minotor) a enwid *le Morholt*; sut yr aeth wedyn i Iwerddon i ofyn am y dywysoges Iseult yn wraig i'w ewythr, a'i hennill drwy ymladd unwaith eto yn llwyddiannus gydag anghenfil (sef draig, y tro hwn); a sut y gwnaeth Tristan ac Iseult, ar eu dychweliad i Gernyw mewn llong, yfed yn gwbl ddamweiniol y ddiod hud a baratoesid gan fam Iseult i'w hyfed gan ei merch a'r brenin Marc ar noson eu priodas. Wedi i'r briodas honno gael ei dathlu fel y cynlluniwyd, ceir yn y gwahanol fersiynau o'r rhamant nifer o straeon byr yn disgrifio cyfarfodydd dirgel rhwng y cariadon (gan ddilyn patrwm y *fabliaux* Ffrangeg sydd mor niferus). Hanes rhyw gyfarfod o'r fath, y mae'n sicr, sy'n gorwedd y tu ôl i driawd y Tri Gwrddfeichiad, a hefyd

i'r *Ystorya Trystan*. Yn y fersiynau Ffrangeg daw'r stori i ben o'r diwedd gyda phriodas Tristan â thywysoges o Lydaw (a enwir hithau hefyd yn 'Iseult'), ac wedyn gyda marwolaeth drasig Tristan tra oedd yn aros yn ofer am y llong â hwyliau gwyn a oedd i hebrwng ei gariad gyntaf, Iseult o Iwerddon, i'w iacháu ef unwaith eto, fel y gwnaeth hi erstalwm, ar ôl iddo ladd y ddraig enbyd yn Iwerddon. Ond yn y *Prose Tristan* lladdwyd ef yn fradwrus gan y brenin Marc.

Er bod stori cariad Tristan ac Iseult fel y cyfryw yn greadigaeth hanfodol Ffrengig, cytunir yn gyffredinol fod iddi elfennau hŷn a Cheltaidd: '. . . *the romance of Tristan and Iseult . . . has its roots deep and far-spread in the traditions of Ireland and of Celtic Britain*' yng ngeiriau Proinsias *Mac Cana. Dyfynnir yn fynych gyfatebiaethau Gwyddeleg i themâu blaenllaw y chwedl (ac i rai llai hefyd) er bod ysgolheigion diweddar yn barotach i briodoli cyfatebiaethau o'r fath i gynhysgaeth Geltaidd gyffredinol o fotiffau storïol, os nad i fenthyciadau uniongyrchol diweddarach i'r Gymraeg neu i'r Wyddeleg o'r Ffrangeg. Ond er hynny ceir dau driawd yn fersiwn cynnar *Trioedd Ynys Prydain*, yn ogystal â thriawd y Tri Gwrddfeichiad, sy'n tystiolaethu i fodolaeth traddodiad cynhenid ynghylch Drystan fab Tallwch fel cymeriad mewn straeon arwrol cynnar Cymraeg: fe'i rhestrir fel un o'r Tri Galofydd ac un o'r Tri Thaleithiog Cad. Hefyd, ymddengys March ap Meirchiawn (Marc) fel un o'r Tri Llynghessawg ('morwyr' neu 'berchenogion llynges'); dyfynnir ei enw hefyd gan y bardd *Cynddelw yn y ddeuddegfed ganrif fel brenin neu lywodraethwr traddodiadol yng Nghymru. Y mae'r cyfenwau sy'n glynu yn gyson at enwau Drystan a March mewn ffynonellau Cymraeg (sef ap Tallwch ac ap Meirchiawn) yn llwyr anhysbys i'r awduron Ffrangeg. Ac ni ddylwn anghofio chwaith i enwau Drystan ac Esyllt ymddangos (ond eu henwi ar wahân) yn rhestr aelodau llys Arthur yn *Culhwch ac Olwen*. Ymddengys Drosten – ffurf sy'n cyfateb i Drystan – ar arysgrif Pictiaidd o'r nawfed ganrif a cheir amrywiadau ar honno mewn cofnodau cynnar y Pictiaid. Byddai'n gwbl gredadwy i'r enw Drosten/ Drystan gael ei fenthyca o iaith y Pictiaid gan siaradwyr Brythoneg yr *Hen Ogledd. Ond canfyddir yr enw Drystan, yn y ffurf gynharaf sy'n goroesi, ar garreg arysgrifedig o'r chweched ganrif i *Drustanus filius Cunomori*, mewn lle o'r enw Castle Dore yng Nghernyw. Y mae'n eithaf tebyg i'r nod tir amlwg hwnnw ddylanwadu ar yr amryw leoliadau Cernywaidd a ganfyddir yng ngherdd Ffrangeg Béroul o'r ddeuddegfed ganrif, sy'n adrodd hanes Tristan, ac sydd yn tarddu, o bosibl, o draddodiadau a oedd eisoes wedi ymsefydlu yng Nghernyw.

Gweler ymhellach: R. Bromwich '*The Tristan of the Welsh*' in *The Arthur of the Welsh* (1991) a (gol.) *Trioedd Ynys Prydein* (3ydd arg., 1998); O. J. Padel, '*The Cornish Background of the Tristan Stories*' yn *Cambridge Medieval Celtic Studies* (cyf. I, 1981); Ifor Williams, 'Trystan ac Esyllt', *Bwletin* y Bwrdd Gwybodau

Celtaidd (cyf. v, 1930); Jenny Rowland a Graham Thomas, 'Additional Versions of the Trystan Englynion and Prose' yng Ngylchgrawn Llyfrgell Genedlaethol Cymru (cyf. XXII, 1982); R. Bromwich, 'The Tristan Poem in the Black Book of Carmarthen' yn Studia Celtica (cyf. XIV–XV, 1979–80); R. S. Loomis (gol.), Arthurian Literature in the Middle Ages (1959); a Renée L. Curtis, The Romance of Tristan, sef cyfieithiad o'r Prose Tristan (1994).

Tryweryn, cwm ger Y Bala, Meir., a foddwyd ynghyd â'r pentref Capel Celyn yn y 1960au cynnar i greu cronfa ddŵr, a elwir bellach yn Llyn Celyn, i ddarparu cyflenwad dŵr i Lerpwl. Megis y bwriad i adeiladu ysgol fomio ym *Mhenyberth yn 1936, gwrthwynebwyd y cynllun yn unfrydol gan bobl Cymru, ond trechwyd yr Aelodau Seneddol a oedd yn cynrychioli etholaethau yng Nghymru gan Lywodraeth Geidwadol yn San Steffan a wthiodd fesur preifat a noddwyd gan Gyngor Dinas Lerpwl trwy'r Senedd. Bu hyn yn sbardun i ymgyrch i weithredu'n uniongyrchol gan Genedlaetholwyr o Gymry, gweithred a olygai ddifrod, yn ogystal â nodi cyfnod newydd yn nhwf y gefnogaeth i *Blaid Cymru. Byth er hynny y mae defnydd a chost dŵr Cymru wedi bod yn un o'r pynciau mwyaf llosg ymhlith materion Cymreig.

Ceir hanes y digwyddiad yn Alan Butt Philip, The Welsh Question (1975); gweler hefyd Gwynfor Evans, Save Cwm Tryweryn for Wales (1956) a We Learn from Tryweryn (1958), Owain Williams, Cysgod Tryweryn (1979) ac Watcyn L. Jones Cofio Tryweryn (1988).

Tu Chwith, cylchgrawn a sefydlwyd yn 1993 dan olygyddiaeth Simon Brooks ac Elin Llwyd Morgan. Ei amcan gwreiddiol oedd gwyntyllu syniadaeth ôl-fodernaidd a 'mynd tu hwnt i'r realaeth ddarfodedig' a nodweddai gylchgronau eraill wrth drin a thrafod agweddau ar y diwylliant Cymraeg a Chymreig. Mabwysiadwyd polisi eclectig o ran testun a thrafodaeth, ond gyda phwyslais arbennig ar y diwylliant poblogaidd; hyn er mwyn tynnu blewyn o drwyn ceidwaid gwerthoedd diwylliannol Cymru. Yn y gyfrol gyntaf, er enghraifft, cafwyd dadansoddiadau arloesol ôl-strwythurol a ffeministaidd o nofel Robin *Llywelyn, Seren Wen ar Gefndir Gwyn. Defnyddiwyd llinell gan Iwan Llwyd (Iwan Llwyd *Williams), 'Trais a therfysg tu chwith allan', yn arwyddair y cylchgrawn. Er y dechrau cyntaf, bu Tu Chwith yn gyson gyfrifol am achosi trafodaethau bywiog o fewn y byd llenyddol a diwylliannol Cymraeg.

Yn dilyn ymadawiad Simon Brooks â'r olygyddiaeth yn 1996, cafwyd cyfrol arbennig ar ffeministiaeth dan olygyddiaeth Jane Aaron, Kate Crockett a Francesca Rhydderch. Penodwyd Angharad Price a Sioned Puw Rowlands yn gyd-olygyddion newydd yn 1996. Cyhoeddir Tu Chwith ddwywaith y flwyddyn. Ymhlith y pynciau a drafodir y mae rhywioldeb, y diwylliant poblogaidd, gwleidyddiaeth a'r frenhiniaeth.

TUCKER, JAMES (David Craig, Bill James;

1929–), nofelydd a beirniad. Fe'i ganed yng Nghaerdydd a'i addysgu yno cyn ymuno â'r Llu Awyr Brenhinol. Yn 1953 aeth yn newyddiadurwr, a gweithiodd yn eu tro i'r *Western Mail, y Daily Mirror (yn ystod cyfnod o dair blynedd yn Llundain) a'r Sunday Times, fel gohebydd Cymru. Yr oedd ei nofel gyntaf, Equal Partners (1960), yn tynnu ar ei gefndir newyddiadurol, a dilynwyd hi gan The Righthand Man (1961) a Burster (1966), nofel ddoniol am gyhoeddusrwydd ffilmiau; yn 1966 hefyd y cyhoeddwyd Honourable Estates, adroddiad dogfennol am ei fywyd ar stadau cyngor ar sail aseiniad gohebu i'r BBC. Yn 1968 cymerodd swydd ddarlithio ran-amser yng Ngholeg y Brifysgol, Caerdydd, ac arweiniodd hyn at gyhoeddi astudiaeth feirniadol, The Novels of Anthony Powell (1976); cyhoeddodd hefyd ddwy nofel antur hanesyddol, Blaze of Riot (1979) a The King's Friends (1982). Er i'r llyfrau a gyhoeddodd dan ei enw ei hun gael derbyniad da, y gwahanol gyfresi o storïau ysbïo a ditectif a ysgrifennwyd dan ffugenwau a ddaeth â llwyddiant ehangach i James Tucker. Dechreuodd llyfrau ysbïo a throsedd David Craig â The Alias Man (1968) ac aeth rhagddo i gyhoeddi o leiaf un y flwyddyn hyd 1976, pan ddarfu'r galw mawr am storïau ysbïwyr. Y mae storïau Bill James yn seiliedig ar ddau uwch-heddwas, Harpur ac Iles, sy'n gweithio mewn porthladd mawr diraen yn ne Cymru; defnyddiodd Tucker ei brofiadau fel newyddiadurwr a gohebydd llys i roi realaeth anarferol iddynt. Dechreuodd cyfres Harpur ac Iles gyda You'd Better Believe It (1985) ac addaswyd y llyfrau ar gyfer cyfres deledu fer yn 1996.

TUCKER, NORMAN (1894–1971), hanesydd, nofelydd a bardd a aned yn Abertawe, Morg., ac a oedd yn hanu o un o hen deuluoedd Penrhyn Gŵyr. Newyddiadurwr ydoedd wrth ei alwedigaeth, a byddai'n cyfrannu'n gyson i'r North Wales Weekly News. Cyhoeddodd lawer o erthyglau a llyfrau ar bynciau hanesyddol, ac wyth ohonynt â chefndir Cymreig, sef Castle of Care (1937), Ride Gloriously (1944), Gay Salute (1946), Minions of the Moon (1946), No Coward Soul (1947), Master of the Field (1949), Restless We Roam (1950) a The Rising Gull (1952). Cyhoeddodd hefyd gyfrolau o farddoniaeth, yn cynnwys Maple and Oak (1953) a Rhymes of the Countryside (1959).

Tudful (diwedd y 5ed gan.), santes, ac un o ferched *Brychan Brycheiniog. Nid oes nemor ddim yn hysbys amdani ond ceir hanes yn Llawysgrifau Llanofer gan Iolo Morganwg (Edward *Williams) iddi gael ei lladd gan y paganiaid tra oedd yn ymweld â'i thad. Cofir amdani yn yr enw Merthyr Tudful, Morg., lle y mae 'merthyr' yn dwyn yr ystyr 'coffáu' (cf. Merthyr Cynog, Brych.); ceir hefyd ffynnon sy'n dwyn ei henw yn y dref. Y mae'n sicr mai diweddar yw'r sôn am ei merthyru a dichon mai chwedl onomastig (gweler LLÊN ONOMASTIG) ydyw. Yn ôl Charles *Wilkins yn ei Tales and Sketches of Wales

(1879), lladdwyd Tudful gan y Pictiaid wrth iddi ddychwelyd o ymweld â Thangwystl, hoff ferch Brychan; dywedir iddi fyw tua phum milltir o safle tref Merthyr Tudful bellach, ond y mae'r honiad hwn yn dibynnu ar lyfr T. J. Ll. *Prichard, *Heroines of Welsh History* (1854).

Tudfwlch, gweler o dan GORCHAN.

TUDUR AP GWYN HAGR (*fl.* 14eg gan.), bardd na wyddys nemor ddim amdano ac na chadwyd ond dwy gerdd fer o'i waith yn *Llyfr Coch Hergest.* Tri *englyn pruddglwyfus yw'r gyntaf lle y galara'r bardd ar ôl anwylyd iddo sydd wedi marw. Dau englyn yw'r ail lle y dychana bryd annymunol a gafodd wrth aros ar aelwyd rhywun.

TUDUR ALED (*c.*1465–*c.*1525), uchelwr a bardd ac un o'r mwyaf o *Feirdd yr Uchelwyr. Fe'i ganed ym mhlwyf Llansannan, Dinb., ac yn ôl ei addefiad ef ei hun ei athro barddol oedd ei ewythr, *Dafydd ab Edmwnd. Ychwanega fod Ieuan ap Llywelyn ab Ieuan ap Dafydd hefyd wedi ei addysgu. Yn ei farwnad i Ieuan ap Dafydd ab Ithel Fychan o *Degeingl tystia mai mewn neithior yno y graddiwyd ef gyntaf fel bardd. Yr oedd yn un o gomisiynwyr Eisteddfod *Caerwys yn 1523. Yn eu marwnadau iddo cyfeiria nifer o'r beirdd ato fel 'bardd cadeiriog' a honno'n gadair arian yn ôl *Siôn ap Hywel ap Llywelyn Fychan a *Lewys Daron. Geilw Lewys Daron ef yn 'bencerdd y ddwygerdd' a *Lewys Môn yn ei alw'n 'fardd dwbl'. Ni ellir dehongli i sicrwydd beth yn union a olygir wrth hyn. Barn T. Gwynn *Jones oedd mai athro *Cerdd Dafod a *Cherdd Dant a olygid wrth 'bencerdd y ddwygerdd', ond dangosodd ymchwil diweddar nad tebygol mo hyn.

O'r naw marwnad a ganwyd iddo, sy'n brawf pa mor uchel yr ystyriai ei gyd-feirdd ef, ceir darlun cryno iawn ohono fel uchelwr bonheddig, yn gwisgo'n dda ac urddasol. Ymddengys ei fod o gorff cadarn, yn farchog da ac yn fabolgampwr. Cymerodd abid mynach o Urdd Sant Ffransis yn ei waeledd olaf, a bu farw yng Nghaerfyrddin a'i gladdu yno yng Nghwrt y Brodyr. Awgrymir na fu fyw ar ôl 1525, ar y sail na chanodd farwnad i'w noddwr, Syr Rhys ap Tomas o *Ddinefwr a fu farw y flwyddyn honno. Ymhlith yr enwocaf o'r traddodiadau a ledaenwyd amdano wedi'i farw, y mae'r ymddiddan rhyngddo a Thomos Pennant, abad *Dinas Basing. Mewn ateb i gwestiynau'r abad iddo, dywedodd Tudur mai Dafydd ab Edmwnd oedd y gorau ar yr awdl, mai *Guto'r Glyn oedd y gorau ar gywydd mawl, ac mai *Dafydd ap Gwilym oedd y gorau ar gywydd serch, ond ei fod ef ei hun wedi canu awdl well na Dafydd ab Edmwnd, a chywyddau mawl a serch gwell na Guto'r Glyn a Dafydd ap Gwilym.

Cadwyd cyfran helaeth o'i ganu yn cynnwys tua

chant a phump ar hugain o gywyddau gydag oddeutu pedwar ugain a phump ohonynt yn rhai mawl. Cofnodai achau yn ei gerddi yn fwy cyson na nemor neb o'i gyfnod. Canodd nid yn unig i deuluoedd brodorol Cymreig ond hefyd i deuluoedd y Gororau a ymgymysgodd â'r teuluoedd Cymreig. Ond ei brif noddwyr oedd *Salbriaid Lleweni ger Llansannan. Cafodd yr Eglwys le canolog yn ei ganu, gydag oddeutu ugain cerdd i wŷr eglwysig megis Robert ap Rhys o Ddôl Gynwal, a fu'n gaplan i Gardinal Wolsey.

Yng ngwaith Tudur Aled y gwelwyd eithafbwynt y traddodiad mawl yn yr Oesoedd Canol. Yr oedd ganddo feistrolaeth lwyr ar fesur a *chynghanedd, defnyddiodd ddelweddaeth draddodiadol a newydd fel ei gilydd, ac yn ei waith aeddfed gwelir personoliaeth urddasol a sensitif. Y mae ei ganu hefyd yn ddrych i'r newid a ddigwyddodd tua dechrau'r unfed ganrif ar bymtheg. Wedi ei farw dirywiad prysur a welwyd yn niwylliant Cymru, ac yn enwedig yn y grefft farddol.

Golygwyd *Gwaith Tudur Aled* gan T. Gwynn Jones (2 gyf., 1926). Ceir manylion pellach yn yr ysgrif gan Saunders Lewis yn *Meistri'r Canrifoedd* (gol. R. Geraint Gruffydd, 1973) a'r bennod gan Eurys Rowlands yn *A Guide to Welsh Literature* (cyf. II, gol. A. O. H. Jarman a Gwilym Rees Hughes, 1979); gweler hefyd sylwadau diddorol ar grefft y bardd gan John Morris-Jones yn *Nhrafodion* Anrhydeddus Gymdeithas y Cymmrodorion (1908–09).

TUDUR DDALL (*fl.* 14eg gan.), bardd na wyddys odid ddim amdano. Cadwyd un gerdd o'i eiddo, sef *englyn proest estynedig o chwe llinell, yn *Llyfr Coch Hergest,* lle y dychenir rhyw noddwr o'r enw Hywel am ei grintachrwydd a melltithio ei dŷ.

TUDUR PENLLYN (*c.*1420–1485), bardd ac uchelwr o Gaer-gai ym mhlwyf Llanuwchllyn, Meir. Yr oedd yn fasnachwr gwlân, ac y mae'n fwy na thebyg mai ar ymweliadau cyfeillgar yn hytrach nag ar deithiau clera (*clêr) y canodd i'w gyd-uchelwyr. O'r pymtheg cerdd ar hugain a briodolir iddo y mae rhai yn fawl ac yn farwnad yn y dull arferol, ond y mae amryw yn gerddi annerch a gofyn a chymodi yn ogystal â rhai cerddi dychan. Y mae'n amheus ai ef oedd awdur y cywydd dychan digrif i'r pibydd o'r Fflint ond yn sicr ef a luniodd gywydd macaronig ar ffurf ymddiddan â merch, y bardd yn ymbil mewn Cymraeg a hithau'n ei wrthod mewn Saesneg Canol yn ôl rheolau *cynghanedd. Yr oedd Tudur Penllyn yn gefnogol i'r Lancastriaid yn ystod Rhyfeloedd y Rhosynnau ond canai hefyd i rai o'r blaid arall. Yr oedd ei wraig, Gwerful Fychan, hefyd yn prydyddu, a'u mab *Ieuan ap Tudur Penllyn yn awdur rhyw bedwar cywydd ar ddeg ac ychydig englynion.

Ceir manylion pellach am y tad a'r mab yn *Gwaith Tudur Penllyn ac Ieuan ap Tudur Penllyn* (gol. Thomas Roberts, 1958).

Tuduriaid, Y, Brenhinoedd Lloegr o 1485 hyd 1603. Yr oedd y teulu yn disgyn o *Ednyfed Fychan, distain

*Llywelyn ap Iorwerth (Llywelyn Fawr). Ystyrir Tudur ap Goronwy ap Tudur ap Goronwy ap Ednyfed Fychan (m. 1367), a oedd yn berchen tiroedd yn sir Gaernarfon a Môn, gan gynnwys Penmynydd, yn sefydlydd y llinach Tuduraidd. Bu'n noddwr i feirdd fel *Iolo Goch a *Gruffudd ap Maredudd ap Dafydd. Yr oedd ei feibion yn gyfeillion agos i *Owain Glyndŵr, a dienyddiwyd un ohonynt, sef Rhys ap Tudur, am ei ran yn y gwrthryfel yn 1400. Adfeddiannwyd yr ystad deuluol ym Mhenmynydd gan ddisgynyddion Goronwy ap Tudur (m.1382). Mabwysiadodd y teulu yr enw Theodore, ac ysgweiriaid digon di-nod yn sir Fôn fu'r llinach hyd ddechrau'r ddeunawfed ganrif, pan aeth Penmynydd yn rhan o ystad Baron Hill ac yn eiddo i deulu *Bulkeley.

Ffigur digon annelwig oedd Maredudd, brawd Rhys a Gwilym, ond daliodd ei fab, Owain Tudur (c.1400– 61), fân swyddi yn llys Harri V. Wedi marwolaeth y Brenin, ymserchodd Catherine de Valois, ei weddw a merch Brenin Ffrainc, ym Monheddwr golygus ei Hystafell Wely, ac yn groes i'r arferiad, priododd ag ef yn gyfrinachol yn 1429. Wedi marwolaeth Catherine yn 1436 collodd Owain ei amddiffynnydd; yr oedd e Rhaglyw, Dug Caerloyw, yn elyniaethus tuag ato a chymerwyd ei blant oddi wrtho. Wedi coroni Harri VI, fodd bynnag, daeth yn ôl i ffafr gyda'i lysfab, a bu Owain yn deyrngar i'r achos Lancastraidd nes iddo gael ei garcharu wedi brwydr *Mortimer's Cross, a'i ddienyddio yn Henffordd.

O bum plentyn Owain, Edmwnd Tudur (c.1430–56), Iarll Richmond a thad Harri VII, a'i frawd Siasbar Tudur (c.1431–95), Iarll Penfro a Dug Bedford, a chwaraeodd ran bwysig yn yr hyn a ddilynodd. Priododd Edmwnd â Margaret Beaufort, disgynnydd i John o Gaunt, ac wedi marwolaeth Harri VI yn 1471, hi oedd â'r hawl orau ymhlith y Lancastriaid i orsedd Lloegr. Hwyliodd eu mab, Harri Tudur (1457–1509), a fu'n alltud yn Llydaw er 1471, i Gymru yn 1485, ac wedi gorchfygu Rhisiart III ym mrwydr *Bosworth, coronwyd ef yn Frenin Lloegr. Priododd ag Elisabeth, merch Edward IV a disgynnydd teulu Mortimer a *Gwladus Ddu, merch Llywelyn Fawr. Gydag esgyniad Harri i'r orsedd, credai'r Cymry fod Coron Prydain wedi ei hadennill ganddynt, yn unol â *darogan y beirdd. Gwnaeth Harri ddefnydd o bropaganda'r beirdd, ond yn ystod ei deyrnasiad tynnwyd Cymru fwyfwy i gylch llywodraeth Lloegr.

Ceir manylion pellach am gysylltiadau Cymreig y Tuduriaid yn H. T. Evans, *Wales and the Wars of the Roses* (1915), W. Garmon Jones, 'Welsh Nationalism and Henry Tudor' yn *Nhrafodion Anrhydeddus Gymdeithas y Cymmrodorion* (1917–18), R. T. Jenkins, *Yr Apêl at Hanes* (1930), W. Ambrose Bebb, *Cyfnod y Tuduriaid* (1939), J. F. Rees, *Studies in Welsh History* (1947), Glyn Roberts, *Aspects of Welsh History* (1969), S. B. Chrimes, *The Reign of Henry VII* (1974), Penry Williams, *The Tudor Regime* (1979) a'r monograff ar Harri Tudur gan Glanmor Williams yn y gyfres *Gŵyl Dewi* (1985); gweler hefyd R. A. Griffiths ac R. S. Thomas, *The Makings of the Tudor Dynasty* (1985).

Twm Carnabwth, gweler REES, THOMAS (1806?–76).

Twm Chwarae Teg, gweler WILLIAMS, THOMAS (1737–1802).

Twm o'r Nant, gweler EDWARDS, THOMAS (1738– 1810).

Twm Shon Catti (1828), a elwir weithiau 'y nofel Gymreig gyntaf yn Saesneg'; ei theitl llawn yw *The Adventures and Vagaries of Twm Shon Catti, descriptive of Life in Wales* ac fe'i cyhoeddwyd yn breifat gan ei hawdur, T. J. Llewelyn *Prichard. Arwr y llyfr yw'r cymeriad chwedlonol sy'n cyfateb weithiau i Robin Hood neu Rob Roy. Honnwyd bod ei orchestion wedi eu seilio ar ddigwyddiadau ym mywyd cynnar Thomas *Jones (c.1530–1609) o Dregaron, tirfeddiannwr, hynafiaethydd, achydd a bardd. Er bod o leiaf un adroddiad Saesneg cynharach am 'Tomshone Catty's Tricks' mewn pamffledyn a argraffwyd gan John Ross, Caerfyrddin, yn 1763, llyfr Prichard oedd y llyfr cyntaf i glodfori'r arwr hwn.

Ar ei ffurf gyntaf yr oedd y llyfr yn hanes digon amrwd yn defnyddio deunydd traddodiadol ac yn cadw ffresni a symlrwydd y stori werin. Profir dewrder ac ystryw Twm mewn nifer o ddigwyddiadau sy'n ddigon difyr. Ar y gorau, pobl od, gomic yw'r cymeriadau eraill, ac y mae'r adrannau disgrifiadol braidd yn naïf, er y disgrifir ogof Twm ger Llanymddyfri yn ddigon byw i awgrymu bod yr awdur yn adnabod yr ardal yn dda. Gellir casglu bod y llyfr wedi'i fwriadu ar gyfer y Cymry, gan fod Prichard yn agored feirniadol o'r Teithwyr Seisnig (gweler o dan TEITHIAU TRWY GYMRU), a cheir ynddo ymdeimlad gwrth-Seisnig amlwg.

Fe'i calonogwyd gan y ganmoliaeth a roddwyd i'r llyfr gan feirniaid megis William *Owen Pughe a David *Owen (Brutus) a chan gydnabyddiaeth y cyhoedd a brynodd lawer iawn o gopïau, a chyhoeddodd Prichard argraffiad helaethach o lawer yn 1839. Y mae'r fersiwn hwn yn fwy soffistigedig o ran ei adeiladwaith, ond nid oes i'r cymeriadau na'r digwyddiadau ychwanegol unrhyw wreiddioldeb ac y mae'r arddull yn flêr a chwyddedig. Ymddangosodd trydydd argraffiad ychydig hwy yn 1873, wedi marwolaeth yr awdur. Cyhoeddwyd nifer o ailadroddiadau o anturiaethau Twm, yn bennaf ar gyfer plant, gan gynnwys *Hawkmoor* (1977) gan Lynn Hughes a ailgyhoeddwyd fel *Twm Sion Catti's Men* (1983).

Ceir manylion pellach yn yr erthygl gan Gerald Morgan yn *The Anglo-Welsh Review* (cyf. XVII, rhif. 39, 1968).

Twm Siambar Wen (*fl.* 18fed gan.), hen ŵr doniol o ardal Pen-y-bont-fawr, Tfn., a gyflogid gan deulu Wynnstay (gweler o dan WILLIAMS WYNN) fel digrifwr a ffŵl. Tadogwyd rhai o'r storïau a adroddir amdano o hyd ar Dwm o'r Nant (Thomas *Edwards).

Twm Siôn Cati, gweler JONES, THOMAS (c.1530– 1609).

Twm Teg, gweler VULLIAMY, COLWYN EDWARD (1886–1971).

Twmi Nathaniel, gweler o dan WILLIAMS, NATHANIEL (1742–1826).

Twmpath, llecyn, weithiau ar dir comin, lle y cyfarfyddai ieuenctid yn ystod misoedd yr haf i ddawnsio a chanu ac i chwarae campau megis neidio ac ymaflyd codwm. Fel llawer o elfennau eraill o'r hen ddiwylliant gwledig yr oedd yr arfer wedi diflannu erbyn tua chanol y bedwaredd ganrif ar bymtheg. Gweler hefyd TAPLAS.

Twrch Trwyth, y baedd gwyllt a ffyrnig yr adroddir hanes ei hela yn chwedl *Culhwch ac Olwen. Ceir dau gyfeiriad ato mewn ffynonellau cynnar eraill: yn y gerdd 'Gorchan Cynfelyn' a geir yn *Llyfr Aneirin* (gweler o dan GODODDIN), ac yn *Mirabilia Britanniae* ar ddiwedd *Historia Brittonum*, lle y cynhwysir stori am *Arthur yn ei hela yn rhanbarth Buellt a'i gi Cafall yn gadael ôl ei droed ar garreg.

Un o'r *anoethau a osodir ar Gulhwch yw sicrhau'r grib a'r gwellau sydd rhwng dwy glust y Twrch Trwyth er mwyn trin gwallt Ysbaddaden Bencawr ar gyfer neithior merch y cawr. Y mae'r baedd yn byw gyda'i saith porchell ac yno y cychwynnwyd ar yr helfa. Y mae Arthur a'i wŷr yn ymladd yn ei erbyn am naw niwrnod a naw nos, ond heb unrhyw lwyddiant ar wahân i ladd un o'r moch. Pan ofynnir i Arthur beth oedd hanes y Twrch etyb yntau mai 'brenin fu, ac am ei bechod y rhithiodd Duw ef yn hwch', motiff sy'n boblogaidd iawn yn chwedlau Cymraeg a Gwyddeleg yr Oesoedd Canol. Cais Arthur gael trafodaeth ag ef, ond yr unig ateb a gaiff yw na cheir y 'tlysau' sydd rhwng ei glustiau heb ymladd. Wedyn y mae'r Twrch Trwyth yn croesi o Iwerddon i Gymru a glanio ym Mhorth Clais yn Nyfed, a helir ef hyd at afon Hafren ac oddi yno i Gernyw lle y gyrrir ef i'r môr, a neb yn gwybod byth wedyn i ble yr aeth. Yn yr ymladd lleddir ei chwe phorchell arall a llawer o wŷr Arthur, ond llwyddir i gymryd y tlysau oddi wrtho. Credir mai ffurf arall o'r hanes hwn yw'r un sy'n sôn am hela Ysgithrwyn Pen Beidd yn yr un chwedl.

Ceir manylion pellach yn John Rhŷs, *Celtic Folklore, Welsh and Manx* (cyf. II, 1901) ac erthygl yr un awdur yn *Nhrafodion Anrhydeddus Gymdeithas y Cymmrodorion* (1894–95); gweler hefyd erthyglau gan Ruth Roberts yn *Bibliographical Bulletin of the International Arthurian Society* (1962), a Rachel Bromwich a D. Simon Evans (gol.), *Culhwch ac Olwen* (1997).

Twyn Barlwm, bryn ger Rhisga, Myn. Dywedir y cafwyd brwydr ffyrnig rhwng gwenyn a chacwn ar ben y bryn hwn a'i sŵn yn llenwi'r awyr fel miwsig hyfryd organ am filltiroedd. Yn ôl traddodiad arall dywedir i'r *Derwyddon gynnal eu llysoedd yno, gan daflu cyrff i'r troseddwyr i'r dyffryn islaw a alwyd wedi hynny yn

Ddyffryn y Gladdfa. Dywedid hefyd mai un o dwmpathau *Arthur neu neidiau Arthur wedi'u codi ganddo ar gyfer gosod ei filwyr arnynt oedd y bryn. Yr oedd i Dwyn Barlwm le allweddol yn nhirwedd Arthur Machen (Arthur *Jones) a chyfeiriodd ato yn *Far-Off Things* (1922) fel '*that mystic tumulus, the memorial of peoples that dwelt in that region before the Celts left the Land of Summer'*.

Tŷ Haearn, Y, digwyddiad yn Ail Gainc *Pedair Cainc y Mabinogi. Un diwrnod, pan yw *Matholwch, Brenin Iwerddon, allan yn hela, cyfertydd â Llasar Llaes Gyfnewid a'i wraig Cymidei Cymeinfoll. Dywed Llasar Llaes Gyfnewid y genir i'w wraig filwr arfog ymhen pythefnos a mis. Y mae'r Brenin yn eu cadw a'u cynnal, ond ânt yn atgas gan bawb o drigolion ei deyrnas. Fe'u denir i dŷ haearn a'i losgi yn burwen am eu pennau, ond yn rhinwedd ei nerth anghyffredin llwydda Llasar Llaes Gyfnewid i dorri'r pared â'i ysgwydd a dianc oddi yno gyda'i wraig. Deuant i Gymru i geisio nawdd gan Fendigeidfran (*Brân) a rhoi'r *Pair Dadeni iddo. Gwelir y thema yn llenyddiaeth Iwerddon hefyd, a chofnodir hi gan y Brodyr Grimm.

Tŷ Newydd, gweler o dan YMDDIRIEDOLAETH TALIESIN.

Tŷ unnos, gweler o dan CAU'R MYNYDDOEDD.

Tŷ-gwyn, Y, mynachlog yn perthyn i Urdd y *Sistersiaid ac a sefydlwyd, fel cangen o fynachlog Clairvaux, yn Nhrefgarn gerllaw Hwlffordd, Penf., tua 1140, ond a symudwyd yn ddiweddarach i safle newydd ar lan afon Gronw ger Hendy-gwyn ar Daf, Caerf., o dan nawdd John de Torrington. Fe'i gelwid hefyd yn Alba Landa, Blanchland a Whitland. Datblygodd y fynachlog yn fam-fynachlog yr Urdd Sistersaidd yng Nghymru'r tywysogion yn ystod oes ei noddwr *Rhys ap Gruffudd (Yr Arglwydd Rhys), gan sefydlu canghennau yn *Ystrad-fflur, *Ystrad Marchell a *Chwm-hir. Honnwyd mai mynach o'r Tŷ-gwyn a ysgrifennodd y *Cronica de Wallia (1190–1260). Yn ôl y traddodiad, yma y claddwyd *Dafydd Nanmor. Canodd *Lewys Glyn Cothi fawl Morys ab Ieuan, yr abad (c.1475–91), cyn iddo gael ei ddiswyddo am 'ei gamweddau mawr'. Molwyd Tomas ap Rhys (c.1491–c.1510), ei olynydd, gan Ieuan Tew Brydydd Hen mewn cywydd i ofyn hobi. Diddymwyd y fynachlog yn 1539.

Ceir manylion pellach yn J. F. O'Sullivan, *Cistercian Settlements in Wales and Monmouthshire 1140–1540* (1947), Glanmor Williams, *The Welsh Church from Conquest to Reformation* (1962), F. G. Cowley, *The Monastic Order in South Wales 1066–1349* (1977) a D. H. Williams, *The Welsh Cistercians* (1984).

'*Tydi a roddaist*', emyn-dôn gyfarwydd gan Arwel *Hughes (1919–88), a gyfansoddwyd ar gyfer yr emyn 'Tydi a roddaist liw i'r wawr' gan T. Rowland

*Hughes. Yr oedd y cyfansoddwr a'r llenor yn gyd-weithwyr yn y BBC yng Nghaerdydd. Ysgrifennodd T. Rowland Hughes sgript radio yn dwyn y teitl *Wales, a Verse Play for Radio* i'w ddarlledu ar Ddydd Gŵyl Dewi 1938 ac Arwel Hughes oedd i ddarparu'r gerddoriaeth. Cyfansoddwyd y dôn, a fwriadwyd fel clo i'r rhaglen, yn oriau mân y bore mewn ystafell aros yng ngorsaf Amwythig pan oedd Arwel Hughes ar daith reilffordd o Fangor i Gaerdydd. Cynhwyswyd y dôn mewn llu o raglenni cymanfa ganu ac yn *Y Llawlyfr Moliant Newydd* (1956). Y mae'n un o'r tonau a gyfansoddwyd yn ystod yr ugeinfed ganrif a genir yn aml, a darparodd y cyfansoddwr drefniant ar gyfer lleisiau meibion.

Tydu (**John Jones**; 1883–1968), gweler o dan teulu Cilie.

Tyddewi, eglwys gadeiriol ac esgobaeth yn sir Benfro, a adwaenid fel Mynyw (Ll. *Menevia*) a Maenor Fynyw yn yr Oesoedd Canol. Yn ôl y traddodiad, yng nghyffiniau Tyddewi y ganed *Dewi Sant, nawddsant Cymru, a chredir iddo sefydlu cell yno yn y chweched ganrif er mai mewn dogfennau Gwyddelig o'r wythfed a'r nawfed ganrif y ceir y cyfeiriadau cynharaf am fynachlog ar y safle. Asetig oedd y fynachaeth a arferai'r sant ond fel canolfan dysg y daeth Mynyw yn enwog. Oddi yno y galwodd y Brenin Alfred ar *Asser i'w gynorthwyo i edfryd dysg Gristnogol yn Wessex. Ym Mynyw y cedwid y cronicl Lladin coll sydd yn gynsail i'r *Annales Cambriae* ac i *Brut y Tywysogyon. Anrheithiwyd y safle yn aml gan y Daniaid yn y ddegfed ganrif a'r unfed ganrif ar ddeg a lladdwyd yr Esgob Morgenau ganddynt yn 999 a'r Esgob Abraham yn 1080; ymhlith y cerrig nadd yn hen yr eglwys gadeiriol y mae beddfaen Hedd ac Isaac, ei feibion. Yn 1073 cysegrwyd *Sulien yn esgob, ac yn ôl *Historia *Gruffudd ap Cynan ef a drefnodd y cyfarfod rhwng Gruffudd ap Cynan a Rhys ap Tewdwr yn 'archesgobty Mynyw' yn 1081, cyn brwydr Mynydd Carn. Ei fab *Rhygyfarch a ysgrifennodd Fuchedd Dewi (c.1090), gan ddefnyddio ffynonellau a gafodd ym mynachlog Dewi ynghyd â defnydd chwedlonol. Ni chopïwyd y Fuchedd Gymraeg tan 1346 gan Ancr Llanddewibrefi (gweler o dan Llyfr Ancr Llanddewi-brefi).

Torrwyd ar y gyfres o esgobion Cymreig pan benodwyd y Norman, Bernard, yn 1115 ac aflwyddiannus fu ymdrechion *Gerald de Barri (Gerallt Gymro) i adennill braint ac annibyniaeth Mynyw. Ysgrifennodd Gerald fucheddau Dewi a *Charadog, sant a meudwy a gladdwyd yn yr eglwys gadeiriol yn 1124, ac yn ei oes ef y dechreuwyd yr adeilad presennol gan yr Esgob Peter de Leia. Breintiwyd Mynyw gan y Pab Calixtus II (1119–24) a chadarnhawyd ei statws fel cyrchfan i bererinion. Amlygir hyn yn y rhigwm:

> Roma semel quantum
> Bis dat Menevia tantum

('Dos i Rufain unwaith ac i Fynyw dwywaith a'r un elw cryno a gei di yma ac yno.')

Ymhlith Brenhinoedd Lloegr a ddaeth i Fynyw yr oedd William y Concwerwr (1081), Harri II (1171) ac Edward I (1284). Molwyd Dewi, ei greiriau a'i fraint gan *Gwynfardd Brycheiniog, Ieuan ap Rhydderch ap Ieuan Llwyd a *Lewys Glyn Cothi (Llywelyn y Glyn) er mai ag *Elfael y cysylltir y sant ganddo. Yn ôl *Lewys Môn, ym Mynyw y trigai *Rhys Nanmor. Sonnir hefyd am Fynyw a Dewi Sant gan *Ddafydd Llwyd ap Llywelyn ap Gruffudd o Fathafarn a Rhys Fardd (gweler o dan Cwta Cyfarwydd) yn eu cywyddau brud. Canodd *Ieuan Deulwyn i'r Esgob John Morgan (m. 1504) a *Hywel Swrdwal i ddelw 'Mair o Fynyw'.

Wedi'r Diwygiad Protestannaidd gwelwyd nifer o newidiadau. Meddiannodd yr Esgob William Barlow (1499?–1568) greiriau Dewi a dinistriodd yr Esgob Robert *Ferrar a'r Cantor Thomas Huet (m. 1591) yn llyfrau gwasanaeth. Wedi diddymu eglwys y *Brodyr Llwydion yng Nghaerfyrddin symudwyd corff Edmwnd Tudur (c.1430–56) i'r eglwys gadeiriol lle y claddwyd nifer o Dywysogion Cymraeg eisoes, yn eu plith *Rhys Gryg, ac efallai, ei daid Rhys ap Tewdwr (m. 1093). Daeth Richard *Davies yn Esgob Tyddewi yn 1561.

Credir mai George *Owen yw awdur yr hanes dienw a ddefnyddiwyd gan Browne Willis yn ei *Survey of the Cathedral Church of St. David's* (1717). Bu William Laud yn esgob o 1621 hyd 1626 a Rhys *Prichard yn Ganghellor o 1626 hyd 1644. Dinistriwyd llyfrgell Tyddewi, ynghyd â'r organ, y clychau a'r ffenestri gan filwyr y Senedd yn yr ail ganrif ar bymtheg; dim ond un llyfr sydd wedi goroesi, sef copi o'r *Annales Cambriae* (13eg gan.). Goroesodd *Llyfr Du Tyddewi, arolwg o diroedd yr esgobaeth a wnaed yn 1326, mewn copi o'r unfed ganrif ar bymtheg. Ysgrifennwyd hanes yr eglwys a'i hesgobion mewn llawysgrif gan Edward Yardley (1698–1770), Archddiacon Ceredigion, a chan yr Archddiacon H. T. Payne (1759–1832). Connop *Thirlwall oedd yr esgob pan gyhoeddodd W. Basil Jones (1822–97) ac E. A. Freeman *The History of Antiquities of St. David's* (1856), llyfr a symbylodd atgyweirio'r eglwys gadeiriol gan Syr Gilbert Scott. Yr oedd esgobaeth Tyddewi yn dal i ymestyn dros y cyfan o dde a chanolbarth Cymru (ac eithrio'r ardal a lywodraethid gan esgobaeth Llandaf yn y de-ddwyrain) tan 1923 pan grewyd ohoni esgobaeth newydd Abertawe ac Aberhonddu. Gweler hefyd Abergwili.

Ceir manylion pellach yn yr erthygl gan Glanmor Williams, 'The diocese of St. David's from the end of the Middle Ages to the Methodist Revival' yng Nghylchgrawn Cymdeithas Hanesyddol yr Eglwys yng Nghymru (cyf. xxv, 1976), Wyn Evans a Roger Worsley, *St. David's Cathedral 1181–1981* (1981), a David W. James, *St. David's and Dewisland, a social history* (1981).

Tynged yr Iaith (1962), darlith gan Saunders *Lewis a gomisiynwyd, a ddarlledwyd ac a gyhoeddwyd fel un o Ddarlithoedd Blynyddol *BBC Cymru. Cynnwys y ddarlith ddadansoddiad o agwedd negyddol Llywodraeth Lloegr tuag at yr iaith Gymraeg ers adeg y *Ddeddf Uno (1536), agwedd a fabwysiadwyd hefyd gan y Cymry, gydag ychydig eithriadau disglair, tan yr ugeinfed ganrif. Dadleuir mai unig obaith yr iaith yw Cymreigio gweinyddiaeth llywodraeth leol a chanolog yn yr ardaloedd Cymraeg drwy ddefnyddio dulliau teulu Beasley o Langennech, ger Llanelli, Caerf., yn y 1950au, sef anufudd-dod sifil a herio'r gyfraith. Y mae'r ddarlith yn glasur o bamffled politicaidd. Er mai ar gyfer canghennau *Plaid Cymru yn yr ardaloedd Cymraeg y bwriadwyd ei neges, y canlyniad fu ffurfio *Cymdeithas yr Iaith Gymraeg yn ddiweddarach yr un flwyddyn.

Cyhoeddwyd record o'r awdur yn darllen y ddarlith yn Gymraeg yn 1983; ceir fersiynau Saesneg o'r ddarlith yn *Planet* (rhif. 4, 1971) ac yn *Presenting Saunders Lewis* (gol. Gwyn Thomas ac Alun R. Jones, 1973).

Tylorstown Terror, The, gweler WILDE, JIMMY (1892–1969).

Tylwyth Teg, Y, yr enw yng Nghymru ar fodau bychain (S. *fairies*) gyda *Gwyn ap Nudd yn frenin arnynt. Er bod chwedlau amdanynt wedi eu cofnodi mor gynnar â'r ddeuddegfed ganrif gan *Gerald de Barri (Gerallt Gymro), ceir y cyfeiriad cyntaf at yr enw mewn cywydd i'r niwl gan fardd anhysbys yn chwarter olaf y bymthegfed ganrif. Cynhwyswyd ef hefyd gan William *Salesbury yn ei *Dictionary in Englyshe and Welshe* (1547), er iddo ei gam-gyfystyru â'r Saesneg *fayries* (gair a darddodd o'r Hen Ffrangeg *faerie*, a olygai 'swyn', 'goruwchnaturiaeth', yn hytrach na '*fair*', '*teg*').

Cysylltir llawer o chwedlau'r Tylwyth Teg, ac yn arbennig yr englireifftiau cynharaf, â llynnoedd, megis *Llyn y Fan Fach. Credir iddynt gael eu seilio ar gof gwerin am bobl fychan a breswyliai mewn crannog, sef math o drigfan gyntefig yng nghanol llynnoedd, cyn dechrau'r Oesoedd Tywyll. Â llynnoedd hefyd, fel arfer, y cysylltir gwartheg rhyfeddol y Tylwyth Teg, megis Buwch Frech Hiraethog. Y thema fwyaf cyffredin yn y chwedlau hyn yw cais llanc ifanc i briodi un o ferched hardd y Tylwyth Teg. Cytuna'r ferch, ond ar yr amod nad yw'r llanc i'w tharo â haearn nag â 'thair ergyd ddiachos'. Awgrymwyd, yn ôl un ddamcaniaeth, i'r chwedlau hyn darddu o'r gred fod y Tylwyth Teg yn ddisgynyddion i frodorion gwreiddiol Prydain, sef y bobl fyr, bryd-tywyll, a enciliodd gyda dyfodiad y bobl dal a mwy rhyfelgar yn Oes yr Haearn. Dywedir bod y Tylwyth Teg yn dod allan gyda'r nos i chwilio am fwyd ac i olchi eu plant. Bu'n arfer unwaith i adael bwyd, dysgl ymolchi a dŵr ar y bwrdd yn y gegin cyn mynd i gysgu. Ychwanegwyd elfennau moesol at yr arferion hyn: câi morynion arian gan y Tylwyth Teg pe byddent yn garedig wrthynt ac yn gofalu cadw'r tŷ yn lân. Gyda'r nos ar adeg lleuad lawn gwelid y Tylwyth Teg yn

dawnsio a chanu yn eu cylchoedd, lleiniau gwyrddion y credid ei bod yn anlwcus i'w haredig. Ceir nifer o chwedlau sy'n seiliedig ar y thema o dreigl rhyfeddol amser, am fechgyn ifainc yn cael eu denu i ymuno â'r ddawns ac i ymweld â 'gwlad y Tylwyth Teg', yn aml am 'flwyddyn a diwrnod'. Amod arall a osodir weithiau gan y Tylwyth Teg yw bod yn rhaid i lanc ddarganfod enw'r ferch y mae am ei phriodi, cyfeiriad efallai at yr hen goel fod gwybod enw person yn rhoi meddiant ar ei enaid.

Yn wahanol i'r *pixies* yn Lloegr, y mae'r Tylwyth Teg Cymreig yn fodau caredig, gan amlaf. Y prif eithriad yw'r chwedlau sy'n eu huniaethu ag ellyllon, megis y chwedlau amdanynt yn cyfnewid plant, megis plant Twm y Cwmrws yn Nhrefeglwys, Tfn., a storïau eraill amdanynt yn ceisio gwasanaeth bydwragedd adeg geni'r Tylwyth Teg. Y mae'r ddwy enghraifft hyn wedi cael eu hesbonio gan anthropolegwyr fel ymgais i wella stoc corfforol y bobl gudd hyd at bwynt lle y byddai modd iddynt fyw yn y byd agored a 'diflannu'. Adlewyrchir mewn rhai chwedlau freuder bywyd ac ofn yr anwybod. Credid ei bod yn bwysig, er enghraifft, i gysegru plentyn drwy ei fedyddio mor fuan ag oedd modd, rhag i'r Tylwyth Teg ei ddwyn. Os oedd baban yn biwis neu'n araf yn tyfu dywedid mai un o blant y Tylwyth Teg ydoedd, ac oherwydd y gred fod arnynt ofn haearn bu'n arferiad gosod procer neu efel dân ar draws crud er mwyn diogelu plentyn nas bedyddiwyd. Parhaodd y gred mewn Tylwyth Teg yn fyw hyd at o leiaf ddiwedd y bedwaredd ganrif ar bymtheg, er gwaethaf gwrthwynebiad crefyddwyr a llenorion megis Charles *Edwards, Ellis *Wynne, Edmund *Jones a William Roberts (Nefydd). Ceir enwau eraill ar y Tylwyth Teg, megis Jili Ffrwtan, Sili-go-dwt, Gwarwyn a Throt, Trwtyn Tratyn, Penelope, Dynion Bach Teg ac, ym Morgannwg, Bendith y Mamau.

Ceir manylion pellach yn John Rhŷs, *Celtic Folklore, Welsh and Manx* (1901), T. Gwynn Jones, *Welsh Folklore and Folk-Custom* (1979), Hugh Evans, *Y Tylwyth Teg* (1935) a John Owen Huws, *Y Tylwyth Teg* (1987); gweler hefyd William Jenkyn Thomas, *The Welsh Fairy Book* (1907; ail arg., 1995).

Tylluan Cwm Cawlwyd, gweler o dan ANIFEILIAID HYNAF.

Tyndyrn, abaty a adeiladwyd ar lannau afon Gwy ger Cas-gwent, Myn., yn 1131 gan fynaich *Sistersaidd o Normandi, dan nawdd Walter de Clare, Iarll Cas-gwent. Denwyd pererinion yno yn ystod y bymthegfed ganrif gan ddarlun nodedig o'r Fair Forwyn, ond diddymwyd yr Abaty yn 1536. Ymhlith yr artistiaid cyntaf o Loegr a ddefnyddiodd adfeilion y lle fel testun i'w darluniau yr oedd Samuel a Nathaniel Buck yn 1732, a Paul Sandby yn 1773. Dilynwyd hwy gan eraill, gan gynnwys Girtin, Turner a Palmer. Ymwelwyd â'r lle gan nifer o dwristiaid llenyddol; y rhai cyntaf oedd

Thomas Gray a William Gilpin. Yr oedd gwaith Gilpin, *'*Observations on the River Wye*' (1782), ym meddiant Dorothy a William Wordworth pan ymwelsant â Thyndyrn yn 1798, a bu'r gwaith yn ddylanwad ar y bardd pan luniodd ei gerdd, Lines composed a few miles above Tintern Abbey (1798). Yr oedd rhai Teithwyr (gweler o dan TEITHIAU TRWY GYMRU) megis Grose, yn feirniadol o'r abaty, ond ysbrydolwyd eraill gan ei nodweddion pensaernïol Gothig. Yr oedd Joseph Cottle, er enghraifft, yn ymwelydd yng nghwmni Coleridge a Southey yn 1795. Ond yr oedd yr adwaith yn The *Banks of Wye (1811) gan Robert Bloomfield ac yn y gerdd 'Chepstow' (1811) gan Edward *Davies yn llai ffafriol. Barn Francis *Kilvert, a ymwelodd â'r abaty ym mis Gorffennaf 1875, oedd bod yr abaty hwn yn rhy berffaith i fod yn hollol dlws.

Tyno Helyg, gweler o dan CANTRE'R GWAELOD.

Tysilio (7fed gan.), sant. Yn ôl *Bucheddau'r Saint yr oedd yn fab i Frochfael Ysgrithrog, Tywysog *Powys, a brawd i *Gynan Garwyn, y canwyd ei glodydd gan *Daliesin. Lluniwyd cân iddo gan *Gynddelw Brydydd Mawr a cheir cyfeiriad ato ym Muchedd *Beuno yn byw gyda'r sant hwnnw ym Meifod am ddeugain niwrnod. Cymysgwyd rhyngddo a'r Sant Suliac o Lydaw, a chynhwyswyd rhai o'r traddodiadau a berthyn iddo ym Muchedd hwnnw. Y mae'r gwaith hwn yn priodoli iddo ddymuno ymarddel â'r bywyd crefyddol yn gynnar er gwaethaf gwrthwynebiad ei dad. Ffoes i Feifod ym Maldwyn, lle y cafodd ei addysgu gan abad o'r enw Gwyddfarch. Enciliodd i lannau afon Menai, lle y sefydlodd eglwys Llandysilio a lle y bu am saith mlynedd, ond dychwelodd i Feifod ac olynu Gwyddfarch fel abad. Yn ôl y fuchedd Lydaweg cafodd lawer o helbulon oblegid ymddygiad ei chwaer yng nghyfraith a geisiodd ei briodi a'i wneud yn dywysog. O ganlyniad ffoes i Lydaw a sefydlu eglwys Sant Suliac ar afon Rance. Y mae dosbarthiad yr eglwysi sy'n dwyn enw Tysilio at ei gilydd yn gytûn â'r traddodiadau sydd ar gael amdano. Ceir tystiolaeth i'w gwlt yng ngodre Ceredigion ac ym Môn, yn ogystal ag mewn amryw fannau ym Mhowys, ond go brin iddo fod yn Llydaw, er i'w gwlt ledu hyd yno yn ddiweddarach. Nid oes a wnelo Brut Tysilio, fersiwn o *Historia Regum Britanniae gan *Sieffre o Fynwy, a berthyn i'r bymthegfed ganrif, ddim oll â'r sant.

Tyst, Y (1867–), newyddiadur wythnosol a gyhoeddwyd gyntaf yn Lerpwl fel Y Tyst Cymreig o dan olygyddiaeth John *Thomas (1821–92) a chyda chymorth grŵp o weinidogion Annibynnol. Yn 1871 unwyd ef gyda Y *Dydd i ffurfio Y Tyst a'r Dydd a barhaodd hyd 1891 pan ddychwelwyd i'r hen drefn o gyhoeddi'r ddau bapur ar wahân. Wedi marw'r golygydd cyntaf yn 1892 aeth cyfrifoldeb golygu'r papur i ran nifer o weinidogion yr

Annibynwyr gan gynnwys John Thomas, Merthyr Tudful, a Job Miles, Aberystwyth; bu'r bartneriaeth hon mewn grym hyd farwolaeth y cyntaf yn 1911 pan benodwyd H. M. Hughes, Caerdydd, yn olygydd. O 1923, dan olygyddiaeth Beriah Gwynfe *Evans, gŵr a feddai ar brofiad helaeth fel newyddiadurwr, dyblwyd cylchrediad y papur, ond buan y daeth y pynciau llosg yn faterion dadl bron ym mhob rhifyn a chollodd y papur lawer o gefnogaeth. Penodwyd John Dyfnallt *Owen yn olygydd yn 1927 ac ef ond odid oedd y golygydd mwyaf llwyddiannus yn hanes y papur. Daeth i feddiant yr Annibynwyr Cymraeg yn 1936 ac y mae'n dal i gael ei gyhoeddi gan yr Undeb. Ymhlith golygyddion eraill yr oedd E. Lewis Evans ac Iorwerth Jones. Fel y gweddill o'r papurau newydd enwadol, cynhwysai Y Tyst newyddion tramor, cenedlaethol a lleol a hynny o safbwynt Radicalaidd, ond erbyn heddiw fe'i neilltuir ar gyfer materion yr enwad.

Tywyll Heno (1962), stori fer hir neu nofel fer gan Kate *Roberts. Gwraig gweinidog yw Bet Jones, y prif gymeriad, sydd mewn ysbyty meddwl ar ôl iddi golli ei ffydd. Olrheinir cwrs ei salwch a'i hadferiad ac y mae'r nofel yn rhoi pwyslais yn fwy ar lif meddyliau a deimladau mewnol nag ar ddigwyddiadau allanol, ac eto mewn ffordd gynnil iawn ceir yma sylwadau ar argyfwng ffydd yn y byd modern. Y mae Bet Jones yn trechu ei salwch ac yn magu digon o benderfyniad i wynebu'r dyfodol yn eofn, am ei bod bellach wedi dysgu derbyn bywyd yn ei holl gymhlethdod. Daw'r teitl o'r englynion enwog am Neuadd Cynddylan yng nghylch *'Canu Heledd'.

Ceir beirniadaeth o'r nofel yn yr erthygl gan Geraint Wyn Jones yn Ysgrifau Beirniadol VII (gol. J. E. Caerwyn Williams, 1972) a'r un gan J. Gwilym Jones yn Swyddogaeth Beirniadaeth (1977). Fe'i trafodir hefyd yn Ysgrifau ar y Nofel gan John Rowlands (1992).

Tywysogaeth Cymru, term a ddefnyddid yn wreiddiol i gyfeirio at y tiroedd a hawliodd Edward I wedi iddo orchfygu *Llywelyn ap Gruffudd, Tywysog *Gwynedd, yn 1282. Yn 1301 rhoes Edward y diriogaeth hon yn dywysogaeth i'w fab, sef Edward II yn ddiweddarach, a rhannwyd hwy yn ddwy uned weinyddol gyda chanolfannau yng *Nghaernarfon a *Chaerfyrddin. Trwy gydol yr Oesoedd Canol daeth yn arfer i roi'r tiroedd hyn i fab hynaf Brenin Lloegr. Rhan yn unig o Gymru oedd y Dywysogaeth felly, ac nid oedd yn cynnwys arglwyddiaethau'r Mers yn nwyrain a de'r wlad; eithr parhaodd yn uned weinyddol ariannol o safbwynt y Llywodraeth hyd ddiwedd y ddeunawfed ganrif. Fodd bynnag, dileodd *Deddfau Uno 1536 ac 1542 y gwahaniaethau hyn rhwng y Dywysogaeth a'r Mers (gweler o dan PURA WALLIA), ac ar ôl 1542 defnyddiwyd yr ymadrodd 'Tywysogaeth Cymru' mewn ystyr mwy cyffredinol.

Dywedir bod yr arwyddair 'Ich Dien' (A. 'gwasanaethaf') wedi ei fabwysiadu gan Edward, y Tywysog Du, a'r tair pluen estrys sy'n rhan o arwyddlun y Tywysog, wedi iddo drechu'r Brenin John o Fohemia ym mrwydr Poitiers yn 1346. Yn ôl y traddodiad dywedir i Edward I, ar ôl addo rhoi i'r Cymry dywysog na fedrai air o Saesneg, gyflwyno ei fab yng Nghastell Caernarfon yn 1284 gyda'r geiriau 'Eich dyn'. Nid oes sail hanesyddol i'r un o'r traddodiadau hyn, ac y mae'r ail yn sicr o fod yn gamddehongliad o'r cyntaf. Y mae'n fwy tebygol i'r Tywysog Du fabwysiadu'r geiriau hyn gan iddynt berthyn i Dŷ Hainault, teulu yr oedd ei fam, y Frenhines Philippa, yn aelod ohono. Serch hynny, arddangoswyd yr arwyddair a'r plu yn seremonïau'r *Hen Frythoniaid er mwyn atgoffa'r Hanoferiaid fod y Cymry yn ffyddlon, yn wahanol i'r Gwyddyl a'r Albanwyr. Arddelwyd y plu gan Anrhydeddus Gymdeithas y *Cymmrodorion yn 1751 ac nis disodlwyd gan y *Ddraig Goch hyd yr ugeinfed ganrif. Ystyrir yr arwyddair bellach yn wasaidd gan Genedlaetholwyr a Sosialwyr yng Nghymru, ond erys o hyd, gyda'r plu estrys, yn fathodyn Undeb Rygbi Cymru.

Rhoddwyd y teitl Tywysog Cymru un ar hugain o weithiau ond ni fu ond deuddeg arwisgiad ffurfiol, deg ohonynt yn achlysuron Seneddol yn Llundain. Yr arwisgiad cyntaf a gynhaliwyd yng Nghymru oedd arwisgiad Albert Edward yng Nghastell Caernarfon yn 1911, seremoni drawiadol a drefnwyd gan David *Lloyd George ac A. G. Edwards, a ddaeth yn ddiweddarach yn Archesgob Cymru. Yr aelod hwn o'r teulu brenhinol, a ddaeth yn ddiweddarach yn Edward VIII, a ynganodd y dywediad enwog ond lawer yn rhy hwyr, 'Something must be done. I will do all I can to assist you', yn ystod ei ymweliad â de Cymru ar 18 Tachwedd 1936, pan welodd dlodi'r di-waith yn Nowlais a Merthyr Tudful. Cododd obeithion a ddarniwyd pan ymddiswyddodd ychydig wythnosau yn ddiweddarach.

Cynhaliwyd arwisgiad Charles, mab hynaf y Frenhines Elisabeth II, eto yng Nghaernarfon ar 1 Gorffennaf 1969. Cafwyd llu o ddathliadau poblogaidd yn ogystal â dadleuon chwerwon. Bu llawer o ddychan (fel yng nghaneuon Dafydd *Iwan) a phrotestiadau bywiog gan fudiadau gwladgarol megis *Byddin Cymru Rydd a *Chymdeithas yr Iaith Gymraeg, a welodd yn y digwyddiad ddathliad erchyll o ddarostyngiad Cymru. Gwrthododd *Plaid Cymru, ar y llaw arall, ddangos naill ai ei chymeradwyaeth na'i gwrthwynebiad, gan roi sylw i faterion eraill, pwysicach yn ei thyb hi. Fodd bynnag, tueddai naws y cyfnod i fod yn ymostyngol i'r frenhiniaeth a thuag at y Tywysog ifanc, yn arbennig felly wedi'r cyhoeddiad ei fod yn bwriadu treulio tymor yn fyfyriwr yng Ngholeg Prifysgol Cymru, Aberystwyth, ac yno y byddai'n dysgu ychydig am iaith, llenyddiaeth a hanes Cymru. Yn wahanol i wleidyddion Cymru tueddai'r rhan fwyaf o lenorion – i'r graddau y gwelsant unrhyw arwyddocâd gwleidyddol i'r digwyddiad – i gytuno â'r athronydd J. R. *Jones, a welodd arwisgiad 1969 fel arwydd o'r dinistr a fu ar ymwybyddiaeth y Cymry o'u cenedligrwydd. Yr oedd ymateb y Cymry yn debyg iawn i un y Saeson wedi marwolaeth Diana, Tywosoges Cymru a chyn-wraig y Tywysog, mewn damwain ffordd ym Mharis ar 31 Awst 1997.

Ceir manylion pellach yn Francis Jones, *The Princes and Principality of Wales* (1969), Ralph A. Griffiths, *The Principality of Wales in the later Middle Ages* (1972) a Wynford Vaughan-Thomas, *The Princes of Wales* (1982); am sylwadau mwy diweddar gweler Jan Morris, *The Princeship of Wales* (1995) yn y gyfres *Changing Wales*.

Th

Thalia Rediviva (llyth. 'Awen barddoniaeth ddoniol wedi ei hadnewyddu'; 1678), yr is-deitl yw '*The Pass-Times and Diversions of a Countrey-Muse in Choice Poems on several Occasions*'; hwn yw'r gwaith olaf gan Henry ★Vaughan i'w gyhoeddi. Nid yw enw'r *Silurist* ar yr wyneb-ddalen, er bod cerddi sy'n ei glodfori gan ei ffrindiau ymadawedig Katherine ★Phillips a Thomas ★Powell yn y casgliad, yn ogystal â cherddi eraill o waith y golygydd a'i frawd. Bwriad Vaughan wrth gytuno i gyhoeddi eto oedd anrhydeddu ei efell marw Thomas ★Vaughan, a chynhwysir rhai o gerddi Lladin hwnnw yn y gwaith. Ond y mae'r eclog marwnadol 'Daphnis' a luniwyd, y mae'n amlwg, i goffáu Thomas, yn creu anawsterau. Y mae'n bosibl i lawer o'r gerdd hon gael ei lunio ar ôl marwolaeth brawd iau Henry, sef William, yn 1648. Y mae Thomas, fodd bynnag, yn ei *Lumen de Lumine*, yn dod o hyd i Thalia, un o'r naw Awen, ar ffurf ysbryd wedi ei gwisgo mewn gwyrdd a rydd iddo weledigaeth o'r *prima materia*, a hithau'n rym creadigol Natur a ddaw yn Awen ei alcemi. Felly y mae teitl y llyfr yn goffadwriaeth ac yn gadarnhad. Gellir dyddio rhyw hanner dwsin yn unig o'r cerddi yn ddiweddarach na 1655. Y mae'r cerddi mawl yn egluro bod rhai o'r cerddi sy'n dilyn wedi eu hepgor o ★*Olor Iscanus* (1651), a bod y cerddi Etesia wedi eu dileu o gyfrol 1646. Y cerddi diweddaraf y gellir eu dyddio yn *Thalia Rediviva* yw'r farwnad i'r Barnwr Trevor (1666) a'r gerdd gyfarch 'To the Editor of the matchless Orinda' (1667). Wedi hyn, ymddengys fod Henry Vaughan wedi ymgolli yn ei waith meddygol.

That Uncertain Feeling (1955), ail nofel Kingsley Amis (1922–95) ac olynydd ei nofel boblogaidd, *Lucky Jim* (1954). Yn y ddau lyfr tynnodd yr awdur ar ei brofiad fel darlithydd yng Ngholeg y Brifysgol Abertawe, ond tra bo *Lucky Jim* yn gyfyngedig i brifysgol daleithiol, y mae *That Uncertain Feeling* yn defnyddio cefndir Cymreig tref Abertawe, dan gochl y ffugenw Aberdarcy. Y mae John Lewis yn gweithio yn y llyfrgell gyhoeddus leol; y mae ganddo wraig a theulu ifanc, ac y mae arno ddirfawr angen swydd yr Is-lyfrgellydd sydd ar fin dod yn wag. Yna y mae'n cwrdd ag Elizabeth Gruffydd-Williams, gwraig cynghorydd lleol sy'n eistedd ar bwyllgor y llyfrgell; y mae hithau'n ei ffansïo a chychwynnir ar berthynas od o hurt. Teimla Lewis yn euog, nid yn unig am fradychu ei wraig, ond hefyd am fanteisio'n annheg ar ei gyfaill a'i gyd-lyfrgellydd Ieuan Jenkins, y mae arno yntau hefyd angen swydd yr Is-lyfrgellydd. Yn y

diwedd, Lewis yw'r ymgeisydd llwyddiannus, ond y mae'n darganfod i'r proses penodi gael ei hystumio er mantais iddo: cafodd y swydd nid ar sail ei rinweddau ei hun ond oherwydd ymyrraeth Elizabeth Gruffydd-Williams a chasineb ei gŵr tuag at y Prif Lyfrgellydd. Y mae'n gwrthod y swydd ac yn mynd i werthu dros y Bwrdd Glo yn ei fro enedigol yn y cymoedd. Er bod naïfrwydd Lewis ynglŷn â llywodraeth leol weithiau'n annhebygol, y mae'r nofel yn wirioneddol ddoniol, a yn cynnwys nifer o sylwadau treiddgar ar yr agweddau mwy rhodresgar ar ddiwylliant dosbarth-canol Cymru, sy'n amlwg ym marn Amis yn tynnu oddi ar rinweddau dilys y wlad a'i phobl. Gwnaed ffilm o'r nofel yn 1962 dan yr enw *Only Two Can Play*, sy'n dilyn y nofel yn bur ffyddlon ac a roddodd i'r actorion Peter Sellers a Kenneth Griffith ddwy o'u rhannau mwyaf cofiadwy.

THELWALL, JOHN (1764–1834), bardd a aned yn Llundain i gangen teulu Plas-y-ward, Dinb. Yr oedd yn gyfaill i'r llenorion Saesneg Southey, Hazlitt, Coleridge a Lamb. Daeth o dan ddylanwad delfrydau democrataidd y ★Chwyldro Ffrengig (1789), ac ymunodd â'r *Society of the Friends of the People*. Fe'i carcharwyd yn 1794 oherwydd ei ddaliadau Radicalaidd eithafol ond fe'i cafwyd yn ddieuog; disgrifiodd ei brofiad yn *Poems written in Close Confinement in the Tower and Newgate* (1795). Yn ogystal â golygu *The Biographical and Imperial Magazine*, cyhoeddodd ddwy gyfrol arall o gerddi, *Poems upon various subjects* (1787) a *Poems chiefly written in retirement* (1801) sy'n cynnwys atgofion a nifer o gerddi ar destunau Cymreig. Ysgrifennodd yn ogystal nifer o lyfrau a siarad cyhoeddus a phynciau gwleidyddol.

Theomemphus, gweler BYWYD A MARWOLAETH THEOMEMPHUS (1764).

Theophilus ac Eusebius, gweler o dan DRWS Y SOCIETY PROFIAD (1777).

'There Were Three Jovial Welshmen', cân ffyliaid. Ceir un o'r fersiynau cynharaf mewn baled yn 1632 lle y mae tri gŵr o Gotham, pentref yn swydd Nottingham a oedd yn nodedig am ei ffyliaid, yn mynd i hela ar Ddydd Gŵyl Dewi (1 Mawrth). Daeth y gân yn ddychangerdd am y Cymry pan ymddangosodd fel cân a gopi cerddorol o dan y teitl '*The Pursuit of Reynard*' yn 1725. Ceir fersiwn arall yn nhafodiaith swydd Gaerhirfryn, '*The Three Jovial Huntsmen*', a ddaeth yn boblogaidd o ganlyniad i ddarluniau Randolph Caldecott a gyhoeddwyd yn 1880.

Thesbiad, Y, gweler ELIAS, JOHN RHOOSE (1819–81).

Thirlwall, Connop (1797–1875), Esgob *Tyddewi a oedd yn un o nifer o 'Esgyb Eingl' (sef di-Gymraeg) y cafwyd beirniadaeth ar eu penodiad yn y ddeunawfed a'r bedwaredd ganrif ar bymtheg. Ei ateb i'r feirniadaeth yng nghylchgrawn yr Eglwys Yr *Haul na fedrai ef ddim Cymraeg oedd meistroli'r iaith yn ddigon da i bregethu ynddi er na allai wneud hynny mewn dull y gallai'r rhan fwyaf o'i wrandawyr ei ddeall. Yr oedd yn Esgob o 1840 hyd 1874 ac enillodd gryn glod am ei elusennau a'i sêl yn ymweld â holl rannau ei esgobaeth fawr. Yn ffefryn gan y Frenhines Fictoria, bu'n weithgar yn hyrwyddo atgyweirio eglwysi, rhai ohonynt yn bur ddadfeiliedig, adeiladu ysgolion a sefydlu coleg hyfforddi athrawon yng Nghaerfyrddin. Fe'i cyhuddwyd yn llym gan yr Arglwydd Llanofer (gweler o dan HALL, AUGUSTA WADDINGTON) am iddo wneud defnydd o incwm Coleg Crist, Aberhonddu, a oedd erbyn 1851 bron â bod yn furddun. Yr oedd Thirlwall yn rhy dawedog i fod yn

This World of Wales (1968), detholiad o farddoniaeth *Eingl-Gymreig o'r ail ganrif ar bymtheg i'r ugeinfed ganrif, a olygwyd gan Gerald *Morgan. Cyflwynwyd y gyfrol i Raymond *Garlick a hi yw'r ymgais gyntaf i wneud astudiaeth hanesyddol o farddoniaeth a luniwyd gan Gymry yn yr iaith Saesneg, ac ynghyd â The *Lilting House (1969), bu'n garreg filltir bwysig yn natblygiad astudiaethau Eingl-Gymreig. Y mae'r llyfr yn cynnwys sawl cerdd gan bob un o'r beirdd hyn: Henry *Vaughan, John *Dyer, Evan *Lloyd, Gerard Manley *Hopkins, W. H. *Davies, Edward *Thomas, David *Jones, Idris *Davies, Glyn *Jones, Vernon *Watkins, R. S. *Thomas, Dylan *Thomas ac Alun *Lewis. Cynrychiolir nifer o feirdd llai pwysig gan un gerdd yr un, megis Lewis *Morris ac A. G. *Prys-Jones. Hefyd ceir cerddi gan rai beirdd ifainc, cyfoes megis Brenda *Chamberlain, Leslie *Norris, T. H. *Jones, Anthony *Conran a Meic *Stephens. Daeth y teitl o'r soned 'In the Valley of the Elwy' gan Gerard Manley Hopkins: '*Lovely the woods, waters, meadows, combes, vales/All the air things wear that build this world of Wales.*'

U

Ugeined, gweler o dan BOWEN, EUROS (1904–88).

Un Nos Ola Leuad (1961), nofel gan Caradog *Prichard; fe'i gwnaed yn ffilm yn 1991. Fe'i hysgrifennwyd yn y person cyntaf, yn nhafodiaith Bethesda, Caern., bro mebyd yr awdur, mewn arddull sy'n ymylu weithiau ar 'lif yr ymwybod'. Ymddengys yn ddigynllun, ond cyfunir ofnadwyaeth a gwallgofrwydd â hiwmor a digrifwch, ac nid yn hollol fympwyol y llinynnwyd hwy ynghyd. Cymerir mam y prif gymeriad i'r Seilam, fel digwyddodd yn hanes yr awdur ei hun, ac y mae'r cynnwys i raddau helaeth yn hunangofiannol. Hon yw un o'r nofelau mwyaf grymus a gyhoeddwyd yn Gymraeg ers yr Ail Ryfel Byd.

Am drafodaethau beirniadol gweler Dafydd Glyn Jones yn *Dymaid o Awduron Cyfoes* (1975), R. M. Jones yn *Llenyddiaeth Gymraeg 1936–1972* (1975), Ioan Williams yn *Y Nofel* (1984), Harri Pritchard-Jones yn *Taliesin* (cyf. LXIII, 1988), John Rowlands yn *Ysgrifau Beirniadol XIX* (gol. J. E. Caerwyn Williams, 1994) a Kate Crockett yn *Taliesin* (cyf. XCVI, 1996). Cyfieithwyd y nofel i'r Saesneg gan Menna Gallie o dan y teitl *Full Moon* (1973) a chan Philip Mitchell o dan y teitl *One Moonlit Night* (1995).

Undeb Awduron Cymru, undeb awduron sy'n ysgrifennu yn y Gymraeg, a ffurfiwyd yn 1973. Gweithreda ar ran ei ddeg aelod a thrigain mewn meysydd megis cyhoeddusrwydd, adolygiadau, cytundebau a thaliadau a bu'n fforwm i drafodaethau cyhoeddus ac yn gorff ymgynghorol. Gweler hefyd WELSH UNION OF WRITERS.

Undeb Cymru Fydd, cymdeithas a ffurfiwyd yn 1941, pan ymunodd Undeb Cenedlaethol y Cymdeithasau Cymraeg â chymdeithas arall, sef Pwyllgor Amddiffyn Diwylliant Cymru. T. I. *Ellis oedd yr Ysgrifennydd o'r cychwyn tan 1967, a daeth y sefydliad hwn â Chymry amlwg a ymddiddorai yn achos iaith a diwylliant Cymru ynghyd. Trwy'r 1940au cyflwynodd argymhellion i Lywodraeth Prydain ar faterion o bwysigrwydd cenedlaethol megis darlledu, addysg a defnyddio tiroedd yng Nghymru at ddibenion militaraidd, ac weithiau bu ei argymhellion yn llwyddiannus. Ymhlith cyhoeddiadau'r gymdeithas yr oedd *Yr Athro*, cylchgrawn i athrawon, *Cofion Cymru*, llythyr newyddion misol i Gymry yn y lluoedd arfog, a *Llythyr Ceridwen*, cylchgrawn i ferched. Ei weithred bwysicaf, efallai, oedd y penderfyniad yn 1950 i alw cynhadledd a ddechreuodd yr *Ymgyrch dros Senedd i Gymru. Wedi cyfnod dilewyrch, datblyg-

odd yn 1966 yn elusen addysgiadol, gyda'r bwriad o greu rhwydwaith o ddosbarthiadau ar gyfer dysgu Cymraeg i oedolion, ond penderfynwyd atal pob gweithgarwch dair blynedd yn ddiweddarach, gan gredu bod dyfodiad sefydliadau eraill megis *Cymdeithas yr Iaith Gymraeg yn golygu nad oedd lle iddo bellach ym mywyd Cymru. Gweler hefyd CYMRU FYDD.

Ceir manylion am hanes y sefydliad yn T. I. Ellis, *Undeb Cymru Fydd* (1960) ac R. Gerallt Jones, *A Bid for Unity* (1971).

Undeb y Cymry a'r Byd, cymdeithas a sefydlwyd yn 1948 er mwyn meithrin cysylltiadau diwylliannol rhwng Cymru ac alltudion o Gymry neu bobl o dras Gymreig mewn gwledydd eraill. Nifer bychan o bobl a wasanaethai yn y lluoedd arfog yn ystod yr Ail Ryfel Byd oedd ei sylfaenwyr. Llywydd cyntaf yr Undeb oedd H. Elvet *Lewis (Elfed), ac ymhlith y gwŷr blaengar a ffurfiodd yr Undeb yr oedd Ifan ab Owen *Edwards, T. I. *Ellis, R. E. Griffith a T. Elwyn Griffiths. Yr oedd yr olaf a enwyd yn olygydd *Seren y Dwyrain*, cylchgrawn a gyhoeddid yn Cairo yn ystod y Rhyfel ac a ddarllenid gan Gymry a oedd yn y lluoedd arfog yn y Dwyrain Canol, a daeth ef yn olygydd cylchgrawn dwyieithog y gymdeithas, *Yr Enfys*. Yr Undeb, sydd â thua phum mil o aelodau, sy'n gyfrifol am lwyfannu'r seremoni flynyddol yn yr Eisteddfod Genedlaethol pan groesewir y Cymry ar Wasgar yn ôl ar ymweliad â Chymru o wledydd tramor. Cred rhai fod y seremoni yn amherthnasol i fywyd Cymru gyfoes, ond megis yr Undeb ei hun, cynigia ddolen gyswllt symbolaidd â'r hen wlad i filoedd o bobl sy'n coleddu'r cysylltiad. Gweler hefyd UNWAITH ETO'N NGHYMRU ANNWYL ac YMFUDO O GYMRU.

Under Milk Wood (1954), 'drama ar gyfer lleisiau' gan Dylan *Thomas a'i waith rhyddiaith mwyaf adnabyddus. Fe'i cyhoeddwyd yn llyfr ar ôl marwolaeth yr awdur. Ymddangosodd gyntaf yn 1952 fel rhannau o ddrafft yn *Botteghe Oscure*, cylchgrawn a olygwyd yn Rhufain, dan y teitl 'Llareggub (A Piece for Radio Perhaps)'. Bu darlleniadau unigol a pherfformiadau gan gwmnïau yn ystod trydydd ymweliad Thomas ag America (Ebrill–Mehefin, 1953). O ran arddull a dychymyg, gweler ôl llawer o weithiau cynharach yr awdur, yn enwedig ei sgriptiau ffilm yn y 1940au; rhagflaenydd amlycaf y ddrama oedd sgript radio, 'Quite Early One Morning', a ysgrifennwyd yn 1944.

Lleolir y ddrama yn Llareggub (y mae'r gair i'w

ddarllen tuag yn ôl, ond newidiwyd y sillafiad ar ôl marwolaeth yr awdur i Llaregyb, sydd yn fwy llednais). Tref lan-y-môr ddychmygol yw Llaregyb ond un sy'n ddigon tebyg i Dalacharn, Caerf., lle y bu Thomas yn byw am bedair blynedd olaf ei oes. Disgrifiodd gynllun y ddrama fel llawer o leisiau yn ymnyddu a llais cryf canolog yr adroddwr yn cyflenwi anghenion undod amser, lle a sefyllfa. Yn y diwedd rhannwyd yr adroddwr yn Llais Cyntaf ac Ail Lais, yn llefaru bob yn ail, er mwyn amrywiaeth. Gyda'i gilydd disgrifiant yr olygfa a dewisant y cymeriadau sydd i'w darlunio a'u clywed yn ystod hynt cylchol un diwrnod o wanwyn: yn gyntaf, yn eu breuddwydion ac wedyn trwy eu gweithgareddau a'u perthynas â'i gilydd yn ystod y dydd nes i'r ail noson ddod. Y mae dros drigain o gymeriadau i gyd, ac er mai braslun yn unig a geir ohonynt, daeth nifer yn adnabyddus iawn. Rhoddir sylw arbennig i dri ohonynt: *Captain Cat, y Parchedig *Eli Jenkins a *Polly Garter. Y mae rhywioldeb naturiol Polly yn cyferbynnu ag adweithiadau a newrosis rhai o'r cymeriadau eraill, a diau y dylid ei hystyried hi yn norm wrth glodfori Llaregyb fel 'this place of love'.

Llunnir doniolwch y ddrama, nid o ganlyniad i ystyriaethau dramatig na chymdeithasol, ond oherwydd ymhyfrydu naturiol y llenor mewn pobl od ac yn fwy na dim yng ngrym awgrymog yr iaith. Y mae'n arwyddocaol i Thomas gefnu ar ei fwriad (dan y teitl *The Town that was Mad*) o ddefnyddio plot mwy ffurfiol lle y gorfodid y dref i sefyll ei phrawf am fod yn 'ardal wallgof', gan ddewis aros ar wahân i weddill y byd a chredu bod ei hecsentredd hi yn fwy cyfiawn a gwerthfawr na 'normalrwydd' y byd. Ceir pwyslais athronyddol llai amlwg ar ffurf derfynol *Under Milk Wood* a ddengys fwynhad Chauceraidd o fywyd yn wyneb gormes amser ac angau anochel. Er iddi droeon gael ei pherfformio ar lwyfan ac ar ffilm, cynnyrch y dychymyg clywedol yw'r ddrama yn ei hanfod; cyfuniad o stori, dilyniant breuddwyd, ymson, ymddiddan, caneuon a chwarae plant. Rhoddodd gyfle dihafal i ddawn delynegol Dylan Thomas ond ffrwynir yr awch gan elfen gref o ddychan a hunan-wawd.

Ceir ymdriniaeth â'r ddrama mewn erthygl gan R. Williams yn *Critical Quarterly* (Gwanwyn, 1959), Douglas Cleverdon, *The Growth of Milk Wood* (1969) ac L. Lerner, 'Sex in Arcadia' yn Walford Davies (gol.), *Dylan Thomas: New Critical Essays* (1972). Cyfieithwyd y ddrama i'r Gymraeg gan T. James Jones o dan y teitl *Dan y Wenallt* (1968). Ceir disgrifiad llawn o ddatblygiad y ddrama yn y golygiad safonol gan Walford Davies a Ralph Maud (1995).

Undodiaeth, credo grefyddol sy'n gwadu athrawiaeth y Drindod a duwdod Iesu Grist. Codasai gwrth-wynebiad i'r athrawiaethau uniongred yn yr Eglwys Fore ar ffurf *Sabeliaeth ac Ariaeth, a ddaliai nad oedd Crist yn bodoli gyda'r Tad er tragwyddoldeb a'i fod felly yn Dduw mewn ystyr israddol. Adeg y Diwygiad Protestannaidd aeth Sosiniaeth gam ymhellach trwy ddysgu nad ydoedd Crist yn bod cyn ei eni i Fair, a bwriadwyd i'w ddynoliaeth amlygu gwerth edifeirwch heb yr Iawn a sicrwydd o'r atgyfodiad ar Ddydd y Farn. O dan arweiniad Joseph Priestley ac eraill yn ail hanner y ddeunawfed ganrif, ymwrthododd Undodiaeth â'r geni gwyrthiol ac addoli Crist. Yn ôl y gred fodern pwysleisir undod y Duwdod, esiampl Crist, a daioni a brawdol-iaeth Dyn; gwrthwynebir credoau ffurfiol a chefnogir rhyddid crefyddol a gwleidyddol.

Daeth Ariaeth i'r amlwg yn y ddeunawfed ganrif yn hanes Cymry megis David Lloyd (1724–79), David *Davis o Gastell Hywel, Abraham Rees (1745–1825) a Richard *Price. Bu'r Coleg Presbyteraidd yng Nghaer-fyrddin yn feithrinfa gyson i'r egwyddorion hyn gan baratoi'r ffordd i gredo ymwybodol Undodaidd. Sefydlodd Thomas *Evans (Tomos Glyn Cothi) y tŷ-cwrdd Undodaidd cyntaf yng Nghymru (c.1794), a ffurfiwyd Cymdeithas Dwyfundodiaid Deheudir Cymru yn 1802. Ymhlith aelodau'r Gymdeithas yr oedd William *Owen Pughe, Edward *Williams (Iolo Morganwg) a'i fab Taliesin *Williams, ynghyd â nifer o weinidogion a fuasai gyda'r Bedyddwyr Cyffredinol gynt. O dan ddylanwad William *Thomas (Gwilym Marles) cafodd beirniadaeth Feiblaidd le amlycach byth ymhlith yr Undodiaid.

Cyfyngedig fu effaith Undodiaeth ffurfiol ar Gymru gyfan, fodd bynnag. Dim ond saith ar hugain o dai cwrdd a berthynai i'r mudiad yn 1851, a'r un nifer yn 1979. Yn ne Ceredigion a gogledd Caerfyrddin, ardal a elwid y 'Smotyn Du' gan enwadau uniongred, yr amlygwyd y cydymdeimlad mwyaf ag Undodiaeth, ond coleddodd llawer o unigolion ddaliadau Undodaidd heb erioed berthyn i eglwys o Undodiaid. Bu rhai Undod-iaid yn flaenllaw eu cyfraniad i lenyddiaeth Cymru; yn ogystal â'r rhai a enwyd eisoes gellid crybwyll Thomas *Stephens, J. Gwenogvryn *Evans, George Eyre Evans (1857–1939) a D. Jacob *Davies. Gwrth-wynebwyd daliadau diwinyddol y mudiad yng ngwaith gwŷr megis William *Williams (Pantycelyn), Peter *Williams, Christmas *Evans a Joseph *Harris (Gomer).

Ceir trafodaeth ar Undodiaeth yng Nghymru yn J. G. Jenkins, *Hanfod Duw a Pherson Crist* (1931), T. Oswald Williams, *Undodiaeth a Rhyddid Meddwl* (1962), D. E. Davies, *Y Smotiau Duon* (1981) a *They Thought for Themselves* (1982); gweler hefyd gylchgrawn yr Undodwyr, *Yr Ymofynnydd*.

Unfinished Journey (1937), y gyntaf o gyfrolau hunangofiannol Jack *Jones, hanes deuddeng mlynedd a deugain cyntaf ei fywyd lliwgar, o'i fagu mewn tlodi ym Merthyr Tudful, Morg., i'w ddyddiau cynnar yn awdur yn Rhiwbeina, Caerdydd. Y mae'n waith bywiog, gonest a swynol ac y mae ambell bennod, yn enwedig y rhai sy'n ymdrin â'i blentyndod a'i fywyd yn lôwr, ymhlith y pethau gorau a ysgrifennodd.

University of Wales Review, The, gweler WELSH ANVIL.

'*Unwaith Eto'n Nghymru Annwyl*', cân a gyhoeddwyd yn wreiddiol yn unawd soprano/tenor; fe'i cenir bob blwyddyn yn seremoni croesawu'r Cymry ar Wasgar (gweler o dan UNDEB Y CYMRY AR WASGAR) yn yr *Eisteddfod Genedlaethol. Teimla rhai pobl ei bod yn ddagreuol a chymerir hi yn ysgafn yn aml. Tybir mai gwaith Dyfed Lewis (1855–1927), brodor o Lan-crwys, Caerf., yw'r dôn a'r geiriau, ond nid oes sicrwydd o hyn.

Urdd Gobaith Cymru, mudiad i blant a phobl ifainc a sefydlwyd gan Ifan ab Owen *Edwards. Yn ei gylchgrawn *Cymru'r Plant* yn Ionawr 1922 gwahoddodd y darllenwyr i ymuno â'r mudiad newydd. Seilir ef ar egwyddor ffyddloneb i Gymru, i Gyd-ddyn ac i Grist, a cheidw safiad anwleidyddol ac anenwadol. Magodd wedd ryngwladol pan ddechreuodd noddi, ar y cyd ag Undeb Cynghrair y Cenhedloedd, Neges Ewyllys Da flynyddol oddi wrth Blant Cymru i Blant y Byd (gweler o dan DAVIES, GWILYM). Yn ystod y blynyddoedd rhwng y ddau Ryfel Byd cynhaliwyd mabolgampau, a gwisgid yr aelodau mewn gwisgoedd arbennig a cheisiwyd gwneud y mudiad yn fwy deniadol i'r ifanc. Ymhlith ei gyfraniadau i fywyd diwylliannol Cymru gellir crybwyll y cefnogaeth a roddodd i sefydlu'r Ysgol Gynradd Gymraeg gyntaf, a agorwyd yn Aberystwyth yn 1939, a'i ymdrech i sefydlu Undeb Cyhoeddwyr a Llyfrwerthwyr Cymreig yn 1943. Heddiw, fel rhan o wasanaeth ieuenctid Llywodraeth Prydain, ceir yn ei raglen amrywiaeth eang o weithgareddau addysgiadol, diwylliannol a hamdden. Er enghraifft, o'i ganolfan yn Aberystwyth cyhoedda'r Urdd dri chylchgrawn; y mae'n cynnal dwy ganolfan breswyl ac Eisteddfod flynyddol a gweinydda weithgarwch dros fil o ganghennau ledled Cymru. Ond yn bennaf oll ceisia hyrwyddo ymwybyddiaeth genedlaethol ymhlith ieuenctid Cymru.

Ysgrifennwyd hanes y mudiad gan R. E. Griffith (3 cyf., 1971, 1972, 1973); cyhoeddwyd argraffiad Saesneg mewn un gyfrol yn 1973.

Urien Rheged (6ed gan.), un o frenhinoedd yr *Hen Ogledd a enwir yn *Achau'r Saeson*, gwaith a gynhwyswyd yn *Historia Brittonum*, fel un o bedwar brenin a wrthwynebodd ymlediad yr Eingl i froydd y Brythoniaid; y tri arall oedd *Rhydderch Hen (neu Hael), *Gwallog a *Morgan. Dywedir i Urien gael ei ladd trwy gynllwyn Morgan tra oedd yn gwarchae'r gelyn yn eu cadarnle olaf ar Ynys Meddgawd, sef Lindisfarne, ar arfordir Northumberland. Tybir mai yng Nghaerliwelydd yr oedd ei lys a gall fod ei awdurdod ar un adeg yn

ymestyn hyd at Gatraeth yn swydd Efrog. Ceir naw awdl iddo, oll, yn ôl y farn gyffredin, gan *Daliesin. Dwy brif thema'r cerddi yw haelioni llys y brenin a'i ffyrnigrwydd ar faes y frwydr. Yr oedd yn deyrn cyfrifol a theg ar gyfnodau o heddwch, ac yn noddwr hael, yn amddiffyn ei ddeiliaid mewn rhyfel gan drechu ei elynion a'u gyrrü ymhell o'i diroedd. Ni chadwyd marwnad i Urien gan Daliesin, er bod *Llyfr Taliesin yn cynnwys marwnad i'w fab *Owain ab Urien. Ceir traddodiadau diweddarach amdano yn *Canu Urien*, cylch englynol o'r nawfed neu'r ddegfed ganrif sy'n sôn am farwolaeth Urien a'i chanlyniadau.

Golygwyd y cerddi mawl gan Ifor Williams, *Canu Taliesin*; a gweler hefyd y fersiwn Saesneg gan J. E. Caerwyn Williams, *The Poems of Taliesin* (1972). Golygwyd '*Canu Urien*', y cylch englynol, gan Jenny Rowland, *Early Welsh Saga Poetry: A Study and Edition of the Englynion* (1990).

Utah Watkins, y ffermwr drwg ei dymer sy'n byw gyda'i wraig gwynfanllyd yn Salt Lake Farm, yn *Under Milk Wood* (1954) gan Dylan *Thomas.

Uthr Bendragon, mab Cystennin II a thad y Brenin *Arthur, yn ôl *Historia Regum Britanniae *Sieffre o Fynwy, lle yr honnir iddo gael ei godi yn Llydaw er mwyn osgoi gelyniaeth *Gwrtheyrn, gyda'i frawd *Emrys Wledig, ac ef sy'n olynu Emrys ar orsedd Prydain. Cenhedlodd Arthur ar *Eigr, gwraig Gorlois Iarll Cernyw, gyda chymorth *Myrddin sy'n arfer ei ddewiniaeth i roddi iddo bryd a gwedd yr Iarll. Lleddir Gorlois a phrioda Uthr ag Eigr ond gwenwynir y Brenin ac etifedda Arthur yr orsedd.

Yr oedd i Uthr ei le yn y traddodiad Cymreig cyn cyfnod Sieffre. Mewn hen gerdd yn *Llyfr Du Caerfyrddin dywedir bod *Mabon fab Modron yn was i Uthr. Yn ôl cerdd arall o'r enw *'Ymddiddan Arthur a'r Eryr', yr oedd gan Arthur nai o'r enw Eliwlad, a oedd yn fab i Fadog fab Uthr. Y tebyg felly yw fod Arthur, yn ôl hen ddraddodiad, yn frawd i Fadog ac yn fab i Uthr, ac mai'r traddodiad hwn a ddefnyddiwyd gan Sieffre. Yn Nhriawd Tair Prif Hud Ynys Prydain honnir bod Uthr wedi dysgu hud i *Fenw fab Teirgwaedd, cymeriad yn chwedl *Culhwch ac Olwen a feddai ar bwerau lledrithiol. Ystyr y disgrifiad 'Pendragon' oedd 'prif bennaeth' neu 'ryfelwr', ac esboniwyd hyn gan Sieffre fel 'pen draig'. Cysylltwyd hyn â phelen o dân ar ffurf draig ynghlwm wrth seren ddisglair a ymddangosai yn yr awyr, yn ôl yr hanes, ar adeg marwolaeth Emrys.

Ceir manylion pellach yn Rachel Bromwich, *Trioedd Ynys Prydein* (3ydd arg., 1998).

V

VALENTINE, LEWIS (1893–1986), gweinidog, golygydd ac awdur, a aned yn Llanddulas, Dinb. Er iddo fynd i Goleg Prifysgol Gogledd Cymru, Bangor, i ymgymhwyso ar gyfer y weinidogaeth gyda'r *Bedyddwyr, amharwyd ar ei yrfa golegol gan y Rhyfel Byd Cyntaf ac ymunodd ag uned arbennig o Gorfflu Meddygol Brenhinol y Fyddin a ffurfiwyd ar gyfer myfyrwyr diwinyddol o Gymru. Treuliodd dair blynedd yn y fyddin, ar dir Lloegr, Ffrainc ac Iwerddon, yn cyflawni gwaith anymladdol, a dychwelodd i Fangor yn 1919 yn genedlaetholwr ac yn heddychwr o argyhoeddiad. Fel myfyriwr, yr oedd iddo ran amlwg yn y deffroad cenedlaethol a arweiniodd at sefydlu *Plaid Cymru yn 1925. Ef oedd Llywydd cyntaf y blaid a'i hymgeisydd seneddol cyntaf yn Arfon yn 1929, pryd yr enillodd 609 o bleidleisiau. Yn 1936, ysgwyddodd gyfrifoldeb, gyda Saunders *Lewis a D. J. *Williams, am roi'r ysgol-fomio ym *Mhenyberth, Llŷn, ar dân, ac fe'i dedfrydwyd i naw mis o garchar.

Dychwelodd ddiwedd 1937 at ei ofalaeth yn y Tabernacl, Llandudno, lle y bu'n gweinidogaethu er 1921, ac yno y bu tan 1947 pan dderbyniodd alwad i Benuel, Rhosllannerchrugog, Dinb. Golygodd *Y Deyrnas*, misolyn Bedyddwyr Cymraeg Llandudno, o 1923 hyd 1936, a *Seren Gomer*, chwarterolyn cenedlaethol y Bedyddwyr, o 1951 hyd 1975. Cyhoeddodd *Detholiad o'r Salmau* (1936), ond yn *Dyddiadur Milwr*, a welodd olau dydd i gychwyn ar dudalennau *Seren Gomer* (1969–72), y canfyddir ei gyfraniad llenyddol mwyaf arhosol – cronicl sy'n rhoi ar gof a chadw ei brofiadau yn ystod y rhyfel a hynny mewn arddull goeth ond uniongyrchol na fyddai'n annheilwng o un o'i eilunod mawr, Emrys ap Iwan (Robert Ambrose *Jones). Dogfen arall o bwys ganddo, a chyfraniad cyfoethog at *genre* llenyddiaeth carchar, yw *Beddau'r Byw*, cyfres o ysgrifau a gyhoeddwyd gyntaf yn *Y Ddraig Goch* (1937–39) yn adrodd ei hanes yn Wormwood Scrubs. Amlygodd ei ddawn lenyddol fel emynydd yn ogystal, ac fe fabwysiadwyd 'Gweddi Dros Gymru', emyn a genir fel rheol ar alaw wladgarol Sibelius, '*Finlandia*', ac sy'n crynhoi athroniaeth y gŵr urddasol ac unplyg hwn, yn anthem genedlaethol answyddogol.

Yn *Dyddiadur Milwr a Gweithiau Eraill* (gol. John Emyr, 1988) y ceir y detholiad mwyaf cynhwysfawr o gynnyrch llenyddol amrywiol Lewis Valentine. Cyhoeddwyd hefyd *Dyrchafwn Gri* (gol. Idwal Wynne Jones, 1994), detholiad o'i eitemau ar gyfer *Y Deyrnas*. Ar ei genedlaetholdeb, gweler ysgrif Isaac Jones yn *Adnabod Deg* (gol. Derec Llwyd Morgan, 1977), a'r sgwrs gyda John Emyr, *Lewis Valentine yn Cofio* (1983). Am drafodaeth ar rinweddau llenyddol '*Dyddiadur Milwr*', gweler Gerwyn Wiliams yn *Tir Neb* (1996).

Valiant Welshman, The (1615), drama a briodolwyd i'r awdur o Sais, Robert Armin (*fl.* 1610), sy'n honni disgrifio hanes cywir Caradog (*Caratacus) – '*the true chronicle history of the life and valiant deeds of Caradoc the Great, King of Cambria, now called Wales*'. Yn ogystal â hanes ceir yn y llyfr gryn dipyn o hiwmor o ganlyniad i ffraethineb Morgan, Iarll Môn, a'i fab, Morion.

Valle Crucis, gweler GLYNEGWESTL.

Valley, The City, The Village, The (1956), nofel gyntaf Glyn *Jones a'r fwyaf cofiadwy, er nad yr orau efallai o ran cynllun. Magwyd Trystan Morgan mewn tlodi gan ei fam-gu; y mae hi'n awyddus iddo fod yn bregethwr, ond sylweddola ef yn raddol mai ei wir uchelgais yw bod yn artist. Wedi iddo fynd i'r brifysgol y mae ei fam-gu yn marw, ac felly fe'i rhyddheir o lyffethair ei chariad. O ran cynllunwaith collir y tensiwn sy'n angenrheidiol i'r thema. Lleolir y drydedd adran yn 'Llansant' (Llansteffan, Caerf., mae'n debyg), y pentref sydd â chysylltiadau teuluol agos â Trystan, ac mewn ymson hir dychmyga Ddydd y Farn a'i fam-gu yn farnwr arno ef, ei berthnasau a'i gyfeillion. Er difyrred yw'r rhan hon swyddogaeth ymylol sydd iddi, ac y mae'r gwaith yn nodedig am ei iaith drawiadol a'i ddisgrifiadau ardderchog, ac yn arbennig am oriel y cymeriadau a bortreedir mewn dull mor wych.

Gweler yr erthygl gan Tony Brown yn *The New Welsh Review* (rhif. 23, cyf. VI, Gaeaf 1993–94).

VAUGHAN, ALED (1920–89), awdur. Fe'i ganed yng Nglyndyfrdwy, Meir., gadawodd yr ysgol yn dair ar ddeg oed a bu'n gweithio fel newyddiadurwr yn Llundain ar ôl iddo adael y Llu Awyr, oherwydd anaf, yn 1944, ac ymunodd â staff y BBC yng Nghymru fel cynhyrchydd radio yn 1952. Rhwng 1960 ac 1967 bu'n gyfarwyddwr a chynhyrchydd teledu, yn ymwneud yn bennaf â materion cyfoes ond wedyn gadawodd y BBC er mwyn cynorthwyo i sefydlu Teledu Harlech (HTV) fel Rheolwr Rhaglenni. Yn ogystal ag ysgrifennu storïau byrion, yn cynnwys '*The White Dove*', yr hon a edmygir yn fawr, cyhoeddodd nofel, *The Seduction* (1968) a gyfieithwyd i'r Gymraeg gan Lenna Pritchard Jones fel *Trais* (1969), a chofiant, *Beyond the Old Bone Trail* (1958), a gyfieithwyd gan Phebe Puw o dan y teitl *Arswyd yr*

Unigeddau (1980); hefyd golygodd flodeugerdd, *Celtic Story* (1946).

Y mae ysgrif hunangofiannol gan Aled Vaughan yn *Artists in Wales* (gol. Meic Stephens, 1973); gweler hefyd yr erthygl gan Harri Pritchard Jones yn *Taliesin* (cyf. LXVII, 1989).

Vaughan, Arthur Owen, gweler, MILLS, ROBERT SCOURFIELD (1863–1919).

Vaughan, Gruffudd, gweler FYCHAN, GRUFFUDD (*fl.*1417–47).

Vaughan, Gwyneth, gweler HUGHES, ANNIE HARRIET (1852–1910).

VAUGHAN, HENRY (1621–95), bardd a meddyg, a aned yn Nhrenewydd, Sgethrog, yn Nyffryn Wysg, yn ŵyr i William Vaughan o Dretŵr, Brych. Elwodd ei dad trwy briodi merch David Morgan David Howel o'r Drenewydd, a bu'r fam yn ddylanwad pwysig ar ddatblygiad crefyddol ei mab. Addysgwyd y bachgen, gyda'i efell Thomas *Vaughan, yn Llangatwg gan y rheithor Matthew Herbert a oedd yn perthyn i'r teulu o bell. Yr oedd y ddau fachgen yn ddisglair a chawsant yno addysg glasurol drylwyr, ac efallai, gyflwyniad i athroniaeth Hermetig a gwyddoniaeth. Yn 1638 aeth y ddau efell i Goleg Iesu, Rhydychen; arhosodd Henry yno am ddwy flynedd yn unig a gadawodd heb gymryd gradd a mynd i Lundain i astudio'r Gyfraith, gan fod ar ei dad eisiau i etifedd Trenewydd weithio mewn swydd gyfreithiol yn y sir. Ar ddechrau'r *Rhyfeloedd Cartref galwyd Henry adref a bu am gyfnod yn glerc i Syr Marmaduke Lloyd, Prif Ustus Cylchdaith Brycheiniog. Atebodd y brodyr alwad y Brenin yn 1645 a buont yn ymladd gyda byddin Syr Herbert *Price ym mrwydr Rowton Heath ger Caer, ac yng nghastell Beeston; trechwyd milwyr y Brenin yn y ddwy frwydr a dichon i Henry ddychwelyd i'r Drenewydd wedyn.

Yn 1646 ymddangosodd ei gyfrol gyntaf, sef *Poems*. Cyflwynwyd y rhan fwyaf o'r cynnwys i *Amoret, sef Catherine Wise o Coleshill, swydd Warwig, yr oedd wedi ei ddyweddïo â hi, yn Llwyn y Priordy, Aberhonddu. Ond y mae ganddo hefyd ddwy gerdd sy'n sôn am ei brofiad yn Llundain, ac un yn mynegi ei syniadau Brenhinol eithafol. Ceir yn y gyfrol hefyd gyfieithiad o *Degfed Ddychangerdd* Juvenal. Ddwy flynedd yn ddiweddarach, o ganlyniad i farwolaeth ei frawd William, neu efallai oherwydd iddo ddarllen *The Temple* gan George *Herbert, cafodd brofiad crefyddol dwys, a hwn oedd wrth wraidd y cerddi hynod a geir yn rhan gyntaf ei *Silex Scintillans* (1650). Gallasai cynnwys y casgliad blaenorol, *Olor Iscanus* (1651), fod wedi mynd ar ddifancoll oni bai am ymyrraeth cyfaill, Thomas *Powell, a drefnodd iddo gael ei gyhoeddi. Nid oedd y cerddi hyn, er yn fydol eu naws, yn aflednais; yr oedd rhai ohonynt yn atgofion am gyfeillion, eraill yn gyflwyniadau i

awduron, a rhai yn gyfieithiadau. Y gerdd agoriadol, 'To the River Isca', yw'r un sy'n rhoi'r teitl i'r gyfrol. Bu ei salwch cyson yn fodd i gynnal dwyster ysbrydol dwfn ei waith, er bod y cerddi a gyhoeddwyd yn *Silex Scintillans II* (1655) yn dawelwch eu naws. Y maent yn amlygu diddordeb y bardd mewn pynciau Beiblaidd ac adlewyrchu ei chwerwder gwleidyddol, ac y maent yn cynnwys dwy farwnad i'w wraig Catherine.

Rhwng 1650 ac 1655 ymroes Vaughan i gynhyrchu gweithiau rhyddiaith a chyfieithiadau, gan gynnwys *Of the Benefit Wee may get by our Enemies* (1651) a gyfieithiwyd o fersiwn Lladin gan Reynolds o waith Groeg Plutarchus Chaeronensis, *Of the Diseases of the Mind and Body* (1651) a gyfieithiwyd yn yr un modd o fersiwn Groeg Maximus Tirius, a *The Praise and Happiness of the Countrie-Life* (1651) a gyfieithiwyd o'r Sbaeneg gwreiddiol gan Antonio de Guevera. Dilynwyd y gweithiau hyn gan *Man in Glory* (1652), cyfieithiad o'r Lladin gan Anselm, Archesgob Caer-gaint, a hefyd gan *The Mount of Olives or Solitary Devotions* (1652), gwaith sy'n fwy nodweddiadol o'i syniadau ef ei hun. Daeth cyfieithiadau o weithiau mwy sylweddol wedi hyn o dan y teitl *Flores Solitudinis* (1654), gwaith a oedd yn cynnwys dau ymson ar *Temperance and Patience* a *Life and Death* gan yr Iesuwr Johannis Eusebius Nierembergius, a hefyd *The World Condemned* gan Eucherius, Esgob Lyon, a *The Life of Paulinus*, Esgob Nola. Disgrifir y darnau hyn gan Vaughan fel darnau 'Collected in his Sickness and Retirement'. Celtiaid o dir Gâl yn y bumed ganrif oedd Eucherius a Paulinus, y naill yn enghraifft deg o *contemptus mundi*, a'r llall yn fardd crefyddol ac yn esgob.

Bu eisoes arwyddion o ddiddordeb cynyddol Vaughan mewn meddygaeth ac yn 1655 cyhoeddodd *Hermetical Physick, or The Right Way to preserve, and to restore Health* (1655), sef cyfieithiad o destun Lladin gan Henry Nollius. Dichon mai yn yr un flwyddyn y dechreuodd weithio fel meddyg, ond nid oes sicrwydd iddo ennill gradd M.D. mewn prifysgol, er y dywedir hynny ar ei garreg fedd. Ymddengys nad ysgrifennodd ragor. Yr oedd ei unig gyfrol arall, *Thalia Rediviva* (1678), yn barod mae'n debyg yn 1673, ac yn y gwaith hwnnw cynhwysir gan mwyaf gerddi a luniwyd ryw ddeng mlynedd yn gynt yn ogystal â nifer bach o gerddi a hepgorwyd o *Olor Iscanus*. Gwelir mai un o'i gymhellion dros gyhoeddi'r gyfrol hon oedd cynnwys 'Learned Remains' o waith ei frawd Thomas, 'the Eminent Eugenius Philalethes'. Dengys yr ychydig lythyrau a anfonodd Henry at John Aubrey (gweler o dan AUBREY, WILLIAM) ac Anthony à Wood (yr unig rai sydd wedi goroesi), ei fod wedi blino, ac nad oedd ganddo awydd llunio rhagor o weithiau llenyddol.

Yr oedd Henry Vaughan yn ŵr penderfynol ac ymosodai'n chwerw ar ei elynion crefyddol a gwleidyddol; cymharai hwy â'r Iddewon a groeshoeliodd yr Iesu. Syniai fod cymdeithas yn tynnu at derfyn y cyfnod a ragarfaethwyd iddi, ac yn *Silex Scintillans* ceir ymwybod-aeth hynod o'i enaid ef, weithiau wedi ei drawsnewid, ar ei ben ei hun yng nghanol byd addolgar Natur. Gweddïodd na fyddai ei ystyfnigrwydd yn arwain at drais ond bu ymgyfreithio rhyngddo ef a'i blant, a dichon mai oherwydd hyn, er mwyn gwneud penyd, y dewisodd gael ei gladdu y *tu allan* i Eglwys Llansant-ffraid, gan ddewis y geiriau hyn i'w garreg fedd, '*Servus Inutilis: Peccator Maximus Hic Iaceo: Gloria Miserere.*'

Yr oedd Vaughan yn un o'r beirdd metaffisegol mawr. Aralleiriodd y Beibl a gweithiau crefyddol eraill, megis rhai ei 'gefnder' George Herbert, yn ôl arfer y cyfnod. Y mae i'w gerddi gorau ddefnydd medrus o rythm a churiadau a tu mewn i'r mydr traddodiadol, sy'n adleisio'r llais llafar, er nad ydynt mor drefnus eu dadleuon â cherddi Herbert. Yn rhai o'i gerddi gwelir yr arfer o bentyrru ymadroddion disgrifiadol byr (techneg a gymherir gan rai â'r dull Cymreig o **ddyfalu). Y mae ei ymwybyddiaeth o symudiadau Natur a pherffeithrwydd Hermetig ei nodweddion heb ei hail mewn barddon-iaeth Saesneg. Tueddir i ystyried bod ei gerddi myfyriol gwyliadwriaeth y nos a'r ymboeni yn *Silex Scintillans*, y gweithiau a roes iddo enwogrwydd yn bennaf, yn nodweddiadol o'i holl waith. Eithr y mae i lawer o'i gerddi cynnar, ac i rai o'i gerddi diweddar, arabedd a delweddaeth a gysylltir â chyfnod cynharach.

Y mae'r teitl '*Silurist*' (a ymddangosodd gyntaf yn *Olor Iscanus*) yn peri penbleth. Y mae'n amheus a fabwys-iadodd ef natur ryfelgar y *Silwriaid, ac nid amrywiad ar y gair 'Cymro' ydyw oherwydd, er ei fod yn Gymro Cymraeg, gorbwysleisiwyd ei wybodaeth o draddodiad barddol ei wlad. Yn ei gerdd '*To the River Isca*', a luniwyd cyn y *Silex Scintillans* pesimistaidd, gwelir ei fod yn caru ei fro ac yn gorfoleddu ynddi; er hynny, nid ystyriai ei hun yn olyniaeth y traddodiad barddol Cym-raeg ond yn hytrach bardd cyntaf math newydd o fardd-oniaeth 'waraidd' yn Saesneg.

Yr arolwg cyffredinol gorau ar fywyd a gwaith Henry Vaughan yw un F. E. Hutchinson (1947); gweler hefyd fonograff gan Alan Rudrum yn y gyfres *Writers of Wales* (1981). Bu llawer argraffiad o waith Vaughan er pan ddarganfu H. F. Lyte ef ganol y bedwaredd ganrif ar bymtheg; yr un mwyaf cyflawn yw'r un gan L. C. Martin (2 gyf., 1914), a golygwyd yr un diweddaraf gan Alan Rudrum (1976). Gweler hefyd y rhifyn arbennig o *Poetry Wales* (1975), erthygl gan Evelyn Simpson, '*The Local Setting of Henry Vaughan's Poetry*' yn *The Anglo-Welsh Review* (cyf. XXI, rhif. 47, 1972) ac erthygl gan Freda Broadbent, '*Henry Vaughan: doctor, poet and dreamer*', yn *Country Quest* (1991).

VAUGHAN, HERBERT MILLINGCHAMP

(1870–1948), awdur, a aned yn Llangoedmor, Cer., ac a gafodd ei addysg yng Ngholeg Clifton a Choleg Keble, Rhydychen. Gan ei fod yn bur gefnog gallai ymroi yn gyfan gwbl i'w ddiddordebau, a chyfrannodd yn helaeth i lawer o gylchgronau llenyddol a hynafiaethol ei ddydd. Hefyd cyhoeddodd dros ddwsin o lyfrau, gan gynnwys *Essays on the Welsh Church* (1908), *Meleager: A Fantasy*

(1916), *The Dial of Ahaz* (1919), *Sonnets from Italy* (1919), *The South Wales Squires* (1926) a *Nepheloccygia: or Letters from Paradise* (1929). Ychydig cyn iddo farw ysgrifennodd ei hunangofiant, '*Memoirs of a Literary Bloke*'; nis cyhoeddwyd, a chedwir y llawysgrif yn *Llyfrgell Genedlaethol Cymru.

VAUGHAN, HILDA

(1892–1985), nofelydd. Fe'i ganed yn Llanfair-ym-Muallt, Brych., er bod penodiad ei thad yn Glerc i Gyngor Sir Maesyfed yn ei chysylltu hi, fel awdures, yn bennaf â'r sir honno. Fe'i haddysg-wyd yn breifat ond yn annigonol, a chafodd ei deffro'n ddeallusol gan ei chymydog – sgweiar Parc Cilmeri, S. P. M. Bligh – dyn o bwys yn ei gyfnod ac awdur a gyhoeddasai weithiau athronyddol-seicolegol; dywed-odd Hilda Vaughan i'w haddysg werthfawr i gyd ddod gan Bligh. Yn ystod y Rhyfel Byd Cyntaf bu'n gwasanaethu yn un o ysbytai'r Groes Goch, ac wedyn bu'n Ysgrifennydd-Drefnydd Byddin Dir y Merched yn siroedd Brycheiniog a Maesyfed. Aeth ar gwrs llenyddol i Goleg Bedford, Llundain, yn 1922 ac yno y cyfarfu â Charles Morgan, ac fe'u priodwyd y flwyddyn ganlynol. Yr oedd ef yn feirniad drama i *The Times*, a daeth yn ddiweddarach yn nofelydd enwog. Dengys llythyrau ei gŵr mai eu huchelgais i ddod yn llenorion a'u denodd at ei gilydd.

Ei nofel gyntaf i gael ei chyhoeddi oedd *The Battle to the Weak* (1925) sydd wedi ei lleoli gan mwyaf ger Llanfair-ym-Muallt ('Llanganten'); gwaith didactig ydyw sy'n adlewyrchu ei gwybodaeth o iaith lafar ac awyrgylch sir Faesyfed ac sy'n rhoi goleuni ar ymdrech yr awdur ei hun i aeddfedu a bod yn annibynnol. Nid yw ei hail nofel, *Here Are Lovers* (1926), gystal, oher-wydd ei naïfrwydd a'i naws artiffisial, ond y mae *The Invader* (1928), comedi a'r mwyaf Cymreig o'i llyfrau, a *Her Father's House* (1930), eto'n adlewyrchu ei chynefin. Ei nofel orau yw *The Soldier and the Gentlewoman* (1932), sy'n cyfleu thema trasiedi eironig; y cefndir yw sir Gaer-fyrddin, ac ynddi cryfheir thema *The Invader*. Dengys ei nofelau diweddarach, *The Curtain Rises* (1935), *Harvest Home* (1936), *Pardon and Peace* (1945), *Iron and Gold* (1948) a *The Candle and the Light* (1954), er eu bod yn llai cofiadwy, fod gan yr awdures hon y penderfyniad i osgoi ailadrodd dwy neu dair fformiwla thematig yn beiriannol yn ei gweithiau. Ar y cyd â Laurier Lister, lluniodd ddwy ddrama, *She Too was Young* (1938) a berfformiwyd yn Llundain yr un pryd â drama ei gŵr, *The Flashing Stream*, a *Forsaking All Others* (1950). Ni orffennodd ei nofel olaf, *Recovered Greenness*. Gwelir ei gwaith ar ei orau efallai yn y nofelig fer *A Thing of Nought* (1934), stori serch drasig lle y defnyddir yr un cefndir ag a geir yn *The Battle to the Weak* ond yn fwy cynnil.

Haedda nofelau Hilda Vaughan fwy o sylw nag a gawsant er 1950. Y mae'r tosturi di-ben-draw sy'n rhan annatod o'i gwaith, yn gwbl ddisentimental yn ei nofelau gorau, y mae saernïaeth ei storïau yn aml yn llym, ac y mae ansawdd ei harddull, yn enwedig pan ysgrifenna am sir Faesyfed, yn cydweddu â hynny.

Ceir manylion pellach mewn ysgrif ar Hilda Vaughan gan Christopher W. Newman yn y gyfres *Writers of Wales* (1981), a G. F. Adam, *Three Contemporary Anglo-Welsh Novelists* (1948); ailargraffwyd dwy ysgrif hunangofiannol Hilda Vaughan yn *Nhrafodion* Cymdeithas Sir Faesyfed (cyf. LII, 1983).

Vaughan, John (1603–74), cyfreithiwr, ac aelod o deulu'r Fychaniaid a fu'n dal tir yn y Trawsgoed, Cer., ers yn gynnar yn y drydedd ganrif ar ddeg. Daeth i enwogrwydd yn Llys y Seren yn ystod y 1630au, ac etholwyd ef yn Aelod Seneddol dros Fwrdeistrefi Aberteifi yn 1640. Yr oedd yn feirniadol iawn o bolisi'r Brenhinwyr, ond arswydai rhag gwrthryfel a phenderfynodd ar y funud olaf gefnogi'r Brenin. Bu wedyn yn rheoli'r milisia a lluoedd brenhinol eraill yng Ngheredigion ond ni fu ganddo fawr o ymwneud â'r ymladd. Fe'i hetholwyd yn Aelod Seneddol dros Geredigion yn 1661, a daeth yn amlwg fel un o aelodau pwysicaf 'Plaid y Wlad' ('*Country Party*'). Penodwyd ef yn Brif Ustus y Llys Pleon Cyffredin yn 1667, ac fe'i cofir hyd heddiw am ei ddyfarniad na ddylid cosbi rheithgor am gyrraedd rheithfarn a oedd yn groes i gyfarwyddiadau'r barnwr. Bu'n flaengar yn amddiffyn y farnwriaeth Gymreig, a dangosodd ddiddordeb goleuedig mewn astudiaethau hynafiaethol o hanes Cymru. Ychwanegwyd yn sylweddol at faintioli ystad Trawsgoed, ystad a ymestynnai dros ddeugain mil o erwau erbyn y bedwaredd ganrif ar bymtheg. Helaethrwydd yr ystad sy'n egluro dyrchafiad ei ŵyr i fod yn Is-iarll, ac yn ddiweddarach yn Iarll Lisburne.

Ceir manylion pellach am y teulu yn Gerald Morgan, *A Welsh House and its Family* (1997).

VAUGHAN, RICHARD (*fl.* 1585–1624), cyfieithydd. Reciwsant ac uchelwr ydoedd o Fodeiliog, Henllan, ger Dinbych. Ef, yn ôl ei gyd-grefyddwr Gwilym *Puw o'r Penrhyn, a fu'n gyfrifol am gyfieithu o'r Eidaleg i'r Gymraeg gatecism, *Dottrina Christiana* (1603), gan Roberto Bellarmino. Ar ddalen-deitl ei fersiwn Cymraeg, *Eglurhad Helaeth-lawn o'r Athrawaeth Gristnogawl* (1618), ceir llythrennau cyntaf ei enw wedi'u hargraffu o chwith, V. R. Arferai llyfryddiaethwyr briodoli'r cyfieithiad i John Salisbury o'r *Rug, pennaeth cenhadaeth yr Iesuwyr yng Nghymru yn ystod y cyfnod, ar sail cofnod mewn llawysgrif, dyddiedig 1632, a gedwir yn y Coleg Seisnig yn Rhufain. Dichon bod a wnelo Salisbury â threfnu cyhoeddi'r cyfieithiad. Yr oedd cyfieithiad Saesneg o gatecism Richard Hadock yn dwyn y teitl *An Ample Declaration of the Chris(t)ian Doctrine*, wedi ymddangos yn 1604, ond y mae tystiolaeth mai trosiad o'r fersiwn Eidaleg yw un Vaughan, fel yr honna geiriad y ddalen-deitl.

Ceir manylion pellach mewn erthygl gan Geraint Bowen yng

Nghylchgrawn Llyfrgell Genedlaethol Cymru (cyf. VIII, rhif. 4, 1954 a chyf. XII, rhif. 1, 1961).

Vaughan, Richard, gweler THOMAS, ERNEST LEWIS (1904–83).

VAUGHAN, ROBERT (*c.*1592–1667), hynafiaethydd. Mab ydoedd i Hywel Fychan, y Wengraig, Dolgellau, Meir. Aeth i Goleg Oriel, Rhydychen, yn 1612, gadawodd heb gymryd gradd ac ar ôl ei briodas â merch Gruffudd *Nannau symudodd i fyw i'r Hengwrt yn Llanelltud, Meir. Yr oedd yn Ustus Heddwch ac yn ŵr o ddylanwad yn ei fro; ymddengys na tharfodd terfysg y *Rhyfeloedd Cartref fawr ddim ar ei fywyd. Hynafiaethau, achyddiaeth a chasglu llawysgrifau a llyfrau fu ei brif ddiddordebau, a gohebai â chylch eang o wŷr amlwg o gyffelyb fryd yng Nghymru ac yn Lloegr, yn eu plith *Rhys Cain, *Siôn Cain, John *Davies, Mallwyd, a John *Jones, Gellilyfdy. Yn Llyfrgell Hengwrt y cafwyd y casgliad gwychaf o lawysgrifau Cymraeg a gynullwyd gan un gŵr. Fe'i prynwyd gan W. R. M. *Wynne, Peniarth, Meir., yn 1859, a gwerthwyd ef i Syr John *Williams yn 1905; adwaenir y casgliad fel Llawysgrifau *Peniarth ac fe'i cedwir yn *Llyfrgell Genedlaethol Cymru. Y mae'n cynnwys *Llyfr Du Caerfyrddin, *Llyfr Gwyn Rhydderch, *Llyfr Taliesin a llawer un arall.

Ateb i haeriad Thomas Canon fod Cadell yn fab i *Rodri Mawr, ac felly fod Tywysogion *Deheubarth yn uwch eu bri na rhai *Gwynedd, yw'r unig waith a gyhoeddwyd gan Robert Vaughan, sef *British Antiquities Revised* (1662). Erys ei gyfansoddiadau eraill mewn llawysgrif, yn eu plith gyfieithiad i'r Saesneg o *Brut y Tywysogyon, fersiwn diwygieidg o *Historie* David *Powel, mynegai ysgrythurol, casgliad o *ddiarhebion Cymraeg gyda chyfieithiadau Saesneg ac ymdriniaeth â *Trioedd Ynys Prydain.

Ceir manylion pellach mewn erthygl gan E. D. Jones yng *Nghylchgrawn* Cymdeithas Hanes a Chofnodion Sir Feirionnydd (cyf. I ac VIII, 1949 ac 1980).

Vaughan, Roger (m. 1471), bonheddwr o Dretŵr, Brych., perthynas i William *Herbert, Iarll Penfro, a roes y tŷ iddo, yn ôl pob tebyg. Yr oedd yn Iorcydd pybyr a chyfrannodd i fuddugoliaeth *Mortimer's Cross (1461). Tybir mai ef a arweiniodd Owain Tudur (gweler o dan TUDURIAID) i'w dranc, ac fe'i hanrhegwyd am hynny â swyddi a thiroedd gan Edward IV. Pan laddwyd William Herbert a'i frawd ym mrwydr Banbury (1469), anogwyd Vaughan a'i fab Watkin gan *Lewys Glyn Cothi (Llywelyn y Glyn) i dalu dial amdanynt. Wedi brwydr Tewkesbury (1471) daliwyd Syr Roger gan Siaspar Tudur a'i ddienyddio er mwyn dial am farwolaeth ei dad.

VAUGHAN, ROWLAND (*c.*1587–1667), bardd a

chyfieithydd; mab ydoedd i sgweiar Caer-gai, ger Llanuwchllyn, Meir. Astudiodd ym Mhrifysgol Rhydychen ond nid oes cofnod iddo gymryd gradd yno. Yr oedd yn Eglwyswr ac yn Frenhinwr cadarn, a daeth yn Uchel Siryf yn 1642. Ochrodd gyda'r Brenin a dywedir iddo ymladd ym mrwydr Naseby (1645) pan drechwyd lluoedd y Brenhinwyr gan fyddin Cromwell a Fairfax. Yn 1645 llosgwyd Caer-gai i'r llawr gan wŷr Cromwell a chafodd Vaughan loches yng Nghilgellan ar lethrau Aran Benllyn. Rhoes y Seneddwyr ei etifeddiaeth i'w nai. Carcharwyd Vaughan yng Nghaer yn 1650 ond yn y diwedd adfeddiannodd ei ystad a chododd dŷ newydd yng Nghaer-gai.

Canodd nifer o gerddi ar fesurau caeth a rhydd ac y mae'n enghraifft dda o fardd a oedd yn canu ar ei fwyd ei hun yn hytrach nag wrth ei swydd. Ymysg ei gerddi caeth ceir rhai i'w deulu a'i gyfeillion a rhai cywyddau gofyn yn erchi pethau fel march, caseg, gwalch a dillad. Dengys y nodyn closiach, mwy personol ei fod yn uchelwr a oedd ar delerau cyfartal â'r bobl y canai iddynt. Cadwodd at y canu rhydd i fynegi ei ddaliadau crefyddol a gwleidyddol ac fe'u cyhoeddwyd yn y gyfrol *Carolau a Dyriau Duwiol* (1729).

Eithr fel cyfieithydd rhyddiaith y mae Rowland Vaughan yn adnabyddus, yn arbennig am ei *Ymarfer o Dduwioldeb* (1630), cyfieithiad o *The Practice of Piety* (1611) gan Lewis *Bayly, sy'n amlygu ei feistrolaeth ar ryddiaith Gymraeg. Fe'i dilynwyd gan *Eikon Basilike* (c.1650), *Yr Arfer o Weddi yr Arglwydd* (1658), *Pregeth yn erbyn Schism* (1658), *Prifannau Sanctaidd neu Lawlyfr o Weddïau* (1658), *Ymddiffyniad Rhag Pla o Schism* (1658), *Prifannau Crefydd Gristnogawl* ynghyd â *Y Llwybreidd-fodd Byrr o Gristnogawl Grefydd* (1658) ac *Evochologia: neu Yr Athrawiaeth i arferol weddïo* (c.1660), y rhan fwyaf yn gyfieithiadau.

Cafwyd adargraffiad o *Yr Ymarfer o Dduwioldeb* dan olygyddiaeth John Ballinger yn 1930, gyda rhagymadrodd nid cwbl foddhaol. Gweler hefyd erthygl Gwyn Thomas yn *Y Traddodiad Rhyddiaith* (gol. Geraint Bowen, 1970).

Vaughan, Rowland (m. 1629), bonheddwr o New Court, Ystrad Dour, Henff., a alwyd ganddo yn '*Paradice of the backside of the Principallitie*': yr oedd yn nai, trwy briodas, i Blanche *Parry, a threuliodd flynyddoedd yn y llys o dan ei nawddogaeth hi. Ei gofal gormesol hi a'i gyrrodd i ryfeloedd Iwerddon, ond cwynai iddo ddioddef oddi wrth 'hiraeth am ei wlad' a dychwelodd adref a phriodi. Wedyn, gan honni diflastod, bwriodd ati i ddyfrhau ei diroedd ac i gloddio ffos fawr dair milltir o hyd, debyg i 'afon Nilus' yn boddi '*Aegipt from the Abissine Mountaines*'.

Yn ei lyfr, *Most Approved and long Experienced Waterworks containing the Manner of Winter and Summer-drowning of Meadow and Pasture*, a gyhoeddwyd yn 1610, ond a ysgrifennwyd yn 1604, ceir gwaith sy'n hynod, nid yn unig am ei or-ddweud coeglyd ac amherthnasol,

ond hefyd am ei ymgais newydd i godi arian: ceir cytundeb ar dudalen olaf y llyfr yn rhwymo'r awdur a'i etifeddion i dalu'r perchennog, wedi pum mlynedd, y swm o ddeugain swllt. Cloddiwyd y cwrs-dŵr ar hyd amlinell y bryn o Drenant, ger Whitehouse (lle y trigai), i weithio melin New Court a dyfrio'r caeau islaw, ond ni wireddwyd ei fwriad i gael cymuned o bedair mil o '*mechanicalls*' er mwyn lliniaru'r tlodi lleol. Yn y gwaith canmoliaethus '*Panegyricke*' gan John *Davies o Henffordd, a arwyddwyd â'r geiriau '*Your poore kinsman*', gwneir defnydd o'r amser dyfodol yn unig i ddisgrifio'r *Jovialists* hyn yn eu '*Scarlet Cappes*'. Ni lwyddodd Rowland Vaughan, mae'n debyg, i wneud arian: yr oedd ei fost yn fwy na'i orchest, ac erbyn diwedd ei oes yr oedd yn wirioneddol dlawd.

VAUGHAN, THOMAS (1621–66), alcemydd a bardd, a gefell iau Henry *Vaughan; cafodd yr un fagwraeth ac addysg â'i frawd. Ond yn wahanol i'w frawd arhosodd yng Ngholeg Iesu am ddeuddeng mlynedd ac ar derfyn y cyfnod yr oedd yn Gymrawd yno. Fe'i penodwyd yn rheithor plwyf ei febyd, sef Llansanffraid, Brych., tua 1644. Gyda'i frawd cymerodd ran mewn ysgarmes filwrol fer o dan y Cyrnol Herbert *Price yng Nghastell Beeston yn 1645, ac yn ôl pob tebyg dychwelodd i Rydychen wedyn. Yn 1650 amddifadwyd ef o'i fywoliaeth dan *Ddeddf Taenu'r Efengyl yng Nghymru, pryd y cyhuddwyd ef, ymysg pethau eraill, o fod yn 'feddwyn cyffredin' ac yn un a fu 'yn dwyn arfau yn bersonol yn erbyn y Senedd'. Aeth i Lundain wedi hyn a bu'n briod am gyfnod byr ac wedyn ymdaflodd i arbrofion alcemyddol ac ysgrifennu traethodau. Cyfeiria ei nodlyfr (nas cyhoeddwyd), at ddarganfod, ar union ddiwrnod marwolaeth ei wraig yn 1658, y gyfrinach sut i 'dynnu rhin o olew Hacali', ei enw ef, efallai, ar y *prima materia*, y trawodd arno yn gynharach pan oedd yn '*the Pinner of Wakefield*', ac a anghofiwyd. Yn 1661 llwyddodd i gael nawdd Syr Robert Moray a oedd â gofal dros labordy'r Brenin yn Whitehall, a phan symudodd y Llys i Rydychen yn 1665 i osgoi'r pla, aeth Vaughan gydag ef. Bu farw yn Albury, ger Rhydychen, efallai o'r pla, neu o ganlyniad i ffrwydrad yn y labordy. Ceir disgrifiad diweddarach gan Anthony à Wood ohono 'yn gweithio gydag arian byw' ac i beth ohono fynd i'w drwyn a'i ladd.

Gellir cyfrif mai ef oedd athronydd Hermetaidd pwysicaf ei ddydd, ac yn un 'nad ymwrthododd â phopeth ond metalau'. Iddo ef yr oedd metaffiseg a diwinyddiaeth yn cyd-fynd; defnyddiodd iaith alcemi ffisegol i fynegi'r *materia*, syniad o ailenedigaeth Dyn. Yr oedd 'mater', iddo ef, yn gyfystyr â 'Thrigfa'r Goleuni'. Ysgrifennodd tuag wyth traethawd o dan y ffugenw Eugenius Philalethes; y ddau y gellir eu dyddio orau yw *Lumen de Lumine* ac *Aula Lucis* (y ddau yn 1651) a bu'n gwrthdaro'n ffyrnig â'r Platonydd o Gaer-grawnt, Henry More. O'i bump ar hugain o gerddi Lladin cynhwyswyd pedair ar hugain yn llyfr ei frawd *Thalia Rediviva* (1678), ac ysgrifennodd hefyd chwech neu saith yn Saesneg ar ffurf un ai penillion cyfarch i'w gyfeillion, neu ragymadrodd i'w draethodau ef ei hun.

Yr argraffiad safonol o waith yr awdur yw'r un a olygwyd gan Alan Rudrum (1984). Ceir ymdriniaeth fuddiol ar gymeriad Vaughan mewn erthygl gan Eluned Crawshaw yn *The Anglo-Welsh Review* (cyf. XVIII, rhif. 42, 1970).

VAUGHAN, WILLIAM (1575–1641), arloeswr trefedigaethol a llenor o'r Gelli-aur, Caerf.; fe'i haddysgwyd yng Ngholeg Iesu, Rhydychen, a'i benodi yn Siryf ei sir yn 1616. Yn y flwyddyn ddilynol, wedi iddo dorri ei galon ynghylch y tlodi yn ei sir enedigol, prynodd dir yn Newfoundland, a dwy flynedd yn ddiweddarach, ar ei draul ei hun, anfonodd ymsefydlwyr yno a rhoddwyd yr enw Cambriol ar y wladfa. Bu'r fenter yn fethiant ar ôl tua deuddeng mlynedd, yn bennaf oherwydd yr hinsawdd anharedig ac ni fu Syr William ei hun erioed yno. Ymysg ei gyhoeddiadau cafwyd llyfr digon di-nod, *Golden Grove* (1600), cerdd Ladin i Siarl I ar achlysur ei briodas, cywaith o'r enw *The Golden Fleece* (1626) yn dwyn y ffugenw 'Orpheus Junior', a chyfrol o gerddi, *The Church Militant* (1640) sy'n cynnwys cerddi Lladin a Saesneg – yn ogystal â dadleuon o blaid trefedigaethau, yn arbennig rhai yn Newfoundland.

Am ragor o fanylion gweler Rhiannon Thomas, 'William Vaughan: Carwr Llên a Maswedd', yn *Taliesin* (cyf. LXX, Gorff. 1990).

VAUGHAN-THOMAS, WYNFORD (1908–87), awdur a darlledwr. Fe'i ganed yn Abertawe, yn fab i David Vaughan *Thomas, ac fe'i haddysgwyd yng Ngholeg Caerwysg, Rhydychen. Ymunodd â staff y BBC yn 1937 gan wneud ei yrfa ym myd darlledu; bu'n ohebydd rhyfel (dyfarnwyd iddo'r *Croix de Guerre* yn 1945), ac yn ddiweddarach yn Gyfarwyddwr Rhaglenni gyda HTV. Ysgrifennodd lawer o gerddi digrif nas cyhoeddwyd; ef hefyd yw awdur *Anzio* (1962), *Madly in all Directions* (1967), *The Shell Guide to Wales* (gydag Alun *Llewellyn, 1969), *The Splendour Falls* (1973), *Portrait of Gower* (1975) a *Wales* (1981); y mae'r cyfan, ac eithrio'r cyntaf, yn ymwneud â hanes a thopograffi Cymru. Ymhlith ei lyfrau diweddarach y mae *The Countryside Companion* (1979), cyfrol o hunangofiant, *Trust to Talk* (1980), lle yr amlygir ei ddawn fel storïwr, a hefyd *Princes of Wales* (1982). Ymddangosodd *Wales, a History* yn 1985.

VENDRYES, JOSEPH (1875–1960), ysgolhaig Celtaidd. Fe'i ganed ym Mharis, a bu'n ddisgybl yno i brif ieithyddwyr y bedwaredd ganrif ar bymtheg. Dechreuodd ddysgu Gramadeg Cymharol ym Mharis yn 1907, ac fe'i penodwyd yn Athro Ieithyddiaeth yn 1923. Yn ogystal dysgai ieithyddiaeth gyffredinol yn yr *École Normale Supérieure* o 1920 ymlaen. Fe'i hetholwyd yn

olynydd i Henri Gaidoz yn 1925 i gyfarwyddo cyrsiau Celteg yn yr *École des Hautes Études*, ond collodd ei swydd am gyfnod yn ystod yr Ail Ryfel Byd.

Yr oedd yn ysgolhaig cytbwys ei farn ac eang ei ddiddordebau. Cyhoeddodd liaws o weithiau o bwys ym myd astudio iaith, yn arbennig ym maes ieitheg hanesyddol a chymharol. Gweithiodd yn fwyaf dygn ar yr ieithoedd Celtaidd. Golygodd a dehonglodd destunau Gaeleg, Gwyddeleg, Llydaweg a Chymraeg, ac amlygodd y ddawn i drafod yn ogystal amryfal weddau ar draddodiad llenyddol y gwledydd Celtaidd, yn arbennig rhai Iwerddon a Chymru. O ran astudio'r traddodiad llenyddol Cymraeg gwnaeth ei brif gyfraniadau yn ei Ddarlith Zaharoff, *La Poésie galloise des XIe et XIIe siècles dans sa rapport avec la langue* (1930) ac yn ei ymdriniaethau â mwy nag ugain o awdlau'r *Gogynfeirdd, yn egluro ieithwedd a mesurau a chefndir hanesyddol y cerddi hyn. Cyhoeddodd weithiau o bwys hefyd ar grefydd y Celtiaid a'r fytholeg a dyfodd o gwmpas y *Mater Prydain a'i ffynonellau Celtaidd. Am flynyddoedd bu'n cydolygu'r *Revue Celtique, ac yn 1936 sefydlodd yr *Études Celtiques.

Gweler E. Bachellery yn *Études Celtiques* (cyf. IX, rhif. 1, 1960).

VICKERY, FRANK (1951–   ), dramodydd. Fe'i ganed ym Mlaen-cwm, *Rhondda, ac ysgogwyd ei ddiddordeb yn y ddrama mewn ffordd gyffredin yng Nghymru, sef y theatr amatur, y bu'n actio ynddi ac yn ysgrifennu ar ei chyfer. Oherwydd eu hiwmor drosben-llestri a'r diddordeb dynol sydd iddynt, y mae dramâu Vickery wedi dod yn hynod boblogaidd, ac ar wahân i'w berthynas arbennig â Theatr y Parc a'r Dâr yn Nhreorci a'r Sherman yng Nghaerdydd, y mae ei waith wedi ei berfformio'n helaeth ledled Prydain gan gwmnïau amatur a phroffesiynol fel ei gilydd. Comedïau moesau chwerw-felys yw ei ddramâu, wedi eu gosod yn y Brydain gyfoes, yn aml yn ne Cymru. Y mae'n rhannu diléit Alan Ayckbourn a Mike Leigh yn hynodion, nwydau cudd ac enbydrwydd tawel bywyd maestrefol a dosbarth-gweithiol. Y mae i'w waith, fodd bynnag, ymyl meddalach yn aml ac, yn wahanol i waith Ayckbourn a Leigh, sydd wedi mynd yn llai hynaws o dipyn i beth, y mae gwaith Vickery wedi aros yn fwy tosturiol. Ffafriodd sefyllfa gaeedig y teulu, cyfeillion, y gymdeithas ddramatig amatur, a'r gweithle. Yn un o'i ddramâu cynnar, *See You Tomorrow* (1978), archwilia'r tensiynau rhwng dau ffrind (y mae un ohonynt yn marw) mewn ward ysbyty. Defnyddir yr un cefndir yn *A Kiss on the Bottom* (1991), *Bedside Manner* (1996) a *The Drag Factor* (1994). Y mae'r ddwy ddrama gyntaf o'r rhain yn cynnwys cymeriad Marlene (a grëwyd yn rhannol gan yr actores Menna Trussler), menyw fythol lawen a phrysur sydd bellach yn glaf ar ward ganser, ac sydd hefyd yn ymddangos fel menyw fusneslyd ar wyliau carafan yn *Loose Ends* (1994). Cysylltiadau teuluol anodd o ganlyniad i feichiogrwydd damweiniol, hen genfigen, partneriad anaddas, gobeithion a chwalwyd, nwyddau cudd a mamau gor-warchodol sy'n nodweddu *Breaking the String* (1979), *Family Planning* (1981), *Sleeping with Mickey* (1992), *One o'Clock from the House* (1984), *A Night on the Tiles* (1986) a *Split Ends* (1991). Astudiaeth o briodas simsan yw *Spanish Lies* (1991), a osodir mewn gwesty diraen yn Majorca lle yr aeth pâr ifanc unwaith ar eu mis mêl, ac sy'n symud rhwng 1966 ac 1991, tra bod *Erogenous Zones* (1992) yn ymchwilio i gampau rhywiol trigolion tair fflat ag asbri Feydeau-aidd. Yn *All's Fair* (1983), edrychir ar obeithion a chysylltiadau personol merched yn ystod yr Ail Ryfel Byd.

VILLEMARQUÉ, THÉODORE HERSART DE LA (1815–95), uchelwr ac awdur o Lydaw.

Ef a sylfaenodd y Mudiad Rhamantaidd yn Llydaw gyda'i lyfr *Barzaz Breiz: Chants Populaires de la Bretagne* (1839) yr honnir iddo gael ei seilio ar faledi traddodiadol. Rhoes gyfieithiad o *Yvain où le Chevalier au Lion* i'r Fonesig Charlotte *Guest; cyhoeddodd hithau ef yn atodiad i ramant *Owain* (gweler o dan TAIR RHAMANT) yn argraffiad cyntaf ei chyfieithiad o'r *Mabinogion* (1838). O ganlyniad i orchymyn gan Lywodraeth Ffrainc i lunio adroddiad ar lawysgrifau Cymraeg oedd o ddiddordeb i Lydaw, ymwelodd Villemarqué â Chymru a Rhydychen yn 1838 a'r flwyddyn ganlynol. Ar wahoddiad Carnhuanawc (Thomas *Price) croesawyd ef i Eisteddfod *Cymreigyddion y Fenni lle y rhoddodd anerchiad yn tanlinellu pwysigrwydd undod a brawdgarwch rhwng Cymru a Llydaw. Yn ei adroddiad i'r Weinyddiaeth pwysleisiodd ddyled llenyddiaeth Ffrangeg i darddellau Cymreig, ac ymdrechodd i leihau'r gwahaniaeth rhwng ieithoedd llafar cyfoes Cymru a Llydaw. Oerodd ei gyfeillgarwch â'r Fonesig Guest, fodd bynnag, pan geisiodd Villemarqué achub y blaen ar ei chyfieithiad hi o *Peredur* trwy gyhoeddi cyfieithiad Ffrangeg, yn seiliedig ar ei hun hi a welwyd ganddo tra oedd ar ymweliad â Dowlais. Ni lwyddodd, oherwydd ymddangosodd ei chyfieithiad hi cyn diwedd 1839. Yn ei *Contes Populaires des Anciens Bretons* (1842), cyhoeddodd Villemarqué wedyn gyfieithiadau Ffrangeg, wedi eu seilio ar rai'r Fonesig Guest ond heb eu cydnabod, o'r tair rhamant a gynhwysid yn ei llyfr hi.

Ceir manylion pellach yn Carrington Bolton, *Breton Ballads from the Barzaz Breiz* (1886), W. Ambrose Bebb, *Pererindodau* (1941), F. Gourvil, *Théodore Hersart de la Villemarqué et le 'Barzaz Breiz'* (1960), David Green, *Makers and Forgers* (1975), D. Laurent, *Aux Sources du Barzaz-Breiz: La Mémoire d'un Peuple* (1989) a Revel Guest ac Angela V. John, *Lady Charlotte* (1989).

'Vita Merlini' (llyth. 'Buchedd Myrddin'; c.1148),

cerdd chweban, tua mil pum cant o linellau, a gwaith olaf *Sieffre o Fynwy. Fe'i ceir mewn un llawysgrif ac nid ymddengys i'r gerdd fod yn adnabyddus. Er bod *Myrddin y gerdd yn adleisio'r cymeriad o'r un enw a grewyd yn *Historia Regum Britanniae* yr awdur, y tebyg

yw fod Sieffre wedi sylweddoli mor groes i'r traddodiad Cymreig yr oedd ei Fyrddin mewn gwirionedd. Yn ddiweddarach y daeth i wybod am briod ffurf y traddodiad, a fersiwn cydnabyddedig o chwedl Myrddin a geir yma, sydd ar ffurf ymddiddan rhwng Myrddin a *Thaliesin. Yn ogystal â'r chwedl, ceir Myrddin yn proffwydo hynt Prydain ac adferiad y Brytaniaid, ac y mae Taliesin yn lleisio llawer o wybodaeth 'wyddonol' gyfoes. Cyfunir yr un math o ffynonellau traddodiadol â dysg ryngwladol, ffug-hanes a dyheadau cyfoes, i greu cyfanwaith llenyddol o'r un math ag a welir yn yr *Historia*.

Ceir argraffiad gwerthfawr a chyfieithiad Saesneg o'r gerdd gan Basil Clarke, *Life of Merlin* (1973).

Vivian, teulu a ddaeth yn wreiddiol o Gernyw, ac a fu'n arloeswyr y diwydiant copr yn Abertawe. Cymerodd J. H. Vivian, Aelod Seneddol Abertawe o 1822 hyd 1855, brydles ar dir yr Hafod yn 1810 a datblygu gwaith y cwmni nes iddo ddod yn fusnes mawr ac ef a fu'n gyfrifol am wella'r porthladd yno. Difwynodd ardal Llansamlet gan weithgarwch diwydiannol teulu Vivian, a nodwyd hyn gan lawer ymwelydd, yn eu plith Michael Faraday. Ar ôl marwolaeth J. H. Vivian yn 1855 trosglwyddwyd rheolaeth yr Hafod i'w fab Henry Hussey Vivian (1821–94) a chymerodd yntau batentau i ddatblygu nifer mawr o sgîl-gynhyrchion. Bu'n Aelod Seneddol dros Forgannwg (1857–59), a thros Abertawe (1885–93), crewyd ef yn Farwn Abertawe yn 1893 ac ef oedd Cadeirydd cyntaf Cyngor Sir Morgannwg yn 1889. Ymysg yr adeiladau sy'n coffáu'r teulu y mae Abaty Singleton (Prifysgol Cymru, Abertawe, bellach) ac Oriel Glynn Vivian, Abertawe.

Ceir manylion pellach yn Averil Stewart, *Family Tapestry* (1961) ac W. H. Jones, *History of the Port of Swansea* (1922).

Vortigern, gweler GWRTHEYRN.

VULLIAMY, COLWYN EDWARD (Anthony Rolls, Twm Teg; 1886–1971), llenor; fe'i ganed yn

fab i deulu cefnog yn y Clas-ar-Wy, Maesd., a daw'r cyfenw oddi wrth un o'i gyndadau a ddaeth o'r Eidal i fyw yng Nghymru yn yr ail ganrif ar bymtheg. Llenor cynhyrchfawr, toreithiog ac amlochrog ei ddawn ydoedd a ragorai mewn sawl maes mewn modd ysgolheigaidd a chreadigol. Daeth i enwogrwydd yn gyntaf yn y 1920au pan gyhoeddodd lyfrau yn ymwneud ag agweddau ar anthropoleg ac archaeoleg, megis *Our Prehistoric Forerunners* (1925), *Immortal Man* (1926), astudiaeth o arferion angladdol, a hefyd ei lyfr dylanwadol, *Archaeology of Middlesex and London* (1930). Adlewyrchwyd ei ddiddordeb mewn hanes diweddar tua'r un adeg mewn dau lyfr am Rwsia gyfoes, *The Letters of the Tsar to the Tsaritsa, 1914–1917* (1929) a *The Red Archives: Russian State Papers* (1929); ef oedd golygydd y ddwy gyfrol. Ymddangosodd ei gyfieithiadau o ddetholiad o gerddi a rhyddiaith Voltaire yn *The White Bull* (1929), ac yn 1930 cyhoeddodd gofiant i'r llenor Ffrengig hwn. Yn ystod y degawd a ddilynodd, cyhoeddodd astudiaethau bywgraffyddol o Jean-Jacques Rousseau (1931), John Wesley (1931), James Boswell (1932), William Penn (1933), Hester Lynch *Piozzi (1936), Samuel Johnson (1946) a Lord Byron (1948). Cyhoeddodd bedair nofel gan ddefnyddio'r ffugenw Anthony Rolls, yn ogystal â dwy astudiaeth hanesyddol arall, *Outlanders* (1938), sy'n ymwneud â De Affrica, a *Crimea: the Campaign of 1854–56* (1939).

Pan gyhoeddodd ei olygiad ffug o *Judas Maccabeus* (1934) cydnabuwyd bod Vulliamy yn ddisgynnydd o'r dychanwyr Awstaidd a phan ymddangosodd ei lyfr hunangofiannol, *Calico Pie* (1940), enillodd ei blwyf fel dychanwr enwog. Gwelir ei arabedd ar ei orau yn ei gofiannau i gymeriadau dychmygol a luniodd yn ystod y 1940au, yn eu plith *A Short History of the Montagu-Puffins* (1941), *The Polderoy Papers* (1943), *Doctor Philligo* (1944),

Edwin and Eleanor (1945) a *Henry Plumdew* (1950). Ar ôl yr Ail Ryfel Byd cynhyrchodd flodeugerdd swmpus o ryddiaith a phrydyddiaeth ddychanol, *The Anatomy of Satire* (1950), ond lluniodd hefyd astudiaeth ddifrifol ar broblemau cyfoes, *Man and the Atom* (1947). Nofelau amrywiol eu deunydd yw'r mwyafrif o'r llyfrau a gyhoeddwyd yn ystod ugain mlynedd olaf ei oes. Sefydlodd y nofel ias a chyffro ddychanol, *Don among the Dead Men* (1952), ei enw fel awdur straeon am lofruddiaethau. Gwelir ei ddawn arbennig i greu straeon comig brawychus yn *Justice for Judy* (1960) a *Floral Tribute* (1963). Ar y llaw arall, nofel gomig am fywyd yng Nghymru yw *Jones, A Gentleman of Wales* (1954) a gyhoeddodd dan y ffugenw Twm Teg, ac y mae *The Proud Walkers* (1955), a gyhoeddodd dan ei enw ei hun, hefyd yn ymwneud â Chymru. Yn ystod y blynyddoedd hyn lluniodd lyfrau hefyd ar nodweddion cenedlaethol fel *Rocking Horse Journey* (1953) a *Little Arthur's Guide to Humbug* (1960).

W

W gytseiniol neu **ansillafog**. Yng nghyfnod *Beirdd yr Uchelwyr a'r *Gogynfeirdd cytseiniol neu ansillafog oedd yr 'w' mewn geiriau megis *marw* a *meddw*, ac y maent yn dal yn gytseiniol neu'n ansillafog heddiw yn *marwol* a *meddwdod*. Yn y llinell hon gan *Dudur Aled, un sillaf yw *marw* a *tarw* ond y mae llafariad y sillaf, y gytsain a'r 'w' gytseiniol gyda'i gilydd yn anhepgorol i'r odl yn y *Cynghanedd Sain anghytbwys ddisgynedig ynddi:

'Ni bu farw / tárw / antúriaeth'.
t r   t r

W lafarog. Y mae'r 'w' yn y geiriau *hwnnw*, *acw*, *dacw* yn llafarog ac felly'n sillafog; ceir dwy sillaf yn y tri gair.

Wade, James (**Shemi Wâd**; m. 1887), gŵr a oedd yn enwog am ei *storïau celwydd golau, a adroddir ar lafar o hyd yn sir Benfro lle yr oedd yn byw. Ceir un hanesyn amdano yn cysgu mewn baril magnel yn Aber-daugleddau ac yn cael ei saethu drwy'r awyr a glanio ger ei gartref ger Gwdig, ryw bum milltir ar hugain i ffwrdd. Ceir portread ohono yn y gyfrol *Ysgrifau* (1937) gan Dewi Emrys (David Emrys *James).

WADE-EVANS, ARTHUR WADE (1875–1964), hanesydd a aned yn Abergwaun, Penf., a'i addysgu yng Ngholeg Iesu, Rhydychen. Fe'i hordeiniwyd yn offeiriad gyda'r Eglwys Anglicanaidd yn 1898 a bu'n gwasanaethu yn Lloegr yn ficer plwyf yn siroedd Caerloyw a Northampton, ac yn ddiweddarach yn rheithor Wrabness, swydd Essex. Ei brif ddiddordeb oedd hanes cynnar Prydain a threuliodd flynyddoedd yn astudio'r cyfreithiau Cymreig (gweler o dan Cyfraith Hywel), a chyhoeddodd ei ymchwil yn ei lyfr *Welsh Medieval Law* (1909), copi gyda chyfieithiad a nodiadau o un o Law-ysgrifau Harleian. Cyhoeddodd hefyd *Fucheddau'r Saint ac *Achau, yn eu plith *The Life of Saint David* (1923) a *Vitae Sanctorum Britanniae et Genealogiae* (1944).

Yn ei lyfrau *Nennius's 'History of the Britons'* (1938) a *Coll Prydain* (1950), mynegodd ei argyhoeddiad fod haneswyr wedi camddehongli *De Excidio Britanniae* gan *Gildas, ac adweithiodd yn erbyn y duedd i fawrhau'r Sacsoniaid wrth ddysgu hanes yn Rhydychen yn ei gyfnod fel myfyriwr, a gwrthododd y farn gyffredinol fod Lloegr wedi cael ei darostwng gan yr Eingl-Sacsoniaid. Credai ef nad Brythoniaid y gorfu iddynt ddianc i'r hyn a elwir bellach yn Gymru yw'r Cymry, fel yr honna Beda, ond yn hytrach fod diwylliant Rhufain,

Romanitas, wedi cael ei gynnal a'i warchod yng Nghymru trwy gyfrwng ei thraddodiadau materol a chrefyddol ond mai Barbaritas a fu'n drech yn ninasoedd y wlad a ddaeth yn Lloegr, megis Caerfaddon a oresgynnwyd yn 443. Cyhoeddodd y damcaniaethau hyn yn ei lyfrau *Welsh Christian Origins* (1934) a *The Emergence of England and Wales* (1959).

Ceir manylion pellach yn yr erthygl gan H. D. Emanuel yn *Nhrafodion* Anrhydeddus Gymdeithas y Cymmrodorion (1965).

Wales, yr enw Saesneg ar wlad y Cymry. Mewn Hen Saesneg, ffurf luosog '*walh*' neu '*wealh*' (sef brodor o Brydain ac nid Eingl-Sacson) oedd '*walas*' neu '*wealas*', sy'n debyg i'r gair modern, '*Wales*'. Fel yr ansoddeiriau '*welisc*' neu '*waelisc*' (tarddiad y gair '*Welsh*'), y mae'r geiriau hyn yn perthyn i gyfnod cynnar ymosodiad yr Eingl-Sacsoniaid ar Brydain. Ond defnyddiwyd y geiriau '*brittas*' a '*brittisc*' hefyd gan yr Eingl-Sacsoniaid i ddisgrifio'r Brythoniaid neu'r Cymry, yn ogystal â'r ffurfiau cymysg '*bretwalas*' a '*bretwielisc*'. Yn yr un cyfnod galwodd y Cymry eu hunain yn 'Gymry' yn ogystal â 'Brythoniaid'. Hyd yn oed cyn dyfodiad yr Eingl-Sacsoniaid i Brydain byddent wedi bod yn gyfarwydd â'r geiriau '*walh*' a '*walas*'; defnyddir y geiriau hyn gan bobl Almaenaidd, eu tras am yr estroniaid hynny a siaradai'r icithoedd Celtaidd, ond a oedd wedi dod o dan ddylanwad Rhufain, gan fabwysiadu'r iaith Ladin i raddau. '*Welisc*' yw'r gair a ddefnyddir ar lafar gan y Almaenwyr am Eidalwr, a'r un gair yn y gwraidd yw'r enw am y *Walloons* yng ngwlad Belg a'r *Wallachians* sy'n siarad Rwmaneg. Er i'r gair gael ei ddefnyddio gan bobl Almaenaidd, ymddengys ei fod yn dod yn wreiddiol o'r Gelteg, ac yn dod o'r enw ar lwyth Celtaidd, sef y Volcae. Defnyddid y ffurfiau '*British*' a '*Welsh*' (a sillefir weithiau yn '*Welch*') am y Cymry a'u hiaith hyd ddiwedd y ddeunawfed ganrif. Gwelir y gair '*Welch*' o hyd mewn enwau militaraidd fel y *Royal Welch Fusiliers*, enw a dderbyniwyd gan Gyngor y Fyddin yn 1919, ond a fu cyn hynny yn odrwydd a amddiffynnwyd yn gyndyn. Ni wyddys tarddiad y ferf '*to welsh*' (a olyga ddianc rhag talu dyled i rywun). Gweler hefyd Cymru a Prydain.

Wales, cylchgrawn misol a olygwyd gan Owen M. *Edwards rhwng Mai 1894 a Rhagfyr 1897. Amcan y golygydd oedd meithrin safon ddiwylliannol y Cymry di-Gymraeg drwy eu cyflwyno i lenyddiaeth Gymraeg. Cyhoeddwyd cyfieithiadau yn y cylchgrawn, yn eu plith nofel Daniel *Owen, *Enoc Huws (1891), a thrafod-aethau ar hanes, llenyddiaeth ac enwogion Cymru, yn ogystal â gwyddoniaeth a'r celfyddydau cain ac yr oedd ffotograffau a darluniau yn wedd bwysig ar ei apêl. Fodd bynnag, ymateb llugoer a gafwyd gan y cyhoedd a dirwynwyd ef i ben oherwydd diffyg cefnogaeth. Gweler hefyd CYMRU (1891–1927) a'r ddau gofnod canlynol.

Lluniwyd mynegai i gynnwys y cylchgrawn gan Joan M. Thomas a'i gyhoeddi gan Gymdeithas Llyfrgelloedd Cymru yn 1979.

Wales, cylchgrawn misol a ymddangosodd rhwng 1911 ac 1914 o dan olygyddiaeth J. Hugh *Edwards a fu hefyd yn olygydd *Young Wales*, cylchgrawn *Cymru Fydd. Yr oedd yn gylchgrawn bywiog ac adlewyrchai ddyheadau'r mudiad hwnnw ym myd addysg, materion crefyddol a llywodraeth leol, ond byrhoedlog fu ei lwyddiant a megis yn achos y cylchgrawn o'r un teitl a olygwyd gan O. M. *Edwards (gweler y cofnod blaen-orol) daeth y cyhoeddi i ben oherwydd diffyg tanysgrif-wyr. Gweler hefyd y cofnod nesaf.

Wales, cylchgrawn a sefydlwyd ac a olygwyd gan Keidrych *Rhys. Bwriad y cylchgrawn oedd bod yn 'bamffledyn annibynnol yn cynnwys gwaith creadigol gan lenorion iau Cymru', gan ddatgan ar eu rhan 'er mai yn Saesneg yr ysgrifennwn, yng Nghymru y mae ein gwreiddiau'.

Ymhlith y cyfranwyr i'r gyfres gyntaf (11 rhif., Haf 1937 hyd Aeaf 1939/40), a gyhoeddwyd yng Nghaer-fyrddin, yr oedd Dylan *Thomas (a gydolygodd ddau rifyn ym Mawrth 1939 gyda Nigel *Heseltine), Glyn *Jones, Idris *Davies, Vernon *Watkins, Rhys *Davies a Caradoc Evans (David *Evans). Yr oedd yr ail gyfres (18 rhif., Gorff. 1943 hyd Hydref 1949), a gyhoeddid yn Llundain, yn llai *avant-garde* mewn termau llenyddol, ac yr oedd ynddo fwy o sylwebaeth ar faterion cyfoes. Yr oedd personoliaeth afieithus Keidrych Rhys i'w gweld yn amlwg ar bob rhifyn o'i gylchgrawn; yr oedd ei arddull lenyddol bob amser yn finiog, ac fel arfer yn iconoclastaidd. Cadwodd ei saethau llymaf ar gyfer yr hyn a ystyriai yn Sefydliad Cymreig, ond ymosododd y cylchgrawn ar bob agwedd geidwadol, blwyfol, gan alw am newid ym mywyd diwylliannol a gwleidyddol Cymru. Cyhoeddodd waith cynnar Gwyn *Williams, Davies Aberpennar (Pennar *Davies), R. S. *Thomas ac Alun *Lewis, a llenorion iau megis Emyr *Humphreys, Leslie *Norris a Harri *Webb, ymysg eraill. Yr oedd cyfieithiadau o'r Gymraeg ac adolygiadau yn nodwedd-ion rheolaidd, a thynnodd holiadur ysgrifenedig, ar agweddau'r llenorion tuag at Gymru a'u hysgrifennu, nifer o atebion diddorol. Yr oedd y drydedd gyfres (13 rhif., Medi 1958 hyd Ddydd Calan 1960) hefyd wedi'i chyhoeddi yn Llundain ac yn well ei diwyg na'i rhag-flaenwyr, yn fwy o adolygiad cyffredinol ar faterion

Cymreig, ond parhaodd i gynnwys cerddi, storïau ac erthyglau gan lenorion newydd, yn eu plith Alun *Richards. Daeth y cylchgrawn i ben yn ddirybudd, yn rhannol oherwydd pwysau ariannol ar y golygydd wrth i gostau cynhyrchu godi a'i fethiant i werthu o leiaf fil o gopïau. Gweler hefyd y ddau gofnod blaenorol.

Am ragor o fanylion gweler Peter Smith, 'Prologue to an Adventure: Fifty Years since Keidrych Rhys's Wales', yn Poetry Wales (cyf. XXII, rhif. 4, 1987) a John Harris, 'Not a Trysorfa Fach: Keidrych Rhys and the Launching of Wales', yn The New Welsh Review (rhif. 11, cyf. III, Gaeaf 1990–91).

Wales International, gweler UNDEB Y CYMRY A'R BYD.

Walk through Wales, A (1798), llyfr gan yr awdur o Sais Richard Warner (1763–1857), sy'n disgrifio, mewn cyfres o lythyrau, y daith o Gaerfaddon i Gaergybi, Môn. Prif ddiddordebau'r awdur oedd hanes, golyg-feydd a diwydiant Cymru, yn arbennig prosesau ac economeg mwyngloddio, a'i brif ffynonellau oedd The *Itinerary of John Leland, *Britannia gan Camden, a Thomas *Pennant. Cofnododd ei ymweliad â Pennant yn Downing mewn ail gyfrol o'r un teitl a gyhoeddwyd yn 1799. Cyffredin ddigon yw syniadau'r llyfr ond y mae ei arddull yn ysgafn a'i straeon am y bobl a'r lleoedd a welodd yn eithaf difyr. Gweler hefyd TEITHIAU TRWY GYMRU.

WALLACE, ALFRED RUSSEL (1823–1913), natur-iaethwr ac awdur a aned ym Mrynbuga, Myn., ac a hyfforddwyd yn dirfesurydd. Yn 1848 dechreuodd ar waith oes pan aeth ar ei daith gyntaf i afon Amazon. Yn ddiweddarach ymwelodd ag Ynysfor Malaya lle y sefydlodd y llinell ddosbarthu a elwir bellach yn Llinell Wallace, rhwng adrannau Asia ac adrannau Awstralaidd ym myd ffauna yr ynysoedd. Tra oedd yn Borneo ysgrifennodd draethawd ar ffurfio egwyddor 'goroesiad y mwyaf abl', pwnc y bu Charles Darwin hefyd yn ei astudio. Anfonodd ei draethawd at Darwin a buont yn cydweithio ar bapur a draddodwyd o flaen Cymdeithas Linnaeus yn 1858. Ei brif weithiau yw Contributions to the Theory of Natural Selection (1870), The Geographical Distribution of Animals (1876), Island Life (1880), Darwinism (1889), Studies Scientific and Social (1900), Man's Place in the Universe (1903) a hunangofiant, My Life (1905).

Am ragor o fanylion gweler R. Elwyn Hughes, Alfred Russel Wallace, Gwyddonydd Anwyddonol (1997).

Walter, Lucy (1630?–58), cariad y Brenin Siarl II. Hanoedd o dras teuluoedd *Laugharne, *Philipps a Vaughan, y Gellir Aur. Honnai ei thad, o Gastell y Garn, Penf., iddo golli tua thair mil o bunnau yn y *Rhyfeloedd Cartref ac aeth â'i deulu i Lundain er mwyn gwneud cais am ad-daliad. Y mae'n ddirgelwch sut y cyfarfu Lucy â Thywysog Cymru ac ni wyddys sut yr aeth i'r llys alltud yn Yr Hâg yn ddeunaw mlwydd oed ond yn 1649 esgorodd ar fab, James, a chydnabu Siarl y dadogaeth; ganed merch o'r enw Mary iddynt, hefyd yn Yr Hâg, yn 1651. Ceisiwyd dadlau, yn ystod yr ymrafael dros y Mesur Gwaharddiad (1679–81), fod Siarl a Lucy wedi priodi ac mai James, Dug Mynwy, a gefnogid y pryd hwnnw gan y Protestaniaid yn erbyn brawd Siarl, y Pabydd, Iago, Dug Iorc, oedd etifedd dilys gorsedd Lloegr. Ond yn y pen draw trechwyd achos Mynwy ym Mrwydr Sedgemoor yn 1685. Bu farw Lucy Walter ym Mharis cyn yr Adferiad.

WALTER, ROWLAND (Ionoron Glan Dwyryd; 1819–84), bardd a brodor o Flaenau Ffestiniog, Meir. Chwarelwr ydoedd a ymfudodd i'r Amerig tuag 1852 ac a arhosodd yno weddill ei oes. Cyhoeddwyd dwy gyfrol o'i farddoniaeth, un yng Nghymru, *Lloffion y Gweithwyr* (1852), a'r llall yn Utica, *Caniadau Ionoron* (1872).

WALTERS, JOHN (1721–97), geiriadurwr, brodor o Lanedi, Caerf.; fe'i haddysgwyd yn Ysgol Ramadeg y Bont-faen, Morg., ac yna aeth yn athro i Fargam, Morg. Fe'i hordeiniwyd yn offeiriad yn 1750 a bu'n gurad hyd nes cael rheithoraeth Llandochau ger Y Bont-faen. Yn ogystal â chyhoeddi *A Dissertation on the Welsh Language* (1771) a *Dwy Bregeth* (1772), lluniodd Eiriadur Saesneg–Cymraeg. Fe'i cyhoeddwyd yn Y Bont-faen mewn pedair rhan ar ddeg rhwng 1770 ac 1783 gan Rhys Thomas. Talodd Owain Myfyr (Owen *Jones) am gwblhau ei argraffu yn Llundain yn 1794. Ar lawysgrif William *Gambold y seiliwyd y gwaith ond ychwanegodd Walters ati, gan greu llawer o eiriau a ddaeth yn gyffredin yn yr iaith Gymraeg. Cyhoeddwyd dau argraffiad arall o'r llyfr yn 1815 ac 1828, a dibynnodd D. Silvan *Evans lawer arno.

Yr oedd ei fab, yntau'n **John Walters** (1760–89), yn fardd a ysgrifennai yn Saesneg. Fe'i haddysgwyd yn Ysgol Ramadeg y Bont-faen, lle y bu'n brifathro wedi hynny, a Choleg Iesu, Rhydychen. Cydnabuwyd ef gan *Gymry Llundain yn un o ysgolheigion ifainc mwyaf addawol y dydd a chyhoeddodd nifer o weithiau, gan gynnwys *Poems with Notes* (1780) a *Translated Specimens of Welsh Poetry* (1782). Paratôdd fersiwn Saesneg o *'Ganu Llywarch Hen'*, a chyhoeddwyd darn o'r cyfieithiad hwn yn llyfr William *Warrington, *The History of Wales* (1788). Yn ogystal darparodd Walters nodiadau i Edward *Jones (Bardd y Brenin) ar gyfer y rhagymadrodd i'w gyfrol *The Musical and Poetical Relicks of the Welsh Bards* (1784).

WALTERS, MEURIG (1915–88), nofelydd a bardd. Fe'i ganed yng Nghwm-gors, Morg., ac addysgwyd ef yng Ngholeg y Brifysgol, Caerdydd, a Cholegau Diwinyddol Aberystwyth a'r Bala; bu'n weinidog yn Abercynffig, Morg., nes iddo ymddeol yn 1980. Ysgrifennodd dair nofel, *Cymylau Amser* (1955), *Diogel y Daw*

(1956) a *Tu ôl i'r Llenni* (1967); golygodd hefyd 'Y *Storm' cyntaf gan Islwyn (William *Thomas) ac ysgrifennodd draethawd ar y bardd, *Islwyn, Man of the Mountain* (1983). Yr oedd yn un o'r beirdd Cymraeg a gyfrannai yn Saesneg i gylchgrawn Keidrych *Rhys, sef *Wales*.

WALTON, ROBERT (1948–   ), bardd a aned yng Nghaerdydd. Fe'i haddysgwyd ym Mhrifysgol Caerwysg ac yna aeth yn athro Saesneg i Fryste. Enillodd Gystadleuaeth Beirdd Newydd *Cyngor Celfyddydau Cymru yn 1978 gyda'i gasgliad, *Workings* (1979).

WARD, JOHN POWELL (1937–   ), bardd a beirniad a aned yn Suffolk a'i addysgu ym Mhrifysgolion Toronto, Caer-grawnt a Chymru; bu'n Ddarlithydd yn Adran Addysg, Coleg y Brifysgol Abertawe, o 1963 hyd 1985 pan ymunodd ag Adran Saesneg yr un Coleg. Ymddeolodd yn gynnar yn 1988 a bellach y mae'n diwtor allanol yng Ngholeg Birkbeck, Prifysgol Llundain, ac yn Gymrawd Ymchwil Mygedol ym Mhrifysgol Cymru, Abertawe. Y mae'n awdur saith cyfrol o farddoniaeth: *The Other Man* (1968), *The Line of Knowledge* (1972), *From Alphabet to Logos* (1972), *To Get Clear* (1981), *The Clearing,* (1984), *A Certain Marvellous Thing* (1993) a *Genesis* (1996). Cyhoeddodd draethawd ar Raymond *Williams yn y gyfres *Writers of Wales* (1981), tair astudiaeth feirniadol, *Poetry and the Sociological Idea* (1981), *Wordsworth's Language of Men* (1984) a *The Poetry of R. S. Thomas* (1987). O 1975 hyd 1980 bu'n olygydd y cylchgrawn *Poetry Wales. Y mae'n olygydd y gyfres *Borderlines*.

WARING, ELIJAH (*c*.1788–1857), newyddiadurwr a golygydd *The Cambrian Visitor,* cylchgrawn a sefydlwyd ganddo yn Abertawe yn 1813, tua thair blynedd wedi iddo ddod i Gymru o Hampshire, ei sir enedigol. Nod y cylchgrawn oedd goleuo'r Saeson am hanes Cymru, ond am ryw wyth mis yn unig yr ymddangosodd. Bu diddordeb y golygydd mewn materion Cymreig yn fwy hirhoedlog, fodd bynnag. Ymgartrefodd yng Nghastellnedd, Morg., ymunodd â'r Wesleaid ac ymgyrchodd dros ddiwygio'r Senedd, gan ysgrifennu nifer o erthyglau diflewyn-ar-dafod i'r pwnc i The *Cambrian. Yr oedd yn gyfaill i Iolo Morganwg (Edward *Williams) a chyhoeddodd gofiant difyr ond annibynadwy i'r gŵr hwnnw, *Recollections and Anecdotes of Edward Williams, the Bard of Glamorgan* (1850). Daeth ei ferch, Anna Laetitia Waring (1823–1910) i amlygrwydd fel emynydd.

WARNER, RICHARD (1763–1857), gweler o dan WALK THROUGH WALES (1798).

WARREN, SAMUEL (1807–77), nofelydd a aned ger Wrecsam, Dinb. Yn ogystal â nifer o weithiau cyfreithiol cyhoeddodd ddau lyfr a oedd yn hynod boblogaidd yn eu dydd, sef *Passages from the Diary of a Late Physician* (1838) a *Ten Thousand a Year* (1839); y mae'r olaf yn hanes rhyw Mr. Tittlebat Titmouse a sut y cododd, trwy dwyll, i rym a chyfoeth.

WARRINGTON, WILLIAM (*fl.* 1780–90), hanesydd a chaplan yr Iarll Bessborough. Y mae ei *The History of Wales* (2 gyf., 1786) yn ymdrin â'r cyfnod rhwng ymadawiad y Rhufeiniaid a'r *Ddeddf Uno (1536); yn yr ail gyfrol ceir crynodeb o ddraddodiadau barddol ac eglwysig ynghyd ag atodiad o ddogfennau a gopïwyd ganddo. Ysgrifennodd Warrington ei *History* fel Sais yn talu '*a voluntary tribute of justice and humanity to the cause of injured liberty*'.

Warrior, The, gweler MORGAN, THOMAS (*c.*1542–95).

'War-Song of Dinas Vawr, The', cerdd yn *The *Misfortunes of Elphin* (1829), nofel gan y llenor o Sais, Thomas Love *Peacock. Clyw *Taliesin hi yn cael ei chanu gan ryfelwyr y Brenin Melvas, mewn castell ar lannau afon Tywi wedi iddynt ei oresgyn. Disgrifiad coeglyd yr awdur ohoni yw 'y buraf a'r berffeithiaf o'r caneuon rhyfel a ganwyd erioed', ac y mae'n coffáu cyrch ar diriogaeth 'Ednyfed, Brenin Dyfed', ac yn agor gyda'r geiriau enwog:

> The mountain sheep are sweeter,
> But the valley sheep are fatter;
> We therefore deemed it meeter
> To carry off the latter.

WATCYN CLYWEDOG (*fl.* 1630–50), bardd. Ychydig sy'n wybyddus amdano ar wahân i'r hyn y gellir ei gasglu o'i gerddi; cadwyd rhyw gant ohonynt wedi eu canu i deuluoedd siroedd Caernarfon a Dinbych yn bennaf, er bod ganddo amryw noddwyr yn sir Fôn yn ogystal. Nid oes dim i'w gysylltu â Chlywedog, Meir., nac â Chwm Clywedog, Tfn., ac ychydig o'i ganu sydd i deuluoedd yn y cyffiniau hynny, ar wahân i'r tair cerdd a ganodd i'r Dr. John *Davies, Mallwyd. Gellir esbonio'r cerddi i'r Dr. Davies mewn dwy ffordd: yr oedd Davies yn un o brif noddwyr ei gyfnod a chanodd amryw o feirdd fwy nag un gerdd iddo; ac yr oedd ei wraig Siân yn ferch y Llwyn Ynn, un o'r prif dai (gyda Chaerddinen) a noddai Watcyn. Nid oes unrhyw gysylltiad amlwg chwaith rhyngddo a bardd arall a arddelai'r un cyfenw, sef Siôn Clywedog. Dilynodd Clywedog yr arfer o gynganeddu dyddiad marw neu gladdu gwrthrych ei farwnadau yn ei gerddi a gellir felly gael amcan am swm y gwaith a gyflawnodd yn ystod rhai blynyddoedd. Barna Gwyn *Thomas (1936–) yn *Changes in the tradition of Welsh poetry in north Wales in the seventeenth century* (Traethawd D. Phil., Rhydychen, 1966) na allai fod wedi byw yn gyfan gwbl ar ei ganu oni bai fod cyfran helaeth o'i waith heb ei gadw.

Watcyn Wyn, gweler WILLIAMS, WATKIN HEZEKIAH (1844–1905).

Water Music, The (1944), yr ail gasgliad o straeon byrion gan Glyn *Jones, sy'n ychwanegiad sylweddol at ei lyfr cynharach, *The *Blue Bed* (1937). Ceir yn y gyfrol nifer o alegorïau fel '*The Apple Tree*', '*The Saviour*', '*The Wanderer*' a '*The Four-Loaded Man*', eithr nodwedd amlycaf y gyfrol yw awyrgylch telynegol bachgendod a geir yn bennaf yn y stori a roddodd y teitl i'r llyfr. Rhywbeth yn debyg yw'r stori '*Bowen, Morgan and Williams*', ac yn '*Price-Parry*' mynegir balchder y cymeriad canolog mewn ieithwedd arbennig iawn. Daeth y casgliad hwn â Glyn Jones i amlygrwydd fel awdur o bwys ym maes y *stori fer.

WATERS, IVOR (1907–92), bardd a hanesydd lleol. Fe'i ganed yng Nghas-gwent, Myn., a pherthyn rhan helaeth o'i waith fel llenor, darlithydd a chyhoeddwr i hanes ei filltir sgwâr. Ymysg ei lyfrau ceir *Chepstow Parish Records* (1955), *Chepstow Miscellany* (1958), *Folklore and Dialect of the Lower Wye Valley* (1973), *Chepstow Printers and Newspapers* (1981) a *Chepstow Packets* (1983). Ysgrifennodd ddau gofiant, *The Unfortunate Valentine Morris* (1964) a *Henry Martin and the Long Parliament* (1973), a thair cyfrol o farddoniaeth, *Looking Back to the Present* (1969), *Impressions and Versions* (1973) a *Sunlight and Scarlet* (1973), a'r olaf yn gyfieithiadau o gerddi gan Antonio Machado a rhai o feirdd eraill Sbaen; ymddangosodd ei *Collected Verse* yn 1977. O 1948 hyd 1963 bu'n Guradur Anrhydeddus Amgueddfa Cas-gwent; yr oedd hefyd yn argraffydd ac yn berchennog *The Moss Rose Press*.

WATKIN, MORGAN (1878–1970), ysgolhaig a brodor o Glydach, Morg., lle y dechreuodd weithio fel saer maen. Cafodd ei addysgu yng Ngholeg y Brifysgol, Caerdydd, a Phrifysgolion Paris a Zürich cyn mynd yn Athro Ffrangeg ac Ieitheg Rományns yng Ngholeg y Brifysgol, Caerdydd. Cyhoeddodd nifer o erthyglau ar ddylanwad diwylliant Ffrangeg-Normanaidd ar Gymru'r Oesoedd Canol ac ar yr iaith Gymraeg. Y maent yn cynnwys 'The French Linguistic Influence on Medieval Wales' (1918–19), 'The Chronology of the Annales Cambriae and the Liber Landavensis' (1960), 'The Chronology of the White Book of Rhydderch' (1964), 'The Book of Aneirin, its Old French Remaniements' (1965), 'The Chronology of the Black Book of Carmarthen' (1965), 'The Black Book of Chirk and the Orthographia of Carmarthen' (1966) a *La Civilisation Française dans les Mabinogion* (1962). Er na dderbynnir bellach lawer o'i ddamcaniaethau am natur a maint y dylanwad Ffrangeg ar lên Cymru, ef oedd y cyntaf i ddynnu sylw at yr agwedd hon o'r pwnc. Golygodd hefyd argraffiad o *Ystorya Bown o Hamtwn* (1958).

WATKIN-JONES, ELIZABETH (1887–1966),

awdures llyfrau i blant, a aned yn Nefyn, Caern., ac a addysgwyd yn y Coleg Normal, Bangor. Bu'n athrawes mewn ysgolion in ne Cymru cyn dychwelyd i'w hardal enedigol yn 1920 a threulio gweddill ei hoes yno. Yr oedd yn awdur toreithiog a gwnaeth gyfraniad nodedig i lenyddiaeth Gymraeg i blant trwy ysgrifennu straeon cyffrous mewn iaith gyfoethog ar adeg pan nad oedd y fath ddeunydd ar gael. Y mae ei nofelau hanes yn cynnwys *Plant y Mynachdy* (1939), *Luned Bengoch* (1946), *Y Cwlwm Cêl* (1947), *Y Dryslwyn* (1947), *Esyllt* (1951), *Lowri* (1951) a *Lois* (1955). Ac eithrio *Y Dryslwyn*, lleolwyd y rhan fwyaf ohonynt yn Llŷn ac y mae pump ohonynt yn perthyn i gyfnod y *Rhyfeloedd Cartref a'r Werinwladwriaeth.

Ceir ysgrif ar Elizabeth Watkin-Jones gan R. Maldwyn Thomas yn *Dewiniaid Difyr* (gol. Mairwen a Gwynn Jones, 1983).

WATKINS, VERNON (1906–67), bardd. Fe'i ganed ym Maesteg, Morg., ond oherwydd swydd ei dad, a oedd yn rheolwr banc, symudodd y teulu i Ben-y-bont ar Ogwr a Llanelli cyn ymsefydlu yn 1913 yn Abertawe. Ddeng mlynedd yn ddiweddarach symudasant eto i Redcliffe, Bae Caswell ac yn y diwedd, yn 1931, ar ymddeoliad y tad, i Heatherslade ar Glogwyni Pennard. Arfordir Penrhyn Gŵyr a gyfrannodd y prif ddeunydd cefndirol i waith Vernon Watkins. Daeth i adnabod yr ardal yn dda, fel un o'r brodorion, pan oedd yn ddwy ar bymtheg mlwydd oed. Bu'n ymwelydd cyson cyn hynny, ond magodd yr ardal ryw naws hiraethus iddo, oherwydd ar ôl blwyddyn yn Ysgol Ramadeg Abertawe, fe'i hanfonwyd yn gyntaf i Tyttenhanger Lodge, Seaford, Sussex, ac yna i Ysgol Repton yn swydd Derby. Cymry Cymraeg oedd ei rieni ond oherwydd y duedd ar y pryd i geisio dianc rhag plwyfoldeb y Gymraeg ni siaradodd ac ni ddysgodd yr iaith. Yr unig ffynhonnell Gymraeg y gallodd ei ddefnyddio yn ei farddoniaeth maes o law oedd hanes *Taliesin.

Yng Ngholeg Magdalen, Caer-grawnt, lle yr astudiodd Ffrangeg ac Almaeneg, teimlai fod y pwyslais ar feirniadaeth yn anghydnaws ac er iddo gael canlyniadau boddhaol yn ei arholiadau ar ddiwedd y flwyddyn gyntaf, penderfynodd roi'r gorau i Gaer-grawnt a cheisiodd berswadio ei dad i ganiatáu iddo deithio yn Yr Eidal er mwyn magu profiad ar gyfer barddoni a oedd eisoes wedi mynd â'i fryd. Gwrthododd ei dad: yn hydref 1925 dechreuodd Vernon Watkins weithio fel clerc yng nghangen Butetown o Fanc Lloyd yng Nghaerdydd. Cysylltai farddoniaeth â phrofiad delfrydol ei ddeunaw mis olaf ym Ysgol Repton – cymdeithas a ymddangosai'n euraid ac arwrol o edrych yn ôl arni – ac yn wyneb ei ymdrech enbyd i aeddfedu ac i ymdopi â realaeth ddigalon gorfod ennill ei fara beunyddiol, torrodd i lawr yn llwyr a bu'n rhaid iddo, ar ôl chwe mis o absenoldeb o'i waith, symud i gangen Banc Lloyd yn St. Helen's, Abertawe, er mwyn gallu byw gartref a chael gofal ei fam. Yno y bu, ar wahân i'w

wasanaeth milwrol yn yr Ail Ryfel Byd, nes iddo ymddeol, a threuliodd y gweddill o'i oes ym Mhennard. Soniai bob amser am yr afiechyd fel 'chwyldro teimladrwydd': yr oedd yn ymroi – yn ei farddoniaeth, maes o law, i 'orchfygu amser' – ar y dechrau golygai hyn anfarwoli atgofion Gardd Eden ei ieuenctid a moli popeth a wybu ac a garodd. Y 'galar' a deimlai oedd tarddle'r cyfan a ddilynodd. Yn raddol ciliodd paganiaeth y beirdd Rhamantaidd a fu'n ymgeledd iddo (er gwaethaf cefndir Cristnogol ei gartref) a daeth Neo-Platoniaeth i'r amlwg (gyda'r syniad o ail-lunio'r funud sydd ym mhob munud) ond yn ei dro ciliodd hynny o flaen agwedd fwy Cristnogol – er anuniongred – tuag at fywyd. Gorchfygu amser oedd hanfod swyddogaeth y bardd yn ei farn ef.

Ymddangosodd ei gyfrol gyntaf o farddoniaeth, *Ballad of the Mari Lwyd* (1941), wedi iddo adael tref faluriedig Abertawe i wasanaethu yn Heddlu'r Llu Awyr: addasiad trawiadol o'r seremoni werin o ffarwelio â'r meirw yw'r gerdd-deitl (gweler o dan MARI LWYD). Dilynwyd y gyfrol *The Lamp and the Veil* (1945), sy'n cynnwys tair cerdd hir (un i'w chwaer Dorothy), gan *Selected Poems* (1948), *The North Sea* (cyfd. o Heine, 1951) a'i ddau gasgliad mwyaf llwyddiannus, *The *Lady with the Unicorn* (1948) a *The *Death Bell* (1954); lluniodd gerdd-deitl yr olaf a enwyd er cof am ei dad. Cyhoeddodd hefyd *Cypress and Acacia* ac *Affinities* (1962); ymddangosodd *Fidelities* (1968) ar ôl ei farw er i'r detholiad gael ei wneud gan y bardd ei hun.

Er ei fod yn grefftwr manwl ac yn gymaint meistr prydyddol â Dylan *Thomas, y bu'n byw yn ei gysgod cyhyd, datblygodd Vernon Watkins i fod yn fath gwahanol iawn o fardd, bardd metaffisegol modern, a defnyddiai symbolau o arfordir Penrhyn Gŵyr i gludo ei alar tuag at yr anfarwoldeb a oedd, drwy ymgristioneiddio, yn graddol liniaru'r ysgogiad gwreiddiol. Cadwodd ei farddoniaeth ddiweddarach yr un ceinder ffurf ond yr oedd y teimladau wedi gwanychu, ac yr oedd tueddiad i dalfyrru'r ddadl fetaffisegol a rhoi pwyslais cynyddol ar bwysigrwydd swyddogaeth y bardd yn gwneud ei waith yn fwy anodd ac yn llai deniadol. Ceir yn rhan helaeth o'i waith gorau ymateb i dri phrofiad trawmatig: ei chwalfa nerfol, dinistrio'r hen Abertawe yn ystod y blitz a marwolaeth Dylan Thomas. Y mae ei gamp gyfan drwy oes o 'lafurio' yn ei wneud yn un o'r beirdd Cymreig gorau a mwyaf anghyffredin a ysgrifennodd yn Saesneg. Pan fu farw yn Seattle, yn ystod ei ail ymweliad yno fel Athro Barddoniaeth ym Mhrifysgol Washington, yr oedd ei enw ef, ymhlith eraill, yn cael ei awgrymu ar gyfer swydd y *Poet Laureate*. Wedi ei farwolaeth casglwyd *Uncollected Poems* (1969), *Selected Verse Translations* (1977), *The Breaking of the Wave* (1979) a *The Ballad of the Outer Dark* (1979) o'r pentwr deunydd nas cyhoeddwyd, a detholwyd y cerddi yn *I That Was Born in Wales* (1976) a *Unity of the Stream* (1978) o'i waith cyhoeddedig. Cyhoeddwyd *The Collected Poems* yn 1986.

Ceir manylion pellach yng nghyfrol deyrnged Vernon Watkins a olygwyd gan Leslie Norris (1970), y gyfrol gan Roland Mathias yn y gyfres *Writers of Wales* (1974); Dora Polk, *Vernon Watkins and the Spring of Vision* (1977) a rhifyn arbennig *Poetry Wales* (Gwanwyn, 1977); gweler hefyd *Vernon Watkins and the Elegiac Muse* (Darlith Goffa W. D. Thomas, 1973) gan weddw'r bardd, Gwen Watkins, a ddisgrifiodd hefyd ei berthynas â Dylan Thomas yn *Portrait of a Friend* (1983), a Dylan Thomas, *Collected Letters* (gol. Paul Ferris, 1986). Ceir rhestr lawn o gyhoeddiadau Vernon Watkins yn John Harris, *A Bibliographical Guide to Twenty-four Modern Anglo-Welsh Writers* (1994).

WATKYNS, ROWLAND (m. 1663?), bardd; fe'i ganed yn Longtown, Henff., a oedd yn rhan o esgobaeth *Tyddewi yr adeg honno, a daeth yn ficer Llanfrynach, Brych., yn 1635. Cymerwyd ei fywoliaeth oddi arno rhwng 1648 a'r Adferiad a threuliodd y cyfnod hwn mewn tlodi. Yn ystod y blynyddoedd hyn yr ysgrifennodd lawer o'r cerddi a geir yn ei unig lyfr, *Flamma sine Fumo: or Poems without Fictions* (1662). Ychydig a wyddys am ei fywyd, ond gellir gweld y gwerthoedd y credai ynddynt yn ei gerddi. Bwriad y rhan fwyaf ohonynt yw mynegi gwirioneddau ysbrydol, yn aml ar ffurf diarhebion. Y mae llawer ohonynt yn trafod oferedd e byd a rhinwedd cymedroldeb ym mhob peth; y mae bron y cwbl yn uniongred eu hathrawiaeth. Defnyddia nifer o fesurau clasurol yn ei gerddi Lladin, a cheir sawl arddull ganddo, gan gynnwys dychan. Ar wahân i'r cerddi uniongyrchol grefyddol ceir rhai a gyflwynwyd i bobl enwog y Gororau a rhai sy'n adlewyrchu teyrngarwch yr awdur i'r Eglwys a'r Goron.

Ceir manylion pellach yn yr argraffiad o *Flamma sine Fumo* sydd â rhagymadrodd gan Paul C. Davies (1968); gweler hefyd erthygl gan yr un awdur yn *The Anglo-Welsh Review* (cyf. XVI, rhif. 38, 1967).

WATSON, ROBERT (1947–), nofelydd a aned ym Mhontnewydd, Myn., ac a addysgwyd yn Ysgol Techneg Ffilm Llundain a Phrifysgol Sussex. Bu'n dysgu yn Dorset, Gorllewin Morgannwg a Suffolk, a bellach y mae'n darlithio yng Ngholeg y Brifysgol, Bretton Hall, Wakefield. Y mae'n awdur pedair nofel. Yn *Events Beyond the Heartlands* (1980) a *Rumours of Fulfilment* (1982) ymdrinnir â'r Gymru gyfoes, yn *Whilom* (1990) ailadroddir *A Midsummer Night's Dream* Shakespeare a *Knight's Tale* Chaucer, ac yn *Slipping away from Milford* (1997) ailgrëir byd y 1950au yn ne-orllewin Cymru.

Waun, Y, gweler SWYDD Y WAUN.

Wawr, Y, cylchgrawn Cymraeg Coleg Prifysgol Cymru, Aberystwyth, y cyhoeddwyd tri rhifyn ar ddeg ohono rhwng gaeaf 1913 a gaeaf 1917. Fe'i hargraffwyd yn swyddfa'r *Aberystwyth Observer*. Bu T. Ifor Evans, T. Oswald Williams, Tom Hughes *Jones, D. Lloyd Jenkins ac W. Ambrose *Bebb yn olygyddion iddo yn eu tro. Cylchgrawn llenyddol i fyfyrwyr a staff y Coleg

ydoedd yn bennaf, a chyhoeddwyd ynddo erthyglau, storïau, barddoniaeth ac adolygiadau ar lyfrau gan G. J. *Williams, E. M. *Owen (Moelona), D. J. *Williams (1885–1970), T. H. *Parry-Williams a T. Gwynn *Jones ymhlith eraill. Datblygodd yn gyhoeddiad blaengar iawn ei syniadau yn ystod blynyddoedd y Rhyfel Mawr a chyhoeddwyd ynddo rai erthyglau ar faterion llosg y dydd, yn enwedig y Rhyfel, Iwerddon a materoliaeth y Brifysgol (o waith D. J. Williams yn bennaf) a achosodd gryn gynnwrf. Ef, ac yntau ar y pryd yn fyfyriwr yn Rhydychen, oedd awdur yr erthygl finiog yn dwyn y teitl 'Ich Dien', sef arwyddair Tywysog Cymru, a anfonwyd i'w gyhoeddi yn rhifyn gaeaf 1918. Fodd bynnag, honnodd rhywun yn y swyddfa argraffu ei bod o natur fradwrus, a thynnodd sylw at y ffaith hon yn gyhoeddus. Codwyd y mater yn y Senedd ac awgrymwyd y dylid cwtogi ar gyllid Coleg Aberystwyth, ond barnodd yr Ysgrifennydd Cartref nad oedd achos iddo ymyrryd gan nad oedd y rhifyn hwnnw wedi ei gyhoeddi. O ganlyniad ymddiswyddodd aelodau pwyllgor y cyhoeddiad ynghyd â'i olygydd Ambrose Bebb, a daeth gyrfa'r cylchgrawn i ben. Daethpwyd o hyd i erthygl D. J. Williams wedi ei farw ymhlith ei bapurau yn y *Llyfrgell Genedlaethol a chyhoeddwyd hi yn *Llais y Lli*, misolyn Coleg Aberystwyth (12 Ion. 1971). Atgyfodwyd y teitl ar gyfer cylchgrawn ieuenctid *Plaid Cymru yn ystod y 1950au.

WEBB, HARRI (1920–94), bardd. Fe'i ganed yn Abertawe, i deulu a hanoedd o Fro Gŵyr; cafodd ei addysgu yng Ngholeg Magdalen, Rhydychen, lle yr astudiodd Ieithoedd Romáwns. Bu'n gyfieithydd yn y Llynges yn ystod yr Ail Ryfel Byd ac yna bu'n gweithio gyda Keidrych *Rhys yn y *Druid Press*, Caerfyrddin, ac o 1954 hyd 1964 bu'n llyfrgellydd yn Nowlais, Merthyr Tudful, ac yna yn Aberpennar, Morg., nes iddo ymddeol yn 1974. Bu'n aelod o Fudiad Gweriniaethwyr Cymru (gweler o dan GWERINIAETHOLDEB) a bu'n olygydd ar bapur newydd y mudiad, ond o 1960 bu'n weithgar dros *Blaid Cymru, yn bennaf yng nghymoedd diwydiannol de Cymru. Tra ym Merthyr yr oedd ymhlith y beirdd a gyfrannodd i rifynnau cyntaf *Poetry Wales*, y cylchgrawn a sefydlwyd gan ei gyfaill Meic *Stephens. Yr oedd gan y ddau hefyd ddiddordeb mewn ysgrifennu caneuon cyfoes a baledi gwladgarol.

Yr oedd yn newyddiadurwr cynhyrchiol, yn siaradwr cyhoeddus ac yn bamffledwr. Cyhoeddodd ddwy ysgrif, *Dic Penderyn and the Merthyr Rising of 1831* (1956) ac *Our National Anthem* (1964). Ymddangosodd ei gerddi cynnar, ynghyd â rhai Meic Stephens a Peter M. Griffith (Peter *Gruffydd) yn y gyfrol *Triad* (1963). Ymfalchïai yn y ffaith mai un thema sydd i'w waith, sy'n wladgarol ei naws, a hanes Cymru a'i chyflwr presennol yw testun y rhan fwyaf o'i gerddi yn ei gasgliad cyntaf, *The Green Desert* (1969). Y mae ei ffraethineb brathog i'w weld mewn darnau adnabyddus megis 'Synopsis of the Great

Welsh Novel', 'Our Budgie', 'Local Boy Makes Good' ac 'Ode to the Severn Bridge'. Yn ei ail gyfrol o gerddi, *A Crown for Branwen* (1974), cynhwysir un o'i gerddi Cymraeg prin a ddaeth yn boblogaidd fel y gân 'Colli Iaith'. Cyhoeddwyd ei *Collected Poems*, o dan olygyddiaeth Meic Stephens, yn 1995; ymddangosodd detholiad o'i newyddiaduraeth gwleidyddol, *No Half-Way House*, a detholiad o'i newyddiaduraeth lenyddol, *A Militant Muse*, eto wedi eu golygu gan Meic Stephens, yn 1997.

Yn ystod y 1970au dechreuodd Harri Webb ysgrifennu sgriptiau ar gyfer y teledu; yn eu plith yr oedd *The Green Desert* (1971), *How Green Was My Father* (1976), *Song of the River* (1978), *Milford Fishermen* (1978) a *Memoirs of a Pit Orchestra* (1981). Cyhoeddodd hefyd gasgliad o gerddi a baledi sy'n ymwneud ag agweddau mwy ysgafnfryd ar hanes Cymru yn dwyn y teitl *Rampage and Revel* (1977); ymddangosodd ail gasgliad ar yr un wedd, sef *Poems and Points*, yn 1983. Cyhoeddwyd ei addasiadau i blant o chwedlau'r *★Mabinogion* yn y gyfrol *Tales from Wales* (1984).

Ceir ysgrifau hunangofiannol gan Harri Webb yn *Planet* (rhif. 30, Ion. 1976) ac yn *Artists in Wales* (gol. Meic Stephens, 1977). Ceir ymdriniaeth feirniadol o'i gerddi yn yr erthygl gan Belinda Humfrey yn *The Anglo-Welsh Review* (cyf. XXI, 1972); gweler hefyd y nodyn ar Harri Webb gan Glyn Jones yn *Profiles* (1980) a'r erthygl gan Chris O'Neill yn *The Anglo-Welsh Review* (rhif. 65, 1979). Ceir rhagor o fanylion yn yr erthyglau gan Ivor Wilks, Meic Stephens a Nigel Jenkins yn *Planet* (rhif. 83, Hydref/Tach. 1990) a'r deyrnged gan Meic Stephens yn *Planet* (rhif. 109, Chwef./Mawrth, 1995). Ceir rhestr lawn o gyhoeddiadau Harri Webb yn John Harris, *A Bibliographical Guide to Twenty-four Modern Anglo-Welsh Writers* (1994).

Weiren Bigog, Y, gweler o dan WILIAMS, GERWYN (1963–   ).

Welch, Ronald, gweler FELTON, RONALD OLIVER (1909–82).

Welch Piety, gweler o dan JONES, GRIFFITH (1683–1761).

'We'll Keep a Welcome', cân a gyhoeddwyd gyntaf yn 1949; fe'i cysylltwyd yn wreiddiol â'r *Lyrian Singers* yn y gyfres radio '*Welsh Rarebit*'. Lluniwyd y geiriau gan Lyn Joshua a James Harper a chyfansoddwyd yr alaw gan Mai Jones (1899–1960). Daeth yn adnabyddus oherwydd i Harry Secombe ei chanu; y mae'r gân yn enghraifft dda o *schmaltz* Cymreig.

WELLS, NIGEL (1944–   ), bardd a aned yn Northampton, a addysgwyd yng Ngholeg Prifysgol Cymru, Aberystwyth, ac sy'n byw ger Machynlleth, Tfn. Y mae'n awdur tri chasgliad o gerddi, *Venturing out from Trees* (1970), *The Winter Festivals* (1980) a *Wilderness/Just Bounce* (1988). Dengys ei waith allu rhythmig grymus ac ymdrinnir yn aml â themâu mytholegol a chrefyddol.

Welsh, Freddie, gweler THOMAS, FREDERICK HALL (1886–1927).

Welsh Anvil, The, neu *Yr Einion*, cylchgrawn blynyddol Urdd Graddedigion ★Prifysgol Cymru, a olygwyd yn Aberystwyth gan Alwyn D. ★Rees rhwng 1949 ac 1958. Saesneg yn bennaf oedd ei iaith ac fe'i bwriadwyd i fod yn 'fforwm er mynegi barn ddeallus yng Nghymru ar faterion meddyliol a chymdeithasol', ac yr oedd ynddo erthyglau ar grefydd, addysg, y celfyddydau, gwyddoniaeth, darlledu, iaith, twristiaeth, diwydiant a phynciau cyfoes eraill. Ymysg y cyfraniadau llenyddol yr ocdd rhai gan Gwyn ★Jones, Aneirin Talfan ★Davies, Alun ★Llywelyn-Williams, Ioan Bowen ★Rees, J. E. Caerwyn ★Williams, Raymond ★Garlick, Waldo ★Williams a Bobi Jones (Robert Maynard ★Jones). Atgyfodwyd y cylchgrawn am gyfnod byr yn 1964 o dan y teitl *The University of Wales Review*, yn bennaf er mwyn amddiffyn penderfyniad Llys ★Prifysgol Cymru i aros yn un sefydliad cenedlaethol, ffederal.

Welsh Fasting Girl, The, gweler JACOB, SARAH (1857–69).

Welsh Manuscripts Society, The, cymdeithas a sefydlwyd yn 1836 gan chwe aelod blaenllaw o ★Gymreigyddion y Fenni. Golygwyd ei llyfr cyntaf, *Liber Landavensis* (1840), gan W. J. ★Rees o Gascob ond y cyhoeddiad pwysicaf oedd llyfr Lewys ★Dwnn, *Heraldic Visitations* (gol. Samuel Rush Meyrick, 2 gyf., 1846). Golygwyd yr *Iolo Manuscripts* (1848) gan Taliesin ★Williams a Charnhuanawc (Thomas ★Price) a gorffennodd W. J. Rees olygu *Lives of the Cambro-British Saints*, gwaith a ddechreuwyd gan ei nai, Rice Rees. Cymerwyd y Gymdeithas drosodd wedyn gan John ★Williams (Ab Ithel) ac ef a olygodd y gweddill o gyfrolau'r Gymdeithas yn gwbl anwyddonol, sef *Dosparth Edeyrn Davod Aur* (1856), *★Annales Cambriae* a *★Brut y Tywysogyon* (1860), *★Meddygon Myddfai* (1861) a *★Barddas* (1862).

Welsh Nightingale, The, gweler WYNNE, EDITH (1842–97).

Welsh Not, darn o bren, neu lechen, a'r llythrennau W.N. wedi'u torri arno. Mewn rhai ysgolion yn ystod y ddeunawfed a'r bedwaredd ganrif ar bymtheg fe'i crogid o gwmpas gwddf plentyn a ddaliwyd yn siarad Cymraeg hyd nes y gallai ef neu hi ei drosglwyddo i blentyn arall. Byddai'r athro yn cosbi'r plentyn a fyddai'n ei wisgo ar ddiwedd y dydd. Bu cryn ddefnydd arno ar ôl cyhoeddi'r *Llyfrau Gleision* yn 1847. Ceir disgrifiad yn *★Clych Atgof* (1906) o brofiad Owen M. ★Edwards ohono pan oedd yn ddisgybl yn ysgol Llanuwchllyn, Meir., yn y 1860au.

Ceir manylion pellach yn yr erthygl gan E. G. Millward, 'Yr Hen Gyfundrefn Felltigedig', yn *Barn* (Ebrill/Mai, 1980).

Welsh Outlook, The, misolyn yn cynnwys trafodaethau ar faterion Cymreig a lansiwyd yn 1914 o dan nawdd David Davies, y diwydiannwr a dyngarwr (yr Arglwydd Davies o Landinam yn ddiweddarach), dan olygyddiaeth Thomas *Jones (1870–1955). Honnai'r cylchgrawn ei fod yn ymwneud â chynnydd cymdeithasol cenedlaethol, a'i fod yn siarad dros genedl a oedd dan fygythiad cynyddol gan unffurfiaeth ddiwylliannol. Mentrodd yn frwdfrydig i lawer maes, gan gynnwys *Cenedlaetholdeb, gartref a thramor, addysg, llenyddiaeth, diwydiant, problemau llafur a'r iaith Gymraeg. Er bod llawer o bobl yn cyfrannu iddo, cadwodd y cylchgrawn athroniaeth sylfaenol a diddordeb deallusol ei sefydlwyr, sef *Rhyddfrydiaeth, cydgenedlaetholdeb, a safbwynt gwrthganolog. Fodd bynnag, o 1920 ymlaen, gwelwyd lleihad yn y sylw a roddwyd i broblemau economaidd a chymdeithasol de Cymru a chynnydd mewn materion rhyngwladol. Gwrthododd Davies barhau ei gymhorthdal yn 1927 ac yn raddol collodd y cylchgrawn ei boblogrwydd nes y dirwynwyd ef i ben yn 1933. Ymhlith y golygyddion a ddaeth ar ôl Thomas Jones yr oedd Edgar L. *Chappell, Robert *Roberts (Silyn), Thomas Huw Davies ac Elias Henry *Jones.

Ceir hanes y cylchgrawn gan Gwyn Jenkins yng *Nghylchgrawn Llyfrgell Genedlaethol Cymru* (cyf. XXIV, 1986). Gweler hefyd Trevor L. Williams '*Thomas Jones and The Welsh Outlook*' yn *The Anglo-Welsh Review* (rhif. 64, 1979) a Roland Mathias, *The Lonely Editor: A Glance at Anglo-Welsh Magazines* (Darlith Gwyn Jones, 1984).

Welsh Poetry Old and New (1912), blodeugerdd o gyfieithiadau gan y llenor Eingl-Wyddelig, Alfred Perceval Graves (1846–1931). Cynrychiolir pob cyfnod, o'r amser cynnar hyd at ddechrau'r ugeinfed ganrif, ac ymysg y beirdd cyfoes ceir Elfed (H. Elvet *Lewis), John *Morris-Jones, Eifion Wyn (Eliseus *Williams), T. Gwynn *Jones ac W. J. *Gruffydd. Y mae'r cyfieithiadau yn nodweddiadol o'r cyfnod gyda'u hiaith flodeuog a hynafol, ac ymdrecha'r cyfieithydd i drosi'r cerddi yn ôl y mesurau traddodiadol Seisnig. Yr oedd Graves, a fu'n flaenllaw yn yr adfywiad llenyddol a cherddorol yn Iwerddon, yn frwd hefyd dros gerddoriaeth a llên Cymru; yr oedd yn eisteddfodwr pybyr, ac yn un o aelodau sylfaenol Cymdeithas Canu Gwerin Cymru. Ond annigonol ddigon oedd ei Gymraeg, ac yn ei gyfieithu dibynnodd yn helaeth ar waith cyfieithwyr eraill megis Edmund O. *Jones ac H. Idris *Bell, ac ar gyngor ysgolheigion a beirdd, gan gynnwys John Morris-Jones a T. Gwynn Jones.

Cyhoeddodd ddau lyfr arall o ddiddordeb Cymreig, sef *Welsh Melodies* (1907) ac *English Verse Translations of the Welsh Poems of Ceiriog Hughes* (1926). Sonia ei fab, y bardd Saesneg Robert Graves, yn ei hunangofiant *Goodbye to All That* (1929), am atgofion melys am y tŷ ger Harlech, Meir., lle byddai'r teulu yn aml yn treulio'r haf.

Welsh Poets (1917), y flodeugerdd gyntaf o farddoniaeth *Eingl-Gymreig, a olygwyd gan A. G. *Prys-Jones. Ei bwriad oedd rhoi mynegiant cynhwysfawr i feirdd uniaith Saesneg yn y Gymru gyfoes, a chynrychiolir dau ar hugain ohonynt yn y gyfrol. Ar wahân i gyfieithiadau o'r Gymraeg gan H. Idris *Bell a cherddi yn Saesneg gan T. Gwynn *Jones a Robert *Roberts (Silyn), y mae'r flodeugerdd yn cynnwys cerddi gan feirdd nad ystyrir o bwys bellach, ac eithrio W. H. *Davies, Ernest *Rhys, a golygydd, ac ambell un arall. Er hynny yr oedd y llyfr yn garreg filltir yn natblygiad barddoniaeth Eingl-Gymreig a gwerthfawrogwyd menter y golygydd yn crynhoi'r gwaith gan feirniaid a golygyddion diweddarach. Ceir hanes cymhellion A. G. Prys-Jones yn casglu'r flodeugerdd oherwydd ei ddirmyg tuag at y gyfrol *My People* (1915) gan Caradoc Evans (David *Evans) mewn erthygl a gyhoeddwyd yn *The *London Welshman* yn 1964.

Welsh Rabbit, saig yn cynnwys caws wedi'i doddi a'i gymysgu â llaeth neu fenyn ar dost. Cofnodwyd yr enw gyntaf yn 1725 ond nid yw'n ffurf lygredig ar *rarebit*, fel y tybir yn gyffredinol. Credir mai cyfeiriad at ymborth gynnil Cymry'r blaenau ydyw. Sylwyd ar hoffter y Cymry o gaws gan y bardd Saesneg John Skelton (*c.*1460–1529) wrth wawdio y llu o Gymry a aeth i lys y *Tuduriaid wedi 1485. Ef a gofnododd yr hanesyn lle y trefnodd Sant Pedr, wedi iddo flino ar y Cymry ceisio cael y swyddi gorau yn y Nefoedd, i angel weiddi 'Caws pobi!' ac i'r Cymry wedyn ruthro allan trwy'r porth a gaewyd ar eu hôl. Y mae'r saig yn boblogaidd o hyd ym mhob rhan o Gymru. Gweler hefyd BARA LAWR.

Welsh Review, The, cylchgrawn misol a gyhoeddwyd gan Wasg Penmark ac a olygwyd gan Gwyn *Jones rhwng Chwefror a Thachwedd 1939; ar ôl bwlch yn ystod yr Ail Ryfel Byd daeth yn gylchgrawn chwarterol o fis Mawrth 1944 hyd at fis Rhagfyr 1948; cafwyd cyfanswm o ddeg rhifyn ar hugain. Cyhoeddwyd ef 'yn gylchgrawn i'r Cymro di-Gymraeg a fydd, er ei fod yn yr iaith Saesneg, yn cydnabod ac yn cynnal pwysigrwydd yr iaith Gymraeg a'r diwylliant arbennig sy'n rhan anwahanadwy ohoni'. Cyhoeddai'r cylchgrawn waith creadigol gan awduron *Eingl-Gymreig, cyfieithiadau o'r Gymraeg, yn ogystal ag erthyglau ar bynciau o ddiddordeb i Gymru, megis hanes, addysg a gwleidyddiaeth. Ymhlith y cyfranwyr i'r rhifynnau a ymddangosodd cyn y rhyfel yr oedd awduron a ddaeth yn adnabyddus yn ystod y 1930au.

Er bod ei ddiwyg yn wahanol, yr un cylchgrawn oedd *The Welsh Review* wedi'r rhyfel, gyda'r un bwriadau golygyddol, ac yr oedd ynddo gerddi, storïau byrion, erthyglau ac adolygiadau fel o'r blaen. Daeth Caradoc Evans (David *Evans) ac Alun *Lewis yn gyfranwyr cyson. Cafwyd cynnydd yn y nifer o erthyglau disgrifiadol a'r awduron a ysgrifennai yn y Gymraeg, a daeth yr erthyglau treiddgar hyn ar Gymry amlwg yn un o nodweddion enwocaf y cylchgrawn. Ymhlith cyfranwyr i'r cylchgrawn o'r tu allan i Gymru yr oedd T. S. Eliot, H. E. Bates, J. R. R. Tolkein ac A. L. Rowse. Ynghyd â *Wales* (gol. Keidrych *Rhys), *The Welsh Review* oedd un o brif lwyfannau'r awduron Eingl-Gymreig yn ystod y 1940au, a bu'n fforwm gwerthfawr ar gyfer trafodaethau cyhoeddus ar faterion Cymru trwy gyfrwng y Saesneg. Ond ni chafodd gymhorthdal o unrhyw fath, a gorfodwyd Gwyn Jones, dan bwysau cynyddol golygu a chyhoeddi, i roi'r gorau i'w gylchgrawn yn 1948.

Lluniwyd mynegai i *The Welsh Review* gan David Clay Jenkins yng *Nghylchgrawn* Cymdeithas Lyfryddiaethol Cymru (cyf. IX, rhif. 4, 1965).

Welsh Union of Writers, undeb a sefydlwyd yn 1982 er mwyn cynrychioli buddiannau awduron yn eu cysylltiadau â chyhoeddwyr, cwmnïau darlledu a chyrff cyhoeddus eraill. Ei gadeirydd cyntaf oedd John *Morgan (1929–88). Y mae'n sefyll hefyd dros fwy o gydnabyddiaeth i lenyddiaeth gyfoes ym myd addysg ac yn sylwi'n fanwl ar ddiddordeb y cyfryngau torfol mewn materion diwylliannol. Ceisia hefyd feithrin y berthynas rhwng llenorion a chyrff megis *Cyngor Celfyddydau Cymru a *Chyngor Llyfrau Cymru. Y mae gan yr Undeb tua dau gant o aelodau a chyhoeddodd un rhifyn o gylchgrawn newydd yn dwyn y teitl *New Wales* yn 1983 ond methodd â sicrhau cymhorthdal iddo gan Gyngor Celfyddydau Cymru. Gweler hefyd ACADEMI GYMREIG ac UNDEB AWDURON CYMRU.

Welsh Voices (1967), blodeugerdd o farddoniaeth Saesneg a olygwyd gan Bryn *Griffiths. Ac eithrio beirdd hŷn megis A. G. *Prys-Jones, David *Jones, R. S. *Thomas, Glyn *Jones a Vernon *Watkins, ganed y rhan fwyaf o'r pedwar cyfrannwr ar ddeg arall yn y blynyddoedd rhwng y ddau Ryfel Byd ac yr oedd rhai, megis Leslie *Norris, Raymond *Garlick a Harri *Webb, ymysg y to ifanc a fu'n gysylltiedig â'r cylchgrawn *Poetry Wales. Bu'n gyfrwng cyflwyno i gynulleidfa ehangach waith y beirdd hynny a gyfrannodd tuag at 'ailflodeuo' barddoniaeth *Eingl-Gymreig yn y 1960au. Hon oedd y flodeugerdd gyntaf o farddoniaeth Eingl-Gymreig er *Modern Welsh Poetry (gol. Keidrych *Rhys, 1944), ac am rai blynyddoedd yr unig lyfr o'i fath a astudiwyd fel gwerslyfr yn ysgolion Cymru.

Welsh Way, The, gweler o dan PORTHMYN.

Welsh Wizard, The, gweler LLOYD GEORGE, DAVID (1863–1945).

Welshman, The (1832), papur newydd wythnosol Radicalaidd a sefydlwyd yng Nghaerfyrddin gan nifer o bobl, yn eu plith John Lewis Brigstocke a John Palmer,

athro mathemateg yn y Coleg Presbyteraidd yn y dref. Fe'i gwerthwyd i C. W. Wisley a Joseph Spawforth yn 1842 ac i William Joseph Morgan a Howell Davies yn 1862, ac fe'i cyhoeddwyd rhwng 1880 a marwolaeth Davies yn 1888 gan Morgan ei hun. Bu Hugh Carleton Tierney, S. W. Shearman ac H. Ll. Lewis yn olygyddion. Prynwyd y papur gan berchnogion The *Carmarthen Journal tua diwedd y 1940au a dirwynwyd ef i ben yn 1984.

'Welshman's Public Recantation, The' (1642), cân ddienw a argraffwyd yn Llundain sy'n gwawdio marwolaeth llawer o filwyr Cymreig ar ochr y Brenhinwyr ym mrwydr Edgehill yn 1642. O dan arweiniad Cyrnol Salesbury, Syr Edward Stradling a John Owen, Clenennau, cafwyd disgrifiad o'r Cymry yn Llawysgrifau Harleian fel a ganlyn: '*Arms were the great deficiency, and the men stood in the same garments in which they left their native fields; and with scythes, pitchforks and even sickles in their hands, they cheerfully took the field, and literally like reapers descended to that harvest of death*'. Yma, megis yn Tewkesbury a Chaergeri, collodd llawer o Gymry eu bywydau gan iddynt fod 'fel arfer' ar flaen y gad. Byrdwn y gân yw: '*O Taffy, poor Taffy*'; y mae'n cydnabod dewrder y Cymro (cyfeiriwyd ato trwy'r gân fel '*her*'), ond ar yr un pryd, y mae'n cynnwys y cellwair arferol am gaws, geifr a defaid.

Wenglish, gweler o dan TAFODIAITH.

Werin, Y, papur newydd wythnosol a sefydlwyd yn 1885 gan Gwmni'r Wasg Genedlaethol Gymreig yng Nghaernarfon. Fe'i golygwyd gan rai o brif ffigurau'r wasg newyddiadurol Gymraeg, yn eu plith Beriah Gwynfe *Evans, John *Thomas (Eifionydd) ac E. Morgan *Humphreys. Oherwydd prinder papur yn ystod y misoedd cyn y Rhyfel Byd Cyntaf fe'i hunwyd ag Yr Eco Cymreig i ffurfio Y Werin a'r Eco yn 1914, ac unwyd ef â *Papur Pawb yn 1937.

Wesleaeth neu **Fethodistiaeth Wesleaidd** (gweler o dan METHODISTIAETH), term generaidd sy'n disgrifio athrawiaeth a threfniadaeth yr Eglwys Fethodistaidd a sefydlwyd gan John Wesley, y gŵr a ymwelodd ac a bregethodd yng Nghymru rhwng 1739 ac 1790. Ar ôl torri yr ymraniad rhyngddo a'r Calfiniaid (*Calfiniaeth), fodd bynnag, cyfyngwyd Wesleaeth i'r ardaloedd hynny lle y siaredid Saesneg yn bennaf, ardaloedd megis dwyrain sir Frycheiniog, de sir Benfro a pharthau Caerdydd. Sefydlwyd Cymdeithas Fethodistaidd Wesleaidd yn nhref Aberhonddu yn 1756 ac o hynny hyd ddiwedd y bedwaredd ganrif ar bymtheg cefnogwyd y Cyfundeb gan gyfran hael o bobl amlwg sir Frycheiniog. Pan ddaeth Thomas *Coke, gŵr a oedd wedi clywed Wesley yn pregethu yn Aberhonddu pan oedd yn blentyn, yn brif drefnydd Wesleaeth perswadiodd ef y

Gynhadledd Brydeinig i gywiro ei methiant yn yr ardaloedd Cymraeg eu hiaith trwy anfon 'cenhadon' yno yn 1800. Anfonwyd Owen Davies (1752–1830) a John Hughes o Aberhonddu (1776–1843) i ogledd-ddwyrain Cymru. Cafwyd peth ffyniant mewn nifer cyfyngedig o froydd ond prin iawn oedd yr achosion lle y bu'r gwaith yn ffyniannus iawn. Ymhlith y lleoedd prin hynny yr oedd Coed-poeth, Llanrhaeadr-ym-Mochnant a Thre-garth, Caern., yn nodedig. Erbyn cyfnod y *Cyfrifiad Crefyddol (1851), fodd bynnag, yr oedd cryn gryfder Wesleaidd yn Nhreffynnon, Llan-fyllin a rhannau eraill o'r gogledd-ddwyrain. Yr oedd Wesleaeth Gymraeg wedi ailgydio mewn rhannau o dde Cymru hefyd. Bwriad gwreiddiol Methodistiaeth oedd ailfywiogi ffydd ac arferion Eglwys Loegr yn unig, ond o 1771 ymlaen codwyd capeli Wesleaidd yng Nghymru. Daeth y toriad oddi wrth yr Eglwys, rhwng 1784 ac 1795, ynghynt nag yn achos y Methodistiaid Calfinaidd.

Ymylol fu dylanwad Wesleaeth ar fywyd a llen-yddiaeth Cymru, yn rhannol oherwydd y traddodiad cynhenid o symud gweinidogion yn rheolaidd o un gylchdaith i'r llall yn ôl penderfyniad y Gynhadledd flynyddol. Golygai hyn nad oedd gweinidog yn aros yn unman yn ddigon hir i gael ei uniaethu â bro arbennig. Ar ben hyn, cadwodd Wesleaeth Gymraeg gysylltiad clòs â'r Gynhadledd Brydeinig. I golegau diwinyddol yn Lloegr yr â'r darpar weinidogion hyd heddiw a pheth cymharol gyffredin oedd i feibion gweinidogion dderbyn eu haddysg yn Ysgol Kingswood, Caerfaddon. Er hynny, y mae Wesleaeth wedi cynhyrchu pregethwyr grymus iawn, yn arbennig felly John Evans (1840–97), Eglwys-bach, D. Tecwyn Evans (1876–1957) a John Roger Jones yn y blynyddoedd rhwng y Ddau Ryfel Byd. Eu prif haneswyr oedd Hugh Jones (1837–1919), David Young (1844–1913), Thomas Jones-Humphreys (1841–1934) ac A. H. Williams, a Garfield H. Hughes (1912–69) ar ei hemynyddiaeth. Cyhoeddodd y Cyfundeb yn doreithiog iawn yn ystod y bedwaredd ganrif ar bymtheg ac ymhlith y cyfnodolion ceir rhai o gylchgronau mwyaf hirhoedlog yr iaith: Yr *Eurgrawn (1809–1983), cylch-gronau misol i'r plant, Y Trysor i Blentyn (1825–42), Y Winllan (1849–1963), Y *Gwyliedydd (1877–1908) a ddilynwyd gan Y Gwyliedydd Newydd (1910–), a'r cylchgrawn hanes Bathafarn (1946–); y llyfr emynau Wesleaidd cyntaf oedd Diferion y Cyssegr (1802).

Ni fagodd emynwyr o'r radd flaenaf ond y mae arbenigrwydd i rai o drosiadau John Bryan o emynau Charles Wesley, ac i emynau gan J. Cadvan *Davies, William *Jones (Ehedydd Iâl) a John Hughes (Glan-ystwyth, 1842–1902). Cododd yr enwad hynafiaethwyr o fri yn John Hughes o Aberhonddu, William *Rowlands (Gwilym Lleyn), Owen *Williams (Owen Gwyrfai) ac Evan Isaac (1865–1938), a diwinyddwr a dadleuwyr yn Owen Davies, Samuel Davies (1788–1854), Thomas Aubrey (1808–67) a William Davies (1765–1851). Yr awdur a fynega gymeriad y Cyfundeb orau yn ei waith yw E. Tegla *Davies, ond y mae awduron Wesleaidd Cymru hefyd yn cynnwys William Ellis *Jones (Cawr-daf), Lewis Meredith (Lewis Glyn Dyfi, 1826–91), John Williams (Ioan Mai, 1823–87), Selyf *Roberts, R. J. *Rowlands (Meuryn) a'r ddau archdderwydd, David *Griffith (Clwydfardd) a Gwilym R. *Tilsley.

Gwelir hanes Wesleaeth yng Nghymru yn David Young, Origin and History of Methodism in Wales and the Borders (1893), T. Jones-Humphreys, Methodistiaeth Wesleyaidd Cymreig (1900), Hugh Jones, Hanes Wesleyaeth yng Nghymru (4 cyf., 1911–13), A. H. Williams, Welsh Wesleyan Methodism 1800–1858 (1935) a John Wesley in Wales 1739–1790 (1971), a'r erthygl gan Garfield H. Hughes, 'Charles Wesley yn Gymraeg' yn Yr Eurgrawn (cyf. CLI, 1959).

Western, Barry, gweler Evans, Gwynfil (1898–1938).

Western Mail, The, papur newydd a sefydlwyd yn 1869 er hyrwyddo buddiannau gwleidyddol a masnachol John Patrick Crichton Stuart, trydydd Ardalydd *Bute. Gadawodd y golygydd cyntaf, C. W. Adams, o fewn tri mis, ond o dan law ei olynydd, Henry Lascelles Carr, gŵr o swydd Efrog a brynodd y papur yn 1877, fe'i sefydlwyd yn brif bapur dyddiol Cymru. Cefnogai'r Blaid Geidwadol o'r cychwyn cyntaf, gan gystadlu â'r *Cardiff Times* (a sefydlwyd yn 1857) a'r *South Wales Daily News* (1872), papurau Rhyddfrydol teulu Duncan. Erbyn diwedd y Rhyfel Byd Cyntaf yr oedd yn eiddo i *Allied Newspapers* dan arolygaeth Seymour Barry (a ddaeth yn Arglwydd Buckland maes o law) a Syr Emsley Carr, nai a mab yng nghyfraith Lascelles Carr a sefydlydd *The News of the World*. Yn 1928 prynodd *Allied News-papers* gwmni Duncan ac ymgorfforwyd y *South Wales Daily News* yn rhan o'r *Western Mail*. Parhaodd y *Western Mail* yn rhan o *Allied Newspapers* (y *Kemsley Group* yn ddiweddarach) nes iddo gael ei brynu gan Roy Thomson yn 1959; prynwyd ef gan *Trinity International Holdings* yn 1995.

Golygydd y *Western Mail* rhwng 1901 ac 1931 oedd William Davies, a oedd yn fawr ei ddylanwad ar fywyd cyhoeddus Cymru yn rhinwedd ei alluoedd nodedig fel newyddiadurwr a rheolwr. Fe'i dilynwyd gan J. A. Sandbrook (1931–42), David Prosser (1942–56), David Cole (1956–59), Don Rowlands (1959–64), John Gay Davies (1964), John Giddings (1964–73), Duncan Gardiner (1974–81), John Rees (1981–87), John Humphries (1988–90) a David Hughes (1990–94); o dan olygyddiaeth Neil Fowler, a benodwyd yn 1994, ail-lansiwyd y papur yn 1995. Er 1959 bu swyddfeydd y papur yn Nhŷ Thomson yng Nghaerdydd, lle y cyhoeddir hefyd y *South Wales Echo*, papur hwyr dyddiol sy'n eiddo i'r un cwmni. Gwerthir ychydig llai na chan mil o gopïau o'r *Western Mail* bob dydd.

O dan olygyddiaeth William Davies bu'r papur, er yn Doriaidd rhonc o hyd, yn cydymdeimlo â ffawd y gweithwyr, gan ennill canmoliaeth fwy nag unwaith oddi wrth William *Abraham (Mabon), arweinydd y glowyr. Talwyd teyrnged i'r papur hefyd gan Owen M. *Edwards, am geisio meithrin diddordeb yn hanes a llenyddiaeth Cymru, ond dibynnai'r polisi hwn i raddau helaeth ar frwdfrydedd unigolion ymhlith ei staff, yn arbennig D. Tudor Evans, James Harris ac Edward Thomas (Idris Wyn), gwŷr hyddysg yn y pynciau hyn. Yn ystod y 1930au, fodd bynnag, yr oedd agwedd y *Sosialaeth filwriaethus yn y de diwydiannol – calon cylchrediad y papur – yn elyniaethus iawn tuag ato. Yn wyneb hyn, troes y *Western Mail* yn fwy Ceidwadol ei agwedd ac yn ffyrnig yn erbyn buddiannau dosbarth gweithiol Cymru. Yn y 1940au brwydrodd yn erbyn Aneurin *Bevan â dialedd a oedd, yn ôl Michael Foot, yn 'ddihafal ac ar brydiau yn athrylithgar yn ei atgasedd'.

Yn ystod y 1960au dechreuodd ddatblygu safbwynt mwy annibynnol ac er mai yn y de a'r gorllewin y mae ei gylchrediad pennaf o hyd, dechreuodd ennill mwy o sylw fel 'papur cenedlaethol Cymru'. Er cyfnod David *Lloyd George, ymgyrchodd o blaid *Datganoli ac yn wahanol i'r *South Wales Echo*, dadleuodd o blaid Cynulliad Cymreig cyn y Refferenda yn 1979 ac 1997. Er 1994 rhoddwyd mwy o le i faterion llenyddol, gan gynnwys adolygu llyfrau a cholofn farddoniaeth o dan oruchwyliaeth Meic *Stephens. Cydweithredodd y papur hefyd â chyrff eraill megis Yr *Academi Gymreig i noddi cystadlaethau i awduron. Yn y sylw a roddir ganddo i faterion Cymreig eraill nid oes hafal iddo ymhlith papurau newydd Cymru.

Ceir gwybodaeth bellach am flynyddoedd cynnar y papur mewn erthygl gan Geraint Talfan Davies, *The Capital Makes News* yn *The Cardiff Book* (cyf. II, gol. Stewart Williams, 1974) a chan John Cosslett yn *History Behind the Headlines* (1996); ceir trafodaeth ar ei agwedd tuag at faterion Cymreig yn erthygl Ned Thomas, 'The Western Mail – Everybody's Dilemma', yn *Planet* (rhif. 9, Rhag. 1971/Ion. 1972); gweler hefyd Is-iarll Camrose, *British Newspapers and Their Controllers* (1947). Ceir trafodaeth ddiweddarach yn Joanne Cayford, 'National Newspaper of Wales', yn *Planet* (rhif. 98, Ebrill/Mai 1993).

WEYMAN, STANLEY JOHN (1855–1928), nofelydd, a anwyd yn Llwydlo a'i addysgu yn Ysgol Ramadeg Llwydlo, Ysgol Amwythig a Choleg Crist, Rhydychen, lle y darllenodd Hanes. Fe'i galwyd i'r Bar yn 1881, ond nid oedd ei yrfa gyfreithiol yn llwyddiannus ac y mae'n fwyaf adnabyddus am ei amryfal ramantau hanesyddol poblogaidd fel *A Gentleman of France* (1893) ac *Under the Red Robe* (1896). Ond yr oedd yn un o edmygwyr mawr Trollope, a dangosodd ei nofelau diweddarach, *Chippinge* (1906) ac *Ovington's Bank* (1922), a ddeilliodd o'i fywyd yn Rhuthun, Dinb., nad oedd angen trugareddau rhamantaidd ei lyfrau cynharach arno, ond y gallai ysgrifennu nofelau hanesyddol difrifol ardderchog. Bu'n byw yn Rhuthun am ddeng mlynedd ar hugain olaf ei fywyd, lle y gwasanaethodd fel Cadeirydd Mainc yr Ynadon a chyfrannu at fywyd yn lleol.

WHISTLER, PEGGY EILEEN (Margiad Evans;

1909–58), nofelydd. Fe'i ganed yn Uxbridge, Llundain, i rieni o Saeson, ond ymhlith ei chyndadau yr oedd teulu o dde Cymru o'r enw Evans. Symudodd i'r Rhosan-ar-Wy, Henff., yn 1920, ac arhosodd yn yr ardal am bron deng mlynedd ar hugain ar wahân i rai cyfnodau byr. Lluniodd ei chwaer, **Nancy Esther** (1912–), nifer o straeon byrion dan y ffugenw Siân Evans. Wedi ei phriodas â Michael Williams yn 1940 bu Peggy'n byw am wyth mlynedd yn Llangarron, ger Y Rhosan-ar-Wy, ac wedyn yn swydd Gaerloyw a swydd Sussex, lle'r oedd ei gŵr yn athro. Wedi tua 1950 bu'n dioddef o epilepsi, a bu farw o dyfiant ar yr ymennydd; fe'i claddwyd ym mynwent Hartfield, swydd Sussex.

Teimlai mai merch y Gororau ydoedd yn ei hanfod ac er i'w geni ei chysylltu â Lloegr, Cymru a ddenai ei dychymyg. Defnyddiodd Margiad Evans y 'cydddigwyddiad hwn o waed a phridd' i roi mwy nag arwyddocâd storïol i'w nofel gyntaf, *Country Dance* (1932). Yn ôl pob golwg dyddiadur Ann Goodman ydyw, ond ceir cyfarwyddiadau grymus gan yr awdur/olygydd yn y rhagair. Hanes gwraig a'i dau gariad ydyw, un yn Sais a'r llall yn Gymro: Gabriel Ford sarrug ac eiddigeddus a'i gystadleuydd ffyrnig Evan ap Evans. Ysgrifenna'r dyddiadur i dawelu ofnau Gabriel y bydd yn ei cholli i Evan, ond y gwrthwyneb sy'n digwydd. Darganfyddir corff Ann yn yr afon, ffy Gabriel ac o ganlyniad i'w alar a llach y farn gyhoeddus gorfodir Evan i adael ei fferm a'i wlad am byth. Ymhlyg yn y trychinebau hyn y mae gweledigaeth yr awdur fod tiroedd y Gororau yn ardaloedd lle y rhwygir teyrngarwch ac sy'n llawn ymrafael diddiwedd.

Y mae llawer o debygrwydd i'w gilydd yn y tair nofel *The Wooden Doctor* (1932), *Turf or Stone* (1934) a *Creed* (1936); y maent oll yn llawn bywyd, ac yn cynnwys ysgrifennu hiraethus am serch a rhyw, golygfeydd o drais corfforol ac emosiynol, a llawer mwy o adfyd nag o wychder a llawenydd. Nofelau ydynt, gan mwyaf, am ddioddefaint ac y mae eu delweddau yn llawn poen yn llythrennol ac yn drosiadol. Y mae'r cymeriadau, er gwaethaf eu hing, yn cynorthwyo ymdrech yr awdur i ddynodi perthynas Dyn â Duw. Y maent yn ordeimladol a'r hyn a deimlant yw dryswch, galar, poen, dicter, chwant ac euogrwydd. Yng nghanol yr holl ofid a bortreedir y mae rhai golygfeydd digrif gwych, ymddiddan ardderchog, ac ar brydiau, weledigaeth aruchel.

Cofnod o ddirnadaeth Margiad Evans yw'r trefniant o'i dyddiaduron a'i thraethodau sy'n dwyn y teitl *Autobiography* (1943) yn hytrach na hanes ei bywyd. Casglwyd ynghyd ei storïau byrion, *genre* sy'n cynnwys peth o'i gwaith gorau, yn y gyfrol *The Old and the Young* (1948) a'i cherddi, a'u symlder brathog, yn *Poems from Obscurity* (1974) ac *A Candle Ahead* (1956). Yn ei hail waith hunangofiannol, *A Ray of Darkness* (1952), ysgrifennodd yn ddirdynnol am ei hafiechyd a'i hymchwil am Dduw.

Am astudiaethau beirniadol o'i gwaith, gweler D. S. Savage,

'*Margiad Evans and the Cult of Nature*' yn *The Withered Branch, Six Studies in the Modern Novel* (1950) ac Idris Parry, '*Margiad Evans and Tendencies in European Literature*' yn *Nhrafodion* Anrhydeddus Gymdeithas y Cymmrodorion (1971). Gweler hefyd y monograff gan Moira Dearnley yn y gyfres *Writers of Wales* (1982) a'r erthygl gan Ceridwen Lloyd-Morgan, '*Portrait of a Border Writer*', yn *Planet* (rhif. 107, Hyd/Tach. 1994).

WHITE, JON MANCHIP (1924–), nofelydd, bardd a hanesydd, a anwyd yng Nghaerdydd, yn ddisgynnydd i Rawlins *White, y merthyr Protestannaidd. Fe'i haddysgwyd yng Ngholeg Santes Catherine, Caergrawnt. O 1942 gwasanaethodd yn gyntaf yn y Llynges Frenhinol, yna yn y Gwarchodlu Cymreig, tan 1946 pan ddychwelodd i Gaer-grawnt i orffen ei gwrs gradd yn Saesneg ac Archaeoleg Gynhanesyddol. Yr oedd eisoes wedi dechrau ysgrifennu sgriptiau drama i'r radio ac yn 1950 aeth yn olygydd storïau i deledu'r BBC, ond cafodd ei recriwtio wedyn i'r Swyddfa Dramor; ymddiswyddodd yn 1956 i lenydda ar ei liwt ei hun. Yn 1967 symudodd i swydd academaidd yn UDA, gan ddod yn Athro Saesneg Cynorthwyol ym Mhrifysgol Texas, ac yna, yn 1977, yn Athro'r Saesneg ym Mhrifysgol Tennessee.

Y mae Jon Manchip White wedi cyhoeddi tua phymtheg ar hugain o lyfrau, ac y mae'n cyfuno llifeiriant cynhyrchiol yr awdur proffesiynol ag ansawdd llenyddol dilys. Y mae ei gyhoeddiadau'n cynnwys barddoniaeth: *Dragon* (1943), *Salamander* (1946), *The Route of San Romano* (1952) a *The Mountain Lion* (1971); yn ogystal â thua phymtheg nofel, gan gynnwys *Mask of Dust* (1953), *Build Us A Dam* (1955), *The Game of Troy* (1971) a *The Moscow Papers* (1979); y mae i *No Home But Heaven* (1957) gefndir Cymreig. Prif thema ei waith ffeithiol yw'r Aifft yn y cyfnod cynnar, ac ysgrifennodd *Ancient Egypt* (1952) ac *Everyday Life in Ancient Egypt* (1963), yn ogystal â golygu pedwar adroddiad clasurol, gan gynnwys *The Tomb of Tutankhamen* (1971) gan Howard Carter. Y mae hefyd wedi ysgrifennu am dde-Orllewin America ac de-orllewin Affrica, ac wedi cyhoeddi dau gofiant, *Marshall of France: the life and times of Maurice, Comte de Saxe, 1696–1750* (1962) a *Diego Velazquez, Painter and Courtier* (1969). Cyhoeddwyd ei hunangofiant, *The Journeying Boy: Scenes from a Welsh Childhood* yn UDA yn 1991.

Am ragor o fanylion gweler ysgrif hunangofiannol yr awdur, '*An Evocative Stroll with Admiral Pickard*', yn *The New Welsh Review* (rhif. 18, cyf. v, Hydref 1992).

White, Rawlins (1485?–1555), pysgotwr ac un o dri merthyr Protestannaidd Cymru; y ddau arall oedd Robert *Ferrar a William *Nichol. Yr oedd yn anllythrennog ond dysgodd ddarnau o'r Beibl ar ei gof ac am iddo wrthod gwadu ei ffydd fe'i llosgwyd yng Nghaerdydd, ei dref enedigol.

WHITE, RICHARD, gweler Gwyn, Richard (c.1557–84).

WHITFORD, RICHARD (*fl.* 1495–1542), offeiriad ac awdur defosiynol, a aned yn ôl pob tebyg yn Chwitffordd, ger Treffynnon, Ffl., lle yr oedd gan ei deulu diroedd. Fe'i haddysgwyd yng Ngholeg y Frenhines, Caer-grawnt. Teithiodd lawer yn Ewrop yn gaplan i'r Arglwydd Mountjoy, a daeth yn gyfaill i Erasmus, athro ei noddwr, a Syr Thomas More. Bu fyw yng nghwfaint Tŷ Syon yn Isleworth o 1507 hyd ddiddymiad y Tŷ yn 1539, a threuliodd ei amser yn ysgrifennu ei weithiau defosiynol, ac er mai ar gyfer y lleianod y bwriadwyd hwy, cawsant eu darllen gan gylch ehangach. Y llyfrau a briodolir iddo yw *A dayly exercyse and experience of dethe* (1537), *The Martiloge in Englyshe* (1526), *Saint Augustin's Rule in English Alone* (1525), *The Pomander of Prayer* (1532) ac *a Treatise of Patience* (1540). Ei waith pwysicaf oedd *The Following of Christ* (1556) a seiliwyd ar dri llyfr cyntaf *De Imitatione* Thomas à Kempis, a wnaed gan William Arkinson yn 1504. Disgrifiwyd hwn fel y cyfieithiad gorau i'r Saesneg o ran arddull a theimlad o'r gwreiddiol enwog.

Ceir manylion pellach yn yr erthygl gan Glanmor Williams, '*Two neglected London-Welsh clerics: Richard Whitford and Richard Gwent*' yn *Nhrafodion* Anrhydeddus Gymdeithas y Cymmrodorion (1961), lle y dadleuir nad Whitford yw cyfieithydd *De Imitatione*.

Widdon Orddu, Y, cymeriad yn chwedl *Culhwch ac Olwen. Yr *anoeth olaf a gyflawnir cyn i'r arwr gael priodi Olwen yw sicrhau 'gwaed y Widdon Orddu o Bennant Gofid yng ngwrthdir Uffern'. Rhaid i'r gwaed, a ddefnyddir i eillio barf Ysbaddaden Bencawr, fod yn dwym. Daw *Arthur, gyda'i wŷr, o hyd i ogof y widdon, a thrwy daflu ei gyllell, Carnwennan, ati y mae'n ei hollti'n ddau a chesglir y gwaed gan Gaw o Brydyn.

Wil Bryan, cymeriad yn nofelau Daniel *Owen, *Rhys Lewis* (1885) ac *Enoc Huws* (1891). Ef yw cyfaill direidus Rhys Lewis yn y penodau sy'n cofio plentyndod y cymeriad hwnnw, ac y mae'r darnau sy'n disgrifio Wil yn symud bysedd y cloc ac yn clymu coes bren *Robyn y Sowldiwr yn ddarnau doniol cyfarwydd. Prif hynodrwydd Wil Bryan yw ei iaith, *tafodiaith Dyffryn Alun wedi'i britho gan eiriau Saesneg, ac fe'i defnyddir gan Daniel Owen, nid fel cyfrwng difyrrwch yn unig, ond fel llais gwahanol, rhydd oddi wrth ystrydebau cyhoeddus y cyfnod, sy'n cyhoeddi beirniadaeth ar wendidau dynion a sefydliadau ac yn dinoethi *humbug*. Ym mhennod 29 o *Rhys Lewis*, er enghraifft, y mae Wil Bryan yn dychanu tueddiadau ymhonnus rhai o bregethwyr yr oes. Ceir rhai o'i eiriau enwocaf ym mhennod 33 wrth iddo ymateb i gyngor ysbrydol Rhys Lewis gyda'r sylw 'y mod i wedi digio Duw am byth wrth neud *parodies* o hymne yr hen Bantycelyn – achos mi gymra fy llw fod y Brenin Mawr a'r hen Bant yn *chums*'. Cymeriad yn y cefndir ydyw yn

Enoc Huws, ond y mae'n dychwelyd o'i alltudiaeth ar ddiwedd yr hanes i briodi ei hen gariad Susi Trefor. Ym mharagraff olaf un y nofel, cyfeirir ato'n traddodi cyfres o ddarlithoedd ar 'y Ddynol Natur' ac awgrymir bwriad yr awdur i'w cyhoeddi. Ceir darnau o'r darlithoedd hyn yn llawysgrifau Daniel Owen yn *Llyfrgell Genedl-aethol Cymru.

Wil Brydydd y Coed, stori ddychan gan David *Owen (Brutus), a ymddangosodd yn ysbeidiol yn y cylchgrawn Anglicanaidd *Yr *Haul* rhwng 1863 ac 1865. Llabwst gwladaidd yw Wil, sy'n diflannu am flwyddyn i ddysgu Saesneg a chael 'addysg', ac wedyn yn ailymddangos, yn farfog ac wedi'i wisgo'n erchyll, i ddechrau pregethu. Gyda chymorth ei ewythr, diacon cyfrwys, y mae'n ceisio cymryd lle gweinidogion yr eglwys. Wedi i'r cynllwyn fethu ffurfir 'capel sblit' mewn ysgubor, ac ar ôl cweryl arall sefydlir trydydd achos mewn llofft stabal. Bwriad yr awdur oedd dychanu'r 'Jacs', pregethwyr Ymneilltuol di-ddysg, anordeiniedig ei oes ei hun. Ar ei orau y mae ei ddychan yn bur, ond yn rhy aml dirywia i fod yn ddifriö noeth. Y mae ei ryddiaith, fodd bynnag, yn rhythmig a bywiog ac yn lliwgar gan eiriau *tafodiaith, a'i ddeialog, er bod ei chystrawennau'n llenyddol, yn gwbl ddilys.

Cyhoeddwyd y testun cyflawn, wedi ei olygu a chyda rhagymadrodd gan Thomas Jones, yn 1949; gweler hefyd erthygl yr un awdur yn *Mân Us* (1949) a'r un gan Glaswyn yn y gyfres 'Notable Men of Wales' yn *The Red Dragon* (cyf. III, 1883).

Wil Cwch Angau, gweler ASHTON, GLYN MILLS (1910–91).

Wil Ifan, gweler EVANS, WILLIAM (1883–1968).

Wil Ysgeifiog, gweler EDWARDS, WILLIAM (1790–1855).

Wild Wales (1862), llyfr gan y llenor o Sais, George *Borrow, ar ffurf dyddiadur sy'n cofnodi taith-gerdded a wnaed ganddo yn ystod 1854. O ganlyniad i deitl y llyfr bu cryn adfywiad yn y defnydd o rai llinellau a fu'n adnabyddus gynt ac sydd i'w cael yng nghywyddau brud yr Oesoedd Canol diweddar ac a briodolid ar gam i *Daliesin:

> Eu nêr a folant
> Eu hiaith a gadwant
> Eu tir a gollant
> Ond gwyllt Gwalia.

Er nad oedd ymhlith y teithwyr cyntaf (gweler o dan TEITHIAU TRWY GYMRU), yr oedd Borrow yn unigryw oherwydd ei ddiddordeb yn yr iaith Gymraeg a thopograffi ei llenyddiaeth. Y mae ei ymholiadau parthed cartrefi a beddau llenorion Cymraeg megis Huw *Morys, Goronwy *Owen, Twm o'r Nant (Thomas *Edwards), *Dafydd ap Gwilym a llawer eraill mor llawn o barchedig ofn nes eu bod yn ddoniol, ac yr oedd ei wybodaeth o hanes Cymru ac ieitheg (er yn hen ffasiwn bellach) yn neilltuol o dda o ystyried mai Sais ydoedd. Er ei fod yn ddigon rhugl yn y Gymraeg, tybid weithiau yn y gogledd mai deheuwr ydoedd ac mai gogleddwr ydoedd yn y de; atebwyd un o'i gwestiynau Cymraeg unwaith yn Sbaeneg.

Serch hynny, nid teithiwr syml mo Borrow. Yr oedd yn ŵr tafodrydd a checrus ac wrth ei fodd yn camarwain pobl (yn enwedig ynglŷn â'i wreiddiau). Yr oedd yn ŵr mawr o gorff, chwe throedfedd a phedair modfedd, yn ysgwyddog a chyhyrog, a chanddo ddwylo mawr ac felly yn ŵr na ddylid ei drin yn ysgafn. Er nad oedd ganddo gydymdeimlad â Seisnigeiddwyr bonheddig, yr oedd yn aelod digymrodedd o Eglwys Loegr, a'i agwedd tuag at Wyddelod crwydrol yn wrth-Babyddol ac wfftiai at y Methodistiaid hynny a feiddiai ddadlau ag ef gan eu hystyried yn bobl a oedd 'wedi chwerwi'. Nid oedd bob amser o ddifrif ac ar ddiwedd ei daith cydnabu mai'n 'creadur teilyngaf y deuthum ar ei draws erioed oedd Methodyn Cymreig' – John Jones, yn ddiamau, y gwehydd a fu'n ei dywys yn Llangollen.

Y mae dau beth yn amharu ar werth hanes Borrow: nid yw ei sgyrsiau â phedleriaid, teithwyr-masnachol, tafarnwyr a'u morynion yn amlygu rhyw lawer am y gymdeithas Gymreig na'r defnydd o'r Gymraeg ynddi; yn ail, dichon fod y dasg o ysgrifennu'r dyddlyfr gwreiddiol – rhywbeth na ellir ond ei ddyfalu o'r ymddiddanion gair-am-air a'r cyfieithiadau, sy'n honni eu bod yn fyrfyfyr, o farddoniaeth Gymraeg – wedi newid holl gydbwysedd y digwyddiadau, yn enwedig os cwblhawyd y gwaith ar ôl saib sylweddol. Ond y mae agwedd y teithiwr hwn yn unigryw a'i wybodaeth yn amhrisiadwy.

Dechreuodd Borrow ei daith yng Ngorffennaf 1854, gan aros gyda'i wraig a'i lysferch yn Llangollen, Dinb., tan fis Hydref, a defnyddio'r lle yn ganolfan i bererindodau dyddiol gan fynd am dro hir ar ei ben ei hun trwy Gerrigydrudion i Fangor a Chaergybi a dychwelyd trwy Feddgelert a'r Bala. Wedyn ymadawodd ar ei ben ei hun am dde Cymru, gan fynd trwy'r Sychnant, Y Bala, Mallwyd, Machynlleth, Pontarfynach, Tregaron, Llanymddyfri, Y Gwter Fawr (Brynaman), Abertawe, Castell-nedd, Merthyr Tudful, Caerffili a Chasnewydd, a chyrraedd Casgwent, Myn., erbyn canol Tachwedd. Ond o'r Gwter Fawr ymlaen nid yw ei fanylion yn drylwyr; anghofiodd rai enwau lleoedd a ffieiddiai y Cymru ddiwydiannol. Yr unig ymddiddanion yma oedd rhai gyda Gwyddyl crwydrol. Yr achlysuron mwyaf cofiadwy o'r holl daith yw ei gyfarfyddiad â'r gŵr mewn gwisg lwyd yn Nyffryn Gaint, Môn ('y prydydd mwyaf yn y byd'), ei arhosiad byr yn Ystafell-Gomtio Cwmni Cloddio Potosi ym mryniau deheuol Dyfi a phrofi'n ffurfiol ffynhonnau Hafren, Gwy a Rheidol. Y mae'n nodweddiadol o Borrow ei fod yn galw Llanymddyfri 'o bosibl y dref hyfrytaf y bûm i'n aros ynddi', yn bennaf am fod pawb yn gwybod am Yr Hen Ficer (Rhys *Prichard). Y pwyslais hwn sy'n rhoi i *Wild Wales* ei werth unigryw.

Ceir manylion pellach yn erthygl Angus M. Fraser, 'George Borrow's Wild Wales: Fact and Fabrication', yn Nhrafodion Anrhydeddus Gymdeithas y Cymmrodorion (1980). Gweler hefyd y rhagymadrodd gan William Condry i'w argraffiad o *Wild Wales* (1995).

Wilde, Jimmy (1892–1969), paffiwr, brodor o Tylorstown, *Rhondda, Morg.; ef oedd pencampwr pwysau pry'r byd o 1916 hyd 1923. Er ei fod yn fychan o ran corffolaeth, yr oedd ei ergydion yn ffyrnig ac yn ystod ei yrfa ymladdodd tuag wyth cant a hanner o ornestau; pedwar tro yn unig y trechwyd ef. Enillodd restr o lysenwau lliwgar fel y '*Mighty Atom*' a'r '*Tylorstown Terror*'; cyfeiriwyd ato'n aml fel '*The Ghost with a Hammer in his Hand*'. Cyhoeddwyd ei hunangofiant o dan y teitl, *Fighting was my Business* (1938).

Wiliam ap Siôn Edwart (*fl.* 1513), cwnstabl Castell *Swydd y Waun, a ddarlunnir mewn cywydd gan *Dudur Aled fel patrwm o'r gŵr llys Cymreig newydd a bonheddwr y *Dadeni. Canmola'r bardd amryfal briodoleddau ei noddwr: ei ddewrder wrth hela ac wrth ymladd, ei fedrusrwydd ar offerynnau cerddorol, ei ddysg a'i ddiddordeb mewn achyddiaeth. Yr oedd yn aelod o osgorddlu Harri VIII, cymerodd ran amlwg yng ngwarchae Tournai yn 1513 a rhoddwyd iddo'r arwyddair 'A fynno Duw derfydd' gan y Brenin.

Wiliam ap Tomas (*fl.* 1406–46), bonheddwr, mab Tomas ap Gwilym ap Siancyn o'r Berth-hir, Myn. Bu'n ymladd yn Ffrainc ac yr oedd yn bresennol ym mrwydr Agincourt (1415), pryd y syrthiodd Syr *Dafydd Gam a Syr Roger *Vaughan o Dretŵr. Mewn cywydd moliant iddo cyfeiriodd *Guto'r Glyn at ei blasau – Rhaglan, Gefenni, Llandeilo, Gresynni a Thretŵr. O ganlyniad i ddwy briodas Wiliam, ei enillion fel milwr, a'i gysylltiadau pwerus, prynodd stiwardiaethau enillfawr, ac ymddyrchafodd i reng flaen uchelwyr Gwent a Morgannwg, gan ddal swyddi cyhoeddus ac ennill lle fel gweinyddwr medrus. Ei wraig gyntaf, gweddw Syr James Berkeley, a ddaeth â maenor Rhaglan iddo yn 1406. Fe'i hurddwyd yn 1426 a chyfeiriwyd ato yn aml fel 'Y Marchog Glas o Went'. Gweddw Syr Roger Vaughan o Dretŵr, a merch i Syr Dafydd Gam, oedd ei ail wraig, a thrwy gyfrwng yr ail briodas hon sefydlwyd teulu dylanwadol yr Herbertiaid (gweler o dan WILLIAM HERBERT, m.1469).

Wiliam Bodwrda, gweler BODWRDA, WILIAM (1593–1660).

Wiliam Fychan, gweler FYCHAN, WILIAM (m. 1633).

WILIAM LLŶN (1534/35–80), bardd, brodor o *Lŷn,

Caern.; yr oedd iddo frawd, *Huw Llŷn, yntau'n fardd. Yng Nghroesoswallt yr ymgartrefodd am o leiaf un flwyddyn ar bymtheg olaf ei oes, ac yno y'i claddwyd. Bu'n ddisgybl i *Ruffudd Hiraethog, a chafodd rai o'i lawysgrifau ar ei ôl; graddiodd yn ail Eisteddfod *Caerwys (1567). Ymhlith y beirdd y bu'n athro arnynt yr oedd *Rhys Cain a Siôn Phylip (gweler o dan PHYLIPIAID), a chanodd y ddau farwnad iddo; gadawodd Wiliam ei holl lawysgrifau i Rys Cain. Fel pob bardd wrth ei alwedigaeth casglodd Wiliam achau ac arfau. Er iddo ysgrifennu o leiaf un gramadeg ni chadwyd copi ohono, ond cadwyd copïau o eirfâu a luniodd mewn llawysgrifau, a cheir casgliadau o'i gerddi yn ei law ei hun mewn dwy lawysgrif yn Llyfrgell Ganolog Caerdydd.

Bardd crwydrol ydoedd yn moli ac yn marwnadu uchelwyr gogledd a de Cymru, yn eu plith teuluoedd Gwydir, Lleweni, *Mostyn, Y *Rug, Pictwn, Abermarlais, Y Gelli-aur ac Ystradmerthyr. Cadwyd swm sylweddol o'i farddoniaeth yn y llawysgrifau, a bron eu hanner yn ei law ei hun. Yn eu plith y mae pum awdl ar hugain, dwy ar bymtheg ohonynt yn gerddi moliant, saith yn farwnadau, un awdl enghreifftiol i ferch, a thua chant a hanner o gywyddau (hanner yn gerddi gofyn, diolch, cymod, ymryson a dychan). Cadwyd hefyd gywydd crefyddol crefftwraidd, a thua chant o englynion.

Perthynai Wiliam Llŷn i'r to olaf o'r Penceirddiaid a noddwyd gan y bendefigaeth Gymraeg. Yn nyddiau trawsnewid cymdeithasol a chrefyddol mawr pan oedd *Cyfundrefn y Beirdd yn edwino ymlynodd wrth ei grefft o foli'r *berchentyaeth uchelwrol a fu'n cynnal y beirdd er marw *Llywelyn ap Gruffudd yn 1282. Er bod mater y farwnad yn ei waith yr un ag a fu drwy'r canrifoedd, ceir enghreifftiau o'r farwnad ar ffurf ymddiddan rhwng y byw a'r marw a ddatblygasai dros gyfnod mwy diweddar o ffurf y cywydd serenâd. Dyna yw ei farwnadau i Gruffudd Hiraethog ac Owain ap Gwilym, offeiriad Tal-y-llyn. Ceir yn ei farddoniaeth dro ymadrodd ac ansawdd arbennig sy'n cyfleu gofid y bardd am freuder einioes mewn modd cofiadwy.

Cyhoeddwyd *Barddoniaeth Wiliam Llŷn* (1908) gan J. C. Morrice, sef casgliad sylweddol o waith y bardd a'r prif ffeithiau am ei fywyd. Y mae mwyafrif o'r cerddi yn yr argraffiad hwn yn atgynhyrchiad diplomatig o lawysgrif y bardd ei hun, ond y mae ynddo nifer o gywyddau a briodolwyd iddo ar gam. Cynhwysir enghreifftiau eraill o'i waith yn *Cynfeirdd Llŷn 1500–1800* (gol. John Jones, 1905). Ceir ymdriniaeth â barddoniaeth Wiliam Llŷn yn yr erthygl gan Ifan Wyn Williams yn *Y Traethodydd* (cyf. CXXXV, 1980) ac yn y rhagymadrodd i'r detholiad o'i waith a wnaethpwyd gan Roy Stephens (1980).

WILIAM, URIEN (1929–), nofelydd a dramodydd, a aned yn Abertawe, Morg., yn fab i Stephen J. *Williams, ac a addysgwyd yng Ngholeg y Brifysgol Abertawe a Phrifysgol Lerpwl; bu'n Uwch-ddarlithydd yn y Gymraeg ym Mholitechnig Cymru nes iddo ymddeol yn 1981. Cyhoeddodd saith nofel, *Pluen yn fy* *het/Stafell Ddwbl* (1970), *Tu Hwnt i'r Mynydd Du* (1975), *Chwilio Gem* (1980), *Ingles* (1991), *Corff yn y Capel* (1994), *Breuddwyd Rhy Bell* (1995) a *Cyffur Cariad* (1996), a nifer o lyfrau i blant, yn cynnwys *Dirgelwch y Rocedi* (1968), *Perygl o'r Sêr* (1972), *Y Sbienddrych Hud* (1991) ac *Y Ddau Grwt 'Na Eto* (1994). Enillodd y Fedal Ddrama yn *Eisteddfod Genedlaethol 1972 ac 1973 a chyhoeddwyd y ddwy ddrama, *Y Pypedau* ac *Y Llyw Olaf* yn 1974; dramâu eraill ganddo yw *Tipyn o Nwy* (1981) ac *Agi Agi Agi* (1990). Y mae'n ysgrifennu llawer ar gyfer y teledu.

WILIAMS, GERWYN (1963–), bardd a beirniad llenyddol. Ganed ym Mhwllheli, Caern., ond mudodd gyda'i deulu i Gaer, Llangefni, Y Trallwng, Y Drenewydd a Llanbedr Pont Steffan. Enillodd radd yn y Gymraeg yng Ngholeg Prifysgol Cymru, Aberystwyth, ac yna treuliodd dair blynedd yn ymchwilio i lenyddiaeth Gymraeg ynghylch y *Rhyfel Byd Cyntaf. Cyhoeddwyd ffrwyth yr ymchwil yn *Y Rhwyg* (1993), sy'n trafod y modd yr ymatebodd beirdd Cymraeg i'r danchwa, ac yn *Tir Neb* (1996), y gyfrol a enillodd wobr Llyfr y Flwyddyn yn 1997 ac sy'n ymdrin ag ymateb llenorion rhyddiaith. Y mae ei feirniadaeth lenyddol hyd yn hyn yn dangos penderfyniad i osod llenyddiaeth yn ei chyd-destun hanesyddol a chymdeithasol, ac i osgoi dihangfa'r feirniadaeth esthetig. Gwelir hynny yn ei erthygl ar *Gyfres Beirdd Answyddogol* y *Lolfa yn Sglefrio ar Eiriau* (gol. John *Rowlands, 1992), ac mewn erthyglau diweddarach yn *Taliesin*. Tra oedd yn y coleg sefydlodd y cylchgrawn *Y Weiren Bigog*, a oedd yn llwyfan ar gyfer llenorion a beirniad ifainc miniog eu barn ac arloesol eu hosgo, ond dim ond dau rifyn o'r cylchgrawn hwnnw a ymddangosodd. Er 1989 y mae'n Ddarlithydd yn Adran y Gymraeg ym Mhrifysgol Cymru, Bangor. O ddechrau 1993 ymlaen bu'n olygydd *Taliesin*, ar y cyd â John Rowlands.

Daeth ei ddawn fel bardd i'r amlwg yn gynnar; enillodd Fedal Lenyddiaeth Eisteddfod Genedlaethol yr *Urdd yn 1983 ac 1984 am ei gyfrolau *Tynnu Gwaed* a *Colli Cyswllt*. Yn sgîl ei daith gyda chriw o feirdd a cherddorion yn ystod haf 1986, cyhoeddwyd rhai o'i gerddi yn *Fel yr Hed y Frân*. Daeth casgliad o'i farddoniaeth dan y teitl *Rhwng y Cŵn a'r Brain* o'r wasg yn 1988. Enillodd y *Goron yn yr Eisteddfod Genedlaethol yn 1994 am y dilyniant 'Dolenni', a chyhoeddwyd casgliad arall, *Cydio'n Dynn*, yn 1997. Y mae'r cerddi arobryn yn rhai deifiol ddychanol sy'n deffro'r dychymyg gydag egrwch pwrpasol a dweud. Cwestiynu a wnânt faint o wir gyfathrebu a geir yn ein pentref o fyd teledol. Fel yn ei holl farddoniaeth, defnyddir arddull noethlymun, wrth-delynegol, lle y cymysgir gwahanol gyweiriau'n effeithiol i brocio ymateb.

Cyfwelwyd Gerwyn Wiliams gan Simon Brooks yn *Tu Chwith* (cyf. I, 1993) a chan John Rowlands yn *Taliesin* (cyf. LXXXIX, 1994).

WILIEMS, THOMAS (1545/46–1622), geiriadurwr ac achyddwr, brodor o Drefriw, Dinb., a châr i deulu *Wynn o Wydir; credir iddo astudio meddygaeth yng Ngholeg Trwyn y Pres, Rhydychen. Bu'n ddiwyd iawn yn casglu a chopïo llawysgrifau, yn eu plith *Prif Achau Holl Gymru Benbaladr*, *Cyfraith Hywel a diarhebion. Seiliwyd ei gampwaith, *Thesaurus Linguae Latinae et Cambrobrytannicae* ar *Dictionarium Linguae Latinae et Anglicanae* Thomas Thomas, sef argraffydd cyntaf Prifysgol Caer-grawnt. Y mae'n waith manwl sy'n adlewyrchu ei wybodaeth drylwyr o waith y beirdd. Dywed mai llafur hanner can mlynedd ydoedd casglu'r deunydd ynghyd. Wedi ei farwolaeth bu'r llawysgrif ym meddiant Syr John *Wynn o Wydir a rhoddodd ef y gwaith i John *Davies, Mallwyd, i'w adolygu. Nis cyhoeddwyd ar wahân, ond fe'i defnyddiwyd, mewn ffurf dalfyredig, yn adran Ladin-Cymraeg geiriadur Davies, sef *Antiquae Linguae Britannicae Dictionarium Duplex* (1632).

Ceir manylion pellach yn yr erthygl gan J. E. Caerwyn Williams, 'Thomas Wiliems, y Geiriadurwr', yn *Studia Celtica* (cyf. XVI/XVII, 1981–82).

WILKINS, CHARLES (1831–1913), hanesydd. Fe'i ganed yn Stonehouse, swydd Gaerloyw, yn fab i lyfrwerthwr a ymgartrefodd ym Merthyr Tudful, Morg., ac a ddaeth yn bostfeistr y dref yn 1851. Olynodd ei dad yn y swydd a'i dal nes iddo ymddeol yn 1898; ef hefyd o 1846 hyd 1866 oedd llyfrgellydd y llyfrgell danysgrifiadol leol, a Thomas *Stephens oedd yn ysgrifennydd iddi. Yr oedd yn gyfrannwr cyson i bapurau wythnosol Merthyr Tudful a Chaerdydd. Cyhoeddodd nifer o weithiau hanesyddol: y pwysicaf oedd *The History of Merthyr Tydfil* (1867), *The History of the Coal Trade in South Wales* (1888) a *The History of the Iron, Steel and Tinplate and Other Trades of Wales* (1903). Er nad oedd yn Gymro magodd falchder yn ei fro a dyfodd ymhen amser yn wladgarwch Cymreig. Ei brif weithiau llenyddol oedd *The History of the Literature of Wales from 1300 to 1650* (1884), estyniad o'i draethawd buddugol yn yr *Eisteddfod Genedlaethol yn 1880, a *Tales and Sketches of Wales* (1879). Bu'n olygydd y cylchgrawn *The *Red Dragon* o 1885 gan geisio creu yn yr iaith Saesneg ddarllenwyr â'r un ymwybyddiaeth wladgarol ag ef ac am hynny o leiaf y mae'n haeddu cael ei gofio.

Wilkinson, John (1728–1808), 'tad y fasnach haearn'; mab ydoedd i weithiwr haearn o Cumberland a ddaeth yn 'feistr', ac a gafodd brydles y ffwrnais haearn yn Bersham, Wrecsam, yn 1753. Daeth y teulu i fyw i Blas Grono, cartref hynafol teulu Yale. Datblygodd y mab y gweithfeydd trwy adeiladu offer i wneud sylindrau i fesuriadau manwl a ddefnyddid o 1775 ymlaen yn agerbeiriant James Watt, a thrwy wneud gynnau. Yr oedd yn radicalaidd o ran gwleidyddiaeth; fe'i cyhuddwyd o werthu canon i'r Ffrancod yn ystod Rhyfeloedd y *Chwyldro Ffrengig, ond ni chafodd ei ddedfrydu. Yn 1792 prynodd ystad Neuadd Brymbo lle y cychwynnodd ffwrneisi tawdd, a ffermiodd y tir yn ôl dulliau newydd; ef a ddefnyddiodd yr injan ddyrnu stêm gyntaf yng ngogledd Cymru. Yr oedd hefyd yn gyfranddaliwr blaenllaw yng Nghwmni Camlas Ellesmere a bu'n Uchel Siryf y Sir. Er ei fod yn unbenaethol ac unplyg yr oedd, yn ôl pob sôn, yn gyflogwr da. Ar ôl ei farwolaeth gwasgarwyd cyfoeth ei deulu mewn ymrafael cyfreithiol rhwng ei feistres a'i nai, ac erbyn 1830 yr oedd gweithfeydd Bersham yn segur.

Gweler yr erthyglau gan Ifor Edwards, '*John Wilkinson: gunfounder, 1756–74*, yn *Nhrafodion* Cymdeithas Hanes Sir Ddinbych (cyf. XXXIX, 1990), a '*John Wilkinson and the development of gunfounding in the late eighteenth century*, yn *Cylchgrawn Hanes Cymru* (cyf. XV, rhif. 4, 1991); ysgrif gan Stephen Grenter yn *Welsh Industrial Heritage* (1991) a chyhoeddiadau Canolfan Etifeddiaeth Ddiwydiannol Bersham.

William de Braose (*c*.1150–1211), un o arglwyddi enwocaf y Mers. Fe'i cofir am ei frad yn 1175 pan wahoddodd Seisyllt ap Dyfnwal ac arglwyddi Cymreig eraill a oedd yn gymdogion iddo i wledd yn Y Fenni. Yna gorchmynnodd ladd ei westeion, ac o ganlyniad i'r weithred hon cafodd yr enw 'The Ogre of Abergavenny'. Yn ddiweddarach cododd Cymry Gwent yn erbyn de Braose ond llwyddodd i ddianc. Camwedd arall a briodolir iddo oedd achosi marwolaeth tua thair mil o ddilynwyr Gwenwynwyn, Tywysog Powys, yng Nghastell-paen, Maesd., yn 1198, digwyddiad y ceir sôn amdano yn *Llyfr Du Caerfyrddin* a chyfeirir ato yn nofel Syr Walter Scott, *The Betrothed* (1825). Enynnodd yntau, fel ei wraig *Maude de St. Valerie (Mol Walbee), lid y Brenin John. Cymerodd y Brenin feddiant o'i ystadau a bu ef farw yn Ffrainc, yn alltud. Ŵyr iddo oedd y William de Braose (Gwilym Brewys) a grogwyd yn 1230 am ei odineb honedig â *Siwan, gwraig *Llywelyn ap Iorwerth (Llywelyn Fawr).

WILLIAM, DAFYDD (1720/21–94), emynydd a phregethwr a aned ym mhlwyf Llanedi, Caerf., ond a fu'n byw am flynyddoedd lawer ym mhlwyf Llandeilofach (a elwid hefyd yn Llandeilo Tal-y-bont), bellach Pontarddulais. Bu'n athro mewn ysgolion cylchynol, a bu'n bregethwr lleyg gyda'r Methodistiaid Calfinaidd (gweler o dan METHODISTIAETH a CALFINIAETH), ond trodd at y *Bedyddwyr a chael ei fedyddio yn afon Elái yn Llanbedr-y-fro ym Mro Morgannwg lle yr ymsefydlodd yn y 1770au.

Cyhoeddwyd ei gasgliad cyntaf o emynau o dan y teitl *Gorfoledd ym Mhebyll Seion* (*c*.1762); ymddangosodd tri rhifyn ychwanegol yn 1777–78 ac argraffiadau llawn yn 1782 ac 1786. Dilynwyd hyn gan argraffiad Saesneg o rai o'i emynau, *Joy in the Tents of Zion* (1779), a'r cyfrolau *Telynau i Blant yr Addewid* (1782), *Gwin i'r Diffygiol* (*c*.1785–86), *Hymnau Priodferch y Brenin Alpha*

(*c*.1787), *Myfyrdod y Pererin* (1788?) ac *Yr Udgorn Arian* (1789). Yr oedd yn awdur tua chant ac ugain o emynau Cymraeg. Y maent yn gyfansoddiadau ysgrythurol eu naws, ac wedi'u nodweddu gan frwdfrydedd Efengylaidd; gwelir amryw ohonynt mewn casgliadau cyfoes. Y rhai mwyaf poblogaidd yw 'Yn y dyfroedd mawr a'r tonnau', 'Anghrediniaeth gad fi'n llonydd' ac 'O Arglwydd, dyro awel'. Cyhoeddodd hefyd chwe llyfryn yn cynnwys cerddi mwy seciwlar eu naws yn nhraddodiad y *faled, a dwy farwnad ar bymtheg yn null William *Williams (Pantycelyn).

Cyhoeddodd Gomer M. Roberts astudiaeth o fywyd Dafydd William, yn ogystal â llyfryddiaeth, yn 1954; ceir detholiad o'i emynau yn *Pedwar Emynydd* (gol. Bobi Jones, 1970). Ceir manylion pellach amdano mewn erthygl gan Ann Hughes yng *Nghylchgrawn* Cymdeithas Hanes y Methodistiaid Calfinaidd (1984).

WILLIAM, THOMAS (1761–1844), emynydd a aned yn Nhrerhedyn, Pendeulwyn, Morg., ond daeth ei enw ynghlwm wrth gapel Annibynnol Bethesda'r Fro, Bro Morgannwg, lle y bu'n weinidog am flynyddoedd maith. Cyfansoddodd rai o emynau mwyaf adnabyddus y Gymraeg, megis 'O'th flaen, O Dduw, 'rwy'n dyfod' a ymddangosodd yn ei brif gasgliad, *Dyfroedd Bethesda* (1824); ei ddau gasgliad blaenorol oedd *Llais y Durtur* (1812) a *Perl mewn Adfyd* (1814). Diau mai'r emyn mwyaf poblogaidd yw 'Adenydd fel c'lomen pe cawn'. Canodd hefyd alarganau, megis 'Llef Eliseus ar ôl Elias', a ganwyd ar ôl John *Williams, Sain Tathan. Golygwyd casgliad o'i emynau, ynghyd â chofiant, gan Thomas Rees yn 1882.

Gweler W. Rhys Nicholas, *Thomas William Bethesda'r Fro* (1994).

William Jones (1944), ail nofel T. Rowland *Hughes, sy'n portreadu gŵr sy'n cael ei blagio gan ei slebog o wraig. Chwarelwr clên a digon diniwed yw'r prif gymeriad ond y mae'n colli'i bwyll gyda'i wraig, ac yn fuan ar ôl gwrthod ei swper gyda'r frawddeg enwog 'Cadw dy blydi chips!' y mae'n gadael cartref ac yn mynd i'r 'sowth' i chwilio am waith. Nid yw bywyd ym mhentrefi glofaol de Cymru adeg y *Dirwasgiad yn hawdd, ond llwydda William Jones i gael gwaith – ac yn wir enwogrwydd – fel actor mewn dramâu radio, er mawr ofid i'w wraig sy'n gwrando gartref yn sir Gaernarfon. Ffigur mewn comedi yw William Jones ar ddechrau'r nofel, ond y mae'n datblygu erbyn y diwedd i fod yn dipyn o arwr.

Gweler rhagymadrodd J. Rowlands i'r argraffiad newydd o'r nofel (1991), a hefyd drafodaeth yr un awdur, ar y cyd ag Alun Jones, yn y gyfrol *William Jones* (1993). Cyhoeddwyd cyfieithiad Saesneg o'r nofel gan Richard Ruck yn 1953.

WILLIAMS, ALICE MATILDA LANGLAND (**Alis Mallt Williams**; 1867–1950), nofelydd a aned yn Ystumllwynarth, Morg., ac a dreuliodd ei blynyddoedd cynnar yn Nhal-y-bont ar Wysg, Brych.; bu'n byw yn ddiweddarach yn Llanarthne, Caerf., a Llandudoch, Penf. Ysgrifennodd gyda'i chwaer Gwenffreda, o dan y ffugenw 'Y Ddau Wynne', ddwy nofel, *One of the Royal Celts* (1889) ac *A Maid of Cymru* (1901). Er nad oes arbenigrwydd llenyddol i'r olaf, cyfunai Ramantiaeth a *Chenedlaetholdeb delfrydol â siarad plaen a oedd yn anghyffredin iawn yn y cyfnod hwnnw. Ym Mhlas Llanofer yn 1899 cyfarfu'r ddwy chwaer â'r beirdd Llydewig Abhervé (François Vallée) a Taldir (François Jaffrennou) ac ysbrydolodd hyn y gerdd '*An Diou Vag*' a phleidiodd Mallt yr iaith Lydaweg am weddill ei hoes. Yr oedd yn bur gefnog a cheisiai hyrwyddo buddiannau merched; yr oedd hefyd yn un o gefnogwyr cynharaf a mwyaf hael *Plaid Cymru. Ceir erthygl hir gan Alis Mallt Williams yn dwyn y teitl '*Welsh Women's Mission in the Twentieth Century*' yn y gyfrol *Wales Today and Tomorrow* (gol. T. Stephens, 1907). Yr oedd yr hanesydd William Retlaw Jefferson *Williams yn frawd hŷn iddi.

Gweler yr erthygl gan Marion Löffler, '*A Romantic Nationalist*', yn *Planet* (rhif. 121, Chwef./Mawrth 1997).

WILLIAMS, ANNA (1706–83), bardd. Fe'i ganed yn Rosemarket, Penf., yn ferch i'r dyfeisiwr Zachariah Williams (1673–1755). Symudodd gyda'i thad i Lundain pan oedd hi tuag un ar hugain mlwydd oed ac yno y bu'n byw am weddill ei hoes. Cynorthwyodd hi Stephen Gray yn ei arbrofion â thrydan a chydweithiodd ar gyfieithiad *The Life of the Emperor Julian* (1746) gan De La Bléterie. Ar ôl i bilennau ddatblygu yn ei dau lygad, cafwyd llawdriniaeth aflwyddiannus yn 1752, ond erbyn hynny yr oedd wedi ennill cydymdeimlad Samuel Johnson, a rhoes ef lety iddi a'i chynorthwyo i gyfansoddi ei *Miscellanies in Prose and Verse* (1766).

Am fanylion pellach gweler hanes Anna Williams yn Lyle Larsen, *Dr. Johnson's Household* (1985); gweler hefyd Geoff Nicolle, '*A Woman of More than Ordinary Talents*', yn *The New Welsh Review* (rhif. 11, cyf. III, Gaeaf 1990–91).

WILLIAMS, CHARLES HANBURY (1708–59), awdur dychangerddi. Fe'i ganed yn Charles Hanbury ym Mhont-y-pŵl, Myn. Yr oedd yn fab-bedydd i Charles Williams o Gaerllion-ar-Wysg, yr hwn a ffodd o'r wlad wedi lladd cefnder iddo mewn gornest; etifeddodd ystad Charles Williams a mabwysiadu ei gyfenw. Ar ôl priodi yn 1732 aeth i'r Senedd yn gefnogydd i Syr Robert Walpole. Fe'i hurddwyd yn farchog yn 1746 ac yna dechreuodd ar gyfres o deithiau llysgenhadol i Sacsoni, Prwsia, Gwlad Pwyl a Rwsia. Yn 1757 torrodd ei iechyd corfforol a meddyliol a thybir iddo gyflawni hunanladdiad. Mydryddu medrus mewn amryw arddulliau yw'r rhan fwyaf o'i waith, a gasglwyd mewn tair cyfrol (1822), er mai dychan gwleidyddol a phersonol sy'n fwyaf amlwg.

Ceir manylion pellach yn *Works* Charles Hanbury Williams gyda nodiadau gan Horace Walpole (3 cyf., 1822).

WILLIAMS, DAVID (1738–1816), athronydd a aned yn Waunwaelod ym mhlwyf Eglwysilan, ger Caerffili, Morg., ac a addysgwyd yn Academi Caerfyrddin. Bu'n weinidog gyda'r Annibynwyr yn Frome, Caer-wysg a Llundain cyn rhoi'r gorau i'r weinidogaeth yn 1773 a'i gynnal ei hun wedyn fel pamffledwr gwleidyddol, darlithydd ac ysgolfeistr. Daeth ei *Treatise on Education* (1774) i sylw Benjamin Franklin, a rhyngddynt ffurfiwyd y *Thirteen Club*, cylch o ddeïstiaid yr ysgrifennodd Williams *A Liturgy on the Universal Principles of Religion and Morality* (1776) ar eu cyfer; canmolwyd y gwaith hwn gan Voltaire a Rousseau. Gwnaeth enw iddo'i hun yn Ffrainc, lle y perchid ei waith, trwy gyfrwng cyfieithiad Ffrangeg o'i *Letters on Political Liberty* (1792), sef amddiffyniad o'r trefedigaethwyr Americanaidd a gefnogai ad-drefnu radicalaidd. Dyfarnwyd iddo ddinasyddiaeth anrhydeddus Ffrainc ddeng mlynedd yn ddiweddarach, ac fe'i gwahoddwyd i gynorthwyo yn y gwaith o lunio cyfansoddiad i'r Girondiaid. Yr oedd yn awdur y gyfrol fawr *The History of Monmouthshire* (1796), a hunangofiant, nas cyhoeddwyd, a gedwir yn Llyfrgell Ganolog Caerdydd. Ond cofir amdano yn bennaf oherwydd iddo sefydlu'r Gronfa Lenyddol Frenhinol yn 1790. Yr oedd wedi ceisio, ddwy flynedd ar bymtheg cyn hynny, awgrymu y dylid llunio cymdeithas ddyngarol ar gyfer gwŷr athrylithgar anghenus, ond ni chafodd fawr o ymateb. Tywysog Cymru (Siôr IV yn ddiweddarach) oedd un o'i noddwyr cynharaf, a chaniataodd siarter frenhinol a gwneud cyfraniadau hael i'r Gronfa, sy'n bodoli o hyd.

Ceir manylion pellach am David Williams yn y cofiannau gan H. P. Richards (1980) a Peter France (1981); gweler hefyd W. R. D. Jones, *David Williams: The Anvil and the Hammer* (1986).

WILLIAMS, DAVID (1900–78), hanesydd, a brodor o Lan-y-cefn ger Arberth, Penf.; fe'i haddysgwyd yng Ngholeg y Brifysgol, Caerdydd. Wedi cyfnod yn athro ysgol dyfarnwyd ysgoloriaeth Rockefeller iddo yn 1926 a bu'n astudio ym Mhrifysgolion Columbia, Paris a Berlin. Yn 1930 fe'i penodwyd i staff yr Adran Hanes yng Nghaerdydd ac o 1945 hyd 1967 daliodd gadair Syr John Williams mewn Hanes Cymru yng Ngholeg Prifysgol Cymru, Aberystwyth. Daeth ei lyfr *History of Wales 1485–1931* (1934) ac *A History of Modern Wales* (1950) yn werslyfrau anhepgorol i do ar ôl to o fyfyrwyr. Fe'i sefydlodd ei hun yn awdurdod cydnabyddedig ar hanes cymdeithas yng Nghymru yn y bedwaredd ganrif ar bymtheg, a chyhoeddodd ddwy gyfrol bwysig iawn: *John Frost: a Study in Chartism* (1939) a *The Rebecca Riots: a Study in Agrarian Discontent* (1955). Ymhlith ei ddiddordebau eraill yr oedd *Radicaliaeth Gymreig gynnar ac *ymfudo y Cymry i'r Amerig. Cyfrannodd nifer o erthyglau i gylchgronau ar hanes Cymru fodern a chyhoeddodd weithiau pwysig eraill megis *Cymru ac America* (1946), *John Penry: Three Treatises Concerning*

Wales (1960) a *John Evans and the Legend of Madog, 1770–1799* (1963).

Ceir manylion pellach yn yr erthygl goffa gan Richard Cobb yn *Cylchgrawn Hanes Cymru* (cyf. IX, rhif. 2, 1978).

WILLIAMS, DAVID JOHN (1885–1970), llenor. Fe'i ganed yn Rhydcymerau, Caerf., ardal a anfarwolir yn ei hunangofiant *Hen Dŷ Ffarm* (1953) ac *Yn Chwech ar Hugain Oed* (1959). Pan oedd yn un ar bymtheg oed aeth i Gwm Rhondda i fod yn lŵr, profiad a adlewyrchir yn rhai o'i storïau byrion. Ar ôl tua phedair blynedd yn y pyllau glo aeth i Ysgol Stephens yn Llanybydder, Caerf., ac i Ysgol yr Hen Goleg, Caerfyrddin, lle yr oedd Joseph Harry yn brifathro; yna aeth i Goleg Prifysgol Cymru, Aberystwyth, ac i Goleg Iesu, Rhydychen, ac yn y ddau sefydliad olaf enillodd raddau. Bu'n athro yn Ysgol Lewis Pengam ac wedyn yn Ysgol Ramadeg Abergwaun, Penf., lle yr arhosodd nes iddo ymddeol yn 1945. Yr oedd ymysg sefydlwyr *Plaid Cymru (bu'n cefnogwr y mudiad Llafur cyn hynny). Cymerodd ran, ynghyd â Saunders *Lewis a Lewis *Valentine, yn y weithred symbolaidd o losgi siediau'r ysgol fomio ym *Mhenyberth yn 1936, ac o ganlyniad bu am naw mis yn Wormwood Scrubs.

Ysgrifau a storïau byrion mewn cyfnodolion oedd ei weithiau llenyddol cyntaf, ac fe'u casglwyd yn y gyfrol *Y Gaseg Ddu* (gol. J. Gwyn Griffiths, 1970). Y mae'r pedair stori fer a geir yma yn fwy rhamantaidd a delfrydol eu dull na'r storïau a enillodd glod iddo'n ddiweddarach, ond nid *juvenilia* mohonynt. Ceir ynddynt y portreadu bywiog a'r sylwadaeth nwyfusysgafn sy'n nodweddu ei storïau gorau yn y gyfres driphlyg, *Storïau'r Tir* (1936, 1941, 1949). Ynghyd â *Hen Dŷ Ffarm*, ei gampwaith yn ddi-os yw *Hen Wynebau* (1934), llyfr o bortreadau o bobl ac anifeiliaid a gafodd yn rhad o fro enedigol. Yn ogystal â'r llyfrau hyn ysgrifennodd D. J. Williams lawer o erthyglau yn ymwneud â *Chenedlaetholdeb a hefyd astudiaethau o *Mazzini* (1954) a George William Russell (1963) ac atgofion am ddyddiau cynnar Plaid Cymru yn dwyn y teitl *Codi'r Faner* (1968). Yn y rhan fwyaf o'r gweithiau hyn gwelir bod ei hoffter o bortreadu pobl yn holl bwysig, yn arbennig dynion sy'n ymgorffori delfrydau am genedl a chymdeithas.

Y weledigaeth a sbardunodd D. J. Williams drwy gydol ei oes ac yn ei holl lenydda oedd 'y filltir sgwâr' o gwmpas ei darddle ef ei hun, cymdeithas fechan, glòs, lle y mae gwerthoedd dynol yn dyrchafu pob unigolyn a lle y mae ysbryd o gydweithrediad bron yn reddf naturiol. Y mae cwlwm syniadol yn clymu ei holl weithiau nes eu gwneud yn undod apelgar. Ymysg ei nodweddion amlwg fel llenor ceir hiwmor rhadlon, serch at anifeiliaid, yn arbennig at geffylau, parodrwydd i grwydro'n rhydd ac eto'n gyfrwys, dawn ddychanol sy'n fwy amlwg yn y storïau diweddar, ac arddull sydd o ran

cystrawen yn llenyddol gywrain ond o ran geirfa yn pefrio gan ymadroddion lliwgar a dynnwyd o'i fro enedigol. Enynnodd D.J., fel yr adwaenid y cymeriad hoffus hwn ledled Cymru, gariad ei gyd-wladwyr oherwydd ansawdd ei waith a'i ymroddiad i ddiwylliant ei genedl yn ei holl agweddau.

Ceir astudiaeth o'i waith yn y gyfrol deyrnged (1969) sy'n cynnwys llyfryddiaeth gan David Jenkins; cafwyd llyfryddiaeth atodol gan Gareth Watts yn *Y Gaseg Ddu* (1970); gweler hefyd gyfrol Dafydd Jenkins yn y gyfres *Writers of Wales* (1973), a chyfrol gyda lluniau yng nghyfres *Bro a Bywyd* (gol. J. Gwyn Griffiths, 1983). Cyhoeddwyd casgliad o gerddi er cof amdano yn y gyfrol *Y Cawr o Rydcymerau* (gol. D. H. Culpitt ac W. Leslie Richards, 1970).

WILLIAMS, DAVID JOHN (1886–1950), awdur llyfrau i blant a aned yng Nghorris, Meir.; bu'n ysgolfeistr yn ei sir enedigol. Ef yn anad neb a dderbyniodd yr her i baratoi deunydd darllen Cymraeg ar gyfer plant ysgol gan ddilyn argymhellion yr adroddiad *Y Gymraeg mewn Addysg a Bywyd* (1927). Yn ogystal â golygu pum cyfres o werslyfrau ysgol rhagorol rhwng 1926 ac 1941, ysgrifennodd *Hen Chwedlau Groeg* (1922), *Plant Gwledydd Pell* (1926), *Gardd y Plant* (1927), *Anturiaethau Morwyr Cymru* (1942) a *Dyddgwaith Iesu Grist* (1948). Ond fe'i cofir yn bennaf fel sylfaenydd *Hwyl*, y comic cyntaf yn yr iaith Gymraeg a lansiodd yn 1949. Ni ddylid drysu'r D. J. Williams hwn â'r llenor a drafodir yn y cofnod blaenorol.

WILLIAMS, DAVID MATTHEW (Ieuan Griffiths; 1900–70), dramodydd a aned yng Nghellan, Cer., yn fab i of ac yn frawd i Griffith John *Williams. Addysgwyd ef yng Ngholeg Prifysgol Cymru, Aberystwyth, lle y graddiodd mewn Cemeg. Bu'n athro ysgol yng Nglynebwy, Myn., cyn dychwelyd i'w hen goleg yn ddarlithydd; yna fe'i penodwyd yn Arolygydd Ysgolion, swydd a gadwodd nes iddo ymddeol.

Ysgrifennwyd y rhan fwyaf o'i ddramâu o dan ei ffugenw, Ieuan Griffiths; daeth y dramâu'n boblogaidd iawn a bu cryn chwarae arnynt gan gwmnïau amatur. Y maent yn cynnwys *Dirgel Ffyrdd* (1933), *Awel Dro* (1934), *Yr Oruchwyliaeth Newydd* (1937), *Dau Dylwyth* (1938), *Tarfu'r Clomennod* (1947), *Y Fflam Leilac* (1952), y dramâu byrion *Lluest y Bwci* (1931), *Y Ciwrad yn y Pair* (1932), *Neithior* (1947), *Ted* (1952), a thair drama i blant, *Ddoe a Heddiw* (1954), *Gwragedd Arberth* (1954) a *Peredur* (1954).

WILLIAMS, DAVID MORGAN, a adwaenir fel MOGG (1928–97), bardd a aned yng Nghwm Ogwr, Morg. Gadawodd yr ysgol yn bedair ar ddeg oed i weithio fel glöwr ond, ar ôl cael ei anafu mewn damwain danddaearol, aeth ati i ysgrifennu o ddifrif. Cyhoeddodd tua dwsin o gasgliadau o'i waith ei hun, gan gynnwys *Poet, Pitwheels and Apples* (1975), *Mogg's People* (1985), *Of Bread, Gods and Men* (1987) a *Ropes of*

Smoke (1992); ymddangosodd ei *Selected Works 1969–96* yn 1996. Llwyfannwyd ei ddrama, *On Wordberry Hill*, yn Theatr Sherman, Caerdydd, yn 1988. Ysgrifennai Mogg Williams yn gyfan gwbl am y diwydiant glo a'r cymunedau a ddibynnai arno, ac yr oedd galw mawr arno i ddarllen ei waith, yn arbennig yn ystod streic y glowyr yn 1984/85.

WILLIAMS, EDWARD (Iolo Morganwg; 1747–1826), bardd a hynafiaethydd. Fe'i ganed yn Llancarfan, Morg., ac fel saer maen y treuliodd y rhan fwyaf o'i oes, yn ei sir enedigol ac yn Lloegr. Yn fachgen daeth dan ddylanwad geiriadurwyr ym Morgannwg megis Thomas Richards a John *Walters a beirdd y blaeneudir. Dechreuodd Iolo gymryd y cyffur lodnwm (math o opiwm) yn ifanc, a bu'n gaeth iddo trwy gydol ei oes; bernir bod hyn wedi dylanwadu ar gyflwr ei feddwl. Bu dylanwad diwygiad diwylliannol a hynafiaethol y ddeunawfed ganrif (gweler o dan HYNAFIAETHEG) yn drwm iawn arno a bu'n barddoni yn Gymraeg a Saesneg. Yr oedd yn gopïydd a chasglydd llawysgrifau ac yn hynafiaethydd o awdurdod.

Gweithiai o gylch Llundain yn ystod y 1770au a'r 1790au gan ddod i gysylltiad â berw diwylliannol *Cymry Llundain mewn cyfarfodydd Cymdeithas y *Gwyneddigion. Daeth i adnabod llenorion o Saeson megis Robert Southey, a bu'n ymdroi llawer yn y cylchoedd mwyaf blaengar a Radicalaidd. Dechreuodd ei alw ei hun 'The Bard of Liberty' yn ystod y cyfnod hwn. Yn Llundain yn 1792 y cynhaliodd Iolo gyfarfod cyntaf *Gorsedd Beirdd Ynys Prydain a thrwy hynny y cyflwynwyd Derwyddiaeth newydd y ddeunawfed ganrif i'r Cymry. Ymroes Iolo i lawer iawn o ffasïynau a diddordebau Rhamantaidd y 1790au fel yr ymchwil am ddisgynyddion *Madoc, ac yn 1802 ef oedd un o brif sefydlwyr yr Undodiaid yn ne Cymru (gweler o dan UNDODIAETH). Dechreuodd sawl menter mewn busnes, pob un yn fethiant. Bu'n fethdalwr a bu yng ngharchar Caerdydd, lle y dywedir i'w fab Taliesin *Williams gael ei eni, yr hwn a ddaeth yn ddisgybl i'w dad ac yn olygydd peth o'i waith. Cafodd Iolo ei awr bwysicaf yn 1819 yn *Eisteddfod enwog Caerfyrddin, pan lwyddodd i gysylltu Gorsedd y Beirdd â'r mudiad eisteddfodol. Yn ei flynyddoedd olaf paratoai bob math o ddeunydd llenyddol a hanesyddol a derwyddol ar gyfer y wasg, a chyhoeddwyd y deunydd ar ôl ei farw. Bu farw yn y bwthyn yn Nhrefflemin, Morg., lle y bu'n byw am y rhan fwyaf o'i oes.

Y gwaith pwysig cyntaf i Iolo ei gyhoeddi oedd y cywyddau a gyfrannodd i argraffiad y Gwyneddigion o waith *Dafydd ap Gwilym yn 1789, a phrofodd G. J. *Williams mai gwaith Iolo ei hun oedd y rhain. Cyhoeddwyd gwaith prydyddol Iolo yn Saesneg yn Llundain dan y teitl *Poems Lyric and Pastoral* (2 gyf., 1794). Ef oedd un o olygyddion y tair cyfrol *The Myvyrian Archaiology* (1801–07) a gyhoeddwyd ar draul Owen

*Jones (Owain Myfyr) a chyhoeddwyd ei gasgliad enfawr o emynau ar gyfer yr Undodiaid Cymraeg yn 1812. Wedi iddo farw cyhoeddwyd ei ymdriniaeth â *Cherdd Dafod yn *Cyfrinach Beirdd Ynys Prydain* (1829), ac yn 1848 ymddangosodd ei gasgliad enfawr o ryddiaith a barddoniaeth yn yr *Iolo Manuscripts*. Cyhoeddwyd darnau helaeth o'i waith wedi'u cymryd o'r llawysgrifau yn ystod gweddill y bedwaredd ganrif ar bymtheg, yn cynnwys *Coelbren y Beirdd* (1840), *Dosparth Edeyrn Dafod Aur* (gol. John Williams, 1856) a *Barddas* (gol. John Williams, 2 gyf., 1862, 1874).

Yn ddi-os, Iolo Morganwg yw'r llenor mwyaf dadleuol yn Gymraeg. Ef oedd etifedd mwyaf yr adfywiad diwylliannol yng Nghymru yn y ddeunawfed ganrif ac ef hefyd oedd lladmerydd Chwyldro Rhamantaidd Ewrop yng Nghymru. Er gwaethaf ei Undodiaeth a'i Radicaliaeth, daeth yn un o'r prif ddylanwadau ar ddiwylliant Cymru mewn cyfnod o adwaith ar ddechrau'r bedwaredd ganrif ar bymtheg. Yr oedd Iolo yn hanesydd, yn fardd ac yn weledydd a geisiodd brofi bod hanes a llên Morgannwg yn hanfodol i'r traddodiad Cymreig. Llafuriodd i ddangos bod y traddodiad llenyddol, yn enwedig y traddodiad barddol, yn ganolog yn hanes Cymru. Ceisiodd brofi mai'r Cymry oedd y bobl bwysicaf ym Mhrydain, a'u traddodiad yn ymestyn yn ddi-dor yn ôl at y *Derwyddon, amddiffynwyr cynharaf y byd Celtaidd yn erbyn y goresgynwyr Rhufeinig. Wrth geisio hyrwyddo'r honiadau hyn yr oedd yn barod i ddefnyddio ei ddychymyg a'i ddoniau llenyddol hyd yn oed i ffugio ffynonellau hanes Cymru ac i gamarwain ei gyfoeswyr ynglŷn â natur, yn arbennig hynafiaeth, y traddodiad llenyddol Cymraeg, ac o ganlyniad bu llawer o ysgolheigion y bedwaredd ganrif ar bymtheg yn gweithio o dan ddylanwad ffugiadau Iolo.

Er gwaethaf y bri a roddwyd i Iolo yn ystod ei oes ac am gan mlynedd wedi ei farw, yr oedd ei weledigaeth o hanes a thraddodiadau'r Cymry mor gwbl wahanol i gymaint o dystiolaeth y dogfennau, nes i ysgolheigion y 1890au, fel Syr John *Morris-Jones, amau gwaith Iolo, yn enwedig hynny ynghylch y Dderwyddiaeth newydd. Yn 1916 aeth casgliad llawysgrifau Iolo o'u cartref ym mhlas Llanofer i *Lyfrgell Genedlaethol Cymru a dechreuodd Griffith John Williams ar waith mawr ei fywyd yn astudio gwaith yr awdur. Blaenffrwyth ei ymchwil oedd cyhoeddi yn 1926 astudiaeth o'r cywyddau a ychwanegwyd at argraffiad 1789 o waith Dafydd ap Gwilym – dyna yw ystyr 'Cywyddau'r Ychwanegiad' – ac ym marn ysgolheigion profodd mai ffugio'r cywyddau a wnaeth Iolo. Ond ymlafniai G. J. Williams hefyd i ddangos athrylith Iolo fel ysgolhaig a gweledydd, ac fel bardd Rhamantaidd swynol iawn. Llwyddodd G. J. Williams i gyhoeddi ei astudiaeth *Traddodiad Llenyddol Morgannwg* (1948) er mwyn rhoi cefndir neu gyd-destun Iolo, ond un gyfrol yn unig a orffennwyd o'r cofiant arfaethedig.

Bu Iolo yn destun llawer cofiant ac astudiaeth ac y mae ei fywyd a'i waith yn bwnc dadl hyd heddiw. Er na ellir dibynnu arnynt y mae Elijah Waring, *Recollections and Anecdotes of Edward Williams* (1850) a chofiant T. D. Thomas (1857) yn hynod ddifyr. Y llyfr safonol yn y Gymraeg yw gwaith G. J. Williams, *Iolo Morganwg* (1956). Diystyriwyd llyfr Brinley Richards, *Golwg Newydd ar Iolo Morganwg* (1979) gan Thomas Parry. Lluniodd Prys Morgan gyfrol ar Iolo Morganwg i'r gyfres *Writers of Wales* (1975) a Ceri W. Lewis gyfrol arno i'r gyfres *Llên y Llenor* (1995). Golygwyd detholiad o farddoniaeth Iolo ar y mesurau rhydd gan P. J. Donovan (1980).

WILLIAMS, EIRLYS (Eirlys Trefor; 1919–94), nofelydd a anwyd yn Blackpool i rieni o Gymry, a'i haddysgu yn Southport ac Abergele, Dinb. Ar ôl gadael yr ysgol aeth yn nyrs, gan weithio'n fynych â phlant, ond ar ôl yr Ail Ryfel Byd aeth hi a'i gŵr i ffermio i Abermo, Meir. Dechreuodd ysgrifennu'n ifanc, gan gynhyrchu erthyglau i gylchgronau a straeon ar gyfer y rhaglen *Children's Hour* i'r BBC, ond gyda *Light Cakes For Tea* (1958) y daeth ei llwyddiant mawr. Hwn oedd y pedwerydd teitl yn y gyfres *Hutchinson's New Authors*, a oedd i lansio awduron newydd, yn arbennig rai heb gefndir metropolitanaidd; yr oedd Ron *Berry yn awdur arall a gynhwyswyd. Eto, er y bu *Light Cakes For Tea* yn llwyddiannus (a chael ei gyfieithu'n ddiweddarach i'r Gymraeg), ni chafodd yr awdur yr un llwyddiant wedyn. Cyhoeddwyd nofel fer, *Woman in a Valley of Stones* (d.d.), yn Y Bala yn y 1970au cynnar, mewn cyfnod pan oedd Eirlys Trefor yn gweithio ar nofel fawr hanesyddol wedi ei lleoli yn Abermo yn ystod teyrnasiad y Brenin Siôr III. Ni chyhoeddwyd hon erioed, a'i hunig lyfr arall oedd *The Old Man of Gilfach* (1993), stori i blant wedi ei lleoli yng nghefn gwlad sir Feirionnydd. Yno y lleolodd ei thair stori ac yr oedd iddynt ansawdd a oedd bron yn ddiamser, tyner a barddonol yn aml, ond gyda gwythïen gref o realaeth y tu ôl i'r farddoniaeth.

WILLIAMS, ELIEZER (1754–1820), bardd. Fe'i ganed ym Mhibwr-lwyd ger Caerfyrddin; mab hynaf ydoedd i Peter *Williams, a chafodd ei addysg yng Ngholeg Iesu, Rhydychen. Am bymtheng mlynedd olaf ei oes bu'n ficer Llanbedr Pont Steffan ac agorodd ysgol yno. Cyhoeddodd un gyfrol o gerddi yn ystod ei fywyd, *Nautical Odes, or Poetical Sketches designed to commemorate the Achievements of the British Navy* (1801), ffrwyth ei brofiad fel caplan ar y llong ryfel *Cambridge*. Ar ôl ei farwolaeth cyhoeddwyd ei *English Works* (1840); *History of the Britons* oedd rhan helaethaf y gwaith hwnnw, ynghyd â bywgraffiad gan ei fab, St. George Armstrong Williams.

WILLIAMS, ELISEUS (Eifion Wyn; 1867–1926), bardd a aned ym Mhorthmadog, Caern. Ychydig o addysg ffurfiol a gafodd, ar wahân i'r *Ysgol Sul, ond daeth yn athro ysgol yn ei dref enedigol, ac wedyn ym Mhentrefoelas. O 1896 hyd ddiwedd ei oes bu'n glerc ac yn gyfrifydd i Gwmni Llechi Gogledd Cymru.

Gwnaeth enw iddo'i hun fel telynegwr pan gyhoeddwyd ei gyfrol *Telynegion Maes a Môr* (1906), llyfr sy'n cynnwys nifer o gerddi a ddaeth yn ddarnau adrodd poblogaidd. Ymhlith ei gasgliadau eraill y mae *Ieuenctid y Dydd* (1894), *Y Bugail* (c.1900), a'r cyfrolau *Caniadau'r Allt* (1927) ac *O Drum i Draeth* (1929) a gyhoeddwyd wedi ei farw. Cerddi syml eu hadeiladwaith ac uniongyrchol eu cynnwys ydynt gan mwyaf. Yr oedd Eifion Wyn yn fardd cynhyrchiol ac y mae elfen o rwyddineb mewn amryw o'i gerddi. Y mae rhai o'i emynau yn parhau i fod yn boblogaidd.

Ceir manylion pellach yn ei gofiant a luniwyd gan ei fab, Peredur Wyn Williams, *Cofiant Eifion Wyn* (1980).

Williams, Elizabeth (Y Ferch o'r Sger; c.1747–76), merch Tŷ Sger, ger Porth-cawl, Morg. Yn ôl y traddodiad syrthiodd mewn cariad â thelynor o'r enw Thomas Evans, a chyfansoddodd yntau'r gân 'Y Ferch o'r Sger' iddi. Wedi iddi gael ei gorfodi gan ei thad i briodi Thomas Kirkhouse, diwydiannwr cefnog ond anniddorol, dywedir iddi ddilyn y telynor o gwmpas y wlad, a marw o dorcalon. Cofnodir y stori yn gyntaf ym 1806; helaethodd Jane *Williams (Ysgafell) arni yn 1838 a rhoes Llyfnwy (Thomas Morgan o Faesteg) y stori gyflawn yn ei lyfr *The Cupid* (1869); bu'n sail i nofel gan Isaac Craigfryn *Hughes, *Y Ferch o'r Sœr* (1892). Oherwydd diffyg tystiolaeth a'r tebygrwydd rhwng hon a storïau eraill megis Ann *Maddocks (Y Ferch o Gefn Ydfa) tueddai haneswyr i wrthod yr hanes; ond y mae tystiolaeth sy'n awgrymu bod Elizabeth Williams, yn Ebrill 1768, ychydig cyn iddi briodi Kirkhouse, wedi dyweddïo i ŵr arall. Y mae'n debyg mai cof gwlad am y garwriaeth hon, yn gymysg â thraddodiadau lleol, oedd hanfod y chwedl. Nid oes gan nofel R. D. *Blackmore, *The Maid of Sker* (1872), ddim oll i'w wneud â hanes Elizabeth Williams.

Ceir manylion pellach yn A. Leslie Evans, *The Story of Sker House* (1956).

WILLIAMS, ELIZABETH (1862–1953), awdur. Dechreuodd ysgrifennu yn naw a phedwar ugain oed a daeth yn awdur tair cyfrol o atgofion ei mebyd yn ardal Llanrwst, Dinb., sef *Brethyn Cartref* (1951), *Siaced Fraith* (1952) a *Dirwyn Edafedd* (1953). Y maent oll yn nodedig am eu harddull sionc a'r atgofion byw o fywyd cefn gwlad. Ysgrifennodd ei brawd, **John Lloyd Williams** (1854–1945), a ddaeth yn Athro Botaneg yng Ngholeg Prifysgol Cymru, Aberystwyth, ei hunangofiant mewn pedair cyfrol, *Atgofion Tri Chwarter Canrif* (1941–44).

WILLIAMS, EMLYN (1905–87), dramodydd. Fe'i ganed ym Mhen-y-ffordd, Mostyn, Ffl., a chafodd ei addysg yn Ysgol Sir Treffynnon. Enillodd ysgoloriaeth agored i Goleg Eglwys Grist, Rhydychen, yn 1923. Tra oedd yn gwella ar ôl anhwylder nerfol yn 1926 ysgrifennodd *Full Moon* (1927), ei ddrama gyntaf i gael ei chynhyrchu yn broffesiynol. Yn ystod yr un flwyddyn dechreuodd ar ei yrfa fel actiwr yn y *West End*, gan ddychwelyd am ychydig i Rydychen i gwblhau ei radd; y theatr fu ei fywyd byth er hynny.

Yr oedd yn awdur tua deg ar hugain o ddramâu i gyd. Ymhlith ei lwyddiannau cynnar yr oedd *Glamour* (1928), *The Late Christopher Bean* (1933) a *Night Must Fall* (1935), ei ymchwiliad cyntaf i seicoleg llofruddiaeth. Ei weithiau diweddarach pwysicaf yw *The *Corn is Green* (1938), *Pen Don* (1943), *The *Druid's Rest* (1944), *The *Wind of Heaven* (1945) a *The Power of Dawn* (1976), drama deledu am ddyddiau olaf Tolstoy. Ysgrifennodd hefyd wyth o sgriptiau ffilm gan gynnwys *The Last Days of Dolwyn* (1949), *Beyond Belief* (1967), sef astudiaeth o'r *Moors Murders*, nofel yn dwyn y teitl *Headlong* (1980) a hanes achos y llofrudd Crippen (1987).

Fel G. B. Shaw, lluniai Emlyn Williams ei ddramâu yn ofalus, gan geisio eu gwneud yr un mor effeithiol i'w darllen ag i'w perfformio, ond ceisiodd osgoi addysgu neu ddyrchafu ei gynulleidfa, gan ddewis adrodd stori er difyrrwch yn unig. Dewisodd ymwrthod â'r *avant-garde* ac ystrydebau'r *West End* yn y 1930au, ac ysgrifennu dramâu naturiol am bobl gyffredin, gan gyfuno realaeth â naws delynegol. Oherwydd ei athroniaeth optimistaidd ysgrifennwr comedi ydoedd yn y bôn, ond geilw ei ddramâu ar yr emosiynau i gyd, ac eithrio y gwir drasig. Ei gamp fawr oedd ail-greu yn ddilys ar y llwyfan Seisnig, am y tro cyntaf, y bywyd pentrefol Cymreig fel y gwnaeth J. M. Synge yn Iwerddon, a hynny mewn ieithwedd a seiliwyd ar bresenoldeb a goslef iaith hŷn a oedd yn famiaith iddo. Y mae sensitifrwydd mawr a grym awgrymiadol yn perthyn i ryddiaith Saesneg gonfensiynol ei gyfrolau o hunangofiant, *George* (1961) ac *Emlyn* (1973). Ei wendidau pennaf yw gorliwio gwir deimlad nes ei droi yn ffug deimlad ac yn felodrama, gor-hoffter o odrwydd cymeriad, a defnyddio dyfeisiadau'r theatr er eu mwyn eu hunain.

Y ddwy astudiaeth orau o waith Emlyn Williams yw un Richard Findlater (1956) a chyfrol Don Dale-Jones yn y gyfres *Writers of Wales* (1979); lluniwyd llyfryddiaeth o'i weithiau gan Sandra Henderson a'i chyhoeddi gan Gymdeithas Llyfrgelloedd Cymru yn 1985 a chyhoeddwyd bywgraffiad cynhwysfawr gan James Harding yn 1993. Gweler hefyd yr erthygl gan M. Wynn Thomas, 'Flintshire and the Regional Weather Forecast' yn *The New Welsh Review* (rhif. 9, cyf. III, Haf 1990).

WILLIAMS, ERNEST LLWYD (1906–60), bardd, a fagwyd yn Yr Efail-wen, ger Crymych, Penf. Cychwynnodd ar yrfa fferyllydd, ond troes at y weinidogaeth, a bu'n weinidog gyda'r Bedyddwyr ym Maesteg a Rhydaman. Ymhlith ei gyhoeddiadau y mae *Rhamant Rhydwilym* (1939), *Hen Ddwylo* (1941), *Tua'r Cyfnos* (1943), *Cofiant Thomas Phillips* (1946), *Tir Hela* (1957) a'r cyfrolau ar ei sir enedigol yn y gyfres *Crwydro Cymru* (1958, 1960). Ar y cyd â Waldo *Williams cyhoeddodd Erni Llwyd Williams *Cerddi'r Plant* (1936). Enillodd *Gadair yr Eisteddfod Genedlaethol yn 1953

am ei awdl 'Y Ffordd' a'r *Goron am bryddest, 'Y Bannau', y flwyddyn ganlynol.

WILLIAMS, FRED (1907–72), bardd. Fe'i ganed yng Nghwmtudu, Cer., yn fab i Marged, merch hynaf teulu'r *Cilie. Treuliodd flynyddoedd ar grwydr yn Awstralia a'r Amerig a dychwelodd i'w hen fro a'i gwasanaethu fel *bardd gwlad yn nhraddodiad y teulu. Ar ôl ei farw golygodd ei gefnder Gerallt *Jones ddetholiad o'i gerddi, *Codi'r Wal* (1974).

WILLIAMS, GLANMOR (1920–), hanesydd. Brodor ydyw o Ddowlais, Merthyr Tudful, Morg., a addysgwyd yng Ngholeg Prifysgol Cymru, Aberystwyth; fe'i penodwyd yn Ddarlithydd mewn Hanes yng Ngholeg y Brifysgol Abertawe yn 1945, a bu'n Athro Hanes yn y Coleg hwnnw o 1957 nes iddo ymddeol yn 1982. Gwnaeth waith ymchwil i'r drefn Brotestannaidd yng Nghymru yng nghyfnod y Diwygiad, a chyhoeddodd ei brif gyfraniadau ar y pwnc hwn yn *Welsh Reformation Essays* (1966). Ef yw'r prif awdurdod ar hanes Cymru yn y cyfnod modern cynnar. Ysgrifennodd *The Welsh Church from Conquest to Reformation* (1962), astudiaeth safonol ar yr Eglwys yn yr Oesoedd Canol. Y mae hefyd wedi cyhoeddi gweithiau ar y bedwaredd ganrif ar bymtheg ac ef yw golygydd cyffredinol y *Glamorgan County History*. Yn ei lyfr *Language, Religion and Nationality in Wales* (1979) trafoda nifer o themâu a ffynonellau sy'n ymestyn dros holl hanes Cymru. Nodweddir ei holl waith cyhoeddedig ef gan eglurder, craffter a'r gallu i ddehongli'n ddiamwys o ffynonellau llenyddol Cymraeg. Fe'i hetholwyd yn Gymrawd yr Academi Brydeinig yn 1986, ei gyflwyno â medal Anrhydeddus Gymdeithas y *Cymmrodorion yn 1991 a'i ddyrchafu'n farchog yn 1995. Ymddangosodd casgliad o'i draethodau ar grefydd a diwylliant Cymru dan y teitl *Grym Tafodau Tân* yn 1984. Cyhoeddodd hefyd gyfrol *Harri Tudur a Chymru* yn y gyfres *Gŵyl Dewi* yn 1985. Ei brif gyhoeddiadau eraill yw *Bywyd ac Amserau'r Esgob Richard Davies* (1953), *Dadeni, Diwygiad a Diwylliant Cymru* (1964), *Owen Glendower* (1966), *Reformation Views of Church History* (1970), *Recovery, Reorientation and Reformation: Wales c.1415–1642* (1987), *The Welsh and their Religion* (1991), *Owain Glyndŵr* (1993) a *Wales and the Reformation* (1997).

Ceir llyfryddiaeth lawn o gyhoeddiadau Glanmor Williams yn *Welsh Society and Nationhood* (gol. R. R. Davies *et al*, 1984), cyfrol o ysgrifau a gyflwynwyd iddo ar ei ymddeoliad, ynghyd ag atodiad yn G. Williams, *The Reformation in Wales* (1991).

Williams, Grace (1906–77), cyfansoddwraig a aned yn Y Barri, Morg., ac a addysgwyd yng Ngholeg y Brifysgol, Caerdydd, a Choleg Brenhinol Cerdd. O 1931 bu'n athrawes yn Llundain, ac yn ddiweddarach bu'n gweithio gyda'r BBC gan ddychwelyd i fyw i'r Barri yn 1947. Ymhlith ei gweithiau enwocaf y mae

Fantasia on Welsh Nursery Tunes (1940) a *Sea Sketches* (1944), ond gyda *Penillion* (1955) dechreuodd ei gwaith arddangos yr aeddfedrwydd arddulliadol a ddatblygodd yn ei gweithiau diweddarach. Y maent yn cynnwys opera, *The Parlour* (1966), a gosodiad i'r offeren Ladin a ysgrifennodd mewn cydweithrediad â Saunders *Lewis, *Missa Cambrensis* (1971), a chyfansoddiadau eraill i gorau a lleisiau unigol; y mae rhai ohonynt yn osodiadau ar gyfer cerddi Cymraeg a Saesneg.

WILLIAMS, GRIFFITH (Gutyn Peris; 1769–1838), bardd a aned yn Waunfawr, Caern., ond yn Llandygái y treuliodd y rhan fwyaf o'i oes, yn chwarelwr. Mewn cywydd anghyffredin i'w gyfaill Gwilym Peris (William Williams), disgrifia eu plentyndod yn Llanberis, a'u hathrawon barddol, Abraham Williams a Dafydd Ddu Eryri (David *Thomas) a chyfrifid Gutyn Peris yn un o'i brif 'gywion'. Cymerodd y ddau ran mewn seremoni farddol a drefnwyd gan Iolo Morganwg (Edward *Williams) yn ystod eisteddfod a gynhaliwyd yn Ninorwig yn 1799, ond nid oedd ganddo olwg fawr ar Iolo fel bardd. Bu'n dadlau o blaid y *gynghanedd yn *Y *Gwyliedydd* yn erbyn Gwallter Mechain (Walter *Davies) a chyhoeddodd ei brif weithiau yn *Ffrwyth Awen* (1816).

WILLIAMS, GRIFFITH JOHN (1892–1963), hanesydd llenyddiaeth ac efallai yr ysgolhaig Cymraeg mwyaf amlochrog a fu erioed. Fe'i ganed yn fab i of yng Nghellan, Cer., a'i addysgu yng Ngholeg Prifysgol Cymru, Aberystwyth. Wedyn bu'n athro yn Nolgellau, Meir., ac yn Y Porth, Rhondda, cyn ei benodi yn 1921 yn Ddarlithydd yn y Gymraeg yng Ngholeg y Brifysgol, Caerdydd. Olynodd W. J. *Gruffydd yn y Gadair Gymraeg yn 1946 ac yno y bu nes iddo ymddeol yn 1957.

Sefydlwyd cwrs ei yrfa yn 1917 pan ddechreuodd archwilio llawysgrifau Iolo Morganwg (Edward *Williams) a oedd wedi cyrraedd *Llyfrgell Genedlaethol Cymru y flwyddyn cynt, a threuliodd bron weddill ei oes yn ymchwilio yr archifau hyn. Ffrwyth cyntaf yr ymchwil oedd y gyfrol *Iolo Morganwg a Chywyddau'r Ychwanegiad* (1926), yn dangos fel yr oedd Iolo wedi ysgrifennu cywyddau ar gyfer yr ychwanegiad at yr argraffiad o waith *Dafydd ap Gwilym a gyhoeddwyd gan Gymdeithas y *Gwyneddigion yn 1789. Y cynnyrch mawr olaf oedd cyfrol gyntaf y cofiant anorffenedig, *Iolo Morganwg* (1956), yn cyflwyno'r bardd fel crëwr Rhamantaidd yn ogystal â ffugiwr galluog. Rhwng y rhain caed ei ragymadroddion gorchestol i *Gramadegau'r Penceirddiaid* (1934) ac i *Gramadeg Cymraeg Gruffydd *Robert* (1939), ei gyfrol wych, *Traddodiad Llenyddol Morgannwg* (1948), llu o erthyglau ac adolygiadau pwysig, ac ychydig o farddoniaeth. Griffith John Williams a sefydlodd y cylchgrawn ysgolheigaidd *Llên Cymru* yn 1950, a bu'n olygydd arno hyd ei farw. Ef

oedd Llywydd cyntaf yr *Academi Gymreig, sy'n dyfarnu gwobr flynyddol er cof amdano.

Ceir rhestr o gyhoeddiadau G. J. Williams yn *Agweddau ar Hanes Dysg Gymraeg* (gol. Aneirin Lewis, 1969; ail arg., 1985). Yr ymdriniaeth fwyaf awdurdodol â bywyd ac â chyfraniadau sylweddol yr ysgolhaig hwn i ddysg Gymraeg yw eiddo Ceri W. Lewis yn *Griffith John Williams (1892–1963): Y Dyn a'i Waith* (1994). Gweler hefyd yr erthygl ar yr ysgolhaig hwn gan Saunders Lewis yn *Meistri a'u Crefft* (gol. Gwynn ap Gwilym, 1981) a'r darn gan Morlais Jones yn *Deri o'n Daear Ni* (gol. D. J. Goronwy Evans, 1984).

WILLIAMS, GRUFFYDD ALED (1943–   ), ysgolhaig, bardd a hanesydd llên; ganwyd ef yng Nglyndyfrdwy, Meir. Cafodd ei addysg gynnar yno ac yn Ysgol Ramadeg Llangollen. Aeth i Goleg Prifysgol Gogledd Cymru, Bangor, a graddio yn y Gymraeg yn 1964. Bu'n Ddarlithydd yn y Brifysgol Genedlaethol yn Nulyn a'i benodi wedyn i swydd debyg ym Mangor, lle y dyrchafwyd ef yn Ddarllenydd. Yn 1995 penodwyd ef yn Athro'r Gymraeg ym Mhrifysgol Cymru, Aberystwyth. Ei brif ddiddordeb yw barddoniaeth yr Oesoedd Canol a chyfnod y *Dadeni, a chyhoeddodd lu o ysgrifau yn ymwneud â'r maes hwn, fel '*The bardic road to Bosworth – a Welsh view of Henry Tudor*', yn *Nhrafodion Anrhydeddus Gymdeithas y *Cymmrodorion* (1986). Y mae'n barddoni ei hun yn achlysurol, fel arfer mewn *cynghanedd, megis ei *gywydd cyfarch i Enid Pierce *Roberts ar ei hymddeoliad. Dengar yw ei lyfrynnau *Hyfrydwch pob rhyw frodir: Môn a'i phobl mewn llên a lluniau* (1983) a *Dyffryn Conwy a'r Dadeni* (1989). Campwaith ysgolheigaidd nodedig ganddo yw *Ymryson Edmwnd *Prys a Wiliam *Cynwal* (1986). Yma rhoir testun dibynadwy o gywyddau'r ymryson (54 ohonynt, tua 5,500 o linellau) ac mewn rhagymadrodd helaeth dangosir fel y mae'r ddau fardd hyn yn crisialu dwy agwedd hanesyddol: Cynwal yn amddiffyn y geidwadaeth farddol draddodiadol a Phrys yn cyflwyno her newydd y Dadeni Dysg. Daeth yn olygydd *Llên Cymru yn 1996.

WILLIAMS, GWYN (1904–90), bardd a chyfieithydd. Fe'i ganed ym Mhort Talbot, Morg., a chafodd ei addysg yng Ngholeg Prifysgol Cymru, Aberystwyth a Choleg Iesu, Rhydychen. O 1935 hyd nes iddo ymddeol yn 1969 bu'n Ddarlithydd ym Mhrifysgolion Alecsandria, Libya ac Istanbwl ac yn ddiweddarach yn Athro Llenyddiaeth Saesneg yno. Ar ei ddychweliad i Gymru ymsefydlodd yn Nhrefenter, Cer., hen gartref ei dad, ond symudodd i Aberystwyth yn 1983.

Dechreuodd gyfieithu barddoniaeth Gymraeg i'r Saesneg yn ystod ei flynyddoedd yn y Dwyrain Agos, ac fel cyfieithydd a beirniad y gwnaeth ei enw ar y dechrau pan gyhoeddodd *The Rent that's Due To Love* (1950), *An Introduction to Welsh Poetry* (1953), *The Burning Tree* (1956, a ailargraffwyd fel *Welsh Poems, Sixth Century to 1600*, 1973), a *Presenting Welsh Poetry* (1959). Ei gyfieithiadau ef oedd y gorau a oedd ar gael am gyfnod hir ac fe'u casglwyd ynghyd yn y gyfrol *To Look for a Word* (1976).

Yr oedd yn awdur toreithiog yn Gymraeg ac yn Saesneg a chyhoeddodd hefyd *Against Women* (1953), cyfieithiad o gerdd Gymraeg ddienw, ac *In Defence of Woman* (1958), sef cyfieithiad o gerdd gan Wiliam ★Cynwal. Ei dair nofel yw *This Way to Lethe* (1962), *The Avocet* (1970) ac *Y Cloc Tywod* (1984) a leolwyd yn Cyrenaica a Thrace. O'i bedwar llyfr taith am Cyrenaica a Thwrci, y mae un yn Gymraeg, *Twrci a'i Phobl* (1975). Cyhoeddodd hefyd bum cyfrol o'i farddoniaeth ei hun, sef *Inns of Love* (1970), *Foundation Stock* (1974), *Choose your Stranger* (1979), *Y Ddefod Goll* (1980) a *Flyting in Egypt* (1991), dwy nofel fer, *Two Sketches of Womanhood* (1975), cyfaddasiad o drasiedi ★*Troelus a Chresyd* (1976), hanes Cymru yn dwyn y teitl *The Land Remembers* (1977) ac *An Introduction to Welsh Literature* yn y gyfres ★*Writers of Wales* (1978). Cyhoeddwyd casgliad o'i astudiaethau ar William Shakespeare yn y gyfrol *Person and Persona* yn 1981 a'i *Collected Poems*, 1987.

Ceir adroddiad difyr am hanes bywyd yr awdur eithriadol hwn mewn perthynas â'r lleoedd y bu'n byw ynddynt yn ei gyfrol o hunangofiant *ABC of (D)GW* (1981), sy'n archwilio personoliaeth a safbwynt gwladgarwr o Gymro sydd â'i ddiwylliant yn tarddu o'i fro ac eto yn gyfoethog o gosmopolitan, nodweddion sydd hefyd yn trwytho ei farddoniaeth.

Ceir ysgrif hunangofiannol gan Gwyn Williams yn y gyfrol *Artists in Wales* (gol. Meic Stephens, 1971) a darn arno gan Glyn Jones yn *Profiles* (1980); gweler hefyd hanes Gwyn Williams fel cyfieithydd gan Anthony Conran yn *The Cost of Strangeness* (1982).

WILLIAMS, GWYN ALFRED (1925–95), hanesydd, brodor o Ddowlais, Merthyr Tudful, Morg., a addysgwyd yng Ngholeg Prifysgol Cymru, Aberystwyth, lle y penodwyd ef yn Ddarlithydd yn Adran Hanes Cymru yn 1954. Fe'i dyrchafwyd yn Ddarllenydd ac wedyn yn Athro Hanes yng Nghaerefrog yn 1965 ac yn 1974 daeth yn Athro Hanes yng Ngholeg y Brifysgol, Caerdydd; ymddeolodd o'r swydd yn 1983. Er 1985 gweithiodd fel ysgrifennwr sgriptiau a chyflwynydd ar gyfer y teledu a chyfrannodd i nifer o gynyrchiadau cofiadwy. Yn 1995 fe'i hanrhydeddwyd am ei waith hanesyddol a theledol yn Chapter, Caerdydd, gan Yr ★Academi Gymreig, ★Undeb Awduron Cymru a'r BBC. Yr oedd yn awdurdod ar ★Sosialaeth a ★Marcsiaeth fodern a gwnaeth gyfraniad sylweddol i hanes Cymru, yn enwedig ei thraddodiadau trefol Radicalaidd yn y ddeunawfed ganrif a'r bedwaredd ganrif ar bymtheg. Nodweddir ei lyfrau gan arddull liwgar, ddramatig, ysgolheictod eang ac angerdd a'i gwnaeth yn un o'r siaradwyr cyhoeddus mwyaf lliwgar yn yr iaith Saesneg. Gwelodd ei hunan fel cofiadur y bobl, yn ceisio dylanwadu ar athroniaeth gyfoes yng Nghymru trwy gyflwyno hanes yn ddramatig. Mwy na neb arall o'i

genhedlaeth Gwyn A. Williams a gyfunodd hanes ysgolheigaidd â phroblemau cyfoes ac y mae ei lyfrau, yn eu crynswth, yn adlewyrchu ei wreiddiau dwfn a'i weledigaeth gydwladol. Ymhlith ei lyfrau y mae *Medieval London: from Commune to Capital* (1963), *Artisans and Sansculottes* (1968), *Proletarian Order: Antonio Gramsci, Factory Councils and the Origins of Communism in Italy 1911–1921* (1975), ynghyd â chyfieithiad o lyfr Paolo Spriano, *Occupation of the Factories: Italy 1920* (1975), a *Goya and the Impossible Revolution* (1976). Ei lyfrau ar bynciau Cymreig yw *The Merthyr Rising* (1978), ★*Madoc: the Making of a Myth* (1979), *The Search for Beulah Land* (1980), *The Welsh in their History* (1982), a *When Was Wales?* (1985). Ar yr olaf y seiliwyd ei ran yn y gyfres deledu, *The Dragon has Two Tongues*, a wnaed ar y cyd â Wynford ★Vaughan-Thomas ac a ddarlledwyd yn 1985. Yn 1995 ymchwiliodd a chyflwynodd *Excalibur: the Search for Arthur*, archwiliad o'r chwedl Arthuraidd, a *The Delegate for Africa: David Ivon Jones (1883–1924)*.

Am fanylion pellach gweler yr ysgrifau coffa gan Dai Smith yn y *Guardian* (17 Tach. 1995) a *Cylchgrawn Hanes Cymru* (cyf. XVIII, rhif. 2, 1996), a chan Meic Stephens yn yr *Independent* (18 Tach. 1995), a'r deyrnged gan Geraint H. Jenkins, *The People's Historian* (1996). Gweler hefyd gyfrol o atgofion gan Gwyn A. Williams, *Fishers of Men* (1996).

WILLIAMS, GWYNNE (1937–), bardd; brodor o'r Ponciau ger Rhosllannerchrugog, Dinb., ydyw. Y mae'n athro Cymraeg yn Llangollen ac yn awdur tair cyfrol o farddoniaeth, *Rhwng Gewyn ac Asgwrn* (1969), *Gwreichion* (1973) a *Pysg* (1986).

WILLIAMS, HARRI (1913–83), ysgolhaig, diwinydd a nofelydd, a aned yn Lerpwl ond a dreuliodd y rhan fwyaf o'i blentyndod yn sir Fôn lle yr oedd gwreiddiau ei deulu. Fe'i haddysgwyd yn Rhydychen a Choleg Diwinyddol y Bala a bu'n weinidog gyda'r Presbyteriaid yn Nhywyn, Meir., Waunfawr a Bangor, Caern., cyn ei benodi yn Athro yn y Coleg Diwinyddol Unedig, Aberystwyth. Enillodd ★Fedal Ryddiaith yr Eisteddfod Genedlaethol yn 1978 gyda nofel, *Y Ddaeargryn Fawr* (1978), hunangofiant dychmygol wedi'i seilio ar fywyd a gwaith Søren Kierkegaard. Yr oedd yn ŵr o ddiwylliant eang ac yn awdur toreithiog ar nifer mawr o bynciau, yn cynnwys cerddoriaeth, a chyfrannai'n gyson i gylchgronau Cymraeg. Yn ogystal â'i lyfrau taith a'i weithiau diwinyddol cyhoeddodd bedair nofel arall, *Ward 8* (1963), *Rhyfel yn Syria* (1972), *Deunydd Dwbl* (1982) a *Mam a Fi* (1983); seiliwyd y drydedd ar fywyd Dostoiefsci.

Ceir manylion pellach mewn erthyglau gan Islwyn Ffowc Elis ac E. R. Lloyd-Jones yn *Y Traethodydd* (Hyd., 1984).

Williams, Henry (1624–84), pregethwr gyda'r Piwritaniaid, o Ysgafell, fferm yn Llanllwchaearn, Tfn; bu'n ddisgybl i Vavasor ★Powell. Gydag Adferiad y

Brenin yn 1660 dioddefodd ef a'i deulu erledigaeth am eu bod yn *Fedyddwyr. Pan oedd hi waethaf arnynt cynaeafwyd cnwd toreithiog o wenith mewn cae ar dir Ysgafell, ac felly achubwyd y teulu rhag newyn. Disgrifir nodweddion gwyrthiol tybiedig y cae hwn, sef Cae'r Fendith, gan William Richards (1749–1818) yn ei *Cambro-British Biography* (1798), a chan David *Davies (1849–1926) yn ei gofiant i Vavasor Powell (1896). Parhaodd enw'r fferm yn ffugenw'r hanesydd Jane *Williams (Ysgafell), a oedd yn perthyn i'r teulu o bell.

WILLIAMS, HERBERT LLOYD (1932–), awdur. Fe'i ganed yn Aberystwyth, Cer.; y mae'n newyddiadurwr ar ei liwt ei hun, ac yn gynhyrchydd radio. Cyhoeddodd bum cyfrol o farddoniaeth, *Too Wet for the Devil* (1963), *The Dinosaurs* (1966), *The Trophy* (1967), *Ghost Country* (1991) a *Looking through Time* (1997), drama fydryddol, *A Lethal Kind of Love* (1968), casgliad o storïau byrion, *The Stars in their Courses* (1992), a phum llyfr ar bynciau hanesyddol, *Battles of Wales* (1975), *Come Out, Wherever You Are* (1976), *Stage Coaches of Wales* (1977), *Railways in Wales* (1981) a *Davies the Ocean: Railway King and Tycoon* (1991). Ymddangosodd ei lyfr ar John Cowper *Powys yn 1997. Ysgrifennodd hefyd deithlyfr swyddogol Parc Cenedlaethol Arfordir Penfro (1987), casgliad o storïau i blant am y Brenin Arthur (1990) a theithlyfr arall, *The Mid Glamorgan Book* (1993).

Williams, Hugh (1796–1874), terfysgwr gwleidyddol. Fe'i ganed ger Machynlleth, Tfn.; bu'n weithgar fel cyfreithiwr yn sir Gaerfyrddin o 1822 hyd ddiwedd ei oes. Credir mai ef oedd y trefnydd y tu ôl i Helynton *Beca a bu ganddo gysylltiad â *Siartiaeth, gan amddiffyn rhai terfysgwyr yn y llys. Gwnaeth gasgliad o gerddi Radicalaidd, *National Songs and Poetical Pieces, Dedicated to the Queen and Countrywomen* (1839/40), sy'n cynnwys llawer iawn o'i gerddi ef ei hun.

WILLIAMS, HUGH (1843–1911), hanesydd eglwysig. Brodor o Borthaethwy, Môn, ydoedd; fe'i haddysgwyd yng Ngholeg y Bala a'i benodi yn Athro Groeg a Mathemateg yno yn 1875. Cafodd ei ordeinio gan y Methodistiaid Calfinaidd yn 1873, a phan drowyd y Coleg yn Goleg Diwinyddol yn 1891 penodwyd ef yn Athro Hanes yr Eglwys ac yn ddiweddarach yn Isbrifathro. Cyhoeddodd argraffiad da o waith *Gildas, *De Excidio Britanniae*, ynghyd â throsiad Saesneg yn y *Cymmrodorion Record Series* (1899–1901), ac ar ôl ei farw ymddangosodd ei *Christianity in Early Britain* (1912) sy'n parhau'n werthfawr er cymaint y mae dehongliad haneswyr wedi newid. Ceir portread o Hugh Williams gan R. T. *Jenkins yn ei ysgrif 'Rabbi Saunderson' yn *Y *Llenor* (1930).

WILLIAMS, HUW OWEN (Huw Menai; 1888–1961), bardd a aned yng Nghaernarfon, yn fab i lôwr a weithiai yn ne Cymru. Gadawodd yr ysgol yn ddeuddeng mlwydd oed a chafodd nifer o swyddi cyn cael gwaith fel glöwr ym Merthyr Tudful, Morg., yn 1906. Daeth yn gynhyrfwr politicaidd a newyddiadurwr adain chwith yn Saesneg, iaith ei ddarllen eang, er mai'r Gymraeg oedd ei famiaith. Yn ystod y Rhyfel Byd Cyntaf trodd at lunio barddoniaeth. Cyhoeddodd bedair cyfrol o gerddi, sef *Through the Upcast Shaft* (1920), *The Passing of Guto* (1929), sy'n cynnwys darn o hunangofiant, *Back in the Return* (1933) a *The Simple Vision* (1945), gyda chyflwyniad gan ei gyfaill John Cowper *Powys. Bu Huw Menai fyw am y rhan fwyaf o'i oes yng nghymoedd diwydiannol de Cymru ac ysgrifennodd am fywyd y glöwr o bryd i'w gilydd, ond bardd natur ydoedd yn nhraddodiad Wordsworth, bardd a edmygai.

Ceir manylion pellach yn Glyn Jones, *The Dragon has Two Tongues* (1968), Anthony Conran, *The Cost of Strangeness* (1982) a'r erthygl gan Michael J. Dixon yn *Welsh Writing in English* (cyf. III, gol. Tony Brown, 1997).

WILLIAMS, IFOR (1881–1965), ysgolhaig, brodor o Dre-garth, ger Bethesda, Caern. Fe'i haddysgwyd yng Ngholeg Prifysgol Gogledd Cymru, Bangor, lle y graddiodd mewn Groeg a Chymraeg, a bu ar y staff yno nes iddo ymddeol yn 1947. Cafodd Gadair bersonol yn 1920 a daeth yn bennaeth Adran y Gymraeg yn 1929; fe'i hurddwyd yn farchog yn 1947.

Prif waith ei fywyd oedd golygu'r canu cynnar Cymraeg, a thrawsnewidiodd y wedd hon ar ysgolheictod drwy gyfrwng ei gyhoeddiadau niferus. Yn eu plith y mae *Canu Llywarch Hen* (1935), *Canu *Aneirin* (1938), *Armes Prydein* (1955; fersiwn Saesneg, gol. Rachel Bromwich, 1972), *Canu *Taliesin* (1960; fersiwn Saesneg, gol. J. E. Caerwyn *Williams, 1968), *The Poems of Llywarch Hên* (Darlith Goffa Syr John *Rhŷs, 1932), *Lectures on Early Welsh Poetry* (1944) a *Chwedl Taliesin* (Darlith O'Donnell, 1957). Golygodd hefyd destunau rhyddiaith o'r Oesoedd Canol, sef *Breuddwyd Maxen* (1908, 1920, 1927), *Cyfranc Lludd a Llevelys* (1910), *Chwedlau Odo* (1926) ac yn bwysicaf oll, *Pedeir Keinc y Mabinogi* (1930).

Cyhoeddodd hefyd destunau cerddi rhai o *Feirdd yr Uchelwyr, yn eu plith, *Ieuan Deulwyn (1909), *Dafydd ap Gwilym (1914, 1921, 1935), *Dafydd Nanmor (gyda Thomas Roberts, 1923), rhai o gyfoeswyr *Iolo Goch (1925, 1937) a *Guto'r Glyn (1939). Ymddangosodd llawer o'i erthyglau, ysgrifau, nodiadau ac adolygiadau niferus ym *Mwletin* y *Bwrdd Gwybodau Celtaidd, a bu'n olygydd Adran Iaith a Llên y cylchgrawn hwnnw o 1921 hyd 1948, ac yn olygydd cyffredinol arno o 1937 hyd 1948. Hefyd bu'n olygydd ar *Y *Traethodydd* o 1939 hyd 1964 ac yn olygydd ymgynghorol i *Geiriadur Prifysgol Cymru.

Casglwyd rhai o'i sgyrsiau radio a'i ysgrifau poblogaidd yn *Meddwn i* (1946), *I Ddifyrru'r Amser* (1959) a

Meddai Syr Ifor (gol. Melville Richards, 1968). Yr oedd y gyfrol *Enwau Lleoedd* (1945) a'r ddarlith radio *Cymraeg Byw* (1960) yr un mor boblogaidd a heb fod yn llai safonol o'r herwydd. Golygwyd rhai o'i erthyglau ysgolheigaidd pwysicaf ar yr Hen Ganu gan Rachel *Bromwich yn y gyfrol *The Beginnings of Welsh Poetry* (1972).

Ceir manylion pellach yn y mynegai i weithiau Ifor Williams a luniwyd gan Thomas Parry (1939) ac yn y llyfryddiaeth gyflawn gan Alun Eurig Davies yn *Studia Celtica* (cyf. IV, 1969); gweler hefyd rifyn coffa *Y Traethodydd* (Ebrill, 1966) a'r erthygl gan J. E. Caerwyn Williams yn yr un cylchgrawn (Ilyd. 1981). Ymddangosodd teyrnged i Ifor Williams gan Idris Ll. Foster yn *Nhrafodion* yr Academi Brydeinig (1967) ac y mae ysgrif gan Thomas Jones yn *Gwŷr Llên* (gol. Aneirin Talfan Davies, 1948).

WILLIAMS, IOAN (1941–), beirniad llenyddol a aned yn Nhredegar, Myn. Addysgwyd ef yng Ngholeg Santes Catherine, Rhydychen, ac yna bu'n Ddarlithydd yn Saesneg ym Mhrifysgol Caerwysg ac wedyn yn Uwchddarlithydd yn Adran Astudiaethau Llên Gymharol Prifysgol Warwig. Dychwelodd i Gymru yn 1976 gan ymuno ag Adran y Gymraeg yng Ngholeg y Brifysgol, Aberystwyth, lle y gwnaeth ddoethuriaeth. Treuliodd ddwy flynedd fel athro yn Ysgol Gyfun Penweddig yn y dref honno, cyn cael ei benodi'n Ddarlithydd yn Adran Ddrama'r Coleg yn 1982. Y mae ei lyfrau ar lenyddiaeth Ewrop yn cynnwys *Novel and Romance 1700–1800* (1970), *The Realist Novel in England, a study of development* (1974) a *The Idea of the Novel in Europe 1600–1800* (1979). Ymhlith ei gyhoeddiadau am lenyddiaeth Cymru, y mae ysgrifau ar Emyr *Humphreys yn y gyfres *Writers of Wales* (1980) ac ar J. Kitchener *Davies yn y gyfres *Llên y Llenor* (1984); *Capel a Chomin* (1989), sef astudiaeth o ffugchwedlau pedwar llenor Fictoraidd gan gynnwys Daniel *Owen; *A Straitened Stage* (1991), astudiaeth o ddramâu Saunders *Lewis; a *Dramâu Saunders Lewis: Y Casgliad Cyflawn Cyfrol I* (1996), sef y golygiad manwl cyntaf o waith y dramodydd. Y mae Ioan Williams ar hyn o bryd yn Athro a Phennaeth Adran Astudiaethau Theatr, Ffilm a Theledu ym Mhrifysgol Cymru, Aberystwyth.

WILLIAMS, IOLO ANEURIN (1890–1962), newyddiadurwr ac awdur a aned ym Middlesborough, swydd Efrog, yn orwyr i Iolo Morganwg (Edward *Williams) ac yn fab i Aneurin Williams (1859–1924), yr Aelod Seneddol Rhyddfrydol dros ddosbarth Consett, Durham, a ffigwr blaenllaw yn y Mudiad Cydweithredol. Ymunodd â staff *The Times* yn gynnar yn y 1930au a bu'n gweithio yno hyd ei farw mewn amryw swyddi gan gynnwys gohebydd amgueddfeydd ac adolygydd celfyddydau. Yn ystod y 1940au dysgodd y Gymraeg yn ystod ei deithiau beunyddiol rhwng ei gartref yn Kew a swyddfeydd *The Times* yn Blackfriars. Bu'n ymddiddori drwy ei oes mewn botaneg ac adaryddiaeth ac yr oedd yn gasglwr brwd o ganeuon gwerin

Seisnig. Cyhoeddodd ddwy gyfrol o gerddi, *Poems* (1915) a *New Poems* (1919), yn ogystal ag *English Folk Songs and Dance* (1935), *Flowers of Marsh and Stream* (1946) ac *Early English Water-Colours* (1952), ei waith pwysicaf. Daeth ei *Points in Eighteenth Century Verse* (1934) yn gyfeirlyfr llyfryddol safonol.

WILLIAMS, ISAAC (1802–65), bardd a aned yng Nghwmcynfelyn, Llangorwen, Cer., ac a addysgwyd yn Harrow a Choleg y Drindod, Rhydychen. Tra oedd yn fyfyriwr daeth dan ddylanwad John Keble, a chan ei fod eisoes yn Is-lywydd ei hen Goleg, fe'i hystyrid yn 1841 yn ymgeisydd teilwng i'w olynu fel Athro Barddoniaeth. Yr oedd, y pryd hwnnw, yn awdur dwy gyfrol o farddoniaeth, *The Cathedral* (1838) a *Thoughts in Past Years* (1838), ac yn gyfrannwr i *Lyra Apostolica* (1836), casgliad o gerddi defosiynol gan rai o'r Tractoriaid cynnar. Fodd bynnag, yr oedd yn hysbys hefyd mai ef oedd awdur y *Tract 80* enwog, a chymaint oedd yr elyniaeth tuag at *Fudiad Rhydychen fel y barnai Williams mai doeth fyddai tynnu ei enw yn ôl ychydig ddyddiau cyn yr etholiad. Ymadawodd â Rhydychen a derbyn curadaeth dan frawd Keble yn Bisley, swydd Efrog, gan ddal ati i ysgrifennu barddoniaeth, yn aml ar themâu Cymreig; yr oedd hefyd yn ymwelydd cyson â Llangorwen lle yr oedd ei frawd yn dirfeddiannwr.

Fel bardd dilynai syniadau Wordsworth, ac y mae ei farddoniaeth yntau, yn enwedig yn y cyfrolau cynnar, yn perthyn i'r Ysgol Ramantaidd. Y mae ei gerddi diweddarach yn fwy defosiynol: myfyrdod ar fedydd yw *The Baptistery* (1842) a sylwebaeth ar y Sacrament Sanctaidd yw *The Altar* (1842). Nid anghofiodd erioed mai clerigwr gwledig ydoedd ac, yn debyg i George *Herbert, defnyddiai ei holl destunau syml a dirodres yn wersi i hyfforddi ei braidd.

Ceir beirniadaeth ar farddoniaeth Isaac Williams yn yr erthygl gan Barbara Dennis yn *The Anglo-Welsh Review* (rhif. 65, 1979); ceir hanes Etholiad Barddoniaeth Rhydychen 1841 gan Raymond Chapman yn *Oxford* (cyf. XXXV, rhif. 2, 1983). Golygwyd hunangofiant y bardd gan ei frawd yng nghyfraith Syr George Prevost a'i gyhoeddi yn 1892. Gweler hefyd Geoffrey Faber, *Oxford Apostles* (1933), Owen Chadwick, *The Victorian Church* (cyf. I, 1966), O. W. Jones, *Isaac Williams and his Circle* (1971) a'r erthygl gan A. Tudno Williams yn *Taliesin* (rhif. 46, 1983).

WILLIAMS, ISLWYN (1903–57), awdur storïau byrion, a aned yn Ystalyfera, Morg., ac a addysgwyd yng Ngholeg y Drindod, Caerfyrddin. Fe'i cofir am ei ddwy gyfrol o storïau byrion, *Cap Wil Tomos* (1946) a *Storïau a Phortreadau* (1954). Ysgrifennodd y rhan fwyaf o'i waith yn nhafodiaith Cwm Tawe a'r cefndir yw'r capel, y lofa, yr undebau llafur, y côr, yr eisteddfod, y ffair a'r gêm rygbi. Creodd oriel o gymeriadau lliwgar a chyfansoddodd rai o'r storïau byrion mwyaf digrif a dwys yn Gymraeg.

Ceir manylion pellach yn Derec Llwyd Morgan, *Islwyn Williams a'i Gymdeithas* (1980); gweler hefyd Saunders Lewis, *Crefft y Stori Fer* (1949), yr erthygl deyrnged gan Alun Oldfield-Davies yn *Y Dysgedydd* (1957), yr ysgrif gan T. J. Morgan yn *Amryw Flawd* (1966) a'r erthygl gan Kate Roberts yn *Ysgrifau Beirniadol VI* (gol. J. E. Caerwyn Williams, 1971).

WILLIAMS, IWAN LLWYD (1957–), bardd. Ganed a maged ym Mangor, Caern., a'i addysgu yng Ngholeg Prifysgol Cymru, Aberystwyth. Bu'n dal amryfal swyddi, ac ar hyn o bryd y mae'n gweithio i gwmni cysylltiadau cyhoeddus, Cennad. Dechreuodd farddoni fel bachgen ysgol. Enillodd y *Goron yn Eisteddfod Genedlaethol Cwm Rhymni yn 1990. Y mae wedi cyhoeddi tair cyfrol o'i gerddi: *Sonedau Bore Sadwrn* (1983), *Dechrau Bwrw* (1984) a *Dan Anasthetig* (1987). Y mae wedi cydweithio â'r cyfarwyddwr teledu Michael Bayley Hughes ar raglenni lle y cynhwysir cerddi ar gyfer y cyfrwng. Y mae'n gyfrannwr selog i gylchgronau Cymraeg, ac y mae fwy nag unwaith wedi lleisio ei farn fod datgan barddoniaeth yn bwysig ac nad peth i rai dethol ydyw. Yn unol â'i gred y mae wedi cyfrannu, gydag eraill, i sioeau barddoniaeth teithiol – gweler, er enghraifft, y gyfrol *Bol a Chyfri' Banc* (1995).
Gweler yr erthygl gan Wiliam Owen Roberts yn *Taliesin* (cyf. LXXX, Ion./Chwef. 1993).

WILLIAMS, JAC LEWIS (1918–77), ysgolhaig ac awdur storïau byrion, a aned yn Aber-arth, Cer., ac a addysgwyd yng Ngholeg Prifysgol Cymru, Aberystwyth, a Phrifysgol Llundain. O 1945 hyd 1956 bu'n Ddarlithydd yng Ngholeg y Drindod, Caerfyrddin, a phenodwyd ef yn Athro Addysg yn Aberystwyth yn 1960. Cydnabyddid yn gyffredinol ei fod yn awdurdod ar addysg ddwyieithog. Yr oedd yn gyfrannwr toreithiog i gylchgronau, yn arbennig *Barn, ar bynciau yn ymwneud â'r iaith Gymraeg; cefnogai gyfundrefn ffederal *Prifysgol Cymru ac yr oedd yn frwd dros y Mudiad Ysgolion Cymraeg. Yr oedd hefyd yn un o'r Cymry Cymraeg a oedd â diddordeb mewn llenyddiaeth *Eingl-Gymreig a'r diwylliant Saesneg ei iaith yn y Gymru gyfoes. Yr oedd ganddo farn bendant ac annibynnol a gwrthwynebai'n ffyrnig yr egwyddor o Sianel Deledu Gymraeg, gan honni y byddai Cymry di-Gymraeg yn colli cysylltiad â'r diwylliant Cymraeg; ef oedd yr unig un bron a ddadleuai yn ei herbyn. Yn ogystal â golygu nifer o bamffledi llenyddol pwysig, cyfres o recordiau llafar, *Cyfres yr Ysgol a'r Aelwyd*, a geiriadur o dermau technegol, *Geiriadur Termau* (1973), ysgrifennodd ddwy gyfrol o storïau byrion ac ysgrifau, *Straeon y Meirw* (1947) a *Trioedd* (1973), ac wedi iddo farw ymddangosodd trydedd gyfrol o storïau, *Straeon Jac L* (1981).

WILLIAMS, JANE (**Ysgafell**; 1806–85), awdures a aned yn Llundain, yn ddisgynnydd i'r pregethwr Piwritanaidd Henry *Williams o Ysgafell, Tfn., ond treuliodd ran gyntaf ei bywyd yn Nhalgarth, Brych. Yno, wedi iddi ddod i gysylltiad ag Arglwyddes Llanofer (Augusta Waddington *Hall), cymerodd ddiddordeb mewn llenyddiaeth Gymraeg a dysgu'r iaith. Cyhoeddodd nifer o lyfrau; y pwysicaf yn eu plith o safbwynt llenyddol oedd *Miscellaneous Poems* (1824), *The Literary Women of England* (1861), *Celtic Fables, Fairy Tales and Legends* (1862) ac *A History of Wales derived from Authentic Sources* (1869) a ystyrir y llyfr gorau yn y maes hwn hyd nes y cyhoeddwyd gwaith John Edward *Lloyd. Ysgrifennodd hefyd gofiant Beti Cadwaladr (Elizabeth *Davies), a golygodd y *Literary Remains* (1854–55) o waith Thomas *Price (Carnhuanawc).

Williams, John (1582–1650), archesgob, a aned yng Nghonwy, Caern., un o ddisgynyddion teuluoedd Cochwillan a Gwydir (gweler o dan deulu WYNN) a mab-bedydd Syr John Wynn. Cafodd gryn lwyddiant yn gyflym o dan Iago I, ac erbyn 1620 yr oedd yn Ddeon Westminster, yn Esgob Lincoln ac yn Geidwad y Sêl Fawr. Wedi i Siarl I esgyn i'r orsedd yn 1625 collodd ei swydd fel Ceidwad ac oherwydd gwrthwynebiad Laud fe'i carcharwyd yn Nhŵr Llundain, ond fe'i rhyddhawyd yn 1640 ar gais Tŷ'r Arglwyddi. Ar ôl ei benodi yn 1641 yn Archesgob Caerefrog, ymunodd â'r Brenin pan ddechreuodd y *Rhyfeloedd Cartref y flwyddyn ganlynol a bu'n ddiwyd yn sicrhau undod ymysg cefnogwyr y Goron. Gwariodd ei gyfoeth ei hun ar gryfhau castell *Conwy, ond fe'i hamddifadwyd o'i awdurdod yno yn 1645 ac, wedi'i ddadrithio, cynorthwyodd y Seneddwyr yn eu hymosodiad ar y castell yn 1646. Yr oedd yn ŵr mawr ei gyfoeth a'i ddylanwad ac yn hael tuag at feibion teuluoedd Cymreig a geisiai ei nawdd. Gŵr cymedrol ydoedd ond ni roddwyd fawr o sylw i'w gyngor: yn ôl yr hanesydd Gardiner, dichon pe buasid wedi gwrando arno y byddai wedi bod yn bosibl osgoi'r Rhyfel Cartref.
Ceir manylion am John Williams fel esgob a gwleidydd yn H. R. Trevor-Roper *Archbishop Laud 1573–1645* (1940) a G. E. Aylmer, *The Civil Service of Charles I 1625–42* (1961); ceir hanes ei ymgyrchoedd milwrol yn Norman Tucker, *North Wales in the Civil War* (1958).

WILLIAMS, JOHN (*c.* 1728–1806), emynydd, brodor o Landyfaelog, Caerf., a ymsefydlodd yn Sain Tathan ym Mro Morgannwg. Yr oedd yn un o sefydlwyr capel Bethesda'r Fro, ac yn gefnogwr brwd i Thomas *William, yr emynydd a'r gweinidog cyntaf. Y mae rhai o'i emynau, megis 'Pwy welaf o Edom yn dod' a 'Pa feddwl, pa 'madrodd, pa ddawn', mewn bri o hyd. Casglwyd ei gerddi yn y gyfrol *Cân Diddarfod* (1793).

WILLIAMS, JOHN (**Ab Ithel**; 1811–62), hynafiaethydd a golygydd, a aned yn Llangynhafal, Dinb., ac a addysgwyd yng Ngholeg Iesu, Rhydychen. Bu am flynyddoedd yn rheithor Llanymawddwy, Meir., ac yr oedd yn un o'r *Hen Bersoniaid Llengar, y gwŷr hynny a chwaraeodd ran bwysig wrth feithrin diwylliant Cymraeg yn ystod hanner cyntaf y bedwaredd ganrif ar bymtheg. Yr oedd yn ŵr diwyd a dymunol, yn gyfrannwr cyson i gylchgronau ar lawer o agweddau ar hanes Cymru ond yr oedd yn Ucheleglwyswr (gweler o dan MUDIAD RHYDYCHEN) ac yn drwm dan ddylanwad Iolo Morganwg (Edward *Williams), yn gwbl anfeirniadol o'r Eglwys Sefydledig ac yn ddiffygiol mewn ysgolheictod. Ei brif gyfraniad oedd llwyddo i drefnu'r Eisteddfod a gynhaliwyd yn Llangollen yn 1858; gellir ystyried hon yn rhagflaenydd yr *Eisteddfod Genedlaethol. Cofir yr achlysur hefyd am y cythrwfl a achoswyd oherwydd i'r beirniaid benderfynu peidio â gwobrwyo Thomas *Stephens am ei draethawd ar *Fadoc. Rhwystrwyd Stephens rhag amddiffyn ei waith pan orchmynnodd Ab Ithel i'r band ddechrau canu, a chyhuddwyd ef o ffafrio ei deulu yn y dyfarniadau eraill.

Sefydlodd y cylchgrawn The Cambrian Journal yn 1853, lansiodd Baner y Groes yn 1854 a *Taliesin yn 1859 a bu'n olygydd yr Archaeologia Cambrensis, cylchgrawn y *Cambrian Archaeological Association, o 1846 hyd 1853. Ymhlith y testunau a olygodd dros y *Welsh Manuscripts Society y mae Y *Gododdin (1852), Dosparth Edeyrn Davod Aur (1856), *Brut y Tywysogyon (1860), *Annales Cambriae (1860), *Meddygon Myddfai (1861) a *Barddas (1862); ni fu'r un o'r rhain o werth parhaol. Cynhwyswyd ei gyfieithiadau o emynau Lladin yn y gyfrol Emynau'r Eglwys (1941).

Ceir manylion pellach yn yr erthyglau gan G. J. Jones yn Y Traethodydd (1968) a Mary Ellis yn Yr Haul (Gwanwyn, 1983); gweler hefyd James Kenward, Ab Ithel (1871).

Williams, John (1840–1926), prif gymwynaswr *Llyfrgell Genedlaethol Cymru, a aned yng Ngwynfe, Caerf. Cafodd yrfa ddisglair fel llawfeddyg yn Ysbyty Coleg y Brifysgol, Llundain, ac yn ystod y cyfnod hwnnw fe'i penodwyd yn feddyg i'r Frenhines Fictoria; fe'i hurddwyd yn farwnig yn 1894. Dychwelodd yn 1903 i fyw ym Mhlas Llansteffan yn ei sir enedigol er mwyn cadw mewn cysylltiad â'r mudiadau diwylliannol Cymreig yr oedd â chymaint o ddiddordebau ynddynt. Parhaodd i ychwanegu at y casgliad o lawysgrifau yr oedd wedi dechrau eu hel at ei gilydd pan oedd yn gweithio yn Abertawe cyn mynd i Lundain.

Lluniwyd cnewyllyn y casgliad hwn, a adwaenir bellach fel Llawysgrifau *Llanstephan (Llawysgrifau Castell Shirburn yn flaenorol), rhwng tuag 1690 ac 1742 gan Samuel *Williams a'i fab, Moses *Williams. Ychwanegwyd ato o ffynonellau eraill, yn eu plith casgliadau Walter *Davies (Gwallter Mechain), Lewis *Morris yr hynafiaethydd a Syr Thomas Phillipps. Y mae'n ffynhonnell bwysig i lenyddiaeth yr Oesoedd Canol a chyfnod y *Dadeni, ac yn cynnwys eitemau yn llaw *Gutun Owain, *Siôn Brwynog, *Morgan Elfael, Siôn Dafydd *Rhys ac Edward *Lhuyd. Efallai mai'r llaw-

ysgrif fwyaf gwerthfawr yw Llyfr Coch Talgarth, a ysgrifennwyd tua 1400 gan Hywel Fychan ap Howel Goch o Lanfair-ym-Muallt. Y mae'r casgliad yn cynnwys hefyd waith *Dafydd ap Gwilym, *Lewys Glyn Cothi, *Guto'r Glyn a *Thudur Aled.

O 1909 trigai Syr John, a oedd hefyd wedi prynu Llawysgrifau *Peniarth yn 1898, yn Aberystwyth, ac yr oedd ganddo gysylltiad agos yno â Choleg Prifysgol Cymru, Aberystwyth, a oedd yn awyddus i sefydlu Llyfrgell ac *Amgueddfa Genedlaethol. Dywedir mai ef a fu'n bennaf gyfrifol am y penderfyniad i sefydlu y Llyfrgell Genedlaethol yn Aberystwyth, gan iddo drosglwyddo iddi ei holl gasgliad ar yr amod mai yn y dref hon y lleolid hi.

Ceir manylion pellach yn y monograff ar Syr John Williams gan Ruth Evans yn y gyfres Gŵyl Dewi (1952), John Cule yn Wales and Medicine (1973) a David Jenkins, 'The National Library of Wales' yn Nhrafodion Anrhydeddus Gymdeithas y Cymmrodorion (1982).

WILLIAMS, JOHN EDWARD (1931–), bardd, llenor ac emynydd. Brodor o Ddyserth, Ffl., ydyw a bu'n weinidog gydag Eglwys Bresbyteraidd Cymru yng Nghapel-y-Drindod a Choed-y-bryn, Cer., ac yn Llandeilo, Caerf. Bu hefyd yn gurad yn Llansamlet, Morg., ac yn Rheithor Aberffraw, Môn, hyd ei ymddeoliad yn 1983. Fe'i haddysgwyd yng Ngholeg Clwyd, Y Rhyl, y Coleg Diwinyddol, Aberystwyth a Llyfrgell Deiniol Sant, Penarlâg; y mae'n byw er 1983 yn Aberhonddu. Cyhoeddodd amryw gyfrolau o gerddi, ysgrifau ac emynau: Dechrau Canu (1964), Awst a Cherddi Eraill (1967), Pererin Wyf (1968), Glan Llyn a Cherddi Eraill (1969), Wedi Deg (1971), Y Gainc Anorffen (1973), Llyw ac Angor (1974), Offrwm (1975), A Dacw'r Pren (1976), Deublyg Amddiffyn (1980), Porth Cwyfan a Cherddi Eraill (1981), 'Myrraeth (1983), Epynt a Cherddi Eraill (1985), Cerddi Dolserau (1986), Awr Uwch Hanes Brycheiniog (1987), O Gysgod y Bannau (1988), Eilunod a Cherddi Eraill (1989), Llythyr a Llên (1990), Pantycelyn a Cherddi Eraill (1992) ac Y Galilead a Cherddi Eraill (1994).

WILLIAMS, JOHN ELLIS (1901–75), dramodydd, nofelydd ac awdur llyfrau i blant. Fe'i ganed ym Mhenmachno, Caern., a chafodd ei addysg yn y Coleg Normal, Bangor. Bu'n athro ym Manceinion, Llanfrothen a nifer o ysgolion cylch Blaenau Ffestiniog. Wedi ymddeol yn 1961, symudodd i Lanbedr, Meir., ac yn ddiweddarach i'r Gaerwen, Môn. Cyhoeddodd dros ddeg a thrigain o lyfrau gan gynnwys un ar ddeg o lyfrau i blant a'r nofel antur Drwy Ddŵr a Thân (1957) yn eu plith. Ysgrifennodd ddwy gyfres o nofelau ditectif, sef cyfres Hopkyn (1958–61) a chyfres Parri (1965–67), a thros ddeg ar hugain o ddramâu gwreiddiol ac mewn cyfieithiad. Ymhlith ei gyfrolau eraill y mae 'Sglodion (1932), Y Gŵr Drws Nesaf (1946), Whilmentan (1961),

Tri Dramaydd Cyfoes (1961), Inc yn fy Ngwaed (1963), Dychangerddi (1967), Glywsoch chi hon? (1968) a Moi Plas (1969).

Ceir rhagor o fanylion yn Meredydd Evans (gol.), Gŵr wrth Grefft (1974) a Mairwen a Gwynn Jones (gol.), Dewiniaid Difyr (1983).

WILLIAMS, JOHN ELLIS (1924–), nofelydd ac awdur storïau byrion a aned yn Llanddeiniolen, Caern. Wedi iddo dreulio cyfnod yn ystod y rhyfel yn gwasanaethu yn y Llu Awyr, gweithiodd mewn amryfal swyddi, gan gynnwys gwaith amaethyddol yng Nghymru, Lloegr a Ffrainc. Am nifer o flynyddoedd bu'n gohebu â'r awdures Ffrengig Simone de Beauvoir. Y mae wedi cyhoeddi chwe nofel: Hadau Gwyllt (1968), Yr Ynys Wydr (1969), Modd i Fyw (1970), Gwynt i Oen (1976), Paul Jones a'r Tywysog (1979) ac Wrth Ddychwel (1982); a thri chasgliad o storïau: Straeon Cyfar Main (1985), Clouds of Time (1989) a Dychweliad y Deryn Mawr (1990).

WILLIAMS, JOHN ELLIS CAERWYN (1912–), ysgolhaig, a aned yng Ngwauncaegurwen, Morg., ac a addysgwyd yng Ngholeg Prifysgol Gogledd Cymru, Bangor, Coleg y Brifysgol a Choleg y Drindod, Dulyn, a Cholegau Diwinyddol Aberystwyth a'r Bala. Ar ôl ymuno â staff Adran y Gymraeg, Bangor, yn 1945, penodwyd ef yn Athro'r Gymraeg yno yn 1953, a bu yn y swydd hyd 1965 pryd y symudodd i Goleg Prifysgol Cymru, Aberystwyth, i fod yn Athro'r Wyddeleg, y cyntaf ym *Mhrifysgol Cymru. Ar ôl iddo ymddeol yn 1979 penodwyd ef yn Gyfarwyddwr Canolfan Uwchefrydiau Cymreig a Cheltaidd, swydd yr arhosodd ynddi tan 1985.

Fel ysgolhaig Gwyddeleg ei brif gyfraniadau yw Traddodiad Llenyddol Iwerddon (1958), Y Storïwr Gwyddeleg a'i Chwedlau (1972) a The Court Poet in Medieval Ireland (1972). Y mae'n awdurdod ar y gwareiddiad Celtaidd ac ysgrifennodd yn helaeth am draddodiadau llenyddol Cymru ac Iwerddon. Bu'n weithgar fel golygydd cyfnodolion ysgolheigaidd ac ymhlith ei gyhoeddiadau y mae cyfrol o gyfieithiadau i'r Gymraeg o storïau ac ysgrifau Padraic Ó Conaire (1947) a chasgliad o storïau wedi eu cyfieithu o'r Wyddeleg, Yr Ebol Glas (1954). Fel ysgolhaig Cymraeg cyfrannodd astudiaethau ar lenyddiaeth grefyddol yr Oesoedd Canol ac ar y *Gogynfeirdd yn cynnwys Beirdd y Tywysogion (1973), Canu Crefyddol y Gogynfeirdd (1977) a The Poets of the Welsh Princes yn y gyfres *Writers of Wales (1978). Nid esgeulusodd gyfnodau diweddarach fel y dengys Edward Jones, Maes-y-plwm (1962) a Geiriadurwyr y Gymraeg yng Nghyfnod y Dadeni (1983). Cyhoeddodd gyfrolau o gyfieithiadau o'r Wyddeleg a'r Llydaweg yn ogystal ag astudiaethau ieithyddol ar yr ieithoedd hyn ac ar y Gymraeg. Heblaw golygu cyfrolau fel Llên a Llafar Môn (1963), Llên Doe a Heddiw (1964) a Literature in Celtic Countries (1971), y mae wedi bod yn brif olygydd Y

*Traethodydd er pan benodwyd ef yn un o'r tri golygydd yn 1965, yn olygydd ac wedyn yn olygydd ymgynghorol ar *Studia Celtica o'i ddechreuad yn 1966, yn olygydd ymgynghorol i *Geiriadur Prifysgol Cymru, yn olygydd Llyfryddiaeth yr Iaith Gymraeg (1988) a Gwaith Meilyr Brydydd a'i ddisgynyddion (1994), a chyda Patrick Ford yn gyd-awdur The Irish Literary Tradition (1992). Ef hefyd yw golygydd y gyfres *Ysgrifau Beirniadol a golygydd cyffredinol y gyfres *Llên y Llenor. Y mae J. E. Caerwyn Williams yn ysgolhaig manwl a diflino a hydreiddiwyd ei ysgolheictod gan ymwybyddiaeth lenyddol oleuedig ac eang.

Ceir llyfryddiaeth lawnach o'i gyhoeddiadau yn Bardos (1982), cyfrol deyrnged iddo a olygwyd gan R. Geraint Gruffydd. Gweler hefyd yr erthygl gan Gwyn Thomas, 'Caerwyn Williams, Llywydd yr Academi Gymreig', yn Taliesin (cyf. LXXX, 1993).

WILLIAMS, JOHN GRIFFITH (1915–87), awdur rhyddiaith a aned yn Llangwnadl, Caern. Gadawodd yr ysgol yn bymtheg oed i weithio yn saer coed ar ystad y Gwynfryn a Thalhenbont ac yn ddiweddarach daeth yn athro gwaith coed. Ei lyfr cyntaf oedd yr hunangofiant Pigau'r Sêr (1969), sy'n disgrifio bywyd ar yr ystad, a'i blentyndod yn *Llŷn ac *Eifionydd. Yn Maes Mihangel (1974) datblygodd y stori hyd at gyfnod y rhyfel, pryd y carcharwyd ef 'am wrthod cydnabod hawl Llywodraeth Loegr i osod gorfodaeth filwrol ar Gymru'. Cyhoeddodd nofel hanesyddol yn ymdrin â gwrthryfel *Owain Glyndŵr yn Eifionydd, Betws Hirfaen (1978), ac astudiaeth o Rubáiyát Omar Khayyám, Omar (1981).

WILLIAMS, JOHN JAMES (1869–1954), bardd a aned ger Tal-y-bont, Cer. Wedi gweithio fel glöwr yn Ynys-y-bŵl, Morg., a chael addysg yng Ngholeg Coffa Aberhonddu, bu'n weinidog eglwysi Annibynnol yn ne Cymru. Yr oedd yn awdur cyfrol o storïau, Straeon y Gilfach Ddu (1931), sy'n amlygu ei hoffter o *dafodiaith a phobl ardaloedd diwydiannol Morgannwg. Enillodd *Gadair yr Eisteddfod Genedlaethol ddwywaith: yn 1906 am ei awdl 'Y Lloer' ac yn 1908 am 'Ceiriog'. Cyhoeddwyd ei weithiau prydyddol yn y gyfrol Y Lloer (1936). Bu'n Archdderwydd o 1936 hyd 1939.

Ymdrinia Robert Rhys â'i yrfa a'i waith yn 'Cân y Fwyalchen: Golwg ar waith J. J. Williams (1869–1954)' yn Cwm Tawe (gol. Hywel Teifi Edwards, 1993).

WILLIAMS, JOHN LLOYD (1854–1945), gweler o dan WILLIAMS, ELIZABETH (1862–1953).

WILLIAMS, JOHN OWEN (**Pedrog**; 1853–1932), bardd. Fe'i hamddifadwyd yn ifanc a magwyd ef gan fodryb yn Llanbedrog, Caern., a bu'n arddwr cyn dechrau pregethu yn 1878, ar ôl bod yn Lerpwl am ddwy flynedd yn gweithio i gwmni o gyfanwerthwyr. Bu ei unig weinidogaeth, gyda'r Annibynwyr, yn Lerpwl o

1884 hyd 1930. Yr oedd yn Archdderwydd o 1928 hyd 1932 ac yn Gadeirydd Undeb yr Annibynwyr Cymraeg yn 1927; golygodd Y *Dysgedydd o 1922 hyd 1928. Cyfrannodd yn helaeth i'r cyfnodolion Cymraeg ac enillodd fwy o gadeiriau eisteddfodol na'r un bardd na chynt nac wedyn. Ni chyhoeddwyd erioed gasgliad o'i waith ond gadawodd hunangofiant yn dwyn y teitl Stori 'Mywyd (1932).

WILLIAMS, JOHN OWEN (1892–1973), awdur llyfrau i blant. Fe'i ganed ym Methesda, Caern., a'i addysgu yng Ngholeg Prifysgol Gogledd Cymru, Bangor. Cyhoeddodd nifer o storïau byrion yn Y *Llenor ond fe'i cofir yn bennaf fel cyd-awdur gyda Jennie *Thomas, Llyfr Mawr y Plant (4 cyf., 1931, 1939, 1949 ac 1975), llyfr a ddiddanodd blant mewn cyfnod pan nad oedd llawer o ddeunydd darllen i'w gael yn Gymraeg. Cyhoeddodd nofel, Trysor yr Incas (1970), a dwy gyfrol o ysgrifau; y fwyaf diddorol o'r ddwy yw Corlannau (1957).

WILLIAMS, JOHN RICHARD (J. R. Tryfanwy; 1867–1924), bardd a aned yn Rhostryfan, Caern. Cafodd aflwydd yn gynnar yn ei fywyd a'i gadawodd yn fyddar a dall, ac ar ôl marwolaeth ei rieni cafodd loches ym Mhorthmadog gyda modryb iddo ac yno mwynhaodd gyfeillgarwch Eifion Wyn (Eliseus *Williams). Cyhoeddodd ddwy gyfrol o gerddi, Lloffion yr Amddifad (1892) ac Ar Fin y Traeth (1910).

WILLIAMS, JOHN ROBERTS (John Aelod Jones; 1914–), newyddiadurwr, darlledydd, ac awdur storïau byrion a aned yn Llangybi, Caern. Addysgwyd ef yng Ngholeg Prifysgol Gogledd Cymru, Bangor, cyn cychwyn ar yrfa a gyrhaeddodd ei huchafbwynt gyda'i benodiad yn 1945 yn olygydd Y *Cymro. Bu'n olygydd bywiog a chraff ac anadlodd gyfoesedd a phroffesiynol-rwydd i'r wythnosolyn; cyfrannodd golofn grafog a ffraeth o dan ei ffugenw. Gadawodd Y Cymro yn 1962 ac ymuno â'r BBC y flwyddyn ganlynol i fod yn olygydd y rhaglen gylchgrawn newyddiadurol, Heddiw. Fe'i penodwyd yn Bennaeth y BBC yng Ngogledd Cymru ym Mangor yn 1970. Yn ogystal â chyhoeddi cyfrol o ysgrifau, Annwyl Gyfeillion (1975), a detholiadau hynod boblogaidd o'i ysgrifau radio, Tros fy Sbectol (1984), O Wythnos i Wythnos (1987), Nos Wener Bore Sadwrn (1989), Pum Munud i Chwech – Ac i Wyth (1993) a Mil a Mwy (1996), cyhoeddodd gasgliad o storïau byrion, Arch Noa (1977), ac un gyfrol hunangofiannol, Yr Eiddoch yn Gywir (1990). Gwêl rhai ôl dylanwad Damon Runyon yn ei waith ac y mae'n gyforiog o hiwmor a thafodiaith cymeriadau lliwgar Caernarfon. Bu'n olygydd Y Casglwr, sef cylchgrawn *Cymdeithas Bob Owen, o'r adeg y cychwynnwyd ef yn 1976 tan 1991.

WILLIAMS, JOHN STUART (1920–), bardd a beirniad a aned yn Aberpennar, Morg., ac a ddech-reuodd ei yrfa yn athro Saesneg yn Ysgol Ramadeg yr Eglwys Newydd, Caerdydd, cyn dod yn Bennaeth Adran Saesneg a Drama Coleg Addysg Dinas Caerdydd yn 1956. Y mae'n feirniad llenyddiaeth *Eingl-Gymreig fodern a golygodd dair blodeugerdd: Dragons and Daffodils (gyda Richard Milner, 1960), Poems '69 (1969) a The *Lilting House (gyda Meic *Stephens, 1969). Cyhoeddwyd pedair cyfrol o'i farddoniaeth ei hun, sef Last Fall (1962), Green Rain (1967), Dic Penderyn (1970) a Banna Strand (1975). Y mae'r olaf ond un yn cynnwys cerdd ar gyfer lleisiau am Wrthryfel *Merthyr (1831) ac fe'i darlledwyd gan BBC Cymru yn 1968.

WILLIAMS, KYFFIN (1918–), arlunydd ac awdur. Fe'i ganwyd yn Llangefni, Môn, a'i addysgu yn Ysgol Amwythig. Gwasanaethodd yn y Ffiwsilwyr Cymreig Brenhinol o 1936 hyd 1939 ond fe'i gollyngwyd o'r fyddin oherwydd ei epilepsi ac aeth i Ysgol Gelf Slade yn 1941; bu'n athro celf am nifer o flynyddoedd cyn dod yn arlunydd proffesiynol. Fe'i hetholwyd yn Llywydd yr Academi Frenhinol Gymreig yn 1969 ac yn Aelod Cyswllt o'r Academi Frenhinol yn 1970, a daeth yn un o arlunwyr Cymreig mwyaf adnabyddus ei ddydd, yn bennaf oherwydd ei dirluniau o ogledd Cymru. Yr oedd yn aelod o deulu a oedd yn perthyn i'r uchelwyr Cymreig, a disgrifiodd ei gyndadau, ei blentyndod ei hun a'i yrfa gynnar mewn cyfrol hunangofiannol ddifyr, Across the Straits (1973) sydd, gyda hiwmor a medrau chwedleuwr wrth reddf, yn rhoi inni ddarlun o ddos-barth a chymdeithas nas disgrifiwyd ond gan nifer fechan iawn o Gymry. Fe'i dilynwyd gan A Wider Sky, casgliad o ysgrifau am ei deithiau tramor, yn 1991.

Williams, Maria Janes (Llinos; 1795–1873), gweler o dan ABERPERGWM.

Williams, Mogg, gweler WILLIAMS, DAVID MORGAN (1928–97).

WILLIAMS, MORRIS (Nicander; 1809–74), bardd ac emynydd, brodor o Langybi, Caern.; bu'n brentis o saer gyda chyfaill i Ieuan Glan Geirionydd (Evan *Evans) ond yn ddiweddarach aeth i Ysgol y Brenin yng Nghaer ac oddi yno i Goleg Iesu, Rhydychen, lle y graddiodd yn 1835. Bu'n gurad Treffynnon, Ffl., ac yna Bangor, Caern., ac o 1859 hyd ei farw bu'n rheithor Llanrhuddlad, Môn.

Cefnogai *Fudiad Rhydychen ac ym mlynyddoedd cynnar ei weinidogaeth paratôdd lyfrau megis Y Flwyddyn Eglwysig (1843) ar gynllun The Christian Year (1827) gan Keble, yn ogystal ag argraffiad newydd o Llyfr yr Homiliau (1847) ac Y Psalmwyr (1850), cyf-ieithiad mydryddol o'r Salmau. Ei fwriad oedd darparu caniadaeth gynulleidfaol ar gyfer yr Eglwys yng Nghymru. Ac eithrio William *Williams (Pantycelyn), ceir mwy o'i waith ef nag unrhyw emynydd arall yn llyfrau emynau'r Eglwys. Derbyniodd yr enw Nicander mewn Eisteddfod a gynhaliwyd yn Aberffraw yn 1849 pan enillodd y *Gadair am ei awdl 'Y Greadigaeth', a pharhaodd y dyfarniad helynt garw ar y pryd am fod Eben Fardd (Ebenezer *Thomas), un o'r beirniaid, yn barnu mai awdl Emrys (William *Ambrose) oedd yr orau. Enillodd wobrau sylweddol am bryddestau arwrol yn eisteddfodau 1858, 1860 ac 1862. Golygwyd ei gyf-addasiad o chwedlau La Fontaine gan ei fab W. Glynn Williams yn *Damhegion Esop ar Gân* (1901).

Ceir manylion pellach yn y gyfres o erthyglau gan D. Eifion Evans yn *Yr Haul* (1955–56).

WILLIAMS, MOSES (1685–1742), hynafiaethydd, mab i Samuel *Williams; fe'i ganed yn y Glaslwyn, Llandysul, Cer., a'i addysgu yng Ngholeg y Brifysgol, Rhydychen. Bu'n is-lyfrgellydd yn Amgueddfa Ash-mole o dan hyfforddiant Edward *Lhuyd, ac wedyn ar staff Llyfrgell Bodley. Fe'i hurddwyd yn ddiacon yn 1709, a'i ordeinio'n offeiriad yn 1714, a'r flwyddyn ganlynol derbyniodd fywoliaeth Llanwenog, Cer. Yn 1732 cyfnewidiodd ficeriaeth Defynnog, Brych., am reithoriaeth Bridgwater, Gwlad yr Haf, lle y treuliodd weddill ei oes.

Fel ei dad, yr oedd Moses Williams yn gyfieithydd medrus ac erbyn 1715 yr oedd wedi cyhoeddi nifer o gyfieithiadau, o natur grefyddol gan mwyaf. Ond mewn hynafiaethau yr oedd ei brif ddiddordeb, yn rhannol oherwydd ei gysylltiad ag Edward Lhuyd, a theithiai trwy Gymru yn chwilio am lawysgrifau i'w copïo. Bwriadai Williams gyhoeddi geiriadur Cymraeg, sef helaethiad o un John *Davies, Mallwyd, ond erys y deunydd mewn llawysgrif. Ef a gyfieithodd o'r Ffrangeg y gramadeg Llydaweg a gyhoeddwyd yn *Archaeologia Britannica* (1707) gan Edward Lhuyd. Y mae ei gasgliad o Drioedd, catalog o gynnwys Llyfrgell Bodley ac arolwg o gyfieithiadau o'r Ysgrythur i'r Gymraeg, hwythau heb eu cyhoeddi.

Yn 1717 cyhoeddodd lyfryddiaeth *Cofrestr o'r Holl Lyfrau Printiedig* a fu'n sail i *Llyfryddiaeth y Cymry* William *Rowlands (Gwilym Lleyn). Bu ganddo fwriad uchelgeisiol i gyhoeddi llenyddiaeth Gymraeg hyd 1500, ond bu raid iddo roi'r gorau i'r cynllun, ac yn 1726 ymddangosodd ei fynegai Lladin i waith y beirdd Cymraeg. Erbyn hynny yr oedd yn cynorthwyo William Wotton i gynnull ei argraffiad cyfansawdd o'r cyfreithiau Cymreig (*Cyfraith Hywel). Er mai enw William Clarke (mab yng nghyfraith Wotton) sydd wrth *Leges Wallicae* (1730) a gyhoeddwyd ar ôl marwolaeth Wotton, y mae llawer o'r clod am y gwaith yn ddyledus i ysgolheictod Moses Williams. Goruchwyliodd ddau argraffiad o'r Beibl a'r Llyfr Gweddi Cymraeg (1718 ac 1727). Bu ei gasgliad o hen lyfrau a llawysgrifau Cymraeg ym meddiant Iarll Macclesfield ac yn rhan o gasgliad Llyfrgell Castell Shirburn cyn i Syr John *Williams ei roi i *Lyfrgell Genedlaethol Cymru.

Ceir hanes ei fywyd a rhestr gyflawn o'i weithiau yn llyfr John Davies, *Bywyd a Gwaith Moses Williams* (1937).

WILLIAMS, NATHANIEL (1742–1826), gweinidog gyda'r *Bedyddwyr ac emynydd; brodor o Lanwinio, Caerf., ydoedd. Golygodd lyfr yn cynnwys un o bregethau George Whitefield (1770) ac ychydig emynau o'i eiddo a chyhoeddodd waith dadleuol yn dwyn y teitl *Dialogue* (1778), sef amddiffyniad o Peter *Williams. Ym-ddangosodd detholiad o'i emynau yn y gyfrol *Ychydig Hymnau Newyddion* (1787). Cenir dau o'i emynau o hyd, sef 'O! Iachawdwriaeth fawr', ac 'O! rhwyga'r tew gymylau duon'. Ymddiddorai hefyd mewn meddyg-aeth, ac ef yw awdur *Darllen Dwfr a Meddyginiaeth* (1785) a *Pharmacopoeia* (1796). Yr oedd ganddo bersonoliaeth liwgar ac achosodd gryn gynnen yn ei ddydd oherwydd ei ddaliadau diwinyddol, megis anghytuno â'r ddamcan-iaeth Athanasaidd ynglŷn â'r Drindod, ond bu farw'n ddi-nod. Yr oedd mab iddo, a adwaenir fel Twmi Nathaniel, yn faledwr.

WILLIAMS, OWAIN MADOG (1890–1960), bardd. Brodor o Ben-y-groes, Dyffryn Nantlle, Caern., a ddaeth yn ŵr ifanc i'r de i weithio'n löwr yng nghyffiniau Rhydaman, Caerf., cyn symud i Gwm *Rhondda. Yno, ymgartrefodd yn Ynys-hir lle y bu'n gweithio am rai blynyddoedd ym Mhwll Glo Lady Lewis. Pan ddaeth y *Dirwasgiad, cafodd waith fel stiward mewn chwarel yn ymyl Tintagel yng Nghernyw ac yno, am beth amser, yr ymgartrefodd ef, ei wraig a'u chwech o blant. Er iddynt ddychwelyd i Gwm Rhondda am ysbaid fer, symudasant drachefn i sir y Fflint. Yn ogystal ag ymgymryd â gwaith cymdeithasol yn y sir honno, bu Madog Williams yn weithgar gyda Mudiad Addysg y Gweithiwr a thua diwedd ei oes bu'n llythyrwr cyson o blaid addysg Gymraeg yn y wasg leol.

Cyhoeddwyd ei unig gyfrol o farddoniaeth, *Cerddi'r Ddrycin*, yn 1936. Ysgrifennai yn y mesurau rhyddion ac y mae'r casgliad yn cynnwys nifer o *sonedau crefftus a llawer o gerddi yn *nhafodiaith Rhondda. Y mae'r ffaith bod brodor o Wynedd yn mynnu arddel y dafodiaith honno yn gyfrwng llenyddol yn dyst i nerth y Wen-hwyseg yn y de-ddwyrain ddechrau'r ganrif. Ceir yn ei gerddi ddarlun byw o effaith y Dirwasgiad ar drigolion y cymoedd ac y mae lle arbennig yn ei waith i bobl dan ormes, boed yn lowyr sydd ar drugaredd eu meistri neu filwyr sy'n ysglyfaeth i waedgwn rhyfel. Y mae ffydd Gristnogol ddiysgog y bardd a'r dyngarwch sy'n deillio ohoni i'w gweld yn gyson drwy ei holl gerddi.

WILLIAMS, OWEN (Owen Gwyrfai; 1790–1874), bardd, brodor o Waunfawr, Caern., a chowper wrth ei alwedigaeth, un o ddisgyblion Dafydd Ddu Eryri (David *Thomas). Cyfansoddodd lawer o farwnadau a bedd-argraffiadau, copïai farddoniaeth Gymraeg a chasglai achau. Cyhoeddwyd pedair rhan o'i *Y Drysorfa Hynaf-*

iaethol (1839). Bu'n gweithio am flynyddoedd ar *Y Geirlyfr Cymraeg*. Cyhoeddodd ei fab, Thomas Williams, gofiant iddo a pheth o'i farddoniaeth yn *Gemau Gwyrfai* (1904), ac ymddangosodd detholiad o'i waith yn *Gemau Môn ac Arfon* (1911).

WILLIAMS, PETER (1723–96), clerigwr Methodistaidd ac esboniwr Beiblaidd a aned yn Llansadyrnin, Caerf. Cafodd dröedigaeth yn 1743 gan bregethu George Whitefield, ordeiniwyd ef yn ddiacon ddwy flynedd yn ddiweddarach a bu'n gurad gyda'r Eglwys Anglicanaidd mewn nifer o blwyfi yn ne Cymru. Oherwydd ei dueddiadau Methodistaidd gwrthodwyd ei urddo'n offeiriad ac ymunodd â'r Methodistiaid yn 1747; bu'n bregethwr teithiol yn eu plith ar hyd ei oes.

Yr oedd yn awdur tuag ugain o lyfrau a llyfrynnau, gan gynnwys emynau, llyfrau i blant, marwnadau a llyfrau o natur grefyddol. Y pwysicaf yn eu plith yw *Blodau i Blant* (1758), *Galwad gan Wyr Eglwysig* (1781), *Cydymaith mewn Cystudd* (1782), *Yr Hyfforddwr Cymreigaidd* (1784), *Y Briodas Ysbrydol* (1784) ac *Ymddygiad Cristionogol* (1784). Ceir ei emynau yn *Rhai Hymnau ac Odlau Ysbrydol* (1759) a *Hymns on Various Subjects* (1771). Ei brif waith oedd argraffiad o'r *Beibl, gyda nodiadau, a gyhoeddwyd yng Nghaerfyrddin gan John Ross yn 1770. Hwn oedd yr argraffiad cyntaf o'r Beibl i'w argraffu yng Nghymru ac fe'i hadargraffwyd yn aml. Bu gan lawer o gartrefi Cymru gopi o 'Feibl Peter Williams' ac yr oedd yn boblogaidd trwy gydol y bedwaredd ganrif ar bymtheg. Cyhoeddodd hefyd y *Mynegair Ysgrythurol* (1773), ac argraffiad poced o'r Beibl (1790), yn cynnwys nodiadau o'r eiddo John Canne. Drwgdybiwyd ef o goleddu *Sabeliaeth ar gyfrif rhai o'i esboniadau ac fe'i diarddelwyd gan y Methodistiaid yn 1791.

Yr oedd ei fab, **Peter Bailey Williams** (1763–1836), yn hynafiaethydd ac yn gyfieithydd. Bu ganddo gysylltiad â golygyddion *The Myvyrian Archaiology* (1801) a chyfieithodd ddau o lyfrau Richard Baxter o dan y teitlau *Tragwyddol Orphwysfa'r Saint* (1825) a *Galwad i'r Annychweledig* (1825). Ymhlith ei gyhoeddiadau yn Saesneg ceir *A Tourist's Guide through the County of Caernarvon* (1821). Cyfrannai'n helaeth i'r wasg eglwysig. Yr oedd yn noddwr beirdd, yn arbennig Dafydd Ddu Eryri (David *Thomas, 1759–1822) a'i 'gwion'.

Cyhoeddwyd astudiaeth o fywyd a gwaith Peter Williams gan Gomer M. Roberts yn 1943; gweler hefyd yr erthygl gan Derec Llwyd Morgan yn *Y Traethodydd* (Hyd., 1972). Y mae bywgraffiad byr yn atodiad i *The English Works* ei fab, Eliezer Williams, a gyhoeddwyd yn 1840.

WILLIAMS, RAYMOND (1921–88), hanesydd cymdeithasol, beirniad a nofelydd, a aned yn Y Pandy, Myn., lle yr oedd ei dad yn weithiwr ar y rheilffordd. Wedi iddo fynychu Ysgol Ramadeg y Brenin Harri VIII, Y Fenni, aeth i Goleg y Drindod, Caer-grawnt, yn

1939 ond torrwyd ar ei yrfa gan wasanaeth milwrol, a chymerodd ran yn y glanio yn Normandi a'r cyrchoedd yn Arnhem. Ar ôl y rhyfel dychwelodd i Gaer-grawnt ac yn ddiweddarach fe'i penodwyd yn Diwtor Staff gyda Dirprwyaeth Efrydiau Allanol Prifysgol Rhydychen. Yn 1961 fe'i hetholwyd yn Gymrawd o Goleg Iesu, Caergrawnt. Daeth i amlygrwydd fel hanesydd diwylliannol pan gyhoeddwyd *Culture and Society* (1958) a *The Long Revolution* (1966) a bu'n fawr ei barch byth er hynny. Bu'n ymhel â gwleidyddiaeth ar hyd ei oes. Yr oedd ganddo ei safbwynt arbennig ei hun, ond tueddai tuag at ddaliadau'r 'Chwith Newydd' Prydeinig, ac ymddiswyddodd o'r Blaid Lafur yn 1966. Y mae'r agwedd wleidyddol hon yn thema gyson sydd ymhlyg yn ei holl waith llenyddol a diwylliannol. Yn 1974 fe'i penodwyd yn Athro Drama yng Nghaer-grawnt, ac ymddeolodd yn 1983.

Amlyga gwaith Raymond Williams ymgais ddi-baid i egluro'r cysyniad modern sy'n diffinio 'diwylliant' fel ffordd o fyw. O fewn y maes hwnnw rhoddodd sylw manwl i'r gwych a'r cyffredin, y wasg a'r teledu, ffurfiau traddodiadol y nofel a'r ddrama, iaith lafur ac iaith lenyddol, addysg a thrafodaethau gwleidyddol. Olrheiniodd ei lyfr adnabyddus cyntaf, *Culture and Society*, y syniad o 'ddiwylliant' o'i darddiad yn y bedwaredd ganrif ar bymtheg hyd at yr ugeinfed ganrif, pryd y bu'n rhaid iddo bellach, yn ôl yr awdur hwn, dderbyn yn ogystal, ddiwylliant y dosbarth gweithiol. Y mae *The Long Revolution* yn olrhain ffurfiau diwylliannol megis addysg, twf y wasg a'r cyhoedd darllengar o'u dechreuad hyd at y chwyldro diwylliannol dylanwadol a ddigwyddodd ar ôl yr Ail Ryfel Byd. Parhaodd i roddi mynegiant i'r diddordebau hyn yn *Communications* (1962) a *Television: Technology and Cultural Form* (1974). Ymhlith ei lyfrau eraill, dros ugain ohonynt, ceir dau lyfr arbenigol ond anghyffredin ar y ddrama draddodiadol, astudiaeth o'r nofel Saesneg, *May Day Manifesto* (1968) sy'n amlwg Radicalaidd, monograff ar George Orwell (1970) a'r gwaith dylanwadol *The Country and the City* (1973). Yn ddiweddarach dychwelodd at ymchwiliad syniadol i ddiwylliant ond troes ei safbwynt yn llawer mwy Marcsaidd. Y gwaith safonol ymhlith ei lyfrau diweddaraf oedd *Marxism and Literature* (1977) ac fe'i rhagflaenwyd gan *Keywords* (1976), astudiaeth wreiddiol o dermau cymdeithasol a diwylliannol sydd mewn bri yn ein cyfnod ni, a *Politics and Letters* (1979), casgliad o gyfweliadau ynglŷn â'i waith gan staff y cylchgrawn *New Left Review* y bu'n gyfrannwr cyson iddo. Cyhoeddodd hefyd *Problems in Materialism and Culture* (1980), *Culture* (1980), *Towards 2000* (1983) a *Writing in Society* (1983).

Dylanwadwyd ar amryw nad ydynt yn derbyn ei wleidyddiaeth gan rychwant a gwreiddioldeb ei ymchwiliadau. Beirniedir ef weithiau am fod yn dywyll ac yn or-haniaethol, ond archwiliodd bynciau dadleuol dros nifer o flynyddoedd gyda chysondeb. Ceir elfen hunangofiannol gref yn ei weithiau damcaniaethol hyd yn oed, a thanlinellir hyn ymhellach yn ei gyfres bwysig o dair nofel, *Border Country (1960), Second Generation (1964) a The Fight for Manod (1979), a leolir, gan mwyaf, yng Nghymru. Ymddangosodd y llyfrau hyn, yn arbennig yr olaf, mewn cyfnod yn y 1960au pan ddaeth yn fwy ymwybodol o'i Gymreictod. Y mae ei nofelau The Volunteers (1978) a Loyalties (1985) hwythau wedi'u lleoli yng Nghymru.

Ymddangosodd gwaith pellach gan yr awdur cynhyrchiol hwn ar ôl ei farwolaeth, gan gynnwys People of the Black Mountains, gwaith enfawr mewn dwy ran, The Beginning (1989) a The Eggs of the Eagle (1990), sy'n ymdrin yn ffuglennol â Chymru ers cyfnod cyn hanesyddol. Cyhoeddwyd hefyd ar ôl ei farw, The Politics of Modernism (1989) y bu'n gweithio arno pan fu farw, a dau gasgliad o ysgrifau byrrach, Resources of Hope (1989) a What I Came to Say (1989).

Ceir monograff ar Raymond Williams gan J. P. Ward yn y gyfres Writers of Wales (1981), sy'n cynnwys llyfryddiaeth o erthyglau beirniadol; gweler hefyd y penodau ar Raymond Williams yn Terry Eagleton, Criticism and Ideology (1976) a Lesley Johnson, The Cultural Critics (1979). Ceir trafodaeth bellach yn yr erthyglau gan Stephen Knight a J. P. Ward yn The New Welsh Review (rhif. 2, cyf. III, Hyd. 1988), gan Dai Smith yn Planet (rhif. 76, Awst/Medi 1989) a chan Katie Gramich yn Welsh Writing in English (cyf. I, gol. Tony Brown,1995). Gweler hefyd Tony Pinkney, Raymond Williams (1995) a'r bywgraffiad gan Fred Inglis (1995). Trafodir Cymreictod Raymond Williams gan Daniel Williams yn Taliesin (cyf. XCVII, 1997). Ceir restr lawn o gyhoeddiadau Raymond Williams yn John Harris, A Bibliographical Guide to Twenty-four Modern Anglo-Welsh Writers (1994).

WILLIAMS, RICHARD (Dic Dywyll, Bardd Gwagedd; c.1805–c.1865), baledwr.

Brodor o Fôn neu sir Gaernarfon ydoedd ac enillodd iddo'i hun yr enw 'Tywysog y Baledwyr' yn ne Cymru. Dyn dall, pwtyn byr ydoedd, yn ôl cyfoeswr iddo. Arferai roi ei fys bach yng nghongl ei lygad pan fyddai'n canu. Nid wyddys odid ddim am ei fywyd, ond bu'n dyst i Wrthryfel *Merthyr (1831) a chanodd hefyd am Helyntion *Beca (1839–43). Yn ôl y traddodiad cynhyrfwyd trigolion Merthyr Tudful gymaint wrth glywed ei faled 'Cân ar ddull y Gyfraith Newydd' fel y gohiriwyd adeiladu tloty yn y dref honno am ugain mlynedd. Argraffwyd tair ar ddeg a thrigain o'i faledi a chadwyd llawer rhagor mewn llawysgrif yn *Llyfrgell Genedlaethol Cymru. Dychanu neu ganu'n ddigrif a wnâi fel arfer, ond medrai lunio penillion cain iawn yn ogystal, megis 'Lliw gwyn, rhosyn yr haf'.

Gweler Hefin Jones, Dic Dywyll (1995).

WILLIAMS, RICHARD (Gwydderig; 1842–1917), bardd, brodor o Frynaman, Caerf.

Yr oedd yn un o gylch o feirdd gwlad (*bardd gwlad) a ffynnai yn yr ardal, megis Watcyn Wyn (Watkin Hezekiah

*Williams) a oedd yn gyfyrder iddo. Ymfudodd i'r Amerig pan oedd yn ŵr ifanc gan weithio fel glöwr yn Pennsylvania, ond dychwelodd i dreulio blynyddoedd olaf ei oes yn ei fro enedigol. Yr oedd yn gystadleuydd brwd ac yn englynwr da, ac enillodd fwy o wobrau yr *Eisteddfod Genedlaethol am englyna na neb ac eithrio Eifion Wyn (Eliseus *Williams). Golygwyd detholiad o'i farddoniaeth yn y gyfrol Detholiad o Waith Gwydderig (1959) gan J. Lloyd Thomas.

Ymdrinnir â gwaith Gwydderig yn llyfr Huw Walters, Canu'r Pwll a'r Pulpud (1987). Gweler hefyd erthygl Islwyn Jones yn Cwm Aman (gol. Hywel Teifi Edwards, 1996).

WILLIAMS, RICHARD BRYN (1902–81), bardd, llenor, dramodydd a hanesydd y Wladfa Gymreig ym *Mhatagonia.

Fe'i ganed ym Mlaenau Ffestiniog, Meir., ond aeth ei rieni ag ef i Drelew, Chubut, pan oedd yn saith mlwydd oed ac yno y magwyd ef. Dychwelodd i Gymru yn 1923 ac astudio yng Ngholeg Prifysgol Gogledd Cymru, Bangor, a Choleg Diwinyddol Aberystwyth. O 1932 hyd 1952 bu'n weinidog yn Eglwys Bresbyteraidd Cymru ac wedi hynny yn aelod o'r staff yn yr Adran Geltaidd yn *Llyfrgell Genedlaethol Cymru. Enillodd *Gadair yr Eisteddfod Genedlaethol am awdl, 'Patagonia', yn 1964 ac eto yn 1968 am awdl i'r 'Morwr'. Bu'n Archdderwydd o 1975 hyd 1978.

Ymroes yn arbennig i ddarlunio bywyd y Wladfa a daeth yn brif ladmerydd y bywyd yno. Cyhoeddodd nofelau a storïau i blant yn cynnwys Y March Coch (1954), Bandit yr Andes (1956), Croesi'r Paith (1958), Yn Nwylo'r Eirth (1967), Y Rebel (1969), Agar (1973) ac Y Gwylliaid (1976). Y mae llawer o'i gerddi yn y cyfrolau Pentewynion (1949), Patagonia (1965) ac O'r Tir Pell (1972) yn sôn am fywyd Cymraeg y Wladfa. Cyhoeddodd hefyd gasgliadau o ryddiaith a barddoniaeth yr ymfudwyr yn cynnwys Straeon Patagonia (1944), Lloffion o'r Wladfa (1944), Rhyddiaith y Wladfa (1946), Awen Ariannin (1960) a Canu'r Wladfa (1965), a chyfrannodd lyfr taith am Batagonia i *Cyfres Crwydro Cymru (1960). Ond ei brif astudiaethau oedd y gyfrol hanesyddol Cymry Patagonia (1942) a'r hanes pwysig, Y Wladfa (1962); dilynwyd hwy gan Gwladfa Patagonia 1865– 1965 (1965) ac Atgofion o Batagonia (1980), casgliad o atgofion rhai o'r Gwladfawyr cyfoes. Ysgrifennodd hefyd gofiant Eluned *Morgan (1945), tair drama, Pedrito (1947), Cariad Creulon (1970) a Dafydd Dywysog (1975), dau lyfr taith, Taith i Sbaen (1949) a Teithiau Tramor (1970), a chyfrol o hunangofiant, Prydydd y Paith (1983). Ymddangosodd ei gyfieithiad o ddrama Garcia Lorca, sef Bodas de Sangre, o dan y teitl Priodas Waed yn 1977.

Ceir manylion pellach yn Saunders Lewis, Ysgrifau Dydd Mercher (1945) a'r ysgrif gan Aneurin O. Edwards yn Atgofion am Bymtheg o Wŷr Llên yr Ugeinfed Ganrif (1975).

WILLIAMS, RICHARD HUGHES (Dic Tryfan; 1878?–1919), newyddiadurwr ac awdur storïau byrion,

Fe'i ganed yn Rhosgadfan, Caern., ac wedi cyfnod yn y chwarel bu yn Lerpwl a Llundain, ond dychwelodd i Gymru i fod yn newyddiadurwr yng Nghaernarfon, Aberystwyth a Llanelli. Yn ystod y Rhyfel Byd Cyntaf bu'n gweithio mewn ffatri arfau ym Mhen-bre, Caerf.; collodd ei iechyd yno a bu farw'n fuan wedyn. Ei freuddwyd oedd bod yn nofelydd ac yn ôl ei gyfaill T. Gwynn *Jones yr oedd wedi ysgrifennu rhai cannoedd o storïau byrion yn Gymraeg a Saesneg. Hanes bywyd chwarelwyr sydd yn y rhan fwyaf ohonynt ac y maent yn drist, a thlodi a marw yn amlwg ynddynt. Ond dengys ambell un, fel 'Twmi', gynildeb anarferol mewn traethu a deialog ac y maent ymhlith y gorau a ysgrifennwyd yn y Gymraeg. Cyhoeddwyd dau ddetholiad o'i storïau yn ystod ei fywyd, *Straeon y Chwarel* (d.d.) a *Tair Stori Fer* (1916), a chyhoeddwyd detholiad yn dwyn y teitl *Storïau gan Richard Hughes Williams* ar ôl ei farwolaeth yn 1919.

Ceir manylion pellach am Richard Hughes Williams yn y rhagymadrodd gan E. Morgan Humphreys i'w gasgliad o'i storïau a gyhoeddwyd yn 1932, yn yr erthygl gan T. Gwynn Jones yn *Cymeriadau* (1933), yn y ddarlith gan Kate Roberts, 'Dau Lenor o Ochr Moeltryfan' (1970) ac yn erthygl yr un awdur yn *Taliesin* (cyf. v, 1962).

WILLIAMS, ROBERT (1744–1815), bardd a drigai yn Y Pandy Isaf, Rhiwaedog, ger Y Bala, Meir. Dilynai'r traddodiad barddol trwy ganu cywyddau gofyn, mawl a marwnad, ond ar ôl iddo gael trōedigaeth grefyddol ymroes i ganu cerddi moesol a *charolau *plygain a haf. Erys y rhan fwyaf o'i gerddi yn ei lawysgrifen ei hun, ond cyhoeddwyd detholion yn y flodeugerdd *Beirdd y Bala* (1911) ac mewn cylchgronau. Fe'i cofir yn bennaf am ei linell 'Bcibl i bawb o bobl y byd', sy'n digwydd yn un o'i englynion, ond a briodolir weithiau i Robert *Davies (Bardd Nantglyn). Canodd farwnad i'w athro barddol, Rolant Huw o'r Greienyn, ac yr oedd yntau'n athro barddol i Ioan Tegid (John *Jones, 1792–1852).

WILLIAMS, ROBERT (Robert ap Gwilym Ddu; 1766–1850), bardd, emynydd ac amaethwr ym mhlwyf Llanystumdwy, Caern. Dysgodd ei grefft farddonol oddi wrth feirdd *Eifionydd, a daeth yntau yn ei dro yn athro barddol i Dewi Wyn o Eifion (David *Owen), ymhlith eraill.

Y mae ei waith yn arbennig oherwydd iddo gefnu ar farddoniaeth ffug-arwrol ei gyfnod a chanolbwyntio ar ganu i ddigwyddiadau cyffredin ei ardal ac i'w deulu a'i gyfeillion, megis yr alarnad a gyfansoddodd ar farwolaeth ei unig ferch, a fu farw'n ddwy ar bymtheg oed yn 1834 ac sydd ymhlith y marwnadau mwyaf dwys yn yr iaith Gymraeg. Daeth o dan ddylanwad clasuraeth fyfyriol Goronwy *Owen a thraddodiad y canu caeth. Yr oedd yn feistr ar y cwpled cryno a'r llinell gofiadwy, yn arbennig wrth fynegi ei ffydd grefyddol a'i gariad at

natur a cherddoriaeth. Gan iddo wrthod mabwysiadu'r arddull farddonol eisteddfodol boblogaidd ni chafodd sylw fel bardd cystadleuol, ond cydnabuwyd ansawdd ei waith fel y'i gwelir yn y gyfrol *Gardd Eifion* (1841). Bu'n gyfeillgar iawn â John Richard *Jones (1765–1822) o Ramoth ac fe'i cynorthwyodd i gyhoeddi ei emynau. Y mae cryn ugain o emynau gan Robert ap Gwilym Ddu yn y drydedd ran o'r casgliad a olygodd J. R. Jones, *Aleluia neu Ganiadau Cristionogol* (1822). Yn 1823, yn y cylchgrawn, *Y Gwyliedydd*, yr ymddangosodd ei emyn enwocaf, 'Mae'r gwaed a redodd ar y Groes', am y tro cyntaf.

Ceir manylion pellach yn yr astudiaeth o Robert ap Gwilym Ddu, ynghyd â detholiad o'i waith, a olygwyd gan Stephen J. Williams (1948); gweler hefyd yr erthygl gan Saunders Lewis yn *Meistri'r Canrifoedd* (gol. R. Geraint Gruffydd, 1973).

WILLIAMS, ROBERT (1810–81), ysgolhaig a geiriadurwr; brodor oedd o Gonwy, Caern. Fe'i haddysgwyd yng Ngholeg Eglwys Grist, Rhydychen. Bu'n glerigwr, yn gwasanaethu eglwysi yng Nghymru ac yn swydd Henffordd (fe'i cysylltir yn bennaf â Rhydycroesau, Dinb.), ac yn ystod naw mlynedd olaf ei oes bu'n un o ganoniaid mygedol *Llanelwy. Cyhoeddodd y gyfrol *Enwogion Cymru: a Biographical Dictionary of Eminent Welshmen* (1852) a *Lexicon Cornu-Britannicum* (1865), astudiaeth o'r iaith Gernyweg, a nifer o weithiau ysgolheigaidd ar hanes Cymru, yn cynnwys *The History and Antiquities of the Town of Aberconwy* (1835) a *Selections from the Hengwrt Manuscripts* (1876); ef hefyd a gyfieithodd *Llyfr Taliesin ar gyfer *The *Four Ancient Books of Wales* (1868) gan W. F. Skene.

WILLIAMS, ROBERT (Trebor Mai; 1830–77), bardd, a aned yn Llanrhychwyn, Caern., yn fab i deiliwr a oedd yn rhigymwr ac yn llinach beirdd gwlad. Dilynodd grefft ei dad yn Llanrwst, Dinb., lle y daeth o dan ddylanwad Caledfryn (William *Williams, 1801–69), a fu'n athro barddol iddo. Lluniodd nifer o gerddi rhydd digon cyffredin, ond cofir ef am ei englynion niferus, llawer ohonynt yn rhai da iawn. Cyhoeddodd ddwy gyfrol o brydyddiaeth, *Fy Noswyl* (1861) ac *Y Geninen* (1869). Cyhoeddwyd *Gwaith Barddol Prif Englyniwr Cymru* yn 1883 gan Isaac *Foulkes. Un o'r cerddi hynotaf a luniwyd gan Trebor Mai (y mae ei enw barddol yn darllen *I am Robert* o chwith) yw cerdd foliant i'w gyd-feirdd gyda llinellau sy'n odli ac sydd ar ffurf derwen.

WILLIAMS, ROBERT DEWI (1870–1955), awdur storïau byrion, a aned ger Pandytudur, Dinb. Ar ôl gadael yr ysgol bu'n gweithio am bum mlynedd ar fferm ei deulu, ac yn cael hyfforddiant gan ei gefnder, Robert *Roberts (Y Sgolor Mawr). Addysgwyd ef yng Ngholeg Prifysgol Cymru, Aberystwyth, ac ym Mhrifysgol Rhydychen, a bu'n weinidog gyda'r Eglwys Bresbyteraidd.

Treuliodd ddwy flynedd ar hugain yn brifathro ysgol ragbaratoawl ei enwad yng Nghlynnog ac wedyn yn Y Rhyl, Ffl. Cyhoeddodd gyfrol o storïau, *Clawdd Terfyn* (1912), a gafodd sylw mawr pan ymddangosodd gyntaf oherwydd ei hiwmor, ond bernir erbyn hyn mai llafurus yw'r doniolwch, a llawer ohono'n dibynnu ar chwarae ar eiriau. Cyhoeddwyd cyfrol o'i atgofion wedi ei farw dan y teitl *Dyddiau Mawr Mebyd* (1973).

Cyhoeddwyd cofiant R. Dewi Williams gan W. J. Edwards, *Cerdded y 'Clawdd Terfyn'* (1992).

WILLIAMS, ROBIN (1923–), llenor. Fe'i ganed ym Mhenycaerau, Caern., a'i addysgu yng Ngholeg Prifysgol Gogledd Cymru, Bangor, a Cholegau Diwinyddol Aberystwyth a'r Bala. Y mae'n weinidog gyda'r Presbyteriaid ac yn ddarlledydd adnabyddus. Ymhlith ei gasgliadau o ysgrifau a llyfrau taith ceir *Basged y Saer* (1969), *Y Tri Bob* (1970), *Wrthi* (1971), *Esgyrn Eira* (1972), *Blynyddoedd Gleision* (1973), *Mêl Gwyllt* (1976), *Cracio Concrit* (1979), *Lliw Haul* (1980), *Llongau'r Nos* (1983), *Hoelion Wyth* (1986), *Tynnu Llwch* (1991), *Colofn Bapur* (1992) ac *O Gwr y Lôn Goed*(1996). Ysgrifwr campus ydyw, yn nhraddodiad T. H. *Parry-Williams, eang ei ddiwylliant, cyfoethog ei iaith a bywiog ei arddull.

WILLIAMS, ROGER (1540?–95), milwr ac awdur, aelod o deulu Penrhos, Myn. Aeth yn filwr yn ddwy ar bymtheg oed a threuliodd y rhan fwyaf o'i oes yn Ewrop lle y bu'n ymladd gyda'r Iseldirwyr yn erbyn lluoedd Sbaen, gan wneud enw iddo'i hun oherwydd ei ddewrder a'i feiddgarwch a'i wybodaeth o'r dulliau o ryfela. Ysgrifennodd dri llyfr ar bynciau milwrol: *A Brief Discourse of War* (1590), *Newes from Sir Roger Williams* (1591) ac *Actions of the Low Countries* (1618) a ymddangosodd wedi marw'r awdur. Yr oedd y Frenhines Elisabeth yn hoff ohono a chredir mai ar Syr Roger Williams o bosibl y seiliodd Shakespeare gymeriad Fluellen, y swyddog dewr, brochus a phedantaidd o Gymro yn ei ddrama *Henry V* (1599). Yr oedd hefyd ymhlith y rhai a ddrwgdybid o fod yn awdur Traethodau Marprelate (gweler o dan PENRY, JOHN).

Golygwyd gweithiau Syr Roger Williams gan John X. Evans (1972); ceir manylion pellach yn yr erthygl gan Amos C. Miller yn *Nhrafodion* Anrhydeddus Gymdeithas y Cymmrodorion (1971).

WILLIAMS, ROWAN (1950–), diwinydd a bardd a aned yn Ystradgynlais, Brych., ac a faged yng Nghaerdydd ac Ystumllwynarth ger Abertawe. Fe'i haddysgwyd yng Ngholeg Crist, Rhydychen, lle y darllenodd Ddiwinyddiaeth, ac yn 1992 fe'i gwnaed yn Esgob Trefynwy. Ymysg ei weithiau diwinyddol y mae *The Wound of Knowledge* (1979), *Resurrection* (1982), *Arius* (1987), *Teresa of Avila* (1991) ac *Open to Judgement* (1994). Cyhoeddwyd ei gerddi, gan gynnwys fersiynau

Saesneg o waith Waldo *Williams ac Ann *Griffiths, yn y gyfrol *After Silent Centuries* (1994).

WILLIAMS, ROWLAND (**Goronva Camlann**; 1817–70), diwinydd a bardd. Fe'i ganed yn Helygain, Ffl., lle'r oedd ei dad yn ficer. Wedi dwy flynedd yno symudodd i'r ficerdy ym Meifod, Tfn., lle y treuliodd ddwy flynedd ar bymtheg nesaf ei fywyd. Cafodd ei addysg yn Eton a Choleg y Brenin, Caer-grawnt, a bu'n athro yn Eton am gyfnod byr, cyn iddo fynd yn Gymrawd yn y Clasuron yn ei hen Goleg (1842–50), ac yn offeiriad wedyn yn 1843. Yn 1846, o dan y ffugenw Goronva Camlann, cyhoeddodd *Lays from the Cimbric Lyre*, ond er bod y gwaith yn ddi-nod fel barddoniaeth y mae'n drawiadol oherwydd y dicter a adlewyrchir ynddo ynglŷn â'r sarhad nawddoglyd a ddioddefwyd gan y Cymry, ac am iddo godi i'r amlwg unwaith eto y thema yn ymwneud â hynafiaeth y Cymry yn ynysoedd Prydain. Wrth arddangos yr etifeddiaeth Gymreig fel hyn y mae'r llyfr yn adlewyrchiad defnyddiol o un haen o'r farn *Eingl-Gymreig ar bynciau cyfoes.

Yn 1850 penodwyd Williams yn Ddirprwy Brifathro ac yn Athro Hebraeg yng Ngholeg Dewi Sant, Llanbedr Pont Steffan, ac am ddeuddeng mlynedd ceisiodd wella sefydliad a fu'n drech na'r esgob blaenorol. Cafodd ei bregeth 'Rational Godliness', a draethodd yng Nghaergrawnt yn 1854, gryn feirniadaeth gan Efengylwyr a chynyddodd y gwrthwynebiadau tuag ato yn Llanbedr oherwydd ei syniadau anuniongred yn ei arolwg ar feirniadaeth Feiblaidd, sef ei *Essays and Reviews* (1860). Wedi ei wrthod bron yn llwyr, gadawodd Lanbedr Pont Steffan yn 1862, gan gymryd bywoliaeth Broad Chalke, Wiltshire, y plwyf lle y ganed John Aubrey (gweler o dan AUBREY, WILLIAM), ac wyth mlynedd yn ddiweddarach bu farw a chladdwyd ef yno. Yr oedd yn ddiwinydd o bwys, a dadleuai bob amser, er gwaethaf yr *Oxford Declaration* a baratowyd gan Pusey ac a arwyddwyd gan bedair mil o enwau, fod ei ddaliadau yn gwbl gyson â dysgeidiaeth Eglwys Loegr. Ei waith diwinyddol pwysicaf oedd *Christianity and Hinduism* (1856). O dan yr enw Goronva Camlann, cyhoeddodd hefyd *Orestes and the Avengers: An Hellenic Mystery* (1859) ac yr oedd *Owen Glendower: A Dramatic Biography, with other Poems* (1870) yn y wasg pan fu farw.

Ysgrifennwyd cofiant yn 1874 gan weddw Rowland Williams: gweler hefyd erthyglau gan Owain W. Jones yn *Trivium 6* (1971) a *Chylchgrawn* Cymdeithas Hanes yr Eglwys yng Nghymru (1965), ac un gan A. Tudno Williams yn *Taliesin* (rhif. 50, 1984); gweler hefyd y ddarlith gan Roland Mathias, 'Under the Threatening Train of Steam-engines and Schoolmasters' a gyhoeddwyd yn y gyfrol *Dathlu* (gol. R. Gerallt Jones, 1985).

WILLIAMS, ROWLAND (**Hwfa Môn**; 1823– 1905), bardd a gweinidog gyda'r Annibynwyr; yr oedd yn frodor o Drefdraeth, Môn, ond fe'i magwyd yn Rhostrehwfa, ger Llangefni. Fe'i hordeiniwyd yn weinidog gyda'r Annibynwyr yn 1851, a bu'n gweinidog-aethu mewn amryw fannau yng ngogledd Cymru ac yn Llundain. Daeth yn weinidog Llannerch-y-medd yn ei sir enedigol yn 1881. Er iddo ennill y *Goron a'r *Gadair yn yr Eisteddfod Genedlaethol nid oedd gwerth parhaol i'w waith, fel y gwelir yn ei ddwy gyfrol a gyhoeddwyd o dan y teitl *Gwaith Barddonol* (1883, 1903). Fe'i cofir bellach fel Archdderwydd, swydd yr etholwyd ef iddi yn 1895 ac y gwasanaethodd ynddi hyd ddiwedd ei oes.

WILLIAMS, RHYDWEN (1916–97), bardd a nofel-ydd. Fe'i ganed yn Y Pentre, Cwm *Rhondda, a'i fagu mewn cartref a chapel Cymraeg, ond symudodd ei deulu i Gaer ar ei bymthegfed pen blwydd, profiad o ddadwreiddio a ddrysodd ei lencyndod. Cafodd waith fel garddwr ac mewn siop a swyddfa cyn mynd yn fyfyriwr i Golegau Prifysgol Abertawe a Bangor. Pan ddaeth y Rhyfel safodd fel gwrthwynebydd cydwybodol ar dir *Cenedlaetholdeb Cymreig ac aeth i wasanaethu mewn uned ambiwlans. Dychwelodd i'r Rhondda a mynd yn weinidog gyda'r *Bedyddwyr yn Ynys-hir; daeth hefyd yn gyfaill i J. Kitchener *Davies ac yn aelod o *Gylch Cadwgan. Wedi hynny cafodd ofalaethau yn Resolfen a Phont-lliw cyn derbyn swydd ym myd teledu masnachol ac wedyn dibynnu ar ei ddoniau fel awdur ac actor. Enillodd y *Goron yn yr Eisteddfod Genedlaethol ar ddau achlysur gydag 'Yr Arloeswr' yn 1946 ac 'Y Ffynhonnau' yn 1964. Yr oedd yn awdur toreithiog a chyhoeddodd wyth cyfrol o farddoniaeth, sef *Barddoniaeth* (1964), *Y Ffynhonnau* (1970), *Y Chwyl-dro Gwyrdd* (1972), *Ystlumod* (1977), sef cerdd a luniwyd ar gyfer y teledu, *Dei Gratia* (1984), *Ys Gwn I a Cherddi Eraill* (1986), *Pedwarawd* (1986), *Barddoniaeth Rhydwen Williams: y casgliad cyflawn 1941–1991* (1991). Cyhoedd-wyd detholiad o'i gerddi mewn cyfieithiadau Saesneg yn *Rhondda Poems* (1987). Y mae ei lyfrau yn cynnwys *Arswyd y Byd* (1949) a *Mentra Gwen* (1953); ystyrir *Cwm Hiraeth*, a gyhoeddwyd mewn tair rhan, *Y Briodas* (1969), *Y Siôl Wen* (1970) a *Dyddiau Dyn* (1973), yn brif gynnyrch ei waith fel nofelydd, ac y mae'n portreadu bywyd cymoedd glofaol de Cymru. Ymhlith ei nofelau eraill y mae *Breuddwyd Rhonabwy Jones* (1972), sy'n dychanu *Gorsedd Beirdd Ynys Prydain, *Apolo* (1975) sy'n gwatwar byd y teledu, ac *Adar y Gwanwyn* (1972) sy'n ateb direidus i *Meibion Darogan* (1968) Pennar *Davies lle y tybir bod un o'r cymeriadau yn bortread dychanol ohono ef, *Amser i Wylo: Senghennydd 1913* (1986), a *Liwsi Regina* (1988) a enillodd iddo Wobr Daniel Owen. Cyhoeddodd hefyd nofel Saesneg, *The Angry Vineyard* (1975). Bu Rhydwen Williams yn olyg-ydd y cylchgrawn *Barn rhwng 1981 ac 1986.

Ceir manylion pellach yn J. Gwyn Griffiths, *I Ganol y Frwydr* (1970), R. M. Jones, *Llenyddiaeth Gymraeg 1936–1972* (1979), Glyn Jones a John Rowlands, yn *Profiles* (1980), yr hunan-gofiant, *Gorwelion* (1984), a'r cyfweliad a roddodd yr awdur i

Barddas (rhif. 82 ac 87–88, Chwef. a Gorff.–Awst, 1984). Ymddangosodd monograff arno gan Donald Evans yn y gyfres *Writers of Wales* (1991). Gweler hefyd y teyrngedau gan J. Gwyn Griffiths a John Owen yn *Taliesin* (cyf. IC, 1997).

WILLIAMS, SAMUEL (*c.*1660–*c.*1722), copïwr llaw-ysgrifau. Bu'n offeiriad Llandyfrïog a Llangynllo, Cer., ac fel rhan o'i waith bugeiliol y cyfansoddodd y rhan fwyaf o'i *halsingod. Erys y mwyafrif mewn llaw-ysgrifau ond cyhoeddodd un casgliad, sef *Pedwar o Ganuau* (1718). Eu hamcan oedd dysgu'r werin yn y ffydd Gristnogol uniongred, a chredir i William *Williams (Pantycelyn) eu cymryd yn batrwm i'w emynau. Gwaith pwysicaf Samuel Williams mewn cyfnod pan nad oedd modd arall o ledaenu llenyddiaeth oedd casglu a chopïo llawysgrifau Cymraeg. Gwnaeth gopi o *Psalmae* (1603) William *Midleton ac enghreifft-iau o waith y cywyddwyr, rhai nad oes copïau eraill ohonynt, a chynorthwywyd ef gan ei fab Moses *Williams, a'i cynorthwyodd hefyd i gopïo cywyddau *Dafydd ap Gwilym. Bu llawer o'u llawysgrifau yn ddiweddarach ym meddiant Syr John *Williams, a bellach cedwir ei gasgliad ef, sef Llawysgrifau *Llan-stephan, yn *Llyfrgell Genedlaethol Cymru. Cyfieithodd Samuel Williams yn ogystal lyfrau defosiynol, ond ni chyhoeddwyd hwy oll; gwelir enghraifft o'i ryddiaith urddasol yn *Amser a Diwedd Amser* (1707), cyfieithiad o lyfr gan John Fox.

Ceir manylion pellach yn John Davies, *Bywyd a Gwaith Moses Williams* (1937) a'r erthygl gan Geraint Bowen, 'Yr Halsingod', yn *Nhrafodion Anrhydeddus Gymdeithas y Cymmrodorion* (1946).

WILLIAMS, STEPHEN JOSEPH (1896–1992), ysgolhaig. Ger Ystradgynlais, Brych., y ganed ef ac fe'i haddysgwyd yng Ngholeg y Brifysgol, Caerdydd, ond pan dorrodd y Rhyfel Byd Cyntaf fe'i galwyd i'r fyddin a gwasanaethodd yn yr India. Ar ôl graddio yn y Gymraeg yn 1921 bu am gyfnod yn athro ysgol yn Aberaeron a Llandeilo, ond yn 1927 fe'i penodwyd yn Ddarlithydd yn y Gymraeg yng Ngholeg y Brifysgol Abertawe, lle yr olynodd Henry *Lewis yn Athro yn 1954. Y mae Urien *Wiliam ac Aled Rhys Wiliam, enillydd y *Gadair yn yr *Eisteddfod Genedlaethol yn 1984, yn feibion iddo.

Ymhlith cyhoeddiadau Stephen J. Williams y mae *Ffordd y Brawd Odrig* (1929) ac argraffiad nodedig o'r fersiynau Cymraeg o chwedlau Siarlymaen, *Ystorya de Carolo Magno* (1930), a chyda J. Enoch Powell, y gwleidydd a'r cyn Aelod Seneddol, golygodd *Llyfr Blegywryd* (1942), y golygiad modern cyntaf o destun cyfraith Cymreig (*Cyfraith Hywel). Golygodd hefyd (1948) weithiau Robert ap Gwilym Ddu (Robert *Williams) ac astudiodd gyfraniadau Ifor Ceri (John *Jenkins), Carnhuanawc (Thomas *Price), Thomas *Stephens, Gweirydd ap Rhys (Robert John *Pryse) a

T. Gwynn *Jones. Yr oedd yn ramadegydd disgrifiadol ac ef oedd awdur *Beginner's Welsh* (1934), *Elfennau Gramadeg Cymraeg* (1959) ac *A Welsh Grammar* (1980), oll yn gyfrolau awdurdodol. Yr oedd yn eisteddfodwr brwd; fe'i hetholwyd yn Gymrawd yr Eisteddfod Genedlaethol yn 1975. Cyhoeddwyd er anrhydedd iddo ddetholiad o'i erthyglau ynghyd ag ysgrif fywgraffyddol o dan y teitl *Beirdd ac Eisteddfodwyr* (gol. Brynley F. Roberts, 1981).

WILLIAMS, TALIESIN (Taliesin ab Iolo; 1787–1847), bardd, mab i Iolo Morganwg (Edward *Williams), a aned yn ôl y traddodiad yng ngharchar Caerdydd lle yr oedd ei dad yn garcharor am gyfnod oherwydd iddo fynd yn fethdalwr. Derbyniodd rywfaint o addysg mewn ysgol yn Y Bont-faen, Morg., ac yna ymunodd â'i dad yn saer maen. Yn ddiweddarach bu'n cadw ysgolion yn Gileston, Castell-nedd a Merthyr Tudful; bu ym Merthyr am un mlynedd ar ddeg ar hugain hyd nes iddo farw. Daeth i'r amlwg ym mywyd llenyddol Cymru tuag 1820 drwy ei gysylltiad â'r Cymdeithasau Taleithiol a chymdeithion ei dad. Cynorthwyodd ef Iolo i gyhoeddi *Cyfrinach Beirdd Ynys Prydain* (1829), a golygodd yr *Iolo Manuscripts* a gyhoeddwyd gan y *Welsh Manuscripts Society yn 1848. Megis llawer o'i gyfoeswyr derbyniodd honiadau Iolo ynglŷn â hynafiaeth *Gorsedd Beirdd Ynys Prydain ac anogodd bawb yn frwd i dderbyn damcaniaethau ei dad. Dangosodd hyn ei fod yn naïf ond yn ddiniwed, gan na rannodd Iolo gyfrinach ei ffugiadau â'i fab. O'i waith ei hun cyhoeddodd Taliesin ab Iolo ddwy gerdd hir Saesneg, *Cardiff Castle* (1827) a *The Doom of Colyn Dolphyn* (1837). Enillodd y *Gadair yn Eisteddfod Caerdydd (1834) am ei awdl, 'Y Derwyddon', a gwobr yn Eisteddfod y Fenni (1838) am draethawd ar *Goelbren y Beirdd.

Williams, Thomas (Twm Chwarae Teg; 1737–1802), diwydiannwr o Lanidan, Môn, a ddechreuodd trwy weithio'r mwyngloddiau-copr Rhufeinig ym Mynydd Parys, ger Amlwch, ac a reolai hanner cynnyrch copr Prydain Fawr erbyn diwedd ei yrfa. Enillodd ei lysenw oherwydd ei ddull gonest o drin ei weithwyr a'i gystadleuwyr.

WILLIAMS, THOMAS (Eos Gwynfa, Eos y Mynydd; *c.*1769–1848), bardd a hanoedd o Lanfyllin neu efallai o Lanfihangel-yng-Ngwynfa, Tfn.; gwehydd ydoedd wrth ei alwedigaeth. Yr oedd yn fardd cynhyrchiol, a chyhoeddodd nifer da o *garolau a cherddi *plygain; y rhai mwyaf nodedig oedd *Telyn Dafydd* (1820), *Ychydig o Ganiadau Buddiol* (1824), *Newyddion Gabriel* (1825), *Manna'r Anialwch* (1831) a *Mer Awen* (1844).

WILLIAMS, THOMAS (Gwilym Morganwg;

1778–1835), bardd a aned yn Llanddeti, Brych., ond a symudodd yn ifanc i Gefncoedycymer, ger Merthyr Tudful, Morg. Yn ddiweddarach bu'n byw ym Mhonty-pŵl, Myn., lle y cadwai dafarn, a daeth yn amlwg ym mywyd llenyddol yr ardal. Cydysgrifennodd gyda John Jenkins (1779–1853) o Hengoed fersiwn cyntaf y gwaith daearyddol *Y Parthsyllydd* (1815–16). Cyhoeddwyd enghreifftiau o'i farddoniaeth yn y flodeugerdd *Llais Awen Gwent a Morgannwg* (gol. John *Davies, Brychan, 1824) ac *Awenyddion Morgannwg, neu Farddoniaeth Cadair a Gorsedd Pendefigaeth Morgannwg a Gwent* (1826). Yn 1814 fe'i cyflwynwyd i gyfrinachau Derwyddiaeth newydd yng nghwmni Taliesin ab Iolo (Taliesin *Williams) gan dad Taliesin, Iolo Morganwg (Edward *Williams). Casglwyd ei waith barddonol yn y gyfrol *Awen y Maen Chwyf* (1890) ac fe'i cyhoeddwyd ar draul ei fab; mae'n cynnwys cywydd godidog er cof am Iolo Morganwg.

WILLIAMS, THOMAS (Brynfab; 1848–1927), bardd, brodor o Gwmaman, Aberdâr, Morg.; bu'n ffermwr ym mhlwyf Eglwysilan ar y llethrau uwchlaw Glan-taf, ger Pontypridd am y rhan fwyaf o'i oes. Yr oedd yn ffigur llenyddol adnabyddus, yn enwedig fel aelod o *Glic y Bont. Golygodd y golofn farddoniaeth yn *Tarian y Gweithiwr am lawer o flynyddoedd, cyfrannodd yn gyson i gyfnodolion ac yr oedd yn eisteddfodwr brwd. Ni chasglwyd ei farddoniaeth at ei gilydd, ond yn ei nofel *Pan oedd Rhondda'n bur* (1912) ceir darlun bywiog o fywyd y cwm cyn dyfodiad diwydiant. Am ragor o fanylion gweler yr erthygl gan Dafydd Morse yn *Cwm Rhondda* (gol. Hywel Teifi Edwards, 1995).

WILLIAMS, THOMAS ARFON (1935–), bardd a aned yn Nhreherbert yng Nghwm Rhondda, Morg. Fe'i hyfforddwyd yn ddeintydd yn Ysbyty Coleg y Brenin, Llundain, ac fe'i penodwyd yn Swyddog Deintyddol gyda'r *Swyddfa Gymreig yng Nghaerdydd yn 1970. Symudodd i Gaeathro, Caern., yn 1989 ac ymddeol yn 1993. Dechreuodd ymddiddori yn y *gynghanedd yn 1974, ac yn fuan gwnaeth enw iddo ei hun fel englynwr a daeth yn aelod blaenllaw o *Gymdeithas Cerdd Dafod. Cyhoeddodd dri chasgliad o englynion, sef *Englynion Arfon* (1978), *Annus Mirabilis* (1984) a *Cerddi Arfon* (1996), a golygodd y llyfr *Ynglŷn â Chrefft Englyna* (1981). Cyfrifir ef yn gynganeddwr campus a'r *englyn delweddol, yn un frawddeg lifeiriol o'r dechrau i'r diwedd, sy'n nodweddu ei waith.

WILLIAMS, THOMAS MARCHANT (The Acid Drop; 1845–1914), golygydd ac awdur. Fe'i ganed yn Aberdâr, Morg., yn fab i löwr, ac fe'i hyfforddwyd i fod yn athro yng Ngholeg Normal, Bangor, ond ar ôl cyfnod mewn ysgolion yng Nghymru a swydd Efrog, aeth ymhlith y myfyrwyr cyntaf i Goleg Prifysgol Cymru, Aberystwyth. Yn ddiweddarach bu'n arolygydd ysgolion yn Llundain, a bu'n ddiwyd yn y gwaith o adfer Anrhydeddus Gymdeithas y *Cymmrodorion a sefydlu Cymdeithas yr *Eisteddfod Genedlaethol, y daeth yn gadeirydd iddi maes o law. Cefnodd ar ei yrfa ym myd addysg, fe'i galwyd i'r Bar yn 1885 ac fe'i penodwyd yn Ynad Cyflogedig Merthyr Tudful yn 1900, swydd a gadwodd hyd ddiwedd ei oes.

Rhyddfrydwr oedd T. Marchant Williams a chyfrannodd yn doreithiog i'r wasg ar bynciau'r dydd. Ef oedd awdur y nofel ddychanol *The Land of my Fathers* (1889), a chyfres o frasluniau beirniadol yn dwyn y teitl *The Welsh Members of Parliament* (1894) a chyfrol o gerddi, *Odlau Serch a Bywyd* (1907). Gwnaed ef yn farchog yn 1904 am ei wasanaeth i *Brifysgol Cymru a'r Eisteddfod Genedlaethol. Fe'i cofir yn bennaf fel golygydd *The *Nationalist*, a enillodd ei lysenw oherwydd ei ffraethineb deifiol a'i sylwadau ar fywyd gwleidyddol Cymru.

Ceir manylion pellach mewn teyrnged a roddwyd i T. Marchant Williams gan Vincent Evans yn *Nhrafodion* Anrhydeddus Gymdeithas y Cymmrodorion (1913–14), ac mewn erthygl gan yr un awdur yn *Y Geninen* (Mawrth, 1915).

WILLIAMS, THOMAS (Tom Nefyn; 1895–1958),

efengylydd a bardd a aned yn Boduan, Caern. Bu'n filwr yn y Rhyfel Byd Cyntaf ac fe'i clwyfwyd. Ar derfyn ei gwrs coleg derbyniodd alwad i'r Tymbl, Caerf. Bu'n agos iddo rwygo ei enwad yn ddwy garfan pan gyhoeddodd ei bamffled *Y Ffordd yr Edrychaf ar Bethau* (1928), datganiad hir lle y mae'n amau rhai o brif athrawiaethau Cristnogol megis y Drindod. Cymerodd ran y gweithwyr yn y *Streic Gyffredinol, gan ochri gyda'r Sosialwyr a'r Heddychwyr. Mynnodd gael dedfryd Cymdeithasfa'r De o Eglwys Bresbyteraidd Cymru. Pasiwyd bron yn unfrydol ei fod yn heretic ac i'w atal o holl waith y Weinidogaeth; rhannwyd y wlad gan yr helynt. Wedi gadael ei gapel, bu'n gofalu am gymdeithas anenwadol, ar ddull y Crynwyr, yn Llain-y-delyn, Y Tymbl, ond er siom i'w gefnogwyr penderfynodd ofyn am gyfle arall i ddychwelyd i rengoedd yr enwad a'i diswyddodd.

Ysgrifennodd Tom Nefyn gryn lawer o erthyglau a chyfrol hunangofiannol, *Yr Ymchwil 1895–1946* (1949), un o'r cyfrolau difyrraf. Gwelir y gwrthryfelwr wedi lliniaru, yn hynod o faddeugar i'w wrthwynebwyr diwinyddol ffwndamentalaidd, ond yn dal yn llawer rhy flaengar i geidwadaeth ei gyd-grefyddwyr Cymraeg. Ymddiddorai, fel ei dad, J. T. Williams, mewn barddoniaeth a lluniodd lu o gerddi ar bynciau'r dydd a'r ffydd Gristnogol. Anwylodd ei hun i feirdd Cymru, a chanodd R. Williams *Parry ac E. Prosser *Rhys sonedau sy'n cyfeirio ato.

Ceir ei hanes yn y gyfrol goffa iddo dan olygyddiaeth William Morris, *Cofiant Tom Nefyn* (1962), a bywgraffiad cryno ohono yn *Y Capel Bach – Yr Achos Mawr, sef Hanes Eglwys South Beach (M.C.) Pwllheli* gan D. G. Lloyd Hughes (1983).

WILLIAMS, WALDO (1904–71), bardd; fe'i ganed

yn fab i ysgolfeistr yn Hwlffordd, Penf. Saesneg oedd iaith y cartref ac yr oedd yn saith mlwydd oed cyn iddo ddysgu Cymraeg gan blant Mynachlog-ddu, yng ngogledd y sir, wedi i'w deulu symud yno. Yr oedd ei gartref yn un arbennig iawn, yn drwm o dan ddylanwad capel y *Bedyddwyr ar y naill law, ac o dan ddylanwad syniadau mwyaf Radicalaidd y cyfnod ar y llaw arall. Yr oedd Edward Carpenter, Tolstoi, Whitman, Keir *Hardie a Shelley ymhlith arwyr ei dad. Ar fwy nag un achlysur yn ystod ei lencyndod cafodd Waldo brofiadau cyfriniol, rhyw ymdeimlad o undod â natur ac o frawdgarwch byd-eang a oedd yn gysylltiedig â'r Rhyfel Byd Cyntaf (yr oedd ei rieni, ill dau, yn heddychwyr), ac yr oedd hyn i gyd i gael ei adlewyrchu yn y farddoniaeth a ysgrifennodd yng nghyfnodau dwys yr Ail Ryfel Byd a'r rhyfel yn Korea. Yn 1915 symudodd y teulu ychydig filltiroedd i Landysilio, a bu farw Morfydd, ei chwaer hynaf; daw'r brofedigaeth hon i'r wyneb mewn cerdd a ysgrifennwyd lawer iawn yn ddiweddarach.

Gadawodd Ysgol Ramadeg Arberth a mynd i Goleg Prifysgol Cymru, Aberystwyth, yn 1923, i ddarllen Saesneg. Yn ystod ei gyfnod yn fyfyriwr datblygodd ei dalent i ysgrifennu cerddi ysgafn yn Gymraeg ar y cyd ag Idwal *Jones (1895–1937). Magodd hefyd ddiddordeb yn y beirdd Rhamantaidd Saesneg a barhaodd am weddill ei oes. Ymddangosodd ei farddoniaeth gynharaf yn ystod y 1930au yn *Y *Ford Gron* ac yr oedd yn ei dro yn ddigrif, yn ddychanol ac yn sentimental. Ysgrifennwyd 'Cofio', un o'i gerddi mwyaf adnabyddus, yn ystod y cyfnod hwn, a daeth yn boblogaidd ar unwaith, er i'w ddatblygiad diweddarach wneud iddi ymddangos yn anaeddfed. Fodd bynnag, er i feirdd Cymraeg ei genhedlaeth ymwrthod yn gyfan gwbl â *Rhamantiaeth, dyfnhaodd Waldo Williams ei ddealltwriaeth o'i gwreiddiau athronyddol.

Heriodd yr Ail Ryfel Byd a'i adladd ei gred yn naioni hanfodol Dyn a daeth â dioddefaint personol i'w ran hefyd. Bu farw Linda, ei wraig, yn 1943, prin flwyddyn ar ôl eu priodas, ac yn 1944 gadawodd Gymru i fynd yn athro yn Huntingdon a Wiltshire. Ysgrifennodd ei farddoniaeth fwyaf ingol yn ystod y blynyddoedd a ddilynodd ffrwydro'r bomiau atomig dros Hiroshima a Nagasaki. Tra oedd yn byw yn Lloegr lluniodd nifer bychan o gerddi grymus odiaeth am *Genedlaetholdeb Cymreig, yn eu plith 'Preseli', 'Cymru'n Un', a 'Cymru a Chymraeg'. Ysgogiad uniongyrchol cerddi hyn oedd y bygythiad i deuluoedd mynyddoedd y Preseli pan gyhoeddwyd bod y lluoedd arfog am ddefnyddio tuag un fil ar bymtheg o aceri yn faes saethu. Cafodd yr ewyllys i wrthsefyll a amlygir ym marddoniaeth Waldo yn y cyfnod hwn ddylanwad gwleidyddol ar genhedlaeth iau ugain mlynedd yn ddiweddarach. Bu Waldo ei hun yn ymgeisydd *Plaid Cymru yn Etholiad Cyffredinol 1959 ond nid oedd wrth natur yn wleidydd a'i reddf oedd drwgdybio'r Wladwriaeth, fel y gwelir yn ei ddarlith

'Brenhiniaeth a Brawdoliaeth', sy'n dangos dylanwad syniadau Berdyaev.

Wedi iddo ddychwelyd i Gymru yn 1950 cyhoeddodd Waldo, wrth ymateb yn bersonol i'r rhyfel yn Korea, y byddai'n gwrthod talu ei dreth incwm. Daliai ef nad oedd geiriau heb weithred yn ddigon ac nes iddo gymryd y penderfyniad hwn ni ellid ei ddarbwyllo i gyhoeddi Dail Pren (1956). Y gyfrol fechan hon yw ei unig lyfr ar wahân i'r casgliad Cerddi'r Plant (1970) a luniodd ar y cyd ag E. Llwyd *Williams. Treuliodd chwe wythnos yn y carchar yn 1960 am wrthod talu'r dreth a chafodd ddedfryd arall yn 1961. Deilliai'r hoffter a'r edmygedd cyffredinol ohono nid yn unig o'i farddoniaeth ond o'i bersonoliaeth hynaws, ei ymroddiad i *Heddychiaeth ac achos Plaid Cymru, ei ostyngeiddrwydd amlwg a'r arabedd parod a amlygir yn ei englynion.

Y mae ei lyfr Dail Pren yn cynnwys rhychwant eang o farddoniaeth, ond efallai y gellir ei weld orau fel bardd Rhamantaidd mawr yn ystyr wreiddiol, gynnar y gair hwnnw. Mynegir undod Dyn â byd natur yn gofiadwy yn nelwedd enwog y ffynnon sydd hefyd yn goeden yn *'Mewn Dau Gae', ei gerdd orau. Ond ceir cydbwysedd yng ngwaith Waldo rhwng ymwybyddiaeth eang yr unigolyn, wrth iddo edrych yn ôl i gyn-hanes neu allan i'r sêr pellaf, a synnwyr cymdeithasol sy'n aml yn cael mynegiant yn ei gerddi am Gymru mewn delweddau gweledigaethol neu apocalyptaidd megis a geir yng ngwaith Blake. Gwêl ei hunaniaeth ef ei hun yn nhermau lle a phobl nid fel rhywbeth haniaethol. Ceir mynegiant egnïol o'r grym ewyllys i wrthsefyll yng ngoslef emosiynol ei gerddi, ond cymer wedd obeithiol a chyffredinol yn hytrach na'r agwedd amddiffynnol a thraddodiadol sydd mor amlwg ym marddoniaeth wladgarol Cymru. Iddo ef yr oedd brawdoliaeth dyn yn egwyddor ymarferol a ymgorfforwyd yn ei brofiad o'i gymdogaeth a'i fro. Am y rhesymau hyn ystyrir ef gan lawer fel y bardd Cymraeg mwyaf rhyfeddol o wreiddiol yn yr ugeinfed ganrif.

Y mae astudiaethau o'i waith a'i fywyd yn cynnwys Dal Pridd y Dail Pren (1972) gan Dafydd Owen, cyfrol James Nicholas yn y gyfres Writers of Wales (1975) a chyfrol Ned Thomas yn y gyfres Llên y Llenor (1985); ynghyd â Waldo: Teyrnged (gol. James Nicholas, 1977), casgliad o ysgrifau bywgraffyddol a beirniadol ar y bardd, tri darn o ryddiaith a llyfryddiaeth gyflawn. Y mae'r gyfrol ar Waldo Williams yn y gyfres Cyfres y Meistri (gol. Robert Rhys, 1981) yn casglu ynghyd doreth o ysgrifau beirniadol am y bardd nad oeddynt wedi eu hysgrifennu pan gyhoeddwyd Waldo: Teyrnged; Robert Rhys hefyd yw awdur Chwilio am Nodau'r Gân (1992), astudiaeth o yrfa lenyddol gynnar Waldo Williams sy'n cynnwys atodiad sylweddol o'i gerddi cynnar anghyhoeddedig. Gweler hefyd Dyfnallt Morgan, Waldo Williams: thema yn ei waith (1974), rhifyn coffa Y Traethodydd (1971), erthygl gan Saunders Lewis yn Meistri a'u Crefft (gol. Gwynn ap Gwilym, 1981) ac un gan John Rowlands yn Ysgrifau Beirniadol IV (gol. J. E. Caerwyn Williams, 1969); cyhoeddwyd erthygl allweddol gan y bardd, 'Pam y gwrthodais dalu treth yr incwm', yn Y Faner (20 Meh. 1956), ac fe'i cyfieithwyd i'r

Saesneg gan Ned Thomas a'i chyhoeddi yn Planet (rhif. 37/38, 1977). Gweler hefyd Ned Thomas, 'Waldo Williams and the Springs of Hope', yn Poetry Wales (cyf. XXII, rhif. 4, 1987) a James Nicholas, 'Poet of the Exiled King', yn The New Welsh Review (rhif. 11, cyf. III, Gaeaf 1990–91). Cyfieithwyd detholiad o gerddi Waldo Williams gan Anthony Conran yn The Peacemakers (1997).

WILLIAMS, WATKIN HEZEKIAH (Watcyn Wyn; 1844–1905), bardd ac athro, brodor o Frynaman, Caerf.; dechreuodd weithio dan y ddaear yn wyth oed ond, yn 1874, dechreuodd yng Ngholeg Presbyteraidd Caerfyrddin i ymbaratoi ar gyfer y weinidogaeth Annibynnol. Ni chymerodd ofal eglwys, eithr daeth yn enwog fel prifathro Ysgol y Gwynfryn, Rhydaman, athrofa i baratoi bechgyn ifainc ar gyfer y weinidogaeth. Ymhlith ei gyhoeddiadau y mae amryw o gyfrolau o farddoniaeth, megis Caneuon (1871), Hwyr Ddifyrion (1883) a Cân a Thelyn (1895), cyfieithiad o emynau Sankey a Moody dan y teitl Odlau'r Efengyl (1883), a dwy nofel a ysgrifennodd ar y cyd ag Elwyn Thomas, sef Irfon Meredydd (1907) a Nansi, Merch y Pregethwr Dall (1906). Ei emyn enwocaf yw'r un sy'n dechrau 'Rwy'n gweld o bell y dydd yn dod'. Rhannodd wobr ag Islwyn (William *Thomas) mewn Eisteddfod yn 1875, ac enillodd y *Goron yn 1881 a'r *Gadair yn 1885. Defnyddiwyd dwy neu dair o'i gerddi, wedi'u cyfieithu, yn Beautiful Wales (1905) Edward *Thomas (1878– 1917).

Golygwyd Adgofion Watcyn Wyn gan Gwili (John Jenkins) yn 1907 a chyhoeddwyd ei gofiant gan Pennar Griffiths (1915); gweler hefyd yr astudiaeth feirniadol gan Bryan Martin Davies, Rwy'n gweld o bell (1980) a'r erthygl gan W. J. Phillips yn Cwm Aman (gol. Hywel Teifi Edwards, 1996).

WILLIAMS, WILLIAM (Williams Pantycelyn neu Pantycelyn; 1717–91), emynydd, bardd a llenor, a aned yng Nghefn-coed, ym mhlwyf Llanfair-ar-y-bryn, Caerf. Yr oedd ei dad, ffermwr a henuriad Eglwys Annibynnol Cefnarthen, yn un a thrigain mlwydd oed pan aned William, ac yr oedd ei fam, merch Pantycelyn, fferm gyfagos, yn wyth ar hugain oed. Pan fu farw ei gŵr yn 1742 symudodd ei weddw i Bantycelyn a etifeddasai bum mlynedd yn gynharach, ac yno y bu'n byw hyd ei marw yn 1784. Addysgwyd y bachgen yn lleol ac yn Athrofa Llwynllwyd ger Talgarth, Brych., o dan gyfarwyddyd manwl ond anogol Vavasor Griffiths (1698?–1741). Mynd yn feddyg oedd ei fwriad gwreiddiol, ond tuag 1737, yn fuan ar ôl ymaelodi yn yr Athrofa, cafodd dröedigaeth wrth wrando ar Howel *Harris yn pregethu yn Nhalgarth. Cymerodd urddau diacon yn 1740 ac fe'i penodwyd yn gurad i Theophilus *Evans yn Llanwrtyd, Llanfihangel Abergwesyn a Llanddewi Abergwesyn, Brych. Yn 1743, fodd bynnag, gwrthodwyd urddau offeiriad iddo oherwydd ei weithgareddau Methodistaidd, ac wedi hynny ymroes yn gyfan gwbl i waith y mudiad Methodistaidd a oedd bellach yn blaguro. Treuliodd weddill ei oes yn bregethwr teithiol, yn

sefydlydd ac yn arolygydd y seiadau (*seiat) Methodist-aidd (maes yr oedd ganddo ddawn arbennig ynddo) ac ynghyd â Harris a Daniel *Rowland yr oedd yn un o dri arweinydd *Methodistiaeth Cymru. Tuag 1748 priododd â Mary Francis o Lansawel a oedd hefyd yn berchen ar dir yn Llanfynydd, ac ymgartrefodd y ddau ym Mhanty-celyn. Cawsant wyth o blant; yr oedd eu hail fab, John (1754–1828), yn weithgar yn y mudiad Methodist-aidd. Yr oedd incwm Williams fel ffermwr, meistr tir, cyhoeddwr, ac o bosibl, fasnachwr te, yn ddigon i gadw'r teulu yn weddol gysurus.

Dechreuodd gyrfa Williams fel awdur gyda chyhoeddi rhan gyntaf ei *Aleluia* (1744), casgliad o emynau; ymddangosodd pum rhan arall rhwng y dyddiad hwnnw ac 1747, a chyhoeddwyd y chwe rhan mewn un gyfrol yn 1749. Ar ôl hynny daeth *Hosanna i Fab Dafydd* yn ddwy ran (1751 ac 1754), *Rhai Hymnau a Chaniadau Duwiol* (1759), *Caniadau y rhai sydd ar y Môr o Wydr* (1762, gydag argraffiadau pellach yn 1763, 1764 ac 1773), *Ffarwel Weledig, Groesaw Anweledig Bethau* (1763, gyda dwy ran arall yn 1766 ac 1769), *Gloria in Excelsis* (1771, gyda rhan arall yn 1772), *Ychydig Hymnau* (1774) a *Rhai Hymnau Newyddion* (yn dair rhan, 1781, 1782 ac 1787). Yn ogystal, cyhoeddodd Williams ddau gasgliad Saesneg: *Hosannah to the Son of David* (1759) a *Gloria in Excelsis* (1772). Ef yn ddiau yw emynydd pwysicaf Cymru a deil rhai mai ef hefyd yw ei bardd pwysicaf. Er ei fod yn anwastad ac yn aml yn fwriadol ddiofal yn ei ddefnydd o iaith, ar ei orau cyflea nwydau crefyddol gyda chyfoeth symbolaidd ac uniongyrchedd digyffelyb. Nid rhyfedd i'w gyd-wladwyr gytuno i ddyfarnu iddo y teitl anrhydeddus 'Y Pêr Ganiedydd'.

Nid ymgyfyngodd i ysgrifennu emynau. Darlunia ei gerdd hir, *Golwg ar Deyrnas Crist* (1756, arg. diwyg-iedig, 1764) deyrnas Crist yn y Greadigaeth, mewn Rhagluniaeth ac mewn Gras; ffynhonnell bwysig oedd gweithiau William Derham (1637–1735). Yn *Bywyd a Marwolaeth Theomemphus* (1764) darluniodd daith yr enaid unigol o golledigaeth i achubiaeth, ac yn ôl honiad yr awdur yr oedd yn waith heb ei ragflaenydd ym maes barddoniaeth. Ysgrifennodd yn ogystal nifer o gerddi byrrach ar themâu crefyddol – o'r rhain, 'Y Gân Ben-rhydd' (1762) ac 'Y Gerdd Newydd am Briodas' (1762) yw'r pwysicaf – a thua deng marwnad ar hugain ar achlysur marw ei gyd-Fethodistiaid.

Yr oedd Pantycelyn hefyd yn ysgrifennwr rhyddiaith o fri. Ei waith mwyaf uchelgeisiol oedd *Pantheologia neu Hanes holl Grefyddau'r Byd* (1762 ac 1779) a luniwyd i raddau helaeth o ddarnau a gyfieithwyd o waith awduron megis Paul Ricaut, Thomas Salmon a Hadrian Reland. Er eu bod yn fyrrach, y mae ei weithiau gwreiddiol yn bwysicach: *Llythyr Martha Philopur* (1762), *Ateb Philo-Evangelius* (1763), *Crocodil Afon yr Aifft* (1767), *Hanes Bywyd a Marwolaeth Tri Wŷr o Sodom a'r Aifft* (1768), *Aurora Borealis* (1774), *Ductor Nuptiarium neu Gyfarwyddwr Priodas* (1777) a *Drws y Society Profiad*

(1777); pwrpas pob un o'r rhain oedd hyrwyddo tyfiant ysbrydol dychweledigion y Diwygiad Methodistaidd. Cyhoeddodd Williams bron deg a phedwar ugain o lyfrau a phamffledi yn ystod ei oes.

Cyhoeddwyd astudiaeth bwysig o'r llenor gan Saunders *Lewis, *Williams Pantycelyn* (1927). Ceisia ddehongli ei fywyd a'i lên yng ngoleuni cyfriniaeth Gatholig yr Oesoedd Canol a'r *Gwrth-Ddiwygiad ac astudiaethau modern mewn seicoleg crefydd. Gwêl Williams fel un sy'n llwyr ymwadu â'r estheteg glasurol a oedd yn llywodraethol yng Nghymru yn ystod yr Oesoedd Canol, fel y Rhamantydd cynharaf yn llenyddiaeth Ewrop. Y mae'n olrhain ei ddatblygiad ysbrydol drwy ei weithiau a chanfod ynddynt olion o Ffordd Driphlyg Sant Bonaventura. Fel y daw Williams i'w lawn dwf yn ysbrydol, gwêl Lewis ynddo newid pwyslais o'r unigol-yddol i'r cymdeithasol, a'r datblygiad o synthesis glasurol newydd a oedd yn cwmpasu'r *Rhamantiaeth gyn-harach. Beth bynnag a feddylir am rai o ragdybiau a chasgliadau Lewis, dangosodd yr astudiaeth am y tro cyntaf, ac mewn dull hynod ddisglair, fawredd Williams fel awdur a diddordeb anghyffredin ei feddwl.

Casglwyd barddoniaeth Williams Pantycelyn gan ei fab John yn 1811, a'i farddoniaeth a'i ryddiaith gan J. Kilsby Jones yn 1867 a chan Nathaniel Cynhafal Jones (1887–91). Y mae'r Bwrdd Gwybodau Celtaidd wedi dechrau ar gasgliad newydd o'i waith; y cerddi hirion (gol. Gomer M. Roberts, 1964) a'r gweithiau rhyddiaith gwreiddiol (gol. Garfield H. Hughes, 1967) sydd wedi ymddangos hyd yn hyn. Golygwyd detholiadau o'r emynau gan Gomer M. Roberts (1960) a Derec Llwyd Morgan (1991). Astudir yr awdur mewn llyfrau gan Gomer M. Roberts (1949, 1958), John Gwilym Jones (1969), Glyn Tegai Hughes (1983) a Derec Llwyd Morgan (1983), a golygwyd cyfrol o ysgrifau arno gan Derec Llwyd Morgan (1991): gweler hefyd rifyn arbennig o *Llên Cymru* (cyf. XVII, rhif. 3 a 4, 1993) a gysegrwyd i waith y bardd. Trafodir yn feirniadol ymddiniaeth Saunders Lewis ag ef mewn erthygl gan Wynne Roberts yn *The Anglo-Welsh Review* (cyf. XV, rhif. 35, 1965) ac mewn pamffledyn gan R. Tudur Jones (1987).

WILLIAMS, WILLIAM (1738–1817), hanesydd, hynafiaethydd, bardd, disgrifiwr tir a gwlad ac arloeswr diwydiant. Brodor ydoedd o Drefdraeth, Môn. Fe'i prentisiwyd yn gyfrwywr, ond tuag 1758 fe'i penod-wyd yn glerc ar ystad y Penrhyn, Llandygái, a William Williams, Llandygái a fu o hynny allan. Daeth yn ei dro yn oruchwyliwr a chanddo gyfrifoldeb dros lawer o weinyddiaeth a chyfrifon yr ystad. Y mae'n debyg mai ef oedd prif ysgogydd y penderfyniad mawr a wnaed yn 1782 pan aeth Richard Pennant, yr Arglwydd Penrhyn cyntaf, yn gyfrifol am holl reolaeth chwarel Cae Braich y Cafn ym mhlwyf Llandygái (Chwarel y Penrhyn yn ddiweddarach) a chychwyn cyfnod o ddatblygu na fu ei fath o'r blaen yn niwydiant chwareli Arfon. Ar gyfrif hyn, a'i waith yn arolygu'r datblygiad mawr a fu yn ystod dau ddegawd olaf y ganrif, rhaid ystyried William Williams yn un o brif gynrychiolwyr y *Chwyldro Diwydiannol yng Ngwynedd. Ymddeolodd yn 1803.

Gydol ei oes cafodd flas ar weithgarwch llenyddol, a meithrinodd gyfeillach llenorion fel William *Morris, Hugh *Hughes (Y Bardd Coch), Robert *Hughes (Robin Ddu yr Ail o Fôn), Griffith *Williams (Gutyn Peris), Richard Davies, David *Thomas (Dafydd Ddu Eryri), Evan *Prichard (Ieuan Lleyn), John *Jones (Jac Glan-y-gors), Edmund Hyde Hall, Richard *Fenton a llawer eraill. Yn 1802 cyhoeddwyd ei *Observations on the Snowdon Mountains*, sydd efallai y llyfr cyntaf ar *Eryri gan Gymro. Yn 1822 ymddangosodd ei *Prydnawngwaith y Cymry*, y llyfr Cymraeg cyntaf i drin oes y Tywysog-ion fel uned mewn hanes, gwaith bywiog ei arddull a diddorol ei safbwyntiau. Gadawodd ysgrifeniadau tor-eithiog mewn llawysgrifau: dros gant o gerddi, ar fesurau rhydd yn bennaf; amrywiol gofnodion ar hynafiaethau, traddodiad a llên gwerin; ysgrifau ar grefydd, cymer-iadau a bywyd yr oes; atgofion sy'n cynnwys gwybod-aeth bwysig am dwf diwydiant y chwareli; trosiadau, yn cynnwys cyfieithiad cyflawn i'r Gymraeg o *History of the Gwydir Family* John *Wynn; a math o egin-nofel dan yr enw 'Hanes Ifan o'r Cyffredin Glas'. Cafodd yr enw barddol *Gwilym Ddu o Arfon, sef enw bardd a oedd yn byw oddeutu troad y bedwaredd ganrif ar ddeg; ond nid ymddengys iddo arfer llawer arno. Na chymysger â Gwilym Ddu o Fôn, sef William Jones (1778–1819), a adwaenid hefyd fel Bardd Môn.

Gweler golygiadau Dafydd Glyn Jones o 'Hanes Pedwar o Gymmydogion' a 'Hanes Ifan o'r Cyffredin Glas' gan William Williams yn *Llên Cymru* (cyf. XIX ac XX, 1996 ac 1997).

Williams, William (1781–1840), un o dri phrif bregethwr ei oes, ynghyd â John *Elias a Christmas *Evans. Fe'i ganed ym Nghwmhyswn Ganol ym mhlwyf Llanfachreth, Meir., a phan oedd yn dair ar ddeg oed fe'i cyffrowyd gan bregethu'r gŵr hynod Rhys Davies (1772–1847). Ymaelododd â'r Annibynwyr ac ar ôl cyfnod yn yr Academi yn Wrecsam datblygodd yn bregethwr o swyn, huodledd, dychymyg a chynhes-rwydd. Yn Y Wern a Harwd ger Wrecsam, Dinb., o 1808 hyd 1836, gweithiodd yn egnïol gan sefydlu achosion newydd a denu llawer gyda'i huodledd a'i hynawsedd. Fel eraill o gefnogwyr y 'System Newydd' ymhlith yr Annibynwyr, pleidiai fath cymedrol ac ymledgar o *Galfiniaeth, a daeth yn un o arweinwyr ei enwad.

Ceir rhagor o fanylion yn y cofiannau gan William Rees (Gwilym Hiraethog; 1842) a D. S. Jones (1894).

Williams, William (1788–1865), diwydiannwr a gwleidydd a aned ym mhlwyf Llanpumsaint, Caerf. Gwnaeth ei ffortiwn fel masnachwr llwyddiannus yn Llundain; daeth yn Aelod Seneddol dros Coventry yn 1835 hyd 1847, ac wedyn dros Lambeth rhwng 1850 ac 1865. Daeth yn un o Radicaliaid mwyaf blaenllaw ei ddydd, cefnogai'r dugel, ymestyn y bleidlais a diwyg-iadau eraill. Llwyddodd drwy ei ymdrechion ei hun; yr

oedd yn ddiwygiwr diflino a chredai mewn cynnydd. Yr oedd arno eisiau i'r Cymry ddod ymlaen yn y byd ond credai fod eu hanwybodaeth o'r iaith Saesneg yn eu llesteirio. Ei gynnig ef yn Nhŷ'r Cyffredin yn 1846 a arweiniodd at benodi'r Comisiwn i gyflwr addysg yng Nghymru, a daeth yr adroddiad yn enwog fel y *Llyfrau Gleision (1847). Ysgrifennodd ddau bamffledyn ar addysg yng Nghymru (1848), a dadleuwyd yn erbyn ei safbwynt gan Ieuan Gwynedd (Evan *Jones); yn 1863 oedd yn un o'r prif hyrwyddwyr yn y mudiad i sefydlu *Prifysgol Cymru.

WILLIAMS, WILLIAM (Caledfryn; 1801–69), bardd a beirniad a aned i deulu o wehyddion ym Mrynyffynnon, Dinbych. Cafodd gyfnod byr yng Ngholeg Rotherham ac yna yn 1829 fe'i hordeiniwyd yn weinidog Annibynnol; yn ystod blynyddoedd olaf ei oes bu'n bugeilio yn Y Groes-wen, Morg. Yr oedd awdur pum cyfrol, *Grawn Awen* (1826), *Drych Barddonol* (1839), *Grammadeg Cymreig* (1851), *Caniadau Caledfryn* (1856) a *Cofiant Caledfryn* (gol. Thomas Roberts, 1877) sy'n cynnwys peth barddoniaeth a rhyddiaith. Yn ogystal â golygu cyfrolau gan Robert ap Gwilym Ddu (Robert *Williams) ac Eos Gwynedd (John Thomas, 1742–1818), bu'n olygydd ar amryw gylchgronau. Yr oedd yn Rhyddfrydwr a chefnogai achosion Radical-aidd megis y Gymdeithas Heddwch a'r *Liberation Society a rhoes dystiolaeth o safbwynt yr Anghydffurfwyr i'r Comisiynwyr y cyhoeddwyd eu hadroddiadau yn ddiweddarach yn y *Llyfrau Gleision (1847). Ond diau mai fel llenor a beirniad eisteddfodol y daeth i enwog-rwydd. Yr oedd yn feirniad llym a gwnaeth lawer i wella safonau barddoniaeth ei ddydd wrth annog symlrwydd ac uniongyrchedd. Ei nod wrth farddoni oedd cyfan-soddi barddoniaeth wrthrychol, ac enillodd ei awdl ar ddrylliad y *Rothesay Castle *Gadair iddo yn Eisteddfod Biwmares yn 1832.

Cyhoeddwyd detholiad o waith Caledfryn gan Owen M. Edwards yn *Cyfres y Fil* (1913); ceir manylion pellach mewn erthygl gan Gwilym Rees Hughes yn *Llên Cymru* (cyf. XII, rhif. 1 a 2, 1972).

WILLIAMS, WILLIAM (Gwilym Cyfeiliog; 1801–76), bardd, a aned yn Llanbryn-mair, Tfn., lle y bu'n ddiweddarach yn cadw siop wlân. Yr oedd yn eistedd-fodwr brwd a chyfansoddodd yn y mesurau caeth; yr oedd yn feistr ar yr *englyn. Ef oedd awdur yr emyn adnabyddus sy'n dechrau 'Caed trefn i faddau pechod'. Casglwyd ei gerddi ar ôl iddo farw yn y gyfrol *Caniadau Cyfeiliog* (1878). Mab iddo oedd **Richard Williams** (1835–1906), awdur *Montgomeryshire Worthies* (1884) a golygydd ail argraffiad llyfr Philip *Yorke, *Royal Tribes of Wales* (1887).

WILLIAMS, WILLIAM (Carw Coch; 1808–72), gweler o dan CYMREIGYDDION Y CARW COCH.

WILLIAMS, WILLIAM (Creuddynfab; 1814–69), beirniad, a aned yn Y Creuddyn, Llandudno, Caern. Mab i saer maen ydoedd; ychydig o addysg ffurfiol a gafodd, a dechreuodd weithio fel gwas fferm. O 1845 hyd 1862 bu'n gweithio ar y rheilffordd yn y Penwynion (S. *Pennines*) a daeth yn gyfeillgar â John Ceiriog *Hughes. Dychwelodd i Gymru i fod yn Ysgrifennydd cyflogedig cyntaf Cymdeithas yr *Eisteddfod Genedlaethol, ond oherwydd afiechyd rhoes y gorau i'r swydd lai na dwy flynedd yn ddiweddarach. Ystyrir Creuddynfab yn feirniad llenyddol blaengar yn ei ddydd; yn ei unig gyfrol gyhoeddedig, Y *Barddoniadur Cymmreig* (1855), ymosododd ar safonau *Neo-Glasuraeth beirdd fel Caledfryn (William *Williams), a phleidiai'r mesurau rhydd, yn arbennig y *delyneg.

WILLIAMS, WILLIAM (Y Lefiad; *fl.* 1853), cyfieithydd ac awdur. Nid yw ei ddyddiadau yn wybyddus er y gwyddys ei fod yn trigo yn Ystradgynlais, Brych., yn 1853. Ei gyfieithiad o lyfr Harriet Beecher Stowe, *Uncle Tom's Cabin*, sef *Caban 'Newyrth Tom* (1853), a'i lyfr yn erbyn y Mormoniaid, sef *Dynoethiad Mormoniaeth . . . o enau tystion* (1853), a ddaeth ag ef i sylw yn ei ddydd.

WILLIAMS, WILLIAM (1850–1917), bardd a aned yn Abersychan, Myn., ac a gyflogwyd yn glerc am bron hanner can mlynedd ar y rheilffordd ym Mhont-y-pŵl. Yr oedd yn ŵr dysgedig a bucheddol ac adwaenid ef fel '*The Bard of Mount Pleasant*' oherwydd ei gysylltiad â chapel yr Annibynwyr o'r un enw. Ceir cerdd ganddo yn disgrifio lladd Seisyllt ap Dyfnwal a'i wŷr gan weision cyflogedig *William de Braose; fe'i cynhwysir, ymysg cerddi ar themâu Cymreig eraill, yn unig gyfrol y bardd, *Songs of Siluria* (1916).

WILLIAMS, WILLIAM (Crwys; 1875–1968), bardd a aned yng Nghraig-cefn-parc, Morg., ac a fu'n weinidog gyda'r Annibynwyr o 1894 hyd 1914. Dechreuodd farddoni yn ifanc, a hynny yn fwy dan ddylanwad diwylliant naturiol ei ardal nag unrhyw lenor arbennig, ar wahân efallai i John *Morris-Jones. Tueddai yn ei gerddi cynharaf i fydryddu pregethau, ond llwyddodd i osgoi troseddau gwaethaf y *Bardd Newydd, ac yr oedd symlrwydd mynegiant ac arddull delynegol yn nodweddu ei ganu aeddfetach. Bu'n Archdderwydd o 1939 hyd 1947 ac enillodd *Goron yr Eisteddfod Genedlaethol deirgwaith, yn 1910 am 'Ednyfed Fychan', yn 1911 am 'Gwerin Cymru' ac yn 1919 am 'Morgan Llwyd o Wynedd'. Cyhoeddodd bedair cyfrol o gerddi, *Cerddi Crwys* (1920), *Cerddi Newydd Crwys* (1924), *Trydydd Cerddi Crwys* (1935) a *Cerddi Crwys: y pedwerydd llyfr* (1944). Y mae ambell delyneg, megis 'Dysgub y Dail', ymhlith y cerddi mwyaf adnabyddus yn y Gymraeg.

Am ragor o fanylion gweler *Crwys y Rhamantydd* gan W. Rhys Nicholas (1990).

WILLIAMS, WILLIAM DAVID (1900–85), bardd a aned yn Llawr y Betws, ger Corwen, Meir., ac a addysgwyd yng Ngholeg Prifysgol Gogledd Cymru, Bangor. Bu'n athro ysgol yn swydd Efrog ac yna yn Abermo hyd ei ymddeoliad yn 1961. Ymhlith ei weithiau cyhoeddedig ceir *Adlais Odlau* (1939), *Cerddi'r Hogiau* (1941), *Cân ac Englyn* (1951) a *Rhyw Bwt o Lawr y Betws* (1975). Yr oedd yn feistr ar y *cynghanedd ac enillodd *Gadair Eisteddfod Genedlaethol 1965, ac yr oedd ymhlith y beirdd a ffurfiodd y *Gymdeithas Cerdd Dafod yn 1976. Ei englyn mwyaf adnabyddus yw'r un sy'n dechrau 'O Dad, yn deulu dedwydd' ac a adroddir yn aml wrth ofyn bendith cyn pryd bwyd.

WILLIAMS, WILLIAM LLEWELYN (1867–1922), newyddiadurwr a hanesydd, a aned yn Brownhill, Llansadwrn, Caerf. Addysgwyd ef yng Ngholeg Llanymddyfri a Choleg y Trwyn Pres, Rhydychen. Ef oedd golygydd cyntaf *The South Wales Post*, papur newydd Radicalaidd yn Abertawe, ond rhoes y gorau i newyddiaduraeth a throi at y gyfraith yn 1897. Ei ddiddordebau pennaf oedd hanes, *Cenedlaetholdeb a gwleidyddiaeth Ryddfrydol ac ar ôl sawl ymgais etholwyd ef yn 1906 yn Aelod Seneddol dros Fwrdeistrefi Caerfyrddin, sedd a ddaliodd nes iddi gael ei dileu yn 1918. Yn 1912 daeth yn fargyfreithiwr ac yna yn arweinydd cylchdaith De Cymru ac yn Gofiadur Abertawe (1914–15) a Chaerdydd (1915–22). Fel gohebydd brwydrai yn erbyn barnwyr uniaith Saesneg yng Nghymru, a bu'n gynhaliwr brwd achosion fel *Datgysylltu'r Eglwys a *Home Rule. Er ei fod yn heddychwr, fe'i darbwyllwyd i gefnogi'r rhyfel yn 1914, ond nid oedd ei galon yn hynny, ac yn y diwedd torrodd bob cysylltiad â David *Lloyd George a'i garfan ef o Ryddfrydwyr. Safodd yn erbyn y Rhyddfrydwr swyddogol am sedd sir Aberteifi yn etholiad 1921, gan golli o nifer bach o bleidleisiau.

Yr oedd ei waith llenyddol yn y Gymraeg yn ddiymhongar. Cyhoeddodd *Gwilym a Benni Bach* (1894), *Gŵr y Dolau* (1899) a *Slawer Dydd* (1918). Bu'r olaf yn boblogaidd iawn ar ffurf cyfres yn Y *Beirniad*. Ei brif ddiddordeb hanesyddol oedd cyfnod y *Tuduriaid ac ymddangosodd ysgrifau o'i waith ar y pwnc, yn gyntaf yn *Nhrafodion Anrhydeddus Gymdeithas y *Cymmrodorion, a chasglwyd hwy yn gyfrol yn *The Making of Modern Wales* (1919). Daliodd mai cynnen yn y Coleg Seisnig yn Rhufain oedd achos sylfaenol methiant y *Gwrth-Ddiwygiad yng Nghymru, a hwn oedd un o'i gyfraniadau mwyaf bywiog a pharhaol.

WILLIAMS, WILLIAM NANTLAIS (Nantlais; 1874–1959), bardd ac emynydd a aned ym Mhencader, Caerf.; yn ddiweddarach daeth yn weinidog gyda'r Methodistiaid Calfinaidd. Yn ogystal â bod yn olygydd *Yr Efengylydd*, Y *Lladmerydd* a *Trysorfa y Plant*, cyhoeddodd ddwy gyfrol o delynegion, *Murmuron y Nant* (1898) a *Murmuron Newydd* (1926). Ceir ei emynau gorau i oedolion yn Llyfr Emynau y ddwy Eglwys Fethodist-aidd (1927), ac yn ei gasgliad *Emynau'r Daith* (1949). Ymhlith ei emynau mwyaf adnabyddus y mae 'Plant bach Iesu Grist ydym ni bob un', 'Draw, draw yn China' ac 'Uno wnawn â'r nefol gôr'. Cyhoeddwyd peth o'i ohebiaeth bwysig ag Eluned *Morgan rhwng 1924 ac 1938, a hanes ei ymweliad â *Phatagonia, yn *Tyred Drosodd (gol. Dafydd Ifans, 1977).

Ceir hanes ei fywyd yn ei hunangofiant *O Gopa Bryn Nebo* (1967); gweler hefyd erthygl gan D. Eirwyn Morgan ym *Mwletin Cymdeithas Emynau Cymru* (cyf. I, 1971), John Thickens, *Emynau a'u Hawduriaid* (1961) ac H. Turner Evans, *A Bibliography of Welsh Hymnology to 1960* (1977).

WILLIAMS, WILLIAM RETLAW JEFFERSON (1863–1944), hanesydd a golygydd, a aned yn Aber-honddu, Brych., yn frawd hynaf Alice Matilda Langland *Williams. Fe'i haddysgwyd, am fyr dro, yng Ngholeg Cheltenham. Cafodd ei hyfforddi'n gyfreithiwr ond methodd â dal pwysau ei achos cyntaf, a bu'n byw yn feudwy am weddill ei oes ger Tal-y-bont ar Wysg. Er nad oedd ganddo fawr o ynni creadigol, treuliodd ei amser yn ddyfal ddiwyd: prynodd a chopïodd restrau'r lluoedd arfog a'r fyddin a Blwyddiaduron Dogfennau'r Wladwriaeth, gan gyflogi pobl yn Llundain i gopïo cofnodion na fedrai ef ei hun eu cyrraedd. Cafwyd gwaith ymchwil defnyddiol yn ei lyfr *The Parliamentary History of the Principality of Wales 1541–1895* (1895) gyda hanesion seneddol Caerwrangon (1897), Caerloyw (1898) a Rhydychen (1899) yn dilyn, a hefyd *The History of the Great Sessions of Wales 1542–1830, together with the Lives of the Welsh Judges* (1899), ac *Official Lists of the Duchy and County of Lancaster* (1901); cyhoeddodd hwy oll ar ei draul ei hun. Rhwng 1905 ac 1907 cafwyd rhifyn cyntaf *Old Wales*, cylchgrawn wedi ei seilio ar *Notes and Queries*, ac ef ei hun yn gyfrannwr; ond erbyn hyn yr oedd wedi defnyddio'r cyfan o'i gyfran ef o'r cyfoeth teuluol. Yn 1911 bu'n rhaid iddo werthu'r rhan fwyaf o'i lyfrgell werthfawr er mwyn talu costau ei waith arfaethedig olaf, sef rhestr gyflawn o holl swydd-ogion y lluoedd arfog Prydeinig. Nid ymddangosodd y rhestr hon ac aeth ei bapurau ar goll, er iddynt gael eu rhoi ar gadw yn un o golegau Caer-grawnt.

WILLIAMS-ELLIS, CLOUGH (1883–1978), pen-saer ac awdur. Fe'i ganed yn Gayton, Northants, i rieni Cymraeg, a'i addysgu yng Ngholeg y Drindod, Caer-grawnt, a gwasanaethodd gyda'r Gwarchodlu Cymreig yn Fflandrys yn ystod y Rhyfel Byd Cyntaf. Yn 1925 daeth yn berchen ar hen blasty yn Aber Iâ, ger Penrhyndeudraeth, Meir., a newidiwyd ganddo yn freuddwyd-o-bentref Eidalaidd a adwaenir fel Port-meirion. Defnyddiwyd yr ystad, gyda'i chymysgfa ryfedd o arddull bensaernïol, yn aml mewn ffilmiau, a dywedir i Noël Coward ysgrifennu *Blithe Spirit* tra oedd yn aros yno yn 1940. Yr oedd yn bensaer nodedig ac yn

awdur nifer o lyfrau ar bensaernïaeth, ac fe'i hurddwyd yn farchog yn 1972. Ysgrifennodd ddwy gyfrol o hunangofiant, *Architect Errant* (1971) ac *Around the World in Ninety Years* (1978), yn ogystal â *Portmeirion, the Place and its Meaning* (1963). Ŵyr iddo yw'r awdur Robin *Llywelyn.

Ganed ei wraig, **Amabel Williams-Ellis** (1894–1984), yn Surrey; chwaer ydoedd i Lytton Strachey. Ymysg ei chyhoeddiadau ceir *An Anatomy of Poetry* (1922), casgliad o storïau byrion, *Volcano* (1931), y nofelau *Noah's Ark* (1926), *To Tell the Truth* (1933), *The Big Firm* (1938) a *Learn to Love First* (1939). Cyd-weithiodd hefyd gyda'i gŵr i ysgrifennu nofel, *Headlong Down the Years* (1951) a fwriadwyd i ymladd yr hyn a ystyrid ganddynt yn ymgais i lygru cefn-gwlad Cymru trwy'r cynllun pŵer hydro-electrig. Ymddangosodd cyfrol o'i hunangofiant, *All Stracheys are Cousins*, yn 1983.

Gweler cofiant Clough Williams-Ellis gan Jonah Jones (1997).

Williams Wynn, teulu a pherchenogion ystad Wynnstay, Rhiwabon, Dinb. Erbyn y bedwaredd ganrif ar bymtheg y teulu hwn oedd y tirfeddiannwr mwyaf yng Nghymru, yn berchen ar gan mil a hanner o aceri yn siroedd Dinbych, Meirionnydd a Threfaldwyn. Meddiannwyd llawer o'r tiroedd trwy briodasau. Daeth William Williams, mab rheithor Llantrisant, Môn, yn Llefarydd Tŷ'r Cyffredin ac yn Dwrnai Gwladol. Pryn-odd ystad Llanforda ger Croesoswallt yn 1675, priododd aeres y Glasgoed, Dinb., a gwnaed ef yn farwnig yn 1688. Priododd ei fab, William Williams (1684–1740), yr ail farwnig, â Jane Thelwall, aeres Plas-y-ward a gorwyres Syr John Wynn (1553–1627) barwnig cyntaf Gwydir (gweler o dan teulu WYNN). Daeth y briodas hon ag eiddo newydd i'r teulu, sef yr ystadau yr oedd Syr John Wynn (m. 1719), barwnig olaf Gwydir, wedi eu cael trwy ei briodas ag aeres Eyton Evans, Wattstay, Dinb. Priododd mab William Williams, Watkin Williams (1693–1749), y trydydd barwnig, aeres *Llwydiarth yn sir Drefaldwyn. Yr oedd yn adnabyddus fel un o'r Jacobitiaid ac fel erlidiwr y Methodistiaid. Mabwys-iadodd Wynn fel ei gyfenw a newid enw ei dŷ o Wattstay i Wynnstay.

Yna dilynodd cyfres o wŷr o'r enw Watkin Williams Wynn y naill ar ôl y llall. Cafodd y pedwerydd barwnig (1748–96) afael ar ystad Mathafarn yn sir Drefaldwyn; oedd yn gyfaill i Handel a Reynolds, a bu'n Llywydd y *Cymmrodorion, swydd a ddaliwyd gan ei fab hefyd, y pumed barwnig (1772–1840), gŵr amlwg yng nghylchoedd bonheddig Llundain yn negawdau cynnar y bedwaredd ganrif ar bymtheg. O 1716 hyd 1885 cynrychiolid sir Ddinbych yn y Senedd gan y Wynn-iaid bron yn ddi-fwlch. Ond ar ôl hollti'r etholaeth yn 1885 trechwyd y seithfed barwnig yn Nwyrain Sir Ddinbych gan yr ymgeisydd Rhyddfrydol George Osborne *Morgan. Yr oedd i'r teulu ddylanwad gwleidyddol mawr yn sir Drefaldwyn hefyd, lle y bu Charles, brawd y pumed barwnig, yn Aelod Seneddol o 1799 hyd 1850; ef oedd un o'r tri Aelod Seneddol Cymreig a gyrhaeddodd y Cabinet yn ystod y bedwaredd ganrif ar bymtheg. Yr oedd y Wynniaid yn feistri tir goleuedig, ac yr oedd eu dylanwad gymaint nes eu galw'n 'Frenhinoedd Digoron Gogledd Cymru'. Y mae llawer o dir yn dal yn eiddo i'r teulu, ond wedi marw'r degfed barwnig (1904–51) aeth Glan-llyn, eu plasty ym Meirionnydd, yn ganolfan i *Urdd Gobaith Cymru; ac aeth Wynnstay yn gartref i Goleg Lindisfarne hyd at gau'r coleg yn 1995.

Ceir manylion pellach yn Askew Roberts, *Wynnstay and the Wynns* (1876), P. D. G. Thomas, '*Parliamentary elections in Denbighshire 1716–1741*', yng Nghylchgrawn Llyfrgell Genedlaethol Cymru (cyf. XI, 1969) a Jane Morgan, '*Denbighshire's Annus Mirabilis*' yn *Cylchgrawn Hanes Cymru* (1974).

Willy Nilly, y postman y mae ei wraig yn agor llythyrau'r dref â stêm, yn *Under Milk Wood* (1954) gan Dylan *Thomas.

WILSON, JOHN (1626–*c*.1695), dramodydd a aned yn Llundain i rieni Cymreig, ac a wnaed yn fargyfreithiwr yn 1652. Yr oedd yn Frenhinwr pybyr a daeth yn Gofiadur Derry tuag 1681. Ysgrifennodd ddau draethawd gwleidyddol, *A Discourse of Monarchy* (1684) a *Jus Regium Coronae* (1686?), ond yr oedd yn fwyaf adnabyddus yn ei ddydd oherwydd ei ddwy gomedi, *The Cheats* (1662) a *The Projectors* (1665), a'i ddwy drasiedi, *Andronicus Commenius* (1664) a *Belphegor* (1690). Y mae'r gyntaf o'i gomedïau yn cynnwys llawer o gyfeiriadau at y Cymry, ac fe'i chwaraewyd ar y llwyfan yn Llundain hyd ddiwedd y ganrif.

Wilson, Richard (1713–82), arlunydd tirluniau a aned ym Mhenegoes, ger Machynlleth, Tfn., ac a fagwyd yn Yr Wyddgrug, Ffl.; yr oedd yn perthyn i Thomas *Pennant. Portreadwr ydoedd yn bennaf hyd 1750, ac yna treuliodd saith mlynedd yn Yr Eidal yn ei hyfforddi ei hun i fod yn arlunydd golygfeydd natur yn Null Mawreddog y Cyfandir. Arddangoswyd ei lun 'Dinistr Plant Niobe' yn Llundain yn 1760, a chafodd glod y beirniaid. Yr oedd y cyfuniad o'r delfryd clasurol a realaeth dopograffig yn nodweddiadol o'i waith, a chodai ei destunau yn aml o lenyddiaeth hynafol. Yn ogystal â golygfeydd Eidalaidd paentiodd dirluniau o rannau o Gymru a Lloegr megis Yr Wyddfa a *Chadair Idris, a chafodd arian da am lawer ohonynt. Ond difethwyd ei yrfa ar ddechrau'r 1770au, yn bennaf oherwydd ei dymer wyllt, ei alcoholiaeth a'i iechyd bregus, ac yn ystod blynyddoedd olaf ei oes aeth bron yn angof. Dychwelodd i Gymru ychydig cyn iddo farw, a chladdwyd ef yn Yr Wyddgrug. Bellach fe'i cyfrifir yn dad paentwyr tirluniau Prydeinig.

Gellir gweld trafodaeth ddiweddar ar ei fywyd a'i waith yng nghatalog David H. Solkin i'r arddangosfa o baentiadau Richard Wilson a gynhaliwyd yn Oriel Tate yn 1982; gweler hefyd yr astudiaeth gan W. G. Constable (1953).

Wind of Heaven, The (1945), drama mewn chwe golygfa gan Emlyn *Williams. Hon yw ei ddrama orau a'r ddyfnaf, a symbylwyd gan ymweliad â Phalestina yn ystod yr Ail Ryfel Byd. Yno atgoffwyd ef gan ganu'r Arabiaid am ganu glowyr Cymreig ym Mhen-y-maes, Glanrafon, ac awgrymodd hyn iddo weledigaeth o Gymru fel Gwlad Sanctaidd. Lleolir y ddrama ym mhentref Blestin yn 1856 ac adroddir hanes achubiaeth a gyflawnir gan Gwyn, Crist-blentyn cyfoes a mab anghyfreithlon morwyn tŷ. Daw â llawenydd a chân yn ôl i'r pentrefwyr yn eu profedigaeth, rhydd ffydd i'r alltud materol, Ambrose Ellis, ac i Dilys Parry a oedd wedi chwerwi; ailunir y cariadon Menna ac Islwyn pan adferir Islwyn ac eraill a fu farw o'r dwymyn yn y Crimea. Yr aberth am hyn oll yw ei farwolaeth ingol ef ei hun. Y mae naws ddirgel a theimladwy i'r ddrama; y mae'n Gymreig iawn o ran ei chefndir, ei disgrifiad o'r gymdeithas, a'r defnydd a wneir o'r iaith Gymraeg ac o ganu. Sylwodd G. Wilson Knight ei bod yn perthyn i draddodiad sydd yn mynd yn ôl i'r Oesoedd Canol. Troswyd y ddrama i'r Gymraeg gan John Ellis *Williams (1901–75) dan y teitl *Awel Gref* (1946).

WINDSOR, PENNY (1946–), bardd a aned yng ngorllewin Lloegr ac sydd wedi byw yn Abertawe er 1968. Fe'i haddysgwyd yn Athrofa Addysg Uwch Gorllewin Morgannwg a Choleg y Brifysgol, Abertawe. Gweithiodd fel athrawes a gweithiwr ieuenctid, ac i Gymdeithas Genedlaethol y Canolfannau Cynghori, a bu'n weithgar gyda'r mudiad merched ers blynyddoedd lawer. Yn fwy diweddar, daeth yn awdur llawn-amser, gan gyfuno hynny â thiwtora rhan-amser ar ferched a llenyddiaeth i Adran Addysg Barhaus Oedolion, Prifysgol Cymru, Abertawe. Cyhoeddwyd cerddi a storïau byrion Penny Windsor mewn blodeugerddi a detholiadau lawer a chyhoeddodd chwe chasgliad o farddoniaeth: *Heroines* (1984), *Running Wild* (1986), *Dangerous Women* (1987), *Like Oranges* (1989), *Crashing the Moon* (1994) a *Curses and Dances* (1996). Ymddangosodd *Out of Sight: a study of young women's lives on a Swansea estate* yn 1984. Er bod ei cherddi'n aml yn seiliedig ar brofiad sy'n arbennig o berthnasol i ferched, y mae iddynt gyffyrddiad ysgafn ac eironi sy'n eu gwneud yn ddeniadol i gynulleidfa ehangach. Yn ogystal â'i gwaith cyhoeddedig, bydd Penny Windsor hefyd yn perfformio cerddi a bu'n rhan o grŵp *jazz* a barddoniaeth dwy-fenyw o'r enw The Old Pros. Ceir detholiad o'i cherddi yn y flodeugerdd *The Bright Field* (gol. Meic *Stephens, 1991)

Winni Ffinni Hadog, gweler o dan TE YN Y GRUG (1959).

Winter in the Hills, A (1970), nofel gan yr awdur o Sais, John Wain (1925–94). Y mae'r cymeriad canolog, ieithegydd o'r enw Roger Furnivall, yn darganfod bod ym Mhrifysgol Uppsala Adran Gelteg, ac yn penderfynu dysgu Cymraeg gan obeithio cael swydd darlithydd yno. Y mae ei gymhellion yn rhai rhywiol yn ogystal â phroffesiynol, gan ei fod yn hoff o 'ferched tal, golau gyda dannedd perffaith ac yn gwybod bod llawer o'r rheini yn Uppsala'. Y mae gaeaf ym mryniau gogleddorllewin Cymru yn drysu hyn o uchelgais, gan ei fod yn cymysgu â'r gymuned leol yn Llancrwys a Chaerfenai ac yn syrthio mewn cariad â Rhiannon Jones, merch leol hardd ond du ei gwallt. Y mae'r darlun o Gymru ac o'r Cymry a gyflwynir yn y nofel hon yn gydymdeimladol ond yn ysgafn ddychanol, ac yn codi cwestiynau difrifol am werthoedd personol a chymunedol. Ymysg nifer o olygfeydd doniol un o'r rhai mwyaf cofiadwy yw'r Gynhadledd o Feirdd Celtaidd.

Withered Root, The (1927), nofel gyntaf Rhys *Davies. Fel Evan *Roberts, arweinydd Diwygiad 1905, y mae Reuben Daniels, arwr y nofel, yn löwr ifanc, golygus. Gedy ei waith yn y pwll glo, ymuna â sect ddiwygiadol y Corinthiaid, a theithia hyd a lled Cymru yn pregethu mewn oedfaon emosiynol. Yn y diwedd, fodd bynnag, dychwel i gartref ei fam, wedi colli ei iechyd a'i ffydd ac yno y mae'n marw a'r gwrthdaro rhwng yr ysbryd, y meddwl a'r cnawd wedi ei lwyr ddinistrio.

Wladfa, Y, gweler o dan PATAGONIA.

Wogan, Thomas (*fl.* 1648–69), cyrnol a theyrnladdwr, trydydd mab John Wogan o Gas-wis, Penfro, a gynrychiolodd y sir ym mhob Senedd o 1614 hyd ei farw yn 1644; yr oedd yn un o ddau 'dad' yr achos Seneddol yn ystod y *Rhyfel Cartref Cyntaf yng ngorllewin Cymru. Yn wahanol i'w frodyr ni wasanaethodd Thomas yn sir Benfro yn ystod y Rhyfel Cartref Cyntaf, ond yn 1648 gorchmynnodd Cromwell iddo ddod i Gymru ac enillodd gymeradwyaeth arbennig gan y Cyrnol Horton ym mrwydr Sain Ffagan, lle y daliwyd un o'i frodyr a ymladdai dros yr ochr arall. Bu Thomas Wogan yn Aelod Seneddol dros Aberteifi o 1646 ymlaen ac eisteddodd wedyn yn y Senedd Rwmp a ailalwyd yn 1659. Yr oedd yn un o'r barnwyr yn achos Siarl I yn Ionawr 1649, ac yn un o'r pum Cymro a arwyddodd warant marwolaeth y Brenin. Fe'i rhoddwyd ar brawf yn ei absenoldeb ar ôl yr Adferiad ac nid oedd seintwar iddo dan y Ddeddf Angof; yna ildiodd yn 1664 a charcharwyd ef yn Nhŵr Llundain. Llwyddodd i ddianc fis yn ddiweddarach a gwyddys ei fod yn Utrecht yn 1666 ac yr oedd yn dal yn fyw dair blynedd yn ddiweddarach.

Women of Mumbles Head, The, gweler ACE, MAGGIE (g. 1854) a JESSIE (g. 1861).

Woodiaid, Y, prif deulu'r sipsiwn Cymreig. Ei sylfaenydd oedd Abram Wood (1699?–1799) a fudodd o Loegr i Gymru gyda'i wraig Sarah yn y ddeunawfed ganrif. Cyfeirir ato gan Dwm o'r Nant (Thomas *Edwards) yn ei anterliwt *Pleser a Gofid* (1787). Ohono ef y disgynnodd 'Teulu Abram Wood', enw a ddefnyddiwyd am y Sipsiwn yn gyffredinol wedyn. Ymhlith y tylwyth niferus hwn ceid cymeriadau lliwgar fel Ellen Ddu, Alabaina, Sylvaina a Saiforella, oll yn enwog am eu dawn i swyno a dweud ffortiwn. Yr oedd dawn gerddorol gan lawer o'r teulu a chyfrifir bod dros ugain o ddisgynyddion Abram Wood yn rhengoedd telynorion Cymru. Yn eu plith yr oedd John Wood Jones (1800–44), telynor a gyflogid gan Arglwyddes Llanofer (Augusta Waddington *Hall), Jeremiah Wood (*c.*1778– 1867), telynor Plas *Gogerddan, Cer., a John Roberts, 'Telynor Cymru' (1816–94), mab i wyres i Abram Wood. Dywedir bod gan Ellen Ddu tua thrichant o chwedlau gwerin ar ei chof a chofnodwyd llawer ohonynt oddi ar lafar ei hŵyr Mathew a'u cyhoeddi gan John Sampson a Dora Yeats. Ysgrifennodd Sampson hefyd ramadeg o'r iaith Romani fel y lleferid hi gan yr Woodiaid, ac yn hwn cynhwysodd liaws o enghreifftiau o'u dywediadau traddodiadol.

Ceir manylion pellach yn Eldra Jarman ac A. O. H. Jarman, *Y Sipsiwn Cymreig* (1979) a *The Welsh Gypsies* (1991); gweler hefyd John Sampson (gol.), *Gypsy Folk Tales* (1933).

Worthines of Wales, The (1587), drama-foes dopograffig fydryddol gan y bardd o Sais Thomas Churchyard (1520?–1604), brodor o Amwythig; bu'n filwr am ddeugain mlynedd. Cafodd ei ddadrithio gan gymdeithas ei ddydd a gwelai Gymru fel 'gwladwriaeth gadarn', yn meddu'r gwerthoedd pendant a anwylir ganddo, sef teyrngarwch i'r Frenhines, cytgord, cwrteisi, lletygarwch ac ufudd-dod i'r gyfraith. Honna'r gerdd iddo deithio i sir Fynwy a sir Frycheiniog, yn ôl i Lwydlo ac Amwythig, yna i sir Ddinbych a sir y Fflint; seilir ei stori mewn gwirionedd ar nodiadau a wnaeth ar lawer o deithiau. Y mae'n llawn sylwadaeth fanwl ac ymwybyddiaeth o wychder a symlrwydd bywyd cefngwlad, a'r mynyddoedd yn gwarchod moesau, ac yma a thraw ceir trafodaethau ar hynafiaethau *Arthuraidd. Myn Churchyard fod sir Amwythig unwaith yn rhan o Gymru.

Ceir manylion pellach mewn erthygl gan Barbara Dennis yn *The Anglo-Welsh Review* (cyf. XVIII, rhif. 42, 1975).

Writers of Wales, cyfres o fonograffau ar fywyd a gwaith yr awduron Cymraeg ac Eingl-Gymreig pwysicaf, a ddechreuwyd yn 1970. Y mae eu diwyg yn ddeniadol ac fe'u cyhoeddir gan Wasg *Prifysgol Cymru gyda chymorth ariannol *Cyngor Celfyddydau Cymru; fe'u golygir gan Meic *Stephens ac R. Brinley *Jones. Yn ogystal ag ysgrifennu ar lenorion unigol, cynhwysir hefyd astudiaethau o'r *Cynfeirdd, y *Gogynfeirdd a

*Pedair Cainc y Mabinogi, awduron Lladin y *Dadeni a'r *Bardd Gwlad. Cyhoeddwyd cyfanswm o chwech a phedwar ugain o deitlau (1997) a chomisiynwyd sawl teitl pellach. Y mae'n gyfres unigryw sy'n cyflwyno rhagarweiniad i lenyddiaeth Cymru drwy gyfrwng y Saesneg, a'r gyfres hiraf yn hanes cyhoeddi yng Nghymru.

Wrnach, cawr a enwir yn chwedl *Culhwch ac Olwen. Sicrhau ei gleddyf i'w ddefnyddio i ladd y *Twrch Trwyth yw un o'r *anoethau a nodir gan Ysbaddaden Bencawr ar Gulhwch cyn y caiff ei ferch Olwen yn wraig. Cyflawnir y gamp gan *Gai, a thyr ef ben Wrnach â'r cleddyf. Awgrymir bod a fynno'r hanes yn wreiddiol â rhagor na'r weithred seml o sicrhau'r cleddyf, a'i fod yn adlewyrchu hen draddodiad mythol-egol am ymgyrch gan arwr yn erbyn Brenin *Annwn.

Wroth, William (1576?–1641), un o arweinyddion y Piwritaniaid, a aned ger Y Fenni, Myn., ac a addysgwyd yn Rhydychen; dychwelodd i fywoliaeth Llanfaches yn ei sir enedigol. Ymhlith y rhai a ddaeth o dan ei ddylanwad gellir enwi Walter *Cradock a William *Erbery. Sefydlwyd y tŷ cynnull cyntaf yng Nghymru yn Llanfaches yn 1639 o dan arweiniad Wroth. Ar y dechrau yr oedd bron yr un nifer o Annibynwyr (*Annibyniaeth) ag o *Fedyddwyr, ond datblygodd yn ddiweddarach yn achos Annibynnol. Diogelwyd rhai darnau o farddoniaeth Wroth, yn eu plith dau driban, a gyhoeddwyd gan R. Geraint *Gruffydd yn y gyfrol In that Gentile Country . . . (1976).

Wyddfa, Yr, gweler o dan ERYRI a RHITA GAWR.

Wyn, teulu, gweler o dan MELAI.

WYN, IEUAN (1949–), bardd, brodor o Fethesda, Caern., ac awdur Llanw a Thrai (1989). Enillodd *Gadair yr *Eisteddfod Genedlaethol yn 1987, ac ystyrir ef yn gynganeddwr o safon uchel.

Wynn, teulu Gwydir, Caern., a honnai eu bod yn disgyn o *Owain Gwynedd. Yn gynnar yn y bedwaredd ganrif ar ddeg priododd Dafydd ap Gruffudd o Nantconwy, Efa, aeres Gruffudd Fychan, perchennog tiroedd yn *Eifionydd. Ymhlith eu disgynyddion, a oedd yn griw cwerylgar, yn awchio am dir, yr oedd Maredudd ab Ieuan, o'r Gesail Gyfarch yn Eifionydd, a brynodd ystad Gwydir yn nyffryn Conwy tuag 1500. Adeiladwyd y tŷ gan ei fab, John Wyn ap Maredudd (fl. 1559), ac ef oedd un o'r rhai a fu'n gyfrifol am ddarostwng *Gwylliaid Cochion Mawddwy. Mab John Wyn ap Maredudd, Morus neu Maurice (m. 1580), oedd y cyntaf i ddefnyddio'r cyfenw Wynn, ac fel ei dad bu'n cynrychioli sir Gaernarfon yn y Senedd.
    Mab Morus oedd Syr John Wynn (1553–1627), enghraifft ragorol o'r uchelwyr aflonydd, cribddeilgar,

cynhennus a oedd yn bod yng Nghymru yn y cyfnod modern cynnar. Fe'i haddysgwyd yng Ngholeg yr Holl Eneidiau, Rhydychen, a'r Deml Fewnol ac am bron hanner canrif yr oedd yn amlycach na neb yng ngwleidyddiaeth sir Gaernarfon. Cymerodd ran mewn llawer o anturiaethau masnachol er mwyn datblygu ei ystadau. Yr oedd yn ysgolhaig ac yn noddwr beirdd a chanddo'r cariad at harddwch sydd yn nodwedd o wŷr y *Dadeni. Er mwyn pwysleisio arbenigrwydd ei linach ysgrifennodd History of the Gwydir Family (1770), ac ynddo dywed 'a great temporal blessing it is . . . to a man to find that he is well descended'. Bu hefyd yn llythyru â Dr. John *Davies, Mallwyd, ynglŷn â chyhoeddi geiriadur Lladin-Cymraeg Syr Thomas *Wiliems. Daeth yn farchog yn 1606 ac yn farwnig yn 1611.
    Richard (1588–1649), yr ail o ddeng mab Syr John, a'i dilynodd fel barwnig. Yr oedd Richard Wynn yn Drysorydd i'r Frenhines Henrietta Maria, ac ni bu ganddo ran yn y *Rhyfeloedd Cartref. Felly hefyd ei frawd Owen (1592–1660), y trydydd barwnig, ond carcharwyd ei fab ef, Richard (c.1625–74), am ei ran yn y gwrthryfel ar ran y Brenin yn 1659. Y barwnig nesaf oedd John (1628–1719), mab Henry, degfed mab y barwnig cyntaf. Ef oedd barwnig olaf Gwydir, oherwydd bu farw yn ddi-blant, ac aeth yr ystad yn eiddo i Mary, merch y pedwerydd barwnig. Priododd hi â'r Arglwydd Willoughby d'Eresby (1660–1723), a ddaeth wedyn yn Ddug Ancaster. Priododd eu hwyres, Priscilla (1761–1828), â Peter Burrell (1779–1820) a grewyd yn Farwn Gwydyr yn 1796, a dechreuodd gorwyr Priscilla, yr Arglwydd Willoughby d'Eresby (1830–1910), a grewyd yn Iarll Ancaster yn 1892, werthu'r ystad o tua deng mil ar hugain o aceri yn ystod yr 1890au. Gweler hefyd WILLIAMS WYNN.

Ceir manylion pellach yn John Ballinger (gol.), The History of the Gwydir family (1927), y Calendar of the Wynn papers 1515–1690 a gyhoeddwyd gan Lyfrgell Genedlaethol Cymru yn 1926, E. G. Jones, 'County Politics and Electioneering 1558–1625' yn Nhrafodion Cymdeithas Hanes Sir Gaernarfon (1939), W. O. Williams, Tudor Gwynedd (1958), J. K. Gruenfelder, 'The Wynns of Gwydir and Parliamentary Elections in Wales 1604–40' yn Cylchgrawn Hanes Cymru (cyf. IX, rhif. 2, 1978), a John Gwynfor Jones, 'Sir John Wynn of Gwydir and his tenants', yn yr un cylchgrawn (cyf. XI, rhif. 1, 1982) a History of the Gwydir Family and Memoirs (1990).

Wynne, teulu o Beniarth, Meir., disgynyddion Robert Wynn (m. 1670), Glyncywarch, Meir.; ei fab cyntaf ef, Owen Wynn, oedd hynafiad y teulu Ormsby-Gore, yn ddiweddarach yr Arglwyddi Harlech. Priododd pedwerydd mab Robert, William Wynne I (m. 1700), ag Elizabeth, aeres teulu Jones, Y Wern, Meir. Wedi hynny dilynodd y naill William Wynne ar ôl y llall am genedlaethau. Priododd William Wynne IV (1745–96) â Jane, aeres Lewis Owen, Peniarth. Yr oedd eu hwyr, William Watkin Edward Wynne (1801–80), yn enwog fel hynafiaethydd, achyddwr a hanesydd. Trwy ewyllys

Syr Robert Vaughan (m. 1859) o'r Hengwrt a *Nannau, daeth Wynne yn berchennog y llyfrgell ragorol a gasglwyd yn Hengwrt gan Robert *Vaughan (1592–1667). Bu Wynne yn llywydd y *Cambrian Archaeological Association a chyfrannodd nifer helaeth o erthyglau ar hanes a hynafiaethau Cymru i Archaeologia Cambrensis a chylchgronau eraill. Yr oedd yn frwd o blaid *Mudiad Rhydychen, a rhoddodd fywoliaeth Llanegryn i Griffith Arthur Jones (1827–1906) a ddaeth yn ddiweddarach yn arweinydd y Mudiad Uchel-eglwysig yng Nghaerdydd. Etholwyd ef yn Aelod Seneddol dros Feirionnydd yn 1852, ond yn etholiad 1859, pan wrthwynebwyd ef gan y Rhyddfrydwr David Williams o Gastell Deudraeth, daeth ei ddaliadau Ucheleglwysig yn bwnc llosg. Ond Wynne a enillodd gyda mwyafrif bychan. Cafodd nifer o'r rhai a bleidleisiodd i'r Rhyddfrydwr a'r rhai nad oeddynt wedi bwrw eu pleidlais o gwbl eu herlid gan y meistri tir Toriaidd. Etholwyd ei fab, William Wynne VII (1840–1909), yn Aelod Seneddol dros Feirionnydd yn 1865, ond yn 1868 tynnodd ef yn ôl ac felly etholwyd David Williams yn ddiwrthwynebiad, a dyna gychwyn goruchafiaeth y Rhyddfrydwyr yn y sir. Bu farw William Wynne VII yn ddi-blant; ef a werthodd lyfrgell Hengwrt-Peniarth i Syr John *Williams yn 1898. Gweler hefyd PENIARTH, LLAWYSGRIFAU.

Ceir manylion pellach yn W. W. E. Wynne, A History of the Parish of Llanegryn (1879) a G. Tibbot, 'W. W. E. Wynne of Peniarth' yng Nghylchgrawn Cymdeithas Hanes a Chofnodion Sir Feirionnydd (1952).

Wynne, Edith (1842–97), cantores, a aned yn Nhreffynnon, Ffl. Bu'n boblogaidd iawn fel unawdydd yn yr *Eisteddfod Genedlaethol a hi oedd y gantores gyntaf o Gymru i ennill bri yn yr Amerig; fe'i gelwid yno yn 'The Welsh Nightingale'.

WYNNE, ELLIS (1671–1734), llenor crefyddol a aned yn Y Lasynys, ffermdy sylweddol rhwng Talsarnau a Harlech, Meir., yn fab i Edward Wynne o deulu Glyncywarch (gweler o dan WYNNE, TEULU). Cafodd ei addysg yng Ngholeg Iesu, Rhydychen, ac efallai iddo ddod i gysylltiad ag Edward *Lhuyd yno. Fe'i hurddwyd yn offeiriad Anglicanaidd yn 1704 a rhoddwyd iddo reithoriaeth eglwysi Llanbedr a Llandanwg yn ei fro enedigol. Ond yn 1711 symudodd i Lanfair ac yno y bu am weddill ei oes. Fe'i cofir fel awdur *Gweledigaetheu y Bardd Cwsc (1703), gwaith a ysgrifennwyd o safbwynt Eglwyswr a Brenhinwr o Gymro, ond cyhoeddodd Wynne hefyd Rheol Buchedd Sanctaidd (1701), sef cyfieithiad o'r deunawfed argraffiad o The Rule and Exercises of Holy Living (1650) gan Jeremy Taylor, a llwyddodd ynddo i gyfleu mynegiant coeth y gwreiddiol. Golygodd Wynne hefyd argraffiad o'r Llyfr Gweddi Gyffredin (1710). Ar ôl ei farw cyhoeddodd ei fab Edward Prif Addysc y Cristion (1755) sy'n cynnwys 'Esboniad byrr ar y Catecism', rhai gweddiau, emynau a charolau duwiol o waith Ellis Wynne.

Ceir ymdriniaeth fanwl â gwaith Ellis Wynne yn Y Bardd Cwsc a'i Gefndir gan Gwyn Thomas (1971) a monograff gan yr un awdur yn y gyfres Writers of Wales (1984); gweler hefyd bennod gan D. Tecwyn Lloyd yn Y Traddodiad Rhyddiaith (gol. Geraint Bowen, 1970).

WYNNE, ROBERT OLIVER FRANCIS (1901–93), noddwr y theatr Gymraeg. Fe'i ganwyd yn Hampshire, a'i addysgu yn Sherborne, Coleg Clifton a Choleg Sant Ioan, Rhydychen. Wedi iddo symud i Gymru yn 1927 trodd at y ffydd Babyddol ac yn 1941 yr oedd yn un o sylfaenwyr Y Cylch Catholig, grŵp o Babyddion Cymreig. Daeth hefyd yn aelod o *Blaid Cymru a cheisiodd feistroli'r Gymraeg ac ymgyfarwyddo â'r traddodiad o nawdd gan uchelwyr yng Nghymru. Yn 1933 etifeddodd ystad *Garthewin, Llanfairtalhaearn, Dinb., gan ei ewythr Robert William Wynne (1857–1933), ac yn 1937 troes yr ysgubor o'r ddeunawfed ganrif ar yr ystad yn theatr a fu'n feithrinfa i gyfarwyddwyr, actorion a dramodwyr Cymreig hyd nes y caeodd yn 1969. Yn ystod y 1960au yr oedd yn gefnogwr brwd i *Gymdeithas yr Iaith Gymraeg ac i'r carfanau mwyaf cenedlaetholgar o fewn Plaid Cymru.

Yr oedd yn gyfaill agos ac yn noddwr i Saunders *Lewis, a chyfieithodd y rhan fwyaf o'i ddramâu i'r Saesneg, ond yr oedd arddull ei gyfieithiadau yn flodeuog a hynafol braidd, ac nis cyhoeddwyd erioed. Bu A Christmas Candle, ei gyfieithiad o *Amlyn ac Amig Saunders Lewis, yn boblogaidd iawn yn Iwerddon ac fe'i darlledwyd nifer o weithiau gan Radio Éireann. Cyhoeddodd gerddi, cyfieithiadau ac erthyglau mewn amryfal gyfnodolion, gan gynnwys Dock Leaves (The *Anglo-Welsh Review), *Wales, Efrydiau Catholig, Y *Ddraig Goch a The Welsh Nationalist, ac yn 1930 cyhoeddodd y gyfrol Poems yn breifat. Yn 1956 ymddangosodd ei erthygl ar hanes ac achau y teulu Wynne o Felai a Garthewin yn Nhrafodion Cymdeithas Hanesyddol Sir Ddinbych. Gwrthododd y Fatican ganiatâd iddo gyhoeddi ei gyfieithiad o emynau Ann *Griffiths gan ddadlau bod ei benillion yn rhy felysber. Cyhoeddodd The Crisis of Wales (1947), cyfieithiad o golofn 'Cwrs y Byd' Saunders Lewis o rifyn 2 Gorffennaf 1947 Y Faner, (*Baner ac Amserau Cymru) a llyfryn, Martyrs and Exiles (1955).

Am fanylion pellach gweler Frances Wynne, Eastward of All (1945) a The True Level (1947); gweler hefyd Hazel Walford Davies, Saunders Lewis a Theatr Garthewin (1995).

Wynnstay, gweler o dan WILLIAMS WYNN.

Wythnos yng Nghymru Fydd (1957), nofel wyddonias gan Islwyn Ffowc *Elis sy'n adrodd sut y trosglwyddir Ifan Powell i ddau ddyfodol posibl yn y flwyddyn 2033. Sonia'r rhan helaethaf o'r stori am drosglwyddo Ifan, o dan gyfarwyddyd Dr. Heinkel, gwyddonydd sydd yn hyddysg yn nirgelion amser-ofod y pedwerydd dimensiwn ac awgrymiaeth seicolegol, ac yna ei groesawu gan Dr. Llywarch, a phrofiadau Ifan wedi hynny.

Dyfodol llewyrchus a llawen i'r Cenedlaetholwr a Heddychwr o Gymro yw'r un cyntaf. Gorfoledda Ifan wrth weld a chlywed yr iaith Gymraeg ym mhobman a gwybod bod Cymru'n mwynhau hunanlywodraeth ac yn sefyll fel un o genhedloedd heddychlon y byd a bod Cristnogion Cymru o'r diwedd wedi eu huno. Plaid y Cydweithredwyr sy'n llywodraethu'r wlad, ond y mae gelynion i ryddid Cymru yn cynllwynio o hyd, a chipir Ifan gan grŵp a adwaenir fel y Crysau Porffor.

Llwydda i ddianc a dychwelyd i Gymru'r 1950au, ond fe'i denir yn ôl gan ei atgofion am ferch Dr. Llywarch a threfna i gael ei anfon i'r dyfodol unwaith eto. Ar ei ail ymweliad, gwlad hollol wahanol a wêl, Cymru sydd wedi colli ei hiaith a'i henw, sef talaith o'r enw *Western England*. Ceir golygfa gofiadwy pan eir ag Ifan, yn ystod ei ymweliad â'r Bala, i weld hen wraig ffwndrus sy'n siarad weithiau mewn iaith na all neb ei deall. Ceisia ei chael i adrodd gydag ef eiriau'r drydedd Salm ar hugain, ond y mae ei chof bron â phallu ac y mae'n mwmial yn Saesneg: sylweddola Ifan ei fod wedi gweld â'i lygaid ei hun dranc yr iaith Gymraeg. Er nad hon yw nofel orau'r awdur, oblegid amherir arni gan bropaganda, yr oedd ymhlith yr enghreifftiau cyntaf o ffuglen wyddonol yn y Gymraeg a gwnaeth Islwyn Ffowc Elis gyfraniad pwysig i'r *genre* yn ddiweddarach.

Trafodir y nofel gan Delyth George yn *Islwyn Ffowc Elis* yn y gyfres *Llên y Llenor* (1990), gan John Rowlands yn *Ysgrifau ar y Nofel* (1992) a chan Johan Schimanski yn ei erthygl 'Wythnos yng Nghymru Fydd – unwaith eto', yn *Taliesin* (cyf. LXXXVIII, 1994).

Y

Ychen Bannog, anifeiliaid mytholegol y cyfeirir atynt yn aml mewn chwedloniaeth Gymraeg. Yn chwedl *Culhwch ac Olwen, er enghraifft, enwir y ddau ych Nynniaw a Pheibiaw a'r gorchwyl a osodwyd ar Gulhwch oedd eu dwyn ynghyd er mwyn aredig y tir ar gyfer neithior Olwen. Yr oeddynt yn anferth ac yn hynod gryf; dywedir iddynt dynnu'r *Afanc o afon Conwy a llusgo carreg fawr i adeiladu eglwys Llanddewibrefi, Cer. Bu rhan o gorn a oedd, yn ôl y traddodiad, yn perthyn i un o'r ychen (corn yr *Urus* cyntefig, o bosibl), ar gadw am ganrifoedd yn eglwys Llanddewibrefi, ac y mae bellach yn *Amgueddfa Werin Cymru.

Yma o Hyd (1985), nofel gyntaf Angharad *Tomos. Y mae'r prif gymeriad, Blodeuwedd, yn ysgrifennu'r stori ar ffurf dyddiadur ar bapur tŷ bach mewn carchar yn Lloegr lle y mae'n treulio cyfnod yn sgîl troseddu yn enw *Cymdeithas yr Iaith Gymraeg. Y cyfnod yw misoedd olaf 1983, blwyddyn – yn eironig ddigon – pan ddathlai'r Cymry 'enedigaeth' y genedl Gymreig (yn OC 383 yr ymadawodd *Macsen Wledig â Chymru), ond adeg pan yw Blodeuwedd ei hun yn clywed cnul y Gymraeg. Yn groes i'r disgwyl, nid yw'n mynegi unrhyw wrth-Seisnigrwydd. Yn hytrach, teimla ar adegau ei bod yn brafiach yn y carchar hwn yn Lloegr nag yng ngharchar trosiadol y Gymru Thatcheraidd, y Gymru unoliaethol a ddewisodd Brydeindod yn refferendwm 1979, ac a groesawodd wobr gysur S4C yn dawelyddol ddof. Y mae ergyd y teitl yn ddaufiniog; y mae'n dwyn ar gof eiriau cân Dafydd *Iwan: 'er gwaethaf pawb a phopeth . . . 'rŷn ni yma o hyd'. Gall gyfleu'r llawenydd o ganfod gobaith ar glogwyn tymp, ac eto y mae ynddo hefyd dinc o syrffed o fod ar wely angau yn disgwyl yr anorfod. Mynegir chwerwder mawr yn y nofel, a dychenir y 'Cymry da' – yn llenorion, academwyr a chyfryngwyr sy'n pesgi ar gorn y Gymraeg, ac eto'n chwarae'r ffon ddwybig o fod yn Gymry a Phrydeinwyr parchus ar yr un pryd. Serch hynny, nid darlun monocrom a gyflwynir yn y nofel o bell ffordd. Oherwydd ei hunanddychan didrugaredd a'i hiwmor sardonig, y mae Blodeuwedd yn gymeriad cymhleth dros ben, ac y mae'i hymwybyddiaeth eironig yn ei rhwystro rhag sefyll ar focs sebon. Er bod y nofel yn gorffen ar nodyn apocalyptaidd, y mae yna ryw amwysedd penagored yn yr 'Yma – o hyd' terfynol.

Trafodir y nofel ym mhennod olaf M. Wynn Thomas, *Internal Difference* (1992), ac ym mhennod olaf John Rowlands, *Ysgrifau ar y Nofel* (1992). Trafodir hi hefyd yn M. Wynn Thomas, ' "Yma o Hyd" – Delwedd o Gymru', yn *Taliesin* (cyf. LXVII, 1989).

'Ymadawiad Arthur', awdl gan T. Gwynn *Jones a enillodd iddo *Gadair Eisteddfod Genedlaethol 1902. Adroddir fel y clwyfir *Arthur yn ddrwg ym mrwydr Camlan a'i adael yng ngofal *Bedwyr. Gorchmynna'r Brenin ef i fwrw ei gleddyf, *Caledfwlch, i lyn cyfagos a gwylio'r hyn sy'n digwydd a dychwelyd ato i adrodd yr hanes. Ddwywaith ystyria'r marchog guddio'r cleddyf cywrain gan gredu mai dyma unig arf amddiffyn y genedl, ond yn y diwedd, rhag digio Arthur, teifl y cleddyf i'r llyn a phan yw ar fin disgyn, gwêl law gadarn yn cydio yng ngharn y cleddyf a'i dynnu o'r golwg. Wedi adrodd yr hanes wrth Arthur gorchmynnir i Fedwyr gario'i Frenin at lan y llyn a daw llong i gyrchu Arthur i *Ynys Afallon. Gadewir Bedwyr yn drist ac unig i droi yn ôl i faes y gad.

Er bod T. Gwynn Jones yn ddyledus iawn i 'Le Morte D'Arthur' Tennyson (1842) am gynllun a rhediad y stori, y mae'r gerdd Gymraeg yn llawer rhagorach cerdd o ran ei saernïaeth. Yn y cyfnod hwnnw yr oedd coethder yr iaith a gloywder y mynegiant, sy'n nodweddu'r gerdd, yn chwyldroadol a cheir ynddi hefyd rai o ddarnau enwocaf yr iaith. Yr oedd yn drobwynt yng nghanu'r bardd ei hun a hefyd rhoddodd gyfeiriad grymusach i'r deffroad llenyddol ar droad y ganrif.

Cyhoeddwyd yr awdl yn y gyfrol *Ymadawiad Arthur a Chaniadau Eraill* (1926) a *Caniadau* (1934), ac y mae pob fersiwn ychydig yn wahanol i'r un a gyhoeddwyd yn 1902. Ceir ymdriniaeth feirniadol arni ym meirniadaeth John Morris-Jones (o dan y ffugenw Tir na n-Óg) yn *Y Cymro* (18 Medi, 1902) ac mewn erthygl gan R. A. Griffiths yn *Y Cymmrodor* (cyf. XVI, 1903), mewn erthygl gan D. Myrddin Lloyd yn *Yr Athro* (cyf. VII, 1934), yn nodiadau Thomas Parry yn *Y Llenor* (cyf. XXVIII, 1949) a'r erthygl gan Saunders Lewis yn *Y Traethodydd* (cyf. CXXVI, 1971).

Ymborth yr Enaid, rhan o'r gwaith crefyddol canoloesol, *Cysegrlan Fuchedd*, a oedd mewn tri llyfr ond nad erys bellach ond yr olaf ohonynt. Ceir y testun cynharaf yn *Llyfr Ancr Llanddewibrefi* (1346). Traethawd rhyddiaith ymarferol a chyfarwyddiadol ydyw ar y bywyd ysbrydol mewn tair rhan esgynnol lle yr anogir y darllenydd i osgoi'r Saith Pechod Marwol ac ymarfer â'r rhinweddau cyfatebol er mwyn cyfranogi mwyfwy yng nghariad Duw ac yn y pen draw fwynhau'r perlewygon a'r gweledigaethau a ddaw ohono. Cloir gyda disgrifiad o naw gradd yr angylion y cynhwysir dynion bucheddol gyda hwy yn y byd a ddaw. Ymddengys yn sicr mai gwaith gwreiddiol Cymro yw'r traethawd, nid cyfieithiad megis testunau rhyddiaith grefyddol eraill y cyfnod, na chlytwaith cymysgryw, a hyn yn bennaf sy'n rhoi iddo ei arbenigrwydd. Deellir mai Dominicaniad (*Brodyr Duon) ydoedd, a thebyg mai tua 1250 y cyfansoddodd y gwaith, a hynny o bosibl ar gyfer nofisiaid na wyddent Ladin. Amlwg hefyd, ar gorn y teithi llenyddol ac, yn enwedig, darnau o ganu caeth tra chelfydd, fod yr awdur yn feistr ar *Gerdd Dafod ei ddydd. Dengys allu mawr wrth lunio termau diwinyddol a chyfriniol, ond y rhan hynotaf ac enwocaf o'i waith yw ei ddisgrifiad maith, manwl a meistraidd, tebyg iawn ei arddull a'i eirfa i fannau o'r chwedlau brodorol, o weledigaeth a gafodd o Iesu yn ddeuddeg oed ac a ddefnyddir ganddo yn sylfaen i alluogi'r darllenydd i gael profiadau tebyg. Yn ddiwinyddol, traddodiadol iawn yw'r gwaith ac olion 'Pseudo-Dionysius' a Hugo o St. Victor yn neilltuol arno, ond dichon hefyd ei fod yn ddyledus mewn rhan i *Merure de Seinte Eglise* St. Edmwnd o Abingdon a ymddangosodd tua 1233. Dyma synthesis unigryw o ddysg frodorol ac eglwysig, dogfen dra pherthnasol i bwnc tarddiad, awduraeth ac amseriad rhyddiaith grefyddol a lleygol y cyfnod fel ei gilydd, a rhagflaenydd i ddiwinyddiaeth Gymraeg Brotestannaidd.

Gweler R. Iestyn Daniel, *Ymborth yr Enaid* (1995) ac Oliver Davies, ' "On Divine Love" from The Food of the Soul: A Celtic Mystical Paradigm?', yn *Mystics Quarterly* (cyf. XX, 1994).

Ymchwil am Ddial, thema gyffredin mewn llên gwerin. Cais yr awdur ddial am sarhad a wnaethpwyd i'w frenin neu ei dad, neu gwna hynny er mwyn cyflawni addewid. Yn *Pedair Cainc y Mabinogi* y mae Bendigeidfran (*Brân) yn ceisio dial ar *Fatholwch, Brenin Iwerddon, am y sarhad a wnaethpwyd ar ei chwaer, *Branwen. Y mae *Llwyd fab Cilcoed yn bwrw hud dros saith gantref *Dyfed er mwyn dial ei gyfaill Gwawl fab Clud oherwydd ei dwyllo gan *Bwyll ac y mae *Lleu yn dial ar ei briod *Blodeuwedd a Gronw Pebr am iddynt gynllwynio ei angau. Yr enghraifft glasurol o chwedl gyfan wedi ei seilio ar y thema hon yw un Peredur fab Efrog (gweler o dan TAIR RHAMANT) lle y cais yr arwr adfer y *Sofraniaeth a gollwyd ar farwolaeth ei dad.

'Ymddiddan Arthur a'r Eryr', cerdd ddramatig yn cynnwys rhyw hanner cant o englynion rhwng *Arthur a'i nai Eliwlad sydd wedi'i drawsffurfio yn rhith Eryr (megis *Lleu Llawgyffes). Y mae defnydd diwinyddol yr ymddiddan yn dangos bod ei awdur yn fynach neu'n feudwy, a chyfansoddodd y gerdd tua 1150 a chydymffurfia â natur ac arddull cerddi'r ymddiddanion cyfarch chwedlonol a oedd eisoes yn bod. Cerddi cyfarch ydynt rhwng dau siaradwr, un o'r ddau yn ddieithr i'r llall nes iddo ddatgelu ei enw cyn diwedd yr ymgom. Enghreifft-

iau eraill o ymddiddanion o'r fath yw'r sgyrsiau rhwng *Gwalchmai a Drystan (*Trystan), rhwng *Taliesin ac Ugnach, a rhwng *Gwenhwyfar a Melwas. *Englynion milwr o'r hen ganiad yw mesur y cerddi hyn, ac y mae agweddau mydryddol ac ieithegol cyffredin yn perthyn iddynt oll sy'n dangos iddynt gael eu cyfansoddi cyn 1100. Y tebyg yw i'w cyd-destun chwedlonol gael ei esbonio gan ddarnau o ryddiaith a aeth ar goll. Lleolir yr ymddiddan hwn yng Nghernyw, a Brenin Arthur hanner-paganaidd a brotreedir yn y gerdd, ac y mae'n debycach o lawer i Arthur chwedl *Culhwch ac Olwen nag i'r ymherodr Arthur a bortreedir gan *Sieffre o Fynwy yn ei *Historia Regum Britanniae*. Wedi i Arthur ddarganfod mai ei nai Eliwlad yw'r Eryr, gofyn iddo a fyddai'n bosibl drwy ymosod neu ryfel ei ryddhau o'r gaethiwed hud yn rhith eryr. Ond etyb yr Eryr, ar ôl rhoi iddo lawer o gyngor ysbrydol, fod marwolaeth yn dynged i bob dyn meidrol, ac na thycia gwrthwynebu trefn Duw.

Golygir y gerdd gan Ifor Williams yn *Mwletin* Bwrdd Gwybodau Celtaidd (cyf. II, 1925); gweler hefyd y drafodaeth gan T. Gwynn Jones yn *Aberystwyth Studies* (cyf. VIII, 1926), a golygiad ac astudiaeth gan Marged Haycock yn *Blodeugerdd Barddas o Ganu Crefyddol Cynnar* (1994). Cyfeirir at Eliwlad yn Rachel Bromwich, *Trioedd Ynys Prydein* (3ydd arg., 1998) ac ymdrinnir â'r term 'ymddiddan' mewn erthygl gan Brynley F. Roberts yn *Astudiaethau ar yr Hengerdd* (gol. Rachel Bromwich ac R. Brinley Jones, 1978).

'Ymddiddan Llywelyn a Gwrnerth', cyfres o englynion o'r hen ganiad sy'n digwydd yn *Llyfr Coch Hergest*. Yn y rhan gyntaf cyferchir Llywelyn gan Gwrnerth, ac etyb ef ei fod ar fin marw a chrefa am gymun. Yna yn yr ail ran Gwrnerth sy'n cyfarch, ond nid yw Llywelyn yn ei adnabod. Credir bod darn o ryddiaith eglurhaol yn wreiddiol rhwng y ddwy ran.

'Ymddiddan Myrddin a Thaliesin', cerdd yn *Llyfr Du Caerfyrddin* sy'n dwyn ynghyd y proffwyd *Myrddin a'r bardd goruwchnaturiol *Taliesin er rhoi eu gwybodaeth hynafol at ei gilydd. Prif ddiddordeb hynafiaethol y gerdd yw ei bod yn cofnodi manylion ynglŷn â brwydrau cynnar a'u hymladdwyr, yn enwedig wrth ymdrin â brwydr dyngedfennol Arfderydd ac ymosodiad *Maelgwn Gwynedd ar Ddyfed. Amserir y gerdd yn ail hanner yr unfed ganrif ar ddeg. Y mae'n debygol ei bod wedi ysbrydoli deialog rhwng *Tegesinus* a *Merlinus* yn *Vita Merlini* *Sieffre o Fynwy, er bod testunau'r ymddiddan hwnnw yn dra gwahanol.

Golygwyd y testun gan A. O. H. Jarman (1951).

'Ymddiddan y Corff a'r Enaid ', gweler DADL Y CORFF A'R ENAID.

Ymddiriedolaeth Gymreig, Yr, neu **The Welsh Trust**, cronfa a sefydlwyd yn 1674 gan y Sais Thomas Gouge (1605?–81), diwinydd Ymneilltuol a dyngarwr, er mwyn darparu ysgolion elfennol yng Nghymru i ddysgu darllen ac ysgrifennu Saesneg i blant. Mewn cydweithrediad â Stephen *Hughes a Charles *Edwards llafuriodd Gouge hefyd i ddarparu llyfrau diwinyddol i oedolion yn Gymraeg, ac yn 1677 cyhoeddasant argraffiad newydd o'r Beibl. Wedi marw'r sylfaenydd, caewyd yr ysgolion (tua thri chant ohonynt) a darfu'r Ymddiriedolaeth ond aeth y gwaith o ddosbarthu llyfrau rhagddo. Defnyddiwyd yr arian a oedd yn weddill yn y gronfa i sefydlu ysgolion rhad yn Llundain a daeth hyn yn batrwm er addysgu'r tlodion yn y ddeunawfed ganrif, gydag esiampl yr Ymddiriedolaeth yn hwyluso ffordd i'w dilynydd mwy effeithiol, y *Gymdeithas er Taenu Gwybodaeth Gristnogol.

Ymddiriedolaeth Taliesin, elusen gofrestredig sy'n gweithio i hyrwyddo ac annog ysgrifennu yn y Gymraeg a'r Saesneg ac i hybu gwerthfawrogiad o lenyddiaeth. Er mwyn gwireddu'r amcanion hyn sefydlodd yr Ymddiriedolaeth yn 1989 ganolfan breswyl i lenorion yn Nhŷ Newydd, Llanystumdwy, Caern., tŷ a fu'n gartref i David *Lloyd George. Er nad oedd y syniad o ganolfan breswyl i awduron yng Nghymru yn gwbl newydd, sbardunwyd yr Ymddiriedolaeth gan brofiad y ddwy Ganolfan Arvon i Awduron yn Lloegr. Yr oedd nifer o lenorion o Gymru wedi cymryd rhan yn rhaglen Arvon fel tiwtoriaid neu ddarllenwyr gwadd, a gwelodd Gillian *Clarke, a oedd ar y pryd yn Gadeirydd yr *Academi Gymreig, y cyfleoedd y gallai cynllun o'r fath eu cynnig i Gymru. Er y gallesid bod wedi sefydlu cangen o Gynllun Arvon yng Nghymru, y teimlad oedd y byddai sefydliad Cymreig annibynnol yn well, ac aeth hi, ynghyd â Meic *Stephens, Cyfarwyddwr Llenyddiaeth *Cyngor Celfyddydau Cymru ar y pryd, ati i godi nawdd ariannol a dod o hyd i adeilad addas. Erbyn 1989 yr oedd Tŷ Newydd wedi ei ddewis a'r cyhoeddusrwydd cychwynnol ar y gweill; agorodd y ganolfan ei drysau i'r cyrsiau cyntaf i lenorion yn 1990. Y mae Ymddiriedolaeth Taliesin yn darparu amrywiaeth o gyrsiau yn Nhŷ Newydd. Yr uned sylfaenol yw gweithdy preswyl pedwar diwrnod a hanner gyda dau diwtor, darllenydd gwadd a hyd at un ar bymtheg o aelodau; trefnir oddeutu ugain o gyrsiau cyhoeddus o flwyddyn yn Saesneg, ar bynciau o amrywio o farddoniaeth i lenyddiaeth teithio ac ysgrifennu ar gyfer y llwyfan. Ceir rhaglen debyg yn Gymraeg, ynghyd â nifer o gyrsiau arbennig i ysgolion, colegau a grwpiau o awduron, cyrsiau penwythnos a chyfleoedd i lenorion ymgilio. Ceir cyrsiau ar gyfer pob lefel o fedr, o ddechreuwyr i lenorion profiadol. Er mai canolfan Gymreig yw Tŷ Newydd, ffocws yw hynny, ym marn yr Ymddiriedolaeth, yn hytrach na chyfyngiad, a daw tiwtoriaid a myfyrwyr yno o wledydd eraill Prydain.

Ceir manylion am ddyddiau cynnar Tŷ Newydd gan Sally Baker, ei weinyddwraig, yn Menna Elfyn (gol.), *Trying the Line* (1997).

Ymfudo o Gymru. Y mae i hanes y Cymry, fel pobloedd eraill Ewrop, ddimensiwn rhyngwladol. Cymharol ansylweddol fu ymfudo'r Cymry o gymharu â rhai o genhedloedd eraill Ewrop, ac ni fu'r ymfudo i wledydd tramor erioed mor dorfol â'r mudo i Loegr, yn arbennig i Lundain (*Cymry Lundain) a Lerpwl (*Cymry Lerpwl). Serch hynny, bu ymfudwyr o Gymru yn rhyfeddol o amrywiol o ran tarddiad daearyddol, cymdeithasol a galwedigaethol, eu rhesymau dros ymfudo a'r cyrchfannau a ddewiswyd ganddynt. Lle bynnag y bu iddynt ymgartrefu mewn niferoedd sylweddol, anaml y dangoswyd gelyniaeth tuag atynt ac fel rheol daethpwyd i'w cydnabod yn grŵp bychan, ond gwahanol a dylanwadol yn lleol.

Bu pobl yn ymfudo o Gymru ers canrifoedd ac y mae nifer sylweddol yn dal i wneud hynny bob blwyddyn. Prin yw'r ardaloedd yng Nghymru nas effeithiwyd arnynt gan ymfudo, er i rai, fel Ceredigion, Maldwyn a'r de diwydiannol, golli mwy o bobl nag eraill. Yn ôl traddodiad poblogaidd, ychydig iawn o deuluoedd yng Nghymru sydd heb fod â chysylltiad â rhywun mewn gwlad dramor, ond yn niffyg cofnodion ystadegol dibynadwy, anodd yw mesur nifer yr ymfudwyr. Yn y bedwaredd ganrif ar bymtheg, er enghraifft, ni chadwyd cofnodion ar wahân o'r ymfudo o Gymru gan lywodraeth Prydain ac, yn y gwledydd a dderbyniai'r ymfudwyr, cafodd llawer o'r Cymry eu gosod yn yr un dosbarth â'r Saeson. Awgryma'r cofnodion swyddogol fod oddeutu 100,000 o bobl a aned yng Nghymru yn byw yn UDA ar ddiwedd y ganrif ddiwethaf, tua 13,500 yng Nghanada a 13,000 yn Awstralia.

Diau mai ystyriaethau economaidd a ddylanwadai fwyaf ar ymfudwyr o Gymru yn y bedwaredd ganrif ar bymtheg; yn aml ceid cyfuniad o amodau caled gartref ac atyniad tir neu gyflogau uwch dramor. Bu rhesymau eraill yn arwyddocaol hefyd ar wahanol adegau. Ffoi rhag erlid crefyddol yr oedd y *Bedyddwyr, y *Crynwyr a'r Anglicaniaid o ganolbarth a gorllewin Cymru a ymgartrefodd yn *'Rhandir Cymreig' William Penn yn ardal Philadelphia yn niwedd yr ail ganrif ar bymtheg. Y mae Cymry hefyd wedi ymfudo am resymau gwleidyddol, diwylliannol a'r hyn y gellid ei alw'n genedlgarwch. Enghreifftiau nodedig o hyn yw'r amryfal ymdrechion i sefydlu Cymru newydd yn Nhrefedigaethau America yn ogystal â'r Wladfa fwy parhaol ym *Mhatagonia.

Gogledd America, ac yn arbennig y rhan a ddaeth yn UDA, fu'r gyrchfan fwyaf poblogaidd i ymfudwyr o Gymru. Symudodd nifer sylweddol yno yn ystod rhan olaf yr ail ganrif ar bymtheg a rhwng tua 1790 ac 1930 llifodd ffrwd ddi-dor bron o Gymry i ymgartrefu yno. Er y daeth dirwasgiad byd-eang y 1930au â'r cyfnod o ymfudo torfol o Gymru i UDA, a mannau eraill, i ben, sbardunodd diwedd yr Ail Ryfel Byd ragor o ymfudo.

At ei gilydd, tan flynyddoedd canol y bedwaredd ganrif ar bymtheg, gweithwyr amaethyddol oedd yr ymfudwyr i UDA a ymgartrefodd yn ardaloedd ffermio Efrog Newydd, Pennsylvania ac Ohio, ac yn ddiweddarach yn nhaleithiau'r gorllewinol canol, yn arbennig Wisconsin. Yn ail hanner y ganrif, gweithwyr diwydiannol a'u teuluoedd oedd y garfan fwyaf o ymfudwyr, a ymgartrefodd o'r 1820au ymlaen mewn niferoedd cynyddol yn y dinasoedd mawrion a'r rhanbarthau diwydiannol, yn arbennig rai Pennsylvania ac Ohio. Câi glowyr a gweithwyr haearn, dur a thunplat o dde Cymru, ynghyd â chwarelwyr o ogledd Cymru, eu denu gan y cyflogau uwch a enillai eu medrau iddynt. Mentrodd cynrychiolwyr amrywiaeth eang o grefftau, proffesiynau a galwedigaethau eraill hefyd i chwilio am fywyd gwell yn UDA, ac mewn gwledydd eraill. Nid ymfudodd cymaint o fenywod ag o ddynion, ond yr oedd eu niferoedd hwythau hefyd yn sylweddol, yn y bedwaredd ganrif ar bymtheg, yn forynion, gwniadwragedd, gweithwyr amaethyddol, gwragedd tŷ a mamau.

O ddegawdau canol y ganrif ddiwethaf ymlaen, dechreuodd niferoedd llai o Gymry ymgartrefu yng Nghanada, Awstralia ac, i raddau llai, De Affrica. Erbyn 1900 yr oedd mwy o Gymry yn ymfudo i'r gwahanol Drefedigaethau Prydeinig nag i UDA. Ymfudodd bron 10,000 i Ganada rhwng 1900 ac 1914. Yn achos Awstralia, denwyd niferoedd sylweddol yn gyntaf i ardaloedd mwyndoddi copr De Awstralia yng nghanol y 1840au ac, yn bwysicach, i New South Wales ac yn arbennig i Victoria ar ôl darganfod aur yno yn 1851. Y cyrchfannau mwyaf cyffredin i ymfudwyr diweddarach oedd yr ardaloedd glofaol o gwmpas Newcastle, New South Wales, a dinasoedd mawrion megis Melbourne a Sydney. Fel yn achos Canada, y dinasoedd a fu canolbwynt yr ymfudo o Gymru ar ôl 1945.

Dewisodd y rhan fwyaf o ymfudwyr ail-greu i ryw raddau y ffordd o fyw, parchus neu lai parchus, a fu ganddynt yng Nghymru. Bu crefydd *Anghydffurfiol, *eisteddfodau a chymdeithasau corawl yn amlwg yn y rhan fwyaf o gymunedau'r ymfudwyr o Gymru, ac yn gymorth i hwyluso'r ymaddasu i amgylcheddau newydd. Yn y bedwaredd ganrif ar bymtheg, daeth cymunedau Cymreig mwy, fel Scranton ac Utica yn UDA, yn amlwg fel canolbwyntiau bywyd diwylliannol y Cymry. I raddau helaeth, canlyniad i ymdrechion ymfudwyr y genhedlaeth gyntaf fu'r blodeuo hwn ar ddiwylliant Cymraeg, er nad yn ddieithriad. At ei gilydd, ni fu i'r Cymry wrthsefyll cymathiad a ddigwyddai yn lled ddi-boen, er bod cyflymdra'r proses hwnnw'n amrywio'n sylweddol yn ôl yr amodau lleol. Ymhen amser, darfyddai'r defnydd o'r Gymraeg, caeai eglwysi a deuai eisteddfodau'n bethau prin.

Serch hynny, y mae llawer o aelodau cenedlaethol diweddarach wedi dewis cadw rhai o allanolion Cymreictod ac mewn blynyddoedd mwy diweddar bu diddordeb newydd yn yr etifeddiaeth Gymreig. Yn UDA, er enghraifft, y mae *Cymanfa Ganu flynyddol

Gogledd America yn denu miloedd i'w hamryfal ddigwyddiadau diwylliannol ac yma, fel mewn digwyddiadau tebyg mewn rhannau eraill o'r byd, bydd Cymry'r bedwaredd a'r bumed genhedlaeth yn cymryd rhan ochr yn ochr ag ymfudwyr mwy diweddar. Cynhelir seremoni arbennig hefyd i'r Cymry alltud bob blwyddyn yn *Eisteddfod Genedlaethol Cymru.

Er gwaethaf eu niferoedd bychain, y mae'r Cymry dramor wedi llwyddo i gynhyrchu corff mawr o lyfrau, cyfnodolion a chylchgronau. Cymry yn America yn y bedwaredd ganrif ar bymtheg a dechrau'r ugeinfed ganrif a fu'n gyfrifol am y rhan fwyaf ohono, er i'r llyfr Cymraeg cyntaf i gael ei gyhoeddi dramor, *Annerch i'r Cymry* Ellis Pugh, ymddangos yn Philadelphia yn 1721. Fel y gwaith arloesol hwn, llyfrau crefyddol fu'r mwyafrif. Ychydig o bapurau newydd a chyfnodolion y ganrif ddiwethaf a oroesodd am gyfnod hir, ond y mae'r *Cambrian* (Utica, Efrog Newydd, 1880–1920) a'r *Druid* (Scranton a Pittsburgh, 1907–30) Saesneg eu hiaith, a chylchgronau enwadol Cymraeg fel *Y Cyfaill o'r Hen Wlad* ac *Y Cenhadwr Americanaidd* yn eithriadau. Yn Victoria yn y 1860au a'r 1870au cyhoeddwyd *Yr Ymwelydd* a'r *Awstralydd*, yn Ballarat ac yn ddiweddarach yn Melbourne. Y fenter gyhoeddi fwyaf nodedig o lwyddiannus gan Gymry oddi cartref heb os nac oni bai fu papur newydd *Y *Drych* yng Ngogledd America, a sefydlwyd yn 1851 ac sy'n dal i gael ei gyhoeddi heddiw, er mai Saesneg yw ei gynnwys bellach. Yn ystod yr ugain mlynedd diwethaf cyhoeddwyd *Ninnau* hefyd yng Ngogledd America. Y mae papurau newydd eraill sy'n gwasanaethu'r Cymry dros y môr yn cynnwys y *Welsh-Australian* ac *Yr Enfys*, cylchgrawn *Undeb y Cymry a'r Byd.

Prin yw'r llenorion alltud creadigol yn Gymraeg a enillodd gydnabyddiaeth feirniadol. Y mae'n debyg mai'r gweithiau gorau a mwyaf adnabyddus yw'r ddau adroddiad ffeithiol sy'n ymdrin â phrofiadau Cymry yn Awstralia ar ddiwedd y bedwaredd ganrif ar bymtheg, *A Wandering Scholar: the Life and Opinions of Robert *Roberts* (Y Sgolor Mawr) a Joseph Jenkins (1818–95), *The Diary of a Welsh Swagman, 1869–1894* (gol. William Evans, 1975).

Am fanylion pellach gweler Muriel Chamberlain (gol.), *The Welsh in Canada* (1986), Alan Conway, '*Welsh Emigration to the United States*', yn D. Fleming a B. Bailyn (gol.), *Dislocation and Emigration: The Social Background of American Immigration*, *Perspectives in American History* (cyf. VII, 1974), Hywel M. Davies, *Transatlantic Brethren* (1995), A. H. Dodd, *The Character of Early Welsh Emigration to the United States* (1953), Hywel Teifi Edwards, *Eisteddfod Ffair y Byd, Chicago, 1893* (1990), William D. Jones, *Wales in America, Scranton and the Welsh, 1860–1920* (1993), Anne Knowles, '*Calvinists Incorporated': Welsh Immigrants in Ohio's Industrial Frontier* (1996), Lewis Lloyd, *Australians from Wales* (1988), Gwyn A. Williams, *The Search for Beulah Land* (1980) a Myfi Williams, *Cymry Awstralia* (1983).

Ymgyrch Senedd i Gymru, a ddechreuwyd yn 1951 ar sail ryngbleidiol o dan gadeiryddiaeth Megan Lloyd

George, Aelod Seneddol Rhyddfrydol Môn. Cyflwyn-wyd deiseb, a lofnodwyd gan tua chwarter miliwn o bobl, oll yn datgan eu bod o blaid Senedd ddeddfwr-iaethol etholedig i Gymru, yn San Steffan chwe blynedd yn ddiweddarach gan Goronwy Roberts, yr Aelod Seneddol Llafur dros Gaernarfon. Cyflwynwyd mesur yn Nhŷ'r Cyffredin ym Mawrth 1955 gan S. O. Davies (1883–1972), Aelod Seneddol Llafur Merthyr Tudful, ar gyfer sefydlu Senedd o'r fath. Y rheswm pennaf i'r ymgais fethu oedd mai chwech yn unig o'r un ar bymtheg ar hugain o Aelodau Seneddol a gynrychiolai etholaethau yng Nghymru a gefnogodd yr ymgyrch (gan gynnwys pum aelod Llafur a aeth yn erbyn polisi eu plaid), ac nid oes modd newid y cyfundrefn wleidyddol ym Mhrydain trwy ddeiseb yn unig. Mynegodd Saunders *Lewis ei ymateb i'r ymgyrch trwy gyfrwng un o'i gerddi byr mwyaf llym. Gweler hefyd DATGANOLI a HOME RULE.

Ceir hanes yr ymgyrch yn y cofiant, S. O. Davies, a Socialist Faith (1983) gan Robert Griffiths; gweler hefyd Alan Butt Philip, The Welsh Question; Nationalism in Welsh Politics 1945–70 (1975) a'r bennod gan Elwyn Roberts yn Cymru'n Deffro (gol. John Davies, 1981).

Ymladd Ceiliogod, un o'r chwaraeon mwyaf poblogaidd mewn gwlad a thref hyd at 1849 pan wnaed ef yn anghyfreithlon ond parhaodd yn llechwraidd yng Nghymru am gyfnod hir wedi hynny. Yn ôl dull y Welsh Main gosodid nifer o barau o geiliogod yn gwisgo ysbardunau i ymladd â'i gilydd yn eu tro, hyd at farwolaeth, ac aildrefnid y parau ar ôl pob rownd hyd nes y byddai un pencampwr yn unig o'r holl geiliogod yn dal yn fyw. Rhan o atyniad y chwarae oedd betio ag arian ac fe'i cefnogid gan bob dosbarth. Yng nghefn gwlad cynhelid ef mewn talwrn yn yr awyr agored fel arfer, ond mewn trefi yn y gogledd-ddwyrain ceid adeiladau priodol i'r pwrpas, ac yr oedd yn aml yn gysylltiedig â thafarn.

Ymneilltuaeth, gweler o dan ANGHYDFFURFIAETH.

Ymraniad Mawr, Yr, gweler o dan HARRIS, HOWEL (1714–73).

Ymryson Barddol, dadl fydryddol rhwng beirdd ar faterion yn ymwneud â'u crefft a'u statws. Cellweirus oedd rhai ymrysonau, ond yr oedd eraill, fel yr un rhwng *Rhys Goch Eryri a *Siôn Cent, ac un arall rhwng *Guto'r Glyn a Hywel Dafi (*Hywel ap Dafydd ab Ieuan ap Rhys), yn drafodaeth ddifrifol ynghylch hanfod yr awen a gwerth y canu mawl. Y cyntaf, ac ymhlith y pwysicaf o gyfnod y *cywydd, oedd yr un rhwng *Gruffudd Gryg a *Dafydd ap Gwilym. Gruffudd biau'r cywydd cyntaf, ac ymesyd ar Ddafydd oherwydd ei fynych gwyno yn ei gywyddau ynghylch gwaywffyn a saethau serch. Yn ei ateb, ar ôl dilorni

awen Ruffudd, amddiffynna Dafydd ei gywyddau serch, gan ymosod ar Ruffudd fel dynwaredwr o fardd, cyhuddiad a wedir yn daer gan Ruffudd. Megis y ddau ryfeddod undydd, hobi hors pren y twmpath chwarae a'r organ newydd ym *Mangor, nid oedd cywydd Dafydd yn ôl Gruffudd bellach yn newydd-beth yng Ngwynedd. Tarddai'r sôn am arfau serch o draddodiad estron *Serch Cwrtais, a gall mai ei ymlyniad wrth safonau'r Pencerddiaid Cymreig traddodiadol a bwerai ddychan y bardd o Fôn.

Bu ymryson hwy a phwysicach rhwng Edmwnd *Prys a Wiliam *Cynwal rhwng y blynyddoedd 1581 a 1587. Ar ôl cyfnewid saith cywydd yr un canodd y ddau fardd gyfresi o dri ac o naw cywydd; ysgrifennodd Prys lythyr beirniadol at Gynwal, ac yna dychwelodd at y cyfrwng mydryddol. Pan fu farw Cynwal, cyn iddo orffen yr unfed cywydd ar bymtheg, canodd Prys gywydd marwnad iddo. Y mae dros bum mil o linellau yn yr hanner cant a phedwar o gywyddau a gyn-hyrchwyd yn yr ymryson, a galwyd y llythyr oddi wrth Prys at Gynwal 'ein hadolygiad cyntaf'.

Cywyddau Edmwnd Prys yw'r peth agosaf at Ars Poetica ddyneiddiol sydd gennym yn Gymraeg. Beirn-iadodd Prys Gynwal a'r beirdd proffesiynol am ganu celwydd yn eu cerddi mawl, a haera hefyd eu bod yn ddiffygiol o ran dysg, sef y ddysg ddyneiddiol newydd a gynhwysai wybodaeth o ieithoedd ac o'r celfyddydau. Anogodd y beirdd i estyn terfynau'r awen Gymraeg drwy ganu cerddi gwyddonol eu naws, tebyg i'r rhai a gafwyd mewn gwledydd eraill yn y cyfnod. Negyddol oedd ymateb Cynwal. Prif fyrdwn ei gywyddau oedd nad oedd Prys yn gymwys i farnu mewn materion barddol: offeiriad ydoedd ac nid bardd. Pwysigrwydd yr ymryson yw'r gwrthdaro a amlygir rhwng safonau llenyddol y dyneiddwyr a rhai'r beirdd proffesiynol. Yng ngheidwadaeth ddi-ildio Cynwal gwelir esboniad rhannol ar fethiant y dyneiddwyr i feithrin yn Gymraeg y math o lenyddiaeth ddyneiddiol ei naws a ddatblyg-wyd mewn ieithoedd eraill yn y cyfnod.

Gweler ymhellach erthyglau Ann Matonis, 'Later Medieval Poetics and some Welsh Bardic Debates' ym Mwletin y Bwrdd Gwybodau Celtaidd (cyf. XXIX, 1982) a 'Barddoneg a rhai ymrysonau Barddol Cymraeg yr Oesoedd Canol Diweddar' yn Ysgrifau Beirniadol XII (gol. J. E. Caerwyn Williams, 1982); Jerry Hunter, 'Professional Poets and Personal Insults: Ad Hominem Attacks in Late Medieval Welsh Ymrysonau' yn Proceedings of the Harvard Celtic Colloquium (cyf. XIII, 1993); a Gruffydd Aled Williams, Ymryson Edmwnd Prys a Wiliam Cynwal (1986).

Ymryson y Bardd a'r Milwr, thema boblogaidd yn yr Oesoedd Canol a geir, er enghraifft, gan *Ddafydd ap Gwilym yn ei gywydd 'Merch yn Edliw ei Lyfrdra'. Cais Dafydd gyfiawnhau swydd y bardd wrth ferch na fyn 'eithr y dewraf' yn ŵr iddi. Cymhara'r manteision sydd ganddo dros y milwr a fydd yn ei gadael am faes y gad os clyw fod 'brwydr yng ngwlad Ffrainc neu Brydyn', gan ddychwelyd yn greithiog, a bwrw y bydd yn dianc oddi yno o gwbl. Gall milwr hefyd fod yn rhy filain, gwyllt a chreulon a bydd bob amser yn caru arfau rhyfel yn fwy na merch lân. Bydd y bardd, ar y llaw arall, wrth ei hymyl o hyd i'w charu a'i hymgeleddu.

Ymryson y Beirdd, gweler TALWRN Y BEIRDD.

Ymsathr Odlau, un o feiau gwaharddedig *Cerdd Dafod a geir mewn *Cynghanedd Groes neu Draws Gytbwys Acennog. Os bydd llafariad sengl yn y gair acennog o flaen yr orffwysfa a deusain yn y brifodl acennog, a'r llafariad sengl yr un ag ail lafariad y ddeusain, ceir y bai Ymsathr Odlau; er enghraifft, 'y gŵr o Gaerlleon Gawr'. Y mae'n fai tebyg iawn i'r bai proest i'r odl, ond ni ellir galw bai o'r fath yn fai proest am nad yw llafariad a deuseiniaid yn proestio'n llawn â'i gilydd.

Yn Chwech ar Hugain Oed (1959), ail ran hunangofiant D. J. *Williams (1885–1970) sy'n cwmpasu ugain mlynedd o'i fywyd ac sy'n dechrau gyda darlun o fferm Abernant, ar ôl i'r teulu symud yno o Benrhiw, a bortreadwyd yn *Hen Dŷ Ffarm (1953). Ceir portread o'r gymdeithas, gan gynnwys hynt yr ysgol, y capel a'r tafarnau. Disgrifia'r awdur gyfnod o weithio fel glöwr yng nghymoedd Rhondda, Aman a Dulais; ar ddiwedd y llyfr y mae'n edrych ymlaen at yrfa yng Ngholeg Prifysgol Cymru, Aberystwyth. Y mae'n fwy personol a hunanddadlennol na'r gyfrol *Hen Dŷ Ffarm*, ac am hynny'n fwy difyr a darllenadwy, yn arbennig yn y portreadu o'r cymeriadau. Traethir yn rhydd ar faterion crefyddol, gwleidyddol a theimladol, ac yn ogystal ceir adroddiad dwys am ei brofiadau pan oedd yn ddisgybl-athro yn Llandrillo a'i siom chwerw mewn carwriaeth, pryd y bu bron iddo geisio ei ladd ei hun, ond wedyn daeth goleuni profiad crefyddol â llawenydd mawr.

Yn ôl i Leifior (1956), gweler o dan CYSGOD Y CRYMAN (1953).

'Yn wyneb haul, llygad goleuni', arwyddair a ddyfeisiwyd gan Iolo Morganwg (Edward *Williams) ac a welir mewn arysgrif ar regalia *Gorsedd Beirdd Ynys Prydain.

Yn y lhyvyr hwnn (1546), y llyfr cyntaf i gael ei gyhoeddi yn yr iaith Gymraeg yn ôl pob tebyg; fe'i hysgrifennwyd gan John *Price o Aberhonddu. Fe'i hadwaenir wrth y geiriau agoriadol; ynddo ceir yr wyddor, calendr, y Credo, y Pader, y Deg Gorchymyn, Saith Rhinwedd yr Eglwys, a'r Saith Pechod Marwol; hefyd ceir cyfarwyddyd ynglŷn â darllen Cymraeg ynghyd â chynghorion i ffermwyr ar gyfer pob mis o'r flwyddyn. Yr oedd yr awdur yn un o'r dyneiddwyr Protestannaidd cynnar yng Nghymru, ac yn ymwybodol iawn o'r anwybodaeth a'r difaterwch ymhlith ei gyd-genedl ynglŷn â chrefydd a moesoldeb. Yr oedd yn

awyddus i wella eu cyflwr ysbrydol, yn bennaf trwy gyfieithu rhannu o'r Ysgrythur i'r famiaith; yr oedd hefyd yn gwybod am wendidau'r Eglwys a fu hyd yn ddiweddar yn Eglwys Babyddol, a'r diffyg arddeliad ymhlith ei chlerigwyr. At bobl gyffredin yr anelid y llyfr, i'w hyfforddi ym mhrif egwyddorion y ffydd Gristnogol 'yn enwedic y pynkeu y sy anghenrheydol y bob rhyw gristion y gwybot dan berygyl y enaid'.

Adargraffwyd y llyfr gyda rhagymadrodd gan J. H. Davies yn 1902. Ceir manylion pellach mewn erthygl gan R. Geraint Gruffydd, '*Yn y Lhyvyr Hwn (1546): the earliest Welsh printed book*', ym *Mwletin* y Bwrdd Gwybodau Celtaidd (cyf. XXXIII, 1969).

Yniwl Iarll, tad Enid yn rhamant *Geraint fab Erbin sy'n byw mewn henllys adfeiliedig nid nepell o dref Caerdyf (Caerdydd), wedi i'w nai ei ddifeddiannu o gaer. Rhydd ef a'i wraig groeso i Geraint a chefnogant ef yn ei ymrysonfa lwyddiannus ag *Edern fab Nudd am walch glas. Wedyn rhoir Enid yn wraig i Geraint ac adferir ei eiddo.

Ynyr Hen (*fl.* yn gynnar yn y 13eg gan.), gweler o dan NANNAU.

Ynys Afallon, yr ynys hud tua'r gorllewin, lle y cludwyd *Arthur wedi iddo gael ei glwyfo mewn brwydr. Daw'r enw o'r '*insula Avallonis*' a geir yn *Historia Regum Britanniae *Sieffre o Fynwy, ond disgrifir yr ynys yn llawnach yn y *' Vita Merlini*' lle y'i gelwir '*insula pomorum que fortunata vocatur*'. Fe'i disgrifir fel gwlad y bythol ifanc, ffrwythlondeb, gwledda a phob math o bleserau synhwyrus, yn cynnwys adar hud sy'n canu'n hudol; Morgen yw pennaeth naw chwaer sy'n rheoli yno. Cyfetyb yr hanes hwn ym mhob ffordd i'r disgrifiadau a geir yn y ffynonellau Gwyddelig cynnar am yr ynys a oedd yn Arallfyd paganaidd y Celtiaid (gweler o dan ANNWN) a leolid rywle dros y môr tua'r gorllewin ac a reolid gan ferched. Ceir sawl enw arni yn y Wyddeleg megis Tir na n-Óg ('Gwlad yr Ifainc') a *Tir inna mBéo* ('Gwlad y Byw'). Yr hanes cynharaf a geir yw'r un yn chwedl 'Mordaith Brân' (8fed gan.). Portreada Ynys Afallon felly ddau gysyniad gwrthgyfer-byniol am yr Arallfyd Celtaidd sy'n gyffredin i'r Cymry a'r Gwyddyl.

Y mae fersiynau Cymraeg *Brut y Brenhinedd yn cynnig 'Ynys Afallach' am '*insula Avallonis*' Sieffre, gan awgrymu bod yr enw yn cynnwys y gair 'afall'. Ceid peth cefnogaeth i'r ystyr 'man afalau' gan *Avallon*, enw tref yn Burgundy, sy'n tarddu o'r Aleg, *Aballone* neu *Avallone* ('lle afalau'). Ond 'ynys Afallach' yw'r ffurf a gedwir yn gyson yn y *Brut* yn ogystal ag mewn rhai ffynonellau canoloesol Cymraeg eraill ac ymddengys yn debycach i'r enw darddu o enw *Aballac(h)* neu *Afallach sy'n ymddangos mewn nifer o achau Cymreig cynnar fel hen dduw yr honnodd nifer o dywysogion yng

Nghymru a'r *Hen Ogledd eu bod yn ddisgynyddion iddo. Y mae'n debyg mai'r enw hwn yw ffurf wreiddiol *Avalloc* a reolai dros ynys lle yr oedd ei ferched yn byw, yn ôl *De Antiquitate Glastoniensis* gan William o Malmesbury. Cysylltir '*insula Avallonis*' ag Ynys Wydrin (Glastonbury) gan William o Malmesbury a hefyd gan *Gerald de Barri (Gerallt Gymro) a ymhelaethodd ar fersiwn William yn ei *Speculum Ecclesiae*.

Ceir manylion pellach yn Kuno Meyer, *The Voyage of Brân, son of Febal* (1895), R. S. Loomis, *Arthurian Literature in the Middle Ages* (1959), R. Bromwich, *Trioedd Ynys Prydein* (3ydd arg., 1998), B. F. Roberts, *Brut y Brenhinedd* (1971), Basil Clarke, *Geoffrey of Monmouth's Vita Merlini* (1973) a Lewis Thorpe, *Gerald of Wales, the Itinerary through Wales and the Description of Wales* (1978) sy'n cynnwys detholiadau mewn Atodiad o'r *Speculum Ecclesiae*, sy'n disgrifio darganfyddiad bedd Arthur yn Ynys Wydrin.

Ynys Byr, gweler o dan PYR (6ed gan).

Ynys y Barri, traeth ger Caerdydd lle yr arferai trigolion cymoedd de-ddwyrain Cymru heidio; trefnid teithiau gan y capeli a'r undebau llafur yn ystod y blynyddoedd rhwng y ddau Ryfel Byd ac wedyn. Yn y rhan o gerdd Idris *Davies, *The *Angry Summer* (1943), sy'n dechrau '*Let's go to Barry Island, Maggie fach*', y mae'r fam yn ffoi o undonedd a gofid y *Streic Gyffredinol i fwynhau diwrnod ar lan y môr. Y mae R. Williams *Parry yn cyfeirio at yr un dyhead i ddianc rhag llwydni'r *Rhondda yn ei gân 'Haf y Glöwr'.

Ynys yr Hud (1923), casgliad o bedair cerdd ar ddeg ar hugain gan W. J. *Gruffydd. Yn eu plith ceir cerdd weddol hir ar *Rys ap Gruffudd (Yr Arglwydd Rhys), ac un arall am Goronwy *Owen yn ffarwelio â Chymru a enillodd i'r awdur *Goron Eisteddfod Genedlaethol Llundain yn 1910. Yn ogystal â rhai o'i gerddi byrion mwyaf adnabyddus megis 'Ywen Llanddeiniolen', 'Gwladys Rhys' a 'Thomas Morgan yr Ironmonger', y mae eraill yn mynegi ei wrthwynebiad cryf i'r rhain mewn awdurdod a oedd wedi gyrru'r ieuainc i laddfa y Rhyfel Byd Cyntaf. Seiliwyd y gerdd deitl ar chwedl Wyddeleg gynnar am Fordaith Brân, a adlewyrchir hefyd yn *Pedair Cainc y Mabinogi yn chwedl *Branwen. Edrydd am ddeuddeng morwr o lannau afon Menai yn dod o hyd i ynys ym Môr y De lle y maent yn cael bywyd o foethusrwydd ar ynys hudol y tu hwnt i derfynau amser. Ymhen amser, wedi treulio'r hud, ufuddhant i'r alwad daer i ddychwelyd i'w gwlad, ond wedi cyrraedd adref gwelant fod tair cenhedlaeth yn eu gwahanu oddi wrth yr oes yr oeddynt yn byw ynddi, a'u bod oll wedi mynd yn gwbl angof.

Ynysarwed, plasty ym mhlwyf Nedd Isaf, Morg., ac aelwyd teulu a fu'n noddi beirdd yn y sir dros bedair cenhedlaeth o leiaf. Dilynwyd Tomas ap Siancyn, y noddwr hysbys cyntaf, gan ei fab Rhisiart, a'i wyrion

Rhys a Thomas, ac yna gan Domas mab Rhys am genhedlaeth arall. Yr oedd y teulu yn berchen ar nifer o lawysgrifau pwysig iawn, yn eu plith Y *Cwta Cyfarwydd.

Ynysmaengwyn, plasty ger Tywyn, Meir., a fu'n amlwg ei nawdd i feirdd o gyfnod Hywel ap Siancyn (m. 1494), y noddwr hysbys cyntaf. Bu ei fab, Wmffre ap Hywel, yn noddi hefyd fel y dengys cerddi a ganodd *Tudur Aled a *Gruffudd Hiraethog iddo. Prinhau wna'r canu wedi eu cyfnod hwy er bod peth tystiolaeth i Siôn Wyn, aer Wmffre, ac Wmffre Wyn, ei aer yntau, noddi beirdd yn Ynysmaengwyn. Cynhaliwyd y traddodiad hyd at y ddeunawfed ganrif gan Vincent Corbet (m. 1723/24), gorwyr Wmffre Wyn, a'i ferch Ann (m. 1760).

YORKE, PHILIP (1743–1804), hynafiaethwr a bonheddwr, a aned yn Erddig, Wrecsam, Dinb., ac a gafodd ei addysg ym Mhrifysgol Caer-grawnt a Lincoln's Inn. Fe'i hetholwyd i Gymdeithas yr Hynafiaethwyr yn 1768, blwyddyn wedi iddo etifeddu ystad Erddig, ac ymroes i'w gwella. Wedi ei briodas yn 1782 â merch Piers Wynn o Ddyffryn Aled, dechreuodd ymddiddori yn y ffaith ei bod hi yn hanu o Farchudd, arglwydd Uwchdulas, ac o'r ymchwil hon y tyfodd ei gyhoeddiad *Tracts of Powys* (1795), a seiliwyd ar y ffynonellau cyhoeddedig a oedd ar gael ac ar ei ohebiaeth ag ysgolheigion Cymru. Y mae'r gwaith yn cynnwys ymgais i wrthbrofi barn Polydore Vergil, yn ogystal â nodiadau ar arglwyddiaethau'r Goron ym *Mhowys; helaethwyd arno ac fe'i cyhoeddwyd yn y gyfrol awdurdodol, *Royal Tribes of Wales* (1799). Y mae dysg y gyfrol yn gwrthgyferbynnu yn rhyfeddol â doniau hynod Yorke fel awdur rhigymau, fel y gwelir yn ei gasgliad *Crude Ditties* a gyhoeddwyd yn 1914. Adeiladwyd y tŷ, Erddig, ar gyfer Joshua Edisbury yn 1683; y mae'n eiddo bellach i'r Ymddiriedolaeth Genedlaethol.

Ceir darlun byw o Philip Yorke yn C. J. Apperley, *My Life and Times* (1927), a disgrifiad atgofus o'r teulu yn Albinia Cust, *Chronicles of Erthig on the Dyke* (1914); gweler hefyd Merlin Waterson, *The Servants' Hall* (1980).

Young, Jubilee (1887–1962), pregethwr a aned yn ardal Maenclochog, Penf. Bu'n gweithio mewn siop ddilledydd yng Nghwm *Rhondda cyn mynd i Ysgol yr Hen Goleg, Caerfyrddin, i ymbaratoi ar gyfer y weinidogaeth gyda'r *Bedyddwyr. Wedi gweinidogaethau ym Mhontypridd, lle yr ordeiniwyd ef, ac yn ei sir enedigol, daeth yn adnabyddus yn ystod ei weinidogaeth yn Seion, Llanelli, rhwng y blynyddoedd 1931 ac 1957. Pregethwr hynod huawdl ydoedd, meistr ar eglurebau ac chymhwyso, a phencampwr wrth ddefnyddio'r llais ar gyfer llefaru â'r *'hwyl'. Codwyd amheuon ymhlith rhai a'i clywai a allai pregethu gadw ei burdeb pan dry'n ddifyrrwch mor fwriadus.

Young Wales, gweler CYMRU FYDD.

Ysbaddaden Bencawr, gweler o dan CULHWCH AC OLWEN.

Ysgafell, gweler o dan WILLIAMS, HENRY (1624–84) a WILLIAMS, JANE (1806–85).

Ysgol Sul, Yr, mudiad a ddatblygodd yng Nghymru yn ystod degawd olaf y ddeunawfed ganrif gyda'r bwriad o ddarparu addysg grefyddol ar gyfer y werin. Coleddwyd delfrydau tebyg gan yr *Ymddiriedolaeth Gymreig, Y *Gymdeithas er Taenu Gwybodaeth Gristnogol ac Ysgolion Cylchynol Griffith *Jones, ond gwaith Robert Raikes (1736–1811) o Gaerloyw a sefydlu Cymdeithas yr Ysgol Sul yn Llundain yn 1785 a fu'n sbardun i'r mudiad yng Nghymru. O dan arweiniad Thomas *Charles o'r Bala lledaenodd yr ysgolion yn gyflym, yn gyntaf ymhlith y Methodistiaid (*Methodistiaeth), ac wedyn ymhlith y *Bedyddwyr a'r *Annibynwyr.

Yr oedd yr Ysgolion Sul yn boblogaidd oherwydd eu hamryfal rinweddau: yr oeddynt yn rhad, yn darparu ar gyfer pob dosbarth yn y gymdeithas, yn cael eu mynychu gan yr hen a'r ifanc, gan wŷr a gwragedd ac wedi eu haddasu ar gyfer pob angen a gallu. Ar gyfer y plant iau ceid storïau Beiblaidd, i'r ifanc a'r anllythrennog wersi darllen, ac ar gyfer oedolion a'r galluog yr oedd dosbarthiadau dadlau a thrafod bywiog. Rhoddwyd sylw i draddodi a dysgu darnau mewn gwybodaeth Ysgrythurol. Daeth rhan helaeth o'r werin felly yn llythrennog, gan gael o'r trafodaethau ddealltwriaeth o egwyddorion democrataidd a'r ddawn i'w mynegi eu hunain yn rhugl ac yn groyw, proses a arweiniodd at dwf *Dirwest, *Radicaliaeth ac *Anghydffurfiaeth yn ystod ail hanner y bedwaredd ganrif ar bymtheg. Ychwanegai rhai o weithgareddau cymdeithasol yr Ysgolion Sul gryn amrywiaeth i fywyd undonog y werin dlawd drwy lyfrgelloedd, banciau cynilo, ambell de-parti a gwibdeithiau i lan y môr ac i'r wlad. Am dros ganrif, ac yn enwedig rhwng 1870 ac 1920, pan oedd eu dylanwad yn ei anterth, bu'r Ysgolion Sul yn gyfrwng grymus ym mywyd crefyddol ac addysgol y genedl.

Ceir manylion pellach yn David Evans, *The Sunday Schools of Wales* (1883), R. T. Jenkins, *Hanes Cymru yn y Ddeunawfed Ganrif* (1928), Mary Clement, *Dechrau Addysgu'r Werin* (1966), W. Llywelyn Jones, *A History of the Sunday Schools in Wales* (1967), Jac L. Williams, *Addysg i Gymru* (1966), Jac L. Williams a Gwilym Rees Hughes (gol.), *The History of Education in Wales* (1978), Derec Llwyd Morgan, *'Ysgolion Sabothol' Thomas Charles* (1985) ac R. Tudur Jones, *Yr Ysgol Sul – Coleg y Werin* (1985).

YSGOLAN, enw prin iawn (sef 'Scolan' gyda 'y' brosthetig) nas darganfyddir ond rhyw dair neu bedair gwaith mewn ffynonellau Cymraeg a Llydaweg, ac y mae'r rheini fel arfer mewn cyd-destun eglwysig. Yn *Buchedd *Dewi Sant* gan *Rygyfarch ceir *Scolanus* yn

amrywiad ar enw mynach a enwir *Scuthinus*, y daeth-pwyd ag ef o Iwerddon drwy hud a lledrith gan anghen-fil môr, ac a laniodd yn Nhyddewi mewn pryd i achub bywyd Dewi Sant rhag cynllwyn i'w ladd. Ailadroddir y chwedl hon ym *Buchedd Dewi* Gymraeg a gyfansodd-wyd yn y bedwaredd ganrif ar ddeg, gan ychwanegu i Ysgolan lanio mewn lle (anhysbys) o'r enw Bedd Ysgolan. Ceir cefndir eglwysig cyfatebol mewn dwy gerdd benydiol, un yn Gymraeg ac un yn Llydaweg, ac ymddengys fod rhyw gysylltiad pell rhyngddynt: cerdd yn *Llyfr Du Caerfyrddin* sy'n ymdrin â rhyw 'Ysgolan ysgolhaig', a *gwerz* traddodiadol Llydewig a gasglwyd gan *Villemarqué yn y ganrif ddiwethaf sy'n adrodd chwedl am ŵr o'r enw *Skol(v)an*. Cyffesa'r ddau ŵr eu bod wedi cyflawni troseddau erchyll tebyg, a'u bod erbyn hyn yn dioddef penydiau o'u herwydd: y maent wedi llosgi eglwys neu eglwysi, wedi lladd buwch neu warheg, a'r ddau ohonynt wedi 'boddi' llyfr gwerthfawr. Dadleuwyd i'r gerdd Lydaweg ddeillio – er o bell, a chan newid ei hawyrgylch diwylliannol ar ei thaith – o'r traddodiad a geir am Ysgolan yn y *Llyfr Du*. Wrth ystyried prinder enw 'Ysgolan/Scolan' yn y ddwy iaith, ymddengys yn haws derbyn bod y ddwy chwedl yn tarddu yn y pen draw o'r un traddodiad cysefin sy'n tanseilio'r hanes yn y *Llyfr Du* am 'Ysgolan ysgolhaig' a'r *Scolanus* ym *Muchedd Dewi* – yn arbennig wrth gofio am yr 'anghenfilod môr' a oedd yn poenydio y naill a'r llall. Hyd yn oed yn fwy problematig yw natur y cysylltiad rhwng elfennau yn hanes Ysgolan sy'n ymddangos yn debyg i elfennau yn y traddodiadau am *Fyrddin, ac erys o hyd y cwestiwn enigmatig a oes rhyw gysylltiad rhwng cyfeiriadau awduron y *Dadeni at ryw Ysgolan arall, y credid iddo losgi'r holl lyfrau Cymraeg a drysorwyd yn Nhŵr Llundain gan garcharorion o Gymry yn sgil cwymp *Llywelyn ap Gruffudd (Y Llyw Olaf) yn 1282.

Gweler J. W. James, *Rhigyfarch's Life of Saint David* (1967); D. S. Evans, *Buched Dewi* (1959); A. O. H. Jarman, 'Cerdd Ysgolan' yn *Ysgrifau Beirniadol X* (gol. J. E. Caerwyn Williams, 1977); Mary-Ann Constantine, *Breton Ballads* (1996); a P. C. Bartrum, *A Welsh Classical Dictionary* (1993).

Ysgolheictod Iaith a Llên. Amaturiaid a fu'n cynnal astudiaethau Cymreig oddi ar ddirywiad *Cyfundrefn y Beirdd yn yr unfed ganrif ar bymtheg. Llenorion proffesiynol oedd *Beirdd y Tywysogion a *Beirdd yr Uchelwyr a oedd yn cael eu hyfforddi mewn ysgol-ion lle y dysgid mydryddiaeth, geirfa ac ieithwedd farddonol, gramadeg, y traddodiad barddol a chyfar-wyddyd, sef mythau, hanes, llên enwau lleoedd (*llên onomastig), *achau a herodraeth. Trwy gyfrwng y dosarth dysgedig hwn a'i gyfundrefn addysg cedwid safonau cadarn a'u trosglwyddo, er enghraifft, i'r iaith lenyddol safonol. Ond wrth i batrwm cymdeithas newid yn yr unfed ganrif ar bymtheg a'r ail ganrif ar bymtheg, dechreuodd yr uchelwyr ymseisnigeiddio a chollwyd eu nawdd, gyda'r canlyniad fod perygl y byddai'r llên

amatur boblogaidd newydd yn methu arddel safonau a
fu'n gydnabyddedig. Yng Nghymru, fodd bynnag, er
bod y dyneiddwyr wedi'u hysbrydoli gan ddelfrydau
Ewropeaidd ac wedi'u haddysgu yn y Clasuron, ni
chollwyd golwg ar hynafiaeth y traddodiad Cymraeg.
Iddynt hwy iaith llên llys fuasai'r Gymraeg. Yr oedd
*Sieffre o Fynwy wedi adrodd tras hynafol brenhinoedd
y genedl, ac yn ôl damcaniaethau'r cyfnod disgynyddion
*Derwyddon dysgedig Cesar oedd y beirdd. Ymgym-
erodd dyneiddwyr megis William *Salesbury, Thomas
*Wiliems, Henry Salesbury a John *Davies o Fallwyd
â'r dasg o warchod safonau iaith a llên a adawyd gan y
beirdd a chyhoeddwyd ganddynt eiriaduron a chyhoedd-
odd eraill megis Gruffydd *Robert, Siôn Dafydd *Rhys
a John Davies ramadegau. Sicrhaodd cyfieithiad 1588
o'r *Beibl, yn arbennig wedi'i ddiwygio gan John
Davies yn 1620, mai iaith y beirdd a fyddai sail yr iaith
lenyddol fodern.

Un farn gyffredin oedd fod y Gymraeg yn un o
ieithoedd gwreiddiol neu 'fam-ieithoedd' dynolryw a
thrwy gydol yr ail ganrif ar bymtheg a'r ddeunawfed
cafodd Celtomania ddrwg effaith ar ramadeg a geiriad-
uraeth Gymraeg. Distawodd llais synhwyrol Edward
*Lhuyd gyda'i farw annhymig yn 1709 cyn iddo lwyddo
i hyfforddi'i ddisgyblion yn ei ddulliau a'i ymagwedd.
Parhaodd ei ddylanwad mewn *hynafiaetheg, astudi-
aethau topograffig a'r ymgais i gyhoeddi defnyddiau
crai, ond ni ddeallai neb ei waith ieithyddol. Copïwyr,
haneswyr llên a hynafiaethwyr oedd arweinwyr dadeni
diwylliannol y ddeunawfed ganrif: Lewis *Morris, Evans
*Evans (Ieuan Fardd), Edward *Richard, a'r athrylith
ddysgedig ond gwyrgam, Edward *Williams (Iolo
Morganwg). Ymroes y gwŷr hyn ac eraill a oedd yn
gysylltiedig â hwy i gasglu a chopïo llawysgrifau, i
ymchwilio ac i sefydlu cymdeithasau llenyddol yn Llun-
dain megis Anrhydeddus Gymdeithas y *Cymmrodor-
ion a'r *Gwyneddigion, a thrwy weithgarwch o'r fath
llwyddwyd i gyhoeddi dau gasgliad pwysig o hen len-
yddiaeth Gymraeg, Barddoniaeth Dafydd ap Gwilym
(1789) a The Myvyrian Archaiology of Wales (1801), yn
bennaf ar draul Owen *Jones (Owain Myfyr).

Parhawyd y gweithgarwch ysgolheigaidd hwn gan
*Hen Bersoniaid Llengar y bedwaredd ganrif ar bym-
theg a'r eisteddfodau taleithiol a baratôdd y ffordd at yr
adfywiad yn ysgolheictod Cymraeg diweddar. Yr oedd
llawer o ffug ysgolheictod yn y ganrif honno (gweler, er
enghraifft, y cofnod ar OWEN PUGHE, WILLIAM), ond
dilynwyd cyfrol Evan Evans (Ieuan Fardd), Some
Specimens of the Poetry of the Ancient Welsh Bards (1764),
gan ymagwedd resymegol Thomas *Stephens a'i lyfr
buddiol, The Literature of the Kymry (1849). D. Silvan
*Evans, un o'r Hen Bersoniaid Llengar, oedd yr olaf o'r
hen ysgol a'r cyntaf o'r un newydd. Dechreuodd John
*Peter, Llywarch Reynolds, Robert *Jones (1810–79)
Rotherhithe, Robert *Williams (1810–81) ac eraill
ganfod arweiniaid ysgolheigaidd sicr yng nghwmni

Celtegwyr newydd Ffrainc a'r Almaen, ac yr oedd
argraffiadau diplomatig J. Gwenogvryn *Evans yn
cynnig golwg dibynadwy ar ddeunydd crai ymchwil.

Yr oedd penodi John *Rhŷs yn 1877, yntau'n
gynnyrch ysgolion ieithyddol Llundain a'r Almaen, yn
Athro cyntaf y Gadair Geltaidd ym Mhrifysgol Rhyd-
ychen yn holl bwysig. Llwyddodd i ddenu i Rydychen
ugeiniau o Gymry eiddgar galluog. Mynychai rhai ei
ddarlithiau er mai arall oedd maes eu hastudiaeth swydd-
ogol, ac elwodd pob un ohonynt ar gyfarfodydd *Cym-
deithas Dafydd ap Gwilym lle y trafodid pynciau megis
diwygio'r *orgraff, ac ni ellir gorbwysleisio dylanwad yr
addysg hon ar ysgolheictod ac ysgrifennu Cymraeg ar
droad y ganrif. Heb hyfforddiant brwd John Rhŷs prin y
gallasai'r Adrannau Cymraeg ifainc fod wedi ymgodymu
â'u tasg mewn modd mor llwyddiannus. Gwnaed
trefniadau i ddysgu Cymraeg yng Ngholeg Dewi Sant,
Llanbedr Pont Steffan, o'r dechrau cyntaf yn 1827, ond
gyda sefydlu colegau darpar *Brifysgol Cymru yn Aber-
ystwyth (1872), Caerdydd (1883) a Bangor (1884), pob
un maes o law â'i Gadair Gymraeg, gellir dweud i astud-
iaethau Cymreig ddechrau elwa ar fanteision bywyd
prifysgol. Er bod gwaith da eisoes wedi'i gyhoeddi gan
Urdd y Graddedigion a Chymdeithas Llawysgrifau
Bangor, pan gafwyd *Bwrdd Gwybodau Celtaidd Prif-
ysgol Cymru yn 1919 a Bwrdd *Gwasg Prifysgol Cymru
dair blynedd yn ddiweddarach daeth yn bosibl ysgogi a
threfnu ymchwil ar raddfa eang a sicrhau'i chyhoeddi.
Gwŷr wedi graddio mewn pynciau eraill oedd athrawon
Cymraeg cyntaf y Brifysgol – Edward *Anwyl yn
Aberystwyth, Thomas *Powel yng Nghaerdydd, John
*Morris-Jones ym Mangor – a daethant at y maes ar hyd
llwybr diddordeb mewn llenyddiaeth a hynafiaethau
Cymreig ond yn fwy neilltuol wedi cwrs o hyfforddiant
mewn llenyddiaeth Gymraeg Canol a hanes yr iaith wrth
draed John Rhŷs.

Ar wahân i W. J. *Gruffydd, yr ail genhedlaeth o ysgol-
heigion Cymraeg diweddar, gan gynnwys Ifor *Williams,
Henry *Lewis, J. *Lloyd-Jones, G. J. *Williams, Timothy
*Lewis a T. H. *Parry-Williams, oedd y cyntaf i raddio yn
y Gymraeg fel pwnc. Diffyg deunydd crai cyhoeddedig
a chynorthwyon ymchwil oedd problem sylfaenol
astudiaethau Cymraeg yn mlynyddoedd cynnar yr
ugeinfed ganrif. Yr oedd yr *Eisteddfod Genedlaethol
wedi meithrin agweddau ar hanes llenyddiaeth Gymraeg
trwy osod o bryd i'w gilydd destunau traethodau
uchelgeisiol, ond er bod peth gwaith da gan Charles
*Ashton, Thomas *Richards ac eraill wedi'i symbylu fel
hyn, ni allai cystadlaethau o'r fath gynnal ymchwil ar y
raddfa angenrheidiol. Swydd y Brifysgol a'i Bwrdd
Gwybodau Celtaidd oedd hyn a buan y daeth Bwletin y
Bwrdd yn gyfrwng cyhoeddi holl-bwysig. Dechreuodd
Geirfa Barddoniaeth Gynnar Gymraeg John Lloyd-Jones
ymddangos yn 1931 (gadawyd hi'n anorffen yn 1963,
adeg ei farw) ac yn 1951 cyhoeddwyd rhan gyntaf
*Geiriadur Prifysgol Cymru, gwaith a ddechreuwyd yn

1920. Gan Henry Lewis a T. H. Parry-Williams cafwyd astudiaethau arloesol mewn Hen Gymraeg, cystrawen, ieitheg hanesyddol, benthyciadau a'r canu rhydd cynnar, ond yn rhinwedd ei swmp a'i amrywiaeth yr oedd gwaith Ifor Williams yn rhyfeddol bwysig. Agorwyd meysydd tra ffrwythlon gan ei olygiadau o'r Hengerdd, rhyddiaith Gymraeg Canol, gwaith y cywyddwyr a thestunau Hen Gymraeg, ac y mae ei nodiadau ar eiriau ac enwau lleodd yn eiriadur Cymraeg Canol. Ym maes hanes llenyddiaeth un o'r llyfrau allweddol oedd *Iolo Morganwg a Chywyddau'r Ychwanegiad* (1926) gan Griffith John Williams. Trwy gyfrwng dadansoddiad o iaith ac arddull y cywyddau profwyd yn ddigamsyniol mai ffugiadau Iolo oeddynt, ond dangosodd y llyfr yn ogystal fod ar gael bellach ddeunydd a disgyblaeth ar gyfer astudiaeth drwyadl academaidd o hanes llenyddiaeth Gymraeg. Hon oedd y gyntaf o drafodaethau awdurdodol G. J. Williams a fyddai'n olrhain hanes llenyddiaeth ac ysgolheictod Cymraeg o gyfnod y *Dadeni ac a fyddai'n egluro'n derfynol draddodiad llenyddol Morgannwg a lle Iolo Morganwg ynddo. Llif gyson llyfrau ac erthyglau a alluogodd Thomas *Parry i lunio'i synthesis difyr ond sicr, *Hanes Llenyddiaeth Gymraeg* (1944), ac yr oedd ei *Gwaith Dafydd ap Gwilym* (1952) yn rhoi cyfle i ddarllenwyr nesu'n hyderus am y tro cyntaf at waith un o feirdd pwysicaf Cymru. Erbyn y 1950au yr oedd gramadegau, geiriaduron, golygiadau ac astudiaethau yn ymddangos, gyda'r canlyniad fod astudiaethau llenyddol yn awr yn llai ieithyddol eu gogwydd a thrafodaethau iaith yn fwy disgrifiadol a chyfoes na hanesyddol. Y mae Canolfan Uwchefrydiau Cymreig a Cheltaidd Prifysgol Cymru, canolfan ymchwil a sefydlwyd yn 1985, wedi ennill ei phlwyf fel canolfan rhagoriaeth ar gyfer ymchwil i iaith, llenyddiaeth a hanes Cymru a'r gwledydd Celtaidd eraill. Y mae ei phrosiectau arloesol wedi dyrchafu ei statws fel canolfan ddysg fywiog a ffyniannus. Y mae i ysgolheictod Cymraeg sylfaen letach erbyn hyn gan nad yw'n gyfyngedig i'r Brifysgol, nac yn wir i Gymru, ond yn denu nifer sylweddol o ysgol-heigion yn y gwledydd Celtaidd eraill, ac yn Ewrop a'r Amerig.

Ceir ymdriniaeth lawnach ar y pwnc yn G. J. Williams, *Agweddau ar Hanes Dysg Gymraeg* (1969), ac erthygl yr un awdur, 'The History of Welsh Scholarship' yn *Studia Celtica* (cyf. VIII/IX, 1973–74); gweler hefyd y gyfrol *Celtic Studies in Wales* (gol. Elwyn Davies, 1963).

Ysgolion Antur Preifat. Fe'u cynhelid yn gynnar yn y bedwaredd ganrif ar bymtheg gan unigolion, anhyfforddedig gan amlaf, fel modd i ennill bywoliaeth. Yr oedd rhai o'r gwŷr hyn yn nodedig am eu gwaith da: James Davies (1765–1849), er enghraifft, cyn-wehydd a phedler, a berchid fel Ysgolfeistr Devauden, Myn., oherwydd cadwai ysgoldy yno yn ystod y blynyddoedd o 1815 hyd 1848, gan ymroddi yn llwyr i lesâd crefyddol ac addysgol yr ardal. Ond yr oedd llawer yn hollol analluog a darluniwyd y math hwn gan Daniel *Owen

yn ei nofel *Rhys Lewis* (1885) yng nghymeriad y cnaf â choes bren, *Robyn y Sowldiwr.

Ysgolion Cylchynol, gweler o dan Jones, Griffith (1683–1761).

Ysgolion Gramadeg. Yr oeddynt wedi bodoli yn yr Oesoedd Canol o dan nawdd eglwysi cadeiriol, eglwysi colegol, rhai eglwysi plwyf ac offeiriaid urddedig. Yr ysgol gyntaf i fod yn annibynnol ar yr Eglwys, mae'n debyg, oedd yr un a sefydlwyd yng Nghroesoswallt tua 1407; yr oedd rhai o'r ysgolion diweddarach yn ail-sefydliadau. Dechreuodd addysg 'uwchradd' ddatblygu yn ystod teyrnasiadau Harri VIII, Edward VI ac Elisabeth I, pan sefydlwyd ysgolion gramadeg yn Aberhonddu (1541), Y Fenni a Chaerfyrddin (y ddwy yn 1543), Caerllion (1550 efallai), Bangor (1561), Llanandras (1565), Rhuthun (1574) a'r Bontfaen (1603). Y mae rhai eraill, fel Hwlffordd ac Aberteifi, yn perthyn i'r ail ganrif ar bymtheg. Tua chanol y ganrif honno oedd yr uchelbwynt, er bod ysgol Ystradmeurig, a sefydlwyd yn 1770, yn eithriad nodedig.

Amrywiai nifer y disgyblion yn yr ysgolion hyn, o ugain i gant ac ugain, cadwyd lleoedd i 'ddisgyblion tlawd' a hyfforddid bechgyn galluog ar gyfer y prif-ysgolion a'r galwedigaethau proffesiynol. Yr oedd gan rai ysgolion fel Bangor ac Aberhonddu adran breswyl, ond bechgyn yn mynd yno'n ddyddiol oedd y mwyafrif. Nid oedd lle i'r iaith Gymraeg yn yr ysgolion hyn. Dysgwyd bron yn llwyr trwy gyfrwng y Lladin a'r Roeg, er weithiau, fel yng Ngholeg Crist, Aberhonddu, hyfforddid y disgyblion yn Saesneg. Ar y cyfan, yr oedd y ddeunawfed ganrif yn gyfnod o ddirywiad, ond cafwyd cryn newidiadau ac ad-drefnu yn y bedwaredd ganrif ar bymtheg, pan ychwanegwyd pynciau newydd at y disgyblaethau clasurol.

Sefydlwyd yr Ysgolion Sir, fel y gelwid ysgolion yr awdurdod addysg lleol ar y dechrau, gan Ddeddf Addysg 1889. Wedi'r Rhyfel Byd Cyntaf sefydlwyd rhagor o ysgolion a elwid weithiau yn ysgolion gramadeg ac yr oedd yn rhaid sefyll arholiad yn llwyddiannus cyn cael eu mynychu. Yn ail hanner yr ugeinfed ganrif cyflwynwyd addysg gyfun, a sir Fôn oedd y sir gyntaf yng Nghymru i ad-drefnu ei hysgolion uwchradd yn ysgolion cyfun, rhwng 1955 ac 1958. Diflannodd yr ysgolion gramadeg a mynediad dethol iddynt yn gyflym wedi hynny: erbyn 1989 nid oedd un ar ôl.

Ceir manylion pellach yn L. S. Knight, *Welsh Independent Grammar Schools to 1600* (1926), David Williams, *A History of Modern Wales* (1969), Huw Thomas, *A History of Wales 1485–1660* (1972), Jac L. Williams a Gwilym Rees Hughes (gol.), *The History of Education in Wales* (1978), Owen E. Jones (gol.), *Deddf Addysg Ganolraddol Cymru 1889* (1990) a Gareth Elwyn Jones, *The Education of a Nation* (1997).

Ysgolion Rhad, gweler o dan CYMDEITHAS ER TAENU GWYBODAETH GRISTNOGOL.

Ysgrif, ffurf ddiweddar mewn llenyddiaeth Gymraeg: ni ellir ei holrhain ymhellach yn ôl na diwedd y Rhyfel Byd Cyntaf. Cyn 1918 ceid digon o erthyglau, a elwid weithiau yn ysgrifau, ar bynciau haniaethol a thestunau eraill, ond pwrpas didactig oedd i'r deunydd gan mwyaf, megis yng ngwaith Owen M. *Edwards. Prif gychwynnydd yr ysgrif fodern yn Gymraeg oedd T. H. *Parry-Williams; ei gasgliad cyntaf oedd *Ysgrifau* (1928), ond yr oedd peth o'i waith eisoes wedi ymddangos yn *Y *Llenor* yn 1922. Dewisai destun od ac anaddawol i bob golwg, megis 'polion teligraff' neu 'foddi cath', a'u trafod yn ysgafn-ffraeth mewn modd a oedd yn cyfleu cymeriad a phersonoliaeth yr awdur. O 1937 daeth yr ysgrif yn destun cystadleuaeth yn yr *Eisteddfod Genedlaethol ac am lawer blwyddyn y duedd oedd glynu'n glòs, hyd at ddynwared, wrth y patrymau a osodwyd gan y meistr. Yn raddol, fodd bynnag, ehangwyd y diffiniad o'r ffurf i gynnwys portreadau o unigolion, fel rhai E. Morgan *Humphreys, T. Gwynn *Jones a D. Tecwyn *Lloyd, yn ogystal ag ysgrifau ar leoedd gan awduron fel R. T. *Jenkins. Ar ôl yr Ail Ryfel Byd cafwyd llawer o ysgrifau am grwydro gwledydd eraill a chafwyd ysgrifennu cain hefyd am faterion gwyddonol. Ymhlith yr awduron a gyfrannodd tuag at ddatblygiad yr ysgrif gellir enwi T. J. *Morgan, J. O. *Williams ac Islwyn Ffowc *Elis. Erbyn heddiw y mae ffurf yr ysgrif Gymraeg wedi ymagor a chael gwared ar y nodweddion braidd yn findlws a mursennaidd a oedd ganddi gynt, a gellir galw bron unrhyw ddarn o ysgrifennu rhyddiaith dda yn ysgrif, waeth beth fo'r testun.

Ceir detholiad o ysgrifau gan lenorion cyfoes yn *Ysgrifau Heddiw* (gol. Gwilym Rees Hughes ac Islwyn Jones, 1975); ceir ymdriniaeth â'r ffurf gan Glyn Evans, *Yr Ysgrif Gymraeg* (1964), gan Emrys Parry yn *Y Traddodiad Rhyddiaith yn yr Ugeinfed Ganrif* (gol. Geraint Bowen, 1976) a chan Tony Bianchi yn *Trafod Llenyddiaeth* (gol. D. A. Thorne, 1977). Cyfieithwyd detholiad o ysgrifau i'r Saesneg gan Meic Stephens o dan y teitl *Illuminations* (1997).

Ysgrifau Beirniadol, cyfres o lyfrau a ddechreuwyd yn 1965. Fe'i cyhoeddir gan Wasg Gee ac yn canolbwyntio ar feirniadaeth lenyddol a phynciau cysylltiedig o dan olygyddiaeth J. E. Caerwyn *Williams. Ymhlith y cyfranwyr y mae mwyafrif aelodau Adrannau Cymraeg *Prifysgol Cymru, ynghyd â nifer o ysgolheigion, beirniaid a llenorion eraill. Y mae sawl un o'r ddwy gyfrol ar hugain (hyd 1997) yn gyfrolau teyrnged i lenorion o fri: John Gwilym *Jones (1971), Thomas *Parry (1977), T. J. *Morgan (1979), Rachel *Bromwich (1985), D. Simon *Evans (1990), A. O. H. *Jarman (1992), ac R. M. *Jones (1995, 1996). Ceir rhestr o erthyglau cyfrolau I-XV gan Hedd ap Emlyn yng nghyfrol XVI (1990).

'Ystori Alexander a Lodwig', stori sy'n dwyn i gof hanes y cyfeillgarwch rhyfeddol a fu rhwng *Amlyn ac Amig, wedi ei gosod o fewn fframm motiff 'y broff-wydoliaeth y bydd y rhieni yn ymostwng o flaen eu mab' (sef motiff M312.2 yn Stith Thompson, *Motif-Index of Folk-Literature*, 6 chyf., 1955–58). Egyr y stori gyda darogan eos y byddai Alexander yn arglwydd pwerus un diwrnod ac y byddai ei rieni yn ei wasanaethu. Digia ei dad gymaint pan glyw hyn nes taflu'r mab i'r môr i'w foddi ond fe'i hachubir gan longwyr a'i werthu i ddug o'r Aifft a wna ef yn stiward dros ei holl gyfoeth. Yn fuan ar ôl hynny llefa tair brân o gwmpas brenin y wlad honno a chynigia'r brenin ei ferch yn briod a'i frenhiniaeth ar ei ôl ef i'r sawl a all ddehongli cri'r brain. Llwydda Alexander i wneud hynny ac fe dderbyn ei wobr. Ceir stori debyg yn *Chwedleu Seith Doethon Rufein.

Ymhen ysbaid, â Alexander i lys yr ymerawdwr Titus yn Rhufain lle y cyferfydd â Lodwig, mab Brenin Ffrainc, ac y mae'r ddau ŵr ieuanc mor debyg i'w gilydd fel na ellir eu hadnabod ar wahân. O'r pwynt hwn ymlaen y mae anturiaethau'r ddau yn debyg iawn i eiddo Amlyn ac Amig, ac eithrio rhyw fân amrywiadau megis Alexander yn dioddef afiechyd oherwydd gwenwyn a roddwyd iddo gan ei wraig yn hytrach na mynd yn wahanglwyfus, a defnyddio modrwy yn hytrach na ffiol fel arwydd i Lodwig ei adnabod eto. Gorffen y chwedl gyda gwireddu proffwydoliaeth yr eos.

Ceir *Ystori Alexander a Lodwig* yn llaw *Llywelyn Siôn (yn LlGC Llsgr. 13075 B, sef Llanover B 17). Er mai Llywelyn Siôn a gopïodd y testun, y mae'n amheus iawn ai ef a'i cyfieithodd. Y mae'n debyg iddo gael ei drosi i'r Gymraeg gan un o'r ysgol o lenorion ym Morgannwg a gyfieithodd y *Gesta Romanorum. Ymddengys fod orgraff idiosyncratig y testun hwn yn cynrychioli tafodiaith y cyfieithydd.

Am ymdriniaeth fanwl o'r testun gweler J. E. Caerwyn Williams yn ei ragymadrodd i destun Thomas Jones o 'Ystori Alexander a Lodwig', yn *Studia Celtica* (cyf. X–XI, 1975–76).

'Ystoria Ysgan ab Asgo', stori am ymgais arglwydd Bodeugan, Dinb., i ddianc rhag angau. Ni chofnodir enghraifft arall o'r motiff hwn yn y Gymraeg er bod elfennau o'r stori yn bur gyffredin. Un copi a geir yn Gymraeg a hwnnw yn llaw John *Jones, Gellilyfdy, ac y mae'n ddyddiedig Rhagfyr 1608. Y mae'r ffaith na ddadlenna'r copïwr ddim am ei ffynonellau a'i fod yn lleoli'r stori yn fanwl ger ei gartref trwy alw Ysgan ab Asgo yn 'arglwydd Bodeugan yn Isaled swydd Dinbych', yn awgrymu mai oddi ar dafod leferydd y cofnododd ef y stori; ar y llaw arall, dengys yr iaith a'r arddull gymaint o nodweddion rhyddiaith Gymraeg Canol fel ei bod yn anodd credu nad oedd ffynhonnell lenyddol i'r stori.

'Ystorya Adaf ac Eua y Wreic', cyfieithiad o un o'r amrywiol ffurfiau ar y chwedl apocryffaidd *Vita Adae et Euae* a gyfieithwyd i'r rhan fwyaf o ieithoedd gorllewin Ewrop. Ceir wyth copi Cymraeg o'r chwedl yn dyddio o tua 1350 hyd ddiwedd y bedwaredd ganrif ar bymtheg ond y maent oll yn deillio o'r copi hynaf, sef *Llyfr Gwyn Rhydderch (c.1350). Pwnc y gwaith yw crwydradau a phenyd Adda ac Efa ar ôl iddynt gael eu halltudio o Baradwys.

'**Ystorya Bown o Hamtwn**', cyfieithiad i ryddiaith Gymraeg o gerdd *Eingl-Normanaidd goll, '*Boeve de Haumtoun*'. Ceir y copi hynaf yn *Llyfr Gwyn Rhydderch (c.1350) ond gall fod y trosiad wedi ei wneud cyn 1300. Y mae cynllun y rhamant yn wan, ond y mae'r rhyddiaith yn feistrolgar. Gwerthir yr arwr, Befus, yn gaethwas i Frenin Yr Aifft, ond rhoddir iddo gyfle i briodi'r Dywysoges Iosian. Metha ei ymgais gyntaf i'w droi yn Gristion, ac am saith mlynedd fe'i carcherir gan Bradmwnd, un arall o'i chariadon, sy'n ennill ei ffafr. Y mae Iosian yn priodi Ifor, Brenin Mobrant, ac yna'r Iarll Milys ond y mae hi'n ei dagu ef noson eu priodas. Ar ôl llawer o anturiaethau adunir Bown â hi a dychwelant i'r Aifft. Digwydd ei enw yng nghywyddau'r Oesoedd Canol fel enghraifft o ddewrder a'r gwerthoedd Cristnogol.

Golygwyd y testun, ac ychwanegwyd rhagymadrodd, gan Morgan Watkin (1958).

Ystorya Dared, un o dri thestun hanes enwog Cymru'r Oesoedd Canol a gyplysir yn aml yn y llawysgrifau gyda'r ddau arall, *Brut y Brenhinedd a *Brut y Tywysogyon. Cyfieithiad a geir mewn nifer o fersiynau ydyw o destun Lladin o'r chweched ganrif o'r enw *Historia Daretis Phrygii de Excidio Troiae* a fu mewn bri mawr yn yr Oesoedd Canol fel elfen yn y gred draddodiadol fod y cenhedloedd a ddaeth i fod wedi'r Ymerodraeth Rufeinig yn disgyn trwy Aeneas o Gaer Droea. Y mae'n weddol sicr mai o dan ddylanwad *Sieffre o Fynwy y troswyd yr hanes gyntaf i'r Gymraeg tua 1300 a'i ddiben oedd bod yn rhagarweiniad i *Brut y Brenhinedd*.

Ystorya de Carolo Magno, gweler PERERINDOD SIARLYMAEN.

Ystrad-fflur neu **Strata Florida**, mynachlog ger Pontrhydfendigaid, Cer. Ar lan afon fechan Fflur yn nyffryn uchaf afon Teifi y sefydlwyd y tŷ gyntaf yn 1164 gan Robert Fitzstephen fel cangen o fynachlog Urdd y *Sistersiaid yn y *Tŷ-gwyn. Wedyn derbyniodd nawdd *Rhys ap Gruffudd (Yr Arglwydd Rhys), ac fe'i symudwyd i safle ar lan afon Teifi. Sefydlwyd isganghennau yn *Llantarnam, *Aberconwy a *Llanllŷr. Claddwyd nifer o dywysogion yn y cabidyldy, yn eu plith Cadell ap Gruffudd (1175), Rhys ap Gruffudd (1222) Maelgwn ap Rhys (c.1230) a Maredudd ab Owain (1265). Yn 1238 galwodd *Llywelyn ap Iorwerth (Llywelyn Fawr) holl dywysogion Cymru i Ystrad-fflur i dyngu ffyddlondeb i'w fab Dafydd, ei etifedd. Yn 1274 daeth abadau'r tai Sistersaidd a sefydl-

wyd ar diroedd y tywysogion i'r fynachlog a llunio llythyr at y Pab Gregori X yn datgan eu cefnogaeth i Lywelyn ap Gruffudd. Awgrymwyd bod *Madog ap Selyf a *Gruffudd Bola, a gyfieithodd *Credo Athanasius* o Ladin i Gymraeg, yn fynaich yma. Y mae'n debyg mai yma yr ysgrifennwyd fersiwn Lladin gwreiddiol *Brut y Tywysogyon tua diwedd y drydedd ganrif ar ddeg ac efallai un o fersiynau Cymraeg y cronicl. Fe ddangoswyd mai yn Ystrad-fflur yr ysgrifennwyd *Llawysgrif Hendregadredd (LlGC Llsgr. 6680 B), sy'n cynnwys y testun pwysig o gerddi'r ddeuddegfed ganrif a'r drydedd ganrif ar ddeg. Ceir awdl gan *Lywelyn Goch ap Meurig Hen i'r abad Llywelyn Fychan ap Llywelyn (fl. 1360–80). Credir mai yma y claddwyd *Dafydd ap Gwilym ym mynwent yr abaty, honiad a seilir ar gerdd gan *Ruffudd Gryg sy'n awgrymu bod gweddillion y bardd yn gorwedd dan ywen yn y fynwent (ond gweler hefyd y cofnod ar abaty TALYLLYCHAU).

Cafodd trafferthion economaidd yn y bedwaredd ganrif ar ddeg a'r difrod a wnaeth milwyr Seisnig yn ystod gwrthryfel *Owain Glyndŵr effaith andwyol ar y fynachlog. Dyma oedd etifeddiaeth yr Abad Rhys (1430–41), gŵr a ganmolwyd gan Guto ap Siencyn am ei nawdd hael er gwaethaf yr anhrefn yn y tŷ yn ystod ei oes. Bu farw Rhys yng ngharchar y dyledwyr yng Nghaerfyrddin wedi gwario'n helaeth ar geisio atgyweirio'r tŷ. Canodd *Dafydd Nanmor i'r abad Morgan, gan gyfleu bod adferiad yr adeiladau wedi parhau, a chanmol y gwaith cain ar eglwys a fynachlog, y cerfiadau ar y meini a'r sgrîn godidog, yn ogystal â'r gwaith gwydr. Ymwelodd *Ieuan Deulwyn â'r abaty i dalu teyrnged o fawl i'r Abad Dafydd ab Owain, gŵr a fu yn ei dro yn abad *Ystrad Marchell ac Aberconwy ac yn Esgob Llanelwy. Diddymwyd Ystrad-fflur, a oedd â'i dir yn ymestyn dros ran helaeth o ganolbarth Cymru, cyn belled â dyffrynnoedd Conwy ac Irfon, yn 1539.

Ceir manylion pellach yn Stephen W. Williams, *The Cistercian Abbey of Strata Florida* (1889), Glanmor Williams, *The Welsh Church from Conquest to Reformation* (1962), D. H. Williams, *The Welsh Cistercians* (1984), F. G. Cowley, *The Monastic Order in South Wales 1066–1349* (1977), J. Beverley Smith ac W. E. Thomas, *Abaty Ystrad Fflur* (1977), a chyfieithiad David Huws yng *Nghylchgrawn* Llyfrgell Genedlaethol Cymru (cyf. XXII, 1981–2).

Ystrad Marchell neu **Strata Marcella**, mynachlog ger Y Trallwng, Tfn., o Urdd y *Sistersiaid a sefydlwyd, fel cangen o'r *Tŷ-gwyn, ar dir a estynnwyd i'r mynaich gan Owain Cyfeiliog (*Owain ap Gruffudd ap Maredudd) yn 1120. Cyfeirir ati hefyd fel Pola neu Pool. Y mae casgliad gwerthfawr o siarteri gwreiddiol, yn rhoi tiroedd i'r fynachlog, yn *Llyfrgell Genedlaethol Cymru. Llwyddwyd i sefydlu canghennau yng *Nglynegwestl a *Llanllugan maes o law. Bu Owain Cyfeiliog farw yn y fynachlog yn 1197, a chafodd ei gladdu yno, eithr pan wrthodwyd caniatâd i *Gynddelw Brydydd Mawr gael ei gladdu yno canodd englyn dychan i'r fynachlog. Tua diwedd y bymthegfed ganrif bu *Tudur Aled, *Bedo Brwynllys a *Gruffudd ap Llywelyn Fychan yn canu cywyddau gofyn i'r abad a *Guto'r Glyn a Thudur Aled yn ei foli. Yr oedd yr abad olaf, Siôn ap Robert ap Rhys, aelod o deulu *Plas Iolyn, yn un o'r rhai y bu *Huw Llwyd yn gofyn ychen ganddynt. Diddymwyd y tŷ yn 1536.

Ceir rhagor o fanylion yn Glanmor Williams, *The Welsh Church from Conquest to Reformation* (1962), D. H. Williams, *The Welsh Cistercians* (1969; ail arg., 1984) a Graham C. E. Thomas, *The Charters of the Abbey of Ystrad Marchell* (1997).

Ystrad Tywi, un o wledydd y Gymru gynnar. Y mae hanes ei rheolwyr yn ansicr. Ymddengys i Seisyll, Brenin *Ceredigion, gipio Ystrad Tywi tua 730. Wedi hynny yr enw ar y deyrnas, a gynhwysai Geredigion ac Ystrad Tywi, oedd *Seisyllwg.

Yvain de Galles, gweler OWAIN AP THOMAS AP RHODRI (*c*.1330–78).

Ywain Meirion, gweler GRIFFITH, OWEN (1803–68).

Ywen Waedlyd, Yr, coeden ym mynwent Eglwys Nanhyfer, Penf.; y mae'n enwog am yr ystor coch sy'n llifo o'i bôn. Dywedir i ŵr, mynach o bosibl, gael ei grogi ar y goeden hon ac iddo dyngu y byddai iddi waedu byth wedyn, ac felly yn dyst ei fod yn ddieuog.

Z

Zeitschrift für Celtische Philologie (llyth. 'Cylchgrawn ieitheg Geltaidd'), cyfnodolyn hynaf ym myd Astudiaethau Celtaidd, a sefydlwyd yn 1896 gan Kuno Meyer, Athro'r Almaeneg ym Mhrifysgol Lerpwl ar y pryd, a Ludwig Ch. Stern. Cyn creu *Bwletin* y *Bwrdd Gwybodau Celtaidd yn 1921 fe'i hystyrid yn un o brif gyfryngau astudiaethau Cymraeg. Wedi marw Meyer yn 1919 golygwyd y cylchgrawn gan nifer o ysgolheigion enwog, yn eu plith Julius Pokorny, Rudolf Thurneysen a Ludwig Muelhausen: y golygyddion ar hyn o bryd yw Heinrich Wagner a Karl Horst Schmidt. Yn ogystal â chyfraniadau o ddiddordeb ieithyddol cyhoeddir ynddo erthyglau yn Almaeneg ac yn Saesneg ar bob agwedd ar ysgolheictod Celtaidd gan gynnwys archaeoleg. Yn y cylchgrawn hwn yn 1903 yr ymddangosodd dosbarthiad John *Morris-Jones ar y *cynganeddion am y tro cyntaf.

CRONOLEG HANES CYMRU

*c.*635	Dechrau defnyddio'r gair 'Cymry' am y Brythoniaid a'u tiriogaethau.
*c.*638	Goresgyn gwlad y Gododdin gan yr Eingl.
*c.*642	Milwyr Mersia yn ymosod ar deyrnas Powys, thema 'Canu Heledd'.
654	Brwydr Maes Winwaed a gwahanu'r Cymry'n derfynol ar dir oddi wrth eu cyd-wladwyr yn yr Hen Ogledd.
664	Marw Cadwaladr, digwyddiad a ystyrid fel diwedd goruchafiaeth y Brythoniaid dros Brydain.
757–96	Teyrnasiad Offa, brenin Mersia, y gŵr a orchmynodd godi'r gwrthglawdd a elwir Clawr Offa.
768	Yr Esgob Elfodd ac Eglwys Cymru yn derbyn dyddiad Rhufain ar gyfer y Pasg.
*c.*800	Ysgrifennu'r *Historia Brittonum*.
844–77	Teyrnasiad Rhodri Mawr, Brenin Gwynedd, Powys a Seisyllwg.
*c.*850	Ymosodiadau'r Northmyn ar Gymru yn cynyddu yn eu nifer a'u ffyrnigrwydd.
855	Diwedd llinach hynafol Powys. Ysgrifennu'r cylch a elwir yn 'Ganu Heledd'.
*c.*890	Penaethiaid Cymru'n cydnabod arglwyddiaeth Alffred o Wessex.
*c.*900–50	Teyrnasiad Hywel Dda, Brenin Cymru.
904	Diwedd yn Nyfed y llinach frenhinol o dras Gwyddelig.
928	Hywel Dda yn mynd ar bererindod i Rufain.
*c.*930	Dyddiad posibl ysgrifennu 'Armes Prydain'.
*c.*945	Dosbarthu Cyfreithiau Cymru gan Hywel Dda.
*c.*960	Ysgrifennu *Annales Cambriae*.
1018	Difodiad teyrnas Frythonig Ystrad Clud.
1039–63	Gruffudd ap Llywelyn yn uno Cymru.
1067	Y Normaniaid yn dechrau treiddio i mewn i Gymru a chreu arglwyddiaethau'r Mers.
*c.*1071	Dechrau mynachaeth Ladinaidd yng Nghymru.
1075–93	Rhys ap Tewdwr yn teyrnasu yn Neheubarth.
1093	Ymosodiad y Normaniaid ar Ddyfed.
*c.*1095	Goresgyniad Morgannwg gan y Normaniaid.
*c.*1108	Harri I yn sefydlu trefedigaeth o Fflemingiaid yng nghantrefi Rhos a Daugleddau.
1115	Y Norman, Bernard, yn cael ei benodi'n Esgob Tyddewi.
1118	Grym Gwynedd yn dechrau ehangu o dan Ruffudd ap Cynan.
1136	Sieffre o Fynwy yn cwblhau ei *Historia Regum Britanniae*.
1137–70	Teyrnasiad Owain Gwynedd.
1140	Sefydlu Abaty'r Tŷ-gwyn, mam fynachlog Sistersiaid y *Pura Wallia*.

1160	Marw Madog ap Maredudd, rheolwr olaf Powys unedig.
1165	Y Cymry o dan Owain Gwynedd yn gwrthsefyll ymgais Harri II i oresgyn Cymru.
1170–97	Rhys ap Gruffudd (Yr Arglwydd Rhys) yn rheoli yn ne Cymru.
1176	Cynnal 'eisteddfod' yng Nghastell Aberteifi.
1188	Gerald de Barri (Gerallt Gymro) yn ymuno â'r Archesgob Baldwin ar ei daith trwy Gymru.
1196–1240	Llywelyn ap Iorwerth (Llywelyn Fawr) yn rheoli yng Ngwynedd.
1199–1204	Brwydr Gerallt Gymro i godi Tyddewi yn archesgobaeth.
1255	Ymddangosiad Llywelyn ap Gruffudd (Y Llyw Olaf) fel prif reolwr Gwynedd.
1267	Cytundeb Trefaldwyn yn cydnabod Llywelyn ap Gruffudd yn Dywysog Cymru.
1276–77	Rhyfel Annibyniaeth cyntaf Cymru. Cyfyngu awdurdod Llywelyn ap Gruffudd i Wynedd.
1282–83	Ail Ryfel Annibyniaeth Cymru a marw Llywelyn ap Gruffudd yng Nghilmeri.
1283–98	Cyfnod adeiladu prif gestyll Edward I.
1284	Statud Rhuddlan.
1294–96	Y Cymry o dan Fadog ap Llywelyn yn gwrthryfela yn erbyn grym Edward I.
1301	Edward I yn cyhoeddi ei fab dwy ar bymtheg oed yn Dywysog Cymru.
1316	Gwrthryfel Llywelyn Bren ym Morgannwg.
c.1330	Einion Offeiriad yn ysgrifennu ei *Gramadeg*.
c.1320–70	Cyfnod Dafydd ap Gwilym.
1349–50	Cymru'n profi'r 'Farwolaeth Fawr' o ganlyniad i'r pla.
1369–77	Owain Lawgoch yn bygwth grym coron Lloegr yng Nghymru.
1400	Dechrau gwrthryfel Owain Glyndŵr.
1402	Senedd Lloegr yn llunio Deddfau Penyd yn erbyn y Cymry.
c.1404	Owain Glyndŵr yn cynnal senedd ym Machynlleth.
1406	Owain Glyndŵr, mewn llythyr o Bennal, yn cynnig cydnabod y Pab o Avignon ac yn galw am archesgobaeth a dwy brifysgol i Gymru.
1409	Castell Harlech, cadarnle olaf Owain Glyndŵr, yn syrthio i luoedd brenin Lloegr.
1415	Blwyddyn debygol marw Owain Glyndŵr.
c.1451	Cynnal eisteddfod yng Nghaerfyrddin o dan nawdd Gruffudd ap Nicolas.
1455–87	Rhyfeloedd y Rhosynnau.
1471	Y Brenin Edward IV yn sefydlu Cyngor y Gororau yn Llwydlo.

1485	Harri Tudur yn glanio yn Aberdaugleddau, gorymdeithio trwy Gymru a threchu Richard III ym mrwydr Bosworth.
1523	Cynnal eisteddfod yng Nghaerwys.
1531	Dienyddio Rhys ap Gruffudd a dymchwel teulu Dinefwr.
1534	Penodi Rowland Lee, Esgob Caerlwytgoed, yn Llywydd Cyngor y Gororau.
1536	Y 'Ddeddf Uno', yn peri i'r drefn weinyddol yng Nghymru fod bron yn unffurf â honno yn Lloegr.
1536–39	Diddymu'r mynachlogydd.
1543	Yr ail 'Ddeddf Uno'. Y Cyngor yn Llwydlo yn cael cydnabyddiaeth statudol.
1546	Syr John Price yn cyhoeddi *Yn y lhyvyr hwnn*, sef y llyfr cyntaf i'w argraffu yn y Gymraeg.
1563	Deddf Seneddol yn awdurdodi cyfieithu'r Beibl a'r Llyfr Gweddi Gyffredin i'r Gymraeg.
1567	Cyhoeddi'r Testament Newydd a'r Llyfr Gweddi Gyffredin yn y Gymraeg. Cynnal ail eisteddfod yng Nghaerwys.
1571	Sefydlu Coleg Iesu, Rhydychen.
1573	Cyhoeddi map o Gymru gan Humphrey Llwyd a *Historiae Britannicae Defensio* gan Syr John Price.
1584	Merthyrdod y Pabydd Richard Gwyn. Cyhoeddi *Historie of Cambria* gan David Powel.
*c.*1586	Cyhoeddi *Y Drych Cristionogawl*, y llyfr cyntaf i'w argraffu yng Nghymru.
1588	Cyhoeddi cyfieithiad Cymraeg William Morgan o'r Beibl cyfan.
1593	Merthyrdod y Piwritan John Penry.
1617–32	William Vaughan yn ceisio sefydlu Cambriol, gwladfa Gymreig yn Newfoundland.
1621	Cyhoeddi Gramadeg Cymraeg John Davies a Salmau Cân Edmwnd Prys.
1630	Cyhoeddi *Y Beibl Bach*, argraffiad poblogaidd o'r Beibl.
1632	Cyhoeddi Geiriadur Cymraeg–Lladin John Davies.
1639	Sefydlu'r Eglwys 'ymneilltuol' gyntaf (o Annibynwyr a Bedyddwyr) yn Llanfaches.
1641	Diddymu Cyngor y Gororau yn Llwydlo.
1642–47	Y Rhyfel Cartref Cyntaf yng Nghymru.
1644	Brwydr Trefaldwyn, y frwydr fwyaf yng Nghymru yn y Rhyfel Cartref Cyntaf.
1648	Yr Ail Ryfel Cartref. Brwydr Sain Ffagan. Cromwell yng Nghymru.
1650–53	Deddf Taenu'r Efengyl yn gweithredu yng Nghymru.
1650	Cyhoeddi *Silex Scintillans* gan Henry Vaughan.

1653	Cyhoeddi *Llyfr y Tri Aderyn* gan Morgan Llwyd.
1658–81	Stephen Hughes yn cyhoeddi *Canwyll y Cymru* gan Rhys Prichard.
1660	Adfer Cyngor Cymru.
1660–62	Amddifadu clerigwyr Piwritanaidd o'u gofalaethau.
1674	Agor ysgolion yng Nghymru gan Yr Ymddiriedolaeth Gymreig.
1678	Y Cynllwyn Pabaidd ac ysbeilio Coleg yr Iesuwyr ym mhlwyf Llanrothal, Henff.
1680	Thomas Jones yn dechrau cyhoeddi ei almanacau yn flynyddol.
1682	Crynwyr o Gymru yn ymfudo i Pennsylvania.
1689	Diddymu Cyngor Cymru.
1695	Marw Siôn Dafydd Laes, yr olaf o'r beirdd teulu.
1699	Sefydlu'r Gymdeithas er Taenu Gwybodaeth Gristnogol (*SPCK*).
1703	Cyhoeddi *Gweledigaetheu y Bardd Cwsc* gan Ellis Wynne.
1707	Cyhoeddi *Archaeologia Britannica* gan Edward Lhuyd.
1714	Sefydlu Cymdeithas yr Hen Frythoniaid, cymdeithas gyntaf y Cymry yn Llundain.
1716	Cyhoeddi *Drych y Prif Oesoedd* gan Theophilus Evans.
1718	Isaac Carter yn sefydlu'r argraffty parhaol cyntaf yng Nghymru yn Nhrerhedyn (Atpar), Ceredigion.
*c.*1721	Charles Lloyd yn y Bers yn dechrau smeltio mwyn haearn trwy ddefnyddio golosg.
1731	Agor yr Ysgol Gylchynol gyntaf gan Griffith Jones, Llanddowror.
1733	Pasio'r Ddeddf Cau Tiroedd Comin gyntaf sy'n berthnasol i Gymru.
1735	Tröedigaeth Howel Harris.
1742	Cyfarfod cyntaf Cymdeithasfa i'r Methodistiaid yng Nghymru.
1744	William Williams (Pantycelyn) yn cyhoeddi ei gasgliad cyntaf o emynau.
1748	Yr Arglwydd Windsor yn prydlesi mwynau comin Senghennydd i'r diwydianwyr a roes gychwyn ar Gwmni Haearn Dowlais.
1751	Sefydlu Anrhydeddus Gymdeithas y Cymmrodorion yn Llundain.
1752	Howel Harris yn sefydlu 'teulu' Trefeca.
1759	Cyhoeddi gweithiau cyntaf Goronwy Owen.
1770	Sefydlu Cymdeithas y Gwyneddigion yn Llundain.
1776	Cyhoeddi *Observations on the nature of Civil Liberty* gan Richard Price.
1782	Dechrau diwydiant llechi gogledd-orllewin Cymru gan yr Arglwydd Penrhyn.
1789	Thomas Charles o'r Bala yn agor ei Ysgol Sul gyntaf.
1792	Edward Williams (Iolo Morganwg) yn cynnal cyfarfod cyntaf Gorsedd Beirdd Ynys Prydain ar Fryn y Briallu yn Llundain.

1793   Lansio'r cyfnodolyn *Y Cylchgrawn Cynmraeg* gan Morgan John Rhys.

1797   Llynges y chwyldrowyr o Ffrainc yn glanio ger Abergwaun.

1801   Y Cyfrifiad swyddogol cyntaf yn cofnodi bod poblogaeth Cymru yn 587,000 ac mai Merthyr Tudful gyda 7,705 o drigolion yw'r dref fwyaf yng Nghymru.

1804   Sefydlu'r Gymdeithas Frytanaidd. Richard Trevithick yn arbrofi gydag agerbeiriant ym Merthyr Tudful. Lansio *The Cambrian*, sef papur wythnosol cyntaf Cymru, yn Abertawe.

1805   Cyhoeddi emynau Ann Griffiths.

1811   Ymwahanu'r Methodistiaid Calfinaidd oddi wrth Eglwys Loegr. Y Cyfrifiad yn cofnodi bod poblogaeth Cymru yn 673,000.

1814   Lansio *Seren Gomer*, y papur wythnosol Cymraeg cyntaf.

1819   Cynnal eisteddfod yn nhafarn yr *Ivy Bush*, Caerfyrddin, ar y cyd â Gorsedd Beirdd Ynys Prydain.

1820–40   Y 'Tarw Scotch' yn brysur yn ne-ddwyrain Cymru.

1822   Sefydlu Coleg Dewi Sant, Llanbedr Pont Steffan.

1826   Agor pont Telford ar draws Afon Menai.

1830   Diddymu Llysoedd y Sesiwn Fawr.

1831   Gwrthryfel y gweithwyr ym Merthyr Tudful.

1838–49   Cyhoeddi cyfieithiad y Fonesig Charlotte Guest, *The Mabinogion*.

1839   Y Siartwyr yn gorymdeithio i Gasnewydd. Agor y cyntaf o ddociau teulu Bute yng Nghaerdydd.

1839–44   Helyntion Beca.

1841   Agor Rheilffordd Dyffryn Taf. Marw'r pregethwr John Elias, y 'Pab o Fôn'.

1845   Sefydlu *Y Traethodydd*.

1846   Sefydlu Cymdeithas Archaeolegol Cambria.

1847   Cyhoeddi adroddiadau'r Llyfrau Gleision ar gyflwr addysg yng Nghymru.

1851   Y Cyfrifiad Crefydd yn dangos bod mwyafrif llethol addolwyr Cymru'n Anghydffurfwyr.

1854   Cyhoeddi rhan gyntaf *Y Gwyddoniadur Cymreig*. Sefydlu pwyllgor i hybu'r ymgyrch i sefydlu prifysgol yng Nghymru.

1855   Y wagen gyntaf o lo ager o Gwm Rhondda yn cael ei chludo i Gaerdydd. Y Rhyddfrydwyr am y tro cyntaf yn ennill mwyafrif seddau seneddol Cymru.

1856   Evan James a James James o Bontypridd yn cyfansoddi 'Hen Wlad fy Nhadau', a fabwysiadwyd wedyn yn anthem genedlaethol Cymru.

1858   Yr Eisteddfod a gynhaliwyd yn Llangollen yn dechrau patrwm o gyfarfodydd blynyddol.

1859   Tirfeddianwyr Ceidwadol ym Meirionnydd yn troi o'u cartrefi rhai o'r tenantiaid a bleidleisiodd i'r Rhyddfrydwyr. Diwygiad crefyddol yn llifo trwy Gymru. Thomas Gee yn uno *Baner Cymru* a'r *Amserau* i greu *Baner ac Amserau Cymru.*

1862   Sefydlu'r Coleg Normal, Bangor.

1865   Sefydlu Gwladfa Gymreig ym Mhatagonia.

1868   Buddugoliaethau i'r Rhyddfrydwyr yn 'Yr Etholiad Mawr'.

1869   Cyhoeddi'r *Western Mail* am y tro cyntaf.

1872   Agor Coleg Prifysgol Cymru yn Aberystwyth.

1874   Sefydlu Undeb Chwarelwyr Gogledd Cymru.

1877   Sefydlu'r Gadair Geltaidd ym Mhrifysgol Rhydychen.

1881   Sefydlu Undeb Rygbi Cymru. Pasio Deddf Cau Tafarnau Cymru ar y Sul.

1883   Agor Coleg y Brifysgol yng Nghaerdydd. Lansio'r cylchgrawn *Y Geninen.*

1884   Agor Coleg y Brifysgol ym Mangor.

1885   Lansio'r gyntaf o'r cymdeithasau i ddwyn y teitl Cymdeithas yr Iaith Gymraeg.

1886   Dechrau Rhyfel y Degwm. Sefydlu Cymru Fydd a Chymdeithas Dafydd ap Gwilym.

1889   Deddf Addysg Ganolraddol Cymru. Agor dociau'r Barri. Ethol y Cynghorau Sir cyntaf yn sgîl Deddf Llywodraeth Leol 1888.

1890   Ethol David Lloyd George yn Aelod dros Fwrdeistrefi Caernarfon. T. E. Ellis yn argymell hunanlywodraeth i Gymru.

1891   Owen M. Edwards yn lansio'i gylchgrawn *Cymru*. Y Cyfrifiad yn cofnodi bod 54 y cant o boblogaeth Cymru'n medru'r Gymraeg.

1893   Rhoddi siartr i Brifysgol Cymru fel sefydliad ffederal. Cynnal sesiynau cyntaf y Comisiwn Brenhinol ar dir yng Nghymru.

1896   Tranc Cymru Fydd. Y streic gyntaf yn Chwarel y Penrhyn. Sefydlu Bwrdd Canolog Cymru dros Addysg (y *CWB*).

1898   Sefydlu Ffederasiwn Glowyr De Cymru.

1900   Keir Hardie, yr Aelod Seneddol Llafur Annibynnol cyntaf, yn cael ei ethol ym Merthyr Tudful. Streic Chwarel y Penrhyn.

1904–05   Y diwygiad crefyddol, gydag Evan Roberts yn amlwg ynddo.

1907   Sefydlu Amgueddfa Genedlaethol Cymru, Llyfrgell Genedlaethol Cymru ac Adran Gymreig y Bwrdd Addysg.

1910   Terfysg Tonypandy.

1911   Y Cyfrifiad yn cofnodi bod poblogaeth Cymru yn 2,420,000, a bron i filiwn yn siarad Cymraeg. Arwisgo aer y goron, Edward, yn Dywysog Cymru yng

Nghastell Caernarfon. J. E. Lloyd yn cyhoeddi *The History of Wales from the earliest times to the Edwardian Conquest.*

1912   Cyhoeddi *The Miners' Next Step.*

1913   Tanchwa Senghennydd. John Morris-Jones yn cyhoeddi ei *Welsh Grammar.*

1914–18   Y Rhyfel Byd Cyntaf.

1915   Cyhoeddi casgliad o storïau byrion Caradoc Evans, *My People.*

1916   Lloyd George yn Brif Weinidog.

1919   Sefydlu'r Bwrdd Gwybodau Celtaidd. Cyhoeddi adroddiad 'Comisiwn Sankey' ar y diwydiant glo.

1920   Datgysylltu'r Eglwys Anglicanaidd yng Nghymru. Agor Coleg y Brifysgol yn Abertawe.

1921   Y Cyfrifiad yn dangos bod poblogaeth Cymru wedi cynyddu i 2,656,000.

1922   Y Blaid Lafur yn ennill hanner y seddau seneddol yng Nghymru. Sefydlu Urdd Gobaith Cymru. W. J. Gruffydd yn lansio'r cylchgrawn *Y Llenor.* Sefydlu Gwasg Prifysgol Cymru.

1925   Sefydlu Plaid Genedlaethol Cymru.

1926   Y Streic Gyffredinol.

1929   Ethol Aneurin Bevan yn Aelod Seneddol Llafur dros Lynebwy.

1930   Cau gwaith haearn Dowlais.

1931   Y Cyfrifiad yn dangos gostyngiad ym mhoblogaeth Cymru i 2,593,000.

1932   Diweithdra ymhlith dynion yswiriedig yng Nghymru yn cyrraedd 38 y cant.

1934   Trychineb Gresffordd.

1936   Cenedlaetholwyr Cymreig yn llosgi defnyddiau yn yr ysgol fomio yn Llŷn.

1937   Rhanbarth Cymru o'r BBC yn cael ei donfedd ei hun. Keidrych Rhys yn lansio'i gylchgrawn *Wales.*

1939   Amcangyfrif bod 450,000 o bobl wedi mudo o Gymru er 1921. Gwyn Jones yn lansio'i gylchgrawn *The Welsh Review.* Urdd Gobaith Cymru yn agor yn Aberystwyth yr ysgol gynradd benodol Gymraeg gyntaf.

1939–45   Yr Ail Ryfel Byd.

1941   Ffurfio Undeb Cymru Fydd. Y bomio mawr yn Abertawe.

1942   Deddf Llysoedd Cymru.

1945   Cyhoeddi *Hanes Llenyddiaeth Gymraeg* gan Thomas Parry. Sefydlu Opera Genedlaethol Cymru a Cherddorfa Gymreig y BBC.

1946   Sefydlu Amgueddfa Werin Cymru yng nghastell Sain Ffagan.

1947   Gwladoli'r diwydiant glo. Sefydlu'r Eisteddfod Gydwladol yn Llangollen. Agor yn Llanelli yr ysgol gynradd benodol Gymraeg gyntaf o dan nawdd pwyllgor addysg sirol.

1948   Sefydlu Cyngor Cymru a Mynwy a Chyd-bwyllgor Addysg Cymru.

1949   Lansio'r cylchgrawn *Dock Leaves*, *The Anglo-Welsh Review* yn ddiweddarach, o dan olygyddiaeth Raymond Garlick.

1950   Lansio ymgyrch Senedd i Gymru.

1951   Creu swydd Gweinidog dros Faterion Cymreig fel atodiad i waith yr Ysgrifennydd Cartref.

1953   Cyhoeddi *Y Bywgraffiadur Cymreig hyd 1940* o dan nawdd Anrhydeddus Gymdeithas y Cymmrodorion.

1955   Cydnabod Caerdydd fel prifddinas Cymru.

1956   Pwyllgor Addysg Sir y Fflint yn agor Ysgol Glan Clwyd, yr ysgol uwchradd benodol ddwyieithog gyntaf.

1958   Lansio'r cwmni teledu annibynnol cyntaf yng Nghymru, *Television Wales and the West* (*TWW*).

1959   Sefydlu Yr Academi Gymreig. Cyhoeddi *Dictionary of Welsh Biography down to 1940*.

1961   Y Cyfrifiad yn dangos bod poblogaeth Cymru yn 2,644,000 ac felly yn dal islaw cyfanswm 1921. Creu'r Cyngor Llyfrau Cymraeg.

1962   Creu Cymdeithas yr Iaith Gymraeg. Lansio'r cylchgrawn misol *Barn*. Cyhoeddi *The Oxford Book of Welsh Verse*, blodeugerdd a olygwyd gan Thomas Parry. Agor yr ysgol uwchradd benodol ddwyieithog gyntaf yn ne Cymru, sef Ysgol Rhydfelen, Pontypridd.

1964   Sefydlu Y Swyddfa Gymreig a phenodi James Griffiths yn Ysgrifennydd Gwladol cyntaf Cymru.

1965   Lansio'r cylchgrawn *Poetry Wales* gan Meic Stephens.

1966   Ethol Gwynfor Evans, Llywydd Plaid Cymru, yn Aelod Seneddol mewn is-etholiad yn etholaeth Caerfyrddin. Trychineb Aberfan. Ffurfio'r mudiad Merched y Wawr. Agor Pont Hafren.

1967   Pwyllgor Cymreig Cyngor Celfyddydau Prydain Fawr yn dod yn Gyngor Celfyddydau Cymru a sefydlu Adran Lenyddiaeth y Cyngor. Pasio Deddf yr Iaith Gymraeg. Symud y Bathdy Brenhinol i Lantrisant.

1968   Creu Adran Saesneg yr Academi Gymreig.

1969   Arwisgo Tywysog Cymru yng Nghastell Caernarfon.

1970   Ned Thomas yn lansio'r cylchgrawn *Planet*.

1971   Sefydlu Mudiad Ysgolion Meithrin.

1973   Comisiwn Kilbrandon (Comisiwn Crowther yn wreiddiol) yn argymell Cynulliad i Gymru. Sefydlu Cyngor Undebau Llafur Cymru.

1974	Ad-drefnu llywodraeth leol yn lleihau nifer yr awdurdodau sirol yng Nghymru o dri ar ddeg i wyth.
1976	Sefydlu Cymdeithas Cerdd Dafod gan feirdd y mesurau caeth.
1979	Refferendwm ar Ddatganoli i Gymru yn trechu cynigion y Llywodraeth ar gyfer Cynulliad etholedig.
1981	Y Cyfrifiad yn cofnodi poblogaeth Cymru yn 2,749,400, gan gynnwys 503,549 o Gymry Cymraeg.
1982	Agor Sianel Pedwar Cymru (S4C), y bedwaredd sianel deledu sy'n darlledu'n rhannol yn Gymraeg.
1983	Yn yr Etholiad Cyffredinol y Blaid Geidwadol yn ennill pymtheg sedd yng Nghymru, y nifer mwyaf a enillodd yn yr ugeinfed ganrif. Cynrychiolaeth y Blaid Lafur yn gostwng i bedair sedd ar bymtheg a Phlaid Cymru a'r Rhyddfrydwyr yn ennill dwy sedd yr un.
1984–85	Streic y glowyr.
1985	Sefydlu Canolfan Uwchefrydiau Cymreig a Cheltaidd Prifysgol Cymru yn Aberystwyth.
1986	Cyhoeddi *Cydymaith i Lenyddiaeth Cymru* a *The Oxford Companion to the Literature of Wales*.
1988	Sefydlu *Golwg* a *The New Welsh Review*. Sefydlu Bwrdd yr Iaith Gymraeg yn gorff ymgynghorol.
1990	Agor Tŷ Newydd, canolfan i awduron, yn Llanystumdwy.
1991	Y Cyfrifiad yn dangos bod gan Gymru 2,890,000 o drigolion a bod cynnydd yn y gyfran o blant sy'n medru'r Gymraeg.
1992	Ar ôl i'r blaid Lafur golli'r Etholiad Cyffredinol, Neil Kinnock yn ymddiswyddo fel arweinydd. Plaid Cymru'n ennill pedair sedd yng ngorllewin a gogledd-orllewin Cymru. Diweithdra'n cyrraedd 10 y cant yng Nghymru. Politechneg Cymru yn newid ei statws a dod yn Brifysgol Morgannwg.
1993	Deddf yr Iaith Gymraeg, ac ailsefydlu Bwrdd yr Iaith Gymraeg fel corff statudol gyda'r Arglwydd Elis-Thomas yn Gadeirydd.
1995	Blwyddyn Llên a sefydlu Tŷ Llên yn Abertawe. Cyhoeddi *Geiriadur yr Academi: The Welsh Academy Welsh-English Dictionary*
1996	Ad-drefnu llywodraeth leol gan ddileu'r wyth sir a'r holl gynghorau dosbarth, a sefydlu dau ar hugain o awdurdodau unedol yn eu lle. Y refferendwm olaf ar gau tafarnau ar y Sul yn gweld yr ardal 'sych' olaf, Dwyfor, yn pleidleisio i agor ar y Sul, fel gweddill Cymru. Agor ail Bont Hafren.

1997 Y Blaid Geidwadol yn colli pob sedd yng Nghymru yn yr Etholiad Cyffredinol a gynhaliwyd ar 1 Mai. Y Blaid Lafur yn ennill 34 o seddau, Plaid Cymru pedair a'r Democratiaid Rhyddfrydol dwy. Ron Davies yn dod yn Ysgrifennydd Gwladol Cymru. Yn y refferendwm ar 18 Medi, 1,112,117 o etholwyr Cymru (50.12 y cant o'r cyfanswm) yn pleidleisio, gyda'r Cynulliad i Gymru yn cael ei gymeradwyo gyda mwyafrif o 6,721.

ATODIAD

Lleoliad yr Eisteddfod Genedlaethol er 1861

1861 Aberdâr	1908 Llangollen	1955 Pwllheli
1862 Caernarfon	1909 Llundain	1956 Aberdâr
1863 Abertawe	1910 Bae Colwyn	1957 Llangefni
1864 Llandudno	1911 Caerfyrddin	1958 Glynebwy
1865 Aberystwyth	1912 Wrecsam	1959 Caernarfon
1866 Caer	1913 Y Fenni	1960 Caerdydd
1867 Caerfyrddin	1914 *dim Eisteddfod*	1961 Rhosllannerchrugog
1868 Rhuthun	1915 Bangor	1962 Llanelli
1869 Treffynnon	1916 Aberystwyth	1963 Llandudno
1870 Y Rhyl	1917 Penbedw	1964 Abertawe
1871 *dim Eisteddfod*	1918 Castell-nedd	1965 Y Drenewydd
1872 Tremadog	1919 Corwen	1966 Aberafan
1873 Yr Wyddgrug	1920 Y Barri	1967 Y Bala
1874 Bangor	1921 Caernarfon	1968 Y Barri
1875 Pwllheli	1922 Rhydaman	1969 Y Fflint
1876 Wrecsam	1923 Yr Wyddgrug	1970 Rhydaman
1877 Caernarfon	1924 Pont-y-pŵl	1971 Bangor
1878 *dim Eisteddfod*	1925 Pwllheli	1972 Hwlffordd
1879 Penbedw	1926 Abertawe	1973 Rhuthun
1880 Caernarfon	1927 Caergybi	1974 Caerfyrddin
1881 Merthyr Tudful	1928 Treorci	1975 Cricieth
1882 Dinbych	1929 Lerpwl	1976 Aberteifi
1883 Caerdydd	1930 Llanelli	1977 Wrecsam
1884 Lerpwl	1931 Bangor	1978 Caerdydd
1885 Aberdâr	1932 Aberafan	1979 Caernarfon
1886 Caernarfon	1933 Wrecsam	1980 Gorseinon
1887 Llundain	1934 Castell-nedd	1981 Machynlleth
1888 Wrecsam	1935 Caernarfon	1982 Abertawe
1889 Aberhonddu	1936 Abergwaun	1983 Llangefni
1890 Bangor	1937 Machynlleth	1984 Llanbedr Pont Steffan
1891 Abertawe	1938 Caerdydd	1985 Y Rhyl
1892 Y Rhyl	1939 Dinbych	1986 Abergwaun
1893 Pontypridd	1940 Eisteddfod Radio (Bangor)	1987 Porthmadog
1894 Caernarfon	1941 Hen Golwyn	1988 Casnewydd
1895 Llanelli	1942 Aberteifi	1989 Llanrwst
1896 Llandudno	1943 Bangor	1990 Rhymni
1897 Casnewydd	1944 Llandybïe	1991 Yr Wyddgrug
1898 Blaenau Ffestiniog	1945 Rhosllannerchrugog	1992 Aberystwyth
1899 Caerdydd	1946 Aberpennar	1993 Llanelwedd
1900 Lerpwl	1947 Bae Colwyn	1994 Castell-nedd
1901 Merthyr Tudful	1948 Pen-y-bont ar Ogwr	1995 Bae Colwyn
1902 Bangor	1949 Dolgellau	1996 Llandeilo
1903 Llanelli	1950 Caerffili	1997 Y Bala
1904 Y Rhyl	1951 Llanrwst	1998 Pen-y-bont ar Ogwr
1905 Aberpennar	1952 Aberystwyth	1999 Ynys Môn
1906 Caernarfon	1953 Y Rhyl	2000 Llanelli
1907 Abertawe	1954 Ystradgynlais	

Enillwyr y Gadair a'r Goron yn yr Eisteddfod Genedlaethol er 1861

	Coron	Cadair
1861		Morris Williams
1862		Rowland Williams
1863		William Ambrose
1864		Richard Ffoulkes Edwards
1865		*neb yn deilwng*
1866		Robert Thomas
1867	Rowland Williams	Richard Parry
1868	Lewis William Lewis	*neb yn deilwng*
1869–1880	dim Eisteddfod 'Genedlaethol' o dan sefydliad canolog	
1881	Watkin Hezekiah Williams	Evan Rees
1882	Dafydd Rees Williams	*neb yn deilwng*
1883	Anna Walter Thomas	*neb yn deilwng*
1884	Edward Ffoulkes	Evan Rees
1885	Griffith Tecwyn Parry	Watkin Hezekiah Williams
1886	John Cadfan Davies	Richard Davies
1887	John Cadfan Davies	Robert Arthur Williams
1888	Howell Elvet Lewis	Thomas Tudno Jones
1889	Howell Elvet Lewis	Evan Rees
1890	John John Roberts	Thomas Tudno Jones
1891	David Adams	John Owen Williams
1892	John John Roberts	Evan Jones
1893	Ben Davies	John Ceulanydd Williams
1894	Ben Davies	Howell Elvet Lewis
1895	Lewis William Lewis	John Owen Williams
1896	*neb yn deilwng*	Ben Davies
1897	Thomas Mafonwy Davies	John Thomas Jôb
1898	Richard Roberts	Robert Owen Hughes
1899	Richard Roberts	*neb yn deilwng*
1900	John Thomas Jôb	John Owen Williams
1901	John Gwili Jenkins	Evan Rees
1902	Robert Silyn Roberts	T. Gwynn Jones
1903	John Evans Davies	John Thomas Jôb
1904	Richard Machno Humphreys	J. Machreth Rees
1905	Thomas Mathonwy Davies	*neb yn deilwng*
1906	Hugh Emyr Davies	John James Williams
1907	John Dyfnallt Owen	Thomas Davies
1908	Hugh Emyr Davies	John James Williams
1909	W. J. Gruffydd	T. Gwynn Jones
1910	William Crwys Williams	R. Williams Parry
1911	William Crwys Williams	William Roberts
1912	T. H. Parry-Williams	T. H. Parry-Williams
1913	William Evans	Thomas Jacob Thomas
1914	*dim Eisteddfod*	*dim Eisteddfod*
1915	T. H. Parry-Williams	T. H. Parry-Williams
1916	*neb yn deilwng*	J. Ellis Williams
1917	William Evans	Ellis Humphrey Evans

	Coron	**Cadair**
1918	D. Emrys Lewis	John Thomas Jôb
1919	William Crwys Williams	D. Cledlyn Davies
1920	James Evans	*neb yn deilwng*
1921	Albert Evans Jones	Robert John Rowlands
1922	Robert Beynon	J. Lloyd-Jones
1923	Albert Evans Jones	D. Cledlyn Davies
1924	Edward Prosser Rhys	Albert Evans Jones
1925	William Evans	Dewi Morgan
1926	David Emrys James	David James Jones
1927	Caradog Prichard	*neb yn deilwng*
1928	Caradog Prichard	*neb yn deilwng*
1929	Caradog Prichard	David Emrys James
1930	William Jones	David Emrys James
1931	Albert Evans Jones	David James Jones
1932	Thomas Eurig Davies	D. J. Davies
1933	Simon B. Jones	Edgar Phillips
1934	Thomas Eurig Davies	William Morris
1935	Gwilym R. Jones	E. Gwyndaf Evans
1936	David Jones	Simon B. Jones
1937	J. M. Edwards	T. Rowland Hughes
1938	Edgar H. Thomas	Gwilym R. Jones
1939	*neb yn deilwng*	*neb yn deilwng*
1940	T. Rowland Hughes	*neb yn deilwng*
1941	J. M. Edwards	Rowland Jones
1942	Herman Jones	*neb yn deilwng*
1943	Dafydd Owen	David Emrys James
1944	J. M. Edwards	D. Lloyd Jenkins
1945	*neb yn deilwng*	Tom Parri Jones
1946	Rhydwen Williams	Geraint Bowen
1947	Griffith John Roberts	John Tudor Jones
1948	Euros Bowen	David Emrys James
1949	John Tudor Jones	Rowland Jones
1950	Euros Bowen	Gwilym R. Tilsley
1951	T. Glynne Davies	Brinley Richards
1952	*neb yn deilwng*	John Evans
1953	Dilys Cadwaladr	E. Llwyd Williams
1954	E. Llwyd Williams	John Evans
1955	W. J. Gruffydd	Gwilym Ceri Jones
1956	*neb yn deilwng*	Mathonwy Hughes
1957	Dyfnallt Morgan	Gwilym R. Tilsley
1958	T. Llew Jones	T. Llew Jones
1959	Tom Huws	T. Llew Jones
1960	W. J. Gruffydd	*neb yn deilwng*
1961	L. Haydn Lewis	Emrys Edwards
1962	D. Emlyn Lewis	Caradog Prichard
1963	Tom Parri Jones	*neb yn deilwng*
1964	Rhydwen Williams	R. Bryn Williams
1965	Tom Parri Jones	William David Williams

	Coron	**Cadair**
1966	Dafydd Jones	Dic Jones
1967	Eluned Phillips	Emrys Roberts
1968	Haydn Lewis	R. Bryn Williams
1969	Dafydd Rowlands	James Nicholas
1970	Bryan Martin Davies	Tomi Evans
1971	Bryan Martin Davies	Emrys Roberts
1972	Dafydd Rowlands	Dafydd Owen
1973	Alan Llwyd	Alan Llwyd
1974	William R. P. George	Moses Glyn Jones
1975	Elwyn Roberts	Gerallt Lloyd Owen
1976	Alan Llwyd	Alan Llwyd
1977	Donald Evans	Donald Evans
1978	Siôn Eirian	*neb yn deilwng*
1979	Meirion Evans	*neb yn deilwng*
1980	Donald Evans	Donald Evans
1981	Siôn Aled	John Gwilym Jones
1982	Eirwyn George	Gerallt Lloyd Owen
1983	Eluned Phillips	Einion Evans
1984	John Roderick Rees	Aled Rhys Wiliam
1985	John Roderick Rees	Robat Powell
1986	T. James Jones	Gwynn ap Gwilym
1987	John Griffith Jones	Ieuan Wyn
1988	T. James Jones	Elwyn Edwards
1989	Selwyn Griffiths	Idris Reynolds
1990	Iwan Llwyd	Myrddin ap Dafydd
1991	Einir Jones	Robin Llwyd ab Owain
1992	Cyril Jones	Idris Reynolds
1993	Eirwyn George	Meirion MacIntyre Huws
1994	Gerwyn Wiliams	Emyr Lewis
1995	Aled Gwyn	Tudur Dylan Jones
1996	David John Pritchard	R. O. Williams
1997	Ken Williams	Ceri Wyn Jones

Enillwyr y Fedal Ryddiaith yn yr Eisteddfod Genedlaethol er 1937

1937	John Owen Jones (y fedal gyntaf)
1938	Elena Puw Morgan
1939	John Gwilym Jones
1940	Thomas Hughes Jones
1941	Gwilym R. Jones
1942	*neb yn deilwng*
1943	*neb yn deilwng*
1944	*neb yn deilwng*
1945	*neb yn deilwng*
1946	Dafydd Jenkins
1947	*neb yn deilwng*
1948	Robert Ivor Parry
1949	*neb yn deilwng*
1950	*neb yn deilwng*
1951	Islwyn Ffowc Ellis
1952	Owen Elias Roberts
1953	*neb yn deilwng*
1954	Owen Elias Roberts
1955	Selyf Roberts
1956	William Thomas Gruffydd
1957	Tom Parri Jones
1958	Edward Cynolwyn Pugh
1959	William Owen
1960	Rhiannon Davies Jones
1961	*neb yn deilwng*
1962	William Owen
1963	William Llywelyn Jones
1964	Rhiannon Davies Jones
1965	Eigra Lewis Roberts
1966	*neb yn deilwng*
1967	*neb yn deilwng*
1968	Eigra Lewis Roberts
1969	Emyr Jones
1970	*neb yn deilwng*
1971	Ifor Wyn Williams
1972	Dafydd Rowlands
1973	Emyr Roberts
1974	Dafydd Ifans
1975	*neb yn deilwng*
1976	Marged Pritchard
1977	R. Gerallt Jones
1978	Harri Williams
1979	R. Gerallt Jones
1980	Robyn Léwis
1981	John Griffith Jones
1982	Gwilym Meredydd Jones
1983	Tudor Wilson Evans
1984	John Idris Owen
1985	Meg Elis
1986	Ray Evans
1987	Margiad Roberts
1988	*neb yn deilwng*
1989	Irma Chilton
1990	*neb yn deilwng*
1991	Angharad Tomos
1992	Robin Llywelyn
1993	Mihangel Morgan
1994	Robin Llywelyn
1995	Angharad Jones
1996	*neb yn deilwng*
1997	Angharad Tomos